आधुनिक भारत का इतिहास एवं विरासत

भारतीय सिविल सेवा एवं राज्य लोक सेवा आयोग की प्रारम्भिक एवं मुख्य (UPSC and PCS-Pre and Mains) परीक्षाओं, सामान्य अध्ययन (General Studies) और विश्वविद्यालय स्तरीय विद्यार्थियों हेतु

संशोधित नवम संस्करण

पी. एल. गौतम

ATLANTIC
PUBLISHERS & DISTRIBUTORS (P) LTD

ATLANTIC
PUBLISHERS & DISTRIBUTORS (P) LTD

7/22, Ansari Road, Darya Ganj, New Delhi
Tel.: +91-11-4077 5252, 2327 3880
E-mail: orders@atlanticbooks.com
Web: www.atlanticbooks.com

Published by Atlantic Publishers & Distributors (P) Ltd.

Fifth Edition: 2018
Sixth Edition: 2019
Seventh Edition: 2020, 2021, 2022
Eighth Edition: 2022
Ninth Edition: 2024, 2025, 2026

Printed & bound in India by Atlantic Print Services

ADHUNIK BHARAT KA ITIHAS EVAM VIRASAT (*in Hindi*)
By P.L. Gautam

भूमिका

आधुनिक भारत का इतिहास एवं विरासत के संशोधित संस्करण का शीघ्र प्रकाशन प्रसन्नता की बात है। किसी भी पुस्तक का पुनर्मुद्रण या संशोधित संस्करण उसकी सफलता का एक मानदण्ड है। पुस्तक इस पैमाने पर खरी शाबित हुई है। उत्तरी भारत के कई शहरों से विद्यार्थियों द्वारा की जाने वाली प्रश्नादि की क्वेरी सिद्ध करती है कि उनके लिए पुस्तक उपयोगी है। वर्तमान में सर्वाधिक बिकने वाली पुस्तकों में से यह एक है। खुशी की बात यह भी है कि इन दिनों कई प्रोफेसरों, व्याख्याताओं एवं प्रतियोगी अभ्यार्थियों हेतु संचालित संस्थानों के निदेशकों ने भी इसके महत्व को स्वीकार किया है, लेखक उन सबका हृदय से आभारी है एवं उन्हें नमन करता है। मेरे प्रिय मित्र एवं वरिष्ठ प्रोफेसर डॉ॰ एच. सी. जैन ने महत्वपूर्ण सुझाव दिये परिणामस्वरूप कई नये तथ्यों को शामिल किया जाना संभव हुआ। कुछ समय पूर्व प्रोफेसर श्री रवि कुलरिया एवं वरिष्ठ प्रवक्ता रजनी शर्मा, राहुल अहीर जैसे विद्वानों ने इसकी समीक्षा ही नहीं की अपितु उन्होंने यू टयूब पर भी इसकी उपयोगिता को दर्शाया है। लेखक उपरोक्त सभी विद्वानों का हृदय से आभारी है।

नवीन संस्करण में भूराजस्व व्यवस्था, उद्योग–व्यवसायों की तर्क संगत प्रस्तुति का प्रयास किया है। सत्ता के विरुद्ध जन प्रतिरोध एवं आदिवासी आन्दोलनों को अधिक संख्या में शामिल करने की कोशिश की गई है। युवा वर्ग का घोर ब्रिटिश विरोधी रवैया उनका त्याग, नन्हीं सपूत बालाओं का दिल झकझोर देने वाला बलिदान, अधिक मार्मिक रूप में रखने का प्रयास भी रहा है। प्रारम्भ में जब महात्मा गांधी का आन्दोलन प्रभाव खोने लगा था, तब युवा वर्ग ने अपना बलिदान देकर भारतीयों में राष्ट्रवाद की अग्नि को प्रज्वलित रखा।

जब भी राष्ट्रीय आन्दोलन की लौ मन्द पड़ने लगी देश के अलग–अलग हिस्सों से भावनाओं की उद्वेलित करने वाली घटनाओं के ज्वार से भारतीय स्वतंत्रता संघर्ष को कितना बल मिला मंथन का विषय है। राष्ट्रवादियों द्वारा, जिससे जो बना वह अपनी ओर से आहुति देता गया। अब यह स्वीकार किया जाने लगा है कि आजाद हिन्द फौज का योगदान एवं मुम्बई के तलवार स्कूल से शुरू हुआ नौसैनिक विद्रोह न हुआ होता तो शायद भारतीयों को आजादी के लिए और इन्तजार करना पड़ता।

संघ लोक सेवा आयोग एवं प्रादेशिक सेवा परीक्षाओं में बदलती अवधारणाओं को समझने एवं तदनुसार पुस्तक में समय–समय पर बदलाव करने का सदैव प्रयास लेखक का रहा है।

उल्लेखनीय है कि पुस्तक में ऐसी तालिकाएं (टेबल्स) को शामिल किया है जो किसी अन्य पुस्तकों में उपलब्ध नहीं है। वस्तुतः तुलनात्मक टेबल्स तत्कालीन ईयर–बुक्स एवं अन्य प्रकाशित विवरणों के आधार पर तैयार की है जो विद्यार्थियों के लिए अत्यन्त उपयोगी साबित हो रही है। अलबता पुस्तक में नक्शें (मैप्स) तुलनात्मक दृष्टि से कम है फिर भी इनकी महत्ता को नकारा नहीं जा सकता। अन्त में नंदा गौतम, डॉ॰ प्रनिशा गौतम, हिमांशु गौतम एवं कविन्द्र गौतम का आभार जिन्होंने इस संस्करण के बारे में उपयोगी सुझाव दिये।

अन्त में प्रकाशक महोदय, सम्पादक मण्डल के सभी प्राधिकारियों तथा सेल्स एवं मार्केटिंग डिविजन के अधिकारियों का हृदय से आभार, जिनके योगदान से पुस्तक को नये रूप में शीघ्र लाया जाना संभव हुआ।

पी.एल. गौतम

plgautam20@yahoo.in
Mobile: 09772037903

पी॰एल॰ गौतम प्रणीत *आधुनिक भारत का इतिहास एवं विरासत* (1757–1964 ई॰) की पाठ्य सामग्री के आधार पर निःसंकोच कहा जा सकता है कि लेखक को विषय का न केवल व्यापक ज्ञान है वरन् उस पर अधिकारपूर्वक लिखने की उनमें क्षमता भी है। मेरी दृष्टि में यह पुस्तक स्नातक एवं स्नातकोत्तर स्तर के विद्यार्थियों के लिए उपयोगी है ही, साथ ही प्रतियोगी परीक्षाओं के प्रत्याशियों के लिए भी अत्यन्त लाभकारी सिद्ध होगी। पुस्तक की सफलता हेतु मैं हृदय से कामना करता हूँ।

डॉ॰ एस॰एन॰ दूबे
पूर्व–टैगोर प्रोफेसर
इतिहास एवं भारतीय संस्कृति विभाग
राजस्थान विश्वविद्यालय, जयपुर

पी॰एल॰ गौतम द्वारा प्रणीत *आधुनिक भारत का इतिहास एवं विरासत* मुख्यतः सिविल सेवा परीक्षाओं के लिए कठोर परिश्रम एवं तथ्यों की छानबीन के पश्चात् लिखी गई है। पुस्तक विभिन्न विचारधारणाओं को समेटे हुए एक संभावित निष्कर्ष की ओर बढ़ती है। यह कहना समीचीन होगा कि पुस्तक स्वयं में पूर्ण एवं तारीफ–ए–काबिल है। प्रकाशक को भी धन्यवाद है जिन्होंने पुस्तक को आकर्षक लुक दिया। लेखक को शुभकामनायें एवं उनकी विद्वता को प्रणाम।

इतिहासकार डॉ॰ हुकुम चन्द जैन,
प्रोफेसर कोटा,
दिनांक 11 अक्तूबर 2021

आधुनिक भारत का इतिहास एवं विरासत (1757–1964 ई॰) पी॰एल॰ गौतम द्वारा आलेखित प्रस्तुत पुस्तक विभिन्न प्रतियोगी परीक्षाओं के लिए प्रयासरत विद्यार्थियों हेतु गागर में सागर है। अद्यतन उपलब्ध पुस्तकों में यह अत्यन्त लाभकारी सिद्ध होगी, ऐसा अनुभव आधारित मेरा विश्वास है।

डॉ॰ एन॰के॰ उपाध्याय
से॰नि॰ प्राध्यापक इतिहास विभाग
कालेज शिक्षा, राजस्थान सरकार

इस पुस्तक में आई॰ए॰एस॰ 2023 तक के सभी प्रश्न (आधुनिक इतिहास एवं सामान्य अध्ययन (General Studies) से सम्बन्धित) सम्मिलित किये गए हैं।

विषय-सूची

भूमिका .... *iii*

I. यूरोपियन अनुभेदन (Penetration) एवं अंगरेजी सत्ता का विस्तार

1. **परवर्ती मुगल एवं प्रारम्भिक यूरोपीय बस्तियाँ** 1
परवर्ती मुगल शासक, नवीन राज्यों का उद्भव–हैदराबाद, अवध, बंगाल, रूहेलखण्ड, मराठा, राजपूत, जाट, सिक्ख, उत्तर पश्चिमी शक्तियों के आक्रमणः नादिरशाह (1739) एवं अहमदशाह अब्दाली (1761), मुगल साम्राज्य के पतन के कारण, भारत में यूरोपीय, पुर्तगालियों का प्रवेश, रानी अब्बका चौटा एवं पुर्तगाली, डचों का आगमन, राजा मार्तण्ड वर्मा एवं डच शक्ति का पतन, भारत में अंगरेजों का प्रवेश, सरटॉमस रो, फोर्ट सेंटजार्ज, फोर्ट विलियम बस्ती व कलकत्ता नगर, कम्पनी का महाअधिकार पत्र 1715, फ्रांसीसी कम्पनी, प्रथम कर्नाटक युद्ध, सेंटथोमे की लड़ाई (1746), द्वितीय कर्नाटक युद्ध, अम्बूर की लड़ाई (1749), अर्काट का घेरा, डूप्ले का मूल्यांकन, कर्नाटक का तीसरा युद्ध, वांडिवाश की लड़ाई (22 जनवरी 1760), फ्रांसीसियों की असफलता के कारण।

2. **बंगाल में अंगरेजी शक्ति का उदयः प्लासी एवं बक्सर के युद्ध** 19
सिराजुद्दौला, कालकोठरी घटना, अलीगंज सन्धि, क्लाइव की कुटिल योजना, प्लासी युद्ध (1757), परिणाम, मीरकासिम, बक्सर युद्ध (1764), युद्ध के परिणाम, क्लाइव की वापसी (1765–67), शाहआलम से सन्धि, शूजा से सन्धि, द्वैध शासन, क्लाइव का मूल्यांकन।

3. **ब्रिटिश शासन का प्रारम्भिक स्वरूप एवं संवैधानिक विकास** 30
वारेन हेस्टिंग्स (1772–85), रेगुलेटिंग एक्ट (1773), पिट्स इण्डिया ऐक्ट (1784), चार्टर एक्ट (1793), चार्टर ऐक्ट (1813) एवं चार्टर एक्ट (1833), वारेन हेस्टिंग्स की नीतियां, कड़ा एवं इलाहाबाद का पुनर्विक्रय, रूहेला युद्ध (1774), नंदकुमार का मुकदमा, चेतसिंह का मामला, अवध की बेगमें एवं हेस्टिंग्स, वारेन हेस्टिंग्स का मूल्यांकन, अंगरेज व उपयोगितावादी।

4. **हैदरअली एवं टीपू सुल्तान तथा अंगरेजों की विस्तार नीति** 41
आंग्ल–मैसूर संघर्ष की पृष्ठभूमि (1969–79), प्रथम मैसूर युद्ध (1767–69), मैसूर–मद्रास संधि (1769), द्वितीय आंग्ल–मैसूर युद्ध (1780–84), मंगलौर की सन्धि (1784), हैदर अली का मूल्यांकन, टीपू सुल्तान (1789–99), ट्रावनकोर एवं तीसरा आंग्ल–मैसूर युद्ध (1790–92), श्रीरंगपट्टम सन्धि, टीपू की पराजय के कारण, चतुर्थ आंग्ल–मैसूर युद्ध, मैसूर का निर्णय, टीपू का मूल्यांकन व शासन व्यवस्था।

5. **मराठा एवं पेशवा शक्ति का उत्कर्ष** 50
बालाजी विश्वनाथ (1713–20), बाजीराव (1720–40), मराठा संघ का पुनर्गठन, बालाजी बाजीराव (1740–61), पानीपत का तृतीय युद्ध 1761, मराठा असफलता के कारण, पानीपत युद्ध के प्रभाव, पेशवा कालीन मराठा प्रशासनिक व्यवस्था, हुजूर दफ्तर, न्याय, पुलिस, राजस्व व्यवस्था–चौथ तथा सरदेशमुखी, मराठा सेना, नौसेना।

6. **आंग्ल–मराठा सम्बन्ध एवं सर्वोच्चता के लिए संघर्ष** 61
वारेन हेस्टिंग्स एवं प्रथम मराठा युद्ध, अड़ास युद्ध व पुरन्धर सन्धि (1776), ब्रिटिश विरोधी संघ 1779, सालबाई संधि (1782), महादजी सिंधिया (1727–94), महादजी का मूल्यांकन, नाना फडनवीस (1742–1800), नाना फड़नवीस का मूल्यांकन, द्वितीय आंग्ल–मराठा युद्ध (1803–05), बसीन संधि (1802), संधि का महत्व, होल्कर के साथ युद्ध, तीसरा मराठा युद्ध 1817–18, लार्ड हेस्टिंग्स का उद्देश्य, पिण्डारियों का दमन, मराठा शक्ति के विघटन के कारण।

7. **रणजीतसिंह की उपलब्धियां, पंजाब तथा आंग्ल–सिक्ख युद्ध** 76
रणजीतसिंह, सिस–सतलज राज्य, अमृतसर सन्धि (1809), राज्य विस्तार, रणजीतसिंह की अंगरेजों के प्रति नीति, रणजीतसिंह का प्रशासनः न्याय, भू–राजस्व, सैन्य प्रबन्ध, पैदल फौज, तोपखाना, रणजीतसिंह की सैनिक नीति का मूल्यांकन, इतिहास में रणजीतसिंह का स्थान, रणजीतसिंह के पश्चात् पंजाब, प्रथम आंग्ल–सिक्ख युद्ध 1845–46, लाहौर सन्धि, भैरोवाल की सन्धि, द्वितीय आंग्ल–सिक्ख युद्ध (1848–49), सिक्ख पराजय के कारण।

8. **आंग्ल–अफगान युद्ध एवं अफगान नीति** 92
यूरोपीय घटनायें व फ्रांस का उत्थान, रूसी प्रभाव, अग्रगामी नीति, अकर्मण्यता की नीति, विविध पक्षों के राजनीतिक स्वार्थ, दोस्त मोहम्मद, रणजीतसिंह एवं अंगरेज, बर्न्स मिशन, त्रिपक्षीय सन्धि (1838), शिमला घोषणा, प्रथम आंग्ल–अफगान युद्ध, परिणाम, एलेनबरो की अफगान नीति, ब्रिटिश अकर्मण्यता नीति, द्वितीय आंग्ल–अफगान युद्ध, परिणाम।

9. **सहायक सन्धि, व्यपगत सिद्धान्त एवं भारतीय रियासतों के साथ अंगरेजों के सम्बन्ध** 101
रिंगफेस या घेरे की नीति, सहायक सन्धि प्रथा, मैसूर, कर्नाटक, तंजौर, सूरत, सहायक सन्धि से कम्पनी को लाभ, अवध के साथ सम्बन्ध, अवध के साथ सहायक सन्धि (1801), अधीनस्थ पार्थक्य की नीति (1813–57), लार्ड हेस्टिंग्स की नीति, विलियम बैंटिक, लार्ड डलहौजी एवं व्यपगत नीति, अवध का विलय (1856), 1857 के विद्रोह के लिए डलहौजी का उत्तरदायित्व, अधीनस्थ एकीकरण की नीति (1858–1935), भारतीय रियासतें एवं लार्ड कर्जन, नरेन्द्र मण्डल, समानता संघात्मक नीति (1935–47), ब्रिटिश सर्वोच्च सत्ता के आर्थिक आधार।

II. ब्रिटिश औपनिवेशिक नीतियों के आर्थिक प्रभाव

10. **ब्रिटिश कालीन नई भू–राजस्व व्यवस्था** 116
भू–राजस्व व्यवस्था, इजारेदारी, स्थाई बन्दोबस्त (इस्तमरारी), जमींदारों के साथ भूप्रबंध, बन्दोबस्त के प्रावधान, बन्दोबस्त के प्रभाव, रैयतवाडी व्यवस्था, थामस मुनरो एवं मद्रास भूव्यवस्था, महलवारी प्रथा, बंगाल टेनेन्सी अधिनियम (1859)।

11. **भू–राजस्व प्रबंध के आर्थिक प्रभाव** 126
कृषि का वाणिज्यीकरण, हस्तशिल्प का ह्रास, भूमि पर व्यक्तिगत स्वामित्व की स्थापना, अधिकतम भू–राजस्व, आवागमन साधनों का विकास, ब्रिटिश पूंजी का कृषि में निवेशः नील एवं चाय, भू–राजस्व एवं कृषि नीति के परिणामः ग्रामीण ऋणग्रस्तता, भू–राजस्व व्यवस्था एवं सूदखोर वर्ग का विकास, चक्रवृद्धि ब्याज परम्परा, सूखा व अतिवृष्टि से ऋणों में वृद्धि, गैर–खेतिहर वर्ग को भूमि हस्तान्तरण, भूमिहीन कृषि श्रमिकों की वृद्धि, ग्रामीण समाज की निर्धनता, कृषि भूमि का विखण्डन, भूमि का संकेन्द्रण, दुर्भिक्ष एवं अकाल नीति, दुर्भिक्ष एवं सरकारी प्रयास, सामाजिक परिवर्तन।

12. **परम्परागत हस्तशिल्प का ह्रास एवं वाणिज्य व्यापार का विस्थापन** 137
पाश्चात्य मत, राष्ट्रवादियों का मत, परम्परागत व्यवसायों का पतन, रेशमी वस्त्र, तसर (टसर), जहाज निर्माण, वाणिज्य व्यापार का विस्थापन, ग्रामीण अर्थव्यवस्था का विघटन, कृषि पर निर्भरता, कच्चा माल उत्पादक देश, सम्पत्ति का पलायन, सर्वहारा वर्ग का उदय।

13. **सम्पत्ति का पलायन** 145
दादाभाई नौरोजी का निष्कासन सिद्धान्त, निष्कासन के तत्व, ईस्ट इण्डिया कम्पनी के हिस्सेदारों को लाभांश, भू–राजस्व की बढ़ती हुई दरें, सार्वजनिक ऋण पर ब्याज, खनिजों एवं वनों से आय, ब्रिटिश पूंजी का भारत में निवेश, रेलवे नीति, मुद्रा विनिमय, रिवर्स काउन्सिल, महायुद्ध का व्यय, प्रत्यक्ष सैन्य व्यय, निकासी की मात्रा, सम्पत्ति पलायन के परिणाम।

14. **निरूद्योगीकरण एवं आधुनिक उद्योगों का उत्थान तथा राजकीय नीति** 156
भारत में पूंजी का अभाव, ब्रिटिश सरकार का पक्षपात पूर्ण रवैया, तकनीकी शिक्षा का अभाव, सरकार द्वारा उत्पन्न की गई बाधायें, औपनिवेशिक सरकार एवं संचार व्यवस्था, भारत में अंगरेजी वित्त पूंजी का निवेश,

मैनेजिंग एजेन्सी प्रणाली, भारत में आधुनिक उद्योगों के विकास के तत्व, 1905 में बंगाल विभाजन एवं स्वदेशी आन्दोलन, विश्व युद्धों का प्रभाव, इण्डियन फिसकल कमीशन, सूती वस्त्र उद्योग व संरक्षण नीति, ओटावा करार, पटसन उद्योग, लोहा–इस्पात उद्योग, औद्योगीकरण की विशेषताएं।

15. **औपनिवेशिक शासन की विभिन्न अवस्थायें एवं ब्रिटिश हितों से उनका सम्बन्ध** 168

प्रथम अवस्था या वणिकवादी युग 1757–1813–सत्ता नियंत्रण एवं राजस्व हड़प योजना, लूट–खसोट नीति, हस्तशिल्प उद्योगों के उन्मूलन के प्रयास, भू–राजस्व वृद्धि द्वारा लूट, लगान वृद्धि एवं न्याय प्रबंध, सामाजिक, सांस्कृतिक अहस्तक्षेप नीति; **द्वितीय अवस्था** या स्वतंत्र व्यापारिक पूंजीवाद काल–भारत का कच्चे माल निर्यातक रूप में रूपान्तरण, ब्रिटिश माल खपत योजना, पुरातन आर्थिक आधार का उन्मूलन, वाणिज्यिक फसलों की प्रोत्साहन नीति, भारत विश्व पूंजीवादी व्यवस्था का अंग, मुद्रा पद्धति में परिवर्तन, परिवहन एवं संचार साधनों का विकास, अच्छा प्रशासन बनाम सम्पत्ति का पलायन; **तीसरी अवस्था या वित्त पूंजीवादी काल**–प्रतिक्रियावादी शासन व्यवस्था की स्थापना, भारत में अतिरिक्त पूंजी निवेश की नीति, सार्वजनिक ऋण या कर्ज द्वारा धन निकासी, रेल निर्माण एवं गारन्टी प्रणाली, बैंकिंग व्यवस्था एवं पूंजी विनियोजन।

16. **रेल, सड़क एवं संचार साधनः पोस्ट एवं टेलीग्राफ सेवाएं** 179

रेलवे पुरानी गारन्टी व्यवस्था (1849–69), सरकार द्वारा निर्माण (1869–82), नई गारन्टी योजना (1882–1924), सड़कों का निर्माण, डाक सेवाएं, डलहौजी के प्रयास, टेलीफोन सेवाओं का विकास, आवागमन एवं संचार साधनों का प्रभाव।

17. **न्यायिक प्रबंध एवं भू–राजस्व व्यवस्था के बीच सम्बन्ध** 185

वारेन हेस्टिंग्स एवं न्याय व्यवस्था, बंगाल न्यायालय एक्ट 1781, कार्नवालिस एवं न्यायिक व्यवस्था का विकास (1786–93), मुन्सिफ, जिला दीवानी एवं प्रान्तीय दीवानी न्यायालय, सदर दीवानी अदालत, फौजदारी न्यायालय, कार्नवालिस कोड, बैंटिक कालीन न्यायिक प्रबंध।

III. सामाजिक एवं सांस्कृतिक विकास एवं सुधार आन्दोलन

18. **स्वदेशी शिक्षा एवं आधुनिक शिक्षा का विकास** 193

स्वदेशी शिक्षा एवं उसका क्षय, आंग्ल–प्राच्य विवाद, भारत में पाश्चात्य शिक्षा की प्रस्थापना, शिक्षा पर सर चार्ल्स वुड की उद्घोषणा, 1854–85 के मध्य शिक्षा का विस्तार, स्त्री शिक्षा, मुसलमानों में शिक्षा, हंटर शिक्षा आयोग, कर्जन एवं शिमला सम्मेलन 1901, सैडलर विश्वविद्यालय आयोग (1917–19), हार्टोग समिति (1929), राधाकृष्णन आयोग (1948), कोठारी (1964), नवीन नीति (1986), आधुनिक शिक्षा का प्रभाव।

19. **भारत में समाचार–पत्रों का विकास** 207

पुस्तकों का प्रकाशन, समाचार–पत्र पत्रेक्षण अधिनियम 1799, अनुज्ञप्ति नियम, 1857 के बाद भारतीय प्रेस, 1900 के बाद पत्रकारिता, अनुज्ञप्ति अधिनियम 1857, देशी भाषा समाचार–पत्र अधिनियम (1878), 1910 का भारतीय समाचार–पत्र अधिनियम, भारतीय समाचार–पत्र अधिनियम 1931, समाचार एजेंसियां एवं प्रेस नीति की समीक्षा।

20. **भारत में ईसाई मिशनों की गतिविधियाँ** 214

प्रदेशों में मिशनरी, जातीय वैकल्य निराकरण नियम 1850, विधवा पुनर्विवाह अधिनियम 1856, कुष्टालय, शिक्षा, स्त्री शिक्षा, मिशनरियों का स्वदेशी साहित्य में योगदानः बंगला, मराठी, तमिल एवं तेलुगू, मिशनरी कार्यों का प्रभाव।

21. **सामाजिक तथा धार्मिक सुधार आन्दोलन एवं भारतीय मध्यम वर्ग का उदय** 221

समाज में व्याप्त कुरीतियां, पाश्चात्य प्रभाव, मध्यम वर्ग एवं सुधार, ब्रिटिश सरकार की आर्थिक नीतियां, सुधारों की प्रक्रिया का विकास, यंग बंगाल आन्दोलन, शासन के समर्थन से समाज सुधार के प्रयास, विलियम बैंटिक एवं सती प्रथा का अंत 1829, विधवा पुनर्विवाह कानून 1856, बाल विवाह तथा न्यूनतम अवस्था बिल, मलाबारी का प्रस्ताव, बाल गंगाधर तिलक की नीति, दयाराम गिदूमल का प्रस्ताव, महादेव गोविन्द रानाडे के

विचार, शारदा बिल, बंगाल में समाज सुधारः राजा राममोहन राय, ब्रह्म समाज, आधुनिक शिक्षा के समर्थक, समाज सुधार, भारत के आधुनिकीकरण में राममोहन राय का योगदान व मूल्यांकन, ब्रह्म समाज का विकास, देवेन्द्रनाथ, केशवचन्द्र सेन, ईश्वरचन्द्र विद्यासागरः प्रार्थना समाज, महादेव गोविन्द रानाडे, परमहंस मंडलिया, बालगंगाधर तिलक, सत्यशोधक समाज एवं ज्योतिबाफूले, आर्य समाजः दयानंद सरस्वती, धार्मिक विचार, आर्य समाज का संगठन, सामाजिक क्षेत्र में आर्य समाज, रामकृष्ण परमहंस (1836–86), विवेकानन्द एवं रामकृष्ण मिशन, विवेकानन्द की देन, थियोसाफिकल सोसाइटी, मुस्लिम समाज एवं सुधार आन्दोलन, अलीगढ़ आन्दोलन, कुण्डूकुरी वीरेसलिंगम, आन्दोलन की विशेषताएं एवं योगदान, भारतीय मध्यम वर्ग का उदय, योगदान।

IV. ब्रिटिश शासन की भारतीय प्रतिक्रिया

22. ब्रिटिश शासन एवं भारतीय जनता का प्रतिरोध **249**
उद्योग व्यवसाय का विनाश, लगान की ऊंची दरें, ऋणग्रस्तता, रंगपुर संघर्ष (1783), सन्यासियों–फकीरों का प्रतिरोध (1763–1800), फैराजी एवं वहाबी आन्दोलन, चोआड (चुआर) विद्रोह (1798–99), अहोम विरोध, पलय्यकारों का विरोध, कोल्हापुर एवं सांवतवाडी विद्रोह, कूका संघर्ष, वासुदेव बलवंत फडके का विरोध (1845–83)।

23. आदिवासी संघर्षः अठारहवीं–उन्नीसवीं सदी **258**
शासन की घेराबंदी, आर्थिक पाबन्दियां, सामाजिक दखलन्दाजी, खासी संघर्ष (1829) व नेता तिरुत सिंह, खामती प्रतिरोध (1839), नागा उपद्रव (1849), कोल संघर्ष (1831–32), भूमिज प्रतिरोध (1832–33), खौंड आन्दोलन (1846–55), नेता चक्र बिसोई, संथाल मुक्ति संघर्ष (1855), नेता सिद्दो एवं कान्हू, मुंडा आन्दोलन (उलगुलान) (1874–1901) व बिरसा मुंडा, भील विद्रोह (महाराष्ट्र), नेता हिरिया, राजस्थान का भील आन्दोलन, गोविन्द सिंह, मोतीलाल तेजावत, जन–जातीय विद्रोहों की असफलता के कारण, आदिवासी विद्रोहों का स्वरूप।

24. 1857 स्वतंत्रता का महासंघर्ष **270**
राजनीतिक व प्रशासनिक असन्तोष, आर्थिक शोषण, सामाजिक–धार्मिक असन्तोष, सैनिक कारण, संघर्ष का प्रारम्भ, विद्रोह का प्रसार, नेतृत्वः बहादुरशाह, बख्त खां, नाना साहब, तांत्या टोपे, बेगम हजरत महल, मौलवी अहमदुल्ला, रानी लक्ष्मीबाई, कुंवर सिंह, विफलता के कारणः योजना का अभाव, भारतीयों में एकता की कमी, नेताओं में परस्पर असहयोग, फूट डालो नीति, सीमित साधन, विद्रोह का स्वरूप एवं चरित्र, महासंग्राम का संक्षिप्त विवरण।

25. 1857 के बाद अंगरेजी नीतियां एवं प्रशासनिक परिवर्तन **288**
प्रजातीय भेद नीति का विस्तार, आर्थिक विपन्नता में वृद्धि, सेना का पुनर्गठन, प्रशासनिक बदलाव, गवर्नमेंट ऑफ इण्डिया एक्ट 1858, विक्टोरिया की घोषणा, भारतीय परिषद अधिनियम 1861, केन्द्रीय कार्यपालिका एवं विधायिका, प्रांतीय कार्यपालिका व प्रान्तीय विधायिका, मूल्यांकन, भारतीय लोक सेवाओं की भर्ती में भेदभावः शाहीपद अधिनियम, वर्नाक्यूलर प्रेस एक्ट 1878, स्थानीय स्वायत्त शासन, लार्ड मेयो, लार्ड रिपन एवं स्थानीय स्वशासन की स्थापना 1882, वर्नाक्यूलर प्रेस एक्ट खारिज, इलबर्ट बिल विवाद 1883–84, भारतीय परिषद अधिनियम 1892।

V. भारतीय राष्ट्रवाद का प्रारम्भिक चरण

26. भारतीय राष्ट्रवाद के उत्थान के प्रमुख आधार **307**
आर्थिक शोषण, अधिकतम लगान राशि, बुनकरों का पतन, स्वावलम्बी ग्रामीण अर्थव्यवस्था का ह्रास, मध्यमवर्गीय बुद्धिजीवियों का आविर्भाव, धन निकासी एवं भारत की निर्धनता, औद्योगिक वर्ग की खिन्नता, समाज तथा धार्मिक सुधार आन्दोलनों के प्रगतिशील रूप, आधुनिक शिक्षा का प्रभाव, भारतीय भाषाओं का साहित्य, प्रशासनिक एकता की स्थापना, समाचार–पत्रों का योगदान, सरकार की प्रतिक्रियावादी नीतियां।

27. भारतीय राष्ट्रीय कांग्रेस की प्रस्थापना 314

लैंड होल्डर्स सोसाइटी, बंगाल ब्रिटिश इण्डिया सोसाइटी, ब्रिटिश इण्डियन एसोसिएशन, मद्रास नेटिव एसोसिएशन तथा महाजन सभा, बोम्बे एसोसिएशन तथा बोम्बे प्रेसीडेंसी एसोसिएशन, लंदन में भारतीय संगठन, पूना सार्वजनिक सभा, इण्डिया लीग, इण्डियन एसोसिएशन, भारतीय राष्ट्रीय कांग्रेस, ए.ओ. ह्यूम एवं सुरक्षा कपाट सिद्धान्त, उदारवादी राजनीति का युग (1885–1905): संवैधानिक सुधार, प्रशासनिक सुधार, आर्थिक नीतियां, राजनीतिक कार्यपद्धति, शक्तिशाली जनमत का निर्माण, ब्रिटिश राष्ट्र से निरन्तर सहयोग, सरकारी प्रतिक्रियाः दादाभाई नौरोजी, फिरोजशाह मेहता, सुरेन्द्रनाथ बनर्जी, गोपाल कृष्ण गोखले, मदन मोहन मालवीय, पूर्व राष्ट्रवादियों का मूल्यांकन, दूसरा चरणः उग्रवादी अथवा अतिवादी (1905–1919): उग्रवादी विचारधारा, बालगंगाधर तिलक, लाला लाजपतराय, विपिनचन्द्र पाल, अरविन्द घोष, उग्रराष्ट्रवादियों की कार्यपद्धति, स्वदेशी आन्दोलन के प्रमुख राष्ट्रवादी, बंगाल विभाजन एवं स्वदेशी और बहिष्कार, उग्रराष्ट्रवादियों की समालोचना, नकारात्मक पहलू, सूरत अधिवेशन एवं विभाजन, युवा क्रांतिकारी विद्यार्थियों की गतिविधियांः मुजफ्फरपुर जिला न्यायाधीश किंग्सफोर्ड की हत्या का प्रयास, लाला हरदयाल एवं गदर पार्टी, अखबार का प्रकाशन एवं कामाघाटामारू घटना, रासबिहारी बोस व हार्डिंग बम काण्ड, सिंगापुर क्रांति, चापेकर बन्धु एवं प्लेग कमीश्नर रैण्ड की हत्या, श्यामजी कृष्ण वर्मा एवं इण्डिया हाऊस, विनायक दामोदर सावरकर, गणेश सावरकर, मैडम भीकाजी कामा।

28. साम्प्रदायिकता एवं अलगाववादी राजनीति.. 338

साम्प्रदायिकता की राजनीतिक पृष्टभूमि, साम्प्रदायिकता का उद्‌भवः सैय्यद अहमदखान एवं मुस्लिम साम्प्रदायिकता, अलीगढ आन्दोलन, हिन्दू साम्प्रदायिकता, बंगाल विभाजन एवं कर्जन की फूट डालो नीति। मुस्लिम लीग का गठन, पृथक निर्वाचन मण्डल, एकता समर्थक मुस्लिम नेतृत्व, अबुल कलाम आजाद की भूमिका, खिलाफत आन्दोलन एवं हिन्दू–मुस्लिम एकता, हिन्दू महासभा, राष्ट्रीय स्वयं सेवक संघ, साम्प्रदायिक निर्णय व दलित वर्ग एवं पूणे समझौता, प्रान्तीय विधान सभाओं के चुनाव एवं जिन्ना, क्रिप्स मिशन 1942, विभाजन की योजना।

29. भारतीय परिषद अधिनियम 1909 एवं भारत सरकार अधिनियम 1919 (माण्टेग्यू–चेम्सफोर्ड सुधार) 352

मिंटो–मार्ले रिफार्म (1909), मुख्य धाराएँ: केन्द्रीय विधान परिषद, प्रान्तीय विधान परिषदें, कांग्रेस की प्रतिक्रिया, भारत सरकार अधिनियम (माण्टेग्यू–चेम्सफोर्ड सुधार) की घोषणा, 1919 के अधिनियम के प्रावधान, गृह शासन, भारत सरकार, केन्द्रीय विधानमण्डल, प्रान्तीय प्रशासन एवं द्वैधशासन, केन्द्रीय तथा प्रान्तीय विषयों का विभाजन, सुधारों का मूल्यांकन, द्वैधशासन की असफलता के कारण, राजनीतिक दलों की प्रतिक्रियाः कांग्रेस का दृष्टिकोण।

30. 1935 का संविधान.. 367

प्रथम गोलमेज सम्मेलन (1930), गांधी–इरविन समझौता, द्वितीय गोलमेज सम्मेलन (1931), तृतीय गोलमेज सम्मेलन (1932), 1935 का अधिनियमः अखिल भारतीय संघ एवं रियासतें, विषयों का विभाजन, गवर्नर जनरल की शक्तियाँ, संघीय सभा, राज्य परिषद, संघीय न्यायालय, प्रान्तीय प्रशासन, प्रान्तीय कार्यपालिका एवं विधानमण्डल, मूल्यांकन, कांग्रेस एवं अन्य दलों का दृष्टिकोण, कांग्रेस मंत्रिमण्डल।

VI. गांधीवादी युग

31. गांधीजी का उदय एवं असहयोग आन्दोलन.. 379

जनसहयोग की पद्धतियां, रॉलेट एक्ट, राष्ट्रीय आन्दोलन का तृतीय चरण, जलियांवाला बाग हत्याकाण्ड (1919), असहयोग आन्दोलन, खिलाफत आन्दोलन, असहयोग आन्दोलन के कार्यक्रम, प्रदेशों में गतिविधियां, असहयोग आन्दोलन का नेतृत्व, स्वराज दल (1922), प्रतिसंवेदी सहयोग, मोतीलाल नेहरू एवं स्वराजवादी, साईमन कमीशन, नेहरू रिपोर्ट, युवा क्रान्तिकारी विद्यार्थियों की भूमिकाः रामप्रसाद बिस्मिल, राजेन्द्र लाहिड़ी एवं रोशन सिंह तथा धन प्रबंधन की काकोरी योजना (1925), अशफाक उल्लाह खां, चन्द्रशेखर आजाद (1906–1931), सुखदेव (1909–31), भगतसिंह (1906–31), जतिनदास, गणेश शंकर विधार्थी, चिटगांव शस्त्रागार पर छापा।

32. **गांधीजी एवं सविनय अवज्ञा आन्दोलन** 395
लाहौर अधिवेशन एवं स्वाधीनता का प्रस्ताव, चतुर्थ चरण–सविनय अवज्ञा आन्दोलन (1930–31), ऐतिहासिक दाण्डी यात्रा (1930) एवं सरकार का दमन चक्र, प्रदेशों में आन्दोलन, सविनय अवज्ञा आन्दोलन के प्रमुख राष्ट्रवादी, गांधी–इरविन समझौता (1931), करांची अधिवेशन (मार्च 1931), सविनय अवज्ञा का दूसरा दौर (1932–34), प्रमुख राष्ट्रवादी नेताः श्रीमती एनी बेसेन्ट, देशबंधु चितरंजन दास, सरदार वल्लभभाई पटेल, डॉ. राजेन्द्र प्रसाद, खान अब्दुल गफ्फार खान।

33. **राष्ट्रवाद एवं श्रमिक वर्ग आन्दोलन** 406
कामगार या मजदूर संगठन, कामगार एवं स्वदेशी आन्दोलन, प्रथम विश्व युद्ध के बाद कामगार वर्ग, एटक (AITUC), वामपंथी विचारधारा का विकास, कामगार किसान पार्टी, कामगार आन्दोलन, मेरठ षड्यंत्र मुकदमा, यूनियनों का एकीकरण, व्यवसायिक संघों पर द्वितीय विश्वयुद्ध का प्रभाव, इन्टक (INTUC)।

34. **किसान आन्दोलन** 414
प्रथम विश्वयुद्ध कालीन आर्थिक संकट, फैजपुर अधिवेशन (1936), कोमिल्ला अधिवेशन, गया अधिवेशन (1939), नील विद्रोह (1855–73), पबना विद्रोह (1873–76), दक्कन उपद्रव, बिजौलिया आन्दोलन (1931–41), विजय सिंह पथिक, मलाबार का मोपला विद्रोह, कोय, संयुक्त प्रान्त का किसान आन्दोलन (1920–22), पंजाब में असन्तोष (1876 व 1946), बारदोली सत्याग्रह (1928), तेभागा आन्दोलन (1946–47), ट्रैवनकोर संघर्ष (1946), वर्ली संघर्ष (1945–49), बकाश्त किसान संघर्ष (1946–47), तेलंगाना आन्दोलन (1945–51)।

35. **देशी रियासतों में जनता के आन्दोलन** 426
राजनीति अधिकारों का अभाव, करों का बोझ, सामाजिक एवं धार्मिक आन्दोलन का प्रभाव, चेम्बर ऑफ प्रिन्सेस, कांग्रेस की नीति, राजकोट में जन–आन्दोलन, हैदराबाद का आन्दोलन।

36. **भारत में वामपंथी आन्दोलन** 432
रूसी साम्यवादी सरकार की सफलता, अहिंसात्मक आन्दोलन की विफलता, समाजवादी विचारधारा एवं कांग्रेसी नेतृत्व, भारतीय साम्यवादी दलः मानवेन्द्रनाथ राय, श्रीपद अमृत डांगे, काजी नजरूल इस्लाम, सिंगारवेलु चेट्टियर, नलिनी गुप्ता, साम्यवादी आन्दोलन के चार चरण, कांग्रेस समाजवादी दल, जवाहरलाल नेहरू एवं सुभाषचन्द्र बोस के विचार, कांग्रेस के आर्थिक कार्यक्रम, कराची अधिवेशन, समाजवादी दल की स्थापनाः जयप्रकाश नारायण, युसुफ मेहरअली, अच्युत पटवर्धन, एम.आर. मसानी, अशोक मेहता, आचार्य नरेन्द्र देव, राम मनोहर लोहिया, पार्टी के कार्यक्रम, कांग्रेस समाजवादी एवं कम्युनिस्टों का मोर्चा (1936), फॉरवर्ड ब्लाक, राष्ट्रीय राजनीति पर प्रभाव।

37. **भारत छोड़ो आन्दोलन** 444
द्वितीय महायुद्ध एवं भारतीय राजनीति, क्रिप्स मिशन मण्डल (1942), भारत छोड़ो प्रस्ताव (जुलाई 1942), अगस्त 1942 का विद्रोह, राष्ट्रवादी सरकारें: बिहार, संयुक्त प्रान्त, बंगाल, उड़ीसा, महाराष्ट्र, रेडियो द्वारा राष्ट्रवादी प्रसारण, भारत छोड़ो आन्दोलन का नेतृत्व, सरकार की प्रतिक्रिया, गांधीजी का उपवास, भारत छोड़ो आन्दोलन का स्वरूपः हिंसा रहित कार्य योजना, जेलों में बंद राष्ट्रवादी, अनियोजित आन्दोलन, एकरूपता का अभाव, अगस्त क्रान्ति का महत्व।

38. **राष्ट्रीय आन्दोलन में महिलायें** 459
लक्ष्मीबाई का आदर्श, समाज सुधारक, गांधीजी का आह्वान, राष्ट्रवादी महिलाएं: चेन्नम्मा, कुमारी मैना, मैडम भीकाजी कामा, सरोजिनी नायडू, रानी गिडालू या गैडनल्यू, मुत्तुलक्ष्मी रेड्डी, विजय लक्ष्मी पण्डित, प्रीतिलता वाडेकर, सुहासिनी गांगुली, कुमारी वीणादास, शांति घोष, सुनीति चौधरी, दुर्गा भाभी, भगिनी निवेदिता, मातंगिनी हजारा, कनकलता बरूआ, मीरा बेन, सुचेता कृपलानी, इंदिरा गांधी, अरूणा आसफ अली, कमला देवी चट्टोपाध्याय, सुशीला देवी, तोरण देवी शुक्ला, विद्यावती कोकिला, बालमणि अम्मा, हंसा मेहता, कल्पना दत्त, ननी बाला देवी, उषा मेहता, महिलाओं द्वारा सम्पादित कार्य।

VII. सांस्कृतिक गतिविधियां

39. साहित्यिक एवं सांस्कृतिक आन्दोलन 467

संस्कृत, बंगलाः बंकिमचन्द्र, शरत चन्द्र चट्टोपध्याय, रवीन्द्रनाथ ठाकुर, हिन्दीः भारतेन्दु हरिशचन्द्र, प्रेमचन्द (1880–1936), तमिलः सुब्रह्मण्यम भारती (1882–1921), उर्दूः शेख मोहम्मद इकबाल, गुजराती, लेखकों के संगठन, रंगमंचीय संस्थाएं, नृत्यः भरतनाट्यम, कुचिपुडी, कत्थकली, कत्थक, मणिपुरी, ओड़ीसी, संगीत, चित्रकलाः अवनि बाबू, नन्दलाल बोस, यामिनी राय, शारदा उकील, मुम्बई स्कूलः रवि वर्मा, शीला आडेन, शैलेज मुखर्जी, रसिकलाल पारिख, वाई.के. शुक्ल, सोमलाल शाह, कनु देसाई, लखनऊ स्कूलः भवानीचरण गई, रामगोपाल विजयवर्गीय, चलचित्र उद्योग।

VIII. स्वाधीनता की ओर

40. भारतीय राष्ट्रीय सेना एवं रॉयल इण्डियन नेवी का विद्रोह 483

सुभाषचन्द्र बोस, दक्षिण पूर्व एशिया में भारतीय, सुभाषचन्द्र बोस एवं आजाद हिंद फौज, रानी झांसी रेजीमेंट आजाद हिंद फौज पर मुकदमा, शाही नौसेना का विद्रोह, नौसेना का तलवार ट्रेनिंग स्कूल, कांग्रेस–मुस्लिम लीग नेताओं की प्रतिक्रिया।

41. सत्ता हस्तान्तरण एवं आजादी 491

साम्प्रदायिक गतिविधियां, भारतीय राष्ट्रीय आन्दोलन की शक्ति, महायुद्ध एवं ब्रिटिश साम्राज्य का पतन, युद्धोपरान्त विश्व में बदलाव, भारत उपनिवेश के रूप में अनुपयुक्त, आजाद हिंद फौज व नौसेना विद्रोह, सी. आर. फार्मूला, पाकिस्तान आन्दोलन, वैवेल योजना एवं शिमला सम्मेलन, इंग्लैण्ड में लेबर पार्टी की सरकार, 1945–46 का निर्वाचन, मंत्रिमण्डलीय शिष्टमण्डल योजना, अन्तरिम सरकार की स्थापना (1946), साम्प्रदायिक हिंसा, ऐटली महोदय की घोषणा, माउण्टबेटन योजना एवं भारत का विभाजन, भारत पाकिस्तान सीमा निर्धारण, सिन्धु नदी जल विवाद, भारतीय स्वाधीनता अधिनियम, भारतीय राज्यों का विलय, सरदार पटेल की कार्रवाई, भारतीय स्वतंत्रता में सहायक तत्व, क्या भारत विभाजन अनिवार्य थाः साम्प्रदायिक दंगे, कई टुकड़ों में देश के विभाजन की संभावना, अविलम्ब स्वतंत्रता की इच्छा, अन्तरिम सरकार की असफलता, भौगोलिक स्थिति।

42. भारत में अंगरेजी राज्य का प्रभाव 509

आर्थिक पक्षः निकासी सिद्धान्त, दूसरी विचारधारा पाश्चात्य विचार एवं भारतीय राष्ट्रवाद, विधि एवं प्रशासन, सिविल सेवा, अंगरेजी भाषा एवं इतिहास लेखन, तीसरी विचारधारा, सांस्कृतिक प्रभाव।

IX. स्वाधीनता का प्रथग चरण

43. राज्यों का पुनर्गठन एवं प्रारंभिक योजनाकाल 516

राज्य पुनर्गठन आयोग की अनुशंसा, राज्यों का विभाजन, गांधीजी की हत्या, गांधीजी के विचारः अस्पृश्यता का निवारण, गांधीजी एवं प्रजातंत्र, नेहरू युगः जवाहरलाल नेहरू एवं समाजवाद, आर्थिक विस्थापन, प्रथम, द्वितीय एवं तृतीय पंचवर्षीय योजना।

44. दलित आन्दोलन एवं निर्वाचन प्रावधान 525

ज्योतिराव फूले (1827–90) एवं सत्य शोधक समाज, दक्षिण भारत में गैर–ब्राह्मण आन्दोलन, ई.वी. रामास्वामी नायकर (पेरियार), नारायण गुरू, अम्बेडकर का योगदान, संविधान में प्रावधान।

45. भारतीय गणतंत्र का संविधान 530

संविधान सभा की प्रक्रिया, प्रस्तावना, संविधान की विशेषताएं, वयस्क मताधिकार, संघात्मक एवं सुदृढ़ केन्द्र, संसदात्मक प्रणाली, मौलिक अधिकार, निदेशक तत्व, मूल कर्तव्य, संघीय कार्यपालिकाः उपराष्ट्रपति, मंत्रिपरिषद, राज्यसभा, लोकसभा, उच्चतम न्यायालय, राज्य सरकारें, निर्वाचन व्यवस्था, संशोधन प्रावधान।

46. भूमि सुधार एवं औद्योगिकीकरण 537
बिचौलियों का उन्मूलन, काश्तकारी सुधार, भू–जोतों की चकबंदी, बहुउद्देशीय नदी घाटी योजनाएं, उर्वरक उद्योग, ग्रामीण पंचायतों की स्थापना, कृषि सुधारों के परिणाम, औद्योगिकीकरण, मिश्रित अर्थव्यवस्था, उद्योगों में संरचनात्मक परिवर्तन एवं वृद्धि, औद्योगिक वित्तः राष्ट्रीय औद्योगिक विकास निगम, राज्य वित्त निगम, मूल्यांकन।

47. विदेश नीति एवं पड़ोसी देशों से सम्बन्ध 545
भौगोलिक परिस्थितियां, द्विगुटीय विश्व, आर्थिक सैनिक तत्व, व्यक्तिगत प्रभाव, राष्ट्रीय नीति, ऐतिहासिक पृष्टभूमि एवं विचारधाराएं, भारतीय विदेश नीति के सिद्धान्त एवं व्यवहार, गुटनिरपेक्षता, साम्राज्यवाद एवं उपनिवेशवाद का विरोध, विश्व शान्ति की नीति, साधनों की शुद्धता, प्रजातीय विभेद का विरोध, तीसरा विश्व एवं भारत, परमाणु निःशस्त्रीकरण का समर्थन, पंचशीलः पड़ोसी एवं अन्य देशों से सम्बन्धः पाकिस्तान, चीन, नेपाल, भूटान, श्रीलंका, बर्मा, थाईलैण्ड, कम्बोडिया, वियतनाम, मलेशिया, फिलीपीन्स, इण्डोनेशिया, पश्चिमी एशिया के देश।

48. समसामयिक सांस्कृतिक गतिविधियां, संगीत एवं नृत्य 554
नृत्यः कत्थक, भरतनाट्यम, कथकली, मोहिनी अट्टम, ओट्टन तुल्लम, कुचीपुडी, मणिपुरी, ओडिसी, हरियाणा नृत्यः धमाल, झूमर, डंडानाच, फाग, गंगोर, राजस्थानी नृत्यः गैर, गींदड, चंग, डांडिया, घूमर, गरबा, पणिहारी, कच्छी घोडी, भवाई, ख्याल, गुजरातः गरबा, डंडिया, रास व भवई, केरलः कूडियाट्टम, महाराष्ट्रः पोवडा, गोधुली गीत, तमाशा गफा, जम्मू कश्मीरः हिकात, जाकरी, राउफ, भाडपाथेर, असमः झुमरू, रखाललीला, भंवरिया, पश्चिमी बंगालः काठी, जात्रा, बाउल, उत्तर प्रदेशः कजरी, मध्य प्रदेशः गौंड, पंथी, पाणुरानी, तमिलनाडुः कोलट्टम, कावेरी, कडगम, गोवाः कार्नीवल, हिमाचलः डांगी, झाझर, सांगला, **संगीतः** ध्रुपद, ख्याल, धमार, होरीधमाल, ठुमरी, तराना, कजरी, टप्पा, कर्नाटक के संगीत, देशी गीतः गजल, दादरा कव्वाली, कीर्तन–भजन एवं लोकगीत, **वाद्ययंत्रः** तातः रूद्रबीन, तम्बूरे, एकतार, खमाच, साजिन्दा, सरोह, रूबाब, सूरबीन, सूरसिंगार, तरब, तुरही, मुर्चंग, खंजडी, बेतांतः दिलरूबा, सांरगी तौसा, धनः नगाडा, परवावज, ढोल, मृदंग, तबला आदि।

49. चित्रकला एवं साहित्य का विकास 561
आधुनिक चित्रकला एवं बदलती प्रवृतियांः गगनेन्द्रनाथ ठाकुर, रविशंकर रावल, यामिनी राय, नंदलाल बसु, असित कुमार हाल्दार, देवीप्रसाद चौधरी, अमृता शेरगिल, रामकिंकर बैज, समसामयिक साहित्यः असमिया, अंगरेजी, उड़िया, उर्दू, कन्नड़, कश्मीरी, गुजराती, तमिल, तेलुगू, पंजाबी, बंगला, मलयालम, संस्कृत व हिन्दी।

50. विज्ञान एवं तकनीक का विकास 566
भारत के अन्तरिक्ष केन्द्र, इनसेट शृंखला, भारत–प्रक्षेपणयान प्रौद्योगिकी, आणविक ऊर्जा विभाग की स्थापना, अनुसंधान केन्द्र, सूचना प्रौद्योगिकी, ब्रिटिशकालीन विज्ञान एवं तकनीकी कॉलेज व विश्वविद्यालय, प्रमुख भारतीय वैज्ञानिक एवं अन्वेषक।

51. भारत के लोकप्रिय पर्यावरणीय आन्दोलन 572
उत्तराखण्ड का चिपको आन्दोलन, महिलाओं का चिपको आन्दोलन में योगदान, कर्नाटक का अप्पिको आन्दोलन, साईलेंट घाटी आन्दोलन, बिश्नोई आन्दोलन, जंगल बचाओ आन्दोलन, नर्मदा बचाओ आन्दोलन, टिहरी बांध विरोधी आन्दोलन, निष्कर्ष।

परिशिष्ठ–1: *सामान्य अध्ययन UPSC-CS (Main) Exam (प्रश्न-पत्र–I, 2020–21)* 576
इतिहास UPSC-CS (Main) Exam (प्रश्न-पत्र–II, 2020–21)

परिशिष्ठ–2: *सामान्य अध्ययन UPSC-CS (Main) Exam (प्रश्न-पत्र–I, 2022)* 579
इतिहास UPSC-CS (Main) Exam (प्रश्न-पत्र–II, 2022)

परिशिष्ठ–3: *सामान्य अध्ययन UPSC-CS (Main) Exam (प्रश्न-पत्र–I, 2023)* 582
इतिहास UPSC-CS (Main) Exam (प्रश्न-पत्र–II, 2023)

अनुक्रमणिका 585

1
परवर्ती मुगल एवं प्रारम्भिक यूरोपीय बस्तियाँ
(The Later Mughals and Early European Settlement)

आधुनिक भारत के इतिहास (1757 से 1947) को सामाजिक बदलाव, आर्थिक संक्रमण (crisis), राजनीतिक परिवर्तनों एवं संघर्षों की कथा कहा जा सकता है। इस काल में हुए कई तरह के परिवर्तन किसी एक निश्चित घटनाक्रम का परिणाम नहीं थे बल्कि यह सब लम्बे समय में भारतीय समाज एवं स्थानीय राजनीति तथा साम्राज्यवादी शक्ति के परस्पर दबाव और निहित स्वार्थों का परिणाम थे जिसकी शुरूआत मुगल साम्राज्य के पतन के साथ हुई। 1707 में औरंगजेब की मृत्यु के पश्चात् मुगल साम्राज्य का विघटन होने लगा और धीरे–धीरे देश में अराजकता और व्यापक अशांति का वातावरण बना। औरंगजेब के उत्तराधिकारी अयोग्य एवं शक्तिहीन थे उनमें इतनी क्षमता नहीं थी कि वे विशाल मुगल साम्राज्य को एक सूत्र में बाँधे रख सकें। मुगल प्रशासनिक व्यवस्था में केन्द्र साम्राज्य का आधार था और सम्राट प्रशासनिक व्यवस्था का केन्द्र बिन्दु। साम्राज्य का प्रधान होने के साथ–साथ वह सेना का प्रधान सेनापति तथा न्याय व्यवस्था का प्रमुख स्त्रोत भी था। उसके मंत्री शासन नीति के निर्माता न होकर केवल सलाहकार की हैसियत रखते थे। राज्य के समस्त अधिकारी भी सम्राट के प्रति उत्तरदायी थे। साम्राज्य औरंगजेब के समय 20 प्रान्तों (सूबों) में विभक्त था, जिसके शीर्षस्थ अधिकारी थे सूबेदार एवं दीवान। सूबेदार का प्रमुख कर्त्तव्य था प्रान्त में शान्ति व्यवस्था बनाये रखना, न्यायिक कार्य तथा सेना पर नियंत्रण। दूसरी ओर करों की वसूली, राजकोष का लेखा–जोखा रखना एवं कृषि विकास के लिये कार्य करना दीवान का उत्तरदायित्व था।

अकबर ने मुगल सेना को मनसबदारी पद्धति के आधार पर संगठित किया था। मनसबदार के अधिकार में जितनी भी फौज होती थी उसका वेतन उसके मुखिया को एक बार कर दिया जाता था। अतः सिपाही सम्राट की सेवा में रहते हुए उन्हीं सरदारों को जानते थे जिनसे उन्हें वेतन मिलता था। इस प्रकार एक ओर सम्राट के नियंत्रण से सुदृढ़ सेना का अभाव हो गया वहीं दूसरी ओर मनसबदार सामन्त की हैसियत में आ गये। यह सामन्तीय व्यवस्था ही 18वीं सदी की राजनीतिक अव्यवस्था एवं अराजकता के लिये मूलरूप से उत्तरदायी थी।[1]

सामन्तों पर नियंत्रण रखना और सत्ता के लिये उनका उपयोग करना औरंगजेब के अयोग्य उत्तराधिकारियों के लिए तो बिल्कुल भी संभव न हो पाया। दरअसल सामन्ती व्यवस्था ने देश की एकता को ऐतिहासिक काल में अधिक समय तक बरकरार नहीं रहने दिया। इस प्रकार भारत में स्थाई एवं निरन्तर सत्ता का सदैव अभाव ही रहा। ताराचंद के विश्लेषण से इस स्थिति का सही बोध होता है। वैदिक युग से लेकर अठाहरवीं शताब्दी के अन्त तक फैले इतिहास में एक समय पर दो शताब्दियों से अधिक की अविकल राजनीतिक एकता का लाभ भारत ने कभी नहीं उठाया। मुगलो के साम्राज्य का ढाँचा औरंगजेब की मृत्यु के बाद आधी शताब्दी के भीतर ही खण्ड खण्ड होकर बिखर गया।[2] मुगल काल तक के भारतीय इतिहास के विभिन्न राजवंशों के पराभव की समीक्षा करने पर हम इस निष्कर्ष पर पहुंचेंगे कि यहाँ की सामन्ती व्यवस्था भारत में स्थिर सरकार के लिए सदैव बाधक सिद्ध हुई। यूरोप के सामन्तों में भी आपसी विवाद एवं मनमुटाव रहता था और वे राजा के अधिकारों को चुनौती देने में पीछे नहीं रहते थे। लेकिन भारतीय सामन्त राजा के अधिकारों को चुनौती न देकर स्वयं उन अधिकारों का प्रयोग करने के लिये तत्पर रहते थे। केन्द्रीय सत्ता के कमजोर होने पर संघर्ष इस बात पर होता था कि इन अधिकारों का अधिकाधिक उपयोग कौन करें। औरंगजेब की मृत्यु के बाद सामन्त, मनसबदार अपनी स्वतंत्र सत्ता स्थापित करने एवं राज्य क्षेत्र के विस्तार में लग गये और कुछ ही वर्षों में विशाल मुगल साम्राज्य छोटे–छोटे स्वतंत्र राज्यों में बंट गया। स्थिति का निरूपण करते हुए कहा गया है "उत्तरकालीन मुगलों के समय सामन्त निजी स्वार्थों और दलबन्दियों में ऐसे फंस गये कि उन्होंने राज्य की मूल शक्ति पर ही कुठाराघात करना शुरू कर दिया। वजीर तथा अन्य उच्च अधिकारी अलग–अलग गुटों में बंट गये और एक दूसरे को नीचा दिखाने की होड़ में लगे रहे। इसका प्रभाव यह पड़ा कि सेना तथा प्रशासन की व्यवस्था को धक्का लगा।"[3] इरविन के अनुसार मुगल सामन्त चार प्रमुख गुटों में विभक्त थे–तूरानी, ईरानी, अफगान और हिन्दुस्तानी। जैसा कि इन सामन्तों के नाम से स्पष्ट है कि पहले तीन प्रकार के सामन्त मुगल दरबार में बहुत अधिक प्रभावशाली थे और शासन तथा राजनीति में इनका प्रभाव दिखायी देता था। इन तीनों वर्गो के सामन्त मूलतः

विदेशी थे। वे उन विदेशियों के वंशज थे जो मध्य एशिया, ईरान तथा अफगानिस्तान से आये थे। ये मुगल सेना की रीढ़ की तरह से थे। औरंगजेब और उसके शासनकाल के बाद इन कुलीनों की संख्या बढ़ती गयी। लेकिन ये विदेशी सामन्त हर समय एक दूसरे को नीचा दिखाने में लगे रहते थे। चौथा दल हिन्दुस्तानी इस कारण से कहलाया क्योंकि इसमें वे मुसलमान सामन्त शामिल थे जो कई पीढ़ियों से भारत में रह रहे थे। इस गुट के सामन्तों का राजपूतों तथा जाट सरदारों और जमींदारों से अच्छा सम्बन्ध था।[4] इस प्रकार यूरोप के सामन्तों की अपेक्षा भारत में इस वर्ग की भूमिका बहुत खराब रही।

परवर्ती मुगल शासक (Later Mughal Emperors): औरंगजेब के उत्तराधिकारी बहादुरशाह प्रथम (या मुहम्मद मुअज्जम 1707–12 ई.) ने मुहम्मद आजम और कामबख्श को परास्त कर मार डाला और 65 वर्ष की अवस्था में सत्ता हस्तगत की। उसको लोग 'मस्त राजा' भी कहा करते थे।

जहांदारशाह (1712–13 ई.): बहादुरशाह के मरने के बाद उसके चार पुत्रों–जहांदारशाह, अजीमुश्शान, जहांनशाह और रफी उश्शान में गद्दी के लिए संघर्ष छिड़ गया। 51 वर्ष की आयु में जहांदारशाह को दिल्ली की गद्दी नसीब हुई। इसे बादशाह बनाने में जुल्फिकार खां ने सहयोग किया था। ताराचंद लिखते हैं कि जहांदारशाह लापरवाह, लम्पट और पागलपन की हद तक नशेबाज था। उसने दुराचारी और स्त्रैण दरबारी जीवन का एक दुष्ट नमूना सामने रखा और शासक वर्ग की नैतिकता को कलुषित कर दिया। अपने ग्यारह महीने के शासन में जहांदारशाह ने अपने पूर्वजों द्वारा संचित खजाने का अधिकांश भाग लुटा दिया।[5] औरंगजेब अपने पुत्रों के निकम्मे रहने का उत्तरदायी वह स्वयं था। उसकी सन्देह प्रवृत्ति और सुदृढ़ गुप्तचर व्यवस्था के कारण उनमें न तो महत्वपूर्ण कार्य करने की क्षमता का विकास हुआ और ना साहसिक कार्य करने की हिम्मत बढ़ी।

फर्रूखसियर (1713–19): जहांदारशाह के विलासी जीवन तथा जुल्फिकार खां द्वारा सत्ता पर कब्जा कर लिये जाने के कारण सामन्ती अमीरों में असन्तोष व्याप्त हो गया और 1713 में बादशाह के भतीजे फर्रूखसियर के नेतृत्व में विद्रोह कर दिया। जहांदारशाह को समाप्त कर फर्रूखसियर (1713–19) दिल्ली का बादशाह बना। फर्रूखसियर को बादशाह बनाने में सैयद बन्धुओं (हुसैन अली एवं अब्दुल्ला खां) की महत्वपूर्ण भूमिका रही अतः वह सैयद बन्धुओं के हाथों में खेलता रहा उसकी स्वयं की कुछ नहीं चलती थी।[6] उसके समान तो मुगल वंश में कोई डरपोक हुआ ही नहीं था।[7] उसके लिए कहा गया है कि वह अपने वादों के प्रति झूठा, हितैषियों के प्रति कृतघ्न, कपट योग द्वारा उत्पीड़क, अस्थिरचित और क्रूर था।[8] जब उसने स्वतंत्र ढंग से कार्य करने की कोशिश की तो हुसैन अली ने मराठों के सहयोग से 1719 में उसे मौत के घाट उतार दिया। इसी प्रकार **रफी उर दरजात** एवं **रफी उद्दौला** निकम्मे एवं अयोग्य थे।

सैयद बन्धुओं की भूमिका: अब्दुला खां और हुसैन अली अबुलफरह के वंशज थे जो शताब्दियों पूर्व मेसोपोटामिया से भारत आया था। सैयद बन्धुओं का पिता सैयद मियां बीजापुर और अजमेर में सूबेदार रह चुका था। औरंगजेब के बाद हुए युद्धों में सैयद बन्धुओं द्वारा दी गई सेवाओं के बदले उन्हें 4000 की मनसबदारी प्रदान की गई।

मुहम्मदशाह (1719–48): रफी उद्दौला की मृत्यु के बाद सैयद बन्धुओं के सहयोग से बादशाह बना। इसके शासन की सबसे बड़ी उपलब्धि लगभग 30 वर्ष तक मुगल सत्ता का टिका रहना था। प्रारम्भ में सत्ता सैयद बन्धुओं के हाथों में केन्द्रित रही। लेकिन अमीर एवं स्वयं बादशाह भी सैयद बन्धुओं के नियंत्रण से परेशान थे। अतः 1720 में उनकी हत्या करवा दी गई। मुहम्मदशाह की आंशिक सफलताओं का रहस्य था निजाम–उल–मुल्क (Nizam-Ul-Mulk) जैसे योग्य वजीर की मुगल साम्राज्य को प्राप्त सेवायें। उसने पूरी ईमानदारी से मुगल शासनतंत्र को सुधारने का प्रयास किया। लेकिन इस समय तक प्रशासनिक व्यवस्था इतनी विकृत हो चुकी थी कि किसी ने भी निजाम–उल–मुल्क के प्रयासों एवं सुधारों का समर्थन नहीं किया। अन्ततः शिकार के बहाने से 8 दिसम्बर 1723 को वह दक्षिण में अपने लिए एक स्वतंत्र राज्य की स्थापना को लेकर चल पड़ा।

अहमदशाह (1748–54): मुहम्मदशाह की मृत्यु के बाद एक नर्तकी का पुत्र अहमदशाह गद्दी पर बैठा। इस दौरान शासन हिजडों और औरतों के एक गिरोह द्वारा संगठित किया गया।

आलमगीर द्वितीय (1754–59 ई.): निकम्मे एवं मूर्ख अहमदशाह को गद्दी से हटाकर अंधा करवा दिया तथा सलीमगढ़ की जेल में डाल दिया था। आलमगीर द्वितीय (जहांदारशाह का पौत्र) शासक बना। वह अनुभवहीन व कमजोर शासक था। 1759 में इमादुलमुल्क ने उसकी हत्या कर दी और लाल किले के पीछे यमुना नदी में लाश फिंकवा दी।

शाहआलम (1759–1806): मुगल **शाहजादा अली गोहर** अपने पिता आलमगीर द्वितीय (1754–59) की, उसके वजीर इमाद–उल–मुल्क द्वारा हत्या कर दिये जाने के समय पटना में था। अतः पटना में ही उसे दिल्ली का बादशाह

बनाया गया। बादशाह शाहआलम द्वितीय के नाम से वह शासन करने लगा और अवध का नवाब शुजाउद्दौला उसका वजीर कहलाया। कमजोर मुगल शासकों के काल में निजाम की तर्ज पर बंगाल, अवध स्वतंत्र हो गये एवं मराठों ने मालवा गुजरात पर आक्रमण कर दिये। लेकिन सबसे घातक प्रहार नादिरशाह का साबित हुआ जिसने मुगल साम्राज्य के अस्तित्व पर विराम चिन्ह लगा दिया। नादिरशाह के आक्रमण की चर्चा करने से पहले साम्राज्य के उन विभिन्न भागों की जानकारी करेंगे जो मुहम्मदशाह एवं अन्य मुगल शासकों के दौरान टूटकर अलग हुए साथ ही कुछ विकसित हुई उन नई शक्तियों का परिचय भी आवश्यक है जिन्होंने आगे जाकर औपनिवेशिक सत्ता के साथ संघर्ष किया।

नवीन राज्यों का उद्भव (Rise of New States)

हैदराबादः निजाम–उल–मुल्क (किलिचखां) दिल्ली दरबार की दलबंदी से परेशान होकर हैदराबाद पहुंचा और वहां 1724 में अपने लिए एक स्वतंत्र राज्य की स्थापना की। उल्लेखनीय है कि 1713 में उसे दक्षिण का सूबेदार नियुक्त किया गया था लेकिन बाद में वह मुगल साम्राज्य का वजीर बना। सैयद बन्धुओं के दमन में उसने अपनी योग्यता को प्रदर्शित किया था परिणामस्वरूप वजीर के महत्वपूर्ण पद पर पहुँच पाया। परन्तु दरबार की दलबंदी ने उसे दिल्ली छोड़ने को मजबूर कर दिया। मुगल दरबारी नहीं चाहते थे कि निजाम–उल–मुल्क दक्षिण में सफल हो। अतः मुबारिज खाँ को दक्षिण का सूबेदार बनाकर भेजा गया, किंतु वह निजाम–उल–मुल्क को दक्षिण में बढ़ने से नहीं रोक पाया और सखर खेड़ा के युद्ध में मुबारिज खां परास्त हुआ। 1724 में निजाम का हैदराबाद पर आधिपत्य हो गया और अपने को वहाँ का स्वतंत्र शासक घोषित किया।[9] मुगल बादशाह को विवश होकर उसे मान्यता देनी पड़ी और आसफजहाँ को पदवी से विभूषित किया। निजाम भी मुगलों के महत्व को समझता था और आवश्यकता पड़ने पर उनकी सहायता की। 1737 से 1740 के मध्य उसे मुगलों के पक्ष में मराठा सरदार बाजीराव से संघर्ष करना पड़ा, लेकिन उसे अधिक सफलता नहीं मिली। तथापि वह कुशल सेनानायक और सफल शासक के रूप में जाना जाता है। अपनी योग्यता के बल पर ही वह दक्षिण में शक्तिशाली राज्य की स्थापना कर पाया। उसके बारे में सिडनी ओवन (Sidney Owen) ने लिखा हैः "वह एक चालाक, कूटनीतिज्ञ तथा अवसरवादी था। उसने मुगल साम्राज्य को अपने पांव पर खड़ा करने का प्रयत्न किया और जब उसे ऐसा होना असंभव लगा तो वह स्वयं एक नौका में बैठ, कुछ अन्य व्यक्तियों के साथ डूबती हुई स्थिति में अपने आपको बचाकर ले गया।" उसकी मृत्यु के पश्चात् हैदराबाद के सूबेदार (निजाम) उतने योग्य नहीं हुए। परवर्ती शासकों को अपनी सत्ता को बनाये रखने के लिए प्रारम्भ में फ्रांसीसी और बाद में अंगरेजों पर निर्भर रहना पड़ा। निजाम–उल–मुल्क के प्रारम्भिक उत्तराधिकारियों में थेः नासिरजंग (1748–50), मुजफ्फरजंग (1750–51), सलावतजंग (1751–62) एवं निजाम अली (1764–1802)।

अवधः मुगल साम्राज्य से स्वतंत्र होने वाला दूसरा महत्वपूर्ण राज्य अवध था, जिसकी स्थापना शिया सरदार सआदत खाँ ने की। वह 1719 में आगरा प्रान्त में बयाना का फौजदार था। सैयद बन्धुओं (हुसैन अली एवं अब्दुल्ला) के दमन में सहयोग करने के कारण उसे पांच हजार 'जात' व तीन हजार 'सवार'[10] की हैसियत की मनसबदारी मिली। राजधानी के निकट आगरा जैसे महत्वपूर्ण क्षेत्र का वह 1722 में गवर्नर रहा था। इस दौरान जाट और राजपूतों को वह दबाने में असफल रहा इसी वजह से मुगल शासक ने नाराज होकर उसे अवध का सूबेदार बना दिया। बादशाह की यह कार्रवाई लाभदायक सिद्ध हुई और शीघ्र ही (1724 में) उसने अपने लिए एक स्वतंत्र अवध राज्य की स्थापना कर ली। पुत्र के अभाव में अपने भतीजे एवं दामाद सफदरजंग को अपना नायब सूबेदार बना लिया और स्वयं निजाम की भांति स्वतंत्र शासक के रूप में शासन करने लगा। 1739 में सआदत खाँ को नादिरशाह के आक्रमण के विरूद्ध संघर्ष के लिए दिल्ली बुलाया था। युद्ध में वह बंदी बना लिया गया, बाद में उसने आत्महत्या कर ली। सआदत खां का उत्तराधिकारी सफदरजंग योग्य सूबेदार साबित हुआ, उसकी योग्यता से प्रभावित होकर बादशाह ने 1748 में उसे वजीर बनाया। बंगाल व रूहेलों के विरूद्ध उसने युद्ध में भाग लिया था, लेकिन मुगल दरबार की दलबंदी से विवश होकर 1753 में वह अवध लौट आया। उसकी मृत्यु के बाद 1754 में शुजाउद्दौला उसका उत्तराधिकारी बना जो 1775 तक नवाब रहा। मीरकासिम अंगरेजों से परास्त होकर शुजाउद्दौला की शरण में आ गया था। उन्हें संयुक्त रूप से 1764 में अंगरेजों से युद्ध करना पड़ा, जिसमें उनकी भारी पराजय हुई। 1765 में अंगरेजों से इलाहाबाद की सन्धि की जो अवध के हितों के विपरीत थी। शुजाउद्दौला की मृत्यु के बाद आसफ–उद्दौला (1775–97) अवध का नवाब बना।

बंगालः केन्द्रीय सत्ता की दुर्बलता का लाभ उठाने में बंगाल के सूबेदार भी पीछे नहीं रहे। बंगाल को एक स्वतंत्र सूबा बनाने में मुर्शिदकुली खां और अलीवर्दी का योगदान रहा। औरंगजेब के समय मुर्शिदकुली खां को बंगाल का दीवान तथा

नायब गवर्नर (सूबेदार) नियुक्त किया था। फर्रूखसियर ने 1713 में मुर्शिदकुली खां को बंगाल का सूबेदार मान लिया और 1719 में उड़ीसा का दायित्व भी उसे ही सौंप दिया। 1727 में मुर्शिदकुली खां की मृत्यु के पश्चात् उसका दामाद शुजाउद्दीन उत्तराधिकारी बना। इस अवधि (1733) में मुगल शासक मुहम्मदशाह ने बिहार की जिम्मेदारी भी बंगाल के सूबेदार को प्रदान कर दी। इस प्रकार बंगाल, बिहार एवं उड़ीसा एक ही सूबेदार के अधीन हो गये। शुजाउद्दीन के बाद सरफराज खां ने सूबेदार का पद संभाला, परन्तु 1740 में बिहार के नायब सूबेदार अलीवर्दी खाँ ने विद्रोह कर अप्रैल 1740 में घिरिया के युद्ध में सरफराज खां को परास्त कर दिया। इस प्रकार अलीवर्दी खाँ बंगाल, बिहार एवं उड़ीसा का गवर्नर बना।

रूहेलखण्ड: नादिरशाह के आक्रमण के दौरान दिल्ली में व्याप्त अराजकता का लाभ उठाते हुए रूहेलखण्ड के अफगान सरदार मुहम्मद खाँ ने वहाँ अपनी स्वतंत्र सत्ता की स्थापना की। उत्तर में कुमाऊं से दक्षिण में गंगा नदी तक विस्तृत रूहेलखण्ड की, बरेली राजधानी थी। 1749 में यहाँ के शासक बने रहमत खाँ ने मराठों के विरूद्ध अहमदशाह अब्दाली को उसके आक्रमण में सहयोग किया था, इस संभावना से कि उसके अपने राज्य विस्तार के अवसर बढ़ेंगे। लेकिन रूहेलों की राज्य विस्तार की नीति में बाधक थे मराठा। मराठों की प्रबल शक्ति का सामना करने में रूहेले समर्थ न थे। अतः मराठों के आक्रमण के विरूद्ध उन्होंने अवध के नवाब से 1772 में सन्धि कर ली। सन्धि के अनुसार रूहेलों को 40 लाख रूपये अवध के नवाब को मराठों के आक्रमण से सुरक्षा के बदले भुगतान करने पड़े।

मराठाः उत्तरी तथा दक्षिणी भारत में मुगलों को सर्वाधिक हानि मराठों के कारण उठानी पड़ी। वस्तुतः मुगलों के सबसे बड़े शत्रु मराठे थे और वे ही मुगल साम्राज्य का स्थान ले सकते थे। लेकिन अखिल भारतीय साम्राज्य स्थापित करने की योजना तथा कार्यक्रम का अभाव एवं एकता की कमी उनको मुगलों का वारिस होने में बाधक बनी। विद्वानों का मत है कि उनकी प्रशासनिक व्यवस्था जटिल एवं आर्थिक व्यवस्था पतनशील थी। साथ ही पेशवाओं का प्रभावी नियंत्रण न होने से मराठा सरदार भी अपने लिए स्वतंत्र राज्यों की स्थापना में लग गए। ग्वालियर के सिंधिया, इन्दौर के होल्कर, नागपुर के भौंसले एवं बड़ौदा के गायकवाड प्रमुख मराठा सरदार थे। शिवाजी के बाद बालाजी विश्वनाथ प्रथम ने मराठों को नेतृत्व प्रदान किया तथा मुगल सत्ता को मालवा गुजरात से उखाड़ फेंका और 1730 के बाद राजस्थान में अपना वर्चस्व स्थापित कर मुगलों के विघटन से उत्पन्न हुई रिक्ता को भरने का प्रयास किया, लेकिन वे असफल रहे।

राजपूतः औरंगजेब की नीतियों से खिन्न राजपूतों ने उसके दुर्बल उत्तराधिकारियों के समय (18वीं सदी के प्रारम्भ में) अपनी स्वाधीनता को पुनःस्थापित किया। 1714 में मुगल सेनापति हुसैन अली ने जोधपुर पर आक्रमण किया था अतः विवश होकर अजीतसिंह को अपनी पुत्री का विवाह मुगल बादशाह फर्रूखसियर के साथ करना पड़ा। मुगल राजनीति विशेषकर फर्रूखसियर एवं सैयद बन्धुओं के विवाद में जयपुर एवं जोधपुर नरेश तटस्थ रहे। सैयद बन्धुओं ने अपने पक्ष में रखने के लिए अजीतसिंह (जोधपुर) को अजमेर तथा गुजरात की सूबेदारी प्रदान की, जिस पर 1724 तक अजीतसिंह का कब्जा रहा। दूसरी ओर सैयद बन्धुओं के विरोधी पक्ष ने जयपुर महाराजा जयसिंह द्वितीय को आगरा की सूबेदारी सौंप दी थी। लेकिन राजपूत अधिक समय तक मराठों के आक्रमण के कारण, अपनी स्थिति को सुदृढ़ बनाये नहीं रख सके।

जाटः मथुरा, आगरा एवं दिल्ली के निकटवर्ती क्षेत्र के जाट समुदाय के कृषकों ने औरंगजेब की नीति से त्रस्त होकर विद्रोह कर दिया था। इनका नेतृत्व चूड़ामन ने किया। उसकी मृत्यु के बाद उसका भतीजा बदनसिंह जाटों को नेतृत्व देने के लिए आगे आया। उसने ड़ीग, कुम्हेर, बैर एवं भरतपुर में चार दुर्गों का निर्माण करवाया। नादिरशाह के आक्रमण से उत्पन्न स्थिति का लाभ उठाते हुए जाटों ने मथुरा पर भी आधिपत्य कर लिया और इस प्रकार भरतपुर राज्य की स्थापना हुई। 1756 में सूरजमल भरतपुर का शासक बना। उसे जाटों का अफलातून (प्लेटो) कहा जाने लगा। नजीबुद्दौला से युद्ध करते हुए उसे 1763 में अपने प्राण त्यागने पड़े। फादर वेन्डेल ने उसके विषय में कहा था—यद्यपि वह ग्रामीण वेशभूषा में रहता था, परन्तु समझदारी, चतुराई और नागरिक प्रशासन में वह अद्वितीय था। जवाहरसिंह (1763—68) के बाद जाट शक्ति विघटित हो गई।

सिक्खः गुरू गोविन्द सिंह ने सिक्खों में बहादुरी एवं स्वतंत्रता की भावना का विकास किया था। अतः औरंगजेब के शासनकाल में सिक्ख धीरे—धीरे संगठित होने लगे, लेकिन अहमदशाह अब्दाली के भारत से लौट जाने के बाद ही सिक्ख मिसलें अधिक शक्तिशाली बन पाईं और 1760 के बाद पंजाब पर उनका आधिपत्य हो गया।

स्वतंत्र राज्यों के संस्थापक

- हैदराबाद (दक्कन) — निजाम—उल—मुल्क (किलिचखां)
- अवध — शिया सरदार सआदत खाँ

- रूहेलखण्ड — अफगान सरदार मुहम्मद खाँ
- भरतपुर — चूड़ामन, बदनसिंह व सूरजमल

अठारहवीं शताब्दी के प्रारम्भ में जब मुगल साम्राज्य खण्ड–खण्ड होकर बिखर रहा था और मुगल शासकों में आन्तरिक शत्रुओं का दमन करने का साहस नहीं रह गया था। ऐसी स्थिति में विदेशी आक्रमणों से उसका रहा–सहा अस्तित्व भी खतरे में पड़ गया। केन्द्रीय सत्ता की दुर्बलता से मुगल साम्राज्य की अर्थव्यवस्था चरमराने लगी, राजस्व घट गया, संचार व्यवस्था चौपट हो गई। सत्ता की अस्थिरता के दुष्प्रभाव से व्यापार, उद्योग एवं कृषि व्यवस्था भी वंचित नहीं रही। ऐसी ही विपरीत परिस्थितियों में नादिरशाह ने भारत पर आक्रमण किया था।

उत्तर–पश्चिमी शक्तियों के आक्रमण (Invasions from the North-West Forces)

नादिरशाह का आक्रमण (1738–39): ईरान के शासक नादिरशाह ने मुगल बादशाह मुहम्मदशाह को यह संदेश भिजवाया था कि कंधार से भागे हुए अफगानों को उसके साम्राज्य में प्रवेश न करने दे। लेकिन मुहम्मदशाह ने इस ओर कोई ध्यान नहीं दिया। अतः क्रुद्ध नादिर खैबर दर्रा पार कर तेजी से लाहौर की ओर बढ़ा। ताराचंद लिखते हैं–"जब संकट दिल्ली पर आ गया तब मुगलों में हलचल पैदा हुई और मुहम्मदशाह अपनी सेना लेकर करनाल आ जमा। लेकिन सेनापतियों की अयोग्यता और आपसी सहयोग की कमी के कारण उन्हें करारी हार खानी पड़ी।"[11] बादशाह बंदी बना लिया गया और नादिर ने दिल्ली में प्रवेश किया। सामन्तों ने आपसी वैमनस्य के कारण नादिरशाह को दिल्ली के धनी सामन्तों को लूटने का सुझाव दिया। 22 मार्च 1739 को कुछ ईरानी सिपाहियों की हत्या कर दी गई जिसके बदले में नादिर ने 23 मार्च को दिल्ली में कत्लेआम करवा दिया। गलियों में खून की नदियाँ बहने लगी और 30 हजार लोगों को अपनी जान देनी पड़ी। सोने और चाँदी की सिल्लियां, कोहीनूर हीरा, मयूरासन (Peacock Throne) आदि उसके अधिकार में चले गये। 100 हाथी, 7000 घोड़े, 10000 ऊँट और लगभग पन्द्रह करोड़ रूपये नकद लूट ले गया। उसने मुहम्मदशाह को उसका ताज वापस लौटा दिया। अठारहवीं शताब्दी के उत्तरार्द्ध के भारत की स्थिति का निरूपण करते हुए ताराचंद ने आगे लिखा है–भारत हाबेसियन परिस्थितियों का एक जीता जागता नमूना था। वह उस जंगल के समान था जिसमें हिंसक पशुओं की प्रकृति वाले मनुष्य चारों ओर घूमते थे। उनकी अनियन्त्रित महत्वाकांक्षाओं से साम्राज्य में अराजकता फैल गई। रूहेलखण्ड में रूहेलों ने शाही अधिकारियों को निकाल बाहर किया, उनकी जागीरें छीन लीं और स्वतंत्र रियासतें कायम कर ली। रूहेलखण्ड के आगे अवध, बिहार, बंगाल और उड़ीसा पहले ही पूरी तरह स्वतंत्र हो चुके थे। यमुना के दक्षिण में पश्चिम की ओर राजपूताने तक और दक्षिण में चम्बल नदी तक जाटों का राज्य था। उससे पूरे राजपूताना, दोआब और भारत के उत्तरी–पूर्वी प्रान्तों में मराठे अपना मनचाहा कर रहे थे। गुजरात और मालवा उनके अधिकार में थे। राजपूत रियासतें उनकी दया पर आश्रित थीं और दक्कन उन्हें कर देता था। मुगल साम्राज्य का वास्तविक शासन दिल्ली और आगरा तक सीमित हो गया।[12]

अहमदशाह अब्दाली के आक्रमण (1749–61 ई.): ईरान में नादिरशाह के अत्याचार बढ़ गये थे अतः लोगों ने उसकी हत्या कर दी और अहमदशाह अब्दाली को अपना शासक बनाया। अब्दाली भी नादिर की तरह आक्रामक एवं साम्राज्यवादी प्रवृत्ति का था। उसने एक शक्तिशाली सेना का गठन किया और पंजाब पर आक्रमण कर दिया। वह पंजाब को नादिरशाह के साम्राज्य का हिस्सा मानकर उस पर आधिपत्य करना अपना कर्त्तव्य मानता था। 1749 में आक्रमण करके पंजाब के गवर्नर मुईनुलमुल्क को परास्त किया तथा उसे 14,000 रूपये वार्षिक कर के रूप में भुगतान करने के लिये पाबंद किया। कर का भुगतान नियमित रूप से प्राप्त न होने के कारण 1752 में पंजाब में वह तीसरी बार आ धमका। उस समय तक मुहम्मदशाह की मृत्यु हो गई थी और दिल्ली के तख्त पर उसका पुत्र अहमदशाह (1748–54) आसीन था। यदपि उसे अल्पायु में ही दिल्ली की सत्ता हासिल हुई थी, लेकिन वह सर्वथा अयोग्य एवं निकम्मा था। नादिरशाह की भांति दिल्ली लूटे जाने के भय से उसने सिंध एवं पंजाब का प्रदेश अब्दाली को सौंप दिया। उसने अपने अनुकूल स्थिति का लाभ उठाते हुए 1756 में भारतीय सीमाओं में प्रवेश किया तथा जनवरी 1757 में मथुरा एवं आगरा तक लूटपाट की। अहमदशाह ने भारत पर अन्तिम आक्रमण 1761 में किया, पानीपत के तीसरे युद्ध में मराठों की पराजय हुई। इस पर विस्तृत चर्चा आगे की जायेगी। इस प्रकार उत्तर पश्चिम के आक्रमणों से मुगल साम्राज्य का आर्थिक ढाँचा छिन्न–भिन्न हो गया। सेना को समय पर वेतन नहीं मिलता था, परिणामस्वरूप दिल्ली में आये दिन उपद्रव होने लगे। सामन्त लोग भी कंगाली की स्थिति में पहुँच गये थे, वे किसानों से अधिक लगान की माँग करने लगे। दूसरी ओर बहादुरशाह द्वितीय (1837–57) तक निरन्तर उत्तराधिकार के संघर्ष होते रहे। सामन्त भी परस्पर उच्च पदों और समृद्ध धनी जागीरों के लिए परस्पर लड़ने लगे। अहमदशाह अब्दाली

के निरन्तर आक्रमणों से मुगल साम्राज्य के पतन की गति और तीव्र हुई और देश में अराजकता फैल गई। मुगल सम्राट की दुर्बलता का इससे बड़ा और उदाहरण क्या हो सकता है कि मुगल बादशाह शाहआलम द्वितीय बारह वर्ष तक दिल्ली में प्रवेश नहीं कर पाया और मराठों के सहयोग से ही वह 1772 में दिल्ली के तख्त पर बैठ पाया। 30 जुलाई 1788 को गुलामकादिर ने शाहआलम को हटाकर उसकी आंखें निकलवा दी थीं। पुनः महादजी सिंधिया ने दिल्ली पर अधिकार कर लिया और अन्ततः 1803 में शाहआलम ईस्ट इण्डिया कम्पनी का पेंशनर बन गया।

मुगल साम्राज्य के पतन के कारण (Causes of the Downfall of the Mughal Empire)

मुगल साम्राज्य के पतन की चर्चा से पूर्व यह कहा जाये कि भारत में यूरोपियन शक्तियों का प्रवेश एवं सफलता का एक मात्र कारण मुगल साम्राज्य का पतन के कगार पर खड़ा होना था तो अनुचित न होगा।

- **औरंगजेब का दायित्व**–भारत का विशाल भू–भाग औरंगजेब के अधिकार में था, साम्राज्य का अधिकतम विस्तार उसी के समय में हुआ, किन्तु उसकी कई नीतियां इस साम्राज्य के पतन का कारण बनीं। उसकी धर्मान्ध नीति ने सिक्खों, राजपूतों, जाटों, बुन्देलों एवं मराठों को मुगल विरोधी बना दिया, यही नहीं औरंगजेब स्वयं सुन्नी था, उसे बीजापुर और गोलकुण्डा जैसे शिया राज्यों को भी अपने विरूद्ध खड़ा कर दिया। विरोधी राज्यों से उसे पूरे जीवन संघर्ष करना पड़ा जिससे राजकोष खाली हो गया। यह स्थिति दिन पर दिन बिगड़ती गई।
- **वित्तीय या आर्थिक दिवालियापन**–शाहआलम द्वितीय के समय की अधिक कठिनाइयों की चर्चा करते हुए सर जदुनाथ सरकार ने लिखा है–हरम की रसोई में तीन दिनों तक आग नहीं जली और एक दिन शाहजादियाँ जब भूख बर्दाश्त न कर सकी तो कट्टर पर्दा–प्रथा को तोड़कर महल से निकलकर शहर की ओर भागीं। लेकिन किले के दरवाजे बंद होने के कारण वे एक दिन और एक रात मर्दाने में बैठी रहीं। उन्हें समझा बुझाकर उनके कमरों में जाने के लिए बाध्य किया। औरंगजेब के दक्षिण के दीर्घकालीन युद्धों से न केवल कोष रिक्त हुआ बल्कि देश का उद्योग वं व्यापार नष्ट हो गया। साथ ही किसानों के अत्यधिक शोषण से कृषि व्यवस्था चौपट हो गई।
- **औरंगजेब के अयोग्य उत्तराधिकारी**–औरंगजेब को अपने पुत्रों पर विश्वास नहीं था, उन्हें शासन का अनुभव नहीं मिला, उसके मरने के बाद मुगल साम्राज्य एक दम बिखर गया। बहादुरशाह (1707–12 ई.) जब सम्राट बना, उसकी आयु 63 वर्ष थी। बहादुरशाह (1707–12 ई.) के समस्त उत्तराधिकारी भी अयोग्य साबित हुए। मजूमदार की मान्यता है कि अठारहवीं सदी में कुलीनों के नैतिक पतन का मुगल साम्राज्य के पतन में बहुत बड़ा योगदान रहा है।
- **उत्तराधिकार नियमों का अभाव**–मुगलों में ज्येष्ठाधिकार (Law of Primogeniture) का न होना संघर्ष का कारण बना। सम्राट की मृत्यु के बाद सत्ता लड़ाई का मैदान बन गई। स्कॅर्ी ने लिखा है, तलवार ही अधिकार की निर्णायक थी और प्रत्येक पुत्र अपने भाइयों के विरूद्ध अपना भाग्य आजमाने को तैयार रहता था।
- **मराठा शक्ति**–मराठा शक्ति का उदय भी मुगल सत्ता के पतन का एक कारण था यद्यपि मराठे स्वयं मुगल सत्ता के विकल्प के रूप में खड़े नहीं हुए किन्तु मुगल साम्राज्य के लिए एक विघटनकारी शक्ति का कार्य किया।
- **मुगल सेना की मनसबदारी प्रथा**–यह भी उल्लेखनीय है कि मुगल सेना की सामन्ती पद्धति साम्राज्य के लिए घातक सिद्ध हुई। सैनिक सदैव मनसबदार के प्रति निष्ठावान रहे। फ्रांसीसी गवर्नर डूप्ले ने पेरिस में अपने अधिकारियों को लिखा था, केवल 500 यूरोपीय सैनिक कृष्णा नदी के तट के सारे दुर्गों और प्रान्तों को जीत सकते हैं। मुगल सेना में हाथी, घोड़े, ऊँट, बैलों के अलावा व्यापारी, बावर्ची, दास–दासियां साथ चलते थे जिसे सेना का भौंडा रूप कहा जाये तो अनुचित न होगा।
- **नादिरशाह व अहमदशाह अब्दाली के आक्रमण**–अन्त में कहा जा सकता है कि नादिरशाह और अहमदशाह अब्दाली के आक्रमणों ने मुगल सत्ता की अन्तिम क्रिया की ही भूमिका अदा की। इस अवसर पर यूरोपीय शक्तियां जो भारत में मौजूद थीं, ने अवसर का लाभ उठाया और क्रमशः मुगल सत्ता को उखाड़ फेंका।

भारत में यूरोपीय (Europeans in India)

नादिरशाह द्वारा दिल्ली पर अधिकार कर लिये जाने के बाद उसे भारत का सम्राट घोषित किया गया था तब प्रतीत होने लगा कि इतिहास दोहराया जा रहा है। पूर्व में दो बार अर्थात् बारहवीं शताब्दी के अन्तिम चतुर्थांश में और फिर सोलहवीं शताब्दी के प्रथम चतुर्थांश में समान परिस्थितियों में एक विदेशी शक्ति ने भारत को अपने आधिपत्य में ले लिया था। भारत के ये विजेता स्थल शक्तियाँ थीं और स्थल मार्गों से भारत आयी थीं। लेकिन सोलहवीं शताब्दी में समुद्र पार से एक भिन्न प्रकार की शक्ति समुद्री मार्गों को पार करती हुई आयी और उसने भारत के तटीय प्रदेशों पर अपने पैर जमाकर अपने अस्तित्व का बोध करवाया। उस समय इस बात का अनुमान भी नहीं लगाया जा सकता था कि मुगल साम्राज्य के विनाश से उत्पन्न शून्य को कौन भरेगा, कोई स्वदेशी तत्व अथवा उत्तर–पश्चिम से आई कोई स्थल शक्ति अथवा कोई नई ताकत बिल्कुल नये ढंग से ही उसे भरेगी।[13]

औरंगजेब की मृत्यु के बाद मुगल उत्तराधिकारियों में सत्ता के लिए संघर्ष शुरू हुए, एक के बाद दूसरे अयोग्य एवं दुर्बल बादशाह बदले जाने लगे, उत्तर–पश्चिम से निरन्तर आक्रमण हो रहे थे जिससे भारत की राजनीतिक स्थिरता समाप्त हो गई थी। व्यापक अराजकता के कारण लोगों का जीवन सुरक्षित नहीं रह गया था। उन दिनों भारत में अनेक यूरोपीय देशों की व्यापारिक कम्पनियाँ अपने व्यापार में संलग्न थीं। यूरोप से आने वाली व्यापारिक कम्पनियों के अधिकांश दलों का प्रवेश भारत में 17वीं सदी के प्रारम्भ तक हो चुका था। व्यापार के बहाने यूरोपीय शक्तियाँ एक साथ विश्व के अनेक देशों में प्रवेश कर गई। उनकी इस क्रिया में कौन–सी विचारधारा थी जिसने उन्हें इसकी प्रेरणा दी और अन्ततः विश्व के अनेक देशों में अपने उपनिवेश स्थापित करने में वे सफल हुईं, चर्चा जरूरी है।

पुनर्जागरण एवं भौगोलिक ज्ञान: चौदहवीं शताब्दी से पूर्व यूरोपीय लोगों का पृथ्वी के बारे में ज्ञान सीमित था और भौगोलिक ज्ञान की कमी के कारण अन्ध–विश्वास व्याप्त था। पुनर्जागरण के दौर में पृथ्वी के गोल होने का बोध हुआ, जिससे लोगों का यह विश्वास दृढ़ हुआ कि पश्चिम से चलकर पूर्व में समुद्री यात्रा द्वारा पहुँचा जा सकता है। भौगोलिक खोजों से यूरोपीय दूसरे देशों के सम्पर्क में आये जिससे लोगों का ज्ञान एवं तार्किक शक्ति बढ़ी एवं नये देशों की खोज और शेष विश्व के साथ यूरोप के सम्पर्क से वाणिज्यिक गतिविधियां तीव्र हुईं। व्यापार के क्षेत्र में हुए परिवर्तन इतने व्यापक थे कि इसे व्यापारिक क्रान्ति का नाम दिया गया जो मूलतः नये देशों की खोज का ही परिणाम थी। चीनी हानवंश के समय दिशा सूचक का आविष्कार हुआ था। 1400 ई॰ में इस यंत्र का नौचालन में उपयोग होने लगा। पुर्तगाली राजकुमार प्रिंस हेनरी (1394–1460 ई.) के "द नेवीगेटर" के उपयोग से भौगोलिक खोजें आसान हुई।

वाणिज्यिक क्रान्तिः स्मरणीय है कि वाणिज्यिक क्रान्ति को जिस नीति के तहत प्रश्रय एवं बढ़ावा मिला वह नीति वाणिज्यवाद कहलाई। इस नीति का अनुसरण 1500 से 1750 के मध्य हुआ। इसी दौरान यूरोप में शक्तिशाली राष्ट्रीय राज्यों की स्थापना की भावना जोर पकड़ रही थी। वहाँ अनेक विचारकों ने इस बात पर जोर देना शुरू किया कि बाह्य आक्रमणों से सुरक्षा एवं आन्तरिक शान्ति के लिए राज्य का शक्तिशाली होना आवश्यक है, और यह तब ही संभव है जब उनके पास पर्याप्त पूंजी हो। इसलिए यूरोपीय देशों का ध्यान इस ओर केन्द्रित हुआ कि अधिकाधिक धन कैसे प्राप्त किया जाये, इसके लिए व्यापार एवं उद्योगों को बढ़ावा दिया जाने लगा। व्यापार और उद्योगों के विकास द्वारा अधिक पूंजी एकत्र करना ही वाणिज्यवाद थी। वाणिज्यवाद का मुख्य उद्देश्य था राष्ट्र का भौतिक वैभव। उसकी चिन्तन पद्धति धर्म–निरपेक्ष थी और दृष्टिकोण वैज्ञानिक।[14] इस विचारधारा के अंतर्गत बहुमूल्य धातुओं के अपने देश में आगमन को प्रोत्साहित करने, आयातित वस्तुओं की अपेक्षा निर्यातित वस्तुओं के मूल्यों का अधिक निर्धारण, देश के निर्यात में वृद्धि के प्रयत्न, आयात पर संरक्षित कर लगाकर देश के उद्योगों की राष्ट्रीय बचत को प्रोत्साहित करने जैसी बातें शामिल थीं।[15] वाणिज्यवादी नीतियों के द्वारा राज्य ने धन और शक्ति प्राप्त की, जिसका उपयोग उसने उपनिवेश बसाने में, सेनाएँ खड़ी करने और विरोधियों के विरूद्ध युद्ध करने में किया।[16]

व्यापारिक गतिविधियों का विस्तार: वाणिज्यवादी विचारधारा के विकास के पश्चात् व्यापार एक देश के नगरों के बीच की व्यवस्था न होकर विविध देशों के मध्य की व्यापक प्रक्रिया बन गई। वाणिज्यवादी विचारधारा के विकास के पूर्व एशिया के व्यापार पर अरबों का कब्जा था जबकि भूमध्य सागरीय और यूरोपीय व्यापार पर इतालवी व्यापारियों का दबदबा था। यूरोप में एशिया के गर्म मसालों की बहुत मांग थी। 1453 में कुस्तुनतुनिया पर तुर्की लोगों का अधिकार हो जाने से पूर्व, और पश्चिमी देशों को जोड़ने वाले मार्ग पर भी तुर्कों का आधिपत्य हो गया। इस दौरान यूरोप के स्पेन एवं पुर्तगाल

जैसे नवीन देशों की इस व्यापार में भागीदारी नहीं थी क्योंकि पूर्वी व्यापार के केन्द्र वेनिस एवं जेनेवा के व्यापारियों के हाथ में थे। लेकिन गर्म मसालों के महत्व एवं भारत के विख्यात वैभव के लोभ से पश्चिमी यूरोपीय देश और व्यापारी भारत तथा पूर्वी द्वीप समूह तक नये और सुरक्षित मार्गों को खोजने लगे।

भारतीय वैभव: यूरोपीय देशों की भारत के साथ व्यापार में रूचि क्यों थी और अधिकांश देशों की भारत पर ललचायी दृष्टि किन कारणों से रही इसका वर्णन करना यहां अनुचित न होगा। 17वीं सदी के अन्त तक भारत का अन्य देशों के साथ व्यापार में विशिष्ट स्थान था। कई देश भारत के वस्त्र उत्पादन पर पूर्णरूप से आश्रित थे। निर्यात की जाने वाली वस्तुओं में काली मिर्च, नील, अफीम, औषधियां, जवाहरात एवं कलात्मक सामग्री का प्रमुख स्थान था। बढ़िया किस्म के कपड़े जैसे ढ़ाका की मलमल की इंग्लैण्ड में बहुत मांग थी। भारत के समृद्धि के बारे में वान रिवस्ट ने कहा है, यद्यपि भारत में सोने और चाँदी की खानें नहीं थी तथापि ये दोनों धातुएं बहुत बड़ी मात्रा में विदेशों से यहाँ आती थीं और यहाँ से उनका निर्यात निषिद्ध था। केवल इंग्लैण्ड से भारत ने सन् 1708 से 1757 तक के 50 वर्षों में 2 करोड़ 20 लाख पौण्ड मूल्य के सोने चांदी का आयात किया। इसी प्रकार मोरलैण्ड का अनुमान है कि 17वीं शताब्दी में प्रति वर्ष 8 हजार गाँठ सूती कपड़ा भारत से विदेशों को भेजा जाता था जिसमें से 4 हजार सात सौ गाँठें यूरोपीय देशों को जाती थी। इंग्लैण्ड निर्यातित सामग्री में वहाँ अपने उपयोग के बाद शेष बचा हुआ माल विदेशों को निर्यात कर देता था। इस तरह इंग्लैण्ड भारतीय वस्त्रों को दूसरे देशों में बेचकर (अपना उत्पाद बनाकर) लाभ अर्जित करता था।[17] भारत का समृद्ध शिल्प एवं वैभव यूरोपीय शक्तियों के एक साथ आगमन का कारण बना।

कई यूरोपीय शक्तियों के भारत में लगभग एक साथ प्रवेश ने परस्पर संघर्ष को जन्म दिया और अन्त में अंगरेज इसमें सफल हुए। दूसरी ओर भारत की राजनीतिक अस्थिरता का लाभ उठाकर ईस्ट इण्डिया कम्पनी ने भारत में अपनी सत्ता स्थापित कर ली। यहाँ भारत में आने वाली प्रमुख यूरोपीय शक्तियों की जानकारी उचित होगी।

प्रमुख यूरोपीय कम्पनियाँ

- पुर्तगाली ईस्ट इण्डिया कम्पनी– 1498 ई.
- अंगरेजी ईस्ट इण्डिया कम्पनी– 1600 ई. (द गवर्नर एंड कम्पनी ऑफ मर्चेण्टस ऑफ लंदन ट्रेडिंग इन टू द ईस्ट इंडीज)
- डच ईस्ट इण्डिया कम्पनी– 1602 ई. (बेरीगडे ओस्ट इण्डिशे कम्पनी)
- डैनिश ईस्ट इण्डिया कम्पनी– 1616 ई.
- फ्रांसीसी ईस्ट इण्डिया कम्पनी– 1664 ई. (कम्पनी इण्डेस ओरियंतलेस)
- स्वीडिश ईस्ट इण्डिया कम्पनी– 1731 ई.

उपरोक्त कम्पनियों की भारत में गतिविधियों की विस्तृत विवेचना आवश्यक है।

पुर्तगालियों का प्रवेश: भौगोलिक खोजों की शुरूआत पुर्तगालियों एवं स्पेन वासियों ने की। स्पेन निवासी कोलंबस भारत खोजने निकला था और 1494 में अमेरिका पहुंच गया। 1498 में पुर्तगाली वास्कोडिगामा भारत के लिए रवाना हुआ और आशा अन्तरीप (Cape of Good Hope) से होकर नये मार्ग द्वारा एक गुजराती अब्दुल मनीद के सहयोग से भारत के मालाबार तट पर पहुंचा। भारत के प्रसिद्ध बन्दरगाह कालीकट पर उसका जहाज 14 मई 1498 को लगा, जहाँ के हिन्दू राजा की उपाधि 'जमोरिन' थी, ने वास्कोडिगामा के साथ मैत्रीपूर्ण व्यवहार किया। समुद्री मार्ग द्वारा यूरोप से भारत की खोज एक युगान्तकारी घटना थी। शायद मध्यकाल की किसी घटना ने सभ्य जगत् पर इतना प्रभाव नहीं डाला जितना भारत के समुद्री मार्ग के खुल जाने से पड़ा।[18] वास्कोडिगामा की सफलता से उत्साहित होकर मार्च 1500 ई. में 13 जहाजों के एक बेड़े का नायक बनकर पेड्रोअल्वरेज केब्रल (पेड्रो अलवरेज कबराल) ने जल मार्ग द्वारा लिस्बन से भारत के लिए प्रस्थान किया। कबराल का जहाज तोप बन्दूकों से लैस था। जबकि भारतीय बन्दूक जैसे छोटे आग्नेयास्त्रों से परिचित नहीं थे। उसके जहाजी बेड़े में 1200 पुर्तगाली थे। इनकी सहायता से उसने समुद्र में अरबी बेड़ों पर आक्रमण कर उन्हें नष्ट कर दिया। इसका परिणाम यह हुआ कि समुद्र पर अरबों का प्रभाव समाप्त हो गया तथा पुर्तगाली अरब सागर में सुरक्षित व्यापार की स्थिति में आ गये। कालीकट एवं कोचीन के राजा भी उनकी शक्ति से प्रभावित हुए तथा उनका इस क्षेत्र में प्रभाव स्थापित हो गया। लेकिन भारत में पुर्तगाली शक्ति की स्थापना का श्रेय अलफोंसो डि अलबुकर्क को जाता है। वह छोटे जहाजी बेड़े के साथ 1503 में भारत आया था जिसे भारत में पुर्तगीज कार्यों का गवर्नर (1509–15 ई.) नियुक्त किया गया।

कालीकट का राजा पुर्तगालियों का विरोधी हो गया था। अलबुकर्क को अपने देश के व्यापार के लिए सुरक्षित स्थान की आवश्यकता थी। इसीलिए उसने बीजापुर के सुल्तान के अधीन गोवा के समृद्ध बन्दरगाह पर नवम्बर 1510 में आधिपत्य कर लिया। अलबुकर्क की दूसरी महत्वपूर्ण सफलता थी सुदूरपूर्व क्षेत्र मलक्का टापू पर अधिकार, इससे चीन के साथ व्यापार में मदद मिली। पुर्तगालियों का लक्ष्य शान्तिपूर्वक व्यापार करना था। उनकी यह नीति ब्लू वाटर पॉलिसी (Blue Water Policy) अथवा "**शान्त जल नीति**" कहलाई। इस नीति का कट्टर समर्थक पूर्व गवर्नर फ्रांसिस्को डी अल्मीडा था। प्रो. डाडवेल ने अलबुकर्क की तुलना क्लाइव से की थी।[19] इसके बाद पुर्तगालियों ने काठियावाड़ के किनारे डयू (दीव) से लेकर बंगाल में हुगली तक के समुद्री किनारे पर कई स्थानों पर अपने कारखाने स्थापित किये।

रानी अब्बक्का चौटा एवं पुर्तगाली: कर्नाटक क्षेत्र के उल्लाल नगर की शासिका को अभयारानी भी कहा जाता है। उसकी शादी राजा लक्षमप्पा से हुई थी किन्तु आपसी अनबन से जल्दी टूट गई। 1525 ई. में पुर्तगालियों ने दक्षिण कन्नड़ तट पर हमला किया और मैंगलुरू तट को नष्ट कर दिया। 1555 ई. रानी पुर्तगालियों को हराने में कामयाव रही। 1570 ई. कालीकट के राजा के सेना के जनरल के सहयोग से रानी अब्बक्का ने फिर पुर्तगालियों को पराजित किया। उनका मैंगलुरू स्थित किला तबाह कर दिया। 30 वर्ष की अब्बक्का रानी के हाथों एडमिरल डॉम अलवारो डी सिलबिरा घायल हो गया। अंत में उसके पति लक्षमप्पा द्वारा धोखा दिये जाने से उसे बन्दी बना लिया। फिर भी वह अंत तक संघर्ष करती रही और देश के लिए लड़ते–लड़ते आखिरी सांस ली। रानी अब्बका जैसी प्रतिरोधी शक्ति के न रहने से आगे जाकर दमन भी पुर्तगालियों के कब्जे में आ गया। इस प्रकार गोवा, दमन, दीव, साष्टी, बसई, चौल, बम्बई, सानथोमी (मद्रास के पास) और हुगली में पुर्तगाली कोठियां स्थापित हो गई। यद्यपि कालान्तर में अनेक स्थान उनके हाथों से निकल गये थे, लेकिन गोवा, दमन, दीव पर उनका कब्जा 1961 तक रहा।

डचों का आगमन: हालैण्डवासी (डच) प्रोटेस्टेंट थे तथा पुर्तगाली कैथोलिक। इन दो सम्प्रदायों के लोगों में परस्पर प्रतिस्पर्धा थी। डचों को यह स्वीकार नहीं था कि भारत तथा पूर्वी एशिया के अन्य देशों के व्यापार पर केवल पुर्तगालियों का एकाधिकार हो। 1588 में स्पेन के जहाजी बेड़े अजेय आर्मेडा (Invincible Armeda) को इंग्लैण्ड ने पराजित कर स्पेन की नाविक शक्ति को सदैव के लिए समाप्त कर दिया था। इससे न केवल अंगरेजों को भारत पहुंचने का मार्ग प्रशस्त हुआ बल्कि डचों को भी इसका लाभ मिला। 1602 में डच ईस्ट इण्डिया कम्पनी की स्थापना की गई जिसका उद्देश्य भारत तथा पूर्व के अन्य देशों से व्यापारिक सुविधायें जुटाना था। इसी वर्ष डच जहाजी बेड़े ने पुर्तगालियों को बन्टम (Bantam) के निकट परास्त किया तथा मलक्का (Malacca) द्वीप समूह को अपने अधिकार में ले लिया। जावाद्वीप के बटेविया (Batevia) नामक स्थान पर भी 1619 में डचों को अपनी बस्ती बनाने में सफलता मिली जो उनकी व्यापारिक एवं राजनीतिक गतिविधियों का केन्द्र बन गया। भारत के पूर्वीतट पर अपने व्यापारिक केन्द्र स्थापित करने के लिए डच लोग प्रयत्नशील थे और इस दृष्टि से मछलीपट्टम, पेटापोली एवं पुलीकट में उन्हें सफलता मिली। इतना ही नहीं बंगाल, चिन्सुरा, कासिम बाजार, पटना भी उनकी व्यापारिक गतिविधियों के केन्द्र बन गये। सूरत पर उन्होंने अपना प्रभाव जगा लिया और कालीकट भी उनके कब्जे में आ गया तथा पुर्तगालियों को कालीकट के व्यापार से हटना पड़ा।

लेकिन शीघ्र ही डचों और अंगरेजों में परस्पर संघर्ष शुरू हो गया, व्यापारिक प्रतिस्पर्द्धा इसका प्रमुख कारण थी। डचों के विरूद्ध अंगरेजों ने देशी राजाओं को सहयोग करने की नीति अपनाई। डच गवर्नर रेयन्स्ट ने बण्डा द्वीप के उन लोगों को कठोर दण्ड दिया जो अंगरेजों से व्यापार करते थे। रेयन्स्ट के बाद लारेन्स रेअल एवं जान कोयन गवर्नर बनकर आये, उनकी नीति भी अंगरेज विरोधी रही। डच एवं अंगरेज संघर्ष का अन्त 1623 में अम्बोयना (Amboyna Massacre) की घटना से हुआ। इस विवाद का कारण यह था कि अम्बोयना के डच गवर्नर ने अंगरेज एजेण्ट टावरसन एवं उसके साथियों को इस सन्देह के आधार पर गिरफ्तार कर लिया कि वे डचों की कोठियों पर नियंत्रण करने का षड़यंत्र कर रहे थे। अंगरेजों ने अपने को निर्दोष बताया लेकिन डचों ने उनकी हत्या कर दी। इस हत्याकाण्ड के बाद डच अंगरेज वैमनस्य बढ़ गया। इस घटना के बाद क्रामवेल में युद्ध छिड़ गया था जिसमें अंगरेजों को सफलता मिली और 1654 की वेस्टमिनिस्टर की सन्धि द्वारा पोलूरन का टापू अंगरेजों को सौंपना पड़ा।

तिरुनाल मार्तण्ड वर्मा एवं डच शक्ति का पतन: मार्तण्ड वर्मा (1706–1758 ई.) त्रावणकोर के 1729 से 1758 तक शासक रहे। तिरूवन्तपुरम की स्थापना की व इसे अपनी राजधानी बनाया। उस समय केरल काली मिर्च उत्पादन का प्रमुख केन्द्र था। ओडनाड के काली मिर्च व्यापार पर डच कम्पनी का एकाधिकार था। व्यापारिक प्रतिस्पर्द्धा में कैप्टन

डी लेनाय के नेतृत्व में डच सेना पहुंच गई और मार्तण्ड सेना से संघर्ष शुरू हो गया। 1741 में डच समुद्री जहाजों ने त्रावणकोर की समुद्री सीमाओं को घेर लिया। तीन दिन तक तोपों से गोले बरसते आगे बढ़ती डच सेना को मार्तण्ड सेना ने पीछे से घेर लिया। डचों ने मछुआरों को पक्ष में करने की कोशिश की पर कामायाब न हुए। आखिरी लड़ाई में डच सेना हार गई। मार्तण्ड ने डच सेनापति की हत्या नहीं की। बल्कि उसे अपनी सेना को आधुनिक बनाने का काम सौंपा। मार्तण्ड वर्मा जो इतिहास के पन्नों से गायब रहे, सच्चे देश भक्त थे।

डचों की सफलता अस्थायी सिद्ध हुई और 1781 तक उनके अधिकांश केन्द्रों पर अंगरेजों का कब्जा हो गया। डचों के पतन का प्रमुख कारण कम्पनी का एक सरकारी संस्था होना था।

भारत में अंगरेजों का प्रवेश: यूरोप के अन्य देशों की तरह सोलहवीं सदी के अन्त में ब्रिटेन के लोगों की विश्व व्यापार में रूचि बढ़ी। इन दिनों व्यापारिक उद्देश्यों हेतु नवीन देशों की समुद्री मार्गों द्वारा बड़े पैमाने पर खोज की एक प्रतिस्पर्धा शुरू हो गई थी। फ्रांसीसी ड्रेक 1578 में प्रशान्त महासागर पार कर मलक्का द्वीप समूह पहुंचा तथा आशा अन्तरीप का चक्कर लगाकर 1580 में इंग्लैण्ड लौट आया। 1588 में स्पेनिश आर्मेडा की पराजय से इंग्लैण्ड की समुद्री मार्ग की बाधायें दूर हो गईं। महारानी एलिजाबेथ प्रथम ने अपनी व्यापारिक नीतियों का पुनरीक्षण किया और 1599 ई. में लार्ड मेयर की अध्यक्षता में पूर्वी देशों के साथ व्यापार करने के लिए ईस्ट इण्डिया कम्पनी बनाने की आज्ञा प्रदान की। जिसका प्रारम्भ में नाम **"गवर्नर एण्ड कम्पनी ऑफ मर्जेन्ट्स ऑफ लन्दन ट्रेडिंग इन द ईस्ट इण्डीज"** रखा था। **1708** में तीन कम्पनियों के मिलने **द यूनाइटेड कम्पनी ऑफ मर्चेन्टस ऑफ लन्दन टेडिंग द ईस्ट इण्डीज** अर्थात् **'ईस्ट इण्डिया'** कम्पनी पड़ा। लगभग 217 हिस्सेदारों ने 30133 पौण्ड की राशि से कम्पनी की शुरूआत की। महारानी ने ईस्ट इण्डिया कम्पनी को पन्द्रह वर्षों के लिए 31 दिसम्बर 1600 ई. को पूर्वी व्यापार के एकाधिकार का आज्ञापत्र प्रदान किया। व्यापार की अनुमति में उल्लेख किया गया कि जहाँ स्पेन एवं पुर्तगाल का किला न हो व्यापार किया जाये।[20] आज्ञापत्र द्वारा युद्ध एवं सन्धि करने, कानून बनाने तथा अपने एकाधिकार पर आघात करने वालों को दण्ड देने के अधिकार प्राप्त हुए। इस प्रकार वाणिज्यवादी आर्थिक क्रियाकलापों का आधार हाब्स (Hobbes) द्वारा प्रतिपादित प्राकृतिक अवस्था के विधान थे जिनके अनुरूप शक्ति पर विशेष बल दिया गया। इसका परिणाम यह हुआ कि यूरोप के सभी राज्यों के बीच 16वीं शताब्दी से 18वीं शताब्दी तक निरन्तर वाणिज्यिक युद्ध होता रहा। अंगरेज समुद्री कप्तानों ने उन समुद्रों में भाग दौड़ आरम्भ कर दी जिन पर पुर्तगाली तथा स्पेनवासी अपना दावा जताते थे और वे अतलांतिक तथा हिन्द महासागर में तस्कर व्यापार एवं डकैती के काम में जुट गये। धन सम्पत्ति तथा माल से लदे जहाज लूट कर कब्जे में ले लिए जाते थे और हिंसात्मक तरीकों से अपार सम्पत्ति हड़प ली जाती थी।[21]

जहांगीर के दरबार में सर टॉमस रो (1615–18): अंगरेजों का पहला जहाजी बेड़ा 1608 ई. में भारत में प्रविष्ट हुआ, हाकिन्स इस बेड़े का कप्तान था। **हाकिन्स मुगल सम्राट जहांगीर से भेंट करने आगरा गया।** इसी दौरान (1610 में) अंगरेजों एवं पुर्तगालियों में संघर्ष शुरू हो गया। हेनरी मिडिलटन ने तीन अंगरेज जहाजों को स्वाली हौल बन्दरगाह पर रोका था जहाँ पुर्तगालियों से उसकी मुठभेड़ हो गई। बाध्य होकर सूरत से पुर्तगालियों को हटना पड़ा। मुगल सम्राट कम्पनी की शक्ति से प्रभावित हुआ और अंगरेज सर टामस रो के अनुरोध पर पश्चिमी क्षेत्र में कम्पनी को 1613 में बस्तियां बसाने की अनुमति मिल गई। **सर टामस राजदूत नियुक्त हुआ जो 1615 से 1618 तक मुगल दरबार में रहा। फलस्वरूप सूरत, आगरा, अहमदाबाद और भडौंच में अंगरेज अपनी व्यापारिक कोठियां स्थापित करने में सफल हुए।** स्मरणीय है कि कोठियां या फैक्ट्री (कारखाना) में किसी प्रकार माल उत्पादित नहीं किया जाता था, बल्कि अलग–अलग स्थानों से क्रय किया हुआ माल इन केन्द्रों पर एकत्र किया जाता था। शाहजहाँ के समय पुर्तगालियों के सम्बन्ध मुगलों से खराब हो गए थे इसका लाभ अंगरेजों ने उठाया और 1668 में बम्बई (मुम्बई) पर अधिकार कर लिया। कहा यह जाता है कि **इंग्लैण्ड शासक चार्ल्स द्वितीय को पुर्तगालियों से अपनी स्त्री ब्रेंगाजा की कैथेरिन के दहेज के रूप में बम्बई मिली थी।** 1688 में चार्ल्स द्वितीय ने कम्पनी को दस पौण्ड वार्षिक किराये पर बम्बई दे दी।[22] बम्बई आगे जाकर सूरत से भी अधिक महत्वपूर्ण व्यापारिक केन्द्र बन गया था।

फोर्ट सेंटजार्ज का 1640 में फ्रांसिस डे द्वारा निर्माण: सूरत में अपनी सफलता से अंगरेज संतुष्ट नहीं थे। उनकी यह धारणा दृढ़ हुई कि मुगलों एवं मराठों का भारत के पश्चिमी क्षेत्र पर दबाव अधिक है और पश्चिम में अधिक प्रसार की संभावनायें नहीं है, अतः पूर्वी समुद्र तट पर अपने प्रभाव क्षेत्र में विस्तार की योजना बनाई। भारत के पूर्वी प्रदेशों पर किसी बड़ी

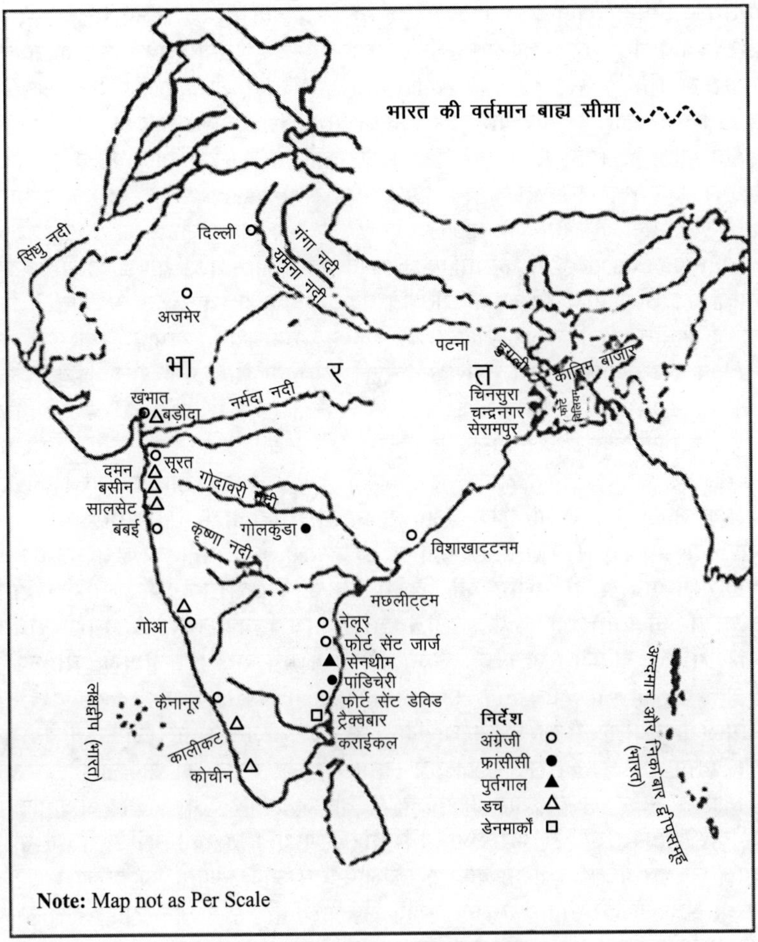

18वीं शताब्दी के पूर्वार्द्ध में भारत

शक्ति का अधिकार नहीं था यहाँ छोटे–छोटे राज्य थे। **फ्रांसिस डे ने चन्द्रगिरि के शासक से जो विघटित विजयनगर साम्राज्य का प्रतिनिधि था, मद्रास (चैन्नई) को पट्टे पर ले लिया और किलेबंदी करवाई तथा सेंट जार्ज का किला (फोर्ट सेंट जार्ज) निर्मित करवाया।** दक्षिणी पूर्वी समुद्री तट पर **1611 में मछलीपट्टम (मुसलीपट्टम) पर भी कम्पनी** ने अपना व्यापारिक केन्द्र स्थापित कर लिया था। मछलीपट्टम की तुलना में मद्रास का तेजी से विकास हुआ और कोरोमण्डल तट अंगरेजी व्यापार का प्रमुख केन्द्र बन गया। लेकिन मद्रास से उत्तरी भागों में व्यापार संभव नहीं था इसलिए 1633 में महानदी के मुहाने पर हरिहरपुर तथा बालासोर (उड़ीसा) में नये केन्द्र शुरू किये गये। **मिस्टर ब्रिजमेन के नियंत्रण में 1651 में हुगली में व्यापारिक कोठी स्थापित की और बाद में पटना एवं कासिम बाजार में भी अपने अड्डे कायम कर लिये। 1658 में कोरोमण्डल तट एवं बंगाल, बिहार तथा उड़ीसा की सभी बस्तियों को फोर्ट सेंट जार्ज के नियंत्रण में दे दिया।** इस दौरान बंगाल में मुगल सम्राट शाहजहाँ के पुत्र शुजा ने तीन हजार रूपये का वार्षिक कर लेकर कम्पनी को व्यापारिक मामले में कुछ अधिकार प्रदान कर दिये थे। 1656 में एक अन्य आदेश द्वारा अंगरेजों को आयात निर्यात कर में छूट मिल गई। लेकिन शूजा के उत्तराधिकारी इस आदेश से सहमत नहीं हुए क्योंकि अन्य विदेशी कम्पनियां भी इस अधिकार की माँग कर रही थी, जिससे बंगाल सरकार को हानि होती।

कम्पनी की नीतियाँ: कम्पनी स्थापना से 1700 ई. के मध्य सौ वर्षों में परोक्ष रूप में एक व्यापारिक संस्थान के रूप में कार्य करती रही। इस अवधि में अधिकाधिक लाभ अर्जित करना ईस्ट इण्डिया कम्पनी के मालिकों एवं इसके नौकरशाहों का उद्देश्य रहा। विवरण मिलता है कि सन् 1614 में 25000 पाउन्डज वजन की काली मिर्च को क्रय करने हेतु अंगरेजों को भारत में 26042 पौण्ड खर्च करने होते थे और यह माल इंग्लैण्ड में 208333 पौण्ड में बेची जाती थी। रेशमी वस्त्र जो भारत में 37499 पौण्ड में खरीदा जाता था (मार्ग मूल्य सहित) अंगरेजों को यूरोप में इस माल को बेचने पर 107140 पौण्ड मिलते थे। इसी प्रकार प्रिन्टेड वस्त्रों के व्यापार में भी कम्पनी को तिगुना लाभ मिलता था। लौंग का व्यापार और भी लाभप्रद था, मार्ग व्यय सहित 5626 पौण्ड मूल्य के लौंग को 45000 पौण्ड में विक्रय किया जाता था।[23] इस तरह कम्पनी की आर्थिक स्थिति निरन्तर सुदृढ़ होती गई। 1600 ई. में कम्पनी की हिस्सा पूंजी जो 30133 पौण्ड थी वह बढ़कर 1722 में 6 करोड़ पौण्ड हो गई और कम्पनी का शेयर मूल्य 12 से 45 प्रतिशत बढ़ गया। यहाँ ध्यान देने की बात है कि 1600 ई. में स्थापित कम्पनी को नई कम्पनी के अधीन कर दिया था और 1708 तक नई एवं पुरानी कम्पनियों का पूरी तरह विलय हो गया।

शासन स्थापना का लक्ष्य: कम्पनी का दूसरा महत्वपूर्ण कार्यक्रम था अपनी सैन्य शक्ति का विस्तार एवं भारत में स्थित यूरोपीय शक्तियों का उन्मूलन और स्थानीय शासकों से अपने लिए भू–भाग हड़प कर उपनिवेश की स्थापना। कहा गया है कि एक शांतिपूर्ण व्यापारिक संस्था राज्य विस्तार द्वारा अपनी धाक जमाने के लिए उत्सुक एक शक्ति के रूप में परिवर्तित हो गई। मुख्यतः देश की दुर्व्यवस्था के कारण ही ऐसा हुआ। जेराल्ड औंगियर सूरत का प्रेसिडेंट और बम्बई का गवर्नर था। उसने संचालक समिति को लिखा है कि–**"अब समय का तकाजा है कि आप अपने हाथों में तलवार लेकर अपने सामान्य व्यापार का प्रबंध करें"**। कुछ ही वर्षों में डाइरेक्टरों ने कम्पनी की इस नीति में परिवर्तन स्वीकार कर लिया तथा दिसम्बर **1687 में मद्रास के प्रधान को लिखा कि आप असैनिक और सैनिक शक्ति का ऐसा शासन कायम कीजिये तथा दोनों की प्राप्ति के लिए इतनी विशाल आय निकालिए और बनाये रखिए जो सदैव के लिए भारत में एक विशाल सुगठित, सुरक्षित अंगरेजी राज्य की नींव बन सके।[24] जोशुआ चाइल्ड इस नवीन नीति का प्रतिपादक था।** इस नीति का प्रदर्शन कैप्टेन निकल्सन की कार्रवाई में दिखाई दिया जब वह दस सशस्त्र जहाज और एक हजार सैनिक लेकर बंगाल विजय करने जा पहुंचा था किन्तु उसकी योजना धूमिल हो गई। वह पुर्तगालियों से सालसेट हड़पना चाहता था और चटगांव भी उसका लक्ष्य था। डच लोगों को मार भगाने की योजना भी वह बना रहा था, परन्तु जब वह हुगली पहुंचा तो 1686 ई. में मुगल बादशाह औरंगजेब ने नाराज होकर अंगरेजों पर आक्रमण करने की आज्ञा प्रदान कर दी। बंगाल के सूबेदार **शाइस्ताखाँ ने अंगरेजों को मार भगाया। उसकी दृष्टि में कम्पनी कर्मचारी झगड़ालू एवं बेईमान थे।**[25] मुगल सेना ने पटना, कासिम बाजार, मछलीपट्टम आदि स्थानों पर कब्जा कर लिया और बम्बई को भी घेर लिया। परिणामस्वरूप अंगरेजों को बंगाल छोड़ना पड़ा। अपनी प्रतिक्रिया में जान चाइल्ड ने बम्बई और पश्चिमी समुद्र तट के मुगल बन्दरगाहों को घेर लिया और कई मुगल जहाजों को पकड़ लिया और मक्का जाने वाले हज यात्रियों को बंदी बनाने के लिए कप्तान को लालसागर की ओर भेजा। अंगरेजों ने मुगल साम्राज्य की शक्ति का गलत आंकलन किया था। अभी सेना इतनी कमजोर न थी। अन्ततः जान चाइल्ड ने औरंगजेब से माफी मांगी और अंगरेजों ने हर्जाने के रूप में डेढ़ लाख रूपये देना स्वीकार किया। इस प्रकार कम्पनी की पहली राज्य विस्तार की योजना चौपट हो गई। कम्पनी ने आगामी पचास वर्ष अर्थात् 1740 तक अपना ध्यान व्यापार पर ही केन्द्रित किया।

फोर्ट विलियम बस्ती एवं कलकत्ता नगर (1696): मुगल बादशाह से 1690 ई. में हुई सन्धि द्वारा अंगरेजों को अपनी पूर्व कोठियों पर कब्जा मिल गया था। जॉब चारनौक ने अगस्त 1690 में बंगाल और सुतानट्टी में एक कोठी स्थापित की। जमींदार सोभासिंह के विद्रोह में कम्पनी ने 1696 में सुतानट्टी की किलेबंदी की और 1200 रूपये का भुगतान करके तीन गाँवों की जमींदारी अर्थात् लगान संग्रह का अधिकार हासिल किया था। तीन गाँव (सुतानट्टी, कालीकट और गोविन्दपुर) का क्षेत्र एक प्रेसिडेंट और काउंसिल के अधीन कर दिया गया और वहाँ किलेबंदी करवाई गई। **बस्ती फोर्ट विलियम और नगर कलकत्ते के नाम से प्रसिद्ध हुआ**। इस तरह ब्रिटिश भारत की भावी राजधानी की नींव पड़ी। कलकत्ता अंगरेज गतिविधियों का महत्वपूर्ण केन्द्र बन गया। 1735 तक इसकी जनसंख्या एक लाख तक पहुंच गई थी। इसी तरह 1744 में बम्बई में 70 हजार से अधिक लोग रहते थे। मद्रास का विकास भी बड़ी द्रुत गति से हुआ।

कम्पनी का महाअधिकार पत्र 1715 (Magna Carta of the Company)

कम्पनी के इतिहास में सबसे महत्वपूर्ण घटना 1715 में मुगल दरबार में एक दूतमण्डल भेजे जाने की थी, जिसका उद्देश्य मुगल बादशाह से व्यापार के लिए विशेषाधिकार प्राप्त करना तथा कलकत्ता के आसपास कुछ भू–भाग प्राप्त करना था।

दूतमण्डल में जान सुर्मन, एडवर्ड स्टीफेन्सन शामिल थे तथा विलियम हैमिल्टन सर्जन और ख्वाजा सेईूद नामक आर्मीनियन दुभाषिया भी उनके साथ था। हैमिल्टन बादशाह फर्रूखसियर को गंभीर बीमारी से ठीक करने में सफल हुआ। प्रसन्न होकर बादशाह ने अंगरेजों को निम्नलिखित सुविधायें प्रदान कीः

- बंगाल में कम्पनी को 30 हजार रूपये की निश्चित वार्षिक राशि के भुगतान पर निःशुल्क व्यापार करने का अधिकार मिल गया।
- कम्पनी कलकत्ते के पास अतिरिक्त भूमि किराये पर ले सकती थी।
- हैदराबाद एवं मद्रास (चैन्नई) में भी व्यापार के लिए कम्पनी अधिकृत हो गई, उस किराया राशि में ही जो पूर्व में दे रही थी।
- सूरत में 10000 रू. की राशि का भुगतान करने पर व्यापार के लिए अधिकार मिल गया।
- कम्पनी के सिक्के जो बम्बई टकसाल में ढाले गये थे उनको मुगल साम्राज्य में प्रचलन की अनुमति मिल गई।

इस **उपलब्धि को ब्रिटिश इतिहासकार औरमे के शब्दों में "कम्पनी का महाधिकारपत्र"** कहा जाता है। यद्यपि बंगाल के गवर्नर मुर्शिद कुली खाँ ने अतिरिक्त गांवों के अनुदान का विरोध किया था।

अंगरेज शक्तिशाली मुगल सेनाओं का मुकाबला करने में असमर्थ रहे। अतः 1740 तक भारत में उपनिवेश स्थापना की योजना को स्थगित कर देना पड़ा। इस अवधि में उपनिवेश स्थापना उनकी नीति का मूल उद्देश्य नहीं रह गई थी। वस्तुतः उनकी तीसरी महत्वपूर्ण नीति थी समान उद्देश्य के लिए भारत में टिकी हुई यूरोपीय शक्तियों को समाप्त करना। डचों की शक्ति का ह्रास 1654 के बाद शुरू हो गया था और धीरे–धीरे उनके अधिकांश केन्द्रों पर कब्जा कर लिया गया। अब उनकी शक्ति को चुनौती देने वाली एक फ्रांसीसी कम्पनी थी।

फ्रांसीसी कम्पनी

भारत में फ्रांसीसियों का आगमन सबसे बाद में हुआ। कोलबर्ट के अनुरोध पर चौदहवें लुई के समय 1664 ई. में फ्रांसीसी कम्पनी की स्थापना की गई, जिसका नाम **'कम्पनी द इइंद ओरिएंताल'** रखा गया। फ्रांसीसियों का एक दल फ्रैंक कैरों के नेतृत्व 1667 में भारत के लिए रवाना हुआ और सूरत में पहली व्यापारिक कोठी कैरों द्वारा 1668 में स्थापित की गई। **1669 में मछलीपट्टम** में भी अपना व्यापारिक केन्द्र शुरू किया। मद्रास के निकट सानथोमी पर भी 1672 में फ्रांसीसियों का कब्जा हो गया। इस दौरान **फ्रैंको मार्टिन (फ्रांसिस मार्टिन)** ने वलिकोंडापुरम के मुस्लिम सूबेदार शेरखां लोदी से एक छोटा गांव प्राप्त कर पांडिचेरी की नींव रखी अर्थात् फ्रांसीसी बस्ती का कार्य संभाला। **पांडिचेरी** आगे जाकर फ्रांसीसियों का महत्वपूर्ण व्यापारिक केन्द्र बन गया। 1674 में नये व्यापारिक केन्द्रों की स्थापना के उद्देश्य से कलकत्ता के निकट चन्द्रनगर के लिए बंगाल के सूबेदार शाइस्ताखाँ से जगह प्राप्त की थी। 1693 में डचों की प्रबल शक्ति को देखते हुए फ्रांसीसियों को पांडिचेरी त्याग देनी पड़ी परन्तु 1697 में रिज्विक की सन्धि द्वारा पांडिचेरी पुनः मिल गई और फ्रैंको मार्टिन इसका गवर्नर नियुक्त हुआ। 1690–92 में चन्द्रनगर में व्यापारिक कोठी स्थापित की, जो बाद में पूवी भारत में फ्रांसीसी व्यापार का प्रमुख केन्द्र बन गया। यद्यपि फ्रांसीसी कम्पनी का व्यापार निरन्तर प्रगति कर रहा था, लेकिन हैमिल्टन ने फ्रांसीसियों के व्यापार में धन की कमी का जिक्र किया है।[26]

कर्नाटक में आंग्ल–फ्रांसीसी प्रतिस्पर्धा (Anglo-French Rivalry in the Karnataka): फ्रांसीसी शक्ति का विस्तार 18वीं सदी के दूसरे दशक में अधिक हुआ जब मालाबार के समुद्री तट पर माहे (माही) एवं कोरोमण्डल तट पर कराइकेल (1739 ई.) बन्दरगाह उनके कब्जे में आ गये इन्हीं दिनों (1721) में मारीशस द्वीप (अरब सागर) भी उनके अधिकार में आ गया था जिससे यूरोप को जाने वाले समुद्री मार्ग पर सफलतापूर्वक नियंत्रण स्थापित करना संभव हुआ। फ्रांसीसियों के आगमन के पश्चात् अंगरेजों के लिए संघर्ष का एक नया दौर शुरू हो गया। क्योंकि भारत में अब ये दोनों शक्तियाँ ही अधिक सक्रिय थी। दोनों महत्वाकांक्षी शक्तियों का भारत में अपना प्रभुत्व स्थापित करने की योजना से संघर्ष अनिवार्य बन गया। व्यापार से होने वाले असीम लाभ तथा भारत की दुर्बल राजनीतिक स्थिति को दृष्टिगत रखते हुए दोनों शक्तियों में एकाधिकार की प्रवृत्ति बढ़ी। प्रत्येक कम्पनी यह चाहती थी कि सम्पूर्ण भारतीय व्यापार पर उनका नियंत्रण हो। अंगरेज एवं फ्रांसीसी कम्पनी को परस्पर टकराने के अवसर कर्नाटक में मिले जिसकी राजधानी अर्काट थी। तथाकथित कर्नाटक राज्य वर्तमान कर्नाटक प्रान्त में स्थित न होकर पूर्वी समुद्र तट पर मद्रास (चैन्नई) एवं पांडिचेरी के पश्चिम मध्य में स्थित एक छोटा लम्बाई में फैला हुआ राज्य था, जिसे उस समय कर्नाटक कहा गया। कर्नाटक का नवाब हैदराबाद के अधीन होते

हुए भी एक स्वतंत्र शासक की हैसियत से शासन करता था। 1740 के पश्चात् कर्नाटक में प्रशासनिक अस्थिरता की स्थिति बन गई थी जिसके कारण यह क्षेत्र आंग्ल–फ्रांसीसी संघर्ष का केन्द्र बन गया।

प्रथम कर्नाटक युद्ध (1744–48 ई.): पहला कर्नाटक युद्ध इस राज्य की उपज नहीं था प्रत्युत बाह्य कारणों से दोनों विदेशी शक्तियों को यहां आपस में भिड़ने का अवसर मिला। आस्ट्रिया के उत्तराधिकार के प्रश्न पर यूरोप में 1740 में ब्रिटेन एवं फ्रांस एक दूसरे के विरूद्ध हो गये। दोनों देशों में परस्पर युद्ध की सूचना की, भारत में गंभीर प्रतिक्रिया हुई यूरोप में युद्ध शुरू होने के बाद अंगरेजों की सहायता के लिए एक जहाजी बेड़ा भारत आ पहुंचा। इसी तरह 1746 में फ्रांसीसियों की सहायता के लिए मारीशस से दो हजार सैनिक नौ जहाजों के साथ लाबूरदोने (La Bourdonnais) के नेतृत्व में भारत आ गये। यद्यपि फ्रांसीसी कम्पनी युद्ध के पक्ष में नहीं थी क्योंकि इसके व्यापार में पूंजी ऋण लेकर लगाई जाती थी और एक व्यापारिक अभियान के पूरा होने पर राशि लौटा दी जाती थी। **डूप्ले 1742 में फ्रांसीसी कम्पनी का गवर्नर बनाया** गया था। सितम्बर 1744 में युद्ध शुरू हुआ। बार्नेट के अधीन अंगरेजी नौ सेना द्वारा फ्रांसीसी जहाजों पर कब्जा कर लिया जाना युद्ध का तात्कालिक कारण था। इसीलिए डूप्ले ने मारिशस के गवर्नर लाबूरदोने से सहयोग चाहा था। अंगरेजी बेड़ा मद्रास से कलकत्ता की ओर जैसे ही रवाना हुआ पीछे से फ्रांसीसी सेनापति ने मद्रास पर आक्रमण कर उसे 21 सितम्बर को अपने अधिकार में ले लिया। कहा गया है युद्ध बन्दियों में क्लाइव भी था। लेकिन इसके पश्चात् ही लाबूरदोने एवं डूप्ले में मतभेद हो गया। मद्रास पर फ्रांसीसियों का कब्जा हो जाने के कारण अंगरेजों ने कर्नाटक के नवाब अनवरूद्दीन से सहयोग की माँग की। अनवरूद्दीन ने डूप्ले को मद्रास का घेरा उठा लेने को कहा। दो विदेशी कम्पनियों का अपनी भूमि पर संघर्ष उसे उचित प्रतीत नहीं हुआ।

सेंटथोमे की लड़ाई (1748 ई.): कर्नाटक के नवाब ने मद्रास पर कब्जा करने की कोशिश की। मद्रास के निकट अदयार नदी (अंडियार) के पास नवाब एवं फ्रांसीसी सेनाओं के मध्य संघर्ष हुआ। **सेंटथोमे (St. Thome, 4 November 1746) के इस युद्ध में फ्रांसीसी सेना ने कर्नाटक नवाब अनवरुद्दीन की विशाल सेना को पराजित किया। 1748 में यूरोप में एलाशेपल की सन्धि** से युद्ध समाप्त हो गया। सन्धि के अनुसार दोनों कम्पनियों का पूर्ववत् अपने केन्द्रों पर आधिपत्य हो गया। प्रो. डॉडवैल के अनुसार इस युद्ध ने डूप्ले के प्रयोगों और क्लाइव की विजयों के लिए रास्ता साफ किया।[27] मैलेसन (Malleson) ने इस युद्ध को भारत की निर्णायक लड़ाईयों में से एक माना है क्योंकि इससे यूरोपीय सेनाओं की सैनिक कुशलता व्यक्त हुई। कैप्टन पैराडाइज (Paradise) के अधीन 230 फ्रांसीसी एवं 700 भारतीय सैनिकों की फ्रांसीसी सेना ने 10000 भारतीय सेना को पराजित कर दिया था। विद्वानों की यह भी मान्यता है कि इस युद्ध ने यूरोपीय कम्पनियों को भारतीय राजाओं के आन्तरिक मामलों में हस्तक्षेप करने का मार्ग प्रशस्त किया।

द्वितीय कर्नाटक युद्ध (1749–54 ई.): कर्नाटक एवं हैदराबाद राज्यों के उत्तराधिकार के संघर्ष में अलग–अलग पक्षों के समर्थन की नीति ने दोनों कम्पनियों के बीच संघर्ष को जन्म दिया। हैदराबाद के सूबेदार निजाम–उल–मुल्क की मृत्यु के साथ ही 1748 में दूसरे कर्नाटक युद्ध का सूत्रपात हुआ। निजाम–उल–मुल्क का पुत्र नासिरजंग हैदराबाद का निजाम बना। लेकिन निजाम–उल–मुल्क की पुत्री का लड़का मुजफ्फरजंग (नासिरजंग का भतीजा एवं आसफजाह का पौत्र) नवाब (नासिरजंग) का प्रतिद्वन्दी हो गया और उसने हैदराबाद की गद्दी के लिए फ्रांसीसियों का समर्थन प्राप्त किया।

इसी समय कर्नाटक की स्वयं की नवाबी के लिए चाँदा साहब ने कर्नाटक नवाब अनवरूद्दीन का विरोध किया तथा डूप्ले से सहयोग करने को कहा। चाँदा साहब नवाब अनवरूद्दीन का बहनोई था। चाँदा साहब ने कर्नाटक का नवाब बनने के लिए मुजफ्फरजंग का समर्थन प्राप्त कर लिया तथा उसने मुजफ्फरजंग को हैदराबाद की निजामत दिलवाने में सहयोग का वादा किया। इस प्रकार चाँदा साहब एवं मुजफ्फरजंग को सैनिक सहायता देने के लिए डूप्ले तत्पर हो गया। दूसरी ओर अंगरेजों ने नासिरजंग (हैदराबाद) व अनवरूद्दीन (कर्नाटक) का सहयोग किया। यह अंगरेजों की साम्राज्यवादी नीति का प्रमाण था जबकि डूप्ले इस तरह किसी मामले में प्रतिद्वन्द्वी बनकर अंगरेजों के सामने खड़ा नहीं हुआ था।

अम्बूर की लड़ाई (1749): जुलाई 1749 में चाँदा साहब ने फ्रांसीसियों की सहायता से कर्नाटक पर आक्रमण कर जीत लिया। वैल्लोर के समीप अंबुर नामक स्थान पर हुए इस युद्ध में अनवरूद्दीन मारा गया और चाँदा साहब कर्नाटक का नवाब बना। कर्नाटक वैधानिक दृष्टि से निजाम के अधीन था। अनवरूद्दीन की मृत्यु की सूचना मिलने पर निजाम (नासिरजंग) ने तुरन्त हस्तक्षेप किया और कर्नाटक पर निजाम की सेनाओं का कब्जा हो गया। मुजफ्फरजंग ने भी नवाब नासिरजंग के समक्ष आत्मसमर्पण कर दिया था।

लेकिन यह स्थिति उस समय बदल गई जब डूप्ले ने नासिरजंग के विरोधियों को पुनः समर्थन देने का वादा किया और मछलीपट्टम पर अधिकार कर लिया। फ्रांसीसी सेना की टुकड़ी ने दिसम्बर 1750 में निजाम की सेना पर आक्रमण कर दिया और नासिरजंग मारा गया। मुजफ्फरजंग हैदराबाद का निजाम बना। चाँदा साहब भी अर्काट लौट आया तथा कर्नाटक की सत्ता पर पुनः अधिकार कर लिया। लेकिन मुजफ्फरजंग हैदराबाद की सत्ता का सुख अधिक समय तक नहीं उठा पाया और 1751 में एक आक्स्मिक मुठभेड़ में उसकी मृत्यु हो गई। निजाम का पद फिर से रिक्त हो गया। लेकिन डूप्ले के सहयोगी बूसी ने स्थिति को संभाल लिया तथा नासिरजंग के छोटे भाई सलावतजंग को निजाम घोषित कर दिया। 1752 में सलावतजंग हैदराबाद पहुंचा और निजामत का कार्य संभाला। इस तरह फ्रांसीसियों का प्रभाव हैदराबाद पर कायम हो गया। सलावतजंग ने राजमंदरी, चिकाकोल, एलोर (एलूर) एवं मुस्तफा नगर सेना के खर्च के बदले फ्रांसीसियों को प्रदान किये। डूप्ले की प्रतिष्ठा बढ़ गई। लेकिन उसने फ्रांस सरकार को वास्तविक स्थिति से अवगत नहीं करवाया। दूसरी ओर ब्रिटिश कम्पनी के संचालकों ने सरकार के माध्यम से फ्रांस सरकार को वास्तविक स्थिति से अवगत करवा दिया था तो डूप्ले को वापस बुलाये जाने के बारे में सोचा जाने लगा। वस्तुतः अंगरेजों का यह कृत्य फ्रांसीसियों के दक्षिण में बढ़ते प्रभाव की प्रतिक्रिया था। अंगरेजों का चिंतित होना स्वाभाविक था। फ्रांसीसियों की तुलना में अपने घटते प्रभाव को रोकने के उद्देश्य से अंगरेजों ने चाँदा साहब के विरोधी अनवरूद्दीन के पुत्र मुहम्मद अली जिसने भागकर त्रिचनापल्ली पर अधिकार कर रखा था, का सहयोग करने की योजना बनाई। अंगरेजों ने मुहम्मद अली का पक्ष लेकर सैनिक सहायता देने का निर्णय किया और अंगरेज सेना की एक टुकड़ी मुहम्मद अली के सहयोग हेतु भेजी।

अर्काट का घेरा (1751): अंगरेज सैनिकों की कमी के कारण त्रिचनापल्ली में मुहम्मद अली को समुचित सैनिक सहायता नहीं भेज पाये थे इसीलिए मुहम्मद अली पर चाँदा साहब और फ्रांसीसी सेना का दबाव बढ़ रहा था। इन परिस्थितियों में अंगरेजों ने अर्काट पर घेरा डालने की योजना बनाई। अनवरुद्दीन (1743–49 ई.) ने इसे राजधानी बनाया था। चाँदा साहब की सेना त्रिचनापल्ली की ओर मुहम्मद अली के विरूद्ध रवाना हो गई। अब अर्काट की रक्षा हेतु अधिक सेना नहीं रह गई थी। अंगरेजों की योजना का उद्देश्य था त्रिचनापल्ली पर कर्नाटक सेना (चाँदा साहब) का दबाव कम करना। स्पष्ट था कि अर्काट पर हमले से चाँदा साहब एवं फ्रांसीसी सेना का राजधानी की रक्षा के लिए वापस सेना भेजना आवश्यक था। मुहम्मद अली की सुरक्षा का यही एक उपाय था।

अर्काट पर आक्रमण करने का कार्य सामान्य अधिकारी क्लाइव को सौंपा गया। यूरोपीय एवं भारतीय सैनिकों (200 एवं 600 क्रमशः) की टुकड़ी लेकर क्लाइव मद्रास से 64 मील दूर स्थित अर्काट की ओर बढ़ा और सितम्बर 1751 में अर्काट पर अधिकार कर लिया। चाँदा साहब एवं फ्रांसिसी सेना लौटकर किले के निकट पहुंची उस समय तक क्लाइव एवं उसके साथी किले को खाली कर मद्रास के लिए रवाना हो गये थे।

पांडिचेरी की संधि (1755): अर्काट का घेरा क्लाइव की पहली बड़ी सफलता थी। इस सफलता से अंगरेजों का हौसला बढ़ा। इस दौरान मुहम्मद अली ने पड़ोसी राज्यों से सहायता की मांग की। संयोग से मराठा सरदार मोरारीराव 6 हजार घुड़सवार लेकर त्रिचनापल्ली आ गया एवं अंगरेज सेना का विशेष दस्ता भी जा पहुंचा। फ्रांसीसियों को त्रिचनापल्ली का घेरा उठाना पड़ा। जून 1752 में फ्रांसीसी सेनापति ने आत्मसमर्पण कर दिया। चाँदा साहब षड़यंत्र में मारा गया। फ्रांसीसियों की इस तरह करारी हार हुई एवं डूप्ले की योजनायें धाराशाही हो गईं। 1752 से 1754 के बीच डूप्ले ने त्रिचनापल्ली पर अधिकार करने के प्रयास किये, परन्तु उसे सफलता नहीं मिली। मुहम्मद अली को त्रिचनापल्ली एवं अर्काट दोनों मिल गये। 1754 में गोडेहू (Godeheu), डूप्ले के स्थान पर भारत भेजा गया। जनवरी 1755 में पांडिचेरी की सन्धि द्वारा दोनों पक्षों के मध्य समझौता हो गया।

डूप्ले का मूल्यांकन: डूप्ले का जन्म 1697 ई. में हुआ था। उसके पिता उच्च पद पर होने के कारण उसके प्रभाव से 1720 में पांडिचेरी में डूप्ले को उच्च पद पर नियुक्त किया गया। फ्रांसीसी बस्ती चन्द्रनगर का 1730 से 1741 के मध्य जोज़ेफ फ्रांसीसी डूप्ले गवर्नर रहा था। उसे 1742 में पांडिचेरी का गवर्नर एवं सम्पूर्ण भारत में फ्रांसीसी कम्पनी का प्रमुख संचालक बना दिया गया। डूप्ले के कार्यों का युक्तियुक्त मूल्यांकन अल्फ्रेड मारटिन्यू (Alfred Mortineau) ने किया है। उनके अनुसार डूप्ले की औपनिवेशिक योजना का मूल कारण व्यापारिक कार्यों हेतु धन के अभाव की स्थानीय स्तर पर पूर्ति का प्रयास करना था। वस्तुतः फ्रांस सरकार आर्थिक कठिनाइयों के दौर से गुजर रही थी, इसीलिए स्थानीय स्तर पर ही उसने कम्पनी की वित्तीय स्थिति ठीक करने के प्रयत्न किये। राजनीतिक सत्ता की प्राप्ति द्वारा एक निश्चित क्षेत्र के

नियमित राजस्व से ही यह संभव हो सकता था। कम्पनी के लिए स्थायी राजस्व के स्रोत की खोज ने ही उसे राजनीतिक युद्धों में खींचा। इन तथ्यों को ध्यान में रखते हुए भारत में राजनीतिक हस्तक्षेप की नीति अपनाई। डूप्ले का दोष यह था कि उसने कम्पनी के संचालकों को वास्तविक स्थिति से अवगत नहीं करवाया। अपनी कठिनाइयों को अल्पकालिक बताते हुए सफलताओं का उल्लेख करता रहा। फलस्वरूप कम्पनी संचालकों को सही स्थिति की जानकारी नहीं हो पाई। इसके अतिरिक्त असफलता का कारण हठधर्मी एवं उसका जिद्दी स्वाभाव भी रहा।[28] दूसरी ओर मालेसन की धारणा है कि डूप्ले की असफलता संयोग की बात थी जिसकी पहले संभावना नही थी।[29] साथ ही मालेसन ने अपनी पुस्तक *हिस्ट्री ऑफ फ्रेंच इन इण्डिया,* पृष्ठ 416 पर यह भी विचार रखा है कि अगर डूप्ले दो वर्ष और भारत में रह जाता तो बंगाल का धन अंगरेजों के स्थान पर फ्रांस की गोद में जा गिरता। उसके लिए यह भी कहा गया है कि वह प्रथम व्यक्ति था जिसने हिन्दुस्तान पर यूरोपीय सत्ता की आवश्यकता का अनुभव किया। यह भी दर्शाया है कि सत्ता किस प्रकार प्राप्त की जाती है। इसके अतिरिक्त वह एक सेनापति नहीं था अतः अपने उद्देश्यों की प्राप्ति हेतु उसे अन्य अधिकारियों पर निर्भर रहना पड़ा। उन दिनों एक महत्वाकांक्षी व्यक्ति को अपनी सफलता के लिए सैनिक गुणों से युक्त होना आवश्यक था। डूप्ले के विपरीत क्लाइव इसीलिए अधिक सफल रहा कि वह एक सैनिक अधिकारी था।

कर्नाटक का तीसरा युद्धः आस्ट्रिया एवं प्रशा के मध्य 1756 में सप्तवर्षीय युद्ध शुरू हो गया था। फ्रांस ने आस्ट्रिया और इंग्लैण्ड ने प्रशा का समर्थन किया। यूरोपीय राजनीति ने भारत स्थित कम्पनियों को भी प्रभावित किया और 1758 में दोनों में संघर्ष शुरू हो गया। अंगरेज बंगाल में 1757 में अपनी सत्ता स्थापित करने का प्रयास कर रहे थे और प्लासी की जीत ने उनका मनोबल बढ़ाया। जबकि फ्रांस भारत में युद्ध करने की स्थिति में नहीं था क्योंकि वह इन दिनों अमेरिका के युद्धों में उलझा हुआ था। साथ ही यूरोप में उसे आस्ट्रिया को भी सहयोग करना पड़ा। इसलिए भारत को सैनिक सहायता भेजा जाना उसके लिए मुमकिन नहीं था। फ्रांसीसी सेनाओं का नेतृत्व काउन्ट लैली कर रहा था। प्रारम्भ में (1758) वह फोर्ट सेंट डेविड पर अधिकार करने में सफल रहा, लेकिन थोड़े समय में उसे परेशानियों ने घेर लिया तथा कर्नाटक में अपनी सहायता हेतु हैदराबाद से बुसी को बुलवाया गया, परन्तु कम्पनी की बिगड़ती हुई आर्थिक स्थिति के कारण अधिक सुधार नहीं हुआ। इस दौरान अंगरेजों ने उत्तरी सरकार क्षेत्र पर कब्जा कर लिया था।

वांडिवाश की लड़ाई (22 जनवरी 1760 ई.): इसके पश्चात् 1760 में फ्रांसीसी वांडिवाश की लड़ाई में सर आयरकूट के नेतृत्व में अंगरेजों से निर्णायक रूप से हार गये। फ्रांसीसियों के प्रमुख केन्द्र पांडिचेरी पर भी अंगरेजों का कब्जा हो गया और माही तथा कराईकल भी अंगरेजों के नियंत्रण में चले गये। 1763 में यूरोपीय सप्तवर्षीय युद्ध समाप्त हो गया। भारत में भी फ्रांस एवं ब्रिटेन के मध्य 1763 ई. में पेरिस में सन्धि हो गई तथा चन्द्रनगर छोड़कर फ्रांस को वे समस्त स्थान लौटा दिए गए जो उसके पास 1749 में थे। ये स्थान फ्रांस के पास 1947 तक रहे और स्वतंत्रता के पश्चात् भारत को सौंप दिये गये।

फ्रांसीसियों की असफलता के कारणः तीसरे कर्नाटक युद्ध में पराजय से फ्रांसीसियों की भारत में उपनिवेश स्थापना एवं व्यापार की योजना सदा के लिए समाप्त हो गई। पेरिस की सन्धि (1763) से भारत का भाग्य इंग्लैण्ड के साथ जुड़ गया था। फ्रांस ने भारत में अपने पैर जमाने के कई प्रयास किये, लेकिन असफल रहा। दूसरी ओर इंग्लैण्ड ने व्यापार द्वारा न केवल भारत में पर्याप्त धन अर्जित किया अपितु उनका यहाँ उपनिवेश स्थापना का स्वप्न भी साकार होने लगा था। फ्रांस की असफलता के कुछ महत्वपूर्ण तथ्यों की विवेचना उचित होगी।

शक्तिशाली ब्रिटिश नौ सेनाः भारत में प्रभुत्व की सफलता नौ सेना की शक्ति पर निर्भर करती थी। कर्नाटक युद्धों ने इस तथ्य को स्पष्ट कर दिया कि नौ सेना के बल पर ही यूरोपीय शक्तियाँ भारत में राज कर सकती हैं। सप्तवर्षीय युद्ध में बड़े पिट (Pitt the elder) की नीति यह रही कि फ्रांस भारत एवं कनाडा को सैनिक सहायता नहीं भेज सके, इसके लिए उसे यूरोपीय संघर्ष में फंसाये रखा। 1748 से 1751 के मध्य डूप्ले सफल रहा क्योंकि अंगरेज नौ सेना उस समय अधिक सक्रिय न थी। तत्पश्चात् अंगरेजों ने अपनी नाविक शक्ति को सुदृढ़ किया जिसका मुकाबला नेपोलियन बोनापार्ट भी नहीं कर पाया। वाल्टेयर फ्रांसीसी कम्पनी की असफलता का प्रमुख कारण नौ सेना की दुर्बलता को मानता है। अल्फ्रेड लायल (Alfred Lyall) ने उचित ही लिखा है कि भारत में व्यापारिक तथा सैनिक सफलता की दो मुख्य शर्तें थीं कि भारतीय तट पर दृढ़ आधार स्थापित कर ले तथा सामुद्रिक शक्ति पर्याप्त हो ताकि यूरोप से संचार मार्ग खुले रहें। अंगरेजों ने इनमें वरिष्ठता प्राप्त कर ली थी।

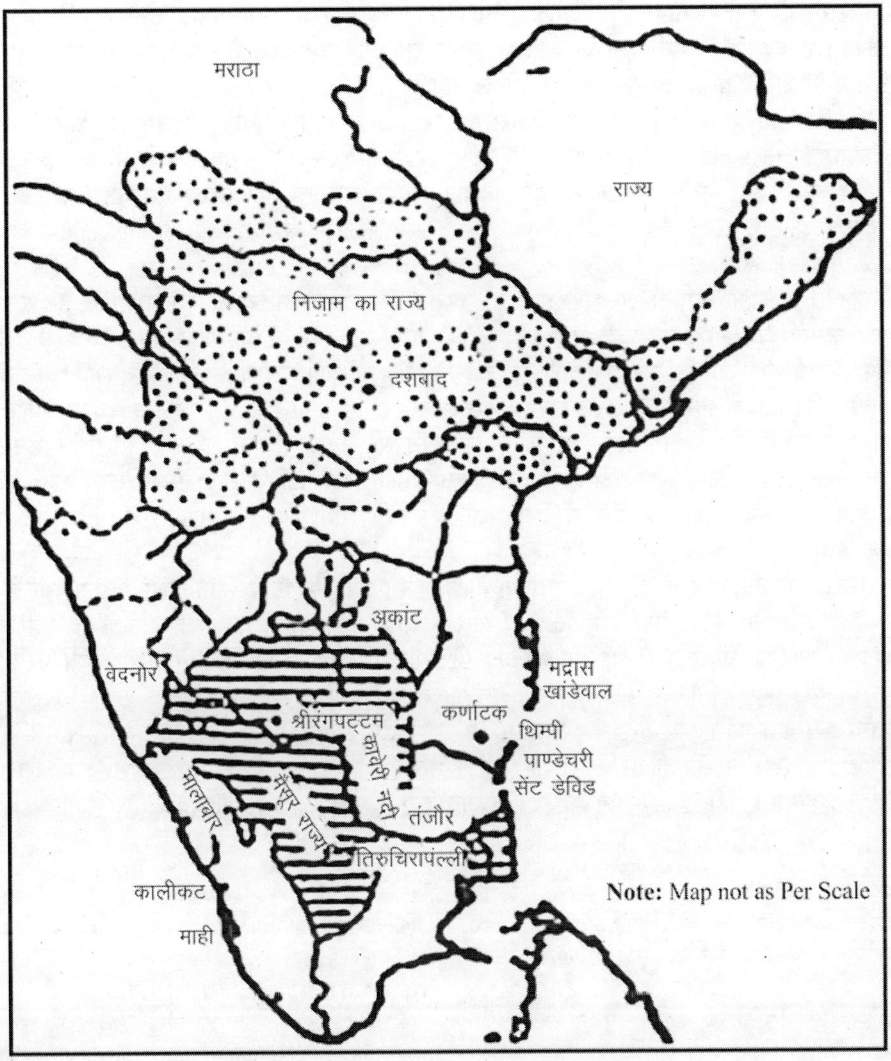

दक्षिण भारत में अंगरेज फ्रांसीसी क्षेत्र

आर्थिक कठिनाइयाँ: कर्नाटक युद्धों में फ्रांसीसी कम्पनी की वित्तीय स्थिति अत्यन्त दयनीय हो गई थी। युद्ध के दौरान फ्रांसीसी अपने व्यापार पर ध्यान नहीं दे पाये और उनकी स्थिति दिन पर दिन विकट होती गई। लैली को तृतीय कर्नाटक युद्ध के दौरान गंभीर आर्थिक संकटों को झेलना पड़ा। साम्राज्य स्थापना की सफलता सन्तोषजनक आर्थिक स्थिति पर निर्भर करती है। 1736 से 1765 के मध्य अंगरेजी कम्पनी ने 1412 लाख पौण्ड और फ्रांसीसी कम्पनी ने 114.50 लाख पौण्ड का माल बेचा, अर्थात् फ्रांसीसी कम्पनी की तुलना में ब्रिटिश कम्पनी का व्यापार तीन गुणा से अधिक था। अंगरेजों की बंगाल में प्लासी की जीत से प्राप्त विपुल धन ने कर्नाटक युद्ध में उनकी सफलता को सुनिश्चित कर दिया।

फ्रांस की यूरोप में व्यस्तता: फ्रांसीसी सम्राट यूरोप में अपनी प्राकृतिक सीमाओं को स्थापित करने के लिए इटली तथा जर्मनी की ओर बढ़ने के अधिक उत्सुक थे। फ्रांस सरकार वहाँ के युद्धों में उलझी रही तथा भारतीय समस्याओं पर अपना ध्यान केन्द्रित नहीं कर पाई। फ्रांसीसी सम्राटों का उद्देश्य यूरोप में अपनी साम्राज्यवादी महत्वाकांक्षा को शांत करना था। अन्य देशों में उपनिवेश स्थापना में उनकी रूचि कम थी। जबकि इंग्लैण्ड की स्थिति फ्रांस से भिन्न थी। यूरोप में क्षेत्रीय

प्रसार की कामना अंगरेजों में कभी नहीं रही। केवल यूरोप में शक्ति सन्तुलन बनाये रखना उनकी नीति का प्रमुख अंग था। इंग्लैण्ड सदैव एकाग्र होकर अपने उपनिवेशों के प्रसार में लगा रहा और यही उसकी सफलता का रहस्य था। इसीलिए वह भारत तथा उत्तरी अमेरिका में फ्रांस को पछाड़ने में सफल रहा।[30]

कम्पनी की संरचना: फ्रांसीसी इतिहासकार फ्रांस की असफलता के लिए वहाँ की अकुशल शासन प्रणाली को दोषी मानते हैं। लुई चौदहवें (1648–1715) के समय से ही फ्रांस की वित्तीय स्थिति खराब होने लगी थी जिसे लुई पन्द्रहवें ने अपने ऐश्वर्य पूर्ण खर्चों से और भी अधिक विकट बना दिया। जबकि इंग्लैण्ड में जागरूक संसदीय प्रणाली का विकास हो रहा था। ह्विग दल (Whigs) ने देश को अभिषिक्त गणतंत्र के रूप में स्थापित कर दिया था, इससे देश के हित में अधिक लाभप्रद निर्णय लेना संभव हुआ।

इसके अतिरिक्त फ्रांसीसी कम्पनी सरकारी होने के कारण इसके अधिकारियों को निर्णय लेने हेतु सरकार पर निर्भर रहना पड़ता था। कम्पनी की 55 लाख फ्रैंक पूंजी में से 35 लाख सम्राट ने लगाए थे अतः कम्पनी के संचालक सरकार द्वारा मनोनीत थे और इसका लाभांश सरकार द्वारा गारन्टी किया हुआ था। परिणामस्वरूप संचालाकों की कम्पनी के लाभ में रूचि कभी नहीं रही। ब्रिटिश कम्पनी पर सरकार का परोक्ष रूप में ही प्रभाव था। अंगरेज अधिकारी भारत में कार्य करने के लिए ब्रिटिश सरकार पर निर्भर नहीं रहे। प्रत्युत वे स्वयं निर्णय लेकर बाद में ब्रिटेन को सूचित करते थे। फ्रांसीसी कम्पनी पर सरकारी नियंत्रण होने से सदैव आर्थिक संकट बना रहा। इसके अधिकारी युद्धों में व्यस्त रहने के कारण व्यापार पर ध्यान नहीं दे पाये जिसका प्रभाव आर्थिक तंगी के रूप में सामने आया। वस्तुतः सरकारी नियंत्रण फ्रांसीसी कम्पनी के विकास में बाधक बना।

निष्कर्ष: 18वीं सदी के मध्य के भारत का तथ्यान्वेषण करने पर यह निष्कर्ष निकाला जा सकता है कि भारत की राजनीतिक स्थिति अराजकता का प्रतीक बन गई थी। आर. देसाई के शब्दों में कहा जा सकता हैः यहां का समाज ऐसे सन्तुलन पर आश्रित था जिसका आधार था सदस्यों का पारस्परिक विकर्षण और वैधानिक पार्थक्य। ऐसा देश और ऐसा समाज तो मानो विजय का पूर्व निश्चित भक्ष्य था। लेकिन भारत पर अंगरेजों की राजनीतिक सत्ता का स्वतः इतना अधिक महत्व नहीं जितना इस बात का है कि उन्होंने इस सत्ता का खास ढंग से इस्तेमाल किया जिसका भारतीय समाज पर गंभीर आर्थिक प्रभाव पड़ा।[31] कहा जा सकता है कि 18वीं सदी में भारत की राजनीतिक रिक्ता को भरने के लिए उत्तर–पश्चिम से किसी शक्ति का आगमन नहीं हुआ अपितु वह शक्ति अब समुद्री मार्ग से भारत में प्रवेश कर चुकी थी।

संदर्भ

1. श्रीवास्तव आशीर्वादीलाल, *मुगलकालीन भारत*, पृ. 584. ईश्वरीप्रसाद, *मध्यकालीन भारत का संक्षिप्त इतिहास*, पृ. 500
2. ताराचंद, *भारतीय स्वतंत्रता आन्दोलन का इतिहास*, जिल्द 1, पृ. 73
3. मिश्र, जे.पी., *आधुनिक भारत का इतिहास*, पृ. 19–20
4. मिश्र, जे.पी., वही, पृ. 10
5. वही, पृ. 53
6. शर्मा, एस.आर., *द मेकिंग ऑफ माडर्न इण्डिया*, पृ. 171
7. आशीर्वादीलाल, श्रीवास्तव, वही, पृ. 583
8. ताराचंद, वही, पृ. 53
9. स्मिथ, वी., *द आक्सफोर्ड हिस्ट्री ऑफ इण्डिया*, पृ. 34
10. ब्लेकमैन के अनुसार 'जात' का तात्पर्य सैनिकों की उस निश्चित संख्या से था जो मनसबदारों को अपने यहाँ रखनी पड़ती थी और 'सवार' से आशय घुड़सवारों की निश्चित संख्या से था। आशीर्वादीलाल श्रीवास्तव, *मुगलकालीन भारत*, पृ. 205
11. वही, पृ. 57
12. ताराचंद, वही, पृ. 57–58
13. ताराचंद, वही पृ. 59
14. वही पृ. 214
15. जैन एवं माथुर, *विश्व का इतिहास* (1500–1950), पृ. 102
16. ताराचंद, वही, पृ. 47
17. वही, पृ. 171
18. *भारत का वृहत् इतिहास*, जिल्द 3, पृ. 1
19. *द शार्ट कैम्ब्रिज हिस्ट्री ऑफ इण्डिया*, पृ. 384
20. राबर्ट्स, पी.ई., *ब्रिटिश कालीन भारत का इतिहास*, पृ. 18
21. ताराचंद, वही, पृ. 215
22. *भारत का वृहत् इतिहास*, जिल्द 3, पृ. 7
23. विद्यालंकार, पी.एन., *सम्पत्ति शास्त्र का इतिहास*, 1923, पृ. 551
24. *भारत का वृहत् इतिहास*, जिल्द 3, पृ. 8–9
25. विल्सन, सी.आर., *अर्ली ऐनेल्स ऑफ इंगलिश इन बंगाल*, पृ. 65
26. राबर्ट्स, पी.ई., वही, पृ. 78
27. *द कैम्ब्रिज हिस्ट्री ऑफ इण्डिया*, जि. 5, पृ. 117
28. आल्फ्रेड मारटिन्यू, *हिस्ट्री ऑफ द फ्रेंच इन इण्डिया*, पृ. 2–3
29. सेन. एस.पी., *द फ्रेंच इन इण्डिया*, पृ. 29
30. अल्फ्रेड लायल, वही, पृ. 117
31. देसाई, ए.आर., *भारतीय राष्ट्रवाद की सामाजिक पृष्ठभूमि*, पृ. 25

❋❋❋

2

बंगाल में अंगरेजी शक्ति का उदयः प्लासी एवं बक्सर के युद्ध

(Rise of the British Power in Bengal: Battle of Plassey and Buxer)

बंगाल मुगल साम्राज्य का एक महत्वपूर्ण प्रान्त था जहाँ प्रशासनिक व्यवस्था के संचालन हेतु औरंगजेब ने मुर्शिदकुली जफरखाँ को सूबेदार नियुक्त किया। **मुर्शिदकुली खाँ, जो सन् 1701 में बंगाल का दीवान नियुक्त किया गया था**, अपनी मृत्यु (1727) तक वहाँ की बागडोर संभाले रहा। ढाका के स्थान पर उसने मुर्शिदाबाद को बंगाल की राजधानी बनाया। औरंगजेब के बाद बंगाल के सूबेदार धीरे–धीरे स्वतंत्र होते गये और वे नवाब की उपाधि ग्रहण करने लगे। मुर्शिदकुली खाँ के दामाद एवं बंगाल के नवाब शुजाउद्दीन ने 1732 में अलीवर्दी खाँ को बिहार का नायब नाजिम (क्षेत्रीय प्रबंधक) नियुक्त किया। अलीवर्दी खाँ ने कुशल प्रशासन एवं नियंत्रण द्वारा आर्थिक स्थिति को सुधारा और 20 लाख के स्थान पर 30 लाख राजस्व मुगल सम्राट को भेजना प्रारम्भ कर दिया। 1739 में शुजाउद्दीन की मृत्यु के बाद सरफराज बंगाल का नवाब बना जिसे अप्रैल 1740 में गिरिया के युद्ध में परास्त कर अलीवर्दी खाँ ने बंगाल की सूबेदारी हस्तगत की।

अलीवर्दी खाँ (1740–1756): 1650–51 ई. में ईस्ट इण्डिया कम्पनी ने हुगली के मुहाने अपना पहला व्यापारिक केन्द्र खोला था। अंगरेजों ने यह जान लिया था कि मराठों का पश्चिमी क्षेत्र पर दबाव अधिक है इसलिए उन्हें पश्चिम में पैर फैलाना कठिन प्रतीत हुआ। पूर्वी समुद्र तट से लगे प्रदेश में अपना प्रभाव स्थापित करने की योजना इसी नीति का अंग था। इसके अतिरिक्त बंगाल बड़ा उपजाऊ क्षेत्र था। इससे भी बढ़कर बात यह थी कि बंगाल का सूती वस्त्र व्यवसाय सम्पूर्ण विश्व में प्रसिद्ध था इसलिए बंगाल में व्यापार में प्रगति की अधिक संभावनाएं थीं। इन्हीं तथ्यों को ध्यान में रखते हुए अंगरेजों ने बंगाल में कार्रवाई शुरू की। व्यापार को अधिक विकसित करने के लिए 1686 ई. में जॉब चारनौक ने कलकत्ता बसाया। स्थानीय सुरक्षा का बहाना लेकर 1696 ई. में अंगरेजों ने किलेबंदी (fortifications) करनी शुरू की और इस प्रकार फोर्ट विलियम का जन्म हुआ। बंगाल में अंगरेजी व्यापार में उत्तरोतर वृद्धि हो रही थी उसे गतिशील एवं अधिक विकसित करने हेतु 1717 में मुगल बादशाह फर्रूखसियर से तीन हजार की वार्षिक चुंगी देकर बंगाल, बिहार एवं उड़ीसा में मुक्त व्यापार का फरमान प्राप्त कर लिया। इस फरमान के आधार पर अंगरेजी फैक्ट्री का अध्यक्ष कम्पनी के सामान के सम्बन्ध में प्रमाण–पत्र (दस्तक) देता था जिससे उस पर चुंगी नहीं लगती थी। यह सुविधा केवल आयात–निर्यात की गई वस्तुओं के लिए ही दी गई थी। मुगल सम्राट से प्राप्त फरमान से बंगाल के व्यापार में अंगरेजों को बड़ा लाभ होने लगा। आत्मरक्षा के आधार पर अंगरेजों ने अलीवर्दी खाँ से कलकत्ते की किलाबंदी की स्वीकृति चाही थी। किन्तु उसने जवाब भिजवाया कि "तुम्हें किलेबंदी की क्या आवश्यकता है तुम व्यापारी हो मेरे संरक्षण में रहते तुम्हें शत्रुओं का क्या डर है।"[1] और अंगरेजों को अपनी योजना स्थगित रखनी पड़ी। अलीवर्दी खां ने यूरोपियों की तुलना मधुमक्खियों से की थी और कहा था "यदि इन्हें न छेड़ा जाये तो शहद देंगी और यदि छेड़ा जाए तो काट–काट कर मार डालेंगी।"[2] अप्रैल 1756 में अलीवर्दी खाँ की मृत्यु हो गई। अलीवर्दी खाँ को बंगाल की सूबेदारी प्राप्त होने के कुछ समय बाद ही उसके नाती मिर्जा मोहम्मद (सिराजुद्दौला) का जन्म हुआ था। उसने सिराज का जन्म शुभ मानकर उसे अपना उत्तराधिकारी घोषित कर दिया था।

सिराजुद्दौला (1756–1757 ई.): सिराजुद्दौला को बिना किसी कठिनाई के बंगाल की सूबेदारी उत्तराधिकार में प्राप्त हो गई। किन्तु परिस्थितियाँ उसके अनुकूल न थी। अलीवर्दी खाँ के तीन पुत्रियाँ थीं और कोई पुत्र न था। उसने अपनी पुत्रियों का विवाह पटना, ढाका एवं पूर्णिया के शासकों से कर दिया था। दुर्भाग्य से उसके तीनों दामादों की मृत्यु उसके जीवन काल में ही हो गई। सबसे बड़ी पुत्री घसीटी बेगम की शादी पूर्णिया के गवर्नर से हुई थी। उसका पुत्र शौकतगंज भी नवाब बनने की कामना रखता था। शौकतगंज का समर्थन राजवल्लभ व घसीटी बेगम (सिराज की मौसी) आदि कर रहे

थे। अंगरेजों की धारणा थी कि इस संघर्ष में सिराज हार जायेगा। इस तथ्य को ध्यान में रखते हुए अंगरेजों ने सिराज के किलाबंदी न करने के आदेश की अवहेलना की और फोर्ट विलियम के परकोटे पर तोपें तैनात कर दीं।

इसके अतिरिक्त चुंगी में छूट सम्बन्धी दस्तक (Dustuck या अनुमति पत्र) का भी अंगरेजों द्वारा भारी दुरूपयोग व्यक्तिगत व्यापार के लिए किया जा रहा था। कम्पनी तथा व्यक्तिगत व्यापार में भेद करना 1752 ई. तक कठिन हो गया। चुंगी नहीं मिलने से बंगाल सरकार को भारी आर्थिक हानि उठानी पड़ रही थी। साथ ही कर्नाटक (तेलंगाना) में जो कुछ अंगरेजों ने किया उससे सिराज अवश्य परिचित था और अंगरेजों की गतिविधियों पर उसकी नजर थी।

अंगरेजों का षड़यंत्र: अमीचंद नामक सेठ दलाली का कार्य करता था। उसने नवाब को व्यापारिक लेन–देन में करोडों रूपये का नुकसान पहुँचाया। नवाब द्वारा उसकी गिरफ्तारी का आदेश जारी किये जाने पर वह अपनी सम्पत्ति सहित कलकत्ते भाग गया। भारी रिश्वत लेकर अंगरेजों ने उसे अपनी शरण में रख लिया। इसी प्रकार नवाब का एक हिन्दू अफसर खजांची कृष्णवल्लभ भी खाते में लाखों रूपये की गड़बड़ करता था, सिराज ने उसे भी गिरफ्तार करना चाहा किन्तु उसने भी धन बटोरकर कलकत्ते में शरण प्राप्त कर ली। कलकत्ते के गवर्नर कर्नल ड्रेक ने सिराज द्वारा इन्हें लौटाए जाने के पत्र का जवाब तक नहीं दिया। इतना ही नहीं अंगरेजों ने सेठ अमीचंद को "नवाब को खत्म करके मुर्शिदाबाद के खजाने का बड़ा हिस्सा दिये जाने का प्रलोभन देकर अपना खुफिया भी बना लिया।" सिराज, शौकतगंज का दमन करना चाहता था, किन्तु शौकतगंज ने स्वयं के निर्दोष होने के अनेक प्रमाण प्रस्तुत किये, अंगरेजों के पत्रों का भी अवलोकन करवाया जिनके द्वारा उसे नवाब बनाने का लालच दिया गया था। अतः सिराज ने कलकत्ते पर आक्रमण करने का निश्चय किया।

कालकोठरी की घटना: जून 1756 में सिराज ने कासिम बाजार एवं कलकत्ते पर अधिकार कर लिया। नवाब के आगमन से पूर्व ही कर्नल ड्रेक व्यापारियों, महिलाओं, और बच्चों आदि को लेकर जहाजी बेड़े द्वारा निकल गया था। शेष लोगों ने एक अवकाश प्राप्त सर्जन होलवेल (Holwell) को अपना सेनापति बनाया। तीन दिन के संघर्ष के बाद अंगरेजों ने आत्मसमर्पण कर दिया और 20 जून 1756 को काल कोठरी (Black Hole) की घटना हुई। स्मिथ,[3] डॉडवेल आदि की मान्यता है कि विजय के बाद कलकत्ते की काल कोठरी की सनसनीखेज घटना घटित हुई, जिसमें **146 अंगरेजों को जून की गर्म रात्रि में एक काल कोठरी में बंद कर दिया गया** जो 18 फीट लम्बी एवं 14 फीट 10 इंच चौड़ी थी। इस घटना में 123 अंगरेज मारे गये। अनेक विद्वानों ने तथ्यों का मूल्यांकन करके यह निष्कर्ष निकाला है कि इस कोठरी में (जिसका क्षेत्रफल 267 वर्ग फीट था) अधिक से अधिक 64 व्यक्ति बन्द किये गये थे[4] इसके अतिरिक्त सिराज व्यक्तिगत रूप से इस घटना के लिए दोषी नहीं था। वस्तुतः यह होलवेल के मस्तिष्क की कल्पना थी सिराज ने इस घटना के बाद शौकतगंज को मृत्युदण्ड दिया। सिराज मानिकचंद को कलकत्ते में स्थानीय अधिकारी नियुक्त कर राजधानी लौट आया। किन्तु अंगरेज सरलता से पराजय स्वीकार करने को तैयार नहीं थे, शीघ्र ही मद्रास (चैन्नई) से क्लाइव एवं वाटसन के नेतृत्व में सेना भेजी गई। सिराज ने समुद्र तट की सुरक्षा की ओर कोई ध्यान नहीं दिया। मध्यकालीन भारतीय शासकों ने इस ओर ध्यान न देकर भारत को सदियों पीछे धकेल दिया। क्लाइव और वाटसन दिसम्बर 1756 में 900 यूरोपियन तथा 1500 भारतीय सिपाही एवं पांच जहाज लेकर कलकत्ते से 40 मील दूर फुल्टा द्वीप पहुंच गये।[5] सिराज को अंगरेजों की पूर्व स्थिति स्वीकार करने को कहा गया। इस दौरान ड्रेक ने क्लाइव और वाटसन को सम्मिलित करते हुए कलकत्ता कौंसिल का गठन किया। अंगरेज फ्रांसीसियों के केन्द्र चन्द्रनगर पर भी अधिकार चाहते थे जिससे फ्रांसीसी शक्ति को कमजोर किया जा सके। 3 जनवरी 1757 को कलकत्ते पर पूरी तरह अधिकार करके अंगरेजों ने सिराज से सैनिक व्यय और क्षतिपूर्ति की माँग की। क्लाइव इस अभियान में अपनी पूर्ण योग्यता दर्शाना चाहता था। रॉबर्ट्स ने लिखा है कि अधिक अनुभवी अफसरों के बदले क्लाइव का चुनाव नीति का एक महत्वपूर्ण कारनामा सिद्ध हुआ।[6]

अलीगंज सन्धि (9 फरवरी 1757): सिराज के समक्ष इस दौरान अहमदशाह अब्दाली के उत्तरी भारत से आक्रमण की समस्या पैदा हो गई। उसे यह भी ज्ञात था कि अनेक देशद्रोही क्लाइव की शरण में है। अतः 9 फरवरी 1757 को अलीगंज की सन्धि कर ली गई तथा अंगरेजों को फर्रूखसियर द्वारा प्रदत्त अधिकार वापस कर दिये। सिराज ने तीन लाख रूपये क्षतिपूर्ति के रूप में दिये। कलकत्ते की किलेबंदी की स्वीकृति भी प्रदान कर दी एवं अंगरेजों को बंगाल में सेना रखने का भी अधिकार मिल गया। यह भी निश्चित किया गया कि तीसरी शक्ति के आक्रमण पर अंगरेज धन एवं सेना से नवाब का सहयोग करेंगे। क्लाइव को यह शंका थी कि कहीं उसे मद्रास वापस ना बुला लिया जाये अथवा फ्रांसीसियों एवं नवाब के मध्य समझौता न हो जाये, इसीलिए उसने यह सन्धि केवल एक सुविधाजनक सामयिक उपाय मानकर की थी।[7]

अंगरेजों का चन्द्रनगर पर कब्जा (27 मार्च 1757): अलीगंज सन्धि के बाद यूरोप में सप्तवर्षीय युद्ध प्रारम्भ हो गया था। यहाँ भी अंगरेज एवं फ्रांसीसी परस्पर संघर्ष की स्थिति में थे। बुसी कलकत्ता से 200 मील दूर उत्तरी सरकारों (जिलों) में था। बंगाल पर बुसी के आक्रमण से पूर्व क्लाइव चन्द्रनगर पर अधिकार कर लेना चाहता था। उसने फ्रांसीसियों पर आरोप लगाया कि उनके द्वारा–'विद्रोही अंगरेजों को शरण दी हुई है' और 14 मार्च 1757 को चन्द्रनगर घेर लिया। वाटसन ने समुद्र की ओर से आक्रमण किया। 23 मार्च को फ्रांसीसियों ने समर्पण कर दिया एवं क्लाइव ने चन्द्रनगर पर कब्जा करके फ्रांसीसियों को पांडिचेरी चले जाने के लिए बाध्य कर दिया। सिराज ने चन्द्रनगर को बचाने का प्रयत्न नहीं किया, यह उसकी गम्भीर भूल थी। क्योंकि चन्द्रनगर पर अंगरेजों के अधिकार से एक प्रतिद्वन्द्वी शक्ति का अन्त हो गया तथा फ्रांसीसियों द्वारा सिराज की सहायता के द्वार सदैव के लिए बन्द हो गये।

अंगरेज बंगाल पर प्रभावी नियंत्रण चाहते थे क्योंकि बंगाल से व्यापार उनके लिए लाभप्रद साबित हुआ। इतना ही नहीं नवाब की विपुल धन सम्पदा पर भी उनकी दृष्टि थी। इतिहासकार एस.सी. हिल ने स्वीकार किया है कि अंगरेज बंगाल में राजनैतिक प्रभाव स्थापित करना चाहते थे। 1752 में ओर्म ने क्लाइव को अलीवर्दी खाँ के लिए कहा था, **इस बूढ़े कुत्ते को अच्छी तरह दण्ड देना बहुत ठीक होगा। मैं अनायास ही यह नहीं कह रहा हूँ। कम्पनी को गम्भीरतापूर्वक इस बात पर अवश्य विचार करना होगा, अन्यथा उनके लिए बंगाल का व्यापार निरर्थक हो जायेगा।**[8] कहा गया है कि 1740 में जेम्स मिल ने जर्मनी से मिलकर बंगाल लूटने की योजना बनाई थी। वह लिखता है मुगल साम्राज्य सोने और चाँदी से लबालब भरा है। यह साम्राज्य सदा से निर्बल और अरक्षित रहा है। बड़े आश्चर्य की बात है कि यूरोप के किसी बादशाह ने जिसके पास जल सेना हो, बंगाल जीतने का कभी प्रयास नहीं किया। एक ही हमले में अनन्त धन प्राप्त किया जा सकता है। जिससे ब्राजील और पेरू की सोने की खाने भी मात हो जायेंगी। अलीवर्दी खाँ के पास तीन करोड़ पौण्ड का खजाना मौजूद है और उसकी सालाना आमदनी भी काफी है। कम से कम तीन जहाजों में डेढ़ हजार या दो हजार सैनिक इस आक्रमण के लिए काफी होगें।[9] स्पष्ट है कि अंगरेज बंगाल के धन पर आँख लगाये बैठे थे। **जान शेले के इस कथन से हम सहमत नहीं हो सकते कि हमारी भारत की विजय निरूउद्देश्य थी। अंगरेजों ने कोई इतना बड़ा कार्य इतने अन्यमनस्क भाव तथा संयोगवश नहीं किया, जितना कि भारत विजय। वस्तुत अंगरेज बंगाल पर आधिपत्य करने के लिए योजनाबद्ध ढंग से प्रयास कर रहे थे।**[10]

क्लाइव की कुटिल योजना: अलीनगर संधि के पश्चात् अंगरेजों की नीति का लक्ष्य फ्रांसीसियों के प्रभाव को पूर्णतः समाप्त करना तथा सिराज के स्थान पर अन्य किसी व्यक्ति को नवाब बनाना हो गया। इसी योजना से सिराज के निजी **मुंशी मानिकचंद को रिश्वत** देकर अपनी ओर मिला लिया गया जिससे सिराज के भेद का पता चलता रहे।

नवाब ने सेना का एक भाग बिहार की सीमा पर अब्दाली के आक्रमण की अफवाहों के भय से भेजा हुआ था। अप्रैल 1757 में अंगरेजों ने सिराज को हटाकर मीरजाफर को नया नवाब बनाने की योजना बना ली। इसमें स्थानीय लोगों ने अंगरेजों का साथ दिया। रागरत हिन्दू व्यापारी इस नवाब परिवर्तन को 18वीं सदी के अन्य सामान्य परिवर्तनों की भांति ही समझते थे। इसीलिए वे सरलता से नवाब परिवर्तन के पक्ष में हो गये। आरम्भ में सिराज के विरूद्ध षड्यंत्र में मीरजाफर का कम और क्लाइव का अधिक योगदान था।[11] **क्लाइव ने सेठ अमीचंद को भेद न खोलने के लिए नवाब के राज्यकोष का 5 प्रतिशत धन देने का वचन देकर चुप रखा** और **वाटसन से जाली हस्ताक्षर बनाकर अमीचंद को धोखा दिया।** अपने स्वार्थ के लिए धोखा देना क्लाइव की नीति थी। इसी तरह बंगाल के सबसे बड़े बैंकर जगत सेठ को भी शामिल कर लिया।

प्लासी का युद्धः सिराज को विद्रोही एवं अविश्वसनीय कर्मचारियों से कार्य लेना पड़ रहा था। वह इस बात से परिचित था कि मीरजाफर अंगरेजों से मिला हुआ है परन्तु उसके विरूद्ध वह कोई कार्यवाही नहीं कर पाया बल्कि 15 जून 1757 को उससे सहयोग करने का अनुरोध करने उसके घर गया। वह स्वयं भी एक योग्य सेनानायक नहीं था। राजा **दुर्लभराय एवं यारलतीफ खाँ भी अंगरेजों से जा मिले थे। क्लाइव ने 22 जून को कलकत्ता से मुर्शिदाबाद के लिए प्रस्थान किया।**[12] उसने सिराज पर 1752 की सन्धि भंग करने का आरोप लगाया। इसके अतिरिक्त यह भी माँग रखी कि चन्द्रनगर के अतिरिक्त कासिमबाजार, ढाका, पटना, जुदाबालेश्वर में जो छोटी–छोटी फ्रांसीसी बस्तियां हैं उन्हें अंगरेजों को सौंपा जाये। इन माँगों को सिराज कैसे स्वीकार कर सकता था। परिणामतः दोनों में तनाव बढ़ा। क्लाइव के सेना के साथ आगमन की सूचना पाकर नवाब भी सेना के साथ मुर्शिदाबाद से 22 मील दूर प्लासी के मैदान मे पहुंच गया। 23 जून 1757 को प्रातः

9 बजे युद्ध प्रारम्भ हुआ। प्लासी में युद्ध शुरू होने से पहले (1757 ई.) सिराजुद्दौला ने अपने सेनाध्यक्ष मीरजाफर से अपनी पगड़ी जमीन पर रखते हुए कहा था, **"पगड़ी तुम्हारे हवाले है"** किन्तु मीरजाफर ने उसको धोखा दिया। अंगरेज सेना में 950 यूरोपीय पैदल, 100 यूरोपीय तोपची, 50 नाविक एवं 2100 भारतीय सैनिक थे। **नवाब भी 50,000 सेना का नेतृत्व मीरजाफर और राय दुर्लभ कर रहे थे जो अपनी सेनाओं को लेकर शान्त खड़े रहे।** स्थिति अंगरेजों के विपरीत दिखाई देने पर **मीरजाफर ने मीरमदन एवं मोहनलाल से लड़ती हुई सेना को पीछे बुलाने का परामर्श किया।** मोहनलाल के सैनिकों ने सिराज के कुछ सैनिकों को अंगरेजों के पास जाते हुए देख लिया था। अतः उसके सैनिक भी भाग खड़े हुए। क्लाइव आगे बढ़ा किन्तु युद्ध स्थल में सेनायें ही नहीं थीं। सिराज भी मैदान से भाग खड़ा हुआ। 29 जून को क्लाइव ने मीरजाफर को गद्दी पर बैठाया। सिराज का मुर्शिदाबाद में मीरजाफर के पुत्र मीरन की आज्ञा से वध कर दिया गया। प्लासी की जीत के विषय में रॉबर्ट्स ने लिखा है कि एक अंगरेज के नाते क्लाइव ने भारत में महान परिवर्तन कर दिखाया।[13] क्लाइव बिना किसी कुशलता के विजयी रहा। उसकी विजय नवाब के अधिकारियों एवं कुछ भारतीय व्यापारियों के विश्वासघात का परिणाम थी।

परिणाम: प्लासी के युद्ध की गणना भारत के निर्णायक युद्धों में की जाती है। इस युद्ध के भारत पर दूरगामी राजनीतिक एवं आर्थिक प्रभाव पड़े। अल्फ्रेड लायल (Alfred Lyall) ने लिखा है कि प्लासी क्लाइव की सफलता ने बंगाल में युद्ध तथा राजनीति का विस्तृत क्षेत्र अंगरेजों के लिए खोल दिया।[14] आर्थिक दृष्टि से प्लासी युद्ध के पश्चात् वह युग प्रारम्भ हुआ, जिसमें राज्य विस्तार व्यापार के साथ जुड़ गया।

- साथ ही लूट का वह सिलसिला शुरू हुआ जिसने भारत के सबसे धनी प्रान्त बंगाल को अत्यन्त निर्धन अवस्था में पहुंचा दिया। 1759–60 ई. तक मीरजाफर ने लगभग 8 लाख पौण्ड रिश्वत में कम्पनी तथा उसके अधिकारियों को दिये। मैकाले के अनुसार यह धन चाँदी के सिक्कों के रूप में, सौ से अधिक नावों में भरकर कलकत्ता लाई गई थी। कम्पनी के कर्मचारियों ने अगले आठ वर्षों में 15 करोड़ से अधिक का व्यापारिक लाभ कमाया।
- भारत से धन निष्कासन का प्रारम्भ हुआ जिसकी विस्तृत चर्चा अलग अध्याय में की गई है। कम्पनी को कलकत्ते के पास 24 परगने मिले जिनकी वार्षिक आय 15 लाख रूपये थी। अंगरेजों के अनियमित व्यापार में वृद्धि हुई, चुंगी पर छूट (दस्तक) का व्यापार में दुरूपयोग किया जाने लगा। इस तरह नवाब के राजस्व में भारी गिरावट आई।
- इस घटना से भारतीय इतिहास में एक नई नीति का आविर्भाव हुआ जिसे "फूट डालों एवं राज करो" कहा जाता है। अंगरेजों ने यह जान लिया था कि हिन्दू एवं मुसलमानों को परस्पर विरोधी बनाकर अपना हित साधन किया जा सकता है।
- प्लासी युद्ध के पश्चात् चन्द्रनगर के अतिरिक्त अन्य फ्रांसीसी बस्तियों के लोगों को भी बंगाल छोड़ना पड़ा। दूसरे शब्दों में, भारत में फ्रांसीसियों के पैर उखड़ गये। इस युद्ध के बाद अंगरेजों ने 1759 में लड़े गये बेदारा युद्ध में डचों को परास्त करके बंगाल में उनके प्रभाव का अन्त कर दिया। मीरजाफर एक कठपुतली नवाब था, उसका अंगरेजों पर कोई नियंत्रण न रहा। पणिकर ने उल्लेख किया है कि प्लासी एक सौदा था जिसमें बंगाल के कुछ धनी स्वार्थी लोगों ने अपना देश अंगरेजों को बेच दिया।[15]
- सर यदुनाथ सरकार का यह मत अतिशयोक्तिपूर्ण दिखाई पड़ता है कि प्लासी की हार से मंदगामी तथा अविदित यशस्वी उषा काल प्रारम्भ हुआ जैसा विश्व में किसी अन्य स्थान पर नहीं देखा गया है। यह वास्तव में पुनर्जागरण था। इसी प्रकार डॉ. दत्त का यह कथन भी ठीक प्रतीत नहीं होता कि गिरिया के युद्ध के प्रत्युत्तर के रूप में प्लासी का युद्ध इतिहास का न्याय था। इन दोनों मतों में अंगरेजों के प्रति एक पक्षपात की झलक है, वास्तव में प्लासी के युद्ध के पश्चात् भारत की दासता का वह युग प्रारम्भ हुआ जिसमें भारत का आर्थिक तथा नैतिक शोषण अत्यधिक हुआ।[16] ताराचंद लिखते हैं: प्लासी के युद्ध से परिणामों की लम्बी श्रृंखला शुरू हुई, जिसने भारत का रूप पूर्णतः बदल दिया। शताब्दियों से चली आ रही अर्थव्यवस्था तथा शासन व्यवस्था में भारी परिवर्तन हो गए।[17] राबर्ट्स ने 1756–57 की बंगाल की घटना को महान क्रान्ति की संज्ञा दी है। उनके अनुसार उस समय अंगरेज एवं हिन्दू व्यापारी परेशान हो गये थे अतएव उन्होंने एक विदेशी शासक को हटाने

के लिए संघर्ष किया।[18] क्लाइव ने भी इस युद्ध को क्रान्ति कहा था। स्मिथ ने लिखा है कि क्रान्ति पूर्णतः बाहर से आयात नहीं हुई अर्थात् अंगरेजों ने इसे प्रारम्भ नहीं किया बल्कि स्थानीय लोगों की देन थी और बाहरी लोगों ने उसमें सहयोग किया।[19] किन्तु पाश्चात्य विद्वानों के इस मत को अधिक मान्यता नहीं मिली। यह कथन अनुचित है कि भारत की जनता मुस्लिम शासकों को विदेशी मानती थी। बंगाल में अंगरेजी प्रभुत्व की स्थापना तक मुस्लिम शासन को भारत में 500 वर्ष हो गये थे। मुसलमान भारत के स्थायी निवासी बन गये थे तथा हिन्दू मुस्लिम भेद समाप्त हो गया था। भारत के लोग मुसलमानों को विदेशी नहीं मानते थे। अंगरेजों के साथ अमीचंद जैसे कुछ धन लोलुप लोग ही थे। प्लासी युद्ध को, हिन्दुओं की मुस्लिम शासन के विरूद्ध क्रान्ति नहीं कहा जा सकता। जैसा कि विदित है कि 1857 का स्वतंत्रता संग्राम दिल्ली सम्राट बहादुरशाह जफर के नेतृत्व में हिन्दू मुसलमानों द्वारा संयुक्त रूप से लड़ा गया था। किन्तु यह अवश्य स्वीकार किया जा सकता है कि इंग्लैण्ड के आर्थिक विकास के लिए भारत में अंगरेजी प्रभुत्व की स्थापना एक क्रान्ति थी। यद्यपि इस युद्ध के पश्चात् कोई औपचारिक परिवर्तन नहीं आया अर्थात् कठपुतली नवाब बंगाल में बना रहा, किन्तु इसके बाद अंगरेजों को बंगाल के आर्थिक शोषण की खुली छूट मिल गई थी। दूसरे शब्दों में, भारत में ऐसे युग का सूत्रपात हुआ जिसमें छल, विश्वासघात एवं धोखा का आश्रय लेकर भारत का अधिकतम सीमा तक शोषण किया जा सका।[20]

क्लाइव को 1758 में कलकत्ता कौंसिल ने स्वेच्छा से बंगाल का गवर्नर नियुक्त किया। जिसकी पुष्टि निदेशक समिति ने बाद में की। अंगरेजों ने 25 नवम्बर 1759 में बोदारा (कोलकाता का चिन्सुरा क्षेत्र) के युद्ध में डच ईस्ट इण्डिया कम्पनी को भी परास्त कर दिया था, इस तरह बंगाल पर उनका पूर्ण आधिपत्य हो गया। प्लासी युद्ध के बाद समय–समय पर क्लाइव को 2,34,000 पौण्ड मीरजाफर से प्राप्त हुए। इस दौरान कम्पनी की सत्ता को भी क्लाइव ने सुदृढ़ आधार प्रदान किया। मालकम ने उल्लेख किया है कि क्लाइव ने प्रधानमंत्री पिट को लिखा था कि "मुगल सम्राट मुझे दीवान पद पर नियुक्त करना चाहते हैं, किन्तु क्या कम्पनी हमें इस कार्य के लिए पर्याप्त सैनिक सहायता दे सकेगी। मैं निर्णय आप पर छोड़ता हूँ कि 20 लाख पौण्ड (करोड़ रूपये) की वार्षिक आय और प्रकृति एवं उद्योगों के बहुमूल्य उत्पादनों से भरपूर तीन प्रदेशों पर अधिकार जनता का ध्यान आकर्षित करने योग्य है और क्या ऐसी उपलब्धि प्राप्त करने के लिए राष्ट्र का प्रयत्न करना उचित होगा।" स्पष्ट है कि अंगरेजों की भारत पर प्रभुत्व स्थापित करने की प्रबल इच्छा थी, उनको भारत पर अधिकार अचानक नहीं मिल गया।

मीरकासिम (27 सितम्बर 1760 की सन्धि): क्लाइव 25 फरवरी 1760 को, अस्वस्थता के कारण इंग्लैण्ड लौट आया। उसके बाद **हालवैल एवं वैंसिटार्ट (1760–65 ई.) ने क्रमशः क्लाइव का कार्यभार संभाला।** इसी बीच मीरजाफर ने रायदुर्लभ को मंत्रीपद से हटा दिया था। इससे अंगरेज अप्रसन्न हो गये। 3 जुलाई 1760 को उसके लड़के मीरन की बिजली गिरने से मृत्यु हो गई। वह स्वयं भी वृद्ध हो चला था। दूसरी ओर उसका दामाद मीरकासिम दीवान या उत्तराधिकारी बनना चाहता था। अंगरेज भी मीरजाफर को पदच्युत करना चाहते थे। अंगरेजों द्वारा डचों के विरूद्ध कार्यवाही में उसने सहयोग नहीं दिया था, न ही शाहजादा अलीगौहर के आक्रमण के समय। नवाब कम्पनी का कर्ज चुकाने में भी असफल रहा। वैंसिटार्ट ने मीरकासिम के समक्ष यह सुझाव रखा कि यदि वह कम्पनी की सेना के व्यय हेतु बंगाल का कुछ भू–भाग दे सके तो अंगरेज उसे नवाब बना सकते हैं। मीरकासिम इसके लिए सहमत था। 27 सितम्बर 1760 को सन्धि हुई जिसके अनुसार बर्दमान, मिदनापुर एवं चटगाँव के जिलों पर अंगरेजों का अधिकार हो गया और इसके बदले मीरकासिम को आवश्यकता पड़ने पर सैनिक सहायता देने का आश्वासन दिया। मीरकासिम ने कम्पनी को उसके दक्षिण अभियानों के लिए पांच लाख रूपये देना स्वीकार किया। किन्तु नवाब बनने के साथ ही मीरकासिम की अंगरेजों से अनबन हो गई। इन दिनों मुगल सम्राट आलमगीर द्वितीय का वध हो गया था और अलीगौहर ने शाहआलम द्वितीय की उपाधि धारण कर अपने को बादशाह घोषित किया। **अंगरेज सेनापति कारनेक (जो मद्रास से आया था) का मुगल बादशाह से 15 जनवरी 1761 में संघर्ष हो गया। शाहआलम पराजित हुआ, किन्तु अन्त में दोनों में समझौता भी हो गया।** मीरकासिम जानता था कि अंगरेज उसे हटाकर मुगल बादशाह से बंगाल की सूबेदारी प्राप्त करना चाहते हैं, उसने तत्काल शाहआलम को बादशाह के रूप में स्वीकार कर लिया।

स्मिथ ने लिखा है कि नया नवाब अपने श्वसुर से बहुत भिन्न था। योग्य व महत्वाकांक्षी किन्तु वहमी और युद्ध से डरने वाला होते हुए भी समय की बावली और बेरहम राजनीति के उपयुक्त था और यथा संभव शीघ्र अपनी स्वतंत्रता पाने कटिबद्ध था।[21] मीरकासिम एक योग्य, व्यवस्था समर्थक एवं सतर्क प्रशासक था। मीरजाफर के शासनकाल में उसने रंगपुर एवं पूर्णिया के फौजदार के पद पर कार्य करके प्रशासनिक अनुभव प्राप्त कर लिया था। वह अपने प्रशासनिक कार्यों में अंगरेजों के हस्तक्षेप को पसन्द नहीं करता था। उसने **अपनी राजधानी मुर्शिदाबाद जो कलकत्ता के निकट थी, के स्थान पर मुंगेर बनाई।**[22]

- अपनी सेना को प्रशिक्षित करने की दृष्टि से फ्रांसीसियों को नियुक्त किया जिन्हें अंगरेज पसन्द नहीं करते थे।
- इसी तरह रामनारायण की सम्पत्ति जब्त कर उसे गिरफ्तार कर लिया।[23] उसे अंगरेजी संरक्षण प्राप्त था। कम्पनी के नौकर बंगाल में लगान वसूली का कार्य भी करने लगे, इसकी शिकायत उसने कई बार कम्पनी अधिकारियों को की थी। कम्पनी कार्मिक बिना चुंगी दिये घी, बांस, तेल, नमक, मछली, धान एवं चावल आदि का व्यापार करते थे। भारतीय व्यापारियों को इन्हीं सामानों को बेचने के लिए चुंगी देनी पड़ती थी। अंगरेजी कर्मचारियों के व्यक्तिगत व्यापार से चुंगी प्राप्त न होने से नवाब के राजस्व को भारी हानि हो रही थी।[24] डॉ. ताराचन्द ने उल्लेख किया है कि अंगरेज कर्मचारी भारतीय व्यापारियों को नष्ट कर रहे थे क्योंकि वे व्यापारिक वस्तुओं पर चुंगी नहीं देते थे और भारतीयों की अपेक्षा सस्ता माल बेच सकते थे। अंगरेज कर्मचारी भारतीय व्यापारियों से घूस लेकर उनका सामान भी चुंगी से मुक्त करा देते थे। जीवन के लिए अनिवार्य वस्तुओं के व्यापार पर उन्होंने एकाधिकार कर लिया और उन्हें वे अकाल के भाव पर बेचने लगे।[25]
- इस प्रकार मीरकासिम की सरकार को करों से वंचित करके अपना निजी लाभ करते थे। मीरकासिम ने विवश होकर समस्त आन्तरिक व्यापार को करों से मुक्त कर दिया। मीरकासिम के इस निर्णय को अंगरेज स्वीकार करने को तैयार नहीं थे।
- इसके अतिरिक्त कम्पनी सेवक नवाब के अधिकारों का उपयोग करने लगे। वृक्षों के नीचे अदालत स्थापित कर मनमाना दण्ड देने लगे। मीरकासिम चाहता था कि कम्पनी गुमास्ते उसकी अदालतों की अधीनता स्वीकार करें किन्तु अंगरेजों को यह स्वीकार नहीं था।

वैंसिटार्ट, वारेन हैस्टिंग्स तथा काउंसिल का अन्य सदस्य मुंगेर में नवाब से मिले और वस्तुओं के क्रय मूल्य पर नौ प्रतिशत दिये जाने पर दस्तक देने का अधिकार नवाब का माना, किंतु परिषद् के एक सदस्य ने यह समझौता स्वीकार नहीं किया और मीरकासिम से युद्ध का निर्णय हुआ।

पटना फैक्ट्री के अंगरेजी अफसर एलिस एवं नवाब के परस्पर विरोध ने आग में घी का काम किया। एलिस द्वारा नवाब के कार्यों में बाधा डाले जाने से नवाब ने रूष्ट होकर एक अंगरेज अधिकारी को गिरफ्तार कर लिया। इसके विरोध में एलिस ने पटना पर आक्रमण करके उसे लूट लिया। इस तरह मीरकासिम एवं अंगरेजों में जुलाई 1763 में युद्ध प्रारम्भ हो गया। अंगरेजों ने कटवा, मुर्शिदाबाद, गिरया, मुंगेर आदि में मीरकासिम की सेना को हराया। अन्त में उदवनाला के युद्ध में मीरकासिम के 1500 सैनिक मारे गये तथा 400 तोपे अंगरेजों के हाथ लगीं। विवश होकर मीरकासिम को अवध भागना पड़ा। अंगरेजों ने मीरजाफर को पुनः नवाब बना दिया।

बक्सर (बिहार) का युद्ध 22 अक्तूबर 1764: अवध मुगल साम्राज्य का महत्वपूर्ण अंग था, किन्तु समय क्रम से अन्य राज्यों की भांति वह भी स्वतंत्र हो गया। 1739 में सफदरजंग शासक बना और 1754 में उसकी मृत्यु के बाद शुजाउद्दौला को सत्ता मिली। 1761 में शाहआलम द्वितीय (मुगल बादशाह) ने शुजाउद्दौला को अवध का वजीर स्वीकार कर लिया। शुजाउद्दौला ने भागकर आये मीरकासिम को सहयोग देने का भी वायदा किया। वस्तुतः मीरकासिम अपने साथ विशाल खजाना लिए हुए था। इसलिए शुजाउद्दौला मीरकासिम की सहायता करने को तैयार हो गया। उसका दूसरा उद्देश्य अंगरेजों पर दबाव डालकर बिहार क्षेत्र अपने लिए प्राप्त करना था। किन्तु अंगरेज शुजाउद्दौला को बिहार देने को तत्पर नहीं थे। 22 अक्तूबर 1764 को युद्ध की घोषणा कर दी गई। हेक्टर मुनरो के नेतृत्व में अंगरेज सेना ने संयुक्त सेना को पराजित कर दिया। बक्सर के मैदान में शुजा की सेना में डेढ़ लाख सैनिक थे, किन्तु लड़ने वाले 40000 से अधिक नहीं थे। शुजा की सेना की तुलना विद्वानों ने एक भीड़ से की है। अंगरेजी सेना में कुछ विद्वानों ने 7000 सैनिक तथा 857 अंगरेज बताये हैं जिसका

आंकलन कम करके किया गया प्रतीत होता है। शुजा के 2000 तथा 825 व्यक्ति अंगरेज सेना के मारे गये।[26] मुगल बादशाह शाहआलम एवं मीरकासिम कें पास सेना नहीं थी। शाहआलम पुनः अंगरेजों के साथ हो गया एवं शुजाउद्दौला रूहेलखण्ड की ओर भाग गया। मीरकासिम गृहहीन होकर भटकता रहा और 1777 ई. में उसका निधन हो गया।[27]

बक्सर युद्ध के परिणाम

1. इस युद्ध के विषय में कहा गया है कि प्लासी तो गोलों की वर्षा मात्र थी, किन्तु बक्सर का युद्ध एक निर्णायक युद्ध था।[28]
2. थाम्पसन व गैरेट की मान्यता है कि अब कम्पनी महान शक्तिशाली व्यापारिक गणतंत्र बन गई थी, जो कार्थेज के पतन के बाद सबसे शक्तिशाली थी।[29]
3. बक्सर के युद्ध ने अंगरेजों को बंगाल का वास्तविक शासक बना दिया जिसका निर्णय प्लासी में पूर्णरूप से नहीं हो पाया था। इसके फलस्वरूप भारत में ब्रिटिश शासन की नींव मजबूत हो गई। अवध के शक्तिशाली नवाब को परास्त कर देने से अन्य स्थानीय शासकों में भी अंगरेजों के विरूद्ध खड़े होने का साहस न रहा।
4. बंगाल एवं अवध कम्पनी के नियंत्रण में आ जाने से अंगरेजों के लिए दिल्ली की ओर बढ़ने का रास्ता साफ हो गया। जिसकी कल्पना संभवतः क्लाइव ने भी नहीं की थी।
5. शाहआलम न केवल ब्रिटिश कैम्प में आ गया बल्कि पूर्णतः अंगरेजों पर निर्भर हो गया।[30]
6. बंगाल के नवाब के अधिकार अब पूर्णतः समाप्त कर दिये गये क्योंकि मीरकासिम ने अपनी स्वतंत्रता दिखाने का प्रयत्न किया था। अतः अंगरेज किसी भी नवाब को स्वतंत्रतापूर्वक सत्ता प्रयोग का अवसर नहीं देना चाहते थे। रॉबर्ट्स ने उल्लेख किया है कि प्लासी की अपेक्षा बक्सर को भारत में अंगरेजी प्रभुता की जन्मभूमि मानना कहीं अधिक उपयुक्त है।[31]
7. जी.बी. मालेसन (G.B. Malleson) ने अपने ग्रंथ *द डिसिसिव बैटल ऑफ इण्डिया* में लिखा है चाहे आप इसे देशी तथा विदेशियों के बीच द्वन्द्व युद्ध समझें अथवा ऐसी सारगर्भित घटना जिसके परिणाम स्थायी तथा विशाल थे बक्सर को सबसे निर्णायक युद्धों में गिना जाएगा।
8. बक्सर युद्ध ने यह सिद्ध कर दिया कि सैनिक दृष्टि से उनकी सेना भारतीयों से अधिक प्रशिक्षित है। इससे यह भी स्पष्ट हो गया कि नई युद्ध प्रणाली अधिक प्रभावी है। इस युद्ध में बंगाल एवं अवध के नवाबों तथा मुगल सम्राट को हरा दिया।
9. इसके बाद भारत में धन निष्कासन और अधिक तीव्र गति से हुआ।

नजमुद्दौला (1765–66): 5 जनवरी 1765 को मीरजाफर की मृत्यु हो गई, उसके स्थान पर अंगरेजों ने उसके छोटे लड़के नजमुद्दौला को नवाब बनाया। नये नवाब से एक सन्धि द्वारा प्रान्त की सुरक्षा (निजामत) फरवरी 1765 में कलकत्ता कौंसिल ने अपने हाथ में ले ली। रजाखाँ को नायब सूबेदार नियुक्त किया गया। ताराचंद ने लिखा हैः पहले कुछ वर्षों में कम्पनी में इतना साहस न था कि वह दीवानी के हस्तान्तरण में निहित उत्तरदायित्व पूरी तरह संभाल लेती। अतः उन लोगों ने भारतीय सत्ता की अधीनता का अपना आवरण ज्यों का त्यों बनाए रखने का प्रयास किया। वे लोग मुगल प्रभुता की आड़ में काम करते रहे।[32] नवाब को माल महकमे में नौकर रखने या निकालने का अधिकार न रहा। सन्धि की अन्य प्रावधानों के अनुसार सेना, रक्षा व्यवस्था, बाहरी सम्बन्ध तथा वित्तीय व्यवस्था पर कम्पनी का नियंत्रण हो गया। इस तरह बंगाल में स्वतंत्र शासन समाप्त हो गया। नवाब के लिए 53 लाख वार्षिक दिये जाने का प्रावधान कर दिया गया।

क्लाइव की वापसी (मई 1765 से फरवरी 1767): अंगरेजों के भ्रष्टाचार एवं अव्यवस्था से बंगाल की स्थिति शोचनीय बन गई थी। कम्पनी निदेशकों के सभापति रोस के प्रभाव से निदेशक समिति ने क्लाइव को पुनः बंगाल का गवर्नर नियुक्त किया। भारत आने पर क्लाइव ने यहाँ की शोचनीय स्थिति का उल्लेख किया था किः मैं तो सिर्फ इतना कहूंगा कि अराजकता, अनिश्चितता, रिश्वत, भ्रष्टाचार का ऐसा दृश्य बंगाल के सिवाय कहीं देखा या सुना गया और न ही इतने भाग्य निर्माण इतने समय में इस बेरहमी से हुए।[33] कम्पनी के अधिकारी अपने को शासक समझते थे और नवाब के कर्मचारियों को शासित। प्रशासन के संचालन तथा जनता के हित के लिए वे नवाब के कर्मचारियों के साथ सहयोग करना नहीं चाहते थे, प्रत्युत नवाब के कार्मिकों के कार्यों में अवांछित हस्तक्षेप करते थे। परिणामतः बंगाल की प्रशासनिक व्यवस्था नष्ट हो गई ओर राज्य में भ्रष्टाचार व्यापक हो गया। सामान्यतः क्लाइव द्वारा व्यापक भ्रष्टाचार के कथन को उसकी प्रशासन में

सुधार करने की इच्छा का द्योतक मान लिया जाता है, किन्तु यह भ्रान्तिपूर्ण है। वास्तव में भ्रष्टाचार का यह वर्णन सलेक्ट कमेटी की स्थापना का आधार था। घोर अवश्यकता बताए बिना इसका गठन संभव नहीं था।[34] इस प्रकार क्लाइव ने चार व्यक्तियों की विशेष समिति (सलेक्ट समिति) का गठन कर लिया। जिसमें कर्नल करनाक, वेरेल्स्ट, समनर एवं साइक्स को सम्मिलित किया गया।

शाहआलम से सन्धि: भारत आगमन के बाद क्लाइव का सर्वाधिक महत्वपूर्ण कार्य मुगल बादशाह एवं शुजाउद्दौला से सन्धि करना था।

1. 12 अगस्त 1765 को मुगल सम्राट शाहआलम ने इलाहाबाद में एक सामान्य अंगरेजी शामियाने में बैठकर एक फरमान द्वारा अंगरेजों को बंगाल, बिहार एवं उड़ीसा की दीवानी का अधिकार दिया।
2. शाहआलम की पूर्वी सीमा कडा (करा जिला) एवं इलाहाबाद देकर निर्धारित कर दी गई।
3. अंगरेजों को दीवानी प्रदान किये जाने के बदले 26 लाख वार्षिक बंगाल के नवाब से बादशाह को प्रदान करवाने का दायित्व अंगरेजों ने स्वीकार किया।[35]
4. नये नवाब नजमुद्दौला को मालगुजारी वसूल करने के अधिकार नहीं थे उक्त नाम–मात्र की राशि बंगाल, बिहार एवं उड़ीसा की सूबेदारी के बदले अंगरेजों ने भुगतान करना स्वीकार किया।

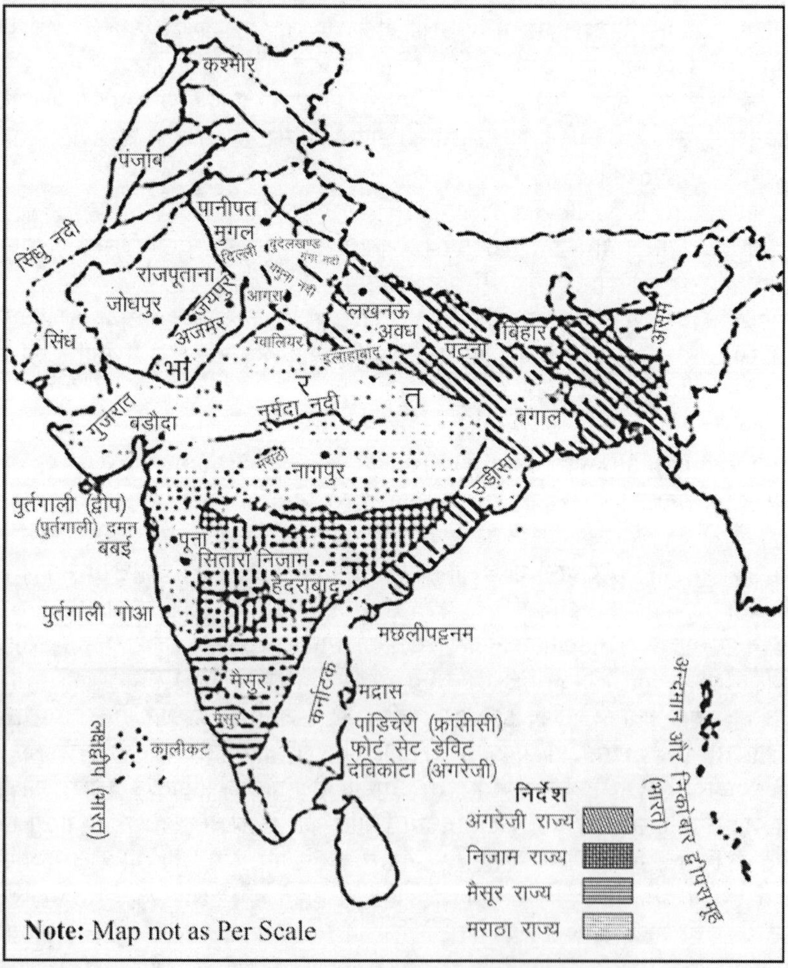

दक्षिण भारत में अंगरेज–फ्रांसीसी क्षेत्र

शूजा से सन्धि (16 अगस्त 1765): दूसरी सन्धि शुजाउद्दौला के साथ 16 अगस्त को की गई जिसके अनुसार कड़ा एवं इलाहाबाद के क्षेत्र मुगल बादशाह के अधिकार में दिये गये एवं उसका समस्त राज्य वापस लौटा दिया गया। अवध के नवाब ने बाह्य आक्रमणों के दौरान भेजी जाने वाली अंगरेज सेना का खर्चा वहन करना स्वीकार किया। नवाब ने लड़ाई के हर्जाने के रूप में 50 लाख रूपये दिये।[36]

द्वैध शासन (The Dual System): मुगल सम्राटों द्वारा प्रान्त में सूबेदार और दीवान दो अधिकारी नियुक्त किये जाते थे। सूबेदार फौजदारी कानून और दीवान, दीवानी कानून लागू करने के लिए उत्तरदायी थे। उल्लेखनीय है कि 12 अगस्त को सन्धि द्वारा शाहआलम को बंगाल के द्वार (कड़ा एवं इलाहाबाद) पर स्थापित कर देने से कम्पनी बाहरी आक्रमण के भय से मुक्त हो गई। 16 अगस्त 1765 की इस सन्धि द्वारा कड़ा व इलाहाबाद अवध को लौटा दिया। दूसरी ओर शुजा के साथ सन्धि से अवध को एक बफर राज्य के रूप में खड़ा कर दिया। अंगरेज न केवल अवध की ओर से चिंता मुक्त थे बल्कि अन्य किसी आक्रमण का भय न रहा।[37] क्लाइव ने 15 अगस्त 1765 को मुगल बादशाह से बंगाल, बिहार, एवं उड़ीसा की दीवानी प्राप्त की एवं उससे पूर्व फरवरी 1765 को प्रान्त की सुरक्षा (निजामत) प्राप्त कर ली। **दीवानी से अभिप्राय पूरे प्रान्त की मालगुजारी या राजस्व पर अधिकार तथा निजामत से तात्पर्य प्रान्त की सुरक्षा व्यवस्था है।** इन प्रावधानों में शाहआलम को 26 लाख तथा बंगाल के नवाब नजमुद्दौला को 53 लाख देने के पश्चात् समस्त भू–राजस्व एवं अन्य प्रकार की मालगुजारी पर कम्पनी का अधिकार हो गया, साथ ही सुरक्षा व्यवस्था भी अंगरेजों के हाथ में आ गई। क्लाइव ने दीवानी का कार्य करने हेतु नायब दीवान नियुक्त किये, बंगाल में मोहम्मद रजा खाँ, दुर्लभराय तथा बिहार में सिताबराय नायब दीवान थे। एक निर्धारित राशि प्रतिवर्ष वसूल करने का दायित्व नायब दीवानों का था। ऊपरी तौर पर दीवानी व निजामत का कार्य अब भी भारतीय ही कर रहे थे किन्तु समस्त अधिकार कम्पनी के हाथ में थे। इससे बंगाल में अराजकता फैली और कानून व्यवस्था ठप्प हो गई। जार्ज कॉर्नवाल ने 1858 में ब्रिटिश हाउस ऑफ कामन्स में कहा था "मैं निश्चय के साथ कह सकता हूँ कि 1765–84 तक ईस्ट इण्डिया कम्पनी की सरकार से अधिक भ्रष्ट, झूठी तथा बुरी सरकार संसार के किसी सभ्य देश में नहीं थी। भू–राजस्व वसूल करने का कार्य ठेकेदारों को सौंप दिया।"

द्वैध व्यवस्था एवं किसानों का शोषण तथा अकाल: प्रतिवर्ष राजस्व वसूली हेतु नीलामी द्वारा ठेका दिया जाता था। हर साल पहले से अधिक बोली लगने से भू–राजस्व की दर में वृद्धि होती गई। 1765 में जहाँ बंगाल से 80 लाख रूपये राजस्व वसूल किया जाता था वह बढ़कर 1766–67 में 2 करोड़ 24 लाख रू. हो गया। परिणामस्वरूप कृषकों की स्थिति अत्यन्त दयनीय होती गई। कृषि उत्पादन में ह्रास हुआ। अनेक किसानों ने कृषि व्यवसाय छोड़ दिया। 1770 में बंगाल में भीषण अकाल पड़ा जिसमें लाखों लोग मारे गये, जिसकी चर्चा आगे की गई है। क्लाइव ने दोहरी व्यवस्था के अन्तर्गत प्रशासन के अधिकार, राजस्व वसूली तथा दीवानी न्याय अपने पास रखे तथा आन्तरिक शान्ति व्यवस्था, फौजदारी न्याय एवं अन्य समस्त प्रशासनिक दायित्व नवाब पर छोड़ दिये। इस प्रकार क्लाइव ने प्रशासन का अधिकार तो ले लिया, लेकिन उत्तरदायित्व स्वीकार नहीं किया। उसकी प्रशासनिक योजना की विशेषता उत्तरदायित्व रहित अधिकार और अधिकार रहित उत्तरदायित्व था। यह एक ऐसी व्यवस्था थी जिसमें अधिकार तथा उत्तरदायित्व को एक दूसरे से अलग कर दिया गया। इसी प्रथा को दोहरा प्रशासन कहते हैं।[38] कम्पनी के समस्त दायित्व समाप्त हो गये, किन्तु कम्पनी को विशाल राशि मालगुजारी के रूप में प्राप्त होने लगी। 1769 में स्थानीय लोगों की तकलीफों के निरीक्षण के लिऐ अंगरेजी निरीक्षक रखे गये (जिन्हें बाद में कलक्टर कहा गया), किन्तु जनता को कोई राहत नहीं मिली।

प्रशासनिक व्यवस्था ठप्प: बंगाल के प्रशासनिक कार्य नजमुद्दौला के कर्मचारियों द्वारा परम्परागत ढंग से किये जाते रहे। नवाब को शान्ति व्यवस्था बनाये रखने, फौजदारी मुकद्दमों का निर्णय करने तथा कारागृहों की देख–रेख करनी होती थी। सैन्य शक्ति पर अधिकार न होने से आन्तरिक सुरक्षा बनाए रखना कठिन था। उसे मात्र 53 लाख रूपये मिलते थे अर्थात् कोष में धन का अभाव था। पुलिस एवं न्यायाधीशों को पूर्ण वेतन नहीं दिया जाता था। फलस्वरूप भ्रष्टाचार में वृद्धि हुई। दूसरे शब्दों में बंगाल, बिहार की प्रशासनिक व्यवस्था ठप्प (Administrative breakdown) हो गई थी। क्लाइव दोहरे प्रशासन को तत्कालीन परिस्थितियों के लिए उचित मानता था। उसने प्रत्यक्ष राजनीतिक शक्ति को हस्तगत नहीं किया क्योंकि उसे भय था कि अन्य यूरोपीय शक्तियाँ एवं भारत के देशी राज्य कम्पनी से ईर्ष्या कर सकते थे और जिसका परिणाम युद्ध होता और वह कम्पनी को अनावश्यक युद्धों में नहीं धकेलना चाहता था। इसके अतिरिक्त कम्पनी द्वारा समस्त प्रशासनिक व्यवस्था का दायित्व स्वीकार कर लिये जाने से कम्पनी की जिम्मेदारी बढ़ जाती जिससे व्यापार की हानि होती।

क्लाइव की यह भी मान्यता थी कि इस व्यवस्था का कानूनी आधार पर न तो भारत में एवं न किसी यूरोपीय न्यायालय में विरोध हो सकता था। कहा गया हैः दोहरी व्यवस्था का सही नाम अप्रत्यक्ष व्यवस्था रखा गया जो धीरे–धीरे प्रत्यक्ष व्यवस्था में परिणत हो गई।

व्यक्तिगत व्यापार पर नियंत्रण: कम्पनी को दीवानी मिल जाने से निदेशक समिति भारत से अधिकाधिक धन प्राप्त करना चाहती थी। समिति ने चुंगी रहित निजी व्यापार को बंद करने का आदेश दिया। दूसरी ओर कम्पनी के कर्मचारी भी व्यक्तिगत व्यापार द्वारा धनी बनना चाहते थे। वे यह प्रचारित करते रहे थे कि उन्हें वेतन बहुत कम दिया जाता है। परिणामस्वरूप कम्पनी एवं कार्मिकों में परस्पर विरोध बढ़ा। छोटे कर्मचारियों के व्यक्तिगत व्यापार को क्लाइव रोकना चाहता था। उसने निजी व्यापार को बंद करने के लिए कार्मिकों की एक "व्यापारिक सोसायटी" बनाई जिसे नमक, पान, तम्बाकू आदि के व्यापार का एकाधिकार दे दिया गया। इसके तीन प्रकार के हिस्से रखे गये तथा अपने पद के अनुरूप इसके हिस्से (शेयर्स) दे दिये गये। सोसायटी के हिस्से के लाभांश के रूप में गवर्नर एवं उच्च अधिकारियों को पर्याप्त लाभ हुआ। यद्यपि कम्पनी ने सोसायटी को मान्यता प्रदान नहीं की तथापि 1768 तक यह सोसायटी कार्यरत रही। कम्पनी कार्मिकों में व्यक्तिगत व्यापार को बंद किये जाने से असन्तोष बढ़ा। अंगरेज कर्मचारियों को व्यक्तिगत व्यापार की इतनी आदत पड़ गई थी कि अब उन्होंने भारतीय व्यापारियों के नाम से व्यापार करना प्रारम्भ कर दिया। इस व्यापार का अधिकांश लाभ अंगरेज व्यापारियों को पहुँचता था।

सेना में असन्तोषः क्लाइव ने सेना का दोहरा भत्ता बंद कर दिया था। दोहरा भत्ता युद्ध काल में दिया जाता था जो मीरजाफर के समय शान्तिकाल में भी जारी रहा। बक्सर युद्ध के बाद अंगरेज सेना में पर्याप्त वृद्धि हुई। कलकत्ता, मुर्शिदाबाद, मुंगेर, पटना, इलाहाबाद में कम्पनी की छावनियाँ थी। विशाल सेना को दोहरा भत्ता दिया जाना संभव नहीं था। क्लाइव ने प्रावधान किया कि मुंगेर एवं पटना में कार्यरत सैनिकों को आधा भत्ता देय होगा। युद्ध काल में बंगाल एवं बिहार में पूरा भत्ता देय होगा। सेना को युद्ध हेतु अवध या उससे बाहर भेजे जाने पर दोहरा भत्ता दिया जायेगा। इस आदेश का सैनिक अधिकारियों ने विरोध किया। सेनापति रॉबर्ट फीचर एवं अन्य छः अधिकारियों से बौण्ड भरवाये (ईस्ट इण्डिया मिलट्री एक्ट के तहत) और इस तरह विद्रोह दबा दिया गया। इसे **श्वेत विद्रोह** कहा गया।

क्लाइव का मूल्यांकन: राबर्ट क्लाइव का जन्म 1725 में हुआ और 1742 में कम्पनी में एक सामान्य लिपिक से सेवा प्रारम्भ करके गवर्नर पद तक पहुंचने में सफल हुआ। वह निर्भीक सेनानायक था। उसे अपनी योग्यता प्रदर्शित करने का अवसर अर्काट के घेरे एवं चाँदा साहब की विजय के दौरान मिला। कलकत्ता विजय में छल एवं धोखे का आश्रय लेकर वह अपने उद्देश्य को प्राप्त करने में सफल रहा। वह किसी भी उद्देश्य में सफलता हेतु उचित साधनों को आवश्यक नहीं मानता था। प्लासी युद्ध उसका "फूट डालो राज्य करो" की नीति का प्रतीक था। बंगाल की दीवानी प्राप्त कर भारत में उसने अंगरेजी राज्य की स्थापना की। अल्फ्रेड लायल इस बात का समर्थन करते हुए लिखते हैंः अंगरेज लोग भारत में ब्रिटिश साम्राज्य की नींव के लिए अन्य व्यक्तियों से अधिक इसी ऊँची उत्तेजना वाले साहसी तथा अजेय व्यक्ति क्लाइव के ऋणी है। स्मिथ ने क्लाइव को मानव जाति का नेता कहा है। लेकिन उसके जीवन का दूसरा पक्ष भी है जिसकी चर्चा अपेक्षित है। क्लाइव के अत्यधिक लालचीपन का विद्वानों ने उल्लेख किया है। प्लासी युद्ध के बाद उसने जो अतुल धन सम्पत्ति एकत्र की थी उसे देखकर इंग्लैण्ड के लोग अचम्भे में पड़ गये। ब्रिटिश पार्लियामेन्ट में उस पर दोष लगाए गए कि उसने अवैध ढंग से उपहार प्राप्त किए और एक अशुद्ध परम्परा स्थापित की। कहा जाता है कि बंगाल लूटने के उद्देश्य से ही **'सोसाइटी फार ट्रेड'** बनाई थी। इस प्रकार क्लाइव को भारत की **सम्पति के पलायन का जन्मदाता** कहा जा सकता है। उसकी लालची प्रवृत्ति को देखकर ही अन्य अधिकारियों को भारत में लूटपाट मचाने का अवसर मिला।

बंगाल पर अंगरेजी आधिपत्य एवं अन्य महत्वपूर्ण घटनायें

- 9 फरवरी 1757 सिराजुद्दौला ने अलीगंज सन्धि स्वीकार की। अंगरेजों को किलेबंदी की छूट दी गई और तीन लाख रूपये क्षतिपूर्ति रूप में दिये।
- काल कोठरी 20 जून 1756 हॉलवैल की मनगढंत कहानी।
- सिराज के विरूद्ध क्लाइव ने अमीचंद, कृष्ण वल्लभ, जगत सेठ व मीरजाफर से मिलकर षड़यंत्र रचा।
- प्लासी युद्ध 23 जून 1757।
- बक्सर युद्ध 1764।

- द्वैध शासन 1765–72, अंगरेजों ने 15 अगस्त 1765 को क्लाइव ने मुगल बादशाह से बंगाल, बिहार, व उड़ीसा की दीवानी प्राप्त की जिसमें राजस्व वसूली व दीवानी न्याय अपने पास रखे तथा आन्तरिक शान्ति व्यवस्था व फौजदारी न्याय नवाब (नजमुद्दौला) को सौंप दिये।

क्लाइव के इंग्लैण्ड लौटने पर वारेन हैस्टिंग्स ने दोहरी व्यवस्था को समाप्त कर दिया। क्लाइव के लिए कहा गया है कि अधिक लालची होने के कारण वह अपने समक्ष ऊँचा लक्ष्य नहीं रख सका। क्लाइव के समय में कम्पनी के स्वरूप में मौलिक परिवर्तन हुआ, किन्तु वह अन्त तक व्यापारी ही बना रहा। के.एम. पणिकर ने ठीक ही कहा है कि 1765 से 1772 तक कम्पनी ने बंगाल में डाकुओं का राज्य स्थापित कर दिया तथा बंगाल को अविवेक रूप से लूटा। इसीलिए एडमंड बर्क ने उसे ब्रिटिश साम्राज्य का संस्थापक नहीं कहा, जिस प्रकार बाबर नहीं बल्कि अकबर मुगल साम्राज्य की नींव डालने वाला था उसी प्रकार अंगरेजी साम्राज्य स्थापित करना क्लाइव का नहीं वरन् उसके उत्तराधिकारियों का काम था। एमरविन डेविस ने भी वारेन हैस्टिंग्स को अंगरेजी राज का संस्थापक कहा है।

सन्दर्भ

1. सरकार यदुनाथ, *हिस्ट्री ऑफ बंगाल,* खण्ड 2, पृ. 470; ताराचंद, *भारतीय स्वतंत्रता आन्दोलन का इतिहास,* जि. 1, पृ. 237, से उद्धृत
2. रॉबर्ट्स, पी.ई., वही, पृ. 104
3. स्मिथ, *आक्सफोर्ड हिस्ट्री ऑफ इण्डिया,* चतुर्थ संस्करण, पृ. 479
4. जगन्नाथ प्रसाद मिश्र, *आधुनिक भारत का इतिहास,* पृ. 75
5. स्मिथ, वही, पृ. 467
6. रॉबर्ट्स, पी.ई., *ब्रिटिश कालीन भारत का इतिहास,* पृ. 107
7. जैन, एम.एस., *आधुनिक भारत का इतिहास,* पृ. 26
8. हिल, एस.सी., *बंगाल इन 1756–57,* जि. 1, भूमिका, पृ. 33
9. हिल, एस.सी., वही, भूमिका पृ. 24
10. Our acquisition of India was made blindly nothing great that has ever been done by Englishman was done so unintentionally and so accidentally, as the conquest of India. John Seely.
11. जैन, वही, पृ. 27
12. स्मिथ, वही, पृ. 468
13. रॉबर्ट्स, पी.ई., वही, पृ. 113
14. लायल, अल्फ्रेड, *वारेन हैस्टिंग्स,* पृ. 7
15. पणिकर, के.एम., *ब्रिटिश डिप्लोमेसी इन नार्थ इण्डिया*
16. डॉ. जैन, वही, पृ. 29
17. ताराचंद, वही, जि. 1, पृ. 238
18. रॉबर्ट्स, पी.ई., वही, पृ. 113
19. वही, पृ. 468
20. ताराचंद, *भारतीय स्वतंत्रता आन्दोलन का इतिहास,* जि. 1, पृ. 240–41
21. स्मिथ, वही, पृ. 470
22. उपरोक्त, पृ. 471
23. जगन्नाथ प्रसाद मिश्र, वही, पृ. 89
24. स्मिथ, वही, पृ. 471
25. ताराचंद, वही, पृ. 255
26. जगन्नाथ प्रसाद मिश्र, वही, पृ. 93
27. *भारत का वृहत् इतिहास,* जि. 3, पृ. 42
28. *Oxford History of India*, p. 471, Plassey was a cannonade but Baksar a decisive battle; *मैलसिन द डिसाइसिव बैटिल्स ऑफ इण्डिया,* पृ. 96
29. थाम्पसन व गैरेट, *ब्रिटिश रूल इन इण्डिया,* पृ. 104
30. स्मिथ, वही, पृ. 471
31. रॉबर्ट्स, पी.ई., वही, पृ. 122
32. ताराचंद, वही, पृ. 259
33. स्मिथ, वही, पृ. 472
34. डॉ. जैन, वही, पृ. 30
35. *आक्सफोर्ड हिस्ट्री ऑफ इण्डिया,* पृ. 476, *एन एडवान्स हिस्ट्री ऑफ इण्डिया,* पृ. 665
36. स्मिथ, वही, पृ. 476
37. *एन एडवान्स हिस्ट्री ऑफ इण्डिया,* पृ. 665
38. जैन, वही, पृ. 38

❊❊❊

3

ब्रिटिश शासन का प्रारम्भिक स्वरूप एवं संवैधानिक विकास

(Early Structure of the British Administration and Constitutional Growth)

भारत पर इंग्लैण्ड का आधिपत्य हो जाने से भारत की प्रशासनिक व्यवस्था का निरूपण करने का अधिकार ब्रिटिश पार्लियामेंट को मिल गया। फलस्वरूप भारत की ब्रिटिश सरकार कानूनन् और नियमतः ब्रिटिश पार्लियामेंट के प्रति जिम्मेदार थी न कि भारतीय जनता के प्रति जिस पर यह शासन करती थी। भारत का यह नया राज्य ब्रिटेन की विजय का परिणाम था। इसीलिए कानून एवं नियमों का निर्माण ब्रिटिश पूंजी की राजनीतिक, आर्थिक और युद्धनीतिक आवश्यकताओं और उनके हितों की पूर्ति के लिए बनाया गया था।[1] इसके अतिरिक्त अंगरेजों में राष्ट्रवादी विचारों के अनुरूप भारत एवं ब्रिटेन तथा भारत की जनता एवं ब्रिटेन के लोगों में सदैव भेद बना रहा। इसी परिप्रेक्ष्य में अंगरेजों द्वारा भारत में स्थापित शासन व्यवस्था का अध्ययन किया जाना अपेक्षित है। क्लाइव के भारत से लौटने के बाद वारेन हैस्टिंग्स 1772 ई. में गवर्नर बनकर आया। इस अवधि में वेरेल्स्ट एवं कर्टियर ने गवर्नर का कार्य सम्पादित किया। 1770 तक भयंकर अकाल से ग्रस्त बंगाल की स्थिति को क्लाइव की दोहरी शासन व्यवस्था ने अधिक विकट बना दिया। ऐसी ही अराजकता पूर्ण स्थिति में वारेन हैस्टिंग्स ने कार्य प्रारम्भ किया। डॉ. ताराचंद ने जिक्र किया हैः मुगल प्रभुसत्ता का आवरण उतार फेंका और कम्पनी को उसने सही–विजय के कारण देश पर अधिकार रखने वाली एक सैनिक सत्ता के रूप में प्रकट कर दिया।[2]

बंगाल का प्रथम गवर्नर जनरल वारेन हैस्टिंग्स (Warren Hastings, 1772-85): सर्वप्रथम उसने अव्यवस्था की कारक दोहरी शासन व्यवस्था को समाप्त किया। नन्दकुमार 1757 से पूर्व हुगली का गवर्नर था जिसे रिश्वत देकर अंगरेजों ने अपनी ओर मिला लिया। इस तरह सम्पूर्ण दीवानी प्रशासन कम्पनी के हाथों में आ गया।

न्याय एवं लगान वसूली ही दीवानी व्यवस्था के महत्वपूर्ण कार्य माने जाते थे। कलकत्ता में बोर्ड ऑफ रेवेन्यू की स्थापना की तथा पूर्व से कार्यरत निरीक्षकों को हटाकर **प्रत्येक जिले में कलक्टरों (राजस्व अधिकारियों) को नियुक्त किया।** कम्पनी द्वारा राजस्व वसूली अपने कर्मचारियों द्वारा करवाये जाने के निर्णय का ऐतिहासिक महत्व था और इसके प्रभावों का वर्णन सबसे अच्छे ढंग से जेम्स मिल के इन शब्दों में किया जा सकता हैः "इससे बहुत अधिक परिवर्तन हुआ, वस्तुतः यह परिवर्तन उस आदेश की प्रकृति में ही निहित था। यह परिवर्तन इतना अधिक क्रान्तिकारी था कि पहले कभी शायद इसका अनुमान न लगाया जा सका था, हिन्दू शासकों के स्थान पर मुसलमानों के प्रतिष्ठित हो जाने पर भी इतना बड़ा परिवर्तन न हुआ। हिन्दू शासकों का स्थान मुसलमानों को प्राप्त होने पर केवल शासकों का परिवर्तन हुआ था, तलवार धारण करने तथा अनुकम्पा प्रदान करने वाले हाथ ही बदले थे, परन्तु शासनतंत्र और उससे भी आगे बढ़कर समाज के संगठन में बहुत मामूली फेरबदल हुए थे तथा प्रशासन का दीवानी भाग सुविधा के लिए लगभग पूर्णतः हिन्दुओं के ही हाथ में रहने दिया गया था। राजस्व प्रबंध में आमूल परिवर्तन का प्रभाव भारतवासियों के व्यक्तिगत तथा सामूहिक जीवन पर जितना गहरा पड़ा, उसकी कल्पना करना यूरोपीय पाठक के लिए सहज नहीं है। यह एक नई रीति थी। जिससे देश की सम्पूर्ण सम्पदा और उसके साथ–साथ न्याय प्रशासन को एक नया आधार प्रदान किया गया।[3]

भूराजस्व इजारेदारी व्यवस्थाः राजकीय कोष भी मुर्शिदाबाद से कलकत्ता ले जाया गया। कम्पनी कर्मचारी भू–राजस्व व्यवस्था की अधिक जानकारी नहीं रखते थे फलतः लगान वसूली हेतु ठेके की व्यवस्था शुरू की और सबसे अधिक बोली लगाने वालों को पांच वर्ष के लिए लगान वसूली का ठेका दिया जाने लगा। अनेक ठेकेदारों ने भूमि की बिना उत्पादन शक्ति की जानकारी किये, ठेके लिए थे, किन्तु उत्पादन कम हुआ। इसका परिणाम यह हुआ कि ठेकेदारों द्वारा किसानों का घोर शोषण किया जाने लगा।

हैस्टिंग्स ने नवाब की पेंशन राशि 53 लाख रूपये को घटाकर 1766 में 42 लाख एवं 1773 में 16 लाख पर स्थिर कर दी। इसके अतिरिक्त मीरजाफर की विधवा मुन्नी बेगम को नाबालिग नवाब की संरक्षिका बनाकर नवाब को हमेशा के लिए प्रशासनिक दायित्व से मुक्त कर दिया।

रेगुलेटिंग एक्ट (The Regulating Act, 1773): क्लाइव के समय से ही कर्मचारियों में लूट–खसोट एवं व्यक्तिगत व्यापार द्वारा धन अर्जित करने की प्रवृत्ति बढ़ गई थी। भारत आने वाले प्रत्येक अंगरेज कर्मचारी का प्रमुख लक्ष्य धनी बनना तथा धन अर्जित कर इंग्लैण्ड लौट जाना था। उपहार लेने की प्रथा भी समाप्त नहीं हुई थी। अंगरेज कार्मिकों में व्याप्त भ्रष्टाचार एवं अव्यवस्था के कारण ब्रिटिश सरकार ने हस्तक्षेप करना आवश्यक समझा। कम्पनी ने अपना लाभांश 1766 में बढ़ाकर 6 से 10 प्रतिशत कर दिया और 1767 में 12.5 प्रतिशत घोषित करना चाहा, किन्तु संसद के हस्तक्षेप से ऐसा नहीं किया जा सका। एक ओर कम्पनी लाभांश बढ़ाना चाहती थी दूसरी ओर सरकार से कर्ज की माँग भी की जा रही थी। पूर्व में सरकार द्वारा कर्ज दिया गया था, किन्तु अधिक कर्ज की माँग को देखते हुए कम्पनी पर वांछित नियंत्रण स्थापित करना आवश्यक हो गया।

कम्पनी को चार लाख पौण्ड ब्रिटिश राजकोष में जमा करवाये जाने की शर्त पर भारत से लगान वसूल करने का अधिकार 1767 में मिल गया था जिसे 1772 तक बढ़ाया जाता रहा। किन्तु कम्पनी ने सरकार का वार्षिक चार लाख पौण्ड और लाभांश का भुगतान नहीं किया था। दूसरे शब्दों में, कम्पनी की आर्थिक स्थिति ठीक होने के स्थान पर खराब होती प्रतीत हो रही थी। बंगाल के भीषण अकाल तथा हैदरअली के आक्रमणों से कम्पनी की वित्तीय स्थिति खराब हो गई और कम्पनी शेयरों का मूल्य बाजार में गिर गया। 1772 में लार्ड नार्थ ने ब्रिटिश पार्लियामेंट को अवगत कराया कि यदि कम्पनी को 10 लाख पौण्ड का कर्ज नहीं दिया गया तो उसका व्यापार नष्ट हो जायेगा। दरअसल, इंग्लैण्ड सरकार से धन भारत स्थित कम्पनी के लिए नहीं बल्कि इंग्लैण्ड में लाभांश भुगतान के लिए अथवा धातु मुद्रा संकट को दूर करने के लिए चाहिए था। कम्पनी के संचालकों ने इंग्लैण्ड सरकार को चार लाख पौण्ड की वार्षिक धन राशि पिछले तीन वर्षों से नहीं दी थी तथा पिछले 12 वर्षों से सम्पत्ति की निकासी होते रहने से बंगाल में चाँदी कम हो गई थी। ब्रिटिश सांसद बेकफोर्ट, बारेल, न्यूजेन्ट आदि इस बात पर जोर देने लगे थे कि कम्पनी की भारतीय सम्पत्ति पर ब्रिटिश सरकार का अधिकार होना चाहिए। संसद द्वारा नियुक्त प्रवर समिति (Select Committee) एवं गुप्त समिति ने भी कम्पनी कार्यों में तुरन्त हस्तक्षेप करने की सिफारिश की। अन्त में रेगुलेटिंग एक्ट का एक उद्देश्य कम्पनी को दीवानी या राजनीतिक कार्य सम्पादन के योग्य बनाना भी था।[4] इस अधिनियम द्वारा प्रदत्त शक्तियों से ही कम्पनी भारत में भू–राजस्व वसूल करने एवं न्यायिक कार्य सम्पादन हेतु अधिकार सम्पन्न हुई। उपरोक्त तथ्यों को दृष्टिगत रखते हुए ब्रिटिश पार्लियामेंट ने 1773 में रेगुलेटिंग एक्ट पारित किया जो 1774 में लागू हुआ।

अधिनियम के उपबंध (Provisions of the Regulating Act): कम्पनी के संचालकों के चुनाव में मतदान का अधिकार 1000 पौण्ड के एक वर्ष या इससे अधिक समय के हिस्से धारक का रखा गया। पूर्व में 500 पौण्ड के हिस्सेदार को संचालकों के चुनाव में मतदान का अधिकार था। संचालकों का कार्यकाल एक वर्ष के स्थान पर चार वर्ष निश्चित किया गया, किन्तु कुल सदस्यों के एक चौथाई (6 सदस्य) का चुनाव प्रतिवर्ष किया जाना था। एक सदस्य के दुबारा चुने जाने हेतु एक वर्ष का अन्तराल आवश्यक था। अपने हिस्से के अनुपात में मत देने का अधिकार दिया गया जैसे तीन, छः और दस हजार पौण्ड के हिस्सेदारों का क्रमशः दो, तीन एवं चार मत देने का अधिकार था। इस तरह अधिनियम ने कोर्ट ऑफ प्रोप्राइटर्स (Court of Proprietors) में मतदान की शक्ति को सीमाबद्ध किया। यह भी प्रावधान किया गया कि डाइरेक्टरों (Directors) को राजस्व विभाग (ट्रेजरी) के सामने भारत से आने वाला राजस्व सम्बन्धी सारा पत्र व्यवहार रख देना चाहिए तथा राज्य सचिव (Secretary of State) के सामने असैनिक या सैनिक शासन सम्बन्धी प्रत्येक तथ्य रख देना चाहिए। इस प्रकार कम्पनी के मामलों पर पार्लियामेंट का नियंत्रण रखने की पहली निश्चित कार्यवाही की गयी। 1781 में एक परिपूरक कानून पास हुआ, जिसके अनुसार सभी सरकारी पत्रों को जो भारत भेजे जाने थे, एक राज्य सचिव को दिखलाना पड़ता था।[5]

- बंगाल के लिए नियुक्त फोर्ट विलियम प्रशासक को समस्त अंगरेजी क्षेत्रों का गवर्नर जनरल कहा गया। गवर्नर जनरल के सहयोग हेतु चार सदस्यों की एक समिति (कौंसिल) बनाई जिसमें विचाराधीन मामलों में बहुमत से निर्णय लिए जाने की व्यवस्था थी। मतों की बराबरी की हालत में अध्यक्ष को एक अधिक मत या निर्णायक मत प्राप्त था। प्रथम गवर्नर जनरल वारेन हैस्टिंग्स और चार परिषद् सदस्योंः क्लेवरिंग (Clevering), मौनसन

(Monson), बारवेल (Barwell) एवं फिलिप फ्रांसिस (Philip Francis) के नाम कानून में उल्लिखित थे। वे पांच वर्षों के लिए नियुक्त हुए (यह अवधि परिपूरक कानूनों द्वारा और भी बढ़ा दी गयी)। उनके उत्तराधिकारी कम्पनी द्वारा नियुक्त होने थे।

- गवर्नर जनरल एवं उसकी कौंसिल को अधिकृत किया गया कि वह युद्ध एवं शान्ति मामलों में मद्रास एवं बम्बई प्रेसीडेन्सियों पर नियंत्रण रखे। किन्तु संचालक समिति प्रान्तीय सरकारों को सीधे भी निर्देशित कर सकती थी।
- कानून द्वारा क्राउन (सरकार) को अधिकृत किया कि राजकीय आदेश द्वारा एक सर्वोच्च न्यायालय (सुप्रीम कोर्ट ऑफ जस्टिस) स्थापित करें जिसमें एक प्रधान न्यायाधीश और तीन अन्य न्यायाधीश हों। बंगाल, बिहार एवं उड़ीसा की समस्त प्रजा पूरी तरह इस न्यायालय के अधीन होगी। सर ऐलीजा इम्पे (Sir Elijah Impey) प्रथम मुख्य न्यायाधीश नियुक्त किये गये।
- गवर्नर जनरल एवं कौंसिल भारत के लिए कानून बना सकता था एवं अध्यादेश प्रसारित कर सकता था, किन्तु इन्हें लागू करने से पूर्व सुप्रीम कोर्ट (Supreme Court) द्वारा पंजीकृत एवं प्रकाशित किया जाना अपेक्षित था।
- एक सेक्रेट्री ऑफ स्टेट की नियुक्ति की गई और कम्पनी का सैनिक तथा नागरिक शासन इसके अधीन कर दिया गया। कम्पनी को प्रशासन एवं सेना सम्बन्धी कार्य इसके परामर्श से करने थे।
- कर्मचारियों द्वारा किया जा रहा व्यक्तिगत व्यापार निषिद्ध कर दिया गया। इसके अतिरिक्त उपहार एवं जागीर आदि वर्जित कर दी गई। गवर्नर जनरल को 25,000 पौण्ड एवं कौंसिल के अन्य सदस्य को 10,000 पौण्ड एवं सर्वोच्च न्यायाधीश को 8000 पौण्ड वेतन दिये जाने का प्रावधान किया। कम्पनी के लिए 14 लाख पौण्ड का ऋण भी चार प्रतिशत ब्याज पर स्वीकृत किया गया।

अधिनियम के दोष: रेगुलेटिंग एक्ट 1773 से 1784 तक प्रभावी रहा। इस अधिनियम में कुछ मौलिक दोष थे जिनके बारे में विवेचन करना युक्ति संगत होगा। संचालकों के निर्वाचन के लिए मतदाताओं की संख्या घटा दी गई तथा बड़े हिस्सेदारों को एक से अधिक मत का अधिकार (अधिक हिस्सों के आधार पर) प्रदान किया और इस अधिकार को पूंजी वाले लोगों तक सीमित कर दिया गया। संचालक समिति अब व्यावहारिक रूप से 30 सदस्यों की समिति हो गई जिनमें से छः एक वर्ष का अवकाश प्राप्त किये रहते थे। इस प्रावधान से 1246 सदस्य मतदान के अधिकारी नहीं रहे। ऐसा करने का कारण यह था कि कम्पनी के छोटे कार्मिक भी कुछ समय भारत में नौकरी करने के बाद 500 पौण्ड के हिस्से क्रय कर संचालकों के मतदान का अधिकार प्राप्त कर लेते थे एवं संचालकों पर अनाधिकृत दबाव बनाये रखते थे। इस दबाव से मुक्त रखने के लिए 500 से 1000 पौण्ड वाले हिस्सेदार को मत का अधिकार दिया गया था। किन्तु इस प्रावधान से भी इस उद्देश्य की पूर्ति नहीं हो पाई क्योंकि भारत से आने वाले छोटे कर्मचारी इतना अधिक धन अर्जित कर लेते थे कि एक हजार पौण्ड का भी उनके लिए विशेष महत्व नहीं था। यह व्यवस्था न केवल निरर्थक साबित हुई बल्कि इससे प्रजातांत्रिक अधिकारों का ही हनन् हुआ।

दूसरे, बम्बई (मुम्बई) एवं मद्रास (चैन्नई) की सरकारों पर गवर्नर जनरल और उसकी कौंसिल का पूरा नियंत्रण स्थापित नहीं किया गया। केवल युद्ध एवं सन्धि के मामलों में ही गवर्नर जनरल एवं कौंसिल हस्तक्षेप कर सकती थी। इससे भी अधिक महत्वपूर्ण यह था कि प्रान्तीय सरकारों को संचालक सीधे निर्देश जारी कर सकते थे। परिणामतः मद्रास एवं बम्बई प्रेसीडेन्सियाँ प्रायः स्वतंत्रतापूर्वक कार्य करती रहीं। मराठों के साथ संघर्ष का कारण बम्बई सरकार थी जिसने बिना हैस्टिंग्स के आदेशों के राघोबा को पेशवा मानकर सन्धि कर ली थी।

तीसरे, समस्त निर्णयों हेतु गवर्नर जनरल को कौंसिल में बहुमत प्राप्त करना होता था। डॉडवेल ने लिखा हैः यह दुर्भाग्यपूर्ण तथ्य था कि गवर्नर जनरल को अपनी समिति के निर्णय को रद्द करने हेतु कोई निर्णायक अधिकार प्राप्त नहीं था।[6] इसके अतिरिक्त सर्वोच्च न्यायालय की शक्तियों एवं अधिकार क्षेत्र को भी निश्चित नहीं किया।[7] मुख्य न्यायाधीश की मान्यता थी कि प्रान्तीय एवं जिला न्यायालय उसके अधीन है एवं उसे सर्वोच्च न्यायिक अधिकार प्राप्त है। इस तरह दोनों में संघर्ष शुरू हो गया।

इंग्लैण्ड में भी अनेक मामलों में डाइरेक्टरों के कार्यों पर मंत्रिमण्डल का नियंत्रण भ्रान्तिपूर्ण ही सिद्ध हुआ। कहा भी हैः इसने न तो राज्य को कम्पनी पर, न डाइरेक्टरों को अपने नौकरों पर, न गवर्नर जनरल को अपनी कौंसिल पर, और न कलकत्ता प्रेसीडेंसी को मद्रास एवं बम्बई पर निश्चित नियंत्रण दिया।[8] किन्तु स्मिथ की मान्यता है कि हम रेगुलेटिंग ऐक्ट

के महत्व को नहीं भूला सकते। यह अधिनियम कम्पनी की व्यवस्था सुधारने का संसद का पहला प्रयत्न था, इस दृष्टि में इसमें कुछ खामियाँ रह जाना स्वाभाविक था।[9]

1774 से 1783 ई. के मध्य अधिनियम की अस्पष्टता के कारण विविध घटनाओं से इसके व्यवहारिक दोष सामने आये। बहुमत के आधार पर कौंसिल में निर्णय करवा पाना गवर्नर जनरल के लिए अत्यन्त कठिन हो गया। नवीन शासन काल का उद्‌घाटन 26 अक्तूबर 1774 को हुआ। इसके तुरन्त बाद वारेन हैस्टिंग्स को अपनी कौंसिल में बहुमत के विरोध का सामना करना पड़ गया। नवीन कौंसिलरों का रूख प्रारम्भ से ही अमैत्रीपूर्ण था। उनके द्वारा उस पर घूसखोरी और गबन के अभियोग लगाये गये। यह परिस्थिति मौनसन की मृत्यु (25 सितम्बर 1777) तक कायम रही।

संशोधन अधिनियम 1782 (ऐक्ट ऑफ सेटलमेन्ट): सुप्रीम कोर्ट एवं गवर्नर जनरल और कौंसिल के अधिकार क्षेत्र के विवाद को डंडास द्वारा रखे गये 1781 के नियम से दूर किया गया। जिसे बंगाल न्यायालय एक्ट 1781 कहा गया। जिसकी चर्चा सम्बन्धित अध्याय में की गई है। इसके अतिरिक्त रेगुलेटिंग ऐक्ट के अन्य दोषों का भी निराकरण किया जाना जरूरी हो गया था। सरकार भी एडमंड बर्क के साथ इस बात से सहमत थी कि कम्पनी का संकट निवारण सुधार के साथ–साथ होना चाहिए।

पिट्स इण्डिया ऐक्ट (1784) (Pitt's India Act, 1784): रेगुलेटिंग ऐक्ट के दोषों को सुधारने का अवसर भी शीघ्र ही मिल गया। 1782 में पार्लियामेन्ट की एक सीक्रेट कमेटी (Secret Committee) की रिपोर्ट में कम्पनी की नीतियों पर नियंत्रण करने की आवश्यकता पर बल दिया गया। मराठा युद्ध के कारण कम्पनी की वित्तीय कठिनाइयाँ बढ़ गई और कम्पनी ने 10 लाख पौण्ड की मांग की। संसद को कम्पनी मामलों में हस्तक्षेप करने का अवसर मिल गया। फाक्स ने इण्डिया बिल नाम से लगान वसूली व प्रशासनिक व्यवस्था के सुचारू संचालन हेतु बिल रखा था, जिसे **सम्राट जार्ज तृतीय ने हाउस ऑफ लार्ड्स** में व्यक्तिगत रूचि लेकर पारित नहीं होने दिया।[10] इसी दौरान भारतीय मामले में फाक्स का मंत्रिमण्डल भंग हो गया और पिट ने सरकार बनाई। भारत का प्रशासन पूरी तरह क्राउन के नियत्रंण में लिये जाने के प्रस्ताव भी प्राप्त हुए जिसे पिट ने अस्वीकार कर दिया।[11] इस तरह कई प्रस्तावों पर विचार–विमर्श के बाद प्रधानमंत्री पिट (छोटे पिट) द्वारा रखा गया। अधिनियम अगस्त 1784 में पारित हुआ। पिट का कानून कम्पनी एवं क्राउन की दुहरी सरकार थी जो 1858 तक आंशिक परिवर्तन के साथ चलती रही। इस अधिनियम के कुछ महत्वपूर्ण प्रावधानों की चर्चा करना उचित होगा।

1. नियंत्रण मण्डल (बोर्ड ऑफ कन्ट्रोल): भारत के मामलों में छः कमिश्नरों का एक बोर्ड नियुक्त किया गया जिसमें सरकार के राज्य सचिव (Secretary of State) और वित्त सचिव या चांसलर ऑफ एक्सचेकर (Chancellor of Exchequer) एवं चार प्रिवी कौंसिल (Privy Council) के सदस्य थे। इन्हीं कमिश्नरों में से तीन की एक गुप्त समिति बनाई गई और इसका अध्यक्ष सैक्रेट्री ऑफ स्टेट को बनाया गया। बोर्ड के गुप्त आदेश इस समिति द्वारा ही भेजे जा सकते थे। सेना, लगान एवं सुधार सम्बन्धी मामलों में सीधा नियंत्रण बोर्ड को दिया गया। संचालकों द्वारा भेजे गये समस्त पत्र इसकी अनुमति के बिना नहीं भेजे जा सकते थे और भारत से आने वाले समस्त पत्र इस बोर्ड के समक्ष रखे जाने थे। कार्मिकों की नियुक्ति, स्थानान्तरण, पदोन्नति आदि के पत्रादि भी बोर्ड के समक्ष रखे जाने का प्रावधान था। ऐसे पत्रों की जांच कर 14 दिनों में स्वीकृति जारी करनी थी अथवा अस्वीकृति के कारण सहित वापस भेजना होता था। संचालकों द्वारा बोर्ड के आदेशों की अवहेलना किये जाने पर बोर्ड अपनी ओर से आदेश प्रसारित कर सकता था जिसे संचालकों को 14 दिन में स्वीकार करना होता था। इस प्रकार अधिनियम से मालिक मण्डल (कोर्ट ऑफ प्रोप्राइटर्स) की ताकत घट गई अर्थात् संचालकों के पास व्यापार एवं संरक्षण छोड़ दिया गया किन्तु बोर्ड के काम में हस्तक्षेप का अवसर नहीं रहा।[12]
2. गवर्नर जनरल कौंसिल (Executive Councillors) के सदस्यों की संख्या तीन कर दी गई, जिनमें से एक मुख्य सेनापति (Commander in Chief) था। कौंसिल में बराबर मतों की स्थिति में गवर्नर जनरल को एक अतिरिक्त मत देने का अधिकार था। गवर्नर जनरल या गवर्नर की नियुक्ति संचालक करते थे, किन्तु इन्हें वापस बुलाने का अधिकार संचालक तथा क्राउन अर्थात् बोर्ड ऑफ कन्ट्रोल (Board of Control) में निहित था।
3. मद्रास (चैन्नई) एवं बम्बई (मुम्बई) में गवर्नर की कौंसिल में भी सेनापति को सदस्य रखा गया। बम्बई और मद्रास सरकारों को पूर्णतः बंगाल सरकार के अधीन कर दिया गया। गवर्नर जनरल के आदेशों के विपरीत कोई आदेश सीधे गवर्नर को बोर्ड ऑफ कन्ट्रोल से प्राप्त होने पर भी वे आदेश गवर्नर जनरल के माध्यम से

भेजे जाने थे एवं उसके निर्देशानुसार ही गवर्नरों को कार्रवाई करनी थी। यह भी व्यवस्था की गई कि युद्ध काल में गवर्नर जनरल अन्य प्रदेशों का प्रशासन व लगान वसूली का कार्य अपने नियंत्रण में ले सकेगा। गवर्नर जनरल के आदेशों की पालना न करने वाले गवर्नर को निलम्बित किये जाने के लिए गवर्नर जनरल को अधिकृत किया गया।

4. गवर्नर जनरल संचालकों या बोर्ड ऑफ कन्ट्रोल की पूर्व स्वीकृति के युद्ध नहीं कर सकता था। किसी भारतीय शासक के साथ युद्ध प्रारम्भ करने अथवा किसी राज्य को अन्य राज्यों के आक्रमण के विरूद्ध सहायता का आश्वासन दिये जाने का अधिकार उसे न था। अधिनियम में "भारत विजय की योजनाओं में साम्राज्य वृद्धि, देश की इच्छा, सम्मान और नीति के विरूद्ध" कही गई।
5. यह भी निर्देशित किया कि बोर्ड ऑफ डायरेक्टर्स भू–राजस्व व्यवस्था की जांच कर जमींदारों, राजा या अन्य भूमि के स्वामी जिनके साथ अन्याय हो रहा है स्थायी बन्दोबस्त करें। भारत के किसानों तथा जनता को भारतीय विधान व न्याय के अनुसार आंका जाये।

अधिनियम का महत्व: इसके द्वारा भारतीय प्रशासन पर इंग्लैण्ड सरकार का निश्चित अधिकार स्थापित हो गया। बोर्ड ऑफ कन्ट्रोल का अध्यक्ष मंत्रिमण्डल का सदस्य था, इस प्रकार वह प्रणाली स्थापित हुई जो थोड़े बहुत परिवर्तन से 1947 तक चलती रही। 1858 में कम्पनी के अधिकारों को समाप्त करके बोर्ड ऑफ कन्ट्रोल के अध्यक्ष को ही भारत सचिव बनाया गया था।

1. पिट्स इण्डिया ऐक्ट की एक विशेषता यह थी कि इसने पदों पर नियुक्ति का अधिकार संचालकों के ऊपर छोड़ दिया जिससे वे सरकार की नीति नियंत्रण को सहर्ष स्वीकार कर सकें। बोर्ड ऑफ कन्ट्रोल का वास्तविक कार्य सरकार के दो सदस्यों द्वारा होता था, अन्य चार सदस्य कम रूचि रखते थे। इस प्रकार नीति संचालन पूरी तरह इंग्लैण्ड सरकार के अधीन हो गई। इल्बर्ट का यह कथन ठीक ही है कि पिट ने कम्पनी के संविधान में भारी परिवर्तन किए बिना ही सरकार का नियंत्रण स्थापित कर दिया।[13]
2. अधिनियम ने गवर्नर जनरल की शक्ति में भी पर्याप्त अभिवृद्धि कर दी। कहा भी है कि इस कानून से गवर्नर जनरल एवं गवर्नर इतने शक्तिशाली होंगे जैसे कि अन्य सदस्य उन्हीं में मिला दिये गये हैं।[14] जहाँ गवर्नर जनरल की नियुक्ति संचालक करते थे किन्तु क्राउन बोर्ड ऑफ कन्ट्रोल (Board of Control) वापस बुला सकता था, इस दोहरी व्यवस्था ने कम्पनी एवं क्राउन दोनों को कम्पनी के लिए उत्तरदायी बना दिया।
3. कौंसिल के सदस्यों की संख्या चार के स्थान पर तीन कर दी गई, इस विचार के साथ कि तीन में से एक को गवर्नर जनरल अपने पक्ष में रख कर कार्य संचालन कर सकेगा। किन्तु संसद को शीघ्र ही इस उपबंध में परिवर्तन लाना पड़ा और गवर्नर जनरल को अपनी कौंसिल के निर्णय को निरस्त करने का विशेषाधिकार प्रदान किया। 1786 में परिपूरक विधेयक पास हुआ। इसके अनुसार खास–खास हालातों में गवर्नर जनरल को कौंसिल के बहुमत के विरूद्ध काम करने तथा प्रधान सेनापति (Commander-in-Chief) का पद धारण करने का अधिकार मिल गया।[15]
4. गवर्नर जनरल और कौंसिल अब गवर्नर जनरल की कौंसिल हो गई और 1947 तक ऐसी ही बनी रही। इस अधिनियम के लिए कहा गया है कि 1784 का ऐक्ट एक चतुर एवं कुटिल प्रस्ताव था जिसने संचालक समिति की राजनीतिक सत्ता को मंत्रिमण्डल के गुप्त एवं प्रभावशाली नियंत्रण में कर दिया था।[16] संक्षेप में हम कह सकते हैं कि अधिनियम द्वारा गृह सरकार भारतीय राजनीति पर प्रभावी नियंत्रण चाहती थी और ऐसा करने में पिट सफल रहा। स्मिथ ने उल्लेख किया है कि पिट की योजना पूर्ण बुद्धि और डंडास की व्यावहारिक व्यवस्था, फाक्स के भाषण व एडमंड बर्क द्वारा प्रचारित आदर्शवाद को प्रभावशाली बनाने में अधिक सफल रही।[17]

इस अधिनियम से इस तथ्य का बोध होता है कि ब्रिटिश संसद भारत में राज्य विस्तार के विरूद्ध थी जैसा कि इसके उपबंध 34 में उल्लिखित है। किन्तु इस उपबंध में यह भी कहा गया है कि गवर्नर जनरल तथा कौंसिल भविष्य में संचालक समिति अथवा बोर्ड ऑफ कन्ट्रोल के आदेश बगैर भारतीय राज्यों अथवा शासकों में से किसी के विरूद्ध युद्ध घोषित करने अथवा युद्ध करने के लिए सन्धि करने अथवा उसके क्षेत्रफल की गारन्टी (Guarantee) के लिए अधिकृत नहीं होगी। इसका तात्पर्य यह था कि बोर्ड ऑफ कन्ट्रोल या संचालक समिति की अनुमति से युद्ध करने का अधिकार था। इसके अतिरिक्त

अपवाद की दशा में गवर्नर जनरल को केवल उसी राज्य के विरूद्ध युद्ध घोषित करने का अधिकार था, जिसने अंगरेजों के विरूद्ध लड़ाई प्रारम्भ कर दी हो। साथ ही सन्धि भी की जा सकती है। यदि दूसरा राज्य भी युद्ध के दौरान कम्पनी का सहयोग करने में उत्सुक हो, परन्तु इस आशय का पूर्ण विवरण विस्तृत कारणों सहित तत्काल नियंत्रण मण्डल (बोर्ड) को भेजा जाना चाहिये। अतः अंगरेज लेखकों का यह कथन कि कम्पनी व्यापार करने आई और उसे साम्राज्य मिल गया अथवा साम्राज्य थोपा गया सर्वथा असत्य है। वस्तुतः अमेरिकी उपनिवेशों के स्वतंत्र हो जाने के बाद भारतीय उपनिवेश का महत्व अधिक बढ़ गया और ब्रिटिश संसद भारतीय राजनीतिक कार्यों को इंग्लैण्ड सरकार के नियंत्रण में लाना चाहती थी जिससे भारतीय उपनिवेश भी अमेरिका की तरह हाथ से न निकल जाये।[18] ब्रिटिश सरकार के साम्राज्यवादी विस्तार का ज्ञान अनेक तथ्यों से होता है जिसकी विस्तृत चर्चा अगले अध्यायों में करेंगे। इसी क्रम में **गवर्नर जनरल को 1786 के ऐक्ट द्वारा मुख्य सेनापति** की शक्तियाँ भी दे दी।

चार्टर ऐक्ट 1793: अध्यादेश द्वारा कम्पनी के व्यापारिक अधिकारों को 20 वर्षों के लिए और बढ़ा दिया गया। लार्ड कार्नवालिस को परिषद् के निर्णय को रद्द करने का अधिकार तथा गवर्नर जनरल का बम्बई और मद्रास प्रेसिडेन्सियों पर स्पष्ट अधिकार दिया गया। बंगाल से बाहर जाने पर गवर्नर जनरल को परिषद् के असैनिक सदस्यों में से किसी एक को उसके स्थान पर कार्य करने के लिए नियुक्त करना होता था। मुख्य सेनापति को स्वतः (ipso facto) सदस्य होने का अधिकार नहीं था।

चार्टर ऐक्ट 1813: (1) कम्पनी के भारतीय व्यापार के एकाधिकार को इस ऐक्ट द्वारा समाप्त कर दिया गया। (2) यद्यपि उसके चीन के व्यापार तथा चाय के व्यापार का एकाधिकार यथावत् रहा। (3) अधिनियम द्वारा अगले 20 वर्षों के लिए भारतीय प्रदेशों पर राजस्व नियंत्रण दिये जाने से कम्पनी भागीदारों को पूर्ववत 10.5 प्रतिशत लाभांश भारतीय राजस्व से मिलता रहा। (4) अधिनियम भारतीयों के इसलिए अधिक महत्वपूर्ण था कि एक लाख रूपये का प्रतिवर्ष भारतीयों के साहित्य, विज्ञान एवं शैक्षिक गतिविधियों के लिए अलग से प्रावधान किया गया। ब्रिटिश नागरिकों को भारत में प्रशासन हेतु प्रशिक्षित करने के लिए कलकत्ता में वेलेजली ने पोर्ट विलियम कालेज की 1800 ई. में स्थापना की थी किन्तु कुछ कारणों से 1802 में असैनिक अधिकारियों का (ICS) केन्द्र बन्द कर दिया गया।

चार्टर ऐक्ट 1833: उदारवादी विग (Whig) दल की 1830 में सरकार बनी, जो फ्रांसीसी क्रान्ति से प्रभावित थी।

- इस आज्ञापत्र (Charter) द्वारा चीन के साथ व्यापार एवं चाय के व्यापार का एकाधिकार (इजारेदारी) समाप्त कर दी गई।
- अधिनियम ने कम्पनी को आगामी 20 वर्ष के लिए जीवन दान दिया और महामहिम सम्राट की ओर से भारत को प्रन्यास (Trust) के रूप में नियंत्रण में रखने की अनुमति प्रदान की।
- यह भी प्रावधान किया गया कि 12 लाख पौण्ड का संचय किया जाये जिससे भविष्य में दुगने मूल्य पर कम्पनी की अंशपूंजी या (Stock) क्रय किया जा सके।
- **बंगाल का गवर्नर भारत का गवर्नर जनरल बना दिया गया और सपरिषद् गवर्नर जनरल** (Governor General in Council) **को कम्पनी का सैनिक–असैनिक कार्य का नियंत्रण, निरीक्षण व निदेशन प्रदान किया**। बम्बई, मद्रास, बंगाल तथा अन्य प्रदेश गवर्नर जनरल के नियंत्रण में आ गये।
- 1833 के अधिनियम द्वारा सम्पूर्ण ब्रिटिश अधिकृत प्रदेशों के लिए समान दण्ड संहिता (विधान) बनाने का अधिकार दिया गया।
- तदनुसार गवर्नर जनरल की परिषद् में कानूनी सदस्य चतुर्थ के रूप में शामिल किया गया।
- ऐक्ट की धारा 87 द्वारा किसी भारतीय अथवा क्राउन की देशज प्रजा को अपने धर्म, जन्म स्थान, वर्ग, वंशानुक्रम अथवा इनमें से किसी एक के आधार पर कम्पनी के अधीन किसी स्थान, पद अथवा सेवा के अयोग्य नहीं ठहराये जाने का प्रावधान किया गया। इस निर्णय ने कार्नवालिस की उस नीति को उलट दिया जिसके द्वारा भारतीयों को सभी ऊंचे पदों से वंचित रखा जाता था। इस प्रावधान के बावजूद भारतीय ऊंचे पदों से वंचित ही रहे। 1833 की धारा 87 ही आगे जाकर राष्ट्रीय आन्दोलन का एक महत्वपूर्ण कारण बनी। उल्लेखनीय है कि अधिनियम के प्रावधान के क्रम में मैकाले (Lord Macaulley) पहला विधि सदस्य एवं गवर्नर जनरल के विधि आयोग का अध्यक्ष बना। प्रेसिडेंसी कौंसिलों में भी सदस्यों की संख्या बढ़कर दो हो गई।

वारेन हैस्टिंग्स की नीतियाँ

कड़ा एवं इलाहाबाद का पुनर्विक्रय: कम्पनी की साम्राज्यवादी नीति सर्वप्रथम कड़ा एवं अवध के सम्बन्ध में अपनाई गई नीति से स्पष्ट होती है। मराठों ने उत्तर की ओर बढ़कर 1771 में दिल्ली पर अधिकार कर लिया और मुगल बादशाह शाहआलम को इलाहाबाद से दिल्ली लाकर नजरबंद कर दिया। यह कार्रवाई महादजी सिंधिया के नेतृत्व में की गई। कड़ा एवं इलाहाबाद के जिले बादशाह के दबाव में मराठों को सौंप दिये। ये जिले अवध से युद्ध की क्षति के रूप में लेकर क्लाइव ने बादशाह को प्रदान किये थे एवं बादशाह ने 26 लाख वार्षिक पेंशन के बदले इनका प्रशासन कम्पनी को सौंप दिया था। उस समय मुगल बादशाह अवध को भी कम्पनी को देने को तत्पर था यदि उसे दिल्ली का सम्राट बना दिया जाता किन्तु क्लाइव ने अवध के बफर राज्य (Buffer State) की सृष्टि कर दी, जिसका शासक भौतिक स्वार्थों और कृतज्ञता की भावनाओं दोनों से समान रूप में अंगरेजों के प्रति मित्र बना रहने को प्रवृत्त होता।[19] कम्पनी अनेक युद्धों में व्यस्त रहने के कारण, बादशाह को वार्षिक पेंशन का भुगतान नहीं कर पा रही थी। किन्तु इन जिलों में मराठों के प्रवेश का तात्पर्य अंगरेजों के लिए शत्रु के समक्ष आत्मसमर्पण के समान था।[20] अतः 1773 में रूहेला युद्ध के पूर्व की गई सन्धि द्वारा कड़ा एवं इलाहाबाद के जिले (जिन्हें शाहआलम ने मराठों को दे दिया था) पुनः अवध के नवाब को 50 लाख रूपये में बेच दिये।

रूहेला युद्ध (The Rohilla War, 1774): हिमालय तराई का उत्तर पश्चिमी क्षेत्र (वर्तमान पश्चिमी यू.पी.) रूहेलखण्ड कहलाता था। पठान हाफिज रहमत खाँ (रूहेला) इस प्रदेश का शासक था। 1761 के पानीपत युद्ध में रूहेलों ने अहमदशाह अब्दाली का साथ दिया। अब्दाली के वापस लौटने पर मराठे पुनः शक्तिशाली हो गये एवं मुगल बादशाह को अपने प्रभाव में ले लिया। दूसरी ओर मुगल बादशाह ने कड़ा एवं इलाहाबाद के जिले मराठों को सौंप दिये थे। हम जानते हैं कि बादशाह ने क्लाइव के समय 26 लाख पेंशन लेकर इनका प्रशासन कम्पनी को सुपुर्द कर दिया था। बिना जानकारी में लाए इन जिलों को मराठों को सौंप देना अंगरेजों को स्वीकार न था। इसके अतिरिक्त अवध का नवाब शुजाउद्दौला और हैस्टिंग्स, रूहेला एवं मराठा शक्ति को कमजोर देखना चाहते थे। मराठों के रूहेलों पर आक्रमण के भय ने रूहेलों एवं अवध को भी निकट आने का अवसर दिया। 17 जून 1772 में अवध एवं रूहेलों के मध्य सर रॉबर्ट बारकर की उपस्थिति में सन्धि हुईं जिसके द्वारा अवध के नवाब एवं अंगरेज कम्पनी ने रूहेलों को उनकी रक्षा में सहयोग देने का वचन दिया और इसके पक्ष में 40 लाख रूपये अवध के नवाब को दिये जाने थे। आंग्ल–अवध संयुक्त सेना से मराठों ने युद्ध करना उचित नहीं समझा। पेशवा माधवराव प्रथम की मृत्यु के पश्चात् पूणे में अव्यवस्था उत्पन्न हो गई और मराठे पुनः युद्ध के बारे में विचार ही नहीं कर सके। बिना युद्ध के हाफिज रहमत खाँ ने नवाब को 40 लाख रूपये का भुगतान करने से इन्कार कर दिया।

वारेन हैस्टिंग्स मराठा और अंगरेजों के मध्य अवध के महत्व को बखूबी समझता था।[21] नवाब ने हैस्टिंग्स को सुझाया कि यदि अंगरेज रूहेलखण्ड को अवध में मिलाने में सहयोग करें तो वह 40 लाख रूपये कम्पनी को प्रदान करेगा। हैस्टिंग्स इलाहाबाद एवं कड़ा के विवाद से भी मुक्त होना चाहता था अतः स्वयं ने बनारस जाकर नवाब से सितम्बर 1773 में सन्धि की। सन्धि के अनुसार कड़ा एवं इलाहाबाद अवध के नवाब को लौटा दिये, बदले में नवाब ने 50 लाख रूपये दिये। यह भी कहा गया है कि 2,10,000 रूपये महीने के भुगतान द्वारा नवाब कम्पनी फौजों का प्रयोग कर सकेगा। इस प्रकार अंगरेज सेना के सहयोग से रूहेलखण्ड जीत लेने का अवध ने निश्चय किया। इस सन्धि से कम्पनी को भारी आर्थिक लाभ हुआ। अवध की इस सन्धि को हैस्टिंग्स की विदेश नीति का आधार स्तम्भ कहा जाता है।[22] 17 अप्रैल 1774 को नवाब एवं अंगरेज सेना ने कर्नल चपियन के निर्देशन में रूहेलखण्ड में प्रवेश किया और मीरनपुर कटरा में निर्णायक युद्ध हुआ, जिसमें रूहेला सरदार हाफिज खाँ मारा गया। रूहेलों ने महान वीरता और संकल्प से युद्ध किया तथापि वे पराजित हुए। 2,000 लोग मारे गये, 20,000 हजार लोग प्रदेश से भाग छूटे। पूर्व सरदार अली मुहम्मद रूहेला के पुत्र फैजुल्लाह खाँ को रामपुर का सरदार बनाया गया और शेष रूहेलखण्ड अवध में मिला लिया गया।

के.के. दत्त के मत में वारेन हैस्टिंग्स ने "जान बूझकर एक स्वतंत्र जाति के जीवन और स्वतंत्रता को बेच डाला तथा अवध के नवाब की सेनाओं द्वारा किये गये नृशंसता के भंयकर कामों की उपेक्षा कर दी।"[23]

दूसरी ओर सर जॉन स्ट्रेची की मान्यता हैः "क्या एक अंगरेज गवर्नर का ऐसे एक क्रूर से युद्ध करना उचित नहीं है? जिसने स्वयं कुछ ही समय पहले दूसरी जाति और धर्म की विदेशी जनता पर अपना अधिकार थोप दिया हो, जबकि वह देश अंगरेजी प्रदेशों पर आक्रमण का मार्ग खोलता हो, जो बहुत कमजोर और षड़यंत्रकारी हो, उस सन्धि का सम्मान नहीं करते हो जिस पर अंगरेज सेनापति की गवाही हो और गवर्नर के हस्ताक्षर हों।"[24]

सर अल्फ्रेड लायल अत्यन्त तर्क संगत ढंग से कहता है कि "रूहेलों के खिलाफ हमला सिद्धान्ततः गलत था, क्योंकि उन्होंने हम लोगों को क्रुद्ध नहीं किया था तथा वजीर पर केवल इसी का विश्वास किया जा सकता था कि वह अपने लाभों का दुरूपयोग करेगा।" समूचे व्यापार से स्वार्थपूर्ण उद्देश्यों की गंध मिलती है, जो मुख्यतया धन–लोलुप किस्म के थे। इसने निस्संदेह एक खराब उदाहरण पेश किया, जो वारेन हैस्टिंग्स ने स्वयं स्वीकार किया, इससे इसकी किस्म स्पष्ट है।[25]

नन्दकुमार का मुकदमा (Trial of Nand Kumar, 1775): नन्दकुमार सिराजुद्दौला के समय बंगाल का एक उच्च अधिकारी था और उसने सिराज के निर्देशानुसार फ्रांसीसियों की सहायता न कर अंगरेजों को चन्द्रनगर पर अधिकार कर लेने दिया था तथा बाद में उसने घोषित कर दिया कि "फ्रांसीसी हार चुके थे।" इस घटना के साथ ही नन्दकुमार का अंगरेजी खेमे में प्रवेश हुआ। हैस्टिंग्स ने रजा खाँ के मुकदमें के समय नन्दकुमार का सहयेाग लिया एवं उसे आश्वासन दिया था कि रजा खाँ के स्थान पर उसे दीवान बना दिया जायेगा। किन्तु रजा खाँ को दोष मुक्त किये जाने से हैस्टिंग्स एवं नन्दकुमार के सम्बन्धों में तनाव आ गया। मीरजाफर की विधवा मुन्नी बेगम को नवाब का संरक्षक बनाये जाने से कटुता और बढ़ गई। 11 मार्च 1775 को नन्दकुमार ने हैस्टिंग्स पर मुन्नी बेगम से तीन लाख की रिश्वत लेने का अरोप लगाया। कौंसिल के सदस्य फ्रांसिस मौनसन एवं क्लेवरिंग ने इसे अनियमितता का मामला मानते हुए, उसे उक्त राशि जमा कराने की सलाह दी। कौंसिल ने नन्दकुमार को प्रस्तुत करना चाहा, किन्तु हैस्टिंग्स ने मिलने से मना कर दिया। आखिर में मामला हाउस ऑफ कामन्स में उठाया गया जहाँ हैस्टिंग्स ने अपने को पूर्व–निर्धारित घातक विवाद में उलझ जाने की बात कही।[26]

दूसरी ओर हैस्टिंग्स ने नन्दकुमार पर गवर्नर जनरल के विरूद्ध कुछ व्यक्तियों के साथ मिलकर षड़यंत्र रचने तथा कलकत्ते के व्यापारी के साथ जालसाजी करने के दो आरोप लगा कर मुकदमा चलाया। कलकत्ते के व्यापारी के साथ नकली हस्ताक्षर बनाकर जालसाजी करने का उसे दोषी करार दिया। 8 से 16 जून तक मुकदमा चलाया गया तथा उसे अपराधी मानते हुए फांसी की सजा दी गई। इस कृत्य की बड़े पैमाने पर आलोचना हुई, इस घटना से लोगों की यह धारणा बलवती हुई कि नन्दकुमार ने गवर्नर जनरल पर अभियोग लगाने का साहस करके मृत्यु शुल्क चुकाया था।[27] यह भी कहा गया कि मुख्य न्यायाधीश इम्पे हैस्टिंग्स का मित्र था और दोनों ने जानबूझकर नन्दकुमार को रास्ते से हटाने की योजना बनाई। कौंसिल के सदस्य फ्रांसिस ने कहा था कि "नन्दकुमार भले ही निम्नतम बदमाश रहा हो, परन्तु ईश्वर की कसम उसने सच्ची बात कही, नहीं तो उसे फांसी के तख्ते पर लटकाने की उन्हें ऐसी जल्दी क्या थी।"

जहाँ तक हैस्टिंग्स द्वारा रिश्वत लिये जाने का प्रश्न है मुन्नी बेगम ने कलकत्ते में यह स्वीकार किया था कि उसने हैस्टिंग्स को 1.50 लाख रूपये दिये। स्पष्ट है कि हेस्टिंग्स ने रिश्वत ली थी नन्दकुमार ने इस तथ्य को सिद्ध करना चाहा तो उसे फांसी की सजा दिलवा दी गई। स्मिथ ने लिखा है कि इतिहास में यह घटना भारतीय स्थिति में अंगरेजी कानून लागू करने की अस्वाभाविक एवं अन्याय का उत्तम उदाहरण है। सर्वोच्च अदालत चाहती तो यह थी कि भारतवासियों को जालसाजी की गंभीरता का अहसास हो, किन्तु वास्तव में इसने बड़ी सफलता से यह समझा दिया कि गवर्नर जनरल पर आक्षेप करना बड़ा खतरनाक है।[28] इस तरह नन्दकुमार ने एक उपनिवेश का नागरिक होकर गवर्नर जनरल जैसे व्यक्ति के विरूद्ध आरोप लगाकर अत्यन्त साहस, दृढ़ निश्चय एवं स्पष्टवादिता का ज्वलंत उदाहरण प्रस्तुत किया।

चेतसिंह का मामला (Case of Chet Singh): बनारस में राजा बलवन्तसिंह शासक था, 1775 ई. में एक सन्धि द्वारा बनारस ने अंगरेजों की अधीनता स्वीकार की और 22.5 लाख रूपये वार्षिक कर अदा करना स्वीकार किया। बलवन्तसिंह के स्थान पर उसके लड़के चेतसिंह को राजा घोषित किया गया। 1778 में हैस्टिंग्स ने चेतसिंह से पांच लाख अतिरिक्त मांग की। अंगरेज इतिहासकार इस मांग का कारण 1778 का अंगरेज–फ्रांसीसी युद्ध, पश्चिम में मराठा संघर्ष एवं दक्षिण में मैसूर का दबाव मानते हैं।[29] 1780 में राजा को 2 हजार घुड़सवार देने का आदेश दिया, किन्तु उसके निवेदन पर घुड़सवारों की संख्या घटाकर एक हजार सेना भेजनी थी। चेतसिंह ने बदले में 500 घुड़सवार 500 पैदल सिपाही जमा किये एवं इस आशय की सूचना हैस्टिंग्स को भिजवादी। किन्तु हैस्टिंग्स ने इसका कोई प्रत्युतर नहीं दिया, बल्कि उसके पत्र पर टिप्पणी करते हुए कहाः "उसने स्पष्ट आदेश पाये थे, उन्हें दोहराया गया था। उसे बहानेबाजी भरे पत्र भेजकर मेरा समय नष्ट करने के बजाय उन आदेशों का पालन करना चाहिए था।"[30] उसने चेतसिंह पर 50 लाख रूपये का जुर्माना करने का निश्चय किया। उसने कहा, "मैं उसके अपराध से कम्पनी के कष्ट के प्रतिकार का उपाय निकालने को कृत संकल्प था–एक शब्द में मैंने निश्चय कर लिया था कि उससे उसकी क्षमा के लिए काफी रकम अदा करवाऊँ नहीं तो उसके पहले के दुष्कर्म के लिए घोर दण्ड दूँ।"[31]

1784 में हैस्टिंग्स ने एक छोटी–सी सेना के साथ बनारस की ओर प्रस्थान किया। दूसरी ओर चेतसिंह भी अपने अंगरक्षकों के साथ बक्सर तक आया और हैस्टिंग्स से क्षमा याचना की, परन्तु उसने एक न सुनी एवं बनारस में उसे बंदी बना लिया। राजा की सेना के लिए उसके स्वामी का गिरफ्तार किया जाना असह्य था और गवर्नर जनरल की इस कार्रवाई के विरोध में सैनिकों ने विद्रोह कर दिया तथा कुछ अंगरेज सैनिकों को मार डाला। वारेन हैस्टिंग्स को आत्मरक्षा के लिए चुनार के दुर्ग में शरण लेनी पड़ी और बाद में अंगरेज सेना एकत्र कर चेतसिंह के सैनिकों को पराजित किया जा सका। चेतसिंह ने अपने को निर्दोष बताया, किन्तु उसकी एक न सुनी गई और उसे भागकर ग्वालियर में शरण लेनी पड़ी। चेतसिंह के भतीजे को 40 लाख रूपये वार्षिक कर के बदले बनारस का राजा बनाया।

विद्वानों की मान्यता है कि बनारस की आबादी पांच लाख से घटकर दो लाख रह गई थी और एक तिहाई भूमि पर लोगों ने कृषि करना छोड़ दिया था।[32] इस बात की पुष्टि टारेन्स के कथन से भी होती हैः थोड़े दिनों पूर्व जहाँ सुख एवं शान्ति थी वहाँ अब दुःख एवं असन्तोष व्याप्त था। दो साल बाद वारेन हैस्टिंग्स ने बनारस की यात्रा की तो उसे पूरा नगर उजड़ा हुआ दिखाई दिया।[33] पाश्चात्य इतिहासकारों की मान्यता है कि चेतसिंह राजा न होकर जागीरदार था।[34] रॉबर्ट्स ने हैस्टिंग्स की इस नीति की आलोचना करते हुए लिखा है कि यदि उपयोगिता ही एक मात्र कसौटी है तो गवर्नर जनरल की यह चेष्टा निन्दनीय एवं तिरस्कार योग्य है।[35] अन्त में कहा जा सकता है कि बनारस विद्रोह को भड़काने का अपयश हैस्टिंग्स को अपने सिर पर लेना ही होगा और चेतसिंह के विरूद्ध किये जाने वाले उसके कामों में अराजनीतिक कठोरता एवं शीघ्रता का समावेश था और एक हद तक प्रतिशोध और व्यक्तिगत क्रोध की भावना ने ही उसे चेतसिंह के विरूद्ध उकसाया।[36] इस प्रकार चेतसिंह के प्रति नीति हैस्टिंग्स के प्रशासन पर एक बड़ा कलंक है।

अवध की बेगमें एवं हैस्टिंग्सः शुजाउद्दौला की 26 जनवरी 1775 में मृत्यु हो गई और आसफुद्दौला उसका उत्तराधिकारी बना। आसफुद्दौला ने नवाब बनने पर कम्पनी के साथ एक नई सन्धि की जो फैजाबाद की सन्धि के नाम से जानी जाती है। इस सन्धि द्वारा अवध के नवाब ने ब्रिटिश सैनिकों के खर्च हेतु पहले से अधिक राशि अदा करना स्वीकार किया। नवाब पर कम्पनी का कर्ज बढ़ने लगा। 1781 में कम्पनी ने नवाब को बकाया राशि जमा करवाये जाने को कहा। नवाब ने प्रस्तावित किया कि "मुझे कम्पनी की बकाया राशि अदा करने के लिए बेगमों की जायदाद और दौलत जब्त करने की आज्ञा मिलनी चाहिए, तब वारेन हैस्टिंग्स को इसे स्वीकार करने तथा उन पर से ब्रिटिश संरक्षण हटा लेने में कोई संकोच नहीं हुआ।" किन्तु नवाब असमंजस की स्थिति में था। हैस्टिंग्स ने उचित अवसर को ध्यान में रखते हुए लखनऊ स्थित अंगरेज रेजीडेंट मिडलटन को 1781 में लिखा है कि "आप सुलह की बातचीत न होने दें और न क्षमा ही करें। बल्कि आप तब तक कड़ाई से चलते रहें, जब तक कि बेगमें नवाब की पूरी मर्जी पर न हो जाएं।" अन्ततः नवाब ने बेगमों से धन प्राप्ति के लिए कम्पनी से सहायता चाही और हैस्टिंग्स ने तत्काल सैनिक सहायता उपलब्ध करवाई। इस तरह अंगरेजों की धन प्राप्ति की लालसा इस निम्नस्तरीय कार्य का करण बनी। यह भी विवरण मिलता है कि मिडलटन द्वारा निर्देशानुसार कार्य करने में असमर्थता व्यक्त किये जाने पर ब्रिस्टो को मिडलटन का उत्तराधिकारी बनाकर भेजा गया। दूसरी ओर बेगमों पर यह आरोप लगाया कि वे चेतसिंह के साथ मिलकर अंगरेजों के विरूद्ध षड़यंत्र कर रही है। उच्च न्यायालय का न्यायाधीश इम्पे लखनऊ गया और एक अदालत में यह प्रमाणित करने का प्रयास किया कि बेगमें दोषी हैं। इम्पे ने झूठी गवाहियों से बेगमों को दोषी ठहराया, किन्तु बेगमें अदालत में नहीं आईं। अंगरेजी फौजों ने फैजाबाद स्थित बेगमों को घेर लिया एवं उनके अंगरक्षकों एवं नौकरों को बंदी बना लिया और उन्हें कोड़ो से मारा गया, खाना नहीं दिया गया। बेगमें इस अत्याचार को सहन नहीं कर पाई और सम्पूर्ण खजाना दिसम्बर 1782 में अंगरेजों के हवाले कर दिया। इस लूट में अंगरेजों को दो करोड़ रूपये का धन प्राप्त हुआ। अल्फ्रेड लायल ने लिखा हैः औरतों एवं नौकरों के अधिकार से अंगरेजी सेना की देख–रेख में शारीरिक यातनायें देकर धन हड़पना एक नीचता पूर्ण कृत्य है।[37] नवाब ने अनमनेपन से बेगमों के विरूद्ध कार्रवाई की थी। महाभियोग के समय कम्पनी के भारत स्थित अधिकारियों से झूठे शपथनामा मंगवाकर हैस्टिंग्स ने अपने तर्क को ठीक सिद्ध करने का प्रयत्न किया, महाभियोग में भी हैस्टिंग्स की उपरोक्त दोनों नीतियों को उचित नहीं माना गया। वारेन हैस्टिंग्स 1785 में स्वदेश लौट गया था।

वारेन हैस्टिंग्स का मूल्यांकनः भारत में गवर्नर जनरल के रूप में वारेन हैस्टिंग्स ने कोई सराहनीय कृत्य नहीं किये थे। यहाँ रह कर उसने तानाशाह के रूप में जो कार्य किये इंग्लैण्ड में उसकी काफी भर्त्सना हुई बर्क, फाक्स, शेरिडन जैसे विचारकों ने उस पर गंभीर आरोप लगाये। उसके विरूद्ध गंभीर आरोपों को देखते हुए उसे गिरफ्तार कर लिया गया, बाद

में जमानत पर छोड़ा जा सका। जिन मामलों में उसके विरूद्ध कार्रवाई शुरू हुई ऐसे 22 मामले थे, जिनमें प्रमुख थेः रूहेला नीति, नन्द कुमार को फांसी, चेतसिंह के प्रति व्यवहार और अवध की बेगमों के प्रति दुर्व्यवहार एवं लूट। ब्रिटेन के विद्वानों ने उसके लिए जिन शब्दों का प्रयोग किया उससे सहज ही अनुमान लगाया जा सकता है। वहाँ के लोगों में उसके प्रति किस प्रकार की धारणायें थीं। इसका आंकलन इस बात से किया जा सकता है कि उसे हत्यारा, लुटेरा, ठग, निरकुंश, धूर्त एवं धोखेबाज की संज्ञा भी दी गई। बर्क ने उसे नरक की मकड़ी कहकर सम्बोधित किया। गैर–कानूनी तरीके से अपार धन–राशि एकत्र करके गवर्नर जनरल के पद का दुरूपयोग किये जाने का भी लोगों ने घोर विरोध किया। इंग्लैण्ड के उच्चतम न्यायालय के स्थान पर ब्रिटिश संसद में उसके प्रति मुकदमा चलाया गया। यद्यपि लम्बे समय तक चली कार्रवाई में उसे मुक्त कर दिया गया क्योंकि उसने ब्रिटिश साम्राज्य को भारत में स्थायी बनाने में महत्वपूर्ण योगदान किया था।

वारेन हैस्टिंग्स को साहित्य के संरक्षण एवं प्राचीन विद्याओं का पोषक भी माना जाता है। चार्ल्स विल्किन्स (Wilkins) ने गीता का अनुवाद इसी दौरान किया था। सर विलियम जोन्स ने प्राचीन भारतीय ग्रंथों एवं प्राच्य विद्या के अध्ययन की शुरूआत की। हॉलहेड ने 1778 में संस्कृत व्याकरण का प्रकाशन करवाया। एशियाटिक सोसाइटी ऑफ बंगाल (Asiatic Society of Bengal) की नींव 1778 में सर विलियम जोन्स ने ही रखी थी। इस संस्था ने भारतीय इतिहास, कला, संस्कृति के अध्ययन एवं अनुसंधान में महत्वपूर्ण योगदान किया।

अंगरेज उपयोगितावादी एवं भारतः उपयोगितावादी विचारधारा का विकास औद्योगिक तथा फ्रांस की क्रान्ति की पृष्ठभूमि में 19वीं शताब्दी के प्रारम्भ हुआ। जर्मी बेन्थम को उपयोगितावादी प्रणाली का प्रवर्तक कहा जाता है उसके अनुयायी स्टूअर्ट मिल ने इसका प्रचलन किया।

इसी परम्परा में जेम्स मिल (James Mill) ने उपयोगितावादी सिद्धान्त को इंग्लैण्ड में एक सजीव शक्ति बनाया। उसका पुत्र स्टूअर्ट मिल बैंथमवादी (Benthamites) परम्पराओं का सच्चा उत्तराधिकारी साबित हुआ। उसकी धारणा थी कि स्वतंत्रता का सिद्धान्त केवल परिपक्व मानव प्राणियों पर लागू होता है वह पिछड़े हुए राष्ट्रों अथवा प्रजातियों को स्वतंत्रता के वरदान से वंचित रखता है। उनके लिए निरंकुशवादी शासन ही उचित है। इसी अवधारणा के आधार पर साम्राज्यवादी अंगरेजों ने अपने पराधीन देशों पर अपने निरंकुश शासन को सिद्ध करने का प्रयास किया। जेम्स मिल और टी.बी. मैकाले जैसे अंगरेज विचारकों की नजर में तत्कालीन भारतीय समाज अत्यन्त पिछड़ा हुआ था। अंगरेजों के अधीन रहकर पश्चिमीकरण का रास्ता अपनाने से ऐसे समाज का कल्याण हो सकता है। इसी उद्देश्य को लेकर मैकाले व पाश्चात्य शिक्षा नीति अपनाने पर जोर दिया, जिसका मकसद ऐसे हिन्दुस्तानी बाबुओं को जन्म देना था जो रंग में भारतीय हो पर वेशभूषा एवं तहजीब में पूरे अंगरेज।

उपयोगितावादियों के प्रभाव एवं नीतियों ने अंगरेज सरकार की नीतियों को बहुत अधिक प्रभावित किया। छह खण्डों में विभक्त *हिस्ट्री ऑफ ब्रिटिश इण्डिया* नामक अपने ग्रंथ में स्टूअर्ट मिल ने विचारों को जिस दृढता से रखा ब्रिटिश शासन को एक नया हथियार उराने प्रदान किया था, माना जाता है।

सन्दर्भ

1. ए.आर. देसाई, *भारतीय राष्ट्रवाद की सामाजिक पृष्ठभूमि*, पृ. 138
2. ताराचंद, *भारतीय स्वतंत्रता आन्दोलन का इतिहास*, प्रथम, जि. पृ. 261
3. मिल तथा विल्सन, द *हिस्ट्री ऑफ ब्रिटिश इण्डिया*, जि. 3, पृ. 365, ताराचंद, वही, पृ. 264 से उद्धृत
4. स्मिथ, *आक्सफोर्ड हिस्ट्री ऑफ इण्डिया*, पृ. 520
5. *भारत का बृहत् इतिहास*, तृतीय जि, पृ. 153
6. डॉडवेल, *द कैम्ब्रिज हिस्टरी ऑफ इण्डिया*, पृ. 190
7. स्मिथ, वही, पृ. 521
8. *भारत का बृहत् इतिहास*, जि. 3, पृ. 154
9. स्मिथ, वही, पृ. 521.
10. *द कैम्ब्रिज हिस्टरी ऑफ इण्डिया*, पृ. 200
11. स्मिथ, वही, पृ. 523
12. स्मिथ, वही, पृ. 522
13. इल्बर्ट, *गवर्नमेन्ट ऑफ इण्डिया*, 1922
14. रेमजे म्यूर, *द मैकिंग आव ब्रिटिश इण्डिया*, केपिटल बुक हाउस, दिल्ली, पृ. 178–79
15. *भारत का बृहत इतिहास*, जि. 3, पृ. 156–57
16. सी.एच., फिलिप्स, ईस्ट इण्डिया कम्पनी
17. वही, पृ. 524
18. डॉ. जैन, *आधुनिक भारत का इतिहास*, पृ. 112–13
19. *भारत का बृहत इतिहास*, जि. 3, पृ. 43
20. राबर्टस, पी.ई., *ब्रिटिश कालीन भारत का इतिहास*, पृ. 138
21. मोरलैण्ड, *ए शोर्ट हिस्ट्री ऑफ इण्डिया*, पृ. 306

22. स्ट्रेची सरजान, *हैस्टिंग्स एण्ड द रुहेलावार*, पृ. 49
23. *भारत का बृहत इतिहास*, जि. 3, पृ. 62
24. सरजान स्ट्रेची, वही, पृ. 260
25. *भारत का वृहत् इतिहास*, जि. 3, पृ. 62–63
26. डॉडवेल, वही, पृ. 233
27. राबर्टस, पी.ई., *ब्रिटिश कालीन भारत का इतिहास*, पृ. 149
28. वही. पृ. 506
29. स्मिथ, वही, पृ. 515
30. डॉडवेल, वही, पृ. 216
31. *भारत का वृहत् इतिहास*, जि. 3, पृ. 64
32. डॉडवेल, वही, पृ. 299
33. टारेन्स, *एम्पायर इन एशिया*, पृ. 125
34. डॉडवेल, वही, पृ. 297, स्मिथ, वही, पृ. 515
35. रॉबर्ट्स, वही, पृ. 166
36. अल्फ्रेड लायल, *वारेन हैस्टिंग्स*, पृ. 126–27
37. *वारेन हैस्टिंग्स*, पृ. 136–37

❋❋❋

4

हैदरअली एवं टीपू सुल्तान तथा अंगरेजों की विस्तार नीति
(Hyder Ali and Tipu Sultan and Policy of British Expansion)

अठारहवीं सदी का उतरार्द्ध एवं उन्नीसवीं सदी का प्रारम्भ भारत में स्थानीय शासकों एवं अंगरेजों के मध्य संघर्ष का काल था। बंगाल में स्थापित हो जाने के बाद अंगरेजों ने दक्षिण में प्रसार नीति अपनाई। दक्षिण भारत में राजनीतिक घटनाओं का क्रम चार शक्तियों पर निर्भर करता था। ये शक्तियाँ थीं मराठे, हैदराबाद का निजाम, मैसूर तथा अंगरेजी कम्पनी।

1565 ई. में विजयनगर राज्य के पराभव के बाद मैसूर में 18वीं शताब्दीं के उतरार्द्ध में देवराज एवं प्रधानमंत्री (दलवई) नंदराज के हाथों में सत्ता केन्द्रित हो गई थी। वहाँ का राजा नाम मात्र का शासक रह गया। हैदरअली ने नन्दराज के यहाँ साधारण सैनिक के रूप में नौकरी प्रारम्भ की। उसका जन्म एक सामान्य परिवार में हुआ था। उसके पिता मैसूर राज्य में एक सैनिक अधिकारी थे। युद्ध कौशल से प्रभावित होकर **1755 में उसे डिण्डुगल के किले का फौजदार** नियुक्त किया गया। यद्यपि वह पूर्णतः निरक्षर था, किन्तु उसने अपने राज्य कार्य में सहयोग हेतु एक विलक्षण प्रतिभाशाली खाण्डेराव नामक ब्राह्मण को अपना सलाहकार बनाया। खाण्डेराव ने राजमाता को विश्वास दिलाया कि वह हैदर के सहयोग से नन्दराज की शक्ति का अन्त कर सकता है। राजमाता का समर्थन प्राप्त कर हैदर ने नन्दराज का अन्त कर दिया और स्वयं ने सत्ता हस्तगत कर ली एवं **1760 में राजा की मृत्यु हो जाने पर स्वयं को मैसूर का शासक घोषित किया**। सर्वप्रथम अपनी सेना को आधुनिक ढ़ंग से प्रशिक्षित करने हेतु फ्रांसीसी अधिकारियों को नियुक्त किया जिससे पाश्चात्य तकनीक को अपनाया जा सकें।[1] दक्षिण में फैली अशान्ति का लाभ उठाकर उसने अपनी सैनिक शक्ति का पर्याप्त विस्तार भी किया।

हैदर अलीः हैदर एवं अंगरेजों के मध्य संघर्ष की चर्चा करने से पूर्व दक्षिण की प्रमुख शक्तियों के बारे में जानकारी प्राप्त करना उचित होगा।

- पानीपत (1761 ई.) में मराठों की पराजय के बाद बालाजी बाजीराव की मृत्यु हो गई और उसका पुत्र माधवराव पेशवा बना। किन्तु पेशवा माधवराव ने 1764 में हैदर के बढ़ते प्रभाव से आतंकित होकर मैसूर पर आक्रमण कर दिया। सवानूर के दक्षिण में वलीहली के युद्ध क्षेत्र में हैदर का मराठों से सामना हुआ, इस दौरान उसने अंगरेजों से सहायता प्राप्त करने का प्रयत्न किया, परन्तु उसे सहयोग नहीं मिल पाया और वह युद्ध में पराजित हुआ। बाध्य होकर मार्च 1765 में उसे मराठों से सन्धि करनी पड़ी। सन्धि के अनुसार उसे गूटी तथा सवानूर के जिले तथा बत्तीस लाख रू. का भुगतान मराठों को करना पड़ा। 1767 में अंगरेजों ने पेशवा के दरबार में मॉटसन को भेजा। पेशवा को भी इस समय हैदर के विरूद्ध अंगरेजी सहायता की आवश्यकता थी। किन्तु पेशवा से हैदर के विरूद्ध कोई सन्धि नहीं की जा सकी।
- दक्षिण की दूसरी शक्ति थे हैदराबाद के निजाम। हैदराबाद के अपेक्षाकृत अयोग्य शासकों ने कभी अंगरेजों से तो कभी हैदर से मैत्री बनाये रखने का प्रयास किया। निजाम की नीति परिस्थितियों के अनुसार बदलती रहती थी। नवम्बर 1766 में मद्रास सरकार ने निजाम से उत्तरी सरकार (जिले) लेकर उसके बदले में उसे हैदर के विरूद्ध सहायता देना स्वीकार कर लिया था।
- सुदूर दक्षिण में कर्नाटक का नवाब मुहम्मद अली खाँ था। उसके अंगरेजों के साथ सैनिक एवं आर्थिक सम्बन्ध थे। मुहम्मद अली मैसूर के विरूद्ध अपनी राजनीतिक शक्ति का विस्तार करना चाहता था। अंगरेज नीति कुछ सीमा तक कर्नाटक नवाब की विचारधारा से परिचालित थी। कर्नाटक का नवाब त्रिचनापल्ली पर अपना अधिकार बनाये रखना चाहता था अतः मद्रास सरकार त्रिचनापल्ली पर मैसूर के अधिकार का विरोध करती थी। नन्दराज के समय से ही मैसूर त्रिचनापल्ली को हस्तगत करने के लिए प्रयास कर रहा था और हैदर ऐसा करने में सफल हुआ। परिणामतः मद्रास सरकार का मैसूर के साथ तनाव होना स्वाभाविक था।
- उत्तर की भांति दक्षिण में भी सर्वाधिक महत्वपूर्ण शक्ति अंगरेज थे। अंगरेजी राजनीति भी अन्य राज्यों की तरह अस्पष्ट तथा परिवर्तनशील रहती थी। अंगरेजी नीति परिवर्तन का आधार संचालक समिति अथवा गवर्नर

जनरल (जो बदलते रहते थे) के आदेश हुआ करते थे। अपने स्वार्थों की पूर्ति के लिए प्रत्येक शक्ति की नीतियाँ समय समय पर बदलती रहती थी। इन चारों शक्तियों की परिवर्तनशील नीतियों के संघर्ष में अंगरेजी कूटनीति अधिक प्रभावशाली बन सकी। इसका मूल कारण यह था कि निजाम, मैसूर तथा मराठे अपने स्वार्थों की पूर्ति के लिए परस्पर संघर्ष में लीन रहते थे और अंगरेजों से बहुधा सहायता चाहते थे।[2] सामान्यतः मैसूर और मद्रास प्रेसीडेंसी की सीमाओं को लेकर विवाद चलता रहता था। कर्नाटक भी त्रिचनापल्ली चाहता था।

आंग्ल–मैसूर संघर्ष की पृष्ठभूमि (1769–79 ई.): हैदर की फ्रांसीसियों से मैत्री को आंग्ल मैसूर युद्ध का एक कारण माना जाता है। इसके समर्थन में कहा जाता है कि 1756–57 में अंगरेज फ्रांसीसी युद्ध में हैदर अली ने फ्रांसीसियों का समर्थन किया। मद्रास में असफल होने पर फ्रांसीसियों ने हैदर से सहयोग भी चाहा था और उसने फ्रांसीसियों की मदद के लिए 2000 घुड़सवार भी भेजे। 1760 में हैदर ने अपने विरोधियों का दमन कर अपनी स्थिति सुदृढ़ कर ली थी। अतः 28 जून 1760 में दोनों के मध्य एक समझौता हुआ था, हैदर के सहयोग के बदले फ्रांसीसियों ने तोप, बारूद आदि उपलब्ध करवाने का वचन दिया। किन्तु प्रो. शेख अली की मान्यता है कि 1762 से 1778 तक हैदर मराठों के विरूद्ध अपनी स्थिति सुदृढ़ करने के लिए अंगरेजी सहायता प्राप्त करने का प्रयास करता रहा। यद्यपि उसके फ्रांसीसियों के साथ सम्बन्ध थे किन्तु ये सम्बन्ध अंगरेजों के विरूद्ध नहीं थे। एक बुद्धिमान शासक के रूप में उसका प्रयास रहा कि यूरोपीय शक्तियों के परस्पर विरोध का लाभ उठाकर अपने लिए सैनिक सामग्री आदि प्राप्त करता रहे। कहा गया है कि 1761–78 के मध्य हैदर ने डचों एवं अंगरेजों से जितनी बार सहयोग चाहा उससे आधी भी फ्रांसीसियों से सहायता नहीं चाही गई थी। अतः हैदर की फ्रांसीसियों से मैत्री को अंगरेजों या कर्नाटक के लिए खतरा बताना गलत है।[3]

संघर्ष का दूसरा महत्वपूर्ण कारण **मद्रास सरकार और कर्नाटक नवाब के साथ मैसूर का सीमा विवाद था।** कर्नाटक (जिसकी राजधानी अर्काट थी) नवाब मुहम्मद अली अंगरेजों की सहायता पर टिका हुआ था, बड़ा भाई महफूज खाँ उसका विरोधी था। हैदर और मुहम्मद अली में सीमा विवाद था फलतः हैदर ने महफूज का समर्थन किया, किन्तु अंगरेज ऐसा नहीं चाहते थे। हैदर ने मुहम्मद अली के विरोधियों को भी अपने यहाँ शरण प्रदान की।

चाँदा साहब के पुत्र राजा साहिब के मैसूर में शरण लेने पर कर्नाटक नवाब ने अंगरेजों से मैसूर के विरूद्ध युद्ध करने की अपील की। इसके अतिरिक्त मद्रास प्रेसीडेंसी के लिए अपनी सीमा पर एक शक्तिशाली राज्य का उत्कर्ष परेशानी का कारण था। हैदर द्वारा मालाबार पर आक्रमण को भी अंगरेज सरकार ने अन्यथा लिया, क्योंकि मालाबार शासक को अंगरेजी प्रश्रय प्राप्त था।

तीसरे, **उत्तरी सरकार (हैदराबाद के उत्तरी पाँच जिले) पर अधिकार को लेकर मद्रास सरकार हैदर** से मैत्री करना चाहती थी। यह मैत्री मराठों एवं निजाम के आक्रमण से सुरक्षा के लिए प्रायोजित थी। किन्तु निजाम 'उत्तरी सरकार' क्षेत्र पर अपना आधिपत्य चाहता था और इसके लिए मराठों एवं हैदर के साथ सहयोग करने को तत्पर था। इसकी जानकारी मिलने पर नवम्बर 1766 में मद्रास सरकार ने निजाम से 'उत्तरी सरकार' लेकर उसके बदले में उसे हैदर के विरूद्ध मदद देना स्वीकार किया। संक्षेप में **मराठे, निजाम और अंगरेज हैदर के विरूद्ध एक त्रिगुट सन्धि में सम्मिलित हुए**।[4] किन्तु हैदर ने विलक्षण बुद्धि पाई थी। उसने त्रिगुट भंग करने की योजना बनाई एवं **मराठों को 35 लाख रूपये देने का आश्वासन दिया, 18 लाख नगद एवं शेष राशि के बदले कोलार जिला देकर मराठा सेना को वापस महाराष्ट्र भेज दिया।**

प्रथम मैसूर युद्ध (First Mysore War, 1767-69): मैसूर पर आक्रमण हेतु निजाम के साथ जनरल जोसफ स्मिथ के निर्देशन में सेना भेजी, जिसने अप्रैल 1767 में मैसूर पर हमला कर दिया। 1768 के प्रारम्भ में अंगरेजों ने मंगलौर को अधिकार में लेने का प्रयास किया किन्तु हैदर ने मई 1768 में मंगलौर पर पुनः अपना अधिकार जमा लिया और 1768 के अन्त तक उसने विभिन्न स्थानों को अपने कब्जे में ले लिया। निजाम के अंगरेजों के साथ मिल जाने पर भी हैदर बहुत उत्साह के साथ लड़ता रहा। मार्च 1769 में वह मद्रास से पाँच मील दूर क्षेत्र तक प्रवेश कर चुका था। विवश होकर अंगरेजों ने हैदर से मद्रास की सन्धि कर ली।

1769 की मैसूर–मद्रास सन्धिः दोनों पक्षों में 4 अप्रैल 1769 को सन्धि हो गई। जिसके अनुसार दोनों शक्तियों ने एक दूसरे के जीते हुए प्रदेशों को लौटाने का वचन दिया, किन्तु करूर और उसके आस–पास के क्षेत्र हैदर के नियंत्रण में रहे।

- 205 अंगरेज बन्दियों को भी हैदर ने छोड़ दिया।

- संभवतः अंगरेजों को हर्जाने की राशि का भुगतान करना पड़ा। हैदर के जहाजों को बम्बई सरकार द्वारा पकड़े जाने के बदले उसे कोलार स्वर्ण खदान प्रदान की गई।
- यह प्रतिरक्षात्मक सन्धि भी थी क्योंकि अंगरेजों ने हैदर को दूसरी शक्ति द्वारा आक्रमण किये जाने पर सहायता का वचन दिया। कुछ विद्वानों की मान्यता है कि हैदर ने मद्रास पर आधिपत्य स्थापित क्यों नहीं किया। संभवतः उसने यह अच्छा समझा कि अंगरेजों को मद्रास में परास्त करने के स्थान पर मित्र बनाकर अपनी शक्ति में वृद्धि की जाये। उसकी यह धारणा निरर्थक सिद्ध हुई क्योंकि अंगरेजों ने सन्धि परस्पर सहयोग के लिए नहीं की थी, उन्हें अपनी शक्ति जुटाने के लिए समय चाहिये था। 1771 में मराठों द्वारा मैसूर पर आक्रमण किये जाने पर हैदर ने अंगरेजों से सहयोग चाहा, किन्तु उसकी अपील पर कोई ध्यान नहीं दिया।

प्रथम आंग्ल मैसूर युद्ध की चर्चा करते हुए प्रो. शेख अली ने लिखा है कि प्रथम मैसूर युद्ध जो लगभग दो वर्ष लड़ा गया वह मैसूर के लिए अत्यन्त लाभप्रद रहा तथा अंगरेजों के लिए घातक सिद्ध हुआ। इससे अंगरेजों की प्रतिष्ठा को भारी आघात पहुँचा क्योंकि एक भारतीय शक्ति ने मद्रास के द्वार पर सन्धि की शर्तें निश्चित की। इस युद्ध ने अंगरेजों की अजेयता को समाप्त कर दिया। सेंट टोमे, प्लासी, बक्सर आदि पिछले युद्धों के स्थान पर इस युद्ध के कुछ अलग ही परिणाम सामने आये।[5]

द्वितीय आंग्ल–मैसूर युद्ध (Second Anglo-Mysore War, 1780-84): मद्रास सरकार ने 1769 ई. की सन्धि की शर्तों का पालन नहीं किया। मराठों के आक्रमण के विरूद्ध हैदर द्वारा अंगरेजों से 1771 में सैनिक सहायता चाहे जाने पर उपलब्ध नहीं करवाई और हैदर को मराठों से सन्धि करनी पड़ी। ऐसी स्थिति में मैसूर शासक का नाराज होना स्वाभाविक था। प्रो. शेख अली के अनुसार द्वितीय आंग्ल मैसूर युद्ध के बीज मद्रास सन्धि में ही निहित थे।[6]

कर्नाटक की समस्या: कर्नाटक के नवाब मुहम्मद अली की आर्थिक स्थिति ठीक नहीं थी। अंगरेजी हस्तक्षेप ने कर्नाटक को खोखला कर दिया था। कर्नाटक की निरन्तर बिगड़ती स्थिति के लिए मद्रास कौंसिल ने मुहम्मद अली को उत्तरदायी ठहराया तथा उसे गद्दी से हटाना चाहा, मुहम्मद अली ने हैदर से सन्धि करने का विचार किया और अंगरेजों ने उस पर शत्रुओं से मिलने का आरोप लगाया।

माही का विवाद: 1775 ई. में अमेरिकी उपनिवेशों का स्वतंत्रता संग्राम प्रारम्भ हो चुका था, फ्रांस अपनी खोई हुई प्रतिष्ठा प्राप्त करना चाहता था, फ्रांसीसी इंग्लैण्ड के विरूद्ध युद्ध में सम्मिलित हो गये। अंगरेजों ने भी भारत में फ्रांसीसी क्षेत्रों पर आधिपत्य जमा लेने का निश्चय किया और एक छोटी फ्रांसीसी बस्ती माही पर आक्रमण करके उस पर अधिकार कर लिया। हैदर माही को अपने अधिकार में लेना चाहता था। माही मैसूर के निकट पड़ता था और इस पर कब्जा कर लेने से हैदर का समुद्र में हस्तक्षेप संभव था और इसके माध्यम से ही फ्रांसीसी सहायता प्राप्त कर सकता था। इस जीत ने उसके क्रोध को और बढ़ा दिया। अंगरेजी सेना से उसकी तटस्थता भंग हुई। इस अवसर पर गवर्नर जनरल वारेन हैस्टिंग्स ने कहा "हिन्दुस्तान की प्रत्येक दिशा में और प्रत्येक शक्ति से वास्तविक या आसन्न युद्ध" था।[7] लेकिन यहाँ यह समझ लेना भी आवश्यक है कि हैदर के लिए माही का अंगरेजों के नियंत्रण में जाना युद्ध का कारण इसलिए नहीं था कि वह फ्रांसीसियों का मित्र था बल्कि इसलिए था क्योंकि अंगरेजों का नियंत्रण हैदर अली के निजी हितों के विरूद्ध था। माही से ही मैसूर की सेना के लिए आवश्यक सामग्री आती थी। भविष्य में उसकी कठिनाइयाँ बढ़ सकती थी।[8]

गुन्टूर की समस्या: इसी प्रकार गुन्टूर (गन्तूर) की समस्या भी इस युद्ध का एक कारण बनी। क्लाइव ने 1765 में शाहआलम से एक सन्धि द्वारा हैदराबाद के उत्तरी पाँच सरकारों (जिलों) का अधिकार भी प्राप्त कर लिया था। उस समय इन पर फ्रांस का कब्जा था और अंगरेज अपना नियंत्रण स्थापित नहीं कर पाये थे। उपरोक्त पाँच सरकारों में से गुन्टूर जिले की एक जागीर निजाम के भाई बसालत जंग के पास थी।[9] बसालत जंग एवं फ्रांसीसियों के मध्य मैत्रीपूर्ण सम्बन्ध थे फलतः अंगरेजों ने गुन्टूर पर अधिकार करने का निश्चय किया। समुद्री तट पर स्थित होने के कारण भी अंगरेज इस पर अधिकार चाहते थे। पूर्व सन्धि (1765) की क्रियान्विति हेतु मद्रास सरकार ने कैलाउड को भेजा और उसने गुन्टूर व अन्य रियासतों को जीत कर अंगरेजी राज्य में मिला लिया। हैदर को गुन्टूर प्रदेश अंगरेजी राज्य में मिलाया जाना अनुचित लगा और उसने बसालत जंग को धमकी दी, ऐसी स्थिति में बसालत ने मद्रास सरकार से सहयोग माँगा। मद्रास सरकार ने सेना ऐसे मार्ग से भेजी जो हैदर के राज्य में पड़ता था। बिना उसकी अनुमति के उसके राज्य की सीमाओं में प्रवेश का उसने विरोध किया। किन्तु अंगरेजों ने इसे शत्रुतापूर्ण व्यवहार की संज्ञा दी।

अंगरेजों के विरूद्ध संघः प्रो. शेख अली ने लिखा हैः हैदर ने मराठों के सहयोग से अंगरेजों के खिलाफ एक शक्तिशाली संघ बनाया जैसा पहले कभी नहीं देखा गया, जिसमें महादजी सिंधिया, नाना फड़नवीस, निजाम, भोंसले एवं हैदर सम्मिलित थे। संघ ने निर्णय किया कि अंगरेजी प्रेसीडेन्सियों पर एक साथ आक्रमण किया जाये। नाना एवं सिंधिया को बोम्बे पर अधिकार करना था, भोंसले को बंगाल पर आक्रमण करने को कहा गया, निजाम को उत्तरी सरकारों (जिलों) पर कब्जा जमाना था और हैदर को कर्नाटक पर अधिकार करना था। किन्तु इस स्पर्धा में हैदर ही एक ऐसी शक्ति था जो अंगरेजों में दहशत पैदा कर सकता था।[10]

युद्ध का प्रारम्भः हैदर ने **जुलाई 1780** में युद्ध की घोषणा की तथा अंगरेज सेनापति हैक्टर मुनरो को बुरी तरह पराजित किया। लगभग चार माह युद्ध करने के बाद उसने कर्नाटक पर कब्जा कर लिया। इस दौरान उसने फ्लेचर को भी हराया तथा कर्नल बेली को अरन्दी युद्ध में पराजित कर बंदी बना लिया। अक्तूबर 1780 में अर्काट को भी अपने अधिकार में कर लिया। "कम्पनी के लिए परिस्थिति वस्तुतः संकटपूर्ण थी। सर अल्फ्रेड लायल के शब्दों में, भारत में अंगरेजों का भाग्य सबसे नीचे पहुँच गया था, किन्तु वारेन हैस्टिंग्स ने तुरन्त सर आयरकूट को दक्षिण भेज दिया। जिसने तमिलनाडू स्थित वांडीवाश में 22 जनवरी 1760 को फ्रांसीसी सेना को हराया था और पांडिचेरी तक सीमित कर दिया था। वही सर आयरकूट (Eyre Coote) उस समय भारत में प्रधान सेनापति तथा सुप्रीम कौंसिल (सर्वोच्च परिषद्) का सदस्य था। उसके दक्षिण भेजने का उद्देश्य था डटे रहकर अपने कामों से ब्रिटिश सैनिक शक्ति के अधिकारों और प्रतिष्ठा का दोष प्रक्षालन करना।" वारेन हैस्टिंग्स ने बरार के राजा, महादजी सिंधिया और निजाम को हैदर सन्धि से अलग भी कर दिया।[11]

इन लोगों के पक्ष त्यागने से हैदर थोड़ा भी भयभीत न हुआ। जुलाई 1781 में आयरकूट ने **हैदर को पोर्टो नोवा (Porto Nova) स्थान पर पराजित किया**। उसे इस सफलता का लाभ नहीं मिल पाया और वह हैदर का पीछा नहीं कर सका। लेकिन युद्ध के दौरान हुए दूषित घाव के प्रभाव से उसका स्वास्थ्य खराब हो गया और 7 दिसम्बर 1782 में हैदर की मृत्यु हो गई। हैदर के पुत्र टीपू ने युद्ध जारी रखा और अंगरेज सेनापति मैथ्यूज को हराकर सेना सहित बंदी बना लिया। इस दौरान यूरोप में इंग्लैण्ड एवं फ्रांस में सन्धि हो गई थी, युद्ध से परेशान दोनों पक्षों ने समझौता करना उचित समझा।

मंगलौर की सन्धि–मार्च 1784: सन्धि के अनुसार दोनों पक्षों ने एक दूसरे के जीते हुए प्रदेश लौटा दिये तथा टीपू ने अंगरेज बन्दियों को भी रिहा कर दिया। **मद्रास के गवर्नर मेकार्टन (Lord Macartney) ने मैसूर के साथ मैत्री** रखने का आश्वासन दिया। इस सन्धि के विषय में प्रो. शेख अली ने लिखा है कि यह टीपू की बहुत बड़ी विजय थी क्योंकि उसने अंगरेजी हैसियत को इतना गिरा दिया था कि **वारेन हैस्टिंग्स** अपने कार्यालय के अधिकारियों को निलम्बित करना चाहता था और उसने **इस सन्धि को ग्लानिपूर्ण शान्ति स्थापना कहा**। सन्धि ने अंगरेजी सम्मान पर दूसरा प्रहार किया। टीपू ने कोई व्यापारिक अधिकार भी अपने राज्य में प्रदान नहीं किये।

हैदर अली का मूल्यांकनः हैदर भारत के उन महान सेनानायकों में से एक था जिसने अत्यन्त छोटी स्थिति से उठकर भारतीय इतिहास में अपना नाम अमर करवा लिया। हैदर के विषय में कहा गया है कि वह पूर्णतया स्वभुजाक्रमी पुरूष था। वह दृढ़ संकल्प, प्रशंसनीय साहस, तीव्र मेधा धारणक्षम स्मृति से सम्पन्न था। उसमें पढ़ने लिखने की योग्यता का अभाव था। उसके पूर्व लिखित गुण उक्त अभाव को छिपा देते थे, यही नहीं बल्कि उसका गुण पक्ष अभाव पक्ष से अधिक सबल हो जाता था। वह स्थिर, चतुर और मैदान में निर्भय था।[12] 1761–82 के मध्य की घटनाओं से स्पष्ट होता है कि वह उच्च कोटि का कूटनीतिज्ञ था। पानीपत के युद्ध में मराठा पराजय, दक्षिण की अस्थिर स्थिति एवं अंगरेज फ्रांसीसी पारस्परिक द्वेष का लाभ उठाकर उसने अपनी शक्ति में वृद्धि की। वह हर समय अपने लिए लाभदायक स्थिति में ही सन्धि करता था और ऐसी विदेशी शक्तियों से मैत्री रखता था जो उसे सैनिक सामग्री उपलब्ध करवा सके। वह निजाम, मराठों एवं मैसूर का एक संगठन बनाने में सफल हुआ किन्तु निजाम एवं मराठे अंगरेजों की शक्ति को नष्ट करने में उसका सहयोग नहीं कर पाये।

एक चतुर कूटनीतिज्ञ होने के साथ हैदर एक कुशल सेनानायक भी था। प्रथम मैसूर युद्ध में उसने इन गुणों का परिचय दिया और द्वितीय मैसूर युद्ध में भी अंगरेजों को अनेक युद्धों में हराया। बाडरिंग इन शब्दों में उसका यथार्थ मूल्यांकन करता है–"वह साहसी, मौलिक और दिलेर सेनापति था, सैनिक व्यूह रचना कला में कुशल और साधनों में उर्वरता पूर्ण, स्फूर्ति से भरा हुआ और पराजय में कभी निराश न होने वाला। वह असाधारण रूप में अपने कामों के प्रति वफादार तथा अंगरेजों के प्रति अपनी नीति में खरा था। उसका आन्तरिक शासन कड़ा था तथा उसने आतंक कायम कर रखा था। किन्तु इन दोनों बातों के बावजूद उसका नाम मैसूर में यदि प्रशंसा के साथ नहीं तो आदर के साथ अवश्य लिया जाता है। जबकि उसके

क्रूरतापूर्ण काम, जो वह कभी–कभी किया करता था विस्मृत हो चुके हैं, उसकी वीरता और सफलता ने जनता की स्मृति में एक स्थायी स्थान बना लिया है।[13] उसने भौगोलिक परिस्थितियों को ध्यान में रखकर ही अपनी सेना का गठन किया था। उसके पास 33000 घुड़सवार सेना थी। इसके कारण वह अत्यन्त गतिशील रहता था। उसने अपनी सेना को निरन्तर प्रशिक्षण की सुविधा उपलब्ध करवाई। किसी भी राज्य के विरूद्ध युद्ध के दौरान भी प्रशिक्षण बन्द नहीं किया जाता था।

हैदर एक कुशल प्रशासक भी था। हैक्टर मुनरो ने उसकी प्रशासनिक कुशलता की प्रशंसा की है। यद्यपि वह धार्मिक औपचारिकताओं का पालन नहीं करता था तथापि उसमें सच्चा धार्मिक विवेक था, विल्कस ने उसे सभी मुसलमान राजाओं में "सबसे अधिक सहिष्णु" कहा है।[14]

टीपू सुल्तान (1782–99 ई.): टीपू अपने पिता के समान ही बहादुर था। हैदर की मृत्यु के पश्चात् वह मैसूर का शासक बना। अपने पिता की तुलना में वह अंगरेजों एवं मराठों का घोर विरोधी था। दूसरी ओर दक्षिण की अन्य शक्तियाँ भी मैसूर के उत्कर्ष को सहन नहीं कर पा रही थीं। इसी कारण उसे जीवन भर अपने शत्रुओं से संघर्ष करना पड़ा। विशेषकर अंगरेजों के लिए मैसूर की सफलतायें असह्य थीं और इसका तात्पर्य था इस प्रभावशाली शक्ति से सीधी टक्कर। उसे अंगरेजों से तीसरा एवं चौथा युद्ध करना पड़ा।

अंगरेजों को अस्वीकार्य मंगलौर सन्धि: कुछ विद्वानों की मान्यता है कि मंगलौर सन्धि के दौरान टीपू का व्यवहार कुछ अधिक कठोर रहा। वारेन हैस्टिंग्स जैसा साम्राज्यवादी इस सन्धि के पक्ष में कैसे हो सकता था, उसने इसे "**अपमान जनक निवारण**" की संज्ञा दी। वह इसमें संशोधन चाहता था, किन्तु बोर्ड ऑफ कन्ट्रोल ने युद्ध के बुरे परिणामों को सोचकर सन्धि को स्वीकार कर लिया था। कहा गया है कि "**सच पूछिए, तो मंगलौर की सन्धि एक खोखली विराम सन्धि**" को छोड़कर और कुछ नहीं थी। टीपू भी जानता था कि अंगरेजों से फिर लड़ाई होना अवश्यंभावी है, क्योंकि दोनों का उद्देश्य दक्कन पर राजनीतिक प्रभुता जमाना था। टीपू जैसा शासक 1784 के प्रबंध से सन्तुष्ट नहीं रह सकता था।[15] स्पष्ट है कि एक अन्य युद्ध का ताना–बाना मंगलौर सन्धि के दौरान बुना गया।

कुछ पाश्चात्य विद्वान टीपू की महत्वाकांक्षा को तृतीय आंग्ल–मैसूर युद्ध के लिए उत्तरदायी ठहराते हैं। **थामस मुनरो ने टीपू के लिए कहा था कि "टीपू नई रीत चलाने वाली अशांत आत्मा है, हर स्त्रोत का निर्माण करना उसके चरित्र का प्रधान अंग था।"**[16] यह भी कहा गया है कि उसकी **स्वाभाविक उत्सुकता और बेचैनी ने उसे नये आक्रमणों के लिए उत्तेजित किया।**[17] किन्तु इन तथ्यों में आंशिक सत्यता है। 1786 में गवर्नर जनरल लार्ड कार्नवालिस ने भारत आते ही किसी भी प्रकार के युद्ध से कम्पनी को अलग रखना उचित समझा जिससे वांछित तैयारी करके टीपू से मंगलौर सन्धि का बदला लिया जा सके। उचित सैनिक तैयारी के लिए कार्नवालिस को पर्याप्त समय चाहिए था।

गुन्टूर विवाद

(1) भारत के पूर्वी तट पर स्थित गुन्टूर सरकार (जिला) भी 1765 की सन्धि द्वारा अंगरेजों को प्रदान कर दिया गया था। गुन्टूर बसालत जंग की जागीर थी और 1782 में उसका देहान्त हो गया, किन्तु निजाम अंगरेजों को गुन्टूर देने को तैयार नहीं था और यह जिला अंगरेजों एवं निजाम के मध्य विवाद का विषय बना रहा। इसका महत्व समुद्री सीमा पर स्थित होने में अधिक था। अंगरेज इसे अधिकृत करना चाहते थे जिससे मद्रास से बंगाल तक समुद्री तट पर कब्जा हो सके।

(2) निजाम एवं टीपू को समुद्री शक्ति बनने से रोकने के लिए भी अंगरेज इस पर शीघ्र अधिकार कर लेना चाहते थे। द्वितीय आंग्ल–मैसूर युद्ध के दौरान निजाम को तटस्थ रखने हेतु अंगरेजों ने यह जिला पुनः निजाम को लौटा दिया था।[18]

(3) निजाम इस जिले को अंगरेजों को वापस करने को इस शर्त पर तैयार था कि मैसूर द्वारा जीते गये उसके अन्य प्रदेश उसे वापस दिलवाये जायें।

(4) कार्नवालिस को यह जानकारी थी कि टीपू अभी हमसे युद्ध करने की तैयारी नहीं कर रहा है, लेकिन उसे छेड़े जाने की स्थिति में हम पर आक्रमण करना चाहेगा। इसको ध्यान में रखते हुए उसने 'गुन्टूर सरकार' (जिले) को अंगरेजी अधिकार में लेने का निश्चय किया। निजाम को जुलाई 1789 में एक पत्र लिखा जिसमें गुन्टूर की माँग की एवं बदले में बालाघाट (जो टीपू के अधिकार में था) दिलवाने का वचन दिया। पत्र में अंकित किया गया कि जब कभी अंगरेज बालाघाट पर अधिकार कर लेंगे, वह निजाम को दिया जायेगा। इसकी जानकारी टीपू को मिलने पर उसकी नाराजगी उचित थी। कार्नवालिस का यह पत्र 1784 की सन्धि एवं पिट के इण्डिया ऐक्ट के विपरीत था। स्मिथ (*आक्सफोर्ड हिस्ट्री*, पृ. 522) की मान्यता है कि इस पत्र द्वारा कार्नवालिस ने कूटनीतिक स्तर को गिरा दिया था। यह विचार पूरी तरह गलत है कि

कार्नवालिस से अधिक पिट के इण्डिया ऐक्ट का पालन करने वाला और कोई गवर्नर जनरल नहीं हो सकता था। किन्तु उसके पूर्वाधिकारियों की वचनबद्धता ने उसे हस्तक्षेप करने के लिए बाध्य कर दिया।[19] दरअसल कार्नवालिस की टीपू के प्रति पूर्व धारणाओं ने उसके निर्णय को पक्षपातपूर्ण बना दिया, वह प्रारम्भ से ही टीपू को अपना शत्रु तथा तृतीय मैसूर युद्ध अनिवार्य मानकर चलता था। उसने स्वीकार किया था कि मैसूर की लड़ाई एक अनिवार्य एवं निर्मम आवश्यकता थी।[20] कार्नवालिस चाहता था कि भावी युद्ध में मराठों को यह प्रलोभन दिया जाए कि वे कृष्णा और तुंगभद्रा नदियों के बीच का क्षेत्र टीपू से जीत ले। कार्नवालिस टीपू पर आक्रमण करने वाली मराठा सेना के साथ अपनी पैदल सेना तथा तोपखाने की एक टुकड़ी भी सहयोग के लिए देने को तैयार था और मार्च 1788 में और 1786 से केवल इतना अन्तर था कि अब नीति कार्नवालिस द्वारा निर्धारित की जा रही थी। टीपू के साथ मंगलौर सन्धि और 1784 के ऐक्ट पहले की भांति ही थे।[21]

कुछ अंगरेज इतिहासकारों के अनुसार इस युद्ध के लिए टीपू की गतिविधियाँ उत्तरदायी थीं। अपनी शक्ति बढ़ाने के लिए उसने तुर्की एवं फ्रांस से सहायता प्राप्त करने का प्रयत्न किया। 1786 में एक शिष्टमण्डल गुलाम अली खाँ के नेतृत्व में कुस्तुन्तुनिया भेजा। किन्तु तुर्की का सुल्तान अंगरेजों से सम्बन्ध खराब करना नहीं चाहता था और उसने समय आने पर सहयोग का आश्वासन मात्र दिया। 1788 में एक प्रतिनिधि सीधे फ्रांस भेजा, किन्तु फ्रांस भी अंगरेजों के विरूद्ध कोई उत्तेजनात्मक कार्यवाही करने को तत्पर नहीं था।

ट्रावनकोर एवं तीसरा आंग्ल–मैसूर युद्ध (1790–92): भारत के दक्षिण–पश्चिम में मालाबार तट पर स्थित ट्रावनकोर एक छोटी–सी रियासत थी। कोचीन क्षेत्र में 40 मील लम्बी पट्टी के रूप में विस्तृत ट्रावनकोर तक पहुँचने हेतु क्रागनूर एवं आईकोटा के दुर्गों से होकर जाना पड़ता था, जिन्हें ट्रावनकोर के राजाओं ने डचों से खरीद लिया था। टीपू भी इन दुर्गों को क्रय करना चाहता था किन्तु ट्रावनकोर शासक ने इनका विक्रय किया जाना स्वीकार नहीं किया। टीपू ने ट्रावनकोर पर 29 दिसम्बर 1789 में आक्रमण कर दिया। ट्रावनकोर का राजा मंगलोर सन्धि के अनुसार अंगरेजों का मित्र था, कार्नवालिस ने टीपू के इस आक्रमण को शत्रुतापूर्ण कार्रवाही माना। कार्नवालिस के लिए इस युद्ध में अपनी सेनानायक रूप में कुशलता दर्शाने का अच्छा अवसर था। **अंगरेजी साम्राज्य को स्थायित्व प्रदान करने हेतु टीपू को पराजित करना आवश्यक मानता था। इसके अतिरिक्त युद्ध द्वारा मंगलौर सन्धि के अपमान का बदला लिया जा सकता था। उसने निजाम एवं मराठों से मिलकर एक त्रिपक्षीय गुट (Triple Alliance) बनाया। मराठों को साथ लेना उसने ठीक समझा और पेशवा एवं निजाम से क्रमशः 1 जून व 17 जुलाई 1790 को समझौते कर लिये।**[22] मराठों एवं निजाम ने अपनी सेना का एक दस्ता देने का वचन दिया और विजय की लूट का बँटवारा तीनों में बराबर करना स्वीकार किया। कार्नवालिस ने ट्रावनकोर आक्रमण एवं फ्रांस में भेजे गये शिष्टमण्डल को अंगरेज विरोधी कार्रवाही मानते हुए युद्ध की घोषणा की।

युद्ध काफी लम्बे समय तक (जनवरी 1790 से मार्च 1792 तक) अर्थात् दो वर्ष दो माह चला। पहला **मद्रास अभियान जनरल मिडोज** के निर्देशन में पूर्णतः असफल रहा। अतः कार्नवालिस स्वयं ने दिसम्बर 1790 में विशाल सेना लेकर सैन्य संचालन करना प्रारम्भ किया। **वेलोर और अम्बूर होता हुआ वह सेना सहित बेंगलौर की ओर बढ़ा एवं 21 मार्च 1791 में इस पर अपना नियंत्रण स्थापित कर लिया। 13 मई तक वह टीपू की राजधानी श्रीरंगपट्टम (सोरिंगापट्टम) से लगभग नौ मील पूर्व अरिकेश तक पहुँच गया।** इस अवसर पर टीपू ने असाधारण सेनानायकत्व का परिचय दिया। वर्षाकाल प्रारम्भ होने से कार्नवालिस वापस लौट आया तथा जनवरी 1792 में पुनः श्रीरंगपट्टम पर आक्रमण कर नगर के बाहरी भाग पर अधिकार कर लिया। बाध्य होकर टीपू ने आत्मसमर्पण कर दिया और मार्च 1792 में श्रीरंगपट्टम की सन्धि हुई।

श्रीरंगपट्टम की सन्धि–मार्च 1792: सन्धि द्वारा टीपू को अपना आधा राज्य समर्पित करना पड़ा। ये प्रदेश अंगरेज, निजाम एवं मराठों में विभक्त कर दिये।

- अंगरेजों को पश्चिम में मलाबार कुर्ग (यहाँ के राजा को टीपू को स्वतंत्रता देनी पड़ी) दक्षिण में डिंडुगल एवं आसपास के जिले तथा पूर्व में बारामहल क्षेत्र मिला। इस प्रकार नई सीमा द्वारा अंगरेजों ने मैसूर को तीनों ओर से घेर लिया। कुर्ग पर अधिकार मिलने से अंगरेज श्रीरंगपट्टम के बहुत नजदीक आ गये।
- निजाम को अपने राज्य के निकटवर्ती प्रदेश जो कृष्णा नदी से पेनार तक फैले हुए थे अर्थात् उत्तर–पश्चिम में धारवार तथा उत्तर–पूर्व में कड़प्पा से करनूल तक का क्षेत्र एवं बालाघाट भी मिल गया।
- मराठों को तुंगभद्रा नदी का प्रदेश दिया। इस तरह उत्तर में मराठे एवं निजाम की सीमायें मैसूर से आ लगीं।

- युद्ध की क्षति के रूप में टीपू को 30 लाख पौण्ड अंगरेजों को भुगतान करने पड़े और अपने दो पुत्रों को बन्धक के रूप में अंगरेजों को सौंपा, क्षतिपूर्ति की समस्त राशि का भुगतान नहीं कर देने की अवधि के लिए।

इस प्रकार युद्ध से टीपू को भारी क्षति हुई बल्कि समुद्री तट हमेशा के लिए छीन लिया गया। स्मिथ ने लिखा है कि टीपू को सीमाओं में बाँध दिया गया, **यूरोप की घटनायें उसके अशान्त मन में झूठी आशायें जागृत नहीं करती तो संभवतः उसके बदले की समस्त इच्छायें शान्त रहती।**[23] किन्तु उपरोक्त विवरणों से स्पष्ट है कि बदले की भावना कार्नवालिस के विचारों में थी न कि टीपू में। अतः स्मिथ की यह धारणा उचित प्रतीत नहीं होती।

टीपू की पराजय के कारणः इतिहासकारों की मान्यता है कि तीसरे युद्ध में पराजय के कारण कूटनीतिक अधिक थे सैनिक कम।

1. अंगरेजों ने जुलाई 1790 में निजाम एवं मराठों से सन्धि करके टीपू को मित्र रहित बना दिया था जबकि हैदर ने इन शक्तियों का उपयोग अपने पक्ष में ही नहीं किया बल्कि भारत से अंगरेजों को बाहर निकालने की योजना भी बनाई थी। परन्तु टीपू अपने पक्ष में ऐसा संगठन नहीं बना पाया।
2. वह स्थानीय शक्तियों से सहयोग प्राप्त करने के स्थान पर फ्रांस एवं तुर्की से सहयोग की अपेक्षा रखता था जो तत्कालीन परिस्थितियों में संभव नहीं था। टीपू को अपनी विजय के लिए स्थानीय तीनों शक्तियों (निजाम, मराठे एवं अंगरेजों आदि) को एक न होने देने का प्रयास करना था।
3. हैदर अली अपने घुड़सवार सेना पर अधिक निर्भर रहता था जबकि टीपू ने पैदल सेना का अधिक उपयोग किया, जिसके कारण वह आक्रामक स्थिति में न रहकर सुरक्षात्मक युद्ध की स्थिति में पहुँच गया।
4. यही नहीं दुर्ग में बन्द रह कर अंगरेज, मराठे एवं निजाम की संयुक्त सेना का सामना कर पाना कठिन था। इसके अतिरिक्त प्रारम्भ में उसे मद्रास या कर्नाटक पर आक्रमण करना चाहिए था जिससे अंगरेज अपनी सुरक्षा के उपाय में लग जाते। प्रारम्भ में अंगरेज सेना (1790–91) को सफलता नहीं मिली थी, उस दौरान तीव्र प्रहार किया जा सकता था जिससे संयुक्त सेना हतोत्साहित हो जाती और वह अच्छी स्थिति में होता। अन्त में तीसरे युद्ध में उसके राज्य की इतनी अधिक क्षति हो चुकी थी कि अब अंगरेजों से लोहा लेना सर्वथा असंभव था।

पाश्चात्य विद्वानों ने कार्नवालिस की कार्रवाही की आलोचना की है क्योंकि उसने मैसूर सुल्तान से सन्धि कर ली तथा उसका उन्मूलन नहीं किया जबकि आसानी से ऐसा किया जा सकता था। मुनरो ने लिखाः "**अब प्रत्येक बात संयम एवं सुलह से होती है। इस गति से हम लोग अगले बीस वर्षों में क्वेकर (बेकार) हो जाएंगे।**" थोर्नटन को अफसोस है कि टीपू को वैसी अनुकूल शर्तें दी गईं।[24] किन्तु कार्नवालिस ने स्वयं इस बात को स्पष्ट करते हुए कहा था कि "हमने अपने शत्रु को पूर्णतः पंगु बना दिया है और अपने मित्रों की शक्ति को भी दुर्दमनीय नहीं बनने दिया। टीपू के राज्य की मित्र देशों में बँटवारे की शर्त जोकि त्रिगुट सन्धि में निश्चित की गई थी उसकी क्रियान्वित कार्नवालिस नहीं चाहता था क्योंकि टीपू के राज्य के विभाजन से मराठे बहुत अधिक शक्तिशाली हो जाते। इसके अतिरिक्त फ्रांस से युद्ध और इसके फलस्वरूप टीपू और फ्रांसीसियों में सन्धि हो सकती थी। ऐसी स्थिति में उसे सैनिक सहायता मिल जाना अंगरेजों के लिए हानिकारक होता। कम्पनी के संचालक भी शीघ्र शान्ति चाहते थे। दूसरी ओर महादजी सिंधिया उत्तरी भारत से पूणे के लिए चल चुका था और वह मराठा सेनाओं की अंगरेज समर्थक नीति के पक्ष में नहीं था। अतः टीपू के साथ युद्ध अतिशीघ्र समाप्त करना कार्नवालिस के लिए आवश्यक हो गया था। कार्नवालिस का उद्देश्य था मित्रों की सहायता से टीपू को कमजोर बनाना। इसमें वह सफल रहा। ट्रावनकोर राजा का पक्ष लेकर युद्ध प्रारम्भ किया गया था, लेकिन सन्धि करते समय उसका कहीं नाम नहीं लिया गया।

चतुर्थ आंग्ल–मैसूर युद्धः टीपू जैसा महत्वाकांक्षी शासक अंगरेजों द्वारा आरोपित सन्धि को अधिक समय तक स्वीकार नहीं कर सकता था। वह इस पराधीनता के बोझ को उतार फेंकने को कटिबद्ध था, जैसा कि प्रो. डॉडवैल (Dodwell) ने कहा भी है कि यह सोचकर उसने (कार्नवालिस) पूर्णरूप से धोखा खाया कि टीपू ने हार मान ली है और उसने पुनः आक्रमण की योजना छोड़ दी है। घोर साम्राज्यवादी गवर्नर जनरल लार्ड वेलेजली (Lord Wellesley) 26 अप्रैल 1798 को मद्रास पहुँचा था, वह भी टीपू को अंगरेजी साम्राज्य के लिए खतरनाक मानता था और उसे शीघ्र समाप्त कर देना चाहता था। उसने टीपू की प्रत्येक कार्यवाही को बढ़ा–चढ़ाकर नियंत्रक मण्डल के अध्यक्ष डंडस (Dundus) को लिखा। उसने यह सब लिखा कि

वह जेकोबिन क्लब (Jacobin Club) का सदस्य बन गया है। उसने अपनी नौकरी में फ्रांसीसी जल सेना के एक लेफ्टिनेंट रिपो (Ripaud) को नियुक्त कर लिया है, फ्रांसीसी प्रजातंत्र का झण्डा फहराया और श्रीरंगपट्टम में स्वतंत्रता का वृक्ष रोपने की आज्ञा दी। अलबत्ता संघर्ष की संभावना से अपने लिए मित्र प्राप्त करने हेतु टीपू ने अरबदेश, काबुल, कुस्तुन्तुनिया, वर्साई और मारिशस में अपने गुप्त दूत भी भेजे। आइल ऑफ फ्रांस नामक द्वीप के गवर्नर मलार्ती (Malartic) ने टीपू के दूतों का स्वागत किया। उसने एक घोषणा द्वारा गैर–पेशेवर फौजी सिपाहियों को निमंत्रित किया कि वे भारत से अंगरेजों को खदेड़ देने में टीपू की सहायता करने के लिए आगे आएं। फलस्वरूप कुछ फ्रांसीसी (99 व्यक्ति) अप्रैल 1798 में मंगलौर समुद्र तट पर उतरे। टीपू द्वारा उनका सम्मान किये जाने को वेलेजली ने युद्ध की घोषणा के समान माना। अहमदशाह अब्दाली के बड़े पुत्र और अफगानिस्तान के शासक जमानशाह से किये गए पत्र व्यवहार को भी शत्रुता की संज्ञा दी गई।

वेलेजली ने 1790 की त्रिगुट सन्धि को पुनर्जीवित करने का प्रयत्न किया। यद्यपि निजाम अंगरेजों से असन्तुष्ट था, किन्तु उसकी सैनिक शक्ति दुर्बल थी अतः 1 सितम्बर 1798 में उसने सहायक सन्धि स्वीकार कर ली। वेलेजली ने पेशवा को युद्ध की विजयों में एक भाग देने का वचन देकर अपने अनुकूल बना लिया। वेलेजली को, कुछ फ्रांसीसी सैनिकों के आगमन की सूचना दिये जाने पर, टीपू पर आक्रमण की अनुमति मिल गई। वेलजली ने टीपू पर फरवरी 1799 में आक्रमण कर दिया और 4 मई 1799 को वह वीरता से युद्ध करते हुए मारा गया। अंगरेजों के आक्रमण से पूर्व (1799 ई.) टीपू सुल्तान ने कहा था, **"मैं भेड़ की तरह 200 साल तक जी सकता हूँ या फिर बाघ की तरह दो दिन तक।"** राजधानी को अंगरेजी सैनिकों ने खूब लूटा एवं शहर के अनेक महत्वपूर्ण भागों को जला दिया गया।

आंग्ल–मैसूर युद्ध (गवर्नर जनरल)

- प्रथम आंग्ल–मैसूर युद्ध 1767–69 – लार्ड वेरेल्स्ट
- द्वितीय आंग्ल–मैसूर युद्ध 1780–84 – वारेन हैस्टिंग्स
- तृतीय आंग्ल–मैसूर युद्ध 1790–92 – लार्ड कार्नवालिस
- चतुर्थ आंग्ल–मैसूर युद्ध 1799 – लार्ड वेलेजली

मैसूर का निर्णय: वेलेजली भी कार्नवालिस की भांति मैसूर पर पूर्ण अंगरेजी आधिपत्य स्थापित नहीं करना चाहता था, क्योंकि ऐसा करना निजाम एवं मराठों को स्वीकार नहीं होता। मैसूर के विभाजन की स्थिति में उसे काफी प्रदेश निजाम को देने पड़ सकते थे। यद्यपि मराठों ने युद्ध में सहयोग नहीं किया था, किन्तु निजाम के प्रभाव में वृद्धि मराठे स्वीकार नहीं करते। अतः मैसूर का कुछ प्रदेश प्राचीन आदेयर वंश के उत्तराधिकारी (दो वर्ष के बालक कृष्णराज) को सौंप दिया। मैसूर ने सहायक सन्धि स्वीकार कर ली और उसकी रक्षा के लिए नियुक्त अंगरेज सेना का व्यय मैसूर को वहन करना था। कम्पनी को यह भी अधिकार दिया गया कि वह आवश्यकता पड़ने पर इसके प्रशासन पर नियंत्रण स्थापित करे। इस तरह कम्पनी का सहज ही मैसूर पर नियंत्रण स्थापित हो गया तथा अंगरेज सरकार पर, मैसूर पर अधिकार कर लेने का आरोप भी नहीं लगाया जा सका।

कोयम्बटूर, कोकानाडा (काकीनाड़ा) एवं श्रीरंगपटट्म के निकटवर्ती प्रदेश पर 1799 ई. में कम्पनी का आधिपत्य हो जाने से उसका राज्य दक्षिण में पूर्वी तट से पश्चिम तट तक विस्तृत हो गया। हैदराबाद का सीमावर्ती प्रदेश गुर्टी, गोरूमकोण्ड, चितलदुर्ग निजाम को दिये गये थे, किन्तु कुछ समय बाद वापस ले लिये गये। वेलेजली ने सहायक सन्धि स्वीकार कर लेने की शर्त पर मैसूर के उत्तर–पश्चिम में स्थित सुंडा एवं हटनपल्ली जिले मराठों को देने का प्रस्ताव रखा, किन्तु पेशवा ने इसे स्वीकार नहीं किया।

टीपू को अनेक अधिकारियों के विश्वासघात के कारण शीघ्र पराजय का मुँह देखना पड़ा। उसके प्रमुख विश्वासघाती अधिकारियों में कमरूद्दीन, सैयदसाहब, पूर्निया (सैनिक अधिकारी), मीर सादिक (वितमंत्री) का नाम मिलता है।

टीपू का मूल्यांकन: प्रो. शेख अली ने लिखा है कि टीपू मैसूर को अधिक बड़े विश्व के सम्पर्क में लाने वाला शासक था। **जब तक टीपू जीवित रहा अंगरेज अपने को सुरक्षित अनुभव नहीं करते थे, उसकी मृत्यु के बाद ही वे यह घोषणा कर पाये कि "भारत हमारा है।"** टीपू एक बहादुर सेनानायक था। वह किसी भी प्रकार के खतरे में धैर्य नहीं छोड़ता था। वह असम्मान से अधिक मृत्यु को पसन्द करता था।

टीपू की शासन व्यवस्था: अन्य धर्मों के प्रति टीपू सहिष्णु था। उसके दरबार में हिन्दुओं को उच्च पद दिये गये थे। पूर्निया एवं कृष्णराव उसके दो प्रमुख मंत्री थे। अतः जेम्स मिल का यह कथन उचित प्रतीत होता है कि **"टीपू के चरित्र**

की विषेशता उसकी धार्मिक सहिष्णुता था।" श्रृंगेरी पत्रों के अनुसार 1791 मराठा आक्रमण के दौरान श्रृंगेरी मन्दिर का भाग टूट गया था। श्रृंगेरी मन्दिर के मुख्य पुरोहित के प्रार्थना पर मन्दिर की मरम्मत के लिए सहायता की थी। साथ ही शारदा देवी की मूर्ति स्थापना के लिए भी धन दिया था। यद्यपि वह निरंकुश शासक था, किन्तु अपनी प्रजा के कल्याण का ध्यान रखता था। उसने कृषि एवं व्यापार के विकास की ओर ध्यान दिया। मूर ने उसकी सरकार को लोकप्रिय कहा है। डॉडवैल ने लिखा है वह प्रथम भारतीय राजा था जिसने पाश्चात्य परम्पराओं को भारतीय प्रजा पर लागू किया। प्रत्येक विभाग का अलग अधिकारी तथा अनेक निम्नस्तर के अधिकारी उसकी सहायता करते थे। समस्त कार्मिकों का कार्य एक बोर्ड के रूप में था। सात मुख्य विभाग मीर आसिफ के नियंत्रण में थे जो सुल्तान के प्रति उत्तरदायी था। राजस्व एवं वित्त **मीर आसिफ**, सेना विभाग **मीर मीरां**, तोपखाना व दुर्ग रक्षा विभाग **मीर सदर**, वाणिज्य विभाग **मलिक उत्तुज्जार**, नाविक विभाग **मीरयाम**, कोष एवं टंकन **मीर खजाना** तथा एक अन्य जुमरा विभाग **मीरमीरां** के अधीन थे। उसका साम्राज्य सात प्रान्तों में विभक्त था जिनकी संख्या आगे जाकर 17 हो गई थी जिन्हें आसफी टुकड़ी कहा गया। प्रान्तों में आसिफ तथा फौजदार (सैनिक गवर्नर) नियुक्त किये जाते थे। सरजान शोर ने लिखा था कि टीपू अपने प्रशासन के सब विभागों का स्वयं निरीक्षण करता था एवं समय–समय पर वांछित निर्देश देता था।

उसने उच्च शिक्षा प्राप्त की थी, उसे फारसी, कन्नड़, उर्दू का अच्छा ज्ञान था। उसका शिक्षा एवं ज्ञान के प्रति लगाव हजारों की संख्या में हस्तलिखित ग्रंथों के संग्रह से ज्ञात होता है जिन्हें अंगरेजों ने जला दिया था।

राजनीतिक रूप में वह अपने पिता से कम चतुर और व्यावहारिक था। उसने बहुधा सुधार के नाम पर वाहियात नवीनताएँ लाने का प्रयत्न किया। टामस मुनरो ने लिखा है, नवीनता की अविश्रांत भावना तथा प्रत्येक वस्तु के स्वयं से प्रसूत होने की इच्छा उसके चरित्र की मुख्य विशेषता थी।

सन्दर्भ

1. Sheik Ali, B. *Anglo-Mysore Relation*
   Haidar Ali and Tipu Sultan. (University Institute of correspondence studies and continuing education, Jaipur), p. 1
   Having learnt the Western technique of warfare Mysore army under Haider proved a school of military science to Indostan.
2. डॉ. जैन, *आधुनिक भारत का इतिहास*, पृ. 68–69
3. प्रो. शेख अली, *ब्रिटिश रिलेसन्स विद हैदर अली*, मैसूर 1963
4. *भारत का वृहत् इतिहास*, जि. 3, पृ. 53
5. Sheik Ali, *ibid*., p. 2.
   The result was that the first Mysore war, which had been fought for two years concluded most advantageously for Mysore; and most disastrously for the English: Their prestige suffered enormously because an Indian power dictated to them terms of peace at the gates of Madras. The finances of the English who had engineered this war were shattered, their mightly schemes wrecked and their morale was sunk very low it destroyed the myth of British invincibility. What had happened earlier in the battles of—Plassey: Buxer and Masulipatam had been all different from what happened in the first Mysore war. The court of Directors in England felt that their interest suffered so much in India that the most consummate abilities persevering assiduity unshaken fidelity and intrepid courage might not be enough to restore their power to the former dignity
6. शेख अली, वही, पृ. 2
7. *भारत का वृहत् इतिहास*, जि. 3, पृ. 54 से उद्धृत
8. जगन्नाथ प्रसाद मिश्र, *आधुनिक भारत का इतिहास*, पृ. 165
9. स्मिथ, *आक्सफोर्ड हिस्ट्री ऑफ इण्डिया*, पृ. 540
10. शेख अली, वही, पृ. 2
11. निजाम को तटस्थ रखने हेतु उसे पुनः गुन्टूर लौटा दिया था, *आक्सफोर्ड हिस्ट्री ऑफ इण्डिया*, पृ. 540–41
12. *भारत का वृहत् इतिहास*, जि. 3, पृ. 55
13. *भारत का वृहत् इतिहास*, जि. 3 पृ. 55 से उद्धृत
14. उपरोक्त, पृ. 55
15. उपरोक्त पृ. 56
16. गिलिग, *लाइफ ऑफ मुनरो*, पृ. 233
17. डॉडवैल, *द कैम्ब्रिज हिस्टरी ऑफ इण्डिया*, V, पृ. 333
18. स्मिथ, वही, पृ. 540–41
19. वही, पृ. 540
20. रॉबर्ट्स पी.ई., *ब्रिटिश कालीन भारत का इतिहास*, पृ. 186
21. डॉ. जैन वही, पृ. 76
22. रेम्से म्यूर, *द मेकिंग ऑफ ब्रिटिश इण्डिया*, पृ. 180–81
23. स्मिथ, वही, पृ. 542
24. *भारत का वृहत् इतिहास*, जि. 3, पृ. 58

❋❋❋

5
मराठा एवं पेशवा शक्ति का उत्कर्ष
(Rise of Marathas and Peshwas Power)

मराठा उत्थान को कुछ विद्वानों ने मुसलमानों की धर्मान्ध नीति का परिणाम कहा है। इस सम्बन्ध में सर देसाई ने लिखा है कि यदि बीजापुर के सुल्तान मोहम्मद आदिलशाह ने अपने पिता की सहिष्णुता की नीति का त्याग कर हिन्दू मन्दिरों को भ्रष्ट करने तथा धन अपहरण के पुराने तरीकों को न अपनाया होता तो संभव था कि शिवाजी स्वतंत्र राष्ट्र की स्थापना का कार्य अपने हाथ में नहीं लेते।[1] शिवाजी अन्तिम समय तक मराठा साम्राज्य के लिए संघर्ष करते रहे और 4 अप्रैल 1680 में उनका देहान्त हो गया। शिवाजी की मृत्यु के बाद मुगल सम्राट औरंगजेब ने 1683 में भारी सेना के साथ दक्षिण में प्रवेश किया तथा बीजापुर एवं गोलकुण्डा का क्रमशः 1686 तथा 1687 में पतन हो गया। शिवाजी के पुत्र शंभुजी को 1686 में बन्दी बना लिया एवं बाद में उनका वध कर दिया गया। शंभु के छोटे भाई राजाराम ने जिंजि दुर्ग में जाकर जान बचाई, शंभु की पत्नी येसूबाई व पुत्र शाहू को भी बंदी बना लिया। 21 अप्रैल 1680 ई. को उत्तराधिकार का उल्लंघन करते हुए राजाराम को सत्ता सौंप दी गई। कुछ समय बाद शम्भा जी का, 20 जुलाई 1680 को राज्याभिषेक किया गया। येसूबाई से एक पुत्र शाहू का जन्म हुआ। फरवरी 1689 में नावड़ी गांव (संगमेश्वर के नजदीक) में मुगल सेनापति मुकर्रब खां ने शम्भाजी को, एक सर्वाधिकार प्राप्त कवि कलश के साथ बंदी बना लिया। 11 मार्च 1689 को शम्भाजी व कविकलश की हत्या कर दी। शम्भाजी की हत्या के बाद पुनः राजाराम को राजा बनाया गया।

राजाराम (1689-1700 ई.): राजाराम ने मराठा राज्य को बनाए रखने के लिए सत्ता का विकेन्द्रीकरण किया। इसका संचालन कई केन्द्रों से किया जाने लगा। इसी प्रक्रिया में जागीरदारी अथवा सरंजामी प्रथा पुनः विकसित हो गई जिसका शिवाजी ने दमन कर दिया था। दूसरे शब्दों में, सरंजामी प्रथा को राजाराम व ताराबाई (शिवाजी की दूसरी पत्नी) नहीं रोक पाई। जब तक मराठा प्रदेश में मुगल सेना रही मराठों को उससे निरन्तर युद्ध करना पड़ा और मुगल सेना के लौट जाने पर मराठा सरदार परस्पर लड़ने लगे। मुगल दरबार में बंदी शाहू को इसी बीच छोड़ दिया गया। शाहू को कैद से छोड़े जाने से पूर्व ताराबाई अपने अवयस्क पुत्र शिवाजी द्वितीय की ओर से शासन संचालित कर रही थी अतः उसके आगमन से संघर्ष की स्थिति बन गई। मराठा सरदारों के दो वर्ग बन गये। कुछ शाहू के समर्थक थे तो कुछ ताराबाई के दल में। इस तरह शिवाजी वंश की दो शाखायें सतारा एवं कोल्हापुर में केन्द्रित हो गई।

शाहू जी (**1707-1749 ई.**): मुगलों द्वारा 1707 में मुक्त किये जाने के बाद शाहू 1708 में अपनी सत्ता स्थापित कर पाया। किन्तु शाहू न तो कुशल प्रबंधक था एवं न ही योग्य सेनापति। शिवाजी के मंत्रिमण्डल में पेशवा को प्रमुख स्थान प्राप्त था। शाहू ने प्रशासनिक व्यवस्था के संचालन तथा मराठा सरदारों पर नियंत्रण रखने हेतु बालाजी विश्वनाथ को पेशवा नियुक्त किया। बालाजी कोंकण के चितपावन ब्राह्मण कुल से था, उसके पूर्वज देशमुख थे और वह स्वयं चिपलन के नमक उद्योग में एक कर्मचारी नियुक्त हुआ। 1689 में उसे पटवारी का कार्य मिल गया और बाद में वह दौलताबाद और पूणे का 'सरसूबा' नियुक्त हुआ। 1705 के लगभग वह मुगलों और शाहू के सम्पर्क में आया। अपने स्वामी शाहू के प्रति विश्वासपात्र बने रहने के कारण उसे सेनाकर्ता (सेना का प्रबंधक) नियुक्त किया गया। बालाजी के प्रति शाहू के बड़े उच्च विचार थे, वह उन व्यक्तियों में से एक था जो उसकी (शाहू की) मुक्ति के पश्चात् साथ रहा और उसके विरोधियों को कुचलने में बड़ा महत्वपूर्ण कार्य किया।

पेशवा बालाजी विश्वनाथ (**Balaji Vishwanth, 1713-1720 ई.**): बालाजी विश्वनाथ के साथ ही पेशवा का पद महत्वपूर्ण होता गया तथा छत्रपति का पद धीरे–धीरे गौण। पेशवा उत्थान का जिक्र करते हुए डॉ. सिन्हा ने लिखा है कि पेशवाओं के उत्थान का मुख्य कारण शाहू की कमजोरियाँ तथा महाराष्ट्र में महान राजनीतिक असन्तोष थे। बालाजी विश्वनाथ पेशवाओं के वंश को चलाने वाला था। इसने इस पद को अपने परिवार में वंशानुगत बनाकर अपने अन्य साथियों को तथा बाद में स्वयं राजा की शक्ति को निःशक्त कर दिया। इस प्रकार इन्होंने सर्वोच्च सत्ता प्राप्त करने के लिए प्रथम प्रतिनिधि और अन्य साथियों को पूर्णतः वश में करके फिर राजा को अपने वश में किया। ये दो पहलू इतिहास के विद्यार्थी को भूलने

नहीं चाहिए क्योंकि स्वामी से सेवक को सत्ता का हस्तान्तरण इतना धीरे–धीरे, चुपचाप और सुचारू रूप से हुआ कि ये क्रमशः उठाए गए कदम तत्कालीन सारे इतिहासकारों के ध्यान से छूट गए।[2] शिवाजी की मृत्यु के बाद मराठा राज्य में गृह युद्ध छिड़ गया और स्थिति खराब होने लगी थी। गृह युद्ध में शाहू को सफलता दिलवाने का श्रेय बालाजी को ही जाता है। अतः कुछ विद्वान बालाजी को मराठा राज्य का द्वितीय संस्थापक मानते हैं। गृह युद्ध शान्त करने में बालाजी के योगदान की चर्चा करते हुए डॉ. सिन्हा ने लिखा हैः "महाराष्ट्र के गृह युद्ध का अन्त इतना शीघ्र संभव नहीं था और बिना उसके सहयोग के शाहू इतनी सुगमता से अपनी स्थिति को सुरक्षित नहीं कर सकता था। बालाजी की दूसरी बड़ी उपलब्धि यह थी कि उसने मराठा राज्य संघ का संगठन किया। राजाराम ने अपने विश्वासपात्र मराठा सरदारों को दक्षिण के अलग–अलग प्रदेश ही प्रदान नहीं किये बल्कि वहाँ लूटपाट करने तथा चौथ वसूल करने के लिए अधिकृत कर दिया। इतना ही नहीं मराठा सरदारों को अपने उपलब्ध साधनों से नये क्षेत्र विजित कर अपनी जागीर बनाने का अधिकार भी प्रदान कर दिया।[3] इन जागीरदारों ने इस विचार से शाहू का समर्थन किया कि उनके द्वारा विजित प्रदेश उनके पास ही रहने दिये जायेंगे। ऐसी स्थिति में जागीरदारों की शक्ति को नियंत्रित किया जाना जरूरी हो गया था। शिवाजी द्वारा स्थापित अष्टप्रधान व्यवस्था एक छोटे राज्य के लिए उपयुक्त थी, किन्तु एक विस्तृत राज्य के लिए यह व्यवस्था उचित नहीं समझी गई।

बालाजी ने सैनिक अधिकारियों को नकद वेतन के स्थान पर जागीरें प्रदान कर दी जिससे बड़े सैनिक अधिकारी पेशवा एवं शाहू के समर्थक बन गये। उदाहरण के लिए **परसोजी भोंसले को खानदेश एवं बरार पर अधिकार दिया, उदाजी पंवार के अधिकार में मालवा रहा, पेशवा ने अपने पास खानदेश एवं बालघाट रखा, कन्होजी भोंसले को गौंडवाना, पाइनघाट आदि तथा फतेहसिंह भोंसले को कर्नाटक प्रदेश के क्षेत्र प्रदान किये।** इसी तरह अन्य सामन्तों को शेष भागों का दायित्व सौंपा। इसके अतिरिक्त छोटे बहुसंख्यक जागीरदारों की शक्ति को नियंत्रित रखने हेतु बालाजी ने शक्तिशाली मराठा सामन्तों के एक मराठा संघ (Maratha Confederacy) की नींव डाली। इस संघ की स्थापना द्वारा उसके सदस्यों के हितों को समन्वित कर दिया गया।[4] कहा गया है कि इन विभिन्न मराठा जागीरदारों को उस अवस्था में ही एक संघ के अधीन रखा जा सकता था जबकि स्थानीय स्तर पर उन्हें पूर्ण स्वायत्तता प्रदान कर दी जाये और किसी सामूहिक लक्ष्य की प्राप्ति में उन्हें एक साथ मिलकर कार्य करने के लिए प्रेरित किया जा सके। इस व्यवस्था से मराठा राज्य के कई प्रमुख सरदारों की शक्ति बढ़ी और पेशवा इनका नेतृत्व करने लगा।[5]

औरंगजेब की मृत्यु के बाद उसका बड़ा पुत्र कामबख्श मराठों पर नियंत्रण स्थापित करने हेतु दक्षिण आया, मराठों ने दक्षिण के सूबों की 'चौथ' व 'सरदेशमुखी' की वसूली की माँग रखी और मुगल बादशाह के सामन्त की हैसियत से उस क्षेत्र में शान्ति बनाये रखने तथा मुगल बादशाह की सेवा के लिए निश्चित संख्या में सैनिक रखने का आश्वासन दिया। 1719 में मुगल बादशाह ने मराठों को 'स्वराज्य' 'सरदेशमुखी' एवं 'चौथ' की सनद प्रदान की।

सनद की मुख्य शर्तें थीं:

- मुगल प्रान्तों से मराठों को दक्कन में चौथ एवं सरदेशमुखी वसूल करने का अधिकार होगा। इसके बदले मराठे 15000 सैनिक सम्राट की सेवा के लिए देंगे एवं दक्कन में शान्ति बनाए रखेंगे।
- शाहू सम्राट को 10 लाख रूपया वार्षिक कर या खिराज देगा।
- मुगल सम्राट शाहू की माता एवं अन्य सम्बन्धियों को छोड़ देगा।
- खानदेश, बराड़, गोंडवाना, हैदराबाद और कर्नाटक के वे सभी प्रदेश मराठों ने पिछले दिनों विजय कर लिये थे शाहू को मराठा राज्य के भाग के रूप में मिल जायेंगे।

सर रिचर्ड टेम्पल ने इस सन्धि को मराठा साम्राज्य का मैगनाकार्टा (Magna Carta) कहा है।

मराठा संघ की कमियां

इस सनद द्वारा कुछ और स्वतंत्र प्रदेश मराठों के अधिकार में आ गये। यह तथ्य इंगित करता है कि मराठा राज्य अब एक स्वतंत्र राज्य न होकर अधीनस्थ राज्य बन गया (यद्यपि मराठे मुगलों से अधिक शक्तिशाली थे) अतः मराठा राज्य संघ को मराठा साम्राज्य के नाम से अभिहित करना अनुचित होगा।

(1) चौथ वसूल करने के आधार पर बने नये जागीरदार अपने क्षेत्र में सर्वेसर्वा की हैसियत से कार्य करते एवं छत्रपति को एक निश्चित धन राशि का भुगतान करते थे। वसूल की गई राशि का आधे से अधिक भाग मोकासा (Mokasa) के रूप में सरंजामदारों अथवा जागीरदारों के पास रह जाता था।

(2) सामन्त अपने क्षेत्र में वसूली के अतिरिक्त शान्ति एवं व्यवस्था बनाये रखने के दायित्व का पूरी तरह निर्वाह नहीं करते थे। इस तरह ये अन्य लोगों की कीमत पर शक्तिशाली हो गये।[6]

(3) चौथ एवं सरदेशमुखी वसूल करने के माध्यम से मराठा राज्य क्षेत्र तो विस्तृत किया गया, किन्तु बालाजी विश्वनाथ ने उन क्षेत्रों में शान्ति व्यवस्था तथा प्रशासनिक कुशलता की ओर कोई ध्यान नहीं दिया, न ही बालाजी की योजना साम्राज्य स्थापना की थी।

(4) मराठा राज्य संघ की असफलता का मुख्य कारण ही यह था कि पेशवाओं ने आय की वृद्धि के साथ–साथ प्रशासनिक कुशलता की ओर ध्यान नहीं दिया तथा वे अपने उत्तरदायित्व से मुँह मोड़ते रहे। अंगरेजों ने भी भारत में अपना साम्राज्य विस्तार पहले प्रभाव क्षेत्र स्थापित करके किया था। लेकिन सात वर्षों की अव्यवस्था के पश्चात् (1765–72) अंगरेजों ने अपनी नीति में परिवर्तन किया। ऐसा परिवर्तन मराठा राजनीति में कभी न आ सका। चौथ एवं सरदेशमुखी केवल मराठा शोषण का एक मात्र साधन रह गया।[7] बालाजी विश्वनाथ की 2 अप्रैल 1720 आक्समिक मृत्यु हो गई और उसके पुत्र बाजीराव ने अपने पिता का पद ग्रहण किया। सर रिचर्ड टेम्पल (Sir Richard Temple) ने बालाजी विश्वनाथ के लिए (Oriental Experience, pp. 389-90) लिखा हैः वह एक शान्त, दूरदर्शी शासन के गुणों से सम्पन्न, उच्चभिलाषी और विचारशील आसूरी शक्ति को चरित्रबल से जीतनेवाला राजनीतिक दांव–पेच का पंडित और अर्थशास्त्र का आचार्य था। बालाजी विश्वनाथ राजनैतिक क्षेत्र में अजेय रहकर मुसलमानों के ध्वंसावशेषों पर हिन्दू राज्य की स्थापना का प्रयत्न करता हुआ दुर्भाग्यवश अकाल मृत्यु को प्राप्त हुआ।

बाजीराव (Baji Rao, 1720-40): बालाजी विश्वनाथ की मृत्यु के बाद उसके बड़े पुत्र बाजीराव प्रथम को शाहू ने पेशवा नियुक्त किया यद्यपि वह उस समय लगभग 20 वर्ष का युवक था। बाजीराव 17 अप्रैल 1720 को पेशवा बना। वह अद्वितीय सैनिक तथा सेनानायक था। उसने ऐसी पैदल एवं घुड़सवार सेना तैयार की जो किसी भी परिस्थिति का मुकाबला करने को सदैव तत्पर रहती थी।[8]

मराठा संघ का पुनर्गठन: बाजीराव एक महत्वाकांक्षी प्रशासक था उसे दुर्बल एवं ढीला–ढाला संगठन स्वीकार नहीं था, मराठा संघ से उसका तात्पर्य विशुद्ध नियंत्रण से था।[9] उसका विचार था कि संघ के सदस्य केवल पेशवा द्वारा ही नियंत्रित एवं संचालित हो और आन्तरिक तथा विदेशी मामलों का निर्धारण उसके निर्देशानुसार ही किया जाये। पारस्परिक विवादों का निपटारा संघ के सदस्य पेशवा के अनुसार करने को तत्पर नहीं थे, अतः बाजीराव ने अपने समर्थकों के सहयोग से संघ का पुनर्गठन किया। नये मराठा संघ के आधार स्तम्भ **सिंधिया, होल्कर, गायकवाड़** एवं **भौंसले** थे, जिन्हें क्रमशः **ग्वालियर, इन्दौर, बड़ौदा** और **नागपुर** प्रदेश दिये। बाजीराव ने अपना कार्य संचालन सतारा के स्थान पर पूणे से करना प्रारम्भ किया तथा अपने समर्थक मराठा सरदारों को पूणे के अधीन रहकर मराठा शक्ति में वृद्धि करने के आदेश दिये। इस तरह संघ के पुराने सदस्य अमहत्वपूर्ण एवं शक्तिहीन हो गये। डॉ. सेन ने ठीक ही कहा है कि मराठा साम्राज्य पवित्र रोमन साम्राज्य की भांति महत्वाकांक्षी सामन्तों का एक ढीला संघ सा बन गया था।[10]

बाजीराव ने अनेक युद्धों में विजय प्राप्त की तथा जीते गये राज्यों को कर देने के लिए विवश किया। अपने विजय अभियान के दौरान वह इस निर्णय पर पहुंचा कि मुगल सत्ता का ह्रास हो रहा है इस समय उससे सूबे छीनना आसान है, उसने शाहू को इन शब्दों में ललकारा, "यह समय विदेशियों को भारत से बाहर करने और अक्षय यश प्राप्त करने का है। आओ, हम इस मृतप्राय वृक्ष की जड़ों पर कुठाराघात करें इसकी शाखायें स्वयं ही गिर पड़ेंगी। यदि हम अपने संघर्ष को हिन्दुस्तान की ओर अग्रसर करें तो मराठा ध्वज कृष्णा से अटक तक फहरायेगा।" शाहू ने उसकी नीति का समर्थन इन शब्दों में किया, "तुम इस ध्वज को हिमालय के उस पार गाड़ो। तुम वास्तव में योग्य पिता के महान पुत्र हो।"

सिंधिया और होल्कर के नेतृत्व में सेना भेजकर मालवा में फरवरी 1733 में मुगल बादशाह मुहम्मदशाह को हराया और उसे अपनी शर्तें मानने को बाध्य किया। इतना ही नहीं चार लाख नकद और चौथ के पक्ष में 28 परगने भी प्राप्त कर लिये।

निजाम से सन्धि: आसफजाह (निज़ामुलमुल्क) 1713–15 एवं 1720–21 के मध्य दक्कन में सूबेदार रह चुका था। दिल्ली की गुटबंदी को देखते हुए 1724 में अपने लिए उसने एक स्वतंत्र राज्य की स्थापना की। बाजीराव की निजाम से 1721 में भेंट हुई थी और उसने बीदर की चौथ तथा छह सूबों की सरदेशमुखी देने का वायदा किया था। बाजीराव जब कर्नाटक के युद्ध में उलझा हुआ था निजाम ने शाहू को कर देना बंद कर दिया था।

(1) कर्नाटक से वापस लौटने पर बाजीराव ने स्थिति को संभाला, **7 मार्च 1728 पालखेड** के समीप निजाम ने बिना गंभीर संघर्ष के बाजीराव से सन्धि कर ली। 16 मार्च 1728 को **मुंगी शिवगांव की सन्धि** (Treaty of Mungi Shegaon) द्वारा निजाम ने शाहू को महाराष्ट्र का शासक स्वीकार किया और पूर्व बकाया कर के भुगतान का वायदा किया।

(2) बुन्देलखण्ड का एक तिहाई भाग मुगल बादशाह से मार्च 1729 में ही छीन लिया था तथा वहाँ के शासक छत्रसाल को मुगलों से स्वतंत्र करवाया। छत्रसाल ने मराठों को 33 लाख वार्षिक राजस्व अदा करना स्वीकार किया।

(3) 1735 में मराठों के प्रभाव में वृद्धि होने से मुगलों का गुजरात पर नियंत्रण समाप्त हो गया।[11] गुजरात कर वसूलने का भार मराठा सेनापति त्रयम्बक राव दाभादे को शाहू ने दे दिया था। मगर त्रयम्बक गुजरात के साथ मालवा में प्रभाव बढ़ाने की काशिश में था। निजाम से मित्रता जैसे प्रयासों को देखते हुए कार्रवाई जरूरी थी। डभोई के युद्ध में त्रयम्बक मारा गया। उसके स्थान पर पिलाजी गायकवाड को गुजरात में लगाया गया। 1738 में गुजरात मराठा राज्य का अंग बन गया। 1737 में निजाम को मुगल सम्राट ने पुनः दिल्ली बुलाया और आसफजाह की पदवी देकर मराठों के विरूद्ध भेजा। उसके पास बड़ी सेना और तोपखाना था। **बाजीराव ने भोपाल के निकट निजाम को घेर लिया। निजाम–उल–मुल्क ने लगभग 50 लाख रूपये राजस्व वाला क्षेत्र युद्ध की क्षतिपूर्ति के रूप में बाजीराव को 7 जनवरी 1738 की दोराहा सराह (दुराया सराय) की सन्धि द्वारा प्रदान किये।** इस सन्धि द्वारा सम्पूर्ण मालवा, नर्मदा क्षेत्र तथा चम्बल के मध्य का समस्त प्रदेश मराठों के अधिकार में आ गया।

(4) 1738 ई. में मराठों ने भारत के पश्चिमी तट पर स्थित पुर्तगालियों का दमन किया एवं सालसिट तथा बेसिन पुर्तगालियों से छीन लिये।

(i) किन्तु उपरोक्त विजयों के सम्बन्ध में डॉ. सिन्हा की मान्यता है कि उसकी विजयें एक अर्थ में कोई विजय नहीं थीं। उसने तो देशों को केवल रौंदा तथा मुगल सूबेदारों को पराजित कर अपमानित कर चौथ और सरदेशमुखी देने के लिए बाध्य किया।

(ii) मालवा एवं गुजरात तो केवल मराठों को कर देने लगे थे। उसने उन्हें महाराष्ट्र में मिलाने के लिए विजित नहीं किया था। जिस प्रकार एक प्रसारण शक्ति पहले अपने प्रभाव क्षेत्र को बढ़ाने का प्रयास करती है, उसी प्रकार बाजीराव ने गुजरात, मालवा एवं बुन्देलखण्ड में मराठा क्षेत्र बढ़ाने का प्रयास किया था। वास्तविक विजय अर्थात् दृढ़ीकरण उसके विचारों से बहुत दूर थी।[12]

(iii) मराठों ने चौथ एवं सरदेशमुखी वसूली के बदले में विजित क्षेत्रों को किसी प्रकार का संरक्षण प्रदान नहीं किया, इसलिए कठिनाई के समय उनके प्रभावाधीन राज्य भी उनके विरूद्ध हो जाते थे।

(iv) बाजीराव के समय में ही राजपूतों के राज्यों में हस्तक्षेप की नीति अपनाई गई जिसके परिणामस्वरूप मराठा एवं राजपूतों के परस्पर सम्बन्ध खराब हो गए।

(v) इसी प्रकार उत्तर की ओर इस नीति का परिणाम सिन्धु नदी तक प्रभाव स्थापित करना हुआ जिससे सिक्खों की सहानुभूति भी मराठों ने खो दी।[13] एच.जी. रॉलिन्सन (H.G. Rawlinson) ने बाजीराव के लिए लिखा है, "वह एक महान सैनिक शासक था, एक राजनीतिज्ञ के रूप में अपने पिता की तरह महत्वाकांक्षी था और एक हथेली जितने बड़े मराठा राज्य के बादल को, देहली से तंजौर तक सारे भारतवर्ष पर छाते हुए देखने के लिए जीवित रहा। जो उसकी सेवा और वफादारी करते थे उनके प्रति अत्यन्त कृपालु स्वामी रहा।"[14]

बाजीराव की 28 अप्रैल 1740 को नर्बदा के दक्षिणी तट पर स्थित रावेर नामक स्थान पर मृत्यु हो गई। साथ ही बुन्देलखण्ड शासक द्वारा भेंट की गई नृत्यांगना मस्तानी ने भी आत्महत्या कर ली। कहा गया है कि वह तत्कालीन भारत की सर्वश्रेष्ठ सुंदरी व अत्यन्त सभ्य महिला थी। नृत्य के साथ संगीत में पारंगत मस्तानी साये की तरह बाजीराव के साथ रहती थी।

बालाजी बाजीराव (Balaji Baji Rao, 1740-61): बाजीराव की मृत्यु के बाद उसका पुत्र बालाजी बाजीराव पेशवा बना। शाहू ने अपनी मृत्यु के कुछ समय पूर्व एक आज्ञापत्र द्वारा पेशवा पद को वंश परम्परागत कर दिया था एवं अपने उत्तराधिकारी को निर्देशित किया कि वह पेशवा को अपने पद से विस्थापित नहीं करेगा। शाहू की मृत्यु के बाद 14 जनवरी 1750 को राजाराम द्वितीय का छत्रपति के रूप में अभिषेक हुआ। लेकिन पेशवा ने संगोला समझौता नामक पत्रादि पर छत्रपति को हस्ताक्षर करने को बाध्य किया, जिसके अनुसार राज्य के सभी प्रमुख विभाग छत्रपति ने पेशवा को सौंप दिये

और पेशवा मराठा राज्य का सर्वेसर्वा बन गया। अष्टप्रधान मंत्रियों के पद बने रहे किन्तु प्रशासन संचालन में उनका कोई सम्बन्ध नहीं रह गया। छत्रपति राज्य का संवैधानिक स्वामी माना गया तथा सतारा में उसके निवास की व्यवस्था कर दी गई। अब राजा को लोक कार्यों, निजीदान एवं पारिवारिक खर्चे के लिए भी पूणे से स्वीकृति लेनी होती थी।[15]

(1) बालाजी बाजीराव ने 1741 में मालवा को पुनः अपने अधिकार में ले लिया। बाजीराव की मृत्यु के पश्चात् निजाम ने 1737 की दोराहा सराय की सन्धि के विपरीत मालवा को मराठा नियंत्रण से मुक्त करने के लिए बादशाह से अनुरोध करके अजीमुल्ला खाँ को 1740 में मालवा का गवर्नर नियुक्त करवा दिया। पेशवा ने मालवा पर अधिकार करने हेतु प्रस्थान किया किन्तु निजाम ने जनवरी 1741 में पेशवा को 15 लाख रूपये भेंट किये और अपने पुत्र के उपद्रव को शान्त करने हेतु सैनिक सहायता मांगी।

(2) दूसरी ओर सिंधिया व होल्कर ने 5 जनवरी को धार तथा 8 मार्च को देउरी पर अधिकार कर लिया।

(3) पेशवा ने 12 मई को धौलपुर में जयसिंह से सन्धि की, जिसके द्वारा जयसिंह ने बादशाह से पेशवा को मालवा का नायब नियुक्त करवाया। नागपुर के राघोजी भौंसला ने कई बार मध्य भारत पर चढ़ाई की और बंगाल के अभियान किये। 1751 में अलीवर्दी खाँ ने बंगाल व बिहार की चौथ मराठों को देना स्वीकार किया।

(4) 1758 में मराठों ने पंजाब पर अधिकार किया और अटक के किले पर मराठा ध्वज लहराया। एल्फिंस्टन के अनुसार उनके राज्य की सीमा उत्तर में सिन्धु नदी और हिमालय तक दक्षिण में लगभग सारे पठार के अन्त तक थी, इन सीमाओं में जो भाग उनके अपने अधिकार में नहीं थे, वे उन्हें राजकर देते थे। मराठों का राजपूताना के अनेक शासकों से संघर्ष हुआ किन्तु इन युद्धों से कोई विशेष लाभ नहीं हुआ।

पानीपत का तृतीय युद्ध (Third Battle of Panipat, 14 Jan. 1761)

हरियाणा के करनाल जिले में स्थित पानीपत में तीन निर्णायक युद्ध हुए जिन्होंने भारतीय इतिहास की धारा ही बदल दी। पानीपत एक प्रकार से दिल्ली का प्रवेश द्वार समझा जाता था। (1) पानीपत की पहली लड़ाई 21 अप्रैल 1526 को हुई और बाबर ने दिल्ली के सुल्तान इब्राहीम लोदी को पराजित किया। बाबर की विजय से मुगल साम्राज्य की नींव पड़ी। (2) दूसरा युद्ध 5 नवम्बर 1556 में हुआ। हेमू को अकबर ने पराजित किया, मुगल सत्ता को मजबूती प्रदान की। इसके बाद अगले 300 वर्षों तक मुगलों का भारत में शासन रहा। (3) 14 जनवरी 1761 की पानीपत की तीसरी लड़ाई ने मुगल सत्ता को उखाड़ फेंका और इस युद्ध ने अंगरेजी शासन की स्थापना का मार्ग प्रशस्त किया। मराठों की सैनिक कमजोरियों से अंगरेज परिचित हो गये और कुछ ही वर्षों में उन्हें पंगु और शक्तिहीन बनाने में कामयाब रहे। मराठों के पानीपत युद्ध में सम्मिलित होने के बारे में विद्वानों के दो भिन्न मत रहे हैं। प्रथम कुछ विद्वानों की धारणा है कि मराठों ने यह युद्ध "भारत में भारतीयों का शासन हो" इस आदर्श की भावना से लड़ा। शेजवाल्कर ने लिखा है कि "वे (मराठे) प्रसारात्मक उद्देश्य से नहीं" अपितु "भारत भारतीयों के लिए हो तथा भारतीयों द्वारा शासित हो" के सिद्धान्त की रक्षार्थ लड़े थे।[16] साम्राज्य की रक्षा के लिए दिल्ली के बादशाह के साथ सम्पन्न समझौते का निर्वाह करना भी एक कारण था। दूसरे शब्दों में, इस युद्ध में मराठों के प्रवेश का कारण भौतिक उपलब्धियाँ नहीं थीं।[17]

दूसरे, अनेक विद्वानों की मान्यता है कि शेजवाल्कर के इन विचारों से पानीपत युद्ध के कारणों की सही व्याख्या नहीं होती। छत्रपति शाहू के काल से ही मराठा–मुगल सहयोग मराठा नीति का आवश्यक अंग था। वस्तुतः मराठे उत्तर की ओर अपनी प्रसारात्मक नीति की सफलता हेतु मुगल सत्ता का उपयोग आवश्यक मानते थे। कहा गया है कि पतनोन्मुख मुगल साम्राज्य को पुनर्जीवित करना हमारा कर्तव्य होना चाहिए, यदि हम आक्रामक तरीका अपनाते हैं तो इससे सभी पड़ोसियों से हमारी शत्रुता हो जाएगी जिसके फलस्वरूप हम चारों ओर से अनावश्यक रूप से संकटग्रस्त हो जायेंगे। अतः वर्तमान परिस्थिति में हमारे लिए सर्वाधिक बुद्धिमानी का मार्ग यही है कि हम पूरी तौर से प्रचलित शासन व्यवस्था को सहयोग दे और अपने लिए राज्य के अमीर–उल–उमरा के रूप में केवल प्रशासनिक व्यवस्था का उत्तरदायित्व ही प्राप्त करें।[18]

तीसरे, पानीपत युद्ध का **तीसरा महत्वपूर्ण कारण** पंजाब क्षेत्र की समस्या थी। पंजाब के सूबेदार मीर मन्नू का 3 नवम्बर 1753 को देहान्त हो गया जिससे वहाँ अव्यवस्था व्याप्त हो गई। इन परिस्थितियों में वजीर शहाबुद्दीन फरवरी 1755 में दोआब के सूबेदार अदीना बेग के साथ पंजाब गया एवं मृत सूबेदार की पत्नी मुगलानी बेगम व अल्पायु पुत्री उम्दा बेगम को पकड़ लिया तथा अदीना बेग को पंजाब का गवर्नर घोषित किया। **मुगलानी बेगम ने मुगल हरम की मलिक जमानी तथा नजीबुद्दौला (अब्दाली द्वारा नियुक्त दिल्ली का मीरबख़्शी)** के साथ मिलकर फरवरी **1756 में एक पत्र द्वारा**

अहमद शाह से सहायता की याचना की।[19] अतः अब्दाली ने दिसम्बर में लाहौर पर अधिकार कर लिया एवं जनवरी 1757 में दिल्ली में खूब लूट–पाट तथा अत्याचार किए। इसी तरह मथुरा में भी उसके सैनिक अधिकारियों ने भीषण रक्तपात किया। इस आशय की सूचना मिलने पर राघोबा (रघुनाथ राव) ने पूणे से उत्तर भारत की ओर प्रस्थान किया।

चौथे, दूसरी ओर अब्दाली अपने पुत्र तैमूरशाह को पंजाब का गवर्नर नियुक्त कर काबुल लौट गया। नजीबुद्दौला मराठों से समझौता करना चाहता था, परन्तु राघोबा एवं मल्हारराव आदि ने ऐसा नहीं किया बल्कि उसे उसके साथियों सहित बंदी बना लिया। मार्च से जुलाई 1758 के मध्य मराठा सेना ने सरहिन्द लाहौर एवं अटक पर अधिकार कर लिया। तैमूरशाह (अब्दाली का पुत्र) भागने में सफल हुआ और नजीब भी किसी तरह छूटकर अब्दाली से जा मिला। अतः अब्दाली ने मराठों के विरूद्ध प्रयाण किया तथा 10 जनवरी 1760 में दत्ता जी को हराकर मार डाला एवं दिल्ली पर अधिकार कर लिया। दत्ता जी की मृत्यु तथा मुगल बादशाह पर खतरे को दृष्टिगत रखते हुए अब्दाली का दमन करने हेतु पेशवा ने अपने चचेरे भाई सदाशिवराव भाऊ एवं इब्राहिम को तोपखाने के साथ 14 मार्च 1760 को उत्तर की ओर भेजा।

19 अक्तूबर तक भाऊ कुंजपुरा (दिल्ली के निकट) पहुँच गया एवं इस पर अधिकार कर लिया। अब्दाली ने कुंजपुरा की रक्षा का प्रयास किया था, किन्तु वह ऐसा नहीं कर पाया। कुंजपुरा पर आधिपत्य मराठों के लिए महत्व की घटना थी क्योंकि यहाँ मराठा सेना की आवश्यकताओं से अधिक पूर्ति हो गई।[20] भरतपुर के शासक सूरजमल जाट ने मराठों का साथ नहीं दिया।

दूसरी ओर **अब्दाली ने अवध के नवाब शुजाउद्दौला को अपनी ओर मिला लिया** एवं मराठा शिविर को चारों ओर से घेर लिया जिससे मराठों को रसद मिलना बंद हो गई। दक्षिण की ओर दिल्ली और राजस्थान तथा पूर्व की ओर दोआब से भी मराठा आगमन के सभी मार्ग काट दिये गये। अन्तिम व निर्णायक युद्ध होने से पूर्व ही 7 दिसम्बर 1760 को बलवन्त राव की मृत्यु हो गई।[21] विद्वानों के अनुसार अहमदशाह के पास 40,000 घुड़सवार एवं 35,000 पैदल थे और सदाशिव भाऊ के पास 55,100 घुड़सवार तथा 15,000 पिण्डारी थे। 14 जनवरी 1761 को प्रातः 9 बजे युद्ध प्रारम्भ हुआ। अपने आक्रमण में मराठों ने घमासान युद्ध किया और अफगान सेना को पर्याप्त हानि पहुँचाई। किन्तु तीन बजे तक यकायक स्थिति बदल गई और चार बजे तक मराठों की पराजय अवश्यंभावी प्रतीत होने लगी। मल्हारराव होल्कर, गायकवाड़, विट्ठल शिवदेव आदि कुछ सैनिकों के साथ भाग निकले। इब्राहिम गार्दी व जानकोजी बंदी बना लिये गये और उनका वध कर दिया गया। विश्वासराव व भाऊ मारे गये, इस तरह मराठे पराजित हुए।

मराठा असफलता के कारण (Causes of Defeat of Marathas): पानीपत में मराठा पराजय अनेक तथ्यों का परिणाम थी। यहाँ कुछ महत्वपूर्ण कारणों का उल्लेख करना उचित होगा।

- पानीपत में भाऊ सैन्य संचालन कर रहा था, किन्तु वह कूटनीतिज्ञ अधिक व सेनापति कम था जबकि अहमदशाह अब्दाली ने नादिरशाह के नेतृत्व में प्रशिक्षण प्राप्त किया था।[22] अब्दाली ने मराठा सेनानायक की भांति स्वयं युद्ध में भाग न लेकर युद्ध का संचालन किया, जिससे वह सेना पर प्रभावी नियंत्रण रख सका।
- मराठा सेना में परस्पर सामंजस्य का अभाव था और एक नेता के अनुशासन में युद्ध का अनुभव भी कम था। मराठों की असफलता के लिए जितना उत्तरदायित्व भाऊ की अयोग्यता का था उतना ही मराठा सैनिक पद्धति के दोषपूर्ण होने का भी।[23] शेजवाल्कर ने उल्लेख किया है कि सेनापति का एक आवश्यक गुण है कि उसके सैनिक उसका आदर करें, किन्तु भाऊ के मामले में ऐसा संभव न था।
- अब्दाली एवं मराठा अक्तूबर 1760 में आमने–सामने थे, किन्तु भाऊ ने तत्काल आक्रमण नहीं किया। बल्कि ढाई माह बीत जाने पर युद्ध आरम्भ हुआ जब तक मराठों की समस्त खाद्य सामग्री समाप्त हो चुकी थी। दूसरी ओर अब्दाली ने चारों ओर से नाकेबंदी द्वारा मराठों की रसद के सारे मार्ग बंद कर दिये। पशुओं को चारा भी नहीं मिल पाया। कहा गया है कि 13 जनवरी को कुछ सैनिक भाऊ के पास पहुँचे और कहा कि दो दिन से उन्हें अन्न का दाना भी नहीं मिला है, भूख से मरने से अच्छा है शत्रु के विरूद्ध एक प्रयत्न करने की इजाजत दो। मराठा सेना योजनाबद्ध तरीके से युद्ध नहीं कर पाई। शेजवाल्कर ने लिखा है कि योजना तो बनाई गई थी, किन्तु उसकी पालना सुनिश्चित नहीं की जा सकी।[24] कहा गया है कि मराठा सरदार एक योजना पर सहमत नहीं हो सके और अन्ततः समस्त मोर्चों पर युद्ध शुरू करना पड़ा।[25]

- अपने तोपखाने का भी मराठा यथेष्ठ उपयोग नहीं कर सके क्योंकि मराठा तोपें अत्यन्त विशाल एवं भारी थीं जिनके खींचने हेतु 200 बैलों तक की आवश्यकता होती थी। तोपों का निशाना भी अपने निशाने से बहुत दूर पड़ता था। इब्राहिम के तोपखाने द्वारा पूर्ण सफलता प्राप्त करने से पूर्व ही दमाजी गायकवाड़, विट्ठल शिवदेव आदि आगे दौड़े जिससे तोपखाने के पीछे यथेष्ठ रिक्त स्थान हो गया। दूसरी ओर अब्दाली का तोपखाना मराठों के तोपखाने से ही नहीं बल्कि एशिया में सबसे उत्तम था।
- भाऊ के साथ बड़ी संख्या में महिलायें एवं असैनिक कर्मचारी थे। उन्हें युद्ध भूमि से दूर भरतपुर या दिल्ली नहीं भेजा जा सका और मराठा सरदारों को उनकी चिंता बनी रही।
- मराठों की गुप्तचर व्यवस्था भी अत्यन्त निम्न कोटि की थी, परिणामतः गोविन्दराव के शिविर पर यकायक आक्रमण कर उसे नष्ट कर दिया गया तथा आपूर्ति पंक्ति व्यर्थ हो गई। पानीपत में मराठों की पराजय के लिए व्यक्ति विशेष को दोषी नहीं ठहराया जा सकता बल्कि इस युद्ध ने पूर्व की अनेक त्रुटियों को स्पष्ट कर दिया।[26] शेजवाल्कर ने पानीपत को एक राष्ट्रीय पराभव मानते हुए लिखा है कि राष्ट्रीय पराभव राष्ट्र के अच्छे गुणों के साथ अवगुणों को भी इंगित करता है। पानीपत में जो व्यवस्था की त्रुटियाँ प्रकट हुई, वे यकायक उत्पन्न नहीं हुई। बल्कि मराठा व्यवस्था में विद्यमान थीं।
- मराठा विधान ढीला था एवं उनकी सैन्य व्यवस्था भी ठीक नहीं थी। उन्होंने विदेशी युद्ध प्रणाली को अपनाने का प्रयास किया, किन्तु पूरी तरह नहीं और स्थानीय परिस्थितियों के अनुसार सुधार नहीं किया जा सका। मराठे परम्परागत छापामार प्रणाली से अधिक परिचित थे जो केवल दक्षिण के पठारों के लिए उपयुक्त थी, उत्तर भारत के मैदानों में यह प्रणाली प्रभावकारी सिद्ध नहीं हो सकती थी।
- मराठों ने 12 अप्रैल 1752 की सन्धि द्वारा मुगल बादशाह की संरक्षा का दायित्व स्वीकार कर लिया था। किन्तु मराठों द्वारा ऐसा नहीं किया जा सका बल्कि मुगलों की सुरक्षा की नीति अपनाए जाने का परिणाम यह हुआ कि जहाँ एक ओर अब्दाली, भारतीय पठान और राजपूत इनके घोर शत्रु हो गए, दूसरी ओर सम्राट एवं उसके सहयोगी सामन्त भी उनसे प्रसन्न नहीं थे। इस प्रकार मुगल साम्राज्य की सुरक्षा का दायित्व स्वीकार कर लेना मराठों की गंभीर भूल थी। युद्ध में मराठों को राजपूतों, सिक्खों एवं जाटों से कोई सहयोग नहीं मिल पाया।
- मार्च 1758 में रघुनाथ राव (राघोबा) की अध्यक्षता में मराठा सेना ने सरहिन्द तथा लाहौर पर कब्जा कर लिया था एवं जुलाई में तुकोजी होल्कर तथा सबाजी सिंधिया ने समस्त पंजाब पर अधिकार कर अटक तक मराठा झण्डा फहराया। अटक पर अधिकार कर लेना सरल था किन्तु राघोबा ने यहाँ रह कर उसकी सुरक्षा की समुचित व्यवस्था नहीं की और पूना से सेना भेजकर उसकी रक्षा कर पाना संभव नहीं था। मराठों ने पूना से अटक तक के राज्य की सुरक्षा हेतु अनुरूप साधनों में वृद्धि नहीं की।
- मराठों में एक कूटनीतिक नेता का भी अभाव था जो उत्तरी भारत की गुत्थी को भली–भांति समझ सके और रूहेल नेता नजीब खाँ, शुजाउद्दौला (अवध नवाब) तथा अन्य प्रभावशाली मुगल सामन्तों की कूटनीति और स्वार्थपरता को पहचान सके। मुगल सम्राट पर अपना प्रभुत्व बनाए रखने की नीति का परिणाम यह हुआ कि मराठे मुगल दरबार में प्रचलित सामन्तीय प्रतिस्पर्धा में केवल तात्कालिक सन्तुलन बनाए रखने के प्रयास में निरन्तर लगे रहे। सफदरजंग और उसके पुत्र शुजाउद्दौला ने मराठों की दलबदल नीति के कारण उनका साथ नहीं दिया।[27]

पानीपत युद्ध के प्रभावः पानीपत का तीसरा युद्ध भारतीय इतिहास में विशेष महत्व रखता है। इस युद्ध के कारण उत्तर भारत में मराठा शक्ति का प्रसार ही अवरूद्ध नहीं हुआ, बल्कि मराठा साम्राज्य की नींव हिल गई।[28]

- उत्तर में मराठा साम्राज्य में दिल्ली, आगरा, दोआब, बुन्देलखण्ड एवं मालवा सम्मिलित थे अर्थात् इनमें से कुछ प्रदेश सीधे नियंत्रण एवं कुछ उनके प्रभाव में थे। पानीपत युद्ध के बाद स्थानीय राजाओं एवं सैनिक विद्रोहों के कारण अब मराठा सीमायें संकुचित होकर चम्बल नदी के दक्षिण तक सीमित रह गई। मराठों की पराजय के परिणामस्वरूप मुगल साम्राज्य जिसके मराठा संरक्षक थे, अत्यन्त लघु हो गया। 1772 में दिल्ली पर पुनर्धिकार के दौरान केवल मेवात एवं हरियाणा ही शेष थे। दक्षिण में भी मराठा प्रतिष्ठा को भारी धक्का लगा एवं निजाम एवं हैदरअली को अपनी शक्ति में वृद्धि करने का अवसर मिल गया।

- पेशवाओं के प्रभुत्व को इस युद्ध ने गहरी चोट पहुँचाई और मराठा संघ को भी भारी आघात लगा तथा धीरे–धीरे मराठा एकता समाप्त हो गई। इस पराजय का परिणाम यह हुआ कि न तो अवध उनका करदायी राज्य बन पाया एवं न ही बंगाल व बिहार से पुनः चौथ वसूल करने का साहस किया जा सका। 18वीं सदी में, जबकि विभिन्न भारतीय नरेश अपने स्वार्थों के लिए संघर्ष कर रहे थे और अपने सीमित स्वार्थों से कुछ अधिक नहीं देख पाते थे, केवल मराठा ही ऐसी शक्ति थी, जो समस्त भारतीय हितों के बारे में सोच सकते थे। मराठे मुगल सम्राट के एजेंट की भांति संघर्ष में भाग ले रहे थे और विदेशी आक्रांता अब्दाली को भारतीय भूमि से दूर रखना चाहते थे।[29]
- युद्धोपरान्त कम्पनी सरकार के लिए मराठा शिविर में प्रवेश करना सुगम हो गया। अंगरेजों को देशी राज्यों के पारस्परिक विवादों में भी अपनी शक्ति बढ़ाने का अवसर मिला। कहा गया है कि पानीपत के प्रहार के कारण पेशवा का देहान्त हो गया तथा थोड़े से वर्षों के लिए क्षितिज पर अंगरेजों का कोई प्रतिस्पर्धी न रहा। **वास्तव में पानीपत की इस घटना ने भारत में प्रभुता के लिए होने वाले संघर्ष में एक नये भागीदार को प्रवेश दे दिया जो यथार्थ में इस घटना का प्रत्यक्ष परिणाम है।[30] इसी कारण यह भारत के इतिहास में एक युगान्तकारी घटना समझी जाती है।**
- पानीपत युद्ध के परिणामस्वरूप मराठों का एक दूसरा शत्रु जिसका उत्थान हुआ हैदरअली था। हैदर ने 1763 में निजाम के साथ पेशवा के संघर्ष का लाभ उठाते हुए बेदनूर को जीत लिया तथा मराठों के अधीनस्थ कारनूल, कडप्पा, सावनूर के शासकों को अपने अधिकार में ले लिया।
- पंजाब में सिक्खों का उत्थान इस युद्ध का परोक्ष परिणाम कहा जाता है। पानीपत की हार से, पंजाब सदैव के लिए मराठों के हाथ से निकल गया। विवरण मिलता है कि जो जाति सिन्धु नदी पर दृढ़ता के साथ पहरा नहीं दे सकती थी, वह सीमा प्रान्त पर शासन करने का दावा कैसे कर सकती थी। इस तरह आगे जाकर पंजाब पर सिक्खों का अधिकार हो गया।[31]
- मुगल सत्ता को भी इस युद्ध से भारी आघात पहुँचा। वस्तुतः मुगल शासन का प्रारम्भ एवं अन्त पानीपत की रणभूमि में हुआ। इस युद्ध के पश्चात् ऐसा प्रतीत होने लगा कि मुगल सत्ता का अस्तित्व समाप्त हो रहा है। और 1764 के बक्सर युद्ध ने इस तथ्य को यथार्थ में परिणित कर दिया।

इस प्रकार अधिकांश विद्वानों की मान्यता है कि पानीपत के तीसरे युद्ध से मराठा शक्ति की भारी क्षति हुई, किन्तु सरदेसाई का विचार है कि पानीपत की विपत्ति वास्तव में प्रकृति का प्रकोप था, इससे धन और जन दोनों का ही नाश हुआ, लेकिन फिर भी इसका कोई निर्णायक राजनीतिक परिणाम न हुआ। यह कहना कि पानीपत की विपत्ति ने मराठों के प्रभुत्व का अन्त कर दिया, परिस्थिति का गलत आंकलन है। मराठों का पतन वास्तव में 1772 में माधवराव प्रथम की मृत्यु के पश्चात् प्रारम्भ हुआ। मराठों को इस पराजय से धक्का अवश्य लगा, लेकिन अगले दस वर्षों में वे पुनः सक्रिय हो गये थे।[32] सरदेसाई का यह कथन ठीक प्रतीत नहीं होता, क्योंकि मराठा सेनाओं की करारी हार हुई थी। इसके अतिरिक्त यह ध्यान रखने योग्य बात है कि यह संघर्ष पंजाब और उत्तर पश्चिमी सीमा पर नियंत्रण को लेकर हुआ था। मराठों ने पुनः इस ओर बढ़ने का प्रयास नहीं किया। इसके अतिरिक्त अन्य राज्यों ने अनुभव किया कि जब मराठे अपनी रक्षा स्वयं नहीं कर सकते थे तो वे दूसरों की रक्षा किस प्रकार कर सकेंगे।[33]

पेशवा कालीन मराठा प्रशासनिक व्यवस्था (Maratha Administration Under the Peshwas): शिवाजी के पश्चात् पेशवाओं की शक्ति में निरन्तर वृद्धि होती गई तथा मराठा राजा (छत्रपति) के सम्मान एवं शक्ति में निरन्तर ह्रास। 1714 में पेशवा का पद पैतृक होने के साथ मराठा राज्य पर पेशवाओं का पूर्ण नियंत्रण स्थापित हो गया। पेशवाओं ने सभी धर्मों के प्रति सहिष्णुता की नीति अपनाई। पेशवा 18वीं सदी के प्रारम्भ से मराठा साम्राज्य के पतन तक अपने को सतारा राजा के उप रीजेन्ट ही दर्शाते रहे। वस्तुतः वे मराठा राज्य के प्रमुख बन गये थे तथा राज्य की समस्त शक्तियाँ पेशवा में निहित थीं। उसकी सर्वोच्चता को मराठा सरदारों, जागीरदारों एवं मराठा संघ के प्रमुख नेताओं ने मान्यता प्रदान की।

हुजूर दफ्तर: मराठा प्रशासन का संचालन पूणे स्थित पेशवा मंत्रालय द्वारा होता था जिसे '**हुजूर दफ्तर**' कहा जाता था। सचिवालय में सार्वजनिक आय जो 'इनाम' एवं 'सर अन्जाम' आदि रूप में प्राप्त होती थी तथा व्यय जो अधिकारियों एवं सेना के वेतन, सामान्य कार्य और धार्मिक कार्यों पर होता था, का विवरण रखा जाता था। समस्त विभागों की आय,

अनुदान तथा विदेशी भूमि से प्राप्त खिराज आदि का दैनिक हिसाब '**रोज किर्द**' (दैनिक रजिस्टर) में रखा जाता था। पेशवा द्वारा सनदें प्रदान की जाती थीं जिसमें अधिकार, वृत्ति आदि का पूर्ण विवरण रहता था, जिसकी प्रतियाँ उससे सम्बन्ध रखने वाले प्रत्येक विभाग को दी जाती थीं। छत्रपति द्वारा स्वयं सनद जारी करने पर उसकी प्रति पेशवा एवं समस्त विभागों को प्रेषित की जानी होती थी। (1) प्रशासन की सबसे छोटी इकाई ग्राम, का प्रशासन ग्राम मुखिया या पटेल द्वारा संचालित किया जाता था। यह पद वंशानुगत होते हुए भी पटेल से सरकार एक राजस्व अधिकारी, मजिस्ट्रेट एवं न्यायाधीश के रूप में कार्य निष्पादन करने की अपेक्षा रखती थी। उसे गाँव के उत्पादन का निश्चित भाग आय के रूप में मिलता था। पटेल की सहायता के लिए **कुलकर्णी** अर्थात् मुंशी एवं खाता लेखक थे। पटेल के अतिरिक्त दूसरे दरज़े का 'ग्राम अधिकारी' होता था। ग्राम की सामाजिक एवं जातिगत दायित्वों के लिए ग्राम सेवक होते थे जिन्हें **बारह बलूथ** कहा गया, जिन्हें ग्राम की उपज से हिस्सा मिलता था। (2) मराठा राज्य मुख्यतः सरकार (सूबा या खण्ड) एवं परगनों में विभक्त था। प्रान्त को सूबा कहा जा सकता है किन्तु सूबों के विभाजन का निश्चित नियम नहीं था। '**सर सूबेदार**' मण्डल, जिले एवं सरकार का नियंत्रक था। सीधे नियंत्रण वाला इलाका जो पेशवाओं के अधीन था को तरफ, **परगना, सरकार** एवं **सूबा** में विभक्त कहा जा सकता है। (3) परगना अधिकारी या मामलतदार को **काम विसदार** (या काम विस्तार) प्रशासन में सहयोग करता था। ये अधिकारी सामान्य व फौजदारी न्यायिक मामले, धार्मिक विवाद तथा कृषि एवं उद्योगों सम्बन्धी सरकारी कार्य निष्पादन करते थे। मामलतदार के भूमि सम्बन्धी खातों का निरीक्षण **देशमुख** करता था।[34] मामलतदार के अधीनस्थ कार्यों को देखने वाले अधिकारियों को **दरखरदार** कहा गया जिनकी संख्या आठ होती थी: **दीवान** (या मामलतदार का सहयोगी), **मजूमदार, फड़नवीस, दफ्तरदार, पोटनी, पोतदार, सभासद** (सबासाद) और **चिटनीस**।

न्याय व्यवस्था: मराठों की न्याय व्यवस्था को प्रायः अधूरा कहा जाता है क्योंकि न्याय की कोई निश्चित प्रक्रिया व नियम नहीं थे। कोई नियमित न्याय प्रशासन भी न था और न ही कानूनों का संग्रह। न्यायालयों के क्षेत्रीय विभाजन की भी जानकारी नहीं मिलती। सामान्यतः पंचायत के निर्णय की अपील मामलतदार के पास होती थी। गंभीर मामलों में मध्यस्थ (या पंचायत) की नियुक्ति मामलतदार द्वारा की जाती और इसके सदस्यों की नियुक्ति वह दोनों की सलाह से करता था। इसके फैसले की अपील पेशवा या उसके कानूनी मंत्री के पास हो सकती थी।[35] फौजदारी मामलों में दीवानी प्रकरणों की तरह प्रावधान थे, किन्तु पंचायतों (मध्यस्थ) की नियुक्ति कम की जाती थी।

गाँव में पटेल, परगने में मामलतदार और प्रान्त में सर सूबेदार एवं पेशवा अथवा उसका न्यायमंत्री मुख्य न्यायाधिकारी कहे जा सकते हैं। प्राचीन हिन्दू कानून ही 18वीं सदी के अन्त तक न्यायिक प्रकरणों के निर्धारण का एक मात्र साधन थे। स्मृति ग्रंथ कानून के मूल आधार होने पर भी समय एवं स्थान के अनुसार कानूनों में परिवर्तन किया जाता था। मराठा न्याय व्यवस्था में पंचायत को परमेश्वर का प्रतिनिधि कहा गया है। पेशवा से लेकर छोटे से छोटा अधिकारी भी पंचों द्वारा प्रदत्त न्याय का उचित सम्मान करता था। न्याय प्रणाली का लक्ष्य नियमों का अक्षरशः पालन कम और सौहार्द्रपूर्ण हल निकालना अधिक था। एलफिंस्टन ने मराठों की न्याय व्यवस्था को अत्यन्त दोषी बताया है, लेकिन उसका यह कथन उन बातों को ध्यान में रखकर किया गया है जो अंगरेजी न्याय पद्धति की विशेषताएं थीं जैसे कार्य क्षेत्र–निर्धारित होना। इसके विपरीत मराठा न्याय प्रणाली सरल तथा सुगम होती थी। इसमें खर्चा बहुत कम था। नियम सामान्य थे और विशेषज्ञों की आवश्यकता नहीं थी। मराठा प्रदेश बड़े अपराधों से पूर्णतया मुक्त था। बंगाल में होने वाली डकैतियाँ वहाँ नहीं होती थीं।[36] अपराधी के कोड़े लगाने एवं देशद्रोह में कड़ी यातनायें दी जाती थीं। डकैती, देशद्रोह एवं हत्या जैसे अपराधों में जेल, सम्पत्ति जब्त करने जैसी सजा का प्रावधान था, इस व्यवस्था में अपराधी के सुधरने की अपेक्षा की जाती थी।

पुलिस व्यवस्था: प्रत्येक ग्राम में माहर या मंग जाति का चौकीदार रखा जाता था जो पटेल के अधीन कार्य करता था। मराठा सरकार ने उपद्रव करने वाली जातियों (रामौसी या महार) पर चुराई गई सम्पत्ति को लौटाने का दायित्व निर्धारित कर दिया था। इसी तरह परगनों में मामलातदार को अशान्त क्षेत्रों में अतिरिक्त कर लगाने के अधिकार भी थे। शहरों में नियुक्त कोतवाल मजिस्ट्रेट एवं पुलिस दोनों का कार्य देखता था। उसे मूल्यों का निर्धारण, जनगणना, अचल सम्पत्ति के विवादों का निष्पादन और नागरिक एवं पुलिस अधीक्षक के कार्य भी करने होते थे।

राजस्व व्यवस्था–चौथ: राजस्व के दो प्रमुख स्त्रोत थे: चौथ एवं सरदेशमुखी। सरदेसाई के अनुसार इनका प्रयोग एक साथ 1719 में होने लगा जो एक संयोग था। महादेव गोविन्द रानाडे ने चौथ को वेलेजली की सहायक सन्धि का अग्रगामी कहा है। किन्तु डॉ. सेन इस तुलना से सहमत नहीं है। डॉ. सेन के अनुसार चौथ का विकास उत्तर के पुर्तगीज प्रान्त में

प्रचलित परम्परा से हुआ। 1638 के पुर्तगाली वायसराय के पत्र में चौथ का उल्लेख चुंगी के रूप में और 1719 के पत्र में पेंशन के रूप में किया गया। किन्तु शिवाजी ने अन्य राज्यों से चौथ वसूल करने की परम्परा को भिन्न ढंग से शुरू किया, जिसके अन्तर्गत किसी भी राज्य से चौथ के बदले दूसरे राज्य के आक्रमण से सुरक्षा प्रदान करने एवं स्वयं द्वारा आक्रमण न करने की गारन्टी प्रदान की जाती थी। किन्तु उस राज्य के आन्तरिक प्रशासन में कोई हस्तक्षेप नहीं करने की नीति अपनाई गई। डॉ. सेन के अनुसार शिवाजी के काल में चौथ शत्रु के राज्यों और प्रदेशों के अरक्षित लोगों द्वारा आक्रामक मराठा सेना से अपने जीवन और सम्पत्ति की रक्षार्थ दिया गया सैनिक कर (अंशदान) था। किन्तु शाहू ने चौथ वसूली का अधिकार सेवक रूप में दिल्ली सम्राट से प्राप्त किया। इस प्रकार स्वरूप और वसूल करने की प्रक्रिया दोनों ही दृष्टि से शाहू के काल में चौथ एक पेंशन बन गई। अन्य राज्यों से प्राप्त होने वाली चौथ की राशि निम्नलिखित चार भागों में विभक्त की जाती थीः

- **बर्बात** अर्थात् 25 प्रतिशत भाग जो राजा को प्राप्त होता था।
- **मोकासा** अर्थात् 66 प्रतिशत भाग मराठा सरदारों तथा जागीरदारों को जो सेना रखते थे, देय थी।
- **सोहात्रा** 6 प्रतिशत भाग पन्त सचिव को दिया जाता था।
- **नागुन्दा** (नदगौंड) अर्थात् 3 प्रतिशत भाग राजा की आज्ञानुसार कृपा पात्रों को मिलता था।

सरदेशमुखीः महाराष्ट्र में कृषि भूमि से वसूल किये जाने वाले भू–राजस्व को संग्रह करने वाला ग्राम अथवा जिला अधिकारी देशमुख कहलाता था। ये अधिकारी राजस्व वसूली के बदले सरकार से वेतन प्राप्त न कर वसूली का 10 प्रतिशत भाग उक्त सेवा के बदले प्राप्त करते थे। सूबा या परगने के देशमुख को सरदेशमुख कहा गया। यह पद वंशानुगत था। समस्त मराठा राज्य से कृषि आय का राजस्व वसूल करने के कारण शिवाजी ने अपने को राज्य का सरदेशमुख घोषित किया। यह कर मराठों के सीधे नियंत्रण वाले प्रदेशों जिसे 'स्वतंत्र' कहा जाता था से ही वसूल किया जाता था।

मराठा सेनाः शिवाजी के समय मराठा सेना एक राष्ट्रीय देश रक्षक सेना के रूप में संगठित की गई थी, किन्तु पेशवाओं के समय मराठा राज्य के विस्तार के साथ सेना के स्वरूप में परिवर्तन आता गया। शाहू ने गृहयुद्ध के दौरान समर्थन देने वाले मराठा सरदारों को नई जागीरें एवं उपाधियाँ देकर सन्तुष्ट किया। बालाजी विश्वनाथ ने मराठा सरदारों के प्रभाव क्षेत्र निश्चित कर दिये थे जिनमें उन्हें चौथ वसूल करने की छूट मिल गई। किन्तु अपने प्रभाव क्षेत्र में मराठा सरदार अशांति फैलाने लगे और इस तरह मराठों की पड़ौसी राज्यों से शत्रुता हो गई। उस काल में मराठा सेना लूट–मार का प्रतीक बन गई थी। मराठा सरदारों में परस्पर प्रतिस्पर्धा ने अपनी सैनिक शक्ति बढ़ाने को प्रेरित किया परिणामतः मराठा सेना में अन्य जातियों के सैनिक बड़ी संख्या में भर्ती किये जाने लगे। मराठियों के अतिरिक्त भडैती सैनिकों में अभारतीय पठान, अरब, राजपूत, सिक्ख, रूहेले, तैलिंग बीदरी, एवं यूरोपियन भी सम्मिलित थे।

शिवाजी की सेना में पैदल सैनिकों की संख्या यद्यपि घुड़सवारों से अधिक थी, परन्तु अधिक महत्व रिसाले को दिया जाता था। शिवाजी की मृत्यु के बाद मराठा सरदारों की सेना में पैदलों की संख्या बढ़ गई। घुड़सवार सैनिकों के दो भाग थेः **खास पागगा** और **शिलेदार**। खास पायगा के पास घोड़ा एवं युद्ध सामग्री सरकार के होते थे और उन्हें मासिक वेतन दिया जाता था। इन सवारों को वारगीर भी कहा जाता था। शिलेदार सवार वस्तुतः पेशेवर सैनिक थे जो अपने निजी घोड़े रखकर नौकरी करते और अपनी सेवा के बदले सरकार से अपना वेतन निर्धारित करवा लेते थे। खालसी पायगा के वारगीर सवारों का 8 से 10 रूपये मासिक वेतन था जबकि शिलेदारों को वेतन एवं घोड़े के खर्च हेतु 35 रूपये मासिक का भुगतान किया जाता था।

मराठा तोपखाना, अहमदशाह एवं अंगरेजों के तोपखाने की तुलना में अत्यन्त घटिया स्तर का था। 1765–66 में जुन्नार, अम्बे गांव में तोप के गोले बनाने का कारखाना स्थापित किया गया। 1770 में पूणे में एक तोप निर्माण का कारखाना भी स्थापित किया। मराठा तोपें भारी थीं जिन्हें एक स्थान से दूसरे स्थान पर ले जाना कठिन था, कुछ तोपें तो 200 बैलों की सहायता से खींची जाती थीं। पानीपत युद्ध में विशाल तोपें निरर्थक सिद्ध हुईं क्योंकि उनकी मार निर्धारित लक्ष्य से अधिक थी। अंगरेजी तोपों को देखकर भी मराठें अपनी तोपों में वान्छित सुधार नहीं कर पाये।

नौसेनाः शिवाजी ने नौसेना के विकास का भी प्रयास किया था, किन्तु वान्छित प्रगति नहीं की जा सकी। शाहू के समय कन्होजी एक नौसेना अधिकारी सररवेल या एडमिरल था जिसे 1186 वार्षिक भुगतान किया जाता था। बम्बई से गोवा के मध्य कुछ क्षेत्र पर उसका अधिकार था। नौसेना का उपयोग आने–जाने वाले जहाजों से निश्चित शुल्क जिसे ज़कात

कहा गया, वसूल करना एवं समुद्री डाकुओं पर नियंत्रण रखना था। मराठा सेना में नौकर–चाकर, स्त्रियाँ एवं बाजार तक साथ चलते थे जिससे सेना संख्या में विशाल लगती थी।

सन्दर्भ

1. सरदेसाई, *मराठों का नवीन इतिहास*, जि. 1, पृ. 22
2. सिन्हा, एच.एन., *द राइज ऑफ द पेशवाज*, पृ. 2
3. सिन्हा, वही. पृ. 44
4. रानाडे, एम.जी, *राइज ऑफ द मराठा पावर*, पृ. 90
5. मिश्र, जगन्नाथ प्रसाद, *आधुनिक भारत का इतिहास*, पृ. 25
6. सिन्हा, वही, पृ. 49
7. जैन, एम.एस., *आधुनिक भारत का इतिहास*, पृ. 3–4
8. दिघे, वी.जी., *पेशवा बाजीराव फर्स्ट एण्ड मराठा एक्सपेंशन*, पृ. 200
9. सिन्हा, वही, पृ. 177–78
10. सेन, एन.एन, *एडमिनिस्ट्रेटिव सिस्टम ऑफ द मराठाज*
11. सिन्हा, वही, पृ. 107
12. सिन्हा, वही, पृ. 184
13. जैन, वही, पृ. 5
14. रालिन्सन एच.जी., *कैम्ब्रिज हिस्ट्री ऑफ इण्डिया*, Vol. IV, p. 107
15. सेन, *एडमिनिस्ट्रेटिव सिस्टम ऑफ द मराठाज*, पृ. 186
16. शेजवाल्कर, टी.एस., *पानीपत* 1761, पृ. 123
17. शेजवाल्कर, वही, पृ. 126
18. सरदेसाई, वही, जि. 2, पृ. 168–69
19. सरदेसाई, *मराठों का नवीन इतिहास*, जि. 2
20. Shejwalkar, T.S., *Panipat* 1761
21. शेजवाल्कर, टी.एस., वही
22. Shejwalkar, *Panipat* 1761, p. 106

    Three fourth of his mental mould was civil in composition and only one-fourth can be treated as military in form. Ahmad Shah Abdali his rival bore as reverse proportion in his mental make up.
23. सेन, *मिलिटरी सिस्टम्*, पृ. 151, डॉ. जैन, वही, पृ. 11 से उद्धृत
24. शेजवाल्कर, वही, पृ. 86–87
25. हरिराम गुप्ता (सम्पा), *मराठाज एण्ड पानीपत*, पृ. 214–15
26. Shejwalkar, *Panipat* 1761

    Panipat thus proved to be culmination on all previous defects in Marathas system and was not the result of one man's misbehaviour or default.
27. शेजवाल्कर, वही
28. Latif, *History of Punjab*, p. 236
29. हरीराम गुप्ता (संपा.), *मराठाज एण्ड पानीपत*, पृ. 270
30. Shejwalkar, *Panipat* 1761

    In fact, the ultimate result of Panipat was that it made the way smooth and clear for English a result which could have been avoided only by a victory of the Marathas.
31. Shejwalkar, *Panipat* 1761
32. सरदेसाई, जी.एस., *मराठों का नवीन इतिहास*, जि. 2, पृ. 596
33. मिश्र, वही, पृ. 40–42
34. डॉडवेल एच.एच., *द कैम्ब्रिज हिस्ट्री ऑफ इण्डिया*, पृ. 387
35. डॉडवेल, वही, पृ. 390
36. जैन, वही, पृ. 6–7

❋ ❋ ❋

6
आंग्ल-मराठा सम्बन्ध एवं सर्वोच्चता के लिए संघर्ष
(Anglo-Maratha Relation and Struggle for Supremacy)

पानीपत युद्ध (1761) के बाद मराठों में शक्ति का पुनः संचरण जनवरी 1772 में होता हुआ देखते हैं जब दिल्ली के बादशाह शाहआलम द्वितीय को अपने अधिकार में राजधानी दिल्ली में स्थापित कर दिया गया। इसे मराठा वर्चस्व का अन्तिम विकास कहा जाता है, किन्तु इसी वर्ष युवा पेशवा माधवराव प्रथम का देहान्त हो गया जो मराठा शक्ति पर एक भारी वज्रपात था। इसके बाद मराठों में आन्तरिक कलह का दौर शुरू हुआ। विद्वानों की मान्यता है कि माधवराव की मृत्यु मराठों के लिए पानीपत की लड़ाई से अधिक घातक सिद्ध हुई।[1] माधवराव एक योग्य एवं सफल पेशवा था। उसकी मृत्यु से राष्ट्र के भाग्य में महान परिवर्तन हुआ, पर उस समय उसे कोई जान नहीं पाया।[2]

मराठों में आन्तरिक कलह का प्रमुख कारण मृत पेशवा के चाचा रघुनाथराव (राघोबा) का अत्यन्त महत्वाकांक्षी होना था। वह स्वयं पेशवा बनना चाहता था। राघोबा ने सेना के असन्तुष्ट लोगों के सहयोग से पेशवा नारायणराव की 30 अगस्त 1773 में हत्या करवा दी। फरवरी 1774 को छत्रपति ने राघोबा को पेशवा पद से अपदस्त कर दिया।[3] यह कार्रवाई पूणे के मुख्य न्यायाधीश रामशास्त्री द्वारा राघोबा को हत्यारा ठहराये जाने के आधार पर की गई। इस दौरान नारायणराव की विधवा गंगाबाई ने एक पुत्र (सवाई माधोराव) को जन्म दिया जिसे 28 मई 1774 को पेशवा नियुक्त किया तथा मराठा राज्य के प्रशासन का संचालन बाराभाई (जिसमें 12 सदस्य थे) द्वारा किया जाने लगा।

वारेन हेस्टिंग्स एवं प्रथम मराठा युद्ध (Warren Hastings and First Maratha War): राघोबा ने अपने प्रयत्नों में असफल होने पर, भागकर अंगरेजों से सहायता की याचना की। मराठा राजनीति में हस्तक्षेप के लिए पर्याप्त अध्ययन बम्बई सरकार के पूणे स्थित दूत मॉटसन द्वारा किया जा रहा था। मराठों के आन्तरिक संघर्ष को ध्यान में रखते हुए 8 दिसम्बर 1773 को वह बम्बई पहुँचा और बम्बई कौंसिल के अध्यक्ष हॉर्नबी को थाना के गढ़ पर अधिकार करने के लिए उकसाया। थाना समस्त सालसेट क्षेत्र की सुरक्षा का केन्द्र था। 28 दिसम्बर 1773 को अंगरेजों ने इस दुर्ग पर अधिकार कर लिया।

सूरत की सन्धि: राघोबा अंगरेजों से सैनिक सहायता प्राप्त करने को उत्सुक था। बम्बई सरकार ने 6 मार्च 1775 में उसके द्वारा सहायता की याचना करने पर सन्धि की। सन्धि के अनुसार 2500 सैनिकों को राघोबा की इच्छा पर नियुक्त कर दिया जाएगा जिसमें पर्याप्त तोपखाने सहित कम से कम 700 यूरोपीय होंगे।

- इस दल के व्यय के निमित डेढ़ लाख रूपये प्रतिमाह अग्रिम भुगतान किया जायेगा।
- 6 लाख रूपये या उसके बराबर के आभूषण अंगरेजों के पास अमानत रूप में रखे गये।
- राघोबा ने बदले में अंगरेजों को थाना, बसीन (बम्बई), सालसेट, सूरत के समीप जम्बूसार तथा औलपद के तालुके देने का वायदा किया।

आरस (अडास) का युद्धः सूरत सन्धि के अनुसार कर्नल कीटिंग (Colonel Keating) के नेतृत्व में एक ब्रिटिश सेना ने बम्बई से प्रस्थान किया। नाना फड़नवीस ने सेनापति हरिपंत फडके की अधीनता में राघोबा को दबाने हेतु सेना भेजी। हरिपंत ने अंगरेजों पर सहसा धावा किया और उनकी यूरोपीय सेना के लगभग 300 सिपाहियों को मार गिराया। इनमें से 11 उच्च पदस्थ अधिकारी भी थे। किन्तु यह संघर्ष किसी दल के लिए निर्णायक सिद्ध नहीं हुआ।[4]

पुरन्धर की सन्धि (मार्च 1776): बम्बई सरकार ने मराठों से अडास युद्ध तथा सूरत सन्धि की स्वीकृति कलकत्ता कौंसिल से प्राप्त नहीं की थी। 1774 में रेगुलेटिंग ऐक्ट के अनुसार बंगाल का गवर्नर भारत में कम्पनी साम्राज्य का गवर्नर जनरल घोषित कर दिया था एवं उसे मद्रास और बम्बई की विदेश नीति पर नियंत्रण का अधिकार दिया गया। वारेन हेस्टिंग्स को सूरत सन्धि को मान्यता देने में कोई आपत्ति न थी किन्तु कौंसिल के अन्य सदस्य उसके विचार के विरूद्ध थे। इसलिए शीघ्र कलकत्ते की कौंसिल ने बम्बई की कौंसिल के काम की "विवेक शून्य, खतरनाक, बिना अधिकार का और अन्याय संगत कहकर निन्दा की तथा उसे 31 मई को लिखा कि वह कम्पनी के सिपाहियों को लौटा ले", जब तक कि उनकी सुरक्षा आवश्यक प्रत्यावर्तन के द्वारा खतरे में न पड़ जाये।[5] वारेन हेस्टिंग्स ने एक विशेष प्रतिनिधि कर्नल अपटन

(Upton) को पूना सरकार से समझौता करने के लिए भेजा। नाना फड़नवीस एवं अंगरेजों के मध्य पुरन्धर की सन्धि 1 मार्च 1776 को सम्पन्न हुई।

- सन्धि के अनुसार सालसेट का द्वीप एवं थाना का दुर्ग अंगरेजों के अधिकार में रहेगा।
- 12 लाख रूपये मराठों द्वारा अंगरेजों को भुगतान किये जायेंगे। यह उस व्यय के निमित्त होगा जो उन्होंने रघुनाथराव के कारण किया था।
- राघोबा को वार्षिक खर्च के लिए 3 लाख 15 हजार देना स्वीकार किया, किन्तु वह अपने को राज्य कार्य से सर्वथा दूर रखेगा।

किन्तु यह सन्धि निरर्थक सिद्ध हुई क्योंकि राघोबा इस सन्धि से सहमत न था। वारेन हैस्टिंग्स किसी भी समय इसका उल्लघंन करने के लिए स्वतंत्र था। सर देसाई के अनुसार यह सन्धि वास्तव में समझौते की थेगली मात्र थी।[6]

इसी समय अमेरिका में स्वतंत्रता संग्राम छिड़ गया था। मार्च 1777 में सेंट ल्यूबिन नामक एक फ्रांसीसी आया जिसके पास बहुत सी विक्रय सामग्री थी, उसने अपने को फ्रांस के सम्राट का विश्वासपात्र दूत बताया। यद्यपि नाना यह भलीभांति जानता था कि ल्युबिन प्रमाणिक राजदूत नहीं है, परन्तु ब्रिटेन को धमकी देने के एक साधन के रूप में उसका उपयोग किया गया।[7]

वारेन हैस्टिंग्स का निर्णय: कलकत्ता कौंसिल के समक्ष वारेन हैस्टिंग्स ने यह विचार रखे कि मराठों एवं फ्रांसीसियों में सम्बन्ध स्थापित हो गये हैं और ऐसी स्थिति में मराठे बंगाल में भी लूटमार कर सकते हैं। बम्बई सरकार की आक्रामक नीति का समर्थन किया एवं राघोबा को समुचित व्यक्तिगत सुरक्षा का आश्वासन दिया। अंगरेजों ने राघोबा को अल्पवयस्क पेशवा का संरक्षक बनाने का भी वचन दिया। बदले में राघोबा ने अंगरेजों को बसिन आदि पर अधिकार कर लेने को कहा। अंगरेज यह चाहते थे कि मराठा तट पर किसी विदेशी शक्ति का केन्द्र स्थापित करने की अनुमति देने से पूर्व अंगरेजों से स्वीकृति प्राप्त करें। वारेन हैस्टिंग्स अमेरिका में चल रहे स्वतंत्रता संग्राम में इंग्लैण्ड की हार की तुष्टि मराठा क्षेत्र की विजय द्वारा चाहता था।

तलगाँव का पहला युद्धः वारेन हैस्टिंग्स ने फरवरी 1776 में मराठों के विरूद्ध एक सेना भेजी जिसका नेतृत्व लेज्ली कर रहा था, किन्तु बुन्देलखण्ड के संघर्ष में वह मारा गया। अक्तूबर 1778 में गोडार्ड को सेना संचालन हेतु नियुक्त किया। दूसरी ओर बम्बई सरकार ने राघोबा को पेशवा बनाने में सहयोग हेतु **काकबर्न के नेतृत्व में नवम्बर 1778 में सेना पूणे** की ओर भेजी जिसमें छः सौ यूरोपीय और तैंतीस सौ सिपाही थे। 9 जनवरी 1779 को मराठों ने ब्रिटिश सेना को तलगाँव में पराजित कर दिया। **15 जनवरी 1779 को बडगाँव के स्थान** पर अंगरेजी सेना ने समर्पण कर दिया। इस समय समस्त अधिकार महादजी सिंधिया के हाथों में थे।

बडगाँव सन्धि: अंगरेज **प्रतिनिधि फार्मर** एवं **महादजी सिंधिया के मध्य बडगाँव की सन्धि हुई** जिसके अनुसार अंगरेजों ने रघुनाथराव को पूणे सरकार के हवाले कर दिया। सालसेट, थाना तथा गुजरात के इलाके वापसी का निर्णय लिया जिन पर अंगरेजों ने अधिकार कर लिया था। पुरन्धर सन्धि समाप्त कर दी गई। बंगाल से आ रही सेना को पत्र द्वारा लौट जाने की सूचना दी गई, यह सन्देश मराठा दूत द्वारा अंगरेजों को पहुँचाना था। इसके अतिरिक्त **दो अंगरेज (फार्मर एवं स्टूअर्ट)** उस समय तक महादजी के पास रहे जब तक सन्धि की शर्तों पर पूर्ण पालन न हो जाये क्योंकि बडगाँव सन्धि की अन्तिम स्वीकृति गवर्नर जनरल द्वारा की जानी थी। बम्बई सरकार ने इस सन्धि को मानने से इन्कार कर दिया और युद्ध पुनः प्रारम्भ हो गया। **हैस्टिंग्स ने गोडार्ड और मोकम के नेतृत्व में** सेना की दो विशाल टुकड़ियों को मराठों पर आक्रमण करने हेतु भेजा।

ब्रिटिश विरोधी संघ, 1779: हमने द्वितीय मैसूर युद्ध में अंगरेजों के विरूद्ध निजाम, मैसूर एवं मराठों के संयुक्त संघ के गठन का जिक्र किया था। सरदेसाई के अनुसार अंगरेजों द्वारा पुनः आक्रमण किये जाने पर नाना फड़नवीस की प्रतिभा प्रकाश में आई। वह अवसर के अनुकूल सिद्ध हुआ। उसने ब्रिटिश आक्रमण का विरोध करने के लिए चार शक्तियों का विशाल संघ स्थापित किया। ये शक्तियां थी–पेशवा की सरकार, हैदराबाद का निजाम, मैसूर का हैदरअली और नागपुर का भौंसले।[8] किन्तु अनेक विद्वान सरदेसाई के मत से सहमत नहीं हैं। डॉ. जैन ने इस सम्बन्ध में लिखा है कि 1778 में मराठा राजनीति संचालन में नाना की अपेक्षा महादजी सिंधिया और सखाराम बापू का प्रभाव अधिक था। जनवरी 1779 में बडगांव समर्पण भी सिंधिया के समक्ष ही किया गया था। प्रो. एन.के. सिन्हा के अनुसार इस गुट निर्माण में हैदरअली का

योगदान था। लेकिन अंगरेजों के माही पर अधिकार करने से पूर्व हैदर अंगरेज विरोधी नहीं था। इसलिए हैदर के लिए एक अंगरेजी विरोधी गुट निर्माण का प्रश्न ही नहीं था। हैदराबाद निजाम ने भी इस गुट निर्माण का श्रेय लेने का प्रयास किया है और हैस्टिंग्स तथा फ्रांसिस ने इस मत को सही मान लिया था। किन्तु निजाम ने 1780–82 के दौरान अंगरेज विरोधी कोई कार्य नहीं किया बल्कि वारेन हैस्टिंग्स ने उसकी शिकायतों को दूर करके उसको तटस्थ करने का प्रयत्न किया। इस **गुट का वास्तविक निर्माता महादजी सिंधिया था।** जून 1779 में राघोबा के भाग जाने के पश्चात् सिंधिया सक्रिय हुआ और तीन महीने के भीतर यह गुट बन चुका था।[9]

यदि भारतीय शासकों में अंगरेजों के विरूद्ध संगठित होकर कार्रवाई करने की भावना आगे भी बनी रहती तो अंगरेज इतनी तेजी से अपनी सत्ता स्थापित करने में सफल नहीं होते। **डॉ. देवधर की मान्यता है कि निजाम और मुदाजी को इस संघ से अलग करने में वारेन हैस्टिंग्स मराठों के पारस्परिक द्वेष के कारण सफल हुआ।** उसके अनुसार इस संघ का आधार राष्ट्रीय चेतना नहीं था। यह केवल अवसरवादियों का संघ था जो अपने व्यक्तिगत कारणों एवं स्वार्थों से इस संघ के सदस्य बने थे।[10]

मद्रास में भी अंगरेजों की स्थिति खराब थी। उत्तर भारत में अंगरेज सेना को विशेष सफलता नहीं मिल पाई। गोडार्ड ने मध्यभारत को पारकर अहमदाबाद पर अधिकार जमा लिया तथा दिसम्बर 1780 को बसई (बेसीन) पर कब्जा कर लिया। लेकिन जब वह पूणे की ओर बढ़ने की चेष्टा कर रहा था तब अप्रैल 1781 में पराजित हुआ तथा उसे पीछे हटना पड़ा। सर देसाई ने लिखा है कि अंगरेजों की खराब हालत से वारेन हैस्टिंग्स अत्यन्त भयभीत हो गया था। उसकी उत्कट इच्छा थी कि वह मराठा युद्ध समाप्त करके अपनी समस्त शक्ति हैदर अली पर केन्द्रित कर दे।[11] इस प्रकार अंगरेजों की ओर से सन्धि करने के अनेक प्रयास किये गये। अतः 13 अक्तूबर 1781 में म्यूर एवं महादजी सिंधिया के मध्य एक विराम सन्धि हुई, जिसमें निश्चित किया गया कि म्यूर व महादजी दोनों युद्ध बन्द कर दें।

सालबाई की सन्धि (17 मई 1782): वारेन हैस्टिंग्स ने निजाम एवं भोंसले को तटस्थ रहने के लिए तैयार कर लिया था और युद्ध अधिक समय चलता तो संभवतः अंगरेज इन्हें अपनी ओर मिला लेते। महादजी इस तथ्य से परिचित था। दूसरी ओर अंगरेजों पर हैदर का काफी दबाव था, फलस्वरूप अंगरेज हैदर से भी शान्ति स्थापित कर सकते थे। उस स्थिति में मराठा राज्य को ही अकेले अंगरेजों से संघर्ष करना पड़ता जिससे मराठा राज्य की स्थिति संकटपूर्ण हो सकती थी। इन तथ्यों को दृष्टिगत रखते हुए महादजी ने अंगरेजों से सन्धि करना उचित समझा। 17 मई 1782 में सालबाई (ग्वालियर से 20 मील दक्षिण) स्थान पर महादजी एवं ऐण्डर्सन के हस्ताक्षर हो गये। इस सन्धि में 17 धारायें[12] जिनमें से प्रमुख इस प्रकार हैं:

- वे समस्त मराठा प्रदेश जो 1779 के पश्चात् अंगरेजों ने जीत लिए थे सन्धि पर हस्ताक्षर हो जाने के बाद दो माह की अवधि में लौटा दिये जायेंगे, किन्तु सालसेट एवं एलीफेन्टा द्वीप अंगरेजों के पास रहेंगे। इसके अतिरिक्त गुजरात में जो क्षेत्र राघोबा द्वारा दिये गए थे वे सब मराठों को लौटा दिये जायेंगे। गुजरात में अंगरेज़ों द्वारा निजित प्रदेश पेशवा तथा गायकवाड़ को वापस कर दिये जायेंगे जिन पर उनका अधिकार था।
- अंगरेज राघोबा का समर्थन नहीं करेंगे। वह अपना निवास स्थान चुन लेगा और पेशवा द्वारा उसे पच्चीस हजार रूपये मासिक पेंशन दी जायेगी।
- पेशवा ने वचन दिया कि वह छः माह के अन्दर हैदर अली को कर्नाटक में जीते हुए प्रदेश छोड़ने को कहेंगे। अंगरेजों ने आश्वासन दिया कि यदि हैदर ने जीते हुए प्रदेश लौटा दिये और वह पेशवा, कर्नाटक नवाब और अंगरेजों के विरूद्ध युद्ध में सम्मिलित नहीं हुआ तो अंगरेज भी उसके विरूद्ध कोई कार्रवाई नहीं करेंगे। हैदर द्वारा ऐसा न करने पर महादजी उसके विरूद्ध अंगरेजों का साथ देंगे।
- अंगरेजों को पूर्ववत् व्यापार के विशेषाधिकार के उपभोग करने की स्वीकृति दी गई।
- पेशवा को यह भी प्रतिज्ञा करनी पड़ी कि वह किसी अन्य यूरोपीय राष्ट्र की सहायता नहीं करेगा।
- दोनों एक दूसरे के मित्र को कष्ट नहीं देंगे। इस धारा में दोनों के मित्रों का वर्णन था। महादजी पर इस सन्धि के पालन का दायित्व सौंपा गया।

सन्धि का महत्वः सालबाई सन्धि को जहाँ पाश्चात्य इतिहासकारों ने अत्यन्त लाभप्रद माना है वहीं अर्वाचीन लेखकों ने अंगरेजों की असफलता का प्रतीक कहा है। विन्सेंट स्मिथ की मान्यता है कि इस सन्धि ने भारत में अंगरेजी प्रभुत्व को पुनः स्थापित किया।[13] सन्धि के बाद **लगभग 20 वर्ष तक मराठा एवं अंगरेजों के मध्य शान्ति बनी रही।** मराठों के

साथ समझौता कर लेना **हैस्टिंग्स की कूटनीतिक विजय को इंगित करता है। अब वह अकेले मैसूर से लड़ सकता था।** मराठों ने अंगरेजों के सम्पर्क से क्या कुछ ग्रहण किया, नहीं कहा जा सकता, किन्तु **अंगरेजों ने मोस्टिन जैसे कूटनीतिज्ञों के माध्यम से मराठों के आन्तरिक मतभेद आदि की काफी जानकारी कर ली थी।** मुदाजी भोंसले को वारेन हैस्टिंग्स तटस्थ रखने में सफल हो गया था जो अंगरेजों का मराठों के बारे में विस्तृत अध्ययन का ही परिणाम था।

महादजी सिंधिया (Mahadji Scindhia, 1727-94): सालबाई सन्धि (1782) से अंगरेज एवं मराठों के मध्य आगामी 20 वर्षों तक शान्ति रही। सन्धि के बाद अगले 12 वर्षों को मराठा इतिहास में महादजी (माधोराव सिंधिया या माधोजी सिंधिया) के उत्कर्ष का काल कहा जा सकता है। महादजी ने उत्तरी भारत में अपनी सत्ता दृढ़ता के साथ स्थापित की। 1784 के मध्य में महादजी ने गोहद के राना को पराजित कर ग्वालियर पर अधिकार किया। अंगरेजों को अधिक प्रभावी न होने देने तथा मुगल बादशाह की विरोधी शक्तियों पर नियंत्रण बनाए रखने हेतु **सेना को आधुनिक ढंग से प्रशिक्षित** किया जाना आवश्यक था। उसने **काउन्ट बिनोइट डी. बोइनी (दी बायने)** को इस कार्य हेतु नियुक्त किया। अक्तूबर 1784 में आगरा किले के रक्षक मुहम्मद बेग हमदानी ने दो मुगल मन्त्रियों की हत्या कर दी तथा मुगल बादशाह के विरूद्ध विद्रोह खड़ा कर दिया। वह मराठों के दिल्ली में प्रभाव का प्रबल विरोधी था। नजब खाँ के पुत्र अफ्रस्याब खाँ ने इस विद्रोह का दमन करने के लिए महादजी सिंधिया से सहायता मांगी। मुहम्मद बेग के विद्रोह को महादजी ने 1785 के अन्त में कुचल दिया और बाद में वह जुलाई **1787 के लालसोट युद्ध** में मारा गया। इस प्रकार महादजी ने दो–आब, आगरा, अलीगढ़ को अपने अधिकार में कर लिया। मुहम्मद बेग पूर्व में इस प्रदेश का सूबेदार था। इस दौरान अफ्रस्याब खाँ की हत्या कर दी गई और मुगल सम्राट शाहआलम ने मुगल सत्ता के समस्त अधिकार महादजी को सौंप दिये।

बादशाह ने महादजी को 14 नवम्बर 1784 में वकील–ए–मुत्तलक (सर्वाधिकार प्राप्त राजप्रतिनिधि) की भव्य उपाधि से सुशोभित किया।[14] महादजी ने सम्राट को **101 मोहरें भेंट कीं** तथा बादशाह के प्रति वांछित सम्मान प्रकट किया।

सिंधिया ने गवर्नर जनरल मैक्फर्सन से बंगाल प्रदेश के खिराज की शेष राशि जमा करवाने को कहा।[15] जो उचित एवं न्याय संगत था, किन्तु अंगरेज इतिहासकारों ने इसका गलत अभिप्राय लिया। उनके अनुसार सिंधिया उत्तरी भारत में एक पृथक् राज्य स्थापित करना चाहता था। सन्देहशील मनोवृति वाले नाना फड़नवीस के समक्ष भी इस प्रकार के तर्क प्रस्तुत होते रहते थे। **सिंधिया ने वकील–ए–मुतलक** की उपाधि और मुगल सम्राट से सम्मानार्थ खिलअत पेशवा के लिए प्राप्त की थी। महादजी चाहते थे कि मराठा केन्द्र तथा सामन्तों के बीच सम्बन्धों की समीक्षा की जाये और एक ऐसी योजना बने जिसमें मराठा संघ के प्रत्येक सरदार को आन्तरिक स्वायत्तता प्राप्त हो।[16]

मुगल बादशाह की सुरक्षा का दायित्व स्वीकार कर लेने से महादजी की परेशानियां बढ़ गईं। 1785 में राजपूताना के शासक से पिछले खिराज की माँग की गई, परन्तु जयपुर नरेश ने कर अदा नहीं किया और जयपुर एवं जोधपुर के राजाओं की संयुक्त सेना से **1787 में महादजी का तूंगा (लालसोट)**[17] के मैदान में संघर्ष हुआ। यद्यपि इस युद्ध में कोई निर्णय नहीं हो पाया, परन्तु राजपूतों ने अपने को विजयी बताया।[18] महादजी की परेशानियां कम नहीं हुई थीं। जाबित खां रूहेले पठान के लड़के गुलाम कादिर ने जून 1788 में अलीगढ़ जीतकर दिल्ली में लूट–पाट शुरू कर दी, वह बादशाह से रूहेलखण्ड की जागीर एवं अमीरूल उमर की उपाधि चाहता था।

उसने बादशाह को अन्धा करवा दिया तथा दिल्ली पर कब्जा कर लिया और मराठा सेना को पीछे खदेड़ दिया। आर्थिक समस्याओं से त्रस्त महादजी ने पेशवा से सहयोग माँगा। नाना ने तुकोजी होल्कर को सहायतार्थ भेजा। सिंधिया ने गुलाम कादिर का दमन किया और हजारों रूहेले कत्ल कर दिये गये। सिंधिया ने अन्धे बादशाह शाहआलम को पुनः दिल्ली के सिंहासन पर बैठाया। इस तरह सिंधिया उत्तरी भारत में एक प्रभावी शक्ति बने रहे। उसका राज्य सतलज से नर्मदा तक विस्तृत था।[19]

बायनी द्वारा प्रशिक्षित सेना को लेकर सिंधिया ने मेड़ता में राजपूतों की संगठित सेना को 1790–91 में पराजित किया। अजमेर भी उसके अधिकार में आ गया तथा जोधपुर के शासक ने वार्षिक खिराज देना स्वीकार कर लिया। दो–आब पर भी पुनः उसका आधिपत्य हो गया था। राजपूताने में सिंधिया की विजय ने होल्कर की ईर्ष्या को इस सीमा तक बढ़ा दिया कि 1 जून 1793 में कोटा के निकट लाखेरी के मैदान में दोनों की सेनायें आपस में भिड़ गईं एवं होल्कर को पराजय का मुँह देखना पड़ा।

सिंधिया नाना से अपने मतभेद दूर करने की दृष्टि से पूणे पहुँचा, वहीं उसका 1794 में देहान्त हो गया। सिंधिया की कोई सन्तान नहीं थी, उसके 13 वर्षीय भतीजे दौलतराव सिंधिया को उसका वारिस बनाया गया।

महादजी का मूल्यांकनः पानीपत युद्ध के बाद महादजी सबसे अधिक कुशल सेनानायक तथा कूटनीतिज्ञ के रूप में सामने आया। वह एक मात्र ऐसा मराठा नेता था जो उत्तरी भारत में मराठा शक्ति को पुनः स्थापित करने में सफल हुआ। यद्यपि नाना यह मानता था कि महादजी उत्तरी भारत में अपनी स्वतंत्र सत्ता स्थापित करना चाहता है, किन्तु महादजी ने सदैव अपने को पेशवा का तुच्छ सेवक ही कहा। दूसरे उसने मराठा परम्परा को बनाये रखते हुए मुगल बादशाह की सुरक्षा के दायित्व को पूर्ण निष्ठा के साथ निभाया। महादजी की चारित्रिक विशेषताओं का उल्लेख करते हुए देसाई ने लिखा है कि, महादजी के समकालीन मुख्य व्यक्तियों का ध्यान करते ही आप स्वीकार कर लेंगे कि वह उनसे प्रत्येक क्षेत्र में आगे था। मुस्लिम शासकों में शिवाजी तथा उसके कार्यों के सम्बन्ध में जो विरोध भावना थी वह औरंगजेब की मृत्यु के बाद की शताब्दी में पूर्णतः नष्ट हो गयी और उसका स्थान पारस्परिक विश्वास तथा प्रेम ने ले लिया। महादजी द्वारा सम्राट के कार्यों का प्रबंध यही प्रकट करता है।[20]

उसने कभी कोई ऐसा कार्य नहीं किया जिससे मराठा राज्य के हितों को किसी प्रकार की हानि पहुँचे। नागपुर के भोंसले परिवार के समान उसने केन्द्रीय शासन से पृथकत्व की भावना को कभी प्रोत्साहन नहीं दिया, क्योंकि बढ़ती हुई ब्रिटिश सत्ता की ओर से होने वाले संकट के सम्मुख इस प्रकार की वृत्ति सबके लिए समान रूप से घातक थी।[21] अंगरेज विरोधी संघ का निर्माण, सालबाई की सन्धि तथा राजपूतों पर प्रभुत्व स्थापित करना उसकी कुछ कूटनीतिक सफलताऐं थीं। उसने अपनी सेना को आधुनिक ढंग से प्रशिक्षित करने हेतु दी बायनी को नियुक्त किया, जिससे वह मुगल दरबारियों का दमन कर सका तथा राजपूताने की संगठित सेनाओं एवं होल्कर को हराने में सफल हुआ।

नाना फड़नवीस (Nana Phadanvis, 1742-1800): माधवराव की मृत्यु (1772) के पश्चात् मराठा राजनीति में नाना एक प्रमुख मराठा नेता बन गया और सालबाई सन्धि (1782 ई.) के बाद दक्षिण में मराठा शक्ति का एक मात्र केन्द्र बिन्दु था। राघोबा को शक्तिहीन एवं सत्ता से दूर रखने का विचार नाना के ही मस्तिष्क की देन थी एवं इस कार्य हेतु उसने समस्त मराठा शक्ति को लगा दिया। अंगरेजों से संघर्ष में नाना ने सदैव महादजी का सहयोग लिया क्योंकि नाना में सैनिक योग्यता का अभाव था।

मराठा संघ की स्थितिः पेशवा के समस्त अधिकार नाना ने हस्तगत कर लिये थे। नाना के नियंत्रण में पेशवा माधवराव नारायण को किसी प्रकार के राज्य कार्य का अनुभव नहीं हो पाया जो उसके लिए अपेक्षित था। पेशवा की इस स्थिति का अन्य मराठा सरदारों ने लाभ उठाया तथा सिंधिया एवं होल्कर नीति निर्धारण स्वतंत्र रूप से करने लगे। महादजी सिंधिया ने उत्तर में समस्त अभियानों का संचालन स्वतंत्र रूप से किया था। यद्यपि अपने को पेशवा का प्रतिनिधि मानकर ही समस्त कार्रवाई की थी, किन्तु अन्य मराठा सरदारों ने उसके कार्यों को एक सार्वभौमिक शासक के रूप में लिया।

बरार पर भोंसले का नियंत्रण था जिसका राज्य नागपुर से कटक तक बंगाल की खाड़ी के किनारे किनारे विस्तृत था। मुदाजी भोंसले की मृत्यु के बाद रघुजी एवं उसके छोटे भाई में सत्ता के लिए संघर्ष हुआ जिसमें रघुजी सफल हुआ। **गायकवाड़** गुजरात एवं काठियावाड़ क्षेत्र का शासक था और सायाजी की मृत्यु के बाद 1789 में इस प्रदेश में भी उत्तराधिकार की समस्या खड़ी हो गई। मानाजीराव का पेशवा समर्थन कर रहा था तथा दूसरी ओर गोविन्दराव का सिंधिया। 1792 में मानाजी की मृत्यु हो गई एवं गोविन्दराव को सत्ता प्राप्त हुई, किन्तु दुर्भाग्य से 1800 में गोविन्दराव का भी देहान्त हो गया और उसके पुत्र कान्होजी एवं पेशवा द्वारा समर्थित अबासिलूकर में संघर्ष चलता रहा।

अहिल्याबाई होल्करः अहिल्याबाई का जन्म 1785 ई. में अहमदनगर के चौड़ी गांव में हुआ। बारह वर्ष की अवस्था में सूबेदार मल्हारराव के पुत्र खांडेराव के साथ विवाह हुआ, मगर 29 वर्ष की अवस्था में विधवा हो गई। दुर्भाग्य से, उसके पुत्र का 42–43 वर्ष की अवस्था में (मालेराव) निधन हो गया। चार वर्ष बाद दामाद यशवंतराव फणसे और उसकी पुत्री मुक्ताबाई उसके साथ सती हो गई। अर्थात् अहिल्याबाई का पारिवारिक जीवन अत्यन्त संघर्ष पूर्ण रहा।

अहिल्याबाई एवं प्रशासनः मालवा रानी अहिल्याबाई कुशल योद्धा, तीरंदाज व महान शासिका थी। कई युद्धों में उसने सेना का नेतृत्व किया। प्रजा की भलाई में नये मार्गों, कुओं–बावडियों का निर्माण करवाया। भूखों के लिए सदाव्रत अन्न क्षेत्र खोले, जगह–जगह प्याऊ बनवाये। काशी, गया, सोमनाथ, अयोध्या, मथुरा, हरिद्वार, बद्रीनारायण, रामेश्वरम, जगन्नाथपुरी में

मन्दिर धर्मशालायें बनवाई। अहिल्या ने 1777 ई. में बनारस का विश्वनाथ मन्दिर बनवाया। अटक के पार शिवराया में पताका उसके ससुर मल्हाराव होल्कर ने फहराई थी।

सामाजिक बदलावः खांडेराव की मृत्यु के बाद पुत्रवधु के सती होने जैसी प्रथा को तोड़कर रानी बनवाया था। अहिल्या ने बचपन में ही शिक्षा प्राप्त की थी। अपनी प्रतिभा से राज्य करने जैसी योग्यता दर्शाई। अहिल्या जीवन भर जनसेवा करती रही। अपराधियों को सही मार्ग पर लाकर काम दिया जाता था। जनता से न्यूनतम भूराजस्व व अन्य कर लिए जाते थे। वह सब धर्मों का आदर करती थी।

पाश्चात्य विद्वानों ने अहिल्याबाई के शासन की प्रशंसा की है।[22] सरजान मेलकम ने उसके कार्यों को आश्चर्यजनक माना है। उसके 30 वर्ष के शासन में राज्य पूर्णतः अशान्ति एवं विदेशी आक्रमणों से मुक्त था। उसकी राजधानी इन्दौर का पर्याप्त विकास हुआ एवं प्रजा सरकार के प्रगतिशील एवं कल्याणकारी कार्यों से अभिभूत थी।[23] रानी को देवी का अवतार माना जाने लगा। अहिल्याबाई ने वृद्ध तुकोजी होल्कर को अपना उत्तराधिकारी बनाया हुआ था। 1795 में रानी का देहान्त हो गया और 1797 में तुकोजी का भी। यशवंतराव होल्कर उसका उत्तराधिकारी बना जो बुद्धि एवं योग्यता से शून्य था।

प्रत्येक घराने में इन दिनों उत्तराधिकारी का संघर्ष चल रहा था। मराठा राजा छत्रपति सतारा में एक राजनीतिक बंदी की भांति था। इस प्रकार मराठा संघ में अराजकता, परस्पर शत्रुता एवं अशान्ति व्याप्त थी जिसे नाना दूर नहीं कर पाया।

नाना फड़नवीस का मूल्यांकन (1742–1800): फडनवीस से अभिप्राय है–खातों एवं राज्य के आय–व्यय का विवरण रखना। इस कार्य में नाना निपुण था, उसने कभी आर्थिक संकट नहीं आने दिया। उसके लिए ग्रांट डफ (Grant Duff) ने लिखा हैः "निस्संदेह नाना फड़नवीस महान राजनीतिज्ञ था। उसका जीवन सदैव जनसाधारण के समक्ष रहता था। व्यक्तिगत जीवन में वह परम सत्यप्रेमी, दयालु, मितव्ययी तथा उदार था। उसका सारा समय कठोर व्यवस्था द्वारा नियमित रहता था। जो कार्य उसने स्वयं किया वह विश्वास की सीमा से भी आगे बढ़ जाता है। मराठा जाति द्वारा उत्पन्न किये गये विलक्षण बुद्धि युक्त अन्तिम पुरूष के रूप में नाना निस्सन्देह देदीप्यमान है।"[24] नाना पत्रों के माध्यम से मराठा राज्य का समस्त कार्य संचालित करता था। वर्तमान में प्राप्त सर्वाधिक पत्र मराठा नेताओं में उसी के प्राप्त हुए हैं।

नाना के जीवन का दूसरा पक्ष भी है जिसके विषय में लिखा हैः नाना के किसी सैनिक अधिकारी अथवा सेना संचालक को अपने साथ नहीं रखा। वह निरन्तर एक–एक को समाप्त करता गया। प्रत्येक सैन्य संचालक को सन्देह की दृष्टि से देखता और उसे पद से हटाने का प्रयत्न करता। इससे मराठा राज्य में कलह और दलबंदी कम होने के स्थान पर बढ़ती गई। इसलिए नाना फड़नवीस का मराठा राज्य के पतन में सबसे अधिक उत्तरदायित्व है।[25] सरदेसाई ने भी कुछ ऐसे ही विचार रखे हैंः यदि पेशवा की मृत्यु के तुरन्त पश्चात् नाना फड़नवीस ने शिन्दे, होल्कर, भोंसले, आंग्रे, पटवर्धनों...का प्रत्यक्ष सम्मेलन किया होता तो पेशवा पद पर अमृतराव का निर्वाचन हो जाने की अधिक संभावना थी, क्योंकि अंगरेज भी विद्यमान उत्तराधिकारी व्यक्तियों में उसको सर्वाधिक योग्य व्यक्ति मानते थे। इस प्रकार बाजीराव को दूर रखा जा सकता था। परन्तु नाना के उपायों से नीच षड़यंत्र था, रिश्वतखोरी का जन्म हो गया और निर्विघ्न प्रशासन की आशाएं समाप्त हो गईं।[26] नाना कभी भी समझौता नहीं किया करता था, धीरे–धीरे उसने बड़ा भाई परिषद् के सदस्यों को हटाकर समस्त शक्तियां अपने हाथ में ले ली। 13 मार्च 1800 में अर्द्धरात्रि में तीव्र ज्वर से उसकी मृत्यु हो गई। इस अवसर पर कैप्टिन ब्राउनरिंग ने कहा थाः "नाना के साथ ब्राह्मण राज्य अस्त हो गया है। पूणे का पतन हो गया है।" कुछ पाश्चात्य विद्वानों की धारणा है कि जब तक नाना जीवित रहे उन्होंने मराठा संघ को अंगरेजों की कुदृष्टि से बचाये रखने का प्रयास किया जैसाकि ग्रांट डफ ने कहा हैः वह मराठों के कामों में अंगरेजी हस्तक्षेप के खतरे को समझता था तथा उनके साथ किसी सन्धि के विरूद्ध था। वह अंगरेजों का आदर करता था, उनकी सच्चाई की तारीफ करता था, किन्तु राजनीतिक शत्रुओं के रूप में उन्हें दूसरा कोई भी उतनी ईर्ष्या और भय के साथ नहीं देखता था जितनी ईर्ष्या और भय के साथ वह देखता था।[27]

द्वितीय आंग्ल–मराठा युद्ध (Second Anglo-Maratha War, 1803-05)

सर जॉन शोर (1793–98) ने हस्तक्षेप न करने की नीति अपनाई, जिसका आधार पिट्स इण्डिया एक्ट था जिसमें घोषित किया गया था, भारत में विजय और साम्राज्य विस्तार की योजनाओं को कार्यरूप में परिणत करना इस राष्ट्र (इंग्लैण्ड) की इच्छा, सम्मान और नीति के विरूद्ध है।

लार्ड वेलेजली (Lord Wellesley, 1798-1805) की नीतिः गवर्नर जनरल के आगमन के समय मराठा घरानों में संघर्ष चल रहा था। दूसरी ओर वेलेजली परले सिरे का साम्राज्यवादी था। बोर्ड ऑफ कन्ट्रोल के कमिश्नर की हैसियत

से उसने भारतीय राजनीति का अनुभव प्राप्त कर रखा था। वह भारत में कम्पनी के भाग्य का संचालन करने उस समय आया, जब इस देश की राजनीतिक परिस्थिति "अत्यन्त संकट पूर्ण" थी, जैसा कि उसने स्वयं कहा था, कम्पनी मुख्यतः शोर की तटस्थता की नीति के कारण भारी संकटों के लिए खुली पड़ी थी।....यूरोप में हो रहे क्रान्ति सम्बन्धी और नेपोलियन सम्बन्धी युद्धों के प्रभाव ने परिस्थिति की गंभीरता को बढ़ा दिया। फ्रांसीसियों ने टीपू के साथ गठबन्धन कर लिया था तथा नेपोलियन ने भारत में ब्रिटिश स्थान को खतरों में डालने के ख्याल से मिस्त्र पर हमला करने का काम अपने ऊपर ले लिया था। इस संकटपूर्ण परिस्थिति में कम्पनी के स्थान को बचाने तथा समग्र ब्रिटिश साम्राज्य के हितों की रक्षा एवं वृद्धि के लिए वेलेजली ने भारतीय शक्तियों के सम्बन्ध में सहायक सन्धियों (Subsidiary Alliances) की नीति अपनाई।[28] जहाँ एक ओर वेलेजली साम्राज्यवादी नीति का पोषक था वहीं मराठा संघ में घोर अराजकता फैली हुई थी। बाजीराव द्वितीय सैनिक गुणों से रहित और षड़यंत्र प्रेमी था। बाजीराव द्वितीय दिसम्बर में बसीन (बेसीन या बसई) पहुँचा और 31 दिसम्बर 1802 में अंगरेजों के साथ सहायक सन्धि कर ली।

बसीन की सन्धि (Treaty of Bassein, 31 Dec. 1802)

- पेशवा ने अपने यहाँ छः अंगरेजी बटालियन जिसमें 6000 सिपाही होते थे, रखना स्वीकार किया।
- इसके लिए पेशवा ने 26 लाख राजस्व देने वाले प्रदेश अंगरेजों को प्रदान किये।
- पेशवा बाजीराव द्वितीय ने अंगरेजों के किसी भी शत्रु अथवा यूरोपीय को न रखना स्वीकार किया।
- उसने दूसरे राज्यों से अपने सम्बन्धों को अंगरेजों के नियंत्रण में सौंप दिया अर्थात् अंगरेजों की पूर्व स्वीकृति के बिना किसी भारतीय या विदेशी राज्य से सन्धि या युद्ध नहीं किया जा सकता था।
- अंगरेजों ने बाजीराव के क्षेत्र को सुरक्षित रखने का वायदा किया। दोनों ने एक दूसरे के मित्र व शत्रुओं को अपना मित्र व शत्रु स्वीकार किया।
- पेशवा, निजाम एवं गायकवाड़ के साथ विवाद में अंगरेजों की मध्यस्थता करने के लिए अनुरोध करेंगे।
- अंगरेज सेना के उपयोग की सभी वस्तुएँ बिना चुंगी के मराठा राज्य में ले जायी जा सकेंगी एवं सूरत पर अंगरेजों का पूर्ण आधिपत्य स्वीकार किया।

सन्धि के अनुसार वेलेजली ने पूणे पर आक्रमण किया और 13 मई 1803 को बाजीराव द्वितीय को पुनः प्रतिष्ठित कर दिया।

सन्धि का महत्व: बसीन की सन्धि अंगरेजी साम्राज्य के लिए विशेष महत्व रखती है। पेशवा मराठा संघ का अध्यक्ष होने के नाते, इस सन्धि ने सभी मराठा नेताओं के सम्मान को ठेस पहुँचाई। कहा गया है कि सम्पूर्ण भारत में अंगरेजों का नियंत्रण स्थापित हो गया। अब पूणे, मैसूर, हैदराबाद में अंगरेजी दूत रहते थे। डीन हट्टन ने लिखा है: यह निर्विवाद रूप से ऐसा कदम था जिसने उस भित्ति को बदल दिया जिस पर हम लोग पश्चिमी भारत में खड़े थे। इसने एक ही क्षण में अंगरेजी दायित्वों को तिगुना कर दिया।[29] यह निश्चित है कि इस सन्धि से अंगरेज मराठों की पेचीदा उलझनों में फंस गये। एक बार तो इसने पूर्णरूप से मराठा राज्यों का संगठन कम्पनी के विरूद्ध खड़ा कर दिया और पेशवा की विदेश नीति अधीन कर इसने गवर्नर जनरल को भारत में लड़े जाने वाले प्रत्येक युद्ध के लिए उत्तरदायी बना दिया।[30]

इस सन्धि की आलोचना भी बहुत हुई क्योंकि वेलेजली ने मराठों के आन्तरिक मामलों में मध्यस्थ बनना स्वीकार किया था। वेलेजली की यह भी धारणा थी कि "भागे हुए पेशवा की प्रार्थना को अस्वीकार करने का तात्पर्य था उसे फ्रांसीसियों के हाथों में डाल देना। उसके अनुसार अहस्तक्षेप की नीति से अभिप्राय खराब समय को टालना मात्र है।"[31]

ब्रिटिश पार्लियामेन्ट सम्पूर्ण भारत में अंगरेजी आधिपत्य चाहती थी अतः सेनापति लेक को भारत भेजा गया जिसे आयरलैण्ड में अपनी प्रतिभा दिखाने का अवसर मिला था। वेलेजली का भाई आर्थर वेलेजली भी एक कुशल सेनानायक था और उसे दक्षिण की ओर मोर्चा संभालने के निर्देश मिले। वेलेजली बन्धुओं का मुख्य उद्देश्य मराठा स्वातंन्त्र्य का नाश करके उसके स्थान पर ब्रिटिश प्रभुता स्थापित करना था। इस दृष्टि से उनको शिन्दे की अनुशासित सेना से अधिक भय था।[32]

वेलेजली ने किंग कालिन्स को सिंधिया (शिन्दे) के पास शान्तिवार्ता के लिए भेजा, जबकिं सिंधिया, भोंसले आदि मराठा राज्य संघ को संगठित करने का विचार कर रहे थे। वेलेजली ने कालिन्स को बुला लिया और 6 अगस्त को युद्ध प्रारम्भ करने की घोषणा एक पत्र द्वारा की। वेलेजली की सबसे बड़ी कूटनीतिक विजय होल्कर को मराठा संगठन से अलग कर देने में देखी जाती है। दौलतराव सिंधिया ने बाजीराव पेशवा को लिखे पत्र में उल्लेख किया था कि "यह हमारा आडम्बर

मात्र है कि हम उसकी माँगों को पूरा कर रहे हैं। युद्ध के बाद हम उससे अपना पूरा बदला ले लेंगे।"[33] किसी तरह यह पत्र होल्कर के पास पहुँचा दिया और होल्कर संघ में सम्मिलित नहीं हुआ। गायकवाड़ पहले से ही तटस्थ था।

अगस्त 1803 को सिंधिया एवं भोंसले के विरूद्ध युद्ध की घोषणा कर दी गई। दक्षिण में आर्थर वेलेजली 40 बटालियनों का संचालन कर रहा था और उत्तरी भारत लार्ड लेक के नियंत्रण में था। भोंसले एवं सिंधिया की सेना जलनापुर के निकट एक हो गई और 24 सितम्बर को असाई[34] के मैदान में अंगरेज सेना ने भोंसले एवं सिंधिया की संयुक्त सेना को पराजित कर दिया।

उत्तरी क्षेत्रों की रक्षा का प्रबंध दि बायने के सेवा निवृत्त होने के बाद पेरों को दिया गया था। उसके पास सेना पांच दलों में 45000 सैनिक थे जिनकी सहायता से वह लेक का सामना कर सकता था। पेरों को अपनी ओर मिलाने के लिए वेलेजली ने लेक को लिखा था। लेक ने पेरों को भारी धन का लालच देकर अपने साथ कर लिया। यद्यपि सिंधिया की ओर से पेरों को अच्छा वेतन एवं जागीर मिली हुई थी किन्तु उसने सिंधिया को धोखा दिया। पेरों की सेनायें बिना एक गोली चलाए ही शान्तिपूर्वक पीछे हट गयीं। लेक को विशाल शस्त्रागार और 70 लाख रूपये नगद प्राप्त हुए तथा 5 सितम्बर को अंगरेजों का अलीगढ़ पर अधिकार हो गया।

बाद में बुर्की ने भी आत्मसमर्पण कर दिया और लेक ने दिल्ली पर कब्जा करके शाहआलम द्वितीय को अपने अधिकार में ले लिया। उस समय वृद्ध बादशाह अत्यन्त दरिद्रता से पीड़ित एक शामियाने के नीचे बैठा था। नवम्बर में लासवाड़ी[35] के मैदान में सिंधिया की शेष सेना को भी लेक ने पराजित कर दिया।

Note: Map not as Per Scale

भारतवर्ष 1805 ई. में

सन्धियाँ

भोंसले (देयगांव सन्धि 17 दिसम्बर 1803): आर्थर वेलेजली के आक्रमण से नवम्बर 1803 में कटक एवं गाविलगढ़ के पतन के साथ ही भोंसले ने समर्पण कर दिया और देयगाँव[36] (17 दिसम्बर 1803 की देवगाँव सन्धि) में अंगरेजों एवं भोंसले के मध्य सन्धि हो गई। (1) सन्धि द्वारा समस्त पूर्वी समुद्र तट सहित कटक क्षेत्र अंगरेजों को दे दिया गया। (2) वर्धा नदी तक पश्चिमी बरार का प्रान्त निजाम को सौंप दिया जिसकी वार्षिक आय आठ लाख पौण्ड थी। (3) भोंसले ने उन सन्धियों का सम्मान करना स्वीकार किया जो अंगरेजों ने उसके अधीन शासकों के साथ की। (4) भोंसले ने बसीन की सन्धि को मान्यता प्रदान की एवं निजाम तथा पेशवा के मध्य विवाद में अंगरेजों को मध्यस्थ बनाया जाना स्वीकार किया। (5) उसके (भोंसले) दरबार में अंगरेज रेजीडेंट (एलफिंस्टन प्रथम रेजीडेंट) भी रहने लगा। भोंसले ने अंगरेजों के अतिरिक्त अन्य किसी यूरोपियन को नौकरी में नहीं रखने का वायदा किया। ध्यान रहे कि भोंसले के साथ की गई सन्धि सहायक सन्धि की श्रेणी में नहीं रखी गई।

सिंधिया (सुर्जी अर्जुनगांव सन्धि 30 दिसम्बर 1830): इसी प्रकार सिंधिया के साथ 30 दिसम्बर 1803 को सुर्जी अर्जुनगाँव की सन्धि सम्पन्न हुई। (1) सिंधिया को दोआब, दिल्ली, बुन्देलखण्ड, भड़ौच, गुजरात का कुछ प्रदेश, अहमदनगर एवं गोदावरी नदी तक अजन्ता क्षेत्र अंगरेजों को देने पड़े। (2) जयपुर, जोधपुर एवं शेष राजस्थान का विस्तृत भूभाग सिंधिया के प्रभाव से मुक्त हो गया। (3) सिंधिया का मुगल सम्राट पर से नियंत्रण समाप्त हो गया। निजाम और सिंधिया की सीमा निर्धारित कर दी गई और उस सीमा में आने वाले कई प्रदेश निजाम को दे दिये गये। (4) सिंधिया ने पेशवा, निजाम तथा गायकवाड़ पर अपने समस्त अधिकारों को त्याग दिया एवं उनकी स्वतंत्रता को मान्यता प्रदान की जिन्होंने अंगरेजों के साथ पृथक् से सन्धियाँ कीं। (5) बेसीन की सन्धि को भी सिंधिया ने मान्यता प्रदान कर दी एवं एक रेजीडेंट सरजान मेलकॉम उसके यहाँ रहने लगा। (6) उसने अंगरेज विरोधी यूरोपीय राज्यों के नागरिकों को अपने यहाँ नौकरी न देना स्वीकार किया। फ्रांसीसी सेना भंग कर दी गई एवं फ्रांसीसियों द्वारा निर्मित 823 तोपें अंगरेजों ने कब्जे में कर लीं।

27 फरवरी 1804 में बुरहानपुर की एक दूसरी सहायक सन्धि स्वीकार की। सुर्जी अर्जुनगाँव की सन्धि से उसे भारी क्षति उठानी पड़ी। मराठा नेताओं में सर्वाधिक शक्तिशाली सिंधिया के विस्तृत राज्य का बड़ा प्रदेश अंगरेजों द्वारा हस्तगत कर लिये जाने से वह शक्तिहीन हो गया। इस प्रकार पाँच माह की अल्प अवधि में मराठा संगठन के सबसे अधिक शक्तिशाली हाथों को तुलनात्मक रूप से ऐसा कर दिया कि वे कोई क्षति न कर सकें।[37]

इस युद्ध के बाद अंगरेज सरकार के लिए राजपूत राजाओं से सन्धियाँ करना संभव हुआ। भारतीय राज्यों द्वारा फ्रांसीसियों को सेना में रखे जाने की समस्या 'सहायक सन्धि प्रथा' से समाप्त हो गई। वेलेजली की मान्यता थी कि इन सन्धियों ने "इन कीमती और महत्वपूर्ण इलाकों (राज्यों) की स्थायी शान्ति और समृद्धि के लिए एक मात्र संभव सुरक्षा" प्रदान की।.....किन्तु तत्कालीन भारत के राजनीतिक परिदृश्य की सही पहचान आर्थर वेलेजली ने की जिसका विचार था कि उसके भाई गवर्नर जनरल ने 'शान्ति की सन्धियों का बहुत जबरदस्ती अर्थ' लगाया है।.....हमारे शत्रु क्षुब्ध हैं तथा हमारे बर्ताव एवं विश्वासहीनता की जोरों से निंदा करते हैं और सचमुच, मैं शान्ति को किसी रूप में सुरक्षित नहीं समझता।[38]

होल्कर के साथ युद्ध (War with Holkar): बसीन की सन्धि द्वारा पेशवा अंगरेजों के अधीन हो गया और सिंधिया एवं भोंसले 1803 में पराजित कर दिये गये थे। गायकवाड़ पहले से ही मराठा संघ से अलग था अतः होल्कर ही एक मात्र ऐसा शासक था जो भारत में अंगरेजी सार्वभौमिकता में बाधक था। वेलेजली ने होल्कर को लड़ने के लिए विवश किया। एक ओर तो होल्कर को सूचित किया गया कि अंगरेजों के मित्रों पर आक्रमण सहन नहीं किया जायेगा दूसरी ओर उसके आन्तरिक मामलों में हस्तक्षेप किया गया।[39] जयपुर से होल्कर का चौथ वसूल करने का प्रयास ब्रिटिश सरकार ने एक चुनौती के रूप में लिया क्योंकि राजपूत शासक सहायक सन्धि स्वीकार कर चुके थे और युद्ध प्रारम्भ हो गया।

होल्कर ने मराठों की पुरानी व्यूह रचना का आश्रय लिया तथा छापामार प्रणाली द्वारा शत्रु को परेशान किया जा सकता था। कर्नल मोन्सन होल्कर के विरूद्ध सेना के एक दल का अध्यक्ष था। **होल्कर ने उसे कोटा से 30 मील दक्षिण मुकुंदराघाटी[40] में बुरी तरह पराजित किया तथा आगरा की ओर भागने को मजबूर कर दिया।** होल्कर ने 8 से 14 अक्तूबर तक दिल्ली को घेरे रखा किन्तु **लेफ्टिनेंट कर्नल औक्टर लोनी** ने नगर की सफलतापूर्वक प्रतिरक्षा की। यशवन्तराव होल्कर के सैनिक का एक दल डीग में परास्त हुआ एवं दूसरा दल जिसका वह स्वयं संचालन कर रहा था, भी जनरल लेक की सेना से हार गया। इस समय भरतपुर नरेश ने होल्कर को भरतपुर किले में शरण देकर सहायता की।

लार्ड लेक ने भरतपुर दुर्ग को जीतने के लिए 9 जनवरी से 21 फरवरी के मध्य चार बार आक्रमण किया किन्तु वह असफल रहा। अंगरेजों ने 10 अप्रैल 1805 की एक सन्धि द्वारा भरतपुर राजा को अपने पक्ष में कर लिया। भरतपुर में अंगरेजों की असफलता के लिए वेलेजली की कार्यप्रणाली को प्रधानमंत्री ने दोषी माना और उसे पद त्याग कर जाना पड़ा। वेलेजली के स्वदेश लौटने पर लार्ड कार्नवालिस को वृद्धावस्था में पुनः गवर्नर जनरल बनाकर भारत भेजा गया। किन्तु 5 अक्तूबर 1805 को भारत में ही उसकी मृत्यु हो गई। बाद में जार्ज बार्लो स्थानापन्न गवर्नर जनरल हुआ। **बार्लो ने नवम्बर 1805 में सिंधिया से एक सन्धि द्वारा ग्वालियर एवं गोहद (भिंड जिला, मध्य प्रदेश) लौटा दिये**। होल्कर को भरतपुर छोड़ना पड़ा और वह अमृतसर की ओर अग्रसर हुआ। अन्ततः **उसने 7 जनवरी 1806 को लार्ड लेक से सन्धि** कर ली जिसके अनुसार–टोंक, बूंदी, रामपुर, बुन्देलखण्ड, कूच एवं चम्बल के उत्तरी क्षेत्रों पर से अपना अधिकार छोड़ देना पड़ा। किन्तु सर जार्ज बार्लो (Sir George Barlow, 1805-07) की घोषणा से उसे अपने खोये हुए राज्य के अधिकांश भाग मिल गये। साथ ही टोंक, रामपुर भी होल्कर को प्रदान कर दिये गये और राजपूत राज्यों से ब्रिटिश संरक्षण हटा लिया गया।

तीसरा मराठा युद्ध (Third Maratha War, 1817-18): सर जार्ज बार्लो के उपरान्त लार्ड मिन्टो (Lord Minto, 1807-13) गवर्नर जनरल रहा जिसे भारत में तटस्थता एवं निर्हस्तक्षेप की नीति अपनाये जाने के आदेश मिले थे। लार्ड मिन्टो के शासन काल की महत्वपूर्ण घटना 1813 का चार्टर अधिनियम था। इस अधिनियम द्वारा ब्रिटिश संसद ने कम्पनी को 20 वर्ष के लिए पुनः चार्टर प्रदान किया। इसके द्वारा कम्पनी प्रदेशों पर इंग्लैण्ड की प्रभुसत्ता घोषित कर दी गई। कम्पनी का एकाधिकार समाप्त करके समस्त ब्रिटिश प्रजा को भारत में व्यापार करने का अधिकार दिया गया। भारतीय व्यापार एवं व्यवसाय को इस अधिनियम ने भारी आघात पहुँचाया।

लार्ड हेस्टिंग्स (Lord Hastings, 1813-23) का उद्देश्य: हेस्टिंग्स गवर्नर जनरल बनकर भारत आया, उसका उद्देश्य था मुगलों के स्थान पर भारत में अंगरेजी प्रभुसत्ता कायम करना एवं मराठा प्रभाव को पूर्णतः समाप्त करना।

कहा गया कि पेशवा अंगरेजों के विरूद्ध मराठा संघ को पुनः संगठित करने की चेष्टा कर रहा था। माउंट स्टुअर्ट एलफिंस्टन को गवर्नर जनरल ने 10 मई 1817 को आदेश दिया कि "वह पेशवा की शक्तियों को इस प्रकार सीमाबद्ध कर दे, जिसमें वह पूणे दरबार द्वारा बहुत वर्षों से अनुशरण की जाती हुई नीति के दौरान होने वाली बुराइयों को रोक दे।" **पेशवा से 13 जून 1817 को सन्धि की गई जिसके अनुसार उसे मराठा संघ की अध्यक्षता छोड़ देनी पड़ी।** सहायक सेना के लिए तैंतीस लाख रूपये की वार्षिक आय के भूभाग एवं अहमदनगर का दुर्ग अंगरेजों को सौंपने पड़े। महाराष्ट्र के बाहर पेशवा के समस्त प्रदेश ब्रिटिश सरकार को मिल गये। बिना अंगरेजों की पूर्व स्वीकृति के पेशवा ने किसी अन्य शासक से कोई सम्बन्ध या पत्र व्यवहार न करने का वायदा किया।

पहले से ही पेशवा बसीन की अपमानजनक सन्धि को सहन नहीं कर पा रहा था, इस पर 13 जून 1817 की पूणे सन्धि ने उस पर वज्रपात कर दिया। 5 नवम्बर 1817 को पेशवा ने पूणे स्थित ब्रिटिश रेजीडेंसी पर सहसा आक्रमण किया। विद्वानों की मान्यता है कि एलफिंस्टन ही इस युद्ध का मूल कारण था क्योंकि उसने ही कोल्हापुर को स्वतंत्र करवाया तथा त्रियंबक को पूणे में उपस्थित गायकवाड़ के मंत्री गंगाधर शास्त्री की हत्या का दोषी ठहराया। लार्ड हेस्टिंग्स की डायरी में 23 मार्च, 1817 तथा मई 28 की टिप्पणी[41] इस तथ्य का प्रमाण है कि पेशवा को उसकी सेना घटाने की बार–बार धमकी दी गई। एलफिंस्टन आक्रमण से बच गया और उसने अगले दिन पेशवा की सेना को पूणे से चार मिल दूर खड़की (Kirkee या किर्की) में पराजित किया। 16 नवम्बर 1817 को पेशवा यरवदा में भी हार गया और कोरगाँव एवं 20 फरवरी 1818 को आष्टी में पुनः उसकी सेनाओं ने हाथ खड़े कर दिये। अन्ततः 3 जून 1818 को सरजान मॉलकम के समक्ष उसने आत्म–समर्पण कर दिया। बाजीराव द्वितीय को 80 हजार पौण्ड वार्षिक पेंशन देकर कानपुर के समीप बिठूर में अपने अन्तिम दिन व्यतीत करने की आज्ञा दी।[42] सतारा के एक छोटे राज्य का स्वामी शिवाजी के वंशज प्रतापसिंह को बना दिया गया।

यशवंतराव होल्कर पागल हो गया और 20 अक्तूबर 1811 को उसकी मृत्यु हो गई। उसकी पत्नी तुलसीबाई बलराम सेठ एवं अमीर खाँ पठान के समर्थन से शासन संचालित करने लगी। किन्तु उसका भी वध कर दिया गया। 20 दिसम्बर 1817 को अंगरेजों ने महीदपुर में होल्कर की सेना को हराया। महीदपुर की पराजय के बाद बालक मल्हारराव द्वितीय ने 6 जनवरी 1818 में मंदसौर में सहायक सन्धि कर ली तथा राजपूत राज्यों से अपने अधिकार त्याग दिये और बूंदी के उत्तर एवं सतपुड़ा के दक्षिण के सभी प्रदेश कम्पनी को सौंप दिये। राज्य में एक सहायक सेना रखना स्वीकार किया और अपने

वैदेशिक सम्बन्ध अंगरेजों की मध्यस्थता के अधीन कर दिये। इन्दौर में अंगरेज रेजीडेन्ट रहने लगा तथा अमीर खाँ को टोंक का नवाब मान लिया गया।

अंगरेजों ने दौलतराव सिंधिया को भी 5 नवम्बर 1817 में ग्वालियर की सन्धि पर हस्ताक्षर करने को कहा और उसने पिण्डारियों के दमन हेतु कम्पनी सरकार का सहयोग करना स्वीकार किया।

रघुजी भोंसले की प्रजा पिण्डारियों एवं पठानों के आक्रमण से त्रस्त थी। उसका उपजाऊ प्रदेश बरार पूर्व सन्धि द्वारा निजाम को दे दिया था एवं मात्र नागपुर उसके पास रह गया। 22 मार्च 1816 को रघुजी का देहान्त हो गया एवं परसोजी उसका उत्तराधिकारी बना जो सर्वथा अयोग्य था। किन्तु उसका एक महत्वाकांक्षी चचेरा भाई अप्पा साहब अभिभावकत्व (रीजेंसी) प्राप्त करना चाहता था। 27 मई 1816 की सहायक सन्धि स्वीकार कर लेने से अंगरेजों ने अप्पाजी की माँग स्वीकार कर ली। सहायक सेना का व्यय 30 लाख रूपये वार्षिक निश्चित किया। इस दौरान परसोजी का वध हो गया। दूसरी ओर भोंसले की सेना पर अंगरेजों ने आक्रमण कर दिया और सीताबाल्दी के युद्ध में अप्पा साहब हार गया तथा 30 दिसम्बर 1817 को अंगरेजों से सन्धि कर ली।

नर्मदा नदी के उत्तर का सम्पूर्ण प्रदेश एवं बरार, गाविलगढ़, सरगूजा, जशपुर आदि समस्त किलों पर अंगरेज रेजीडेंट रहने लगा। आगे चलकर अप्पा साहब को विद्रोही घोषित कर दिया गया और उसने भागकर 1818 में रणजीतसिंह के यहाँ शरण ली, बाद में वह जोधपुर आ गया और वहीं उसकी मृत्यु हो गई।[43] रघुजी का नाती नागपुर का कठपुतली शासक बना दिया एवं आगे जाकर डलहोजी ने नागपुर को अंगरेजी राज्य में सम्मिमिल कर लिया। गायकवाड़ ने 21 अप्रैल 1805 में ही सहायक सन्धि स्वीकार कर ली थी और उसने कभी सन्धि भंग करने की चेष्टा नहीं की।

आंग्ल–मराठा युद्ध व सन्धियाँ

प्रथम आंग्ल–मराठा युद्ध (1775–1783 ई.)

- सूरत की सन्धि – 6 मार्च 1775
- पुरन्दर की सन्धि – मार्च 1776
- बड़गाँव की सन्धि – 15 जनवरी 1779
- सालबाई की सन्धि – 17 मई 1782

द्वितीय आंग्ल–मराठा युद्ध (1803–1805 ई.)

- बसीन की सन्धि (बेसीन) – 31 दिसम्बर 1802
- देवगाँव की सन्धि (देयगांव–एलिचपुर के निकट) – 17 दिसम्बर 1803
- सुर्जी अर्जुन गांव की सन्धि – 30 दिसम्बर 1803

तृतीय आंग्ल–मराठा युद्ध (1817–1818 ई.)

- ग्वालियर की सन्धि – 5 नवम्बर 1817, सिंधिया के साथ।
- मंदसौर की सन्धि – 6 जनवरी 1818, होल्कर के साथ।
- नागपुर की सन्धि – 1816, भोंसले के साथ।
- पूना की सन्धि – 13 जून 1817, पेशवा के साथ।

पिण्डारियों का दमन (Suppression of Pindaries, 1817-18): यह कहा जाता है कि एक पिंड नाम विशेष प्रकार के पेय पदार्थ के प्रयोग के कारण इनको पिण्डारी कहा जाने लगा। पिण्डारी किसी एक जाति अथवा धर्म से सम्बद्ध नहीं थे, बल्कि हिन्दू–मुस्लिम आदि सभी संवर्गो के लोग सम्मिलित थे। ये अपना नेता चुनाव द्वारा तय करते थे। पिण्डारियों के मराठा सेना में भाड़े के सैनिकों के रूप में कार्य करने की जानकारी मिलती है। इनको युद्ध के लूट के माल में से हिस्सा प्राप्त होता था। मराठा इन्हें वेतन नहीं देते थे बल्कि आस–पास के दूसरे राज्यों में इन्हें लूटने की छूट थी।[44]

लार्ड हैस्टिंग्स के आगमन के समय हैदराबाद, मध्य भारत एवं राजस्थान में इनका आतंक था। लार्ड वेलेजली के समय प्राचीन मराठा युद्ध शैली निरर्थक हो गई और इस बहुसंख्यक मराठा दल का कोई उपयोग नहीं रह गया था। इस तरह पिण्डारी लोग लुटेरे दलों में सम्मिलित होने के लिए बाध्य हो गये। पिण्डारियों ने 1812 में बुन्देलखण्ड पर आक्रमण कर अंगरेजों को सकते में डाल दिया। इन्होंने लार्ड हैस्टिंग्स के समय 1815 में निजाम के राज्य में भी लूटपाट की तथा

अगले वर्ष उत्तरी सरकारों (जिलों) पर आक्रमण कर दिया। डाइरेक्टरों ने लार्ड हैस्टिंग्स को पिण्डारियों के दमन की स्वीकृति प्रदान करते हुए लिखा था कि "ऐसे लुटेरों से शान्ति प्रिय जनता की रक्षा करना हमारा कर्त्तव्य है जिसे कोई भी असुविधा की सीमा हमें पूरा करने से नहीं रोक सकती।"[45] पिण्डारियों के दमन से पूर्व लार्ड हैस्टिंग्स ने योजनाबद्ध तरीके से उनके समर्थकों को सन्धियों द्वारा अपने पक्ष में कर लिया। चार्ल्स मेटकॉफ को उत्तरी शासकों के साथ, तथा जान मालकम (John Malcolm) को दक्षिण में यह कार्य सौंपा। मेटकॉफ ने कोटा, बून्दी, भोपाल, उदयपुर, जोधपुर एवं जयपुर शासकों के साथ सन्धियाँ की। इसी प्रकार सिंधिया, नागपुर, हैदराबाद आदि के साथ भी ऐसी ही सन्धियाँ की गईं। लार्ड हैस्टिंग्स ने 1.16 लाख जवानों की सेना तैयार की जिसे नौ डिविजनों में विभक्त किया। मोटे–तौर पर सेना को दो भागों में बाँटा गया, उत्तरी सेना के चार डिविजनों का संचालक आक्टर लोनी था और स्वयं हैस्टिंग्स भी समय–समय पर सेना का नेतृत्व करता रहा। दक्षिण की सेना का दायित्व सर टामस हिस्लोप को सौंपा गया। जान मालकम, सर टामस का सहायक सेनापति था। सेना का नियोजन इस तरीके से किया कि मराठा रियासतों की सेना पिण्डारियों को सहयोग नहीं दे सकें।[46] उनके नेताओं का नाम चीतू, करीम खाँ तथा वासिल मुहम्मद था।

16 अक्तूबर को पिण्डारियों के विरूद्ध कार्रवाई प्रारम्भ की और दिसम्बर 1817 तक इनका उन्मूलन कर दिया गया। समस्त पिण्डारी नेताओं ने 18 फरवरी 1818 को आत्मसमर्पण कर दिया। करीम खाँ को गोरखपुर के निकट गवासपुर की जागीर प्रदान कर दी। वसील मुहम्मद जेल में ही मर गया। चीतू जगलों में भाग गया था और जंगली जानवरों का शिकार बना। विद्रोहियों का एक छोटा दल पठानों का था। राजस्थान के पठानों का नेता अमीर खाँ तथा उसका बहनोई गफूर खाँ था। अमीर खाँ ने आत्मसमर्पण कर दिया अतः उसे टोंक की जागीर प्रदान की गई एवं गफूर खाँ को होल्कर राज्य में जावरा का जागीरदार बना दिया। विद्वानों की मान्यता है कि पिण्डारियों का दमन मराठा सत्ता के पतन का अन्तिम दृश्य था।

मराठा शक्ति के विघटन के कारण: मराठों के पतन पर विद्वानों ने अलग–अलग ढंग से विश्लेषण किया एवं इसके कारणों की समीक्षा करने का प्रयास किया है। यहाँ हम कुछ महत्वपूर्ण तथ्यों का विवेचन करेंगे जिनके कारण मराठों का पतन अवश्यंभावी हो गया था।

राजनीतिक कारण: पानीपत युद्ध में मराठों की भूमिका की चर्चा करते हुए एक स्थान पर शेजवाल्कर ने लिखा है कि वे (मराठे) प्रसारात्मक उद्देश्य की पूर्ति के लिए नहीं अपितु एक सिद्धान्त "भारत भारतीयों के लिए हो तथा भारतीयों द्वारा शासित हो।" की रक्षार्थ लड़े। किन्तु अनेक विद्वानों ने इस मत को सही नहीं माना है। हाँ यह अवश्य कहा जाता है कि मराठों का लक्ष्य पतनोन्मुख मुगल साम्राज्य को पुनर्जीवित करना अवश्य रहा था।[47] उन्होंने सम्पूर्ण भारत में मराठा सत्ता स्थापित करना अपना लक्ष्य कभी नहीं बनाया। उनमें राष्ट्रीयता की भावना का पूरी तरह विकास नहीं हो पाया। शिवाजी ने मुगलों के अत्याचार से जनता की रक्षा करने का दायित्व स्वीकार किया था अब वे स्वयं उस सत्ता के संरक्षक एवं जनता के लिए संकट का कारण बन गये थे।[48] अंगरेजों की भारत विजय की चर्चा करते हुए कार्ल मार्क्स के विचारों को उद्धृत करते हुए ए.आर. देसाई ने लिखा है कि भारत में अंगरेजी प्रभुत्व की स्थापना आखिर कैसे हुई? महान मुगलों की अधीश्वर सर्वोपरि शक्ति खण्डित की मुगल राजप्रतिनिधियों ने और इन राजप्रतिनिधियों की शक्ति खण्डित की मराठों ने। मराठों की ताकत अफगानों ने खत्म की और जब–सब एक दूसरे के खिलाफ लड़ रहे थे, तब अंगरेज आ पड़े और वे सबको दबा सकने में सफल हो सके। देश पहले से ही मुसलमानों और हिन्दुओं के ही बीच नहीं वरन् जनजातियों और जातियों में विभक्त था। यह समाज ऐसे सन्तुलन पर आश्रित था जिसका आधार था सदस्यों का पारस्परिक विकर्षण और वैधानिक पार्थक्य। ऐसा देश और समाज तो मानो विजय का पूर्व निश्चित भक्ष्य था।[49] साम्राज्य विस्तार की जिस भावना से अंगरेज भारत में लड़ रहे थे वैसी ही राष्ट्रीय सुरक्षा के उच्चतम लक्ष्य से मराठे नहीं लड़ पाये थे, बल्कि वे आपस में ही लड़ते रहे तथा एक दूसरे को नीचा दिखाने एवं व्यक्तिगत स्वार्थ में फंसे रहे। राष्ट्रीयता की भावना के अभाव में भारतीयता एक विदेशी सत्ता के साम्राज्यवाद का मुकाबला नहीं कर सकी।[50]

डॉ. जैन ने ठीक ही लिखा है कि उस समय के राजनीतिक तत्वों में ये कल्पना नहीं हो सकती थी कि वे किसी एक भारतीय राज्य के लिए संघर्ष कर रहे थे अथवा अंगरेज किन्हीं अर्थों में मुगल साम्राज्य से भिन्न थे। पूरे 100 वर्षों तक यदि मुगल साम्राज्य पतनोन्मुख अवस्था में चलता रह सकता था और भारतीय राज्य की कोई पृथक कल्पना ही विभिन्न राजनीतिक शक्तियों में नहीं थी तब अंगरेज साम्राज्य का विस्तार उन्हें पददलित मुगल साम्राज्य से अधिक अच्छा लगा। मराठों की

सबसे बड़ी असफलता और उनकी पराजय का सबसे बड़ा कारण यह राजनीतिक अदूरदर्शिता का अभाव था।[51] शिवाजी की मृत्यु के बाद पुनः जागीर प्रथा को प्रश्रय दिये जाने से राज्य में एक अत्यन्त विच्छेद कारक शक्ति का प्रवेश हो गया।

योग्य नेतृत्व का अभाव: अंगरेजों की तुलना में मराठों में योग्य नेताओं एवं कूटनीतिज्ञों का अभाव सा रहा। पेशवा माधवराव द्वितीय की मृत्यु के बाद बाजीराव द्वितीय को सत्ता प्राप्त हुई। वह बुद्धिहीन एवं अयोग्य था। प्रथम आंग्ल–मराठा युद्ध के दौरान अंगरेजों से युद्ध समाप्त कर सन्धि कर पाना महादजी सिंधिया के कारण संभव हुआ। 1794 एवं 1800 में सिंधिया एवं नाना फड़नवीस की मृत्यु हो गई और परवर्ती मराठा सरदार नेतृत्व गुण से विहिन थे परिणामतः वेलेजली, लार्ड हैस्टिंग्स एवं एलफिंस्टन, मेलकम जैसे कूटनीतिज्ञों का मुकाबला नहीं कर पाये। एलफिंस्टन ने लिखा था कि अंगरेजों के सौभाग्य से बाजीराव द्वितीय, दौलतराव सिंधिया और यशवंतराव होल्कर में इतनी योग्यता व साहस नहीं था कि वे संकट के समय में अंगरेजों का सफल प्रतिरोध कर सकते।

मराठा नेताओं की दूसरी बड़ी कमी विजित क्षेत्रों में प्रशासनिक व्यवस्था की स्थापना का अभाव कहा जा सकता है। मराठों की आमदनी का प्रमुख स्त्रोत राज्यों से चौथ एवं सरदेशमुखी वसूल करना था। किन्तु जीते हुए प्रदेश में प्रशासनिक व्यवस्था की स्थापना, न्याय एवं शिक्षा के विकास की ओर ध्यान नहीं दिया।

सैन्य व्यवस्था: मराठा सैन्य व्यवस्था भी मराठा शक्ति के विघटन का एक प्रमुख कारण बनी। कुछ विद्वानों ने यह विचार रखा है कि मराठों ने परम्परागत गुरिल्ला पद्धति (छापामार प्रणाली) को त्याग दिया था परिणामतः उत्तर भारत के अभियानों में विशेषकर अब्दाली एवं अंगरेजों के विरूद्ध सफलता नहीं मिली। स्पष्ट है कि गुरिल्ला पद्धति में महाराष्ट्र एवं भारत के पश्चिमी तट प्रदेशों में ही सफलता अर्जित की जा सकती थी, उत्तर के मैदानों के लिए यह पद्धति उपयोगी नहीं थी। प्रारम्भ में शिवाजी के कुशल नेतृत्व में आधुनिक हथियारों की कमी होते हुए भी मराठों का मनोबल इतना उच्च था कि अपने से कहीं अधिक प्रबल शत्रु का सामना कर पाये। यदुनाथ सरकार ने ठीक ही कहा है कि यूरोपीय सेनाओं की वास्तविक शक्ति उनके ज्ञान और चरित्र बल में छिपी थी, न कि उत्तम शस्त्रों में। इसके अतिरिक्त मराठे यूरोपीय सैनिक प्रणाली में होने वाले क्रान्तिकारी परिवर्तनों से अनभिज्ञ रहे। वे उत्तम शस्त्र ढालने में अक्षम रहे जैसे अंगरेज ढाल सकते थे। मराठों के किले भी अंगरेजी तोपों के सामने बेकार सिद्ध हुए। सरदेसाई ने इस तथ्य को स्पष्ट करते हुए लिखा है कि संक्षेप में राष्ट्र की स्वाधीनता तथा स्वातन्त्र्य को केवल निपुण सेनाएँ ही सुरक्षित रख सकती है–अर्थात् वे सेनाएं जिनके सैनिक सुशिक्षित हैं, जो नवीनतम अस्त्र–शस्त्रों से सुसज्जित हैं तथा जिनके सेनापति योग्य हैं। राष्ट्र के रूप में मराठों में युद्ध के इस परमावश्यक आधार का अभाव था। इसकी अपेक्षा उनके समस्त अन्य दोष नगण्य हैं।[52]

पतनोन्मुख सामाजिक ढाँचा: मराठा समाज में व्याप्त दो बुराइयों की ओर ध्यान आकृष्ट करते हुए सरदेसाई ने लिखा है यदि किसी पिता ने अपने को योग्य व्यक्ति सिद्ध कर दिया तो यह आवश्यक नहीं कि उसका पुत्र या पौत्र भी उतना ही योग्य निपुण सिद्ध होगा। 40 दिन के शिशु माधवराव द्वितीय को पेशवा पद पर बैठा दिये जाने का परिणाम शोचनीय हुआ। साथ ही ब्राह्मण शासकों ने प्रतिक्रियावादी शक्तियों को प्रेरणा दी तथा समाज के पुनरूज्जीवन के लिए सुधारों का वीरतापूर्वक समर्थन करने के स्थान पर जीर्ण–शीर्ण प्रथाओं को प्रोत्साहन दिया। इस दोष के कारण अलग होने की प्रवृत्ति उत्पन्न हो गयी तथा अनेक मराठा सरदार राज्य की सेवार्थ सामान्य संकट के समय एक दूसरे का साथ न दे सके।[53]

किन्तु सरदेसाई के इस कथन से मराठा इतिहासकार खरे एवं केलकर सहमत नहीं हैं। उनके विचार में व्यक्तिगत स्वार्थ मराठा साम्राज्य के पतन के लिए अधिक जिम्मेदार था। जैसाकि बाजीराव द्वितीय के समय दौलतराव सिंधिया व यशवन्तराव होल्कर की गतिविधियाँ व्यक्तिगत स्वार्थ से प्रेरित थीं। बाजीराव द्वितीय ने भी निजी स्वार्थों को दृष्टिगत रखते हुए अंगरेजों की सहायता लेने का निश्चय किया था।

अनिश्चित आर्थिक संसाधन: मराठों ने अपने विशाल राज्य के आर्थिक विकास की ओर ध्यान नहीं दिया। उनकी आय के साधन सदैव अनिश्चित एवं अस्थिर रहे। प्रत्येक मराठा सरदार अन्य प्रदेशों से जबरन चौथ एवं लूट द्वारा राजकीय प्रभार को चुकाया करते थे। इस व्यवस्था से मराठे न केवल विपन्न रहे बल्कि उन्हें बदनाम भी कर दिया। आर्थिक दृष्टि से संक्रमण में गुजर रहे मराठों के लिए साधन सम्पन्न अंगरेजी कम्पनी के समक्ष टिक पाना कठिन हो गया। मराठा सरकार को कृषि विकास एवं सिंचाई सुविधाओं की ओर ध्यान देकर नियमित राजस्व की व्यवस्था करनी चाहिए थी। सेना के नियमित वेतन न मिलने से सेना में सदैव असन्तोष बना रहा। नियमित वेतन के अभाव में मराठा अधिकारियों एवं कार्मिकों में भ्रष्टाचार व्याप्त हो गया जिससे जनता त्रस्त थी।

अविकसित भारतीय राष्ट्रीयता: अंगरेजों ने लम्बी दूरी पार करके भारत में राज्य स्थापित किया। उनमें राष्ट्रीय भावनायें कूट–कूट कर भरी थीं जिसके बल पर भारत जैसे विशाल देश में कुछ सीमित लोग अपनी सत्ता स्थापित करने में सफल हुए। ब्रिटिश काल में एक भी ऐसा अंगरेज नहीं हुआ जिसने अपने राष्ट्र के साथ विश्वासघात किया हो जबकि भारतीयों ने ऐसी उज्जवल निष्ठा का परिचय नहीं दिया। ए.आर. देसाई ने लिखा हैः अंगरेजों की भारत विजय के सम्पूर्ण इतिहास में शायद ही कोई अंगरेज मिलेगा जिसने भारत में अंगरेजों के स्वार्थ के प्रति गद्दारी की हो यद्यपि सैकड़ों हिन्दुस्तानी मिलेंगे, राजे–रजवाड़े, सिपहसालार, वणिक जो अंगरेजों से मिल गए और जिन्होंने भारत पर उनका प्रभुत्व कायम करने में मदद की। इसमें रंचमात्र भी आश्चर्य नहीं कि पूंजीवादी ब्रिटेन ने असंयुक्त सामन्ती भारत पर आसानी से विजय हासिल कर ली।[54]

गुप्तचर व्यवस्था एवं भौगोलिक जानकारी का अभाव: अंगरेजों की गुप्तचर व्यवस्था बड़ी चुस्त थी। वे मराठों के विषय में सब कुछ जानकारी रखते थे जबकि मराठे अंगरेजों की गतिविधियों से अनभिज्ञ रहे। युद्ध में विजय प्राप्त करने के लिए भौगोलिक जानकारी भी अपेक्षित होती है। मराठे इस देश के निवासी होते हुए भी अपने क्षेत्रों का समुचित ज्ञान नहीं रख सके जबकि अंगरेज मराठा प्रदेश की भौगोलिक स्थिति की पूरी जानकारी करके ही अग्रसर होते थे।

नाना फड़नवीस का दायित्व: मराठों की पराजय के लिए नाना फड़नवीस को दोषी माना जाता है। कुछ विद्वानों के अनुसार मराठा संघ की असफलता का सबसे अधिक उत्तरदायित्व नाना फडनवीस की नीतियों पर हैः नाना का लक्ष्य केवल दक्षिण भारत तक सीमित था उसके लिए निजाम और टीपू ही मुख्य शत्रु थे। वह अंगरेज समर्थक था। 1790 में अंगरेजों का साथ देकर उसने टीपू की शक्ति को कुचल दिया। उसने अंगरेजों के साथ 1790–98 में सन्धि करने का प्रस्ताव किया।

भारतीय शासकों के पराभव के सामान्य सिद्धान्त: अंगरेज सैनिक एवं अन्य अधिकारी रणनीति तथा सामरिक महत्व की जानकारी में निपुण और प्रशिक्षित थे। उनकी सेना में पूर्ण अनुशासन था। इसके विपरीत भारतीय राजाओं की सेना अनुशासनहीन थी। भारतीय सिपाही वीर एवं योग्य होते हुए भी अंगरेजों की तुलना में अनाड़ी रहे। अपनी बन्दूकें एवं तोपें नष्ट होने पर अंगरेज उनकी पूर्ति जल्दी कर लेते थे, किन्तु भारतीय शासकों के लिए ऐसा करना संभव नहीं हो पाता था। साथ ही भारतीय सैनिकों को आधुनिक तोपें एवं बन्दूकें चलाने की शिक्षा देने हेतु वांछित प्रशिक्षक उपलब्ध नहीं थे। यद्यपि हैदर, टीपू, महादजी सिंधिया ने यूरोपियन प्रशिक्षकों को नियुक्त किया था, किन्तु ऐसा प्रयास अपर्याप्त ही रहा। भारत में कुशल एवं योग्य सेनापतियों की कमी नहीं थी, जैसे हैदरअली, महादजी सिंधिया, रणजीत सिंह आदि ने अपनी सेना का कुशल नेतृत्व प्रदान किया तथापि भारतीय सेना में सहायक सेनापतियों का अभाव रहा। भारतीयों के लिए यह दुर्भाग्य रहा कि अपने नेता की मृत्यु पर सेना की अफरा–तफरी पराजय को सुनिश्चित कर देती थी। प्लासी एवं श्रीरंगपट्टम के युद्ध इसके उदाहरण हैं। अंगरेजों की सफलता में उनकी जलशक्ति (नौ सेना) का महत्वपूर्ण योगदान रहा। अंगरेजों के पास बम्बई, कलकत्ता एवं मद्रास जैसे सुदृढ़ बन्दरगाह थे जो उनकी सफलता के महत्वपूर्ण उपादान बने। इंग्लैण्ड से भारत की अंगरेज सरकार को समुद्री मार्ग द्वारा सहायता मिलती रहती थी। अंगरेज अपने शत्रुओं की खामियों की पूरी जानकारी रखते थे और उन्होंने भारतीय प्रतिस्पर्द्धा एवं फूट का पूरा लाभ उठाया। मराठा सरदारों में परस्पर द्वेष उत्पन्न कर उनकी शक्ति का दमन किया, मराठा वही शक्ति थी जिसका एक समय लगभग आधे भारत पर प्रभुत्व था। डॉ. ताराचंद ने लिखा है कि 18वीं सदी के शासक वर्ग के नैतिक पतन ने एक विदेशी कम्पनी को भारत में सत्ता स्थापित करने का अवसर प्रदान किया।

भारतीय समाज में विविध धर्मों एवं संवर्गों के लोग निवास करते थे, किन्तु अंगरेजों ने प्रारम्भ में भारतीय समाज में टकराव की स्थिति नहीं आने दी। अतः भारतीयों ने भी अंगरेजों का विरोध नहीं किया। उस समय भारतीय जनता की राजनीतिक स्वतंत्रता की अपेक्षा सामाजिक एवं धार्मिक स्वतंत्रता में अधिक रूचि थी और जनता अंगरेजों के विरोध में खड़ी नहीं हुई। कहा जाता है कि जापान में भी अनेक यूरोपीय शक्तियों ने उसी समय प्रवेश किया था, किन्तु जापानियों ने शीघ्र ही अपने में इतने सुधार एवं परिवर्तन कर लिए कि विदेशी शक्तियाँ वहाँ अपना वर्चस्व स्थापित करने में सफल नहीं हुईं। ऐसी ही कुछ सुधार एवं परिवर्तन की अपेक्षा भारतीयों से थी।

संदर्भ

1. डॉडवेल, *द कैम्ब्रिज हिस्ट्री ऑफ इण्डिया*, पृ. 252
2. सरदेसाई, *मराठों का नवीन इतिहास*, जि. 3, पृ. 3
3. सरदेसाई, वही, जि. 3, पृ. 33
4. सरदेसाई, वही, पृ. 33
5. *भारत का वृहत् इतिहास*, जि. 3, पृ. 47
6. सरदेसाई, वही, जि. 3, पृ. 52
7. सरदेसाई, वही, जि. 3, पृ. 63
8. सरदेसाई, वही. पृ. 92.

9. जैन, *आधुनिक भारत का इतिहास*, पृ. 88
10. देवधर, *नाना फड़नवीस* (शोध ग्रंथ)
11. सरदेसाई, वही, जि. 3, पृ. 109
12. सरदेसाई, वही, पृ. 117–118
13. स्मिथ, *आक्सफोर्ड हिस्ट्री ऑफ इण्डिया*, पृ. 511
हैस्टिंग्स ने स्वयं भी लिखा था, *The Making of British India*, p. 153
I won one member (Nizam) of the great Indian confederacy from it by an act of reasonable restitution, with another (Mudoji B. Honsala) I maintained a secret intercourse, and converted him into a friend; a friend; a third (Mahdaji Sindhia) I drew off by diversion and negotiation and employed him as the instrument of peace.
14. सरदेसाई, वही, पृ. 145–46
15. सरदेसाई, वही, पृ. 207
16. मिश्र, *आधुनिक भारत का इतिहास*, पृ. 240
17. लालसोट जयपुर से 30 मील दक्षिण पूर्व में स्थित है।
18. सरदेसाई, वही, पृ. 154
19. स्मिथ, वही, पृ. 490
20. सरदेसाई, वही, पृ. 275
21. सरदेसाई, वही, जि. 3, पृ. 277
22. स्मिथ, वही, पृ. 490
23. डॉडवेल, *द कैम्ब्रिज हिस्ट्री ऑफ इण्डिया*, पृ. 369
24. सरदेसाई, वही, जि. 3, पृ. 368–69
25. डॉ. जैन, वही, पृ. 99
26. सरदेसाई, वही, जि. 3, पृ. 370
27. *भारत का वृहत् इतिहास*, जि. 3, पृ. 70
28. *भारत का वृहत् इतिहास*, पृ. 68–69
29. *भारत का वृहत् इतिहास*, जि. 3, पृ. 70
30. डॉडवेल, वही, पृ. 373
31. रॉबर्टस, पी.ई., *ब्रिटिश कालीन भारत का इतिहास*, पृ. 202–03
32. सरदेसाई, वही, जि. 3, पृ. 408
33. ओवेनकृत वेलिंग्टन के पत्र, पृ. 350, सरदेसाई, वही, पृ. 417 से उद्धृत
34. महाराष्ट्र में औरंगाबाद से 45 मील दूर स्थित है।
35. लासवाड़ी भरतपुर में दक्षिण में लगभग 20 मील दूर स्थित है।
36. एलिचपुर के निकट देयगाँव स्थित है।
37. डॉडवेल, वही, पृ. 594
38. *भारत का वृहत् इतिहास*, जि. 3, पृ. 74
39. डॉ. जैन, वही, पृ. 103
40. मुकंदरा कोटा से 30 मील दक्षिण दिल्ली–बोम्बे लाइन पर स्थित है।
41. रेम्जेम्यूर, *द मेकिंग ऑफ ब्रिटिश इण्डिया*, पृ. 275–76
42. रॉबर्ट्स, पी.ई., वही, पृ. 224
43. डॉडवेल, वही, पृ. 381
44. सरदेसाई, वही, जि. 3, पृ. 498
45. रेम्जेम्यूर, वही, पृ. 260–61
46. रॉबर्ट्स, पी.ई., वही, पृ. 221
47. सरदेसाई, वही, जि. 3, पृ. 168–69
48. जैन, वही, पृ. 105
49. देसाई, ए.आर. *भारतीय राष्ट्रवाद की सामाजिक पृष्ठभूमि*, पृ. 25
50. ताराचंद, *हिस्ट्री ऑफ द फ्रीडम मूवमेंट इन इण्डिया*, जि. 1
51. डॉ. जैन, वही, पृ. 106
52. सरदेसाई, वही, जि. 3, पृ. 539
53. सरदेसाई, वही, जि. 3, पृ. 540
54. देसाई, ए.आर., वही, पृ. 27.

7

रणजीतसिंह की उपलब्धियां, पंजाब तथा आंग्ल-सिक्ख युद्ध

(Achievements of Ranjit Singh, Punjab and Anglo-Sikh War)

ईसा की सोलहवीं तथा सत्रहवीं शताब्दी में क्षत्रिय कुल में पैदा हुए गुरू नानक तथा बाद में गुरू गोविन्द सिंह ने अपना धार्मिक सम्प्रदाय स्थापित किया और जाटों में तथा मुख्यतः सतलज नदी के दक्षिणी भूभाग में धर्म सुधार के उद्देश्य से अपने मत का प्रचार करने के लिए कुछ शिष्यों को दीक्षित किया। यही 'शिष्य' शब्द आगे चलकर सिक्ख में परिवर्तित हो गया और सिक्खों की एक जाति ही बन गयी। गुरू नानकदेव (1469 ई. से 1539 ई.) का जन्म कालूदेव जी व माता तृप्ता के यहां पंजाब के तलवंडी में हुआ। उनका विवाह सुलक्षणी से हुआ था। उनके बाद नौ शिष्य हुए जो इस प्रकार हैंः अंगद (1539–1552 ई.), अमरदास (1552–1574 ई.), रामदास (1574–1581 ई.), अर्जुनदेव (1581–1606 ई.), हरगोविन्द (1606–1645 ई.), हरराय (1545–1661 ई.), हरकिशन (1661–1664 ई.), तेगबहादुर (1664–1675 ई.), गोविन्द सिंह (1675–1708 ई.), गोविन्द सिंह का शिष्य बन्दा बहादुर (1708–1716 ई.) ने प्रथम सिक्ख राज्य की स्थापना की थी। गुरु अर्जुनदेव ने आदिग्रंथ की रचना 1604 में की। सिंधु के मैदान से कराकुरम पहाड़ियों तक एवं दिल्ली से पेशावर तक समूचा भूभाग उनके प्रभाव क्षेत्र में आ गया। इस प्रकार 28° उत्तरी अक्षांश से लेकर 36° उत्तरी अक्षांश तक तथा 71° पूर्वी देशान्तर से लेकर 77° पूर्वी देशान्तर के बीच का क्षेत्र उनके प्रभाव क्षेत्र में था और यदि पानीपत से खैबरदर्रा तक एक आधार खींच दिया जाए तो इसकी लम्बाई 450 मील होगी, जिस पर दो प्रायः अनुरूप त्रिभुज बनेंगे और महाराजा रणजीतसिंह द्वारा जीते गये एवं सिक्खों का निजी प्रदेश इन्हीं त्रिभुजों के अन्तर्गत आ जायेंगे।[1]

मुगल शासन ने गुरू नानक की शिक्षाओं को इस्लाम विरोधी माना था। औरंगजेब ने गुरू तेगबहादुर एवं मुस्लिम सन्त आदम हाफिज को मुस्लिम बागियों को शरण दिये जाने के अपराधों में बन्दी बना लिया। आदम हाफिज को देश से बाहर निकाले जाने की सजा दी गई और तेगबहादुर को 1675 ई. में प्राणदण्ड दिया गया। तेगबहादुर के पुत्र एवं उनके उत्तराधिकारी दसवें गुरू गोविन्द पर इस निर्मम कृत्य से भारी आघात पहुँचा। उन्होंने सिक्खों को सैन्य रूप में संगठित करने का निश्चय किया। सिक्खों को एकता के सूत्र में बाँधने के लिए 1699 ई. में व्यक्तिगत गुरूत्व का सिद्धान्त समाप्त करके **'खालसा' प्रजाधिपत्य** की स्थापना की। उसी समय केश, कंघा, कृपाण, कड़ा एवं कच्छा को सिक्खों की विशिष्ट वेशभूषा के रूप में स्वीकार किया। गुरू गोविन्द के प्रयासों से सिक्खों में अपने अस्तित्व को बनाये रखने का भाव जागृत हुआ।[2]

'खालस' या 'खालीस' अरबी भाषा का शब्द है जिसका प्रयोग 'शुद्ध', 'विशेष' आदि अर्थों में होता है। इस प्रकार खालस शब्द '**गोविन्द जी के राज्य**' को अर्थ दे सकता है या इससे तात्पर्य यह लिया जा सकता है कि सिक्ख ईश्वर द्वारा चुनी हुई जाति है। मार्च 1748 ई. में विभिन्न दलों ने मिलकर '**दल खालसा**' संगठन की नींव रखी। दल खालसा के कुल 12 जत्थे (मिसलें) थे। बारह मिसलें इस प्रकार थीं: **भांगी** (भांग पीने वाले), **निशानिया** (शहीद या योद्धा के वंशज), **रामगढ़िया** (रामगढ़ के), **नक्कई** (नकाई स्थान के), **अहलुवालिया** (एक गाँव जहाँ खालसा ने घोषणा की), **घनई या कन्हेया, करोड़ासिंहिया, सुकरचकिया** (सुकेरचुकिया–यह सरदारों का गाँव था), **दल्लेहवाला** (दलेवालिया–सरदारों का एक गाँव), **फीजुलपुरिया** (फेजुल्लापुरिया या सिंह पुरिया) एवं **फुलकिया**।[3] इन मिसलों के नेताओं का सूत्र अमृतसर में आयोजित होने वाला वार्षिक सम्मेलन '**सरबत खालसा**' था। इसके अतिरिक्त मिसलों के सरदार भी साल में एक बार मिलते थे जिसे गुरू मथ्था (गुरूमता) कहते थे।

गुरू गोविन्द सिंह द्वारा 'दल खालसा' की स्थापना सिक्खों के इतिहास की महत्वपूर्ण घटना थी।[4] इस प्रकार यह धार्मिक आन्दोलन से पृथक धर्म बन गया और एक पृथक फिरके से सम्प्रदाय में परिणित हो गया और एक 'स्वान्तः सुखाय' निर्वाण प्राप्ति के धार्मिक विचारों से बदलता–बदलता यह एक सामाजिक व राजनीतिक आन्दोलन का रूप ग्रहण कर गया।[5]

उल्लेखनीय है कि पाँच मिसलें ही शक्तिशाली थीं: **सुकरचकिया, कन्हेया, नकाई, अहलुवालिया व भांगी**। इनमें भांगी सबसे शक्तिशाली थे। उनका अमृतसर, लाहौर, पश्चिमी पंजाब के कुछ इलाकों पर अधिकार था।

रणजीतसिंह: रणजीतसिंह का जन्म सुकरचकिया (Sukarchakia) मिसल के नेता महासिंह के यहाँ 13 नवम्बर 1780 ई. में हुआ। उनकी माता राजकौर जींद घराने की थीं। उसके भाई फागनसिंह एवं दौलतसिंह ने उसे शिक्षित करने का पूरा प्रयास किया पर वे असफल रहे यद्यपि उसे खेलकूद तथा युद्ध कला में काफी रूचि थी जिसके आधार पर उसका भावी जीवन बना।[6] रणजीत की तीक्ष्ण बुद्धि एवं बहादुरी ने लोगों को प्रभावित किया। उसके पिता की उसके सम्बन्ध में ऊँची राय थी, जिसे वह कई आक्रमणों में अपने साथ ले गया। उसने कहा था: गुजरानवाला राज्य मेरे वीर लड़के के लिए छोटा पड़ेगा। एक दिन वह अपने लिए एक बड़ा साम्राज्य तैयार कर लेगा।[7] जीवन के प्रारम्भ में उसे अत्यधिक संघर्ष करना पड़ा। पाँच वर्ष की अवस्था में रणजीत के पिता ने उसकी सगाई जयसिंह कन्हेया की पोती से कर दी थी। पुत्र विहीन पिता की मृत्यु पर यह लड़की कन्हेया मिसल के प्रदेशों की शासक बन गई। अपनी पत्नी द्वारा रणजीत को वह सब प्रदेश मिल गये। बारह वर्ष की अवस्था में ही (1792 ई.) उनके पिता चल बसे। अल्पायु में सरदार बन जाने से उसे अपनी सास सदाकौर के निर्देशन में कार्य करना पड़ा। 1792 से 1797 तक एक प्रतिशासन परिषद् (Council of Regency) जिसमें रणजीत की माता, सास सदाकौर और दीवान लखपतराय ने शासन संचालित किया, 1797 में उसे सत्ता हासिल हुई। 1796 ई. में काबुल के जमानशाह ने पंजाब क्षेत्र पर आक्रमण किया। किन्तु उसे आन्तरिक विद्रोह के कारण शीघ्र ही अफगानिस्तान लौटना पड़ा। अगले वर्ष जमानशाह ने सिक्खों को सजा देने के लिए पुनः हमला किया। अब सिक्खों का नेतृत्व रणजीतसिंह कर रहा था। उसने अफगान सेना को अमृतसर में भारी आघात पहुँचाया और लाहौर तक उसका पीछा किया। इस तरह अफगानों से सिक्ख सरदारों ने अपने खोये प्रदेश वापस प्राप्त कर लिए। इन दो संघर्षों की सफलता ने रणजीतसिंह को सिक्खों का नेता बना दिया। इस प्रकार उन्नीस वर्ष की अवस्था में उसने राजा की उपाधि ग्रहण की एवं **काबुल के जमानशाह ने भी उसे सूबेदार (गवर्नर) मान लिया**। इस घटना से एक "**आश्चर्यजनक रूप में सफल सैनिक जीवन**" का प्रारम्भ हुआ, जिसके वीरतापूर्ण कामों के फलस्वरूप पंजाब में अफगान प्रभुत्व विनष्ट हो गया तथा सिक्खों के एक मजबूत राष्ट्रीय राजतंत्र का निर्माण हुआ। रणजीत ने शीघ्र ही अफगानों का जुआ उतार फेंका।[8]

रणजीतसिंह ने अपनी शक्ति का विस्तार करने के लिए तीन महत्वपूर्ण कार्य किये जिनका उल्लेख करना प्रासंगिक होगा। उसने सर्वप्रथम अपनी सत्ता को सुदृढ़ करने हेतु वैवाहिक सम्बन्धों की स्थापना की। रणजीतसिंह के कई रानियाँ थीं। छोटी–छोटी मिसलों का सहयोग प्राप्त करने के लिए उसने कई शादियाँ कीं। डा. सिन्हा ने लिखा है: वैवाहिक सम्बन्ध स्थापित करके रणजीतसिंह ने अपना पक्ष प्रभावशाली बना लिया। अहलुवालिया मिसल के नेता फतहसिंह ने रणजीतसिंह से मैत्री सम्बन्ध बनाये। इस प्रकार रणजीतसिंह का उत्थान राजनीतिक मैत्री एवं विवाह सम्बन्धों की सहायता से हुआ।[9] अतः सर ग्रीफिन[10] द्वारा रणजीतसिंह को व्यभिचारी कहना सर्वथा अनुचित ही नहीं पूर्वाग्रहपूर्ण भी है।

अगनी शक्ति में वृद्धि करने के लिए उसने प्रादेशिक विस्तार की नीति अपनाई। 1005 ई. लगभग जग्गू, नरवल, मिरोवल, अकलगढ़, पिंडी, भाटिया, धन्नी, फगवाड़ा, जिंद, कर्ला, कठिया आदि को अपने प्रभाव क्षेत्र में लिया और कुछ को अपने अधीनस्थ बना लिया। 1806 से 1809 ई. के मध्य कसूर, पठानकोट, जसरोटा, छम्ब, बसोली, शेखपुरा, गुजरात (चिनाब के किनारे स्थित) कांगड़ा पर भी उसका अधिकार हो गया और कुछ राज्यों ने उसकी अधीनता स्वीकार कर ली।[11]

सिस–सतलज राज्य (Cis-Satlej States): 1804–05 ई. में जसवंतराव होल्कर ने लार्ड लेक के आक्रमण के विरूद्ध रणजीतसिंह से सहयोग चाहा। दूसरी ओर जनरल लेक ने रणजीतसिंह को सूचित किया कि उसकी होल्कर को सहायता ब्रिटिश शक्ति के लिए एक चुनौती माना जायेगा। होल्कर ने जब स्वयं अमृतसर में उससे मुलाकात की तो रणजीतसिंह ने अंगरेजों के विरूद्ध उसकी सहायता करने का वचन इस शर्त पर दिया कि पहले कसूर के पठानों को दबाने में होल्कर उनकी सहायता करे। किन्तु अन्त में होल्कर एवं अंगरेजों के मध्य सन्धि हो गई और यह समस्या टल गई।[12] होल्कर का रणजीतसिंह की शरण में जाना यह इंगित करता है कि पंजाब का यह शासक एक संगठित शक्ति के रूप में मान्यता प्राप्त कर चुका था। अतः अंगरेज रणजीतसिंह के पूर्व की ओर प्रसार को प्रतिबन्धित करना चाहते थे। आंग्ल–सिक्ख राज्यों (Cis Satlej States—सतलज के इस पार के राज्य) पर रणजीतसिंह के आक्रमण ने उनका (अंगरेजों का) हस्तक्षेप अवश्यंभावी बना दिया। 1806–08 ई. में रणजीत ने सिस–सतलज राज्यों पर आक्रमण कर लुधियाना पर कब्जा कर लिया था। केथल,

पटियाला, जींद, नाभा आदि के राजाओं का प्रतिनिधि मण्डल दिल्ली के रेजिडेंट मिस्टर सेटन से मिला और उसके समक्ष महाराजा से उसकी रक्षा की याचिका प्रस्तुत की।

1807 ई. में नेपोलियन की रूस के जार के साथ भी सन्धि हो गई। ऐसी स्थिति में देश के उतर–पश्चिम की एक शक्ति को शत्रु बना लेना उनके हितों के लिए हानिकारक होता। लार्ड मिंटो (Lord Minto, 1807-13) ने कूटनीति का सहारा लिया। उसने मेटकॉफ को सिक्ख राजा के पास भेजा। जैसा कहा गया हैः इसके वास्तविक उद्देश्य दो थेः एक तो रणजीत के प्रसार का प्रतिरोध करना एवं दूसरा संभावित आक्रमण के विरूद्ध उनकी मित्रता प्राप्त करना। 1808 ई. सतलज के पूर्वी राज्यों को संरक्षण प्रदान करना एवं यूरोपीय परिप्रेक्ष्य में रणजीतसिंह को अपने अनुकूल बनाये रखना आंग्ल सिक्ख सम्बन्धों का उद्देश्य था। किन्तु जनवरी 1809 ई. में टर्की और इंग्लैण्ड के बीच डार्डेनेल्स की सन्धि हो जाने के बाद इन दोनों शक्तियों के बीच के सम्बन्ध भी पहले से अच्छे हो चले। नेपोलियन भी पेनिनसुला वार (Peninsular War) में फंस गया और फ्रांस की भारत पर आक्रमण की आशंका समाप्त हो गई। ब्रिटिश सरकार ने निर्णय किया कि इस भारी कीमत पर रणजीत की सन्धि न खरीदी जाए, बल्कि इस महत्वाकांक्षी सैनिक शक्ति को सतलज के पार बढ़ने से रोका जाए, क्योंकि ऐसा न होने से यह हमारी (ब्रिटिश) सीमा पर पहुँच जाएगी, जबकि अभी यहाँ मित्र सरदारों का संघ है, जो हमारे संरक्षण के कारण कृतज्ञ है तथा हमारे पक्ष में दिलचस्पी रखता है।[13]

दूसरी ओर रणजीतसिंह सतलज के पूर्वी तट पर अंगरेजों के प्रभुत्व में वृद्धि नहीं चाहता था। मेटकॉफ की योजना में सहयोग करने हेतु सतलज की ओर कुछ टुकड़ियों के साथ डेविड आक्टर लोनी पटियाला के मार्ग से लुधियाना की ओर बढ़ा। 9 फरवरी 1809 को आक्टर लोनी ने एक घोषणा द्वारा सतलज के पूर्वी तट को अंगरेजी नियंत्रण में ले लिया।[14] इस घोषणा में पारस्परिक सुरक्षा का उल्लेख नहीं था। 3 मई 1809 को मेटकॉफ की घोषणा के प्रथम आर्टिकल में कहा गया है कि मालवा (पंजाब का) और सरहिन्द क्षेत्र के ब्रिटिश संरक्षण में आ जाने से सन्धि की शर्तों के अनुसार वे भविष्य में रणजीतसिंह के आतंक एवं प्रभाव से मुक्त रखे जायेंगे।[15]

अमृतसर की सन्धिः 25 अप्रैल 1809 को रणजीतसिंह और ब्रिटिश सरकार की ओर से सी.टी. मेटकॉफ ने सन्धि पर हस्ताक्षर किये। **जिसके अनुसार सतलज के उत्तर स्थित राजा के क्षेत्र व प्रजा से ब्रिटिश सरकार का कोई सम्बन्ध नहीं रहा अर्थात् रणजीतसिंह को उत्तर में विस्तार की स्वतंत्रता** थी।

सतलज के बाएं तट पर अधिकृत क्षेत्रों में रणजीतसिंह ने आन्तरिक व्यवस्था के लिए आवश्यक सैनिक रखना स्वीकार किया। कनिंघम लिखते हैंः अमृतसर में 1809 ई. की 25 अप्रैल को लाहौर के इस सरदार ने एक सन्धि पत्र पर हस्ताक्षर किया जिसके अनुसार वह सतलज के दक्षिण स्थित उन भागों का स्वामी बना रहा जिन पर उसका पहले से ही अधिकार था, भविष्य के लिए उसकी महत्वाकांक्षाओं का क्षेत्र नदी के पश्चिमोत्तर भागों तक सीमित रह गया।[16] इस सन्धि को कुछ विद्वानों ने रणजीतसिंह का अंगरेजों के समक्ष घुटने टेकने के समान माना है। डॉ. सिन्हा का विचार है कि बिस्मार्क यह मानता था कि राजनैतिक समझौते में एक घुड़सवार तथा एक घोड़ा होता है। अंगरेजों और सिक्खों की सन्धि में रणजीतसिंह घोड़ा और अंगरेज घुड़सवार थे।[17] अंगरेजों के साथ अपने सम्बन्धों में रणजीतसिंह ने कभी साहस से काम नहीं लिया। यह भी कहा है कि कूटनीतिक दृष्टि से रणजीत को अपमान और पराजय को चुपचाप सहन करना पड़ा। किन्तु डॉ. सिन्हा का यह कथन युक्तिसंगत प्रतीत नहीं होता। रणजीतसिंह अंगरेजों से संघर्ष करने की स्थिति में नहीं था और संघर्ष का परिणाम सर्वनाश था। दरअसल वह सतलज के पश्चिमी तट के उन सिक्ख नेताओं पर जिन्हें अपदस्थ करके उसने अपना राज्य बढ़ाया था, भरोसा नहीं कर सकता था, कि वे अंगरेजों के विरूद्ध उसका साथ देंगे। इस सन्धि से जहाँ एक ओर यह लाभ हुआ कि रणजीत पूर्व की ओर के आक्रमण से चिंता मुक्त हो गया और उत्तर तथा उत्तर–पश्चिम की ओर अपनी सेनाओं को बढ़ा सका, दूसरी ओर अंगरेजों के सतलज तक पहुँच जाने का पंजाब राज्य के स्थायित्व पर बुरा प्रभाव पड़ा।

राज्य विस्तारः रणजीतसिंह द्वारा सत्ता प्राप्त करने के समय पंजाब में ऐसे क्षेत्र भी थे जिन पर अफगानों की विजय के बाद उन्हें उन नेताओं के अधीन सौंप दिया गया था जो कर अदा न करने पर भी अफगान शासकों को अपना शासक मानते थे। इनमें प्रमुख थेः कश्मीर, मुल्तान, डेरा इस्माइल खाँ, डेरा गाजी खाँ एवं झंग आदि। इन्हें अपने अधीन करना रणजीत का प्रमुख लक्ष्य था। सर्वप्रथम उसे 1809 से 1811 ई. तक गुरखों से संघर्ष करना पड़ा। कांगड़ा शासक संसारचन्द्र ने गुरखों से प्रतिकार के लिए रणजीतसिंह से सहायता की याचना की तथा इस सफलता के मूल्य रूप में कांगड़ा का किला सिक्ख राजा को देने का वादा किया। कुछ सहयोगियों के साथ **महाराजा ने अन्ततः कांगड़ा** पर 1809 में अधिकार कर लिया।[18]

हैदारू में जुलाई 1813 को अफगानों को पराजित किया तथा अटक पर भी अधिकार कर लिया। नगर की रक्षा के लिए वहाँ मजबूत सेनादल तैनात किया। अफगान राजा शाहशुजा को उसके सौतले भाई महमूदशाह ने हटाकर कंधार पर अधिकार कर उसे बाहर खदेड़ दिया था। शाहशुजा ने (1813–14 ई.) लाहौर में शरण ली। **रणजीत ने यहाँ उससे जगत प्रसिद्ध कोहेनूर हीरा प्राप्त किया।** अप्रैल 1815 में शाहशुजा को लाहौर से भागकर ब्रिटिश प्रभाव क्षेत्र लुधियाना जाना पड़ा। इस दौरान (1818 ई.) रणजीत ने मुलतान पर अधिकार कर लिया। 1819 ई. में महाराजा ने कश्मीर अभियान हेतु मिश्र दीवानचंद के नेतृत्व में एक सेना भेजी जिसने शाह अब्दाली के उत्तराधिकारियों द्वारा नियुक्त गवर्नर जब्बर खाँ को अपदस्त कर अपनी सत्ता स्थापित कर लीं। इस तरह उसका राज्य उत्तर में कश्मीर तक विस्तृत हो गया। 1820 व 1821 में डेरा गाजी खाँ, डेरा इस्माइल खाँ तथा लेह को जीत लिया गया। पेशावर भी 1823 में उसके अधीन हो गया। इस प्रकार 1824 तक सिंधु घाटी का एक बड़ा भाग उसके अधिकार में था।

रणजीतसिंह की अंगरेजों के प्रति नीतिः सिंध क्षेत्र पर आधिपत्य सिक्ख राज्य के विस्तार के लिए एक आवश्यक शर्त थी। वस्तुतः पंजाब और सिंधु नदी घाटी के प्रदेश ऐसे थे जैसे कि बंगाल और बिहार गंगाघाटी के क्षेत्र। रणजीतसिंह इस तथ्य से परिचित था। दूसरी ओर अंगरेज उसकी इस आकांक्षा से अपरिचित नहीं थे। खुशवंतसिंह (ए हिस्ट्री आव द सिक्ख्स, जि. 1) ने अंगरेज रणजीतसिंह सम्बन्धों को तीन चरणों में विभक्त किया है। 1809 से 1812 के मध्य दोनों के सम्बन्ध ठीक नहीं थे तथापि सतलज के पश्चिम में उसकी राज्य विस्तार नीति का अंगरेजों द्वारा प्रतिरोध न किये जाने के कारण सम्बन्ध बिगड़े भी नहीं। दूसरे, 1812 से 1828 ई. के मध्य मराठा सरदारों द्वारा सहायता चाही जाने पर इस ओर उसने ध्यान नहीं दिया। 1814 के अंगरेज नेपाल युद्ध में नेपाल का सहयोग करना रणजीत ने उचित नहीं समझा। 1828 के बाद उसने सिंध की ओर बढ़ने की इच्छा प्रकट की, किन्तु अंगरेजों ने इस नीति को पसन्द नहीं किया। तीसरे, इस प्रकार 1823–36 ई. मध्य विभिन्न अवसरों पर रणजीत के सिंध पर नियंत्रण करने के प्रयासों को उन्होंने सफल नहीं होने दिया। रणजीतसिंह की प्रसार नीति पर नियंत्रण बनाये रखने के लिए अक्तूबर 1831 ई. लार्ड विलियम बैंटिक सतलज के किनारे स्थित रूपर (रूपड़) में उससे मिला और मित्रता की सन्धि का नवीनीकरण किया।

अंगरेज मध्य एशिया के बाजारों को नियंत्रित करने का स्वप्न देख रहे थे जो सिंध नदी के रास्ते पूर्णतया संभव था। 1807 में ही विलियम मूरक्रोफ्ट ने लिखा था "सिन्धु नदी का नौ संचालन यूरोपियों को तो कम ही ज्ञात था क्योंकि उस क्षेत्र में उन्होंने प्रयास ही नहीं किया था पर पर्याप्त बोझ वाली नौकाओं के लिए भी व्यवहार लाने योग्य था।"[19] रणजीतसिंह से औपचारिक मैत्री के बाद व्यापारिक गतिविधियों के बहाने धीरे–धीरे अंगरेजों ने सिंध पर नियंत्रण स्थापित कर लिया। कहा भी है कि रणजीतसिंह की अंगरेजों के प्रति मैत्री नीति उनकी शक्ति के भय से प्रभावित थी। यह किसी विशुद्ध मैत्री अथवा विश्वास का परिणाम नहीं था।[20] डॉ. सिन्हा का विचार है कि सिक्ख राज्य के सर्वनाश की चुपचाप प्रतीक्षा के स्थान पर उसे साहसिक नीति अपनानी चाहिए थी। वह अंगरेजों के साथ सम्बन्धों में असफल ही रहा, विशेषरूप से जब हम यह देखते हैं कि अंगरेजों के साथ मैत्री का उसने पूरी तरह निर्वहन किया, किन्तु अंगरेजों ने उसकी मित्रता को कभी महत्व नहीं दिया। पेशावर के निकट अंगरेज प्रदेशों में बहावियों द्वारा रणजीतसिंह के विरूद्ध तैयारियों को अंगरेजों ने नहीं रोका। बर्न्स को सिन्ध भेजना भी सन्धि की भावना के विपरीत था। अंगरेजों द्वारा फिरोजपुर[21] पर अधिकार रणजीतसिंह के लिए हानिकारक था। शिकारपुर की ओर रणजीतसिंह को बढ़ने से रोकना भी सन्धि की शर्तों के अनुरूप नहीं था। निष्कर्षतः अंगरेजों के प्रति नीति में रणजीतसिंह अपनी सबसे खराब स्थिति में दिखाई पड़ता है। उसने कभी बहादुरी और साहस से काम नहीं लिया। उसने सदैव ढिलमिल नीति अपनाई और वह संकोच में रहा।[22]

रणजीतसिंह का प्रशासन (Administration of Ranjit Singh): निरंकुश शासक होते हुए भी रणजीतसिंह खालसा के नाम से प्रशासन संचालित करता था। उसकी सरकार को 'खालसा सरकार' कहा गया। रणजीतसिंह की मुख्य समस्या विभिन्न सिक्ख सामन्तों पर नियंत्रण स्थापित करने की थी। उसने गुरूमत (प्रजातान्त्रिक सिक्ख व्यवस्था) को प्रोत्साहन नहीं दिया एवं डोगरा सरदारों और मुसलमानों को उच्च पदों पर नियुक्त किया। उसे राज्य प्रशासन में पांच मंत्री सहयोग करते थे। मुख्यमंत्री का पद सर्वाधिक महत्वपूर्ण था। इस पर राजा के अति विश्वासपात्र लोग (जैसे राजा ध्यानसिंह) कार्य करते थे। दूसरा महत्वपूर्ण मंत्रीपद विदेशमंत्री का था जिस पर फकीर अजीजुद्दीन को नियुक्त किया गया था। अजीजुद्दीन उन व्यक्तियों में से था जिन्होंने अंगरेजों से मैत्री का समर्थन किया। कूटनीतिक कार्यों में उसका विशेष महत्व था। महाराजा की सेना के सेनापतित्व का कार्य रक्षामंत्री द्वारा किया जाता था। दीवान मोहकमचंद, मिश्र दीवानचंद और हरिसिंह नलवा इस

पद पर कार्य कर चुके थे। भगवान दास अर्थमंत्री का कार्य देखता था। सदर–ए–ड्योढ़ी का पद भी महत्वपूर्ण था क्योंकि इस पद पर कार्य करने वाला अधिकारी महाराजा के निकट सम्पर्क में रहता था।

पंजाब के डोगरे सामन्तों में तीन भाई ध्यानसिंह, गुलाबसिंह, सुचेतसिंह और ध्यानसिंह के पुत्र हीरासिंह का राज्य प्रशासन में विशेष स्थान था। गुलाबसिंह को एक छोटी सी टुकड़ी का सरदार बना दिया गया। राजौरी के उपद्रवी मुसलमान सरदार को पकड़कर उसने ख्याति प्राप्त की, जिसके पश्चात् जम्मू एक जागीर के रूप में उसके परिवार को दे दिया गया। एक के बाद एक करके गुलाबसिंह, ध्यानसिंह तथा सबसे छोटे भाई सुचेतसिंह को भी राजा की उपाधि दी गई और महाराजा के विशेष परामर्शदाताओं में उनका प्रभाव बढ़ता गया।[23]

केन्द्र में 12 प्रशासकीय विभाग थे जिनमें से कुछ प्रमुख विभागों की जानकारी करना समीचीन होगा। (1) सबसे महत्वपूर्ण विभागों में "दफ्तर–ए–अबवाब–उल–माल" (Dafter-i-abwab-ul-mal) था, भू–राजस्व एवं अन्य आय के स्त्रोतों का विवरण यह विभाग रखता था। यह विभाग 'जमाखर्चे तअल्लुक' तथा 'जमा खर्चे सैरत' दो भागों में विभक्त था। पहला भूमि के लगान सम्बन्धी मदों का हिसाब रखता था दूसरा अन्य सब प्रकार की आय का, इस विभाग के अन्तर्गत नजराना (Nazrana) या भेंट, जब्ती या जुर्माना राशि, आबकारी (Abkari) या मादक पदार्थों की बिक्री राशि, वजूहाते मुकर्ररी (Wajuhat-i-Moqarari) या स्टाम्प शुल्क एवं चैकियात या चुंगी राशि शामिल थे। (2) दफ्तर–ए–तोजिहात राज परिवार के व्यय आदि की व्यवस्था करता था। तोषाखाना विभाग भी इसी में शामिल था। अतिथियों की व्यवस्था यही विभाग करता था। हरम के व्यय का प्रबन्ध भी यही विभाग देखता था। (3) दफ्तर–ए–मवाजाब सैनिक और असैनिक कामिर्कों के वेतन का हिसाब रखता था। फौज के अतिरिक्त नागरिक कर्मचारी एवं क्लर्क शामिल थे। (4) 'दफ्तर–ए–राजनामची' खर्च महाराजा के प्रतिदिन के व्यय का विवरण रखता था। इस विभाग का सम्बन्ध सब प्रकार के व्ययों से था।

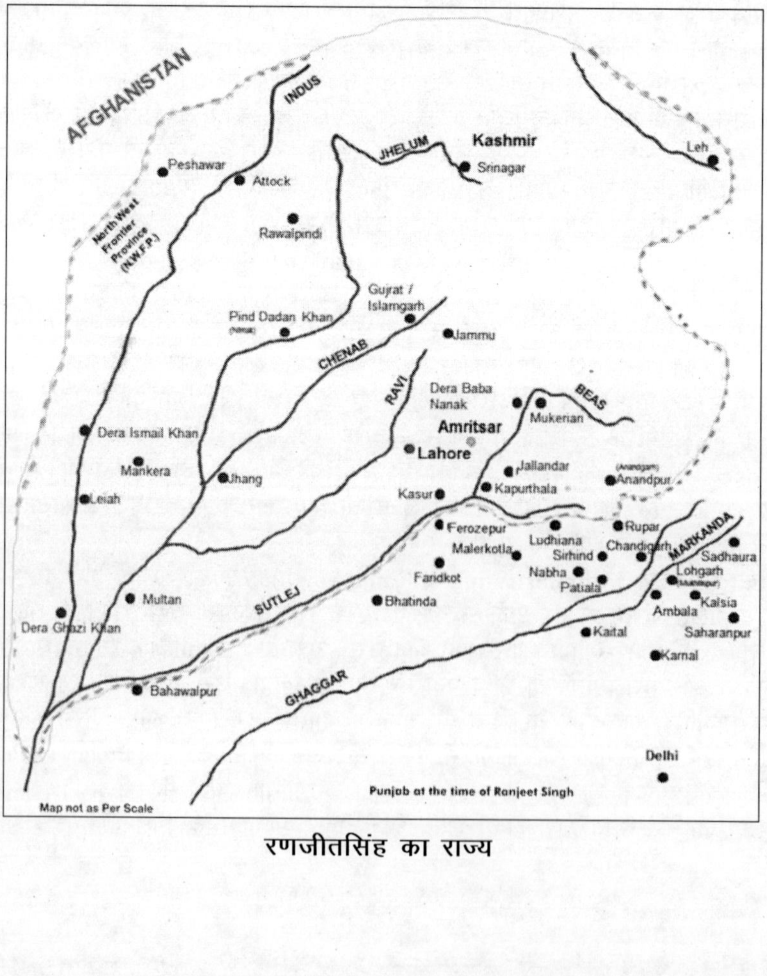

रणजीतसिंह का राज्य

प्रान्तीय प्रशासनः राज्य चार प्रान्तों में विभक्त था। **कश्मीर** (जन्नत–ए–नाजिर), **मुल्तान** (दारूल अमन) **पेशावर** एवं **लाहौर**। कुछ पर्वतीय सामन्त महाराजा की अधीनता में क्षेत्र का प्रशासन स्वयं संचालित करते थे और राजा को प्रतिवर्ष कर देते थे। इसके अतिरिक्त कुछ नवाब एवं सरदारों को भी प्रशासनिक अधिकार प्राप्त थे जिनसे उनका राज्य हस्तगत कर लिया गया था, किन्तु उन्हें जागीर प्रदान की गई थी। प्रत्येक **सूबा** परगनों में विभक्त था, **परगने** तालुकों में तथा प्रत्येक **तालुका** मौजों में बँटा था जो 50 से 400 की संख्या में होते थे। राजस्व की सुविधा एवं स्थानीय निवासियों के सांस्कृतिक एवं धार्मिक अस्तित्व को बनाये रखने की दृष्टि से यह व्यवस्था की गई। प्रत्येक सूबे का प्रमुख अधिकारी **नाजिम** कहलाता था। नाजिम योग्य एवं विश्वसनीय व्यक्ति को ही बनाया जाता था। नाजिम के अधीन कई **करदार** होते थे। भू–राजस्व वसूली पर नियंत्रण तथा करदार, **मुकद्दम** एवं **पटवारी** की नियुक्ति आदि नाजिम के महत्वपूर्ण कार्य थे। नाजिम नीचे के कार्यालयों की अपीलें भी सुनता था। दूसरा पदाधिकारी करदार कहा जाता था। प्रान्त के एक भाग का प्रशासन उसके जिम्मे था। अपने प्रभाग में करदार को विस्तृत अधिकार प्राप्त थे। भू–राजस्व प्रबंध के अतिरिक्त कस्टम, एक्साइज एवं कोषाधिकारी का कार्य भी वह सम्पादित करता था। साथ ही उसे स्थानीय मजिस्ट्रेट एवं न्यायाधीश का कार्य भी करना होता था।

राज्य के प्रान्तों में विभाजन के विषय में डॉ. सिन्हा यह मानते हैं कि प्रदेश प्रान्तों में विभक्त न होकर जिलों में विभक्त था। जिलों का प्रशासनिक कार्य तीन तरह के लोगों द्वारा निष्पादित किया जाता था। प्रथम केन्द्र द्वारा नियुक्त करदार द्वारा संचालित जिले। दूसरे स्थानीय प्रभावशाली व्यक्तियों द्वारा प्रशासित जिले जैसे मुल्तान के दीवान सावनमल को पैतृक आधार पर यह कार्य सौंपा गया। इस तरह के अधिकारी वार्षिक कर देते थे और आन्तरिक मामले में पर्याप्त स्वतंत्र रह कर कार्य करते थे। तीसरे प्रकार के सैनिक अधिकारी थे जिन्हें जमींदारी प्रदान कर दी गई थी जिसके बदले केन्द्र सरकार को आवश्यकतानुसार सैनिक उपलब्ध करवाते थे।[24]

न्यायिक प्रशासनः न्याय प्रचलित परम्पराओं पर आधारित था। लिखित संविधान या कानून का अभाव रहा। ग्रामीण विवादों का निपटारा पंचायतों द्वारा किया जाता था। रणजीतसिंह ने धर्म निरपेक्ष न्याय व्यवस्था की स्थापना की, जिसके अन्तर्गत प्रत्येक जाति के लोगों को अपनी परम्परा के अनुसार न्याय प्राप्त करने का अधिकार था। इस तरह मुस्लिम विवादों का निपटारा काजी ही करते थे। सूबे में सबसे उच्च **न्यायालय नाजिम** का होता था। यह अपीलीय न्यायालय था जो करदार के फैसलों की अपील सुनता था। अमृतसर और पेशावर में विशेष अदालती न्यायालय थे जो इन नगरों के फौजदारी और दीवानी मुकदमों की सुनवाई करते थे। दीवानी मामले में विवाह, लेन–देन, व्यापारिक साझेदारी आदि को सम्मिलित किया जाता था। राजधानी लाहौर में '**अदालत–उल–आला**' (हाईकोर्ट) थी जिसमें उच्च अधिकारी निर्णय करते थे। यह न्यायालय नाजिमों और करदारों के न्यायालयों की अपीलें सुनता था। अदालत–उल–आला की अपील महाराजा के यहाँ होती थी। रणजीतसिंह की न्याय प्रक्रिया में काफी रूचि थी। वह यह चेष्टा करता था कि उसके हस्तक्षेप से लोगों को सही न्याय प्राप्त हो। लोगों को सीधे उच्च अधिकारियों को अपील करने का अधिकार था। न्याय प्रणाली सरल और कम खर्चीली थी। कानूनी जटिलतायें नहीं थी क्योंकि न्याय अलिखित नियमों पर आधारित था। शायद ही कोई अपराध रहा हो जिसका दण्ड आर्थिक न हो सकता हो। गंभीर अपराधिक मामलों में अपराधी के शरीर के भाग काट दिये जाते थे। मृत्युदण्ड केवल राजा दे सकता था।

भू–राजस्वः लगान आय का प्रमुख स्त्रोत था। राज्य की आय लगभग 3 करोड़ रूपये थी जिसमें दो करोड रूपये भू–राजस्व के सम्मिलित थे। **मालगुजारी पूरे वर्ष की उपज पर 2/5 से 1/3 तक ली जाती थी**। प्रारम्भ में भू–राजस्व की 'बटाई' प्रथा सामान्यतः मुगलकालीन व्यवस्था पर आधारित थी जो 1823 ई. तक चलती रही। इस विधि में कर वस्तु के रूप में लिया जाता था।

दूसरी **'कनकूत' व्यवस्था 1824 से 1834 ई. तक चली**। इसके अन्तर्गत भूमि के परिमापन द्वारा क्षेत्र के आधार पर लगान निर्धारित किया जाता था। वसूली खड़ी फसल की उपज को आधार बनाकर नकद की जाती थी।

तीसरी प्रणाली **नीलामी योजना** थी और तीन से छः वर्ष के लिए वसूली का अधिकार नीलामी के आधार पर ऊँची बोली लगाने वाले किसानों को दिया जाता था। पैदावार एवं सिंचाई साधनों को दृष्टिगत रखते हुए लगान अलग–अलग था। सिंचित भूमि पर एक मुश्त राशि अलग से कर रूप में ली जाती थी। तत्कालीन राजस्व व्यवस्था के विषय में डॉ. ढिल्लो ने लिखा है कि किसान अपने सामर्थ्य के अनुसार कर देता था और इस तरह ऐडम स्मिथ का कर सिद्धान्त अर्थात् बलिदान में समानता प्रभावी ढंग से लागू थी।[25] लगान व्यवस्था का विवेचन करते हुए कनिंघम लिखते हैं: वे भूमि से अधिक से अधिक

राजस्व प्राप्त करते थे जो सरलता से मिल जाता था, इसी प्रकार वे व्यापारियों से वह अधिकतम राशि लेते थे जिसे देकर भी व्यापारी स्वयं को अन्याय से पीड़ित न महसूस करता था, उन्होंने खुली लूट–पाट को एकदम समाप्त कर दिया था। सिक्ख किसानों को बहुत साधारण–सा कर देना पड़ता था, किसी भी स्थानीय अधिकारी में खालसा के किसी सदस्य को सताने का साहस नहीं था।[26]

सैन्य प्रबन्ध: रणजीतसिंह तत्कालीन राजनीतिक स्थिति एवं भारत में बढ़ते अंगरेजी प्रभुत्व से परिचित था। उसने भारत के अनेक राज्य अंगरेजी साम्राज्य में विलय होते हुए देखे थे। पंजाब के अंगरेजी आधिपत्य में जाने से बचाये रखने के लिए उसने प्रारम्भ से ही एक शक्तिशाली सेना की आवश्यकता अनुभव की। होल्कर से प्रेरणा लेकर राज्य व्यवस्था एवं सैन्य संगठन का प्रयास किया। रणजीतसिंह ने स्वयं स्वीकार किया था कि सन् 1805 में वह लार्ड लेक की अंगरेज सेना की परेड देखने गया।[27] मेटकॉफ से सन्धि के बाद उसने सैनिक संगठन पर विशेष बल दिया। रणजीतसिंह की योग्यता आधुनिक ढंग की शक्तिशाली सेना की स्थापना से मानी जाती है। अंगरेज सैन्य व्यवस्था से परिचित होने के बाद उसने पैदल सेना की स्थापना पर विशेष बल दिया। प्रारम्भ में सिक्ख घुड़सवार सेना की तुलना में पैदल सेना को महत्व नहीं देते थे, न ही तोपखाने के विकास की ओर ध्यान दिया गया। रणजीतसिंह ने समय के परिप्रेक्ष्य में सेना का पुनर्गठन करने का प्रयास किया। उसकी सैन्य व्यवस्था की तीन प्रमुख विशेषतायें थीं। घुड़सवार सेना को आधुनिक ढंग से संगठित किया, दूसरे विशाल प्रशिक्षित पैदल सेना तैयार की एवं तीसरे तोपखाने का समुचित विकास किया।

उसकी सेना को सामान्यतः दो भागों में विभाजित किया जा सकता है। नियमित सेना या फौज–ए–खास एवं दूसरी अनियमित सेना अथवा फौज–ए–बेकवायद। फौज–ए–खास (Fauji-i-Khas) तीन भागों में विभक्त थीः घुड़सवार (Cavalry), पैदल (Infantry) एवं तोपखाना (Artillery)। नियमित सेना के घुड़सवारों की निश्चित संख्या के विषय में विद्वानों में मतभेद है। फोर्सटर के अनुमान से तीन लाख और प्रिंसेप एवं थामस के अनुसार क्रमशः 59000 और 55000 थी। इन नियमित घुड़सवारों को यूरोपीय ढंग से प्रशिक्षण हेतु 1822 में फ्रांसीसी सेनापति जीन–फ्रैक्वेस अलार्ड (Allord) को नियुक्त किया। स्मिथ ने अलार्ड द्वारा प्रशिक्षित घुड़सवारों की संख्या 12000 मानी है।[28] राज्य विस्तार में उसकी घुड़सवार सेना का ही योगदान रहा। 1805 में उसने अपनी सेना को प्रशिक्षित करना प्रारम्भ कर दिया था, परन्तु अलार्ड की नियुक्ति (1822 ई.) के बाद ही विशेष रूप से प्रशिक्षण दिया जा सका। घुड़सवार परेड (Drill) को घृणा की दृष्टि से देखते थे और प्रशिक्षण को रक्स–ए–लूलुवा (नर्तकी की चाल) के नाम से पुकारते थे। अतः विद्वानों की मान्यता है कि घुड़सवार सेना उतनी प्रशिक्षित नहीं हो पाई जितनी पैदल सेना।

पैदल फौज (Infantry): प्रारम्भ में रणजीतसिंह की सेना में पैदल जवानों का अभाव सा रहा। ग्रिफिन ने जिक्र किया है कि युद्ध के समय वे या तो किलों की देखभाल के लिए छोड़ दिये जाते थे या स्त्रियों की रक्षा के लिए।[29] यूरोपीय अधिकारियों के सम्पर्क में आने के बाद रणजीतसिंह ने अनुभव किया कि पैदल सेना का भी कम महत्व नहीं होता। इटालियन **सेनापति वेन्तुरा** (Ventura) को प्रशिक्षण हेतु नियुक्त किये जाने एवं अच्छे वेतन तथा कठोर परिश्रम के परिणामस्वरूप उसकी पैदल सेना अधिक सक्षम हो गई थी। एक **बटालियन** में 900 सैनिक एवं अधिकारी होते थे जिसका नेतृत्व **कमांडेण्ट** करता था। कमांडेण्ट को **एडजुटेण्ट** और **मेजर** सहयोग करते थे। **बटालियन आठ कम्पनियों में विभक्त** थी और एक कम्पनी में चार दस्ते तथा प्रत्येक **दस्ते में 25 जवान**। एक दस्ते का नियंत्रक अधिकारी **हवलदार** एवं हवलदार के **अधीन नायक, सूबेदार, जमादार** और **सार्जेन्ट** होते थे। प्रत्येक सैनिक को निर्धारित ड्रेस (पोशाक) ही पहननी होती थी। वेन्तुरा ने सैनिकों को फ्रांसीसी भाषा एवं ड्रम की धुन में प्रशिक्षित करने का सफल प्रयास किया। इसीलिए बैरन ह्यूजल (Baron Hugel) को इस बात पर आश्चर्य था कि रणजीतसिंह की सेना यूरोपीय सैनिक तकनीक से आगे है।[30] लार्ड आकलैण्ड ने भी 1838 में, पंजाब का दौरा करते समय रणजीतसिंह के घुड़सवारों को देखकर कहा थाः 'संसार की सबसे सुन्दर फौज है। कुछ विद्वानों के अनुसार उसकी नियमित पैदल सेना में **40 हजार प्रशिक्षित जवान थे** और **खालसा सेना में कुल सैनिक 75000** थे।[31] सिक्ख सेना के लिए सर डेविड आक्टरलोनी ने कहा था कि अपरीक्षित शक्ति के विश्वास पर देशगत साहस से युक्त एक सिक्ख सैनिक सिन्धिया या होल्कर के किसी अनुयायी की तुलना में अधिक प्रबल सिद्ध होगा और उसी विश्वास के बल पर सिक्ख सैनिक एक प्रशिक्षित तथा सुसंचालित तोपखाने की बौछार का सामना करने का साहस कर सकता है।[32]

तोपखाना (Artillery): रणजीतसिंह ने तोपखाने पर भी विशेष ध्यान दिया। तोपखाने के समुचित विकास हेतु 1810 में दरोगा–ए–तोपखाना नियुक्त किया। महाराजा का तोपखाना चार भागों में विभक्त था। हाथियों का तोपखाना (तोपखना–ए–फीली), जिसमें मध्यम और भारी तोपें होती थीं। दूसरे घोड़ों के तोपखाने **(तोपखाना–ए–अस्पी)** में हल्की तोपें

सम्मिलित थीं। तीसरा ऊँटों का तोपखाना **(तोपखाना शुत्री या जम्बूरक)** रेगिस्तानी इलाकों के लिए उपयोगी था। चौथा बैलों का तोपखाना **(गवी तोपखाना)** हल्की तोपों के उपयोग तथा तोपों को एक स्थान से दूसरे स्थान पर ले जाने के लिए उपयोगी था। 1839 ई. में आसबोर्न ने लिखा है कि रणजीतसिंह "अपने तोपखाने की प्रशंसनीय स्थिति और कार्य–क्षमता के लिए घमण्ड की भावना से ग्रस्त है और यह उचित ही है क्योंकि अभी तक किसी राज्य ने इतना बड़ा और अनुशासित तोपखाना नहीं रखा।"[33] तोपखाने को प्रारम्भ में फ्रांसीसी जनरल कोर्ट (General Court) एवं बाद में कर्नल गार्डनर ने संगठित किया। बाद में लोहनसिंह ने इस कार्य को आगे बढ़ाया। कुछ विद्वानों के अनुसार उसके पास 122 बड़ी तोपें एवं 190 मध्य स्तरीय तोपें थीं। स्टीन बैच लिखता है कि महाराजा के पास कुल 176 बून्दकें थीं और जानवरों पर रखकर प्रयोग की जाने वाली चक्करदार बन्दूकों की संख्या 370 थी।[34]

फौज–ए–बेकवायदः अनियमित सेना में मुख्य रूप से घुड़सवार सम्मिलित थे जिन्हें दो भागों में विभक्त किया जा सकता हैः घुड़सवार–खास (घुड़चढ़ा खास) एवं मिसलदार। घुड़चढ़ों को अपने घोड़े लाने होते थे और राज्य की ओर से उन्हें वेतन दिया जाता था। मिसलदार वे सरदार थे जिनका राज्य महाराजा ने हस्तगत कर लिया था, किन्तु उन्हें भी उनके अनुयायियों के साथ अपनी सेना में सम्मिलित कर लिया। एक मिसल में 25 से 75 तक सिपाही होते थे। मिसल सेना संख्या में धीरे–धीरे इतनी बढ़ गई कि समस्त अनियमित सेना का अधिकांश भाग मिसलदार या छोटे सरदारों के हाथ में चला गया। इन्हें पहले जागीरें दी गईं और बाद में नकद वेतन मिलने लगा।

रणजीतसिंह की सैनिक नीति का मूल्यांकनः प्रथम एवं द्वितीय सिक्ख युद्धों में हार के कारण रणजीतसिंह की सैनिक नीति को कुछ विद्वानों ने दोषपूर्ण माना है।

- महाराजा की नियमित और अनियमित सेना का औसत बराबर था। अनियमित सेना का नेतृत्व जागीरदारों के हाथों में था, परिणामतः ऐसे सैनिक महाराजा के स्थान पर अपने जागीरदार के प्रति अधिक उत्तरदायी थे।
- हर समय उनके युद्धों में व्यस्त रहने के कारण सैनिक अधिकारियों के महत्व में वृद्धि स्वाभाविक थी। असैनिक अधिकारियों को सैनिक अधिकारी महत्व नहीं देते थे। इस तरह महाराजा की मृत्यु के बाद सैनिक अधिकारियों के महत्व को ठेस पहुँचाने वाले अन्य अधिकारियों की सत्ता खतरे में पड़ गई।
- कहा जाता है कि महाराजा ने अपनी सेना में फ्रांसीसी, जर्मन, अमेरिकन, इटालियन, अंगरेज, रूसी एवं स्पेनी नागरिकों की भर्ती की और ये लोग इस देश के प्रति स्वामिभक्त नहीं हो सकते थे। मग्रेगर के मतानुसार "या तो वह कल्पना करता है कि उनकी सेवाओं के बिना भी काम चल सकता है या जो अधिक संभव दिखता है वह उनके उस वेतन से ईर्ष्या करता है जिसे प्रत्येक सज्जन पाने की कामना करता है।" जनता भी उन्हें मैत्रीपूर्ण दृष्टि से नहीं देखती थी। रणजीतसिंह की मृत्यु के उपरान्त उनकी जीवन रक्षा भी कठिन हो गई। कर्नल फाक्स जो एक अंगरेज अधिकारी था मार डाला गया और जनरल कोर्ट और वेन्तुरा के घर लूट लिये गये। वे सभी देश छोड़कर भाग खड़े हुए।
- यह भी विवरण मिलता है कि रणजीतसिंह के जीवन के सन्ध्याकाल में कुछ यूरोपीय अविश्वस्त हो गए और उनमें से कुछ ने तो महाराजा के उत्तराधिकारी के साथ दगाबाजी भी की।[35]
- स्थानीय सैनिकों को लम्बी सेवा के लिए न तो पेंशन की व्यवस्था थी और न ही उनकी विधवाओं के लिए कोई प्रावधान।
- अन्त में यह भी कहा गया है कि भिन्न–भिन्न राष्ट्रीयता और जाति के लोगों को महाराजा ने अपनी सेना में भर्ती किया जिन्हें उनके जैसा जादुई व्यक्तित्व ही संगठित रख सकता था। समस्त सैनिकों के लिए एक तरह की वर्दी निश्चित नहीं थी। घुड़चढों को छोड़कर घुड़सवार सेना, पैदल सेना से हर मामले में बेकार थी। तोपखाने में बन्दूकचियों की कमी थी।

किन्तु इन तथ्यों को आधुनिक विद्वान स्वीकार नहीं करते और रणजीतसिंह की नई पद्धति एवं प्रशिक्षण को उचित ठहराते हैं। सर चार्ल्स गौफ जो सिक्खों के विरूद्ध लड़ने वाला ब्रिटिश सेनापति था ने लिखा है, "यह कहा जाता है और इसमें सत्यता भी है कि गैर यूरोपीय लोगों में ब्रिटिश सेना के सफल कट्टर शत्रु वे लोग रहे हैं जिन्होंने हैदर अली और होल्कर की तरह विदेशी युद्ध पद्धति नहीं अपनायी–पर सिक्खों से जो लड़ाई हुई वह इस नियम का अपवाद है, सिक्ख सेना ने एक अनुशासन की छाया में युद्ध किया और उन्होंने वह टक्कर दी जो अभी तक किसी सेना ने न दी थी। और वे

ऐसा इसलिए कर सकें क्योंकि रणजीतसिंह ने अपनी विधि से उन्हें प्रशिक्षण दिया था।"[36] डॉ. फौजसिंह के अनुसार, सिक्खों की पराजय पश्चिमी प्रशिक्षण के फलस्वरूप नहीं बल्कि दोषपूर्ण सैनिक नेतृत्व से हुई थी। जहाँ तक असैनिक अधिकारियों को कम महत्व दिये जाने का प्रश्न है यह रणजीतसिंह के समय की माँग थी और उसके अयोग्य उत्तराधिकारी प्रशासनिक नियंत्रण बनाये नहीं रख सके। सिक्ख सेना में फ्रांसीसी तथा अन्य यूरोपीय अधिकारी भी बहुत उच्च कोटि के थे। रणजीतसिंह ने विदेशियों को केवल उनकी योग्यता के आधार पर ही अपने यहाँ नौकरी पर रखा।

इतिहास में रणजीतसिंह का स्थान: रणजीतसिंह की 27 जून 1839 में मृत्यु हो गई। वे आधुनिक भारत के इतिहास में अत्यन्त महत्वपूर्ण व्यक्तियों में से एक हैं। उनके विषय में कनिंघम ने लिखा है "वे अपनी साधना में परिश्रमी थे, वे प्रसिद्ध पुण्यात्मा पुरूषों की प्रतिष्ठा करते थे तथा उन्हें अधिक दानशील होने में समर्थ बनाते थेः प्रत्येक सफलता को ईश्वर कृपा मानते थे तथा अपने को एवं अपनी प्रजा को संयुक्त रूप से गोविन्द का 'खालसा' या संघ कहते थे। विशाल खालसा सेना के संगठन के कारण विशेष रूप से उसकी योग्यता की सराहना की जाती है। आधुनिक ढंग से प्रशिक्षित किये जाने से उसकी सेना इतनी सशक्त एवं संगठित हो गई थी, जिसने अफगान सेना को भारी शिकस्त दी।" पेने ने स्वीकार किया है कि ब्रिटिश सेना ने ऐसे शत्रु के हाथों मुँह की खाई जिस पर खालसा सेना ने एक से अधिक बार निर्णायक विजय प्राप्त की थी।[37] दूसरे उसने असंगठित पंजाब को एक शक्तिशाली राज्य के रूप में संगठित किया। रणजीतसिंह के पूर्व सिक्ख मिसलें परस्पर झगड़ती रहती थीं। पंजाब राज्य की स्थापना से भारत की पश्चिमी सीमा सुरक्षित हो गई यद्यपि इसका लाभ आगे जाकर अंगरेजों को मिला।

रणजीतसिंह के लिए कहा जाता है कि वह इस युग का प्रथम भारतीय शासक था जिसने सर्वथा धर्म–निरपेक्ष शासन की स्थापना की। उसने अपने दरबार में जातीय संकीर्णता को पनपने नहीं दिया। उसकी सेना में डोगरे सरदार एवं यूरोपियन सेनाधिकारियों का वर्चस्व था। इसका परिणाम यह हुआ कि रणजीतसिंह के बाद उसके अयोग्य उत्तराधिकारियों के समय सैनिक अधिकारियों ने अपने को शासक निर्माता मान लिया।

अन्त में हम उनकी जीवनी लेखक सर लेपेल ग्रिफिन के शब्दों में कह सकते हैं: "हम तभी उन्हें एक वीर मनुष्यों का एक शासक तथा इतिहास द्वारा समादृत होने वाले एवं निर्विवाद रूप से महत्ता के अधिकारी–साबित करने में सफल हो सकते हैं, जबकि हम अपने मस्तिष्कों को पूर्व संस्कार (पक्षपात), से मुक्त कर लें तथा परम्परागत गुण का ख्याल न करके केवल उन्हीं बिरल गुणों को देखें, जो मनुष्य को उसके अनुयायियों से एकदम ऊपर उठा देते हैं। तब हम तुरन्त यह मान लेंगे कि यद्यपि वे अपने समय और शिक्षा के साधारण और निकृष्ट दोषों के पूरे हकदार थे तथापि उन्होंने अपनी सैनिक प्रतिभा से विजित प्रदेश पर इच्छाशक्ति और उस योग्यता के साथ राज्य किया, जिसने उन्हें उस सदी के राजनीतिज्ञों की अगली पंक्ति में बैठा दिया।" रणजीतसिंह के दरबार में एक फ्रांसीसी यात्री विक्टर जैक्वीमो ने उन्हें "एक असाधारण पुरूष छोटे पैमाने पर एक बोनापार्ट" कहा है।[38]

रणजीतसिंह के पश्चात् पंजाब: रणजीतसिंह ने जिस विशाल सिक्ख साम्राज्य का निर्माण किया वह उसकी मृत्योपरान्त तुरन्त ही बिखर गया। कुछ अंगरेज इतिहासकारों ने पंजाब में 1840–45 ई. में उत्पन्न अराजकता तथा सेना के प्रभुत्व को प्रथम आंग्ल–सिक्ख युद्ध के लिए उत्तरदायी माना है। डॉ. सिन्हा के अनुसार रणजीतसिंह की मृत्यु के बाद लाहौर में षड़यंत्र, धोखेबाजी और खुशामदी का बोलबाला था। उसके राज्य में तीन प्रमुख दल थे। पहला दल सिक्ख सरदारों का था जिसका मुखिया **सिन्धनवाला** कहा गया। दूसरे डोगरा राजपूत सरदार जिनका प्रधान **गुलाबसिंह** था। तीसरे बाहर से आये सैनिक अधिकारियों का नेतृत्व **लालसिंह** कर रहा था। कनिंघम का विचार है कि रणजीतसिंह ने सिक्ख सरदारों पर नियंत्रण रखने के लिए डोगरा राजपूतों तथा बाहर से आये सेनापतियों को प्रोत्साहन दिया। उसकी मृत्यु के बाद तीनों दलों ने स्थिति को शोचनीय बना दिया।[39] स्मिथ ने ठीक ही लिखा है कि वहाँ कोई पर्याप्त शक्तिशाली नहीं था जो बहादुर एवं महत्वाकांक्षी सरदारों पर नियंत्रण रखे।[40] यह कहा जा सकता है रणजीतसिंह अपना योग्य उत्तराधिकारी तैयार नहीं कर पाया और न ही उसने ऐसी शासन व्यवस्था की जैसी की शिवाजी ने अष्ट प्रधान की स्थापना करके की थी। जान लारेन्स के अनुसार महाराजा रणजीतसिंह ने भवन निर्माण तो कर दिया किन्तु उसके अयोग्य उत्तराधिकारी स्थिति को नहीं संभाल सके।

पंजाब की आन्तरिक राजनीति: महाराजा की इच्छानुसार उसका बड़ा लड़का खडकसिंह राजा बना लेकिन उसके दूसरे लड़के शेरसिंह ने स्वयं राजा बनने के लिए अंगरेजों से सहयोग लेने का प्रयास किया। उसका सहयोग डोगरा सरदार भी कर रहे थे। 5 नवम्बर 1840 में खड़कसिंह की मृत्यु हो गई। उसके योग्य लड़के नौनिहालसिंह की पिता की दाह क्रिया

से लौटते समय मार्ग में एक द्वार के गिर जाने से मृत्यु हो गई।[41] उसकी मृत्यु को कुछ इतिहासकारों ने डोगरा सरदार गुलाबसिंह के षड़यंत्र का परिणाम माना है क्योंकि नौनिहाल ने अपने पिता के समय इन डोगरा सरदारों की बढ़ती हुई शक्ति का विरोध किया था। अब पंजाब की राजनीति अधिक जटिल हो गई। एक ओर सिंधनवालिया सरदारों ने नौनिहाल की विधवा का समर्थन किया जो गर्भवती थी। उसकी ओर से चांदकौर (खड़कसिंह की विधवा) को संरक्षिका बनाना चाहते थे।

दूसरी ओर डोगरा सरदारों ने विलासी शेरसिंह का समर्थन किया। दोनों ही पक्षों ने अंगरेजों को उन्हें सहयोग करने का प्रस्ताव रखा। अब अंगरेज पंजाब की राजनीति में अधिक सक्रिय हो गये। इसी बीच 1841 ई. में शेरसिंह ने सिक्ख सेना के सहयोग से लाहौर पर अधिकार कर लिया। डोगरा राजपूतों के समर्थन से गद्दी पर बैठने के कारण अन्य सिक्ख सरदारों ने उसका विरोध किया। सितम्बर 1843 ई. में शेरसिंह व उसके पुत्र की हत्या सिन्धनवालिया सरदारों ने करवा दी। डोगरा सरदार ध्यानसिंह जो वजीर था, की भी हत्या कर दी गई। ध्यानसिंह ने सेना के सहयोग से लाहौर जीतने में महत्वपूर्ण भूमिका अदा की थी तथा अनेक सिन्धनवालिया सरदारों को मरवा दिया था।

अन्त में ध्यानसिंह के पुत्र हीरासिंह ने रणजीत की एक अन्य रानी के लड़के दिलीपसिंह को 15 सितम्बर 1843 में पंजाब का राजा बनाया। उसकी माता जिन्दन को दिलीपसिंह की अभिभाविका (रीजेन्ट) बनाया गया। अंगरेज रेजीडेंट क्लार्क ने उसका समर्थन किया। रानी जिन्दन, लालसिंह एवं तेजसिंह ने हीरासिंह के प्रभाव को समाप्त करने के लिए उसके सलाहकार पण्डित जल्ला एवं स्वयं हीरासिंह की 1844 ई. में हत्या करवा दी। विद्वानों की मान्यता है कि इन सब हत्याओं में अंगरेज रेजीडेंट क्लार्क की षड़यंत्रकारी योजनाओं की महत्वपूर्ण भूमिका रही है।

इस तरह पंजाब की आन्तरिक दशा एवं गद्दी के लिए आपसी संघर्ष ने अंगरेजों को पंजाब में हस्तक्षेप करने का अवसर दिया। 1842 ई. में जब एलनबरो (1842–44) गवर्नर जनरल बनकर भारत आया उस समय ब्रिटेन सरकार का ध्यान पंजाब पर विशेषरूप से था। अंगरेजों की पंजाब जीतने की इच्छा का ज्ञान मिसेज हेनरी लारेन्स के उस पत्र से होता है जिसमें उसने लिखा था कि "अगले ठंड के मौसम में बहुत समय से रूका हुआ पंजाब को जीतने का प्रश्न हल हो जायेगा।" इस पत्र से यह तथ्य भी स्पष्ट होता है कि रणजीतसिंह की मृत्यु के बाद से ही अंगरेज पंजाब विजय के लिए उत्सुक थे और वहाँ के राजनैतिक षड़यंत्रों में भाग ले रहे थे। ऑसबर्न डब्ल्यू.एफ. ने लिखा था कि "हमें रणजीतसिंह की मृत्यु के पश्चात् पंजाब को तुरन्त जीत लेना चाहिए और सिंध को अपनी सीमा बना लेना चाहिए। कम्पनी तो बड़े–बडे ऊंटों को खा चुकी है, इस मच्छर की तो बात ही क्या है।" अंगरेजों को युद्ध के लिए उस समय का इन्तजार था जब सिक्खों में मतभेद उग्र हो जायें और तब तक वे अपनी सैनिक तैयारी भी पूरी कर लें। कम्पनी राज्य की सीमा पर सिक्ख राज्य को अंगरेज सरकार ने सदैव एक खतरे के रूप में देखा। अफगानिस्तान के प्रति उग्र नीति अपनाये जाने में लार्ड आकलैण्ड ने रणजीतसिंह से सहयोग चाहा था लेकिन वह सरलता से तैयार नहीं हुआ। अंगरेजों ने इसे अन्यथा लिया। अंगरेज पश्चिम की ओर प्राकृतिक सीमा के रूप में पंजाब का उपयोग करना चाहते थे और इसके लिए सिक्ख राज्य का उन्मूलन किया जाना जरूरी था। इस कार्रवाई से अंगरेजों के एक प्रबल शत्रु राज्य की समाप्ति तो होनी ही थी, साथ ही पंजाब विजय से सम्पूर्ण भारत पर कम्पनी राज्य की स्थापना का लक्ष्य भी लगभग पूर्ण हो सकता था। सामान्यतः साम्राज्यवादी सरकार ने इन लक्ष्यों को सामने रखकर ही पंजाब में अपनी गतिविधियां शुरू की थीं। क्लार्क ने अंगरेज समर्थक अतरसिंह एवं अजीतसिंह आदि को सिक्ख दरबार में महत्वपूर्ण पदों पर नियुक्ति दिलवाई और उनके माध्यम से अंगरेज विरोधी ध्यानसिंह आदि की हत्या करवाई।

प्रथम आंग्ल–सिक्ख युद्ध (1845–46): 1841 में 12000 सेना के साथ क्लार्क ने सतलज की सीमा पार करने की योजना भी बनाई थी इससे शेरसिंह ने घबराकर सैनिक अधिकारियों से मंत्रणा की। इस घटना के साथ ही राज्य की प्रत्येक गतिविधि में सैनिक अधिकारी भाग लेने लगे। सिक्ख सेना ने अपने आपको सर्वोच्च सत्ताधारी तथा जनता का सच्चा प्रतिनिधि समझ लिया और राज्य का कार्य संचालन आरम्भ किया।[42] दूसरे शब्दों में रानी जिन्दन की राजनीति एवं शासन पर सेना का प्रभाव स्थापित हो गया।

कहा जाता है कि रानी जिन्दन, लालसिंह, तेजसिंह एवं गुलाबसिंह ने सेना के चंगुल से निकलने का उपाय यह सोचा कि सेना को किसी मोर्चे पर लगा दिया जाए। वे इसी उपाय से सेना को प्रशासन से विमुख करना चाहते थे। रानी जिन्दन एवं लालसिंह का विचार था कि सिक्ख सेना और अंगरेजों के संघर्ष के कोई भी परिणाम हो सकते थे किन्तु दोनों ही परिस्थितियों में उन्हें लाभ था। सिक्ख सेना की पराजय से उसकी शक्ति क्षीण होने से वह भविष्य में रानी पर दबाव डालने की स्थिति में नहीं होगी और जीत जाने पर उत्साहित होकर साम्राज्य विस्तार में जुट जायेगी तथा उसका प्रशासन

में हस्तक्षेप नहीं रहेगा। लेकिन सिक्ख सेना रानी एवं अन्य सरदारों के बहकावे में सरलता से नहीं आई। कनिंघम ने ठीक ही कहा है कि अंगरेजों द्वारा उठाये गये कदमों को उन्होंने आक्रामक तैयारी के रूप में ग्रहण किया और इस निष्कर्ष पर पहुँचे कि पंजाब पर अंगरेजों के आक्रमण की पूरी तैयारी हो चुकी है और खतरा सर पर है।[43] हार्डिंग्स (Hardinge, 1844-48) द्वारा भेजे दूत मेजर ब्रोडफुट ने लाहौर के प्रमुख सरदारों को गुप्तरूप से षड़यंत्र में फंसा दिया। लालसिंह एवं तेजसिंह आदि अंगरेजों से गुप्तरूप से पत्र व्यवहार कर रहे थे। ब्रोडफुट ने यह भी घोषित करवाया कि पटियाला तथा अन्य रियासतों के साथ ही सिक्ख सतलज क्षेत्र के लाहौर अधिकृत भूभाग भी ब्रिटिश सरकार उनको जब्त कर सकती थी।[44] इसी प्रकार सतलज सीमा पर एवं मेरठ में आकलैण्ड (Auckland), एलनबरो (Ellenborough) एवं हार्डिंग्स के समय सेना में निरन्तर वृद्धि की जाती रही और 40 हजार सैनिक एवं 94 तोपें वहां जमा हो गईं। 1843–44 में दूर–दूर तक यह बात फैल गई थी कि सतलज पर नावों का पुल (Pantoon या नावों का पुल) बनाने के लिए अंगरेज बम्बई (मुम्बई) में नावें तैयार करा रहे थे। कनिंघम ने लिखा है कि सिक्ख सरकार को कुछ नहीं बताया गया परन्तु ये तैयारियां प्रतिरक्षात्मक नहीं बल्कि आक्रामक थीं।[45] हार्डिंग्स ने 31 दिसम्बर 1845 को सीक्रेट कमेटी को पत्र लिखा जिससे स्पष्ट होता है कि उसने 7–8 दिसम्बर को एक आदेश द्वारा अंगरेज सेना को मेरठ तथा अम्बाला से चलकर फिरोजपुर पहुँचने को कहा।

दूसरी ओर 8 नवम्बर में लालसिंह को पंजाब का वजीर तथा तेजसिंह को सेनाध्यक्ष नियुक्त कर दिया। लेकिन लालसिंह और तेजसिंह चाहते थे कि ब्रिटिश सेना खालसा सेना की शक्ति के मद को चूर करके उसे बिखेर दे और अंगरेज सरकार विजय प्राप्त कर लेने पर उनकी ब्रिटिश भक्ति के पुरस्कार स्वरूप उन्हें एक अधीनस्थ राज्य का वजीर या प्रधान सेनापति बना देगी। सतलज पार कर सिक्ख सेना फिरोजपुर पर आक्रमण करना चाहती थी, लेकिन दोनों धोखेबाजों ने यह कहकर रोक दिया कि सीधे गवर्नर जनरल को मारा या कैद किया जाये तो खालसा कीर्ति में वृद्धि होगी।[46] इस प्रकार लालसिंह एवं तेजसिंह योजनानुसार तब तक रूके रहे जब तक अंगरेज सेनापति ह्युगौफ अपनी सेना लेकर मैदान में नहीं आ गया।

मुडकी (Mudki) एवं फिरोजपुर से 10 मील दूर फीरूशहर (फिरोजशाह) में 21 दिसम्बर 1845 को सिक्ख सेना ने अंगरेज सेना के आक्रमण को विफल कर दिया। सिक्ख तोपों की मार प्रभावी सिद्ध हुईं तभी सिक्ख सेनापति तेजसिंह युद्ध के मैदान से भाग खडा हुआ। अन्तिम युद्ध सोबराव (Sobraon) में लालसिंह, तेजसिंह और गुलाबसिंह ने देशद्रोह का अप्रतिम उदाहरण प्रस्तुत किया। खालसा सेना का उसके नेताओं ने पूरी तरह साथ छोड़ दिया और सतलज पार करते हुए पीछे से पुल तोड़ते गये जिसके फलस्वरूप खालसा सैनिक नदी में डूब गये या बह गये। अंगरेज सेना ने ऐसे समय सिक्खों पर भारी प्रहार किया। जिससे हजारों सैनिक मारे गये। इस प्रकार सिक्ख जीत को संभवतः हार में बदल दिया। सर ह्युगौफ ने जिसे सत्यता मालूम थी, लिखा "नीति के कारण मैं स्पष्ट रूप से पराजित शत्रु के शौर्य की प्रशंसा नहीं कर सका और मैं यह घोषित करता हूँ कि यदि देशहित में यह बलिदान आवश्यक न होता तो मैं इतनी विश्वस्त सेना के इतने भयंकर हत्याकांड पर रो पड़ता।"[47]

लाहौर सन्धि (Treaty of Lahore, 9 March 1846): हार्डिंग्स ने तत्काल पंजाब का कम्पनी राज्य में विलय उचित नहीं समझा। रॉबर्टस की धारणा है कि गवर्नर जनरल को सारे प्रदेश पर अधिकार करने योग्य शक्ति में सन्देह था।[48] इस सम्बन्ध में स्मिथ का विचार है कि एक हल पंजाब का एकदम विलय था, लेकिन इससे दोनों बातें समाप्त हो जातीं, भविष्य में उत्तर–पश्चिम से होने वाले आक्रमणों के विरूद्ध उपयोगी तटस्थ राज्य का अन्त हो जाता और इतने बड़े लडाकू और अप्रभावित क्षेत्र पर अधिकार रखना अंगरेजी शक्ति पर भारी अतिरिक्त भार लाद देता।[49] रॉबर्ट्स की यह मान्यता उचित नहीं है कि ब्रिटेन ने वफादार और पुराने मित्र रणजीतसिंह का सम्मान रखने की दृष्टि से पंजाब का ब्रिटिश साम्राज्य से विलय नहीं किया।[50] और न ही अंगरेज अपनी शक्ति पराकाष्ठा के काल में सहनशील और उदार हो गये थे। वस्तुतः ऐसा इसलिए नहीं किया क्योंकि उन्हें वहाँ की जनता के समर्पण की आशा नहीं थी। यदि उन्हें वहाँ के लोगों का सहयोग मिल गया होता तो सारे देश के ब्रिटिश काल का इतिहास ही और होता। इसके अतिरिक्त रॉबर्ट पील ने हार्डिंग्स को लिखा कि इससे हमारे देश की सीमाएं उत्तर–पश्चिम में अत्यधिक दूरी तक हो जातीं। अफगानिस्तान में हमारी कमजोरी और बढ़ जाती और सभी सीमान्त देशों में हमारी स्थिति खराब हो जाती।[51]

9 मार्च 1846 में पराजित सिक्खों से उनकी राजधानी में ही सन्धि की गई जिसके प्रावधान इस प्रकार थेः

- सतलज नदी के दक्षिण का क्षेत्र जिस पर अंगरेजों ने पहले ही अधिकार कर रखा था। उनका (अंगरेजों) अधिकार होगा।

- सतलज और व्यास के बीच में जालंधर दो–आब प्रदेश पर भी अंगरेजों ने कब्जा कर लिया।
- लाहौर दरबार पर डेढ़ करोड़ रूपये (पाँच लाख पौण्ड) क्षति–पूर्ति के रूप में लादे गये। इस राशि का भुगतान न कर पाने पर व्यास और सिन्ध के बीच का पर्वतीय क्षेत्र, कश्मीर और हजारा सहित अंगरेजों को दिया जायेगा। जम्मू के राजा गुलाबसिंह ने दस लाख पौण्ड देकर कश्मीर ले लिया। यह युद्ध में उनकी सहायता के बदले में पारितोषिक था।
- सिक्ख सेना को घटाकर 20,000 पैदल और 12,000 घुड़सवार निश्चित कर दिये। 250 सिक्ख तोपें लेकर हार्डिंग्स कलकत्ता लौटे।
- दिलीपसिंह को महाराजा और मानसिंह को मंत्री माना गया जिसकी राय से शासन संचालित करना था। सर हेनरी लारेन्स प्रथम रेजीडेंट नियुक्त हुआ।
- अंगरेज सेना को सीमा प्रदेश और अफगानिस्तान जाने के लिए पंजाब से होकर जाने का मार्ग उपलब्ध रहेगा और अंगरेज सरकार लाहौर राज्य के आन्तरिक मामले में हस्तक्षेप नहीं करेगी।

दो दिन बाद (11 मार्च 1846) लाहौर में एक पूरक सन्धि की गई जिसके अनुसार दिसम्बर 1846 तक अंगरेजी सेना लाहौर में रखी जानी थी, जिसका उद्देश्य दिलीपसिंह की रक्षा करना दर्शाया गया। लेकिन इसका मूल उद्देश्य सिक्ख सेना का निरस्त्रीकरण करना था। नये प्रशासन के अन्तर्गत लाहौर क्षेत्र के जागीरदारों के अधिकार को स्वीकार किया गया। अंगरेजों को अधिकार दिया गया कि वे अपने नियंत्रण में प्राप्त राज्यों के किलों की सम्पत्ति के किसी भाग पर उचित मुआवजा देकर अधिकार कर लें। इस प्रकार लाहौर से जालंधर दो–आब प्रदेश छीनकर आर्थिक दृष्टि से पंगु बना दिया।

पंजाब एवं अंगरेजों के मध्य सन्धियाँ

- अमृतसर की सन्धि 25 अप्रैल 1809 – लार्ड मिन्टो
- लाहौर की सन्धि – 9 मार्च 1846 – लार्ड हार्डिंग्स
- भैरोवाल की सन्धि – 26 दिसम्बर 1846 – लार्ड हार्डिंग्स

भैरोवाल की सन्धि: लाहौर सन्धि के अनुसार दिसम्बर 1846 के पश्चात् अंगरेज सेना को प्रस्थान करना था। लेकिन हार्डिंग्स वहाँ से सेना हटाने को उत्सुक नहीं था। दिलीपसिंह के वयस्क होने तक पंजाब का प्रशासन अंगरेज अधिकारी द्वारा संचालित हो, वह इस आशय का अनुरोध सिक्ख सरदारों की ओर से चाहता था। इसके लिए 15 दिसम्बर 1846 को आम दरबार आयोजित किया जिसमें रानी जिन्दन को आमन्त्रित नहीं किया। सिक्ख सरदारों ने अंगरेज एजेन्ट को समस्त अधिकार सौंपने का निर्णय लिया। दूसरे दिन भैरोवाल की सन्धि हुई जिसकी घोषणा 26 दिसम्बर 1846 को की गई।[52]

- लाहौर में ब्रिटिश सेना 4 सितम्बर 1854 तक बनी रहेगी। इस समय तक महाराजा दिलीपसिंह 16 वर्ष के हो जायेंगे और तब तक इस सेना के व्यय के रूप में अंगरेजों को निश्चित राशि का भुगतान करना होगा। रानी जिन्दन को प्रशासनिक दायित्वों से पूरी तरह मुक्त कर दिया।
- दिलीपसिंह के वयस्क होने तक रिजेंसी कौंसिल द्वारा पंजाब की प्रशासनिक व्यवस्था संचालित की जानी थी। हेनरी लारेन्स को रिजेंसी कौंसिल का अध्यक्ष बनाया गया। जिसकी सहायतार्थ आठ सरदार रखे गये। उसके परामर्श के लिए अधिकारी भी नियुक्त किये जिसमें उसका भाई लारेन्स मुख्य था।

हार्डिंग्स ने अपने द्वारा की गई सन्धि के बारे में 5 अप्रैल 1847 को विक्टोरिया को लिखाः पूर्व में आपके हितों की इस सन्धि के अधीन वह सुरक्षा व्यवस्था कर ली गई जो अत्यधिक सफल अतिक्रमण की भावना से उपलब्ध हो सकती थी.... यह (सन्धि) वास्तव में सिक्ख सरदारों के निवेदन पर राज्य विलय है जिससे हम पर कोई वर्तमान में खर्च नहीं आयेगा और भविष्य में कोई हानि नहीं होगी।[53]

द्वितीय आंग्ल–सिक्ख युद्ध (The Second Anglo-Sikh War, 1848-49): प्रथम सिक्ख युद्ध में अंगरेजों की जीत विश्वासघात, षड़यंत्र एवं देशद्रोह का परिणाम थी। इस तथ्य से अंगरेज भली–भांति परिचित थे और इन्हीं कारणों को ध्यान में रखते हुए पंजाब को ब्रिटिश साम्राज्य में नहीं मिलाया। लाहौर की हार से पंजाब की जनता, राजपरिवार एवं खालसा सेना में भारी असन्तोष था। वस्तुतः दूसरे आंग्ल–सिक्ख संघर्ष के बीज लाहौर एवं भैरोवाल सन्धि में निहित थे। आंग्ल–सिक्ख युद्ध की पृष्ठभूमि को हम राजनैतिक, सामाजिक, आर्थिक, सैनिक असन्तोष, मूलराज का विद्रोह एवं डलहौजी की साम्राज्यवादी नीति के रूप में संयोजित कर सकते हैं।

राजनैतिकः लाहौर की सन्धि (9 मार्च) और विशेषरूप से भैरोवाल की सन्धि (16 दिसम्बर 1846) ने पंजाब में असन्तोष को बढ़ाया। सिक्ख अपने को पराजित नहीं समझते थे। दूसरी ओर अंगरेज पंजाब पर धीरे–धीरे नियंत्रण स्थापित करना चाहते थे। सिक्ख सामन्त अंगरेजों की इस योजना को समझ रहे थे। कनिंघम ने लिखा है कि "उनका उद्देश्य अंगरेजों से अपनी बची–खुची सेना को बर्बाद करके सुलह करना नहीं था बल्कि विरोधियों की सेना के सामने अपनी सेना को इधर–उधर कर देना था। वे विजय द्वारा सहायक राज्यों की स्थापना का उद्देश्य रखते थे।" रेजीडेंट फ्रेडरिक करी (जान लारेन्स के बाद) ने रानी पर आरोप लगाया कि वह मुलतान के विद्रोह को भड़का रही है। 15 मार्च 1848 को एक कौंसिल ने मुलतान विद्रोह में उसका योगदान मानते हुए उसे शेखपुरे के महल में नजरबंद करवा दिया। उसकी पेंशन घटाकर 12 हजार रूपये निश्चित कर दी और अन्त में बनारस भेज दिया गया। इससे जनता यह मानने लगी कि यह एक राष्ट्रीय अपमान है और यह रानी के लड़के को गद्दी से हटाने का प्रयास मात्र है जिससे राज्य का विनाश हो जाएगा।[54] रानी के साथ किये दुर्व्यवहार से खालसा सेना का आवेश बढ़ा।

लालसिंह को अपने राज्य एवं सेना के प्रति किये गये विश्वासघात के पुरस्कार रूप में कुछ नहीं मिला जबकि गुलाबसिंह को कश्मीर दिया गया था। लाहौर के मंत्रित्व पद से वह सन्तुष्ट नहीं था। अंगरेजों के विरूद्ध षड़यंत्र के आरोप में उसे राज्य से निर्वासित कर दिया। रेजीडेंट करी का व्यवहार रानी जिन्दन और दिलीपसिंह के प्रति ही खराब नहीं था बल्कि उसने अनेक सिक्ख सरदारों को भी नाराज कर दिया। पेने लिखता है कि सिक्ख नई चीजों का स्वागत करते थे पर उनके प्रति उत्साह नहीं दिखाते थे। वे अनुभव करते थे कि एक जाति के शासकीय रूप में भी उनकी स्थिति अब नीची हो गई है।[55]

सामाजिकः हेनरी लारेन्स के अवकाश लेकर इंग्लैण्ड चले जाने के बाद उसके भाई जान लारेन्स ने शीघ्रता से सुधारों को लागू किया। उसने सती प्रथा का विरोध किया और कन्याओं की हत्याओं को अनुचित बताया। अंग–भंग दण्ड का निषेध किया। सिक्खों ने समाज सुधार को अपने धर्म में हस्तक्षेप माना।

आर्थिकः रणजीतसिंह के समय बड़ी संख्या में सिक्ख बिना लगान की भूमि पर काबिज थे जिसके कारण भू–राजस्व वृद्धि या कमी का उन पर प्रभाव नहीं पड़ता था। यदि कर वसूलने की प्रक्रिया शुरू कर दी जाये तो वे अवश्य प्रभावित होते। अंगरेजों ने भू–राजस्व वसूली कठोरता से करनी शुरू की। यह ऐसे लोगों को ठीक नहीं लगा जिन्होंने भूमि पर अनाधिकृत कब्जा कर रखा था। अंगरेजों के लिए पंजाब पर आधिपत्य अनेक दृष्टि से लाभप्रद था। पंजाब का कपास उनके लिए आकर्षण का मुख्य कारण बना। इंग्लैण्ड के कारखानों में निर्मित माल के विक्रय के लिए भी पंजाब एक अच्छा बाजार था। पंजाब पर पूरी तरह अधिकार हो जाने से जम्मू कश्मीर के पहाड़ी क्षेत्र पर आधिपत्य किया जा सकता था। मुल्तान और पेशावर अंगरेजों के लिए अफगानिस्तान के व्यापार के अच्छे डिपो साबित हो सकते थे। मुल्तान और पेशावर से क्रमशः बोलन एवं खैबर दर्रों से होकर गुजरने वाले स्थल मार्ग आक्सस के आगे तक के लिए उपयोगी थे। पंजाब में विस्तृत सैनिक छावनियों एवं पर्वतीय प्रशिक्षण केन्द्र बनाने के भी अवसर थे और यदि परिश्रमी और शक्तिशाली सिक्खों को ब्रिटिश सेना में भर्ती कर यूरोपीय ढंग पर उन्हें प्रशिक्षित कर दिया जाये तो ब्रिटिश विश्व के किसी भी कोने में विजय प्राप्त कर सकते थे।

सिक्ख सेना में असन्तोषः प्रथम युद्ध के बाद अधिकांश सिक्ख सेना भंग कर दी गई। कहा जाता है कि जनवरी 1848 ई. तक 10,000 सैनिकों को सेवा से अलग कर किया गया। जिन लोगों को सेना से निकाला गया वे इसका कारण अंगरेजों को मानते थे। सैनिक प्रथम युद्ध की पराजय को नहीं भूले थे और अपनी हार को स्वीकार करने के लिए तत्पर न थे क्योंकि उनकी पराजय नेताओं के विश्वासघात का परिणाम थी। रेम्जेम्यूर के अनुसार, सिक्ख सेना का अपराजित अभिमान पहली पराजय को हजम नहीं कर सका।[56] सिक्ख सैनिक अपनी हार को एक संकोच मानते थे, अवसर मिलने पर इसका बदला लेना चाहते थे। कनिंघम ने लिखा हैः "यह स्पष्ट है कि अपने सैनिक संगठन के समाप्त किये जाने के समय न तो विद्रोही सैनिकों ने नैराश्य प्रकट किया और न ही धृष्टता और तटस्थता।"[57] इसी दौरान मुल्तान में विद्रोह हो गया। भंग की गई सिक्ख सेना मुलतान के नेतृत्व में संगठित होने लगी।

मुलतान का विद्रोहः रणजीतसिंह ने 1818 ई. में मुलतान पर आधिपत्य कर दीवान सावनमल को मुलतान का गवर्नर नियुक्त किया था। उसके समय 35 लाख रूपये वार्षिक राजस्व में से 17.50 लाख रूपये लाहौर खजाने में जमा होते थे। सावनमल के मृत्योतर 1844 ई. में उसका पुत्र मूलराज गवर्नर बना। प्रथम सिक्ख युद्ध के बाद लाहौर दरबार पर अंगरेजी वर्चस्व स्थापित हो गया। अंगरेजों ने अगस्त 1846 में मुलतान गवर्नर से 19 लाख वार्षिक लगान की मांग की। लेकिन 1847 ई. के जान लारेन्स के सुधारों के फलस्वरूप वह इतना लगान नहीं दे सकता था। मूलराज त्यागपत्र देना चाहता था,

परन्तु लारेन्स ने स्वीकार नहीं किया। फ्रेडरिक करी (Frederik Curry) के रेजीडेंट बनने पर उसने अधिक लगान की मांग की जिसके भुगतान न करने पर मूलराज के स्थान पर कान्हसिंह को नाजिम नियुक्त कर दिया। उसके सहयोग हेतु दो अंगरेज अधिकारी एन्डरसन (W.A. Anderson) और एग्न्यू (P.A. Vans Agnue), नौ कलेक्टर तथा सात अंगरेज जज मुलतान भेजे गये।[58] 18 अप्रैल 1848 को मूलराज दीवान पद से हटा दिया और उसकी सेना भंग किये जाने की घोषणा की। सैनिकों ने 19 अप्रैल को एन्डरसन एवं एग्न्यू की हत्या कर दी। इस तरह मूलराज के सैनिकों ने बगावत कर दी। सिक्ख सेना से निष्कासित सैनिक मूलराज की सेना में भर्ती होने लगे और दूसरा सिक्ख युद्ध शुरू हो गया। डलहौजी इस घटना के लिए लाहौर दरबार को दोषी ठहराना चाहता था। उसने सिक्ख राजवंश को पूरी तरह समाप्त करने का निर्णय ले लिया था। डलहौजी ने हाबहाउस (अध्यक्ष–बोर्ड ऑफ कन्ट्रोल) को लिखा "दुर्भाग्य से परिशोध दिवस को स्थगित करना पड़ेगा, किन्तु यह निश्चित आएगा और परिशोध भी भयंकर होगा।"[59]

लार्ड डलहौजी एवं पंजाब विलय नीति (20 मार्च 1849): डलहौजी की साम्राज्यवादी नीति द्वितीय सिक्ख युद्ध का मूल कारण थी। वह सभी देशी राज्य के अस्तित्व को समाप्त कर ब्रिटिश साम्राज्य में सम्मिलित करना चाहता था।

एण्डरसन एवं एग्न्यू की हत्या की जानकारी मिलने पर डेराजात का सैनिक अधिकारी लेफ्टीनेंट एडवर्ड्स कोर्टलैण्ड (बन्नू का सेनापति) को साथ लेकर आगे बढ़ा और मूलराज को पराजित किया। तदनंतर मूलराज ने सेना सहित अपने को किले में बंद कर लिया।

राम नगर का युद्ध (22 नवम्बर 1848 ई.): 13 नवम्बर 1848 को ह्युगौफ (Huge Gough) सेना सहित लाहौर पहुँचा। 22 तारीख को रामनगर में विद्रोहियों को पराजित किया।

चेलियानवाला युद्धः 13 जनवरी 1849 को झेलम के तट पर चेलियानवाला में भंयकर युद्ध हुआ। यह लड़ाई भारत में अंगरेजी साम्राज्य विस्तार के विरूद्ध अत्यधिक घमासान युद्धों में से एक थी। लायनल जेम्स ट्राटर के अनुसार अंगरेजों की इतनी हानि हुई जितनी भारतीय युद्धों में उनकी कभी नहीं हुई थी।[60] लार्ड डलहौजी ने स्वयं भी स्वीकार किया कि इस कार्य के परिणाम की आलोचना मेरे जैसा देशरक्षक सेना का सेनापति भी करता है।[61] हाबहाउस भी गौफ से दुखी था तथा उसे अयोग्य समझता था। गौफ पीछे लौटना चाहता था, लेकिन डलहौजी ने ऐसा करने से रोका।

गुजरात (पंजाब) का युद्ध (21 फरवरी 1849): चेलियानवाला में हुई पराजय से इंग्लैण्ड में भारी निराशा फैली और सूचना के 48 घण्टों की अवधि में गौफ के स्थान पर चार्ल्स नेपियर (Charles Napier) को सेनाध्यक्ष नियुक्त कर दिया गया। नेपियर के पहुँचने से पूर्व ही गौफ ने अन्तिम रूप से चिनाब के किनारे गुजरात में 21 फरवरी 1849 को सिक्खों से दूसरा युद्ध किया जिसमें सिक्खों की पराजय हुई। सिक्ख सेना ने इसके बाद आत्मसमर्पण कर दिया।

डलहौजी ने पंजाब को 29 मार्च 1849 को अंगरेजी साम्राज्य में मिला लिया। लाहौर में एक दरबार आयोजित किया गया जिसमें विदेश सचिव हेनरी इलियट ने गवर्नर जनरल की ओर से घोषणा प्रसारित की जो अंगरेजों के झूठे प्रचार का पुलिन्दा थी। **दिलीपसिंह और राज्य संरक्षक कौंसिल ने कोहिनूर हीरा तथा पंजाब राज्य अंगरेजों को समर्पित कर दिया।** दिलीपसिंह को पांच लाख रूपये की वार्षिक पेंशन दे दी गई और अपनी माता रानी जिन्दन के साथ उसे इंग्लैण्ड भेज दिया। उसने वहाँ ईसाई धर्म ग्रहण कर लिया और कुछ समय नारफाक में एक इंग्लैण्ड के भूस्वामी की तरह रहा। बाद में पुनः पंजाब लौट आया तथा पुराने धर्म में आस्था प्रकट की। डलहौजी द्वारा पंजाब को अंगरेजी साम्राज्य में मिलाये जाने की अनेक लेखकों ने आलोचना की है। ट्राटर ने लिखा है कि डलहौजी की नीति किसी न्याय सिद्धान्त पर आधारित नहीं थी। मेजर इवान्स बेल ने ठीक ही कहा है कि पंजाब को अंगरेजी राज्य में मिलाया जाना सशस्त्र विश्वासघात था इससे न तो कोई भौतिक और न ही कोई नैतिक लाभ हुआ।

पंजाब की प्रशासनिक व्यवस्था तीन सदस्यों की कमेटी को सौंपी गई। हेनरी लारेन्स को प्रशासनिक व्यवस्था देखनी थी। उसके भाई जान लारेन्स को भू–राजस्व प्रबंध दिया गया। तीसरे सदस्य चार्ल्स मैसल को न्याय विभाग का अध्यक्ष बनाया गया। हर्बर्ट एडवर्ड्स, जान निकोलसन, रिचर्ड टेम्पुल आदि की सेवायें भी पंजाब में ली गईं।

सिक्ख पराजय के कारण: एक एशियाई जर्नल नामक पत्र में 1821 ई. की स्थिति का विवेचन करते हुए एक अंगरेज ने लिखा था "हमें तत्काल यह स्वीकार कर लेना चाहिए कि भारत के एक–एक संग्राम में हमारी विजय का कारण इतने अधिक हमारे शानदार कार्य नहीं है जितनी कि एशियाई चरित्र की निर्बलता।" यह सिद्धान्त यद्यपि ब्रिटिश कालीन भारत

के सभी शासकों, सामन्तों, एवं प्रशासन से जुड़े हुए लोगों पर लागू होता है। लेकिन पंजाब के लिए यह सिद्धान्त विशेष रूप से उल्लेखनीय है।

- सम्पूर्ण विवरण से यह सहज ही अनुमान लगाया जा सकता है कि पंजाब की बहादुर सेना **धोखेबाज, विश्वासघाती सैनिक अधिकारियों** के कारण पराजित हुई।
- लाहौर दरबार में सेना का नेतृत्व प्रदान करने वाला कोई **योग्य अधिकारी** नहीं था। लालसिंह, तेजसिंह एवं गुलाबसिंह जैसे उच्च अधिकारी सेना के साथ विश्वासघात एवं धोखा नहीं करते तो प्रथम सिक्ख युद्ध में पराजय का कोई प्रश्न ही नहीं था। दूसरे युद्ध में सिक्ख सेना का **नेतृत्व करने वाला कोई सेनापति** नहीं था यद्यपि 13 जनवरी के चेलियानवाला युद्ध में सिक्ख सेना ने अंगरेजों को भारी नुकसान पहुँचाया। पंजाब के मामले में इतिहास इस बात का साक्षी है कि सिक्ख सेना की पराजय में रणजीतसिंह के योग्य उत्तराधिकारी का न होना उतना महत्वपूर्ण न था जितनी की देशद्रोहियों की धोखेबाजी। धोखा देने की यह पद्धति सामन्ती प्रणाली का एक आवश्यक परिणाम थी, क्योंकि सामन्त अपने स्वार्थों से अधिक कुछ देख नहीं पाते थे। लालसिंह, तेजसिंह एवं गुलाबसिंह अपने स्वार्थों में अन्धे हो गए थे।[62]
- इस प्रकार दो तथ्य विचारणीय हैं: एक सेना की पराजय जिसमें देशद्रोहियों का विशेष योगदान रहा, दूसरा तथ्य है पंजाब राज्य का पतन जिसमें अयोग्य उत्तराधिकारियों की महत्वपूर्ण भूमिका रही। कहा जाता है कि रणजीतसिंह की मृत्यु के बाद योग्य नेतृत्व के अभाव में सिक्खों में मतभेद को बढ़ाने में अंगरेजों द्वारा किये गये षड्यंत्र सफल रहे। इस परिप्रेक्ष्य में डोगरा सिक्ख वैमनस्य को पंजाब पतन का महत्वपूर्ण कारक माना है। अंगरेज रेजीडेंटों ने 1843–45 ई. के मध्य राजनीतिक विरोधियों को एक दूसरे के विरूद्ध भड़काया और आपसी मतभेदों को बढ़ावा दिया।
- अंगरेज साम्राज्य की सुरक्षार्थ सिन्ध नदी एवं उसके पश्चिम में स्थित पर्वत श्रृंखला का प्राकृतिक सीमा के रूप में उपयोग करना चाहते थे और इस दृष्टि से पंजाब का ब्रिटिश साम्राज्य में विलय आवश्यक था। **डलहौजी ने भेदनीति का आश्रय** लेकर युद्ध भड़काया जिससे पंजाब विलय का बहाना मिल सके। मराठों के पतन के बाद पंजाब ही एक स्वतंत्र शक्ति रह गई थी जिसे नष्ट करके ही सम्पूर्ण भारत पर साम्राज्य स्थापना का लक्ष्य पूरा हो सकता था। इसके लिए अंगरेज कुछ भी करने को तत्पर थे।
- अन्त में पंजाब के आर्थिक संक्रमण की ओर हमारा ध्यान डॉ. जैन ने आकृष्ट करते हुए लिखा है: 1839–45 ई. के मध्य सेना की संख्या दुगुनी हो गई थी। 1839 ई. में सिक्ख सेना की संख्या 76000 से अधिक थी। 1845 ई. यह 2.5 लाख के लगभग थी। इससे **राज्य दीवालिया** हो गया। इन सात वर्षों में सात बार सरकार परिवर्तन हुआ था जिसमें छः बार रक्तपात के फलस्वरूप हुआ था। राज्य में विभिन्न दल अपने हितों की हिमायत में सेना का समर्थन प्राप्त करना चाहते थे। इससे सैनिक अधिकारियों को अपने महत्व के विषय में भ्रांति पैदा हो गई तथा नीति के संचालन में दोष पैदा हो गये। सेनाध्यक्षों ने अपना समर्थन अधिकतम मूल्य देने वाले को बेचना आरम्भ किया।[63]

भारतीय शासकों की पराजय से सम्बन्धित विविध सहयोगी कारणों की चर्चा हमने मराठा पतन के सन्दर्भ में की है। यद्यपि किसी शक्ति के पराभव में अनेक तथ्य उत्तरदायी होते हैं, किन्तु पंजाब के मामले में स्वयं सेनानायकों की धोखेबाजी एवं विश्वासघात का विशेष योगदान रहा और रणजीतसिंह के अयोग्य उत्तराधिकारियों की इसमें सहयोगी की भूमिका रही। कहा जा सकता है कि उपरोक्त दो ही तथ्य विशेष रूप से सिक्ख शक्ति के विघटन के कारण थे।

सन्दर्भ

1. कनिंघम, *सिक्खों का इतिहास*, इतिहास प्रकाशन संस्थान, वाराणसी, 1965, पृ. 1
2. फौजसिंह (संपा.) *सिक्खिज्म*, पृ. 30–33
3. कनिंघम, वही, पृ. 117, हरिराम गुप्ता, *हिस्ट्री ऑफ द सिक्ख*, जि. 1, पृ. 46
4. हरिराम गुप्ता, *हिस्ट्री ऑफ द सिक्ख्स*, जि. 1, पृ. 56
5. स्मिथ, वही, पृ. 610
6. पेने, *ए शार्ट हिस्ट्री ऑफ सिक्ख्स*, पृ. 71, छाबड़ा, *आधुनिक भारतीय इतिहास*, एक प्रगत अध्ययन, जि 2, पृ. 119 से उद्धृत
7. छाबडा, वही, जि. 2, पृ. 119
8. *भारत का वृहत् इतिहास*, जि. 3, पृ. 105
9. सिन्हा, एन.के., *रणजीतसिंह*, पृ. 15

10. ग्रीफिन लेपेल, *रणजीतसिंह*, पृ. 95
11. छाबड़ा, वही, पृ. 121
12. कनिंघम, वही, पृ. 148–49
13. *भारत का बृहत् इतिहास*, जि. 3, पृ. 106
14. कनिंघम, वही, परिशिष्ट 24, पृ. 433–34
15. वही, परिशिष्ट 26, पृ. 435–36
16. कनिंघम, वही, पृ. 168
17. सिन्हा, एन.के., वही, पृ. 90–91
18. हरबंससिंह, *द हिस्ट्री ऑफ द सिक्ख*, वही, पृ. 76
19. मूर क्रोफ्ट डब्लू, *ट्रेवेल्स इन हिमालयन प्रोविन्सेज ऑफ हिन्दुस्तान एण्ड पंजाब*, भाग 2, पृ. 338, छाबड़ा, वही, पृ. 174
20. चौपडा, *पंजाब एज ए सावरिन स्टेट*, पृ. 45
21. सतलज नदी के बायें तट पर स्थित फिरोजपुर पर उसका निर्णायक अधिकार था। पर अंगरेजों ने इसे स्वीकार नहीं किया और 1835 में इस महत्वपूर्ण स्थान पर अधिकार कर लिया। 1838 में आकलैण्ड ने इसे एक कण्टोनमैंट में परिवर्तित कर दिया।
22. सिन्हा, एन.के., वही, पृ. 192
23. कनिंघम, वही, पृ. 221
24. सिन्हा, एन.के., वही, पृ. 139
25. छाबड़ा, वही, पृ. 143–44
26. कनिंघम, वही, पृ. 206
27. कनिंघम, वही, 212
28. स्मिथ, वही, पृ. 614
29. ग्रिफिन, *रणजीतसिंह*, पृ. 132–33
30. ह्युजेल, *ट्रवेल्स इन कश्मीर एण्ड पंजाब*, पृ. 289, छाबड़ा, वही, पृ. 155 से उद्धृत
31. स्मिथ, *आक्सफोर्ड हिस्ट्री ऑफ इण्डिया*, पृ. 619
32. कनिंघम, वही, पृ. 211
33. आसबोर्न, कैम्प एण्ड कोर्ट, पृ. 144, छाबडा, वही, पृ. 158 से उदधृत
34. स्टीनबैच लैफ्टी. कर्नल, *द पंजाब*, पृ. 103, छाबड़ा, वही, पृ. 159 से उदधृत
35. छाबड़ा, वही, पृ. 161–63
36. वही, पृ. 163
37. पेने, *शार्ट हिस्ट्री आफ द सिक्ख्स*, पृ. 133–34
38. *भारत का बृहत् इतिहास*, जि. 3, पृ. 108–09
39. कनिंघम, वही, आठवां अध्याय
40. वही, पृ. 615
41. कनिंघम, वही, पृ. 288
42. हरिराम गुप्ता, *पंजाब ऑफ द इव ऑफ द सिक्ख वार*, पृ. 90
43. कनिंघम, वही
44. कनिंघम, वही, पृ. 349
45. कनिंघम, वही, पृ. 348
46. कनिंघम, वही, पृ. 364
47. गौफ एण्ड इन्स, *द सिक्ख एण्ड सिक्खवार्स*, पृ. 138
48. रॉबर्ट्स, पी.ई., *ब्रिटिशकालीन भारत का इतिहास*, पृ. 258
49. स्मिथ, वही, पृ. 617
50. रॉबर्ट्स, वही, पृ. 258
51. हार्डिंग्स चार्ल्स सेकेण्ड विस्काउण्ट, विस्काउण्ट हार्डिंग्स, पृ. 143–44, छाबडा, वही, पृ. 216 से उदधृत
52. कनिंघम, वही, परिशिष्ट 37, पृ. 460–63
53. विक्रमजीत हसरत, पंजाब पेपर्स
54. बेल इवान्स, *अनेक्सेसन ऑफ द पंजाब* (लंदन, 1822)
55. पेने, वही, पृ. 176
55. Muir Ramisay, *The Making of British India*, p. 339
57. कनिंघम, वही, 398
58. ईलियट, *नोट्स आन द रेवन्यू एण्ड रीसोर्सेज ऑफ द पंजाब*, पृ. 41
59. *द मेकिंग ऑफ ब्रिटिश इण्डिया*, पृ. 344
60. ट्राटर, एल.जे., *हिस्ट्री ऑफ द ब्रिटिश इम्पायर इन इण्डिया*, जि. 1, पृ. 186
61. विलियम ली वारनर, *लाइफ ऑफ मार्क्विस ऑफ डलहौजी*, जि. 1, पृ. 188
62. जैन, एम.एस., *आधुनिक भारत का इतिहास*, पृ. 156
63. जैन, वही, पृ. 156

❋❋❋

8

आंग्ल-अफगान युद्ध एवं अफगान नीति
(Anglo-Afghan War and Afghan Policy)

अफगानिस्तान के सम्बन्ध में अपनाई गई नीति ने अंगरेजों की कूटनीति एवं प्रक्रियात्मक व्यवस्था की विफलता को उजागर किया। विशेषकर प्रथम आंग्ल अफगान युद्ध से न केवल ब्रिटिश अजेयता का भ्रम दूर हुआ, प्रत्युत स्वतंत्रता प्रेमी अफगान जाति ने उस समय के उत्कृष्ट सैन्य संचालन पर भी प्रश्न चिह्न लगा दिया। अठारहवीं शताब्दी के मध्य में अहमदशाह दुर्रानी ने अफगानिस्तान में एक स्वतंत्र राज्य की स्थापना की थी लेकिन उसके उत्तराधिकारी तैमूरशाह (1773–93), जमानशाह (1793–1800) और महमूदशाह (1800–03) आदि कुशल शासक एवं कूटनीतिज्ञ साबित नहीं हुए। 1803 में शाहशुजा को अफगानिस्तान की सत्ता मिली, लेकिन वह भी अपने को योग्य शासक प्रमाणित न कर सका। उसके सत्ता में आते ही वहाँ आन्तरिक विद्रोह उठ खड़ा हुआ अतः शाहशुजा को 1809 में सत्ता त्यागकर अपनी सुरक्षा के लिए पहले लाहौर और बाद में लुधियाना में शरण लेनी पड़ी। अंगरेजों ने 1818 में उसकी पेंशन चालू कर दी। यहां सवाल उठता है कि अंगरेजों ने अफगानिस्तान को अपने प्रभाव में लेने की आवश्यकता क्यों अनुभव की और शाहशुजा को शरण क्यों दी गई। इस सवाल का जवाब पाने के लिए हमें यूरोप एवं मध्य एशिया की गतिविधियों की जानकारी प्राप्त करना होगा।

यूरोपीय घटनायें व फ्रांस का उत्थान: यूरोप की घटनाओं पर दृष्टि डालने से स्पष्ट होता है कि इन दिनों फ्रांस एक महत्वपूर्ण शक्ति बनता जा रहा था। 18वीं सदी के अन्तिम दशक और 19वीं सदी के प्रारम्भिक वर्षों में फ्रांस के उत्थान से अंगरेज चिन्ति थे। शाहशुजा के सत्ता त्यागने से पूर्व अर्थात् फरवरी 1809 में एलफिंस्टन ने एक सन्धि द्वारा ईरान व फ्रांस की सेनाओं को अफगानिस्तान के मार्ग से भारत पर आक्रमण करने की अनुमति न देने का आश्वासन प्राप्त किया था। 1815 में वाटरलू के मैदान में नेपोलियन अन्तिमरूप से हरा दिया गया था। नेपोलियन के पतन के साथ ही फ्रांसीसियों की भारत विजय की अभिलाषा का भी अन्त हो गया। इस प्रकार फ्रांस–ईरानी गुट की कोई संभावना न रही। फ्रांसीसी खतरे का अन्त होने पर भी अंगरेजों के सामने एक ओर खतरा था और वह था रूस का।

रूसी प्रभाव: रूस एवं ब्रिटेन की मध्य एशिया में प्रतिद्वंद्विता ने भी अंगरेजों को अफगानिस्तान में अपने प्रभाव क्षेत्र के विस्तार की प्रेरणा दी। 1807 में टिलसिट[1] की सन्धि के पश्चात् पश्चिमी एशिया की राजनीति में रूस का महत्व बढ़ गया था। टिलसिट की सन्धि के जवाब में कम्पनी संचालकों की सीक्रेट कमेटी ने 1808 में मिंटो को आदेश दिये कि उत्तर पश्चिमी स्थल मार्ग से ब्रिटिश भारत पर आक्रमण रोकने के लिए उसके पश्चिम स्थित राज्यों से मैत्री सन्धियाँ की जाये। मिंटो ने मेटकॉफ को पंजाब, डेविड सेटन (बाद में स्मिथ) को सिंध, एलफिंस्टन को अफगानिस्तान और जान मालकम को ईरान भेजा। रणजीतसिंह के साथ सम्पादित सन्धि की चर्चा पूर्व में की गई है एवं सिंध के अमीरों के साथ हुए समझौते का जिक्र 'सिन्ध का विलय' अध्याय में किया गया है। जहाँ तक ईरान (फारस या परशिया) का सवाल है जान मालकम को अपने लक्ष्य में सफलता नहीं मिली, लेकिन मार्च 1809 में इंग्लैण्ड से भेजे गये हारफर्ड जोंस ने ईरान के शाह से एक सन्धि की। सन्धि द्वारा ईरान के शाह ने आश्वासन दिया कि वह अपने राज्य से यूरोप के किसी भी देश की सेनाओं को भारत अथवा भारतीय बन्दरगाहों की ओर जाने नहीं देगा। इंग्लैण्ड ने विश्वास दिलाया कि ईरान पर यूरोपीय शक्ति का आक्रमण होने पर इंग्लैण्ड सैनिक सामग्री अथवा धन से उसकी सहायता करेगा। अफगानिस्तान के साथ एलफिंस्टन द्वारा की गई सन्धि, व्यर्थ सिद्ध हुई क्योंकि शाहशुजा को अफगान सत्ता त्याग देनी पड़ी।

बढ़ते हुए रूसी प्रभाव के विरूद्ध इंग्लैण्ड द्वारा की गई मैत्री सन्धियां अधिक कारगर साबित नहीं हुई। 1828–29 में रूस–तुर्की युद्ध में रूस की विजय हुई और तुर्की को एड्रियानोपल की सन्धि (सितम्बर 1829) करनी पड़ी। इस प्रकार रूस की प्रतिष्ठा एवं शक्ति में भारी वृद्धि हुई। रूस के एक शक्तिशाली राष्ट्र के रूप में विकसित होने से ब्रिटिश कूटनीतिज्ञों का चिन्तित होना स्वाभाविक था। यह संभावना व्यक्त की गई कि रूस भविष्य में ब्रिटिश भारत के लिए खतरा बन सकता है। पहला मार्ग आक्सस नदी घाटी से होकर था जहाँ पर खीवा और बोखारा के राज्य थे। दूसरा मार्ग ईरान तथा हेरात से होकर था।

ब्रिटिश कूटनीतिज्ञों की यह धारणा दृढ़ हुई कि रूस के प्रभाव को रोकने के लिए ब्रिटिश सरकार को ईरान पर निर्भर नहीं रहना चाहिए, इसीलिए ईरान के साथ सम्पादित सन्धियों से ब्रिटेन ने छुटकारा पा लिया था। अब यह माना जाने लगा कि रूस के विरूद्ध अफगानिस्तान अधिक विश्वसनीय हो सकता है। अतः भारत एवं ब्रिटेन में अफगानिस्तान के साथ सम्बन्ध बढ़ाने के लिए गंभीरता से सोचा गया। वस्तुतः ब्रिटेन में अफगान नीति के निर्धारण में दो विचारधाराएँ सक्रिय थी। पहली थी अग्रगामी नीति एवं दूसरी कुशल अकर्मण्यता की नीति।

अग्रगामी नीति (Forward Looking Policy): अफगानिस्तान के प्रति अग्रगामी नीति के जो लोग समर्थक थे उनका तर्क था कि रूस निश्चित रूप से भारत पर आक्रमण की योजना बना रहा है। इसलिए उनकी दृष्टि में अफगानिस्तान का ब्रिटिश भारत की सुरक्षा के लिए बड़ा महत्व था। ड्यूक ऑफ वेलिंगटन एवं एलेनबरो जैसे राजनीतिज्ञों ने ब्रिटिश भारत के लिए रूस के बढ़ते प्रभाव का खतरा बताना शुरू किया। *अंगरेजी भारत पर आक्रमण की व्यावहारिकता* नामक पुस्तक ने इस स्थिति पर विशेष रूप से प्रकाश डाला। मध्य एशिया में व्यापारिक एवं राजनीतिक प्रभुत्व में वृद्धि की योजना बनाई गई और इसीलिए अंगरेजों ने सिन्धु नदी में नौ संचालन की संभावना के सर्वेक्षण हेतु बर्न्स (Alexander Burnes) को भेजा गया था। जिसकी चर्चा अन्यत्र की गई है। उन्नीसवीं शताब्दी के दो प्रमुख ब्रिटिश राजनेताः विदेशमंत्री पामर्स्टन (Palmerston) व डिजरेली घोर साम्राज्यवादी नीति के पोषक थे एवं मध्य एशिया में अग्रगामी नीति के पक्षपाती। उनका दृष्टिकोण रूस विरोधी था चालीस वर्षों के अन्तराल से हुए दो अफगान युद्ध इन्हीं दो राजनीतिज्ञों की देन थे और दोनों ही मामलों में गृह सरकार ने भारत नीति का संचालन किया।

अकर्मण्यता की नीति (Policy of Masterly Inactivity): दूसरी अकर्मण्यता की नीति का विकास प्रथम अफगान युद्ध की विफलता और विनाश की प्रतिक्रिया थी। एलेनबरो से नार्थब्रुक (1872–76) तक और विशेषकर लारेन्स (1864–68) के समय तक इस नीति का पालन किया गया। कुशल अकर्मण्यता शब्द का प्रयोग जे.डब्ल्यू.एस. वायली ने एडिनबर्ग रिव्यू में किया था। इस नीति के प्रतिपादकों का विचार था कि 'रूस भारत से बहुत दूर है और भारत पर उसके आक्रमण की कोई संभावना नहीं है। यदि रूस का इरादा भारत पर आक्रमण करना है तो इसका कारण यूरोप में रूस और ब्रिटेन का तनावपूर्ण सम्बन्ध है। अतः पूर्व की ओर रूस की प्रगति को रोकने के लिए यह आवश्यक है कि ब्रिटेन यूरोप में रूस के साथ समझौता करे। अफगानिस्तान के मामले में हस्तक्षेप करने से कोई लाभ नहीं होगा। पहले हम अग्रगामी नीति एवं प्रथम आंग्ल अफगान युद्ध की चर्चा करेंगे।

वैज्ञानिक सीमा (Scientific Frontier): अग्रगामी नीति के समर्थक राजनीतिज्ञ कई कारणों से अफगानिस्तान में ब्रिटिश वर्चस्व स्थापित करने को उत्सुक थे। अफगानिस्तान और सिंध नदी के बीच का पर्वतीय प्रदेश भारत की उत्तर–पश्चिमी सीमा बनाता है। ब्रिटिश भारत की सीमायें जब सतलज तक पहुँच गई। तो यह अनिवार्य हो गया कि भारत और अफगानिस्तान के मध्य परस्पर मैत्री सम्बन्ध बनाये जाये, जिससे रूसी साम्राज्यवादी विस्तार को भारत की ओर बढ़ने से रोका जा सके। रूस मध्य एशिया की ओर बढ़ चुका था और उसके राज्य की सीमायें अफगानिस्तान के निकट पहुँच गई थीं। अफगानिस्तान के रूसी प्रभाव में आने की स्थिति में रूस का भारत में प्रवेश सुगम हो जाता। इसी खतरे की संभावना ने अंगरेजों की अफगान नीति को जन्म दिया। अंगरेजों की यह नीति निश्चित ही अफगानिस्तान को मध्यवर्ती राज्य बनाये जाने की थी, जिससे पश्चिमोत्तर सीमा से कोई भी स्थलीय शक्ति सीधे भारत पर आक्रमण करने में सफल न हो सके।

यह भी कहा जाता है कि महाराजा रणजीतसिंह की राज्य विस्तार की नीति ने भी अंगरेजों को अफगानिस्तान में हस्तक्षेप करने के लिए प्रेरित किया। 1809 की अमृतसर की सन्धि के अनुसार पंजाब नरेश सतलज के पार दक्षिण में अपने राज्य विस्तार के लिए स्वतंत्र न थे, लेकिन सतलज के उत्तर में उसके राज्य विस्तार पर यह प्रतिबंध लागू नहीं था। इसीलिए 1823–24 में पेशावर के अफगान गवर्नर को अपनी अधीनता स्वीकार करने के लिए विवश किया और 1834 में पेशावर पंजाब में मिला लिया गया। इस प्रकार पेशावर, लाहौर और काबुल शासकों के बीच विवाद का मुद्दा बन गया।[2]

अलग–अलग पक्षों के राजनीतिक स्वार्थ: रूसी आक्रमण की संभावनाओं को देखते हुए अंगरेजों ने एलफिंस्टन को अफगान शासक शाहशुजा से 1809 में सन्धि करने हेतु भेजा। एलफिंस्टन सन्धि वार्ता के बाद अफगानिस्तान से भारत लौटा भी न था कि शाहशुजा के भाई महमूदशाह ने कन्धार को अपने नियंत्रण में ले लिया और नीमला में शाहशुजा को परास्त कर दिया। विवश होकर शाहशुजा को पहले रणजीतसिंह और बाद में अंगरेजों की शरण लेनी पड़ी। इस समय अफगानिस्तान दो जातियोंः बरकजई और सदोजई में विभक्त था। शाहशुजा का उत्तराधिकारी उसका भाई महमूदशाह (1809–18) बरकजई

सरदार फतेह खाँ के प्रभाव में था। 1829 में महमूदशाह की मृत्यु के बाद हिरात पर कामरान का अधिकार हो गया। इस दौरान बरकजई परिवार के सबसे योग्य व्यक्ति दोस्त मुहम्मद ने गजनी और काबुल पर अधिकार कर लिया एवं कोहिनदिल खाँ का कन्धार और सुल्तान मुहम्मद का पेशावर पर कब्जा हो गया।

दोस्त मुहम्मद (1826–39): बरजकई दल से सम्बद्ध दोस्त मुहम्मद 1826 में काबुल का नवाब बना। लेकिन शीघ्र ही उसने अपने को अनेक समस्याओं से जकड़ा हुआ पाया। उत्तर में बल्ख में विद्रोह हो रहे थे, दक्षिण स्थित कन्धार में उसका भाई भी विरोधी हो गया, पूर्व में रणजीतसिंह ने पेशावर पर अधिकार कर लिया था और पश्चिम में महमूदशाह और हिरात में कामरान का कब्जा था। दोस्त मुहम्मद का यह प्रमुख लक्ष्य बन गया कि वह किसी भी मूल्य पर पेशावर पुनः हस्तगत करेगा। उसके समक्ष शाहशुजा, रणजीतसिंह एवं अंगरेजों का ही भय नहीं था अपितु रूस व ईरान भी उसे आतंकित किए हुए थे। 1833 में मुहम्मद मिर्जा ईरान का शाह बना जिसने रूस से मैत्री सन्धि कर ली। रूस ईरान को अपने विश्वास में लेकर अफगानिस्तान पर अपना प्रभाव स्थापित करना चाहता था। रूस से उत्प्रेरित ईरान शासक मुहम्मद मिर्जा ने हेरात पर घेरा डाल दिया जो अफगानिस्तान के नियत्रंण में था। दोस्त मुहम्मद ने अंगरेजों के सहयेाग से इस आक्रमण को विफल कर दिया। लेकिन इस घटना ने रूस की ओर से अफगानिस्तान के लिए गंभीर खतरे को इंगित किया। रूसी भय एवं रणजीतसिंह से पेशावर प्राप्त करने की आकांक्षा के कारण दोस्त मुहम्मद अंगरेजों से मैत्री का इच्छुक था। रणजीतसिंह के विरूद्ध अंगरेजों से सहायता न मिलने पर वह पेशावर पर अधिकार करने हेतु रूस एवं ईरान से मैत्री सम्बन्ध स्थापित करने का इरादा रखता था।

रणजीतसिंहः शाहशुजा को अफगानिस्तान से भागकर रणजीतसिंह के यहाँ शरण लेनी पड़ी जहाँ उसे अपना प्रसिद्ध कोहिनूर हीरा त्याग देना पड़ा। लेकिन बाद में वह अंगरेजों की शरण लेने को बाध्य हुआ और अंगरेजों ने उसकी 50 हजार पेंशन निश्चित कर दी। रणजीतसिंह की शाहशुजा को अफगानिस्तान की गद्दी पर बैठाने में रूचि थी और इसके लिए उसने प्रयास भी किए थे। अफगानिस्तान की अव्यवस्था भी महाराजा के लिए चिंता का कारण थी और वह चाहते थे कि उसका समर्थित व्यक्ति ही अफगानिस्तान की सत्ता का स्वामी बने। लेकिन 1826 में अंगरेजों ने उसकी योजना को स्वीकार नहीं किया और बाद में महाराजा एवं शाहशुजा के प्रयास सफल नहीं हुए।

अंगरेज गवर्नर जनरल आकलैण्ड (Auckland, 1836-42) की नीतिः अफगानिस्तान प्रकरण के त्रिकोण में तीसरा एवं सबसे महत्वपूर्ण पक्ष था ब्रिटिश सत्ता। अफगानिस्तान में जब यह घटना चक्र चल रहा था आकलैण्ड (1836–42) गवर्नर जनरल बनकर भारत आया। दोस्त मुहम्मद ने मई में उसे बधाई पत्र भेजा एवं सिक्खों एवं ईरान के विरूद्ध ब्रिटिश सहायता चाही गई। जवाब में आकलैण्ड ने लिखा कि "मित्र तुम्हें ज्ञात है कि ब्रिटिश सरकार की यह नीति स्वतंत्र राज्यों की गतिविधियों में हस्तक्षेप की नहीं है।" दोस्त मुहम्मद ने अपनी समस्याओं के समाधान करने के लिए एक ओर तो ईरान के शाह से मैत्री स्थापित करने की योजना बनाई। जिसे एक कूटनीतिक चाल की संज्ञा दी जा सकती है। दूसरी ओर अपने पुत्र अकबर खान के नेतृत्व में एक सेना सिक्खों के विरूद्ध भेजी जिससे पेशावर पुनः प्राप्त किया जा सके। लेकिन सिक्खों के विरूद्ध उसका अभियान सफल नहीं हुआ।

बर्न्स मिशन (Burnes Mission): उन दिनों आंग्ल–रूसी सम्बन्धों में कटुता पैदा हो गई थी। मध्यपूर्व में बढ़ती हुई रूसी महत्वाकांक्षा तथा पामर्स्टन की रूस विरोधी नीति इसके मूल कारण थे। गृह सरकार ने इस ओर ध्यान दिये जाने के लिए निर्देश दिये, जिससे रूसी विस्तारवाद पर रोक लगाई जा सके। विदेशमंत्री पामर्स्टन की स्पष्ट धारणा थी कि रूसी प्रभाव को सीमित करने के लिए अफगानिस्तान में ब्रिटिश वर्चस्व स्थापित किया जाना चाहिए। नवम्बर 1836 में आकलैण्ड ने अलेक्जेण्डर बर्न्स को मुम्बई से काबुल भेजा। वह एक व्यापारिक शिष्टमण्डल के रूप में गया। लेकिन उसका उद्देश्य अलग ही था जैसा स्वयं ने कहा थाः वह मामलों को गहराई तक देखने तथा इसके बाद क्या किया जाना है इसका निर्णय करने के लिए भेजा गया था। युद्ध का औचित्य सिद्ध करते हुए स्वयं आकलैण्ड ने भी इस तथ्य को स्वीकार किया है।[3] दोस्त मुहम्मद ने बर्न्स से उनके साथ मैत्री सम्बन्ध स्थापित करने की इच्छा व्यक्त की, लेकिन उसने यह शर्त रखी कि अंगरेज रणजीतसिंह को सहयोग न दें तथा पेशावर प्राप्त करने में उसकी मदद करें।[4] ईरान द्वारा काबुल या कन्धार पर आक्रमण की स्थिति में भी उनकी सहायता की अपेक्षा की गई। यह भी कहा गया कि वे शाहशुजा को सहयोग नहीं करें। अंगरेज दूसरी शर्त मानने को सहमत हो सकते थे लेकिन पहली शर्त को कैसे मानते। रणजीतसिंह की शत्रुता के मूल्य पर दोस्त मुहम्मद की मैत्री आकलैण्ड को स्वीकार न थी। वह यह भी जानता था कि रणजीतसिंह सतलज के उस पार तथा सिंध में

अंगरेजी हस्तक्षेप से अप्रसन्न था। यदि अब अंगरेज उसे पेशावर अफगानिस्तान को लौटाने की सलाह देते है तो उसका आक्रोश फूट पड़ना स्वाभाविक था। इसके अतिरिक्त उसे दोस्त मुहम्मद की मित्रता पर अधिक विश्वास नहीं था। दूसरे शब्दों में अफगानों की अविश्वस्त मैत्री के लिए सिक्खों की मित्रता का बलिदान अंगरेज करने के लिए तत्पर न थे।[5] इन दिनों रूस का एजेन्ट विक्टेविच (Viktevitch) काबुल में उपस्थित था जिससे उसकी धारणा की पुष्टि होती थी। इस प्रकार बर्न्स मिशन असफल रहा और वह 1838 में भारत लौट आया।

त्रिपक्षीय सन्धि (Tripartite Treaty, June 1838): काबुल में रूसी दूत के स्वागत को देखकर साम्राज्यवादी शासक दोस्त मुहम्मद के स्थान पर शाहशुजा को काबुल की सत्ता सौंपने पर विचार करने लगे। बर्न्स मिशन की विफलता के पश्चात् आकलैण्ड के समक्ष तीन विकल्प थे। अफगानिस्तान और ईरान को उनके भाग्य पर छोड दिया जाना चाहिए और अंगरेजों को अपनी शक्ति सिन्ध पर केन्द्रित करना चाहिए। दूसरा काबुल व कन्धार को आर्थिक सहायता देकर अफगानिस्तान को रूस के नियंत्रण में जाने से बचाया जाये। तीसरे रणजीतसिंह को शाहशुजा के नेतृत्व में सेना के साथ अफगानिस्तान पर आक्रमण हेतु भेजा जाये। लेकिन दूसरों के कार्य हेतु रणजीतसिंह अफगानिस्तान के अभियान पर जाने को क्यों तत्पर होगा? अतः अन्तिम रूप से आकलैण्ड ने स्वयं इस कार्य को सम्पादित करने का निर्णय किया और 13 अगस्त 1838 को गृह सरकार को इस आशय की स्वीकृति भेजने हेतु लिखा।

योजना की क्रियान्विति के लिए अंगरेजों ने रणजीतसिंह एवं शाहशुजा के मध्य एक त्रिपक्षीय सन्धि का प्रावधान किया। प्रारंभ में महाराजा तैयार न थे, लेकिन अंगरेजों ने जब उन्हें सूचित किया कि वे भाग लें अथवा न लें, यह अभियान तो होगा ही, तो वे शाहशुजा के साथ हुई अपनी सन्धि में कुछ संशोधन करने को तैयार हो गए, तथा बरकजइयों को निर्मूल करने के लिए त्रिदलीय सन्धि निर्णीत हो गई।[6] यहाँ सन्धि के कुछ महत्वपूर्ण प्रावधानों का उल्लेख करना उचित होगाः

1. शाहशुजा और उसका उत्तराधिकारी भविष्य में सिंध नदी के तटों के दोनों क्षेत्रों पर अधिकार की मांग नहीं करेंगे तथा पेशावर रणजीतसिंह के अधिकार में रहेगा।
2. महाराजा का क्षेत्र जहां सिंध नदी से लगा हुआ है वहां सिंध नदी पर उनका अधिकार होगा।
3. अंगरेज एवं सिक्खों के बीच का समझौता शाहशुजा को मान्य होगा।
4. काबुल की गद्दी शाहशुजा को दिलाने के लिए रणजीतसिंह 500 सैनिकों की व्यवस्था करेगा और इसके बदले दो लाख रूपये प्राप्त करेगा।
5. अंगरेजों व सिक्खों की अनुमति के बिना शाहशुजा किसी विदेशी शक्ति से सम्बन्ध नहीं रखेगा।
6. वह अपने क्षेत्र से (अफगानिस्तान होकर) किसी विदेशी सेना को नहीं जाने देगा।
7. हेरात स्वतंत्र रहेगा।
8. काबुल में शाहशुजा के पास एक राजदूत भेजा जायेगा। इस प्रकार त्रिदलीय सन्धि ने अफगान युद्ध का सूत्रपात कर दिया।

शिमला घोषणा: 1 अक्तूबर 1838 को गवर्नर जनरल ने शिमला से युद्ध का औचित्य सिद्ध करने हेतु एक घोषणा पत्र जारी किया।[7] यह अभिप्रेत युद्ध के सरकारी समर्थन के तौर पर निकाला गया था। इसमें दोस्त मुहम्मद के विचारों और व्यवहार का गलत रूप से वर्णन किया गया। शिमला घोषणा पत्र में "झूठी बातों के ढेर लगा दिये गये।" गवर्नर जनरल ने दोस्त मुहम्मद के "हमारे पुराने मित्र पर अकारण आक्रमण" के सम्बन्ध में जो मन्तव्य प्रकट किया था, उसकी उचित तुलना ट्रोटर ने उस "सचाई" के साथ की है, जो "कहानी में भेड़ के बच्चे के विरूद्ध भेड़िये द्वारा की गयी शिकायत" में थी।[8] घोषणा में रूस का कहीं जिक्र नहीं था एवं ईरान को अतिक्रमण के लिए दोषी ठहराया गया जबकि हेरात पर ईरान का घेरा पहले ही समाप्त हो चुका था। आकलैण्ड की नीति का किसी भी तरह से समर्थन नहीं किया जा सकता। अफगानिस्तान के स्वतंत्र शासक की हैसियत से दोस्त मुहम्मद को इसका अधिकार था कि वह अपनी ओर ईरानी–रूसी सन्धि की सहायता प्राप्त करे, भले ही वह ब्रिटिश हितों के लिए हानिकारक हो।.... ईरानियों के सितम्बर 1838 में हिरात से हट जाने के बाद ब्रिटिश हितों के लिए खतरे के रूप में ईरानी रूसी आक्रमण का लचर बहाना बिल्कुल कमजोर पड़ गया। इससे आकलैण्ड द्वारा पेश किये गये समर्थन के सभी कारण हवा हो गये तथा सिंधु के पार का आक्रमण तुरंत मूर्खता और अपराध में परिणत हो गया।[9]

जहाँ तक रूसी एजेन्ट का सवाल है विक्टेविच वापस बुला लिया गया था और रूसी सरकार ने उसकी अफगानिस्तान में उपस्थिति को गैर–सरकारी घोषित कर दिया था। अफगानिस्तान के प्रति उग्र नीति निर्धारण के उत्तरदायित्व से आकलैण्ड मुक्त करने के लिए बहुधा यह तर्क दिया जाता है कि इंग्लैण्ड के विदेशमंत्री पामर्स्टन तथा बोर्ड ऑफ कन्ट्रोल के अध्यक्ष, हाबहाउस तथा एलेनबरो ने रूस के बढ़ते प्रभाव को रोकने के लिए नीति अपनाने के लिए कहा था, किन्तु यह ध्यान रखने योग्य बात है कि इंग्लैण्ड सरकार का लक्ष्य रूस का ईरान पर प्रभुत्व स्थापना को रोकना था। उस समय रूस अफगानिस्तान पर प्रभुत्व स्थापित करने की नहीं सोच रहा था। इंग्लैण्ड के विरोध करने पर रूस ने अपने दूत को ईरान तथा अफगानिस्तान से वापस बुला लिया।[10]

प्रथम आंग्ल–अफगान युद्ध (1839–42): आकलैण्ड परिस्थितियों का सही आंकलन नहीं कर पाया और उसने 1 अक्तूबर 1838 को अफगानिस्तान के विरूद्ध युद्ध की घोषणा कर दी। घोषणा में कहा गया कि "अफगानिस्तान के पूर्वी प्रान्तों में एक शत्रु शक्ति के स्थान पर मित्रशक्ति की स्थापना की जाए और हमारी उत्तर–पश्चिमी सीमा पर आक्रमण की योजनाओं के विरूद्ध एक स्थाई दीवार कायम हो।" इस अभियान के लिए एक विशाल सिन्ध सेना की रचना की गई। जिसमें एक ब्रिगेड, तोपखाना, घुड़सवार, पांच ब्रिगेड पैदल सम्मिलित थे, को फिरोजपुर में एकत्र किया। स्मिथ ने कुल सैनिकों की संख्या 21000 तथा शाहशुजा द्वारा रखे गये 6000 अस्थायी सैनिकों का, इस संघर्ष में उपयोग किये जाने का जिक्र किया है। जॉन कीन को सेनापति बनाया गया एवं मेकनाटन शाहशुजा के दरबार में ब्रिटिश दूत नियुक्त हुआ। अलेक्जेण्डर बर्न्स को कूटनीतिक कार्यों का नेतृत्व सौंपा गया। चूंकि रणजीतसिंह ने ब्रिटिश सेनाओं को पंजाब से गुजरने की अनुमति नहीं दी थी अतः सेना ने सिन्ध के मार्ग से खैबर दर्रे में प्रवेश किया। शाहशुजा सेना सहित अगस्त में काबुल पहुँचा। चार दिन पूर्व दोस्त मुहम्मद काबुल छोड़कर भाग चुका था, आक्रमणकारी सेनाओं ने कंधार, गजनी और काबुल पर अधिकार कर लिया। दोस्त मुहम्मद पकड़ा गया। उसने आत्म–समर्पण कर दिया था अतः उसे नवम्बर 1839 में गिरफ्तार कर कलकत्ता भेज दिया। शाहशुजा को काबुल की सत्ता मिली और एलफिंस्टन के नेतृत्व में ब्रिटिश सेना उसकी सुरक्षार्थ तैनात हो गई। लेकिन शाहशुजा अफगानों में लोकप्रिय न था, न ही उसका व्यक्तित्व प्रभावी था। वह लोगों में इस कारण अत्यधिक अलोकप्रिय था क्योंकि वह अपने साथ इस देश के इस्लाम के शत्रुओं को ले आया था। केयी ने शाहशुजा के काबुल में प्रवेश को मृत्यु के जूलुस की संज्ञा दी है।[11] मेकनाटन ने शाहशुजा की सत्ता को सुदृढ़ करने के लिए विभिन्न कबीलों के नेताओं से वार्ता द्वारा नये नवाब के लिए सहयोग जुटाने के काफी प्रयास किये, लेकिन उसे अधिक सफलता नहीं मिली।

अफगानिस्तान में सैनिक अधिकारियों को काफी परेशानियों का सामना करना पड़ रहा था। आकलैण्ड ने 10,000 सैनिकों को छोड़कर शेष को अफगानिस्तान से लौट आने के आदेश दिये। इस परिस्थिति में अफगानों की उग्र भीड़ ने नवम्बर 1841 में काबुल स्थित बर्न्स के निवास पर आक्रमण कर उसकी हत्या कर दी। संचार साधनों के अभाव में कंधार से जनरल काबुल नहीं जा सका। गण्डमक (गंडमर्क) से जनरल रॉबर्ट सेल जलालाबाद की ओर अग्रसर हुआ। 23 नवम्बर को बेमरू (बामारू) में अंगरेज पराजित हो गये और मेकनाटन को बाध्य होकर 11 दिसम्बर 1841 को अकबर खाँ के साथ अपमानजनक सन्धि करनी पड़ी। यह तय हुआ कि 22 दिसम्बर तक अंगरेज अफगानिस्तान छोड़कर चले जायेंगे और दोस्त मुहम्मद एवं अन्य गिरफ्तार लोगों को छोड़ दिया जायेगा। शाहशुजा को अफगानिस्तान में रहने या अंगरेजों के साथ जाने की छूट थी। चार ब्रिटिश अधिकारी अफगानों के पास बन्धक रखे गये। लेकिन सन्धि के बाद भी अफगानों ने मेकनाटन की 23 दिसम्बर 1841 को हत्या कर दी। अतः अपने हथियार सौंपकर एलफिंस्टन ने 16300 सैनिकों सहित जनवरी 1842 में भारत की ओर प्रस्थान किया। अकबर खाँ पर लौटती हुई सेना की सुरक्षा का दायित्व सन्धि की शर्तों के अनुसार था पर उसने इसकी चिंता नहीं की। मार्ग में गिलजई (गिरजाई) व अन्य जातियों ने लौटती सेना पर प्रहार कर दिया और धीरे–धीरे सभी अंगरेज सेनापति एक के बाद एक षड़यंत्र का शिकार होते गये। जनवरी 1842 एलफिंस्टन अपने 4500 सैनिकों, 12000 सेना अनुचरों के साथ मारा जा चुका था। अंत में 16000 लोगों में से डॉ. ब्राइडन मुश्किल से 13 जनवरी 1842 को जलालाबाद पहुँच सका। शाहशुजा भी मारा गया। रणजीतसिंह की 1839 में मृत्यु हो गई। इस प्रकार त्रिपक्षीय सन्धि धूल धूसरित हो गई।

परिणामः अंगरेजों को पहली बार भारी सैनिक असफलता का सामना करना पड़ा। जितनी जन–धन की क्षति इस अभियान में हुई पहले कभी नहीं हुई थी। शाहशुजा जो एक अयोग्य एवं अलोकप्रिय व्यक्ति था, का अफगान सत्ता के लिए चयन कर, आकलैण्ड ने गंभीर भूल की। स्मिथ का मन्तव्य है कि उसने बिना युद्ध की आवश्यकता सिद्ध किये यह निर्णय

लिया था उसने यह नहीं देखा कि अफगानों की स्वतंत्रता में कितनी आस्था है। आकलैण्ड का अफगान आक्रमण एक भयंकर गलती ही नहीं, अपितु अफगानिस्तान की जनता तथा वहाँ के अमीरों के प्रतिघोर अन्याय भी था।[12]

उस देश में अंगरेजों के नीति से ईरानी आक्रामक रूख को बढ़ावा मिला तथा उसका मास्को की ओर झुकाव बढ़ा। यह भी कहा जाता है कि इस विनाशकारी युद्ध में भारत को 15 लाख रूपये व्यय करने पड़े अर्थात् युद्ध की भारी कीमत भारतीय जनता से वसूल की गई। लेकिन जन क्षति इससे कहीं अधिक थी। युद्ध में 20 हजार जवानों ने अपना बलिदान किया। ट्राटर लिखते है कि "चाहे जिस दृष्टि से देखा जाए वह नीति भूल और अपराध दोनों थी"।[13] विद्वानों ने इसे गंभीरता से लिया है कि आकलैण्ड ने कौंसिल को भी विश्वास में लेने की आवश्यकता नहीं समझी। इतना ही नहीं उसने अपने सेनापति का अनादर किया और बोर्ड ऑफ कन्ट्रोल की इच्छाओं के विपरीत कार्रवाई की तथा मध्य एशिया में रूसी खतरे को बढ़ा–चढ़ाकर ब्रिटिश सरकार के समक्ष रखा। ब्रिटिश मंत्री मैकलीन जो ईरानी मामले का प्रभारी था ने 1836 में कहा था कि रूसी रेजीमेंट जहां पर केन्द्रित था वह कैस्पियन के पश्चिमी किनारे के छोर पर था। यह मास्को वापस आने के लिए उतना ही दूर था जितना सिन्ध से अटक। यह पीट्सबर्ग से लाहौर से भी दूर पड़ता है जो सिक्खों की राजधानी थी।[14] यह सर्व विदित था कि उन दिनों इतने दूर युद्ध करना सरल कार्य न था।

हेरात पर ईरान का घेरा भी अनुचित नहीं था। हेरात के शासक कामरान ने बार–बार ईरान से हुई सन्धि को तोड़ा था और उसके क्षेत्र में आक्रमण किया था। इस कारण ईरान के शाह द्वारा हेरात पर आक्रमण को अनुचित नहीं कहा जा सकता। इस सम्बन्ध में रॉबर्ट्स ने ठीक लिखा हैः इस नीति को बनाने वालों ने आक्रमण के जो बेतुके बहाने बनाये वे सबघटनाओं की धारा में पता नहीं कहां लापता हो गये जिससे उनका उद्देश्य भी पूरा न हो पाया।[15]

एलेनबरो की अफगान नीतिः जहाँ एलफिंस्टन दुर्भाग्यपूर्ण घटना का शिकार हुआ दूसरी ओर वहीं जनरल नॉट कंधार पर अधिकार बनाये रखने में सफल रहा। उसे मुक्त कराने के लिए भेजे गये जनरल इंग्लैण्ड एवं जनरल नॉट (General Nott) की सेनाओं ने संयुक्त रूप से स्थिति को सुधारा। दूसरी ओर कर्नल सेल जो जलालाबाद में अफगानों से घिरा हुआ था, ने तब तक स्थिति को यथावत् बनाये रखा जब तक कि पोलक के नेतृत्व में नई सेना नहीं आ गई। पोलक की सफलता से अंगरेजों की स्थिति में काफी सुधार हुआ। इस प्रकार पोलक की सफलता ने एलेनबरो की प्रतिष्ठा बढाई जो आकलैण्ड के लौटने पर भारत का गवर्नर जनरल बनकर आया था। लेकिन उसने हकलजाई में जनरल इंग्लैण्ड की पराजय तथा गजनी में पामर (Palmer) के आत्म–समर्पण की सूचना मिलने पर ब्रिटिश सेना की वापसी के आदेश दिये। सेनापतियों ने संचार साधनों के अभाव का बहाना बनाकर अपनी वापसी को कुछ समय के लिए रोक दिया। एलेनबरो ने बाद में सेनापतियों को परिस्थितियों के अनुसार निर्णय लेने के लिए निर्देशित किया। नॉट एवं पोलक दोनों की सेनाओं ने काबुल में संयुक्त रूप से कार्रवाई की। नॉट ने गजनी के किले को भी नष्ट किया था। विजयी ब्रिटिश सेनाओं ने यूरोपीय कैदियों को मुक्त करवाया। लेकिन 12 अक्तूबर को बर्बरता पूर्ण तरीके से काबुल के बड़ी बाजार को उड़ा दिया जो एक अक्षम्य आगराध था। इसी दौरान एलेनबरो ने अंगरेजों की प्रतिष्ठा बनाये रखने के लिए कुछ घोषणायें कीं। उसने घोषित किया कि अंगरेजों की अफगानिस्तान में कोई क्षेत्रीय महत्वाकांक्षा नहीं है और वे अपनी प्राकृतिक सीमा से ही सन्तुष्ट है। 10 अक्तूबर को अफगानों को सूचित किया कि "वह अफगानों के ऊपर ही यह छोड़ते हैं कि वे अपनी अव्यवस्थित स्थिति में जैसी चाहे वैसी सरकार बनाये।" यह घोषणा अंगरेजों की प्रतिष्ठा को बचाने का एक प्रयास था, इसके द्वारा उन्होंने यह दर्शाने का प्रयास किया कि अफगानिस्तान क्षेत्र रहने की दृष्टि से अंगरेजों के लिए पूरी तरह अयोग्य है।

दोस्त मुहम्मद (1842–63) दुबारा सत्ता में आने के बाद से उसकी मृत्यु (1863 ई.) तक अंगरेजों का मित्र बना रहा। भारत सरकार एवं उसके बीच एक सन्धि पर हस्ताक्षर होते ही 1855 में आंग्ल अफगान मैत्री का नया दौर शुरू हुआ। दोस्त मुहम्मद इस बात के लिए सहमत हो गया कि वह ईस्ट इण्डिया कम्पनी के मित्रों का मित्र तथा शत्रुओं का शत्रु रहेगा। दूसरी और अंगरेजों ने अफगानिस्तान को उसके आन्तरिक मामले में हस्तक्षेप न करने के लिए आश्वस्त किया। अफगान अमीर 1857 के विद्रोह के दौरान भी सन्धि के प्रति निष्ठावान बना रहा और उसने विद्रोहियों को सहायता देने से इन्कार कर दिया। उसकी मृत्यु के बाद उसके 16 पुत्रों में उत्तराधिकार युद्ध शुरू हुआ और कुछ समय के लिए वहाँ अराजकता बनी रही। दोस्त मोहम्मद ने शेरअली को अपना उत्तराधिकारी बनाया था। जान लारेन्स ने 1864 में शेरअली को अफगानिस्तान के शासक के रूप में मान्यता प्रदान की, लेकिन उसने अफगानों के आन्तरिक मामलों में हस्तक्षेप से इन्कार कर दिया। अन्त में, शेरअली काबुल और कन्धार को जीत कर 1868 में अफगानिस्तान का शासक बना।

ब्रिटिश अकर्मण्यता नीतिः प्रथम अफगान युद्ध में अंगरेजों की भीषण पराजय हुई और उन्हें घोर अपमान सहन करना पड़ा था। अफगानों को अपनी स्वतंत्रता को बरकरार रखने के लिए व्यापक संघर्ष करना पड़ा। अंगरेज नीति निर्धारकों पर इसका तत्काल प्रभाव हुआ और उन्होंने अग्रगामी नीति का परित्याग कर अकर्मण्यता की नीति को अपनाया। हर्बर्ट एडवर्ड्स और हैरी लम्सडेन जैसे विचारकों की मान्यता थी कि यदि ब्रिटिश अफगानिस्तान को रूसी हाथों में जाने देने से बचाना चाहते हैं तो इसके लिए सबसे अच्छी नीति यह है कि "उन्हें ऐसा प्रतीत हो कि हम स्वयं अफगानिस्तान में कुछ नहीं चाहते। इस विचारधारा के लोगों को पंजाब स्कूल कहा गया, जिसकी स्थापना विद्रोह (1857 ई.) के पूर्व लारेन्स ने ही की थी। लारेन्स का विचार था कि अफगानिस्तान एक गरीब देश है इसलिए विदेशियों की एक बड़ी सेना यहां नहीं रह सकती और एक छोटी सेना अपनी सुरक्षा नहीं कर सकती।" उसके अनुसार काबुल, बोखारा एवं यारकंद आदि स्थानों पर राजनैतिक एवं व्यापारिक मिशन रखना ही लाभदायक होगा। लारेन्स के भारत में वाइसराय काल में (1864–69) और उसके दो उत्तराधिकारियों (मेयो 1869–72 एवं नार्थब्रुक 1872–76) ने अहस्तक्षेप या अकर्मण्यता की नीति को अपनाया। लारेन्स चाहता था कि अफगानिस्तान के आन्तरिक मामले में हस्तक्षेप किये बिना उसके शासक को शक्तिशाली बनाया जाए तथा भारत एवं रूस के बीच अफगानिस्तान को एक मित्र देश स्वीकार किया जाए तथा भारत एवं रूस के प्रभाव की मध्य एशिया में एक स्पष्ट सीमा रेखा अंकित कर दी जाये। रूस को यह बताया जाना आवश्यक है कि उसके प्रभाव क्षेत्र में उसे कुछ भी करने का अधिकार है वहाँ उसे अफगानिस्तान के मामले में हस्तक्षेप करने का अधिकार न होगा क्योंकि वह अंगरेजी प्रभाव क्षेत्र में है। उसका मन्तव्य था कि वह अफगानिस्तान के साथ आक्रामक अथवा सुरक्षात्मक मित्रता के पक्ष में नहीं है पर इसका तात्पर्य यह नहीं कि वह अफगानिस्तान की सुरक्षा में रूचि नहीं रखता।

लारेन्स ने अपनी नीति को दृढ़तापूर्वक अपनाया और उत्तराधिकार युद्ध में किसी का पक्ष न लेकर तटस्थ रहा। लेकिन जैसे ही शेरअली अपने सभी प्रतिद्वंद्वियों को दबाकर अफगानिस्तान का शासक बना लारेन्स ने उसे मान्यता प्रदान की।

द्वितीय आंग्ल–अफगान युद्ध (Second Anglo Afghan War, 1878-80): जॉन लारेन्स, लार्ड मेयो एवं नार्थब्रुक की नीति के विरूद्ध इंग्लैण्ड में एक अति उत्साही दल अफगानिस्तान के साथ एक प्रतिबद्ध सन्धि पर जोर देता रहा और अग्रगामी नीति का पक्षपाती था। बार्टल फ्रेरेव व हेनरी रॉलिन्सन जैसे विचारक इस नीति के समर्थक थे। बेंजामिन डिजरेली के प्रधानमंत्री बनने पर अग्रगामी नीति अपनाये जाने की प्रबल संभावनायें बनी। डिजरेली ने अपनी साम्राज्यवादी नीति के अनुरूप लार्ड लिटन को भारत का गवर्नर जनरल बनाकर भेजा। 1870 के बाद हम सम्पूर्ण विश्व में साम्राज्यवाद का पुनरूत्थान होता हुआ देखते हैं। आंग्ल–रूस प्रतिद्वन्द्विता भी तीव्र हो गई और ब्रिटिश सरकार पुनः मध्य एशिया में व्यापारिक तथा वित्तीय घुसपैठ के लिए तत्पर हो गई। पूर्वी समस्या पर रूस और ब्रिटेन में गंभीर मतभेद थे। रूस, टर्की के अशक्त राज्य को छिन्न–भिन्न करके अपने राज्य का विस्तार उस दिशा में चाहता था दूसरी ओर ब्रिटेन प्रत्येक स्थिति में टर्की की सुरक्षा के लिए तत्पर था। इस मतभेद को लेकर रूस एवं ब्रिटेन के मध्य क्रीमिया में युद्ध हुआ।

क्रीमिया युद्ध (1854–56) में रूस की हार के बाद ही अंगरेजों ने अपना ध्यान विशेष रूप से मध्य एशिया पर केन्द्रित किया और अफगानिस्तान को एक शक्तिशाली प्रतिरोधक के रूप में मजबूत बनाने की नीति अपनाई। डिजरेली और भारत सचिव सेलिसबरी का लक्ष्य था अफगानिस्तान को अधीनस्थ स्थिति में रखना ताकि वह मध्य एशिया में ब्रिटिश विस्तार के लिए आधार बन सके। इसके अतिरिक्त साम्राज्यवादियों तथा इंग्लैण्ड की जनता पर रूसी हमले का भूत सवार था और इसीलिए भारत सरकार को लंदन से निर्देश मिले कि वह अफगानिस्तान को एक अधीन राज्य बनाए जिसकी विदेशी तथा प्रतिरक्षा सम्बन्धी नीतियाँ निश्चित रूप से ब्रिटिश नियंत्रण में हो।

लार्ड लिटन (Lord Lytton, 1876-80) **का लक्ष्यः** भारत में नियुक्ति के समय लिटन को काफी प्रशासकीय अनुभव था वह लेखक और प्रखर वक्ता भी था। अफगान अमीर शेरअली अपनी स्वतंत्रता के प्रति रूसी खतरे से अनभिज्ञ न था और इसीलिए उत्तर से आने वाले किसी भी संकट के निराकरण के लिए अंगरेजों के साथ सहयोग करने को तत्पर था। उसने रूस के विरूद्ध एक रक्षात्मक एवं आक्रमणात्मक सन्धि का प्रस्ताव भारत सरकार के समक्ष रखा, साथ ही यह भी आग्रह किया कि वह आवश्यकता पड़ने पर आन्तरिक या बाह्य शत्रुओं के विरूद्ध सैनिक सहायता का वचन दे। भारत सरकार ने इस प्रकार पारस्परिक और बिना शर्त वादा करने से इन्कार कर दिया। दूसरी ओर लिटन ने माँग की कि उसे काबुल में ब्रिटिश मिशन रखने और अफगानिस्तान के विदेश सम्बन्धों पर नियंत्रण रखने का एक तरफा अधिकार दिया जाए। लिटन ने सेलिसबरी (Salisbury) को लिखा कि "शेरअली के मना करने पर एक और प्रयत्न किया जाएगा और यदि वह भी असफल

रहा तब बलपूर्वक दबाव की नीति अपनाई जायेगी।" बड़े आत्मविश्वास के साथ लिटन ने उल्लेख किया: "मैं समझता हूँ कि शेरअली पर दबाव डालना कठिन नहीं होगा।" शेरअली ने रेजीडेंट का स्वागत करने से इन्कार कर दिया तब उसे ब्रिटिश विरोधी तथा रूसियों प्रति हमदर्दी रखने वाला कहा गया। क्रुद्ध वायसराय ने घोषित किया कि "अमीर की नीति मध्य एशिया और पूर्व भारत में हमें मूर्ख बनाने की है......।" उसने गृह सरकार को झूठी सूचना भिजवाई कि ब्रिटिश शिष्टमण्डल को शक्तिपूर्वक ढकेल दिया है और इस तरह उनसे युद्ध घोषणा की अनुमति चाही गई। विश्वास के साथ उसने कहा, "मुझे आशा है कि वर्ष के अन्त तक निश्चित सीमा नीति के रूप में हमें कुछ दिखाना पड़ेगा।"[16] अफगानिस्तान पर आक्रमण का औचित्य दर्शाते हुए घोषित किया कि "मैं उसे रूस के हाथों औजार कभी नहीं बनाने दूंगा।" मेरा यह कर्त्तव्य होगा कि ऐसे औजार को उसके इस्तेमाल से पहले ही नष्ट कर दूँ।" आकलैण्ड की नीति पर चलते हुए वह अफगान सत्ता को धीरे-धीरे विघटित और कमजोर करने के पक्ष में था।

अमीर से ब्रिटिश शर्तों को मनवाने के लिए 1878 में अफगानिस्तान पर एक नया हमला किया गया। 26 मई 1879 को शान्ति स्थापित हुई जब शेरअली के पुत्र याकूब खाँ ने गण्डमक की सन्धि पर हस्ताक्षर किये जिसके तहत अंगरेजों को जो कुछ उन्होंने चाहा था वह सब मिल गया। उन्हें कुछ सीमावर्ती जिले, काबुल में रेजीडेंट रखने का अधिकार और अफगानिस्तान की विदेश नीति पर नियंत्रण प्राप्त हुए। लेकिन ब्रिटिश सफलता अस्थायी साबित हुई। अफगानों के राष्ट्रीय स्वाभिमान को ठेस पहुँची और एक बार फिर अपनी स्वाधीनता के लिए अफगानों ने विद्रोह कर दिया। 3 सितम्बर 1879 को ब्रिटिश रेजीडेंट मेजर लुई केवेग्नरी (Cavagnari) तथा उसके सैनिक रक्षक दल पर अफगान सैनिकों ने हमला किया तथा उन्हें मार डाला।

अफगानिस्तान पर जनरल रॉबर्ट्स (General Roberts) एवं डोनल्ड स्टीवर्ट के नेतृत्व में पुनः आक्रमण कर काबुल पर अधिकार कर लिया। इस दौरान अफगानिस्तान में अराजकता बनी रही, ऐसा कोई नहीं था जिससे सन्धि वार्ता की जाये। अफगानों ने अपना पक्ष स्पष्ट कर दिया।

लार्ड रिपन (Lord Ripon, 1880-84) की नीति: 1880 ब्रिटेन में सरकार बदली और लिटन के स्थान पर रिपन को वायसराय बनाकर भेजा। रिपन ने लिटन की आक्रामक नीति को तेजी से बदल दिया और अफगानिस्तान के आन्तरिक मामलों में हस्तक्षेप न करने की नीति फिर से अपनाई। उसने दोस्त मुहम्मद के पोते अब्दुर रहमान को अफगानिस्तान का नया शासक मान लिया। अफगानिस्तान में ब्रिटिश रेजीडेंट रखने की मांग को वापस ले लिया गया। बदले में अब्दुर रहमान इस बात के लिए तैयार हो गया कि वह अंगरेजों को छोड़कर किसी अन्य शक्ति के साथ राजनैतिक सम्बन्ध नहीं रखेगा। भारत सरकार भी उसे आर्थिक सहायता देने तथा विदेशी आक्रमण की स्थिति में उसकी मदद करने के लिए तैयार हो गई। अफगान अमीर भी अंगरेजी सहयोग के महत्व को समझता था, इसीलिए उसने इसे सहर्ष स्वीकार किया।[17] इस प्रकार अफगानिस्तान के अमीर का अपनी विदेश नीति पर नियंत्रण नहीं रहा और इस सीमा तक वह एक आश्रित शासक बन गया। मगर साथ ही उसका आगने देश के अन्दरूनी मामलों गूर्ण नियंत्रण बना रहा।

परिणाम: दूसरे अफगान युद्ध का परिणाम उतना निराशाजनक नहीं था जितना पहले अफगान युद्ध का था। लेकिन अफगान संघर्ष से यह निश्चित हो गया कि वे लोग अपनी स्वतंत्रता के लिए कटिबद्ध थे और उन्हें अंगरेजी नियंत्रण अथवा आधीनता में रखना नामुमकिन था। यह तथ्य उस समय अफगानों के लिए जितना महत्वपूर्ण था आज भी वह उतना ही महत्व रखता है। लिटन की अपेक्षा रिपन की नीति अंगरेजों के लिए लाभदायक सिद्ध हुई। अब उसने अफगानों पर निरर्थक नियंत्रण बनाये रखने का विचार छोड़ा। वस्तुतः रिपन ने लिटन की नीति के दोषों को छोड़ दिया, लेकिन उपलब्ध लाभों को बहुत सीमा तक बनाये रखा। लिटन की नीति का सारा दोष यह था कि वह काबुल में अंगरेज दूत रखने पर अड़ा हुआ था अथवा अफगान राज्य के टुकड़े करना चाहता था। डिजरेली और सेलिसबरी चाहते थे कि कूटनीतिक प्रभुत्व अफगानिस्तान पर स्थापित हो जाए। लिटन ने कूटनीतिक प्रभुत्व को एक अंगरेज रेजीडेंट की नियुक्ति के साथ जुड़ा हुआ मान लिया एवं बलपूर्वक यहां रेजीडेंट को नियुक्त करना चाहा, यही उसकी नीति का दोष था। कहा गया है कि लिटन को एक साम्राज्यवादी नीति के संचालन का उत्तरदायित्व तो अवश्य सौंपा गया था, लेकिन उसके वास्तविक संचालन में डिजरेली और सेलिसबरी के आदेशों पर कम ध्यान दिया। वह उनसे भी अधिक उग्र साम्राज्यवादी सिद्ध हुआ, कालान्तर में अंगरेजों ने एक मित्र अफगानिस्तान को अधिक आवश्यक समझा और लिटन की नीति को पुनः नहीं दोहराया। आंग्ल अफगान सम्बन्धों का महत्व आज भी भारत सरकार की विदेश नीति निर्धारण में बुनियादी भूमिका का निर्माण करता है।

सन्दर्भ

1. रूस के शासक जार अलेक्जेण्डर प्रथम (1801–25) एवं नेपोलियन के मध्य 1807 में टिलसिट (Tilsit) की सन्धि हुई। नेपोलियन के साथ सन्धि हो जाने से अलेक्जेण्डर अपनी शक्ति का विस्तार करने को स्वतंत्र था। उसने 1812 में तुर्की को परास्त करके बिसराबिया के प्रदेश पर अधिकार किया और 1813 में ईरान से जर्जिया क्षेत्र छीन लिया।
2. कनिंघम, *सिक्खों का इतिहास*, पृ. 224 एवं 249–50
3. रेम्जे म्यूर, *द मेकिंग ऑफ ब्रिटिश इण्डिया*, पृ. 313, कनिंघम, वही, पृ. 267
4. *आक्सफोर्ड हिस्ट्री ऑफ इण्डिया*, पृ. 603
5. स्मिथ, वी., वही, पृ. 603
6. कनिंघम, वही, पृ. 275
7. रेम्जे म्यूर, वही, पृ. 313–17
8. *भारत का वृहत् इतिहास*, जि 3, पृ. 122
9. वही, जि. 3, पृ. 123
10. जैन, एम.एस., *आधुनिक भारत का इतिहास*, पृ. 165
11. स्मिथ, वही, पृ. 605
12. पर्सी साइक्स, *ए हिस्ट्री ऑफ अफगानिस्तान*, जि. 2, पृ. 59
13. ट्राटर, एल.जे., *द अर्ल ऑफ आकलैण्ड*, पृ. 75
14. नेरिस, *द फर्स्ट अफगान वार*, पृ. 138–42
15. राबर्ट्स, *हिस्ट्री ऑफ ब्रिटिश इण्डिया*, पृ. 317
16. गोपाल, एस., *ब्रिटिश पॉलिसी इन इण्डिया*, पृ. 78
17. विश्वेश्वर प्रसाद, *फाउण्डेशस ऑफ इण्डियाज फारेन पॉलिसी*, पृ. 320–31

❋❋❋

9

सहायक सन्धि, व्यपगत सिद्धान्त एवं भारतीय रियासतों के साथ अंगरेजों के सम्बन्ध
(Subsidiary Alliance, Doctrine of Lapse and British Relation with Indian States)

मुगल साम्राज्य के पतन काल में मराठा शक्ति का निरन्तर उत्कर्ष हुआ, लेकिन आन्तरिक द्वेष तथा अन्य कारणों से मराठे भारत की सर्वोच्च सत्ता नहीं बन सके। इसी दौरान भारतीय रंगमंच पर यहाँ की अशांति एवं द्वेष का लाभ उठाकर कुछ प्रमुख यूरोपियन शक्तियों ने राजनैतिक प्रभुत्व के लिए संघर्ष किया। इस संघर्ष में अंगरेज विजयी रहे। इलबर्ट[1] के अनुसार भारत में ब्रिटिश सत्ता की उत्पत्ति एवं विकास को दो स्त्रोतों से ढूंढा जा सकता है। कुछ शक्ति व अधिकार तो उसे इंग्लैण्ड के ताज से तथा कुछ मुगलों एवं भारत के अन्य देशी राज्यों से प्राप्त हुए। सत्रहवीं शताब्दी में कलकत्ता, बम्बई (मुम्बई) आदि बस्तियों में कम्पनी को जो कुछ अधिकार प्राप्त थे वे इंग्लैण्ड के ताज ने मुगल सम्राटों से प्राप्त करके उसे दिये थे। कम्पनी अपनी बस्तियों में सैनिक रखने, न्याय करने, कर लगाने, सिक्के ढालने और शान्ति बनाये रखने के लिए प्रबंध कर सकती थी। मुगलों से अधिकार लिये जाने की प्रक्रिया 1757 ई. प्लासी युद्ध से शुरू हुई। बक्सर युद्ध में शुजाउद्दौला (अवध का नवाब), मीरकासिम (बंगाल का नवाब) और दिल्ली के बादशाह शाहआलम की पराजय के बाद 1765 ई. में इलाहाबाद की सन्धि द्वारा मुगल सम्राट शाहआलम से बंगाल सूबे की दीवानी प्राप्त की।

प्राप्त विवरण के अनुसार 1941 ई. में भारत में कुल 562 रियासतें थीं।[2] जिनका क्षेत्र 7,12,508 वर्ग मील था। हैदराबाद जैसी बड़ी रियासत की जनसंख्या 1.40 करोड़ थी। इसी प्रकार बड़ौदा, मैसूर, कश्मीर का उल्लेख किया जा सकता है। नाममात्र की जनसंख्या और 1 वर्ग मील से 10 वर्ग मील तक के क्षेत्रफल वाली रियासतें भी इनमें सम्मिलित थी। राजपूताना में लावा जैसी छोटी रियासत का क्षेत्रफल मात्र 19 वर्ग मील तक विस्तृत था। मराठा संघ के विघटन के दौरान भी कुछ नई रियासतों का आविर्भाव हुआ। जिन राज्यों ने तत्कालीन शक्तियों से जिनमें अंगरेज भी सम्मिलित थे अपने को कमजोर अनुभव किया, अंगरेजों से मैत्री सम्बन्ध बना लिये। इस श्रेणी में राजपूताना की रियासतें एवं हैदराबाद को रखा जा सकता है। ब्रिटिश साम्राज्य की सुरक्षा एवं अन्य कारणों से देशी राज्यों को कम्पनी सरकार ने सहायक सन्धियां स्वीकार करने के लिए बाध्य किया। इसके अतिरिक्त बम्बई एवं मद्रास तथा बम्बई और कलकत्ता के मध्य पड़ने वाली अधिकांश छोटी रियासतों को कम्पनी राज्य के संगठन के नाम से हड़प लिया गया। देशी रियासतों को मिलाये जाने की शेष कार्रवाई डलहौजी ने पूरी कर दी। यद्यपि 1858 ई. के बाद कुछ राज्य लौटा दिये गये, किन्तु उन पर ब्रिटिश नियंत्रण बना रहा। विलियम ली वार्नर (William Lee Warner) ने अपनी प्रसिद्ध पुस्तक *The Native States of India* में अंगरेजों के भारतीय रियासतों से सम्बन्धों को तीन चरणों में विभक्त किया है:

- रिंगफेंस या घेरे की नीति (The Policy of Ring Fence, 1765-1813)
- अधीनस्थ पार्थक्य की नीति (The Policy of Subordinate Isolation, 1813-57)
- अधीनस्थ संघ की नीति (The Policy of Subordinate Union, 1857-1935)

कुछ विद्वानों के अनुसार 1935–47 के मध्य ब्रिटिश सरकार ने देशी रियासतों के साथ समानता संघात्मक नीति अपनाई। (The Policy of Equal Federation 1935-47)।

इस अध्याय में हम सैद्धान्तिक पक्ष के विवेचन के अतिरिक्त वेलेजली की सहायक सन्धि एवं डलहौजी की व्यपगत नीति की भी चर्चा करेंगे।

रिंगफेंस या घेरे की नीति 1765–1813: कम्पनी ने प्रारम्भ में ली वार्नर के अनुसार सुरक्षित घेरे की नीति अपनाई इसके अन्तर्गत जिन राज्यों से सन्धि की जाती थी उन्हें बाह्य आक्रमण से सुरक्षा प्रदान करने का आश्वासन दिया जाता था। उनकी सहायता हेतु भेजी गई अंगरेज सेना का व्यय उन्हीं राज्यों को वहन करना होता था। अनेक राज्य अपने खर्चे

पर अंगरेज अधिकारियों द्वारा नियंत्रित सैनिक टुकड़ियां भी रखते थे। सर्वप्रथम अवध ने 1765 ई. में इलाहाबाद की सन्धि द्वारा इस प्रकार की शर्तों को स्वीकार किया। कम्पनी ने अपने पड़ौसी राज्यों की सुरक्षा का दायित्व स्वीकार कर लेने के अतिरिक्त अन्य शक्तिशाली राज्यों से प्रत्यक्ष संघर्ष टालने की नीति अपनाई। रिंगफेंस नीति के तीन प्रमुख लक्षण कहे गये हैं:

- इस अवधि में आत्मरक्षा की दृष्टि से कम्पनी ने कुछ राज्यों से ही सन्धियाँ कीं।
- मित्र राज्यों के मामले में हस्तक्षेप नहीं किया क्योंकि कम्पनी भारत में देशी राज्यों के विवादों में उलझना नहीं चाहती थी।
- यथा संभव कम्पनी ने मित्र राज्यों के प्रति स्वीकार किये गये दायित्वों का निर्वहन नहीं किया।

इसके अतिरिक्त सन्धि करने वाले राज्यों को अन्तर्राष्ट्रीय कानून के अन्तर्गत स्वतंत्र राज्य स्वीकार किया और उनसे समानता एवं पारस्परिकता के आधार पर सन्धियाँ की। लेकिन कम्पनी के सभी गवर्नर जनरलों ने इस नीति का पालन नहीं किया। ताराचंद ने लिखा हैः "हाल ही प्राप्त किए गए प्रदेशों की रक्षा करने और उन प्रदेशों में अनाधिकार प्रवेश या आक्रमण को रोकने के लिए अंगरेज इन राज्यों के झगड़ों में, विशेषतः जबकि फ्रांस प्रतिद्वन्द्वियों को मिटाने के उद्देश्य से इनमें से एक के साथ मैत्री करता था–शामिल रहते थे"।[3]

वारेन हेस्टिंग्स (1772–85 ई.) के काल को ही लिया जाये तो उसने कम्पनी को एक ऐसी शक्ति के रूप में विकसित किया जो अपने बल पर देश के कुछ भागों में राज्य कर रही थी। वारेन हैस्टिंग्स को अवध के नवाब के मराठों की ओर झुकने तथा उनके साथ मिलकर रूहेलखण्ड के बंटवारे का भय था। अतः उसने स्वयं बनारस जाकर 1773 ई. में अवध के नवाब से सन्धि की। इस सन्धि द्वारा इलाहाबाद व कड़ा जिले 50 लाख रूपये में अवध के नवाब को बेच दिये। इसी प्रकार प्रथम मराठा युद्ध 1775–76 ई. एवं द्वितीय मैसूर युद्ध 1780–84 ई. देशी राज्यों के आन्तरिक मामलों में हस्तक्षेप के उदाहरण हैं। बनारस के राजा चेतसिंह और अवध की बेगमों के साथ दुर्व्यवहार तथा रामपुर के फैजुल्ला खाँ के प्रति उनके बर्ताव में सन्धियों को तोड़ा गया अथवा नैतिक सिद्धान्तों का अभाव पाया गया।[4] 1784 के पिट्स इण्डिया अधिनियम में साम्राज्य विस्तार एवं विजय योजनाओं को ब्रिटिश राष्ट्र की इच्छा, सम्मान व नीति के विरूद्ध माना गया। गवर्नर जनरलों ने इस नीति का पालन कभी नहीं किया। कार्नवालिस (1786–93) अहस्तक्षेप नीति का समर्थक था, लेकिन भारत में आने के बाद टीपू सुल्तान को ब्रिटिश साम्राज्य के विरूद्ध खतरा मानकर युद्ध किया। उसने तृतीय मैसूर युद्ध (1790–92 ई.) करके यह प्रमाणित कर दिया कि कम्पनी साम्राज्य विस्तार चाहती है और पड़ौसी राज्यों के आन्तरिक मामलों में हस्तक्षेप करना उसकी नीति का अंग है। कार्नवालिस के उत्तराधिकारी सरजान शोर (1793–98 ई.) ने अवध के मामलों में हस्तक्षेप किया। वजीर अली के स्थान पर 1797 ई. में सआदत अली को नवाब बनाया। 1798 ई. की एक नवीन सन्धि द्वारा अवध की सुरक्षा का दायित्व कम्पनी को सौंप दिया, परिणामतः लखनऊ में ब्रिटिश सेना की संख्या बढ़ाई गई। इसके बदले नवाब ने 76 लाख रूपये वार्षिक देना स्वीकार किया।

सहायक सन्धि प्रथा (Subsidiary Alliance System): लार्ड वेलेजली (1798–1805 ई.) का अंगरेजी प्रभुत्व की वृद्धि में विश्वास था। वह अहस्तक्षेप नीति को भारत की तत्कालीन परिस्थितियों के लिए अनुचित मानता था। उसने अपने लिए दो लक्ष्य बनायेः पहला, भारत में कम्पनी सत्ता को सर्वोपरि बनाना और दूसरा, भारत को फ्रांसीसी प्रभाव से मुक्त करना। इस लक्ष्य की प्राप्ति के लिए उसने जिस नीति का अनुसरण किया उसे सहायक सन्धि कहते हैं। वेलेजली स्वयं सहायक सन्धि का जन्मदाता नहीं था, सर्वप्रथम फ्रांसीसी गवर्नर डूप्ले ने इसका प्रयोग किया था। भारतीय नरेशों को सैनिक सहायता देने के बदले डूप्ले ने उनसे धन लेने की प्रथा शुरू की, वही वस्तुतः सहायक सन्धि का प्रारम्भ था। अंगरेजों ने इस प्रथा को अपनाया। वेलेजली ने इसमें नवीन शर्तें जोड़ी और अंगरेजी प्रभाव क्षेत्र के विस्तार का साधन बनाया एवं नीति की सुस्पष्ट व्याख्या भी की।

मैसूर: वेलेजली ने अंगरेजी प्रभुत्व के विस्तार हेतु तीन पद्धतियों को अपनाया। पहली भारतीय राजाओं को पराजित कर उनके राज्यों को कम्पनी राज्य में विलय। इस दृष्टि से 1799 में मैसूर के चतुर्थ युद्ध में टीपू को पराजित कर मैसूर के दक्षिणी कन्नड तट, दक्षिणी पूर्वी क्षेत्र बेनाड, कोयम्बटूर, दारापुरूम एवं श्रीरंगपट्टम को अंगरेजी साम्राज्य में मिला लिया और शेष प्रदेश का एक पूर्ववर्ती हिन्दू शासक आदेयार राजवंश के नाबालिग बच्चे को 1799 में उत्तराधिकारी बनाया। उसने सहायक सन्धि स्वीकार कर ली थी। दूसरी प्रणाली के अन्तर्गत किसी राज्य विशेष के प्रशासन को अपने नियंत्रण में लेकर नाममात्र के लिए राजा को बनाये रखा गया। इस पद्धति द्वारा छोटे राज्यों का विलय किया गया। यह प्रणाली सामान्यतः

ऐसे राज्यों के लिए अपनाई गई जिनमें उत्तराधिकार का संघर्ष छिड़ने वाला हो। कर्नाटक, तंजौर एवं सूरत पर इसी प्रक्रिया द्वारा आधिपत्य स्थापित किया।

कर्नाटक: टीपू की पराजय के बाद श्रीरंगपट्टम में ऐसे पत्रादि मिले जिनके आधार पर वेलेजली ने कर्नाटक नवाब मुहम्मद अली एवं उसके पुत्र उमदत–उल–उमरा पर टीपू से मिलकर अंगरेजों के विरूद्ध षड़यंत्र करने का आरोप लगाया। 1801 में उमदत–उल–उमरा की मृत्यु होने पर वेलेजली ने उसके पुत्र अली हुसैन को गद्दी से वंचित कर दिया और उसके भतीजे आजमउद्दौला से सन्धि की जिसके अनुसार आजमउद्दौला कर्नाटक का नवाब बना। परन्तु, सन्धि की शर्तों के अनुसार शासन कम्पनी के हाथ में चला गया एवं नवाब को कर्नाटक का पांचवा हिस्सा पेंशन के रूप में मिलने लगा।

तंजौर: इसी प्रकार दक्षिण भारत में स्थित छोटे से मराठा राज्य तंजौर में उत्तराधिकार संघर्ष चल रहा था। स्थानीय राजा तुलाजी की मृत्यु के बाद उसके भाई अमरसिंह एवं उसके गोद लिए लड़के सरफोजी ने गद्दी का दावा किया। अमरसिंह अयोग्य था अतः अंगरेजों ने सरफोजी से सन्धि की जिसके अनुसार सरफोजी ने तंजौर राज्य कम्पनी को 25 अक्तूबर 1799 को दे दिया और स्वयं ने 40 हजार रूपये पेंशन लेना स्वीकार किया।

सूरत: सूरत की भी लगभग ऐसी ही कथा थी। 1799 में सूरत के नवाब की मृत्यु होने पर वेलेजली ने नवाब के भाई–भतीजों को मार्च 1800 में सूरत का राज्य कम्पनी को सौंपने हेतु बाध्य किया। नवाब के लिए 1 लाख रूपये की पेंशन निश्चित कर दी।

तीसरी सहायक सन्धि प्रथा थी। इस प्रणाली द्वारा कोई भी भारतीय राजा अपनी प्रतिरक्षा के लिए अंगरेजों की सैन्य टुकड़ियों को कुछ शर्तों पर अपने यहां रखता था। वेलेजली से पूर्व अंगरेजों ने सर्वप्रथम (क्लाइव ने अवध के नवाब शुजाउद्दौला के साथ) 1765 में अवध को एक निश्चित धन राशि के बदले सेना को राज्य की सहायता के लिए भेजा था। 1778 में एक सन्धि द्वारा सेना को राज्य की सीमा पर रखते हुए बरार को सहयोग दिया था, जो इस प्रणाली का विकसित रूप था।

सहायक सन्धि प्रथा का अन्तिम विकसित रूप यह था कि सेना के खर्च के बदले एक निश्चित भूभाग अंगरेजों को दे दिया जाता था। इस संधि प्रथा को स्वीकार करने वाला देशी नरेश बिना कम्पनी सरकार की अनुमति के दूसरी शक्ति से युद्ध या सन्धि नहीं कर सकता था। **दूसरे** कम्पनी की स्वीकृति के बिना सम्बन्धित नरेश अंगरेजों को छोड़कर किसी यूरोपीय को अपने यहाँ नौकरी नहीं रख सकता था। **तीसरे** एक अंगरेज रेजीडेंट भारतीय नरेश के दरबार में रहता था। **चौथे** अंगरेज सरकार भारतीय राज्यों के आन्तरिक मामले में हस्तक्षेप न करने का आश्वासन देती थी।

सहायक सन्धि से कम्पनी को लाभ: अंगरेजी साम्राज्य विस्तार में यह पद्धति अत्यधिक उपयोगी सिद्ध हुई। कम्पनी ने इस पद्धति द्वारा अपनी सामरिक सीमा को राजनीतिक सीमा से बहुत आगे बढ़ा लिया। रेम्जे म्यूर लिखते हैंः उसकी अधीनता में भारत में अंगरेजी राज्य बदल कर भारत का अंगरेजी साम्राज्य हो गया।[5] जहां 1765 से 1800 ई. तक उत्तरी भारत में अंगरेजों की राजनीतिक सीमा बिहार तक विस्तृत थी, किन्तु सैनिक सीमा रूहेलखण्ड और अवध तक फैल गई।

- इस प्रथा ने अंगरेजों की कूटनीतिक सफलता में महत्वपूर्ण योगदान दिया। इसीलिए स्मिथ ने लिखा हैः मक्खियों की तरह भारतीय नरेश ब्रिटिश राजनीतिक जाल में फंस गये और अब बच निकलने की आशाएं धूमिल पड़ गई।[6]
- कम्पनी सरकार बिना किसी व्यय के अपनी सेना बढ़ाने में सफल हुई, वेलेजली ने स्वयं लिखा थाः अपनी सहायक सेनाएँ हैदराबाद, पूणे, गायकवाड, दौलतराव सिंधिया तथा गोहद के राणा के यहां रखने से 22000 व्यक्तियों की सेना को कम्पनी की आर्थिक स्थिति पर प्रभाव डाले बिना किसी भी भारतीय राजा के विरूद्ध प्रयोग किया जा सकता है।[7] यह भी कहा गया है कि अंगरेजी सेना को भारतीय राजाओं के राज्य में रखने से अंगरेज उन राज्यों की सैनिक क्षमता को दुर्बल बनाने में सफल हुए एवं कम्पनी का बहुत से सामरिक महत्व के स्थानों पर नियंत्रण हो गया तथा शेष यूरोपीय शक्तियों के लिए ईर्ष्या करने के अवसर न रहे।
- वेलेजली ने सहायक सन्धि द्वारा सन्धि करने वाले राज्यों से फ्रांसीसियों को समस्त पदों से हटाने के लिए बाध्य कर दिया। कम्पनी को इस पद्धति के अपनाये जाने के बाद फ्रांसीसियों का कोई भय नहीं रहा।
- इस सन्धि प्रथा को स्वीकार किये जाने के बाद भारतीय राजाओं के आन्तरिक मामलों में हस्तक्षेप करने के अवसर अंगरेज रेजीडेंट ढूंढ लेते थे। भारतीय राज्य निरस्त्रीकरण से अपनी स्वतंत्रता खो बैठे। साथ ही सम्बन्धित नरेशों की विदेश नीति पूर्णरूप से कम्पनी के हाथ में चली गई। एक बार सर थामस मनरो ने लिखा

थाः मुझे कोई सन्देह नहीं है कि सहायक सन्धि अपना वास्तविक रूप दर्शाएगी तथा अन्त में उस सरकार को भी पूर्णतया नष्ट कर देगी जिसकी रक्षा का भार उसने उठाया है।

- सहायक सन्धि व्यवस्था ने भारतीय राज्यों की आर्थिक स्थिति को अत्यन्त खराब कर दिया। ड्यूक आव वेलिंगटन ने स्वीकार किया था कि राज्यों में नियुक्त सहायक सेना के अंगरेज अधिकारियों का वेतनमान एवं सैन्य संचालन का व्यय कम्पनी की अंगरेजी सेना से अधिक होता था। थामस मनरो ने भी सन्धि के दुष्परिणामों का जिक्र करते हुए लिखाः राज्यों ने अपनी स्वतंत्रता, राष्ट्रीय चरित्र अर्थात् वह सब कुछ त्यागकर जिससे एक समुदाय प्रतिष्ठा पाता है, अपनी सुरक्षा खरीदी। इतिहास में किसी अन्य विजय के ऐसे उदाहरण नहीं हैं, जहां स्थानीय नागरिकों को अपने देश के प्रशासन में भाग लेने से वंचित कर दिया हो। जहां कहीं भी सहायक प्रथा को लागू किया गया, उस स्थान पर इसका प्रभाव घटती जनसंख्या एवं उजड़ते हुए गांवों के रूप में दिखाई दिया।[8]
- 1795 से 1800 के मध्य समानता के स्तर पर की गई सन्धियाँ वास्तव में राजनीतिक वर्चस्व की प्रतीक थी। 'भारतीय नरेशों को अंगरेजी सहायता के लिए विवश किया गया और उन्हें उनकी राजधानियों में दासता में रखा जाता है' इस आशय की चर्चा इंग्लैण्ड में हाउस ऑफ कामन्स में भी हुई थी।[9] अतः ली वार्नर का यह कथन सर्वथा अनुचित है कि देशी राजाओं के आन्तरिक मामलों में अंगरेजों को जब कभी हस्तक्षेप करने पड़े, विवशता के परिणाम थे।[10]

सन्धियों से कम्पनी को लाभ की चर्चा में हम तत्कालीन दो शक्तियों का जिक्र कर सकते हैं जिनसे अंगरेजों ने भिन्न–भिन्न नीति अपनाई। मराठों ने वेलेजली के साथ 31 दिसम्बर 1802 में बसीन की सहायक सन्धि की, जिसकी चर्चा पूर्व में की गई है। तद्नुसार ऊपरी दोआब, जयपुर, जोधपुर, गोहद (राजपूत रियासतें), भडौंच, अहमदनगर दुर्ग तथा उड़ीसा में कटक मिले। अंगरेजी साम्राज्य के लिए यह सर्वाधिक महत्वपूर्ण सन्धि थी। दूसरे, निजाम ने सहायक सन्धि को स्वीकार किया था। हैदराबाद का निजाम अंगरेजों से सन्तुष्ट न था और उसने अपने यहाँ फ्रांसीसियों को नियुक्ति दे रखी थी, किन्तु वह उनके बढ़ते प्रभाव से भयभीत भी था। अंगरेज भी निजाम से फ्रांसीसी प्रभाव समाप्त करना चाहते थे और निजाम अंगरेजों से मैत्री करने के लिए उत्सुक था। वेलेजली ने सहायक सन्धि की शर्तें निजाम के समक्ष रखीं, जिसे उसने 1798 में स्वीकार किया और सन्धि की शर्तों के अनुसार अपने यहाँ से फ्रांसीसियों को हटा दिया। निजाम राज्य में छः अंगरेज बटालियन सुरक्षा हेतु तैनात की गई जिनके खर्च के लिए निजाम ने 24 लाख रूपये प्रतिवर्ष देना स्वीकार किया। हैदराबाद में एक अंगरेज रेजीडेंट भी नियुक्त हुआ। निजाम के साथ सहायक सन्धि को कुछ सीमा तक मैत्री सन्धि कहा जा सकता है।

अवध के साथ संबंध (Relation with Oudh): इलाहाबाद की सन्धि के अनुसार 1765 में अवध ने राज्य की सुरक्षा का भार अंगरेजों को सौंप दिया था। अंगरेजी सेना रखे जाने के कारण अवध ने उसके व्यय का भुगतान करना स्वीकार किया। अंगरेजों को अवध के नवाब से यह शिकायत रहती थी कि राज्य द्वारा दी जाने वाली धन राशि बकाया रह जाती है। किन्तु अंगरेजों द्वारा वसूल की जाने वाली सैनिक खर्च की राशि अनुपातिक दृष्टि से इतनी अधिक थी कि उसका भुगतान किया जाना कठिन था। कार्नवालिस ने इसमें 33.33 प्रतिशत कम करने का विचार किया था लेकिन वह सैनिक टुकड़ियों को कम करने को तत्पर न था।

सर जान शोर का उद्देश्य: 1794 में सर जान शोर ने नवाब को सुझाव दिया कि अंगरेजों को नियमित दी जाने वाली राशि के स्थान पर गंगा–यमुना, दोआब तथा गोरखपुर जिले का लगान एवं इलाहाबाद दुर्ग अंगरेजों को सौंप देना चाहिए। 1797 में स्वयं जान शोर लखनऊ गया एवं अंगरेज रेजीडेंट चैरी को वहां से हटा दिया और नवाब आसफुद्दौला को भी अपने मंत्री बदलने के लिए कहा। गवर्नर जनरल की लखनऊ यात्रा के कुछ समय बाद ही आसफउद्दौला की मृत्यु हो गई और उसका गोद लिया पुत्र वजीरअली नवाब बना। दूसरी ओर शुजाउद्दौला के भाई सादत अली ने नवाब बनने के दावे प्रस्तुत किये तथा आसफउद्दौला द्वारा किये गये समस्त वादों के पूरा करने का आश्वासन दिया। संचालक समिति के निर्देशानुसार शोर पुनः लखनऊ गया और वजीर अली को फर्राश का पुत्र घोषित करते हुए फरवरी 1798 में सादत अली को नवाब बना दिया। सादत ने 15 लाख रूपये एवं इलाहाबाद का किला अंगरेजों को सौंपकर उसकी मरम्मत के खर्च हेतु राशि देने का वायदा किया एवं सैनिक खर्च की वार्षिक राशि 50 लाख से बढ़ाकर 75 लाख कर दी। शोर ने नवाब के साथ की गई सन्धि में यह प्रावधान भी किया था कि आवश्यकतानुसार सैनिक खर्च की राशि में वृद्धि की जा सकती है। अंगरेजी

सेना की संख्या बढ़ाकर 10 हजार कर दी और नवाब ने अपनी सेना घटाने एवं अन्य शक्ति से सम्बन्ध न रखना स्वीकार किया। इस प्रकार अंगरेजी हितों की रक्षा के लिए अवध के विनाश का मार्ग प्रशस्त कर दिया गया।

अवध के साथ सहायक सन्धि (4 नवम्बर 1801): अवध के साथ अंगरेजों द्वारा की गई सन्धि को दो वर्ष भी पूरे नहीं हुए थे। वेलेजली ने उस पर सहायक सन्धि का प्रहार किया। यद्यपि प्रतिवर्ष अंगरेजों द्वारा सैनिक खर्च के रूप में बड़ी मात्रा में धन वसूल किये जाते रहने के कारण अवध की आर्थिक स्थिति दयनीय हो गई थी। राबर्ट्स लिखता है कि जनता की दशा शोचनीय होती जा रही थी किन्तु वेलेजली का इससे कोई सम्बन्ध न था। उसकी दृष्टि अवध के उपजाऊ प्रदेश पर थी, जून 1799 में अवध की सुरक्षा व्यवस्था को मजबूत बनाने पर बल दिया। अवध को सहायक सन्धि स्वीकार करने के लिए इस तरह के कुछ काल्पनिक तथ्यों का सहारा लिया। पहला अफगानिस्तान का शासक जमानशाह टीपू के आमंत्रण पर भारत पर आक्रमण करने की योजना बना रहा था।[11] ऐसी स्थिति में नवाब सादत अली अपनी सेना को विश्वसनीय नहीं मानता था।[12] अंगरेजों को सेना में वृद्धि करने का बहाना मिल गया। इस दौरान अंगरेज रेजीडेंट चैरी का वध हो गया और सादत अली अवध की स्थिति पर नियंत्रण स्थापित नहीं कर पाया, दूसरी ओर वेलेजली होल्कर और सिंधिया के विरूद्ध अंगरेजों की सामरिक स्थिति को सुदृढ़ करना चाहता था। इसके लिए अवध में अंगरेजी सेना की संख्या बढाना आपेक्षित था एवं दोआब क्षेत्र पर आधिपत्य स्थापित करना आवश्यक हो गया जिससे मध्य भारत में मराठों के विरूद्ध सैनिक अभियान में अवध से सीधे सैनिक सहायता ली जा सके। वेलेजली ने विभिन्न प्रकार के दबाव डालकर सादतअली को 4 नवम्बर 1801 में सहायक सन्धि पर हस्ताक्षर करने के लिए बाध्य किया। सन्धि की महत्वपूर्ण शर्तें निम्नलिखित थीं:

नवाब ने एक करोड़ पैंतीस लाख रूपये की वार्षिक आय वाले क्षेत्र स्थाई रूप से कम्पनी सरकार को हस्तान्तरित कर दिये: रूहेलखण्ड, फर्रूखाबाद, मैनपुरी, इटावा, कानपुर, फतेहगढ, इलाहाबाद, आजमगढ़, बस्ती और गोरखपुर।

- नवाब ने अपनी सेना के अधिकांश भाग को भंग करने का आश्वासन दिया।
- अंगरेजी सेना की संख्या बढ़ा दी गई।
- अपने शेष राज्य की प्रशासनिक व्यवस्था के संचालन हेतु कम्पनी के परामर्श से कार्य करने का वादा किया।
- अंगरेजी सेना अवध के भिन्न–भिन्न भागों में रखा जाना स्वीकार किया।

वेलेजली की अवध नीति की तीव्र आलोचना हुई। इंग्लैण्ड के हाउस ऑफ कामन्स में थार्नटन ने कहा: "यदि यह सन्धि थी, तो खुले मैदान से जाते हुए किसी यात्री पर डाकू के टूट पड़ने और उसे लूट लेने को भी सन्धि का नाम दिया जा सकता है।" वेलेजली अंगरेजी हितों की सुरक्षा के लिए वह नवाब का बलिदान करने को तत्पर था। इस सन्धि द्वारा अवध चारों ओर से अंगरेजी राज एवं हिमालय से घिर गया। पूर्व में अवध एक प्रतिरोधक राज्य था लेकिन अब अंगरेजी सीमा में नजरबंद कर दिया गया। वेलेजली और अवध के मध्य हुए पत्र–व्यवहार को इंग्लैण्ड की संसद में प्रस्तुत नहीं किया गया क्योंकि ब्रिटिश सरकार को यूरोप के अन्य देशों से इंग्लैण्ड द्वारा की गई सन्धियों के प्रति अविश्वास पैदा हो जाने का भय था।[13] सहायक सन्धियों का प्रभाव यह हुआ कि देशी राज्यों पर पूरी तरह नियंत्रण स्थापित हो गया। इंग्लैण्ड की संसद में 1831–32 में प्रस्तुत परिपत्रों में यह स्वीकार किया गया कि सहायक सन्धि स्वीकार करने वाले राज्यों को इस हद तक ब्रिटिश सत्ता पर आश्रित कर दिया गया था कि भारत में ब्रिटिश साम्राज्य की सुरक्षा के लिए खतरा नहीं बन सकते थे।

अधीनस्थ पार्थक्य की नीति 1813–57: वेलेजली के पश्चात् घोर साम्राज्यवादी नीति का पोषक लार्ड हैस्टिंग्स गवर्नर जनरल बनकर भारत आया। हैस्टिंग्स ने पूर्ण मित्रता की सन्धियों (सहायक सन्धियों) को निम्न पदस्थ सहयोग की सन्धियों में परिवर्तित कर दिया। नेपोलियन के पतन के बाद अंगरेज सरकार का भारतीय राज्यों के अधिकारों पर अतिक्रमण का विरोध करने वाला कोई देश नहीं रह गया था। 1815 में गवर्नर जनरल ने अंगरेजी नीति का उद्देश्य, भारत में सर्वशक्तिशाली प्रभुत्व स्थापित करना बताया और उसने भारतीयों नरेशों को एक संघ में सम्मिलित करना चाहा। उसकी योजना अंगरेजी सरकार को सर्वोपरि बनाना था। वस्तुतः उसने राज्यों को अधीनता में रखने का प्रयास भी किया यद्यपि बाह्य रूप में ऐसा प्रतीत न हो।[14] उसने अधिकांश भारतीय राज्यों को लाचार कर दिया कि वे युद्ध या सन्धि करने या दूसरी शक्तियों से सुलह की बातचीत करने के अपने सर्वोच्चता के अधिकारों को समर्पित कर दें। आन्तरिक रूप में इन राज्यों की आन्तरिक सर्वोच्च शक्ति अक्षुण्ण थी, किन्तु व्यवहार में उनके आन्तरिक शासन में ब्रिटिश रेजीडेंट सामान्यतः हस्तक्षेप किया करते थे। हैस्टिंग्स ने स्वयं इस तथ्य को स्वीकार करते हुए अपनी डायरी में लिखा है: प्रायः ये रेजीडेंट एक तानाशाह का रूप धारण कर लेते हैं, निजी मामलों में हस्तक्षेप करते हैं, राजा के विरूद्ध विद्रोही प्रजा को समर्थन देते हैं और अपनी शक्ति के प्रयोग

का बहुत भौंडा प्रदर्शन करते हैं। गायकवाड़ का रेजीडेंट कर्नल वाकर (Colonel Walker) सामन्त सरकारों से कर संग्रह में एक नियंत्रक अधिकारी की हैसियत से कार्य करता था।

लार्ड हेस्टिंग्स (Lord Hastings, 1813-23) की नीति: हैस्टिंग्स चाहता था कि भारतीय शासक सामन्ती अधीनता के दो प्रमुख कर्तव्यों का पालन करेः पहले, अपने आपसी झगड़ों को अंगरेजों के समक्ष निर्णय के लिए प्रस्तुत करें। दूसरे, आवश्यकता के समय अंगरेजों को पूरी सैनिक सामर्थ्य से सहायता दें। यद्यपि हैस्टिंग्स को किसी देशी राज्य से सैनिक सहायता लेने की आवश्यकता न थी। तथापि पहले कर्तव्य की पालना सुनिश्चित करने के लिए उन्हें बांध दिया।[15]

हैस्टिंग्स ने मराठा संघ के अधिकांश प्रदेशों को ब्रिटिश साम्राज्य में सम्मिलित कर लिया था। काठियावाड़ और मध्य भारत में 145 तथा राजपूताने की बीस रियासतों को 1818 में कम्पनी के संरक्षण में ले लिया गया। हैस्टिंग्स राजपूत राज्यों को पूर्णतः अंगरेजी संरक्षण में लेने के लिए मराठा प्रभाव समाप्त करना आवश्यक समझता था। तदनुसार सिंधिया के साथ नवम्बर 1817 में ग्वालियर सन्धि की, जिसके अनुसार सिंधिया ने पिण्डारियों के दमन में अंगरेजों के समर्थन का वादा किया और चम्बल नदी के दक्षिण पश्चिम के राज्यों पर से अपना प्रभाव हटा लिया। पेशवा के साथ जून 1817 में पूणे की सन्धि सम्पन्न हुई जिसकी अनुपालना में पेशवा ने मराठा संघ की अध्यक्षता त्याग दी। होल्कर ने भी मई 1816 में नागपुर की सहायक सन्धि स्वीकार कर ली।

राजपूतों के साथ सन्धियाँ: राजपूताना के शासक बिना किसी अंगरेजी दबाव के कम्पनी सरकार से सन्धि करने को सहमत हुए जबकि भारत के अन्य राजाओं ने विवशता में अंगरेजों से सन्धियां की थी, यह अपने आप में आश्चर्यजनक प्रतीत होता है। यदि अन्य भारतीय नरेशों के समक्ष अंगरेजी दबाव था तो यह भी मानना होगा कि राजपूत शासकों ने भी किन्हीं विवशताओं में ही इन सन्धियों को स्वीकार किया होगा, इसकी संक्षेप में जानकारी अपेक्षित है।

कर्नल टॉड[16] ने राजपूताने के इतिहास में राजपूत राजाओं एवं तत्कालीन सामन्ती व्यवस्था का विस्तृत विश्लेषण किया है। मध्यकाल से ही राजस्थान के सामन्त एक प्रभावी शक्ति के रूप में उभर रहे थे। यहाँ के सामन्त राजा के वंशज या समकक्ष वंश के होने के कारण राज्य के समान रूप से अपने को भागीदार मानते थे। इन्हीं शक्तिशाली सामन्तों को दबाने के लिए राजाओं को पहले मुगलों पर और बाद में मराठों पर आश्रित होना पड़ा। राजपूतों के लिए मराठा आश्रय काफी खर्चीला था। यद्यपि राजपूत शासक मराठों को कर नियमित रूप से नहीं देते थे, परन्तु जब भी कर की मांग की जाती थी वह काफी अधिक होता था, साथ ही राजाओं को मराठों से समय पर सहयोग नहीं मिला।

डॉ. जैन लिखते हैं कि 1803–05 में जब पहली बार राजपूत राज्यों ने अंगरेजी संरक्षण प्राप्त करना चाहा उस समय पिण्डारियों का प्रभुत्व अधिक नहीं था और 1818 ई. में मराठों की शक्ति कमजोर हो चुकी थी। बीकानेर राज्य पर मराठों ने अथवा पिण्डारियों ने कभी आक्रमण नहीं किया, लेकिन वह भी अंगरेजी संरक्षण स्वीकार करने को तैयार था। इसके अतिरिक्त सन्धियों में मराठा अथवा पिण्डारियों के विरूद्ध रक्षा का उल्लेख नहीं है, प्रत्युत आन्तरिक विद्रोह तथा सामन्तों के विरूद्ध सहायता का वर्णन है। साथ ही बांसवाड़ा, प्रतापगढ, डूंगरपुर 1820–23 ई. में गंभीर आर्थिक संकट से ग्रस्त थे न कि किसी बाह्य आक्रमण से।[17]

हेस्टिंग्स मराठों को कम्पनी का प्राकृतिक शत्रु मानता था और राजपूत रियासतों को प्राकृतिक मित्र अतः उसकी दृष्टि में राजपूतों से सन्धि करना कम्पनी हितों के लिए अपेक्षित था। यह भी कहा गया है कि सिक्ख शक्ति पर अंकुश लगाने के लिए राजपूतों का समर्थन आवश्यक था।

गवर्नर जनरल ने ब्रिटिश रेजीडेंट चार्ल्स मेटकॉफ (Charles Metcalfe) को राजस्थान के तीन बड़े राज्य जोधपुर, जयपुर एवं उदयपुर से सन्धि वार्ता करने के लिए निर्देशित किया। मेटकॉफ ने मारवाड़ (जोधपुर) से 1500 घुड़सवारों की सेना रखने एवं एक लाख आठ हजार वार्षिक कर (6 जनवरी 1818), उदयपुर से 13 जनवरी 1818 को पाँच वर्ष तक अपनी आय का 1/4 भाग व बाद में 3/8 भाग देने एवं 2 अप्रैल 1818 को जयपुर से सन्धि की। दूसरे शब्दों में, ब्रिटिश साम्राज्य के प्रवाह में राजपूत रियासतों को अपनी स्वतंत्रता न्यौछावर करनी पड़ी। इसके साथ ही व्यापक अंगरेजी हस्तक्षेप के कारण राज्यों में अव्यवस्था बढ़ने लगी, जिसने विद्रोहों को जन्म दिया।

इस प्रकार पंजाब, सिन्ध और अफगानिस्तान को छोड़कर समस्त भारत पर ईस्ट इण्डिया कम्पनी का प्रत्यक्ष या परोक्ष आधिपत्य स्थापित हो चुका था। हैस्टिंग्स की ब्रिटिश सर्वोच्चता के विस्तार की नीति को ली वार्नर ने 'अधीनस्थ पृथक्ककरण'

की नीति कहा है। पणिकर ने हैस्टिंग्स के समय से 1857 के विद्रोह काल तक की नीति का मुख्य उद्देश्य साम्राज्य विस्तार बताया है।[18] मेजर रस लिखता है कि 1813 में देशी राज्यों ने यह समझा था कि हम शीघ्र ही कम्पनी की सत्ता उखाड़ फैंक देगें, ये ही राज्य 1823 तक कम्पनी सरकार के पूर्णतः अधीन हो गये।

विलियम बैंटिक (William Bentinck, 1828-35) की धारणा: लार्ड हैस्टिंग्स के लौटने के पश्चात् कम्पनी संचालकों ने पुनः विस्तारवादी नीति त्यागने के लिए कहा, लेकिन गवर्नर जनरलों ने इन आदेशों की ओर ध्यान नहीं दिया। हैस्टिंग्स के बाद लार्ड विलियम बैंटिक (1828–35) का समय इस दृष्टि से निर्णयात्मक काल रहा। जिस समय बैंटिक गवर्नर जनरल बनकर भारत आया यूरोप में यह काल उदारवादी काल के रूप में जाना जाता है। बैंटिक पर उदारवादी प्रभाव था वह भारत में कुछ सामाजिक सुधारों से जुड़ गया। लेकिन भारतीय राज्यों के सम्बन्ध में उसकी नीति को निर्हस्तक्षेप की नीति नहीं कहा जा सकता। उसने मैसूर के मामलें में प्रभावी हस्तक्षेप की नीति अपनाईं मद्रास का गवर्नर मनरो मैसूर के स्वतंत्र अस्तित्व का विरोधी था। उसने मैसूर पर खिराज न चुकाये जाने एवं राज्य में अव्यवस्था के आरोप लगाये। गवर्नर जनरल ने स्थिति का कुछ समय आंकलन करने के बाद 1831 में राज्य का प्रशासन अपने हाथ में ले लिया। बैंटिक को बाद में अपनी गलती का अहसास हुआ, किन्तु वह मैसूर की स्थिति को यथावत नहीं बना पाया।

कुर्ग, मैसूर की सीमा पर स्थित एक छोटा राज्य था। लार्ड हेस्टिंग्स के समय कुर्ग के राजा वीर राजेन्द्र की मृत्यु हो गई। उसकी लडकी देवंभा कुर्ग की गद्दी पर बैठी, बाद में उसके एक भाई ने गद्दी पर अधिकार कर लिया। देवंभा एवं उसके पति ने अंगरेज रेजीडेंट के यहाँ शरण ली। अंगरेजों ने राजा पर तीन आरोप लगाए: (1) उसने अपनी बहन के प्रति दुर्व्यवहार किया। (2) अंगरेजी दूत (मेनन) को बंदी बनाया। तथा (3) वह अत्याचारी था। 1834 में बैंटिक ने कुर्ग विजय के लिए सेनायें भेज दी। राजा द्वारा अंगरेजों का विरोध न किये जाने पर भी उसे बन्दी बना लिया एवं कुर्ग अंगरेजी राज्य में शामिल कर लिया गया। कुर्ग की लूट का वर्णन रेमंड केलाहन ने किया है। उसके अनुसार सेनापति लिण्डसे ने लूट का सोलहवाँ भाग लिया, कर्नल को 25 हजार, प्रत्येक ले. कर्नल को 15 हजार, मेजर को 10 हजार एवं कैप्टन को 5 हजार रूपये मिले।[19] इस लूट से अंगरेजों द्वारा भारतीय नरेशों के विरूद्ध अभियान के कारणों का पता चलता है। बैंटिक ने इनके अतिरिक्त 1832 में कचार, 1835 में जैन्तिया को ब्रिटिश साम्राज्य में सम्मिलित किया।

इसी प्रकार आकलैण्ड (1837–42) के समय करनूल एवं माण्डवी 1839 में एवं कोलाब तथा नागपुर 1840 में ब्रिटिश राज के अंग बना लिये गये। एलेनबरो (1842–44) ने सिंध के अमीरों पर आरोप लगाकर सिंध को भी (1843) में अपने अधिकार में ले लिया। इसकी चर्चा अलग अध्याय में की गई है। 1833 के चार्टर अधिनियम के अनुसार कम्पनी एक राजनीतिक सत्ता बन गई तथा रियासतों के लिए तय किया गया कि उन्हें उत्तराधिकार के प्रश्न पर कम्पनी की पूर्वानुमति लेनी होगी। अब रियासतों के मन्त्रियों की नियुक्ति भी कम्पनी की पूर्व स्वीकृति से संभव थी।

लार्ड डलहौजी एवं व्यपगत नीति (Lord Dalhousie and Doctrine of Lapse): डलहौजी के समय (1848–56) को साम्राज्यवादी नीति की चरम सीमा कहा जा सकता है। वह देशी राज्यों के अस्तित्व को समाप्त करने के किसी भी अवसर को नहीं छोड़ना चाहता था। उसने स्वयं उल्लेख किया है: "हम सर्वोच्च सत्ता है और हमारी नीति देशी राज्यों के उन सात लाख सत्रह हजार वर्गमील प्रदेशों पर भी प्रत्यक्ष रूप से अधिकार करने की है जिस प्रकार हमने अन्य देशी राज्यों पर किया है।" युद्ध नीति द्वारा अंगरेजी राज्य का विस्तार तो प्रारंभ से ही किया जा रहा था लेकिन डलहौजी की विशेषता इस बात में निहित थी कि उसने विस्तार के नये आधार ढूंढ निकाले, उन आधारों को व्यपगत सिद्धान्त (या गोद निषेध नीति) के नाम से जाना जाता है। **व्यपगत से तात्पर्य है: पैतृक वारिस न होने की स्थिति में उन राज्यों को अंगरेजी राज्य में मिला लिया जायेगा।** डलहौजी ने इस सिद्धान्त की व्याख्या भिन्न–भिन्न अवसरों पर की और हर बार उसका कुछ आशय बदल गया। 1848 में उसकी धारणा थी कि सामान्यतः उन सभी राज्यों को कम्पनी राज्य में शामिल कर लेना चाहिए जहाँ कुछ राजनीतिक हित पूरे होते हो। संचालकों ने इस विचार से असहमति प्रकट की तब वह केवल अधीन राज्यों तक ही इस सिद्धान्त को लागू करना चाहता था। डलहौजी ने जून 1854 में भारतीय राज्यों को तीन श्रेणियों में विभक्त किया है: **प्रथम** श्रेणी में स्वतंत्र राज्यों को रखा जो किसी उच्चतर शक्ति के अधीन नहीं थी एवं न कर देती थी। **दूसरी** श्रेणी कर प्रदायक वे राज्य जो मुगल सत्ता अथवा पेशवाओं के अधीन थी एवं कर देती थी और अंगरेजों की अधीनता स्वीकार कर चुकी थी। **तीसरी** श्रेणी में उन रियासतों को रखा गया, जो अंगरेजों की सनदों से स्थापित हुई अथवा पुनर्जीवित किया जिन्हें आश्रित राज्य कहा गया।

अपनी नीति का 1854 में पुनरावलोकन करते हुए डलहौजी ने कहा थाः "प्रथम श्रेणी की रियासतों को गोद लेने के मामलों में हमें हस्तक्षेप का अधिकार नहीं है। दूसरी श्रेणी के गोद लेने के लिए रियासतों को हमारी अनुमति आवश्यक है। हम मनाही कर सकते हैं, परन्तु हम अनुमति दे देंगे। परन्तु तीसरी श्रेणी की रियासतों में मेरा विश्वास है कि उत्तराधिकार में गोद लेने की आज्ञा दी ही नहीं जानी चाहिए।" **सतारा** का राज्य डलहौजी की नीति का पहला शिकार बना। सतारा के राजा ने अंगरेज रेजीडेंट से स्वीकृति लिए बिना एक बालक को गोद ले लिया था। डलहौजी ने उसको स्वीकार नहीं किया और 1848 में राजा की मृत्यु हो गई और सतारा को अंगरेजी राज्य में मिला लिया गया। सतारा के विलय पर टिप्पणी करते हुए आर्नल्ड ने लिखा किः सतारा डलहौजी के लिए एक सम्पन्न पर एक अनियमित पारितोषिक था।[20] **झांसी** के राजा गंगाधरराव की भी 1853 में निःसंतान मृत्यु हो गई और फरवरी 1854 में झांसी को अंगरेजी साम्राज्य का अंग बना लिया गया। **नागपुर** के महाराजा राघुजी तृतीय का 1853 में निधन हो गया और नागपुर को भी अंगरेजी राज्य में शामिल कर लिया गया। इस नीति का शिकार होने वाले अन्य राज्य थेः सम्बलपुर (1849), तंजौर (1855), बाघात (या बघाट–1850 पंजाब का पहाड़ी राज्य), उदयपुर (या उदेपुर 1852, मध्य भारत में स्थित)।

डलहौजी ने अंगरेजी साम्राज्य के विस्तार हेतु शक्ति एवं शांति दोनों प्रकार की नीतियां अपनाई।

- दूसरे सिक्ख युद्ध में पराजित कर पंजाब का 29 मार्च 1849 में विलय किया।
- 1850 में सिक्किम के राजा से तीस्ता नदी क्षेत्र एवं तराई पर अधिकार किया।
- द्वितीय आंग्ल–बर्मा युद्ध (1852) में लोअर बर्मा (म्यांमार) पीगू प्रदेश पर आधिपत्य किया।
- निजाम को 1853 की सन्धि द्वारा बराड़ (Berar) से अधिकार छोड़ना पड़ा।
- व्यपगत नीति द्वारा सतारा, जैतपुर, सम्बलपुर, बघात, उदयपुर (ऊदेपुर), झांसी एवं नागपुर का ब्रिटिश साम्राज्य में विलय किया।
- कुशासन के आधार पर अवध का विलय किया गया।

जान मॉलकम, थामस मनरो, ड्यूक ऑफ वेलिंगटन आदि अंगरेज राजनीतिज्ञों ने देशी राज्यों को नष्ट करने की डलहौजी की नीति को उचित नहीं माना। इनके विचार से ब्रिटिश साम्राज्य की सुरक्षा एवं शान्ति बनाये रखने के लिए देशी राज्यों का अस्तित्व आवश्यक था। हेनरी लारेन्स (Henry Lawrence) तथा स्लीमन का विश्वास था कि देशी राज्य हमारे लिए बाँध का काम करते हैं। जब कभी भी उनका अस्तित्व समाप्त होगा हम अपनी भारतीय सेना की कृपा पर निर्भर हो जायेंगे।[21]

अवध का विलय (Annexation of Oudh, 1856): अवध का नवाब 1801 की सन्धि के प्रति पूर्णतः प्रतिबद्ध था। 1801 में राज्य का आधा भाग हड़प लिये जाने के पश्चात् भी लार्ड हैस्टिंग्स ने नेपाल युद्ध में जीत के बाद इस युद्ध के व्यय के लिए धन की मांग की, क्योंकि अवध की सीमा पर गुरखों की ओर से खतरे को समाप्त करके अंगरेजों के अनुसार नवाब को अतिरिक्त सुरक्षा प्रदान की। बाध्य होकर नवाब को दो करोड़ का भुगतान करना पड़ा। इसी प्रकार बर्मा युद्ध के लिए 1 करोड़ 60 लाख रूपये देने पड़े। 1831 में विलियम बैंटिक ने अवध के शासक को प्रशासनिक व्यवस्था में सुधार करने की सलाह देते हुए धमकी दी थी कि यदि ऐसा नहीं किया गया तो कम्पनी अवध का प्रशासन अपने हाथ में ले लेगी। अवध के वजीर हकीम मेंहदी ने प्रशासन में सुधार लाने के लिए अंगरेजों का सहयेाग और समर्थन चाहा था, किन्तु बैंटिक ने अवध के मंत्री का समर्थन करने से यह कहकर मना कर दिया कि वे अवध के प्रशासन को सुधारने में रूचि नहीं रखते बल्कि यह देखते हैं कि अवध पर किस आधार पर आधिपत्य स्थापित किया जा सकता है।

लार्ड ऑकलैण्ड के गवर्नर जनरल बनकर आने के बाद 1837 में अवध के नवाब नसीरूद्दीन की मृत्यु हो गई। अंगरेज रेजीडेंट ने मृत नवाब के चाचा नासिरूद्दौला को गद्दी पर बैठाया। नसीरूद्दीन की बेगम ने इसका विरोध करते हुए अपने दत्तक पुत्र को नवाब बनाना चाहा किन्तु लो ने सेना की सहायता से अपनी बात स्वीकार करवा ली। नये नवाब (नासिरूदौला) ने गवर्नर जनरल की इच्छानुसार किसी सन्धि पर हस्ताक्षर करने एवं अंगरेजी नेतृत्व में नई सेना के गठन की सहमति प्रकट की। तद्नुसार 1837 में सन्धि की शर्तों के अनुसार अपनी शेष सेना भंग कर एक और अंगरेज सैनिक टुकड़ी अवध में रखी गई एवं 16 लाख प्रतिवर्ष नवाब ने देना स्वीकार किया। कम्पनी संचालकों ने इस सन्धि का अनुमोदन नहीं किया प्रत्युत सम्पूर्ण प्रकरण को गवर्नर जनरल की स्वेच्छा पर छोड़ दिया। गवर्नर जनरल ने अवध के नवाब को इस तथ्य से कभी भी अवगत नहीं करवाया और धूर्तता तथा बेईमानी से नवाब को धोखे में रखा।[22]

नासिरूद्दौला की 1847 में मृत्यु हो गई और उसके स्थान पर वाजिदअली शाह गद्दी पर बैठा। डलहौजी (1848–56) ने भारत आने के बाद कर्नल स्लीमन को अवध का रेजीडेंट बनाकर लखनऊ भेजा। 1849 में अवध का दौरा करके स्लीमन ने अवध की शोचनीय दशा का वर्णन करते हुए अवध के बादशाह को इसके लिए दोषी ठहराया। लेकिन वास्तविकता यह नहीं थी। अवध की शोचनीय स्थिति के लिए अंगरेज सरकार, सेना एवं रेजीडेंट उत्तरदायी थे। विवरण मिलता है कि अवध की जनता बेईमान राजस्व अधिकारियों से त्रस्त थी जो हर बहाने पैसा लेने की चेष्टा करते थे। यदि वे विद्रोह करते तो उन्हें दबाने के लिए ब्रिटिश सहायक सेना मौजूद थी। कभी–कभी पूरे जिले का राजस्व एक अंगरेज को वसूलने का उत्तरदायित्व दे दिया जाता था। धन न दे पाने वाले खुले पिंजड़ों में रख दिये जाते थे और लोग दौड़ती–पीछा करती हुई सेना से बचने के लिए खेती–बाड़ी तक छोड़ देते थे।[23] अवध के नवाबों की प्रशासन में अरूचि का उल्लेख किया जाता रहा, परन्तु जब अवध के हकीम मेंहदी (Hakim Mehdi), जैसे योग्य मन्त्रियों द्वारा प्रशासन में सुधार हेतु अंगरेज सरकार का सहयोग चाहा गया, अंगरेजों ने ऐसी योजनाओं की ओर ध्यान नहीं दिया। वस्तुतः अंगरेज ऐन–केन प्रकारेण अवध का विलय करना चाहते थे। डलहौजी ने पहले प्रस्ताव रखा कि अवध का नवाब स्वयं गद्दी छोड़ दे, लेकिन नवाब वाजिदअली शाह ने इसे अस्वीकार कर दिया। डलहौजी ने तथ्यों को तोड़–मरोड़कर कम्पनी संचालक मण्डल से अवध में हस्तक्षेप की अनुमति प्राप्त कर ली। 1856 में उसने वाजिदअली शाह पर आरोप लगाया कि उसने प्रशासनिक कार्यों पर ध्यान न देकर 1809 की सन्धि की अवहेलना की है। आउट्रम (General Outram) ने महल को घेर लिया तथा वाजिदअली शाह को नई सन्धि पर हस्ताक्षर करने के लिए बाध्य किया जिसके अनुसार अवध का प्रशासन उसने कम्पनी को सौंप दिया। वाजिदअली शाह ने कलकत्ता जाकर डलहौजी से भेंट की, परन्तु डलहौजी ने एक न सुनी और 7 जनवरी 1856 की घोषणा द्वारा कुशासन के आधार पर अवध को अंगरेजी राज्य में शामिल कर लिया। अवध की स्थिति अत्यन्त शोचनीय थी, परन्तु उसके लिए अंगरेज दोषी थे। अंगरेजी हस्तक्षेप के कारण अवध के शासक प्रशासनिक दायित्वों के प्रति उदासीन हो गये। सर जान केयी के अनुसार इस कार्यवाही से भारतीयों के मन पर बहुत बुरा प्रभाव पड़ा। अवध की भांति बरार का भी विलय कर लिया गया। बरार हैदराबाद के निजाम के अधीन था। निजाम सहायक सेना का खर्च नहीं दे पा रहा था अतः कम्पनी के ऋण को पूरा करने के लिए बरार प्रान्त निजाम से छीन लिया।

1857 के विद्रोह के लिए डलहौजी का उत्तरदायित्व: डलहौजी की घोर साम्राज्यवादी नीति से सभी भारतीय राज्यों में असन्तोष फैला। राजघरानों की सम्पत्ति को नीलाम करवाकर, पेंशन और जागीरों की समाप्ति, दरबारियों और सैनिकों को पदच्युत करके उसने अपनी नीति से उत्पन्न असन्तोष को केवल सामन्तों अथवा राजघरानों तक सीमित नहीं रखा बल्कि सामान्य जनता तक फैलाया। डलहौजी के लौट जाने के बाद 1857 का विद्रोह फूट पड़ा और इसमें राजाओं, जागीरदारों तथा जनता ने भी भाग लिया। अंगरेज प्रेक्षकों को दोनों घटनाओं के बीच निकट सम्बन्ध ढूंढने में देर नहीं लगी। अतः इंग्लैण्ड सरकार के लिए देशी राज्यों के सम्बन्ध में एक नई नीति विकसित करना आवश्यक हो गया जिससे एक ओर उनकी षड्यंत्रकारी प्रवृतियों को रोका जा सके एवं दूसरी ओर उनकी वफादारी और सहयोग प्राप्त होता रहे। ब्रिटेन की संसद ने भारतीय साम्राज्य को प्रत्यक्ष रूप से अपने नियंत्रण में ले लिया और इंग्लैण्ड की रानी विक्टोरिया 1858 में भारत की साम्राज्ञी (Empress) बन गई। इसके साथ ही भविष्य में भारतीय राज्यों के विलय की नीति को त्याग दिया गया।

अधीनस्थ एकीकरण की नीति (1858–1935): महारानी विक्टोरिया ने साम्राज्ञी की हैसियत से भारत सरकार और रियासतों के बीच सम्बन्धों को अधिक स्पष्ट किया। भारतीय राजाओं के सम्बन्ध में घोषणा पत्र में कहा गयाः "हम भारत के राजाओं को यह बताना चाहते हैं कि ईस्ट इण्डिया कम्पनी द्वारा या उसके काल में जो भी संधियां या सम्बन्ध उनसे किये गये थे वे यथावत् चलते रहेंगे। हम चाहते हैं कि अपनी ओर से वे भी वैसा ही करें।" इसके अतिरिक्त "हमारी इच्छा अपने क्षेत्र को विस्तृत करने की नहीं है। हम अपने राज्य पर या अधिकारों पर कोई आक्रमण बर्दाश्त नहीं करेंगे और न ही हम दूसरे के राज्य या सीमा के मामले में आक्रामक रूख ही अपनायेंगे।"[24] इस घोषणा से स्पष्ट है कि ब्रिटिश सरकार ने राज्य संयोजन नीति (Policy of Annexation) को त्याग दिया। भारत सरकार के अधिग्रहण की घोषणा के बाद लार्ड कैनिंग को प्रथम वायसराय (Viceroy) और गवर्नर जनरल नियुक्त किया जिसे रानी के नाम पर उस क्षेत्र में प्रशासन करना था। विक्टोरिया की घोषणा को लार्ड कैनिंग ने 1 नवम्बर 1858 को इलाहाबाद में पढ़कर सुनाया। मार्शमैन का कथन है कि इस समाप्ति से रोम से भी कहीं अधिक अच्छा एक साम्राज्य ताज के हवाले कर दिया गया।[25]

पणिकर की मान्यता है कि 1858 के पश्चात् यद्यपि देशी राज्यों के प्रति ईर्ष्या व उनकी साम्राज्य में सम्मिलित करने की नीति का त्याग कर दिया गया था, किन्तु रियासतों को एक शांतिपूर्ण क्रांति के दौर से गुजरना पड़ा। एक राजनैतिक सत्ता के स्वतंत्र मित्र की स्थिति रियासतों के लिए समाप्त हो गई। अब उन्हें इंग्लैण्ड के ताज के संरक्षण में रख दिया गया जिसने अपनी सत्ता का प्रयोग प्रभावशाली रूप में किया। किन्तु भारतीय राजा यह सुनकर प्रसन्न हो गये कि उनके अधिकार व उनकी प्रतिष्ठा को इसके अन्तर्गत बनाये ही नहीं रखा जायेगा बल्कि कम्पनी के काल में उनसे की गई सन्धियों को मान्यता प्रदान की जायेगी।[26]

1857 की महान विपत्ति से अंगरेज अधिकारियों ने दो सबक लिए: पहला देशी रियासतों की लोकप्रिय भावनाओं की अवहेलना न की जाये चाहे वे कितनी ही पिछड़ी प्रतीत हों। दूसरे देशी रियासतों को आपस में संयुक्त होने से रोका जाये। इसके लिए राजनैतिक, सैनिक और अन्य सावधानियों की आवश्यकता अनुभव की। स्पष्टतः यह नीति देशी रियासतों को सन्तुष्ट करने और उनसे मित्रता करने की तथा दूसरी ओर उन्हें कमजोर करने की दोहरी नीति थी। दोहरी नीति का दूसरा पहलू वायसराय द्वारा 'एक ही प्रणाली' (Theory of one charge) सिद्धान्त की घोषणा थी जिससे ब्रिटिश भारत और देशी रियासतों को एक ही इकाई माना। 1862 में कैनिंग ने घोषणा की: "इंग्लैण्ड का ताज (Crown) समूचे भारत का सर्वमान्य और सर्वोपरि शासक है। वनचार्ज सिद्धान्त द्वारा कम्पनी के स्वतंत्र और विदेशी मित्र जागीरदारों (Feudatories) में बदल गये। उसने घोषित किया कि: "आज इंग्लैण्ड का आधिराजत्व (Unquestioned Ruler and Paramount Power) हमारी आँखों के सामने मूर्तिमान है जैसा कि पहले कभी देखा सुना नहीं गया है और रियासतों के शासकों ने बड़ी उत्सुकता से स्वीकार किया।" इस नीति के अनुरूप 1884 में मध्य प्रान्तों के मुख्य आयुक्त को लिखा था: किसी रियासत का उत्तराधिकारी उस समय तक अमान्य है जब तक कि वह अंगरेज सरकार की स्वीकृति किसी न किसी रूप में प्राप्त न कर ले। अब वस्तुतः गद्दी पर शासक का पैतृक अधिकार नहीं रह गया था, प्रत्युत यह सर्वोच्च शक्ति से एक उपहार रूप में उसे मिलती थी। भारतीय राजाओं को राज्य (अपने) का उपभोग और प्रशासन का अधिकार दिया गया था न कि प्रभुत्व का, और उनका शासक बने रहना इस बात पर निर्भर करता था कि वह क्राउन के प्रति राजभक्त रहे।

भारतीय नरेशों को अनेक अधिकार लौटा दिए गए और उन्हें ब्रिटिश सरकार की ओर से सनदें (दत्तक ग्रहण के अधिकार के लिखित बन्धन पत्र) दी गई जिसके द्वारा उनके गोद लेने के अधिकार को स्वीकार किया गया। तदनुसार हिन्दू व मुसलमान राजाओं को 140 सनदें जारी की। लार्ड लैन्स डाउन (1888–93) ने अन्य इसी प्रकार के सनदें प्रदान की। अब नीति यह थी कि शासक को कुशासन के लिए दण्डित किया जाए और यदि आवश्यक हो तो पदच्युत कर दिया जाए, लेकिन राज्य का विलय नहीं किया जाए। जैसा कि 1867 में टोंक के नवाब मुहम्मद अली खाँ पर यह दोष लगाया गया कि वह अपने सामन्त लावा के ठाकुर के सम्बन्धियों पर प्रहार में सम्मिलित था अतएव उसे अपने पुत्र के पक्ष में पद त्यागना पड़ा। 1874 में गायकवाड़ को कुशासन के आधार पर गद्दी से हटा दिया, किन्तु राज्य का विलय नहीं किया गया। प्रोफेसर डॉडवेल के अनुसार **सनद द्वारा ये राज्य ब्रिटिश सरकार के सदस्य बन गए** और इस सदस्यता को उन्होंने बड़ी प्रसन्नता से स्वीकार किया।[27] **1876 के राजकीय उपाधि अधिनियम** (Royal Title Act of 1876) **ने इस नवीन सम्बन्ध पर मोहर लगा दी जब महारानी विक्टोरिया को कैसर–ए–हिन्द** (Kaiser-i-Hind) **अथवा भारत की साम्राज्ञी घोषित किया गया।** राजाओं की स्थिति को स्पष्ट करते हुए 21 अगस्त 1891 को कहा गया: "**क्राउन की सर्वश्रेष्ठता इस बात को पहले ही स्पष्ट करती है कि भारतीय राजे पराधीन हैं**।" ली वार्नर के अनुसार ब्रिटिश सर्वोच्चता ने मुगल सर्वोच्चता का स्थान ग्रहण कर लिया। इस सम्बन्ध में रजनी पामदत्त लिखते हैं: सारा जोड़–तोड़ इस तरह किया गया था कि ब्रिटिश राज्य को बनाये रखने के लिए भारतीय राजाओं को बिना राजनैतिक ताकत दिये '**शाही हथियार**' के रूप में सुरक्षित रखा जाए।[28] ब्रिटिश सरकार की ओर से न केवल भारतीय राजाओं को उपाधियां दी जाती थी बल्कि उनके लिए बन्दूकों की सलामी भी निश्चित की जाती थी। इस प्रकार स्थानीय **नरेशों की उपाधि, ओहदे, और मर्यादा सब ब्रिटिश सरकार द्वारा निर्धारित हो गई**। सार्वभौम रियासतों के साथ किस प्रकार का सम्बन्ध था, इस विषय में 1929 की बटलर समिति (Butler Committee) का विचार था कि यह एक बढ़ता सम्बन्ध था जो समय–समय पर परिस्थितियों द्वारा तोड़ा–मरोड़ा जा सकता था। बटलर कमेटी ने अपनी टिप्पणी में कहा: "अन्तर्राष्ट्रीय मामलों में रियासतों के प्रदेश अंगरेजी भारत के प्रदेश हैं और रियासतों के नागरिक अंगरेजी भारतीय नागरिकों की स्थिति में ही है।"

रियासतों से विदेश जाने वाले किसी भी व्यक्ति को भारत के अन्य भागों के निवासियों की भांति भारत सरकार से पहले पासपोर्ट लेना पड़ता था। भारतीय नरेश बिना अनुमति के किसी विदेशी को अपने यहाँ राज्य सेवा में नहीं रख सकते थे। अन्तर्राष्ट्रीय क्षेत्र में ब्रिटिश सरकार द्वारा किसी दूसरे राष्ट्र से सन्धि किये जाने पर वह स्वतः देशी नरेशों पर लागू होती थी और अनिवार्यतः उन्हें उनकी शर्तों का पालन करना पड़ता था।

भारतीय रियासतों के आन्तरिक मामलों में अंगरेजों द्वारा हस्तक्षेप तथा उनके अधिकारों को सीमित करने में आधुनिक विकासवादी परिस्थितियों का भी योगदान रहा। आधुनिक संचार व्यवस्था, सड़कें, रेलवे लाइन, सार्वजनिक प्रेस और अखिल भारतीय जनमत आदि सभी तथ्यों ने इस दिशा में कार्य किया। रेलवे लाइन के लिए भूमि और उस पर न्यायिक अधिकार छोड़ने पड़े। नहरों, डाकघर, तार एवं सामरिक महत्व की सड़कों के विषय में भी ऐसा ही हुआ। शासकों को समस्त देश के हित के लिए आर्थिक योजनाओं में योगदान देना पड़ा।

राज्यों के प्रति नई दोहरी नीति का पूर्ण विस्तार लार्ड मेयो (1869–72) के समय में हुआ। हस्तक्षेप के सिद्धान्त का अलवर एवं टोंक में प्रयोग किया गया। अलवर शासक के अनुत्तरदायित्वपूर्ण व्यवहार के बावजूद उसके राज्य को नहीं मिलाया गया प्रत्युत शासन में सुधार हेतु राजा को अपदस्थ कर सामन्तों की समिति बनाकर व्यवस्था में परिवर्तन की चेष्टा की गई। इसी प्रकार 1867 में टोंक के नवाब को अपदस्थ कर उसके पुत्र को नवाब बनाया गया। साथ ही राज्यों में नौकरशाही पर आधारित शासन की स्थापना पर जोर दिया गया। डेली, लेपेल, ग्रिफिन आदि ने रेजीडेंट के वर्चस्व की एक परम्परा स्थापित की, जिसकी ब्रिटिश सम्राट एडवर्ड सप्तम ने अपनी भारत यात्रा के समय आलोचना करते हुए कहा कि "शासकों के प्रति इन राजनीतिक अफसरों का व्यवहार उद्दण्डतापूर्ण है।"

जनरल क्लॉजेज एक्ट 1868 में हमें एकता के संकेत मिलते हैं जिसमें ब्रिटिश भारत शब्द का प्रयोग ताज के प्रत्यक्ष शासन में आने वाले प्रदेशों एवं भारत शब्द का प्रयोग सम्पूर्ण देश के लिए किया गया। महाराजा पटियाला को सुप्रीम कौंसिल का सदस्य नियुक्त किया गया, इसी प्रकार राजा टी. माधवराव एवं राजा दिणकर राव को भी इस प्रकार सम्मानित किया। कहा जा सकता है कि धीरे–धीरे भारत की केन्द्रीय विधायिका भारतीयों की एक संस्था का स्वरूप ग्रहण करने लगी थी न कि ब्रिटिश सरकार के राजनीतिक निकाय के रूप में।

ली वार्नर ने 19वीं शताब्दी के उत्तरार्द्ध में कुछ ऐसे मामलों पर प्रकाश डाला है जिनसे सार्वभौम सत्ता की नीति के विषय में ज्ञान होता है। ऐसे महत्वपूर्ण मामले थे (1) बड़ौदा, (2) मैसूर, (3) इन्दौर, (4) हैदराबाद, (5) पटियाला।

बड़ौदा (1873–75): बड़ौदा शासक मल्हारराव गायकवाड़ पर 1873 में कुप्रशासन का आरोप लगाया गया और इसकी जाँच के लिए एक कमीशन नियुक्त किया। उसकी रेजीडेंट राबर्ट फायरे (फेयरे) से नहीं बनती थी। गायकवाड़ पर आरोप लगाया गया कि उसने रेजीडेंट कर्नल फायरे को विष देने का प्रयास किया है और लार्ड नार्थ ब्रुक ने उसे पदच्युत कर दिया और उसके उत्तराधिकारी को छोड़कर उसके भाई के दत्तक पुत्र को गद्दी पर बैठाया। इस प्रकार बड़ौदा मामले में की गई कार्रवाई हस्तक्षेप सिद्धान्त को सिद्ध करती है। बड़ौदा मामले ने स्पष्ट कर दिया कि ब्रिटिश सरकार न केवल सम्पूर्ण भारत में अधिकार का दावा करती है वरन् उसका उपयोग भी करती है।

मैसूरः लार्ड विलियम बैंटिक के समय (1831 में) मैसूर की ब्रिटिश राज में शामिल कर लिया था। 25 मार्च 1881 को रिपन ने पूर्व राजवंश को वापस लौटा दिया। मैसूर के साथ पूर्व की सम्पूर्ण सन्धियों को समाप्त कर दिया गया, लेकिन मैसूर से लिये जाने वाले खिराज की मात्रा बढ़ा दी।

इन्दौरः इन्दौर के होल्कर ने ईसाई मिशनरियों को अपने राज्य से निकाल दिया था। रिपन (1880–84) द्वारा धार्मिक स्वतंत्रता का तर्क प्रस्तुत करने पर होल्कर ने तुरन्त अपनी नीति में परिवर्तन किया। इसी प्रकार हैदराबाद के शासक सालारजंग की 1883 में मृत्यु हो गई। निजाम मीर महबूब अली खाँ अवयस्क था। रिपन ने रेजीडेंट को प्रभावी बनाये रखने के लिए संरक्षक कौंसिल का अध्यक्ष सालारजंग के पुत्र मीर लायक अली को नियुक्त किया क्योंकि लायक अली और महबूब अली खाँ दोनों लगभग एक ही आयु के थे।

पटियालाः आर्थिक दृष्टिकोण से भारत अब एक इकाई बन चुका था और भारतीय रियासतों को इससे अलग करके नहीं देखा जा सकता। पटियाला दरबार के सभी विरोधों पर ध्यान न देते हुए रेलों का विस्तार उस रियासत में किया गया। कहा गया कि वहाँ का शासक भारत के आर्थिक एकीकरण के मार्ग में बाधक नहीं बन सकता।

भारतीय रियासतें एवं लार्ड कर्जन: लार्ड कर्जन (1899–1905) और उसके बाद देशी रियासतों पर ब्रिटिश नियंत्रण बढ़ता ही गया। उसने एक परिपत्र (Circular) द्वारा राजाओं को ऐश्वर्य के पीछे भागने के स्थान पर प्रजा की भलाई में संलग्न होने की प्रेरणा दी और उनके विदेश भ्रमण पर भी प्रतिबंध लगाने का प्रयास किया। उसने हर स्तर पर भारतीय नरेशों को ब्रिटिश सर्वोच्चता का अहसास करवाया। ब्रिटिश सरकार ने स्थानीय नरेशों के साथ सीधा तथा व्यक्तिगत सम्पर्क स्थापित किया। इस दृष्टि से दरबार लगाए गए तथा शाही घराने के सदस्य भारत आने लगे। इन अवसरों पर भारतीय नरेश ब्रिटिश सरकार के प्रति अपनी स्वामी भक्ति प्रदर्शित करते थे और ब्रिटिश सम्राट से उपाधियाँ तथा प्रतिष्ठा प्राप्त करने के लिए भारतीय नरेश एक दूसरे से प्रतिस्पर्धा करने लगे। कहा गया है कि यह गिरावट संभवतः उनकी अपनी अवस्था को बनाए रखने की इच्छा पर आधारित थी। दूसरे शब्दों में, भारतीय नरेश ब्रिटिश सम्राट के समक्ष वास्तव में सामन्त की हैसियत में आ गये।

कर्जन के अधीन भारतीय राज्यों के साथ सम्बन्ध अधिक बिगड़ गए। लार्ड मिंटो (1905–10) ने इस स्थिति में सुधार लाने का प्रयास किया। उसने अनुभव किया कि 'राजनीति विभाग' (Political Department) के अधिकारियों की अनावश्यक हस्तक्षेप की नीति राज्यों में मधुर सम्बन्ध बनाने के मार्ग में बाधा है।[29] मिंटो ने कर्जन की नीति को बदला ही नहीं बल्कि एक नई नीति की आधारशिला रखी जो मित्रता, सहयोग और हितों की एकरूपता पर आधारित थी। प्रथम विश्व युद्ध के कारण भारत सरकार और राज्यों के बीच सम्बन्धों को घनिष्ठ बनाने पर जोर दिया गया। जन–धन से सरकार की सहायता करने के कारण रियासतों का महत्व एक बार फिर स्पष्ट हुआ। बीकानेर के महाराजा भूपिन्दरसिंह को सर एस.पी. सिन्हा के साथ इम्पीरियल युद्ध कैबिनेट और कान्फ्रेंस का सदस्य मनोनीत किये जाने से विश्व को न केवल रियासती भारत का शेष भारत के साथ एकता का इजहार हुआ प्रत्युत राज्यों ने साम्राज्य के मामलों में महत्व हासिल कर लिया था वह भी स्पष्ट हुआ।[30]

माण्टेग्यू चेम्सफोर्ड रिपोर्ट ने शेष भारत के सन्दर्भ में राज्यों की स्थिति पर विचार किया। राज्यों के दृष्टिकोण को बीकानेर के महाराजा गंगासिंह, माधवराव सिन्धिया और नवानगर के महाराजा रंजीतसिंह ने रखा। शासकों की प्रमुख शिकायतें थीः (1) राज्यों का सन्धि द्वारा संरक्षित अधिकारों का राजनीतिक एवं आर्थिक दोनों क्षेत्रों में अतिक्रमण किया गया, (2) राजनीतिक विभाग की नव विकसित राजनैतिक परम्पराओं (Political Practies) एवं प्रथाओं ने राज्यों की अन्तर्निहित सत्ता की उपेक्षा की है, (3) रियासतों के पारस्परिक विवाद और ब्रिटिश भारत सरकार के साथ उनके झगड़ों के निष्पादन की कोई व्यवस्था होनी चाहिए, (4) किसी भी शासक को, जिसके विरूद्ध कदम उठाया जाये, उसे आयोग के समय अपना बचाव पक्ष प्रस्तुत करने का अधिकार हो।[31]

नरेन्द्र मण्डल (The Chamber of Princes): माण्टेग्यू चेम्सफोर्ड रिपोर्ट ने 'चेम्बर ऑफ प्रिंसेज' की स्थापना का सुझाव दिया और रियासतों को इस प्रकार विभाजित कियाः वे रियासतें जिन्हें अपने आन्तरिक प्रशासन में पूर्ण स्वतंत्रता प्राप्त थी, दूसरी वे जिन्हें उनकी सन्धियों के अनुसार इस प्रकार के अधिकार नहीं थे। 1921 में चैम्बर ऑफ प्रिंसेज की स्थापना हुई। यह एक सलाहकार संस्था थी, इसके 121 सदस्य थे। इसकी सदस्यता अनिवार्य न थी अतः मैसूर और हैदराबाद जैसे महत्वपूर्ण राज्य इसके सदस्य नहीं थे। अनेक अवगुणों के बावजूद यह संस्था लाभदायक सिद्ध हुई। इसके माध्यम से भारतीय शासक एक दूसरे के साथ मिलकर सार्वजनिक विषयों पर विचार विमर्श करते, रियासतों के बीच पृथक्करण की नीति, जिसके चलते राज्यों के शासकों को एक दूसरे के राज्य में शिष्टाचार मुलाकात के लिए जाने के लिए भी अनुमति लेनी पड़ती थी, त्याग दी गई। इसने कुछ हद तक रियासतों को सम्प्रभुता की पुनः प्राप्ति में सहायता दी।[32]

समानता संघात्मक नीति (The Policy of Equal Federation 1935-47): इस दौरान ब्रिटिश सरकार और भारतीय रियासतों के बीच आन्तरिक मामलों में, अनुचित हस्तक्षेप के मामलों में विचार–विमर्श होते रहे। अंगरेजों का सर्वोच्च सत्ता के सिद्धान्त में विश्वास था जबकि हैदराबाद के निजाम ने इसका विरोध किया तथा ब्रिटिश भारत, ब्रिटिश सरकार और भारतीय शासक की सर्वोच्चता को समान माना। लेकिन अंगरेजों ने हैदराबाद के तर्क को स्वीकार नहीं किया। अतः सर हारकोर्ट बटलर की अध्यक्षता में इण्डियन स्टेट्स कमेटी नियुक्त की गई। इस समिति की मुख्य सिफारिशें इस प्रकार थीः

(1) राज्यों के साथ व्यवहार के लिए वायसराय ब्रिटिश ताज का अभिकर्त्ता बने, सपरिषद् गवर्नर जनरल नहीं।

(2) राजाओं की राय के बिना, ब्रिटिश राजा और देशी राजाओं के बीच सम्बन्ध को एक नई सरकार के साथ (जो एक व्यवस्थापिका के सामने उत्तरदायी है) न किया जाए।

(3) छः व्यक्तियों की राज्य परिषद् जिसमें तीन राजा होने का विधान था, नामंजूर कर दी गई।
(4) राज्य के शासन में हस्तक्षेप वायसराय के निर्णय पर छोड़ दिया जाए।
(5) राज्यों और ब्रिटिश भारत के बीच जो विवाद उठ खड़े हो उनकी जांच करने के लिए विशेष समितियाँ नियुक्त हो।
(6) ब्रिटिश भारत और भारतीय राज्यों के बीच आर्थिक सम्बन्धों की जांच करने के लिए एक समिति बनाई जाये।
(7) राजनीतिक अधिकारियों की भर्ती और शिक्षा का प्रबंध अलग से हो।

ब्रिटिश भारत के साथ भारतीय राज्यों को मिलाकर संघीय विधान बनाने के समर्थक मैसूर के पूर्व दीवान सर एम. विश्वेश्वरैया के अनुसार बटलर समिति की रिपोर्ट मेंः "भारतीय राज्यों की जनता के लिए कोई संकेत नहीं है। उनके प्रस्ताव सहानुभूतिहीन, अनैतिहासिक तो हैं ही, वैधानिक अथवा कानूनी भी शायद ही हों। उनकी दृष्टि में आधुनिक विचारों का अभाव है और उसमें निश्चय ही ऐसी चीज की कमी है जो विश्वास अथवा आशा जगा सकती हो।" नेहरू समिति और इण्डियन स्टेच्यूटरी कमीशन का यह विचार था कि भारतवर्ष का प्रस्तावित संघीय विधान भारतीय राज्यों की उपेक्षा करके नहीं बनाया जा सकता था क्योंकि उन पर नए विधान का प्रभाव पड़ना था। भारतीय राज्यों के राजा और प्रतिनिधि गोलमेज सम्मेलन में गए और उन्होंने समस्त भारतवर्ष के लिए संघ बनाने के विचार के प्रति सहानुभूति के भाषण दिए।

1935 के गवर्नमेंट ऑफ इण्डिया एक्ट में यह व्यवस्था की गई कि भारतवर्ष के प्रस्तावित संघ में राज्यों का मिलना उनकी इच्छा पर निर्भर करेगा। जो भी राज्य भारतीय संघ में शामिल होना चाहेगा वह इन्स्ट्रूमेंट ऑफ एक्सेंशन को स्वीकार करेगा। इसके अनुसार शासक स्वयं एवं अपने उत्तराधिकारियों की ओर से यह घोषणा करेगा कि वह संघ में इस उद्देश्य से सम्मिलित होता है कि उसके इन्स्ट्रूमेंट ऑफ एक्सेंशन की शर्तों के अनुसार और संघ के प्रयोजनों को दृष्टिगत रखते हुए ब्रिटिश राजा गवर्नर जनरल, संघ व्यवस्थापिका, संघ न्यायालय अथवा संघ का कोई भी अधिकारी उनके राज्य के सम्बन्ध में उन्हीं अधिकारों का प्रयोग करेगा जो उन्हें एक्ट द्वारा मिले हैं। साथ ही शासक भी घोषणा करेगा कि "वह इस बात के लिए पाबन्द है कि जहाँ तक इन्स्ट्रूमेंट के अनुसार संभव है, वह अपने राज्य में एक्ट की धाराओं को कार्यान्वित करेगा।" एक एक्ट द्वारा राजा के प्रतिनिधि को ही सर्वोच्च सत्ता के दावों पर विचार करने का अधिकार मिला, गवर्नर जनरल अथवा भारत सरकार को नहीं।

रियासतों के विलय एवं पुनर्गठन की चर्चा आगे की गई है। आजादी के बाद 1956 में राज्य पुनर्गठन अधिनियम, भारतीय संसद द्वारा पारित किया गया उसके अनुसार 14 राज्य और 6 केन्द्र प्रशासित प्रदेश बनाए गए। 1961 में बम्बई को गुजरात एवं महाराष्ट्र के रूप में विभक्त किया गया। इसी प्रकार 1962 में नागालैण्ड को पूर्ण राज्य का दर्जा दिया गया और 1966 में पंजाब से हरियाणा अलग किया गया।

ब्रिटिश सर्वोच्च सत्ता के आर्थिक आधारः सभी आधिकारिक विद्वान इस बात पर एकमत हैं कि 19वीं सदी को सभी पूर्ववर्ती सदियों से अलग करने वाली महान घटना अर्थात् औद्योगिक क्रान्ति की शुरूआत 1760 से हुई।[33] रेलवे एवं संचार साधनों के विस्तार की पृष्ठभूमि में भारत का विकास करना औपनिवेशिक शासकों का उद्देश्य कभी नहीं रहा, प्रत्युत भारत का इस तरह ही अधिकाधिक शोषण संभव था। रेलवे के विकास से एक ओर भारत से कच्चा माल इंग्लैण्ड के कारखानों में पहुँचाया जाना अधिक सुगम हुआ वहीं मैनचेस्टर एवं पैस्ले के उत्पादों से भारतीय बाजारों को भरा जाना संभव हुआ। भारत से अधिकाधिक कच्चा माल प्राप्त करने के लिए इसके अधिक भू–भागों पर कब्जा करना आवश्यक समझा गया और वहीं इंग्लैण्ड के उत्पादों के लिए भी अधिक विस्तृत बाजारों की आवश्यकता थी जो भारत के अधिकाधिक प्रदेशों पर आधिपत्य की प्रेरणा देता था। इस नीति से जहाँ साम्राज्यवादी शासकों को भारत विजय के लिए प्रेरित किया वहीं स्थानीय शिल्प उद्योग को नष्ट करने अथवा अनौद्योगीकरण के लिए भी प्रोत्साहित किया। परिणामस्वरूप देश का दस्तकारी उद्योग का पतन हुआ। दूसरी ओर आधुनिक उद्योगों का विकास नहीं हो सका। इस तरह कृषि पर निर्भरता बढ़ी। दस्तकार खेतिहर मजदूर बन गये। 1818 तक ही अंगरेज पंजाब को छोड़कर अधिकांश भारत पर कब्जा कर चुके थे। इस विशाल प्रदेश का उपयोग साम्राज्यवादी शक्ति ने अधिकाधिक दोहन करके किया।

दूसरे, भारत के विशाल प्रदेश पर कब्जा कर लेने के उपरान्त भी अनेक देशी राज्यों का अस्तित्व भारत को अंगरेजी माल की मण्डी के रूप में बदले जाने में बाधा थी। भारत में तैयार माल का आयात बम्बई (मुम्बई) बन्दरगाह से किया जाता

था और इसी से कच्चे माल का निर्यात भी। भारत के केन्द्र में स्थित दिल्ली उत्तरी भारत के माल की प्रमुख मण्डी था। उत्तर भारत में माल के आयात–निर्यात का केन्द्र दिल्ली ही था। दिल्ली एवं बम्बई को जोड़े जाने के मार्ग में ग्वालियर (सिंधिया राज्य), भोपाल आदि देशी राज्यों की स्वतंत्र सत्ता बाधक थी। औपनिवेशिक शासकों के सामने दो ही मार्ग थे या तो देशी राज्यों को विदेशी सत्ता स्वीकार करे अथवा ब्रिटिश हितों की सुरक्षा हेतु इनका उपयोग एक मित्र राज्य के रूप में करें। विदेशी सत्ता की समाप्ति देशी राज्यों के विलय से की जा सकती थी जिसकी क्रियान्विति 1857 से पूर्व तक की जा सकी। बाद में औपनिवेशिक शासकों ने देशी राज्यों को अधीनस्थ राज्यों का दर्जा प्रदान किया और सम्पूर्ण भारत को एक राष्ट्र 'भारत' के रूप में पुकारा जाने लगा। भारत की एकता प्रदान करने का ढिंढोरा अक्सर अंगरेज राजनीतिज्ञ पीटते रहे हैं। वस्तुतः भारत का एक राष्ट्र के रूप में उपयोग अंगरेजों की आवश्यकता थी। प्रारंभ में भारत को अलग–अलग टुकड़ों में माना जाना भी 'फूट डालो राज करो' नीति का अंग था। जबकि भारत तीसरी शताब्दी ईसा पूर्व से ही एक रहा है। 1857 में जब सम्पूर्ण ब्रिटिश साम्राज्य को खतरा हो गया तो विलय की नीति त्याग दी गई और देशी राज्यों को अधीनस्थ सत्ता के रूप में बदल दिया गया। इसके बाद अधीनस्थ राज्यों से ब्रिटिश आर्थिक हितों की सुरक्षा के अन्य उपाय किये गये।

तीसरे, देशी राज्यों को अन्य करों, सीमा शुल्क आदि हटाने या कम करने के लिए निर्देशित किया। अब अंगरेजों का उद्देश्य देशी राज्यों को ब्रिटिश अर्थ प्रणाली का अंग बनाना हो गया। दूसरे देशी राज्यों को ब्रिटिश सरकार ऋण देती रहती थी और ऋणों के समय पर नहीं लौटाये जाने पर उन पर दबाव डालकर अपनी नीतियों को क्रियान्वित करवाया जाता था। तीसरे ब्रिटिश आर्थिक हितों में देशी राज्यों की मुद्रा प्रणाली भी बाधक थी जैसे पंजाब में 30 तरह के नानकशाही रूपयों का प्रचलन था, राजपूताने में 15 प्रकार के सिक्के पाए जाते थे। अंगरेजों ने देशी राज्यों में भी अंगरेजी मुद्रा के प्रचलन को सुनिश्चित किया जिससे स्थानीय मुद्रा ब्रिटिश व्यापार में बाधक साबित न हो। इसी तरह सम्पूर्ण भारत में अपने व्यापारिक हितों के अनुरूप एक समान डाक एवं तार व्यवस्था का विकास किया जाना आवश्यक था। माल के आयात–निर्यात को सुगम बनाने के लिए सम्पूर्ण देश में सड़कें बिछायी जानी जरूरी हो गई थी, इसके लिए सार्वजनिक निर्माण विभाग की स्थापना की गई। इस तरह की सुविधाओं के विकास में ब्रिटिश रेजीडेन्सी की महत्वपूर्ण भूमिका रही। रेजीडेंट स्थानीय शासक पर दबाव डालकर इस तरह की सुविधाओं के विकास की अनुमति प्राप्त कर लेते थे एवं उसके लिए बजट के प्रावधान भी करवाते थे। स्थानीय सड़कों को देश की प्रमुख सड़कों से जोड़ा गया। लार्ड कर्जन का शासन काल आवागमन के साधनों के विकास के लिए विशेष रूप से जाना जाता है।

चौथे, कृषि के क्षेत्र में वाणिज्यिक फसलों को प्रोत्साहन भी ब्रिटिश हितों के अनुरूप था। 1847 में डलहौजी को भारत आगमन के समय ब्रिटिश प्रधानमंत्री एवं चेम्बर ऑफ कामर्स ने भारत में कपास को न भूलने का स्मरण करवाया था। इस तथ्य को दृष्टिगत रखते हुए नागपुर एवं बरार को ब्रिटिश साम्राज्य का अंग बनाया गया। इसी प्रकार ब्रिटेन की आवश्यकताओं को देखते हुए चाय एवं काफी के उत्पादन पर जोर दिया गया। इंग्लैण्ड के लौह इस्पात के कारखानों की सम्पूर्ति हेतु लोहा, कोयला की खदानों को खोजा गया। अंगरेजों की वे समस्त गतिविधियां जिन्हें ब्रिटिश राजनीतिज्ञ भारत के विकास की द्योतक बताती रही है, ब्रिटिश आर्थिक हितों की वृद्धि में ही सहायक थी इसीलिए भारत का औद्योगीकरण उतना तीव्र गति से नहीं हुआ जितना होना चाहिए था। भारत में समस्त सुविधाओं का विकास ब्रिटिश हितों के अनुरूप किया गया और ब्रिटिश हितों में जो देशी राज्य बाधक बने उन्हें ठीक किया गया, उन्हें अपने अनुकूल बनाया गया। देशी राज्यों के प्रति अपनाई गई नीति के मूल में इसी तरह की विचारधारा मौलिक आधार बनी रही।

सन्दर्भ

1. इलबर्ट, *गवर्नमेंट ऑफ इण्डिया* (वह लार्ड रिपन की कार्यकारिणी परिषद का सदस्य था)
2. *द इण्डियन ईयर बुक* (एण्ड हूज हू) 1945–46, पृ. 177
3. ताराचंद, *भारतीय स्वतंत्रता आन्दोलन का इतिहास*, जि. 1, पृ. 243
4. *भारत का वृहत् इतिहास*, जि. 3, पृ. 134
5. *The Making of British India*, p. 199

The governor generalship of the marquess Wellesley—under his direction the British empire in India was transformed in to the British Empire of India.

6. स्मिथ, वी., *आक्सफोर्ड हिस्ट्री ऑफ इण्डिया*, पृ. 552
7. राबर्ट्स, पी.ई., *इण्डिया अण्डर वेलेजली*, पृ. 36
8. वही, पृ. 37–38
9. वही, पृ. 39
10. ली वार्नर, *द नेटिव स्टेट्स ऑफ इण्डिया*, 1910, लंदन, पृ. 80–88

11. रेम्जे म्यूर, वही, पृ. 213
12. वही, पृ. 214
13. राबर्ट्स, वही, पृ. 133–34
14. मेहता, एम.एस., *लार्ड हैस्टिंग्स एण्ड द इण्डियन स्टेट्स*, पृ. 31
15. वही, पृ. 140
16. कर्नल टॉड, *एनल्स एण्ड एन्टीक्वीटीज ऑफ राजस्थान*
17. जैन, एम.एस, *आधुनिक भारत का इतिहास*, पृ. 122–23
18. पणिकर, के.एम., *द इवोलूशन ऑफ ब्रिटिश पालिसी टूवर्डस स्टेट्स*
19. केलाहन रेमंड, *ईस्ट इण्डिया कम्पनी एण्ड आर्मी रिफार्म*, पृ. 223–24
20. आर्नल्ड एडविन, *मार्क्विस ऑफ डलहौजी एडमिनिस्ट्रेशन ऑफ ब्रिटिश इण्डिया*, जि. 2, पृ. 285
21. रेम्जे म्यूर, *द मेकिंग ऑफ ब्रिटिश इण्डिया*, पृ. 340
22. जैन, एम.एस., वही, पृ. 125
23. मजुमदार, आर.सी., *द सीपाय म्यूटिनी*, पृ. 9–10
24. *द मेकिंग ऑफ ब्रिटिश इण्डिया*, पृ. 382
25. मार्शमैन, *द हिस्ट्री ऑफ इण्डिया*, जि. 3, पृ. 457
26. रालिन्सन, *द ब्रिटिश अचीवमेण्ट्स इन इण्डिया*, पृ. 115
27. कैम्ब्रिज *हिस्ट्री ऑफ इण्डिया*, जि. 5
28. *आज का भारत*, पृ. 448
29. मजूमदार, आर.सी., *स्ट्रगल फार फ्रीडम*, पृ. 803
30. *स्ट्रगल फार फ्रीडम*, पृ. 804
31. उपरोक्त पृ. 804
32. उपरोक्त पृ. 805
33. *ब्रुक एडम्स द ला ऑफ सिविलाइजेशंस एण्ड डिके*, पृ. 263–64, रजनीपाम दत्त, *आज का भारत*, पृ. 135 से उद्धृत

❋❋❋

10

ब्रिटिश कालीन नई भू-राजस्व व्यवस्था (New Land Revenue Settlement during British Period)

कृषि भारत की सामाजिक–आर्थिक व्यवस्था का आधार रही है। ब्रिटिश काल में गाँवों में अक्सर किसान रहते थे और सारा गाँव, गाँव की जमीन का मालिक होता था। ग्राम पंचायत गाँव की पूरी आबादी का प्रतिनिधित्व करती थी और जोत खण्डों के रूप में जमीन को किसान परिवारों के बीच बाँट देती थी। परिवार के सभी सदस्यों के सहयोग और आदिम हल–बैल की मदद से प्रत्येक जोत खण्ड में खेती होती थी। किसान परिवार को परम्परा से अपने जोत खण्डों पर पैतृक अधिकार था।[1] ग्रामवासियों की आवश्यकताओं से सम्बन्धित लगभग सभी प्रकार के व्यवसायों से सम्बद्ध लोग गाँव में निवास करते थे। दूसरे शब्दों में, किसान एवं व्यावसायिक वर्ग एक तरह से ग्रामीण अर्थव्यवस्था के पूरक तत्व थे। प्राक् ब्रिटिश भारतीय ग्रामीण अर्थव्यवस्था का जिक्र करते हुए मार्क्स ने लिखा हैः गाँव में जिन वस्तुओं का उत्पादन होता था उनका विनिमय गाँव की जनता तक ही सीमित था। कृषक फसल उगाता था, दूसरे कारीगर जैसे लुहार, बढ़ई, चमड़े का काम करने वाले, बुनकर आदि अन्य आवश्यकताओं के लिए वस्तुओं का निर्माण करते थे। इस तरह गाँव के लगभग सम्पूर्ण उत्पादन का उपयोग गाँव की जनता ही करती थी।[2] ग्रामीणों के लिए ग्राम नियमों का पालन आवश्यक था जिनके बदले इन्हें अनेक सामुहिक सेवायें प्राप्त थी। नगरपालिका जैसी सेवाएँ, पहरा, निगरानी आदि सार्वजनिक चरागाहों और जंगलों में समानाधिकार, भूसिंचन और जलापूर्ति आदि। ग्राम न केवल आर्थिक दृष्टि से आत्मनिर्भर थे प्रत्युत प्रशासनिक दृष्टि से भी स्वायत्तशासी थे।[3]

मुद्रा लगान व्यवस्था के कारण प्राक् ब्रिटिशकाल में व्यापार को प्रोत्साहन मिला। पण्य (माल) को देश के एक हिस्से से दूसरे क्षेत्र में भेजा जाता था। अपने अतिरिक्त पण्य को किसान स्वयं बाजार में ले जाने लगे थे उतना ही जितना उन करों को चुकाने हेतु आवश्यक था। विक्रय किये गये पण्य की राशि कर के रूप में राजा, सामन्त या जागीरदार द्वारा वसूल कर ली जाती थी।

रजनीपाम दत्त ने लिखा है कि पहले परम्परा थी कि सालभर की उपज का एक अंश 'राजा का हिस्सा' होता था जो संयुक्त मिल्कियत वाले किसानों या गाँव का स्वयं प्रबंध करने वाले ग्रामीण समुदाय द्वारा नजराने या कर के रूप में शासक को दिया जाता था। राजा का हिस्सा भी वार्षिक पैदावार के घटने बढ़ने के साथ घटता–बढ़ता रहता था।[4] गाँव भूमि कर निर्धारण की ईकाई थे न कि व्यक्ति। ग्राम समुदाय सरपंच या पटेल के माध्यम से जमींदार या राज्य को गाँव के वार्षिक उत्पादन का निश्चित भाग भूमिकर के रूप में दिया करता था। ए.आर. देसाई ने जिक्र किया हैः राज्य ग्रामीण भूमि का स्वामी न होकर उसका हक उपज के एक भाग तक सीमित था। मुसलमानों ने पुरानी कर प्रथा और पट्टेदारी को थोड़े संशोधन के बाद अपना लिया।[5] किसान अपने पण्य को गाँव के या घुमक्कड़ व्यापारियों को बेचना पसन्द करते थे (यद्यपि वे कम दाम देते थे) क्योंकि वर्ष पर्यन्त उसे ऋण पर कस्बे की बनी वस्तुएँ उसके माध्यम से मिल जाया करती थी अर्थात् जमींदारों या सामन्तों के अतिरिक्त साहूकार वर्ग भी अस्तित्व में था। बिपिनचन्द्र के अनुसार यद्यपि प्राक् ब्रिटिश भारत में भी व्यापारी वर्ग था किन्तु वह चंद शहरों में ही रहता था तथा राष्ट्रीय अर्थव्यवस्था के अभाव में एक बहुत सीमित दायरे में काम करता था। उस समय सूदखोर भी कमजोर स्थिति में था क्योंकि वह गाँवों में जमीन गिरवी रखकर कर्ज नहीं दे सकता था एवं न ही वह जमीन हथिया सकता था। भारतीय ग्रामीण अर्थव्यवस्था की एक अन्य विशेषता इसके प्राकृतिक विभाजनों के अनुरूप विविध प्रकार के उत्पादनों में देखी जाती है। पंजाब, सीमाप्रान्त, बरार, बोम्बे आदि में गेहू अधिक बोया जाता था।[6] संयुक्त प्रान्त, मद्रास, मध्यप्रान्त, बोम्बे आसाम तथा बर्मा (म्यांमार) में चावल की खेती होती थी। पटसन की खेती गंगा एवं अन्य नदियों द्वारा प्रतिवर्ष बिछाई गई नई मिट्टी के क्षेत्र बंगाल, कूच बिहार, आसाम, उड़ीसा में की जाती थी। भारत से निर्यात की जाने वाली वस्तुओं में 33 प्रतिशत भाग कपास का होता था।[7] कपास की पैदावार बोम्बे, सिन्ध, मध्य भारत की रियासतें, पंजाब, संयुक्त प्रान्त एवं बंगाल, बिहार एवं उड़ीसा के कुछ भागों में की जाती थी।

अंगरेज विभिन्न प्रकार के उत्पादनों का अपने व्यापारिक विकास हेतु उपयोग करना चाहते थे। कच्चे माल के अतिरिक्त इंग्लैण्ड के पूंजीपतियों को स्थानीय उद्योगों के विकास हेतु अधिक पूंजी की आवश्यकता थी। पूंजी भारत से भू–राजस्व

वृद्धि एवं अन्य उपायों से एकत्र की जा सकती थी। अंगरेज सरकार की कृषि नीति कुछ ऐसे ही तथ्यों से प्रेरित थी जिसमें समय–समय पर आवश्यकतानुसार परिवर्तन होते रहे।

भू–राजस्व व्यवस्था: दीवानी प्राप्त कर लेने के पश्चात् कम्पनी ने अपने को बंगाल बिहार का भूस्वामी समझा तथापि लगान वसूल करने का कार्य बंगाल के डिप्टी दीवान के पास रहने दिया। 1765 से 1772 ई. तक 'द्वैध शासन व्यवस्था' रही। इस दौरान कम्पनी ने लगान में भारी वृद्धि की। किन्तु लगान व्यवस्था में असंगतियों के कारण वारेन हैस्टिंग्स ने 1771 में दीवानी अधिकार अपने हाथ में ले लिए और लगान वसूली का काम स्वयं कम्पनी की देख–रेख में शुरू किया। इस दौरान कम्पनी ने भू–राजस्व की सन्तोषजनक पद्धति खोज निकालने और निश्चित कर देने की दिशा में विचार करना प्रारम्भ किया। सर्वप्रथम वारेन हैस्टिंग्स ने बोली लगाने की प्रथा शुरू की जिसके अन्तर्गत उच्चतम बोली लगाने वाले को लगान वसूली का अधिकार दिया।

इजारेदारी (1772–1792 ई.): यह नई प्रायोगिक प्राणाली बन्दोबस्त का एक प्रकार मानी जा सकती है। कम्पनी ने किसी प्रखण्ड या जिला के समस्त भूक्षेत्र से राजस्व वसूली का जिम्मा उस व्यक्ति को दिया जिसने सबसे अधिक बोली लगाई यह व्यवस्था पूरी तरह गैर जिम्मेदाराना और शोषक साबित हुई, लगान ठेकेदार किसानों का बेतरतीब शोषण करने लगे। निश्चित भू–राजस्व मिलते रहने के कारण कम्पनी अन्धी बन गई। प्रारम्भ में इसे पांच वर्ष के लिए शुरू किया गया लेकिन 1777 में इसे वार्षिक कर दिया गया। कम्पनी द्वारा निरन्तर लगान में वृद्धि के कारण किसानों की स्थिति अत्यन्त दयनीय हो गई। 1770 में बंगाल में भयंकर अकाल पड़ा जिसमें लाखों लोग मारे गये तथापि कम्पनी ने अकाल पीड़ितों को राहत पहुँचाने के लिए कोई उपाय नहीं किया। दीनाजपुर में अंगरेजों द्वारा प्रतिस्थापित भू–राजस्व व्यवस्था के बारे में विवरण मिलता है कि 1780 ई. में 1.40 लाख रूपये यहां का लगान निश्चित किया गया था। यहां के राजा की मृत्यु के बाद क्रूर देवीसिंह को सरकार ने रियासत के प्रबंध हेतु नियुक्त किया। कृषकों के कोड़े मार–मार कर देवीसिंह लगान की राशि वसूल करने लगा, स्त्रियों के साथ भी उसने क्रूरतापूर्ण व्यवहार किया। किसान गाँव छोड़कर भागने लगे, जिन्हें सिपाहियों की मदद से पकड़वाकर भूमि जोतने के लिए बाध्य किया। अन्तोगत्वा दीनाजपुर एवं रंगपुर के किसानों ने विद्रोह कर दिया जिसका दमन अधिक क्रूरतापूर्ण ढंग से किया गया।[8] 1771 ई. के बंगाल में पड़े अकाल से कम्पनी की आय में कोई अन्तर नहीं पड़ा बल्कि आय अधिक ही हुई थी। भू–राजस्व के रूप में बंगाल से वसूल होने वाली धनराशि में उत्तरोत्तर वृद्धि ही हो रही थी।[9]

वर्ष	लगान राशि (पौण्ड) में
1764–65	8,18,000
1765–66	14,70,000
1792–93 (बन्दोबस्त का वर्ष)	30,91,000

किसानों का शोषण प्रस्तुत आंकडों से स्पष्ट नहीं होता। वास्तविक कर का बोझ इससे कहीं अधिक था जितना बताया जाता है क्योंकि भूमिकर संग्रह जिन इजारेदार या ताल्लुकेदारों द्वारा किया जाता था, वे निर्धारित दर से कहीं अधिक लगान वसूल करते थे। वारेन हैस्टिंग्स की कौंसिल के सदस्य फ्रांसिस की मान्यता थी कि जमींदारों (जिसे भूस्वामी माना जाता था) के साथ स्थायी समझौता कर लिया जाये। किन्तु 1776 ई. के पश्चात् मराठा युद्ध में व्यस्त रहने के कारण हैस्टिंग्स इस पर विचार नहीं कर पाया। इस प्रकार वारेन हैस्टिंग्स की मालगुजारी व्यवस्था पूर्णतः असन्तोषजनक सिद्ध हुई जिसके परिणामस्वरूप बंगाल की अनेक पुरानी जमींदारियां, जैसे बर्दमान, पूर्णिया, राजशाही, दीनाजपुर आदि का अन्त हो गया एवं बेदखली का सिलसिला चलता रहा।

स्थाई बन्दोबस्त या इस्तमरारी (Permanent Settlement, 1793 ई.): 1786 ई. में कार्नवालिस गवर्नर जनरल बनकर भारत आया। उसे 1784 के पिट्स इण्डिया एक्ट द्वारा निर्देशित किया गया था कि वह भारत में राजस्व व्यवस्था का जो कम्पनी के लिए एक समस्या बन गई है, समाधान करे एवं ऐसी व्यवस्था स्थापित करे जिससे कम्पनी को निश्चित तथा अधिक से अधिक धन राशि प्राप्त हो सके।[10] कार्नवालिस ने लगान वसूली के वार्षिक प्रबंध को समाप्त कर स्थाई प्रबंध (बन्दोबस्त) किया। जिन कारणों से ऐसा करना आवश्यक हो गया था उनकी विवेचना करना समीचीन होगा।

इजारेदारी प्रथा की असफलता: पहले से अधिक लगान की राशि वसूल की जा सके इस दृष्टि से नीलामी सर्वाधिक बोली लगाने वाले के पक्ष में छोड़ी जाती थी। नीलामी प्रथा के दुष्परिणामों का जिक्र करते हुए हैनरी पैटुलू ने बंगाल के सम्बन्ध में लिखा था कि भूमि को वर्ष–प्रतिवर्ष उठाने का अदूरदर्शिता पूर्ण तरीका अपनाने से जो महान यातनायें दी जाती है उसका स्वाभाविक परिणाम निकल आया, वे जमीनें जहां खेती होती थी अब वीरान और बंजर पड़ी है, जो कृषक वहां रहते थे वे उन्हें छोड़कर चले गये।[11] इसके अतिरिक्त प्रतिवर्ष नये–नये व्यक्ति लगान वसूल करने में असमर्थ होने लगे, जिससे कम्पनी को वांछित राजस्व प्राप्त नहीं हो पाता था। अतः स्थाई प्रबंध करना आवश्यक हो गया। सर जान शोर की मान्यता थी कि बन्दोबस्त निश्चित रूप से दस वर्षों के लिए किया जाए, वह स्थाई बन्दोबस्त के विरूद्ध था।

स्वस्थ प्रशासन की आवश्यकता: कार्नवालिस की यह भी धारणा थी कि स्वस्थ प्रशासन के लिए भूस्वामित्व की सुरक्षा का आधार अनिवार्य है तथा स्थाई बन्दोबस्त के अतिरिक्त और किसी तरह से इसकी प्राप्ति नहीं हो सकती। हेनरी पैटुलू ने उल्लेख किया कि जो सरकार अपनी प्रजा की सम्पत्ति की सुरक्षा देने में असफल रहती है वह उन लोगों के समान बुद्धिहीन है जो फल खाने के लिए वृक्ष को काट डालते हैं और यह ब्रिटेन के लिए कलंक की बात है।

ब्रिटिश माल की खपत: हेनरी पैटुलू जैसे विचारकों की यह भी मान्यता थी कि भूसम्पत्ति के अधिकारों की सुरक्षा से भूमि में यथेष्ट विनियोग को प्रोत्साहन मिलेगा। स्थाई प्रबंध से भू–राजस्व निश्चित हो जायेगा एवं ठेकेदारों द्वारा किसानों के शोषण की समस्या नहीं रहेगी परिणामस्वरूप बंजर भूमि एवं जंगलों को साफ कर किसान खेती करने को प्रवृत्त होंगे। कार्नवालिस का विचार था कि नये जमींदार परती जमीनों को आबाद करेंगे और भू–सम्पत्ति का मूल्य बढ़ा देगे। यह भी कहा गया कि बंजर भूमि पर कृषि से न केवल उत्पादन में वृद्धि होगी बल्कि जमींदार व किसान समृद्ध होकर ब्रिटिश जीवन पद्धति को अपनायेंगे और ब्रिटिश माल के विक्रय का मार्ग प्रशस्त होगा। लगान वृद्धि की चिंता से मुक्त होकर जमींदार भी कृषि उत्पादन की ओर ध्यान देंगे।

कृषि सुधार: 1789 में निदेशकों को लिखे गये पत्र में कार्नवालिस ने इस तथ्य पर बल दिया कि स्थाई प्रबंध से भूमि के मूल्य में वृद्धि होगी एवं इससे सुधार के द्वार खुल जायेंगे। 12 अप्रैल 1790 के पत्र में लिखा कि भूसम्पत्ति का मूल्य इतना हो जायेगा जितना हिन्दुस्तान में पहले कभी नहीं था तथा कलकत्ता के स्वदेशी निवासियों के पास जो विशाल पूंजी है उसका उपयोग ब्याजखोरी आदि के स्थान पर भूमि खरीदने तथा उसका सुधार करने जैसे काम में लगेगा। अंगरेजों के लिए इसका सबसे बड़ा लाभ इस आकर्षण में था कि जमींदारों को लगान वृद्धि के भय से छूट देकर निर्यात व्यापार के लिए अधिक सामग्री उपलब्ध हो सकेगी। व्यापार के माध्यम से ही बंगाल से धन की निकासी संभव थी। इसलिए इंग्लैण्ड के शासकों के लिए स्थायी व्यवस्था को स्वीकृति देने का मुख्य आकर्षण निर्यात की उस संभावना में था जो इस व्यवस्था से संभव हो सकती थी।[12]

निश्चित आय: इसके अतिरिक्त वित्तीय दृष्टि से सरकार को निश्चित एवं स्थिर आय होती रहेगी। बन्दोबस्त पर जो पर्याप्त व्यय करना पड़ता था उसकी आवश्यकता न होगी। बार–बार प्रबंध के लिए संसाधनों पर किये जाने वाले व्यय एवं समय की बचत अपने आप में अन्य महत्वपूर्ण बात थी। 1728 में बिना जुते क्षेत्र, घास के मैदान, चरागाह एवं जंगलों को राजकीय सम्पत्ति मान लिया गया। दूसरे वर्ग की भूमि पर कानूनी स्वत्व सरकार एवं भूमि पर कृषि करने वाले किसान जिसे 'रैयत' कहा गया, का था और उसे भूमि पर कुछ निश्चित अधिकार प्राप्त होते थे। तीसरी श्रेणी की भूमि पर तीन कानूनी अधिकारियों के स्वार्थ निहित थेः सरकार, भूस्वामी या जमींदार अथवा सामूहिक रूप से ग्राम एवं वास्तविक रूप से कृषि करने वाले पट्टेदार या सहभागीदार व्यक्ति आदि। चौथे प्रकार की भूमि पर चार स्वत्वाधिकारी हो गयेः सरकार, सर्वोच्च भूस्वामी, वास्तविक भूस्वामी या भूमि का मालिक (बहुधा गाँव माना) एवं पट्टेदार कृषक अथवा सहभागीदार व्यक्ति आदि।

जमींदारों के साथ भूप्रबंध: भूप्रबंध से पूर्व यह प्रश्न उठाया गया कि जमींदार भूस्वामी है अथवा लगान वसूल करने वाला अधिकारी मात्र। **सर जान शोर (Sir John Shore) जमींदार को भूस्वामी मानता था** और उसके अनुसार वे ही लगान देने के वास्तविक अधिकारी थे। यह प्रश्न जब डायरेक्टरों के समक्ष रखा गया तो उन्होंने भी जमींदारों के साथ स्थायी बन्दोबस्त के पक्ष में ही निर्णय किया। स्वयं **प्रधानमंत्री पिट और बोर्ड ऑफ कन्ट्रोल (Board of Control) के सभापति डॅण्डास भी इसी पक्ष में थे**। कम्पनी निदेशकों ने सर जान शोर के विचारों को उचित मानते हुए कार्नवालिस को जमींदारों के साथ लगान सम्बन्धी स्थाई प्रबंध करने की स्वीकृति प्रदान की। इंग्लैण्ड की सामन्तीय प्रणाली एवं स्वामित्व अधिकार का इस निर्णय में महत्वपूर्ण योगदान रहा।

बन्दोबस्त के प्रावधान (1793): 1784 के पिट के इण्डिया एक्ट (पिट्स इण्डिया अधिनियम) में कम्पनी को बंगाल में स्थाई भूप्रबंध करने की सलाह दी गई। कार्नवालिस के 1789–90 के 10 वर्षीय प्रबंध के नियमों से इसे कानूनी स्वीकृति मिली। घोषणा की गई कि कोर्ट ऑफ डाईरेक्टर्स से स्वीकृति प्राप्त हो जाने पर इसी व्यवस्था को स्थायित्व प्रदान कर दिया जायेगा।[13] डाईरेक्टरों की स्वीकृति कार्नवालिस को 1793 में प्राप्त हुई। तदनुसार 22 मार्च 1793 को 10 वर्षीय प्रबंध स्थाई बना दिया गया।[14]

- प्रारम्भ बंगाल, बिहार में इसे लागू किया तदन्तर बनारस एवं उड़ीसा के कुछ क्षेत्र शामिल किये गये।
- इस प्रबंध के द्वारा जमींदारों को स्थाई रूप से भूमि के पट्टे जारी किये गये। न्याय एवं व्यवस्था को बनाये रखने का दायित्व, अन्तरदेशीय कर और चुंगी वसूल करने का अधिकार तथा अपनी निजी भूमि को छोड़कर भू–राजस्व कर से मुक्त अन्य किसी भूमि पर आधिपत्य बनाये रखने का अधिकार जमींदारों के पास न रहा।
- भू–राजस्व सदैव के लिए निर्धारित कर दिया गया जिसे जमींदारों को प्रतिवर्ष जमा करवाना था। 1774 में लगान के रूप में वसूल की जा रही राशि का 90 प्रतिशत जमींदारों से स्थाई रूप से लगान के रूप में वसूल किया जाना निश्चित किया। न्यायालय की स्वीकृति प्राप्त किये बिना राज्य को इस दर में वृद्धि करने के अधिकार न रहे। उनसे लिये जाने वाले अन्य समस्त प्रकार के कर समाप्त कर दिये गए। जमींदारों को सरकारी लगान का **10 प्रतिशत हिस्सा प्राप्त होता था।[15] अर्थात 1/11 प्रतिशत हिस्सा जमीदार का था।**
- जमींदारों को रैयत के साथ सम्बन्धों में स्वतंत्र कर दिया गया, किन्तु उन्हें आदेश दिये गये कि वे अपनी रैयत को पट्टे जारी करें तथा उन पट्टों में दोनों पक्षों के पारस्परिक सम्बन्धों (लगान राशि, भूमि पर अधिकार का विवरण तथा सेवाओं) का स्पष्ट उल्लेख हो। रैयत के पट्टे में उल्लिखित शर्तों का जमींदारों द्वारा उल्लंघन किये जाने पर कृषकों (रैयत) को न्यायालय में जाने के अधिकार थे। न्यायालय की स्वीकृति प्राप्त किये बिना जमींदार रैयत से अधिक लगान वसूल नहीं कर सकते थे। पट्टों की अवधि 10 वर्ष रखी गई। जिन रैयतों को परम्परागतरूप से अधिकार मिले हुए थे उन्हें नया पट्टा प्राप्त करने का अधिकार प्राप्त हुआ।[16] नियमित भुगतान की अवस्था में जमींदार से भूमि हस्तगत नहीं की जा सकती थी।
- लगान की निर्धारित राशि नियमितरूप से सरकार को अदा न करने पर सम्पूर्ण भूमि सरकार द्वारा हस्तगत की जा सकती थी और वर्ष के अन्त में अनिवार्यरूप से नीलाम किये जाने की व्यवस्था थी तथा जमींदार को कारागार में डाले जाने का भी प्रावधान था।

बन्दोबस्त के प्रभावः कुछ विद्वान इस व्यवस्था के प्रबल समर्थक रहे हैं। उनकी मान्यता है कि स्थाई प्रबंध के फलस्वरूप सरकार प्रतिवर्ष लगान निश्चित करने की परेशानी से मुक्त हो गई एवं प्रबंध के लिए अपेक्षित व्यय की आवश्यकता नहीं रह गई।

(1) सरकार के लिए भी भू–राजस्व की आय निश्चित हो गई और सरकार आय के अनुसार व्यय का निर्धारण कर सकती थी।

(2) देसाई की मान्यता है कि राजनीतिक दृष्टि से जमींदार एवं भूसम्पत्ति धारक मध्यस्थिये ब्रिटिश राज के इतने पक्के समर्थक बन गये कि बंगाल 1857 के सैनिक विद्रोह और विप्लव से पूर्णतया अलग रहा। स्थाई बन्दोबस्त के राजनीतिक उद्देश्य की पूर्ति हुई क्योंकि उसने आर्थिक आधार पर समाज के उत्कृष्ट वर्ग की स्वामिभक्ति प्राप्त करने का मार्ग प्रशस्त कर दिया। इसके अतिरिक्त प्रशासकीय दृष्टि से ब्रिटिश शासन के शुरू के दिनों में जमींदारों से लगान की वसूली आसान और आर्थिक दृष्टि से लाभजनक थी।[17]

(3) नया बंगाली जमींदार वर्ग लगान संग्रह ठेके पर देता था और इस प्रकार परजीवी लगान लेने वालों के सोपानात्मक संगठन की नींव रखी गई। परिणामतः बंगाल में उप–जमींदार के सोपानात्मक संगठन में 20 सोपान थे। 20वीं सदी के चौथे दशक तक करीबन 80 लाख लगान लेने वाले थे जबकि 1794 में 46000 जमींदार कर प्रसंवेदकों (लगान संग्रहकर्ता) को भूमि दी गई थी। समस्त प्रदत्त भूमि के वंशानुगत स्वामी के रूप में जमींदार के नीचे आते थे प्रथम, द्वितीय, तृतीय कर प्रसंवेदक आदि।[18]

(4) स्थाई व्यवस्था लागू करते समय कार्नवालिस ने एक अध्यादेश द्वारा यह भी घोषित कर दिया कि एक जमींदार की मृत्यु के पश्चात् उसकी भूमि उसके उत्तराधिकारियों में सामान्य चल सम्पत्ति की भांति विभाज्य होगी।

उत्तराधिकारियों में भूमि विभाजन की पद्धति नहीं थी यद्यपि हिन्दू विधि प्रणाली में इस बात की अनुमति थी।[19] कहा जा सकता है कि स्थाई व्यवस्था जमींदारों के लिए अत्यधिक लाभप्रद रही।

स्थायी बन्दोबस्तः सरकार व किसानों के लिए हानिप्रदः स्थाई बन्दोबस्त के कुछ प्रतिपक्षी विद्वानों ने इस व्यवस्था के विरूद्ध सबल तर्क प्रस्तुत किये हैं। स्थाई प्रबंध के कारण सरकारी राजस्व सर्वदा के लिए स्थिर हो गया। अन्य प्रान्तों के भू–राजस्व में वृद्धि होती गई, किन्तु बंगाल सरकार समय–समय पर बढ़ने वाले लगान से वंचित रह गई। भूमि के मूल्य में पारिस्थितिक वृद्धि का लाभ भी सरकार को नहीं मिल पाया। ब्रिटिश सरकार ने 1938–40 में बंगाल भू–राजस्व आयोग बैठाया, उसके एक अनुमान से सरकार को दो करोड़ से आठ करोड़ रूपये की वार्षिक हानि उठानी पड़ रही थी। स्मिथ ने लिखा है कि बढ़ा हुआ लगान नये जमींदारों की जेबें फुलाने लगा, सरकार को इससे लाभ नहीं हुआ..... यदि वार्षिक व्यवस्था अत्यधिक लचीली थी तो स्थायी व्यवस्था अत्यधिक कठोर।[20] इतिहासकारों का विचार है कि उपजमींदार प्रणाली ने स्वाभाविक रूप से किसानों के अतिरिक्त शोषण को जन्म दिया, क्योंकि मुख्य जमींदार द्वारा लगान संग्रह ठेके पर दिये जाने पर लगान की उस राशि में कमी नहीं करता था। जिसे वह पहले खुद किसी भी क्षेत्र के किसानों से संग्रह करता रहा था। इससे सिर्फ स्थायी जमींदारों की आय में 300 प्रतिशत की वृद्धि हुई। अधिनियम द्वारा नियत तथा अंगरेज साम्राज्यवादियों को दिया जाने वाला 1774 के लगान का 90 प्रतिशत अन्तिमरूप में जमींदारों द्वारा किसानों से लिये जाने वाले लगान का सिर्फ 22 प्रतिशत था।[21] इसी तरह राबर्ट्स ने लिखा है कि केवल जमींदारों के साथ समझौता करके और किसानों की सर्वथा उपेक्षा करके एक बहुत बड़ी भूल की गई और सर्वथा अन्याय पूर्ण कदम उठाया गया।[22] जमींदारों की भलाई तात्कालिक नहीं थी, उन्हें वे अधिकार दिए गए जो उन्हें कभी प्राप्त नहीं थे और जिनके प्रयोग से बंगाल में व्यापक निर्धनता और असन्तोष पैदा हुआ। स्पष्ट है कि इस व्यवस्था से कृषक वर्ग भूस्वामित्व से सर्वथा वंचित हो गया।[23] दूसरी ओर कृषकों के परिश्रम पर जमींदार वर्ग की समृद्धता बढ़ी, वे लोग बड़ी–बड़ी कोठियां बनाकर कलकत्ते में निवास करने लगे। भू–राजस्व पौने चार करोड़ वार्षिक निश्चित किया गया जबकि किसानों से जमींदार 13 करोड़ के लगभग वार्षिक वसूल कर रह थे। ऐसी भी जानकारी मिलती है कि कुछ मामलों में भू–राजस्व का आंकलन अधिक किया गया, उन मामलों में राजस्व वसूली कठिन हो गई। कुर्की के अधिकार से भी अधिक सहायता नहीं मिली तथा एक तिहाई भूसम्पत्तियों का हस्तान्तरण सार्वजनिक नीलामी से हो गया। नदिया, राजशाही, विष्णुपुर एवं दीनाजपुर की भूसम्पत्तियां नीलामी द्वारा खण्ड–खण्ड हो गई एवं सरकार ने दूसरे जमींदारों से समझौते किये। कार्नवालिस का विचार था कि बंगाल में भी इंग्लैण्ड की भांति स्थाई प्रबंध के बाद जमींदार एवं रैयत के सम्बन्धों में सुधार होगा तथा जमींदार अपने क्षेत्र की शिक्षा, सफाई आदि की ओर ध्यान देंगे। हुआ इसके विपरीत, किसानों की समस्याओं के प्रति रूचि न होने से भूस्वामियों एवं किसानों में बहुधा संघर्ष होने लगे।

टी.आर. होम्स की धारणा है कि स्थाई भूप्रबंध एक शोक जनक भूल थी निचले दर्जे के किरायेदारों को उससे बिल्कुल लाभ न हुआ। बार–बार जमींदार लगान चुकाने में असमर्थ रहे और उनकी जागीरें सरकार के लाभ के लिए बिकती रहीं।[24] रजनीपाम दत्त लिखते हैं कि सरकार ने यह निर्धारित किया कि बंगाल के जमींदार प्रतिवर्ष 30 लाख पौण्ड किसानों से वसूल करके सरकारी कोष को दिया करेंगे।.... कई जमींदार अपने नाम निर्धारित राशि को सरकारी कोष में जमा करने में सफल नहीं हो सके। इसलिए उन्हें बेरहमी के साथ निकाल बाहर किया गया। धूर्त धनलोलुप व्यापारियों का एक ऐसा वर्ग सामने आया जिसने इन जमींदारियों को खरीद लिया। ये किसान से एक–एक पाई वसूलने के लिए हर तरह का हथकंडा अपनाते थे। 'भद्रमालिकों के एक नए वर्ग' का यही स्वरूप था और इस्तमरारी बंदोबस्त का उद्देश्य भी ऐसे ही वर्ग तैयार करना था।[25]

रैयतवाड़ी व्यवस्था (Ryotwari System): रैयत से अभिप्राय प्रजा या सामान्य किसान कहा गया है। वी.जी. काले ने रैयत के विषय में लिखा हैः जिसके पास हल, दो बैल और एक गाड़ी होती है जिसे वह फालतू समय में किराये पर ढुलाई के काम लेता है।[26] किसानों के साथ **व्यक्तिगत रूप से किये गये लगान समझौते को रैयतवारी कहा गया।** लार्ड हैस्टिंग्स के आगमन से पूर्व मद्रास में महलवाड़ी पद्धति लागू करने का प्रयास किया था, किन्तु **थामस मुनरो** ने इस प्रदेश के लिए महलवाड़ी को उपयुक्त नहीं माना क्योंकि बंगाल के समान मद्रास में ऐसे बड़े जमींदार नहीं थे जिनके साथ भू–राजस्व सम्बन्धी समझौते किये जा सकते।

थामस मुनरो एवं मद्रास की भूव्यवस्थाः अंगरेजी प्रशासन ने मद्रास में 1800 ई. में बंगाल की नीलामी व्यवस्था को लागू किया था, लेकिन उन्होंने इस तथ्य को भुला दिया कि समस्त मद्रास प्रदेश में सामुदायिक व्यवस्था प्रचलित थी जो

नीलामी प्रथा से पूरी तरह टूट सकती थी। अन्ततः 1812 ई. में रैयतवाड़ी व्यवस्था स्थापित की गई। रैयतवाड़ी व्यवस्था के बारे में रजनीपाम दत्त ने लिखा हैः इस बन्दोबस्त की खास बात यह थी कि सरकार को किसानों के साथ सीधे–सीधे कोई बन्दोबस्त करना चाहिए जो स्थाई नहीं, अस्थाई हो अर्थात् जिसमें हमेशा कुछ वर्षों के अन्तर पर संशोधन किया जा सके और इस प्रकार लूट के धन को किसी बिचौलिये में बांटने की बजाए पूरा का पूरा स्वयं हड़प लिया जाए और स्थाई बन्दोबस्त की बुराईयों से बचा जाए। इस प्रणाली को रैयतवाड़ी बन्दोबस्त नाम दिया और इसे सबसे पहले मद्रास में शुरू किया गया।[27]

मद्रास में 1820 में **थामस मुनरो** (वह 1820–27 तक मद्रास का गवर्नर रहा) जिसका **सहयोग रीड़ नामक अधिकारी** कर रहा था। भूप्रबंध के सरकारी पत्रादि में कहीं भी रैयत को भूमि का स्वामी नहीं कहा गया। बम्बई के भूप्रबंध पत्रादि में उसे (रैयत को) अधिगृहिता नाम दिया गया, जिसका भूमि पर कब्जा था और उसका अधिकार वंश परम्परागत माना गया जिसका हस्तान्तरण किया जा सकता और उसका यह दायित्व था कि सरकारी लगान जो भी हो जमा करवाये। मद्रास की रैयतवाड़ी प्रथा के बारे में विवरण मिलता है कि वहाँ के खेती करने वालो को मालिकाना अधिकार पाने में रूचि नहीं थी। उन्हें इस बात में रूचि थी कि जब तक वे भूमि पर खेती करें और जितनी भूमि पर खेती करें उन्हें तब तक और केवल उतनी भूमि पर सरकारी लगान देना पड़े। इस विचित्र रूचि का कारण था कि वे दीर्घकाल से अधिक मालगुजारी देते–देते अत्यन्त दुखी हो गये थे।[28] बम्बई की रैयतवाड़ी व्यवस्था में कहीं–कहीं भूस्वामित्व का प्रभाव दिखाई देता है। वहाँ प्रमुख रैयत एवं अधीनस्थ रैयत की जानकारी मिलती है। रैयतवाड़ी प्रणाली के प्रमुख उपबंध थेः

- राजकीय अधिकारियों एवं लघु उत्पादकों के मध्य कोई बिचौलियों का प्रावधान नहीं रहा अर्थात् सरकार ही कृषकों से सारा लगान वसूल करती थी। अर्थात् राजस्व निर्धारण की इकाई गांव न होकर व्यक्ति हो गया। रैयतवाड़ी मद्रास, बोम्बे, कुर्ग व आसाम क्षेत्र के लिए लागू की गई।
- हर रैयत बिना किसी पारस्परिक गारन्टी के व्यक्तिगत रूप से कर योग्य था।
- रैयतवाड़ी प्रथा में जो उसका आवश्यक अंग बन गई वह यह थी कि भूमि का पट्टेदार जब चाहे उचित समय नोटिस देकर जो भूमि उसके पास पट्टे पर थी उसे या उसके किसी भाग को छोड़ सकता था और इस प्रकार सरकारी माल गुजारी अदा करने के दायित्व से बच जाता था।
- लगान की अदायगी न होने पर भूमि जब्त की जा सकती थी एवं लगान देते रहने पर चिरकाल तक अपनी भूमि पर स्वत्व रह सकता था।
- भू–राजस्व दरों की समय–समय पर (30 वर्ष बाद) पुनर्समीक्षा होती थी। साथ ही यह अधिकार था कि वह कर समझौते की पुनर्समीक्षा (Re-settlement) के दौरान या किसी भी समय पर भूमि के उपयोग को मना कर सके।
- लगान भूमि के मूल्य के आधार पर नियत किया जाये न कि उपज के अनुसार।[29] असिंचित क्षेत्र में शुद्ध उपज का 50 प्रतिशत व सिंचित में 60 प्रतिशत था।

रैयतवाड़ी प्रथा भी कृषकों के लिए हानिकारक सिद्ध हुई क्योंकि भू–राजस्व की मात्रा अधिक थी। किसी वर्ष फसल खराब होने से लगान में छूट की संभावना बहुत सी अनिश्चितताओं से घिरी रहती थी। प्रत्येक 30 वर्षों के पश्चात् पुनर्समीक्षा का सुझाव दिया गया। किसान 30 वर्ष पश्चात् की संभावित वृद्धि से आतंकित रहते थे, इसलिए न तो अधिक उपज के लिए और न नई भूमि में खेती करने के लिए प्रोत्साहित होते थे। कहने के लिए शुद्ध उपज के 50 प्रतिशत लगान का प्रावधान था, लेकिन व्यवहार में इससे कहीं अधिक लगान लिया जाता था। बड़ी संख्या में कृषक लोग भूमिकर देने के लिए चेट्टियों (साहूकारों) के चंगुल में फंसने लगे। उल्लेखनीय है कि अमेरिका के गृह युद्ध के कारण (1861–65) कपास का मूल्य बढ़ गया। कपास की अस्थायी वृद्धि के अवसर पर सर्वेक्षण अधिकारियों ने भूमिकर 66 से 100 तक बढ़ दिया था। इसके निर्णय के विरूद्ध किसानों को न्यायालय में अपील का अधिकार नहीं था।

मुम्बई–भूराजस्व एवं स्टुअर्ट एल्फिन्स्टनः यह रैयतवाड़ी व्यवस्था ही कुछ फेरबदल के साथ बम्बई प्रेसीडेन्सी में लागू की गई, वहाँ भी कृषकों पर इस पद्धति का अत्यधिक बोझ रहा। आठ लाख पचास हजार कृषकों की 19 लाख एकड़ भूमि ग्यारह वर्षों के बीच अंगरेजी राज्य ने अपने लगान के पूरा करने के लिए नीलाम कर दी। शोक जनक तथ्य तो यह है कि चालीस हजार एकड़ भूमि सरकार के बारम्बार नीलाम करने पर भी किसी व्यक्ति ने नहीं खरीदी। क्योंकि उपज से

अधिक लगान देते हुए कौन ऐसा व्यक्ति होगा जो सदैव के लिए दरिद्र हो जाना पसन्द करेगा।[30] 1855 ई. के आंकड़े के अनुसार रैयतवाड़ी बन्दोबस्त के तहत 1 करोड़ 45 लाख एकड़ भूमि पर खेती की जा रही थी, तो 1 करोड़ 80 लाख एकड़ जमीन परती पड़ी हुई थी।

1796 से ही **मुम्बई क्षेत्र का भू–प्रबन्ध माउन्ट स्टुअर्ट एल्फिन्स्टन देख रहे थे**।[31] एल्फिन्स्टन 1819 से 1827 तक बम्बई का गवर्नर भी रहा। 1821 में सूरत में लगान निर्धारण के दौरान एल्फिंस्टन ने स्वीकार किया था कि यहाँ की कृषक प्रजा के पास वस्त्र तक पहिनने को नहीं हैं, यह सब होते हुए भी लगान बढ़ा दिया गया। मराठा काल में पूणे, खानदेश आदि का 80 हजार पौण्ड लगान था, 1818 में अंगरेजों का आधिपत्य होते ही लगान 15 लाख पौण्ड कर दिया।[32] **बिशप हेबर** (Bishop Heber) ने भिन्न–भिन्न प्रदेशों में भ्रमण किया एवं भारत के कृषकों की दरिद्रता के विषय में लिखाः "उपज का आधा भाग सरकार कृषकों से लगान के रूप में मांगती है। इस लगान को अदा करने के बाद कृषकों के पास कुछ नहीं बचता है। इस अवस्था में कृषक प्रगति कैसे कर सकते हैं। जब कभी फसल बिगड़ जाती है, कृषक प्रजा भूखों मरने लगती है। सरकार के लाख प्रयत्न करने पर भी उनकी रक्षा नहीं हो पाती और लाखों प्राणियों का विनाश हो जाता है।"[33] एक सामान्य कुन्बी का अपनी भूमि से उत्पादित माल का अनुमानित मूल्य 200 रूपये से कुछ अधिक बताया गया है। जिसमें 125 रूपये का खाद्यान्न, 20 रूपये के बर्तन एवं अन्य सामग्री, 50 रूपये का मकान तथा 30 रूपये का अन्य समस्त सामान कहा गया है।[34] 1879 की वायसराय समिति में सर विलियम हन्टर ने कहा था कि दक्षिण के किसानों के कष्ट को कम करने में सबसे आधारभूत जो कठिनता है वह यह है कि राज्य का लगान इतना अधिक बढ़ा हुआ है कि कृषक प्रजा के पास अपने तथा अपने परिवार के पोषण के लिए पर्याप्त भोजन नहीं रहता।[35]

पंजाब में स्थापित भूव्यवस्था कुछ हद तक रैयतवाड़ी क्षेत्रों से भिन्न थी। करों की अदायगी में पंजाबी किसान सामुदायिक गारन्टी से बंधे हुए थे। अंगरेज सरकार व्यक्ति विशेष के स्थान पर सम्पूर्ण ग्राम समुदाय से कर वसूल करती थी और अनेक कानूनों द्वारा पारिवारिक एवं व्यक्तिगत भूमि के टुकड़ों को अलग किये जाने के प्रावधान किये गये। 1901 में साहूकारों के अधिकार में भूमि जाने से रोकने के लिए कानून पारित किया।[36] इस तरह पंजाब और अवध में अन्तर इतना था कि अवध में कृषकों को अधिकार दिलवाने के लिए प्रचलित व्यवस्था को समाप्त करने का सुझाव था। पंजाब में किसानों को जो अधिकार प्राप्त थे, उन्हें समाप्त करने के लिए प्रचलित व्यवस्था को बदलना आवश्यक था। गवर्नर जनरल की कौंसिल के विधि सदस्य सर हेनरी मेन ने लारेंस की नीति का समर्थन 'सम्पत्ति के अधिकार की सुरक्षा' के आधार पर किया।

निष्कर्षतः कहा जा सकता है कि रैयतवाड़ी पद्धति में भू–राजस्व की मांग अधिक होने के कारण उन क्षेत्रों में जमींदारों के मध्यम वर्ग का विकास नहीं हो सका। भूमि अन्य वस्तुओं की भांति हो गई जिसे सरलता से हस्तान्तरित किया जा सकता था। इससे सामाजिक गतिशीलता को अत्यधिक बल मिला।

महलवारी प्रथा (The Mahalwari System): 'महल' शब्द से तात्पर्य है जागीर अथवा गाँव। इस पद्धति से राजस्व व्यवस्था प्रत्येक महल के साथ स्थापित की गई। सरकार ने किसी एक व्यक्ति को पूरे गांव का मालिक नहीं माना और न सरकारी भू–राजस्व अदा करने हेतु पूर्णरूप से उसे उत्तरदायी ठहराया। 1822 रेग्यूलेशन (Regulations) आयुक्तों के बोर्ड (Board of Commissioners) के सचिव **हॉल्ट मैकेन्जी के सुझाव पर (जिन्हें महलवाड़ी का जन्मदाता माना जाता है)** ग्रामीण भूमि के भागीदारों में से प्रमुख को भूमि कर प्रधान या लम्बरदार बना दिया और गांव की ओर से उसे हस्ताक्षर करने के लिए अधिकृत कर दिया। इस प्रथा में गांव के भागीदारों के समूह में मालिकाना अधिकार निहित होते थे। इस व्यवस्था में लोग सम्मिलित रूप से भूमि कर देने के लिए उत्तरदायित्व थे साथ ही व्यक्तिगत उत्तरदायित्व भी था। जो व्यक्ति भूमि छोड़ देता था ग्राम समाज उस भूमि को संभालती थी जिसे ग्राम समाज की सम्मिलित भूमि (शामलात) कहा गया। बन्दोबस्त के समय सभी भागीदारों के साथ समझौता किया गया तथा भू–राजस्व दायित्व पृथक–पृथक प्रत्येक भागीदार का रहा। नये भूमि क्रेता की भी स्थिति अन्य भागीदारों के समान रही। यह व्यवस्था पंजाब, सैन्ट्रल प्राविन्सेज एवं नार्थ वेस्ट फन्ट्रियर प्राविन्सेज में लागू की गई थी। यह विलियम बैंटिक के समय अधिक प्रभावी की जा सकी।

महलवारी (या महलवाड़ी) प्रणाली के अन्तर्गत गाँव की समस्त भूमि के अतिरिक्त मूल्य को आधार मान लिया जाता था। भू–राजस्व इस अतिरेक मूल्य (Rental Value) का एक भाग था। कम्पनी सरकार के कार्यकाल के प्रारम्भ में यह अंश 80 प्रतिशत से भी अधिक होता था। 1822 ई. में उड़ीसा में यह अंश 83.3 प्रतिशत रखा गया।

1833 में महलवाड़ी पद्धति को व्यवस्थित ढाँचा प्रदान किया गया। इसके अनुसार सरकार द्वारा कुछ गांवों को महल (क्षेत्र) में एकत्र करके उस महल का लगान निश्चित कर लिया गया और फिर उसे गांवों पर विभाजित कर दिया गया। प्रत्येक गांव को लगान की मांग के सम्बन्ध में अपना दृष्टिकोण प्रस्तुत करने का अवसर दिया गया। लेकिन महल पर लगाए गए राजस्व मांग में कोई अन्तर नहीं किया। यह व्यवस्था **मार्टिन बर्ड** के नाम से सम्बन्धित है जो उत्तर पश्चिमी प्रदेश में इसके लिए प्रमुख रूप से उत्तरदायी था। उत्तरी भारत में भूमि कर व्यवस्था के प्रवर्तक के नाम (Father of Land Settlement of Northern India) से उसे स्मरण किया जाता है। इस समय भू–राजस्व की मांग इतनी अधिक थी कि बाद के वर्षों में इसे कम करने के लिए सरकार को विवश होना पड़ा।[37] लैण्ड रेवेन्यू पालिसी नामक ग्रंथ से ज्ञात होता है कि 1822 में अतिरेक मूल्य का 83.3 प्रतिशत अंश उड़ीसा में भू–राजस्व के रूप में निश्चित किया था उसे 1840 ई. में 65 प्रतिशत किया गया एवं 1901 ई. में उसे घटाकर 54 प्रतिशत कर दिया। किन्तु आधुनिक यू.पी. के 1855 ई. के सहारनपुर के नियम के अनुसार भू–राजस्व को अतिरेक मूल्यों का लगभग 50 प्रतिशत रखा गया। महलवारी इलाकों में अधिकतर भागों में सरकारी तौर पर भूमि परिसम्पत्ति का 50 प्रतिशत ही भू–राजस्व 19वीं सदी के अन्तिम वर्षों तथा 20वीं शताब्दी में रहा। दूसरे शब्दों में भू–राजस्व मूल्यांकन का आधार शुद्ध परिसम्पत्ति मूल्य (Land Assets Value) माना गया। इस व्यवस्था में भूमिकर सालाना फसल के बदले जमीन के आधार पर रूपये के रूप में निर्धारित होने लगा। जमींदार या भूमिधर को हर साल हर हाल में भू–राजस्व अदा करना था चाहे फसल अच्छी हो या खराब।

1801 में कम्पनी ने अवध के नवाब से इलाहाबाद एवं आसपास का भाग हड़प लिया था अतः इलाहाबाद जैसे अभ्यर्पित जिले (Ceded Districts) और पंजाब, सेन्ट्रल प्राविंसेज (मध्य भारत) के कुछ भागों में महलवारी व्यवस्था लागू की गई। सरकार ने एक कृषक को अपनी भूमि के अधिकार बेचने अथवा उसकी जमानत पर ऋण लेने के अधिकार प्रदान कर दिये। भू–राजस्व की निर्धारित राशि की प्राप्ति सुनिश्चित करने हेतु ऐसी व्यवस्था आवश्यक मानी गई। कृषकों को भूमि विक्रय का अधिकार दिये जाने का परिणाम यह हुआ कि साहूकारों ने ऋण के बदले किसानों की जमीनें क्रय करना प्रारम्भ किया।

भूराजस्व से सम्बद्ध ब्रिटिश अधिकारी

1. स्थाई बन्दोबस्त (इस्तमारी)	1793	कार्नवालिस गवर्नर जनरल व सर जान शोर
2. रैयतवाड़ी (मद्रास)	1820	थामस मुनरो (सहयोगी–रीड)
3. रैयतवाड़ी मुम्बई	1820	स्टुअर्ट एल्फिन्स्टन
4. महलवाड़ी	1822	हाल्ट मैकेन्जी
5. महलवाड़ी (उत्तर पश्चिमी प्रदेश)	1833	मार्टिन बर्ड

बंगाल टेनेन्सी अधिनियम (Bengal Tenancy Act 1859): औपनिवेशिक शासन में कच्चे माल की बढ़ती हुई आवश्यकता को पूरा करने हेतु भूसम्पत्ति के स्वरूप में आवश्यक संशोधन करना अपेक्षित हो गया था। क्रीमिया युद्ध (1853–56) के कारण विश्व बाजार में रूसी पटसन के निर्यात की संभावना नहीं रह गई थी। जूट की मांग में वृद्धि के बावजूद, जमींदारों द्वारा निर्दयतापूर्वक शोषित बंगाली किसान, अपने जूट उत्पादन को इतनी तेजी से विकसित नहीं कर पाये, जिससे बाजार मांग को पूरा किया जा सके। जूट उत्पादन में अधिक श्रम की आवश्यकता होती है। दूसरी ओर जमींदार वर्ग पूर्व कास्तकार को बेदखल कर अधिक लगान देने वाले कृषक को भूमि हस्तान्तरित कर देते थे। 1859 का अधिनियम कास्तकारों को सुरक्षा देने वाले के रूप में व्याख्यायित किया जाता है, जबकि यह जमींदारों के विरूद्ध किसानों की सुरक्षा प्रदान करने के स्थान पर औद्योगिक पूंजी के लिए कच्चे माल की आपूर्ति हेतु पूर्व शर्तों के निर्माण पर आधारित था।

इस अधिनियम के मुख्य प्रावधान इस प्रकार थेः

- बंगाल के कास्तकारी कानून 1859 ने पूर्व 1799 से 1812 तक के समस्त कानूनों को निरस्त कर दिया और किसानों को भूमि से बेदखल करने या लगान बढ़ाने से बंगाली जमींदारों को प्रतिबन्धित कर दिया।
- किसानों के भूमि के टुकड़े पर अपेक्षाकृत स्थिर लगान वसूल करने का प्रावधान रखा गया उसमें वृद्धि केवल न्यायालय के निर्णय द्वारा ही संभव थी।
- 12 वर्ष से गांव में रहकर उसी भूमि के टुकड़े को लगातार 12 वर्षों से कास्त करने वाले किसान को वंशानुगत या चिरस्थाई कास्तकार के रूप में मान्यता दी गई।[38]

इस अधिनियम से पूर्व एवं बाद में जूट निर्यात में वृद्धि इस तालिका से स्पष्ट होती है:

वर्ष	निर्यात (टनों में)
1828–33	1200
1848–53	73900
अधिनियम के बाद	97000
1858–63	485800
1898–1903	1195900

इस अधिनियम के बारे में कहा गया है कि बंगाल में 1859 का टेनेन्सी एक्ट जमींदार के पक्ष में था, यद्यपि इस एक्ट का उद्देश्य 12 वर्ष से लगातार खेती करने वाले कृषकों को लगान वृद्धि से बचाना था। एक्ट पास होने के पश्चात् सर्वोच्च न्यायालय के मुख्य न्यायाधीश पीकाक ने एक्ट की व्याख्या इस प्रकार से की थी कि कृषकों को किसी प्रकार की सुरक्षा ही उपलब्ध न रही। 1865 ई. में कलकत्ता हाईकोर्ट ने पीकाक के निर्णय को बहुमत से बदल दिया और 12 वर्षीय नियम का पालन करने पर जोर दिया। लेकिन जमींदारों ने विभिन्न प्रकार से एक्ट का उल्लंघन आरम्भ किया। कृषकों को एक खेत से दूसरे पर भेजकर अथवा पटवारी के रिकार्ड में परिवर्तन करवाकर 12 वर्षीय नियम का उल्लंघन सरल था। कृषकों के बढ़ते हुए असन्तोष को दूर करने के लिए 1879 ई. में एक रेंट कमीशन (Rent Commission) नियुक्त किया और इसकी सिफारिशों के अनुसार 1885 में पुनः एक्ट पास किया जिसमें 12 वर्षीय सिद्धान्त की उदार व्याख्या की गई। लेकिन जमींदारों की मुकदमें की धमकी, खर्च और परेशानी से बचने के लिए कृषकों के पास लगान वृद्धि से सहमत होने के अतिरिक्त अन्य विकल्प नहीं था।

1885 ई. के रेंट एक्ट की अनुशंसाओं में कहा गया:

- कानून ने निम्नलिखित स्तर के भू–पट्टेदारी को स्थापित किया: प्रथम श्रेणी उपजमींदार, द्वितीय श्रेणी कृषक काश्तकार और तृतीय श्रेणी कृषक उपकाश्तकार। प्रथम श्रेणी में उपजमींदारों की विभिन्न कोटि आती थी, जिन्हें इस कानून से किसानों से प्राप्त लगान का 10 प्रतिशत रखने का अधिकार था। मुख्य जमींदार उपजमींदार को मिलने वाले 10 प्रतिशत लगान की कटौती कर अपने भाग की वृद्धि की मांग नहीं कर सकता था।
- द्वितीय श्रेणी में तथाकथित चिरस्थायी काश्तकार आते थे जिनके लगान को प्रत्येक 15 वर्षों में एक बार बढ़ाया जा सकता था और वह भी "रूपये में आने" से अधिक नहीं।
- चिरस्थायी पट्टे के अधिकार में भूमि पर विरासत गिरवी व ब्रिक्री का अधिकार निहित था।
- बाजार में चिरस्थायी पट्टे के अधिकार की ब्रिकी सिर्फ भूस्वामी की आज्ञा से हो सकती थी जो विक्रय मूल्य का 25 प्रतिशत प्राप्त करता था।
- सिर्फ वही काश्तकार जिसने एक ही जमींदार की भूमि पर अपने भूखण्ड पर लगातार 12 वर्ष तक कार्य किया हो तथा अपने पास रखा हो चिरस्थायी पट्टे का अधिकार पाता था। इस कानून में भूमिहीन कृषकों तथा उपकाश्तकारों के पर्याप्त समूह की न्यायिक स्थिति भी दी गई।

तदनुसार चिरस्थाई काश्तकार अपने उपकाश्तकार से जितना वह लगान देता है उससे 50 प्रतिशत अधिक ले सकता था। उपकाश्तकार से लेने वाले लगान में हरेक पांच वर्षों में एक बार कोर्ट के निर्णय पर ही वृद्धि हो सकती थी। अन्त में कहा जा सकता है कि इस व्यवस्था ने चिरस्थाई काश्तकारों के मध्य साहूकारों की संख्या में एवं कृषक उपकाश्तकारों की दरिद्रता में वृद्धि की।

संदर्भ:

1. देसाई, ए.आर. *भारतीय राष्ट्रवाद की सामाजिक पृष्ठभूमि,* मैकमिलन कम्पनी इण्डिया लि., दिल्ली, 1977, पृ. 6–7
2. *भारत में उपनिवेशवाद और राष्ट्रवाद,* हिन्दी कार्या. निदेशालय, दिल्ली विश्वविद्यालय, 1990, पृ. 38
3. देसाई, वही, पृ. 37
4. दत्त, रजनीपाम, *आज का भारत,* मैकमिलन इण्डिया लि., 1985, पृ. 244
5. देसाई, वही, पृ. 7
6. *इम्पीरियल गजेटियर ऑफ इण्डिया,* खण्ड III, पृ. 30–32
7. विद्यालंकार पी.एन., *भारतीय सम्पत्ति शास्त्र,* प्रकाशन प्रताप पुस्तकालय कानपुर, 1923 पृ. 310
8. विद्यालंकार, वही, पृ. 414–15
9. दत्त, रजनीपाम, पृ. 243

10. *भारत में उपनिवेशवाद और राष्ट्रवाद*, पृ. 41; सिन्हा, एन.के., *बंगाल का आर्थिक इतिहास*, जि. 2, पृ. 125
11. पैटुल हेनरी, *भूमि की खेती और बंगाल के भू–राजस्व में सुधार नामक लेख*, 1772
12. सिन्हा, एन.के., वही, पृ. 120–21
13. गुहा रणजीत, *ए रूल ऑफ प्रावर्टी फार बंगाल*, पृ. 11–12
14. सिन्हा, एन.के., वही, पृ. 128
15. Ranade Mahadev Govind, *Essays on Indian Economics*, G.A. Natesan, & Co. Madras, IInd Ed. 1906, p. 300, *आज का भारत*, पृ. 246–47
16. Ranade, *ibid*., p. 300
17. देसाई, वही, पृ. 31
18. *विश्वयुद्धों के मध्य कृषिक भारत*, पृ. 27
19. सिन्हा, एन.के., वही, पृ. 144
20. स्मिथ, *आक्सफोर्ड हिस्ट्री ऑफ इण्डिया*, पृ. 536
21. रानाडे, वही, पृ. 300, *कृषिक भारत*, पृ. 27
22. राबर्ट्स, पी.ई., *ब्रिटिश कालीन भारत का इतिहास*, पृ. 183
23. स्मिथ, वही, पृ. 639
24. होम्स, टी.आर.ई., *हिस्ट्री ऑफ इण्डियन म्युटिनी*, पृ. 12
25. दत्त, रजनीपाम, वही, पृ. 247
26. काले, यू.जी., *इण्डियन इकानामिक्स*, पृ. 89
27. दत्त, रजनीपाम, वही, पृ. 250
28. Baden Powell, *Land Tenures during the British Period*
29. विद्यालंकार, वही, पृ. 396
30. ए. राजर्ज ने भारत सचिव को 3 जनवरी 1893 में लिखे पत्र में उल्लेख किया था–The evils of the Maratha farming system has been pointed out in my *History of the Bombay Land Revenues*, but I doubt it that system at its worst could have shown such a spectacle as that of nearly 850000 ryats in the course of eleven years sold out about 1900000 acres of land.
31. स्मिथ, वही, पृ. 638
32. विद्यालंकार, वही, पृ. 403
33. Heber, Bishop, *Memoirs and Correspondence*, London, 1830 Vol. II, p. 713
34. काले, वी.जी., वही, पृ. 89–90
35. विद्यालंकार, वही, पृ. 408
36. रोस्तीस्लाव उल्पानोवस्की, *विश्वयुद्धों के मध्य कृषिक भारत*, अनु. रजनीकांत पंत, पृ. 37–38
37. स्मिथ विसेंट, वही, पृ. 639
38. रानाडे, वही, पृ. 302–03

❋❋❋

11

भू-राजस्व प्रबंध के आर्थिक प्रभाव

(Economic Impact of the Revenue Arrangements)

कृषि व किसानों की दुर्गति करने के लिए केवल औपनिवेशिक सरकार की कृषि नीति ही नहीं वरन् औद्योगिक नीति भी जिम्मेदार थी। 1813 के बाद भारत में कम्पनी के व्यापारिक एकाधिकार समाप्त कर दिये गये और मुक्त व्यापार की नीति अपनाई गई। अब भारत केवल ब्रिटिश पूंजीवादी व्यवस्था को सुदृढ़ करने वाला देश ही नहीं था वरन् ब्रिटिश पूंजीपतियों के लिए एक मंडी भी बन गया था जिसके कारण यहां का कुटीर उद्योग नष्ट हुआ। चूंकि ब्रिटेन में औद्योगीकरण पूरे जोर पर था अतः उसे सस्ते कच्चे माल की आवश्यकता पड़ी, जिससे अब भारत कच्चे माल का उत्पादन करने वाला देश बना। दूसरे शब्दों में, अब भारत को ब्रिटेन में बने माल की एक मंडी और कच्चा माल भेजने वाले एक उपनिवेश की भूमिका निभानी थी। भारत एक सन्तुलित ग्रामीण आत्म–निर्भरता से उठकर एक कृषि प्रधान देश बन गया। इस नीति के परिवर्तन के कारण भारत को अब केवल उन्हीं वस्तुओं का उत्पादन करना था जिनकी इंग्लैण्ड की मिलों को व ब्रिटेनवासियों को आवश्यकता थी।[1]

कृषि का वाणिज्यीकरण (**Commercialization of Agriculture**) ब्रिटिश बुर्जुवा वर्ग (मध्यम वर्ग) भारत से न केवल अपने कारखानों के लिए कच्चे माल की निरन्तर उपलब्धता सुनिश्चित करना चाहता था बल्कि भारतीय कृषकों को अधिक कृषि उत्पादक के रूप में देखना चाहता था जिससे मैनचेस्टर एवं पैस्ले के कारखानों के उत्पादित माल को क्रय कर सके एवं भारत सदैव ब्रिटिश माल का उत्तम बाजार बना रहे। इसके अतिरिक्त साम्राज्यवादी प्रवृत्ति के अनुरूप अंगरेज सरकार भारतीय कृषकों को अधिकाधिक भूमि पर कृषि करने, अधिक उपज प्राप्त करने तथा कई नकद फसलों (Cash Crop) के उत्पादन हेतु प्रेरित करती थी जिससे कृषि द्वारा सरकार को समय समय पर बढ़ाये जाने वाला भू–राजस्व प्राप्त होता रहे तथा नकद फसलों के निर्यात का लाभ मिलता रहे। दूसरी ओर किसान को भी भारत में पूंजीवादी व्यवस्था के बढ़ने के साथ–साथ नए भूमि सम्बन्धों व लगान नीति के कारण उसे रोकड़ राशि की आवश्यकता थी। इसलिए अब वह उन फसलों को उगाने के लिए मजबूर होने लगा जिसका बाजार में क्रय–विक्रय हो सके। कृषि क्षेत्र में आये इस परिवर्तन को ही कृषि का वाणिज्यीकरण कहा जाता है। सरकार ने किन उपायों द्वारा भारतीय किसानों को कृषि के वाणिज्यीकरण की ओर उन्मुख किया, इसकी चर्चा करना आवश्यक है।

हस्तशिल्प का ह्रासः प्राक् ब्रिटिशकाल में गांवों में कई तरह के उद्योगों से सम्बन्धित कामगार निवास करते थे। गांव की आवश्यकता की सभी वस्तुओं का उत्पादन गांवों में ही होता था और उनका विनिमय भी गांव की जनता तक सीमित था। ग्रामीण हस्तशिल्प उद्योग कृषक अर्थतंत्र का आधार स्तम्भ था और ग्रामीण आत्मनिर्भरता की समाप्ति के लिए अंगरेजों ने इसका विनाश करना आवश्यक समझा। अंगरेजों ने सर्वप्रथम भारतीय हस्तशिल्प उद्योगों को नष्ट किया। जैसा रजनीपाम दत्त ने लिखा हैः सस्ते यूरोपीय सामानों और बर्तनों के आयात ने तथा स्वयं भारत में पश्चिमी ढंग की अनेक फैक्टरियों की स्थापना ने कमोबेश अनेक ग्रामीण उद्योग धन्धों को विनष्ट किया है। खेती से हुई पैदावार की ऊँची कीमतों को देखकर गांवों के कई दस्तकारों ने भी अपनी खानदानी कारीगरी छोड़कर खेती का काम शुरू किया है।[2] *इम्पीरियल गजेटियर* में विवरण मिलता है कि 1891 से 1901 तक की अल्प अवधि में ही आधे भारतीय कामगारों को अपना व्यवसाय छोड़कर कृषि कार्य में प्रवृत्त होना पड़ा।[3] कनिंघम ने लिखा है कि भारतीय व्यवसाय को नष्ट करने से पूर्व इंग्लैण्ड की व्यावसायिक दशा उन्नत नहीं थी। वस्तुतः प्रयास द्वारा व्यापार–व्यवसाय को नष्ट करके भारत को कृषि प्रधान देश बनाया गया।[4] स्वावलम्बी ग्रामीण अर्थव्यवस्था कृषि के वाणिज्यीकरण की दिशा में एक प्रमुख रूकावट थी जिसे ब्रिटिश सरकार ने एक झटके में ही समाप्त कर दिया।

भूमि पर व्यक्तिगत स्वामित्व की स्थापनाः राजाओं नवाबों के शासन काल में सामन्त, अधिकारी या ठेकेदार भू–राजस्व वसूल करके सरकारी कोष में जमा करते थे। कार्नवालिस के स्थायी बन्दोबस्त (1793 ई.) ने जमींदारों को भूमि का मालिक बना दिया। लगान वसूली की ठेकेदारी प्रणाली से बंगाल–बिहार में 'जमींदार' अवध में 'तालुक्केदार' एवं बम्बई में 'खोत' आदि का प्रदुर्भाव हुआ। मद्रास एवं बम्बई में रैयतवाड़ी व्यवस्था एवं पंजाब आदि क्षेत्रों में महलवारी पद्धति से यद्यपि

कुछ सीमा तक व्यक्तिगत स्वामित्व प्राप्त हुआ। विवरण मिलता है कि देश के कुछ भागों में ब्रिटिश शासन ने बड़े पैमाने पर भूस्वामित्व की सृष्टि की और कुछ भागों में किसानों की निजी मिलकियत की। इस दूसरी व्यवस्था को रैयतवारी कहते हैं। रैयतवारी प्रथा में किसान को उस जमीन का स्वामी माना गया जिसे वह जोतता था।.... अनुसार भी जमीन का निजी बन्दोबस्त किया गया और भूमिकर फसल के बदले जमीन को आधार बनाकर तय किया गया। इस प्रथा ने भी भारतीय संस्थाओं का वैसा ही हनन किया जैसे जमींदार प्रथा ने। भारत में जमीन की निजी मिलकियत की प्रथा के कारण जमीन अब पण्य वस्तु हो गई जिसे रेहन किया जा सकता है या खरीदा–बेचा जा सकता है।[5]

व्यक्तिगत स्वामित्व अधिकार तथा विभाजन और हस्तान्तरण की सुविधा का परिणाम मुकद्दमेबाजी हुई जो अंगरेजी विधि प्रणाली के अधीन अत्यधिक बढ़ी। साहूकारों का ऋण अदा करने हेतु भी अधिक भावों में विक्रय योग्य फसलों का उत्पादन किया जाना कृषकों के लिए आवश्यक हो गया था। वाणिज्यिक फसलों की पैदावार द्वारा समय समय पर बढ़ने वाले भू–राजस्व तथा साहूकार के ऋण को उपज के एक भाग का विक्रय कर अदा किया जाने लगा। व्यक्तिगत स्वामित्व का दूसरा प्रभाव यह देखा गया कि कृषकों का भूमि के प्रति लगाव बढ़ा अर्थात् बिटिश सरकार की नीतियों से कृषकों ने सर्वप्रथम भूमि पर अपने अधिकार का अहसास किया। व्यक्तिगत स्वामित्व के विषय में कहा भी है–"यह गुजारे लायक कृषक अर्थव्यवस्था को व्यापारिक फसलों के उत्पादन में बदलने में एक शक्तिशाली उत्तोलक सिद्ध हुई, यही ब्रिटिश औद्योगिक पूंजी चाहती थी।"[6]

अधिकतम भू–राजस्वः लगान का भुगतान पूर्व में गांव का दायित्व था नई भू–राजस्व व्यवस्था के कारण वह अब व्यक्तिगत दायित्व बन गया। अंगरेजी मालगुजारी के दबाव ने कास्तकारों को अधिक उत्पादन और अन्ततोगत्वा वाणिज्यिक फसलों के उत्पादन के लिए प्रेरित किया। यद्यपि अधिक उत्पादन का लाभ उसे नहीं मिल पाता था क्योंकि उत्पादित सामग्री के 50 प्रतिशत से अधिक मूल्य का भुगतान लगान के रूप में करना होता था। देसाई ने ब्रिटिश भू–राजस्व व्यवस्था की चर्चा करते हुए लिखा हैः इसकी जगह अब रूपए के नियत भुगतान की प्रथा आई जिसके अनुसार जमीन के आधार पर कर निर्धारण होता था। फसल चाहे अच्छी हो या बुरी, अधिक जमीन पर खेती हुई हो या कम पर, साल में रूपए की एक निश्चित राशि देय होती थी। जितने बन्दोबस्त होते थे उनमें अधिकांश में निजी काश्तकारों पर लगान नियत होता था, चाहे वे खुद खेती करने वाले हों या राज्य द्वारा बहाल जमींदार हों। भूमिकर निर्धारण और भुगतान के नए रूप और ढंग का व्यापक प्रभाव पड़ा।..... नई व्यवस्था में भूमिकर सालाना फसल के बदले जमीन के आधार पर रूपये के रूप में निर्धारित होने लगा और जमींदार या भूमिधर गृहस्थ को राज्य के कर दाता को हर साल हर हालत में पूरा करना पड़ता था, चाहे फसल अच्छी हुई हो या बर्बाद हो गई हो।[7]

आवागमन के साधनों का विकासः औपनिवेशिक सरकार ने कृषि उत्पादों एवं खनिजों को आन्तरिक मण्डियों तथा बन्दरगाहों तक पहुँचाने के लिए रेलवे एवं सड़कों का निर्माण करवाया। जनहित की भावना से आवागमन के साधनों का विस्तार नहीं किया गया प्रत्युत यह सरकार की व्यापारिक एवं व्यावसायिक आवश्यकता थी। गाडगिल की मान्यता है कि आवागमन के साधनों की सुविधा के कारण भारतीय कृषि में एक अन्य महत्वपूर्ण परिवर्तन हुआ। इस परिवर्तन को अन्य उपयुक्त शब्द के अभाव में **कृषि का वाणिज्यीकरण** कहा जा सकता है। इस परिवर्तन की मुख्य विशेषता यह थी कि अब घरेलू उपयोग के बदले बाजार में बिक्री के लिए चीजों की खेती शुरू हुई.... आवागमन की सुविधाओं के प्रसार ने गांवों के संयुक्त चरित्र को खत्म करना शुरू किया और गांवों के कृषि तंत्र को भी प्रभावित किया।.... कर निर्धारण की नई प्रथा के कारण जब गांवों में मुद्रा अर्थतंत्र का प्रचलन शुरू हुआ तो वह वाणिज्यीकरण की दिशा में पहला कदम था। लेकिन इसका प्रभाव तब तक व्यापक न हो सका जब तक आवागमन के साधनों का प्रसार नहीं हुआ था। धीरे–धीरे जिन्स के रूप में कर भुगतान की प्रथा खत्म होने लगी और मुद्रा का प्रचलन बढ़ा। लगान की नई निर्धारित राशि और मुद्राकर की नई प्रथा का यह असर पड़ा कि खेतिहर को फसल काटने के तुरन्त बाद उपज का एक अंश बेचने के लिए बाध्य होना पड़ा। चूँकि साधारणतः महाजन को सूद इसी वक्त देना होता था, इसलिए किसानों को अपनी फसल का बहुत बड़ा हिस्सा बेच देना पड़ता था।[8] इस सम्बन्ध में रजनीपाम दत्त ने जिक्र किया हैः भारत की जमीन न सिर्फ इस बड़ी आबादी को भोजन देती है बल्कि उसके काफी बड़े हिस्से को उन चीजों की पैदावार के लिए अलग कर दिया गया है जो देश से बाहर निर्यात के लिए बोई जाती है।[9]

ब्रिटिश पूंजी का कृषि में निवेशः लगान की अधिकता, महँगाई, कम या अधिक वर्षा से उत्पन्न स्थिति तथा सामाजिक दायित्वों के निर्वहन हेतु किसान समय–समय पर साहूकारों से ऋण लेने को बाध्य होते थे। भारतीय कृषकों की उपरोक्त समस्याओं से पाश्चात्य पूंजीपति सुपरिचित थे। अतः वांछित फसलों के उत्पादन हेतु पाश्चात्य पूंजीपतियों एवं उद्योगपतियों ने किसानों को अग्रिम राशि देना प्रारम्भ किया। अग्रिम व्यवस्था के कारण किसान एक निश्चित फसल के उत्पादन करने

के लिए बाध्य थे एवं जिनके द्वारा अग्रिम भुगतान किया गया, आवश्यक रूप से फसल उन्हीं को विक्रय की जा सकती थी। इस तरह किसानों को पर्याप्त हानि उठानी पड़ती थी। स्थानीय दलाल एवं व्यापारियों ने भी किसानों को अग्रिम देकर उत्पादन पर नियंत्रण करना प्रारम्भ किया। किसानों के खेत पर खड़ी फसल को सस्ती दरों पर क्रय करने की एक प्रथा सी बन गई थी। कहा जा सकता है कि किसान अपनी तात्कालिक आवश्यकताओं को पूरा करने हेतु फसल को मण्डी में न ले जाकर कटाई के दौरान विक्रय कर भारी हानि उठाने को बाध्य थे। 1895 से 1913–14 के बीच समस्त औद्योगिक फसलों वाले बुवाई क्षेत्र में 62 प्रतिशत वृद्धि हुई, कपास क्षेत्र में 63 प्रतिशत, जूट में 38 प्रतिशत, अनाज का क्षेत्र 37.04 प्रतिशत बढा। जहां पहले गेहूं बोया जाता था वहां अब कपास, जूट, नील, अफीम, चाय ने बदलाव कर दिया। जहां अनाज की फसलें प्रमुख थी वहीं गन्ना, तिलहन आदि पैदा होने लगे।

1896 में स्वेज नहर बन जाने से इंग्लैण्ड के कारखानों के लिए कच्चा माल अधिक निर्यात होने लगा। 1876–78 में दक्षिण भारत में अकाल पड़ा, किन्तु 1877 में 79 लाख पौण्ड का अनाज निर्यात कर दिया गया। अपनी बेहतर माली हालत के कारण व्यापारियों ने किसान की गरीबी का पूरा फायदा उठाया।

नील (1855–73): यूरोपीय देशों में नील की पर्याप्त मांग थी, ईस्ट इण्डिया कम्पनी ने 1770 में नील की खेती को प्रोत्साहन दिया। ब्रिटिश पूंजीपतियों का नील की खेती पर एकाधिकार था। यहां उत्पादित सम्पूर्ण नील इंग्लैण्ड भेजी जाती थी एवं इंग्लैण्ड यूरोपियन देशों को निर्यात कर पर्याप्त लाभ अर्जित करता था। किन्तु नील की खेती में लगे हुए श्रमिकों के साथ घोर अन्याय किया जाता था। श्रमिकों के साथ किये जाने वाला अत्याचार 1810 के बाद और बढ़ गया था, फलस्वरूप 1859 ई. में बंगाल के नील खेतिहरों ने भयंकर विद्रोह कर दिया। कहा गया है 1859 के रेंट अधिनियम के विरूद्ध असन्तोष भी इसका एक कारण बना। दीनबन्धु मित्र ने *नीलदर्पण* नामक नाटक में नील खेतिहरों के साथ किये जा रहे अत्याचार को अंकित किया है। इस पुस्तक का अंगरेजी भाषा में भाषान्तर करने वाले पादरी (जे लोंग) को कैद कर लिया गया। दूसरी ओर सरकार ने कृषकों की शिकायत की जांच हेतु आयोग गठित किया। 1860 ई. में आयोग ने अपना प्रतिवेदन प्रस्तुत किया। अंगरेज पूंजीपति किसानों को नील की खेती के लिए अग्रिम राशि प्रदान करते थे, किन्तु 1860 के नील आयोग की रिपोर्ट के अनुसार कृषकों द्वारा अग्रिम प्राप्त कर लेने के साथ ही उसकी स्वतंत्रता नष्ट हो जाती थी। वस्तुतः अग्रिम लिये जाने के बाद श्रमिक सात पीढ़ी तक अंगरेज पूंजीपतियों के चंगुल से मुक्त नहीं हो पाता था। श्रमिकों की बगावत के फलस्वरूप नील की खेती बन्द हो गई। इसके अतिरिक्त बीसवीं सदी में नई खोजों के कारण विश्व बाजार में नील की मांग कम हो गई। नई खोजों के कारण नील के कई दूसरे विकल्प आ चुके थे और नील खेती अलाभकर हो गई।

चाय: विलियम बैंटिक के समय 1834 में चाय की पैदावार की जाने लगी। संयुक्त प्रान्त में देहरादून, अल्मोड़ा, कुमायूं, गढवाल एवं उड़ीसा के छोटा नागपुर जिले में इसके बाग थे। दक्षिण में नीलगिरी, अन्नमलई, ट्रांवनकोर की पहाड़ियों पर इसकी खेती की जाती थी।[10] चाय बागान व्यापक रूप से संगठित थे, किन्तु इनमें अंगरेज सरकार ने श्रमिक कानून लागू नहीं किये। श्रमिकों से बागों में कुली प्रथा द्वारा काम लिया जाता था। निरक्षर श्रमिकों को बहला–फुसलाकर चाय बागानों में कार्य करने की शर्त लिखवा ली जाती थी।[11] अधिकांश चाय बागानों के मालिक अंगरेज तथा अंगरेज कम्पनियां ही थी। कुलियों पर घोर अत्याचार किये जाते थे। उनसे निर्धारित समय से कहीं अधिक समय कार्य लिया जाता था। 1917 ई. में साढे सात लाख श्रमिकों के साथ गुलामों जैसा व्यवहार किया जाता था।[12] पटसन आदि फसलों के बारे में अपनाई गई ब्रिटिश नीति की "उद्योगों का उत्थान" से सम्बन्धित अध्याय में चर्चा की गई है।

ब्रिटिश कृषि नीति के परिणाम: अंगरेजों की कृषि एवं राजस्व नीति ने न केवल भारतीय परम्परागत अर्थव्यवस्था को तोड़–मरोड़ दिया बल्कि आर्थिक क्षेत्र में हुए परिवर्तनों से सामाजिक ढाँचा भी चरमरा गया। अंगरेजी आर्थिक नीतियों के कारण आत्मनिर्भर ग्रामीण अर्थव्यवस्था का विघटन हुआ इस कारण सामाजिक व्यवस्था में बदलाव आवश्यक हो गया। आगे जाकर भारतीय राजनीति को भी गंभीर रूप से प्रभावित किया। विशेष रूप से कृषि एवं भू–राजस्व व्यवस्था तथा धन निष्कासन नीति ने भारतीय नेताओं को अंगरेजों के विरूद्ध खड़ा कर दिया। ऐसे ही मुद्दों को लेकर प्रारम्भ में राष्ट्रवादियों ने ब्रिटिश सरकार का विरोध शुरू किया। ब्रिटिश सरकार की नीतियों से कृषि क्षेत्र में व्याप्त संकट का जिक्र करते हुए रजनीपाम दत्त[13] ने छः तथ्यों का उल्लेख किया है उसमें से तीन महत्वपूर्ण हैं:

- भू–राजस्व में अत्यधिक वृद्धि के कारण किसानों की निर्धनता में तेजी से वृद्धि एवं ग्रामीण कृषकों का ऋण ग्रस्त होना।

- किसानों के अपने खेतों से वंचित होने के कारण एक बड़ी संख्या में भूमिहीन श्रमिकों की वृद्धि (कृषि श्रमिकों की वृद्धि)।
- कृषि जोतों का टुकड़ों में विभाजन एवं बिखराव या भूमि का विखण्डन।

इन तथ्यों का विश्लेषण करना सरकारी नीति के दुष्प्रभावों की जानकारी के लिए अपेक्षित है।

ग्रामीण ऋणग्रस्तता: किसानों के कर्ज के बोझ से दबा होना भारत के लिए कोई नई बात नहीं थी। ऋण से जुड़ी हुई समस्याओं का विवेचन करते हुए पाश्चात्य विद्वानों ने इसके प्रमुख कारण के रूप में सदैव भारतीयों की आरामतलबी, फिजूलखर्ची, अपव्यय, विवाह, गमी और विभिन्न उत्सवों पर अधिक विनियोग को लिया है। साम्राज्यवादियों द्वारा प्रस्तुत विवरण के विरोध में कहा गया है कि क्या उस कृषक की सामाजिक परम्परायें नई थी? 19वीं सदी में परिवर्तन केवल इतना ही हुआ था कि सरकार की राजस्व की मांग बढ़ती गई और कृषकों के पास इतना धन शेष नहीं रहता था कि वे अपने सामाजिक उत्तरदायित्वों को पूरा कर सकें। भारतीय कृषकों के ऋणों की विशेषता यह थी कि ये ऋण उत्पादन में नहीं लगाये जाते थे। ये ऋण बहुधा सरकारी लगान अथवा सामान्य जीवन निर्वाह के लिए होते थे। 1875 में ही दक्कन रायट्स कमीशन (Duccan Ryot Commission) ने शादी विवाह आदि पर होने वाले व्यय को कर्ज का प्रमुख कारण नहीं माना था, शादी विवाह तथा अन्य समारोहों पर होने वाले खर्च को जरूरत से ज्यादा महत्व दिया गया है।.... इन अवसरों पर किया जाने वाला खर्च उसके (रैयत के) कुल खर्च में कुछ महत्वपूर्ण जरूर होता है, लेकिन उसकी कर्जदारी का यही कारण है, ऐसा मुझे बहुत कम लगता है।[14] मद्रास में लगान वृद्धि के बाद करवाये गये सर्वेक्षणों से ज्ञात होता है कि छोटे किसानों द्वारा ऋण विशेष रूप से सामन्ती करों व लगान की अदायगी, साहूकारों व भूस्वामियों के साथ मुकदमों के खर्च की चुकौती हेतु ही लिये जाते थे।[15]

भू–राजस्व व्यवस्था एवं सूदखोर वर्ग का विकास: रजनीपाम दत्त लिखते हैं कि इस प्रकार भारतीय किसानों के ऋण लेने के आर्थिक कारण हैं और जमीन की मालगुजारी तथा लगान के बोझ के जरिए होने वाले अनेक शोषण से इनका गहरा सम्बन्ध है।.... बम्बई के राजस्व विभाग के एक अधिकारी सर टी. होप ने 1879 में दक्कन के खेतिहरों के लिए राहत बिल (दक्कन एग्रीकल्चरिस्ट्स रिलीफ बिल) पेश करते हुए अपने भाषण में कहा था: किसानों पर लदे हुए कर्ज के बोझ का एक कारण हमारी मालगुजारी व्यवस्था भी है।[16] ब्रिटिश काल से पहले कर्ज देने वाला व्यक्ति कर्ज लेने वाले व्यक्ति की जमीन पर कब्जा नहीं कर सकता था। ब्रिटिश शासन में ये सारी स्थिति बदल गई। नई शासन प्रणाली ने महाजन को कर्जदार की कुर्की करने और जमीन का हस्तान्तरण करने का अधिकार देकर सूदखोर महाजनों को स्वर्ण अवसर प्रदान किया और इनकी मदद के लिए पुलिस और कानून को पूरी ताकत से उनके पीछे लगा दी। इस प्रकार सूदखोर महाजन पूंजीवादी शोषण की समूची व्यवस्था की धुरी बन गया।[17] बैंकिंग समिति ने किसानों की ऋणग्रस्तता को दो भागों में विभक्त किया: मूल तथा चालू ऋण। क्योंकि अधिकांश ऋणी किसान फसल के बाद अपने चालू ऋणों तक पूरा नहीं चुका पाते थे, इसीलिए बचा हुआ भाग मूल में जुड़ जाता था। यह मूल राशि फौरी उत्पादक के गले में भार की तरह लटका रहता था। अधिकांश मामलों में वह इस भार से जीवन पर्यन्त छुटकारा नहीं पा सकता था। किसान की मृत्यु के पश्चात् बकाया ऋण अगली पीढ़ी को मिल जाता। इस आधार पर वंशानुगत ऋणदासता जन्मी।[18]

चक्रवृद्धि ब्याज परम्परा: किसानों के ऋण से उबर न पाने या ऋणग्रस्त रहने का एक कारण चक्रवृद्धि ब्याज परम्परा भी थी। किसान सामान्यतः अशिक्षित होते थे फलतः अधिक राशि अंकित कर लेना, मूल से अधिक लिखना या जमा राशि की हिसाब में प्रविष्टि न करने, जैसे प्रपंच भी साहूकारों द्वारा किये जाने की जानकारी मिलती है। इस तरह किसान द्वारा ली गई फौरी राशि चक्रवृद्धि सूद से बढ़कर दुगुनी–तिगुनी और अन्तोगत्वा किसान की भुगतान क्षमता से कहीं अधिक हो जाती थी।.... फिर सूदखोर महाजन गांव की अर्थव्यवस्था में छोटे किसानों को अपना मजदूर बना लेता है.... इन महाजनों के पीछे ब्रिटिश राज की समूची शक्ति काम कर रही है सूदखोर, महाजन, महाजनी पूंजी द्वारा किए जा रहे शोषण के समूचे रचनातंत्र का एक ऐसा पुर्जा है जो एकदम उस जगह काम करता है जहाँ उत्पादन होता है।[19]

साहूकार वर्ग ने भूमि को पूंजी विनिमय का अच्छा साधन समझा। अंगरेजों ने भूमि में व्यक्तिगत स्वामित्व का अधिकार प्रदान कर दिया था। परिणाम यह हुआ कि बैंकरों और साहूकारों को पूंजी लगाने के लिए अन्य क्षेत्रों की अपेक्षा भूमि अत्यधिक आकर्षक तथा सुरक्षित लगी। ऋण वसूली की अंगरेजी विधि प्रणाली में साहूकारों को पर्याप्त सुविधाऐं थी। ऋण वसूली हेतु साहूकारों द्वारा जमीनें नीलाम करवा दी जाती थी। स्वामित्व प्राप्त कृषक वर्ग भूमिहीन मजदूर की श्रेणी में परिवर्तित होता गया।

सूखा एवं अतिवृष्टि से ऋणों में वृद्धिः ऋणग्रस्तता की चर्चा करते हुए देसाई ने लिखा है कि समय–समय पर होने वाले कृषि संकट के अतिरिक्त सूखा और अतिवर्षा जैसे गैर–सामाजिक तथ्यों के कारण भी किसानों की तंगहाली बढ़ी। भारतीय किसान बुरे दिनों के लिए धनराशि का संचय नहीं कर पाता था। भूमिकर के अतिरिक्त किसान को किरोसन, तेल और नमक जैसी निरी–निपट आवश्यकता की वस्तुओं के लिए भी कर देना पड़ता था। जंगलों पर सरकारी एकाधिपत्य के कारण जलावन या गृह निर्माण के लिए किसान जंगल से लकड़ी नहीं ला सकता था। उसे खाद के बदले जलावन के रूप में गोबर का इस्तेमाल करना पड़ा। इसके चलते जमीन की उपज घटी और किसानों की गरीबी बढ़ी।[20] कर्जदार परिवारों की संख्या में तेजी से वृद्धि हुई। किसान समिति द्वारा एकत्र आंकड़ों से अकाल से सर्वाधिक ग्रस्त इलाकों में रहने वाले परिवारों की ऋणग्रस्तता में वृद्धि का पता संलग्न तालिका से चलता है:

कर्ज में डूबे परिवारों का प्रतिशत

किसान परिवार	1943	1944
किसान परिवार	43 प्रतिशत	66 प्रतिशत
विभिन्न दस्तकार	27 प्रतिशत	56 प्रतिशत
विविध	17 प्रतिशत	46 प्रतिशत

बैंकिंग समिति के अनुसार पंजाब में ऋणग्रस्तता की कुल राशि 1921 में 90 करोड़ रूपये से 1929 में बढकर 135 करोड़ रूपये हो गई थी। 1911 में एडवर्ड मैकलागन के अनुसार केवल ब्रिटिश भारत में समस्त ऋणराशि लगभग 300 करोड़ थी, 1925 में एम.एल. डार्लिंग के अनुसार लगभग 600 करोड़, 1929 में सैन्ट्रल बैंकिंग इन्क्वायरी कमेटी की रिपोर्ट के अनुसार 900 करोड़ और 1937 में एग्रीकल्चर क्रेडिट डिपार्टमेन्ट के अनुसार 1800 करोड़ थी।[21] एक अन्य अनुमान के अनुसार साहूकारों की कृषक ऋणग्रस्तता का निरपेक्ष योग 1932 तक 220 अरब रूपये हो चुका था। करीबन 80 प्रतिशत किसान साहूकारों के ऋणी थे।[22]

भारतीय केन्द्रीय कपास समिति द्वारा संकलित नमूने के आंकड़ों के अनुसार पंजाब में कपास की आर्थिक सहायता तथा व्यापार की स्थिति इस प्रकार थी:

- 1820 कपास उत्पादकों में से 51.3 प्रतिशत बुवाई के समय के पूर्व व आरम्भ होने पर ऋण लेते थे।
- प्रत्येक किसान की ऋणग्रस्तता का योग 628 रूपये था।
- साहूकार 68 प्रतिशत ऋण देता था, 8.8 प्रतिशत सहकारी समितियों से, 16.9 प्रतिशत भूस्वामियों से, 3 प्रतिशत रिश्तेदारों से तथा 3 प्रतिशत व्यापारी बिचौलियों से आता था।
- 67 प्रतिशत ऋण 20 प्रतिशत वार्षिक ब्याज या कम की शर्त पर दिया जाता था, 27 प्रतिशत ऋण 20 से 30 प्रतिशत ब्याज पर और 6 प्रतिशत ऋण 30 प्रतिशत सालाना ब्याज पर दिया जाता था।
- 70 प्रतिशत कपास की फसल गांवों में सीधे बेची जाती थी। बनिया जाति का गांव का व्यापारी, साहूकार प्रमुख खरीददार था जो गांव में बिकने वाली कपास का 83.4 प्रतिशत खरीदता था।
- फौरी उत्पादक कपास से भरी 26 प्रतिशत गाड़ियाँ को कस्बे के बाजार ले जाते थे और गांव के सूदखोर व व्यापारी 74 प्रतिशत गाडियां ले जाते थे।

स्पष्ट है कि साहूकार वर्ग किसानों को कस्बे के बाजार तक स्वतंत्र पहुंच से वंचित करता था और एकाधिकारी एजेंसियों के साथ जुड़े गांव व कस्बे के बाजार में कीमतों के भारी अन्तर का लाभ लेता था। इस प्रकार वे कृषि उत्पाद मूल्य का औसतन 20 से 50 प्रतिशत और कभी–कभी 50 प्रतिशत से अधिक पर कब्जा कर लेते थे।

गैर–खेतिहर वर्ग को भूमि हस्तान्तरणः ऋणग्रस्तता के परिणामों के बारे में कहा गया है कि किसानों की ऋणग्रस्तता के उच्च स्तर का क्या नतीजा रहा? बैंकिंग समिति का यह जवाब है: ऋणग्रस्तता अन्ततः कृषक वर्ग से गैर खेतिहर साहूकार को भूमि के हस्तान्तरण की ओर प्रहासित (प्रेषित या भेजकर) आर्थिक स्तर वाले भूमिहीन सर्वहारा के निर्माण की ओर ले जाता है।[23] महादेव गोविन्द रानाडे ने लिखा है कि लगान की अदायगी अथवा साहूकारों के ऋण की वसूली हेतु सम्पूर्ण भारत में जमीनें बड़ी तादाद में नीलाम की जा रही है। विशेष रूप से नीलामी द्वारा भूमि अपरिचित एवं अनावासी लोगों के पास केन्द्रित हो रही है। जो व्यापारिक अथवा महाजनी वर्ग से सम्बद्ध है। उनके लिए भूमि पूंजी विनिमय का अच्छा साधन बन

गया है।[24] इस तरह किसानों की बढ़ती ऋणग्रस्तता के कारण रैयतवाड़ी इलाकों में बड़े पैमाने पर जमीन काश्तकारों के हाथों से निकलकर सूदखोर महाजनों के हाथ में जाने लगी और जमींदार इलाकों में बड़े पैमाने पर किसानों की बेदखली हुई।[25]

बैंकिंग समिति एवं साइमन कमीशन (1932) आदि ने अपने प्रतिवेदनों में यह नहीं उल्लेख किया कि आसाम में 19 जमींदारों में प्रत्येक के पास औसतन 210000 एकड़ भूमि थी, जबकि 70 लाख किसानों के पास तीन एकड़ थी, बंगाल में 125 जमींदारों में प्रत्येक 500000 एकड़ भूमि रखता था और 370 लाख किसान 2.5 एकड़, मद्रास में 300 जमींदारों में हरेक के पास 16000 एकड़ थी, लेकिन 300 लाख किसानों के पास सिर्फ पांच एकड़, अवध के 20 जमीदारों में हर जमींदार 65000 एकड़ भूमि रखता था और 340 लाख किसान औसतन 205 एकड़ भूमि रखता था।[26]

इसी तरह कृषि सम्बन्धी आयोग की रिपोर्ट से प्राप्त पंजाब के आंकड़ों से पता चलता है कि 22.5 प्रतिशत किसान एक एकड़ या इससे कम में खेती करते हैं, 15.4 प्रतिशत किसान एक से ढाई एकड़ जमीन में, 17.9 प्रतिशत किसान ढाई से पांच एकड़ जमीन में और 20.5 प्रतिशत किसान 5 से 10 एकड़ जमीन में खेती करते हैं। इस प्रकार अपेक्षाकृत अधिक समृद्ध पंजाब में भी (जो अन्य सूबों की अपेक्षा कम समय तक ब्रिटिश शासन के अधीन रहा है), आबादी का एक तिहाई से अधिक भाग ढाई एकड़ से कम और आधे से अधिक भाग पांच एकड़ से कम में खेती करता है।[27]

वस्तुतः भारत में कृषकों की भूमि की भूख प्राकृतिक कारणों का परिणाम न थी प्रत्युत भूमि सम्पत्ति के प्रभुत्व एवं भूमि के विशाल क्षेत्रों का बड़े भूस्वामियों के हाथों केन्द्रित होना था। 1891 में नागपुर अधिवेशन में राष्ट्रीय कांग्रेस ने घोषित किया कि भू–राजस्व प्रशासन की अविवेकपूर्ण पद्धति देश में दरिद्रता और भुखमरी की व्यापकता के कई कारणों में से एक थी। इस प्रकार 1888 से 1903 तक की अवधि में एक भी वर्ष ऐसा नहीं था जबकि भू–राजस्व प्रशासन के किसी न किसी पक्ष पर कांग्रेस ने प्रस्ताव पारित न किया हो।[28]

भूमिहीन कृषि श्रमिकों की वृद्धि (Rise of Landless Agrarian Labourers): ऋणग्रस्तता का परिणाम अन्ततोगत्वा यह होता है कि खेतिहर वर्ग अपनी जमीन का हस्तान्तरण गैर–खेतिहर सूदखोर के नाम कर देता है जिससे एक ऐसे भूमिहीन सर्वहारा (मजदूर) वर्ग पैदा होता है जिसकी आर्थिक स्थिति काफी कमजोर होती है। कहा जाता है कि इससे खेती की क्षमता में कमी आती है। क्योंकि सूदखोर महाजन इस जमीन को ऐसी दर पर शिकमी (जीवन निर्वाह की कीमत पर कृषि हेतु देना) को चढ़ा देता है कि किसान को अच्छी फसल पैदा करने का कोई लाभ नहीं दिखाई देता।[29] इस प्रकार ब्रिटिश भू–राजस्व की मांग या साहूकारी ऋण का बोझ कृषि श्रमिकों की वृद्धि का कारण बना। ए.आर. देसाई ने लिखा है कि भारतीय किसानों की बेहद गरीबी और तज्जन्य (उसके द्वारा उत्पन्न), ऋणग्रस्तता, अनार्थिक जोतों (अलाभकारी कृषि) और आदिम तकनीक पर आधारित कृषि की उर्वरशीलता में क्रमिक ह्रास इन सबके कारण बड़े गहरे थे। भारतीय कृषि और अर्थव्यवस्था मूलतः औपनिवेशिक थी। यह तथ्य देश के मुक्त विकास में बाधक था और किसानों की गरीबी आदि का मूल कारण था।[30]

ग्रामीण समाज की निर्धनता (Impoverishment of the Rural Society): हमने सम्पत्ति का पलायन नामक अध्याय में उल्लेख किया है कि हस्तशिल्प एवं दस्तकारी उद्योग का विनाश कृषि श्रमिकों की वृद्धि का कारण बना। स्वावलम्बी ग्रामीण अर्थव्यवस्था के विनाश से गांव में घटने वाले कई कामगार दूसरों की जमीनों पर दैनिक मजदूरी या बटाई द्वारा जीविका पालन करने लगे। भूमिहीन किसानों की संख्या निरन्तर बढ़ रही थी। 1875 में 80 लाख, 1901 में 350 लाख, 1911 में 500 लाख और 1921 में बढकर 370 लाख हो गई।[31]

जमींदार या साहूकार वर्ग की वृद्धि[32] (दस लाख में)

1872	1.0
1901	6.0
1921	10.0

जहां एक ओर कृषि श्रमिकों की वृद्धि हो रही थी, दूसरी ओर गैर–काश्तकार जमींदारों की संख्या बढ़ती गई। 50 वर्षों में परजीवी लगान लेने वालों की संख्या दस गुना बढ़ी।

इस सम्बन्ध में देसाई ने जिक्र किया है कि बंगाल, बिहार, उड़ीसा, मद्रास और देश के अन्य भागों में ब्रिटिश सरकार द्वारा किये गये अस्थाई मालिकाना हक के चलते जमींदारों का जो वर्ग बना था उसके अतिरिक्त अब दूरस्थ और गैर–काश्तकार

जमींदारों के एक नए वर्ग का जन्म हुआ। निम्नांकित अंकों से स्पष्ट है कि ब्रिटिश भारत में गैर–काश्तकार जमींदारों और मजदूरों की संख्या बढ़ती रही।[33]

	1921 (मिलियन)	1931 (मिलियन)
गैर–काश्तकार जमींदार	3.7	4.1
काश्तकार (मालिक या बटाईदार)	74.6	65.5
खेतिहर मजदूर	21.7	33.5

कहा जा सकता है कि शारीरिक रूप से निर्भर लोग (श्रमिक) 1891 में 61 प्रतिशत थे बढ़कर 1921 में 73 प्रतिशत हो गये। परिणामतः जमींदारों, महाजनों एवं साहूकारों के पास भूमि तेजी से केन्द्रित हुई। इस तरह आर्थिक असमानता में वृद्धि हुई एवं गाँवों में स्पष्टतः दो वर्गः एक श्रमिक दूसरा जमींदार या महाजन वर्ग अस्तित्व में आए।

इन्हीं कारणों से कृषि उत्पादन में आई गिरावट की ओर रजनीपाम दत्त[34] ने हमारा ध्यान आकृष्ट किया है। 1928–29 में मंदी का दौर शुरू होने से पहले 10 अरब 34 करोड़ रूपये मूल्य की पैदावार हुई जो घटकर 1933 में मात्र 4 अरब 73 करोड़ की रह गई।

अन्त में देसाई के शब्दों में कह सकते हैं कि देश के कई भागों में कृषि दासता और अर्द्ध दासता जैसी श्रम व्यवस्था प्रचलित थी। **गुजरात में डुब्ला और हाली, तमिलनाडु में पडियल, हैदराबाद में भगेला, सी.पी. (उत्तर प्रदेश) में बरसेलिया और दूसरे क्षेत्रों में ऐसे ही अन्य समुदाय भारतीय समाज के निम्नतम अंग थे जो लगभग मध्ययुगीन आर्थिक शोषण और सामाजिक प्रतिबंधों की स्थिति में रह रहे थे। इनमें से कुछ समुदायों जैसे गुजरात के हालियों की दशा गुलामों जैसी थी।** पूंजीवादी व्यवसाय में भी खासकर जहां यूरोपियन मालिक थे जैसे रबड़, चाय और काफी के बड़े–बड़े बागानों में मजदूरों के जीवन और श्रम की शर्तें काफी बुरी थीं। यूरोपीय पूंजी ने औपनिवेशिक देशों में पूंजी लगाई, उसका एक प्रमुख कारण यह था कि यहां श्रम सस्ता था। यूरोपीय मालिकों के बागानों के मजदूरों की मजदूरी तो कम थी ही, उन पर बहुत सारी पाबंदियां भी थी, जिनके कारण उन्हें अपने परिवार के साथ मालिक की जायदाद पर ही जिन्दगी गुजारनी पड़ती थी।[35]

कृषि भूमि का विखण्डन (Division of Agriculture Land): जमीन के निजी स्वामित्व की स्थापना और इसके हस्तान्तरण के आधार के साथ ही संयुक्त परिवार में अपकेन्द्रित (Decentralized) प्रवृत्तियों का जन्म हुआ। छोटे–छोटे खेत और छोटे हो गये। लेकिन जमीन के उपविभाजन और विखण्डीकरण की प्रक्रिया में सबसे अधिक निर्णायक तथ्य था खेती पर निर्भर लोगों की संख्या में वृद्धि।[36] खेती पर बढ़ती हुई निर्भरता का अर्थ यह है कि कृषि के कार्य में लगे प्रत्येक व्यक्ति के लिए उपलब्ध जमीन में कमी आती जा रही है। 1911 में सर थामस होल्डरनेस ने लिखा थाः संरक्षित देशी राज्यों सहित भारत की कुल आबादी साढ़े इकतीस करोड़ है। इस विशाल आबादी का तीन–चौथाई हिस्सा कृषि पर निर्भर है। देशी राज्यों के बारे में प्राप्त विवरण चूंकि अपूर्ण है इसलिए इस बात की सही सही जानकारी नहीं है कि कुल कितनी जमीन में खेती होती है। लेकिन हम यह मानकर चलें कि जो हिस्सा कृषि पर सीधे–सीधे निर्भर है, उसमें प्रतिव्यक्ति के हिस्से में सवा एकड़ जमीन आती है, तो ज्यादा गलत नहीं होगा......।[37] जैसा ए.आर. देसाई के कथन से स्पष्ट होता है कि व्यक्तिगत स्वामित्व की स्थापना ने भी भूमि के उपविभाजन को अवश्यंभावी बना दिया। भूमि विखण्डन के मामले में महाराजा बड़ौदा द्वारा नियुक्त कमेटी की सिफारिशों में कहा गया कि उत्तराधिकार नियमों (हिन्दू लॉ एवं अन्य कानूनों) के कारण भूमि का अधिकाधिक विभाजन हुआ। गोविन्द रानाडे भू–राजस्व की अधिकाधिक मांग को भूमि के उपविभाजन का एक प्रमुख कारण मानते हैं। कृषक द्वारा साहूकार के ऋण या सरकारी लगान की राशि अदा न कर पाने की स्थिति में, सम्पूर्ण खेत के एक भाग की नीलामी कर उपरोक्त अदायगी करनी होती थी। इसी प्रकार 1917 में बम्बई के कृषि निदेशक डॉ. हेराल्ड एच. मान ने पूणे के एक खास गाँव की जांच के परिणाम प्रकाशित किए। जांच के दौरान उन्होंने यह निष्कर्ष निकालाः इससे यह जाहिर है कि पिछले 60 या 70 वर्षों में जमीन की जोतों का स्वरूप बदल गया है। अब जोतों की संख्या दुगुनी से भी ज्यादा हो गई है और इन जोतों में से 84 प्रतिशत जोतों का आकार 10 एकड़ से कम है जबकि कम से कम 60 प्रतिशत जोतें पांच एकड़ से भी कम की है।[38] भूमि का उपविभाजन आर्थिक दृष्टि से न केवल अलाभप्रद था बल्कि सुचारू रूप से खेती करना भी कठिन था।[39] कीटिंग ने लिखा है कि बम्बई प्रेसीडेंसी की कृषीय जोतें काफी बड़े पैमाने पर ऐसी स्थिति में पहुंच गई है जिसमें उनकी कारगर

ढंग से खेती असंभव है और डॉ. स्लेटर द्वारा उपलब्ध करवाई गई सूचनाओं के अनुसार मद्रास के कुछ हिस्सों में भी इसी तरह की स्थिति थी।[40] साथ ही छोटी जोतों में वैज्ञानिक पद्धति से कृषि किया जाना भी संभव नहीं था, न ही दरिद्र किसान के लिए खाद–बीज का उपयोग ही।

भूमि का संकेन्द्रण: विश्वव्यापी मंदी (1929–33) के दौरान कृषि अर्थव्यवस्था पर दूसरा प्रभाव देखा गया वह था विशेषरूप से साहूकारों के पास भूमि का संकेन्द्रण। रायल कमीशन ऑफ एग्रीकल्चर (1921) ने अपने प्रतिवेदन में कहा कि साहूकार लगभग सभी प्रान्तों में अपनी भूमि बढ़ाते रहे हैं। उसी आयोग ने यह भी जिक्र किया कि कानून चाहे जिस तरह से बनाया जाए किसानों के लिए साहूकार के चंगुल से निकलना कठिन है। अब सरकार के लिए कर बढ़ाना संभव न रहा। भू–राजस्व कम हो रहा था और कुछ क्षेत्रों में डंडे या मशीनगन की सहायता से इसका संग्रह किया जा रहा था। (देखिये टेबल–**जमींदार या साहूकार वर्ग की वृद्धि**) साहूकार सहकारी ऋण समितियों में भी घुसपैठ कर रहे थे जिससे लाभ उन्हीं को अधिक हुआ किसानों को कम।

दुर्भिक्ष एवं अकाल नीति (Famines and Famine Policy): अकाल कमीशन के विवरण से ज्ञात होता है कि 1770 से 1900 तक 24 अत्यन्त भयंकर अकाल पड़े। अंगरेजी सत्ता की स्थापना के तत्काल बाद बंगाल को 1770 का घोर अकाल देखना पड़ा। **बंकिम बाबू ने अपने उपन्यास 'आनन्द मठ' में तत्कालीन अकाल का जिक्र इस प्रकार किया है: "अंगरेज उन दिनों बंगाल के दीवान थे। वे सरकारी माल गुजारी के पैसे तो वसूल कर लेते थे पर तब उन्होंने बंगालवासियों की जान–माल की सुरक्षा की जिम्मेदारी नहीं ली थी।".... ऐसे में 1769–70 का अकाल आया। क्वार–कार्तिक में एक बूँद पानी नहीं बरसा। लोगों को खाने को नहीं मिल रहा था.... उसने एक दम से सौ रूपये पर दस रूपये माल गुजारी बढ़ा दी। पूरे बंगाल में हाहाकार मच गया।.... लोगों ने अपने बैल–बछिया बेच दिये। हल–फाल, घर–द्वार बेच दिये और बीज के लिए रखा धान खा गए, जमीनें बेच दीं, फिर अपनी लड़कियाँ बेचने लगे, घास खाना शुरू किया।** एन.के. सिन्हा (*बंगाल का आर्थिक इतिहास*, खण्ड 2, पृ. 40) ने विवरण दिया है कि "पूर्णिया के सुपरवाइजर डुकारेल की रपट के अनुसार उस जिले में दो लाख व्यक्ति मृत्यु के ग्रास हुए। उसके पहुँचने के तीन दिनों के अन्दर ही एक लाख लोगों की मृत्यु हो गई।" 1784 में अवध में अकाल के दौरान लगान वसूली जारी रही फलतः कृषकों ने विद्रोह कर दिया था। इस अवधि (1783–84) में अकाल का प्रकोप आधुनिक उत्तर प्रदेश (उत्तर पश्चिमी प्रान्त), अवध, कश्मीर, पंजाब, मद्रास, राजपूताना एवं बम्बई के कुछ भागों पर अधिक हुआ। भू–राजस्व की अधिक माँग तथा कृषक ऋणग्रस्तता ने भारत में अकाल समस्या को अधिक वीभत्स बनाया। कैप्टन एडवर्ड ने अपनी अवध क्षेत्र की यात्रा के दौरान इसकी सम्पन्नता की चर्चा की थी किन्तु 1783 में इसके विनाश के बारे में वारेन हैस्टिंग्स ने लिखा था 'बक्सर से लेकर बिहार तक 1788 में 1/3 भूमि कृषि रहित हो गई थी।'[41]

1837 के दिल्ली इलाहाबाद, व राजपूताने के दुर्भिक्ष के विषय में लार्ड लारेन्स ने कहा था कि मैंने जीवन में ऐसा विनाश कभी नहीं देखा है जैसा पाल–बाल एवं होदाद परगनों में फैला हुआ है। विवरण मिलता है कि कानपुर की गलियाँ मुर्दों से भर गई थी। आगरा एवं फतेहपुर में भी यहीं हाल था। इस अकाल में आठ लाख लोगों के मरने की जानकारी मिलती है।[42] भारी लगान के कारण अच्छे वर्षों में बुरी फसल वाले वर्षों के लिए किसान कुछ नहीं बचा पाता, फलतः वह आसानी से अकाल और मृत्यु का शिकार बन जाता है। यह उसकी बचत शक्ति का अभाव ही था जो सूखे को अकाल का रूप दे देती थी। आजीविका वाले जोतों पर तो भारी और ऊंचे लगान सामान्य वर्षों में भी भुखमरी की स्थिति ला देते हैं।[43]

गार्डिल स्टोन के अनुसार सरकार ने जो कुछ किया बहुत कम था।

1866–67 में उड़ीसा भी भयंकर अकाल से ग्रस्त रहा जिसमें कहा जाता है तेरह लाख लोग मारे गये। उड़ीसा के कटक, पुरी और बालासोर जिले, बिहार के मिदनापुर का पश्चिमी भाग, मानभूमि, सिंहभूमि, तिरहुत, सारन एवं चम्पारन के भाग विशेष रूप से प्रभावित थे। इस दुर्भिक्ष का एक कारण नमक निर्माण पर रोक थी। उड़ीसा के लोग बड़ी संख्या में नमक निर्माण में लगे थे। 1863 में यह कार्य सरकार द्वारा बन्द कर दिया गया जिससे बड़ी संख्या में लोग बेकार हो गये। उड़ीसा के क्षेत्र उन दिनों आन्तरिक यातायात की सुविधा के अभाव में एक–दूसरे से कटे हुए थे। दूसरी ओर 1864–66 में उड़ीसा का बहुत बड़ी मात्रा में अनाज बाहर भेज दिया गया परिणामतः अनाज के अभाव में लोग काल के ग्रास बन गये। ब्रिटिश सरकार की मांग व पूर्ति के सिद्धान्त के अनुरूप मुक्त व्यापार की नीति पूर्ववत चलती रही।

अन्त में जार्ज कैम्पबेल (George Compbell) की अध्यक्षता में 1866–67 में "**उड़ीसा फेमीन कमीशन**" बैठाया गया। दुर्भिक्ष पर यह पहला आयोग था जिस पर सरकार ने विचार किया। बिहार के दुर्भिक्ष पर एफ.आर. काकरेल ने अपनी रिपोर्ट प्रस्तुत की। आयोग ने भू–राजस्व वसूली में उदारता बरतने, उड़ीसा के उदाहरण को देखकर महत्वपूर्ण स्थानों को रेलवे लाइन से जोड़ने, सड़कों का निर्माण आदि सुझाव दिये। साथ ही अन्न को बाहर भेजने पर रोक, सिंचाई सुविधाओं का विकास, वर्षा के पानी को रोकने, जिला स्तर पर वर्षा की स्थिति का रिकार्ड रखने, अकाल में लोगों को सार्वजनिक कार्य पर लगाये जाने की संस्तुति की।

1867–69 में संयुक्त प्रान्त, पंजाब एवं राजस्थान में अकाल से 12 लाख लोग भूख से मारे गये थे। उत्तरी, उत्तर–पूर्व भारत, बंगाल, बिहार के कुछ भाग उत्तर–पश्चिमी प्रदेश अवध को 1873–74 में पुनः भयंकर अकाल का सामना करना पड़ा। 1876–78 में उत्तर प्रदेश (संयुक्त प्रान्त), बम्बई प्रेसीडेन्सी, मैसूर हैदराबाद, मद्रास प्रेसीडेन्सी अकाल से ग्रस्त रहे। इस अवधि में अनेक गांव उजड़ गये और भूमि वीरान छोड़ दी गई। आर.सी. दत्त (इकानामिक हिस्ट्री ऑफ इण्डिया इन विक्टोरिया एज) के अनुसार दुर्भिक्ष के कारण इन इलाकों में 50 लाख से 1 करोड़ के बीच लोग मारे गये। इसी प्रकार 1880 व 89 में उड़ीसा, बिहार, 1896–97 मध्यप्रान्त, राजपूताना, बम्बई प्रेसीडेन्सी व गुजरात, 1895–96 में बम्बई प्रेसीडेन्सी, 1906–07 में बिहार, 1907–08 में उत्तर प्रदेश, मध्य प्रान्त अकाल से पीड़ित रहे।

अकाल नीति आयोग		
कर्नल बेयर्ड समिति	1860	कोई कार्य प्रस्तावित नहीं
कैम्पबेल समिति	1866–67	राहत कार्य की सिफारिश की
स्ट्रेची आयोग	1878–80	अकाल कोष में एक करोड़ जमा की सिफारिश की।
मैक्डानल आयोग	1899–1900	सिंचाई व परिवहन पर जोर व अकालग्रस्त क्षेत्र को अकाल आयुक्त के निर्देशन में रखने की सिफारिश।

दुर्भिक्ष एवं सरकारी प्रयास: औपनिवेशिक सरकार ने अकाल ग्रस्त लोगों की राहत के लिए उपाय किये, किन्तु अधिक लाभ नहीं हुआ। यह पाया गया कि निश्चित सिद्धान्तों और सुनिश्चित कार्य प्रणालियों के अभाव में विभिन्न क्षेत्रों में दी गई सहायता न तो एकरूप थी और न व्यय के अनुरूप ही थी। उदाहरणार्थ मद्रास की अपेक्षा बम्बई में आधे से भी कम खर्च में अधिक लोगों की जानें बचा ली गई।

जनरल सर रिचर्ड स्टैची के अधीन 1878–80 में एक कमीशन नियुक्त किया गया जिसने दुर्भिक्ष के दौरान सहायता के सामान्य उपायों के बारे में सुझाव दिये। **स्ट्रेची आयोग** की सिफारिशों (Recommendations of the Strachey Commission, 1880) में अकाल ग्रस्त लोगों को काम दिलवाने, दरिद्रशालाओं तथा सहायता शिविरों (Poor Houses and Relief Camps) की सूची तैयार कर भोजन/खाद्यान्न उपलब्ध करवाने एवं अकाल ग्रस्त इलाके से निर्यात रोकने भूमिकर में छूट जैसे सुझाव दिये गये। 1883 में अकाल संहिता **फेमिन कोड** (Famine Code) जारी की गई। जिसकी जांच का अवसर 1899–1901 ई. के अकालों में मिला। इस समय यह स्पष्ट हुआ कि अधिकारी वर्ग का दृष्टिकोण प्रशासनिक अथवा वित्तीय अधिक और मानवीय कम होता था। अकालों के समय भारत में खाद्यान्न उपलब्ध रहता था लेकिन लोगों के पास उसे खरीदने के लिए धन नहीं होता था।

सरकार ने 1896–97 के अकाल को दृष्टिगत रखते हुए 1897 में "**लायल आयोग**" (Lyall Commission) की स्थापना की। आयोग ने स्ट्रेची आयोग की सिफारिशों को स्वीकार किया तथा अकाल पीड़ितों को सहायता उपलब्ध करवाने का दायित्व राज्य सरकार का माना गया। 1900 में "**मैक्डॉनल आयोग**" (Macdonnell Commission) की नियुक्ति की थी जिसकी सिफारिशों में कहा गया कि अकाल से निपटने के लिए ग्राम स्तर के कार्यों को प्राथमिकता दी जानी चाहिए। देश में निरन्तर पड़ने वाले अकालों के क्रम में "जॉन वुडहेड आयोग" अन्तिम था जिसकी नियुक्ति 1945 में की गई थी। इस आयोग ने भी कुछ महत्वपूर्ण सुझाव दिये थे।

अकालों के दौरान हुई जनहानि के विषय में कहा गया है कि भारत में ब्रिटिश शासन के अन्तर्गत अपरिमित सिंचाई सुविधाएं बर्बाद हो गई तथा भारत ने अकाल व महामारी के अनेक वर्षों को भोगा जिसमें कम से कम छः करोड़ जीवन नष्ट हो गया, ब्रिटिश औपनिवेशिक शासन के 150 वर्षों के बाद सिर्फ 16 प्रतिशत खेती की जमीन नदियों, तालाबों व कुंओं से सिंचित होती थी, जबकि बची हुई 84 प्रतिशत मानसूनी बादलों पर पूर्णतया निर्भर रहती थी।[44] 1947 के बाद भारत सरकार

ने अकाल की वीभत्सता को देखते हुए पंचवर्षीय योजनाओं में अधिक अन्न उत्पादन पर बल दिया किन्तु विशेष लाभ नहीं हुआ। अतः हरित क्रान्ति कृषि विकास की नई कार्य योजना लाई गई जिसके सकारात्मक परिणाम आये और खाद्यान्नों के मामले में भारत आत्मनिर्भरता की ओर बढ़ा।

सामाजिक परिवर्तन: अंगरेजी कृषि एवं भू–राजस्व व्यवस्था के परिणामस्वरूप नये सामाजिक वर्गों का उदय हुआ। स्थाई बन्दोबस्त के फलस्वरूप बंगाल में नया जमींदार वर्ग अस्तित्व में आया। इसी प्रकार कृषि श्रमिक वर्ग भी ब्रिटिश भू–राजस्व का ही परिणाम थे। इन वर्गों की स्थिति का आकलन आप स्वयं पूर्व विवेचनों के आधार पर कर सकते हैं। अंगरेज सरकार ने गांव की जमीन पर अपने परम्परागत अधिकार से वंचित कर दिया था, साथ ही चरागाह एवं समीपवर्ती जंगल के निःशुल्क उपभोग का अधिकार भी न रहा। गाँव की साधारण अर्थव्यवस्था और व्यवस्था के अनुरक्षण संपोषण के लिए इस जमीन का निर्णायक मूल्य था। नए राज्य ने समीपवर्ती भूमि पर गांवों के स्वत्व और उसके निःशुल्क उपयोग के अधिकार को समाप्त कर दिया।[45]

औपनिवेशिक शासन में सरकारी दखलअंदाजी में वृद्धि हुई, आये दिन ताल्लुकेदार, अंगरेजी नौकर गांवों में आने जाने लगे। इस तरह गाँवों का स्वपर्याप्त एवं आंशिक गणतान्त्रिक स्वरूप भंग हो गया।[46] गाँव के विवादों का निपटारा जहाँ पूर्व में गाँव की पंचायतें किया करती थी उनका स्थान सरकार द्वारा स्थापित कानूनी न्यायालयों ने ले लिया। डॉ. मजुमदार ने लिखा है कि राजस्व के समान बहुत से प्रयोग किये गये और तब अन्त में न्याय शासन की एक निश्चित प्रणाली का विकास हुआ। ये प्रयोग भूमि राजस्व के सम्बन्ध में किये गये प्रयोगों से घनिष्ठ रूप से सम्बद्ध थे तथा उनके करीब–करीब एक आवश्यक अंग माने जा सकते हैं।[47]

स्वावलम्बी ग्रामीण अर्थव्यवस्था के विघटन की एक महत्वपूर्ण शर्त ग्रामीण हस्तशिल्प का ह्रास भी थी, क्योंकि स्थानीय दस्तकारी उद्योग के विनाश के बिना गाँव की आत्मनिर्भरता समाप्त नहीं हो सकती थी। अंगरेजों ने इंग्लैण्ड के कारखानों में भारतीय कच्चे सामान से निर्मित माल रेल एवं सड़क मार्ग द्वारा गाँव–गाँव में पहुंचाया।[48] दूसरी ओर बंगाल के दस्तकारी उद्योग को दमनात्मक कानूनों द्वारा नष्ट किया। ग्रामीण दस्तकारी उद्योग के विघटन का एक परिणाम बड़ी संख्या में कारीगरों का कृषि कर्म में प्रवृत्त होने के रूप में देखा जाता है।[49] वस्तुतः विविध कामगारों को दस्तकारी उद्योगों से हटाकर कृषि द्वारा कच्चे माल के उत्पादन हेतु उन्मुख करना अंगरेजी कृषि नीति का अंग था।[50] देसाई की धारणा है कि आत्मनिर्भर ग्रामीण अर्थतंत्र के दो आधार स्तम्भों ग्राम कृषि और ग्रामोद्योग के सन्तुलन के नष्ट हो जाने पर आत्मनिर्भर गाँवों के अस्तित्व का आर्थिक आधार कमजोर हो गया।[51]

औपनिवेशिक सरकार द्वारा वैयक्तिक भूस्वामित्व की स्थापना एवं भूमि को हस्तान्तरणीय वस्तु बना दिये जाने से संयुक्त परिवार टूटने लगे। संयुक्त परिवारों में ही बिखराव नहीं आ रहा था बल्कि गाँव के सामुदायिक जीवन एवं पारस्परिक सुरक्षा की भावना भी क्षीण होने लगी।

वैयक्तिक स्वामित्व की स्थापना के साथ ही भूमि के उपविभाजन एवं विखण्डन प्रक्रिया ने पारिवारिक विवादों एवं झगड़ों को जन्म दिया। भूमि को विभाज्य और व्यक्तिगत स्वामित्व की वस्तु बना दिये जाने से उसका विखण्डन स्वाभाविक तथा निश्चित हो गया। विखंडन के फलस्वरूप उत्पादन में कमी, मुकद्दमेबाजी एवं साहूकारों का प्रभाव बढ़ता गया। उधर कुटीर उद्योगों के विनाश तथा औद्योगीकरण के अभाव में जनसंख्या तथा भूमिहीन श्रमिकों की वृद्धि से भूमि के छोटे–छोटे खण्डों की मांग बढ़ती गई।

ग्रामीण स्वावलम्बी अर्थव्यवस्था के विघटन के परिणामों की चर्चा करते हुए देसाई ने लिखा है कि यह सत्य है कि गांवों के अर्थतंत्र के पूंजीवादी रूपान्तरण की प्रक्रिया में ग्रामीण सहयोग की भावना का अन्त हो गया लेकिन इस रूपान्तरण की ऐतिहासिक प्रगतिशीलता इस बात में निहित है कि इसने आत्मनिर्भर गांवों के पार्थक्य को समाप्त कर, उनकी अर्थव्यवस्था को संयुक्त, एकीकृत भारतीय अर्थात् राष्ट्रीय अर्थव्यवस्था का अंग बनाया। भारतीय जनजीवन के आर्थिक समन्वय के लिए ऐसी प्रगति ऐतिहासिक दृष्टि से आवश्यक थी। जनसाधारण के लिए रेल और बस जैसे आवागमन के साधनों की स्थापना से सामाजिक विनिमय की संभावना तेजी से बढ़ी और गांव के लोगों का भौतिक, सामाजिक एवं सांस्कृतिक पार्थक्य समाप्त हुआ।[52]

अंगरेजों द्वारा भू–राजस्व में निरन्तर वृद्धि कृषि श्रमिकों के साथ अत्याचार एवं शोषण का परिणाम राजनीतिक चेतना के विकास के रूप में देखा जाता है। इतिहासकारों की मान्यता है कि अपने अन्याय के विरूद्ध विरोध जाहिर करने की प्रबल आकांक्षा की परिणति असहयोग आन्दोलन (सितम्बर से फरवरी 1922 ई.) एवं भारत छोड़ो आन्दोलन (1942 ई.) में बड़ी संख्या में कृषकों के सम्मिलित होने के रूप में व्यक्त हुई, अंगरेजी शासन की अन्यायपूर्ण एवं क्रूर नीतियों से तंग

आकर किसान विद्रोह करने के लिए उतावले हो रहे थे। उन्हें ऐसे अवसर की तलाश थी जिसके माध्यम से अपना असन्तोष प्रदर्शित कर सकें, वह अवसर असहयोग आन्दोलन एवं भारत छोड़ो आन्दोलन के रूप में मिल गया, जिसमें उन्होंने अपने विद्रोह की भावना की खुलकर अभिव्यक्ति की। दूसरे शब्दों में, साम्राज्यवादी सरकार की कृषि नीति राष्ट्रीय भावना के दूत एवं राष्ट्रव्यापी विकास का कारण सिद्ध हुई।

सरकार की कृषि नीति के ग्रामीण अर्थतंत्र पर हुए राजनीतिक प्रभाव के बारे में कहा गया है कि गांवों की आत्मनिर्भरता एवं यहां के लोगों के सीमित सहयोग का विनाश कर देश का जो पूंजीवादी एकीकरण हुआ उसने अर्थतंत्र एवं सामाजिक सहकर्मण के उच्चस्तरीय रूपों के आगमन के लिए मार्ग प्रशस्त किया। इसमें राष्ट्रीय अर्थव्यवस्था के संगठन और देश के पैमाने पर सहयोग का रास्ता तैयार किया। देश के एकीकरण के पहले भारतीय जनजीवन अनेकानेक गांवों में बिखरा हुआ था और इन गांवों में परस्पर सामाजिक या आर्थिक विनिमय नहीं के बराबर था। इसीलिए इनका कोई सम्मिलित स्वार्थ नहीं था। पूंजीवादी एकीकरण ही इस आकारहीन पिण्ड से भारतीय राष्ट्र के उद्भव का भौतिक आधार सिद्ध हुआ।[53]

संदर्भ

1. *भारत में उपनिवेशवाद और राष्ट्रवाद*, पृ. 51–52
2. दत्त, रजनीपाम, *आज का भारत*, पृ. 221
3. *इम्पीरियल गजेटियर ऑफ इण्डिया*, जिल्द 3, पृ. 2
4. Cunningham, *Growth of English Industry and Commerce*, Part III, p. 610
5. देसाई, *भारतीय राष्ट्रवाद की सामाजिक पृष्ठभूमि*, पृ. 32–33
6. *कृषिक भारत*, पृ. 24
7. देसाई, वही, पृ. 33
8. गाडगिल डी.आर., *द इण्डस्ट्रियल इवोल्यूशन ऑफ इण्डिया इन रीसेंट टाइम्स*, 1933 पृ. 153–54 देसाई ए. आर., भारतीय राष्ट्रवाद की सामाजिक पृष्ठभूमि पृ. से उद्धृत
9. दत्त, रजनीपाम, वही, पृ. 224
10. Cotton, C.W.E., *Handbook of Commercial Information for India*, pp. 195-206
11. *The British Paramountcy and Indian Renaissance*, II, p. 595
12. विद्यालंकार, *भारतीय सम्पत्ति शास्त्र*
13. दत्त, रजनीपाम, वही, पृ. 218
14. दत्त, रजनीपाम, वही, पृ. 263–64
15. *कृषिक भारत*, पृ. 61
16. दत्त, रजनीपाम, पृ. 265
17. दत्त, रजनीपाम, वही, पृ. 266
18. *कृषिक भारत*, पृ. 144
19. दत्त, रजनीपाम, वही, पृ. 267
20. देसाई, वही, पृ. 46–47
21. वही, पृ. 48
22. *कृषिक भारत*, पृ. 56
23. वही
24. Ranade, M., *Essays on Indian Economics*, p. 316
25. देसाई, वही, पृ. 48, बिपिनचन्द्र, *भारत में आर्थिक राष्ट्रवाद का उद्भव और विकास*, अनामिका प्रकाशन, दिल्ली, 1993, पृ. 353
26. *कृषिक भारत*, पृ. 140
27. दत्त, रजनीपाम, वही, पृ. 225–26
28. बिपिनचन्द्र, वही, पृ. 351
29. केन्द्रीय बैंकिंग जांच समिति की रिपोर्ट, पृ. 59, *आज का भारत*, पृ. 276
30. देसाई, वही, पृ. 50–51
31. *कृषिक भारत*, पृ. 45
32. *कृषिक भारत*, पृ. 45
33. देसाई, वही, पृ. 51
34. दत्त, रजनीपाम, वही, पृ. 226
35. देसाई, वही, पृ. 52
36. देसाई, वही, पृ. 42
37. दत्त, रजनीपाम, वही, पृ. 224
38. डॉ. एच.एच. मान, *लैण्ड ऐंड लेबर इन ए डकन विलेज*, 1917, जि. 1, पृ. 46: *आज का भारत*, पृ. 224–25 से उद्धृत
39. यह प्रक्रिया आज तक जारी है और भूमि के छोटे टुकड़ों पर खेती करना अलाभप्रद हो गया है
40. दत्त, रजनीपाम, वही, पृ. 225
41. विद्यालंकार, वही, पृ. 441
42. वही, पृ. 443
43. बिपिनचन्द्र, वही, पृ. 354
44. *कृषिक भारत*, पृ. 140
45. देसाई, वही, पृ. 37
46. स्मिथ, वही, पृ. 634
47. मजुमदार, आर.सी., *भारत का वृहत् इतिहास*, जि III, पृ. 164
48. रानाडे, वही, पृ. 106
49. विद्यालंकार, वही, पृ. 69
50. काले, वही, पृ. 69
51. देसाई, वही, पृ. 37
52. देसाई, वही, पृ. 39
53. देसाई, वही, पृ. 40

❋❋❋

12

परम्परागत हस्तशिल्प का ह्रास एवं वाणिज्य व्यापार का विस्थापन

(Decline of Traditional Craft and Dislocation of Trade and Commerce)

भारत के पारम्परिक दस्तकारी उद्योगों का विनाश औपनिवेशिक शासन के प्रारंभिक परिणामों में से एक था। यहां के हस्तशिल्प उद्योगों का ह्रास इंग्लैण्ड के आधुनिक कारखानों, उद्योगों के विकास से जुड़ा हुआ हैं। इंग्लैण्ड में आधुनिक उद्योगों की स्थापना से पूर्व की औपनिवेशिक नीति को भी जान लेना आवश्यक है और इस नीति को अंगरेजों द्वारा बंगाल में आधिपत्य स्थापित कर लेने के कुछ समय पहले एवं बाद की तुलना में समझा जा सकता हैं जब भारत में ईस्ट इण्डिया कम्पनी के अतिरिक्त फ्रांसीसी एवं डच आदि व्यापार कर रहे थे उस समय ब्रिटिश कम्पनी के लाभ का स्रोत भारतीय उत्पादों का भारत में लागत मूल्य तथा इंग्लैण्ड में विक्रय मूल्य का अन्तर था। इस लाभ में वृद्धि अंगरेज लोग शिल्पकारों को कम भुगतान करके ही कर सकते थे। दूसरे शब्दों में कम्पनी की समृद्धि कम से कम लागत मूल्य में अधिक माल क्रय करके यूरोप में अधिकाधिक मूल्य पर बेचे जाने पर निर्भर करती थी। लेकिन जब तक भारतीय बाजार में प्रतिस्पर्द्धा बनी रही यह संभव नहीं हुआ और स्थानीय शिल्पकारों को उचित मूल्य मिलता रहा। लेकिन प्लासी की लड़ाई में अंगरेजों की जीत से स्थिति एकदम बदल गई, अब बाजार में कोई प्रतिस्पर्धी शक्ति नहीं रह गई थी और जब अंगरेजों ने दस्तकारों को कम से कम राशि के भुगतान द्वारा अधिक लाभ अर्जित करने की नीति अपनाई इस स्थिति में एक और नया मोड़ आया जब ब्रिटेन में आधुनिक कारखानें स्थापित हो गए। इंग्लैण्ड के कारखानों में निर्मित माल को भारत में विक्रय की सुविधा उपलब्ध रहे इसके लिए आवश्यक था कि भारत में निर्मित वस्त्र इंग्लैण्ड न पहुंचे और भारतीय बुनकर उद्योग को नष्ट किया जाये।

विदेशी अर्थशास्त्री ब्रिटिशकाल में निरूद्योगीकरण या हस्तशिल्प के पतन की बात को स्वीकार नहीं करते हैं। उनके अनुसार इंग्लैण्ड में स्थापित आधुनिक कारखानों में उत्पादित माल का भारतीय शिल्प उद्योग पर कोई प्रभाव नहीं हुआ अर्थात् निरूद्योगीकरण हुआ ही नहीं। दूसरा पक्ष राष्ट्रवादी अर्थशास्त्रियों का है।[1] राष्ट्रवादियों का विचार है कि अंगरेजी साम्राज्य का प्रमुख लक्ष्य भारत का औपनिवेशिक शोषण था। इस मत के समर्थक विद्वानों में प्रमुख थेः रमेशचन्द्र दत्त, महादेव गोविन्द रानाड़े, मदनमोहन मालवीय आदि। अनेक आधुनिक आर्थिक इतिहासकार भी इस नीति के पक्ष पोषक रहे हैं—एन.के. सिन्हा (बंगाल), रजनीपाम दत्त, ताराचन्द, ए.आर. देसाई, ए.के. बागची (बिहार), आर.डी. चौकसे (महाराष्ट्र), ए.वी. रामनराव (आन्ध्र प्रदेश) आदि। राष्ट्रवादी विद्वानों के विचारों को जानने से पूर्व विदेशी अर्थशास्त्रियों द्वारा प्रस्तुत मान्यताओं का विश्लेषण आवश्यक है।

पाश्चात्य मतः विद्वानों ने विशेषकर मोरिस डेविड (David Morris) की मान्यता है कि राष्ट्रवादी इतिहासकारों ने औद्योगिक पदार्थों के आयात में वृद्धि को निरूद्योगीकरण मानने की भूल की है। उनके अनुसार औद्योगिक पदार्थों के आयात से कुछ देशी उद्योग नष्ट हो सकते हैं मगर कुछ अन्य उद्योगों की प्रगति हो सकती है। जैसे 19वीं शताब्दी में सूत आयात से सूत कातने वालों को आघात लगा किन्तु जुलाहों को सस्ती दर पर सूत मिलने लगा और वे सस्ते कपड़े बना सके और विदेशी कपड़ों से प्रतियोगिता में उतर सकें।

मोरिस के अनुसार बाजारों की क्षमता इतनी बढ़ गई थी कि मैनचेस्टर तथा भारतीय करघा उत्पादों के माल की खपत समान रूप से हो सकती थी। उन्होंने इसके समर्थन में तर्क प्रस्तुत किया कि मैनचेस्टर वस्त्रों के कारण भारतीय बनुकरों का व्यवसाय चौपट हो गया होता तो इतने दशकों के निरूद्योगीकरण के बाद बुनकर कैसे बचे रहते।

इसी प्रकार डैनियल थॉर्नर ने यह विचार रखे कि सन् 1881 के बाद उपलब्ध जनगणना के आंकड़ों से यह सिद्ध नहीं होता कि 1881 से सन् 1931 तक दस्तकारी उद्योगों का विनाश हो रहा था।

राष्ट्रवादियों का मत: थार्नर (A & D Thorner) की धारणा का राष्ट्रवादी विद्वानों ने समर्थन नहीं किया है उनके अनुसार हस्तशिल्प का ह्रास जनगणना प्रक्रिया शुरू होने के बहुत पहले ही हो चुका था। जनगणना प्रक्रिया 1881 से शुरू हुई और 1881 से 1931 के मध्य कृषि रोजगार में 13 प्रतिशत वृद्धि हुईं वहीं औद्योगिक रोजगार में 9 प्रतिशत की गिरावट आई। महादेव गोविन्द रानाडे ने 'एसेज आन इण्डियन इकानॉमिक्स' में स्पष्ट किया है कि 18वीं सदी में यूरोप के अन्य देशों की तरह इंगलैण्ड ने विश्व में अपने उपनिवेश स्थापित किये हैं, विशेष रूप से उनके कारखानों में उत्पादित माल के विक्रय की सुविधा उपलब्ध होती रहे तथा व्यापारियों को उपनिवेश का बाजार सुलभ हो। उपनिवेशों के प्रति यही साम्राज्यवादी शासकों का नजरिया है और वे ऐसा कहते भी है। उपनिवेशों में उन्हीं कृषि उत्पादनों की उपज पर जोर देते हैं जो इंग्लैण्ड के कारखानों में कच्चे माल के रूप में प्रयुक्त हो। भारत के कृषि उत्पादनों एवं अन्य खनिजों से तैयार माल को पुनः भारत के बाजार में विक्रय के लिए भेज दिया जाता है। इसका परिणाम यह हुआ कि हिन्दुस्तान का दस्तकारी उद्योग नष्ट हो गया।[2]

एन.के. सिन्हा ने *बंगाल का आर्थिक इतिहास* में बंगाल का उदाहरण प्रस्तुत किया है। उनके अनुसार ढाका का महत्व इस नगर में केन्द्रित व्यापार के कारण था। अंगरेज, डच और फ्रांसीसी लोग खरीद–फरोख्त और निजी व्यापार के लिए अभी भी इस नगर में एकत्रित हुआ करते थे। मलमल की खरीद–फरोख्त का यह केन्द्र था। 1793 में इंग्लैण्ड में तकुए से बटे धागे (Mule Twist) के आम प्रचलन में आने के करीब छः साल पहले से ही ढाका के सूती वस्त्र उद्योग की अवनति की तिथि निर्धारित की जा सकती है। ढाका फैक्टरी में कमर्शियल रेजीडेंट की एक रिपोर्ट के अनुसार 1799 में, वस्त्र उत्पादन उद्योग 1792 की तुलना में घटकर 1/5 भाग रह गया था। ढाका से कम्पनी के सूती वस्त्र निर्यात का परिमाण 1813 में घटकर करीब साढ़े तीन लाख रूपये के मूल्य का रह गया।[3]

यह बात 19वीं शताब्दी के आरम्भ में आयात–निर्यात के हिसाब देखने से भी स्पष्ट होती है कि कुटीर उद्योग में पैदा होने वाले शिल्प पदार्थों का निर्यात एक ओर कम हुआ तो दूसरी ओर इंग्लैण्ड के शिल्प पदार्थों का आयात बढ़ा है, विशेषकर सूती कपड़ों के आयात में बढ़ोत्तरी ध्यान देने योग्य है, 1860 में 96 लाख पौण्ड स्टर्लिंग हो गया और सन् 1900 में 27 करोड़ पौंड स्टर्लिंग तक जा पहुँचा। आर.सी. दत्त की मान्यता है कि निर्यात में कमी का अभिप्राय है देशी पदार्थों की मांग का विदेशी बाजार में 19वीं शताब्दी के आरम्भ में कम होना और आयात में वृद्धि का तात्पर्य है, देश के बाजारों से भी देशी शिल्प पदार्थों को उखाड़ बहार किया जाना।[4] विदेशी उत्पादनों द्वारा भारतीय शिल्प उत्पादनों का स्थान लिये जाने को उन्होंने ब्रिटिश भारत के इतिहास का निकृष्टतम अध्याय कहा है क्योंकि इससे भारत के आर्थिक स्रोतों में हुए संकोच और भारतीयों की आजीविका में आई और अधिक कृच्छता तथा विषमता के स्पष्ट संकेत मिलते हैं।[5]

रजनीपाम दत्त ने *आज का भारत* में कुछ पहले के आंकड़ें प्रस्तुत करके यह सिद्ध किया है कि इंग्लैण्ड में निर्मित वस्त्रों की भारत में खपत बहुत तेजी से बढ़ाई गई। दूसरी ओर भारत के सूती कपड़ों का निर्यात कम हुआ। 1814 और 1835 के बीच इंग्लैण्ड में बने सूती कपड़े की भारत में खपत 10 लाख गज से बढ़कर 5 करोड़ 10 लाख गज से भी अधिक हो गई। इसी अवधि में ब्रिटेन के बाजार में जाने वाले भारतीय सूती कपड़े के कटपीसों की संख्या साढ़े बारह लाख से घटकर 3 लाख 6 हजार हो गई और 1844 तक यह संख्या महज 63,000 ही रह गई।[6] उपरोक्त आंकड़ें इंगित करते हैं कि इंग्लैण्ड के कारखानों में तैयार माल का आयात निरन्तर बढ़ रहा था और देशी बुनकरों, शिल्पकारों द्वारा उत्पादित सामग्री का निर्यात प्रतिवर्ष कम हो रहा था। इसके परिणाम की सहज ही कल्पना की जा सकती है कि स्थानीय कुटीर उद्योगों का तेजी से ह्रास हुआ।

राष्ट्रवादी नेताओं के अनुसार उद्योगों का यह पतन अपने आप नहीं हुआ, प्रत्युत साम्राज्यवादी शासकों की योजनाबद्ध नीति का एक अंग था। ताराचंद अंगरेजों की इस कुटिल नीति के बारे में लिखते हैं: 19वीं शताब्दी के प्रारम्भिक दशकों में तत्कालीन आयात शुल्कों और इंग्लैण्ड वाष्पचालित मशीनों के प्रयोग के कारण कम लागत पर सूती कपड़ा बनने के बावजूद इंग्लैण्ड यूरोप की मण्डियों में बने माल से होड़ न लगा पाया। भारतीय माल की कीमतें विलायती माल की कीमतों की तुलना में 50 से 60 प्रतिशत तक बनी रहीं। इसलिए अपने माल के अनुकूल परिस्थितियां पैदा करने के लिए ब्रिटेन ने अपने विजित प्रतियोगी के उत्पादनों का विनाश करने के विचार से अपनी राजनीतिक शक्ति का उपयोग किया। भारतीय माल के आयात पर इतना अधिक शुल्क लगा दिया गया कि उसका आयात ही न हो सके और भारतीय उत्पादकों पर असहनीय भार डाल दिया गया।[7] इसके अतिरिक्त परम्परागत शिल्प उद्योग के पतन के संक्षेप में निम्नलिखित कारण अन्य थे जिनकी चर्चा विस्तार से आगे की गई है:

- भारत को 1813 में चार्टर एक्ट द्वारा मुक्त क्षेत्र घोषित करना। जिससे कई प्रतिस्पर्द्धि आ गये।
- ब्रिटिश सरकार ने स्थानीय परम्परागत उद्योगों में काम आने वाले कच्चे माल का निर्यात बड़ी मात्रा करना शुरू किया। चुंगी (Octori) निर्यात सुविधा की दृष्टि से सुविधा जनक बनाये गये।
- भारतीय माल पर भारत एवं इंग्लैण्ड दोनों ओर शुल्क (कर) द्वारा हतोत्साहित किया गया।
- विदेशी निर्माताओं को भारत में उद्योग लगाने के लिए विशेष सुविधायें प्रदान की गई।
- रेल मार्गों के विकास तथा विदेशी कम्पनियों द्वारा मेलों एवं प्रदर्शनियों से भारतीय माल को निरूत्साहित किया गया।
- ब्रिटिश वस्तुओं को भारत में नाममात्र के कर या बिना कर (No Tax) के भारत में प्रवेश दिया गया।

सन् 1812 में एवं 1813 के बाद इंग्लैण्ड में भारत से आयात की जाने वाली वस्तुओं पर आयात शुल्क की तुलनात्मक दरें इस प्रकार थीं:

तालिका–1[8]

	भारतीय माल यूरोप में बेचने के लिए इंग्लैण्ड में लाया गया आयात शुल्क		भारतीय माल इंग्लैण्ड में विक्रय के लिए लाया गया आयात शुल्क		शुल्क के परिवर्तन के वर्ष
	यूरोप हेतु पौण्ड	इंग्लैण्ड में शिलिंग	पौण्ड	शिलिंग	
1. छींट के वस्त्र (सूती कपड़ा)	3	6	68	6	1812 में
2. मलमल	10	0	27	6	
3. रंगीन वस्त्र	3	6			
		विक्रय पर प्रतिबंध लगा दिया गया 1813 के बाद इंग्लैण्ड में विक्रय हेतु भेजे जाने वाले वस्त्रों पर आयात शुल्क बढ़ाया			
1. छींट के वस्त्र			78	6	1813 के बाद
2. मलमल			31	6	
3. रंगीन वस्त्र			आयात एवं विक्रय पर पूर्ण प्रतिबंध था		

ताराचंद महोदय के कथन को आगे बढ़ाते हुए कहा जा सकता है कि 1760 से 1820 के मध्य इंग्लैण्ड का तीव्र औद्योगीकरण हुआ। *द ला ऑफ सिविलाइजेशन एण्ड डिके* नामक अपनी पुस्तक में ब्रुक्स ऐडम्स ने इस बारे में विस्तार से लिखाः प्लासी की लड़ाई 1757 में हुई और इसके बाद अभूतपूर्व तेजी से बहुत सारे परिवर्तन हुए। 1760 में तेज चलने वाली दरकी–भरनी का अविष्कार हुआ और लोहा पिघलाने के जलावन के रूप में लकड़ी के बदले कोयले का इस्तेमाल हुआ। 1764 में हारग्रीब्ज ने सूत कातने वाली मशीन का आविष्कार किया और 1776 में क्राम्पटन ने एक ही साथ कई सूत कातने और उन्हें बटने वाली मशीन का, 1785 में कार्टराइट ने मशीन में चलने वाले करघे का पेटेंट कराया और इन सबसे महत्वपूर्ण बात यह हुई कि 1768 में वाट भाप से चलने वाले इंजन को पूरा कर लिया। केन्द्रीभूत ऊर्जा के जितने सारे उद्‌गम थे वाष्प चालित इंजन उनमें सबसे अधिक कार्यक्षम था। भारतीय धन के अन्तरागम के पूर्व और तज्जन्य वाणिज्यिक साख और विश्वास के बिना (ब्रिटेन के औद्योगीकरण के लिए आवश्यक) शक्ति वहां उपलब्ध नहीं थी। अगर वाट पचास साल पहले हुआ होता तो निश्चय ही वह और उसका आविष्कार नष्ट हो गए होते। संभवतः सृष्टि के प्रारम्भ से आज तक कहीं भी पूंजी लगाने पर इतना फायदा नहीं हुआ है जितना भारत की लूट से ब्रिटेन को हुआ है। लगभग 50 वर्षों तक ब्रिटेन का कोई प्रतिद्वन्द्वी नहीं रहा। 1694 से प्लासी (1757) तक विकास की गति धीमी थी, 1760 से 1815 के बीच यह गति बड़ी तेज और अपूर्व रही।[9]

इंग्लैण्ड में आयात किये जा रहे भारतीय वस्त्रों की वहां के औद्योगिक वर्गों में हुई प्रतिक्रिया को व्यक्त करते हुए लैकी लिखते हैं कि सत्रहवीं सदी के अन्त में भारत की सस्ती खूबसूरत छींट तथा मलमल इंग्लैण्ड पहुँचीं, जिससे वहाँ के नव विकसित ऊन तथा रेशम व्यवसाय को भारी धक्का लगा। 1700 से 1721 तक ब्रिटिश प्रतिनिधि सभा ने भारत के माल को इंग्लैण्ड में जाने से रोका। भारतीय बुनकरों को हतोत्साहित करने के लिए संचालकों ने कम्पनी के नौकरशाहों को निर्देशित किया कि सम्पूर्ण जुलाहों से अपने ही कारखानों में कार्य करवाया जाये।[10] यदि ऐसे निषेधात्मक शुल्कों और सरकारी आदेशों का अस्तित्व नहीं होता तो पैस्ले और मैनचेस्टर के कारखाने शुरू में ही ठप्प हो जाते और भाप की शक्ति से भी शायद ही दुबारा चालू हो पाते। इनका निर्माण भारतीय निर्माताओं के बलिदान से हुआ।.... ब्रिटेन में बना माल किसी तरह का शुल्क चुकाए बिना भारत पर लाद दिया गया और विदेशी उत्पादक ने अपने उस प्रतियोगी को दबा रखने और आखिरकार उसका गला घोंट देने के लिए राजनीतिक अन्याय का सहारा लिया, जिसका सामना वह समानता की शर्तों पर नहीं कर सकता था।[11]

उल्लेखनीय है कि काकस नामक गुमाश्ते के अधीन 1500 जुलाहे कार्यरत थे। अंगरेजी कोठी पर कार्य करने वाला जुलाहा किसी दूसरे का कार्य नहीं कर सकता था। विलियम बोल्ट्स ने 1767 की स्थिति का निरूपण इन शब्दों में किया हैः आजकल जिस ढंग से देश का आन्तरिक व्यापार चल रहा है, वह सारा का सारा व्यापार और एक विशिष्ट मात्रा में इस देश द्वारा यूरोप के लिए किया गया निवेश, वास्तव में अनवरत दमन का ही दृश्य प्रस्तुत करता रहा है। आमतौर पर बुनकरों की सहमति आवश्यक नहीं समझी जाती, क्योंकि कम्पनी की ओर से नियुक्त गुमाश्ते प्रायः उनसे जहाँ चाहते हैं, हस्ताक्षर करा लेते हैं और बताया जाता है कि जितने रूपये दिये जाते हैं, उतने लेने से इन्कार करने पर वे रूपये उनकी कमर में बाँध दिये जाते हैं और फिर कोड़ों से मारपीट कर उन्हें भगा दिया जाता है।[12] बाध्य होकर जुलाहों ने वस्त्र बनाना बंद कर दिया। इंग्लैण्ड के कारखानों में निर्मित वस्त्र जो भारत भेजा जाता रहा उसकी निरन्तर बढ़ती हुई मात्रा का अनुमान इस तालिका से लगाया जा सकता हैः

तालिकाः 2[13]

सन्	इंग्लैण्ड के कारखानों में निर्मित वस्त्र भारत को निर्यात	
1794	156	पाउंडज
1799	7317	पाउंडज
1800	19375	पाउंडज
1809	118408	पाउंडज
1813	108824	पाउंडज

1813 के चार्टर एक्ट अहस्तक्षेप (Laissez faire) **नीति** के नाम पर भारत का व्यापार (**चाय व्यापार को छोड़कर**) मुक्त कर दिया गया था और इंग्लैण्ड के सामान्य व्यापारियों को भारत से व्यापार करने की पुरी छूट मिल गई। इसका एक और प्रभाव यह हुआ कि भारत में इंग्लैण्ड में उत्पादित वस्तुओं का आयात बढ़ा। दूसरी ओर भारत में निर्मित वस्त्रों तथा कुटीर उद्योगों के उत्पादों में भारी कमी आ गई। अब कच्चे माल का निर्यात किया जाने लगा, उदाहरण के लिए तालिका 2 से स्पष्ट है कि सन् 1794 में भारत में आयात किये गये उत्पादित वस्त्रों का मूल्य केवल 156 पौण्ड था जो 1813 में एक लाख पौण्डज से अधिक हो गया। 1814 में इंग्लैण्ड से केवल 8 लाख गज के लगभग कपड़ा आयात किया जाता था। 1835 में यह मात्रा 5 करोड़ 17 लाख गज से अधिक हो चुकी थी।

इसके विपरीत 1814 से 12 लाख 66 हजार गज कपड़ा भारत से निर्यात किया जाता था जो 1835 में घटकर केवल तीन लाख गज रह गया।[14] 1813 के चार्टर अधिनियम के दुष्प्रभावों की चर्चा करते हुए रमेशचन्द्र दत्त ने लिखा है कि 1813 तक दिन पर दिन भारत का निर्यात रोका गया। 1820 के बाद रूई की कारीगरी तथा व्यापार को जो धक्का पहुँचाया गया उससे आज तक भारत अपने को संभाल न सका।[15] यह सब इसलिए संभव हुआ कि कम्पनी के हाथ में राजनीतिक सत्ता भी थी और उसकी मदद वह अपनी तिजारत आगे बढ़ाने के लिए तरह–तरह की सुविधाओं की सृष्टि करती थी, जैसे कारीगरों को कम्पनी की शर्तों पर काम करने को बाध्य करना, कम दाम में चीजें खरीदना, कारीगरों के कामों पर अपना एकाधिकार बनाये रखना, बाहर से खरीदकर लाई गई चीजों को जबर्दस्ती भारत में बेचना, राजनीतिक हथकंडों से अपना एकाधिकार बनाए रखने के लिए देशी और विदेशी प्रतिद्वंद्वियों का उन्मूलन आदि।[16]

निरूद्योगीकरण में बाबू वर्ग और काले साहबों के योगदान का जिक्र करते हुए धनंजय रामचन्द्र गाडगिल ने दर्शाया है कि 19वीं शताब्दी में इन्होंने किस प्रकार साहबों के अनुकरण में विलायती कपड़े और आयातित विलास–सामग्री की तरफ अपना झुकाव दिखाया, जिसके फलस्वरूप देश के उच्च स्तर के और शहरी शिल्प पदार्थों का बाजार कम हो गया। इसके विपरीत ग्रामीण शिल्पी वर्ग के लोग गांवों में अपने गरीब खरीददारों के हित में और ज्यादा प्रवृत रहे। कुल मिलाकर हुआ यह कि भारत ने अपना शिल्प कर्म और उद्योग खो दिया और इंग्लैण्ड के शिल्प पदार्थों के बाजार रूप में परिणत हो गया। वह केवल कृषि के ऊपर निर्भर होकर इंग्लैण्ड के बाजार के रूप में बदल गया।[17]

भारत कुटीर उद्योगों के ह्रास का एक अन्य कारण देशी रजवाडों की समाप्ति को माना है। ये रजवाड़े इस उद्योग के सबसे बड़े खरीददार और संरक्षक थे। इसके अतिरिक्त यह भी कहा गया है कि कम्पनी ने भारतीय उपनिवेश की मण्डी का पूरा फायदा उठाने के लिए सीमा शुल्क लगाये और परिवहन के नियमन के तरीके अपनाए जिनके कारण भारतीय व्यापारियों को देश के अन्दर तिजारत करने में भी कठिनाइयों का सामना करना पड़ा। कम्पनी द्वारा की गई इन कार्रवाइयों का उद्देश्य ही यह था कि प्रतिद्वंद्वी व्यापारियों को रास्ते से हटाकर भारतीय मण्डी पर एक छत्र राज्य स्थापित कर लिया जाए। फलस्वरूप भारतीय हस्तशिल्प की कृतियों के लिए देशी बाजार नष्ट प्रायः हो गया।[18] उन्नीसवीं सदी के चौथे दशक में हुए रेलवे के विकास ने स्थानीय दस्तकारी उद्योग की रीढ़ को पूरी तरह तोड़ दिया। इसके चलते देश के कोने–कोने में विलायती सामान भर गया और भारतीय मण्डी पर विदेशी मण्डी का प्रभुत्व स्थापित हो गया।

परम्परागत व्यवसायों का पतन (Decline of Traditional Crafts)

18वीं शताब्दी के प्रारम्भ में भारत के महत्वपूर्ण उद्योगों में सूती वस्त्र उद्योग का जिक्र सबसे पहले करना होगा। ढाका, बनारस, आगरा, बुरहानपुर, पटना, बड़ौदा, सूरत, लाहौर व मुल्तान इसके महत्वपूर्ण केन्द्र थे। ढाका की मलमल उस समय बारीकी के लिए सारे संसार में प्रसिद्ध थी। इसकी श्रेष्ठता देखकर विदेशी इसे "वस्तु छाया" कहते थे। जिसे एक अंगूठी के बीच से निकाला जा सकता था। सोनारगांव की एक गज चौड़ी 15 गज लम्बी उत्तम मलमल का वजन मात्र 900 ग्रेन था जिसकी कीमत 40 पौउण्ड थी। "गंगाजल" नामक कपड़ा राजशाही (बरबकाबाद) में तैयार होता था। कालीकट के सिरोंज के कपड़े इतने बारीक थे कि उसे पहन लेने पर इंसान नग्न नजर आता था। डच यात्री स्टेवोरिनस ने बंगाल के वस्त्र उद्योग के लिए लिखा था कि 20 गज से अधिक ढाका की मलमल जेब में रखने वाली तम्बाकू की एक डिबिया में आ सकती थी।[19] वस्त्र उद्योग के अन्य केन्द्रों में बुलन्दशहर, रायबरेली (जायस), फैजाबाद (पांडा), रामपुर, मुरादाबाद, कानपुर, प्रतापगढ़, शाहपुर, ललितपुर, अलीपुर, मेरठ, दिल्ली, रोहतक, ग्वालियर, चन्देरी, इन्दौर व दक्षिण भारत में आर्नी, हैदराबाद, रायचुर, सेलम, तंजौर, मदुरा में बढ़िया किस्म का कपड़ा तैयार किया जाता था।

रेशमी वस्त्रः मालदा, कासिम बाजार, मुर्शिदाबाद, पटना, कश्मीर, बनारस, आगरा, लाहौर, पटियाला, अमृतसर, राजशाही, वीरभूमि, मुर्शिदाबाद, बर्दमान, बांकुडा, मिदनापुर में विशेष रूप से निर्मित किये जाते थे। मूंगा रेशम असम की विशेषता थी। अन्य केन्द्रों में बेलारी मैसूर एवं थाना का जिक्र किया जा सकता है।

तसर (टसर): उड़ीसा तसर वस्त्र निर्माण के लिए प्रसिद्ध था। यूरोपियन इसे घास का कपड़ा कहते थे।

रंगाई–छपाई: उस समय भारतीय वस्त्र रंगाई या कैलिको (Calicoes) के लिए प्रसिद्ध थी। दिल्ली बंधाई के लिए जबकि रंगाई–छपाई के लिए आगरा, लखनऊ, मछलीपट्टम, ढाका व कासिम बाजार उल्लेखनीय केन्द्र थे।

ऊनी वस्त्रः ऊनी वस्त्रों के निर्माण में पंजाब सबसे आगे था और राजस्थान में भी भेड़ की ऊन से कम्बल आदि बनाये जाते थे। लाहौर, लुधियाना, अमृतसर, रामपुर (बसाहिर), हिमालय की तराई के कुछ इलाकों तथा कश्मीर में शालें बनाई जाती थे। कश्मीर में "पार्मनार्म" नाम उल्लेखनीय शालें बुनी जाती थी। 1783 में उत्तम कश्मीरी शाल का मूल्य 40 रूपये था। अन्य केन्द्र लाहौर, आगरा, फतेहपुर सीकरी थे।

आभूषणः सोने चांदी एवं हीरे–जवाहरात की जड़ाई का काम बड़ी तादाद में किया जाता था। दिल्ली, जयपुर, अलवर, बनारस सोने पर मीनाकारी की कला के लिए प्रसिद्ध थे। मुलतान, कश्मीर, कांगड़ा, लाहौर एवं लखनऊ चांदी पर मीनाकारी की कला के लिए और कश्मीर तथा जयपुर तांबे पर मीनाकारी के लिए विख्यात थे। उड़ीसा में कटक और पुरी में सुनार और जौहरी जरदोजी अर्थात् सोने व चांदी के तारों के लैस बनाने का बहुत उच्च कोटि का काम करते थे। तांबे, पीतल और कांसे के बर्तनों के लिए कुछ केन्द्र प्रसिद्ध थे। बंगाल में अनेक स्थानों पर कांसे के बर्तन बनाये जाते थे। बनारस,

लखनऊ, झांसी एवं मुरादाबाद न केवल पीतल और तांबे के बर्तनों के लिए बल्कि इन धातुओं की देवी–देवताओं की मूर्तियों के लिए प्रसिद्ध थे।

कागज: वृक्ष की छाल से पटना, दिल्ली, अवध, अहमदाबाद, सियालकोट व गया में कागज बनाये जाते थे।

जहाज निर्माण: जहाज एवं नौका निर्माण केन्द्रों में सूरत, ढाका, मछलीपट्टनम, पुलीकट, कालीकट, बसई, चटगांव, गोवा एवं इलाहाबाद प्रसिद्ध थे। जहाज निर्माण में भारत यूरोपीयों से आगे था। पार्किसन ने जहाज निर्माण के विषय में लिखा है: जहाज निर्माण में कदाचित उन्होंने अंगरेजों से जो कुछ सीखा उससे बहुत अधिक उन्होंने सिखाया। उन दिनों जहाजों का मानक आकार 300 से 500 टन तक होता था। यद्यपि डेढ़ हजार टन के जहाज निर्माण भी किये जाते थे।

हस्तशिल्प पतन के परिणाम: हस्तशिल्प उद्योगों के पतन से कई समस्यायें पैदा हो गई। अधिकांश बुनकर जो पहले समृद्ध थे विपन्न हो गये। 1757 के बाद बंगाल के अनेक कारीगर धीरे–धीरे बन्धुआ मजदूरों की श्रेणी में पहुँच गये। उनके श्रम से उत्पादित माल प्रचलित बाजार मूल्य की तुलना में लगभग आधे दामों में गुमाश्तों अथवा स्थानीय व्यापारियों के माध्यम से कम्पनी कारिन्दों के पास पहुँचता था। कम्पनी के लिए कार्य करने हेतु जुलाहों से प्रतिज्ञा पत्र भरवाये जाते थे। 1762 में बंगाल के नवाब ने गुमाश्तों के अत्याचार की शिकायत कम्पनी अधिकारियों को की थी, किन्तु कोई सुनने वाला नहीं था। गुमाश्तों के अत्याचारों से परेशान होकर बहुत से बुनकरों ने कपड़ा बुनना तक छोड़ दिया और सामान्य श्रमिक की भांति खेतों में काम करने लगे। राष्ट्रवादी नेताओं की मान्यता है कि शिल्पकारों द्वारा कृषि व्यवसाय अपनाये जाने से कृषि एवं उद्योग सम्बन्धी क्षेत्रों में सन्तुलन बिगड़ गया और इसके फलस्वरूप औद्योगिक ह्रास ने न केवल राष्ट्रीय आय के एक बहुत बड़े तथा महत्वपूर्ण स्रोत को ही नष्ट–भ्रष्ट किया प्रत्युत लाखों कारीगरों को परम्परागत व्यवसायों से वंचित करके उन्हें आजीविका के अन्य साधनों के अभाव के कारण, आजीविका के एकमात्र अवशिष्ट साधन कृषि पर अधिकाधिक निर्भर होने को विवश किया है। इस प्रकार हस्तशिल्प उद्योगों के ह्रास ने भूमि पर लोगों का दबाव बढ़ा दिया।[20]

हस्तशिल्प उद्योग से आये हुए श्रमिकों की संख्या काफी बड़ी थी फलस्वरूप वे जमींदारों और आमिलों के खेत जोतने में लग गये। यदि उद्योगों से अधिक संख्या में जुलाहे और शिल्पी बेकार न होते तो कम्पनी के लगान व्यवस्था में सुधार की आवश्यकता बहुत पहले अनुभव हो जाती।[21] इस तरह कुटीर उद्योगों के विनाश का सीधा प्रभाव कृषि श्रमिकों की वृद्धि के रूप में देखा जाता है। शिल्पियों के समक्ष अंगरेजों के अत्याचारों से बचने का इसके अतिरिक्त कोई उपाय नहीं रह गया था। अनाज के मूल्यों में वृद्धि के कारण भी शिल्पकार कृषि की ओर उन्मुख हुए जिससे उन्हें पारिश्रमिक के रूप में अनाज मिल जाता था।

वाणिज्य व्यापार का विस्थापन (Dislocation of Trade and Commerce): हस्तशिल्प के ह्रास से भारतीय वाणिज्य व्यापार को गहरी ठेस पहुँची। जैसा तालिका 2 में दर्शाया है। 1813 तक इंग्लैण्ड में निर्मित वस्त्रों से भारत का बाजार पटने लगा। भारतीय माल की यूरोप में मांग कम हो गई, कई तरह के करों द्वारा निकासी पर प्रतिबंध लगा दिये गये थे। प्लासी युद्ध से पूर्व स्थिति को वान ट्विसट ने दर्शाया है, "यद्यपि भारत में सोने व चांदी की खानें नहीं थी तथापि ये दोनों धातुएं बहुत बड़े परिमाण में विदेशों से यहाँ आती थीं और यहाँ उसे उनका निर्यात निषिद्ध था।" इसी तरह हाकिंस ने लिखा है, भारत में चांदी बहुत है क्योंकि सभी राष्ट्र यहाँ सिक्का लाते हैं और उसके बदले वस्तुएं ले जाते हैं (ताराचंद, पूर्व उद्घृत पुस्तक, पार्ट–प्रथम, पृ. 148)। भारतीय व्यापार का संचालन अंगरेजी आधिपत्य से पूर्व पंजाब में खत्री लोहाना एवं भाटिया वर्ग करते थे। दिल्ली, आगरा, जैसलमेर, पाली, जोधपुर, अजमेर, मालदह, रंगपुर, कासिमबाजार, अहमदाबाद, बंगलौर, तंजौर व्यापार वाणिज्य के महत्वपूर्ण केन्द्र थे।

उत्तर प्रदेश व बिहार में ओसवाल, जैन, माहेश्वरी, अग्रवाल व्यापारिक जाति थी। महाराष्ट्र में राजस्थान मारवाडियों का प्रभाव था। आन्ध्र के कोमती एवं तमिल क्षेत्र में चेट्टी वर्ग का व्यापार पर अधिकार था। बंगाल के जगत सेठ (मारवाड मूल के), सूरत के नाथ, (बनारस) एवं दक्षिण में नत्थू कोठारी चेट्टियों का व्यापार पर कब्जा था। बड़े साहूकार पूरी तरह बैंकों की भूमिका में होने से भारतीय व्यापार को इन वर्गों ने गतिशील बनाये रखा।

यूरोपियनों के आगमन से पूर्व एवं बाद तक देश का भीतरी एवं विदेशी व्यापार अधिकतर जल मार्गों से ही होता था। कहा गया है सिन्धु नदीं में 40,000 नौकाएं तैरती थी और 40 से 50 हजार नावों का समूह बंगाल में विद्यमान था। 180 नौकाएं आगरा व सतगांव के बीच व्यापार में लगी हुई थी। दो मस्तूल वाले 100 जहाजों का बेड़ा मलाबार में विद्यमान था। खंभात एवं गोवा के बीच तीन चार सौ जहाजों का बेड़ा व्यापार को गति देने वाला कहा गया है। 250 जहाजों का बेड़ा

गोवा से दक्षिण तक आता जाता था। 18वीं शताब्दी के प्रारम्भ में 3 लाख 45 हजार टन कुल वजन के जहाज भारतीय बन्दरगाहों पर आते जाते थे। जिनमें 85 हजार टन के जहाज विदेश व्यापार में लगे थे।

उस काल की व्यापारिक सामग्री में सूती, रेशमी, ऊनी, मलमल एवं छपाई वाले वस्त्र प्रमुख थे। सोने चांदी के आभूषण, गरम मसालें निर्यात किये जाते थे। प्लासी युद्ध के बाद धीरे–धीरे कई तरह की पाबन्दियों द्वारा भारतीय व्यापार वाणिज्य को धराशायी कर दिया।

ग्रामीण अर्थव्यवस्था का विघटनः ग्रामीण अर्थव्यवस्था का अन्त इसका एक अन्य प्रभाव था। अंगरेजों के आगमन से पूर्व की ग्रामीण अर्थव्यवस्था जिसमें कृषि एवं घरेलू उद्योगों का समन्वय था, नष्ट होने लगा। ए.आर. देसाई का मन्तव्य है कि अंगरेजी नीति से आधुनिक उद्योग का उदय हुए बिना नागरिक हस्तशिल्प के विनाश के कारण भारत में उद्योग और कृषि का असन्तुलन पैदा हुआ। जमीन पर आश्रित लोगों की संख्या बढ़ी और यह उन लोगों के लिए और कृषि–कौशल के लिए हानिकर भी था। ब्रिटेन की आर्थिक नीति के कारण पुराने हस्तशिल्प का विनाश हुआ, इस नीति ने नए उद्योगों को भी विकसित होने से रोका, क्योंकि भारत में नए उद्योगों के विकास से ब्रिटिश उद्योगों के सामानों की यहाँ खपत घट जाती। इस तरह कृषि और उद्योग का पुराना सन्तुलन बिगड़ गया और इस तरह भारत एक औद्योगिक राष्ट्र का कृषि प्रधान औपनिवेशिक उपांग होकर रह गया।[22] जॉन मेनार्ड किन्स ने अंगरेजों की इस नीति को स्पष्ट करते हुए लिखा हैः "भारत कृषि उत्पादों का पश्चिम से आयातित औद्योगिक वस्तुओं के साथ आदान–प्रदान कर ज्यादा समृद्धि हासिल कर सकता था। यह विचार तुलनात्मक लाभ और श्रम के अन्तर्राष्ट्रीय विभाजन के पारम्परिक सिद्धान्त की ओर ले जाता है और आद्यौगिक साम्राज्यवादी देश के लिए भारत जैसे उपनिवेशों को कृषि–भूमि बनाने में मदद करता है।"

कृषि पर निर्भरताः जॉन मेनार्ड किन्स जैसे विद्वानों के विचारों का एम.जी. रानाडे ने विरोध किया कि भारत जैसा उष्ण कटिबन्धीय देश पश्चिमी देशों के आधुनिक उद्योगों के कच्चे माल का उत्पादक देश बन सकता है साथ ही उन्होंने श्रम के विभाजन के सिद्धान्त की भी आलोचना की है। उनके अनुसार भारतीय जनता की कृषि पर अधिक निर्भरता के कई दुष्परिणाम हुए, एक और इसके कारण जहाँ ग्रामीण अर्थव्यवस्था का अन्त हुआ तथा आधुनिक उद्योगों की स्थापना की संभावनायें बढ़ी, वहीं प्राचीन हस्तशिल्प के विनाश ने भारत के व्यापार–व्यवसाय को अवरूद्ध किया जो इसके ग्रामीकरण का प्रतीक था। भारतीय जनता की आजीविका के लिए कृषि पर निर्भरता के बढ़ते अनुपात से भारत के ग्रामीकरण के विस्तार का परिमापन संभव है। कृषि पर एकमात्र लोगों की निर्भरता चिंता का कारण है क्योंकि अनिश्चित वर्षा के रूप में प्रकृति पर निर्भरता इसकी अविश्वसनीयता को बढ़ाती है। इसके अतिरिक्त कृषि भूमि सीमित होने के कारण उसमें अधिक लोगों को खपाये जाने की संभावना नहीं है। 1880 के अकाल आयोग की इस धारणा से राष्ट्रीय नेताओं ने सहमति व्यक्त की कि अकाल से उत्पन्न खतरों का कारण भारतीय जनता का एकमात्र कृषि पर निर्भर होना है और कृषि पर अधिक निर्भरता दस्तकारी उद्योगों के विनाश का परिणाम है।[23]

कच्चा माल उत्पादक देशः भारतीय माल के निर्यात में कमी तथा आयात में वृद्धि इसका एक अन्य दुष्परिणाम था। 1757 के बाद अंगरेजों ने भारत से तैयार माल के स्थान पर कच्चे माल का निर्यात शुरू किया। यह ब्रिटिश कारखानों के विकास के लिए एक निर्धारित नीति का अंग था। इंग्लैण्ड को तैयार माल के स्थान पर कच्चा माल मिलने लगा, दूसरी ओर भारत जो एक प्रमुख निर्यातक देश था इंग्लैण्ड के तैयार माल का प्रमुख आयातक बन गया। महादेव गोविन्द रानाडे अनुभव करते हैं कि पारम्परिक उद्योगों के विनाश एवं नवीन उद्योगों की स्थापना के अभाव में भारत विदेशियों के आर्थिक दृष्टि से अधिक अधीन हो गया है। हम पर विदेशी नियत्रंण और अधिक प्रभावी हुआ है। अब भारत कच्चा माल उत्पादित करने वाले देश के रूप में परिवर्तित हो गया है और हमारे ही कच्चे माल से विदेशों में निर्मित तैयार माल के एक उपभोगकर्ता के रूप में भी।[24]

सम्पत्ति का पलायनः दस्तकारी उद्योगों का ह्रास सम्पत्ति के पलायन से भी जुड़ा हुआ है। भारत से धन का निष्कासन करने के लिए अंगरेजों ने स्थानीय कुटीर उद्योगों को नष्ट करना आवश्यक समझा। ऐसा नहीं किये जाने पर इंग्लैण्ड को अपने कारखानों के लिए कच्चा माल उपलब्ध नहीं होता। 1757 के बाद अंगरेजों को विविध उपायों से विपुल धन प्राप्त हुआ। लेकिन अब उनके समक्ष समस्या यह उत्पन्न हुई कि इस धन को इंग्लैण्ड किस प्रकार भेजा जाये। यह धन केवल वस्तुओं अथवा सोना–चाँदी के रूप में भेजा जा सकता था और इन दोनों विकल्पों में से वस्तुओं के रूप में भेजना अधिक लाभदायक और सुरक्षित था। अंगरेजों ने भारत से विविध उपायों द्वारा अर्जित धन से कारखानों के लिए कच्चा माल क्रय

कर भेजना शुरू किया। इस प्रकार धन का निष्कासन किया जाता रहा। लिस्ट महाशय ने कहा कि इंग्लैण्ड के कारखाने भारतीय व्यवसाय को नष्ट करके खड़े हुए हैं।[25]

सर्वहारा वर्ग का उदयः 19वीं शताब्दी के मध्य भारत में रेलवे का निर्माण हुआ। सड़कें बनाई गईं। यातायात के विकास से देशी शिल्प उद्योग द्वारा उत्पादित माल इंग्लैण्ड के कारखानों में बने माल का प्रतियोगी बन गया। यूरोपीय सूती वस्त्र एवं बर्तनों के आयात से ग्रामीण उद्योगों को भारी धक्का लगा। देसाई ने जिक्र किया है कि इंग्लैण्ड और दूसरे पूंजीवादी देशों में आधुनिक विनिर्माण और मशीन उद्योग की शुरूआत के बाद हस्तशिल्प का ह्रास हुआ। अर्थशास्त्र का एक आधारभूत नियम यह है कि सहज श्रम साध्य औद्योगिक तकनीक से वस्तुओं के उत्पादन पर अपेक्षाकृत कम खर्च होता है और वे तकनीकें पीछे छूट जाती हैं या बिल्कुल खत्म हो जाती है जो आदमी का काम उतना हल्का नहीं कर पाती। इस तरह मशीन उद्योग ने धीरे–धीरे हस्तशिल्प की जगह लेना शुरू की और सारी दुनिया में आधुनिक उद्योग के बढ़ते हुए ज्वार के सामने हस्तशिल्प उद्योग का लोप होने लगा। आगे लिखा है कि हस्तशिल्प के विनाश से पुराने कारीगरों को जीविका का साधन नहीं मिला। 1850 के बाद आधुनिक उद्योग भारत में कुछ तेजी से बढ़े, लेकिन तब भी इतनी तेजी से नहीं कि तेजी से बेकार और बर्बाद हो रहे कारीगरों के लिए पूरा रोजगार मिल सके।[26] दस्तकार जिनको नये उद्योगों में काम नहीं मिल पाया वे आधुनिक सर्वहारा वर्ग के अंग बन गये। इस तरह भारतीयों में धीरे–धीरे असन्तोष बढ़ने लगा जिससे आगे जाकर राष्ट्रीय आन्दोलन को गति मिली।

सन्दर्भ

1. भट्टाचार्य, सब्यसाची, *आधुनिक भारत का आर्थिक इतिहास*, 1995, पृ. 93
2. Ranade, M.G., *Essays on Indian Economics*, Madras, 1906, p. 106
3. सिन्हा, एन.के., *बंगाल का आर्थिक इतिहास*, जि. 2, 1988, पृ. 185
4. भट्टाचार्य, वही, पृ. 94
5. बिपिनचन्द्र, *भारत में आर्थिक राष्ट्रवाद का उदभव और विकास*, पृ. 52
6. दत्त, रजनीपाम, *आज का भारत*, पृ. 142
7. *भारतीय स्वतंत्रता आन्दोलन का इतिहास*, जि. 1, पृ. 340
8. ताराचन्द, वही, पृ. 340, विद्यालंकार, पी.एन., *भारतीय सम्पत्ति शास्त्र*, कानपुर, 1923, पृ. 558
9. ऐडम्स, ब्रुक्स, पृ. 263–64, ए.आर. देसाई, *भारतीय राष्ट्रवाद की सामाजिक पृष्ठभूमि*, पृ. 64–65 से उद्धृत
10. Lecky, *History of England in Eighteenth Centuary*
11. विल्सन, एच.एच., *हिस्ट्री ऑफ ब्रिटिश इण्डिया*, जि. 1, पृ. 385, ताराचन्द, वही, पृ. 340–41, रजनीपाम दत्त, वही, पृ. 142, ए.आर., देसाई, वही, पृ. 65–66
12. बोल्ट्स, विलियम, *कन्सीडरेशन ऑफ इण्डियन अफेयर्स*, पृ. 191–93, ताराचंद, वही, पृ. 341–42 से उद्धृत
13. विद्यालंकार, पी.एन., वही, पृ. 555
14. अलग–अलग विद्वानों द्वारा प्रस्तुत आंकड़ों में थोड़ा–थोड़ा अन्तर देखा जाता है। यह भिन्न–भिन्न स्रोतों को आधार बनाये जाने के कारण हुआ
15. *इकानामिक हिस्ट्री ऑफ इण्डिया*, पृ. 295
16. देसाई, वही, पृ. 64
17. भट्टाचार्य, वही, पृ. 94, देसाई, वही, पृ. 67
18. देसाई, वही, पृ. 66–67
19. दत्त के.के., *सोशल एण्ड इकानामिक लाइफ*, पृ. 87–88
20. बिपिनचन्द्र, वही, पृ. 52
21. जैन, एम.एस., *आधुनिक भारत का इतिहास*, पृ. 43
22. देसाई, वही, पृ. 70–71
23. रानाडे, वही, पृ. 24–25, बिपिनचन्द्र, वही, पृ. 52
24. रानाडे, वही, पृ. 92
25. List, *The National System of Political Economy*, Part 1st England
26. देसाई, वही, पृ. 70

❋❋❋

13
सम्पत्ति का पलायन
(Drain of Wealth)

ईस्ट इण्डिया कम्पनी की भूमिका 1600 से 1757 ई. तक एक व्यापारिक निगम के रूप में थी जो कीमती धातुएँ भारत में देकर उनके बदले भारतीय माल जैसे कपड़ा, गर्म मसाले लेती थी। रजनीपाम दत्त के अनुसार भारत के साथ ईस्ट इण्डिया कम्पनी के व्यापार का मूल उद्देश्य ठीक वही था जो व्यापारिक पूंजी की इजारेदारी कम्पनियों का होता है अर्थात् समुद्र पार के किसी देश के माल और उत्पादनों के व्यापार पर एकाधिकार कायम करके मुनाफा कमाना, किन्तु कम्पनी के सामने शुरू से एक समस्या थी इन सामानों को व्यापार के जरिए भारत से प्राप्त करने के लिए यह जरूरी था कि बदले में भारत को कुछ दिया जाए। 17वीं सदी के प्रारम्भ में विकास की जिस अवस्था तक इंग्लैण्ड पहुँच सका था उसमें भारत को देने के लिए कोई भी ऐसी चीज उसके पास नहीं थी जिसकी उत्तमता और तकनीकी स्तर के मामले में भारतीय सामान से तुलना की जा सके। इसलिए भारत में माल खरीदने के लिए अंगरेजों को बहुमूल्य धातुएँ बाहर लानी पड़ती थी। दूसरे शब्दों में, माल खरीदने के लिए मुख्यतया चांदी निकालनी पड़ी। इसलिए शुरू के दिनों में कम्पनी को वर्ष में 30,000 पौण्ड तक मूल्य के चांदी, सोना और विदेशी सिक्कों के निर्यात का विशेष अधिकार दिया गया।[1]

सम्पति पलायन की पृष्ठभूमिः प्लासी के बाद बक्सर युद्ध ने आगे बढ़कर भारत की प्रशासनिक एवं सैनिक कमजोरियों को उजागर किया। अंगरेजों को यह समझने में देर नहीं लगी कि स्थानीय शासक अत्यन्त निर्बल एवं अयोग्य हैं और उनकी प्रशासनिक व्यवस्था में कई खामियां हैं। उनकी यह धारणा दृढ़ हो गई थी कि "स्थानीय शासकों में परस्पर तालमेल का अभाव है और उनका प्रतिरोध करने की क्षमता उनमें नहीं है।" यहाँ की पुरानी एवं दकियानूसी सैनिक व्यवस्था से वे परिचित हो गये। 1765 ई. में कम्पनी द्वारा बंगाल, बिहार और उड़ीसा की दीवानी या नागरिक प्रशासन के अधिकार हस्तगत कर लेने के बाद मालगुजारी वसूलने का काम मिल गया, तब व्यापार के मुनाफे के अलावा सीधी लूट का एक ऐसा रास्ता खुल पाया जिसका कोई ओर–छोर नहीं था। इसके बाद व्यापक पैमाने पर पूरी बेशर्मी के साथ जो लूटपाट शुरू हुई उसके कारण अंगरेजों को इंग्लैण्ड से व्यापार हेतु धन मंगवाने की आवश्यकता नहीं रह गई थी। अंगरेजों द्वारा भारत से धन हड़पने की नीति ने 18वीं सदी के उत्तरार्द्ध में कम्पनी प्रशासन को इतिहास का अर्थहीन शब्द बना दिया।[2]

भारत को उपनिवेश बनाने में इंग्लैण्ड की औद्योगिक क्रान्ति का भी बड़ा हाथ रहा। इंग्लैण्ड के उद्योगपति एवं व्यापारी वर्ग भारत से मुक्त व्यापार का अधिकार चाहते थे। 1793 ई. से ही इंग्लैण्ड के उत्पादकों ने कम्पनी के व्यापारिक विशेषाधिकारों के विरूद्ध आन्दोलन छेड़ दिया और अन्ततः ब्रिटिश सरकार ने 1813 के चार्टर एक्ट के द्वारा (केवल चीन के साथ व्यापार को जो 1833 में समाप्त हुआ) अन्य व्यापार को मुक्त कर दिया। स्मिथ ने लिखा है कि स्वतंत्र व्यापार की सुविधा मिलने पर भी नये उद्योगपतियों को संतोष नहीं हुआ उन्हें अधिक पूंजी की आवश्यकता थी। उन लोगों को कार्यशील पूंजी कम्पनी के अधिकारियों द्वारा भारत में की गई बचत से प्राप्त होने लगी।[3] कहा जा सकता है कि इंग्लैण्ड में ऐसे कई दबाव समूह थे जो भारत से अधिकाधिक धन की लूट के लिए अंगरेज कर्मचारियों को प्रेरित करते थे। यह धन भारत से धातु मुद्रा अथवा सामग्री के रूप में इंग्लैण्ड पहुँचता था और वह धन वापस भारत को किसी भी रूप में नहीं मिलता था।

प्लासी का युद्ध न केवल बंगाल के लिए बल्कि भारतीय इतिहास के लिए एक महान युगान्तकारी घटना थी। इसके बाद अनेक कारण देश को निर्धन बनाने और इसके सम्पन्न एवं उन्नतिशील व्यापार तथा उद्योगों को नष्ट करने के लिए सीधे तौर पर जुट पड़े और इस प्रक्रिया की शुरूआत की थी बंगाल के शासकों ने, उन्होंने सत्ता प्राप्ति के लिए रिश्वत के रूप में मोटी रकमें अदा कर अंगरेजों को अधिक धन निष्कासन के लिए प्रेरित किया। 1759–60 के मध्य मीरजाफर ने लगभग तीन करोड़ रूपये रिश्वत में कम्पनी को तथा उसके अधिकारियों को दिये। मीरकासिम को भी बंगाल की गद्दी पाने के लिए मोटी रकम अदा करनी पड़ी थी। 1757 से 1765 ई. के बीच यह रकम (रिश्वत रूप में दी गई) पचास लाख स्टर्लिंग से अधिक बढ़ गई। कम्पनी को दीवानी मिल जाने (अगस्त 1756) के बाद बंगाल के अतिरिक्त राजस्व को ईस्ट इण्डिया कम्पनी द्वारा भारत से बाहर भेजी जाने वाली चीजों को खरीदने में लगाया जाने लगा और कम्पनी कर्मचारियों ने

अगले आठ वर्षों में 15 करोड़ रूपये से अधिक का व्यापारिक लाभ किया। आर्थिक दृष्टि की इस प्रक्रिया द्वारा राज्य विस्तार व्यापार के साथ जुड़ गया। इस प्रकार बंगाल की लूट ने भारत के सबसे धनी प्रदेश को निर्धन बना दिया। अंगरेजों ने धन सोने–चांदी की ईंटों के रूप में अथवा निर्यात सामग्री के रूप में बदल लिया था जिसके बदले बंगाल को कुछ नहीं मिला। विद्वानों की मान्यता है कि अंगरेजों के लिए धन को सोने चांदी के रूप में भेजने में न केवल आर्थिक कठिनाई थी बल्कि वस्तुओं की अपेक्षा कम लाभदायक भी था।

दादाभाई नौरोजी का निष्कासन सिद्धान्तः धन निष्कासन या सम्पत्ति का पलायन सिद्धान्त का प्रतिपादन सर्वप्रथम दादाभाई नौरोजी ने किया। उनका जन्म 4 सितम्बर 1825 में मुम्बई में नौरोजी पालन जी दार्दी (Naoraji Palanji Dardi) जो एक गरीब पारसी पण्डित थे, के यहां हुआ। एलफिन्सटन कॉलेज से पढ़कर यहीं प्रोफेसर नियुक्त हुए। 2 मई 1867 को लदंन में हुई ईस्ट इण्डिया कम्पनी एसोसिऐशन की बैठक में पढ़े गए अपने लेख "इंग्लैण्ड डैंट टू इण्डिया" में इस मान्यता को प्रस्तुत किया कि ब्रिटेन भारत में अपने शासन की कीमत के रूप में उस देश की सम्पदा को उस देश से छीन रहा है। भारत में वसूल किये गए कुल राजस्व का लगभग एक चौथाई भाग देश से बाहर चला जाता है। इसके फलस्वरूप भारत का रक्त निरन्तर निचोड़ा जा रहा है।[4] धन निकासी को नौरोजी ने अनिष्ठों का अनिष्ठ (Evil of all Evils) कहा और भारत की निर्धनता का एक मात्र कारण बताया। नौरोजी की तरह जस्टिस महादेव गोविन्द रानाडे ने (पुस्तक, *Essays on Indian Economics*) भी अपने भाषणों में भारत की पूंजी और निकासी साधनों की आलोचना की। 1872 में अपने एक भाषण में उन्होंने कहा कि भारत की कुल राष्ट्रीय आय का एक तिहाई से अधिक भाग अंगरेज सरकार द्वारा छीन लिया जाता है।[5] भारतीय पूंजी के निष्कासन की चर्चा करने वाले लेखकों में आर.सी. दत्त (पुस्तक, *Economic History of India*) का विशिष्ट स्थान रहा है। 27 फरवरी 1901 को अपने भाषण में कहा कि "भारत से हो रही निकासी का उदाहरण आज तक विश्व के किसी भी अन्य देश में ढूँढ़ने से नहीं मिलता।" उन्होंने दृढ़तापूर्वक कहा कि यदि इंग्लैण्ड को प्रतिवर्ष स्वयं अपने राजस्व का आधा भाग खर्च करने के लिए जर्मनी, फ्रांस अथवा रूस भेजना पड़े तो इंग्लैण्ड में वर्षों पूर्व अकाल पड़ गया होता।[6] वे अपनी पुस्तक में लिखते हैं कि अंगरेजों ने विश्व में अनेक प्रदेशों पर कब्जा करने के लिए अपने स्वयं के कई मिलियन पौण्ड खर्च किये, लेकिन भारतीय साम्राज्य को प्राप्त करने के लिए अनेक युद्ध लड़े गये और इस देश पर कब्जा जमाया, उस पर एक शिलिंग भी व्यय नहीं हुआ बल्कि सब कुछ भारतीय लोगों के मूल्य पर किया गया।[7] इसी प्रकार भोलानाथ चन्द्र, सुरेन्द्रनाथ बनर्जी, गोपालकृष्ण गोखले, मदनमोहन मालवीय, जी.वी. जोशी, पी.सी. राय आदि अन्य विद्वान अंगरेजों द्वारा किये जा रहे धन निष्कासन के घोर आलोचक रहे हैं। धन निकासी का विरोध करने वाले समाचार–पत्रों में अमृत बाजार पत्रिका का विशेष रूप से उल्लेख किया जा सकता है। 14 अगस्त 1881 के अंक में इस पत्रिका में अंगरेजों को चेतावनी स्वरूप लिखा कि भारत अनेक तरीकों तथा अनेक दलों द्वारा इस प्रकार चूसा जा रहा है कि वह स्वयं अपने आप भी एक दूसरे की गतिविधियों और कार्यवाहियों से परिचित नहीं। वे यह नहीं जानते कि इस शल्य क्रिया के परिणामस्वरूप उनका रोगी किस अत्यन्त विषम तथा शोचनीय दशा में पहुंच गया है।[8]

निष्कासन के तत्व (Constituents of Drain): उन दिनों तथाकथित सभ्य राष्ट्रों द्वारा अश्वेतों का अधिकतम शोषण सभ्यता का प्रतीक बन गया था, किन्तु इनके द्वारा शोषण के जो तरीके अपनाये गये वे असभ्यता एवं बर्बरतापूर्ण थे। रेल के निर्माण में देश के सीमित साधनों से ब्रिटिश पूंजीपतियों को लाभान्वित किया। इस प्रकार अनुचित ढंग से करोड़ों रूपये के साधनों का ब्रिटिश हितों के लिए उपयोग किया। बिना प्रतिफल के आर्थिक शोषण की इस प्रवृति को ही इतिहासकारों ने आर्थिक निस्सरण, सम्पत्ति पलायन, अथवा धन निष्कासन की संज्ञा दी है। दूसरे शब्दों में, धन निकासी से अभिप्राय उन समस्त भुगतानों से है जो भारत द्वारा ब्रिटेन को बिना किसी प्रतिफल एवं उत्तरदायित्व के दिये गये। यह वह पूंजी थी जिसे अंगरेजों ने अपने शासन की कीमत, रेलों के विकास के प्रतिफल, होम चार्जेज, युद्ध व सुरक्षा की लागत तथा अनार्जित लाभ के रूप में ब्रिटेन भेजा। पूंजीगत साधनों का यह बहाव अंगरेजों द्वारा ठीक उसी प्रकार लूट–खसोट थी जैसे डाकू बलपूर्वक धन छीन ले और उफ भी न करने दे। अंगरेज शासकों की यह डकैती 180 वर्ष अर्थात् 1758 से 1939 तक निरन्तर जारी रही। दादाभाई नौरोजी ने अंगरेजों द्वारा की जा रही धन निकासी के विभिन्न तरीकों का वैज्ञानिक विश्लेषण कर यह सिद्ध कर दिया कि अंगरेज भारतीयों के शोषण से पूंजी व साधनों का ब्रिटेन में भुगतान कर रहे हैं और उससे भारत को कुछ नहीं मिल रहा।[9] जिसे अप्रतिदत्त या अप्रतिफल निर्यात (Unfavourable balance of trade) कहा गया। भारत से आर्थिक साधनों का निस्सरण या निष्कासन अनेक रूपों में होता रहा, उनमें से कुछ महत्वपूर्ण तरीकों का यहाँ उल्लेख करना समीचीन होगा।

ईस्ट इण्डिया कम्पनी के हिस्सेदारों को लाभांश (Dividend to the Shareholders of the East India Company): कम्पनी को भारत के विदेशी व्यापार का एकाधिकार मिलने के साथ ही लूट–खसोट का युग शुरू हुआ। आर.सी. दत्त ने जिक्र किया है कि 1834 में कम्पनी का व्यापार पर एकाधिकार समाप्त हो गया, लेकिन कम्पनी के हिस्सेदारों को दो पीढ़ियों तक भारतीय राजस्व से लाभांश का भुगतान किया जाता रहा और जब भारतीय साम्राज्य पर ब्रिटिश सम्राट का कब्जा हुआ तो भारतीय लोगों को क्रय मूल्य का भुगतान करना पड़ा।

इसके अतिरिक्त अंगरेजों ने अनाधिकृत जहाजों की लूटपाट से अपनी पूंजी पर 87 प्रतिशत की वार्षिक दर से लाभ कमाया जो विश्व इतिहास में बेजोड़ है। कम्पनी में रानी एलिजाबेथ स्वयं हिस्सेदार थी। ब्रिटिश शासन भी समय–समय पर कम्पनी को हिस्से के रूप में राशि प्रदान करती रहती थी जिसका लाभांश ब्रिटेन भेजा जाता रहा। ब्रिटिश सरकार की सदैव यह नीति रही कि इंग्लैण्ड से अधिकाधिक तैयार माल का आयात किया जाये तथा भारत से इंग्लैण्ड स्थित कारखानों के लिए कच्चा माल भेजा जाए। आयात बढ़ने पर भी 1862 के बाद बराबर अनुकूल व्यापारिक सन्तुलन कायम रहा। अप्रैल 1862 से मार्च 1905 तक 43 वर्ष की अवधि में आयात से निर्यात की वृद्धि 1288.23 करोड़ रूपये की थी। इस आधार पर भारत ने 508.81 करोड़ रूपये का सोना और चांदी मंगवाया, शेष 780.42 करोड़ रूपये देश की उस देनदारी की अदायगी में चला गया था, जो इंग्लैण्ड और भारत के आर्थिक और राजनीतिक सम्बन्धों के कारण उत्पन्न हुई थी और यह ऐसा निर्यात (अप्रतिदत्त निर्यात) था, जिसके बदले में हमें कुछ नहीं मिलता था।[10]

भू–राजस्व की बढ़ती हुई दरें (Increasing Trend of Land Revenue): अंगरेजों ने अधिक मालगुजारी वसूल किये जाने के उद्देश्य से सबसे पहले वार्षिक नीलामी में सबसे ऊँची बोली लगाने वाले को लगान वसूली का अधिकार दिया। इस प्रकार अंगरेजों ने भारत में अधिकतम लगान वसूल करने की विधि का आविष्कार किया, किन्तु लगान बढ़ा देने से ही संचालक मण्डल सन्तुष्ट नहीं हुआ, वे लगान में प्रतिवर्ष वृद्धि चाहते थे क्योंकि कम्पनी इंग्लैण्ड से धातु मुद्रा नहीं भेजना चाहती थी। दूसरी ओर भारत से अधिक आयात करके अधिक लाभ कमाना सरकार का उद्देश्य था। 1793 में कार्नवालिस ने सरकारी मालगुजारी (लगान) का 9/10 भाग जमींदारों से सदा के लिए स्थिर कर दिया। बंगाल के बाद भू–राजस्व की दृष्टि से मद्रास, बोम्बे, संयुक्त प्रान्त, पंजाब आदि में रैयतवाड़ी एवं महलवाड़ी पद्धति का विकास किया जिसकी चर्चा पूर्व में की गई है। कहा जा सकता है कि अंगरेजों ने लगान को उच्चतम सीमा तक निश्चित कर भारत से अधिकतम धन संग्रह के प्रयास किये। अंगरेजों ने जिस सीमा तक मालगुजारी में वृद्धि की वह इतनी अधिक थी कि लोगों का कृषि द्वारा जीवनयापन कठिन हो गया। किसानों पर कर्ज का बोझ बढ़ने लगा। सर टी. होप ने बम्बई में अपने राजस्व विभाग के कार्य के दौरान 1879 में यह स्वीकार किया था: किसानों पर लदे हुए कर्ज के बोझ का एक कारण हमारी मालगुजारी व्यवस्था भी है। यह विचारणीय तथ्य है कि एक ओर जहाँ भारतीय किसान कर्ज के भार से दबा जा रहा था उसी मालगुजारी द्वारा निष्कासित धन के बल पर ब्रिटेन एक औद्योगिक एवं पूंजीवादी राष्ट्र के रूप में विकसित हो रहा था। दूसरी ओर भारतीय किसान, भूमि से अपनी आजीविका चलाने में समर्थ नहीं रहे और देश अकालग्रस्त रहने लगा। लार्ड कीन्स ने इस विषय में लिखा था: एक देश की फालतू उपज पर कर के भुगतान से रहन–सहन गिरने के परिणाम दोनों प्रकार के होते हैं। इसके अलावा हम यह नहीं जानते कि एक गोरी जाति पर लगभग दासता की स्थिति लादी जाए, तो उसकी क्या मानसिक स्थिति होती है.... यदि किसी व्यक्ति की सारी फालतू उपज उससे ले ली जाए तो उसकी कुशलता और परिश्रम शीलता घट जाती है। यदि उनके उद्योग या परिश्रम के फल से उनके बच्चों को लाभ न हो, उनके बुढ़ापे में वह काम न आए और उनके स्वाभिमान और प्रतिष्ठा को बढ़ाने के बजाए वह विदेशी विजेता के उपभोग के काम में आए तो किसान कुछ नहीं बचाएगा, मजदूर काम नहीं करेगा।[11]

सार्वजनिक ऋण पर ब्याज (Interest on Public Debt): भारत में साम्राज्य विस्तार के लिए कम्पनी द्वारा किये गये युद्धों तथा अन्य व्यय के लिए इंग्लैण्ड सरकार से भारत द्वारा समय–समय पर लिये गये ऋणों पर बड़ी मात्रा में ब्याज की राशि वसूल की। 1792 में यह ऋण ब्याज के साथ सत्तर लाख, 1799 में एक करोड़ एवं 1857 में बढ़कर 6.90 करोड़ हो गया था और यह ऋण आगामी 18 वर्षों में दुगुना हो गया। ऋण राशि बढ़ते–बढ़ते 1900 में 22.40 करोड़ पौण्ड तथा 1913 तक 27.40 करोड़ पौण्ड तक पहुंच गई थी और 1939 में इस राशि के 88.42 करोड़ तक बढ़ जाने की जानकारी मिलती है। 1858 के बाद कम्पनी सरकार के स्थान पर इंग्लैण्ड सरकार का आधिपत्य हो जाने पर कम्पनी पर चढ़ा हुआ ऋण भारत पर ऋण हो गया और कम्पनी की देनदारी भी भारत सरकार के नाम लिख दी गई।

इसके अतिरिक्त सेवा मुक्त अंगरेजी अधिकारियों को दी जाने वाली पेंशन की अदायगी भी कम्पनी सरकार को करनी होती थी। हिस्सेदारों को दिया जाने वाला लाभांश एवं लन्दन प्रतिष्ठान का समस्त व्यय एवं 1858 के बाद कम्पनी के हिस्सेदारों को दिया जाने वाला मुआवजा भी नई सरकार पर मढ़ दिया गया। इस तथ्य की ओर हमारा ध्यान आकृष्ट करते हुए अमेरिकी लेखक लेलैण्ड जेंक्स ने लिखा हैः "भारत पर जो बोझ लादे गए वे बहुत ही अन्यायपूर्ण थे। सैनिक विद्रोह दबाने का खर्च, कम्पनी के अधिकारों के सम्राट के हाथों में स्थानान्तरण का मूल्य, चीन और अबीसीनिया के विरूद्ध युद्ध का खर्च, लन्दन में हर सरकारी मद जिसका सम्बन्ध भारत से निकाला जा सकता था जिसमें इण्डिया हाउस की अंगीठी साफ करने वाली की मजूरी और उन जहाजों का खर्च भी था जो चालू तो रहे पर युद्ध में शामिल नहीं हुए, इसके अलावा इंग्लैण्ड में छः महीने भारतीय रेजिमेंटों की ट्रेनिंग का खर्च, ये सारी मदें बेजुबान रैयत के सिर लाद दी जाती थी।"[12]

खनिजों से आय (Income of Minerals): विपुल प्राकृतिक सम्पदा के लिए भारत सदैव से ही विख्यात रहा है। 1881 के लगभग अंगरेजों ने मैसूर की कोलार खान से सोना निकालना प्रारम्भ किया था। 1917 तक 4.90 करोड़ पौण्ड मूल्य का सोना निकाला गया। विदेशी कम्पनियों द्वारा सोने का उत्खनन एवं उसकी आय को विदेशों में पहुंचना भारत के आर्थिक शोषण का एक घातक प्रयास था।[13] 1913 से 1918 तक प्रतिवर्ष 20 लाख पौण्ड मूल्य का सोना निकाला गया। 1933 से 1938 तक लगभग 33 लाख पौण्ड मूल्य का सोना उत्पादित हुआ, किन्तु 1943 तक पहुंचते–पहुंचते यह उत्पाद ढ़ाई गुना अर्थात् 39 लाख पौण्ड (5 करोड़ 2 लाख रूपये) मूल्य तक पहुंच गया।[14] खदानों की न केवल रायल्टी सरकार को मिलती थी बल्कि 1914–15 तक सोना सफाई के लिए विदेश भेजा जाता था, उसका लाभ भी विदेशियों को मिला। सोने की भांति चांदी, सीसा एवं ताम्बे आदि कई खनिजों की खदानें भी विदेशियों के हाथों में थी। उदाहरण के लिए यहां अलग–अलग तीन वर्षों के आंकड़ें प्रस्तुत किये जा रहे हैं:

1912–13 एवं 1917–18 तक भारतीय खनिजों को विदेश पहुँचाया गया[15]

(धातु टनों में)

वर्ष	पीतल	तांबा	लोहा	सीसा	टीन	टीन की कच्ची धातु	जस्ता
1912–13	154	206	104210	7520	13	214	120
1916–17	228	791	115441	10422	1	214	3214
1917–18	18	122	52623	10570	–	300	2

मुगल काल में नमक राजस्व का साधन था। अंगरेज भी इसे प्रचलित रखना चाहते थे। देश की आवश्यकता के नमक का आधा भाग सरकार तैयार करवाती थी और शेष भाग ठेकेदार बनाते थे। 1888 से 1903 तक प्रति मन नमक पर 2 रूपये 8 आना ब्रिटिश सरकार कर लेती थी। 1907 के बाद गोपाल कृष्ण गोखले आदि नेताओं के प्रयास से इसे घटाकर 1 शि. 4 पैन्स कर दिया था, किन्तु 1916 में इसे पुनः बढ़ाकर 1 शि. 8 पैन्स किया गया।

भारत से बड़ी मात्रा में कोयला भी विदेशों को भेजा जाता था। खदान मूल्य से तिगुने मूल्य पर खनिज कोयला कलकत्ता बन्दरगाह द्वारा पश्चिमी देशों को निर्यात किया जाता था। कोल अध्यक्ष उत्तम किस्म के कोयले की खदानें यूरोपियन लोगों को आवंटित करता था और वांछित मालगाड़ी के डिब्बे भी उपलब्ध करवाये जाते थे, दूसरी ओर भारतीयों की खदानों पर अनेक पाबन्दियाँ थी और मालगाड़ी के डिब्बे भी आवश्यकतानुसार उपलब्ध नहीं होते थे। इस कारण मजदूर भारतीय ठेकेदारों के पास काम करने को तैयार नहीं होते थे और यूरोपियन ठेकेदारों के पास चले जाते थे। बाध्य होकर भारतीय ठेकेदारों को खदानें बन्द करनी पड़ जाती थीं। 1919 के बाद ही इस स्थिति में कुछ सुधार हो पाया।[16]

उपरोक्त महत्वपूर्ण खनिज पदार्थों पर ही यूरोपियन लोगों का स्वामित्व नहीं था बल्कि लोहा, अभ्रक, टंगस्टन, चांदी, तांबा, नमक, मैग्नीसाइट, सीसा, एल्यूमीनियम, पेट्रोलियम, शोरा, निकल, मैंगनीज एवं प्लेटिनम आदि के उत्पादन और निर्गमन पर भी अंगरेज तथा अन्य विदेशी कम्पनियों का आधिपत्य था। अंगरेज सरकार ने न केवल खदानों से रायल्टी का लाभ कमाया बल्कि विदेशी कम्पनियों को साझेदारी से भी लाभ अर्जित किया एवं यूरोपियन लोगों को अनुचित रूप से अधिकांश ठेके प्रदान कर लाभान्वित किया। कच्चा खनिज पदार्थ इंग्लैण्ड एवं यूरोपियन देशों को निर्यात किया जाता और वही उत्पादित माल के रूप में भारत में विक्रय के लिए आयात कर लिया जाता था। इस तरह भारत की खनिज सम्पदा से ही भारत का दोहरा आर्थिक शोषण होता रहा।

वनों से आय (Income of Forests): खनिज पदार्थों की तरह वनों से उत्पादित लकड़ी एवं अन्य सामग्री का भी अंगरेजों ने पूरा लाभ उठाया। भारत में 1909 की गणना के अनुसार दो लाख वर्ग मील से कुछ अधिक क्षेत्र वनों से आच्छादित था जो कुल क्षेत्रफल का 22 प्रतिशत था। सरकार को वनों से 1909 में 1.97 करोड़ रूपये की आमदनी (बर्मा के वनों की आय को सम्मिलित करते हुए) हुई। उत्तर के पर्वतीय क्षेत्र में देवदार, चीड, शाल वृक्षों की बहुतायत थी। हिमालय की उपत्यका में बांस एवं भांवर घास एवं अन्य उपयोगी पदार्थ विपुल मात्रा में मौजूद थे।[17] देवदार, शाल, शीशम, रोजवुड, चन्दन की लकड़ी का विक्रय सरकार की आय का अच्छा स्रोत था। 1914 और 1915 में प्रतिवर्ष 5.70 लाख पौण्ड मूल्य की लकड़ी विदेश भेजी गई। 1916 से 1919 तक तीन से चार लाख पौण्ड मूल्य की लकड़ी का निर्यात किया गया।

ब्रिटिश पूंजी का भारत में निवेश (Investment of British Capital in India): 19वीं सदी के पूर्वार्द्ध में अंगरेजों ने आवश्यक कच्चे माल की पूर्ति हेतु कृषि के वाणिज्यीकरण की नीति अपनाई। सरकार ने ब्रिटिश उद्योगों के लिए आवश्यक कच्चा माल का उत्पादन करने के लिये किसानों को विवश किया। नील, चाय, कपास, चीनी का अधिक उत्पादन सरकार के विशेष प्रयासों का ही प्रतिफल था। अंगरेज पूंजीपतियों ने भारत के विविध प्रान्तों में भूमि खरीद कर चाय–काफी के बाग लगाये और नील की खेती करवानी शुरू की। इस प्रकार वाणिज्यिक कृषि भारत से धन निष्कासन का एक महत्वपूर्ण साधन बनी। विभिन्न क्षेत्रों में विनियोजित पूंजी का लाभ इंग्लैण्ड भेजा जाता रहा।

रेलवे नीति (Railway Policy): रेलवे प्रणाली का विस्तार ब्रिटिश कालीन भौतिक साधनों की अभिवृद्धि में सर्वाधिक महत्वपूर्ण माना गया। रेलवे विस्तार की भारत के औद्योगिक विकास एवं आधुनिकीकरण के प्रतीक रूप में घोषित करते हुए योजना बनाई। यहां सवाल उठता है कि भारत में उस प्रकार का आर्थिक विकास क्यों नहीं हुआ जैसा जापान, जर्मनी, कनाडा, आस्ट्रेलिया आदि देशों में रेलों के निर्माण के पश्चात् हुआ। इसके उत्तर में अंगरेजी रेल नीति के संबंध में कुछ अच्छी जानकारी उपलब्ध होगी।

1844 के लगभग रेलों के निर्माण को व्यापारिक तथा राजनीतिक हितों के लिए उचित ठहराया गया। उपद्रवों को दबाने हेतु सेनाओं को एक स्थान से दूसरे स्थान पर भेजे जाने में अर्थात् साम्राज्य को सुरक्षित रखने में रेलों के महत्व को स्पष्ट करते हुए हार्डिंग ने संचालकों को रेलों को प्रोत्साहन देने के लिए लिखा।

सर चार्ल्स वुड ने रेलों के विस्तार का समर्थन इसलिये किया था कि भारत के कपास उत्पादन क्षेत्रों से निर्यात बढ़ सकेगा और इंग्लैण्ड की संयुक्त राज्य अमेरिका पर निर्भरता कम होगी। इसके अतिरिक्त भारत जैसे विशाल देश में नियंत्रण को अधिक दृढ़ बनाने के लिए भी रेलों का निर्माण आवश्यक तथा लाभदायक था।

रेलों के माध्यम से भारत से कच्चे माल का निर्यात भी अधिक बढ़ सकता था। इंग्लैण्ड से उत्पादित वस्तुओं को बड़ी मात्रा में भेजा जा सकता था और भारतीय उपनिवेश को इंग्लैण्ड की अर्थव्यवस्था के अधीन बनाने में भारी सहयोग मिल सकता था।[18] रेलवे के विस्तार में वास्तविक प्रगति लार्ड डलहौजी के आगमन के बाद ही हो पाईं इस परियोजना की विस्तृत रूप रेखा लार्ड डलहौजी ने अपने प्रसिद्ध रेलवे पत्र (Railway minute) में प्रस्तुत की। उसका यही पत्र रेलवे के भावी प्रसार का आधार बना। प्रारम्भिक 20 मील की रेलवे लाइन ग्रेट इण्डियन पेनन्सुला द्वारा 1853 में बोम्बे से थाने शुरू की गई।

भारत में रेलवे का विकास गारन्टी (Government Guarantee) या सरकारी प्रत्याभूति के आधार पर सम्भव हुआ। उल्लेखनीय है कि उस समय इंग्लैण्ड में अतिरिक्त पूंजी बहुत थी और वहां के पूंजीपति विभिन्न देशों में पूंजी विनियोग की तलाश में थे। वस्तुतः 1850 के दशक में ब्याज की दर भी लगभग तीन प्रतिशत थी, उसे देखते हुए पांच प्रतिशत दर आकर्षक थी। इसके अतिरिक्त रेलवे के विस्तार हेतु सरकार ने 11 वर्ष के लिए मुफ्त भूमि देने का आश्वासन दिया। लेकिन यह शर्त रखी गई थी कि 25 वर्ष की समाप्ति के बाद सरकार को सम्बन्धित रेलवे को क्रय करने का अधिकार होगा और कम्पनियों से यह आशा की गई कि वे डाक सेवा मुफ्त करेगी एवं रियायती किराये पर सेनाओं को एक स्थान से दूसरे स्थान पर पहुंचायेगी।[19] 1854 में ईस्ट इण्डिया रेलवे (कलकत्ता से रानीगंज–120 मील), ग्रेट इण्डियन पेनन्सुला रेलवे (बोम्बे से कल्याण–32 मील) एवं 1856 में मद्रास रेलवे (मद्रास से अर्कोनाम–39 मील) गारन्टी विधि से प्रारंभिक अनुभव के लिए स्वीकृत की गई।[20] सरकार ने इस आशय की गारन्टी दी कि "यदि विनियोजित पूंजी पर उनका वास्तविक लाभ पांच प्रतिशत से नीचे रहा तो सरकार शेष राशि (5 प्रतिशत से जितनी भी कम हो) अदा करेगी और यदि कम्पनी का लाभ गारण्टी प्राप्त पांच प्रतिशत से अधिक हुआ तो सरकार अतिरिक्त लाभ में आधे की भागीदार होगी। आय व्यय का हिसाब प्रति माह में

किया जाना था। रूपये को 22 पैन्स का स्वीकार किया गया।" इस गारन्टी पद्धति से आठ कम्पनियों ने रेलवे का निर्माण प्रारम्भ किया। 5000 मील लाइनों के लिए 52 मिलियन पौण्ड मूल्य की गारन्टी दी गई।

पूर्व विवेचित तीन कम्पनियों के अतिरिक्त 1859 के अन्त में बोम्बे बड़ोदा एवं सेन्ट्रल इण्डिया, इस्टर्न बंगाल, अवध और रूहेलखण्ड स्टेट रेलवे, सिन्ध पंजाब तथा दिल्ली (नार्थ वेस्टर्न रेलवे) एवं ग्रेट सदर्न इण्डिया (साउथ इण्डियन रेलवे) प्रारम्भ की गई। इस गारन्टी व्यवस्था से रेलवे निर्माण में अपव्यय बहुत हुआ। जान लारेन्स का विचार था कि गारन्टी विधि के कारण रेलवे कम्पनियों ने फिजूल खर्ची की। सरकार द्वारा पाँच प्रतिशत ब्याज दिये जाने का अनुबंध किये जाने से रेलवे कम्पनियां लाभ या हानि के मामले से निश्चित हो गई। उनको अधिक व्यय की चिन्ता नहीं थी। कम्पनियों द्वारा की गई फिजूल खर्ची में भी उनका लाभ निहित था क्योंकि समस्त पूंजी पर लाभ की गारन्टी थी। विलियम एनमेसी की धारणा थी कि गारन्टी पद्धति द्वारा ईस्ट इण्डिया कम्पनी ने रेलें बनवाने में दुगने से अधिक रूपये खर्च किये हैं।.... परिणाम यह हुआ कि ईस्ट इण्डिया रेलवे के प्रति मील पर 30,000 पौण्ड का खर्चा हुआ। इतनी फिजूल खर्ची शायद ही किसी देश ने किसी काम में की हो। दूसरी ओर इंग्लैण्ड में रेल लाइन निर्माण पर 9000 पौण्ड प्रति मील व्यय हुआ था।

आर.सी. दत्त एवं दादाभाई नौरोजी के अनुसार, इंग्लैण्ड की जनता का स्वार्थ भारत में रेलवे के विस्तार में निहित है क्योंकि भारत में रेलों से अंगरेजी माल सस्ते मूल्य पर दूर–दूर तक पहुंच सकता है। साथ ही लोहे के अंगरेजी कारखाने का संचालन भी इसी से संभव था। राष्ट्रवादियों के विचार से 36.5 प्रतिशत रेलवे निर्माण का व्यय लोहे के सामान खरीदने में होता है। इस तरह बहुत बड़ी भारतीय पूंजी इंग्लैण्ड के लोह व्यवसाइयों को प्राप्त होती हैं। रेल निर्माण को खर्चीला बनाकर अंगरेज दोहरा लाभ अर्जित कर रहे थे, एक ओर कम्पनी संचालक अपने संबंधियों को उच्च पद प्रदान करते थे, दूसरी ओर समस्त व्यय पूंजी विनियोग में सम्मिलित थी।[21] गारन्टी पद्धति का विश्लेषण करते हुए ताराचंद ने लिखा हैः कम्पनियां गारन्टी की रियायत का मजा लूटने के बाद अब भारत में बिना गारन्टी के पूंजी लगाने के लिए तैयार नहीं थी।.... 1880 के दुर्भिक्ष आयोग ने यह सिफारिश की थी कि यदि बड़े दुर्भिक्षों से बचना है तो फौरन रेलों की लाइनों में 10,000 मील की वृद्धि करनी चाहिए। इसे सरकार अपने साधनों से नहीं कर सकती थी, इसलिए गारन्टी पद्धति को कुछ संशोधनों के साथ पुनर्जीवित किया गया।[22]

रेलवे किराया व्यवस्था भी भारतीयों के प्रतिकूल थी, जो स्थानीय व्यावसायिक विकास में सहयोगी सिद्ध नहीं हुई। सभी बन्दरगाहों की ओर जाने वाली रेलवे लाइनों पर किराया कम रखा तथा आन्तरिक रेलवे लाइनों में अधिक। अमृत बाजार पत्रिका में विवरण मिलता है कि अम्बाला से करांची तक चमड़ा भेजने का किराया 1891 में 1 रू. 5 आना 3 पाई, प्रति मन (40 kg. = एकमन) था यही किराया घटकर 1912 में 9 आना 11 पाई कर दिया गया। परन्तु अम्बाला से कानपुर तक 1894 में चमड़े का किराया 7 आना 7 पाई था। 1912 में यही किराया घटकर 6 आना 9 पाई, तक बड़ी कठिनाई से पहुंचा। स्पष्ट है कि भारत सरकार ने चमड़े को बाहर भेजने के लिए किराया 50 प्रतिशत कम किया और स्वदेशी कारखानों के लिए 18 वर्षों के लम्बे समय में किराया केवल 10 प्रतिशत तक ही घटाया।[23] वस्तुतः रेलवे का लाभ अंगरेजों के भारत पर प्रशासनिक नियंत्रण एवं भारत से इंग्लैण्ड को माल निर्यात के लिए अधिक हुआ। ब्रिटिश काल में भारतीयों को आवागमन की सुविधा उपलब्ध होने से, उनमें राष्ट्रीयता की भावना का विकास हुआ यही भारत के लिए महत्वपूर्ण उपलब्धि थी। रेलवे विकास के अन्य लाभ भारत को आजादी के बाद ही मिल सके। अर्थात् माल निर्यात, सबके समान मालभाड़ा, अपनी सेना को एक स्थान से दूसरे स्थान पर भेजने, अकाल सहायता सामग्री जैसे सभी लाभ देश को स्वतन्त्रता के बाद ही हासिल हुए।

मुद्रा विनिमय (Exchange of Coinage): मुगल काल में सोने की मोहरें तथा चांदी का रूपया समान रूप से प्रचलित थे। ब्रिटिश प्रभुत्व की स्थापना के बाद भारत में 994 प्रकार के विविध सिक्के प्रचलन में थे। 1818 तक पूर्व प्रचलित सोने एवं चांदी के सिक्के जारी रहे। 1835 के एक कानून द्वारा सोने की मोहरों को प्रामाणिक सिक्का नहीं माना गया। 26 जून 1893 के अधिनियम द्वारा लोगों की टकसालें बन्द कर दी गई। इस समय विनिमय की दर 1 शि. 2.5 पैन्स थी। अंगरेज सरकार इस रेट को बढ़ाना चाहती थी, भारतीय टकसालों के बन्द होने से 14 पैन्स तक की विनिमय दर बढ़ गई।

1912 में प्रचलित मुद्रा के पक्ष में स्वर्ण कोष बनाया गया, स्वर्णकोष भारत में नहीं रखकर इंग्लैण्ड में भारत सचिव के नियंत्रण में रखा गया। 31 दिसम्बर 1912 तक 32.31 करोड़ रूपये सरकार द्वारा बड़ी मात्रा में प्रचलित मुद्रा के पक्ष में स्वर्ण कोष में जमा थे। विवरण मिलता है कि छः प्राईवेट बैंकों को, 12 से 15 लाख पौण्ड की डिपाजिट प्रत्येक को दी गई। इसके अतिरिक्त 35 से अधिक फर्मों को न्यूनतम 50 हजार पौण्ड से 1 लाख पौण्ड तक दिये गये। इस सम्बन्ध में वैब ने लिखा

था कि "मैसर्स सैम्युएल मांटेग्यु एण्ड कं. सबसे अधिक खुशहाली में है। उसने कुल मिलाकर बीस लाख पौण्ड भारत के स्वर्ण कोष से लिया। कहने में तो यह अल्पकाल के लिए लिया गया था और इसीलिए उससे बहुत कम ब्याज वसूल किया गया। वस्तुतः यह धन पांच वर्ष के लम्बे समय के लिये दिया था।"[24] कीन ने मैसर्स सैम्युएल मांटेग्यु एण्ड कं. के विषय में उल्लेख किया है। "यह दुःख का विषय है कि इस फर्म का अध्यक्ष पार्लियामेन्ट्री उप–सचिव के बड़े पास का रिश्तेदार है।"[25]

भारतीय स्वर्णकोष का विनियोग 'इण्डिया आफिस' एक दलाल (1905 से 1913 तक होरेस एच स्काट रहा) के माध्यम से करता था, इस कार्य के बदले दलाल को प्रतिवर्ष 7 हजार पौण्ड से 16 हजार पौण्ड तक दलाली दी जाती थी। भारतीय स्वर्ण कोष की राशि कई दिनों तक बैंक ऑफ इंग्लैण्ड में जमा रही जिस पर कोई ब्याज नहीं दिया गया। इसके अतिरिक्त प्रतिवर्ष लगभग 10 लाख बैंक ऑफ इंग्लैण्ड तथा कुछ राशि बैंक ऑफ आयरलैण्ड को पुरस्कार के रूप में प्रतिवर्ष इण्डिया आफिस द्वारा दी जाती थी।

रिवर्स काउन्सिल (Reverse Councils): ब्रिटिश काल में भारत से कच्चे माल का निर्यात अधिक किया जाता था। यद्यपि बड़ी मात्रा में निर्यात 'अप्रतिदत्त निर्यात' के रूप में होता था किन्तु आयात से निर्यात अधिक था। अतः सपक्षीय व्यापार सन्तुलन के कारण भारत को जो सोना (या राशि) मिलना चाहिये था वह न दिया जाकर उसके बदले लन्दन में भारतीय स्वर्ण कोष में जमा किये जाने की व्यवस्था थी। भारत में धन विनियोग करने या भेजने हेतु पूंजीपतियों को भारत सचिव द्वारा (समान धन प्राप्त करके) भारतीय मुद्राध्यक्ष (The controller of currency) के नाम विनिमय पत्र (Bills of exchange) जारी किया जाता था जिसे काउन्सिल कहा जाता था। दूसरी ओर भारत से इंग्लैण्ड धन भेजे जाने के लिए भारतीय मुद्राध्यक्ष से भारत सचिव के नाम जो विनिमय पत्र जारी किया जाता था उसे रिवर्स काउन्सिल कहा गया। प्रथम महायुद्ध के दौरान भारत से यूरोप को आवश्यक सामग्री भेजी गई, परन्तु यूरोप से महायुद्ध के दौरान आवश्यकतानुसार माल उपलब्ध नहीं हो पाया।

पी.एन. विद्यालंकार के अनुसार "लन्दन में काउन्सिल की बिक्री से भारत सरकार को 31.2 लाख पौण्ड धन प्राप्त हुआ और रिवर्स काउन्सिल की बिक्री से 24.7 लाख पौण्ड धन खर्च हुआ। इसी प्रकार भारत के खजाने में काउन्सिलों के कारण 34.5 करोड़ रूपयों की कमी हुई और रिवर्स काउन्सिल की बिक्री से 18.4 करोड़ रूपयों की वृद्धि हुई सारांश यह है कि भारत के खजाने को 16 करोड़ रूपयों का नुकसान पहुँचा।"[26]

महायुद्ध का व्यय (Charges of World War): सितम्बर 1939 में इंग्लैण्ड ने भारत की ओर से युद्ध की घोषणा कर दी। संयुक्त राष्ट्रीय विरोध के कारण सरलता से ब्रिटिश सरकार भारत पर युद्ध का व्यय नहीं डाल सकती थी। अतः नवम्बर 1939 में भारत सरकार के साथ ब्रिटिश सरकार ने समझौता किया, जिसमें रक्षा व्यय को परस्पर बांटने का प्रावधान था। तद्नुसार "सब सैनिकों को रखने, प्रशिक्षित करने, हथियारों से लैस करने तथा हथियारों की देखरेख का व्यय उठाना था जब तक वे भारत में रहे।" भारत पर जापानी आक्रमण की संभावना से विदेशी सैनिकों की संख्या में वृद्धि हुई और भारत सरकार को उनका खर्चा उठाने का आदेश मिला।

प्रत्यक्ष सैन्य व्यय (Direct Military Expenditure): भारतीय सेना द्वारा अफगानिस्तान, चीन (बाक्सर विद्रोह को दबाने में भेजी गई सेना) तथा अबीसीनिया में लड़े गये युद्ध का खर्च भी भारत सरकार पर ही लादा गया। इंग्लैण्ड सरकार के अनुसार उपरोक्त युद्ध भारतीय साम्राज्य की सुरक्षा के लिए लड़े गये थे, अतः इन युद्धों का व्यय भारत को वहन करना चाहिए। इंग्लैण्ड द्वारा भारत को भेजी गई सैन्य सामग्री तथा प्रशिक्षण का व्यय भारत को वहन करना पड़ा। इतना ही 1857 के नागरिक विद्रोह को दबाने का खर्च भी भारत सरकार पर डाला गया।

अंगरेजी शासन में मुद्राओं (सिक्कों) का मुद्रणः सत्रहवीं सदी के मध्य में ईस्ट इण्डिया कम्पनी ने सिक्के व नोट के प्रचलन की शुरूआत की। शुरू में यूरोपीय सिक्के उनके न्यायिक क्षेत्र के बाहर प्रचलित नहीं थे। 1717 में अंगरेजों ने मुगल सम्राट से अपने खुद के सिक्के प्रचालन की अनुमति प्राप्त की। 1857 के बाद भारतीय साम्राज्य की विक्टोरिया साम्राज्ञी बन गई और उसके नाम से सिक्के जारी किये जाने लगे। 1770 से 1832 तक **"बैंक ऑफ हिन्दोस्तान"** ने कार्य किया। **1 अप्रैल 1935 को रिजर्व बैंक ऑफ इण्डिया** की स्थापना हुई।

(1) 30 नवम्बर 1917 को 1 रूपया का नोट जारी किया था।
(2) 2 रूपया 8 आना को 1 जनवरी 1826 को बंद कर दिया गया।
(3) 1938 में रिजर्व बैंक ने 5 रूपये के नोट की शृंखला शुरू की।
(4) 1938 में ही फरवरी से जून के मध्य 10, 100, 1000 के नोट जारी किये।

(5) अगस्त 1940 को 1 रूपये की दूसरी श्रृंखला की शुरूआत की।
(6) मार्च 1943 को 2 रूपये का नया नोट जारी किया गया।
(7) आजादी के बाद 1 पैसा, व 1/2, 2 आना व 1 रूपया भारतीय नोट जारी किये गये।
(8) 1953 में हिन्दी में रूपया या रूपैया नाम रखते हुए शुरू किये।
(9) दशमलव रूप में 100 पैसे का एक रूपया माना गया।

अंगरेजों द्वारा शुरू की गई मुद्राओं में सरकार को बहुत कम धन राशि खर्च करनी होती थी। दूसरी ओर सरकार द्वारा प्रचलित सिक्कों के माध्यम से बड़ी मात्रा में कच्चा माल क्रय कर इंग्लैण्ड भेजने लगी। ब्रिटिश मुद्रा भारत से सम्पति पलायन का महत्वपूर्ण स्त्रोत बनी।

निकासी की मात्रा (Quantum of Drain)

औपनिवेशिक सरकार द्वारा किये गये धन निष्कासन के विषय में मान्टोगोमरी मार्टिन (Montogomery Mertin) ने लिखा था कि भारत से प्रतिवर्ष इंग्लैण्ड में 1838 तक जो धन गया वह आठ अरब चालीस करोड़ पौण्ड या 84 अरब स्टर्लिंग के बराबर था।[27] दूसरी ओर प्रोफेसर विलियम डिग्बी (William Digby) का अनुमान है कि 1757 से 1815 तक एक हजार मिलियन पौण्ड धन की निकासी भारत से हुई।[28] मोटेरूप में सभी विद्वान इस बात पर सहमत हैं कि यह राशि इतनी अधिक थी कि इससे भारत भिलाई जैसे तीन लोह व इस्पात उद्योग प्रतिवर्ष लगा सकता था। निकासी की मात्रा के विषय में चर्चा करते हुए सी.एन. वकील इस निष्कर्ष पर पहुँचते हैं कि 1834 से 1924 की अवधि में निर्गम राशि 394 मिलियन पौण्ड से 591 मिलियन पौण्ड के लगभग थी।[29] निकासी सिद्धान्त के प्रतिपादक विद्वानों की मान्यता थी कि भारत की राष्ट्रीय सम्पत्ति अथवा कुल वार्षिक उत्पादन का एक भाग इंग्लैण्ड को निर्यातित किया जा रहा है, जिसके बदले में भारत को कोई समुचित आर्थिक अथवा भौतिक लाभ नहीं मिलता।

धन निष्कासन के तरीके

I. ईस्ट इण्डिया कम्पनी द्वारा व्यापार
II. भू–राजस्व में निरन्तर वृद्धि द्वारा आय
III. सार्वजनिक ऋण पर ब्याज
IV. खदानों से प्राप्त राजस्व
V. वनों से आमदनी
VI. ब्रिटिश पूंजी निवेश द्वारा आय
VII. रेलवे निर्माण (गारन्टी प्रथा) द्वारा पूंजी विनियोजन से लाभ
VIII. मुद्रा विनिमय से प्राप्त राजस्व
IX. रिवर्स काउन्सिल से प्राप्ति
X. महायुद्ध का व्यय
XI. प्रत्यक्ष सैन्य व्यय
XII. अंगरेजों द्वारा प्रचलित मुद्रा।

सम्पत्ति पलायन के परिणाम: सरकार की आय का 75 प्रतिशत से अधिक भाग गांव तथा कृषक वर्ग से उपलब्ध होता था और राजस्व का नगण्य भाग गांवों पर खर्च किया जाता था। खर्च का प्रायः 60 प्रतिशत भाग प्रशासन, प्रतिरक्षा तथा शान्ति व्यवस्था से सम्बन्धित था जो शहरों में खर्च होता था। गांवों से कर लिया जाता था और शहरों में खर्च होता था, परिणामतः गांवों में निर्धनता बढ़ी। अकाल कमेटी 1880 की रपट में कहा गया कि भारत में एक तिहाई किसान कर्जदार हैं। ऐसी ही मान्यता दक्कन रैयत सभा की भी रही है।[30] दादाभाई नौरोजी ने निकासी को देश के सभी रोगों, दुःखों और दरिद्रता का वास्तविक प्रधान और यहां तक कि एकमात्र मूल कारण घोषित किया तथा अन्यान्य कारणों को केवल भ्रामक बताया।[31]

दूसरे, भारत में औद्योगिक विकास में बाधक तत्वों पर विचार करते हुए डी.ई. वाचा ने अनुभव किया कि भारत तब तक नए उद्योगों की स्थापना के सम्बन्ध में सोच नहीं सकता, जब तक कि वह पूंजी की निकासी के अभिशाप से मुक्त नहीं हो जाता क्योंकि पैसा–पैसे को खींचता है और भारत के उद्योग धनाभाव से पीड़ित है। उन्होंने अपने मन्तव्य की सत्यता के प्रमाण के रूप में जापान की उल्लेखनीय औद्योगिक प्रगति को उद्धृत किया जहाँ दम तोड़ने वाली प्रक्रियाएं सम्पत्ति के राष्ट्रीय अधिशेष का वार्षिक अपहरण नहीं किया जा रहा था।[32] इंग्लैण्ड के औद्योगिक विकास की चर्चा करते हुए कहा गया है कि 1694 में बैंक ऑफ इंग्लैण्ड की स्थापना मात्र से पूंजी का प्रारम्भिक संचय नहीं हो सका। 18वीं सदी के मध्य तक बैंकिंग पूंजी और चल पूंजी कम थी। फिर 18वीं सदी के उत्तरार्द्ध में अचानक पूंजी संचय कैसे होने लगा? मार्क्स लिखता है कि 18वीं सदी में इंग्लैण्ड में अचानक बड़े पैमाने पर जो पूंजी इकट्ठी हुई वह अधिकाशतः भारत की लूट से इकट्ठा पूंजी थी। इस तथ्य को स्पष्ट करते हुए आगे लिखा हैः भारत की संचित निधि की बाढ़ ने देश की नकद पूंजी में उल्लेखनीय

वृद्धि करके न केवल उसकी ऊर्जा को बढ़ाया बल्कि उसकी गति को लचीला बनाया और उसमें तेजी ला दी। प्लासी के युद्ध के शीघ्र ही बाद बंगाल से लूटी गई सम्पत्ति लन्दन पहुँचने लगी और उसके प्रभाव भी उसी समय दिखाई देने लगे। सभी अधिकारिक विद्वान इस बात पर एकमत हैं कि 19वीं सदी को सभी पूर्ववर्ती सदियों से अलग करने वाली महान घटना अर्थात् "औद्योगिक क्रान्ति" की शुरूआत 1760 ई. से हुई।[33] भारतीय धन से जहां ब्रिटेन के उद्योगों का विकास द्रुतगति से हुआ वहीं भारत में पूंजी की कमी औद्योगिक विकास में बाधक बनी। कुछ भारतीय नेताओं की यह स्पष्ट धारणा थी कि भारत में आधुनिक उद्योगों को मंद गति का प्रमुख कारण पूंजी का अभाव था। दादाभाई नौरोजी ने व्यंग्यात्मक रूप से टिप्पणी कि: जबकि अंगरेज लोग भारत की मूल पूंजी का ही अपहरण कर रहे हैं तो फिर वे इस बात पर आश्चर्य क्यों प्रकट कर रहे हैं कि भारत में उद्योगों की स्थापना नहीं हो सकती।[34] बाद में 1900 में दिए गए अपने भाषण में दादाभाई नौरोजी ने घोषणा की कि, यहां तक कि भारत के पुराने उद्योगों की क्षति का आंशिक दायित्व निकासी पर है। ग्रेट–ब्रिटेन ने भारतीयों का जीवन रक्त चूस लिया है और वे अब अपने उद्योग के संचालन की स्थिति में नहीं हैं क्योंकि इसके लिए उनके पास साधन नहीं है।

तीसरे, निकासी का सीधा प्रभाव कृषि उत्पादनों में गिरावट के रूप में देखा जाता है। प्लासी के बाद कम्पनी प्रशासन के 20 वर्षों के बंगाल का विवरण देते हुए संसद सदस्य विलियम फुल्लर्टन ने कहा था: बीते दिनों में बंगाल के गांव विभिन्न जातियों के लोगों से भरे–पूरे थे और पूर्व में वाणिज्य धन सम्पदा तथा उद्योग के भण्डार थे लेकिन हमारे कुशासन ने 20 वर्षों की अल्पावधि में ही इन गांवों के अनेक हिस्सों को बंजर का रूप दे दिया। खेतों में अब खेती नहीं की जाती, बड़े–बड़े इलाकों में झाड़ियां उगी पड़ी हैं, किसान लुट चुके हैं, औद्योगिक निर्माताओं का दमन किया जा चुका है, बार–बार अकाल पड़े हैं और फलस्वरूप जनसंख्या का ह्रास हुआ है।[35] कहा जा सकता है कि ब्रिटिश मालगुजारी व्यवस्था के कारण किसानों के पास पूंजी संचय नहीं हो पाती थी परिणामतः कृषकों के लिए अच्छे खाद–बीज का उपयोग एक बेमानी तथ्य था। गोपालकृष्ण गोखले ने इस स्थिति का जिक्र करते हुए कहा था कि "भूमि की उर्वरक शक्ति दिन पर दिन कम होती जा रही है। उत्पादित अनाज भी निम्नस्तरीय होता है। प्रति एकड़ उत्पादन जो कि पूर्व से ही संसार में कम है, घट रहा है।" निकासी एवं ऊँचे भूमि लगानों द्वारा देश के दरिद्रीकरण के सिद्धान्त के प्रबल समर्थक आर.सी. दत्त ने लिखा था कि निकासी का प्रत्यक्ष सम्बन्ध सरकारी राजस्व से है और सरकारी राजस्व में बहुत बड़ा भाग भूमि लगानों का है। आर्थिकता की दृष्टि से निकासी का रूप अतिरिक्त निर्यात है। निकासी के वित्तीय और आर्थिक पक्षों का सम्बन्ध निम्नलिखित रूप से है: किसानों को भूमि के लगान अथवा राजस्व का भुगतान करने के लिए अपनी उपज के एक बहुत बड़े भाग को बेचना पड़ता है। इस उपज का निर्यात कर दिया जाता है क्योंकि देश को अपेक्षित निर्यात अधिशेष (Export surplus) की सृष्टि करनी पड़ती है और क्योंकि कठोर भूमि लगान पद्धति के अन्तर्गत गांव से बलपूर्वक छीने गए कृषि उत्पादनों को बाजार में लाना पड़ता है। इस प्रकार भूमि लगान की यांत्रिकता के द्वारा किसान को निकासी के लिए भुगतान करने और निकासी को माध्यम बनाने वाले कृषि उत्पादनों को जुटाने के लिए बाध्य होना पड़ता है। इसका परिणाम यह है कि एक ओर तो वह बेचारा भारी और कठोर भूमि लगानों के कारण दरिद्र है और दूसरी ओर अन्न के अभाव में भूखा मरता है क्योंकि वह अपने अनाज को बेचने के लिए और देश उस अनाज को निर्यात करने के लिए विवश है। इस कारण उस गरीब किसान पर भूमि लगान और निकासी की दोहरी मार ही है।[36]

चौथे, निकासी सिद्धान्त के समर्थक विद्वानों ने अंगरेजी सत्ता के दौरान पड़ने वाले भंयकर अकालों का प्रमुख कारण निकासी को माना है। ब्रिटिश काल में बार–बार अकाल पड़े और अपार जन–हानि हुई। अनेक पाश्चात्य विद्वानों की मान्यता है कि भारत की आर्थिक स्थिति इतनी दयनीय हो गई थी कि 19वीं शताब्दी के अन्तिम चरण में अकालों की संख्या पिछले सौ वर्षों वाले अकालों से चार गुना अधिक हो गई।[37] दूसरी ओर निकासी के प्रतिपादन के प्रश्न पर अंगरेज अधिकारियों तथा लेखकों का यह तर्क था कि अंगरेजी शासन के अधीन भारत की औद्योगिक प्रगति, आर्थिक सम्पन्नता एवं कृषि उत्पादन में वृद्धि हुई है। निकासी के समर्थक भारतीय नेताओं के अनुसार अंगरेजी प्रशासन में भारत की निर्धनता बढ़ी। कुटीर उद्योगों का विनाश, कृषि पर अत्यधिक निर्भरता, भूमिहीन श्रमिकों की संख्या में वृद्धि इस प्रशासन की कुछ देन थी। प्रति उत्तर में माल्थस के अनुयायियों ने भारत की बढ़ती हुई जनसंख्या को उसकी निर्धनता के लिए दोषी ठहराया, लेकिन निष्कासन के समर्थकों ने इसका अकाट्य उत्तर दिया कि भारत में 'अप्रतिदत्त निर्यात' का परिणाम यह था कि कृषकों के पास आवश्यकता के समय काम आने वाली पूंजी संचित नहीं हो पाती। पूंजी के अभाव में जनसंख्या की वृद्धि का तर्क व्यर्थ था।[38] पूंजी के संचित न होने के कारण किसानों को अकाल के वर्ष में भूख से मरना पड़ता था। अंगरेजी शासन में दुर्भिक्षों का जो

सिलसिला शुरू हुआ वह हमारे समक्ष भयानक जनहानि का चित्र प्रस्तुत करता है। 1775 से 1919 के बीच भारत को 24 बड़े अकाल देखने पड़े जिनमें दो करोड़ पिच्यासी लाख जानें गईं।[39] बंगाल की लूट एवं तत्ज्जनित अकाल का विवरण देते हुए रजनीपाम दत्त ने लिखा है: लूट से होने वाली आय को दिनोंदिन तेजी के साथ बढ़ाने की मांग की जाती थी जिसके परिणामस्वरूप भूमि से प्राप्त होने वाले राजस्व में भीषण वृद्धि की गई और इसकी वसूली के रूप में किसानों के पास से बीज के लिए रखे गये अनाज तथा उनके बैल छीन लिए जाते थे। इसके परिणामस्वरूप जो अकाल पड़ा उसमें आबादी का एक तिहाई हिस्सा खत्म हो गया और देश का एक तिहाई भाग केवल जंगली जानवरों से भरे जंगल के रूप में बदल गया।[40] इसी संदर्भ में कुछ विद्वानों ने भारत में पशुओं की कमी एवं उनकी मृत्युदर अधिक होने का उल्लेख किया है। वी.जी. काले लिखते हैं कि अन्य देशों की तुलना में भारत में पशुओं की संख्या अत्यन्त कम होने के कारण लोगों की निर्धनता थी और निर्धनता का कारण भू–राजस्व की अधिकता है।[41]

पाँचवे, भारत की राष्ट्रीय आय का एक बड़ा भाग अप्रतिदत्त निर्यात द्वारा इंग्लैण्ड चला जाता था। दादाभाई नौरोजी का मन्तव्य था कि इससे विदेशी पूंजी को देश में घुसने और देश का अधिक शोषण करने का अवसर मिलता है। उनके अनुसार यह कार्य दो रूपों में होता है: प्रथम निकासी भारत के अन्दर पूंजी के संग्रह में बाधा पहुँचाकर और आन्तरिक पूंजी को पंगु बनाकर किसी प्रकार की स्वदेशी प्रतियोगिता की संभावना को समाप्त करके ही विदेशी पूंजीपतियों को भारत में आकर एकाधिकार जमाने तथा भारत के सभी संसाधनों का स्वेच्छापूर्वक दोहन करने का अवसर प्रदान करती है। दूसरी निकासी देश में निवेसित विदेशी पूंजी के संग्रह का एक प्रमुख स्रोत थीं क्योंकि निकासी का एक बहुत बड़ा भाग विदेशी पूंजी के रूप में फिर भारत में लाया जाता था। इस प्रकार यूरोपीय सेवाएं भारत में दुधारी तलवार का काम रही हैं। एक ओर तो वे भारतीय वेतन भोगी वर्गों के हाथों में पूंजी संग्रह करने में बाधक बन रही हैं तथा यूरोपीय अधिकारियों की बचतों के माध्यम से विदेशी पूंजी के विकास का सवंर्धन कर रही है और दूसरी ओर वे ब्रिटिश पूंजीपतियों को सुरक्षा और संरक्षण प्रदान कर ही है।[42]

छठे, अंगरेजों की पक्षपातपूर्ण व्यापारिक नीति से भारतीय व्यापार को भारी आघात पहुँचा। ब्रिटिश व्यापारिक कम्पनियों को एकाधिकार देना, भारत के निर्मित माल पर पाबन्दियों तथा कच्चे माल की निर्यात की नीति से भारत जो आत्मनिर्भर व मुख्य निर्यातक देश था, विदेशी माल पर निर्भर रहने लगा। कहा गया है कि सम्पत्ति के एक पक्षीय स्थानान्तरण के परिणामस्वरूप होने वाली प्रत्यक्ष हानि के अतिरिक्त निकासी भारत के विदेशों के साथ व्यापार सम्बन्धों को बिगाड़ने के रूप में एक दूसरा आघात भी कर रही थी क्योंकि निकासी के साथ विनिमय अधिशेष (Exchange surplus) अनिवार्य रूप से जुड़ा तत्व था और यह भारत के निर्यात की एक अनिवार्य विशेषता बन गई थी। भारत के लिए दो ही मार्ग थे या तो वह निर्यात करे या नष्ट हो जाए। फलतः भारत को विदेशी क्रेताओं को अपना माल खरीदने को प्रलोभित करने के लिए अपने माल की कीमत घटानी पड़ती थी। दूसरे शब्दों में, निकासी के फलस्वरूप जिन शर्तों पर भारत आयात के बदले निर्यात करता था, वह इसके सर्वथा अनुकूल नहीं था।[43]

सातवें, वित्तीय संसाधनों के निस्सरण में भारतीय लघु एवं कुटीर उद्योगों का पतन हो गया। भारतीय उत्पादों को अनेक प्रतिबंधों द्वारा इंग्लैण्ड भेजा जाने लगा तथा वहाँ का निर्मित माल ऊंची कीमतों पर भारत में विक्रय किया जाने लगा। वस्तुतः भारतीय उद्योगों का कट्टर प्रतिस्पर्द्धा में टिके रहना कठिन था एवं ब्रिटिश पूंजी ने उसे और भी धक्का पहुँचाया।

आठवें, सरकार अधिकांश राजस्व का उपयोग जनकल्याणकारी कार्यों के लिए करती है, किन्तु औपनिवेशिक सरकार के लिए यह आवश्यक नहीं। भारतीय उपनिवेश से वसूल की गई अधिकांश राजस्व की राशि पूर्व विवेचित तरीकों से इंग्लैण्ड पहुँच जाती थी और जनकल्याणकारी कार्य उपेक्षित रह जाते थे। शिक्षा, कृषि, यातायात मार्गों के विकास, सफाई व्यवस्था, चिकित्सा आदि वांछित सुविधाओं की ओर सरकार ने कोई विशेष ध्यान नहीं दिया।

निष्कर्षत: यह भी कहा गया है कि एक ओर औपनिवेशिक सरकार भारत का तेजी से शोषण कर रही थी दूसरी ओर नरम दल के कांग्रेसी नेता सरकार से आर्थिक नीतियों में परिवर्तन की मांग करते रहे थे। दादाभाई नौरोजी एवं रमेश चन्द्र दत्त आदि अनेक विद्वानों ने भारत के आर्थिक शोषण के विरूद्ध विरोध प्रकट किया एवं ब्रिटिश नीतियों की आलोचना की। नरम दल से सम्बद्ध विद्वानों ने अनेक तथ्यों द्वारा यह सिद्ध करने का प्रयत्न किया कि भारत की निर्धनता का मूल कारण ब्रिटिश सरकार की आर्थिक शोषण नीति रही है।

किन्तु युवा वर्ग का विश्वास सरकार से मांग करने, सुधार की याचना करने में नहीं था। आर्थिक शोषण एवं पराधीनता से मुक्ति पाने के लिए उन्हें सरकार के विरूद्ध हथियार उठाने में भी संकोच नहीं था। इस तरह की प्रवृति वाले युवा वर्ग को 'उग्रवादी दल' का नाम दिया गया।

उग्रवादी दल के अभ्युदय के परिणामस्वरूप जन सामान्य में राष्ट्रीय चेतना का विकास हुआ जिससे आगे जाकर भारतीय स्वतंत्रता का मार्ग प्रशस्त हुआ। अंगरेज सरकार की भारत के आर्थिक शोषण की नीति को राष्ट्रीयता की भावना के विकास का संवाहक कहा जा सकता। सुमित सरकार ने लिखा हैः सम्पत्ति के दोहन के सिद्धान्त ने निश्चय ही औपनिवेशिक शोषण में निहित सच्चाईयों का मोटे–तौर पर एक सच्चा चित्र प्रस्तुत किया। यह चेतना अभी तक विवेचित उन सभी विभिन्न विचारधाराओं एवं आन्दोलनों के कम मिथ्या थी जो समाज सुधार, पुनरूत्थान, साम्प्रदायिक गठजोड़ों अथवा प्रादेशिक निष्ठाओं के माध्यम से देश के दुःख दूर करना चाहते थे। तात्कालिक अर्थ में सम्पत्ति के दोहन के सिद्धान्त ने आरम्भिक नरमदलीय कांग्रेस की मांगों एवं गतिविधियों का एक सैद्धान्तिक आधार प्रदान किया।[44]

संदर्भ

1. दत्त, रजनीपाम, *आज का भारत*, पृ. 124–25
2. वही, पृ. 127
3. स्मिथ, *आक्सफोर्ड हिस्ट्री ऑफ इण्डिया*, पृ. 642
4. बिपिनचन्द्र, *भारत में आर्थिक राष्ट्रवाद का उद्‌भव और विकास*, पृ. 573
5. रानाडे महादेव गोविन्द, *एसेज आन इण्डियन इकानामिक्स*, पृ. 24
6. बिपिनचन्द्र, वही, पृ. 576 से उद्धृत
7. दत्त, आर.सी., *इकानामिक हिस्ट्री ऑफ इण्डिया*, जि. 1, पृ. 276
8. बिपिनचन्द्र, वही, पृ. 576 से उद्धृत
9. ताराचंद, *भारतीय स्वतंत्रता आन्दोलन का इतिहास*, भाग–2, पृ. 279
10. वही, पृ. 279
11. वही, पृ. 282 से उद्धृत
    आर दत्त, वही, भाग 1, पृ. 284 भी देखें। उन्होंने 1836 तक सार्वजनिक ऋण 27 मिलियन दर्शाया है।
12. ताराचंद, वही, पृ. 281 से उद्धृत
13. *Indian Munitions Board Handbook*, 1919, pp. 137-38
14. *The India Yearbook*, The Times of India Press, Bombay, 1945-46, p. 707
15. *Indian Munitions Handbook*, 1919, p. 127
16. Cotton We, *Handbook of Commercial Information for India*, pp. 287-92
17. *Imperial Gazetteer of India*, Vol. III, pp. 122-23
18. ताराचंद, वही, पृ. 271
19. Vera Anstey, *The Economic Development of India*, 1946, p. 131
20. *Year Book*, 1949, p. 282
21. दत्त, आर.सी., *द इकानामिक हिस्ट्री ऑफ इण्डिया*, 1970, दिल्ली, जिल्द 2, पृ. 399–400, नौरोजी, *पावर्टी इन इण्डिया*
22. ताराचंद, वही, पृ. 272
23. *अमृत बाजार पत्रिका* (साप्ताहिक) दिस. 14, 1919
24. Webb. MDP, *Advance India*, 1913, pp. 65-66
25. Keynes, *Indian Currency and Finance*, p. 142
26. विद्यालंकार, पी.एन., *भारतीय सम्पत्ति शास्त्र*, कानपुर, 1923, पृ. 418
27. Mertin Montogomery, *Eastern Indian*, London, 1838, Introduction to Vol. I and III;
    R. Dutt, *Economic History of India*, Vol. I, p. 295
    This annual drain of $ 3,00,000 on British India amounted in thirty years at 12 percent (the usual Indian rate) compound interest to the enormous sum of $ 723997,917 sterling; or a low rate as $ 2,000,000 for fifty years to $ 8400,000,000
28. डिग्बी, विलियम, *प्रॉस्पेरस ब्रिटिश इण्डिया*, पृ. 23
29. वकील, सी.एन., *फाइनेन्शियल डबलमेंट इन इण्डिया*, पृ. 322
30. *रिपोर्ट ऑफ द दकन कमीशन*, 1885
31. बिपिनचन्द्र, वही, पृ. 582
32. वही, पृ. 589
33. दत्त, रजनीपाम, वही, पृ. 134–35
34. नौरोज, *पावर्टी*, पृ. 55–56, बिपिनचन्द्र, वही, पृ. 589 से उद्धृत
35. दत्त, रजनीपाम, वही, पृ. 134–35
36. बिपिनचन्द्र, वही, पृ. 591, सरकार, सुमित, *आधुनिक भारत* (1885–1947), पृ. 111
37. डिग्बी, विलियम, *प्रॉस्पेरस ब्रिटिश इण्डिया*, पृ. 126–27
38. जैन, वही, पृ. 286–87
39. डिग्बी, विलियम, *प्रॉस्पेरस ब्रिटिश इण्डिया*, पृ. 130
40. दत्त, रजनीपाम, वही, पृ. 130–131
41. काले, वी.जी., *इण्डियन इकानामिक्स*, पृ. 93–94
42. बिपिनचन्द्र, वही, पृ. 590–91
43. वही, पृ. 592
44. सरकार, सुमित, *आधुनिक भारत* (1885–1947), पृ. 111–12

❋❋❋

14

निरूद्योगीकरण एवं आधुनिक उद्योगों का उत्थान तथा राजकीय नीति

(De-Industrialisation and Rise of Modern Industry and State Policy)

अठारहवीं सदी के मध्य तक इंग्लैण्ड भी मुख्यतया एक कृषि प्रधान देश ही था। उन दिनों ऊनी उद्योग मुख्य उद्योग था। बेन (*हिस्ट्री ऑफ द काटन मैन्युफैक्चर*, पृ. 115) के अनुसार ऊनी माल का निर्यात कुल निर्यात का एक तिहाई या एक चौथाई था। अपनी पुस्तक में बेन ने लिखा है कि 1760 ई. तक सूती कपड़े बनाने के लिए जो मशीनें इस्तेमाल की जाती थीं, वे लगभग उतनी ही साधारण थी जितनी भारत में इस्तेमाल की जाने वाली मशीनें।[1] दूसरी ओर भारत का बुनकर उद्योग जो विश्व में ख्याति प्राप्त कर चुका था। इन दिनों (18वीं सदी के उत्तरार्द्ध में) अपने विनाश की ओर बढ़ रहा था। अपने मूल हस्तशिल्प व्यवसाय पर भी अपना एकाधिकार खो बैठा। अतः हमें देखना यह है कि इंग्लैण्ड की तुलना में भारत का औद्योगिक विकास उस समय क्यों संभव न हुआ, इसके क्या कारण रहे हैं?

भारत में पूँजी का अभाव: भारत में बड़े पैमाने पर उद्योगों की स्थापना में सबसे बड़ी बाधा पूंजी का अभाव था। महादेव गोविन्द रानाडे ने स्थिति का मूल्यांकन करते हुए लिखा हैः जिस प्रकार भारत की भूमि पानी के अभाव में सूखी है उसी तरह उद्योग पूंजी के अभाव में झुलस रहे हैं।[2] साम्राज्यवादी शोषण का प्रभाव यह हुआ कि बड़ी मात्रा में भारत की सम्पत्ति का पलायन हुआ और जिसके द्वारा लोगों की बचत का बहुत बड़ा हिस्सा देश से प्रतिवर्ष जाता रहा, इस तरह ब्रिटिश भारत में संचित पूंजी का अभाव हो गया। आधुनिक उद्योगों की स्थापना में आने वाली बाधाओं में रानाडे के अनुसार एक ओर पूंजी लोगों के लिए दुर्लभ बनी हुई है और जो कुछ थोड़ी मात्रा में उपलब्ध है वहां लोग श्रम एवं पूंजी के सहयोग से अपरिचित हैं।[3] बैंकिंग व्यवस्था सरकार के सीधे नियंत्रण में थी अतः भारतीय उद्यमियों के लिए बैंकों से वित्तीय सुविधा जुटा पाना अत्यन्त कठिन था। राष्ट्रवादी नेताओं की मान्यता रही है कि भारतीय बैंकिंग पर व्यापक नियंत्रण ब्रिटिश भारत के क्षिप्र और उन्मुक्त औद्योगिक विकास में बहुत बड़ा अवरोध है। भारतीय जनता की भौतिक सामाजिक और सांस्कृतिक प्रगति के लिए देश का आर्थिक विकास आवश्यक था। इसलिए राष्ट्रवादी आन्दोलन इस आर्थिक विकास का पक्षधर था और ब्रिटिश वित्तीय पूंजी के रूख और सरकारी नीति का घोर–आलोचक।[4]

ब्रिटिश सरकार का पक्षपातपूर्ण रवैया: भारत के प्रति पक्षपातपूर्ण सरकारी नीति को उजागर करते हुए किंग्सले डेविस ने लिखा था कि उन दिनों भारत सरकार किसी प्रकार औद्योगीकरण को बढ़ावा नहीं देती थी। भारत सरकार ने राष्ट्रीय हितों के विरूद्ध विदेशियों को उसके प्राकृतिक साधनों का शोषण करने दिया। उसने विदेशी उद्योगों और विदेशी व्यापारियों के हित को भारतीय कच्चे माल के उत्पादकों के मुकाबले तरजीह दी। सरकार ने सेना, असैनिक कार्यों तथा रेलों के लिए सामान भी भारतीय फर्मों के बजाए ब्रिटिश फर्मों से खरीदा। इसके साथ ही मुद्रा और बैंक व्यापार को इस तरीके से चलाया गया कि वह एक तरह से भारतीय हितों के विरूद्ध गया।[5] कुछ विद्वानों का यह भी विचार था कि बड़े पैमाने के उद्योगों का पूंजी को अपनी ओर न खींच पाने का आंशिक कारण यह भी था कि भारतीय पूंजीपति अनुद्यमी थे, वे किसी प्रकार का खतरा मोल लेने से डरते थे।[6] लेकिन रानाडे भारतीय उद्यमियों की प्रारंभिक असफलता का एक मात्र कारण अपर्याप्त पूंजी को मानते हैं।[7]

भारत की तुलना में इंग्लैण्ड की अर्थव्यवस्था पर दृष्टि डालें तो देखेंगे कि 1757 में प्लासी की जीत के बाद भारत की विपुल सम्पदा अविकल रूप से इंग्लैण्ड पहुंचने लगी। रजनीपाम दत्त ने जिक्र किया है कि 1694 में बैंक ऑफ इंग्लैण्ड की स्थापना मात्र से पूंजी का प्रारम्भिक संचय नहीं हो सका। 18वीं सदी के मध्य तक बैंकिंग पूंजी और चल पूंजी कम थी। फिर 18वीं सदी के उतरार्द्ध में अचानक पूंजी का संचय कैसे होने लगा? मार्क्स ने बताया है कि किस प्रकार पूंजीवाद का विकास भारत की लूटपाट से हुआ है। (आग्येर का कहना है कि यदि विश्व में मुद्रा का प्रवेश एक गाल पर जन्मजात

खून के धब्बे से हुआ है तो पूंजी का जन्म सर से पैर तक एक–एक रोम छिद्र खून और गंदगी से तरबतर हुआ है। (पूंजी खण्ड 1, अध्याय 31) और 18वीं सदी में इंग्लैण्ड में अचानक बड़े पैमाने पर जो पूंजी इकट्ठी हुई वह अधिकांशतः भारत की लूट से इकट्ठा पूंजी थी।.... प्लासी के युद्ध के शीघ्र बाद बंगाल से लूटी गई सम्पत्ति लंदन पहुंचने लगी और इसके प्रभाव भी उस समय दिखाई देने लगे। सभी अधिकारिक विद्वान इस बात पर एक मत हैं कि 19वीं सदी को सभी पूर्ववर्ती सदियों से अलग करने वाली महान घटना अर्थात् 'औद्योगिक क्रान्ति' की शुरूआत 1760 से हुईं[8] भारतीय सम्पदा के इंग्लैण्ड पहुंचने के बाद एक के बाद एक अनेक बड़े आविष्कार हुए जिनसे औद्योगिक क्रान्ति की शुरूआत हुईं 1764 में हारग्रीब्ज ने कताई की मशीन (स्पिनिंग जेनी) का आविष्कार किया, 1765 में जेम्सवाट ने भाप से चलने वाला इंजन बनाया और 1769 में इस इंजन का पेटेंट कराया, 1769 में आर्कराइट ने वाटरफ्रेम तैयार किया और 1775 में उसने रूई की धुनाई, खिंचाई और कताई की मशीनों का पेटेंट कराया, 1779 में क्राम्पटन का म्यूल तैयार हुआ और 1785 में कार्टराइट ने पावरलूम का आविष्कार किया। 1788 में लोहा गलाने की भट्टियों में भाप के इंजन का इस्तेमाल किया गया।[9] यथेष्ट पूंजी ने जहाँ इंग्लैण्ड में नई तकनीक को विकसित किया वहीं भारत में पूंजी की कमी ने लोगों के मनोबल को कमजोर किया। राष्ट्रवादी नेताओं का यह कथन था कि देशवासियों में उपक्रम उद्यम सम्बन्धी अपेक्षित भावना का अभाव भी देश के औद्योगिक पिछड़ेपन का कारण था।[10] इसके विपरीत डब्ल्यू. कनिंघम की धारणा है कि कितना भी कर्मठ व्यक्ति क्यों न हो, जब तक उसके पास काफी पूंजी न हो और उसकी पहुंच के अन्दर व्यापक बाजार न हो वह इस दिशा में प्रयास नहीं कर सकता।[11] इस तरह इंग्लैण्ड औद्योगिक सफलता का रहस्य भारत की लूट से प्राप्त हो रही सम्पत्ति में छिपा था।

तकनीकी शिक्षा का अभाव: द्रूत औद्योगिक विकास की राह में दूसरी बड़ी बाधा थी। तकनीकी शिक्षा का अभाव। राष्ट्रवादी नेताओं की प्रारंभ से ही एक विशेष मांग रही थी कि भारत के समुचित औद्योगिक विकास के लिए तकनीकी शिक्षा और ज्ञान का प्रसार तथा इसके लिए तकनीकी स्कूलों कॉलेजों एवं संस्थाओं की स्थापना। 1895 में बम्बई की मिलों में 42.4 प्रतिशत मैनेजर यान्त्रिक इंजीनियर और कार्डिंग कताई और बुनाई के मिस्त्री अंगरेज ही थे। यह बिल्कुल स्वाभाविक है कि उद्योग के प्रारम्भिक सोपान में विदेशी यंत्र विशेषज्ञों को बुलाया जाए। जापान और जर्मनी जैसे स्वतंत्र देशों ने भी औद्योगीकरण के प्रारम्भिक सोपान में इस नीति का अनुसरण किया। पर उन देशों में वहां के लोगों ने कई कलाएं और विधियाँ बहुत जल्दी सींख लीं और थोड़े ही दिनों के बाद विदेशियों के हाथों से उद्योगों का प्रबंध ले लिया, पर भारत में इस प्रक्रिया में बहुत देरी लगी।[12] इसका प्रमुख कारण था तकनीकी शिक्षण संस्थाओं की कमी और इसीलिए तकनीकी काम करने वाले प्रशिक्षित लोग भी कम थे।[13] भारतीय राष्ट्रीय कांग्रेस ने अपने 1887 एवं 1888 के अधिवेशनों में तकनीकी शिक्षा पर ध्यान दिये जाने की सरकार से मांग की एवं इसके लिए आयोग गठित किये जाने का भी प्रस्ताव किया।[14] 1891 के बाद निरन्तर चार वर्ष तक इस मांग को दोहराया गया। 1904 में पालिटैक्निक महाविद्यालय खोले जाने का सरकार से अनुरोध किया।[15]

सरकार द्वारा उत्पन्न की गई बाधायें: ब्रिटिश सरकार ने समय–समय पर अपनी नीतियों द्वारा भारत के औद्योगिक विकास में घोर बाधायें खड़ी की। 1769 में कम्पनी के डाइरेक्टरों ने भारत स्थित नौकरशाही को निर्देशित किया कि वे प्रयत्न करें कि भारत में निर्मित सिल्क के स्थान पर कच्चे रेशम का निर्यात हो। यह भी कहा गया कि सिल्क लपेटने वालों को घर में काम करने की अनुमति न हो बल्कि वे कम्पनी के गोदामों में काम करें। 1783 में हाउस ऑफ कामन्स से प्रवर समिति ने भारत के औद्योगिक स्वरूप को बदलकर इंग्लैण्ड के उत्पादों के अधीनस्थ केवल कच्चा माल का उत्पादक बनाने की योजना बनाई। इस प्रकार 1788 तक इंग्लैण्ड विदेशी मण्डियों में भारतीय वस्त्रों का मुकाबला करने की रणनीति बना चुका था। कम्पनी के कोर्ट ऑफ डायरेक्टर्स की मान्यता थी कि: "ब्रिटिश निर्माताओं की प्रखर बुद्धि और अथक् प्रयासों से साधारण और मध्यम दर्जे की मलमल अन्ततः इस स्तर तक पहुंच चुकी है कि हम यह आशा कर सकते हैं कि सबसे अच्छे किस्म की सूरत की कपास पर्याप्त मात्रा में उपलब्ध रहेगी। जिससे विदेशी मण्डियों में भारत की सफेद मलमल और अन्य वस्त्रों का मुकाबला किया जा सकेगा।" भारतीय माल का इंग्लैण्ड में आयात न हो इसके लिए कई प्रतिबन्ध लगाये गये। यह 1812 में इंग्लैण्ड में भारत से आयात की जाने वाली वस्तुओं पर आयात शुल्क की दरों से स्पष्ट होता है।[16] 1813 के चार्टर द्वारा स्वतंत्र व्यापार (Free trade) की नीति की घोषणा की, इसके द्वारा भारत के साथ व्यापार पर ईस्ट इण्डिया कम्पनी का एकाधिकार खत्म हुआ। यह एकाधिकार इंग्लैण्ड के प्रतिद्वंद्वी व्यापारिक हितों एवं उद्योगपतियों के तीखे प्रहार के कारण समाप्त हुआ क्योंकि ये लोग अपने लाभ के लिए भारत की सम्पदा के शोषण के अधिकार तथा औपनिवेशिक लूट में अपने हिस्से की मांग कर रहे थे।

भारतीय हस्तशिल्प के विरूद्ध शुल्क सम्बन्धी भेदभाव से सरकार की नीयत का बोध होता है। इस काल में भारत में आयात होने वाली सूती तथा रेशमी वस्तुओं पर शुल्क की दर 3.5 प्रतिशत तथा ऊनी पर 2 प्रतिशत थी वहीं ब्रिटेन में भारत से आयात होने वाली सूती माल पर शुल्क की दर 10 प्रतिशत, रेशम पर 20 प्रतिशत तथा ऊनी पर 30 प्रतिशत के हिसाब से थी।[17]

औपनिवेशिक सरकार एवं संचार व्यवस्था: इंग्लैण्ड के कारखानों में निर्मित सामग्री से भारतीय बाजारों को भर देने के लिए संचार व्यवस्था का समुचित विकास आवश्यक था।[18] रेलवे का विस्तार अंगरेजों की शोषण नीति का एक महत्वपूर्ण साधन बना। सरकार की रेल नीति के विषय में विद्वान एकमत नहीं हैं। कुछ विद्वान रेलवे के विकास को भारत के आधुनिक उद्योगों की प्रगति एवं व्यापार में वृद्धि के लिए एक आवश्यक शर्त मानते हैं।[19] ए.आर. देसाई भी यह सोचते हैं कि उन्नीसवीं सदी के मध्य में रेलवे की स्थापना से आधुनिक उद्योगों के विकास के लिए जरूरी एक बहुत बड़ी शर्त पूरी हो गई।[20] जबकि बिपिनचन्द्र की मान्यता है कि आर्थिक दृष्टि से रेलों के निर्माण में भारतीय अर्थव्यवस्था को लाभ की अपेक्षा हानि अधिक हुई। रेल योजना भारत से धन निष्कासन का एक सहायक कारण बनी। रेलों में लगाई गई पूंजी और उस पर गारन्टी किया हुआ ब्याज सब भारत को वापस लौटाना पड़ा।[21] एक अंगरेजी अर्थशास्त्री का मत था रेलों के निर्माण और मुक्त व्यापार की नीति का परिणाम यह हुआ कि भारत अपने लिए कपड़ा उत्पादन करता था अब इंग्लैण्ड उसके लिए कपड़ा भेजता है। कहा जा सकता है कि प्रारम्भिक दौर में अंगरेज सरकार के रेलवे के विकास का उद्देश्य अपने साम्राज्यिक हितों की संरक्षा एवं ब्रिटिश माल की भारतीय बाजारों में खपत था। इसके पीछे उद्देश्य जनकल्याणकारी नहीं बल्कि साम्राज्य की आवश्यकताओं को पूरा करने वाले थे। भारत की धन सम्पदा के सफलतापूर्वक शोषण के लिए जरूरी था कि एक भीतरी ढांचा तैयार किया जाए जिससे सरकार का कामकाज सुचारू रूप से चल सके। रेल, रोडवेज, संचार आदि सभी साधन साम्राज्यवादी शासन के लिए आवश्यक थे और इसीलिए 1850 के दशक तथा उसके बाद के काल में इसका तेजी से विकास हुआ।[22] इसका तात्पर्य यह हुआ कि प्रारम्भ में रेलवे को उद्योगों की प्रगति का महत्वपूर्ण कारक नहीं कहा जा सकता।

विदेशी पूंजी के खतरे: अंगरेजों का सोचना था कि भारत के आर्थिक विकास के लिए विदेशी पूंजी निवेश बहुत आवश्यक है। जॉन स्टुअर्ट मिल एवं अल्फ्रेड मार्शल जैसे विद्वानों की मान्यता थी कि "भारत के विकास के लिए विदेशी पूंजी एक अनिवार्य शर्त है।" जबकि राष्ट्रवादी नेताओं के विचार थे कि भारत के लिए उद्योगीकरण बेहद जरूरी क्यों न हो, फिर भी यह भारतीय पूंजी पर आधारित होना चाहिए, न कि विदेशी पूंजी पर।[23] राष्ट्रवादियों की जैसी मान्यता थी व्यापार के विकास के फलस्वरूप जैसा यूरोप में हुआ था भारत में औद्योगीकरण नहीं हुआ। विदेशों से पूंजी आकर रेलों, बागानों, खानों, बैंकों, बीमा तथा सार्वजनिक कर्ज में चली गई। इस पूंजी ने किसी भी क्षेत्र में आधुनिक उद्योग के विकास को प्रोत्साहन नहीं दिया।[24] दादाभाई नौरोजी ने खासतौर पर कहा कि "विदेशी पूंजी भारतीय संसाधनों की लूट और शोषण का जरिया है।"–उनका तर्क था कि भारतीय पूंजी को बढ़ावा देने के बजाय विदेशी पूंजी ने उसे परे धकेलकर न सिर्फ उसके स्थान पर कब्जा कर लिया है, बल्कि भारतीय पूंजी के फलने–फूलने की कोई गुंजाइश नहीं छोड़ी है। उल्टे यहां से पूंजी निचोड़कर विदेश ले जाई जा रही है और इस तरह भारतीय अर्थव्यवस्था पर विदेशी पकड़ दिनोंदिन मजबूत होती जा रही है। विदेशी पूंजी के जरिए देश के विकास की कोशिश करने का मतलब सिर्फ यह होगा कि हम आज के तुच्छ लाभों की कीमत पर अपना सारा भविष्य बेच दें। 1901 में राष्ट्रवादियों के इन विचारों को व्यक्त करते हुए बिपिनचन्द्र पाल ने लिखा: देश के प्राकृतिक संसाधनों के दोहन में विदेशी पूंजी, ज्यादातर ब्रिटिश पूंजी के इस्तेमाल से कोई मदद के बजाय दरअसल हुआ यह है कि भारतीय जनता की आर्थिक दशा सुधारने में सबसे बड़ी बाधा बन गई है। यह जिस हद तक एक आर्थिक खतरा है, उसी हद तक एक राजनीतिक खतरा भी है, और जितनी जल्दी हम इस दो मुंही बुराई को उखाड़ फेंके, उतना ही हमारे भविष्य के लिए बेहतर होगा।[25] इस प्रकार भारत की तरल पूंजी को निचोड लेने के बाद वित्त पूंजी का दौर शुरू होता है। भारतीय नेताओं के अनुसार वित्त पूंजी का यह अर्थ भी था कि भारतीय बाजार पर कब्जा करने के बाद भी असन्तुष्ट ब्रिटिश उद्योगपतियों ने अपने बाजार में मुनाफे की गिरती दरों के कारण अब भारत में अपनी पूंजी लगाने तथा सस्ते भारतीय श्रम के उपयोग द्वारा माल का उत्पादन करने का निर्णय लिया था। कहने की आवश्यकता नहीं है कि उनके उद्देश्यों का जनकल्याण से दूर का रिश्ता नहीं था।[26]

भारत में अंगरेजी वित्त पूंजी का निवेश (Investment of British Finance Capital in India): आमतौर पर विदेशी पूंजी निवेश का अर्थ था भारत में निवेश के लिए इंगलैण्ड से पूंजी का निर्यात, पर इसमें एक छोटा सा किन्तु अत्यधिक

महत्वपूर्ण परिवर्तन हुआ। इंगलैण्ड से वस्तुतः निर्यातित पूंजी बहुत कम थी। 1856–62 के बीच सात सालों के दौरान कुल 225 लाख पौंड। यह 1914 में रिकार्ड की गई कुछ ब्रिटिश पूंजी (5000 लाख पौंड) का बहुत छोटा सा अंश है।

भारत एवं श्रीलंका को ब्रिटिश पूंजी का निर्यात[27]

वार्षिक औसत	भारत एवं श्रीलंका (लाख पौण्डों में)	विदेशों को किया गया कुल निर्यात	भारत व श्रीलंका का प्रतिशत
1908–10	14.7	172.3	8.5
1921–23	30.7	129.0	23.7
1932–34	4.2	135.1	3.1
1934–36	1.0	30.2	3.3

कहा जा सकता है कि सरकार द्वारा पूंजी निवेश के लिए भारत में ऋण इकट्ठा किया गया जिसका सूद भारतीय जनता ने भरा, पर जिसका मुनाफा ब्रिटिश कोष में गया।

मैनेजिंग एजेन्सी प्रणाली: 19वीं शताब्दी के शुरूआती दौर में औद्योगिक विकास के साथ ही भारतीय अथवा बाह्य सभी कम्पनियों पर मैनेजिंग एजेन्सियों का नियंत्रण कायम हो गया। एजेन्सियाँ विशेष रूप से कपड़ा एवं जूट मिलों, चाय बागानों तथा कोयला कम्पनियों में प्रशिक्षित मैनेजर भेजा करती थी। इसके अतिरिक्त वित्त जुटाना, कच्चा माल उपलब्ध करवाना तथा उत्पादित माल की विक्रय व्यवस्था पर भी इनका कब्जा था। प्रबंध अभिकर्ता या मैनेजिंग एजेन्टों के कार्यानुभव के फलस्वरूप सार्वजनिक तथा निजी जमा राशि का उद्योगों में आगमन होता रहा जो इस काल में उपलब्ध औद्योगिक वित्त ढांचे का एक अंग था। विवश होकर भारतीय औद्योगिक कम्पनियों को भी इनकी सुदृढ़ वित्तीय स्थिति को देखते हुए सहयोग लेना पड़ता था। इसके अतिरिक्त अधिक वित्तीय संसाधनों के कारण यूरोपीय मैनेजिंग एजेन्ट अर्थव्यवस्था के सर्वाधिक महत्वपूर्ण क्षेत्रों में होने वाले पूंजी निवेश को नियंत्रित कर सकते थे।[28] देसाई ने जिक्र किया है कि उन दिनों कई भारतीय राष्ट्रवादी अर्थशास्त्रियों और राजनीतिज्ञों ने यह कहा कि भारतीय बैंकिंग पर व्यापक ब्रिटिश प्रभुत्व भारत के क्षिप्र और उन्मुक्त औद्योगिक विकास के पथ में बहुत बड़ा अवरोध है। भारतीयों द्वारा चलाए गए उद्योगों में प्रभुत्व वाले बैंक और ब्रिटिश सरकार दोनों ऐसी नीतियां अपनाते थे जो ब्रिटिश आर्थिक हितों से निर्धारित होते थे, न कि भारत के औद्योगिक विस्तार के दृष्टिकोण से।[29]

पाश्चात्य विद्वानों ने भारत के औद्योगीकरण की धीमी गति और पिछड़ेपन के लिए आंशिक रूप से भारतीय सामाजिक संगठन को दोषी ठहराया है। वेरारेन्स्टी के अनुसार परलोकवादी धार्मिक प्रवृत्ति, रूढ़िग्रस्त परम्परावाद और अपरिवर्तनवाद, जात–पात, विदेशियों से मिलने–मिलाने पर रोकटोक, राजनैतिक सुरक्षा का अभाव आदि कारणों से आर्थिक परिवर्तन में बाधा हुई। किंगस्ले डेविस का भी मत है कि "जात–पात, संयुक्त परिवार और धर्म मिलकर आधुनिकता के मार्ग में बहुत जबर्दस्त रोड़े बन जाते हैं।" ताराचंद इससे सहमत नहीं हैं। उनके अनुसार औद्योगीकरण में पिछड़ेपन के लिए भारत की जाति व्यवस्था को जिम्मेदार नहीं माना जा सकता, हिन्दुओं के अतिरिक्त भी यहाँ कई संवर्गों के लोग रहते हैं और वे भी उस दौरान हिन्दुओं की तरह पिछड़ गये। हिन्दुओं की जाति व्यवस्था में लचीलेपन का अभाव था, लेकिन व्यवस्था इतनी कठोर न थी कि रोजगार में परिवर्तन लाना असंभव हो।[30] वस्तुतः भारत के औद्योगिक पिछड़ेपन का कारण ब्रिटिश सरकार की साम्राज्यवादी नीतियां थी जिनके रहते स्थानीय उद्योगों की स्थापना में गति नहीं आई भारत में औद्योगीकरण 19वीं शताब्दी के उत्तरार्द्ध में होने लगा था और उस दौरान नव विकसित उद्योगों को सरकारी संरक्षण की आवश्यकता थी, जिससे वह ब्रिटेन, जर्मनी आदि देशों के समर्थ और सुस्थापित उद्योगों से लोहा ले सके। मगर भारत की ब्रिटिश सरकार ने स्थानीय उद्योगों को ऐसी कोई सुरक्षा नहीं दी और न उसे कोई अन्य ठोस मदद ही दी। ब्रिटिश लेखकों, प्रचारकों ने भी इसे भारत के तीव्र औद्योगिक विकास का एक प्रमुख अवरोध माना है।[31] इतना ही नहीं भारत का औद्योगीकरण न हो तथा यहाँ से सदैव कच्चा माल उपलब्ध होता रहे और उसके निर्मित माल को लाभकारी मूल्यों पर बेचा जाता रहे इसकी भी समुचित व्यवस्था अंगरेजों ने की। ब्रिटिश उद्योगों की सफलता इसी बात में निहित थी। इसके लिए ब्रिटिश पूंजीपतियों ने इंग्लैण्ड सरकार पर निरन्तर दबाव बनाये रखा तथा अपने हित में वहाँ की संसद में कानून पारित करवाये। अतः 19वीं शताब्दी के उत्तरार्द्ध में औद्योगीकरण की जो शुरूआत हुई उसका श्रेय अंगरेजों को नहीं जाता जैसा कि जवाहर लाल नेहरू ने इंगित

किया हैः अंगरेज लोग इस बात का श्रेय ले सकते हैं कि उन्होंने पहली बार भारतवर्ष का द्वार पश्चिम के लिए खोला और उसे पश्चिमी उद्योगवाद तथा विज्ञान का एक हिस्सा प्रदान किया। परन्तु रेल, तार, टेलीफोन आदि अंगरेजी राज्य की अच्छाई और भलाई की कसौटी नहीं माने जा सकते। ये वांछनीय और आवश्यक थे लेकिन उद्योगवाद के ये चोबदार भी हमारे पास खास तौर पर ब्रिटिश राज्य को मजबूत करने के लिये लाये गये। ये तो नसें और नाड़ियाँ थी जिनमें होकर राष्ट्र के खून को बहना चाहिए था, जिससे व्यापार की तरक्की होती, पैदावार एक जगह से दूसरी जगह पहुँचाई जाती और करोड़ों मनुष्यों को नई जिन्दगी और धन हासिल होता। लेकिन इन्हें जमाने और काम में लाने का मकसद ही दूसरा था। साम्राज्य के पंजे को मजबूत करना और अंगरेजी माल का बाजार पर कब्जा जमाना जिसको पूरा करने में ये लोग कामयाब हो गये।[32] इंग्लैण्ड के औद्योगीकरण के लगभग 100 वर्ष बाद भारत में औद्योगिक वातावरण बना इसकी जानकारी करना अनुचित न होगा।

भारत में आधुनिक उद्योगों के विकास के तत्व (Factors of Rise of Modern Industries in India): भारत के औद्योगिक नेता प्रारम्भ में उद्योगों में पूंजी लगाने से कतरा रहे थे और वे इस दृष्टि से उद्यम की भावना एवं जिजीविषा शक्ति की कमी अनुभव करते थे। तत्कालीन परिस्थितियों में उन्हें अपनी सफलताओं पर सन्देह था। ऐसे अवसर पर राष्ट्रीय नेताओं ने लोगों में उद्यम की भावना का संचार कर देश को औद्योगिक राष्ट्र के रूप में परिणत करने में महत्वपूर्ण भूमिका अदा की।

प्रथम, राष्ट्रवादियों ने एकमत से यह स्वीकार किया कि आधुनिक मशीनों द्वारा देश की अर्थव्यवस्था को पूर्णतः बदला जा सकता है। उनकी मान्यता थी कि देश की सभी आर्थिक परेशानियों का उन्मूलन औद्योगिक विकास से संभव है। महादेव गोविन्द रानाडे भारत के औद्योगीकरण के ऐसे पहले महान उद्घोषक थे, जिन्होंने देश में उद्योगों की स्थापना के लिए लोगों का आह्वान करते हुए कहाः "हमें अपने कच्चे माल के स्तर में सुधार लाना है अथवा हमारे उत्पादन उत्तम स्तर के न होने पर उनका आयात करना है। हमें श्रम और पूंजी के सहयोग के महत्व को समझना है और विदेशी कौशल और मशीनरी का तब तक आयात करना है जब तक हम ठीक तरह से कार्य निष्पादन करने नहीं लग जाते। हम बहुत अधिक पिछड़ गये हैं अब हमें तकनीकी युग में प्रवेश करना है और अधिक कठोर श्रम एवं ईमानदारी से प्रयास करने हैं। यह एक नागरिक गुण है जो हमें सीखना है। यदि हम इस गुण को अपनाते हैं तो हमारी विजय निश्चित है। इसके विपरीत इस गुण के अभाव में हम प्रतियोगिता में पिछड़ जायेंगे। मुझे विश्वास है कि शीघ्र ही कठोर श्रम देश का धर्म बन जाएगा तथा प्राचीन भारत में स्थाई रूप से नवीन भावनाओं का संचार होगा।"[33]

दूसरे, उद्योगीकरण को जी.वी. जोशी एक बेहतर और ऊँचे दरजे की सभ्यता का प्रतीक मानते थे। 1890 में रानाडे जैसे राष्ट्रवादियों के प्रयासों से एक औद्योगिक सम्मेलन स्थापित हुआ और आगे के वर्षों में कई वर्षों तक प्रतिवर्ष औद्योगिक सम्मेलन आयोजित होते रहे। इनका उद्देश्य देश की उद्योगीकरण की भावना का विकास करना था।

बिपिनचन्द्र लिखते हैंः भारत में आधुनिक उद्योग एक ऐसा अभिकरण था जिससे भूमि पर आबादी के बढ़ते हुए दबाव को कम किया जा सकता था तथा देश की निरन्तर बढ़ती हुई आबादी की देहाती अपूर्ण रोजगारी और बेरोजगारी कम की जा सकती थी और साथ ही आजीविका के वैकल्पिक साधन जुटाए जा सकते थे।[34]

तीसरे, कृषि की तुलना में व्यापार एवं उत्पादक केन्द्र (कारखाने) लोगों को अधिक बुद्धिमान एवं प्रवीण भी बनाते हैं।[35]

चौथे, राष्ट्रवादियों की मान्यता थी कि विभिन्न वर्गों में बटी भारतीय जनता को एकता के सूत्र में बाँधने में आधुनिक उद्योग बहुत ही उपयोगी साबित होंगे और इस तरह सामूहिक हितों के आधार पर एक राष्ट्रीय पहचान बनेगी।[36] कारखानों एवं मिलों से प्राप्त होने वाली सामूहिक शिक्षा एक देश के लिए अधिक महत्व रखती है व्यक्तिगत रूप से स्कूलों एवं कॉलेजों में दी गई शिक्षा के। भारत के विभिन्न लोगों को सामान्य लाभ के आधार पर एक राष्ट्रीय शक्ति के रूप में संगठित करने में आधुनिक उद्योग छोटे–छोटे केन्द्रों की भूमिका अदा कर सकते हैं।

पाँचवे, यह भी कहा गया है कि भारत अब सांसारिक पूंजीवादी प्रणाली का एक अंग बन चुका था और उसके लिए अब अलग रहना संभव नहीं था। अतएव समय के अनुरूप अपने को ढालना तथा सभ्यता के बढ़ते कदम के साथ कदम मिलना आवश्यक हो गया था।[37]

रानाडे जैसे राष्ट्रवादियों ने उद्योगों की स्थापना हेतु लोगों को प्रोत्साहित ही नहीं किया प्रत्युत अनेक कारखानों की स्थापना में भी सहयोग किया। द पूणे डाइंग कम्पनी, कॉटन एण्ड सिल्क स्पिनिंग एण्ड वीविंग फैक्टरी, द रिएं पेपर मिल, मेटल मैनुफैक्चरिंग फैक्टरी आदि के विकास में उनकी महत्वपूर्ण भूमिका रही। कारखानों की स्थापना हेतु लोगों को पूंजी की सुविधा सरलता से उपलब्ध हो, इसके लिए उन्होंने 'द पूणे मर्केटाइल बैंक' की स्थापना हेतु लोगों को प्रोत्साहित किया।

के.टी. तैलंग और फिरोजशाह मेहता ने तो स्वयं 1870 में बम्बई में साबुन का कारखाना खोलकर लोगों के समक्ष एक उदाहरण प्रस्तुत किया। विवरण मिलता है कि तिलक ने भी निजाम के अधीनस्थ क्षेत्र लातूर में बिनौला निकालने का कारखाना शुरू करने की, 1891 में दो मित्रों को प्रेरणा दी। उत्तर भारत के रचनात्मक प्रवृत्ति वाले मदन मोहन मालवीय महान राष्ट्रीय नेता थे। 1881 में उन्होंने देशी तिजारत कम्पनी की स्थापना की और एक चीनी मिल चालू करने में भी सहयोग किया। लाला लाजपतराय ने पंजाब नेशनल बैंक के निदेशक की हैसियत से उद्योगों की स्थपना में लोगों की सहायता की। इस तरह भारतीय मध्यम वर्ग में आत्म विश्वास पैदा हुआ और वे उद्योगों में पूंजी लगाने की सोचने लगे।

1905 में बंगाल का विभाजन एवं स्वदेशी आन्दोलनः लार्ड कर्जन (Lord Curzon 1899-1905) जब गर्वनर जनरल बनकर भारत आया बंगाल प्रान्त में बंगाल, बिहार एवं उड़ीसा राज्य सम्मिलित थे। इसका क्षेत्रफल 1,89,000 वर्ग मील एवं लगभग आठ करोड़ जनसंख्या थी। कर्जन ने मैमन सिंह एवं बाकरगंज डिविजनों की अपराधिक गतिविधियों के आधार पर प्रान्त का विभाजन आवश्यक माना। 16 अक्तूबर 1905 को विभाजन कर दिया गया और पूर्वी बंगाल और असम को नया प्रान्त बनाया जिसमें राजशाही, चटगांव व ढाका क्षेत्र को शामिल किया। इस इलाके में 1 करोड़ 80 लाख मुसलमान व 1 करोड़ 20 लाख हिन्दू थे। दूसरा प्रान्त जिसमें पश्चिमी बंगाल, बिहार तथा उड़ीसा को रखा गया। कर्जन का उद्देश्य प्रशासनिक न होकर राष्ट्रीय एकता को बाँटना था। बंगाल बुद्धिजीवियों की यह धारणा दृढ़ हुई कि यह बंगाली राष्ट्रवादियों की बढ़ती एकता पर प्रहार है और हिन्दुओं तथा मुसलमानों को आपस में लड़ाने का एक साधन है बंगाल के शिक्षित वर्ग ने विभाजन का विरोध किया। पहली बार स्वदेशी वस्तुओं के प्रयोग पर बल दिया गया एवं राष्ट्रीय आन्दोलन ने जन आन्दोलन का स्वरूप ग्रहण कर लिया।

स्वदेशी से तात्पर्य था, भारत में निर्मित सामग्री के प्रयोग को प्रोत्साहन देना तथा विदेशी माल का बहिष्कार करना। इस आन्दोलन के फलस्वरूप विशेष रूप से सूती कपड़े की मांग बढ़ी। स्वदेशी आन्दोलन से भारतीय पूंजी संग्रह का वातावरण बना और पूंजीगत उद्योगों, व्यापारिक बैंकों और बीमा कम्पनियों को प्रोत्साहित किया। महादेव गोविन्द रानाडे ने पूणे में 1872 में आर्थिक विषयों पर एक सार्वजनिक भाषणमाला का आयोजन किया था जिसमें उन्होंने स्वदेशी उत्पादों के प्रयोग पर जोर दिया और लोगों को विदेशी उत्पादनों से महँगे होने पर भी अपने देश में निर्मित सामग्री के उपयोग करने की सलाह दी। इस विचारधारा को लोकप्रिय बनाने हेतु जी.वी. जोशी (गनेश वासदेव जोशी), वासुदेव फड़के, मदन मोहन मालवीय, तिलक आदि राष्ट्रवादी नेताओं ने निरन्तर प्रयास किये। सुरेन्द्रनाथ बनर्जी जैसे अनेक नेता देश के दौरे पर निकल पड़े और लोगों से मैनचेस्टर के कपड़े और लिवरपूल के नमक के बहिष्कार का आह्वान किया। उल्लेखनीय है कि सितम्बर 1904 से सितम्बर 1905 के मध्य कलकत्ता के बाहर कई जिलों में अंगरेजी कपड़ों की बिक्री 5 से 15 गुना तक कम हो गई।[38] देसाई ने जिक्र किया है कि इस आन्दोलन से भारतीय उद्योगों की स्थापना में मदद मिली। 1913—14 में कॉटन मिलों की संख्या बढ़कर 264 हो गई थी और जूट मिलों की 641, कोयला उद्योग लगातार बढ़ता ही जा रहा था और 1914 में कुल 1,513,76 लोग कोयला खदानों में काम कर रहे थे। यह उद्योग मूलतः आवागमन के साधनों और मिल उद्योग की प्रगति के कारण विकसित हुआ। 1890 और 1914 के बीच पेट्रोलियम, मैंगनीज, अभ्रक और शोरा जैसे नए उद्योगों का उद्भव हुआ और चावल तथा टिम्बर की भी कुछ मिलें खुली। इसके अतिरिक्त अभियंत्रण एवं रेलवे के कारखाने एवं लोहे और पीतल की ढलाई भी की जाने लगी।[39] जमशेद जी टाटा ने टाटा लौह इस्पात कम्पनी शुरू की इसने कच्चा लोहा (Pig Iron) 1911 ई. में और इस्पात 1912 में बनाना प्रारम्भ कर दिया। इस तरह स्वदेशी आन्दोलन से भारतीय उद्योगों की स्थापना में गति अवश्य आई।

विश्व युद्धों का प्रभावः दो विश्व युद्धों के बीच विशेषकर 1930 के दशक की विश्वव्यापी मंदी के दौरान भारतीय अर्थव्यवस्था पर साम्राज्यवाद की पकड़ ढीली पड़ गई थी। इस अवधि में भारतीय उद्योगों को बढ़ने का अवसर मिला। प्रथम विश्वयुद्ध काल में विदेशी प्रतियोगिता के अभाव में सूती और जूट उद्योगों का काफी विकास हुआ। इस्पात का उत्पादन 1913 में केवल 91,000 टन था। लेकिन 1918 में 1,24,000 टन हो गया। विदेशी आयातित वस्तुओं को देशी उत्पादनों द्वारा तेजी से प्रतिस्थापित किया जा रहा था। अब भारतीय उद्यमी विदेशी पूंजीपतियों के छोटे भागीदार के रूप में नहीं प्रत्युत स्वतंत्र रूप में आगे बढ़ने लगे। प्रथम विश्व युद्ध के पश्चात् देशी उद्योगों में हुई प्रगति, विदेशी व्यापार की औपनिवेशिक व्यवस्था में बदलाव को इंगित करती हैं प्रचलित व्यवस्था में उपनिवेश (भारत) तैयार माल का आयात और कृषि एवं अन्य कच्चे खनिज पदार्थों का निर्यात करता था वह स्थिति अब नहीं रही। 1874 से 1879 तक भारत का आयात 82 प्रतिशत था, 1914 में घटकर वह 66 प्रतिशत रह गया। इसी तरह 1914 के बाद धीरे—धीरे भारत के कुल आयात में तैयार माल का

अनुपात कम हुआ और कुल निर्यात में उसका अनुपात बढ़ा। इतना ही नहीं उपभोक्ता वस्तुओं की तुलना में कुल आयात में पूंजीगत वस्तुओं के अनुपात में भी वृद्धि हुई।

महायुद्ध के दौरान एवं बाद के वर्षों में ब्रिटिश सरकार भारत पर अपना प्रभुत्व बनाये रखने के लिए यह अनुभव करने लगी थी कि भारतीय पूंजीपतियों का सहयोग लिया जाना आवश्यक है और उसके लिए सरकार उन्हें आर्थिक एवं राजनीतिक सुविधाएं प्रदान करना चाहती थी। थॉमस हॉलैण्ड के सभापतित्व में नियुक्त औद्योगिक कमीशन ने 1918 में अपनी रिपोर्ट प्रस्तुत की, जिसमें निम्नलिखित बातों की सिफारिश की:

- औद्योगिक मामलों में शक्तिपूर्ण हस्तक्षेप नीति की शुरूआत।
- साम्राज्यीय एवं प्रान्तीय उद्योग विभागों की स्थापना करना।
- वैज्ञानिक एवं तकनीकी सेवाओं का संगठन तथा औद्योगिक और तकनीकी शिक्षा के लिए अधिक सुविधायें जुटाना।
- औद्योगिक सहयोग को प्रोत्साहन एवं आवागमन तथा माल ढोने की सुविधाओं की समुचित व्यवस्था करना।
- सरकार ने इन सिफारिशों को स्वीकार करते हुए इन्हें व्यावहारिक रूप में परिणित करने की बात स्वीकार की। केन्द्रीय सरकार अपनी घोषणाओं को क्रियान्वित करती, इससे पूर्व ही (1919 में) उद्योग हस्तान्तरित विषय बना दिया गया। अब उद्योगों की स्थापना एवं प्रोत्साहन का दायित्व केन्द्र सरकार का नहीं रह गया था और प्रान्तों के पास उद्योगों को प्रोत्साहित करने के लिए आवश्यक वित्तीय संसाधनों की कमी थी।

इण्डियन फिसकल कमीशन (Indian Fiscal Commission): 3 अक्तूबर 1921 में नियुक्त राजस्व आयोग जिसके प्रधान इब्राहिम रहीमतुल्ला थे, ने 1922 में सरकार को उद्योगों को एक निश्चित नीति के अन्तर्गत सुरक्षा एवं सहायता प्रदान करने की सिफारिश की। निम्नलिखित शर्तों को पूरा करने पर कमीशन ने उद्योगों को संरक्षण प्रदान करने का जिक्र किया:

- उद्योगों के लिए देश में पर्याप्त कच्चा माल उपलब्ध हो।
- उद्योग के विकास के लिए संरक्षण अपेक्षित हो।
- उद्योग अन्ततः बिना संरक्षण के सफलतापूर्वक संचालित हो सके।

इण्डियन लेजिस्लेटिव असेम्बली ने इन सिफारिशों के आधार पर इसी वर्ष (1922) सीमा शुल्क विषयक परिषद् (Tariff Board) का गठन किया। 1923 से 1938 के मध्य कुछ उद्योगों को संरक्षण दिये जाने पर विचार किया गया और इस दृष्टि से लोहा एवं इस्पात, चीनी, सूती कपड़ा, दियासलाई, नमक, भारी रसायन पदार्थ आदि उद्योगों की जांच की। उद्योगों को बढ़ावा देने के लिए केन्द्रीय उद्योग एवं शोध संस्थान स्थापित किया। किन्तु सरकार ने लोहा एवं इस्पात उद्योग को यथेष्ट सहायता नहीं दी गई और जो भी सुविधा दी गई वह संरक्षित आयात शुल्क (Protective tariff) द्वारा वापस ले ली गई। वस्तुतः सीमा शुल्क में परिवर्तन द्वारा 1927 में ब्रिटिश उद्योगों को भी भारतीय बाजारों में प्रतियोगी बनाये रखने के लिए ही पुनः सहायता दी गई थी। इसके अतिरिक्त सरकार की वित्तीय एवं मुद्रा दर नीति भी भारतीय उद्योगों की प्रगति में बाधक बनी रही। 1930 के दशक की विश्वव्यापी मंदी (World depression of 1929-32) से भी भारतीय उद्योगों को ठेस पहुंची। इस अवधि में भारत से निर्यातित माल 2 अरब 60 करोड़ से घटकर 1 अरब 35 करोड़ रह गया। कच्चे माल का निर्यात तो घटकर आधा ही रह गया था। इसके बावजूद दो महायुद्धों के बीच उपभोक्ता वस्तुओं का घरेलू मण्डी के लिए अधिक उत्पादन होने से इनका आयात कम हुआ जो स्थानीय उद्योगों के लिए अनुकूल स्थिति थी।

विश्व युद्ध के समय ब्रिटिश पूंजीपतियों का उद्योगों पर नियंत्रण लगभग समाप्त होने लगा जबकि भारतीय पूंजीपतियों के पास पूंजी बढ़ने लगी थी। प्रारम्भ में उन्होंने ब्रिटिश कम्पनियों के शेयर खरीदे और धीरे–धीरे सूती व अन्य मिलों पर कब्जा किया। इसी तरह चाय और रबड़ के बागानों पर उनका नियंत्रण हुआ। ब्रिटिश पूंजीपतियों की स्थिति इसके विपरीत थी। वे अपने उद्योगों को बेचने अथवा भारतीयों के साथ साझेदारी द्वारा संचालित करने में लगे हुए थे। इस परिप्रेक्ष्य में कुछ महत्वपूर्ण उद्योगों के विकास की जानकारी करना उचित होगा।

सूती वस्त्र उद्योग (Cotton Industries): उन्नीसवीं शताब्दी के मध्य में सूती कपड़ा उद्योग का इतिहास शुरू होता है। स्थानीय पूंजी ही इस उद्योग का प्रमुख आधार बनी और राष्ट्रीय आन्दोलन के साथ उद्योग के गहरे सम्बन्धों के कारण इसका राजनीतिक महत्व भी रहा है।

सर्वप्रथम 1818 में कलकत्ते में एक मिल स्थापित की गई थी, किन्तु इस अपवाद को छोड़कर प्रारम्भ में यह उद्योग बम्बई (मुम्बई) क्षेत्र में केन्द्रित रहा जहाँ 1854 में पहली मिल चालू की गई। 1877 के बाद बहुत–सी सूती मिलें नागपुर, अहमदाबाद, शोलापुर एवं कानपुर में प्रस्थापित हुई। बम्बई प्रेसीडेन्सी, गुजरात, कच्छ, बरार और सेन्ट्रल प्राविंसेज में कपास का उत्पादन एवं मजदूरों की प्रचुर उपलब्धि इसके प्रमुख आकर्षण थे। बम्बई में पारसी, भाटिया और बोहरा लोग प्रतिवर्ष बढ़ने वाले विदेश व्यापार द्वारा अच्छे खासे अमीर हो गए थे। व्यापार से जो पूंजी जमा हुई उसे कपड़ा उद्योग में लगाने के लिए काफी प्रेरणात्मक परिस्थितियाँ उपस्थित थी।[40] इसके अतिरिक्त आवागमन के समुचित साधनों का विस्तार इन केन्द्रों के विकास में सहायक बने। भारतीय पूंजीपति वर्ग प्रारम्भ में इस व्यवसाय में पूंजी विनियोजन में संकोच कर रहा था और पूंजी पर निश्चित लाभ का आश्वासन प्राप्त हुए बिना इस उद्योग में पूंजी विनिमय के लिए उत्सुक नहीं था इसलिए मैनेजिंग एजेन्सी प्रणाली का विकास हुआ जिसमें प्रबंधाभिकर्ता लम्बी अवधि के लिए मिल के प्रबंध का उत्तरदायित्व स्वीकार कर लेते थे। इस प्रणाली से कपड़ा मिलों की स्थापना को पर्याप्त प्रोत्साहन मिला। वित्तीय सहायता उपलब्ध करवाना, लोगों को मिलों में शेयरों में पूंजी विनिमय के लिए प्रोत्साहित करना इस मैनेजिंग एजेन्ट्स की मुख्य उपलब्धि थी। मैनेजिंग एजेन्सियों का एक दूसरा पक्ष यह भी था कि मुनाफे की राशि कम्पनियों के हिस्सेदारों को नहीं मिलती, उसे मैनेजिंग एजेंसियाँ ही हजम कर जाती हैं।[41]

पारसी कावस जी–नानाजी दाभार ने 1854 में पहला कारखाना स्थापित किया[42] और जे.एन. टाटा द्वारा 1887 में ऐम्प्रेस मिल नागपुर में प्रारम्भ किये जाने के साथ वास्तविक प्रगति शुरू हुई। 1854 से 1880 के प्रथम चरण में तीस कारखानों का निर्माण हुआ जिनमें 13 कारखानें पारसियों द्वारा लगाये गये। इन्हीं दिनों 1860–64 के अमेरिकी गृहयुद्ध के फलस्वरूप कपास बाजार में तेजी आ जाने से कपास के अनेक व्यापारियों में ढेर सारे पैसे आ गये। चीन का विदेशी व्यापार भारतीयों के लिए खुल गया। रेलमार्ग दक्षिणी भारत तक फैल गया। जिससे कच्चे माल की आपूर्ति सुव्यवस्थित हो गई।

1880 से 1895 में दूसरा चरण शुरू हुआ। इस दौरान कपड़ा उद्योग को काफी गति मिली। 1880 के दशक में प्रस्थापित कारखानों की संख्या 39 थी और चीन में भारतीय सूती धागे के बाजार में निरन्तर वृद्धि हो रही थी, परिणामस्वरूप लोगों की कुल विनियोजित पूंजी चार वर्ष में ही वापस मिल जाती थी। सूती धागों के अतिरिक्त सूती कपड़ों का भी उत्पादन किया जाने लगा था जिससे मैनचेस्टर के कारखाना मालिकों को चिंता हुई और उन्होंने भारत की अंगरेज सरकार पर दबाव डालना शुरू किया। 1878–79 में मैनचेस्टर में पैदा माल के आयात पर ब्रिटिश भारत में शुल्क में कमी तथा 1882 में आयात शुल्क की पूरी तरह समाप्ति उसी दबाव के परिणाम थे। यहीं से भारतीय मिल मालिकों के साथ मैनचेस्टर के निहित स्वार्थों की लड़ाई शुरू हुई, इसका कारण था 1873–95 तक की अवधि की मंदी ने उनके यूरोपीय बाजार को बहुत संकुचित कर दिया था और इस मंदी का एक नतीजा यह था कि कपड़ा उद्योग के यंत्रों का मूल्य बहुत कम हो गया। भारतीयों के लिए मिलों की संख्या एवं उत्पादन बढ़ाने का यह अच्छा अवसर था।

तीसरा चरण 1895–1914 कड़ी प्रतियोगिता का रहा, लेकिन 1905 में बंगाल विभाजन के विरोध में स्वदेशी आन्दोलन और विदेशी कपड़ों का बाजार शुरू हुआ, जिसमें भारतीय कपड़ा उद्योग के लिए अनुकूल स्थिति बनी। बाद में इसी प्रकार का विदेशी सामग्री का बहिष्कार गाँधी, नेहरू के नेतृत्व में चलता रहा था।[43]

मिलों का विस्तार

सन्	मिलों की संख्या	स्पिंडल्स (टेकुआ या तकलों की संख्या)	लूमस (करघा) की संख्या
1880	56	1461590	13502
1900	193	4945783	40124
1920	256	6763076	119012
1940	388	10005785	200076
1944	407	10222107	201761

स्वदेशी आन्दोलन को आधुनिक उद्योगों के विस्तार का आधार स्तम्भ कहा जाये तो कोई अतिश्योक्ति न होगी। बम्बई में 1905 में सूती कपड़ों के कारखानों की संख्या 69 थी जिनमें 21 लाख 24 हजार तकलियों का उपयोग हो रहा था। बम्बई प्रेसीडेंसी में 1911 में कारखानों की संख्या 182 हो गई थी, 1941 में यह संख्या 202 तक पहुंच गई। ताराचंद लिखते हैं कि

जहां तक पूंजी निवेश और श्रमिकों के उत्पादन मूल्य का सम्बन्ध है, सूती कपड़ा उद्योग भारत के निजी उद्यमियों द्वारा चलाया जाने वाला सबसे बड़ा कारखाना उद्योग था।[44] कुल मिलाकर इस उद्योग के विस्तार को प्रेरणास्पद कहा जा सकता है।

संरक्षण नीति: औद्योगिक युग में जब भारत का प्रवेश हो रहा था उस समय जापान तीव्र औद्योगीकरण की राह पर था और बड़ी तादाद में अपने कपड़े से भारतीय बाजारों को भरने लगा था। धन की आवश्यकता की सम्पूर्ति एवं जापानी प्रतिस्पर्द्धा को देखते हुए भारत सरकार ने 1894 में कपड़े तथा सूत के आयात पर पाँच प्रतिशत कर एवं भारत में निर्मित वस्त्रों पर पाँच प्रतिशत उत्पादन शुल्क लगाया। सब्यसाची भट्टाचार्य के अनुसार भारतीय सूती मिलों के उत्पादन पर विशेष शुल्क या समतुल्य कर (Counter vailing excise duty) मैनचेस्टर की सुविधा के लिए लगाया गया था।[45] 1896 में उत्पादन शुल्क घटाकर 3.5 प्रतिशत कर दिया और अगले 20 वर्षों तक यथावत रहा। प्रथम विश्व युद्ध के राजस्व के दबाव को पूरा करने के लिए 1916 में आयात कर की दर बढ़ाकर 7.5 प्रतिशत की गई और 1921 में इसे 11 प्रतिशत तक पहुंचाया गया। 1929–30 की विश्वव्यापी मंदी में इंग्लैण्ड के उद्योगों की स्थिति को और भी अधिक विकट बना दिया था अब भारत का सुरक्षित बाजार जापानी कपड़े से पटने लगा। अतः 1930 में भारतीय कपड़ा उद्योग को जापानी प्रतियोगिता से बचाने के लिए संरक्षण प्रदान करना आवश्यक समझा गया। इंग्लैण्ड से आयातित कपड़ों पर 15 प्रतिशत तथा अन्य किसी भी देश के निर्मित कपड़ों पर 20 प्रतिशत संरक्षाणात्मक आयात कर लगाया गया। इसे 1931 में बढ़ाकर इंग्लैण्ड के लिए 25 प्रतिशत और अन्य देशों के लिए 34.25 प्रतिशत कर दिया गया।[46] इतना ही नहीं आयात शुल्क अन्य देशों से आयातित वस्त्रों पर 1933 में 75 प्रतिशत तक भी वसूल किया गया था जिसे पुनः 1934 में 50 प्रतिशत पर स्थिर किया। सूती वस्त्र उद्योग में हुई प्रगति का जिक्र रानाडे ने किया हैः रूई का घटता निर्यात भारत में वस्त्र उद्योग के विकास को इंगित करता है। 1860 में 5.5 करोड़ मूल्य की कपास का निर्यात किया गया था जो 1865–66 में 35 करोड़ रूपये मूल्य की रूई निर्यात की गई एवं 1882 में यह निर्यात 7.5 करोड़ रू. का रह गया। कच्चे माल के निर्यात में कमी एवं निर्मित माल के निर्यात में वृद्धि भारत में सूती वस्त्रों के कारखानों की वृद्धि को दर्शाती है।[47] स्मिथ के अनुसार 1914 तक भारत सूती वस्त्र उत्पादन के क्षेत्र में विश्व में चौथे स्थान पर आ गया था।[48]

प्रतिकारी उत्पाद शुल्क एवं ओटावा करार: विश्वव्यापी मंदी (1929–1933) का सर्वाधिक प्रभाव मुम्बई मिलों पर पड़ा। श्रमिकों ने दो माह हड़ताल की। पूर्व में लाभ अर्जित कर रहा यह व्यवसाय 1925 तक 1 करोड़ 34 लाख के घाटे में आ चुका था। प्रतिकुल परिस्थितियों में जापानी प्रतिस्पर्द्धा से भारतीय उद्योगों को संरक्षण दिये जाने की मांग की। सरकार ने सीमा शुल्क या टैरिफ बोर्ड की जांच के आधार पर 1927 में मशीनरी एवं सामग्री आयात शुल्क से मुक्त कर दिया किन्तु 1929 की मंदी ने स्थिति को विकट बना दिया था। साम्राज्यीय प्राथमिकता के सिद्धान्त पर 1930 में ब्रिटेन एवं ब्रिटिश साम्राज्यीय कपड़ों पर आयात शुल्क 11 प्रतिशत से बढ़ाकर 15 प्रतिशत किया तथा जापान आदि को शामिल करते हुए उत्पादनों पर शुल्क 20 प्रतिशत निर्धारित किया। आगे जाकर सीमा शुल्क (टैरिफ) में भी परिवर्तन किए गए उनमें भारत टैरिफ (ओटावा व्यापार समझौता) संशोधन कानून 1932 महत्वपूर्ण था। ब्रिटिश कॉमन वैल्थ सदस्य देशों (राष्ट्र मण्डल) का जुलाई–अगस्त 1932 में ओटावा (कनाडा) में सम्मेलन हुआ, में भारत सरकार एवं ब्रिटिश सरकार के बीच व्यापारिक समझौता हुआ, के द्वारा कर सम्बन्धी परिवर्तन आवश्यक बनाये गये। भारतीय राष्ट्रवादियों के अनुसार समझौते द्वारा भारत से होने वाले ब्रिटिश व्यापार को लाभ पहुंचा। जवाहर लाल नेहरू की मान्यता थी कि 'इससे भारत के विस्तृत हितों की हत्या हुई।'

दरअसल भारत में ब्रिटेन एवं ब्रिटिश उपनिवेशों के माल पर आयात शुल्क कम रखा। जिससे ब्रिटिश कारखानें अवरूद्ध न हो, दूसरे जिन मामलों में ब्रिटेन का एकाधिकार था उन कारखानों को भारत में पनपने नहीं दिया गया जबकि स्थापना की संभावनायें थी। पूर्व में स्पष्ट किया गया है कि 1930 में सूती मिल संरक्षण कानून पारित कर तीन वर्ष के लिए सरकार ने जापानी कपड़े की प्रतिस्पर्द्धा कम कर दी अर्थात् आयात शुल्क 15 प्रतिशत रखकर यह दर्शाने की कोशिश की गई कि सरकार भारतीय वस्त्र उद्योगों को संरक्षण प्रदान कर रही है, लेकिन इससे जापानी संकट कम हुआ, इंग्लैण्ड से आने वाले वस्त्रों की प्रतिद्वन्द्विता बनी रही। 1931 तक 25 प्रतिशत ब्रिटिश कपड़ों पर आयात शुल्क लिया जा रहा था और गैर–ब्रिटिश वस्त्रों पर 31.25 प्रतिशत शुल्क निर्धारित किया। यद्यपि 1932 में जापानी वस्त्रों पर आयात शुल्क 75 प्रतिशत ले जाया गया। 1934 में भारतीय उद्योगपतियों एवं ब्रिटेन के मध्य समझौता हुआ जिसे "मोदी लीज पैक्ट" कहा गया, के अनुसार ब्रिटिश कपड़ों पर 25 प्रतिशत एवं जापानी वस्त्रों पर 50 प्रतिशत आयात शुल्क निर्धारित हुआ। इस प्रकार 1923 से 1933 तक भारतीय वस्त्र उद्योग मंदी के जाल में फंसा रहा।

पटसन उद्योग (Jute Industries): भारत में जूट की खेती गंगा के निचले मुहाने (वर्तमान बांग्लादेश), ब्रह्मपुत्र घाटी, कूचबिहार, उड़ीसा के कुछ क्षेत्रों में की जाती थी, किन्तु हुगली नदी के दोनों किनारे पर 96 किलोमीटर लम्बाई में विशेष रूप से इसकी पैदावार होती थी। 1854 का क्रीमिया युद्ध इस उद्योग के विकास के लिए एक महत्वपूर्ण घटना साबित हुई। इस युद्ध के कारण रूस से कच्चे माल (जूट) का आयात समाप्त हो गया। भारत में इसकी पैदावार की जाती थी और कोयले के उत्पादन और रेलवे के विस्तार से पटसन उद्योग की प्रबल संभावनायें बनीं। भारत में पहला पटसन कारखाना श्रीरामपुर के निकट 'रिशरा' में 1855 में शुरू किया गया और 1859 में पावरलूम लगाई गईं। इस उद्योग पर पूरी तरह यूरोपियनों का आधिपत्य रहा इसीलिए इसके विकास की अधिक संभावनायें थीं। 1850 के पश्चात् यूरोप में मुक्त व्यापार तथा समुद्री जहाजों के आवागमन में सुविधा, भाड़ा शुल्क में गिरावट के फलस्वरूप विभिन्न देशों के मध्य आयात–निर्यात में वृद्धि से बंडल बांधने में सहायक समग्री की आवश्यकता हुई। इसके लिए बंगाल में उपलब्ध पटसन अत्यन्त उपयोगी था। इस उद्योग को शुरू करने का श्रेय स्कॉटलैण्ड के निवासियों को जाता है। 1909 में 2500 टन प्रतिदिन पटसन सामग्री का उत्पादन किया जाता था। वह बढ़कर 1944–45 में 5500 टन हो गया। प्रारम्भ में अत्यन्त सीमित क्षेत्र में (अधिकांश मिलें 64 किलोमीटर क्षेत्र में) संचालित थी। 1938–39 तक 107 मिलों की अधिकृत हिस्सा पूंजी 20.30 करोड़ थी और 67,939 लूम तथा 1,35,0466 स्पिंडल्स उपयोग में लाये जा रहे थे। पटसन उद्योग के विकास का लाभ कृषकों को नहीं मिल पाया। मिल मालिक कृषकों को कम मूल्य देकर ही कच्चा पटसन खरीदते रहे। प्रथम विश्वयुद्ध के दौरान कच्चे पटसन के निर्यात पर भी कुछ प्रतिबंध लगाये गये। आजादी एवं विभाजन के बाद अधिकांश मिलें भारत में रह गईं और जूट उत्पादन क्षेत्र पूर्वी पाकिस्तान (बांग्लादेश) में चले गये। अतः भारत को पटसन उत्पादन क्षेत्र नये सिरे से विकसित करने पड़े।

जूट सामग्री का निर्यात[49]

सन्	बैग्ज (मिलियन में)	क्लाथ (मिलियन में)
1940–41	678	1546
1941–42	492	1696
1942–43	406	906

लोहा–इस्पात उद्योग (Steel and Iron Industries): आधुनिक उद्योगों की दौड़ में लोह–इस्पात उद्योग कुछ देर से शामिल हुआ। सर्वप्रथम जमशेदजी टाटा के पुत्र जे.एन. टाटा ने 1907 में बिहार में टाटा आईरन एण्ड स्टील कम्पनी की स्थापना की। इस उद्योग के लिए मैंगनीज, चूना, कोयला, मैग्नेसाइट एवं क्रोमाइट उपलब्ध था। इसके बाद मैसूर में भद्रावती एवं बंगाल में स्टील कम्पनियाँ स्थापित की गई। 1911 में पिग आईरन और 1012 में स्टील का उत्पादन किया जा सका। इन कारखानों से भारतीय आवश्यकताओं की आंशिक पूर्ति हो पाती थी। औपनिवेशिक सरकार ने भारत में लोह–इस्पात उद्योग को अधिक प्रोत्साहित नहीं किया। देसाई ने डी.एच. ब्युकैनन (द डवलपमेंट ऑफ कैपिटलिस्ट इंटरप्राइज इन इण्डिया) को उद्धृत करते हुए लिखा हैः किसी भी देश में वास्तविक परिवर्तन की शुरूआत होती है जब उस देश में लोहा और इस्पात उद्योग क्रियाशील होने लगते हैं धातु के उद्योगों के विकास का अर्थ है वास्तविक औद्योगिक क्रान्ति। इंग्लैण्ड, जर्मनी और अमेरिका ने पहले अपना लोहा और इस्पात उद्योग शुरू किया, बाद में अपने सूती कारखाने।[50]

1921–22 में उत्पादन 2.70 लाख टन कच्चा लोहा और 1.52 लाख टन इस्पात का उत्पादन हुआ। लेकिन युद्धोत्तर मंदी एवं उत्पादन में वृद्धि का इस उद्योग पर प्रतिकूल प्रभाव पड़ा। अतः टैरिफ बोर्ड (Tariff Board) ने इसकी जांच की और सरकारी संरक्षण की सिफारिश की। वर्ष 1934 से 1939 के दौरान इस्पात संरक्षण कानून द्वारा अपनाई गई संरक्षण नीति के फलस्वरूप 1939 में उत्पादन आठ लाख टन तक पहुंच पाया।

इन प्रमुख उद्योगों के अतिरिक्त ब्रिटिश काल में कुछ अन्य उद्योगों का विकास हुआ जिनमें सिल्क, ऊन, कागज, चमड़ा, चीनी, साबुन एवं शराब आदि का उल्लेख किया जा सकता है। कुछ महत्वपूर्ण उद्योग विदेशियों द्वारा स्थापित किए गए जबकि अन्य सामान्य उद्योगों में भारतीयों ने पूंजी लगाई।[51]

औद्योगीकरण की विशेषताएँ: ब्रिटिशकालीन अर्थव्यवस्था में आधुनिक उद्योगों का हिस्सा बहुत कम था। इसका अनुमान राष्ट्रीय आय में औद्योगिक क्षेत्र में प्रतिशत के अनुपात से लगाया जा सकता हैः 1900–04 में राष्ट्रीय आय के सौ पैसों में से उद्योग से आने वाली आय 13 पैसे से भी कम थी, 1925–29 में 16 पैसे से भी कम और 1940 से 44 तक

17 पैसे से भी नीचे थी। जहाँ भारत में 1900–04 में राष्ट्रीय आय का 13 प्रतिशत ही औद्योगिक क्षेत्र से आता था वहाँ इंग्लैण्ड में इसके लगभग सौ वर्ष पूर्व 1801 में यह अनुपात 23 प्रतिशत था।[52] अतः औद्योगिक क्षेत्र में रोजगार के अवसर भी सीमित थे। रजनीपाम दत्त ने इस तथ्य को स्पष्ट किया है: जनगणना के आंकड़ें देखने से पता चलता है कि 1911 से 1931 के बीच उद्योग पर निर्भर रहने वालों की संख्या घटी है जबकि कृषि पर निर्भर रहने वालों की संख्या में वृद्धि हुई है। उद्योग पर निर्भर लोगों की संख्या 1911 में 11.2 प्रतिशत थी जो 1921 में घटकर 10.49 प्रतिशत और 1931 में 10.38 प्रतिशत हो गई।[53] तकनीकी दृष्टि से भारत की पश्चिमी देशों पर निर्भरता बहुत अधिक थी। परिणामस्वरूप पूंजी उत्पादक उद्योग (Capital goods industry) का क्षेत्र सीमित था। इतना ही नहीं उद्योग के प्रमुख एवं महत्वपूर्ण क्षेत्र पर विदेशी पूंजी का नियंत्रण था। देशी उद्योगपतियों का आधार संकीर्ण बना रहा तथा केवल वे उद्योगपति ही जमे रह सकते थे जिनके पास प्रचुर मात्रा में पूंजी ससांधन (Capital resources) थे। इसलिए वे बदले में इजारेदारों (Monopolists) के रूप में विकसित भी हुए। औद्योगिक विकास की अवरूद्ध प्रकृति ने विदेशी पूंजी पर निर्भरता को बनाए रखा।

दूसरे, भारतीय उद्योगों की विकास प्रक्रिया में कुछ विशेष परिवारों या व्यक्तियों का ही वर्चस्व बना रहा। केन्द्रीकरण की प्रवृत्ति के फलस्वरूप व्यापार संघों की स्थापना हुई किन्तु इन व्यापार संघों पर सीमित लोगों ने अधिकार बना लिया। टाटा के जिम्मे कुल 22 कारोबार थे, इसी तरह एड्रयू यूल एंड कम्पनी जो पूर्वी भारत में काम करती थी कुल 42 कारोबारों पर अधिकार जमाएँ हुई थी, उसके पास 11 जूट, 11 कोयला, 15 चाय, एक कागज, दो रबर, एक तेल और एक जमींदारी भी थी। इससे व्यापार संघों के व्यापक क्रियाकलाप और लोगों के आर्थिक जीवन पर उनके प्रभाव का अनुमान सहज ही किया जा सकता है। इन व्यापार संघों की सत्ता उन डाइरेक्टरों के हाथ में थी जो बड़ी–बड़ी जगहों पर बैठे थे। अशोक मेहता ने 1940 में लिखा, हमारे देश के पांच सौ प्रमुख औद्योगिक कारोबारों का प्रबंध केवल 2000 डाइरेक्टर करते हैं। इनमें कुल डाइरेक्टरशिप केवल 830 व्यक्तियों के हाथ में है और एक हजार डाइरेक्टरशिप के मालिक महज 70 व्यक्ति हैं–इस पिरामिड के शीर्ष पर दस आदमी हैं जो 300 डाइरेक्टरों के मालिक हैं। दस व्यक्ति हमारे देश के औद्योगिक अर्थतंत्र के भाग्य विधाता हैं।[54]

तीसरे, परिस्थितिजन्य विकास भारतीय उद्योग की एक अन्य विशेषता है। प्रथम महायुद्ध के बाद बदली हुई परिस्थितियों में ब्रिटिश माल का आयात कम हो गया था और दूसरे महायुद्ध में जापान के सम्मिलित होने के कारण वह भी अपने माल का निर्यात नहीं कर पाया। दूसरी ओर आंशिक सरकारी संरक्षण का भारतीय पूंजीपति वर्ग ने लाभ उठाया और इस तरह अनेक उद्योगों का विस्तार किया जाना संभव हुआ। महायुद्धों की विभीषिका से पूर्व औपनिवेशिक सरकार ने भारतीय उद्योगों के विकास की गति को अवरूद्ध बनाये रखा, उस समय तक भारतीय उद्योग बिना सरकारी सहयोग के स्वअर्जित पूंजी से विकसित हुआ।

चौथे, राष्ट्रवादियों की मान्यता थी कि औद्योगीकरण से लोगों को परस्पर संगठित होने का अवसर मिला जिससे राष्ट्रीयता की भावना का विकास हुआ। अनेक मजदूर संगठन कांग्रेस एवं समाजवादी दलों से सम्बद्ध हो गये और मजदूर संगठनों ने समय–समय पर कांग्रेस द्वारा संचालित विविध राष्ट्रीय कार्यक्रमों में भाग लिया। प्रारम्भिक राष्ट्रवादियों का पहला लक्ष्य था भारतीय अर्थव्यवस्था को आधुनिक तकनीकी और पूंजीवादी उद्यमों पर आधारित अर्थव्यवस्था के रूप में खड़ा करना। औद्योगीकरण को हमारे नेता राष्ट्रीयता का सर्वोत्कृष्ट संवाहक मानते थे। सुरेन्द्रनाथ बनर्जी ने 1902 में अपने अखबार 'बंगाली' में इस विषय में लिखा था: राजनीतिक अधिकारों की लड़ाई भारत की विभिन्न जातीयताओं को कुछ समय के लिए तो जरूर एक सूत्र में बांध सकती है, लेकिन जैसे ही ये अधिकार मिल जायेंगे उन सबके अपने–अपने हित फिर अलग–अलग हो जायेंगे। इन जातीयताओं के आर्थिक हितों को अगर एक सूत्र में पिरो दिया जाए तो यह सूत्र फिर कभी नहीं टूटेगा। इसीलिए वाणिज्यिक और औद्योगिक गतिविधियाँ बहुत मजबूत एकता सूत्र होती हैं और इस कारण भारतीय राष्ट्र की स्थापना के लिए ये बहुत महत्वपूर्ण कारक हैं।[55]

पाँचवें, आधुनिक उद्योगों की स्थापना के फलस्वरूप भारतीय समाज में दो महत्वपूर्ण वर्गों का आविर्भाव हुआ: पूंजीवादी वर्ग एवं सर्वहारा। 1857 के बाद राजनीतिक घटनाओं में दोनों वर्गों की महत्वपूर्ण भूमिका रही जिसकी चर्चा अन्यत्र की गई है। कई नये नगरों का विकास औद्योगीकरण का परिणाम थे। स्थान विशेष पर उद्योग की स्थापना के साथ कालोनियों एवं बाजारों का विस्तार हुआ और अनेक नगर अतिस्तत्व में आये।

निष्कर्ष: ए.आर. देसाई ने जिक्र किया है। अपर्याप्त और असन्तुलित होने के बावजूद उद्योगीकरण ने भारतीय जनजीवन में क्रांतिकारी भूमिका अदा की। कृषि क्षेत्र में पूंजीवादी आर्थिक रूप लाने के प्रयास संसार की व्यावसायिक शक्तियों द्वारा भारत की घुसपैठ और आवागमन के आधुनिक साधनों के विस्तार के फलस्वरूप जिस एकान्वित राष्ट्रीय अर्थतंत्र का भारत में विकास हुआ था उसका सुसंगठन उद्योगीकरण के चलते संभव हो सका। इसके चलते भारतीय अर्थतंत्र अधिक समन्वित, समरूप और जीवन्त हो सका और उसे निश्चित रूपरेखा मिली। इसके चलते आधुनिक शहरों का भी आविर्भाव हुआ, जो आधुनिक संस्कृति और वर्धनशील प्रजातांत्रिक सामाजिक जीवन के केन्द्र बने और जहां सभी सामाजिक, राजनीतिक, सांस्कृतिक, प्रगतिशील आन्दोलनों का जन्म हुआ।[56]

संदर्भ

1. दत्त, रजनीपाम, *आज का भारत*, पृ. 133 से उद्धृत
2. Mahadev Govind Ranade, *Essays on Indian Economics*, 1906, p. 99. Just as the land in India thirsts for water, so the Industry of the country is Parched up for want of capital.
3. रानाडे, वही, पृ. 24
4. देसाई, ए.आर., *भारतीय राष्ट्रवाद की सामाजिक पृष्ठभूमि*, पृ. 93
5. डेविस, किंग्सले, *द पापुलेशन ऑफ इण्डिया एण्ड पाकिस्तान*, पृ. 217, ताराचंद, *भारतीय स्वतंत्रता आन्दोलन का इतिहास*, भाग 2, पृ. 287 से उद्धृत
6. बिपिनचन्द्र, *भारत में आर्थिक राष्ट्रवाद का उद्भव और विकास*, पृ. 61
7. रानाडे, वही, पृ. 189
8. दत्त, रजनीपाम, वही, पृ. 134–135
9. दत्त, रजनीपाम, वही, पृ. 133
10. रानाडे, वही, पृ. 128
11. दत्त, रजनीपाम, वही, पृ. 134 से उद्धृत
12. ताराचंद, वही, पृ. 289–90, रानाडे, वही, पृ. 128
13. देसाई, ए.आर., वही, पृ. 85
14. भटनागर, आर.एम., *भारतीय राष्ट्रीय कांग्रेस का इतिहास*, पृ. 61
15. बिपिनचन्द्र, वही, पृ. 61–62
16. ताराचंद, वही, जि. 1, पृ. 340, विद्यालंकार, पी.एन., *भारतीय सम्पत्ति शास्त्र*, पृ. 558
17. *आधुनिक भारत का इतिहास*, हि. का., पृ. 82
18. ताराचंद, वही, भाग 2, पृ. 277
19. वही, पृ. 270
20. देसाई, ए.आर., वही, पृ. 83
21. बिपिनचन्द्र, *भारत में आर्थिक राष्ट्रवाद का उद्भव और विकास*, पृ. 154
22. *आधुनिक भारत*, हि. का, पृ. 84
23. बिपिनचन्द्र एवं अन्य, *भारत का स्वतंत्रता संघर्ष*, पृ. 58
24. ताराचंद, वही, जि. 3, पृ. 287
25. बिपिनचन्द्र एवं अन्य, वही, पृ. 58–59
26. *आधुनिक भारत*, हि. का, पृ. 87
27. दत्त, रजनीपाम, वही, पृ. 177
28. देसाई, ए.आर., वही, पृ. 91–92
29. वही, पृ. 92–93
30. ताराचंद, वही, जि. 2, पृ. 292–93
31. देसाई, ए.आर., वही, पृ. 85
32. *मेरी कहानी*, पृ. 471–73
33. Ranade M.G., *Essays on Indian Economics*, Madras, 1906, pp. 128-29
34. बिपिनचन्द्र, वही, पृ. 57
35. रानाडे, वही, पृ. 20–21
36. बिपिनचन्द्र एवं अन्य, वही, पृ. 57, बिपिनचन्द्र, *भारत में आर्थिक राष्ट्रवाद का उद्भव और विकास*, पृ. 57
37. बिपिनचन्द्र, वही, पृ. 59
38. बिपिनचन्द्र एवं अन्य, वही, पृ. 86–87
39. देसाई, ए.आर., वही, पृ. 84
40. ताराचंद, वही, जि. 3, पृ. 80
41. दत्त, रजनीपाम, वही, पृ. 186
42. भट्टाचार्य, सब्यसाची, *आधुनिक भारत का आर्थिक इतिहास*, पृ. 133
43. भट्टाचार्य, वही, पृ. 133
44. ताराचंद, वही, जि. 3, पृ. 81
45. भट्टाचार्य, वही, पृ. 134
46. *इण्डियन ईयर बुक*, 1945–46, पृ. 733
47. वही, पृ. 113
48. वही, पृ. 710
49. *इण्डियन ईयर बुक*, 1945–46, पृ. 739
50. देसाई, वही, पृ. 94
51. रानाडे, वही, पृ. 114–18, *इण्डियन ईयर बुक*, 1945–46, पृ. 745–58
52. भट्टाचार्य, वही, पृ. 130
53. रजनीपाम, वही, पृ. 181
54. देसाई, ए.आर., वही, पृ. 90–91
55. बिपिनचन्द्र, वही, पृ. 57–58 से उद्धृत
56. देसाई, वही, पृ. 99–100

❋❋❋

15

औपनिवेशिक शासन की विभिन्न अवस्थायें एवं ब्रिटिश हितों से उनका सम्बन्ध

(Different Stages of Colonial Administration and Relation with British Interest)

उपनिवेशवाद की व्याख्या वेबस्टर डिक्शनरी में इस प्रकार की गई हैः उपनिवेशवाद उन आर्थिक, राजनीतिक एवं सामाजिक नीतियों का नाम है जिस पर चलकर कोई साम्राज्यवादी शक्ति दूसरे क्षेत्रों पर अथवा लोगों पर अपना नियंत्रण बनाए रखना अथवा उसका विस्तार करना चाहती है। वामपंथी विचारधारा उपनिवेशवाद में, एक देश के राजनीति व आर्थिक स्वाधीनता से जबरन महरूम किये जाने पर जोर देती है। उसे शोषण और उत्पीड़न का विषय माना है जो साम्राज्यीय देश के लिए कृषि तथा कच्चे माल का उपांग होता है, जिससे अर्थव्यवस्था विरूपित तथा एकतरफा हो जाती है।[1] मार्गेन्थों ने 'उपनिवेशवाद' को औपनिवेशिक साम्राज्यवाद कहा है।[2]

आधुनिक भारत के इतिहास के अध्ययन में, साम्राज्यवाद का अध्ययन विशेष महत्व रखता है। वर्तमान भारत, अतीत के साम्राज्यवादी शासन के दौरान घटित घटनाओं का ही क्रमिक विकास है, आधुनिक काल के इतिहास का अध्ययन महज अतीत की जानकारी न होकर यह वर्तमान तथा भविष्य पर भी प्रकाश डालता है। वस्तुतः हम अभी तक उन समस्याओं का ही मुकाबला कर रहे हैं जो हमारी अर्थव्यवस्था एवं समाज में साम्राज्यवादी नीतियों के कारण पैदा हुई थीं एवं आगे आने वाले लम्बे समय तक ऐसी ही समस्याओं से संघर्ष करते रहेंगे। दूसरे नव साम्राज्यवादी विविध गतिविधियाँ जो वर्तमान में हम अन्तर्राष्ट्रीय स्तर पर एवं भारत में भी देखते हैं, इनका अध्ययन ऐतिहासिक परिप्रेक्ष्य में अधिक अच्छे ढंग से किया जा सकता है। आधुनिक भारत के एक विद्यार्थी के लिए उपनिवेशवाद एवं उसकी अवस्थायें सम्पत्ति का दोहन, साम्राज्यवादी दाव–पेच और जटिल साम्राज्यवादी व्यवस्था में राष्ट्रवाद एवं उसके क्रमिक विकास को समझना आवश्यक है।

हॉब्सन ने अपने ग्रंथ *इम्पीरियलिज्म ए स्टडी* (साम्राज्यवाद–एक अध्ययन) में उपनिवेशवाद को राष्ट्रीयता का स्वाभाविक छलकाव माना है। संभवतः उसी के विचारों को रोजा लग्ज़ेमबर्ग ने आगे बढ़ाया। रोजा लग्ज़ेमबर्ग अपने समय की प्रख्यात महिला मार्क्सवादी विचारक थी। उसने अपनी पुस्तक *पूंजी का संग्रह* (*Accumulation of Capital*) 1913 में प्रकाशित करवाई जिसमें पूंजी संचय एवं साम्राज्यवादी विस्तार की विभिन्न अवस्थाओं का विश्लेषण किया हैं। लेनिन ने अपना साम्राज्य विषयक सिद्धान्त का प्रतिपादन "साम्राज्यवाद पूंजीवाद का चरमरूप" नामक लेख में किया जो 1916 में प्रकाशित हुआ। अपने लेख के प्रकाशन द्वारा लेनिन ने विश्वयुद्ध की ओर ले जाने वाले पूंजीवादी तंत्र का नकाब उतार फेंका। वह रूसी जनता को युद्ध से बचाना चाहता था। जो कि पश्चिमी यूरोप के वित्तीय इजारेदारों के हितों की रक्षा के लिए शुरू हुआ था।

भारतीय राष्ट्रवादियों ने रोजा लक्जेमबर्ग एवं लेनिन द्वारा विकसित साम्राज्यवादी विचारों से अलग उपनिवेशवाद के आर्थिक प्रभावों को तर्कसंगत एवं विद्वतापूर्ण विश्लेषण किया। प्रारम्भिक महान राष्ट्रवादियों में दादाभाई नौरोजी, महादेव गोविन्द रानाडे, रमेशचन्द दत्त का उल्लेख किया जा सकता है जिन्होंने ब्रिटिश शासन के औपनिवेशिक स्वरूप को समझने का प्रयास किया तथा उनकी शोषण एवं दमनात्मक नीतियों की कड़ी आलोचना की। इन लोगों ने सिद्ध किया कि अंगरेजों ने भारत का अधिकतम शोषण करने के लिए यहाँ की सामाजिक व्यवस्था एवं अर्थव्यवस्था को तोड़ा–मरोड़ा है। भारत में इस प्रक्रिया को स्पष्टरूप से रखने वाले विद्वानों में जवाहरलाल नेहरू, एम.एन. राय तथा रजनीपाम दत्त का उल्लेख किया जा सकता है। रजनीपाम दत्त की रचना *आज का भारत* (इण्डिया टुडे) को एकमत से सभी विद्वान औपनिवेषिक अर्थव्यवस्था का श्रेष्ठतम ग्रंथ स्वीकार करते हैं। इसमें मार्क्स के विचारों एवं टिप्पणियों को उद्धृत करने हुए एक सिद्धान्त विकसित किया गया है जो अगंरेजों की शोषण प्रवृतियों को तीन चरणों में विभक्त करता है। पहला 'वाणिज्यिक' चरण जो 1757 से 1813 तक रहा। दूसरी 1813 से 1858 की अवधि मुक्त व्यापार के औद्योगिक एवं 'पूंजीवादी शोषण' का युग रही। उन्नीसवीं

शदी का उत्तरार्द्ध 'वित्तीय पूंजीवाद' का काल रहा।[3] प्रो. बिपिनचन्द्र[4] ने इस सिद्धान्त को अधिक सुस्पष्ट रूप में अपने एक व्याख्यान में प्रस्तुत किया। उपनिवेशवाद की ये तीन अवस्थायें शोषण के भिन्न रूपों से सम्बन्धित है।

उपनिवेशवाद भी किसी एक अवस्था का शुद्ध रूप नहीं रहा अर्थात् उसमें दूसरी विशेषताओं का मिश्रण होना स्वाभाविक है। एक अवस्था से दूसरी अवस्था के मध्य स्पष्ट सीमांकन नहीं किया जा सकता, लेकिन विशिष्ट लक्षणों के आधार पर हम विभिन्न अवस्थाओं में भेद स्थापित कर सकते हैं।

मार्क्स ने भारत के संदर्भ में शुरू के दो चरणों–व्यापारिक पूंजी और औद्योगिक पूंजी के युग का विश्लेषण किया। आर.पी. दत्त ने उसे महाजनी पूंजी के आधुनिक युग तक बढ़ाया।[5] यहाँ उल्लेखनीय है कि आर्थिक पक्ष ही उपनिवेशवाद की अवस्थाओं में परिवर्तन के लिए मौलिक रूप से जिम्मेदार रहे हैं। दूसरे शब्दों में, उपनिवेशवाद की अवस्थाओं में परिवर्तन के लिए ब्रिटेन की पूंजीपति वर्ग की महत्वपूर्ण भूमिका रही। इसके अतिरिक्त साम्राज्यवादी शासन में परिवर्तन तथा समय के अनुरूप सामाजिक मान्यताओं एवं धारणाओं में बदलाव ने उपनिवेशवाद के मौलिक आधारों को कुछ अंशों में प्रभावित किया।

विद्वानों की मान्यता है कि उपनिवेशवाद एक दोहरी सामाजिक व्यवस्था का द्योतक है जिसमें एक क्षेत्र आधुनिक व पूंजीवादी है जबकि दूसरा क्षेत्र परम्परागत व पूर्व पूंजीवादी है। जैसे ब्रिटेन ने भारत में ऐसे समाज को जन्म दिया जो न तो ब्रिटेन की तरह पूंजीवादी था और न ही पूर्व औपनिवेशिक अथवा पूर्व पूंजीवादी। औपनिवेशिक शासन में भारत ब्रिटिश सरकार की सोची समझी गई नीतियों के कारण ही आधुनिक पूंजीवादी देश नहीं बन पाया था और न मूलरूप में मुगल कालीन भारत के समान रहा। वस्तुतः भारत को कच्चा माल पैदा करने वाले कृषि प्रधान उपनिवेश और ब्रिटिश उद्योगों के लिए बाजार की स्थिति में रखा गया।[6] इस प्रकार उपनिवेश का जन्म हुआ जिन्हें विकास और पिछड़ेपन का अन्तर्विरोध कहा जा सकता है जैसे बंगाल में बुनकरों पर एकाधिकार बनाम बुनकरों का पतनः ईस्ट इण्डिया कम्पनी तथा ब्रिटेन और कम्पनी कर्मचारियों का लाभ बनाम भारत का शोषण, लूट बनाम अर्थव्यवस्था का पुनरूत्पादन आदि। इसके अतिरिक्त उपनिवेशवाद के नकारात्मक एवं सकारात्मक पक्षों को भी अलग करके नहीं देखा जा सकता।

प्रथम अवस्था या वणिकवादी युग (Age of Mercantilism—1757-1813)

भारत में ब्रिटिश उपनिवेशवाद की शुरूआत 1757 में हुई जब प्लासी की लड़ाई में जीत के बाद ईस्ट इण्डिया कम्पनी ने बंगाल पर कब्जा किया। इसे विद्वानों ने एकाधिपत्य व्यापार तथा प्रत्यक्ष विनियोग का काल कहा है। इस अवस्था में कम्पनी ने अपने दो उद्देश्य निर्धारित किए।

व्यापार पर एकाधिकार नीतिः कम्पनी का पहला उद्देश्य था भारत के साथ व्यापार पर एकाधिकार करना। इसका तात्पर्य था अन्य अंगरेजी एवं यूरोपियन व्यापारिक कम्पनियाँ भारतीय माल के क्रय–विक्रय में भागीदारी नहीं बने और न ही भारतीय व्यापारी उनके प्रतिस्पर्द्धी बन पाये। ऐसी अनुकूल स्थिति बनने पर ही कम्पनी भारत में न्यूनतम मूल्य पर खरीद सकती थी और अधिक दामों पर अपना माल बेच सकती थी। जब तक इन समस्याओं को नहीं सुलझा लिया जाता, न ही सस्ता विशाल उत्पादन, न ही उत्पादन की लाभदायक बिक्री या अतिरिक्त मूल्य (Surplus Value) की वृद्धि सभव थी। अपने लक्ष्य की प्राप्ति के लिए ईस्ट इण्डिया कम्पनी ने सर्वप्रथम ब्रिटिश सरकार को इसके लिए बाध्य किया था कि वह अपने राजकीय अधिकार पत्र द्वारा उसे भारत व पूर्व के साथ व्यापार में एकाधिकार प्रदान करें। 1708 में दो प्रतिद्वंद्वी व्यापारिक कम्पनियों के मेल से ईस्ट इण्डिया कम्पनी स्थापित हुई। (The United Company of Merchants of England trading with East Indies) इस बात को स्वीकार करवाकर कम्पनी ने अन्य अंगरेज प्रतियोगियों को इस व्यापार में भागीदार बनने से रोक दिया। इसके अतिरिक्त यूरोपीय शक्तियाँ जो समान उद्देश्य के लिए भारत में टिकी हुई थी उन्हें भी खदेड़ना था। यूरोपीय प्रतिद्वन्द्वियों के विरूद्ध कम्पनी ने भारत की भूमि तथा समुद्र पर लम्बे तथा भीषण युद्ध लड़े। भारतीय व्यापारी उनके मार्ग में बाधक नहीं बन सके तथा मुगल सामन्तों को अपने व्यापार में हस्तक्षेप करने से रोकने के लिए कम्पनी ने मुगल साम्राज्य की कमजोरी का लाभ उठाया। इस दृष्टि से बंगाल में निःशुल्क व्यापार करने की कोशिश की। ब्रिटिश डॉक्टर हैमिल्टन के अनुरोध पर 1715 में बादशाह फर्रूखसियर ने बंगाल में अंगरेजी माल का मात्र 30,000 रूपये वार्षिक के तुच्छ मूल्य के बदले शुल्क एकदम माफ कर दिया। इस उपलब्धि को कम्पनी का महाअधिकार पत्र (Magna Carta of the Company) कहा है।

सत्ता नियंत्रण एवं राजस्व हड़प योजनाः कम्पनी का दूसरा प्रमुख लक्ष्य था भारत की सत्ता पर पूरी तरह नियंत्रण द्वारा सरकारी राजस्व पर कब्जा करना एवं राजस्व को अपनी योजनाओं में नियोजित करना। व्यापार पर एकाधिकार बनाये रखने भारतीय भूमि तथा समुद्र पर भारतीय एवं विदेशी व्यापारियों को भारतीय व्यापार से वंचित रखने, सैनिक शक्ति को

सुदृढ़ करने, नौसैनिक शक्ति को बनाये रखने, किले एवं व्यापारिक केन्द्रों पर यथेष्ट सेना रखने के लिए प्रचुर आर्थिक संसाधन जुटाये जाने की आवश्यकता थी। इन तथ्यों ने अंगरेजों को भारत के विभिन्न क्षेत्रों पर विजय प्राप्त करने के लिए प्रेरित किया। प्लासी 1757 एवं बक्सर 1764 की लड़ाई के बाद अंगरेजों का बंगाल, बिहार एवं उड़ीसा पर कब्जा हो गया। आर.पी. दत्त ने इस स्थिति को इंगित किया है: 18वीं सदी के भारत की खास बात विभ्रम और संक्रमण के इस नाजुक युग ने ही विदेशी हमलावरों को अपने प्रभुत्व क्षेत्र कायम करने के लिए संघर्ष और षड्यंत्र का अवसर दिया। एक दूसरे के खिलाफ छिड़े इस युद्ध में पूंजीपतियों की सर्वाधिक विकसित शक्ति के प्रतिनिधि ब्रिटिश पूंजीपति वर्ग को सफलता मिली। 18वीं सदी के उत्तरार्द्ध में बंगाल की विजय के साथ भारत में प्रादेशिक सत्ता स्थापित हो गई, हालांकि वह शुरू–शुरू में नाममात्र के लिए पुराने रूपों के तहत थी। 19वीं सदी की शुरूआत होते–होते भारत में सर्वोच्च सत्ता (Sovereign Power) के रूप में इसकी मजबूती से प्रसार हो गया।[7] इस प्रकार विजित क्षेत्रों की सरकारी आय पर कम्पनी का अधिकार हो गया। इतना ही नहीं धीरे–धीरे कम्पनी की भारत के अधिकांश भू–भागों पर सत्ता कायम हो जाने से उसे जमींदारों, नवाबों और स्थानीय शासकों की जमा पूंजी हड़पने का अवसर मिला।

सीधे शोषण या लूट–खसोट नीति: आर.पी. दत्त ने जिक्र किया है शुरू की अवधि में विनाश के प्रारम्भिक कदम इस प्रकार उठाए गए, पहले तो कम्पनी ने बहुत बड़े पैमाने पर भारत को लूटा। 18वीं सदी के दौरान जो धन दौलत भारत से इंग्लैण्ड भेजी गई वह अपेक्षाकृत कम महत्वपूर्ण व्यापार–वाणिज्य के (Commercial Trading) जरिए नहीं भेजी गई थी। वह भारत के सीधे शोषण के जरिए और बेतहासा लूट–खसोट के जरिए इंग्लैण्ड भेजी गई थी।[8] चेतसिंह एवं अवध की बेगमों की लूट जैसे कई उदाहरण इस बात के प्रमाण हैं। व्यापार अब भारत से लूटी गई सम्पत्ति को भेजने का एक मुखौटा था। रोस्तस्लाव उल्यानोव्सकी का यह कथन लक्ष्य करने योग्य है। व्यापारिक पूंजी जिसने भारत को लूटा था, लन्दन में सिर्फ औद्योगिक पूंजीवादी उत्पादन को बनाने जा रही थी। यह अभी भी औद्योगिक पूंजी नहीं बन पाई थी जो अपरिहार्य रूप से अपने अस्तित्व की समस्याओं यथा कच्चे माल व बाजारों की समस्या को सुलझाने की समस्या से ग्रस्त थी।[9]

हस्तशिल्प उद्योगों के उन्मूलन के प्रयास: मुगलों से मुक्त व्यापार (Free Trade) की स्वीकृति प्राप्त करके स्थानीय व्यापारियों को पंगु बना दिया गया तथा विदेशी शक्तियों को युद्ध में परास्त कर भारतीय व्यापार पर एकाधिकार (Trading Monopoly) स्थापित किया। दूसरे भारतीय प्रदेशों को जीत कर, प्राप्त होने वाले सरकारी राजस्व से व्यापार में अभिवृद्धि की। कम्पनी का तीसरा लक्ष्य भारतीय हस्तशिल्प उद्योग (Handy Craft Industry) बना, जिस पर एकाधिकारिक नियंत्रण के लिए राजनीतिक शक्ति का इस्तेमाल किया गया। कम्पनी गुमास्तों के अत्याचारों से देशी बुनकर बाजार मूल्य से कम मूल्य पर कपड़ा तैयार करने को विवश हुए। विलियम बोल्टस ने इस ओर संकेत किया है: अंगरेज अपने बनियों और काले गुमास्तों को लेकर मनमाने ढंग से तय कर देते हैं कि हर माल बनाने वाला कितना माल देगा और उस माल के लिए उसे क्या कीमत मिलेगी.... अगर बुनकरों ने दी गई कीमत लेने से इन्कार किया तो उन्हें बांधा गया और बेंतो से पिटाई की गई।[10] भारत से सस्ते मूल्य पर माल खरीद पर अधिक मूल्य पर बेचे जाने की योजना से कम्पनी को काफी लाभ पहुंचा था। भारत से माल खरीदने के लिए कम्पनी ने इंग्लैण्ड से धातु मुद्रा मांगना बंद कर दिया। शुरू के दिनों में कम्पनी को वर्ष में 30 हजार पौण्ड मूल्य के चांदी, सोना और विदेशी सिक्कों के निर्यात का अधिकार मिला था। लेकिन 1757 एवं 1764 की लड़ाईयों के बाद कम्पनी भारत की राजनीतिक सत्ता बन गई थी और इसका लाभ उठाकर कम्पनी के लोगों ने सरकारी राजस्व में भारी वृद्धि की और बड़ी मात्रा में धन खींचा जाने लगा।

भू–राजस्व वृद्धि द्वारा लूट: इसके अतिरिक्त कम्पनी एवं उसके कर्मचारियों ने यहाँ के शासकों, जमींदारों एवं व्यापारियों आदि से भी अवैध रूप से धन हड़पना शुरू किया। ब्रिटिश शासन की स्थापना के पूर्व बंगाल में भूमिकर का सम्पूर्ण योग 1748 में 14242 हजार रूपये और 1757 में 14704 हजार रूपये था, लेकिन ब्रिटिश शासन में यह योग 28181 हजार रूपये था। सिर्फ बंगाल में ही 1765 से 1774 तक कर संग्रह ने ईस्ट इण्डिया कम्पनी को चार करोड़ रूपये की आय दी।[11] राष्ट्रीय नेताओं ने अनेक प्रमाणों से यह सिद्ध किया है कि उपनिवेशवाद की प्रथम अवस्था में लूटने व अतिरेक (Surplus) पर प्रत्यक्ष कब्जा करने पर अंगरेजों का अधिक जोर रहा। कम्पनी जैसे–जैसे शक्तिशाली होती गई बड़ी संख्या में अधिक वेतन पाने वाले अधिकारी भारत में नियुक्त किए गए तथा उनके वेतन व पेंशन भारत से सम्पत्ति के पलायन का रूप बन गये। लंदन में कम्पनी कार्य का संचालन 24 निदेशक (Directors) की एक समिति करती थी जिसे स्वामियों का अधिकरण (Court of Proprietors) कहा जाता था। इस प्रकार गृह सरकार (Home Government) का समस्त खर्च भारत वहन करता था।

कम्पनी ने राजस्व बढ़ाने के कई प्रयोग किये, उन सबका लक्ष्य अधिक से अधिक धन की प्राप्ति था। क्लाइव ने लगान वसूली करने का अधिकार वार्षिक नीलामी में सबसे ऊँची बोली लगाने वाले को दिया। कम्पनी शासन से पूर्व यह परम्परा थी कि जब तक जमींदार नियमित रूप से लगान देता रहता था। उसे नहीं हटाया जाता था किन्तु प्रतिवर्ष बढ़ने वाले लगान को वसूल करने का उत्तरदायित्व पुराने जमींदार नहीं लेते थे इसलिये इस दौरान एक नये जमींदार या मध्यस्थ वर्ग (Intermediatory) का विकास हुआ। जिसकी कृषकों की भलाई में कोई रूचि नहीं थी। कार्नवालिस की स्थाई व्यवस्था (1793 ई.) प्रचलित लगान व्यवस्था में आंशिक परिवर्तन का संकेत थी, उसका उपनिवेशवादी उद्देश्य था–भू–राजस्व की एक निश्चित राशि का निर्धारण करना जिससे न केवल एक निश्चित आय के अनुरूप खर्च का आंकलन किया जा सके, साथ ही अन्य क्षेत्रों की ओर ध्यान देने का अवसर मिले। इस प्रकार राजस्व सम्बन्धी प्रयोग प्रथम अवस्था के अनुरूप वाणिज्यिक पूंजी के प्रतीक थे।

लगान वृद्धि एवं न्याय प्रबंधः वारेन हेस्टिंग्स के पहले न्याय प्रबंध में जो भी परिवर्तन किए गए थे वे केवल लगान बढाने के उद्देश्य से प्रेरित थे। अंगरेजों ने राजस्व के ही समान न्याय शासन की प्रणाली का विकास करने के लिए अनेक प्रयोग किये। ये प्रयोग भूमि राजस्व के सम्बन्ध में किये गये प्रयोगों से घनिष्ठ रूप से सम्बद्ध थे तथा उनके करीब–करीब एक आवश्यक अंग माने जा सकते हैं।[12] न्याय की स्थापना द्वारा औपनिवेशिक शासन का अपनी सर्वोच्च सत्ता का प्रदर्शन प्रमुख उद्देश्य था। दूसरे राजस्व शासन की प्रणाली में जो परिवर्तन साम्राज्यवादी हितों के अनुरूप लाये गये उसके अनुसार न्याय के शासन में बदलाव आवश्यक हो गया। उदाहरण के लिए 1793 में स्थायी प्रबंध के पश्चात् जमींदारों पर अधिक नियंत्रण की आवश्यकता नहीं रह गई थी। लेकिन यह कार्य स्थाई बन्दोबस्त के बाद ही किया गया था। न्यायिक परिवर्तनों की पृष्ठभूमि में भारतीय न्यायाधीशों एवं न्यायिक कार्य में संलग्न अधिकारियों के स्थान पर अंगरेज अधिकारियों को नियुक्ति देना भी था। इन सब परिवर्तनों का उद्देश्य साम्राज्यवादी सरकार द्वारा अधिक धन खींचा जाना था।

सामाजिक, सांस्कृतिक अहस्तक्षेप नीतिः कम्पनी ने सामाजिक, सांस्कृतिक एवं शिक्षा के क्षेत्र में परिवर्तन की चेष्टा नहीं की। बनारस में संस्कृत एवं कलकत्ता में फारसी अरबी की दो शैक्षिक संस्थाएँ अवश्य शुरू की गई। लेकिन ईसाई मिशनरियों को जो आधुनिक पश्चिमी विचारों के प्रसार में एक माध्यम का काम कर सकती थी कम्पनी ने अपने आधिपत्य क्षेत्र में प्रवेश करने से रोका। 1793 के चार्टर एक्ट में ईसाई मिशनरियों को ब्रिटिश भारत में धर्म प्रचार करने की अनुमति नहीं थी। अंगरेजों को भय था कि भारतीयों के आन्तरिक मामलों में हस्तक्षेप से उनके विरोध का स्वर मुखर हो सकता है जो उनकी भारत में विशाल साम्राज्य स्थापना में बाधक साबित होता। इसीलिए ईसाई मिशनों को ब्रिटिश भारत में उनकी गतिविधियाँ शुरू करने की स्वीकृति नहीं दी। निदेशकों के अधिकरण (Court of Proprietors) ने गवर्नर जनरल लार्ड मिण्टो को 1808 में एक आदेश द्वारा भारत में कम्पनी के अधीन रहने वाले लोगों के सामाजिक एवं धार्मिक विश्वासों में कोई हस्तक्षेप न करने की हिदायत दी। दूसरे इस समय तक कम्पनी ने अपने यहाँ स्थानीय शिक्षित लोगों को नियोजित करने की आवश्यकता भी अनुभव नहीं की।

इस प्रकार प्रथम अवस्था में कम्पनी ने देश में परिवहन एवं संचार साधनों के विकास, कृषि एवं व्यापार की उन्नति, न्याय एवं प्रशासन के क्षेत्र में कोई परिवर्तन नहीं किये, बंगाल में स्थानीय बन्दोबस्त इसका अपवाद था। उपनिवेशवादी विचारधाराओं को भारत के सामाजिक, सांस्कृतिक एवं राजनीतिक ढ़ाँचे में अध्यारोपित किया जा सकता था, परन्तु ऐसा करना इस अवस्था में अंगरेजों के लिए आवश्यक नहीं था। विद्वानों की मान्यता है कि इस काल में भू–राजस्व एकत्र करने पर आय परम्परागत मशीनरी द्वारा ही मिलती रही। अतः अंगरेजों ने अधिक गइराई से गाँवों में प्रवेश करना अपरिहार्य नहीं समझा। मुगलों एवं अन्य पूर्व शासकों ने भारत की ग्रामीण अर्थव्यवस्था को पूर्ववत बनाये रखा।[13] प्रकार इस काल में भी अंगरेजों ने मुगलों एवं पूर्ववर्ती शासकों की भांति सामाजिक, सांस्कृतिक क्षेत्र में परिवर्तन की चेष्टा से अपने को बचाया।

द्वितीय अवस्था या स्वतंत्र व्यापारिक पूंजीवादी काल (Age of Free Trade Capitalism, 1813-1857)

कम्पनी के चार्टर का 1813 में नवीनीकरण किया जाना था। इससे काफी पहले ही ब्रिटिश पूंजीपतियों ने भारत में कम्पनी के व्यापार पर एकाधिकार को समाप्त करने का आन्दोलन शुरू कर दिया और कम्पनी द्वारा भारत की लूट में अपने हिस्से के लिए आवाज उठाई एवं कम्पनी के व्यापार पर एकाधिकार समाप्त करने की माँग की। बिपिनचन्द्र के अनुसार यह ब्रिटिश उपनिवेशवाद के दूसरे चरण के आरम्भ का संकेत था। ब्रिटेन में औद्योगिक क्रान्ति की शुरूआत 1750–60 के दशक में हुई थी। औद्योगिक पूंजीपतियों को भारत से होने वाली आय से कुछ अधिक लाभ नहीं हुआ था। वे चाहते थे कि भारत

उनके कारखानों में उत्पादित माल के एक बाजार के रूप में कार्य करे। अपने कारखानों के माल का बाजार बनाने के लिए यह आवश्यक था कि इस देश के व्यापार पर ईस्ट इण्डिया कम्पनी की इजारेदारी समाप्त कर दी जाए और उन्हें बेरोक–टोक भारत से व्यापार का अधिकार हो। इस दृष्टि से यहाँ की अर्थनीतिक व्यवस्था में भी भौतिक परिवर्तन की आवश्यकता थी। अब तक भारत विश्व के अनेक देशों को अपने उत्पादों का विशेष रूप से कपड़े निर्यात कर रहा था। ब्रिटिश कारखानों के लाभ के लिए भारतीय माल के निर्यात को अवरूद्ध किये जाने की आवश्यकता व्यक्त की। इस नीति का परिणाम था कि 1813 में निर्मित सूती कपड़ों पर 68 से 71 प्रतिशत शुल्क लिया जाता था।[14] इस प्रकार भारत की उत्पादों को भारी आयात शुल्क (Heavy tariff) लगाकर ब्रिटेन में प्रवेश करने से रोक दिया।

भारत का कच्चे माल निर्यातक रूप में रूपान्तरण: भारत एक निर्यातक देश न होने पर विदेशी मुद्रा अर्जित नहीं कर सकता था, ब्रिटिश माल खरीदने के लिए उसका निर्यातक देश होना जरूरी था। यह एक द्वन्द्वात्मक स्थिति थी, एक ओर ब्रिटेन के औद्योगिक पूंजीपति भारतीय वस्त्र के इंग्लैण्ड में आयात के घोर विरोधी थे दूसरी ओर इंग्लैण्ड के कारखानों में उत्पादित माल को भारत में विक्रय के लिए उसका निर्यातक देश होना ही आवश्यक मानते थे। ऐसी स्थिति में भारत केवल कृषि जन्य कच्चे माल एवं अन्य खनिजों का निर्यातक हो सकता था। ब्रिटेन के कारखानों को विशेष रूप से कपास एवं खाद्यान्न की आवश्यकता थी। दूसरे शब्दों में, ब्रिटिश औद्योगिक पूंजीपतियों की सुविधा के लिए भारत को ब्रिटिश उपनिवेशवाद के दूसरे चरण में प्रवेश करना पड़ा। रजनीपाम दत्त ने इस सम्बन्ध में लिखा है सरकारी आदेश पत्र के नवीनीकरण और एकाधिकार की समाप्ति से पूर्व 1813 की संसदीय जांच की कार्रवाई से पता चलता है कि उस समय की चिंतन धारा जिस तरह बदल गई थी और उसकी दिशा ब्रिटेन के नए उभारते हुए मशीन उद्योग के लिए बाजार के रूप में भारत का विकास करने पर केन्द्रित थी।[15] इस प्रकार उपनिवेशवाद की इस अवस्था का लक्ष्य भारत को ब्रिटेन का एक अधीनस्थ बाजार के रूप में विकसित करने की थी जिसका सरलता से शोषण किया जा सके। साथ ही उसे एक ऐसे उपनिवेश की भूमिका भी अदा करनी थी जो ब्रिटेन की आवश्यकतानुसार कच्चा माल व खाद्य पदार्थ उपलब्ध करवाता रहे।

भारत में ब्रिटिश माल खपत योजना: भारत को औद्योगिक पूंजी के अनुकूल बनाने के लिए स्थानीय शिल्प उद्योग को नष्ट कर एक कृषि प्रधान देश के रूप में परिवर्तित करना अंगरेजों की एक निश्चित नीति का अंग था जैसा कि थामस बैजल के कथन से स्पष्ट होता है भारत एक विशाल देश है और यहाँ की आबादी इतने बड़े पैमाने पर ब्रिटिश माल खरीदा करेगी जिसकी कोई सीमा नहीं होगी। भारतीय व्यापार के सम्बन्ध में हमारे सामने समूची समस्या यह है कि हम लोग जो माल वहाँ भेजने को तैयार हैं उसकी कीमत क्या भारत के लोग अपनी धरती के उत्पादनों से अदा कर सकते हैं।[16]

विलियम बोल्टस[17] जैसे कई विद्वानों के कथन से इस बात की पुष्टि होती है कि कई तरीकों से भारतीयों को दरिद्र बनाया जा रहा था। दूसरी अवस्था में ब्रिटिश कारखानों में उत्पादित माल की भारत में बाढ़ आने लगी। अब बिना किसी सीमा शुल्क के ब्रिटिश माल भारत में प्रविष्ट हुआ। इंग्लैण्ड के कारखानों में निर्मित माल की तुलना में बुनकरों द्वारा निर्मित वस्त्र महँगे पड़ने लगे और विवश होकर उन्हें अपना परम्परागत व्यवसाय त्यागना पड़ा। इन्हीं दिनों भारतीय वस्त्रों के इंग्लैण्ड में आयात पर भारी शुल्क लाद दिया गया अर्थात् स्थानीय शिल्प उद्योग पूरी तरह नेस्तनाबूत हो गया और लोगों को मजबूर होकर खेतों में प्रवेश करना पड़ा। दूसरी ओर भारतीय किसान जो अब इंग्लैण्ड के लिए कच्चे माल का उत्पादन कर रहे थे जिसे बलात वाणिज्यीकरण (Forced commercialisation) कहा है, उसमें अत्यधिक श्रम व पिछड़े तरीकों का प्रयोग किया जा रहा था जो कि कम उत्पादकता व कम पारिश्रमिक का कारण बना। इस पर तुर्रा यह था कि भू–राजस्व की अनेक विधियों द्वारा अंगरेजों ने किसानों से भारी लगान वसूल करना शुरू किया अधिकतम शोषण की इस प्रवृत्ति से किसान भुखमरी की हालत में आ गये। इस तरह देश में अकाल का सिलसिला शुरू हुआ औरं देश के करोड़ों लोग मारे गये।

पुरातन आर्थिक आधार का उन्मूलन: प्रथम अवस्था में आर्थिक एवं सामाजिक ढांचे में परिवर्तन किये बिना अंगरेजों ने भारत के अतिरेक का दोहन किया था लेकिन अब विद्यमान राजनीतिक, आर्थिक, सामाजिक एवं सांस्कृतिक अवस्था में यहाँ के आर्थिक संसाधनों का उपभोग संभव नहीं हो रहा था। इसीलिए इस व्यवस्था को पूरी तरह बदला जाना आवश्यक हो गया। आर.सी. दत्त ने जैसा उल्लेख किया है भारतीय समाज के पुरातन आर्थिक आधार का उन्मूलन कर उसकी जगह पूंजीवादी व्यवस्था की स्थापना किए बिना ब्रिटेन अपनी खुद की पूंजीवादी आर्थिक आवश्यकताओं के लिए औपनिवेशिक भारत का समुचित उपयोग नहीं कर सकता था। भारत पर अंगरेजों के राजनीतिक प्रभुत्व के विस्तार की दिशा में उठाया गया हर कदम पुरानी अर्थव्यवस्था के विघटन और नए आर्थिक रूपों के उन्नयन की दिशा में ही अगला कदम था।[18]

आर्थिक क्षेत्र में बदलावों के लिए सर्वप्रथम अंगरेजों ने भूमि व्यवस्था में प्रयोग करने शुरू किये थे। स्थानीय बन्दोबस्त द्वारा जमीदारों को भूमि का मालिक बनाये जाने की पीछे औपनिवेशिक शासकों का लक्ष्य था, अपने एक समर्थक वर्ग का निर्माण। स्थाई बन्दोबस्त से एक निश्चित आय के आधार पर कम्पनी के लिए विनियोजन की योजना बनाया जाना संभव था। जहाँ स्थाई व्यवस्था अंगरेजों की दूरगामी नीति का अंग थी वह रैयतवारी पद्धति भारत के किसानों का अधिकतम शोषण की प्रतीक। बम्बई एवं मद्रास में रैयतवारी पद्धति प्रचलित थी। इस व्यवस्था के अन्तर्गत कुल भूमि का लगभग 52 प्रतिशत था जहाँ कृषकों की स्थिति और भी खराब थी। बम्बई प्रेसीडेंसी में 1866 में बन्दोबस्त के दौरान मालगुजारी इतनी बढ़ा दी गई कि किसान पिस गए। सच तो यह है कि खेती की लागत और सरकार को कर चुकाने के बाद कुछ भी नहीं बचता था।[19] 1857 में कम्पनी शासन की समाप्ति के बाद जिन प्रदेशों में मालगुजारी जमींदार को मिलने वाले लगान पर आधारित थी जमींदारों द्वारा लगान बढ़ाये जाने पर ब्रिटिश शासकों ने भी बन्दोबस्त के समय भू–राजस्व की मांग में वृद्धि की। इस प्रकार रैयतवारी इलाकों की भांति जमींदारी वाले क्षेत्रों में किसान समान रूप से अधिक भू–राजस्व के कारण त्रस्त रहे।

वाणिज्यिक फसलों की प्रोत्साहन नीतिः ब्रिटिश नौकरशाही ने खाद्यान्नों के स्थान पर भिन्न–भिन्न प्रदेशों में अलग–अलग वाणिज्यिक फसलों की पैदावार बढ़ाने के लिए बड़े किसानों को प्रोत्साहित किया। जैसे कपास, नील, चाय, कॉफी, अफीम, जूट आदि। इन वाणिज्यिक फसलों की पैदावार के कारण उन किसानों की समृद्धि बढ़ गई जो इन फसलों को उगाते थे, लेकिन इसके परिणामस्वरूप देश में अन्न की कमी तथा खाद्यान्न के मूल्य में वृद्धि हुई। उपनिवेशवाद की इस अवस्था में सूती कपड़े, रेशमी वस्त्र तथा अन्य तैयार माल के निर्यात के स्थान पर भारत से कच्चे माल तथा कृषि उत्पादों के निर्यात में तेजी आई। 1799–1800 में भारत ने 6,587 मन कपास का निर्यात। 1829–30 में उसका परिमाण बढ़कर 1,34,933 मन हो गया। इसी प्रकार 1799–1800 में 35,509 मन नील विदेश भेजा गया था पर 1829–30 में यह बढ़कर 1,35,399 मन तक पहुंच गया। दूसरी ओर इंग्लैण्ड से सूती कपड़ों के आयात में वृद्धि हुई। 1815 में जहाँ 8,18,308 गज कपड़ा आयात किया था वहाँ 1831 में 5,21,79,844 गज मंगाया गया।[20]

19वीं सदी के तीसरे दशक तक पहुँचते–पहुँचते उपनिवेशवाद की इस प्रवृति ने भारतीय जनता के समक्ष गंभीर समस्यायें खड़ी कर दी। हस्तशिल्प उद्योगों का विनाश, जमीदारों की शोषण प्रवृत्ति, लगान की भारी मात्रा आदि ऐसे तथ्य थे जिनसे भारत में खाद्यान्नों के उत्पादन में लगातार गिरावट आई और इस तरह लोगों की क्रय शक्ति दिन पर दिन कम होती गई। इन तथ्यों को दृष्टिगत रखते हुए औपनिवेशिक शासकों को यह समझने में देर नहीं लगी कि यदि भारत अपने साधनों का विकास नहीं करता है तो भारतीय बाजार के प्रवेश द्वार उनके माल के लिए बंद हो सकते हैं। अतः कम्पनी पर 1840 के बाद जो अब तक एक प्रशासनिक यंत्र थी, दबाव डाला गया कि वह भारत के अवसंरचनाओं जैसे कि (Infrastructure) सिंचाई साधनों के विकास की ओर ध्यान दे और लगान को तर्क संगत बनाये। वाणिज्यिक फसलों की किस्मों में सुधार के प्रयत्न करने के लिए कहा गया। कम्पनी को भारत में सिंचाई साधनों के विकास करने के निर्देश मिले, परन्तु इस ओर विशेष ध्यान नहीं दिया गया।

भारत विश्व पूंजीवादी व्यवस्था का अंगः 1813 के बाद अंगरेजों का उद्देश्य भारत की औपनिवेशिक अर्थव्यवथा को ब्रिटिश व विश्व पूंजीवादी अर्थव्यवस्था के साथ जोड़ना था। अब भारत से तैयार माल के स्थान पर कच्चा माल निर्यात किया जाने लगा और इंग्लैण्ड के कारखानों में निर्मित माल से भारत के बाजार पटने लगे थे। व्यापार के ढांचे में इस परिवर्तन के साथ भारतीय बिचौलियों के काम भी बदल गए इनके हाथों से विदेशी व्यापार निकल कर पूर्णरूप से यूरोपीयों के हाथों में चला गया। यूरोपीय बैंक भी न केवल विदेशी व्यापार में पूरी तरह जम गए थे बल्कि वह आन्तरिक व्यापार पर नियंत्रण स्थापित करने का प्रयास कर रहे थे। दूसरी ओर भारतीय व्यवसायी पीछे हटते जा रहे थे एवं उनके हाथों से बड़े व्यवसाय निकल रहे थे।

मुद्रा पद्धति में परिवर्तनः इसी प्रकार मुद्रा पद्धति में भारी परिवर्तन हुए। अब निजी टकसाल चलाना, तरह–तरह के सिक्कों पर बट्टे लेने का व्यापार बंद हो गया और सर्राफों के इस काम पर रोक लग गई। 1815 में कम्पनी ने चांदी के रूपये ढालने शुरू कर दिये थे और 1835 तक यह मानिक सिक्का सारे ब्रिटिश इलाकों में चलने लगा।[21] मुक्त व्यापार प्रणाली की शुरूआत के साथ भारत में सभी आयात कर या तो पूर्णरूप से हटा दिये गये या बहुत कम कर दिये गए। ब्रिटिश उत्पादों के भारत में प्रवेश पर कोई प्रतिबंध नहीं रहा। आधुनिक उद्योग धन्धों को विकसित करने के लिए ब्रिटिश

पूंजीपतियों को प्रवेश दिया गया। धीरे–धीरे विदेशी पूंजीपतियों का चाय, कॉफी, नील के बागानों (Plantation), व्यापार, परिवहन, खानों व अन्य आधुनिक उद्योगों पर कब्जा हो गया।

परिवहन एवं संचार साधनों का विकासः भारत से कच्चे माल के निर्यात तथा बड़ी मात्रा में ब्रिटिश कारखानों में उत्पादित माल के आयात तथा उसके आन्तरिक विक्रय के लिए देश में परिवहन व संचार साधनों के विकास की आवश्यकता थी। समुचित साधनों के विकास के अभाव में भारत को विदेशी व्यापार के लिए नहीं खोला जा सकता था। इस दृष्टि से सर्वाधिक क्रान्तिकारी कार्य रेलवे का विकास (Development of Railway) माना गया। 19वीं शताब्दी के उत्तरार्द्ध में बड़े शहरों व बाजारों को बन्दरगाहों से जोड़ने वाली रेलवे लाइनों का विकास किया गया। 1905 तक देश में 45000 किलोमीटर रेलवे लाइन बिछाई जा चुकी थी। रेलवे के विकास का भारत की प्रगति में योगदान की चर्चा ताराचंद ने की है–रेल प्रणाली आर्थिक वृद्धि की दर को किसी सार्थक हद तक क्यों उत्तेजित नहीं कर सकी, इसकी व्याख्या हेलेन लैम्ब ने इन शब्दों में की है–"यद्यपि राष्ट्र को भारतीय रेल विकास का जोखिम लगातार उठाना पड़ा। जिसका बोझ 1900 में, जबकि रेलें कुछ आय दिखाने लगीं, पाँच करोड़ पौण्ड था, भारत के रेल मार्ग का आयोजन किसी प्रकार सर्वतोमुखी या समन्वित विकास के सम्बन्धित नहीं था। भारत को कुछ कठिनाईयाँ तो उठानी पड़ी, पर राज्य द्वारा रेल के विकास से जो मूल्यवान लाभ होने चाहिए थे, वे भारत को नहीं हुए। रेलों के सम्बन्ध में किसी योजना से काम नहीं किया गया, ऐसी बात नहीं है। योजना बनाई गई पर वह योजना ब्रिटिश स्वार्थ सिद्धि को सामने रखकर बनाई गई।"[22] वस्तुतः रेलों के विकास का प्रमुख कारण भारत की प्रगति न होकर ब्रिटिश साम्राज्य की सुरक्षा तथा दूसरा लक्ष्य मैनचेस्टर के उत्पादों को भारत के आन्तरिक भागों तक पहुँचाया जाना एवं भारत से कच्चे माल के निर्यात हेतु परिवहन सुविधाओं का विकास था। इसी प्रकार व्यापारिक नौ वाहन संचालन का उद्देश्य लोहा, कोयला व सोना आदि का परिवहन था।

अच्छा प्रशासन बनाम सम्पत्ति का पलायनः इस अवस्था में अतिरेक की निकासी के प्रारम्भिक रूप बने रहे। यही नहीं आर्थिक परिवर्तन के लिए प्रयत्न भी मनमाने करों में वृद्धि तथा किसानों पर बोझ का कारण बने। महँगे प्रशासन ने भी भारतीय जनता पर भार को ओर भी बढ़ाया। औपनिवेशिक साम्राज्य की सुरक्षा के लिए रेलवे निर्माण, सेना में वृद्धि एवं संगठन तथा नागरिक प्रशासन (Civil Administration) के लिए अधिक धन की मांग, करों में वृद्धि के आधार बनाये गये। इस प्रकार अच्छे प्रशासन के नाम पर भी भारतीय सम्पत्ति का पलायन निरन्तररूप से उपनिवेशवादियों द्वारा किया जाता रहा। प्रशासनिक व्यवस्था की स्थापना की शुरूआत 1763 में रेगुलेटिंग एक्ट (Regulating Act, 1773) एवं 1784 के पिट्स इण्डिया एक्ट (Pitt's India Act, 1784) के पारित होने के साथ हुई। 1813 के चार्टर ने इसे पुख्ता किया। अब प्रशासन अधिक व्यापक और देश के गाँवों एवं दूरस्थ क्षेत्रों पर इसकी अधिक पकड़ थी। ब्रिटिश माल देश के भीतरी छोटे गाँवों में पहुँचने लगा और अधिक गाँवों से इंग्लैण्ड के कारखानों के लिए आवश्यक कच्चा माल प्राप्त किया जाने लगा। देसाई ए.आर. ने प्राक् ब्रिटिश भारत के गाँवों की चर्चा की है। प्राक् ब्रिटिश भारत में जब देश का बहुत बड़ा भाग राजा के मातहत रहा तब...पदाधिकारियों का देश के दूर–दूर भागों में रहने वाले साधारण लोगों के जीवन से कोई सम्बन्ध नहीं रहा। अंगरेजों ने जो प्रशासनिक पद्धति शुरू की वह इसके विपरीत थी, सरकार ने गॉव एवं जाति की पंचायत से उनका काम ले लिया। अब सरकार द्वारा बहाल अफसर गाँव के हर काम की देखभाल करते थे और वे अपने गॉव की जनता के बदले केन्द्र सरकार के प्रति जवाबदेह थे। स्वशासक गाँव अब देशव्यापी प्रशासन तंत्र की इकाई भर रह गया।[23] स्पष्ट है कि पूर्ण आत्मनिर्भर ग्राम संस्कृति के उन्मूलन का उद्देश्य न केवल दूरस्थ गॉवों तक प्रशासनिक नियंत्रण स्थापित करना था, प्रत्युत गॉवों के अतिरेक पर कब्जा करना भी रहा।

पूँजीवादी व्यापारिक सम्बन्धों को बढ़ाने के लिए तथा कानून एवं व्यवस्था की दृष्टि से कानूनों व न्यायिक ढाँचे में परिवर्तन किए गए। अंगरेजों द्वारा स्थापित लोअर कोर्ट, जिला अदालत, हाईकोर्ट, फेडरल कोर्ट और अन्ततः प्रिवी काउंसिल से व्यक्ति न्याय की माँग कर सकते थे। इस व्यवस्था की स्थापना करके अंगरेजों ने गॉव एवं जाति की पंचायतों के पुराने कानून को लागू करने के अधिकार हस्तगत कर परम्परागत विधि व्यवस्था को समाप्त कर दिया। नये भू सम्बन्धों से जहाँ न्यायिक विवादों में वृद्धि हुई वहीं इसकी अपरिहार्यता भी स्वतः सिद्ध थी। इस प्रकार के विवाद कृषि भूमि को विक्रय योग्य बनाये जाने तथा भू–राजस्व की अधिक माँग से सम्बन्धित थे एवं औपनिवेशिक शासन का न्याय की स्थापना द्वारा इस क्षेत्र में सर्वोच्चता सिद्ध करना एक मकसद था। अंगरेज व्यापारियों के हित में आयात और निर्यात की आर्थिक सौदबाजी को कारगर बनाने के लिए समझौते की पवित्रता (Sanctity of Contract) को मौलिक कानून बनाया गया। भारतीय दण्ड संहिता (Indian

Penal Code) तथा सिविल प्रक्रिया संहिता (Civil Procedure Code) आदि नई न्यायिक व्यवस्था का निर्माण किया, लेकिन अपराधी कानून, अनुबंध कानून व कानूनी प्रक्रियाओं एवं पर्सनल लॉ जिसमें विवाह व उत्तराधिकार से सम्बन्धित कानूनों में आवश्यक परिवर्तन की ओर ध्यान नहीं दिया गया, क्योंकि अर्थव्यवस्था के औपनिवेशिक परिवर्तन से इनका सम्बन्ध न था।

भारत में अंगरेजों की राजनीतिक, प्रशासनिक एवं आर्थिक आवश्यकताएँ थी, मूलतः उन्हीं के कारण भारत में आधुनिक शिक्षा की शुरूआत हुई। यह महज संयोग की बात नहीं कि 19वीं सदी के मध्य में खासकर लार्ड डलहौजी के शासनकाल में, भारत में आधुनिक शिक्षा का बड़े पैमाने पर प्रारम्भ हुआ। तब तक भारत का बहुत बड़ा अंश अंगरेजी शासन के अधीन हो चुका था।[24] विशाल औपनिवेशिक साम्राज्य की आवश्यकताओं की पूर्ति अंगरेजी शिक्षा प्राप्त युवकों से संभव थी। सरकार के छोटे पदों पर लिपिकवर्ग (Clerks) अधिक संख्या में भारतीयों को नियुक्त किये जाने से पाश्चात्य साहित्य और विज्ञान के प्रतिरूचि बढ़ेगी और पाश्चात्य ज्ञान से लाभान्वित नवयुवक अंगरेजों के प्रति कृतज्ञ एवं समर्थक होंगे, माना जाता था। इसके अतिरिक्त भारतीयों को अंगरेजों की तुलना में बहुत वेतन देना पड़ता था। राजा राममोहन राय जैसे अनेक परिवर्तनवादी भारतीय भी पाश्चात्य शिक्षा और ज्ञान के प्रसार के इन दिनों समर्थक बन गये थे। भारतीय संस्कृति व समाज के अनेक रूढ़िवादी पक्ष उनकी तीव्र आलोचना के विषय बने रहे। अंगरेजी शिक्षा के समर्थक मैकॉले की धारणा थी कि अंगरेजी ऐसा वर्ग गठित करने में सफल होगी जो रक्त व रंग से भारतीय होंगे, परन्तु रूचि विचारशील तथा प्रज्ञा बुद्धि (Taste, Opinion, Morals and Intellect) में अंगरेज।

तीसरी अवस्था या वित्त पूंजीवादी काल (Age of Finance Capital, 1860-1947)

19वीं सदी के अन्तिम वर्षों में तीसरी अवस्था का प्रारम्भ माना जाता है। कुछ विद्वान इसका प्रारम्भ 1860 से निश्चित करते हैं। इस समय तक पूंजीवाद ने साम्राज्यवाद (Imperialism) का रूप धारण कर लिया था। औद्योगीकरण के क्षेत्र में ब्रिटेन की प्रतिद्वन्द्वी शक्तियाँ अमेरिका, जापान, फ्रांस, व जर्मनी से चुनौती मिलने लगी थी। बड़े पूंजीवादी देशों में बड़े–बड़े पूंजीपतियों की इजारेदारियाँ पैदा हो गई और विशाल बैंक अस्तित्व में आये एवं विश्व के अर्थतंत्र पर इन बैंकों का प्रभाव स्थापित होने लगा। इस अवस्था में बैंक एवं कारखानों के मालिकों की पूंजी एक हो गई थी जिससे नई पूंजी का जन्म हुआ और इसी नई पूंजी का विश्व में दायरा बढ़ रहा था। औद्योगीकरण की गति इस काल में और तीव्र हुई, क्योंकि विज्ञान के ज्ञान का विस्तार भी प्रत्येक क्षेत्र में तेजी से हो रहा था। उद्योगों में बिजली का प्रयोग, आधुनिक रासायनिक उद्योग धन्धों एवं आन्तरिक दहन इंजन के लिए पेट्रोलियम का ईंधन के रूप में प्रयोग इसी अवधि की देन थी। विश्व के बाजार का भी अधिक एकीकरण हो रहा था। अन्तर्राष्ट्रीय परिवहन साधनों के विकास से इस क्षेत्र में क्रान्ति सी हो गई।

प्रतिक्रियावादी शासन व्यवस्था की स्थापना: इस अवस्था में नवविकसित पूंजीवादी देशों द्वारा ब्रिटेन की स्थिति को लगातार चुनौती दी गई एवं उसकी साम्राज्यिक स्थिति को कमजोर करने का प्रयास किया गया। अन्य पूंजीवादी देशों की लालचपूर्ण दृष्टि से ब्रिटेन को भारत पर अपना नियंत्रण अधिक कड़ा करने की प्रेरणा मिली। अब उदार साम्राज्यवादी शासकों का स्थान प्रतिक्रियावादी ले रहे थे। लिटन, डफरिन, लैंसडाउन तथा कर्जन जैसे वायसरायों की नियुक्ति इस तथ्य की पुष्टि करती है। नये पूंजीवादी देशों के भारत में प्रवेश को रोकने के लिए ब्रिटिश पूंजी के विनियोग एवं उसकी सुरक्षा की धारणा का विकास हुआ। साथ ही प्रशासन को भी अधिक प्रभावी बनाये जाने की आवश्यकता अनुभव की, इस दृष्टि से औपनिवेशिक शासन में आवश्यक परिवर्तन किये गये। इस अवधि में ब्रिटेन ने भारत के लोगों एवं संसाधनों का अपने औपनिवेशिक साम्राज्य की सुरक्षा एवं इसे मजबूत करने में खुलकर उपयोग किया। अपने प्रतिद्वन्द्वियों, पूंजीवादी देशों एवं साम्राज्यिक शक्तियों के विरूद्ध भारत की सेना एवं आर्थिक संसाधनों को बेरोक–टोक काम में लिया। एशिया और अफ्रीका में ब्रिटिश साम्राज्य की सुरक्षा भारतीय सेना के बल पर ही की जा सकी।

भारत में अतिरिक्त पूंजी निवेश की नीतिः औपनिवेशिक बाजारों के शोषण, व्यापार एवं औद्योगिक विकास के फलस्वरूप पूंजीवादी देशों में विशाल पूंजी जमा हो गई थी, विशेषकर ब्रिटेन में। इंग्लैण्ड में पूंजी का संचय बैंकों, उत्पादक संघों एवं उद्योगपतियों तक सीमित था। इंग्लैण्ड के पूंजीपतियों की तरह अन्य यूरोपीय पूंजीपति भी अपनी अतिरिक्त पूंजी के सुरक्षित निवेश के अवसर ढूंढ रहे थे। अर्थात् उपनिवेशों के शोषण एवं उद्योगों से जिस पूंजी का संचय पूंजीवादी देशों में हो पाया था उस पूंजी के लिए बाजारों की खोज शुरू हुई। इस तरह वित्त पूंजी के निवेश (Finance Capital Investment) के दौर का प्रारम्भ हुआ। पूंजीवादी देशों की अतिरिक्त पूंजी ने उन क्षेत्रों की खोज व प्रतिस्पर्धा की शुरूआत की जहाँ लाभदायक विनियोग हो। दूसरे शब्दों में, पूंजीनिवेश के लिए नये प्रदेशों पर कब्जा करने की होड़ लग गई जिससे

उन प्रदेशों से कच्चा माल सहज ही प्राप्त किया जा सके तथा निर्मित माल के लिए बाजार भी उनके नियंत्रण में हो। इसे विद्वानों ने विश्व के साम्राज्यिक विभाजन (Imperialistic division of world) की योजना की संज्ञा दी है।

विदित है कि इस समय इंग्लैण्ड में अतिरिक्त पूंजी बहुत थी और वह विभिन्न क्षेत्रों में विनियोग के अवसर ढूंढ रही थी। ब्रिटिश पूंजीपति वर्ग के दबाव के कारण औपनिवेशिक सरकार ने नहरों के निर्माण के स्थान पर रेलवे निर्माण को प्राथमिकता दी। सरकार अपनी व्यापारिक एवं प्रशासनिक आवश्यकताओं की पूर्ति के लिए रेल लाइनों का विकास आवश्यक मानती थी। इस प्रकार भारत में वित्त पूंजी के निवेश का दौर शुरू हुआ।

वित्त पूंजी की असलियत को रजनीपाम दत्त ने बहुत ही स्पष्ट शब्दों में सामने रखा है। भारत में लगाई गई ब्रिटिश पूंजी का प्रबंध वस्तुतः भारतीय जनता की लूट से भारत के एकत्र करके किया गया था और फिर उसे ब्रिटेन की ओर से भारत की जनता पर कर्ज के रूप में दर्ज कर लिया गया था। इस पर तब से भारत को ब्याज और लाभांश देना पड़ रहा था।

सार्वजनिक ऋण या कर्ज द्वारा धन निकासी: भारत में ब्रिटिश पूंजी निवेश का केन्द्र सार्वजनिक ऋण था। यही वह प्रिय तरीका था जिसे ब्रिटेन के लिए अपनाया था। 1858 में जब ब्रिटिश सरकार ने अपने हाथ में सत्ता ली तो ईस्ट इण्डिया कम्पनी से सात करोड़ पौण्ड का कर्ज भी उत्तराधिकार में मिला। दरअसल जैसा कि भारतीय लेखकों ने हिसाब लगाया है ईस्ट इण्डिया कम्पनी ने भारत से नजराने के रूप में 15 करोड पौण्ड से भी अधिक की राशि निकाली थी जो भारत से बाहर अफगानिस्तान, चीन और अन्य देशों में ब्रिटेन द्वारा छेड़े गए युद्धों के खर्चो के अतिरिक्त है। यदि सही ढ़ंग से हिसाब किया जाता तो इंग्लैण्ड पर भारत का ही कर्ज निकलता है। लेकिन ब्रिटिश सरकार के हिसाब से भारत ही कर्जदार रहा और उस पर यह कर्ज तेजी से बढ़ता गया।[25]

सर जार्ज पैश ने भारत विनियोजित ब्रिटिश पूंजी का अनुमान लगाया है उनके अनुसार 1909–10 में भारत में वर्तमान बांग्लादेश, पाकिस्तान, श्रीलंका, म्यांमार (बर्मा) सहित ब्रिटिश पूंजी का विनियोग इस प्रकार हुआ–

भारत में ब्रिटिश पूंजी का विनियोग[26] (1909–10) (लाख पौण्ड स्टर्लिंग में)

1. सरकारी और म्युनिसिपल ऋण	1824
2. रेल कम्पनी तथा अन्य परिवहन	1415
3. बिजली गैस, जल, टेलीफोन कम्पनियाँ	27
4. खनिज और पैट्रोल	74
5. चाय, कॉफी, रबड़ के बगीचे	242
6. व्यापार कम्पनियाँ और कारखाने	26
7. बैंक	84
8. विविध ऋण भूमि आदि	18
	3710

जार्ज पैश द्वारा प्रस्तुत आंकड़ों से स्पष्ट होता है कि सर्वाधिक विनियोग सरकारी ऋण के रूप में हुआ और दूसरे स्थान पर रेल कम्पनियाँ थी। स्पष्टतः भारत पर अपनी पकड़ मजबूत करने के लिए ब्रिटेन ने पूंजी निवेश का साधन सार्वजनिक ऋण को बनाया। 1857 में कम्पनी ने जो 7 करोड़ पौण्ड का ऋण छोड़ा वह 1900 से बढ़कर 22 करोड़ से अधिक हो गया एवं 1939 तक (द्वितीय विश्व युद्ध के शुरू होने से पहले) यह राशि 88 करोड़ 42 लाख पौण्ड तक पहुंच गई। इस प्रकार 75 वर्षो के ब्रिटिश शासन में सार्वजनिक ऋण राशि में बारह गुना से अधिक वृद्धि हुई।

रेल निर्माण एवं गारण्टी प्रणाली: ब्रिटिश पूंजी विनियोग का दूसरा क्षेत्र रेल निर्माण था। इस क्षेत्र में विनियोजित पूंजी वित्त पद्धति की विशेषता को दर्शाती है जिसे गारण्टी प्रणाली कहा गया। भट्टाचार्य विदेशी पूंजी के परिलाभ का आंकलन करते हुए लिखते हैं। 39 प्रतिशत पूंजी रेल कम्पनी में लगाई गई है जिस पर सरकार के साथ किए गए अनुबंध के फलस्वरूप 5 प्रतिशत की दर से सूद मिलता था चाहे रेल कम्पनी का नुकसान क्यों न हो। इसके अलावा चाय के बगीचों इत्यादि में 7 प्रतिशत पूंजी और कोयला, पेट्रोल इत्यादि की खुदाई में 2 प्रतिशत पूंजी लगी हुई थी।[27] इस प्रकार ब्रिटिश पूंजी भारतीय उपनिवेश को अपने देश के हित में इस्तेमाल करने हेतु विनियोजित हुई। यह भी ध्यान देने योग्य है कि वित्त पूंजी के भारत में प्रवेश का कारण केवल अधिक लाभ अर्जित करना नहीं था। अंगरेजों को सूती मिलों एवं इस्पात के कारखानों

में विनियोग करना चाहिए था। जैसा कि भारतीय पूंजीपति कर रहे थे, लेकिन उन्होंने ऐसा नहीं किया। भट्टाचार्य के कथन से यह तथ्य स्पष्ट होता है केवल लाभ के लोभ से नहीं, समग्र रूप से अंगरेज पूंजीपतियों के आकांक्षित उद्देश्यों में यह भी निहित था कि उनका अपना उद्योग मार न खाए और अन्ततः उनके अपने देश के उद्योगों के साथ उनकी पूंजी प्रतियोगिता में न उतरे। भारत में सूती मिलें निर्मित करने के काम में अंगरेजी पूंजी नहीं लगी, क्योंकि मैनचेस्टर में इसी बीच बहुत बड़ा वस्त्र उद्योग तैयार हो रहा था।[28] रेल मिर्नाण के बाद सर्वाधिक पूंजी चाय, कॉफी, रबड़, नील आदि के बागों के विकास में लगी। विद्वानों के एक आंकलन के अनुसार प्रथम विश्वयुद्ध के समय विदेशी पूंजी 50 करोड़ पौण्ड थी।

बैंकिग व्यवस्था एवं पूंजी विनियोजनः ब्रिटिश पूंजी विनियोजन के लिए बैंकिंग व्यवस्था की आवश्यकता महसूस की। भारत में बैंकिंग व्यवस्था का निर्माण चार प्रकार की संस्थाओं के माध्यम से हुआ। सर्वप्रथम सर्वोच्च स्तर पर रिजर्व बैंक ऑफ इण्डिया का उल्लेख किया जा सकता है जिसे मुद्रा जारी करने, मुद्रा विनिमय, सरकारी बैंक व्यवस्था एवं सरकार द्वारा भेजी गई राशि का नियमन करने तथा कर्ज की व्यवस्था पर एकाधिकार प्राप्त था जबकि यह गैर–सरकारी बैंक था। दूसरे स्थान पर इम्पीरियल बैंक ऑफ इण्डिया को रखा जा सकता है। जिसकी स्थापना 1920 के अधिनियम द्वारा की गई। उसका स्वामित्व व नियंत्रण भी निजी थी। इसे एक केन्द्रीय बैंक के रूप में विकसित किया गया था जिसे मुद्रा जारी करने तथा व्यापारिक कार्यों में सरकारी बैंक की भूमिका करनी थी। बैंकिंग व्यवस्था में इण्डियन जाइंट स्टॉक बैंक अथवा भारत में पंजीकृत निजी बैंकों का उल्लेख किया जा सकता है। जिनके पास विदेशी बैंकों की तुलना में मात्रा एक चौथाई पूंजी जमा थी।[29] वित्त पूंजी एवं औद्योगिक विकास के संदर्भ में मैनेजिंग एजेन्सी प्रणाली के नियंत्रण का उल्लेख आवश्यक है। इन एजेन्सियों ने उद्योगों को बढ़ावा दिया। पूंजी की व्यवस्था की एवं कारखानों पर अपना नियंत्रण भी बनाये रखा। जाईन एण्ड स्किनर एवं ऐन्ड्रू यूले एण्ड कम्पनी जैसे एजेन्सियों का भारतीय ब्रिटिश उपनिवेशवाद से गहरा सम्बन्ध था।[30]

इस अवस्था की शुरूआत से पूर्व भारत की जनता ने 1857 में ब्रिटिश शासन के विरूद्ध विद्रोह कर असन्तोष की भावना को व्यक्त किया था। विप्लव के दमन के साथ मुगल शासन का सदा के लिए अन्त हो गया जो मध्यकालीन सामन्तवादी व्यवस्था का प्रतीक मात्र था। इसके साथ कम्पनी का शासन भी समाप्त हो गया और भारत पर ब्रिटिश सरकार (British Crown) का सीधा नियंत्रण स्थापित हुआ। विप्लव के बाद अंगरेजी प्रशासकों ने प्रतिक्रियावादी, संकीर्णतावादी सामन्तों ने समझौता कर लिया। यह विचारणीय तथ्य है कि औद्योगकि क्रान्ति के प्रणेता तथा सामन्तीय व्यवस्था के घोर विरोधी अंगरेजों ने भारत की परम्परागत देशी शक्तियों से जो सामन्तवादी व्यवस्था की प्रतीक थी, को इस चरण में सुरक्षा प्रदान की। अंगरेजों की नीति में इस विरोधाभास का कारण उपनिवेशवाद की आवश्यकता थी। प्रारम्भिक दो चरणों में अंगरेज विरोधी सभी प्रबल शक्तियों का दमन कर दिया गया और भारत में अब उनकी शक्ति को चुनौती देने वाली कोई एक शक्ति न थी। लेकिन आम जनता जिसने कि 1857 के विप्लव में भाग लिया था और उपनिवेशवादियों के शोषण का शिकार भी जन सामान्य थे, अंगरेज उस पर विश्वास नहीं कर सकते थे। अतः प्रतिक्रियावादी सामन्तीय शासकों से उन्होंने सांठ–गांठ की। देशी राजाओं की जागीरों के हड़पने की नीति त्याग दी गई और समय–समय पर उनके साथ भिन्न–भिन्न तरह से सम्बन्ध बनाये रखा जिसकी चर्चा पूर्व में की गई है।

उपनिवेशवाद जो अपने आप में राष्ट्रीय आन्दोलन के उदय एवं विकास का एक महत्वपूर्ण कारण था, इस अन्तिम चरण में विकसित हुआ और प्रारम्भ से ही औपनिवेशिक शोषण का विरोध राष्ट्रवादियों का मूलमंत्र बना। हमारे महान राष्ट्रीय नेताओं ने औपनिवेशिक शोषण तंत्र का ही विश्लेषण नहीं किया प्रत्युत उपनिवेशवाद की हर एक कारगुजारी को भी उजागर किया एवं उसके घातक परिणामों से भारत की जनता को अवगत करवाया। 1857 के बाद ब्रिटिश भारत की सेना अब विश्व की उत्कृष्ट सेनाओं में से एक मानी जाने लगी। सरकार ने भारत की जनता को स्वशासन का प्रशिक्षण देने का इरादा बदल दिया था, परन्तु राष्ट्रीय आन्दोलन के दबाव के कारण उपनिवेशवादियों ने समय–समय पर संवैधानिक व्यवस्था में आवश्यक परिवर्तन किये जिसकी चर्चा आगे अध्यायों में की गई है। जहाँ तक भारत में शिक्षा के विस्तार का प्रश्न है इस अवस्था में इसके प्रसार एवं विस्तार को राष्ट्रीय आन्दोलन ने गति प्रदान की।

सारांशः अन्त में कहा जा सकता है कि राष्ट्रवादी नेताओं ने अनेक प्रमाणों से यह सिद्ध किया कि मुक्त व्यापार की नीति ने ब्रिटिश भारत में औद्योगिक विकास की प्रक्रिया को अवरूद्ध किया। अंगरेजों ने भारत को एक कच्चा माल उत्पादक देश बना दिया था, साथ ही अपने देश के कारखानों के उत्पादों के लिए एक सुलभ बाजार भी। भारत को इस स्थिति में

लाने के लिए स्थानीय हस्तशिल्प उद्योग का विनाश करना आवश्यक था। इस प्रक्रिया को विद्वानों ने अनौद्योगीकरण का नाम दिया है।

भू–राजस्व अंगरेजी सरकार की आय का एक प्रमुख स्रोत था। कृषि करों में बेतहासा वृद्धि की आर.सी. दत्त, दादाभाई नौरोजी, रानाडे आदि विद्वानों ने कटु आलोचना की है। उनके अनुसार भारत में निरन्तर अकालों का प्रकोप कृषि करों के भारी बोझ का ही परिणाम था। लगान की दरों में निरन्तर वृद्धि के कारण किसान संकट के लिए पूंजी का संचयन नहीं कर पाते थे। इस तरह दरिद्रता बढ़ी और समय–समय पर भंयकर दुर्भिक्षों में लाखों लोग मारे गये।

सबसे पहले दादाभाई नोरोजी ने भारत से इंग्लैण्ड को सम्पत्ति के पलायन के सिद्धान्त को रखा। 1757 के प्लासी युद्ध से यह सिलसिला शुरू हुआ था। अर्थात् कम्पनी के कर्मचारियों द्वारा लूट–खसोट तथा गैर–कानूनी ढंग से जमींदारों सामन्तों की पूंजी को हड़पना, गृह शुल्क (इंग्लैण्ड में भारत की सरकार का खर्च), भारतीय जनता से वसूल किये जाने वाले विविध कर आदि तरीकों से भारत से धन का दोहन किया जाता रहा। सम्पत्ति के निरन्तर पलायन से भारत उत्तरोत्तर गरीब होता गया और इंग्लैण्ड एवं भारत के मध्य आर्थिक अन्तर बढ़ता गया। अंगरेजों ने धन की निकासी ही नहीं की, अपितु स्थानीय सेवा, पुलिस एवं अन्य विभागों में फिजूल खर्ची की भी, राष्ट्रीयवादियों ने घोर आलोचना की। साम्राज्यवाद की आलोचना ने ही भारत की जनता को जागृत करने तथा साम्राज्यवाद के विरूद्ध खड़े होने में समर्थ बनाया।

संदर्भ

1. क्या क्या है, प्रगति प्रकाशन मास्को, 1989, पृ. 86–87
2. *मार्गेन्थो पॉलिटिक्स अमंग नेशन्स*, पृ. 92
3. *आज का भारत*, पृ. 150 एवं आगे
4. प्रो. बिपिनचन्द्र ने अपने एक व्याख्यान 'भारत में उपनिवेशवाद' में इसकी विस्तृत व्याख्या की है।
5. आर.पी. दत्त, वही, पृ. 123
6. देसाई, ए.आर., *भारतीय राष्ट्रवाद की सामाजिक पृष्ठभूमि*, पृ. 28
7. आर.पी. दत्त वही, पृ. 124
8. वही, पृ. 112
9. *विश्व युद्धों के मध्य कृषिक भारत*, पृ. 22
10. विलियम बोल्ट्स, *कन्सीडरेसन्स आन इण्डिया अफेयर्स*, लन्दन, पृ. 191–93
11. *कृषिक भारत*, पृ. 22–23
12. *भारत का बृहत इतिहास*, जि. 3 पृ. 164
13. देसाई, ए.आर., वही, पृ. 11
14. ताराचंद, *भारत का स्वतंत्रता संग्राम*, जि. 1, पृ. 340
15. वही, पृ. 141
16. *आज का भारत*, पृ. 146 से उद्धृत
17. विलियम बोल्ट्स, वही, पृ. 191–93
18. देसाई, ए.आर., वही, पृ. 27
19. दत्त, रमेश, *द इकॉनोमिक हिस्ट्री ऑफ इण्डिया इन द विक्टोरियन एज*, 1906, पृ. 469, ताराचंद, वही, जि. 2, पृ. 254 से उद्धृत
20. ताराचंद, वही, जि. 2, पृ. 137
21. वही
22. वही, पृ. 252
23. देसाई, वही, पृ. 136
24. वही, पृ. 112–13
25. दत्त, आर.पी., वही, पृ. 156–57
26. भट्टाचार्य, सब्यसाची, *आधुनिक भारत का आर्थिक इतिहास*, पृ. 104 से उद्धृत
27. वही, पृ. 104–05
28. वही, पृ. 107
29. *आज का भारत*, पृ. 190–92
30. वही, पृ. 186

❋❋❋

16

रेल, सड़क एवं संचार साधनः पोस्ट एवं टेलीग्राफ सेवाएँ
(Rail, Road and Communication Network: Telegraph and Postal Services)

रेलवे का विकास ब्रिटिश हितों की पूर्ति का महत्वपूर्ण हथियार साबित हो सकता है अंगरेज इस तथ्य से भली–भांति परिचित थे। भारत में बाजार निर्माण में रेलवे की भूमिका को समझते हुए ही डलहौजी (1848–56 ई.) ने कहा था, दुनिया के इस ओर नये बाजारों का अभ्युदय हो रहा है जिनकी परिस्थितियाँ ऐसी है कि कोई भी बुद्धिमान व्यक्ति उनका मूल्य नहीं आंक सकता और न उनकी भविष्य की सीमा ही।[1] इसी कारण उसने रेलवे निर्माण को गति प्रदान की।

रेलवेः रेलवे का विचार सबसे पहले ईस्ट इण्डिया रेलवे के संस्थापक मैकडोनल्ड स्टीफेन्सन ने रखा और 1841 ई. में ब्रिटिश सरकार के समक्ष कलकत्ता से तत्कालीन उत्तर पश्चिम सीमान्त तक रेल मार्ग की योजना प्रस्तुत की। इसी प्रकार बम्बई (मुम्बई) के यूरोपीय व्यवसाईयों ने ग्रेट इण्डियन पेनिन्सुलर (जी.आई.पी.) रेलवे कम्पनी का गठन किया। ब्रिटिश पार्लियामेन्ट ने दो रेल कम्पनियों की स्थापना से प्रभावित होकर ईस्ट इण्डिया कंपनी के डाइरेक्टर्स ने 1845 ई. में एफ.डब्ल्यू. सिम्ज नामक रेल इंजीनियर के नेतृत्व में एक पार्लियामेन्ट कमीशन भारत भेजा। 1846 ई. में कमीशन ने भारत में रेलवे प्रणाली की संभावनायें व्यक्त की और निजी पूंजी से इसके विकास की सिफारिश की। 14 अप्रैल 1852 की जे.पी. कैनेडी की रिपोर्ट पर लार्ड डलहौजी ने 30 अप्रैल, 1853 को छोटी प्रायोगिक रेल लाईनों की नीति को अपर्याप्त घोषित किया। डलहौजी के सुझावों को बोर्ड ऑफ डाइरेक्टर्स ने तत्काल स्वीकार कर लिया और 1853 में बोर्ड ऑफ कन्ट्रोल ने अपनी सहमति व्यक्त की। 1853 ई. में ही डलहौजी के समय पहली 21 मील[2] मुम्बई से थाने तक रेलवे लाईन का निर्माण हुआ। 1858 ई. तक यातायात के लिए केवल 288 मील लम्बी रेल लाईन खोली गई।[3]

रेल व्यवस्था के निर्माण के प्रति सरकार के रवैये में समय–समय पर हुए परिवर्तनों के आधार पर चार युगों में विभक्त किया जा सकता हैः

- 1849 से 1869 ई. तक पुरानी गारन्टी व्यवस्था के अन्तर्गत रेल निर्माण।
- 1869 से 1882 ई. तक रेल व्यवस्था का विस्तार सरकारी स्तर से।
- 1882 से 1924 ई. तक नई गारन्टी के तहत निजी कम्पनियों को पुनः अधिकृत।
- 1924 से 1944 ई. तक सरकार द्वारा प्रबंध की नीति।

पुरानी गारन्टी व्यवस्थाः इसकी चर्चा सम्पत्ति का पलायन नामक अध्याय में की गई है। सरकार को पुरानी गारंटी योजना से भारी घाटा उठाना पड़ रहा था। डैन्वर्स, थार्नटन की मान्यता थी कि गारन्टी विधि से रेलवे के प्रबंध में अनन्त सीमा तक फिजुल खर्ची हुई है। विलियम एन मैसी के अनुसार प्रति मील पर 30 हजार पाउण्ड का व्यय हुआ, इतनी फिजुल खर्ची शायद ही किसी देश ने किसी काम में की हो, कहा।[4] साथ ही रेलों के खर्च एवं नियुक्तियों पर सरकार का किसी प्रकार का कोई नियंत्रण नहीं रहा और कम्पनियाँ खर्च कम करने को तैयार नहीं थी क्योंकि उन्हें 5 प्रतिशत सूद की गारन्टी दी हुई थी, जो उन्हें मिलनी ही थी।

रेल कम्पनियों ने भारत में 1848–49 में 42 लाख गारन्टी से एकत्र किये थे वह राशि बढ़कर 1868–69 ई. में 83 करोड़ 42 लाख हो गई।[5] अलग–अलग कम्पनियों को दी गई राशि का विवरण (1854 एवं 1858 ई.) तुलनात्मक अध्ययन के लिए प्रस्तुत किया जा रहा हैः[6]

	ईस्ट इण्डियन रेलवे (राशि पाउण्ड में)	जी.आर.पी. रेलवे (राशि पाउण्ड में)	मद्रास रेलवे (राशि पाउण्ड में)
1854	88884	25003	9703
1858	433968	275289	109269

गर्वनर जनरल सर जॉन लॉरेन्स (1869 ई.) ने अपनी रपट में एक नवीन नीति का सुझाव दिया क्योंकि गारन्टी व्यवस्था में सारे लाभ रेल कम्पनियों को मिल रहा था। लॉरेन्स के उत्तराधिकारी मेयो ने भी पूर्व गवर्नर जनरल का समर्थन किया और 1869 ई. में पुरानी गारंटी व्यवस्था त्याग दी गई। इस समय तक 11 रेल लाइनें 1832 मील की बन चुकी थी। 1862 में रेलों में 72 लाख यात्रियों ने यात्रा की। 1869 में यह संख्या बढ़कर 1 करोड़ 60 लाख तक पहुंच गई।

सरकार द्वारा निर्माण (1869–82 ई.): इस काल में तीन सिद्धान्तों को ध्यान में रखा गया। पहला वार्षिक राजस्व से रेल निर्माण किया जाये और किसी रेल लाइन से लाभ की अवस्था में ऋण लिए जाने का प्रावधान रखा गया। दूसरे, अकाल के दौरान ऋण से संकलित पूंजी से निर्माण करवाये जाने एवं अन्त में भारतीय वित्तीय स्रोत से ही निर्माण करवाये जाने का निश्चय किया।

भारत से ही वित्तीय संसाधन जुटाने की समस्या का समाधान नहीं हो पाया और निर्माण की गति धीमी रही। 1869 से 1884 ई. तक सरकारी माध्यम से रेल लाइनों का विस्तार 3927 मील ही हो पाया। दूसरे शब्दों में 1869–70 ई. में रेल लाइनें 4265 मील बिछाई जा चुकी थी वह 1878–79 ई. में बढ़कर लगभग 8192 मील हो गई।[7]

नई गारन्टी योजना (1882–1924 ई.): इंग्लैण्ड के अनेक विशेषज्ञ यह मानते थे कि रेल निर्माण में निजी व्यवसाय सरकारी प्रबंध से अधिक लाभप्रद है। इस तथ्य की पुष्टि एटली सरकार की विशेष कमेटी (1878–1881 ई.) के प्रतिवेदन से भी होती थी।

पार्लियामेन्ट की सिलेक्ट कमेटी ने रेल निर्माण के विस्तार की आवश्यकता पर उपरोक्त तथ्यों के आधार पर जोर दिया:

- अकाल संरक्षण के लिए रेलवे विस्तार अपेक्षित माना गया।
- आन्तरिक एवं विदेश व्यापार के प्रोत्साहन हेतु आवश्यकता मानी गई।
- रेल सेवायुक्त क्षेत्रों में नकद फसलों को प्रोत्साहन संभव माना।
- कोयला उत्पादक क्षेत्रों के लिए रेल यातायात सुविधाजनक था।
- जनता की आर्थिक स्थिति में सुधार आदि अन्य तथ्य थे।

इन परिस्थितियों में 1882 से 1884 ई. के बीच रेल निर्माण नीति का तीसरा दौर शुरू हुआ। नई गारन्टी की तीन प्रमुख शर्तें थीं:

- प्रथम 25 वर्ष बाद तथा उसके उपरान्त प्रति दशक बाद सरकार को कम्पनियों को खरीदने का अधिकार था जिसके लिए सरकार उस समय तक उपयुक्त पूंजी की पूर्ति मात्र करती थी।
- कम्पनियों द्वारा संकलित पूंजी पर लाभ की गारन्टी थी परन्तु गारण्टी की सीमा पुराने अनुबंधों की अपेक्षा कम थी, सामान्यतः साढ़े तीन प्रतिशत।
- गारन्टीकृत सीमा से अधिक लाभ का एक बड़ा भाग, सामान्यतः 25 प्रतिशत सरकार का लाभांश निश्चित किया गया।

राबर्ट–ब्रुस समिति (1901) की सिफारिश पर 1905 ई. में रेलवे बोर्ड अस्तित्व में आया और रेलवे प्रबंधन कम्पनियों पर बोर्ड का नियंत्रण स्थापित हो गया। इस तरह मैके समिति की सिफारिश पर रेल निर्माण में तेजी आई और 1915 ई. तक 35,285 मील रेलवे लाईन बिछाई जा चुकी थी। सरकारी रेल नीति की व्यापक आलोचना 1900 ई. के बाद शुरू हुई, राष्ट्रवादियों एवं व्यवसाईयों की मान्यता थी कि प्रबंध सरकार द्वारा किया जाना चाहिए। अतः 1920 ई. में रेल व्यवस्था के अनुसंधान हेतु उच्च स्तरीय कमेटी का गठन किया जिसके अध्यक्ष विलियम ऐक्वर्थ थे। समिति ने गहन अध्ययन के बाद प्रस्तावित किया जिसकी शर्तें इस प्रकार थीं:

- रेलवे प्रगति के लिए प्रत्येक पांच वर्षों में डेढ़ सौ करोड़ खर्च किये जाये।
- नई रेल लाइनों का निर्माण भी करवाया जाये।
- परिवहन (ढुलाई) की एक नई ब्रांच खोली जाये।
- रेलवे बजट को सामान्य बजट से अलग किया जाये। (तद्नानुसार 1924 से रेल बजट अलग से प्रस्तुत किया जाने लगा।)
- रेलवे कर के लिए अलग से विचार किया जाये।

राष्ट्रवादियों द्वारा प्रबंधक कम्पनियों का विरोध समाप्त नहीं हुआ क्योंकि प्रबंधन के बदले कम्पनियाँ सारा मुनाफा भारत से बाहर ले जा रही थी। राष्ट्रवादियों के दबाव का प्रभाव हुआ और सरकार ने ईस्ट इण्डियन रेलवे (1 जनवरी 1925 ई.), बर्मा रेलवेज (1 जनवरी 1929), सदर्न पंजाब रेलवे (1 जनवरी 1930), को सीधे अपने अधिकार में ले लिया।

1936 ई. रेजवुड समिति ने अपनी सिफारिशों में रेल प्रबंधन को आठ क्षेत्रों (Zones) में विभक्त करना प्रस्तावित किया। रेलवे एवं सड़क समन्वय पर ध्यान दिये जाने पर जोर दिया। साथ ही रेलवे की आय से सरकार को अंशदान देने की प्रथा समाप्त की गई। इसी परिपेक्ष्य में 1936 ई. में रेलवे बोर्ड का पुनर्गठन किया गया। जिसमें चीफ कमिश्नर को इसका अध्यक्ष एवं वित्तीय कमिश्नर एवं तीन अन्य सदस्य शामिल थे। ऐक्वर्थ की सिफारिश पर ही रेलवे वित्त सामान्य बजट से अलग किया गया।

बर्मा को भारत से 1937 में अलग कर दिये जाने के कारण 2,000 मील रेलवे मार्ग बर्मा में चला गया। इस तरह 1939–40 में भारत में रेलों की लम्बाई 41,156 मील थी। देश के विभाजन के बाद रेलमार्ग की लम्बाई 30,001.7 मील रह गई। जिसमें 660 करोड़ रूपये पूंजी लगी हुई थी। वर्तमान में भारतीय रेलवे लाईन 67368 कि.मी. व प्रतिवर्ष लगभग 23 मिलियन लोगों को एक स्थान से दूसरे स्थान पर 12617 ट्रेनें पहुंचाती हैं।

सड़कों का निर्माणः आधुनिक राष्ट्रों के संगठन में रेलवे, बस और स्टीमर जैसे आवागमन के अर्वाचीन साधनों का बहुत बड़ा महत्व है। यह महज संयोग की बात है कि राष्ट्रों का उदय अधिकाशतः उन्नीसवीं शताब्दी में हुआ जब आवागमन के आधुनिक साधनों का अविष्कार हुआ।[8] किन्तु अंगरेजों ने विशेष रूप से सड़क निर्माण पर ध्यान नहीं दिया। लार्ड विलियम बैटिंक (1828–35 ई.) में कोलकत्ता और उत्तरी प्रान्तों को जोड़ने के लिए सड़क निर्माण की योजना तैयार की एवं आगरा से मुम्बई तक सड़क निर्माण कार्य प्रारम्भ भी किया था। उसके प्रयासों से कोलकत्ता से दिल्ली तक की सड़क की मरम्मत की जा सकी थी। डलहौजी के समय तक इंग्लैण्ड में कपड़ा मिलों के लिए भारत से कपास का आयात किया जा रहा था। कपास उत्पादक क्षेत्र बरार एवं पश्चिमी भारत के इलाकों को, सड़क एवं रेलवे से जोड़ना ब्रिटिश सरकार के लिए जरूरी हो गया।

डलहौजी का योगदानः सैनिक आवश्यकताओं के लिए सड़कों का निर्माण सैनिक विभाग की एक समिति के माध्यम से किया जाता था। समिति का कार्य बहुत धीमा था और उन्नीसवीं सदी के मध्य में इसके निर्माण में बंगाल की केवल 0.01 वर्ग मील सड़क ही थी। डलहौजी के आगमन के बाद सार्वजनिक निर्माण विभाग की स्थापना की गई जिसकी देख–रेख सैनिक समिति को सौंपी गई। समिति पर काम का दबाव इतना अधिक था कि वह नागरिक निर्माण का कार्य सम्पन्न नहीं कर पाई। डलहौजी व्यक्तिगत जिम्मेदारी को जरूरी मानता था, सैन्य समिति को समाप्त कर उसने गृह सरकार की स्वीकृति से हर प्रान्त में सार्वजनिक निर्माण विभाग की स्थापना की। विभाग का अध्यक्ष चीफ इंजीनियर (मुख्य अभियंता) था। उसकी सहायता के लिए सारे अधिकारी इंग्लैण्ड से बुलाये गये। इसी दौरान रूड़की और अन्य प्रेसीडेन्सियों में इंजिनियरिंग कॉलेज खोले गये। विभाग के जिम्मे सड़कें, पुल, नहरें एवं सरकारी इमारतों का निर्माण था। डलहौजी की कोशिश से गंग नहर का कार्य पूरा किया गया और 8 अप्रैल 1854 को नहर खोल दी गई। गंग नहर के निर्माण को सभ्य जातियों के प्रयत्नों में अद्वितीय और महत्वपूर्ण कार्य माना गया है।

- इंग्लैण्ड में कपास की मांग को देखते हुए सार्वजनिक निर्माण विभाग के माध्यम से सैहयाद्रि पर्वत क्षेत्रों में सड़कें बनाई गईं जो करवाड़ और कुमता (कर्नाटक) बन्दरगाहों तक जाती थी।
- ग्रांड ट्रंक रोड़ का कार्य भी पुनः शुरू किया गया।
- 1860–62 ई. में बेयर्ड ने उत्तर प्रदेश में अकाल की स्थिति की जांच करके लिखा कि अकाल पीड़ित क्षेत्र में अनाज शीघ्रता से पहुंचाने के लिए सड़क निर्माण पर ध्यान दिया जाना जरूरी है। किन्तु इस पर कोई निर्णय नहीं हो पाया।

एक विशेष सड़क विकास कमेटी (Special Road Development Committee) 1927 ई. में बनाई गई। जिसे भारत की सड़क समस्याओं पर सिफारिश करनी थी। कमेटी की सिफारिशों पर सरकार ने गंभीरता से विचार किया। कमेटी ने प्रस्तावित किया कि पेट्रोल आयात पर चार से बढ़ाकर छः आना (तत्कालीन रूपये का भाग) प्रति गैलन आयात टैक्स लगाया जाये। साथ ही मोटर स्पिरिट पर उत्पाद कर लगाया जाये जो मार्च 1929 ई. से प्रभावी हो। यह प्रावधान पांच वर्ष के लिए किया गया था और उपरोक्त करों से प्राप्त राशि को वित्तीय वर्ष की समाप्ति पर लैप्स नहीं किये जाने की व्यवस्था की गई। फरवरी 1930 ई. में विधान मण्डलों ने प्रस्ताव पारित कर यह स्वीकार किया कि 1929 ई. में पेट्रोल पर विशेष टैक्स लगाया गया है

वह आगे भी चालू रहेगा और इससे प्राप्त राशि का उपयोग सड़कों के विकास हेतु किया जायेगा। 1927 से 1939 के मध्य सड़क विस्तार में उल्लेखनीय प्रगति हुई। 1943 ई. में नागपुर में ब्रिटिश प्रान्तों के सार्वजनिक निर्माण विभाग के इंजीनियरों का सम्मेलन सड़कों के विकास पर विचार करने के लिए आयोजित किया जिसमें एक पंचवर्षीय योजना बनाई, जिसे अप्रैल 1947 में प्रारम्भ किया जा सका। इसके अन्तर्गत बंगाल, पंजाब, उत्तर प्रदेश एवं दक्षिण की सड़कों का विस्तार करना था।

ब्रिटिशकाल में सड़क निर्माण में विशेष प्रगति नहीं हुई। अनेक बड़े शहरों के बीच की सड़कों की हालत खराब थी। सरकार ने सड़कों के विकास पर उन्हीं इलाकों में ध्यान दिया जो सामरिक अथवा व्यापारिक दृष्टि से महत्वपूर्ण थे। सड़कों के विकास के लिए धन की कमी भी सदैव बनी रही।

डाक सेवाएँ: अंगरेजों से पूर्व शेरशाह के समय भारत में डाक चौकियाँ (सरायें) थी जहाँ से घुड़सवार 200 मील तक डाक ले जाते थे। चिट्ठी प्रापक (प्राप्तकर्ता) को डाक लाने वाले को भी राशि अदा करनी पड़ती थी एवं निर्धारित शुल्क अलग था। औसतन पूर्व डाक व्यवस्था मंहगी थी। डलहौजी ने एक जांच समिति बनाई और उसकी सिफारिश पर 1853–54 में डाक विभाग की स्थापना की। हर पत्र पर उसने आधा आना डाक शुल्क रखा। उस समय रूपये में 16 आना एवं 64 पैसे होते थे। तद्नुसार 1/2 तोला वजन के पत्रों पर दो पैसे या आधा आना का टिकट लगाना था। टिकट प्रेषक को ही लगाने थे प्रापक से कोई राशि वसूल नहीं की जाती थी। इस व्यवस्था से डाकखाने आय के अच्छे स्रोत बन गये। इस क्रान्तिकारी प्रयास के सकारात्मक परिणाम आये।

सरकार ने हर शहर में डाकघरों की स्थापना की और हर प्रान्त में एक 'पोस्ट मास्टर जनरल' नियुक्त किया। शहर के समान्य स्थानों पर लेटर बॉक्स लगाये गये। एक कमीशन की रपट के आधार पर 1854 में डाक खाना एक्ट बनाया और प्रेसीडेन्सियों में स्थित डाकघरों की देखरेख के लिए डाइरेक्टर जनरल (महानिदेशक) नियुक्त किया। धीरे–धीरे डाक सेवाएँ लोकप्रिय हो गई और केवल यह आलोचना का विषय था कि इससे अधिक फिजुलखर्ची क्या होगी कि पास की गली में जाने वाले पत्र और दूर देश में जाने वाले पत्र, दोनों पर बराबर खर्चा लिया जाये। ऐसी आलोचनाओं के बावजूद डाक व्यवस्था दिनों–दिन लोकप्रिय होती गई। 19वीं सदी के अन्त में 80,000 मील क्षेत्र पोस्ट सेवा से जुड़ा हुआ था और प्रतिवर्ष 23,000 डाकघरों में 36 करोड़ पत्र वितरित किये जाते थे।

डलहौजी के प्रयास: डलहौजी से पूर्व 190 लाख सरकारी पत्र प्रतिवर्ष भेजे जाते थे, डाक विभाग की स्थापना के बाद उनकी संख्या 1860 में 470 लाख तक पहुंच गई। यही नहीं डाकघरों में कई तरह की डाक आने लगी, सामान्य पत्रों के अलावा, समाचार पत्र एवं पार्सल भेजे जाने लगे थे। डाक वितरण की प्रगति निम्नलिखित तालिका से स्पष्ट होती है:

वर्ष	वितरित डाक (करोड़–पत्र)
1862–63	4.71
1889–90	31.02
1905–06	64.51

कहा जा सकता है कि डाक व्यवस्था देश के लिए जरूरी थी और आम लोगों को इससे लाभ हुआ एवं राष्ट्रवादी भी इससे लाभान्वित हुए। वर्तमान में भारत डाक सेवा का विश्व का सबसे बड़ा नेटवर्क वाला देश है भारत में अभी 1,54,965 पोस्ट आफिस (31 मार्च 2017 को) हैं इनमें से 1,39,067 पोस्ट आफिस गांवों में स्थित हैं।

टेलीफोन सेवाओं का विकास: भारत में टेलीग्राफ (Telegraph) सेवाओं को प्रारम्भ करने का श्रेय डलहौजी को ही जाता है। 1852 ई. में ओ शैंघनेसी (O' Shanghnessy) को टेलीग्राफ विभाग का अधीक्षक बनाया गया। उसके प्रयासों से लगभग 4000 मील लम्बी तार लाइनें बिछाई गई। 1857 के विप्लव में इस विभाग से अंगरेजों को बहुत सहयोग मिला। एक स्वतंत्रता सेनानी ने मरते हुए कहा था, 'इस तार ने हमारा गला घोंट दिया है।' टेलीफोन सेवाओं का महत्व 1857 ई. के अनुभव से बढ़ गया और ब्रिटिश सरकार ने इसके विकास की ओर अधिक ध्यान दिया। तार लाइनों की प्रगति इस तालिका से स्पष्ट होती है:

वर्ष	मील लाईनें
1860–61	11,093
1900–01	55,055
1910–11	74,228

1860–61 में टेलीग्राफ विभाग के मात्र 145 कार्यालय थे। 1910–11 में 2856 हो गये और इस वर्ष 1,30,90,000 तार भेजे गये।

1912 ई. तक डाईरेक्टर जनरल ऑफ टेलीग्राफ के अधीन टेलीफोन एक अलग विभाग था जो भारत सरकार के उद्योग मंत्रालय के अधीन था किन्तु 1914 में डाक एवं तार विभाग सम्मिलित कर दिये गये।

भारतीय अर्थ जगत में टेलीफोन सेवाओं ने देर से प्रवेश किया और पाश्चात्य देशों की तुलना में यह अधिक खर्चीली भी थी। इसका इस्तेमाल उद्योगपति, व्यापारी एवं सेठ साहूकार ही कर पाते थे। द्वितीय विश्व युद्ध के बाद टेलीफोन का उपयोग तेजी से बढ़ा और प्रसारण पर अधिक ध्यान दिया गया।

आवागमन एवं संचार साधनों का प्रभावः प्राक् ब्रिटिश भारत में यातायात व्यवस्था बहुत कमजोर थी क्योंकि वैज्ञानिक और तकनीकी पिछड़ेपन के कारण आधुनिक उद्योग नहीं पनप पाए थे और आधुनिक उद्योग के बिना आवागमन के आधुनिक साधनों का निर्माण संभव नहीं था। दुर्बल अर्थव्यवस्था के कारण आवागमन के साधनों की अक्षमता बनी रही और इन साधनों की दुर्बलता ने अर्थव्यवस्था के विकास को अवरूद्ध किया था।.... भारत के पुराने समाज के आर्थिक आधार को नष्ट करने में रेलवे ने ऐतिहासिक दृष्टि से प्रगतिशील, नई आर्थिक शक्तियों की मदद की। उन्होंने आधुनिक समाज के औद्योगिक माल को भारत पहुंचाने में मदद की और इस तरह गांवों की आर्थिक आत्म निर्भरता को समाप्त किया। उन्होंने भारत को एक आर्थिक इकाई बनाने में मदद की और विश्व की मण्डी से भारत का सम्बन्ध जोड़ा। रेलवे के कारण राष्ट्रीय अर्थव्यवस्था संभव हो सकी, जो भारतीय राष्ट्र का भौतिक आधार है।

1. भारत में उद्योगीकरण की प्रक्रिया को तीव्र करने में रेलवे की महत्वपूर्ण भूमिका रही। रेलवे के कारण भारत के जमींदारों, बुद्धिजीवियों, एवं व्यवसायिक वर्ग को वाणिज्य से लाभ हुआ और उनके कारण स्वतंत्र भारतीय उद्योग का विकास हो सका, यह अत्यन्त महत्वपूर्ण घटना थी। भारत ने धीरे–धीरे औद्योगिक मार्ग पर कदम बढ़ाये।
2. कृषि क्षेत्र में क्रान्ति रेलवे और आधुनिक सड़कों की देन है। इसके चलते कृषि उत्पादनों की बिक्री संभव हो सकी और काश्तकारों ने व्यवसायिक फसलों की खेती शुरू की और गांवों का आर्थिक एकांगीपन आवागमन के साधनों के विकास से समाप्त हुआ। के.एल. दत्त ने लिखा है, आन्तरिक संचार और यातायात साधनों के इस विस्तार के कारण इस देश की आर्थिक एकता बढ़ी। परिणाम यह हुआ कि देश के विभिन्न अंचलों में सामग्रियों के मूल्य में जो फर्क था, वह समाप्त हो गया।
3. अकाल एवं सूखे का प्रभाव केवल उसी भाग तक सीमित नहीं रहा। अपितु लहर सारे देश में उठती थी और इस प्रकार गरीबी और विपत्ति का असर एक साथ पूरे देश में होने लगा। दूसरे शब्दों में अकाल के दिनों में रेलवे वरदान सिद्ध हुआ। देश के दूसरे भागों की सरप्लस फसलों को दुर्भिक्ष ग्रस्त इलाकों में लाया जाना संभन हुआ। अब अनाज की कमी के कारण अकाल में लोग नहीं मरे अपितु उनकी मौत का कारण उनकी क्रय शक्ति का अभाव था।
4. रेलों एवं बसों से यात्रा की सुविधाओं के कारण लोगों का सम्मिश्रण संभव हुआ। उसके गहरे नतीजे निकले। इन साधनों ने पुराने संकीर्ण विचारों की जड़े खोद दी और धीरे–धीरे राष्ट्रीय चेतना का विकास हुआ।
5. लोग एक कोने से दूसरे कोने तक आने–जाने लगे। रेलों एवं बसों ने ऊँच–नीच की भावना पर प्रहार किया और जात–पात की भावना धीरे–धीरे धूमिल होने लगी और राजनीतिक एकता को बढ़ावा मिला। देश के विभिन्न भाग द्रुत यातायात साधनों के अभाव में एक दूसरे से सम्पर्क स्थापित नहीं कर पाते थे। अब एकीकृत अनुभव करने लगे और एक देश व एक जाति की भावना पुष्ट हुई। कहा जा सकता है कि रेल यात्रा से लोग एक कोने से दूसरे कोने में जाने लगे और एक दूसरे के विचारों का आदान–प्रदान हुआ और देश की अनेकता दूर हुई तथा एकता की भावना बढ़ी।

निष्कर्षः ए.आर. देसाई के शब्दों में कह सकते हैं, अंगरेजों की भारत विजय पूरी हो जाने पर अपने सदियों पुराने इतिहास में पहली बार एकता राजनीतिक प्रशासनिक व्यवस्था में आबाद हुआ और भारत की यह राजनीतिक प्रशासनिक एकता मात्र सतही नहीं थी।..... इसके लिए रेलवे की स्थापना और उसका विकास आधुनिक सड़कों का निर्माण, डाक और तारघर की स्थापना अनिवार्य थी। गांवों, शहरों, जिलों और प्रान्तों में एक राजनीतिक प्रशासनिक व्यवस्था के रूप में संगठित करने की आवश्यकता से रेलवे निर्माण को प्रोत्साहन मिला।

आवागमन एवं संचार साधनों के विकास की पृष्टभूमि में साम्राज्यवादी हित निहित थे हार्डिंग ने 1848 में रेलों के विकास का समर्थन सेना एवं रसद एक स्थान से दूसरे स्थान पर आसानी से भेजे जा सकने के कारण किया था। जबकि डलहौजी के लिए रेलों का महत्व भारत से कच्चे माल का निर्यात और ब्रिटेन के तैयार माल को भारतीय बाजारों में पहुंचना था। इंग्लैण्ड के कारखानों के लिए किसान व्यवसायिक फसलें बोने लगे और उन तक धीरे–धीरे ब्रिटिश माल पहुंचने लगा जिससे भारतीय गांवों की पृथकता समाप्त हुई, गांव अब घेरे से बाहर आने को तत्पर थे। आवागमन एवं संचार साधनों का परिणाम डलहौजी या अन्य वायसरायों की इच्छानुसार नहीं हुआ। डलहौजी ने भारतीयों पर इसके सकारात्मक प्रभावों के बारे में कभी नहीं सोचा अन्यथा वह अपनी शक्ति किसी अन्य दिशा में मोड़ देता।

संदर्भ

1. हंटर, *मार्क्विस ऑफ डलहौजी*, पृ. 128–31
2. विद्यालंकार, पी.एन., *भारतीय सम्पत्ति शास्त्र*, पृ. 778 पर आर. सी. दत्त, *इण्डिया इन द विक्टोरिया एज*, पृ. 348 के आधार पर उक्त रेल लाइन को 20 मील माना है। जबकि ताराचंद, *भारतीय स्वतंत्रता आन्दोलन का इतिहास*, खण्ड 2, पृ. 258 पर उक्त लाईन को 21 मील बताया है।
3. ताराचंद, *भारतीय स्वतंत्रता आन्दोलन का इतिहास*, खण्ड 2, पृ. 258
4. विद्यालंकार, वही, पृ. 774
5. ताराचन्द, वही, पृ. 259
6. विद्यालंकार, वही, पृ. 775
7. ताराचंद, वही, पृ. 260
8. देसाई, ए.आर., *भारतीय राष्ट्रवाद की सामाजिक पृष्ठभूमि*, पृ. 102

❋❋❋

17

न्यायिक प्रबंध एवं भू-राजस्व व्यवस्था के बीच सम्बन्ध (Relation between Judicial Organisation and Land Revenue System)

अंगरेजों ने भारत में न्यायिक व्यवस्था की स्थापना में रूचि क्यों ली अर्थात् ब्रिटिश शासकों ने प्रारम्भ सें ही न्यायिक व्यवस्था की स्थापना की आवश्यकता क्यों अनुभव की है। इस तथ्य को उजागर करते हुए लिखा हैः भारत में असैनिक न्याय का शासन घनिष्ठ रूप में राजस्व प्रबन्ध से सम्बद्ध था। 1765 ई. में जो दीवानी का अधिकार मिला, उसमें ये दोनों कृत्य निहित थे। राजस्व के समान ही बहुत से प्रयोग किये गये और तब अन्त में न्याय शासन की एक निश्चित प्रणाली का विकास हुआ।[1] बक्सर युद्ध के बाद कम्पनी ने मुगल बादशाह से बंगाल के दीवानी अधिकार ले लिये। इसके अन्तर्गत कम्पनी बंगाल, बिहार एवं उड़ीसा में लगान वसूल करने तथा दीवानी मुकदमों का फैसला करने के लिए अधिकृत हो गई। क्लाइव समस्त दायित्व कम्पनी पर नहीं डालना चाहता था और प्रशासन की दोहरी व्यवस्था अपनाते हुए उसने वैदेशिक सम्बन्ध, सैनिक शक्ति और राजस्व के अधिकार कम्पनी के पास रखे और न्याय व्यवस्था भारतीयों के जिम्मे छोड़ दी।

इस प्रकार क्लाइव ने द्वैध शासन प्रणाली द्वारा दीवानी मामलों के निर्णय का अधिकार अपने पास रखा तथा अन्य न्यायिक कार्य (फौजदारी मामले) नवाब को सौंप दिये। इस कार्य के सम्पादन हेतु नायब नाजिम की नियुक्ति की, जिसे हटाने का अधिकार कम्पनी के पास सुरक्षित था। इस व्यवस्था में राजस्व पर कम्पनी का पूर्ण अधिकार था किन्तु प्रजा के प्रति उसका कोई दायित्व न था। नवाब को एक निश्चित धनराशि प्राप्त होती थी जिससे न्याय व्यवस्था एवं प्रशासनिक कार्य का संचालन कठिन था।

वारेन हेस्टिंग्स से पूर्व न्याय व्यवस्था में जो भी परिवर्तन किये वे केवल लगान बढ़ाने के उद्देश्य से किये गये थे। मजुमदार ने ठीक ही कहा है कि इस प्रयोगवादी युग में न्याय प्रणाली की हर व्यवस्था राजस्व शासन की प्रणाली को ध्यान में रखकर ही समझी जा सकती है।[2] क्लाइव के बाद भी न्याय प्रबंध भू–राजस्व व्यवस्था के परिवर्तनों से जुड़ा रहा। 1765 से 1772 ई. के मध्य बंगाल में दोनों प्रकार की न्याय व्यवस्थायें सामान्य रूप से प्रचलित थी अर्थात् मुगलकालीन पद्धति जिसके तहत काजी अथवा मुफ्ती कानूनों की व्याख्या कर अपराधियों को दण्ड दिया करते थे। दूसरी अंगरेजी विधि प्रणाली के अन्तर्गत कलकत्ता में ईस्ट इण्डिया कम्पनी के न्यायालय जिनमें से कुछ का कार्यक्षेत्र इंग्लैण्ड सरकार द्वारा प्रदत्त अधिकारों पर आधारित था तथा कुछ न्यायालय कम्पनी की जमींदारी क्षेत्र में स्थापित थे जिन्हें कम्पनी द्वारा अधिकार दिये गये थे। 1772 ई. में कुछ परिवर्तनों द्वारा पहली पद्धति और 1773 में रेगुलेटिंग एक्ट द्वारा दूसरी पद्धति में परिवर्तन किए गए।

वारेन हेस्टिंग्स एवं न्याय व्यवस्था (Warren Hastings and Judicial Organisation): बंगाल का गवर्नर नियुक्त होने के बाद वारेन हैस्टिंग्स (1772–85) ने सर्वप्रथम क्लाइव द्वारा स्थापित द्वैध शासन प्रणाली को समाप्त किया। कम्पनी के लिए दीवानी कार्यों के सम्पादन का तात्पर्य थाः प्रशासनिक व्यवस्था, राजस्व वसूली तथा न्याय का समुचित प्रबन्ध। अन्य प्रशासनिक दायित्वों के साथ वारेन हैस्टिंग्स ने न्याय को समान महत्व प्रदान किया। न्याय की दृष्टि से जिले को इकाई मानते हुए प्रत्येक जिले में दीवानी (सिविल) एवं फौजदारी (क्रिमनल) अलग–अलग न्यायालय स्थापित किये। यद्यपि इस योजना में कुछ दोष रह गये थे, फिर भी यह निश्चयपूर्वक कहा जा सकता है कि वारेन हैस्टिंग्स अपने शासनकाल में प्रजा के शोषण को समाप्त कर उसे निष्पक्ष न्याय दिलाने का इच्छुक था।[3]

प्रत्येक जिले में स्थापित दीवानी अदालतों में निर्णय कलक्टर करते थे। इनमें 500 रूपये तक के विवादों का निर्णय किया जाता था। ऐसे न्यायालयों में शादी–विवाह, जाति प्रथा, कर्ज, लगान, साझेदारी एवं उत्तराधिकार से सम्बन्धित मामले निपटाये जाते थे। इस तरह दीवानी अदालतों का क्षेत्र विस्तृत हो गया। दीवानी अदालत के ऊपर कलकत्ता में सदर दीवानी अदालत प्रस्थापित की और इस व्यवस्था के बाद पटना एवं मुर्शिदाबाद की राजस्व कौंसिल, समस्त बंगाल, बिहार तथा उड़ीसा क्षेत्र के लिए यह सर्वोच्च दीवानी अदालत थी, जिसमें राज्यपाल तथा उसकी परिषद् के दो सदस्य न्यायाधीश का

कार्य करते थे। राज्यपाल की अनुपस्थिति में उसकी परिषद् का तीसरा सदस्य न्यायाधीश का कार्य करने के लिए नियुक्त किया जाता था। 1774 ई. तक गवर्नर जनरल (1773 के रेग्युलेटिंग एक्ट द्वारा कलकत्ता के राज्यपाल का दर्जा बढ़ाकर गवर्नर जनरल कर दिया था) तथा उसकी परिषद् के सदस्य इस अदालत के न्यायाधीश का कार्य नियमित रूप से करते रहे तदनन्तर उन्होंने इस न्यायालय की कार्यवाही में भाग लेना बन्द कर दिया। 24 अक्तूबर 1780 में गवर्नर जनरल एवं परिषद् द्वारा नियुक्त न्यायाधीश ही इन न्यायालयों में कार्य करने के लिए अधिकृत किये गये और एलिजा इम्पे को इसका न्यायाधीश नियुक्त किया। दूसरी ओर फौजदारी अदालतों में जालसाजी, चोरी, हत्या और नाजायज सम्पत्ति हड़पने के मामलों की सुनवाई काजी अथवा मुफ्ती द्वारा की जाती थी। सबसे ऊपर सदर निजामत अदालत बनाई गई। जिसका दारोगा–ए–अदालत, प्रधान काजी, प्रधान मुफ्ती और तीन मौलवी संचालन करते थे। जिला स्तर पर न्याय प्रणाली यूरोपीय कलेक्टर द्वारा नियन्त्रित थी किन्तु वह न्यायालय का सदस्य नहीं था। सदर निजामत कुछ समय के लिए मुर्शिदाबाद से कलकत्ता लाई गई थी जिससे उस पर कम्पनी का नियंत्रण रखा जा सके। किन्तु हैस्टिंग्स ने मुहम्मद रजा खाँ को पुनः नायब नियुक्त किया। रजा खाँ ने गवर्नर जनरल की अनुमति से फौजदारी अदालतों का गठन किया। कुल मिलाकर 23 जिला फौजदारी न्यायालय स्थापित किये।

कलकत्ता के यूरोपियन निवासियों के लिए मेयर की अदालत (Mayor's Court) अलग थी। यह न्यायालय यूरोपियन नागरिकों और कम्पनी के मध्य विवादों का निर्णय करता था। मेयर के अन्याय के सम्बन्ध में कई शिकायतें संचालकों तक पहुंची थी जिनमें मेयर ने अनुचित दण्ड कई अंगरेजों को दे दिया था। इन दोषों को सुधारने के लिए रेगुलेटिंग एक्ट में सर्वोच्च न्यायालय की स्थापना की गई।[4]

1774 ई. में रेगुलेटिंग एक्ट के अनुसार कलकत्ते में सर्वोच्च न्यायालय की स्थापना ब्रिटिश सम्राट द्वारा की गई। इसमें एक प्रधान न्यायाधीश एवं तीन अन्य जज थे। इसका कार्य क्षेत्र केवल ब्रिटिश प्रजाजनों तक ही सीमित था, व्यवहार में इसके कारण अनेक समस्यायें उठ खड़ी हुईं। बंगाल के सर्वोच्च कार्यपालक एवं न्यायपालक अधिकारियों के बीच करीब–करीब खुल्लम–खुल्ला लड़ाई छिड़ गयी। किन्तु वारेन हैस्टिंग्स के एक चतुरतापूर्ण उपाय के कारण अन्तिम विपत्ति टल गई। उसने सुप्रीम कोर्ट के प्रधान न्यायाधीश इम्पे को ऊंचा दरमाहा देकर सदर दीवानी अदालत का अध्यक्ष नियुक्त कर दिया, तनाव तुरन्त कम हो गया।[5]

डॉ. परांजपे ने लिखा हैः कलकत्ते में सन् 1774 के चार्टर के अन्तर्गत सुप्रीम कोर्ट की स्थापना भारतीय विधि के इतिहास में एक महत्वपूर्ण घटना है। अंगरेज शासकों ने सुप्रीम कोर्ट द्वारा जो व्यवस्था भारत में सन् 1774 ई. में लागू की वही व्यवस्था इंग्लैण्ड में सौ वर्षों के बाद अर्थात् सन् 1873–75 ई. में जूडीकेचर एक्ट द्वारा लागू की गई जिसके अन्तर्गत इंग्लैण्ड में कार्यरत विभिन्न न्यायालयों का स्वतन्त्र अस्तित्व समाप्त करके एक सुप्रीम कोर्ट ऑफ जूडीकेचर (Supreme Court of Judicature) स्थापित किया गया। कहा जा सकता है कि जो उद्देश्य इंग्लैण्ड में सन् 1873 ई. के जूडीकेचर एक्ट के द्वारा साध्य किया गया, उसे भारत में सौ वर्ष पूर्व सन् 1773 ई. में कलकत्ते में सुप्रीम कोर्ट की स्थापना के द्वारा लागू कर दिया गया था। इस दृष्टि से भारतीय विधि के विकास की प्रगति इंग्लैण्ड की विधि विकास की तुलना में पूर्ववर्ती है।[6] डाइरेक्टरों के आपत्ति करने पर इम्पे ने 1782 ई. में त्यागपत्र दे दिया। रेगुलेटिंग एक्ट में सुप्रीम कोर्ट के अधिकार व क्षेत्र का स्पष्टीकरण नहीं किया गया था। कलकत्ता कौंसिल की मान्यता थी कि कम्पनी की अदालतें सुप्रीम कोर्ट के अधीन नहीं थी, वह केवल अपील की अदालत मात्र थी। दूसरी ओर मुख्य न्यायाधीश का विचार था कि सुप्रीम कोर्ट के सारे अंगरेजी न्यायालयों का यह आधार था जो छोटी अदालतों में सुधार व हस्तक्षेप कर सकता था। कौंसिल के एक सदस्य की मृत्यु हो जाने पर हैस्टिंग्स ने निर्णायक मत के प्रयोग द्वारा (बहुमत के आधार पर) सुप्रीम कोर्ट की अधिकारिता को कलकत्ते प्रेसीडेन्सी तक सीमित करवा दिया और उस समय सुप्रीम कोर्ट अस्तित्व में नहीं लाया जा सका। हैस्टिंग्स द्वारा स्थापित न्याय व्यवस्था के विषय में मोरलैण्ड ने लिखा है कि यह प्रणाली पूर्णता से बहुत दूर थी, किन्तु यह पहले प्रचलित प्रथा से बहुत अच्छी थी और नई अदालतें शीघ्र ही जनता में लोकप्रिय हो गई।[7]

बंगाल न्यायालय एक्ट 1781 (ऐक्ट ऑफ सेटलमेंट): वारेन हैस्टिंग्स ने यद्यपि सुप्रीम कोर्ट एवं सदर दीवानी अदालत का एकीकरण कर विवाद समाप्त कर दिया था किन्तु रेगुलेटिंग एक्ट (1773 ई.) में अनेक दोष थे और उसमें संशोधन किया जाना अपेक्षित हो गया था। इसकी त्रुटियाँ दूर करने के लिए 1781 में ब्रिटिश संसद द्वारा पारित विधेयक

जिसे बंगाल न्यायालय एक्ट कहा जाता है। इस अधिनियम का उद्देश्य उच्चतम न्यायालय (सुप्रीम कोर्ट) के अधिकार क्षेत्र और शक्तियों के विषय में उत्पन्न अनिश्चितताएँ समाप्त करना था।

- इस अधिनियम द्वारा गवर्नर जनरल एवं कौंसिल के सदस्य व्यक्तिगत रूप से कोर्ट के नियंत्रण से बाहर रखे गये। भू–राजस्व एवं उसके वसूल करने के मामले में कोई अधिकार सुप्रीम कोर्ट के नियंत्रण में नहीं रहे। कम्पनी के अन्य न्यायाधिकारियों के न्याय कार्य को भी इसके अधिकार क्षेत्र से अलग रखा गया।
- इतना ही नहीं गवर्नर जनरल की कौंसिल को भू–राजस्व से सम्बन्धित समस्त मुकदमों में सर्वोच्च अधिकार दिये गये। जिससे भू–राजस्व वसूली में न्यायालय बाधक न बन सके। इस एक्ट ने उच्चतम न्यायालय की तुलना में गवर्नर जनरल एवं कौंसिल की स्थिति अधिक सुदृढ़ बना दी। सदर दीवानी अदालत के दीवानी सम्बन्धी कार्य क्षेत्र को स्वीकार किया गया और भू–राजस्व से सम्बन्धित समस्त विवादों में उसको सर्वोच्च अधिकार दिये गये। इस प्रकार दोनों न्याय प्रणालियाँ सुप्रीम कोर्ट तथा सदर दीवानी अदालत 1861 ई. तक कार्य करती रहीं।
- न्यायिक प्रशासन में समय–समय पर किये गये परिवर्तनों की चर्चा करते हुए आर.सी. मजुमदार ने लिखा है कि राजस्व शासन की प्रणाली में 1773, 1781 और 1786 ई. में जो परिवर्तन हुए उनके अनुरूप न्याय के शासन में भी परिवर्तन हुए। 1774 ई. में जिला अदालतें आमिल नामक भारतीय अफसरों के अधीन कर दी गई। उनके निर्णय के विरूद्ध प्रान्तीय कौंसिलों में अपील की जा सकती थी तथा महत्वपूर्ण मुकदमों में वहाँ के सदर दीवानी अदालत में अपील हो सकती थी। 1775 ई. में सदर निजामत अदालत मुर्शिदाबाद बदल दी गई। अपराधी व्यक्तियों को न्याय के पास लाने के लिए फौजदार बहाल किया गया।
- 1780 ई. में छः प्रान्तीय कौंसिलों के न्याय सम्बन्धी अधिकार दीवानी अदालत की छः कचहरियों को दे दिये गये। प्रत्येक कचहरी का अध्यक्ष कम्पनी का एक अहदनामे (इकरारनामा या प्रतिज्ञापत्र) से बंधा हुआ नौकर था। 1781 ई. में इन कचहरियों की संख्या बढ़ाकर अठारह कर दी गयी तथा सभी दीवानी मामले उन्हीं के द्वारा देखे जाने लगे। 1775 ई. की फौजदारी प्रथा उठा दी गयी तथा फौजदारों की शक्तियाँ और कर्तव्य जिला अदालतों के जजों को मिल गये। मगर अभियुक्तों की जांच भारतीय जजों के अधीन फौजदारी न्यायालयों में ही होती रही, जिन पर मुर्शिदाबाद के नायब नाजिम का अन्तिम नियंत्रण था।[8]
- आधुनिक न्याय व्यवस्था ने नये अधिवक्ता (वकील) वर्ग के विकास का मार्ग प्रशस्त किया। सदर दीवानी व सदर निजामत अदालतों में अभियुक्त अनुभवी सलाहकारों (वकीलों) की राय ले सकते थे। प्रारम्भ में अंगरेज ही वकालत का कार्य करते थे, किन्तु हिन्दुस्तानियों में धीरे–धीरे यह व्यवसाय बहुत लोकप्रिय हो गया।
- 1776 में संस्कृत में *Code of Gentoo Laws* नामक पुस्तक छपी थी। इसी प्रकार विलियम जोन्स एवं कोलब्रुक *Digest of Hindu Law* का प्रकाशन करवाया। कहा गया है फतवा–ए–आलमगीरी के अंगरेजी अनुवाद के प्रयास भी किये गये थे। इसके अतिरिक्त सर विलियम जोन्स ने 1784 में एशियाटिक सोसायटी ऑफ बंगाल की स्थापना की, जिसके माध्यम से संस्कृत ग्रन्थों का अंगरेजी में अनुवाद किया जाना संभव हुआ और आगे जाकर हिन्दू व मुस्लिम कानूनों का संग्रह किया जा सका।

कार्नवालिस एवं न्यायिक व्यवस्था का विकास (Cornwallis and Development Judicial System): वारेन हैस्टिंग्स के समय पर्याप्त परिवर्तन किये जाने के बावजूद नवीन परिस्थितियों में न्याय प्रशासन में अनेक जटिलतायें थी जिनके कारण जनता को अनेक परेशानियों का सामना करना पड़ा।

न्यायिक व्यवस्था का पहला प्रमुख दोष था न्याय की भिन्न–भिन्न प्रणालियों का प्रचलन, अलग–अलग मामलों में हिन्दू, मुस्लिम एवं अंगरेजी कानूनों का प्रचलन था।

दूसरे, अदालतों में बड़ी संख्या में मामले विचाराधीन थे। अपराधियों को लम्बी अवधि तक जेल में रहना पड़ता था क्योंकि विवादों की संख्या अधिक थी। अभियुक्तों को बिना निर्णय के वर्षों तक जेल में गुजारने पड़ते थे चाहे उन्हें निर्णय के बाद दोषमुक्त ही क्यों न कर दिया जाये।

इसके अतिरिक्त न्यायालयों का क्षेत्राधिकारी भी निश्चित नहीं था। फौजदारी अदालतों में अंगरेज एवं भारतीय न्यायाधीशों की उपस्थिति (जांच हेतु) असमंजस की स्थिति पैदा करती थी। संचालकों ने कार्नवालिस (1786–93) को गवर्नर जनरल नियुक्त कर भारत भेजा तथा उसे निर्देश दिया कि वह उचित नीति अपनाते हुए इन प्रान्तों की वित्तीय स्थिति में

सुधार लाये तथा आन्तरिक क्षेत्र की न्याय व्यवस्था को अपने अधीनस्थ बनाये। लार्ड कार्नवालिस 1786 ई. में भारत का गवर्नर जनरल बनकर आया। विधि के इतिहास में उसका कार्यकाल महत्वपूर्ण रहा है, क्योंकि अपनी रचनात्मक योजनाओं द्वारा उसने बंगाल की प्रजा के लिए एक आदर्श न्याय पद्धति लागू की। यह प्रथम शासक था जिसने भारत में इस सिद्धान्त को कार्यान्वित किया कि प्रशासनिक व्यवस्था कानून (विधि) पर आधारित होनी चाहिए।[9]

- कार्नवालिस ने जिले को इकाई मानते हुए सम्पूर्ण राज्य को 23 भागों में विभक्त किया और प्रत्येक जिले में कलक्टर की नियुक्ति की।[10] कलक्टर को शासन एवं न्याय दोनों ही कार्यों का निष्पादन करना होता था। डॉडवेल का विचार हैः इससे अधिक सरलता, शक्ति, न्याय एवं बचत संभव थी।[11]
- कार्नवालिस सोचता था कि इस सीमित अधिकार क्षेत्र से न्यायाधीशों का जमींदारों पर प्रभाव बहुत कम हो गया था। कलकत्ता कौंसिल के परामर्श पर 1786 ई. में संचालक समिति ने आदेश दिया कि मजिस्ट्रेट, कलक्टर और जज के कार्य एक ही व्यक्ति द्वारा किये जाये। इसलिये जून 1787 में कार्नवालिस ने इन तीनों पदों को एक साथ मिला दिया। भू–राजस्व वसूली को सुनिश्चित करने के लिए ऐसा किया जाना आवश्यक समझा गया था।
- 1793 ई. में स्थायी भूमि व्यवस्था हो जाने के पश्चात् जमींदारों पर अधिक नियंत्रण की आवश्यकता नहीं रह गई। इसलिये कार्नवालिस ने भू–राजस्व वसूल करने के कार्य को न्याय से अलग कर दिया, लेकिन यह कार्य स्थाई बन्दोबस्त के पश्चात् ही किया गया।[12] स्थायी बन्दोबस्त के बाद कलक्टर का कार्य प्रशासनिक व्यवस्था देखना तथा लगान एकत्र करना रह गया। अभियुक्तों को कारावास भेजने एवं सजा दिलवाने का कार्य भी कलक्टर मजिस्ट्रेट की हैसियत से सम्पादित करते थे। कार्नवालिस ने न्याय प्रशासन के संचालन हेतु कुछ आवश्यक परिवर्तन किये एवं कुछ नये न्यायालय स्थापित किये।

मुन्सिफ न्यायालय (Munsiff's Courts): नगर एवं जिला स्तर पर स्थित छोटी अदालतों में 50 रूपये तक के मामलों की सुनवाई होती थी। हिन्दुस्तानी लोगों को ऐसे विवादों के निर्णय के अधिकार दिये गये। सामान्यतः लेन–देन एवं कर्ज के मामले इन अदालतों में प्रस्तुत किये जाने थे। मुन्सिफ एवं सदर अमीन न्यायाधीश का कार्य करते थे। ऐसे न्यायालयों को कमीश्नर के अधीन रखा गया। इनके ऊपर रजिस्ट्रार (Registrar) की अदालतें थीं। जिन्हें 200 रूपये तक के मामलों को सुनने का अधिकार था।

जिला दीवानी न्यायालय (District Civil Courts): प्रत्येक जिला मुख्यालय पर जिला जज (सैशन जज) नियुक्त किया गया। केवल अंगरेज ही जिला जज नियुक्त किये जाते थे जिनकी सहायता स्थानीय परामर्शदाता (हिन्दु–मुस्लिम) करते थे। मुन्सिफ न्यायालय के निर्णय के विरूद्ध अपील (appeal) सुनने तथा फौजदारी एवं दीवानी और लगान सम्बन्धी मामलों के निष्पादन का अधिकार था। किन्तु इन न्यायालयों को यूरोपियन लोगों के दीवानी मामलों की सुनवाई का अधिकार नहीं था।

प्रान्तीय दीवानी न्यायालय (Provincial Civil Courts): जिला अदालतों के निर्णयों के विरूद्ध लोगों का कलकत्ता अपील हेतु पहुंचना कठिन था। (सदर दीवानी अदालत में) विशेष रूप से दूरस्थ प्रान्तों के अपीलांट्स के लिए फलतः चार प्रान्तीय न्यायालय स्थापित किये गये। कलकत्ता, ढाका, पटना एवं मुर्शिदाबाद में निचली अदालतों की अपील की जा सकती थी। प्रत्येक न्यायालय में तीन अंगरेजी न्यायाधीश एवं उनके परामर्श हेतु (काजी एवं पण्डित) जूरी (Jury) रखी गई। सामान्य विवादों की सुनवाई इन न्यायालयों द्वारा नहीं की जाती थी। इन न्यायालयों को वर्ष में दो बार स्थानीय अपराधों की सुनवाई हेतु दौरा करना होता था। इन्हें सर्किट (भ्रमण अदालत) न्यायालय भी कहा जाता था। उसी दौर में न्यायाधीशों के ठहरने एवं न्यायिक मामलों की सुनवाई हेतु सर्किट हाउसेज का प्रावधान किया गया। प्रत्येक न्यायाधीश का क्षेत्र पहले से निर्धारित होता था। न्यायालयों को एक हजार रूपये तक के विवादों के अन्तिम निर्णय का अधिकार था। जिन मामलों को छोटी अदालतों में ले जाना अपेक्षित न हो, ऐसे विवाद मूलरूप में लिए जाते थे।

सदर दीवानी अदालत (Sadar Diwani Adalat): जिला एवं प्रान्तीय अदालतों से अपीलें सदर दीवानी अदालत में सुनवाई हेतु आती थीं। इसे भारत में स्थित अपील की सर्वोच्च अदालत कहा जा सकता है। इसका अध्यक्ष गवर्नर जनरल एवं कौंसिल के अन्य सदस्य होते थे। एक काजी, दो मुफ्ती एवं दो पण्डितों को परामर्श हेतु (जूरी) नियुक्त किया गया। इस न्यायालय के निर्णय के विरूद्ध इंग्लैण्ड की प्रिवी कौंसिल (Privy Council) में पांच हजार पौण्ड से अधिक के मामलों की अपील की जा सकती थी।

फौजदारी न्यायालय: आधुनिक व्यवस्था के अन्तर्गत फौजदारी न्यायालयों में अब तक मुस्लिम विधि का प्रयोग किया जाता रहा था। फौजदारी न्यायालय नवाब के अधीन ही चल रहे थे एवं मुर्शिदाबाद स्थित सदर निजामत अदालत का अध्यक्ष मुहम्मद रजा खाँ था। निचली फौजदारी अदालतों में भी भारतीय न्यायाधीश ही निर्णय करते थे। सर विलियम जोन्स ने इस व्यवस्था का अध्ययन किया। वस्तुतः कार्नवालिस फौजदारी (निजामत) अदालतों के अधिकार भी अंगरेजों को प्रदान करना चाहता था और अनेक बातों के आधार पर ऐसा करना उसके लिए सरल हो गया। मुस्लिम कानूनों के अन्तर्गत (हनीफ विचारधारा) के तहत किसी अन्य धर्म के अनुयायी की गवाह पर मुसलमान को सजा नहीं मिल सकती थी। यह व्यवस्था अन्यायपूर्ण ही नहीं बल्कि अन्य लोगों के लिए आपत्तिजनक भी थी। इसके अतिरिक्त अदालत हत्या के अपराधी को मृतक के सम्बन्धियों द्वारा उसे माफ कर दिये जाने पर दण्डित नहीं कर सकती थी। दूसरे फौजदारी न्यायालयों में हिन्दुस्तानी ही निर्णय करते थे और ऐसी अदालतों की बेईमानी की शिकायतें मिलती रहती थी, कार्नवालिस के लिए अस्थाई रूप से रखे गये भारतीय न्यायाधीशों को हटाने का बहाना मिल गया। उसे भारतीयों पर विश्वास नहीं था। अतः उसने समस्त बड़े पदों से देशी न्यायाधीशों को हटाने का निश्चय किया। 2 अगस्त 1789 ई. में उसने निदेशकों को लिखा था कि "मेरी मान्यता है कि सुधार के सभी नियम तब तक व्यर्थ हैं जब तक कि उनका पालन करवाना स्थानीय हाथों में है।[13] एक और अन्य पत्र में लिखा कि इतने महत्वपूर्ण विभाग का नियंत्रण छोड़ देना उचित नहीं है।" अतः उसने निजामत अदालत को कलकत्ता स्थानान्तरित किया तथा मुहम्मद रजा खाँ को सेवा मुक्त कर दिया। गवर्नर जनरल एवं उसकी कौंसिल के सदस्यों को ही सदर निजामत अदालत के जज के रूप में मान्यता दी गई। फौजदारी (निजामत) मामलों में सबसे छोटी मुन्सिफ की अदालत थी जिनकी अपीलें सैशन जज सुनता था अर्थात् सैशन जज समानरूप से दीवानी एवं फौजदारी मामलों की सुनवाई करते थे। प्रान्तीय स्तर पर सर्किट अदालतें कलकत्ता, ढ़ाका, पटना एवं मुर्शिदाबाद में दीवानी एवं फौजदारी मुकदमों की अपीलों की सुनवाई करती थी।

कार्नवालिस कोड (Cornwallis Code): न्यायिक नियमों की जानकारी देने के लिए कार्नवालिस ने नियमों का संग्रह तैयार करवाया जिसे कार्नवालिस कोड कहा गया। 1790–93 ई. के मध्य नियमों का संग्रह तैयार करवाने में बारलों एवं सर विलियम जोन्स ने सहयोग किया। उसके कानूनों के संग्रह को वर्षों तक यथावत प्रयोग में लिया जाता रहा।

- नवीन प्रावधानों में धर्म के आधार पर गवाही देने से किसी व्यक्ति को वंचित नहीं किया जा सकता था।
- इस व्यवस्था में किसी वर्ग, जाति एवं समुदाय का विचार किये बगैर सबके लिए समान रूप से न्याय की व्यवस्था थी। कठोर दण्ड (सूली पर चढ़ाना एवं अंग–भंग) समाप्त करते हुए कठोर कारावास की व्यवस्था की गई। कम्पनी के अधिकारियों पर भी मुकदमा चलाया जा सकता था। किन्तु ऐसे मामलों की सरकार से प्रत्यक्ष या अप्रत्यक्ष रूप से आर्थिक लाभ प्राप्त न करने वाले अंगरेज जज ही जांच कर सकते थे।

  अधिवक्ता वर्ग के व्यवसाय का इस काल में तेजी से विकास हुआ तथा सदर दीवानी अदालत से लाइसेंस (सनद) देने का प्रावधान किया।
- सेटनकार ने उल्लेख किया हैः दीवानी, फौजदारी न्याय एवं लगान और पुलिस सम्बन्धी नियम निश्चित किये गये। न्यायपालिका एवं कार्यपालिका को पृथक किये जाने से दोनों विभागों का कार्य सरल हो गया। कलक्टरों के अधिकार को और भी कम करने तथा उनके अत्याचार से भारतीयों को बचाने के उद्देश्य से कलक्टर एवं सरकार के सभी अफसर "अपने सरकारी कामों के लिए अदालतों के प्रति जिम्मेदारी बना दिये गये।"
- यहाँ तक कि यदि सरकार का भी जायदाद को लेकर अपने प्रजाजनों से विवाद होने पर, अपने अधिकारों के लिए मामला इन अदालतों के समक्ष रखा जा सकता था। अदालतों को सरकार के विरूद्ध मामलों में वर्तमान कानूनों एवं नियमों के अन्तर्गत जांच कर वादी को राहत दिलवाये जाने के अधिकार थे।
- दूसरा सिद्धान्त जिस पर कार्नवालिस चला, यह था कि शासन की बातों में भारतीयों से वास्तविक सत्ता या उत्तरदायित्व हटा लिया जाना। फौजदारी न्याय के शासन में जिस पर पहले उनका सर्वोच्च एवं करीब–करीब पूर्ण नियंत्रण था उसने उन्हें पहले ही वास्तविक शक्ति से विरहित (शून्य) कर डाला था। अब उसने जमींदारों को उनके अपने कार्यक्षेत्र में शान्ति–रक्षा की शक्ति और उत्तरदायित्व से वंचित कर दिया। वे अपनी आरक्षी सैनिकों को तितर–बितर करने को लाचार कर दिये गये। उनके कर्तव्य हर जिल में कुछ दरोगों को सौंपे गये।[14] इस तरह इन सुधारों में सबसे घातक सिद्धान्त भारतीयों के प्रति अविश्वास की भावना थी। यह भावना

इतनी बार अंगरेज प्रशासकों द्वारा दोहराई गई कि कुछ पीढ़ियों पश्चात् भारतीयों में स्वयं एक हीनता की भावना पैदा हो गई।[15]

उल्लेखनीय है कि स्थाई बन्दोबस्त के कारण जमींदार वर्ग एवं किसानों के मध्य झगड़े बढ़ने लगे। 1812 ई. में बंगाल के निर्णयाधीन मामलों की संख्या 163000 थी। न्याय की प्रणाली इतनी जटिल थी कि मुकदमों का शीघ्र निष्पादन संभव नहीं था।[16] एक मुकदमे में एक व्यक्ति की आयु भी व्यतीत हो सकती थी। भूमि को उत्तराधिकारियों में बंटवारे की वस्तु बनाकर मुकदमेबाजी को अत्यधिक प्रोत्साहन दिया गया और अंगरेजी विधि प्रणाली के आधार पर निर्णय की अनिश्चितता से हर उस व्यक्ति को मुकदमा लड़ने का आकर्षण था जो उसमें आवश्यक धन से जुए का पासा फेंक सके।[17] उसकी व्यवस्था की महान त्रुटि यह थी कि वह न्याय को न्यायाधीश तक ही सीमित रखना चाहता था। एक ऐसे देश में जहाँ अभी कानून अस्पष्ट और अनजान स्थिति में था। हिन्दुस्तानियों के लिए उसकी नई शासन व्यवस्था और अदालतों में बना न्याय लाभप्रद सिद्ध नहीं हुआ।[18]

इस तरह विशाल विधिक व्यवसाय का विकास हुआ। किन्तु यह आश्चर्यजनक नहीं कि विधिक प्रक्रिया में सामान्य अभ्यार्थी भौंचक्का हो जाता था।[19] साधारण लोगों के लिए नये कानूनों को समझ पाना कठिन था। झूठे साक्ष्य बनाये जाने लगे। मद्रास प्रेसीडेंसी में टामस मुनरो (गवर्नर मद्रास 1820–27) ने कार्नवालिस प्रणाली को प्रारम्भ में यथावत लागू नहीं किया। ग्रामीण पंचायतों के पास छोटे दीवानी एवं फौजदारी मामलों के निर्णय का अधिकार बनाए रखा। प्रान्त को जिलों में विभक्त किया गया तथा प्रत्येक जिला तालुकों में बांट दिया गया। पहले जिला जज को भी मजिस्ट्रेट सम्बन्धी एवं पुलिस सम्बन्धी अधिकार प्राप्त थे। किन्तु ये कृत्य शीघ्र बदलकर कलक्टर को दे दिये गये। धीरे–धीरे कलक्टर का पद अत्यन्त महत्वपूर्ण हो गया।

मजुमदार ने लिखा है कि अदालतों का संरक्षण शीघ्र भ्रान्तिपूर्ण सिद्ध हुआ। क्योंकि कानूनी मुकदमे इतनी तेजी से बढ़े कि अदालतें उनका सामना करने में असमर्थ हो गई। लोक प्रसिद्ध कानून का विलम्ब इस बारे में इतना गंभीर सिद्ध हुआ कि न्याय व्यवहारतः अलभ्य हो गया, क्योंकि साधारणतया मनुष्य के जीवन काल में किसी मुकदमे का फैसला होने की आशा नहीं की जा सकती थी। अन्ततः अपराध बहुत बढ़ गये तथा जीवन और सम्पत्ति की कोई सुरक्षा नहीं रह गई। कानूनी मुकद्दमों में हुई अत्यधिक वृद्धि का सामना करने के लिए जिला जजों की संख्या बढ़ा दी गयी, निचली कचहरियों की संख्या एवं शक्तियों में वृद्धि कर दी गई तथा निश्चित सीमा के भीतर दीवानी मुकद्दमे देखने के लिए भारतीय मुन्सिफों और सदर अमीनों के रूप में नियुक्त हुए। मुन्सिफों को 1793 ई. की अपेक्षा अधिक शक्तियाँ दी गयी। सदर दीवानी अदालत पूर्णतया पुनर्निर्मित हुईं गवर्नर जनरल और कौंसिल के बदले तीन जज इसके लिए रखे गये तथा उनकी संख्या धीरे–धीरे बढ़ाकर पांच कर दी गई। वस्तुतः गवर्नर जनरल वैलेजली (1798–1805) एवं उसकी परिषद् ने सर्वोच्च न्यायालय के रूप में कार्य करना उचित नहीं समझा व सदर दीवानी एवं सदर फौजदारी न्यायालय हेतु स्वतन्त्र रूप से जजों की नियुक्ति की। 1797 ई. में ही अपील की सुविधायें कम कर दी गई थीं एवं 1795 ई. में एक मुकद्दमा दायर करने के समय स्टम्प पेपर (Stamp paper) का प्रयोग आवश्यक बना दिया गया।

लार्ड हैस्टिंग्स (1813–23) के समय बिना अधिक वित्तीय प्रभार बढ़ाये प्रत्येक थाने में एक–एक मुन्सिफ को नियुक्त कर दिया। पूर्व में मात्र 50 रूपये तक के विवादों की सुनवाई मुन्सिफ किया करते थे, लार्ड हैस्टिंग्स ने 150 रूपये तक के मुकद्दमे सुनने का अधिकार दे दिया। 1814 ई. के कानून द्वारा मुन्सिफों के अतिरिक्त जिला अदालत में सदर अमीन नियुक्त किये एवं उन्हें 500 रूपये तक के विवादों को सुनने के लिए अधिकृत कर दिया। इसी प्रकार रजिस्ट्रारों के अधिकारों में भी वृद्धि कर दी गई एवं उन्हें 500 रूपये तक के मामलों में सुनवाई के अधिकार थे। 1815 ई. में सदर दीवानी अदालत का न्यायाधीश बनने हेतु 3 वर्ष का सर्किट अदालत (प्रान्तीय अदालत) का कार्यानुभव आवश्यक कर दिया। मजिस्ट्रेट के अधिकारों में भी वृद्धि की और उन्हें दो वर्ष का कठोर कारावास एवं शारीरिक दण्ड दे सकने के लिए अधिकृत किया। मजिस्ट्रेट एवं कलक्टर का पद एक बना दिया अर्थात् दोनों पद (कलक्टर एवं मजिस्ट्रेट) मिला दिये गये। अपील की सुविधा भी सीमित करते हुए एक बार अपील कर सकने का ही प्रावधान रखा। छोटी अदालत से जिला अदालत में एवं क्रमशः इसी तरह 500 रूपये से अधिक के मामले जिला दीवानी अदालतों में तथा 500 रूपये से अधिक के मुकद्दमे सीधे प्रान्तीय अदालतों में दायर किये जा सकते थे।

बैंटिक कालीन न्यायिक प्रबंध (Judicial Arrangement at the Time of William Bentick, 1828-36): बैंटिक के समय आते–आते न्यायिक प्रणाली में अधिक जड़ता आ गई थी जो एकाधिकारवादी व्यवस्था की विशेषता है। न्याय विभाग अयोग्य एवं सुस्त लोगों को आरामगाह बनता जा रहा था।[20]

बैंटिक ने सर्वप्रथम भारतीयों को सदर अमीन के पद पर नियुक्त करना प्रारम्भ किया। मजुमदार ने लिखा है कि परिवर्तन की महत्वपूर्ण विशेषता यह थी कि भारतीयों पर शासन सम्बन्धी काम का अधिक भार सौंपा जाने लगा। इसके लिए उनमें डिप्टी–मजिस्ट्रेटों और डिप्टी–कलक्टर बहाल किये जाने लगे, दीवानी मुकद्दमे सुनने के लिए प्रिंसिपल सदर अमीन का नया पद बनाया गया। अदालतों में फारसी के स्थान पर अपनी बोलचाल की भाषा में मुकद्दमे दायर करने की सुविधा प्रदान की और इस तरह अदालतों का कार्य अधिक सरल बना दिया।

रेगुलेटिंग एक्ट के तहत कलकत्ता में ही सर्वोच्च न्यायालय का मुख्यालय था, किन्तु अंगरेजी साम्राज्य के विस्तार से पश्चिमी भारत के लोगों के लिए कलकत्ता पहुँचना अत्यन्त खर्चीला तथा समय साध्य था। अतः आगरा में अपील के सर्वोच्च न्यायालय की स्थापना की गई। इसके अतिरिक्त **1 जनवरी 1832 ई. में इलाहाबाद में भी सदर दीवानी एवं सदर निजामत अदालत की स्थापना की गई।** इस न्यायालय का अधिकार क्षेत्र बनारस प्रान्त तथा मेरठ, सहारनपुर, मुजफ्फरनगर और बुन्देलखण्ड के जिलों तक सीमित रखा गया। अतः इन प्रदेशों के निवासियों को अपील हेतु सदर अदालत तक पहुंचना सुगम हो गया।[21] जिला स्तर पर जिला जज का अलग पद सृजित किया गया और सैशन जज के फौजदारी अधिकार सिविल जज को दिये गये। कहा भी हैः इसके फलस्वरूप सैशन जज के कर्त्तव्य बदलकर जिला जज को दे दिये गये तथा नये उपयुक्त पदों का निर्माण करके जिला जज को उनके मजिस्ट्रेट सम्बन्धी कृत्यों से छुट्टी दे दी गयी। इस प्रकार जिले का शासन जज, कलक्टर और मजिस्ट्रेट के द्वारा होने लगा।[22] शारीरिक दण्ड कम करने का प्रयास किया गया। अपराधियों के कोड़े लगाने की प्रथा बंद करवा दी। यह सुधार बेंथम की इस विचारधारा पर आधारित था कि अपराधी को सजा सुधारने के लिए दी जानी चाहिए, बदला लेने के लिए नहीं।[23] कलक्टर को न्याय के अधिकार भी दिये गये। इतिहासकारों की मान्यता है कि उसके द्वारा स्थापित न्याय व्यवस्था किंचित परिवर्तनों के साथ अब तक चल रही हैं।

कार्नवालिस द्वारा स्थापित सर्किट अदालतों का अन्त कर बैंटिक ने न्याय को स्थिरता प्रदान की। स्मिथ ने लिखा है कि बैंटिक ने कार्नवालिस की प्रान्तीय अदालतों को समाप्त कर खर्च बचाया। फारसी के स्थान पर देशी भाषाओं के उपयोग की सुविधा देकर अदालतों का कार्य सरल किया। भारतीय न्यायाधीशों के वेतन व शक्ति बढ़ाकर भारतीय योग्यता को मान्यता प्रदान की और पर्याप्त आर्थिक बचत भी की। न्याय क्षेत्र में सुधार कार्यक्रम को उत्साह से लागू करने में मैकाले ने विशेष रूचि ली। 1833 के चार्टर एक्ट में यह निश्चितरूप से कहा गया था कि विधि प्रणाली के दोष समाप्त किये जाने चाहिए। सुधार लाना इसलिए भी आवश्यक हो गया क्योंकि इस कानून के द्वारा ब्रिटिश नागरिकों को भारत में सम्पत्ति खरीदने और बेचने के पूर्ण अधिकार दे दिये गये थे, जिसकी भारत में कोई कानूनी व्यवस्था नहीं थी। इन समस्याओं का मैकाले के पास एक ही समाधान था विधि का संहिताकरण (Codification of Law)। मैकाले की सबसे अधिक सफलता उसकी नई दण्ड संहिता थी जिसमें सुधार लाकर उसे सरल और उपयोगी बनाया गया। किसी न्यायालय के फैसले के विरूद्ध सदर अदालत के स्थान पर सीधे सर्वोच्च न्यायालय में अपील करने का यूरोपीय लोगों को विशेषाधिकार प्राप्त था। आकलैण्ड (1837–42) ने मैकाले की सलाह पर यूरोपीय लोगों को भी सदर अदालत के क्षेत्राधिकार में ला दिया। भारत में रहने वाले अंगरेजों एवं अन्य यूरोपियन लोगों ने इसका विरोध किया तथा इसे काले कानून की संज्ञा दी।

1853 के चार्टर एक्ट के तहत दूसरे विधि आयोग का गठन किया गया एवं उसकी सिफारिशों के आधार पर 1859 से 1861 ई. के मध्य दण्ड विधि, दण्ड प्रक्रिया आदि पारित की गई। इस तरह सम्पूर्ण भारत में एक विधि प्रणाली प्रचालित किये जाने का मार्ग प्रशस्त हुआ। 1861 के भारतीय उच्च न्यायालय नियम (Indian High Court Act) द्वारा पुराने सुप्रीम कोर्ट एवं सदर अदालतों को समाप्त कर कलकत्ता, मद्रास एवं बम्बई में उच्च न्यायालयों की स्थापना की गई। आगरा में एक और उच्च न्यायालय 1866 में स्थापित किया, जिसे बाद में इलाहाबाद स्थानान्तरित किया गया। तदनन्तर पटना एवं लाहौर में उच्च न्यायालय प्रस्थापित किये गये। अन्त में 1935 के अधिनियम द्वारा संघीय न्यायालय की स्थापना की गई। जिसने आगे जाकर सुप्रीम कोर्ट का स्थान लिया। साम्राज्यवादी सरकार की प्रशासनिक एवं न्यायिक योजनाओं के उद्देश्यों को स्पष्ट करते हुए ताराचन्द लिखते हैः यह अनुभव किया गया कि यदि भारत से अधिक मुनाफा दुहना है, वहाँ निर्यात के लिए अधिकतर परिमाण में कच्चे माल का उत्पादन करना और वहाँ इंग्लैण्ड के बने माल को अधिकाधिक खपाना है, तो यह

जरूरी है कि देश की भौतिक तथा नैतिक उन्नति के लिए कदम उठाये जायें, जमीन का बन्दोबस्त, न्यायालयों की व्यवस्था, शिक्षा आदि को संगठित किया जाये अर्थात् प्रशासन की सुव्यवस्थित पद्धति कायम की जाये।[24]

सारांशः देसाई के शब्दों में, कहा जा सकता है कि देश में लोअर कोर्ट, डिस्ट्रिक्ट कोर्ट, हाईकोर्ट और अन्ततः फेडरल कोर्ट और प्रिवी काउंसिल की व्यवस्था कायम हुई। अंगरेजों द्वारा लाया गया न्यायतंत्र परम्परागत विधि व्यवस्था से अधिक समतावादी था, क्योंकि पुरानी व्यवस्था में जाति–जाति में और सम्प्रदाय–सम्प्रदाय में विभेद था, जिसे धर्म का समर्थन प्राप्त था। धर्म श्रेणीबद्ध जाति व्यवस्था और अन्य विभेदों को पवित्र मानता था।

नई व्यवस्था कानून की दृष्टि में सभी नागरिकों की समानता के गणतान्त्रिक सिद्धान्त पर आधारित थी। किसी की जाति और उसका धर्म चाहे जो हो नए कूनन की दृष्टि में प्रत्येक नागरिक बराबर था और ये कानून राज्य के सारे भू–भाग में लागू थे। इस तरह भारतीय इतिहास में पहली बार, अंगरेजों के शासन काल में यूरोपीयों के लिए पक्षपातपूर्ण विभेद के बावजूद जनतांत्रिक आधार पर भारत का न्यायिक एकीकरण हुआ।[25]

सन्दर्भ

1. *भारत का वृहत् इतिहास*, जि. 3, पृ. 164
2. वही
3. डेविस, वारेन हैस्टिंग्स, पृ. 84, डॉ. एन.वी. परांजपे, *भारत का विधिक एवं संविधानिक इतिहास*, पृ. 68 से उद्धृत
4. ताराचंद, वही, जि. 1, पृ. 282–83
5. *भारत का वृहत् इतिहास*, जि. 3, पृ. 165
6. परांजपे, एन.वी., *भारत का विधिक एवं संविधानिक इतिहास*, पृ. 79
7. मोरलैण्ड, *ए शार्ट हिस्ट्री ऑफ इण्डिया*, पृ. 301
8. *भारत का वृहत् इतिहास*, जि. 3, पृ. 164–65
9. Jain, M.P., *Out Lines of Indian Legal History* (2nd Ed.) p. 193, परांजपे, वही, पृ. 139 से उद्धृत।
10. स्मिथ (*ऑक्सफोर्ड हिस्ट्री ऑफ इण्डिया*, पृ. 628) के अनुसार मैक्फरसन ने बंगाल और बिहार को 37 जिलों में विभक्त किया था।
11. *कैम्ब्रिज हिस्ट्री ऑफ इण्डिया*, जि. 5, पृ. 433
12. ताराचंद, वही, पृ. 304
13. म्यूर रेम्जे, *द मेकिंग ऑफ ब्रिटिश इण्डिया*, पृ. 194–96
14. *भारत का वृहत् इतिहास*, जि. 3, पृ. 167
15. जैन, एम.एस., *आधुनिक भारत का इतिहास*, पृ. 64
16. स्मिथ, *ऑक्सफोर्ड हिस्ट्री*, पृ. 628
17. जैन, वही, पृ. 63
18. डॉडवेल, *कैम्ब्रिज हिस्ट्री ऑफ इण्डिया*, जि. 5, पृ. 455
19. स्मिथ, वही, पृ. 628
20. राबर्ट्स, पी.ई., *ब्रिटिश कालीन भारत का इतिहास*, पृ. 233
21. परांजपे, वही, पृ. 187
22. वही, पृ. 169
23. *आधुनिक भारत का इतिहास*, हिन्दी कार्या. निदेशालय, दिल्ली पृ. 233
24. ताराचंद, वही, खण्ड 2, पृ. 203
25. देसाई, ए.आर., *भारतीय राष्ट्रवाद की सामाजिक पृष्ठभूमि*, पृ. 135

❋❋❋

18

स्वदेशी शिक्षा एवं आधुनिक शिक्षा का विकास

(Indigenous Education and Development of Modern Education)

आधुनिक शिक्षा प्रणाली को अंगरेजी या पश्चिमी शिक्षा के नाम से अभिहित किया जाता है। किन्तु आगे जाकर अंगरेजी के अतिरिक्त आधुनिक विज्ञान, प्रौद्योगिकी, भारतीय समाज, दर्शन एवं विविध भाषाओं के अध्ययन की सुविधा उपलब्ध होने से इसे आधुनिक शिक्षा का नाम दिया गया जो अधिक युक्तिसंगत प्रतीत होता है। कहा भी है: आधुनिक शिक्षा का प्रारम्भ कर अंगरेज वैज्ञानिक और समाजशास्त्रीय ज्ञान के क्षेत्र में भारत को आधुनिक पाश्चात्य उपलब्धियों के सम्पर्क में ले आए।[1] प्राचीन काल में भारत में शिक्षा की समुचित व्यवस्था थी। तक्षशिला, नालन्दा, विक्रमशिला आदि विश्वविद्यालयों में प्रत्येक में 10 हजार से भी अधिक देश–विदेश के विद्यार्थी शिक्षा प्राप्त करते थे। मध्यकालीन, आक्रमणों, शक्ति पर निर्भर प्रशासन तंत्र एवं बदलती व्यवस्था में पूर्व प्रचलित शिक्षा प्रणाली को इस काल के शासकों ने बनाये रखने का प्रयास नहीं किया। देसाई की मान्यता है कि उत्तर भारत में हमलावर आये और भारत पर आधिपत्य स्थापित कर यहां शासकों के रूप में बस गये, वे सब भारत आने से पूर्व ऐसे समाज में रहते आये थे जो आर्थिक विकास की उस स्थिति में नहीं पहुंच पाये थे जहां भारतीय समाज था।[2] मध्यकालीन शासक आर्थिक दृष्टि से कोई बदलाव नहीं ला सके उसी प्रकार शैक्षणिक विकास की दृष्टि से भी कुछ नहीं किया जा सका, बल्कि पूर्व प्रचलित शिक्षा व्यवस्था को भी पूरी तरह बरकरार नहीं रखा जा सका।

1498 में पुर्तगाली वास्कोडिगामा कालीकट नगर पहुँचा था। भारत आने वालों में पुर्तगालियों के अतिरिक्त डच, डेन, फ्रांसीसी आदि प्रमुख जातियां थी। पुर्तगाली पादरी फ्रांसिस जेवियर (1542 ई.) ने यहां अनेक स्कूल खोले। बम्बई (मुम्बई) स्थित बान्द्रा एवं गोवा आदि स्थानों पर कालेज प्रस्थापित किये जिनमें ईसाई धर्म, पुर्तगाली व्याकरण, संगीत, तर्कशास्त्र की शिक्षा दी जाती थी। राबर्ट डे नोबिली नामक पादरी ने भी अनेक शिक्षण संस्थाओं की स्थापना की थी। फ्रांसीसियों ने चन्द्रनगर, माही, यनाम, कारोकल एवं पाण्डिचेरी में अपनी कोठियों के निकट अनेक स्कूल खोले। कलकत्ता के समीप सेरामपुर (श्रीरामपुर) तथा तंजौर के निकट डेनमार्क वासियों ने मिशनरी स्कूल प्रस्थापित किये जिनमें दो जर्मनः प्लासों एवं जिजेनबल (Pluatachll and Ziegenbalg) ने शिक्षण कार्य किया। डॉ. कैरे, वार्ड एवं मार्शमैन ने सेरामपुर को शिक्षा का महत्वपूर्ण केन्द्र बना दिया।

ईस्ट इण्डिया कम्पनी में कार्यरत चार्ल्स ग्राण्ड, डेनिड हेगर, एलेक्जेंडर डफ, टामस मुनरो आदि ने भारतीय दर्शन एवं साहित्य के बारे में जानकारी प्राप्त करने का प्रयास किया। विलियम जोन्स ने मनुस्मृति एवं विल्कन्स ने भगवद्‌गीता का अनुवाद किया। मैक्समूलर ने वेदों का अंगरेजी अनुवाद प्रकाशित करवाया।

स्वदेशी शिक्षा एवं उसका क्षय (Indigenous Education and Its Dislocation): प्राक् ब्रिटिश काल में गांवों एवं शहरों में विद्यालय थे जिनमें लिखना–पढ़ना एवं सवाल करना सिखाया जाता था। मद्रास के गवर्नर टॉमस मुनरो ने स्थानीय शिक्षा पद्धति का अध्ययन करवाया। प्राप्त विवरण के अनुसार मद्रास (चेन्नई) प्रेसीडेंसी के अधीनस्थ क्षेत्रों में 12,498 विद्यालय और महाविद्यालय थे। आबादी के आधार पर प्रति 1000 लोगों में एक विद्यालय था परन्तु लड़कियों को स्कूल नहीं भेजा जाता था। मोटे अनुमान के अनुसार प्रत्येक 500 लोगों के लिए एक विद्यालय था। पांच से दस वर्ष के बीच की आयु में बच्चों को स्कूल भेजा जाता था। विद्यालयों में समान पाठ्यक्रम का अभाव था। सामान्यतः तमिल, तेलुगू, कन्नड़, मराठी, संस्कृत, सरकारी नौकरी के इच्छुक मुसलमानों को अरबी, फारसी आदि भाषाओं का ज्ञान करवाया जाता था। इसके अतिरिक्त व्याकरण, क्लासिकल साहित्य, तर्कशास्त्र, दर्शन, कानून एवं धर्मग्रन्थों की शिक्षा दी जाती थी।

बम्बई प्रान्त में माउंट स्टुअर्ट एलफिंस्टन ने 1823–25 ई. के मध्य देशी शिक्षा के बारे में जांच करवाई। अधिकांश विद्यालय निजी भवनों, सार्वजनिक स्थलों एवं मन्दिरों में चलते थे। सामान्यतः ब्राह्मण एवं मौलवी अध्यापन का कार्य करते थे जिन्हें 3 से 5 रूपये मासिक वेतन के रूप में मिलते थे। स्वच्छकारों (हरिजनों) को छोड़कर शिक्षा सबके लिए सुलभ थी।

तथापि प्रत्येक विद्यालय में औसतन छात्र संख्या 15 कही गई है। कुछ उच्च शिक्षा केन्द्रों की भी जानकारी मिलती है। पूणे में 164 एवं अहमदनगर में 16 विद्यालय थे। 1829 में न्यायिक अधिकारियों द्वारा करवाये गये अध्ययन से ज्ञात हुआ कि बम्बई में 46,81,735 जनसंख्या के लिए 1705 विद्यालय थे जिनमें 35,153 विद्यार्थी अध्ययनरत थे।[3] विलियम ऐडम नामक पादरी ने बंगाल में 1835–38 ई. में स्थानीय शिक्षण व्यवस्था के बारे में जानकारी प्राप्त की जिसके आधार पर बासु ने बंगाल बिहार के 1.50 लाख गांवों के लिए प्रारम्भिक विद्यालयों की संख्या लगभग एक लाख मानी थी।[4] किन्तु यह संख्या अतिशयोक्तिपूर्ण प्रतीत होती है। ऐडम की द्वितीय रिपोर्ट से ज्ञात होता है कि बंगाल में 2567 स्कूलों में 30915 विद्यार्थी अध्ययन करते थे। लड़कियों की संख्या मात्र 214 बताई गई। उत्तरी पश्चिमी प्रान्तों में 'हल्के' या 'तहसीली' स्कूलों की जानकारी मिलती है।

अन्य प्रदेशों की भांति राजस्थान में हिन्दू विद्यार्थी चटशाला या पोसाल में अध्ययन करते थे जबकि मुस्लिम छात्र मकतब (प्रा. विद्यालय) एवं मदरसे (उच्च शिक्षा केन्द्र) में शिक्षा पाते थे। प्रारम्भिक शिक्षा के विद्यालयों की संख्या बहुत बड़ी थी और वे सम्पूर्ण देश में फैले हुए थे। वे किसी वर्ग विशेष के लिए न होकर जनसाधारण की शिक्षा–सम्बन्धी आवश्यकताओं की पूर्ति कर रहे थे। उच्च शिक्षा के विद्यालय भी विद्यमान थे। आवश्यक सुधार तथा विस्तार करके प्रचलित व्यवस्था को राष्ट्रीय पद्धति के रूप में विकसित किया जा सकता था। सुलभ व सस्ती होने के कारण वह जनसाधारण की आवश्यकताओं की पूर्ति कर रही थी और राष्ट्रीय शिक्षा प्रणाली के रूप में प्रचलित रही। परन्तु ब्रिटिश शासन ने अपने स्वार्थ, धनलोलुपता एवं व्यापारिक एकाधिकार और स्वामित्व को चिरस्थायी रखने को प्राथमिकता दी और देशी शिक्षा को नष्ट कर दिया। प्राक् ब्रिटिश भारत की शिक्षा पद्धति के विषय में कहा गया है कि–ब्राह्मण विद्यालय और चतुष्पाठी जैसे शिक्षालयों में पढ़ा करते थे।.... जनसाधारण के लिए हर गांव और शहर में स्थानीय सकूल थे जहां खास तौर पर लिखना–पढ़ना और जोड़–घटाना सिखाया जाता था। विद्यालयों में लडकों को धार्मिक शिक्षा भी दी जाती थी। खासकर बनिया–महाजन के लड़के इन स्कूलों में पढते थे। निम्न जातियों, किसानों एवं महिलाओं के लिए शायद ही कोई शिक्षा व्यवस्था थी। इस तरह प्राक् ब्रिटिश भारत में शिक्षा का क्षेत्र बहुत ही संकुचित था और ब्राह्मणों का एकाधिकार था। आगे लिखा है कि (हिन्दू और मुस्लिम) शिक्षा व्यवस्थाओं में काफी मेल था। दोनों व्यवस्थाओं में ऐसी भाषाएं शिक्षा का माध्यम थी जो जनसाधारण के लिए पराई थी। दोनों को अपनी धर्मोन्मुख प्रकृति से बल मिलता था और अपरिवर्तनीय प्रभुत्व पर आधारित होने के कारण ये शिक्षा पद्धतियां स्वतंत्र अन्वेषण की भावना के प्रतिकूल थी।[5]

दूसरे, भारतीय शिक्षा केन्द्रों की सबसे बड़ी कमी विश्व के बारे में जानकारी का अभाव था। स्थानीय शिक्षकों को न यूरोप के पुनर्जागरण या रिनैशां का ज्ञान था और न विज्ञान, इतिहास, भूगोल तथा गणित के गहन अध्ययन की व्यवस्था थी।

तीसरे, विद्यालयों में शिक्षा के साधनों का अभाव था फर्श पर बिछी रेत पर उंगली से अक्षर बनाना सिखाया जाता था बाद में ताड़ के पत्ते, केले के पत्ते और आखिर में कागज पर कलम व काली स्याही से लिखे जाने की व्यवस्था थी। कहा जा सकता है कि परम्परागत शिक्षा पद्धति को आवश्यक बदलाव के साथ जीवित किया जा सकता था। किन्तु अठारहवीं शताब्दी के राजनैतिक परिवर्तनों में भारतीय शिक्षा व्यवस्था दम तोड़ने लगी। 1765 से कम्पनी सुचारू रूप से शासन करने लगी थी किन्तु शिक्षा का दायित्व स्वीकार नहीं किया। यद्यपि 21 फरवरी 1784 को वारेन हेस्टिंग्स ने कोर्ट ऑफ डाइरेक्टर्स (Court of Directors) को अवगत करवाया था कि उत्तर से दक्षिण के सभी प्रमुख नगरों में विद्यालय धन, जन, एवं भवन आदि के अभाव से ग्रस्त है। अपने स्तर पर वारेन हैस्टिंग्स ने कलकत्ता मदरसा 1781 में स्थापित करवाया। उसी भावना से प्रेरित होकर विलियम जोन्स ने 1784 में कलकत्ते में एशियाटिक सोसाइटी ऑफ बंगाल कायम की। जोनाथन डंकन ने 1792 में बनारस में एक संस्कृत कॉलेज स्थापित किया।

आंग्ल–प्राच्य विवाद (Orientalist-Anglicist Controversy): ऐडम ने जो 1823 में अस्थायी रूप से गवर्नर जनरल के रूप में कार्यरत था, सार्वजनिक शिक्षा के लिए 10 सदस्यों की एक **सामान्य समिति** (Committee of Public Instruction) नियुक्त की, जिसमें **एच.टी. प्रिंसेप** और **एच.एच. विलसन** थे और उनके हाथों में वार्षिक एक लाख रूपये और पूर्व की जमा रकम सौंप दी। समिति के सामने दो समस्यायें थी। पहले यह तय करना कि शिक्षा का स्वरूप क्या होगा और दूसरे यह कि यह शिक्षा किसको दी जाएगी। समिति में प्रारम्भ में प्राच्य विद्या के समर्थकों का बोलबाला था। **1834 में गवर्नर जनरल की परिषद्** (Executive Council) **के विधि सदस्य** के रूप में **मैकाले** (Macaulay) के आने से परिस्थितियां बदल गई। अंगरेजी प्रभुत्व की स्थापना से पूर्व भी ईसाई मिशनरियां भारत में आधुनिक शिक्षा के प्रसार के लिए कार्य कर रही थीं। नरूला एवं नायक की धारणा है कि उनकी मूल प्रेरणा थीः भारतीय जनता में ईसाई धर्म का प्रचार।.... लेकिन

ऐसा हुआ कि जो लड़के इन संस्थाओं में आए उनमें अधिकांश ने आधुनिक शिक्षा प्राप्त की, बहुत ही कम लोग ईसाई हुए। इन मिशनरी संस्थाओं का लक्ष्य तो धार्मिक था, लेकिन भारतीयों के बीच आधुनिक शिक्षा के प्रचार में उन्होंने बहुत बड़ी भूमिका अदा की।[6] भारत में **पाश्चात्य शिक्षा के सबसे तगड़े समर्थकों में राममोहन राय** और पेशे से घड़ीसाज और **जौहरी डेविड हेयर** थे, जो कलकत्ते में इस कारण बस गये थे कि वह अपना जीवन शिक्षा, समाज सुधार और उदार संस्थाओं में लगाएं। डेविड हेयर एवं मैकाले यह मानते थे कि अंगरेजी शिक्षा ग्रहण करके नवयुवक ईसाई धर्म स्वीकार कर लेंगे। मैकाले ने अपने पिता को लिखा थाः यह मेरा दृढ़ विश्वास है कि यदि हमारी शिक्षा योजनाओं पर कार्य किया गया तो तीस वर्ष पश्चात बंगाल के सम्मानित वर्गों में एक मूर्ति पूजक नहीं बचेगा।[7] उसने यह भी लिखा, **"पूरे भारत की यात्रा की किन्तु मैंने एक भी भिखारी व चोर नहीं देखा। लोग ऊँची नैतिकता व प्रतिभा के धनी है। मुझे नहीं लगता हम इस देश को जीत पायेंगे। जब कि हम यहां कि सांस्कृतिक विरासत की रीड को तोड़ नहीं देते। मैं प्रस्तावित करता हूँ कि यहाँ कि प्राचीन शिक्षा प्रणाली को खत्म करना होगा। उसके स्थान पर अंगरेजी शिक्षा ही अच्छी व महान है स्थापित नहीं कर देते। इससे वे अपना स्वसम्मान खो देंगे, और जैसा चाहते हैं वैसे ही हम इस देश में अपना प्रभाव स्थापित कर पायेंगे।"** मैकाले के तर्क प्रभावी साबित हुए और अंगरेजी शिक्षा हेतु समिति के सदस्यों ने स्वीकृति प्रदान कर दी।

दूसरे, कम्पनी के अधीन सरलता से नौकरी मिलने की संभावना के कारण भी अंगरेजी शिक्षा के प्रति बड़ी संख्या में नवयुवक आकृष्ट हुए। विलियम बैन्टिक ने प्रशासनिक व्यय कम करने की दृष्टि से कुछ निम्न पदों पर भारतीयों को नियुक्त करना प्रारम्भ किया था। लार्ड हार्डिंग्ज के समय (1844 ई.) में निर्णय लिया गया कि अंगरेजी माध्यम से नवीन शिक्षा प्राप्त व्यक्तियों को ही सरकारी नौकरी प्रदान की जायेगी। इस नीति से अंगरेजी शिक्षा के पक्ष में जनमत और अधिक बढ़ा। देसाई की मान्यता है कि यह महज संयोग की बात नहीं कि उन्नीसवीं सदी के मध्य में, खास कर लार्ड डलहौजी के शासन काल में भारत में आधुनिक शिक्षा बड़े पैमाने पर आरम्भ हुई। तब तक भारत का बहुत बड़ा भाग अंगरेजी शासन के अधीन हो चुका था। ब्रिटिश सरकार ने विजित भू–भाग के लिए व्यापक प्रशासन तंत्र की स्थापना की। इस वृहद राजनीतिक प्रशासकीय यंत्र के संचालन के लिए शिक्षित व्यक्तियों की बड़ी संख्या में जरूरत थी। इतने सारे शिक्षित लोग सीधे ब्रिटेन से तो आ नहीं सकते थे। नए प्रशासन के लिए सुयोग्य व्यक्तियों को प्रशिक्षित करने के लिए भारत में स्कूल और कॉलेज खोलने आवश्यक हो गये। महत्वपूर्ण ओहदों पर अंगरेजों की और अधीनस्थ पदों पर शिक्षित भारतीयों की बहाली हुई।[8] भारत में भी कुछ उद्योगों का प्रारम्भ विचाराधीन था। भारत के साथ व्यापार और विकसित हो रहे नए उद्योगों के सफलतापूर्वक संचालन हेतु टेक्नीशियनों, एजेंटों, मैनेजरों, किरानियों की आवश्यकता थी जो अंगरेजी भाषा जानते हों। इस प्रकार नवीन उद्योगों में नौकरी, विविध व्यवसायों, कम्पनियों में कार्य मिलने के अवसरों के कारण आधुनिक शिक्षा को प्रोत्साहन मिला।

तीसरे, अंगरेजी प्रभुसत्ता स्वीकार कर लेने से देशी राज्यों की शक्ति क्षीण हो गई थी। उनके द्वारा दी जाने वाली परम्परागत शिक्षण संस्थाओं की सहायता समाप्त हो गई। किन्तु स्थानीय नरेशों ने अंगरेज सरकार को प्रसन्न रखने के लिए नवीन संस्थाओं को अधिक प्रोत्साहन दिया। अंगरेजी शिक्षा से लोगों में वकील, डॉक्टर, शिक्षक आदि बन जाने का आकर्षण था। प्राप्त सूचनानुसार स्कूल बुक सोसाइटी द्वारा प्रकाशित 31,000 अंगरेजी किताबें दो साल के अन्दर बिक चुकी थीं, पर जहाँ तक अरबी और संस्कृत पुस्तकों का सम्बन्ध है इतनी भी पुस्तकें तीन साल में नहीं बिकीं कि उन्हें रखने का दो महीने का किराया ही वसूल हो, छपाई का खर्च वसूल होने की तो बात ही अलग रही। इसी प्रकार अंगरेज अफसरों को यहां की भाषा सीखने का मार्ग दिखाई पड़ा।

चौथे, अनेक भारतीय नेता भी अंगरेजी शिक्षा के समर्थक थे। 1823 ई. में बंगाल में सार्वजनिक शिक्षा समिति का गठन हुआ और कलकत्ते में संस्कृत कॉलेज की स्थापना के प्रयास किये गये। इसका तीव्र प्रतिवाद राजा राममोहन राय ने गवर्नर जनरल एमहर्स्ट के पास एक आवेदन पत्र भेजकर किया। अपने पत्र में उन्होंने उल्लेख किया कि यह ऐतिहासिक कागज प्रशंसनीय रूप से उस समय के अग्रगामी और प्रगतिशील मस्तिष्कों के विचारों को संक्षेप में रखता है। प्रस्तावित संस्कृत कॉलेज का जिक्र करते हुए राजा कहते हैंः विद्यार्थी यहां उसे प्राप्त करेंगे जो दो हजार वर्ष पहले ज्ञात था इसमें व्यर्थ और खाली सूक्ष्मताओं की वृद्धि हुई।.... किन्तु सरकार का लक्ष्य देशी जनता की उन्नति है। फलस्वरूप यह अधिक उदार और बौद्धिक शिक्षा प्रणाली चालू करेगी। इसमें गणित, प्राकृतिक दर्शन, रसायन शास्त्र, शरीर शास्त्र (Anatomy) और अन्य उपयोगी विज्ञान सम्मिलित रहेंगे। यह काम प्रस्तावित रकम से यूरोप में शिक्षित कुछ प्रतिभाशाली और विद्वान

महानुभावों को नियुक्त कर तथा आवश्यक पुस्तकों, यंत्रों एवं अन्य साज सामानों से सुसज्जित एक कॉलेज प्रस्तुत कर पूरा हो सकता है।[9] राजा राममोहन राय इस समिति से इस कारण अलग रहे कि हिन्दू धर्म तथा समाज सुधार के बारे में उनके प्रगतिशील विचारों के कारण कट्टर लोग उन्हें नापसन्द करते थे।[10] अन्तः डेविड हेयर के प्रयासों से 1817 ई. में कलकत्ता में हिन्दू कॉलेज की स्थापना हुई आगे जाकर 1854 ई. में यह प्रेसीडेंसी महाविद्यालय बना।

पांचवे, इस दिशा में कुछ भारतीयों द्वारा व्यक्तिगत रूप में किये गये प्रयत्न भी कुछ कम महत्वपूर्ण नहीं थे। देसाई ने लिखा है कि बाद में बहुत सारे संगठनों ने जैसे ब्रह्म समाज, रामकृष्ण मिशन, अग्रकार, मगनभाई करमचंद कर्वे, तिलक, गोखले, मालवीय, गाँधी और अन्य लोगों ने औरत–मर्द दोनों के लिए ऐसी शिक्षण संस्थाओं की स्थापना की जिनसे देश में चारों ओर शिक्षा का प्रसार हुआ।.... इस अन्दोलन के प्रमुख उदाहरण थे पण्डित मालवीय द्वारा स्थापित बनारस हिन्दू विश्वविद्यालय और सैयद अहमद खाँ द्वारा स्थापित अलीगढ़ विश्वविद्यालय।[11] इसी तरह कम्पनी का संचालक मण्डल भी जो बेन्थम के शिष्य जेम्स मिल, बिशप हेबर और अलेकजैंडर डफ जैसे ईसाई मिशनरियों और हिन्दू समाज के प्रगतिशील वर्ग के नेता राममोहन राय जैसे लोगों के कहने पर चल रहा था।[12]

छठे, अंगरेजों को यह विश्वास था कि ब्रिटिश संस्कृति संसार में सर्वश्रेष्ठ और सबसे अधिक उदार थी और अगर भारत, दक्षिणी अफ्रीका और फिर सारा संसार सांस्कृतिक तौर पर अंगरेज हो जाये तो सारे संसार के सामाजिक और राजनीतिक एकीकरण का मार्ग प्रशस्त होगा। ब्रिटिश शिक्षा और संस्कृति के प्रसार के लिए अंगरेजों में मिशनरियों जैसा जोश था। मैकाले ब्रिटिश राजनीतिज्ञों के इसी गुट में था जिसका नेता सेसिल रोड्स था। दूसरे शब्दों में, अंगरेजों को ब्रिटिश संस्कृति की श्रेष्ठता में अटूट विश्वास था। अतः ब्रिटिश शिक्षा और संस्कृति का प्रसार करना अंगरेज अपना प्रमुख कर्तव्य समझते थे।

भारत में पाश्चात्य शिक्षा की स्थापना (The Introduction of Western Education in India): मैकाले की दृष्टि में देशी भाषाओं में साहित्यिक तथा वैज्ञानिक शिक्षा देने की क्षमता नहीं थी। उसने संस्कृत तथा अरबी भाषा को शिक्षा का माध्यम बनाने का तीव्र विरोध किया। उसके विचार में **यूरोप के एक अच्छे पुस्तकालय की अलमारी का एक खाना भारत और अरब के सम्पूर्ण देशी साहित्य के बराबर था।**[13] उसने भारतीय आयुर्विज्ञान, ज्योतिष शास्त्र, इतिहास और भूगोल पर करारा प्रहार करते हुए लिखाः **आयुर्विज्ञान के सिद्धान्त जो एक अंगरेज नालबंध का अपमान करेंगे, ज्योतिश शास्त्र जो एक अंगरेजी बोर्डिंग स्कूल में पढ़ने वाली लड़कियों में हंसी पैदा करेगा, इतिहास जिसमें तीस फीट ऊंचे सम्राट और घी दूध के समुद्रों से बना भूगोल क्या इन सबको हम सरकारी खर्च पर प्रोत्साहन देंगे।**[14] मैकाले का उद्देश्य भारत में एक ऐसे वर्ग का निर्माण करना था जो रक्त एवं रंग से भारतीय हो, किन्तु विचारों से अंगरेज हो।[15] मैकाले 1834 ई. में गवर्नर जनरल की कौंसिल में विधि कार्यकारी सदस्य बना, उसी समय बैंटिक ने अंगरेजी शिक्षा के पक्ष में नीति निर्धारित करने का निश्चय किया। मैकाले स्वयं बैंथम के उपयोगितावाद तथा ईसाई मिशनरियों से प्रभावित था। वह अंगरेजी शिक्षा का उग्र समर्थक था और यह समझता था कि समस्त ज्ञान पश्चिमी दर्शन तथा साहित्य से भरा हुआ है। कुछ अंगरेजी अधिकारियों ने मैकाले की नीति का समर्थन नहीं किया। वाद–विवाद इतना बढ़ा कि मैकाले ने त्यागपत्र की धमकी दी। बैंटिक ने मैकाले का समर्थन किया और 7 मार्च 1835 ई. के प्रस्ताव में उसने घोषणा कीः **"अंगरेजी सरकार का महान उद्देश्य भारत के निवासियों में यूरोपीय साहित्य तथा विज्ञान को प्रोत्साहन देना होना चाहिए। इसलिए शिक्षा के लिए उपलब्ध समस्त धन राशि का उत्तम उपयोग अंगरेजी शिक्षा मात्र पर खर्च करना होगा।"**[16]

प्रारम्भ में अधिकतर मध्यवर्गीय हिन्दुओं ने अंगरेजी शिक्षा से लाभ उठाया। उच्चवर्गीय हिन्दू और मुस्लिम जनता साधारणतः इससे अलग रही। किन्तु कुछ लोगों तक सीमित रहने पर भी अंगरेजी शिक्षा का विस्मयकारी प्रभाव हुआ। इसने भारतीयों को अपने देश के शासन में भाग लेने के योग्य बनाया। यही नहीं इसने उन उदार विचारों से प्रेरित किया, जो इंग्लैण्ड पर छा रहे थे तथा जिनके कारण कैथोलिक मुक्ति कानून (1829 ई.), सुधार बिल (1832 ई.), दासता दूरीकरण (1833 ई.) और नवीन दरिद्र पोषक कानून (1829 ई.) जैसे अत्यन्त महत्वपूर्ण काम हुए। 1857 से पूर्व के समय को शिक्षा के क्षेत्र में उपयोग का काल कहा जा सकता है। यह काल विवादों से पूर्ण रहा, अतः उपलब्धियों की अपेक्षा प्रयोगों की अधिकता रही। 1813 के चार्टर अधिनियम में शिक्षा सम्बन्धी निर्देश पूरी तरह अस्पष्ट थे। उत्तर पश्चिमी प्रान्त में थामसन ने देशी विद्यालयों के आधार पर सार्वजनिक शिक्षा पद्धति के निर्माण का प्रयत्न किया। दूसरी ओर बम्बई शिक्षा बोर्ड द्वारा देशी विद्यालयों के स्थान पर सरकारी विद्यालयों की स्थापना की जा रही थी। यहां मातृभाषा को शिक्षा का माध्यम बनाये जाने के भी प्रयास चले थे जबकि बंगाल में अंगरेजी को माध्यम बनाया गया। आगरा में नार्मल स्कूल खोला गया एवं 1852 में

सेंट जान्स कॉलेज प्रस्थापित किया गया। 1850 में बरेली में हाईस्कूल तथा 1853 में बनारस कालेज की स्थापना थामसन ने की। अमृतसर एवं लाहौर में 1849 में अंगरेजी शिक्षा के लिए स्कूल खोले गये। 1842 में कलकत्ता हिन्दू कॉलेज में कानून एवं 1844 में इंजीनियरिंग की शिक्षा शुरू की गई। मद्रास (चेन्नई) में मिशनरी शिक्षा के उल्लेखनीय प्रयास हुए। 1841 में मद्रास शहर में हाई स्कूल शुरू किया गया और 1852 में कॉलेज की स्थापना की।

शिक्षा पर सर चार्ल्स वुड की उद्घोषणा (Sir Charles Wood's Despatch on Education, 1854): इंग्लैण्ड की ससंद की ओर से प्रति 20 वर्ष पश्चात् कम्पनी के कार्यों के मूल्यांकन द्वारा नया आज्ञा पत्र दिया जाता था। पार्लियामेन्ट ने उपरोक्त तथ्यों को दृष्टिगत रखते हुए 1853 ई. में भारतीय शिक्षा प्रबंधों की जांच करने के लिए कमेटी नियुक्त की। कमेटी की रिपोर्ट पर 1854 ई. में प्रसिद्ध शिक्षा व्यवस्था का घोषणा पत्र जारी किया। उस समय अर्ल ऑफ एबरडीन (1852–55) की सरकार में बोर्ड ऑफ कन्ट्रोल का अध्यक्ष सर चार्ल्स वुड (Sir Charles Wood's) था। ईसाई मिशनरियों की भारत में अंगरेजी शिक्षा तथा धर्म प्रचार के लिए धन की मांग को ध्यान में रखते हुए शिक्षा के क्षेत्र में निम्नलिखित प्रावधान किए गए:

- इस घोषणा पत्र में भारत में शिक्षा प्रसार का दायित्व स्वीकार किया तथा घोषणा की गई कि भारतीयों का नैतिक, बौद्धिक तथा आर्थिक स्तर ऊंचा करने के लिए उपयोगी ज्ञान के प्रसार की अत्यन्त आवश्यकता है। अतः जहाँ अंगरेजी साहित्य तथा विज्ञान की शिक्षा अनिवार्य है वहां संस्कृत एवं अरबी के ज्ञान का भी अपना महत्व है। उच्च विद्यालयों में अंगरेजी के साथ अन्य भाषाओं के अध्ययन की व्यवस्था होगी।
- शिक्षा के सुचारू रूप से संचालित करने हेतु पांच प्रान्तों में पृथक् शिक्षा विभाग की स्थापना का सुझाव दिया। तद्नुसार विभिन्न प्रान्तों में सर्वोच्च अधिकार प्राप्त लोक शिक्षा निदेशकों (Director of Public Instruction) की नियुक्ति की। उसके सहयोग हेतु अनेक शिक्षा निरीक्षक नियुक्त किये गये।
- भारतीयों की उच्च शिक्षा के लिए लन्दन विश्वविद्यालय के नमूने पर तीन प्रेसीडेंसियों के मुख्य नगरों में विश्वविद्यालयों की स्थापना की जाये। इन विश्वविद्यालयों की स्थापना 1858 ई. में (कलकत्ता, बम्बई तदनन्तर मद्रास में) की। लन्दन विश्वविद्यालय मुख्यतः परीक्षाएँ संचालित करता था। ये विश्वविद्यालय ऑक्सफोर्ड और कैम्ब्रिज के आधार पर स्थापित नहीं किये गये। डलहौजी ने इन विश्वविद्यालयों में प्रोफेसरों की नियुक्ति का विरोध किया था। विश्वविद्यालयों के संविधान में कुलपति, उपकुलपति, एक सेनेट (Senate) और उसके अधिसदस्य (Fellows) सरकार द्वारा मनोनीत किये जाने का प्रावधान किया।
- यह सुझाव दिया गया कि विश्वविद्यालयों तथा उससे सम्बद्ध महाविद्यालयों की स्थापना के बाद हाई स्कूलों तथा देशी स्कूलों को भी उनसे जोड़ दिया जाय। इस प्रकार उच्चतम शिखर पर विश्वविद्यालय तथा नीचे के स्तर पर प्राथमिक विद्यालय एवं देशी पाठशालायें होंगी तथा जिला स्तर पर हाई स्कूलों को एंग्लो वर्नेकुलर (Anglo-Vernacular), मिडिल स्कूलों एवं उच्च शिक्षा केन्द्रों को परस्पर सम्बद्ध कर दिया जाये।
- उपरोक्त शिक्षा व्यवस्था का सम्पूर्ण व्यय सरकार वहन नहीं कर सकती थी। फलतः निजी शिक्षण संस्थाओं की स्थापना का स्वागत किया जाये एवं ऐसी संस्थाओं को ग्रांट इन एड (Grant-in-aid) के आधार पर सहायता दी जाये। इस व्यवस्था को बिना भेदभाव के प्रभावी बनाया जाये। परिणामतः ईसाई मिशनरियों के स्कूलों को सरकारी सहायता सरलता से उपलब्ध होगी।
- स्त्री शिक्षा पर ध्यान दिये जाने की सिफारिश की।
- भारत के प्रत्येक प्रान्त में शिक्षक प्रशिक्षण संस्थान (Teachers Training Institutions) की स्थापना की जाये और प्रशिक्षण अवधि में छात्रवृत्ति दी जाये। नए माध्यमिक एवं उच्च माध्यमिक स्कूलों तथा कॉलेजों की स्थापना की जाये।

वुड की घोषणा के अनुसार 1859 ई. में कलकत्ता, बम्बई (मुम्बई) एवं मद्रास (चेन्नई) में विश्वविद्यालय खोले गये तथा प्रत्येक प्रान्त में शिक्षा विभागों (Department of Public Instruction) की स्थापना की। इस तरह भारतीय शिक्षा को वैधानिक स्वरूप प्राप्त हुआ। वुड के घोषणा पत्र को भारतीय शिक्षा का **महान आज्ञा पत्र** (Magna Carta) भी कहा जाता है।[17] विद्वानों की मान्यता है कि शिक्षा के क्षेत्र में इससे नये युग का सूत्रपात हुआ।

1854–85 के मध्य शिक्षा का विस्तार: वुड के घोषणा पत्र में जन सामान्य में शिक्षा के प्रसार पर जोर दिया गया। 1870 ई. के बाद वित्तीय विकेन्द्रीकरण द्वारा शिक्षा का प्रभार प्रान्तों पर डाल दिया और प्रान्तीय सरकारों ने प्राथमिक शिक्षा

के विकास पर अधिक ध्यान नहीं दिया। सरकारी अनुदान भी मात्र माध्यमिक एवं उच्च शिक्षा हेतु ही दिया जाता था। तथापि 1871 से 1882 ई. की अवधि में प्राथमिक शिक्षा में कुछ प्रगति हुई यह इस तथ्य से स्पष्ट होता है कि 1870–71 में 16,473 प्राथमिक स्कूल थे वहाँ 1881–82 में इनकी संख्या 82,916 हो गई। गैर–सरकारी प्रयास (विशेष रूप से भारतीय) इस विकास के लिए मुख्य रूप से उत्तरदायी था। बंगाल, बिहार, उड़ीसा एवं उत्तर पश्चिमी प्रदेशों में खोले गये हाई स्कूलों में शिक्षा का माध्यम अंगरेजी कर दिया था।

जहाँ तक महाविद्यालयों का प्रश्न है इस अवधि में सरकारी एवं निजी स्तर पर देश के विभिन्न भागों में अनेक महाविद्यालय खोले गये। कलकत्ता और मद्रास के प्रेसीडेन्सी कॉलेज, लाहौर का यूनिवर्सिटी कॉलेज, इलाहाबाद का सेन्ट्रल कॉलेज, अजमेर का गर्वमेंट कॉलेज आदि सरकार द्वारा खोले गये प्रमुख महाविद्यालय थे। निजी क्षेत्र में कलकत्ता के विद्यासागर एवं सीटी कॉलेज, आगरा के आगरा एवं सेन्ट जोन्स कॉलेज, अलीगढ़ मोहम्मदन एंग्लो ओरियन्टल कॉलेज, लखनऊ का केनिंग कॉलेज, लाहौर का फौरमेन एवं एचिसन कॉलेज, जयपुर का महाराजाज कॉलेज (1873 ई. स्कूल से कॉलेज स्तर किया गया), अजमेर का मेयो कॉलेज, इन्दौर का डेली कॉलेज, मद्रास क्षेत्र के पच्चैयप्पा, विजगापट्टम और टिन्नेवल्ली आदि प्रमुख थे।

यहाँ बिजापुरकर की विशेष चर्चा आवश्यक है क्योंकि उन्होंने उन्नीसवीं सदी के अन्त में तलेगांव में एक राष्ट्रीय स्कूल खोला जो संभवतः भारतीयों द्वारा किए गए स्वतंत्र शैक्षणिक प्रयोगों में पहला था। ऐसे प्रयोगों के बाद में विद्यापीठों और वर्धा शिक्षा योजनाओं का नाम आता है। यह स्कूल औद्योगिक शिक्षा प्रदान करता था। अब तक भारतीय उद्योग काफी विकसित हो चुके थे। स्कूल के संस्थापक का उद्देश्य था इन उद्योगों के लिए टेक्नीशियन पैदा करना, जिससे विदेशी टेक्नीशियनों पर इन उद्योगों की निर्भरता कम हो जाए। संभवतः इस संस्था का उद्देश्य यह भी था कि बढ़ते हुए आंतकवादी आन्दोलन को टेक्नीशियनों की, ऐसे लोगों की जो आन्दोलन के लिए हथियार बना सकें, जो जरूरत थी उसे पूरा किया जा सके।[18]

तीनों प्रेसीडेन्सी नगरों में प्रस्थापित विश्वविद्यालयों का प्रमुख कार्य परीक्षा लेना तथा डिग्रियां देना था जिसके कारण तकनीकी शिक्षा, अनुसंधान एवं मौलिक चिन्तन का विकास नहीं हो पाया। 1870 के पश्चात् कुछ शिक्षा प्राप्त भारतीय आई.सी.एस. की परीक्षाओं में सफल होने लगे। इसलिए अंगरेज सरकार ने एक ओर जहां परीक्षाओं में बैठने की अधिकतम आयु कम कर दी, दूसरी ओर उच्च शिक्षा की अपेक्षा प्रारम्भिक शिक्षा पर ही अधिक ध्यान देना प्रारम्भ किया। सरकार का प्रारम्भिक शिक्षा के अविकसित होने पर चिंता व्यक्त करना जहां एक ओर यथार्थ की व्याख्या करता था दूसरी ओर सरकार के उच्च शिक्षा पर खर्च किये जाने वाले धन को कम करने के मंतव्य को भी स्पष्ट करता था।[19] शिक्षा के क्षेत्र में सुधार के लिए 1878 में 'द जनरल काउन्सिल आन एजुकेशन इन इण्डिया' (The General Council on Education in India) की स्थापना की गई एवं इसका मुख्यालय लन्दन में रखा गया। 1881 में इस कौंसिल ने लार्ड रिपन के समक्ष आवेदन प्रस्तुत किया।

स्त्री शिक्षा: वुड के घोषणा पत्र में स्त्री शिक्षा को प्रोत्साहन देने की सिफारिश की गई थी। परन्तु इसका दायित्व सरकार स्वयं वहन करे, ऐसा प्रावधान नहीं किया। फलस्वरूप इस अवधि में स्त्री शिक्षा की गति धीमी रही। सरकार की ढिलमिल नीति, परम्परागत-रूढ़िवादी विचारधारा[20], पर्दाप्रथा, बालविवाह, पश्चिमी शिक्षा के प्रति जनता का अविश्वास, गरीबी, एवं स्त्री शिक्षकों की नितान्त कमी आदि ऐसे अनेक तथ्य थे जिनके कारण स्त्री शिक्षा का वांछित विकास नहीं हो पाया। तथापि बम्बई, मद्रास, बंगाल एवं उत्तर पश्चिमी प्रदेशों में स्त्री शिक्षा हेतु अनेक स्कूल खोले गये। 1819 में कलकत्ता में कलकत्ता तरूण स्त्री सभा (Calcutta Female Juvenile Society) की स्थापना की थी, आगे चलकर शिक्षा परिषद् के अध्यक्ष जे.ई.डी. बेटन ने 1849 में एक बालिका विद्यालय स्थापित किया। राजा राममोहन राय एवं ब्रह्म–समाज के कुछ सदस्यों ने विविध पत्रिकाओं के प्रकाशन द्वारा महिलाओं में शिक्षा के प्रसार एवं जागरूकता लाने हेतु प्रयास किये। वामाबोधनी नामक पत्रिका (1863) का उमेशचन्द्र दत्त, अबला–बान्धव का (1869), द्वारकानाथ गुलाठी, 'महिला' का गिरिशचन्द सेन, 'अन्तपुर' का शैशपाद बनर्जी, 'भारती' का द्विजेन्द्रनाथ टैगोर एवं 'सुप्रभात' का कुमुदनी एवं बसन्ती मित्र ने सम्पादन कार्य किया। बंगाल में महिला शिक्षा के विकास में पण्डित ईश्वरचन्द्र विद्यासागर का महान योगदान रहा। पूणे में महाराष्ट्र स्त्री शिक्षा सोसाइटी ने इस दिशा में काफी सराहनीय कार्य किया। जालन्धर (पंजाब) में महाकन्या विद्यालय की स्थापना द्वारा आर्य समाज ने स्त्री शिक्षा हेतु प्रयास किये। बम्बई में पारसी अन्जुमने का महिलाओं की शिक्षा में अग्रणी स्थान था। बम्बई के एलफिंस्टन इन्स्टीट्यूट (Elphinstan Institute) का भी स्त्री शिक्षा के प्रसार में योगदान रहा। इतना होते हुए भी स्त्रियों के लिए विश्वविद्यालयों के द्वार लगभग बन्द थे जिसके लिए लोगों को आन्दोलन भी करने पड़े। 1873 तक भारत में सब प्रकार के मात्र 1640 कन्या विद्यालय थे।[21]

मुसलमानों में शिक्षा: कम्पनी सरकार की स्थापना के साथ ही मुसलमानों में अंगरेजी विरोधी भावना का विकास हुआ। अंगरेजी पढ़ने से उन्हें अपना धर्म नष्ट होने की शंका थी, इस मान्यता को पुष्ट करने में मुल्ला मौलवियों का विशेष योगदान रहा। इस तरह मुसलमान अंगरेजी शिक्षा से सामान्यतः वंचित रहे। किन्तु 1857 के विद्रोह के बाद मुसलमानों ने अपनी स्थिति के बारे में विचार करना शुरू किया, 7 अगस्त 1871 में गवर्नर जनरल लार्ड मेयो के आदेश पर भारत सरकार ने एक प्रस्ताव पारित किया जिसमें मुसलमानों में अंगरेजी शिक्षा के प्रसार पर विचार किया। मुसलमान भी यह गंभीरता से अनुभव करने लगे थे कि अंगरेजी शिक्षा के अभाव में सरकारी नौकरी प्राप्त करने में वे हिन्दू एवं अन्य वर्गों की तुलना में पिछड़ जायेंगे। अंगरेजी शिक्षा की ओर उन्मुख करने वाले सर सैयद अहमद खाँ थे। उन्होंने 1875 में अलीगढ़ में मोहम्मदन ऐंग्लो ओरियन्टल कॉलेज की स्थापना की जो आगे जाकर मुस्लिम विश्वविद्यालय में बदल गया।[22] वे प्रत्येक मुसलमान को अलीगढ़ में ही शिक्षा प्राप्त करने को प्रेरित करते थे। उनकी मान्यता थी कि इससे कुलीन मुसलमानों में परस्पर सम्पर्क ही नहीं बढ़ेगा बल्कि अंगरेजों के साथ भी उन्हें सम्बन्ध स्थापित करने के अवसर मिलेंगे। सर सैयद ने इस कॉलेज में जिस शिक्षा को जन्म दिया उसके कारण आगे जाकर मुस्लिम राष्ट्रवाद का आविर्भाव हुआ। अलीगढ़ कॉलेज को मुसलमानों का शिक्षा केन्द्र बनाने के लिए सर सैयद ने विभिन्न स्थानों पर मुसलमानों के लिए हाई स्कूल खोलने का भी विरोध किया। वह समझते थे कि मुस्लिम सम्प्रदाय आर्थिक दृष्टि से कमजोर था इसलिए उसे अपने साधनों को विभिन्न स्थानों पर फैलाने के बजाय एक स्थान पर ही लगाना चाहिये। यह तर्क अलीगढ कॉलेज के लिए धन उपलब्ध कराने में सहायक तो अवश्य हुआ लेकिन इसका परिणाम यह भी हुआ कि मुसलमानों में जो उत्साह शिक्षा के प्रति जागृत हुआ था वह शीघ्र ही शिथिल पड़ गया। उस समय बहुत से स्कूल केवल विद्यार्थियों की फीस और सरकारी अनुदान के सहारे चलते थे यदि अधिक स्कूल उस समय स्थापित हो जाते तो वे कालान्तर में मुसलमानों की शिक्षा सम्बन्धी आवश्यकताओं को पूरा कर सकते थे।[23]

हन्टर शिक्षा आयोग (Hunter Education Commission, 1882-83): 1857 के बाद भारत का शासन सीधे ब्रिटिश सरकार के हाथों में चला गया था तथापि शासन प्रबंध के पुनरीक्षण द्वारा समय–समय पर नये आदेशों की व्यवस्था जारी रखी गई। अतः भारत आने के शीघ्र बाद लार्ड रिपन (Lord Ripon, 1880-84 AD) ने भारतीय शिक्षा की विस्तृत जांच, प्रगति का मूल्यांकन तथा वुडस डिस्पेच (Despatch) के बाद की स्थिति की समीक्षा हेतु डब्लू.डब्लू. हन्टर की अध्यक्षता में 1882 में एक कमीशन नियुक्त किया जिसकी रिपोर्ट 1883 में प्राप्त हुई। इस कमेटी में 8 सदस्य भारतीय एवं 12 अन्य थे। लोक शिक्षण या प्राथमिक स्तर पर शिक्षण की स्थिति की समीक्षा कर इसके विस्तार के लिए सुझाव लेने थे।

हन्टर कमेटी की रिपोर्ट में सिफारिश की गई कि उच्च शिक्षा से सरकारी नियंत्रण धीरे–धीरे समाप्त किया जाये एवं शिक्षा का विकास व्यक्तिगत प्रयास पर छोड़ दिया जाना चाहिए। इसके स्थान पर सरकार द्वारा वित्तीय सहायता एवं अनुदान आदि निर्धारित कर दिया जाये।

दूसरे, एक समान पाठ्यक्रम से लोग परेशान हो गये थे। अतः विश्वविद्यालयों को विविध प्रकार के पाठ्यक्रम निश्चित करने को स्वतत्र कर दिया गया।

तीसरे, नैतिक शिक्षा के अध्ययन का प्रावधान किया। धर्म निरपेक्ष शिक्षण संस्थाओं को अधिक मान्यता देने की भी व्यवस्था की।

चौथे, शिक्षकों के प्रशिक्षण की समुचित व्यवस्था किये जाने की सिफारिश की तथा छात्रों से ली जाने वाली फीस एवं उपस्थिति सम्बन्धी सामान्य प्रावधान भी किये। साथ ही छात्रवृत्ति से सम्बन्धित नियमों की समीक्षा किये जाने का सुझाव दिया।

इसी प्रकार माध्यमिक एवं प्राथमिक शिक्षा के लिए भी कुछ प्रावधान किये।

- प्राथमिक शिक्षा का, स्थानीय सहयोग की चिंता किये बगैर विकास किया जाना चाहिए, किन्तु माध्यमिक शिक्षा हेतु स्थानीय सहयोग अपेक्षित माना गया।
- स्थानीय प्रशासन पर प्राथमिक शिक्षा का दायित्व सौंप दिया जाए तथा 1/3 भाग अनुदान के रूप में दिया जाना निश्चित किया।
- हाई स्कूलों में व्यावसायिक शिक्षा का प्रबंध हो तथा उच्च शिक्षा हेतु प्रवेश परीक्षा सम्बन्धी अध्ययन का भी प्रावधान हो।
- स्कूलों में फर्नीचर एवं पुस्तकालयों की उचित व्यवस्था हो।

- जहां तक महिलाओं की शिक्षा का सम्बन्ध है, हन्टर आयोग ने महिला शिक्षा के पर्याप्त प्रबंध के अभाव पर खेद प्रकट किया। प्रेसीडेंसी नगरों में ही इसका प्रबंध था अतः महिला शिक्षा हेतु अधिक प्रयास किये जाने के लिए निर्देशित किया।

लार्ड कर्जन एवं शिमला सम्मेलन 1901: लार्ड कर्जन (Lord Curzon, 1899-1905) शिक्षा पद्धति पर सरकार का पूर्ण नियंत्रण स्थापित करना चाहता था। शिक्षा के केन्द्रीयकरण में विश्वास था, उसने 1901 में शिक्षा विशेषज्ञों एवं प्रशासकों का सम्मेलन बुलाया। उपरोक्त कान्फ्रेंस में किसी भारतीय को आमन्त्रित नहीं किया गया। सम्मेलन में 150 प्रस्ताव पारित किये। कालेजों को विश्वविद्यालयों से मान्यता प्रदान करने के सम्बन्ध में सरकारी नियंत्रण अधिक बढ़ा दिया गया। स्कूलों एवं कॉलेजों पर भी नौकरशाही का प्रभुत्व स्थापित हो गया। इस समय तक राष्ट्रीय आन्दोलन गतिशील हो गया था, राष्ट्रीय नेताओं ने भारतीय प्रतिनिधियों को सम्मेलन में नहीं बुलाये जाने का विरोध किया। भारतीय समाचार–पत्रों ने भी कर्जन की इस नीति की भर्त्सना की। अतः जनवरी 1902 में वायसराय का एग्जिक्यूटिव कौंसिल के कानून सदस्य थामस रैले (Sir Thomas Raleigh) की अध्यक्षता में यूनिवर्सिटी कमीशन नियुक्त किया गया। इस आयोग में सैयद हुसैन बिलग्रामी (निजाम राज्य के लोक शिक्षा निदेशक) और गुरूदास बनर्जी (बाद में कलकत्ता उच्च न्यायालय के न्यायाधीश बने) को इसका सदस्य बनाया गया।

रैले आयोग की सिफारिशों के आधार पर 1904 ई. में विश्वविद्यालय अधिनियम (The Indian Universities) पारित हुआ। जिसके प्रावधान इस प्रकार थे:

1. पुराने विश्वविद्यालयों के सीनेट के उपसदस्यों की (Fellow) संख्या कम से कम 50 एवं अधिकतम 100 निश्चित की गई। किन्तु नए विश्वविद्यालयों के लिए यह संख्या 40 से 75 तक सीमित रखी। उप–सदस्य, आजीवन न रहकर 6 वर्ष की अवधि निर्धारित थी। विश्वविद्यालय सिण्डीकेट की संख्या 20 से कम कर दी गई। कलकत्ता, बम्बई एवं मद्रास विश्वविद्यालयों के चुने हुए सिण्डीकेट के सदस्यों की संख्या अधिक से अधिक 20 एवं शेष विश्वविद्यालयों में 15 निर्धारित की।
2. कालेजों को किसी विश्वविद्यालय से सम्बद्ध करने या न करने का अन्तिम निर्णय भी भारत सरकार द्वारा ही किया जाना था। प्राध्यापकों को भी सरकार की अनुमति से ही नियुक्ति दी जा सकती थी।
3. अधिनियम ने विश्वविद्यालयों को भौतिक सीमाएं प्रदान की, नये कालेजों में प्रवेश के लिए कड़ी शर्तें रखी और विश्वविद्यालयों द्वारा कालेजों के व्यवस्थित निरीक्षण का विधान किया।
4. अब तक विश्वविद्यालय मात्र परीक्षा लेने वाली संस्थायें थे। इस कानून द्वारा उन्हें शिक्षा कार्य के योग्य बनाया गया। विश्वविद्यालयों को अध्ययन, शोध के लिए प्राध्यापकों (Professors) एवं व्याख्याताओं की नियुक्ति के प्रावधान करने तथा पुस्तकालयों प्रयोगशालाओं की स्थापना का सुझाव दिया। यद्यपि कलकत्ता विश्वविद्यालय के तत्कालीन उपकुलपति सर आशुतोष मुखर्जी ने इस कानून की अनुदार धाराओं का विरोध किया, फिर भी उन्होंने इस विश्वविद्यालय के, जिसने उच्च शिक्षा के हित में न केवल बंगाल में वरन् देश के अन्य भागों में भी काफी लाभप्रद कार्य किया है। अध्यापन खण्ड खोलने में इसका प्रयोग भी किया।
5. शिक्षा नीति का निर्धारण सरकार की अनुमति द्वारा ही किया जा सकता था। सीनेट द्वारा पारित प्रस्तावों पर सरकार को निषेधाधिकार (Veto) दिया गया।

लार्ड कर्जन के शिक्षा अधिनियम से स्पष्ट होता है कि वह विश्वविद्यालयों को सरकारी नियंत्रण के कठोर शिकंजे में जकड़ना चाहता था। देसाई ने लिखा है कि लगभग सार्वभौमिक भारतीय विरोध के बावजूद, 1904 का इण्डियन यूनिवर्सिटीज एक्ट पास हो गया। इसने कई प्रतिबंध लगाए और साथ ही किसी विश्वविद्यालय से किसी कालेज के सम्बद्ध होने की शर्तों को और अधिक कड़ा कर दिया। इसके अनुसार, विश्वविद्यालय की परिषद् द्वारा बनाए जाने वाले नियमों के बारे में भी सरकार को बहुत सारी शक्तियां प्रदान कर दी गई। विश्वविद्यालय के पार्षदों में अधिकांश को नामजद करने का अधिकार भी सरकार को मिला और कालेजों से सम्बद्ध–असम्बद्ध करने के प्रश्न पर सरकारी स्वीकृति आवश्यक हो गई। इसके आलोचकों ने कहा कि एक्ट के अनुसार विश्वविद्यालय महज सरकारी विभाग जैसे हो गये।[24]

सैडलर विश्वविद्यालय आयोग (Sadler University Commission, 1917-19): सरकार ने पुनः 1917 में सर माईकेल सेडलर की अध्यक्षता में यूनिवर्सिटी कमीशन की नियुक्ति की। डॉ. सर आशुतोष मुकर्जी एवं डॉ. जियाउद्दीन अहमद, दो

भारतीय भी इस आयोग के सदस्य थे। इनका कार्यक्षेत्र कलकत्ता विश्वविद्यालय तक सीमित न होकर माध्यमिक एवं स्नातकोत्तर शिक्षा के प्रत्येक पक्ष पर विचार करना था। इनकी प्रमुख सिफारिशें इस प्रकार थी जिनकी क्रियान्वित बाद में की गई–

- विश्वविद्यालयों को अपने नियंत्रण इन्टरमीडिएट (Intermediate Examination) कक्षाओं से हटा लेना चाहिये।
- इण्टरमीडिएट कक्षाओं की परीक्षा संचालन हेतु माध्यमिक शिक्षा बोर्ड की स्थापना की जाये।
- कोलकत्ता विश्वविद्यालय भारत सरकार के स्थान पर बंगाल सरकार के नियत्रंण में हो।
- स्नातक (Bechelor) पाठ्यक्रम तीन वर्ष का रखा जाये। प्रतिभाशाली विद्यार्थियों हेतु प्रावीण्य (Honours) पाठ्यक्रम साधारण पाठ्यक्रम से अलग किया जाना चाहिए।
- सम्बद्ध विश्वविद्यालयों (Affiliating Universities) के दूर–दूर कालेज के स्थान पर एकांकी आवासिक अध्यापन एवं स्वायत्तता पूर्ण (University Residential Teaching and Autonomous) संस्थाएं बनाई जाये। ढाका में एकाकी अध्यापन विश्वविद्यालय स्थापित किया जाये जिससे कोलकत्ता विश्वविद्यालय का भार कम किया जा सके।

इन सिफारिशों के आधार पर बोर्ड ऑफ सैकण्डरी एजुकेशन की स्थापना सर्वप्रथम उत्तर प्रदेश में की गई। 1919 में मांटेग्यू सुधार योजना में शिक्षा विषयों को प्रान्तों में लोकप्रिय मन्त्रियों के हाथों में सौंप दिया। साम्प्रदायिक जागृति और प्रान्तीय भावना के कारण पटना, लखनऊ, अलीगढ, बनारस, आगरा, दिल्ली, नागपुर, वाल्टेयर, ढाका, मैसूर, हैदराबाद, चिदम्बरम, त्रिवेन्द्रम और रंगून जैसे विविध स्थानों में नये विश्वविद्यालयों की स्थापना हुई। पूणे का भारती महिला विश्वविद्यालय घोंडो केशव कर्वे द्वारा 1916 ई. में शुरू किया गया, जिसके सर आर.जी. भण्डारकर प्रथम वाइस चांसलर हुए। रवीन्द्रनाथ टैगोर ने शांति निकेतन (बोलपुर, पश्चिम बंगाल) में विश्वभारती (1921 ई.) में स्थापित की। यह अपूर्व शिक्षा संस्था है तथा अपने विश्वव्यापी दृष्टिकोण के लिए विश्व प्रसिद्ध है। यह पूर्व और पश्चिम तथा प्राचीन एवं नवीन भारत का सुखद मिश्रण समुपस्थित करता है।

इस प्रकार बीसवीं सदी के दूसरे दशक से शिक्षा में पर्याप्त विस्तार हुआ। लेकिन देशी भाषा के स्कूलों में धीरे–धीरे कमी आई जो इस तथ्य की द्योतक है कि लोगों की अंगरेजी शिक्षा में रूचि बढ़ी। यह प्रस्तुत आंकड़ों से स्पष्ट होता है।

संस्थाओं की संख्या[25]

	1928–29	1937–38	1942–43
विश्वविद्यालय	–	15	15
कला महाविद्यालय	223	246	304
प्रोफेसनल कॉलेज	–	67	85
हाई स्कूल	2556	3018	3632
मिडिल स्कूल इंग्लिश	3524	4134	5165
देशी (भाषा)	5486	4750	4739

विद्यार्थियों की संख्या[26]

	1928–29	1937–38	1942–43
आर्ट कॉलेज	73936	94339	112036
हाईस्कूल	803616	996131	1169265
मिडिल स्कूल इंग्लिश	406087	470500	524411
देशी भाषा	690647	618707	625942
प्राईमरी स्कूल	7213518	7974703	8566938
जनसंख्या की तुलना में पुरुषों की साक्षरता प्रतिशत	7.49	7.87	7.45

प्राविधिक शिक्षा का 19वीं सदी में वांछित विकास नहीं हो पाया। 1847 में यद्यपि रूड़की इंजीनियरिंग कॉलेज की स्थापना हो गई थी। किन्तु इसका लाभ बहुत सीमित लोगों को ही मिल रहा था। 20वीं सदी के प्रारम्भ में तकनीकी शिक्षा

के कुछ केन्द्रों की स्थापना हुई। जमशेदजी टाटा की स्मृति में 1911 में इण्डियन इंस्टिट्यूट ऑफ साइंस, बैंगलोर; 1914 में फारेस्ट रिसर्च इंस्टिट्यूट, देहरादून; 1917 में बोस रिसर्च इंस्टिट्यूट जगदीशचन्द बोस द्वारा; 1921 में कानपुर में हरकोर्ट बटलर टेक्नोलोजिकल इंस्टिट्यूट एवं 1926 में इण्डियन स्कूल ऑफ साइंस, धनबाद शुरू किये गये। तथापि स्वतंत्रता से पूर्व भारत औद्योगिक दृष्टि से पिछड़ा ही रहा क्योंकि तकनीकी शिक्षा केन्द्रों की सीमित संख्या के कारण जनसामान्य को लाभ नहीं हुआ।

हार्टोग समिति 1929: उपरोक्त तालिका में स्कूलों की संख्या में वृद्धि दिखाई देती है किन्तु शिक्षा के स्तर में गिरावट आने लगी। अतः फिलिप हार्टोग की अध्यक्षता में समिति बनाई जिसकी सिफारिशें थीं:

- प्राथमिक शिक्षा के राष्ट्रीय महत्व पर जोर दिया किन्तु अनिवार्यता या शीघ्र प्रसार को अनुचित बताया।
- सामान्य स्तर (ग्रामीण क्षेत्र के) विद्यार्थियों को माध्यमिक शिक्षा के बाद व्यवसायिक प्रशिक्षण दिया जाये। उच्च शिक्षा (Higher Education) समर्पित विद्यार्थियों को दी जानी चाहिए।
- विश्वविद्यालय शिक्षा में सुधार हेतु प्रवेश सम्बन्धी नियम कठोर होने चाहिए।

महाराष्ट्र में जाकिर हुसैन समिति की सिफारिशों पर 1937 में मौलिक शिक्षा वर्धा योजना के तहत हस्त उत्पादक रोजगार कार्यों को बढ़ावा दिये जाने का विचार आया।

सार्जेंट योजना, 1944: भारत सरकार के शिक्षा सलाहकार सर जान सार्जेंट ने 1944 में योजना रखी:

1. पूर्व प्राथमिक (3–6 वर्ष आयु के बच्चों हेतु) एवं 6 से 11 वर्ष, निःशुल्क अनिवार्य शिक्षा का प्रावधान हो।
2. 11 से 17 वर्ष के उच्च शिक्षा (Higher education) तथा स्नातक शिक्षा त्रिवर्षीय की व्यवस्था की जाये।
3. तकनीकी, वाणिज्यिक तथा कला विषय की शिक्षा का प्रबंध हो।

राधाकृष्णन आयोग, 1948: नवम्बर 1948 में राधाकृष्णन आयोग स्वतंत्रता के पश्चात् बनाया गया। इसकी सिफारिशें थी–

- शिक्षा को समवर्ती सूची में रखा जाये (पूर्व में राज्य सूची में था)
- यू.जी.सी. का गठन किया जाये। तद्नुसार 1953 में विश्वविद्यालय अनुदान आयोग की स्थापना की। यही नहीं 1964 में कोठारी आयोग की सिफारिश पर राष्ट्रीय आय का 6 प्रतिशत शिक्षा हेतु रखा गया, अब यह लगभग 4 प्रतिशत है। 1968 में त्रिभाषा फार्मूला (हिन्दी, अंगरेजी व क्षेत्रिय भाषा) स्वीकार किया। 1986 की नवीन शिक्षा नीति पर वर्तमान पाठ्यक्रम निर्धारित है।

आधुनिक शिक्षा का प्रभाव

विद्वानों ने आधुनिक शिक्षा के लाभ दर्शाये हैं, उनके आधार पर हम यहां कुछ तथ्यों का उल्लेख करेंगे। नवीन शिक्षा पद्धति जाति एवं धर्म का विचार किये बगैर सबके लिए सुलभ थी परिणामतः भारत में तेजी से शिक्षा का विस्तार संभव हो पाया।[27]

सामाजिक प्रभाव: पाश्चात्य साहित्य एवं दर्शन के अध्ययन से लोगों में जाति प्रथा एवं प्रतिक्रियावादी विचारधाराओं को अस्वीकार करने का साहस ही पैदा नहीं हुआ बल्कि प्राचीन अंधविश्वास, भाग्यवाद एवं देववादी धारणा के उन्मूलन का मार्ग भी बना। भारतीय महिला विश्वविद्यालय 1916 ई. में पूणे में प्रोफेसर कर्वे द्वारा प्रारम्भ किया गया। 1936 ई. में यह बदलकर बम्बई आ गया। इसने अत्यन्त बहुमूल्य काम किया है। रस्म रिवाज और पूर्व संस्कार अब तक नारी शिक्षा की वृद्धि में हानिकारक रहे थे। वे तेजी से लुप्त होने लगे। एक जबर्दस्त लोकमत इसके (नई शिक्षा के) पक्ष में बढ़ चला है। कहा जा सकता है कि स्त्रियों की अपनी दुर्दशा का अभिज्ञान आधुनिक शिक्षा से ही हो पाया। नई शिक्षा ने हिन्दुओं को अधिक प्रभावित किया था उन्होंने जाति प्रथा को समाप्त करने, ऊंची जातियों में विधवा विवाह और विवाह विच्छेद को स्वीकार करने, विवाह की आयु बढ़ाने, अस्पृश्यता निवारण और स्वच्छकारों (हरिजनों) की आर्थिक दशा सुधारने के अन्दोलन शुरू किये। राजा राम मोहन राय व ब्रह्म समाज तथा स्वामी दयानन्द सरस्वती की इसमें प्रमुख भूमिका रही।

अंगरेजी शिक्षा से लोकतान्त्रिक पद्धति का बोध: अंगरेजी शिक्षा के माध्यम से पाश्चात्य, विद्वानों के विचारों से भारतीय परिचित हुए। देसाई ने लिखा है कि कैवूर, मैजिनी, कोरांय, पर्निल, मिल को उन्होंने अपने शिक्षक और नायक के तौर पर स्वीकार किया। अंगरेज सरकार ने उन्नीसवीं सदी के यूरोपीय साहित्य की पढ़ाई की भारतीय स्कूलों में मनाही कर दी। लेकिन तब तक काफी देर हो चुकी थी। जो प्रक्रिया शुरू हो गई थी उसे रोकना संभव नहीं था और इस बिन्दु पर इस

प्रक्रिया को नई दिशा मिली।[28] कहा जा सकता है कि अंगरेजी शिक्षा के माध्यम से यूरोपीय राष्ट्रवादी विचारों का आगमन भारत में हो पाया। पाश्चात्य साहित्य के अनुशीलन से एक राष्ट्र का भाव पुनः आर्विभूत हो उठा।

शिक्षित वर्ग लोकतान्त्रिक प्रणाली द्वारा स्वशासन की मांग करने लगे। देसाई ने जैसा विवेचन किया है कि अंगरेजी भाषा के अध्ययन से बहुमूल्य ग्रंथों में संकलित प्रजातान्त्रिक और राष्ट्रीय विचार के खजाने खुल गए। ब्रिटिश शासन के अधीन रहने से ही नवजात राष्ट्रीयता का जन्म हुआ, लेकिन इस साहित्य के अध्ययन से यह नवजात राष्ट्रीयता पल्लवित पुष्पित हुई थी। अंगरेजी अनुवाद के माध्यम से ही वे डेमोक्राइटस, हेराक्लाइट्स, प्लेटो, अरिस्टोटल, स्पिनोजा, देकार्त, लाइवनिट्ज, कांट, काम्टे, नीत्शे, हीगल, मैक्सस्टर्नर, बेनिडेटो, क्रोशे, आसवाल, स्पेंगलर, कार्लमार्क्स आदि की दार्शनिक पद्धतियों का अध्ययन कर सके और अठारहवीं सदी के अन्य विचारकों एवं आगस्त काम्टे, सेंट साईमन, समाजवादी मार्क्स और ऐंजिल्स, अराजकतावादी बाकुनिन, सिंडिकलिस्ट प्रोधों आदि के सामाजिक सिद्धान्तों को आत्मसात कर सके।[29]

भारतीयों में वैश्विक धारणा का विकासः भारतीय लोगों का व्यापक दृष्टिकोण होने पर ही वे यह समझ पाये कि भारत का एकाकी विकास न होकर सम्पूर्ण विश्व की प्रक्रियाओं से जुड़ा है और हम विश्व से अलग रहकर अपने अस्तित्व के बारे में नहीं सोच सकते।

भारत में अंगरेजी आधिपत्य से अनेक आर्थिक एवं राजनीतिक समस्यायें उत्पन्न हो गईं थीं, उनका समाधान पाश्चात्य विद्वानों के विचारों एवं मान्यताओं के आधार पर निकाला जा सका। पाश्चात्य अर्थशास्त्रियों के विचारों से महादेव गोविन्द रानाडे, दादाभाई नौरोजी, रमेशचंद दत्त आदि विद्वान अंगरेजों की धन निष्कासन नीति, साम्राज्यवादी हित में बनाई गई कृषि नीति एवं ब्रिटिश माल के विक्रय हेतु बाजार नियंत्रण की नति को जान पाये। अंगरेज सरकार ने भारतीय साम्राज्य की सुरक्षा हेतु द्रुत संचार व्यवस्था का विकास किया। राष्ट्रीयता के भावों की जानकारी वर्तमान संचार एवं सम्प्रेषण माध्यमों से तीव्र गति से संभव हुई।

अंगरेजी शिक्षा एवं भारतीय राष्ट्रवाद का उदय–पाश्चात्य विचार

अंगरेजी शिक्षा के योगदान के सम्बन्ध में यह प्रश्न उठाया जाता है कि राष्ट्रवाद के उदय में अंगरेजी शिक्षा का कहां तक योगदान था। यदि भारत में अंगरेजी शिक्षा का अस्तित्व न होता तो क्या भारतीय राष्ट्रवाद का जन्म हो सकता था? ब्रिटिश विद्वानों का दृढ़ विश्वास है कि भारतीय राष्ट्रवाद उनके द्वारा लाई गई आधुनिक शिक्षा का परिणाम है।

ब्रूस टी मैक्ली की धारणा हैः "यह स्पष्ट है कि उन्नीसवीं सदी के आठवें व नवें दशकों में राष्ट्रवाद विदेशी संस्कृति के दबाव से प्रकट हुआ। राष्ट्रीय भावनाएं अपने आप में भारत भूमि में जीवित नहीं हुई वरन् वे एक विदेशी उपज थी जो विदेशी हाथों व प्रभावों से बोई गई। ब्रिटिश राज और उसके अन्तर्गत विदेशी प्रभुत्व के तत्वों के बिना भारतीय राष्ट्रीयता के उदय की कल्पना करना कठिन है।" मैक्ली की मान्यता है कि उदारवादी राष्ट्रवादियों की अपनी कोई मौलिक विचारधारा नहीं थी। दादाभाई नौरोजी, रमेशचन्द दत्त, सुरेन्द्रनाथ बनर्जी, आदि ने नये विचार नहीं दिये, बल्कि उन्होंने उन सिद्धान्तों का अनुमोदन या परिवर्तन के साथ प्रतिपादित किया जो उन्होंने पाश्चात्य साहित्य के अध्ययन से ग्रहण किये थे। ब्रिटिश इतिहास एवं राजनीतिशास्त्र से ही भारतीयों को राष्ट्रवाद का अभिज्ञान हुआ।

अंगरेजी शिक्षा प्राप्त भारतीयों ने पाश्चात्य लोकतान्त्रिक साहित्य का अध्ययन किया एवं उससे प्रभावित हुए। मैक्ली ने आगे लिखा हैः "विदेशी संस्कृति में शिक्षित, अवसर के अनुसार विदेशी भाषा में वार्तालाप करने वाले, विदेशी राजनीतिक, सामाजिक व आर्थिक सिद्धान्तों से प्रेरित, भारतीय बुद्धिजीवियों में व्यक्तिगत और सामूहिक इच्छाओं का विकास हुआ जो आशा के बिल्कुल विपरीत था।.... वे भारतीय शासक वर्ग के उत्साहपूर्ण प्रतिद्वंद्वी बने।.... अपने शत्रुओं के जातीय विद्वेष की भर्त्सना करते हुए उन्होंने अपने राजनीतिक संगठन का कार्य किया। यही संक्षेप में भारतीय राष्ट्रवाद का उद्भव था। इस प्रकार अंगरेजी शिक्षा से राष्ट्रीय आन्दोलन को जनतान्त्रिक आधार मिला। अंगरेजी साहित्य से ही निर्वाचन, मताधिकार, प्रतिनिधि सरकार, जनता के प्रति उत्तरदायी कार्यकारिणी आदि के लिए प्रेरणा मिली। मैजिनी जैसे विचारकों, जर्मन एकीकरण में बिस्मार्क के योगदान की जानकारी समाचार–पत्रों से ही संभव हुई। दूसरी और प्राक् ब्रिटिश साहित्य में ऐसा कोई ग्रंथ नहीं था जिसमें राष्ट्रवाद के बारे में लिखा गया हो।

इस शिक्षा पद्धति ने उन शिक्षित भारतीयों को जो देश के विविध भागों में निवास करते थे आपस में मिलने, एक होने एवं विचार–विमर्श करने का न केवल शक्तिशाली माध्यम दिया, बल्कि पाश्चात्य जगत की गतिविधियों की जानकारी भी अंगरेजी समाचार पत्रों एवं रायटर आदि से मिलने लगी। विश्व की समसामयिक घटनाओं की जानकारी का माध्यम जहां

अंगरेजी भाषा थी, वहीं सम्प्रेषण माध्यमों ने उनके ज्ञान में अभिवृद्धि की।.... अंगरेजी भाषा ने देश भर में शिक्षित भारतीयों के बीच संचारण–सम्प्रेषण और राष्ट्रीय स्तर पर विचारों के आदान–प्रदान के माध्यम रूप में कार्य किया। इस तरह विदेशी शासन ने राष्ट्रीय भावनाओं के विकास के लिए उपयुक्त वातावरण भी बनाया। भारतीयों ने संघर्ष की परम्परागत पद्धति के स्थान पर समाचार पत्रों का प्रकाशन, सार्वजनिक सभाओं, राष्ट्रीय संस्थाओं, संगठनों द्वारा सरकार का विरोध किया। नवीन शिक्षित वर्ग को समाज में प्रतिष्ठा प्राप्त थी, उनकी बात को समाज में स्वीकार किया जाता था।

अंगरेजी शिक्षा–भारतीय राष्ट्रवाद–आधुनिक विचार

मैक्ली के विचारों से अर्वाचीन विद्वान सहमत नहीं हैं। यद्यपि प्रारम्भिक राजनीतिक व आर्थिक राष्ट्रवाद पर अंगरेजी शिक्षा का प्रभाव काफी हद तक दिखाई देता है। गैर–राजनीतिक राष्ट्रवादी सिद्धान्तों पर भी विदेशी प्रभाव था। भारत में अंगरेजी शिक्षा के प्रसार से एक सांस्कृतिक संघर्ष की स्थिति उत्पन्न हुई क्योंकि भारतीय संस्थायें, रीतिरिवाज और आचार–विचार पश्चिमी यूरोप की परिस्थितियों, संस्थाओं, जीवन के मानदण्डों से पूर्णतः भिन्न थे। हिन्दू सांस्कृतिक राष्ट्रवाद इस संघर्ष के परिणामस्वरूप उदित हुआ, अतः भारत के प्रारम्भिक राष्ट्रवादियों में दो तरह के विचार मिलते हैं। पहली विचारधारा अंगरेजी राजनीतिक और आर्थिक सिद्धान्तों से प्रभावित थी और समकालीन यूरोपीय राष्ट्रीयता से मुख्य प्रेरणा ग्रहण करती थी। दूसरी विचारधारा विदेशी सभ्यता के बढ़ते प्रभाव और देश के पाश्चात्यीकरण की प्रतिक्रिया से उत्पन्न हुई जो प्राचीन भारतीय संस्कृति के पुनर्जागरण का प्रतिपादन करती थी। इस विचारधारा के बुद्धिजीवियों ने अतीत का इस प्रकार से पुनः अन्वेषण करना शुरू किया जिससे वर्तमान को परिवर्तित किया जा सके। दूसरी प्रकार की मान्यता वाले राष्ट्रवादियों ने भारत की एकता को चाणक्य जैसे राष्ट्रवादी कूटनीतिज्ञों एवं भारत के उत्तर दक्षिण तथा पूर्व पश्चिम स्थित आदि गुरू शंकराचार्य के चार धाम में खोजने का प्रयास किया। इस प्रकार के राष्ट्रवादी रूढ़िवादी नहीं थे बल्कि आधुनिकता के समर्थक थे, परन्तु पाश्चात्यीकरण के नहीं। वे ऐसा परिवर्तन चाहते थे जिसमें विदेशी संस्कृति को भारतीय परम्पराओं में समन्वित किया जा सके। जब मैकालेवाद द्वारा ब्रिटिश सरकार ने भारत पर सांस्कृतिक हमला करना शुरू किया तो भारतीय प्रबुद्धजन सजग हो गये और उन्होंने भारत की प्राचीन संस्कृति एवं परम्परा से प्रेरणा लेना प्रारम्भ किया। दूसरे शब्दों में, राष्ट्रीयता की भावना का विकास हमारी महान संस्कृति के पुनरीक्षण से संभव हुआ।

भारतीय ग्रंथों में राष्ट्रवादी भावः कहा जाता है कि भारतीय राष्ट्रवादियों ने राष्ट्रवादी विचार पाश्चात्य साहित्य से ग्रहण किये थे, भारतीय साहित्य में राष्ट्रवादी विचार नहीं मिलते? यह तथ्य भी समीचीन प्रतीत नहीं होता। भारतीय अपने सभी धार्मिक कृत्यों में ब्रह्मावर्त एवं भारतवर्ष के प्रतीक महाराज्य या साम्राज्य का उल्लेख अवश्य करते हैं। प्रत्येक भारतीय नहाते समय गंगा–गोदावरी, कृष्णा–कावेरी एवं ब्रह्मपुत्र का उच्चारण करना नहीं भूलते। इसी प्रकार अटक से कटक तथा कश्मीर से कन्याकुमारी तक का प्रदेश भारतवर्ष (एक राष्ट्र) के रूप में प्राचीन काल से ज्ञात रहा है। कहा जा सकता है कि भारत में राष्ट्रीयता की भावना सदैव से अस्फुट रूप में रही हैं जब देश पर संकट के बादल मंडराये तो लोगों के दिलों में व्याप्त राष्ट्रीयता प्रस्फुटित हो उठी और लोग देश के लिए संघर्ष के लिए तत्पर हो गये। फलतः यह कहना कि नौरोजी, बनर्जी, मेहता एवं रमेशचन्द दत्त आदि विद्वानों के अपने कोई मौलिक विचार नहीं थे सर्वथा अनुचित है। इन विद्वानों ने भारतवासियों के शोषण को देखा एवं अनुभव किया और अपने विचारों को प्रकट करना राष्ट्रहित में उचित समझा। जहाँ तक लोकतान्त्रिक पद्धति का प्रश्न है इस व्यवस्था के बारे में एक बार जान लेने के बाद इसके महत्व को बखूबी समझा।

राष्ट्रवादी विचार विदेशी शासन की प्रतिक्रिया का परिणामः पाश्चात्य विद्वानों की धारणा है कि अंगरेजी शिक्षा ने राष्ट्रवादियों को अंगरेजी के रूप में सार्वजनिक भाषा का आधार दिया। दूसरे शब्दों में अंगरेजी शिक्षा प्राप्त व्यक्तियों ने ही राष्ट्रीय आन्दोलन को गति प्रदान की। किन्तु अंगरेजी शिक्षा प्राप्त वर्ग की राष्ट्रीय आन्दोलन में क्या भूमिका थी यह अभी तक विवाद का विषय है। उपलब्ध आंकड़ों (देखिये तालिका नं. 2) से स्पष्ट है कि भारत में इस वर्ग की संख्या अत्यन्त सीमित थी। 1931 तक भारतीय आबादी के 92 प्रतिशत लोग निरक्षर थे। प्राथमिक एवं माध्यमिक विद्यालयों में 99 प्रतिशत शिक्षार्थी थे जिनमें से केवल पांचवे भाग से भी कम लोग अन्तिम दर्जे तक पहुंच पाते थे। 1941–42 में उच्च शिक्षण संस्थाओं के शिक्षार्थियों की संख्या 1.59 लाख थी जो जनसंख्या की 0.5 प्रतिशत थी। 1930–31 तक मात्र 2 प्रतिशत व्यक्ति अंगरेजी बोल व समझ सकते थे। ये शिक्षित और व्यवसायी वर्ग शहरों के निवासी थे। प्रारम्भ में राष्ट्रीय आन्दोलन में इन्हीं का प्राधान्य था। अतः प्रारम्भिक राष्ट्रीय आन्दोलन को वास्तविक रूप में राष्ट्रीय नहीं कहा जा सकता। साथ ही अंगरेजी शिक्षा प्राप्त इस वर्ग का स्थानीय जनसामान्य से कोई सम्बन्ध नहीं था। उनकी समाज में न प्रतिष्ठा थी और न ही उनके पास

सम्पत्ति थी, यह वर्ग पूरी तरह असन्तुष्ट था। उनकी असन्तुष्टी का एक प्रमुख कारण अंगरेजों द्वारा समस्त उच्च पदों पर एकाधिकार था। व्यक्तिगत कारणों ने उन्हें राजनीतिक आन्दोलन का समर्थक बना दिया। किन्तु उनकी राजनीतिक आन्दोलन में सक्रिय भूमिका नहीं रही। क्योंकि अधिकांश शिक्षित भारतीय सरकारी कर्मचारी थे और राजनीतिक आन्दोलनों का संगठन करने की अपेक्षा उन्होंने सामाजिक सुधार के कार्यक्रमों को पूरा करना अधिक सुविधाजनक समझा। शिक्षित बुद्धिजीवी वर्ग ने प्रारम्भ में देश की सेवा के लिए सामाजिक व धार्मिक सुधारों को माध्यम बनाया। यहां उल्लेखनीय है कि एक ओर जहां वे अंगरेजी एकाधिकारवादी व्यवस्था से असन्तुष्ट थे वहीं ब्रिटिश सभ्यता के संपोषक एवं प्रचारक भी थे, इसीलिए राष्ट्रवादियों ने आधुनिक शिक्षा की आलोचना की है। इससे न तो राजनीतिक गुलामी को और न ही भारतीय समाज के आर्थिक व सांस्कृतिक पिछड़ेपन के कारणों को समझा जा सकता है। इसने भारतीय इतिहास का विकृत विवरण प्रस्तुत किया, भारत के ब्रिटिश विजेताओं का गुणगान किया और उन्हें सभ्यता का प्रचारक बताया। अंगरेजी शिक्षा पद्धति पर टिप्पणी करते हुए गोखले ने कहा थाः 'इस शिक्षा व्यवस्था का उद्देश्य था मध्यवर्गीय भारतीय नौजवानों पर ब्रिटेन के गौरव व समृद्धि की छाप डालना और उन्हें विदेशी अफसरशाही के सुयोग्य नौकर बनाना।'

भारतीय राष्ट्रवाद विदेशी शोषणजन्य हीनता का परिणामः भारत में राष्ट्रवाद का जन्म उन परिस्थितियों के परिणामस्वरूप हुआ जो ब्रिटिश शासन के दौरान उत्पन्न हुई। अंगरेजों ने भारत की राजनीतिक सत्ता पर ही आधिपत्य नहीं जमाया बल्कि भारतीयों को अपनी सामाजिक हीनता का भी आभास हुआ, दूसरी ओर बेरहमी से उनका शोषण किया जा रहा था। अतः लोगों ने इसके विरूद्ध आवाज उठाई। अनेक आदिवासी एवं किसान आन्दोलन–अंगरेजों, जमींदारों एवं साहूकारों की शोषण नीति के विरूद्ध हुए थे और यह सर्वविदित है कि आदिवासी लोग पूर्णतः निरक्षर थे। यदि आदिवासी लोग आर्थिक शोषण के विरूद्ध आवाज उठा सकते थे तो क्या बिना अंगरेजी शिक्षा प्राप्त भारतीय इसके विरूद्ध आवाज न उठाते। स्पष्ट है कि भारत में अंगरेजी शिक्षा का विस्तार न भी किया जाता तो भी भारतीय जनता अपने शोषण को समझने में सफल होती। विश्व के अन्य देशों में जिस प्रकार राष्ट्रवाद का जन्म ब्रिटिश शिक्षा के बिना संभव हुआ क्या भारत उससे वंचित रह सकता था। जैसा विदित है कि 1930 तक भारत में केवल 2 प्रतिशत लोग ही अंगरेजी जानते थे और अधिकांश सरकार एवं कम्पनियों में नौकर थे उनका राष्ट्रीय आन्दोलन में क्या योगदान हो सकता था। वस्तुतः भारतीय राष्ट्रीयता किसी एक तथ्य का परिणाम नहीं थी। भारतीय राष्ट्रवाद का जन्म उन नवीन सामाजिक भौतिक स्थितियों के कारण हुआ जो अंगरेजों की भारत विजय के बाद उत्पन्न हुई थी। इसी दौरान भारत में नवयुवकों का एक ऐसा दल तैयार हो गया जिसका यह विश्वास था कि भारत का पुनरूद्धार राजनीतिक सत्ता पर नियंत्रण से ही संभव है। इस तरह की विचारधारा केवल अंगरेजी शिक्षा प्राप्त वर्ग में ही नहीं थी आर्थिक शोषण की नीति को न केवल सभी समाज के लोगों ने जाना बल्कि यह आदिवासियों के लिए भी असह्यय थी। अतः राष्ट्रवादियों ने देश के धन का निष्कासन, औद्योगिक पिछड़ेपन, उच्च पदों पर एकाधिकार एवं अंगरेजों के अहंकार के विरूद्ध आवाज उठाई। ठीक ही कहा है कि भारतीय राष्ट्रवाद का जन्म विभिन्न स्वार्थों के वस्तुनिष्ठ संघर्ष का परिणाम था। अंगरेजों का स्वार्थ यह था कि भारत को राजनीतिक व आर्थिक रूप से गुलाम रखा जाये और भारतीय जनता का हित इसमें था कि वह ब्रिटिश शासन से मुक्त हो सके। क्योंकि भारत का राजनीतिक, आर्थिक व सांस्कृतिक विकास स्वतंत्रता प्राप्त होने के बाद संभव था। अन्त में बिपिनचन्द्रपाल का यह कथन सर्वथा उचित ही है कि "भारतीय आन्दोलन साम्राज्यवाद और इसकी शोषण व्यवस्था से पैदा हुआ। शिक्षा व्यवस्था चाहे जैसी भी रहती, भारतीय बुर्जुआजी का उदय और ब्रिटिश बुर्जुआजी के प्रभुत्व के खिलाफ उसकी बढ़ती हुई प्रतिद्वंद्विता अवश्यंभावी थी।" यदि भारतीय बुर्जुआजी को दूसरी समस्त विचारधाराओं से अलग संस्कृत में लिखे गए वेदों की शिक्षा मिलती रहती तो उन्हें, वहीं अपने संघर्ष के सिद्धान्त और नारे मिल जाते।[30]

अंगरेजी शिक्षा के प्रतिगामी (Retrogressive) प्रभावः भारतीय विद्वानों की मान्यता है कि आधुनिक शिक्षा का हानिकारक प्रभाव हिन्दू–मुस्लिम वैमनस्य में वृद्धि था। बहुत सीमित रूप से मुस्लिम वर्ग ने अंगरेजी शिक्षा को अपनाया और यह वर्ग राजनीति के प्रति उदासीन रहा। शिक्षा के अभाव के कारण मुसलमान उदार राष्ट्रवाद से बहुत कम प्रभावित हुए। इसका सबसे महत्वपूर्ण कारण था उनमें शिक्षा का अभाव। अतः प्रारम्भिक मुस्लिम नेताओं ने अपने सहधर्मियों के पिछड़ेपन को समाप्त करने की समस्या पर ही अधिक ध्यान दिया। वे शिक्षा में समानता, शासकीय सेवाओं, व्यवसायों के समान अवसर, एवं प्रान्तीय व स्थानीय सरकारी संस्थाओं में समान भागीदारी प्राप्त करने के इच्छुक रहे। दूसरे शब्दों में, प्रारम्भिक मुस्लिम नेता राष्ट्रीय हित के सम्बन्ध में अधिक सचेत नहीं थे। हिन्दुओं का आधुनिक शिक्षा की ओर झुकाव अधिक था और सरकारी सेवाओं या

अन्य व्यवसायों को बड़ी संख्या में प्राप्त किया। जिससे मुस्लिम वर्ग में असन्तोष बढ़ा। इस प्रकार का वातावरण राष्ट्रीय आन्दोलन के लिए हानिकारक सिद्ध हुआ।

निष्कर्षः कहा जा सकता है कि भारतीय राष्ट्रीय आन्दोलन आधुनिक शिक्षा पद्धति का प्रत्यक्ष व अनन्य परिणाम नहीं था। अतः यह कहना सर्वथा अनुचित होगा कि मात्र अंगरेजी शिक्षा के कारण भारत में राष्ट्रीयता का आविर्भाव हुआ। वस्तुतः राष्ट्रीय आन्दोलन केवल अंगरेजी शिक्षित व्यक्तियों तक सीमित रहता तो वह कभी जन आन्दोलन नहीं बन सकता था। अंगरेजी शिक्षा का योगदान केवल परोक्ष रूप में था, क्योंकि इसने भारतीयों को पाश्चात्य राजनीतिक जीवन का ज्ञान दिया और संघर्ष का मार्ग दिखाया।

संदर्भ

1. देसाई, वही, पृ. 110
2. वही, पृ. 26
3. Nurullah and Naik, *History of Education in India*, 1951, p. 15.
4. Basuan, *Education in Modern India*, p. 5; एवं ताराचंद, *भारतीय स्वतंत्रता आन्दोलन का इतिहास*, जि. 1, पृ. 198
5. देसाई, वही, पृ. 111–12, ताराचंद, वही, पृ. 199–200
6. देसाई, वही, पृ. 112
7. *British Paramountcy and Indian Renaissance*, II, p. 36
   It is my firm belief that if our plan of education are followed up, there will not be a single idolater among the respectable classes in Bengal thirty years hence. And this will be effected without efforts to proselytize; without the smallest interference with religious liberty; merely by the natural operation of knowledge and reflection.
8. देसाई, वही, पृ. 113
9. ताराचंद, *भारतीय स्वतंत्रता आन्दोलन का इतिहास*, भाग 2, पृ. 160
10. वही, भाग 2, पृ. 159
11. देसाई, वही, पृ. 115
12. ताराचंद, वही, जि. 2, पृ. 160
13. *Macaulay's Minute*, Dated 2 February, 1835.
    'A single shelf of a good European library was worth the whole nature literature of Indian and Arabia.
14. *Ibid.*
15. *The British Paramountcy and Indian Renaissance*, II, p. 46
    This object was to "form a class of Persons Indian in blood and in colour, but english in tastes in opinions, and in morals and in intellect."
16. जैन, एम.एस., *आधुनिक भारत का इतिहास*, पृ. 179
17. *Renaissance*, II, p. 50
    The Educational Despatch of 1854 described as the "Magna Carta of English education in India", formed a landmark in the history of education in modern India because it outlined a comprehensive plan which supplied the basis for the subsequent development of educational system in this country.
18. देसाई, वही, पृ. 120
19. जैन, वही, पृ. 274
20. रेनेसां, 2, पृ. 65
21. वही, 2, पृ. 66–67
22. वही, 2, पृ. 80
23. जैन, वही, पृ. 276
24. देसाई, वही, पृ. 121
25. *The Indian Year Book* 1936-37, p. 322; *The Indian Year Book* 1945-46, p. 363
26. *Ibid.*
27. देसाई, वही, पृ. 128–31
28. वही, पृ. 126–27
29. वही, पृ. 130
30. वही, पृ. 127–28

❋ ❋ ❋

19

भारत में समाचार–पत्रों का विकास
(Development of the Press in India)

चीन में दूसरी शताब्दी ई.पू. में चिथड़े, सन एवं वृक्षों की छाल से कागज तैयार करने की कला विकसित की गई थी। स्याही का आविष्कार भी वहीं हुआ और लिखने हेतु नुकीली कलम का उपयोग भी। धीरे–धीरे चीनियों ने छपाई कला विकसित की। संभवतः चीन से यह कला अरब पहुँची और यूरोपीय लोगों ने अरबों से कागज बनाने की कला सीखी। पन्द्रहवीं शताब्दी से पूर्व कागज पर छपाई मुश्किल एवं महंगी थी। इस शताब्दी के मध्य में जर्मनी के जान गुटेनबर्ग ने ऐसी टाईप मशीन का अविष्कार किया, जो आधुनिक प्रेस की पूर्ववर्ती कही जाएगी। मुद्रण यंत्र की इस प्रविधि ने बौद्धिक आविष्कार का मार्ग खोल दिया।[1] कैक्सटन ने 1477 में सर्वप्रथम ब्रिटेन में छापाखाना स्थापित किया था।

भारत में मुद्रणालय की शुरूआत करने का श्रेय पुर्तगालियों को प्राप्त हुआ। 1557 में गोवा के पादरियों ने पहली पुस्तक भारत में छापी। ईस्ट इण्डिया कम्पनी ने 1684 में मुद्रणालय स्थापित किया लेकिन कम्पनी प्रदेशों में आगामी सौ वर्षों तक कोई समाचार–पत्र नहीं छपा। 1776 में विलियम बोल्टस (William Bolts) ने कोर्ट ऑफ डाइरेक्टर्स के निजी व्यापार की निंदा की तथा त्याग–पत्र देकर यह इच्छा व्यक्त की कि 'वह एक समाचार–पत्र का प्रकाशन करेगा। उसके पास हस्तलिखित अनेक तथ्य हैं, जो उनसे गहरा सम्बन्ध रखते हैं।' शासकीय पक्ष में इसकी प्रतिक्रिया होनी ही थी और विलियम बोल्टस की इच्छा पूरी नहीं हुई। यह सौभाग्य जेम्स आगस्टस हिक्की (James Augustus Hickey) को प्राप्त हुआ। जनवरी, 1780 में भारत में कोलकाता (कलकत्ता) से पहला समाचार–पत्र छपा, जिसका नाम 'बंगाल गजेट' (The Bengal Gazette) अथवा 'कलकत्ता' जनरल एडवर्टाइजर (The Calcutta General Advertiser) था। तत्कालीन शासन की आलोचना के कारण उसका मुद्रणालय भी जब्त कर लिया गया।

1785 में 'द टाइम्स' का प्रकाशन होने लगा।[2] अठारहवीं शताब्दी के अन्त तक बंगाल में कलकत्ता कोरियर, एशियाटिक मिरर, ओरयंटल सार, बम्बई गजट, हेराल्ड एवं मद्रास (चेन्नई) से मद्रास कोरियर (Madras Courier) मद्रास गजट प्रकाशित होने लगे थे। प्रारम्भ में इन समाचार–पत्रों में परस्पर प्रतिस्पर्द्धा नहीं थी अर्थात् अलग–अलग दिन प्रकाशित होते थे एवं इनका क्षेत्र बहुत सीमित था। यदि यह कहा जाए कि प्रारम्भ में सौ–दो सौ से अधिक अखबार नहीं छपते थे और वे भी यूरोपीय एवं ऐंग्लो इण्डियन लोगों के लिए, तो अनुचित न होगा। अंगरेज सरकार या किसी अधिकारी के विरूद्ध लिखने वाले अंगरेज सम्पादक को पकड़कर जबरन इंग्लैण्ड भेज दिया जाता था।

पुस्तकों का प्रकाशन: जहाँ तक पुस्तकों के प्रकाशन का सम्बन्ध है मुद्रण प्रणाली के क्रान्तिकारी प्रभाव हुए। ज्ञान जो पहले सीमित लोगों की धरोहर थी, एकाधिकार समाप्त होने लगा। 'पुस्तकों में ऐसा लिखा है' कथन के आधार पर जनता को गुमराह नहीं किया जा सकता था। देश में धीरे–धीरे पुस्तकों की संख्या बढ़ने लगी और लोग पढ़ने में रूचि लेने लगे। पुस्तकों द्वारा ज्ञान के प्रसार से अन्धकार एवं रूढ़ियों पर तेज प्रहार हुआ, जिससे लोगों में आत्मविश्वास जागृत होने लगा। इस प्रकार कागज एवं मुद्रण ने आजादी की लड़ाई के दौर में समाज एवं धर्म सुधार आन्दोलन में, आग में घी का काम किया।

यहाँ यह स्पष्ट कर देना आवश्यक है कि राष्ट्रीय आन्दोलन एवं समाज सुधार में समाचार–पत्रों का प्रभाव अधिक व्यापक तथा गम्भीर साबित हुआ। जहाँ बौद्धिक विकास पुस्तकों की देन है, वहीं राष्ट्रीय आन्दोलन में मुद्रण प्रणाली का लाभ समाचार–पत्रों से हुआ। ए.आर. देसाई ने जिक्र किया है–भारत में छापे की मशीन की शुरूआत यहाँ के लोगों के जीवन में क्रान्तिकारी महत्व की घटना थी। उनमें जब राष्ट्रीय चेतना का जागरण और विकास हुआ तो राष्ट्रीय पत्रकारिता का जन्म हुआ।[3]

समाचार–पत्र पत्रेक्षण अधिनियम (The Censorship of the Press Act, 1799): लार्ड वैलेजली (1798–1805) ने 1799 में प्रेस नियंत्रण अधिनियम द्वारा सर्वप्रथम सभी समाचार–पत्रों पर अंकुश (सेन्सर) लगाया। इसके द्वारा प्रावधान किया गया:

- समाचार–पत्र को सम्पादक, मुद्रक (Printer) और स्वामी (Proprietor) का नाम स्पष्ट रूप से छापना अनिवार्य किया गया।
- प्रकाशक को प्रकाशित किये जाने वाले सभी तत्वों को सरकार के सचिव के समक्ष पूर्व पत्रेक्षण (Pre Censorship) के लिए भेजना होता था।

1807 ई. में इस कानून के अन्तर्गत पुस्तकों, मैगजीन, पोस्टर आदि को भी सम्मिलित कर लिया गया। लार्ड हैस्टिंग्स (1813–23) के समय इन नियमों में ढील दी गई और 1818 में समाचार–पत्रों का पूर्व पत्रेक्षण बंद कर दिया गया।

अनुज्ञप्ति नियम (The Licensing Regulations of 1823): कार्यवाहक गवर्नर जनरल जान एडम्स ने घोर प्रतिक्रियावादी नीति अपनाते हुए प्रेस के लिए कड़े नियमों का प्रावधान किया। मुद्रक एवं प्रकाशक को मुद्रणालय स्थापित करने के लिए अनुज्ञप्ति (License) आवश्यक मानी गई। बिना अनुज्ञप्ति मुद्रण पर जुर्माना (400 रू.) अथवा कारावास दण्ड का प्रावधान किया गया। गवर्नर जनरल को अनुज्ञप्ति निरस्त करने अथवा नवीन प्रार्थना पत्र मांगने का अधिकार था।

उक्त समस्त प्रावधान भारतीय भाषाओं में प्रकाशित होने वाले समाचार–पत्रों के विरूद्ध थे। इन्ही प्रावधानों के तहत राजा राममोहन राय को मिरात–उल–अखबार बंद करना पड़ा। विलियम बैन्टिक (1828–35 ई.) का समाचार–पत्रों के प्रति उदार रवैया रहा और चार्ल्स मैटकाफ (Charles Metcalfe, 1835-36) जो कार्यवाहक गवर्नर जनरल था ने कुत्सित नियमों को रद्द करके उदारवाद का परिचय दिया। उसे भारतीय प्रेस को आजाद करने का श्रेय दिया जाता है।

गंगाधर भट्टाचार्य का बंगाल गजट 1816 में शुरू हुआ था। 1818 में बंगाली मासिक पत्र 'दिग्दर्शन' प्रकाशित हुए। बंगाली भाषा में 'संवाद कौमुदी' का प्रकाशन 1821 तथा 1822 में फारसी में 'मिरात उल अखबार' की शुरूआत करके राजा राममोहन राय भारत में राष्ट्रीय प्रेस के संस्थापक बन गए। इन समाचार–पत्रों ने धर्म एवं समाज सुधार के क्षेत्र में महत्वपूर्ण कार्य किया। राजा राममोहन राय ने 'ब्रह्मनिकल मैगजीन' भी शुरू की थी। मुम्बई में गुजराती प्रेस प्रणेता फरदून जी मर्जबान ने, 1822 में 'बाम्बे समाचार' का प्रकाशन प्रारम्भ किया। 1830 'बंगदत्त' बंगला भाषा में द्वारकानाथ टैगोर, प्रसन्न कुमार टैगोर तथा राजा राममोहन राय के प्रयासों से आरम्भ हुआ। इसी तरह 1831 में जामे जमशेद, 1851 में 'रस्त गोफ्तार' तथा 'अखबारे सौदागर' का प्रकाशन किया जाने लगा। स्मरणीय है कि रस्त गोफ्तार का सम्पादन दादाभाई नौरोजी करते थे।

1857 के बाद भारतीय प्रेस ब्रिटिश सरकार को खटकने लगी। इसके बाद प्रेस स्पष्टतः दो भागों में विभक्त हो गई, जिसका आधार प्रजातीय भेद था। ऐंग्लो इण्डियन प्रेस अपने समाज का प्रतिनिधित्व करती थी जबकि भारतीय प्रेस स्थानीय लोगों का। ऐंग्लो इण्डियन प्रेस को सरकार का संरक्षण एवं विशेषाधिकार प्राप्त थे, दूसरी ओर भारतीय प्रेस हिकारत की दृष्टि से देखी जाती थी। भारतीय प्रेस का एक उज्जवल पक्ष यह था कि राष्ट्रीय आन्दोलन के लगभग सभी बड़े नेता किसी न किसी रूप में समाचार–पत्रों से जुड़े थे। उन मनीषियों की गणना राजा राममोहन राय से शुरू करते हैं तो उनके बाद सुरेन्द्रनाथ बनर्जी, ईश्वरचंद विद्यासागर, दादाभाई नौरोजी, जोगेन्द्रनाथ बोस, कृष्णकुमार मित्र, कृष्णकमल भट्टाचार्य, अरविन्दघोष, बालगंगाधर तिलक, फिरोजशाह मेहता, एन.सी. केलकर, एम.जी. रानाडे, सुब्रह्मण्यम भारती, एस.एन. परांजपे, लाला लाजपत राय, पंचकौडी बनर्जी, मुहम्मद अली, जाफर अली खाँ, मौलाना आजाद, सी.वाई. चिंतामणि, रामानन्द चटर्जी, कस्तूरीरंगा आयंगर, जी.ए. नटेशन, सच्चिदानन्द सिन्हा, बिपिनचन्द्र पाल, जवाहरलाल नेहरू, महात्मा गाँधी आदि सभी को इसमें शामिल किया जाना होगा। राष्ट्रवादी नेताओं ने विविध समाचार–पत्रों के माध्यम से जनमत बनाने एवं जनता के विचारों को सरकार तक पहुँचाने का कार्य किया।

1857 के बाद भारतीय प्रेसः अंगरेजों द्वारा प्रकाशित अखबारों में टाइम्स ऑफ इण्डिया (1861), स्टेट्मैन (1875), इंगलिसमैन (कोलकाता), 'मद्रास मेल' चेन्नई से, पायनियर (1865) इलाहाबाद और सिविल एण्ड मिलिटरी गजट लाहौर से (1876 से) प्रकाशित होने लगे।

भारतीयों द्वारा प्रकाशित समाचार–पत्र एवं पत्रिकाओं की संख्या लम्बी है। ईश्वरचन्द विद्यासागर ने 1858 में बंगाली साप्ताहिक 'सोमप्रकाश' की शुरूआत की। नील उत्पादन में लगे श्रमिकों की समस्याओं को सोमप्रकाश ने ही उजागर किया, परिणामतः इसे लिटन के वर्नाक्यूलर प्रेस एक्ट का शिकार होना पड़ा था। कुछ अरसे बाद 'हिन्दू पैट्रिअट' की कमान विद्यासागर को संभालनी पड़ी। इसके सम्पादन का कार्य क्रिस्टोपाल दास, मनमोहनघोष एवं देवेन्द्रनाथ टैगोर ने किया। लंदन में इसके संवाददाता 1874–75 के बीच सुरेन्द्रनाथ बनर्जी थे।

बाल गंगाधर तिलक अपने 'केसरी' और 'मराठा' जैसे अखबारों में सरकार विरोधी लेखों के कारण ही जेल गए थे। ऐसा ही कुछ घोष (अरविन्द एवं बारीन्द्र) बन्धुओं का 'जुगान्तर' एवं 'बंदेमातरम्' जैसे अखबारों के कारण हुआ।

तत्कालीन प्रमुख समाचार–पत्र एवं पत्रिकाएँ

समाचार–पत्र	स्थान या प्रदेश	भाषा	प्रकाशक / सम्पादक	प्रारम्भ वर्ष
बंगाल गजट	बंगाल	अंगरेजी	जे.ए. हिक्की	1780
इण्डिया गजट	कलकत्ता	अंगरेजी	हेनरी लुईस	1787
एशियाटिक मिरर	बंगाल	अंगरेजी	–	–
मद्रास कैरियर	मद्रास	अंगरेजी	–	1784
बॉम्बे हेराल्ड	बम्बई	अंगरेजी	–	1789
बंगाल गजट	कलकत्ता	अंगरेजी	गंगाधर भट्टाचार्य (भारतीय द्वारा प्रकाशित प्रथम अखबार)	1816
दिग्दर्शन (मा.)	बंगाल	बंगाली	मार्शमेन	1818
संवाद कौमुदी	बंगाल	बंगाली	हरिशचन्द राय एवं राजा राममोहन राय	1818
मिरात उल अखबार	बंगाल	फारसी	राजा राममोहन राय	1821–22 (अप्रैल)
ब्रह्मनिकल मैगजीन	बंगाल	अंगरेजी	राजा राममोहन राय	–
बॉम्बे समाचार	बम्बई	गुजराती	फरदून जी मर्जबान	1822
बंगदूत (चार भाषाओं)	बंगाल	बांग्ला, फारसी, अंगरेजी, हिन्दी	द्वारकानाथ टैगोर, प्रसन्न कुमार, राजा राममोहन राय	1822
जामे जमशेद	–	–	राजा राममोहन राय	1831
रस्त गोफ्तार	–	–	दादाभाई नौरोजी	1851
अखबारे सौदागर	बंगाल	बंग्ला	दादाभाई नौरोजी	1851
सोमप्रकाश (साप्ताहिक)	बंगाल	बंग्ला	ईश्वरचन्द विद्यासागर (नील उत्पादक श्रमिकों का शोषण उजागर किया)	1858
इन्दु प्रकाश	बम्बई	बंग्ला	रानाडे	1862
नेटिव आपिनियन	बम्बई	–	वी.एन. मांडलिक	1864
कविवचन सुधा	उत्तर प्रदेश	–	भारतेंदु हरिशचंद	1867
हरिशचन्द्र मैगजीन	उत्तर प्रदेश	–	भारतेंदु हरिशचंद	1822
हिन्दू पैट्रिअट	–	–	ईश्वरचन्द्र विद्यासागर, क्रिस्टोपाल दास, मदनमोहनघोष, दैवेन्द्र नाथ टैगोर व सुरेन्द्रनाथ बनर्जी (लंदन संवाददाता)	1875
टाइम्स ऑफ इण्डिया	बम्बई	अंगरेजी	–	1861
स्टैटमैन	–	–	राबर्टनाइट	1875
पायनियर	इलाहबाद	–	–	1865
इण्डियन मिरर	कलकत्ता	–	दैवेन्द्र नाथ टैगोर, मदन मोहन घोष, केशवचन्द्र सेन, नरेन्द्र सेन	1862
अमृत बाजार पत्रिका	कलकत्ता	बंगाली, अंगरेजी (1878 से)	मोतीलालघोष, शिशिरघोष	1868, 1891 से दैनिक

समाचार–पत्र	स्थान या प्रदेश	भाषा	प्रकाशक / सम्पादक	प्रारम्भ वर्ष
बंगवासी	–	–	जोगेन्द्रघोष	1881
सुलभ समाचार	कलकत्ता	–	केशवचन्द्र सेन	–
ट्रिब्यून	लाहौर	–	सर दयाल सिंह मजीठिया	1877
द हिन्दू (साप्ताहिक)	कलकत्ता	अंगरेजी	–	1875
केसरी	बम्बई	मराठी	बाल गंगाधर तिलक व अगरकर	1881
हिन्दू 1889 से दैनिक	चैन्नई	–	वीर राघवचारी	1889
माराठा (साप्ताहिक)	बम्बई	अंगरेजी	बाल गंगाधर, एन.सी. केलकर	1881
जुगान्तर	मद्रास	–	अरविन्द एवं जी.एस. अय्यर	–
युगान्तर	कलकत्ता	–	वारिन्द्रघोष, भूपेन्द्रनाथ दत्त	1906
प्रताप	कानपुर	–	गणेशशंकर विद्यार्थी	1910
अल हिलाल व अल बिलाग	कलकत्ता	–	अबुल कलाम आजाद	1912 व 1913
गदर	सैनफ्रांसिसको	अंगरेजी	–	1913
न्यू इण्डिया, कामनवील	मद्रास	अंगरेजी	ऐनीबसेंट	1915
वन्देमातरम	पेरिस	–	मैडम भीका जी कामा	–
फ्री हिन्दुस्तान	वैंकुअर	–	तारक नाथ दास	1923
हिन्दुस्तान टाइम्स	–	अंगरेजी	के.एम. पनिक्कर	–
सुधाकर	–	–	गोपालकृष्ण गोखले	–
हरिजन, यंग इण्डिया	–	अंगरेजी व हिन्दी	महात्मा गांधी, अबुल कलाम आजाद	1933 व 1912

पत्रकारिता 1900 ई. के बाद: चेन्नई (मद्रास) से जी.ए. नटेशन का 'इण्डियन रिव्यू' कोलकाता से रामानंद चटर्जी का 'मॉडर्न रिव्यू' 1907 में प्रारम्भ किया गया। 'मार्डन रिव्यू' अपने समय की राजनीतिक, सामाजिक एवं वैज्ञानिक घटनाओं के उचित विश्लेषण के कारण काफी प्रभावी साबित हुआ। कांग्रेस के नरम दल के लोगों ने 1907 के बाद मुम्बई से समाचार–पत्र प्रकाशन की आवश्यकता महसूस की थी। परिणामतः 1913 में हार्नीमन के सम्पादकत्व में 'बॉम्बे क्रानिकल' प्रारम्भ किया गया, जिसमें फिरोजशाह मेहता का विशेष योगदान रहा। श्रीनिवास शास्त्री की देखरेख में सर्वेंट्स ऑफ इण्डिया सोसायटी ने 1918 में अंगरेजी साप्ताहिक 'सर्वेंट ऑफ इण्डिया' का प्रकाशन शुरू किया, जो अधिक लम्बे समय तक नहीं चल पाया।

पंडित मोतीलाल नेहरू ने इलाहाबाद से 'इनडिपेंडेंट' अंगरेजी दैनिक 1919 में शुरू किया था। इसी वर्ष गांधीजी ने 'यंग इण्डिया' तथा आगे जाकर 1933 में 'हरिजन' (अंगरेजी एवं हिन्दी) भी प्रकाशित किया जाने लगा। इन अखबारों से युद्ध ोत्तर आर्थिक संकट तथा राजनीतिक अस्थिरता एवं तीव्र जनान्दोलनों की तस्वीरें उभरती हैं। असहयोग आन्दोलन के बाद कांग्रेस के सी.आर. दास एवं मोतीलाल नेहरू ने स्वराज्य पार्टी की प्रस्थापना की, जो कांग्रेस के एक अलग हिस्से के रूप में कार्य करने लगी। पार्टी ने अपने कार्यक्रमों के प्रचार–प्रसार हेतु 1922 में दिल्ली से हिन्दुस्तान टाइम्स (अंगरेजी दैनिक) का प्रकाशन शुरू किया, के.एम. पन्नीकर इसके सम्पादक थे। इसी समय लाहौर से अंगरेजी दैनिक **'पीप्ल'** की शुरूआत लाला लाजपत राय ने करवाई। **अस्पृश्य लोगों को लक्षित करते हुए प्रथम मासिक पत्रिका विटाल विध्वंसक गोपाल बाबा वलंगकर द्वारा प्रकाशित की गई थी।**

भारत में 1923 के बाद समाजवादी विचारों का प्रसार तेजी से हुआ और 1930 के बाद तो किसानों, मजदूरों के आन्दोलनों का द्रुत विस्तार देखा गया। इस विचारधारा से सम्बद्ध अनेक समाचार–पत्रों का प्रकाशन होने लगा था। मराठी

साप्ताहिक 'क्रान्ति' वर्कर्स एण्ड पीजंट्स पार्टी ऑफ इण्डिया का मुख पत्र था। 'स्पार्क' एवं 'न्यू स्पार्क' (अंगरेजी साप्ताहिक) मेरठ षड्यन्त्र मामले को लेकर के.एम.जी. देसाई और लेस्टर हचिंसन ने शुरू किए। साम्यवादी विचारधारा का प्रतिनिधित्व 'नेशनल फ्रंट' एवं 'पीपल्स वार' कर रहे थे। मानवेन्द्र नाथ राय की अवधारणा साम्यवाद से कुछ भिन्न थी। उन्होंने इसीलिए 'इनडिपेंडेंट इण्डिया' का प्रकाशन किया। 'मॉडर्न इण्डिया एण्ड द वेस्ट' (सम्पादक ओ'मेली) को उद्धृत करते हुए ए.आर. देसाई ने लिखा है कि 1941 तक देश में लगभग 4000 पत्र–पत्रिकाएं प्रकाशित हो रही थीं।[4] देश के हर प्रमुख शहर एवं कस्बों में समाचार–पत्र छप रहे थे, जिनकी भाषा हिन्दी, अंगरेजी, उर्दू या अन्य कोई प्रादेशिक भाषा थी। इन समाचार–पत्रों से समाज के प्रत्येक वर्ग का प्रतिनिधित्व हो रहा था। केवल राजनीतिक पार्टियाँ ही नहीं बल्कि हिन्दू–मुस्लिम वर्ग के भी अपने–अपने अखबार थे।

समाचार–पत्रों के विरूद्ध दमानात्मक कार्यवाही की शुरूआत: लार्ड वैलेजली ने प्रेस को नियंत्रित करने की सबसे पहले कोशिश की थी। उसके द्वारा लागू किये गये 1799 प्रेस नियंत्रण अधिनियम को 1807 के प्रावधानों द्वारा अधिक कठोर बनाया गया और 1823 को अनुज्ञप्ति नियम द्वारा अधिक प्रतिक्रियावादी रूप में लाया गया। किन्तु समाचार–पत्रों के विरूद्ध दमनात्मक कार्रवाई की शुरूआत 1857 के बाद ही हुई।

अनुज्ञप्ति अधिनियम (Licensing Act 1857): 1857 के विद्रोह से उत्पन्न स्थिति पर नियंत्रण स्थापित करने हेतु केनिंग ने जून, 1857 में प्रेस को प्रतिबन्धित किया। अधिनियम के प्रावधान संख्या 15 के अनुसार अनुज्ञप्ति (लाइसेंस) व्यवस्था पुनः लागू कर दी गई। यह प्रावधान अंगरेजी एवं भारतीय भाषाओं पर समान रूप से लागू किया गया। इन प्रावधानों के अन्तर्गत अनेक समाचार–पत्रों के विरूद्ध कार्यवाही की गई। अधिनियम की कठोरता के कारण इसे मुंह बंद करने वाला अधिनियम (Gagging Act) भी कहा गया है।

1867 के पंजीकरण अधिनियम (Registration Act, 1867): मैटकॉफ के अधिनियम को इस अधिनियम ने उल्टा कर दिया। इसका उद्देश्य प्रेस एवं समाचार–पत्रों पर प्रतिबन्ध लगाना नहीं अपितु उन्हें नियमित करना था। अधिनियम की धारा 25 द्वारा मुद्रक प्रकाशक एवं मुद्रणालय के स्थान का नाम प्रकाशित करना अनिवार्य किया गया। इसी अधिनियम को 1890, 1914, 1952 एवं 1953 में संशोधित किया गया था।

उल्लेखनीय है कि 1869–70 के वहाबी आन्दोलन के कारण सरकार ने भारतीय दण्ड संहिता (Indian Penal Code) की धारा 124 में एक और धारा 124A द्वारा राजद्रोह फैलाने वाले व्यक्तियों को आजीवन कारावास अथवा कम अवधि के लिए निर्वासन अथवा जुर्माने की सजा का प्रावधान किया गया था।

देशी भाषा समाचार–पत्र अधिनियम (The Vernaculor Press Act, 1878): सरकार ने तेजी से बढ़ रहे समाचार–पत्रों पर नियंत्रण के लिए 1878 में वर्नाक्युलर प्रेस एक्ट लागू किया। इसे 1857 की आजादी की लड़ाई का परिणाम भी माना जाता है। स्थानीय समाचार–पत्र न केवल सरकार की आलोचना करते थे अपितु ब्रिटिश अधिकारियों की हत्या को उचित ठहरा रहे थे। दूसरी ओर यूरोपीय प्रेस सरकार की समर्थक एवं सहयोगी थी। लिटन ने प्रान्तीय सरकारों से विचार–विमर्श किया तथा सितम्बर, 1878 में वर्नाक्यूलर प्रेस एक्ट पारित किया, जिसकी विस्तृत चर्चा अन्यत्र की गई है।

1910 का भारतीय समाचार–पत्र अधिनियम (The Indian Press Act, 1910): लिटन की कार्यवाही का विरोध हुआ था। अतः उदारवादी रिपन (Lord Ripon, 1880-84) ने 1882 में वर्नाक्युलर प्रेस एक्ट रद्द कर दिया। लेकिन सरकार प्रिन्ट मीडिया पर शिकंजा मजबूत रखना चाहती थी इसीलिए 1910 में भारतीय समाचार–पत्र अधिनियम पारित किया, जिसके द्वारा लिटन के प्रावधान पुनर्जीवित हो गए। वस्तुतः तेजी से विकसित होते राष्ट्रीय आन्दोलन की इसे प्रतिक्रिया ही कहना होगा। भारतीय न्यायालय के अंगरेज जज सर लारेंस जेनकिंस के विचारों को उद्धृत करते हुए देसाई ने लिखा है–'सेक्शन 4' की धाराएँ बहुत व्यापक हैं और इनमें उन सारी बातों का समावेश है, जो कभी भी किसी भी आदमी के दिमाग में आ सकती हैं। कहना मुश्किल है कि कोई तेज चालाक आदमी किस हद तक इस सेक्शन का इस्तेमाल कर लेगा। इसका इस्तेमाल कुछ ऐसी भी किताबों के खिलाफ हो ही सकता है जो तारीफ के काबिल है–दूसरों के आश्रित, दयनीय स्थिति में रहने वाले गरीब लोगों पर भी इसके द्वारा आघात संभव है। किसी वर्ग विशेष की तारीफ खतरे से खाली नहीं होगी। जो सत्साहित्य माना जाता है उसका अधिकांश तो निस्संदेह इसकी पकड़ में आ ही जाएगा।[5] सरकार की प्रेस के प्रति नीति स्वतः स्पष्ट है। अधिनियम में बड़ी जमानत राशि के प्रावधान थे एवं मुद्रणालयों को जब्त करने के भी। अपील के अधिकार का कोई औचित्य न था।

अधिनियम के तहत की गई कार्यवाही का बड़ा खराब चित्र उभर कर आता है लगभग 990 मुद्रणालयों एवं समाचार–पत्रों के विरूद्ध कार्यवाही की गई। कड़ी चेतावनी के मामले 286 थे, जबकि 705 मामलों में बड़ी–बड़ी जमानतें प्राप्त की गई। प्रथम महायुद्ध के दौरान भारत सुरक्षा नियम (Defence of India Rules) लागू किए जाने के फलस्वरूप राजनैतिक आन्दोलन तथा स्वतंत्र जन आलोचना की छूट न रही।

1921 में विधि सदस्य सर तेज बहादुर सप्रू की अध्यक्षता में प्रेस कमेटी नियुक्त की गई, जिसका उद्देश्य समाचार–पत्रों के कानून की समीक्षा करना था। इसकी सिफारिशों पर 1910 का अधिनियम रद्द किया गया। यद्यपि 1922 में प्रिंस प्रोटेक्शन बिल द्वारा पुस्तकों, समाचार–पत्रों अथवा अन्य ऐसे दस्तावेजों को निषिद्ध किया गया, जिसमें भारतीय शासकों अथवा उनकी सरकारों के खिलाफ घृणा या असन्तोष भड़काने की कोशिश की गई है।

भारतीय समाचार–पत्र अधिनियम (The Indian Press Emergency Powers Act, 1931): सविनय अवज्ञा आन्दोलन शुरू होने के फलस्वरूप सरकार ने समाचार–पत्रों पर अधिक प्रभावी नियंत्रण हेतु नया समाचार–पत्र अध्यादेश जारी किया। 1910 के एक्ट के सभी प्रावधान पुनः लागू किए गए। इस एक्ट को भारतीय समाचार–पत्र (संकटकालीन शक्तियाँ) कहा। जिसने प्रान्तीय सरकार को सविनय अवज्ञा आन्दोलन (Civil Disobedience Movement) को दबाने के लिए अत्यधिक शक्तियाँ प्रदान की। अधिनियम की धारा 4(1) के अनुसार सरकार को शब्द संकेत अथवा आकृति द्वारा किसी हत्या के अथवा अन्य किसी अनुसंधेय (Cognigable) अपराध की प्रेरणा देने पर अथवा ऐसे अपराध की प्रशंसा करने पर कड़े दण्ड का प्रावधान था। यही अधिनियम 1932 में आपराधिक संशोधित अधिनियम (Criminal Amendment Act, 1932) के रूप में सामने आया। इसकी धारा 4 बहुत व्यापक बना दी गई, जिससे सरकार की प्रभुसत्ता पर चोट की जा सकती थी। इस अध्यादेश का व्यापक विरोध हुआ। अनेक राष्ट्रवादी नेताओं ने विधानसभाओं को त्याग दिया, इसके विरोध में गिरफ्तारियाँ दी गई। अधिनियम के प्रहार से बचने के लिए अनेक समाचार–पत्रों को प्रकाशन बन्द करना पड़ा।

अप्रैल, 1932 के विदेश सम्बन्धी अधिनियम द्वारा विदेशी राष्ट्रों के साथ मैत्रीपूर्ण सम्बन्धों पर विपरीत प्रभाव डालने वाले प्रकाशनों पर प्रतिबन्ध लगा दिया गया। ऐसी परिस्थितियाँ भारतीय राज्य (सुरक्षा) अधिनियम, 1934 को पारित करने का कारण थीं। देशी राज्यों के प्रशासन पर ब्रिटिश भारत के समाचार–पत्रों में अकारण आलोचनाओं को रोकना तथा भारतीय रियासतों में असन्तोष फैलाने वाले समूहों को दण्डित करना।

समाचार–पत्र (आपत्तिजनक विषय) अधिनियम [The Press (Objectionable Matters) Act, 1951]: आजादी के बाद संविधान के अनुच्छेद 19(2) द्वारा सरकार को समाचार–पत्रों एवं मुद्रणालयों द्वारा आपत्तिजनक सामग्री प्रकाशित करने पर जमानत मांगने तथा जब्त करने का अधिकार दिया गया। पीड़ित प्रकाशक तथा मुद्रणालय के स्वामियों को जूरी द्वारा परीक्षा (Trial by Jury) मांगने का अधिकार दिया। यह अधिनियम 1956 तक प्रभावी रहा।

न्यायाधीश राजाध्यक्ष की अध्यक्षता में समाचार–पत्र आयोग (Press Commission Under Justice Rajadhyaksha): राजाध्यक्ष की अध्यक्षता में गठित समाचार–पत्र आयोग ने अखिल भारतीय समाचार–पत्र परिषद् (All India Press Council) गठित करने II वर्ग प्रहेलिका (Cross Puzzles) बंद करने तथा पन्ना मूल्य पद्धति (Price page system) अपनाने, विज्ञापनों के लिए कड़ी संहिता बनाने एवं समाचार–पत्रों के स्वामित्व का संकेन्द्रण रोकने की सिफारिश की।

विभिन्न समाचार–पत्र अधिनियम तथा गवर्नर जनरल

समाचार–पत्रों का पत्रेक्षण अधिनियम	1799	लार्ड वेलेजली
अनुज्ञप्ति नियम	1823	जान एडम्स
अनुज्ञप्ति अधिनियम	1857	लार्ड कैंनिग
पंजीकरण अधिनियम	1867	जान लारेंस
देशी भाषा समाचार अधिनियम	1878	लार्ड लिटन
समाचार–पत्र अधिनियम	1908	लार्ड मिंटो II
भारतीय समाचार–पत्र अधिनियम	1910	लार्ड मिंटो II
भारतीय समाचार–पत्र (संकटकालीन शक्तियाँ)	1931	लार्ड इरविन

समाचार एजेंसियाँ एवं प्रेस नीति की समीक्षा: भारत में 1941 तक तीन प्रमुख समाचार एजेंसियों ने कार्य करना शुरू कर दिया था। रायट्र, एसोसिएटेड प्रेस एवं फ्री प्रेस न्यूज सर्विस। अन्तिम एजेंसी भारतीय थी, प्रारम्भिक दोनों एजेन्सियों को सरकारी प्रश्रय प्राप्त था। यह स्वाभाविक है कि भारतीय एजेंसी का राष्ट्रीय दृष्टिकोण रहता था, दूसरी ओर रायटर जैसी ऐजेंसी आन्दोलन से सम्बन्ध रखने वाले समाचारों एवं सरकार विरोधी तथ्यों को बाहर भेजने में विलम्ब करती। जलियाँवाला बाग हत्या की खबरें दूसरी देशों में सात महीने बाद पहुँची थीं। यही नहीं, ब्रिटेन के लोगों को भी इसका पता न था। यह जिक्र करना आवश्यक है कि सरकार के कस्टम नियमों के कारण विदेशी साहित्य का भारत में प्रवेश रोका गया। रूस में साम्यवादी सरकार के गठन के बाद विशेष रूप से वामपंथी साहित्य के प्रति इस नीति को अपनाया गया।

निष्कर्ष: कहा जा सकता है कि ब्रिटिश सरकार ने प्रेस की स्वतंत्रता का दमन करने की पूरी कोशिश की, लेकिन राष्ट्रवादियों ने प्रेस की स्वतंत्रता को कम करने की सभी कोशिशों का विरोध किया। यह सिलसिला राजा राममोहन राय के समय से शुरू हुआ था, जिसे कांग्रेस एवं अन्य संगठनों ने आजादी मिलने तक बनाए रखा। दमनकारी ब्रिटिश कानूनों के बावजूद देश के समाचार–पत्रों की संख्या निरन्तर बढ़ती गई और प्रेस ने पूर्ण निष्ठा और समर्पित भाव से राष्ट्रीय आन्दोलन का समर्थन किया। इसके अतिरिक्त सामाजिक एवं धार्मिक आन्दोलन की सफलता का अधिक श्रेय प्रेस को जाता है। सरकार एवं प्रेस के बीच का संघर्ष आजादी के बाद ही समाप्त हो पाया।

संदर्भ

1. *The Collins Atlas of World History*, London, 1987
2. *The Indian Year Book* & Who's & Who, 1945-46, The Times of India Press Bombay, p. 846
3. देसाई, ए.आर., *भारतीय राष्ट्रवाद की सामाजिक पृष्ठभूमि*, पृ. 178
4. वही, पृ. 182
5. वही, पृ. 185

❋❋❋

20

भारत में ईसाई मिशनों की गतिविधियाँ
(Christian Missionary Activities in India)

भारत में बीसवीं सदी के प्रारम्भ में एंग्लिकन, रोमन कैथोलिक चर्च, चर्च ऑफ स्कॉटलैण्ड, बेपटिस्ट सोसाईटीज, प्रीबेस्टेरियन सोसाइटी, कांग्रीगेसनल सोसाईटी, आल इण्डिया मिशन, लूथेरियन सोसाइटी, सेलवेशन आर्मी आदि मिशनरियाँ कार्य कर रहीं थीं।[1]

दक्षिण भारत में 17वीं सदी के प्रारम्भ में ईसाई मिशनरियाँ अपने धर्म के प्रचार में जुट गई थीं, लेकिन उन्हें राजनैतिक सत्ता का समर्थन नहीं था। 1757 के प्लासी युद्ध से बंगाल में अंगरेजी प्रभुसत्ता स्थापित हो गई, किन्तु साम्राज्यवादी सरकार के 1793 के चार्टर एक्ट में ईसाई मिशनरियों को भारत आने की अनुमति नहीं दी। फिर भी अनेक मिशनरियों के पादरी भारत आते रहते थे। कंपनी सरकार के वैधानिक प्रतिबन्धों के कारण मिशनरियों ने बंगाल में डच अधिकृत श्रीरामपुर (सेरामपुर) में अपना मुख्य कार्यालय स्थापित किया। 1813 के एक्ट में ईसाई मिशनों का आगमन नियमित कर दिया गया और 1833 के पश्चात् भारत में बसने की खुली छूट दे दी गई। इसके बाद मिशनरियों का भारत में तेजी से विस्तार संभव हुआ।

मिशनरियों की सफलता में प्रचार–प्रसार माध्यमों का महत्वपूर्ण योगदान रहा। ईसाई धर्म के तेजी से प्रसार हेतु अनेक पुस्तकों का प्रकाशन करवाया गया। प्रचार कार्य केवल छापेखाने, पुस्तक तथा पुस्तिकाओं के प्रकाशन एवं स्कूलों की स्थापना से ही संभव था। धर्म परिवर्तन के लिये ईसाईयों ने बल प्रयोग एवं प्रलोभनों का भी आश्रय लिया। खुले बाजारों में हिन्दू धर्म, समाज तथा यहाँ के सामाजिक एवं धार्मिक रीति–रिवाजों की आलोचना करके मिशनरी ईसाई धर्म की सर्वोच्चता उजागर करते थें। हिन्दुओं की धार्मिक तथा सामाजिक रीतियों को अमानवीय सिद्ध करने के लिये कल्पित वृतान्त भेजे गये। वे चाहते थे कि इंग्लैण्ड में सरकार तथा प्रभावशाली व्यक्ति ईस्ट इण्डिया कम्पनी की धार्मिक अथवा सामाजिक क्षेत्र में अहस्तक्षेप की नीति के दोष स्पष्ट करें। इस लक्ष्य में उन्हें अपेक्षित सफलता भी मिली। सती प्रथा को बन्द करवाने में उनके प्रचार का काफी योगदान रहा।[2] 1823 में कोर्ट आव डाइरेक्टर ने इस नीति की समाप्ति की ओर ध्यान दिलाया, पर वे चाहते थे कि इस सुधार का विरोध न हो। एमहर्स्ट ने इस सम्बन्ध में अपने अधिकारियों से राय मांगी पर उनकी राय में एकमतता न थी।

शिक्षा ईसाई धर्म के प्रचार का महत्वपूर्ण साधन रहा है। समाज के निम्न वर्ग के लोग जो अधिकांश निरक्षर थे, मिशनरियों ने उन्हें शिक्षित करना शुरु किया। बाईबिल का अध्ययन शिक्षा का आवश्यक अंग बना दिया गया। लोगों को व्यावसायिक शिक्षा भी दी जाती थी, जिससे धर्म परिवर्तित लोग अपनी आजीविका चला सकें अथवा पढ़–लिखकर सरकार के अधीन नौकरी प्राप्त कर सकें।

1818 में समाचार दर्पण (साप्ताहिक) एवं दिग्दर्शन (मासिक) पत्रिकाओं का भी प्रकाशन किया जाने लगा। बाईबिल का विभिन्न भाषाओं में अनुवाद किया। बड़ी तादाद में अंगरेजी पाठ्य पुस्तकें क्षेत्रीय भाषाओं में अनुदित की गईं। 1792 में चार्ल्स ग्रांट ने आब्जर्वेशन आन द स्टेट ऑफ सोसायटी अमंग दी एशियाटिक सब्जेक्ट्स ऑफ ग्रेट–ब्रिटेन[3] नामक पुस्तक में भारतीयों को नैतिक दृष्टि से पतित बताया। उसने लिखा है कि, बंगाल में तो सत्यवादी एवं ईमानदार मनुष्य मिलना एक महान घटना ही है। हमें ऐसा लगता है कि अपने सम्पूर्ण आचरण में अन्तर्विवेक रखने वाले मनुष्य यहाँ नहीं हैं। ग्रांट के अनुसार भारतीय समाज की दयनीय दशा के दो कारण थेः अज्ञान और उपयुक्त धर्म का अभाव। उसने भारतीयों को शिक्षित करने और ईसाई बनाने का समर्थन किया। यदि अंगरेजी शिक्षा का प्रसार किया गया तो अनिवार्य रूप से भारतीय जनता इसाई धर्म स्वीकार लेगी।.... वस्तुतः अंगरेजी शिक्षा की अग्रिम रूपरेखा का निर्माण ग्रांट ने ही किया, अतः उसे भारत में आधुनिक शिक्षा का जन्मदाता कहा जाता है।[4] 1813 में ईस्ट इण्डिया कम्पनी का चार्टर ब्रिटिश पार्लियामेन्ट में पुनरावृत्ति के लिये प्रस्तुत किये जाने पर बिल्वर फोर्स एवं चार्ल्स ग्रांट भारत में पश्चिमी शिक्षा व चर्च की स्थापना के संबंध में व्यवस्था करवाने में सफल हुए। इस प्रकार 1813 में मिशन इतिहास का एक नया युग प्रारम्भ हुआ।

मिशिनरियों द्वारा काराग्रहों में भी धर्म परिवर्तन के प्रयास किये गये। गोपालनंदी जो हिन्दू से ईसाई बना था ने लिखाः एक सामान्य शिक्षक काराग्रह के बन्दियों को ईसाई धर्म और सामान्य ज्ञान की शिक्षा देता था। प्रत्येक रविवार की सुबह जेल के कैदियों को गॉस्पिल का उपदेश दिया जाता था अंगरेजी मजिस्ट्रेट के अतिरिक्त अन्य अंगरेजी अधिकारी भी इसमें रुचि लेते थे। उपदेश के प्रभाव से ईसाई बनने वाले कैदियों की संख्या जब छः तक पहुँच गई तो उन्हें थोड़ी सी कृषि भूमि दे दी गई। किन्हीं कारणों से जाति बहिष्कृत व्यक्ति भी ईसाईयत स्वीकार करने को बाध्य हुए। सैनिक एवं अर्द्धसैनिक अधिकारी भी ईसाई धर्म प्रचारकों की मदद करते थे। एडमण्ड नामक एक उच्च अधिकारी ने एक परिपत्र जारी किया जिसमें कहा गया कि "सम्पूर्ण देश में एक सरकार का शासन है तथा यातायात के साधनों की एकता है इसलिए यह भी आवश्यक है कि एक धर्म का पालन हो एवं वह धर्म ईसाई हो।" उत्तर–पश्चिम प्रान्त में 1837 ई. के अकाल में अनेक अनाथ बच्चों को ईसाई बनाया गया।

प्रदेशों में मिशनरी: अनेक यूरोपीय देश भारत में अपना व्यापारिक प्रभुत्व स्थापित करने हेतु परस्पर प्रतिस्पर्द्धा में लगे हुए थे। उसी दौर में पुर्तगाली मिशनरियों ने ईसाईयत का प्रचार प्रारम्भ किया। सर्वप्रथम उन्होंने गोवा को अपनी गतिविधियों का केन्द्र बनाया। गोवाः 1541 में कूजेवियर साढ़े चार वर्षों की अल्प अवधि में 60 हजार मछुओं को ईसाई बनाने में सफल हुआ। नोविलि ने ब्राह्मण वेशधारण करके यीशुर्वेद के पुनरुद्धार हेतु 1550 से 1611 ई. के बीच 26 ब्राह्मणों सहित एक लाख अन्य लोगों को ईसाई धर्म में दीक्षित किया। 1706 ई. में प्रोटेस्टेन्ट पादरी भी भारत आने लगे। ट्रांकूबारः भिगेन बाल्ग व प्लटस्कु नामक जर्मन पादरी भारत आए एवं ट्रांकूबार में मिशन स्थापित की। डेनमार्क ईस्ट इण्डिया कम्पनी ने भी दक्षिण में ट्रांकूबार (Tranquebar) को ही अपने धर्म प्रचार का केन्द्र बनाया। फ्रांसीसी ईस्ट इण्डिया कम्पनी ने पाण्डिचेरी एवं चन्द्रनगर में स्थापित बस्तियों में ईसाई धर्म का प्रचार किया। पाण्डिचेरी से जैसुइट (Jesuit) पादरी देश के अनेक प्रदेशों में गए। 1711 ई. में एक पादरी निकोबार भेजा गया। मोन्टालेम्बर्ट (Montalambert) नामक एक अन्य पादरी 1741 ई. में पुनः पाण्डिचेरी से निकोबार गया। यद्यपि फ्रांसीसी ईस्ट इण्डिया कम्पनी के अधिकारी ईसाई धर्म प्रचारकों को सुविधा अवश्य प्रदान करते थे किन्तु उनका प्रमुख ध्येय व्यापारिक एकाधिकार के अतिरिक्त राजनैतिक प्रभुत्व प्राप्त करना था। अतः उन्होंने धर्म प्रचार में अधिक रुचि नहीं दिखाई। ईस्ट इण्डिया कम्पनी ने भी प्रारम्भ में ईसाई धर्म के प्रचार में कोई भी रुचि नहीं ली बल्कि 1783 से 1813 ई. तक ईसाई मिशनों का विरोध किया। बंगाल (सेरामपुर): ईसाई मिशन का इतिहास बंगाल में विलियम कैरी (William Carey) से प्रारम्भ होता है। वह इंग्लैण्ड के नार्थम्पटनशायर के एक छोटे गाँव का मोची था। 1793 ई. में वह कलकत्ता आया एवं नील के कारखाने में कार्य करने लगा। कुछ समय बाद स्वयं ने कलकत्ता के पास किदरपोर में एक कारखाना स्थापित किया। उसके आमन्त्रण पर इंग्लैण्ड से चार मिशनरी भारत आये किन्तु सरकार ने अपने अधिनस्थ क्षेत्र में ईसाई धर्म प्रचार की स्वीकृति नहीं दी। उसने कलकत्ता से 15 मील दूर डेनिस प्रदेश से रामपुर (Serampur Trio) में मिशन की स्थापना की एवं थोड़े ही समय में सेरामपुर मिशन भारत में दूर–दूर तक प्रसिद्ध हो गया। कैरी ने भारत के विभिन्न भागों में अंगरेजी शिक्षा के प्रसार हेतु अथक् परिश्रम किया।[5]

19वीं सदी के प्रारम्भ में भारत में मिशनरियों के आगमन की छूट देने की माँग को लेकर आन्दोलन शुरु हो गया। इंग्लैण्ड में लोगों ने ब्रिटिश सरकार का ध्यान इस ओर आकृष्ट किया कि 'जो शासक ईसाई नहीं थे उन्होंने भी अपने राज्य में ईसाई धर्म के प्रचार की स्वीकृति प्रदान कर दी है दूसरी ओर मिशनरियों के मौलिक मानवीय अधिकार को कम्पनी सरकार प्रदान करना नहीं चाहती है।' इस तरह 1813 ई. के चार्टर द्वारा ईसाई मिशनरियों को गॉस्पिल के उपदेश की स्वतंत्रता मिल गई।[6] हिन्दुओं की कुरीतियों का अनेक लोगों ने जिसमें बिल्बर फोर्स भी था, काले रंग से अंकित कर खण्डन किया जैसेः सती प्रथा, बाल हत्या, गंगा में बच्चे फेंकना, धार्मिक मृत्यु एवं मूर्ति पूजा आदि। इसके समर्थन में बेपटिस्ट लोगों ने विवरण दिया कि जगन्नाथ भगवान की रथ यात्रा के दौरान पुरी में हजारों निर्दोष लोग मारे जाते हैं।[7]

भारतीय समाज के प्रति अंगरेज विचारकों की तीन विचारधाराओं की जानकारी मिलती है। भारत के विभिन्न भागों में रहने से यहाँ की जीवन पद्धति, भाषा तथा साहित्य का ज्ञान रखने वाले कुछ अंगरेज भारतीयों के प्रति सहानुभूति रखते थे। इस श्रेणी में विलियम जोंस, एलफिंस्टिन, मनरो तथा मालकम को लिया जाता है। ईसाई मिशनरियों के समर्थक अंगरेजों को दूसरी श्रेणी में रखा जाता है जिसमें प्रमुख थेः चार्ल्स ग्रांट, सरजॉन शोर आदि। ग्रांट की मान्यता थी कि भारतीयों को अंगरेजी भाषा एवं ईसाई धर्म के प्रचार द्वारा सभ्य बनाया जाना चाहिए। तीसरे उपयोगितावादी विचारक जेम्स मिल की धारणा थी कि भारतीय समाज का सुधार एवं विकास अंगरेजी नियमों तथा प्रशासनिक व्यवस्थाओं द्वारा किया जाना चाहिए।[8]

अंगरेज सरकार की नीति के संचालन में दूसरे एवं तीसरे दृष्टिकोण का ही अधिक प्रभाव रहा और विशेष रूप से जेम्स मिल के उपयोगितावादी विचारों का। भारत में ईसाई मिशनरियों के प्रचार में एवं इंग्लैण्ड में उपयोगितावाद के प्रभुत्व से मिल के दृष्टिकोण को अत्यधिक प्रोत्साहन मिला।[9] इसी परिप्रेक्ष्य में हिन्दू समाज में सुधार लाने और ईसाई धर्म के प्रसार का मार्ग प्रशस्त करने हेतु जातीय वैकल्य निराकरण नियम तथा विधवा पुनर्विवाह अधिनियम 1856 पारित किये गये।

जातीय वैकल्य निराकरण नियम 1850: ईसाई मिशनरियाँ कुलीन हिन्दुओं को भी ईसाई बनाने में उत्सुक थीं, किन्तु धर्म परिवर्तन से हिन्दू अपनी पारिवारिक सम्पत्ति के समस्त अधिकारों से वंचित हो जाते थे। डलहौजी ने 1850 के जातीय वैकल्य निराकरण नियम (Caste Disabilities Removal Act) पारित किया, जिसके द्वारा एक व्यक्ति के दूसरा धर्म ग्रहण कर लेने पर वह अपनी पैतृक सम्पत्ति से वंचित नहीं किया जा सकता था। हिन्दूओं ने इस अधिनियम का विरोध किया। 1857 के स्वतंत्रता संग्राम में लोगों ने यह बात उठाई थी।

विधवा पुनर्विवाह अधिनियम 1856: हिन्दू धर्मशास्त्रों में विशेष परिस्थितियों में इसकी अनुमति दी हुई है। बंगाल में विधवाओं की संख्या बहुत अधिक थी और लोग उनका तिरस्कार भी करते थे। कुलीनवाद एवं बाल विवाह इसके प्रमुख कारण थे। कुलीनवाद का अर्थ थाः प्रत्येक उच्च वर्ग का हिन्दू अपनी पुत्री का उच्च कुल में ही विवाह करना चाहता था। यह समस्या ब्राह्मणों में और विशेषकर कुलीन ब्राह्मणों में बहुत गंभीर रूप धारण कर चुकी थी। कुलीनों में ऐसे भी उदाहरण मिलते हैं कि 50–60 लड़कियों का विवाह एक साथ एक ही व्यक्ति से कर दिया जाता था। एक बाल कन्या का विवाह वृद्ध कुलीन से किये जाने की एक परम्परा बन गई थी। ऐसी स्थिति में बाल विधवाओं की संख्या बढ़ रही थी।[10]

प्रारम्भ में विधवाओं की स्थिति में सुधार लाने हेतु मिशनरियों ने कुछ कार्य किया। प्रेस्बिटेरियन चर्च द्वारा रत्नगिरि में विधवाश्रम तथा जालंधर में उनके प्रशिक्षण हेतु केन्द्र स्थापित किया। मिशनरियों के कार्यों का भारतीयों पर प्रभाव होना स्वभाविक था। सर्वप्रथम ईश्वरचन्द्र विद्यासागर ने विधवा विवाह के लिए आन्दोलन शुरु किया। बी.एम. मालाबारी, न्यायाधीश महादेव गोविन्द रानाडे, डी.के. कर्वे एवं नटराजन आदि समाज सेवियों ने विद्यासागर का समर्थन किया और अन्ततः 1856 ई. में विधवा विवाह अधिनियम पारित हुआ। 1877 में शशिपाद बनर्जी ने मिशनरी पद्धति पर कलकत्ता में विधवाश्रम की स्थापना की और 37 विधवाओं का पुनः विवाह भी करवाया इसी तरह का विधवाश्रम पुणे में प्रोफेसर डी.के. कर्वे ने स्थापित किया जो बाद में 'भारत महिला विद्यालय' के रूप में विकसित हुआ।

मिशनरियों एवं भारतीय सुधारकों ने बाल विवाह रोकने का भी प्रयास किया। ईश्वरचन्द्र विद्यासागर के प्रयासों से 1860 ई. में विवाह की आयु कानून द्वारा 10 वर्ष निश्चित की गई। बाल विवाह रोकने के लिए बी.एम. मालाबारी ने सम्पूर्ण देश में तीव्र आन्दोलन चलाया, जिसका मिशनरियों ने समर्थन किया। फलस्वरूप 1891 में लड़कियों की विवाह योग्य आयु 12 वर्ष एवं 1925 में 14 वर्ष की गई।

दक्षिण भारत में मन्दिरों में प्रचलित देवदासी प्रथा का हिन्दू सुधारकों एवं मिशनरियों ने विरोध किया। वेश्यावृत्ति को भी प्रतिबन्धित किये जाने की मिशनरियों ने माँग की। फलतः मद्रास गवर्नर वानलोक (1891–96 ई.) ने इन प्रथाओं पर प्रतिबन्ध लगा दिया। 1906 में बम्बई के गवर्नर से देवदासी प्रथा को समाप्त करने का अनुरोध किया और इस तरह 1909 ई. तक धार्मिक अवसर पर होने वाले नृत्यों पर रोक लगा दी गई। आधुनिक शिक्षा एवं पाश्चात्य प्रभाव से पर्दा प्रथा कमजोर हुई। स्त्री मिशनरियों के सम्पर्क में आने से स्त्रियाँ पर्दा छोड़कर बाहर निकल पड़ी। मिशनरियों ने बहुविवाह प्रथा का भी विरोध किया। आदिवासियों में प्रचलित इस बुराई को दूर करने के भी प्रयत्न भी किये गये। अफीम के व्यापार का मिशनरियों ने विरोध किया। एंग्लो–इण्डियन टेम्परेन्स एसोसिएशन (Anglo–Indian Temperance Association) ने 1857 में ब्रिटिश सरकार से अफीम के व्यापार को रोकने की अपील की। इस प्रकार मिशनरियों ने भारतीय समाज को व्यापक रूप से प्रभावित किया। मिशनरियों द्वारा सामाजिक कार्यों के अतिरिक्त शिक्षा, साहित्य, चिकित्सा एवं अकाल के दौरान की गई सेवाओं ने भारतीय जनमानस पर गहरी छाप अंकित की।

कुष्टालय: कुष्ट रोगियों की सेवा में भी मिशनरियों की महत्वपूर्ण भूमिका रही। कुष्ट रोगियों के लिए डॉ. कैरी ने कलकत्ता में कुष्टालय स्थापित करवाया। जे. रेम्जे ने अल्मोड़ा में 1840 में कुष्टालय स्थापित किया तथा उसे लन्दन मिशनरी सोसाइटी से सम्बद्ध करवाया। डॉ. रिब्बनट्रॉप ने रोगियों के घावों की मरहम पट्टी करने का प्रबन्ध किया। अमेरिकन प्रेस्बिटेरियन चर्च ने अम्बाला एवं सबत्यु में कुष्टालय स्थापित किये, जहाँ डॉ. न्यूटन ने अपनी अमूल्य सेवायें दी। प्रोटेस्टेन्ट मिशन ने 'मिशन टू लेपर्स इन इण्डिया एण्ड ईस्ट' की स्थापना की। 1909 में इस मिशन द्वारा 50 कुष्टालय चलाये जा रहे

थे और उनके बच्चों (कुष्ट रोगियों के) लिए 15 शरणार्थी कैंप भी संचालित थे। 1869 में वेलेजली सी बेली ने अम्बाला में कुष्टालय स्थापित किया। लेडी डफरिन ने इस सेवा कार्य को गति प्रदान की। 1890 में भारत में 1,14,239 कुष्ट रोगी थे। भारत में विविध चर्चों द्वारा इलाहाबाद, अम्बाला, जालंधर, देहरादून, सहारनपुर, कोल्हापुर, आसनसोल, चान्दग आदि स्थानों पर कुष्टालय स्थापित किये गये।

शिक्षाः ईसाई मिशनरियों की मूल प्रेरणा थी भारत में ईसाई धर्म का प्रचार करना। आधुनिक भारत के शिक्षा क्षेत्र में किए गए निजी प्रयासों में मिशनरी अग्रणी थे। समाज के सबसे निम्न वर्ग के लोग, जो निरक्षर थे, प्रारम्भ में अधिकांशतः उन्हीं लोगों ने ईसाई धर्म स्वीकार किया। मिशनरियों ने अपने विद्यालयों की स्थापना ऐसे ही धर्म परिवर्तित व्यक्तियों के लिये की थी।[11] सर्वप्रथम डेनिश मिशनरियों ने शिक्षा प्रसार में गहरी रुचि ली और 19वीं सदी के प्रारम्भ में इस कार्य को अमेरिकन और ब्रिटिश मिशनरियों ने गति प्रदान की। डेविड ब्राउन, हेनरी मार्टिन और डेनियल कोरी आदि शिक्षा के प्रारम्भिक प्रणेता थे। 1801 ई. में फोर्ट विलियम कॉलेज में विलियम कैरी बंगला शिक्षक के रूप में नियुक्त किया गया। कैरी के अन्य साथी मार्शमेन एवं उसकी पत्नी ने अनेक स्कूल स्थापित किये। कलकत्ता तथा सेरामपुर में लड़कियों के स्कूल श्रीमती डाना मार्शमेन द्वारा खोले गये। सेरामपुर के मिशनरियों द्वारा प्रस्थापित "बेपटिस्ट फीमेल स्कूल सोसायटी" ने ढाका, चटगाँव एवं कलकत्ता में अनेक विद्यालय स्थापित किये। स्कॉटलैण्ड के स्वतंत्र चर्च के माध्यम से ग्रांट डफ अंगरेजी शिक्षा द्वारा भारतीयों को ईसाई बनाकर यहाँ का भौतिक विकास करना चाहता था। वह 12 बुद्धिजीवी नवयुवकों को ईसाई बनाने में सफल हुआ। ग्राट डफ ने "जनरल एसेम्बलीज इन्स्टीट्यूशन" की स्थापना की, जहाँ बाईबिल का अध्ययन कार्यक्रम का महत्वपूर्ण अंग था। डफ ने 1830 में कलकत्ता में एक अंगरेजी विद्यालय शुरु किया उससे प्रेरित होकर अन्य मिशनरियों ने भी अनेक अंगरेजी विद्यालय स्थापित किये। कुछ ब्राह्मणों ने सर एडवर्ड हाइडईस्ट (सुप्रीम कोर्ट के मुख्य न्यायाधीश) के नेतृत्व में 1817 में हिन्दू कॉलेज की स्थापना की थी। इस विद्यालय में 1826 ई. में देरोजियों सहायक अध्यापक नियुक्त हुआ। उसने प्रारम्भ में बंगाल के नवयुवकों को बहुत प्रभावित किया।[12]

बंगाल में जहाँ ब्रिटिश मिशनरियाँ शिक्षा प्रसार का कार्य कर रही थीं वहीं बम्बई (मुम्बई), मद्रास (चेन्नई) एवं अन्य क्षेत्रों में अमेरिकन मिशनरियां लगी हुईं थीं। 1854 ई. में मदुरा में अंगरेजी स्कूल की स्थापना हुई। अमेरिकन "प्रेस्बिटेरियन बोर्ड" के मिशनरियों ने उत्तर पश्चिमी क्षेत्र पंजाब आदि में शिक्षा प्रसार हेतु उल्लेखनीय कार्य किया। जालन्धर, अम्बाला, लाहौर, रावलपिण्डी, फर्रुखाबाद, देहरादून एवं इलाहाबाद आदि नगरों में हाई स्कूल स्थापित किये। गॉस्पिल की शिक्षा पूर्व में भी दी जाती थी, किन्तु डफ ने यह प्रस्तावित किया कि बाईबिल का अध्ययन पाठ्यक्रम का आवश्यक अंग बना दिया जाना चाहिए। इसी परिप्रेक्ष्य में महारानी विक्टोरिया को चर्च मिशनरी सोसाइटी ने बाईबिल को स्कूल–कॉलेज में शिक्षा का अनिवार्य अंग बनाये जाने हेतु स्मरण पत्र प्रस्तुत किया। लेकिन 1857 के नागरिक विद्रोह के बाद सरकार ने धर्मनिरपेक्ष शिक्षा की आवश्यकता पर बल दिया और इस तरह बाईबिल शिक्षा का अनिवार्य अंग नहीं बनाई जा सकी।

स्त्री शिक्षाः 1818 ई. मैं लन्दन मिशनरी सोसाइटी में चिन्सुरा में लड़कियों का स्कूल स्थापित किया। कलकत्ता में कार्यरत फीमेल जुवेनाइल सोसाइटी आधा दर्जन स्कूलों का संचालन करती थी। कलकत्ता के आसपास मिश कुक ने 23 स्कूल शुरु किये। अमेरिकन मिशनरियाँ भारत के पश्चिमी क्षेत्र में स्त्री शिक्षा के लिए कार्य कर रही थीं। बम्बई में 1824 में प्रथम बालिका विद्यालय प्रारम्भ किया और 2 वर्ष पश्चात् बालिका स्कूलों की संख्या 9 हो गई। बम्बई में एक आवासीय स्कूल भी खोला गया। चर्च मिशनरी सोसाइटी एवं स्कॉटलैण्ड के स्वतन्त्र चर्च ने बम्बई एवं अन्य प्रेसीडेन्सी नगरों में बालिका विद्यालय स्थापित किये। उत्तर पश्चिमी क्षेत्रों में देहरादून, सियालकोट व गुजरानवाला में प्रेस्बिटेरियन चर्च ने छात्राओं के लिये स्कूल खोले। दक्षिण में लूथरियन चर्च ने मद्रास प्रेसीडेन्सी के गुन्टूर शहर में प्रथम कन्या विद्यालय प्रारम्भ किया। इस प्रकार 19वीं सदी के पूर्वार्द्ध में स्त्री शिक्षा पर मिशनरियों का एकाधिकार था।

मिशनरियों का स्वदेशी साहित्य में योगदान (The Contribution of Missionaries Vernacular Literature): पाश्चात्य संसर्ग ने भारतीय जीवन पद्धति को ही प्रभावित नहीं किया बल्कि साहित्य के क्षेत्र में भी आश्चर्यजनक प्रगति हुई। इस समय संस्कृत, फारसी, उर्दू व हिन्दी के अतिरिक्त क्षेत्रीय भाषाओं में अनेक ग्रंथों का प्रकाशन हुआ। तत्कालीन साहित्य द्वारा मिशनरियों ने सामाजिक व धार्मिक सुधारों की आवश्यकता के प्रति जनता का ध्यान आकर्षित किया। हम यहाँ विशेष रूप से बंगला, मराठी, तमिल और तेलुगू साहित्य के विकास की चर्चा करेंगे।

बंगला: बंगला साहित्य का इतिहास विलियम कालेज की स्थापना के साथ प्रारम्भ होता है। इस कालेज के बंगला अनुभाग का विभागाध्यक्ष मिशनरी विलियम कैरी था एवं आठ अन्य प्रवक्ता उसके सहयोगी थे। उसने बंगला ग्रन्थों की कमी पूरी करने हेतु नकद पुरस्कारों का प्रावधान किया। इस योजना से प्रारम्भिक 10 वर्षों में काफी कार्य हुआ। रामबसु ने "प्रतापादित्य", राजीव लोचन मुखोपाध्याय ने "कृष्ण चन्द्रराय" एवं मृत्युंजय विद्यालंकार ने प्राचीन काल से वारेन हेस्टिंग्स के काल तक के इतिहास का आलेखन किया। प्रारम्भ में विशेष रूप से संस्कृत, अंगरेजी एवं पर्शियन ग्रंथों का अनुवाद बंगला में किया। विलियम कैरी ने 1801 ई. में बंगला भाषा के व्याकरण का संकलन किया और 1812 में इतिहासमाला (बंगला में कहानी संग्रह) का प्रकाशन करवाया। 1815 में उसका बंगला–अंगरेजी शब्दकोष प्रकाशित हुआ। विज्ञान एवं शरीर शास्त्र सम्बन्धी विश्वकोष के प्रथम भाग की रचना फलिक्स कैरी ने की। कुलीनवर्ग से प्रथम ईसाई बनने वाले काली मोहन बनर्जी ने 13 जिल्दों में विद्याकल्पद्रुम नामक कोष की रचना की। सेरामपुर मिशन द्वारा "समाचार दर्पण" प्रकाशित किया जाता था। राजा राममोहन राय को बंगला साहित्य का पिता कहा जाता है। मृत्युंजय विद्यालंकार के 1813 से पूर्व चार ग्रंथ प्रकाशित हो गये थे।[13] राजा राममोहन राय ने "संवाद कौमुदी" नामक पत्रिका का प्रकाशन किया। देवेन्द्र नाथ ठाकुर ने "तत्त्वबोधनी पत्रिका" के माध्यम से एलेक्जेण्डर डफ के प्रचार की कटु आलोचना की।[14] ईश्वरचन्द्र का "साम्यवाद प्रभाकर" बंगला साहित्य के विकास में सहायक बना। कलकत्ता स्कूल बुक सोसाइटी एवं "वर्नाक्यूलर लिट्रेचर सोसाइटी" ने इतिहास, भूगोल, नीतिशास्त्र आदि विविध विषय की पुस्तकों को बंगला में अनुवादित कर प्रकाशित करने की व्यवस्था की। राजा राममोहन राय ने बंगला साहित्य के विकास में विशिष्ट योगदान दिया। उनका प्रथम बंगला ग्रन्थ 1815 में प्रकाशित हुआ। मजुमदार ने लिखा है कि मृत्युंजय की तुलना में उनके ग्रंथ का स्तर (राजा राममोहन राय के) निम्न था।[15] उन्होंने उपनिषदों का अनुवाद किया। राममोहन राय ने संवाद कौमुदी के माध्यम से ईसाई मिशनरियों द्वारा हिन्दू धर्म पर किये जा रहे आक्रमण का ही प्रत्युत्तर नहीं दिया, बल्कि हिन्दुओं की भी भरसक आलोचना की। अन्य बंगला लेखकों में ईश्वरचन्द्र विद्यासागर, बंकिमचन्द्र चटर्जी एवं माईकेल मधुसूदन प्रमुख थे। इस प्रकार बंगला भाषा में 19वीं सदी के उत्तरार्द्ध में इतिहास, भूगोल, व्याकरण, निबन्ध, कहानी संग्रह आदि का सृजन हो पाया।

मराठी: बंगाली की तरह मराठी पण्डित वैद्यनाथ शर्मा के सहयोग से कैरी ने मराठी में पहला व्याकरण ग्रंथ प्रकाशित करवाया। 1805 से 1818 के मध्य मराठी में अनेक ग्रंथों का आलेखन हुआ। बाईबिल की कहानियां, पंचतंत्र (1815), राजा प्रतापादित्य का इतिहास, हितोपदेश आदि का सृजन पण्डित वैद्यनाथ ने किया। सिंहासन बत्तीसी आदि ग्रंथ श्रीरामपुर प्रेस से प्रकाशित किये गये। कप्तान जरविस की अध्यक्षता में 1822 ई. में स्थापित "स्कूल बुक एवं स्कूल सोसाइटी" ने मराठी में अनेक विषयों से सम्बन्धित पुस्तकों का आलेखन करवाया। विलियम हेनरीबाल का मेकेनिक्स का निबन्ध संग्रह 1825 में अनुवादित हुआ। ईसाई मिशनरियों ने ज्ञानोदय नामक पत्र का प्रकाशन किया। मिशनरी प्रचार के खण्डन हेतु 1849 में "ज्ञानप्रकाश" एवं 1852 में चिपलुनकर ने "विचारलहरी" का प्रकाशन शुरु किया। इस प्रकार विविध विषयों से संबंधित अनेक ग्रंथों की रचना 19वीं सदी के प्रथमार्द्ध में हुई।

तमिल एवं तेलुगू: पश्चिमी एवं पूर्वी तटों पर सर्वप्रथम पुर्तगालियों ने अपनी बस्तियाँ बनाई। प्रारम्भ में कार्बटड नोबिली (1577–1656) का तमिल भाषा के विकास में महत्वपूर्ण योगदान रहा। कोन्सटेन्टाइन नामक भाषा शास्त्री ने "तेम्बवाणी" एवं "परमार्थ गुरु कथाई" की रचना की। प्रोटेस्टेन्ट मिशनरी जीगेनवाल्ग ने 1706 में भारत आकर तमिल ग्रंथों की प्रिन्टिंग हेतु छापाखाना लगवाया। मद्रास में 1812 में स्थापित फोर्ट सेंट जार्ज कालेज का तमिल भाषा एवं प्राचीन कृतियों के प्रकाशन में महत्वपूर्ण योगदान रहा। 19वीं सदी के प्रारम्भ में क्लाडवैल का "द्रविड भाषा" का तुलनात्मक व्याकरण प्रकाशित हुआ। एन्डरसन ने "रुडिमेन्टस ऑफ तमिल ग्रामर" एवं विनस्लो ने तमिल शब्द कोष की रचना की। विनस्लो ने लोकप्रिय तमिल पत्रिका का भी प्रकाशन किया। इतना ही नहीं मिशनरियों ने गंभीर विषयों की अभिव्यक्ति हेतु गद्य शैली का विकास किया जिसका पूर्व में अभाव था।

19वीं सदी के प्रारम्भ में यूरोपियन लोगों ने तेलुगू भाषा के विकास हेतु विशिष्ट योगदान किया, जिनमें प्रमुख थे: विलियम कैरी, ए.डी. कैम्पबल, विलियम ब्राउन, सी.पी. ब्राउन एवं मोरिस आदि। एरडेन ने अतेलुगूभाषी लोगों के लिए तेलुगू व्याकरण की रचना की। कैम्पबैल, ब्राउन एवं गिलेट ने शब्दकोष प्रकाशित करवाये। "तुलनात्मक व्याकरण" के प्रकाशन द्वारा बिशप क्लाडवैल ने द्रविड़ भाषाओं के व्यवस्थित अध्ययन की रूपरेखा प्रस्तुत की, जिनमें तेलुगू भी एक थी। कर्नल मैकेन्जी एवं सी.पी. ब्राउन ने प्राचीन पाण्डुलिपियों के प्रकाशन का महत्वपूर्ण कार्य सम्पादित किया।[16]

ईसाईयत के प्रसार से भारतीय धर्म एवं समाज में व्याप्त जड़ताओं के उन्मूलन का मार्ग प्रशस्त हुआ। ईसाई धर्म के तुलनात्मक अध्ययन द्वारा लोगों ने ईश्वर, आत्मा एवं प्रकृति के प्रति नया दृष्टिकोण बनाया। भारतीय विद्वानों ने आधुनिकता के परिवेश में प्राचीन विषयों का युक्तिसंगत विश्लेषण किया। यहाँ के विविध भाषाओं के साहित्य ने अंगरेजी भाषा एवं साहित्य की विषयवस्तु, संरचना और शैली को अपनाया। पाश्चात्य दर्शन एवं विचारधाराओं का प्रभाव विविध भारतीय भाषाओं के साहित्य में एक साथ और एक ही तरह से होने लगा, जिससे आगे जाकर भारत में राष्ट्रीय विचारधारा का अभिसंचार हुआ।

अन्य कार्य: शिक्षा एवं सामाजिक कार्यों के अतिरिक्त ईसाई मिशनरियों ने अन्य लोकोपकारी कार्यों में भी काफी रुचि ली। 1837 ई. के अकाल के दौरान सियालकोट, गुजरानवाला, सहारनपुर, गुरदासपुर, नवगाँव, लुधियाना, बरेली, इलाहाबाद, फर्रुखाबाद आदि शहरों में अनाथालयों की स्थापना की गई। 1896–97 एवं 1901 के अकालों में विविध मिशनरियों ने 16 हजार बालकों को अनाथालयों में शरण प्रदान की। अनाथ बच्चों के लिए व्यावसायिक प्रशिक्षण की भी व्यवस्था की गई, जिससे वे अपनी आजीविका चला सकें। डॉ. जॉन स्कूडर ने 1839–54 तक मद्रास में चिकित्सा सेवा का अभियान चलाया। डॉ. स्कूडर के सात लड़के भी भारत में मिशनरी हो गये थे जिनमें डॉ. हैनरी एम. स्कूडर अकार्ट में मेडिकल मिशनरी था। 1857 तक मात्र 6 मेडिकल मिशनरी भारत में कार्य कर रहे थे, किन्तु इनकी संख्या निरन्तर बढ़ती गई और 1910 तक भारत में कार्यरत मेडिकल मिशनरियों की संख्या 278 हो गई। इस दृष्टि से अमेरिकन एवं ब्रिटिश मिशनरियों ने विशेष कार्य किया। प्रेस्बिटेरियन चर्च ने इलाहाबाद, फतेहगढ़, अम्बाला, होशियारपुर, फिरोजपुर, लाहौर, कोडोनी, कोल्हापुर आदि नगरों में अस्पतालों की स्थापना की। डॉ. विलियम जेम्स वानलेस ने मिरज अस्पताल की स्थापना की जो आगे चलकर मेडिकल कालेज बना दिया गया। इस अस्पताल में टी.बी.–सेनेटोरियम, कुष्टालय भी स्थापित किये। तेलुगू मिशन ने नेलोर, शान्तिपुर हनुमानकोण्ड आदि स्थानों पर हॉस्पिटल का संचालन किया। मेथेडिस्ट चर्च ने नडियाद में 'थोबर्न' मेमोरियल अस्पताल और पंचमढ़ी, केलोब एवं अजमेर में टी.बी. सेनेटोरियम की स्थापना की।

स्त्रियों को चिकित्सा सुविधा उपलब्ध करवाने की ओर भी मिशनरियों ने ध्यान दिया। लेडी डफरिन ने 'नेशनल एसोसिएशन फार सप्लाई मेडिकल एड फॉर वीमेन ऑफ इण्डिया' (National Association for Supplying Medical Aid for Women of India) की स्थापना की। मिशनरियों के कार्य ने स्थानीय लोगों का हृदय जीत लिया। इसकी सेवा को देखकर 40 एकड़ भूमि बरेली में वीमन अस्पताल के निर्माण हेतु प्रदान की। इसी प्रकार कोल्हापुर, उदयपुर, जोधपुर आदि के नरेशों ने मिशनरी अस्पतालों की स्थापना हेतु भूमि एवं आर्थिक सहायता प्रदान की।

मिशनरी कार्यों का प्रभाव: धर्म परिवर्तन के क्षेत्र में मिशनरियों द्वारा किये गये प्रयासों की दो प्रकार से प्रतिक्रिया हुई। एक मिशनरी प्रयासों के विरोध को व्यक्त करती थी तो दूसरी आत्मलोचन या सुधार की प्रेरणा देती थी। मिशनरियों द्वारा किये जा रहे धर्म परिवर्तन के प्रयासों एवं सरकार द्वारा पारित विविध अधिनियमों ने भारतीयों के मन को शंकित कर दिया। 1829 में सतीप्रथा का अन्त, 1832 ओर 1850 के दाय सम्बन्धी नियम, 1856 के विधवा पुनर्विवाह अधिनियम आदि से लोगों की यह धारणा दृढ़ हुई की सरकार सबको ईसाई बनाने पर उतारु है। मिशनरियों के प्रयासों से भारतीय ईसाई धर्म की ओर उन्मुख होने लगे थे, फलतः देशी राज्यों ने उनके प्रचार पर प्रतिबन्ध लगाने हेतु अनेक कानून बनाये। 1936 में "रैडगर स्टेट कन्वर्शन एक्ट" पारित किया। इसी प्रकार सरगुजा स्टेट में हिन्दू एपोस्टेसी एक्ट बनाया जिसमें धर्म परिवर्तन का अधिकार राज्य के पास रखा गया। उदयपुर में भी "उदयपुर स्टेट कन्वर्सन एक्ट" द्वारा यह व्यवस्था की गयी कि सभी धर्म परिवर्तन करने वालों को राज्य में पंजीकरण करवाना होगा। इतना ही नहीं कुछ राज्यों में मिशनरियों के प्रवेश पर भी प्रतिबन्ध लगाये गये।

दूसरी ओर प्रबुद्ध भारतीयों ने मिशनरियों के प्रचार–प्रसार को प्रभावहीन करने का प्रयास किया। बलपूर्वक किये जाने वाले धर्म परिवर्तन का गंभीर विरोध हुआ। प्रारम्भ में बम्बई से कुछ पारसी लोगों के ईसाई बनने की खबर मात्र से लोगों में काफी उत्तेजना फैल गई। मिशनरियों का असंयत व्यवहार विशेषतः हिन्दू धर्म की आलोचना के रूप में देखा जाता है। एलेक्जेण्डर डफ जैसा प्रबुद्ध मिशनरी भी अपने ग्रन्थ "इण्डिया एण्ड मिशन्स" में हिन्दू धर्म की आलोचना करने से नहीं रहा। देवेन्द्रनाथ ठाकुर ने बलपूर्वक ईसाई बनाये जाने के विरुद्ध एक प्रभावी अभियान छेड़ा। भारतीय समाज सुधारकों द्वारा संचालित ऐसे अभियानों का व्यापक प्रभाव हुआ एवं परिवर्तन की संख्या निरन्तर कम होती गई।

निष्कर्ष: मिशनरियों ने अंगरेजी स्कूल धर्म परिवर्तन के एक माध्यम के रूप में खोले थे, किन्तु इनसे भी अधिक सफलता नहीं मिली और कुछ प्रभाव प्रारम्भ में था वह भी धीरे–धीरे कम होता गया। दूसरी ओर भारतीयों द्वारा अंगरेजी स्कूल की

स्थापना भी ईसाई विरोधी अभियान का एक अंग मानी गई और इस प्रकार मिशनरी स्कूलों में विद्यार्थियों के प्रवेश को कम किया जा सका।[17] मिशनरियों के ईसाई धर्म के प्रचार एवं सामाजिक क्षेत्र में किये गये कार्यों का दूसरा प्रभाव आत्मलोचन एवं धार्मिक सुधार के रूप में देखा जाता है। धर्म के अंध विश्वासों, रुढ़ियों, अनुष्ठान एवं कुसंस्कारों से जड़ता उत्पन्न हो गई थी। भारत के विविध क्षेत्रों में अनेक समाज सुधारक एक साथ इन बुराईयों से समाज को छुटकारा दिलाने हेतु जुट गये। भारतीय समाज को रुढ़िमुक्त बनाने का एक उपाय यह भी था कि देशवासियों का ध्यान भारत के अतीत की ओर आकृष्ट किया जाये, जिसमें निर्विवाद शाश्वत सत्य की प्रधानता थी। इसी तरह 19वीं सदी के धार्मिक आन्दोलन के लिये यद्यपि अनेक तथ्य उत्तरदायी थे, किन्तु यह स्पष्ट है कि इसके विकास में ईसाइयत का प्रमुख योगदान था। ईसाइयत ने भारतीय धर्मों को ऐसे सहज एवं सुगम मार्ग की ओर अग्रसर किया जिस पर चलकर प्रत्येक भारतीय धर्मों ने अनेक असभ्य एवं रुढ़िवादी तत्वों को भस्म कर दिया था और उसी प्रकार के स्थानीय धर्मों के उदार तत्वों को समझने का ज्ञान प्रदान किया। केशवचन्द्र सेन ने अपने अनुयायियों से मिशनरियों के लोकोपकारी कार्यों से शिक्षा ग्रहण करने का अनुरोध किया। उन्होंने समाज कल्याण संस्थान की स्थापना करके लोगों को सामाजिक कार्यों की ओर ध्यान दिये जाने के लिये प्रेरित किया। आर्य समाज, रामकृष्ण मिशन भी अकाल तथा प्राकृतिक प्रकोपों के दौरान मानवीय सेवा में जुट गये। आर्य समाज ने 1902 में अनेक अनाथालयों की स्थापना की। अनेक महाविद्यालयों के विद्यार्थी मिशनरियों से प्रभावित होकर अकाल एवं प्राकृतिक प्रकोपों के दौरान मानव सेवा के लिए आगे आये और उनकी सामाजिक कार्य में रुचि बढ़ने लगी।

संदर्भ

1. *द इण्डियन ईयर बुक*, 1945–46, पृ. 431–49
2. ताराचंद, *भारतीय स्वतंत्रता आन्दोलन का इतिहास*, जि. 2, पृ. 212–16
3. Charles, Grant, *Observations of the State of Society among the Asiatic Subjects of Great Britain.*
4. *आधुनिक भारत का इतिहास*, हिन्दी कार्या., पृ. 145.
5. *The British Paramountcy and Indian Renaissance II*, p. 151
   "Carey laboured in India for seven years without making a single convest", but he did splendid work in promoting education and improving vernaculars in different part of India.
6. *Renaissance*, II, p. 152
   Their controversy raged with unabated fury and "the climax was reached in 1813 when the question of renewing the charter of the East India Company came up before the parliament. The missionaries valiantly fought for the deletion for the obnoxious clause and substitution of a new one giving full permission evangelists of all denominations to preach the Gospel wherever the pleased in the Company's dominions".
7. *Ibid.*, p. 153
8. उसके ग्रंथ, *हिस्ट्री ऑफ ब्रिटिश इण्डिया* (6 जिल्दों में) में इस तथ्य को स्पष्ट किया। ताराचंद, वही, जि. 2, पृ. 208
9. ताराचंद, वही, जि. 2, पृ. 205–8
10. विपिनचन्द्र, *भारत का स्वतन्त्रता संघर्ष*, पृ. 48
11. *आधुनिक भारत का इतिहास*, हिन्दी कार्या. पृ. 144
12. ताराचंद, वही, जि. 2, पृ. 215
13. रेनेसां, पार्ट 2, पृ. 154, 166–67
14. वही, पृ. 155
15. वही, पृ. 167
16. वही, पृ. 200
17. वही, पृ. 154–55

***

21

सामाजिक तथा धार्मिक सुधार आन्दोलन एवं भारतीय मध्यम वर्ग का उदय

(Social and Religious Reform Movement and Rise of Indian Middle Class)

भारत में समाज और धर्म को परिवर्तन के कई दौर से गुजरना पड़ा है। उजाले और अंधेरे के लम्बे इतिहास में यदि प्रगति, पुनरुत्थान और सुधार की प्रक्रिया चली है तो अवनति, विघटन और ह्रास के युग भी आये हैं। 18वीं शताब्दी भारतीय समाज के परिप्रेक्ष्य में, अवनति और पतन का ही युग रही। जहाँ यूरोप में इसी दौरान ज्ञान बोध एवं तथ्यों के वैज्ञानिक परीक्षण का युग चल रहा था। वहीं भारत में निष्क्रियता और जड़ता का दौर था।[1] 18वीं शताब्दी के उत्तरार्द्ध में अंगरेजों के भारत पर आधिपत्य ने यहाँ की सामाजिक संस्थाओं की कुछ गंभीर खामियों एवं कमजोरियों को उजागर किया और बढ़ाया भी था। इसके फलस्वरूप अनेक सुधारवादियों एवं आन्दोलनों ने समाज सुधार व पुनरुत्थान की दृष्टि से सामाजिक एवं धार्मिक परम्पराओं में परिवर्तन पर जोर दिया। इस प्रकार के संयुक्त प्रयासों को भारतीय पुनर्जागरण (Indian Renaissance) या जागृति का युग का नाम दिया जाता है। सुधार आन्दोलन की चर्चा करने से पूर्व तत्कालीन समाज में व्याप्त कुरीतियों की जानकारी करना उचित होगा। तत्कालीन समाज का चित्रण ही उसमें निरन्वयन सुधार की सशक्त आवश्यकता का अहसास करवा सकता है।

समाज में व्याप्त कुरीतियाँ: विद्वानों ने 18वीं–19वीं शताब्दी के भारतीय समाज को अन्धविश्वासों के जाल में जकड़ा हुआ माना है जिसके फलस्वरूप इसमें किसी तरह के सुधार की संभावनायें भी नहीं बन पा रहीं थीं। मैक्सवेबर ने लिखा था कि हिन्दू धर्म दरअसल 'जादू, अंधविश्वास और आध्यात्मवाद की खिचड़ी बनकर रह गया था।' मूर्तिपूजा और बहुदेवोपासना ने पुजारियों और धर्माचार्यों के इस वर्चस्व को कायम रखने में और भी मदद की। सारे आध्यात्मिक ज्ञान का ठेका उन्होंने ही ले लिया था और धार्मिक रिवाजों व नियमों की वे मनमाने ढंग से व्याख्या करते थे।[2]

उस समय कुछ क्षेत्रों में शिशु हत्या की वीभत्स प्रथा का प्रचलन था। धार्मिक संकल्पों की सिद्धि होने पर कुछ हिन्दुओं द्वारा बच्चे को गंगा के मुहाने पर समुद्र में फेंक देने का रिवाज था। जैसे कोई सन्तान विहीन स्त्री सन्तान होने के लिए प्रार्थना करती हुई एक से अधिक सन्तान होने पर एक को गंगा को अर्पित कर देने जैसे संकल्प लेती थी। शिशु हत्या (Infanticide) का दूसरा रूप मध्य एवं पश्चिमी भारत के राजपूतों, जाटों में प्रचलित था। ये जातियाँ लड़कियों के विवाह में परेशानी अनुभव करती थीं। इस कारण मां–बाप लड़कियों को बचपन में ही मां के स्तनों पर विष लगाकर मार डालते थे। विपिनचन्द्र ने रेखांकित किया है: लड़की का जन्म दुर्भाग्यपूर्ण माना जाता था, उसकी शादी बोझ समझी जाती थी और विधवा होने पर तो उसे कोई पूछता ही नहीं था। कई इलाकों में तो हालत यह थी कि लड़की पैदा होते ही लोग उसे मार डालते थे। अगर किसी तरह लड़की इसमें बच भी गई तो उसे बाल–विवाह की यातना झेलनी पड़ती थी। मिसाल के तौर पर बंगाल के एक 80 वर्षीय ब्राह्मण की करीब दो सौ पत्नियाँ थीं और उसकी सबसे छोटी पत्नी की उम्र थी सिर्फ आठ साल। कई लड़कियाँ तो शादी के दिन के बाद दोबारा शायद ही अपने पति को देख पाती हों। इसके बावजूद जब उसके पति की मृत्यु होती थी तो समाज उनसे अपेक्षा करता था कि वे सती हों।[3]

स्त्रियाँ स्वयं सती (Sati) होने को तत्पर न होने पर उनके साथ जबर्दस्ती भी की जाती थी। कभी–कभी स्त्री की इन्द्रियों को शक्तिहीन करने के लिए अफीम आदि का प्रयोग किया जाता था, जिससे वह आसानी से मृत्यु का आलिंगन कर सके। आर.सी. मजुमदार लिखते हैं कि ऐसे दृष्टान्त कागजों में लिखे मिलते हैं कि स्त्री जब अग्नि के प्रथम स्पर्श से भाग खड़ी होती थी तब फिर जबर्दस्ती चिता पर रख दी जाती थी। ऐसी घटनाएं रोकने के लिए मर्द एक सावधानी बरतते थे। वे विधवा के शरीर को लकड़ी, पत्तों व पुआल से ढक देते थे और तब चिता में आग लगाने के पहले दो बांसों के सहारे

उसे नीचे दबाते थे। साथ ही साथ वज्र ध्वनि की भांति घोर कोलाहाल करती थी तथा ढोल बजाकर आवाज की जाती थी। ऐसा करने से बेचारी लड़की का आर्तनाद कोई दर्शक न सुन पाता था।[4]

जाति प्रथा को भी लोगों ने सामाजिक आर्थिक शोषण के एक हथियार के रूप में अपनाया। विशेषकर समाज के निम्नवर्ग के प्रति उच्च वर्गों का अनुचित व्यवहार एवं छुआछूत एक गंभीर समस्या के रूप में उठ खड़ी हुई थी और समाज भी स्पष्टतः उच्च एवं निम्न, दो वर्गों में विभक्त हो गया था। ताराचंद लिखते हैं: जाति प्रथा ने अधिक विस्तृत सामाजिक वर्गों अथवा पेशों अथवा दलों के सही भाईचारे को कभी नहीं पनपने दिया। ब्राह्मणों, क्षत्रियों अथवा अन्य जातियों ने अखिल भारतीय अथवा प्रादेशिक आधार पर कभी भी सहयोग नहीं किया और न ही कृषि व्यापार अथवा उद्योग सम्बन्धी प्रयासों ने समान पेशों के संघों को जन्म दिया।[5] स्वामी विवेकानन्द जाति प्रथा को माध्यम बनाकर किये जा रहे शोषण से व्यथित थे। अमेरिका से लिखे एक पत्र में अपने हृदय की पीड़ा को उड़ेलते हुए लिखा था: पृथ्वी पर ऐसा कोई धर्म नहीं है जो हिन्दू धर्म के समान इतने उच्च स्वर में मानवता के गौरव का उपदेश करता हो और पृथ्वी पर ऐसा कोई धर्म नहीं है जो हिन्दू धर्म के समान गरीबों और नीच जाति वालों का गला ऐसी क्रूरता से घोटता हो। प्रभु ने मुझे दिखा दिया है कि इसमें धर्म का कोई दोष नहीं है, वरन् दोष उनका है, जो ढोंगी और दम्भी हैं, जो पारमार्थिक और 'व्यावहारिक' सिद्धान्तों के रूप में अनेक प्रकार के अत्याचार के अस्त्रों का निर्माण करते हैं।[6]

शिशु हत्या, सती प्रथा, जाति प्रथा की जटिलता जैसी गंभीर बुराईयों के अतिरिक्त अंधविश्वास, भाग्यवाद, धार्मिक कट्टरता और कई तरह के सामाजिक नियंत्रण भी थे जिन्होंने समाज कई स्तरों पर बांट रखा था और जड़ बना रखा था। सुधारवादी आन्दोलनों ने इन बातों को 'पतोन्मुख समाज के लक्षण' की संज्ञा दी और इसका विरोध शुरु किया।[7] इस सन्दर्भ में यह सवाल उठाया जाता है कि भारत में जागरण का आविर्भाव कौनसी शक्तियों के कारण हो पाया। क्या यह पाश्चात्य प्रभाव का परिणाम था?

पाश्चात्य प्रभाव: सुधार आन्दोलनों पर प्रारम्भ में लिखे गए इतिहास ग्रंथों में पश्चिमी प्रभाव को ही पुनर्जागरण की उत्पत्ति का कारण माना गया। जे.एन. फर्खुहर एवं चार्ल्स एच. हेमिसाथ (J.N. Farkhuhar and Charles H. Heimsath)[8] जो सुधारवादी आन्दोलन के प्रारम्भिक इतिहासकार रहे हैं, उनकी मान्यता है: "प्रेरक शक्तियाँ करीब–करीब केवल पाश्चात्य ही रही हैं अर्थात् अंगरेजी साहित्य और शिक्षा, ईसाई धर्म, पूर्वी अनुसन्धान, यूरोपीय विज्ञान और दर्शन तथा पाश्चात्य सभ्यता के भौतिकवादी तत्व।" सुशोभन सरकार[9] जैसे विद्वानों ने इस तथ्य का एक दूसरा ही पक्ष देखा है। उनके अनुसार विदेशियों का आधिपत्य और शासन पराधीन जनता के पुनर्जागरण में सहायता करने की अपेक्षा बाधा डालेगा। अर्वाचीन लेखक वस्तुतः आन्दोलनों को विदेशी घुसपैठ द्वारा उत्पन्न चुनौती के प्रत्युत्तर के रूप में लेते हैं। दूसरे शब्दों में, सामाजिक धार्मिक सुधार एक मात्र सुधार आन्दोलन ही न होकर उपनिवेशवाद के विरुद्ध उभरती हुई चेतना का एक हिस्सा था। इसीलिए माईकल एडवर्ड्स ने कहा था कि '1857 का विद्रोह वस्तुतः भारत के उस परम्परावादी वर्ग की उस प्रतिक्रिया के प्रतिकूल था जो ब्रिटिश विजेताओं की भारत के आधुनिकीकरण के उत्साह के विरुद्ध आरम्भ हुआ था। जैसे–जैसे अंगरेज भारत में अपनी शक्ति को संगठित करते गये जैसे–जैसे वे भारतीय समाज के राजनीतिक तथा नैतिक सुधार के लिए कृत संकल्प होते गये।' भारतीय समाजशास्त्री एम.एम. श्रीनिवास शास्त्री ने भी इसका समर्थन किया है: "ब्रिटिश शासन के कारण भारतीय समाज और संस्कृति में स्थायी और मौलिक बदलाव आये।"

मध्यम वर्ग एवं सुधार: इस तथ्य का तीसरा पक्ष प्रस्तुत करने वाले लेखकों में ए.आर. देसाई का नाम सबसे पहले आता है। ए.आर. देसाई व ताराचंद आदि कतिपय विद्वानों ने भारतीय समाज पर अंगरेजी शासन में पाश्चत्य सम्पर्क के प्रभावों का विस्तृत विवेचन किया है। यूरोपियों के भारत आगमन से यहाँ के लोग पाश्चत्य सौदागरों, मिशनरियों आदि के सम्पर्क में आए, उनके सम्पर्क ने सामाजिक परिवर्तन की एक ऐसी प्रक्रिया चालू कर दी, जो व्यापार तथा पूर्व और पश्चिम से यातायात और लेन–देन के बढ़ने के साथ हर वर्ष जोर पकड़ती गई। इस प्रक्रिया में भारतीय समाज के पुराने वर्गों में से नये समुदायों का जन्म हुआ जिसे मध्यम वर्ग का नाम दिया गया। ताराचंद लिखते हैं: भारत में आधुनिक मध्यम वर्ग का विकास दोहरी प्रक्रिया का परिणाम था। एक तो प्राचीन शासक वर्ग का विनाश और दूसरे जमींदारों, व्यापारियों तथा बुद्धि जीवियों के नए वर्गों का उत्थान हुआ। पुराने उच्च वर्ग का विनाश ब्रिटिश जाति की विजय का प्रत्यक्ष परिणाम था, व्यापारी वर्ग का निर्माण यूरोपीय व्यापारी वर्ग की गौण उपज थी और जमींदार तथा बुद्धिजीवी वर्ग की उत्पत्ति ब्रिटिश प्रशासन और पाश्चत्य शिक्षा के प्रवर्तन के कारण हुई थी। आधुनिक भारतीय मध्यम वर्ग का जन्म भारत में यूरोपीय उद्योग के कारण हुआ।[10]

ब्रिटिश सरकार की आर्थिक नीतियाँ: ए.आर. देसाई, ताराचंद आदि विद्वानों के मत का समर्थन करते हुए जगदीश नारायण सिन्हा ने स्पष्ट किया हैः नए शासन में लोक कल्याणकारी तत्वों का अभाव था, अतः देश की स्थिति सुधारने के लिए कोई प्रयत्न नहीं हुआ। ऐसी हालात में आर्थिक विपन्नता के साथ सामाजिक कुरीतियाँ, भेदभाव एवं धार्मिक अंधविश्वास बढ़ते गए। परिणाम यह हुआ कि 18वीं शताब्दी के समाप्त होते–होते भारत दरिद्रता तथा पिछड़ेपन की अन्तिम सीमा तक पहुँच गया। लेकिन ऐसी विषम परिस्थितियों में भी कुछ ऐसी ऐतिहासिक शक्तियाँ सक्रिय थीं जिनसे भविष्य में महत्वपूर्ण परिवर्तन आने वाले थे। ये शक्तियाँ दो प्रकार की थीं। पहली शक्ति पश्चिम की आधुनिक संस्कृति के प्रभाव से अवतरित हुई। दूसरी शक्ति का जन्म इस सम्पर्क के खिलाफ भारतीय जनता की प्रतिक्रिया से हुआ। बहुत हद तक इन दोनों शक्तियों के सम्मिलित प्रभाव से 19वीं शताब्दी के पूर्वार्द्ध में भारत के सामाजिक एवं सांस्कृतिक जीवन में एक ऐसे आन्दोलन का श्रीगणेश हुआ और सम्पूर्ण भारत में एक ऐसी जागृति आ गई जिसे कुछ विद्वानों ने भारतीय पुनर्जागरण (Indian Renaissance) के नाम से पुकारा.... अंगरेजों की राजनीतिक गतिविधियों, प्रशासनिक व्यवस्थाओं तथा आर्थिक शोषण के साथ–साथ, भारत के जनजीवन में पश्चिम के तमाम आधुनिक विचारों एवं ज्ञान का प्रवेश हुआ। भारतीय समाज पर उनके प्रबुद्ध एवं विकसित विचारों का तुरन्त असर हुआ और एक सामाजिक और सांस्कृतिक जागृति शुरु हो गई।[11]

सुधारों की प्रक्रिया का विकास

यंग बंगाल आन्दोलन (Young Bengal Movement): भारत में अंगरेजी प्रभुत्व की स्थापना के साथ ही पाश्चात्यीकरण की प्रक्रिया शुरु हुई जिसने भारतीय समाज एवं संस्कृति को व्यापक रूप से प्रभावित किया। पाश्चात्यीकरण की उपसंस्कृति अनेकों चरणों में विकसित हुई। इसका प्रारम्भ अठाहरवीं सदी में मध्यम वर्ग के उदय के साथ हुआ। इसका सामाजिक प्रभाव विभिन्न क्षेत्रों में भिन्न–भिन्न प्रकार का रहा। ताराचंद का विचार है कि जो परिवर्तन बंगाल में हो रहे थे वे ही साथ साथ मद्रास में हो रहे थे, यद्यपि कुछ छोटे पैमाने पर। तथापि मद्रास पाश्चात्य प्रभाव के केन्द्र के रूप में कलकत्ता शहर की होड़ न कर सका। इसका कारण शताब्दी के अन्त तक यहाँ अंगरेज अपना शासन लाद नहीं सके। दूसरे मद्रास में जो लोग इकट्ठे हुए वे सामाजिक परिवर्तन के अधिक विरुद्ध थे।[12]

मध्यम वर्ग यूरोपीय शासकों के लिए बिचौलिया का कार्य करता था। इसके अधिकतर सदस्य कम्पनी की सेवा में छोटे क्लर्क (मुनीम) का कार्य करते थे। इसके अतिरिक्त बैंकर, दुभाषिये, कैशियर, एजेन्ट एवं छोटी–मोटी ठेकेदारी का कार्य भी इनके द्वारा किया जाता था। सांस्कृतिक रूप से यह मध्यम वर्ग यूरोपीय भाषा बोलते तथा उनकी जीवनशैली अपनाने का प्रयत्न करते थे। सामाजिक दृष्टिकोण से सबसे मुख्य परिवर्तन, जो नए वर्ग को इसके परम्परागत प्रतिरूप से अलग करता था, यह था कि अब जाति के विरुद्ध सामाजिक कार्यों से उसके आर्थिक कार्य अलग होने लगे थे।[13] सर्वप्रथम इन मध्यमवर्गीय व्यावसायिक व्यक्तियों द्वारा समाज सुधार का कार्य प्रारम्भ किया गया। पाश्चात्य शैक्षणिक संस्थाएं, जिन्होंने इस वर्ग को जन्म दिया, कलकत्ता, बम्बई (मुम्बई) एवं मद्रास (चेन्नई) में ही स्थित थीं। इस प्रकार के 74 सरकारी विद्यालयों में 10,989 विद्यार्थी थे, 209 सम्बद्ध विद्यालय थे जिनमें 16,956 विद्यार्थी थे। इन शिक्षण संस्थाओ ने भारतीय समाज को दो प्रकार से प्रभावित किया, प्रथम नई शिक्षित पीढ़ी में पाश्चात्य मूल्यों तथा विचारधाराओं का समावेश तथा दूसरे सामाजिक सांस्कृतिक सुधारों का प्रारम्भ। इस वर्ग ने तर्क के सिद्धान्त के आधार पर प्रोन्नति के पाश्चत्य दावे को स्वीकार किया, उन्होंने पाश्चात्य मानवीय मूल्यों को ग्रहण किया। पाश्चात्य संस्कृति से प्रभावित इस बुद्धिजीवी वर्ग में रेडीकल (Radical) या उग्रवादी प्रवृति का जन्म हुआ।

सामाजिक धार्मिक परम्पराओं में सुधार लाने के लिए विभिन्न प्रणालियों का प्रयोग हुआ जिनमें तीन विचारधाराएँ प्रमुख थीं। पहली विचारधारा के समर्थक लोगों की कोशिश विरोधी गतिविधियों द्वारा प्रतीकात्मक बदलाव लाने की थी। इस वर्ग के लोग फ्रांसीसी तथा अंगरेज बुद्धिवादियों से अत्यधिक प्रभावित हुए थे जिनका एक प्रतिनिधि कलकत्ता में एक घड़ी साज डेविड हेयर था। इस विचारधारा के लोगों में स्काटलैण्ड के पादरी एलेक्जेण्डर डफ से प्रेरित लोग शामिल थे और आन्दोलन के प्रणेता इंग्लो इण्डियन हेनरी विवियन डेराजिओ (1809–31) को भारत से विशेष प्रेम था। 1826 से 31 तक वह हिन्दू कालेज में प्राध्यापक रहे। वे फ्रांस की क्रान्ति से प्रभावित थे अतः युवाओं को समानता, स्वतंत्रता, मुक्ति एवं सभी आधारों की प्रामाणिकता की जांच करने तथा सत्य का समर्थक बनने की प्रेरणा दी। डेराजिओ के अनुयायियों ने परम्परागत रीति–रिवाजों एवं जर्जर सामाजिक व्यवस्था का विरोध किया।

यंग बंगाल आन्दोलन का प्रभाव: ये लोग तरुण या नव बंगाल के नाम से परिचित थे। इन्होंने यूरोप के बुद्धिवाद या मुक्तिवादी चिन्तन को अपनाया था और लॉक, ह्यूम, रीड़, स्टुअर्ट, ब्राउन, बेंथम जैसे दर्शनिकों तथा टामपेन, वाल्तेयर और एडम स्मिथ जैसे सामाजिक चिन्तकों तथा डेवी एवं न्यूटन जैसे वैज्ञानिकों का अध्ययन किया था। उन्होंने राबर्टसन आर गिब्बन जैसे इतिहासकारों के साथ ही अंगरेजी के रोमांटिक कवियों और गद्य लेखकों को अच्छी तरह पढ़ा था। उन्होंने पुस्तकों से जो कुछ सीखा था, उसके अलावा उनके मन पर युवक और प्रतिभाशाली अंगरेजी अध्यापक हेनरी डेराजिओ का गहरा प्रभाव पड़ा था। उनमें से कई नौजवान कट्टरता का प्रतिवाद, खान–पान सम्बन्धी निषेधों को तोड़कर करते थे। पर इनमें से कुछ जात–पाँत, मूर्तिपूजा, सतीदाह, स्त्रियों की उपेक्षा तथा दूसरी सामाजिक बुराईयों की निंदा करने से ही सन्तुष्ट नहीं थे। वे नौजवानी के जोश में यहां तक बढ़ जाते थे कि वे स्वयं हिन्दू धर्म का ही विरोध करते थे। इनमें से कुछ ईसाई भी हो गए और कुछ ने धर्मों का परित्याग कर दिया।[14] समाज सुधार एवं आत्मिक उन्नति के लिए उन्होंने एकेडेमिक एसोसिएशन (Academic Association) एवं सोसाइटी फार द एक्वीजेशन ऑफ जनरल नॉलेज (Society for the Acquisition of General Knowledge) आदि संगठनों को स्थापित किया। बंग हित ऐंगलो–इण्डियन हिन्दू एसोसिएशन सभा और डिबेटिंग क्लब (Debating Club) भी उन्होंने ही बनाये थे। इन संगठनों में विधवाओं का उद्धार, मूर्तिपूजा तथा सभी प्रकार की रुढ़िवादिता जैसे विषयों पर परिचर्चा की जाती थी।

परम्परागत हिन्दू–डेराजिओ के विचारों से सहमत नहीं थे। उन्होंने डेराजिओं को 1831 में हिन्दू कालेज से निष्कासित करवा दिया। किन्तु उसने अपनी गतिविधियाँ बन्द नहीं की, और 'ईस्ट इण्डिया' नामक दैनिक पत्र के सम्पादन द्वारा अपने विचार लोगों तक पहुँचाते रहे। डेराजिओ की 23 वर्ष की अल्प आयु में ही (दिसम्बर 1831 में) हैजे से मृत्यु हो गई। उनका आन्दोलन 'यंग बंगाल' के नाम से जाना जाता है जिसे उनके शिष्य कृष्ण मोहन बनर्जी, रामगोपाल घोष, दक्षिनारंजन मुखर्जी तथा महेशचन्द्र घोष ने आगे बढ़ाने की कोशिश की। उनके समर्थकों ने भी सामाजिक समस्याओं के प्रति समझौता न करने वाली प्रवृत्ति का प्रदर्शन किया। रामगोपाल घोष ने इस वर्ग की क्रान्तिकारी विचारधारा को अभिव्यक्त करते हुए घोषणा की: "वह जो तर्क नहीं करेगा धर्मान्ध है, वह जो नहीं कर सकता, बेवकूफ है और जो नहीं करता, गुलाम है।" इस विचारधारा की कमजोरी यह थी कि यह भारतीय समाज की सांस्कृतिक परम्परा को आकर्षित करने में सफल नहीं हो पाई।

शासन के समर्थन से समाज सुधार के प्रयास (Social Reform with the Support of Administration, 1828-57): दूसरी प्रवृत्ति के विचारकों का कानूनी हस्तक्षेप द्वारा सामाजिक परिवर्तन में विश्वास था। पाश्चात्य शिक्षा प्राप्त यह वर्ग प्रगतिशील विचारों का समर्थक था। इस मत के समर्थक विचारकों ने सरकार पर सामाजिक कुरीतियों को समाप्त करने के लिए दबाव डाला तथा सामाजिक कानून पारित करवाने में उसको पूर्ण सहयोग किया। बंगाल के केशवचन्द्र सेन, ईश्वरचन्द्र विद्यासागर, महाराष्ट्र के महादेव गोविन्द रानाडे एवं आन्ध्र प्रदेश के विरेशलिंगम् की मान्यता थी कि सुधार के प्रयास वास्तव में तब तक प्रभावशाली नहीं हो सकते जब तक उन्हें राज्य का सहयोग प्राप्त नहीं होता। इसीलिए उन्होंने सरकार से विधवा विवाह, कानूनी विवाह (सिविल मैरिज) एवं विवाह की न्यूनतम आयु बढ़ाने जैसे सुधारों को कानूनी समर्थन देने की मांग की।

दूसरी ओर हम ब्रिटिश सरकार को भी 18वीं व 19वीं शताब्दी में भारत के सामाजिक मामलों में तटस्थता की नीति छोड़कर कानून द्वारा कन्या वध, दास प्रथा, सतीप्रथा एवं बाल विवाह आदि सामाजिक बुराईयों को समाप्त करने और विधवा पुनर्विवाह को वैध घोषित करने के लिए सामाजिक कानून निर्माण में अभिरुचि लेते हुए देखते हैं। कुछ विद्वानों की मान्यता है कि वारेन हेस्टिंग्स के विरुद्ध चलाये गये मुकदमे ने इंग्लैण्ड के नागरिकों का ध्यान विशेष रूप से भारत में कम्पनी के शासन की दुर्व्यवस्था की ओर आकृष्ट किया। एडमण्ड बर्क (Edmund Burke) जैसे मानवतावादियों ने कम्पनी के शासन प्रबंध की नीति को नैतिक आधार पर सुधारने एवं भारत के साथ न्यायपूर्ण व्यवहार रखने पर जोर दिया। इसके अतिरिक्त वारेन हेस्टिंग्स, मेलकम, मुनरो आदि शासक परिवर्तन स्वयं भारतीयों द्वारा लाये जाने को आवश्यक मानते थे। इसीलिए भारतीयों द्वारा रखे गये सुधारों के प्रस्तावों का इस विचारधारा के समर्थक अंगरेज राजनीतिज्ञों ने समर्थन किया। लेकिन भारत में कुछ ऐसे अंगरेज जिलाधिकारी भी थे जो सामाजिक कुरीतियों को समाप्त करने के प्रबल समर्थक थे और इस प्रकार की प्रक्रिया शुरु करने के लिए सरकार पर समय–समय पर दवाब डालते रहे।

अमेरिकी उपनिवेशों (सितम्बर 1783) के हाथ से निकल जाने के बाद अंगरेजों ने इस बात को अच्छी तरह समझ लिया था, कि भारतीय साम्राज्य का प्रशासन कुछ सामाजिक सिद्धान्तों और न्यायिक धारणाओं पर विकसित करना पड़ेगा अन्यथा यह उपनिवेश भी उन्हें खोना पड़ सकता है। इस दृष्टि से वाटरलू युद्ध (जून 1815) के बाद इंग्लैण्ड में सामाजिक एवं

राजनीतिक सुधारों की चर्चा होने लगी। इस सुधारवादी वातावरण के सृजन में उपयोगितावादी (Utilitarian) एवं उदारवादी मानवतावादी (Liberal Humanitarian) विचारकों का विशेष योगदान रहा। इंग्लैण्ड में यह सुधारः दासप्रथा के उन्मूलन, कैथोलिकों को धार्मिक स्वतंत्रता देने, कृषकों एवं मजदूरों की स्थिति में सुधार व प्रथम सुधार बिल (1830) के पारित होने के रूप में व्यक्त हुए। भारत में अंगरेजी शासन व्यवस्था में सुधार लाये जाने की दृष्टि से मानवतावादी, एवेंजिलिकल व बेंथम के विचारों के समर्थक विलियम बैन्टिक को भारत का गवर्नर जनरल बनाकर भेजा गया।

विलियम बैंटिक (William Bentinck, 1828–35) द्वारा सुधार: 14 सितम्बर, 1774 में ह्विग परिवार में उसका जन्म हुआ। उसके पिता विलियम हेनरी पोर्टलैण्ड के तृतीय ड्यूक थे। उसकी मां डोरोथी कैवेन्डिश डेवेशायर के चतुर्थ ड्यूक की पुत्री थी। बैंटिक ने अपना जीवन सेना से प्रारम्भ किया। 1794 में वह लेफ्टीनेंट कर्नल बन गया था। 1803 में 29 वर्ष की अवस्था में बैंटिक मद्रास का गवर्नर नियुक्त हुआ। उसका विवाह मैसफोर्ड के प्रथम अर्ल आर्थर की पुत्री मेरी एचीसन से हुआ।

जब बैंटिक गवर्नर जनरल बनकर भारत आया था ब्रिटिश पार्लियामेन्ट में उदारवादियों का प्रभाव था, उन्होंने ही 1832 के संसदीय सुधार नियम को पारित करवाया था। कम्पनी के चार्टर नवीनीकरण (1833 ई.) की तिथि भी निकट आती जा रही थी और संचालकों का अनुमान था कि यदि भारत में सुधार नहीं किये गये तो कठिनाइयाँ बढ़ सकती हैं।

सती प्रथा का अन्त 1829: बंगाल में सती प्रथा को समाप्त करने के लिए कुछ पढ़े–लिखे जागरूक हिन्दुओं ने काफी पहले ही प्रयास शुरु कर दिये थे। यद्यपि 1813 व 1817 में भी सती होने से रोकने के लिए नियम बनाये गये थे। 1813 के नियम ने मजिस्ट्रेटों व अन्य अधिकारियों को यह अधिकार दिया था कि वे एक स्त्री को सती होने के लिए उस दशा में रोक सकते हैं यदि उसके सती होने के लिए बल प्रयोग किया जा रहा है, या वह नाबालिग अथवा गर्भवती हो। 1817 के नियम ने उन विधवाओं के भी सती होने पर प्रतिबंध लगाया था जिनके बच्चे कम उम्र के हों तथा जिनकी देखभाल करने वाला कोई जिम्मेदार व्यक्ति न हो। लेकिन 1813 व 1817 में जो नियम बने वे केवल आज्ञा पत्र थे तथा उनको किसी प्रकार की कानूनी मान्यता प्राप्त न थी। कलकत्ते के हिन्दुओं ने अगस्त 1818 में एक विरोध पत्र में सती प्रथा को घोर अमानवीय बताया तथा सरकार से यह आशा की गई कि वह भविष्य में इसे कम करने का प्रयास करे। बंगाल प्रेसीडेंसी के पुलिस अधिकारी वाल्टर इवर (Walter Ewer) ने नवम्बर 1818 में सरकार के आज्ञापत्रों की प्रभावहीनता की ओर संकेत करते हुए सुझाव दिया कि सती प्रथा भारतीयों में बिना किसी असन्तोष को जन्म दिये समाप्त की जा सकती है क्योंकि विधवा स्त्रियाँ स्वेच्छा से सती नहीं होती। 1824 में निजामत अदालतों के जजों ने घोषणा की कि सती को रोकने के लिए प्रतिबंध लगाने से अच्छा होगा यदि इसे कानून द्वारा भारत में पूर्णतः समाप्त घोषित कर दिया जाए। इन विचारों को जजों ने 1826 व 1827 में पुनः दोहराया। उन दिनों सती होने वाली विधवाओं की संख्या तेजी से बढ़ रही थी। कभी–कभी पूर्वी प्रान्तों में 1 वर्ष में ही जीवित जल जाने वाली विधवाओं की संख्या 800 तक पहुँच गई थी। 1828 के पहले दस वर्षों में पति के साथ जलकर मरने वाली विधवाओं का औसत 600 से कम नहीं रहा। अतः विलियम बैंटिक ने इस अपराध पर शीघ्र प्रतिबंध लगाने का निश्चय किया।

जिस समय अंगरेज अधिकारीगण सती प्रथा के उन्मूलन के लिए प्रयत्नशील थे भारतीयों का एक प्रगतिशील समूह भी बंगाल में राजा राममोहन राय के नेतृत्व में इसे प्रतिबन्धित करवाने का विचार कर रहा था। कहा जाता है कि उन्होंने 1811 में अपने बड़े भाई की मृत्यु पर अपनी भाभी को सती होते देखा, उसी समय से वे इसके विरोधी हो गये। राजा राममोहन राय ने 1818 में दो व्यक्तियों, सती प्रथा के समर्थक तथा विरोधी, के मध्य एक वार्तालाप प्रकाशित किया जिसमें स्त्री जाति के पक्ष में तर्क देते हुए मानवता के आधार पर लोगों से अपील की गई कि उन्हें जीवित जलाया जाना अनुचित है।[15] अतः राममोहन राय आदि विद्वानों से राय लेकर बैंटिक ने यह लिखा कि हिन्दू शास्त्रों में सती होना आवश्यक नहीं माना था। अकबर तथा पेशवाओं ने भी इस प्रथा को बन्द करने के आदेश दिये थे। अतः अंगरेज सरकार को इस प्रथा को समाप्त करने में विलम्ब नहीं करना चाहिए। गृह सरकार से अनुमति मिलने पर दिसम्बर, 1829 ई. को बंगाल में सती प्रथा को सदोष मानव हत्या (Culpable Homicide) के समान अपराध घोषित किया। इस कानून के तहत सती होने वाली स्त्री और उसको सहयोग देने वाले व्यक्ति या व्यक्तियों के लिए दण्ड का प्रावधान किया गया। 1830 में इसे बम्बई (मुम्बई) तथा मद्रास (चेन्नई) प्रान्तों में लागू कर दिया। इस प्रकार ब्रिटिश भारत में सती प्रथा धीरे–धीरे समाप्त हो गई, किन्तु देशी राज्यों में इसको समाप्त होने में काफी समय लगा।

16 जनवरी, 1830 को राजा राममोहन राय व कलकत्ता के कुछ प्रभावशाली व्यक्तियों व ईसाई मिशनरियों ने गवर्नर जनरल को सती प्रथा को गैर–कानूनी घोषित करने के लिए आभार प्रकट किया तथा बधाई दी। स्पष्ट है कि राजा राममोहन

विदेशी शक्ति द्वारा पारित किये गये सामाजिक कानून से सामाजिक कुरीतियों के उन्मूलन के विरोधी नहीं थे। रुढ़िवादी हिन्दुओं ने सती विरोधी नियम को निरस्त करवाने के लिए जनवरी, 1830 में कलकत्ता के संस्कृत कालेज में एक 'धर्म सभा' नामक संगठन की स्थापना की। उन्होंने सती विरोधी कानून को रद्द करवाने के उद्देश्य से इंग्लैण्ड में प्रिवी कौंसिल को एक प्रत्युत्तर प्रस्तुत किया। प्रिवी कौंसिल ने 11 जुलाई, 1832 को रुढ़िवादियों की अपील रद्द कर दी।

विधवा पुनर्विवाह कानून (Widow Remarriage Act, 1856): भारत में विधवा पुनर्विवाह आन्दोलन के साथ पण्डित ईश्वरचन्द्र विद्यासागर एवं पण्डित विष्णुशास्त्री जैसे सुधारकों का नाम विशेष रूप से जुड़ा हुआ है। हिन्दू धर्म शास्त्रों में कुछ परिस्थितियों में इसकी अनुमति दी हुई है, किन्तु व्यवहार में ऐसा नहीं था और इस तरह यह समस्या प्राचीनकाल से चली आ रही थी। यह प्रथा बंगाल में विशेष रूप से जटिल हो गई थी। विशेषकर कुलीन ब्राह्मणों में 50–60 लड़कियों का विवाह एक साथ एक ही व्यक्ति से कर दिया जाता था। इस प्रकार बाल विधवाओं का जीवन ही अभिशाप बन गया था। राजा राममोहन राय ने 1822 में प्रकाशित अपने एक ग्रंथ[16] में भारतीय विधवाओं की दयनीय स्थिति पर प्रकाश डाला था, लेकिन वे इस ओर विशेष प्रयास नहीं कर पाये। इस स्थिति में सुधार लाने के लिए स्वयं ब्राह्मण परिवारों की अविवाहित कन्यायें आगे आईं और 14 मार्च, 1835 को 'समाचार दर्पण' के सम्पादक को एक पत्र द्वारा जनसाधारण को अपने आलेखों द्वारा इस समस्या की गंभीरता से अवगत करवाने की अपील की। पत्र द्वारा उन्होंने इस बात की शिकायत की थी कि कुलीनता की प्रतिष्ठा को आघात के भय से बंगाल में प्रतिष्ठित ब्राह्मण एवं कायस्थ परिवारों की विधवाओं को उनके पति की मृत्यु के बाद पुनर्विवाह की अनुमति नहीं है। चिनसुरा की महिलाओं की इस आशय की अपील भी 15 मार्च, 1835 के *समाचार दर्पण* में प्रकाशित हुई। विशेष समाचार–पत्रों ने भी वातावरण निर्माण करने का कार्य किया। जैसेः *इंगलिश मैन, दर्पण, रिफारमर, हरकारू, कारियार* आदि। बाबू मतिलाल सील, कलकत्ते के बॉ बाजार के निवासी बाबू नीलकमल बंधोपाध्याय, नदिया के महाराजा श्रीचन्द्र आदि ने भी विधवाओं की स्थिति सुधारने एवं पुनर्विवाह की अनुमति दिलाने के प्रयत्न किये।

ईश्वरचन्द्र विद्यासागर बंगाल के समाज सुधारक एवं संस्कृत के प्रकाण्ड विद्वान थे। उन्होंने इस आन्दोलन को 'तत्त्वबोधनी' में अपने ओजस्वी लेखों से बल दिया। 'पाराशर संहिता' के अनेक प्रमाण प्रस्तुत किये जिनसे विधवा विवाह का समर्थन होता था। बर्दवान के महाराज महताबचन्द नदिया महाराजा श्रीचन्द्र तथा उत्तर पाडा व मेमन सिंह के जमींदारों ने विधवा विवाह के पुनीत कार्य में सहयोग करने का वचन दिया। विद्यासागर ने 1855 में 984 व्यक्तियों के हस्ताक्षर युक्त आवेदन भारत सरकार को भेजा जिसमें कानून द्वारा विधवा विवाह को वैद्य बनाये जाने की मांग की। डलहौजी की कार्यकारिणी के सदस्यों ने ईश्वरचन्द्र विद्यासागर के सुझाव का स्वागत किया तथा 26 जुलाई, 1856 को विधवा पुनर्विवाह अधिनियम पारित कर दिया। यद्यपि रूढ़िवादी हिन्दुओं ने 36000 से अधिक व्यक्तियों से हस्ताक्षर करवा कर इसके विरुद्ध सरकार को याचिका प्रस्तुत की थी। इस तरह अधिनियम द्वारा विधवा विवाह वैध घोषित कर दिया गया। 1833 के चार्टर अधिनियम में एक धारा जोड़कर अंगरेज साम्राज्य से दास प्रथा का अन्त (Abolition of Slavery) कर दिया गया। मालिकों को प्रतिकर (Compensation) दिये बिना सभी दास स्वतंत्र कर दिये गये किन्तु बन्धुआ मजदूरी को समाप्त नहीं किया जा सका।

बाल विवाह तथा न्यूनतम अवस्था बिल (Child Marriage and the Age Consent Bill): भारत में बाल विवाह का प्रचलन बहुत पहले से था। अपनी पुत्री के लिए अच्छा परिवार प्राप्त करने की कामना से पिता बाल्यकाल में ही कन्याओं का विवाह निश्चित कर देते थे। ऊँची जाति के हिन्दू परिवारों में इस बात पर बल दिया जाता था कि कन्या का विवाह शीघ्र कर दिया जाना चाहिए। ईश्वरचन्द्र विद्यासागर व उनके समर्थकों के दबाव डालने पर 1860 में भारतीय दण्ड विधान में लड़की के लिए दाम्पत्य सहवास की न्यूनतम आयु 10 वर्ष निश्चित की गई थी। इससे कम आयु में विवाह (या सहवास) दण्डनीय अपराध घोषित किया गया। परन्तु बाल विवाह की भीषणता को देखते हुए इस आयु में और वृद्धि करना आवश्यक था।

मलाबारी का प्रस्ताव (Proposal of B.M. Malabari): सुधारकों के प्रयास से 1872 में एक कानून नेटिव मैरिज एक्ट (Native Marriage Act) पास किया जिसमें 14 वर्ष से कम आयु की कन्याओं का विवाह वर्जित कर दिया गया तथा बहुविवाह भी गैर कानूनी घोषित कर दिया किन्तु कानून प्रभावशाली न हो सका। हिन्दू कन्याओं के विवाह की न्यूनतम आयु निश्चित करवाने के लिए बम्बई के पारसी बहराम जी मलाबारी (1853–1912 ई.) आगे आये और लड़कियों के विवाह की न्यूनतम सीमा निश्चित करके बाल विवाह रोकने के लिए सरकार से प्रार्थना की। इसके लिए उन्होंने एक लघु पुस्तिका 15 अगस्त, 1884 को प्रकाशित की तथा उसकी प्रतियां अंगरेज अधिकारियों एवं प्रतिष्ठित भारतीयों में वितरित की। मलाबारी ने बाल विवाह की गंभीरता को देखते हुए देश के सभी वर्गों का ध्यान आकृष्ट किया, जिसके फलस्वरूप समाज सुधार

आंदोलन एक राष्ट्रव्यापी सुधार आन्दोलन में परिणत हो गया। लेकिन मलाबारी के भेजे गए प्रस्ताव पर गवर्नर जनरल ने अपनी कौंसिल में विचार करने एवं वैधानिक कार्रवाई करने से मना कर दिया। पारसी समाज के उत्थान के लिए बहराम जी मलाबारी ने 1885 में "सेवा सदन" की स्थापना की थी। यह सदन समाज की शोषित एवं तिरष्कृत महिलाओं के उत्थान के लिए प्रयास करता था। विद्वानों की मान्यता है कि सरकार की सामाजिक सुधारों में रुचि केवल अपने संकीर्ण राजनैतिक व आर्थिक स्वार्थों के कारण थी और अंगरेज तभी हस्तक्षेप करते थे जब इन सुधारों से उनका स्वार्थ अप्रभावित रहता। कानून द्वारा सुधार के समर्थक राष्ट्रवादियों की यह धारणा भी पूरी तरह सही नहीं थी कि बदलाव के हथियार के रूप में कानून का आश्रय जरूरी है, असल में इसे जनता की मान्यता प्राप्त नहीं थी। समाज सुधारक के.टी. तेलंग की जैसी धारणा थी कि कन्या के सहवास की आयु निर्धारित करने में सुधार की अधिक आवश्यकता है न कि विवाह की आयु निश्चित करने की। तेलंग के अनुसार दम्पत्ति सहवास की उचित आयु निर्धारण में सुधार स्वयं जनता के माध्यम से होना चाहिए न कि उसे ऊपर से थोपा जाना चाहिए।

राष्ट्रवादियों के एक वर्ग ने 1889 में घोर प्रतिक्रिया व्यक्त की, जब सरकार दाम्पत्य सम्बन्ध की न्यूनतम सीमा बढ़ाने पर विचार कर रही थी। दैनिक समाचार चन्द्रिका में संभावना व्यक्त की गई कि सरकार के हस्तक्षेप के परिणामस्वरूप हिन्दू नारियों के नैतिक मूल्यों का पतन होगा। इसी प्रकार सरकारी दखलन्दाजी से विद्रोह की संभावनाओं की ओर भी संकेत किया गया। अराजनैतिक संस्थाओं में केवल ब्राह्मण समाज ही सरकार की इस नीति का समर्थक था। मद्रास (चेन्नई) से 1890 में प्रारम्भ हुई के.एन. नटराजन की पत्रिका 'इण्डियन सोशल रिफार्मर' (Indian Social Reformer) ने इस बिल को उचित माना।

बाल गंगाधर तिलक की नीतिः बम्बई क्षेत्र से प्रकाशित समाचार–पत्र 'मराठा' व 'केसरी' के माध्यम से लोकमान्य तिलक ने न्यूनतम अवस्था बिल का विरोध कर उसे राष्ट्रीय समस्या के रूप में परिणत कर दिया। स्मरणीय है कि महाराष्ट्र के सुधारवादी ही राजनैतिक क्षेत्र में उदारवादी दल के सदस्य थे और साम्राज्यवादी सरकार के प्रति निष्ठा की भावना रखते थे। तिलक का उद्देश्य उग्रवादी दल की शक्ति को बढ़ाना था इसी उद्देश्य से इस बिल का विरोध करना शुरु किया था। 15 फरवरी, 1891 को प्रकाशित 'मराठा' के सम्पादकीय में तिलक ने सरकार द्वारा हिन्दुओं के धार्मिक विषयों में हस्तक्षेप की निंदा की।

दयाराम गिदूमल का प्रस्तावः मलाबारी के मित्र दयाराम गिदूमल ने दाम्पत्य सहवास की अवस्था 10 वर्ष से बढ़ाकर 12 वर्ष करने का सुझाव दिया था, उस संशोधन का भी तिलक ने विरोध किया और तेलंग, गोपालराय आगरकर, आर. जी. भण्डारकर की भी भर्त्सना की। तिलक के यह विचार सर्वथा युक्तिसंगत थे कि '**विदेशी शासन से मुक्ति के लिए प्रयत्नशील राष्ट्र को अपनी सामाजिक एवं धार्मिक समस्याओं के समाधान के लिए विदेशी सहायता की अपेक्षा करना अपमानजनक होगा।**' उन्होंने बार–बार दोहराया कि '**सामाजिक कुरीतियों को दूर करने के लिए सरकार से कानून बनाने की मांग करना, भारतीयों की शक्तिहीनता एवं अक्षमता का प्रदर्शन होगा।**' वे चाहते थे कि '**विवाह की आयु नियन्त्रित की जानी चाहिए, किन्तु इसके लिए विदेशी सरकार का सहयोग अपेक्षित नहीं है, अपितु शिक्षा की आवश्यकता है।**'

महादेव गोविन्द रानाडे के विचारः दूसरी ओर कानून द्वारा सुधार के प्रतिपादक जस्टिस महादेव गोविन्द रानाडे का विचार था कि विदेशी सरकार से कानून का सहयोग 'अविश्वसनीय' और अनीतिपूर्ण नहीं है। उनके अनुसार सामाजिक सुधारों की मांग विदेशी सरकार का मसला नहीं है प्रत्युत अपने देशवासियों की थी। उन्होंने दृढ़तापूर्वक कहा कि '**यह कानून विदेशी सत्ता को दृढ़ नहीं करेगा बल्कि हिन्दू समाज की प्राचीन व्यवस्था को पुनर्स्थापित करने में सहायक होगा जो मध्यकालीन आक्रमणों के दौरान लुप्त हो गई थी।**'

राष्ट्रीय कांग्रेस के एक अंग के रूप में राष्ट्रीय सामाजिक कान्फ्रेंस का 1887 में निर्माण हुआ। इस कान्फ्रेन्स का नेतृत्व रानाडे कर रहे थे। उन्होंने इस संस्था के माध्यम से दयाराम गिदूमल द्वारा प्रस्तुत दाम्पत्य सहवास की न्यूनतम आयु (10 वर्ष के स्थान पर 12 वर्ष) संशोधन योजना को स्वीकृत करवा दिया। 1889 की तृतीय सामाजिक कान्फ्रेंस के बम्बई (मुम्बई) अधिवेशन में रानाडे ने प्रस्ताव रखाः "इस कान्फ्रेंस के अनुसार 12 वर्ष की आयु के पूर्व पत्नी के साथ सहवास करना गैर–कानून व दण्डनीय अपराध होना चाहिए" साथ ही देश में यह जनमत तैयार करना चाहिए कि जब तक पत्नी 14 वर्ष की न हो जाए उसके साथ सहवास न किया जाए। तिलक भी इस अधिवेशन में उपस्थित थे, लेकिन कान्फ्रेंस में उपस्थित सदस्यों का उन्हें अधिक समर्थन नहीं मिल पाया। कानून द्वारा समाज सुधार के समर्थक लोगों ने स्वीकार किया कि 'देश की जनता निष्क्रिय है और उन्हें जागृत करने के लिए बाह्य प्रेरक शक्ति की आवश्यकता है।'

19 मार्च, 1891 को यह न्यूनतम अवस्था बिल कौसिंल द्वारा पारित कर दिया गया जिसके अनुसार भारतीय दण्ड विधान में संशोधन करते हुए दाम्पत्य सम्बन्ध की न्यूनतम अवस्था 10 वर्ष से बढ़ाकर 12 वर्ष कर दी गई। यहाँ यह उल्लेख करना अनुचित न होगा कि न्यूतम अवस्था बिल के सम्बन्ध में उठे विवाद ने सरकार की सामाजिक सुधारों की नीति को भी प्रभावित किया। चार्ल्स एच. हेमिसाथ (Charles H. Heimsath)[17] ने ठीक ही लिखा है कि विपक्षियों के विचारों ने सरकार के सामने यह स्पष्ट कर दिया कि भारतीयों के सामाजिक व धार्मिक जीवन में हस्तक्षेप के परिणामस्वरूप उसे राष्ट्रव्यापी विरोध सहन करना पड़ेगा। समाज सुधारकों के परस्पर मतभेदों ने कानून द्वारा समाज में सुधार लाने की नीति को लुप्त कर दिया। इसीलिए 1891 से 1929 के मध्य किसी प्रकार के समाज सुधार के कानून पारित नहीं किये जा सके। इसके लिए कानून द्वारा सुधार के विरोधी लोगों को दोषी माना जाता है।

शारदा बिल (Sharda Bill): 1929 में अजमेर निवासी हरविलास शारदा के प्रयत्नों से बाल–विवाह निषेध कानून बन पाया। उन्होंने पूर्व में निश्चित की गई दाम्पत्य सम्बध की आयु को बहुत कम बताया और सरकार से इसे बढ़ाने के लिए अनुरोध किया। जिसके अनुसार विवाह के समय लड़के की आयु 18 वर्ष व लड़की की आयु 14 वर्ष से अधिक निर्धारित की गई।

महिला उत्थान हेतु पारित अधिनियम

1. बाल हत्या दण्डनीय अपराध घोषित किया 1795 व 1804 के बंगाल रेग्यूलेशन एक्ट द्वारा।
2. 1829 बंगाल रेग्यूलेशन एक्ट द्वारा सती प्रथा अवैध घोषित की।
3. 1856 के हिन्दू विधवा पुनर्विवाह अधिनियम पारित।
4. 19 मार्च 1891 विवाह की उम्र वृद्धि की।
5. 1930 शारदा एक्ट पारित।

बंगाल में समाज सुधार आन्दोलन (Social Reform Movement in Bengal)

सामाजिक–धार्मिक परम्पराओं में सुधार की तीसरी प्रणाली को मोटेरूप में दो भागों में विभक्त किया जा सकता है। सुधारवादियों के एक वर्ग की मान्यता था कि सुधार को प्रभावी बनाये जाने के लिए यह आवश्यक है कि वह समाज के अन्दर से ही विकसित हो। ईश्वरचन्द्र विद्यासागर के विधवा विवाह पर लिखे इश्तहार, बहराम मलाबारी के विवाह की न्यूनतम आयु बढ़ाने के प्रयास तथा राजा राममोहन राय की सती प्रथा के विरुद्ध प्रचार इसके उत्कृष्ट उदाहरण हैं। इसे आन्तरिक सुधार प्रणाली का नाम दिया जा सकता है।

इस वर्ग के दूसरे सुधारवादियों का विश्वास केवल समाज में जागृति पैदा करने में ही नहीं था प्रत्युत उन्होंने सुधारों की क्रियान्विति पर जोर दिया। उनकी धारणा थी कि बिना भौतिक लक्ष्यों की प्राप्ति के सुधार की चर्चा करने का कोई अर्थ नहीं है। इस श्रेणी में ईश्वरचन्द्र विद्यासागर, आर्य समाज एवं रामकृष्ण मिशन को रखा जा सकता है। विद्यासागर विधवा विवाह की वकालत केवल भाषणों और पुस्तकों के प्रकाशन द्वारा करने से प्रसन्न नहीं थे बल्कि उन्होंने अपने को विधवा–विवाह की समस्याओं से पूरी तरह जोड़ लिया और पूरा जीवन इसी कार्य के लिए समर्पित कर दिया। इसी प्रकार आर्य समाज एवं रामकृष्ण मिशन ने भी सामाजिक कार्यों द्वारा सुधार व पुनर्जागरण के विचारों को बढ़ावा देने की भरसक कोशिश की। वे अपने समाज सुधार के लक्ष्यों को प्राप्त करने के लिए इस कदर जुड़े कि उसे अलग करके नहीं देखा जा सकता। उनकी मिशनरी योजनाओं एवं स्वयं में भेद नहीं रह गया था। तत्वतः उन्होंने अपना समाज सुधार योजनाओं से एकाकार कर लिया था।

राजा राममोहन राय (1774–1833 ई.)

बंगाल से शुरु हुए सुधार आन्दोलन का नेतृत्व राजा राममोहन राय ने किया। इसी कारण राजा राममोहन राय को भारत के नवजागरण का अग्रदूत, सुधार आन्दोलनों का प्रवर्तक एवं आधुनिक भारत का पहला महान नेता कहा जाता है। उनका जन्म 1774 ई. में पश्चिम बंगाल के बर्दमान जिले के राधानगर के ब्राह्मण परिवार में हुआ।[18] राजा राममोहन राय के पिता सम्पन्न थे अतः उनकी शिक्षा पर समुचित ध्यान दिया। बचपन में ही उन्होंने संस्कृत, अरबी व फारसी भाषाओं का अच्छा ज्ञान प्राप्त कर लिया था। इसके अतिरिक्त अंगरेजी, फ्रांसीसी, लातीनी एवं हिब्रू (Hebru) का भी ज्ञान था। लेकिन उनका प्रारम्भिक जीवन कष्टमय ही रहा। ताराचंद ने जिक्र किया है उन दिनों बंगाल आर्थिक और राजनैतिक संक्रांति काल से गुजर रहा था। उनके बचपन में ही विचारशील और सतर्क मन पर ह्रासोन्मुख पूर्वी संस्कृति और प्राणगति से पुष्ट और

प्रगतिशील पाश्चात्य संस्कृति के अन्तर का बड़ा भारी असर था।[19] उनका 15 वर्ष की अवस्था में एक लेख प्रकाशित हुआ जिसमें मूर्तिपूजा की आलोचना की गई। वे परमात्मा को निराकार मानते थे। इस बात से उनके पिता से उनका मतभेद हो गया और वे घर से निकल पड़े। इस दौरान उन्हें नेपाल जाना पड़ा जहाँ बौद्ध धर्म–दर्शन का ज्ञान प्राप्त किया। परन्तु वहाँ रहते हुए वे लामा देवत्य पर प्रहार कर बैठे। इस कारण उन्हें नेपाल छोड़ना पड़ा। 1803 में अपने पिता की मृत्यु के समय वह कम्पनी की सेवा में प्रविष्ट हुए, बाद में डिगबी ने जमींदारी व्यवस्था (स्थाई बन्दोबस्त) को लागू करने के लिऐ उन्हें अपना दीवान नियुक्त किया। डिगबी (Digby) के साथ उन्होंने 1814 तक कार्य किया। बाद में वे कलकत्ता में रहने लगे। इस दौरान उन्हें अपने अंगरेजी का ज्ञान वर्द्धन करने का अवसर मिला और एक ऐसी लेखन शैली विकसित की, जिसकी प्रशंसा करते हुए बैंथम ने कहा था कि 'इस शैली के साथ एक हिन्दू का नाम न जुड़ा होता तो हम यह समझते कि यह बहुत ही उच्च शिक्षित अंगरेजी कलम से निकली है।[20] अंगरेजी शिक्षा एवं ज्ञान से उनमें बुद्धिवादी एवं तार्किक प्रवृति का विकास हुआ। इसीलिए विद्वान उन्हें 'यंग बंगाल' आन्दोलन की तार्किक जिज्ञासा के प्रतीक मानते थे। राजा राममोहन राय का पहला ग्रंथ 'तोहफत उल मुहीद्दीन' 1803 में प्रकाशित हुआ जिसमें उन्होंने मूर्ति पूजा का विरोध किया और एकेश्वरवाद को सब धर्मों का मूल बताया। इसके अतिरिक्त महिलाओं की स्थिति पर Brief remarks regarding Modern Enchrochments to the Ancient Rights of Females जैसी पुस्तक द्वारा समाज सुधार को गति प्रदान की। उन्होंने कई अनुवाद के कार्य किए। वेदान्त का संक्षेप, केन, ईश, कठ, माडूक्य और मुण्डक उपनिषदों का अनुवाद किया, उसमें उनका उद्देश्य हिन्दुओं के शुद्ध धर्म की पुनः प्रतिष्ठा थी। वह लोगों को सब धर्मों का सम्मान करने और किसी धर्म को गालियां न देने का, विभिन्न धर्म के सत्यरूपी प्रखर सूर्य की सफेद रोशनी को विभिन्न रंग की किरणों के रूप में देखने की शिक्षा देते थे। इस प्रकार उन्होंने भारत की मौलिक एकता के तत्वों की रूपरेखा प्रस्तुत कर दी, जिसका आधार सम्प्रदायों का पारस्परिक सम्मान और सब धर्मों का समझना था।[21] वे परमात्मा को निराकार मानते थे। उन्होंने कोई नया धर्म या पंथ नहीं चलाया प्रत्युत स्वतंत्र चिन्तन के आधार पर प्रगतिवादी और जनकल्याणकारी धर्म के सिद्धान्तों को अपनाने की सलाह दी। लोग उन्हें धार्मिक विचारों के आधार पर बैंथमवादी (Benthanitc) कहा करते थे।

देसाई महोदय ने लिखा है कि राजा राममोहन राय वस्तुतः प्रजातंत्रवादी और मानवतावादी (Humanitarian) थे। अपने धार्मिक दार्शनिक और सामाजिक दृष्टि में वे इस्लाम के एकेश्वरवाद और मूर्तिपूजा विरोध, सूफी मत के रहस्यवाद, ईसाई धर्म की आचारशास्त्रीय नीतिपरक शिक्षा और पश्चिम के आधुनिक देशों के उदारवादी बुद्धिवादी सिद्धान्तों से काफी प्रभावित थे। उन्होंने अपने ही व्यक्तित्व में इस्लाम, ईसाई धर्म और आधुनिक मानवतावाद या बुद्धिवाद के सर्वोत्तम तत्वों को परिभाषित और अंगीकृत करने की चेष्टा की और उन्हें एक मूल धर्म में रूपायित किया जिसके तत्त्व उन्हें उनके अपने समुदाय के उपनिषद दर्शन में मिले।[22]

ब्रह्म समाज (Braham Samaj or The Society of God): ईस्ट इण्डिया कम्पनी की सेवाओं से त्यागपत्र देकर राजा राममोहन राय ने 1815 में आत्मीय सभा गठित की, तत्पश्चात् 1816 में 'वेदान्त सोसाइटी' की स्थापना की। इसी दौरान उन्होंने उपनिषदों और अन्य वेदान्त ग्रंथों का अनुवाद प्रकाशित करवाया। उपनिषदों के अनुवाद द्वारा राममोहन राय ने इस बात पर बल दिया कि अद्वैतवाद हिन्दू धर्म का सदैव से मूल रहा है। उपनिषदों में वर्णित आध्यात्मिक ब्रह्म आत्म ऐक्य बोध में उनका विश्वास था। उन्होंने उपनिषदों में व्यक्त आत्मा की अमरता के सिद्धान्त को स्वीकारा। ईसाई धर्म का भी उन पर प्रभाव था, किन्तु वे ट्रिनिटी (पिता, पुत्र एवं पवित्र आत्मा) के सिद्धान्त को नहीं मानते थे। यीशु द्वारा प्रतिपादित न्यू टेस्टोमेंट उन्हें तर्कसंगत प्रतीत हुआ। उनकी मान्यता थी कि अन्धविश्वासी को बुद्धिवाद से समादृत किया जा सकता है तथापि उन्हें ईश्वर में अगाध श्रद्धा और विश्वास था। 1821 में राममोहन राय ने कलकत्ता यूनिटेरियन कमेटी प्रतिस्थापित की। 1823 में *प्रीसेप्ट्स ऑफ जीसस* (*The Percept of Jesus*) नामक उनका ग्रंथ जान डिगबी के प्रयत्नों से लंदन से प्रकाशित हुआ। राजा राममोहन राय को वस्तुतः हिन्दू धर्म और परम्पराएँ प्रिय थीं अतः एक ओर जहाँ उन्होंने इसमें व्याप्त बुराईयों की आलोचना की तथा इन्हें दूर करने के प्रयास किये वहीं दूसरी ओर हिन्दू धर्म को ईसाईयों के प्रचारवादी प्रहार से बचाया भी। हिन्दू धर्म के लिए उनका सबसे बड़ा योगदान पश्चिमी ज्ञान–विज्ञान और बुद्धिवादी उपयोग द्वारा इसकी बुराईयों को दूर करना था। लेकिन तत्कालीन रुढ़िवादी समाज उनकी इन बातों को मानने को तत्पर नहीं था। परम्परागत रुढ़िवादियों ने उनका विरोध किया तथा सामाजिक बहिष्कार तक किया। राजा राममोहन राय में विरोध को सहन करने की अदम्य शक्ति

थी। कहा गया है कि अपने कुछ अनुयायियों के साथ एक बार जब यूनिटेरियन चर्च से प्रार्थना करके लौट रहे थे उस समय ताराचंद चक्रवर्ती एवं चन्द्रशेखर देव ने एक पृथक् पूजा स्थल की स्थापना का जिक्र किया। संभवतः मि. एडम ने भी इस आशय का सुझाव दिया था। अतः 20 अगस्त, 1828 को 'ब्रह्म सभा' के नाम से एक नये समाज की स्थापना की जिसे बाद में 'ब्रह्म समाज' कहा गया। इस सभा का उद्देश्य था राममोहन की मान्यताओं के अनुसार हिन्दू धर्म में सुधार लाना।[23]

ब्रह्म समाज की प्रमुख विशेषताएँ इस प्रकार व्याख्यायित की जा सकती हैं:

- इस समाज में प्रत्येक शनिवार को सांयकाल सभी सदस्य एकत्र होते थे और शास्त्रों से उद्धहरण पढ़े जाते, तत्पश्चात् बंगाली में उपदेशात्मक चर्चा व भजन कार्यक्रम होता था।
- ब्रह्म समाज का आस्तिकवाद तार्किक मानवतावाद और एकेश्वरवाद जैसा हिन्दू वेदान्त दर्शन तथा ईसाई धर्म में मिलता है, का मिला–जुला रूप था। 1830 में अपने प्रन्यासकरण पत्र (Trust deed) में 'ब्रह्म समाज' का उद्देश्य शाश्वत, सर्वाधार एवं अपरिवर्त्य ईश्वर की पूजा है, उन्होंने ईश्वर को कर्ता व रक्षक बताया।
- ब्रह्मों द्वारा हिन्दू धर्म में व्याप्त कुरीतियाँ जैसे मूर्तिपूजा तथा अन्धविश्वास युक्त क्रियाओं व संस्कारों का खण्डन किया गया।
- धार्मिक ग्रंथों की व्याख्या के लिए धार्मिक गुरुओं की आवश्यकता नहीं मानी गई। बल्कि यह माना गया कि प्रत्येक व्यक्ति का यह अधिकार व सामर्थ्य है कि अपनी बुद्धि से धार्मिक ग्रंथों या सिद्धान्तों में क्या सत्यासत्य है, का निर्णय करें।
- धार्मिक सुधार के अतिरिक्त ब्रह्म समाज द्वारा समाज सुधार का कार्य किया गया। उन्होंने जाति व्यवस्था तथा बाल विवाह का विरोध किया और स्त्रियों की स्थिति में सुधार लाने का समर्थन किया, जिसमें सती प्रथा विरोध, विधवा पुनर्विवाह तथा स्त्री–पुरुष दोनों के लिए आधुनिक शिक्षा की आवश्यकता पर जोर दिया।

राजा राममोहन राय की मृत्यु के पश्चात् ब्रह्म समाज का नेतृत्व देवेन्द्रनाथ ठाकुर व आचार्य केशवचन्द्र सेन ने करना शुरु किया। उनकी पाश्चात्य मूल्यों में प्रतिबद्धता तथा ईसाई आचार शास्त्र में श्रद्धा राममोहन से भी अधिक थी। वे पश्चिम के साथ भारतीय समाज के सम्बन्ध को भारत के सांस्कृतिक तथा नैतिक पुनर्गठन के लिए एक स्रोत मानते थे। उन्होंने मुक्त हृदय से पाश्चात्य सांस्कृतिक मूल्यों, मानवतावाद, तार्किकवाद तथा विज्ञान को भारतीय समाज के लिए सर्वथा अनुकरणीय बताया। स्मरणीय है कि ब्रह्म समाज के विरोध में कलकत्ता में रुढ़िवादी हिन्दुओं ने भी एक विरोधी 'धर्म सभा' का गठन किया था।

आधुनिक शिक्षा के समर्थक: राममोहन राय आधुनिक शिक्षा के समर्थक थे। उनके विचार से भारत में आधुनिक विचारों के प्रसार के लिए आधुनिक शिक्षा पद्धति का विकास आवश्यक था 1830 में इंग्लैण्ड जाने से पूर्व राममोहन ने एक स्कूल (Anglo Hindu School) के लिए एक भवन दिलवाने में एलेक्जेंडर डफ की विशेष सहायता की। उन्होंने कलकत्ता में डेविड हेयर के सहयोग से हिन्दू कॉलेज (Hindu College) की स्थापना करवाई। लेकिन मजूमदार आदि विद्वान यह मानते हैं कि राममोहन का हिन्दू कालेज की स्थापना में कोई विशेष योगदान न था। बंगला साहित्य के विकास में राममोहन ने उल्लेखनीय कार्य किया। उन्होंने वेदान्त और उपनिषदों का बंगला में अनुवाद किया और पहली बार गद्य साहित्य को प्रोत्साहन दिया। दिसम्बर 1821 में साप्ताहिक पत्रिका 'संवाद कौमुदी' प्रकाशित करनी प्रारम्भ की, लेकिन यह पत्रिका अधिक समय तक संचालित नहीं रही। इसी प्रकार 'मिरात–उल–अखबार' का प्रकाशन भी किया जाने लगा। यह फारसी भाषा में था। ब्रह्मेनिकल मैग्ज़ीन अंगरेजी भाषा में प्रकाशित की गई। उन दिनों दिग्दर्शन, समाचार दर्पण एवं 'बंगला गजेती' प्रकाशित की जा रही थी जिनके प्रकाशन में यद्यपि राममोहन का कोई योगदान नहीं था। 1825 में स्थापित वेदान्त कालेज में सामाजिक एवं भौतिक विज्ञानों की पढ़ाई होती थी।

समाज सुधार: सती प्रथा राजा राममोहन राय के समय की सबसे ज्वलन्त समस्या थी। 19वीं सदी के आरम्भ में इस प्रथा ने अधिक वीभत्स रूप धारण कर लिया था। सती प्रथा का विरोध करने वालों में राजा राममोहन राय अग्रणी व्यक्ति थे। उन्होंने सती प्रथा के उन्मूलन के लिए हृदय से प्रयास किये और इसके लिए अपनी पूरी शक्ति लगा दी। अंगरेज सरकार ने 1812 के एक आदेश द्वारा नशीली वस्तुओं के प्रभाव में विधवाओं के सती होने पर प्रतिबंध लगा दिया था। इसके बाद भी 1815 एवं 1818 सती प्रथा से सम्बन्धित कुछ आदेश प्रसारित किये थे। कलकत्ता के रुढ़िवादियों ने अंगरेज सरकार के 1812–15 एवं 1817 के आदेशों के विरोध में अपील की थी।[24] इसके विरोध में राममोहन राय ने अगस्त 1818 में रिट दायर

की। उन्होंने धर्मशास्त्रों तथा टीकाकारों के उदाहरणों से भी यह बताने का प्रयत्न किया कि सती का विरोध धर्मशास्त्रों में मिलता है। 1818 में उन्होंने सती प्रथा के समर्थक एवं विरोधी के बीच का वार्तालाप प्रकाशित किया जिसमें स्त्री जाति के पक्ष में तर्क देते हुए मानवीय आधार पर यह अपील की गई कि उन्हें जीवित जलाया जाना अनुचित है। सती प्रथा का विरोध करने के लिए उन्होंने अपनी पत्रिका 'संवाद कौमुदी' का उपयोग किया। सरकार द्वारा 1829 में सती पर प्रतिबन्ध लगाये जाने का उन्होंने समर्थन किया और इस प्रक्रिया में रूढ़िवादियों द्वारा दायर याचिका का इंग्लैण्ड में भी विरोध किया।

राममोहन ने केवल सती प्रथा के विरोध तक अपने को सीमित नहीं रखा बल्कि जातीय भेदभाव नीति की भी भर्त्सना की। ताराचंद लिखते हैंः राममोहन ने यह समझ लिया कि स्वतंत्रता, समानता और भ्रातृत्व के सिद्धान्त पर आधारित लोकतांत्रिक समाज तभी बन सकता है जब जात–पात का अन्त कर दिया जाए। उन्होंने लिखा, जात–पात के भेदभाव से हिन्दू समाज के असंख्य टुकड़े पैदा हुए हैं। इससे हिन्दू देश भक्ति की भावना से वंचित हो गए हैं। हम लोग लगभग 9 शताब्दियों से पराधीनता के शिकार रहे हैं और इसका कारण यह रहा है कि हम जात–पांत में बंटे हुए हैं, जो हम में आपसी एकता का अभाव का कारण रहा है।[25]

भारत के आधुनिकीकरण में राममोहन राय का योगदान (Contribution of Ram Mohan Ray for Modernisation of India): राममोहन स्वतंत्रता, जनतंत्र एवं राष्ट्रीयता के समर्थक थे और उन्होंने सदैव अन्याय, उत्पीड़न का विरोध किया। 1821 में नेपल्स की क्रान्ति की विफलता से वे काफी दुखी हुए थे। लेकिन जब 1823 में स्पेनिश अमेरिका में क्रान्ति सफल रही तो उन्होंने इसकी खुशी में एक भोज देकर जश्न मनाया। इंग्लैण्ड में राजा राममोहन राय के सचिव आरनट ने भारत के सम्बन्ध में राजा राममोहन राय के मत का उल्लेख किया था कि "भारतीय चालीस साल के अन्दर स्वतंत्र हो जाएंगे और इस दौरान ब्रिटिश अधीनता में रहकर भारत संसार के सभ्य और स्वतंत्र देशों के बराबर पहुँच जाएगा।" इसी प्रकार राममोहन ने विक्टर जैम कांट को बताया था कि "भारत को अंगरेजी शासन में रहना अभी इसलिए आवश्यक है कि राजनीतिक स्वतंत्रता प्राप्त करने में उन्हें बहुत सी चीजें नष्ट होने का भय है।"[26] वे अंगरेजों का भारतीयों के साथ अधिक सम्पर्क भारतीयों के लिए ही लाभप्रद मानते थे। तत्कालीन परिस्थितियों में उनका विचार ठीक भी था, वस्तुतः प्रजातान्त्रिक प्रणाली के विकास एवं उद्योगों के विस्तार के लिए पाश्चात्य जगत से अधिक सम्पर्क की आवश्यकता थी। अंगरेज सरकार कर की अनुचित नीति की आलोचना करने में उन्हें संकोच नहीं था। 1823 में एडम के प्रेस अध्यादेश से प्रेस की स्वतंत्रता का हनन हुआ था। कहा जाता है कि द्वारकानाथ टैगोर व अन्य के साथ एक वाद उच्चतम न्यायालय में पेश किया। उच्चतम न्यायालय द्वारा वाद खारिज कर दिये जाने पर उन्होंने किंग इन काउंसिल में अपील की थी। इसी प्रकार 1827 के जूरी एक्ट का भी विरोध किया था जिसमें धार्मिक आधार पर हिन्दुओं व मुसलमानों में भेदभाव किया गया था। इसे निरस्त करवाने के लिए उन्होंने ब्रिटिश संसद से अपील की थी। राममोहन ने बोर्ड ऑफ कन्ट्रोल को प्रस्तुत स्मरण–पत्रों में एवं हाउस ऑफ कॉमन्स की प्रवर समिति के समक्ष साक्ष्य देते समय किसानों से ली जाने वाली माल गुजारी की दरों को कम करने, जूरी द्वारा न्याय की व्यवस्था, न्याय व प्रशासनिक अधिकारियों की पृथकता, भारतीयों की उच्च पदों पर नियुक्ति की मांग की थी।

आर.सी. मजुमदार के मत से राजा राममोहन पहले भारतीय थे जिन्होंने अपने देश की समस्याओं को अंगरेज सरकार के समक्ष रखा। यह भी विद्वानों की मान्यता है कि 1833 के चार्टर में भारतीयों के हितों से सम्बन्धित कुछ प्रावधानों को शामिल करवाने में राममोहन का प्रभाव था। उन्होंने स्त्रियों के लिए सम्पत्ति रखने की मांग भी रखी थी।

राजा राममोहन अन्तर्राष्ट्रीय स्तर पर परस्पर राष्ट्रों में सौहार्दपूर्ण वातावरण के पोषक थे। यह भी कहा जाता है कि अन्तर्राष्ट्रीय विवादों को सुलझाने के लिए एक अन्तर्राष्ट्रीय कांग्रेस की स्थापना का सुझाव दिया था। अगस्त 1821 में कलकत्ता जर्नल के सम्पादक जे.एस. बंकिघम को लिखे पत्र में उन्होंने यूरोपीय देशों के एशिया के उपनिवेशों की स्वतंत्रता बहाल करने में विश्वास व्यक्त किया था। 1830 में हुई फ्रांस की क्रान्ति का उन्होंने स्वागत किया।

राममोहन राय का मूल्यांकनः मिस कोलेट राजा राममोहन को प्रतिक्रिया एवं प्रगतिशीलता के बीच का बिन्दु मानती हैं। वस्तुतः उसी समय भारत ने प्रतिक्रियावादी युग से निकलकर आधुनिक युग में प्रवेश किया था। इसीलिए उन्हें आधुनिक युग का अग्रदूत एवं पुनर्जागरण आन्दोलन का जनक कहा जाता है। 1830 में मुगल सम्राट अकबर द्वितीय ने उन्हें राजा की पदवी से विभूषित किया तथा मुगल दरबार की ओर से उन्हें इंग्लैण्ड भेजा गया। वे प्रथम भारतीय थे जो समुद्री मार्ग से इंग्लैण्ड पहुँचे और भारतीयों की मांगें ब्रिटिश सरकार के समक्ष स्पष्टता से रखी। प्रिवी कौंसिल द्वारा सती प्रथा को अवैध घोषित करवाने में उनका महत्वपूर्ण योगदान था। पाश्चात्य प्रभाव एवं परस्पर सम्पर्क से उत्पन्न बौद्धिक जागरण उन्हीं की

देन थी। नीलबागान जमींदारों द्वारा मजदूरों पर किये जा रहे अत्याचार एवं मध्यम वर्ग की दयनीय स्थिति का विरोध न करने के कारण उनकी आलोचना की जाती थी। एक ओर वे राष्ट्रीयता की बात करते थे तथा भारत एवं व्यक्तिगत स्वतंत्रता के पक्ष पोषक थे, दूसरी ओर इंग्लैण्ड जैसे देश की अधीनता को भारत के लिए गौरव की बात मानते थे। समाज सुधार के क्षेत्र में वे अपने विचारों की ठोस क्रियान्विति करने में सफल नहीं हुए, वस्तुतः उस समय समाज सुधार की भूमिका ही बन पाई थी। उनके व्यक्तित्व की महानता इस बात में है कि वे पहले व्यक्ति थे जिन्होंने विभिन्न क्षेत्रों में अनुभव किये जा रहे परिवर्तनों को एक साथ रखकर, एक नई चेतना का सूत्रपात किया और प्रबुद्ध भारतीयों को स्थानीय धर्म, समाज व राजनीति के विविध पक्षों के विषय में सोचने की प्रेरणा दी।[27]

ब्रह्म समाज का विकास: राजा राममोहन राय को ब्रह्म समाज का संस्थापक होने का सौभाग्य प्राप्त हुआ अर्थात् 1828 में इसकी स्थापना के कुछ समय बाद (1830 ई. में) उन्हें इंग्लैण्ड जाना पड़ा। उनकी अनुपस्थिति में ब्रह्म समाज का संचालन आचार्य रामचन्द्र विद्याबागीश करते रहे। 1833 में राममोहन की मृत्यु के बाद उनके घनिष्ठ मित्र द्वारकानाथ टैगोर के हाथ में था। 1843 में द्वारकानाथ के पुत्र देवेद्रनाथ ठाकुर ने इसका नेतृत्व संभाला।

देवेन्द्रनाथ (1818–1905): उनकी शिक्षा राममोहन के एंग्लो हिन्दू स्कूल में और तदनन्तर हिन्दू कालेज में हुई देवेन्द्रनाथ की उपनिषदों के अद्वैतवाद में गहरी आस्था थी। उनकी सत्य की खोज करने तथा उसका प्रसार करने की प्रबल इच्छा थी। इसीलिए उन्होंने 1839 में "तत्त्वबोधनी सभा' की स्थापना की, साथ ही एक मासिक पत्रिका 'तत्त्वबोधनी पत्रिका' का भी प्रकाशन शुरु किया। उस समय राजेन्द्रलाल मिश्र एवं ईश्वरचन्द्र विद्यासागर जैसे महान समाज सुधारक इस सभा के सदस्य थे। देवेन्द्रनाथ का उद्देश्य ब्रह्म समाज को ईसाई और वेदान्तिक (कर्मकाण्डवाद) प्रभाव से बचाना था। विद्वानों की मान्यता है कि बनारस से अध्ययन करके लौटने के बाद देवेन्द्रनाथ का विश्वास वेदों की अमोघता में कम हो गया था और वेदों का स्थान "मानव हृदय की अनुभूति से उत्पन्न आध्यात्मिक ज्ञान" ने ले लिया। उन्होंने उपनिषदों के एकेश्वरवाद सम्बन्धी विचारों को दो जिल्दों में प्रकाशित करवाया। देवेन्द्रनाथ ने उपनिषदों के वे अंश जो अद्वैतवाद से सम्बद्ध थे, ब्राह्मों धर्म का आधार मानकर प्रकाशित करवाये थे। सुधारकों में से अधिक प्रगतिशील व्यक्तियों ने वेदों की अमोघता में सन्देह प्रकट किए। इस प्रकार ब्राह्मों आन्दोलन एक संक्रमण के दौर से गुजर रहा था। युवा सदस्य आमूल सामाजिक परिवर्तन की मांग करने लगे। बाल–विवाह, कुलीनवाद, बहुविवाह का घोर विरोध होने लगा और स्त्रियों की स्वतंत्रता तथा विधवा विवाह का विचार जोर पकड़ता जा रहा था। 1856 में देवेन्द्रनाथ पहाड़ी क्षेत्रों में चले गये थे।

केशवचन्द्र सेन (1834–84): इसी दौर में केशवचन्द्र सेन सभा के सदस्य बने। उन्होंने अपने उदारवादी विचारों से इस आन्दोलन को लोकप्रिय बना दिया और इसकी शाखाऐं शीघ्र ही बंगाल के बाहर उत्तर प्रदेश, पंजाब एवं मद्रास (चेन्नई) में खोल दी गई। 1865 में बंगाल में ही इसकी 65 शाखायें थीं। किन्तु केशवचन्द्र सेन के उदारवाद के कारण शीघ्र ही ब्रह्म समाज में फूट पड़ गई वे हिन्दू धर्म को संकीर्ण मानकर संस्कृत के मूलपाठों के प्रयोग को अनुचित मानते थे। इसके पश्चात् ईसाई, मुस्लिम, पारसी और चीनी धर्म पुस्तकों का पाठ इन सभाओं में किया जाने लगा। अतः देवेन्द्रनाथ टैगोर ने ब्रह्म समाज के एकमात्र प्रन्यासी के रूप में 1865 में केशवचन्द्र सेन को आचार्य की पदवी से अपदस्थ कर दिया। केशवचन्द्र सेन ने नवीन ब्रह्म समाज का गठन कर लिया जिसे वह 'आदि ब्रह्म समाज' कहने लगे। अपने विचारों को व्यवहारिक रूप प्रदान करने के लिए '**संयत सभा**' एवं '**गुडविल सोसायटी**' की भी स्थापना की थी। इसमें सामाजिक सुधारों के अतिरिक्त स्त्रियों की मुक्ति, मद्य निषेध, विद्यासागर के साहित्य का वितरण और दान देने पर अधिक बल दिया। उनके द्वारा 'Indian mirror' एवं 'वाम बोधनी' जैसी पत्रिकायें निकालीं। 1878 में इस समाज में एक ओर फूट पड़ गई। केशवचन्द्र सेन द्वारा अपनी पुत्री का अल्पायु में विवाह किये जाने से उनके अधिकांश अनुयायियों ने एक नया 'साधारण ब्रह्म समाज' बना लिया। 'साधार ब्रह्म समाज' ने 'तत्व–कौमुदी', 'Brahmo Public Opinion' व 'संजीवनी' जैसी पत्रिकाओं का प्रकाशन किया।

इस प्रकार ब्रह्म समाज की भारतीय पुनर्जागरण में महत्वपूर्ण भूमिका रही है। जकारियाज एच.ई.सी. ने ठीक ही कहा है राजा राममोहन राय और उनका ब्रह्म समाज भारत के सभी सुधार आन्दोलनों का आरम्भिक बिन्दु था। इस आन्दोलन ने बंगाल की रुढ़िवादी सामाजिक अवस्था की बुराईयों को दूर करने में विशेष योगदान किया। 19वीं सदी के उत्तरार्द्ध में नई पीढ़ी के युवा इसके समाज सुधार कार्यक्रमों से काफी प्रभावित थे। लेकिन यह आन्दोलन धीरे–धीरे हिन्दू धर्म से दूर होता गया। डी.एस. शर्मा की धारणा उचित प्रतीत होती है कि ब्रह्म समाज एक ऐसे फूल खिलने वाले वृक्ष जिसकी जड़ें पृथ्वी में जमने लगी हों की तरह न होकर विभिन्न पेड़ों से तोड़े गए फूलों से बनाई माला की भांति रह गई।[28]

ईश्वरचन्द्र विद्यासागर (1820–91 ई.): बंगाल के प्रसिद्ध साहित्यकार ईश्वरचन्द्र विद्यासागर एक महान सुधारक भी थे। उन्होंने समाज में चेतना लाने के लिए भौतिक उपलब्धी पर जोर दिया, वे केवल भाषणों और सिद्धान्तों में विश्वास नहीं करते थे। अपनी योजनाओं को कार्यरूप में परिणत देखना चाहते थे। उनका जन्म बंगाल के मेदनीपुर इलाके के बीर सिंह ग्राम में 1820 में हुआ था। बचपन से ही वे मेधावी छात्र थे और कुछ ही वर्षों में साहित्य, व्याकरण, वेदान्त का अच्छा ज्ञान प्राप्त कर लिया था। इसलिए उन्हें विद्यासागर की पदवी मिली। शिक्षा प्राप्ति के बाद उन्होंने कुछ समय संस्कृत कालेज में प्रिंसीपल की नौकरी की थी। लेकिन सरकारी सेवा अधिक समय तक नहीं कर पाये। उन्होंने अपना जीवन साहित्य एवं समाज सुधार के लिए समर्पित कर दिया। बंगला गद्य साहित्य को नया मोड़ उनके साहित्य ने ही प्रदान किया था। उन्होंने लगभग 65 पुस्तकें लिखीं जिनमें 35 बंगला, 17 संस्कृत एवं चार पुस्तकें अंगरेजी में थीं। साहित्य सृजन के दौरान उनकी यह धारणा दृढ़ हुई कि समाज में सुधार पुस्तकें लिखने एवं पत्रिकाओं द्वारा प्रचार–प्रसार करने से ही संभव न होगा। वे समाज सुधार में सक्रिय भागीदारी आवश्यक मानते थे। तत्कालीन समाज में व्याप्त कुरीतियों ने उन्हें समाज सेवा के लिए अग्रसर किया।

समाज के क्षेत्र में उनका महत्वपूर्ण योगदान विधवा विवाह को मान्यता दिलवाये जाने में रहा है। उनके प्रयासों से ही 1856 ई. में विधवा विवाह कानून पारित हुआ। लेकिन इसके कानून बन जाने से ही वे सन्तुष्ट नहीं हुए प्रत्युत इस दृष्टि से भौतिक उपलब्धि चाहते थे। उनके प्रयत्नों से 25 विधवाओं का विवाह (1855–1856 ई. के मध्य) करवाया जा सका। बाल विवाह का भी उन्होंने जोरदार विरोध किया। 1850 ई. के आसपास बाल विवाह के विरुद्ध इसका वातावरण बनाया। स्त्री शिक्षा के प्रति वे जीवन भर समर्पित रहे।

प्रमुख धार्मिक सामाजिक संस्थाएं–19वीं व 20वीं सदी

• ब्रह्म समाज	1828	राजा राममोहन राय (बंगाल)
• तत्त्वबोधनी सभा	1839	देवेन्द्रनाथ टैगोर (बंगाल)
• प्रार्थना समाज	1867	महादेव गोविन्द रानाडे व आत्मारंग पांडुरंग (मुम्बई)
• आर्य समाज	1875	दयानन्द सरस्वती (लाहौर)
• इण्डियन एसोसिएशन	1876	सुरेन्द्रनाथ बनर्जी (बंगाल)
• सत्यशोधक समाज	1875	ज्योतिबा फूले (महाराष्ट्र)
• देव समाज	1887	शिवनारायण अग्निहोत्री (लाहौर)
• थियोसाफिकल सोसायटी	1886	मैडम एच.पी. ब्लावात्सकी (भारत) एवं एच.एस. अल्काट (न्यूयार्क)
• अहमदिया आन्दोलन	1875	मिर्जागुलाम अहमद (पंजाब)
• रामकृष्ण मिशन	1897	स्वामी विवेकानन्द (वेदान्त सोसायटी–न्यूयार्क)
• विज्ञान समाज		सैयद अहमद खा (अलीगढ़)
• संघ संस्कारन समाजम	1878	कुण्डूकुरीवीरेसलिंगम (आन्ध्र क्षेत्र)
• राधा स्वामी आन्दोलन	1861	तुलसीराम (शिवदयाल साहब) (आगरा)
• सर्वेन्टस ऑफ इण्डिया सोसायटी	1905	गोपाल कृष्ण गोखले (महाराष्ट्र–मुम्बई)
• धर्म सभा	1830	राधाकान्त देव (बंगाल)
• सामाजिक सेवा संघ	1887	नारायण मल्हार जोशी (मुम्बई)
• वेद समाज	1864	धरालु नायडू (मद्रास)
• भल सेवा मण्डल	1922	अमृतलाल विट्ठलदास (ठक्कन बापा) (मुम्बई)
• सेवा सदन	1885	वी.एम. मलाबारी (मुम्बई)

प्रार्थना समाज (महाराष्ट्र): बंगाल के सुधार आन्दोलन में महाराष्ट्र भी वंचित नहीं रहा। यहाँ 1849 में परमहंस मण्डली ने समाज सुधार के लिए कार्य करना शुरु किया। 1867 में केशवचन्द्र सेन की प्रेरणा से बम्बई (मुम्बई) में प्रार्थना समाज की स्थापना हुई। प्रारम्भिक सुधारकों में जगन्नाथ शंकर शेट, बालशास्त्री जम्भेकर, विष्णुशास्त्री बापट और कृष्णशास्त्री चिपलूणकर प्रमुख थे। ताराचंद ने बालशास्त्री को उदारवादी शिक्षा की प्रथम उपज कहा है। इनके विरुद्ध एक उग्रवादी दल

भी था जिसमें रामबालकृष्ण जयकर, दादोबा पाण्डुरंग तरखड़ उनके भाई आत्माराम पाण्डुरंग प्रमुख थे। आत्माराम पाण्डुरंग ने 1850 में बम्बई में परमहंस मण्डली की स्थापना की।

गोपालहरि देशमुख लोकहितकारी: लेकिन महाराष्ट्र में समाज सुधार के क्षेत्र में सर्वाधिक महत्वपूर्ण योगदान गोपाल हरिदेशमुख का रहा। वे महाराष्ट्र में लोकहितवादी के नाम से प्रसिद्ध हुए। उन्होंने जात–पांत के भेदभाव के विरुद्ध जातिभेद नामक पुस्तक लिखी। 1878 में उन्होंने 'गीता तत्त्व' और 'सुभाषित' का प्रकाशन किया। 1880 में हिन्दुओं के धार्मिक अनुष्ठानों की आलोचना में 'स्वाध्याय' और 'अश्वलायन' गृह्य सूत्र का प्रकाशन किया।

केशवचन्द्र सेन की प्रेरणा से 1867 में ब्रह्म समाज की पद्धति पर आत्माराम पाण्डुरंग ने ही प्रार्थना समाज की स्थापना की। इसके सिद्धान्त वे ही थे जो केशवचन्द्र सेन के थे जैसे (1) सृष्टि का रचयिता एक परमात्मा है। (2) परमात्मा की उपासना से ही लोक–परलोक में शान्ति मिल सकती है। (3) उस परमशक्ति की उपासना प्रेम व श्रद्धा से होनी चाहिए। (4) मूर्ति पूजा उस परमात्मा की भक्ति का उत्कृष्ट साधन नहीं है। (5) प्रार्थना समाज अवतारवाद में विश्वास व्यक्त नहीं करता। (6) विश्व के सब जन उस परमात्मा की सन्तान हैं। स्मरणीय है कि इसी दौरान प्रार्थना समाज में गोविन्द रानाडे व आर. जी. भण्डारकर भी प्रविष्ट हुए।

महादेव गोविन्द रानाडे (1842–1901): रानाडे का एकेश्वरवाद में गहरा विश्वास था। इस समाज ने भी आत्मा के आवागमन सिद्धान्त को स्वीकार किया। मिस कोलेट की मान्यता है कि ब्रह्म समाज के समान प्रार्थना समाज में ब्राह्मणवाद का उग्र विरोध नहीं था।

प्रार्थना समाज ने सामाजिक सुधार की दिशा में प्रशंसनीय कार्य किया। इसने बाल विवाह, पर्दाप्रथा, बहुविवाह एवं जात–पांत का विरोध किया तथा स्त्री शिक्षा एवं विधवा विवाह को प्रोत्साहित किया। 1891 में रानाडे ने महाराष्ट्र में विधवा विवाह संस्था (Widow Marriage Association) की स्थापना की। शिक्षा के विस्तार हेतु डक्कन एज्यूकेशनल सोसायटी (Deccan Educational Society) की स्थापना एवं गोपालकृष्ण गोखले एवं बालगंगाधर तिलक ने इसके तत्त्वाधान में शिक्षा के प्रसार के लिए कार्य किया। प्रार्थना समाज के अनुयायियों ने विधवा आश्रम, अछूतोद्धार, रात्रि पाठशालाएं आदि समाजसेवी संस्थायें शुरु की। इसी समाज द्वारा स्थापित दलित जाति मण्डल (Depressed Classed Mission) एवं समाज सेवा संघ (Social Service League) ने सामाजिक उत्थान के लिए उल्लेखनीय कार्य किया। इस प्रकार धार्मिक गतिविधियों की अपेक्षा प्रार्थना समाज ने समाज सुधार व शिक्षा के प्रसार के लिए उल्लेखनीय कार्य किया। महादेव गोविन्द रानाडे द्वारा बम्बई हाईकोर्ट के मुख्य न्यायाधीश के पद पर आसीन रहते हुए उनकी समाज को दी गई बहुमूल्य सेवाओं को विस्मृत नहीं किया जा सकता। इसीलिए सी.आई. चिंतामणी ने लिखा था कि 'रानाडे एक महान समाज सुधारक व राजनीतिज्ञ थे।' उनके द्वारा समाज के लिए किये गये योगदान से तिलक बहुत प्रभावित थे। उन्होंने इसीलिए कहा था कि 'उनके कारण ही पूणे व बम्बई प्रान्त बौद्धिक व राजनीतिक राजधानी बन गई।' वह प्रार्थना समाज के प्रमुख नेता ही नहीं थे वरन् विद्वानों ने उन्हें भारतीय पुनर्जागरण का सबसे उज्जवल प्रतिनिधि भी कहा है। बम्बई के प्रार्थना समाज की यह विशेषता रही है कि इसने अपने को ब्रह्म समाज की भांति हिन्दू समुदाय से अलग करने का प्रयास नहीं किया और न ही मिशनरियों के साथ समझौते की कोशिश की। महाराष्ट्र के सन्तों के अनुरूप ही अपने धार्मिक विचारों की प्रस्तुति की, परिणामस्वरूप प्रार्थना समाज का यहां विभाजन नहीं हुआ। समाज सुधारकों ने अपने अतीत की धरोहर का तिरस्कार नहीं किया इसीलिए यहाँ के सुधार आन्दोलन की गति धीमी रहने पर भी, अधिक सफल साबित हुआ। महाराष्ट्र के सुधारवादियों की धारणा थी कि सामाजिक बुराइयां भ्रांतिपूर्ण विचारों के कारण विकसित हुई अतः इस तरह की भ्रान्तियां दूर की जानी चाहिए। इसके अतिरिक्त रानाडे ने भारतीय समाज को भारत की राजनीति एवं आर्थिक स्थिति से अलग करके नहीं देखा। भारतीय जनता की राजनीतिक जागरूकता एवं अर्थव्यवस्था के विकास का जोरदार प्रयास किया। उन्होंने अपने व्याख्यानों (एसेज ऑन इण्डियन इकानामिक्स) में भारत में आधुनिक उद्योगों के विकास की जबर्दस्त वकालत की।

महाराष्ट्र–परमहंस मंडलियां: पूणे एवं सतारा में अनेक परमहंस मंडलियां 1849 में अस्तित्व में आई। इस तरह की संस्थाओं के सदस्यों ने जातिप्रथा का विरोध किया तथा स्त्री शिक्षा, विधवा पुनर्विवाह का समर्थन किया।

बाल गंगाधर तिलक (1856–1920): बालगंगाधर तिलक का सामाजिक परिवर्तन में विश्वास था, लेकिन सरकार के सहयोग से वे परिवर्तन के विरोधी थे। उनकी धारणा थी कि समाज में सुधार का भाव अन्दर से पैदा होना चाहिए और सुधारों की बात उसी समय की जानी चाहिए जबकि लोग जीवन में उनको साकार करना चाहते हों। उन्होंने आयरलैण्ड,

बर्मा व श्रीलंका के उदाहरण देकर लोगों को यह अवगत करवाया कि इन देशों में सामाजिक स्वतंत्रता होते हुए भी ये राजनीतिक दृष्टि से स्वाधीन न थे। इसी पृष्ठभूमि में तिलक के समाज सुधार विचारों को समझा जा सकता है। तिलक ने इसी परिप्रेक्ष्य में न्यूनतम अवस्था बिल का विरोध किया था और उनका बहराम मलाबारी, गोपालराय आगरकर एवं रानाडे से इस बात पर विरोध हो गया। कुछ विद्वानों ने तिलक के इन विचारों के आधार पर ही रुढ़िवादी एवं प्रतिक्रियावादी कहना शुरु कर दिया था, लेकिन इस तरह के विचारों को एक पक्षीय ही कहा जायेगा। इण्डियन सोशल कान्फ्रेंस के 1890 व 1891 के विशेष अधिवेशन में उन्होंने बाल विवाह के विरुद्ध और विधवा विवाह के पक्ष में विचार रखे थे। तिलक ने जात–पांत एवं छुआछूत का विरोध किया। गणपति उत्सव उनके विचारों की क्रियान्विति का सशक्त माध्यम बना। इन उत्सवों में दलित वर्ग के सदस्यों को जनसामान्य के साथ समान दर्जा दिया जाता था। इसी तरह 1919 में बम्बई में आयोजित डिप्रेस्ड क्लासेज कान्फ्रेंस में उन्होंने छुआछूत को समाप्त करने पर जोर दिया। इसी प्रकार आर.जी. भण्डारकर ने भी प्रार्थना समाज के माध्यम से समाज सुधार कार्यक्रम को गति प्रदान की।

सत्यशोधक समाज एवं ज्योतिबा फुले: समाज सुधार के क्षेत्र में ज्योतिबा फुले के योगदान को विस्मृत नहीं किया जा सकता। फुले ने सार्वजनिक सत्यधर्म के समर्थन एवं गुलामी का विरोध किया। वे जाति प्रथा के पूर्ण उन्मूलन एवं सामाजिक आर्थिक समानता के समर्थक थे। उन्होंने स्त्री शिक्षा पर काफी जोर दिया और 1854 में उनकी पत्नी व महात्मा फुले ने लड़कियों के लिए स्कूल खोला था। उन्होंने महाराष्ट्र में विधवा विवाह आन्दोलन को लोकप्रिय बनाया। ज्योतिबा फुले के योगदान की अलग अध्याय में विस्तार से चर्चा की गई है।

आर्य समाज (The Arya Samaj)

आर्य समाज आन्दोलन का उद्भव पाश्चात्य प्रभावों की प्रतिक्रिया के रूप में हुआ। इस आन्दोलन ने हिन्दू प्रभाव क्षेत्र से हटकर अपना मार्ग नहीं बनाया अपितु पुनर्जागरण के तत्त्व हिन्दू धर्म के अन्दर से ही खोज निकाले। उसका ध्येय था आर्यवृत्त के खोए हुए मूल्यों को फिर से प्राप्त करना, असली आर्य शक्ति को पुनर्स्थापित करना तथा अपने आपको अन्दरुनी और बाहरी खतरों से मुकाबले के लिए तैयार करना। एक तरह से यह पाश्चात्य आदर्शों और ईसाई प्रभावों के तेजी से भारत पर छा जाने के विरुद्ध प्रतिक्रिया थी। इसीलिए आन्तरिक रूप से यह एक हिन्दू पुनरुत्थान था।[29] हिन्दू धर्म का वास्तविक स्वरूप मध्यकाल में उत्तर–पश्चिम के आक्रमणों से आच्छादित हो गया था। अब हिन्दू धर्म के मौलिक स्वरूप को प्रकाशित किये जाने की आवश्यकता अनुभव की जा रही थी। मध्यकाल से अब तक की लम्बी अवधि के दौर में कृत्रिम घेराबन्दी ने हिन्दू समाज में और भी कई नई–नई सामाजिक कुरीतियों को जन्म दिया जैसे अस्पृश्यता, जात–पात, बाल विवाह, अशिक्षा और विधवायें समाज में दयनीय स्थिति में जीने को मजबूर थी। उस समय के समाज में चारों ओर संघर्ष की स्थिति बन गई थी जैसे तर्क और धर्म में संघर्ष तथा भौतिकवाद एवं आध्यात्मवाद में संघर्ष व्याप्त था। धर्म से तर्क को अलग कर ब्राह्मण व पुजारी हिन्दू जनता का शोषण कर रहे थे।

इस समय ब्रह्म समाज व थियोसोफिकल सोसाइटी ने विकृत हिन्दू समाज को सुधारने के प्रयत्न शुरु कर दिये थे और ब्रह्म समाज ने अनेक नवयुवकों को ईसाईयत की ओर अग्रसर होने से रोका भी, लेकिन ब्रह्म समाज ईसाईयत के बढ़ते प्रभाव का मुकाबला करने में सक्षम न था। यदि यह कहा जाये कि ब्रह्म समाज ने ईसाईयों के साथ समझौतावादी नीति अपनाई तो अतिशयोक्ति न होगी। 19वीं सदी के मध्य तक आते–आते भारत के अनेक मनीषी बेचैनी का अनुभव करने लगे। इस समय प्रमुख धर्म सुधार आन्दोलनों का आविर्भाव हुआ जिन्होंने प्रेरणा हिन्दू धर्म के अन्दर से ग्रहण की अर्थात् उनकी प्रेरणा का आधार पूरी तरह भारतीय था। स्वामी दयानंद सरस्वती एवं विवेकानन्द द्वारा चलाए गए आन्दोलन मुख्यतः विरजानंद (वृजानन्द) एवं रामकृष्ण परमहंस द्वारा प्रेरित थे।

स्वामी दयानंद (1824–1883 ई.): मूलशंकर जो दयानंद (1824–83 ई.) के नाम से प्रसिद्ध हुए, का जन्म गुजरात में मौरवी रियासत के तंकरा परगने के जिवपुर गाँव के ब्राह्मण परिवार में हुआ। उनके पिता स्वयं वेदों के ज्ञाता थे अतः मूलशंकर को वैदिक साहित्य, न्यायदर्शन की शिक्षा दी गई। 21 वर्ष की अवस्था में सत्य की खोज में मूलशंकर ने गृह त्याग दिया 19 वर्ष तक वे भ्रमण करते रहे। इस दौरान उन्होंने अनेक ग्रंथों का अध्ययन किया। मथुरा में विरजानंद जो वैदिक साहित्य, भाषा, दर्शन के प्रकाण्ड विद्वान थे, उनका सन्देश था पुनः वेदों की ओर चलो (Back to the Vedas), से 1859 में मूलशंकर ने वेदों का ज्ञान प्राप्त किया और उन्हें दयानंद का नाम मिला। स्वामी विरजानंद से विदा लेते समय दयानंद ने अपने गुरु को वचन दिया की वे पौराणिक हिन्दू धर्म की कुरीतियों, अन्धविश्वासों तथा पाखण्डों का खण्डन कर वैदिक धर्म

व संस्कृति की स्थापना का प्रयास करेंगे। 1869 में दयानंद का कलकत्ता में केशवचन्द सेन से भी विचार विमर्श हुआ था। उन्होंने 1874 में सत्यार्थ प्रकाश की रचना की और आगरा से अपने धर्म प्रचार का कार्य 1863 में प्रारम्भ किया। लेकिन सर्वप्रथम आर्य समाज की स्थापना बम्बई (मुम्बई) में अप्रैल 1875 में की गई। जून 1877 में लाहौर में भी आर्य समाज की एक शाखा प्रारम्भ की गई और कालान्तर में इस आन्दोलन का प्रमुख केन्द्र लाहौर ही बन गया।

धार्मिक विचारः स्वामी जी का विश्वास था कि स्वार्थी व अज्ञानी पुजारियों ने हिदू धर्म को विकृत किया है। मिथ्या ज्ञान के लिए वे पुराणों को दोषी ठहराते थे जिनमें हिन्दू धर्म को वास्तविकता से हटाकर असत्य की प्रस्तुति हुई। स्वामी जी ने वेदों को सर्वोच्च माना और उन्हें (वेदों को) अमोघ तथा ईश्वर प्रेरित श्रुति कहा। उनके अनुसार समस्त ज्ञान वेदों में निहित है। वेद विरुद्ध धार्मिक विचारों को उन्होंने अस्वीकार करने का आव्हान किया। अपनी कृति सत्यार्थ प्रकाश में विभिन्न शास्त्रों में वर्णित विषय की असत्यता प्रदर्शित कर वेदों के परिप्रेक्ष्य में सत्य को प्रकट किया। उनका मत था कि वेदों में निहित सत्य समूची विश्व मानवता के कल्याण के लिए है। उन्होंने हिन्दुओं को अन्य समुदायों के जनमानस में सत्य का प्रसार करने तथा शुद्धि के माध्यम से धर्म परिवर्तन कराने के लिए प्रेरित किया। स्वामी जी के योगदान को तीन प्रकार से वर्णित किया जा सकता है। प्रथम ज्ञान उपासना सम्बन्धी नियम और आचरण दूसरे हिन्दू समाज में सुधार एवं तीसरे विदेशी प्रभुत्व से भारतीय संस्कृति की रक्षा।

उन्होंने 1875 में आर्य समाज की स्थापना के दौरान 10 सिद्धान्तों का निरुपण कियाः

(1) ईश्वर ही समस्त ज्ञान का कारण और ज्ञेय है।
(2) ईश्वर अजन्मा, निर्विकार, निराकार, सर्वज्ञ, सर्वशक्तिमान, अजर–अमर तथा अद्वितीय है।
(3) वेद ही समस्त ज्ञान के स्रोत हैं अतः आर्यो का परम धर्म वेदों का अध्ययन है।
(4) प्रत्येक व्यक्ति को सदैव सत्य ग्रहण करने और असत्य को त्यागने के लिए तत्पर रहना चाहिए।
(5) वेदों में निहित धर्मानुसार विषय का विचार करने के उपरान्त ही कर्म में प्रवृत्त होना चाहिए।
(6) सबसे बड़ा कर्म परोपकार है यही समाज का सबसे बड़ा उद्देश्य है फलतः व्यक्ति को संसार में उपकार करना चाहिए।
(7) ज्ञान का प्रसार व अज्ञानता को दूर करने के लिए प्रयत्न करना।
(8) अपनी उन्नति के साथ–साथ व्यक्ति को सबकी उन्नति के लिए प्रयास करने चाहिए।
(9) निराकार ब्रह्म की उपासना करनी चाहिए।
(10) स्वामी जी ने शुद्धि हेतु यज्ञों के आयोजन पर बल दिया जिससे वायुमण्डल भी स्वच्छ हो सके तथा ज्ञान का प्रसार हो।[30]

दयानंद एकेश्वरवादी थे। उनके अनुसार ईश्वर को भिन्न–भिन्न नामों से जाना जाता है, लेकिन तत्त्वरूप में ईश्वर एक है। ओइम (ॐ) शब्द परमेश्वर का सर्वोत्तम नाम है। ओइम शब्द में परमेश्वर के अनेक नाम आते हैं जैसे 'अकार' से विराट, अग्नि और विश्वादि। 'उकार' से हिरण्यगर्भ, वायु एवं तेजसादि। 'मकार' से ईश्वर, आदित्य और प्रज्ञादि नामों का वाचक और ग्राहक है।[31] स्वामी जी ईश्वर के प्रति अनन्त श्रद्धा और भक्ति रखते थे, किन्तु वह उसे पाषाण प्रतिमा में बंद करना नहीं चाहते थे और न ही वे पाषाण प्रतिमाओं की उपासना करते थे। ईश्वर को वे विश्वास रूप में मानते थे। वेदाज्ञा और ईश्वर भक्ति धर्म के ये दो अंग उनके सार्वजनिक जीवन के आधार थे। दयानंद ने ईश्वर में आस्था के आधार पर हिन्दुत्व को उसका वास्तविक स्वरूप प्रदान किया। वे इस तथ्य में विश्वास करते थे कि 'ईश्वर एक ही है' और जो कुछ इस संसार में है उस सब में ईश्वर व्याप्त है।[32] स्वामी जी के अनुसार मनुष्य को जब तक जीवित रहे कर्म करते रहना चाहिए। सृष्टि में जितने प्राणी हैं व अप्राणी हैं वे सब अपना–अपना कर्म और यत्न करते रहते हैं। ईश्वर के 24 अवतार होने की मान्यता को वे वेद विरुद्ध, काल्पनिक, भ्रमजाल तथा अज्ञान का प्रतीक मानते हैं।[33] यद्यपि राम, कृष्ण आदि को महापुरुष अवश्य माना गया क्योंकि 'परोपकाराय सतां विभूतयः।' अर्थात् परोपकार के लिए सत्पुरुषों का तन, मन, धन होता है। स्वामी दयानंद की मान्यता थी कि मूर्तिपूजा न वेद सम्मत है, न ही धार्मिक कृत्य। वे ईश्वर को निराकार मानते थे इसलिए मूर्तिपूजा को वेद विरुद्ध मानते थे। पुराणों में जो मूर्ति पूजन का उल्लेख है वह सब असत्य एवं असार है। स्वामी जी ने सत्यार्थ प्रकाश के 13वें व 14वें अध्याय में क्रमशः ईसाई व इस्लाम धर्म की समीक्षा की। लेकिन विद्या वाचस्पति ईसाई एवं इस्लाम के खण्डन को विशाल मानवता के प्रतीकरूप में मानते हैं। उनके अनुसारः 'यदि ईसाईयों और मुसलमानों का खण्डन केवल आर्य जाति

को उनके आक्रमणों से बचाने के लिए ही था तो खण्डन का निमित्त केवल आर्य जाति के लिए प्रेम होगा, परन्तु खण्डन का निमित्त ईसाईयों व मुसलमानों को वैदिक धर्मावलम्बी बनाना था तो निमित्त मात्र मनुष्य मात्र होगा। स्वामी जी मनुष्य मात्र के हितैषी थे।'[34]

स्वामी जी ने प्रत्येक आर्य को वेदों के पठन–पाठन का अधिकार दिया जो अपने आप में क्रान्तिकारी था। उनके द्वारा वेदों की नवीन रूप से की गई व्याख्या के विषय में महर्षि अरविन्द ने लिखा थाः 'दयानन्द का विचार कि वेदों में धर्म तथा ज्ञान के सत्यों का भण्डार है विचित्र अथवा असंगत नहीं है। दयानंद ने वैदिक बुद्धि और ज्ञान भण्डार के सम्बन्ध में अतिशयोक्ति से नहीं बल्कि अल्पानुमान से ही काम लिया।' वस्तुतः स्वामी जी ने जिस वैज्ञानिक ढंग से प्राचीन हिन्दू धर्म की व्याख्या प्रस्तुत की थी वह अपने आप में अनुपम है। 19वीं सदी तक सदियों से मिली अनावश्यक परम्पराओं तथा तत्त्वों को धर्म से अलग करने एवं हिन्दू धर्म को उसके असली रूप में प्रस्तुत करने में इससे अच्छा कोई अन्य प्रयत्न नहीं हो सकता था। बाह्य प्रभाव की अपेक्षा आर्य समाज हिन्दुत्व के अपने ही मूल रूप से प्रेरित था। 17 मई, 1883 को स्वामी जी का निधन जोधपुर में हो गया था। जिससे उनके आन्दोलन को धक्का लगा और 1892 में उनके अनुयायियों के दो दल बन गये जिसका कारण 10 सिद्धान्तों के अतिरिक्त व्यक्तिगत व्याख्या एवं विश्वासों की स्वतंत्रता थी।

आर्य समाज का संगठनः 10 अप्रैल 1875 को बम्बई में पहले आर्य समाज की स्थापना डॉ. मानिक चंद जी की वाटिका में की थी। तदुपरान्त लाहौर में इसका प्रमुख केन्द्र शुरु किया गया और धीरे–धीरे इसकी शाखायें सम्पूर्ण उत्तरी भारत में स्थापित की जाने लगी। सभी विद्वानों ने एकमत से यह स्वीकार किया कि आर्य समाज हिन्दू जाति के उत्थान के लिए एक ऐसा माध्यम साबित हुआ जिसने आर्य जाति को संगठित किया और इसके माध्यम से स्वदेश की भावना को जागृत किया। आर्य समाज यह स्वीकार करता है कि विदेशी सरकार चाहे सब प्रकार के धार्मिक पक्षपात से मुक्त तथा निष्पक्ष ही क्यों न हो, लोगों को पूरी खुशी नहीं दे सकती और स्वशासन तथा स्वराज्य प्रदान नहीं कर सकती।' रोम्या रोलां ने लिखा थाः 'आर्य समाज उस समय राष्ट्रीय पुनर्जागरण एवं राष्ट्रीय चेतना के महत्वपूर्ण कार्य में महत्वपूर्ण शक्ति थी।' स्वामी जी ने राष्ट्रीय संगठन एवं पुनर्निमाण के लिए एक महान कार्य किया। उनके आर्य समाज ने 1905 के बंगाल विभाजन के दौरान राष्ट्रवादी आन्दोलन का रास्ता बनाया। चमुपति (कल्चरल हेरिटेज ऑफ इण्डिया) ने जिक्र किया है कि 'आर्य समाज के आविर्भाव से पूर्व हिन्दू मात्र मेरुदण्ड विहीन जीव था। चाहे उसे कोई गाली दे, उसकी हंसी उड़ाये, उसके देवताओं की भर्त्सना करे। ...आर्य समाज के उदय के बाद अविचल उदासीनता की यह मनोवृत्ति विदा हो गई। हिन्दुओं का धर्म एक बार फिर जाग उठा।' विद्वानों ने आर्य समाज को स्वामी दयानन्द का वृहद्रूप तथा उनके बहुमुखी व्यक्तित्व का प्रतिबिम्ब कहा है।[35] दूसरे शब्दों में समाज में जो परिवर्तन स्वामी जी चाहते थे उसकी क्रियान्विति आर्य समाज ने की। अतः यहां आर्य समाज का विभिन्न क्षेत्रों में योगदान का उल्लेख करना युक्ति संगत होगा।

सामाजिक क्षेत्र में आर्य समाजः दयानंद वैदिक परम्परा के पक्षपाती थे, तदनुसार उन्होंने जन्म के आधार पर जाति व्यवस्था की आलोचना की एवं प्रत्येक व्यक्ति को समान अवसर दिये जाने का समर्थन किया।[36] दयानंद जी के अनुसार पौराणिक युग में हिन्दू समाज में अनेक कुरीतियाँ प्रविष्ट हो गई थीं जिन्हें दूर किये बिना समाज प्रगति नहीं कर सकता था। स्वामी जी ने जाति बन्धन को अस्वीकार किया तथा अस्पृश्यता का विरोध किया। वे जन्म के आधार पर ब्राह्मणों की श्रेष्ठता को स्वीकार नहीं करते थे एवं न ही वेदाध्ययन का अधिकार केवल ब्राह्मणों तक सीमित रखने के पक्षपाती थे।

मुस्लिम काल में पर्दाप्रथा, सतीप्रथा, दुरुह वैधव्य एवं अशिक्षा से स्त्री जाति का विकास स्वतः अवरुद्ध हो गया और उसका स्वतंत्र अस्तित्व समाप्त हो गया था। स्वामी जी ने वैदिक काल के सामाजिक ढांचे एवं संगठन की प्रशंसा द्वारा स्त्रियों को समाज में उच्च स्थान दिलवाने के स्वाभाविक प्रयत्न किये। सत्यार्थ प्रकाश के चतुर्थ अध्याय में स्वामी जी ने दर्शाया है कि वैदिक काल में स्त्रियों को उच्च शिक्षा का अधिकार प्राप्त था एवं सामाजिक जीवन में उनकी पूरी भागीदारी थी। आर्य समाज ने स्त्री शिक्षा की ओर सर्वाधिक ध्यान दिया। स्त्रियों को समाज में दूसरे दर्जे पर खड़ा करने में बहुविवाह एवं बालविवाह प्रथाओं का योगदान रहा। अतः स्वामी जी ने बालविवाह का विरोध किया[37] और 16 वर्ष से कम उम्र की लड़कियों के विवाह को हतोत्साहित किया। साथ ही स्त्री शिक्षा पर बल दिया। स्वामीजी ने सन्तानहीन विधवा विवाह की अनुमति प्रदान की। आर.सी. मजुमदार के अनुसार दयानंद जी के बाद आर्य समाज ने आमतौर पर सभी विधवाओं के पुनः विवाह को प्रोत्साहित किया।

आर्य समाज आन्दोलन के तीन दूरगामी प्रभाव: शुद्धि, संगठन एवं **शिक्षा प्रसार**। ईस्लाम व ईसाई धर्म के दबाव के फलस्वरूप हिन्दुओं द्वारा किये जा रहे धर्म परिवर्तन को कम करने के लिए दयानंद ने शुद्धि आन्दोलन का संचालन किया। शुद्धि से तात्पर्य उस संस्कार से है जिससे गैर–हिन्दुओं, अछूतों, दलित वर्गों तथा धर्म परिवर्तित हिन्दुओं को पुनः हिन्दू धर्म में स्वीकार कर लिया जाता था। हिन्दुओं के धर्म की रक्षार्थ संगठन भी आवश्यक माना गया। शिक्षा के क्षेत्र में आर्य समाज का योगदान सराहनीय रहा। स्वामी जी ने भारत के पिछड़ेपन का एक प्रमुख कारण व्यापक अज्ञानता को माना। आर्य समाज ने शिक्षा के प्रसार का कार्य स्वामी जी की मृत्यु के बाद शीघ्र ही शुरु कर दिया था। इसमें दो पद्धतियाँ अपनाई गई। पहली शिक्षण संस्थाएं शिक्षा पद्धति के अनुरूप संचालित की गई जिनमें डी.ए.वी. संस्थाएं सम्मिलित थीं। दूसरी पद्धति के अन्तर्गत स्थापित संस्थाएं सरकारी नियंत्रण से मुक्त थीं। प्रथम पद्धति के अनुसार विद्यालयों की स्थापना का प्रयास हंसराज ने किया जबकि दूसरी व्यवस्था के अन्तर्गत गुरुकुलों को प्रस्थापित करने की कोशिश मुंशीराम ने की। स्मरणीय है कि 1886 में लाहौर में दयानंद ने एंग्लो वैदिक स्कूल की स्थापना की थी जो 1889 में 'दयानंद एंग्लो कालेज' में बदल गया। इस कालेज में अध्यापन पश्चिमी पद्धति से किया जाता था। बाद में इस पद्धति पर अनेक डी.ए.वी. स्कूल व कालेज खोले गये। इसी प्रकार भारतीय पद्धति पर 1902 में हरिद्वार के पास कांगड़ी में गुरुकुल विश्वविद्यालय की स्थापना की। धीरे–धीरे जब इन संस्थाओं से शिक्षित व्यक्ति सरकारी नौकरियों में प्रविष्ट हुए तो औपनिवेशिक शासन के शोषण एवं भेदभाव ने उनके आत्मसम्मान को चुनौती दी और राष्ट्र प्रेम की भावना से प्रेरित होकर वे अंगरेजों के विरुद्ध एकता के सूत्र में बंधते गए।[38] आर्य समाज ने स्त्री शिक्षा के लिए भी भरसक प्रयत्न किये। आर्य समाज द्वारा शिक्षा के प्रसार के लिए किये गये प्रयत्नों का अनुमान इससे लगाया जा सकता है कि पंजाब, उत्तर प्रदेश एवं दिल्ली के निकटस्थ क्षेत्रों में सरकारी शिक्षण संस्थाओं के बाद आर्य समाज द्वारा स्थापित संस्थाओं की संख्या ही सबसे अधिक थी। स्वामी जी हिन्दी भाषा के समर्थक थे। हिन्दी को राष्ट्रभाषा बनाये जाने के समर्थक विद्वानों में उन्हें प्रथम पंक्ति में रखा जाता है। उन्होंने हिन्दी भाषा साहित्य को प्रोत्साहन देकर अंगरेजी पर निर्भरता कम करने का प्रयत्न किया, इसलिए सत्यार्थ प्रकाश हिन्दी में लिखा। स्वामी जी के हिन्दी भाषा के प्रोत्साहन से राजपूताना के अनेक राज्यों ने हिन्दी को राष्ट्रभाषा के रूप में अपनाया। उत्तर प्रदेश एवं पंजाब में आर्य समाज द्वारा स्थापित की गई शिक्षण संस्थाओं ने हिन्दी को लोकप्रिय बनाने की भरसक कोशिश की।

अन्य योगदान: दयानंद जी ने देशी उद्योगों के विकास की आवश्यकता पर बल दिया। समाज ने भारतीयों के मन में हीनता की भावना को कम करने की कोशिश की। इस आन्दोलन ने भारतीय मध्यम वर्ग को अत्यधिक प्रभावित किया। इस वर्ग की राजनीति में रुचि थी। अतीत के सम्बन्ध में एक निश्चित विचारधारा की प्रस्तुति से उन्होंने अंगरेजी साम्राज्यवाद के दुष्प्रभावों से लोगों को अवगत कराया। भारत में विकसित हो रहे मध्यम वर्ग का धीरे–धीरे स्वामी जी के स्वदेशी विचारों से स्वतंत्रता के प्रति आकर्षण बढ़ा। दूसरे शब्दों में, स्वावलम्बन, आत्मविश्वास एवं त्याग की भावना पर बल देकर उन्होंने राष्ट्रीयता की भावना को व्यापक बनाया। आर्य समाज द्वारा सामाजिक एवं धार्मिक क्षेत्र में विविध कार्यों के परिणामस्वरूप भारतीयों में आत्मविश्वास व स्वाभिमान का विकास हुआ जो साम्राज्यवादी शासकों को पसन्द नहीं आया। लेकिन कुछ अंगरेज अधिकारियों ने स्वीकार किया कि 'आर्य समाज एक धार्मिक संस्था है। इसे अंगरेजी विरोधी समझे जाने का एक प्रमुख कारण इसके ईसाई मिशनरियों के विरुद्ध होना था।'

कहा जाता है कि 19–20वीं शताब्दी में वैदिक जीवन में वापसी (Back to the Vedas) का सन्देश तर्कसंगत नहीं था। दूसरे वेदों में पूर्ण विश्वास का उपदेश मानव विवेक के विरुद्ध था। यह तथ्य समाज के रुढ़िवादी स्वरूप का प्रतिबिम्ब था, जो कुछ ही वर्ष बाद धार्मिक कट्टरता में परिलक्षित हुआ। आर्य समाज का लक्ष्य यह था कि हिन्दुओं का धर्म परिवर्तन न होने दिया जाए। इसके कारण अन्य धर्मों के खिलाफ जेहाद शुरु हो गया। इस प्रवृत्ति ने 20वीं सदी के भारत में साम्प्रदायिकता को बढ़ावा दिया।[39] इसके प्रत्युत्तर में कहा गया है–एक राष्ट्र में अलग–अलग समुदाय, जिनके प्रेरणा के तत्त्व भिन्न हो सकते हैं। प्रत्येक वर्ग अपने स्रोतों से प्रेरणा प्राप्त करके राष्ट्र प्रेम तथा देश भक्ति में योगदान दे सकता है। हिन्दुओं का वैदिक वैभव से प्रेरणा प्राप्त करना भारत के अन्य किसी वर्ग के विरुद्ध नहीं था। इसलिए आर्य समाज को प्रतिक्रियावादी अथवा साम्प्रदायिकतावादी आन्दोलन कहना अनुचित माना गया।

देव समाज: संभवतः स्वामी दयानंद सरस्वती द्वारा स्थापित आर्य समाज से प्रभावित होकर ही 1887 में शिवनारायण अग्निहोत्री ने लाहौर में देव समाज की स्थापना की थी। देव समाज द्वारा मानवीय कार्य करने एवं सामाजिक बुराईयों को दूर करने पर जोर दिया जाता था।

रामकृष्ण परमहंस (Ram Krishna Paramhans, 1836–86)

रामकृष्ण परमहंस का जन्म पश्चिमी बंगाल के हुगली जिले में कमरपुरकर ग्राम के खुशीराम चटर्जी के यहाँ 18 फरवरी, 1836 को हुआ था। बचपन में उनका नाम गदाधर था। 17 वर्ष की अवस्था में वे अपने बड़े भाई रामकुमार के साथ कलकत्ता के दक्षिणेश्वर में आये जहां उनके भाई देवी काली मां के पुजारी थे। उनके भाई की मृत्यु के बाद काली मन्दिर का दायित्व रामकृष्ण पर आ गया।[40] उन्हें अद्वैत का ज्ञान महात्मा तोतापुरी से मिला जो सन् 1864 में दक्षिणेश्वर आये थे। महात्मा तोताराम ने कुछ ही समय में उन्हें वेदान्त साधना के उच्चतम लक्ष्य 'निर्विकल्प समाधि' का ज्ञान करा दिया। 1866 में रामकृष्ण का परिचय एक धार्मिक मुसलमान गोविन्ददास से हुआ जो हिन्दू से मुसलमान हो गये थे। उनके सम्पर्क से रामकृष्ण ने सूफी चिन्तन को ग्रहण किया। तदुपरान्त शंभुचरण मलिक ने उन्हें बाईबल सुनाकर ईसाई धर्म की शिक्षा दी। इस कार्य में उन्हें केशवचन्द सेन का भी सहयोग मिला। ईसा को रामकृष्ण मानवता का पुजारी मानते थे।

गरीबों के प्रति रामकृष्ण के ह्रदय में अगाध स्नेह था। मानव सेवा में ही उनका सम्पूर्ण जीवन व्यतीत हुआ। 1886 में कण्ठ व्याधि से उनकी मृत्यु हो गई। मैक्समूलर ने उनके व्यक्तित्त्व के विषय में लिखा थाः "श्री रामकृष्ण के उपदेश हमारे सन्मुख न केवल उन्हीं के विचारों को प्रकट करते हैं वरन् वह करोड़ों मानवों की आशा और विश्वास के भी प्रतीक हैं, यह सत्य है कि मानवता ईश्वर स्वरूप है।" वस्तुतः रामकृष्ण धर्म के उस स्वरूप का प्रतिनिधित्व करते हैं जिसमें कलह, संघर्ष और पारस्परिक मनमुटावों के लिए रंचमात्र भी स्थान नहीं था। धर्म से सम्बन्धित जब छोटे–छोटे मामलों पर समाज विभाजित था और प्रत्येक धर्म की अवस्थाओं से हटकर संघर्ष के मार्ग पर बढ़ रहा था उस समय रामकृष्ण ने सभी धर्मों के मूल तत्त्वों को अपने जीवन में साकार किया। उनके अनुसार धर्म के बाह्यरूप संघर्ष के कारण नहीं हो सकते। धर्म की आत्मा में विभेद की अनुभूति नहीं होती। सभी धर्म मूलरूप से मानवीय एकात्मकता के प्रति जागरूक रहने के कारण स्वीकार्य है। उनके चिंतन में घृणा का स्थान प्रेम, असत्य का स्थान सत्य, अविश्वास का स्थान विश्वास और अंधकार का स्थान प्रकाश ने ले लिया था। उनका ईश्वर किसी धर्म विशेष का ईश्वर नहीं था बल्कि वे सभी धर्मों के ईश्वर को एकमात्र सत्य के रूप में अनुभव करते थे। रोम्या रोलां ने जिक्र किया है कि 'उनकी उक्तियां ही जीवन की पुस्तक के पृष्ठ हैं'।[41] उन्हें विद्वानों ने 'धार्मिक स्वभाव की अनुकृति' कहा है। रामकृष्ण की वाणी से यही सत्य मुखरित रहता था कि विभिन्न मतमतान्तर केवल मार्ग है उन्हें हमें नदियों के समान मानना चाहिए जो एक लम्बी थका देने वाली यात्रा के बाद महासागर में विलीन होने के लिए तैयार रहती है। महासागर में विलीन होने के लिए ही नदी का जन्म हुआ है। मनुष्य की आत्मा भी परमात्मा में विलीन होने के लिए अपने विभिन्न रूपों में दिखाई देती है।

रामकृष्ण मूर्तिपूजा के समर्थक थे। उनके अनुसार जैसे वकील को देखने से अदालत का स्मरण हो जाता है उसी प्रकार प्रतिमा को देखकर ईश्वर का ध्यान आ जाता है। वे ईश्वर की अराधना हेतु किसी तर्क द्वारा पुष्टि का सहारा नहीं लेना चाहते थे। उन्होंने ज्ञान की अपेक्षा भक्ति को श्रेष्ठ माना। स्वामी निखिलानंद का विचार है कि आत्मा के अमरत्व का दर्शन रामकृष्ण को पूर्वजों से प्राप्त हुआ था। वे लिखते हैं कि 'रामकृष्ण ने बताया कि मनुष्य की आत्मा अमर है..... अपने ईश्वर की अनुभूति करना तथा प्रत्येक मनुष्य तथा स्त्री की सेवा करना जो ईश्वरमय व्यक्ति की उद्घोषणा होती है, मनुष्य के जीवन का एक कर्तव्य है।'[42]

रामकृष्ण मानवतावादी थे उनके अनुसार मानव के बीच अन्तर स्थापित करना न्याय व नैतिकता की दृष्टि से सर्वदा अनुपयुक्त है। इसलिए वे जातिभेद के विरोधी थे। उनके अनुसार जिस मनुष्य का मन संकीर्णताओं से उन्मुक्त है वह निश्चय ही इन क्षुद्रताओं से मुक्त हो जाता है। जातिभेद के बने रहने पर सांसारिक जीवन में शुद्धता का सदा अभाव बना रहेगा। रामकृष्ण का विचार था कि मानव अज्ञान के कारण ही विवादों में उलझता है। अज्ञान का पर्दा आत्म ज्ञान से हटता है। मनुष्य को यह समझकर कार्य करना चाहिए कि संकीर्णताओं से किसी कार्य में सिद्धी नहीं मिलती। हिन्दू के लिए जलाशय में भरे तरल पदार्थ का नाम जल है तो वही तरल पदार्थ मुसलमान के लिए पानी और अंगरेज के लिए 'वाटर' होगा। इसलिए विभिन्नताओं में एकता स्थापित करने के निमित्त सहिष्णुतापूर्ण दृष्टिकोण अपनाना चाहिए। रोम्या रोलां का यह कथन सर्वथा उचित है किः 'उनके जीवन संगीत से संसार के सहस्त्र धर्म पंथों और उपपंथों के विभिन्न परस्पर विरोधी देखने वाले स्वरों में समरसता लाने वाली मंजुल ध्वनि निकलती है।' वस्तुतः रामकृष्ण तीस कोटि भारतीयों के अखण्ड आध्यात्मिक जीवन में पूर्ण प्रकाश स्वरूप थे। आर.सी. मजुमदार के शब्दों में, हम अन्त में कह सकते हैं कि 'रामकृष्ण ने अपने विचारों और जीवन कार्यों से एक ऐसे समय में आध्यात्मिक जीवन की महत्ता को समझाया जबकि विश्व प्राकृतिक विज्ञान के जादू में खो रहा था।'

विवेकानंद और रामकृष्ण मिशन (Vivekanand and Ram Krishna Mission (1862–1902 ई.)

राममोहन राय और दयानंद ने जिस प्रकार के सामाजिक–धार्मिक आन्दोलनों को सक्रिय रूप दिया था वह नितान्त बुद्धिवादी था। लेकिन विवेकानंद ने सैद्धान्तिक और व्यवहारिक पक्षों पर एक साथ बल दिया। राममोहन राय और दयानंद ने हिन्दू धर्म के समग्ररूप को स्वीकार करने में हिचकिचाहट दिखाई। नई परिस्थितियों के अनुसार वे केवल हिन्दू धर्म के कुछ सिद्धान्तों को स्वीकार करने को ही तैयार थे। विवेकानंद ने हिन्दुओं के धर्म और परम्पराओं पर पूर्ण आस्था प्रकट की, उनका औचित्य सिद्ध किया था तथा भारतीयों में आत्मविश्वास जगाया। उन्होंने एक महान लक्ष्य देशवासियों के सम्मुख रखा। उनका कहना था "हम अपनी आध्यात्मिकता और दर्शन से समूचे विश्व पर विजय–पताका फहरायेंगे।" भारत की आध्यात्मिक श्रेष्ठता तथा मानववादी धर्म का डंका उन्होंने देश–विदेश में बजाकर पराजित और पराधीन भारत में नयी स्फूर्ति का संचार किया। स्वभाविक था कि इस संदेश से राष्ट्रीय भावना को बल मिला। भारतीय समाज में उन्होंने एक नई चेतना का शंखनाद किया। उन्हें योद्धा सन्यासी कहकर पुकारा जाता था।

रामकृष्ण के मानवतावाद से उनके शिष्य विवेकानंद ने सम्पूर्ण विश्व को अवगत करवाया एवं इसका प्रसार किया। विवेकानन्द का जन्म 12 जनवरी, 1863 में कलकत्ता में हुआ। उनका बचपन का नाम नरेन्द्रदत्त था और कलकत्ता विश्वविद्यालय के स्नातक थे। अपनी आध्यात्मिक जिज्ञासा से रामकृष्ण के सम्पर्क में आये और उनके शिष्य बन गये। अपने गुरु के निधन के बाद उन्होंने सन्यास धारण कर लिया और धर्म ग्रंथों का विशद अध्ययन किया। 1893 में वह अमेरिका गए और शिकागो में उन्होंने धर्मों की विश्व संसद (Parliament of Religion) में भाषण किया। अपने भाषण से उन्होंने श्रोताओं को मंत्रमुग्ध कर दिया था। विवेकानंद ने सब धर्मों की एकता के विषय में कहा थाः "जिस प्रकार सारी धाराएं अपने जल को सागर में जाकर मिला देती हैं, उसी प्रकार मनुष्य के सारे धर्म ईश्वर की ओर ले जाते हैं।" उनके प्रभावशाली भाषणों एवं स्पष्ट धार्मिक विचारों से प्रभावित होकर न्यूयार्क हेरल्ड ने लिखा थाः विवेकानंद निश्चित रूप से विश्व धर्म संसद में सबसे प्रमुख व्यक्तित्व हैं। उन्हें सुनकर हम यह अनुभव करते हैं कि इस विद्या से सम्पन्न देश में ईसाई प्रचारक भेजना कितनी बड़ी बेवकूफी है।[43] उन्होंने अमेरिका में अनेक स्थानों पर व्याख्यान दिये। हावर्ड यूनिवर्सिटी (वाशिंगटन डी.सी.) द्वारा उन्हें दर्शनशास्त्र का अध्यक्ष बनाये जाने का प्रस्ताव दिये जाने पर उन्होंने गर्व से कहा था "मुझे गर्व है कि मैं ऐसे धर्म से हूँ जिसने दुनिया को सहिष्णुता और वसुधैव कुटुंबकम् का पाठ पढ़ाया है। "फरवरी 1896 में विवेकानंद ने न्यूयार्क में वेदान्त सोसाइटी (Vedant Society) का गठन–भारतीय धर्म एवं दर्शन के प्रचार हेतु किया। संयुक्त राज्य अमेरिका से इंग्लैण्ड गये, वहाँ भी हिन्दू धर्म का प्रचार किया। 1897 में अर्थात् चार वर्ष बाद विवेकानंद भारत लौटे और यहाँ इसी वर्ष रामकृष्ण मिशन की स्थापना की और जनवरी 1899 में बेलूर में मिशन का मुख्य कार्यालय स्थापित किया। 1899 में पुनः अमेरिका गये और 1901 में वापस भारत लौट आये। 1902 में 39 वर्ष की अल्पअवस्था में उनका देहवासन हो गया।

विवेकानंद की देन: शिकागो के विश्व धर्म सम्मेलन में विवेकानंद ने सब धर्मों की सत्यता में विश्वास व्यक्त किया।

- उनके अनुसार धर्म परिवर्तन से कोई लाभ नहीं क्योंकि प्रत्येक व्यक्ति का लक्ष्य समान है। उन्होंने हिन्दू धर्म की विस्तृत व्याख्या की और स्पष्ट किया कि वेदों में ज्ञान योग, कर्म योग एवं भक्ति योग द्वारा ईश्वर तक पहुंचने का मार्ग सुझाया है। इन विभिन्न मार्गों में से किसी एक पर विश्व के विभिन्न धर्म आधारित हैं। कर्म एवं पुनर्जन्म के सिद्धान्त की सही व्याख्या की गई जिसमें पश्चिमी जगत् के अनेक प्रबुद्ध विद्वान उनके अनुयायी हो गये।
- विवेकानंद बिना अपने तर्क की कसौटी पर कसे किसी बात को स्वीकार नहीं करते थे। उन्होंने कई बार भाषणों में इस बात को दोहराया किः "किसी बात पर यह सोचकर मत विश्वास कर लो कि तुमने इसे पुस्तक में पढ़ा है। किसी बात पर इसलिए विश्वास मत करो कि किसी ने ऐसा कहा है अपितु तुम स्वयं सत्य की खोज करो।" इस प्रकार उनका सन्देश थाः आत्म चिन्तन और आत्म विवेचन। उनके गुरू रामकृष्ण ने भी उन्हें यही शिक्षा दी थी कि प्रत्येक व्यक्ति का लक्ष्य होना चाहिए ईश्वरबोध और इसके लिए जिस प्रकार की उपासना उसे उचित जान पड़े वह कर सकता था। वे धर्म को देवत्व, जो स्वतः ही मनुष्य में है (The Manifestation of the Divinity that is already in Man) मानते थे।
- उन्होंने वेदान्त का मुख्य सार यह बताया कि प्रत्येक व्यक्ति अपने में ईश्वर का आभास कर सकता है। जिस प्रकार ईश्वर एक स्वतंत्र सत्ता है उसी प्रकार व्यक्ति भी स्वतंत्र है। यह कहा जाये कि आत्मविश्वास तथा

आत्मसम्मान की भावना जागृत कर देना उनकी विशेष उपलब्धि थी। विवेकानंद ने पश्चिमी देशों में हिन्दुओं की आध्यात्मिक उपलब्धियों की व्याख्या करके उस हीनता की भावना को कम करने का प्रयास किया जो ईसाई मिशनों के धर्म प्रचार से लोगों में पैदा हुई।

- विवेकानंद का विचार था कि भारत मानवीय दर्शन का उद्भव स्थल होने के बावजूद स्वयं ही इस वैदान्तिक मानवतावाद को उत्साहपूर्वक तथा व्यापक रूप में अपनाकर अपने स्वयं की मानवीय समस्याओं को हल करने में असफल हुआ है तथा वह आत्मा के रूप में मानव की महिमा, स्वाधीनता, समानता व स्वाभिमान को बनाये रखते हुए एक पूर्ण मानवतावादी समाज व्यवस्था विकसित करने में असमर्थ रहा है। उन्होंने पाया कि उच्च वर्गों के सतत शोषण व दमन के फलस्वरूप भारत को कोटि–कोटि संख्यक आम जनता, उन्हीं की दुःख भरी भाषा में 'पशुतुल्य' हो गयी है।[44]
- विवेकानंद की आत्मा भारत में व्याप्त घोर दरिद्रता से पीड़ित थी अतः उन्होंने गरीबों की सेवार्थ ऐसा मंच तैयार किया जहाँ विभिन्न जातियाँ, वर्ग तथा धर्म मिल सकते थे। गरीबों एवं बीमारों की सहायता करना न केवल सेवार्थ की भावना को समाप्त करने में सहायक होगा अपितु ईश्वर प्राप्ति का मार्ग भी बनायेगा। उन्होंने एक पत्र में लिखा थाः 'ईश्वर की खोज में एक व्यक्ति को कहाँ जाना चाहिए? क्या निर्धन, असहाय और निर्बल ईश्वर नहीं है।' (Where one should go to seek for God? Are not all the poor, the miserable, the weak, God?) धीरे–धीरे हिन्दुओं का मानव सेवा का वृहत् लक्ष्य लुप्त हो गया था। उन्होंने हिन्दू सन्यासियों को उस संकीर्णता से निकालने के लिए कहा जिसके तहत वे स्वयं की मुक्ति के लिए प्रयत्नशील रहते थे। सन्यासियों को व्यक्ति निष्ठा की अपेक्षा मिशनरी भावना से समाज सेवा का आदर्श प्रस्तुत करने का सुझाव दिया।
- स्वामी विवेकानंद ने अंधविश्वासी, भेदभाव एवं छुआछूत में विश्वास रखने वाले साधुओं व ब्राह्मणों की आलोचना की। उनके अनुसार भारत में पतन का एक कारण समाज के अधिकांश वर्गों का दमन है। अतएव जाति प्रथा के बन्धन हटाये जाने की आवश्यकता पर बल दिया तथा गरीबों, अछूतों को अज्ञान की अवस्था से ऊँचा उठाने के लिए लोगों को आगे आने का आव्हान किया। उन्होंने भारत के उपेक्षित जनसामान्य के कल्याण के लिए संगठित प्रयत्नों की आवश्यकता बताई। पश्चिम से लौटने के बाद स्वामी जी ने भारतीयों को उन्हीं गुणों को ग्रहण करने की सलाह दी जिनकी भारत में आवश्यकता थी और गरीबों का उत्थान उसमें सबसे प्रमुख कार्य था।

पश्चिम की भौतिक प्रगति एवं आर्थिक विकास एवं अमेरिका में स्त्रियों की स्वतंत्रता व सामाजिक प्रतिष्ठा ने विवेकानंद को प्रभावित किया। समाज कल्याण व जनसेवा के लक्ष्यों की प्राप्ति के लिए ही स्वामी जी ने रामकृष्ण मिशन की स्थापना की एवं ऐसे प्रचारकों को तैयार किया जो सारे देश में उस उद्देश्य को फैला सकें। रमेशचन्द्र मजुमदार के अनुसार रामकृष्ण की आध्यात्मिक शिक्षाओं को व्यवहारिक रूप देने तथा उनके संदेश को विश्व के सभी भागों तक पहुंचा कर उन्हें स्थायी आधार पर स्थापित करना विवेकानंद की महान उपलब्धि है। उन्होंने समस्त विश्व में हिन्दू धर्म और आध्यात्मवाद की श्रेष्ठता पर बल देकर हिन्दू धर्म के पुनरुत्थान में अपना सराहनीय योगदान दिया। विवेकानंद ने न केवल हिन्दू धर्म को उसके अंधविश्वासों और दुर्बलताओं से बचाया बल्कि उसमें गौरव और आत्मविश्वास उत्पन्न किया, जिसे सिस्टर निवेदिता (Sister Nivedita) ने उग्र हिन्दू धर्म (Aggressive Hinduism) कहा था। उनके उपदेशों से भारतीयों में आत्मविश्वास की भावना बढ़ी। हिन्दू धर्म की महानता को प्रदर्शित करके विवेकानंद ने हिन्दुओं को ईसाई व इस्लाम धर्म के प्रचार की पक्षपातपूर्ण आलोचनाओं का उत्तर देने में समर्थ बनाया।[45] दरिद्रों की सेवा को ईश्वर प्राप्ति का एक प्रमुख साधन मान कर तथा इसमें स्वयं को पूरी तरह समर्पित कर स्वामी जी ने अपने देशवासियों के सामने आदर्श प्रस्तुत किया। विवेकानंद ने प्रत्यक्ष रूप से राजनीतिक आन्दोलन में स्वयं भाग नहीं लिया, किन्तु अपने विचारों व कार्यों से उन्होंने राष्ट्रीयता की भावना को प्रोत्साहित किया। वे भारत की शीघ्र स्वतंत्रता, भारत की जनता के उद्धार के लिए आवश्यक मानते थे। इस लक्ष्य की प्राप्ति हेतु निडर होकर प्रयास करने की शिक्षा दी। उन्होंने लोगों को शारीरिक बल व आन्तरिक शक्ति के विकास करने का पाठ पढ़ाया। इस प्रकार देशभक्ति व समाज सेवा के जिन लक्ष्यों का उन्होंने प्रतिपादन किया वह भारत में राष्ट्रीयता की भावना का विकास करने में सहायक बने।

थियोसाफिकल सोसाइटी (The Theosophical Society 1875, New York)

अमेरिकी दार्शनिक कर्नल आल्काट (Col. M.S. Olcott, 1832–97) और रूसी महिला पेट्रोवा ब्लात्सकी (Madam H.P. Blavatsky, 1813–91) ने मिलकर थियोसाफिकल सोसायटी की स्थापना की थी। 1879 में मद्रास के निकट अदयार (Adyar) में सोसायटी का मुख्यालय बनाया गया। ब्रिटिश महिला एनीबेसेंट 1893 में भारत आईं और सोसायटी की प्रमुख सदस्या के रूप में कार्य करने लगी। संस्था के संस्थापक की मृत्यु के बाद 1910 ई. में एनीबेसेंट इसकी अध्यक्षा बनी और 1933 तक उसने संस्था को संचालित किया। इस संस्था का उद्देश्य आध्यात्म एवं ब्रह्म विद्या का ज्ञान प्राप्त करना था। इसके अनुयायी ईश्वरीय ज्ञान को आत्मिक हर्षोन्माद (Spiritual ecstasy) और अन्तर्दृष्टि (Intuition) द्वारा प्राप्त करने का प्रयास करते थे। लेकिन भारत की तत्कालीन परिस्थितियों में यह आध्यात्मिक, सांस्कृतिक, सामाजिक एवं राजनीतिक आन्दोलन की संवाहक बन गई।

थियोसाफी ने हिन्दू धर्म एवं बौद्ध धर्म जैसे प्राचीन धर्मों को पुनर्जीवित कर उन्हें सुदृढ़ आधार पर खड़े करने का लक्ष्य बनाया तथापि यह संस्था सभी धर्मों की समानता के भाव को लेकर आगे बढ़ी। सभी धर्मों में परस्पर समन्वय का भाव जगाने के लिए सभी धर्मो का ज्ञान आवश्यक समझा गया। यह संस्था किसी सम्प्रदाय से निबद्ध नहीं थी। इसके सदस्य किसी भी धर्म के हो सकते थे और अपने परम्परागत धर्म को छोड़े बिना इसके सदस्य रह सकते थे। संस्था में सभी धर्मों की प्रार्थनाएं की जाती थीं। इसका अपना कोई विशिष्ट धर्म ग्रंथ नहीं था। भारतीय धर्मों की चर्चा द्वारा लोगों में आत्मसम्मान एवं गौरव का भाव पैदा करना इसकी विशेष उपलब्धि थी।

एनीबेसेंट हिन्दू संस्कारों, रीति–रिवाजों से काफी प्रभावित थी। उसने स्वेच्छा से भारतीय बनकर हिन्दू धर्म एवं संस्कृति के विकास के लिए कार्य करना शुरु किया। उन्होंने बनारस में रहकर गीता का अनुवाद किया तथा रामायण एवं महाभारत पर भाष्य लिखे। संस्था के माध्यम से उसने हिन्दू धर्म एवं धर्म ग्रंथों का प्रचार अन्य देशों में किया तथा भारतीय संस्कृति को दूसरे देशों में फैलाया। प्रारम्भ में संस्था हिन्दू पुनरुत्थान आन्दोलन से जुड़ी रही, लेकिन इसे समाज सुधार, शैक्षिक विकास एवं राष्ट्रीय चेतना को जागृत करने में अधिक सफलता मिली। एनीबेसेंट का विचार था कि भारतीय समाज का पुनर्गठन भारत में प्राचीन मूल्यों के आधार पर ही किया जा सकता है। दूसरे शब्दों में, थियोसाफी ने भी सामाजिक परिवर्तन का आधार प्राचीन व्यवस्था में ढूंढने का प्रयास किया। भारत की राजनीतिक सरगर्मियों से प्रभावित होकर एनीबेसेंट अध्यात्म से धीरे–धीरे सक्रिय राजनीति में रुचि लेने लगी। 1910–1920 के मध्य भारतीय राष्ट्रीय कांग्रेस के प्रमुख के रूप में उसने कार्य किया। 1917 में राष्ट्रीय कांग्रेस की अध्यक्ष निर्वाचित हुईं। इसी दौरान उन्होंने स्वशासन की मांग के लिए तीव्र आन्दोलन छेड़ा था और आयरलैण्ड के स्वराज्य लीग (Home Rule League) की तरह भारत में स्वराज्य लीग बनाई। गांधीजी के भारतीय राजनीतिक में आने के बाद वह राजनीति से हटकर संस्था के कार्य में जुट गयी। इस संस्था ने भारतीयों में उनके प्राचीन गौरव को उजागर किया तथा लोगों में अध्यात्म की भावना पैदा की, इससे देश में राष्ट्रीय चेतना का विकास हुआ।

मुस्लिम समाज एवं सुधार आन्दोलन

रायबरेली के सैयद अहमद द्वारा शुरु किये गये धार्मिक एवं समाज सुधार की चर्चा अन्यत्र की गई है। साथ ही उनके सैनिक अभियान के बारे में भी विवेचना की गई है। लेकिन उनका अभियान विफल रहा और 1831 में बालाकोट में उनकी मृत्यु हो गई। 19वीं शताब्दी में मिर्जा गुलाम अहमद (1838–1908) ने मुस्लिम समाज व धर्म में सुधार लाने के लिए 'अहमदिया आन्दोलन' चलाया। मिर्जा ने स्वयं को हजरत मुहम्मद की बराबरी का इस्लाम का मसीहा घोषित किया। बाद में अपने को कृष्ण का अवतार भी बताया। उन्होंने अपने सिद्धान्तों की व्याख्या 'बराहीन–ए–अहमदिया' नामक ग्रंथ में की। लेकिन उन्हें अधिक सफलता नहीं मिली क्योंकि उनका आन्दोलन शास्त्र विरुद्ध माना गया।

अलीगढ़ आन्दोलन (Aligarh Movement): अलीगढ़ आन्दोलन एवं सैयद अहमद खाँ के योगदान की विस्तृत चर्चा साम्प्रदायिकता एवं अलगाववादी राजनीति सम्बन्धी अध्याय में की गई है। तत्कालीन मुस्लिम समाज एवं समाज सुधार की आवश्यकताओं के बारे में भी बताया गया है। सैयद अहमद का मुस्लिम समाज के लिए योगदान उनके वैज्ञानिक दृष्टिकोण में था। उनके अनुसार कुरान की कोई भी व्याख्या जो मानव विवेक और विज्ञान के विरुद्ध, सोचना सही नहीं है। उन्होंने परम्पराओं के अन्धानुकरण का विरोध किया। रुढ़िवादी रीति–रिवाज, अज्ञान व विवेकहीनता (irrationalism) को वे सर्वथा अनुचित मानते थे। उन्होंने ईस्ट इण्डिया कम्पनी में नौकरी की थी, ब्रिटिश नौकरशाही के सम्पर्क से उनके विचारों में प्रौढ़ता आई, उन्होंने धार्मिक कट्टरता व मानसिक संकीर्णता का विरोध किया और मुसलमानों को उदार व सहनशील होने की सलाह

दी। सैयद अहमद की दृढ़ धारणा थी कि मुसलमानों का विकास पश्चिम के आधुनिक विचारों एवं ज्ञान–विज्ञान को अपनाये जाने से ही हो सकता है। इसीलिए उन्होंने मुसलमानों में आधुनिक शिक्षा के प्रसार के लिए आजीवन प्रयास किया। 1864 में उन्होंने विज्ञान समाज (Scientific Society) की स्थापना की जिसके द्वारा अंगरेजी पुस्तकों का उर्दू में अनुवाद करवाया जाना संभव हुआ। 1875 में मोहम्मडन एंग्लो ओरियन्टल कालेज की अलीगढ़ में स्थापना उनकी विशेष उपलब्धि थी, जो बाद में अलीगढ़ विश्वविद्यालय के रूप में विकसित हुआ। इस कालेज के माध्यम से सैयद अहमद ने मुस्लिम विद्यार्थियों में आधुनिक दृष्टिकोण विकसित करने की सफल कोशिश की। उनके कार्यक्रम अलीगढ़ से संचालित थे अतः सैयद अहमद का आन्दोलन अलीगढ़ आन्दोलन के नाम से जाना जाता है। अल्ताफ हुसैन हाली, नजीर अहमद, मौलाना शिवली नोमानी तथा चिराग अली जैसे नेता अलीगढ़ कालेज के विद्यार्थी रहे थे।

विद्वानों की धारणा है कि अलीगढ़ आन्दोलन का उतना ही महत्व है जितना सामाजिक–धार्मिक पुनर्जागरण का। इस कालेज के माध्यम से सैयद अहमद ने मुस्लिम समुदाय को निराशा, निरुत्साह और दयनीय स्थिति से निकाला और लोगों में आत्मबल का संचार किया। राममोहन की तरह सैयद अहमद की यह धारणा थी कि अंगरेजी शिक्षा तथा पश्चिमी ज्ञान के द्वारा ही मुसलमानों को आधुनिक बनाया जा सकता है। उनकी इस योजना की क्रियान्विति में बाधक बनने वालों को मार्ग से हटाने की पूरी कोशिश की। उनके प्रयासों का कट्टरपंथी लोगों ने विरोध किया किन्तु, उन्होंने अपने प्रयास नहीं छोड़े। लेकिन सैयद अहमद ने तत्कालीन राजनीति से दूर रहने की नीति बनाई। इसका लाभ अंगरेजों ने उठाया एवं 'फूट डालो राज करो' की नीति द्वारा भारत को लंबे समय तक पराधीन बनाये रखा जा सका।

कुण्डूकुरी वीरेसलिंगम (Veereslingam Pantulu, 1848–1919): आन्ध्र क्षेत्र में स्त्री शिक्षा एवं विधवा विवाह के लिए वीरेसलिंगम ने वही कार्य किया जो बंगाल में ईश्वरचंद विद्यासागर ने किया था। महादेव गोविन्द रानाडे ने इसी कारण उन्हें दक्षिण भारत का विद्यासागर कहा था। अपने विचारों के प्रचारार्थ 1874 ई. में राजमुन्दरी (राजमण्ड्री) से विवेकवर्धनी नामक पत्रिका का प्रकाशन किया। अपने लेखों एवं ब्रह्मविवाहम् जैसे नाटकों द्वारा बाल विवाह, दहेज प्रथा, अल्पायु लड़कियों का वृद्धों के साथ विवाह की भर्त्सना की। 1874 में ही दवालेश्वरम में कन्या स्कूल की स्थापना की तथा स्वच्छकारों के लिए रात्रि स्कूल खोले। सहशिक्षा को बढ़ावा दिया एवं 1878 में "संघ संस्कारन–समाजम्" (समाज सुधार समाज) स्थापित किया। मद्रास में 1874 में विधवा विवाह समाज की स्थापना की किंतु उनका मुख्य कार्य क्षेत्र राजमुन्दरी ही रहा। विधवाओं के आवास हेतु 1897 में मद्रास एवं 1905 में राजमुन्दरी में ऐसे ही आवासग्रह की स्थापना की। उनके द्वारा प्रकाशित 'साथीहित बोधनी' में स्त्री हितों के संरक्षण का कार्य किया। उन्हें रायबहादुर की पदवी 1893 में एवं अखिल भारतीय समाज सुधार कांग्रेस का सभापति चुना गया। मद्रास प्रेसीडेंसी कालेज में तेलुगू के प्राध्यापक भी रहे और 1905 में हितकारिणी समाजम की स्थापना की जिसे सरकार से मान्यता भी मिली।

राधास्वामी आन्दोलन (1861 आगरा): आगरा के शिवदयाल साहब के नाम से प्रसिद्ध एक बैंकर तुलसीराम ने 1861 में इस आन्दोलन की शुरुआत की थी। इसके सगर्थक सादगीपूर्ण जीवन गें विश्वारा करते थे एवं राभी धर्मों की सत्यता पर यकीन। अनुयायी सेवा एवं प्रार्थना को महत्व देते थे।

आन्दोलन की विशेषताएँ एवं योगदान

सुधारवादी आन्दोलन की कुछ विशेषताओं का उल्लेख विस्तृत अध्ययन के बाद आसानी से किया जा सकता है। आन्दोलन के प्रवर्तकों ने रुढ़िवादी व्यवस्था एवं कुरीतियों का खण्डन किया। विपिनचन्द्र ने जिक्र किया है कि राममोहन राय व अक्षय कुमार दत्त ने जिस तरह के तर्कों के आधार पर पुरानी मान्यताओं की काट पेश की, उसकी मिसाल कम ही मिलती है। राजा राममोहन राय के लिए 'सच' की एक मात्र कसौटी यह थी कि सच वह है जो दिखाई दे। विधवा विवाह की पैरवी एवं बाल विवाह का विरोध करते हुए अक्षय कुमार दत्त ने अपनी बात के पक्ष में अतीत का हवाला देने या धार्मिक स्वीकृति की खास परवाह नहीं की। उनके तर्क इस बात पर आधारित थे कि इन बातों का समाज पर क्या प्रभाव पड़ेगा। धर्मग्रंथों में दी गई व्यवस्थाओं का हवाला देने के बजाए उन्होंने बाल विवाह के नुकसान के बारे में चिकित्सा विज्ञान के निष्कर्ष सामने रखे।[46]

इस प्रकार सुधारवादियों ने लोगों को तर्क द्वारा कुरीतियों एवं बुराइयों से अवगत करवाया उनके दुष्प्रभावों की चर्चा की। दूसरे सुधार आन्दोलन का प्रभाव धर्म तक ही सीमित नहीं रहा प्रत्युत इसने प्रत्येक मानवीय गतिविधियों को प्रभावित किया और समाज का एक महत्वपूर्ण वर्ग इस आन्दोलन से प्रभावित हुआ। इस आन्दोलन के परिणामस्वरूप लोगों में आत्म

सम्मान एवं स्वावलम्बन की भावना का विकास हुआ। इस सम्बन्ध में देसाई लिखते हैं: उनका कार्यक्रम धर्म सुधार तक ही सीमित नहीं था, उन्होंने सामाजिक संस्थाओं और सम्बन्धों के निर्माण का भी कार्य किया। इसकी वजह थी कि भारत में धर्म और समाज परस्पर जैविक रूप से अनुलग्न थे। जातिगत श्रेणी श्रृंखला, स्त्री पुरुष की विषमता, अस्पृश्यता और सामाजिक वर्जना इसलिए फल–फूल रहे थे कि उन्हें धर्म का प्रश्रय प्राप्त था। इसलिए समाज सुधार सभी धर्म सुधार आन्दोलनों का अनिवार्य लक्ष्य था। इन आंदोलनों ने कमोबेश मात्रा में न केवल धर्म को वरन् सामाजिक संस्थाओं और सम्बन्धों को भी बौद्धिक आधार पर प्रतिष्ठापित करने की चेष्टा की। धर्म सुधार आन्दोलन के लिए धार्मिक, सामाजिक और राजनीतिक सुधार के लिए सर्वव्यापी आन्दोलन करना आवश्यक था। उन्होंने बहुदेववाद ओर मूर्तिपूजा के खिलाफ संघर्ष तो किया ही, साथ ही जातिप्रथा और विदेश यात्रा सम्बन्धी निषेध पर भी चोट की। धर्म के क्षेत्र में ब्राह्मणों के एकाधिकार और जातिगत विशेषाधिकार पर भी इन आन्दोलनों ने आघात किया और इन सबके पीछे मूल भावना यह थी कि जिन पुरानी संस्थाओं, प्रथाओं को खत्म करने की कोशिश की गई, वे राष्ट्रीय प्रगति में बाधक थी, और राष्ट्रीय प्रगति के लिए सभी दलों और व्यक्तियों की समानता और स्वतंत्रता के सिद्धान्त पर आधारित राष्ट्रीय एकता की आवश्यकता थी। इन आन्दोलनों की मूल अनुप्रेरणा थी देश का विकास। भारतीय जनता के प्रथम राष्ट्रीय जागरण का स्वरूप प्रधानतः धार्मिक था। बाद के दशकों में जागरण की यह भावना गहरी और व्यापक होती गई और उसका स्वरूप धर्म निरपेक्ष होता गया।[47]

पुनर्जागरण की कुछ खामियों की ओर भी विद्वानों ने हाल ही में लोगों का ध्यान आकृष्ट किया है। जैसे इसमें यूरोपीय पुनर्जागरण के कई त़त्त्वों को पूर्णतः अभाव था। भौगोलिक खोज, वैज्ञानिक आविष्कार और कला साहित्य के क्षेत्र में अभूतपूर्व प्रगति यूरोपीय पुनर्जागरण की महत्वपूर्ण उपलब्धियां थीं, लेकिन भारतीय पुनर्जागरण में ये तत्त्व प्रायः अनुपस्थित थे। **दूसरे**, प्रारम्भ में ब्रिटिश नौकरशाही एवं पाश्चात्य विचारक इसे भारत के आधुनिक युग का प्रारम्भ मानते थे क्योंकि इन सुधार आन्दोलनों ने धार्मिक एवं सामाजिक अंधविश्वास, रुढ़िवादिता व क्रूर अमानवीय प्रथाओं का विरोध किया तथा शिक्षा के माध्यम से आधुनिक युग की शुरुआत को स्वीकार किया। जगदीश नारायण सिन्हा[48] ने जिक्र किया है कि तथ्यों के आलोचनात्मक अध्ययन से स्पष्ट होता है कि इन आन्दोलनों से देश का आधुनिकीकरण नहीं हुआ। प्रारम्भ में जिसे देश का आधुनिकीकरण कहा गया वह पश्चिमीकरण था। जापान–चीन के समान भारत में आधुनिकीकरण का प्रवेश नहीं हो पाया था। उस समय सती प्रथा एवं बाल हत्या पर प्रतिबंध लगाये जाने के साथ देश को आर्थिक एवं राजनीतिक शोषण से मुक्त करवाये जाने की आवश्यकता थी जो इस आन्दोलन से संभव नहीं हुआ। आन्दोलन का प्रभाव भी केवल मध्यम वर्ग तक सीमित रहा और कुछ गिने–चुने शहरों में ही लोगों ने इस सुधार प्रक्रिया का अहसास किया। सुधारकों ने कृषकों एवं जनसामान्य की तकलीफों को जानने की कोशिश नहीं की। दूसरे शब्दों में, सुधार आन्दोलन जनसामान्य का आन्दोलन न होकर मध्यम वर्ग तक सीमित था।

तीसरे, पुनर्जागरण धर्म के आवरण से सदैव आच्छादित रहा अर्थात् राममोहन, दयानंद, रामकृष्ण, विवेकानंद धर्म विशेष का आश्रय लेकर लोगों में चेतना जागृत कर रहे थे। ताराचंद ने जिक्र किया है कि ऐसी परिस्थितियों में साम्प्रदायिकता को पनपने के लिए खुली और उपजाऊ भूमि मिली और इस जहरीले पौधे को शासकों से अच्छी खासी मदद मिली। परिणाम यह हुआ कि हिन्दू लोग हिन्दू राष्ट्रीयता और मुसलमान लोग मुस्लिम राष्ट्रीयता का प्रतिपादन करने लगे और उसी पर बोलने लगे और इस प्रकार दो राष्ट्र सिद्धान्त की नींव पड़ी।[49]

इन सबके बावजूद सुधार आन्दोलन के महत्व को नकारा नहीं जा सकता। वस्तुतः इसने भारतीयों को समानता, स्वतंत्रता और जागरण का सन्देश एक ऐसे समय पर दिया जब देश गुलामी की बेड़ियों में जकड़ा हुआ था और समस्त जन–जीवन अंधविश्वास, रुढ़िवादिता एवं अज्ञान के अन्धकार में भटक रहा था। उपनिवेशों में राष्ट्रीय जागरण प्राप्त विदेशी शासन के विरुद्ध प्रतिक्रिया के रूप में उत्पन्न होता है। भारत में भी ऐसा ही हुआ। यहाँ इस प्रतिक्रिया (राष्ट्रवाद और राष्ट्रीय आन्दोलन) को इस सुधार आन्दोलन एवं सांस्कृतिक जागरण ने एक बौद्धिक एवं अपूर्व मनोबल प्रदान किया। इस प्रकार सुधार आन्दोलन भले ही देश में आधुनिक युग लाने में विफल रहा हो, पर निस्संदेह इसने देश को आजादी दिलाने में सहायता की।[50] जो इस आन्दोलन की सफलता थी। इस प्रकार इस आन्दोलन के महत्व को कम नहीं किया जा सकता, यद्यपि इसमें खामियाँ थीं।

भारतीय मध्यम वर्ग का उदय

मध्यम वर्ग की उत्पत्ति को ताराचंद[51] ने इन शब्दों में रेखांकित किया है: 'भारत में आधुनिक मध्यम वर्ग का विकास दोहरी प्रक्रिया का परिणाम था। एक तो प्राचीन शासक वर्ग का विनाश और दूसरे जमींदारों, व्यापारियों तथा बुद्धिजीवियों के नए वर्गों का उत्थान। पुराने उच्च वर्ग का विनाश ब्रिटिश जाति की विजय का प्रत्यक्ष परिणाम था, व्यापारी वर्ग का निर्माण यूरोपीय व्यापारी वर्ग की गौण उपज थी और जमींदार और बुद्धिजीवी वर्ग की उत्पत्ति ब्रिटिश प्रशासन और पाश्चात्य शिक्षा के प्रवर्तन के कारण हुई थी।' भारतीय मध्यम वर्ग के अध्ययन की पृष्ठभूमि में यह सवाल उठता है कि क्या अंगरेजी शासन पूर्व भारत में मध्यम वर्ग का अस्तित्व था? यदि नहीं तो क्यों नहीं था? और अंगरेजों के सत्ता में आने के बाद किन महत्वपूर्ण तथ्यों के कारण इस वर्ग के अभ्युदय की पृष्ठभूमि तैयार हुई।

मेक्स बेबर ने ठीक ही कहा है: 'वर्तमान पूँजीवाद ब्रिटिश शासन में पहले विकसित नहीं हुआ था इसलिए मध्यम वर्ग की कहानी पूँजीवादी के उदय के साथ दृढ़ता से जुड़ी हुई है जो वास्तव में व्यापारिक व औद्योगिक समूहों के उदय को इंगित करता है।' बी.बी. मिश्रा ने भारतीय मध्यम वर्ग के उदय का विस्तृत अध्ययन किया था, उनके विचारों से "नगरों का अभाव मध्यम वर्ग की अनुपस्थिति का कारण बना।"[52]

मध्यम वर्ग में मुख्य रूप से बौद्धिक वर्ग–सार्वजनिक कर्मचारी, वैतनिक कर्मचारी, भूमि, व्यापार और उद्योगों से सम्बन्धित लोग आते हैं। प्रारम्भिक दौर में मध्यम वर्ग का जन्म भारत में यूरोपीय उद्योगों का परिणाम कहा जाये तो हमें यह स्वीकार करना होगा कि इसकी उत्पत्ति मद्रास, मुम्बई और कलकत्ता आदि शहरों में और दूसरे कस्बों में हुई, जो ब्रिटिश व्यापार तथा प्रशासन के उपकेन्द्र बने।[53]

नई भू–राजस्व प्रणाली से मध्यम वर्ग: ईस्ट इण्डिया कम्पनी ने बंगाल में राजस्व एकत्र करने का अधिकार 1765 में हासिल किया था। कार्नवालिस के समय किये गये स्थाई भू–प्रबंध ने भी नये मध्यम वर्ग को जन्म दिया। ए.आर. देसाई[54] के शब्दों में इस तथ्य को इस तरह व्यक्त किया जा सकता है: बंगाल में अंगरेजों का शासन सबसे पहले कायम हुआ और यहीं अंगरेजी सरकार ने भारतीय इतिहास में पहली बार जमींदारों के रूप में निजी सम्पत्ति की सृष्टि की। इसलिए बंगाल में ही पट्टेदार और जमींदार जैसे दो नए वर्गों की स्थापना हुई वस्तुतः कार्नवालिस को बंगाल में स्थायी भू–राजस्व व्यवस्था स्थापित करने में अंगरेजी जमींदारी प्रथा ने प्रभावित किया था। 1790 में जमींदारों से दस वर्षीय समझौता किया गया जिसे मार्च 1793 में स्थाई बनाया गया। स्थाई प्रबंध द्वारा कार्नवालिस जमींदारों का विश्वास प्राप्त करने को उत्सुक था और जमींदारों व भूस्वामियों से भू–राजस्व निश्चित कर लेना एक अन्य लक्ष्य। दूसरे शब्दों में कार्नवालिस ने जमींदारों के एक नये वर्ग के उद्भव की कल्पना की जिनमें ठेके पर जमीन लेने वाले बनिये, छोटे जमींदार व ताल्लुकेदार सम्मिलित थे। प्राप्त विवरण के अनुसार टैगोर परिवार के पूर्वज दर्पनारायण ने राजशाही की जमींदारी खरीद कर काफी लाभ अर्जित किया था। इसी तरह कृषि भूमि प्राप्त करने वालों में द्वारिकानाथ टैगोर का जिक्र किया जा सकता है।

अंगरेजों ने भू–राजस्व के क्षेत्र में कई प्रयोग किये। थामस मुनरो द्वारा प्रारम्भ की गई रैयतवाड़ी प्रथा मध्यम वर्ग के विकास में सहायक साबित हुई। बी.बी. मिश्रा की मान्यता है कि 'भूस्वामी मध्यम वर्ग में साधरणतया बुद्धिमान, उत्साही तथा दुष्कर कार्य में रुचि लेने वाले लोग सम्मिलित थे और अवध में सरकार ने लगान पर भूमि के उपभोक्ता, गाँव के जमींदारों के अधिकारों की रक्षा की जिन्होंने कृषि सम्बन्धित मध्यम वर्ग के हितों का निर्माण किया था। स्वतंत्र सम्पत्ति की पद्धति से मध्यम वर्ग के स्वामियों व सूदखोरों को लगान पर खेती करने वालों से अधिक लाभ हुआ।'

यहाँ हम सूदखोरी व्यवसाय का जिक्र किये बिना नहीं रह सकते। ब्राह्मण, भूस्वामी, वैतनिक कारिन्दों के अलावा मारवाड़ियों द्वारा किसानों से बहुत धन वसूल किये जाने की जानकारी मिलती है। लाली प्रतिवाद रामप्रसाद के मुकदमे की चर्चा की जा सकती है। रामप्रसाद ने मूलधन 77 रुपये कर्ज लिया जो 10 वर्ष में 991 रुपये हो गये जबकि 159 रुपये उसने पहले ही चुका दिये थे। इलाहाबाद के न्यायाधीश के समक्ष प्रस्तुत मुकदमे के आधार पर कहा जा सकता है कि किसानों द्वारा ऋण अदा करने में असमर्थ रहने पर कृषकों की भूमि सूदखोरों को हस्तान्तरित हो रही थी। मध्यमवर्गीय जमींदारों द्वारा भूसम्पत्ति का विशाल भाग हड़पे जाने को अंगरेजों द्वारा निश्चित कानून पास किये जाने का परिणाम कहा जायेगा।

नगरीय मध्यम वर्ग: अंगरेज प्रेसीडेन्सी नगर न केवल व्यापार–उद्योग के केन्द्र थे अपितु उनमें पाश्चात्य ढंग का नगरपालिका संगठन भी था जिसमें नागरिकों का रहन–सहन नियमित होता था और उनकी अनिवार्य जरूरतों की पूर्ति भी। ईस्ट इण्डिया कम्पनी के प्रयत्नों से जिन नगरों का उद्भव हुआ उनमें कलकत्ता, बम्बई व मद्रास सबसे महत्वपूर्ण थे। यद्यपि

मद्रास का प्रारम्भ में विकास जल्दी हुआ था परन्तु शीघ्र ही बंगाल ने इसको पीछे छोड़ दिया एवं व्यापार व्यवसाय की दृष्टि से बम्बई दूसरी पंक्ति में आ गया। विकासशील इन कस्बों में कर्मचारी व व्यापारी वर्ग, मनुष्य शक्ति व पूँजी दोनों ही केन्द्रित थे। पूर्व काल की तुलना में इनके व्यापारिक अभ्युदय का कारण यह रहा कि परम्परागत शासन की तुलना में कम्पनी शासन अधिक नम्र था। कानून का शासन जिसने सुरक्षा प्रदान की, तुलनात्मक दृष्टि से शक्ति का युग स्वतंत्र व्यापार नीति, श्रम करने की स्वतंत्रता व कुछ सामाजिक सुधारों का प्रारम्भ था।

कलकत्ता व्यापारियों, बैंकरों, कारीगरों का घर, उद्योग धन्धों का केन्द्र और देशी तथा विदेशी व्यापार का मुख्य बाजार हो गया।..... सतगांव, हाली शहर और बटोर से एजेण्ट, दलाल, बिचौलिए, कारीगर, व्यापारी और मजदूर रोटी और मुनाफे की तलाश में इस शहर में आकर जमने लगे। व्यापारियों में बटोर से आने वाले सेठ और वैशाख सबसे पुराने थे। उन्होंने सुतानटी में कपड़े का एक बाजार खोला।[55] अंगरेजों ने 1773 में कलकत्ता को अपनी राजधानी बनाया एवं वहाँ पर सर्वोच्च न्यायालय स्थापित किया।

प्रान्तीय राजधानियों, जिलों, उपजिलों के प्रधान केन्द्रों ने कलकत्ता के समान प्रयत्न किये किन्तु शक्तिशाली मध्यम वर्ग का उदय सर्वप्रथम कलकत्ता में हुआ।

व्यावसायिक मध्यम वर्ग: भारत में यूरोपीय कम्पनियों द्वारा व्यापार शुरु किये जाने के साथ ही स्थानीय लोगों की व्यावसायिक केन्द्रों में दलाली के रूप में कार्य की शुरुआत हुई। कलकत्ते में उन्हें बनिये, मुनीम एवं गुमाश्ते कहा गया जबकि पश्चिमी भारत में वे 'देवाश' के नाम से प्रसिद्ध हुए। बी.बी. मिश्रा[56] की धारणा है कि 'ये दलाल अंगरेजों ने गुमाश्ता व बनियों की तरह नियुक्त किये थे और जिन पर वे इच्छानुसार शासन करते थे जिन्होंने 18वीं सदी के अंतिम भाग में उदीयमान मध्यम वर्ग आदि की भूमिका का कार्य किया। ये वे लोग थे जिन्हें अंगरेजों ने एक या दूसरे रूप में मध्यस्थ के रूप में नियुक्त किया था।..... वे लोग थे जिन्हें विजय के बाद एक वर्ग के रूप में लाभ प्राप्त होना था।' विद्वानों की मान्यता है कि भारतीय दलाल स्वेच्छा से साझेदारी के रूप में कार्य करते थे परन्तु जिन क्षेत्रों में यूरोपियनों का एकाधिकार था वहाँ भी उन्होंने अपना स्वतंत्र स्थान बनाया। यद्यपि यूरोपियनों के साथ कार्य करने से ही यह दक्षता प्राप्त हुई थी। दूसरी ओर इस दौरान बैंकों की स्थापना हुई। 1806 में बैंक ऑफ बंगाल तथा बैंक ऑफ हिन्दुस्तान की स्थापना ने वित्तीय पूँजी को कुछ सुलभ बनाया और कागज की मुद्रा से यह प्रक्रिया अधिक सरल हो गई। इस दौरान तेजी से विदेशी फर्मों का भारत में प्रवेश हुआ जैसे मैसर्स ऐलेक्जेण्डर एण्ड कम्पनी, फार्ली फार्ग्यूसन, यामर एण्ड कम्पनी, कोलिन एवं कोय आदि। इन कम्पनियों ने भारतीय धन की बचत को संगृहित किया। बी.बी. मिश्रा द्वारा दिये गये विवरण के अनुसार भारत में सार्वजनिक कर्मचारियों की बचत 40,00,000 पौण्ड प्रति वर्ष हो गई थी।

इस प्रकार व्यापारिक गतिविधियों ने एजेन्ट, संग्रहकर्ता व व्यावसायिक मध्यम वर्ग, जिनके मुख्य प्रतिनिधि रम्मूलाल डे, रामचन्द्र मित्तर व बंगाली दलाल थे, को जन्म दिया किन्तु इस व्यावसायिक मध्यम वर्ग का उदय केवल व्यापार व व्यावसाय के कारण हुआ था, यह उल्लेखनीय तथ्य है। बंगाल में 19वीं शताब्दी के प्रारम्भ में जहाजरानी उद्योग की स्थापना आशुतोष डे तथा द्वारिकानाथ टैगोर द्वारा की गई। व्यापार में प्राप्त स्थिति के कारण द्वारिकानाथ टैगोर कलकत्ता के चैम्बर ऑफ कॉमर्स की प्रबंध समिति के भारतीय सदस्य बन गये। प्राप्त विवरण के अनुसार 1858 में चैम्बर ऑफ कामर्स के 103 सदस्यों में से 4 बंगाली थे: कालीदास, श्यामचन्द्र मित्तर, रामगोपाल घोष व राजेन्द्र दत्ता। बैंकों के कई लेखक सम्बन्धी पदों पर बंगाली हिन्दुओं ने एकाधिकार प्राप्त कर लिया था।

औद्योगिक मध्यम वर्ग: धीरे–धीरे भारतीय व्यावसायिक मध्यम वर्ग ने अपने को औद्योगिक मध्यम वर्ग के रूप में बदलने की कोशिश की। व्यावसायिक मध्यम वर्ग जब विदेशी वस्त्र निर्माता कम्पनियों के सम्पर्क में आया तो भारतीय वस्त्र निर्माण की पृष्ठभूमि तैयार हुई। बैन्टिक के काल में बर्दमान में कपड़ा मिल की प्रस्थापना हुई। 1832 में पोर्टोनोवा में लोहा गलाने की भट्टी, मद्रास में कच्चे लौहे व स्टील के कारखाने व अन्य कुछ कारखाने मलाबार व सेलम में स्थापित हुए। कुछ ऐसी कम्पनियाँ थीं जो सम्मिलित रूप में 1847 में मेकेन्सिन मैकेन्जी द्वारा ब्रिटिश स्टीम नेविगेशन, एण्ड्रयू मूले, बर्ड शा एवं वालेस द्वारा चलाई गई। प्रारम्भिक अवस्था में यूरोपियन केवल पूँजी लगाते थे। इस प्रकार भारतीय उद्योगों में स्वतंत्र पूँजी विनियोजन की शुरुआत हुई। 1820 में रानीगंज से कोयला निकाला जाने लगा था जो 1857–58 तक पहुँचते–पहुँचते 293, 443 टन तक जा पहुँचा। रेल निर्माण का कार्य यूरोपियन फर्मों, जिनमें व्हाइट तथा बोरेट सम्मिलित थे, ने 1844 में शुरु किया। दूसरी कम्पनियाँ जैसे ईस्ट इण्डियन एवं ग्रेट इण्डियन पेनिनसुलर बोम्बे, बड़ौदा तथा सैन्ट्रल इण्डिया द्वारा

इस दृष्टि से महत्वपूर्ण शुरुआत की गयी। द्वारिकानाथ टैगोर ने रानीगंज में कोयले की खान खरीदी। बम्बई के सवास जी बैनर्जी ने 1845 में कताई व बुनाई की मिल शुरु की और इस प्रारम्भ ने, औद्योगिक विकास की गति को तीव्र किया। कवास जी नानाभाई डावर ने 1851 में प्रथम वाष्प संचालित सूती कपड़े के कारखाने की स्थापना की। जहाज बनाने में प्रसिद्धि हासिल करने वाले लोवजी नुसेरवान जी वाडिया ने बम्बई में शुष्क बन्दरगाह की स्थापना की। स्पष्टतः इन उद्योगों में अभियन्ताओं, तकनीकी लोगों, प्रबंधकों, सहायकों व अन्य लोगों की आवश्यकता थी जिन्होंने मध्यम वर्ग का निर्माण किया। औद्योगिक क्षेत्र की एक महत्वपूर्ण उपलब्धि बिहार में जमशेदपुर का स्टील कारखाना को मानना होगा जो ब्रिटिश साम्राज्य में अपने प्रकार का पहला कारखाना था। इसका अनुसरण बिड़ला, अम्बालाल साराभाई, कस्तूर भाई व लाल भाई ने किया। सूती वस्त्र मिलों की स्थापना में बम्बई पहले स्थान पर आ गया। जिसका अनुसरण अहमदाबाद ने किया। अहमदाबाद के सूती मिल उद्योग में कुल उत्पादन का 4/5 व बम्बई सूती मिल उद्योग के कुल उत्पादन का करीब आधा भाग गुजराती व मारवाड़ी प्रबंध समितियों के नियंत्रण में था। बिड़ला, डालमिया, थापर व जैन का इस क्षेत्र में प्रवेश हुआ और पूँजी उच्च मध्यम वर्ग में केन्द्रित हो गई। कहा जा सकता है कि आधुनिक पूँजीवाद विदेशी से प्रारम्भ हुआ जिसका परिणाम मध्यम वर्ग का औद्योगिक क्षेत्र में पदार्पण था।

शिक्षित मध्यम वर्गः कम्पनी ने 1813 में स्थानीय ज्ञान व पश्चिमी ज्ञान को प्रोत्साहित करने का दायित्व ग्रहण किया था और एक लाख रुपये का अनुदान देना भी स्वीकार किया। 1820–29 के बीच एक प्रभावशाली सरकारी वर्ग अंगरेजी भाषा के विकास के लिए खड़ा हुआ। इस समूह में चार्ल्स ट्रेवेलियन व लार्ड मैकाले के शामिल हो जाने के बाद यह अधिक शक्तिशाली हो गया, 1817 में हिन्दू कॉलेज की स्थापना की गई। इसके पाठ्यक्रम में अंगरेजी शिक्षण पर विशेष बल दिया गया। राजा राममोहन राय ने 1823 में कलकत्ते में संस्कृत कॉलेज की स्थापना का विरोध किया था और लार्ड एमहर्स्ट को विरोध–पत्र भी भेजा। वस्तुतः अंगरेजी भाषा के महत्व को प्रारम्भिक दौर के भारतीय विचारकों ने समझा और अपने विचारों से सरकार को अवगत कराया। इसी श्रृंखला में 1829 में फारसी भाषा सरकारी भाषा नहीं रही। अन्ततः लार्ड मैकाले की 1834 में पदत्याग की धमकी को दृष्टिगत रखते हुए 7 मार्च 1835 को बैण्टिक ने अंगरेजी को शिक्षा का माध्यम एवं सभी अनुदान भारतीयों में अंगरेजी सीखने वालों पर खर्च करने का निर्णय किया। कुछ ही समय में भारतीय विचारकों ने इस निर्णय के अनुरूप शैक्षणिक संस्थानों की स्थापना करके अपनी मुहर अंकित की। 1836 में कलकत्ता में मेडीकल कॉलेज की स्थापना ने अंगरेजी जानने वाले वर्ग को व्यावसायिक जीवन में प्रवेश के अवसर प्रदान किये। 1858 के बाद इस प्रक्रिया को विश्वविद्यालयों की स्थापना, इंजीनियरिंग स्कूलों व अन्य व्यावसायिक संस्थाओं की स्थापना से गति मिली।

योगदानः यहाँ उल्लेखनीय है कि कानूनी शिक्षा प्राप्त वर्ग ही था जिसने राजनीति में सक्रिय भाग लिया और उन्हें आन्दोलनकारियों के सन्देहास्पद वर्ग के रूप में देखा जाने लगा। इसी संवर्ग से प्रतिभाशाली विधि विशेषज्ञों का आविर्भाव हुआ। 18 जुलाई 1899 की बंगाल सरकार की गुप्त रपट में कहा गया है कि 'कांग्रेस के वर्तमान सदस्य और उसके प्रधान सहायक कानूनी व्यवसाय के सदस्य और उनके मुवक्किल है।' इस तथ्य का जिक्र करने की आवश्यकता नहीं है कि बंगाल में वकीलों का वर्ग एक जानी–मानी शक्ति बन गया था। भारतीय स्वतंत्रता संग्राम में इस वर्ग के योगदान को विस्मृत नहीं किया जा सकता। सभी उच्च कोटि के नेता जैसे महात्मा गाँधी, मोतीलाल नेहरु, जवाहर लाल नेहरू, सरदार वल्लभ भाई पटेल, चक्रवर्ती राजगोपालाचारी, जिन्ना, भूला भाई देसाई आदि वकील थे।

हम इस बात से असहमत नहीं हो सकते कि 19वीं शताब्दी में जन–आधारित लोकप्रिय आन्दोलनों और विद्रोहों के अतिरिक्त शिक्षित भारतीय मध्यम वर्ग में नवीन चेतना का विकास आजादी के संघर्ष का महत्वपूर्ण आधार साबित हुआ। मध्यम वर्ग में जागृत इस चेतना ने ही लोकप्रिय असन्तोष को एक निश्चित दिशा प्रदान की और आजादी के द्वार तक पहुँचाया। वस्तुतः वकील, व्यापारी, अध्यापक, पत्रकार, डाक्टर, इंजीनियर आदि किसानों व कामगारों की तुलना में साम्राज्यवाद के उद्देश्यों और औपनिवेशिक शासन के स्वरूप को अधिक स्पष्टता से समझकर उनका विश्लेषण कर सकता था। प्रारम्भ में इस वर्ग की धारणा थी कि संचार साधनों का विकास और रेल लाइन आदि भारतीयों के लिए लाभदायक होंगे। इसी कारण प्रारम्भ में उन्होंने अंगरेजी नीतियों के समर्थन की नीति अपनाईं लेकिन धीरे–धीरे मध्यम वर्ग ने यह जान लिया कि अंगरेजों ने जो प्रशासनिक तरीके अपनाए थे वे वास्तव में अंगरेजी शासन को सुदृढ़ करने वाले थे। जैसे ही उन्हें इस तथ्य का बोध हुआ कि उनकी आर्थिक नीतियाँ केवल अंगरेजी व्यापारियों और पूँजीपतियों के हित के लिए है, औपनिवेशिक शासन

का विरोध शुरु हो गया। जनजातियों, किसानों व कामगारों द्वारा अपनाए गये विद्रोह का मार्ग मध्यम वर्ग ने नहीं अपनाया, उनके संघर्ष का ढंग अलग था।

इस सवाल के जबाव में कि मध्यम वर्ग का राजनीति में प्रवेश क्यों हुआ, कहा जा सकता है कि रोजगार के अवसरों की कमी के कारण निराश शिक्षित मध्यम वर्ग ने अधिकारों की माँग की और इसी माँग ने आजादी के संघर्ष को स्थिर बनाए रखने में सहयोग किया। हम जानते हैं कि ब्रिटिश काल में शैक्षणिक विकास की दृष्टि से मुसलमान हिन्दुओं से पिछड़ गये थे और उन्हें व्यावसायिक और आर्थिक क्षेत्रों में भी पिछड़ेपन को सहना पड़ा। परिणामतः मुसलमानों को राजनीति में उग्रवादी होना पड़ा। राजनैतिक प्रतियोगिता की शुरुआत, अंगरेजों की 'फूट डालो व राज करो' की नीति के कारण हुई और इसने साम्प्रदायिक भावनाओं को उभारा, इस तरह आजादी व देश का विभाजन शिक्षित मध्यम वर्ग के कार्यों का परिणाम थे।

सन्दर्भ

1. चौपड़ा, पी.एन. व अन्य, *भारत का सामाजिक सांस्कृतिक एवं आर्थिक इतिहास*, पृ. 77
2. विपिनचन्द्र, *भारत का स्वतंत्रता संघर्ष*, पृ. 47–48
3. वही, पृ. 48
4. *भारत का बृहत् इतिहास*, जि. 3, पृ. 191
5. *भारतीय स्वतंत्रता आन्दोलन का इतिहास*, जि. 1, पृ. 103
6. विवेकानंद साहित्य, खण्ड 1, प्रथम सं., पृ. 403–5; *स्वामी विवेकानंद का मानवतावाद*, मास्को विश्वविद्यालय में प्रदत्त व्याख्यान, स्वामी रंगनाथानंद, कलकत्ता, पृ. 25 से उद्धृत।
7. विपिनचन्द्र, वही, पृ. 48
8. *मार्डन रिलीजिइस मूवमेंट इन इण्डिया*, न्यूयार्क, 1924
9. *बंगाल रेनेसां एण्ड अदर एसेज*, नई दिल्ली, 1970
10. ताराचंद, वही, जि. 2, पृ. 96–97
11. *आधुनिक भारत का इतिहास*, हि.का.नि. दिल्ली, पृ. 227–28
12. ताराचंद, वही, पृ. 104
13. वही, पृ. 102
14. वही, खण्ड 2, पृ. 215–16
15. कोलेट, *लाइफ एण्ड लेटर्स ऑफ राममोहन*, पृ. 52–55.
16. The Modern Encroachments on the Ancient Rights of Females according to the Hindu law of Inheritance.
17. Charles H. Heimsath, The Origin and Enactment of the Indian Age of Conscent Bill, 1891, *Journal of Indian History*, Vol. XLV, Part 1, April 1962.
18. कुछ विद्वानों के अनुसार उनका जन्म 1772 में हुआ, ताराचंद, वही, जि. 2, पृ. 218
19. ताराचंद, वही, जि. 2, पृ. 217
20. वही, जि. 2, पृ. 219
21. वही, पृ. 222
22. देसाई, ए.आर., वही, पृ. 229
23. *ब्रिटिश पैरामाउन्टसी एण्ड इण्डियन*, रेनेशां पार्ट 2, पृ. 100
24. रेनेशां पार्ट 2, पृ. 271 में 1818 के स्थान पर 1817 के सती प्रथा की पाबन्दी के एक आदेश का जिक्र आया है।
25. ताराचंद, वही, खण्ड 2, पृ. 224
26. वही, पृ. 225
27. मिश्र, जगन्नाथ प्रसाद, *आधुनिक भारत का इतिहास*, पृ. 447
28. शर्मा, डी.एस., *हिन्दुइज्म थ्रू द एजेज*, पृ. 75
29. चौपड़ा, पी.एन. एवं अन्य, वही, पृ. 116
30. महत्वपूर्ण शिक्षाओं व यज्ञों के महत्व के विषय में *सत्यार्थ प्रकाश* का तृतीय समुल्लास, पृ. 26–51
31. *सत्यार्थ प्रकाश*, प्रथम समुल्लास, पृ. 6
32. वही, सप्तम समुल्लास, पृ. 116–17
33. वही, सप्तम समुल्लास, पृ. 126
34. विद्या वाचस्पति इन्द्र, *आर्य समाज का इतिहास*, भाग 1
35. *कल्चरल हेरिटेज ऑफ इण्डिया*, खण्ड 4, पृ. 639
36. *सत्यार्थ प्रकाश*, चतुर्थ, पृ. 56
37. *सत्यार्थ प्रकाश*, चतुर्थ समुल्लास, पृ. 55
38. Prasad, Bisheshwar, *Ideas in History* (Asia Publishing House, Bombay, 1968) *आधुनिक भारत का इतिहास*, हि.का.नि. दिल्ली, पृ. 243 से उद्धृत।
39. *आधुनिक भारत का इतिहास*, हि.का.नि., पृ. 244
40. रेनेसां, II, पृ. 116–17
41. रोम्या रोलां, *लाइफ ऑफ रामकृष्ण*
42. रामकृष्ण, *द प्राफिट ऑफ न्यू इण्डिया*
43. ताराचंद, वही, जि. 2, पृ. 366
44. *स्वामी विवेकानंद का मानवतावाद*, मास्को विश्वविद्यालय में प्रदत्त व्याख्यान, स्वामी रंगनाथानंद, अद्वैत आश्रम, कलकत्ता, पृ. 25
45. रेनेसां, II, पृ. 131
46. विपिनचन्द्र, वही, पृ. 49
47. देसाई, वही, पृ. 227–28
48. *आधुनिक भारत का इतिहास*, हि.का.नि., पृ. 262 एवं आगे
49. ताराचंद, वही, जि. 2, पृ. 378–79
50. *आधुनिक भारत का इतिहास*, हि.का.नि., पृ. 269
51. ताराचंद, वही, जि. 2, पृ. 92
52. मिश्रा, बी.बी., *द इण्डियन मिडिल क्लासिस*, पृ. 28
53. ताराचंद, वही, पृ. 92
54. देसाई, ए.आर., वही, पृ. 140
55. ताराचंद, वही, पृ. 92–93
56. मिश्रा, बी.बी., वही, पृ. 78

❋❋❋

22
ब्रिटिश शासन एवं भारतीय जनता का प्रतिरोध
(British Rule and Indian Popular Movement)

एक घोर साम्राज्यवादी एवं शोषणवादी सरकार के लिए उपनिवेश में शान्ति व्यवस्था बनाये रखना कठिन होता है। अंगरेज सरकार के आलेखों में शान्ति, व्यवस्था एवं राजस्व के नियमित संग्रह के बारे में सूचना अंकित पाई जाती है, वस्तुतः ऐसा नहीं था। भारतीय राष्ट्रीय आन्दोलन से पूर्व ब्रिटिश सरकार के विरुद्ध बगावत, विद्रोह, चुनौती एवं आन्दोलनों की संख्या सैकड़ों में थी। उनमें से कुछ महत्वपूर्ण आन्दोलनों या विद्रोहों की चर्चा करने से पूर्व इनकी पृष्ठभूमि में जाना उचित होगा।

भारतीय व्यापार पर नियंत्रण स्थापित करने के लिए अंगरेजों ने अनेक उपाय किये। 1772 में प्रकाशित "हिन्दुस्तान के मामलों पर विचार" नामक ग्रंथ में विलियम बोल्ट्स[1] ने स्थानीय बुनकरों के साथ किये जाने वाले अत्याचारों का सजीव वर्णन किया है। उसके विवरण से स्पष्ट होता है कि अंगरेजों ने क्रूर उपायों से स्थानीय उद्योग–व्यवसाय को नष्ट किया। इसका परिणाम यह हुआ कि भारतीय वस्त्र उद्योग धीरे–धीरे नष्ट होने लगा। बुनकर अपना व्यवसाय छोड़कर कृषि मजदूर बनने को बाध्य हो गया। ईस्ट इण्डिया कम्पनी की व्यापार एवं उद्योग नीति ने भारत को कच्चे माल की आपूर्ति करने वाला खेतिहर देश बना दिया। औपनिवेशिक शोषण एवं हस्तक्षेप के परिणामस्वरूप भारत को कच्चे माल के उत्पादक देश में रुपान्तरण हो गया। 1891 और 1921 के मध्य कृषि पर जीने वाली आबादी का प्रतिशत 61 से 71 हो गया।[2]

उद्योग व्यवसाय का विनाशः अंगरेजों के क्रूरतापूर्ण व्यवहार से तंग आकर अनेकानेक कारीगरों ने अपने अंगूठे काट लिए जिससे उनके लिए काम न करना पड़े और इस तरह बेरोजगारों की संख्या बढ़ती गई। मजदूरों ने प्रारम्भ में ही औपनिवेशिक दास्ता के खिलाफ विद्रोह शुरु कर दिये थे। बक्सर युद्ध के बाद अंगरेजों ने व्यापार के क्षेत्र में ब्रिटिश प्रभुत्व की स्थापना का जो लक्ष्य था वह भारतीय हस्तशिल्प उद्योगों के नष्ट करने के साथ पूर्ण हुआ।

लगान की ऊँची दरें: ब्रिटिश सरकार का तीसरा लक्ष्य भू–राजस्व पर अधिकार करना था। 1765 में बंगाल, बिहार एवं उड़ीसा की दीवानी हाथ में आते ही उन्होंने किसानों को बुरी तरह लूटना शुरु किया। प्रो. विपिनचन्द्र लिखते हैं कि ज्यादा से ज्यादा लगान वसूलने और उसकी दरें बढ़ाते रहने की ब्रिटिश राज की औपनिवेशिक नीति ने गांवों में जबरदस्त असन्तोष भड़काया। उदाहरण के लिए बंगाल में 30 साल के भीतर ही लगान की दरें मुगलकाल की दरों के मुकाबले दोगुनी बढ़ा दी गई। जैसे–जैसे और जहाँ–जहाँ ब्रिटिश राज फैला, वहां–वहां लगान की दरें इसी तरह बेतहाशा बढ़ती गई। लेकिन अंगरेजों ने इस बढ़ी हुई राजस्व प्राप्ति का एक पैसा भी गांवों के विकास और कल्याण कार्यों के लिए खर्च नहीं किया।[3]

ऋणग्रस्तताः कहा गया है कि ऋणग्रस्तता के साथ, जिसकी चपेट में शताब्दी के अन्त में कुछेक इलाकों में 80 प्रतिशत से ऊपर किसान आ गए, बेदखलियों की संख्या भी बढ़ गई। बहुधा महाजन बन्धक जमीन के सीधे मालिक बन बैठते थे। जिस पर पहले से मालिक अब सावधि काश्तकार के रूप में लगभग वैतनिक मजदूरी जैसी ही परिस्थितियों में काम करते थे।[4] इसका परिणाम यह हुआ कि देश में बेरोजगारों की वृद्धि हुई और बार–बार अकाल पड़ने लगे। 1880 एवं 1891 में अकाल कमेटी बनाई गई थी, उनकी रिपोर्ट से पता चलता है कि 1770 से 1900 तक ब्रिटिश काल में 24 अति भंयकर अकाल पड़े जिनमें करोड़ों लोग मारे गये।[5] अधिक भू–राजस्व की मांग से लोगों के पास पूंजी संचय नहीं हो पाती थी जिसका अकाल के दौरान उपयोग कर सके। अंगरेजों की नीतियों ने विद्रोह की भावना को बढ़ाया। क्रिस्टियन सिग्रिस्ट की मान्यता है कि औपनिवेशिक शोषण के साथ–साथ यह अनेक स्तरीय काश्त प्रथा ही कृषि संकट का मूल कारण थी जिसने बारम्बार किसान विद्रोहों को जन्म दिया, इसमें वहाबी विद्रोह, 1860 का नील विद्रोह और 1928 में बारदोली में मालगुजारी के खिलाफ विद्रोह प्रमुख है।[6] प्रो. बिपिनचन्द्र इन विद्रोहों का एक मात्र आर्थिक कारण नहीं मानते बल्कि विविध संवर्गों की भागीदारी इन विद्रोहों में रही। जैसा कि कहा भी है–इन विद्रोहों का जनाधार और शक्ति हमेशा शोषित किसानों, दस्तकारों और राजाओं और नवाबों की विघटित सेनाओं के सिपाहियों से मिलती थी। ये स्थानीय विद्रोह आमतौर पर किसी खास मुद्दे और स्थानीय असन्तोष के कारण उपजते थे। हालांकि इनका दायरा सीमित ही हुआ करता था, लेकिन प्रायः इन विद्रोहों में

सैकड़ों से लेकर हजारों तक सशस्त्र विद्रोही शामिल हुआ करते थे, दरअसल, ब्रिटिश राज द्वारा अर्थव्यवस्था, प्रशासन और भू–राजस्व प्रणाली में जिस तेजी से परिवर्तन किए गए उससे इन विद्रोहों ने जन्म लिया।[7]

दूसरे शब्दों में, हस्तशिल्प उद्योगों का विनाश एवं तद्ज्जनित बेरोजगारी, अत्यधिक भू–राजस्व की मांग, जमींदार वर्ग द्वारा शोषण, ऋणग्रस्ता, अकाल आदि ऐसे तथ्य थे जो भारत के विविध संवर्गों में असन्तोष एवं विद्रोह का कारण बने।[8] ताराचंद ने स्थानीय विद्रोहों की चर्चा करते हुए लिखा है–जो सामन्त तथा जमींदार अपने भारतीय प्रभु का शासन पूरी तरह नहीं मानते थे, वे भला विदेशी शासकों के अधिकारों को आसानी से कैसे मानते? विशेषकर जबकि इससे अपने आसामियों और प्रजा पर उनका अधिकार कम हो जाता था, उन पर लगभग असहाय कर का बोझ पड़ता था और उन्हें न्याय और प्रशासन की एक विदेशी पद्धति की अधीनता माननी पड़ती थी, जिससे "समाज में एक क्रान्ति पैदा हो गई थी क्योंकि जो लोग अब तक उनके नीचे थे वे अब सर उठाने लगे थे और उनके अधिकार को चुनौति देने लगे थे।"[9] इस प्रकार इन विद्रोहों के स्थानीय एवं तात्कालिक कारण भी थे जिनके फलस्वरूप इनकी क्रियान्विति हो पायी। हम यहाँ कुछ राष्ट्रीय महत्व के आन्दोलनों की चर्चा करेंगे।

रंगपुर संघर्ष (Rangpur Struggle, 1783): उत्तरी बंगाल की ब्रह्मपुत्र घाटी में रंगपुर एवं दीनाजपुर इलाके के हिन्दू व मुसलमानों की जीविका का साधन एक मात्र खेती था। 1780 में दीनाजपुर के राजा की मृत्यु हो गई, उसका पुत्र अल्पवयस्क था उसकी विधवा अपने पुत्र की संरक्षिका बनकर दीनाजपुर इलाके का काम काज देखने लगी। कम्पनी शासन को यह स्वीकार नहीं था। वारेन हेस्टिंग्स (1772–85) ने पूर्णिया के इजारेदार (लगान वसूल करने वाला ठेकेदार) देवी सिंह को 1781 में दीनाजपुर एवं रंगपुर का भी इजारेदार बना दिया। उसने दीनाजपुर में वही क्रूरतापूर्ण रवैया अपनाया जैसा पहले करता था और किसानों को लूटने लगा। अंगरेजों का लक्ष्य अधिक से अधिक लगान वसूल करना था और देवीसिंह जैसा अंगरेजी चाहते थे वही किये जा रहा था। देवीसिंह ने छोटे–छोटे जमींदारों पर कोड़े बरसाये और घोर अत्याचार शुरु कर दिया। पानीपत के किसी गाँव से आये देवीसिंह जो वहाँ बस गया था के किसानों पर किये जा रहे अत्याचार की शिकायत मालदा के चार्ल्स ग्रांट ने 19 जनवरी 1782 के पत्र द्वारा कलक्टर गुडलैंड को की किन्तु कलक्टर ने इस ओर ध्यान नहीं दिया। किसानों ने बंगाल के कई इलाकों में सभाएं की और देवीसिंह से बदला लेने का निश्चय कर लगान देना बंद कर दिया। एक सभा में किसानों ने मिलकर नुरुलुद्दीन नामक व्यक्ति को अपना नवाब घोषित किया। नवाब ने दयाशील को अपना दीवान बनाया तथा देवीसिंह को लगान न देने की अपील की। देवीसिंह के खिलाफ विद्रोह इतना तीव्र था कि इलाके के किसान अंगरेजी हुकूमत को उखाड़ फेंकने को आमदा हो गये और जनवरी 1783 में लगान वसूल करने वाले कारिन्दों को मार भगाया। नवाब नुरुलुद्दीन के ऐलान पर कूच बिहार, दीनाजपुर के किसान भी बगावत में शामिल हो गये। विद्रोह को दबाने के लिए देवीसिंह के अनुरोध पर अंगरेज सेना ने किसानों को गोलियों से भुनना शुरु किया। मुगलहाट में कम्पनी सेना और किसान विद्रोहियों में युद्ध हुआ। दयाशील मारा गया और नुरुलुद्दीन को गिरफ्तार कर लिया किन्तु किसानों ने समर्पण नहीं किया तथा पाटग्राम में डटे रहे। लेफ्टिनेंट मेकडोनाल्ड की सेना ने छल से किसानों पर 22 फरवरी 1783 में हमला कर दिया और बड़ी संख्या में किसान मारे गये और इस तरह विद्रोह शान्त हुआ।

देवीसिंह को अंगरेजों की वफादारी का इनाम मिला और उसे मुर्शिदाबाद के नज़दीक नसीपुर का मालिक बना दिया। विद्रोह को दबाने के लिए घोर क्रूरता की गई। यह विद्रोह 1857 के प्रथम स्वतंत्रता संघर्ष का छोटा रूप कहा जा सकता है। दुर्भाग्य, इसके महत्व को जमींदारों एवं राजाओं ने समझा नहीं और विद्रोहियों की सैनिक सहायता नहीं की।

त्रावणकोर के दीवान वेलूथम्पी का विद्रोह (1808 ई.): कम्पनी की बढ़ती ज्यादतियों के विरुद्ध त्रावणकोर के दीवान वेलूथम्पी ने एक सशक्त विद्रोह किया। एक वर्ष तक त्रावणकोर में कम्पनी के अधिकार समाप्त हो गये। फ्रांस व अमेरिका से भी 1808 में वेलूथम्पी ने सहायता के लिए सम्पर्क किया था। मगर बाहरी सहयोग तो दूर की बात थी स्थानीय शासकों ने भी सहयोग नहीं किया। 1809 कम्पनी के दबाव को देखते हुए उसे आत्म हत्या करनी पड़ी।

चेरो–विद्रोह बिहार (1800–1802 ई.): बिहार के पलामू क्षेत्र के स्थानीय राजा एवं अंगरेजों द्वारा छोटे जागीरदारों (चेरो) की जमीनें छीनी जाने के साथ ही बगावत शुरू हो गई। जागीरदारों ने राजा व कम्पनी के विरुद्ध भूषण सिंह के नेतृत्व में विद्रोह किया था।

सन्यासियों–फकीरों का विद्रोह (1763–1800 ई.): बंगाल–बिहार के प्रारम्भिक विरोध में से एक, जिसे सरकारी दस्तावेजों में सन्यासी विद्रोह कहा है। ए.एन. चन्दर ने सन्यासी विद्रोह का विस्तृत अध्ययन किया था। उन्होंने इसे सात

चरणों में विभक्त किया है: 1763–69, 1770–72, 1773–74, 1775–80, 1781–86, 1782–92, 1793–1800 ई.। उपद्रवकारियों में तीन तरह के लोग शामिल थे: मुगल साम्राज्य की भंग सेना के बेकार सैनिक। दूसरे फकीर, मदारी और बरहाना जातियों (बंगाल–बिहार में बस गये थे) के किसान एवं फकीर। तीसरे बंगाल–बिहार के कारीगर जिन्हें अंगरेजों ने तबाह किया था। बंगाल–बिहार में फैले इस विद्रोह में मजनूँशाह, मूसाशाह, चिरागअली, भवानी पाठक, देवी चौधरानी, कृपानाथ, नरुल मुहम्मद, पीताम्बर, अनुपनारायण एवं श्रीनिवास आदि शामिल थे। ईस्ट इण्डिया कम्पनी की कोठियां लूटना एवं जमींदारों की कचहरियों को लूटना और कर वसूल करना इनका लक्ष्य था।

1760 में फकीरों–सन्यासियों ने बर्दमान (वर्धमान) के राजा को अंगरेजों के खिलाफ सहायता दी थी। सन्यासी एक बड़ी सेना के रूप में 1767 में पटना के आसपास संगठित होते दिखाई पड़े। जिसकी सूचना अंगरेजी फैक्ट्री के इन्चार्ज थामस रमबोल्ड ने प्रवर समिति के अध्यक्ष को दी और लिखा, करीब 5000 सन्यासी सारन इलाके में दाखिल हुए हैं। अन्ततः कम्पनी सेना से सन्यासियों की मुठभेड़ हुई जिसमें बड़ी संख्या में सन्यासी मारे गये।

बंगाल अकाल (1769–70) के दौरान मजनूँशाह लूटपाट कर रहा था कैप्टन जैम्स रेनल ने 1771 में उसे हराया किंतु फकीर बच निकले। मजनूँशाह ने इस दौरान आम जनता को परेशान नहीं करने का आदेश दिया था अपने पत्र में लिखा था 'आम जनता अपनी इच्छा से जो कुछ देती है उसे छोड़कर और कुछ न ले।' 1772 में मजनूँशाह ने रंगपुर के नजदीक श्यामगंज के जंगलों में अंगरेज सेना के थामस (टामस) को मार गिराया। इस युद्ध में किसानों ने लाठी, भाला और बल्लम आदि से विद्रोहियों का साथ दिया। अंगरेज सेना के अधिकांश सैनिक मारे गये। 1773 में तीन हजार विद्रोहियों ने मैमनसिंह जिले में अंगरेज सेनापति कैप्टन एडवर्ड को मारा तथा सेना को भारी क्षति पहुँचाई। मजनूँशाह ने 1774–75 में विद्रोहियों को पुनः संगठित किया और नवम्बर 1776 में उत्तरी बंगाल में कम्पनी सेना से मुठभेड़ हुई जिसमें कई अंगरेज सैनिक मारे गये और लेफ्टिनेंट राबर्टसन के भी गोली लगी। 1786 में अंगरेजों से संघर्ष में मजनूँशाह घायल हो गया और 29 या 30 दिसम्बर को मर गया। उसके भाई मूसा शाह एवं मजनूँशाह के शिष्य फेरागुल शाह व चिराग अली के नेतृत्व में लड़ाई चली जिसमें मूसाशाह मारा गया। इसके बाद भवानी पाठक, चौधरानी द्वारा अंगरेजों से संघर्ष करते रहने की जानकारी मिलती है।

बंकिमचन्द्र चटर्जी के प्रसिद्ध उपन्यास आनंद मठ में इसका चित्रण किया है। कहा जाता है परवर्ती बंगाली उग्रवादियों ने आनंदमठ के इस कथानक से प्रेरणा ली थी।

पाड्यगारों का विद्रोह (1801–1805): अंगरेजों के विरुद्ध हुए विद्रोहों में दक्षिण के पाड्यगारों (किलों के स्वामी) ने कम्पनी की अधीनता स्वीकार करने से पूरी तरह मना कर दिया। मालगुजारी देने से इन्कार कर दिया। 1801 से 1805 तक चले इस विद्रोह का नेतृत्व कट्टबोम नायकन नामक पाड्यगार के हाथ में था। पकड़े जाने पर अंगरेजों ने उसे फांसी पर चढ़ा दिया था।

फोण्ड सावंत एवं सावंतवादी विद्रोह (1844 ई.): मराठा सरकार फोण्ड सावंत के नेतृत्व में कुछ सरदारों एवं देसाइयों के सहयोग से कुछ किले अधिकार में ले लिये। अंगरेज सेना के आगे वे नहीं टिक पाये और अधिकृत किले छोड़कर गोवा भाग गये। कुछ विद्रोहियों पर राजद्रोह का मुकदमा चलाकर कड़ी सजा सुनाई।

फैराजी आन्दोलन (Feraizi Movement 1820-1858): वहाबी विद्रोह के बारे में कहा गया है कि "हिन्दू हो चाहे मुसलमान सभी धनवान या निहित स्वार्थ सम्पन्न वर्गों के लिए जिले में वहाबियों की उपस्थिति एक स्थायी भय का कारण है। चाहे राजनीतिक हो चाहे धार्मिक, किसी भी प्रकार का विरोध निहित स्वार्थ वालों के लिए बहुत घातक है और दोनों ही बातों में वहाबी प्रचलित व्यवस्था के घोर विरोधी थे। वहाबी धर्म के विषय में फ्रांसीसी क्राति के 'ऐना बैपटिस्ट' और राजनीतिक मामले में कम्युनिस्ट और लाल गणतंत्रवादियों के समान थे।"[10]

वहाबी कौन थे यह जानकारी करने से पूर्व इसके कारणों की समीक्षा करना उचित होगा जिनके फलस्वरूप इस विद्रोह को गति मिली। कहा गया है कि बंगाल की बहुसंख्यक रैयत इस बात से त्रस्त थी कि लगान के मालिक अंगरेज उनसे जबरन अफीम की खेती करवाते थे। कुछ लोग भारतीय जमींदारों द्वारा लगाए गए अवैध करों से भी परेशान थे। फैराजी शरियतुल्ला के पुत्र दूधू मियां (1819–60) ने किसानों को विद्रोह के लिए संगठित होने को उकसाया। उसने बारसाल, जैसोर, पबना, माल्दा और ढाका में खलीफा नियुक्त कर दिए। 1831 में कलकत्ता के निकट बारसाल में तीतूमोर ने, जो कि जुलाहा था और एक जमींदार का लठियल रह चुका था, किसानों को विद्रोह के लिए संगठित किया। अंगरेजों से स्वतन्त्र राज्य स्थापित करने की प्रेरणा तीतूमोर को सैयद अहमद बरेलबी से मिली थी। बारसाल विद्रोह जमींदारों द्वारा लगाए गए 'दाड़ी कर' और सामान्यतः अंगरेजों के प्रभुत्व के विरुद्ध था।[11]

वाहबी आन्दोलन (1830–1860): वहाबी आन्दोलन पूरी तरह मुस्लिम आन्दोलन और सैद्धान्तिक रूप से मुसलमानों को छोड़कर सभी अन्य वर्गों के विरुद्ध था। इसका उद्देश्य भारत के दारुल–उल–रब (दुश्मन का मुल्क) से दारुल–उल–इस्लाम (धर्म राज्य) में बदलना और इसके लिए अंगरेजों को भारत से बाहर निकाला जाना आवश्यक माना गया। वहाबियों ने प्रारम्भ में सिक्खों के विरुद्ध युद्ध की घोषणा की और बाद में उनकी शत्रुता केवल अंगरेजों से थी, क्योंकि अंगरेजों ने पंजाब जीत लिया था। यह सत्य है कि मोटे–तौर पर देखने में इसमें हिन्दू विरोधी भावना नहीं थी यद्यपि सभी घोषणायें इस्लाम के नाम पर जारी की गई और अपनी घोषणाओं में केवल मुसलमानों से ही अपील (दरख्वास्त) की जाती थी तथा हिन्दुओं से सहयोग एवं सहानुभूति की भी अपेक्षा नहीं की गई।[12] अयोध्यासिंह की मान्यता है कि खासकर बंगाल के वहाबी विद्रोह में हिन्दू और मुस्लिम किसानों को मिलकर अंगरेज शासकों, निहले साहबों और हिन्दू–मुस्लिम जमींदारों के खिलाफ लड़ता देखा गया। इतिहासकार हन्टर ने लिखा–1831 में कलकत्ते के आस–पास के अंचल के व्यापक किसान विद्रोह में उन्होंने (किसानों ने) निष्पक्षता के साथ हिन्दू–मुसलमान सभी जमींदारों को लूटा। दरअसल मुसलमान अमीरों की हालत तो बदतर थी।[13]

विल्फ्रेड कैंटवे स्मिथ की मान्यता हैः इस दृष्टि से वहाबी पूर्णरूप से वर्ग संघर्ष था। इसमें धार्मिक प्रश्न धीरे–धीरे गायब हो गया। उद्योगों के विकास के पहले के युग में जिस तरह प्रायः सब जगह वर्ग संघर्ष ने धार्मिक नारों का प्रयोग किया था, लेकिन यह नारा धार्मिक होते हुए भी साम्प्रदायिक न था। इसलिए वहाबी विद्रोह निम्न वर्ग के हिन्दुओं के विरुद्ध निम्न वर्ग के मुसलमानों को भड़काकर खुले युद्ध में नहीं खींच लाया–अथवा वर्ग शत्रुओं (धनी मुसलमानों) को भी साम्प्रदायिक 'बन्धु' मानकर उनके साथ एकता करने के नाम पर निम्न वर्ग के मुसलमानों को अर्थनीतिक संग्राम से हटाकर दूसरे रास्ते पर नहीं ले गया।[14]

इस आन्दोलन के प्रवर्तक अरब के अब्दुल वहाब माने जाते हैं। इसका उद्देश्य इस्लाम में व्याप्त कुरीतियों को मिटाना था। भारत में इस आन्दोलन के प्रवर्तक सैयद अहमद (बरेली के) थे। सैयद अहमद की मक्का में अब्दुल वहाब से मुलाकात हुई और भारत आकर उन्होंने वहाबी आदर्शों का प्रचार किया। पटना से वहाबी आदर्शों की शुरूआत हुई। सैयद अहमद ने 1820–22 में भारत के विभिन्न स्थानों पर घूम–घूमकर अपने विचारों से लोगों को अवगत करवाया। दारु–उल–इस्लाम (Dar–ul–Islam) स्थापित करने की दृष्टि से भारत से अंगरेजों को निकालना इनका उद्देश्य था। किन्तु अंगरेजों के साथ सिक्खों की शक्ति का भी अन्त करना चाहते थे। अपने एक सन्देश पत्र "तरखिब–उल–जिहाद" में सिक्खों के विरुद्ध मुसलमानों को सशस्त्र संघर्ष करने का आव्हान किया। उसका मानना था कि सिक्खों ने मुसलमानों को हानि पहुँचाई है। इसके अतिरिक्त सिक्ख जमींदार छोटे मुस्लिम किसानों का शोषण करते थे।

सैयद अहमद की प्रेरणा से छोटे मुस्लिम किसानों ने सिक्ख जमींदारों के विरुद्ध विद्रोह का झंडा खड़ा किया। 1831 में सैयद अहमद एक लड़ाई में मारा गया।

सैयद अहमद की मृत्यु के बाद भारत में अनेक भागों में वहाबी विचारों का प्रसार हुआ। शाह मुहम्मद ने बंगाल व बिहार में इसके केन्द्र स्थापित किये। हैदराबाद में भी इसके अनुयायियों की संख्या काफी बढ़ गई थी। इस क्षेत्र में इस आन्दोलन को विलायत अली ने गति प्रदान की।

सिताना में संघर्षः रणजीत सिंह की मृत्यु के पश्चात् पंजाब में अव्यवस्था व्याप्त हो गई थी जिसका वहाबियों ने लाभ उठाया, इसमें उन्हें कुछ सफलता भी मिली। लेकिन 1849 में पंजाब को ब्रिटिश साम्राज्य में मिला लिये जाने के पश्चात् वहाबियों को आत्मसमर्पण करना पड़ा। सभी वहाबी नेताओं को पटना भेज दिया गया। 1852 में वहाबी नेता इनायत अली ने समस्त वहाबियों को सिताना (Sithana) में एकत्रित होने का संदेश भेजा। पटना में एक वहाबी नेता अहमदुल्ला ने सात सौ सशस्त्र सैनिक एकत्र किये थे। 1853 में सिताना के निकट अम्ब में अंगरेजों ने वहाबियों को बुरी तरह परास्त किया। 1857 में राष्ट्रव्यापी नागरिक आन्दोलन शुरु हो गया और 1858 में इनायत अली की स्वात में मृत्यु हो गई। 1857 की क्रान्ति में वहाबियों ने कोई महत्वपूर्ण योगदान नहीं दिया। यद्यपि पटना, हैदराबाद एवं आगरा में उपद्रव किया था। वहाबियों ने 1857 की क्रान्ति को एक सैनिक विद्रोह माना था।

1858 के बादः अंगरेजी सेना का 1858 में सिताना पर कब्जा हो गया। 1863 में वहाबी नेता अब्दुला ने स्वात व निकटवर्ती प्रदेशों के कबाइलियों की सहायता से इस पर पुनः अधिकार कर लिया था। अतः सेनापति नेविल चेम्बरलेन के नेतृत्व में एक अंगरेज सेना भेजी गई, यद्यपि अंगरेज सेना को बहुत क्षति उठानी पड़ी परन्तु प्रमुख वहाबी नेताओं को सिताना में गिरफ्तार कर दण्डित किया गया। इसके उपरान्त भी वहाबी विद्रोह का अन्त नहीं हो पाया। 1868 में सिताना में

पुनः संघर्ष प्रारम्भ हो गया और अंगरेज सेना ने दूसरी बार वहाबियों को परास्त किया तथा मुकदमा चलाकर उन्हें दण्डित किया। इस कार्यवाही के बाद भारत में वहाबियों की शक्ति क्षीण हो गई।

अंगरेजों द्वारा चलाये गये मुकदमों में कलकत्ता में प्रसिद्ध व्यापारी अमीर खाँ का मामला सर्वाधिक महत्व का था। कलकत्ता हाईकोर्ट में अमीर खाँ का पक्ष बम्बई उच्च न्यायालय के प्रसिद्ध एडवोकेट आनेस्टी ने रखा। आनेस्टी ने न्यायालय में अपने उत्तर में यह स्पष्ट किया कि वहाबी विद्रोह कोई साम्प्रदायिक घटना नहीं थी बल्कि भारत से ब्रिटिश सत्ता को उखाड़ फेंकने और देश को स्वतंत्र कराने के लिए करोड़ों व्यक्तियों का विद्रोह था। उच्च न्यायालय में आनेस्टी ने विद्रोह के सम्बन्ध में जिन राजनीतिक तथ्यों पर प्रकाश डाला उससे भारत के राष्ट्रीय आन्दोलन में सैकड़ों लोगों को प्रेरणा मिली। प्रसिद्ध स्वतंत्रता सेनानी विपिनचन्द्र पाल ने यह बात खुलेआम स्वीकार की।

वहाबियों ने जब अंगरेजों को बाहर निकालने में अपनी सारी शक्ति लगा दी तब हिन्दुओं का रुख वहाबियों के प्रति सहानुभूतिपूर्ण हो गया। कहा जाता है कि कुछ हिन्दुओं को वहाबियों का समर्थन करने के कारण सजा भी दी गई।

यह आन्दोलन न केवल उत्तरी भारत तक व्याप्त था बल्कि दक्षिण में भी लोगों ने इसमें काफी रुचि ली। दक्षिण में हैदराबाद इसका प्रमुख केन्द्र था। मद्रास में इसके अनुयायी अच्छी संख्या में थे। मुस्लिम स्त्रियों ने अपने गहने बेचकर इस आन्दोलन को सहायता की थी। सिक्ख राज्य के अन्त के बाद वहाबियों का लक्ष्य अंगरेजों को भारत से बाहर निकालना हो गया, परन्तु वे अपने लक्ष्य प्राप्ति के बाद एक राष्ट्रीय राज्य की स्थापना नहीं करना चाहते थे अपितु भारत में पुनः मुस्लिम सत्ता की स्थापना की कामना रखते थे।

पांगल पंथी विद्रोह (1813–1831 ई.): बंगाल के तत्कालीन शेरपुर इलाके में अर्द्धधार्मिक सम्प्रदाय के इस विद्रोह का नेता टीपू मीर था। करमशाह के लड़का टीपूमीर जमीदारों द्वारा मुजारों (Tenant) पर किये अत्याचारों के खिलाफ 1813 ई. में विद्रोह किया। 1925 ई. में टीपू शेरपुर का राजा बन बैठा। 1831 में टीपू के अनुयायियों के मारे जाने से भाग कर जींद चला गया। 1852 में मृत्यु हो गई।

चोआड (चुआर) विद्रोह (1766–1772 एवं 1795–1816 ई.): बंगाल के मिदनापुर (मेदिनीपुर) जिले के उत्तर पश्चिम इलाके में चोआड (छोटी जाति के किसान) और पाइका किसानों से जमीनें छीने जाना विद्रोह का प्रमुख कारण था। रायपुर परगने के जमींदार दुर्जनसिंह समय पर लगान नहीं दे पाया और अंगरेजों ने उसके इलाके की जमीनें छीन कर दूसरे जमींदार को दे दी। दुर्जनसिंह ने चोआड और पाइका किसानों के सहयोग से विद्रोह किया। गोवर्द्धन दिक्पति नामक चोआड सरदार के नेतृत्व में मेदिनीपुर के आनंदपुर को लूटा। अंगरेज सेना की टुकड़ी विद्रोह को दबाने पहुँची। बड़ी संख्या में अंगरेज सिपाही मारे गये। जून 1799 में मराठा अधिकृत उड़ीसा तक विद्रोह फैल गया। बढ़ती हुई उपद्रवकारियों की शक्ति के लिये कहा गया है कि रामगढ़, शतपति एवं शालबनी आदि परगनों में विद्रोहियों एवं अंगरेज सेना की मुठभेड़ हुई। आखिर में अंगरेज शासकों ने समझ लिया कि फौज के बल से विद्रोह नहीं दबाया जा सकता एवं चोआड तथा पाइका किसानों की जमीनें वापस कर दी और विद्रोह शान्त हो गया।

मुफ्ती मुहम्मद एवाज एवं बरेली विद्रोह (1816 ई.): अंगरेज अधिकारियों द्वारा चौकीदारी टैक्स जैसी ज्यादतियों के खिलाफ मुफ्ती मुहम्मद एवाज के नेतृत्व में हिंसक विद्रोह किया। दोनों पक्षों के इस हिंसक विद्रोह में सैकड़ों लोग मारे गये। चौकीदार टैक्स की सख्ती से वसूली इसका मुख्य कारण था।

दयाराम एवं भगवन्त सिंह तथा अलीगढ़ विरोध (1817 ई.): आगरा के अलीगढ़ इलाके के किसान–जमींदार एवं सैनिक अंगरेजों के प्रशासनिक फेरबदल से नाराज थे। कम्पनी द्वारा माल गुजारी बढ़ाने के निर्णय से असन्तोष ने उग्र रूप धारण कर लिया। 1817 में हाथरस के दयाराम व मुरसाना के भगवन्त सिंह तालुकेदार ने इस विरोध का नेतृत्व किया।

अहोम विरोध: आसाम में अहोम लोगों का प्राचीन राज्य था। 1824 में प्रथम बर्मा युद्ध छिड़ने पर ब्रिटिश सेना उनके इलाके से होकर बर्मियों को बाहर निकालने के लिए गई थी। अहोम राजा व सरदारों को आश्वस्त किया गया कि बर्मी युद्ध के बाद उनके द्वारा कर देने की शर्त पर अंगरेज सेना लौट जायेगी किन्तु अंगरेजों ने वचन का पालन नहीं किया और अहोम प्रदेश को अपने राज्य में मिलाने की कोशिश की। 1828 ई. में अहोम सरदारों ने राजपरिवार के **कुंवर गोमधर** को राजा घोषित किया और रंगपुर पर चढ़ाई करने का निश्चय किया। कम्पनी सेना के सामने अहोम नहीं टिक पाये। 1830 में पुनः विद्रोह की योजना बनी और **रूपचंद कोनार** को राजा बनाया। अंगरेजों को अहोम लोगों की योजना की खबर पहले ही मिल गई थी और वे पकड़े गये। अहोम सरदार **पियाली बरफूकन** व **जीवराम** को प्राणदण्ड दिया और कुछ को 14 वर्ष का निर्वासन। इलाके में शान्ति बनाये रखने के लिए कम्पनी ने 1833 में उत्तरी आसाम **पुरन्दरसिंह नरेन्द्र** को दे दिया।

पलय्यकारों का विरोध (1799–1809 ई.): टीपू सुल्तान व अंगरेजों के बीच संघर्ष समाप्त होने के बाद पूर्वीघाट के पलय्यकार अपने को स्वतंत्र मानने लगे थे। विजयनगर राज्य के अन्तिम वर्षों में पूर्वीघाट के जंगलों एवं पहाड़ी क्षेत्रों में अपना प्रभाव बढ़ाने के मकसद से पलय्यकारों ने अपने को स्वतंत्र घोषित किया था। पूर्वीघाट के इस इलाके को अंगरेज भी अपने कब्जे में लेना चाहते थे। पलय्यकारों ने 1799–1809 में अंगरेजों के खिलाफ गुरिल्ला पद्धति से युद्ध शुरु किया। विद्रोहियों का लक्ष्य था यूरोपवासियों से अपने को मुक्त करवाकर उन्हें उसी समुद्र में धकेल देना जहाँ से वे आये थे। डिंडिगल, रामनाथपुर एवं तिरूनवेली (तमिलनाडू) विद्रोह के प्रमुख केन्द्र थे। यहाँ की जनता ने पलय्यकारों का सहयोग किया और कई इलाकों में आमिलदार (प्रधानों) की सरकारें बनी। पलय्यकार अंगरेज सेना के समक्ष अधिक दिनों तक नहीं टिक पाये। टीपू की तरह उन्हें भी फ्रांसीसी सहायता की आशा थी जो पूरी नहीं हुई।

मेदिनीपुर का नायक विद्रोह (1806–1816): बंगाल के मेदिनीपुर इलाके की रैयत जिन्हें नायक कहते थे। कम्पनी की बढ़ती लगान दरों से परेशान होकर 1806 में विद्रोह कर दिया। कम्पनी ने नायकों की जमीनें जब्त कर ली थी। नायकों ने कम्पनी के विरुद्ध छापामार युद्ध शुरू किया जिसका नेतृत्व अचलसिंह कर रहा था। संघर्ष 1816 तक चला। नायकों की कुशल पलटन आगे तक प्रतिरोध जारी नहीं रख सकी।

कोल्हापुर एवं सांवतवाड़ी विद्रोह (1844 ई.): मराठा शक्ति के पराभव के बाद बम्बई प्रेसीडेंसी के अधिकारी एलफिंस्टन ने कोल्हापुर राजा को 1 अक्तूबर 1812 की सन्धि द्वारा संरक्षित राज्य बना दिया था। सन्धि की शर्तों के अनुसार राजा को अपनी सेना खत्म करनी पड़ी। गाडकरी (गढ़करी) वंशानुगत सैनिक जाति थी और मराठों के दुर्गों में सैनिक रूप में कार्यरत थी। संधि की शर्तों के अनुसार छंटनीं में उन्हें भी निकाल दिया। गडरियों ने जुलाई 1844 में समनगढ़ और भूधरगढ़ के किलों को जीतकर विद्रोह की शुरुआत की। जनरल डोलामोंट कई तोपों की मदद से विद्रोह का दमन कर पाया। इसी प्रकार 1844–59 में सावन्तवाडी में विद्रोह हुआ। बम्बई प्रेसीडेंसी की छोटी सी रियासत के लोगों की दिसम्बर 1859 तक अंगरेजों से लड़ते रहने की जानकारी मिलती है।

कूका संघर्ष (1840–1872 ई.): कूका विद्रोह धार्मिक सुधार के उद्देश्य से प्रारम्भ किया गया था, परन्तु शीघ्र ही उनका लक्ष्य अंगरेजों को भारत से निकालना हो गया। उन्नीसवीं सदी के उत्तरार्द्ध में पंजाब में गुरु गोविन्दसिंह की विचारधारा से आगे बढ़कर राजनीतिक धर्म की पुनः स्थापना का प्रयास हुआ। यह प्रयास करने वाले जवाहरमल भगत (सियान साहिब) व उनका शिष्य बालकसिंह नामक एक उदासी फकीर थे। वे जाति के अरोड़ा और अटक जिले के हजारा गाँव के रहने वाले थे। उनके अनुयायी सगियासी या हबियासी कहलाते थे। 1863 में उनकी मृत्यु के बाद पश्चिमी पंजाब में यह आन्दोलन समाप्त हो गया, लेकिन उनके शिष्य रामसिंह कूका के नेतृत्व में पंजाब के मध्य और पूर्व के जिलों में विद्रोह ने दुबारा जोर पकड़ा।[15] इस मत के समर्थक लोगों ने समाज में व्याप्त कुरीतियों, जातिभेद, विधवाओं के साथ दुर्व्यवहार एवं मूर्तिपूजा का अन्त करने के लिए प्रयास किये। कूका लोग एक विशेष प्रकार की पगड़ी बांधते थे, स्वदेशी वस्त्र एवं ऊनी धागों से गुथी माला पहनते थे। लोगों को जाति–पांति में विश्वास न करने तथा मांस–मदिरा का सेवन नहीं करने का प्रचार करना, प्रारम्भ में इनके लक्ष्य थे। ब्रिटिश सरकार द्वारा पंजाब पर अधिकार कर लिये जाने पर कूका सम्प्रदाय ने अपना लक्ष्य अंगरेजों को भारत से बाहर निकालना बना लिया।

रामसिंह का जन्म 1820 में लुधियाना के निकट भैणी आला नामक गाँव में हुआ था। युवावस्था में खालसा में नौकरी भी की थी, बाद में नौकरी छोड़कर बढ़ई का कार्य करना शुरु किया। इस व्यवसाय में इधर–उधर घूमने का समय मिला। अन्त में वह हजारा में बालकसिंह के शिष्य बन गये। कुछ समय पश्चात् उन्होंने अपने गाँव भैणी आला आकर अपने सम्प्रदाय का प्रचार करना शुरु किया। रामसिंह का सम्प्रदाय नामधारी सिक्ख या कूका मत के नाम से प्रसिद्ध हुआ। उनके शिष्यों में जाट, सिक्ख एवं बड़ी संख्या में दलित थे। उसने अपने शिष्यों को सैनिक शिक्षा भी दी एवं पंजाब के जिलों में सूबेदार नियुक्त किये। संभवतः कूकाओं की सैनिक कार्यवाहियों को देखते हुए अंगरेज अधिकारी इबस्टन ने लिखा था कि "कूकाओं ने नैतिक जीवन का त्याग कर दिया था और वे विलासिता का जीवन व्यतीत करने लगे थे।" रामसिंह के शिष्य रात्रि को एकत्र होकर परेड एवं अंगरेजों के विरुद्ध लड़ने का प्रशिक्षण प्राप्त करते थे।

कुकाओं का पहला विद्रोह 1869 में फिरोजपुर में हुआ। यह एक राजनीतिक विद्रोह था और अंगरेजों को उखाड़ फेंकना इसका मूल लक्ष्य था। 13 जनवरी 1872 में भैणी में कूकाओं ने सभा आयोजित की। लगभग 150 कूका लोगों का एक जत्था खालसा राज्य की स्थापना से प्रेरित होकर सिकरौंदी के दो जाटों के नेतृत्व में चल पड़ा, परन्तु इन लोगों के पास मात्र

फरसे और लाठियाँ थी और मलेर कोटला पर अधिकार करना चाहते थे। उस समय मलेर कोटला का सामन्त मुसलमान था। ये जत्था बिना किसी हलचल के पटियाला के पायल गाँव पहुँचा और वहाँ से मलौध पहुँचे जहाँ पर श्री बदनसिंह की गढ़ी थी।[16] इस लड़ाई में कूकाओं के दो व्यक्ति मारे गये एवं कुछ घायल हुए। गढ़ी से कूकों को एक बन्दूक, एक तलवार तथा तीन घोड़े प्राप्त हुए। तदनन्तर मलौध से 9 मील दूर कोटला की ओर चल पड़े और 15 जनवरी 1872 को यकायक नवाब के महल और खजाने पर धावा बोल दिया, किन्तु नवाब के रक्षकों ने उन्हें मार भगाया एवं पटियाला जिले के दूर तक इन्हें रुकने नहीं दिया। लगभग 68 कूकाओं ने पटियाला के अधिकारियों के समक्ष आत्मसमर्पण कर दिया एवं गिरफ्तार कूकाओं को लुधियाना भेज दिया गया। स्थानीय डिप्टी कमीश्नर ने उसी दिन 49 कूकाओं को तोप से उड़वा दिया। शेष पर मुकदमा चलाया गया ओर अगले दिन उन्हें भी फांसी दे दी गई। इस घटना के बाद रामसिंह व उसके अनुयायियों को भैणी में नजरबंद कर दिया। रामसिंह ने इस कार्यवाही का दायित्व स्वीकार नहीं किया। 1872 में रामसिंह को रंगून भेज दिया गया, वहीं पर बन्दी के रूप में 1885 में उसकी मृत्यु हो गई।

रामसिंह ने अंगरेज सरकार के समान अपनी हुकूमत बनाने का प्रयास किया था। यह भी कहा जाता है कि उसने रूस के जार को भी पत्र लिखा था और अंगरेजों को हिन्दुस्तान से बाहर निकालने के लिए सहयोग चाहा था। रामसिंह की सबसे बड़ी उपलब्धि यह थी कि उसने लोगों के मन में अंगरेजी शोषण के विरुद्ध भावना को जागृत किया। साथ ही विदेशी वस्तुओं का बहिष्कार करने एवं स्वदेशी को अपनाने पर बल दिया। सभी कूका स्वदेशी कपड़े पहनते थे। कूकाओं की पोशाक गाढ़ी एवं खद्दर थी।

वेलोर का सिपाही प्रतिरोध (1806 ई.): ईस्ट इण्डिया कम्पनी की सेवा में लगे भारतीय सिपाहियों ने वेलोर में बगावत कर दी। कुछ अंगरेज अधिकारियों को शायद चोट पहुंची। कुछ टीपू के वंशजों ने सिपाहियों का साथ दिया था जो वेलोर दुर्ग में कम्पनी द्वारा पूर्व में नजरबंद किये गये थे। विद्रोहियों ने दुर्ग पर मैसूर का झण्डा फहराया। 1806 के आखिर में विद्रोह दबा दिया गया।

ओडिसा के पायकों का प्रतिरोध (1817–1821 ई.): पायका नेता जगबन्धु के नेतृत्व में 1817 में भारी भूमिकर की वृद्धि के विरुद्ध विद्रोह हुआ। सख्ती से बढ़े हुए भूराजस्व की वसूली से किसान खेत छोड़कर भागने लगे। पायकों ने अंगरेजों का डटकर प्रतिरोध किया एवं खुर्दा में अंगरेज सेना को भारी नुकसान हुआ। 1821 ई. तक आन्दोलन हल्के ढंग से चलता रहा।

प्रमुख जनविद्रोह एवं नेतृत्व

1.	रंगपुर संघर्ष	1783	नुरुलुद्दीन, दयाशील
2.	फकीरों (सन्यासियों) का विद्रोह	1763–1800	मजनूंशाह, मूसाशाह, चिरागअली, भवानी पाठक, देवी चौधरानी
3.	फैराजी व वहाबी आन्दोलन	1831	दूधू मिया, तीतूमीर
4.	चोआड़	1798–99	दुर्जनसिंह, गोवर्द्धन दिक्पति
5.	अहोम विरोध	1824	कुँवर गोमधर, रुपचंद कोनार
6.	पलय्यकारों का विरोध	1799–1809	–
7.	कोल्हापुर–सांवतवाड़ी विद्रोह	1844–59	–
8.	कूका संघर्ष	1863–72	जवाहरमल भगत, बालकसिंह का शिष्य रामसिंह कूका
9.	वासुदेव बलवंत फड़के	1845–83	वासुदेव फड़के

कितूर का संघर्ष (1824–1829 ई.): तीसरे आंग्ल–मराठा युद्ध के बाद कितूर को स्वतंत्र राज्य स्वीकार कर लिया था। 1824 में वहां के अन्तिम शासक शिवलिंग रूद्र के उत्तराधिकारी को स्वीकार नहीं किया। महारानी चेनम्मा ने संघर्ष शुरू कर दिया। अंगरेजों ने इसे दबा दिया था। अन्दर ही अन्दर विरोधियों की कोशिशों से 1829 ई. में **रायप्पा** के नेतृत्व कितूर ने एक बार फिर विद्रोह कर दिया **पर, असफल रहे**।

विशाखापत्तनम जमीदारों का संघर्ष: मद्रास प्रेसीडेंसी के विशाखापत्तनम् इलाके के कई जमींदारों ने अंगरेजों के विरुद्ध अपने अधिकारों के लिए संघर्ष किया। पालकोण्डा के जमींदार विजयराम राजे ने 1793 से 1796 ई. तक अंगरेजों से कई लड़ाईयाँ लड़ी। जमींदार (पालकोण्डा) ने 1803–1831 में फिर राजस्व वसूली पर संघर्ष हुआ। 1830 में विशाखापत्तनम

के जमींदार वीरभद्र राजे ने पेंशन के सवाल पर विद्रोह किया। 1832–1834 में जगन्नाथ राजे के उत्तराधिकार के सवाल पर फिर विद्रोह हुआ।

वासुदेव बलवंत फड़के (महाराष्ट्र) का विद्रोह (1845–83): वासुदेव फड़के को बम्बई प्रेसीडेन्सी के किसानों की दयनीय स्थिति ने अंगरेज सरकार का प्रबल विरोधी बनने को विवश किया। अंगरेजी आधिपत्य की स्थापना के बाद एल्फिंस्टन ने इस क्षेत्र के लगान निर्धारण का कार्य किया था। उसने भू–राजस्व निर्धारण के दौरान कहा था "यहाँ की कृषक प्रजा के पास वस्त्र तक पहनने को नहीं है, रहने को घर भी अच्छे नहीं हैं। यह सब होते हुए भी लगान बढ़ा ही दिया गया।" दक्खन के खानदेश, पूणे आदि कई प्रदेशों में मराठा काल (1817) में 80,000 पौण्ड लगान था, परन्तु 1818 में अंगरेजों ने वहाँ आधिपत्य स्थापित करते ही 15,00,000 पौण्ड लगान कर दिया।

कृषक यदि लगान भुगतान नहीं कर पाते थे तो उनकी जमीनें नीलाम कर दी जाती थी और इसका परिणाम यह हुआ कि नीलामी द्वारा जमीनें महाजनों के पास केन्द्रित होने लगी। भूमि क्रय करना मात्र विनिमय का साधन बन गया।[17] यह भी उल्लेखनीय है कि पूर्ववर्ती सामन्ती जागीरें उपहार की जमीनों, मन्दिरों या इनामों के रूप में बरकरार थी। बम्बई प्रेसीडेन्सी में 1888 में 3000 जागीरों ने 80 लाख एकड़ या 35 प्रतिशत भूमि से अधिक की विराट पैमाने की भूमि पर कब्जा कर रखा था जबकि 13,00,000 कृषक जोतों के पास कुल क्षेत्र का सिर्फ 65 प्रतिशत था। बम्बई गवर्नर रिचर्ड टेम्पुल (1877–80) ने तहसीलदार की मांग के खिलाफ अपील का अधिकार किसानों से छीन लिया। इससे भी कड़ी व्यवस्था यह थी कि अगर एक किसान भूमिकर न दे सका तो सरकार उस गाँव के सारे किसानों की जायदाद जब्त कर सकती थी और बेच सकती थी तथा इन सब किसानों को जेल में डाल सकती थी।

फड़के पर अंगरेजी शोषण नीति का गंभीर प्रभाव हुआ। उन्होंने अपनी आत्मकथा में लिखा था–"भारतीय अंगरेजों के राज में भुखमरी से मौत के मुँह में जा रहे हैं।" अंगरेजों की सारी नीति का मतलब धन संग्रह करना, इस देश को उपनिवेश बनाना और धर्म नष्ट करना है।[18] वासुदेव फड़के का जन्म महाराष्ट्रीय ब्राह्मण परिवार में नवम्बर 1845 में पूणे जिले में शिरढ़ोण गांव में हुआ था। उनकी शिक्षा पूणे हाई स्कूल एवं बम्बई (मुम्बई) में सम्पन्न हुई। लगभग 15 वर्ष उसने सरकारी नौकरी की, इस अवधि में ब्रिटिश सरकार की शोषणवादी नीतियों से उसके मन में अंगरेजों के विरुद्ध घृणा का भाव पैदा हो गया। 1876–77 में महाराष्ट्र में एक भयंकर अकाल पड़ा जिससे वहाँ का जन जीवन त्रस्त हो गया। अकाल से पीड़ित लोगों को सूदखोर महाजनों ने और अधिक तबाह कर दिया। उनकी मान्यता थी कि कृषकों की दयनीय स्थिति एवं कष्टों के लिए मात्र ब्रिटिश सरकार जिम्मेदार थी अतः उसने अंगरेज सरकार को उखाड़ फेंकने का निश्चय किया।

उनके विचारों की दूसरी बड़ी विशेषता ब्रिटिश वस्तुओं के बहिष्कार और स्वदेशी वस्तुओं के उपयोग के रूप में देखी जाती है। पूणे के कुछ ब्राह्मण भी इस मत के समर्थक थे। कहा गया है कि पूणे में ब्राह्मणों का हिस्सा है जिन्होंने ब्रिटेन की बनी किसी भी वस्तु को न खरीदने और इस्तेमाल करने की प्रतिज्ञा कर रखी है। वासुदेव बलवन्त फड़के इनमें से एक थे। वित्त दफ्तर में जो उन्हें जानते थे उनका कहना है कि वे प्रतिज्ञा का पालन दृढ़ता के साथ करते थे।[19] उन्होंने राष्ट्रीयता की भावना के विकास के लिए राष्ट्रीय विद्यालयों की स्थापना को एक आवश्यकता बताया। हमें उनके 1874 में पूणे के देशी विद्यालय (नेटिव्ह इन्स्टीट्यूशन) के मंत्री एवं खजांची के रूप में कार्य करने की जानकारी मिलती है।

फड़के ने अपने व्यक्तिव का विकास शिवाजी के समान करने का प्रयास किया। अंगरेज उपनिवेशवादियों को भारत से निकालने के लिए सशस्त्र विद्रोह की नीति का अनुशरण कर उन्होंने अदम्य साहसपूर्ण कदम उठाया। अपनी नीति को क्रियान्वित करने के लिए महाराष्ट्र के ग्रामीण क्षेत्र के किसान जो रामोसी कहलाते थे, को संगठित किया। नौजवानों की एक समिति भी बनाई गई, जिन्हें पूणे के स्कूलों एवं कालेजों से चुना गया। इस संगठन में सम्मिलित होने वाले नौजवानों को अस्त्र–शस्त्रों के संचालन की शिक्षा दी जाती थी ब्रिटिश विरोधी अभियानों के लिए उन्हें धन की आवश्यकता थी। इसकी पूर्ति के लिए सरकारी खजानों, साहूकारों एवं महाजनों को लूटने का निश्चय किया। पूणे से 12 मील दूर लोनीखण्ड नामक ग्राम में फरवरी 1879 में एक सभा का आयोजन किया जिसमें 100 व्यक्ति उपस्थित थे। बाद में धामरी गाँव के साहूकारों को लूटा गया और पूणे तथा बम्बई में भी ऐसी ही कार्रवाई की गई। जन सामान्य की भी उनके साथ सहानुभूति थी। गांवों की अच्छी स्थिति के लोग भी उनका समर्थन करते थे। फड़के ने कहा कि उनका संग्राम ब्रिटिश सरकार के खिलाफ है, जिसने सारे देश को तबाह और बर्बाद किया है। उनकी यह घोषणा विस्तार के साथ पूणे से प्रकाशित अंगरेजी पत्र 'डेक्कन हेराल्ड' के 12 मई 1879 के अंक में छपी।[20]

महाराष्ट्र सरकार ने फड़के की गिरफ्तारी के लिए तीन हजार रुपये का पुरस्कार घोषित किया। इसी दौरान उसकी मुलाकात ईस्माइल खाँ रुहिल्ला से हुई और उसके सहयोग से पाँच सौ रुहेल्लों का प्रबंध किया गया। गंगापुर के पटेल महेश्वर भट्ट ने भी चार सौ सैनिकों की व्यवस्था की। किन्तु वासुदेव फड़के का अभियान प्रारम्भ होने से पहले ही ब्रिटिश सेनाओं ने गंगापुर को घेर लिया, फड़के यद्यपि भाग निकले, किन्तु उनकी आगामी योजना के पत्रादि अंगरेजों को मिल गये तथा 21 जुलाई 1879 को फड़के को हैदराबाद के एक गाँव में पकड़ लिया गया। उन पर राजद्रोह का मुकदमा चला कर आजीवन कारावास की सजा दी गई। अदन की एक जेल में उसे रखा गया जहाँ फरवरी 1883 में उनकी मृत्यु हो गई।

फड़के द्वारा संगठित अंगरेजों के खिलाफ इस विद्रोह का बहुत बड़ा महत्व है। कहा भी है कि वे सामन्तवर्ग के नहीं, विकासमान मध्यमवर्ग और बुद्धिजीवियों के प्रतिनिधि थे। उन्होंने एक तरफ किसानों को और दूसरी तरफ अंगरेजी पढ़े लिखे नौजवानों को संगठित करने की चेष्टा की थी। इसलिए नेतृत्व और वर्ग शक्तियों की दृष्टि से उनका विद्रोह पिछले विद्रोहों से भिन्न था और यह भारत के भावी क्रान्तिकारी आन्दोलन की दिशा का सूचक था।

राजा वीर राजेन्द्र वादेयर व कुर्गवासियों का संघर्ष (1833–34): दक्षिण भारत में मैसूर की सीमावर्ती कुर्ग ने 1833–34 में नागरिक संघर्ष की ऐसी मिशाल कायम की जिसका दूसरा उदाहरण मिलना कठिन है। अंगरेजों ने कुर्ग को ब्रिटिश साम्राज्य में मिलाने के मकसद से राजा राजेन्द्र वादेयर को निर्दयी, प्रजा उत्पीड़क तथा ब्रिटिश सरकार के प्रति शत्रुता रखने वाला घोषित कर दिया। वीर राजा 1820 में अपने पिता लिंगराज की मृत्यु के बाद बीस साल की आयु में राजा बना था। अंगरेज इतिहासकारों ने उसे रक्तपिपासु, क्रूर, विलासी बताया। दरअसल राजा अंगरेज विरोधी था और अंगरेजों को भगाने के लिए मैसूर राजा को भी मिलाने की कोशिश की थी। साथ ही मैसूर विद्रोह में अंगरेजों से लड़ने वालों को आश्रय दिया था। अंगरेज यह सब कैसे सहन करते। 2 अप्रैल 1834 को ले. फ्रेजर व प्रधान सेनापति कर्नल लिंडसे आदि थे। इस संघर्ष में बाद में भी कई अंगरेज सेनापति नियुक्त किये गये। आखिर में राजा राजधानी छोड़कर चला गया। कुर्ग नागरिकों एवं सेना ने फिरंगी सेना को मार भगाना शुरू किया। कुर्ग सेना एवं जनता के प्रतिरोध के कारण बक दर्रे तक अंगरेज सेना को पीछे हटना पड़ा। अंगरेज सेना ने कई आक्रमण किये किन्तु सभी असफल कर दिये। राजा ने कुर्ग वासियों की तरह हिम्मत दिखाई होती तो परिणाम कुछ और होता। 14 अप्रैल को राजा ने आत्मसमर्पण कर दिया। 7 मई 1834 को कुर्ग अंगरेज राज्य का भाग बन गया। कुर्ग संघर्ष की कहानी आज भी वहां की जनता में चर्चा का विषय बनी हुई है।

किसानों और अंगरेजी पढ़े लिखे मध्यमवर्ग की इस बढ़ती एकता को देखकर ही ब्रिटिश नौकरशाह चिन्तित हो गये थे और मध्यम वर्ग को किसानों से अलग कर क्रान्ति रोकने की गरज से ही इण्डियन नेशनल कांग्रेस को 1885 में जन्म दिया।[21]

संदर्भ

1. वोल्टस, विलियम, *कन्सीडरेशन्स ऑन इण्डिया अफेयर्स लन्दन,* स. पृ. 191–93
2. सिग्रिस्ट क्रिस्टियन, *भारत में किसान संघर्ष,* (1756–1975), पृ. 12
3. विपिनचन्द्र, *भारत का स्वतन्त्रता संघर्ष,* पृ. 10–11
4. सिग्रिस्ट क्रिस्टियन, वही, पृ. 18
5. विद्यालंकार, *भारतीय सम्पत्तिशास्त्र,* पृ. 437
6. सिग्रिस्ट क्रिस्टियन, वही, पृ. 18
7. विपिनचन्द्र, वही, पृ. 10
8. देसाई, ए.आर., *भारतीय राष्ट्रवाद की सामाजिक पृष्ठभूमि,* अध्याय 4 एवं पृ. 150–52
9. ताराचंद, *भारतीय स्वतंत्रता आन्दोलन का इतिहास,* जि. 2, पृ. 2
10. इन्टर डब्ल्यू, *द इण्डियन मुसलमान,* 1876 लन्दन सं. 106–09, अयोध्या सिंह, *भारत का मुक्ति संग्राम,* प्रकाशन संस्थान, पृ. 204 से उद्धृत।
11. *आधुनिक भारत का इतिहास,* हि.का.नि. दिल्ली, 1993, पृ. 105
12. *ब्रिटिश पैरामाउन्टसी एण्ड इण्डियन रेनेसां,* भाग ।।, पृ. 297
13. सिंह, अयोध्या, वही, पृ. 205
14. वही, पृ. 205 से उद्धृत।
15. पंजाब डिस्ट्रक्ट गजेटियर्स, लुधियाना डिस्ट्रिक्ट एण्ड मलेर कोटला स्टेट, 1904, पृ. 84, अयोध्या सिंह, *भारत का मुक्ति संग्राम,* पृ. 394 से उद्धृत।
16. वही, पृ. 24, अयोध्या सिंह, वही पृ. 395 से उद्धृत, 18 विद्यालंकार, वही, पृ. 403–4
17. रानाडे, *एसेज ऑन इण्डियन इकानामिक्स,* पृ. 316
    यद्यपि उपरोक्त तथ्य फड़के के बाद की स्थिति को इंगित करते हैं परन्तु कृषकों की स्थिति फड़के के काल में अधिक खराब थी और अंगरेजों की दयनीय स्थिति का कारण अंगरेज एवं जमींदार वर्ग थे।
18. सिंह, अयोध्या, वही, पृ. 408
19. जोशी, विष्णुधर, *आद्य क्रान्तिकारक वासुदेव बलवन्त फड़के* (मराठी), पृ. 27, अयोध्या सिंह, वही, पृ. 409 से उद्धृत।
20. *गजेटियर ऑफ द बोम्बे प्रेसीडेन्सी,* खण्ड 1, पृ. 38, अयोध्या सिंह, वही, पृ. 410 से उद्धृत।
21. सिंह, अयोध्या, वही, पृ. 412

❋❋❋

23

आदिवासी संघर्ष: अठारहवीं-उन्नीसवीं सदी
(Tribal Struggle: Eighteenth and Nineteenth Century)

आदिवासी जातियाँ दुर्गम पहाड़ी और वन्य क्षेत्र में निवास करती हैं। इन लोगों का बाहरी संसार से विरोध उसी स्थिति में होता है जब मैदानों की बढ़ती हुई आबादी के कारण वहाँ के लोग आदिवासी क्षेत्रों में बसने लगते हैं और सरकार जंगली लकड़ी काटने पर नियन्त्रण लगाती है। आदिवासी अपने बाहरी लोगों के बीच का अन्तर स्पष्ट करने के लिए उसे विशेष नाम से पुकारते थे। छोटा नागपुर में इन बाहरी लोगों को 'दिकू' कहा जाता था, जिसका तात्पर्य उन लोगों से था, "जो परेशान करते हैं: बाहर वाले पूँजीवादी साहूकार"। इस शब्द का इस्तेमाल सभी हिन्दुओं के लिए नहीं होता था। विशेष कर दस्तकारों को और स्थानीय राजाओं को 'दिकू' नहीं माना जाता था। भारत में आदिवासियों की आबादी कभी बहुत अधिक नहीं रही है। 1961 में सबसे बड़े समूहों 40 लाख खौंड (उड़ीसा), 30 लाख भील (महाराष्ट्र एवं राजस्थान), 31 लाख संथाल (राजमहल पहाड़ियाँ) के अतिरिक्त कोल (छोटा नागपुर) एवं मुंडा आदि प्रमुख थे, जो जीविकोपार्जन के लिए एक निश्चित स्थान पर बस गये थे और खेती करने लगे थे।

अंगरेज प्रशासकों की मान्यता थी कि आदिवासी लोग अपनी सरकारों के अधीन हीन अवस्था में जीवन व्यतीत कर रहे थे। हेमिल्टन की धारणा थी कि आदिवासी प्रधान मूर्ख एवं अन्धविश्वासी हैं। आदिवासियों का अपने मुखियाओं पर पूर्ण विश्वास था, परिणामस्वरूप 1817 में चेरों ने और 1819 में मुंडाओं ने (ये दोनों आदिवासी जातियाँ छोटा नागपुर की थीं) उन जमींदारों के समर्थन में विद्रोह कर दिया जिनकी अंगरेजों ने शक्तियाँ हस्तगत कर ली थीं।

शासन की घेराबंदी: अंगरेजों ने प्रशासनिक एवं सामरिक आवश्यकताओं को ध्यान में रखते हुए आदिवासी क्षेत्रों में पुलिस थाने स्थापित किये, सड़कें बनवाईं, सैनिक छावनियाँ स्थापित कीं और उन लोगों को कंपनी कानूनों का पालन करने के लिए बाध्य किया। कार्नवालिस के समय से ही आदिवासी इलाकों में भी कम्पनी कानून लागू कर दिये थे, जिसका प्रतिकार करना आदिवासियों ने आवश्यक समझा। सरकार द्वारा आदिवासी क्षेत्रों में नियुक्त राजस्व अधिकारियों (आमिल आदि) एवं पुलिस कर्मियों की उन लोगों के प्रति सहानुभूति नहीं थी, बल्कि उनकी शोषण मनोवृत्ति से ये लोग परेशान हो गये। दूसरी ओर औपनिवेशिक सरकार ने इन क्षेत्रों के विकास की ओर ध्यान नहीं दिया।

आर्थिक पाबन्दियाँ: स्टीफन फक्स, जगदीश चन्द्र झा आदि विद्वानों ने जनजातियों के विद्रोह का प्रमुख कारण आर्थिक माना है। आदिवासी अपने जीवन निर्वाह के लिए वनों से शहद, फल, लकड़ी और बांस आदि प्राप्त करते थे। बांस का सामान बनाना, पशुओं का शिकार करना तथा मछली पकड़ना इनके प्रमुख उद्योग थे। सरकार ने वनों को सरकारी सम्पत्ति घोषित किया और आदिवासियों को जंगलों से लकड़ियाँ एवं अन्य वन उपज संग्रह करने की स्वतंत्रता न रही। वनों को सरकारी सम्पत्ति बहुत पहले ही घोषित कर दिया था। किन्तु 1860 के प्रावधान जिसमें 1875 में आवश्यक संशोधन किया गया, जिसके कारण आदिवासियों के लिए वन सामग्री का उपयोग दूभर हो गया। इस प्रकार जंगल कानूनों के जरिए परम्परागत अधिकारों का अपहरण हुआ जिससे आदिवासियों की कठिनाईयां बढ़ीं।

प्रोफेसर विपिनचन्द्र ने लिखा है कि आदिवासी इलाकों में बाहरी लोगों और औपनिवेशिक राज की घुसपैठ ने उनकी पूरी सामाजिक व्यवस्था को ही उलट-पलट दिया। उनकी जमीन उनके हाथ से निकलती गई और वे धीरे-धीरे किसान मजदूर होते चले गये। जंगलों से उनके गहरे रिश्ते को भी औपनिवेशिक हमले ने तोड़ दिया। इसके पहले वे भोजन, ईंधन और पशुओं के लिए चारा आदि जंगलों से जुटाते थे, जहाँ उनका जीवन पूरी तरह स्वच्छंद था। खेती के उनके अपने तरीके थे। वे जगह बदल-बदल कर 'झूम' व 'पडु' विधियों से खेती किया करते थे। यानी जब उन्हें लगता था कि उनके खेत अब उपजाऊ नहीं रह गए हैं तो वे जंगल साफ कर खेती के लिए नई जमीन तैयार कर लेते थे। लेकिन औपनिवेशिक राज ने सब कुछ बदल दिया और जंगली भूमि, वन उत्पादों व गाँवों की जमीन के इस्तेमाल पर पूरी तरह से रोक लगा दी गई।[1]

जनजातीय इलाकों में ब्रिटिश सरकार द्वारा नवीन आबकारी कर वसूल किये जाने लगे। यहाँ तक की नमक व अफीम पर भी कर लगाये गये। 1822 में चावल की कम नशीली शराब पर उत्पादन शुल्क लगा दिया जिसे आदिवासी अपने प्रयोग के लिए तैयार करते थे और उसी आधार पर 1830 में प्रति घर के हिसाब से चार आना कर वसूल किया जाने लगा। 1827 में पोस्त की खेती जबरन शुरु की गई। आदिवासियों में (मुंडा, आराओं तथा महाली आदि सभी आदिवासियों को मैदानी लोग कौल कहते थे।) बैचेनी बढ़ती गई।

1855–56 संथाल विद्रोह हुआ, यह अंगरेज शासकों और ब्रिटिश शासन के आधार स्तम्भ जमींदारों और साहूकारों के खिलाफ था। 1793 में स्थायी बन्दोबस्त से संथालों की पुश्त दर पुश्त की जमीनें उनके हाथ से जाती रहीं। नये जमींदार उनकी जमीनों के मालिक बन बैठे और अनाप–शनाप लगान तथा कर वसूल करने लगे। इन जमींदारों से बचने के लिए शान्तिप्रिय संथाल जंगलों में चले जाते और समतल भूमि देखकर जंगल साफ कर खेती करते। लेकिन वहाँ भी उन्हें उन जोकों से छुट्टी न मिलती। ज्योंही वे कोई जमीन खेती लायक बनाते, कोई न कोई जमींदार सरकारी कागजात लिए पहुँच जाता और संथालों को लगान तथा कर देने के लिए बाध्य करता।[2] इस प्रकार सरकार द्वारा सामान्य कृषकों के समान आदिवासियों से भी अधिक लगान वसूल किया जाने लगा जो उनकी भुगतान क्षमता से अधिक था। भू–राजस्व समय–समय पर बढ़ जाता था और लगान के भुगतान नहीं करने पर जमीनें हड़प ली जाती थी।

सामाजिक दखलन्दाजीः भू–राजस्व के नए तरीकों (जैसे स्थायी बन्दोबस्त, रैयतवारी एवं महलवारी) ने नई पद्धति जैसे "बाजार अर्थव्यवस्था" को जन्म दिया तथा पुरानी प्रचलित नीति जैसे चरागाह और वनों के परम्परागत सामुदायिक अधिकारों को नष्ट कर दिया। भू–सम्बन्धी नई नीतियों का और विशेष कर भू–राजस्व के नकद भुगतान जैसी व्यवस्था ने महाजनी (सूद पर कर्ज लेने को) बढ़ावा दिया। बदले हुए, विषम सामाजिक परिप्रेक्ष्य में महाजनी व्यवस्था ने ग्रामीण अर्थव्यवस्था और समाज को पूर्णरूप से महाजनों के हाथों में सौंप दिया। आदिवासी क्षेत्रों में यह प्रक्रिया आदिवासियों को खेती में लगाकर उनके परम्परागत व्यवसाय में परिवर्तन लाने में सफल हुई, प्रो. विपिनचन्द्र ने जिक्र किया है कि लगान वसूलने वाले लोग और महाजनों जैसे सरकारी बिचौलिए और दलाल आदिवासियों का शोषण तो करते थे, जबरन बेगार भी कराते थे।[3] अमीर गरीब के नये वर्ग विभाजन के कारण तनाव बढ़ रहा था और आदिवासी क्षेत्रों में बाहर से जाकर बसने वाले साहूकार और महाजनों द्वारा निर्मम शोषण इनका प्रमुख कारण था।

उड़ीसा में नर बलि रोकने के अंगरेजों के प्रयासों के विरोध में खौड़ों ने विद्रोह किया। भीलों ने भी डाकन प्रथा रोकने का प्रतिकार किया था। दूसरी ओर ईसाई धर्म प्रचारक आदिवासी क्षेत्रों में जाने लगे। वस्तुतः ईसाई मिशनरियों की घुसपैठ को राज ने बढ़ावा दिया।[4] उल्लेख मिलता है कि जब ईसाई प्रचारक आदिवासियों की संस्कृति पर प्रहार कर रहे थे, उस समय आदिवासियों के नेता जिन्हें: 'भगत' कहा जाता था। अपने अनुयायियों को हिन्दू धर्म के आदर्शों का पालन करने को प्रेरित किया एवं आन्दोलन किये। इसे भी ब्रिटिश सरकार के विरुद्ध आवाज उठाने का मंच माना गया है। इस प्रक्रिया द्वारा 'भगतों' ने लोगों को भारत के प्राचीन गौरव का स्मरण करवाया और विदेशी शासन को अपनी गौरवपूर्ण परम्पराओं के विरुद्ध माना गया।

संथालों के विद्रोह का जिक्र करते हुए कहा गया है कि वे लोग रेलवे लाइन का कार्य शुरु होने में भी आतंकित हो गए–यहाँ तक कि जो लोग इस कार्य में मजदूरी कर रहे थे उनका भी यही अनुमान था कि इन्हें ठगा जा रहा है। यद्यपि आदिवासियों द्वारा औपनिवेशिक सत्ता के विरुद्ध किये गये विद्रोहों को सफल नहीं होने दिया, किन्तु इन विद्रोहों ने लोगों में एक जागृति की भावना पैदा की। यहाँ हम प्रमुख आदिवासी विद्रोहों की चर्चा करेंगे।

खासी संघर्ष (1828–1833 ई.–मेघालय व असम क्षेत्र): बंगाल प्रदेश के पूर्व में जयन्तियाँ और पश्चिम में गारो पहाड़ियों के बीच 3500 वर्ग मील के पहाड़ी अंचल में बहादुर व लड़ाकू खासी लोग निवास करते थे। 1765 में सिलइट इलाके पर अंगरेजों का आधिपत्य स्थापित हो गया था। अंगरेजों के अधिकार से पूर्व खासियों के 30 अलग–अलग शक्ति सम्पन्न राज्य थे। प्रत्येक राज्य की एक अपनी परिषद् थी और परिषद् की अनुमति के बिना राजा कोई कार्य नहीं कर सकता था। हर सदस्य को बोलने और वोट देने का अधिकार भी। डेविड स्काट का सहायक कैप्टेन व्हाइट उनकी परिषद की एक ऐसी ही बैठक में उपस्थित था। उनकी व्यवस्थित औचित्यपूर्ण और अनुशासन पूर्ण दो दिन की बहस और फिर निर्णय को देखकर उसने स्वीकार किया कि किसी यूरोपीय समाज में इससे अलग उत्तम पद्धति उसने नहीं देखी।[5] बर्मा युद्ध के उपरान्त ब्रह्मपुत्र नदी घटी इलाके पर 1824 में अंगरेजों का अधिकार हो गया, इस क्षेत्र को सिलहट से जोड़ने के लिए एक सड़क बनाने की योजना बनाई गई। असम और सिलहट को खासी पहाड़ियों से होकर जोड़ने वाली सड़क का सामरिक

महत्व था। डेविड स्काट की मान्यता थी कि इस अंचल में अंगरेजों का प्रभाव स्थापित हो जाने से सिलहट की सीमा पर अशान्ति पैदा करने वाले खसिया सरदार डर जायेंगे, उन पर ब्रिटिश सरकार का आतंक छा जायेगा।[6]

खासी नेता तिरुत सिंह: 1827 में अनेक खासी मुखियाओं से वार्ता की गई, किन्तु अंगरेजों के अहंकार ने खासियों में असन्तोष पैदा किया। इसके अतिरिक्त अंगरेजों द्वारा खासी मजदूरों की जबरन भर्ती का भी विरोध किया। सड़क दक्षिण असम के बारदुआर से प्रारम्भ होनी थी। छत्तर सिंह को ब्रिटिश सरकार ने इस प्रदेश का जमींदार नियुक्त कर रखा था, उसने सड़क बनाने की अनुमति प्रदान कर दी और इस कार्य में वान्छित सहयोग का भी वायदा किया। किन्तु ननक्लों के प्रमुख तीरुत सिंह (तीरत सिंह) जो अंगरेजों का एवं छत्तर सिंह का विरोधी था, का खासियों पर काफी प्रभाव था। उसने सड़क निर्माण तथा ननक्लों में अंगरेजों के विश्राम के लिए बने सेनीटोरियम एवं बंगलों आदि के निर्माण को अपनी जाति के सादे जीवन पर आघात पहुंचाने वाला कार्य माना। खासी पहाड़ियों के छत्तीस छोटे–छोटे राज्यों के राजाओं ने खासी नेता तिरुत सिंह को खासी क्षेत्र एवं असम से अंगरेजों को निष्कासित करने में सहायता देने का आश्वासन दिया। 5 मई, 1829 को मोलिम (खसिया राज्य) के राजा **बारमानिक** के निर्देश पर खासियों ने विद्रोह कर दिया। उसके इशारे पर गारो युवकों के दल ने अंगरेजों और बंगाली अधिकारियों को ननक्लों के सेनीटोरियम में घेर लिया। अंगरेज इतिहासकारों के अनुसार **बेडिग फील्ड** को एक कान्फ्रेंस में बुलाया गया और ज्योंही वह पहुँचा उसे मार दिया गया।[7] अयोध्या सिंह ने लिखा है **बर्लटन** सन्देहवश उस कान्फ्रेंस में नहीं गया था। उसने अपने चार सिपाहियों के साथ रात भर अपने बंगले की रक्षा की, सवेरे असम की तरफ भाग जाने की चेष्टा की। शाम तक वे भागते रहे, लेकिन विद्रोहियों ने उन्हें जा पकड़ा और मौत के घाट उतार दिया। सिर्फ एक सिपाही बचकर जा सका। ननक्लों में जितने भी बंगाली थे मारे गये, लेकिन असमिया अमलाओं को छोड़ दिया गया।[8] बाद में वे इस क्षेत्र के पॉलिटिक्ल एजेन्ट डेविड स्काट को पकड़ने के लिए चेरापूंजी की ओर बढ़े। इसके साथ ही समस्त खासी क्षेत्र में आन्दोलन भड़क उठा। हजारों खासी लोग इस दल में सम्मिलित हो गये। गारो पहाड़ियों के इलाके में भी विद्रोह फैल गया। तिरुत सिंह ने आसपास के पहाड़ी भागों में रहने वाली जनजातियों को भी अंगरेज सत्ता को समाप्त करने के लिए साथ देने की अपील की। **तिरुत सिंह** के अतिरिक्त **बारमानिक** और **मोंसिग** के **मुकुन्द सिंह** इस विद्रोह का नेतृत्व कर रहे थे। तिरुत सिंह ने अपनी दस हजार सेना के साथ अंगरेजों पर अनेक आक्रमण किए जिससे अंगरेज शक्ति के मुख्य केन्द्र गुवाहटी में हलचल मच गई तथा लोग शहर छोड़कर जाने की तैयारी करने लगे। लगभग चार वर्ष तक दोनों पक्षों में छुटपुट संघर्ष होता रहा। जनवरी 1833 में तिरुत सिंह ने उसे मृत्युदण्ड न देने की शर्त पर आत्मसमर्पण कर दिया। अन्य खासी राजाओं ने भी इस तरह आत्मसमर्पण कर दिया एवं खासी विद्रोह दबा दिया गया।

खोंडा–डोरा अंगरेज विरोधी आन्दोलन (1900 ई.): आन्ध्र प्रदेश के **विशाखापट्टनम** के डाबर आदिवासी क्षेत्र के खोंडा–डोरा जनजातियों ने अंगरेजों को देश से बाहर निकालने का आन्दोलन चलाया। इनका नेता **कोर्रामलैया** था। सैकड़ों आदिवासी मारे गये व इसे दबा दिया गया।

रम्पा प्रतिरोध (1879–1880 ई.): आन्ध्र प्रदेश के तटवर्ती क्षेत्रों में रम्पा पहाड़ी के आदिवासी **राजू रम्पा** के नेतृत्व में जागीरदारों के भ्रष्टाचार और नये जंगल कानूनों के खिलाफ बगावत की। इस विरोध को आखिर में सेना की मदद से दबाया जा सका।

खामती प्रतिरोध (1839–1843): खामती जाति का मूल निवास **बर्मा में इरावदी नदी घाटी** का **बोरखामती** प्रदेश था। वहाँ से चलकर आसाम में अहोम राजा की अनुमति से पूर्वांचल में बस गये और वहाँ छोटा–सा राज्य स्थापित कर लिया। 1826 की सन्धि द्वारा खामती लोगों को ईस्ट इण्डिया कम्पनी ने अपने शासक के अधीन रहने की अनुमति प्रदान की तथा 200 सैनिक रखने की स्वीकृति भी मिल गई। 1830 में सिंगफो (सिंगोफाओं) जाति ने असम के पूर्वी भाग में अंगरेजों पर हमला किया था। उस समय खामती लोगों ने अंगरेजों का साथ दिया। किन्तु न्याय व्यवस्था, राजस्व वसूली अंगरेज अधिकारियों को सौंप देने एवं अनेक टैक्स लगा दिये जाने से, खामती सरदार **खवा गोहाई, तओबा गोहाई, रुनू गोहाई, कक्प्टेन गोहाई** आदि अंगरेजों से असन्तुष्ट हो गये। उन्होंने सिंगफो सरदार को अंगरेजों से समझौता न करने के लिए उकसाया। दूसरी ओर 1835 में सिंगफो विद्रोह में अंगरेजों के प्रति मित्रता दर्शाने के लिए उनकी मदद भी की, जिससे आन्तरिक रूप से उनके द्वारा की जा रही विद्रोह की तैयारी का आभास न हो सके।

1839 में खामती लोगों ने यकायक अंगरेजों पर आक्रमण कर दिया और सदिया स्थित पूरी अंगरेज रेजीमेन्ट को साफ कर दिया। मेजर व्हाइट मारा गया और बैरक में रखी बन्दूकें एवं तोपें आदि नष्ट कर दी गईं। कम्पनी सरकार ने एक अलग सेना विद्रोहियों का पता लगाने हेतु भेजी और विद्रोही सरदारों को गिरफ्तार करने के लिए बड़े–बड़े पुरस्कारों की

घोषणा की गयी। अन्त में, 1843 में सरदारों की आपसी फूट ने खामती लोगों को आत्मसमर्पण करने के लिए बाध्य किया। अंगरेजों ने बाद में खामती लोगों को अलग–अलग बसाया जिससे वे पुनः संगठित न हो सकें।

नागा उपद्रव (1849): सामान्यतः जिन्हें हम नागा नाम से जानते हैं एक प्रजाति का द्योतक न होकर विविध उपजातियों का मिश्रण है। उनकी अलग–अलग भाषा, रीति–रिवाज एवं नामों से बोध होता है। कम्पनी सरकार नागा प्रदेश पर भी अपना आधिपत्य स्थापित करना चाहती थी। इसलिए थेम्बर्टन एवं जेनकिन्स ने नागा लोगों के बारे में विस्तृत जानकारी हासिल की। 1835 और 1851 के मध्य नागा पहाड़ी पर अंगरेजों ने दस बार चढ़ाई की।[9] अंगरेजी हमले के जबाव में 1849 में खोनोमा और मेजुमा गाँव के नागाओं ने दीमापुर के दक्षिण समगुतिंग की पुलिस चौकी के दरोगा भीमचन्द को मार दिया। 1850–54 में आक्रमण करके अंगरेजों ने नागाओं के साथ क्रूरतापूर्ण व्यवहार किया, किन्तु उन्होंने भयभीत होकर समर्पण नहीं किया, अपितु वे अंगरेजी क्षेत्र पर बराबर छुटपुट हमले करते रहे। 1866 में ब्रिटिश सरकार ने आगामी नागाओं के क्षेत्र पर अधिकार कर जिला घोषित किया तथा समगुतिंग में इसका कार्यालय बनाया। इसी तरह 1875 में लहोटा नागाओं के इलाके पर अधिकार हो गया एवं 1889 में अवो नागाओं के क्षेत्र पर अधिकार कर लिया।

पॉलिटिकल एजेन्ट व उसके रक्षकों को मारकर अगामी नागा अंगरेज सरकार के विरुद्ध उठ खड़े हुए और कोहिमा को घेर लिया। किन्तु जेम्स जान्सटन मनीपुर के राजा की सहायता से कोहिमा नागाओं के घेरे को तोड़ने में सफल हुआ। इस उपद्रव में सम्मिलित गाँवों को जला दिया गया। दूसरी ओर नागा उपद्रवियों ने काछड़ के उत्तर पूर्व में खोनेमा से 80 मील दूर बालाधन के अंगरेज चाय बागान नष्ट कर दिये और प्रबन्धक एवं अन्य लोगों को मौत के मुँह में पहुँचा दिया। अन्ततः नागाओं को समर्पण करना पड़ा। अंगरेजों ने राजस्व वसूली हेतु अपने मुखिया नियुक्त किये।

रामोसी उपद्रव (1822 एवं 1825–26 तथा 1839–1841 ई.): महाराष्ट्र के पश्चिमी घाट इलाके के रहने वाले आदिवासी नेता चित्तर सिंह के नेतृत्व में विद्रोह कर दिया। इलाके में 1829 में अशान्ति रही। इसी तरह सितम्बर 1839 में सतारा के राजा को गद्दी से हटाये जाने व देश निष्कासन से असन्तोष उत्पन्न हो गया और 1840–41 में दंगे हुए। नरसिंह दत्रात्रेय ने सैनिकों को संगठित कर बादामी दुर्ग को जीत कर सतारा का झण्डा फहरा दिया। अंगरेजी सेना के सहयोग से इसे दबाया गया।

कोल संघर्ष (1829–1839 एवं 1844–1848 ई. बुद्धो भगत व गंगानारायण) 1831–32: बंगाल के छोटा नागपुर क्षेत्र में कोल (कोलियर) जनजाति निवास करती है।[10] इस जाति की अनेक शाखायें हैं जिनके अलग–अलग मुखियाओं के स्वतन्त्र राज्य थे। इनका "मुखिया" राजा कहा जाता था। ताराचन्द ने लिखा है कि कोलों ने इसलिए विद्रोह (1831–32) किया कि उनके गाँव को कोल मुखियों (मुण्डाओं) के हाथ से छीनकर परदेशी सिक्खों और मुसलमानों को दिया जा रहा था।[11] छोटा नागपुर के आदिवासी बाहरी लोगों को अपनी स्वतंत्रता में बाधक मानते थे। इस विद्रोह का एक अन्य कारण भूमि प्रबंध, लगान वसूली का तरीका एवं साहूकारी व्यवस्था भी थी। कहा जाता है कि भूमि सम्बन्धी असन्तोष ही इसका मूल कारण था। 'हो' और 'मुण्डों' के बीच पुरानी ग्राम्य समाज व्यवस्था चली आ रही थी। सात से बारह गाँवों पर एक पीर होता था। इसका प्रधान या नेता "मानकी" कहलाता था। वह इन गाँवों के लगान के प्रति सरकार या जमींदार के प्रति जिम्मेदार था। वह गाँवों के मुखियों के कार्यों की निगरानी करता था। ये मुखिया 'मुण्डा' कहलाते थे। ये मुण्डे पुलिस का भी काम करते और अपने–अपने गाँवों का प्रतिनिधित्व करते थे।[12] अंगरेजों ने पालामऊ (छोटा नागपुर पठार का उत्तरी प्रवेश द्वार) के राजा को 1790 में हटाकर दूसरे व्यक्ति को बैठा दिया गया, जिससे अंगरेज भू–राजस्व व्यवस्था की परम्परागत व्यवस्था को बदल सके किंतु इससे समस्या का समाधान नहीं हुआ। 1793 के रेगुलेशन XVII (धारा II) के द्वारा लगान की शीघ्र वसूली की व्यवस्था कर दी गई। जमींदारों, स्वतंत्र ताल्लुकेदारों तथा अन्य वास्तविक भूस्वामियों और इजारेदारों को जिन्होंने स्थायी बन्दोबस्त के तहत सीधे सरकार से ठेका प्राप्त किया है, यह अधिकार दिया जाता है कि वे किसी न्यायालय या सरकारी पदाधिकारी को सूचना दिये बगैर बकाया लगान के लिए रैयतों, अवर लगान भोगियों और आश्रित ताल्लुकेदारों की फसल, भूमि की अन्य उपज–उनकी जमींदारी ठेके की सीमा में हो या बाहर कुर्क कर सकते हैं और उस सम्पत्ति को बकाया राशि की वसूली के लिए नीलाम करवा सकते हैं।[13] कोलियरों की भाषा में उनकी जमीनें छीन कर दीकूओं (परदेशियों) को दी जा सकती थी और यह उनके लिए एक गंभीर समस्या बन गई।

आदिवासी अपने क्षेत्र में विदेशियों को प्रवेश करने नहीं देना चाहते थे। कोल प्रजाति की एक शाखा 'होश' ने अपने प्रदेश में बाहरी व्यक्तियों को घुसने से रोकने के लिए अपनी सीमाओं पर प्रबंध किये। पोराइट के राजा ने विवश होकर कर देना स्वीकार कर लिया था। परन्तु होश ऐसा नहीं चाहते थे। कम्पनी ने उन्हें जमींदारों को कर देने, कम्पनी की प्रभुसत्ता

स्वीकार करने को विवश किया। जमींदारों की, लगान का भुगतान न करने पर जमीनें नीलाम की जाने लगीं और मैदानी भाग से आये लोगों का जमीनों पर अधिकार मिलने लगा। आदिवासियों पर उनके द्वारा निर्मित शराब पर उत्पादन शुल्क थोप दिया और उन्हें पोस्त की खेती करने को बाध्य किया गया। कम्पनी कानूनों का उल्लंघन करने पर आदिवासियों को कचहरियों में ले जाया जाने लगा। इन परिस्थितियों ने कोलियरों को संघर्ष करने के लिए मजबूर किया। विद्रोह का एक अन्य कारण आदिवासी स्त्रियों के साथ दुर्व्यवहार भी रहा है। अयोध्या सिंह ने लिखा है कि इस तरह कोलों के बीच असन्तोष तो बहुत दिनों से काम कर रहा था, लेकिन उसका फौरी कारण गैर–आदिवासियों द्वारा जमीन के अलावा उनकी स्त्रियों को छीन लेना था। छोटा नागपुर के महाराजा के भाई हरनाथ शाही ने अपनी जमींदारी के कुछ गाँवों की खेती की जमीन पुश्त दर पुश्त खेती करने वाले आदिवासियों से छीनकर अपने प्रिय पात्र कुछ मुसलमानों, सिक्खों आदि को सौंप दी। सिंहभूमि की सीमा के पास बारह गाँव ही सिंगराय नामक 'मानकी' के थे। उनसे छीनकर सिक्खों को दिये गये। मानकी के सिर्फ गाँव ही नहीं छीने गये उनकी दो बहनें भी छीन ली गई। सिक्खों ने उनके साथ बलात्कार किया। यही शिकायत मुसलमान फारमरों के खिलाफ थी। जफरअली नामक एक फारमर ने सिंहभूमि के बांदगांव के मुण्डा सुर्गा पर बड़ा अत्याचार किया। साथ ही उनकी पत्नी को उठा ले गया और उसकी इज्जत लूटी। परदेशियों के इन व्यवहारों ने आग में घी का काम कर दिया।[14]

उपरोक्त तथ्यों से कोलों का असन्तोष चरमसीमा तक पहुँच गया। रांची, सिंहभूमि, पालामऊ आदि जिलों के सभी आदिवासियों ने 1831 में एक साथ विद्रोह कर दिया। विद्रोह का प्रारम्भ हिंसा और लूटपाट से हुआ। कहा जाता है कि इस विद्रोह में लगभग एक हजार गैर–आदिवासियों को मार डाला गया। अंगरेज सेना 'रामगढ़ बटालियन' विद्रोह का दमन करने के लिए भेजी गई और दो माह तक संघर्ष के बाद 1832 में बड़ी कठिनाई से विद्रोह को दबाने में सफलता मिली। जमींदारों ने भी इसे दबाने हेतु अपनी सेनायें भेजी थी। संघर्ष में आदिवासी नेता बुद्धो भगत, उसके बेटे तथा 150 अन्य आदिवासी मारे गये। कम्पनी सेना के 16 लोग मरे तथा 44 घायल हुए। विद्रोहियों के एक वर्ग ने तब भी समर्पण नहीं किया था अतः 1836 एवं 1837 में पुनः उनके विरुद्ध सेना भेजी गई।

कूकी आन्दोलन (1824–1844): मणिपुर त्रिपुरा इलाके के बीच उसाई पहाड़ी क्षेत्र की कूकी जनजाति ने ब्रिटिश अधिकारियों का विरोध किया। 1826 से 1844 ई. एवं 1849 ई. में कूकियों के उपद्रव से इलाके में आतंक फैल गया। आखिर में अंगरेज सेना भेजी गई। 1850 ई. में कूकी मुखियाओं ने आखिर में अंगरेजी अधीनता स्वीकार की।

भूमिज प्रतिरोध (1832–33): कोलियरों की एक शाखा भूमिजों ने भी 1832–33 में उपद्रव मचाया जिसका नेतृत्व **वीरभूमि जागीर** के एक **दावेदार गंगानारायण** ने किया। इस असन्तोष का कारण भी भू–राजस्व प्रबंध रहा है। स्थायी बन्दोबस्त से लोगों की भूमि नीलाम होकर दूसरों के अधिकार में जाने लगी। अधिक लगान की मांग से सूदखोरी को पनपने का अवसर मिला। आदिवासी सूदखोर व्यापारियों से त्रस्त हो गये। अंगरेज कार्मिक भी आदिवासियों के शोषण में पीछे नहीं रहे। जगदीशचन्द्र झा की मान्यता है कि 1832–33 का उपद्रव इस जनजाति के जीवन पर बाहरी व्यक्तियों के दबाव तथा कम्पनी सरकार द्वारा अन्य विकसित क्षेत्रों के समान इस आदिवासी एवं अविकसित इलाके पर अपनी राजस्व एवं न्याय व्यवस्था को लागू करने का परिणाम था।[15] इसका तात्कालिक कारण गंगानारायण द्वारा अपने सौतेले भाई माधव सिंह की हत्या करना था। माधव सिंह वीरभूमि परगना के जमींदार का दीवान था। गंगानारायण ने माधव सिंह की हत्या के बाद 1 मई, 1832 में मुन्सिफ की कचहरी में आग लगा दी एवं बाजार में लूटपाट शुरु कर दी। अंगरेज सेना मिदनापुर एवं कलकत्ता से बुलाई गई और 1832 के अन्त तक विद्रोह दबा दिया गया।

आदिवासियों के बढ़ते उपद्रवों को दृष्टिगत रखते हुए इस क्षेत्र में '**दक्षिण पश्चिम सीमान्त एजेन्सी**' का गठन किया गया। 1854 में इस इलाके को '**छोटा नागपुर डिवीजन**' के नाम से संगठित किया।

खौंड़ एवं सवार आन्दोलन (1846–55): उड़ीसा के निकटवर्ती प्रदेश खौंड़माल क्षेत्र के आदिवासी खौंड़ कहे जाते हैं। लगभग 800 वर्ग मील क्षेत्र में खौंड़ लोगों के निवास हैं। 1846 से 1855–56 के मध्य **गुमसर (घुमसर) के खौंड़ और बौड़ तथा पार्लियाखेमदी के सवार लोगों ने विद्रोह किये**। इन आदिवासी आन्दोलनों का मुख्य कारण पाश्चात्य इतिहासकारों के अनुसार अंगरेज प्रशासकों द्वारा खौंड़ों में प्रचलित नरबलि प्रथा 'मोरिया' को रोकने का प्रयास था। जिन मनुष्यों की बलि दी जाती थी वे **'मोरिया'** कहलाते थे। कहा गया है कि बदली हुई परिस्थितियों में नये दबावों ओर अनिश्चितता ने खौंड़ों को इस बात के लिए प्रेरित किया कि वे 'मौरिया' के जरिये भगवान को खुश कर सकें ताकि हल्दी एवं अन्य फसलें अच्छी हो सकें। किन्तु तथ्यात्मक स्थिति कुछ और ही थी वस्तुतः अपने इलाके में बाहर से बसने वाले व्यक्तियों की संख्या में लगातार वृद्धि के कारण खौंड़ों में असन्तोष बढ़ रहा था। वे किसी को राजस्व भुगतान नहीं करते थे। खौंड़ों का

क्षेत्र बोद और दसपल्ला रियासतों के अधीनस्थ माना जाता था। किन्तु खौंड़ न तो बोद और दसपल्ला राजाओं को एवं न ही अंगरेजों को अपना स्वामी मानने को तैयार थे। उनकी यह आशंका थी कि अंगरेज उनकी जमीनें हड़प लेंगे, बेगार ली जायेगी और उनसे नये टैक्स वसूल किये जायेंगे।

खौंड नेता चक्र बिसोई: संभवतः कुछ ऐसी ही परिस्थितियों में 1846 के प्रारम्भ में उन्होंने विद्रोह कर दिया। एक दिन अंगरेज कप्तान मेक्फरसन के शिविर पर सहसा आक्रमण किया। चक्र बिसोई उनका नेतृत्व करने लगा तथा बड़ी संख्या में लोगों ने आन्दोलन में भाग लिया। खौंड़ विद्रोह को दबाने के लिए 1846 में मद्रास रेजीमेंट का दस्ता भेजा गया। खौंड़ों के गाँव आग के हवाले कर दिये गये। किन्तु खौंड़ों ने हिम्मत नहीं हारी, डटकर अंगरेजों का मुकाबला किया। खौंड़ों ने धुमार की बस्तियों पर 1854 में हमला किया। इस आन्दोलन को दबाने के प्रयास में पुलिस ने एक साधु को चक्र बिसोई समझकर हिरासत में ले लिया। कुछ विद्वानों की मान्यता है कि पताना और कालाहण्डी के कुछ जमींदारों और राजाओं ने, जो अंगरेजी शासन से सशंकित थे चक्र से सम्पर्क बनाया था। चक्र ने 1855 में गुमसर में पुनः विद्रोह किया। **राधाकृष्ण दण्ड सेना के नेतृत्व में 1856–57 में पार्लियाखेमदी में सवार आन्दोलन हुआ।** अंगरेज शासक यह मानते थे कि इस आन्दोलन और चक्र बिसोई (जिसे गिरफ्तार करना मुश्किल था) के बीच कुछ सम्बन्ध था। 1857 में दण्डसेना को फांसी पर लटका दिये जाने से सवार आन्दोलन ठण्डा पड़ गया। 1856 के बाद चक्र बिसोई की कोई जानकारी नहीं मिलती और वह आदिवासियों की स्मृति में धूमिल होता गया। कुछ लोगों का कहना था कि चक्र ने नरबलि व बच्चों की हत्या सरकार द्वारा बन्द करने के विरोध में विद्रोह का नेतृत्व नहीं किया था, अपितु उसका उद्देश्य आदिवासी स्वतंत्रता को बनाये रखना तथा अपने अधिकारों की रक्षा करना था। इस प्रकार 1855 में खौंड़ आन्दोलन दबा दिया गया। 15 फरवरी, 1855 की घोषणा द्वारा अंगरेजों ने खौंड़ माल को ब्रिटिश राज्य में सम्मिलित कर लिया।[16]

संथाल मुक्ति संघर्ष या हूल आन्दोलन (1855–1856 ई.): आदिवासियों के विद्रोहों में संथालों का विद्रोह सबसे जबरदस्त था। दामन–ए–कोह के नाम से ज्ञात, भागलपुर से राजमहल तक का भू–भाग संथाल बहुल क्षेत्र था। विशेष रूप से पूर्णिया, हजारीबाग, छोटा नागपुर, कटक, धलभूम, मानभूम, बड़ाभूम, भागलपुर, पलामू, मेदिनीपुर, बांकुडा एवं मुर्शिदाबाद संथालों के निवास स्थान रहे हैं। यहाँ के हजारों संथालों ने काफी समय तक संगठित विद्रोह किया एवं गैर आदिवासियों की सत्ता समाप्त कर अपनी सत्ता स्थापित करने के लिए उत्कट प्रयास किया। इस विद्रोह को भड़काने में औपनिवेशिक शासन के स्वरूप की अहम् भूमिका रही है। 1771 ई. **तिलका मांझी** के नेतृत्व में आदिवासी एकजुट हुए और उन्होंने भूराजस्व देने से इन्कार कर दिया था। 1793 में स्थायी बंदोबस्त से संथालों की पैतृक जमीनें उनके हाथ से जाती रहीं।

कलकत्ता रिव्यू में प्रकाशित लेख में लिखा थाः जमींदार, पुलिस, राजस्व विभाग और अदालतों ने संथालों पर बेइंताह जुल्म ढाए। उनकी जमीन–जायदाद छीन ली। हर कदम पर संथालों को अपमानित किया जाता था और मारा पीटा जाता था। संथालों को कर्ज देकर 50 से 500 फीसदी की दर से ब्याज वसूला जाता था। धनी और ताकतवर लोग, जब मन में आता था, मेहनतकश संथालों को उजाड़ देते थे। उनकी खड़ी फसलों पर हाथी दौड़ा दिये जाते थे। यह अत्याचार आम बात हो गई थी। दिकू (गैर–आदिवासी) और सरकारी कर्मचारी भी संथालों की निगाह में अत्याचारी थे। ये लोग संथालों से बेगार कराते थे। चोरी करना, झूठ बोलना और शराब पीना इनकी आदत सी बन गई थी।[17]

स्पष्ट है कि संथालों में मैदानों के लोगों, विशेष रूप से साहूकारों, जमींदारों के प्रति घोर घृणा थी। वे महाजनों, साहूकारों को अपने क्षेत्र में प्रवेश तक नहीं देना चाहते थे। उनका कहना थाः "वे मैदानों में बसे हैं, हम पहाड़ियों और जंगलों में" अर्थात् वे नहीं चाहते थे कि 'दिकू' लोग आदिवासी क्षेत्र में अनाधिकार प्रवेश करें। उन्होंने अठारहवीं सदी में और उन्नीसवीं सदी के आरम्भ में राजमहल पहाड़ियों के जंगलों की स्वयं सफाई की थी और जैसे ही उन्हें उनके परिश्रम का फल मिलने लगा जमींदारों ने उनकी जमीनें हड़पने के तरीके ढूंढ लिये।

विद्रोह का एक कारण रेलवे लाईनों को बिछाया जाना भी था। रेलवे लाइन का कार्य शुरु होने से आदिवासी आतंकित थे और रेलवे लाईन पर जो लोग कार्य करते थे उनको कम वेतन देकर अधिक कार्य लिया जाता था। रेलवे लाइन के निर्माण के दौरान उनके पशु–पक्षी उठा ले जाना और संथाल महिलाओं को हवस का शिकार बनाया जाना अंगरेजों एवं अन्य कर्मचारियों के लिए सामान्य बात थी। इसी मध्य एक संथाल की हत्या भी कर दी गई। इस घटना ने विद्रोह की भावना को बढ़ाया।

प्रारम्भ में संथाल महाजन और व्यापारियों के खिलाफ थे, न कि अंगरेजों के। आदिवासी नेताओं ने शुरु में एलान किया कि उनके नये भगवान ने उन्हें आदेश दिया था कि वे हर एक भैंस वाले हल के दो आना और हर एक गाय वाले हल के

लिए आधा आना की दर से सरकार को कर दे। उन्होंने सूद की दर भी तय कर दी जो कम थी। किन्तु आगे जाकर यह विद्रोह पुलिस, गोरे प्रशासकों, मजिस्ट्रेट्स एवं रेलवे अधिकारियों के खिलाफ हो गया। अनुचित ढंग से पैसा बटोरने वाले महाजनों के यहाँ चोरी, डकैती की घटनाएँ हुईं 1854 के आते–आते आदिवासी कसमसाने लगे। उनके मुखिया मजलिस और परगणित बैठकें करने लगे और तैयारी शुरु हो गई खुले विद्रोह की। 30 जून 1855 को भगनीडीह में 400 आदिवासी गांवों के करीब चालीस हजार से अधिक आदिवासी प्रतिनिधि इकट्ठे हुए और सभा की। अब इस आन्दोलन का नेतृत्व चार सगे **भाई सिददो, कान्हूमुर्मू, चंदू, भैरव** और उनकी दो बहनें **फूलो व झानो** कर रही थीं। इन्होंने अंगरेजों **"हमारी माटो छोड़ो आन्दोलन"** की शुरुआत की।

संथाल नेता सीद्दो एवं कान्हूः विद्रोही आदिवासियों के दो प्रमुख नेता सीदो (सिद्दो) और कानू (कान्हू) ने घोषणा की कि ठाकुर जी (भगवान) ने उन्हें निर्देश दिया है कि आजादी के लिए अब हथियार उठा लो। सीदो ने अधिकारियों से कहा "ठाकुर जी ने मुझे आदेश देते समय कहा कि यह देश साहबों का नहीं है। ठाकुर जी खुद हमारी तरफ से लड़ेंगे। इस तरह आप साहब लोग और सिपाही लोग खुद ठाकुर जी से लड़ोगे।"[18] सीदो एवं कानू ने भगवान के वचन का एलान किया कि संथाल अपने शोषकों के चंगुल से बाहर आएं। संथालों ने इस विद्रोह को "बुराई पर अच्छाई की विजय का नाम दिया"।

उपरोक्त विवरण से स्पष्ट है कि संथालों ने अच्छे प्रशासन का विचार प्राचीन भारत के गौरवपूर्ण युग से ग्रहण किया जैसा कि आगे जाकर राष्ट्रीय स्वतंत्रता संघर्ष के दौरान स्वतंत्रता सैनानियों ने भी अतीत को ही अपना आदर्श बनाया था। दूसरे वे ब्रिटिश शासन एवं तत्समर्थक साहूकार वर्ग एवं महाजन वर्ग के घोर विरोधी थे। उनमें शोषक वर्ग के विरोध की प्रबल भावना निहित थी। उन्होंने जब यह देखा कि साहूकार वर्ग तो उनका शोषक है ही और अंगरेज सरकार उनके विनाश का एकमात्र कारण है। इस तरह दोनों ही शक्तियों का विरोध उनका लक्ष्य बन गया। तीसरे उनकी स्वदेश की भावना और स्वतंत्रता सम्बन्धी विचार की गंभीरता भी उल्लेखनीय है। आर.सी. मजुमदार ने कहा भी है कि संथाल विद्रोह आर्थिक कारणों से आरम्भ हुआ था, लेकिन शीघ्र ही इसका उद्देश्य विदेशी शासन का अन्त हो गया, क्योंकि उन्होंने देखा कि अंगरेज अधिकारी उनकी शिकायतों पर ध्यान नहीं देते अपितु शोषकों को आश्रय देते हैं। अतः ब्रिटिश शासन का अन्त उनकी स्थिति में सुधार ला सकता है।

एक सामान्य चोरी के मामले में आदिवासी को गिरफ्तार करवा दिया गया। इससे क्रुद्ध भीड़ ने दरोगा की हत्या कर दी। इस घटना के बाद अंगरेजों द्वारा प्रतिकार की आशंका से सभी आदिवासी गाँवों में सभा आयोजित करने के लिए संदेश भेजा गया जैसा कोलों ने भी किया था। बहुत जल्दी ही इन्होंने करीब 60 हजार हथियारबंद संथालों को इकट्ठा कर लिया और कई हजार आदिवासियों को तैयार रहने को कहा गया। उनके नेता हाथी, घोड़ा और पालकी पर चलते थे, नेतृत्व में प्रगाढ़ आस्था थी। सभा के आदेश से **सिदो** (सिद्दो), **किरता**, **भादू** और **सुन्नोमाझी** ने अंगरेज सरकार, भागलपुर के कमिश्नर, कलक्टर और मजिस्ट्रेट, दीघी थाना तथा टिकड़ी थाना के दरोगा तथा कुछ जमींदारों के पास पत्र भेजे। यह सब इन संथालों का अल्टीमेटम था। उन्होंने यह भी घोषणा करवाई कि कुम्हारों, तेलियों, लोहारों, जुलाहों, चमारों और डोमों के खिलाफ कोई भी कार्रवाई नहीं की जाएगी, क्योंकि इनकी हमदर्दी संथालों के साथ है।

विद्रोहियों ने साहूकारों, जमींदारों पर हमला बोलना शुरु किया और उनके मकान जला डाले। रेलवे स्टेशन, पुलिस स्टेशन और डाक ढोने वाली गाड़ियों को जला दिया। लगभग उन सभी चीजों पर हमला किया जो औपनिवेशिक सत्ता के प्रतीक थे। संथालों के विद्रोह को दबाने के लिए महत्वपूर्ण केन्द्रों पर सैनिक भेजे गये, उन्होंने अंगरेज सेनाओं का डटकर मुकाबला करते हुए मेजर बरो (Major Burrough) की सेनाओं को परास्त किया। किन्तु अधिक समय तक वे ब्रिटिश बन्दूकों, तोपों का सामना नहीं कर पाये और उन्हें जंगलों की शरण लेनी पड़ी। तदनन्तर संथाल विद्रोह का दमन करने के लिए 10 टुकड़ियाँ भेजी गईं। सरकार ने विद्राहियों को पकड़ने पर 10 हजार तक का इनाम रखा एवं उपद्रवग्रस्त क्षेत्रों में मार्शल लॉ लागू कर दिया। उनके क्षेत्र को विनिमय–रहित जिला (Non-regulation District) घोषित किया। संथालों के हथियार छीन लिये गये। संघर्ष के लिए भीड़ एकत्र करने में उपयोगी डुगडुगियाँ भी छीन ली गई। सत्ता के अत्याचार और निरंकुशता ने विद्रोह को कुचल दिया। 15 हजार से अधिक संथाल मारे गये, उनके गाँव उजाड़ दिये गए। अगस्त 1855 में सीदो पकड़ा गया और सरे आम पेड़ पर लटका कर मार डाला गया। कान्हू 1886 में पकड़ा गया। उसे भी उसी तरह मार डाला। राजमहल की पहाड़ियाँ संथालों के खून से लाल हो गई।[19] इस तरह अंगरेजों ने क्रूर उपायों से संथाल विद्रोह का दमन कर दिया।

मुंडा आन्दोलन या उलगुलान अथवा उलुगखनी (असीम कोलाहल महान विद्रोह) 1874–1901: बिहार के छोटा नागपुर क्षेत्र के मुंडा आदिवासियों का महान आन्दोलन (द ग्रेट टयुमुल्ट) 1874 से 1901 के मध्य हुआ। 1895 के

बाद इसका नेतृत्व **बिरसा मुंडा** ने किया अतः इसे बिरसा मुंडा विद्रोह या उलगखनी भी कहा जाता है। दक्षिण बिहार के छोटा नागपुर इलाके के लगभग 400 वर्ग मील क्षेत्र में मुंडा निवास करते थे। मुंडा अंचल की जमीनें मुंडा लोगों के हाथ से निकलकर साहूकारों एवं जमींदारों के हाथ में जा रही थी। **सामुहिक खेती जिसे खूटकट्टी** कहा जाता था। ब्रिटिश भू–राजस्व व्यवस्था ने उन्हें कृषक से मजदूर बनने को बाध्य किया। मुण्डों ने अपने सरदारों के नेतृत्व में इन लोगों के विरुद्ध आन्दोलन शुरु किया। उनका यह उपद्रव "सरदारी लड़ाई" के नाम से प्रसिद्ध था।

इस विद्रोह का सम्बन्ध शुरु में इसाई धर्म से माना जाता है। के.एस. सिंह[20] ने लिखा है कि आदिवासी इस कारण ईसाई धर्म स्वीकार कर रहे थे जिससे जर्मन मिशनरी जमींदारों के अत्याचारों को समाप्त करवा दें। 1857 के समय कुछ जमींदारों ने मिशन पर भी हमला किया था। क्योंकि मिशनरी मुंडा लोगों के प्रति सहानुभूति रखते थे। 1858 में हमें ईसाई आदिवासियों द्वारा अत्याचारी जमींदारों के खिलाफ लड़ने के प्रमाण मिलने लगते हैं। यह प्रवृत्ति 1862 से 1882 के बीच बहुत आम थी। 1867 में 14000 ईसाईयों ने छोटा नागपुर के राजा और स्थानीय पुलिस के खिलाफ औपनिवेशिक अधिकारियों को अर्जी दी थी। बेदखल लोगों को जमीन पर दखल दिलाने के भी कुछ प्रयास किये गये। मार्च 1879 में मुंडा लोगों ने यह घोषणा की कि छोटा नागपुर उनका है। 1881 में कुछ मुंडा सरदारों ने 'जान द बेपटिस्ट' के नेतृत्व में देवसा के राज्य की घोषणा की। इसके बाद विद्रोह में कुछ बदलाव आया। जर्मन पादरियों से अप्रसन्न होकर मुंडा लोगों ने उनसे अपना सम्बन्ध विच्छेद कर लिया। कुछ समय उनका झुकाव कैथोलिक मिशन की ओर रहा, किन्तु औपनिवेशिक प्रशासक और जमींदार विद्रोह को खत्म करने के लिए आपस में सहयोग करने लगे, परिणामतः विद्रोही सारे यूरोपीय लोगों, इसाई मिशनों, सरकारी अफसरों, जमींदारों और दिकुओं के खिलाफ हो गये।

बिरसा मुंडाः इन परिस्थितियों में उनका नेतृत्व बिरसा मुंडा ने अपने हाथ में लिया। बिरसा का जन्म राँची जिले के एक गाँव में बटाई की खेती करने वाले परिवार में 15 नवम्बर 1875 **झारखण्ड के खुटी के उलीहातु गांव** में हुआ था। **सुगना करमी** के घर जन्म लिया था। उसकी प्रारम्भिक शिक्षा चौबासा के मिशन स्कूल में हुई थी जहाँ उसने अंगरेजी का साधारण ज्ञान प्राप्त किया। प्रारम्भ में बिरसा अपने दवा के ज्ञान और बीमारों को ठीक करने की शक्ति के कारण जाने गए थे। ईसाई धर्म प्रचारकों के प्रभाव में आकर वह ईसाई बन गया किन्तु इससे उसकी आत्मा को शान्ति नहीं मिली और पुनः उसने अपने पूर्वजों के धर्म को स्वीकार कर लिया। 1895 में उसने एक नया मत चलाने का निश्चय किया और अपने समर्थकों को सिंग बोंगा की पूजा करने की सलाह दी। उसने अपने समर्थकों को स्वच्छता, शुद्ध नैतिक जीवन यापन करने एवं मांस भक्षण न करने को प्रेरित किया।

बिरसा ने अंगरेजी भू–राजस्व व्यवस्था का विरोध करना शुरु किया। सुरेश सिंह[21] की मान्यता है कि भूमि की समस्या मुण्डाओं के असन्तोष तथा विद्रोह का मूल कारण थी। स्थायी बन्दोबस्त ने मुण्डाओं को प्रभावित किया। वनों से लकड़ी काटने के प्रतिबंध सम्बन्धी कानून ने उन्हें अपने परम्परागत अधिकार से वंचित कर दिया था। जंगल साफ करके खेती नहीं की जा सकती थी। वनों में अपने पालतू जानवरों को चराने पर प्रतिबंध था। इस प्रकार सुरेश सिंह के विचार से उनका विद्रोह मुख्य रूप से सामाजिक एवं आर्थिक शक्तियों के विरुद्ध था। अतः बिरसा विद्रोह को केवल एक धार्मिक आन्दोलन नहीं कहा जा सकता।

मुंडा लोग एक ऐसी स्थिति की कल्पना करने लगे जिसमें न तो देशी और न विदेशी शोषक हो। ताकतवर शासक से जीत के प्रयास में वे "जंगल के परर्नी" पर विश्वास करने लगे। उनका ऐसा विश्वास था कि वो उन्हें अपराजेय बना देगा। 1889 में क्रिसमस की पूर्व संध्या पर बिरसा ने मुंडा जाति का शासन स्थापित करने के लिए विद्रोह का ऐलान किया। उसने इसके ठेकेदारों, जागीरदारों, राजाओं, हाकिमों और ईसाईयों का कत्ल करने का भी आह्वान किया। उसने कहा कलयुग को खत्म कर सतयुग लाएँगे और घोषणा की कि "दिकुओं (गैर–आदिवासियों) से अब हमारी लड़ाई होगी और उनके खून से जमीन इस तरह लाल होगी जैसे लाल झंडा" मगर उसने यह भी हिदायत दी कि गरीब गैर आदिवासियों पर हाथ न उठाया जाए।[22]

5 जनवरी 1900 को सम्पूर्ण मुंडा क्षेत्र में विद्रोह फैल गया। लगभग 6000 मुंडा तीर–तलवार, कुल्हाड़ी आदि हथियारों से लैस होकर बिरसा के साथ हो गए। छः और सात जनवरी को क्रमशः दो एवं एक कांस्टेबल को मार डाला तथा स्थानीय महाजनों के घरों को जला दिया गया, जिसमें गया नामक मुंडा का हाथ था। सरकार ने राँची एवं सिंहभूमि में सेना की तीन टुकड़ियाँ तैनात कर दी। बिरसा को 3 फरवरी 1900 को सिंहभूमि में गिरफ्तार कर, राँची जेल में डाल दिया और जून में वह जेल में हैजे से ही मर गया। इस तरह विद्रोह का दमन कर दिया गया और मुण्डाओं में बिरसा अमर हो गया।[23]

झारखण्ड राज्य के 20वें स्थापना दिवस के अवसर पर शहीद भगवान बिरसा मुंडा श्रद्धांजलि दी गई। ध्यान रहे 15 नवम्बर 2000 को झारखण्ड अलग राज्य का निर्माण हुआ था।

भील विद्रोहः महाराष्ट्र के वन्य प्रदेशों, गुजरात, मध्य प्रदेश एवं दक्षिणी राजस्थान में भील जनजाति बड़ी संख्या में निवास करती है। 1857 से पूर्व भीलों के दो अलग–अलग विद्रोह हुए। 1818 से 1831 तक महाराष्ट्र के भीलों ने उपद्रव किया तथा दूसरे राजस्थान के भीलों ने 1821 से 1825 के मध्य बगावत की।

महाराष्ट्र का भील संघर्षः महाराष्ट्र के खानदेश में भील काफी संख्या में निवास करते हैं। इसके अतिरिक्त उत्तर में विन्ध्य से लेकर दक्षिण पश्चिम में सह्याद्रि एवं पश्चिमी घाट क्षेत्र में भीलों की बस्तियाँ देखी जाती हैं। 1816 में पिण्डारियों के दबाव से ये लोग पहाड़ियों पर विस्थापित होने को बाध्य हुए। पिण्डारियों ने उनके साथ मुसलमान भीलों के सहयोग से क्रूरतापूर्ण व्यवहार किया। इसके अतिरिक्त सामन्ती अत्याचारों ने भी भीलों को विद्रोही बना दिया। 1818 में खानदेश पर अंगरेजी आधिपत्य की स्थापना के साथ ही भीलों का अंगरेजों से संघर्ष शुरु हो गया। कैप्टेन बिग्स ने उनके नेताओं को गिरफ्तार कर लिया और भीलों के पहाड़ी गाँवों की ओर जाने वाले मार्गों को अंगरेज सेना ने सील कर दिया, जिससे उन्हें रसद मिलना कठिन हो गया। दूसरी ओर एलफिंस्टन ने भील नेताओं को अपने पक्ष में करने का प्रयास किया और उन्हें अनेक प्रकार की रियायतों का आश्वासन दिया। पुलिस में भर्ती होने पर अच्छे वेतन दिये जाने की घोषणा की। किन्तु अधिकांश लोग अंगरेजों के विरुद्ध बने रहे। 1819 में पुनः विद्रोह कर भीलों ने पहाड़ी चौकियों पर नियंत्रण स्थापित कर लिया। 1820 में भील सरदार दशरथ ने कम्पनी के विरुद्ध उपद्रव शुरु कर दिया। पिण्डारी सरदार शेख दुल्ला ने इस विद्रोह में भीलों का साथ दिया। मेजर मोटिन को इस उपद्रव को दबाने के लिए नियुक्त किया गया, उसकी कठोर कार्रवाई से कुछ भील सरदार आत्म समर्पण के लिए विवश हुए।

भील नेता हिरियाः 1822 में भील नेता हिरिया ने लूट–पाट द्वारा आतंक मचाना शुरु कर दिया था। अतः 1823 में कर्नल राबिन्सन को विद्रोह का दमन करने का जिम्मा सौंपा। उसने बस्तियों में आग लगवा दी और लोगों को पकड़–पकड़ कर क्रूरता से मारा। 1824 में मराठा सरदार त्रियंबक के भतीजे गोड़ा जी दंगलिया ने सतारा के राजा को बगलाना के भीलों के सहयोग से मराठा राज्य की पुनर्स्थापना के लिए आह्वान किया।[24] भीलों ने इस प्रस्ताव को स्वीकार कर लिया एवं अंगरेज सेना से भिड़ गये तथा कम्पनी सेना को हराकर मुरलीहर के पहाड़ी किले पर अधिकार कर लिया। कम्पनी की बड़ी बटालियन आने पर भीलों को पहाड़ी इलाकों में जाकर शरण लेनी पड़ी। किन्तु भीलों ने हार नहीं मानी और पेडिया, बून्दी, सुतवा आदि भील सरदार अंगरेजों के खिलाफ संघर्ष करते रहे। कहा गया है कि लेफ्टिनेंट आउट्रम (James Outram), कैप्टेन रिगबी एवं ओवान्स ने समझा बुझाकर तथा भेद नीति द्वारा विद्रोह को दबाने का प्रयास किया। आउट्रम के प्रयासों से अनेक भील अंगरेज सेना में भर्ती हो गये और कुछ शान्तिपूर्वक ढंग से खेती करने लगे। उन्हें तकाबी ऋण दिलवाने का आश्वासन दिया।

1826 में दांग सरदारों एवं लोहारा के भीलों ने पुनः उपद्रव मचाया, अंगरेजों ने इसे भी शान्ति से दबा दिया। कहा जाता है कि देशमुखों ने भी विद्रोही भीलों की मदद की थी। अंगरेजों ने भील विद्रोह का दमन करने के लिए भील सेना (Bhil Crops) को उनके विरुद्ध खड़ा कर दिया और इस तरह उपद्रव शान्त हो गया। आगे जाकर 1831 में धार (दक्षिणी पश्चिमी मध्य प्रदेश), 1846 में मालवा, 1852 में खानदेश और 1857 में भागोजी तथा काजर सिंह नामक भील नेता के नेतृत्व में अंगरेजों से लोहा लिया। उपरोक्त सभी विद्रोहों को अन्ततः कठोरतापूर्वक कुचल दिया गया।

राजस्थान का भील आन्दोलन

राजस्थान में भील, मीणा, गरासिये आदि जातियाँ प्राचीन काल से निवास करती आयी हैं। वस्तुतः ये जातियाँ यहाँ की मूल निवासी थी। राजपूतों के राज्य स्थापित होने से पूर्व राजस्थान के कई इलाकों में इन जनजातियों के छोटे–बड़े अनेक जनपद थे। मेवाड़ राज्य की रक्षा में वहाँ के भीलों की सदैव महत्वपूर्ण भूमिका रही है। यही कारण था कि मेवाड़ के राजचिन्ह में राजपूत के साथ एक धनुर्धारी भील का चित्र अंकित था। ब्रिटिश काल में देश के अन्य भागों की तरह राजस्थान में भी सरकार और साहूकार ने समान रूप से इन जातियों का शोषण किया।[25] अंगरेजों ने जिस प्रकार अन्य प्रदेशों में जन जातियों को ब्रिटिश कानून का पालन करने तथा भू–राजस्व अदा करने के लिए बाध्य किया वही नीति राजस्थान में भीलों के विरुद्ध अपनाई गई। मेवाड़ के भील 'भोलाई' एवं 'रखवाली' लम्बे समय से वसूल करते आ रहे थे। अपने आक्रमणों से इस इलाके के ग्रामों एवं यात्रियों को बचाये रखने के प्रतिफल रूप में 'भोलाई' एवं 'रखवाली' वसूल की जाती थी। कर्नल

टॉड की सलाह से मेवाड़ महाराणा ने भीलों के इस अधिकार को समाप्त कर दिया। इसका भीलों ने विरोध किया। कहा जाता है कि बाद में भील विद्रोह की आशंका से 'रखवाली' वसूल करने की अनुमति प्रदान कर दी गई थी, किन्तु 'भोलाई' का अधिकार न रहा।

- अंगरेजों के अनुरूप राजाओं ने भी वनों से लकड़ी काटने पर प्रतिबंध लगा दिये और महुवा के फूल एकत्र करने पर भी रोक थी। जंगलों से लकड़ी एवं घास काटने का एकमात्र अधिकार ठेकेदारों को था।
- इतना ही नहीं नमक उत्पादन की स्वतंत्रता भी नहीं रही। यह भी ठेके पर दिया जाने लगा।
- 'कुंता' के समय लगान भी अधिक निश्चित कर दिया जाता था। इसी प्रकार 'तिसाला' नामक नया भूमि कर लगा दिया गया।
- इस व्यवस्था में भील क्षेत्रों में साहूकारों का आगमन हुआ और शोषण की न रुकने वाली प्रक्रिया प्रारम्भ हुई। बाहर के व्यापारी उनकी सामग्री को कोड़ियों के भाव खरीदते थे और उनके द्वारा (बनियों को) बेची जाने वाली वस्तुयें महंगी बेची जाती थी। कई गुना ब्याज पर भीलों को ऋण दिया जाता था और ऋण के भुगतान न कर पाने पर बन्धक श्रमिक बनाकर उनसे काम लिया जाता था। ज्ञातव्य है कि राजस्थान से बन्धक श्रमिक प्रथा का उन्मूलन बीसवीं सदी के अस्सी–नब्बे के दशक में किया जा सका।
- भीलों में डाकन प्रथा का प्रचलन था अर्थात् कुछ औरतों को डाकन या जादूगरनी समझकर भयंकर यातनायें दी जाती थीं। इसी प्रकार सती प्रथा का भी बोलबाला था। इन कुरीतियों को समाप्त करने के लिए स्थानीय नरेशों ने प्रयत्न किया। किन्तु ये प्रथायें इतनी जड़ें जमा चुकी थीं कि इन पर प्रतिबंध लगाना भीलों को सहज ग्राह्य न था। इस प्रकार उनकी अन्तर्मुखी व्यवस्था को, पूँजीवादी ब्रिटिश व्यवस्था ने, जिसका राजस्थान में भी प्रसार हो रहा था, भंग कर दिया। सड़कें बनाई जाने लगीं और आदिवासी इलाकों में यातायात के विकास के साथ भीलों का बाह्य व्यक्तियों से सम्पर्क बढ़ा और ये लोग अपनी पृथकता को बनाये नहीं रख सके।

इस आदिवासी समाज ने साहूकारी व्यवस्था के शोषण एवं अन्य हो रहे बदलावों से प्रेरित होकर 1821 में उपद्रव करना शुरु किया जिसका नेतृत्व दौलत सिंह कर रहा था, उसने 1826 में आत्म–समर्पण कर दिया। तथापि भीलों ने हथियार नहीं डाले और अपना संघर्ष जारी रखा। दक्षिण राजस्थान की रियासतें: मेवाड़, बांसवाड़ा, डूंगरपुर एवं प्रतापगढ़ के राजाओं ने आदिवासी विद्रोह के दमन हेतु ब्रिटिश सहयोग की मांग की। 1841 में ब्रिटिश सरकार ने "मेवाड़ भील कोर्प्स" की स्थापना की। खेरवाड़ा इसका केन्द्र बनाया गया। इन सब प्रयासों के बावजूद भील विद्रोह का दमन नहीं किया जा सका।

गोविन्द सिंह के नेतृत्व में भील: 19वीं सदी के अन्तिम दो दशकों में भील विद्रोह का नेतृत्व श्री गोविन्द ने किया। उसका जन्म 1858 में डूंगरपुर के बांसिया ग्राम में एक बणजारे के घर हुआ था। बचपन में एक पुजारी के सानिध्य में उसने अक्षर ज्ञान प्राप्त किया। वह स्वामी दयानंद सरस्वती की प्रेरणा से जनजातियों की सेवा में जुट गया। 1883 में आदिवासियों की सेतार्थ '**सम्प सभा**' की स्थापना की, जिसके माध्यम से मेवाड़, डूंगरपुर, ईडर, मालवा, विजयनगर एवं गुजरात के भील एवं गरासियों को संगठित किया। उसने एक ओर इन जातियों में व्याप्त सामाजिक बुराईयों और कुरीतियों को दूर करने का प्रयत्न किया तो दूसरी ओर उनके अपने मूलभूत अधिकारों का अहसास करवाया। प्रतिवर्ष की भांति 1888 में मानागढ़ की पहाड़ी पर सम्प सभा का अधिवेशन हुआ जिसमें हजारों भील स्त्री–पुरुष सम्मिलित हुए। अधिवेशन से आस–पास की रियासतों के शासक सहम उठे और ब्रिटिश सरकार से इस आन्दोलन के दमन के लिए सहयोग की मांग की। ब्रिटिश सेना ने मानागढ़ की पहाड़ी को चारों ओर से घेर लिया और गोलियों की बौछार कर दी जिससे घटनास्थल पर ही 1500 आदिवासी शहीद हो गये एवं हजारों घायल हुए। गोविन्द सिंह को गिरफ्तार कर लिया गया तथा 20 वर्ष की कैद की सजा दी गई।

मोतीलाल तेजावत के नेतृत्व में भील: गोविन्द सिंह के बाद मोतीलाल तेजावत को आदिवासियों में सर्वाधिक स्मरण किया जाता है। 1886 में मेवाड़ के आदिवासी क्षेत्र फलासिया के कोलियारो ग्राम में तेजावत का जन्म हुआ। प्रारम्भिक शिक्षा ग्रहण करने के बाद वह झाड़ोल ठिकाने के कामदार बन गये। किन्तु कुछ समय बाद नौकरी छोड़कर आदिवासी सेवा में लग गये। उन्होंने 1921 में जागीरदारों से ली जाने वाली "बैठ–बेगार" और "लाग–बागो" के विरुद्ध झाड़ोल, कोटड़ा, मादड़ी के भीलों को संगठित किया। धीरे–धीरे यह आन्दोलन अन्य क्षेत्रों में भी फैल गया। उसने विजयनगर के नीमड़ा गाँव में आदिवासियों का बेगार एवं शोषण के विरुद्ध विशाल सम्मेलन आयोजित किया। सम्मेलन से मेवाड़ क्षेत्र की रियासतें भयभीत हो गईं। एक ओर रियासतों के अधिकारियों ने उनसे समझौता वार्ता शुरु की, दूसरी ओर अपनी सेनाओं को इस आन्दोलन का दमन करने का आदेश दिया। सेना की गोलीबारी से नीमड़ा में 1200 भील मारे गये और हजारों घायल हुए। तेजावत

को उदयपुर सैन्ट्रल जेल में डाल दिया, 1945 में उन्हें रिहा किया गया। समाज सेवा बाद में उनके जीवन का लक्ष्य बन गया। 5 दिसम्बर 1963 में उनका देहान्त हो गया। आगे जाकर माणिक्यलाल वर्मा, भोगीलाल पांड्य, बलवन्त सिंह मेहता, हरिदेव जोशी एवं गौरीशंकर उपाध्याय आदि ने भीलों के उत्थान के लिए कार्य किया।

आदिवासी विद्रोह एवं नेतृत्व

क्र.सं.	विद्रोह का नाम	वर्ष	नेतृत्व
1.	खासी संघर्ष	1829	तिरुत सिंह (तीरत सिंह)
2.	खामती प्रतिरोध	1834	खवा गोहाई, सनू गोहाई, तओबा गोहाई आदि
3.	कोल संघर्ष	1831–32	नेता मानकी एवं मुंडा
4.	भूमिज प्रतिरोध	1832–33	गंगानारायण
5.	नागा उपद्रव	1849	–
6.	खौंड आन्दोलन	1846–55	चक्र बिसोई
7.	संथाल मुक्ति संघर्ष या हूल आन्दोलन	1854–55	सिद्दो व कान्हू
8.	मुंडा आन्दोलन या उलगुलान	1874–1901	बिरसा मुंडा
9.	भील संघर्ष (महाराष्ट्र)	1822–26	हिरिया
10.	भील आन्दोलन (राजस्थान)	1821, 1886, 1963	गोविन्द सिंह व मोतीलाल तेजावत

जन–जातीय विद्रोहों की असफलता के कारण: आदिवासियों ने इन विद्रोहों की पूर्व योजना नहीं बनाई थी और न ही समस्त प्रजाति के लोगों का इनमें सहयोग लिया जा सका। इन लोगों को अपने उद्देश्य का स्पष्ट ज्ञान नहीं था, जिसकी प्राप्ति के लिए वे अपने को संगठित कर पाते। सामान्यतः सभी विद्रोह मौलिक कारणों के होते हुए भी भावनात्मक तरीके से शुरु हुए। उनमें घोर अंगरेज विरोधी भावना थी और वे साहूकारी, महाजनों तथा जमींदारी व्यवस्था को अनुचित मानते थे। इसके विरुद्ध विद्रोह किया जाना सर्वथा तर्कसंगत था, किन्तु वे इन तथ्यों को जन सामान्य के समक्ष रखकर उनका सहयोग प्राप्त नहीं कर पाये। इतना ही नहीं वे कुछ कामगार जातियों को छोड़कर सभी को दिकू (परेशान करने वाले लोग) मानते थे।

- आदिवासियों को योग्य नेतृत्व नहीं मिल पाया। कान्हू, सिदो (सिद्दो), बिरसा, गोविन्द, तेजावत जैसे लोगों ने इनका नेतृत्व किया, किन्तु इनमें सफल नेतृत्व के गुणों का अभाव था। दूसरी ओर सरकार ने अंगरेज सेना के प्रशिक्षित एवं योग्य अधिकारियों को इन विद्रोहों का दमन करने के लिए नियुक्त किया। उन्होंने योजनाबद्ध तरीके से इन विद्रोहों को दबाया।
- आदिवासियों के पास केवल तीर–कमान थे जिनके बल पर ब्रिटिश सेना का मुकाबला नहीं किया जा सकता था। अंगरेज सेना सभी प्रकार के अस्त्र–शस्त्रों से सज्जित थी। संचार के उत्तम साधन उन्हें उपलब्ध थे और दुर्गम पहाड़ियों एवं मार्गों की पूरी जानकारी थी। आदिवासियों को उस काल की सबसे अत्याधुनिक शक्तिशाली सेना से मुकाबला करना पड़ा जिसके सामने टिकना स्थानीय शक्तियों के सामर्थ्य से बाहर था।

आदिवासी आन्दोलनों का स्वरूप

जन–जातियों ने प्रचलित पद्धति जैसे साहूकारी, जमींदारी और ब्रिटिश शोषण के खिलाफ विद्रोह करके अपना विरोध दर्शाया जैसे सिद्दो एवं कान्हू वर्तमान कर के बदले वार्षिक कर के पक्ष में थे। दूसरे कई बार समृद्ध वर्ग का भी नेतृत्व इन्हें मिला क्योंकि उपनिवेशवाद ने उनके स्वार्थों पर भी चोट की थी। यद्यपि कुछ अवसरों पर ये औपनिवेशिक शक्ति के साथ मिलकर जमींदार और साहूकार के खिलाफ खड़े हो गये, परन्तु अनुभव से उन्हें यह समझ आया कि उनका एक ही दुश्मन है और वह है उपनिवेशवाद। हम जानते हैं कि सामन्त एवं ईसाई विरोधी बिरसा मुंडा विद्रोह भी उपनिवेशवाद विरोधी हो गया।

इन आन्दोलनों का जिक्र करते समय उन दिनों किये जा रहे धार्मिक सम्प्रदायों के प्रयासों का चित्र बनता है। छोटा नागपुर में जनसाधारण को ईसाई कार्यकर्ताओं ने अत्याचारियों के विरुद्ध संगठित किया था। ईसाई धर्म इस देश में औपनिवेशिक शासन के साथ आया फिर भी यह सामन्तों और औपनिवेशिक शासन के खिलाफ हो गया। इससे स्पष्ट होता है कि भारत जैसे देश में स्थानीय परिस्थितियों के अनुसार इसकी भूमिका में बदलाव आया।

इस आन्दोलन का एक अन्य महत्वपूर्ण पहलू अमीरों के खिलाफ अपराध एवं लूट का था। यद्यपि ये अपराध सरकारी दस्तावेजों में छोटे ही माने गए हैं फिर भी ये जन–आन्दोलनों के अंग थे। अत्याचारियों पर प्रहार का उद्देश्य मात्र उन्हें सबक सिखाने का था। इस कारण इन अपराधों को जन–सहमति मिल जाती थी और ये सामूहिक रूप से किये जाते थे। कृषक आदिवासी एवं शिल्पकारों में एकता का भाव भी महत्वपूर्ण तथ्य है। क्षेत्रीय एवं जातीय बाधाएँ जन–आन्दोलनों में टूट जाती हैं। जैसे बिरसा विद्रोह में मुंडा और कोल दोनों संगठित हुए, जिसमें गरीब और गैर–आदिवासियों के विरुद्ध कोई भाव न था।

यद्यपि विद्रोहों का दमन कर दिया गया, किन्तु इन आन्दोलनों ने सभ्य समाज को भी राष्ट्रीय स्वतंत्रता के लिए संघर्ष करने की प्रेरणा दी।

संदर्भ

1. बिपिनचन्द्र, *भारत का स्वतंत्रता संघर्ष*, पृ. 14
2. सिंह, अयोध्या, *भारत का मुक्ति संग्राम*, पृ. 284–85
3. बिपिनचन्द्र, वही, पृ. 14
4. वही
5. सेक्रेट प्रोसीडिंग्स, 1829, 8 मई, नं. 11; डॉ. लाहिड़ी रेवती मोहन, *द एनेक्सेशन ऑफ आसाम*, पृ. 183 से उद्‌घृत।
6. सिंह, अयोध्या, वही, पृ. 183
7. विल्सन, मिल्स, *हिस्ट्री ऑफ इण्डिया*, जि. 3, पृ. 321
8. सिंह, अयोध्या, वही, पृ. 186
9. सर एडवर्ड गेट, *ए हिस्ट्री ऑफ आसाम*, पृ. 366, अयोध्या सिंह, वही, पृ. 279 से उद्घृत
10. आधुनिक मध्य प्रदेश का उत्तर–पूर्वी भाग एवं झारखण्ड का दक्षिण पश्चिमी प्रदेश छोटा नागपुर कहे जाते हैं।
11. ताराचंद, *भारतीय स्वतंत्रता आन्दोलन का इतिहास*, भाग–2, पृ. 5
12. चौधरी, शशिभूषण, *सिविल डिस्टरबेंसेज*, पृ. 97
13. सिन्हा, एन.के., *बंगाल का आर्थिक इतिहास*, जि. 2, पृ. 137
14. सिंह, अयोध्या, वही, पृ. 222
15. झा, जगदीशचन्द्र, *द भूमिज रिवोल्ट* 1832–33
16. *बंगाल डिस्ट्रिक्ट गजेटियर्स*, पृ. 32
17. सिंह, अयोध्या, वही, पृ. 285, बिपिनचन्द्र, वही, पृ. 16
18. दत्त, काली किंकर, *द संथाल इन्स्योरेक्शन*, 1940, पृ. 16
19. *भारत का स्वतंत्रता संघर्ष*, पृ. 17
20. सिंह, के.एस., *बिरसा मुण्डा एण्ड हिज मूवमेंट* 1874–1901, दिल्ली 1983
21. सिंह, सुरेश, *ट्राइबल मूवमेंट इन इण्डिया*
22. बिपिनचन्द्र, वही, पृ. 18
23. सिंह, अयोध्या, वही, पृ. 429–30, बिपिनचन्द्र, वही, पृ. 18
24. डिस्ट्रिक्ट गजेटियर, *खानदेश*, पृ. 256–60, अयोध्या सिंह, वही, पृ. 152 से उद्घृत।
25. पानगड़िया, बी.एल., *राजस्थान में स्वतंत्रता संग्राम*, पृ. 29

❋❋❋

24

1857 स्वतंत्रता का महासंघर्ष
(The Great Freedom Struggle of 1857)

विद्रोह का प्रारम्भ 10 मई, 1857 को दिल्ली से लगभग 50 किलोमीटर दूर मेरठ में हुआ। यहाँ सैनिकों ने उन कारतूसों का, जिनके विषय में यह अफवाह थी कि उन पर गाय और सूअर की चर्बी लगी हुई थी, प्रयोग करने से इन्कार कर दिया। इसके लिए उन्हें कड़ी सजा दी गई। अगले ही दिन उसके साथियों ने विद्रोह कर दिया, यूरोपीय अफसरों को मार डाला और कैदियों को स्वतंत्र करवाया तथा दिल्ली की ओर चल पड़े।

गवर्नर जनरल लार्ड कैनिंग (1856–62) के शासनकाल का 1857 का यह विद्रोह एक महत्वपूर्ण घटना थी। इसने भारत में ब्रिटिश साम्राज्य की नींव हिला दी और कई बार ऐसा प्रतीत होने लगा था कि भारत में अंगरेजी राज्य का अन्त हो जायेगा। यद्यपि यह सिपाही विद्रोह के रूप में शुरू हुआ किन्तु शीघ्र ही इसने उत्तर भारत के विस्तृत क्षेत्र की जनता और कृषक वर्ग को भी शामिल कर लिया। इस व्यापक विद्रोह के अनेक कारण थे, किन्तु सीधे तौर पर इसका प्रमुख कारण अंगरेजों द्वारा भारतीय जनता का अमानवीय शोषण था। 1757 के प्लासी युद्ध में विजय के पश्चात ईस्ट इण्डिया कम्पनी ने भारत के शोषण के अनेक उपाय किये। कम्पनी ने न केवल भारतीय व्यापारियों की प्रतिद्वंद्विता को पूरी तरह समाप्त किया बल्कि यहाँ की समस्त राजनीतिक शक्तियों को भी परास्त कर या तो उनका राज्य कम्पनी राज्य में मिला लिया अथवा उन्हें अपने अधीनस्थ (Dependent States) बनाये रखा। यद्यपि यह विद्रोह, सिपाहियों द्वारा प्रारम्भ किया गया था और इसका तात्कालिक कारण सिपाहियों की बगावत थी। अतः विदेशी इतिहासकार केवल सैनिक असन्तोष को ही इसका वास्तविक कारण मानते हैं। परन्तु अर्वाचीन विद्वानों की धारणा है कि यह ब्रिटिश आधिपत्य के दौरान विकसित हो रहे कई तरह के असन्तोष का परिणाम था। हम यहाँ इससे सम्बद्ध कुछ महत्वपूर्ण तथ्यों का विवेचन करेंगे।

राजनीतिक एवं प्रशासनिक असन्तोष: इस विद्रोह का नेतृत्व उन देशी रियासतों के राजाओं ने किया जिनका अस्तित्व विलय नीति के कारण समाप्त हो गया। 1848–54 के मध्य ब्रिटिश शासकों ने दर्जनों राजाओं–नवाबों के राज्य छीन कर उन्हें अपने राज्य का अंग बना लिया। डलहौजी ने उचित–अनुचित तरीकों से देशी राज्यों का धीरे–धीरे अपहरण (Gradual extinction) किया। गोद लेने का निषेध (Doctrine of Lapse) कर सतारा (1848), नागपुर (1853), झांसी (1854), बरार (1854), संभलपुर, जेतपुर, बघाट, ऊदेपुर एवं भगत आदि को ब्रिटिश साम्राज्य का अंग बनाया। इसी तरह नवाब वाजिद अलीशाह के कुप्रशासन के आधार पर फरवरी 1856 में अवध का विलनीकरण किया। विद्वानों की मान्यता है कि अवध से अधिक अंगरेजों का समर्थक तथा आज्ञाकारी राज्य अन्य कोई भी न था।

(अ) पेंशने जब्त: अंगरेजों ने न केवल देशी राज्यों को ही कम्पनी राज्य में सम्मिलित किया बल्कि पेशवा बाजीराव द्वितीय के दत्तक पुत्र नाना साहब की पेंशन भी (8 लाख रूपये वार्षिक) जब्त कर ली। मुगल बादशाह के साथ निन्दनीय व्यवहार किया। उसे लाल किला खाली करने का आदेश मिला और सिक्कों से उसका नाम हटाया गया। इस प्रकार नाना साहब, झांसी की रानी, अवध की बेगम एवं अनेक देशी राजाओं–नवाबों और उनके अनुयायियों का असन्तुष्ट होना स्वाभाविक था और वे अंगरेजों के कट्टर दुश्मन बन गये। उल्लेखनीय है कि कई राजाओं एवं जागीरदारों आदि ने केवल निहित स्वार्थों से प्रेरित होकर ही विद्रोह में भाग नहीं लिया। गोंडा, छर्दा (Charda) तथा भिंगा (Bhinga) इत्यादि के बहुत से राजाओं ने विद्रोह में भाग लिया हालांकि उनकी भूमि नहीं छीनी गई थी।

(ब) जागीरों की हड़प नीति: इसके अतिरिक्त डलहौजी ने जमींदारों एवं जागीरदारों की जमीन पर स्वत्वाधिकारों (Titles) की जांच के लिए 1852 में इनाम कमीशन बैठाया। इस कमीशन ने करीब 35 हजार छोटी बड़ी जागीरों की जांच की और करीब 32 हजार जागीरें जब्त कर ली।.... डिजरेली ने स्वीकार किया कि यह नये ढंग से जागीरें और रियासतें जब्त करना था।[1]

(स) उच्च सेवाओं से वंचित: इतना ही नहीं जिन राज्यों एवं जागीरों का अपहरण किया उनके उच्च अधिकारियों को पदच्युत कर दिया गया। दूसरी ओर भारतीयों को कम्पनी की सेवा में उच्च पदों पर नहीं रखा जाता था। अतः पदच्युत

अधिकारी तथा शिक्षित भारतीय भी अंगरेजी राज्य से असन्तुष्ट थे। 1860 में सर सैयद अहमद ने इन कठिनाइयों की ओर विस्तार से व्याख्या करते हुए घोषणा की कि विद्रोह का सबसे महत्वपूर्ण कारण भारतीयों को विधानसभा और सरकार के प्रशासकीय तंत्र में प्रविष्ट न होने देना है जिसके कारण उसे समय से भारतीय समस्याओं की जानकारी नहीं हो पाती। मुसलमान संभवतः इस मामले में सबसे अधिक अंसतुष्ट थे। अभी कुछ ही दिन पूर्व उन्होंने सरकार के सभी सैनिक व असैनिक पदों पर अधिकार कर रखा था और देश की सबसे अधिक अधिकार सम्पन्न जाति थी। अपनी पुरानी स्थिति गवाँकर वे अन्य लोगों में अब पिछड़ गये हैं।[2] कार्नवालिस के समय से ही भारतीयों को उच्च पद नहीं दिये जाते थे। कार्नवालिस ने भारतवासियों को उच्च पदों से वंचित करके उनके प्रति अविश्वास की मनोवृत्ति को बढ़ावा दिया। यद्यपि 1833 के चार्टर एक्ट में जाति अथवा रंग के आधार पर भेद की नीति को समाप्त करने की घोषणा की थी। लेकिन यह घोषणा मात्र रह गई। अंगरेजी साम्राज्य के प्रशासकीय परिवर्तनों ने यहाँ की प्रचलित व्यवस्था को झकझोर दिया। इन परिवर्तनों में दो विशेष रूप से उल्लेखनीय थे, न्याय प्रशासन तथा भू–राजस्व प्रबंध। न्याय प्रणाली में अत्यधिक धन तथा समय नष्ट होता था और फिर भी निर्णय अनिश्चित था। भू–राजस्व प्रणाली को नियमित बनाने में राजस्व का बोझ कृषकों पर अधिक बढ़ गया था।[3]

आर्थिक शोषण: बंगाल में स्वयं को स्थापित करने के पश्चात कम्पनी ने सर्वप्रथम भू–राजस्व वृद्धि की ओर ध्यान दिया। भारत से अधिकाधिक धन की वसूली हेतु भूमि व्यवस्था के नये–नये आविष्कार किये गये। स्थायी प्रबंध, रैयतवारी एवं महलवारी आदि व्यवस्था में जो बंगाल प्रेसीडेंसी तथा उत्तर भारत के बड़े हिस्से में लागू थी, कृषकों को भूमि पर वंशानुगत स्वामित्व अधिकार नहीं रहा जो उन्हें पहले प्राप्त था।

जमींदारों को भूस्वामी बना दिया गया और कृषकों की हैसियत एक मजदूर की रह गई। दूसरी ओर जमींदारों को भी पूर्ण अधिकार नहीं मिले। किसानों से प्राप्त लगान में से 10/11 हिस्सा कम्पनी को अदा करना होता था और ऐसा नहीं कर पाने पर उनकी जमीनों को नीलाम कर दिया जाता था। डॉ. मजुमदार ने लिखा हैः गलती करने वाले जमींदारों के विरूद्ध कठोर विक्रय कानूनों ने बहुत से पैतृक जमींदारों को सामाजिक और आर्थिक क्षेत्र में कहीं का न रखा। बड़े–बड़े भूपति और अर्द्धशासक परिवार पूर्णतया बर्बाद हो गये और वह भी अस्थायी कठिनाई के कारण।[4]

I. लगान व कर्ज से दबा किसान: बिपिनचन्द्र के अनुसार अंगरेजी हुकूमत की दमनकारी नीतियों के खिलाफ एक संगठित आवाज थी यह बगावत, लगान के बोझ से किसान पस्त था, वह कर्ज पर कर्ज लेता जा रहा था। ईस्ट इण्डिया कम्पनी का एक ही मकसद था ज्यादा से ज्यादा कर वसूलना। बतौर उदाहरण 1812 में बरेली में कर उगाही का काम 10 महीने में पूरा कर लिया गया। यह एक रिकार्ड था। कर की दर बढ़ाई गई थी जिससे 14 लाख 73 हजार 188 रूपये ज्यादा वसूल हुए। सरकार ने कर उगाहने वाले अफसरों को बधाई दी। सरकार ने यह नहीं सोचा कि इतना अधिक पैसा इतने कम समय में कैसे वसूला गया।[5]

यदि खेतिहर न्याय की तलाश में न्यायालय का दरवाजा खटखटाते तो उनकी पूर्ण बर्बादी अवश्यंभावी थी। जब फसल अच्छी होती थी तो खेतिहर को पुराना कर्ज चुकाना होता था और जब खराब होती तो कर्ज का बोझ दुगुना हो जाता था। अधीनस्थ कर्मचारियों, न्यायालयों तथा महाजनों के बीच गठबन्धन से ऐसी स्थिति पैदा हो गई जिससे कृषक व्यग्र हो उठे और सत्ता को उखाड़ फेंकने के लिए किसी भी अवसर का स्वागत करने को तैयार हो गए। थार्नहिल (Thornhill) ने कहा भी है कि 'मालगुजारी जो हमने निश्चित की है वह अत्यधिक है और इसकी कठोरता इस कारण भी बढ़ गई है कि भूमि को बेचकर उसे वसूल किया जा सकता है।' मालवा क्षेत्र में हुए विद्रोह पर किये गये शोध कार्य से पता चलता है कि इस क्षेत्र में विद्रोह को जगाने में कम्पनी की आर्थिक नीति का विशेष हाथ था। इस सारे क्षेत्र में विद्रोह हुआ था। यहाँ कम्पनी निर्यात के लिए अफीम के उत्पादन को प्रोत्साहन दे रही थी जिससे कृषि उत्पादन के बड़े भाग का निर्यात हो जाता था। फलतः खाद्य पदार्थों की कीमतें बढ़ रही थीं।

II. बेरोजगार बुनकर: भारतीय अर्थव्यवस्था पर दूसरा आघात व्यापार पर नियंत्रण के रूप में देखा जाता है। अंगरेजों ने धीरे–धीरे सम्पूर्ण व्यापार को अपने हाथ में ले लिया। वे भारत से कच्चा माल ले जाने एवं यहाँ ब्रिटेन के उत्पादित माल का विक्रय करने लगे। प्रारम्भ में स्थानीय कारीगरों के उत्पादन को ऐसे मूल्यों पर बेचने के लिए बाध्य किया जो उनके लिए बिल्कुल अलाभकारी थे। कारीगरों को अब इतनी कम मजदूरी मिलती थी कि वे मुश्किल से गुजारा कर पाते थे। कहा जाता है कि कम मजदूरी देने के विरोध में ढाका के बुनकरों ने, जो मलमल की बारीक बुनाई के लिए मशहूर थे, अपने अंगूठे काट लिए। पूर्व में उल्लेख किया है कि ब्रिटिश सरकार ने इंग्लैण्ड जाने वाले भारत के बने माल पर अधिक कर

निर्धारित किया और इंग्लैण्ड के बने माल पर कम निर्यात कर था। इस तरह भारत के बाजार इंग्लैण्ड के माल से पटने लगे। रजनीपाम दत्त ने मार्क्स को उद्घृत करते हुए लिखा हैः ग्राम व्यवस्था का निर्माण कृषि और उद्योग सम्बन्धी व्यवसाय की घरेलू एकता पर आधारित था। करघा और चर्खा पुराने भारतीय समाज की धुरी थी, लेकिन अंगरेज घुसपैठियों ने भारत के करघे (loom) को तोड़ डाला और चर्खे को नष्ट कर दिया। इस प्रकार ब्रिटेन ने एक महानतम और यदि सच–सच कहें तो ऐसी सामाजिक क्रान्ति कर डाली जैसी एशिया में पहले कभी नहीं सुनी गई थी। इस क्रान्ति ने न केवल पुराने औद्योगिक नगरों को नष्ट कर डाला और उन नगरों में रहने वाले लोगों को गाँवों में खदेड़ दिया बल्कि गांवों के आर्थिक जीवन का संतुलन भी बिगाड़ दिया। यहीं से खेती पर भीषण दबाव शुरू हुआ जो आज तक निरन्तर बढ़ता जा रहा है।... 1850–51 में लगान के रूप में वसूले गए 19,300,000 पौंड में से 166,390 पौंड या कुल राशि का मात्र 0.8 प्रतिशत किसी तरह के सार्वजनिक निर्माण पर व्यय किया गया।[6]

III. भारतीय व्यापार का ह्रासः 1813 के चार्टर एक्ट ने भारत में कम्पनी के व्यापार के एकाधिकार को समाप्त किया तथा इंग्लैण्ड के निजी व्यापारियों को व्यापार की अनुमति प्रदान कर दी। इससे भारत के व्यापार को और आघात पहुँचा। मुक्त व्यापार, अंगरेजी व्यापारियों के भारत आने और इंग्लैण्ड के निर्मित वस्त्रों को अधिकाधिक मात्रा में भारत में बेचने से यहाँ के कुटीर उद्योग प्रायः लुप्त हो गए। प्रतिवर्ष जितना अतिरिक्त निर्यात व्यापार (आयात से अधिक) होता था और सम्पत्ति के पलायन के समान था।[7] इतिहासकार तलमीज खालदून 1857 के विद्रोह का प्रमुख कारण अंगरेजों द्वारा भारतीय जनता का साम्राज्यीय शोषण किया जाना मानते हैं। इस सम्बन्ध में डॉ. ईश्वरी प्रसाद ने भी लिखा है कि भारत इंग्लैण्ड के लिए दुधारू गाय हो गया जबकि उसी के पुत्र भूखें मर रहे थे।[8]

सामाजिक–धार्मिक असन्तोषः विलियम बैंटिक (1828–35) एवं डलहौजी (1848–1856 ई.) के समय हिन्दू समाज में व्याप्त व्यापक कुरीतियों को दूर करने के लिए कानून बनाये गए। सतीप्रथा, कन्यावध, बालविवाह का निषेध किया गया। डलहौजी ने विधवा विवाह की अनुमति दी। देसाई की मान्यता है कि पण्डितों और मौलवियों ने तो जानबूझकर इस भावना को प्रश्रय दिया, क्योंकि विधि व्यवस्था धर्म निरपेक्ष बनाना, सती जैसी प्रथा का उन्मूलन, आधुनिक शिक्षा की स्थापना जिसने साधारणतः विश्व और सामाजिक सम्बन्ध के बारे में धार्मिक विचारों को चुनौती दी, आदि अंगरेज शासन के कार्यों से पण्डितों और मौलवियों की शक्ति क्षीण हुई और उनका प्रभाव घटा।[9] ताराचंद आदि कई विद्वानों ने भी जिक्र किया है कि अठारहवीं सदी के अन्तिम वर्षों और उन्नीसवीं सदी के पूर्वार्द्ध में पश्चिमी सभ्यता तेजी से फैल रही थी। जनता का काफी हिस्सा इससे चिंतित हो उठा। रेलवे और टेलीग्राफ (तार) के आविष्कार, पश्चिमी शिक्षा का विस्तार, सती और शिशु हत्या जैसी प्रथाओं को हटाया जाना, 1850 ई. के धार्मिक अक्षमताएँ कानून (Religious Disabilities Act) द्वारा हिन्दुत्व से धर्मान्तरित व्यक्तियों के नागरिक अधिकारों की रक्षा, 1856 ई. के हिन्दू विधवा पुनर्विवाह कानून (Widow Remarriage Act, 1856) द्वारा विधवा के पुनर्विवाह का कानून संगत बनाया जाना तथा कुछ ईसाई मिशनरियों की अनुचित छेड़छाड़ की भावना इन बातों से भारतीय जनता के कट्टरपंथी दलों ने समझा कि सरकार उनकी सामाजिक शासन प्रणाली के नष्ट करने, उनकी युग प्रतिष्ठित प्रथाओं एवं रीतियों को समाप्त कर उनके देश को पश्चिमाभिमुखगामी बनाने और भारत को ईसाई धर्म में दीक्षित करने की चेष्टाएँ कर रही है।[10]

किन्तु हम देसाई, ताराचंद आदि के इन विचारों से सहमत नहीं हो सकते कि सामाजिक क्षेत्र में किये जा रहे परिवर्तनों को कट्टरपंथी लोगों ने स्वीकार नहीं किया। जैसा स्नेह महाजन ने लिखा हैः यों तो जनता के जीवन में विपत्तियों का मूल कारण अर्थव्यवस्था का विनाशकारी परिवर्तन था, परन्तु 1857 के विद्रोह के समय सामाजिक तथा धार्मिक पहलू भी काफी महत्वपूर्ण बन गए। सामाजिक पहलुओं का विश्लेषण करते समय उन्नीसवीं शताब्दी के अंगरेजी राजनीतिज्ञों, इतिहासकारों तथा बुद्धिजीवियों ने इस विद्रोह को उन लोगों के विद्रोह के रूप में देखा जो ब्रिटिश लोगों की मानवतावादी तथा प्रबुद्ध नीतियों के विरूद्ध थे। उन्होंने यह तर्क दिया कि भारत के रूढ़िवादी, परम्परागत तथा अनपढ़ लोग ब्रिटिश साम्राज्य के विभिन्न प्रगतिशील सुधारों जैसे सती प्रथा को दूर करने, विधवा विवाह के लिए कार्य करने, रेलमार्गों को प्रारम्भ करने आदि का सही मूल्यांकन नहीं कर सके, इस कारण उनमें विद्रोह की भावना भर गई। ब्रिटिश लेखकों ने जान–बूझकर इस प्रकार के तर्क दिए जिनसे वे यह निष्कर्ष निकाल सके कि रूढ़िवादी भारतीय इन प्रगतिशील सुधारों का ठीक मूल्यांकन नहीं कर पाए। अन्यथा सरकार के राजनीतिक तथा आर्थिक ढाँचे से उन्हें कोई शिकायत नहीं थी। बहुत से भारतीय इतिहासकारों ने भी इस तर्क को माना है। परन्तु यहाँ ध्यान देने योग्य बात यह है कि सती प्रथा तथा विधवा विवाह जैसे सुधारों का कुछ

भारतीय स्वयं ही प्रचार कर रहे थे। 1829 में जब सती–प्रथा को गैर–कानूनी घोषित किया तब कोई विद्रोह नहीं हुआ। रेलों का भारतीयों ने बहुत उत्साहपूर्वक स्वागत किया। कुछ लोगों ने इनका स्वागत नहीं किया। उनके विरोध का मूल कारण यह था कि ये ऐसे समय में लागू किए गए जबकि भारतीय जनता की आर्थिक कठिनाईयाँ बढ़ती जा रही थीं तथा ईसाई धर्म के प्रचार से भारतीयों को यह लगने लगा था कि उनका धर्म तथा संस्कृति खतरे में है। स्पष्ट है कि यूरोपियन ईसाई मिशनरियों के प्रयासों से भारतीयों के धर्म परिवर्तन के उत्साह को देखकर लोगों की यह धारणा दृढ़ हुई कि अंगरेज सम्पूर्ण भारतीयों को ईसाई बनाना चाहते हैं। कम्पनी के बोर्ड ऑफ डाइरेक्टर्स के चेयरमेन मैगल्स (Mangles) ने 1857 में ब्रिटेन के हाउस ऑफ कामन्स में कहा थाः ईश्वर की कृपा ने हिन्दुस्तान का विस्तृत साम्राज्य इंग्लैण्ड को सौंपा है ताकि ईसा की विजय पताका भारत के एक किनारे से दूसरे किनारे तक फहराये। हर एक को अपनी पूरी ताकत लगानी चाहिये ताकि सारे भारत को ईसाई बनाने के महान कार्य में किसी भी कारण ढील न होने पाये।[11]

शिक्षा, ईसाई धर्म के प्रचार का महत्वपूर्ण माध्यम था। स्कूलों में धार्मिक शिक्षा के अन्तर्गत गॉस्पिल की शिक्षा दी जाती थी। इससे लोगों के मन में यह सन्देह हो गया कि ऐन–केन प्रकारेण सरकार ईसाई बनाना चाहती है, इससे असन्तोष बढ़ा। जेलों और अस्पतालों के प्रति भी लोगों के मन में यह शंका थी कि इनके माध्यम से उन्हें ईसाई बनाया जा सकता है। 1837 में जब दुर्भिक्ष पड़ा तो मिशनरियों ने इसका पूर्ण लाभ उठाया और "तमाम यतीमों को ईसाई बना लिया गया।" अमेरिकन मिशनरी सोसायटी (American Missionary Society) ने आगरे में मुद्रणालय (Printing Press) लगाया। प्रेस द्वारा मूर्ति पूजा को बुरा कहा और भारतीय देवी–देवताओं का उपहास किया गया। ऐसा सर सैयद अहमद ने कहा था।[12] ईसाई मिशनरियों के इन प्रयासों की स्थानीय धर्म गुरूओं ने भरपूर आलोचना की।

सैनिक कारण: ब्रिटिश सेना में भारतीय सैनिकों की संख्या अधिक थी, जो मुख्यतः उत्तर और उत्तर–पश्चिमी भारत के कृषक वर्ग से सम्बद्ध थे। ब्रिटिश शोषण नीति का प्रभाव सिपाहियों पर भी पड़ा। वस्तुतः इनमें से अधिकांश कृषि से प्राप्त आय की कमी के दूर करने के लिए ही सेना में भर्ती हुए थे। किन्तु उन्हें 7–8 रूपये मासिक वेतन प्राप्त होता था और घुड़सवार को 27 रूपये तक मिलते थे जिसमें से उन्हें अपने भोजन, वर्दी, घोड़े का चारा तथा व्यक्तिगत सामानों के लिए भी खर्च करना पड़ता था।

- कहा भी है कि सरकार तथा सिपाही में एक मात्र सम्बन्ध वेतन का था तथा इस दृष्टि से स्थिति सन्तोषजनक नहीं थी। सेना में लगभग 3,15,000 भारतीय सैनिक तथा 51,000 यूरोपीय सैनिक थे। परन्तु सेना के कुल खर्चे का आधे से अधिक भाग इन यूरोपीय सैनिकों पर खर्च किया जाता था।[13]
- 1844 में जब रेजीमेंटों को सिंध भेजा गया तो उन्हें भत्ता (दैनिक भत्ता) दिये जाने का विश्वास दिलाया। 64वीं रेजीमेंट के सिपाहियों की शिकायत थी कि कमांडिंग अधिकारी ने उन्हें धोखा दिया है और उन्हें भत्ते का विश्वास देकर नहीं दिलवाया गया। भत्ते में आनाकानी करने से असन्तोष बढ़ा। इसके अतिरिक्त भारतीय सिपाहियों के साथ ब्रिटिश अधिकारी अभद्र व्यवहार करते थे। उन्हें सदैव गाली दी जाती थी और अपमानित किया जाता था।
- भारतीय जवान अपनी बहादुरी के महान युद्ध सामर्थ्य के बावजूद सूबेदार के पद से ऊपर नहीं जा पाते थे, जबकि इंग्लैण्ड का एक नवनियुक्त सैनिक सीधे पदोन्नति पा जाता था। सिपाही जानता था कि वह चाहे जितनी कर्त्तव्यनिष्ठा दिखाये, चाहे जितना बहादुर सैनिक बन जाए, उसे अंगरेज सैनिक के बराबर वेतन कभी नहीं मिलेगा। तीस वर्ष की कर्तव्य निष्ठ सेवा भी उसे अंगरेज अफसर का मातहत होने से बचा नहीं सकेगी।[14] भारतीय सैनिक यह मानने लगे थे कि अंगरेज उन्हें लकड़हारे अथवा कहार (Hewers of Wood and Drawers of Water) बनाना चाहते हैं।
- सेना में धार्मिक विरोध की भावना का विकास 1824 में हुआ जब बैरकपुर की 47वीं रेजीमेंट को बर्मा (म्यांमार) जाने का आदेश दिया गया। हिन्दुओं के लिए तब समुद्र पार करने का मतलब, उनका धर्म नष्ट होना था। इसलिए सिपाहियों ने इन्कार कर दिया। आदेश का विरोध करने वाले सिपाहियों को फांसी पर चढ़ा दिया गया और 47वीं रेजीमेंट भंग कर दी गई। अफगान युद्ध के दौरान सिपाहियों को कैसा भी और कुछ भी खाने–पीने पर मजबूर किया गया। सीताराम नाम का एक सिपाही जब अफगानिस्तान से लौटा, तो न सिर्फ उसे अपने

गाँव, बल्कि अपनी बैरक में भी 'जात–बाहर' घोषित कर दिया गया। इस तरह कम्पनी की नौकरी में होने की 'इज्जत' उसे समाज में जगह नहीं दिला सकी, धर्म और जाति कहीं ज्यादा ताकतवर साबित हुई।[15]

- सैनिकों को नई इनफील्ड राइफल (New Enfield Rifle) का प्रयोग करना था जिसकी कारतूस में गाय एवं सूअर की चर्बी से बनी ग्रीस लगी थी। इन कारतूसों को सैनिकों द्वारा मुँह से खोला जाना था। इस तथ्य की जानकारी मेरठ छावनी में जंगल की आग की तरह फैल गई। राबर्ट्स ने इस कथन को कुछ सीमा तक सत्य माना है।[16] सत्य का पता चलने पर कारतूसों को वापस लेने से यह शक और भी बढ़ गया। कालान्तर में जानकारी किये जाने पर स्पष्ट हुआ कि वूलिच शस्त्रागार (Woolwich arsenal) में गाय और बैलों की चर्बी प्रयोग की जाती थी। इसे कमजोरी का चिह्न समझा गया जो अपवित्र इरादों के स्पष्ट होने पर किया जाता है।[17] इस तरह सिपाहियों की धार्मिक भावनाओं को ठेस पहुँची। उन्हें यह विश्वास हो गया कि उनका धर्म खतरे में है।
- भारतीय सैनिकों की यह धारणा भी दृढ़ होती जा रही थी कि अंगरेज सेना अजेय नहीं है। प्रथम अफगान युद्ध (1838–42) और दो बार सिक्ख सेनाओं ने (1844 एवं 1849 ई.) अंगरेज सेनाओं को करारा आघात पहुँचाया और 1854–56 के क्रीमिया युद्ध (Crimean war) में भी अंगरेज सेना को प्रारम्भ में मात खानी पड़ी थी। भारतीय सैनिक यह विचार करने लगे कि यदि एक हो जाये तो वे शक्ति में कम नहीं हैं। अवध एवं अन्य देशी राज्यों आदि के कम्पनी राज्य में मिलाये जाने से वहां की सेना विघटित कर दी गई थी, बतौर उदाहरण अवध के 70 हजार सैनिक बेकार हो गये। अंगरेज सेना में भारतीयों की संख्या तथा देशी राज्यों की विघटित सेना की सामूहिक शक्ति ब्रिटिश सत्ता को उखाड़ फेंकने के लिए पर्याप्त थी।

संघर्ष का प्रारम्भ: 27 मार्च, 1857 को बैरकपुर में तैनात एक युवा सैनिक मंगल पाण्डे ने अकेले ही ब्रिटिश अधिकारियों पर हमला करके बगावत कर दी। उसे फांसी पर लटका दिया गया और सरकार ने इस घटना को अधिक महत्व नहीं दिया। इसके लगभग एक माह बाद 24 अप्रैल को मेरठ में तैनात देशी घुड़सवार सेना के नब्बे लोगों ने चर्बी लगे कारतूसों का इस्तेमाल करने से इन्कार कर दिया। उनमें 85 को बर्खास्त कर दिया गया तथा 9 मई को 10 साल के लिए जेल की सजा सुनाई गई। अगले दिन 10 मई को मरेठ में तैनात पूरी भारतीय सेना ने विद्रोह कर दिया। 11 मई को मेरठ के विद्रोही सैनिकों ने दिल्ली पहुँच कर कुछ अंगरेज अधिकारियों को मार डाला और दिल्ली पर अधिकार कर लिया। उन्होंने बहादुरशाह से नेतृत्व स्वीकार करने की अपील की।

अगले एक महिने में बंगाल की पूरी फौज ने बगावत कर दी। सारा उत्तर तथा पश्चिमी भारत शस्त्र लेकर अंगरेजों के विरूद्ध खड़ा हो गया। मथुरा, अलीगढ़, मैनपुरी, बुलन्दशहर, आगरा, बरेली, फर्रूखाबाद, बिजनौर, शाहजहांपुर, मुजफ्फरनगर, बदायूं, दानापुर आदि क्षेत्रों में जहाँ भारतीय सैनिक तैनात थे, विद्रोह कर दिया। सेना के विद्रोह करने से पुलिस तथा स्थानीय प्रशासन भी तितर–बितर हो गया। इसके तुरन्त बाद शहर तथा गांवों में विद्रोह शुरु हो गये। लेकिन कई स्थान ऐसे भी थे जहाँ के लोग सेना के विद्रोह से पूर्व ही बगावत कर चुके थे। जहाँ भी विद्रोह भड़का सरकारी खजाने को लूट लिया और गोले बारूद को अपने कब्जे में ले लिया। बैरकों, थानों, राजस्व कार्यालयों को जला डाला गया, कारागार के दरवाजे खोल दिये गये। गाँवों के कृषकों तथा बेदलख किए गए जमींदारों ने साहूकारों एवं नए जमींदारों पर जिन्होंने उन्हें बेदखल किया था हमला कर दिया। उन्होंने सरकारी दस्तावेजों तथा साहूकारों के बहीखातों को नष्ट कर दिया अथवा लूट लिया। इस तरह विद्रोहियों ने उपनिवेशवादी शासन के सभी चिह्नों को मिटाने का प्रयास किया। जिन क्षेत्रों के लोगों ने बगावत में भाग नहीं लिया उन लोगों ने भी अपनी सहानुभूति विद्रोहियों को दी और उनकी सहायता की। ऐसी जानकारी मिलती है कि विद्रोही सिपाहियों को अपने साथ भोजन नहीं ढ़ोना पड़ता था क्योंकि भोजन की व्यवस्था गाँव वाले कर देते थे। विद्रोहियों को सैनिक प्राप्त करने तथा धन जमा करने के लिए जबर्दस्ती नहीं करनी पड़ी थी। बहुत से स्थानों पर ग्रामवासियों ने समय से पहले ही विद्रोही सरकारों के पास लगान जमा करवा दिया था। अंगरेज यह देखकर हैरान रह गये क्योंकि उन्होंने आशा की थी कि जिन लोगों को उन्होंने जमीनें दी थी वे मुसीबत के समय सरकार का साथ देंगे मगर ऐसा नहीं हुआ। स्मरणीय है कि मध्य भारत में जहाँ के शासक ब्रिटिश शासन के प्रति वफादार थे, सेना ने विद्रोह कर दिया। इन्दौर का सैन्यदल विद्रोही सिपाहियों के साथ हो गया था, इसी प्रकार 20 हजार से अधिक ग्वालियर के सिपाही तात्यां टोपे एवं झांसी की रानी के साथ चले गये।

विद्रोह की सबसे महत्वपूर्ण विशेषता हिन्दू–मुस्लिम एकता थी। मेरठ व दिल्ली के हिन्दू सिपाहियों ने एकमत होकर बहादुर शाह को सम्राट घोषित किया एवं उसका आधिपत्य स्वीकार किया। हिन्दू और मुस्लिमों ने साथ मिलकर लड़ाई लड़ी और साथ मरे। हिन्दू भावनाओं का आदर करते हुए विद्रोही सिपाही जहाँ भी पहुंचे गोहत्या पर प्रतिबंध लगा दिया जाता था।

विद्रोह का प्रसार: यह काफी समय से विवाद का विषय बना हुआ है कि विद्रोह का प्रसार कुछ क्षेत्रों तक ही सीमित क्यों रहा। 10–11 मई की मेरठ एवं दिल्ली की घटनाओं से प्रभावित होकर 30 मई को लखनऊ में विद्रोह की ज्वाला भड़क उठी और इसके अगले दिन बरेली और शाहजहांपुर के सैनिकों ने बगावत कर दी। विद्रोह का सबसे अधिक प्रभाव झांसी, ग्वालियर, इलाहाबाद, वाराणसी, कानपुर, नागपुर एवं उत्तर प्रदेश के कुछ अन्य प्रदेशों में हुआ।

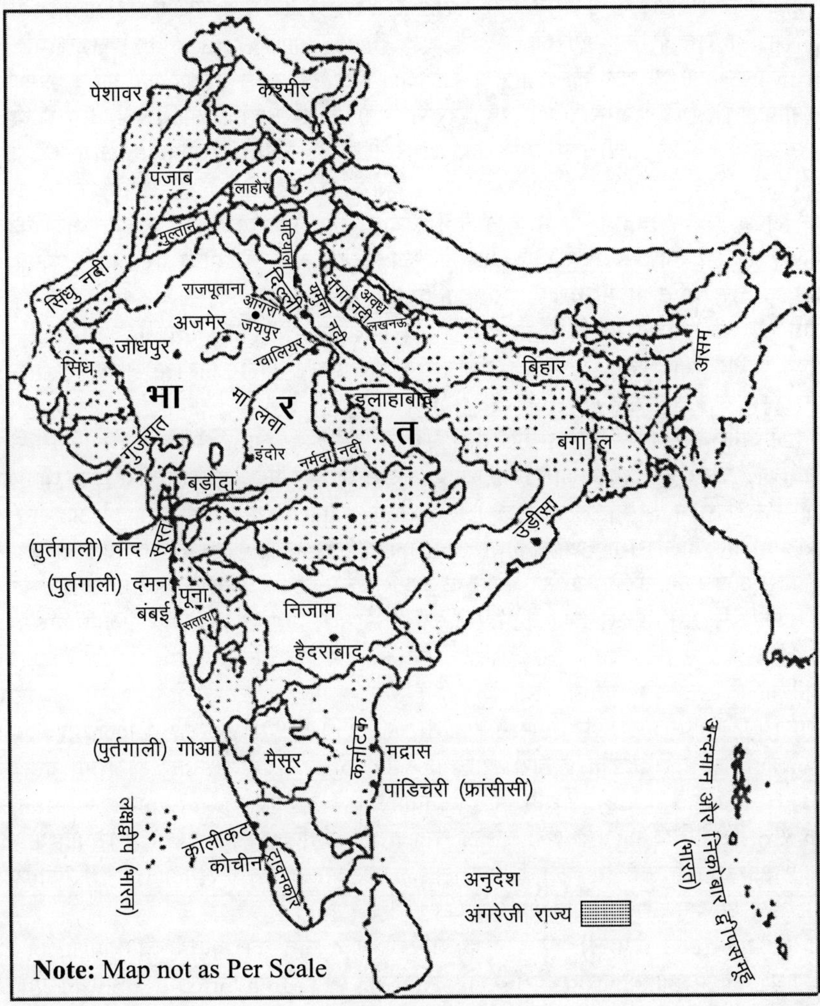

1857 ई. में भारत

राजस्थान में 28 मई को नसीराबाद, 3 जून को नीमच में विद्रोह हुआ लेकिन विद्रोह का मुख्य केन्द्र कोटा और आवा थे। कोटा में अंगरेज विरोधी भावनाएँ अधिक थी। वहाँ के अंगरेज रेजीडेंट की हत्या कर दी गई और शासक को घेर लिया। अंगरेजों को इस विद्रोह को कुचलने के लिए विशेष सेना भेजनी पड़ी। जोधपुर के एरनपुरा में हुए विद्रोह में आवा के ठाकुर तथा मेवाड़ एवं मारवाड़ के कुछ जागीरदार सम्मिलित हुए। जोधपुर के शासक द्वारा भेजी गई सेना को हरा दिया गया था। पंजाब के सम्मिलित न होने के बारे में विद्वान एक मत नहीं हैं। पंजाब के इस विद्रोह में भाग न लेने का एक प्रमुख कारण

पंजाबी सैनिकों की सहायता से नई सेनाओं का गठन था। तीन महीनों में 34,000 सैनिक भर्ती किए गए। इस भर्ती में पठानों और उत्तर–पश्चिमी सीमा के लोगों को अधिक अवसर दिया गया। इससे पंजाब में भंग किए गए सैनिकों के समक्ष अंगरेजी सेना में भर्ती का आकर्षण भी पैदा हो गया। पंजाब को अंगरेजी नियंत्रण में रखने के लिए जान लारेन्स ने विद्रोह की शंका पर भी बर्बरतापूर्ण दण्ड देने की नीति अपनाईं कहीं–कहीं सैनिकों की पूरी रेजीमेंटों को तोप से उड़वा दिया गया। गाँव के गाँव जलवा दिए गए और कुछ स्थानों पर गाँव के समस्त पुरूषों को कत्ल करवा दिया गया।[18]

नर्मदा के उत्तर के लोगों ने जिस उत्साह से भारत की स्वतंत्रता के लिए संघर्ष किया वह उत्साह दक्षिण में नहीं देखा गया। यद्यपि इस पर अभी शोध कार्य किया जाना है। संभवतः दक्षिण भारत को 1857 के कुछ वर्षों पूर्व ही अनेक युद्धों में उलझे रहना पड़ा था। हैदर (1776–79 ई.) एवं टीपू (1782 एवं 1799) के साथ दक्षिण की भारतीय फौजों ने अंगरेजों से काफी संघर्ष किया। मराठा सेनाओं को अंगरेजों से कई युद्ध (1800–1802 से 1818 तक) लड़ने पड़े। 1857 तक दक्षिण की जनता अंगरेजों के क्रूरतापूर्ण व्यवहार को भूल नहीं पाई थी। अतः दक्षिण में विद्रोह को अधिक समर्थन नहीं मिल पाया। मराठा सरदार भी सामान्यतः अंगरेज समर्थक बने रहे। दूसरा तथ्य जो इस दृष्टि से दिखाई देता है वह यह है कि सम्पूर्ण दक्षिण भारत पर (हैदराबाद को छोड़कर) इस समय तक अंगरेजों का आधिपत्य स्थापित हो गया था परिणामतः इस सघन (काम्पेक्ट) क्षेत्र में प्रभावी नियंत्रण स्थापित किया जा सका। दूसरी ओर हैदराबाद का नवाब सालारजंग अंगरेजों का मित्र बना रहा और उसने अपने क्षेत्र में विद्रोह को भड़कने नहीं दिया। कहा जा सकता है कि जिन क्षेत्रों के सैनिकों एवं जनता ने 1857 से कुछ अरंसे पूर्व अंगरेजों से संघर्ष किया था मोटेरूप में उन क्षेत्रों में शान्ति बनी रही। पंजाब के 1857 के विद्रोह में सम्मिलित न होने को इस दृष्टि से भी देखा जाना चाहिए।

नेतृत्व: विद्रोह की आंधी उत्तर भारत के बहुत बड़े क्षेत्र में व्याप्त थी, किन्तु दिल्ली, कानपुर, लखनऊ, बरेली, झांसी और आगरा में इसका विशेष प्रभाव रहा। सामान्यतः इन स्थानों पर अलग–अलग नेताओं ने क्रान्ति का नेतृत्व किया तथापि आन्दोलन के दौरान सभी ने बहादुरशाह का आधिपत्य स्वीकार किया।

बहादुरशाह (24 अक्तूबर 1775–7 नवम्बर 1862 रंगून): जैसा हम जानते हैं कि मेरठ से आये सैनिकों ने बहादुरशाह को उनका नेतृत्व स्वीकार करने के लिए राजी कर लिया था। इस अवसर पर बहादुरशाह ने कुछ घोषणायें कीं तथा समाज के विभिन्न वर्गों को आन्दोलन में सम्मिलित होने के लिए इश्तहार जारी किया। जमींदारों का आह्वान करते हुए कहा कि 'उन पर मालगुजारी का भार डाला गया तथा बकाया रकम की वसूली के लिए उनकी जमींदारियों को नीलामी पर चढ़ाया गया। अदालत की फीस और मुकद्दमों की खर्चीली विधि के द्वारा उन्हें नष्ट किया गया।' व्यापारियों को कहा गया कि 'विधर्मी तथा विश्वासघाती सरकार ने सभी अच्छी तथा कीमती चीजों जैसे नील, कपड़ा आदि पर एकाधिकार स्थापित कर लिया है और केवल मामूली चीजों को उनके लिए छोड़ा है, यही नहीं इन पर भी शुल्क, स्टैम्प–ड्यूटी, टैक्स एवं चुंगी वसूली की गई।' सरकारी नौकरियों के सम्बन्ध में बताया गया कि 'सभी ऊँची मर्यादा तथा ऊंचे वेतन वाली नौकरियां अंगरेजों के लिए सुरक्षित थी।' कारीगरों के सम्बन्ध में इस इश्तहार में यह उद्घोषित किया कि अंगरेजों ने विलायत में बना हुआ माल भारत में लाकर यहाँ के जुलाहों, धुनियों, बढ़इयों, लुहारों, मोचियों आदि को, रोजगार छीनकर भिखमंगा बना दिया।[19]

बख्त खाँ (1779–13 मई 1859): यद्यपि आन्दोलनकारियों ने बहादुरशाह को शहंशाए–ए–हिन्दुस्तान घोषित किया था किन्तु वास्तविक सत्ता सिपाहियों के पास थी। बुन्देल नेता बख्त खाँ जिसने कि बरेली में सिपाहियों के विद्रोह का नेतृत्व किया था 3 जुलाई, 1857 को दिल्ली पहुंचा एवं आन्दोलन का संचालन करने लगा। उसने सिपाहियों के न्यायालय की स्थापना की जिसमें हिन्दू और मुस्लिम विद्रोही शामिल थे।

नाना साहब (1820–1859 नेपाल): कानपुर के सैनिकों ने 4 जून को विद्रोह की घोषणा की और नाना साहब ने विद्रोह का नेतृत्व किया, जो पेशवा बाजीराव द्वितीय के दत्तक पुत्र थे। उनके नेतृत्व में नागरिकों एवं सैनिकों ने मिलकर युद्ध किया। 25 जून को अंगरेजी शिविर को अपने कब्जे में ले लिया और अंगरेजों को कानपुर से बाहर निकाल दिया। नाना साहब को पेशवा घोषित किया। बहादुरशाह को नाना ने भी भारत का बादशाह मान लिया था किन्तु 16 जुलाई को अंगरेज सेनापति नील ने पुनः कानपुर पर अधिकार कर लिया और बिठूर में नाना साहब के महल को लूट लिया। 16 जुलाई को कानपुर के बीबीघर नामक मकान में कुछ अंगरेज स्त्रियों और बच्चों की हत्या कर दी, जिसका बदला नील ने कानपुर में क्रूरतापूर्ण नरसंहार से लिया।

तात्या टोपे (16 फरवरी 1814–18 अप्रैल 1859–महाराष्ट्रबाघ–उपनाम): तात्या टोपे जन्मजात सैनिक और सेनापति थे। वे फिरंगियों की देशी पल्टनों को फोड़कर अपनी तरफ मिलाने और कठिन से कठिन परिस्थिति में नयी सेना जमा कर लेने की कला में दक्ष थे। 10 से 16 जुलाई के मध्य संघर्ष में अंगरेजों ने कानपुर पर पुनः अधिकार कर लिया था अतः कानपुर की रक्षार्थ नाना साहब ने तात्या टोपे से सहयोग मांगा। कानपुर में रहते समय जब नयी सेना लाकर ताकत बढ़ाने का सवाल उठा, वे शिवराजपुर जाकर 42वीं पल्टन को ले आये थे। बिठूर छोड़कर चले जाने के बाद फिर नयी सेना जमा करना नाना साहब के लिए जरूरी हो गया। तात्या टोपे छद्मवेश धारण कर ग्वालियर की छावनी पहुंचे और मोरार में जितनी भी सेना थी, उसे कालपी लेकर आ गये। कालपी को हस्तगत कर (9 नवम्बर, 1857) उसकी सुरक्षा बाला साहब (नाना साहब के छोटे भाई) पर छोड़कर तांत्या आगे बढ़े। जब कोलिन कैम्पबेल ने लखनऊ में युद्ध शुरु किया, तात्या ने शिवराजपुर पर कब्जा कर कलकत्ते से कानपुर पहंचने वाली अंगरेज सेनाओं और युद्ध सामग्री का रास्ता काट दिया। इसके बाद यूरोप में प्रसिद्ध रहे सेनापति विन्डम को परास्त कर कानपुर पर फिर से अधिकार कर लिया। 6 दिसम्बर, 1857 को कैम्पबेल (Colin Campbell) ने नाना साहब की सेना पर हमला शुरू किया। उसने कालपी बिठूर (ब्रह्मावर्त) को जाने वाले रास्तों पर नाकेबंदी कर दी। कैम्पबेल सफल रहा नाना साहब और तात्या अंगरेजी घेरे से निकल भागे। अंगरेजों ने नाना के महल, किले और नगर के मन्दिरों को ढहा दिया। इस तरह तात्या टोपे के नेतृत्व में अधिकांश लड़ाइयां लड़ी गईं और वह एक महान देशभक्त और ब्रिटिश विरोधी नेता के रूप में चर्चित रहे।[20]

बेगम हजरत महल (1820–7 अप्रैल 1879 काठमाडू): अवध के अंगरेजी साम्राज्य में मिलाये जाने से वहाँ के सामन्तीय परिवारों एवं जनता में असन्तोष व्याप्त था। अंगरेजों ने अवध में केवल राज्य प्रशासन पर ही अधिकार करने तक अपनी नीति सीमित नहीं रखी बल्कि ताल्लुकेदारों की जागीरें भी हड़प ली और कृषकों पर भारी लगान का बोझ लाद दिया। इस तरह अंगरेजी व्यवस्था के विरूद्ध अवध में घोर असन्तोष व्याप्त था। अवध की राजधानी लखनऊ में 30 मई को 71वीं एवं 48वीं पल्टन ने विद्रोह कर दिया। प्रारम्भ में विद्रोहियों का अवध की बेगम ने नेतृत्व प्रदान किया और अपने लड़के (वालिद अलीशाह के अल्पव्यस्क पुत्र) बिरजिस कदर को नवाब घोषित किया। स्वयं (माता) बेगम हजरत महल उसकी संरक्षिका बनी। अवध के ताल्लुकेदारों व जमींदारों ने विद्रोहियों का साथ दिया।

मौलवी अहमदुल्ला (1787–5 जून 1858): अवध क्षेत्र के सबसे प्रसिद्ध नेता फैजाबाद के मौलवी अहमदुल्ला हुए जिन्होंने विद्रोहियों को संगठित कर अंगरेजों से संघर्ष किया। केनिंग ने अवध के विद्रोह की व्यापकता को देखकर कहा था 'अवध के विद्रोह ने राष्ट्रीय रूप धारण कर लिया है।' आउट्रम (Outram) एवं हेवलॉक (Havelock) को लखनऊ भेजा गया, किन्तु वे असफल रहे। 31 मार्च, 1858 को पुनः कैम्पबेल गोरखा सेना की सहायता से लखनऊ पर अधिकार कर पाया।

झांसी की रानी लक्ष्मीबाई (16 नवम्बर 1835–19 जून 1858): झाँसी में विद्रोह का प्रारम्भ 5 जून को हुआ। किन्तु प्रारम्भ में लक्ष्मीबाई ने इनका नेतृत्व स्वीकार नहीं किया। 1853 ई. में झाँसी के राजा गंगाधरराव की मृत्यु के बाद उत्तराधिकारी के अभाव में अंगरेज सरकार ने 1854 में झाँसी को कम्पनी राज्य में मिला लिया। झाँसी की रानी की पेंशन निश्चित कर दी गई एवं वह शहर में स्थित सामान्य महल में रहने लगी। विद्रोही सिपाही महल के पास गये और काले खाँ के साथ सिपाहियों ने नारा बुलन्द किया: 'खलक खुदा कर मुलक बादशाह का, राज महारानी लक्ष्मीबाई का।' आन्दोलनकारियों ने रानी से उनका नेतृत्व स्वीकार करने को कहा किन्तु रानी ने अपनी असमर्थता व्यक्त कर उन्हें रवाना किया। लक्ष्मीबाई ने कुछ दिनों तक अंगरेजों के प्रति मित्रता दर्शाई और 12–14 जून, 1857 को सागर डिवीजन के कमिश्नर अर्सकाइन को अपनी स्थिति स्पष्ट करते हुए पत्र लिखा किन्तु अंगरेजों ने उस पर विश्वास नहीं किया। यद्यपि अंगरेजों की ओर से अर्सकाइन ने लक्ष्मीबाई को झाँसी का प्रशासन संचालन के लिए कहा, किन्तु आन्दोलनकारियों द्वारा की गई अंगरेजों की हत्या के लिए उसे दोषी भी माना गया। अतः रानी ने अंगरेजों के विरूद्ध संघर्ष करना ही उचित समझा।

23 मार्च, 1858 को ह्युरोज ने झाँसी को चारों ओर से घेर लिया। एक सप्ताह तक युद्ध होता रहा। उनके मोर्चे संभालने वालों में सिर्फ ब्राह्मण एवं क्षत्रिय ही नहीं थे, कोली, काछी और तेली भी थे, महाराष्ट्रीय और बुन्देलखण्डी थे, पठान और अन्य मुसलमान थे। मर्दों के साथ हर मोर्चे पर औरतें थीं।[21] झाँसी की सुरक्षा असंभव समझकर लक्ष्मीबाई 4 अप्रैल, 1858 को रात्रि के अंधेरे में अपने दत्तक पुत्र दामोदर राव को पीठ से बांधकर एक रक्षक दल के साथ निकल पड़ी और बड़ी बहादुरी से लड़ती हुई कालपी पहुँची। अन्य नेता भी वहां एकत्र हो गये। यहाँ ह्युरोज के साथ भयंकर युद्ध हुआ। 1858 मई को रानी कालपी से ग्वालियर पहुंची। सिंधिया अंगरेजों का समर्थक था, किन्तु उसकी सेना विद्रोहियों के साथ हो गई जिसकी

सहायता से रानी ने ग्वालियर पर अधिकार कर लिया और ग्वालियर की रक्षा करते हुए वीरगति को प्राप्त हुई, लक्ष्मीबाई का नाम भारतीय इतिहास में अमर हो गया।

कुंवर सिंह (13 नवम्बर 1777–26 अप्रैल 1858): बिहार में जगदीशपुर के जमींदार कुंवर सिंह ने विद्रोह का नेतृत्व किया। सत्तर साल की उम्र में जमींदार कुंवरसिंह को अंगरेजों ने दिवालिएपन के कगार पर पहुँचा दिया था। हालांकि उन्होंने खुद किसी विद्रोह की योजना नहीं बनाई थी, लेकिन जैसे ही विद्रोही सिपाहियों का दस्ता दीनापुर से आरा पहुँचा, कुंवर सिंह उनके साथ हो गए।[22] जुलाई 1857 में कुंवर सिंह ने आरा पर अधिकार कर लिया। अगस्त 1857 में आरा से लखनऊ की ओर बढ़े और नवम्बर में कालपी पहुंचे और तदनंतर मार्च 1858 में आजमगढ़ पर अधिकार जमाया। यह उसकी सबसे बड़ी सफलता थी। अन्त में उसकी जागीर में ही उसे अंगरेजों ने चारों ओर से घेर लिया था। वह तीन–चार दिन के संघर्ष के बाद लड़ते हुए मारा गया। इसके बाद भी अंगरेज लगभग एक वर्ष तक जगदीशपुर पर अधिकार नहीं कर पाये। कहा गया है कि अंगरेज इस सफल विद्रोह से इतने खीझ उठे थे कि मेजर आयर ने जगदीशपुर महल और मन्दिरों को नष्ट करके ही अपने दिल की भड़ास निकाली।[23]

सितम्बर को दिल्ली का कश्मीरी दरवाजा उड़ा दिया तथा 20 सितम्बर को दिल्ली पर अंगरेजों का पुनः अधिकार हो गया एवं बहादुरशाह को बंदी बना लिया गया। इस प्रकार नाना साहब कानपुर में पराजित हुए और उसके बाद नेपाल चले गये और उनका कुछ पता नहीं चला। तांत्या टोपे मध्य भारत के जंगलों में चले गये। किन्तु उनके एक मित्र ने उन्हें धोखे से गिरफ्तार करवा दिया। उन पर मुकदमा चलाकर 15 अप्रैल, 1858 को फांसी दे दी गई। झांसी की रानी 17 जून, 1858 को युद्ध के मैदान में वीरगति को प्राप्त हुईं इसी तरह 1859 तक कुंवर सिंह, बख्त खाँ, बरेली के खान बहादुर खान, मौलवी अहमदुल्ला, सभी मर चुके थे और अवध की बेगम को नेपाल भागना पड़ा। 1859 के अन्त तक भारत पर फिर अंगरेजों की सत्ता पूरी तरह और दृढ़ता से स्थापित हो गई। इस आन्दोलन के अन्य महत्वपूर्ण नेताओं में खान बहादुर (बरेली), गजाधर सिंह (गोरखपुर), नवाब तफज्जल हुसैन (फर्रूखाबाद), शहीद हुसैन (सुल्तानपुर), सुरेन्द्र साई (संभलपुर) रावतुलाराम (हरियाणा), देवी सिंह (मथुरा), कदम सिंह (मेरठ), शेखरमाजान (सागर), राजाठाकुर प्रसाद (गढमंडला), नारायणसिंह (रायपुर), शाहजादा हुमायूँ (जिन्हें फिरोजशाह भी कहा गया–मंदसौर के थे) आदि का जिक्र किया जा सकता है। इनके प्रयासों से भारत के बहुत बड़े भाग में इस क्रान्ति का प्रसरण संभव हुआ।

1857 महासंग्राम के प्रमुख नायक व केन्द्र

नेतृत्व	संघर्ष अवधि	केन्द्र	ब्रिटिश अधिकारी	संघर्ष समाप्ति तिथि
बहादुरशाह जफर एवं जफर बख्त खाँ (सैन्य संचालक)	11–12 मई 1857	दिल्ली	निकलसन हडसन	21 सितम्बर 1857
नाना साहब व तांत्या टोपे	5 जून 1857	कानपुर	कैंपबेल	6 सितम्बर 1857
बेगम हजरत महल	4 जून 1857	लखनऊ	कैंपबेल	3 अप्रैल 1858
रानी लक्ष्मीबाई व तांत्या टोपे	जून 1857	झांसी, ग्वालियर	ह्युरोज	3 अप्रैल 1857
लियाकत अली	1857	इलाहाबाद	कर्नल नील	1858
कुँवर सिंह	अगस्त 1857	जगदीशपुर बिहार	विलियम टेलर व मेजर विंसेट आयर	1858
खानबहादुर खाँ	1857	बरेली	–	1858
मौलवी अहमदुल्ला	1857	फैजाबाद	–	1858
अजीमुल्ला	1857	फतेहपुर	जनरल रेनार्ड	1858

विफलता के कारण: 1857 के विद्रोह में आन्दोलनकारियों ने ब्रिटिश सरकार और शासन प्रणाली को कुछ समय के लिए उखाड़ फेंका, लेकिन उनको ब्रिटिश सरकार का कोई विकल्प नजर नहीं आया। परम्परागत व्यवस्था एवं शासकों की असफलता के कारण ही अंगरेज सम्पूर्ण भारत पर आधिपत्य स्थापित कर पाये। पूर्व शासकों के प्रति विश्वास रखने के कारण विद्रोहियों को भारतीयों में एक नई चेतना जागृत करने में कठिनाई हुई केवल राष्ट्रीय एकता ही ब्रिटिश शासन का एक सक्षम विकल्प बन सकती थी। परन्तु विद्रोहियों में राष्ट्रीयता की भावना अब तक अस्फुटरूप में ही व्याप्त थी। विवरण

मिलता है कि इस विद्रोह में जिन विभिन्न तत्वों ने भाग लिया उन्हें कभी यह बोध नहीं हुआ कि वे एक राष्ट्र के अंश हैं जिनका सम्मिलित आर्थिक और राजनीतिक अस्तित्व हो सकता है। विद्रोह के सामन्ती नेताओं के राजनीतिक कार्यक्रम का बस एक ही नकारात्मक उद्देश्य था, विदेशियों को निकाल बाहर करना।[24] यद्यपि आन्दोलनकारियों को इस तथ्य का अवश्य ज्ञान था कि देश की बर्बादी और स्वयं की तबाही का एक मात्र कारण अंगरेज है, इसीलिए उन्हें देश के बाहर निकाला जाना चाहिये। तथापि अंगरेजों के चले जाने पर पूर्व प्रचलित सामन्ती व्यवस्था के स्थान पर कोई नई प्रशासनिक व्यवस्था का विकल्प किसी भी विद्रोही नेता के मस्तिष्क में नहीं था। जैसा स्नेह महाजन ने लिखा भी हैः इस विद्रोह के पीछे न तो कोई रचनात्मक विचारधारा थी और न ही भविष्य के लिए कोई योजना थी। न उच्चतर समाज व्यवस्था का कोई स्वप्न था और न ही बेहतर राज्य पद्धति का।[25] किन्तु प्रोफेसर बिपिनचन्द्र की मान्यता है कि हाथ आई ताकत को बनाए रखने के लिए आन्दोलनकारी, संगठन तथा राजनीतिक संस्था का गठन करने की जरूरत निश्चित रूप से महसूस कर रहे थे। परन्तु ब्रिटिश प्रत्याक्रमण के सामने शुरू के धुंधले विचारों को परिष्कृत करने का कोई अवसर नहीं था।[26]

योजना का अभावः आन्दोलनकारी अंगरेजों को भारत से बाहर निकालना चाहते थे, परन्तु उन्हें देश से किस प्रकार निकाला जा सकता है इसकी निश्चित कार्य योजना नहीं बना पाये। विभिन्न सेनाओं में कोई सम्पर्क भी नहीं था। झांसी की रानी लक्ष्मीबाई, तांत्या टोपे और कुंवर सिंह जैसे नेताओं ने संगठनात्मक क्षमता का कुछ परिचय दिया पर उनका संघर्ष स्थानीय ही रहा और वे एक दूसरे से सम्पर्क न कर पाये। सभी विद्रोही सेनाओं का एक संगठन नहीं बनाया जा सका और न ही उनका एक नेता था। यद्यपि यह क्रान्ति रूस की साम्यवादी क्रान्ति तथा फ्रांसीसी क्रान्ति से कम व्यापक नहीं थी, किन्तु उनमें क्रान्तिकारी एवं सुनिश्चित योजना और सघन प्रयासों के साथ आगे बढ़े। दूसरी ओर 1857 तक भारत मध्ययुगीन व्यवस्था में चल रहा था। यहाँ की जनता में आधुनिक राष्ट्रीयता के भाव एवं शोषक के विरूद्ध एकजुट प्रयास जैसे विचारों के विकास में लगभग दो दशक और लगे। उन्हें उत्साहित करने के लिए कोई राष्ट्रीय आदर्श नहीं था जो उन्हें एकता सूत्र में बांध सके।[27]

भारतीयों में एकता की कमीः आन्दोलन में पूरे देश के लोगों ने भाग नहीं लिया और जो लोग इसमें सम्मिलित हुए उनमें परस्पर एकता नहीं थी। व्यापक एकता का अभाव आन्दोलन की विफलता का कारण बना। इस विद्रोह में अवध, रोहिलखण्ड, नर्मदा एवं चम्बल के बीच का क्षेत्र, बिहार, बंगाल के पश्चिमी भाग और पंजाब का पूर्वी क्षेत्र सम्मिलित था। किन्तु सरकार विविध तरीकों से पंजाब को विद्रोह से दूर रखने में सफल ही नहीं रही बल्कि विद्रोहियों के दमन में भी उनका सहयोग लिया जा सका। सर डब्ल्यू. रसेल ने ठीक ही कहा है कि हमारा दिल्ली का घेरा संभव ही नहीं होता यदि पटियाला और जीन्द के राजा हमारे मित्र न होते और यदि सिक्ख हमारे बटालियन में न होते और पंजाब में शान्त पड़े रहते। सिक्खों ने लखनऊ में उत्तम सेवायें की। हर मामले में जनता ने हमारे सैनिकों की सहायता की, भोजन की व्यवस्था की और युद्ध के मैदान में उन्होंने उपस्थित रहकर उन्हें शक्ति प्रदान की।[28] पंजाब के अतिरिक्त राजपूताना और दक्षिण भारत के अधिकांश प्रदेश इस विद्रोह से अप्रभावित रहे। बंगाल का जमींदार वर्ग ब्रिटिश शासन की ही उपज थे और उनका अंगरेजों को सहयोग स्वभाविक ही था। यही बात कलकत्ता, बम्बई और मद्रास के बड़े व्यापारियों के साथ लागू होती है जो कि विद्रोहियों के साथ होने के बजाय अंगरेजों के सहायक बने। जैसा कि बिपिनचन्द्र ने उल्लेख किया है। व्यापारियों और शिक्षित वर्ग ने कलकत्ता और बम्बई में सभाएं कर अंगरेजों की सफलता के लिए प्रार्थना भी की। कुछ अपवादों को छोड़कर अधिकांश भारतीय शासकों ने अपने भविष्य की सुरक्षा अंगरेजों का साथ देने में देखी और आदमियों तथा साज सामान से उनकी मदद भी की।.... करीब–करीब आधे भारतीय सिपाहियों ने न केवल विद्रोह में भाग नहीं लिया, बल्कि अपने ही देशवासियों के खिलाफ लड़ाई की। पांच दस्तों की मदद से अंगरेज सेना में, जिनमें 1700 ब्रिटिश सैनिक थे और 3200 भारतीय, दिल्ली पर पुनः कब्जा कर लिया गया। कश्मीरी गेट को उड़ाने के काम को अंजाम दिया, छः ब्रिटिश अफसरों और चौबीस भारतीयों ने जिनमें दस पंजाबी थे और शेष आगरा तथा अवध के थे।[29]

नेताओं में परस्पर असहयोगः इस आन्दोलन की मुख्य समस्या विद्रोही वर्ग में एकता स्थापित करना था, किन्तु उनमें परस्पर एकता एवं संगठन के प्रयास का अभाव अन्त तक बना रहा। 82 वर्षीय बहादुरशाह अत्यन्त कमजोर था। उसके द्वारा विभिन्न सरदारों से आन्दोलन में सहयोग का आह्वान करना पर्याप्त नहीं था और विद्रोह के दौरान भी ऐसा कोई नेता सामने नहीं आया जो इसका संचालन कर सके तथा समस्त विद्रोहियों में एकता स्थापित कर सके। इतना ही नहीं विद्रोही नेता एक दूसरे के प्रति सन्देहास्पद रहे। उदाहरण के लिए अवध की बेगम मौलवी अहमदुल्ला के साथ और बहादुरशाह सेना

प्रमुखों के विवाद में फंसे रहे। नाना साहब जैसे व्यक्ति पर्याप्त विवाद के विषय बने रहे। आन्दोलन के दौरान बीच–बीच में अंगरेजों के साथ पत्र द्वारा अपीलें की गई कि उसे क्षमा कर दिया जाए तथा उसे उसकी उपाधि व वृति वापस की जाये। उसने एक पत्र द्वारा ऊंचे ब्रिटिश अधिकारी को लिखा 'यह आश्चर्यजनक है कि मैंने असहायावस्था में विद्रोहियों का साथ दिया पर फिर भी मुझे क्षमा नहीं किया गया। स्त्रियों और बच्चों को (कानपुर के बीबीघर), आपके सिपाहियों और बच्चों को बदमाशों ने उस समय मारा जब हमारे सैनिक कानपुर से भाग चुके थे।'[30] बहादुरशाह और जीनतमहल को सिपाहियों पर भरोसा नहीं था और अपनी सुरक्षा के लिए वे ब्रिटिश अधिकारियों से बातचीत चला रहे थे।[31] अन्य नेताओं में झांसी की रानी ने वीरता का परिचय अवश्य दिया, किन्तु वे विद्रोह को समन्वित करके नेतृत्व प्रदान नहीं कर पाई। तांत्या टोपे और कुंवर सिंह भी एक बार जब विद्रोहियों के साथ आ गये तो वे उनके प्रति ईमानदार बने रहे। किन्तु उनमें राष्ट्रीय स्तर पर युद्ध संचालन की क्षमता का विकास नहीं हो पाया। इसके विपरीत कम्पनी सरकार को लारेन्स, आउट्रम, हैवलॉक, निकल्सन, नील एवं एडवर्ड्स जैसे बुद्धिमान कूटनीतिज्ञों एवं सेनानायकों की सेवायें प्राप्त थीं। इसीलिए स्मिथ ने कहा था कि यह एक आश्चर्य का विषय बना रहना चाहिए कि इतनी छोटी से सेना ने असंख्य शत्रुओं को जो इतने विनाशकारी साहस से प्रेरित थे, इतने कम समय में हरा दिया।[32] वस्तुतः भारतीयों ने आधे मन से साधन का विचार किये बिना लड़ाई की, जबकि अंगरेजों ने इसका उल्टा किया। उदाहरण के लिए दिल्ली के निकट हिण्डन और बदली का सराय युद्ध में दोनों के बीच जो घनघोर लड़ाई हुई उसमें भारतीय सैनिकों की अधिकता और आम तोपखाने की शक्ति भी उनमें साहस व नैतिक बल न जुटा पाई कि वे युद्ध में विजय प्राप्त कर सके।[33]

अंगरेजों की फूट डालो नीतिः अंगरेज समाज को विविध वर्गों को एक दूसरे के विरूद्ध खड़ा करने एवं उनमें फूट डालने में भी सफल रहे। जोन ब्यूकंप का विचार उचित ही है कि अंगरेजों ने खास तरीकों से वर्गों के इस संयुक्त मोर्चे में फूट डाली। देशी रजवाड़ों को ब्रिटिश इण्डिया में पूरी तरह आत्मसात करने की नीति छोड़ दी गई। किसानों पर जमींदारों की पकड़ और मजबूत कर दी गई, अंगरेजों ने बेगार के सवाल पर जमींदारों का साथ दिया। बड़े–बड़े किसानों को कुछ विशेषाधिकार देकर और किसानों को जमीन की खरीद–बिक्री के लिए कायदे बनाकर, अंगरेजों ने किसानों की भी एकता खत्म करने की कोशिश की।[34]

सीमित साधनः साधनों की कमी भी क्रान्तिकारियों को हतोत्साहित करती रही। अनेक विद्रोहियों को बहुत सामान्य बन्दूकों अथवा लाठियों से युद्ध करना पड़ा। यातायात के साधन केवल अंगरेजों को ही उपलब्ध थे। वे एक स्थान से दूसरे स्थान तक सैनिक, शस्त्र, रसद एवं सूचनायें तेजी से पहुँचा सकते थे। जैसा कहा गया हैः उनका सामना एक ऐसे शत्रु से था, जिसके पास आधुनिकतम शस्त्रास्त्र थे। इसके अलावा उनके पास कोई तेज संचार व्यवस्था नहीं थी, फलस्वरूप एक दूसरे के कार्यकलाप का संयोजन संभव नहीं था। वे अपने हमवतनों की शक्ति और कमजोरियों से नावाकिफ थे जिसका नतीजा यह होता था कि मुसीबत के समय एक दूसरे की मदद नहीं कर पाते थे। सबको अपनी लड़ाई अकेले लड़नी थी।[35]

जहाँ भारत में अंगरेजों को लगातार ब्रिटेन से अनुशासित जवान, आवश्यक धन एवं युद्ध सामग्री मुहैया होती रही वहीं विद्रोहियों में केन्द्रीय नियंत्रण का अभाव था। सिर्फ आधे–अधूरे साहस से ही शक्तिशाली शत्रु को जिन्होंने अपनी युद्धनीति चतुराई के साथ नियोजित की थी, नहीं जीता जा सकता था। अंगरेजों की भारत पर अधिकार बनाये रखने की कटिबद्धता इतनी अधिक थी कि उन्होंने सारे साम्राज्य के साधनों का प्रयोग किया। किस्मत से इस समय तक क्रीमिया युद्ध समाप्त हो गया। इन्हीं दिनों तार व्यवस्था शुरू कर दी गई थी। उन्होंने 1,12,000 अंगरेज सैनिक भारत भेजे तथा 3,10,000 भारत में भर्ती किए। आर्थिक, राजनीतिक तथा सामाजिक दृष्टि से विकसित तथा आत्मविश्वास से परिपूर्ण समाज के विरूद्ध नेतृत्व, योजना विहीन विद्रोही जिनकी वीरता तथा ब्रिटिश विरोधी भावना ही हथियार थे, कदापि सफल नहीं हो सकते।[36]

इसके अतिरिक्त विद्रोहियों ने दिल्ली के महत्व को नहीं समझा। दिल्ली शक्ति की रीढ़ थी, भारत पर शासन का केन्द्र थी और अंगरेज इस मनोविज्ञान को समझते थे। अंगरेजों ने जहां अपनी सेना की टुकड़ियों को भेजकर दिल्ली को घेर लिया और दिल्ली पर अधिकार कर लिया। दिल्ली से बाहर के विद्रोहियों को चाहिए था कि वे ऐसे करने से अंगरेजों को रोकते पर वे ऐसा नहीं कर पाये।

अन्त में कुछ विद्वानों ने केनिंग की उदारता को भी इस विद्रोह की विफलता का कारण माना है। कानपुर के अत्याचार को देखकर अनेक अंगरेज सैनिक अधिकारी अत्यधिक दमन नीति अपनाये जाने के पक्ष में थे। किन्तु केनिंग ऐसा नहीं चाहता था। उसने घोषणा की कि 'बिना जांच के किसी को दण्ड नहीं दिया जायेगा।' अनेक अंगरेज लेखकों ने उसकी

कड़ी आलोचना भी की और उसका उपनाम 'नम्र केनिंग' रख दिया। लन्दन के टाइम्स ने इसे एक 'मूर्खतापूर्ण घोषणा' की संज्ञा दी। 'पंच' और 'डेलीन्यूज' जैसे अखबारों ने भी उस पर तीखे प्रहार किये, पर केनिंग अपनी नीति पर अटल रहा और ग्रेनविल को लिखा कि, जब तक मेरे शरीर में सांस है, उसी नीति पर चलूंगा जिसे मैंने अभी तक अपनाया है।[37] कहा जाता है कि उसकी उदारता ने क्रान्ति के बुझते अंगारों पर पानी डाल दिया। उसकी नम्रता न केवल नैतिक रूप से आश्चर्यकारी थी, प्रत्युत राजनैतिक रूप से औचित्यपूर्ण थी।[38]

विद्रोह का स्वरूप एवं चरित्र (Nature and Character of the Revolt): विद्रोह के स्वरूप के सम्बन्ध में इतिहासकारों में बड़ा मतभेद रहा है। इस घटना का इतिहास लेखन किस रूप में किया जाये यह अभी तक भी चर्चा का विषय बना हुआ है। पाश्चात्य विद्वानों ने इसे सिपाही विद्रोह, सामन्तवादी प्रतिक्रिया एवं मुस्लिम षड्यंत्र आदि की संज्ञा दी है। दूसरी ओर अधिकांश भारतीय इतिहासकार इसे राष्ट्रीय आन्दोलन स्वीकार करते हैं जो भारत की स्वतंत्रता के लिए लड़ा गया। मोटेतौर पर विविध विचारधाराओं के दो पक्ष मान सकते हैं। एक विचारधारा के समर्थक विचारों में लारेन्स (John Lawrence), जॉन केयी (John Kaye), राइसहोम (T.R. Holmes), आउट्रम, मैलीसन (Malleson), ट्रेविलियन (Trevelyan), रालिन्सन, सीले, राबर्ट्स, स्मिथ एवं आर.सी. मजुमदार को रखा जा सकता है। दूसरे पक्ष के समर्थक विद्वानों में विनायक दमोदर सावरकर, सुरेन्द्रनाथ सेन, शशिभूषण चौधरी, पूरनचंद जोशी, अशोक मेहता आदि का उल्लेख किया जा सकता है। ये विद्वान 1857 के विद्रोह को भारत का प्रथम स्वतंत्रता संग्राम मानते हैं।

1857 के महासंग्राम पर महत्वपूर्ण पुस्तकें

1. विनायक दामोदर सावरकर	*द इण्डियन वार ऑफ इन्डिपेण्डस–1857* (1857 का स्वातंत्र्य समर)
2. एस.एन. सेन	*एटीन फिफ्टी सेवन*
3. शशिभूषण चौधरी	*सिविल रिबेलियन इन इण्डियन म्युटनिज*
4. पी.सी. जोशी (सम्पा.)	*रिबेलियन 1857*
5. अशोक मेहता	*एटीन फिफ्टी सेवन*
6. सर सैयद अहमद खाँ	*द काजेज ऑफ द इण्डियन रिवोल्ट*
7. हर प्रसाद चट्टोपाध्याय	*सिपाय म्युटिनी, 1857, ए सोशल स्टडी एण्ड एनालिसिस*

पहली विचारधाराः इस मत के मानने वाले विद्वानों ने अपने पक्ष के समर्थन में अनेक तर्क प्रस्तुत किये हैं, उनका उल्लेख करना उचित होगा। जॉन लारेन्स (तत्कालीन चीफ कमिश्नर पंजाब एवं परवर्ती गवर्नर जनरल) के अनुसार 1857 के विद्रोह को सैनिक मानने के प्रमुख कारण, सेना की अनुशासनहीनता, भारतीय सेना की बहुलता और अंगरेजी अफसरों का भारतीय सैनिकों पर अधिक विश्वास था। जान लोरेन्स के मत के समर्थक विद्वान मानते हैं कि 1857 का विद्रोह पूर्व नियोजित नहीं था अर्थात् भारत में किसी राजनीतिक दल द्वारा संचालित नहीं था न ही इंग्लैण्ड विरोधी सत्ता द्वारा ही नियंत्रित था। यह चर्बी वाले कारतूसों के कारण फैला पर इसका लाभ उन सभी तत्वों ने उठाया जो भारत में अंगरेजी सत्ता से परेशान हो चुके थे, अपनी स्थिति सुधारने के लिए अवसर की ताक में थे। डॉडवेल ने लॉरेन्स के मत का समर्थन करते हुए लिखा हैः कम्पनी के अफसर सैनिकों को अपना नौकर समझकर उनसे वैसा ही बर्ताव करते थे और कम्पनी की सेनाओं में अप्रियता और गदर की भावनाओं का लम्बा विवरण है।[39]

राइस होम की धारणा है कि 'लन्दन पुलिस में व्यापक विद्रोह हो जाए तो उसके तत्काल पश्चात लन्दन के चारों ओर बदमाशों के हिंसात्मक अपराधों का विस्फोट हो जायेगा। ठीक उसी प्रकार ताल्लुकेदारों, जमींदारों, गूजरों आदि वर्गों ने सरकार की कमजोरी के प्रथम चिह्न को अपनी स्वार्थ प्रवृति की तृप्ति के लिए संकेत समझकर इसका स्वागत किया।' उसके अनुसार यह "बर्बरता एवं सभ्यता के बीच युद्ध था" (A conflict between civilization and barbarism)। जॉन केयी[40] की मान्यता है कि 1857 का विद्रोह कट्टरपंथी ब्राह्मणों के षड़यंत्र का परिणाम था क्योंकि नवयुवक अंगरेजी शिक्षा, धर्म (ईसाई) एवं संस्कृति की ओर आकृष्ट होते जा रहे थे। इन तथ्यों से ब्राह्मण वर्ग पूर्णतः आन्दोलित हो उठा और अंगरेजों को भारत से बाहर निकालने के लिए तत्पर हो गया।

आउट्रम (James Outram) के विचार से यह राष्ट्रीय आन्दोलन नहीं था बल्कि एक मुस्लिम षड़यंत्र था जिसने हिन्दुओं की कठिनाईयों का लाभ उठाया और चर्बी लगे कारतूसों ने इस घटना को द्विगुणित कर दिया। स्मिथ ने आउट्रम के मत

का समर्थन करते हुए लिखा है: यह सामन्तवादी षड़यंत्र था जिसकी नींव को मेरठ की दुर्घटना चिंगारी ने समय से पहले ही उखाड़ फेंका।[41]

सर जान सीले (John Seeley) के अनुसार यह एक पूर्णतया देश भक्तिहीन और स्वार्थसिद्ध सिपाही विद्रोह था जिसे न तो स्थानीय नेतृत्व ही प्राप्त था और न लोकप्रिय समर्थन। इसी प्रकार रालिन्सन भी लिखते हैं: यह सच नहीं होगा यदि इस विद्रोह को राष्ट्रीय क्रान्ति कहा जाए, क्योंकि भारतीय राजनीति में राष्ट्रवाद को कोई स्थान प्राप्त नहीं था।[42] मौलाना आजाद भी यह मानने लगे थे कि यह जनता के बढ़ते हुए असन्तोष का परिणाम था।... देश भक्ति की भावना लोगों में धर्म की भावना के आधार पर प्रविष्ट करायी गई और तब लोग विद्रोह के लिए उठ खड़े हुए। इस विद्रोह को सिपाही विद्रोह मानने में आर.सी. मजुमदार[43] (Dr. R.C. Majumdar) को सबसे ऊपर रखा जा सकता है। मजुमदार होम के मत का समर्थन करते हुए लिखते हैं कि बहुत बड़े अंश में सभी वर्गो में निजी लाभ की आशा निःसन्देह रूप से कार्यशील थी। अनेकों की तो वह एक मात्र कार्यशक्ति थी विशेषतया ऐसे गुण्डा तत्वों और वर्गों की जो लूटपाट से अपना जीवन यापन करते थे जैसे गूजर, रंगड, जाट आदि। उनके अनुसार यह विद्रोह सैनिकों द्वारा प्रारम्भ किया गया तथा सम्पूर्ण विद्रोह काल में सैनिक वर्ग प्रभावशाली एवं उनकी बहुलता थी। यदि सिपाही विद्रोह नहीं करते तो संभवतः 1857 के विद्रोह का विस्फोट नहीं होता। किन्तु प्रत्येक स्थान पर जब ब्रिटिश अधिकारी छोड़कर चले गये एवं प्रशासन तंत्र पूरी तरह टूट गया तो असैनिक समूह ने विद्रोह कर दिया।

मजुमदार, का विचार है कि उस समय देशभक्त राष्ट्रीयता ही न थी यदि ऐसा होता तो जब अवध के नवाब को अपमानपूर्वक राज्यच्युत किया जा रहा था तब तथाकथित राष्ट्रवादी कहाँ चले गये थे। सिपाहियों का विद्रोह हुआ तो अपनी देश भक्ति का प्रदर्शन करने आ गये। वस्तुतः सभी लोग अपने–अपने निजी स्वार्थों की पूर्ति के उद्देश्य से विद्रोह में सम्मिलित हुए थे जैसे लक्ष्मीबाई पुत्र गोद न ले सकने के कारण, नाना साहब पेंशन बंद किये जाने से, इसी प्रकार कुंवर सिंह आदि भी। उपरोक्त परिस्थितियाँ उनके समक्ष उपस्थित न होती तो ये लोग युद्ध में कदापि सम्मिलित न होते। यह भी कहा गया कि विद्रोहियों में साम्प्रदायिकता की भावना उसे राष्ट्रीय संग्राम की कोटि में रखने में बाधक है। रूहेलखण्ड में साम्प्रदायिकता विद्रोहकाल में प्रबल रूप से प्रकट हो गई थी। इसी आधार पर विद्रोह को मुस्लिम राष्ट्रीयता के आधार पर लड़ा हुआ युद्ध माना जाने लगा। इसके अतिरिक्त मुगल बादशाह द्वारा दिल्ली के हिन्दू व मुस्लिमों के नाम जारी की गई अपील, जिसमें परस्पर सौहार्द्र बनाये रखने की आवश्यकता पर जोर दिया, जिससे शत्रु फिरंगियों से युद्ध किया जा सके एवं देश से बाहर निकाला जा सके, आदि तथ्यों को दोनों वर्गों में परस्पर सौहार्द्र की कमी का द्योतक माना गया। यदि समाज में साम्प्रदायिकता का भाव निहित न होता तो इस प्रकार की अपील की आवश्यकता न होती।

मजुमदार यह भी मानते हैं कि भारतव्यापी न होने के कारण इसे राष्ट्रीय नहीं माना जा सकता। नर्मदा के दक्षिण, पंजाब एवं बंगाल के कुछ भागों में इसका प्रभाव नहीं था। साथ ही विद्रोहियों में राष्ट्रीयता एवं देशभक्ति की भावना का अभाव आदि तथ्य विद्रोह को स्वतंत्रता संग्राम की श्रेणी में रखे जाने में बाधक है। उन्होंने अपना मत व्यक्त करते हुए लिखा है: "सब बातों पर विचार करने के उपरान्त इस निष्कर्ष पर पहुंचना कठिन है कि तथाकथित 1857 का प्रथम स्वतंत्रता संग्राम न तो प्रथम था, न राष्ट्रीय था, न स्वतंत्रता का एक संग्राम था।"

कहा जा सकता है कि इन विद्वानों का उद्देश्य राय देना या सही रूप में विचार रखना नहीं था बल्कि यह सिद्ध करना था कि इस विशाल क्षेत्र में फैले विद्रोह का कारण भारत सरकार की नीतियाँ एवं प्रशासनिक कमजोरी नहीं थी अपितु सैनिकों द्वारा शुरू किया गया यह विद्रोह जिसका मूल कारण सैनिकों में व्याप्त असन्तोष था जिसमें सामन्तों एवं मुस्लिम वर्ग ने अपने स्वार्थवश सहयोग किया।

दूसरा पक्ष: पाश्चात्य इतिहासकारों एवं मजुमदार की धारणाओं के विपरीत एस.बी. चौधरी[44] (S.B. Choudhari), बिटिश चार्टिस्ट नेता अर्नेस्ट जोन्स, वी.डी. सावरकर[45] (V.D. Savarkar) एवं एस.एन. सेन[46] (S.N. Sen), पी.सी. जोशी (P.C. Joshi)[47], अशोक मेहता, नन्दलाल चटर्जी, पण्डित नेहरू, आदि विद्वान 1857 के विद्रोह को भारत का प्रथम स्वतंत्रता संग्राम मानते हैं। इन विद्वानों ने अपने मत के समर्थन में प्रथम पक्ष द्वारा दिये गये सभी तर्कों का खण्डन किया है और अपने कथन की पुष्टि की है।

1. जान लारेन्स के मत में भारतीय सेना में अनुशासन का अभाव तथा कारतूसी घटना इस विद्रोह का प्रमुख कारण था। इसे पूर्व नियोजित कार्यक्रम नहीं माना गया। इसके विपरीत एस.बी. चौधरी (S.B. Choudhari)

का विचार है कि 1857 का संग्राम मात्र सिपाही विद्रोह नहीं था। अपितु पूर्व नियोजित स्वतंत्रता संग्राम था। मुगल बादशाह के गृह सचिव मुकुन्दलाल ने अपनी डायरी में लिखा है कि मुगल तथा अन्य लोग महल के द्वार के समीप बैठक में इस संग्राम के विषय में विचार–विमर्श किया करते थे। इसके अतिरिक्त दिल्ली, बरेली, लखनऊ, गोरखपुर, सम्बलपुर, कालपी, झांसी, वानपुर एवं खेड़ी की परिधि में आने वाले समस्त प्रदेश सुदृढ़ता से युद्ध में संलग्न थे। इतने विस्तृत पैमाने पर तैयारियाँ बिना विचार के नहीं हो सकती। दूसरे शब्दों में, इसकी पूर्व से तैयारी की जा रही थी किन्तु समय से पूर्व विस्फोट हो जाने से यह सफल नहीं हो पाया। कारतूसी काण्ड इस क्रान्ति को भड़काने के लिए एक बहाना मात्र था। स्वयं लार्ड केनिंग ने भारत आने के समय इस विद्रोहात्मक स्थिति का अनुभव किया था। कीथयंग ने 2 मई, 1857 को लिखाः 'विरोध इतना व्यापक है कि मुझे तो ऐसा लगता है कि विस्फोट कभी भी हो सकता है।' बेन्जामिन डिज़रेली (Benjamin Disrali) ने जो तत्कालीन रूढ़िवादी (Conservative) दल के प्रमुख नेता थे, ने भी पार्लियामेंट में स्वीकार किया था कि 'पर्याप्त समय से भारत की स्थिति विद्रोहात्मक रही है केवल अवसर और बहाने की आवश्यकता थी।'

2. होम एवं मजुमदार के अनुसार विद्रोहियों में समाज विरोधी तत्वों की प्रधानता थी। किन्तु यह मानना उचित प्रतीत नहीं होता। विद्रोहियों में अराजक तत्व थे अवश्य, यदि ऐसा न होता तो लूटमार, सरकारी सम्पत्ति का विनाश एवं साहूकारों तथा महाजनों के विरूद्ध अभियान न हुआ होता। जैसा कहा भी है अंगरेज विरोधी भावनायें केवल अंगरेजों के विरूद्ध ही व्यक्त नहीं की गई बल्कि अंगरेज समर्थक भारतीय व्यापारी तथा अधिकारी वर्ग (विशेषकर बनिया वर्ग) के विरूद्ध भी थी। जमींदारों और कृषकों की आर्थिक कठिनाईयों का लाभ उठाकर बनियों ने अंगरेजी न्यायालयों की सहायता से भूमि पर अधिकार कर लिया था इसलिए अवध और अन्य क्षेत्रों में कृषकों और पुराने जमींदारों ने बनियों और नए भू–स्वामियों के विरूद्ध विद्रोह किया।[48]

   इस विद्रोह में सिपाहियों एवं असामाजिक तत्वों का विशेष रूप से योगदान माना जाता है। किन्तु उपलब्ध प्रमाणों से ज्ञात होता है कि मुगल बादशाह की राजधानी में 250 व्यक्ति बारूद एवं बन्दूकों की टोपियाँ बनाने पर लगा दिये थे। बुंदेलखण्ड वानपुर (बानपुर) के राजा मदन सिंह ने यूरोपीय ढंग पर तोपें ढालने का कारखाना स्थापित किया, जिनका इस संग्राम में विस्तृत प्रयोग हुआ। मेरठ, बरेली, फैजाबाद, सुल्तानपुर आदि नगरों में असैनिक लोगों की सेना का निर्माण हुआ जिसने शत्रुओं का डटकर मुकाबला किया। विद्रोहियों ने दीर्घकालीन युद्ध की तैयारी की। इन तथ्यों को दृष्टिपात रखते हुए अराजक तत्वों की कार्यवाहियाँ यत्किंचित दिखाई देती है। विद्रोहियों द्वारा सरकारी सम्पत्ति को जलाए एवं नष्ट किये जाने के सम्बन्ध में जान केयी की मान्यता है कि "विद्रोह के समय ऐसा किया जाने का उद्देश्य यही था कि ब्रिटिश राज्य के प्रत्येक चिह्न को मिटा दिया जाए।"

3. कहा गया है कि जहाँ–जहाँ विद्रोह हुआ उन स्थानों पर दृढ़ संकल्प वाली सरकार की स्थापना की जा चुकी थी। दिल्ली में एक प्रशासनिक अधिकरण बनाया गया जिसके जिम्मे राज्य के सभी काम थे। इस अधिकरण के दस सदस्य थे, छः सेना से और चार नागरिक विभाग से। सारे निर्णय बहुमत से लिए जाते थे। अधिकरण सम्राट के नाम पर राजकाज का संचालन करता था। एक ब्रिटिश अधिकारी ने लिखाः दिल्ली सरकार का स्वरूप कुछ–कुछ सेना शाही की तरह था। सम्राट सर्वोच्च और संवैधानिक सम्राट की तरह ही उसका सम्मान किया जाता था। लेकिन संसद के स्थान पर सैनिकों की एक परिषद् थी, जिसमें सत्ता निहित थी। इसी तरह दूसरे केन्द्रों में भी संगठन बनाने का प्रयत्न किया।[49]

4. राइस होम की धारणा के विपरीत अनेक स्थानों पर लड़े गये युद्ध इस तथ्य के साक्षी हैं कि आराजक तत्वों की तुलना में फिरंगियों का उन्मूलन करके स्वदेशी राज्यों की स्थापना के उद्देश्यों से प्रेरित व्यक्ति संख्या में कहीं अधिक थे। जैतपुर की रानी, तैहरी (गढ़वाल) की अभिभावक रानी, झांसी की रानी आदि विरांगनायें तथा कुंवरसिंह, नाना साहब, तांत्या टोपे, मौलवी सरफराज आदि को अराजक तत्व एवं स्वार्थ भावना से प्रेरित व्यक्ति मान लेना बहुत बड़ी भूल होगी। यह भी उल्लेखनीय है कि जिस तरह के बलिदान की भावना इस विद्रोह के दौरान देखने में आई वह केवल स्वार्थ सिद्ध करने की भावना का परिणाम नहीं हो सकती। मेरठ, लखनऊ,

कानपुर व झांसी में जिन लोगों ने अपनी जान की बाजी लगा दी उनके मन में यह प्रबल प्रेरणा अवश्य रही होगी कि वे अपनी संस्कृति की रक्षा के लिए लड़ रहे हैं।[50]

5. सर जान सीले जैसे पाश्चात्य विद्वान इसे मात्र सैनिक विद्रोह मानते हैं–जो सैनिकों द्वारा प्रारम्भ किया गया तथा अंत तक इसी वर्ग का प्रभाव रहा। इसके प्रत्युत्तर में कहा जाता है कि 1857 से पहले भी असैनिक विद्रोह हुए, जो सैनिकों की सहायता के बिना हुए थे। दूसरे शब्दों में, सिपाहियों के विद्रोह के बिना भी असैनिक विद्रोह होना संभव था। मुजफ्फरनगर में सिपाही विद्रोह 21 जून को हुआ जबकि असैनिक विद्रोह का विस्फोट 14 मई को ही हो गया था। इसी प्रकार लखनऊ, बांदा, झांसी में असैनिक विद्रोह पहले हुए। स्नेह महाजन ने जिक्र किया है कि यह विद्रोह केवल सैनिकों तक ही सीमित नहीं रहा बल्कि गैर–सैनिकों ने भी इसमें बढ़–चढ़कर भाग लिया। अनुमान लगाया जाता है कि इसमें कुल 1,50,000 लोगों की जाने गई जिनमें 1,00,000 गैर–सैनिक थे। इसने विभिन्न भागों में अलग–अलग रूप लिया। बहुत बड़े भाग में यह जन–विद्रोह बन गया तथा लोगों ने पिस्तौलों, बर्छियों, भालों तथा लाठियों का प्रयोग किया। गौंडा के राजा तथा बहराइच जिले में स्थित भिंगा और छर्दा के राजाओं से गाँव नहीं छीने गये थे। तब भी उन्होंने आखिरी दम तक अंगरेजों का मुकाबला किया था। स्वयं अंगरेज उच्चाधिकारी यह देख कर दंग रह गये कि जिन जमींदारों से वे इतनी उदारता से पेश आए थे वे भी उनके विरूद्ध हो गये थे। स्पष्ट है कि असैनिक विद्रोह सैनिक विद्रोह से कहीं व्यापक था क्योंकि जहाँ–जहाँ सैनिक विद्रोह हुआ वहाँ असैनिक विद्रोह तो हुआ ही, इसके अतिरिक्त अनेक स्थानों पर बिना सिपाही विद्रोह के असैनिक आन्दोलन हुआ। सिपाही विद्रोह दबा दिये जाने के पश्चात बहुत बाद तक असैनिक विद्रोह चलता रहा। विद्वानों की मान्यता है कि फर्रूखाबाद, मुरादाबाद, बरेली, इटावा, शाहबाद, हमीरपुर, आदि स्थानों पर विद्रोह इतना उग्र था कि सिपाही विद्रोह न होने पर भी वह अवश्य फूट पड़ता। डॉ. चौधरी की मान्यता है कि ब्रिटिश प्रणाली ने सैनिक व असैनिक दोनों वर्गों में भय और अविश्वास उत्पन्न किया और वह इतना बढ़ गया कि वे आशंकाएं एवं विशेष प्रवृत्तियाँ दीर्घकाल में विप्लव के तत्वों में परिणित हो गई।

   इंग्लैण्ड के चार्टिस्ट आन्दोलन के नेता अर्नेस्ट जोन्स ने 1848 में जेल में रहते हुए अपनी प्रसिद्ध कविता लिखी, "भारत में विद्रोह या नई दुनिया का उदय" **1851 में "द पीपुल्स पेपर"** नामक अखबार भारत में अंगरेजों के **अत्याचारों के खिलाफ और 1857 के महासंग्राम के समर्थन लेख** लिखे। 1857 के संघर्ष के लिए जोन्स ने कहा था 'ब्रिटिश साम्राज्य में सूरज कभी नहीं डूबता, लेकिन जो इसके उपनिवेश है उनमें खून कभी नहीं सूखता।' उन्होंने 1 अगस्त 1859 को लिखा था, **"भारत का सैनिक विद्रोह कोई फौजी बगावत नहीं। यह एक राष्ट्रीय स्तर का संघर्ष है। ...हमारी मानें तो हिन्दुस्तान के लोगों की आजादी की भावना को परखें।"**

6. जॉन केयी के अनुसार यह कट्टरपंथी ब्राह्मणों के षड़यंत्र का परिणाम था। किन्तु उपलब्ध प्रमाणों से इस संग्राम में किसी एक वर्ग या समुदाय का वर्चस्व होना सिद्ध नहीं होता। अंगरेजी शिक्षा का ऐसा विरोध भी नहीं था कि जिसके विरूद्ध ब्राह्मण वर्ग उठ खड़ा हुआ हो। यह अवश्य कहा जा सकता है कि अनेक भारतीय समाज सुधारकों ने पाश्चात्य शिक्षा पद्धति के अनुरूप अनेक विद्यालय एवं कालेज प्रस्थापित करके भारतीय युवा वर्ग को पाश्चात्याभिमुखी होने से बचाने का प्रयास अवश्य किया। अतः जॉन केयी के मत को विद्वानों ने स्वीकार नहीं किया है। स्मिथ, आउट्रम आदि ने इसे सामन्तवादी षड़यंत्र कहा है। परन्तु हम जानते हैं कि इस आन्दोलन में सभी वर्गों ने सहयोग किया था। ग्वालियर नरेश सिंधिया अंगरेजों का समर्थक था उसके विरूद्ध स्थानीय सैनिक इस आन्दोलन में सम्मिलित हुए थे। दूसरे शब्दों में आन्दोलनकारियों ने यह नहीं सोचा कि उनका राजा अंगरेजों के विरूद्ध आन्दोलन में सहयोग कर रहा है या नहीं।

7. सरजान सीले, रालिन्स, मजुमदार आदि का यह विचार है कि विद्रोहियों में देशभक्ति का अभाव था। उनमें राष्ट्रीयता की भावना नहीं थी। इस कथन को अब विद्वान स्वीकार नहीं करते हैं। यदि ऐसा होता तो एक वर्ष से अधिक समय तक लोग युद्धरत कैसे रह सकते थे। स्वार्थ वैयक्तिक भी होता है और सामूहिक भी। जहां सामान्य हित के लिए कोई कार्य किया जाता है तो वह रूसो की सामान्य इच्छा बन जाता है। इस काल में

अनेक किसान आन्दोलन भी हुये, उन्होंने सामूहिक स्वार्थ के लिए संघर्ष किया जिसे निजी स्वार्थ से प्रेरित संघर्ष की संज्ञा नहीं दी जा सकती। राष्ट्रीय हित भी कुछ अधिक व्यापक सामूहिक हित ही होता है वस्तुतः इस विद्रोह का लक्ष्य विभिन्न नेताओं के भाषणों के आधार पर ही निर्धारित किया जा सकता है और यह लक्ष्य अंगरेजों को भारत से निकालना था। इससे बढ़कर स्वतंत्रता संघर्ष के लिए और कोई लक्ष्य नहीं हो सकता। डॉ. ताराचंद भी यह स्वीकार करते हैं कि 1857 की उथल–पुथल विदेशी शासन के जुए से भारत को मुक्त करने के लिए युद्ध था।[51] आन्दोलन को सामान्य जनता का जो समर्थन प्राप्त हुआ यह प्रतिध्वनित करता है कि उनमें देश भक्ति की भावना थी। यदि ऐसा न माना जाए तो मध्यकाल में जान ऑफ आर्क के नेतृत्व में फ्रांसीसियों ने इंग्लैण्ड का प्रतिरोध किया तथा मैजिनी से पूर्व कार्बोनरी संस्था के प्रयास को स्वतंत्रता संघर्ष की संज्ञा से वंचित रहना पड़ेगा। डॉ. सेन ने ठीक ही कहा है कि: 1857 के आन्दोलन की लोकप्रियता का आकलन करने में हमें यह नहीं भूल जाना चाहिए कि किसी विद्रोह या क्रान्ति में एक संकल्पवान अल्पसंख्या ही क्रियात्मक भाग लेती है। जबकि प्रचुर बहुसंख्या उदासीन रहती है।[52] कहा जा सकता है कि अपरिपक्व अवस्था में ही क्यों न रहा हो आन्दोलनकारियों में देशप्रेम का भाव अवश्य था। जैसा मजुमदार का यह भी विश्वास है कि विद्रोहियों में साम्प्रदायिकता की भावना थी एवं हिन्दू–मुस्लिम तनाव भी उग्र था। इस विषय में डॉ. चौधरी आदि की मान्यता है कि मुगल सम्राट ने ईद के अवसर पर गौहत्या पर प्रतिबंध लगाया। इस अवसर पर हिन्दू व मुसलमानों ने मिलकर एक साथ संघर्ष किया। सितम्बर 1857 में आउट्रम ने बरेली की हिन्दू प्रजा को खान बहादुर खां के विरूद्ध भड़कने के लिए 50 हजार रूपये दिये। परन्तु वह ऐसा कर पाने में सफल नहीं हो सका। अन्त में यह रकम राजकोष में वापस भेजनी पड़ी।[53]

8. जॉन केयी ने लिखा था कि अप्रैल माह की समाप्ति से पूर्व ही लार्ड केनिंग को यह ज्ञात हो गया कि एशिया की जातियों के अन्तर्द्वंद्व से, जिसे हमारी सुरक्षा एवं बल का सदैव ही प्रमुख अंग माना जा रहा है कोई आशा नहीं की जा सकती। फोरेस्ट (Forest) ने भी जिक्र किया है भारतीय सैनिक विद्रोह से इतिहासकार एवं प्रशासक अनेक बातें सीख सकते हैं जैसे यहां ऐसी क्रांति भी होना संभव है जिसमें हमारे विरूद्ध ब्राह्मण व शूद्र तथा हिन्दू व मुसलमान एक हो जाएँ। डिजरेली ने भी विद्रोह के विषय में कहा था कि 'प्रथम बार हमारे विरूद्ध हिन्दू–मुसलमान एक हो गये।' इस आन्दोलन में सभी वर्गों के लोग सम्मिलित थे। नाना साहब के पास उसका विश्वासपात्र अजिमुल्ला खान, बहादुर खाँ के पास सोभाराम एवं झांसी की रानी के पास विश्वस्त अफगान पहरेदार था। मुगल बादशाह का घोषणा पत्र भी असाम्प्रदायिक एवं राष्ट्रीय हित का परिचायक था।
9. मजुमदार विद्रोह को भारतव्यापी न होने के कारण राष्ट्रीय नहीं मानते। इस सम्बन्ध में डॉ. चौधरी का मत है कि 1857 का विद्रोह नर्मदा के दक्षिण में प्रभावकारी नहीं रहा तथापि भारत का बहुत बड़ा भाग इस विप्लव में सम्मिलित था। इस विशाल देश में एक साथ विद्रोह संभव भी नहीं था तथा कुछ प्रान्त ब्रिटिश राज्य में पहले और कुछ बाद में सम्मिलित किये गये अतः स्थानीय लोगों की विचारधारा में अन्तर आ गया। डॉ. चौधरी की धारणा है कि व्यापकता की कसौटी पर परखें तो संसार में जितने राष्ट्रीय आन्दोलन हुए उनमें शायद ही ऐसा कोई हो जो सम्पूर्ण देश में पूरी तरह व्याप्त हुआ हो। फ्रांस की 1789 की प्रमुख क्रान्ति मात्र पेरिस तक सीमित थी।

इन तथ्यों के परीक्षण के आधार पर कहा जा सकता है कि 1857 का विप्लव प्रथम स्वतंत्रता आन्दोलन था जिसमें बड़ी संख्या में लोगों ने भाग लिया। चार्ल्स बोल ने लिखा है: 'आन्दोलन कालान्तर में पूरी जनता का विद्रोह बन गया।' इसी तरह जी.बी. मेलसन ने भी स्वीकार किया था कि 'आन्दोलन बढ़ते–बढ़ते राष्ट्रीय हो गया।' वस्तुतः जिन इतिहासकारों ने इसे सैनिक विद्रोह माना है वे ब्रिटिशराज के कारण भारतीयों की दयनीय स्थिति एवं तज्जनित असन्तोष तथा क्षोभ को विद्रोह का कारण नहीं बता सकते थे। डॉ. चौधरी ने लिखा है कि तत्कालीन परिस्थितियाँ ही ऐसी थी जिनमें अन्य व्यक्तियों की भांति इतिहासकार भी रागद्वेष रहित तटस्थ दृष्टिकोण नहीं रख सकते थे। उस समय पूरा वातावरण रोष एवं क्षोभ से पूर्ण था। कलकत्ते से प्रकाशित समाचार–पत्र इंगलिसमेन में यह लिखा गया कि यद्यपि दिल्ली में पर्याप्त बदला ले लिया गया है किन्तु अब भी बहुत कुछ खून का बदला लेना शेष है। मोरलैण्ड अंगरेजों की ऐसी मानसिकता का कारण स्पष्ट

करते हुए लिखते हैं, "ब्रिटिश देशभक्तों ने भारतीयों के जीवन का कलुषित वर्णन किया, जिसका भारत में नियुक्त ब्रिटिश अधिकारियों पर अत्यन्त प्रतिकूल प्रभाव पड़ा।"

इसके अतिरिक्त आन्दोलन के विफल होने एवं अंगरेजों की गर्व भावना के कारण भारतीयों के प्रति घृणा का भाव पैदा होना स्वाभाविक था। डॉ. चौधरी भी यह स्वीकार करते हैं कि भारत की पुनर्विजय से प्रेरित थाम्पसन, मेलसन, केयी, माइकेल फ्राब, माब्रे आदि द्वारा तटस्थ वर्णन संभव नहीं था। यह भी कहा जाता है कि ब्रिटिश इतिहासकारों ने सरकारी नीतियों की सुरक्षा तथा इस विश्वास को बनाये रखने के लिए कि भारत में ब्रिटिश शासन में लोगों ने कोई गंभीर विरोध प्रकट नहीं किया, पाश्चात्य इतिहासकारों के लिए तटस्थ वर्णन संभव नहीं था।

1857 के महासंग्राम का संक्षिप्त विवरण

1. 27 मार्च, 1857 बैरकपुर में तैनात मंगल पाण्डे द्वारा ब्रिटिश अधिकारियों पर हमला करके बगावत।
2. 24 अप्रैल मेरठ में तैनात देशी घुड़सवार सेना द्वारा चर्बी लगे कारतूसों के उपयोग से इन्कार।
3. 10 मई मेरठ सेना द्वारा विद्रोह।
4. 11 मई विद्रोही सेना द्वारा दिल्ली पर अधिकार।
5. 11 मई से 30 मई के मध्य दिल्ली, फिरोजपुर, मुम्बई, इटावा, अलीगढ़, बुलंदशहर, नसीराबाद, बरेली, मुरादाबाद, शाहजहाँनपुर एवं अन्य नगरों में संघर्ष की शुरूआत एवं मुगल बादशाह को भारत का सम्राट घोषित।
6. 28 मई को नसीराबाद, 3 जून को नीमच में विद्रोह।
7. जून 1857 ग्वालियर, भरतपुर, झांसी, इलाहाबाद, फैज़ाबाद, सुल्तानपुर, लखनऊ आदि में विप्लव।
8. जुलाई 1857 में इन्दौर, महू, सागर, स्यालकोट आदि में विद्रोह।
9. 21 अगस्त 1857 को जोधपुर स्थित एरिनपुरा छावनी में भारतीय सेना द्वारा बगावत।
10. अगस्त 1857 में सागर एवं नर्मदा नदी घाटी क्षेत्र में असैनिक विद्रोह।
11. सितम्बर 1857 अंगरेजों का दिल्ली पर पुनः अधिकार।
12. अक्तूबर 1857 कोटा राज्य में अंगरेजों के विरूद्ध प्रबल विद्रोह।
13. नवम्बर 1857 को कानपुर के निकट जनरल विण्डहम विद्रोहियों द्वारा परास्त।
14. दिसम्बर 1857 कालिन कैंपबेल द्वारा कानपुर पर अधिकार एवं तांत्या टोपे निकल भागे।
15. मार्च 1858 लखनऊ पर पुनः अंगरेजों का अधिकार।
16. अप्रैल 1858 झांसी पर अंगरेजों का अधिकार, जगदीशपुर (बिहार) में कुंवर सिंह द्वारा विद्रोह।
17. मई 1858 बरेली, जगदीशपुर, कालपी पर पुनः अंगरेजों का अधिकार। रुहेलखण्ड में विद्रोहियों द्वारा छापामार प्रणाली द्वारा युद्ध।
18. जुलाई–दिसम्बर 1858 सम्पूर्ण भारत पर पुनः अंगरेजों का अधिकार।

संदर्भ

1. सिंह, अयोध्या, *भारत का मुक्ति संग्राम*, पृ. 299; छाबड़ा, जी.एस., *आधुनिक भारतीय इतिहास एक प्रगत अध्ययन*, जि. 2, पृ. 266
2. छाबड़ा, जी.एस., वही, जि. 2, पृ. 270
3. ताराचंद, *भारतीय स्वतंत्रता आन्दोलन का इतिहास*, जि. 2, पृ. 124
4. मजुमदार, आर.सी., *सिपाय म्युटिनी एण्ड रिवोल्ट ऑफ* 1857, पृ. 18
5. बिपिनचन्द्र, *भारत का स्वतंत्रता संघर्ष*, पृ. 5
6. दत्त, रजनीपाम, *आज का भारत*, 1985, पृ. 114–15
7. ताराचंद, वही, जि. 2, पृ. 281
8. प्रसार, आई. एण्ड सूबेदार, एस.के., *ए हिस्ट्री ऑफ मार्डन इण्डिया*, पृ. 238; छाबड़ा, जी.एस., वही, पृ. 267
9. देसाई, ए.आर., *भारतीय राष्ट्रवाद की सामाजिक पृष्ठभूमि*, पृ. 248
10. ताराचंद, वही, जि. 2, पृ. 59
11. सावरकर, बिनायक दामोदर, *द इण्डियन वार ऑफ इंडिपेन्डेन्स*, 1947 का भारतीय संस्करण, पृ. 23, अयोध्या सिंह, वही पृ. 297
12. छाबड़ा, जी.एस., जि. 3, पृ. 269
13. ताराचंद, वही, पृ. 34,
स्मिथ ने सेना की संख्या कम बताई है
Oxford History of India, p. 666
We can now turn to the army. In 1857 the total military strength of the company was 238,000 of whom 38,000 were Europeans. Each presidency has its own army and it was only that of Bengal which was seriously affected.... There were hardly any European

troops between Meerut and Bengal except at Dinapur near Patna. The low proportion of British troops was the result of with drawals for Crimean and Persian wars.

14. होम्स, टी.आर., *इण्डियन म्युटिनी*, पृ. 49
15. बिपिनचन्द्र, वही, पृ. 4
16. राबर्ट्स, *ब्रिटिशकालीन भारत का इतिहास*, पृ. 278
17. स्मिथ, वही, पृ. 667
18. सिंह, अयोध्या, *भारत का मुक्ति संग्राम*, पृ. 314
19. Full text in Ashok Mehta, 1857, *The Great Rebellion*, pp. 26-30
20. सिंह, अयोध्या, वही, पृ. 340
21. वही, पृ. 355–56
22. बिपिनचन्द्र, वही. पृ. 23
23. जैन, वही, पृ. 212
24. देसाई, ए.आर., वही, पृ. 249
25. *आधुनिक भारत का इतिहास*, हि.का.नि., पृ. 133–34
26. बिपिनचन्द्र, वही, पृ. 7
27. छाबड़ा, वही, जि. 2, पृ. 277–78
28. रसेल, सर डब्ल्यू, *माई डायरी इन इण्डिया*
29. बिपिनचन्द्र, वही, पृ. 7
30. मजुमदार, आर.सी., *सिपाय म्युटिन एण्ड रिवाल्ट ऑफ*, 1857
31. बिपिनचन्द्र, वही, पृ. 8
32. स्मिथ, *ऑक्सफोर्ड हिस्ट्री ऑफ इण्डिया*, पृ. 671
33. छाबड़ा, वही, जि. 2, पृ. 280
34. ब्यूकंप जोन, *ब्रिटिश इम्पीरियलिज्म इन इण्डिया*, 1935, पृ. 134; देसाई, वही, पृ. 249
35. बिपिनचन्द्र, वही, पृ. 7
36. *आधुनिक भारत का इतिहास*, हि.का.नि., पृ. 134
37. मेकलागन, माइकेल, *क्लीमैंस केनिंग*, पृ. 132–41य छाबड़ा, वही, जि. 2, पृ. 283
38. राबर्ट्स, पी.ई., *ब्रिटिश कालीन भारत का इतिहास*, पृ. 289
39. डॉडवेल, *द कैम्ब्रिज हिस्ट्री ऑफ इण्डिया*, जि. 6, पृ. 162
40. केयी जान, *क्रिश्चियनटी इन इण्डिया*, 1859
41. *Oxford History of India*, p. 663
    Outram regarded it as a Muslim conspiracy exploiting Hindu grievances. It has been regarded as an aristocratic plot whose gunpowder was prematurely touched off by the spark of the Meerut out break.
42. रालिन्सन, *द ब्रिटिश अचीवमेंट इन इण्डिया*, 1948, पृ. 103
43. *British Paramountcy and India Renaissance*, Part I, pp. 657-62, *The Sepoy Mutiny and the Rebellion of 1857* (Calcutta, 1957)
44. Choudhuri, S.B., *Civil Rebellion in Indian Mutinies*, 1857-1859 (Calcutta, 1957)
45. Sevarkar, V.D., *The Indian War of Independence*
46. Sen, S.N., *Eighteen Fifty Seven* (New Delhi, 1957)
47. Joshi, P.C. (Ed.) *Rebellion 1857: A Symposium* (Delhi, 1957)
48. जैन, वही, पृ. 217
49. बिपिनचन्द्र, वही, पृ. 67
50. *आधुनिक भारत का इतिहास*, हि.का.नि., पृ. 110
51. ताराचंद, *भारतीय स्वतंत्रता आन्दोलन का इतिहास*, जि. 2, पृ. 38
52. सेन, एस.एन., वही, पृ. 411
53. *आधुनिक भारत का इतिहास*, हि.का.नि., पृ. 120

❋❋❋

25

1857 के बाद अंगरेजी नीतियाँ एवं प्रशासनिक परिवर्तन

(British Policies and Administrative Changes After 1857)

भारत में अंगरेजी आधिपत्य के विरूद्ध 1857 के विप्लव को सैनिक असन्तोष, राष्ट्रीय घृणा व सामाजिक–धार्मिक कारणों का एक मिला–जुला रूप कहा जा सकता है। यह विदेशी प्रभुत्व से अपने को मुक्त करवाने की दृष्टि से मुगल सम्राट, देशी राजाओं, जमींदारों व सैनिक तथा धार्मिक नेताओं द्वारा लड़ा गया युद्ध था। विद्रोह अंगरेजों के लिए प्रथम और प्रत्यक्ष चुनौती थी जिसने 1857 के पश्चात् अंगरेजी नीति को निर्णायक रूप से प्रभावित किया। ताराचन्द ने रेखांकित किया है कि जिन पराधीन देशों में शासक और शासित विभिन्न जातियों के होते हैं, उनमें राजनैतिक जागरण और राजनीतिक गतिविधि में वृद्धि के फलस्वरूप जनता प्रशासन को उदार बनाने तथा उसमें भाग लेने की मांग करती है। ऐसी मांग से विदेशी सरकार के मन में सन्देह उत्पन्न होता है और इससे अनिवार्य रूप से एक संघर्ष शुरू हो जाता है, जो आगे चलकर शासक और शासित के बीच शक्ति में परिणत हो जाता है। भारत में इस संघर्ष के दो युग थे। पहले युग में विजित मध्ययुगीन भारत, विजेता से मुक्ति प्राप्त करने के लिए लड़ रहा था। यह युग 1858 में समाप्त हो गया। इसके बाद दूसरा युग बहुत परिवर्तित परिस्थितियों में शुरू होता है। विदेशी शासन ने लोकहितकारी भेष ओढ़कर अपने रूप को ढकने का प्रयत्न किया और सुधार तथा प्रगति के अभिकरण का रूप धारण किया।[1] इस तरह विद्रोह को केवल एक खिन्न करने वाली ऐसी घटना कहकर नहीं टाला जा सकता जिसका अन्त अंगरेजों ने इसका दमन करके किया।[2] इसके बाद आन्तरिक प्रशासन के पुनर्गठित करने की प्रक्रिया शुरू हुई और भारतीय राज्यों से सम्बन्ध भी बनाये गये। पावेल प्राइस लिखते हैं कि–1857 के विद्रोह ने यह अवसर प्रदान किया कि कम्पनी से शासन शक्ति क्राउन के हाथों में दे दी जाये जो सत्य भी हो और वैसी ही दिखाई भी दे।[3] विप्लव के बाद अंगरेजों ने न केवल अपने प्रशासनिक ढांचे में ही परिवर्तन किया बल्कि उनका सामाजिक व धार्मिक सोच भी बदल गया और उन्होंने सैनिक व्यवस्था को भी उलट–पुलट दिया। सर्वप्रथम हम अंगरेजों की सामाजिक धारणा में आये परिवर्तनों की चर्चा करेंगे।

प्रजातीय भेद नीति का विस्तार–1857 के पूर्व अंगरेज भारतीयों से सामाजिक स्तर पर भेद बनाये रखते थे और उनसे मिलना पसन्द नहीं करते थे। इस सम्बन्ध को काटन ने व्याख्यायित करते हुए लिखा हैः यद्यपि गोरों में अहंकार और भारतीयों के प्रति हीन भाव था, फिर भी कोई कड़वापन या द्वेष नहीं था।[4] लेकिन अब अपनी उच्चता और प्रधानता को बनाए रखने के लिए भारतीयों के साथ सामाजिक सम्पर्क को और भी कम कर दिया। प्रशासन में भारतीय के लिए उच्च पद मिलना असंभव हो गया यदि कोई पद प्राप्त भी कर लेता था तो उसे छोटे–छोटे मामलों के आधार पर अयोग्य घोषित कर दिया जाता था। लोगों में उस प्रकार सजीव दिलचस्पी नहीं रही और न उनके प्रति पहले की तरह विश्वासयुक्त पक्षपात ही रहा।[5] प्रजातीय संघर्ष का परिणाम यह हुआ कि एक वर्ष की अल्प अवधि में अंगरेजों ने अपने आपको शत्रु क्षेत्र में घिरी हुई सेना के रूप में समझा। नौकरों अथवा निम्नवर्ग के सदस्यों के अतिरिक्त भारतीय समाज के किसी वर्ग विशेष से उनका सम्पर्क प्रायः नहीं रहा।[6] प्रजातीय भेद या जातीय कटुता इस संघर्ष की सबसे दुष्टत्तम रिक्थ (Legacy) थी।

सरकार का उद्देश्य यह भी बन गया था कि प्रजातीय एवं साम्प्रदायिक भेदभाव को अधिक बढ़ावा दिया जाये। भारतीयों को व्यंग चित्रों में गोरिल्ला एवं आधा नीग्रो तक दर्शाया जाने लगा। विविध समुदायों को एक दूसरे के विरूद्ध खड़ा करना एवं उनके पारस्परिक संघर्ष में रूचि लेना ब्रिटिश नौकरशाही की नीति बनी। सर सैयद अहमद जैसे मुस्लिम नेताओं का दो सम्प्रदायों के बीच दूरी बढ़ाने में उपयोग किये जाने की बात सोची जाने लगी। इसके अतिरिक्त पहले अंगरेज भारत के सामाजिक जीवन में हस्तक्षेप कर सती प्रथा जैसी सामाजिक कुरीतियों को दूर करने का प्रयास कर रहे थे, इन सुधारों के प्रति उदासीन हो गए। अंगरेज राजनीतिज्ञों की यह धारणा दृढ़ हुई कि उनकी सुधार लागू करने की नीति विद्रोह का कारण थी। यह कहा जाने लगा कि भारतीय समाज रूढ़िवादी परम्पराओं से ग्रस्त है। इसलिए स्थानीय लोगों में आधुनिक विचारों को समझने की क्षमता नहीं है और यूरोपीय सभ्यता के सम्पर्क से होने वाले परिलाभों से लाभान्वित नहीं हो सकते।

ईसाई धर्म प्रचारकों के प्रति सरकार का उदारवादी दृष्टिकोण स्थानीय लोगों के असन्तोष का एक कारण माना गया। अब सरकार का प्रमुख उद्देश्य शान्ति एवं व्यवस्था बनाये रखते हुए साम्राज्यीय सत्ता को कायम रखना हो गया। ईसाई मिशनरियों द्वारा संचालित स्कूलों को भी सरकार ने सहायता देना बन्द कर दिया। सतर्कता का यह दृष्टिकोण केवल इस विद्रोह के अनुभवों का ही परिणाम नहीं था। ब्रिटेन में भी उन्नीसवीं शताब्दी के उत्तरार्द्ध में सुधारों के लिए उत्साह, जो अब तक उपयोगितावादियों तथा धर्म प्रचारकों के प्रभाव के कारण देखने में आ रहा था, ठण्डा पड़ गया। समाज सुधार सम्बन्धी कानूनों को हाथ में न लेना, देशी राजाओं को बनाए रखना, विधान परिषद में सुधार करना, ताल्लुकेदारों को पुनः स्थापित करना ये सब इसी के परिणाम थे।[7]

1857 तक अंगरेजों का उद्देश्य देशी राजाओं को समाप्त कर भारत को एकता के सूत्र में आबद्ध करते हुए, अपनी सत्ता का विस्तार करना था। परन्तु इस विद्रोह के अनुभव को ध्यान में रखते हुए, जिसमें देशी राजाओं ने अंगरेजों का साथ दिया था, सामन्तवाद के नमूने के रूप में इन राज्यों को हमेशा बनाये रखने का निर्णय किया, जिन्हें वे अपने देश में बहुत पहले समाप्त कर चुके थे।[8] इस तथ्य का दूसरा पहलू ध्यान देने योग्य एवं महत्वपूर्ण है। 1857 के विद्रोह से यहाँ का सामन्ती ढाँचा बिखर गया एवं शनैः–शनैः मध्यम वर्ग का आविर्भाव हुआ। शिक्षित बुर्जुआ वर्ग ने परम्परागत सामन्ती व्यवस्था को नकार दिया तथा भारत में विद्यमान कमजोरियों को स्वीकार करते हुए उज्ज्वल भविष्य की कामना की। मध्यम वर्ग का विकास अंगरेजों के आगमन से व्यापारिक गतिविधियों में आई तीव्रता एवं शिक्षा के प्रसार के फलस्वरूप हुआ था, ने परम्परागत सामन्ती व्यवस्था के स्थान पर अंगरेजी व्यवस्था को अपने हित में माना।

आर्थिक विपन्नता में वृद्धिः विप्लव के साथ भारत में आर्थिक विपन्नता के नये युग का सूत्रपात हुआ। ईस्ट इण्डिया कम्पनी के भारतीय साम्राज्य पर नियंत्रण स्थापित करते समय इंग्लैण्ड सरकार ने कम्पनी के सार्वजनिक ऋण, मूलधन आदि को भारतीय सरकार और भारतीय राजस्व पर ऋण के रूप में डाल दिया। इसी प्रकार कम्पनी द्वारा भारत जीतने के खर्च को भी भारतीय जनता को ही वहन करना पड़ा। यह पूर्णतः अन्यायपूर्ण एवं अनुचित था। इसका उदाहरण साम्राज्यवाद के इतिहास में अद्वितीय था।

यह भी प्रस्ताव आया कि व्यापार–व्यवसाय हेतु लाइसेंस प्रणाली लागू की जाये, परन्तु इसका तीव्र विरोध हुआ। 1859 में चुंगी की दरों में वृद्धि कर दी गई, दूसरी ओर अंगरेज व्यापारियों को सन्तुष्ट करने के लिए कई प्रकार की राहत दी गई। जूट, चाय आदि से निर्यात कर हटा दिया गया। यह सब गवर्नर जनरल की कौंसिल के वित्तीय सलाहकार बनकर आये जेम्स विल्सन की सलाह पर किया गया। एक ओर सरकार द्वारा विदेशी व्यापारियों को छूट दी जा रही थी वहीं युद्ध के बाद एक दो वर्ष की अल्प अवधि में 30 करोड़ पौण्ड का घाटा देश पर और बढ़ गया। सार्वजनिक ऋण (Public debt) 5 करोड़ 95 लाख से बढ़कर 9 करोड़ 80 लाख हो गया, जिसका वार्षिक ब्याज ही प्रतिवर्ष 20 लाख था।

सेना का पुनर्गठनः आन्दोलन ने ब्रिटिश सेना के गठन में व्याप्त दोषों को उजागर कर दिया। 1857 के विप्लव में भारतीय सैनिकों की महत्वपूर्ण भूमिका रही थी। ऐसी स्थिति पुनः उत्पन्न न होने देने के लिए ब्रिटिश सरकार ने भारतीय सैनिकों की विद्रोहात्मक शक्ति को समाप्त करने हेतु कई कदम उठाये गये। सेना के संगठन में आमूल परिवर्तन की बात सोची गई।

- निर्णय किया गया कि भारतीय सैनिकों व यूरोपीय सैनिकों का औसत दो और एक से अधिक नहीं रखा जाये। बंगाल की पैदल सेना के ब्रिगेड में एक यूरोपीय और दो भारतीय रखे गये और मद्रास (चेन्नई) तथा मुम्बई सेनाओं को दो गोरों पर पाँच भारतीय सिपाही का प्रावधान किया।
- फील्ड और अन्य तोपखाने (Royal Artillery) बख्तरबन्द गाड़ियाँ आदि की व्यवस्था पूर्णतया यूरोपीयों के जिम्मे सौंप दी गई।
- विभिन्न प्रदेशों तथा जातियों को विभाजित करने के लिए उन्हें अलग–अलग रेजीमेन्टों में गठित करने का प्रयास हुआ। एक लाख अट्ठाईस हजार सैनिकों में से एक लाख बीस हजार सिपाही विद्रोह के दौरान मार डाले गये या कत्ल कर दिये गये उनके स्थान पर जाटों, सिक्खों, गोरखों, बलूचियों आदि लड़ाकू लोगों की सेना तैयार की।
- भारतीयों को सूबेदार की रैंक से ऊपर कोई रैंक नहीं दिये जाने का निर्णय किया, तदनुसार 1914 तक भारतीयों को सूबेदार पद से अधिक पदोन्नति नहीं दी गई।

- सरकार ने भारतीय जवानों को मार्शल तथा नोन मार्शल वर्गों में विभक्त किया। अवध, बिहार, संयुक्त प्रान्त (उत्तर प्रदेश) आदि प्रदेशों के जिन्होंने 1857 के विप्लव में विशेष रूप से भाग लिया था उन्हें नोन मार्शल का दर्जा दिया। इसके विपरीत सिक्ख, गोरखा, पठान आदि जिन्होंने विप्लव में अंगरेजों का साथ दिया था उन्हें मार्शल रेस की संज्ञा दी।
- भारतीय रेजीमेन्टों को 'फूट डालो राज करो' के सिद्धान्त पर सम्प्रदाय, जाति, धर्म, क्षेत्रीय निष्ठा (Loyalty) के आधार पर वर्गीकृत कर उन्हें राष्ट्रवादी विचारधारा और राष्ट्रीय एकता से पृथक करने का प्रयत्न किया। इस प्रणाली से भारतीय सैनिक एक दूसरे से भावनात्मक रूप से मिलकर एक नहीं हो सकते थे।
- इसके अतिरिक्त सैनिकों को समाचार–पत्र, जर्नल तथा राष्ट्रीय प्रकाशनों आदि से दूर ही रखा जाता था। सैनिक पुलिस को समाप्त कर दिया गया और उसके स्थान पर नागरिक बल का गठन किया गया।[9] महाविद्रोह में बंगाल सेना ने जो मुख्यतः ऊँची जाति यानी अवध क्षेत्र के जवानों से, राजपूतों या ब्राह्मणों ने बनी थी, विशेष भूमिका अदा की थी। इसे सरकार ने एक गंभीर चेतावनी के रूप में लिया और यह निष्कर्ष निकाला कि ये जातियाँ सेना के अनुपयुक्त हैं। आवश्यक परिवर्तनों की सिफारिश करने के लिए जनरल पील के अधीन एक आयोग बैठाया गया और 1862 तक इसकी अधिकांश सिफारिशें कार्यान्वित की गई और इस तरह भारतीय सेना का पुनर्गठन हुआ। सेना का अनुपात 65 हजार यूरोपीय और 1 लाख 40 हजार भारतीय सैनिक रखे गये और 1885 में यह संख्या बढ़कर 73500 यूरोपीय और 1,54,000 भारतीय कर दी गई। 1893 में मानदण्ड बना दिया गया कि दो यूरोपियों पर पांच भारतीय सैनिक हों, यह सिद्धान्त 19वीं सदी में कायम रहा।[10]

भारतीय सेना का महत्व इसलिए अधिक था कि इसे एशिया तथा अफ्रीका में ब्रिटिश हितों की रक्षा एवं प्रभुत्व स्थापित करने के उद्देश्य से लड़ाई के मैदान में भेजा जाता था। अतः राजस्व का अधिकांश भाग सेना पर व्यय होता था। उदाहरण के लिए 1904 में भारतीय सेना पर भारतीय राजस्व का लगभग 52 प्रतिशत खर्च आया। इसका कारण था अंगरेजों को रूस, फ्रांस व जर्मन साम्राज्यवाद से लड़ना पड़ता था।

प्रशासनिक बदलावः इंग्लैण्ड में विद्रोह के लिए कम्पनी को दोषी ठहराया गया। 1857 का विद्रोह कम्पनी के अधिकारों को समाप्त करने का बहाना था, कारण नहीं। ऐसी धारणा प्रबल होती जा रही थी कि भारतीय साम्राज्य का अधिकार केवल इंग्लैण्ड के शासक में निहित होना चाहिए। भारतीय साम्राज्य को इंग्लैण्ड सरकार द्वारा सीधे अपने नियंत्रण में लेना इसी नीति का अंग था। ब्रिटिश पार्लियामेन्ट (हाउस ऑफ कॉमन्स) में फरवरी 1858 में लार्ड पामर्स्टर्न (Lord Palmerston) ने गवर्नमेंट ऑफ इण्डिया एक्ट 1858 को सदन में रखा, जिसे 2 अगस्त को लार्ड डरबी (Lord Derby) के प्रधानीमंत्रित्व में पारित कर कम्पनी शासन का अन्त कर दिया और इस तरह भारतीय शासन सत्ता हस्तान्तरित कर दी गई। इस अधिनियम द्वारा सरकार ने प्रशासनिक व्यवस्था को अधिक कुशल बनाने हेतु पुनर्गठन पर अधिक बल दिया। इसके फलस्वरूप भारतीय प्रशासन 1858 से पहले की तुलना में अधिक प्रतिक्रियावादी हो गया क्योंकि अब उदारतावाद का दिखावा भी धीरे–धीरे छोड़ दिया गया।

गवर्नमेन्ट ऑफ इण्डिया एक्ट (Government of India Act 1858): संवैधानिक परिवर्तन की प्रक्रिया को 1857 के विद्रोह ने आवश्यक बना दिया था। शासन शक्तियाँ एवं कार्यों के साथ दोहरी शासन व्यवस्था असुविधाजनक एवं धीमी थी अर्थात् संचालक समिति और बोर्ड ऑफ कन्ट्रोल के मध्य विचाराधीन महत्वपूर्ण मामले विलम्बित हो जाते थे। इसके अतिरिक्त इसे तत्कालीन अंगरेजी राजनीतिक व्यवस्था के प्रतिकूल माना गया जिसके अनुसार समस्त प्रशासकीय कार्य मंत्री के उत्तरदायित्व, जो स्वयं संसद, सम्राट तथा जनमत के प्रति उत्तरदायी हो, द्वारा किया जाना चाहिए था। परिणामस्वरूप 1858 के अधिनियम द्वारा शासन व्यवस्था ईस्ट इण्डिया कम्पनी से ब्रिटिश सम्राट को हस्तान्तरित कर दी गई तथा बोर्ड ऑफ कन्ट्रोल को समाप्त कर दिया गया।

1. बोर्ड ऑफ कन्ट्रोल, कोर्ट ऑफ डायरेक्टर्स (संचालक समिति) तथा प्रोप्राइटर्स द्वारा किये जाने वाले कार्य अब एक मंत्री या भारत सचिव (Principal Secretary of State) जिसे भारत राज्य सचिव (Secretary of State of India) कहा जाने लगा, द्वारा सम्पादित किये जाने लगे, और कम्पनी के सैनिक व नौ सैनिक बल सम्राट के भारतीय सैनिक तथा नौ सैनिक बल हो गये।
2. भारत सचिव ब्रिटिश कैबिनेट का सदस्य होता था जो ब्रिटिश संसद के प्रति उत्तरदायी था। उसके सहयोग हेतु संसदीय अण्डर सेक्रेट्री (Under-Secretary) नियुक्त किया गया। भारत सचिव की सहायता हेतु 15 सदस्यीय

इण्डिया कौंसिल का गठन किया गया। इनमें से 7 सदस्य संचालक समिति द्वारा मनोनीत किये जाने थे तथा 8 सदस्यों की नियुक्ति इंग्लैण्ड सरकार द्वारा किये जाने का प्रावधान किया। 15 सदस्यों में से 9 सदस्य ऐसे होने चाहिए जो चयन से पूर्व कम से कम 10 वर्ष तक भारत रह चुके हों या सेवा की हो तथा कुछ अपवादों को छोड़कर चयन से पूर्व जिन्हें भारत से लौटे 10 वर्षो से अधिक समय नहीं हुआ हो।

3. इन सदस्यों का कार्यकाल अच्छे व्यवहार पर्यन्त था, किन्तु संसद के दोनों सदनों द्वारा पारित प्रस्ताव के आधार पर सम्राट द्वारा उन्हें कभी भी पद से हटाया जा सकता था।
4. इण्डिया कौंसिल को बहुमत के आधार पर निर्णय लेने थे, लेकिन अध्यक्ष होने के कारण भारत सचिव को अपनी कौंसिल के बहुमत के विपरीत भी कार्य करने का अधिकार दिया गया। भारत सचिव को इंग्लैण्ड में भारत सरकार से सम्बद्ध कार्य तथा भारत से पत्रों का आदान–प्रदान करना था। इण्डिया कौंसिल के सदस्यों को इंग्लैण्ड की संसद में बैठने अथवा मत देने का अधिकार न था।
5. भारत सचिव सुचारू रूप से कार्य संचालन हेतु नियम बना सकता था। उसे विभिन्न समितियां बनाने और उनके मध्य विभिन्न विभागों में विभक्त करने का अधिकार प्राप्त था। इन प्रावधानों के अन्तर्गत अनेक समितियाँ बनाई गईं, जैसे–वित्त, राजनीतिक, पब्लिक वर्क्स, न्यायिक आदि।
6. भारत सचिव एवं उसकी कौंसिल का खर्च एवं इण्डिया ऑफिस का खर्च भारतीय राजकोष को वहन करना था। राजस्व सम्बन्धी खर्च पर 'सेक्रेटरी ऑफ स्टेट इन कौंसिल' का पूर्ण नियंत्रण था।
7. गवर्नर जनरल, उसकी कौंसिल के चौथे साधारण विधि सदस्य, गवर्नर[11], तथा एडवोकेट जनरल पदों की नियुक्तियाँ सम्राट द्वारा की जानी थी। गवर्नर जनरल कौंसिल के सदस्यों की नियुक्ति भारत सचिव द्वारा उसकी कौंसिल के बहुमत के आधार पर की जाती थी। लेफ्टिनेंट गवर्नरों की नियुक्ति गवर्नर जनरल द्वारा किये जाने के प्रावधान थे, लेकिन सम्राट द्वारा इसका समर्थन होना आवश्यक था।
8. कम्पनी द्वारा की गई समस्त सन्धियाँ ब्रिटिश सरकार को मान्य थी, किन्तु भारत सचिव अथवा कौंसिल का कोई सदस्य व्यक्तिगत रूप से संविदा, सनद, आदि के लिए उत्तरदायी नहीं ठहराया जा सकता था।
9. प्रत्येक वर्ष भारत सचिव (भारत मंत्री) को एक रिपोर्ट भारत में राजस्व, रेलवे, कानून निर्माण आदि के बारे में हाउस ऑफ कामन्स के समक्ष प्रस्तुत करनी थी।

इस प्रकार अधिनियम ने इण्डिया कौंसिल को पर्याप्त अधिकार देकर वित्तीय तथा प्रशासनिक कार्यो पर नियंत्रण की व्यवस्था की। भारत सचिव तथा इण्डिया कौंसिल को गृह सरकार (होम गवर्नमेन्ट) के नाम से जाना जाता था। 1869 में भारत सचिव को कौंसिल के रिक्त स्थानों की पूर्ति का अधिकार भी दे दिया गया और 1889 में कौंसिल के सदस्यों की संख्या 15 के स्थान पर 10 कर दी गई। ताराचन्द ने जिक्र किया है भारत सचिव ब्रिटिश संसद के प्रति जिम्मेदार था और तह अपनी जिम्मेदारी दूर बैती हुई भारत सरकार को नहीं दे सकते थे। वस्तुतः भारत सचिव की ब्रिटिश संसद के प्रति जिम्मेदारी नाम की ही थी। आगे लिखते हैं–इस प्रकार से भारत सरकार को न्याय, वित्त और प्रशासन सम्बन्धी सारे मामलों में अन्तिम निर्णय लेने की सारी शक्ति से इस तरह वंचित कर दिया गया और एक गैर–जिम्मेदार भारत सचिव के हाथों में लगभग सारी शक्ति चली गई, जिसे आमतौर पर भारतीय मामलों का कोई भी प्रत्यक्ष तजुर्बा नहीं था। ....ब्रिटिश संसद ने भारतीय प्रशासन की नियमित जांच के लिए कोई उपाय नहीं किया।[12]

अधिनियम के अन्तर्गत भारत में प्रशासन गवर्नर जनरल द्वारा होता था जिसे वायसराय (अथवा सम्राट के व्यक्तिगत प्रतिनिधि) की उपाधि प्रदान की गई। अनेकों परिलाभों के अतिरिक्त उसे 2.50 लाख रूपये प्रतिवर्ष पारिश्रमिक मिलता था। गवर्नर जनरल भारत सचिव के नियंत्रण तथा निर्देशन में कार्य करता था।

विक्टोरिया की घोषणा (1 नवम्बर 1858): गवर्नमेंट ऑफ इण्डिया एक्ट 1858 द्वारा किये गये परिवर्तनों की विधिवत घोषणा 1 नवम्बर, 1858 में इलाहाबाद में रानी विक्टोरिया घोषणापत्र के द्वारा की गई। लार्ड केनिंग को प्रथम वायसराय एवं गवर्नर जनरल घोषित किया। घोषणापत्र में वायसराय उपाधि का प्रयोग प्रथम बार हुआ। गवर्नर जनरल का पद भारत सरकार के विधायी कार्य का प्रतीक था तथा सम्राट का प्रतिनिधित्व करने के कारण उसे वायसराय कहा गया। घोषणा द्वारा भारतीय शासन प्रबन्ध इंग्लैण्ड सरकार के सीधे नियंत्रण में चला गया तथा कम्पनी शासन का अन्त हुआ।[13]

विक्टोरिया उद्घोषणा में कुछ महत्वपूर्ण नीतियों को स्पष्ट किया था। इसका प्रथम भाग भारतीय राजाओं से सम्बन्धित था। इसमें उनके क्षोभ को शान्त करने के उद्देश्य से अंगरेजी राज्य की अपहरण नीति के त्याग की बात कही गई, जिसकी चर्चा 'सहायक संधि, व्यपगत सिद्धान्त एवं भारतीय रियायतों के साथ अंगरेजों के सम्बन्ध' नामक अध्याय में की गई है।

भारतीय जनता के लिए धार्मिक सहनशीलता के सिद्धान्त का प्रतिपादन किया गया। घोषणा में भारतवासियों पर ईसाई धर्म थोपने की इच्छा एवं अधिकार का स्वत्व भी त्याग दिया। इस क्षेत्र में अधिकारियों द्वारा किया गया आज्ञा का उल्लंघन रानी की अत्यधिक अप्रसन्नता का कारण होगा। कहा गया कि शिक्षा, योग्यता एवं ईमानदारी के आधार पर बिना जाति या वंश का ध्यान रखे लोक सेवाओं में हमारी जनता की भर्ती की जाए। विधि निर्माण के समय प्राचीन परम्पराओं एवं व्यवहार को भी ध्यान में रखा जाये एवं विधि निर्माण में रीति–रिवाजों एवं प्रथाओं के सम्मान का उल्लेख किया। इसी तरह उत्तराधिकार एवं भूसम्पत्ति के मामले में भी पूर्ण सुरक्षा प्रदान की जाए। भूमि के अधिकारों को तब तक निभाने की बात कही गई जब तक शासन द्वारा लगाये गये कर (लगान) का भुगतान कृषक वर्ग करता रहे। भारत में आन्तरिक शान्ति स्थापित होने के बाद उद्योगों की स्थापना में वृद्धि, लोककल्याणकारी योजना, सार्वजनिक कार्य तथा प्रशासन व्यवस्था का संचालन समस्त भारतीय जनता के हित में किये जाने की बात कही गई।[14]

रेम्जेम्योर लिखते हैं कि ये कोई नये सिद्धान्त नहीं थे। ये तो पिछली पीढ़ी से चली आ रही कम्पनी की नीति को ही दुहराया गया था।[15] उल्लेखनीय है कि रेगुलेटिंग एक्ट, पिट का इण्डिया एक्ट व चार्टर अधिनियमों (प्रति 20 वर्ष बाद कम्पनी अधिकार पत्र का नवीनीकरण) द्वारा भारतीय शासन व्यवस्था लन्दन से नियंत्रित होती थी, 1858 के अधिनियम ने इस प्रवृत्ति को और अधिक बढ़ावा दिया। 1870 में इंग्लैण्ड और भारत के बीच तार की सीधी लाइन (सब मेरिल केबिल) डाली गई, जिससे लन्दन से भारत को सन्देश कुछ ही घण्टों में प्राप्त होने लगा। स्वेज नहर के खुल जाने से भाप वाले जहाज (Steamships) चलने लगे और दोनों देशों के बीच यात्रा का समय कम हुआ। इस प्रकार भारत सचिव का भारतीय प्रशासन पर नियंत्रण पूर्णतया स्थापित हो गया।[16] यहाँ यह उल्लेख करना अनुचित न होगा कि भारत सचिव का गवर्नर जनरल पर नियंत्रण व्यक्तिगत योग्यता एवं व्यक्तिव पर निर्भर करता था। गवर्नर जनरल मेयो को, विरोध के बावजूद 1870 में 'कांटेक्ट एक्ट' और 'एविडेंस एक्ट' पास करने पड़े थे। भारत सरकार की वित्तीय स्वाधीनता की मांग भी नार्थब्रुक के समय इसी तरह स्वीकृत नहीं हुई थी।

भारतीय परिषद अधिनियम (Indian Councils Act of 1861): कुछ राजनीतिज्ञों ने इस परिवर्तन को इंग्लैण्ड के सुधारवादी नेता ग्लेडस्टन की प्रजातांत्रिक संस्थाओं के विकास की आकांक्षा की अभिव्यक्ति माना है क्योंकि वह कुछ सीमा तक भारतीय जनता की इच्छा का आदर करने को तत्पर था।

कानून बनाने का अधिकार मिलने से, राज्य स्तर पर जनता गवर्नर को अपनी बात कह सकती थी। साम्राज्यवादी शासकों का 1861 के अधिनियम द्वारा परिवर्तन का यही मूल उद्देश्य था। ब्रिटिश नौकरशाही की यह धारणा दृढ़ हुई कि भारतीयों के सहयोग एवं सम्पर्क के बिना लम्बे समय तक उन पर शासन करना संभव नहीं है। सर सैयद अहमद ने भी 1857 के विद्रोह के बाद एक निबन्ध द्वारा यह विचार प्रकट किया था कि 'यदि भारत की कानून निर्मात्री कौंसिल में एक भी सदस्य भारतीय होता, तो जनता कभी भी ऐसी भूल न करती।' दूसरे शब्दों में, अब सरकार भारतीयों की राजनीतिक इच्छाओं की जानकारी हेतु नियमित सम्पर्क चाहती थी। 1860 में गवर्नर जनरल की परिषद के वरिष्ठ सदस्य सर बार्टल फ्रयर (Bortle Frere) ने लिखा था: 'यह विनाशकारी प्रयोग कि उन करोड़ों लोगों के लिए विधान बनाया जाये जिनके विषय में हमारी जानकारी का स्रोत केवल उनके द्वारा किए गए विद्रोह हैं, भला क्या पता उनके मन के हैं या नहीं।[17] 1857–60 के मध्य विभिन्न भारतीय संस्थाओं ने भी सरकार के समक्ष यह माँग रखी थी कि कुछ प्रमुख अथवा प्रतिष्ठित भारतीयों को लेजिस्लेटिव कौंसिलों में सम्मिलित कर लिया जाए। ब्रिटिश राजनीतिज्ञों का विचार था कि लेजिस्लेटिव कौंसिल (Legislative Council) में भारतीयों को स्थान दिये जाने से, उन्हें मांगे रखने का एक प्लेटफार्म ही नहीं मिलेगा प्रत्युत लोगों को विचारों की अभिव्यक्ति का अवसर मिलने से उनका आक्रोश भी शान्त होगा।

1833 के चार्टर अधिनियम ने काफी हद तक केन्द्रीयकरण को बढ़ावा दिया, व्यवस्था अनुपयोगी साबित हुई। अधिनियम द्वारा सम्पूर्ण ब्रिटिश अधिकृत प्रदेशों के लिए समान दण्ड संहिता (विधान) बनाने का अधिकार दिया एवं गवर्नर जनरल परिषद् में चतुर्थ कानूनी सदस्य शामिल किया। मैकाले पहला विधि सदस्य एवं विधि आयोग का अध्यक्ष बना। ऐक्ट की धारा 87, जिसके द्वारा देशज प्रजा को सभी उच्च पदों के योग्य माना गया था परन्तु उसकी पालना नहीं हो रही थी।

डलहौजी (Lord Dalhousie 1848–56) ने 1853 में स्थापित लेजिस्लेटिव कौंसिल का संचालन संसदात्मक पद्धति पर करना शुरू किया था जिससे 6 गैर–सरकारी सदस्य विभिन्न प्रकार की प्रशासनिक जाँच की मांग करने लगे और उनका रवैया इंग्लैण्ड के विरोधी दल की भाँति हो गया। लेजिस्लेटिव कौंसिल की इस प्रक्रिया ने 1857–58 में केनिंग के समक्ष परेशानी खड़ी कर दी। सर लोवेट ने इस तथ्य को इंगित करते हुए लिखा हैः 1853 के एक्ट द्वारा स्थापित लेजिस्लेटिव कौंसिल की कार्य शैली असन्तोषजनक एवं बोझिल थी।[18]

1858 के अधिनियम द्वारा स्थापित व्यवस्था के अन्तर्गत भारत सचिव ब्रिटिश संसद के प्रति उत्तरदायी था और उसके नीचे भारत की शासन व्यवस्था के शिखर पर गवर्नर जनरल (या वायसराय) तथा उसकी परिषद। गवर्नर जनरल के अधीन, गवर्नर, लेफ्टिनेंट गवर्नर, चीफ कमिश्नर थे और तदनंतर कलक्टर एवं डिप्टी कमिश्नरों को रखा गया। प्रान्तों में स्थित गवर्नर प्रशासनिक आवश्यकता के अनुसार नियम बनाने के लिए अधिकृत न थे। उन्हें गवर्नर जनरल का प्रतिनिधि कहा जा सकता था। इस व्यवस्था में समस्त अधिकार गवर्नर जनरल में केन्द्रित थे। इस प्रकार शक्ति का विकेन्द्रीकरण समय की मांग बन गई थी। यही नहीं नये भू–भागों के लिए पारित नियमों की वैधानिक स्थिति का भी प्रश्न उठाया गया। ये नियम विधिवत संसद के अधिनियमों के अधीन पारित न होकर कार्यपालिका के आदेश थे। सी.एल. आनन्द लिखते हैंः इस बारे में सन्देह प्रकट किया गया था कि अधिनियम के अधीन न आने वाले प्रान्तों के लिए सपरिषद सम्राट के आदेशों के समान कार्यकारी आदेशों द्वारा विधान बनाने की तथाकथित शक्तियाँ गवर्नर जनरल को प्राप्त है भी या नही।[19] वैधानिकता के विषयों का समावेश पर्याप्त नहीं था। स्थानीय मांगों और आवश्यकताओं को बिना ध्यान में रखे भी कभी–कभी नियम पारित कर दिये जाते थे। अतः बम्बई एवं मद्रास प्रेसीडेंसियों को स्थानीय नियमों पर कानून बनाने के लिए अधिकृत किया जाना अपरिहार्य हो गया था। इन तथ्यों को दृष्टिगत रखते हुए सर चार्ल्सवुड (Sir Charles Wood) ने 6 जून, 1861 को हाउस ऑफ कॉमन्स में बिल प्रस्तुत किया और इसी वर्ष से अधिनियम प्रभावी हो गया। अधिनियम द्वारा किये गये परिवर्तनों में से कुछ महत्वपूर्ण प्रावधानों का विवेचन करना युक्तिसंगत होगा।

केन्द्रीय कार्यपालिकाः गवर्नर जनरल की कार्यकारी परिषद (Executive Council) में 5 साधारण सदस्य कर दिये गये।

- विप्लव के बाद असंगठित आर्थिक व्यवस्था को दृष्टिगत रखते हुए विधि सदस्य का स्थान एक प्रशिक्षित अर्थविद् को दिया गया।
- एक कानूनविद् (विधि सदस्य) भी आवश्यक था क्योंकि विधि का संहिताकरण किया जाना था और मैकाले द्वारा तैयार किया गया पैनल कोड अभी अपूर्ण था। इस प्रकार 1861 के अधिनियम द्वारा कौंसिल में पांच सदस्य हो गए।
- साथ ही सेनापति को कौंसिल का विशेष सदस्य बनाये जाने का अधिकार भारत सचिव को प्रदान किया।
- उपरोक्त में से तीन का चयन भारत सचिव द्वारा इण्डिया कौंसिल के बहुमत के निर्णय द्वारा भारत में कम्पनी या ताज की सेवा में जो कम से कम 10 वर्ष रह चुके थे, में से करना था। चौथा सदस्य आर्थिक मामलों का ज्ञाता होना आवश्यक था, किन्तु उसका सम्राट या कम्पनी की सेवा से सम्बद्ध होना आवश्यक न था।

उसकी नियुक्ति सम्राट द्वारा की जानी थी। विधि सदस्य इंग्लैण्ड या आयरलैण्ड का बैरिस्टर या स्काटलैण्ड की एडवोकेट्स फैकल्टी (Legal Profession) का सदस्य, जो पांच वर्ष से अपने देश में हो, इस पद के चयन के योग्य था। सेनापति कार्यपालिका का एक विशिष्ट सदस्य था, कोई प्रतिष्ठित सैनिक ही इस पद की योग्यता रखता था। इसकी नियुक्ति भारत सचिव (Secretary of State in Council) द्वारा की जानी थी।

एक्जीक्यूटिव कौंसिल के सदस्यों की हैसियत विभिन्न विभागों के अध्यक्ष या मंत्रिमण्डल (Cabinet) के समान थी। केनिंग ने परम्परागत कौंसिल के 'सलाहकार सदस्य' (Advisor Member) से हटकर विभागों का बँटवारा या पोर्टफोलियो व्यवस्था (Portfolio System) की। इससे विभागों का सामान्य कार्य कौंसिल के सदस्यों में विभक्त हो गया। अधिक महत्वपूर्ण मामले गवर्नर जनरल को सम्बोधित होते थे। प्रत्येक सदस्य को एक सेक्रेटरी या अण्डर सेक्रेटरी का सहयोग अपने विभाग के संचालन हेतु प्राप्त था। इस व्यवस्था के बावजूद अधिनियम द्वारा गवर्नर जनरल की शक्ति में वृद्धि कर दी गई और अब वह विधि रचना को छोड़कर प्रत्येक क्षेत्र में कार्य करने के लिए अधिकृत था। उसे यह भी अधिकार दिया गया कि वह एक प्रेसीडेंट की नियुक्ति कर ले, जो उसकी अनुपस्थिति में बैठकों का सभापतित्व करे। प्रेसीडेन्ट (President) को एक निर्णायक मत देने का अधिकार था। लोवेट लिखते हैंः इस तरह भारत सरकार गवर्नर जनरल के नेतृत्व में एक मंत्रिमण्डलीय सरकार

बन गई जिसमें विभागीय स्तर पर कार्य होने लगा तथा गवर्नर जनरल इसमें अधिक जागरूक तथा विशेष रूप से भाग लेने लगा जो किसी भी पश्चिमी देश के प्रधानमंत्री से अधिक था। इसके पूर्वाधिकारियों ने इतनी रूचि न ली थी।[20] वह कौंसिल की कार्य पद्धति को सुविधाजनक बनाने के लिए नियम बना सकता था और इस नियम के अन्तर्गत पारित आदेश कौंसिल में गवर्नर जनरल की कार्रवाई या आदेश कहलाते थे। किन्तु 'सेक्रेटरी ऑफ स्टेट इन कौंसिल' ऐसे नियमों को निरस्त कर सकते थे। ब्रिटिश सरकार ने भी केनिंग द्वारा चालू पोर्ट फोलियो व्यवस्था को स्वीकार कर लिया।

केन्द्रीय विधायिका (लेजिस्लेटिव कौंसिल): केन्द्रीय विधायिका के लिए गवर्नर जनरल को यह अधिकार दिया गया कि वह कम से कम 6 और अधिक से अधिक 12 अतिरिक्त सदस्यों को मनोनीत करे जो दो वर्ष के लिए अपने पद पर रहेंगे। यद्यपि उन्हें पुनः नियुक्त किया जा सकता था। आधे से कम सदस्यों का गैर–सरकारी होना था। इनमें कुछ भारतीय सदस्यों को लिये जाने का प्रावधान किया गया अर्थात् अतिरिक्त सदस्य भारतीय या यूरोपीय हो सकते थे। केन्द्रीय विधायिका (लेजिस्लेटिव कौंसिल) वस्तुतः केन्द्रीय कार्यपालिका (एक्जीक्यूटिव कौंसिल) का विस्तार थी जिसमें कार्यपालिका के साधारण सदस्य, असाधारण सदस्य (गवर्नर जनरल द्वारा मनोनीत कम से कम 6 तथा अधिकतम 12 सदस्य) सम्मिलित थे। गणपूर्ति हेतु 7 सदस्यों का कोरम निश्चित किया गया, जिसमें गवर्नर जनरल अथवा अध्यक्ष (प्रेसीडेंट) तथा कुछ वरिष्ठ सदस्यों की उपस्थिति की बैठक का समय और स्थान नियत करने तथा स्थगित करने का पूर्ण अधिकार था। बिना पूर्व स्वीकृति के सदस्यों को प्रश्न करने अथवा कार्यपालिका के कार्य में हस्तक्षेप करने का अधिकार प्राप्त न था। कुछ मामलों को गवर्नर जनरल की बिना अनुमति उठाया नहीं जा सकता था। उनमें से कुछ उल्लेखनीय हैं–

1. भारत सरकार के सार्वजनिक ऋण या सार्वजनिक राजस्व (Public Debt or Public Revenue of India) अथवा ऐसा कोई खर्च जो ऐसे राजस्व पर भार डालता हो।
2. भारत में सम्राट की प्रजा का धर्म, धार्मिक अधिकार अथवा रीति–रिवाज।
3. सम्राट की सैन्य अथवा नौसैनिक दलों में अनुशासन एवं रख–रखाव।
4. भारतीय राज्यों अथवा विदेशी शक्तियों से सम्बन्ध। कौंसिल (विधायिका) ऐसा कानून नहीं बना सकती थी जिससे संसद की सत्ता, ब्रिटेन के संविधान और अधिकार जिन पर किसी व्यक्ति की सम्राट के प्रति निष्ठा निर्भर है अथवा सम्राट की कथित भू–भागों पर प्रभुसत्ता अथवा प्रभुत्व प्राप्त हो।

विधायिका शेष विषयों पर ब्रिटिश भारतीयों के लिए विधि निर्माण कर सकती थी। गवर्नर जनरल की स्वीकृति मिलने के बाद ही भारत सचिव (Secretary of State) के पास पुष्टि हेतु भेजा जाता था। वह इसकी स्वीकृति जारी कर सकता था अथवा अस्वीकार कर, वापस भेज सकता था। जैसा उल्लेख किया गया है कि विशेष परिस्थिति अथवा आपातकाल में कौंसिल की अनुमति अथवा पूर्व सूचना के भारतीय भू–भागों पर शांति तथा सुव्यवस्था हेतु गवर्नर जनरल को अध्यादेश जारी करने के अधिकार थे। अध्यादेश की वैधता का अधिकतम समय 6 माह था किन्तु सम्राट इन्हें 6 माह से पूर्व भी निरस्त कर सकता था अथवा लेजिस्लेटिव कौंसिल द्वारा बनाये गये कानूनों द्वारा नियंत्रित किया जा सकता था।

इस प्रकार केन्द्रीय विधायिका की शक्तियों में काफी कटौती कर दी गई। कुछ विद्वानों ने इसे कार्यपालिका द्वारा प्रस्तावित विधियों को रजिस्ट्रर करने वाली संस्था की संज्ञा दी है। समस्त मामलों में विधि निर्माण की प्रक्रिया शुरू करने के लिए गवर्नर जनरल की पूर्व स्वीकृति की आवश्यकता पड़ती थी। कोई भी ऐसी विधि पारित नहीं हो सकती थी जो गृह सरकार के अधिकार में हस्तक्षेप करती हो या संसदीय एक्ट के विपरीत जाती हो। आर.सी. मजुमदार लिखते हैं: यह स्वीकार किया जाना चाहिए कि 1861 ई. का कानून कई दृष्टियों से पश्चगामी था तथा इसने लेजिस्लेटिव कौंसिल को स्वतंत्र शक्ति से वंचित कर दिया। अब कार्यपालिका पर उसका कोई नियंत्रण या रोकथाम न रही। यहाँ तक कि इसके कानून निर्माण सम्बन्धी कार्य भी अत्यधिक प्रतिबंधों द्वारा सीमाबद्ध हो गये।[21] कार्यपालिका की उस बैठक को जिसमें अतिरिक्त सदस्यों को कानून बनाने के लिए आमन्त्रित किया गया हो लेजिस्लेटिव कौंसिल की बैठक कहते थे। ये अतिरिक्त सदस्य केवल बिल पास करने के समय ही कौंसिल के अधिवेशन में सम्मिलित हो सकते थे।[22]

प्रान्तीय कार्यपालिका: बम्बई तथा मद्रास की प्रेसीडेंसी 'गवर्नर इन कौंसिल' द्वारा शासित थी, प्रत्येक की कौंसिल में दो सदस्य थे। इन कौंसिलों में कार्य व्यवस्था संचालन हेतु नियम तथा आदेश जारी करने में गवर्नर सक्षम थे। इन निर्देशों के अन्तर्गत बनाये गये आदेश अथवा किये गये कार्य विधानीय कार्यों को छोड़कर गवर्नर इन कौंसिल द्वारा बनाये आदेश अथवा किये गये कार्य माने जाते थे।

प्रान्तीय विधायिका: 1833 के चार्टर द्वारा मद्रास (चेन्नई) और बम्बई (मुम्बई) की सरकारों से विधायी शक्तियाँ वापस ले ली गई थी। इस अधिनियम द्वारा इन शक्तियों को पुनः प्रान्तीय सरकारों को सौंपा गया। नियमों और कानूनों की शक्ति की बेहतर कार्य व्यवस्था हेतु प्रत्येक गवर्नर अपनी विधायी कौंसिल में कम से कम चार और अधिक से अधिक 8 अतिरिक्त सदस्यों को मनोनीत कर सकता था जिसमें कम से कम आधे सदस्यों को गैर–सरकारी होना था। प्रेसीडेंसी का एडवोकेट जनरल भी अतिरिक्त सदस्य था जिसे गवर्नर नामित कर सकता था। गवर्नर जनरल को यह अधिकार दिया गया कि वह इसी तरह अन्य प्रान्तों में लेजिस्लेटिव कौंसिल का गठन करे। तदनुसार बंगाल में 1862 में, उत्तर–पश्चिम प्रान्त में 1886 एवं पंजाब में 1898 में इसका प्रावधान किया। केन्द्रीय विधायिका की भांति प्रान्तीय विधायिकाएँ भी अत्यन्त कमजोर एवं शक्तिहीन थी। कुछ विषयों के लिए विधि निर्माण हेतु गवर्नर जनरल की पूर्व अनुमति आवश्यक थी। इतना ही नहीं प्रत्येक बिल उसकी स्वीकृति के अभाव में पारित नहीं माना जाता था। प्रान्तीय विधायिका को पोस्ट, तार, सिक्के ढालने एवं विदेश सम्बन्ध जैसे–राष्ट्रीय महत्व के प्रश्नों पर विधि निर्माण का अधिकार न था। पीनल कोड ऑफ इण्डिया में किसी प्रकार का परिवर्तन नहीं किया जा सकता था। इसके अतिरिक्त भारत में सम्राट की प्रजा के धर्म तथा रीति–रिवाजों को प्रभावित करने वाले मामले, कॉपीराइट सम्बन्धी नियम और विदेशी नरेशों अथवा राज्यों के साथ भारत सरकार के सम्बन्ध आदि भी प्रान्तीय विधायिका के अधिकार क्षेत्र में नहीं थे।

एक्ट का मूल्यांकन: इस अधिनियम की प्रमुख विशेषता थी भारत में कैबिनेट शासन का प्रारम्भ। कार्य व्यवस्था सम्बन्धी नियम बनाने की गवर्नर जनरल की शक्तियों द्वारा कौंसिल में पोर्टफोलियो व्यवस्था शुरू हुई।[23] कोटमैन की मान्यता है कि कौंसिल एक्ट का पूर्ण प्रभाव यह रहा कि भारत में प्रजातंत्रीय सरकार की दिशा में विधायिका में प्रतिनिधित्व के माध्यम से राजनैतिक क्षेत्र में कदम आगे बढ़े।[24] मजुमदार ने भी इसी तरह के विचार व्यक्त करते हुए लिखा है–सब त्रुटियों के बावजूद 1861 का इण्डियन कौंसिल्स एक्ट सदैव एक स्मरणीय कानून माना जाएगा। इसने भारत सरकार को वह रूप दिया जो आगे भी बना रहा...... आगे होने वाले परिवर्तन इसी रूप (गठन) के अन्तर्गत थे।[25]

- दूसरे, इस एक्ट ने लेजिस्लेटिव कौंसिलों में गैर–सरकारी सदस्यों की प्रविष्टि के प्रावधान किये ताकि सरकार द्वारा प्रस्तावित विधानों की प्रतिक्रिया स्वरूप बाहरी जनता की भावनाओं की अभिव्यक्ति हो सके। किन्तु गैर–सरकारी सदस्यों का चयन चुनाव द्वारा न होकर मनोनयन द्वारा होता था। भारत के संवैधानिक इतिहास में 1861 के अधिनियम का महत्व इसलिए भी है कि इसने गवर्नर जनरल को विधि निर्माण के कार्य में इस देश के लोगों को सम्मिलित करने में समर्थ बनाया।[26]
- इसकी तीसरी विशेषता थीः प्रान्तीय विधान परिषदों को स्थानीय मामले पर्याप्त सूचना एवं अनुभव के साथ प्रान्तीय स्तर पर तय करने का अधिकार प्रदान करना। विकेन्द्रीकरण की दिशा में यह पहला व निर्णायक कदम था। केन्द्रीय विधायिका पूरे भारतवर्ष के लिए तथा प्रान्तीय विधायिका कुछ मामलों को छोड़कर जिनके लिए गवर्नर जनरल की पूर्व स्वीकृति लेनी पड़ती थी, विधान बनाने हेतु अधिकृत थे। यह प्रान्तीय स्वायत्तता का आरम्भ था।
- चौथे, अधिनियम द्वारा एक ऐसी विधानमण्डल व्यवस्था का प्रारम्भ किया गया जिसके द्वारा एंग्लो भारतीय हाउस ऑफ कामन्स, (Anglo-Indian House of Commons) के स्थान पर भिन्न प्रकार के विधानमण्डल की स्थापना हुई जिसमें प्रथम बार भारतीयों को प्रवेश मिला और जिनका कार्य विधानमण्डल तक ही सीमित था।
- पाँचवें, इसके द्वारा गवर्नर जनरल को विधानीय शक्तियाँ प्रदान की गई जिसके द्वारा आपात स्थिति में अध्यादेश जारी कर सकता था और अन्त में यह भी कहा जा सकता है कि विधानमण्डल की स्थापना से विधि निर्माण का भी विकास हुआ।

इस अधिनियम में कई गंभीर दोष थे जैसे, गैर–सरकारी सदस्य भारतीय जनता के प्रतिनिधि नहीं थे। गवर्नर जनरल एवं गवर्नरों द्वारा जमींदारों, देशी राजाओं एवं दीवानों आदि में से गैर–सरकारी सदस्यों की नियुक्ति की जाती थी। अतः वे भारतीय जनता के विचारों व आकांक्षाओं का सही प्रतिनिधित्व नहीं करते थे और न उन्हें भारतीयों के हितों की विशेष चिंता थी।

इसके अतिरिक्त 1853 के एक्ट की तुलना में यह प्रतिगामी था। 1853 के अधिनियम ने संसदीय प्रक्रिया प्रारम्भ की। प्रश्न पूछने तथा कार्यपालिका के कार्यों, जैसे, बजट इत्यादि पर विचार–विमर्श करने से, भारत में प्रतिनिधि शासन के विकास

में एक निश्चित प्रक्रिया की शुरूआत हुई थी। 1861 के अधिनियम द्वारा ये शक्तियाँ वापस ले ली गई। वस्तुतः 1861 का अधिनियम केन्द्रीय एवं प्रान्तीय विधायिकाओं की स्वतंत्र सत्ता की स्थापना करने में असफल रहा।

भारतीय लोक सेवाओं की भर्ती में भेदभाव: 19वीं शताब्दी के उत्तरार्द्ध में भारतीय समाज में एक नये मध्यम वर्ग का आविर्भाव हुआ जिसमें शिक्षित वर्ग और छोटे उद्योगपति शामिल थे। अंगरेजी शिक्षा प्राप्त वर्ग छोटे पदों पर नौकरी से ही सन्तुष्ट नहीं था। वह अपनी योग्यता के आधार पर प्रतियोगी परीक्षा के माध्यम से उच्च पद प्राप्त करना चाहता था। भारत में समाचार–पत्रों तथा अन्य राजनीतिक संस्थाओं का विकास हो रहा था, जिनके माध्यम से भारत की जनता अंगरेजी प्रशासन में अपने लिए उचित स्थान की मांग प्रस्तुत करने लगी। लोग अंगरेजों की प्रशासनिक नीति में और उनके घोषित लक्ष्यों में अन्तर स्पष्ट करते थे। इस सन्दर्भ में अंगरेज प्रशासकों एवं राजनीतिज्ञों की दो विचारधाराएँ उभरकर सामने आई।

पहली विचारधारा के समर्थकों की मान्यता थी–अंगरेजी नीति एक सैनिक विजेता की भांति ही होनी चाहिए। भारतीयों के प्रति उदारता को दुर्बलता की नीति कहा गया, इसलिए अंगरेजों को प्रशासन पर पूर्णरूप से अपना आधिपत्य बनाए रखना चाहिए। नार्थकोट ने असैनिक सेवाओं में नियुक्ति के प्रश्न को 1867 में लारेंस (Sir John Lawrance, 1864-69) के समक्ष रखा था इसके जवाब में उन्होंने कहा: 'हमने भारत को सैनिक शक्ति से जीता, यद्यपि सुनीति और सुशासन ने हमें सहायता दी। इसी ढंग से हमें भारत पर राज्य कायम रखना चाहिए। अंगरेजों को हमेशा पहली कतार में सम्मान और शक्ति के पदों पर होना चाहिए और यह हमारे शासन को कायम रखने की एक शर्त है।'[27] पहली विचारधारा के समर्थकों का प्रजातीय भेद की नीति में विश्वास था। ब्रिटिश राजनीतिज्ञों की मान्यता थी कि एक पठान और सिक्ख से प्रतियोगिता में एक बंगाली बाजी मार सकता है पर उसे 'उत्तर भारत के किसी लडाकू कबीले का नेतृत्व सौंपना' खतरे से खाली नहीं है। लारेन्स का भी विचार था कि बंगालियों में वह तत्व नहीं है, जिनसे अच्छा शासक बनता है।[28]

दूसरी विचारधारा के अनुसार योग्य एवं शिक्षित भारतीयों को प्रशासन से सम्बद्ध किया जाना चाहिए। ऐसा न करना अंगरेजी साम्राज्य के लिए हानिकारक हो सकता है। इस मत के समर्थकों को उदारवादी कहा गया। ऐसे विचारक भारतीयों को स्थानीय स्तर पर कुछ प्रशासनिक अनुभव का अवसर प्रदान करना चाहते थे। इस दृष्टि से वे रंगभेद की नीति को कुछ क्षेत्रों में सीमित करने के पक्ष में थे। ये दोनों ही विचारधारायें 19वीं सदी के उत्तरार्ध में अंगरेजी प्रशासनिक नीति को प्रभावित करती रही। मतभेद दोनों में केवल इस तरीके पर था कि जिससे अंगरेजी साम्राज्य को अधिक दृढ़ बनाया जा सके।

1833 से 1855 तक कम्पनी सेना में नियुक्तियों का अधिकार निदेशकों का अधिकरण (Court of Director) एवं बोर्ड ऑफ कन्ट्रोल में निहित था। अधिकारी स्तर के पदों की भर्ती नामजदगी द्वारा की जाती थी। नामजदगी के बाद हेलीबरी में ईस्ट इण्डिया कालेज में दो वर्षों के लिए प्रशिक्षण दिया जाता था। भारत में ही नहीं इंग्लैण्ड में भी 18वीं शताब्दी तक सिविल सेवा की कोई विशेषता नहीं उभर सकी थी। हेग फिनर (Hugh Finhir) के अनुसार व्हाइट हाल में कार्यकर्त्ता राजनीतिक नियुक्तियों से प्रशासनिक पदों पर कार्य करने लगते थे तथा पुनः राजनीति में आ जाते थे। इस प्रकार नियुक्ति संरक्षण परम्परा द्वारा होती थी और वेतन का निर्धारण भी पद विशेष का होता था। 1870 से इंग्लैण्ड की गृह सिविल सेवा आधुनिक प्रतिमान प्राप्त कर सकी। यह प्रतिमान भारत में श्रेष्ठ सिविल सेवा से अधिकांशतः ग्रहण किया गया। सिविल सेवा भारत में एक विवेकशील संगठन के रूप में उभरी थी। इसका कारण था: ब्रिटेन में राजनीतिज्ञों की कम्पनी के कर्मचारियों द्वारा धन एकत्र करने की संभावना को रोकने की चिंता, ताकि भारतीय धन की अधिकता उनकी इंग्लैण्ड की राजनीति पर प्रभुत्व हेतु साधन न बन सके। इसीलिए पिट के इण्डिया एक्ट 1784 में निम्नलिखित प्रावधान किये थे। निश्चित वेतन श्रृंखला तथा परिलाभ, वरिष्ठता के आधार पर पदोन्नति आदि। इसी प्रकार कार्यालय लेखकों की सेवा में प्रविष्टि के समय, निश्चित आयु सीमा 15 से 18 वर्ष थी। 1793 में चार्टर के नवीनीकरण के साथ उच्च सिविल सेवा पद अनुबन्धित (Covenanted) सिविल सेवा हेतु आरक्षित कर दिये गये, जो आगे जाकर भारतीय सिविल सेवा के नाम से ज्ञात हुई।

1833 के चार्टर एक्ट की धारा 87 एवं 1861 के भारतीय लोकसेवा अधिनियम (Indian Civil Service Act) जिसके अनुसार प्रतिवर्ष लन्दन में एक प्रतियोगी परीक्षा आयोजित किये जाने का प्रावधान था। साथ ही विक्टोरिया घोषणा में उल्लेख किया गया, "**भारतीयों का लोक सेवाओं में चयन जाति, धर्म, रंग या देश का भेद किये बिना किया जायेगा यदि वे इसके योग्य हो।**" 1853 के अधिनियम ने इंग्लैण्ड में प्रतियोगिता परीक्षा का प्रावधान किया, जिसमें भारतीय भी भाग ले सकते थे। लेकिन 1855 में शुरू की गई प्रतियोगिताओं में भारतीयों के लिए इंग्लैण्ड में आयोजित परीक्षा में सफल होना अत्यन्त कठिन कार्य था।

1864 से पूर्व सत्येन्द्रनाथ टैगोर पहले भारतीय थे जो इस प्रतियोगिता में सफल हो पाये। यहाँ यह भी सवाल उठता है कि सरकार भारतीयों का इन सेवाओं में चयन क्यों नहीं चाहती थी। इस सम्बन्ध में ब्रिटिश सरकार का लक्ष्य स्पष्ट था जैसे भी हो भारतीयों को लोक सेवाओं में कम से कम प्रवेश दिया जाये। **1858 तक जहाँ भर्ती की अधिकतम आयु 23 वर्ष थी उसे निरन्तर घटाया गया और 1877 में अधिकतम आयु 19 वर्ष एवं न्यूनतम आयु 17 वर्ष कर दी गई थी।** आर्गिल के ड्यूक ने कहा थाः प्रतियोगिता में सफलता यद्यपि इस बात की गारन्टी नहीं है कि सफल प्रतियोगी में शासन की या अधिकारी होने की योग्यता होगी। फिर भी पारिवारिक या राजनैतिक प्रभाव से नियुक्ति के वनिस्पत ठीक है और चूंकि यूरोपियों में वे गुण हैं जिनके बूते पर उन्होंने भारतीय साम्राज्य को जीता और उसे कायम रखा, इसीलिए कुल मिलाकर प्रतियोगिता मूलक परीक्षा अंगरेज जाति के विभिन्न उम्मीदवारों के बीच अच्छी मानी जा सकती है। किन्तु नार्थब्रुक के अनुसार सार्वजनिक प्रतियोगिता भारत के लिए उपयुक्त नहीं है।[29]

- दूसरे, ब्रिटिश नौकरशाही का भारतीयों पर विश्वास न था। 1857 के विप्लव ने इस अविश्वास को और अधिक बढ़ाया। 1862 से 1875 तक 50 भारतीय युवा इस परीक्षा में बैठे जिनमें से केवल 10 ही सफल हो पाये थे और उन्हें भी मुआवजा (Compensation) देकर ब्रिटिश नौकरशाही घर भेजना चाहती थी।
- तीसरे, ब्रिटिश राजनीतिज्ञों की मान्यता थी कि भारतीयों का चरित्र अंगरेजों से भिन्न है। 1868 में भारत सरकार ने 200 पौण्ड की 9 छात्रवृत्तियों का प्रावधान, भारतीय छात्रों के लिए इंग्लैण्ड जाकर इस प्रतियोगिता की तैयारी हेतु किया था। भारत सचिव आर्गिल ने इन छात्रवृत्तियों को रोक दिया था। उसके अनुसार परीक्षा में सफलता ही किसी की प्रशासकीय योग्यता का स्पष्ट परिणाम नहीं है। भारतीयों का इन सेवाओं में प्रवेश में बाधक तथ्य रंगभेद की नीति भी रही है। लार्ड सेलिसबरी (साल्ज्बरी) की धारणा थी कि–ऐसे यूरोपीय नहीं मिलते, जो भारतीयों के नीचे काम करने को तैयार हों।

भर्ती की आयु घटाने का प्रश्न भारतीय समाचार पत्रों में काफी चर्चा का विषय बना रहा। सुरेन्द्रनाथ बनर्जी ने इस प्रश्न को लेकर भारत का दौरा किया और इसे राष्ट्रीय प्रश्न बनाया। आयु घटा देना ऐसा कार्य था जिसने भारतीयों का अंगरेजों की न्यायप्रियता में विश्वास ही कम नहीं किया था बल्कि अंगरेजों के विरूद्ध आवाज उठाने का जनता को एक गंभीर मुद्दा भी मिल गया।

प्रतिज्ञाबद्ध एवं अप्रतिज्ञाबद्ध सेवाएंः उन दिनों भारत में दो प्रकार की सेवाओं का प्रचलन था–प्रतिज्ञाबद्ध (Covenanted) एवं अप्रतिज्ञाबद्ध (Uncovenanted)। प्रतिज्ञाबद्ध सेवा के लोगों को इकरारनामा (प्रतिज्ञा पत्र) या अनुबन्ध (कोवेनेंट) पर हस्ताक्षर करने होते थे, जिसमें निष्ठा एवं ईमानदारी के साथ कार्य करने की प्रतिज्ञा करनी होती थी। इस उच्च सेवा के लिए इंग्लैण्ड में चयन किया जाता था। कोवेनेण्टिड सेवाओं में भारतीयों की भर्ती 1855 के पश्चात् हुई जब खुली प्रतियोगिता परीक्षा के सिद्धान्त को स्वीकार किया गया। अप्रतिज्ञाबद्ध सेवाओं से सम्बद्ध लोगों की भर्ती भारत में की जाती थी। ये सेवाएँ अस्थाई थीं और इसमें किसी प्रकार का प्रतिज्ञापत्र भरकर नहीं देना होता था। भू–राजस्व एवं न्याय विभाग के छोटे पद इस श्रेणी में सम्मिलित थे। इन पदों पर भारतीयों एवं भारत में कार्यरत अंगरेजों को लगाया जाता था और उन्हें वार्षिक वेतन 300 पौण्ड से कम मिलता था। पदोन्नति के अवसर इस तरह की सेवाओं में कम थे।

लिटन (Lord Lytton 1876–1880 ई.): के समय में संवैधानिक **लोक सेवा** (Statutory Civil Service) **की स्थापना हुई, इस सेवा से सम्बन्धित नियम 1879 में पारित हुए, जिसके अनुसार उच्च कुल के भारतीयों को नियुक्ति दी जानी थी।** ये नियुक्तियाँ प्रान्तीय सरकारों की सिफारिश पर भारत सचिव की स्वीकृति से की जाती थी और इनकी संख्या **प्रतिज्ञाबद्ध** (Covenanted) **सेवाओं की संख्या का छठा** (1/6) **भाग निर्धारित की गई। यह सेवायें अप्रतिज्ञाबद्ध** (Uncovenanted) **के समान थी।** इन दोनों सेवाओं की भर्ती के लिए न तो समान योग्यताएँ निर्धारित थीं और न भर्ती के लिए समान नियम। परन्तु स्टेट्यूटरी सिविल सर्विस भारतीयों में बहुत लोकप्रिय नहीं बन सकी और आठ वर्ष के पश्चात् (1891 में) ही बन्द कर दी गई। लिटन–भारतीयों का लोकसेवाओं में प्रवेश उचित नहीं मानता था इसीलिए परीक्षा की आयु 21 से घटाकर 19 वर्ष कर दी।[30]

भारतीय एवं प्रोविंशियल सिविल सेवाएंः इंग्लैण्ड में ही परीक्षा के केन्द्र होना भारतीयों के विरोध का एक प्रमुख कारण बना। सुरेन्द्रनाथ बनर्जी ने इसीलिए सरकार की इस नीति के विरोध का निश्चय किया था। भारतीयों की माँग को देखते हुए 1886 में सर चार्ल्स एचिसन की अध्यक्षता में लोक सेवा आयोग की नियुक्ति की। आयोग ने जनवरी 1888 में

अपनी रिपोर्ट प्रस्तुत की, जिसमें कहा गया कि कुछ अधिक संख्या में उत्तरदायी पद भारतीयों को सौंपे जायें। आयोग ने सेवाओं को दो भागों में विभक्त किया था–इण्डियन सिविल सर्विस एवं स्टेट सिविल सर्विस। प्रान्तीय सेवायें भी उच्च एवं निम्न पदों के रूप में विभक्त कर दी गई। निम्न श्रेणी में तहसीलदार और निरीक्षक स्तर के पदाधिकारी सम्मिलित थे। इन्हें अधीनस्थ सेवायें भी कहा गया। अधीनस्थ सेवाओं से प्रान्तीय सेवाओं तथा प्रान्तीय सेवाओं से इण्डियन सिविल सर्विस में योग्यता एवं निष्ठा के आधार पर प्रोन्नति के प्रावधान थे। इस वर्गीकरण के बाद भारतीयों को प्रान्तीय सेवाओं में ही अधिक अवसर उपलब्ध हो सके। इस प्रकार कोवेनेण्टिड और अनकोवेनेण्टिड सेवाओं का स्थान इम्पीरियल और प्रोविंशियल सेवाओं (Provincial Civil Services) ने ले लिया। प्रोविंशियल सिविल सर्विस को सम्बन्धित प्रान्त से जाना जाने लगा। शासन की अन्य शाखाओं में भी इसी तरह संयुक्त सेवायें विकसित हुई जैसे–पुलिस, शिक्षा, मेडिकल आदि।

भारतीय राष्ट्रवादियों की माँग को देखते हुए सितम्बर 1912 में भारतीय लोक सेवाओं पर एक राजकीय आयोग (Royal Commission) बनाया गया। लार्ड आइलिंगटन इसके अध्यक्ष नियुक्त हुए। विश्व युद्ध छिड़ जाने से आयोग की रिपोर्ट 1917 में प्रस्तुत हुई, इसने अनुशंसा की कि भारतीय सिविल सेवा के 25 प्रतिशत स्थान भारतीयों से भरे जाने चाहिए। इस तरह लम्बे समय बाद स्थिति में कुछ परिवर्तन की संभावनाएं बनी। मांटेग्यू चेम्सफोर्ड रिपोर्ट ने 33 प्रतिशत उच्चतर सेवा के पद भारतीयों से भरे जाने एवं उन्हें क्रमिक रूप से बढ़ाने की सिफारिश की। 1922 में भारतीय सिविल सेवा परीक्षा भारत (इलाहाबाद) इंग्लैण्ड में एक साथ होनी प्रारम्भ हुई। तत्पश्चात् 'ली' कमीशन (Lee Commission) ने प्रस्तावित किया कि 1939 तक भारतीयों एवं अंगरेजों की बराबर संख्या होनी चाहिए और आगे जाकर अंगरेजों का भाग घटा दिया जाना चाहिए ताकि सिविल सेवा का पूर्णरूप से भारतीयकरण हो सके। वस्तुतः 'ली' कमीशन रिपोर्ट के बाद ही भारतीयों की भर्ती में वृद्धि होनी शुरू हुई, इससे पूर्व सिविल सेवाओं के भारतीयकरण की प्रक्रिया अत्यन्त धीमी रही। जैसा कि 1929 में 894 ब्रिटिश तथा 367 भारतीय सिविल सेवक थे और 1939 तक अंगरेज एवं भारतीयों की संख्या क्रमशः 759 तथा 625 हो गई। यदि हम 1909 से इसकी तुलना करें तो देखेंगे कि 1909 में 1082 अंगरेजों के विरूद्ध 60 भारतीय थे अर्थात् 1929 के बाद ही लोक सिविल सेवाओं का द्रुत भारतीयकरण हो पाया।

शाही पद अधिनियम (Royal Titles Act, 1876): 1858 के अधिनियम की त्रुटि को दूर करने के लिए (जिसके द्वारा महारानी विक्टोरिया के पद में कोई परिवर्तन नहीं किया गया था) 1876 में एक शाही पद अधिनियम पारित किया गया। इसके द्वारा इंग्लैण्ड की रानी विक्टोरिया ने भारत की साम्राज्ञी की उपाधि धारण की।[31] लिटन भारत में एक दरबार का आयोजन करना चाहता था जिसका उद्देश्य था भारत के सभी नरेशों को आमन्त्रित कर इंग्लैण्ड के प्रति उनकी श्रद्धा एवं भक्ति को प्रदर्शित करने का अवसर देना। लार्ड सेलिसबरी लिटन के इस सुझाव से सहमत था। सरकार ने अगस्त 1876 में घोषित किया कि शाही दरबार का आयोजन 1 जनवरी, 1877 को किया जायेगा। दिल्ली में आयोजित भव्य दरबार में राजाओं एवं जनता के समक्ष महारानी विक्टोरिया को भारत की साम्राज्ञी (Empress of India) कैसर–ए–हिन्द की उपाधि से विभूषित किया। इस शाही दरबार के प्रश्न पर पहली बार लिटन को भारतीय समाचार–पत्रों में गंभीर विरोध का सामना करना पड़ा। इस आयोजन पर अपार धन राशि व्यय की गई थी जो चाँदी के मूल्य में गिरावट, बंगाल में चक्रवात से हानि, भीषण अकाल और बर्बादीपूर्ण युद्ध की पृष्ठभूमि में सर्वथा अनुचित थी। इस आडम्बरपूर्ण समारोह पर करोड़ों रूपये व्यय हुए, जिसे कलकत्ता पत्रिका ने 'रोम जल रहा था और नीरो बंसी बजा रहा था' की संज्ञा दी।

1876–78 के दौरान भारत में भीषण अकाल पड़ा, जिससे मद्रास, बम्बई, हैदराबाद, मैसूर, मध्य भारत आदि विशेष रूप से प्रभावित हुए। आर.सी. दत्त का विचार था कि इस अकाल में एक वर्ष में 50 लाख लोग भूख से मारे गये।[32] रिचर्ड स्ट्रेची की अध्यक्षता में अकाल कमीशन (Famine Commission) नियुक्त किया। जिसने प्रत्येक जिले में 'अकाल कोष' (Famine Fund) बनाने, सिंचाई सुविधाओं का विकास तथा रेलों के विस्तार की सिफारिश की। ऐसे अवसर पर शाही दरबार का आयोजन कहाँ तक उचित था। दरबार के आयोजन ने भारतीय नरेशों की सामन्तीय स्थिति पर मुहर लगाने का कार्य किया। जैसा लाला लाजपतराय ने जिक्र भी किया: 'दरबार से भारतीय नरेश मित्रों की पदवी से घटकर सामन्त की अवस्था में पहुँच गए, परन्तु अनजाने में इसके कर्त्ताओं की इच्छा के विरूद्ध भारत की प्रजा ब्रिटिश साम्राज्य की नागरिक बन गई।'....दरबार से भारतीयों के मन में एक नए आन्दोलन का प्रादुर्भाव हुआ जिससे पढ़े–लिखे भारतीयों के मन में साम्राज्य में अपना अधिकृत स्थान प्राप्त करने की इच्छा जाग उठी।[33]

देशी भाषा समाचार–पत्र अधिनियम (The Vernacular Press Act, 18 March 1878): चार्ल्स मेटकॉफ (Charles Metcalfe) 1835 में भारतीय प्रेस को नियंत्रणों से छुटकारा दिलाया था। इस कदम का शिक्षित भारतीयों ने उत्साह से स्वागत किया। लेकिन राष्ट्रवादियों ने धीरे–धीरे प्रेस का इस्तेमाल, जनता में राष्ट्रीय चेतना जगाने तथा सरकार की प्रतिक्रियावादी नीतियों की आलोचना करने के लिए शुरू किया। विलियम वैडरबर्न (William Wedderburn) के अनुसार बम्बई प्रेसीडेंसी में कृषकों के दंगों के पश्चात् सामूहिक डकैतियां और साहूकारों पर आक्रमण होने लगे। भारतीय समाचार–पत्रों में इस तरह की अराजकता की खुलकर निंदा की गई। लिटन की प्रिय योजना दिल्ली दरबार तथा आर्म्स एक्ट (Arms Act) की भी समाचार–पत्रों में काफी आलोचना हुई। इसी तरह अकाल के प्रति लिटन की उदासीनता की भी काफी भर्त्सना हुई। लिटन ने प्रेस के इस कृत्य को राजद्रोह का प्रतीक माना। वह समाचार–पत्रों पर प्रतिबन्ध लगाना चाहता था, लेकिन केवल भारतीय भाषाओं के समाचार–पत्रों पर। 1870 के 'आयरिश काउर्सन एक्ट' की तरह का एक कानून 14 मार्च, 1878 को पारित किया, जिसे वर्नाक्यूलर प्रेस एक्ट कहा गया।

I. इस अधिनियम द्वारा लिटन ने भारतीय भाषायी समाचार–पत्रों के विरूद्ध कार्य करने तथा दण्ड देने का अधिकार न्यायाधीशों के स्थान पर कार्यकारिणी को दे दिया। राष्ट्रवादी समाचार–पत्रों के सम्पादक जिन्हें राजद्रोह भड़काने वाला कहा गया, भारी जमानत देने को बाध्य हुए। इस अधिनियम द्वारा जिला दण्डनायकों (District Magistrate) को स्थानीय सरकार की आज्ञा से अधिकृत किया गया कि वे किसी भारतीय भाषा के समाचार–पत्र को इस आशय के बन्धनपत्र (Bond) पर हस्ताक्षर करने के लिए बाध्य करें, जिसमें उल्लेख हो कि–'वे कोई ऐसी सामग्री प्रकाशित नहीं करेंगे जिससे सरकार विरोधी भावना भड़के अथवा साम्राज्ञी की प्रजा के भिन्न–भिन्न जाति, वर्ण और धर्मावलम्बियों में एक दूसरे के विरूद्ध वैमनस्य बढ़े।'

II. जिला दण्डनायक इस तरह के समाचार–पत्रों से जमानत लेने एवं जमानत जब्त कर लेने के लिए प्राधिकृत थे। पुनः अपराध की स्थिति में मुद्रणालय को अपने कब्जे में लिया जा सकता था। दण्डनायक का निर्णय अन्तिम था और उसमें अपील की अनुमति न थी।

III. स्थानीय समाचार–पत्रों को अधिनियम की कार्रवाई से बचने के लिए अपने पत्र की ईक्ष्य प्रति (Proof) सरकारी पत्रेक्षण (Censor) को पहले प्रस्तुत करनी होती थी।

वर्नाक्यूलर प्रेस एक्ट को जनता ने **गला दबोचने वाले अधिनियम** (Gagging Act) **की संज्ञा** दी। इसे केवल **वर्नाक्यूलर** (देशी) **समाचार–पत्रों पर ही लागू किया गया था, इस कारण इसका विरोध अधिक हुआ।** विरोध सभाएं हुई और भारत और इंग्लैण्ड में आन्दोलन हुए। ब्रिटिश संसद को एक्ट वापस लिये जाने हेतु अपीलें भेजी गई, लेकिन कोई लाभ नहीं हुआ। यद्यपि बाद में इंग्लैण्ड की संसद में भी भारी आलोचना हुई। एस.एन. बनर्जी ने इसे 'आकाश से होने वाला व्रजपात (a bolt from the blue) कहा'। मोदी लिखते हैं–संभवतः इस एक्ट का सबसे बुरा कार्य यह था कि इसे अंगरेजी समाचार–पत्रों पर नही लागू किया गया, जो कि बहुत से मामलों में पत्र शिखर पर पहुँच चुके थे।[34] अर्सकिन पेरी (Eriskin Perry) जो भारतीय परिषद् के सदस्य थे ने इस अधिनियम को 'विपरीतगामी, असंगत (Retrograde and ill-conceived) और भारत की भावी प्रगति के लिए घातक' पग बतलाया। उनका विचार था कोई भी साम्राज्यवादी विधायक कुत्सित समाचार–पत्रों के निर्मूलन के लिए इससे अधिक शक्तिशाली विधेयक नहीं बना सकते थे। अधिनियम के तहत सोम प्रकाश, ढाका प्रकाश, सहचर, भारत मिहिर आदि समाचार–पत्रों के विरूद्ध मामले बनाये गये। कुछ समाचार–पत्रों ने अपने को स्थानीय भाषा से अंगरेजी भाषा में ढाल लिया जैसे–'अमृत बाजार पत्रिका'। अधिनियम की कठोरता से पालन करने का प्रभाव यह हुआ कि भारतीय समाचार–पत्रों की भाषा एवं विषय की गंभीरता में कमी आ गई। अनेक समाचार–पत्रों द्वारा अंगरेजी समाचार पत्रों में प्रकाशित लेखों को ही उद्धृत किया जाने लगा। विद्वानों की मान्यता है कि बाहरी रूप से प्रेस को दबा दिया गया, परन्तु असन्तोष भी भूमिगत हो चुका था। इस कृत्य से लिटन की प्रतिक्रियावादी नीतियों को ही उजागर नहीं किया प्रत्युत उसका रूढ़िवादी स्वरूप भी उभर कर सामने आया। इसके द्वारा वह प्रेस के महत्व को कम करना चाहता था, लेकिन यह विधेयक भारतीय जनता को अपने राजनीतिक अधिकारों के बारे में अधिक सतर्क और सजग बनाने में सफल हुआ।

शस्त्र अधिनियम (Indian Arms Act, 1878): **भारतीय शस्त्र अधिनियम लिटन की दमनकारी नीति का एक अन्य उदाहरण** था। भारतीयों को शस्त्र रखने की सुविधा बहुत पहले से उपलब्ध थी। कृषि एवं निजी सम्पत्ति की सुरक्षा के लिए शस्त्र आवश्यक माने गये। **मार्च 1878 में शस्त्र अधिनियम पारित करके बिना लाइसेंस शस्त्र रखना एवं उसका**

व्यापार करना दण्डनीय अपराध बना दिया। इस अधिनियम के उल्लंघन पर तीन वर्ष की जेल अथवा जुर्माना या दोनों एवं इसको छुपाने का प्रयत्न करने पर सात वर्ष की जेल अथवा जुर्माना या दोनों दण्ड एक साथ दिये जा सकते थे। इस मामले में भी प्रजातीय भेद नीति अपनाई गई। **लिटन ने जनवरी 1879 में एक विज्ञप्ति द्वारा जमींदारों, नगरपालिका सदस्यों, उपाधि प्राप्त प्रतिष्ठित व्यक्तियों, यूरोपीय, एंग्लो इण्डियन, अमेरिकी, आर्मेनियन एवं सरकार के कुछ विशेष अधिकारी इस अधिनियम के प्रावधानों से मुक्त थे**। प्रजातीय विभेद के साथ–साथ भारतीयों में भी परस्पर भेद को बढ़ाने का प्रयास किया। स्थानीय भाषाओं के समाचार–पत्रों ने इस अधिनियम की घोर आलोचना की। भारतीय जनता में यह धारणा दृढ़ हुई कि सरकार को जनसामान्य पर विश्वास नहीं है। इसने सरकार के प्रति अविश्वास की भावना को बढ़ाया।

स्थानीय स्वायत्त शासन: बंगाल में 1816 और 1819 में नियम पास हुए जिन्होंने सरकार को नाव से पार जाने की व्यवस्था कायम रखने तथा सड़कों, पुलों एवं नालियों (खाइयों) की मरम्मत निर्माण के लिए रूपये वसूलने का अधिकार दिया। बंगाल के बाहर 'सेस' (यानी भूमि राजस्व पर थोड़ा सैकड़े वारी कर) लगाकर आवश्यक रकम प्राप्त की गई। 1889 में बम्बई (मुम्बई) में कानून निर्माण द्वारा इसे मान्यता दी गई। इसने 'सेसों' को कानूनी रूप देकर सार्वजनिक निर्माण पर व्यय की व्यवस्था की तथा न केवल समूचे जिले के लिए बल्कि इसके सब डिविजनों के लिए भी रकम के शासन के निमित्त समितियाँ नियुक्त कर दीं। हर जिले में स्थापित स्थानीय समितियों का सचिव मजिस्ट्रेट होता था। 1871 में इस व्यवस्था में और सुधार लाया गया।

लार्ड मेयो (1869–72): मेयो के काल में स्थानीय स्वशासन व्यवस्था के विकास पर विशेष ध्यान दिया गया। 1870 में प्रस्तावित किया कि शिक्षा, स्वास्थ्य एवं सफाई जैसे स्थानीय विषयों का विकास स्थानीय संस्थाओं और स्थानीय करों द्वारा किया जाना चाहिए। प्रान्तीय सरकारों ने इस तरह के आदेश पारित कर स्थानीय कर व चुंगी को स्थानीय संस्थाओं को सौंप दिया। रूरल बोर्ड के गठन के प्रयास हुए, परन्तु स्थानीय समितियाँ लोकतांत्रिक पद्धति से संचालित नहीं थी। सरकारी कर्मचारियों द्वारा नियंत्रित और परिचालित ये संस्थायें उच्च सरकारी अधिकारियों की ओर प्रेरणा के लिए देखती थी न कि जनता की ओर।

1872 में लार्ड मेयो द्वारा पारित बम्बई म्युनिसिपल एक्ट नगरीय प्रशासन के मामले में लम्बे समय तक एक उदाहरण बना रहा था। इसके 64 सदस्य निश्चित किये गये जिनमें से 16 रेजीडेन्ट न्यायाधीशों द्वारा और 16 सरकार द्वारा मनोनीत होने थे और शेष 32 कर दाताओं द्वारा चुने जाने थे। कार्यपालिका की शक्ति कमिश्नर में निहित थी। किन्तु स्वायत्त शासन की दिशा में लार्ड रिपन ने गंभीरतापूर्वक प्रयत्न किये और पूर्व प्रचलित त्रुटियों को दूर करने का प्रयास किया। उसके समय स्वायत्त शासन के मामले में की गई कार्रवाई से पूर्व उसका संक्षिप्त परिचय एवं विचारधारा की जानकारी करना उचित होगा।

लार्ड रिपन (1880–84) एवं स्थानीय स्वशासन का प्रस्ताव (Lord Ripon and Resolution on Local Self-Government, 1882): रिपन का जन्म 24 अक्तूबर, 1827 को हुआ। उसके पिता का नाम फ्रेडरिक राबिन्सर था। उसकी माँ लेडी सारा होबर्ट बकिंघम शायर के चौथे अर्ल की पुत्री थी। उसके बचपन का नाम जार्ज फ्रेडरिक सैमुअल रॉबिन्सन था। ब्रसल्ज दूतावास में एक सहायक अधिकारी के रूप में उसने–अपने जीवन की शुरूआत की। 1852 में वह उदारवादी दल से हाउस ऑफ कॉमन्स में चुना गया और 1859 में भारत का अतिरिक्त सचिव नियुक्त हुआ। 1868 तक वह ग्लैडस्टन के मंत्रिमण्डल का सदस्य रहा और उसने आईरिश चर्च अधिनियम, एजूकेशन अधिनियम, बैलट अधिनियम जैसे कानून निर्माण में सहायता की। अंततः 1880 में ग्लैडस्टन ने उसे भारत का वायसराय बना दिया। रिपन एक उदार सुधारक था उसके दृष्टिकोण व विश्वास में वह लार्ड बैन्टिक के समान था। उसने भारत के प्रति नीति को इन शब्दों में स्पष्ट किया था। 'हमारा भारत में रहने का अधिकार इस तर्क पर है कि हमारा वहाँ रहना भारतीयों के लिए हितकर है और दूसरे वह कि भारतीय यह अनुभव करें कि वह हितकर है। उसका स्थानीय स्वशासन की स्थापना के प्रयास, विकेन्द्रीकरण योजना, शिक्षा नीति एवं प्रशासकीय सुधार आधुनिक भारत के स्थापना में मील के पत्थर साबित हुए।'

भारतीयों की दृष्टि में वह अत्यन्त लोकप्रिय गवर्नर जनरल के रूप में विख्यात हुआ। इसीलिए कर्जन ने लिखा था–लार्ड रिपन का वाइसरायत्व का काल मात्र चार वर्ष रहा और यदि उसका अंत ब्रिटिश लोगों के पछतावे का कारण नहीं बना तो, निश्चित ही भारत के सभी वर्गों ने बड़े–बड़े जुलूस निकाले क्योंकि उसे वे लोग राष्ट्रीयता और आत्म नियन्त्रित सरकार की परम्परा को आगे बढ़ाने वाला मसीहा मानते थे जो पिछले बहुत समय से चकरा देने वाली गति से धीरे–धीरे आगे बढ़ी थी।[35]

भारत आने के बाद रिपन ने अनुभव किया कि पश्चिमी ढंग से शिक्षा प्राप्त वर्ग को सन्तुष्ट किया जाना आवश्यक है। मध्यम वर्ग स्वाभाविक रूप में महत्वाकांक्षी था और वह सरकार से सुविधाओं की मांग कर रहा था। रिपन ने स्वीकार किया कि इस वर्ग के प्रभाव को झुठलाया नहीं जा सकता और इनका तिरस्कार सरकार के लिए ठीक नहीं है। इसी कारण रिपन ने शिक्षित मध्यम वर्ग की सहानुभूति प्राप्त करने का प्रयास किया जिससे इस वर्ग को शासन के लिए निष्ठावान बनाया जा सके। यह नया दृष्टिकोण था जिसे अपनाये जाने की आवश्यकता पहली बार वायसराय ने अनुभव की। उसने लिखा कि 'प्रति घण्टे यह आवश्यकता बढ़ रही है कि शिक्षित भारतीयों को अपने शासन का शत्रु बनाने के बजाए मित्र बनाया जाये।' इस तरह दूरदर्शी एवं राजनीति में कुशल रिपन ने पूर्ववर्ती गवर्नर जनरल के समय अपनायी जा रही नीतियों को बदलने की आवश्यकता पर जोर दिया। यद्यपि इस नीति की स्थापना में वह बहुत सफल नहीं हो सका, लेकिन वह अपने प्रयत्नों से भारतीयों की दृष्टि में एक अत्यधिक लोकप्रिय गवर्नर जनरल अवश्य बन गया। वह अपनी धारणा के कारण इस वर्ग को प्रशासन से अधिक संख्या में जोड़कर अंगरेजी साम्राज्य को सुदृढ़ करना चाहता था।

स्वायत्त शासन की स्थापना: लार्ड मेयो द्वारा स्थापित स्वायत्त शासन व्यवस्था को ही लार्ड रिपन ने आगे बढ़ाया। 1881 में उसने प्रान्तीय सरकारों को निर्देशित किया कि 'वे स्थानीय और म्युनिसिपल कानूनों का ध्यान से अध्ययन करें जिससे यह निश्चित किया जा सके कि कौन–कौन से आय के स्रोत प्रान्तों से स्थानीय म्युनिसिपल प्रबन्ध को सौंपे जा सकते हैं। इस दौरान यह भी देखा जाना था कि स्थानीय लोगों की महत्वाकांक्षाओं को ध्यान में रखकर कौन–कौन से प्रशासकीय अधिकार उन्हें प्रदान किये जा सकते हैं।' प्रान्तीय सरकारों को यह भी कहा गया कि स्थानीय स्वशासन की प्रगति उस स्थिति में संभव नहीं है यदि स्थानीय बोर्डों पर कोई रोक लगाई जायेगी या हस्तक्षेप किया जायेगा। उसने यह भी इंगित किया कि वह स्थानीय लोगों को कुछ उत्तरदायित्व सौंपे जाने को उत्सुक है।

18 मार्च, 1882 का प्रस्ताव: स्थानीय स्वशासन के इतिहास में 1882 का प्रस्ताव विशेष महत्व रखता है। ग्रामीण बोर्डों की जो परम्परा आजादी तक चलती रही। वह इसी प्रस्ताव का परिणाम थी और भारत के विभिन्न प्रान्तों में तरह–तरह से प्रयोग में लाई जाती थी।[36] प्रस्ताव पारित करते हुए रिपन ने घोषित किया कि 'उसका उद्देश्य मात्र प्रशासन में सुधार नहीं है। यह इसलिए अतिआवश्यक है जिससे यह राजनैतिक और लोकप्रिय शिक्षा का साधन बन सके।' उसकी मान्यता थी कि 'लोग स्वशासन की उपेक्षा नहीं करेंगे। सुयोग्य व्यक्ति अपनी सेवाएं सरकार को अर्पित करेंगे और जब उनमें अपनी मदद आप करने की क्षमता आ जायेगी तो सरकार का बोझ हल्का होगा। इसी कारण प्रशासन के क्षेत्र में इसकी क्रियान्विति के परिणामस्वरूप पतन भी हो तो भी इसे बर्दाश्त किया जाना था।' उसने कहा–'लोग स्थानीय बोर्डों के प्रति अन्यमनस्क हैं। अभी तक सरकार के कार्यों से जनता को जोड़ने का प्रभावपूर्ण प्रयास नहीं किया गया था।'

स्थानीय स्वशासन को अपनाने के लिए जो व्यावहारिक योजना प्रस्तावित की गई उसके दो भाग थे। पहले भाग में बताया गया कि म्युनिसिपल अथवा जिला बोर्डो का गठन किस प्रकार किया जाये। इस सम्बन्ध में यह स्वीकार किया कि स्थानीय परिस्थितियों के अनुसार देश के अलग–अलग भागों में इसका स्वरूप भिन्न–भिन्न हो सकता था। रिपन ने इस बात पर बल दिया कि स्थानीय संस्थाओं में गैर–सरकारी सदस्यों की संख्या अधिक से अधिक हो और किसी भी स्थिति में अधिकारियों की संख्या एक तिहाई से ज्यादा न हो। उसने यह भी निर्देशित किया कि अधिक से अधिक स्थानों में इन संस्थाओं के लिए चुनाव कराए जायें। प्रान्तीय सरकार को सलाह दी गई कि जहाँ भी संभव हो सके म्युनिसिपल और स्थानीय बोर्ड स्थापित किये जाएं। बोर्ड का अधिकार क्षेत्र छोटा रखने को भी कहा जिससे सदस्यों की रूचि स्थानीय मामलों में बनी रहे। गैर–सरकारी सदस्य दो वर्ष के लिए संस्था के प्रतिनिधि चुने जाने थे।

दूसरे भाग में यह स्पष्ट किया गया कि सरकार का इन बोर्डों पर नियंत्रण आन्तरिक न होकर बाहरी हो। इसके लिए यह सिद्धान्त अपनाया गया कि प्रान्तीय सरकार स्थानीय संस्थाओं के कार्यों की जाँच कर सकती थी, परन्तु निर्देश नहीं दे सकती। अस्थाई तौर से उस पर रोक लगा सकती थी, परन्तु इसे पूर्णतः समाप्त करने के लिए भारत सरकार के अभिमत की आवश्यकता थी। गवर्नर जनरल ने जिला कलक्टरों को सलाह दी कि वे कम से कम हस्तक्षेप करें। वायसराय ने जिक्र किया, अगर बोर्डों का उपयोग इस दृष्टि से करना है कि भारतीय अपने मामलों का इन्तजाम स्वयं करें तो उन्हें बड़े साहब की उपस्थिति से पड़ने वाले प्रभाव से मुक्त रखना चाहिए।

इण्डिया कौंसिल के सदस्यों ने इस नीति की आलोचना की थी, लेकिन भारत सचिव के समर्थन से रिपन इस योजना को लागू कर पाया था।

- दुर्भाग्य से स्थानीय अधिकारियों ने रिपन के आदेशों की अनुपालन में रूचि नहीं दिखाई। वे चुनाव करवाने के पक्ष में नहीं थे एवं गैर–सरकारी सदस्यों को स्थानीय संस्थाओं की सत्ता हस्तान्तरित करने के विरोधी थे। रिपन इन प्रशासनिक अधिकारियों पर अधिक दबाव नहीं डाल सका। जैसा लिंडसे ने लिखा है–इस संस्था की असली कार्रवाई ने जिन आशाओं को जागृत किया था पूरा नहीं किया।[37]
- सरकार ने जनता में इस व्यवस्था के प्रति जागरूकता पैदा नहीं की, जिसके कारण लोग इसमें अधिक रूचि नहीं ले पाये।
- निरक्षरता भी इस व्यवस्था के सुव्यवस्थित संचालन में बाधक बनी। जिले की सम्पूर्ण इकाइयों में एकरूपता भी स्थापित नहीं की जा सकी। इस प्रकार अधिकांश मामलों में सत्ता स्थानीय अधिकारियों के हाथों में ही बनी रही।
- सामान्यतः भारतीयों को इन संस्थाओं का चेयरमेन नहीं बनाया गया।
- धन की भारी कमी भी स्वायत्त संस्थाओं के विकास में बाधक बनी।

मद्रास स्थानीय बोर्ड अधिनियम (Madras Local Board's Act, 1884): इसके अनुसार स्थानीय संस्थाओं को सड़कों की सफाई, रोशनी, प्राथमिक शिक्षा, पानी की व्यवस्था और सार्वजनिक स्वास्थ्य की देखभाल का दायित्व दिया गया। इसी प्रकार पंजाब एवं बंगाल में भी कानूनों द्वारा बोर्डों को अधिकार दिये गये। इस क्रम में सबसे छोटी ईकाई ताल्लुका बोर्ड, नगरों में म्युनिसिपल बोर्ड और जिलों में जिला बोर्ड स्थापित किये जाने का प्रावधान किया। रिपन जैसे उदार विचार न तो प्रान्तीय गवर्नरों के थे और न इंग्लैण्ड में उच्च अधिकारियों के। इस योजना की असफलता से भारतीयों के मन में जो ऊँची आशाएं जगी थी वे धूल में मिल गयी। किन्तु कांग्रेस ने इस योजना के महत्व को समझा था और प्रतिवर्ष वह सरकार पर दबाव डालने लगी। भारतीय राष्ट्रवादियों ने रिपन की इस नीति का दूसरा ही अभिप्राय लिया था। इसे राजनीति और सार्वजनिक शिक्षा के रूप में ही स्वीकार किया। रिपन का भी यही उद्देश्य था। वह समझता था कि उसने पूर्व प्रचलित लार्ड मेयो की नीति को ही आगे बढ़ाया है। वह इस प्रस्ताव को तो सही अर्थों में रूढ़िवादी मानता था।[38] इस प्रकार उसके रचनात्मक कार्यों में स्वायत्त संस्थाओं का निर्माण एक विशिष्ट कृत्य था। उसकी इस रचनात्मक प्रवृत्ति से ही भारत में वह लोकप्रिय गवर्नर जनरल बन सका।

वर्नाक्यूलर प्रेस एक्ट खारिज (1882): लिटन द्वारा पारित वर्नाक्यूलर प्रेस एक्ट की काफी आलोचना हुई थी। दूसरी ओर रिपन सैद्धान्तिक रूप से प्रेस की स्वतंत्रता का हिमायती था। उसने एक बार कहा थाः "बुद्धिमानी से संचालित एक स्वतंत्र प्रेस हमेशा सरकार के लिए बड़ी सहायक सिद्ध हो सकती है एवं मेरे विचार से एक बन्धन मुक्त प्रेस की आवश्यकता इस देश के लिए इस कारण और भी महत्वपूर्ण हो जाती है क्योंकि यहाँ प्रतिनिधि संस्थाएँ सीमित अंश तक ही कार्य कर रही है।" लिटन द्वारा पारित अधिनियम के दमन से अधिक समाचार–पत्र प्रभावित नहीं हुए थे अर्थात् एक को छोड़कर अन्य किसी पर मुकदमा नहीं चलाया गया था। इसका कारण यह था कि समूचे देश में इसके विरूद्ध व्यापक प्रतिक्रिया हुई थी। इसे देखते हुए सरकार ने कोई कठोर कार्रवाई नहीं की। रिपन की इसीलिए यह धारणा बनी कि अधिनियम अनावश्यक था। अतः 1882 में इसे रद्द कर दिया गया। उसके इस निर्णय का देशभर में स्वागत हुआ। तथापि सरकार ने समुद्र आयात शुल्क अधिनियम (Sea Customs Act) कायम रखा जिसके द्वारा डाकघर वालों को किसी भी भाषा में लिखे गये विद्रोहजनक लेखों को जब्त करने का अधिकार था।

इलबर्ट बिल विवाद (1883–84): वायसराय लार्ड रिपन के लोकप्रिय शासन को जिस घटना से ठेस पहुँची उसे इलबर्ट बिल के नाम से जाना जाता है। सी.पी. इलबर्ट (C.P. Ilbert) वायसराय की कार्यकारी परिषद् में विधि सदस्य थे। उस समय के प्रचलित कानून के अनुसार प्रेसीडेंसी नगरों से बाहर रहने वाले यूरोपियनों पर केवल यूरोपीय मजिस्ट्रेट (Magistrates) या जजों द्वारा ही मुकद्मा चलाया जा सकता था। यह न केवल असुविधाजनक था बल्कि इससे भारतीय न्यायाधीशों की शक्ति में ह्रास होता था और यह कानून और शासन के भी विपरीत था। यूरोपियों को प्रदत्त यह विशेषाधिकार दरअसल एक पुरावशेष बन गया था जो न्याय और शीघ्र निष्पादन की गति को ठेस पहुँचाता था। 1882 में आई.सी.एस. के एक सदस्य बिहारीलाल गुप्ता और बंगाल के ले. गवर्नर ऐश्ले एडन (Ashley Eden) ने यह प्रश्न उठाया कि आई.सी.एस. के कुछ भारतीय सदस्य इतने वरिष्ठ हो चुके है कि वे सेशंस जज आदि बन सकते थे। ऐसे वरिष्ठ अधिकारी प्रतिष्ठा एवं उत्तरदायित्व के पदों पर कार्य कर रहे थे उन्होंने अपनी योग्यता को सिद्ध कर दिया था। ऐसी स्थिति में उनके अधिकार

अपने अंगरेज सहयोगियों से कम नहीं होने चाहिए। एडन के इस सुझाव को रिपन ने विभिन्न प्रान्तीय सरकारों तथा अपनी कौंसिल के सदस्यों की सम्मति के लिए भेजा। किसी भी राज्य से किसी विरोध की सूचना नहीं मिली।

इस भेदभावपूर्ण रवैये को दूर करने के लिए लार्ड रिपन के निर्देश पर भारत सरकार के विधि सदस्य इलबर्ट को नियुक्त किया गया। बिल तैयार कर फरवरी 1882 में सेन्ट्रल लेजिस्लेटिव कौंसिल के समक्ष रखा। 1882 के अन्त में रिपन ने यह प्रस्ताव भारत सचिव को भेज दिया, वहाँ से किसी विरोध का आभास न होने पर फरवरी 1883 में इलबर्ट ने विधेयक लेजिस्लेटिव कौंसिल में रखा जिसके अनुसार आई.सी.एस., स्टेट्यूटरी सिविल सर्विस के सदस्य, सहायक कमिश्नर एवं छावनी के मजिस्ट्रेटों को जे.पी. (Justice of Peace) बनने का अधिकार दिया गया। सेशंस जज और जिला न्यायाधीश पदेन जे.पी. बनाये गये। तीन वर्ष कार्य करने के पश्चात् सहायक सेशंस जज अंगरेजों के मुकद्में सुनने के लिए अधिकृत थे। ए.के. राटक्लिफ लिखते हैं: यह एक छोटा सा कार्य था जिसका उद्देश्य न्यायिक क्षेत्र में हल्का सा परिवर्तन करना था।[39]

जे.पी. अधिकार एवं व्हाइट मेन विद्रोह (White Man Revolt—March 1883): विधेयक का उद्देश्य भारतीय मजिस्ट्रेटों पर लगे प्रजातीय प्रतिबंधों को समाप्त करना था। इसके द्वारा अंगरेजों को प्राप्त कुछ विशेष अधिकार कम कर दिये थे। एस. गोपाल के अनुसार व्यावहारिक रूप में अगले 10 वर्षों में समस्त भारत में केवल 9 भारतीय न्यायाधीशों को यह अधिकार उपलब्ध हो सकता था।[40]

इस विधेयक के विरूद्ध यूरोपीय लोगों ने तीखी प्रतिक्रिया व्यक्त की जिसका पहले उदाहरण नहीं मिलता। पूरे यूरोपीय समुदाय ने इस बिल का विरोध किया चाहे प्रत्यक्ष रूप से वे इससे प्रभावित होने वाले नहीं थे। इस विरोध की शुरूआत कलकत्ता हाईकोर्ट के मुख्य न्यायाधीश गार्थ के अवकाश पर चले जाने से एक भारतीय न्यायाधीश रमेशचन्द्र मित्तर (जो सर्वाधिक वरिष्ठ थे) को मुख्य न्यायाधीश बना दिये जाने के साथ हुई। कलकत्ता के अंगरेज ऐसे अवसर की तलाश में थे जिसके द्वारा अपना विरोध व्यक्त किया जा सके। इलबर्ट विधेयक से यूरोपियों का विरोध फूट पड़ा और कलकत्ता टाउन हाल विरोध सभाओं और गंदे भाषणों से गूंजने लगा। कलकत्ता, चाय बागान के मालिक आदि निजी रूप से इस बिल से सम्बद्ध नहीं थे, ने रिपन के उत्सवों का बहिष्कार किया और उसका अपमान किया। बिल के विरोधियों ने **'यूरोपियन डिफेंस एसोसिएशन' (European Defence Association) का गठन किया जिसकी शाखायें भारत के सभी महत्वपूर्ण केन्द्रों** पर बनाई गई और डेढ़ लाख रूपये एकत्र भी किये गये। इंगलिसमैन ने मार्च 1883 में एक झूठा विज्ञापन प्रकाशित किया जो इस प्रकार थाः भंगियों, पंखा–कुलियों और भिश्तियों की सैदपुर निवास पर आवश्यकता है। इन्ट्रेन्स परीक्षा उत्तीर्ण बंगाली बाबू ही आवेदन करें। भूतपूर्व मजिस्ट्रेटों (बंगाली) को वरीयता दी जायेगी।[41]

भारत के अधिकांश गैर–सरकारी अंगरेज इस विरोध में सम्मिलित हुए। **इस विद्रोह को सफेद विद्रोह (White Man's Revolt) की संज्ञा दी गई। भारतीय न्यायाधीशों को 'आबनूसी रंग के बाबू' कहा जाता था।** रिपन जब शिमला से वापस लौटा तो कलकत्ता की गलियों में प्लांटर्स, अंगरेज व्यापारियों एवं ईसाइयों ने उसे अपमानित किया। यहाँ तक षड्यंत्र किया जा चुका था कि उसका अपहरण कर लन्दन भेज दिया जाये, पर वह बच गया और उसके स्थान पर उसका लड़का पकड़ लिया गया। इस अभियान की एक और विचित्रता यह थी कि स्वयं सेवकों को खुले रूप से सामूहिक तौर पर त्यागपत्र देने के लिए उकसाया गया। कुछ लोगों ने कैंटीनों में अपने विचार व्यक्त किए।

हैनरी मैन के अतिरिक्त किसी ने भी थोड़े से भी विरोध का अनुमान नहीं लगाया था। गुप्तचर विभाग के अध्यक्ष लैम्बर्ट के अनुसार कलकत्ता के पूंजीपतियों को डर था कि चाय बागानों में काम करने वाले उनके श्वेत अभिकर्त्ताओं को देशी जजों की फौजदारी अदालतों में उचित न्याय प्राप्त नहीं होगा। अपने इस कष्ट को एक सामान्य रूप देने के लिए उन्होंने यूरोपीय औरतों के खतरे वाली आशंका को उभारा जो कि अत्यधिक प्रभावशाली सिद्ध हुई। रिपन 'सफेद विद्रोह' के विरूद्ध अपनी नीति पर दृढ़ था, लेकिन एंग्लो इण्डियन गुट के दबाव के कारण उसे समझौता करना पड़ा। ताराचन्द लिखते हैं: विधेयक को इस प्रकार से बदल दिया गया कि गोरे अपराधियों को यह अधिकार हो गया कि वे अत्यन्त तुच्छ मामलों में भी ऐसी जूरी की नियुक्ति की मांग करें जिसमें कम से कम आधे सदस्य यूरोपीय या अमेरिकी हों। इस प्रकार से गोरी नस्ल के विशेष दावों को लिखित स्वीकृति मिली, यद्यपि इससे न्याय में बाधा पड़ी। एंग्लो इण्डियन (भारत के अंगरेज) आन्दोलन की सफलता से भारतीयों को कुछ सबक मिला। इससे साम्राज्यवादी शासन की कमजोरी प्रमाणित हुई।[42]

इलबर्ट विधेयक से सम्बन्धित विवाद में भारतीय नेताओं की निरपेक्ष भूमिका रही। उनका ध्यान रिपन की दुर्बलताओं पर कम और एंग्लो इण्डियन संगठन शक्ति पर अधिक गया। उन्हें इस तथ्य का बोध हुआ कि भविष्य में उन्हें प्रजातीय

विभेद के विरूद्ध स्वयं संघर्ष करना होगा। एंग्लो इण्डियन संगठनों ने उन्हें वैधानिक लड़ाई तथा संगठित विरोध का तरीका सिखाया।[43] यह विश्वास किया जाता है कि 'यूरोपीयन डिफेन्स एसोसिएशन' से प्रेरित होकर 1883 में सुरेन्द्रनाथ बनर्जी ने एक राष्ट्रीय सभा के गठन का विचार किया, जिससे इण्डियन नेशनल कांग्रेस की प्रस्थापना का आधार बना। इस आन्दोलन के दो वर्ष बाद भारतीय राष्ट्रीय कांग्रेस की स्थापना को पाश्चात्य विद्वानों ने महत्वपूर्ण माना है।[44] दूसरे शब्दों में, इस विवाद ने ब्रिटिश शासन के विरूद्ध भारतीय राष्ट्रीय विचारधारा को मजबूत बनाया।

भारतीय परिषद अधिनियम (Indian Councils Act, 1892): भारतीय प्रबुद्ध वर्ग 1861 के कौंसिल एक्ट द्वारा लेजिस्लेटिव, कौसिलों की रचना से सन्तुष्ट न था। लेजिस्लेटिव कौंसिलों में जमींदारों, भारतीय राजाओं एवं पद मुक्त अधिकारियों को स्थान दिया गया, जिनकी न तो जनता की समस्याएँ हल करने में ही रूचि थी न ही कानून निर्माण में। कौंसिल द्वारा कानून निर्माण पर अनेक प्रतिबन्ध थे। इनके कानूनों में सरकारी आदेशों का आभास होता था। कौंसिल के सदस्यों के चुनाव का प्रावधान नहीं था फलस्वरूप लेजिस्लेटिव कौंसिल पंजीकरण संस्था के रूप में कार्य कर रही थीं। दूसरी ओर देश में पाश्चात्य शिक्षा के कारण नई विचारधारा का विकास हो रहा था। शिक्षित वर्ग की आकांक्षाओं की सशक्त माध्यम थी प्रेस, जिसने जनता के अधिकारों के लिए मुहिम छेड़ रखी थी, विशेषकर बंगाल में। मध्यमवर्ग के विकास में कलकत्ता, मद्रास एवं बम्बई विश्वविद्यालयों की अहम–भूमिका रही जहाँ से शिक्षा प्राप्त लोगों ने अपने को पश्चिमी उदारवादी विचारधारा के निकट खड़ा पाया। 1857 के महासंघर्ष का यद्यपि दमन कर दिया था किन्तु अंगरेजों की साम्राज्यवादी नीति के विरूद्ध राष्ट्रवादी विचारधारा अधिक प्रबल होकर उभरी। इस दौरान इंग्लैण्ड में उदारवादी ग्लैडस्टन पुनः सत्ता में आ गये थे। उन्होंने भारतीय मामलों में अधिक उदारता की नीति अपनाई। दूसरी ओर इन्हीं दिनों भारत में ए.ओ. ह्यूम एवं सुरेन्द्रनाथ बनर्जी के प्रयास से भारतीय राष्ट्रीय कांग्रेस की स्थापना हो चुकी थी। राष्ट्रीय कांग्रेस ने अपने प्रथम अधिवेशन में (1885) ही प्रस्ताव पारित कर निम्नलिखित मांगें रखीं: (1) वित्तीय प्रभार को कम करने के लिए सरकार में विदेशी तत्त्वों को घटाना। (2) सैंट्रल तथा प्रान्तीय विधान परिषदों में विस्तार एवं सुधार जिससे अधिकांश चुने हुए सदस्य प्रवेश पा सकें। (3) समस्त बजट इन्हीं लेजिस्लेचरों में विचारार्थ प्रस्तुत किया जाये तथा सदस्यों को प्रशासन की समस्त शाखाओं की जानकारी प्राप्त करने का अधिकार दिया जाना चाहिए। (4) भारतीय प्रशासन के कार्य की समीक्षा हेतु एक रॉयल आयोग की स्थापना की जाये। (5) हाउस ऑफ कॉमन्स की एक स्टेंडिंग कमेटी गठित की जानी चाहिए जो कार्यपालिका के विरूद्ध इन लेजिस्लेचरों द्वारा औपचारिक शिकायतों का पता कर उन पर विचार करें।[45] **कांग्रेस द्वारा रखी गई माँग के परिणामस्वरूप ही 1892 का अधिनियम पारित हुआ। अतः विद्वान 1892 के कौंसिल एक्ट को मुख्यतया कांग्रेस के प्रयासों का परिणाम मानते हैं।**[46] **कांग्रेस के पांचवे अधिवेशन 1889 की मांग** को ध्यान में रखते हुए ब्रिटिश सरकार ने **इण्डियन काउंसिल ऐक्ट 1892** में पारित किया था।

लार्ड डफरिन (Lord Dufferin) ने जार्ज चैनी की अध्यक्षता में एक समिति का गठन किया था जिसे प्रान्तीय एवं केन्द्रीय लेजिस्लेटिव कौंसिल को विस्तृत करने की योजना तैयार करने एवं इसके चुनाव सम्बन्धी प्रक्रिया के बारे में जानकारी संकलित करने के निर्देश थे। जार्ज चैनी ने लेजिस्लेटिव कौंसिलों को छोटी संसद के रूप में विकसित करने पर बल दिया तथा गैर सरकारी सदस्यों हेतु निर्वाचन प्रक्रिया अपनाने की सिफारिश की। भारतीय राष्ट्रवादी लेजिस्लेटिव कौंसिलों के ढांचे में सुधार की बराबर माँग कर रहे थे जिससे भारतीयों को अधिक प्रतिनिधित्व मिल सके। अतः भारतीय लेजिस्लेटिव कौंसिल्स में सुधार हेतु 1890 में विधेयक ब्रेडला ने हाउस ऑफ कॉमन्स में रखा धीमी गति से चलते हुए यह अधिनियम लार्ड क्रास (Lord Cross) के सुझाव पर 1892 में इण्डियन कौंसिल एक्ट के रूप में पारित हुआ।

अधिनियम के प्रावधान: एक्ट द्वारा लेजिस्लेटिव कौंसिलों के सदस्यों की संख्या में वृद्धि कर दी गई। गवर्नर जनरल की लेजिस्लेटिव कौंसिल में कम से कम 10 और अधिक से अधिक 16 सदस्यों का प्रावधान किया गया।

- भारत सचिव की स्वीकृति से कौंसिल को वे नियम बनाने थे जिनके आधार पर अतिरिक्त सदस्यों को मनोनीत करना था। अतिरिक्त सदस्यों में से 2/3 गैर–सरकारी लोग होने थे जिनमें 1/2 के लिए सीमाबद्ध प्रक्रिया द्वारा चुनाव पद्धति स्वीकार कर ली गई। चुने हुए सदस्यों को भी कौंसिल में बैठने हेतु सरकार से अपना मनोनयन करवाना आवश्यक था।
- सदस्य जनता के हित में सम्बन्धित सरकार से प्रश्न कर सकते थे पर इसके साथ शर्त यह थी कि वह गवर्नर जनरल या प्रान्त के गवर्नर द्वारा बनाये नियमों के विपरीत नहीं हो।

- प्रश्न करने हेतु 6 दिन का नोटिस देना होता था उसी स्थिति में उसका जवाब मिलता था। प्रेसीडेंट को किसी को प्रश्न उठाने से रोकने का अधिकार था।
- गवर्नरों की लेजिस्लेटिव कौंसिलों (प्रान्तीय विधायिका) में प्रेसीडेंट एवं एडवोकेट जनरल के अतिरिक्त सदस्यों की संख्या कम से कम 8 तथा अधिकतम 20 निश्चित की गई। बम्बई एवं मद्रास में न्यूनतम 8 और अधिकतम 20, बंगाल में अधिकतम 20 तथा उत्तर प्रदेश में यह संख्या 15 निश्चित की गई। इन सदस्यों का विभिन्न वर्गों, जातियों तथा विशिष्ट हितों के आधार पर चयन किया जाना था। गवर्नर जनरल तथा गवर्नरों को 'जैसा कि उचित समझे' का आधार प्रदान किया गया। घोषणा द्वारा सपरिषद गवर्नर जनरल कौंसिल के सदस्यों की संख्या में वृद्धि कर सकते थे।
- सपरिषद् गवर्नर जनरल, सपरिषद् भारत सचिव की सहमति से नियुक्ति की शर्तों तथा उनके पालन में अपनाई गई प्रक्रिया हेतु नियम बनाने के लिए अधिकृत थे। कोई भी भारतीय लेजिस्लेटिव कौंसिलों का अतिरिक्त सदस्य बन सकता था। गवर्नर जनरल इन कौंसिल को वार्षिक बजट पर वाद–विवाद तथा प्रश्न पूछने से सम्बन्धित नियम बनाने के लिए प्राधिकृत किया गया।

लेजिस्लेटिव कौंसिल में अतिरिक्त प्रश्न के उत्तर पर वाद–विवाद, पूरक प्रश्नों के अधिकार का अभाव तथा प्रश्नों की सूचनात्मक प्रवृत्ति पर प्रतिबन्ध इत्यादि से वांछित प्रगति नहीं हो सकी। एक्ट द्वारा स्थानीय लेजिस्लेटिव कौंसिलों को गवर्नर जनरल की पूर्व स्वीकृति से 'गवर्नर जनरल इन कौंसिल' द्वारा बनाये गये अधिनियमों अथवा नियमों को निरस्त करने अथवा संशोधित करने हेतु शक्तियाँ दी गईं जो उनके प्रान्तों को प्रभावित करती हों। अधिनियम में चतुराई से 'चुनाव' शब्द का प्रयोग नहीं किया गया। बिल के द्वितीय वाचन में लार्ड नार्थब्रुक (Lord North Brook) द्वारा रखे गये संशोधन जिसका समर्थन लार्ड रिपन एवं किम्बरले ने किया था, में प्रावधान जुड़ गये अतः इसे 'किम्बरले की धारा' कहा जाता है। केन्द्रीय विधायिका में चुने हुए गैर–सरकारी सदस्यों से चुनकर आना था तथा एक कलकत्ता चैम्बर ऑफ कामर्स द्वारा भेजा जाना था। प्रान्तीय कौंसिलों के लिए जो सदस्य चुने जाते थे उनका चुनाव नगरपालिकाएं, डिस्ट्रिक्ट बोर्ड्स, विश्वविद्यालय सीनेट, जमींदार एवं चैम्बर ऑफ कामर्स करते थे।

केन्द्र और प्रान्त के लिए एक–एक सदस्य चुनने के स्थान पर ये संगठन, नामों का एक पैनल बनाते थे जिसमें से कोई नाम चुन लिया जाता था। सम्बन्धित धारा में कहा गया कि गवर्नर जनरल को यह अधिकार होगा कि वह ऐसी व्यवस्था करे जिससे उसके समक्ष कुछ लोग प्रस्तुत किये जा सकेंगे जो चुने हुए होंगे। गवर्नर जनरल चाहने पर उसमें से किसी एक का उपयोग कर सकेगा। तत्कालीन गवर्नर जनरल लार्ड लैंस डाउन ने कहा था 'भारत में पूर्ण प्रतिनिधित्व स्थापित करने की संभावना नहीं थी तथापि लेजिस्लेटिव कौंसिलों में भारतीय समुदाय के विभिन्न वर्गों को प्रतिनिधित्व देने का प्रयत्न किया जायेगा।'

चुनाव व्यवस्था को अप्रत्यक्ष तथा गवर्नर जनरल एवं गवर्नरों की इच्छा पर छोड़ दिये जाने से एक्ट का उद्देश्य सीमित हो गया। नई कौंसिल को संकुचित सीमाओं में कार्य करना पड़ता था। सरकार द्वारा नियुक्त अतिरिक्त सदस्यों की कम संख्या, बजट तथा प्रश्न पूछने सम्बन्धी वाद–विवाद का सीमित क्षेत्र, इत्यादि ने राजनैतिक शिक्षा के लिए अपेक्षाकृत बहुत कम मार्ग प्रशस्त किया।[47] इसके अतिरिक्त सरकार ने क्षेत्रों एवं संख्या के स्थान पर विभिन्न वर्गों एवं विशिष्ट हितों के आधार पर सदस्यों का प्रतिनिधित्व स्वीकार किया। कांग्रेस ने इण्डियन कौंसिल एक्ट 1892 तथा इसके अन्तर्गत बनाये नियमों की आलोचना की, क्योंकि निर्वाचन सिद्धान्त बिल्कुल ही नहीं अपनाया गया था। जनप्रतिनिधित्व हेतु सीटों का बँटवारा अत्यन्त असन्तोषजनक था, कुछ हितों को अत्यधिक प्रतिनिधित्व दिया गया जबकि कुछ महत्वपूर्ण हितों को प्रतिनिधित्व नहीं मिला। साथ ही प्रश्न पूछने तथा बजट पर वाद–विवाद हेतु प्रतिबन्ध हटाने एवं हाउस ऑफ कामन्स की प्रक्रिया अपनाने की मांग की।

संसदात्मक प्रणाली के विरूद्ध एक्ट का दोष यह था कि कार्यकारिणी अपनी नीतियों व उनके क्रियान्वयन हेतु लेजिस्लेटिव कौंसिल के प्रति उत्तरदायी न थी। कौंसिल के सदस्य सरकारी नीति से पृथक मत व्यक्त नहीं कर सकते थे। भारत सचिव की आज्ञानुसार सरकारी सदस्यों के समर्थन से विधेयकों को पास किया जा सकता था। इसके अतिरिक्त सार्वजनिक हित के तर्क से कौंसिल के वाद–विवाद को समाप्त करने के अधिकार थे। इस प्रकार कौंसिल द्वारा कोई मौलिक सुधार नहीं हुआ।

निष्कर्ष: कहा जा सकता है कि 1857 के विप्लव के बाद भारतीय जनता में धीरे–धीरे जागृति आने लगी और सरकार के समक्ष अपनी संवैधानिक मांगे रखना शुरू की। सरकार ने भी स्थानीय लोगों की सरकारी तंत्र में उपयोगिता को समझा

और भारतीयों की प्रशासन में भागीदारी बढ़ाने के बहाने लेजिस्लेटिव कौंसिलों में लिया जाने लगा। लोक–सेवाओं में भारतीयों की अधिक भर्ती की मांग रखी गई। 1885 में कांग्रेस की स्थापना से भारतीयों को एक राजनैतिक मंच मिला जिसने लोगों को अधिकारों के प्रति सतर्क बनाया जिसके परिणामस्वरूप 1892 का एक्ट पारित हो पाया। इसमें निहित खामियों को दूर करने के लिए कांग्रेस ने मांग की जिसके परिणामस्वरूप हुए परिवर्तनों की चर्चा आगामी अध्यायों में की गई है।

सन्दर्भ

1. ताराचन्द, *भारतीय स्वतन्त्रता आन्दोलन का इतिहास*, जि. 2, पृ. 411
2. थाम्सन एण्ड गैरेट, *राइज एण्ड फुलफिलमेंट ऑफ ब्रिटिश रूल इन इण्डिया*, पृ. 390
3. पावेल प्राइस, जे.सी.ए., *हिस्ट्री ऑफ इण्डिया*, पृ. 559
4. काटन, एच.जे.एस., *'न्यू इण्डिया' और इण्डिया इन ट्रांजिशन*, लन्दन, 1904, पृ. 37; ताराचन्द, वही, जि. 2, पृ. 420 से उद्धृत
5. ताराचन्द, वही, पृ. 421
6. मेक्कॉफ थामस, *द आफ्टर मैथ ऑफ रिवाल्ट*, पृ. 289
7. उपरोक्त, पृ. 137
8. राबर्ट्स, पी.ई., *हिस्ट्री ऑफ ब्रिटिश इण्डिया*, पृ. 378
9. रालिन्सन, *द ब्रिटिश अचीवमेंट्स इन इण्डिया*, पृ. 116
10. ताराचन्द, वही, पृ. 435
11. 1853 में कौंसिल में एक विधि सम्बन्धी सदस्य चौथे सदस्य के रूप में जोड़ दिया गया था।
12. ताराचन्द, वही, पृ. 420
13. *द मेकिंग ऑफ ब्रिटिश इण्डिया*, पृ. 381
14. समस्त घोषणा के लिए देखिए, *द मेकिंग ऑफ ब्रिटिश इण्डिया*, पृ. 382
15. *The Making of British India*, p. 381
    These were no new doctrines: They represented the consistent Policy of the company during atleast the preceding generation. But it seemed necessary to reiterate them, because a fear that the religious customs of India were going to be attacked had been the principal cause of the mutiny.
16. ताराचन्द, वही, पृ. 416–18
17. सीकरी, एस.एल.ए., *कान्स्टीट्यूशनल हिस्ट्री ऑफ इण्डिया*, पृ. 92
18. *कैम्ब्रिज हिस्ट्री ऑफ इण्डिया*, जि. 6, पृ. 226
19. आनन्द, सी.एल., *गवर्नमेन्ट ऑफ इण्डिया*, पृ. 83
20. *कैम्ब्रिज हिस्ट्री*, पृ. 229–30
21. मजुमदार, आर.सी., *भारत का वृहत् इतिहास*, जिल्द 3, पृ. 120
22. जैन, एम.एस. *आधुनिक भारत का इतिहास*, पृ. 226
23. Allan Gledhill, *The Republic of India*, p. 19
24. कोटमैन, *द रोड टू सेल्फ गवर्नमेन्ट*, पृ. 22
25. मजुमदार, वही, पृ. 120
26. सिंह, जी.एम., *लैण्ड मार्क्स इन इण्डियन कान्स्टीट्यूशनल एण्ड नेशनल डवलमेंट*, पृ. 74
27. ताराचन्द, वही, पृ. 437
28. वही
29. वही, पृ. 438
30. चौधरी, वी.सी.पी., वही, पृ. 211–12
31. महारानी की उपाधि थीः 'Victoria by the grace of God of the U.K. of Great Britain and Ireland queen defender of the Faith and Empress of India.'
32. दत्त, आर.सी., *द इकानामिक हिस्ट्री ऑफ इण्डिया*, जि. 2, पृ. 319
33. राय, लाजपत, *यंग इण्डिया*, पृ. 124
34. मोदी, पेरी, *सर फिरोजशाह मेहता*, पृ. 521
35. कर्जन, *ब्रिटिश गवर्नमेन्ट इन इण्डिया*, जि. 2, पृ. 258
36. लिंडसे, जे.एच., *कैम्ब्रिज हिस्ट्री ऑफ इण्डिया*, जि. 6, पृ. 516
37. वही, भाग 6, पृ. 521
38. गोपाल, एस., *द वायसरायल्टी ऑफ द लार्ड रिपन*, पृ. 96
39. राटक्लिफ, एस.के., *सर विलियन वेडरबर्न*, पृ. 55
40. गोपाल, एस., वही, पृ. 135
41. गोपाल, एस., *ब्रिटिश पॉलिसी इन इण्डिया*, पृ. 146
42. ताराचन्द, वही, पृ. 476
43. राटक्लिफ, वही, पृ. 57
44. थामसन एण्ड गैरेट, *राइज एण्ड फुलफिलमेंट ऑफ ब्रिटिश रूल इन इण्डिया*, पृ. 498
45. बनर्जी, ए.सी., *इण्डियन कान्स्टीट्यूशनल डाकूमेंटस*, जि. 2, पृ. 85–89
46. सिंह, जी.एम., *इण्डियन कान्स्टीट्यूशन एण्ड नेशनल डवलमेंट*, पृ. 216
47. ताराचन्द, वही, जि. 2, पृ. 450

❋❋❋

26

भारतीय राष्ट्रवाद के उत्थान के प्रमुख आधार
(Major Factor's of Growth of Indian Nationalism)

भारत में राष्ट्रवाद के विकास की चर्चा करने से पूर्व यहाँ राष्ट्रीयता या राष्ट्रवाद से अभिप्राय जान लेना उचित होगा। ई.एच. कार ने राष्ट्रों का उदय मध्य युग की समाप्ति पर माना है। ए.आर. देसाई राष्ट्रीयता की व्याख्या में लिखते हैं–सामाजिक, आर्थिक और सांस्कृतिक विकास के खास दौर में राष्ट्रों का जन्म हुआ। सामाजिक अस्तित्व के पूर्ववर्ती कालों के अराष्ट्रिक जन समुदायों से आधुनिक युग के राष्ट्र अपने निम्नलिखित गुणों के कारण भिन्न हैं, राष्ट्र के सारे सदस्य किसी निश्चित भू–भाग में ही अर्थतंत्र के अन्तर्गत परस्पर जैविक रूप से संयुक्त होते हैं जिसके फलस्वरूप उनमें सम्मिलित आर्थिक अस्तित्व का भाव होता है वे प्रायः एक ही भाषा का प्रयोग करते हैं, उनकी एक ही मनोवैज्ञानिक संरचना और उससे विकसित सार्वजनिक लोक संस्कृति होती है। ऐसा आदर्श राष्ट्र जो पूर्णतः विकसित हो और जिसमें ये सब गुण विद्यमान हों, भावनात्मक कल्पना मात्र है, क्योंकि प्रत्येक राष्ट्र के अर्थतंत्र, सामाजिक संगठन, चिन्तन प्राकृतिक और संस्कृति में अतीत के तत्व विभिन्न अंशों में उत्तरजीवी रहे हैं। फिर भी सोलहवीं सदी से ही मानव इतिहास के विशाल रंगमंच पर राष्ट्रगत समेकन की विभिन्न अवस्थाओं में राष्ट्रीय जन समुदायों का आविर्भाव होता रहा है।[1]

अंगरेजी शासन की स्थापना से पूर्व के भारत को पाश्चात्य विद्वान न एक राष्ट्र स्वीकार करते थे और न किसी भारतीय राष्ट्रीयता के अस्तित्व को मानते थे। सभी परम्परागत लेखकों ने भारतीय राष्ट्रवाद को अंगरेजों द्वारा स्थापित व्यवस्था का परिणाम कहा है। जोसेफ कनिंघम एवं विनसेंट ए. स्मिथ जैसे कुछ विद्वान उसके अपवाद हैं। प्रारम्भिक विचारकों में सर जान स्ट्रेची ने 1888 में यहां तक कहा था भारत जैसी कोई चीज न तो है और न कभी होगी (*इण्डिया इट्स एडमिनिस्ट्रेशन एण्ड प्रोग्रेस*, 1888, पृ. 5)। इसी प्रकार सर जान सीले ने कहा था, भारत कोई राजनीतिक नाम नहीं है यह किसी एक राष्ट्र या एक भाषा की सीमा रेखा को नहीं बल्कि अनेक राष्ट्रों और अनेक भाषाओं की सीमा का अंकन है। (*द एक्सपैंशन ऑफ इंग्लैण्ड*, 1883, पृ. 254–57)। साईमन कमीशन की रिपोर्ट के सर्वेक्षण खण्ड में भारत के राष्ट्रवादी आन्दोलन के लिए कहा था, 'भारत की विशाल आबादी के केवल एक मामूली हिस्से की आकांक्षाओं को सीधे–सीधे प्रभावित करता है। इस रिपोर्ट में विभिन्न बोलियों, असंख्य जातियों, कई तरह के धार्मिक विश्वास एवं हिन्दुओं तथा मुसलमानों के बुनियादी विरोध का जिक्र किया गया। एच.डब्ल्यू. नेविसन ने भी एक समाजवादी पत्रिका के लेख में भारत को एक राष्ट्र स्वीकार नहीं किया था।

पाश्चात्य विचारकों के प्रत्युत्तर में रजनीपाम दत्त जैसे कई विद्वानों ने विभिन्नता को स्वीकार करते हुए भारत की आधारभूत एकता को माना है। भारत की एकता की चर्चा करते हुए अमरीका का उदाहरण प्रस्तुत किया है। जहाँ 100 विभिन्न राष्ट्रीयताओं के लोग रहते हैं एवं न्यूयार्क का उदाहरण रखा है जिसे इतालवियों, यहूदियों एवं नीग्रों लोगों का दुनिया का सबसे बड़ा शहर कहा जाता है।

भारत की एकता के संदर्भ में रजनीपाम दत्त (*आज का भारत*, पृ. 301) ने जोसेफ कनिंघम को उद्धृत किया है जिसने सिक्खों के इतिहास में लिखा था, 'काबूल से लेकर असम की घाटी तक और श्रीलंका द्वीप तक हिन्दुस्तान एक देश माना जाता है और जनता के मस्तिष्क में अधिराज्य के बारे में जो धारणा है वह किसी एक अधिपति या एक नस्ल के आधिपत्य से जुड़ी हुई है इसलिए भारत आज भी और दो हजार वर्षों से भी अधिक समय से एक आदर्श राजनीतिक एकता का उदाहरण प्रस्तुत करता है।' इसी तरह विनसेंट ए स्मिथ (*ऑक्सफोर्ड हिस्ट्री ऑफ इण्डिया*, 1919, पृ. 9–10) ने अपनी पुस्तक की भूमिका में लिखा है, 'इसमें कोई सन्देह नहीं है कि भारत में एक गहरी बुनियादी एकता है जो भौगोलिक अलगाव या राजनीतिक अधिराज्य से उत्पन्न स्थितियों से ज्यादा शक्तिशाली है। यह एकता खून, रंग, भाषा, पोशाक, तौर–तरीके और सम्प्रदाय जैसी असंख्य विभिन्नताओं से परे है।' दरअसल 19वीं शताब्दी के अन्तिम तथा 20वीं शताब्दी के प्रथम दशक में राष्ट्रवाद ने अपना प्रभावकारी रूप दिखाया तो पाश्चात्य विद्वानों को भारतीय राष्ट्रवाद की ताकत का अहसास हुआ। भारत की राष्ट्रवादी भावना जो कई कारणों से सुषुप्तावस्था में थी अंगरेजों की दमनकारी नीतियों से जागृत हो उठी।

औरंगजेब की मृत्यु के बाद उसके अयोग्य उत्तराधिकारियों के शासन में इसका विघटन शुरू हुआ और इसी दौर में अंगरेज आ धमके, उन्होंने स्वार्थ में भारत के लोगों में अस्फुट रूप में व्याप्त राष्ट्रीयता को कुंठित किया और देश को टुकड़ों में बांटा, जाति एवं धर्म से विभक्त करने का प्रयास किया। इस प्रकार भारत के लिए राष्ट्रीयता पश्चिम से आयातित एक नई चीज बन गई। वास्तविकता यह थी कि जैसे ही अनुकूल परिस्थितियाँ पैदा हुई भारत के लोगों में छिपी राष्ट्रीयता जाग उठी। आम जनता ने देश के प्रति अपने दायित्वों को समझा, वे अपने को देश के लिए उत्सर्ग करने को तैयार हो गये।

राष्ट्रवाद के विकास की आर्थिक पृष्ठभूमि सबसे सशक्त रही है। बहुत पहले ही भारत के अनेक महान राष्ट्रवादियों ने भारत के पिछड़ेपन एवं बढ़ती दरिद्रता की ओर ब्रिटिश सरकार और भारत के प्रबुद्धजनों का ध्यान आकृष्ट किया और यह सिद्ध किया कि गरीबी एवं पिछड़ेपन का कारण साम्राज्यवादी सरकार की शोषण नीति रही है। 1867 में दादाभाई नौरोजी ने अपने ग्रंथ *पावर्टी एण्ड ऑन ब्रिटिशरूल इन इंडिया* तथा आर.सी. दत्त ने *द इकानामिक हिस्ट्री ऑफ इण्डिया* (दो वाल्यूम) में औपनिवेशिक सरकार द्वारा किये जा रहे शोषण को सर्वप्रथम उजागर किया, जिससे भारत के आम लोगों का ध्यान विदेशी सरकार की शोषण नीतियों की ओर गया। इसके बाद कई विद्वानों ने इस तरह के अनेक ग्रंथों की रचना की और विदेशी शासन की शोषणवादी नीतियों की भर्त्सना की और समाचार–पत्रों एवं भाषणों द्वारा भी स्थानीय लोगों को जागरूक बनाया। इस दौर में ए.आर. देसाई ने पूरी तरह राष्ट्रवाद के आविर्भाव से सम्बद्ध तथ्यों का विश्लेषण अपने ग्रंथ *राष्ट्रवाद की सामाजिक पृष्ठभूमि* में किया। बिपिनचन्द्र ने राष्ट्रवाद की आर्थिक पृष्ठभूमि को सामने रखकर भारत में *आर्थिक राष्ट्रवाद का उद्‌भव और विकास* नाम ग्रंथ की रचना की। अनिलसील *द इमरजेंस ऑफ इण्डियन नेशनलिज्म*, इसी तरह विद्याभवन से प्रकाशित वाल्यूम तथा ताराचंद ने *भारतीय स्वतंत्रता आन्दोलन का इतिहास* (चार वाल्यूम) आदि में राष्ट्रवाद से सम्बद्ध तथ्यों की विस्तृत विवेचना की। अतः हम उन महान विद्वानों द्वारा प्रस्तुत तथ्यों एवं विचारों का ही यहाँ अध्ययन करेंगे।

आर्थिक शोषण (Economic Exploitation)

औपनिवेशिक शासन ने परिवर्तन की शुरूआत भूमि एवं कृषि व्यवस्था से की। कार्नवालिस ने 1793 में स्थायी भू–प्रबंध[2] द्वारा लम्बे समय से चली आ रही मिलकियत को खत्म कर उसके स्थान पर जमीनों का मालिक जमींदारों को बना दिया। इस प्रकार ब्रिटिश सरकार ने अपने देश में जिस सामन्ती व्यवस्था का उन्मूलन कर दिया था उसी व्यवस्था को भारत में लाद दिया गया जिससे नये जमींदार वर्ग एवं बिचौलियों का आविर्भाव हुआ। रजनीपाम दत्त लिखते हैं–सरकार द्वारा मालगुजारी प्रत्यक्षतः वसूलने की भूमिका त्याग दी और इसके लिए जो रास्ते अपनाए गए वे थे–जमींदारी प्रथा का विकास, लगान की बढ़ी हुई राशि, व्यापार के क्षेत्र में घुसपैंठ, उपभोक्ता सामानों पर बढ़े हुए अतिरिक्त कर तथा दिनोंदिन बढ़ता कर्ज। भारतीय अर्थव्यवस्था में घुसे हुए अनेक परोपजीवियों सहित आधुनिक महाजनी पूंजी द्वारा किये जा रहे शोषण के स्वरूप को स्थान दिया।[3] उत्तरी भारत में जब जमींदारों को जमीन का मालिक बनाया गया था वहीं दक्षिण में रैयतवाड़ी प्रथा लागू करके किसान को जमीन का मालिक बनाया गया। इस तरह जमीन व्यक्तिगत सम्पत्ति बनी उसे बाजार में खरीदा व बेचा जा सकता था। जब फसल या अपनी औकात के बल पर किसान राज्य को भूमिकर नहीं चुका पाता, तब उसे अपनी जमीन रेहन करनी पड़ती थी या बय। इस तरह नए शासन तंत्र में जमीन का स्वत्व और स्वामित्व अनिश्चित हो गया।[4]

अधिकतम लगान राशि (Maximum Land Revenue): साम्राज्यवादी शासकों ने बन्दोबस्त की भिन्न–भिन्न प्रणालियों द्वारा लगान की राशि अधिकतम निश्चित की थी। लगान अदा करने के लिए और साहूकार का कर्ज अदा करने के लिए किसानों को अधिक पैसा कमाने की प्रेरणा मिली। इन दिनों सूदखोर महाजनों का भी शिंकजा तेजी से बढ़ता जा रहा था, उससे बचने का एक ही उपाय था कि अधिक पैसा देने वाली फसलों का उत्पादन। इंग्लैण्ड के कारखानों के लिए कच्चे माल की आवश्यकता थी जिसकी पूर्ति भारत जैसे उपनिवेश से संभव थी। इसलिए सरकार ने तीव्र परिवहन तथा संचार साधनों का विकास (Development of Rapid means of Transport and Communication) की ओर ध्यान दिया। जिससे गांवों के उत्पादन को शहरों में बेचा जा सके। इस प्रकार कृषि का वाणिज्यीकरण शुरू हुआ। अब किसान इंग्लैण्ड के कारखानों के लिए कपास, जूट, ईख एवं तिलहनों का उत्पादन करने लगे। यद्यपि आगे जाकर भारत में उद्योगों की स्थापना से इस प्रकार की फसलों का उपयोग स्थानीय स्तर पर ही होने लगा था।

नई भूमि व्यवस्था ने भारतीय कृषि की एकान्तिक स्थिति में परिवर्तन ला दिया, अब कृषि एवं भू–राजस्व व्यवस्था एक राष्ट्रीय मसला बन गई थी। बिपिनचन्द्र ने जिक्र किया है कि भू–राजस्व नीति उन विषयों में से एक थी जिस पर राष्ट्रीय

नेताओं का सारा वर्ग और सारी की सारी विचारधारा सुदृढ़तापूर्वक सुगठित थी। भू–राजस्व सम्बन्धी सरकारी नीति की राष्ट्रवादियों द्वारा समीक्षा का व्यापक ज्ञान आर.सी. दत्त के लेखों से होता है।[5] राष्ट्रवादियों ने बार–बार इस बात को दोहराया कि औपनिवेशिक सरकार की लगान की अधिकता से किसानों की गरीबी बढ़ी है और किसानों की बढ़ती हुई ऋणग्रस्तता के कारण भूस्वामित्व का अपहरण हो रहा है। किसानों का कृषि श्रमिकों के रूप में रूपान्तरण नई भू–राजस्व व्यवस्था का परिणाम था। दूसरे शब्दों में ब्रिटिश भू–राजस्व व्यवस्था किसानों में असन्तोष का कारण बनी।

बुनकरों का पतन: जब अंगरेज लगान वृद्धि के लिए विविध प्रयोग कर रहे थे उसी दौर में स्थानीय हस्तशिल्प व्यवसाय पर भी नियंत्रण स्थापित किया गया। कम्पनी माल के दाम इस तरह रखती थी जिससे कारीगरों को नुकसान पहुंचता था। वह बुनकरों का दमन करती थी और ऐसी अनेक प्रतिषेधात्मक (रोक लगाने सम्बन्धी) नीतियों का भी पालन करती थी, जिससे भारतीय उद्योगों, विशेषतः बंगाल के सूती वस्त्र उद्योग का विनाश हो रहा था।[6] कम्पनी के हाथ में राजनीतिक सत्ता थी और अपने उद्देश्य की पूर्ति के लिए उसने इसका इस्तेमाल भी किया। भारतीय या गैर–ब्रिटिश सौदागरों को अधिक दाम में अपनी चीजें बेचने से कम्पनी ने देशी कारीगरों को रोक दिया। इनकी स्थिति बहुत कुछ गुलामों की सी हो गई। देसाई आगे लिखते हैं–विदेशी सरकार ने जो कदम उठाये उनकी वजह से इस अवधि में एक के बाद एक देशी उद्योग लगातार खत्म होने लगे।[7] अंगरेजों की इस नीति से बुनकरों में विरोध की भावना बढ़ी।

स्वावलम्बी ग्रामीण अर्थव्यवस्था का ह्रास: कम्पनी सरकार की कोशिशों से स्वावलम्बी ग्रामीण अर्थव्यवस्था में धीरे–धीरे बदलाव आया। अंगरेजों के आगमन से पूर्व की ग्रामीण व्यवस्था का विवेचन करते हुए चार्ल्स मैटकाफ ने लिखा है: 'ग्राम समाज छोटे–छोटे गणराज्य हैं..... मैं समझता हूँ कि उन ग्राम समाजों की एकता ने, जिनमें से प्रत्येक ने अपने भीतर ही मानो एक छोटा–सा पृथक राज्य बना लिया था, किसी और साधन की अपेक्षा उन सब क्रान्तियों और परिवर्तनों के बीच भारत के लोगों की रक्षा कहीं अधिक की है, जिनका सामना उन्हें करना पड़ा है और यह एकता उनकी प्रसन्नता और बहुत हद तक स्वाधीनता–स्वतंत्रता के आनन्दोपभोग का भी कारण रही है। अतः मैं चाहता हूँ कि गाँवों की संरचना में कोई फेर बदल न किया जाए। उस संरचना में तोड़–फोड़ करने वाली प्रत्येक प्रवृत्ति से मैं डरता हूँ।[8] इस सम्बन्ध में मार्क्स ने लिखा था कि भारत में विदेशी पूंजीवाद की विजय और यूरोप में पूंजीवाद की विजय के बीच भी यह अन्तर है कि ध्वंसात्मक प्रक्रिया के साथ–साथ उसी के अनुरूप नई शक्तियों का विकास नहीं हुआ। भारत की जनता ने महसूस किया है कि 'उसकी पुरानी दुनिया का कहीं पता नहीं' था और इसलिए ब्रिटिश शासन के अधीन भारतीय जनता दुःख दर्द के साथ एक 'खास तरह का विषाद' जुड़ गया।[9]

मध्यमवर्गीय बुद्धिजीवियों का आविर्भाव: जिस समय भारत में डच, फ्रांसीसी एवं अंगरेजी कम्पनियों ने व्यापार करना शुरू किया था और उसके बाद राजनैतिक सत्ता प्राप्ति के लिए संघर्ष शुरू हुआ, उस दौर में यहाँ एक वणिक वर्ग धीरे–धीरे शक्तिशाली बनता जा रहा था। स्थानीय लोगों को कई रूपों में काम करना पड़ता था: जैसे–एजेन्ट या बनिया, दादनी सौदागर, सहायक, नौकर, ठेकेदार आदि। इस प्रकार अठारहवीं सदी के प्रारम्भिक वर्षों में जब मुगल साम्राज्य विघटित हो रहा था नए मध्यम वर्ग का उदय (Rise of Middle-class Intelligentia) होने लगा। आत्म–निर्भर ग्राम अब भी उत्पादक इकाई बने हुए थे, दूसरी ओर वस्तुओं के वितरण और विनियम के फलस्वरूप धनोन्मुख मध्यम वर्ग ने शहरों को व्यापारिक केन्द्रों (Trade Centres) के रूप में विकसित किया। इन शहरों की ओर परम्परागत हस्तशिल्पी, कारीगर, ग्रामीण साहूकार आकृष्ट हुए और गांवों का उत्पादन धीरे–धीरे शहरों में संग्रहित होने लगा। इस तरह शहर व्यापार के केन्द्र बनने लगे। इससे पहले की भारत का नवोदित वणिक वर्ग पर्याप्त आर्थिक व सामाजिक शक्ति व सामन्ती वर्गों से राजनैतिक सत्ता का अपहरण कर पूंजीवाद का प्रसार करता, अंगरेजों ने जो आर्थिक तौर पर अधिक शक्तिशाली थे, आर्थिक–राजनैतिक प्रभुसत्ता के लिए भारत को अपना रणक्षेत्र बना लिया।[10]

धन निकासी एवं भारत की निर्धनता: प्लासी (1757 ई.) व बक्सर युद्ध के बाद ईस्ट इण्डिया कम्पनी एक राजनीतिक सत्ता बन गई थी। उसने अपनी राजनीतिक सत्ता का उपयोग भारत का अधिकाधिक दोहन करने में किया। 1757 तक अंगरेजों को भारत से व्यापार करने के लिए धातु मुद्रा मंगानी पड़ती थी, क्योंकि पश्चिमी देशों में भारत के सूती एवं रेशमी वस्त्रों की भारी मांग थी, लेकिन भारत में इंग्लैण्ड या पश्चिम के अन्य राष्ट्रों से आयात किये जाने योग्य कोई विशिष्ट उत्पाद न थे। यह समस्या प्लासी की लड़ाई में हुई जीत ने हल कर दी। अब भारत से धन की निकासी अनेक तरीकों से की जाने लगी और इसकी मात्रा बढ़ती ही गई। धन की निकासी विशेषकर 1813 से शुरू हुई जब से ब्रिटिश औद्योगिक पूंजी

ने भारत को लूटना शुरू किया। उपरोक्त नीति के फलस्वरूप भारत में इंग्लैण्ड में बनी वस्तुओं का विस्तृत बाजार बनता गया। कपास कर के सम्बन्धित विवाद तथा अबाध व्यापार (Free trade) की नीति ने यह स्पष्ट कर दिया कि ब्रिटिश सरकार की आर्थिक नीति ब्रिटिश उत्पादकों के व्यापारिक हितों द्वारा कितनी सीमा तक प्रभावित है। इसका परिणाम यह हुआ कि भारत का बुनकर व्यवसाय (या वस्त्र उद्योग) नष्ट हो गया और भारतीय बाजारों में ब्रिटिश कारखानों के कपड़े का अम्बार लग गया। 1858 में विप्लव के कारण ब्रिटेन से 50 लाख पौण्ड से कम का कपड़ा आया था लेकिन 1859 में यह 80 लाख पौंड तक पहुंच गया और अगले दस वर्षों में 400 लाख पौण्ड से भी अधिक का कपड़ा इंग्लैण्ड से भारत में आने लगा।

ब्रिटिश आर्थिक नीतियों का परिणाम यह हुआ कि लोगों के कष्ट बहुत बढ़ गए तथा व्यापक अशांति का कारण बने। ब्लन्ट (Blunt) नामक ब्रिटिश पत्रिका के प्रतिनिधि ने 1882 में भारत का दौरा किया था, ने लिखा कि 'लार्ड लिटन के भारत लौटने के समय यह देश विद्रोह के कगार पर खड़ा था।'

औद्योगिक वर्ग की खिन्नता: 19वीं शताब्दी के मध्य भारत में मशीनों पर आधारित उद्योगों की स्थापना होने लगी। कपास, जूट, कोयला एवं खनिजों पर आधारित उद्योगों के विकास की गति धीमी थी। उदाहरण के लिए वर्ष 1879 में 56 कपास मिलें थीं, 1905 में बढ़कर 206 हो गई। इसी प्रकार 1882 में बंगाल में 20 जूट मिलें थीं, जो बढ़कर 1901 में 36 तक पहुंची। जूट व कपास उद्योग के अतिरिक्त चावल, आटा, लकड़ी, चमड़ा, पेपर, चीनी से सम्बन्धित उद्योगों का विकास हुआ। भारतीय पूंजीपतियों को ब्रिटिश मैनेजिंग एजेन्सियों व बैंकों से संघर्ष करना पड़ा। साथ ही ब्रिटिश शासन की भेदभाव नीति के कारण भारतीय उद्यमियों का समुचित विकास नहीं हो पाया। इससे भारतीय पूंजीपति वर्ग औपनिवेशिक सरकार से खिन्न था। देसाई ने लिखा है: फिर भी वाणिज्यिक समुदायों ने ब्रिटिश सरकार का वैसा प्रखर विरोध नहीं किया जैसा उद्योगपतियों ने जिनका संघर्ष कालान्तर में विकसित हुआ। इसकी वजह यह थी कि विदेशी और नवजागृत भारतीय औद्योगिक स्वार्थों के बीच मण्डी के लिए जो आवश्यंभावी संघर्ष हुआ, उसमें ब्रिटिश सरकार ने ब्रिटिश उद्योगों की रक्षा की हर संभव कोशिश की। 1921 के वार्षिक सरकारी प्रतिवेदन रिपोर्ट में कहा गया है, युद्ध के कुछ दिनों पहले पायनियर कारखानों और सरकारी अनुदानों के द्वारा भारतीय उद्योगों को सहायता और प्रोत्साहन प्रदान करने के प्रयास को लंदन की सरकार ने पूरी तरह से रोक दिया।[11]

भारतीय नेता कई कारणों से बड़े पैमाने के उद्योगों की आवश्यकता मानते थे। तैलंग, जोशी, जस्टिस रानाडे जैसे राष्ट्रवादियों के अनुसार औद्योगिकता सभ्यता के उच्च स्तर पर तथा विशिष्ट आदर्श का प्रतिनिधित्व करती है। साथ ही यह देश की संस्कृति, चरित्र और प्रतिभा के विकास और विस्तार में सहायक होती है। 1890 में रानाडे ने लिखा: स्कूलों और कालेजों की अपेक्षा कारखानों और मिलें अधिक प्रभावशाली ढंग से राष्ट्र की गतिविधियों को जन्म दे सकती है। राजनीतिक अधिकारों के लिए आन्दोलन भारत के विभिन्न राष्ट्रवादियों को कुछ समय के लिए एकता के सूत्र में बांध सकता है, परन्तु इन अधिकारों की उपलब्धि पर हितों की समानता समाप्त हो सकती है। इसके विपरीत विभिन्न भारतीय राष्ट्रवादियों का एक बार वाणिज्य संगठन स्थापित हो जाने पर वह कभी अस्तित्व शून्य नहीं हो सकता। अतएवं वाणिज्य और उद्योग सम्बन्धी गतिविधि बड़ा सुदृढ़ संगठन है तथा भारत के महान राष्ट्र के निर्माण में एक सशक्त तत्व है।[12] कहा जा सकता है कि आधुनिक उद्योग भारत के विभिन्न लोगों में सामान्य लाभ के आधार पर राष्ट्रीयता की भावना जागृत करने में सहायक साबित हुए।

उद्योगों के विकास के साथ कई नये नगर विकसित हुए। कलकत्ता, बम्बई एवं मद्रास के अतिरिक्त आगरा, दिल्ली, बैंगलोर, हैदराबाद, विजयवाड़ा, भुवनेश्वर, जमशेदपुर, कानपुर आदि कई नगरों का तेजी से विकास हुआ और कुछ नये नगर बने। औद्योगिकीकरण और शहरीकरण एक दूसरे से सम्बद्ध है। सन् 1881 में भारत के केवल 9.3 प्रतिशत जनसंख्या शहरों में निवास करती थी इसमें सन् 1941 तक 41 प्रतिशत की वृद्धि हुई।

रेलवे एवं भारत की राजनीतिक एकता (Political Unity of India): प्रशासनिक सुविधा, सेनाओं को एक स्थान से दूसरे स्थान पर भेजे जाने (सुरक्षा की दृष्टि से) तथा व्यापारिक शोषण जैसे तथ्यों को दृष्टिगत रखते हुए परिवहन के तीव्र साधनों के विकास की योजनाएं बनी। पक्के मार्गों का विकास किया गया, जिससे एक प्रान्त से दूसरे प्रान्त तथा बड़े–बड़े नगरों को आपस में जोड़ा गया, परन्तु देश को एकता के सूत्र में आबद्ध करने वाला सबसे बड़ा साधन था रेलवे।

सभी विद्वान एकमत से यह स्वीकार करते हैं कि रेलवे ने देश में राष्ट्रीयता की भावना जागृत की। देसाई ने जैसा जिक्र किया है–भारत में भी रेलवे और मोटर बसों के आगमन और प्रसार से भारतीय जनता के राष्ट्रीय समेकन में काफी मदद मिली। आगे लिखा है: कि रेलवे और आधुनिक सड़कों ने कृषि के क्षेत्र में तो क्रान्ति ही ला दी।..... भारत का कृषितंत्र

राष्ट्रीय और विश्व अर्थतंत्र का अंगभूत अंश बना। गांवों का पृथक्करण जो उसके सामाजिक और सांस्कृतिक स्थैर्य (स्थिरता) का मूल कारण था, समाप्त हुआ।..... आवागमन के साधनों ने सामाजिक स्तर पर भारतीय जनता को एक बद्ध किया। रेल का इंजन बहुत दूर तक गया। और इस तरह उसने विभिन्न हिस्सों में रहने वाले लोगों की बीच की दूरी को समाप्त किया।..... यात्रा की व्यापक सुविधाओं के कारण लोगों का जो सम्मिश्रण संभव हुआ, उसके बड़े गहरे नतीजे निकले।... पुराने संकीर्ण विचार और दृष्टिकोण निरन्तर समाप्त होते गए। इसके चलते व्यापक राष्ट्रीय चेतना और राष्ट्रीय आधार पर सहयोग का रास्ता प्रशस्त हुआ।[13]

समाज तथा धार्मिक सुधार आन्दोलनों के प्रगतिशील रूप (Progressive Character of Socio Religious Movement): सामाजिक तथा धार्मिक आन्दोलनों ने राष्ट्रीय आन्दोलन की पृष्ठभूमि तैयार की तथा आम लोगों में देश प्रेम की भावना का संचार किया। ब्रह्म समाज के संस्थापक राजा राममोहन राय भारतीय पुनर्जागरण के जनक थे। हिन्दू धर्म को तर्क संगत एवं बुद्धिवादी स्वरूप प्रदान करने में उनका विशेष योगदान रहा। समाज सुधार के साथ–साथ ब्रह्म समाज ने भारतीय सामाजिक ढांचे में राष्ट्रवादी धारणाओं को विकसित किया। स्वामी दयानंद सरस्वती ने आर्य समाज की स्थापना की। उनका उद्देश्य भारत में सामाजिक, सांस्कृतिक व राजनैतिक एकता स्थापित करना तथा लोगों में स्वाभिमान एवं आत्म सम्मान की भावना जागृत करना था। उनका विचार था कि 'भारत भारतवासियों के लिए है।' 'स्वशासन' उनका मूल मंत्र था। उन्होंने लोगों में स्वतंत्रता तथा भारतीयता की भावना जगाई। स्वामी विवेकानन्द भी राष्ट्रीय चेतना के महान प्रणेता थे। उन्होंने मानव सेवा, गरीबों के प्रति सहानुभूति एवं सहृदयता का पाठ पढ़ाया। थियोसाफिकल सोसाइटी के कार्य कलापों से लोगों में स्वाभिमान एवं हिन्दुत्व के प्रति आदर भाव पैदा हुआ। इसी प्रकार मुसलमानों, सिक्खों तथा पारसियों में भी सुधारवादी संस्थाएं बनीं।

आधुनिक शिक्षा का प्रभाव (Impact of Modern Education): अंगरेज नौकरशाही की आशंकाओं की अपेक्षा अंगरेजी शिक्षा (आधुनिक शिक्षा) के परिणाम अधिक व्यापक और दूरगामी रहे। प्राक् ब्रिटिश भारतीय साहित्य में चाहे वह हिन्दू साहित्य हो या मुस्लिम, राष्ट्रवाद पर कोई पुस्तक नहीं थी। अंगरेजी भाषा के अध्ययन से विभिन्न ग्रंथों में संकलित प्रजातान्त्रिक एवं राष्ट्रीय विचार के खजाने खुल गये। इस शिक्षा के प्रसार से विभिन्न पश्चिमी देशों के राजनीतिक विकास तथा चिंतन का ज्ञान सरलता से हुआ। इटली, जर्मनी का एकीकरण (Unification of Italy and Germany) के वर्णन प्रेरणादायक सिद्ध हुए। स्वतंत्रता, समानता और प्रतिनिधित्व के सिद्धान्तों को लेकर प्रारम्भ हुई फ्रांस (1789 ई.) और अमेरिका (1776 ई.) की क्रान्तियों के बारे में लोगों को जानकारी मिली। अंगरेजी अनुवाद के माध्यम से प्लेटो (Plato), हीगल (Hegal), रूसो (Rousseau), कांट (Kant), मार्क्स (Marx), मिल (Mill), बेंथम (Bentham), वाल्टेयर (Voltaire), शैली (Shelley) आदि के विचारों का ज्ञान किया जा सका।

विश्व के अन्य देशों में हो रहे आर्थिक और राजनीतिक परिवर्तनों के विषय में जानकारी मिलने से भारतीय नेताओं का दृष्टिकोण विस्तृत एवं विकसित हुआ। समस्त देश में एक ही शिक्षा पद्धति होने से एकता और समान लक्ष्यों और आकांक्षाओं को प्रोत्साहन मिला। एक भाषा (अंगरेजी) के माध्यम से उनमें विचारों का आदान प्रदान सरलता से हो सकता था। समाचार–पत्रों, शिक्षण संस्थाओं और वकालत में अंगरेजी पढ़े लिखे वर्ग का प्रभाव था। रेम्जे मैक्डोनल्ड ने यह अनुभव किया कि पश्चिमी दार्शनिकों के व्यक्तिगत अधिकार और स्वतंत्रता के सिद्धान्त सीखकर भारतीय नेताओं ने उन अधिकारों की मांग अंगरेज सरकार से की।

विभिन्न भारतीय भाषाओं में साहित्य का विकास (Development of Literature in different Indian Language): उन्नीसवीं सदी में क्षेत्रीय भाषाओं के साहित्य का विकास हुआ। इस साहित्य में सामाजिक सुधार व राष्ट्रीय भावनाओं की अभिव्यक्ति भी हुई। बंगला, हिन्दी एवं मराठी साहित्य में, लोगों के भारतीय होने में गौरव, भारत–माता के प्रति भक्ति एवं बलिदान की भावना के वर्णन थे। क्षेत्रीय भाषाओं में क्षेत्रीयता का वर्णन था जो राष्ट्रीयता की विरोधी नहीं थी। मराठी साहित्य में शिवाजी का गुणगान वस्तुतः विदेशी सत्ता के विरूद्ध संघर्ष को प्रोत्साहन देने के लिए किया गया। वास्तव में मुगलों या मुसलमानों के प्रति विरोध दर्शाना उसका उद्देश्य नहीं था। इसी प्रकार हिन्दी साहित्य में प्राचीन संस्कृत साहित्य की महानता, वेदों में वर्णित उपलब्धियों की व्याख्या स्वाभाविक रूप से भारतीय देश प्रेम और गौरव को बढ़ाने में सहायक हुई। भारत में विभिन्नताएँ प्रारम्भ से विद्यमान थी, लेकिन यहाँ राष्ट्रीयता की भावना प्राचीन समय से सांस्कृतिक एकता पर आधारित थी। इसीलिए विविधताओं में एकता का भाव सदैव बना रहा।

एक ओर जहां स्थानीय भाषाओं के विकास की प्रक्रिया चल रही थी वहीं पश्चिमी इतिहासकारों ने अतीत के विषय में ज्ञान प्राप्त करने के लिए विभिन्न सभ्यताओं का पता लगाया। भारत की प्राचीन खरोष्ठी एवं गुप्त लिपि को भी पढ़ा गया। भारतीयों को अपनी प्राचीन सभ्यता, महानता एवं उपलब्धियों से गौरवान्वित होने का अवसर मिला। भारत के गौरव की चर्चा से ही अंगरेजी साम्राज्यवादियों और ईसाई मिशनरियों के आलोचनात्मक प्रचार का प्रतिकार हो सका। भारतीयों के लिए भारतीयता के प्रति आकर्षण तथा भारतीय होने में गौरव पैदा हुए बिना राष्ट्रीयता का सूत्रपात नहीं हो सकता था। प्राचीन इतिहास का गौरव सम्प्रदायिकता का द्योतक न था।

भारत में प्रशासनिक एकता की स्थापना (Establishment of Administrative Unity of India): अंगरेजों ने प्रत्यक्ष एवं अप्रत्यक्ष रूप से शासित प्रदेशों को सम्मिलित करते हुए सम्पूर्ण भारत पर कब्जा कर लिया था। अर्थात् उत्तर में हिमालय से दक्षिण में कन्याकुमारी और पूर्व में बंगाल एवं पूर्वाचल से पश्चिम में खैबर दर्रे तक उनका आधिपत्य था। इस प्रकार ब्रिटिश सरकार ने भारत में एक राजनीतिक एकता की स्थापना की। देश में एक सी कानून एवं व्यवस्था, न्यायिक प्रणाली, समरूप मुद्रा व्यवस्था से अखिल भारतीय भावना का विकास हुआ। इसी प्रकार अंगरेजों द्वारा टेलीग्राफ एवं आधुनिक डाक व्यवस्था शुरू की गई। इस संचार माध्यमों के परिणामस्वरूप भारत में आधुनिकीकरण की प्रक्रिया तेज हुई।

प्रारम्भिक सत्ता संघर्षों को छोड़कर अंगरेजों द्वारा पहली बार देश में दीर्घकालीन शान्ति व्यवस्था स्थापित की गई। भारतीय सिविल सेवा के अत्यन्त प्रशिक्षित एवं व्यावसायिक प्रशासक भारत के विविध क्षेत्रों में प्रशासनिक व्यवस्था के संचालन हेतु नियुक्त किये जाते थे। एक ही प्रकार का न्यायिक ढांचा, संहिताबद्ध फौजदारी तथा दीवानी कानून भारत के एक कोने से दूसरे कोने तक लागू थे। इस नवीन व्यवस्था ने भारत की पुरानी चली आ रही सांस्कृतिक एकता को एक नये प्रकार की राजनीतिक एकता प्रदान कर पुष्ट किया।

समाचार–पत्रों का योगदान (Contribution of Press): राजनीतिक जागरण पैदा करने में समाचार–पत्रों का काफी महत्वपूर्ण योगदान रहा। 1857 से पूर्व समाचार–पत्रों की संख्या तथा महत्व कम था। यद्यपि कुछ समाचार–पत्र प्रकाशित किये जाने लगे थे। राजा राममोहन राय ने 1821 में 'संवाद कौमुदी' एवं 1822 में फारसी में 'मिरातउल अखबार' प्रकाशित करने शुरू किये जिनसे प्रगतिशील एवं राष्ट्रीय विचारों को अभिव्यक्ति मिली। द इण्डियन मिरर (The Indian Mirror), द बंगाल (The Bengalee), द अमृत बाजार पत्रिका (The Amrita Bazar Patrika) जैसे अन्य समाचार पत्र प्रकाशित होने लगे। बम्बई में फरदून जी मर्जबान ने 1822 में बाम्बे समाचार का प्रकाशन करना शुरू किया। किन्तु 19वीं सदी के तृतीय चतुर्थांश में जाकर महत्वपूर्ण अखबारों का प्रकाशन होने लगा। 1861 में 'टाइम्स ऑफ इण्डिया' (Times of India) बम्बई से, 1865 में 'मद्रास मेल' (Madras Mail) और 1875 में कलकत्ता से 'स्टेट्स मेन' (States Man) का प्रकाशन होने लगा। अंगरेजी शिक्षा के फलस्वरूप उपलब्ध राजनीतिक अधिकारों का ज्ञान समाचार–पत्रों के माध्यम से सामान्य जनता में फैलाया जा सका। बंगाल में अंगरेजी समाचार–पत्रों की संख्या तथा शैली भी अधिक प्रभावशाली थी। इनमें सरकारी नीति की आलोचना तीव्र होती थी। सरकारी दृष्टिकोण समाचार–पत्रों के प्रति कठोर होता गया क्योंकि इन समाचार–पत्रों द्वारा राजनीतिक शिक्षा जन सामान्य तक पहुँचाई जा रही थी। यद्यपि समाचार–पत्रों की प्रतियाँ अधिक नहीं छपती थी तथापि वे अधिक लोगों तक पहुँचती थीं। अंगरेजी प्रशासन के अन्याय, प्रजातीय भेद, आर्थिक शोषण और प्रशासकीय सेवाओं से भारतीयों को वंचित रखे जाने जैसे मामले इनकी चर्चा के विषय थे। भारतीय भाषाई समाचार–पत्रों ने सदैव इन बातों को उजागर करने का प्रयास किया कि ब्रिटिश साम्राज्य भारतीय जनता को नैतिक, आर्थिक और मानसिक पतन की ओर ले जा रहा है।

प्रशासन इस तरह की आलोचना सुनने को तत्पर नहीं था अतः लिटन ने वर्नाक्यूलर प्रेस एक्ट 1878 में पारित किया।

सरकार की प्रतिक्रियावादी नीतियाँ (Reactionary Policies of Government): राष्ट्रवाद का ज्वार जब तेजी से बढ़ रहा था उन्हीं दिनों लिटन ने भारतीय प्रशासनिक सेवा की अधिकतम आयु 24 वर्ष से घटाकर 19 वर्ष करवा दी जिसके फलस्वरूप भारतीय युवाओं का इसमें प्रवेश पाना कठिन हो गया। 1877 में भव्य दरबार लगाया गया जब देश में भयंकर अकाल पड़ा हुआ था। इसी दौर में गवर्नर जनरल लिटन ने दो अलोकप्रिय कार्य किये–वर्नाक्यूलर प्रेस एक्ट 1878 तथा इण्डियन आर्म्स एक्ट 1878। लिटन के इन अलोकप्रिय कार्यों की देश में तीव्र प्रतिक्रिया हुई तथा सरकार के विरुद्ध प्रचार करने के लिए कई राजनीतिक संगठन खड़े किये गये। इन सब में तुर्रा था इलबर्ट बिल से संबंधित विवाद (The Ilbert Bill

Controversy) जिसने भारतीयों में भी भयंकर रोष उत्पन्न किया था। रिपन की सरकार ने जातीय भेदभाव जनित व्यवस्था को समाप्त करने की कोशिश की थी जिसका यूरोपीय लोगों ने तीव्र विरोध किया और उन्होंने संगठित होकर इस बिल का विरोध किया। रिपन को बिल में संशोधन करना पड़ा। इलबर्ट संबंधी विवाद ने भारतीय बुद्धिजीवियों की आँखें खोल दी। यह स्पष्ट हो गया कि ब्रिटिश सरकार से कभी न्याय नहीं मिल सकता। इसके अतिरिक्त उन्हें संगठित आन्दोलन के महत्व का ज्ञान हुआ।

संदर्भ

1. देसाई, ए.आर., *भारतीय राष्ट्रवाद की सामाजिक पृष्ठभूमि*, पृं. 1
2. स्थायी बन्दोबस्त के लिए, आर.सी. दत्त, *इकानामिक हिस्ट्री ऑफ इण्डिया*, वाल्यूम 1, पृ. 55–56
3. *आज का भारत*, पृ. 243
4. देसाई, वही, पृ. 34
5. *भारत में आर्थिक राष्ट्रवाद का उदभव और विकास*, पृ. 352
6. ताराचंद, *भारतीय स्वतंत्रता आन्दोलन का इतिहास*, खण्ड 1, पृ. 341
7. देसाई, वही, पृ. 66–68
8. *आज का भारत*, पृ. 329
9. *आज का भारत*, पृ. 111 से उद्धृत
10. देखिये, *आधुनिक भारत का इतिहास*, हि. का नि., पृ. 372–73
11. देसाई, वही, पृ. 85
12. रानाडे, *एसेज*, पृ. 102 व 106–7
13. देसाई, वही, पृ. 106–7

❋❋❋

27

भारतीय राष्ट्रीय कांग्रेस की प्रस्थापना
(The Foundation of the Indian National Congress)

अंगरेजी शासन व्यवस्था के विरोध में प्रारम्भ से ही अनेक असैनिक और सैनिक दोनों प्रकार के आन्दोलन हुए। ऐसे आन्दोलन तथा विद्रोह अधिकांश असंगठित एवं कम योजनाबद्ध थे। अंगरेजी शिक्षा, संस्कृति व प्रशासकीय नीतियों के फलस्वरूप भारत में एक नये शिक्षित समाज का उदय हुआ। इसी के साथ उन्नीसवीं शताब्दी के द्वितीयार्द्ध में नई राजनीतिक चेतना पल्लवित हुई जिसने सुगठित राष्ट्रीय आन्दोलन को जन्म दिया। नये शिक्षित समाज द्वारा पाश्चात्य विचारों से प्रभावित होकर राष्ट्रवादी विचारों के प्रसार हेतु राजनीतिक संगठन खड़े किये तथा उनके माध्यम से देश में राजनैतिक शिक्षा तथा अन्य कार्यकलाप प्रारम्भ किये। चूंकि नई राजनैतिक चेतना पश्चिमी राष्ट्रवादी विचारधाराओं तथा राजनैतिक संगठनों की नई तकनीकों पर आधारित थी। शासकों के विरूद्ध राजनैतिक रूप से गठित होना स्वयं में एक नवीनता ही थी। अतः प्रारम्भिक राष्ट्रवादियों का कार्य बड़ी धीमी गति से ही आरम्भ हुआ तथा जनसाधारण तक पहुंचने में आधी शताब्दी का समय लगा।

आधुनिक भारत के इतिहासकारों ने यह दर्शाया है कि भारतीय राष्ट्रीय आन्दोलन का प्रारम्भ शिक्षित भारतीयों द्वारा शुरू किये गये राजनीतिक क्रिया–कलापों एवं संगठनों से हुआ। ये राजनीतिक संगठन 1857 के विप्लव से पूर्व अस्तित्व में आ चुके थे। इनकी संक्षिप्त विवेचना आवश्यक है।

लैंड होल्डर्स सोसाइटी (Land Holders Society 1838): मार्च 1838 में बंगाल में जमींदारी एसोसिएशन (Zamindari Association) की स्थापना **द्वारिकानाथ टैगोर** व अन्य द्वारा की गई, जिसे बाद में लैंड होल्डर्स सोसाइटी के नाम से जाना गया। प्रारम्भ में इसका उद्देश्य जमींदारों के हितों का संरक्षण एवं संवर्द्धन रहा, किन्तु इस संगठन ने कृषकों के हितों की रक्षा करने का कार्य भी किया था। 1838–44 के दौरान सोसाइटी की कोई विशिष्ट उपलब्धि नहीं रही फिर भी इसे देश की स्वतंत्रता में अग्रणी संस्था माना जाता है। राजेन्द्र लाल मित्रा के अनुसार सोसाइटी ने भारतीयों को अपने अधिकारों के लिए संवैधानिक ढंग से लड़ना सिखाया तथा दावों व अभिमतों को परास्त करने के लिए प्रेरित किया।[1]

बंगाल ब्रिटिश इंडिया सोसाइटी (Bengal British India Society 1843): इंग्लैण्ड में ब्रिटिश इण्डिया सोसाइटी (British India Society) की स्थापना एक अंगरेज और राजा राममोहन राय के मित्र जान एडम द्वारा सन् 1839 में की गई। इसका उद्देश्य अंगरेजों के हृदय में भारतीय मामलों के प्रति रूचि एवं सुधारात्मक दृष्टिकोण उत्पन्न करना था। इसी सोसाइटी के एक सदस्य जार्ज थोम्पसन कलकत्ता आये तथा अप्रैल 1843 में बंगाल ब्रिटिश इण्डिया सोसाइटी की स्थापना की। इस समाज के उद्देश्य थेः शांतिपूर्ण तथा संवैधानिक साधनों से भारतीय जनता के अधिकारों व कल्याण का संरक्षण करना, इस हेतु राजनैतिक चेतना का विकास करना इत्यादि।

ब्रिटिश इण्डियन एसोसिएशन (British Indian Association 28 Oct. 1851): द लैंड होल्डर्स सोसाइटी तथा बंगाल इण्डिया सोसाइटी दोनों ही जनता की आकांक्षाओं को पूरा करने में असमर्थ रहीं। अतः 1851 में दोनों संगठनों का विलय कर एक नवीन संगठन ब्रिटिश इण्डियन एसोसिएशन की स्थापना की गई। बंग्ला में इस सभा को भारतवर्षीय सभा कहा गया। **राधाकान्त देव एसोसिएशन के अध्यक्ष** तथा **देवेन्द्रनाथ टैगोर** इसके महासचिव चुने गये। प्रमुख सदस्य थे–रामगोपाल घोष, पैरीचन्द मित्र तथा अन्य। संगठन का प्रमुख उद्देश्य था विधियाँ और गृह प्रशासन में दोष समाप्त करना व जनता के सामान्य कल्याण को प्रोन्नत करना। सन् 1852 में एसोसिएशन द्वारा पहला वाद (पिटीशन) ब्रिटिश संसद के समक्ष प्रस्तुत किया गया जिसे रचनात्मक राजनीति का प्रथम प्रलेख कहा जा सकता है। पिटीशन के माध्यम से प्रस्तुत कुछ प्रमुख विषय थेः कार्यपालिका से विधानपालिका का पृथक्ककरण, उच्च अधिकारियों के वेतन में कटौती, साल्ट ड्यूटी, एक्साइज ड्यूटी व स्टांप की ड्यूटी समाप्ति, लेजिस्लेटिव कौंसिल में भारतीयों का प्रवेश इत्यादि। इनमें से कुछ मांगों को चार्टर एक्ट 1853 द्वारा पूरा किया गया, किन्तु संगठन को अधिक सफलता नहीं मिली। अतः एसोसिएशन लेजिस्लेटिव कौंसिल में भारतीयों के प्रवेश, शिक्षा हेतु सरकारी अनुदान में वृद्धि, सिविल सेवा परीक्षा भारत में आयोजित किये जाने, सभी पदों पर भारतीयों की नियुक्ति, जूरी द्वारा न्यायिक व्यवस्था की स्थापना, कानून के समक्ष यूरोपवासियों तथा भारतीयों में समानता इत्यादि मांगों के लिए लगभग दो दशकों तक संघर्ष करता रहा। एसोसिएशन के संस्थापक सचिव देवेन्द्रनाथ टैगोर ने प्रथम बार कहा कि

ब्रिटिश सम्बन्धों से भारतीयों को आशानुरूप उपलब्धि नहीं हुई। उन्होंने शिक्षा के प्रसार, ईस्ट इण्डिया कम्पनी के एकाधिकार से मुक्ति, देशी उद्योग धन्धे स्थापित करने तथा अन्य सामाजिक और राजनीतिक प्रोन्नति हेतु भारतीयों को प्रेरित किया।

एसोसिएशन की कमी यह थी कि इसमें नगरीय राजनीतिक तत्वों का प्रभुत्व था। धनी जमींदार इसके सदस्य थे और कुछ पश्चिमी शिक्षित बंगाली भी इसमें सम्मिलित थे। अंगरेजों द्वारा एसोसिएशन के महत्व को स्वीकार किया गया तथा कई सदस्य वायसराय की कौंसिल और बंगाल लेजिस्लेटिव कौंसिल में मनोनीत किये गये। चूंकि यह जमींदारों के हितों का प्रतिनिधित्व करता था। ब्रिटिश इण्डियन एसोसिएशन शिक्षित तथा प्रोफेशनल व्यक्तियों को आकृष्ट नहीं कर सका। तथापि 1857 के पूर्व भारत में ब्रिटिश इण्डियन एसोसिएशन ने राजनीतिक जागरण में एक अग्रणी भूमिका का निर्वाह किया।

मद्रास नेटिव एसोसिएशन (26 फरवरी 1852): ब्रिटिश संसद को पिटीशन भेजने के उद्देश्य से 1832 में गाजुलु लक्ष्मीनृसिंहलु और पी. सोम सुन्दरम चेती द्वारा मद्रास नेटिव एसोसिएशन (Madras Native Association) की स्थापना की गई। 1868 में चेती की मृत्यु के पश्चात एसोसिएशन सक्रिय भूमिका नहीं निभा सका।

मद्रास महाजन सभा (एम. वीर राघवाचारी, जी. सुब्रह्मण्यम अय्यर व आनन्द चारलु (1884)): सन् 1884 में मद्रास महाजन सभा (Madras Mahajan Sabha) की स्थापना हुई। सभा का उद्देश्य मद्रास प्रेसीडेन्सी में उत्पन्न अनेक स्थानीय संगठनों के क्रियाकलापों में समन्वय स्थापित करना था।

बोम्बे एसोसिएशन तथा बोम्बे प्रेसीडेन्सी एसोसिएशन (1885): बोम्बे एसोसिएशन (Bombay Association) की स्थापना 1852 में हुई। वह बम्बई का प्रथम धर्म निरपेक्ष संगठन था। मुख्य संस्थापकों में स्नातक और शेट्टियों का उदार संगठन सम्मिलित थे। शीघ्र ही बोम्बे एसोसिएशन शेट्टी व्यापारिक समुदाय के हितों की आवाज उठाने वाला संगठन हो गया। शिक्षित व्यक्तियों द्वारा रस्त गुप्तार 1851 तथा इन्दुप्रकाश 1862 समाचार–पत्रों में अपने विचार व्यक्त किये गये। 1885 में तीन वकीलों (मेहता, तेलांग और तैयबजी) ने बोम्बे प्रेसीडेन्सी एसोसिएशन (Bombay Presidency Association) की स्थापना की। शीघ्र ही बम्बई में यह एक महत्वपूर्ण राजनीतिक शक्ति के रूप में उभरा। स्थानीय समस्याओं का विवेचन करना तथा विभिन्न मामलों में भारत सरकार का ध्यान आकृष्ट करने हेतु अनेक प्रयत्न संगठन द्वारा किये गये।

लंदन में भारतीय संगठन: लंदन में अध्ययन कर रहे भारतीय विद्यार्थियों; फिरोजशाह मेहता, बदरूद्दीन तैयबजी, मनमोहन घोष, दादाभाई नौरोजी इत्यादि ने **1865 में लंदन इण्डियन सोसायटी** (London Indian Society) **की स्थापना की**। भारतीयों की शिकायतें दूर करने तथा अंगरेजी प्रेस में भारत के विरूद्ध दुष्प्रचार को ठीक करने का कार्य इस संगठन के माध्यम से किया गया।

ईस्ट इण्डिया एसोसिएशन (1866): अक्तूबर 1866 को दादाभाई नौरोजी ने ईस्ट इण्डियन एसोसिएशन (East Indian Association) की स्थापना की। इसका प्रमुख उद्देश्य अंगरेजी जनता तथा संसद सदस्यों के समक्ष भारत सम्बन्धी विषयों पर समस्त सूचना प्रस्तुत करना था। भारत के मुद्दे पर अनेकों अंगरेजों की सहानुभूति भी इस संगठन के साथ थी, जिससे यह संगठन विभिन्न शिकायतों को उठा सका तथा सुधारात्मक सुझाव दे सका। शीघ्र ही एसोसिएशन ने प्रसिद्धि प्राप्त कर ली और 1869 में इसकी शाखाएँ बम्बई, कलकत्ता तथा मद्रास में खोली गई। एसोसिएशन द्वारा लिटन की प्रतिक्रियावादी नीतियों और वर्नाकुलर प्रेस एक्ट के विरूद्ध, अफगान युद्ध के खर्चे वहन न करने तथा कपास ड्यूटी समाप्त करने के लिए वाद प्रस्तुत किये गये, किन्तु कालान्तर में, विशेष रूप से 1881 के पश्चात् इसकी प्रसिद्धि समाप्त होती गई। इसका मुख्य कारण था लंदन तथा बम्बई का शाखाओं के मध्य बढ़ता मतभेद।

ईस्ट इण्डियन एसोसिएशन के अतिरिक्त लंदन में कुछ अन्य संगठनों की भी स्थापना हुई। 1867 में मैरी कारपेन्टर द्वारा नेशनल एसोसिएशन (National Association) की स्थापना की गई। 1872 में आनन्द मोहन बोस ने इण्डियन सोसाइटी (Indian Society) की स्थापना की।

पूना सार्वजनिक सभा (**Poona Sarvajanik Sabha 1867**): सन् 1867 में जस्टिस महादेव गोविन्द रानाडे द्वारा एक महत्वपूर्ण राजनीतिक संगठन पूना सार्वजनिक सभा की स्थापना की गई। गणेश वासुदेव जोशी ने इसके विकास में महत्वपूर्ण योगदान दिया। रानाडे के अनुसार भारत की समृद्धि औद्योगिक क्रान्ति के अभाव में असम्भव थी।[2] सभा ने भारतीय जनता में अधिकारों की चेतना जागृत की तथा अपने अधिकारों के लिए लड़ने हेतु संवैधानिक साधनों पर बल दिया। 1876–77 के अकाल में सभा द्वारा अनेक प्रकार से प्रभावित लोगों को राहत पहुँचाई गई। सभा ने वर्नाक्यूलर प्रेस एक्ट 1878 के विरूद्ध आवाज उठाई, इलबर्ट बिल 1883 के विरोध में आन्दोलन चलाया और स्थानीय स्वशासन की मांग की। लेजिस्लेटिव कौंसिलों के सुधार तथा सिविल सेवा में भारतीयों की नियुक्ति हेतु भी सभा द्वारा मांग की गई। इसके अतिरिक्त सभा कृषकों की समस्या उठाने तथा इन्हें दूर करने में अधिकतम व्यस्त रही।

इण्डिया लीग **(Indian League 1875):** अमृत बाजार पत्रिका के प्रकाशक शिशिर कुमार घोष द्वारा 1875 में एक नवीन राजनीतिक संगठन इण्डिया लीग की स्थापना की गई। इसके अस्थायी अध्यक्ष शंभू चन्द्र मुखर्जी थे। इसकी स्थापना का मूल प्रेरक भाव था भारत की स्वतंत्रता, जो भारत के अनेक प्रख्यात व्यक्तियों के हृदय में तत्समय उत्पन्न हुई। लीग ने भारतीयों में राष्ट्रवाद की भावना जनसाधारण तक पहुँचाने का प्रयत्न किया। राष्ट्रीय आन्दोलन को व्यापक जन समूह स्तर पर संगठित करने और आगे बढ़ाने में लीग को भावी राजनीतिक जीवन के लिए एक प्रेरणा स्रोत माना जा सकता है।

इण्डियन एसोसिएशन **(Indian Association 26th July 1876):** उदीयमान भारतीय राष्ट्रवाद की भावना की कसौटी पर ब्रिटिश इण्डियन एसोसिएशन खरा नहीं उतरा। इसके स्थान पर एक नया संगठन इण्डियन एसोसिएशन की स्थापना 26 जुलाई, 1876 में सुरेन्द्रनाथ बनर्जी की अध्यक्षता में कलकत्ता में हुई। आनन्द मोहन बोस इसके सचिव निर्वाचित हुए। सुरेन्द्रनाथ बनर्जी को सिविल सेवा से छोटे–छोटे महत्वहीन कारणों से पृथक कर दिया गया था। इण्डियन एसोसिएशन का उद्देश्य भारतीय जनमत को अखिल भारतीय स्तर पर गठित करना था। इस हेतु सामान्य राजनीतिक हितों तथा आकांक्षाओं के आधार पर समस्त भारतीय जनता का एकीकरण अत्यन्त आवश्यक समझा गया। एसोसिएशन के अन्य उद्देश्य थेः हिन्दू–मुस्लिम एकता, उस समय के जन आन्दोलन में समस्त जनता की भागीदारी सुनिश्चित करना इत्यादि। सुरेन्द्रनाथ बनर्जी द्वारा संस्थापित दैनिक समाचार पत्र 'बंगाली' इण्डियन एसोसिएशन के विचारों की अभिव्यक्ति का मुख्य अंग हो गया।

एसोसिएशन के संघर्ष के तरीकों में सम्मिलित थेः शहरों व गाँवों में भ्रमण कर चेतना जागृत करना, जन सभाएं आयोजित करना, सरकार के समक्ष प्रस्तुत किये जाने वाले प्रस्ताव पर हस्ताक्षर कराना इत्यादि। अपनी स्थापना के एक वर्ष के अन्तराल में ही इण्डियन एसोसिएशन का सरकार से टकराव होना प्रारम्भ हो गया। मुख्य मुद्दा था इण्डियन सिविल सेवा परीक्षा हेतु खुली प्रतियोगितात्मक परीक्षा की आयु सीमा 21 वर्ष से घटाकर उन्नीस किया जाना। एक प्रख्यात बैरिस्टर लाल मोहन घोष के माध्यम से सिविल सेवा प्रश्न पर अखिल भारतीय मेमोरियल हाउस ऑफ कामन्स के समक्ष भेजा गया। यद्यपि एसोसिएशन अपने इस उद्देश्य में सफल नहीं हुआ, किन्तु स्टेट्यूटरी सिविल सर्विस का सृजन अप्रत्यक्ष रूप से संगठन का एक महत्वपूर्ण योगदान माना जा सकता है। तत्कालीन बहुचर्चित इलबर्ट बिल 1883 के मुद्दे पर एसोसिएशन ने विरोध कर राष्ट्रीय आन्दोलन को एक नया रूप दिया। बिपिनचन्द्र पाल द्वारा संचालित विरोध भी इलबर्ट बिल के विरूद्ध एक आन्दोलन था। 1884 में प्रथम नेशनल कान्फ्रेंस के पश्चात् सुरेन्द्रनाथ बनर्जी ने अपने विचारों के प्रसार एवं प्रसार हेतु उत्तरी भारत का भ्रमण किया। नेशनल कान्फ्रेंस का दूसरा सत्र दिसम्बर 1885 में कलकत्ता में हुआ। उसी समय इण्डियन नेशनल कांग्रेस का भी प्रथम सत्र बम्बई में प्रारम्भ हुआ। दिसम्बर 1886 में इण्डियन एसोसिएशन का कांग्रेस में विलय कर दिया गया।

मद्रास में एम. वीर रघवाचारियार जी, सुब्रह्मण्य अय्यर, पी. आनन्दचारूलू तथा अन्य युवकों ने मद्रास महाजन सभा की स्थापना की। बम्बई में कुछ उग्र बुद्धिवादी के.टी. तेलंग, फीरोजशाह मेहता आदि, पुराने नेताओं जैसे दादाभाई नौरोजी, डी. पाटिल से पृथक हो गये तथा 1885 में बोम्बे प्रेसीडेन्सी एसोसिएशन की स्थापना की।

भारतीय राष्ट्रीय कांग्रेस (Indian National Congress 28th December 1885)

सन् 1885 तक अखिल भारतीय राजनीतिक संगठन बनाये जाने की एक वस्तुनिष्ठ आवश्यकता थी। इस आवश्यकता को समस्त भारतवर्ष में राष्ट्रवादियों द्वारा महसूस किया गया और एक राष्ट्रस्तरीय संस्था के निर्माण के प्रयास किये जा रहे थे लेकिन अधिकांश भारतीय राष्ट्रवादियों द्वारा स्थापित राजनीतिक संस्थायें प्रादेशिक स्वरूप ही बना पाईं फलतः राष्ट्रस्तरीय राजनीतिक संस्था खड़ी करने का श्रेय एक अंगरेज को ही मिला।

संस्थापक–ए.ओ. ह्यूम एवं सुरक्षा कपाट सिद्धान्त **(A.O. Hume and Theory of Safety Valve):** एक रिटायर्ड अंगरेज अधिकारी ए.ओ. ह्यूम ने उदारवादी भारतीय बुद्धिजीवी वर्ग के सहयोग से इण्डियन नेशनल कांग्रेस की स्थापना की। वर्ष 1883 तथा 1884 में ह्यूम ने उदारवादी वायसराय लार्ड रिपन के सलाहकार के रूप में कार्य किया था। इसी समय थियोसोफिकल सोसाइटी के माध्यम से ह्यूम शिक्षित भारतीयों के सम्पर्क में आये। 1884 में ह्यूम ने इण्डियन नेशनल यूनियन की स्थापना की। इसके प्रमुख उद्देश्य थेः भारतीय राष्ट्रवाद को प्रोत्साहन देना, भारत और इंग्लैण्ड के मध्य घनिष्ट सम्बन्ध स्थापित करना व इस हेतु अनुचित विधियों की समाप्ति हेतु प्रयत्न करना इत्यादि। 1884 के अन्त में ह्यूम बम्बई आये तथा स्थानीय नेताओं से एक व्यापक योजना के विषय में वार्ता की, जिसमें एक वार्षिक कान्फ्रेंस बुलाया जाना तथा केन्द्रीय राष्ट्रीय संगठन बनाया जाना सम्मिलित थे। साथ ही उन्होंने मद्रास तथा कलकत्ता के नेताओं से सम्पर्क किया। मई 1885 में ह्यूम शिमला पहुँचे तथा नये वायसराय लार्ड डफरिन से मिले और अपना उद्देश्य बताया। उनके अनुसार कांग्रेस राष्ट्रीय अंसतोष, विशेष रूप से शिक्षित वर्गों के प्रति एक केन्द्र बिन्दु के रूप में कार्य करेगी। ह्यूम ने स्पष्ट किया

कि क्रान्तिकारी असंतोष के लिए कांग्रेस एक 'सुरक्षा कपाट' (Safety Valve) का कार्य करेगी। उनके ही शब्दों में 'हमारे ही कार्यों के फलस्वरूप उत्पन्न हुई, बढ़ती हुई महान शक्तियों के विकास के लिए सुरक्षा कपाट की आवश्यकता थी और हमारे कांग्रेस आन्दोलन से अधिक अच्छा कारगर सुरक्षा कपाट संभव नहीं था। जिन लोगों ने इस आन्दोलन को प्रारंभिक प्रेरणा दी, उनके सामने कोई रास्ता, कोई उपाय नहीं रह गया था। पाश्चात्य विचारों, शिक्षा, आविष्कार और औजार की सृष्टि के कारण जो उद्वेलन आया, वह बड़ी तेजी से बढ़ती हुई तीव्रता से काम कर रहा था और यह अत्यन्त आवश्यक था कि इसके परिणामों के निकास के लिए खुली हुई वैधानिक वाहिका तैयार की जाए, सतह के नीचे सड़ने के लिए छोड़ देने के बदले सड़ांध शुरू हो गई थी।' ह्यूम को विश्वास था कि राष्ट्रीय कांग्रेस शिक्षित भारतीयों में एक शांतिपूर्ण और संवैधानिक ढंग से असंतोष दूर करेगी और इस प्रकार जन विद्रोह को रोकने में मददगार सिद्ध होगी।[3] एन्ड्रयूज एण्ड मुखर्जी के शब्दों में 'कांग्रेस की शुरूआत के शीघ्र पहले के साल, 1857 के बाद सबसे अधिक खतरनाक थे। अंगरेज अफसरों में ह्यूम ने ही आने वाला खतरा देखा और उसे रोकने की कोशिश की। उसकी बातचीत से नए वायसराय ने, जो काफी प्रच्छन्न बुद्धि का था, स्थिति की गंभीरता समझी और ह्यूम को कांग्रेस की स्थापना के लिए उत्साहित किया। किन्तु सुरक्षा कपाट के सिद्धान्त में अपेक्षाकृत आंशिक सत्य है। आधुनिक शोधकार्यों से यह स्पष्ट हो गया है कि ह्यूम एक जागरूक साम्राज्यवादी (Enlightened imperialist) था। शासक और शासित के बीच बढ़ती खाई से भलीभांति परिचित था। वह एक ऐसी संस्था बनाना चाहता था जिसके सदस्य अहानिकारक व राजभक्त (Innocuous and loyal) हो। दरअसल राष्ट्रीय कांग्रेस भारतीयों की राजनीतिक चेतना की अभिव्यक्ति थी। तदनुसार राजनीतिक एवं आर्थिक विकास के कार्यक्रम चलाये जा सके। जैसाकि हमने पिछले पृष्ठों में देखा राष्ट्रीय आन्दोलन का प्रारम्भ कांग्रेस स्थापना से पूर्व ही हो चुका था, ह्यूम के उद्देश्य भी मिश्रित थे। जिन उदारवादी भारतीय बुद्धिजीवियों ने कांग्रेस स्थापना में सहयोग दिया, वे उच्च चरित्र वाले देश भक्त थे, जिन्होंने स्वेच्छा से ह्यूम की सहायता को स्वीकार किया और वे सरकारी विरोध को दूर रखना चाहते थे ताकि प्रारंभिक राष्ट्रीय कार्यक्रम को बल मिल सके। दादाभाई नौरोजी, न्यायमूर्ति रानाडे, फीरोजशाह मेहता, जी. सुब्रह्मण्य अय्यर इत्यादि ने ह्यूम का समर्थन इसी उद्देश्य से किया था कि जैसा कि गोखले ने 1913 में स्पष्ट किया: 'भारतीय राष्ट्रीय कांग्रेस की स्थापना कोई भारतीय नहीं कर सकता था। यदि कोई भारतीय अखिल भारतीय स्तर पर ऐसे आन्दोलन की शुरूआत करता, तो सरकार ऐसे आन्दोलन को अस्तित्व में ही नहीं आने देती। यदि कांग्रेस का संस्थापक एक महान अंगरेज और पूर्व सरकारी अधिकारी न होता तो उन दिनों में राजनीतिक संघर्ष के विरूद्ध सरकारी अविश्वास के होते, सरकार आन्दोलन को दबाने का कोई न कोई उपक्रम ढूँढ ही लेती।'

प्रथम अधिवेशन: कांग्रेस का प्रथम अधिवेशन 28 दिसम्बर, 1885 को बम्बई में आयोजित किया (गोकुलदास तेजपाल संस्कृत कालेज में) गया। यह बैठक शुरू में पूना में प्रस्तावित थी किन्तु हैजा फैलने के कारण स्थान परिवर्तन किया गया। कांग्रेस के प्रथम अधिवेशन में 72 प्रतिनिधियों ने भाग लिया।

प्रथम अध्यक्ष व्योमेश चन्द्र बनर्जी जो प्रख्यात बंगाली वकील थे। कांग्रेस सम्पूर्ण राष्ट्र का प्रतिनिधित्व करती थी तथा बैरिस्टर, व्यापारी, जमींदार, समाचार–पत्र संपादक, अध्यापक, धार्मिक सुधारवादी, बैंकर्स इत्यादि सभी वर्ग इसमें सम्मिलित थे। कांग्रेस में 28 दिसम्बर से 30 दिसम्बर तक चर्चा के दौर चले। इस सत्र में कांग्रेस की मांगे थी: लेजिस्लेटिव कौंसिलों का विस्तार, भारत प्रशासन की कार्य प्रणाली की जांच हेतु रॉयल कमीशन की स्थापना, सैनिक खर्चे में कटौती, इंग्लैण्ड तथा भारत दोनों में ही साथ–साथ सिविल सेवा परीक्षा आयोजित करना तथा इस परीक्षा में प्रवेश हेतु समय सीमा में वृद्धि करना इत्यादि।

राष्ट्रीय कांग्रेस के उद्देश्य: देश के विभिन्न भागों में राष्ट्रीय राजनीतिक कार्यकर्ताओं में पारस्परिक मैत्री सम्बन्धों का विकास, सभी देशवासियों के मध्य प्रजाति, धर्म और प्रान्तीयता, जन्म विभेद का उन्मूलन कर राष्ट्रीय एकता की भावना का अधिकाधिक विकास करना, जन मांगों को निर्धारित कर सरकार के समक्ष प्रस्तुत करना, अधिवेशनों के निर्णय अंकित करना, अगले साल का कार्यक्रम निश्चित करना और सबसे महत्वपूर्ण देश में जनमत का प्रशिक्षण तथा संगठन करना इत्यादि।

कांग्रेस का दूसरा अधिवेशन: सन् 1885 के पश्चात् प्रत्येक वर्ष में कांग्रेस का अधिवेशन होने लगा। कांग्रेस का दूसरा अधिवेशन दिसम्बर 1886 में कलकत्ता में दादाभाई नौरोजी की अध्यक्षता में हुआ।

तीसरा अधिवेधन 1887 मद्रास में बदरूदीन तैयबजी की अध्यक्षता में सम्पन्न हुआ। शीघ्र ही कांग्रेस ने अखिल भारतीय चरित्र ग्रहण कर लिया। प्रतिनिधियों की संख्या में भी उत्तरोत्तर वृद्धि होती गई।

आर्म्स एक्ट के विरुद्ध प्रस्ताव 1887: ह्यूम के विरोध के बावजूद आर्म्स एक्ट के विरुद्ध प्रस्ताव पारित हो गया। प्रान्तीय विषय होने के कारण **असम कुली ऐक्ट का प्रस्ताव** पारित नहीं हो सका।

चतुर्थ अधिवेशन (दिसम्बर 1888): कांग्रेस ने चौथा अधिवेशन इलाहाबाद में रखा, जिसकी अध्यक्षता जार्ज यूले ने की थी। डफरिन ने कांग्रेस की आलोचना की। इलाहाबाद क्षेत्र के गवर्नर ऑकलैण्ड ने पूर्व मद्रास अधिवेशन में बांटी गई। अंगरेज सरकार की कटु आलोचना वाली पुस्तिका के सम्बन्ध में ह्यूम के पास प्रतिवाद भेजा था। दिसम्बर 1888 में आयोजित इस अधिवेशन में 1248 सदस्यों ने भाग लिया। इस अवसर पर अध्यक्षीय भाषण में जार्ज यूले ने कहा था "हम सब पहले भारतीय हैं, हिन्दू, मुस्लिम, सिक्ख, ईसाई बाद में।" उल्लेखनीय है कि 1890 में कलकत्ता के छठे अधिवेशन में पहली महिला स्नातक **कादम्बिनी गांगुली** ने भी अधिवेशन को सम्बोधित किया था।

उदारवादी राजनीति का युग (Period of Moderate Politics, 1885-1905): सन् 1885 से लेकर 1905 तक की अवधि उदारवादी नेतृत्व के प्रभुत्व की अवधि मानी जाती है। इस समय के उदारवादी बुद्धिजीवियों में बम्बई के दादाभाई नौरोजी, बदरूद्दीन तैयबजी, फीरोजशाह मेहता, गोपालकृष्ण गोखले, महादेव गोविंद रानाडे, के.टी. तेलंग, आप्टे अगरकर, वाचा, बेहराम मलाबारी, चन्द्रावरकर, बंगाल के डब्ल्यू.सी. बनर्जी, आनन्दमोहन बोस, लाल मोहन घोष, रास बिहारी बोस, सुरेन्द्रनाथ बनर्जी, आर.सी. दत्त, ए.सी. मजुमदार, मद्रास के वीर राघवचारियार, केशव पिल्ले, आनंद चार्लू, सुब्रह्मण्य अय्यर तथा उत्तर से पंडित मदनमोहन मालवीय, पंडित डी.पी. धर इत्यादि सम्मिलित थे।[4] इन उदारवादी बुद्धिजीवियों ने ब्रिटिश शासन को भारत में एक वरदान के रूप में ग्रहण किया। ब्रिटिश लोकतंत्र उनके लिए एक आदर्श शासन व्यवस्था थी। उनका विश्वास था कि भारत में अंगरेजी शासन धीरे–धीरे एक प्रगतिशील, लोकतांत्रिक, स्वतंत्र राष्ट्र की ओर उन्मुख होगा। जस्टिस रानाडे के शब्दों में **'भारत में अंगरेजी शासन की सार्थकता यह है कि बड़े पैमाने पर नागरिक और सार्वजनिक क्रियाकलाप के क्षेत्र में राजनीतिक शिक्षा देना इसका दैवी लक्ष्य और विधान है और यह इसके लिए सुयोग्य है।' सुरेन्द्रनाथ बनर्जी के शब्दों में 'हम पार्थक्य नहीं, वरन् एकता, संयुक्तीकरण और उस महान साम्राज्य के विभिन्न अंग के रूप में समेकन चाहते हैं, जिसने सारी दुनिया के समक्ष स्वतंत्र संस्थाओं का आदर्श प्रस्तुत किया है।'[5] दादाभाई नौरोजी के अनुसार 'हमें मर्दों की तरह खुलकर कहना चाहिए कि हम अपनी मज्जा तक राजभक्त हैं। हमें अंगरेजी राज्य से हुए फायदों का ज्ञान है।'**

उदारवादियों की सबसे बड़ी विशेषता थी जनसाधारण की शिकायतों की व्याख्या तथा नियमबद्ध धीमी गति से प्रगति एवं परिवर्तन। चूंकि राष्ट्रवादी गतिविधियाँ उस समय शिक्षित लोगों तक ही सीमित थी, उदारवादी स्वयं को समस्त जनता का प्रतिनिधि मानते थे। इस विषय में फीरोजशाह मेहता ने व्यक्त किया है कि 'कांग्रेस वस्तुतः जनसाधारण की आवाज नहीं बुलंद कर रही थी, लेकिन शिक्षित देशवासियों का यह कर्त्तव्य अवश्य था कि वह साधारण जनता की तकलीफों की व्याख्या करें और उनको खत्म करने की राय दें।' विकास की धीमी प्रक्रिया के विषय में उदारवादी दृष्टिकोण रमेशचन्द्र दत्त द्वारा इस प्रकार व्यक्त किया गया–'भारत के लोगों को आकस्मिक परिवर्तन और क्रान्ति से प्रेम नहीं। वे ऐसे नए विधान नहीं मांगते जो विधायिका सभाओं रूपी जुपीटर के सिर से सशस्त्र मिनर्वा की तरह निकले हैं। वे वर्तमान सरकार को मजबूत करना चाहते हैं और उसे जन जीवन के अधिक समीप लाना चाहते हैं। वे सक्रेटरी ऑफ स्टेट की काउंसिल में भारतीय कृषि और उद्योग के प्रतिनिधि के रूप में कुछ भारतीयों को देखना चाहते हैं। वे प्रत्येक महत्वपूर्ण प्रशासनिक प्रश्न पर विचार विनियम के लिए भारतीय जनता के हितों का प्रतिनिधित्व चाहते हैं'।

संवैधानिक सुधार: पूर्व राष्ट्रवादी लोकतंत्र के सिद्धान्त में विश्वास करते थे। सरकार से उन्होंने प्रतिनिधि संस्थाओं की स्थापना एवं विकास की मांग की। किन्तु अपने उद्देश्य की प्राप्ति हेतु तत्काल मांग पूरी किये जाना उनका उद्देश्य न था। विधायिका सभाओं में निर्वाचित सदस्यों की संख्या बढ़ाने तथा इन सभाओं की शक्तियों में वृद्धि किये जाने के भी प्रस्ताव उदारवादियों ने सरकार के समक्ष रखे। इसके अतिरिक्त उत्तर–पश्चिमी क्षेत्र, अवध और पंजाब में भी ऐसी विधायिक सभाएँ बनाने पर बल दिया गया। सरकार ने उनकी मांगों पर विचार किया तथा 1892 में इण्डियन कौंसिल एक्ट पास किया। लेजिस्लेटिव कौंसिल व प्रान्तीय कौंसिलों में निर्वाचित सदस्यों की संख्या बढ़ा दी गई। कुछ सदस्य अप्रत्यक्ष रूप से भारतीयों द्वारा चुने गये थे, किन्तु सरकारी सदस्यों का बहुमत यथावत रहा। कौंसिलों को वार्षिक बजट पर वाद–विवाद का अधिकार दे दिया गया, किन्तु उन्हें मत देने का अधिकार नहीं दिया गया।[6] उन्नीसवीं सदी के अन्त में स्वराज की मांग ने जोर पकड़ा। ब्रिटिश साम्राज्य में भारत के लिए वैसा ही स्वशासन चाहा गया जो आस्ट्रेलिया को प्राप्त था। 1905 में गोखले की अध्यक्षता में सम्पन्न कांग्रेस अधिवेशन द्वारा तथा 1906 में दादाभाई नौरोजी की अध्यक्षता में स्वराज की स्पष्ट मांग की

गई। कांग्रेस नेतृत्व को अंगरेजों की सरकार पर तथा अपनी मांगों के औचित्य पर पूर्ण विश्वास था। उनका मत था कि ब्रिटिश सरकार उनकी मांग स्वीकृत करेगी।

प्रशासनिक सुधारः 1885 से 1905 तक उदारवादियों ने प्रशासनिक व अन्य सुधारों के लिए संघर्ष किए। आर्थिक, राजनीतिक तथा नैतिक आधार पर उन्होंने उच्च प्रशासनिक सेवाओं के भारतीयकरण की मांग की। उच्च पदासीन यूरोपवासियों को अत्यधिक वेतन दिया जाता था जो भार स्वरूप ही था। समान योग्यताएँ होने पर भी भारतीयों को अत्यधिक कम वेतन प्राप्त होता था। इसके अतिरिक्त यूरोपवासी अपने वेतन का अधिक भाग इंग्लैण्ड भेजते थे तथा भारतीय राजस्व से इंग्लैण्ड में पेंशन इत्यादि का भुगतान किया जाता था। राजनीतिक रूप से प्रशासन भारतीय आवश्यकताओं के अनुरूप न था। नैतिक रूप से अंगरेज स्वयं को उच्च प्रजाति का मानकर भारतीयों के साथ हर स्तर पर भेदभाव करते थे। अतः सेवाओं में बराबरी की शर्तों पर भारतीयों की नियुक्ति, भारत से बाहर धन जाने की प्रक्रिया पर रोक, आर्म्स एक्ट हटाना, सेना सम्बन्धी खर्च कम करना इत्यादि मांगे सरकार के सम्मुख प्रस्तुत की गई।

राष्ट्रवादियों ने कार्यकारिणी और न्यायिक व्यवस्था के पार्थक्य की मांग की। जूरी की शक्तियाँ कम करने का विरोध किया गया। प्राथमिक शिक्षा के प्रसार तथा तकनीकी एवं उच्च शिक्षा पर बल दिया गया।

उदारवादी नेतृत्व देश के कृषि विकास के लिए चिंतित था। कृषकों को जमींदारों के पंजे से छुड़ाने के लिए कृषि बैंकों के विकास की बात की गई। अकाल जैसी प्राकृतिक आपदा को रोकने के लिए सिंचाई व्यवस्था के विस्तार की चर्चा की गई। जनता को मेडिकल तथा चिकित्सा स्वास्थ्य सेवाएं प्रदान किये जाने, शासन व्यवस्था के अधिक आवश्यकतान्मुख बनाने, दमनात्मक कानूनों का खात्मा की मांग उदारवादियों द्वारा रखी गई। इसके अतिरिक्त 1895 में उदारवादी नेतृत्व ने दक्षिण अफ्रीका, मलेशिया, मारीशस, वेस्टइंडीज, ब्रिटिश, गुआना इत्यादि देशों में गये भारतीयों के विरूद्ध बने कानूनों के खिलाफ भी आवाज उठाई।

आर्थिक नीतियाँः आर्थिक क्षेत्र में उदारवादी नेताओं ने अंगरेजी साम्राज्य के आर्थिक परिणाम के रूप में भारत की गरीबी, आर्थिक पिछड़ापन तथा आधुनिक औद्योगिक एवं कृषि के विकास के अभाव को देखा तथा ब्रिटिश शासकों की नीतियों को इनके लिए उत्तरदायी ठहराया। दादाभाई नौरोजी ने धन निष्कासन की समस्या पर ध्यान केन्द्रित किया। उन्होंने ब्रिटिश शासन को विदेशी आक्रमण की संज्ञा दी तथा देश को नष्ट करने वाला बताया।[7] उदारवादी बुद्धिजीवियों ने भारतीय कुटीर उद्योग धन्धों के विनाश के लिए प्रत्यक्ष रूप से अंगरेजों को दोषी ठहराया। भारत की गरीबी दूर करने का मात्र उपाय आधुनिक उद्योगों की स्थापना माना गया। 1892 में कांग्रेस ने पंडित मदनमोहन मालवीय का प्रस्ताव पारित किया, जिसमें सरकार से कहा गया कि क्षीणप्राय ह्रासोन्मुख हस्तशिल्प उद्योगों को सुरक्षा प्रदान की जाए। उदारवादी नेतृत्व ने भारत के औद्योगिक विकास को तीव्र करने की प्रक्रिया के रूप में स्वदेशी का भी प्रश्न उठाया और 1906 में कलकत्ता अधिवेशन में इसके समर्थन में प्रस्ताव लाया गया। संक्षेप में पूर्व राष्ट्रवादियों ने जिन मुख्य विषयों पर बल दिया, उनमें सम्मिलित हैं: आधुनिक उद्योगों के विकास हेतु सीमा शुल्क में राहत तथा प्रत्यक्ष सरकारी सहायता, स्वदेशी का प्रयोग व ब्रिटिश सामान का बहिष्कार, धन निष्कासन पर रोक, भूमि राजस्व में कटौती, कृषि मजदूरों की स्थिति में सुधार, नमक कर की समाप्ति व लगान में कमी इत्यादि।

उदारवादी नेतृत्व प्रतिनिधि सभाओं और चुनाव के सिद्धान्त का समर्थक था। उन्होंने भाषण तथा प्रेस की स्वतंत्रता के मूल्य को पूर्ण रूपेण स्वीकार किया तथा उन्हें कम करने की सरकारी कोशिशों का प्रतिरोध किया गया। उदाहरणार्थ जब 1897 में ब्रिटिश सरकार ने बाल गंगाधर तिलक को उनके भाषण व लेखों के आधार पर कारावास का दण्ड दिया तो सम्पूर्ण देश में प्रतिरोध आन्दोलन हुए।

राजनीतिक कार्यपद्धतिः उदारवादी नेतृत्व ने क्रान्तिकारी परिवर्तन और उसकी कार्यप्रणाली को स्वीकार न कर वैधानिक, धीमा गतियुक्त, क्रमबद्ध राजनीतिक विकास का मार्ग अपनाया। उनका विश्वास था पिटीशन, मीटिंग, प्रस्ताव, भाषण इत्यादि के माध्यम से जनमत तथा जन–शिक्षा का प्रसार होगा और शासकों को भारतीय जनता की मांगों के न्याय संगत होने का ज्ञान करवाया जा सकेगा तथा सरकार धीरे–धीरे चरणबद्ध तरीके से उन मांगों की पूर्ति करेगी। संवैधानिक सत्ता जिनके हाथों में है, उनके कार्य और सहयोग द्वारा वांछित परिवर्तन लाने के लिए वैधानिक संघर्ष का उन्हें अधिकार था। केवल तीन बातें वर्जित थीं। विद्रोह, विदेशी आक्रमण की सहायता या उसे प्रश्रय, अपराध का रास्ता। मोटे–तौर पर इन तीन बातों को छोड़कर बाकी सब कुछ संवैधानिक था।

शक्तिशाली जनमत का निर्माण: राष्ट्रवादियों ने राजनीतिक चेतना व जनता में राष्ट्रीय भावना का विकास करने हेतु शक्तिशाली जनमत के निर्माण पर बल दिया। गैरी–बाल्डी और मैजिनी के जीवन चरित्र का अनुवाद किया गया और 'हिस्ट्री ऑफ इण्डिया मेड इन अ ड्रीम' जैसी कृतियों में राष्ट्रीय मुक्ति का आदर्श घोषित हुआ। बंगाल में लिखे गये नाटक 'नीलदर्पण' में यूरोपियन मालिकों व नील बागानों में काम करने वाले मजदूरों की मुसीबतों और जद्दोजहद का चित्रण था।

भारतीय दृष्टिकोण से अवगत कराने के उद्देश्य से प्रख्यात भारतीयों के प्रतिनिधि मण्डल इंग्लैण्ड भेजे गये। 1889 में भारतीय राष्ट्रीय कांग्रेस की एक ब्रिटिश कमेटी की स्थापना की गई। वर्ष 1890 में इस कमेटी ने एक पत्र 'इण्डिया' का सम्पादन शुरू किया। यहाँ यह कहना समीचीन होगा कि अंगरेजों ने भारतीय प्रेस पर शुरू से ही अंकुश लगाना प्रारम्भ कर दिया था। 1878 में वर्नाक्युलर प्रेस एक्ट पास किया गया, जिससे भारतीय प्रेस की स्वतंत्रता पर रोक लगा दी गई। इसी क्रम में 1879 में इण्डियन प्रेस एक्ट पारित किया गया जिससे भारतीयों में असंतोष की ज्वाला भड़की।

ब्रिटिश राष्ट्र से निरन्तर सहयोग: पूर्व राष्ट्रवादियों का यह दृढ़ विश्वास था कि भारत का ब्रिटेन के साथ निरन्तर सहयोग तत्कालीन ऐतिहासिक चरण में भारत के हित में था। वे अंगरेजों के शासन का अन्त न कर उसके स्वरूप में भारतीय राष्ट्रीय व्यवस्था के अनुरूप परिवर्तन करना चाहते थे। किन्तु उनकी मांगों की पूर्ति न होने एवं सरकारी दमन नीति के कारण उनका विश्वास धीरे–धीरे समाप्त होने लगा। सुरेन्द्रनाथ बनर्जी ने कहा 'नागरिक सेवाओं का इतिहास वचन भंग का अविरल विवरण है।' पंडित धर ने 1891 में ब्रिटिश शासन से कांग्रेस के मोहभंग को इस प्रकार व्यक्त किया: 'हमारी मुसीबतों का अगर निदान नहीं मिला, तो भविष्य में इसके बड़े हानिकारक दुष्परिणाम होंगे और हमारी मुसीबतों का असली कारण यह है कि भारतीय जनता की नवजात आशाओं, आदर्शों के प्रति अफसरशाही का रूख असहृदय और अनुदार होता जा रहा है। लार्ड कर्जन की प्रतिक्रियावादी नीतियों से उदारवादियों की ब्रिटिश सरकार में आस्था कम हो गई। 1906 के कलकत्ता अधिवेशन से दादाभाई नौरोजी की अध्यक्षता में कांग्रेस ने विदेशी बहिष्कार, स्वदेशी, स्वशासी व्यवस्था, शिक्षा इत्यादि की नीति अपनाई। नौरोजी के अनुसार हमारे लिए यह जरूरी है कि हम अंगरेजों से ही जमकर, खुलकर दरखास्तों, प्रदर्शनों, सभाओं के जरिए, शांतिपूर्वक, उत्साहपूर्ण तरीकों से आन्दोलन करने का सबक सीखें।

कांग्रेस के प्रति सरकारी प्रतिक्रिया (Official Attitude Towards the Congress): ब्रिटिश सरकार का रूख प्रारम्भ से ही प्रतिरोधात्मक था। यद्यपि शुरूआत में ब्रिटिश सरकार ने सुरक्षा कपाट के सिद्धान्त पर इण्डियन नेशनल कांग्रेस को ब्रिटिश शासन के लिए हितकर माना। सरकारी अधिकारी कांग्रेस की बैठकों में भाग लेते थे। 1886 दिसम्बर में लार्ड डफरिन ने नेशनल कांग्रेस के प्रतिनिधियों को भोज पर भी आमंत्रित किया। किन्तु जैसे ही कांग्रेस ने प्रशासन सुधार, प्रेस की स्वतंत्रता, सम्पत्ति के निष्कासन पर रोक आदि जैसी मांगें रखी, सरकार की नापसंदगी बढ़ती गई। 1887 में लार्ड डफरिन (Lord Dufferin) ने अपने भाषण में कांग्रेस की आलोचना की तथा जनता के 'सूक्ष्म अल्पसंख्यक नेतृत्व' की संज्ञा दी। 1900 में लार्ड कर्जन (Lord Curzon, 1899-1905) ने सेक्रेटरी ऑफ स्टेट को लिखा: कांग्रेस धीरे–धीरे लड़खड़ा रही है और भारत में रहते हुए यह मेरी बहुत बड़ी आकांक्षा है कि इसके शांतिपूर्ण अवसान में सहायक बन सके।[8] उदारवादी बुद्धि जीवियों की राजभक्ति के बावजूद सरकार ने राष्ट्रीय भावना को दबाने के लिए दमन नीति का सहारा लिया। ऐनी बेसेंट ने बतलाया है कि कैसे अपने जिला अधिकारी की आज्ञा के विरूद्ध 1887 में कांग्रेस के अधिवेशन में शामिल होने के लिए एक व्यक्ति को शान्ति बनाए रखने के लिए 20000 रूपये की जमानत देने को कहा गया।

कांग्रेस की बहुत–सी मांगों पर सरकार द्वारा कोई विचार नहीं किया गया। सरकार ने जो मांगें नहीं मानी उनमें प्रमुख थी: इण्डियन काउंसिल का उन्मूलन और भारतीय सिविल सेवा के लिए एक ही साथ परीक्षा की व्यवस्था, कार्यकारिणी और न्यायिक व्यवस्था का पार्थक्य, आर्म्स एक्ट्स और रूल्स का संशोधन, तकनीकी और औद्योगिक विकास, भू–राजस्व नीति में सुधार, करेन्सी का सुधार, उपनिवेशों में गये हुए भारतीयों की हालत में सुधार, 1818, 1819 एवं 1827 के बंगाल, मद्रास और बोम्बे रेगुलेशन्स एक्ट की समाप्ति, इण्डियन यूनिवर्सिटीज एक्ट, आफिसियल सिक्रेट्स एक्ट की समाप्ति, स्थानीय स्वायत्त शासन की दिशा में प्रगति, निःशुल्क और अनिवार्य प्राथमिक शिक्षा, सेडीशन मीटिंग्स एक्ट और इण्डियन प्रेस एक्ट का निरसन (dismissing), गोखले के बिल से प्रस्तावित निःशुल्क अनिवार्य शिक्षा। इस तरह की कांग्रेस की मांगों को ब्रिटिश सरकार ने अज्ञात में छलांग (Jump into the unknown) कहा था।

इसके अतिरिक्त ब्रिटिश शासकों ने भारतीय राजनीति में 'फूट डालो और राज करो' के सिद्धान्त को अपनाते हुए सर सैयद अहमद खान, राजा शिवप्रसाद तथा अन्य को कांग्रेस के विरूद्ध आन्दोलन करने के लिए उकसाया और प्रेरणा दी कि

वे कांग्रेस के विरूद्ध संगठित होकर भारतीय देशभक्त मण्डल (United Indian Patriotic Association) बनाये। यहां प्रमुख उदारवादी राष्ट्रवादियों के जीवन एवं कृत्यों की संक्षिप्त जानकारी करना उचित होगा।

दादाभाई नौरोजी (Dada Bhai Naoroji, 1825-1917): भारत के महान बुजुर्ग (Grand Old Man of India) के नाम से विख्यात दादाभाई नौरोजी का जन्म 4 सितम्बर, 1825 को बम्बई के एक निर्धन पारसी परिवार में हुआ। प्रारम्भिक शिक्षा नेटिव एजुकेशन सोसाइटी द्वारा स्थापित स्कूल में हुई एवं एल्फिंस्टन कालेज ने 20 वर्ष में उन्हें सर्वाधिक योग्य छात्र के रूप में स्वीकार किया। कालेज प्राध्यापक ने उनको 'भारत की आशा' कहा था। 1892 में वह पहले भारतीय थे जो उदारवादी (Liberal Party) दल की ओर से फिंसबरी (Finsbary) से ब्रिटिश संसद के सदस्य चुने गये। संसद में रहकर, रायल आयोग (वेल्वी कमीशन), भारत सरकार के व्यय की जांच के लिए गठन करवाया था। लंदन से भारत लौटने पर वे राष्ट्रीय आन्दोलन से जुड़ गये और 1886, 1893 एवं 1906 में भारतीय राष्ट्रीय कांग्रेस के अध्यक्ष रहे। बम्बई में ज्ञान प्रकाश मण्डली एवं महिला स्कूल उनके प्रयासों से स्थापित हुआ। बम्बई एसोसिएशन (Bombay Association) एवं लंदन में लंदन इण्डियन एसोसिएशन (London Indian Association) बनाई।

नौरोजी ने सर्वप्रथम अंगरेजी शोषक नीतियों को अपनी पुस्तक *पावर्टी एण्ड अनब्रिटिश रूल इन इण्डिया* (*Poverty and Unbritish Rule in India*), 1901 में उजागर किया। उन्होंने भारतीय लोगों की गुलामी की तुलना अमेरिका की दासप्रथा से की। अपनी पुस्तक (*पावर्टी एण्ड अनब्रिटिश रूल*, पृ. 1) में लिखा है, 'सत्य यह है कि भारतवासी एक प्रकार से दास हैं। उनकी दशा अमेरिकी दासों से भी बुरी है, क्योंकि अमेरिकी दासों के स्वामी अपनी सम्पत्ति के रूप में दासों की देखभाल तो करते हैं।'

भारत में व्याप्त निर्धनता का प्रमुख कारण अंगरेजों द्वारा की जा रही निकासी है, इस सिद्धान्त (Drain theory) को सबसे पहले उन्होंने रखा। निकासी का तात्पर्य भारत की राष्ट्रीय सम्पति अथवा कुल वार्षिक उत्पादन का एक भाग ब्रिटेन भेजा जाना है जिसके बदले भारत को कुछ नहीं मिलता था। धन की निकासी अप्रतिदत निर्यात कही गई। गोखले ने उनके लिए कहा था, 'यदि मनुष्यों में कहीं देवता हैं तो वह दादाभाई नौरोजी ही है।' उन्होंने राजनीति को नैतिकता के आधार पर ग्रहण किया। जीवन भर वे निष्ठावान देशभक्त रहे।

फीरोजशाह मेहता (Firozshah Mehta, 1845-1915): बम्बई के एक सम्पन्न परिवार में फीरोजशाह मेहता का जन्म 4 अगस्त 1845 में हुआ। एल्फिंस्टन कालेज से स्नातक परीक्षा उत्तीर्ण की एवं इंग्लैण्ड से कानून की पढ़ाई। इंग्लैण्ड में वे दादाभाई नौरोजी के सम्पर्क में आए एवं उनके उदारवादी विचारों से प्रभावित हुए। 39 वर्ष की आयु में नगर निगम के अध्यक्ष बने। अपने विचारों को वे 'बाम्बे क्रानिकल' के माध्यम से जनता के सामने रखते थे।

19 मार्च 1878 को उन्होंने वर्नाकुलर प्रेस ऐक्ट की कड़ी आलोचना की। निर्वाचन प्रणाली के समर्थक एवं संसदीय प्रणाली के पोषक होने के नाते कार्यपालिका को व्यवस्थापिका के प्रति उत्तरदायी मानते थे। उन्हें विश्वास था कि ब्रिटिश सरकार भारत सरकार को स्वशासन जरूर प्रदान करेगी।

सुरेन्द्रनाथ बनर्जी (Surendra Nath Banerjee, 1848-1925): बनर्जी का जन्म बंगाल में प्रतिष्ठित डॉक्टर के घर हुआ। 20 वर्ष की आयु में बी.ए. करके आई.सी.एस. परीक्षा देने इंग्लैण्ड चले गये। परीक्षा उत्तीर्ण कर लेने के बावजूद अंगरेज भारतीयों को उच्च सेवा में प्रवेश देने के पक्ष में नहीं थे। किसी तरह की भूल के आधार पर उन्हें नौकरी से हटा दिया। 'बंगाली' नामक समाचार–पत्र का प्रकाशन शुरु किया जिससे लोगों में जागृति पैदा की जा सके। 1876 में इण्डियन एसोसिएशन (Indian Association) की स्थापना की, बाद में वे कांग्रेस से जुड़ गये। इटली के महान नेता मेजिनी का उन पर बहुत प्रभाव था। 1895 एवं 1902 में वे कांग्रेस के अध्यक्ष बने। बंगाल विभाजन ने उन्हें सरकार का घोर आलोचक बना दिया और विदेशी वस्तुओं के बहिष्कार आन्दोलन से जुड़ गये।

मान्टफोर्ड सुधारों को वे लागू करवाने के पक्ष में थे किन्तु कांग्रेस सहमत नहीं थी अतः उन्होंने लिबरल फेडरेशन की स्थापना की। 1919 के सुधारों के क्रियान्विति के अवसर पर उन्हें मंत्री बनाया गया। अपनी आत्मकथा *ए नेशन इन द मेकिंग* (*A Nation in the Making*) से भारत की राजनीति का बोध होता है वे महान उदारवादी नेता थे।

गोपाल कृष्ण गोखले (Gopal Krishna Gokhale, 1866-1915): महाराष्ट्र के सुकरात कहे जाने वाले गोखले का जन्म 1866 में एक निर्धन ब्राह्मण परिवार में हुआ था। महादेव गोविन्द रानाडे को वे अपना आध्यात्मिक एवं राजनीतिक गुरू मानते थे। 1884 में ग्रेजुएट होने के बाद दक्कन शिक्षा समिति (Daccan education society) के स्कूल, जो बाद में फर्ग्यूसन कालेज बन गया था, के प्रिंसिपल पद से 1902 में रिटायर हुए। पूणे की प्रसिद्ध संस्था 'सार्वजनिक' के मंत्री तथा क्वाटर्ली

रिव्यू (Quarterly Review) के सम्पादक भी रहे। 1897 में दक्षिण शिक्षा समिति के प्रतिनिधि के रूप में वेल्बी कमीशन के समक्ष गवाही देने इंग्लैण्ड गये। 1902 में केन्द्रीय विधान परिषद् (Imperial Legislature Council) के लिए चुने गये एवं 1905 में बनारस के कांग्रेस अधिवेशन के सभापति बने। 1905 में बंगाल विभाजन की आलोचना की और उन्होंने विदेशी वस्तुओं का बहिष्कार विशेष परिस्थितियों में न्याय संगत बताया। 1905 में गोखले ने भारत सेवक समिति (Servants of India Society) की स्थापना की। इस संस्था ने श्री निवास शास्त्री, जी.के. देवधर, एम.एम. जोशी, पं. हृदयनाथ कुंजरू और अमृतलाल ठक्कर जैसे प्रसिद्ध देशभक्त दिये।

1912 में गोखले दक्षिण अफ्रीका रंगभेद नीति के विरूद्ध आन्दोलन में गांधीजी की सहायता हेतु गये। गोखले के कहने पर गाँधी जी ने जनवरी 1915 में भारत के सुधारों की राजनीतिक वसीयत जिसे Political Testament कहा जाता है, तैयार की। लाला लाजपत राय ने उन्हें सर्वश्रेष्ठ कांग्रेसी कार्यकर्ता कहा था। 19 फरवरी, 1915 को उनकी मृत्यु हुई।

गोखले को अंगरेजों की न्याय भावना में पूर्ण विश्वास था इसीलिए बाल गंगाधर तिलक ने उन्हें एक कमजोर दिल का नरम नेता (A faint hearted moderate) बताया। दूसरी ओर ब्रिटिश सरकार ने गोखले को एक छुपा राजद्रोही (A seditionist in disguise) की संज्ञा दी थी क्योंकि वे विधान सभा में सरकार की निर्भिक आलोचना करते थे। मोतीलाल नेहरू ने कहा था 'गोखले स्वशासन के एक महान देवदूत (Apostle) थे।' बंगाल विभाजन के अवसर पर ब्रिटिश सरकार की कठोरता एवं प्रशासनिक अनियमितताओं की कड़ी आलोचना की। गोखले के राजनीति विचारों का निष्कर्ष यह है कि वे एक महान निर्माता थे, ब्रिटिश सरकार के विरूद्ध वे कोई बड़ा आन्दोलन इसलिए नहीं छेड़ना चाहते थे कि उस समय जनता में न इतनी जागृति थी और न ही इतनी शक्ति थी कि अंगरेजों से बलपूर्वक स्वराज्य प्राप्त कर सके। यही वजह थी कि उन्होंने मध्यम मार्ग अपनाया। कहा जा सकता है कि वे उच्च कोटि के राजनीतिक, समाज सेवक एवं अर्थशास्त्री थे।

पण्डित मदन मोहन मालवीय (Pandit Madan Mohan Malviya, 1861-1946): पं. मालवीय का जन्म 1861 में हुआ, उन्होंने 1884 में बी.ए. पास की एवं फिर कानून की शिक्षा। 1886 में कांग्रेस के सम्पर्क में आये एवं आजीवन इससे जुड़े रहे। उत्तर प्रदेश विधान परिषद् 1902 में सदस्य चुने गये एवं 1910 में केन्द्रीय विधान सभा के लिए निर्वाचित हुए। उन्होंने वहां गोखले के प्रारम्भिक शिक्षा विधेयक (Elementary education bill) का समर्थन किया एवं 1919 में रौलट बिल की केन्द्रीय विधान सभा में घोर आलोचना की। 1927 में वे राष्ट्रीय दल के केन्द्रीय विधान सभा में प्रधान चुने गये।

मालवीय जी भारत की औद्योगिक उन्नति के समर्थक थे उनके प्रयत्नों से 1905 में बनारस में भारतीय औद्योगिक सम्मेलन हुआ एवं उनकी कोशिशों से ही 1907 में यू.पी. में औद्योगिक सम्मेलन की बैठक इलाहाबाद में हुई। दूसरे गोलमेज सम्मेलन में भाग लेने हेतु 1931 में लंदन गये। पण्डित जी साम्प्रदायिकता के विरोधी थे। 1934 में एम.एस. अणे से मिलकर रेम्जे मेक्डोनल (Communal Award of Ramsay Macdonald) के साम्प्रदायिक निर्णय का विरोध किया।

हिन्दू धर्म में मालवीय जी की अगाध आस्था थी और श्रीकृष्ण के कर्म सिद्धान्तों में विश्वास रखते थे। विवेकानन्द, तिलक एवं अरविन्द घोष से बहुत प्रभावित थे। यद्यपि वे पक्के हिन्दू थे किन्तु साम्प्रदायिक नहीं, उनके साम्प्रदायिक सद्भाव से मौलाना अली एवं शौकत अली भी प्रभावित हुए बिना नहीं रह सके। सदैव मुसलमानों की उचित मांगों का उन्होंने समर्थन किया।

संवैधानिक आन्दोलन द्वारा स्वतंत्रता प्राप्ति के समर्थक होने के नाते विधान परिषदों, एवं गवर्नर जनरल की कार्यकारिणी परिषद् में भारतीयों के उचित प्रतिनिधित्व की मांग की। मालवीय जी ने स्वदेशी आन्दोलन का पूर्ण समर्थन किया तथा आत्म निर्णय के अधिकार की सरकार के समक्ष मांग रखी। 1918 में दिल्ली में कांग्रेस अधिवेशन में अध्यक्षीय भाषण देते हुए उन्होंने कहा, 'आत्म निर्णय हमारा, जन्म सिद्ध अधिकार है और हमें आशा है ब्रिटिश सरकार इसे अवश्य लागू करेगी। वे सांस्कृतिक राष्ट्रवाद के समर्थक थे अतः भारतीय मूल्यों से ही उनका राष्ट्रवाद उभर कर आया। दूसरे शब्दों में उनके जीवन में राष्ट्रवाद एवं हिन्दुत्व का सुन्दर समन्वय देखा जाता है। कांग्रेस के दो एवं हिन्दूमहासभा के तीन बार प्रधान चुने गये।

1942–43 में मालवीय जी जेल से बाहर थे, इस दौरान उन्होंने 'कस्तूरबा निधि' के लिए 1 करोड़ का चन्दा एकत्र किया। इसी प्रकार बड़े परिश्रम से चंदा एकत्र कर 4 फरवरी, 1918 को बनारस विश्वविद्यालय की स्थापना की, यह उनके जीवन की सबसे बड़ी देन थी। उनकी कोशिशों से यू.पी. में हिन्दी को ऊँचा दर्जा प्राप्त हो सका। गौरक्षा के भी वे पक्के समर्थक थे। आचार्य पी.सी. ने कहा था, 'महात्मा गांधी के बाद ऐसे किसी व्यक्ति को पाना कठिन था जिसमें मालवीय जी के समान त्याग हो और विभिन्न कार्यों के करने का प्रमाण दिया हो।'

पूर्व राष्ट्रवादियों का मूल्यांकनः कुछ आलोचकों की धारणा है कि पूर्व राष्ट्रवादी स्वयं को जनसाधारण का प्रतिनिधि नहीं बना पाये, केवल शिक्षित वर्ग की शिकायतों को ही ब्रिटिश सरकार के समक्ष रखा गया। समूचे जन समूह को आन्दोलन में सम्मिलित करना उनकी कार्य पद्धति में नहीं था। अतः आन्दोलन शिक्षित मध्यवर्ग तक ही सीमित रहा।

प्रारम्भ में जिन मुद्दों पर कांग्रेस ने आन्दोलन चलाया उनमें से बहुत कम पर ही सरकार ने विचार किया। परिणामस्वरूप स्वयं उनकी ब्रिटिश सरकार में आस्था खत्म हो गई। लार्ड कर्जन द्वारा अपनाई गई प्रतिक्रियावादी नीतियों के फलस्वरूप राजनीतिक असन्तोष फैल गया। 1860 के पश्चात् दुर्भिक्ष और प्लेग महामारी से उत्पन्न आर्थिक संकट का निदान न करने के कारण भी उदारवादियों का अंगरेजों के प्रति मोहभंग हुआ। इन परिस्थितियों में उग्रवाद के पनपने की संभावनाएँ बढ़ी।

दूसरा चरणः उग्रवादी अथवा अतिवादी (Second Phase: 1905-1919 Radical or Extremism)

उदारवादी बुद्धिजीवियों की राजनीति निरर्थक सिद्ध हुई। राजनीतिक रूप से जागृत भारतीय पूरी तरह समझ गये थे कि अंगरेजों का उद्देश्य भारत के आर्थिक संसाधनों का दोहन करना है तथा भारत में अपने साम्राज्य को अक्षुण्ण बनाना है। कुछ ही अरसे में उदारवादी बुद्धि जीवियों ने समझ लिया कि भारतीय उद्योग तब तक नहीं पनप सकते जब तक उन्हें संरक्षण प्रदान कर प्रेरित करने के लिए भारत सरकार आगे नहीं आती। उन्नीसवीं सदी के अंत में (1896–1900) देश में व्याप्त दुर्भिक्ष और इसके परिणामस्वरूप बड़ा गंभीर आर्थिक संकट आया। प्लेग के कारण अत्यधिक संख्या में लोग मर गये। इन कारणों से ब्रिटिश शासन के विरूद्ध जन–आक्रोश बहुत बढ़ गया।

दूसरे, उन्नीसवीं सदी के अन्त में शिक्षित व्यक्तियों की संख्या बढ़ गई थी तथा वे लोग बेकारी की समस्या से परेशान थे। उनमें से अधिकांश बहुत कम वेतन पर सरकारी सेवा कर रहे थे। अतः ये युवक उदारवादियों के विरूद्ध होकर उग्रवाद के समर्थक हो गये। इस उग्र राष्ट्रवाद को मध्यम वर्ग से सामाजिक समर्थन मिला क्योंकि अधिकांश शिक्षित भारतीय प्रजातंत्र, राष्ट्रवाद इत्यादि पाश्चात्य विचारों से प्रभावित थे।

तीसरे, सन् 1892 से 1905 तक की अवधि में हुये राजनीतिक घटनाओं से राष्ट्रवादियों को निराशा मिली तथा अधिकाधिक राष्ट्रवादी उग्रवाद की ओर आकृष्ट हुए। इंडियन कौंसिल एक्ट 1892 से निराशा के अतिरिक्त कुछ भी प्राप्त न हुआ। 1904 में ऑफिसियल सिक्रेट्स एक्ट लाया गया, जिससे प्रेस की स्वतंत्रता को सीमित कर दिया गया। 1897 ई. में नाथू बंधुओं को बिना मुकदमा चलाए उन्हें देश निकाला दे दिया गया। इसी वर्ष लोकमान्य तिलक और अन्य राष्ट्रवादी समाचार–पत्रों के सम्पादकों को लम्बी अवधि के लिए बन्दी कारावास के दण्ड से दण्डित किया गया। इससे विदेशी सरकार के विरूद्ध जन आक्रोश उमड़ा। लार्ड कर्जन ने 1904 ई. में दी इंडियन यूनिवर्सिटीज एक्ट (The Indian Universities Act) पारित कर शिक्षा पर सरकारी नियंत्रण स्थापित कर लिया और शिक्षा अधिक महँगी हो गई। राष्ट्रवादी नेता पट्टाभिसीतारमैया के शब्दों में "कलकत्ता के अपने भाषण में उसने (लार्ड कर्जन) हम पर असत्य भाषण का जो आरोप लगाया है उससे हमारे आत्मसम्मान की भावना को ठेस लगी है, लेकिन उससे भी अधिक कटु यह अतिरंजित तथ्य है कि हम भारतीय अपने परिवेश, अपनी परम्परा और अपनी शिक्षा–दीक्षा के कारण ब्रिटिश सरकार के अधीन ऊँचे ओहदों के लिए नितांत अयोग्य है।"

चौथे, इस अवधि में विदेशों में हुई अनेक घटनाओं ने भारत में उग्रराष्ट्रवादी आन्दोलन के उदय होने की प्रेरणा दी। 1868 के पश्चात आधुनिक जापान का उद्भव हुआ, जिसने सिद्ध कर दिया कि बिना पश्चिमी मदद के पिछड़ा राष्ट्र विकास कर सकता है। कुछ ही दशकों में जापान प्रथम श्रेणी का औद्योगिक तथा सैनिक शक्ति बन गया। इसके अतिरिक्त 1896 ई. में इथोपियन सेना द्वारा इटली की सेना की पराजय तथा 1905 ई. में रूस पर जापान की विजय से यूरोपीय उच्चता के मिथक को नष्ट कर दिया। एशिया में समस्त स्थानों पर छोटे देश की यूरोप के बड़े राष्ट्र पर विजय का समाचार बड़े उत्साह से सुना गया। लोकमान्य तिलक ने केसरी के 6 दिसम्बर, 1904 के संस्करण में यूरोपियन लोगों की अविजेयता के सिद्धान्त को धक्का लगाने का उल्लेख किया तथा ब्रिटिश शासन को हटाने के लिए भारतीयों को प्रेरित किया। इसके अतिरिक्त आयरलैंड, रूस, मिस्र, टर्की, चीन, तथा दक्षिण अफ्रीका में बोर युद्ध ने, अत्याचारी शासन के विरूद्ध लड़ने के लिए भारतीयों को प्रेरित किया।

पांचवे, उन्नीसवीं शताब्दी के अंत में भारतीय राष्ट्रवादियों में आत्मसम्मान तथा आत्मविश्वास की भावना पनपने लगी। उन्हें अपनी सामर्थ्य तथा देश के विकास पर पूर्ण विश्वास होने लगा। लोकमान्य तिलक तथा बिपिनचन्द्र पाल जैसे उग्रराष्ट्रवादियों ने भारतीयों में आत्मसम्मान का भाव भरा और भारतीय जनता के चरित्र एवं सामर्थ्य पर विश्वास के लिए राष्ट्रवादियों से आह्वान किया। स्वामी विवेकानन्द को जनसाधारण से ही आशा थी। उनके अनुसार उच्च वर्ग भौतिक और

सैनिक दोनों प्रकार से मृतप्राय थे। लाला लाजपतराय ने स्पष्ट किया–'सरकार के लिए उसकी प्रतिष्ठा भावना का प्राथमिक महत्व है और बहिष्कार आन्दोलन इस प्रतिष्ठा भावना की जड़ पर कुठाराघात करता है हम गवर्नमेंट हाउस से विमुख होकर लोगों की झोंपड़ियों की ओर जाना चाहते हैं। जहां तक सरकार से आग्रह अनुरोध का सवाल है हमें उससे कुछ लेना देना नहीं। हमारा आग्रह अनुरोध तो जनसाधारण से है। यही बायकाट आन्दोलन का मनोविज्ञान है। यही उसका आचार शास्त्र और यही उसका आध्यात्मिक महत्व है।' अंत में, बंगाल विभाजन से उदारवादी राजनीति का अन्त हो गया तथा अग्र राष्ट्रवाद पूर्ण शक्ति के साथ उभरा।

छठे, उन्नीसवीं शताब्दी के अन्त तक जनता में राजनीतिक चेतना का विकास हो चुका था। पूर्व राष्ट्रवादियों ने स्वराज्य को राजनीतिक लक्ष्य बनाया, किन्तु संघर्ष का असंवैधानिक मार्ग नहीं अपनाया। सरकार ने कांग्रेस की आर्थिक और राजनीतिक मांगों को मानने से इन्कार कर दिया तथा बढ़ते हुए राष्ट्रवादी आन्दोलन को दबाने के प्रयास किये गये। साथ ही देश का उपनिवेशीय शोषण जारी रहा। परिणामस्वरूप इंडियन नेशनल कांग्रेस की लोकप्रियता घटने लगी तथा कांग्रेस कार्यकर्ताओं में भी उदारवादी सिद्धान्तों और तरीकों के प्रति असंतोष उत्पन्न होने लगा। इस दौर में भिन्न राजनीतिक विचारधारा तथा कार्य नीति से युक्त उग्र राष्ट्रवाद का विकास हुआ। कांग्रेस के अन्दर हुए इस उग्र राष्ट्रवाद का प्रभाव उन्नीसवीं शताब्दी के अन्तिम दशक से अधिक बढ़ने लगा तथा अधिकाधिक लोगों की इसमें आस्था होने लगी। उग्रवादी विचारधारा का पूर्ण बौद्धिक नेतृत्व बंगाल में राजनारायण बोस और बंकिमचन्द चटर्जी का मातृभूमि के लिए मंत्र 'वन्दे मातरम्' से प्रारम्भ हुआ जो आगे चलकर देशभक्ति और बलिदान के लिए पुकार बन गया। स्वामी विवेकानन्द ने भी युवाओं को एक सहज एवं समृद्ध भारतीय राष्ट्र के निर्माण हेतु प्रेरित किया।

उग्रवादी विचारधारा: उग्रवादी विचारधारा की सबसे महत्वपूर्ण विशेषता अतीत के गौरव पर आधारित मातृभूमि के प्रति प्रखर प्रेम की भावना थी। भारत के अतीत से प्रेरणा लेकर संस्कृति एवं इतिहास की महान उपलब्धियों के विवरण द्वारा लोगों को जगाने और उनमें राष्ट्र गौरव और आत्म सम्मान की भावना भरने का प्रयास किया। हिन्दुओं के वेदकालीन अतीत, अशोक और चन्द्रगुप्त के महान शासनकाल, राणा प्रताप और शिवाजी की बहादुरी और 1857 के राष्ट्रीय विद्रोह का नेतृत्व करने वाली झांसी की रानी लक्ष्मीबाई की महान देश भक्ति की याद जगाई, बिपिनचन्द्र पाल के शब्दों में, हिन्दू सर्वथा विशिष्ट हैं। आध्यात्मिक और शाश्वत जीवन के बारे में उनकी सहज, चेतना ने उनके चरित्र को सजाया संवारा है और उनके समस्त इतिहास का रूप और रंग प्रदान किया है। स्वामी विवेकानन्द के जीवन और उपदेशों ने भी उग्रवाद को प्रभावित किया। स्वामी जी ने 1893 में शिकागों में धार्मिक संसद के समक्ष अत्यन्त सफलतापूर्ण भारत का प्रतिनिधित्व किया। इससे विदेशों में भारत की प्रतिष्ठा में वृद्धि हुई।[9] इसके अतिरिक्त भारतीयों में राष्ट्र गौरव तथा देशभक्ति का प्रसार हुआ। स्वामी जी के नव वेदांतिक आन्दोलन ने बंगाल में बिपिनचन्द्र पाल तथा अरविन्द घोष जैसे नेताओं को प्रभावित किया। 'नव वेदांतवाद नव हिन्दू धर्म का सार तत्व है, यह जीवन के ठोस पदार्थों और वास्तविक सम्बन्धों के गौरवान्वयन और आध्यात्मीकरण के द्वारा पुराने आध्यात्मिक आदर्शों को रूपायित करने का प्रयास है।' इसलिए सामाजिक, आर्थिक और राजनीतिक नवनिर्माण की मांग करता है, वर्तमान आन्दोलन का आध्यात्मिक स्वर पूरी तरह से वेदांतिक विचारधारा से लिया गया।

उग्र राष्ट्रवादियों ने उदारवादी बुद्धिजीवियों के विरूद्ध इंग्लैण्ड और भारत के स्वार्थों को परस्पर पूरक न मानकर एक दूसरे का विरोधी माना है। उदारवादी भारत में ब्रिटिश शासन को दैवीय मानते थे, किन्तु उग्रराष्ट्रवादियों ने इस भावना को आत्मसमर्पण की संज्ञा दी और इसे राष्ट्रीय गौरव तथा आत्मविश्वास के विरूद्ध माना। उन्होंने अमूर्त सिद्धान्तों के बदले वास्तविक राजनीतिक हितों पर बल दिया। लोकमान्य तिलक ने भारतीय और अंगरेजी हितों के एक दूसरे के विरूद्ध मानते हुए स्पष्ट घोषणा की "राजनीतिक अधिकारों के लिए संघर्ष करना होगा। नरम दल वाले सोचते हैं कि अनुनय से ये जीते जा सकते हैं।" इसी प्रकार लाला लाजपतराय ने स्पष्ट किया: "सर्वशक्तिमान प्रभु की प्रार्थना से शायद राजनीतिक स्वातंत्र्य और राजनीतिक अधिकारों की आपकी इच्छा शक्ति अधिक बलवती हो। लेकिन शासक राष्ट्र से प्रार्थना की केवल यही सार्थकता है कि इससे दो राष्ट्रों के हितों में संघर्ष की स्थिति में राजनीतिक प्रश्नों पर आदमी की उच्चतर भावनाओं से आग्रह–अनुरोध की निरर्थकता सिद्ध होती है।" उनके स्वराज्य की अवधारणा ब्रिटिश शासन व्यवस्था के विनाश पर आधारित थी। स्वराज ब्रिटिश सरकार से प्राप्त कोई रियायत या उपहार न होकर भारतीयों का प्राकृतिक अधिकार माना गया। तिलक ने घोषणा कि "स्वराज मेरा जन्मसिद्ध अधिकार है।" दूसरे शब्दों में स्वराज ही सामाजिक, आर्थिक और सांस्कृतिक प्रगति ला सकता था।

बालगंगाधर तिलक (1856–1920 ई.): उग्रराष्ट्रवाद के अत्यधिक उत्कृष्ट प्रतिनिधि बालगंगाधर तिलक थे। उनका जन्म 1856 ई. में रत्नागिरी में हुआ था। 1879 में बम्बई विश्वविद्यालय से स्नातक परीक्षा उत्तीर्ण करने के पश्चात् उन्होंने अपना समस्त जीवन राष्ट्र को समर्पित कर दिया। सबसे पहले उन्होंने पूणे में एक अंगरेजी स्कूल तथा 1884 में डेकन एजूकेशन सोसाइटी (Deccan Education Society) की स्थापना की। यही स्कूल आगे चलकर फरगूसन कालेज के नाम से प्रसिद्ध हुआ। लोकमान्य तिलक ने 1881 में 'केसरी' समाचार–पत्र मराठी भाषा में तथा 'मराठा' समाचार–पत्र अंगरेजी में प्रकाशित करना प्रारम्भ किया। दोनों पत्रों के माध्यम से राष्ट्रवाद की तीक्ष्ण भावना प्रसारित होने लगी तथा उन्होंने भारत की स्वतंत्रता हेतु भारतीय जनता में साहस, आत्म–निर्भरता तथा स्वार्थहीन बलिदान की शिक्षा दी।

तिलक एक महान इंडोलोजिस्ट और आध्यात्मवादी थे। उनकी महान कृतियाँ हैः 'दी आर्यन', 'दी आर्किटिक होम इन दी वेदाज', 'वेदान्त ज्योतिष' तथा एक अधूरी कृति 'वैदिक क्रानोलोजी'। भगवतगीता पर उन्होंने एक महान काव्य 'गीता रहस्य' लिखा, जिसमें कर्मयोग के सिद्धान्त का प्रतिपादन हुआ। इसे आधुनिक राष्ट्रवाद की बाइबिल माना जाता है। हजारों नवयुवक स्वार्थ–रहित कर्म करने को प्रेरित हुए। उनकी राष्ट्रीयता मात्र राजनीतिक न होकर समस्त जीवन को प्रभावित करती थी। वे अंगरेजी नैतिक उच्चता को स्वीकार न कर भारतीय धरोहर और अतीत के गौरव के पक्षपाती थे। इसलिए वे भारतीय समाज और धर्म में अंगरेजी हस्तक्षेप के विरूद्ध थे। इतना ही नहीं वे सामाजिक विधान के भी विरोधी थे। इसलिए उन्होंने ब्रिटिश सरकार के द्वारा एज ऑफ कन्सेट बिल 1891 का विरोध किया। विरोध मुख्यतः राजनीतिक था किन्तु उनका पुरातनवादी दृष्टिकोण तथा पूर्वजों के प्राचीन ज्ञान का आभास भी इसमें एक कारण था। तिलक का विचार था कि समाज सुधार विदेशी शासकों द्वारा न होकर जनता के स्वयं के ऐच्छिक प्रयत्नों से ही होना चाहिये। 15 फरवरी, 1891 को मराठा में उन्होंने लिखा "हमने यह स्पष्ट किया है कि हम सुधारों के विरोधी नहीं हैं। व्यक्तिगत रूप से सरकार द्वारा प्रस्तावित सुधार से कहीं अधिक सुधार करने को तैयार हैं, किन्तु निश्चय ही पुरातनवादी जनसाधारण पर अपने विचार थोपने को तैयार नहीं है।" तिलक के लिए यह नैतिक रूप से गलत और राजनीतिक रूप से अपमानजनक था कि विदेशी शासन से स्वतंत्रता प्राप्ति का संघर्ष करने वाली जनता अपनी सामाजिक समस्याओं को हल करने के लिए उन्हीं विदेशी शासकों की मदद ले। सामाजिक बुराई दूर करने के लिए विदेशी सरकार से विधान पारित कराने की प्रार्थना एक कमजोरी का ही प्रतीक थी। तिलक ने बुराई दूर करने की वैकल्पिक व्यवस्था प्रस्तावित की। उनका विश्वास था कि शिक्षा के माध्यम से जनता को प्रबुद्ध बनाकर वांछित सुधार लाया जा सकता है। उनके अनुसार सर्वप्रथम विदेशी दासता से देश को मुक्त कराने की आवश्यकता थी।

गणपति उत्सव एवं राष्ट्रीयता: तिलक के हाथों राष्ट्रवादी आन्दोलन शिक्षित मध्यमवर्ग से जनसाधारण तक पहुँचने लगा। राजनीतिक मुक्ति प्राप्त करने के लिए उन्होंने भारतीय इतिहास से प्रेरणा लेकर विदेशी आक्रांताओं के विरूद्ध लड़ने वाले लोगों को आगे आने पर जोर दिया जो भारतीयों में प्ररेणा और उत्साह भर सके और अंगरेजों के विरूद्ध आन्दोलन का नेतृत्व कर सके। **1893 ई. में राष्ट्रीयता की भावना जगाने में धार्मिक गणपति उत्सव की शुरूआत की।** इन अवसरों पर गीत और भाषण के माध्यम से राष्ट्रीयता का प्रसार किया गया। सन् 1895 में शिवाजी के उदाहरण को महाराष्ट्रवासी युवाओं के लिए अनुकरणीय बताते हुए राष्ट्रवादी विचार को मूर्तरूप देने का उपक्रम किया। **शिवाजी महोत्सव** मनाया गया। 1896–1897 में उन्होंने महाराष्ट्र में कर न देने का अभियान चलाया। अकाल पीड़ित महाराष्ट्र के किसानों से फसल न होने पर लगान न देने का आह्वान किया। जून, 1897 में पूणे के कलक्टर व अन्य अधिकारी की हत्या के लिए अंगरेज सरकार ने उन्हें उत्तरदायी ठहराया तथा अविश्वास और अशान्ति फैलाने के आरोप में अट्ठारह मास के कड़े कारावास की सजा दी। चापेकर बन्धुओं को दो ब्रिटिश अधिकारियों की हत्या के लिए उकसाने के आरोप में दी गई सजा से छूटने के बाद, बाल गंगाधर तिलक ने यह नारा दिया था, "स्वराज्य मेरा जन्म सिद्ध अधिकार है और जब तक यह भाव मेरे भीतर जिंदा है, मैं बूढ़ा नहीं हो सकता।" उन्होंने अपने लेख और भाषणों के लिए सरकार से क्षमा मांगने से बिल्कुल मना कर दिया। अप्रैल 1916 में तिलक ने होमरूल आन्दोलन चलाया। जिसका अर्थ था अंगरेजी साम्राज्य के अधीन स्वायत्तता प्राप्त करना। इस प्रकार तिलक बलिदान की एक नये राष्ट्रीय भावना के जीते जागते प्रतीक थे।

लाला लाजपतराय (1865–1928 ई.): लाला लाजपतराय ने 1888 से कांग्रेस में भाग लेना प्रारम्भ किया तथा 1899 के पश्चात उदारवादी राष्ट्रवादियों की विचारधारा और कार्यशैली से उनका मोह भंग हुआ। वे कांग्रेस की तत्कालीन नीतियों और कार्यक्रमों को भारत की स्वतंत्रता प्राप्ति के लिए पर्याप्त नहीं मानते थे। 1916 में उन्होंने **यंग इण्डिया** (Young India)

नाम पुस्तक लिखी और कांग्रेसी आन्दोलन को असफल बताया। उन्होंने स्वतंत्रता प्राप्ति के लिए आत्मोत्सर्ग और बलिदान को आवश्यक माना। लाला जी अहिंसात्मक प्रतिरोध (Passive resistance), सामुहिक आन्दोलन तथा आत्म बलिदान के लिए दृढ़ निश्चय में विश्वास करते थे। राष्ट्रीयता के साथ–साथ हिन्दू समाज उनके कार्यक्रम का प्रमुख लक्ष्य था। जातिप्रथा, बालविवाह, मूर्तिपूजा इत्यादि सामाजिक कुरीतियाँ को दूर करने के साथ ही वे हिन्दुत्व को भारतीय राष्ट्रीयता में मिला देना चाहते थे। उनका दृष्टिकोण साम्प्रदायिक न था। उनके लिए हिन्दू राज्य अथवा मुस्लिम राज्य का नारा शरारतपूर्ण था। उन्होंने साम्प्रदायिक आधार पर गठित निर्वाचन की पृथक पद्धति को भारत के लिए अहितकर माना तथा हिन्दू–मुस्लिम सद्भावना को बढ़ाने पर बल दिया। उनका विचार भारत में लोकतंत्र व्यवस्था की स्थापना, जिसके अन्तर्गत सभी धर्म सम्प्रदायों के लोग भारतीयों के रूप में ही भाग लें। लाला लाजपतराय ने भारतीय मजदूर संघ को अन्तर्राष्ट्रीय मजदूर संघ के साथ संबद्ध करने पर भी बल दिया। ध्यान देने योग्य बात यह है कि लाला लाजपतराय 1920 में स्थापित 'इण्डियन ट्रेड यूनियन' (Indian Trade Union) के प्रथम अध्यक्ष थे।

बिपिनचन्द्र पाल (1858–1932 ई.): वर्तमान बांग्लादेश के सियालदह जिले के पोइल गाँव में 7 नवम्बर 1858 को बिपिनचन्द्र पाल का जन्म हुआ। कटक में प्रधानाध्यापक के रूप में जीवन की शुरूआत की और 1880 में पत्रकारिता को अपनाया। इस ओर 'परिदर्शक' से पत्रकारिता की शुरूआत करके 'ट्रिब्यून' (1887–88), 'न्यू इण्डिया' (1901), 'वन्देमातरम्', 'स्वराज' (1908–1911) तथा 'हिन्दू रिव्यू' (1912) के वे सम्पादक रहे। 'इण्डिपेन्डेंट, डिमोक्रेट' (1919–20) एवं 'बंगाली' (1924–25) के सम्पादन का उन्हें अवसर मिला। पत्रकारिता ही नहीं लेखन में भी उनकी रूचि थी, 'द सोल ऑफ इण्डिया', 'द स्टडी ऑफ हिन्दुइज्म' आदि ग्रंथ उनकी आध्यात्मिक रूचि को इंगित करते हैं। यह नहीं कहा जा सकता है कि आध्यात्म पर लिख कर उन्होंने अपनी लेखनी को विराम दे दिया था। 'द स्पिरिट ऑफ इण्डियन नेशनलिज्म' एवं 'नेशनलिटि एण्ड एम्पायर' जैसे ग्रंथ उनकी उग्र राष्ट्रीय विचारधारा के प्रतीक हैं। अरविन्द घोष–'राष्ट्रवाद का सशक्त अग्रदूत' की संज्ञा बिपिनचन्द्र पाल जैसे प्रखर राष्ट्रवादी को ही प्रदान कर सकते थे। सर वैलेन्टीन शिरोल ने 'इण्डियन अनरेस्ट' (Indian Unrest) नामक ग्रंथ में पाल के भाषणों को सविस्तार उद्धृत किया तथा 'उन्हें उच्च भारतीय राजनीतिक चिन्तन का अत्यधिक साधिकृत कार्यक्रम बताया।'

उनके राष्ट्रवादी जीवन की शुरूआत सामाजिक कुरीतियों के उन्मूलन से हुई। स्वयं ने विधवा से विवाह करके सामाजिक बुराइयों के प्रति विरोध व्यक्त किया। 1892 के 'एज ऑफ कंसेट बिल' (Age of Concent Bill) का उन्होंने समर्थन किया था राष्ट्रीय आन्दोलन में सत्याग्रह, विदेशी वस्त्रों का बहिष्कार, विदेशी सरकार से सब तरह से सम्बन्ध विच्छेद तथा राष्ट्रीय शिक्षा प्रसार के प्रबल समर्थक के रूप में उभरे। बंगाल विभाजन के दौरान (1905 ई.) लाखों युवा, महिलाएँ एवं पुरुष उनके प्रभावशाली भाषणों से प्रभावित होकर ही राष्ट्रीय आन्दोलन में कूद पड़े। अपने लेखों एवं भाषणों में तिलक की भांति उन्होंने 'पूर्ण स्वराज' की माँग दृढ़ता के साथ रखी। संघीय भारतीय गणतंत्र की स्थापना उनका उद्देश्य था जिसमें प्रान्त, जिला व गाँव का विकास स्वायत शासन द्वारा हो। बिपिनचन्द्र जाति व्यवस्था के घोर विरोधी थे, वे अज्ञान को ही जाति भेद का एक कारण मानते थे। इस दृष्टि से **युगयात्री** (बिपिनचन्द्र पाल राइटिंग्स एण्ड स्पीचेज, पृ. 151–55 के आधार पर) ने उनके विचार व्यक्त किये हैं: 'मानवता सर्वत्र समान रूप से विद्यमान है। जातिगत भेदभाव, प्रजातीय ऊँच–नीच सभी निरर्थक हैं।' अंगरेजी शोषण नीति के वे घोर आलोचक थे। उनका ग्रंथ *द न्यू इकानामिक मीन्स ऑफ इण्डिया* मजदूरों की स्थिति सुधारने से सम्बद्ध है।

अरविन्द घोष (1872–1950 ई.): महान विचारक अरविन्द का जन्म 15 अगस्त 1872 को पश्चिम बंगाल के कोन नगर में हुआ था। प्रारम्भिक शिक्षा दार्जलिंग के लोरिये कानवेंट स्कूल एवं उच्च शिक्षा इंग्लैण्ड के किंग कॉलेज कैम्ब्रिज से (1890 ई.) प्राप्त की। भारत लौटकर 1910 में राष्ट्रीय आन्दोलन में भागीदार बने। विदेशी शासन का विरोध एवं बहिष्कार के साथ विदेशी सामग्री के उपयोग के वे घोर विरोधी थे। अंगरेजों को भारत से खदेड़ने हेतु सरकार की प्रत्येक योजना का विरोध एवं बहिष्कार उनकी नीति का अंग बने। इस सक्रियता के कारण 1910 में उन्हें अलीपुर जेल में बंद कर दिया गया। जेल यात्रा के दौरान वे आध्यात्म की ओर आकृष्ट हुए और तदन्तर उनका जीवन क्रम ही बदल गया। जेल से रिहा होकर तमिलनाडु के पाण्डिचेरी नामक स्थान पर आश्रम स्थापित कर योगी की तरह रहने लगे। 'द आर्य' नामक दार्शनिक पत्रिका का प्रकाशन शुरू हुआ और लेखन कार्य भी। *द आइडियल ऑफ ह्यूमन यूनिटि, द सिन्थिसिस ऑफ योग* व *लाइफ डिवाइन* उनके द्वारा आलेखित महत्वपूर्ण पुस्तकें थीं। भारत की आजादी की पूर्व संध्या पर उन्होंने आकाशवाणी के अनुरोध

पर यह संदेश लिखकर भिजवाया था, "भारत के महान भविष्य के लिए यह जरूरी है कि विभाजन खत्म हो और एकता कायम रखी जाए।"

लोकमान्य तिलक, लाला लाजपतराय, बिपिनचन्द्र पाल, अरविन्द घोष इत्यादि नेता उग्रवादी राष्ट्रवाद के प्रमुख प्रवक्ता थे। उनका कार्यक्रम निम्न पहलुओं पर आधारित थाः

- उग्रराष्ट्रवादियों ने देशवासियों को स्वतंत्रता प्राप्ति हेतु साहस, स्वाभिमान, त्याग और बलिदान जैसे गुणों की प्रेरणा दी। उनका विश्वास था कि विदेशी शासन को उखाड़ फेंकने के लिए भारतीयों को वर्तमान प्रयासों से ऊँचे उठकर अटल एवं निश्चयात्मक प्रयत्न करने होंगे।
- विदेशियों का कोई भी हस्तक्षेप सुधार अथवा स्वशासन प्राप्ति में उन्हें स्वीकार नहीं था विदेशी शासन से उन्हें घृणा दी तथा उनका अटल विश्वास था कि राजनीतिक स्वतंत्रता प्राप्त करने के पश्चात ही भारतीय राष्ट्र और समाज के पुनर्निर्माण के विषय में सोचा जा सकता है। बिपिनचन्द्र पाल 'देश में नया सुधार' (Reform) नहीं अपितु पुनर्गठन (Reform) को आवश्यक मानते थे।
- उग्र राष्ट्रवादी राजनीतिक आन्दोलन में जनसाधारण को वे सम्मिलित किये जाने के पक्षधर थे। उन्होंने कांग्रेस के संकुचित आधार को विस्तृत करने पर बल दिया। उदाहरणस्वरूप तिलक ने केसरी में लिखाः जिस प्रकार बारूद के अभाव में कारतूस कुछ नहीं कर सकते उसी प्रकार जब तक कृषक, मजदूर, कारीगर और व्यापारी वर्ग आपके साथ नहीं हैं, आपके सन्देश से कुछ भी प्राप्त नहीं हो सकता।
- उग्रवादी राष्ट्रीय नेताओं ने जनसाधारण को वे परम्परागत उत्सवों, गीतों इत्यादि के माध्यम से राष्ट्रीय आन्दोलन में भाग लेने के लिए प्रेरित किया। उनके स्वराज का तात्पर्य नैतिक और आध्यात्मिक अर्थों से युक्त था और स्वधर्म पर आधारित था। अतः धीरे–धीरे जनसाधारण राष्ट्रीय आन्दोलन में सक्रिय रूप में भाग लेना एक नैतिक कर्तव्य के रूप में स्वीकार करने लगा।

उग्रराष्ट्रवादियों की कार्यपद्धति

उग्रराष्ट्रवादियों ने उदारवादी बुद्धिजीवियों द्वारा अपनाये गये संवैधानिक तरीकों को तिलांजलि दी। उनके अनुसार निरंकुश विदेशी शासन के चलते इनका कोई महत्व नहीं था। ब्रिटिश संविधान इंग्लैण्ड में विकसित था और वहाँ की पार्लियामेंट ब्रिटिश जनता का प्रतिनिधित्व करती थी। अतः संविधानिक आन्दोलन वहीं की परिस्थिति में उपयोगी था, भारत के लिए नहीं, क्योंकि...भारतीय जनता के प्रति उत्तरदायी न होकर ब्रिटिश पार्लियामेंट के प्रति उत्तरदायी थे। इससे ब्रिटिश हित की ही पूर्ति हो सकती थी, भारत की नहीं। ब्रिटिश शासकों के समक्ष प्रस्तुत तर्क और प्रार्थना सारहीन थे। ब्रिटिश माल के बहिष्कार की उपयोगिता और उसके प्रभाव के बारे में लाला लाजपतराय ने कहाः 'दुकानदारों के इस राष्ट्र पर अपने व्यापार के नुकसान का तर्क न्याय की आचार संहिता पर आधारित किसी तर्क की अपेक्षा अधिक प्रभावशाली होगा।

लार्ड कर्जन तथा बंगाल विभाजन (1905) एवं स्वदेशी और बहिष्कारः स्वदेशी आन्दोलन का उद्‌भव विभाजन विरोधी आन्दोलन में पाया जाता है। यह आन्दोलन बंगाल को विभाजित करने हेतु ब्रिटिश सरकार के निर्णय के विरूद्ध प्रारम्भ हुआ। वायसराय की हैसियत से लार्ड कर्जन ने कई दमनात्मक कार्य किये उनसे लोगों में राजनैतिक असन्तोष फैला। कलकत्ता नगर निगम के अधिकारों में उसके द्वारा की गई कटौती, उसका ऑफिसियल सिक्रेट्स एक्ट, विश्वविद्यालयों का उसके द्वारा अफसरीकरण जिससे शिक्षा अधिक महँगी हुई, तिब्बत में उसके द्वारा भेजा गया सैनिक अभियान, फिर बंगाल का विभाजन इन सबके कारण देशभक्तों को निराशा हुई और देश में एक नई भावना का जन्म हुआ। लार्ड कर्जन ने बढ़ते हुए राष्ट्रवादी आन्दोलन को रोकने के लिए तथा बंगाली भाषा बोलने वाली जनसंख्या को विभाजित करने के लिए, बंगाल के विभाजन की योजना बनाई। इस षड्यंत्र में भाषा के साथ–साथ धर्म के आधार को भी चुना गया तथा साम्प्रदायिकता का समावेश किया गया। कर्जन ने विभाजन का समर्थन प्राप्त करने के लिए मुसलमानों को आकृष्ट करने का प्रयत्न किया। पूर्वी बंगाल में मुस्लिम बहुमत था तथा पश्चिमी बंगाल, बिहार और उड़ीसा में हिन्दू अधिक संख्या में थे। दिसम्बर 1903 में बंगाल विभाजन प्रस्ताव का पता लगा। इसका तत्काल बड़े पैमाने पर विरोध किया गया। 1903 से 1905 तक उदारवादियों ने तर्क, प्रार्थना, भाषण, जनसभाएँ, प्रेस इत्यादि तकनीकों का प्रयोग भारत तथा इंग्लैण्ड में किया, दूसरी ओर उग्रवादियों का लक्ष्य विभाजन विरोधी जनमत निर्माण कर बंगाल विभाजन के प्रस्ताव को मूर्त रूप धारण करने से रोकना था। किन्तु 19 जुलाई, 1905 को बंगाल विभाजन की विधिवत घोषणा कर दी गई। इसके साथ ही उग्र राष्ट्रवाद का प्रसार तेजी से हुआ।

जनसभाऐं एवं प्रदर्शन: समस्त देश में विरोध की लहर दौड़ गई। बंगाल के विभिन्न भागों में बड़ी–बड़ी जनसभाएँ आयोजित हुईं। लोगों ने स्वदेशी अपनाने की प्रतिज्ञा की। 7 अगस्त, 1905 को कलकत्ता के टाउन हाल में एक विशाल सभा का आयोजन हुआ। यहां विदेशी सामान के बहिष्कार का प्रस्ताव पारित किया गया। बहिष्कार आन्दोलन समस्त देश में छिड़ गया। विद्यार्थी समुदाय ने अत्यन्त उत्साह के साथ इसमें भाग लिया। मुसलमान भी इससे अछूते न रहे। **अब्दुल रसूल, लियाकत हुसैन, अब्दुल हमीम गजनवी, यूसुफ खान बहादुर, मोहम्मद इस्माइल चौधरी** जैसे मुसलमानों ने विरोध में सक्रिय रूप से भाग लिया। 1902 में सतीशचन्द्र मुखर्जी द्वारा गठित **डान सोसाइटी** (Daun Society), बहिष्कार और स्वदेशी विचारधाराओं के प्रतिपादन का मुख्य केन्द्र बन गई। इससे विदेशी माल की बिक्री घटने लगी। सितम्बर 1904 से सितम्बर 1905 की अवधि में ब्रिटिश कपड़ों की बिक्री 5 से 15 गुनी कम हो गई।

स्वदेशी आन्दोलन के प्रमुख राष्ट्रवादी

अरविन्द्र घोषः अरविन्द ने बंगाल के अलावा देश के अन्य भागों में भी स्वदेशी आन्दोलन चलाये जाने की प्रेरणा दी। 1906 में स्थापित बंगाल नेशनल कॉलेज का प्राचार्य बनाया गया जिसका मकसद था राष्ट्रवाद का प्रसार। 'वन्दे मातरम' नामक पत्र का सम्पादन किया। इसमें जतींद्रनाथ बनर्जी व बारीन्द्र घोष ने सहयोग किया।

सुरेन्द्रनाथ बनर्जीः इन्होंने 'द बंगाली' पत्र के माध्यम से प्रेस विरोधी नीतियों के विरुद्ध आन्दोलन चलाया। कृष्ण कुमार मित्रा व नरेन्द्र कुमार सेन सहयोगी थे।

अश्विनी कुमार दत्तः एक स्कूल शिक्षक, जिन्होंने स्वदेशी आन्दोलन को **बढ़ावा देने हेतु स्वदेशी बांधव सभा** की स्थापना की। बारीसाल के मुस्लिम किसानों के आन्दोलन का भी नेतृत्व किया।

प्रोमोथा मित्तर, बारीन्द्र व जतींद्रनाथ मुखर्जीः तीनों ने मिलकर **अनुशीलन समिति** की स्थापना स्वदेशी को बढ़ावा देने हेतु की।

अश्विनी कुमार बनर्जीः इन्होंने भारतीय जूट मिल श्रमिकों द्वारा, भारतीय मिल हैन्ड्स यूनियन की स्थापना में अगस्त 1906 में बज–बज नामक स्थान में महत्वपूर्ण सहयोग किया।

सतीश चंद्र मुखर्जीः डान सोसायटी के माध्यम से स्वदेशी का प्रसार व शिक्षा में सुधार लाने व प्रोत्साहित करने की कोशिश की।

मोतीलाल घोषः अमृत बाजार पत्रिका समूह से सम्बन्धित उग्रवाद के समर्थक थे। इन्होंने अपने आलेखन द्वारा राष्ट्रप्रेम जगाने की भरसक कोशिश की।

मनीन्द्र नंदीः कासिम बाजार के जमींदार थे, अनेक उद्योगों की स्थापना स्वदेशी बढ़ावा देने हेतु की कोशिश की।

कालीशंकर शुक्लः अनेक तरह के पैम्फलेट द्वारा स्वदेशी का प्रचार किया एवं औद्योगिक वर्गों को खास तरह के उद्योगों की स्थापना हेतु प्रोत्साहित किया।

सुरेन्द्रनाथ बनर्जीः 'द बंगाली' पत्र द्वारा सरकार की प्रेस विरोधी नीतियों की आलोचना की।

लोकमान्य तिलकः मुम्बई व पुणे में स्वदेशी का प्रचार–प्रसार किया व शिवाजी व गणपति उत्सव का आयोजन किया।

लाजपतरायः 'कायस्थ समाचार' में प्रकाशित लेखों द्वारा पंजाब व उत्तरी भारत के अन्य राज्यों में औद्योगिक आत्मनिर्भरता आन्दोलन चलाया।

चिदम्बरम पिल्लईः मद्रास (चेन्नई) में स्वदेशी का प्रसार किया एवं तूतीकोरिन कोरल मिल की हड़ताल का संचालन किया। साथ ही तूतीकोरिन में स्वदेशी स्टीम नेवीगेशन कम्पनी स्थापित की।

विपिनचंद्र पालः गरम दल समर्थक स्वदेशी आन्दोलन संचालन हेतु न्यू इंडिया का सम्पादन किया।

श्यामसुन्दर चक्रवर्तीः स्वदेशी के प्रबल समर्थक थे हड़तालों के संचालन में सहयोग किया।

रामेंद्र सुंदर त्रिवेदीः इन्होंने बंगाल विभाजन तिथि को काला दिवस के रुप में मनाने की घोषणा की एवं लोगों से घरों में चूल्हे न जलाने तक की अपील की।

दादाभाई नौरोजीः कांग्रेस के 1906 के कलकत्ता अधिवेशन की अध्यक्षता करते हुए स्वराज्य को भारत का लक्ष्य घोषित किया।

लाला हरकिशन लालः ब्रह्म समाज पर आधारित संगठन के माध्यम से पंजाब में स्वदेशी को लोकप्रिय बनाया। पंजाब नेशनल बैंक की स्थापना एवं "ट्रिब्यून" समाचार पत्र का प्रकाशन शुरू किया।

सुब्रह्मण्यम भारती: तमिल क्रांतिकारी समूह के सदस्य व प्रख्यात कवि ने तमिल क्षेत्र में राष्ट्रवाद के उत्थान में प्रभावी भूमिका अदा की।

हेमचन्द्र कानूनगो: पेरिस से प्रशिक्षण लेकर धार्मिक स्कूल की स्थापना व बम बनाने का कारखाना भी लगाया।

सावरकर बंधुः महाराष्ट्र के कपड़ा मिल मालिकों को आम लोगों के उपयोग में आने वाली धोतियों को कम दाम पर बेचने की मुहिम चलाई।

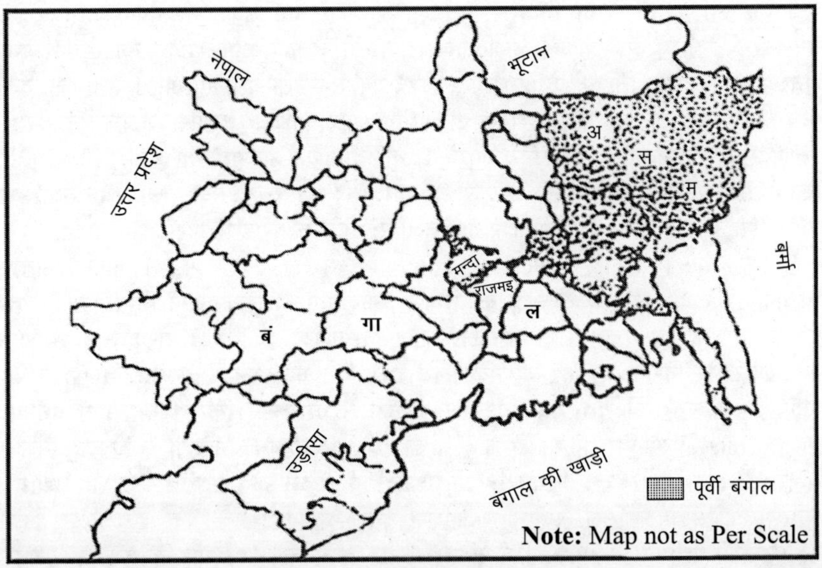

रोदन दिवसः 16 अक्तूबर, 1905 के दिन बंगाल अस्तित्व में आया। यह दिन बंगाल में **"रोदन दिवस"** के रूप में मनाया गया। कलकत्ता में हड़ताल रही, लोगों ने समूहबद्ध नंगे पैर जुलूस निकाले, गंगा में स्नान किया। वंदेमातरम् के नारों से गलियाँ गूँज उठी। रवीन्द्रनाथ टैगोर के सुझाव पर सम्पूर्ण **बंगाल में इस दिन को राखी दिवस के रूप में मनाया गया**। लोगों ने एक दूसरे के हाथ में राखी बाँधी जो बंगाल के विभाजन के दो भागों में एकीकरण का प्रतीक था।

स्वदेशी वस्तुओं का उपयोगः स्वदेशी और विदेशी माल का बहिष्कार का संदेश देश के समस्त भागों में फैलने लगा। लोकमान्य तिलक ने बम्बई और पूणे में इस आन्दोलन को प्रारम्भ किया। लाला लाजपतराय जैसे राष्ट्रवादियों ने पंजाब तथा उत्तरी भारत के अन्य भागों में इसे जनप्रिय बनाया। सैयद हैदर रजा ने दिल्ली में इस आन्दोलन का प्रसार किया। इस प्रकार यह आन्दोलन रावलपिंडी, काँगड़ा, जम्मू, मुल्तान, हरिद्वार इत्यादि स्थानों पर सक्रिय रूप से आरम्भ हुआ। चिदम्बरम पिल्ले इस आन्दोलन को मद्रास प्रेसीडेन्सी तक ले गये जहाँ बिपिनचन्द्र पाल के विस्तृत भाषणों से इसका और अधिक प्रचार हुआ।

उग्रराष्ट्रवादी स्वदेशी और बहिष्कार को बंगाल की सीमाओं के बाहर ले गये, जबकि गोखले की अध्यक्षता में नरम दल वाले कांग्रेसी इसे बंगाल तक ही सीमित रखना चाहते थे। इससे राजनीतिक जन संघर्ष को अत्यन्त बल मिला। संकुचित राजनीतिक उद्देश्यों के स्थान पर स्वराज्य मुख्य उद्देश्य हो गया। लाला लाजपतराय के शब्दों में "**मैं इसी में अपने देश की मुक्ति निहित मानता हूँ। स्वदेशी आन्दोलन से हमें आत्म सम्मान, आत्म विश्वास, आत्मनिर्भरता और पुरूषोचित गुण मिलेंगे**। इस आन्दोलन से हम धर्म, वर्ण जाति का विचार किए बिना समस्त भारतीयों के अन्यतम कल्याण के लिए अपनी पूंजी, अपने साधन, अपने श्रम, अपनी शक्तियों, अपनी प्रतिभा का सुचारू सदुपयोग करना सीखेंगे। **सारे धार्मिक और सांप्रदायिक मतभेदों के बावजूद हम स्वदेशी आन्दोलन के माध्यम से एकताबद्ध हो सकेंगे**।" कांग्रेस के बनारस अधिवेशन (1905) में लाजपतराय ने उदारवादियों की प्रार्थना तथा याचिकाओं की नीति का विरोध करते हुए कांग्रेस के मंच से निष्क्रिय प्रतिरोध (Passive resistance) की नीति अपनाने का आग्रह किया।[10]

स्वयंसेवी संस्थाओं का गठन एवं उत्सवों का आयोजनः स्वदेशी आन्दोलन को सफलतापूर्वक जनसाधारण तक पहुंचाने के लिए स्वयं सेवी समितियों का गठन किया गया। बरसिन्न के एक स्कूल अध्यापक अश्विनी कुमार दत्त ने '**स्वदेशी**

बांधव समिति' का गठन किया। उस समय में गठित सभी समितियों में यह समिति अत्यन्त महत्वपूर्ण थी। इसकी 159 शाखायें थी तथा क्षेत्र के मुस्लिम कृषकों सहित असंख्य अनुयायी थे।

उग्र राष्ट्रवादियों ने अपने आन्दोलन का जनसाधारण की सक्रिय भागीदारी सुनिश्चित करने हेतु परम्परागत प्रसिद्ध धार्मिक उत्सवों तथा सभाओं के साधन के रूप में रचनात्मक प्रयोग किया। तिलक द्वारा गणपति और शिवाजी के उत्सवों का प्रयोग राष्ट्रीय चेतना जागृत करने का एक सशक्त साधन था।

राष्ट्रीय गौरव एवं आत्मशक्ति का विकास: स्वदेशी आंदोलन की सबसे महत्वपूर्ण कार्यपद्धति थी विदेशी शासन के विरूद्ध आन्दोलन करने के लिए आत्मशक्ति का विकास। विभिन्न क्षेत्रों में आत्मशक्ति का तात्पर्य राष्ट्रीय गौरव, सम्मान तथा विश्वास की पुनर्स्थापना से था। तिलक के अनुरूप स्वदेशी की सफलता के लिए आत्म सहायता, दृढ़ता और उत्सर्ग की आवश्यकता थी। उग्र राष्ट्रवादी जानते थे कि देश के औद्योगिक और आर्थिक विकास के लिए स्वदेशी आवश्यक था तथा इसके कार्यान्वयन तथा समस्त जनता से मध्यवर्गीय लोगों से बलिदान की आवश्यकता थी। इसके अतिरिक्त ग्रामीण जनता के उत्थान (सामाजिक और आर्थिक) के साधन के रूप में ग्राम स्तर पर स्वयं सेवा तथा रचनात्मक कार्य की परिकल्पना की गई। वास्तविक रूप से इसका अर्थ था समाज सुधार तथा सामाजिक बुराइयाँ जैसे जातिगत शोषण, बालविवाह, दहेज, मदिरापान के विरूद्ध खुला युद्ध। राष्ट्रीय शिक्षा आत्मशक्ति कार्यक्रम का एक भाग थी। इसके अन्तर्गत बंगाल नेशनल कालेज की स्थापना की गई तथा अरविन्द घोष इसके प्राचार्य बनाए गए। अल्पकाल में ही समस्त भारत में असंख्य राष्ट्रीय स्कूलों की स्थापना की गई। विरोध प्रदर्शनों में भाग लेने वाले विद्यार्थियों के विरूद्ध सरकार ने अनुशासित कार्रवाई करने की धमकी दी, इस अवसर पर विद्यार्थियों को विश्वविद्यालय छोड़ देने की सलाह दी गई। 1906 में राष्ट्रीय शिक्षा परिषद् (नेशनल कौंसिल ऑफ एजूकेशन) का गठन सर गुरूदास बैनर्जी ने बंगाल में किया। मद्रास में **पछैप्पा राष्ट्रीय कालेज** (Pachaippa National College) स्थापित किया। पंजाब में डी.ए.वी. आन्दोलन प्रभावशाली होकर उभरा।

स्वदेशी एवं राष्ट्रीय उद्योगों का विकास: आत्मशक्ति कार्यक्रम के अन्तर्गत स्वदेशी उद्योग धन्धों की स्थापना की गई। अनेकों स्वदेशी टैक्सटाइल मिल, साबुन व माचिस बनाने के कारखाने, बैंक, इन्श्योरेंस कम्पनी, दुकानें इत्यादि की स्थापना की गई। इनकी स्थापना के पीछे देश भक्ति उत्साह काम कर रहा था, किन्तु उद्यम व्यवसाय गुणों की कमी थी। फिर भी कुछ उद्योग सफल और प्रसिद्ध हुए जैसे पी.सी. राय की बंगाल कैमिकल फैक्ट्री। सांस्कृतिक क्षेत्र में स्वदेशी आन्दोलन का प्रभाव सर्वोत्कृष्ट हुआ। रविन्द्रनाथ टैगोर, द्विजेन्द्रलाल राय, मुकुंदा दास, रजनीकांत सैन इत्यादि द्वारा इस समय रचित गीतों से राष्ट्रवाद की भावना भावुक स्तर पर जनसाधारण में फैली। साहित्य के अतिरिक्त संगीत कला इत्यादि द्वारा भी राष्ट्रीयता की चेतना का विकास किया गया। रवीन्द्रनाथ टैगोर ने भारतीय कला पर विक्टोरिया युग के प्राकृतिवाद के प्रभुत्व को समाप्त कर मुगल, राजपूत और अजन्ता के चित्रों से प्रेरणा लेकर, भारतीय कला का विकास किया। नंदलाल बोस, जिन्हें 1907 ई. में स्थापित इण्डियन सोसाइटी ऑफ ओरियंटल आर्ट का प्रथम पुरस्कार प्राप्त हुआ, ने भारतीय कला पर अमिट छाप छोड़ी। विज्ञान के क्षेत्र में सर जगदीशचंद्र बोस, प्रफुल्लचंद्र राय इत्यादि ने मौलिक शोध प्रस्तुत किये जिन्हें पूरे विश्व में सराहा गया।

उग्रराष्ट्रवादियों की समालोचना

उग्रराष्ट्रवाद के उदय से राष्ट्रवादी आन्दोलन जनसाधारण तक पहुँचने में सफल रहा। स्वदेशी आन्दोलन में बड़ी संख्या में विद्यार्थियों ने सक्रिय भाग लिया। उन्होंने स्वदेशी को अपनाया तथा विदेशी सामानों की दुकानों का घेराव किया। स्वदेशी आन्दोलन की एक और प्रमुख विशेषता थीः आन्दोलन में महिलाओं का सक्रिय रूप से भाग लेना। परम्परागत रूप से घर में रहने वाली शहरी मध्यवर्गीय महिलाओं ने जुलूसों में भाग लिया तथा दुकानों का घेराव किया। अनेकों प्रख्यात मुसलमानों ने इस आन्दोलन में भाग लिया। इस प्रकार राष्ट्रीय आन्दोलन के सामाजिक आधार में वृद्धि हुई। जमींदार, व्यापारी, कृषक, इत्यादि समस्त वर्गों ने राष्ट्रीय आन्दोलन में भाग लेना प्रारम्भ किया। लार्ड हार्डिंग के समय 1911 में विभाजन रद्द किया गया।

आन्दोलन ने स्वतंत्रता प्राप्ति के लिए लोगों में त्याग, बलिदान तथा कष्ट झेलने की शक्ति उत्पन्न करने की प्रेरणा दी। उग्रराष्ट्रवादियों का कार्यक्रम ही ऐसा था कि उन्होंने सरकार के साथ सीधी टक्कर ली। वे जेल गये, उन्हें देश निकाला मिला और तकलीफें झेली। वे स्वराज की लड़ाई के जुझारू योद्धा थे। तिलक, पाल, अरविन्द, बारीन्द्र घोष और लाला लाजपतराय इस नये राष्ट्रवाद के प्रमुख नेता थे और उन्होंने स्वराज की प्राप्ति के लिए अपना जीवन न्यौछावर कर दिया। तिलक, जिन्होंने सबसे अधिक तकलीफ उठाई, स्वतंत्रता के आदर्श के लिए राजनीतिक यातना के प्रतीक थे।

उग्रराष्ट्रवादियों ने राष्ट्रीय आन्दोलन के उद्देश्यों को स्पष्ट करते हुए लोगों में आत्मविश्वास और आत्मशक्ति भरने का प्रयास किया। इससे राष्ट्रीय गौरव की भावना का विकास हुआ। भारतीय नौजवानों ने समझ लिया कि कष्टों के बिना स्वराज मिलना असम्भव है। हड़ताल इत्यादि से लोग कष्ट झेलने को तैयार हुए। 1908 में बम्बई के टैक्सटाइल मिल के मजदूरों ने तिलक की गिरफ्तारी के विरोध में हड़ताल की।

उग्रराष्ट्रवादियों ने राजनीतिक संगठन की नई पद्धति तथा राजनीतिक संघर्ष करने के नये तरीके अपनाये। व्याख्यान, जुलूस, गीत पार्टियाँ इत्यादि का प्रचलन राष्ट्रीय भावना के पोषण तथा राजनीतिक सवालों में रूचि पैदा करने के साधन थे। शिवाजी जैसे वीर पुरुषों की स्मृति द्वारा ब्रिटिश शासन से मुक्ति के संकल्प को जागृत किया गया। उन्नीसवीं सदी के अन्त में तिलक ने दुर्भिक्ष काल में जन सहायता कार्य किए तथा बंगाल विभाजन के विरोध में स्वराज बहिष्कार और राष्ट्रीय शिक्षा पर बल दिया।

नकारात्मक पहलू: हिन्दू धर्म और हिन्दू इतिहास परम्पराओं को उग्रराष्ट्रवादियों ने विदेशियों के विरूद्ध राष्ट्रीय आन्दोलन में अपनाया। इस कारण कुछ आलोचकों ने आरोप लगाया है कि मुसलमान राष्ट्रीय आन्दोलन से विमुख हो गये। आर.पी. दत्त (आज का भारत) के अनुसार राष्ट्रीय आंदोलन की आत्मा के रूप में सनातन धर्म के आग्रह और आधुनिक पाश्चात्य सभ्यता की तुलना में पुरातन हिन्दू सभ्यता की कल्पित आध्यात्मिक श्रेष्ठता की घोषणा से अनिवार्यतः राष्ट्रीय आन्दोलन और राजनीतिक चेतना की प्रगति अवरूद्ध एवं क्षीण हुई। साथ ही राष्ट्रीय आन्दोलन से मुस्लिम आबादी के बहुत बड़े अंश से अलग रहने का एक कारण यह भी था कि हिन्दू धर्म पर बहुत अधिक जोर दिया गया।[11] जवाहरलाल नेहरू के मत में इस आन्दोलन की पृष्ठभूमि धार्मिक राष्ट्रवाद की थी, जो उनकी प्रवृत्ति के प्रतिकूल थी। वे भारत के अतीत के पुनरूज्जीवन के पक्ष में नहीं थे। सामाजिक दृष्टि से 1907 में भारतीय राष्ट्रवाद का पुनर्जन्म निश्चय ही प्रतिक्रियावादी था।

आलोचकों का कहना है कि यदि राष्ट्रवादी आन्दोलन धर्म निरपेक्ष ताकतों पर आश्रित होता तो सारा देश जाति और सम्प्रदाय से ऊपर उठता तथा सांप्रदायिकता की समस्या उत्पन्न नहीं होती। उग्रराष्ट्रवादियों ने आर.पी. दत्त के अनुसार, "अपने आन्दोलन को हिन्दू धर्म की बुनियाद पर खड़ा करने की कोशिश की और राष्ट्रीय जागरण और हिन्दू धर्म के पुनर्जन्म को एक माना। उनके इस कर्म से मुस्लिम जनता राष्ट्रीय आन्दोलन से विमुख हुई और 1906 में मुस्लिम लीग की स्थापना की सरकारी धूर्ततापूर्ण चाल के लिए रास्ता साफ हुआ।"

कांग्रेस मतभेद: पूर्व में जैसा जिक्र किया गया है कि उदारवादी राष्ट्रवादियों के योगदान को महत्वहीन समझकर विस्मृत नहीं किया जा सकता। लेकिन उदारवादी 1907 तक पहुंचते–पहुंचते अपना प्रभाव खो चुके थे, बढ़ती राजनीतिक जागरूकता के अनुरूप उन्हें अपनी योजनाओं में परिवर्तन करने थे लेकिन वे ऐसा नहीं कर पाये। संभवतः उदारवादी नीतियों की प्रतिक्रिया का ही परिणाम क्रान्तिकारी आतंकवादी गतिविधियाँ थी। उदारवादियों ने ऐसे समय में अपनी गतिविधियों की शुरूआत थी जब समाज का बड़ा तबका राष्ट्रीयता की भावना से अनभिज्ञ था। सीमित रूप में शिक्षा का प्रसारण हो रहा था अतः नरमपंथी बुद्धिजीवियों एवं शिक्षित मध्यम वर्ग में वे राजनीतिक चेतना जागृत कर सकते थे और इस दृष्टि से उन्हें सफल राष्ट्रवादी की संज्ञा देनी होगी। प्रारम्भिक दौर के राष्ट्रवादियों ने उपनिवेशवादी आर्थिक नीतियों को भी बखूबी प्रस्तुत किया और मध्यम वर्ग को वे इस तथ्य का बोध करवाने में सफल रहे कि भारत की गरीबी, अकाल तथा उद्योग धन्धों के ह्रास का एकमात्र कारण साम्राज्यवादी सरकार है। यह भी स्वीकार करना होगा कि उदारवादियों ने संवैधानिक तरीकों से अपनी मांगे रखने की शिक्षा दी। अन्त में नरमपंथी राष्ट्रवादी ऐसे वर्ग की आधारशिला रखने में सफल रहे जो आगे जाकर लम्बे समय तक देश के लिए संघर्ष करने को तत्पर हुए।

उदारवादियों का सदैव इस बात पर जोर रहा कि विदेशी सत्ता पर संवैधानिक तरीके से जोर डालकर राजनीतिक सुधार करवाये जा सकते हैं। इस दौर के राष्ट्रवादी देश की आजादी के बारे में अपने स्तर पर पुख्ता योजना या विचारधारा विकसित नहीं कर पाये अपितु यही सोचा जाता रहा कि अंगरेज यह सब स्वयं समय आने पर प्रदान कर देंगे। दूसरी ओर सुधारों पर से नये शिक्षित वर्ग का विश्वास उठ गया था। बंगाल विभाजन के दौरान नरमपंथियों की नीति ढुल–मुल रही और इस दौर में उग्रवादी दल प्रभावशाली रूप में उभर कर आ गया। उदारवादी बंगाल विभाजन के साथ शुरू हुए आन्दोलन को बंगाल तक सीमित रखने को उत्सुक थे परन्तु उग्रवादी सम्पूर्ण देश में इसका प्रसारण चाहते थे अन्ततः नरमपंथियों को पीछे हटना पड़ा। लाला लाजपतराय ने कहा थाः 'मैं इसी में अपने देश की मुक्ति निहित मानता हूँ। स्वदेशी आन्दोलन से हमें आत्मसम्मान, आत्मविश्वास आत्मनिर्भरता और पुरुषोचित गुण मिलेंगे,.....

सामान्यतः उदारवादियों का जहाँ सरकार की (न्यायप्रियता) में विश्वास था और वे अधिराज्य स्थिति (Dominion status) अर्थात् अंगरेजों के अधीन स्वशासन से संतुष्ट थे वहीं उग्रवादियों का लक्ष्य 'स्वराज' प्राप्ति था। नरमपंथी प्रार्थना एवं आवेदनों में विश्वास रखते थे, जबकि उग्रवादी अंगरेजों की न्यायप्रियता को आडम्बर एवं ढकोसले की संज्ञा देते रहे।

उदारवादियों ने आम लोगों में कभी काम नहीं किया। उनका दायरा शिक्षित मध्यम वर्ग तक सीमित था और वे शिक्षित मध्यम वर्ग को भी राष्ट्रीय स्तर पर एकजुट होकर देश के लिए लड़ने की शिक्षा नहीं दे पाये। यह भी कहा गया है कि उदारवादी इसलिए अधिक विफल रहे कि उन्होंने युवा वर्ग को अपने साथ नहीं लिया जो उनकी गंभीर भूल थी।

साम्राज्यवादी सरकार नरमपंथियों की मांगों के प्रति न कभी गंभीर रही और न उनकी संवैधानिक तरीकों से रखी गई माँगों एवं विनम्र व्यवहार का आदर किया, अपितु उनका मजाक उड़ाया। लार्ड डफरिन के समय ही सरकार की कांग्रेस के प्रति वक्र दृष्टि बन गई थी। कर्जन के समय प्रहार अधिक तीव्र हुआ, ऐसे समय में नरमपंथियों को रणनीति बदलनी थी परन्तु ऐसा नहीं किया जा सका।

प्रारम्भिक राष्ट्रवादियों के प्रति सरकार का रवैया शुरू में अवश्य नरम रहा लेकिन यह स्थिति अधिक समय तक नहीं रही और कांग्रेस को 'राजद्रोह का कारखाने' की संज्ञा दी जाने लगी। 1887 में वायसराय डफरिन ने सार्वजनिक सभा में कांग्रेस की आलोचना की और कांग्रेस को मुट्ठी भर संभ्रात लोगों की संस्था घोषित कर आलोचना की। धीरे–धीरे सरकारी नुमाइन्दे कांग्रेस को नष्ट करने के बारे में सोचने लगे। कर्जन ने बढ़ते राष्ट्रीय आन्दोलन पर पाबन्दी के इरादे से ही बांग्लाभाषी लोगों को अलग करने के इरादे से बंगाल विभाजन की योजना बनाई थी। कर्जन ने गोखले की आलोचना करते हुए कहा: 'गोखले या तो यह समझ नहीं रहे हैं कि वह जा कहाँ रहे हैं और अगर उन्हें यह मालूम है तो वह बेईमान हैं। भारत में राष्ट्रीय चेतना जगाने की अपील और साथ ही ब्रिटिश सत्ता के प्रति वफादारी, दोनों काम आप एक साथ नहीं कर सकते।' भारत के तत्कालीन गृह सचिव जार्ज हैमिल्टन ने दादाभाई नौरोजी के लिए 1900 में टिप्पणी करते हुए कहा था: 'आप अपने को अंगरेजी हुकूमत का समर्थक बताते हैं, लेकिन जो कदम अंगरेजी हुकूमत को बरकरार रखने के लिए उठाये जाते हैं और उनके जो नतीजे निकलते हैं, उनकी आप आलोचना करते हैं।'

उदारवादी एवं उग्रवादी: नरमपंथियों एवं उग्रवादियों के सैद्धान्तिक मतभेद दिन–प्रतिदिन बढ़ते जा रहे रहे थे। बढ़ते मतभेद के दौरान 1905 में बनारस में अधिवेशन हुआ। अधिवेशन से पूर्व दोनों वर्गों ने अपने अनुयायियों के साथ अलग बैठक की। अन्ततः अधिवेशन में उग्रवादी गुट ने कुछ प्रस्ताव रखे लेकिन नरम दल के विरोध के कारण ये प्रस्ताव पारित नहीं हो पाये। अक्तूबर 1905 में बंगाल का विभाजन कर दिया गया। तदन्तर 1906 में कलकत्ता में कांग्रेस का अधिवेशन हुआ जिसमें उग्रवादियों ने कांग्रेस अध्यक्ष पद के लिए लोकमान्य तिलक का नाम प्रस्तावित किया। स्वाभाविक रूप से नरमपंथियों द्वारा इसका विरोध किया जाना था, अन्त में वयोवृद्ध नेता दादाभाई नौरोजी को अध्यक्ष बनाये जाने पर सहमति हुई। तथापि उग्रवादियों ने 'स्वराज्य', 'स्वदेशी', 'विदेशी वस्तुओं का बहिष्कार' एवं राष्ट्रीय शिक्षा सम्बन्धी प्रस्ताव पारित करवा लिये। दादाभाई नौरोजी ने अधिवेशन में कांग्रेस का लक्ष्य भारत के लिए 'अधिराज्य स्थिति' प्राप्त करना ही बताया। उग्रवादियों की अधिकांश माँगे स्वीकार कर लिये जाने के बावजूद नरमपंथी उन प्रस्तावों को कार्यान्वित करने को तत्पर नहीं थे।

इस दौरान लार्ड मिंटो वाइसराय बन चुके थे और जान मॉरले गृह सचिव। सरकार ने गरमपंथियों पर शिकंजा कसने के लिए नए सुधारों की चर्चा की और 1906 में 'लेजिस्लेटिव काउंसिल' में सरकार ने इन सुधारों पर कांग्रेस के नरमपंथी दल से बातचीत करनी शुरू की। नरमपंथी ऐसा चाहते ही थे। एक ओर सरकार सुधारों के लिए नरमपंथियों से सदन में बहस कर रही थी दूसरी ओर राष्ट्रवादियों द्वारा संचालित स्वदेशी आन्दोलन को कुचलने के लिए दमनात्मक कार्यवाही कर रही थी। परिणामतः राष्ट्रवादी नेताओं में फूट पड़ गई। इन परिस्थितियों में 1907 में कांग्रेस का सूरत अधिवेशन हुआ।

सूरत अधिवेशन एवं कांग्रेस का विभाजन (1907): यहाँ उल्लेखनीय है कि उग्रवादियों (गरमपंथियों) का नेतृत्व अरविंद घोष कर रहे थे, की मान्यता थी कि आन्दोलन को अधिक तेज किया जाना और देश के सभी हिस्सों में फैलाया जाना आवश्यक है। लेकिन योजना की क्रियान्वित में नरमपंथी बाधक साबित हो रहे थे। गरमपंथियों ने नरमपंथियों से सम्बन्ध तोड़ने एवं उसके हाथ से कांग्रेस का नेतृत्व छीनने का निर्णय किया। दूसरे शब्दों में नेतृत्व पर कब्जा न होने की स्थिति में कांग्रेस के विभाजन के लिए सोचा जाने लगा।

फीरोजशाह मेहता जो नरमपंथियों का नेतृत्व कर रहे थे, की मान्यता थी कि 'गरमपंथी खतरनाक नीति पर चल रहे हैं। सरकार साम्राज्यवाद विरोधी किसी भी आन्दोलन का दमन करने के लिए तत्पर है, ऐसी स्थिति में दमन को न्यौता देने का

क्या औचित्य है?' गोखले भी ऐसा ही सोचते थे, 1907 में उन्होंने कहाः 'आप सत्ता की ताकत को नहीं जानते। यदि कांग्रेस आपके सुझावों पर चलेगी तो सरकार को इसे खत्म करने में पांच मिनट भी नहीं लगेंगे।' तेजी से विभाजन की बनती हुई भूमिका को देखकर गोखले ने अपने मित्र को लिखा थाः 'विभाजन का मतलब विनाश होगा और तब नौकरशाही के लिए दोनों वर्गों को दबाने में कोई कठिनाई नहीं होगी।' इन परिस्थितियों में ताप्ती नदी के किनारे पर 26 दिसम्बर, 1907 को सूरत में कांग्रेस अधिवेशन की शुरूआत हुई।

उग्रवादी दल को कलकत्ता अधिवेशन में लिये गये चारों प्रस्तावों को निष्प्रभावी बनाये जाने की योजना से ठेस पहुँची और नरमपंथियों के खिलाफ जहर उगला गया, खिल्ली उड़ाई गई। एक ओर नरम दल डॉ. रास बिहारी बोस को अध्यक्ष बनाने को उत्सुक था वहीं उग्रदल ने लाला लाजपतराय का नाम प्रस्तावित किया। सुरेन्द्रनाथ बनर्जी द्वारा फीरोजशाह मेहता की ओर जूता फेंके जाने के साथ ही अधिवेशन में हड़कम्प मच गया। पुलिस ने सभागार खाली करवाया। उग्रवादी कांग्रेस से निष्कासित कर दिये गये और अंगरेजों के प्रोत्साहन से नरम दल का कांग्रेस पर कब्जा हो गया। मिंटो ने मॉरले को लिखाः 'सूरत में कांग्रेस का पतन हमारी बहुत बड़ी जीत है।'

कांग्रेस फूट का साम्राज्यवादी सरकार ने लाभ उठाया और गरमपंथियों के विरूद्ध दमनात्मक कार्यवाही शुरू हुई, लाला लाजपतराय को बंदी बनाकर मॉंडले भेजा गया तथा तिलक द्वारा 'केसरी' में सरकार के विरूद्ध लिखे जाने के कारण उन्हें भी 6 वर्ष जेल की सजा दी गई। षड्यंत्रकारी सभा अधिनियम पारित कर सरकार ने 1911 में सार्वजनिक सभाओं पर रोक लगा दी। उग्रवादियों के विरूद्ध सरकार द्वारा अपनाई गई दमनात्मक नीति से नवयुवकों का खून खौलने लगा और इसके साथ ही आतंकवादी क्रांतिकारी गतिविधियों का उद्भव हुआ।

दिल्ली दरबार एवं बंगाल विभाजन रद्द (1911 ई.): क्रांतिकारी आतंकवाद के उभरने के भय से ब्रिटिश सरकार ने 1911 में बंगाल विभाजन रद्द कर दिया। 1910 में इंग्लैंड के राजा एडवर्ड तृतीय की मृत्यु हुई और जार्ज पंचम का राज्यारोहण हुआ। 1911 ई. में तृतीय दिल्ली दरबार का आयोजन हुआ। दिल्ली दरबार में ही बंगाल विभाजन निरस्त कर दिया गया। साथ ही कोलकत्ता से हटाकर दिल्ली को राजधानी बनाये जाने की घोषणा की गई। 1877 एवं 1903 में पूर्व में दो दरबार आयोजित किये गये थे। किन्तु 1911 का एकमात्र दरबार था जिसमें सम्राट जार्ज पंचम स्वयं आये थे। 1877 के दरबार को **घोषणा दरबार** कहा था। 1903 में प्रथम अर्ल राबर्ट बल्वर लाएटन भारतवर्ष आये थे। इसी वर्ष भारत की राजधानी कलकत्ता से दिल्ली स्थान्तरित किये जाने की घोषणा हुई। साथ ही बिहार एवं उड़ीसा को बंगाल से पृथक कर दिया गया और असम भी एक अलग प्रान्त बना दिया गया। कहा जाता है इस बदलाव से मुस्लिमों को आघात पहुँचा था।

युवा क्रांतिकारी विद्यार्थियों की गतिविधियाँ (Revolutionary Terrorist Activities)

उग्रवादियों ने उदारवादी राजनीति की आलोचना द्वारा उन्हें इस बात का विश्वास दिला दिया था कि प्रार्थनाओं एवं तर्कपूर्ण ढंग से ब्रिटिश हुकूमत को बदलने का प्रयास बेकार है। स्वदेशी आन्दोलन में इस आशा और विश्वास से उग्रवादियों ने सक्रिय रूप से भाग लिया था कि आन्दोलन के उग्र तरीकों जैसे बहिष्कार, सत्याग्रह आदि द्वारा राष्ट्रीय आन्दोलन को उसके रूढ़िवादी ढांचे से बाहर निकाला जा सकेगा और आर्थिक दबाव द्वारा अंगरेजों को घुटने टेकने पर मजबूर किया जा सकेगा। लेकिन स्वदेशी आन्दोलन भी भारतीय समाज के बड़े हिस्से को राष्ट्रीय आन्दोलन से जोड़ने में सफल नहीं हुआ और न ही अंगरेजों की अर्थव्यवस्था ऐसे प्रयासों से प्रभावित हुई। इस कारण युवा वर्ग में अशान्ति व निराशा की भावना आ गई। यह वर्ग शीघ्र परिणाम चाहता था उनका अंगरेजों को राजी करने (Persuation) में यकीन नहीं था। युवा राष्ट्रवादी अब यह महसूस करने लगे कि भारत की जनता की राष्ट्रीय भावना को जगाने के लिए कुछ अन्य उपाय किये जाने की आवश्यकता है। उग्रवादियों को हल्के दबाव (Low grade pressure) की नीति उनके अनुसार असफल हो चुकी थी। उग्रवादियों द्वारा पूरे प्रयास किये जाने के बावजूद देश के लोगों में गति नहीं आई थी। इसलिए परम्परागत तरीकों से हटकर कार्रवाही करने के विचार को बल मिला। जैसे 27 अप्रैल, 1906 के बारीसाल सम्मेलन में भीड़ पर पुलिस ने अकारण हमला कर दिया। इस कार्य की भर्त्सना करते हुए राष्ट्रवादी अखबार **युगान्तर** ने लिखा कि "दमन का जवाब बल से दिया जाना चाहिए।" 1907 में सूरत अधिवेशन में उदारवादी एवं उग्रवादी दल के विभाजन के बाद सरकारी दमन में बढ़ोत्तरी हुई, क्योंकि उग्रवादियों के दमन होते रहने पर भी उदारवादी प्रभावित नहीं होते थे। तिलक को 6 साल के लिए म्यांमार (बर्मा) में निर्वासित कर दिया था। इसी तरह अरविन्द घोष को भी क्रान्तिकारी षड्यंत्र केस में गिरफ्तार कर लिया गया। क्रान्तिकारियों की रणनीति अब आयरलैण्ड के राष्ट्रवादियों व रूसी शून्यवादियों के मार्ग पर चल पड़ी थी। इस कार्य में कठिनाई यह थी कि सेना ब्रिटिश

सरकार के प्रति वफादार थी। इसलिए बदनाम ब्रिटिश अधिकारियों की हत्या, योजना की पहली कड़ी थी। युवा राष्ट्रवादी यह भी चाहते थे कि लोगों का विदेशी सरकार के प्रति डर दूर हो तथा लोगों में राष्ट्रीय चेतना जागृत हो।

क्रान्तिकारी आतंकवाद 1907–08 में राष्ट्रीय आन्दोलन की असली ताकत बन गई थी। बंगाल में ज्ञानेन्द्रनाथ घोष ने प्रथम क्रान्तिकारी संगठन की स्थापना 1902 में की। इस विचारधारा को राष्ट्रवादी समाचार–पत्र **युगान्तर** ने आगे बढ़ाया। बारिन्द्र घोष व भूपेन्द्र दत्त इस पत्र के संचालक थे। अंगरेजी सरकार के दमन के फलस्वरूप अनेक गुप्त संस्थायें बनने लगी। बंगाल जो क्रान्तिकारियों का केन्द्र था यहां क्रान्तिकारी गतिविधियों का संचालन '**अनुशीलन**' और '**युगान्तर**' जैसी संस्थायें कर रही थीं। इस तरह की समितियों की संख्या 500 तक पहुँच गई। 1907 में बंगाल के गवर्नर व्यामफील्ड फुलर की गाड़ी को बम से उड़ाने की योजना से इस आन्दोलन का सूत्रपात हुआ। 6 दिसम्बर को गवर्नर की गाड़ी पर बम फेंका गया, परन्तु गवर्नर बच गया।

खुदीराम बोस एवं प्रफुल्ल चाकी–मुज़फ्फरपुर जिला न्यायाधीश किंग्सफोर्ड की हत्या का प्रयासः 30 अप्रैल, 1908 को खुदीराम बोस तथा प्रफुल्ल चाकी द्वारा उस गाड़ी पर बम फेंका गया जिसमें उनके अनुसार मुज़फ्फरपुर का बदनाम जिला न्यायाधीश किंग्सफोर्ड (Kingsford) यात्रा कर रहा था। वह छोटे–छोटे अपराधों के लिए युवाओं को मुख्य प्रेसीडेंसी दण्डनायक (Chief Presidency Magistrate) के रूप में कठोर सज़ा देने के लिए बदनाम था। लेकिन दुर्भाग्य से बम केनेडी (Kennedy) की गाड़ी पर जा गिरा जिसमें दो अंगरेज महिलायें यात्रा कर रही थीं जिनकी अनजाने में मृत्यु हो गई। पकड़े जाने पर प्रफुल्ल चाकी ने अपने को गोली मार दी और खुदीराम को 11 अगस्त, 1908 को फांसी दी गई।

खुदीराम बोसः खुदीराम बोस को स्वाधीनता संघर्ष का महानायक और इतिहास का अग्निपुरुष कहा जाता है। उन्हें 19 वर्ष की अवस्था में फांसी दी गई थी। अर्थात् खुदीराम बोस बंगाल राष्ट्रवादियों के लिए इतिहासकार शिरोल के अनुसार आदर्श थे। सरकार ने अरविन्द घोष व उसके भाई बरिन्द्र आदि को भी एक षड्यंत्र में फंसाने की कोशिश की। अवैध हथियारों की मानिक टोल उद्यान व कलकत्ता में किये गये तलाशी अभियान में अरविन्द एवं बरिन्द्र को 34 व्यक्तियों के साथ गिरफ्तार किया एवं अलीपुर षड्यंत्र का अभियुक्त इन्हें बनाया गया। फरवरी 1909 में कलकत्ता में सरकारी वकील एवं 24 फरवरी 1910 को पुलिस उपअधीक्षक (Deputy Superintendent of Police) की कलकत्ता उच्च न्यायालय के बाहर हत्या हो गई। अरविन्द साक्ष्य के अभाव में छूट गये, अन्यों को निर्वासन व कठोर कारावास की सजा दी गई। बाद में अरविन्द पाण्डिचेरी आध्यात्मिक चिंतन हेतु चले गये। वहाँ उनका 1950 में स्वर्गवास हो गया। उनके द्वारा स्थापित अरविन्द आश्रम लोगों की आध्यात्मिक उन्नति का कार्य आज भी कर रहा है।

लाला हरदयाल एवं गदर पार्टीः दिल्ली में क्रान्तिकारी संगठन स्थापित करने का श्रेय लाला हरदयाल को जाता है। 1911 में राजनैतिक प्रवासी के रूप में वे अमेरिका सैन फ्रांसिस्को चले गये थे। मई 1913 में पोर्टलैण्ड में हिन्दी एसोसिएशन की स्थापना की। बाद में इस संगठन का नाम बदलकर 'हिन्दुस्तान गदर पार्टी' (Hindustan Ghadr Party) रख दिया गया। इसकी पहली मीटिंग में बाबा सोहनसिंह भाकना अध्यक्ष, लाला हरदयाल जनरल सेक्रेटरी तथा पण्डित काशीराम मरोली इसके कोषाध्यक्ष बने। इन्होंने सैन फ्रांसिसको में युगान्तर आश्रम बनाया तथा 'गदर' नामक साप्ताहिक अखबार भी निकाला। सैन फ्रांसिस्को गदरपार्टी के प्रधान कार्यालय के रूप में प्रसिद्ध हो गया था। लाला हरदयाल ने यह सुझाया कि ब्रिटिश शासन को केवल हथियारों के बल पर ही उखाड़ फेंका जा सकता है इसके लिए आवश्यक है कि बड़ी संख्या में प्रवासी भारतीय भारत की ओर कूच करें। यह सन्देश हिन्दुस्तानी फौज और भारत के लोगों तक पहुँचाया जाये जिससे इस कार्यवाही में जनता की भागीदारी बढ़ सके। लाला हरदयाल की यह भी मान्यता थी कि अमेरिका को मिली आजादी का लाभ उठाया जाना चाहिए और भारत के लोगों को अंगरेजों से लड़ने के लिए अमेरिका से सहायता लेनी चाहिए। प्रवासी भारतीयों के दिमाग में उन्होंने यह बात अच्छी तरह बैठा दी थी कि हिन्दुस्तान जब तक स्वतंत्र नहीं हो जाता उन्हें दूसरे देश में सम्मान नहीं मिल सकता। इसलिए वहाँ अमेरिका से प्रवासी भारतीयों को हिन्दुस्तान भेजने का एक जोरदार अभियान चलाया गया।

अखबार का प्रकाशनः गदर अखबार की शुरूआत 1913 में की गई जिसे उर्दू व गुरूमुखी में प्रकाशित किया जाता था। इसके द्वारा अंगरेजी राज की कारगुजारियों को उजागर किया जाने लगा। अखबार में अंगरेजों के जिन कारनामों को विशेष रूप से छापा जाता था उनमें प्रमुख थे–भारत की सम्पत्ति की लूट, भारत के लोगों में गरीबी की बढ़ोत्तरी और बार–बार अकाल पड़ना, अकाल में लोगों की मौत, अंगरेजी फौजों का भारी खर्चा, हिन्दुस्तान के विकास पर नगण्य राशि का खर्च और अंगरेजों की 'फूट डालो राज करो की नीति' आदि। अखबार ने भारत के लोगों का आह्वान किया कि 1857

के बाद काफी लम्बा समय गुजर गया और अंगरेजों के खिलाफ दूसरी लड़ाई लड़ने का समय आ गया है। गदर का सन्देश अमेरिका में रह रहे भारतीयों को खूब प्रभावित कर रहा था। इसके अतिरिक्त सिंगापुर, मलाया, हाँगकाँग, फिलिपाइन्स, चीन, त्रिनिदाद, होंडूरास में रह रहे हिन्दुस्तानियों ने लोगों को उत्साहित किया। कहा जाता है कि 'गदर' में उठाये गये मुद्दे प्रवासी भारतीयों में चर्चा के विषय रहते थे। अखबार को पढ़कर ही लोगों ने भारत की आजादी के लिए चंदा देना शुरू कर दिया था। इसमें छपने वाली कविताएं लोगों में लोकप्रिय होती जा रही थीं। गदर ने लोगों में इस कदर जोश ला दिया था कि इसके परिणामों को देखकर लोग चकित रह गये।

लाला हरदयाल पर अराजकतावादी गतिविधियों का आरोप लगाकर 14 मार्च, 1914 में गिरफ्तार कर लिया। ब्रिटिश सरकार हरदयाल को गदर आन्दोलन से विमुख करना चाहती थी। जब उन्हें जमानत पर छोड़ा गया, उन्होंने स्विट्जरलैण्ड चले जाने का निश्चय किया।

कामाघाटामारू की घटना: गदर आन्दोलन की एक महत्वपूर्ण घटना कामाघाटामारू नामक जहाज से सम्बन्धित रही है। कामाघाटामारू नामक जहाज को सिंगापुर में रह रहे हिन्दुस्तानी कान्ट्रेक्टर बाबा गुरूदत्त सिंह ने जापानी कम्पनी से किराये पर लिया था। पूर्वी व दक्षिण पूर्वी एशिया के 376 भारतीयों को लेकर यह जहाज वैंकूवर के लिए रवाना हुआ था। वैंकूवर प्रेस ने जहाज के आगमन को 'बढ़ते हुए पूर्व के आक्रमण' की संज्ञा दी। कनाडा पहुंचने पर जहाज को बन्दरगाह में नहीं जाने दिया। बरकतुल्ला, सोहनलाल पाठक, हुसैन रहीम, बलवन्त सिंह, भगवान सिंह, रामचन्द्र, सोहन सिंह भाकना के काफी प्रयासों के बावजूद जहाज को कनाडा जल सीमा से बाहर निकाल दिया और इसके जापान पहुंचने से पहले अंगरेजों ने भारतीयों को किसी भी बन्दरगाह पर नहीं उतरने दिया। इन्हीं दिनों प्रथम विश्व युद्ध शुरू हो गया था। जहाज जब कलकत्ता पहुँचा तो पुलिस संघर्ष शुरू हो गया जिसमें 18 यात्री मारे गये तथा 202 को गिरफ्तार कर लिया। शेष लोग किसी तरह बचकर निकल गये। सरकार ने गदर पार्टी का दमन करने का निश्चय कर लिया था। 42 लोगों को फाँसी की सजा दी गई व कुछ लोगों को कारावास की सजा सुनाई।

रासबिहारी बोस व हार्डिंग बम काण्ड: लार्ड हार्डिंग भारत का वायसराय बनकर आया और उसने कलकत्ता के स्थान पर दिल्ली को राजधानी बनाए जाने का निश्चय किया। क्योंकि कलकत्ता ब्रिटिश साम्राज्य के लिए अब अधिक सुरक्षित राजधानी नहीं रह गया था। हार्डिंग दिल्ली में एक विजेता राष्ट्र के प्रतिनिधि की हैसियत से प्रविष्ट हुए। उसके सम्मान में 23 दिसम्बर, 1912 को एक विशाल जलूस चांदनी चौक से दिल्ली में गुजर रहा था। वायसराय की मदान्धता (घमण्ड) को दूर करने के लिए रासबिहारी बोस ने बम फेंकने के लिए कई युवा क्रान्तिकारियों के साथ राजस्थान के क्रांतिकारी जोरावर सिंह व प्रताप सिंह को शामिल किया। चांदनी चौक के बैंक भवन से फेंके गये बम से वायसराय के सिर में चोट आई व उसका गार्ड मारा गया। हजारों जवानों के बीच यह साहसपूर्ण योजना रासबिहारी बोस जैसा क्रान्तिकारी ही बना सकता था। जलूस में भगदड़ मच गई। बोस बचकर निकल गया। षड़यंत्र में शामिल अन्य अमीरचन्द, बाल मुकुन्द, बसन्त कुमार एवं अवध बिहारी को फाँसी दी गई। चरणदास आदि को कठोर आजीवन कारावास की सजा सुनाई। काकोरी केस के प्रसिद्ध क्रान्तिकारी श्री मन्मथनाथ ने लिखा था, 'एक बार फिर भारतीयों ने महसूस किया कि मातृभूमि वीरों से शून्य नहीं है।' जोरावर सिंह व प्रताप सिंह वहां से किसी तरह निकल भागे। जोरावर सिंह की 1939 में बीमारी से मृत्यु हो गई। फरार प्रताप सिंह को बनारस षड्यंत्र मामले में गिरफ्तार कर लिया था, उनकी 1918 में मृत्यु हो गई।

सिंगापुर क्रान्ति: गदर पार्टी के कुछ सदस्य 'तोशामारू' नाम जहाज से भारत लौट रहे थे। जहाज सिंगापुर रूका था वहां क्रान्तिकारी परमानन्द के भाषण से प्रभावित सिंगापुर में रह रहे अनेक भारतीय सैनिकों में राष्ट्रीय भावना जागृत हुई और सिंगापुर लाइट इन्फ्रेन्ट्री के जवानों ने जमादार चिश्ती खाँ व उण्डे खाँ के नेतृत्व में विद्रोह कर दिया। अंगरेजों के सैनिक अड्डे पर कब्जा कर लिया और वहां तिरंगा झण्डा लहराया गया। चेन्नई (मद्रास) व मुम्बई (बम्बई) से भेजी गई अंगरेज सेना ने इस सैनिक क्रान्ति को कुचल दिया जिसमें 37 क्रान्तिकारी नेताओं को फाँसी दी गई और 41 क्रान्तिकारियों को आजन्म कारावास की सजा हुई।

गदर पार्टी से सम्बद्ध अनेक लोग पंजाब पहुँच गये थे। रासबिहारी बोस के नेतृत्व में 21 फरवरी 1915 में सशस्त्र क्रान्ति की योजना बनाईं लेकिन दुर्भाग्य से मेरठ सैनिक छावनी से शस्त्र लाते हुए विष्णु पिंगले पकड़े गये और इस योजना में लगे हुए अनेक क्रान्तिकारी गिरफ्तार हो गये। रासबिहारी बोस बचकर जापान चले गये जिन्होंने आगे जाकर आजाद हिन्द फौज के गठन हेतु सराहनीय कार्य किया। इस प्रकरण में पकड़े गये करतार सिंह सराभा को केवल 19 वर्ष की आयु में फाँसी दी गई। इस तरह गदर आन्दोलन पूरी तरह दबा दिया गया।

इस संदर्भ में महाराष्ट्र के कुछ क्रान्तिकारियों के बारे में चर्चा करना उचित होगा। महाराष्ट्र में क्रान्तिकारी भावनाओं को उभारने वालों में प्रमुख थे श्यामजी कृष्ण वर्मा, विनायक दामोदर सावरकर, उनके बड़े भाई गणेश सावरकर, बालकृष्ण एवं वासुदेव का जिक्र करना होगा। इस श्रृंखला में चापेकर बन्धु भी उल्लेखनीय थे।

चापेकर बन्धु एवं कमीश्नर रैण्ड (Rand) की हत्या: प्रारम्भ में दामोदर हरि चापेकर एवं बालकृष्ण हरि चापेकर ने 1896–97 में पूणे में **व्यायाम मण्डल** की स्थापना की। कहा गया है कि प्लेग समिति ने प्लेग ग्रस्त व्यक्तियों के लिए असैनिक लोगों के यहाँ सैनिक भेजे थे। इस घटना से रैंड जनता की घृणा का पात्र बन गया। पूणे के चितपावन ब्राह्मण दामोदर एवं बालकृष्ण जिन्हें चापेकर बन्धु कहा जाता है, इस हत्या के लिए उत्तरदायी थे। 22 जून 1897 को रैण्ड के साथ लेफ्टिनेंट एयर्स्ट (Lt. Ayerst) भी अकस्मात मारा गया। रैण्ड की हत्या में श्यामजी कृष्ण वर्मा की भूमिका को संदिग्ध माना गया किन्तु वे भाग कर लंदन चले गये।

श्यामजी कृष्ण वर्मा एवं इण्डिया हाऊस: कृष्ण वर्मा का जन्म काठियावाड़ में हुआ और केम्ब्रिज से बैरिस्टर की शिक्षा प्राप्त की और भारत लौटकर कई रियासतों का काम देखने लगे। पॉलिटिकल रेजिडेंटों के निरकुंश आचरणों से दुखी होकर स्वतंत्रता के लिए काम करने का निश्चय किया। रैण्ड की हत्या के बाद भागकर वे लंदन चले गये और वहां भारत स्वशासन समिति (Indian Home Rule Society) का गठन किया जिसे इण्डिया हाउस (India house) कहा जाता था। साथ ही एक मासिक पत्रिका इण्डियन सोशियोलोजिस्ट (Indian Sociologist) का प्रकाशन शुरू किया। पैरिस के एस.आर. राणा द्वारा भारतीय छात्रों के लिए स्वीकृत छात्रवृत्ति प्राप्त कर लंदन पहुंचने वाले विद्यार्थियों विनायक दामोदर सावरकर थे।

विनायक दामोदर सावरकर (1883–1966): फर्ग्यूसन कालेज में पढ़ाई के दौरान ही सावरकर के विचार बड़े क्रान्तिकारी थे। मैजिनी की 'तरूण इटली' के नमूने पर 1904 में नासिक में **'मित्र मेला'** नाम संस्था बनाई जिसे बाद में **'अभिनव भारत'** कहा जाने लगा। 1906 में उच्च शिक्षा के लिए वे इंग्लैण्ड चले गये तथा श्यामजी कृष्ण वर्मा के पास रहने लगे। वहीं पर उन्होंने 8 मई, 1908 को 1857 के प्रथम स्वतंत्रता संग्राम की स्वर्ण जयन्ती समारोह का आयोजन किया। उनके क्रान्तिकारी विचारों के कारण उन्हें 1911 में जेल भेज दिया गया। वे 1921 तक अण्डमान जेल में रहे। 1924 में रिहा होने के बाद लगातार पांच बार हिन्दू महासभा के अध्यक्ष चुने गये थे। 1948 में गांधीजी की हत्या के सन्देह में उन्हें गिरफ्तार कर लिया था, परन्तु बाद में छोड़ दिया गया। लन्दन में श्यामजी कृष्ण वर्मा व सावरकर ने होमरूल लीग की स्थापना की थी और एक समाचार–पत्र सोशियोलोजिस्ट भी निकाला गया। लेकिन श्याम जी को ब्रिटिश सरकार ने परेशान करना शुरू किया विवश होकर उन्हें पेरिस जाना पड़ा और अपनी गतिविधियाँ वहीं से चालू रखी।

सावरकर भारतीय स्वतंत्रता संग्राम के महान सेनानी थे। नेहरू एवं मानवेन्द्रनाथ राय से पूर्व उन्होंने धर्म निरपेक्षता एवं आधुनिकता का संदेश दिया। सबसे पहले उन्होंने 1909 में प्रकाशित अपने ग्रंथ *The Indian War of Independence* में सिद्ध किया कि 1857 का युद्ध भारत का प्रथम स्वतंत्रता संग्राम था जो ब्रिटिश शासन को उखाड़ फेंकने हेतु हिन्दू–मुस्लिम सशस्त्र प्रयास था। इसी प्रकार उनके दूसरे ग्रंथ 'भारतीय इतिहास के छः स्वर्णिम पृष्ठ' में भारतीय इतिहास के स्वर्णिम पृष्ठों को समाने रखा। वे हिन्दू–मुस्लिम एकता के पोषक थे किन्तु मुगलों को उखाड़ फेंकने में राजपूत, सिक्खों एवं शिवाजी के प्रयास को उचित मानते थे।

गणेश सावरकर: विनायक दमोदर सावरकर के भाई गणेश सावरकर अभिनव भारत सोसाइटी (भारत में) का संचालन कर रहे थे। विनायक सावरकर ने 20 ब्राउनिंग पिस्तौल गणेश सावरकर को भेजी थी उसके पहुंचने से पहले ही गणेश सावरकर को राजद्रोह के आरोप में गिरफ्तार कर लिया गया और 9 जून, 1908 को जेल भेज दिया। इसकी सूचना लन्दन पहुँचने पर वहां पढ़ाई कर रहे इंजीनियरिंग के छात्र मदनलाल ढ़ींगरा ने इण्डिया हाऊस के राजनीतिक परामर्शदाता विलियम कर्जन वायली (Wyllie) को जुलाई 1909 में गोली मार दी। इसके लिए मदनलाल ढींगरा को फांसी की सजा दी गई। भारत में अभिनव भारत सोसाइटी के सदस्यों ने इस घटना के बदले में नासिक के जिलाधिकारी जेक्शन को गोली मार दी थी। बाद में नासिक षड्यंत्र मामले में क्रान्तिकारी बन्दी बनाये गये।

अन्य देशों में क्रान्तिकारी: जर्मनी में भी भारत के क्रान्तिकारियों ने अपनी गतिविधियाँ शुरू की थी। वीरेन्द्र चट्टोपाध्याय ने जर्मन विदेश मंत्रालय के सहयोग से 'भारतीय स्वतंत्रता समिति' का गठन किया। समिति ने ईरान व काबूल में अपने प्रतिनिधि भेजे थे, जिससे युद्ध बन्दियों व सैनिकों से सम्पर्क किया जा सके। **राजा महेन्द्र प्रताप (1885–1979), मौलाना बरकतुल्लाह भूपाली व मौलाना अबेदुल्लाह के साथ काबुल गये और वहाँ दिसम्बर 1915 में भारत की अस्थायी सरकार की स्थापना की।** इन दिनों प्रथम महायुद्ध शुरू हो गया था। अतः इंग्लैण्ड के विरोधी राष्ट्रों से भारत में सशस्त्र

क्रांति के लिए साधन जुटाना विदेशों में कार्यरत क्रान्तिकारियों की कार्य योजना रही। लेकिन इस तरह के प्रयास बहुत ही छोटे स्तर पर किये गये थे इसलिये उनके प्रयासों में सफलता संदिग्ध थी।

मैडम भीकाजी कामाः श्याम जी कृष्ण वर्मा जिन्हें क्रान्तिकारियों का पिता (Father of Revolutionaries) भी कहा जाता है। उनके सहयोगी पेरिस में एस.आर. राणा और श्रीमती भीकाजी रूस्तम कामा बनी। उन्होंने वहां क्रान्तिकारी साहित्य के निर्माण में सहयोग किया। मैडम कामा का जन्म 24 सितम्बर 1861 में बम्बई के प्रसिद्ध उद्योगपति पारसी परिवार में हुआ। उनका विवाह रूस्तम के.आर. कामा से हुआ जो वकील थे। रूस्तम जी अंगरेजी शासन को भारत के लिए वरदान मानते थे। जबकि मैडम कामा ने इसके विपरीत अंगरेजी शासन को भारत के लिए कंलक की संज्ञा दी। बम्बई में अकाल के कारण प्लेग फैल गया था। मैडम अपने प्राणों की चिंता किये बगैर पीड़ितों की सेवा में जुट गई। महामारी समाप्त होने पर वे उच्च शिक्षा प्राप्त करने इंग्लैण्ड चली गई। वहां भी उन्हें अंगरेजी दासता व्याकुल करती रही। वे श्यामजी कृष्ण वर्मा के सम्पर्क में आई और देश के लिए कार्य करने लगी।

वह मैडम कामा ही थी जिसने देश के लिए राष्ट्रीय ध्वज की आवश्यकता महसूस की उन्होंने हरे, लाल, एवं केसरिया पट्टियों से ध्वज बनाया। इस झण्डे के बीच में वन्दे मातरम् लिखा था और दांए–बाएं चांद तारे अंकित थे। जर्मनी के स्टुटगार्ट में 1907 अन्तर्राष्ट्रीय समाजवादी सम्मेलन में भारतीय झंडा फहराते हुए उन्होंने कहा था 'स्वतंत्र भारत के प्रथम राष्ट्रीय ध्वज, मैं आप लोगों को समर्पित करती हूँ। सज्जनों उठिए और पूरी आस्था तथा विश्वास से इसे प्रणाम कीजिये।' प्रथम विश्व युद्ध के दौरान बंदी बना लिया था और उन्हें 4 वर्ष के लिए कारावास की सजा मिली। 4 नवम्बर, 1934 में भारत लौट आई और 12 अगस्त 1936 में उनकी मृत्यु हो गई।

इस तरह प्रारम्भिक क्रान्तिकारियों के प्रयास असफल रहे। वस्तुतः इस आन्दोलन को जन समर्थन नहीं मिल पाया। क्रान्तिकारी एकाकी अपनी गतिविधियाँ चलाते रहे। विभिन्न प्रान्तों में कार्यरत क्रान्तिकारियों में भी परस्पर सम्पर्क का अभाव इस योजना की सबसे बड़ी कमी थी। आगे चलकर चन्द्रशेखर आजाद, भगत सिंह आदि को इस भूल का अहसास हुआ और उन्होंने "हिन्दुस्तान प्रजातंत्र संघ" जैसे केन्द्रीय संगठन की स्थापना की। सरकार के तीव्र दमन के सामने मुट्ठी भर क्रान्तिकारियों का ठहर पाना संभव न था। इसके अतिरिक्त अनेक क्रान्तिकारी दलों में से कुछ लोग ऐसे भी थे जिन्होंने सरकारी दबाव में सब कुछ उगल दिया और क्रान्तिकारियों की सारी योजनायें विफल ही नहीं हुई बल्कि भेद खुल जाने से कई क्रान्तिकारियों को फाँसी पर चढ़ना पड़ा।

इस प्रकार क्रान्तिकारियों द्वारा चलाई गई हथियार बंद क्रान्ति को अंगरेजों को बाहर निकालने में सफलता नहीं मिली। लेकिन सफलता का मानदण्ड राष्ट्रीय भावनाओं को आगे बढ़ाना, साम्राज्यवादी शक्ति का मुकाबला करने के एक नये तरीके का इस्तेमाल करना तथा धर्म निरपेक्ष रूप में एकजुट राष्ट्रीय उद्देश्य से कार्य करने की पद्धति का विकास करने का सवाल है उसमें यह आन्दोलन सफल रहा। **क्रान्तिकारियों की सफलता इस बात में भी निहित है कि सैकड़ों नवयुवकों ने राष्ट्र के लिए बलिदान करके भारत की जनता के दिलों में जगह बना ली। यही इसकी सफलता है कि भारत में राष्ट्रीयता की भावना जागृत करने में क्रान्तिकारी लोग सफल रहे**। भारत की स्वतंत्रता को इन लोगों ने एक ज्वलन्त समस्या बना दिया।

संदर्भ

1. मिश्राज, राजेन्द्र, *स्पीचेज*, पृ. 25
2. रानाडे, एम.जी., *एसेज आन इण्डियन इकानामिक्स*, पृ. 128–29
3. वेडरबर्न, डब्ल्यू, *बायोग्राफिकल स्केच ऑफ ए.ओ. ह्यूम*, पृ. 20–21
4. देसाई, ए.आर., *भारतीय राष्ट्रवाद की सामाजिक पृष्ठभूमि*, पृ. 256–57
5. ताराचंद, *भारतीय स्वतंत्रता आन्दोलन का इतिहास*, जि. 2, पृ. 485–86
6. इस सम्बन्ध में देखें अध्याय 22
7. नौरोजी, दादाभाई, *पावर्टी एण्ड अनब्रिटिश रूल इन इण्डिया*, पृ. 30–45
8. इस सम्बन्ध में विस्तार से देखिये अध्याय 34
9. विवेकानन्द के बारे में देखिये, 'सामाजिक–धार्मिक सुधार आन्दोलन' नामक अध्याय
10. पुरूषोत्तम, नागर, *आधुनिक भारतीय सामाजिक एवं राजनीतिक चिंतन*, पृ. 217 से उद्धृत।
11. *आज का भारत*, पृ. 336

❋❋❋

28
साम्प्रदायिकता एवं अलगाववादी राजनीति
(Communalism and Politics of Separatism)

साम्प्रदायिकता एक ऐसी धारणा है जिसके द्वारा समान धर्म वाले लोगों के लिए समान सामाजिक, राजनैतिक, सांस्कृतिक एवं आर्थिक हितों का निर्धारण करने का प्रयास किया जाता है। दूसरे शब्दों में साम्प्रदायिकता में धर्म समाज का आधार बनता है तथा समाज के विभाजन की आधारभूत इकाई तैयार करता है और अन्य सभी मानवीय हितों का भी प्रतिपादन करता है। मनुष्य एक बहुरूपी सामाजिक प्राणी है जो एक साथ कई पहचान रखता है। उसकी पहचान उसके देश, क्षेत्र, लिंग, व्यवसाय, परिवार में उसके स्तर, धर्म जाति आदि के आधार पर हो सकती है। सम्प्रदायवादी इन समस्त आधारों में से केवल धार्मिक पहचान को महत्व देने का प्रयास करता है फलस्वरूप सामाजिक सम्बन्ध, राजनैतिक समझ तथा आर्थिक कार्यकलाप आदि धार्मिक पहचान के आधार पर व्याख्यायित किए जाते हैं। संक्षेप में, समस्त तथ्यों को नजर अंदाज करके धर्म को अनावश्यक रूप से अत्यधिक महत्व देना सम्प्रदायवाद का प्रारम्भ है। यहां साम्प्रदायिक तनाव एवं साम्प्रदायिक राजनीति में भेद जान लेना आवश्यक है। साम्प्रदायिक तनाव एक अस्थायी समस्या है जो अचानक घटित होती है और इसकी अभिव्यक्ति हिंसा में होती है तथा जनसाधारण के निम्नवर्ग इसमें मुख्य रूप से शामिल होते हैं जबकि साम्प्रदायिक राजनीति एक स्थायी समस्या है, जिसमें मुख्य रूप से मध्यम वर्ग जमींदार तथा नौकरशाही तत्व शामिल होते हैं।[1] इनमें एक चीज सामान्य होती है वह यह है कि दोनों ही अपना आधार साम्प्रदायिक विचारधारा से प्राप्त करते हैं।

यहां सवाल उठता है कि भारत में साम्प्रदायिकता का आरम्भ कब और कैसे तथा किन कारणों से हुआ। इस तथ्य की चर्चा करने से पूर्व तत्कालीन भारत की जनसंख्या के धार्मिक आधार की आनुपातिक स्थिति पर एक दृष्टि डालना उचित होगा। 1941 की जनगणना के अनुसार भारत में 25 करोड़ 40 लाख से अधिक हिन्दू निवास करते थे जो कुल आबादी के 65 प्रतिशत से अधिक थे। इनमें से 19 करोड़ ब्रिटिश भारत में जहां उनका अनुपात कुल जनसंख्या का 64.5 प्रतिशत था और साढ़े छः करोड़ लोग देशी रियासतों में रहते थे जहां उनका अनुपात रियासतों की कुल आबादी का 70 प्रतिशत था। इसी प्रकार मुसलमानों की संख्या 9 करोड़ 20 लाख, जो कुल आबादी का 23.81 प्रतिशत था। इनमें से 7 करोड़ 90 लाख मुसलमान ब्रिटिश भारत में जहां उनका अनुपात कुल आबादी का 26.84 प्रतिशत था और 1 करोड़ 20 लाख से अधिक मुसलमान देशी रियासतों में रहते थे जहां उनका अनुपात आबादी का 13.93 प्रतिशत था। स्वतंत्रता के ठीक पहले भी इस अनुपात में बहुत कम परिवर्तन हुआ।[2]

साम्प्रदायिकता की राजनीतिक पृष्ठभूमि: मध्यकाल में हिन्दू–मुस्लिम गंभीर विवादों या झगड़ों की जानकारी नहीं मिलती। कहा भी है: 'अंगरेजी शासन की स्थापना से पूर्व उस तरह के हिन्दू–मुस्लिम झगड़े कभी नहीं दिखाई दिए जैसे औपनिवेशिक शासनकाल में और विशेष रूप से इसके अन्तिम दिनों में देखने को मिले। मुसलमान शासक हिन्दुओं को बिना किसी हिचकिचाहट के अपने यहाँ ऊँचे से ऊँचे पदों पर नियुक्त करते थे और हिन्दू शासक भी मुसलमानों के प्रति इसी तरह का रवैया अपनाते थे।'[3] साम्प्रदायिकता की उत्पत्ति अंगरेजी साम्राज्य के भारत में प्रवेश करने के साथ देखी जानी चाहिए जिसका भारतीय समाज एवं अर्थव्यवस्था पर गंभीर प्रभाव पड़ा। इस सम्बन्ध में ठीक ही कहा है: 'साम्प्रदायिक प्रश्न का आधार राजनैतिक अधिक और धार्मिक कम है। इन दो धर्मों के अतिरिक्त इस त्रिभुज में एक तीसरा पक्ष भी था। अंगरेजों ने हिन्दू और मुस्लिम सम्प्रदायों के बीच अपने आपको स्थापित कर एक साम्प्रदायिक त्रिभुज की संरचना की। इस त्रिभुज की सबसे दृढ़ तथा आधार भुजा अंगरेज थे। वे न ही मुसलमानों के मित्र थे, न ही हिन्दुओं के शत्रु। वे तो ब्रिटिश साम्राज्यवाद के मित्र थे और "बाँटों और राज करो" में विश्वास करते थे। लार्ड एल्फिन्स्टन (Lord Elphinstone) जो 1853 से 1860 तक बम्बई के गवर्नर थे, उन्होंने 14 मई 1859 को लिखा कि "बाँटो और राज करो यह प्राचीन रोमन कहावत थी और यह हमारी भी होनी चाहिये।"[4] इसी प्रकार सन जान स्ट्रेची ने भी लिखा था, भारत में भिन्न धर्मों का एक साथ होना हमारी राजनैतिक स्थिति के लिए बहुत अच्छी बात है।[5] इस प्रकार भारत में साम्प्रदायिकता का उदय ब्रिटिश राजनीति से जुड़ हुआ है। इसका

प्रादुर्भाव तब हुआ जब जनता की भागीदारी, जनजागरण और जनमत के आधार पर चलने वाली राजनीति अपने पाँव जमा चुकी थी। यहाँ इसकी उत्पत्ति के कारणों की समीक्षा करना समीचीन होगा।

आर्थिक आधार: साम्राज्यवाद के उदय के साथ ही मुसलमानों का पतन शुरू हुआ और इनके कब्जे में चली आ रही भूमि से भी धीरे–धीरे इनका आधिपत्य कम होने लगा। विशेष रूप से 1793 के स्थाई बन्दोबस्त तथा 1837 में अंगरेजी के राजभाषा बनने के साथ उच्चवर्गीय मुसलमानों की सम्पत्ति शक्ति तथा प्रभाव में कमी आईं ओ मेली लिखते हैं कि "अंगरेजों की भारत विजय की प्रक्रिया में मुसलमान बड़ी तेजी से गरीब हुए। भारत के बारीक और नैपुण्यमूलक उद्योगों में से बहुतेरे मुसलमानों के हाथों में थे। ईस्ट इण्डिया कम्पनी की वित्तीय नीति के कारण ये लोग बर्बाद हुए। प्राक् ब्रिटिश भारत में बड़े–बड़े ओहदों पर सेना में, शासन में, पढ़ाई लिखाई के पेशे में मुसलमान ही जमे हुए थे। लेकिन उच्च और मध्यमवर्ग के बहुत सारे लोग अब भिखमंगी की हालत में आ गए.... इसमें कोई शक की गुंजाइश नहीं कि उन्नीसवीं सदी के प्रारम्भ में मुसलमानों में अंगरेजों के प्रति घोर अविश्वास था, क्योंकि इन लोगों ने उनकी शक्ति क्षीण की थी। उन्हें पाश्चात्य संस्कृति पर भी अविश्वास था, क्योंकि वह अंगरेजों से जुड़ी हुई थी।"[6] दूसरे शब्दों में, साम्राज्यवादी शासन के अन्तर्गत हुए आर्थिक विकास ने जिन लोगों को लाभ पहुंचाया उनमें मुसलमानों की अपेक्षा हिन्दुओं की संख्या कहीं अधिक थी।[7]

बीसवीं शताब्दी के प्रारम्भ में रोजगार के अभाव में युवा वर्ग में तनाव बढ़ने लगा। बिपिनचन्द्र ने लिखा है: देशव्यापी आर्थिक ठहराव के कारण सरकारी नौकरियों, वकालत और डाक्टरी जैसे पेशों तथा उद्योग धन्धों में भी जबरदस्त प्रतिद्वंद्विता थी।... सिकुड़ते हुए आर्थिक अवसरों के उस दौर में साम्प्रदायिकता की जड़ें मध्यमवर्ग में निहित थीं तथा उसके द्वारा मध्यमवर्ग ने अपने हितों और आकांक्षाओं को अभिव्यक्त किया। अतः साम्प्रदायिकता का सवाल हर तरह से मध्यमवर्ग का सवाल था। साम्प्रदायिकता इसी वर्ग को आकर्षित करती थी तथा यही उसका सामाजिक आधार भी था।[8] कहा जा सकता है कि भारत में साम्प्रदायिकता विभिन्न सम्प्रदायों के बीच शैक्षिक, राजनैतिक एवं आर्थिक रूप से रोजगार के लिए संघर्ष थी।

फूट डालो राज करो द्वारा राष्ट्रीय आन्दोलन का दमन: भारत में साम्प्रदायिकता के विकास के लिए सरकार की साम्राज्यवादी नीति प्रमुख रूप से जिम्मेदार रही है। 'फूट डालो शासन करो' की नीति **रोमन सूत्र "डिवाइड ए इम्पेरा" (बांटो और जीत लो) को ही अंगरेजों ने अपनाया था। सबसे पहले ब्रिटिश अधिकारी कार्नेटिक्स ने मई 1821 में एशियन रिव्यु में लिखा "डिवाइड ए इम्पेरा" भारतीय प्रशासन का सूत्र वाक्य होना चाहिए। 14 मई 1850 को बोम्बे गवर्नर एल्फिनस्टल ने 14 मई 1850 को इस सूत्र को स्वीकार किया**। सर जान स्ट्रेची ने स्वीकार किया कि भारतीय मजहबों की शत्रुता हमारी राजनीतिक स्थिति को मजबूत करेगी। **ए.ओ. ह्यूम ने माना था कि सरकार बांटो व राज करो की नीति पर चलती है**। 19वीं सदी के मध्य में ही मुरादाबाद के **कमांडेंट लेफ्टिनेंट कर्नल कोक** ने कहा था: **"हमारी कोशिश यह होनी चाहिए कि हम पूरी ताकत के साथ विभिन्न धर्मों और जातियों के बीच मौजूदा भेदभाव को बना रहने दें**। हमें यह भेदभाव समाप्त करने की कोशिश नहीं करनी चाहिए। **'फूट डालो और राज करो' (divide and rule) ही भारतीय सरकार का सिद्धान्त होना चाहिए।"** रजनीपाम दत्त लिखते हैं कि बाद के वर्षों में जो प्रमाण मिले हैं उनसे यह सन्देह और भी पुष्ट हो गया है। 1926 में लार्ड ओलीवियर ने कुछ समय तक भारतीय मामलों के मंत्री का पद संभालने के बाद और सभी दस्तावेजों को देखने के बाद 'द–टाइम्स' अखबार को एक पत्र लिखा: जिस भी व्यक्ति को भारतीय मामलों की अच्छी जानकारी है वह इस बात से इन्कार करने को तैयार नहीं होगा कि ब्रिटिश अफसरशाही आमतौर पर मुसलमानों का पक्ष लेती है। कुछ हद तक तो यह पक्षपात सहानुभूति के कारण होता है, ज्यादातर **इसका उद्देश्य हिन्दू राष्ट्रवादिता के खिलाफ मुसलमानों को इस्तेमाल करने के लिए किया जाता है। (10 जुलाई 1926 के द टाइम्स में लार्ड ओलीवियर का पत्र)**[9] स्पष्ट है कि अंगरेजों ने साम्प्रदायिकता का निर्माण नहीं किया बल्कि अपने राजनैतिक उद्देश्य की पूर्ति हेतु देश में उपयोग किया। औपनिवेशिक शासन ने साम्प्रदायिकता का इस्तेमाल राष्ट्रीय आन्दोलन के विस्तार को रोकने, उसे कमजोर करने तथा भारतीय जनता को एक राष्ट्र के रूप में उभरने न देने के लिए किया। जैसे–जैसे अंगरेजों के सभ्यता फैलाने, पिछडे देशों के प्रति गोरी जातियों की जिम्मेदारी, जनकल्याण जैसे सिद्धान्त प्रतिष्ठा खोने लगे हिन्दू–मुस्लिम विभेद और बहुसंख्यकों के वर्चस्व तथा दमन में अल्पसंख्यकों की रक्षा का सिद्धान्त बढ़–चढ़कर प्रतिपादित किया जाने लगा।[10]

साम्प्रदायिकता का राष्ट्रीय एकता के विरूद्ध इस्तेमाल: साम्प्रदायिकता सम्बन्धी अंगरेजी नीति का उद्देश्य मुसलमानों का पक्ष लेना नहीं था बल्कि राष्ट्रीय आन्दोलन को हतोत्साहित करना तथा भारतीयों के राष्ट्र के रूप में संगठित होने की

प्रक्रिया को विघटित करना था। **दूसरे** यह नीति किसी रूपरेखा या सुविचारित योजना के आधार पर विकसित नहीं हुई थी। इसका विकास औपनिवेशिक शासन की बदलती हुई जरूरतों का सामना करने के लिए परीक्षण प्रणाली के रूप में समय के साथ धीरे–धीरे हुआ। **तीसरे** इसे इस तथ्य से बहुत अधिक मदद मिली कि उपनिवेशवाद तथा साम्प्रदायिकता दोनों ही का सामाजिक आधार समान थाः जमींदार तथा उच्चवर्गीय नौकरशाही तत्व। **चौथे** अंगरेजों की नीति बहुत जटिल थी तथा इसमें एक क्षेत्र से दूसरे क्षेत्र में काफी भिन्नता थी। पंजाब में साम्प्रदायिकता को 1945 तक नियंत्रित रखा गया। उत्तर प्रदेश में 1937 तक धर्मनिरपेक्ष किन्तु जमींदारों पर आधारित राजनीति का आश्रय लिया गया। जमींदारों के कांग्रेस का डटकर सामना करने में असफल होने के बाद ही औपनिवेशिक शासकों ने मुस्लिम लीग को भरपूर समर्थन प्रदान किया। **पांचवें** साम्प्रदायिक राजनीति का समर्थन करते समय प्रारम्भ में अंगरेजों ने साम्प्रदायिक हिंसा पर नियंत्रण रखा जिससे कानून और व्यवस्था को खतरा पैदा न हो, ऐसा होने से सुव्यवस्थित प्रशासन को खतरा पैदा हो सकता था। इसी कारण उन्होंने सभी तरह की जन राजनीति का विरोध किया, यहाँ तक कि साम्प्रदायिक विविधता की राजनीति का।

साम्प्रदायिकता के हथकंड़े–प्रति सन्तुलन की नीतिः साम्प्रदायिकता को बढ़ावा दिये जाने के लिए सरकार द्वारा कौनसे तरीके अपनाये गये यह भी विचारणीय तथ्य है। साम्प्रदायिकता से सम्बन्धित ब्रिटिश नीति का इतिहास 1857 के विद्रोह के साथ ही रेखांकित किया जा सकता है। औपनिवेशिक सरकार 1857 के विद्रोह के दौरान संघर्षरत अन्य संवर्गों से, सिक्ख एवं गोरखों को फूट नीति द्वारा अलग रखने में सफल रही। इतना ही नहीं 1857 के विद्रोह से प्रेरणा लेते हुए सरकार ने विभाजन की नीति को गंभीरता से अपनाया और नीचे से ऊपर तक सेना को जाति, सम्प्रदाय एवं क्षेत्र के आधार पर संगठित किया।[11] दूसरे,[12] 1857 के बाद सरकारी नीति में महत्वपूर्ण परिवर्तन आये और अंगरेजी नीतियों का दोहरा चरित्र देखने को मिला। एक ओर नये उभरते हुए वर्गों को समर्थन देकर उन्हें मित्र बनाना और उन्हें एक दूसरे के विरूद्ध ला खड़े करना। संक्षेप में यह ब्रिटिश नीति की भूमिका रही जो कि रियासत, प्रतिसन्तुलन एवं बल प्रयोग की नीति थी।

दूसरे, साम्प्रदायिकता–एक तुष्टिकरण की नीतिः सरकार ने साम्प्रदायिकता को बढ़ावा देने के लिए हिन्दुओं, मुसलमानों और सिक्खों को ऐसे अलग–अलग समुदायों का दर्जा दिया जिनकी सामाजिक, राजनीतिक पहचान समान थी। भारत को एक राष्ट्र न मानकर विभिन्न जातियों, सम्प्रदाय, भाषाओं का समुच्चय कहा। इससे विभिन्न समुदायों के हित में परस्पर टकराव अपेक्षित माना गया। साम्प्रदायिक अखबारों तथा व्यक्तियों के प्रति राष्ट्रीय समाचार–पत्रों एवं व्यक्तियों की तुलना में असाधारण सहनशीलता का रवैया अपनाया। सरकार ने राष्ट्रीय विचारधारा, संगठन और मांगों के न्यायगत होने तथा उनकी प्रमाणिकता को नकारने के उद्देश्य से साम्प्रदायिक मांगों और संगठनों को प्रोत्साहित किया। उदाहरण के लिए 1885–1905 के दौरान कांग्रेस अपनी एक भी मांग मंजूर नहीं करा सकी, जबकि मुस्लिम लीग ने 1906 में वायसराय से अपनी सभी साम्प्रदायिक मांगें स्वीकार करवा ली। औपनिवेशिक शासन ने साम्प्रदायिक नेताओं को उनके सम्प्रदायों का प्रवक्ता आसानी से स्वीकार कर लिया जबकि राष्ट्रीय आन्दोलन के नेताओं को विरल अल्पमत वाले, विशिष्टवर्गीय आदि समझा गया। 1907 में मुसलमानों के शिष्टमण्डल ने वायसराय से भेंट की और उनसे मांग की कि भारत में निर्वाचन व्यवस्था किये जाने पर उसमें मुसलमानों के लिए अधिक सीटों का प्रावधान किया जाये। वायसराय लार्ड मिंटो ने इस मांग को स्वीकार कर लिया था।[13] 1909 के अधिनियम में धारा सभाओं के चुनावों में पृथक निर्वाचन प्रणाली को मान्यता प्रदान कर दी गई। स्पष्टतः पृथक, निर्वाचन मण्डल ने हिन्दू और मुसलमानों के बीच तनावों में वृद्धि की।

तीसरे, पुनर्जागरण एवं साम्प्रदायिकताः उन्नीसवीं शताब्दी के पुनर्जागरण ने साम्प्रदायिकता के विकास में काफी योगदान किया। पुनरूत्थान उस स्वाभिमान की पुनर्प्राप्ति का प्रयास था जिसे औपनिवेशिक साम्राज्यवाद के कारण ठेस पहुंची थी। भारत के प्राचीन युग को गौरवान्वित करके ही यह स्वाभिमान प्राप्त किया जा सकता था। इसे वर्तमान के अपमान के संदर्भ में क्षतिपूर्ति के रूप में लिया गया। यद्यपि पुनरूत्थान से अतीत का गौरव स्थापित हुआ किन्तु साथ ही इसने कुछ अन्य समस्यायें भी उत्पन्न कर दी अर्थात् हिन्दू और मुसलमानों के भिन्न गौरवपूर्ण उद्गम का प्रस्तुतिकरण। इससे पूर्व अस्तित्वमान धार्मिक, सांस्कृतिक एवं सामाजिक–आर्थिक मतभेदों को ऐतिहासिक आधार मिला। हिन्दू समाज सुधारकों ने मध्यकालीन शासकों के बर्बरता पूर्ण कार्यों की भर्त्सना की एवं भारत के प्राचीन युग के गौरव को उजागर किया। मुसलमानों ने अपने गौरव और महानता को अरब में ढूँढ़ने का प्रयास किया। जहां हिन्दू एवं मुसलमानों में एकता की आवश्यकता थी पुनर्जागरण एवं समाज सुधार आन्दोलन के दौरान ऐतिहासिक रूप में भिन्न–भिन्न इकाई के रूप में सामने आये। शिवाजी हिन्दुओं के लिए प्रेरणा के स्रोत थे जिनका औरंगजेब से सीधा विरोध था, जबकि मुसलमानों के लिए यह तथ्य सर्वथा विपरीत

था। राणा प्रताप जैसे राजपूत राजा हिन्दुओं के लिए आदर्श थे किन्तु मुसलमानों के लिए शत्रु समान थे।[14] मुहम्मद अली जिन्ना के इस कथन से कि "भारत एक राष्ट्र नहीं बल्कि हिन्दू और मुस्लिम राष्ट्र के रूप में दो राष्ट्र हैं।" दोनों संवर्गों में मतभेद अधिक उभरकर सामने आये। हिन्दू स्पष्टतः मुसलमानों को एक पृथक राजनीतिक वर्ग मानते थे। 1857 के पश्चात् बंगाल में हिन्दुओं ने 'हिन्दू समाज मित्र' और नेशनल सोसाइटी की स्थापना की जिनके समर्थन में नेशनल पेपर नामक समाचार–पत्र में 4 दिसम्बर, 1872 में लिखा कि: "निश्चित रूप से हिन्दू समाज स्वयं में एक राष्ट्र है अतः इस प्रकार की संस्थाओं को राष्ट्रीय संस्थाओं की संज्ञा देना सर्वथा उचित है।" तथापि मजुमदार के अनुसार इसका अभिप्राय यह नहीं कि हिन्दू एवं मुसलमानों में अखिल भारतीय दृष्टिकोण का अभाव था प्रत्युत दोनों संवर्गो के कुछ सदस्यों में ही यह भावना विद्यमान थी कि वे दो राजनीतिक इकाई अथवा राष्ट्र है। अपनी नीतियों से अंगरेजों ने इस भावना को उभारा एवं अपने लिए इसका उपयोग किया।[15] उत्तर एवं पश्चिमी भारत के बहुसंख्यक हिन्दू समाज को 1875 में आर्य समाज की स्थापना कर स्वामी दयानंद सरस्वती ने एक नई दिशा प्रदान की। इस क्षेत्र में आर्य समाज की लोकप्रियता का कारण सामाजिक दृष्टिकोण से मुस्लिम प्रभाव की विद्यमानता थी।.... 1882 में दयानंद ने गौरक्षिणी सभा की स्थापना की, जिसके फलस्वरूप लाहौर, अम्बाला, फीरोजपुर में गौहत्या के विरूद्ध दंगे हुये। 1886 में लुधियाना और दिल्ली में कई दंगे हुए। इस दृष्टि से सबसे दुर्भाग्यपूर्ण वर्ष 1893 सिद्ध हुआ। दंगे पूर्वी उत्तर प्रदेश के मऊ स्थान से प्रारम्भ हुए एवं जूनागढ़ तथा मुम्बई तक फैल गए। सितम्बर 1893 में मुम्बई में तीन दिन तक दंगे होते रहे जिसमें 80 जानें गईं और 300 मन्दिर, मस्जिद और दुकानें नष्ट कर दी गई।[16]

चौथे, साहित्य एवं इतिहास का उपयोगः अंगरेज विद्वानों ने इतिहास के अध्ययन में साम्प्रदायिक दृष्टिकोण अपनाया। अनेक अंगरेज लेखकों ने भारतीय इतिहास को हिन्दू तथा मुस्लिम दृष्टिकोण से पढ़ने अथवा लिखने का प्रयत्न किया और इसका काल विभाजन हिन्दू व मुस्लिम काल के रूप में किया। भारतीय इतिहास के प्रति यह साम्प्रदायिक दृष्टिकोण पार्थक्य को बढ़ाने में सहायक बना। बिपिनचन्द्र ने लिखा है कि: पीढ़ियों से बल्कि आधुनिक स्कूल व्यवस्था की शुरूआत से भी पहले साम्राज्यवादी लेखकों द्वारा और बाद में अन्य लेखकों द्वारा इतिहास की विकृत व्याख्याएँ पेश की गई। इसका असर इतना गहरा था कि कुछ कट्टर राष्ट्रीयतावादियों ने भी, भले ही काफी अचेतन स्तर पर, इनमें से कुछ व्याख्याओं को अंगीकार कर लिया। उस समय के बहुत से नेताओं को इसका अहसास भी था। उदाहरण के लिए गाँधीजी ने लिखा, "हमारे देश में साम्प्रदायिक सौहार्द तब तक स्थायी रूप से नहीं लाया जा सकता, जब तक हमारे स्कूल कालेजों में इतिहास की पाठ्य पुस्तकों के जरिए इतिहास की बेहद विकृत व्याख्याएँ पढ़ाई जाती रहेगी।" लेकिन इतिहास की साम्प्रदायिक व्याख्याएं केवल पाठ्य पुस्तकों के जरिए नहीं फैलाई जा रही थीं, इसके लिए उनसे भी ज्यादा कविताओं, नाटकों, ऐतिहासिक उपन्यासों और कहानियों, समाचार–पत्रों तथा लोकप्रिय पत्रिकाओं और पर्चों का इस्तेमाल किया जा रहा था तथा सार्वजनिक मंच से दिए गए व्याख्यानों, कक्षा की पढ़ाई, पारिवारिक और निजी चर्चाओं तथा बातचीत के माध्यम से भी यह जहर फैलाया जा रहा था।[17]

पांचवे, साम्प्रदायिक संगठनों की भूमिकाः साम्प्रदायिकता एक ऐसी व्यवस्था थी जो बिना किसी आश्रय के स्वयं मजबूत बन सकती थी तथापि इस प्रक्रिया को बढ़ाने में साम्प्रदायिक संगठनों की महत्वपूर्ण भूमिका रही। मुस्लिम लीग (1906) सामान्यतः मुस्लिम वर्ग का प्रतिनिधित्व करती थी जबकि हिन्दू महासभा (1915) हिन्दुओं की प्रतिनिधि संस्था थी। इनका उद्देश्य सदैव एक दूसरे का विरोध करना एवं अपने कार्यक्रमों को उचित ठहराना था। अपने प्रचार एवं राजनैतिक गतिविधियों द्वारा उन्होंने हिन्दुओं और मुसलमानों को एक दूसरे के नजदीक नहीं आने दिया। इन संगठनों ने अपने कृत्यों से जनसाधारण में परस्पर अविश्वास की भावना फैलायी और इस प्रकार साम्प्रदायिकता का प्रसार किया गया। सी.जी. शाह ने लिखा हैः "साम्प्रदायिकता प्रचार के प्रभाव में आकर लोग अपने शोषण, अत्याचार और पीड़ा के वास्तविक स्रोत को पहचानने में असमर्थ हो जाते हैं और उनके एक छद्म साम्प्रदायिक कारण की कल्पना कर लेते हैं।" इस सम्बन्ध में बिपिनचन्द्र ने बंगाल एवं मालाबार के जमींदार और कृषक वर्ग के बीच संघर्ष का उल्लेख करते हुए लिखा हैः उदाहरण के लिए पूर्व बंगाल और मलाबार में काश्तकारों और जमींदारों तथा पंजाब में किसानों–देनदारों और व्यापारियों साहूकारों के संघर्ष को हिन्दू–मुस्लिम संघर्ष के रूप में चित्रित किया जा सकता था, हुआ भी ऐसा ही। जमींदारों–साहूकारों के अत्याचारों को मुसलमानों पर हिन्दुओं का अत्याचार बताया गया तथा गाँवों के धनी लोगों पर गरीबों के हमले को हिन्दुओं पर मुसलमानों का अत्याचार।[18] सुमित सरकार की मान्यता है कि साम्प्रदायिक दंगों के मौलिक कारण आर्थिक होते हुए भी उन्हें साम्प्रदायिक जामा पहना दिया था। लिखा है संयुक्त प्रान्त के शहरी क्षेत्रों में मुसलमान प्रायः कारीगर, दुकानदार और छोटे व्यापारी होते थे। पंजाब में हिन्दू

व्यापारी और साहूकार मुसलमान काश्तकारों के बीच सहज ही अलोकप्रिय हो गए थे। किन्तु जिन बातों पर दंगे भड़कते थे उनका सीधा सम्बन्ध आर्थिक मुद्दों से नहीं था। हाल ही में एक आन्दोलन की गवेषणा आरम्भ हुई है जिसमें गोहत्या को लेकर दंगों में उफान सा आ गया और उत्तर भारत के अधिकांश भागों में फैला। 1883 एवं 1891 के बीच गेराल्ड बैरियर पंजाब में ऐसे 15 बड़े दंगों का उल्लेख करते हैं। पूर्वी संयुक्त प्रान्त और बिहार में 1888 और 1893 के बीच इन दंगों ने चरम रूप धारण कर लिया था। बलिया, बनारस, आजमगढ़, आरा, सारन, गया और पटना जिले इनसे बुरी तरह प्रभावित हुए।[19] एक बार पण्डित जवाहरलाल नेहरू ने कहा थाः इस विशाल संरक्षण (Patronage) का प्रयोग अंगरेजों की भारत में स्थिति को दृढ़ करने के लिए किया गया।... आपस में प्रतिद्वन्द्विता और विरोध को बढ़ाने के लिए किया गया.... इससे आत्मसम्मान को हानि पहुंची, द्वेष बढ़ा और सरकार एक समूह को दूसरे के विरूद्ध भड़काती रही।[20]

छठें, राष्ट्रीय आन्दोलन पर हिन्दू प्रभावः साम्प्रदायिकता के बढ़ते हुए प्रवाह को राष्ट्रीय आन्दोलन ही अवरूद्ध कर सकता था और इसमें कोई सन्देह नहीं कि तिलक, लाजपतराय, अरविन्द एवं गांधीजी हिन्दू–मुस्लिम एकता के कट्टर समर्थक थे। तथापि एक राष्ट्रवादी विचारधारा एवं शक्ति के प्रतिनिधि रूप में भारतीय राष्ट्रीय कांग्रेस जनसाधारण में साम्प्रदायिकता के प्रसार को रोकने में असफल रही। इसके कई कारण थे, उनमें से कुछ प्रमुख कारण का उल्लेख करना उचित होगा।

कुछ राष्ट्रवादी हिन्दू पुनरूत्थानवादी प्रवृतियों से प्रभावित थे। दूसरे शब्दों में वे जाने अनजाने में ऐसी भाषा, उपमा और लक्षणों का प्रयोग करते थे जो केवल हिन्दू थी। जिनके कारण कांग्रेस को मुसलमानों का विश्वास प्राप्त करने एवं उन्हें अपने साथ ले चलने के प्रयत्न में बाधा हुई। जैसे एक आदर्श राज्य के लिए महात्मा गांधी 'रामराज्य' जैसे प्रतीक का इस्तेमाल करते थे। यह सत्य है कि इन शब्दों का प्रयोग राष्ट्रवादी नेताओं ने जनसाधारण को प्रेरित करने के लिए किया था, किन्तु अंगरेजों ने इसका प्रयोग साम्प्रदायिकता को उभारने के लिए किया।

कांग्रेस साम्प्रदायिकता के स्वरूप का पूरी तरह आंकलन न कर सकी जिसके कारण इसका प्रतिरोध करने की एक समग्र नीति बनाने में असफल रही। इसका परिणाम यह हुआ कि कांग्रेस समय–समय पर विभिन्न अस्थायी कार्यनीतियां अपनाती रही। साथ ही साम्प्रदायिकता के तेजी से बदलते हुए स्वरूप के साथ गति बनाये न रख सकी।

कांग्रेस ने साम्प्रदायिक शक्तियों के साथ तुष्टिकरण की नीति अपनाई और उनके साथ समझौता किया परिणामतः साम्प्रदायिक समूह को राजनैतिक प्रतिष्ठा मिलने लगी। साथ ही कुछ अवसरों पर समझौता नहीं कर पाने की भूल की जिससे राष्ट्रीय आन्दोलन की गति भी अवरूद्ध हुई। इस संदर्भ में बिपिनचन्द्र ने लिखा हैः गांधीजी, चितरंजनदास, मोतीलाल नेहरू, जवाहरलाल नेहरू, मौलाना आजाद, डॉ. एम.ए. अन्सारी, सुभाष चन्द्र बोस, सरदार पटेल और राजेन्द्र प्रसाद जैसे नेताओं के हाथ में पहुंचकर यह धर्मनिरपेक्षता और सुदृढ़ हो गई और सच तो यह है कि हिन्दू रंगत साम्प्रदायिकता के उदय का कारण उतना नहीं थी जितना वह उसके विकास को रोकने में राष्ट्रवादियों की विफलता का कारण बनी। इसके कारण ही मुसलमानों को राष्ट्रीय आन्दोलन में ले आना तनिक कठिन हो गया। सरकार और मुस्लिम साम्प्रदायवादियों ने इस हिन्दुत्व का उपयोग मुसलमानों की काफी बड़ी तादाद को राष्ट्रीय आन्दोलन से अलग रखने और उसमें यह भावना जगाने के लिए किया कि राष्ट्रीयतावादी आन्दोलन सफल हो गया तो देश में हिन्दू राज हो जाएगा।[21] अंगरेज सरकार ने विभिन्न राजनैतिक दलों के मध्य समझौता न होने देने के हर संभव प्रयास किए।

साम्प्रदायिकता का उद्‌भव

उन्नीसवीं शताब्दी के उत्तरार्द्ध में पुनरूत्थान के समान ही भारतीय मुसलमानों से जुड़ हुई राजनैतिक गतिविधियां विकसित होती हुई देखी जाती हैं। यद्यपि इस प्रकार की गतिविधियां प्रारम्भ में साम्प्रदायिकता से असम्बद्ध रही, किन्तु आगे जाकर ये साम्प्रदायिक राजनीति की पृष्ठभूमि बन गई। औपनिवेशिक शासन के कारण व्यापक परिवर्तनों का सबसे "अधिक विनाशकारी प्रभाव मुस्लिम वर्ग पर पड़ा। 19वीं शताब्दी के प्रथम दशक तक आते–आते उसकी स्थिति बहुत ही शोचनीय हो गई थी। नए शासन तंत्र से किस प्रकार सामंजस्य स्थापित हो इस प्रश्न पर मुस्लिम समाज में दो प्रतिक्रियाएं उभरकर आईं एक तो वह वर्ग था जो किसी भी मूल्य पर ब्रिटिश शासन से समझौते के पक्ष में नहीं था और हिंसात्मक तरीकों से, जेहाद की घोषणा द्वारा लोगों में भावना जागृत कर उसको उखाड़ फेंकना चाहता था। इसके विपरीत एक दूसरा वर्ग भी था, जिसकी औपनिवेशिक सरकार की स्थिरता में आस्था थी और मुस्लिम समुदाय के विकास के लिए पश्चिमी शिक्षा और अंगरेजी भाषा को आवश्यक मानता था। पहली विचारधारा का प्रतिनिधित्व वहाबी आन्दोलन के प्रवर्तक सैयद अहमद बरेलवी

ने किया। उन्होंने धर्मयुद्ध (जिहाद) द्वारा देश को "दार–उल–इस्लाम" बना देने की घोषणा की थी। दूसरी मान्यता ने अलीगढ़ आन्दोलन को जन्म दिया, जिसका नेतृत्व **सैयद अहमद खाँ (1818–98) ने किया।**

सैय्यद अहमद खान एवं मुस्लिम साम्प्रदायिकता: दूसरी विचारधारा के समर्थक सैयद अहमद प्रारम्भ में एक संयुक्त भारतीय राष्ट्र और हिन्दू–मुस्लिम एकता के कट्टर समर्थक थे। 1884 में उन्होंने कहा था कि हिन्दू व मुसलमान केवल दो धार्मिक भिन्नतायें प्रकट करते हैं। अन्यथा सभी लोग चाहे वे हिन्दू हों या मुसलमान हों, या वे ईसाई हों, जो इस देश में रहते हैं, वे सब एक ही राष्ट्र से सम्बन्ध रखते हैं।[22] कालान्तर में वह भारतीय राष्ट्रीय कांग्रेस के कट्टर विरोधी और अंगरेजी साम्राज्य के समर्थक बन गए। उनका मुख्य उद्देश्य मुसलमानों की स्थिति में सुधार लाना, उन्हें आधुनिक शिक्षा की आवश्यकता की ओर प्रेरित करना और उन्हें सरकारी संरक्षण दिलाना था। उन्होंने 'तहजीब उल अखलाक' नाम की पत्रिका दिसम्बर 1870 में प्रकाशित करनी शुरू की। इस पत्रिका के माध्यम से मुस्लिम समुदाय को सर सैयद ने एक नई पहचान देने की कोशिश की और यह सिद्ध करने का प्रयास किया कि पश्चिमी शिक्षा और विचारधारा इस्लाम की विरोधी नहीं है बल्कि इस्लाम को सही समझने में सहायक होगी। उनकी मान्यता थी कि मुसलमानों के पिछड़े रहने का कारण उनका पुराने बन्धनों में बंधे रहना और समय की आवश्यकता को न पहचानना था। मस्जिद निर्माण, हज करना एवं जकात बांटने के स्थान पर शिक्षा के प्रसार में सहयोग को वे अधिक महत्व देते थे। सैयद की दृष्टि में उन्नीसवीं शताब्दी की बौद्धिक और वैज्ञानिक प्रगति इस्लाम के प्रति कोई खतरे की द्योतक न थी।

अलीगढ़ आन्दोलन: सैय्यद अहमद ने अपने कार्यक्रमों का केन्द्र बिन्दु अलीगढ़ को बनाया और इस स्थान से किए गए प्रयासों का नाम अलीगढ़ आन्दोलन दिया गया। इसके लिए उन्होंने अलीगढ़ कालेज की स्थापना की जिसे बहुत से हिन्दुओं से आर्थिक सहयोग मिला। रामगोपाल ने लिखा है कि "जब अलीगढ़ मुस्लिम कालेज का जन्म हुआ उस समय भारतीय राष्ट्रवाद धीरे–धीरे बंगाल और महाराष्ट्र में प्रस्फुटित होने लगा था। सर सैय्यद की बातों से यह आशा बंधती थी कि उनमें राष्ट्रवाद को एक अच्छा नेता प्राप्त हो सकता है।"[23] यहां उल्लेखनीय है कि सैयद के प्रयासों से पहले भी मुसलमानों को शैक्षिक या राजनैतिक आधार पर संगठित किये जाने के प्रयास हुए थे। इस दृष्टि से कलकत्ता में अब्दुल लतीफ द्वारा 1863 में **'मुहम्मडन लिटरेसी एण्ड साईटिफिक सोसायटी'** (Muhammadan Literacy and Scientific Society) और अमीर अली द्वारा 1878 में प्रस्थापित **'नेशनल मुहम्मडन एसोसिएशन'** (National Muhammadan Association) को सम्मिलित किया जा सकता है। इनका उद्देश्य मुसलमानों में पाश्चात्य शिक्षा के प्रति अभिरूचि पैदा करना एवं ब्रिटिश साम्राज्य के प्रति स्वामिभक्ति जागृत करना था। किन्तु सैयद अहमद की तुलना में इनके प्रयास नगण्य ही रहे। सर सैयद 1887 से पूर्व प्रतियोगिता परीक्षाओं तथा संसदात्मक प्रजातंत्र का विरोध कर राजनीति में अपने अस्तित्व को रेखांकित कर चुके थे। अतः कांग्रेस स्थापना के पश्चात् इसका विरोध सर सैयद द्वारा स्वाभाविक तथा उनकी विचार शैली के अनुरूप था। कुछ लोग उनके द्वारा विरोध को अलीगढ़ कालेज के प्रिंसीपल थियोडोर बैक (Theodore Beck) द्वारा प्रोत्साहित बताते हैं, किन्तु एम. एस. जैन इससे सहमत नहीं हैं। उनके अनुसार सर सैयद ने स्वयं ही इस विरोध में पहल की थी।[24] 16 मार्च, 1888 में मेरठ में अपने भाषण में उन्होंने कहा था कि हिन्दू और मुसलमान न केवल दो राष्ट्र हैं अपितु विरोधी (warring) राष्ट्र है। सैयद अहमद कांग्रेस की तुलना एक गृहयुद्ध से करते थे। उन्होंने अगस्त 1888 में **यूनाइटेड इण्डिया पैट्रियोटिक एसोसिएशन (United India Patriotic Association)** की स्थापना की, जिसका लक्ष्य ब्रिटिश सरकार को यह आश्वासन दिलाना था कि भारत में बहुत से हिन्दू–मुसलमान कांग्रेस के समर्थक नहीं थे। अगले चार वर्षों में इस एसोसिएशन ने कांग्रेस विरोधी प्रचार का काफी कार्य किया, लेकिन इसे कोई विशेष सफलता नहीं मिली। 1892 के इण्डियन कौंसिल्स एक्ट से सर सैयद को ऐसा प्रतीत हुआ कि संभवतः भारत में प्रजातंत्रीय संसदात्मक प्रणाली स्थापित हो जाए, अतः उन्होंने 1893 में एक मोहम्मडन एंग्लो ओरियण्टल डिफेंस एसोसिएशन (Muhammadan Anglo-Oriental Defence Association) की स्थापना की। यह संस्था भी केवल चार वर्ष ही कार्य कर सकी। इस अल्पावधि में इसने मुसलमानों के राजनीतिक अधिकारों के सम्बन्ध में कुछ मौलिक सिद्धान्तों का प्रतिपादन किया, जिन्हें बाद में मुस्लिम लीग ने पूरा करने का प्रयत्न किया। 1896 में इस संस्था ने मुसलमानों के राजनीतिक अधिकारों को उनके ऐतिहासिक योगदान और राजनीतिक महत्व के आधार पर प्रस्तुत किया। इसके अनुसार उत्तर पश्चिमी प्रान्त में उन्हें हिन्दुओं के समान प्रतिनिधित्व मिलना चाहिए यद्यपि उनकी जनसंख्या हिन्दुओं की अपेक्षा 1/6 थी। मुसलमानों के लिए साम्प्रदायिक प्रणाली के आधार पर पृथक निर्वाचन पद्धति की स्थापना एवं स्थानों के आरक्षण की मांग भी की।

हिन्दी उर्दू के प्रश्न पर सैयद अहमद ने 1896 में यह स्वीकार किया कि मुसलमान कभी हिन्दी पर सहमत नहीं होंगे और यदि हिन्दुओं ने हिन्दी पर आग्रह किया तो हिन्दू–मुस्लिम एकता समाप्त हो जायेगी।[25] सैयद के प्रयत्नों से मुसलमान कांग्रेस से अलग रहे। 1898 में उनकी मृत्यु के पश्चात भी अलीगढ़ आन्दोलन के नेताओं का यह लक्ष्य रहा कि मुसलमानों को कांग्रेस से अलग रखा जाये। इस दौरान भारतीय रंगमंच पर घटनाक्रम तेजी से बदल रहा था। 1899–1900 ई. में उत्तर प्रदेश के गवर्नर ने उर्दू के साथ हिन्दी को भी प्रान्तीय मुफस्सिल न्यायालयों की भाषा बना दिया। अलीगढ़ कालेज से उर्दू समर्थक आन्दोलन को भी गवर्नर ने समाप्त करवा दिया, जिससे अलीगढ़ आन्दोलन की गति कुछ समय के लिए अवरूद्ध हुई। कहा जा सकता है कि मुस्लिम साम्प्रदायिकता की नींव सर सैयद अहमद द्वारा रखी गई किन्तु सर सैयद का मूल्यांकन अलीगढ़ कालेज की स्थापना से किया जाना चाहिए। इतिहासकार के.एम. पणिकर के शब्दों में कॉलेज ने मुसलमानों में नवचेतना लाने और संगठित करने के लिए बौद्धिक हाईकमान की भूमिका अपनाई।

हिन्दू साम्प्रदायिकता: जिस प्रकार मुस्लिम समुदाय विधायिकाओं में पृथक् निर्वाचन मण्डल एवं सरकारी नौकरियों की मांग कर रहा था उसी पद्धति को अपनाते हुए हिन्दुओं ने हिन्दू सीटों की मांग की। उत्तर प्रदेश और बिहार में उन्होंने हिन्दी के प्रश्न को भी उठाया और हिन्दी को हिन्दुओं की तथा उर्दू को मुसलमानों की भाषा ठहराते हुए इस प्रश्न को महत्वपूर्ण मोड़ दिया। इन प्रान्तों में अरबी लिपि में उर्दू भाषा का प्रयोग विशेषकर न्यायालयों और शासन के निम्न स्तरों पर, लम्बे समय से किया जा रहा था। हिन्दुओं द्वारा उन्नीसवीं शताब्दी के सातवें दशक में उर्दू के बदले देवनागरी लिपि में हिन्दी को शासन की भाषा के रूप में प्रयोग की मांग की। अन्ततः 1900 में प्रान्त के लेफ्टिनेंट गवर्नर ऐंथनी मैक्डनेल ने हिन्दी को न्यायालयों की वैकल्पिक भाषा के रूप में स्वीकार कर लिया जो हिन्दू–मुस्लिम सम्बन्धों में दूरी का एक और कारण बना। बंगाल में इस विवाद ने दूसरा रूप ग्रहण कर लिया। मुस्लिम नेताओं ने यह मांग की कि बंगाली भाषा को मुस्लिम छात्रों के लिए उचित बनाने के लिए इसमें संस्कृत के स्थान पर फारसी शब्दों को स्थान प्रदान किया जाये।[26] हिन्दू धार्मिक आन्दोलन की आक्रामक प्रवृत्ति विशेषतः महाराष्ट्र में दिखाई पड़ती है। यद्यपि बालगंगाधर तिलक सम्प्रदायवादी नहीं थे, परन्तु विदेशी सत्ता के विरूद्ध जनमत तैयार करने के लिए जिन राजनैतिक प्रतीकों का प्रयोग किया उससे हिन्दू–मुस्लिम विरोध बढ़ा। जैसे उनका शिवाजी महोत्सव का आयोजन। शिवाजी को गौरक्षक के रूप में जाना जाता था, अपनी पत्रिकाओं के माध्यम से तिलक ने मुस्लिम सुल्तानों व मुगल शासकों के विरूद्ध शिवाजी के कारनामों को प्रस्तुत किया जो मुसलमानों की नाराजगी का कारण बना। **दूसरे,** मुस्लिम साम्प्रदायिकता के जवाब में हिन्दुओं ने भारतीय इतिहास की उपनिवेशी मनोवृत्ति को पूरी तरह स्वीकार करते हुए उन्होंने मध्यकाल में मुसलमानों के 'अत्याचारी शासन' तथा 'मुस्लिम दमन' से हिन्दुओं का बचाव करने में अंगरेजों की विमुक्तिकारी भूमिका की चर्चा की। **तीसरे,** पंजाब में 1907 में ही हिन्दू महासभा की स्थापना हो चुकी थी, किन्तु एक राजनीतिक शक्ति के रूप में यह 1920 के दशक में ही जाकर प्रतिष्ठित हुई। लालचंद एवं यू.एन. मुखर्जी जैसे प्रारम्भिक हिन्दू नेताओं ने भारतीयों को एक राष्ट्र के रूप में संगठित करने के कांग्रेस के प्रयास की आलोचना की। **चौथे,** यद्यपि सभी राष्ट्रवादी नेता धर्मनिरपेक्ष थे। तथापि उसके बहुत से सदस्य गौरक्षिणी सभाओं के सदस्य थे उन्हें कांग्रेस नियंत्रित न कर पाई। देश में साम्प्रदायिक दंगों की बढ़ती संख्या एवं मुसलमानों की कांग्रेस की सदस्यता में कमी इस बात की द्योतक है कि कांग्रेस साम्प्रदायिकता पर नियंत्रण स्थापित न कर पाई। प्रोफेसर जॉन मैक्लेन ने दंगों की वजह से कांग्रेस अधिवेशनों में मुसलमानों की गिरती सदस्यता का संकेत दिया है। उसके अनुसार 1885 से 1892 तक कांग्रेस अधिवेशनों में कुल 6413 सदस्यों ने भाग लिया, जिनमें मुसलमानों की संख्या 868 या 13.5 प्रतिशत थी। 1893 से 1905 के बारह वर्षों के काल में कुल सदस्य 10,677 थी जिसमें 761 अर्थात् 7.1 प्रतिशत मुसलमान थे।

बंगाल विभाजन एवं कर्जन की फूट डालो नीति: (16 अगस्त 1905) कर्जन दिसम्बर 1898 में वायसराय बनकर भारत आया। भारत में ब्रिटिश प्रभुसत्ता को सुदृढ़ करने तथा यहाँ के बढ़ते हुए राष्ट्रीय आन्दोलन की गति को अवरूद्ध करने का उनकी दृष्टि में एक ही प्रमुख उपाय था: 'एक समुदाय को दूसरे समुदाय के खिलाफ खड़ा कर देना अथवा प्रतितुलन की नीति।[27] ज्ञातव्य है कि 1854 में गवर्नर जनरल को बंगाल प्रेसीडेंसी के अन्तर्गत प्रदेशों के सीधे प्रशासन के भार से मुक्त कर दिया था और उन प्रदेशों को एक पृथक् लेफ्टिनेंट गवर्नर का प्रशासनिक क्षेत्र बनाया गया। बंगाल प्रान्त का क्षेत्रफल उस समय लगभग 2 लाख 39 हजार वर्गमील और आबादी 6 करोड़ से अधिक थी।[28] बंगाल प्रान्त में बंगाल, बिहार, उड़ीसा और छोटा नागपुर सम्मिलित थे। अतः 1860 में भी नील आयोग ने इस प्रांत के पुनर्विभाजन का सुझाव दिया था। सन् 1896–97 में असम के चीफ कमिश्नर विलियम वार्ड ने सुझाव दिया था कि बंगाल के कुछ भाग (चटगांव डिविजन, ढाका, और मैमन

सिंह) असम में मिला दिए जाएं। कर्जन ने प्रांत विभाजन की योजना को (1 जून, 1903) स्वीकार कर लिया। बंगाल विभाजन योजना को दो चरणों में अन्तिम रूप दिया जा सका। बंगाल विभाजन के सरकार के गुप्त इरादे के बारे में सुमित सरकार ने लिखा हैः हिन्दू–मुसलमान तनाव को बढ़ावा देने के बारे में तत्कालीन एवं बाद वाले राष्ट्रवादियों द्वारा लगाये गये आक्षेपों का कुछ प्रमाण तो कर्जन के उस बहु–उद्धृत भाषण में मिलता है जो उन्होंने फरवरी 1904 में ढाका में दिया था इसमें कहा गया था कि "बंगाली मुसलमानों को एकता का ऐसा अवसर प्रदान किया जा रहा है जो मुसलमान सूबेदारों एवं बादशाहों के समय से उन्हें नसीब नहीं हुआ था।" समग्र परिस्थिति का सार गृह सचिव एच.एच. रिजले ने बड़ी स्पष्टता और साफगोई से 7 फरवरी और 6 दिसम्बर 1904 की दो टिप्पणियों में प्रस्तुत किया है। इन टिप्पणियों में वे विभाजन के आलोचकों के तर्कों का विश्लेषण कर रहे थेः "'एकजुट बंगाल एक शक्ति है, विभाजित होकर बंगाल विभिन्न दिशाओं में बिखर जाएगा यह बिल्कुल सच है और यही इस योजना की एक विशेषता है।... इस योजना से बरार को मध्यप्रान्त में मिलाये जाने की ही भांति, हमारा लक्ष्य दरार डालकर ब्रिटिश राज विरोधियों की एकजुटता को तोड़ना हैं।"[29] बंगाली राष्ट्रवादियों की मान्यता थी कि प्रस्तावित प्रान्त में मुस्लिम प्राधान्य रखे जाने की योजना इस प्रान्त की राजनीतिक एकता पर कुठाराघात है। एस.एन. बनर्जी ने लिखाः 'यह हमारी राजनैतिक प्रगति के लिए मौत–सिद्ध होता और उस हिन्दू और मुस्लिम एकता के लिए तो यह आघात ही होता जिसके आधार पर भारत का उत्थान निर्भर करता था।'[30]

बँटवारे का पहला दिन 16 अक्तूबर 1905 को बंगाल ने शोक दिवस के रूप में मनाया। बंगाल विभाजन की घोषणा ने सम्पूर्ण देश के राष्ट्रवादी नेताओं को उद्वेलित कर दिया। सुमित सरकार की मान्यता है कि अंगरेजों ने कम करके आंकलन किया था वह थी बंगालियों की एकता की भावना। 7 अगस्त को कलकत्ता में एक विशाल जनसभा का आयोजन किया गया जिसकी आवृत्ति समस्त बंगाल में हुई। इन सभाओं में विदेशी वस्तुओं के बहिष्कार का कार्यक्रम स्वीकार किया गया। विभाजन के दिन (16 अक्तूबर) प्रतीक रूप में पुरुषों ने परस्पर राखियों का आदान–प्रदान किया, हड़ताल की व उपवास रखा गया। बुनकर उद्योग की सहायता के उद्देश्य से सुरेन्द्रनाथ बनर्जी ने एक राष्ट्रीय निधि की स्थापना का प्रस्ताव रखा। इसी प्रकार 'फेडरेशन हाल' का शिलान्यास किया गया। जिसमें सभी जिलों की मूर्तियों को रखा गया। वन्दे मातरम् के स्वर से पूरा राष्ट्र गूंजा उठा। फ्रेजर लिखता है कि आन्दोलन ने वायसराय को "क्रुद्ध कर दिया, उसकी घृणात्मक तटस्थता ने जन–आन्दोलन को तीव्र कर दियाः तमाम सभाएँ हुईं और तमाम प्रार्थना पत्र उसके पास भेजे गए, पर सब बेकार गए।"[31] ब्रिटिश समाचार–पत्र स्टेट्समैन ने लिखा "ब्रिटिश भारत में ऐसा समय कभी नहीं देखा गया जब जन विचारों की ओर केन्द्र सरकार ने इतना कम ध्यान दिया हो जितना वर्तमान प्रशासन दे रहा है।" बंगाल विभाजन के विरूद्ध आन्दोलन 1905 से 1911 तक चलता रहा, इसके प्रमुख घटक थेः बहिष्कार और स्वदेशी, राष्ट्रीय शिक्षा, श्रमिक यूनियनें, समितियाँ एवं जनसम्पर्क। 1911 में राजधानी कलकत्ता से दिल्ली किये जाने के अवसर पर राज्याभिषेक दरबार में बंगाल विभाजन को समाप्त घोषित कर दिया गया। बंगाल विभाजन औपनिवेशिक सरकार की 'फूट डालो एवं राज करो' नीति का अंग था। किन्तु सरकार की इस नीति को बंगाल विभाजन में एक अधिक सफलता नहीं मिली और विभाजन समाप्त घोषित करना पड़ा।

मुस्लिम लीग का गठन (Foundation of the Muslim League, 30 Dec., 1906): जिस समय अलीगढ़ विचारधारा समर्थक नेता मुसलमानों के ऐतिहासिक महत्व के आधार पर प्रतिनिधित्व की मांग कर रहे थे उन्हीं दिनों भारत में मिण्टो का आगमन हुआ और उसे ब्रिटिश हितों के निर्धारण में अधिक समय नहीं लगा। इस दौरान इंग्लैण्ड में लिबरल सरकार में भारत सचिव लार्ड मार्ले ने (1906 में) संवैधानिक सुधारों के सम्बन्ध में घोषणा की थी। इस अवसर पर गवर्नर जनरल लार्ड मिण्टो (Lord Minto) निजी सचिव मि. स्मिथ ने अलीगढ़ कालेज के प्रिंसिपल आर्चबोल्ड (Archbold) को सुझाया कि वे अपना प्रतिनिधि मण्डल गवर्नर जनरल से मिलने के लिए भेजे। 1 अक्तूबर 1906 को आगा खाँ के नेतृत्व में एक पैंतीस सदस्यीय शिष्टमण्डल शिमला में वायसराय लार्ड मिण्टो से मिला और मुसलमानों के लिए कुछ विशिष्ट अधिकारों की मांग की, जैसे मुसलमानों को भारतीय राजनीति में विशिष्ट महत्व, जनसंख्या की अपेक्षा उनके राजनीतिक महत्व तथा साम्राज्य की सुरक्षा सेवा में योगदान के आधार पर प्रदान किया जाए तथा मुसलमानों के प्रतिनिधित्व में हिस्से देते समय उनके 100 वर्ष पूर्व के ऐतिहासिक महत्व को भी ध्यान में रखना चाहिए। मिण्टो ने अत्यन्त आशाजनक उत्तर दिया और उनके विशिष्ट महत्व के आधार को स्वीकर कर लिया।[32]

शिमला शिष्टमण्डल की सफलता के पश्चात् ढाका के नवाब सलीमुल्ला खाँ ने मुसलमानों के लिए एक संगठन का प्रस्ताव किया। इस तरह मुस्लिम एजुकेशनल कांफ्रेस (Muslim Educational Conference) जिसकी नींव सैय्यद अहमद खाँ

कमाल अतातुर्क ने 1924 में उस्मानी खलीफा के पद को समाप्त कर दिया था और इस तरह खिलाफत आन्दोलनकर्ताओं की मुख्य मांग ही समाप्त हो गई थी। 1922–23 के मध्य मुस्लिम लीग पुनः प्रभावशाली होकर उभरी और इसने खुलेआम अलगांववादी भाषा में बोलना शुरू किया।

हिन्दू महासभा (The Hindu Mahasabha): प्राप्त विवरण के अनुसार सर्वप्रथम 1910 में इलाहाबाद के प्रमुख हिन्दुओं ने अखिल भारतीय हिन्दू महासभा बनाने का निश्चय किया था और 1911 में पंजाब हिन्दू महासभा ने अमृतसर में हिन्दू सम्मेलन का आयोजन किया था। देश की राजनीतिक गतिविधियाँ इस दौरान तीव्र हुई। हिन्दू महासभा जो अभी तक अक्रियाशील थी उसे अपने को पुनर्जीवित करने का वातावरण मिला। आर्य समाज एवं हिन्दू महासभा ने 'शुद्धि' एवं 'संगठन' द्वारा इस्लाम को स्वीकार करने वाले उन अनुयायियों को वापस हिन्दुओं में सम्मिलित करने का कार्यक्रम चलाया जो पूर्व में हिन्दू थे। इस प्रकार के कार्यक्रमों के उत्तर में मुसलमानों ने तबलीग (प्रचार) और तंजीम (संगठन) आन्दोलन प्रारम्भ किए। उल्लेखनीय है कि दक्षिण भारत के मालाबार का मोपला (मापिला) विद्रोह जबरन धर्म परिवर्तन की प्रतिक्रिया का परिणाम था। मोपला हिन्दू जातियों के वंशज थे जिन्होंने अरबों के सम्पर्क में इस्लाम स्वीकार कर लिया था। इन गरीब किसानों का शोषण नम्बूदरी जमींदार एवं नायर साहूकार करते थे। मोपला विद्रोह के बारे में अन्यत्र विस्तृत चर्चा की गई है।

राष्ट्रीय स्वयं सेवक संघ: बाल गंगाधर तिलक के एक सहयोगी डॉ. बी.एल. मुंजे को राष्ट्रीय स्वयं सेवक संघ की स्थापना का श्रेय दिया जाता है। किन्तु इसको संगठित करने एवं एक संस्था के रूप में प्रतिष्ठित करने का कार्य केशव बलिराम हेडगेवार ने किया था। इसकी स्थापना 27 सितम्बर 1925 को विजयदशमी के पर्व पर की और मुख्यालय नागपुर (महाराष्ट्र) रखा गया। इसका उद्देश्य निस्वार्थ मातृभूमि की सेवा एवं हिन्दू राष्ट्रीयता की स्थापना था। साथ ही ब्रिटिश उपनिवेशवाद के विरूद्ध समस्त हिन्दुओं को खड़ा करना एवं मुस्लिम विभाजनवादी प्रवृत्ति को रोकना प्रमुख लक्ष्य था। अंगरेजी शासन में इस संगठन को प्रतिबन्धित कर दिया गया था और आजादी के बाद भी कई बार प्रतिबंध लगाये गये। इसके अतिरिक्त 1925 में राष्ट्रीय स्वयं सेवक संघ की स्थापना हिन्दू साम्प्रदायिकता की वृद्धि का प्रतीक था।

- भारत सचिव मान्टेग्यू की 20 अगस्त 1917 को भारत में उत्तरदायी प्रशासन की घोषणा से, मताधिकार को विस्तृत किया था किन्तु मान्टेग्यूचेम्सफोर्ड (मोंट–फोर्ड) सुधारों ने पृथक् निर्वाचक मण्डल को न केवल बरकरार रखा बल्कि उसमें वृद्धि की।
- पी. हार्डी (मुस्लिम ऑफ ब्रिटिश इण्डिया, पृ. 204) को उद्धृत करते हुए सुमित सरकार लिखते हैं कि शिक्षा का पर्याप्त प्रसार हो चुका था, किन्तु उस अनुपात में नौकरी के अवसरों में वृद्धि नहीं हुई थी विद्यालय, दफ्तर और दुकान के क्षोभ एवं कटुता की बढ़ती हुई आकांक्षाओं के पूरा न होने की निराशा ने और तीव्र कर दिया था। दंगों को भड़काने में दोनों समुदायों के धार्मिक रीति–रिवाजों का प्रमुख स्थान रहा है। नेहरूजी ने भी इस बात को स्वीकार किया है: जैसे मस्जिदों के सामने हिन्दू धार्मिक जुलूसों का गाजे–बाजे के साथ निकलना, इसी प्रकार मुस्लिम त्यौहार बकरीद के अवसर पर गोहत्या आदि।[37] 1928 का कलकत्ते का दंगा मस्जिद के सामने बाजा बजाने से हुआ। साम्प्रदायिक हिंसा का एक महत्वपूर्ण कारण हिन्दू एवं मुस्लिम नेताओं का परस्पर विषवमन एवं विरोध दर्शाना भी था।
- हिन्दू जमींदारों और मुसलमान ताल्लुकेदारों या जोतदारों के भूमि सम्बन्धी विवादों के कारण भी साम्प्रदायिक तनाव बढ़ा।

1922–27 के मध्य देश में बड़ी तादाद में हुए दंगों का उल्लेख करना अपेक्षित नहीं है यहां केवल यह जान लेना पर्याप्त है कि इस अवधि में हुए दंगों में हजारो लोग मारे गये। करोड़ों की सम्पत्ति नष्ट हुई। दंगों से हिन्दू–मुस्लिम सौहार्द्र में कमी आई, आपस में मनमुटाव बढ़ा। इन परिस्थितियों में देश के विभाजन की इच्छा को अधिक बल मिला।

कांग्रेस द्वारा सम्प्रदायवादियों के प्रति अपनाई ढिलमिल नीति के विषय में बिपिनचंद्र लिखते हैं कि साम्प्रदायिक नेताओं से बातचीत कर कांग्रेस ने उनकी राजनीति को वैधता प्रदान की और उन नेताओं को सम्मानीयता भी दी। साम्प्रदायिक नेताओं और व्यक्तियों के खिलाफ कड़ा राजनीतिक विचारधारात्मक अभियान चलाने का अपना अधिकार और इच्छाशक्ति भी उसने कमजोर कर ली।[38]

साम्प्रदायिक निर्णय व दलित वर्ग एवं पूणे समझौता: मुस्लिम लीग एक सुसंगठित राजनैतिक दल नहीं था इसमें अनेक परस्पर विरोधी गुट बन गये थे। जिन्ना का भी अधिक प्रभाव नहीं रह गया था। कमजोर होती मुस्लिम साम्प्रदायिकता

में सुधार लाने के लिए ब्रिटिश सरकार ने कम्यूनल अवार्ड की घोषणा की जिसमें 1927 के दिल्ली प्रस्तावों से लेकर जिन्ना के 14 सूत्रों तक मुस्लिम साम्प्रदायिकता के प्रायः सभी मांगे स्वीकार कर ली गई। रेम्जे मैक्डोनल्ड की 16 अगस्त 1932 की घोषणा के अनुसार अल्पसंख्यक तथा विशेष हितों वाले सम्प्रदायों की संख्या में वृद्धि कर दी गई। जिसके अन्तर्गत मुसलमान, दलितवर्ग, यूरोपियन, भारतीय ईसाई, सिक्ख एवं ऐंग्लो–इण्डियन आदि को विभिन्न प्रान्तीय विधान सभाओं में अपने समुदाय के प्रतिनिधियों को पृथक् निर्वाचन प्रणाली द्वारा चुनने का अधिकार दिया गया। प्रत्येक अल्पसंख्यक सम्प्रदाय के लिए स्थान निर्धारित कर लिए गए और उनके प्रतिनिधियों के निर्वाचन के लिए भिन्न प्रणालियाँ अपनाई गई। यहां उल्लेखनीय है कि हिन्दुओं में से दलित वर्ग को डॉ. अम्बेडकर के प्रयत्नों से अपने प्रतिनिधियों को चुनने के लिए पृथक निर्वाचन की सुविधा दी गई। गांधीजी ने इस निर्णय के विरोध में मैकडोनल्ड को पत्र लिखा और इसी पत्र में 20 सितम्बर को दोपहर आमरण अनशन करने की सूचना दी, यदि उस समय तक दलित वर्गों के पृथक निर्वाचन को समाप्त नहीं कर दिया गया। सरकार पर गांधीजी के निर्णय का कोई प्रभाव नहीं हुआ किन्तु अन्य हिन्दू नेताओं ने अम्बेडकर के साथ इस मामले में पूणे में (पूना समझौता) विचार–विमर्श किया और डॉ. अम्बेडकर ने 71 के स्थान पर 148 स्थान दलित वर्गों के लिए आरक्षित करा लिए अर्थात् लन्दन में गांधीजी के समक्ष अम्बेडकर द्वारा रखे गये प्रस्ताव के अनुरूप समझौता हो गया। तदनुसार निर्वाचन हिन्दुओं के साथ सम्मिलित चुनाव क्षेत्रों के द्वारा ही होना था। इसके अन्तर्गत पहले दलित वर्ग द्वारा प्रत्येक आरक्षित स्थान के लिए चार सदस्यों का चुनाव करना था और बाद में हिन्दू चुनाव क्षेत्रों में से किसी एक को चुना जाना था। 25 सितम्बर के इस निर्णय के बाद गांधीजी ने 26 सितम्बर को अपना अनशन समाप्त किया। गांधीजी के इस आमरण अनशन से साम्प्रदायिक निर्णय प्रायः मान्यता प्राप्त हो गया। अब तक साम्प्रदायिक समस्या हिन्दुओं और मुसलमानों के परस्पर अधिकारों का निपटारा करने तक सीमित थी। अब दलित वर्गों की समस्या अधिक जटिल हो गई और गांधीजी की अधिकांश शक्ति इस समस्या को हल करने में लग गई।[39]

प्रान्तीय विधान सभाओं के चुनाव (1937) एवं जिन्ना: यहां उल्लेख करना अनुचित नहीं होगा कि दिसम्बर 1932 में ब्रिटिश सरकार ने केन्द्रीय विधान सभा में मुसलमानों के लिए एक तिहाई स्थान सुरक्षित करने की घोषणा कर दी, जबकि मुसलमान कुल जनसख्या में एक चौथाई थे। इतना ही नहीं 1935 के अधिनियम में फेडरल असेम्बली के 250 स्थानों में मुसलमानों को 82 स्थान सुरक्षित किये गये थे। पृथक् निर्वाचक मण्डल के तहत 1937 के प्रान्तीय विधान सभाओं के चुनाव हुए। मुस्लिम लीग मुसलमानों के लिए आरक्षित 492 सीटों में से मात्र 109 सीटों पर ही जीत हासिल कर सकी। उसे कुल मुस्लिम वोट का मात्र 4.8 प्रतिशत ही प्राप्त हुआ। इसी प्रकार जमींदारों तथा अन्य प्रतिक्रियावादी राजनीतिक दलों को भी 1937 के चुनावों में असफलता देखनी पड़ी। चुनाव परिणामें से लीग के सामने यह स्पष्ट हो गया था कि उसको अपना प्रभाव मुस्लिम जनता, विशेष रूप से शहरी निम्न मध्यम वर्ग के बीच बढ़ाना होगा। अतः लीग ने 'इस्लाम के खतरे में होने' का नारा दिया एवं हिन्दू राज की आशंका से मुसलमानों को भयभीत किया। स्पष्ट है कि एक धर्म को खतरे से बचाने का नारा दूसरे धर्मानुयायियों में विद्वेष को बढ़ावा देता है। विलफ्रेड रिगथ के अनुसार साम्प्रदायिक दुष्प्रचार धर्मोत्साह, आतंक, तिरस्कार और घृणा से परिपूर्ण था।[40]

जिन्ना आदि लीग के नेताओं ने घोषित किया कि कांग्रेस का उद्देश्य स्वतंत्रता नहीं बल्कि हिन्दू राज्य की स्थापना है। उनके अनुसार कांग्रेस मुस्लिमों पर आधिपत्य स्थापित कर उनके विश्वास पर कुठाराघात करना चाहती है। एक बार मुसलमानों के मन में हिन्दू राज्य का भय बैठा देने के बाद लीग के नेताओं के लिए ऐसे राष्ट्र की मांग काफी सरल हो गई जिसमें मुसलमान स्वतंत्रता से रह सकें एवं अपने धार्मिक विश्वास की रक्षा कर सके। लीग की इसी नीति के परिणामस्वरूप 1937 के बाद पाकिस्तान की मांग उठाई गई। जिस प्रकार मुस्लिम लीग सम्प्रदायवादियों ने अपने अस्तित्व को बनाये रखने के लिए उग्र साम्प्रदायिकता का सहारा लिया और इस अवधि में जुल्म, दमन, हावी हो जाना, कुचल डालना, धरती पर से अस्तित्व मिटा देना आदि मुहावरों का इनके द्वारा खुलकर प्रयोग हुआ। इस प्रक्रिया में हिन्दू भी पीछे नहीं रहे।

हिन्दू संगठनों की प्रतिक्रिया: हिन्दू महासभा जिसकी स्थापना यद्यपि पहले हो चुकी थी 1915 में पं. मदनमोहन मालवीय एवं कुछ पंजाबी नेताओं ने हरिद्वार में कुंभ मेले के अवसर पर पुनर्जीवित किया था, तथापि लगभग निष्क्रिय थी। उसके अगस्त 1923 के बनारस अधिवेशन में शुद्धि कार्यक्रम को जोड़ा गया एवं हिन्दू आत्मरक्षा जत्थों के निर्माण की योजना भी बनाई गई। किन्तु इस योजना को सामाजिक और आर्थिक आधार पर खड़ा करने तथा समाज के निम्न वर्ग तक पहुंचाने में राष्ट्रीय स्वयं सेवक संघ की भूमिका महत्वपूर्ण रही है। राष्ट्रीय स्वयं सेवक संघ को हिन्दू समाज के प्रत्येक वर्ग में लोकप्रिय

बनाने एवं देश के कोने–कोने में एक श्रेणीबद्ध संगठन का रूप प्रदान करने में एम.एस. गोलवलकर की उल्लेखनीय भूमिका रही जो 1940 में सरसंघ चालक बने। संघ का नारा था "हिन्दुस्तान हिन्दुओं का"। संघ में प्रविष्ट युवाओं को लाठियों, कटार एवं तलवार के माध्यम से अर्धसैनिक प्रशिक्षण देने की व्यवस्था की। एक अनुमान के अनुसार संघ की सदस्यता बम्बई (मुम्बई) में 28000 एवं पंजाब में 46000 थी और गोलवलकर के नेतृत्व संभालने तक इसमें 1,00,000 प्रशिक्षित एवं अत्यन्त अनुशासित कार्यकर्त्ता सम्मिलित थे। गोलवलकर ने अपने ग्रंथ "वी" (हम) में संघ को राजनीतिक दर्शन की रूपरेखा प्रस्तुत की है। उन्होंने इस पुस्तक में अपने ग्रंथ में गोलवलकर मुसलमानों के लिए लिखते हैं कि: 'ये इस देश में तभी रह सकते हैं जब वे अपने को विदेशी मानना छोड़ दें। उन्होंने भारत को हिन्दू राष्ट्र बनाने की उद्घोषणा की। इस प्रकार हिन्दू साम्प्रदायवादियों ने द्विराष्ट्र के सिद्धान्त को स्वीकार किया और मुसलमानों की पृथक राष्ट्र की मांग को दृढ़ बनाया।

क्रिप्स मिशन–मार्च अप्रैल 1942: द्वितीय महायुद्ध में जापान को पूर्वी एशिया में काफी सफलता मिली, अंगरेजी सेनाओं को सिंगापुर एवं मलाया छोड़ना पड़ा और बर्मा में भी कई स्थानों से पीछे हटना पड़ा। जापान ने यह भी प्रचारित किया कि वह भारत को अंगरेजी साम्राज्य से मुक्त करवाना चाहता है। भारतीय नेताओं की दृष्टि में जापान भी इंग्लैण्ड से कम साम्राज्यवादी न था। रंगून पर जापानियों का 7 मार्च 1942 में अधिकार हो गया और उनके भारत की ओर बढ़ने की संभावना बढ़ गई। दक्षिण एशिया में प्रतिकूल युद्ध की परिस्थितियों से उत्पन्न समस्याओं के समाधान के लिए मित्र राज्यों ने भारतीय सहयोग की आवश्यकता अनुभव की। अतः चर्चिल ने 11 मार्च को सर स्टेफर्ड क्रिप्स को भारत भेजने की घोषणा की। इस घोषणा के लिए अमेरिकी राष्ट्रपति रूजवेल्ट ने भी चर्चिल को प्रेरित किया था।

क्रिप्स ने 30 मार्च 1942 को दिल्ली में अपने प्रस्तावों को लोगों के सामने रखा। उसके प्रस्तावों को दो भागों में विभक्त किया जा सकता है। क्रिप्स ने जिन प्रावधानों की घोषणा की उससे राष्ट्रवादी नेताओं को काफी निराशा हुई क्योंकि इसमें पूर्ण स्वतंत्रता के स्थान पर 'डोमिनियम स्टेट्स' का दर्जा देने की बात की गई थी। पहले भाग में युद्ध समाप्ति पर एक निर्वाचित संविधान सभा आमन्त्रित कर (जिसमें भारतीय रजवाड़ों का प्रतिनिधित्व राजाओं के प्रतिनिधियों द्वारा होना था) नये संविधान की रूपरेखा तैयार की जानी थी जिसे अंगरेजी सरकार द्वारा दो शर्तों के साथ लागू करना था।

- किसी प्रान्त द्वारा उसे स्वीकार न करने की स्थिति में वह वर्तमान स्थिति में रह सकता था एवं वह प्रान्त पूर्ण स्वतंत्रता चाहे तो अंगरेज सरकार को कोई विरोध न था।
- लीग की भावनाओं को दृष्टिगत रखते हुए इन प्रस्तावों में यह स्पष्ट उल्लेख था कि इंग्लैण्ड और संविधान सभा में एक संधि होगी जिसमें अंगरेज सरकार द्वारा धार्मिक और जातीय अल्पसंख्यकों को दिये गये आश्वासनों का वर्णन होगा। यदि कोई भारतीय राज्य नये भारतीय संविधान को स्वीकार करना चाहे तो अंगरेजों के साथ एक नई संधि करनी पड़ेगी।

इन प्रावधानों से स्पष्ट था कि नई कार्यकारिणी परिषद् को पूरी तरह अंगरेज शासकों के नियंत्रण में रहना था। कांग्रेस ने इस प्रस्ताव को पूरी तरह अस्वीकार कर दिया। **गांधी जी ने इन प्रस्तावों को दिवालियापन होने वाले बैंक का उत्तर दिनांकित चैक बताया।** लेकिन क्रिप्स प्रस्तावों की अप्रत्यक्ष रूप से पाकिस्तान के गठन में महत्वपूर्ण भूमिका रही। इसके दूसरे प्रावधान को **'लोकल आप्शन' (स्थानीय विकल्प) के रूप में जाना जाता है।** इसमें प्रान्तों को यह अधिकार था कि वे भविष्य में अपनी स्थिति निर्धारित करने के लिए ब्रिटेन से सीधा समझौता कर सकते हैं और इसके साथ ही भविष्य में बनने वाले संविधान को भी अस्वीकार कर सकते थे। यद्यपि क्रिप्स मिशन असफल रहा, लेकिन इसने **मुस्लिम लीग** को प्रोत्साहित किया। क्रिप्स ने पहले यह आश्वासन दिया था कि गवर्नर जनरल की कार्यकारिणी एक मंत्री परिषद् के रूप में कार्य करेगी, लेकिन लिनलिथगो (Lord Linlithgow) ने इसका विरोध किया, दूसरी ओर चर्चिल भी वास्तविक सत्ता भारतीयों को सौंपना नहीं चाहता था।

विभाजन की योजना: पाकिस्तान की धारणा का विकास 1930 में हुआ जब जाने–माने कवि मुहम्मद इकबाल ने मुस्लिम लीग के वार्षिक अधिवेशन में अपने अध्यक्षीय भाषण में कहा कि वे पंजाब, उत्तर पश्चिमी सीमान्त प्रान्त, सिंध और बलूचिस्तान को एक राज्य में सम्मिलित हुआ देखना चाहेंगे, लेकिन साथ ही उन्होंने यह भी स्पष्ट तौर पर कहा कि यह मुस्लिम राज्य भारत का ही अंग होगा और इससे वे किसी प्रकार से दूसरे धार्मिक समुदायों के प्रति दुर्भावना प्रकट नहीं करना चाहते। किन्तु उनकी राय में हिन्दुओं और मुसलमानों की युगों पुरानी समस्या को जिन्ना ने उस समय एक कवि की कल्पना कहकर टाल दिया। चौधरी रहमत अली जो कि कैम्ब्रिज यूनिवर्सिटी के विद्यार्थी थे इस मांग की ओर आकर्षित हुए

और 1935 में उन्होंने पाकिस्तान शब्द गढ़ा।[41] पाकिस्तान में पंजाब, उत्तर–पश्चिम सीमाप्रान्त या अफगान सूबा, कश्मीर, सिंध और बलूचिस्तान को सम्मिलित किया गया। रहमत अली ने गोलमेज सम्मेलन और संसद के सदस्यों में अपनी योजना की व्याख्या करते हुए एक पुस्तिका वितरित की, किन्तु किसी भी भारतीय ने चाहे वह हिन्दू हो या मुसलमान उसके सुझावों की ओर ध्यान नहीं दिया। राष्ट्रीय आन्दोलन धर्मनिरपेक्षता के प्रति पूरी तरह प्रतिबद्ध था, लेकिन साम्प्रदायिकता का समाधान लम्बी अवधि में संभव था, किन्तु कांग्रेस इस ओर ध्यान नहीं दे पायी और साम्प्रदायिकता का हल नहीं खोजा जा सका। गांधीजी न केवल हिन्दू–मुस्लिम एकता पर बराबर जोर देते रहे थे, बल्कि इसके लिए अपनी जान की बाजी तक लगाने को तैयार थे और नेहरू ने राष्ट्रवाद की सामाजिक–आर्थिक जड़ों का बहुत ही प्रखर विश्लेषण किया था। भारत के राष्ट्रवादियों का कर्त्तव्य था कि वे सभी तरह की साम्प्रदायिकता के विरूद्ध विचारधारा राजनीतिक संघर्ष चलाते और साम्प्रदायिकता के वैचारिक आधार, सामाजिक आर्थिक जड़ों तथा राजनीतिक नतीजों का वैज्ञानिक विश्लेषण करते। लेकिन वे इसमें विफल रहे। वस्तुतः कांग्रेस ने साम्प्रदायिक नेताओं के बातचीत पर कुछ ज्यादा ही भरोसा किया, जिसके फलस्वरूप वह राजनीतिक, विचारधारात्मक तथा सांस्कृतिक स्तरों पर साम्प्रदायिकता का मुकाबला करने की कोई दीर्घकालीन रणनीति विकसित करने में विफल रही।[42] साम्प्रदायिकता के परिणामस्वरूप देश का विभाजन हुआ जिसकी चर्चा आगे की गई है।

संदर्भ

1. कृष्णा, के.बी., *प्राब्लम्स ऑफ माईनोरिटीज,* 1939
2. ताराचंद, *भारतीय स्वतंत्रता आन्दोलन का इतिहास,* जि. III, पृ. 231, *आज का भारत,* पृ. 461–62
3. रजनीपाम, वही, पृ. 462, सुमित सरकार, *आधुनिक भारत* (1885–1947), पृ. 81–82
4. *British Paramountcy and Indian Renaissance*, Part II, p. 321
   Lord Elphinstone, Governor of Bombay, wrote in a minute dated may 14, 1859; divide et Impera was the old Romon motto and it should be ours.
5. *Ibid*., p. 321
   The existence, side by side, of hostile creeds among the Indian people is one of the strong points in our political position in India.
6. ओमेली (सम्पा.) *मार्डन इण्डिया एण्ड द वेस्ट,* 1941, देसाई, ए.आर., *भारतीय राष्ट्रवाद की सामाजिक पृष्ठभूमि,* पृ. 239 से उद्धृत
7. स्मिथ, डब्लू.सी., *मार्डन इस्लाम इन इण्डिया,* 1946
8. बिपिनचन्द्र, *भारत का स्वतंत्रता संघर्ष,* पृ. 324–25
9. दत्त, रजनीपाम, वही, पृ. 463–64 से उद्धृत
10. बिपिनचन्द्र, वही, पृ. 328
11. Majumdar, R.C., *Renaissance*, II, pp. 328-29
12. इस संदर्भ में विस्तार से देखिये, बिपिनचन्द्र, वही, पृ. 328–29
13. दत्त, रजनीपाम, वही, पृ. 466
14. *रिनेशा,* खण्ड–II, पृ. 330
15. *रिनेशा,* खण्ड–II, पृ. 328–31
16. *आधुनिक भारत का इतिहास,* हि.का.नि. दिल्ली, पृ. 473–74
17. बिपिनचन्द्र, वही, पृ. 330–31
18. बिपिनचन्द्र, वही, पृ. 325–26
19. सुमित सरकार, *आधुनिक भारत,* पृ. 82
20. Nehru, Jawaharlal, *The Discovery of India*, p. 307
21. बिपिनचन्द्र, वही, पृ. 330
22. रामगोपाल, *इण्डियन मुस्लिमस* (1858–1947), पृ. 47–48
23. स्मिथ, विलफ्रेड सी., *मार्डन इस्लाम इन इण्डिया,* पृ. 437
24. जैन, एम.एस., *द अलीगढ़ मूवमैन्ट,* पृ. 115
25. वही
26. रामगोपाल, *इण्डियन मुस्लिमस,* पृ. 30
27. ताराचंद, *भारतीय स्वतंत्रता आन्दोलन का इतिहास,* जि. 3, पृ. 311
28. ताराचंद ने क्षेत्रफल 1 लाख 90 हजार वर्ग मील तथा आबादी 7 करोड़ 85 लाख बताई है। वही, पृ. 320, किन्तु 1901 की जनगणना में इसकी जनसंख्या 8 करोड़ दर्शायी है।
29. सरकार, सुमित, वही, पृ. 133
30. बनर्जी, एस.एन., *ए नेशन इन द मेकिंग,* पृ. 550
31. फ्रेजर, लोवट, *इण्डिया अंडर लार्ड कर्जन एण्ड आफ्टर,* 1911
32. रामगोपाल, *इण्डियन मुस्लिमस,* परिशिष्ट सी., पृ. 335–38
33. बिपिनचन्द्र, वही, पृ. 336
34. सिंह, जी.एन., *भारत का संवैधानिक एवं राष्ट्रीय आन्दोलन,* पृ. 263
35. सरकार, सुमित, वही, पृ. 230
36. बिपिनचन्द्र, वही, पृ. 338
37. नेहरू, जवाहर लाल, *मेरी कहानी,* पृ. 146
38. वही, पृ. 340
39. जैन, एम.एस., *आधुनिक भारत का इतिहास,* पृ. 393–94
40. स्मिथ, विलफ्रेड, *माडर्न इस्लाम इन इण्डिया*
41. पाकिस्तान शब्द में शब्दों के संकेत इस प्रकार थेः पी–पाइन्ट, ए–अफगानिस्तान, के–कश्मीर, एस–सिंध और अन्तिम तीन अक्षर टी ए एन (tan) ब्लूचिस्तान के प्रतीक थे।
42. बिपिनचन्द्र, वही, पृ. 354

❋❋❋

29

भारतीय परिषद अधिनियम 1909 एवं भारत सरकार अधिनियम 1919 (माण्टेग्यू-चेम्सफोर्ड सुधार)

[Indian Council Act 1909 and Government of India Act 1919 (Montagu-Chelmsford Reforms)]

1857 के विद्रोह के पश्चात कम्पनी से भारत की सत्ता का हस्तान्तरण ब्रिटिश सरकार को हो गया। इस विद्रोह से यह भी स्पष्ट हो चुका था कि भारतीयों को विधानसभा में शामिल किया जाना नितान्त आवश्यक है क्योंकि भारत में आने वाली कठिनाइयों के प्रति अब और अधिक आँखें मूँदकर बैठे रहना महान भूल होगी।[1] यही अनुभव करके विधायी कार्यों में भारतीयों को प्रतिनिधित्व देने की व्यवस्था 1861 के अधिनियम में की गई और आगे चलकर 1892 के अधिनियम द्वारा निर्वाचन पद्धति को अप्रत्यक्ष रूप से स्वीकार किया गया जिसे 1909 के अधिनियम द्वारा स्पष्ट रूप से विस्तृत कर दिया गया।

पहली बार विधायी परिषद (जिसके 12 सदस्य थे) की खुली और अलग बैठकें होने लगी और उनकी कार्यवाही का प्रकाशन भी धीरे–धीरे 1853 के अधिनियम तथा भारत में कम्पनी के शासन के अभिभावकों के आशयों के विरूद्ध यह विधायी परिषद एक "लघु संसद" का रूप धारण करने लगी।[2]

जैसा जी.एन. सिंह ने लिखा है, 1858 के भारतीय शासन अधिनियम से भारत में कम्पनी के शासन का अन्त हो गया तथा ब्रिटिश शासन का प्रारम्भ हुआ जिसके परिणामस्वरूप भारत के संवैधानिक इतिहास में एक नया युग प्रारम्भ हुआ।[3] इसके साथ ही लगभग 75 वर्ष पुरानी दोहरी शासन व्यवस्था का अन्त हो गया। परन्तु इस अधिनियम के अन्तर्गत लागू की गई व्यवस्था में अनेक दोष थे। इसके कारण केन्द्रीयकृत नौकरशाही का जन्म हुआ क्योंकि समस्त शक्तियाँ भारत सचिव तथा उनकी परिषद में केन्द्रित थी। वस्तुतः 1858 के भारत शासन अधिनियम ने केवल गृहशासन में अर्थात् ब्रिटेन स्थित सरकार के संगठन में परिवर्तन किये थे। भारत में शासन लगभग ज्यों का त्यों चलता रहा।[4]

इन्हीं कुछ दोषों को दूर करने के लिए 1861 में भारतीय शासन अधिनियम (Indian Councils Acts) पारित किया गया। यह अधिनियम दो दृष्टि से महत्वपूर्ण सिद्ध हुआ। प्रथम यह कि इससे विधायी कार्य में भारतीयों को सम्मिलित होने का अवसर दिया गया तथा दूसरे विधि निर्माण की प्रक्रिया में विकेन्द्रीकरण की नीति अपनाई गई जिसके परिणामस्वरूप आगे चलकर प्रांतों को स्वायत्तता प्रदान करने में सफलता मिल सकी। विधान परिषदों को बहुत सीमित अधिकार दिये जाने के बावजूद इतना अवश्य है कि पहली बार 1861 के अधिनियम ने गैर–सरकारी तत्वों को विधायी संस्थाओं में प्रतिनिधित्व देने का महत्वपूर्ण सिद्धान्त स्वीकार किया।

भारतवासी 1861 के अधिनियम से असंतुष्ट थे तथा प्रशासन के सभी क्षेत्रों में अधिकाधिक स्वशासन की तथा प्रतिनिधिक संस्थाओं की स्थापना के लिए आवश्यक सांविधानिक सुधारों की मांगों पर जोर देना शुरू कर रहे थे। सबसे प्रमुख मांगें यह थीं कि विधान परिषदों का विस्तार हो, उन्हें अधिक अधिकार मिलें, उनमें भारतीयों की संख्या बढ़ाई जाये तथा भारतीय सदस्य अधिक प्रतिनिधि निर्वाचित हो। एक प्रकार से 1861 के परिषद अधिनियम और 1892 के परिषद अधिनियम के बीच का काल भारत में राष्ट्रीय चेतना और नव जागरण का समय कहा जा सकता है। 1885 में भारतीय राष्ट्रीय कांग्रेस का जन्म हुआ जिसने अपने पहले ही अधिवेशन में सांविधानिक सुधारों की मांग की।

अधिनियम 1892: 1892 के अधिनियम ने केन्द्रीय और प्रान्तीय परिषदों का पुनः निर्माण किया। गवर्नर जनरल की विधान परिषद का विस्तार और कार्यकारी परिषद के सदस्यों के अतिरिक्त सदस्यों की संख्या कम से कम 10 और अधिक से अधिक 16 कर दी गई। मद्रास और बम्बई की विधान परिषदों में अतिरिक्त सदस्यों की संख्या बढ़ाकर 8 से 20 कर दी गई। इसी तरह से बंगाल और उत्तर पश्चिमी प्रान्तों और अवध की परिषद की सदस्य संख्या भी बढ़ाकर 20 और 15 कर दी गई। 1892 के अधिनियम का सबसे महत्वपूर्ण लक्ष्य था कि इसके द्वारा परिषदों में चुनाव प्रणाली को बहुत सावधानी से लागू किये जाने का प्रयास किया गया। यद्यपि इस अधिनियम के निर्माताओं ने अधिनियम में "चुनाव" शब्द के प्रयोग को

धूर्तता से टाल दिया था लेकिन यह स्पष्ट रूप से उपबंधित था कि विधान परिषद में सभी सदस्य मनोनीत नहीं होंगे। इनमें से कुछ गैर–सरकारी सदस्य होंगे जिन्हें सरकार द्वारा विनिर्दिष्ट वर्गों से प्राप्त अनुशासित व्यक्तियों की सूची में से मनोनीत (Nominated) किया जाएगा। इन वर्गों में स्थानीय निकाय, जिला बोर्ड, चेम्बर ऑफ कॉमर्स (Chamber of Commerce), जमींदार, विश्वविद्यालय सीनेट के सदस्य आदि प्रमुख थे, जिनसे निर्धारित संख्या में सदस्यों को विधान परिषद के लिए मनोनीत किया जाना था। इस अधिनियम ने यह स्वीकार कर लिया था कि विधान परिषद का कार्य केवल मात्र विधायी अथवा परामर्श देने का नहीं था और इस दृष्टि से यह अधिनियम प्रतिनिधिक सरकार की स्थापना की ओर प्रथम प्रमुख कदम था।[5]

मिन्टो–मार्ले रिफार्म (Minto-Marley Reforms, 1909): 1892 का अधिनियम भारतीय जनता को सन्तुष्ट नहीं कर सका अतः भारतीयों में ब्रिटिश सरकार के प्रति रोष बढ़ता गया। 1892 से 1909 तक का काल भारत में राजनीतिक उथल–पुथल का युग माना जाता है। इस अवधि में भारतीय राष्ट्रीय कांग्रेस दो खेमों में बँट गई जो गरम दल तथा नरम दल कहलाए। गरम दल अथवा उग्र दल के समर्थक भारतीय स्वतंत्रता के लिए अंगरेजों से सीधी टक्कर की नीति के पोषक थे। नरम दल अंगरेजों के प्रति अनुनय विनय और शान्तिपूर्ण आन्दोलन में विश्वास रखते थे। अंगरेजों ने नरम दल तथा मुसलमानों के प्रति सहानुभूतिपूर्ण रवैया अपनाते हुए अपनी दमनकारी कार्यवाहियाँ जारी रखने की नीति अपनाई।

ब्रिटिश नीतियों की प्रतिक्रिया: लार्ड कर्जन के समय (1899–1905 तक) प्रशासनिक सुविधा के नाम पर बंग विभाजन द्वारा बंगालवासियों की राष्ट्रीय भावना पर सीधा प्रहार किया। 1891 के 'द एज आव कन्सेन्ट एक्ट', कलकत्ता कॉर्पोरेशन अधिनियम 1899 तथा 'द ऑफिसियल सिक्रेट्स एक्ट' (Official Secretes Act) 1904 विशेष घातक थे। भारतीय सैन्य व्यवस्था में तत्कालीन सेनाध्यक्ष लार्ड किचनर द्वारा 1903–09 के बीच किये गये परिवर्तनों के कारण भी सेना में ब्रिटिश शासन के प्रति असंतोष बढ़ गया।

- 1899–1900 का भीषण अकाल तथा इसके कारण फैली महामारी के कारण लोगों के कष्ट बढ़े तथा इस दैवी विपत्ति में ब्रिटिश सरकार की निष्क्रियता के कारण भारतीयों में सरकार विरोधी भावनाओं को बल मिला।
- इन आन्तरिक घटनाओं के अलावा कुछ बाह्य घटनाओं ने भी भारतीय जन–चेतना को अधिक सक्रिय बना दिया। दक्षिणी अफ्रीका में अपमान जनक व्यवहार विशेषतः एशियाटिक रजिस्ट्रेशन एक्ट 1907 ने भारतीयों की भावनाओं को झकझोर दिया और उन्होंने अंगरेज सरकार के विरूद्ध अपनी गतिविधियाँ तेज कर दी। लार्ड कर्जन द्वारा अफगानिस्तान तथा तिब्बत के सीमावर्ती प्रदेशों के प्रति अपनाई गई नीति भी भारतीय नेताओं के रोष का कारण थी। चीन और दक्षिणी अफ्रीका में भारतीय सैन्य टुकड़ियाँ भेजी गईं जिसका भारतीयों ने विरोध किया।
- इसी प्रकार 1896 में एबीसीनिया द्वारा इटली तथा 1905 में जापान द्वारा रूस पर साहसिक विजय से भारतीय क्रांतिकारियों को प्रेरणा मिली। बालकन युद्ध 1912–13 को ईसाई शक्तियों का, तुर्की जिसे "इस्लाम की तलवार" माना जाता था के विरूद्ध षड्यंत्र माना गया। इसे क्रॉस एवं अर्द्धचन्द्र (Cross and Crescant) के बीच युद्ध की संज्ञा दी। दूसरे शब्दों में अंगरेज एवं मुसलमानों के बीच दूरी बढ़ी और हिन्दू तथा मुसलमानों को नजदीक आने का मौका मिला। लॉवेट फ्रैजर के अनुसारः 'भारतीयों में वास्तविक राष्ट्रीय चेतना जापान की मंचूरिया पर विजय के परिणामस्वरूप ही उत्पन्न हुई और उन्हें यह आभास हुआ कि असीम देश प्रेम तथा राष्ट्रीयता की भावना ही देश को ब्रिटिश सरकार की दमनकारी नीतियों से छुटकारा दिला सकती है।'

उग्रवादी क्रान्तिकारी: राष्ट्रीय आन्दोलन में उदारवादी कमजोर पड़ते जा रहे थे और उग्रवादियों तथा अतिवादियों (extremists) का प्रभाव बढ़ता जा रहा था। ऐसी स्थिति में कहीं कांग्रेस संगठन और सारा राष्ट्रीय आन्दोलन उग्रवादी क्रान्तिकारियों के हाथ में न चला जाये इस संभावना से अंगरेज सरकार घबरा उठी। उसकी नीति यह थी कि उदारवादियों से समझौता करने का प्रयास किया जाये और गरम दल के उग्रवादियों को कुचल दिया जाये। 1907 में लाला लाजपतराय और सरदार अजीत सिंह को बिना मुकदमा चलाये माण्डले जेल भेज दिया गया, समाचार–पत्रों की स्वतंत्रता पर पाबन्दी लगा दी गयी। 1908 में लोकमान्य तिलक को केसरी में लिखे गये एक लेख के लिए 6 साल की सख्त सजा दी गयी। बहुत से लेखक, प्रकाशक, मुद्रक और सम्पादक जेलों में बन्द कर दिये गये तथा बहुत से लोगों को आंतकवादी कृत्यों की सजाएँ दी गई तथा फांसी पर चढ़ाया गया। इस प्रकार एक और दमन चक्र पूरी तेजी के साथ चलाया गया वहीं दूसरी ओर कुछ ताजा सांविधानिक सुधार भी अनिवार्य समझे जाने लगे।

साम्प्रदायिक समस्या: अंगरेजों को शीघ्र ही यह स्पष्ट हो गया कि जब तक भारतीयों में बढ़ती एकता और राजनीतिक चेतना का स्वर किसी प्रकार अवरूद्ध नहीं किया जाएगा तब तक भारत में अंगरेजी राज सुरक्षित न हो सकेगा। राष्ट्रीयता की शक्तियों को क्षीण करने के लिए उन्होंने साम्प्रदायिकता या बांटो और राज्य करो (divide and rule) को बढ़ावा देने का निश्चय किया। 1905 की बंगाल विभाजन की योजना के मूल में भी हिन्दुओं और मुसलमानों के बीच विभाजन की खाई खोदकर राष्ट्रीयता की उमड़ती धारा को अवरूद्ध करने की नीति थी। 1906 के अन्त में वायसराय के निजी सचिव डनलप स्मिथ का थियोडोर बेक के उत्तराधिकारी आर्चिवोल्ड के प्रेरणा से मुसलमानों का एक शिष्टमण्डल आगा खाँ के नेतृत्व में वायसराय लार्ड मिन्टो से मिला और अपना प्रतिवेदन प्रस्तुत किया जिसमें दो मांगें रखी गई थीः प्रथम, यह कि प्रस्तावित प्रत्यक्ष या अप्रत्यक्ष चुनाव में मुस्लिमों का प्रतिनिधित्व उनकी जनसंख्या पर आधारित न होकर उनके महत्व तथा साम्राज्य के लिए सेवा के अनुरूप रखा जाए। दूसराः उन्हें पृथक साम्प्रदायिक निर्वाचन क्षेत्रों के द्वारा अपने प्रतिनिधि भेजने का अधिकार दिया जाए।[6] वायसराय ने सहानुभूति दिखाई और सिद्धान्त के रूप में शिष्टमण्डल की मांगों के साथ सहमति प्रकट की। लार्ड मिन्टो के इस आग्रह को भारत सचिव लार्ड मार्ले ने भी मान लिया और 1909 के मॉर्ले मिन्टो सुधारों में साम्प्रदायिक आधार पर पृथक चुनावों की व्यवस्था का समावेश कर दिया गया।

गवर्नर जनरल लार्ड मिंटो और भारत सचिव लार्ड मार्ले ने बढ़ते उग्रवाद एवं आतंकवाद की धारा रोकने के लिए वह योजना बनाई जो लगभग तीन वर्ष तक गर्भ में रहने के बाद मार्ले–मिंटो सुधारों के नाम से सामने आई। दिसम्बर 1908 को लार्ड मार्ले ने हाउस ऑफ लार्ड्स में सुधार प्रस्तावों की व्याख्या की और बाद में 17 फरवरी, 1909 को एक और भारतीय परिषद विधेयक–इंडियन कौंसिल्स एक्ट (Indian Council Act of 1909) सदन के सामने रखा। 25 मई 1909 को यह विधेयक पास हो गया और 15 नवम्बर 1909 को राजकीय अनुमोदन मिलने के बाद यही 1909 के भारतीय परिषद अधिनियम के नाम से लागू हुआ।

इन सुधार योजनाओं का यह उद्देश्य कदापि नहीं था कि भारत में उत्तरदायी अथवा प्रतिनिधिक व्यवस्था का प्रारम्भ किया जाये। वस्तुतः मार्ले–मिंटो भारत में उत्तरदायी शासन असंभव और अनुपयुक्त समझते थे। वे तो भारतीयों का प्रशासन में केवल सहयोग मात्र चाहते थे।

1909 के अधिनियम की मुख्य धाराएँ: इस अधिनियम की मुख्य विशेषता यह थी कि इसके द्वारा विधान परिषदों की सदस्य संख्या तथा उनकी शक्तियों में उल्लेखनीय वृद्धि कर दी गई। अधिनियम की धारा 1 के अधीन भारत सरकार विधान परिषदों सम्बन्धी विनियम बनाने के लिए अधिकृत की गई, जिसका अनुमोदन भारत सचिव द्वारा किया जाना आवश्यक था। सदस्य संख्या विनियमों द्वारा निर्धारित की जानी थी। इस अधिनियम के मुख्य प्रावधान इस प्रकार थेः

केन्द्रीय विधान परिषद या साम्राज्ञीय परिषद: इस अधिनियम द्वारा सर्वोच्च विधान परिषद की सदस्य संख्या 16 से बढ़ाकर 60 कर दी गई। इस प्रकार गवर्नर जनरल उसकी कार्यकारी परिषद (executive councillors) के 6 सदस्य और दो असामान्य (extra-ordinary) सदस्यों को मिलाकर इस परिषद की कुल सदस्य संख्या 69 हो गई। जिनमें 37 शासकीय और 32 अशासकीय सदस्य थे। इन 32 गैर–सरकारी सदस्यों में 27 निर्वाचित तथा 5 गवर्नर जनरल द्वारा मनोनीत सदस्य होते थे। उल्लेखनीय है कि 27 निर्वाचित सदस्यों द्वारा भारत के विभिन्न क्षेत्रीय (territorial) निर्वाचन मण्डलों को प्रतिनिधित्व दिया गया था। 13 सामान्य निर्वाचित (general electorate) सदस्यों में बंगाल, मद्रास, बंबई तथा संयुक्त प्रांत प्रत्येक से दो सदस्य, पंजाब, बिहार, आसाम, मध्यप्रांत और बर्मा (म्यांमार) से एक–एक सदस्य सम्मिलित था। छह वर्ग विशेष से चुने गये सदस्यों में बंगाल, बंबई, मद्रास, संयुक्त प्रांत, मध्य प्रांत तथा बिहार–उड़ीसा प्रत्येक से एक जमींदारों का प्रतिनिधित्व करने वाला सदस्य सम्मिलित था। दो विशेष वर्ग के निर्वाचन मंडलों में एक प्रेसीडेंसियों के नगर निगमों तथा दूसरा व्यापार मंडल का प्रतिनिधित्व करता था। छह मुस्लिम सदस्यों में दो बंगाल से तथा एक–एक सदस्य बंबई, मद्रास, संयुक्त प्रांत तथा बिहार–उड़ीसा से चुने जाने थे। संक्षेप में कहा जा सकता है कि एक्ट के अनुसार व्यवस्थापिका सभाओं के सदस्य चार प्रकार के थे, पदेन सदस्य (ex-officio members) जैसे केन्द्र में गवर्नर जनरल और उसकी कार्यकारिणी के सदस्य, दूसरे मनोनीत सरकारी अधिकारी (nominated officials), तीसरे मनोनीत गैर–सरकारी सदस्य (Nominated non-officials) और चौथे निर्वाचित सदस्य (elected member)।

प्रांतीय विधान परिषदें: बंबई, मद्रास, बंगाल, यू.पी. की प्रांतीय कौंसिलों में भी अतिरिक्त सदस्यों की संख्या बढ़ाकर 50 कर दी गई जिसमें निर्वाचित सदस्यों का बहुमत होता था। छोटे प्रांतों के लिए यह संख्या 30 थी।

भारत में अप्रत्यक्ष चुनाव पद्धति का प्रादुर्भाव: भारतीय परिषद अधिनियम 1909 पारित होने के पूर्व केन्द्रीय विधान परिषद तथा प्रांतीय विधान परिषदों के लिए सदस्यों को मनोनीत किया जाता था। इस अधिनियम द्वारा भारत में प्रतिनिधित्व के आधार पर गवर्नर जनरल द्वारा अधिनियमित नियमों के अनुसार विधान परिषदों में निर्वाचन प्रणाली लागू की गई। केन्द्रीय एवं प्रांतीय परिषदों में सदस्यों के चुनाव के लिए तीन प्रकार के निर्वाचन मण्डलों का प्रावधान था–(1) साधारण, (2) वर्ग विशेष, तथा (3) विशेष निर्वाचन मण्डल। साधारण निर्वाचन मंडल में अशासकीय निर्वाचन सदस्यों तथा जिला परिषदों का समावेश था। वर्ग विशेष के निर्वाचन मंडल में जमींदारों तथा मुसलमानों को प्रतिनिधित्व का अवसर दिया गया था जबकि विशिष्ट निर्वाचन मंडल में प्रेसीडेंसियों के नगर निगमों तथा व्यापार–मण्डलों के सदस्य प्रतिनिधित्व करते थे।

इस व्यवस्था से स्पष्ट है कि इस अधिनियम द्वारा ब्रिटिश सरकार ने भारत में साम्प्रदायिक आधार पर निर्वाचन पद्धति को सुस्थापित करने का प्रयास किया तथा विभिन्न वर्गों के हितों के संरक्षण के लिए उनके लिए अलग–अलग सीटें निर्धारित कर दी। संभवतः तत्कालीन ब्रिटिश शासकों ने इन सुधारों के लिए यह नीति इसलिए अपनाई की परिषदों के लिए यथासंभव निर्वाचन का सिद्धान्त अपनाया जाए, परन्तु जहाँ यह असंभव हो वहाँ मनोनयन के द्वारा प्रतिनिधित्व की व्यवस्था की जाए।[7]

मतदाताओं के लिए अर्हताएँ: इस अधिनियम में दी गई अनुसूची (Schedule) में मतदाताओं तथा उम्मीदवारों, दोनों के लिए अर्हताएँ निश्चित कर दी गईं थीं। तीन प्रकार के व्यक्ति मत देने के अयोग्य थे–महिलाएँ, अवयस्क (21 वर्ष से कम आयु) या विकृत मस्तिष्क व्यक्ति। उम्मीदवारों के लिए निर्योग्यताओं का उल्लेख अधिनियम के अधीन पारित किये गये विनियम 10 में किया गया था। जिनमें उपर्युक्त तीन अयोग्यताओं के अलावा न्यायालय द्वारा 6 माह से अधिक कारावास के लिए दण्डित व्यक्ति, शासकीय सेवक या शासकीय सेवा से हटाया गया व्यक्ति, राजनीतिक अपराधी, देश से निष्कासित व्यक्ति को भी उम्मीदवारी के लिए निर्योग्य माना गया था। परन्तु विशेष आदेश से गवर्नर जनरल द्वारा उपरोक्त किसी भी निर्योग्यता को दूर किया जा सकता था। तथापि भारतीयों ने इस छूट की कड़ी भर्त्सना की क्योंकि इस अपवाद की ओट में सपरिषद गवर्नर जनरल को राष्ट्रीय आंदोलन में सक्रिय भाग लेने वाले राष्ट्रवादियों को उम्मीदवारी से वंचित रखने का अच्छा कारण मिल गया था।[8]

विधान परिषदों के अधिकारों में वृद्धि: 1909 के अधिनियम के अन्तर्गत विधान परिषदों की शक्तियों में वृद्धि की गई।

- अब सदस्य वार्षिक बजट पर विचार कर सकते थे तथा प्रस्ताव प्रस्तुत कर सकते थे।
- सार्वजनिक हित के विषय पर प्रस्ताव रख सकते थे तथा प्रश्न पूछ सकते थे। प्रस्ताव प्रस्तुत करने से पहले अध्यक्ष को 15 दिन की पूर्व–सूचना देना अनिवार्य था तथा उन्हें अनुरोध के रूप में पेश किया जाना था।
- सदस्यों को पूरक प्रश्न पूछने का अधिकार मिल गया, लेकिन यह अधिकार केवल प्रश्नकर्ता सदस्य को ही था, अन्य सदस्य को नहीं। ऐसे ही समानान्तर अधिकार प्रांतीय परिषदों के सदस्यों को भी दिये गये थे।

इंडिया कौंसिल तथा भारत की गवर्नर जनरल की कौंसिल में भारतीयों की नियुक्ति: भारतीय परिषद अधिनियम, 1909 की एक उल्लेखनीय उपलब्धि यह थी कि इसके द्वारा भारत सचिव की परिषद तथा भारत के गवर्नर जनरल की कार्यपालिका परिषद में सर्वप्रथम भारतीय सदस्यों का समावेश किया गया। तदनुसार दो भारतीय श्री के.सी. गुप्ता तथा सैय्यद हुसैन बिलग्रामी को इंग्लैण्ड स्थित इण्डिया कौंसिल (भारत सचिव की परिषद) में नियुक्त किया गया।

मूल्यांकन: ब्रिटिश सम्राट की 18 नवम्बर, 1908 की उद्घोषणा में 1909 के अन्तर्गत प्रस्तावित सुधारों का भारत सचिव मार्ले ने अपने संसदीय वक्तव्य में यह स्पष्ट किया कि इस अधिनियम का लक्ष्य भारतवासियों को उत्तरदायी सरकार प्रदान करना नहीं और न संसदीय प्रणाली लागू करना है, वरन् विधान परिषदों को केवल परामर्शदात्री संस्थाओं के रूप में विकसित करना है।

इस अधिनियम द्वारा सुधारों के नाम पर चुनाव पद्धति में साम्प्रदायिकता को बढ़ावा दिया ताकि भारतीय राष्ट्रवादियों की एकता को तोड़कर उन्हें विभिन्न भागों में बाँट दिया जाए। यह अलगाववादी की नीति केवल मुसलमानों तक ही सीमित नहीं थी बल्कि जमींदारों, व्यापारियों एवं पूंजीपतियों आदि को अलग–अलग वर्गों में बांटकर देशवासियों को विभाजित करने की नीयत से अपनाई गई थी। यह नीति भारत के भावी राजनीतिक इतिहास के लिए अत्यन्त घातक सिद्ध हुई स्वयं भारत सचिव लार्ड मार्ले ने वायसराय मिन्टो को एक पत्र में ठीक ही लिखा था: "याद रखना कि पृथक निर्वाचन क्षेत्र बनाकर हम ऐसे घातक विष के बीज बो रहे हैं जिनकी फसल बड़ी कड़वी होगी"।

- इन सुधारों द्वारा भारत में सीमित मताधिकार व्यवस्था लागू की गई तथा चुनाव पद्धति केवल अप्रत्यक्ष न होकर दुहरी अप्रत्यक्ष रखी गई थी। वोट देने का अधिकार केवल उन्हीं लोगों को दिया गया था जिनकी वार्षिक आय 15000 रूपये थी या जो 1000 रूपये वार्षिक लगान देते थे। बंगाल में केवल वे ही व्यक्ति वोट दे सकते थे जिनके पास राजा या नवाब की उपाधि हो। ऐसे प्रतिनिधियों में गैर–जिम्मेदारी की भावना उत्पन्न होना स्वाभाविक था।
- सर्वोच्च केन्द्रीय विधान परिषद् में अभी सशक्त शासकीय बहुमत बना हुआ था तथा गैर–सरकारी सदस्यों को अल्पमत में रखा गया ताकि उन्हें सरकारी निर्णयों के विरूद्ध आवाज उठाने का मौका न मिले। इससे ये सुधार लोकप्रिय नहीं बन सके। यही नहीं प्रांतीय परिषदों में यद्यपि गैर–सरकारी बहुमत स्थापित किया था, लेकिन गवर्नर जनरल तथा गवर्नरों को प्राप्त वीटो शक्ति गैर–सरकारी बहुमत को विफल करने में सक्षम थी। इस स्थिति को स्पष्ट करते हुए गवर्नर जनरल की कार्यकारिणी परिषद् में विधि सदस्य के रूप में नियुक्त लार्ड सिन्हा ने सन् 1917 में एक साक्षात्कार में कहा था कि "यद्यपि सन् 1909 के सुधार एक सुस्पष्ट अगला कदम था लेकिन इसने भारतीयों को विधान परिषदों में केवल प्रभाव दिया न कि शक्ति।"[9]
- अधिनियम में एक अन्य दोष यह था कि इसके द्वारा न तो प्रांतीय सरकारों पर केन्द्रीय सरकार के नियंत्रण को कम किया गया और न केन्द्रीय सरकार पर भारत सचिव एवं उसके परिषद् के नियंत्रण में कोई कमी की गई थी।
- इस अधिनियम के अधीन लागू किये गये सुधारों की आलोचना करते हुए के.बी. पुन्नैया ने लिखा है कि इनमें सरकार को सरकारी सदस्यों पर नियंत्रण अधिक कड़ा करने की छूट मिली क्योंकि वे न तो कोई प्रस्ताव रख सकते थे और न प्रश्न ही पूछ सकते थे। वे सरकारी अनुमति के बिना बहस में हस्तक्षेप भी नहीं कर सकते थे। उनका एकमात्र काम "सरकार के पक्ष में तथा गैर सरकार विपक्ष के विरूद्ध मतदान करना था।" वास्तव में इस सुधार योजना से लेजिस्लेटिव कौंसिल की आलोचना पद्धति में सुधार नहीं हुआ। बाटिल फ्रेयर (बम्बई के गवर्नर) ने सरकार और कौंसिलों की तुलना दरबार में एक सम्राट से की थी।
- मिंटो और मार्ले दोनों का उद्देश्य केवल ऐसे भारतीय प्रतिनिधियों को सरकार के साथ मिलाना था जो अधिक उत्तरदायी प्रशासन के पक्ष में नहीं थे। लेजिस्लेटिव कौंसिलों का पृथक् अस्तित्व न होना, कार्यकारिणी पर व्यवस्थापिका सभा का नियंत्रण न होना, स्वायत्त प्रशासन की स्थापना न कर पाना आदि कुछ ऐसे मौलिक प्रश्न थे जिनका हल 1909 के सुधारों के आधार पर संभव नहीं था। तथापि इतना अवश्य कहा जा सकता है कि 1892 के सुधारों के अपेक्षा 1909 ई. की कौंसिलों में अधिक जागरूकता पाई जाती थी।

कांग्रेस की प्रतिक्रिया: कंजरवेटिव दल के नेता आर्थर बाल्फोर ने जो संसद में विपक्ष का नेता था, मार्ले के इस कथन की चर्चा करते हुए कि भारतीय प्रतिनिधि शासन के अयोग्य है, पूछा, "मैं कतई नहीं समझ पाया हूँ कि आप आखिर ऐसे विधानमण्डलों के निर्माण के लिए एड़ी का पसीना चोटी तक क्यों बहा रहे हैं जो प्रतिनिधिक नहीं है और जिन्हें आप वैसा नहीं बनाना चाहेंगे, जो हमारी कार्यविधि के निकृष्टतम और सबसे अधिक कष्टसाध्य अंगों की भौंडी नकल है।"[10] लेकिन प्रगतिवादी विचारों वाले सांसदों जैसे काटन और रदरफोर्ड ने इस कानून का स्वागत किया और इसे "स्वशासन की एक भले ही मामूली सी किस्त" बताया। नरम दल वाली भारतीय राष्ट्रीय कांग्रेस ने दिसम्बर 1908 में अपने मद्रास अधिवेशन में सुधारों का बिना शर्त स्वागत किया। उसने एक प्रस्ताव स्वीकार किया: "यह कांग्रेस लार्ड मार्ले द्वारा तैयार किये गए सुधार प्रस्तावों का देश भर में स्वागत किये जाने पर गहरा और आम संतोष व्यक्त करना चाहती है। कांग्रेस मानती है कि इस मामले में सरकार की कर्रवाई के पीछे उच्च कोटि की राजनीतिज्ञता रही है और वह मार्ले एवं मिंटो के प्रति उनके प्रस्तावों के लिए हार्दिक एवं सच्ची कृतज्ञता प्रकट करती है।"[11] आशा की यह भावना बहुत कम समय ही टिक पाई मुस्लिम संरक्षण के समाचार से नरम दलीय कांग्रेसियों को बेहद निराशा हुईं इसी भावना को अभिव्यक्त करते हुए 1909 में लाहौर कांग्रेस के अध्यक्ष पद से मदनमोहन मालवीय ने कहा, "यह किसी अल्पगत के हितों का अतिवादी सुरक्षण है। यह ऐसा प्रतीत होता है जैसे अल्पसंख्यकों ने बहुसंख्यकों को खदेड़ते हुए ऐसे कगार तक पहुँचा दिया हो जहां से न आगे बढ़ने की राह हो न पीछे लौटने की.... दो प्रान्तों में (पंजाब और पूर्वी बंगाल तथा असम में) हिन्दू अल्पसंख्यकों को अपनी किस्मत पर सिर धुनने

के लिए छोड़ दिया गया। उन्होंने यह चेतावती भी दी की धर्म के आधार पर प्रतिनिधित्व से मुसलमानों और गैर–मुसलमानों के बीच अलगाववाद पनपेगा।

प्रमुख राष्ट्रवादी नेता या तो जेल में बन्द थे या निष्कासित थे, लेकिन उनकी प्रतिक्रिया का अनुमान लगाया जा सकता था। यदि सुधार इस उद्देश्य से लागू किये गये थे कि इससे अशान्ति समाप्त हो जायेगी तो वे इसमें असफल रहे। हिंसा, दमन और अधिक हिंसा का दुश्चक्र चलता ही रहा। राजनीतिक हलकों में संदेह और आशंका उत्पन्न हुई।[12] माण्टेग्यू चैम्सफोर्ड रिपोर्ट में स्वीकार किया गया कि मार्ले मिन्टो योजना विफल रही थी। रिपोर्ट में कहा गया "1909 के सुधार भारतीय राजनीति की समस्याओं का कोई उत्तर नहीं प्रस्तुत कर सके, न वे ऐसा कर सकते थे।"[13]

भारत सरकार अधिनियम या माण्टेग्यू–चेम्सफोर्ड सुधार (The Government of India Act or Montagu-Chelmsford Reforms, 1919)

भारत सरकार द्वारा नियम बना दिये जाने के पश्चात् 1909 ई. में सुधारों का वास्तविक स्वरूप स्पष्ट हो गया। इससे कांग्रेस के उदारवादियों को भी भारी निराशा हुई, बंगाल विभाजन के विरूद्ध बढ़ते हुए आन्दोलन को कम करने और भारतीय रंगमंच पर शांति स्थापित करने के लिए 1911 ई. में विभाजन को समाप्त कर दिया गया। 1914 में तिलक को 6 वर्ष के कारावास के पश्चात् मुक्त कर दिया। इसी वर्ष अगस्त में प्रथम विश्व युद्ध प्रारम्भ हुआ। कांग्रेसी नेताओं ने अंगरेजी साम्राज्य के प्रति निष्ठा एवं भक्ति व्यक्त करनी प्रारम्भ की। वे अंगरेजी साम्राज्य की कठिनाईयों से लाभ नहीं उठाना चाहते थे।

1915 में नरम दल के दो प्रमुख नेताओं: गोपालकृष्ण गोखले और फीरोजशाह मेहता की मृत्यु हो गई और दिसम्बर 1915 में ऐनीबेसेन्ट के प्रयत्नों से कांग्रेस संविधान में आवश्यक परिवर्तन करके उग्र राष्ट्रवादी नेताओं का कांग्रेस में मिलन संभव हो सका। दूसरी ओर मुसलमानों में भी अंगरेजी साम्राज्यवादी नीति से असंतोष बढ़ रहा था। 1915 तथा 1916 में मुस्लिम लीग तथा कांग्रेस के वार्षिक अधिवेशन एक ही स्थान पर हुए। 1916 में लखनऊ अधिवेशन में दोनों संगठनों ने अलग अलग एक ही योजना स्वीकार की, जिसे कांग्रेस लीग योजना अथवा लखनऊ समझौता कहते हैं।

इस समझौते के दो भाग थे। एक मुसलमानों के अधिकारों और दूसरा उन सामान्य सुधारों के संबंध में था जो भारतीय प्रशासन में किये जाने थे। मुसलमानों के अधिकारों के सम्बन्ध में साम्प्रदायिक निर्वाचन प्रणाली तथा उनके प्रतिनिधित्व की मांग भी कांग्रेस द्वारा स्वीकार कर ली गई। विभिन्न प्रांतीय व्यवस्थापिका सभाओं में निर्वाचित भारतीय सदस्यों की संख्या का निश्चित भाग मुसलमानों के लिए आरक्षित कर दिया गया। पंजाब में 50 प्रतिशत, बंगाल में 40 प्रतिशत, यू.पी. में 30 प्रतिशत, बंबई में 33 प्रतिशत, मध्य प्रांत में 15 प्रतिशत, बिहार में 25 प्रतिशत और मद्रास में 15 प्रतिशत। केन्द्रीय विधान परिषद् में निर्वाचित सदस्यों की संख्या का 1/3 मुसलमानों के लिए सुरक्षित कर दिया गया और यह समस्त निर्वाचन सांप्रदायिक निर्वाचन क्षेत्रों द्वारा होंगे। यदि किसी सभा में एक संप्रदाय के 3/4 सदस्य किसी प्रस्ताव का यह कहकर विरोध करें कि वह उनके संप्रदाय के हितों के विरूद्ध था तो उस प्रस्ताव को पारित नहीं किया जाएगा। दूसरे भाग की योजना के प्रमुख उपबन्ध थे:

(1) प्रशासन और वित्त के क्षेत्र में प्रान्तों को केन्द्र के नियंत्रण से अधिकतम स्वतंत्रता मिलनी चाहिये। (2) प्रान्तीय और केन्द्रीय विधान परिषद् के 80 प्रतिशत सदस्य निर्वाचित हों। (3) केन्द्रीय और प्रांतीय कार्यकारिणी के कम से कम आधे सदस्य विधान परिषद् द्वारा निर्वाचित होने चाहिए। (4) सैनिक और विदेशी विभागों को छोड़कर शेष समस्त विषयों पर परिषद् को नियंत्रण प्राप्त हो। (5) भारत सचिव के भारत सरकार के साथ वही सम्बन्ध होने चाहिए जो औपनिवेशिक सचिव के डोमीनियनों की सरकारों के साथ होते हैं।

इस समझौते को कांग्रेसी नेताओं ने अत्यधिक महत्वपूर्ण बताया। उस समय इस समझौते की खुशी में इसके दूरगामी परिणामों को कांग्रेस नेताओं ने ठीक प्रकार से नहीं समझा। मुस्लिम लीग को मुसलमानों का एकमात्र प्रतिनिधि मानकर कांग्रेस ने अपने आपको केवल हिन्दुओं का प्रतिनिधि बना लिया और अपने राष्ट्रीय होने के दावे को सदा के लिए दुर्बल कर लिया। इस समझौते से भारतीय राष्ट्रीयता की कल्पना का घातक धक्का लगा। लीग इसे एक राजनीतिक सफलता मानती रही। कांग्रेसी नेता इसे अस्थाई समझते रहे। उनकी इतनी बड़ी भूल इससे पूर्व कोई नहीं थी।

होमरूल आन्दोलन: यह आन्दोलन 1916 में ऐनीबेसेन्ट और तिलक द्वारा प्रारम्भ किया गया था। आन्दोलन एक सांविधानिक संघर्ष था और इसका लक्ष्य था ब्रिटिश साम्राज्य के अन्तर्गत भारतीयों के लिए स्वशासन प्राप्त करना। आन्दोलन को दृष्टिगत रखते हुए सरकार शीघ्र ही श्रीमती बेसेन्ट को रिहा करने पर मजबूर हो गई। भारत सरकार तथा विभिन्न प्रांतीय

अधिकारी इस आन्दोलन के प्रभाव से भयभीत हुए। भारत सचिव पर इस बात के लिए गवर्नर जनरल ने दबाव डाला कि वह भारतीय सरकार की नीति तथा उद्देश्य स्पष्ट करे। विवश होकर 20 अगस्त 1917 को भारत सचिव माण्टेग्यू (Montagu) ने घोषणा की जिसमें अंगरेजी सरकार की नीति का लक्ष्य स्वायत्त शासन की स्थापना बताया गया।

20 अगस्त 1917 की घोषणा (Statement of 20th August, 1917): भारत में अंगरेजी नीति से व्यापक असंतोष, युद्ध संचालन में अधिक भारतीय सहयोग की आवश्यकता, होमरूल आन्दोलन में राष्ट्रीय चेतना को प्रोत्साहन, रूस में मार्च 1917 की उदारवादी क्रान्ति, संयुक्त राज्य अमेरिका के राष्ट्रपति विल्सन का युद्ध में सम्मिलित होना और मेसोपोटामिया जांच आयोग द्वारा भारत सरकार की तीव्र आलोचना आदि से प्रभावित होकर यह आवश्यक हुआ कि अंगरेज प्रशासन में भारतीयों को अधिक सक्रिय योगदान देने का अवसर प्रदान किया जाए। 20 अगस्त 1917 को तत्कालीन भारत सचिव माण्टेग्यू ने ब्रिटिश सरकार द्वारा भारत में लागू किये जाने वाले प्रस्तावित सुधारों की घोषणा की।

इस घोषणा में मुख्यतः निम्नलिखित चार बातों का उल्लेख था–

- ब्रिटिश शासन का लक्ष्य भारत में स्वशासन को विकसित करना।
- स्वशासन एकदम न दिया जाकर विभिन्न चरणों में दिया जाना।
- विभिन्न चरणों का निर्धारण भारतीयों द्वारा स्वशासन की दिशा में की गई प्रगति पर निर्भर।
- प्रगति के विषय में निर्धारण ब्रिटिश संसद तथा ब्रिटिश भारत सरकार द्वारा किया जाना था।

सन् 1917 के 'अगस्त प्रस्ताव' का भारतीय सांविधानिक इतिहास में उल्लेखनीय महत्व है। यह प्रथम शासकीय घोषणा थी जिसके द्वारा भारत को ब्रिटिश राष्ट्रमण्डल के अन्य डोमीनियन्स की तरह स्वतंत्र डोमीनियन्स की प्रास्थिति प्रदान करना प्रस्तावित था। आगे चलकर भारत में उत्तरदायी सरकार की स्थापना करना संभव हुआ। ज्ञातव्य है कि सन् 1908 में भारत सचिव मार्ले ने भारतीयों की मांग स्पष्ट शब्दों में ठुकरा दी थी, जिसे माण्टेग्यू ने अगस्त प्रस्ताव के अन्तर्गत स्वीकार कर लिया। इस प्रस्ताव में आशान्वित होकर भारत की राष्ट्रीय कांग्रेस को आगामी वर्षों में 'स्वराज्य' प्राप्त करने की दिशा में प्रयास करने का प्रोत्साहन मिला। तथापि इस प्रस्ताव के कुछ दोष भी थे। प्रथम यह कि इसके अन्तर्गत स्वायत्त शासन की कोई निश्चित समयावधि नहीं की गई थी। प्रगति का निर्णय ब्रिटिश सरकार द्वारा ही किया जाना था, जो स्वतंत्रता की नीति के विपरीत था। इस प्रस्ताव से सबसे बड़ी हानि यह हुई कि इसके कारण उग्रवादी, नरमदल तथा मुस्लिम लीग की एकता को पुनः आघात पहुँचा क्योंकि नरमदल के कांग्रेस नेताओं ने इसे एक बड़ी उपलब्धि माना जबकि उग्रवादियों ने इस सुधारों को नगण्य समझा।

माण्टेग्यू–चेम्सफोर्ड रिपोर्ट: 1917 के अगस्त प्रस्ताव के तुरन्त बाद ब्रिटिश संसद तथा भारत सरकार द्वारा शिमला में आयोजित सर्वोच्च परिषद् की बैठक में इन प्रस्तावों पर विचार–विमर्श प्रारम्भ हुआ। भारत सचिव जनरल चेम्सफोर्ड (Chelmsford) स्वयं गवर्नर जनरल माण्टेग्यू से विचार–विमर्श करने हेतु एक शिष्टमंडल 15 सदस्यों सहित 10 नवम्बर 1917 को भारत (बंबई) आए। शिष्टमंडल (deligation) का उद्देश्य भारत की राजनीतिक स्थिति का मूल्यांकन करने के लिए विभिन्न दलों के नेताओं तथा प्रान्तों के सरकारी अधिकारियों से भेंट करके जानकारी प्राप्त करना था। शिष्टमण्डलीय समिति जिसमें अर्लडोनीघमोर, विलियम ड्यूक (William Duke), भूपेन्द्रनाथ बसु एवं ब्रिटिश संसद सदस्य चार्ल्स राबर्ट शामिल थे, गठित की। समिति ने मसविदा तैयार करने में सहयोग किया था।

जैसा कि माण्टेग्यू ने बाद में स्वयं स्वीकार किया था कि उनकी भारत यात्रा का मुख्य उद्देश्य भारतीयों का ध्यान कुछ समय के लिए क्रांतिकारी गतिविधियों से हटाकर उन्हें वार्तालाप में उलझाए रखना तथा ताकि उस समय जबकि प्रथम विश्व युद्ध खतरनाक स्थिति में था, भारतीय नेताओं को चुप रखा जा सके। उन्होंने आगे कहा कि "मैंने युद्ध की भीषण स्थिति में भारतीयों को छह महीने चुप रखने में सफलता प्राप्त की तथा भारतीय राजनीतिज्ञों को मेरे शिष्टमण्डल के सिवाय अन्य कुछ न सोचने के लिए बाध्य रखा।"[14] अपनी रिपोर्ट को 21 अप्रैल 1918 को अंतिम रूप देते समय उन्होंने कहा कि "हमारा प्रयास भारतीय सरकार को इंग्लैण्ड के लोगों के विश्वास पर आधारित करने के बजाय भारतीय जनमत के विश्वास पर आधारित करने का रहा है।"

उक्त रिपोर्ट 8 जुलाई 1918 को 'माण्टेग्यू चेम्सफोर्ड' रिपोर्ट के नाम से प्रकाशित हुईं यह प्रतिवेदन निम्नलिखित मुख्य सिद्धान्तों पर आधारित था, जो कि नये प्रस्तावित भारत शासन अधिनियम 1919 की उद्देशिका के रूप में समाविष्ट किये गए:

- स्थानीय संस्थाओं में यथासंभव बाह्य नियंत्रण से पूर्ण स्वायत्तता देनी चाहिए।
- उत्तरदायी प्रशासन को सबसे पहले प्रांतों में ही स्थापित किया जाए। केन्द्रीय सरकार पूरी तरह निरंकुश तथा संसद के प्रति उत्तरदायी रहेगी।
- प्रांतीय सरकार की स्वायत्तता के अनुपात में भारत सचिव का नियंत्रण कम हो जाएगा।

इन आधारों पर प्रांतों में द्वैध, केन्द्र में अनुत्तरदायी व्यवस्था, प्रांतीय विधान सभाओं में निर्वाचित बहुमत, केन्द्र में द्विसदनात्मक व्यवस्था आदि की सिफारिश की गई।

इस रिपोर्ट पर भारतीय प्रतिक्रिया स्वाभाविक रूप से मिली जुली थी। नरमपंथी नेता इन सुधारों को प्रगतिशील तथा उपयोगी समझते थे। उग्र विचारों वाले नेता तथा होमरूल आन्दोलन के समर्थक इन्हें पूर्णतया अनुचित मानते थे। मद्रास से प्रकाशित माण्टेग्यू चेम्सफोर्ड स्थित रिफार्म प्रपोजल्स के एक पाठ की भूमिका लिखते हुए श्रीमती ऐनी बेसेंट ने कहा कि "सबसे दुःखद बात यह है कि मांटेग्यू चेम्सफोर्ड प्रस्ताव भारतीयों की योग्यता में अविश्वास पर इस दंभपूर्ण विचार पर कि भारतीय अपने मामलों को स्वयं संभालने में असमर्थ हैं तथा इस विश्वास पर आधारित हैं कि भारत के लोगों को स्वयं नहीं अपितु विदेशियों को यह निर्णय करना है कि उन्हें मताधिकार किन किश्तों में मिलें। भारत को जो दिया जा रहा है, वह आत्मनिर्णय नहीं, विदेशी निर्णय है और भारत से कहा जाता है कि उसे स्वीकार कर ले।.... भारत के लिए यह बहुत महत्वपूर्ण है कि वह इन प्रस्तावों को इनके वर्तमान रूप में स्वीकार न करे।" इन दोनों के मध्य दृष्टिकोण रखने वाला एक तीसरा मत भी था जो रिपोर्ट को असंतोषजनक मानता था, लेकिन उसे अस्वीकार नहीं करना चाहता था। इस दल में और नरमपंथी विचारकों में केवल भाषा शैली का अन्तर था। नरमपंथी नेताओं ने अपने आपको कांग्रेस से अलग करके एक पृथक दल बना लिया। कांग्रेस में बीच के विचार रखने वालों का बहुमत था। इसीलिए रिपोर्ट पर विचार–विमर्श करने के लिए विशिष्ट अधिवेशन बुलाया गया। तिलक, मदनमोहन मालवीय आदि नेताओं ने इस बात का प्रयत्न किया कि एक समन्वित दृष्टिकोण अपनाया जाए। इसलिए प्रस्तावों का स्वागत करते हुए उसके कुछ दोषों को दूर करने के लिए सरकार से अनुरोध किया गया। नरमपंथियों ने नवम्बर 1918 में ऑल इण्डिया मॉडरेट कांफ्रेंस का अधिवेशन बुलाया और आल इण्डिया लिबरल फेडरेशन (All India Liberal Federation) का गठन किया। नरमपंथियों के पृथक् संगठन बन जाने के पश्चात् दिसम्बर, 1918 में कांग्रेस के वार्षिक अधिवेशन में रिपोर्ट की पर्याप्त आलोचना की गई।

केन्द्रीय राज्य परिषद्

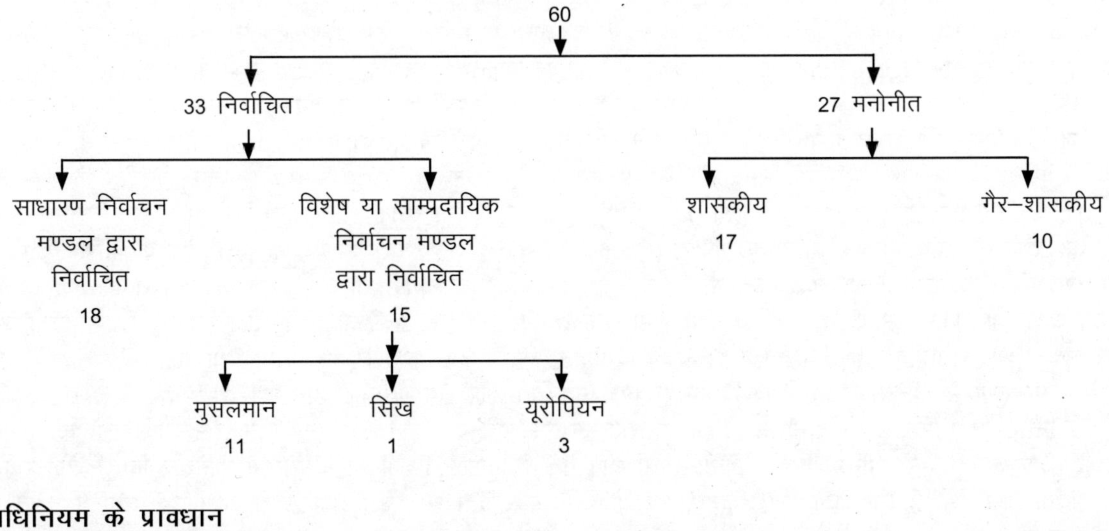

अधिनियम के प्रावधान

माण्टेग्यू चेम्सफोर्ड सुधार योजना पर आधारित एक विधेयक 28 मई, 1919 को हाउस ऑफ कामन्स में प्रस्तुत किया गया। 23 दिसम्बर, 1919 को विधेयक पर सम्राट की स्वीकृति प्राप्त हो गई और उसके बाद यही विधेयक 1919 का भारतीय शासन अधिनियम बन गया।

प्रस्तावना (Preamble): 1917 की माण्टेग्यू घोषणा को अक्षरशः अधिनियम की प्रस्तावना का रूप दे दिया गया था। घोषणा की भांति अधिनियम की प्रस्तावना में भी यह स्पष्ट किया गया कि (1) प्रशासन में भारतीयों का सम्पर्क बढ़ाया जायेगा। (2) भारत ब्रिटिश साम्राज्य का अभिन्न अंग बना रहेगा। (3) स्वशासन की संस्थाओं का विकास किया जायेगा। (4) भारत में ब्रिटिश नीति का लक्ष्य उत्तरदायी शासन की स्थापना होगा। (5) उत्तरदायी शासन और स्वशासन की संस्थाओं की स्थापना का काम धीरे–धीरे और क्रमिक ढंग से होगा, तथा (6) कब कितनी प्रगति हो इसका अन्तिम निर्णय ब्रिटिश संसद के ही हाथों में रहेगा। इसके अतिरिक्त सिक्ख, ईसाई और आंग्ल भारतीयों के प्रतिनिधित्व की व्यवस्था की गई।

1919 के अधिनियम द्वारा किये गये प्रमुख परिवर्तन इस प्रकार थेः

गृह शासन से सम्बन्धित प्रावधान: भारत सचिव के कार्यों में कोई महत्वपूर्ण परिवर्तन नहीं किया गया, किन्तु उस पर संसद का नियंत्रण बढ़ा दिया। अब तक भारत सचिव तथा उसके विभाग पर होने वाला खर्च भारत के राजस्व में से वसूल किया जाता था, लेकिन अब यह सारा खर्च ब्रिटिश संसद द्वारा स्वीकृत धनराशि में से किया जाने लगा। प्रत्येक सदस्य का वेतन 1200 वार्षिक रखा गया। इसका अर्थ यह हुआ कि भारत सचिव के वेतन पर मतदान के समय उसकी नीति को चुनौती दी जा सकती थी। भारत परिषद् (Indian Council) के सदस्यों की संख्या न्यूनतम 8 व अधिकतम 12 कर दी गई। इनमें से आधे सदस्य वे होंगे जो दीर्घकाल से भारत में रहते आए हों। इनमें से तीन सदस्यों का भारतीय होना भी आवश्यक था। इन सदस्यों का कार्यकाल 5 वर्ष रखा गया। भारत सम्बन्धी कुछ कार्यों जैसे व्यापार और ब्रिटेन में भारतीयों की शिक्षा के लिए एक नवीन अधिकारी भारतीय हाई कमिश्नर (Indian High Commissioner) रखा गया जिसे भारत सरकार के स्थानीय एजेण्ट (agent) के रूप में कार्य करना था।

प्रांतीय प्रशासन सम्बन्धी कुछ मामलों में भी भारत सचिव की शक्ति में कमी हो गई। इसका कारण था प्रान्तों में आंशिक उत्तरदायी प्रशासन की स्थापना। हस्तान्तरित विषयों में भारत सचिव केवल कुछ अवस्थाओं में जैसे कि ब्रिटिश साम्राज्य के हितों, केन्द्रीय विषयों के प्रशासन तथा अपने विशिष्ट अधिकारों की रक्षा के लिए ही हस्तक्षेप कर सकता था।

भारत सरकार: जहाँ तक भारत सरकार का सम्बन्ध है, केन्द्रीय स्तर पर भारतीय विधान परिषद् के स्थान पर अब पहली बार एक द्विसदनात्मक विधान मण्डल की स्थापना की गई। इसकी विधायी शक्तियाँ भारतीय विधान परिषद् के समान ही थी। केन्द्रीय विधान मण्डल के दो सदन थे, राज्य परिषद् (Council of State) और केन्द्रीय विधानसभा (Central Legislative Assembly)। राज्य परिषद् में 60 सदस्य, जिसमें 27 मनोनीत और 33 निर्वाचित होते थे। इनमें अधिक से अधिक एक तिहाई सदस्य सरकारी सदस्य हो सकते थे।

केन्द्रीय विधानमण्डल के अधिकार: केवल वित्त सम्बन्धी मामलों को छोड़कर अन्य सभी मामलों में केन्द्रीय विधानमण्डल (Central Legislature) के दोनों सदनों को बराबर शक्तियाँ प्राप्त थी। केन्द्रीय सूची में उल्लिखित सभी विषयों पर ब्रिटिश भारत की जनता के लिए कानून बनाने की शक्ति विधानमण्डल को प्राप्त थी। कुछ मामलों में कानून बनाने के पूर्व गवर्नर जनरल की अनुमति प्राप्त की जानी अनिवार्य की गई। जैसे विदेशी तथा देशी रियासतों से सम्बन्ध, स्थल, नौ तथा वायुसेना के अनुशासन सम्बन्धी, सार्वजनिक ऋण एवं कर और जनता के धर्म सम्बन्धी कानून। केन्द्रीय विधानमण्डल के सदस्य केन्द्रीय सरकार से प्रश्न एवं पूरक प्रश्न भी पूछ सकते थे तथा उनकी आलोचना कर सकते थे। वित्तीय मामलों में विधानसभा की शक्तियाँ केन्द्रीय राज्य परिषद् (Council of State) से विस्तृत थी क्योंकि वित्त विधेयक पारित कराने के लिए राज्य परिषद् के मत की आवश्यकता नहीं थी बजट का अधिकांश भाग बिना वादविवाद के ही पास किया हुआ मान लिया जाता था। शेष भाग के बजट में केन्द्रीय सभा (Central Legislative Assembly) जिसे निम्न सदन कहा गया कमी कर सकती थी। मनोनीत एवं निर्वाचित सदस्यों का विभाजन संलग्न टेबल के अनुसार किया गया था।

विधानसभा में 143 सदस्य होने थे जिनमें से 103 निर्वाचित और शेष मनोनीत होने थे।

केन्द्रीय विधानमण्डल के दोनों सदनों में गतिरोध उत्पन्न होने की दशा में गवर्नर जनरल दोनों सदनों की संयुक्त बैठक बुलाकर बहुमत से अन्तिम निर्णय किया जाता था। गवर्नर जनरल किसी भी विधेयक पर विचार विमर्श रोक सकता था अथवा किसी भी विधेयक को पास किया हुआ घोषित कर सकता था। संकट काल में अध्यादेश प्रसारित करने का अधिकार भी गवर्नर जनरल को था। वह किसी भी पास किये हुए विधेयक को अस्वीकृत कर सकता था। इस तरह केन्द्रीय विधानमण्डल के अधिकार बहुत सीमित थे।

प्रांतीय प्रशासन एवं द्वैधशासन (Provincial Administration and Dyarchy): इस अधिनियम की मुख्य विषेशता प्रांतीय क्षेत्र में द्वैधशासन प्रणाली स्थापित करना था। सर्वप्रथम सभी प्रांतों को एक समान स्तर प्रदान किया गया। अब तक ब्रिटिश भारत में तीन प्रकार के प्रांत थे–गवर्नर के प्रांत, चीफ कमिश्नर के प्रांत तथा लेफ्टिनेंट गवर्नर के प्रांत। प्रत्येक प्रमुख या गवर्नर के प्रांत में विधान परिषद् नामक एक सदनात्मक विधानमण्डल होना था। प्रांतीय विधानमण्डलों में निर्वाचित सदस्यों की संख्या कुल संख्या की 70 प्रतिशत होनी चाहिए थी तथा मनोनीत सदस्य (सरकारी अधिकारी) संख्या 20 प्रतिशत से अधिक नहीं हो सकती थी। इसके अतिरिक्त प्रांतीय विधानमण्डलों में कुछ गैर–सरकारी मनोनीत सदस्य भी होने थे। गवर्नर की कार्यकारिणी के सभी सदस्य प्रांतीय विधानमण्डल के पदेन सदस्य थे। विभिन्न प्रांतों के विधानमण्डलों की सदस्य संख्या का उल्लेख नीचे दी गई सारिणी में किया गया है–

प्रान्त का नाम	निर्वाचित सदस्य	सरकारी पदेन तथा मनोनीत	विशेष वर्गों तथा हितों के मनोनीत गैर सर. सद.	कुल
मद्रास	98	23	11	132
बम्बई	86	20	8	114
बंगाल	114	22	4	140
संयुक्त प्रांत	100	20	3	123
पंजाब	71	18	5	94
बिहारी एवं उड़ीसा	76	18	9	103
मध्य प्रांत	55	11	7	73
टासाम	39	12	2	53
बर्मा (म्यांमार)	80	22	1	103

केन्द्रीय राज्य परिषद्

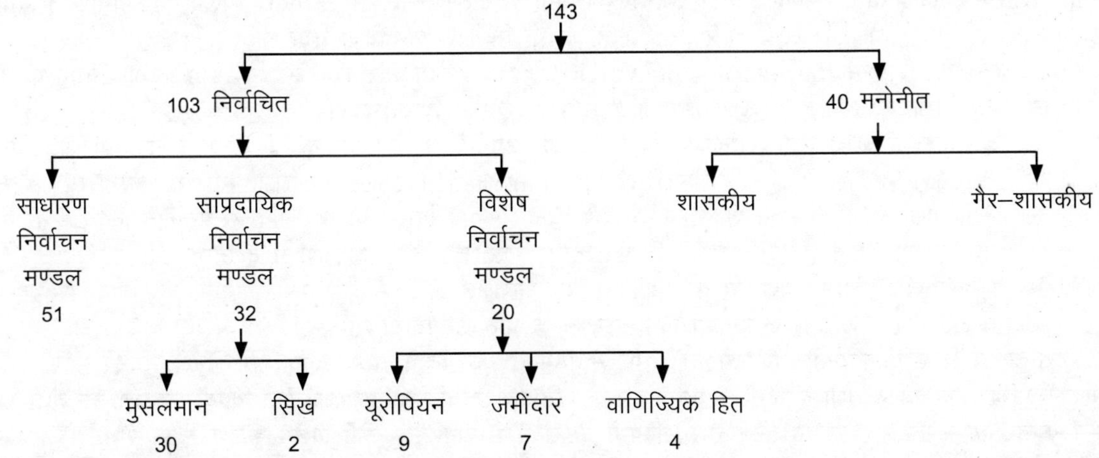

प्रांतों को अनेक चुनाव क्षेत्रों में बांट दिया गया तथा प्रत्यक्ष चुनाव प्रणाली अपनाई गई जिसमें साम्प्रदायिक आधार अथवा पृथक निर्वाचन प्रणाली पर आरक्षण की व्यवस्था थी। विधान परिषदों के चुनाव में मत देने का अधिकार संपत्ति सम्बन्धी योग्यता पर आधारित था जिसके कारण बहुत कम लोगों को मत देने का अधिकार प्राप्त था। 1920 में 24.17 करोड़ आबादी में से केवल 53 लाख को मताधिकार प्राप्त था। दूसरे शब्दों में वही लोग जिनकी आय दस हजार वार्षिक थी अथवा जो कम से कम 750 रूपये वार्षिक भूमिकर के रूप में देते थे। इसके अतिरिक्त वह उपाधिकारी (title holder)

भी होना चाहिए। उम्मीदवारों के लिए मताधिकार की योग्यता के लिए कुछ अतिरिक्त योग्यताएँ भी निर्धारित की गई थी।[15] आरम्भ में महिलाओं को मताधिकार नहीं दिया गया था, लेकिन बाद में प्रायः सभी प्रांतों में यह निर्योग्यता हटा दी। अवयस्क, विकृत मस्तिष्क एवं अब्रिटिश प्रजा को मताधिकार प्राप्त न था। प्रांतीय विधानमंडल की अवधि तीन वर्ष की थी, परन्तु प्रांत का गवर्नर इस अवधि के पूर्व भी इसे भंग कर सकता था। विधानमंडल भंग किये जाने की स्थिति में प्रांत के गवर्नर के लिए यह अपेक्षित था कि वह नये विधानमण्डल का छह माह के अन्दर पुनर्गठन करे। विधानमण्डल को अपने सदस्यों में से अध्यक्ष निर्वाचित करने का अधिकार था।

प्रांतीय विधानमंडलों को अपने क्षेत्र में शांति एवं सुशासन बनाये रखने के लिए कानून बनाने की शक्ति दी गई थी कुछ विशेष मामलों को छोड़कर शेष मामलों पर कानून बनाने के लिए गवर्नर की पूर्वानुमति आवश्यक नहीं थी। इन चार मामलों में कानून बनाने के लिए गवर्नर की पूर्व अनुमति ली जानी आवश्यक थी (1) नये कर लगाने, (2) लोक ऋण या सीमा शुल्क, (3) सेना, नौसेना, तथा (4) केन्द्रीय विषय पर। सदस्यों को प्रश्न तथा पूरक प्रश्न पूछने का अधिकार था। जनता की समस्याओं को सदस्यों द्वारा विधानमण्डल में प्रस्ताव रखकर ध्यान आकर्षित कराया जा सकता था। निम्नलिखित वित्तीय शीर्षकों पर विधान परिषद् को अधिकार प्राप्त नहीं थे–

(क) स्थानीय शासनों द्वारा केन्द्रीय शासन को देय अंशदान,

(ख) ऋणों पर ब्याज तथा निक्षेप–निधि का व्यय,

(ग) उच्च न्यायालयों के न्यायाधीशों और महाधिवक्ताओं का वेतन, तथा

(घ) सम्राट या भारत सचिव की अनुशंसा से नियुक्त किये गये अधिकारियों के वेतन या भत्ते।

केन्द्रीय तथा प्रान्तीय विषयों का विभाजनः 1919 के अधिनियम की सबसे प्रमुख विशेषता प्रांतीय सरकारों के अधिकार क्षेत्र का परिसीमन था। जो भारत में संघात्मक व्यवस्था के निर्माण की दिशा में प्रथम चरण था।[16]

केन्द्रीय सरकार तथा प्रांतीय सरकारों के बीच प्रशासन के समस्त विषयों को 'केन्द्रीय' तथा 'प्रांतीय' दो वर्गों में विभक्त किया गया था। विषयों के विभाजन का आधार यह था कि जिन विषयों में एक से अधिक प्रांतों के हितों की प्रधानता होती थी, उन्हें केन्द्रीय विषय माना गया और जिन विषयों में किसी विशेष प्रांत के हित ही निहित थे, उन्हें प्रांतीय विषय माना गया। यातायात, डाकतार, सुरक्षा और वैदेशिक मामले जैसे विषय केन्द्रीय सरकार को दिये गये तथा कृषि, शिक्षा, स्वास्थ्य, स्थानीय प्रशासन आदि प्रान्तीय सरकारों को। हस्तान्तरण नियमों (डिवोल्यूशन रूल्स) में प्रांतों के लिए एक सुनिश्चित विधायी क्षेत्र की व्यवस्था की गई थी और साथ ही राजस्व स्रोतों का भी निर्धारण कर दिया गया था।

द्वैधशासन का प्रारम्भ (Introduction of Dyarchy): 1919 प्रांतीय शासन के क्षेत्र में 1919 के अधिनियम के द्वारा द्वैध शासन प्रणाली (डायर्की अर्थात् दो शासकों द्वारा शासन) का प्रवर्तन किया गया।

- इस योजना के अनुसार 'प्रान्तीय विषयों' को दो उपवर्गों में विभाजन कर दिया गया थाः 'आरक्षित विषय' (Reserved subjects) और 'हस्तान्तरित विषय' (Transferred subjects)। शिक्षा स्वास्थ्य, संग्रहालय, स्थानीय स्वायत्तशासन, कृषि, सहकारी समितियां, पशु चिकित्सा एवं मतस्य पालन आदि हस्तान्तरित विषय थे जिनका प्रशासन प्रान्तीय विधानमण्डल के प्रति उत्तरदायी भारतीय मंत्रियों के हाथों में दे दिया गया।
- पुलिस जेल, न्याय, वित्त, राजस्व आदि विषय आरक्षित श्रेणी में रखे गये। गवर्नर की कार्यकारी परिषद् (Executive Council) के सदस्य विधानमण्डल के प्रति उत्तरदायी नहीं थे।

इस प्रकार प्रान्तीय कार्यपालिका को दो भागों में विभक्त कर दिया गया। एक भाग में थे गवर्नर और उसकी कार्यकारी परिषद् के सदस्य तथा दूसरे में विधानमण्डल के प्रति उत्तरदायी मंत्रीगण। आरक्षित विषयों का प्रशासन तो परिषद् सहित गवर्नर को करना था, लेकिन हस्तान्तरित विषयों के संबंध में जब तक कोई विशेष कारण न हो, गवर्नर को 'अपने मंत्रिमण्डल की सलाह के अनुसार' कार्य करना था। लेकिन जब गवर्नर को अपने मंत्रियों के परामर्श के विपरीत कार्य करना पड़ता, तब उससे यह अपेक्षा की जाती थी कि वह दो तत्वों की ओर 'उचित ध्यान' देः एक मंत्रियों के विधानमण्डल के साथ क्या सम्बन्ध है और दो, विधानमण्डल में जनता के निर्वाचित प्रतिनिधियों के माध्यम से व्यक्त 'लोगों की इच्छाएँ क्या हैं?'

गवर्नर जनरल तथा गवर्नरों को निषेधाधिकार (Veto) की वर्तमान शक्ति तो पहले ही प्राप्त थी, इस अधिनियम के अधीन उन्हें विधि–निर्माण के क्षेत्र में अधिभाव शक्ति प्राप्त हो गई। यदि गवर्नर जनरल केन्द्रीय विधानमण्डल से किसी विधेयक को पास करने की सिफारिश करता और विधानमण्डल विधेयक को उस रूप में पास न करता जिस रूप में उसके

पास करने की सिफारिश की गई थी, तो गवर्नर जनरल केवल यह प्रमाणित करके ही कि विधेयक 'ब्रिटिश भारत या उसके भाग की सुरक्षा, शांति या हितों के लिए आवश्यक है' विधेयक को पास करा सकता था। प्रान्त का गवर्नर 'आरक्षित' विषयों से संबंद्ध विधेयकों के संदर्भ में इसी प्रकार की कार्यवाही कर सकता था। इसी तरह से गवर्नर जनरल तथा गवर्नर दोनों ही यह प्रमाणित करके कि विधेयक अथवा उसका कोई खंड ब्रिटिश भारत, किसी प्रान्त या उसके किसी भाग की सुरक्षा या शक्ति पर प्रभाव डालता है, विधानमण्डल द्वारा विधेयक अथवा विधेयक के संशोधन पर आगे का विचार रोक सकते थे।

प्रांतीय क्षेत्र में यदि मांग किसी 'आरक्षित' विषय से संबद्ध हो, तो गवर्नर भी उसे उपरोक्त आधार पर बहाल कर सकता था। आपात स्थिति में गवर्नर जनरल अथवा गवर्नर 'ब्रिटिश भारत अथवा प्रान्त विशेष की सुरक्षा या शान्ति' की खातिर किसी भी व्यय को प्राधिकृत कर सकते थे। गवर्नर को किसी भी 'विभाग का संचालन करने के लिए' व्यय प्राधिकृत करने का अधिकार था।

सुधारों का मूल्यांकनः लार्ड मांटेग्यू की 20 अगस्त 1917 की घोषणा तथा 1919 का अधिनियम का उसकी दृष्टि में यह उद्देश्य कदापि नहीं था कि भारत को कभी सुदूर भविष्य में भी स्वशासन अथवा स्वराज्य का अधिकार सौंपा जाये। घोषणा के केवल एक माह पहले लार्ड माण्टेग्यू ने प्रधानमंत्री लायड जार्ज को लिखे गऐ अपने एक पत्र में भारतीय स्वशासन के प्रश्न पर अपने विचारों की एक रूपरेखा दी थी। उन्होंने कहा थाः "मैंने अपना यह विश्वास स्पष्ट रूप से अभिव्यक्त किया है कि भारत के लिए गृहशासन (होमरूल) संभव नहीं है। लक्ष्य तक पहुंचने में बहुत से वर्ष और बहुत सी पीढ़ियाँ लग जायेगी और इसी बीच विभिन्न प्रान्तों में प्रगति की रफ्तार भिन्न होगी।.... मेरा ऐसा कोई विचार नहीं है कि जल्दबाजी में कोई भी कदम उठाया जाये। अच्छी तरह जांच पड़ताल किये बिना, भारत सरकार की महान इमारत में किसी भी परिवर्तन का सुझाव देने की मैं सपने में भी नहीं सोच सकता।[17]

स्वयं लार्ड मांटेग्यू की तत्कालीन आशाओं के विपरीत, 1919 के भारतीय शासन अधिनियम का कालान्तर में भारत के संविधान की कहानी में एक प्रमुख स्थान बन गया क्योंकि एक तो इस अधिनियम में निर्दिष्ट व्यवस्था ही सन् 1921 से 1937 तक भारत में लागू रही, दूसरे इस अधिनियम के द्वारा ही ब्रिटिश संसद ने पहली बार, चाहे आंशिक रूप में ही सही, भारत में उत्तरदायी प्रशासन स्थापित करने की दिशा में कदम बढ़ाया और प्रान्तीय स्तर पर, कम से कम एक संकुचित क्षेत्र में, संसदीय शासन व्यवस्था के तत्वों की झलक दिखाई देने लगी। किन्तु राष्ट्रीय नेताओं का यह विचार सही था कि 1919 के अधिनियम ने देश की सांविधानिक और प्रशासनिक व्यवस्था में जो परिवर्तन किये वे प्रायः सभी अधूरे, दोषपूर्ण और अव्यावहारिक थे।

द्वैध शासन की असफलता के कारणः कूपलैण्ड के मतानुसार लागू किये जाने के प्रथम तीन वर्षों तक द्वैध शासन प्रणाली के अन्तर्गत कुछ प्रांतों में आशातीत सफलता मिली, लेकिन शीघ्र ही उसके दोष उभर कर सामने आए। द्वैध शासन की असफलता के कारणों का परीक्षण करने हेतु सन् 1924 में गठित मुडीमैन समिति के अनुसार इस योजना की असफलता के निम्नलिखित कारण थेः (1) प्रांतीय विषयों अर्थात् आरक्षित एवं हस्तान्तरित के विभाजन का कोई तर्कसंगत उचित आधार नहीं था, (2) मंत्रियों में संयुक्त उत्तरदायित्व का अभाव था तथा उन्हें वास्तविक शक्ति से वंचित रखा गया, (3) आरक्षित विषयों को गवर्नर एवं उसकी कार्यपालिका परिषद् के अधीन जबकि परिवर्तित विषयों का प्रशासन गवर्नर तथा भारतीय निर्वाचित मंत्रियों पर छोड़ दिया गया और हस्तान्तरित विषयों को लागू करने में वित्तीय कठिनाइयाँ थीं, तथा (4) नौकरशाही तथा भारतीय सेवा के सदस्य मंत्रियों के साथ आवश्यक सहयोग नहीं कर रहे थे। साथ ही प्रान्तीय सरकार द्वारा निर्मित प्रत्येक कानून पर गवर्नर एवं गवर्नर जनरल दोनों के हस्ताक्षर आवश्यक थे। दोहरी व्यवस्था के कामयाब होने की कोई संभावना नहीं थी।

आरक्षित विषयों में राजस्व, मालगुजारी में सेवा व सहायता, न्याय, पुलिस, जेल, दण्ड एवं प्रक्रिया विधि, समाचार–पत्रों एवं मुद्रण कार्य की देखभाल, सिंचाई, खानें, बिजली व जन सेवा आदि थे जिन्हें प्रांत के गवर्नर एवं उसकी कार्यपालिका परिषद् की देख–रेख में छोड़ा गया था।

- द्वैध शासन के अन्तर्गत विषयों के बे–ढंगे विभाजन पर प्रकाश डालते हुए संयुक्त प्रान्त के तत्कालीन मंत्री ने अवलोकन किया कि सन् 1921 में कृषि विभाग के अधीन कृषि जोतों के विखण्डीकरण के बारे में जांच शुरू की गई, लेकिन जब 1922 में जांच समिति ने अपनी रिपोर्ट प्रस्तुत की तो यह अनुभव किया गया कि यह

मामला राजस्व विभाग द्वारा तय किया जाना उचित होगा और प्रकरण उस विभाग को सौंपा गया। बाद में 1924 में यह प्रतीत हुआ कि उक्त प्रकरण सहकारिता विभाग से सम्बन्धित था, इसलिए उसे सहकारिता विभाग को भेज दिया गया।

- मंत्रियों को सरकार पर पूरी तरह निर्भर रहना पड़ता था जिससे उसकी स्थिति बहुत कमजोर थी। मंत्री की नियुक्ति तथा पदमुक्ति गवर्नर द्वारा की जाने के कारण उसे गवर्नर की मर्जी के अनुसार कार्य करने के लिए बाध्य होना पड़ता था। इसके अतिरिक्त, जैसा कि पुन्नैया ने व्यक्त किया है "मंत्री को कुछ समय बाद कार्यपालिका परिषद् का सदस्य बना दिये जाने के कारण उसकी स्थिति 'सम्माननीय सचिव' से अधिक अच्छी नहीं थी।" आरक्षित विषयों से मंत्री का कोई सरोकार नहीं था जबकि अनेक हस्तान्तरित विषयों का प्रत्यक्ष या अप्रत्यक्ष आरक्षित विषयों से संबंध था।
- द्वैध शासन पद्धति के अधीन मंत्रियों का सामुहिक उत्तरदायित्व न होने के कारण उनमें परस्पर सहयोग तथा एकता का अभाव था। मंत्रियों में आपसी खींचतान के कारण विधान परिषद् में उनकी स्थिति सुदृढ़ नहीं थी और न ही उनकी विशेष प्रतिष्ठा थी।
- द्वैध शासन पद्धति के अन्तर्गत हस्तान्तरित विषयों को भारतीय मंत्रियों को सौंप दिया गया था लेकिन इन्हें सिविल सेवा के अधिकारियों का वांछित सहयोग प्राप्त नहीं था क्योंकि प्रशासनिक सेवा पूर्णतः भारत सचिव के नियंत्रण में थी। प्रजातीय उच्चता के साथ–साथ भारतीय सदस्यों की अकुशलता के संबंध में उनकी पूर्व परिकल्पना थी। वे भारतीय मंत्रियों के साथ सहयोग बहुत कम करते थे।
- उल्लेखनीय है कि वित्त विभाग की विचित्र स्थिति भी द्वैध शासन की असफलता का एक प्रमुख कारण थी। यह एक ऐसा विभाग था जो दोनों ही प्रकार के विषयों, अर्थात् आरक्षित एवं हस्तान्तरित विषय से प्रत्यक्ष सम्बन्ध रखता था। परन्तु दुर्भायवश इसे कार्यपालिका परिषद् के एक सदस्य के अधीन रखा गया था जिसके कारण आरक्षित विषयों के प्रति उदारता और हस्तान्तरित विषयों के प्रति उपेक्षा की नीति अपनाई जानी स्वाभाविक ही थी। मंत्रियों के विभाग का कार्य आवश्यक वित्त के अभाव में पिछड़ जाता था और उन्हें वित्त सचिव की मर्जी पर निर्भर रहने के लिए विवश होना पड़ता था।
- इसके अतिरिक्त प्राकृतिक विपदाएँ भी कुछ सीमा तक द्वैध शासन की विफलता का कारण बनीं। 1920 में मानसून वर्षा के अभाव में गंभीर अकाल पड़ा। जिससे निपटने के लिए प्रांतों को वित्तीय सहायता के रूप में बड़ी धनराशि केन्द्रीय सरकार को देनी पड़ी। इसका प्रांतों के विभागों के कार्यों पर प्रतिकूल प्रभाव पड़ा। साथ ही जलियांवाला बाग की त्रासदी तथा खिलाफत आन्दोलन व असहयोग आन्दोलन आदि के कारण देश की राजनीतिक स्थिति बिगड़ गई, फलस्वरूप प्रशासन को सुधार योजना के कार्यान्वयन से हटकर राजनीतिक गतिविधियों पर नियंत्रण स्थापित करने हेतु ध्यान देना पड़ा।

द्वैध शासन की असफलता के अलावा माण्टेग्यू–चेम्सफोर्ड योजना के कुछ अन्य दोष भी थे जो इस प्रकार हैं:

प्रथम, 1919 के भारतीय शासन अधिनियम के अन्तर्गत गवर्नर जनरल को इतनी अधिक शक्तियाँ प्रदान की गई कि वह एक सांविधानिक तानाशाह ही बन बैठा। यद्यपि अधिनियम द्वारा केन्द्र में दूसरा सदन स्थापित किया था तथा निर्वाचित भारतीयों की सदस्य संख्या में उल्लेखनीय वृद्धि की गई थी, फिर भी इससे केन्द्र में अर्द्ध उत्तरदागी सरकार भी स्थापित नहीं हो सकी। केन्द्रीय विधानमण्डल का न तो कार्यपालिका परिषद् पर नियंत्रण था और न वित्तीय मामलों में विधायन पारित करने का अधिकार। वित्तीय बजट के 60 प्रतिशत से अधिक पर केन्द्रीय विधानमण्डल को मताधिकार प्राप्त नहीं था। दूसरी ओर गवर्नर जनरल को विस्तृत विवेक शक्ति दी गई थी। वह विधेयक को अपनी इच्छानुसार संशोधित कर सकता था या उस पर अपनी अनुमति भी रोक सकता था, आपातकालीन स्थिति में वित्तीय मामलों में उसका निर्णय अन्तिम होता था। विधानमण्डल का दूसरा सदन जो 'कौंसिल ऑफ स्टेट्स' (Council of State) कहलाता था, इस प्रकार गठित किया गया था कि विधानसभा पर उचित नियंत्रण रहे।

दूसरे, सन् 1919 के भारतीय शासन अधिनियम द्वारा गवर्नर जनरल की कार्यकारिणी परिषद् में भारतीय सदस्यों की संख्या बढ़ा दी गई थीं, परन्तु अपने पद पर बने रहने के लिए उन्हें गवर्नर जनरल का पिट्ठू बना रहना पड़ता था।

तीसरे, विधान परिषदों में सांप्रदायिक आधार पर प्रतिनिधित्व का प्रावधान रखकर ब्रिटिश सरकार ने इस अधिनियम द्वारा भारतीयों को धर्म और जाति के आधार पर बांटने का प्रयत्न किया। वह निश्चित ही उनकी एक कुटिल चाल थी जिसकी तीव्र भर्त्सना हुई।

चौथे, इस अधिनियम का एक दोष यह भी था कि इसमें मताधिकार अत्यन्त सीमित रखा गया था जो स्वशासन तथा प्रजातान्त्रिक सिद्धान्तों के विपरीत था। उम्मीदवारों के लिए अर्हताएं संपति पर आधारित होने के कारण केवल कुछ ही लोग इसके पात्र थे और वे भी प्रायः बड़े जमींदार या पूंजीपति होने के कारण अपने हितों के संरक्षण के लिए सरकार के ही समर्थक होते थे। उसके परिणामस्वरूप विधानमण्डलों में जन प्रतिनिधित्व नाम मात्र का ही था।

पांचवें, 1919 के माण्टेग्यू–चेम्सफोर्ड सुधारों की असफलता का एक अन्य कारण यह भी था कि उस समय भारत की राजनीतिक स्थिति अनुकूल नहीं थी। भारत सुरक्षा अधिनियम, जो एक युद्धकालीन उपाय था, इसकी अवधि सन् 1917 में समाप्त हो चुकी थी तथा ब्रिटिश सरकार भारतीय क्रांतिकारियों की ब्रिटिश विरोधी गतिविधियों को रोकने के लिये नया कानून बनाना चाहती थी। इस हेतु रॉलेट एक्ट पारित (Rowlatt Act) किया गया। 13 अप्रैल 1919 की जलियाँवाला बाग की घटना ने भी ब्रिटिश सरकार के प्रति अविश्वास और घृणा उत्पन्न कर दी। इसके परिणामस्वरूप देशव्यापी प्रदर्शन एवं हिंसात्मक घटनाएं हुईं, जिससे अंगरेजी सरकार की नींव हिल गई। इस बीच मुसलमानों द्वारा चलाये गये खिलाफत आन्दोलन ने ब्रिटिश सरकार की समस्याएं और भी बढ़ा दी। इन सभी घटनाओं का संयुक्त परिणाम यह हुआ कि ब्रिटिश सरकार द्वारा सन् 1919 के अधिनियम लागू किये जाने के समय का सौहार्द्रपूर्ण वातावरण समाप्त हो गया जिससे अधिनियम की सफलता पर प्रतिकूल प्रभाव पड़ा।

राजनीतिक दलों की प्रतिक्रिया: कांग्रेस का दृष्टिकोण: 8 जुलाई 1918 को जब मांटेग्यू रिपोर्ट प्रकाशित हुई तो भारतीय नेताओं और राजनीतिक दलों की प्रतिक्रिया उत्साहजनक नहीं थी। बालगंगाधर तिलक ने इस रिपोर्ट को स्वीकार नहीं करने योग्य बताया। श्रीमती ऐनीबेसेन्ट ने भी इसकी निन्दा करते हुए कहा, "यह योजना प्रस्तुत करना इंग्लैण्ड की शान के खिलाफ है और इसे स्वीकार करना भारत की शान के खिलाफ।" 27 अगस्त 1918 को हसन इमाम की अध्यक्षता में कांग्रेस का विशेष अधिवेशन हुआ। ब्रिटिश राजनीतिज्ञों के प्रति अविश्वास की भावना के चलते सुधारों की योजना के सम्बन्ध में उपस्थित प्रतिनिधि एकमत नहीं हो सके। राष्ट्रवादियों का संदेह और गहरा बनाने वाली बातों के अन्तर्गत माण्टेग्यू का सुरेन्द्रनाथ बनर्जी, सीतलवाड़, चन्दावरकर, रहमतुल्ला आदि नरमदल वालों को यह सुझाव देना कि वे सरकार के सहयोग से रिपोर्ट के पक्ष में प्रचार संगठित करें तथा अन्य ऐसी ही बातें थी।[18] इसीलिए कांग्रेस ने जहाँ यह स्वीकार किया कि रिपोर्ट में कुछ प्रस्ताव किन्हीं दिशाओं में अग्रगामी कदम थे, वहीं उसने घोषणा की कि कुल मिलाकर योजना "निराशाजनक और असंतोषप्रद है।" दिसम्बर 1918 में कांग्रेस के वार्षिक अधिवेशन में, पूर्व के विशेष अधिवेशन में पारित प्रस्ताव की पुष्टि करते हुए उसमें निम्न धारा और जोड़ दी गई: "इस कांग्रेस की राय है कि जहां तक प्रान्तों का प्रश्न है, उन्हें तुरन्त उत्तरदायी शासन दिगा जाना चाहिए और प्रस्तानित संवैधानिक सुधारों के लाभ से ब्रिटिश भारत के किसी भी भाग को वंचित नहीं किया जाना चाहिए।"

1919 का वर्ष अनेक दुःखद घटनाओं का वर्ष था। इसके बावजूद कांग्रेस ने अमृतसर (दिसम्बर 1919) अधिवेशन में ब्रिटिश सम्राट के प्रति निष्ठा व्यक्त की और युद्ध की सफल समाप्ति पर भी एक प्रस्ताव स्वीकार किया गया। ब्रिटिश साम्राज्य के अविच्छिन्न अंग के रूप में भारत के लिए उत्तरदायी शासन की मांग को दोहराया, साथ ही सुधारों के लिए कार्य करने का संकल्प व्यक्त किया। स्पष्ट है कि अपनी समस्त निराशा और असंतोष के बावजूद उस समय तक वे शासकों से सम्बन्ध तोड़ने के लिए तैयार नहीं थे।[19]

1919 के सुधार अधिनियम से कांग्रेस में फूट पड़ गई। नरमदलीय लोगों ने 1918 में ही सुरेन्द्रनाथ बनर्जी के नेतृत्व में मांटफोर्ड रिपोर्ट के प्रकाशन के बाद ही कांग्रेस से अलग होकर एक नया संगठन बनाया ताकि वाम और दक्षिणपंथी उग्रवादियों के विरूद्ध मांटेग्यू के हाथ मजबूत हो सके। दिसम्बर 1919 में लिबरल फैडरेशन के कलकत्ता सम्मेलन में अध्यक्ष श्री शिवस्वामी अय्यर ने खेद व्यक्त करते हुए कहा कि सरकार ने केन्द्र में द्वितंत्र को लागू नहीं किया है और कहा "मुझे विश्वास है कि आज से ही भारत को डोमीनियन कहा जायेगा, न कि साम्राज्य का मातहत प्रदेश।" स्पष्टतः 1919 की कांग्रेस और लिबरल फेडरेशन के उद्देश्यों में अधिक अन्तर नहीं था, परन्तु दोनों की मनःस्थिति, जीवन के प्रति रूझान तथा नीति सम्बन्धी भिन्नता दिनों दिन अधिकाधिक उभरकर सामने आती रही।[20]

संदर्भ

1. मारटीनियो, जे., *द लाइफ एण्ड कोरस्पोन्डेन्स ऑफ बटिल फ्रेयर,* पृ. 374
2. इसी तथ्य को इंगित करते हुए भारत सचिव सर चार्ल्स वुड ने 6 जून, 1861 को ब्रिटिश संसद में भाषण में कहा था "कानून निर्माण की दृष्टि से यह (विधान परिषद) सर्वथा सफल थी, किन्तु इसमें यह बुराई उत्पन्न हो गई थी कि कानून बनाने के अलावा इसने अन्य कार्य करना भी शुरू कर दिया था और वह छोटी–सी संसद का रूप धारण करने लगी थी, जो सर्वथा अनुचित था।"
3. सिंह, जी.एन., *भारत का वैधानिक एवं राष्ट्रीय विकास,* पृ. 67
4. स्ट्रेची, जॉन, *इण्डिया इट्स एडमिनिस्ट्रेशन एण्ड प्रोग्रेस,* पृ. 49
5. बनर्जी, सुरेन्द्रनाथ, *ए नेशन इन द मेकिंग,* पृ. 114
6. सिंह, जी.एन., वही, पृ. 192
7. मुखर्जी, पी., *इण्डियन कान्सटीट्यूशनल डॉक्यमेन्ट्स,* जि. 3, पृ. 258
8. लाला लाजपतराय को इसी कारण परिषद की सदस्यता के लिए चुनाव लड़ने के अवसर से वंचित रखा गया था।
9. *मार्डन रिव्यू,* 1917, पृ. 104
10. ताराचंद, *भारतीय स्वतंत्रता आन्दोलन का इतिहास,* जि. 3, पृ. 385
11. नटेसन, जी.ए., *द इंडियन नेशनल कांग्रेस,* जि. II, पृ. 127, ताराचंद, वही, जि. 3, पृ. 418 से उद्धृत।
12. ताराचंद, वहीं, पृ. 419
13. *रिपोर्ट ऑन इण्डियन कान्सटीट्यूशनल रिफार्म्स* (1918) पृ. 68–69, ताराचंद, वही, पु. 419
14. माण्टेग्यू, *एन इण्डियन डायरी,* पृ. 288
15. कीथ, ए.बी., *कान्स्टीट्यूशनल हिस्ट्री ऑफ इंडिया,* पृ. 25
16. कूपलैण्ड के अनुसार यह तो ठीक है कि प्रांतों में अंशतः उत्तरदायी सरकारों की स्थापना की गई थी, लेकिन इसका उद्देश्य यह नहीं था कि पहले के अत्यधिक केन्द्रीकृत शासन को संघात्मक शासन के रूप में परिवर्तित कर दिया जाए। विषयों का विभाजन विधान अथवा प्रशासन के प्रयोजनों के लिए किसी भी प्रकार कठोर नहीं था। आर. कूपलैण्ड, *ब्रिटिश एण्ड इंडिया,* लन्दन, पृ. 62
17. होर्ने, ई.ए., *द पॉलीटिकल सिस्टम ऑफ ब्रिटिश इण्डिया,* आक्सफोर्ड, 1922 पृ. 182–83 से उद्धृत।
18. ताराचंद, *भारतीय स्वतंत्रता आन्दोलन का इतिहास,* भाग 3, पृ. 489
19. वही, पृ. 492
20. चिन्तामणि, सी.आई., *इण्डियन पॉलिटिक्स सिंस द म्यूटिनी,* पृ. 94

❋❋❋

30

1935 का संविधान
(Constitution of 1935)

प्रान्तों में 1919 के अधिनियम द्वारा स्थापित द्वैध शासन प्रणाली की अव्यावहारिकता सिद्ध हो चुकी थी। इस अधिनियम में जो भी उदारता की भावना थी उसे भी तत्कालीन वायसराय लार्ड रीडिंग (Lord Reading, 1921-26) ने कुछ नये प्रावधानों से समाप्त कर दिया। अधिनियम में व्यवस्था थी कि इसके कार्यान्वयन के दस वर्ष पूरे हो जाने के पश्चात् एक रायल कमीशन की नियुक्ति की जायेगी। तद्नुसार नवम्बर 1927 में सर जॉन साइमन (Simon Commission) की अध्यक्षता में आयोग की नियुक्ति की गई। इस आयोग की रिपोर्ट 14 जून, 1930 को प्रकाशित हुई लेकिन आयोग ने प्रादेशिक स्वायत्तता (Dominion Status) का उल्लेख नहीं किया और न ही उत्तरदायी हाथों में शक्ति हस्तान्तरण की सिफारिश की। इसके अनुसार सारे अधिकार अनुत्तरदायी केन्द्रीय सरकार के हाथों में ही रहने थे। प्रान्तों में द्वैध शासन समाप्त किया जाना था, परन्तु वित्त सम्बन्धी मामलों में भारत सरकार को विशेष अधिकार दिये जाने से प्रान्तीय स्वशासन को सीमित कर दिया गया और आयोग ने पृथक निर्वाचन मण्डल के हानिकर सिद्धान्त को ठुकराने के बजाय इसे और पुष्ट किया।

नेहरू समिति (मोतीलाल नेहरू की अध्यक्षता में गठित कमेटी) की रिपोर्ट के आधारभूत सिद्धान्तों को मुसलमानों ने अपनी मांगों के द्वारा अस्वीकार कर दिया था। यद्यपि यह रिपोर्ट सर्वदलीय विचार–विमर्श का परिणाम थी तथापि मोहम्मद अली जिन्ना ने 1 जनवरी, 1929 को एक अखिल भारतीय अधिवेशन बुलाकर मुसलमानों की मांगों को चौदह सूत्रों (Fourteen points) में प्रस्तुत किया। इसमें भारत के लिए संघात्मक सरकार, पृथक् चुनाव क्षेत्र और केन्द्रीय विधान सभा में मुसलमानों के लिए 1/3 प्रतिनिधित्व इत्यादि शर्तें सम्मिलित थीं। नेहरू रिपोर्ट की असफलता के बावजूद ब्रिटिश सरकार ने अनुभव किया कि भारतीयों की संवैधानिक मांगों की अधिक समय तक उपेक्षा नहीं की जा सकती।

इस समय देश में वामपंथी लहर जोर पकड़ रही थी जिसका नेतृत्व कर रहे थे जवाहरलाल नेहरू। कहा गया है कि 1930 के दशक में उदित वामपंथ अब तक काफी मजबूत बन गया था। यह संसद में हिस्सेदारी और सविनय अवज्ञा आन्दोलन को वापस लिये जाने तथा उसके बदले रचनात्मक कार्य शुरू करने, दोनों के खिलाफ था। वामपंथियों का कहना था कि ये दोनों तरीके जनांदोलन को पथ–विमुख करेंगे और साम्राज्यवादी शासन के खिलाफ संघर्ष के मूल मुद्दे से जनता का ध्यान मोड़ देंगे। नेहरू जी का विचार था कि भारतीय राष्ट्रीय आन्दोलन आज उस अवस्था में पहुँच गया है, जहाँ हमें औपनिवेशिक सत्ता से तब तक लगातार संघर्ष करते रहना होगा, जब तक कि हम उसे उखाड़ फेंकने में कामयाब न हो जाएँ।... अतः उन्होंने सविनय अवज्ञा आन्दोलन को वापस लेने के तमाम कदमों का विरोध और उसकी खुलकर आलोचना की। उन्होंने चेतावनी दी कि सविनय अवज्ञा आन्दोलन को वापस लेने का मतलब साम्राज्यवाद से समझौता होगा, जो लक्ष्य से विमुख होना माना जायेगा।[1]

भारत में वामपंथी ताकतों के शक्तिशाली होने से सरकार जहाँ कुछ चिन्तित थी वहीं दूसरी ओर राष्ट्रीय आन्दोलन को भी निष्क्रिय करना चाहती थी और इस दृष्टि से कांग्रेस में फूट डालना, साम्प्रदायिक मतभेद बढ़ाना आदि तरीके पहले से अपनाये जाते रहे थे। औपनिवेशिक सरकार का भारत को डोमीनियन स्टेट घोषित करने का कोई इरादा नहीं था। जैसा चर्चिल ने 1930 में कहा थाः भारतीयों के जीवन और उनकी प्रगति पर से अपना अचूक नियंत्रण समाप्त करने का ब्रिटेन का कोई इरादा नहीं है। हमारा यह कतई इरादा नहीं है कि हम ब्रिटिश सम्राट के ताज से उस शानदार चमकीले और बहुमूल्य रत्न को निकाल दें जो हमारे अन्य सभी डोमीनियनों और उपनिवेशों की तुलना में ब्रिटिश साम्राज्य को सर्वाधिक गौरव और शक्ति प्रदान करता है।[2] 1935 के अधिनियम पारित होने के बाद वायसराय लिनलिथगो ने लिखाः अधिनियम 1935 तो इसलिए पास किया गया, क्योंकि हम समझते थे कि भारत पर अंगरेजों का प्रभुत्व बरकरार रखने का सबसे बढ़िया तरीका यही है।

साइमन कमीशन की रिपोर्ट प्रस्तुत किये जाने से पहले ही इंग्लैण्ड में लेबर पार्टी की सरकार बन गई। लार्ड इर्विन (Lord Irvin 1926-31) ने अक्तूबर 1929 की घोषणा में कहा था कि लन्दन में गोलमेज सम्मेलन के आयोजन द्वारा भारतीय राजनीतिक मत के विभिन्न दृष्टिकोणों की जानकारी प्राप्त कर लेबर सरकार नया संविधान बनायेगी। अतः 1935

के अधिनियम के बारे में चर्चा करने से पूर्व लन्दन में आयोजित की गई तीन गोलमेज कान्फ्रेंसों के बारे में जानकारी प्राप्त करना असमीचीन न होगा।

वायसराय इरविन चाहता था कि कांग्रेस के प्रभाव को कम किया जाए इसके लिए गोलमेज सम्मेलन की योजना बनाई और भारतीय प्रतिनिधियों का इस प्रकार चयन किया जाए कि राष्ट्रीय विचारधारा अल्पमत में दिखाई पड़े। गोलमेज सम्मेलन से सम्बन्धी इरविन की इस योजना को सरकार ने स्वीकार कर लिया। सम्मेलन में प्रायः सभी विचारधाराओं के व्यक्तियों को आमंत्रित किया गया। गोलमेज सम्मेलन के तीन सत्र आयोजित किये गये। भारतीय राष्ट्रीय कांग्रेस ने पहले और तीसरे सत्र में भाग नहीं लिया। सरकार के प्रयासों के जवाब में कांग्रेस ने कॉन्फ्रेंस में शामिल होने की कुछ शर्तें रखीं जैसे कि भारतीय अधिकार को मान्यता दी जाए कि वह इच्छा होने पर साम्राज्य से अलग हो सके और केन्द्र तथा प्रदेश में पूर्णतः उत्तरदायी सरकार स्थापित की जाए लेकिन ये शर्तें अंगरेज सरकार को स्वीकार नहीं थी। इस तरह भारतीय जनता की प्रतिनिधि पार्टी कांग्रेस के प्रतिनिधियों की अनुपस्थिति में पहला गोलमेज सम्मेलन 12 नवम्बर, 1930 को आरम्भ हुआ।

प्रथम गोलमेज सम्मेलन (First Round Table Conference, Nov.-Dec. 1930): अधिवेशन में 39 व्यक्तियों को आमंत्रित किया गया था, इनमें से 16 व्यक्ति ब्रिटिश राजनीतिक पार्टियों का प्रतिनिधित्व कर रहे थे। भारतीय प्रतिनिधियों में 57 सदस्य थे जो कांग्रेस के अतिरिक्त भारत की सभी पार्टियों एवं हितों से सम्बद्ध थे। सम्मेलन का उद्घाटन 12 नवम्बर, 1930 को सम्राट द्वारा किया गया। भारतीय प्रतिनिधियों में प्रमुख थेः हिन्दू महासभा के एम.आर. जयकर एवं बी.एस. पुंज, उदारवादियों की ओर से सी.वाई. चिन्तामणि और तेज बहादुर सप्रू। आगाखान, मोहम्मद शफी, मोहम्मद अली, फजूल–उल–हक, मोहम्मद अली जिन्ना मुस्लिम राजनीतिक विचारक थे। सिक्खों के प्रवक्ता सरदार सम्पूरनसिंह थे। दलित वर्गों की ओर से बी.आर. अम्बेडकर और भारतीय ईसाइयों की ओर से के.टी. पॉल। इसके अतिरिक्त व्यापारिक एवं ऐंग्लो–इण्डियन प्रतिनिधि थे। देशी रियासतों और उनके नामांकित प्रतिनिधियों की संख्या 16 थी। इनमें अलवर, बड़ौदा, भोपाल, बीकानेर, कश्मीर, पटियाला, हैदराबाद, मैसूर और ग्वालियर रियासतों के प्रतिनिधि प्रमुख थे।

सम्मेलन के अध्यक्ष ब्रिटिश प्रधानमंत्री रेम्जे मैक्डोनाल्ड ने कुछ संवैधानिक प्रस्ताव प्रस्तुत किये जिन पर विचार करना था।

- पहला, भारत के लिए एक संघात्मक सरकार का प्रस्ताव प्रस्तुत किया।
- दूसरे, प्रान्तों के लिए कुछ आवश्यक प्रावधानों के साथ उत्तरदायी शासन व्यवस्था की योजना रखी गई।
- तीसरे, कुछ प्रतिबन्धों के साथ, केन्द्रीय सरकार को कुछ सीमा तक उत्तरदायी सरकार बनाने की सिफारिश की जिसमें संक्रमण काल में कतिपय सुरक्षा उपायों का प्रावधान भी था। राष्ट्रवादियों को इस बात से निराशा अवश्य हुई कि संक्रमण काल की अवधि निर्धारित नहीं की गयी थी। सम्मेलन में भारतीय नरेशों ने एक अखिल भारतीय संघ की स्थापना के लिए ब्रिटिश भारत में सम्मिलित होने का प्रस्ताव कर सबको आश्चर्यचकित कर दिया।

मुस्लिम प्रतिनिधियों ने मुसलमानों के लिए पृथक निर्वाचन मण्डल की मांग रखी जबकि जिन्ना ने अपने चौदह सूत्रीय कार्यक्रम पर बल दिया तथा इसे मुसलमानों की न्यूनतम मांग के रूप में प्रस्तुत किया। डॉ. अम्बेडकर ने अनुसूचित जातियों के लिए पृथक निर्वाचन मण्डलों की माँग की। निष्कर्षतः उपस्थित प्रतिनिधियों में एकता का भारी अभाव था, इससे ब्रिटेन के प्रतिक्रियावादी तत्वों को प्रसन्नता ही हुई। इस सम्मेलन के निष्कर्ष जो बाद में प्रकाशित हुए उनमें तीन महत्वपूर्ण हैंः एक अखिल भारतीय संगठन का निर्माण, प्रदेशों में पूर्णरूपेण उत्तरदायी शासन की व्यवस्था तथा केन्द्र में प्रावधानों के साथ द्वैध शासन व्यवस्था।

गांधी–इरविन समझौता (Gandhi-Irvin Pact, March 5, 1931): इन दिनों भारत में चल रहे सविनय अवज्ञा आन्दोलन के साथ–साथ देश में क्रांतिकारी आतंकवाद अपने चरमोत्कर्ष पर था और कम्युनिस्ट मजदूरों को संगठित होने तथा हड़ताल के लिए प्रेरित कर रहे थे। सविनय अवज्ञा आन्दोलन की सफलता को देखते हुए ब्रिटिश सरकार ने कांग्रेस के महत्वपूर्ण नेताओं को बिना शर्त रिहा कर दिया था। वामपंथी तत्वों की बढ़ती हुई शक्ति से उत्पन्न अराजकता की आशंका से गांधीजी को वायसराय इरविन के साथ समझौता करना पड़ा। महात्मा गांधी तथा इरविन के बीच 5 मार्च, 1931 को हुए समझौते के अनुसार सविनय अवज्ञा आन्दोलन वापस ले लिया गया तथा कांग्रेस ने दूसरे गोलमेज अधिवेशन में गांधीजी को एक मात्र प्रतिनिधि रूप में भेजना तय किया। जवाहर लाल नेहरू ने इस तथ्य को स्पष्ट करते हुए लिखा है हम लोगों में आपस में यह तय हो गया कि अगर किसी तरह से ऐसा राजीनामा हो जाए तो गांधीजी हम कुछ या कार्य समिति के तमाम

मेम्बरों को फौरन लन्दन बुलवा लेंगे..... इसीलिए हमने सिर्फ गांधीजी को ही वहां भेजना तय किया। कार्य समिति की एक और सदस्य श्रीमती सरोजनी नायडू भी गोलमेज कान्फ्रेंस में शामिल हुईं। उनको तो वहां हिन्दुस्तानी स्त्रियों के प्रतिनिधि स्वरूप बुलाया गया था।[3] गांधी इरविन समझौते की विस्तृत चर्चा आगे की गई है।

द्वितीय गोलमेज सम्मेलन (Second Round Table Conference Sept-Dec. 1931): भारत में जब अस्थिरता का दौर था उसी दौरान ब्रिटेन में 26 अगस्त, 1931 को मैक्डोनाल्ड के लेबर मंत्रिमण्डल ने त्यागपत्र दे दिया और उसके स्थान पर सर्वदलीय मंत्रिमण्डल बना जिसमें अनुदारवादियों (कंजरवेटिव दल) का बहुमत था। अप्रैल 1931 में लार्ड इरविन के स्थान पर विलिंग्डन वायसराय (1931–36) बनाये गये। इन परिवर्तनों के कारण सरकारी दृष्टिकोण कठोर हो गया। अधिवेशन 7 दिसम्बर, 1931 को प्रारम्भ हुआ। अधिवेशन की मुख्य समस्या संघीय ढांचे एवं अल्पसंख्यकों के हितों की रक्षा से सम्बन्धित थी। इन दोनों विषयों से सम्बन्धित समितियों में गांधीजी को रखा गया। अल्पसंख्यकों के प्रतिनिधियों ने न केवल असन्तुष्ट किया बल्कि उनका रवैया भी कठोर रहा। नेहरूजी ने लिखा हैः मुसलमान प्रतिनिधियों की तरफ से कान्फ्रेंस में जो साम्प्रदायिक मांगें पेश की गईं थीं उनको गांधीजी पसन्द नहीं करते थे। उनका ख्याल था..... कुछ मांगें तो आजादी और लोकतंत्र के रास्ते में रोड़ा अटकाने वाली हैं। लेकिन फिर भी उन्होंने कहा कि मैं इन सब मांगों को बिना किसी एतराज के मानने को तैयार हूँ बशर्ते कि मुसलमान प्रतिनिधि राजनैतिक मांग यानी आजादी के मामले में मेरा तथा कांग्रेस का साथ दें।..... सचमुच इस बात की कल्पना करना जरा मुश्किल है कि आगा खाँ साहब हिन्दुस्तान की आजादी के हामी हो जायेंगे।[4]

भारतीय नरेशों ने जो द्वितीय गोलमेज सम्मेलन के अन्य महत्वपूर्ण तत्व थे, एक अखिल भारतीय संगठन के विचार का खुलकर समर्थन नहीं किया। प्रारम्भ में (प्रथम अधिवेशन में) इस योजना का समर्थन इस दृष्टि से किया था कि उन्हें राजनीतिक विभाग के नियंत्रण से मुक्ति मिल सकेगी, लेकिन उन्होंने यह समझ लिया कि बदली हुई परिस्थितियों में ब्रिटेन के नियंत्रण में कोई ढील नहीं होगी तथा उन्हें ब्रिटिश ताज की प्रभुता अधिक सुरक्षित प्रतीत हुई। भारत की आजादी से उनके विशेषाधिकार प्रगतिशील प्रजातांत्रिक शक्तियों द्वारा समाप्त कर दिये जाने का उन्हें भय था।

हिन्दू बुद्धिजीवी वर्ग का प्रतिनिधित्व करने वाले प्रतिनिधियों ने भी उत्तरदायी सरकार की मांग की थी किन्तु जिन्ना, आगा खाँ, जफरूल्ला खान ने इसका विरोध किया। मुसलमानों के अतिरिक्त डॉ. अम्बेडकर के नेतृत्व में अनुसूचित जातियों के प्रतिनिधियों ने पृथक निर्वाचन मण्डलों की मांग की। गांधीजी ने अनुसूचित जातियों को हिन्दू समाज का अभिन्न अंग बताकर इसका विरोध किया।

इस प्रकार दूसरा अधिवेशन भी प्रायः असफल हो गया। जवाहर लाल नेहरू के शब्दों में कहा जा सकता हैः इस कोशिश में ब्रिटिश सरकार को कामयाबी मिली और इस कामयाबी से उसने यह साबित कर दिया कि अभी तक उसमें न सिर्फ अपने साम्राज्य को कायम रखने की बाहरी ताकत ही है बल्कि कुछ दिनों तक और साम्राज्यवादी परम्परा को चला ले जाने के लिए चालाकी और कूटनीति भी उसके पास है।[5]

तीसरा गोलमेज सम्मेलन (Third Round Table Conference, 17 Nov. to 24 Dec., 1932): दूसरे अधिवेशन की असफलता के पश्चात् गोलमेज सम्मेलन का प्रयोजन नहीं रह गया था तथापि सरकार ने 17 नवम्बर से 24 दिसम्बर, 1932 में तीसरा अधिवेशन आयोजित किया जिसमें केवल 46 प्रतिनिधि आमंत्रित किये। अनुदारदल (कंजरवेटिव पार्टी) ने इस बात का पूरा ध्यान रखा कि ऐसे लोगों को आमंत्रित नहीं किया जाए जिनसे सरकार के विरोध की संभावना हो। अधिकांश प्रतिनिधि उदारवादी एवं साम्प्रदायिक थे। इसमें न तो लेबरदल के सदस्य थे और न भारत से कांग्रेस पार्टी के प्रतिनिधि। स्पष्टतः अनुदारदल की सरकार ने भारतीयों की महत्वाकांक्षाओं को कुचलने का निश्चय कर लिया था। गोलमेज सम्मेलन में हुए वाद–विवाद के आधार पर 1 मार्च, 1933 को ब्रिटिश सरकार ने एक श्वेत पत्र प्रकाशित किया जिसका नाम 'भारतीय संविधान सुधारों के बारे में सुझाव' रखा गया। अप्रैल में ब्रिटिश संसद के दोनों सदनों की एक संयुक्त समिति का गठन किया जिसका सभापतित्व लॉर्ड लिनलिथगो (Lord Linlithgow) ने किया, समिति को भविष्य में भारत सरकार के विषय में विचार करना था। अक्तूबर 1934 में इसकी रिपोर्ट प्रकाशित हुई। यह रिपोर्ट एवं श्वेत पत्र भारत सरकार अधिनियम के आधार बने जो ब्रिटिश संसद द्वारा 1935 में पारित हुआ।

1935 का अधिनियम: भारत के लिए तैयार किये गये संवैधानिक प्रस्तावों में 1935 का अधिनियम अन्तिम एवं आधुनिक युग में साम्राज्यवादी सरकार द्वारा बनाया गया तीसरा संविधान था। इस संविधान की आमतौर पर अंगरेजों ने कुछ रक्षा उपायों के अन्तर्गत स्वराज्य की परोक्ष उपलब्धि या किसी भी रूप में स्वराज्य की विस्तृत और उदार स्थापना कहा।[6] किन्तु

भारत के सभी राजनीतिक दलों ने इस श्वेत पत्र की आलोचना की और उसे अस्वीकर कर दिया चूंकि इस प्रस्ताव में पूर्ण स्वतंत्रता को नकार दिया गया था। इसके अतिरिक्त राष्ट्रवादियों को इसकी अनेक धाराओं पर आपत्ति थी। यद्यपि यहां संविधान के महत्वपूर्ण प्रावधानों की चर्चा करना उचित होगा।

1935 का भारतीय शासन अधिनियम ब्रिटिश संसद के इतिहास में सबसे बड़ा और सबसे जटिल प्रलेख था। इसमें 14 भाग, 321 धाराएं तथा 10 अनुसूचियाँ थीं। अखिल भारतीय संघ की स्थापना का प्रस्ताव था जिसके द्वारा केन्द्र में द्वैध शासन व्यवस्था स्थापित की जानी थी एवं प्रान्तों के लिए स्वायत्त शासन की व्यवस्था थी। इस अधिनियम को तैयार करने में साईमन कमीशन रिपोर्ट, सर्वदलीय कान्फ्रेंस (नेहरू समिति) रिपोर्ट, तीन गोलमेज सम्मेलन में हुई चर्चा की रिपोर्ट, श्वेत पत्र (white paper), संयुक्त प्रवर समिति रिपोर्ट एवं लोथियां रिपोर्ट (Lathian Report), जिसमें चुनाव सम्बन्धी प्रावधानों का जिक्र था, को आधार बनाया गया।

इसकी तीन प्रमुख विशेषताएं कहीं गई है–(1) अखिल भारतीय संघ, (2) संरक्षित किन्तु उत्तरदायी सरकार, एवं (3) भिन्न–भिन्न साम्प्रदायिक वर्गों हेतु पृथक निर्वाचन व्यवस्था।

अखिल भारतीय संघ (All India Federation): यह संघ 11 ब्रिटिश प्रान्तों के 6 चीफ कमिश्नर के क्षेत्रों एवं देशी रियासतों के मिलकर बनना था। समस्त ब्रिटिश प्रान्तों के लिए संघ में शामिल होना अनिवार्य था। परन्तु देशी रियासतों के लिए उनकी इच्छा पर निर्भर करता था। प्रस्तावित योजना की विशेषता थी उसमें सुझायी गई संघीय व्यवस्था का स्वरूप। संघ का निर्माण तभी होता जबकि देशी रियासतों की कुल जनसंख्या की कम से कम आधी जनसंख्या का प्रतिनिधित्व करने वाले ऐसे शासक जिन्हें संघीय विधानमण्डल के उच्च सदन में देशी रियासतों के लिए निर्धारित कुल स्थानों में से कम से कम आधे स्थानों का अधिकार हो, संघ में शामिल हो जाते।[7] उस समय देशी राज्यों की संख्या लगभग 600 थी और संघ के निर्माण के लिए कम से कम आधे राज्यों का अधिमिलन आवश्यक था। कहा गया है कि अधिनियम के अन्तर्गत बनने वाले संघ में एककों की संख्या 316 से अधिक होने की आशा की जा सकती थी। इस दृष्टि से भारत संघ अद्वितीय होता क्योंकि किसी भी दूसरे संघ में एककों की इतनी भारी संख्या नहीं थी।[8] संघ के दोनों सदनों में राज्यों को उचित प्रतिनिधित्व दिया गया था। संघीय असेम्बली में 375 सदस्यों में से 125 अर्थात् 33 प्रतिशत और संघ के दूसरे सदन, कौंसिल ऑफ स्टेट्स में 260 में से 104 सदस्य अर्थात् 40 प्रतिशत देशी रियासतों से लिए जाने थे। रजनीपाम दत्त लिखते हैं: इन राजाओं को दोनों सदनों में महज प्रतिनिधित्व ही नहीं करना था बल्कि जरूरत से ज्यादा प्रतिनिधित्व करना था और इस काम में यह नहीं देखा जाना था कि अमुक राजा अपनी रियासत के आकार और जनसंख्या के आधार पर ही प्रतिनिधित्व करें। कौंसिल ऑफ स्टेट का 2/5 हिस्सा राजाओं के लिए निर्धारित था, जबकि समूचे भारत की आबादी का 24 प्रतिशत या एक चौथाई से भी कम भाग इन देशी रियासतों में रहता है।[9]

रियासतों की स्थिति: देशी रियासतों की निर्धारित संख्या ने संघ में शामिल होना स्वीकार नहीं किया। अतः अधिनियम द्वारा प्रस्तावित भारतीय संघ योजना की क्रियान्विति नहीं हो सकी। संघीय क्षेत्राधिकार सामान्य रूप से संघीय विधान सूची तथा समवर्ती विधान सूची के सभी विषयों पर लागू होना था।[10] लेकिन देशी रियासतों के मामले संघीय सरकार के विधायी और कार्यकारी शक्तियाँ केवल उन विषयों तक सीमित थी और उन सीमाओं से सम्बद्ध थी जिनका प्रत्येक राज्य के विलय पत्र (Instrument of Accession) में उल्लेख होता। देशी रियासतों में निरंकुश शासन था जिसमें प्रजा को राजनीतिक अधिकार प्राप्त नहीं थे। इन राज्यों के प्रतिनिधि राजाओं द्वारा नामांकित होते थे। एन. श्रीनिवासन के शब्दों में: रियासतों के प्रतिनिधियों के सम्बन्ध में की गयी व्यवस्था अनुदारवादिता की गारन्टी थी।[11] संघ के विशेष रूप से उच्च सदन में इकाइयों को समान प्रतिनिधित्व नहीं दिया गया था। सामान्यतः संघात्मक राज्यों में उच्च सदन का अप्रत्यक्ष एवं निम्न सदन का प्रत्यक्ष चुनाव होता है, किन्तु प्रस्तावित भारतीय संघ में संघीय सभा का चुनाव अप्रत्यक्ष और ऊपरी सदन का चुनाव प्रत्यक्ष रखा गया। यह व्यवस्था लोकतंत्रात्मक सदन को कमजोर बनाने के लिए की गई थी। भारत में 1935 के अधिनियम द्वारा एक्ट में संशोधन का अधिकार ब्रिटिश संसद में निहित था। देशी रियसतों को क्राउन से सीधा सम्बन्ध बनाये रखने का अधिकार भी अनुचित था। कहा भी है: 'राज्य संघ' का वास्तविक उद्देश्य यही था कि ब्रिटिश भारत में प्रतिक्रियावादी शक्तियों का पलड़ा भारी किया जाए। प्रस्तावित संघीय विधानमण्डल के दोनों सदनों में राजाओं को दिए गए विशेष प्रतिनिधित्व तथा महत्व से यह बात स्पष्ट हो गई।[12]

विषयों का विभाजन: 1935 के भारतीय अधिनियम ने 1919 के अधिनियम द्वारा प्रान्तों में लागू किये गये द्वैध शासन को अब केन्द्रीय स्तर पर लागू करने और आंशिक उत्तरदायी शासन की स्थापना करने का प्रावधान किया।[13] विषयों के विभाजन के लिए तीन सूचियाँ बनाई गईं: संघीय सूची, प्रान्तीय सूची तथा समवर्ती सूची। संघीय सूची में 59 विषय, प्रान्तीय सूची में 54 विषय तथा समवर्ती सूची में 36 विषय रखे गये। संघीय या केन्द्रीय सूची को दो भागों में विभक्त किया गया: आरक्षित एवं हस्तान्तरित। प्रतिरक्षा, वैदेशिक मामले, धार्मिक मामले (ईसाई धर्म सम्बन्धी) तथा कबायली क्षेत्र (Tribal Areas) आरक्षित विषय थे। मुद्रा, डाक–तार, रेल, रेडियो, वायरलैस आदि हस्तान्तरित विषय थे। केन्द्रीय क्षेत्र में स्थापित द्वैध शासन को तीन भागों में रखा जा सकता है: (1) गवर्नर जनरल (2) रक्षित विषयों के प्रशासन के लिए उत्तरदायी गवर्नर जनरल की कार्यकारिणी के सदस्य पार्षद (Councillors) (3) हस्तान्तरित विषयों के प्रशासन के लिए उत्तरदायी मंत्रिपरिषद्।

गवर्नर जनरल की शक्तियाँ (Powers of the Governor General): भारत के सम्पूर्ण प्रशासन के लिए गवर्नर जनरल ही अन्तिम रूप से उत्तरदायी था। मंत्री गवर्नर जनरल की इच्छानुसार ही पद पर रह सकते थे एवं मंत्रिमण्डल की बैठकों की अध्यक्षता का अधिकार भी उसे ही प्राप्त था। आरक्षित हस्तान्तरित विषयों के संचालन का अधिकार भी गवर्नर जनरल को प्राप्त था। स्वविवेक (in his discretion) से प्रयोग किये जाने वाले, उसे उल्लेखनीय अधिकार प्राप्त थे। वे मंत्रियों को चुनने, आमंत्रित करने व पद ग्रहण करने, अधिवेशन स्थगित करने तथा संघीय सभा को विसर्जित करने, विधेयकों को स्वीकृत या अस्वीकृत करने या उसे सम्राट की स्वीकृति के लिए रखने को अधिकृत था। इन अधिकारों के प्रयोग के सम्बन्ध में वह मंत्रियों से परामर्श करने को बाध्य नहीं था। इसी प्रकार रक्षा, धार्मिक विषय (Ecclesiastical Affairs), वैदेशिक तथा कबीलों (Tribals) के ऐसे विषय थे जिनका प्रशासन केवल गवर्नर जनरल की इच्छा पर निर्भर था। इन विभागों के व्यय पर केन्द्रीय विधान सभा अथवा मंत्रिमण्डल को किसी भी प्रकार हस्तक्षेप का अधिकार नहीं था। विधायन के क्षेत्र में गवर्नर जनरल को निषेध (Veto) का अधिकार प्राप्त था जिसके कारण वह विधानमण्डल द्वारा पारित विधेयकों को कानून बनने से रोक सकता था। अधिनियम में कुछ विशेष उत्तरदायित्वों (Special Responsibilities) का उल्लेख है इसका निर्णय करने का अधिकार भी स्वयं उसी को था। कुछ विशेष उत्तरदायित्वों में थे: (1) भारत या उसके किसी भाग में शान्ति तथा सुरक्षा व्यवस्था, (2) संघ की आर्थिक स्थिरता एवं साख की रक्षा, (3) लोकसेवाओं के अधिकारियों के वैधानिक व अन्य अधिकारों का संरक्षण, (4) अल्पसंख्यकों के उचित हितों का संरक्षण, (5) देशी रियासतों के अधिकारों तथा उनके शासकों के अधिकारों व मर्यादा की रक्षा आदि। इन विशेष उत्तरदायित्वों का वर्णन इतनी व्यापक व अस्पष्ट भाषा में किया गया कि गवर्नर जनरल द्वारा इनके आधार पर हस्तान्तरित क्षेत्र में किसी भी प्रकार का हस्तक्षेप किया जा सकता था।

प्रशासनिक क्षेत्र में गवर्नर जनरल को मंत्रियों, रिजर्व बैंक के गवर्नर, संघीय न्यायाधीशों, भारतीय हाई कमिश्नर आदि की नियुक्ति व पदच्युति का अधिकार था। साथ ही दण्डित अभियुक्तों को क्षमा करने व उपाधियां देने के लिए भी वह अधिकृत था। उसे राज्य परिषद् (Council of States) के सदस्यों को नामांकित करने तथा विधानमण्डल में देशी रियासतों के प्रतिनिधियों के लिए निश्चित संख्या की पूर्ति करने के सम्बन्ध में कुछ अधिकार थे। एम.बी. पायली लिखते हैं कि गवर्नर जनरल के विशेष उत्तरदायित्व उतने ही सारभूत और कानून द्वारा अनुमोदित थे, जितने की संयुक्त राज्य अमेरिका के संविधान द्वारा सर्वोच्च सेनापति के रूप में राष्ट्रपति के अधिकार, लेकिन गवर्नर जनरल के अधिकार अपने क्षेत्र और जिन परिस्थितियों में इनका प्रयोग किया जा सकता था, उनके आधार पर राष्ट्रपति के अधिकारों से कहीं व्यापक थे।[14] गांधीजी ने भी 23 फरवरी, 1938 को वर्धा से प्रसारित अपने एक वक्तव्य में कहा कि "गवर्नर जनरल अब और भी सर्वाधिकार सम्पन्न और स्वेच्छाचारी शक्तिधारी है।" उसे अनेक क्षेत्रों में महत्वपूर्ण शक्तियाँ प्राप्त थी।

अधिनियम में गवर्नर जनरल की तीन असाधारण शक्तियों का उल्लेख आया है: (1) अध्यादेश जारी करने (Ordinances), (2) गवर्नर जनरल के नियम बनाने व लागू करने एवं (3) आपातकाल की घोषणा कर गवर्नर जनरल 6 माह के लिए केन्द्रीय सरकार के सभी कार्यों को सीधे अपने नियंत्रण में लेने के लिए अधिकृत था।

संघीय क्षेत्र की भांति प्रान्तीय क्षेत्र में भी उसे अनेक महत्वपूर्ण शक्तियाँ प्राप्त थी जिनका प्रयोग करके गवर्नर जनरल प्रान्तीय स्वायत्तता का अन्त कर सकता था। दिल्ली, अजमेर, मेरवाड़ा, कुर्ग, अण्डमान और निकोबार द्वीप समूह तथा पंथपिपलौदा नामक क्षेत्रों का प्रशासन गवर्नर जनरल द्वारा नियुक्त चीफ कमिश्नर करते थे, लेकिन इन क्षेत्रों के प्रशासन के लिए अन्तिम रूप से गवर्नर जनरल ही उत्तरदायी होता था।

विस्तृत शक्तियों को दृष्टिगत रखते हुए ही विंस्टन चर्चिल ने गवर्नर जनरल को यथार्थतः एक तानाशाह कहाः "वायसराय अथवा गवर्नर जनरल को हिटलर मुसोलिनी के समस्त अधिकार प्राप्त थे। अपने छोटे से लिखित आदेश से वह विधान के टुकड़े–टुकड़े कर सकता था तथा किसी आज्ञप्ति द्वारा कोई भी कानून यहाँ तक कि मार्शल कानून पास कर सकता था। जो कोई कानून ही नहीं था। इन सबका निर्णायक केवल वही था। ऐसा कार्यकर्ता वास्तव में एक तानाशाह ही था और उसके पास एक विशाल सेना भी थी।"

संघीय सभा (Federal Assembly): संघीय विधानमण्डल के दो सदन थेः **संघीय सभा** (निम्न सदन) और **संघीय राज्य परिषद्**। निम्न सदन अथवा संघीय सभा की सदस्य संख्या 375 निश्चित की गई थी। इनमें से 125 स्थान देशी रियासतों के लिए सुरक्षित थे जिन्हें रियासतों के शासक मनोनीत करते थे। शेष 250 स्थानों में से 246 स्थान साम्प्रदायिक तथा अन्य वर्ग हितों के आधार पर ब्रिटिश प्रान्तों में विभक्त थे एवं 4 स्थान अप्रान्तीय थे जो व्यापार, उद्योग तथा श्रमिकों के लिए निश्चित थे। 250 स्थान साम्प्रदायिक तथा अन्य वर्ग के हितों के आधार पर विभिन्न ब्रिटिश प्रान्तों में इस प्रकार विभक्त किये गयेः 105 सामान्य स्थान (19 अनुसूचित जातियों के लिए इनमें से सुरक्षित), 82 मुस्लिम, 6 सिक्ख, 8 यूरोपियन, 8 आंग्ल ईसाई, 4 आंग्ल भारतीय, 9 महिलाएं, 11 वाणिज्य तथा औद्योगिक संवर्ग, 10 श्रमिक वर्ग तथा 7 जमींदार वर्ग के रूप में विभिन्न प्रान्तों के बीच विभक्त कर दिये गये। निम्न सदन में देशी रियासतों का बंटवारा आबादी के आधार पर हुआ।

संघीय सभा का कार्यकाल 5 वर्ष रखा गया। अधिनियम की विचित्र व्यवस्था यह थी कि संघीय सभा के सदस्यों का चुनाव अप्रत्यक्ष तरीके से होता था।[15] जबकि विश्व के अन्य देशों में प्रायः निम्न सदन के चुनाव प्रत्यक्ष विधि से होते हैं। इसके सदस्य प्रान्तीय विधान सभाओं द्वारा चुने जाते थे।

राज्य परिषद (Council of States): उच्च सदन के 260 स्थानों में से 104 स्थान देशी रियासतों के लिए निर्धारित किये गये। जबकि देशी रियासतों की आबादी 23 प्रतिशत थी, तद्नुसार उनके लिए 40 प्रतिशत स्थान सुरक्षित थे। रियासतों से आने वाले सदस्य जनता द्वारा चुने हुए न होकर स्थानीय नरेशों द्वारा मनोनीत किये जाते थे। 260 सदस्यों के सदन में से 156 सदस्य ब्रिटिश प्रान्तों के थे जिनमें 150 चुनाव द्वारा तथा शेष 6 सदस्य गवर्नर जनरल द्वारा महिलाओं, अल्पमत एवं दलित वर्ग में से मनोनीत किये जाने थे। ब्रिटिश क्षेत्र में 150 स्थानों का विभाजन इस प्रकार किया गयाः 75 सामान्य वर्ग, 49 मुस्लिम समुदाय, 6 अनुसूचित जातियों, 6 महिलायें, 4 सिक्ख, 7 यूरोपियन, 1 आंग्ल भारतीय तथा 2 भारतीय ईसाई।

प्रस्तावित व्यवस्थापिका का स्वरूप अलोकतंत्रात्मक था और उसकी शक्तियाँ अत्यन्त सीमित थी। व्यवस्थापिका की विधायी शक्ति पर अनेक प्रतिबंध थे न तो इसे विधान में संशोधन की शक्ति प्राप्त थी और न ही उसके द्वारा भारत पर लागू होने वाले ब्रिटिश संसद के अधिनियमों को संशोधित अथवा रद्द करने का अधिकार था। कुछ विशेष प्रकार के विधेयकों को गवर्नर जनरल की स्वीकृति के बिना विधानमण्डल में प्रस्तुत नहीं किया जा सकता था। वह विधानमण्डल में चल रहे विधेयक पर विचार विमर्श को रोक सकता था, अथवा निषेधाधिकार (Veto) का प्रयोग कर सकता था।

बजट को दो भागों में विभक्त कर दिया थाः मुख्य खर्च एवं अन्य व्यय। मुख्य खर्च के लिए संघीय विधायिका की स्वीकृति नहीं ली जाती थी। उदाहरणार्थ रक्षा व्यय, ऋण पर दिया जाने वाला ब्याज, अधिकारियों का भारी वेतन एवं पेंशन। इस तरह बजट के तीन–चौथाई से अधिक भाग पर संघीय विधायिका का कोई नियंत्रण न था। प्रोफेसर जी.एन. जोशी (इण्डियन एडमिनिस्ट्रेशन, पृ. 69) के अनुसार कुल व्यय का अनुमानतः 75 से 80 प्रतिशत भाग इन मदों में खर्च होता था। केवल बजट के 20 या 25 प्रतिशत छोटे–मोटे खर्च ऐसे थे जिनके बारे में विधानमण्डल अपनी राय व्यक्त कर सकता था।[16] इसी प्रकार अधिनियम ने नए केन्द्रीय रिजर्व बैंक को सावधानीपूर्वक असेंबली के नियंत्रण से बाहर रखा। मुद्रा और विनिमय पर कानून बनाने के लिए वायसराय की पूर्व अनुमति लेनी आवश्यक थी।[17] रजनीपाम दत्त ने जिक्र किया हैः गवर्नर जनरल के पास जो सामान्य अधिकार थे वे सबसे ऊपर थे। यह बताना कठिन है कि मंत्रियों के हाथों में कौन से अधिकार बच रहे थे। लेकिन काफी मुमकिन है कि उन्हें इस बात की स्वतंत्रता रही हो कि डाकखाने का कामकाज ठीक से चल रहा है या नहीं।[18] इसी प्रकार के.टी. शाह (अपनी पुस्तक *फेडरल स्ट्रक्चर*) ने मंत्रियों की स्थिति पर टिप्पणी करते हुए लिखा हैः नये विधान (1935 के अधिनियम) के अनुसार संघीय मंत्रियों की स्थिति ऐसे आभूषणों जैसी है, जिनका कि कोई उपयोग नहीं है दुःसह (Onerous) हैं। वे जनता के प्रतिनिधि माने जाते थे, किन्तु कभी भी उसकी भलाई करने के लिए स्वतंत्र नहीं हैं, उनका उत्तरदायित्व बिना किसी शक्ति के है, उनका पद बिना किसी अधिकार तथा वास्तविक प्रभाव के है। इस प्रकार

संघीय विधायिका का एक प्रभुत्व सम्पन्न कानून निर्मात्री संस्था नहीं थी। इसकी शक्तियों पर इतने अधिक प्रतिबंध लगा दिये गये थे किसी भी आधार पर इसे संसदात्मक प्रणाली का निकाय नहीं कहा जा सकता।

संघीय न्यायालय (Federal Court): संघ की राजधानी दिल्ली में एक केन्द्रीय न्यायालय की स्थापना का भी उपबन्ध था। यदि केन्द्रीय सरकार एवं प्रान्तीय सरकारों के मध्य क्षेत्राधिकार के पारस्परिक अतिक्रमण की समस्याएं उठती हैं तो उनका निर्णय करना संघीय न्यायालय का कार्य था। संघीय न्यायालय में मुख्य न्यायाधीश के अतिरिक्त तीन अन्य न्यायाधीश एवं दो सहायक न्यायाधीश की नियुक्ति का प्रावधान था। न्यायाधीशों का चयन सम्राट का अधिकार था। 1 अक्तूबर 1937 से संघीय न्यायालय ने अपना कार्य शुरू कर दिया।

न्यायालय का प्रमुख कार्य 1935 के अधिनियम की व्याख्या करना तथा भारतीय संघ एवं प्रान्तों अथवा संघ में सम्मिलित होने वाली देशी रियासतों के मध्य विवादों का निर्णय करना था। संघीय न्यायालय को प्रान्तों एवं संघ में सम्मिलित होने वाली देशी रियासतों में स्थित उच्च न्यायालयों के निर्णय के विरूद्ध अपील सुनने के अधिकार (Appellate Jurisdiction) दिये गये। गवर्नर जनरल को कानूनी मामले में संघीय न्यायालय परामर्श दे सकता था। संघीय न्यायालय को सर्वोच्च न्यायालय की श्रेणी में नहीं रखा गया, अर्थात् रियासतों एवं संघ के कुछ मामलों में, इस न्यायालय की अपील प्रिवी कौंसिल में की जा सकती थी।

प्रान्तीय प्रशासन (Provincial Administration): संवैधानिक सुधार–विशेषज्ञों एवं साइमन कमीशन रिपोर्ट 1930 का मत था कि द्वैध शासन प्रणाली जो 1919 के अधिनियम द्वारा स्थापित की गई, असफल हो चुकी थी, को समाप्त करके प्रान्तों में स्वायत्त शासन स्थापित किया जाए। स्वायत्त शासन प्रणाली को गवर्नरों के अधीन केवल 11 प्रान्तों में लागू किया जाना था। मद्रास, बम्बई, बंगाल, बिहार, पंजाब, मध्य प्रान्त, बरार, असम, उत्तर पश्चिमी सीमाप्रान्त, उड़ीसा एवं सिन्ध गवर्नरों द्वारा शासित प्रान्त थे। दूसरी श्रेणी में वे प्रान्त थे जिनका शासन मुख्य आयुक्त द्वारा चलाया जाना था। दूसरे वर्ग में ब्रिटिश बलूचिस्तान, अजमेर, मेरवाड़ा, कुर्ग, अंडमान–निकोबार, पंथपिपलौदा तथा अन्य ऐसे प्रान्त जो इस अधिनियम के अन्तर्गत बनाए जा सकते थे। अदन व बर्मा को भारत से अलग कर दिया गया।[19] सिंध और उड़ीसा नामक नये प्रान्तों का निर्माण किया गया।[20] गवर्नर जनरल परिषदीय राजाज्ञा द्वारा कोई नया प्रान्त बन सकता था।

1919 के अधिनियम में भारत का प्रशासनिक नियंत्रण सपरिषद् भारत सचिव नामक निकाय में केन्द्रित था। 1919 के अधिनियम के निरस्त होने से ब्रिटिश भारत के प्रशासन से सम्बद्ध सभी अधिकार ब्रिटिश राजा में निहित हो गये एवं गवर्नर तथा गवर्नर जनरल सभी अपनी शक्ति राजा द्वारा प्राप्त करते थे।

प्रान्तीय स्वायत्तता की जो योजना स्वीकार की गई उसके अन्तर्गत प्रत्येक प्रान्त में एक कार्यपालिका तथा विधानमण्डल का प्रावधान था। कुछ प्रान्तों में इस अधिनियम द्वारा दो सदनों की व्यवस्था की गई। वस्तुतः ऊपरी सदनों का जिनका पहले किसी प्रान्त में अस्तित्व न था, बंगाल, बम्बई, मद्रास, संयुक्त प्रान्त और बिहार जैसे सभी प्रमुख प्रान्तों पर थोप दिया गया है।[21] संघीय सरकार को प्रान्तीय क्षेत्र के विषयों के बारे में कानून बनाने के अधिकार नहीं रहे, प्रान्त विशेष में कानून निर्माण सम्बन्धी शक्तियाँ प्रान्तीय विधायिका को प्रदान की गई। किन्तु जैसा पूर्व में उल्लेख किया गया है कि गवर्नर जनरल आन्तरिक शान्ति भंग होने अथवा युद्ध के खतरे को दृष्टिगत रखते हुए आपात की घोषणा द्वारा प्रान्तीय स्वायत्तता का अतिक्रमण कर सकता था।[22]

प्रान्तीय कार्यपालिका (Provincial Executive): गवर्नर को 'विशेष शक्तियाँ' प्राप्त थी और वे अपनी शक्तियों का प्रयोग गवर्नर जनरल के सामान्य नियंत्रण में रहकर करते थे। संघीय सरकार प्रान्तों को निर्देश दे सकती थी। अधिनियम ने प्रान्तों की द्वैध शासन प्रणाली का अन्त कर समूची कार्यकारी शक्ति एवं सत्ता गवर्नर में निहित कर दी। वैधानिक दृष्टि से मंत्रियों की नियुक्ति एवं पदच्युत करने का अधिकार गवर्नर को था। किन्तु गवर्नर के निर्देश पत्र में कहा गया था कि गवर्नर को मंत्री उस व्यक्ति के परामर्श से नियुक्त करने चाहिए जिसे विधान सभा में स्पष्ट बहुमत प्राप्त हो। अतः व्यवहार में बहुमत दल का नेता मुख्यमंत्री होता था। उसकी सलाह से अन्य मंत्रियों की नियुक्ति की जाती थी। गवर्नर को प्रान्तीय प्रशासन का प्रधान कहा गया जिसकी नियुक्ति सम्राट द्वारा की जाती थी। गवर्नर की 'सलाह एवं सहायता' के लिए मंत्रिपरिषद् की व्यवस्था थी।

गवर्नर को तीन तरह की शक्तियां प्राप्त थीः वैधानिक प्रधान के रूप में मंत्रियों के परामर्श के आधार पर प्रयोग की जाने वाली शक्तियां, दूसरी स्वविवेकी (Discretionary) एवं तीसरी विशेष उत्तरदायित्वों (Special Responsibilities) से सम्बन्धित

शक्तियाँ। स्पष्टतः इनमें दूसरे एवं तीसरे प्रकार की शक्तियाँ महत्वपूर्ण थी। गवर्नर को कार्यपालिका, विधायी एवं वित्तीय क्षेत्र में स्वविवेकी शक्तियाँ प्राप्त थीं। अधिनियम की धारा 91 के अनुसार एक कार्यपालक के रूप में अपवर्जित क्षेत्र, पिछड़ी एवं जंगली जाति के क्षेत्र (Tribal Areas) का प्रशासन संचालित करना, मंत्रियों की नियुक्ति, पदच्युति एवं वेतन का निर्धारण, शासन तंत्र की दृष्टि से खतरनाक, हिंसक एवं विनाशकारी कार्यवाही को रोकना, गुप्तचर व्यवस्था पर नियंत्रण, प्रान्तीय लोकसेवा आयोग के अध्यक्ष एवं सदस्यों की नियुक्ति और प्रतिरक्षा की दृष्टि से गवर्नर जनरल के आदेशों की पालन करना आदि।

वित्तीय क्षेत्र में गवर्नर को विस्तृत अधिकार प्राप्त थे। गवर्नर धारा 93 के अनुसार सम्पूर्ण प्रान्तीय शासन को सीधे अपने नियंत्रण में ले सकता था एवं विधानमण्डल को भंग कर सकता था।

गवर्नर के साथ विशेष उत्तरदायित्वों का उल्लेख मिलता हैः (1) प्रान्त या उसके किसी भाग में शान्ति बनाये रखने के लिए गंभीर संकट का निवारण, (2) अल्पसंख्यकों के वैध हितों का संरक्षण, (3) सार्वजनिक सेवकों के वैध हितों एवं अधिकारों का संरक्षण, (4) भेदभाव के विरूद्ध विधिनिर्माण की अधिशाषी कार्यवाही, (5) आंशिक रूप से अलग किए गए क्षेत्रों में शान्ति एवं व्यवस्था, (6) भारतीय रियासतों के शासकों के अधिकारों तथा सम्मान संरक्षण, (7) गवर्नर के आदेशों एवं निर्देशों की पालना सुनिश्चित करना। प्रोफेसर कीथ ने इन उत्तरदायित्वों के सम्बन्ध में लिखा हैः यदि प्रान्तों के गवर्नर इन विशेष उत्तरदायित्वों के आधार पर गंभीरता से कार्य करें, तो यह निश्चित है कि उत्तरदायी शासन कभी उत्पन्न नहीं होगा।[23] रजनीपाम दत्त ने लिखा हैः प्रान्तीय गवर्नर के पास भी इन सारी धाराओं से बढ़कर अधिकार है, वह किसी कानून को वीटो कर सकता है या स्वतंत्र कानून पास कर सकता है। पुलिस, कानून और व्यवस्था तथा वित्त प्रबंध पर उसका कारगर नियंत्रण रहता है और उसके पास भी सात विशेष जिम्मेदारियाँ होती हैं।[24] दूसरे शब्दों में गवर्नर की विशेष शक्तियाँ और उत्तरदायित्व तथा मंत्रियों के मुकाबले में उसकी स्थिति गवर्नर जनरल के समान थी।

प्रान्तीय स्वायत्तता के आडम्बर के पीछे भी अंगरेजों की कुटिल चाल थी जैसा बिपिनचन्द्र ने लिखा हैः वे मानते थे कि इसके चलते कांग्रेस के भीतर कोई प्रभावशाली प्रान्तीय नेता पैदा होंगे जो प्रशासनिक अधिकारों को अपने–अपने ढंग से इस्तेमाल करना चाहेंगे। ये नेता धीरे–धीरे अपने प्रशासकीय विशेषाधिकारों को सुरक्षित करना सीख जाएंगे और इस तरह ये राजनीतिक सत्ता के स्वायत केन्द्र बन जाएंगे। इस प्रकार का प्रान्तीयकरण हो जाएगा और अखिल भारतीय केन्द्रीय नेतृत्व यदि समाप्त न हो सका, तो कमजोर पड़ जाएगा। जैसा कि 1936 में लिनलिथगो ने लिखा थाः "सीधे संघर्ष से बचने का सबसे बढ़िया तरीका है प्रान्तीय स्वायत्तता, क्योंकि प्रान्तीय स्वायत्तता के माध्यम से ही क्रान्ति के सबसे बड़े हथियार कांग्रेस को नष्ट किया जा सकता है।"[25]

प्रान्तीय विधानमण्डल (Provincial Legislative): मतदाताओं की संख्या जो 1919 में 50 लाख थी वह 1935 के अधिनियम द्वारा 3 करोड़ हो गई। अथात् 14 प्रतिशत जनसंख्या को मतदान का अधिकार मिला। मताधिकार सम्पत्ति की योग्यता पर आधारित था। न्यूनतम मकान किराया अथवा न्यूनतम मालगुजारी को मताधिकार का आधार माना था तथापि सैनिक सेवा, शैक्षिक अर्हता भी मताधिकार के आधार माने गए। इस प्रकार मताधिकार के लिए सम्पत्ति को विशेष महत्व दिया गया। सीटों के आवंटन के सिद्धान्त में कोई परिवर्तन नहीं किया गया। पृथक निर्वाचन क्षेत्र तथा कुछ को अधिक महत्व दिये जाने की व्यवस्था को बनाये रखा गया। विधान सभाओं में सबसे कम सदस्य संख्या 50 पश्चिमोत्तर सीमा प्रान्त में तथा सबसे अधिक 250 बंगाल में थी। विधान परिषदों में भी संख्या की दृष्टि से सबसे बड़ी परिषद् बंगाल में ही थी जिसमें 65 सदस्य थे। असम की विधानसभा सबसे छोटी, थी उसमें केवल 22 सदस्य थे। विधान सभाओं के लिए प्रत्यक्ष चुनाव पद्धति के प्रावधान थे, किन्तु मताधिकार प्रान्त में भिन्न था।

क्षेत्रों का संगठन धर्म, लिंग एवं हितों के आधार पर किया गया। मुसलमानों, सिक्खों, आंग्ल भारतीयों, भारतीय ईसाइयों तथा यूरोपियनों के लिए अलग क्षेत्र थे। सामान्य (General) चुनाव क्षेत्र हिन्दुओं एवं दलित वर्ग के लिए थे। विशेष हितों को जिन्हें प्रतिनिधित्व दिया गया था उनमें प्रमुख थेः व्यापार वाणिज्य, श्रम, उद्योग, जमींदार, शैक्षणिक संवर्ग आदि। महिलाओं के लिए भी कुछ स्थान आरक्षित किये गये। विधानसभा का कार्यकाल 5 वर्ष निर्धारित किया जबकि विधान परिषद् स्थायी सदन था, जिनके सदस्य 9 वर्ष के लिए चुने जाते थे किन्तु एक तिहाई सदस्य हर तीसरे वर्ष अवकाश ग्रहण करते थे। अधिनियम में साम्प्रदायिक आधार पर स्थानों के आवंटन की जो तालिकायें दी हुई थी, उनमें 'पूणे समझौते' द्वारा संशोधित रूप में 'साम्प्रदायिक पंचाट' (Communal Award) का अनुशरण किया गया।

अधिनियम का मूल्यांकन

अधिनियम द्वारा प्रस्तावित अखिल भारतीय संघ में एक संघ के सभी आधारभूत लक्षण विद्यमान थे, लेकिन इसके कुछ विचित्र प्रावधानों के कारण संघीय योजना मजाक बनकर रह गई और देशी रियासतों ने ही इसे अस्वीकार नहीं किया प्रत्युत कांग्रेस एवं अन्य दलों द्वारा भारतीय जनता ने भी इसे पूर्णतः अस्वीकार कर दिया।

- सामान्यतः संघ उन राज्यों के एकीकरण से उत्पन्न होते हैं, जो पहले स्वतंत्र तथा प्रभुत्व सम्पन्न हों। भारतीय संघ का निर्माण देशी रियासतों के पूर्ण विलय एवं ब्रिटिश प्रान्तों एवं राज्यों को पूर्ण स्वायत्तता देकर किया जाना था, किन्तु साम्राज्यवादी सरकार ने ऐसा नहीं किया।
- संघ की इकाइयों में प्रायः एकरूपता पाई जाती है, लेकिन प्रस्तावित संघ की इकाइयों की स्थिति न तो एक सी प्रारूपित थी और न उनकी आन्तरिक व्यवस्था में ही एकरूपता थी। जहां ब्रिटिश भारत के प्रान्तों के लिए कुछ सीमा तक लोकतंत्रात्मक व्यवस्था के प्रावधान थे जबकि देशी राज्य आन्तरिक मामलों में निरंकुश नरेशों की स्वेच्छाचारिता के गढ़ थे।
- भारत के प्रस्तावित संघ में एक ओर तो प्रान्तों के लिए संघ में शामिल होना अनिवार्य और स्वभाविक था दूसरी ओर देशी राज्यों को संघ में मिलाने के लिए एक अधिमिलन पत्र (Instrument of Accession) पर हस्ताक्षर आवश्यक थे। यदि कोई देशी शासक संघ में शामिल न होना चाहे तो उसे बाध्य नहीं किया जा सकता था।
- भारतीय संघ में शामिल होने वाले देशी राज्यों के संघ में सम्मिलित होने की शर्तें एक दूसरे से भिन्न हो सकती थी। देशी राज्यों को इस बात का निर्णय करने की स्वतंत्रता थी कि उनके राज्य क्षेत्र के भीतर संघीय सरकार किन शक्तियों का उपयोग करेगी और किनका नहीं। राज्यों के प्रतिनिधि राजाओं द्वारा मनोनीत होने को थे जो पूर्णतः असंगत एवं अनुचित था।
- भारत की राजनीतिक, सामाजिक एवं आर्थिक प्रगति के लिए भारत का पूर्ण राजनैतिक एकीकरण अनिवार्य था। औपनिवेशिक सरकार ने अपने हितों की रक्षा के लिए भारत की छोटी–छोटी रियासतों के अस्तित्व को बनाये रखा, परिणामतः रियासती भारत का प्रशासन राष्ट्रवादी गतिविधियों के अभाव में ब्रिटिश भारत के प्रशासन से बिल्कुल भिन्न तथा पिछड़ा हुआ रहा। संघीय योजना की समालोचना करते हुए रजनीपाम दत्त ने ए.बी. कीथ (Keith) को उद्धृत करते हुए लिखा हैः संघीय योजना के लिए किसी तरह का सन्तोष का अनुभव किया जाना कठिन है। राज्य संघ की उत्पत्ति के पीछे यह इच्छा काम कर रही थी कि जिम्मेदार सरकार को ब्रिटिश भारत में केन्द्र सरकार तक विस्तार देने के लिए मसले को टाल दिया जाए।[26]
- किसी भी राष्ट्र के संघ का निर्माण स्वेच्छा से किया जाता है किन्तु यह संघ स्वैच्छिक न होकर ऊपर से थोपा गया था। जहां ब्रिटिश प्रान्तों के लिए संघ में प्रवेश अनिवार्य था वहीं देशी रियासतों के लिए यह प्रवेश ऐच्छिक था। साथ ही संघ का निर्माण करने वाली इकाइयों को अपने संविधान के निर्माण का कोई अधिकार नहीं दिया गया था और न ही उन्हें संविधान में संशोधन की शक्ति प्रदान की गई थी।
- संघ का प्रधान गवर्नर जनरल भारत में किसी के प्रति भी उत्तरदायी न था। 1935 के अधिनियम में तीन सूचियाँ दी गईंः संघ सूची, राज्य सूची, तथा समवर्ती सूची। किन्तु अवशिष्ट शक्तियाँ (रक्षा, वैदेशिक, धर्म सम्बन्धी मामले आदि) न तो संघ को दी गई एवं न ही प्रान्तों को बल्कि गवर्नर जनरल को सौंपी गई। जिन विषयों का किसी भी सूची में उल्लेख न हो उस पर कानून केन्द्रीय विधानमण्डल बनायेगा अथवा प्रान्तीय विधानमण्डल, यह निर्णय गवर्नर जनरल के विवेक पर निर्भर था। निर्वाचित प्रतिनिधि प्रतिरक्षा के मामले में दखल नहीं कर सकते थे।
- राजस्व जिसे कर लगाकर एकत्र किया जाना था, के अधिकांश भाग के व्यय का अधिकार वित्तमंत्री को न था। इसी प्रकार वाणिज्य एवं उद्योग के मामले में भी भारतीय प्रतिनिधि कानूनी प्रावधानों के कारण पंगु थे।[27] अधिनियम द्वारा जिस केन्द्रीय कार्यपालिका की व्यवस्था की गई थी उसमें न तो उत्तरदायित्व पनप सकता था और न ही कार्यकुशलता आ सकती थी।
- सामान्यतः संघों में उच्चतम न्यायालय सर्वोच्च रहता है उसके विरूद्ध कहीं अपील नहीं होती, किन्तु इस अधिनियम के अन्तर्गत गठित सर्वोच्च न्यायालय के निर्णय के विरूद्ध अपील की जा सकती थी। संघीय न्यायालय का सर्वोच्च न होना न्यायपालिका की सबसे बड़ी कमजोरी थी।

- औपनिवेशिक सरकार ने प्रान्तीय स्वायत्तता का काफी ढ़िढ़ोरा पीटा, लेकिन अधिनियम के अनेक जटिल प्रावधानों ने स्वायत्तता की धज्जियाँ उड़ा दी। गवर्नर जनरल द्वारा आन्तरिक अशान्ति और युद्ध के संभावित खतरे के कारण संकट काल की घोषणा से, संघीय विधायिका को प्रान्तीय सूची के विषयों पर कानून बनाने के अधिकार प्राप्त थे। प्रान्तीय सरकारों को गवर्नर जनरल आवश्यक निर्देश जारी कर सकता था। धारा 93 घोषित करके गवर्नर प्रान्तीय शासन का समस्त भार अपने हाथ में ले सकता था।
- अपने विशेष उत्तरदायित्व के आधार पर गर्वनर जनरल प्रान्तीय क्षेत्र में हस्तक्षेप कर सकता था। कानून एवं व्यवस्था बनाये रखना मंत्री का दायित्व था, लेकिन शान्ति भंग होने से रोकना गवर्नर जनरल एवं गवर्नर का विशेष उत्तरदायित्व था। अधिनियम ने गवर्नर को संवैधानिक अध्यक्ष के स्थान पर वास्तविक अध्यक्ष बना दिया।
- गवर्नर को वित्तीय क्षेत्र में असाधारण शक्तियाँ प्राप्त थी। मंत्रियों की नियुक्ति एवं पदच्युति उसके हाथ में थी, व्यवहार में इस शक्ति का उपयोग भी किया गया। सिंध के मुख्यमंत्री अल्लाहबख्श को विधान सभा का विश्वास प्राप्त होने पर भी गवर्नर ने पदच्युत कर दिया था। इसी प्रकार पंजाब के मुख्यमंत्री शौकत हयात खां और बंगाल के मुख्यमंत्री फजलुल हक को सामान्य बात पर हटा दिया।

कांग्रेस तथा अन्य दलों का दृष्टिकोण: इन कमियों के अतिरिक्त कांग्रेस ने अधिनियम की इस आधार पर आलोचना की और अस्वीकार किया क्योंकि इसके निर्माण में भारतीय जनता से सलाह नहीं ली गई अर्थात् यह एक्ट जनता की इच्छाओं का प्रतिनिधित्व नहीं करता था। कांग्रेस ने सरकार पर आरोप लगाया कि उसने एक्ट को इस तरह बनाया है ताकि उत्तरदायी सरकार को टाला जा सके, अपने शासन को स्थायी बनाया जा सके और भारतीय जनता का शोषण किया जा सके। सरकार ने सभी वयस्कों को मताधिकार प्रदान नहीं किया। सम्पत्ति की योग्यता, पृथक् निर्वाचन क्षेत्र की व्यवस्था और सुरक्षा उपायों के प्रावधानों से जनता के लोकतांत्रिक अधिकारों का उल्लंघन हुआ। इस तरह अधिनियम को गैर–लोकतांत्रिक, जनता के प्रभुत्व को नकारने वाला और संस्थागत रूप से अव्यावहारिक बताकर निन्दित किया। कांग्रेस दिसम्बर 1929 में पूर्ण स्वतंत्रता की मांग कर चुकी थी और इसके पश्चात् उसने अनेक अवसरों पर इस मांग को दोहराया। दिसम्बर 1934 में कांग्रेस कार्य समिति के अधिवेशन में इस अधिनियम को अस्वीकार कर दिया गया क्योंकि इसके द्वारा "देश पर विदेशी आधिपत्य और शोषण को अमर और आसान बनाया गया है।"

राष्ट्रीय उदार फेडरेशन (National Liberal Federation) ने 30 दिसम्बर, 1935 को भारत सरकार अधिनियम के विषय में प्रस्ताव पास किया: "यह खेद का विषय है कि ब्रिटिश संसद ने न केवल भारतीय दृष्टिकोण से उन्नति के सुझाव को अस्वीकार किया है बल्कि और अधिक आपत्तिपूर्ण प्रावधान जोड़कर देश पर अधिनियम 1935 थोप दिया। भारत को किसी ऐसे संविधान से सन्तोष नहीं होगा जो कि डोमीनियन राज्यों के संविधान से मिलता जुलता न हो, जिससे भारत को राष्ट्रीय स्वशासन के पूरे अधिकार नहीं दिए गए हों और थोड़े समय के लिए अधिनियम द्वारा कम से कम आरक्षण हो और जो राष्ट्रीय एकता में सहायक हो।"[28]

हिन्दू महासभा ने अपने कानपुर अधिवेशन में राष्ट्रीयता और प्रजातंत्र में बाधक मानते हुए इसे मौजूदा संविधान से भी बदतर बताया। **मुस्लिम लीग** ने भी जबर्दस्ती थोपा हुआ संविधान घोषित करते हुए नापसन्द किया। लीग ने इस अधिनियम को लागू करने का प्रबल विरोध किया। उसने भारतीय संघ योजना को दृष्टतापूर्ण एवं हानिकारक माना। खालसा दरबार के अध्यक्ष सरदार मंगलसिंह ने इसे अनिच्छुक और असहाय लोगों पर थोपा गया संविधान बताया।

प्रान्तीय चुनाव, फरवरी, 1937: कांग्रेस ने यद्यपि अधिनियम की निंदा की थी, लेकिन यह भी विचार किया जा रहा था कि उसे प्रान्तीय स्तर पर अधिनियम को स्वीकार करना पड़ सकता है क्योंकि सरकार ने इसे तुरन्त ही लागू कर दिया और 1937 के प्रारम्भ में चुनाव करवाने की घोषणा कर दी गई। उदारवादियों ने इस अधिनियम की आलोचना की थी, लेकिन सुधारों को उत्तरदायी सरकार बनाने की दिशा में अग्रसर मानकर लागू करवाना चाहते थे। कुछ कांग्रेसी नेताओं का विचार था कि संवैधानिक तरीकों को परीक्षण के तौर पर अपनाया जाना चाहिए। यद्यपि ब्रिटिश साम्राज्यवाद के विरूद्ध संघर्ष के मूल सवाल पर सब एकमत थे फिर भी लड़ाई के लिए अपनाये जाने वाले तरीकों को लेकर कांग्रेसियों में विवाद था। इस समय वामपंथी विचारधारा का काफी जोर था और वामपंथ तथा दक्षिणपंथियों के बीच इस मसले पर पर्याप्त विचार–विमर्श हुआ। चुनावों में भाग लेने पर अन्ततः सभी सहमत थे। बिपिनचन्द्र लिखते हैं कि सबकी राय थी कि व्यापक आर्थिक राजनीतिक कार्यक्रम तय किए जाएँ और इन्हें आधार बनाकर चुनाव लड़ा जाए। इससे जनता के बीच साम्राज्यवाद विरोधी लहर और

मजबूत होगी। लेकिन अहम सवाल तो यह था कि चुनाव के बाद क्या किया जाएगा–जवाहर लाल नेहरू, सुभाषचन्द्र बोस, कांग्रेस सोशलिस्ट और कम्युनिस्ट सत्ता में भागीदारी के खिलाफ थे। नेहरू जी ने लखनऊ के अधिवेशन में कहा, "पहली बात तो यह है कि सत्ता में हिस्सेदारी का मतलब अधिनियम 1935 को स्वीकार करना होगा, खुद को दोषी ठहराना होगा। यह तो बिना अधिकार के उत्तरदायित्व वहन करना होगा, क्योंकि राज्य और सत्ता के ढांचे अपरिवर्तित रहेंगे। कांग्रेस तो जनता के लिए कुछ कर नहीं पाएगी, उल्टे वह किसी न किसी रूप में दमनकारी साम्राज्यवादी सत्ता का एक हिस्सा बन जाएगी और जनता के शोषण में उसका सहयोग करेगी।" आगे कहा, "दूसरी बात सत्ता में साझेदारी से जनांदोलन का क्रान्तिकारी चरित्र खत्म हो जाएगा।" कुल मिलाकर मुद्दा यह है कि हम चाहते क्या हैं? क्रान्तिकारी परिवर्तन या ब्रिटिश साम्राज्य द्वारा समय–समय पर फेंके जाने वाले टुच्चे सुधारों का टुकड़ा?.... सत्ता में साझेदारी का मतलब.... आजादी, आर्थिक सामाजिक न्याय और गरीबी दूर करने का लक्ष्य पीछे छूट जाएगा, इसकी जुझारू ताकत खत्म हो जाएगी। ऐसे अंधी खाई में जा गिरेगी, जहां से निकलना मुश्किल होगा।[29]

ब्रिटिश सरकार ने घोषणा की थी कि 1 अप्रैल, 1937 से 1935 का अधिनियम लागू होगा किन्तु पर्याप्त संख्या में देशी राज्य संघ में सम्मिलित होने के लिए तत्पर न थे इसलिए फेडरल संघ का संविधान स्थगित रहा। 1 अप्रैल से केवल प्रान्तीय सरकारों से सम्बन्ध रखने वाला भाग ही लागू हुआ। कांग्रेस कुछ महत्वपूर्ण तथ्यों के आधार पर चुनाव लड़ने के लिए तैयार हुई और अन्य राजनीतिक दलों ने भी इसके प्रति असन्तोष व्यक्त किया, किन्तु वे निर्वाचनों में सम्मिलित होने के लिए तत्पर थे। फरवरी 1937 में चुनाव करवाए गए थे जिसमें कांग्रेस को महत्वपूर्ण सफलता मिली। मद्रास, सुयंक्त प्रान्त, बिहार, मध्य प्रान्त तथा उड़ीसा में स्पष्ट बहुमत प्राप्त हुआ। उसे बम्बई में प्रायः आधे स्थान मिले और उत्तर पश्चिमी सीमा प्रान्त तथा असम में वह सबसे बड़े दल के रूप में उभरी। पंजाब में यूनियनिस्ट पार्टी को स्पष्ट बहुमत प्राप्त हुआ। बंगाल में प्रजापार्टी एवं सिंध में अनेक छोटे–छोटे गुटों का आविर्भाव हुआ। मुस्लिम लीग के लिए निर्वाचन परिणाम अनुकूल नहीं रहे, सभी विधानमण्डलों में उसकी शक्ति इतनी सीमित थी कि वह किसी भी प्रान्त में सक्रिय भूमिका का निर्वाह नहीं कर सकती थी।

कांग्रेस मंत्रिमण्डल (1937–39): कांग्रेस को चुनावों में अपार सफलता मिली इसका रहस्य यह था कि कांग्रेस ने चुनाव एक निश्चित सामाजिक, राजनीतिक एवं आर्थिक कार्यक्रम के आधार पर लड़े थे। राष्ट्रीय कांग्रेस को अभी तक 'मामूली अल्पमत' का प्रतिनिधित्व करने वाली पार्टी मानकर चलने वाले समाचार 'लंदन टाइम्स' को मजबूर होकर लिखना पड़ाः एक बार फिर भारत के चुनावों ने दिखा दिया कि केवल कांग्रेस पार्टी ही ऐसी पार्टी है जिसका महज प्रान्तीय आधार पर संगठन नहीं हैं... इस पार्टी के तमाम प्रस्ताव, अधिकांश विपक्षी पार्टियों के प्रस्तावों की तुलना में ज्यादा सकारात्मक और रचनात्मक रहे हैं।[30] कांग्रेस कार्य समिति ने 18 मार्च, 1937 को कांग्रेस बहुल प्रान्तों में मंत्रिमण्डल बनाने के पक्ष में प्रस्ताव पारित किया, लेकिन यह शर्त रखी कि गवर्नर यह वचन दे कि वे मंत्रियों के संविधानिककार्यों में दिन–प्रतिदिन के प्रशासन में हस्तक्षेप नहीं करेंगे तथा अपनी–अपनी शक्तियों का प्रयोग मंत्रिमण्डल की मंत्रणा पर ही करेंगे। भारत सचिव की अनुमति से गवर्नर जनरल लार्ड लिनलिथगो ने 22 जून 1937 को गवर्नरों द्वारा मंत्रियों के कार्यों में अनुचित हस्तक्षेप न करने का आश्वासन देते हुए घोषणा किः "जो विषय मंत्रियों के क्षेत्र में आते थे उनके सम्बन्ध में गवर्नर के लिए यह आवश्यक था कि वह अपने मंत्रियों के परामर्श के अनुसार कार्य करे।" इस आधार पर कांग्रेसी नेताओं की मान्यता थी कि इस घोषणा से गवर्नरों के लिए अपनी विशेष शक्तियों का प्रयोग करना आसान न होगा। कांग्रेस ने जुलाई 1937 में संयुक्त प्रान्त, मद्रास, बम्बई, मध्य प्रान्त, उड़ीसा एवं बिहार में अपने मंत्रिमण्डल बनाये। सितम्बर 1937 में पश्चिमोत्तर सीमाप्रान्त तथा सितम्बर 1938 में असम में कांग्रेस के नेतृत्व में मिली–जुली सरकार बनी। लगभग दो वर्ष कांग्रेस सत्ता में रही और सितम्बर 1938 में कांग्रेस मंत्रिमण्डलों ने इस्तीफा दे दिया। कांग्रेस का सत्ता में रहना स्वतंत्रता संग्राम के लिए महत्वपूर्ण साबित हुआ। अपने कार्यकाल में कांग्रेस मंत्रिमण्डलों ने किसानों की स्थिति सुधारने के लिए कानून बनाया। 'काश्तकारी कानून' लागू किया जिसका उद्देश्य बेदखली के खिलाफ एक निश्चित सीमा तक सुरक्षा देना था। लगान में कमी करने के प्रयास किये गये। भू–राजस्व संग्रह के बारे में जमींदारों के अधिकार सीमित कर दिये गये। किसानों को ऋण राहत के लिए कानून बनाए गए। अकाल के समय ऋण से राहत और अनेक सुविधाएं उपलब्ध करवाने का प्रयास किया। मजदूरों की स्थिति सुधारने के लिए एक सम्पूर्ण कार्यक्रम तैयार किया था जिसमें उनका वेतन, आवास, कार्यावधि, अवकाश, बीमा आदि सभी पहलू शामिल किये गये। प्राथमिक शिक्षा जो अभी तक उपेक्षित थी पर विशेष जोर दिया। गांधीजी की प्राथमिक शिक्षा की 'बुनियादी शिक्षा पद्धति' को अपनाया गया। स्वच्छकारों के उत्थान हेतु मन्दिर प्रवेश, नागरिक असुविधाओं का निवारण तथा

शिक्षा प्रसार पर ध्यान दिया। शराबबन्दी के लिए जनता को प्रोत्साहित किया। कांग्रेसी सरकारों की सफलता का कारण कांग्रेस का एक संगठित और अनुशासित दल के रूप में कार्य करना था। कांग्रेस हाईकमान द्वारा कांग्रेसी विधायकों और मंत्रिमण्डलों पर पूर्ण नियंत्रण रखना एक अन्य महत्वपूर्ण कारण था। इसके अतिरिक्त कांग्रेस में मालवीय जैसे दक्षिणपंथी, पटेल और राजेन्द्र प्रसाद जैसे समझौतावादी, जवाहरलाल नेहरू, जैसे वामपंथी, जयप्रकाश नारायण और नरेन्द्र देव जैसे समाजवादी एवं साम्यवादी शामिल थे अतः कांग्रेस की नीतियाँ सदैव सामंजस्यपूर्ण रही। विधानमण्डलों में जहां कांग्रेस की सरकारें थीं मोटे रूप में स्पष्ट बहुमत होने के कारण गवर्नर भी उनसे अनावश्यक रूप में विवाद में नहीं पड़ना चाहते थे। यद्यपि किसी सरकार की उपलब्धियों का परीक्षण करने के लिए 27 माह की अवधि पर्याप्त नहीं होती है परन्तु कांग्रेस ने इस अल्प अवधि में जनता में एक अलग पहचान बनाई।

संदर्भ

1. बिपिनचन्द्र एवं अन्य, *भारत का स्वतंत्रता संघर्ष*, पृ. 248
2. इण्डियन एम्पायर सोसाइटी में 11 दिसम्बर, 1930 को विंस्टन चर्चिल का भाषण, रजनीपाम दत्त, *आज का भारत*, पृ. 507 से उद्धृत
3. नेहरू, जवाहर लाल, *मेरी कहानी*, पृ. 316
4. वही, पृ. 320
5. वही, पृ. 320
6. दत्त, रजनीपाम, *आज का भारत*, पृ. 509
7. 1935 के भारत शासन अधिनियम की धारा 5
8. काश्यप, सुभाष एवं राय, एम.पी., *भारतीय सरकार एवं राजनीति*, पृ. 136
9. दत्त, रजनीपाम, वही, पृ. 512
10. अधिनियम की धारा 100, समवर्ती सूची के विषयों पर संघ तथा प्रान्तों दोनों का क्षेत्राधिकार था।
11. श्रीनिवासन, एन., *डेमोक्रेटिक गवर्नमेंट इन इण्डिया*, पृ. 45
12. दत्त, रजनीपाम, वही, पृ. 512
13. रिपोर्ट ऑफ द जॉइन्ट कमेटी ऑन द इण्डियन कान्स्टीट्यूशनल रिफार्म्स, 1933–34, लन्दन 1934, जिल्द 1, भाग 1, पैरा 38 और 187
14. पायली, एम.वी., *कान्स्टीट्यूशनल गवर्नमेंट इन इण्डिया*, पृ. 301
15. अधिनियम की प्रथम अनुसूची, ग्वेर एवं अप्पादोराई स्पीचेज एण्ड डाक्यूमेंट्स ऑन द इण्डियन कान्स्टीट्यूशन, आक्सफोर्ड, 1957, जिल्द 1, पृ. XLIV
16. दत्त, रजनीपाम, *आज का भारत*, पृ. 513–14
17. सुमित सरकार, *आधुनिक भारत*, पृ. 381
18. दत्त, रजनीपाम, वही, पृ. 513
19. अधिनियम की धारा 46
20. वही, धारा 289
21. दत्त, रजनीपाम, वही, पृ. 517, कुछ विद्वानों ने असम को इसी श्रेणी में रखा है।
22. धारा 102
23. कीथ, ए.बी., *ए कान्स्टीट्यूशनल हिस्ट्री ऑफ इण्डिया*, पृ. 173
24. दत्त, रजनीपाम, वही, पृ. 517
25. बिपिनचन्द्र, वही, पृ. 253–54
26. कीथ, ए.बी., *ए कान्सटीट्यूशनल हिस्ट्री ऑफ इण्डिया*, पृ. 473–74, *आज का भारत*, पृ. 520–21 से उद्धृत
27. चिन्तामणि, सी.आई., *इण्डियन पॉलिटिक्स सिंस द म्यूटिनी*, पृ. 176–77
28. तारांचद, *भारतीय स्वतंत्रता आन्दोलन का इतिहास*, जि. 4, पृ. 204
29. नेहरू, जवाहर लाल, वही. पृ. 254–55
30. दत्त, रजनीपाम, वही. पृ. 529–30 से उद्धृत।

❋❋❋

31

गांधीजी का उदय एवं असहयोग आन्दोलन
(Rise of Gandhiji and Non-Cooperation Movement)

भारतीय राष्ट्रीय क्षितिज पर गांधीजी का आगमन बीसवीं शताब्दी के दूसरे दशक के अन्त में हुआ। भारत में राजनीतिक संघर्ष की जिस प्रणाली की शुरूआत की, उसका प्रशिक्षण उन्होंने अपने दक्षिणी अफ्रीका के प्रवासकाल के दौरान प्राप्त किया था। 1891 में वकालत पास करके गांधीजी इंग्लैण्ड से भारत लौटे और अभिभाषक के रूप में जमने की कोशिश करते रहे, लेकिन उन्हें अधिक सफलता नहीं मिली। इस दौरान उन्होंने नेपाल की दादा अब्दुल्लाह एण्ड कंपनी का यह प्रस्ताव मान लिया कि वे अफ्रीका में अदालत में पेश एक मामले में उनके सलाहकार हों।[1] दक्षिणी अफ्रीका में पहुँचने के कुछ ही दिन बाद उन्हें आत्मा को कचोटने वाला एक ऐसा अनुभव हुआ जो न केवल उनके लिए व्यक्तिगत अपमान था, प्रत्युत जिसने राष्ट्रीय प्रतिष्ठा के सम्बन्ध में उनकी भावना को गहरा आघात पहुंचाया। इससे उनका मन आन्दोलित हो उठा और उन्होंने जाति–भेदभाव के अभिशाप को दूर करने तथा भारतीयों की हैसियत ऊँची उठाने का संकल्प किया।[2] गांधीजी के आगमन के साथ राष्ट्रीय आन्दोलन का तृतीय चरण शुरू हुआ।

दक्षिण अफ्रीका में रहने वाले भारतीय एक लम्बे समय से अंगरेजों की जातीय भेदभाव नीति के शिकार थे, लेकिन वे नहीं जानते थे कि उसका विरोध कैसे किया जाये। जातीय भेदभाव की इस नीति का गांधीजी ने प्रतिरोध किया, प्रथम श्रेणी के डिब्बे का टिकट होने के बावजूद उन्हें ट्रेन से पीटरमारिबर्ग रेलवे स्टेशन पर 1893 में जबरन नीचे उतार दिया गया। इसी तरह होटल में कमरा चाहने पर उन्हें जवाब दिया गया कि कमरा खाली नहीं है। गांधी ने प्रिटोरिया में भारतीयों की एक बैठक आयोजित कर उनसे अंगरेजी अत्याचार का विरोध करने की अपील की। प्रिटोरिया में अपने मुवक्किल का मुकद्दमा समाप्त होने पर गांधीजी स्वदेश लौटने की तैयारी करने लगे। लेकिन इससे पूर्व ही भारतीयों को मताधिकार से वंचित करने का मामला उठा इसके अलावा उन पर 3 पौण्ड प्रतिवर्ष का मतदान टैक्स लगाया गया। इस रंगभेद की नीति का विरोध करने के लिए गांधीजी महीने भर रुकने के लिए तैयार हो गये किन्तु उनका यह रूकना महिनों में नहीं वरन् वर्षों में बदल गया और वे 22 वर्ष बाद ही अफ्रीका से लौट सके। दक्षिणी अफ्रीका में गांधीजी ने जो सत्याग्रह आन्दोलन किया उसके सकारात्मक परिणाम आये। गांधीजी के दक्षिणी अफ्रीका के संघर्ष की कहानी के इस पहले दौर में (1894 से 1906) उनकी राजनीतिक गतिविधियों की प्रणाली नरम दलीय ही रही थी। दक्षिण अफ्रीका में रहने वाले भारतीयों को संगठित करने के लिए उन्होंने 'नेशनल भारतीय कांग्रेस' का गठन किया और 'इंडियन ओपीनियन' नामक एक अखबार निकाला। सुमित सरकार ने उनके आन्दोलन को अनिवार्यतः व्यापारियों और वकीलों का आन्दोलन बताया।[3]

1906 से दक्षिणी अफ्रीकी संघर्ष के दूसरे भाग का आरम्भ होता है। इस समय तक इन उपनिवेशों की राजनीतिक स्थिति में परिवर्तन हो गया था और उन्हें स्वायत्तता प्राप्त हो गई। 1906 के बाद गांधीजी ने एक नई शुरूआत की। यहाँ से मूल गांधीवादी पद्धति का निरूपण हुआ। गांधीजी ने दक्षिण अफ्रीका में टॉलस्टाय में फार्म और फिनिक्स सेटलमैन्ट की स्थापना की। यहां पर कार्यकर्ताओं को अहिंसक सत्याग्रह का प्रशिक्षण दिया गया। इसके अन्तर्गत विशिष्ट कानूनों के शांतिपूर्ण उल्लंघन, सामूहिक गिरफ्तारियाँ, हड़ताल एवं मार्च निकालने की योजना सम्मिलित थी। इसके समग्र प्रभाव का स्पष्टतः दोहरा स्वरूप था। जनसामान्य का उभार किन्तु साथ ही जनगतिविधि को नेता द्वारा पूर्व निर्धारित सीमाओं तक और सर्वोपरि अहिंसक पद्धतियों तक ही कड़ाई से सीमित रखना।[4] 1906 के ट्रांसवाल के पंजीयन अध्यादेश के अनुसार हर भारतीय का पंजीकरण करवाना अनिवार्य था। भारतीयों ने गांधीजी के नेतृत्व में इस कानून को न मानने का निर्णय किया। इसी बीच सरकार ने एक और कानून बनाया इसका उद्देश्य प्रवासी भारतीयों के प्रवेश को रोकना था। दो और मुद्दे जिन पर गांधी ने अवज्ञा आन्दोलन चलाया। पहला, वे विवाह जो ईसाई पद्धति से संपन्न नहीं हुए थे उन सभी को अवैध घोषित कर दिया, दूसरा भूतपूर्व अनुबंधित श्रमिकों पर तीन पाउण्ड का कर लगाया। इसके उत्तर में गांधीजी ने सविनय अवज्ञा आन्दोलन शुरू किया। अन्ततः दक्षिण अफ्रीकी सरकार ने तीन पौण्ड का टैक्स खत्म करने, भारतीय विवाहों को वैध मानने, अप्रवास एवं निवास नियंत्रणों में ढील देने तथा शराबबंदी प्रथा को समाप्त करने की मांगें स्वीकार कर ली। बिना

शस्त्र उठाए शांतिपूर्ण उपायों से प्रतिरोध द्वारा विरोधी को झुकाया गया। आगे आने वाले समय में उन्हीं तरीकों को जिन्हें सत्याग्रह, अहिंसक प्रतिरोध एवं सविनय अवज्ञा कहा गया, अखिल भारतीय स्तर पर अपनाया गया।

भारत वापसी: जनवरी, 1915 में गांधीजी 46 वर्ष की उम्र में भारत लौटे। वे अपने देश और जनता की सेवा के लिए उत्सुक थे। अपने कार्यक्षेत्र के बारे में निर्णय करने से पूर्व उन्होंने भारतीय स्थिति का अध्ययन किया। उन्होंने गोखले की यह सलाह मानी कि देश की वास्तविक स्थिति से परिचित होने के लिए एक वर्ष शांतिपूर्वक बिताना चाहिये।[5] 1916 में अहमदाबाद में साबरमती आश्रम की स्थापना की गई जहां उनके अनुयायी और मित्र सत्य और अहिंसा के आदर्शों को सीख सके और व्यवहार में ला सकें। 1917 में उन्होंने सत्याग्रह और अहिंसा के आधार पर दो प्रमुख सफलताएं प्राप्त कीं। पहली भारतीय मजदूरों को बलपूर्वक अंगरेजी उपनिवेशों में काम करने के लिए ले जाने की पद्धति को बंद करवाना और चंपारन (बिहार) में नील की खेती करने वाले कृषकों पर हो रहे अत्याचारों को दूर करवाना। चंपारन के पश्चात् अहमदाबाद में मजदूरों की हड़ताल को सफल बनाना और खेड़ा जिले में कृषकों को लगान में छूट दिलवाना उनके अहिंसात्मक सत्याग्रह की सफलता थी।

जनसहयोग की पद्धतियाँ: चंपारन (बिहार) में 19वीं शताब्दी के आरम्भ में अंगरेज बागान मालिकों ने किसानों को एक अनुबंध के तहत अपनी जमीन के 3/20 वें हिस्से पर नील की खेती करने को बाध्य किया था। इसे तिनकठिया पद्धति कहते थे। लेकिन 19वीं सदी के अन्त तक नील की मांग काफी कम हो गई। किसान और बागान मालिक दोनों ही इसकी खेती से छुटकारा पाना चाहते थे। गोरे बागान मालिकों ने लगान व अन्य गैर–कानूनी करों की दरें बहुत बढ़ा दी ताकि किसानों से किये अनुबन्ध से मुक्ति पाई जा सके। चंपारन के किसानों ने गांधीजी को आमंत्रित किया। गांधीजी ने चंपारन में अपने साथियों राजेन्द्र प्रसाद, कृपलानी, महादेव प्रसाद आदि के साथ गांव–गांव घूमकर किसानों से इसकी जानकारी प्राप्त की और सरकार द्वारा नियुक्त किये गये आयोग (जिसके वे स्वयं भी सदस्य थे) को वे इस बारे में आश्वस्त करने में सफल हुए कि तिनकठिया पद्धति समाप्त होनी चाहिये। गांधी की जांच और प्रचार के फलस्वरूप तिनकठिया पद्धति समाप्त कर दी गई। लेकिन इसका जो मनोवैज्ञानिक प्रभाव पड़ा वह ठोस गतिविधियों से कहीं अधिक था। बैतिया के एस.डी.ओ. ने 29 अप्रैल 1917 की अपनी रिपोर्ट में लिखाः गांधी प्रतिदिन अज्ञानी जन समुदाय की कल्पना को आसन्न स्वर्णयुग के स्वप्न दिखाकर रूपान्तरित कर रहे हैं।[6]

खेड़ा जिले का किसान आन्दोलन (मार्च 1918): गुजरात के खेडा जिले के किसान समीप के अहमदाबाद शहर के लिए अनाज, कपास और तम्बाकू का उत्पादन करते थे। यहां 19वीं शताब्दी के अन्त के अकाल और महामारियों के कारण किसानों की हालत खराब हो गई और उनके लिए सरकार को मालगुजारी देना बहुत कठिन हो गया था। 1917–18 में फसल बहुत ही खराब हुई और अन्य जीवनोपयोगी वस्तुओं जैसे तेल, नमक आदि की कीमतें बहुत बढ़ गई। गांधी ने मार्च 1918 को इस मामले को अपने हाथ में लिया। उन्होंने सर्वेन्ट ऑफ इंडिया सोसायटी के सदस्यों के साथ पूरी जांच पड़ताल के बाद यह निष्कर्ष निकाला कि किसानों की मांग न्यायोचित है और पूरा लगान माफ किया जाना चाहिए। गांधीजी के नेतृत्व में गुजरात ने इस आन्दोलन में महत्वपूर्ण भूमिका निभाई, उन्होंने अपने विश्वस्त सहायकों वल्लभभाई पटेल, इंदुलाल याज्ञिक आदि के साथ गांवों का दौरा करके किसानों को सलाह दी कि वे सरकार के इस दमनकारी आदेश के खिलाफ संघर्ष करें। सरकार ने लगान न देने वाले किसानों की संपत्ति कुर्क करने का हुक्म दिया। गांधीजी ने सरकार से कहा कि यदि वह गरीब किसानों का लगान माफ कर दें तो जो लोग लगान दे सकते हैं वे अपनी इच्छा से पूरा लगान दे देंगे। इधर खेड़ा जिले के किसान जो पहले से ही प्लेग, महंगाई और सूखे से परेशान थे, वे अब इस स्थिति में नहीं थे कि अधिक लंबे समय तक संघर्ष चला सकें। इसीलिए जब सरकार ने अधिकारियों को यह प्रच्छन्न आदेश दिया कि वे केवल लगान देने में समर्थ किसानों से ही लगान वसूल करें तो गांधीजी ने इस आंदोलन को समाप्त कर दिया।

अहमदाबाद का मजदूर आन्दोलन (मार्च 1918): अहमदाबाद के मजदूरों को 1917 से प्लेग बोनस दिया जा रहा था। फरवरी 1918 में मिल मालिक कीमतें बढ़ने के बावजूद इस बोनस को समाप्त करना चाहते थे। मजदूरों की मांग थी कि इस बोनस के स्थान पर उनकी मजदूरी में 50 प्रतिशत की वृद्धि कर दी जाए। मिल मालिक 20 प्रतिशत से अधिक वृद्धि करने को तैयार नहीं थे। गांधीजी ने मिल मालिकों और मजदूरों को इस सारे मामले को एक ट्रिब्यूनल को सौंपने के लिए तैयार किया। वायदे के बावजूद मिल मालिकों ने इससे अपने को अलग कर लिया और मजदूरी में 20 प्रतिशत वृद्धि के मामले पर दृढ़ रहे। इससे क्षुब्ध होकर मार्च 1918 में गांधीजी के नेतृत्व में अहमदाबाद के मिल मजदूरों ने हड़ताल कर

दी। इस हड़ताल की यह विशेषता थी कि इसमें गांधीजी ने सर्वप्रथम भूख हड़ताल के अस्त्र का उपयोग किया। ऐसा करने के पीछे उनका मकसद मजदूरों का उत्साह बढ़ाना था। ज्यूडिथ ब्राउन द्वारा उद्धृत डिस्ट्रिक्ट मजिस्ट्रेट की रिपोर्ट एक भिन्न मगर रोचक कहानी प्रस्तुत करती है। इसमें कहा गया कि कामगारों ने "उन पर (गांधीजी पर) आक्षेप किया कि वे मिल मालिकों के लिए हैं, उनकी मोटर गाड़ियों में घूमते हैं और उनके साथ दावतें खाते हैं, जबकि बुनकर भूखों मर रहे हैं।" और इस तानाजनी से दुखी होकर गांधीजी ने उपवास आरम्भ किया। उनके भूख हड़ताल का जो भी उद्देश्य रहा हो, गांधीजी मजदूरों को उनकी मजदूरी में 35 प्रतिशत वृद्धि दिलाने में सफल रहे।[7]

अपने इन अनुभवों से गांधीजी भारतीय जनता के सम्पर्क में आए। इसी दौरान अनेक ऐसे कार्यकर्त्ता उनके सम्पर्क में आये जो गांधीजी के साथ आगे चलकर उनके आजीवन अनुयायी बने। इन महत्वपूर्ण कार्यकर्त्ताओं में बिहार के राजेन्द्र प्रसाद, अनुग्रहनारायण सिन्हा और गुजरात के बल्लभभाई पटेल, महादेव देसाई, इंदुलाल याज्ञिक और शंकरलाल बैंकर आदि थे। इन आन्दोलनों ने गांधीजी को भारतीय राजनीति में एक लोकप्रिय नेता के रूप में स्थापित कर दिया।

रॉलेट एक्ट (Rowlatt Act 1918): प्रथम विश्वयुद्ध में भारतीयों ने अंगरेजी साम्राज्य की सुरक्षा के लिए बहुत अधिक सहयोग किया। उन्हें यह उम्मीद थी कि युद्ध समाप्ति के बाद ब्रिटिश सरकार भारतीय जनता की आकांक्षाओं को पूरा करने का प्रयास करेगी। लेकिन सरकार की भारतीयों को स्वायत्तता देने की कोई इच्छा नहीं थी। वह तो देश में फैल रही राष्ट्रीयता एवं क्रांतिकारी भावना से भयभीत थी। इसीलिए उसने 1918 में सर सिडनी रॉलेट की अध्यक्षता में एक समिति नियुक्त की। इस समिति की सिफारिशों के आधार पर दो विधेयक पेश किये। भारतीय प्रतिरक्षा अधिनियम (Defence of India Act) जिसकी अवधि समाप्त होने वाली थी, जिसे सरकार किसी ना किसी रूप में जीवित रखना चाहती थी। दूसरा रॉलेट बिल जिसे काला कानून कहा गया है। दो बिलों में से एक को आंतकवादी व क्रान्तिकारी अपराध अधिनियम (Anarchical and Revolutionary Crimes Act, 1919) के नाम से कानून बना दिया गया। इस कानून द्वारा किसी भी व्यक्ति को गिरफ्तार कर बिना मुकदमा चलाए जेल में रख सकती थी।

राष्ट्रीय आन्दोलन का तृतीय चरण: भारतीय जनता के सभी वर्गों में इन विधेयकों के प्रति गहरा आक्रोश था, लेकिन इसके विरोध करने का जो ढंग गांधीजी ने सुझाया वह अनूठा और व्यावहारिक था। इसकी सिफारिशों पर प्रतिक्रिया करते हुए गांधीजी ने कहा कि "उन सिफारिशों ने मुझे चौंका दिया।" यह साम्राज्य में एक उस वफादार नागरिक के विचार परिवर्तन का बिन्दु था जिसको अब तक यह विश्वास था कि "साम्राज्य कुल मिलाकर भलाई के लिए काम करने वाली शक्ति ही है। इस परिवर्तन में उन्हें एक ऐसा विद्रोही बना दिया जिसको यकीन हो चुका था कि ब्रिटिश सम्राज्य आज शैतानियत का प्रतीक है।"[8] स्वयं गांधीजी भारत के तूफानी दौरे पर निकल पड़े। मार्च और अप्रैल के बीच उन्होंने बम्बई (मुम्बई), दिल्ली, इलाहाबाद, लखनऊ और दक्षिण भारत के अनेक नगरों की यात्रा की। देशव्यापी हड़ताल, उपवास और प्रार्थना सभाएं आयोजित करने का फैसला किया गया। देशव्यापी हड़ताल के लिए पहले 30 मार्च और बाद में 6 अप्रैल की तिथि सुनिश्चित की गई। हड़ताल के आव्हान का आशातीत उत्तर मिला। देश के अनेक शिरसों में इस हड़ताल को सफल बनाने की होड़ लग गई। गांधीजी ने लिखाः "एक कोने से दूसरे कोने तक संपूर्ण भारत में, भारत के एक–एक गांव में हड़ताल पूर्ण सफल रही।"

दिल्ली में 30 मार्च को सत्याग्रह सभा आयोजित की गई। प्रदर्शनों में हिन्दू–मुसलमान एक साथ शामिल हुए। यह रॉलेट एक्ट विरोधी आंदोलन तीन चरणों में चला। 4 अप्रैल को जामा मस्जिद में एकत्र मुसलमानों को आर्य समाजी नेता श्रद्धानंद ने संबोधित किया। गांधीजी के दिल्ली प्रवेश निषेध के समाचार से यह अफवाह फैली कि उन्हें गिरफ्तार कर लिया गया है इससे लोगों की भावनाएं भड़क उठी और 10 अप्रैल तक लगातार हड़ताल रही। बम्बई में गांधीजी स्वयं उपस्थित थे। अहमदाबाद में और अन्य स्थानों पर भी दंगे भड़क उठे। पुलिस ने प्रदर्शनकारियों के विरूद्ध दमनात्मक कार्यवाईयां की।

पंजाब में इस आन्दोलन की व्यापकता सर्वाधिक रही। पूरे प्रांत में कई विरोध सभाओं का आयोजन हो चुका था। 6 अप्रैल को लाहौर और अन्य शहरों में हड़तालें हुईं। 10 अप्रैल को यह समाचार मिलने पर कि गांधीजी को गिरफ्तार कर लिया गया। लाहौर में जुलूस निकाला गया। पुलिस ने इस भीड़ पर गोलियां बरसाईं। सरकार ने शहर को सैनिक अधिकारियों को और नगर का प्रशासन जनरल डायर के हाथों सौंप दिया। डायर ने चेतावनी दी कि अगर सभाएं और जुलूस आयोजित किये गये तो उसके गंभीर परिणाम होंगे।

जलियाँवाला बाग हत्याकाण्ड (Jallianwala Bagh Massacre 13 April 1919): जनता ने इन धमकियों का प्रतिवाद करने का निश्चय किया और 13 अप्रैल 1919 को सायंकाल जलियाँवाला बाग में सार्वजनिक सभा की घोषणा की

गई। डायर (Michael O'Dyer) ने इस सभा को गैर–कानूनी घोषित किया, लेकिन नागरिकों को इसका ज्ञान नहीं था। सभा आरम्भ होने के समय जनरल डायर अपनी टुकड़ी समेत वहां पहुंचा और बिना पूर्व चेतावनी के भीड़ पर तब तक गोलियां चलाता रहा जब तक कि वे समाप्त नहीं हो गईं। सरकारी आंकड़ों के अनुसार मृतकों की संख्या 379 थी जबकि कांग्रेस के अनुमान के अनुसार मृतकों की संख्या 500 से 1000 और घायलों की संख्या करीब 1500 थी।

जलियांवाला बाग हत्याकाण्ड कोई अकेली घटना नहीं थी। संपूर्ण पंजाब में अंगरेजों ने भय का एक साम्राज्य स्थापित कर दिया। 15 अप्रैल को अमृतसर में मार्शल लॉ (Martial Law) लगा दिया और शहर को पानी बिजली से वंचित कर दिया गया। घायलों की देखभाल नहीं करने दी गई। शांत भीड़ पर हवाई जहाजों से बम गिराए, लोगों को नग्न करके कोड़े लगाए गए।

प्रारम्भ में भारत सरकार ने इस हत्याकाण्ड को गंभीरतापूर्वक नहीं लिया। लेकिन सर्वव्यापी असंतोष को देखते हुए 14 अप्रैल 1919 को इस मामले की जांच के लिए हंटर की अध्यक्षता में समिति (Hunter Committee) बनाने की घोषणा की गई। इस समिति ने अपने निष्कर्ष में भारत सरकार को निर्दोष बताया। समिति ने विद्रोह और दंगों के क्रांति में बदल जाने की आशंका बताई और इसी आधार पर मार्शल लॉ की घोषणा को औचित्यपूर्ण बताया। डायर का दोष केवल इतना ही ठहराया गया कि उसने बिना चेतावनी दिये और अंधाधुंध गोलियां चलवाईं। लेकिन इस समिति के भारतीय सदस्यों ने डायर की कार्रवाई का उद्देश्य भारतीय जनता को आतंकित करना बताया। कांग्रेस द्वारा नियुक्त समिति में हंटर समिति के निष्कर्षों को गलत सिद्ध करते हुए अपनी रिपोर्ट में कहा कि–"पंजाब में क्रांति जैसी कोई आशंका नहीं थी इसीलिए मार्शल लॉ का लागू करना भी अनुचित था। साथ ही जलियांवाला बाग हत्याकाण्ड नितान्त निरपराध तथा निहत्थे लोगों के प्रति, जिनमें निरीह बच्चे भी शामिल थे योजनाबद्ध नृशंसता का कार्य था और ब्रिटिश शासन के इतिहास में इस प्रकार की क्रूरता की और कोई मिसाल नहीं है।"[9]

दूसरी ओर, हाउस ऑफ कामन्स के अनुदारवादी सदस्यों द्वारा डायर को ब्रिटिश साम्राज्य के रक्षक के रूप में सम्मान की तलवार (Sword of Honour) और 26,000 पौण्ड की धनराशि भेंट की गई। भारत सरकार ने जांच आयोग का जांच कार्य शुरू होने से पहले ही उन अधिकारियों के बचाव के लिए एक क्षतिपूर्ति विधेयक स्वीकार किया गया जो प्रशासन से संबंद्ध थे और जिन्हें दोषी पाया जा सकता था। भारतीय राष्ट्रीय कांग्रेस की ब्रिटिश समिति ने इस पर टिप्पणी की, "जर्मनी का सैन्यवाद भी इसके आगे मात था।"[10] इससे भारतीयों और अंगरेजों के मध्य अविश्वास की खाई पैदा हो गई और कालांतर में बढ़ती गई।

असहयोग आन्दोलन (Non-Cooperation Movement 1919-1922)

1919 का वर्ष गंभीर संकट का काल था। इन विकट परिस्थितियों ने गांधीजी को सरकार से अहसयोग के लिए प्रेरित किया। पंजाब की घटनाओं के अतिरिक्त 1919 के सुधारों की असंतोषजनक प्रकृति, प्रथम विश्व युद्ध के बाद भारतीयों द्वारा सहन की गई आर्थिक कठिनाइयाँ और तुर्की साम्राज्य के छिन्न–भिन्न हो जाने से खिलाफत के अस्तित्व पर संकट ने असहयोग आन्दोलन की पृष्ठभूमि तैयार की। प्रथम विश्वयुद्ध में भारतीयों ने अंगरेजों की पूर्ण सहायता की थी। ब्रिटिश सरकार ने युद्ध में विजयी होने पर भारत को स्वशासन देने का वचन दिया था। युद्धोपरान्त विजयी राष्ट्रों ने सभी वायदों को भुलाकर विजित राष्ट्रों के उपनिवेश आपस में बांट लिये। मांटेग्यू चेम्सफोर्ड सुधार भारत में क्रमिक स्वशासन स्थापित करने की घोषणा के अनुकूल नहीं थे। अधिकांश कांग्रेस जनों ने सुधारों को अपर्याप्त और निराशाजनक बताया। नरम दलीय कांग्रेसी इन सुधार को पर्याप्त मानते थे इसीलिए उन्होंने कांग्रेस से अलग होकर नेशनल लिबरल फेडरेशन (National Liberal Federation) की स्थापना की। युद्ध के बाद अंगरेजों द्वारा युद्धकालीन प्रतिज्ञाओं की अवहेलना एवं दमन की नीति के अनुसरण ने गांधी को वफादार नागरिक से विरोधी क्रांतिकारी बना दिया और वे अहिंसात्मक असहयोग के प्रबल पक्षधर बन गये। सर्वप्रथम उन्होंने रॉलेट एक्ट के विरूद्ध पूरे देशभर में सविनय अवज्ञा आन्दोलन का नेतृत्व किया। लेकिन इस आंदोलन के दौरान हुई हिंसा से दुखी होकर उन्होंने सत्याग्रह को वापस ले लिया।

खिलाफत का सवाल: भारतीय मुसलमानों को असहयोग की ओर आकर्षित करने में खिलाफत[11] का महत्वपूर्ण हाथ था। तुर्की के सुल्तान ने प्रथम विश्वयुद्ध में इंग्लैण्ड के विरूद्ध जर्मनी का साथ दिया था। भारतीय मुसलमानों की तुर्की के सुल्तान के प्रति सहानुभूति थी। युद्ध में मुसलमानों की सहानुभूति एवं समर्थन प्राप्त करने के लिए ब्रिटिश प्रधानमंत्री लॉयड जार्ज ने यह घोषणा की, कि तुर्की की अखण्डता और उसके अधीन एशियाई प्रदेशों पर उसका नियंत्रण पूर्ववत रहेगा।

प्रथम महायुद्ध में जर्मनी और तुर्की की पराजय हुई। अब मुसलमानों को यह समाचार मिलने लगे कि तुर्की साम्राज्य पर कड़ी शर्तें लादी जायेगी। अतः भारतीय मुसलमानों में रोष फैलने लगा। मौलाना अल हसन अब्दुल बारी, हकीम अजमल खाँ, डॉ. एम.ए. अंसारी, मौलाना अबुल कलाम आजाद और अली बंधु (मुहम्मद अली शौकत अली) आदि प्रमुख नेता तुर्की के समर्थक थे। सितंबर 1919 में अखिल भारतीय खिलाफत कमेटी का गठन हुआ, जिसने खिलाफत आन्दोलन को जन्म दिया। इसकी तीन मुख्य मांगें थीं। जिन्हें मुहम्मद अली ने पेरिस में राजनयिकों के सामने रखा था। ये थीः मुसलमानों के पवित्र स्थानों पर तुर्की के सुल्तान खलीफा का नियंत्रण रहे, खलीफा के अधीन इतना भू भाग रहे कि वह इस्लाम की रक्षा कर सके, और जजीरतुल–अरब (अरब, सीरिया, इराक, फिलीस्तीन) पर मुसलमानों की संप्रभुता बनी रहे।[12] खिलाफत नेता हिन्दू–मुसलमान एकता के लिए बहुत उत्सुक थे क्योंकि असहयोग आन्दोलन के लिए सेवाओं और काउंसिलों का बहिष्कार करना आवश्यक था जो हिन्दुओं के असहयोग के बिना संभव नहीं था।

गांधीजी ने नवंबर 1919 में हुई खिलाफत कांग्रेस के अपने अध्यक्षीय भाषण में मुसलमानों की समस्याओं के लिए भी असहयोग आन्दोलन प्रस्तुत किया। गांधीजी को मुसलमानों का पक्ष न्यायसंगत प्रतीत हुआ। इसीलिए वे इसे अपना कर्तव्य मानते थे कि उनके संकट की इस घड़ी में वे उनकी मदद करें। गांधीजी चाहते थे कि कांग्रेस भी खिलाफत आन्दोलन के लिए असहयोग कार्यक्रम स्वीकार करे। कांग्रेस ने दिसम्बर 1920 में नागपुर में हुए वार्षिक अधिवेशन में अहिंसात्मक असहयोग की कार्यविधि अपना ली। इसी सम्मेलन में पंजाब के अत्याचार और खिलाफत के साथ स्वराज की उपलब्धि का प्रश्न भी जोड़ा गया। कांग्रेस के प्रस्ताव का उलेमाओं ने जोरदार समर्थन किया। गांधीजी ने स्पष्ट किया कि यह आन्दोलन पूर्णतया शांतिपूर्ण विद्रोह होगा जिसके अन्तर्गत राज द्वारा निर्मित एक भी कानून को मानने से इंकार करना होता है। यह निश्चय ही सशस्त्र विद्रोह से अधिक खतरनाक है क्योंकि यदि अहिंसक असहयोगी कठोर से कठोर परिस्थितियों का सामना करने के लिए कटिबद्ध हो जाएं तो इसे कभी नहीं दबाया जा सकता।[13]

असहयोग आन्दोलन के कार्यक्रम (Programme of the Non-Cooperation Movement): असहयोग आन्दोलन के संचालन हेतु बनाये गये कार्यक्रम के रचनात्मक एवं नकारात्मक दो पक्ष थे। इसके रचनात्मक कार्यों में थे–

1. असहयोग आंदोलन के लिए तिलक कोष में एक करोड़ की राशि एकत्र करना।[14]
2. बहिष्कार कार्यक्रमों को संचालित करने के लिए एक करोड़ स्वयंसेवकों की भर्ती करना।
3. राष्ट्रीय विद्यालयों की स्थापना और स्थानीय विवादों के निपटारे के लिए पंचायतों के गठन का भी प्रस्ताव था।
4. हाथ से कताई–बुनाई को प्रोत्साहन देने तथा हिन्दू–मुस्लिम एकता को बढ़ावा देने पर विशेष ध्यान देने की बात कही गई थी।
5. छुआछूत को मिटाने और हर हाल में अहिंसा का पालन करने पर जोर दिया गया था। आन्दोलन के नकारात्मक पक्ष में बहिष्कार पर जोर दिया गया था।
    - सरकारी उपाधियों और पदों का त्याग।
    - अंगरेजी न्यायालयों का बहिष्कार।
    - विदेशी वस्तुओं का बहिष्कार और अंगरेजी विधानसभाओं का बहिष्कार।
    - अंगरेजी विद्यालयों और महाविद्यालयों का त्याग।
    - मदिरापान का परित्याग आदि।

नये उद्देश्य के अनुरूप कांग्रेस के संगठन में परिवर्तन किये एवं 15 सदस्यीय एक समिति का गठन किया गया। भाषाई आधार पर प्रदेश कांग्रेस समितियों की स्थापना का निर्णय हुआ। छोटे कस्बों और गांवों में भी कांग्रेस समितियों की स्थापना की गई। गरीब लोग भी कांग्रेस के सदस्य बन सकें इसलिए चार आना[14ए] सदस्यता शुल्क रखा गया। इससे कांग्रेस संगठन का दायरा बढ़ने के साथ–साथ इसका विकेन्द्रीकरण भी हुआ।[15]

असहयोग आन्दोलन की प्रगति (Progress of the Non Cooperation Movement): 1921 के प्रारम्भ से ही आन्दोलन पर अमल होने लगा। 1919 के सुधार कानून के अनुसार होने वाले चुनावों से राष्ट्रीय विचाराधारा वाले उम्मीदवार अलग हो गए। गांधीजी समेत अन्य कई नेताओं ने अपने पदक और उपाधियां वापस कर दी। गांधीजी ने अली बन्धुओं के साथ देशभर का दौरा किया और लोगों को असहयोग आंदोलन में भाग लेने का आव्हान किया। एक अनुमान के अनुसार पहले महीने में ही लगभग 90,000 विद्यार्थियों ने सरकारी स्कूल कॉलेज़ छोड़ दिये। संस्थाओं के बहिष्कार में पंजाब का नंबर

बंगाल के बाद था। बंगाल में सी.आर. दास और पंजाब में लाला लाजपतराय ने इस आंदोलन को बहुत प्रोत्साहन दिया। कलकत्ता और लाहौर में विद्यार्थियों ने भारी हड़ताल की। देश के अनेक चोटी के वकीलों जैसे सी.आर. दास, मोतीलाल नेहरू, राजेन्द्र प्रसाद, जवाहरलाल नेहरू, बिट्ठलभाई पटेल एवं बल्लभभाई पटेल ने वकालत छोड़ दी। काशी विद्यापीठ, बिहार विद्यापीठ, तिलक महाराष्ट्र विद्यापीठ, राष्ट्रीय कॉलेज लाहौर, जामिया मिलिया इस्लामिया दिल्ली, अलीगढ़ जैसे राष्ट्रीय विश्वविद्यालयों की स्थापना की गई।

- बहिष्कार आन्दोलन में सबसे अधिक सफल था विदेशी कपड़ों का बहिष्कार, इसका प्रभाव पूरे भारत में पड़ा। बंगाल, बम्बई, मद्रास और संयुक्त प्रांत (उत्तर प्रदेश) में इसे पूरी सफलता मिली। इसका नतीजा यह हुआ कि 1920–21 में जहां एक अरब दो करोड़ रूपये मूल्य के विदेशी कपड़ों का आयात हुआ था वहीं 1921–22 में यह घटकर 57 करोड़ रूपये का रह गया।
- शराब की दुकानों पर धरना भी आन्दोलन का काफी लोकप्रिय कार्यक्रम था। इससे सरकार के उत्पादन राजस्व (Production revenue) से होने वाली आय पर विपरीत प्रभाव पड़ा।
- मुसलमान और हिंदू खिलाफत एवं स्वराज की स्थापना के लिए कंधे से कंधा मिलाकर कार्य कर रहे थे। खिलाफत सम्मेलन में (8 जुलाई, 1921) मुहम्मद अली ने घोषणा की कि आज की परिस्थिति में मुसलमानों के लिए अंगरेजी सेना में बने रहना, भर्ती होना या किसी अन्य को भर्ती होने के लिए प्रेरणा करना धार्मिक दृष्टि से अपराध है। इस पर सरकार ने मुहम्मद अली को साथियों सहित गिरफ्तार कर लिया। मुहम्मद अली की गिरफ्तारी पर गांधीजी ने अपनी प्रतिक्रिया व्यक्त करते हुए कहा कि हर भारतीय नागरिक और सैनिक का कर्त्तव्य है कि वह दमनकारी सत्ता से अपना नाता तोड़ ले, उसे किसी तरह का सहयोग न दे।[16]
- बड़े पैमाने पर गिरफ्तारियां की गई, सभाओं एवं स्वयंसेवक जत्थों पर प्रतिबंध लगाया गया। सारा देश एक विचित्र प्रकार के असंगठित किन्तु प्रबल विद्रोह के कगार पर आ खड़ा हुआ। दिसम्बर 1921 में रीडिंग ने मांटेग्यू को अनेक गुप्त तार भेजे जिनमें न केवल कैदियों को रिहा कर देने की बल्कि गोलमेज सम्मेलन बुलाने एवं हाल ही में लागू सुधार योजना के शीघ्र संशोधन की सलाह भी दी गई थी।[17]
- सरकार की दमन नीति के विरूद्ध कांग्रेस ने नवम्बर 1921 में प्रिंस ऑफ वेल्स के भारत आगमन का बहिष्कार किया। जिस दिन वे बंबई (मुम्बई) आए पूरे भारत में हड़ताल थी। दुर्भाग्य से इस दिन बम्बई में खून–खराबा हो गया जो पूरे दिन तक चलता रहा। गांधीजी द्वारा अनशन किये जाने पर ही यह हिंसा रूकी। जहां भी कहीं प्रिंस ऑफ वेल्स गए वहीं वीरान सड़कों और बंद दरवाजों ने उनका स्वागत किया। असहयोग आन्दोलन दिनोंदिन शक्तिशाली होता जा रहा था। कांग्रेस ने प्रदेश कांग्रेस समितियों को यह इजाजत दी थी कि जब भी उन्हें लगे कि जनता कानून अवज्ञा आन्दोलन के लिए तैयार है, वे आन्दोलन छेड़ सकती हैं।[18]

प्रदेशों में गतिविधियाँ: असहयोग आन्दोलन में प्रत्यक्ष–अप्रत्यक्ष रूप में देश के विभिन्न प्रांतों में इसी समय आन्दोलन को अनेक रूपों में बढ़ावा दिया। **पंजाब में** अकालियों ने स्वतंत्र रूप से एक धर्मसुधारवादी आन्दोलन चलाया। आन्दोलन थोड़े समय के लिए असहयोग आन्दोलन से मिल गया। गुरूद्वारों को भ्रष्ट महंतों के आधिपत्य से यह आन्दोलन मुक्त कराना चाहता था। औपचारिक रूप से इस आन्दोलन का नेतृत्व शिरोमणि गुरूद्वारा प्रबंधक समिति के हाथ में था और इसका स्वरूप पूर्णतः अहिंसक था। लेकिन मार्च 1921 में बब्बर अकाली नाम के विरोधी सगूह का उदय हुआ। इस समूह ने लगान की नाअदायगी का आव्हान किया और अंततः राजभक्तों एवं साहूकारों के विरूद्ध आतंकवादी तरीके अपनाए। नवम्बर 1925 में 'सिख गुरूद्वारा एण्ड श्राइन एक्ट' पास किया गया। इसके द्वारा गुरूद्वारों का नियंत्रण शिरोमणि प्रबंधक समिति को दे दिया गया। उद्देश्य पूरा होने पर आन्दोलन समाप्त हो गया।

सामंतवादी राजस्थान में सशक्त कृषक आन्दोलन हुए। मेवाड़ के बिजौलिया आन्दोलन को 1922 में आंशिक सफलता प्राप्त हुई जिसकी चर्चा अन्यत्र की गई है। अलवर में मेवों ने 1921 में ब्रिटिश प्रदेश गुड़गांव पर आक्रमण किया, जिसे शांत करने के लिए ब्रिटिश भारतीय पुलिस और अलवर राज की सेनाओं को संयुक्त रूप से कार्य करना पड़ा। **गुजरात** में अहिंसक आन्दोलन सबसे सशक्त था क्योंकि अहिंसक आन्दोलन का अनुशासन पाटीदार भूमिधर कृषकों के हितों के पूर्णतः अनुकूल था।[19] **बम्बई** में गुजराती व्यापारियों, व्यवसायियों व नौकरीपेशा, मध्यमवर्ग से इस आन्दोलन को उत्साहपूर्ण समर्थन मिला। नासिक जिले के मुस्लिम बहुल मालेगांव में आन्दोलनकारियों की क्रुद्ध भीड़ ने तीन पुलिस वालों को जिंदा

जला दिया। पूणे के निकट मुल्शीपेटा में अपनी जमीन बचाने के लिए किसानों ने सत्याग्रह का आश्रय लिया। **आंध्र प्रदेश** में असहयोग आन्दोलन बहुत अधिक सशक्त रहा। गुंटूर जिले के चिराल पराल और पेडानांडीपाडु ताल्लुका में तो कर न अदा करने का आन्दोलन छिड़ गया। आंध्र में ही 1921–22 में पहली बार वन संबंधी प्रतिबंधों के विरूद्ध जनजातियों एवं गरीब किसानों की शिकायतें राष्ट्रवादी आन्दोलन से जुड़ी। कुडप्पा के रामचोटी ताल्लुके एवं गुंटूर के पलनाट ताल्लुके में 'वन सत्याग्रह' हुए। किसान चराई शुल्क दिये बिना ही अपने पशुओं को चरने के लिए जंगल में भेजने लगे। पलनाट और रामचोटी में वन प्रशासन लगभग समाप्त हो गया।

असहयोग आन्दोलन के दौरान सर्वाधिक हिंसा मलाबार के मोपला लोगों के बीच हुई। यहां फरवरी 1921 से ही असहयोग आन्दोलन फैलने लगा था। मोपलाओं ने ब्रिटिश सरकार के विरूद्ध सशस्त्र संघर्ष प्रारम्भ कर दिया। प्रारम्भिक चरण में मोपला विद्रोह ब्रिटिश सरकार के विरूद्ध था। किन्तु बाद में इसने सांप्रदायिक रूप अख्तियार कर लिया और यह हिन्दुओं के विरूद्ध हो गया। ब्रिटिश सरकार ने सेना बुलाई जिसने यहां शांति स्थापित की। मार्शल लॉ लागू किया गया और दिसम्बर 1921 तक विद्रोह को पूरी तरह कुचल दिया गया।

असम में सुरमा घाटी के चाय बगान के मजदूरों ने मई 1921 में पारिश्रमिक में वृद्धि की मांग करते हुए बागान छोड़ दिया। अक्तूबर से दिसम्बर में पुनः असम के चाय बागानों में हड़ताल एवं उपद्रव हुए। असम की तरह ही पूर्वी बंगाल में भी चाय बागानों के मजदूरों ने हड़ताल की। रेल एवं स्टीमर सेवाओं की हड़ताल ने तो कामकाज ठप्प कर दिया। प्रिंस ऑफ वेल्स के भारत आगमन पर हुई हड़ताल में तो **कलकत्ता** की सड़कों का नियंत्रण आन्दोलनकारियों के हाथों में आ गया। दिसम्बर 1921 में एक पुलिस अधिकारी ने रिपोर्ट दी थी कि कम से कम नौ जिलों में उसके कर्मचारियों में असंतोष फैला हुआ है। सरकारी दमन का सामना लोगों ने बड़ी संख्या में गिरफ्तारियाँ देकर किया। जेल जाने वाले स्वयंसेवकों में पहली बार उच्चवर्गी महिलाएं और बड़ी संख्या में मजदूर भी सम्मिलित थे। मिदनापुर में लगान की नाअदायगी का एक प्रभावशाली आन्दोलन खड़ा कर दिया गया।

बिहार और संयुक्त प्रांत में आन्दोलन का बहुत मजबूत आधार था। इन दोनों जगहों पर सर्वाधिक राष्ट्रीय शिक्षा संस्थाओं की स्थापना हुई। स्वयंसेवकों की बहुत अधिक भर्ती हुई और खादी का विशेष प्रचार हुआ। शराब के बहिष्कार की दिशा में अच्छी प्रगति हुई थी। संयुक्त प्रांत में असहयोग आन्दोलन ने बड़ी सीमा तक किसान आन्दोलन को पृष्ठभूमि में डाल दिया। सरकार ने बढ़ते हुए आन्दोलन का सामना करने के लिए दमन का रास्ता अपनाया। पूरे देश में 30,000 लोग गिरफ्तार किए गए। बैठकों, सभाओं पर प्रतिबंध लगा दिया गया। अखबारों की आवाज बंद कर दी गई। परिस्थिति दिनों–दिन बिगड़ती जा रही थी। गांधीजी वायसराय रीडिंग से मिले लेकिन कोई समाधान नहीं निकला। फरवरी 1922 में गांधीजी ने वायसराय को एक पत्र लिखा जिसमें कहा कि अगर सरकार ने खिलाफत का प्रश्न हल नहीं किया और पंजाब के साथ किए गए अन्याय का निराकरण नहीं किया तो वह बारडोली में सविनय अवज्ञा आन्दोलन आरम्भ कर देंगे। वायसराय का उत्तर नकारात्मक था। लेकिन इसी बीच एक ऐसी घटना घटी जिससे असहयोग आन्दोलन को स्थगित कर देना पड़ा।

5 फरवरी, 1922 को उत्तर प्रदेश में गोरखपुर जिले के **चौरी–चौरा** नामक स्थान पर पुलिस के व्यवहार से क्षुब्ध होकर आन्दोलनकारियों की एक भीड़ ने 21 सिपाहियों एवं एक थानेदार को थाने में बंद कर दिया। हिंसक भीड़ ने थाने में आग लगा दी जिससे सिपाही और अन्य लोग जिंदा ही भस्म हो गये। इससे दुखी होकर गांधीजी ने आन्दोलन को स्थगित कर दिया।[20] 10 मार्च 1922 को राजद्रोह के आरोप में उन्हें 6 वर्ष जेल की सजा दी।

असहयोग आन्दोलन का नेतृत्वः मार्च 1920 को गांधी जी ने अहिंसक असहयोग आन्दोलन की घोषणा की। जिसमें छूआछूत दूर करने जैसे कार्य शामिल थे। उन्होंने पूरे देश का भ्रमण किया जिसके कारण स्थानीय स्तर पर कई राष्ट्रवादी इस आन्दोलन से जुड़ गये।

सी.आर. दासः कांग्रेस के नागपुर अधिवेशन 1920 में असहयोग आन्दोलन के प्रस्ताव में इनकी महत्वपूर्ण भूमिका रही और असहयोग आन्दोलन में सक्रिय योगदान किया। साथ ही हिन्दू–मुस्लिम एकता के लिए भी प्रयास किये थे।

जवाहरलाल नेहरूः किसान सभा के गठन एवं कार्यक्रमों के निर्धारण में सहयोग किया। गांधी जी द्वारा आन्दोलन वापस लिये जाने की तीव्र आलोचना की।

जे. एम. सेनगुप्ताः असम के चाय बागानों के मजदूरों को हड़ताल एवं उनकी मांगों का इस अवसर पर समर्थन किया।

बसंती देवीः सी.आर. दास की पत्नी थीं जिन्हें 1921 में गिरफ्तार किया था। वे गिरफ्तार होने वाली पहली महिला थी।

वीरेन्द्रनाथ सैमसलः नवम्बर–दिसम्बर 1921 में मिदनापुर इलाके में कर न अदायगी का अभियान चलाया था।

जितेन्द्रनाथ बनर्जीः वीरभूमि पाबना व बोगरा आदि में 1921 में बन्दोबस्त (भूराजस्व) के विरुद्ध किसानों को संगठित किया।

सुभाष चंद्र बोसः असहयोग आन्दोलन के समर्थन में सिविल सेवा से त्यागपत्र दे दिया। उन्हें कलकत्ता के नेशनल कॉलेज में प्राचार्य बनाया गया।

मोतीलाल नेहरूः गांधी जी के आग्रह पर वकालत करना छोड़ दिया। 1921 में उन्हें गिरफ्तार किया था। उनके सहयोगी वल्लभभाई पटेल, सी. राजगोपालचारी, एम.आर. जयकर व टी प्रकाशम आदि थे।

लाला लाजपत रायः 1922 में असहयोग आन्दोलन वापस लिये जाने का विरोध किया।

अलूरी सीताराम राजूः इन्होंने आन्ध्र की जनजातियों को संगठित किया व उनकी मांगों को असहयोग आन्दोलन से जोड़कर, इस आन्दोलन में योगदान किया।

हसरत मोहानीः अली बन्धुओं की गिरफ्तारी की इसने निंदा की एवं भारत को पूर्ण आजाद किये जाने की मांग रखी।

मुहम्मद उस्मानः खिलाफत नेता ने कोलकत्ता में स्वयंसेवी व ट्रेड यूनियनों को संगठित किया।

स्वामी विश्वानंदः रामजस अग्रवाल के सहयोग से रानीगंज व झरिया कोयला खदानों मजदूरों को संगठित किया।

किशन सिंह मोटा सिंहः 1921 में होशियारपुर व जालंधर में अकाली दल का गठन किया एवं कर न अदायगी का आन्दोलन चलाया।

सिंगारावेल चेट्टियारः मद्रास (चेन्नई) के प्रसिद्ध वकील तथा मजदूर संगठनकर्ता थे। दक्षिण भारत के इन्हें पहले साम्यवादी नेता माना जाता है। अहिंसक असहयोग की नीति को पूंजीवादियों के खिलाफ प्रयोग करना चाहते थे।

प्रेमचन्दः 1921 में गोरखपुर स्कूल से त्यागपत्र देकर 'आज' नामक पत्र प्रकाशन में लग गये। रंगभूमि व प्रेमाश्रम नामक उपन्यासों में गांधीजी के सिद्धांतों व मूल्यों की झलक देखी जाती है।

बाबा रामचन्द्रः रामायण के पाठ द्वारा किसानों को संगठित किया एवं किसानों को असहयोग से जोड़ने की पूरी कोशिश की।

मूल्याँकनः गांधीजी द्वारा आन्दोलन को औपचारिक रूप से स्थगित करने का अभिप्राय था स्वयं उनके द्वारा आन्दोलन की असफलता को स्वीकार करना। अनेक महत्वपूर्ण कांग्रेसी नेताओं ने गांधीजी के इस कार्य की आलोचना की। चितरंजन दास, मोतीलाल नेहरू, लाला लाजपतराय, सुभाषचन्द्र बोस आदि नेताओं ने जेल में रहते हुए भी इस पर तीव्र प्रतिक्रिया व्यक्त की। जवाहरलाल नेहरू ने लिखा था कि किस प्रकार गांधीजी द्वारा अचानक और एक पक्षीय ढंग से संपूर्ण आन्दोलन को ही वापस ले लेने के निर्णय से लगभग सभी कांग्रेसी नेता क्षुब्ध हुए थे और स्वाभाविक रूप से युवा पीढ़ी तो और अधिक क्षुब्ध थी।[21] सुभाषचन्द्र बोस ने आन्दोलन के स्थगन को राष्ट्रीय आपत्ति माना।

अनेक वामपंथी लेखकों का कहना है कि 'गांधीजी वस्तुतः जमींदारों और पूंजीपतियों के हितों के रक्षक थे। उन्हें यह भय था कि कर न चुकाने जैसे स्वरूप को यदि जारी रहने दिया गया तो साम्राज्यवाद के साथ–साथ जमींदारी का भी विनाश हो जायेगा। अहिंसा के छद्म वेश में जो वास्तविक उद्देश्य था वह था वर्गहितों की रक्षा और वर्गशोषण को बनाए रखना। कांग्रेस जन–कार्यवाही के उभरने से भयभीत थी, क्योंकि जन–उत्तेजना उन पूंजीपति हितों के विपरीत होती जिनसे स्वयं अधिकांश कांग्रेसी संबंधित थे।' अपने मत के समर्थन में ये कांग्रेस के बारदोली प्रस्ताव[22] को बतौर सबूत पेश करते हैं।

गांधीजी के आलोचकों ने उनके साथ पूरा न्याय नहीं किया। आन्दोलन के बारे में गांधीजी का मूल्यांकन यह था कि असहयोग आन्दोलन प्रायः छिन्न–भिन्न हो रहा था। लोगों का अहिंसात्मक संघर्ष में विश्वास डगमगा रहा था। अंगरेजी अत्याचार की नीति के फलस्वरूप लोगों में मनोबल का अभाव, हीनता और दुर्बलता की भावना बढ़ी तथा तमाम संगठन और अनुशासन का लोप हो रहा था। करीब–करीब हमारे सब अच्छे आदमी जेल में थे, और उस वक्त तक आम लोगों को खुद अपने बल पर लड़ाई चलते रहने की बहुत ही कम, नहीं के बराबर शिक्षा मिली थी।[23] इसलिए आन्दोलन वापस लिया गया।

साथ ही गांधीजी की मान्यता थी कि लोगों द्वारा हिंसा का सहारा लेने से अव्यवस्था और अराजकता फैल जाएगी जिससे जनता का जो नेतृत्व कांग्रेस के हाथों में है वह छिन जायेगा। देशव्यापी हिंसा और अराजकता से सरकार को आन्दोलन के खिलाफ दमनात्मक कदम उठाने का बहाना मिल जाता जिससे जन–धन की हानि होगी। 1857 ही पुनरावृत्ति होगी जिसकी अन्तिम परिणति क्या होगी, यह कोई नहीं कह सकता।[24]

यह आरोप कि आन्दोलन वापस लेने के पीछे वास्तविक उद्देश्य जमींदारों के हितों की रक्षा करना था, गलत है। कांग्रेस का इसके पीछे कोई 'छिपा मंतव्य' नहीं था। वस्तुस्थिति यह है कि पूरे आन्दोलन के दौरान कांग्रेस ने कभी भी जमींदारों के अधिकारों पर प्रश्नचिन्ह लगाया ही नहीं था, अतः बारदोली प्रस्ताव ने इस मुद्दे पर कांग्रेस की नीतियों की महज पुष्टि ही की थी। कर न अदा करने का आन्दोलन असहयोग आन्दोलन का ही एक हिस्सा था। जब असहयोग आन्दोलन ही वापस ले लिया गया, ऐसी स्थिति में कर अदा न करने का आन्दोलन कैसे चलता। गांधीजी द्वारा आन्दोलन को वापस लेने के पीछे एक और कारण था। 1921 के शुरू में पूरे देश में आन्दोलन के प्रति जो उत्साह था, अब वह नहीं रह गया था। साथ ही कोई भी जनांदोलन अधिक समय तक नहीं चल सकता क्योंकि कोई भी राजनीतिक संघर्ष जो जन–आधारित हो उसके लिए समझौतावादी नीति अपनाना नितान्त अनुचित नहीं है। असहयोग आन्दोलन को चलते एक वर्ष से अधिक समय व्यतीत हो चुका था। इससे पहले कि आन्दोलन की अपनी कमजोरियां उभरकर सामने आती और समर्पण की स्थिति बनती, चौरी–चौरा काण्ड ने आन्दोलन वापस लेने का अवसर प्रदान कर दिया।

गांधीजी को 1922 में ब्लूमफील्ड के सामने न्यायालय में पेश किया गया था तब उनसे असहयोग आन्दोलन शुरू किये जाने का कारण पूछा था। जवाब में उन्होंने कहा, 'मुझे सबसे बड़ा धक्का रॉलट एक्ट से लगा, मुझे अन्तरात्मा से प्रेरणा मिली कि इसके विरूद्ध तीव्र आन्दोलन करना चाहिए।' इसके बाद पंजाब के अत्याचार सामने आये जो जलियांवाला बाग कत्लेआम के साथ आरम्भ हुए और पेट के बल चलने के आदेशों, खुलेआम कोड़े लगाये जाने तथा इस प्रकार अन्य अवर्णनीय अपमान और तिरस्कारों के साथ समाप्त हुए। मैंने यह भी अनुभव किया कि ब्रिटिश प्रधानमंत्री द्वारा टर्की की स्वाधीनता और इस्लाम के धार्मिक स्थानों की आजादी के बारे में दिया गया आश्वासन कदाचित् कभी पूरा नहीं कर सकेगा।

खिलाफत आन्दोलन एवं गांधीजी: खिलाफत के प्रश्न को लेकर भी गांधीजी की आलोचना की गयी। खिलाफत के प्रश्न का भारतीय स्वतंत्रता से कोई सम्बन्ध नहीं था फिर भी उन्होंने खिलाफत आन्दोलन का नेतृत्व स्वीकार किया। गांधीजी का मानना था कि खिलाफत आन्दोलन का समर्थन करने से हिन्दू–मुस्लिम एकता मजबूत होगी और मुसलमानों का राष्ट्रीय आन्दोलन में सहयोग प्राप्त होगा। लेकिन गांधीजी हिन्दू–मुस्लिम एकता को उसके ऐतिहासिक परिप्रेक्ष्य में नहीं समझ पाए। दोनों संप्रदायों के बीच इतिहास, संस्कृति और परम्पराओं पर आधारित अन्तर को केवल भावनात्मक नारों के आधार पर नहीं मिटाया जा सकता था।[25] खिलाफत आन्दोलन के नेताओं ने तुर्की साम्राज्य की रक्षा के लिए ही मुसलमानों को भारतीय स्वतंत्रता के लिए संघर्ष करने की सलाह दी क्योंकि एक गुलाम भारत तुर्की और खलीफा की बहुत कम सहायता कर सकता था। दूसरी और गांधीजी ने इसे हिन्दू–मुस्लिम एकता बढ़ाने का सुअवसर समझा और खिलाफत के प्रश्न को असहयोग आन्दोलन से जोड़ा। लेकिन वे यह नहीं समझ सके कि इससे हिन्दुओं और मुसलमानों के बीच जो अन्तर है वह समाप्त नहीं हुआ था। यह आन्दोलन के दौरान और उसके बाद घटित हुई घटनाओं से स्पष्ट है।

दरअसल तुर्की में उस समय मुस्तफा कमाल पाशा के नेतृत्व में राष्ट्रीय आन्दोलन चल रहा था, लेकिन तुर्की राष्ट्रीवादी खिलाफत आन्दोलन द्वारा प्रस्तुत मांगों का समर्थन नहीं कर रहे थे। भारतीय खिलाफत आन्दोलन से तुर्की राष्ट्रवादियों को कोई समर्थन नहीं मिला। तुर्की में 1924 में खिलाफत संस्था को ही समाप्त कर दिया गया। खिलाफत आन्दोलन स्वतः असंगत तथा अवास्तविक सिद्ध हुआ।

आन्दोलन का योगदान (Contribution of the Movement): अपने घोषित लक्ष्यों में खिलाफत के प्रति अंगरेजी नीति में परिवर्तन, पंजाब के अत्याचारों का निराकरण, एक वर्ष में स्वराज को प्राप्त न कर पाने के बावजूद असहयोग आन्दोलन की अपनी कुछ उपलब्धियां रही हैं। इसकी दो महत्वपूर्ण सफलताएं थीः पहली स्वाधीन समाज के लिए आवश्यक चारित्रिक विशेषताओं की मजबूती और दूसरी अंगरेजी उद्देश्यों की सदाशयता के प्रति आम भारतीय के मन में अविश्वास पैदा करना। इसने राजनीतिक अधिकारों के लिए जागरूकता पैदा करने के साथ–साथ जनता में सरकारी दमन की नीति के भय को खत्म कर दिया। भारतीय जनता में यह भावना पैदा हुई कि वे स्वयं अपने ही प्रयासों से स्वतंत्र हो सकते हैं। इस भावना की उत्पत्ति ने आन्दोलन की विफलता को केवल थोड़े समय के लिए सीमित रखा। भारतीयों की आजादी का संघर्ष अभी शुरू ही हुआ था, वह खत्म नहीं हुआ था। आन्दोलन का स्थगन संघर्ष यात्रा का एक पड़ाव था। अब कांग्रेस का स्वरूप बदल गया। वह जन आन्दोलन संचालित करने वाली संस्था बन गई। इस आन्दोलन ने पहली बार देश की जनता को कांग्रेस के नेतृत्व में इकट्ठा किया। अब भारतीय राष्ट्रीय कांग्रेस पर यह आरोप नहीं लगाया जा सकता था कि वह कुछ मुट्ठी भर लोगों का प्रतिनिधित्व करती है। कुछ राजनीतिक सुविधाओं की मांग करने वाली अथवा विचार–विमर्श करने वाली

संस्था के स्थान पर अब कांग्रेस एक संघर्ष करने वाली संस्था बन गई। यह क्रांतिकारी परिवर्तन था। अहिंसक रणनीति अपनाने के परिणामस्वरूप यह जनसामान्य की सहानुभूति प्राप्त कर सकती थी और खुले रूप से कार्य कर सकती थी।

राष्ट्रीय आन्दोलन में ठहराव वर्ष 1922–34

स्वराज दल (The Swaraj Party): असहयोग आन्दोलन की कमजोरियों से सबक लेकर राष्ट्रीय आन्दोलन के नेता सविनय अवज्ञा आन्दोलन की ओर बढ़े। फरवरी 1922 में असहयोग आन्दोलन वापस ले लिया गया। मार्च 1922 में गांधीजी को सरकार के खिलाफ असंतोष भड़काने के आरोप में गिरफ्तार कर लिया गया और उन्हें 6 वर्ष के कारावास की सजा दी गई। इस दौरान कांग्रेस के अन्दर दो विचारधाराएं पनपने लगी। पहली विचारधारा के लोग गांधीजी के असहयोग के कार्यक्रम में पूर्ण विश्वास नहीं रखते थे और वे कांग्रेस कार्यक्रम में परिवर्तन की मांग करने लगे। दूसरी विचाराधारा के लोग महात्माजी के नेतृत्व में पूर्ण विश्वास रखते हुए किसी भी प्रकार के परिवर्तन के विरोधी थे। प्रथम विचारधारा के समर्थकों को परिवर्तनवादी तथा दूसरी विचारधारा के समर्थकों को अपरिवर्तनवादी कहा गया।

गया अधिवेशन (दिसम्बर 1922): परिवर्तनवादी कांग्रेस प्रतिनिधियों–चितरंजनदास और मोतीलाल नेहरू ने औपनिवेशिक सत्ता का विरोध जारी रखने के लिए एक नई रणनीति की वकालत की। इन्होंने कांग्रेस के गया अधिवेशन में (दिसम्बर 1922) एक प्रस्ताव पेश करके विधान सभाओं में प्रवेश की अनुमति मांगी। प्रस्ताव के अस्वीकृत हो जाने पर चितरंजनदास ने स्वयं जो परिवर्तनवादियों में से थे, कांग्रेस अध्यक्ष पद से इस्तीफा दे दिया। गया कांग्रेस में प्रस्ताव की अस्वीकृति के बावजूद कौंसिल्स में प्रवेश के समर्थकों ने हार नहीं मानी।

मार्च 1923 में इलाहाबाद में परिवर्तन समर्थकों का एक अखिल भारतीय सम्मेलन हुआ। इसी सम्मेलन में 'स्वराज दल' की स्थापना की गई। स्वराज दल ने कांग्रेस के ही कार्यक्रमों को अपना कार्यक्रम बनाया, अंतर केवल यह था कि इस दल ने चुनावों में भाग लेने का निर्णय किया। स्वराज दल ने अपने को कांग्रेस का ही अभिन्न अंग घोषित किया। इसने अपने उद्देश्य को इस तरह से सुनिश्चित किया–"विधानसभाओं के चुने गए स्वराजी सदस्य मांग करेंगे कि ब्रिटिश शासक राष्ट्रीय मांगों को एक निश्चित तिथि के अन्दर पूरा करें अन्यथा वे विधानसभा की कार्यवाही में लगातार बाधा डालकर विधान मण्डलों के जरिये देश पर शासन करना असंभव बना देंगे। स्वराज दल का कोई भी सदस्य सरकार में किसी पद को स्वीकार नहीं करेगा। विधान सभाओं में जाकर वे रचनात्मक कार्यक्रम को भी क्रियान्वित करवाने की कोशिश करेंगे।"

प्रतिसंवेदी या परीक्षणात्मक सहयोग: स्वराज दल की स्थापना से कांग्रेस के भीतर 'परिवर्तनवादियों और अपरिवर्तनवादियों' के बीच संघर्ष बढ़ता चला गया। अपरिवर्तनवादियों (No changers) का मानना था कि संसदीय कार्यों में संलग्न होने से रचनात्मक कार्यों–चर्खा कताई, शराब बंदी, अस्पृश्यता निवारण के माध्यम से जनता को सविनय अवज्ञा आन्दोलन के अगले दौर के लिए तैयार किया जा सकता है। लेकिन दोनों पक्षों ने समझौतावादी रूख अपनाया। इसके कई कारण थे। सभी कांग्रेसजन एकता की जरूरत महसूस करते थे और अब स्वराजियों को भी लगने लगा था कि राष्ट्रीय मांगें मनवाने के लिए संसद के बाहर जबर्दस्त जनांदोलन चलाने की आवश्यकता है। इसके लिए अपनी आपसी एकता पहली शर्त थी। इसके अलावा दोनों खेमे गांधीजी के नेतृत्व को स्वीकार करते थे। सितम्बर 1923 में दिल्ली में अपने विशेष अधिवेशन में कांग्रेस ने विधानपरिषदों में प्रवेश का विरोध न करने का निश्चय किया। कांग्रेस कार्यकर्ताओं को चुनाव लड़ने और मतदान करने की इजाजत दी गई।

मोतीलाल नेहरू एवं स्वराजवादी: विधानमण्डलों का चुनाव नवम्बर 1923 में हुआ और स्वराज पार्टी ने उसमें भाग लिया। चुनावों में उसे अच्छी खासी सफलता मिली। स्वराज दल ने मध्य प्रांत (सी.पी.) में बहुमत हासिल किया तथा उसे बंगाल, बम्बई में प्रधानता मिली। केन्द्रीय विधानसभा में 24 सदस्य (इंडिपेंडेंट दल) मोहम्मद अली जिन्ना के नेतृत्व में थे। चुनाव के उपरांत स्वराजियों का अन्य दलों के साथ एक समझौता हो गया जिसके परिणामस्वरूप केन्द्रीय विधानसभा में मुख्य प्रश्नों पर लगभग सभी निर्वाचित सदस्य एकमत हो जाते थे। केन्द्रीय विधानमण्डल में स्वराजदल के नेता पण्डित मोतीलाल नेहरू थे एवं बंगाल विधानमण्डल में स्वराज्यवादियों का नेतृत्व चितरंजनदास कर रहे थे। मोतीलाल नेहरू ने केन्द्रीय विधानमण्डल में 8 फरवरी 1924 को 1919 के ऐक्ट में परिवर्तन करवाने, निकट भविष्य में भारत के लिए नया संविधान बनाने तथा भारतीय प्रतिनिधियों का गोलमेज सम्मेलन बुलाए जाने की मांग की जिसमें उत्तरदायी सरकार लाने के उद्देश्य से। सुधारों पर विचार–विमर्श कर सके। सितम्बर 1924 में सरकार चाहती थी कि 'ली कमीशन' (जो सरकारी सेवाओं में प्रजातीय उच्चता को बनाए रखना चाहता था) की रिपोर्ट स्वीकृत हो जाए। लेकिन स्वराज दल के सदस्यों ने उसे स्वीकृत नहीं होने दिया।

इसी प्रकार द्वैध शासन व्यवस्था सम्बन्धी जांच कमेटी (मूडिमैन कमेटी) रिपोर्ट पर स्वराज दल ने बहुमत पक्ष का समर्थन नहीं किया और द्वैध शासन को असफल सिद्ध किया। मोतीलाल नेहरू और विट्ठलभाई पटेल जैसे लोगों ने सांसदों के रूप में अच्छी प्रतिभा का परिचय दिया। एक अन्य परिणाम यह हुआ कि भारतीय व्यापारी समुदायों और स्वराजी राजनीतिज्ञों के बीच अच्छे संबंधों का विकास हुआ। 1924 में स्वराजियों के निरन्तर प्रयासों के कारण ही सरकार ने टाटा के इस्पात उद्योगों को संरक्षण प्रदान किया था। 1923–24 के दौरान नगरपालिकाओं और स्थानीय निकायों पर कांग्रेसियों पर कब्जा हो गया। चितरंजनदास कलकत्ता के मेयर चुने गये, विट्ठलभाई पटेल अहमदाबाद नगरपालिका के, राजेन्द्र प्रसाद पटना नगरपालिका के और जवाहरलाल नेहरू इलाहाबाद नगरपालिका के अध्यक्ष चुने गए। अपरिवर्तनवादियों ने भी इनमें हिस्सा लिया क्योंकि इनका मानना था कि रचनात्मक कार्यों को बढ़ावा देने में स्थानीय निकायों की मदद ली जा सकती है। इन समस्याओं के अधिकार सीमित होते हुए भी राष्ट्रीय नेताओं के नेतृत्व में शिक्षा, सफाई, छुआछूत निवारण और खादी प्रचार के क्षेत्र में काफी काम किया गया।

फरवरी 1924 में गांधीजी को खराब स्वास्थ्य के आधार पर रिहा कर दिया गया। उन्होंने इस बात पर जोर दिया कि कांग्रेस की सदस्यता के लिए कताई की न्यूनतम अर्हता निर्धारित की जाए, कौंसिल प्रवेश समर्थकों को कांग्रेस के पदों से हटाया जाए। किन्तु गांधीजी को पीछे हटना पड़ा। नवम्बर 1928 में गांधीजी ने चितरंजनदास और मोतीलाल नेहरू के साथ एक समझौता किया जिसके अन्तर्गत स्वराजी कांग्रेसी संगठन के अभिन्न सदस्य रहते हुए परिषदों में कार्य कर सकते थे। इसके बदले में कांग्रेस की सदस्यता के लिए कताई की योग्यता लागू करने की बात स्वीकार कर ली गई थी। यह समझौता **'गांधी–दास पैक्ट'** के नाम से मशहूर है। कांग्रेस महासमिति के पटना अधिवेशन ने स्वराज पार्टी का सारा कार्यक्रम अपना लिया। अब गांधीजी ने अपना ध्यान रचनात्मक कार्यक्रमों में लगा दिया।

शीघ्र ही स्वराज का पतन होने लगा। 16 जून 1925 को सी.आर. दास का निधन हो गया। स्वराजियों को इससे गहरा आघात पहुँचा, साथ ही कुछ राजनीतिक घटनाक्रमों ने भी इन्हें निराश किया। स्वराज पार्टी के कई सदस्यों ने सरकारी पदों को ग्रहण कर लिया। इस दिशा में शुरूआत मध्यप्रांत कौंसिल में स्वराज पार्टी के नेता एस.बी. ताम्बे ने की, जिन्होंने गवर्नर की कार्यकारिणी परिषद् में मंत्रीपद स्वीकार कर लिया। ताम्बे का उदाहरण स्वराज पार्टी में फूट का कारण बन गया। साथ ही स्वराजी नेताओं ने सरकारी समितियों में भी पद स्वीकार किए। मोतीलाल नेहरू ने 1925 के प्रारम्भ में 'इंडियन सैंडहर्स्ट कमेटी' का सदस्य बनना स्वीकार किया। सरकार के साथ प्रति–सहयोग की नीति के परिणामस्वरूप कांग्रेस में भी स्वराज पार्टी का प्रभाव क्रमशः कम होता चला गया और अधिक टूटन से बचाने, संसदीय भ्रष्टाचार को रोकने और कार्यकर्ताओं को और अधिक निराश होने से बचाने के लिए पार्टी नेतृत्व ने 'सविनय अवज्ञा आन्दोलन में अपनी आस्था दोहराई और मार्च 1926 से विधान मंडलों पर हिस्सा न लेने का निश्चय किया।'

स्वराजियों का सबसे बड़ा योगदान यह था कि इन्होंने ऐसे समय में राजनीतिक गतिविधियों को जारी रखा जब राष्ट्रीय आन्दोलन में एक ठहराव सा आ गया था। अपने इस संघर्ष के दौरान उन्होंने कभी भी सरकार से सहयोग नहीं किया। विधानमण्डलों का रचनात्मक कार्यों के लिए उपयोग कर पाना भी स्वराजियों की एक बड़ी उपलब्धि थी। 1919 के अधिनियम के वास्तविक स्वरूप को उन्होंने जनता के समक्ष प्रस्तुत किया। स्वराज पार्टी के कौंसिल प्रवेश और कौंसिलों में उनके कार्यक्रमों के कारण ही यह स्पष्ट हुआ कि अंगरेजी राज स्वेच्छाचारी है और लोकमत का तिरस्कार करता है।

साइमन कमीशन (Simon Commission)

असहयोग आन्दोलन समाप्त हो जाने के बाद 1927 के उत्तरार्द्ध में आकर ब्रिटिश साम्राज्यवाद विरोधी जन–उभार के लक्षण स्पष्ट दिखाई देने लगे। इस बार भी जन उत्तेजना को भड़काने का कार्य ब्रिटिश सरकार की ओर से किया गया था। 1919 के अधिनियमानुसार दस वर्ष बाद भारत में उत्तरदायी सरकार की प्रगति की जांच हेतु एक आयोग की नियुक्ति होनी थी। 8 नवम्बर 1927 को एक आयोग की घोषणा की गई। सर जान साइमन जो ब्रिटिश लिबरल पार्टी का सदस्य था, की अध्यक्षता में नियुक्त इस आयोग के सभी सदस्य अंगरेज थे। आयोग में किसी भी भारतीय को सम्मिलित नहीं किया गया। आयोग को दायित्व सौंपा गया था कि वह 1919 के सुधारों पर अमल करने की प्रक्रिया के बारे में जांच पड़ताल करे तथा उन सिद्धान्तों को निर्धारित करे जिनके आधार पर भारतीय संविधान को संशोधित किया जा सके। कमीशन को यह भी देखना था कि उत्तरदायी सरकार के सिद्धान्त को बढ़ाया जाये या सीमित किया जाये अथवा इसमें कोई उचित परिवर्तन किया जाये। इस आयोग की नियुक्ति भारतीय आत्मसम्मान पर एक गहरा आघात था। कांग्रेस ने अपने मद्रास अधिवेशन

(दिसम्बर 1927) में साइमन कमीशन के बहिष्कार का नारा दिया। आयोग के बहिष्कार में सभी भारतीय राजनीतिक दल सम्मिलित थे। लिबरल फेडरेशन, भारतीय औद्योगिक और वाणिज्यिक कांग्रेस और हिन्दू महासभा भी इसमें शामिल थी। जिन्ना के नेतृत्व में मुस्लिम लीग ने भी इस बहिष्कार में भाग लिया। आयोग के बहिष्कार का आन्दोलन सारे देश में चला। जहां कहीं भी यह आयोग गया उसे 'साइमन वापस जाओ' के नारे का सामना करना पड़ा। लाहौर में लाला लाजपतराय के नेतृत्व में आयोग के विरूद्ध प्रदर्शन किया गया। प्रदर्शन के दौरान पुलिस अधिकारी साण्डर्स ने लाठी से उन पर सांघातिक प्रहार किया। इसके थोड़े समय पश्चात ही उनकी मृत्यु हो गई किन्तु अपनी मृत्यु से पूर्व उन्होंने गर्जना की कि 'उन पर किया गया प्रत्येक लाठी का प्रहार ब्रिटिश साम्राज्य के ताबूत में ठोकी जाने वाली कील बन जाएगा।' सरदार भगतसिंह जैसे क्रान्तिकारी ने इसे राष्ट्रीय अपमान समझा और साण्डर्स से बदला लेने का निश्चय किया। देश के अन्य शहरों–लखनऊ, पटना, कलकत्ता, मद्रास, पूणे, विजयवाड़ा में भी विशाल जनसमूह ने काले झण्डे दिखाकर उसका स्वागत किया। सारे देश में साइमन कमीशन के खिलाफ जो प्रदर्शन हुए उनका श्रेय मुख्य रूप से कांग्रेस को था।[26] साइमन कमीशन के सदस्यों ने विरोध के बावजूद दो बार भारत की यात्रा की और प्रतिवेदन तैयार किया जो मई 1930 में प्रकाशित हुआ।

नेहरू रिपोर्ट (The Nehru Report): साइमन कमीशन के विरूद्ध अंसतोष का कारण यह था कि देश के सभी वर्गों में यह भावना व्याप्त थी कि भारत का भावी संविधान भारतवासियों को ही बनाना है। किन्तु कमीशन में एक भी भारतीय का न होना इस बात का द्योतक था कि ब्रिटिश सरकार भारतीयों को स्वशासन के योग्य नहीं समझती। ब्रिटेन के हाउस ऑफ लॉर्डस में 26 नवम्बर 1927 को, साइमन आयोग की नियुक्ति के संदर्भ में बोलते हुए लॉर्ड बर्किनहैड ने भारतीय राजनीतिज्ञों को चुनौती दी कि वे भारत के लिए एक "स्वीकार्य" संविधान बनाये। भारतीयों ने इस चुनौती को स्वीकार किया। जहां एक ओर साइमन कमीशन के खिलाफ देशव्यापी आन्दोलन चल रहा था, वहीं दूसरी ओर कांग्रेसजनों के प्रयासों से भारत के लिए एक नया संविधान बनाने के उद्देश्य से क्रमशः 28 फरवरी, 10 मई और अगस्त 1928 में सर्वदलीय सम्मेलन आयोजित किए गए। प्रारम्भिक विचार–विमर्श के पश्चात मोतीलाल नेहरू की अध्यक्षता में एक समिति बनाई गई। जिसमें सुभाष बोस, तेजबहादुर सप्रू, श्वैब कुरैशी, सरदार मंगलसिंह, एम.एस. अणे, अली इमाम, जी.आर. प्रधान अन्य सदस्य थे। इस समिति ने जुलाई 1928 में अपनी रिपोर्ट प्रस्तुत की। इतिहास में यही नेहरू रिपोर्ट के नाम से जानी जाती है। इसकी प्रमुख सिफारिशें इस प्रकार थीं–स्वशासित प्रदेशों (Self-governing Dominions) की सरकारों के समान पूर्णरूपेण उत्तरदायी सरकार का गठन, उत्तर–पश्चिमी सीमान्त प्रदेशों के लिए समान दर्जा, सिन्ध का बम्बई से पार्थक्य, मुसलमानों के लिए आरक्षित स्थानों के साथ सम्मिलित निर्वाचक मण्डलों का गठन, एक संघात्मक संविधान की स्थापना जिसमें मूलभूत अधिकार निहित हो, देश की प्रतिरक्षा पर विधानसभा का नियंत्रण आदि।

नेहरू रिपोर्ट पर विचार करने के लिए दिसम्बर 1928 ई. में कलकत्ता में एक सर्वदलीय सम्मेलन बुलाया गया। इस सम्मेलन में अली बंधुओं ने नेहरू रिपोर्ट को अस्वीकार कर दिया। मुहम्मद अली जिन्ना ने भी इस अंतिम सर्वदलीय सम्मेलन में–सिंध को अलग करने, अवशिष्ट शक्तियाँ प्रांतों को देने और वयस्क मताधिकार की व्यवस्था होने तक, पंजाब और बंगाल में सीटें आरक्षित करने की मांगें रखीं। दिसम्बर 1928 में जिन्ना के नेतृत्व में मुस्लिम लीग प्रभावहीन थी इसलिए जिन्ना द्वारा प्रस्तुत आपत्तियों पर कांग्रेस ने कोई ध्यान नहीं दिया। जिन्ना ने अपनी स्थिति को मजबूत करने के लिए 14 सूत्रीय मांगपत्र पेश किया। इसमें नये प्रांतों के गठन, केन्द्र में एक तिहाई सीटों और पूर्ण प्रांतीय स्वायत्तता के साथ संघीय ढांचे की मांगें दोहराई गई और अलग निर्वाचन मण्डलों के नारे को फिर से उठाया गया था। इस तरह सर्वदलीय सम्मेलन अपने उद्देश्यों में सफल नहीं हो सका। इस सम्मेलन के बाद कांग्रेस और लीग में जो खाई पैदा हो गई उसे कभी नहीं पाटा जा सका।

कलकत्ता अधिवेशन (1928) में निर्णय किया था कि 31 दिसम्बर 1929 तक या पहले सरकार स्वराज्य की मांग स्वीकार करे। इसके अस्वीकार होने की दशा में कांग्रेस अहिंसात्मक असहयोग प्रारम्भ कर देगी और जनता से सरकार को कर न देने की अपेक्षा की जायेगी। कांग्रेस के इस प्रस्ताव से ब्रिटिश सरकार घबरा गई थी। वायसराय इर्विन चाहते थे कि राष्ट्रवादी तत्वों को संतुष्ट करने के लिए ब्रिटिश सरकार एक गोलमेज सम्मेलन बुलाने की घोषणा करें। लेकिन ब्रिटिश सरकार ने कोई स्पष्ट आश्वासन देने से इंकार कर दिया। परिणाम यह हुआ कि लेबर सरकार के सत्ता में आने के बाद ही 31 अक्तूबर 1929 को वाइसराय द्वारा यह घोषणा की जा सकी कि भारत के लिए एक नया संविधान बनाने के लिए लंदन में गोलमेज सम्मेलन बुलाया जाएगा। इस घोषणा में यह भी आश्वासन दिया गया कि भारत को डोमीनियन स्टेट्स (Dominion status) देना ब्रिटिश सरकार का लक्ष्य है, लेकिन इस लक्ष्य को पूरा करने के बारे में कोई निश्चित तिथि नहीं बताई गई। कांग्रेस

नेताओं ने वाइसराय के भारत के एक अधिराज्य संविधान दिए जाने की दिशा में प्रयत्नों का समर्थन किया। इन नेताओं ने वाइसराय से भेंट की परन्तु वे उनसे यह आश्वासन प्राप्त करने में असफल रहे कि लन्दन का गोलमेज सम्मेलन वास्तव में भारत के लिए जो संविधान प्रस्तावित करेगा वह एक अधिराज्य के दर्जे पर आधारित होगा। इससे लोगों के मन में डर और अविश्वास पैदा हुआ। अब गांधीजी को भी ब्रिटिश सरकार की ईमानदारी पर शक होने लगा और वे यह महसूस करने लगे कि गोलमेज सम्मेलन (Round Table Conference) में भाग लेने के फलस्वरूप प्राप्त विजय की अपेक्षा सीधी कार्यवाही के द्वारा मिलने वाली विजय अधिक लाभप्रद हो सकती है। साथ ही उनका विचार था कि इस समय गोलमेज सम्मेलन में भाग लेने में उग्रवादियों को प्रोत्साहन मिलेगा।

युवा क्रांतिकारी विद्यार्थियों की भूमिका

असहयोग आन्दोलन की समाप्ति के बाद भारत के युवा नेता सोचने लगे थे कि अहिंसात्मक सत्याग्रह से स्वतंत्रता हासिल नहीं की जा सकती। यदि यह कहा जाये कि 20वीं शताब्दी के शुरू के दो–तीन दशकों में भारतीय नेताओं की राजनीतिक संघर्ष में असफलता एवं सरकारी दमन के कारण क्रांतिकारी आंतकवाद का उदय हुआ तो अतिशयोक्ति न होगी। जलियाँवाला बाग हत्याकाण्ड से युवाओं को गहरा आघात पहुंचा। वे अंगरेजों से इस प्रकार की सामूहिक हत्याओं का बदला लेने के बारे में सोचने लगे। युवाओं ने अपने क्रांतिकारी संगठन बनाये उनमें **'नौजवान सभा'** और **'हिन्दुस्तान प्रजातंत्र संघ'** प्रमुख थे। सुखदेव, राजगुरू, भगतसिंह, सचिन्द्रनाथ सान्याल, योगेश चटर्जी, रामप्रसाद बिस्मिल, चन्द्रशेखर आजाद, राजेन्द्र लाहिड़ी, अशफाक उल्ला जैसे क्रांतिकारियों ने युवाओं को प्रशिक्षित करने के लिए केन्द्र स्थापित किये। समस्त क्रांतिकारियों का अक्तूबर 1924 में कानुपर में एक सम्मेलन हुआ जिसमें सुखदेव, भगतसिंह, शिववर्मा, भगवतीचरण बोहरा, सचिन्द्रनाथ सान्याल, जगदीशचन्द्र चटर्जी, रामप्रसाद बिस्मिल, चन्द्रशेखर आजाद, जैसे सभी नेताओं ने भाग लिया। चन्द्रशेखर आजाद के सुझाव पर 10 सितम्बर 1928 में **"भारत गणतंत्र समिति" अथवा सेना** (Hindustan Republication Association or Army) जैसे संगठन अस्तित्व में आये। इस संगठन की बंगाल, यू.पी., बिहार, दिल्ली, पंजाब एवं मद्रास जैसे सभी क्षेत्रों में शाखाएं शुरू की गई। संगठन का उद्देश्य–अहिंसावादी नीतियों की असफलता के प्रति युवाओं को जागृत करना, प्रत्यक्ष कार्रवाही (direct action) द्वारा पूर्ण स्वतंत्रता का प्रयास करना तथा समाजवादी विचाराधारा के अनुरूप भारत में संघीय गणतंत्र की स्थापना था। इन युवा संगठनों की कार्रवाही की शुरूआत 'काकोरी ट्रेन' डकैती के मामले से प्रारम्भ हुई।

रामप्रसाद बिस्मिल, राजेन्द्र लाहिडी एवं रोशनसिंह तथा धन प्रबंधन की काकोरी योजनाः काकोरी ट्रेन एक्शन 1925 की चर्चा करने से पूर्व सम्बन्धित क्रान्तिकारियों के बारे में जानकारी करना उचित होगा।

राजेन्द्र लाहिडी (23 जून 1901)ः वर्तमान बांग्लादेश के पाबना में **क्षितिमोहन लाहिडी** के यहां **बसन्तकुमारी** ने जन्म दिया। उनके राष्ट्रवादी पिता जेल में थे। बचपन में काशी आ गये। वहां **शचीन्द्रनाथ सान्याल** के साथ रहने से वे क्रान्तिकारी बन गये। काकोरी एक्शन में गोंडा जेल में 17 दिसम्बर 1927 को उन्हें फांसी दी गई थी।

रामप्रसाद विरिगल का जन्ग 11 जून 1897 को ब्राह्मण मुरलीधर व मूलमती के यहां हुआ। उन्होंने उर्दू व अंगरेजी की शिक्षा प्राप्त की। दयानन्द का सत्यार्थ प्रकाश पढ़ा था। स्वयं ने कई क्रान्तिकारी पुस्तकें लिखी। मैनपुरी व काकोरी एक्शन में उन्हें भी मृत्युदण्ड दिया। 1925 में क्रांतिकारियों ने सरकारी खजाने को लूटने का निश्चय किया। सशस्त्र क्रांति के लिए अनेक खतरनाक हथियार खरीदे गये थे और हथियारों का भुगतान करने के लिए धन की आवश्यकता थी और धन जुटाने के लिए काकोरी (लखनऊ) रेलवे स्टेशन पर खड़ी रेल के डिब्बे में रखे सरकारी खजाने को लूटने की योजना बनाई गई। खजाने को लूटने के लिए रामप्रसाद बिस्मिल के नेतृत्व में ट्रेन पर धावा बोला गया। हरदोई से लखनऊ जाने वाली गाड़ी में 9 अगस्त 1925 को दस नवयुवक हथियारों सहित रात्रि के आठ बजे सवार हुए। जंजीर खींचकर खजाने का बक्सा उठाकर गायब हो गये। लेकिन बाद में पकड़े गये। 25 दिसम्बर 1925 को काकोरी मामला शुरू हुआ जिसमें रामप्रसाद बिस्मिल (1887–1927), राजेन्द्र लाहिड़ी (1892–1927) तथा रोशनसिंह को फाँसी दी गई। सचिन्द्रनाथ सान्याल को आजीवन कारावास और मनमथनाथ गुप्त को 14 वर्ष का कठोर कारावास दिया गया।

अशफाक उल्लाह खाँ ने फांसी पर चढ़ने से पहले देशवासियों के नाम सन्देश छोड़ा जो उल्लेखनीय हैः "भारतवासियों! चाहे आप किसी भी सम्प्रदाय या धर्म के अनुयायी हों, परन्तु आप देशहित के कामों में एक होकर योग दीजिये।... मैं हत्यारा नहीं हूँ जैसा मुझे साबित किया गया। **मैं पहला भारतीय मुसलमान हूँ जो स्वतंत्रता के लिए फांसी के तख्ते पर चढ़ रहा हूँ।**" फांसी के तीन दिन पहले दोस्त सचिन्द्रनाथ बक्शी की बहन को पत्र लिखा था। **"मैं मरने वाला नहीं, बल्कि**

हमेशा के लिए जीने वाला हूँ। अन्तिम दिन सोमवार है। मेरा आखिरी बंदे (चरण स्पर्श) स्वीकार करो..... मुझे गुजर जाने दो। आपको बाद में पता चलेगा कि मैं कैसे मरा। भगवान का आशीर्वाद हमेशा आपके साथ रहे। ....मैं हीरो की तरह मर रहा हूँ।

चन्द्रशेखर आजाद (1906–1931): ब्राह्मण परिवार में जन्मे चन्द्रशेखर मध्य प्रदेश के झाबुआ इलाके के भवरा गांव के रहने वाले थे। उन्होंने **'हिन्दुस्तान प्रजातंत्र संघ'** की स्थापना की और इसके लिए स्वंयसेवी सेना का गठन किया। वे विदेशी शासकों के कभी पकड़ में नहीं आये थे इसलिये उन्हें 'आजाद' कहा जाने लगा। उनके द्वारा स्थापित **हिन्दुस्तान प्रजातंत्र संघ** के सभी प्रमुख क्रांतिकारी सदस्य बन गये थे। मिसाल के तौर पर राजेन्द्र लाहिड़ी, रामप्रसाद बिस्मिल, अशफाक उल्ला, रोशनसिंह, भगतसिंह, सुखदेव, राजगुरू आदि। भगतसिंह के सुझाव पर उन्होंने इस संघ का नाम बदलकर **'हिन्दुस्तान समाजवादी प्रजातंत्र संघ'** रख दिया था। इस संघ के सदस्यों ने लाला लाजपतराय की हत्या के दोषी पुलिस अधिकारी **सान्डर्स की हत्या** की थी। केन्द्रीय असेम्बली हाल में बम विस्फोट भी इन्हीं क्रान्तिकारियों की योजना थी। चन्द्रशेखर आजाद ने ही इन गतिविधियों को संचालित किया था। वे 23 फरवरी 1931 को कम्पनी बाग में नाट आबार पुलिस अधीक्षक की सैनिक टुकड़ी से लड़ते हुए मारे गये।

सुखदेव (1907–1931): ये भगतसिंह के बचपन के मित्र थे। कहा जाता है कि सुखदेव के प्रभाव से ही भगतसिंह क्रान्तिकारी दल में शामिल हुए थे। उन्होंने **'नौजवान भारत सभा'** की स्थापना की। 15 अप्रैल को लाहौर बम फैक्ट्री के मामले में सुखदेव को गिरफ्तार कर लिया गया और 23 मार्च 1931 को अपने मित्र भगतसिंह व राजगुरू के साथ सुखदेव को फांसी दी गई।

भगतसिंह (1906–1931): भारत के स्वतंत्रता संघर्ष में अन्य सभी क्रान्तिकारियों के साथ भगतसिंह का नाम सदैव अमर रहेगा। भगतसिंह अंगरेजों के घोर विरोधी थे। उन्हें क्रांतिकारी विचारों का प्रतीक कहा जा सकता है। केन्द्रीय असेम्बली में बम विस्फोट एंव अंगरेज अधिकारी साण्डर्स को गोली मारने वालों में वे भी शामिल थे। उनका नारा था 'इन्कलाब जिन्दाबाद'। यह नारा आगे जाकर क्रान्तिकारियों की पहचान बन गई थी। उल्लेखनीय है कि भारत की जनता की इच्छा के विरूद्ध दिल्ली की केन्द्रीय असेम्बली में पब्लिक सेफ्टी बिल पर बहस चल रही थी। हिन्दुस्तान रिपब्लिकन आर्मी की केन्द्रीय समिति ने इस बिल को रूकवाने के लिए असेम्बली पर बम फेंकने का निश्चय किया। इसके लिए भगतसिंह एवं बटुकेश्वरदत्त को चुना। 8 अप्रैल 1929 को दोनों ने केन्द्रीय असेम्बली पर बम फेंका और हथियार फेंककर अपने आप गिरफ्तार करवा लिया। सेशन जज के सामने भगतसिंह एवं बटुकेश्वरदत्त ने संयुक्त वक्तव्य दिया (Joint Statement of Bhagat Singh and Butkeshwar Dutt on June 4, 1929 before Session Judge): **'हम इस ब्रिटिश साम्राज्यवादी सिस्टम के भारत में रहने को किसी भी प्रकार उचित नहीं कह सकते।... हमारा यह दृढ़ विश्वास हो गया कि यह ब्रिटिश साम्राज्यवादी सिस्टम भारत में गुलाम भारतीयों और विशेषकर मजदूरों के शोषण पर आधारित है और इससे किसी भी प्रकार की आशा करना व्यर्थ.... क्रान्ति से मतलब ऐसी समाज व्यवस्था की स्थापना से जिसमें किसी प्रकार के शोषण का भय न रहे..... और संसार में पूंजीवाद तथा साम्राज्यवाद नष्ट हो जायेगा। क्रान्ति से हम अपने देश की स्वतंत्रता भी चाहते हैं।'**

भगतसिंह के बाद चन्द्रशेखर आजाद ने पंजाब के क्रांतिकारी दल के संगठन की जिम्मेदारी यशपाल एवं भगवतीचरण बोहरा को सौंप दी। भगवतीचरण बोहरा की पत्नी **दुर्गादेवी** ने भी क्रान्तिकारी आन्दोलन में भाग लेना शुरू कर दिया था। **श्रीमती सुशीला देवी, श्रीमती प्रेमवती एवं प्रकाशवती कपूर** ने क्रान्तिकारी आन्दोलन में भाग लिया था। 23 मार्च 1931 को सरदार भगतसिंह, शिवराम, राजगुरू एवं सुखदेव को लाहौर जेल में फांसी दी गई थी।

राजगुरू (1876–1931): शिवराज हरि, राजगुरू के बचपन का नाम था। इनका जन्म पूणे के निकट खेड़ा में हुआ था। वे बनारस में नौकरी करते थे। वहीं वे क्रान्तिकारियों के सम्पर्क में आये। **साण्डर्स को गोली मारने वाले क्रान्तिकारियों** में वे भी थे। इसीलिए उन्हें 23 मार्च 1931 को **भगतसिंह एवं राजगुरू को साथ ही फांसी दी गई**। न्यायालय में सुनवाई के दौरान इन क्रान्तिकारियों के साहसी व्यवहार व निडरता ने भारतीय जनमानस में राष्ट्रीयता एवं देश के प्रति उत्सर्ग की भावना पैदा की। अहिंसा के समर्थक राष्ट्रवादियों ने भी उनकी सराहना की। भगतसिंह, राजगुरू और सुखदेव घर–घर चर्चा के पात्र बन गये थे। उनको फांसी दिये जाने का समाचार फैलते ही पूरे देश में मौत का सन्नाटा छा गया था। भारत के करोड़ों लोगों ने उन्हें उपवास करके अपनी श्रद्धांजलि अर्पित की।

जतिनदास (1904–1929): बंगाल के फौजदारी कानून के अन्तर्गत जतिनदास को गिरफ्तार किया था। लाहौर केन्द्रीय कारागार में जतिनदास ने अन्य देश भक्तों के साथ जेल के अत्याचारों के विरोध में अनशन शुरू किया था। लम्बी भूख हड़ताल के कारण 13 सितम्बर 1929 को उनकी मृत्यु हो गई। उनके शव को लाहौर से कलकत्ता ले जाने वाली ट्रेन पर हजारों लोग उन्हें श्रद्धांजलि देने प्रत्येक रेलवे स्टेशन पर इकट्ठे हुए थे।

गणेश शंकर विद्यार्थी (1890–1931): इलाहाबाद में 26 अक्तूबर 1890 को विद्यार्थी जी का जन्म हुआ। प्रारम्भ में उन्होंने कर्मयोगी नामक अखबार में काम किया था। बाद में स्वयं ने ही **'प्रताप'** नाम का समाचार–पत्र प्रकाशित करना शुरू किया। भगतसिंह ने अपना नाम बदलकर (बलवन्तसिंह के नाम से) इस अखबार में काम किया था। वे सविनय अवज्ञा आन्दोलन के दौरान जेल गये। 1930 में उन्हें उत्तर प्रदेश कांग्रेस का अध्यक्ष बनाया गया। एक बार विद्यार्थी जी मुस्लिम मोहल्ले में शान्ति कायम करने के लिए गये हुए थे वहीं कुछ धर्मान्ध मुस्लिम उन पर टूट पड़े। इस प्रकार विद्यार्थी जी देश में साम्प्रदायिक सद्भावना के लिए मार्च 1931 में धर्मान्ध लोगों की नासमझी में शहीद हो गये। भारत के लोग विद्यार्थी जी को सद्भावना दूत के रूप में याद करते रहेंगे। उनके लिए जवाहर लाल नेहरू ने कहा था: 'मर कर जो उन्होंने सबक सिखाया वह जीवित रहकर भी हम न सिखा पायेंगे।'

चिटगाँव शस्त्रागार पर छापा: बंगाल में **'युगान्तर'** और **'अनुशीलन समिति'** जैसी संस्थायें क्रान्तिकारी गतिविधियों का केन्द्र थी। इन समितियों से निर्मलसेन, गणेशघोष, अम्बिकाप्रसाद चक्रवर्ती, लोकनाथ बाबुल और सूर्यसेन (मास्टर दा) आदि जुड़े हुए थे। इन लोगों ने 'चिटगांव क्रान्तिकारी परिषद्' की स्थापना की। इसके अध्यक्ष थे **सूर्यसेन (मास्टर दा)**। इन लोगों ने चिटगाँव के शस्त्रागार पर धावा बोलकर कब्जा कर लिया था। इस योजना का लक्ष्य था क्रान्तिकारियों को हथियार उपलब्ध करवाना। छापा इण्डियन रिपब्लिकन आर्मी चिटगाँव शाखा के नाम से डाला गया। उसके बाद समस्त क्रान्तिकारी शस्त्रागार के बाहर एकत्र हुए और सूर्यसेन (1894–1934) को प्रान्तीय क्रान्तिकारी सरकार का अध्यक्ष बनाया। अंगरेजी झण्डा उतार दिया तथा 'इन्कलाब जिन्दाबाद' तथा 'वन्देमातरम्' के उदघोष के साथ राष्ट्रीय झण्डा फहराया। ब्रिटिश फौजों की आने की संभावना को देखते हुए उन्होंने जलालाबाद पहाड़ी पर मोर्चा जमाया। अंगरेज सेना से संघर्ष में 11 क्रान्तिकारी शहीद हुए। सूर्यसेन घायल अवस्था में **प्रीतिलता आयोद्दोर** (1911–1932) के यहाँ किसी तरह पहुँच गये। प्रीतिलता ने अंगरेजों के क्लब पर गोलियाँ बरसाकर कई लोगों को घायल कर दिया और बाद में स्वयं भी जहर खाकर शहीद हो गई। सूर्यसेन अपने 13 साथियों के साथ पकड़े गये। तारकेश्वर दत्त व सूर्यसेन को 12 फरवरी 1934 को फाँसी दी गई और **कल्पनादत्त** को आजीवन कारावास की सजा सुनाई। चिटगाँव शस्त्रागार पर इन क्रान्तिकारियों ने झण्डा फहराकर अभूतपूर्व साहस का परिचय दिया। इसके बाद भी अनेक बंगाली क्रान्तिकारी अंगरेजों पर समय–समय पर हमला करते रहे थे।

1930 में क्रान्तिकारी आतंकवादी आन्दोलन का धीरे–धीरे पतन हो गया। इस प्रकार 1920 से 1930 के बीच क्रान्तिकारी आतंकवादी जनआधारित सशस्त्र संघर्ष के उद्देश्य को पूरा नहीं कर पाये। उनकी योजना की सबसे बड़ी कमी थी जनता को अपनी योजनाओं से जोड़ा जाना। फिर भी उन्होंने साम्राज्यवाद के विरुद्ध राष्ट्रीय संघर्ष में अपना बलिदान कर महत्वपूर्ण योगदान किया। उनके साहस और बलिदान ने लोगों में आत्मविश्वास जगाया।

संदर्भ

1. ताराचंद, *भारतीय स्वतंत्रता आन्दोलन का इतिहास*, 1997, जि. 3, पृ. 221
2. वही, पृ. 221
3. सरकार, सुमित, *आधुनिक भारत* (1858–1947), पृ. 221
4. वही, पृ. 212
5. ताराचंद, वही, पृ. 545
6. सरकार, वही, पृ. 217
7. ताराचंद, वही, पृ. 545, सरकार, सुमित, वही पृ. 220
8. वही, पृ. 546
9. वही, पृ. 555 से उद्घृत
10. सीतारमैय्या, पट्टाभि, *हिस्ट्री ऑफ इंडियन नेशनल कांग्रेस*, जि. 1, पृ. 352
11. खिलाफत: टर्की के सुल्तान समस्त विश्व के मुसलमानों के धार्मिक नेता या खलीफा माने जाते थे। खलीफा होने के नाते उन्हें 'जजीरतुल अरब' (अरब, सीरिया, इराक, फिलीस्तीन) में स्थित इस्लामी महत्व के पवित्र स्थानों के संदर्भ में कुछ कर्तव्यों का निर्वाह करना होता था। इसी कारण से आवश्यक था कि ये पवित्र स्थल तुर्की के सुल्तान की देखरेख और नियन्त्रण में रहे।
12. सरकार, सुमित, वही, पृ. 229
13. ताराचंद, वही, पृ. 563
14. तिलक की मृत्यु के बाद यह कोष स्थापित किया गया।

14ए. चार आना अर्थात 16 पैसे।

15. बिपिनचन्द्र, *भारत का स्वतंत्रता संघर्ष*, पृ. 136

16. डी.जी., तेंदुलकर, *दि महात्मा,* खण्ड–2, पृ. 82
17. सरकार, सुमित, वही, पृ. 241
18. बिपिनचन्द्र एवं अन्य, वही, पृ. 138
19. सरकार, सुमित, वही, पृ. 247
20. नेहरू, जवाहरलाल, *मेरी कहानी*, पृ. 87
21. वही, *मेरी कहानी*, पृ. 88
22. बारदोली कांग्रेस के निर्णय में कहा गया कि कांग्रेस कार्यसमिति आन्दोलन के स्थगन की घोषणा करती है क्योंकि अमानवीय हिंसक कार्यों से यह स्पष्ट है कि देश अभी अहिंसक आन्दोलन के लिए तैयार नहीं है। स्थानीय कांग्रेस समितियों को निर्देश दिया जाता है कि वे किसानों से सरकार को समय पर भू–राजस्व देने को कहे और सभी आक्रामक कार्यवाही का अन्त कर दें। कांग्रेस कार्य समिति जमींदारों को यह आश्वासन देती है कि कांग्रेसी आन्दोलन का उद्देश्य जमींदारों के कानूनी अधिकारों को किसी भी प्रकार से हानि पहुँचाना नहीं है।
23. नेहरू, जवाहरलाल, वही, पृ. 91–92
24. ताराचंद, वही, पृ. 526
25. मजुमदार, आर.सी., *हिस्ट्री ऑफ फ्रीडम मूवमेंट इन इंडिया,* जि. 2, पृ. 61
26. सिंह, अयोध्या, *भारत का मुक्ति संग्राम*, पृ. 541

❋❋❋

32

गांधीजी एवं सविनय अवज्ञा आन्दोलन
(Gandhiji and Civil Disobedience Movement)

गांधीजी ने जेल से रिहा होने के बाद 1928 में पुनः सक्रिय राजनीति में भाग लेना शुरु किया। लाहौर के कांग्रेस अधिवेशन में राष्ट्रवादियों को यह यकीन हो गया था कि ब्रिटिश सरकार भारत को स्वराज्य तब तक नहीं देगी जब तक वह मजबूर न हो जायें।

कलकत्ता में दिसम्बर 1928 में जो प्रस्ताव पास किया था उसमें कांग्रेस ने, सरकार के लिए एक वर्ष की अवधी रखी थी। वह अब 31 दिसम्बर को समाप्त हो गई। परिस्थिति की गंभीरता को देखते हुए गांधीजी को अध्यक्ष बनाने के पक्ष में करीब–करीब सर्वसम्मति थी। किंतु उन्होंने उसे मंजूर नहीं किया बल्कि अपनी जगह जवाहरलाल नेहरू को अध्यक्ष बनाने के पक्ष में अपना मत प्रकट किया। जवाहरलाल नेहरू के बारे में अपने उद्‌गार व्यक्त करते हुए गांधीजी ने कहाः "निसन्देह जवाहरलाल अतिवादी हैं और वे अपने आस–पास से कहीं आगे की बात सोचते हैं, किन्तु उनमें इतनी विनम्रता और व्यवहारिकता है कि वे अपनी गति को विघटन की सीमा तक नहीं बढ़ाऐंगे.....। इसी प्रकार देश के युवकों को भी स्वेच्छा से अपनी अक्षय शक्ति को कैद हो जाने देना होगा ताकि उसे नियन्त्रित करके बाकायदा नपी–तुली एवं आवश्यक मात्रा में छोड़ा जा सके।"[1] नेहरू के अध्यक्षीय भाषण के तीन प्रमुख विषय थेः स्वतन्त्रता, समाजवाद और हिंदू–मुस्लिम एकता। उन्होंने स्वाधीनता को एकमात्र लक्ष्य घोषित किया। समाजवाद की चर्चा करके उन्होंने स्वतन्त्रता संग्राम को एक नई दिशा दी..... मैं स्पष्ट रूप से स्वीकार करता हूँ कि मैं एक समाजवादी और गणतन्त्रवादी हूँ और राजाओं–नरेशों में या उस व्यवस्था में मेरी कोई आस्था नहीं है जो आधुनिक औद्योगिक सम्राट उत्पन्न करती है।"

इस अधिवेशन में गांधीजी ने ऐतिहासिक प्रस्ताव प्रस्तुत कियाः "गत वर्ष कलकत्ता अधिवेशन में पास किये गए प्रस्ताव के अनुसार कांग्रेस घोषित करती है कि कांग्रेस के संविधान के प्रथम अनुच्छेद में स्वराज शब्द का अर्थ पूर्ण स्वतन्त्रता है।" ठीक मध्य रात्रि को यह प्रस्ताव पारित हो गया।

लाहौर अधिवेशन एवं पूर्ण स्वाधीनता का प्रस्तावः कांग्रेस के पैंतालिसवें अधिवेशन के आखिरी दिन अर्थात् 31 दिसम्बर 1929 की आधी रात को रावी के तट पर प्रसन्नता और उल्लास के बीच भारतीय स्वतन्त्रता का प्रतीक तिरंगा झण्डा फहराया। इस प्रकार 1930 में राजनीतिक ज्वालामुखी फूट पड़ा। भारत भर में 26 जनवरी को स्वतन्त्रता दिवस के रूप में मनाया गया। सार्वजनिक सभाओं में सर्वत्र निम्न घोषणापत्र पढ़ा गया–"यह हमारा दृढ़ विश्वास है कि अन्य किसी भी जाति की भांति भारतीयों को स्वतन्त्रता प्राप्ति तथा अपने परिश्रम का फल एवम् जीवन की आवश्यकताओं को प्राप्त करने का अहरणीय अधिकार है जिससे वे अपने विकास का पूर्ण अवसर प्राप्त कर सकें। हमारी यह भी मान्यता है कि यदि कोई सरकार जनता को इन अधिकारों से वंचित कर उन पर अत्याचार करती है तो जनता को उस सरकार को बदलने या समाप्त करने का भी अधिकार है। ब्रिटिश सरकार ने न केवल भारतीयों को स्वतन्त्रता के अधिकार से वंचित रखा है, वरन् यह सरकार भारतीय जनता के शोषण पर आधारित है तथा इसने भारत का राजनैतिक, आर्थिक, सांस्कृतिक तथा आध्यात्मिक दृष्टि से सर्वनाश किया है। इसलिए हमारी यह मान्यता है कि भारत को अंगरेजों के साथ सम्बन्ध विच्छेद कर पूर्ण स्वराज्य अथवा पूर्ण स्वतन्त्रता प्राप्त करनी चाहिये। हमारे विचार से भविष्य में एक पल के लिए भी एक ऐसे शासन के सामने झुकना, जिसने देश को चतुर्दिक विनाश किया है, मानव तथा भगवान के विरुद्ध पाप है। फिर भी हम यह स्वीकार करते हैं कि स्वतन्त्रता प्राप्त करने का सर्वाधिक प्रभावपूर्ण तरीका हिंसा नहीं है। अतएव हम जहाँ तक सम्भव होगा, ब्रिटिश सरकार से सम्बन्ध विच्छेद करेंगे तथा सविनय अवज्ञा के लिए तैयारी करेंगे जिसमें कर–विरोध भी सम्मिलित होगा। हमारा यह दृढ़ विश्वास है कि यदि हम उत्तेजित किए जाने पर भी अहिंसात्मक ढंग से अपना ऐच्छिक सहयोग वापिस लौटा लेते हैं तथा कर नहीं देते हैं तो निश्चय ही इस अमानवीय शासन का अन्त हो सकता है।[2] अतएव हम यह प्रण लेते हैं कि कांग्रेस द्वारा समय–समय पर दिए जाने वाले निर्देशों का हम पालन करेंगे, जिससे कि पूर्ण स्वराज्य स्थापित हो सके।

चतुर्थ चरण–सविनय अवज्ञा आन्दोलन (Civil Disobedience Movement, 1930–31): सविनय अवज्ञा आन्दोलन के साथ शुरू हुए आन्दोलन को चतुर्थ चरण कहा जाता है। कांग्रेस वर्किंग समिति ने फरवरी, 1930 में पूर्ण स्वराज्य प्राप्त करने के लिए सविनय अवज्ञा आन्दोलन आरम्भ करने का अधिकार महात्मा गांधी को दे दिया। वह ही उचित समय का चयन करें और अवज्ञा आरम्भ करें। 31 जनवरी 1930 को गांधीजी ने वाइसराय इर्विन को जो 11 सूत्रीय चेतावनी दी वह पूर्ण स्वराज्य के प्रस्ताव से कोसों दूर थी, क्योंकि उसमें राजनीतिक संरचना को बदलने की, यहाँ तक कि डोमीनियन स्टेट्स तक की माँग नहीं की गई थी।[3] यह ग्यारह सूत्रीय माँग–पत्र एक प्रकार से पीछे हटना था, किन्तु इसने राष्ट्रीय माँगों को मूर्त रूप दिया और उन्हें विशिष्ट शिकायतों से जोड़ा। ये माँगें थीं–'रुपये की विनिमय दर घटाकर 1 शिलिंग 4 पेंस कर दी जाए, लगान में पचास फीसदी कमी की जाए, रक्षात्मक शुल्क लगाएं जाएं, सिविल सर्विस की तनख्वाह आधी कर दी जाए, सैनिक खर्च में पचास प्रतिशत कमी की जाए, विदेशी कपड़ों का आयात नियन्त्रित किया जाए, तटीय यातायात रक्षा विधेयक पास किया जाए, सी.आई.डी. विभाग खत्म कर दिया जाए या उस पर सार्वजनिक नियन्त्रण हो, हिन्दुस्तानियों को आत्मरक्षा के लिए आग्नेय अस्त्र रखने का लाइसेंस दिया जाए, नमक कर को खत्म किया जाए, नशीली वस्तुओं का विक्रय बंद किया जाए और उन सभी राजनीतिक कैदियों को छोड़ दिया जाये जिन पर हत्या करने या हत्या के प्रयत्न का अभियोग नहीं है।'

फरवरी के अंत में जैसे–जैसे गांधीजी ने नमक की बात करनी शुरु की, सत्याग्रह का सूत्र स्पष्ट होने लगा। पूर्ण स्वराज्य के लिए सविनय अवज्ञा का शुरु किया जाना शायद किसानों की समझ में भी न आता, किन्तु नमक जैसी रोजमर्रा के उपयोग की वस्तु पर कर लगाये जाने के विरोध में किए गए आन्दोलन में किसानों का समर्थन सहज ही प्राप्त किया जा सकता था। गांधीजी ने यह भी फैसला किया कि वे गाँव–गाँव पैदल चलकर समुद्र तट पर पहुंचेंगे और वहां नमक कानून तोड़ेंगे। लोगों को आकर्षित करने का यह आदर्श तरीका था और इससे गांधीजी की सूझ–बूझ का परिचय मिलता है। 2 मार्च को गांधीजी ने वायसराय को पत्र लिखा जिसमें उन्होंने विस्तार से यह स्पष्ट किया कि वे क्यों ब्रिटिश राज को अभिशाप मानते हैं। उन्होंने कहा कि यदि अंगरेजी सरकार ने उन मांगों को पूरा करने का कोई प्रयत्न नहीं किया तो वह 12 मार्च को नमक कानून का उल्लंघन करेंगे। यह तय किया गया कि पहले वे और उनके कुछ चुने हुए साथी नमक कानून तोड़ेंगे। इसके लिए गुजरात राज्य के समुद्री तट पर स्थित दांडी नामक स्थान को चुना गया। उन्होंने अपना पक्ष स्पष्ट करने के लिए गवर्नर जनरल से भेंट करने का अवसर भी चाहा। इर्विन ने भेंट से मना कर दिया।

ऐतिहासिक दांडी यात्रा (The Historic Dandi March): 12 मार्च 1930 को गांधीजी ने 79 स्वयंसेवकों के साथ साबरमती आश्रम से समुद्र तट पर स्थित दांडी के लिए यात्रा प्रारम्भ कर दी। बड़ी संख्या में अहमदाबाद के लोग जलूस के रूप में उनके पीछे चल पड़े। अहमदाबाद में इतना बड़ा जलूस इससे पूर्व कभी नहीं निकला था। करीब 200 मील की पद यात्रा 24 दिनों में पूरी करके वे 5 अप्रैल को दांडी पहुँच गए। जनता में जागृति पैदा करने और उसे आन्दोलन में प्रवृत्त करने में दांडी यात्रा ने महत्वपूर्ण भूमिका निभाई। 6 अप्रैल को प्रातः गांधीजी ने समुद्र तट से नमक एकत्र किया और इस प्रकार नमक कानून का उल्लंघन किया।

एक बार जब गांधीजी ने दांडी में नमक हाथ में लेकर इसके शुरु होने की रस्म पूरी कर दी तो नमक कानून तोड़ने का सत्याग्रह समूचे देश में शुरु हो गया। तमिलनाडु में तंजौर के समुद्री तट पर चक्रवर्ती राजगोपालाचारी ने नमक यात्रा प्रारम्भ की और 30 अप्रैल को जब उनको गिरफ्तार किया गया तो उनके शिविर में इतने अधिक लोग एकत्र हो चुके थे कि उनकी मदद से यह सत्याग्रह काफी समय तक चलता रहा। मलाबार में वैंकम सत्याग्रह के नायक ने नमक कानून तोड़ने के लिए कालीकट से पयान्नर तक की यात्रा की। सत्याग्रहियों का एक दल असम के सिलहट से बंगाल के नोआखाली समुद्र तट तक नमक बनाने के लिए पहुँचा था। आन्ध्र प्रदेश के विभिन्न जिलों में नमक सत्याग्रह के मुख्यालय के रूप में कार्य करने के उद्देश्य से सैनिक शिविरों की तर्ज पर 'शिविरम्' स्थापित किए गए थे। सत्याग्रहियों के जत्थे गाँवों से होते हुए समुद्र–तट की ओर नमक कानून को चुनौती देने के लिए बढ़ते गये थे। 14 अप्रैल को नमक कानून तोड़ने के जुर्म में जवाहरलाल नेहरु को गिरफ्तार कर लिया गया। इसके विरोध में मद्रास, कलकत्ता और करांची आदि शहरों में प्रदर्शन हुए और प्रदर्शनकारियों की विशाल भीड़ और पुलिस के बीच टकराव हुए। लोगों का उत्साह दिन–प्रतिदिन बढ़ता ही जा रहा था। कार्यक्रम क्षेत्र अथवा लोगों की दृष्टि से आंदोलन को सीमित नहीं रखा जा सका। महत्वपूर्ण बात यह थी कि अधिकांश जुलूस शांतिपूर्ण रहे।

सविनय अवज्ञा आन्दोलन के समय की एक बेमिसाल घटना पेशावर में देखने को मिलती है। यहाँ खान अब्दुल गफ्फार खान के नेतृत्व में मुसलमानों ने राष्ट्रीय आंदोलन में भाग लिया।[4] **स्थानीय कांग्रेस नेताओं की गिरफ्तारी पर जनता ने रोषपूर्ण प्रदर्शन किया। जनता के प्रदर्शन का दमन करने के लिए सैनिक बल का सहारा लिया गया। स्थिति की गंभीरता को देखते हुए 18वीं रॉयल गढ़वाल राइफल्स की दूसरी बटालियन को भेजा गया, लेकिन इसने भीड़ पर गोली चलाने से इंकार कर दिया। इसके फौरन बाद पेशावर की सारी फौज और पुलिस हटा ली गई। 25 अप्रैल से 4 मई तक शहर पर जनता का कब्जा रहा।** बाद में ब्रिटिश फौजों की मदद से पेशावर पर फिर कब्जा कर लिया गया। गढ़वाल राइफल्स के 17 आदमियों का कोर्ट मार्शल हुआ। अपने देशवासियों पर गोली न चलाकर गढ़वाल सिपाहियों ने एक शानदार मिसाल कायम की। जिसे प्रारम्भ में एक अप्रभावपूर्ण कदम समझा गया, वह एक महान आंदोलन बन गया जिसने देशभर में शासन की अवज्ञा करने की भावना व्याप्त कर दी। शराब की दुकानों का घेराव तथा बहिष्कार प्रारम्भ हुआ तथा गांधीजी ने यह कार्य महिलाओं को सौंपा। वास्तव में इस आन्दोलन की अवधि में हजारों महिलायें पर्दा त्यागकर सार्वजनिक जीवन में भाग लेने के लिए आगे बढ़ीं तथा जेल गयीं। विदेशी वस्त्रों का बहिष्कार शुरू हुआ, इससे देशी वस्त्र उद्योगों को प्रोत्साहन मिला। इसी कारण भारतीय उद्योगपति राष्ट्रीय आन्दोलन के प्रबल समर्थक बन गए तथा यह आन्दोलन आशा से अधिक सफल एवं लोकप्रिय बन गया।

सरकार का दमन चक्र (Repression by the Government): अवज्ञा आन्दोलन से ब्रिटिश नौकरशाही के मन में घबराहट हुई। उन्होंने दमनकारी कदम उठाने प्रारम्भ कर दिए। नए–नए अध्यादेश निकाले गए, गिरफ्तारियां की गई, प्रदर्शनकारियों पर पुलिस ने डंडे बरसाए, गोलियाँ चलाईं, लोगों की जायदादें जब्त कर ली गईं। सारे पश्चिमोत्तर प्रदेश, संयुक्त प्रांत तथा बम्बई प्रेसीडेन्सी, बंगाल और पंजाब के कई जिलों में 'मार्शल लॉ' लागू किया गया। सत्याग्रहियों के प्रति सरकार के इस क्रूरतापूर्ण रवैये के प्रतिक्रिया स्वरूप गांधीजी ने वाइसराय को अपने दूसरे कदम की सूचना दी उन्होंने सरकार से नमक कर उठा लेने का अनुरोध किया अन्यथा धरासणा से नमक कारखाने पर अधिकार कर लेने के इरादे की घोषणा की। इस बार सरकार ने उनके कूच को सहन नहीं किया और 5 मई को उन्हें गिरफ्तार कर लिया गया। गांधीजी कराड़ी शिविर में सोए हुए थे। सूरत के जिला मजिस्ट्रेट के आदेश से उन्हें गिरफ्तार कर लिया गया। इस आन्दोलन में प्राप्त सूचना अनुसार 60,000 से अधिक लोगों को जेल में डाला गया।

गांधीजी की गिरफ्तारी का लोगों ने जबर्दस्त विरोध किया। अधिकांश नगरों में हड़तालें हो गईं। बंबई में 50,000 मिल मजदूर काम छोड़कर बाहर सड़कों पर प्रदर्शनकारियों से आ मिले। मिल मजदूरों की हड़ताल की खबर फैलते ही रेलवे कारखानों के मजदूरों ने भी काम छोड़ दिया और हड़ताल में शामिल हो गए। दिल्ली और कलकत्ता में पुलिस के साथ टकराव हुए और गोली भी चली। लेकिन महाराष्ट्र के शोलापुर नगर में विद्रोह ने भयंकर रूप धारण कर लिया। 8 मई को यहाँ एक जुलूस और पुलिस के बीच भारी संघर्ष हुआ जिसमें कई लोग मारे गए और अनेकों घायल हुए। मजदूरों ने पुलिस को हटाकर अपना प्रशासन कायम कर लिया और शहर पर एक सप्ताह तक उनका कब्जा बना रहा। 13 मई को मार्शल लॉ लागू करके ही मजदूरों का प्रशासन समाप्त किया जा सका।

धरासणा में हुई प्रतिक्रिया बहुत उग्र थी। 21 मई को सरोजनी नायडू, इमाम साहेब और गांधीजी के पुत्र मणिलाल के नेतृत्व में 2500 स्वयंसेवकों ने इस नमक कारखाने पर धावा बोल दिया। यूनाइटेड प्रेस के अमेरिकी संवाददाता वेव मिलर ने 'न्यू फ्री मैन' में इसका आँखों देखा हाल लिखा "**संवाददाता के रूप में पिछले 18 साल में बाइस देशों से असंख्य उपद्रवों, दंगों तथा बगावतों के समाचार भेज चुका हूँ, परन्तु धरासणा में जैसे दुखदायी दृश्य देखे, वैसे मैंने कभी नहीं देखे थे। कभी–कभी दृश्य इतना अधिक कष्टदायक हो जाता था कि मुझे कुछ क्षणों के लिए अपना मुँह फेर लेना पड़ता था। सबसे आश्चर्यजनक बात स्वयंसेवकों का अनुशासन था। ऐसा मालूम पड़ता था कि उन्होंने गांधीजी के अहिंसा के सिद्धान्त को पूरी तरह आत्मसात कर लिया था।**" जैसे–जैसे सत्याग्रही आगे बढ़ते रहे पुलिस उन पर गोलियां बरसाती रही। घायल सत्याग्रहियों का स्थान लेने के लिए जत्थे फिर आगे बढ़ जाते। उनके साथ भी वही हुआ और यही क्रम आगे तक जारी रहा। रक्षा के लिए किसी ने हाथ तक नहीं उठाया। 11 बजे दोपहर तक जबकि छाया में तापमान 46° फारेनहाइट था, 320 लोग घायल हो चुके थे और दो लोग अपने प्राण गवाँ चुके थे।[5] मिलर के इस ब्यौरे में भारतीय राष्ट्रवाद की खुशबू है जिसे उसने कई देशों तक पहुंचाया था।

नमक सत्याग्रह के नए रूप को जनता ने बड़ी उत्सुकता से अपना लिया और देखते–देखते यह जन–आंदोलन में बदल गया। स्वयंसेवकों ने बडाला के नमक कारखाने पर भी बार–बार धावा बोला और वहाँ भी उसी प्रकार के दृश्य देखने में आए जैसे धरासणा में देखने में आए थे। कर्नाटक के सैनीकट्टा में भी यही दृश्य दोहराया गया। मद्रास (चेन्नई) में नमक कानून तोड़ने की वजह से जनता व पुलिस के बीच टकराव हुए। आंध्र प्रदेश में महिलाओं के जत्थे मीलों चलकर नमक कानून को चुनौती देने पहुंचे थे। बंगाल के मिदनापुर और दूसरे इलाकों में नमक सत्याग्रह काफी समय तक चलता रहा। उड़ीसा में बालासोर, पुरी और कटक जिले गैर–कानूनी तौर पर नमक निर्माण के मुख्य केन्द्र बने रहे।

1930 के दौरान आन्दोलन अनेक रूपों में शक्तिशाली हो गया था। करबन्दी, लगानबन्दी, शराबबन्दी, नमक सत्याग्रह, जंगल सत्याग्रह, गांजा–भांग और विदेशी कपड़ों की दुकानों पर धरना, सरकारी स्कूलों, कॉलेजों एवं अदालतों का बहिष्कार अर्थात् असहयोग ने कई रूप धारण किए। भारत सरकार ने इसे स्वयं स्वीकार किया कि सत्याग्रह आन्दोलन बहुत अधिक सफल रहा। कांग्रेस की गतिविधियों को जितना अधिक जनसमर्थन मिला उतना जनसमर्थन मिलने की संभावना न तो कांग्रेस के पदाधिकारियों को थी और न सरकारी अधिकारियों को। जुलाई के शुरु तक ब्रिटिश भारत का कोई ऐसा प्रांत नहीं बचा था जहां पर आन्दोलन न फैला हो। अवज्ञा आन्दोलन की विशेषताएं:

- असहयोग आन्दोलन की तुलना में इस आन्दोलन को महिलाओं का अप्रत्याशित योगदान प्राप्त हुआ। जो महिलाएँ अकेले कभी अपने घर की देहरी से बाहर नहीं निकलीं थी, वे अक्सर सवेरे से शाम तक शराब की दुकानों तथा विदेशी कपड़ों की दुकानों और नशीले पदार्थों की दुकानों के आगे धरना दिए नजर आती थीं। उस समय यह दृश्य बहुत सामान्य था। वे चुपचाप लेकिन दृढ़तापूर्वक लोगों से (ग्राहकों) आग्रह करती थी कि वे अपना दृष्टिकोण बदलें।
- बम्बई शहर व बन्दरगाह पर तीस करोड़ रुपये का विदेशी माल रुका पड़ा रहा। आयात घटकर छठा हिस्सा ही रह गया। लोगों ने पौण्ड स्टर्लिंग की प्रतिभूतियों में रूपया लगाना बहुत कम कर दिया। बम्बई में कपड़ों की 16 मीलें बन्द हो गई। जिनके मालिक अंगरेज थे। खादी का उत्पादन और बिक्री बढ़ गई। बुनकर संघ एक लाख चालीस हजार लोगों से सूत कतवाने लगा। ग्यारह हजार पाँच सौ बुनकर और एक हजार धुनिये उसके अधीन कार्य करने लगे।
- सरकारी राजस्व और जंगल की आमदनी गिरने लगी। जनता को गतिशील बनाने के लिए अनेक रूपों को इस आन्दोलन ने लोकप्रिय बनाया।
- गाँवों और कस्बों में "प्रभात फेरियाँ" नियमपूर्वक निकाली गई। इन 'प्रभात फेरियों' में महिलाएँ और बच्चे प्रातःकाल समूह के रूप में राष्ट्रगान गाते हुए गली–गली घूमते थे।
- हाथ से लिखे और सभी साइक्लोस्टाइल किए हुए समाचार–पत्र और पत्रिकाएं (जिन्हें सरकार ने गैर–कानूनी घोषित कर दिया था) घृणित प्रेस अधिनियम को तोड़ने के उद्देश्य से सम्पूर्ण देश में प्रसारित की गई।
- ग्रामीण समाज तक राष्ट्रीय सन्देश पहुँचाने के लिए 'जादुई लालटेन' प्रयुक्त की गई। नेताओं और कार्यकर्ताओं द्वारा दौरे करना और जनसभा आयोजित करना आन्दोलन का एक प्रमुख आधार बनी रही। बच्चों की 'वानर सेना' गठित की गई।

आन्दोलन के दौरान राष्ट्रीय झण्डे के सम्मान की दृष्टि से वीरता की अनेक प्रशंसनीय घटनाएँ हुईं। आंध्र प्रदेश के तटीय इलाके बुंदूर में टोटा नरसैयानायडु पुलिस की मार से बेहोश होकर गिर गए लेकिन उन्होंने राष्ट्रीय झण्डा अपने हाथ से नहीं छोड़ा। कालीकट में पी.कृष्णपिल्लै ने इसी बहादुरी का परिचय दिया। पुलिस द्वारा राष्ट्रीय झण्डा छीने जाने पर सूरत के बच्चों ने एक अनोखा उपाय सोच निकाला। उन्होंने तिरंगे की ही पोशाक सिलवाई और उसे पहनकर बड़े शान से सड़कों की गलियों में घूमते रहे। पुलिस उनके इस राष्ट्रीय झण्डे को उनसे नहीं छीन सकी।

प्रदेशों में आन्दोलन: असहयोग आन्दोलन की तरह सविनय अवज्ञा आन्दोलन देश के विभिन्न भागों में अलग–अलग स्वरूपों में विकसित हुआ। गुजरात के खेड़ा जिले में, बारदोली तहसील (सूरत जिला) में और भड़ौंच जिले के जंबूसर में कर न अदा करने का एक सबल आन्दोलन तेजी से चलाया जा रहा था। बारदोली एवं वोरमुद (गुजरात) के लोग पुलिस अत्याचार से परेशान होकर बड़ौदा रियासत में चले गये थे।

महाराष्ट्र, मध्य प्रांत और कर्नाटक में वन सत्याग्रह तेजी से सविनय अवज्ञा का सबसे विस्तृत और संघर्षशील रूप बन गए थे। कुछ स्थानों पर तो वन नियमों का उल्लंघन करने वाली भीड़ का आकार बहुत बड़ा हो जाता था। अहमदनगर के संगभनेर में 1,00,000 और नासिक के बेलगाम में 70,000 ग्रामीणों ने कानून तोड़ा। बम्बई 1930 पूरे वर्ष आन्दोलन का केन्द्र बना रहा। जमनालाल बजाज एवं एस.के. पाटिल प्रमुख गांधीवादी नेताओं में थे।

बिहार में आन्दोलन लगभग पूर्णरूपेण गाँवों में और ग्रामीण लोगों के हाथ में था। यहाँ कांग्रेस ने किसानों के बीच गांधीवादी रचनात्मक कार्य के माध्यम से एक सशक्त और सुगठित आधार बना लिया था। यहाँ आन्दोलन का मुख्य रूप था चौकीदारी कर की नाअदायगी। यहाँ चौकीदार पुलिस बल की छोटी इकाई के पूरक के रूप में काम करते थे। इन चौकीदारों से लोग बहुत घृणा करते थे क्योंकि सरकार की ओर से ये गुप्तचरी करते थे तथा जमींदारों के पालतू होते थे। सरकार ने भागलपुर के बिहपुर गाँव में कांग्रेस मुख्यालय को अपने कब्जे में कर लिया। इस कब्जे के विरुद्ध आश्रम के बाहर रोज प्रदर्शन किये गए। एक विशाल रैली का आयोजन किया गया, इसमें डॉ. राजेन्द्रप्रसाद भी शामिल हुए। इस प्रदर्शन पर पुलिस ने लाठीचार्ज किया। अन्य स्थानों की तरह यहाँ भी दमन के कारण राष्ट्रवादी गतिविधियों की शक्ति बढ़ गई और परिस्थिति ऐसी हो गई कि देहाती इलाकों में पुलिस का घुसना असंभव हो गया। 1930 के अंत और 1931 के आरम्भ तक बिहार में भी पुलिस दलों पर हमलों की श्रृंखला के साथ ही अहिंसक संयम की सीमाएं टूटने लगीं। छोटा नागपुर का आदिवासी क्षेत्र भी अशांत था।

बंगाल में सविनय अवज्ञा आन्दोलन के दौरान सबसे अधिक गिरफ्तारियाँ (लगभग 15,000) हुई और साथ ही हिंसा की सबसे अधिक घटनाएँ भी। मानसून चालू होने से बंगाल में नमक बनाने में दिक्कत आई इसलिए आन्दोलन नमक से हटकर चौकीदारी और यूनियन बोर्ड विरोधी आन्दोलन में बदल गया। जिन इलाकों में गांधीवादी प्रभाव सुस्थापित नहीं था वहाँ नेताओं के गिरफ्तार हो जाने पर ग्रामीण प्रायः पुलिस के साथ हिंसक मुठभेड़ में संलग्न हो जाते थे।

पंजाब में अमृतसर के मुख्य व्यापारिक केन्द्र में विदेशी कपड़ों की बिक्री 25 लाख रुपये से घटकर जुलाई में केवल दो लाख रुपये ही रह गई। अकालियों की पंजाब जमींदार सभा का दृष्टिकोण इस काल में अंगरेज सरकार के प्रति पर्याप्त नरम था जबकि रियासती प्रजामंडल आन्दोलन ने सविनय अवज्ञा को समर्थन देने के साथ–साथ सिक्ख किसानों में प्रचार–प्रसार किया। यहाँ भी अनेक स्थानों पर लगान की नाअदायगी और वन नियमों का उल्लंघन हुआ।

असम में सविनय अवज्ञा आंदोलन असहयोग आन्दोलन जितना सशक्त नहीं था। असम में कनिंघम सर्कुलर (इसने राजनीति में भाग लेने पर प्रतिबंध लगा दिया गया) के विरोध में छात्रों के नेतृत्व में एक शक्तिशाली आन्दोलन चलाया गया। वन नियमों के उल्लंघन का भी कार्यक्रम चलाया गया, लेकिन कांग्रेस ने औपचारिक रूप से वन सत्याग्रह को हाथ में नहीं लिया। आंध्र में मालगुजारी की वृद्धि के विरुद्ध 1927 से ही आन्दोलन हो रहा था। यहाँ व्यापारियों ने प्रसन्नतापूर्वक कांग्रेस को चंदा दिया और काश्तकारों ने सरकार के दमनकारी कदमों को चुनौती दी। कृष्णा और गुंटूर क्षेत्र में नमक सत्याग्रह आयोजित किए गए।

संयुक्त प्रांत में सविनय अवज्ञा आन्दोलन ग्रामीणों का आन्दोलन अधिक बन गया था। स्पष्ट है कि संयुक्त प्रांत में कांग्रेस संगठन निश्चित रूप से अधिक विस्तृत, सुसंगठित एवं अनुशासित था। इस क्षेत्र में आन्दोलन का रूप था 'कर न दो, लगान न दो'। अधिकांश जमींदारों के सरकार समर्थक होने के कारण यथार्थ रूप से आन्दोलन का 'लगान न दो' रूप ही महत्वपूर्ण रहा। शुरुआती दिनों में सविनय अवज्ञा आन्दोलन काफी मजबूत था, लेकिन सरकारी दमन चक्र से बाद में इसकी पकड़ कमजोर पड़ गई। अक्तूबर 1930 में करों की नाअदायगी के नारे का अनुमोदन किए जाने के बाद कांग्रेस ने संयुक्त प्रांत में इस आन्दोलन को सफल अवश्य बनाया, किन्तु अखिल भारतीय राजनीति के कारण मार्च 1931 में इसे वापस लेना पड़ा।

सविनय अवज्ञा आन्दोलन के प्रमुख राष्ट्रवादी

महात्मा गांधीः 6 अप्रैल 1930 को गांधी जी ने मुट्ठी भर नमक बनाकर कानून तोड़ा और औपचारिक रूप से सविनय अवज्ञा आन्दोलन की शुरूआत हो गई। गांधी जी चाहते थे कि इस आन्दोलन से आम लोग भागीदार बनें।

सी. राजगोपालाचारीः इन्होंने त्रिचनापल्ली से वेदारण्यम तक सविनय अवज्ञा आन्दोलन से जुड़े सत्याग्रहियों की यात्रा में शामिल होकर नेतृत्व किया किन्तु 30 अप्रैल 1930 को उन्हें गिरफ्तार कर लिया।

जवाहरलाल नेहरूः 17 अप्रैल 1930 को, नमक कानून की अवज्ञा करने के कारण गिरफ्तार कर लिया।

पी. कृष्णा पिल्लईः 17 अप्रैल 1930 को कालीकट के तट पर पुलिस द्वारा किये लाठी चार्ज की आलोचना की। इन्होंने राष्ट्रीय ध्वज को पूरे देश में फहराये जाने की अपील की।

सरोजिनी नायडूः भारतीय राष्ट्रीय कांग्रेस की प्रथम महिला अध्यक्ष थीं। धरसाणा में नमक सत्याग्रहियों का इन्होंने नेतृत्व किया था।

सूर्यसेनः सरकारी शस्त्रागार पर इन्होंने आक्रमण किया था और प्रान्तीय सरकार की स्थापना की थी। साथ ही अंगरेजी शासन के विरुद्ध विद्रोह करने की भी लोगों से अपील की थी।

चन्द्रप्रभा सैकियानीः असम के कद्दारी गांव के लोगों का सरकारी वन कानूनों के उल्लंघन करने की अपील की।

सुभाषचन्द्र बोस एवं एम.जे. सेन गुप्ताः दोनों ने मिलकर कांग्रेस के बंगाली संगठन की स्थापना की एवं सविनय अवज्ञा आन्दोलन का नेतृत्व किया। मई 1933 में गांधी जी द्वारा आन्दोलन बीच में ही स्थगित कर देने की सुभाषचन्द्र बोस ने कड़ी आलोचना की।

गांधी–इरविन समझौता (Gandhi-Irwin Pact, 1931): सरकार द्वारा क्रूर दमन और कांग्रेस को गैर कानूनी संगठन घोषित (जून 1930) करने के बावजूद जन–आन्दोलन की व्यापकता और उग्रता कम नहीं हुई। इससे सरकार घबरा गई थी। इसी बीच उदारवादी नेताओंः तेज बहादुर सप्रू और एम.आर. जयकर ने सरकार और कांग्रेस के मध्य समझौता कराने का प्रयास किया उन्हें जेल में कांग्रेस नेताओं से बात करने की अनुमति प्रदान की गई, किन्तु उनका प्रयास असफल हुआ। तदनंतर सविनय अवज्ञा आन्दोलन छः माह और चला। इधर लंदन में गोलमेज सम्मेलन की योजनाएँ आगे बढ़ती गईं और 12 नवम्बर 1930 से 19 जनवरी 1931 तक लंदन में प्रथम गोलमेज हुआ। लंदन में हो रहे विचार–विमर्श में देश का सबसे बड़ा राजनीतिक संगठन उपस्थित नहीं था अतः बिना किसी सार्थक परिणाम के ही इस सम्मेलन को अनिश्चित काल के लिए स्थगित कर दिया गया।

26 जनवरी 1931 को गांधीजी को जेल से छोड़ दिया गया। गांधीजी और वायसराय इर्विन में समझौतावार्ता प्रारम्भ हुई। पंद्रह दिन चली इस वार्ता के परिणामस्वरूप 5 मार्च 1931 को एक समझौता हुआ जिसे गांधी–इर्विन समझौता के नाम से जाना गया। इस समझौते के अनुसार दोनों पक्षों ने भारत के आगामी संविधान के विषय में संघीय प्रणाली को स्वीकार किया। प्रशासन में भारतीय उत्तरदायित्व की स्थापना स्वीकार की गई, लेकिन अल्पसंख्यकों, प्रतिरक्षा, विदेशी मामलों तथा भारतीय वित्तीय कुशलता के लिए कुछ विशिष्ट अधिकारों को अंगरेजों के हाथ में रखना भी स्वीकार कर लिया गया। कांग्रेस ने सविनय अवज्ञा आन्दोलन वापस ले लिया और वह दूसरे गोलमेज सम्मेलन में भाग लेने के लिए तैयार हो गयी। यह तय हुआ कि निषेधात्मक अध्यादेश वापस ले लिए जाऐंगे। कुछ शर्तों के साथ बहिष्कार की आजादी दी गयी। अवैध घोषित किए गए संगठनों को पुनः कार्य करने की सुविधा प्रदान की जाएगी। राजनीतिक बंदियों को रिहा कर दिया जायेगा, लेकिन जिन कैदियों पर हिंसा करने या हिंसा भड़काने का आरोप है उन्हें नहीं छोड़ा जायेगा। उनकी जब्त की हुई संपत्ति उन्हें लौटा दी जाएगी।

करांची अधिवेशन (मार्च 1931): सरकार से किसी तरह का समझौता, बिना कांग्रेस की सहमति के कार्यान्वित नहीं हो सकता था। इसलिए मार्च 1931 में वल्लभभाई पटेल की अध्यक्षता में करांची में कांग्रेस का अधिवेशन बुलाया गया। कांग्रेस ने समझौते को स्वीकृति प्रदान कर दी और गोलमेज सम्मेलन में भाग लेने के लिए गांधीजी को कांग्रेस का एकमात्र प्रतिनिधि नियुक्त किया गया।

जिन शर्तों के आधार पर यह समझौता हुआ उसको लेकर गांधीजी की आलोचना हुई। समकालिक व्यक्तियों से लेकर इतिहासकारों तक में भी इस विषय पर मतभेद और विवाद है। आलोचना के मुख्य कारण हैंः समझौते के समय हस्ताक्षर करते समय गांधीजी के इरादे, भगतसिंह और उनके साथियों की फांसी की सजा माफ करने के शर्त के रूप में न रखना। यह कहा गया कि गांधीजी भारतीय पूँजीपतियों के निहित स्वार्थ के दबाव में आकर कार्य कर रहे थे। सविनय अवज्ञा आन्दोलन एक क्रान्तिकारी मोड़ ले रहा था, इससे ये निहित स्वार्थी तत्व भयभीत थे। इस समझौते से किसानों के साथ भी न्याय नहीं हुआ क्योंकि उनकी जब्त की हुई जो जमीनें तीसरे पक्ष को बेच दी गई थीं वह उन्हें वापिस नहीं दिलाई गई थी। एक ओर जहाँ गांधीजी पूर्ण स्वराज्य के समर्थक थे वहीं दूसरी ओर उन्होंने कुछ विषयों से संबंधित अंगरेजों के विशेषाधिकारों को स्वीकार कर लिया। जवाहरलाल नेहरू इस समझौते से अप्रसन्न थे क्योंकि एक वर्ष के प्रयास के बाद

पूर्ण स्वराज्य लक्ष्य को छोड़ दिया गया।[6] गांधीजी के इस समझौते से युवा वर्ग भी बेहद असन्तुष्ट हुए क्योंकि वे भगतसिंह, राजगुरु और सुखदेव को दिए गए दण्ड में कोई कमी नहीं करवा सके।

लेकिन यह आलोचना यथार्थपरक नहीं है। कोई भी आन्दोलन जो आम जनता पर आधारित होता है वह दीर्घायु नहीं हो सकता। जनता लंबे समय तक त्याग और कष्ट सहन नहीं कर सकती। जब गांधीजी समझौते के लिए तैयार हुए तो उन्हें इस बात का अहसास था कि आन्दोलन में थकान के लक्षण दृष्टिगोचर हो रहे थे। नौजवानों और छात्रों में अभी भी आन्दोलन जारी रखने के लिए ऊर्जा बरकरार थी, लेकिन बहिष्कार कार्यक्रम को संचालित करने के लिए व्यापारी और वणिक वर्ग का सहयोग सितम्बर 1930 तक क्षीणतर होने लगा था। उन ग्रामीण क्षेत्रों में जहाँ वर्ष के प्रारम्भ में आन्दोलन जोर–शोर से शुरु हुआ था, वहाँ भी वर्ष के उत्तरार्द्ध में शिथिलता आने लगी थी। इस बात की भी कोई गारण्टी नहीं थी कि आन्दोलन की शक्ति समाप्त हो जाने पर यह देर–सवेर होना था, सरकार बातचीत के लिए तैयार हो जाती।

निसंदेह नौजवान और किसान मजदूर इस समझौते से प्रसन्न नहीं थे। लेकिन समझौते का सबसे महत्वपूर्ण पहलू यह है कि पहली बार अंगरेज सरकार ने भारतीय नेताओं के साथ समानता के स्तर पर बातचीत की। ब्रिटिश सरकार को उस संस्था के साथ एक सार्वजनिक संधि पर हस्ताक्षर करने पड़े जिसे उसने पहले एक गैर–कानूनी संगठन घोषित कर दिया था। इससे सविनय आन्दोलन की शक्ति का पता चलता है।

सविनय अवज्ञा का दूसरा दौर (Second Phase of Civil Disobedience Movement, 1932-34): अंगरेज नौकरशाही गांधी इर्विन समझौते से अत्यधिक असन्तुष्ट थी। वह इस समझौते को अंगरेजी सरकार की हार मानती थी। गांधीजी के लन्दन जाने से पूर्व ही नए गवर्नर–जनरल विलिंगडन (Willingdon) ने यह दिखा दिया कि वह गांधी–इर्विन समझौते की परवाह नहीं करता है। गांधीजी द्वितीय गोलमेज सम्मेलन से खाली हाथ लौटे। उनकी अनुपस्थिति के दौरान सरकार ने इस समझौते का खुलेआम उल्लंघन किया। सयुंक्त प्रांत, उत्तर–पश्चिम सीमान्त प्रांत और बंगाल में सरकार ने आतंक का शासन स्थापित कर दिया। जवाहरलाल नेहरु और खान अब्दुल गफ्फारखान को गिरफ्तार कर लिया गया। गांधीजी ने गवर्नर जनरल विलिंगडन से दमनकारी कार्यवाहियों का कारण जानने के लिए साक्षात्कार की कोशिश की, लेकिन विलिंगडन एक विद्रोही से वार्ता के लिए तैयार नहीं थे। वार्ता द्वारा समझौते के द्वार बन्द कर देने पर कांग्रेस कार्य समिति ने 1 जनवरी 1932 को प्रस्ताव पास किया कि 'सविनय अवज्ञा जिसमें कर बन्दी भी सम्मिलित है, पुनः जारी कर दी जाए।[7] जबाव में सरकार ने जबर्दस्त आक्रमण किया। 4 जनवरी को कांग्रेस संगठन और सम्बद्ध संगठनों को अवैध घोषित कर दिया गया। गांधीजी और प्रमुख कांग्रेसियों को गिरफ्तार कर लिया। 1932 में सरकार ने जो दमन किया वह 1930–31 के दमन से भी कहीं ज्यादा जबर्दस्त था। गिरफ्तारियों के साथ–साथ सरकार की ओर से बड़े पैमाने पर हिंसा की गई। प्रदर्शनकारियों पर लाठियाँ बरसाई गईं। गोलियां चलाई गई कैदियों को विभिन्न तरह की यातनाएं दी गई, सामुहिक जुर्माने किए गए, जमीनें–संपत्ति जब्त कर ली गईं।[8] इस बार सरकार का उद्देश्य कांग्रेस को पूरी तरह से ध्वस्त करना था। सरकारी दमन के बावजूद लोगों का उत्साह कम नहीं हुआ। बहिष्कार, धरना, करबंदी, आन्दोलन सफलतापूर्वक चलाया गया।

इस दौरान ब्रिटिश प्रधानमंत्री रेम्जे मैकडोनाल्ड ने अगस्त 1932 में सांप्रदायिक अधिनियम की घोषणा की। भारतीय दल अल्पसंख्यक संप्रदायों की संख्या आपसी समझौते से हल नहीं कर सके। इस अधिनिर्णय के अनुसार अल्पसंख्यक तथा विशेष हितों वाले संप्रदायों (मुसलमान, सिक्ख, दलित वर्ग, पिछड़े हुए क्षेत्र, भारतीय ईसाई, एंग्लो इंडियन, यूरोपियन, व्यापारिक और औद्योगिक वर्ग आदि) की संख्या काफी बढ़ा दी गई। प्रत्येक अल्पसंख्यक संप्रदाय के लिए कौंसिल में स्थान निश्चित किये गए और उसके प्रतिनिधियों के निर्वाचन के लिए भिन्न प्रणालियां अपनाई गई। यह योजना इस प्रकार बनाई गई कि वास्तविक उत्तरदायी शासन का विकास प्रांतों में भी न हो सके।

पूणे पैक्ट एवं दलित आरक्षण: जेल में रहते हुए भी गांधीजी ने इस अधिनिर्णय के हानिकारक स्वरूप को समझ लिया। उन्हें सबसे अधिक दुख दलित वर्गों के लिए सांप्रदायिक निर्वाचन प्रणाली से हुआ। उन्होंने 18 अगस्त को एक पत्र द्वारा प्रधानमंत्री मैकडोनाल्ड को सूचित किया कि यदि दलित वर्गों के लिए पृथक निर्वाचन प्रणाली को समाप्त नहीं किया गया तो वे 30 सितम्बर से आमरण अनशन करेंगे। सरकार की तरफ से संतोषजनक प्रतिक्रिया नहीं हुई। 20 अगस्त को गांधीजी ने अनशन आरम्भ कर दिया। इस पर पंडित मदन मोहन मालवीय और अन्य हिन्दू नेताओं ने डॉ. अम्बेडकर के साथ विचार–विमर्श प्रारम्भ किया। इस विचार–विमर्श के परिणामस्वरूप पूणे पैक्ट हुआ। इस पैक्ट के अनुसार दलित वर्गों

के लिए अलग मतदान समाप्त करके उनके लिए सामान्य सीटों में ही आरक्षण की व्यवस्था की गई। इसे ब्रिटिश सरकार ने भी स्वीकार कर लिया और 26 सितम्बर को गांधीजी ने अनशन समाप्त कर दिया।

पूणे समझौते के बाद गांधीजी अस्पृश्यता निवारण के लिए प्रयास करते रहे। रुढ़िवादी हिन्दुओं और स्वयं अम्बेडकर द्वारा भी पूणे समझौते का विरोध करने से गांधीजी को बड़ी तकलीफ हुई। उन्होंने एकाएक ही उपवास करने का निश्चय किया।[9] इधर गांधीजी ने यह महसूस किया कि साधारण जनता सरकार के अत्याचारों से भयभीत है और उसमें आन्दोलन के प्रति उत्साह कम होता जा रहा है। अब गांधीजी सविनय अवज्ञा आन्दोलन को समाप्त करना चाहते थे। 8 मई 1933 को उन्होंने पुनः अनशन आरम्भ किया ताकि हरिजनोद्धार के कार्य को आगे बढ़ाया जा सके। उसी दिन शाम को सरकार ने उन्हें रिहा कर दिया। रिहा होते ही गांधीजी ने अस्थाई रूप से छह सप्ताह के लिए सविनय अवज्ञा आन्दोलन को स्थगित कर दिया। गांधीजी द्वारा आन्दोलन को स्थगित किये जाने पर वैसी ही प्रतिक्रिया हुई जैसी फरवरी 1922 में हुई थी। विएना से सुभाषचन्द्र बोस और बिट्ठलभाई पटेल ने वक्तव्य दियाः "श्री गांधीजी ने सविनय अवज्ञा स्थगित करने का जो निश्चय किया है उससे स्पष्ट है कि उन्होंने विफलता स्वीकार कर ली है। हमारी स्पष्ट राय है कि राजनैतिक नेता के रूप में गांधीजी असफल हो गए हैं। अब समय आ गया है कि कांग्रेस का नए सिद्धान्तों पर और नए तरीकों से आमूल पुनर्गठन किया जाए इसके लिए नए नेता का होना आवश्यक है।"[10]

जुलाई 1933 में कांग्रेस नेतृत्व में सामूहिक अवज्ञा आन्दोलन बन्द कर उसकी जगह व्यक्तिगत सविनय अवज्ञा आन्दोलन का फैसला किया। साथ ही कांग्रेस की सारी संघर्ष समितियाँ और संगठन भंग कर दिए गए। सामूहिक सत्याग्रह की जगह व्यक्तिगत सत्याग्रह को जनता का अधिक समर्थन प्राप्त हुआ था, किन्तु इसका उद्देश्य अन्तिम रूप से आन्दोलन को समाप्त कर देना था। मई 1934 में कांग्रेस ने अपने पटना अधिवेशन में सत्याग्रह आन्दोलन को अन्तिम रूप से समाप्त कर दिया। कुछ कांग्रेसियों से बढ़ते मतभेदों के कारण गांधीजी ने 1934 को सर्दियों में कांग्रेस की सदस्यता से त्यागपत्र दे दिया। 1939–40 के संकट के वर्षों में और सन् 1942 में कांग्रेस का नेतृत्व उन्होंने पुनः अपने हाथ में ले लिया। बीच का समय उन्होंने हरिजनोद्धार और रचनात्मक कार्यों में लगाया।

प्रमुख राष्ट्रवादी नेता

श्रीमती एनी बेसेंट (Mrs. Annie Besant, 1847-1933): भारत में एनी बेसेन्ट 1893 में थियोसाफिकल सोसाइटी की सदस्या के रूप में भारत आई, वह एक आयरिश (Irish) महिला थीं। इस संस्था की बाद में वह प्रधान बन गई। भारत को उन्होंने अपनी मातृभूमि मान लिया था और हिन्दू धर्म की प्रसारक भी रहीं। हिन्दू धर्म से प्रभावित होकर ही उन्होंने गीता का अंगरेजी में अनुवाद किया था जिसे काफी प्रसिद्धि मिली। बनारस के सैन्ट्रल हिन्दू कालेज की स्थापना भी की, इसी कालेज को पण्डित मदन मोहन मालवीय ने आगे जाकर बनारस हिन्दू यूनिवर्सिटी बनाया था। स्त्री शिक्षा एवं स्वदेशी वस्तुओं की वह समर्थक थीं किंतु ब्रिटिश माल का बहिष्कार वह नहीं कर पाई।

भारत की राजनीति में 1914 में बेसेंट ने प्रवेश किया और 1916 में होम रूल (Home rule) लीग की स्थापना की और आन्दोलन का संचालन भी किया। इस कार्य में बाल गंगाधर तिलक से उन्हें सहयोग मिला। अपने अधिकारों के प्रति भारतीयों को जागरूक बनाने के लिए 'कामनवील' नामक साप्ताहिक पत्रिका का प्रकाशन शुरु किया जिसे बाद में–'दैनिक न्यू इण्डिया' के नाम से प्रकाशित किया जाने लगा। उदारवादियों एवं उग्रवादियों को उनके प्रयत्नों से 1916 में वापस मिलाया जाना संभव हुआ, जो 1907 में सूरत अधिवेशन में अलग हुए थे। होम रूल का प्रभाव 1917 में सबसे अधिक रहा, संभवतः इसी कारण माण्टेग्यू ने 1917 में अपनी प्रसिद्ध सुधार योजना की घोषणा की थी। उनके योगदान को देखते हुए 1917 में उन्हें कांग्रेस का प्रधान चुना गया। गाँधीजी द्वारा 1919 में असहयोग आन्दोलन शुरु किये जाने पर कांग्रेस से उनका मतभेद हो गया और उन्होंने कांग्रेस से त्याग पत्र दे दिया। 1933 में उनका निधन हुआ।

देशबन्धु चितरंजन दास (Chittranjan Das, 1870-1925): बंगाल के प्रसिद्ध बैरिस्टर चितरंजन दास, स्वतंत्रता संग्राम के अग्रणी नेताओं में से एक थे। अरविंद घोष को अलीपुर बम कांड में गिरफ्तार कर लिया था, घोष के मुकदमे की 1908 में पैरवी भी की और दास ने उन्हें रिहा करवाया। इस घटना से उनकी ख्याति पूरे भारत में फैल गई। अमृतसर के कांग्रेस अधिवेशन 1919 में उन्होंने एक प्रस्ताव रखा और मांउट फोर्ड सुधारों को अपर्याप्त और निराशाजनक बताया। असहयोग आन्दोलन में वे देर से शामिल हुए किंतु सदा के लिए वकालत छोड़कर अपने को राष्ट्र सेवा में लगा दिया उनके प्रभाव से बंगाल में हजारों लोगों ने इस आन्दोलन में भाग लिया।

मोतीलाल नेहरू जैसे नेताओं को साथ लेकर उन्होंने स्वराज दल की स्थापना की। बंगाल में दोहरे शासन (Dyarchy) को पूरी तरह असफल बना देने का श्रेय उन्हें ही जाता है।

भारतीय राज्यों का वे ऐसा संघ चाहते थे जिसमें समस्त इकाइयों को सांस्कृतिक स्वायत्तता (Cultural Autonomy) हो। प्रारम्भ वे औपनिवेशिक स्वराज्य के समर्थक थे किन्तु बाद में उनका लक्ष्य ब्रिटिश साम्राज्य से पूरी तरह सम्बन्ध विच्छेद करना हो गया। 16 जून 1925 को उनका निधन होने से देश को अपूरणीय क्षति हुई।

सरदार वल्लभ भाई पटेल (Sardar Vallabh Bhai Patel, 1875-1950): गुजरात के करमसद गाँव में सरदार पटेल का जन्म 31 अक्तूबर 1875 को हुआ। अपनी शिक्षा पूर्ण कर वे गुजरात के प्रसिद्ध बैरिस्टर बन गये। गांधीजी से प्रभावित होकर उन्होंने राजनीति में प्रवेश किया और 1918 में बारदौली में सरकार द्वारा लगान बढ़ाये जाने के विरुद्ध किसानों द्वारा लगान अदा न किये जाने के सत्याग्रह का नेतृत्व किया। इसी उपलक्ष में गांधीजी ने उन्हें सरदार की उपाधि प्रदान की। 1931 में वे कांग्रेस के अध्यक्ष चुने गये। 1942 में भारत छोड़ो आन्दोलन के दौरान अन्य सभी प्रमुख नेताओं की तरह उन्हें जेल जाना पड़ा। 1945 में जेल से छूटने के बाद अन्तरिम सरकार (1946 की) में उप प्रधानमंत्री नियुक्त किए गए। अंगरेजों द्वारा भारत छोड़ने के बाद देश में व्याप्त अराजकता को दूर कर एक संगठित राष्ट्र के रूप में खड़ा करने में उनकी महत्वपूर्ण भूमिका रही। स्वतंत्र भारत के प्रथम गृहमंत्री के रूप में 522 देशी रियासतों को भारतीय संघ में शामिल कर उन्होंने भारतीय इतिहास में अपना नाम स्वर्णाक्षरों में अंकित करवाया। वर्तमान भारत का राजनीतिक स्वरूप उनके प्रयासों का परिणाम है। सरदार पटेल के योगदान को युगों–युगों तक विस्मृत नहीं किया जा सकेगा।

भारत के राष्ट्रपति रामास्वामी वेंकटरमन ने 21 अक्तूबर 1990 को इन शब्दों में सरदार वल्लभ भाई सराहना की थी, "सरदार वल्लभ भाई पटेल में इस्पात की शक्ति तथा सोने की शुद्धता का मेल था। यदि नेहरू आधुनिक भारत के निर्माता थे तो सरदार पटेल को संयुक्त भारत का इंजीनियर माना जा सकता है। पंडित नेहरू उनको विश्वसनीय मंत्री मानते थे। लोगों की उनमें असीम श्रद्धा थी। इसलिए पटेल हर आने वाले समय के लिए विश्वास और चरित्र का एक स्तंभ बन गये।"

डॉ. राजेन्द्र प्रसाद (Dr. Rajendra Prasad, 03.12.1884 to 28.02.1963): चम्पारन सत्याग्रह के दौरान गांधीजी के शिष्य बने डॉ. राजेन्द्र प्रसाद की गणना उन राष्ट्रवादियों में की जाती है जिन्होंने देश के लिए सर्वस्व न्यौछावर कर दिया था। 1920 में वकालत छोड़कर असहयोग आन्दोलन से जुड़ गये। दिसम्बर 1946 में संविधान सभा का अध्यक्ष बनाया गया था उनकी अध्यक्षता में संविधान बना। 26 जनवरी 1950 में जब संविधान प्रभावी हुआ भारत के प्रथम राष्ट्रपति चुने गये। डॉ. प्रसाद त्यागी एवं न केवल महान देश भक्त थे अपितु कुशल राजनीतिज्ञ एवं विद्वान थे। उनकी पुस्तक विभाजित भारत (Divided India) को बहुत प्रसिद्धि मिली। 12 मई 1962 में राष्ट्रपति पद से सेवा निवृत होने के बाद उन्होंने अपना जीवन राष्ट्र सेवा में समर्पित कर दिया। 21 अक्तूबर 1962 को उन्होंने सदाकत आश्रम पटना में, चीन द्वारा किये गये हमले पर प्रतिक्रिया व्यक्त करते हुए कहा था, "देश की सीमा पर काले बादल मंडरा रहे हैं। भारत को नौजवानों की जरूरत है जो उसकी आजादी की रक्षा कर सकें। मुझे पूरा विश्वास है कि देशवासी देश की आजादी की रक्षा करेंगे, चाहे उसकी कोई कीमत क्यों न चुकानी पड़े।" उनका निधन 28 फरवरी 1963 को हुआ।

खान अब्दुल गफ्फार खान (Khan Abdul Gaffar Khan): पेशावर जिले के उत्मनजाई ग्राम में 'बादशाह खान' का जन्म हुआ था। भारतीय स्वतंत्रता आन्दोलन के सक्रिय सदस्य होने के नाते अपने जीवन के 14 वर्ष उन्हें ब्रिटिश शासकों की जेल में गुजारने पड़े। वे गांधीजी के अनुयायी एवं अहिंसा के समर्थक थे, उनके प्रभाव से बड़ी संख्या में पठान अहिंसात्मक आन्दोलन से जुड़ गये। 1920 से 1947 तक आजादी के लिए उन्होंने निरन्तर संघर्ष किया। कांग्रेस कार्य समिति (Congress Working Committee) के भी सदस्य रहे। 1919 में रालेट एक्ट के विरुद्ध उत्तर पश्चिमी सीमा प्रान्त में, बादशाह खान ने नेतृत्व किया। 1930 में महात्मा गांधी द्वारा चलाये गये अवज्ञा आन्दोलन (Civil Disobedience Movement) में समर्पित होकर भाग लिया। ब्रिटिश सरकार ने उन्हें गुजरात जेल में डाल दिया। गांधी इरविन समझौते के बाद उन्हें भी रिहा कर दिया गया था उस दौरान उन्होंने सरकार को लगान न देने का अभियान चलाया। 1942 में भारत छोड़ो आन्दोलन में उनकी महत्वपूर्ण भूमिका रही। 1946 के आम चुनावों में उनके प्रभाव से ही उत्तर पश्चिमी सीमा प्रान्त में कांग्रेस विजयी हुई और उनके बड़े भाई डाक्टर खान का मन्त्रिमण्डल बना। मौलाना अब्दुल कलाम की तरह अब्दुल गफ्फार खान पाकिस्तान के समर्थक नहीं थे। दुखी मन से ही उन्होंने देश का बंटवारा स्वीकार किया था। 3 जून 1947 को स्वीकृति मिलने पर महात्मा गांधी ने दुखी मन से बादशाह खान को दिल्ली से विदा किया था।

14 अगस्त 1987 को भारत रत्न की सर्वोच्च उपाधि से उन्हें विभुषित किया था, यह सम्मान उनके पुत्र खान अब्दुल वली खान ने ग्रहण किया क्योंकि वे बेहोश थे। 20 जनवरी 1988 को बादशाह खान का निधन हुआ।

मूल्यांकन

इस आन्दोलन में जनता की भागीदारी 1920–22 के आन्दोलन से कहीं अधिक व्यापक थी। किसानों ने बड़ी संख्या में इस आन्दोलन में हिस्सा लिया। कुछ क्षेत्रों में तो सविनय अवज्ञा आन्दोलन ग्रामीण किसानों का ही आन्दोलन था। गांधीजी के आह्वान पर किसानों ने बड़ी संख्या में सविनय अवज्ञा में भाग लिया क्योंकि उन्हें यह आशा थी कि इससे उनकी स्थिति में सुधार होगा। इस आन्दोलन में जहाँ बड़े पूंजीपतियों, व्यापारियों, शहरी निम्न मध्यवर्ग के लोगों तथा ग्रामीण किसानों और जनजातियों ने भाग लिया वहीं साम्यवादी दल के नेतृत्व में संगठित मजदूर वर्ग की सहभागिता नगण्य थी। यद्यपि मई में गांधीजी की गिरफ्तारी पर शोलापुर के मजदूरों ने तीव्र विरोध प्रदर्शन किया था और बम्बई तथा अन्य केन्द्रों के मजदूरों ने भी इस आन्दोलन में हिस्सा लिया था। मजदूरों की तरह ही मुसलमानों ने भी सविनय अवज्ञा आन्दोलन में सक्रिय भूमिका नहीं निभाई। सांप्रदायिक नेताओं और संगठनों ने मुसलमानों को सविनय अवज्ञा आन्दोलन से अलग रहने को कहा था। ब्रिटिश सरकार ने राष्ट्रवादी ताकतों को कमजोर करने के उद्देश्य से सांप्रदायिक तत्वों को बढ़ावा दिया। इन बातों का आन्दोलन पर प्रभाव पड़ा था। लेकिन मुसलमानों की भागीदारी सर्वथा महत्वहीन नहीं थी। पश्चिमोत्तर सीमा प्रान्त एवं बंगाल और बिहार के मुसलमान सविनय अवज्ञा में सक्रिय थे। समाज के अधिकांश तबके के लोगों ने इसमें भाग लिया, कष्ट सहा, लेकिन उद्देश्य से विचलित नहीं हुए। जेल जाने वालों की अनुमानित संख्या 90,000 के आस–पास थी। इस आन्दोलन में जहाँ तमिलनाडु और पंजाब के शहरी व्यवसायी वर्ग और छात्र सक्रिय थे वहीं गुजरात, संयुक्त प्रांत, बंगाल, बिहार और आंध्र प्रदेश में कृषक अग्रिम पंक्ति में थे। मध्यभारत, महाराष्ट्र, कर्नाटक और बंगाल की जनजातियों की इस आन्दोलन में महत्वपूर्ण भूमिका रही। वस्तुतः इस आन्दोलन को आम जनता का जो समर्थन प्राप्त हुआ वह विलक्षण था और इसकी झलक जेल जाने वालों की संख्या से मिलती है।

सविनय अवज्ञा आन्दोलन में घोषित उद्देश्यों की प्राप्ति तुरन्त नहीं हुई। आन्दोलन का प्रारम्भ गांधीजी की समुद्र तट की यात्रा से हुआ और शीघ्र ही पूरे देश में आग की तरह फैल गया। एक छोटे से कानून को सांकेतिक रूप से तोड़ने का कार्य व्यापक पैमाने पर सविनय अवज्ञा के रूप में एक आक्रामक आन्दोलन बन गया। सरकार ने आन्दोलन को ऐसा युद्ध माना जिसका उद्देश्य भारत से ब्रिटिश साम्राज्य को समाप्त करना था। इसलिए सरकार ने पूरी शक्ति से इसका दमन किया। अल्पकालिक दृष्टि से यह आन्दोलन असफल रहा। सरकार आन्दोलन को कुचलने में सफल रही। लेकिन दीर्घकालिक प्रभाव की दृष्टि से आन्दोलन के परिणाम सुस्पष्ट हैं। ब्रिटिश सरकार की नीतियों को भारतीयों ने अपने आत्मसम्मान पर आघात माना। प्रतिक्रियास्वरूप उनके चरित्र ओर दृष्टिकोण में स्थायी परिवर्तन हो गया।[11] इसने जनता के एक बड़े भाग में राजनीतिक रूप से झुकाव पैदा किया। वे अपने नेता की आज्ञा स्वेच्छा से मानने को तैयार थे जबकि विदेशी शासकों की आज्ञा को अनिच्छा से भी मानने को तैयार नहीं थे। इस प्रकार उन्होंने स्वशासन का औचित्य सिद्ध कर दिया।

इसने ब्रिटेन को आर्थिक दृष्टि से भी प्रभावित किया। ब्रिटेन से आयातित कपड़ों की मात्रा गिरकर एक तिहाई रह गई। अन्य आयातित वस्तुओं का भी यही हाल था। शराब तथा भू–राजस्व से होने वाली सरकार की आमदनी बुरी तरह प्रभावित हुई। विधानसभाओं के चुनावों का बहिष्कार अत्यन्त प्रभावशाली तरीके से किया गया था।

सामाजिक समानता की भावना को सिद्धान्त रूप में प्रेरित करने में आन्दोलन बहुत सहायक हुआ। अस्पृश्यता निवारण और हरिजनोद्धार की दिशा में इस आन्दोलन ने सशक्त प्रयासों को जन्म दिया। भारतीय महिलाओं के लिए यह आन्दोलन पूर्व के आन्दोलन की तुलना में कहीं अधिक महत्वपूर्ण था। महिलाओं में जागृति आई और उन्होंने सविनय अवज्ञा में उल्लेखनीय कार्य किया।

निष्कर्षतः कहा जा सकता है कि इस आन्दोलन को जनता का व्यापक समर्थन प्राप्त था। तात्कालिक रूप में उद्देश्य प्राप्ति में विफल रहने पर भी इस आन्दोलन ने भारत की काया ही पलट दी। इसने जनता में निर्भयता, राष्ट्रीय आत्मसम्मान, स्वावलम्बन और त्याग की भावना को जन्म दिया। 1930–34 के आन्दोलन से सबक लेकर भारतीय संघर्ष के अगले दौर की तैयारी में जुट गए जब उन्हें आजादी हासिल होने वाली थी।

संदर्भ

1. *यंग इण्डिया,* सितम्बर 1929
2. भटनागर, राजेन्द्र मोहन, *भारतीय कांग्रेस का इतिहास,* पृ. 205
3. सरकार, सुमित, वही, पृ. 325
4. उत्तर पश्चिम सीमा प्रांत में खान अब्दुल गफ्फार खान के नेतृत्व में खुदाई खिदमतगार नामकी संस्था का गठन किया गया था। इन्हें 'लाल–कुर्ती' के नाम से भी जाना जाता है। इस संस्था ने पठानों की राष्ट्रीय एकता का नारा बुलन्द किया और ब्रिटिश उपनिवेशवादियों के खिलाफ आंदोलन संगठित किया।
5. ताराचंद, वही, जि. 4, पृ. 122
6. नेहरू, जवाहरलाल, वही, पृ. 259
7. सीतारमैय्या, वही, जि. 1, पृ. 866–69
8. ताराचंद, वही पृ. 173
9. वही, पृ. 179
10. सीतारमैय्या, वही, पृ. 942
11. ताराचंद, वही, पृ. 190

❋❋❋

33
राष्ट्रवाद एवं श्रमिक वर्ग आन्दोलन
(Nationalism and Working Class Movement)

अंगरेजी शासन काल में आधुनिक उद्योग धंधों, यातायात के आधुनिक साधनों और बागानों की स्थापना हुई, परिणामस्वरूप आधुनिक मजदूर (या कामगार) वर्ग का जन्म हुआ। जैसे–जैसे बागानों, आधुनिक कल कारखानों, खनिज उद्योगों, आवागमन के साधनों आदि में वृद्धि हुई, वैसे–वैसे इस वर्ग की संख्या में भी वृद्धि हुई। भारतीय सर्वहारा वर्ग मुख्यतः उन किसानों और हस्तशिल्पकारों से निर्मित हुआ जो दरिद्र हो गए थे और अब मजदूरी कमाने लगे थे।[1]

प्रारम्भ में आधुनिक उद्योगों में मजदूर वर्ग अर्द्धनग्न स्थिति में कार्य करते थे। 15 से 16 घण्टे तक काम करने के बावजूद उन्हें बहुत कम वेतन दिया जाता था और महिला तथा बाल मजदूर पीटे भी जाते थे। आसाम घाटी के चाय बागानों में बसे मर्द मजदूरों की औसत मासिक आमदनी कुल 7 रुपया 3 आना थी, औरतों और बच्चों को क्रमशः 5 रुपये 14 आने और 4 रूपये 4 आने थी।[2] 1921 में श्री फिडले शिराज ने बम्बई मजदूरों के मासिक आय–व्यय की जाँच के बाद बताया था कि औद्योगिक मजदूर उतना ही अनाज खाता है जितना अकाल संहिता के अन्तर्गत सरकार अकाल पीड़ितों को देती है, लेकिन बम्बई की जेल संहिता के अन्तर्गत कैदियों को जितना भोजन दिया जाता है, मजदूरों को उससे कम ही अनाज मिलता है।[3] हिव्टले कमीशन ने अनुमान लगाया था कि अधिकांश औद्योगिक केन्द्रों में कम से कम दो तिहाई मजदूर या उनके परिवार ऐसे हैं जो कर्ज से लदे हुए हैं और इनमें से अधिकांश मजदूरों का कर्ज उनकी तीन महीने की तनख्वाह से ज्यादा है। मद्रास की रिपोर्ट से पता चला कि संगठित उद्योगों के 90 प्रतिशत मजदूरों पर कर्ज का बोझ था और औसतन प्रत्येक का कर्ज छः महीने की तनख्वाह से ज्यादा था।[4]

1928 में ब्रिटिश ट्रेड यूनियन कांग्रेस के प्रतिनिधि मण्डल ने भारत की यात्रा के दौरान मजदूरों के आवासों को भी देखा एवं अपनी रिपोर्ट प्रस्तुत कीः "हमने मजदूरों के क्वाटरों को देखा और यदि हमने यह सब नहीं देखा होता तो हमें यह यकीन नहीं होता कि ऐसी गंदी (Unhygienic) जगह भी हैं, रहने के मकान में कोई खिड़की नहीं है, केवल दरवाजे के ऊपर छत को तोड़कर एक सुराख बनाया गया है जिससे रोशनी और हवा आ सकती है। इन कोठरियों के बाहर एक लम्बी संकरी नाली है जिसमें हर तरह का कूड़ा कचरा डाला जाता है और जिस पर ढेर सारी मक्खियाँ भिनभिनाती रहती हैं। गलियों को लोग खासतौर पर बच्चे शौचालय के रूप में इस्तेमाल करते हैं।"[5]

कारखानों में काम करने के समय की कोई सीमा निश्चित नहीं थी। बिपिनचन्द्र लिखते हैं कि प्रारम्भ में एक औसतन बारहमासी कारखाने में शीत ऋतु में दिनभर अर्थात् साढ़े ग्यारह घण्टे प्रतिदिन अथवा साढ़े अस्सी घण्टे प्रति सप्ताह काम होता था और ग्रीष्म ऋतु में 14 घण्टे प्रतिदिन अथवा 98 घण्टे प्रति सप्ताह काम चलता था। लगभग 1887 के बाद जब कारखानों में बिजली की रोशनी प्रचलित हो गई तो बेचारे कारीगरों के प्रतिदिन काम के घण्टे बढ़कर विभिन्न इलाकों में साढ़े बारह से सोलह घण्टे के बीच हो गए। वे बेचारे कभी कभी मशीनों से हटते ही कारखानों के दरवाजे से बाहर निकल पाने से पहले ही फर्श पर गहरी नींद सो जाते थे।[6]

भविष्य निधि और पेंशन की कोई व्यवस्था नहीं थी। वृद्ध होने पर श्रमिकों को काम से हाथ धोना पड़ता था। अतः उन्हें बुढ़ापे में अपने भरण–पोषण (जीवन निर्वाह) के लिए बच्चों पर निर्भर रहना पड़ता था। इस सम्बन्ध में रजनीपाम दत्त लिखते हैः आधुनिक अर्थों में जिसे सामाजिक कानून कहते हैं, उसका पूरी तरह अभाव है। मजदूरों के स्वास्थ्य का बीमा नहीं होता, बीमारी के समय चिकित्सा की उन्हें कोई सुविधा नहीं मिलती, बुढ़ापे के दिनों का कोई इंतजाम नहीं है। उनके लिए शिक्षा का भी कोई प्रबंध नहीं है। मजदूर बस्तियों में जन स्वास्थ्य, सड़कों की सफाई, पानी की सप्लाई, बिजली आदि की बुनियादी जरूरतें भी नहीं पूरी की जाती.... इन बदबूदार गंदी बस्तियों में रहने वाले लोगों को तरह–तरह की बीमारियाँ हो जाती हैं ओर वे जल्दी मौत के शिकार होते हैं और इनके मालिकों को प्रतिवर्ष 30 से 40 प्रतिशत का नियमित फायदा है। सरकारी अधिकारी भी इन गंदी बस्तियों की ओर से आँखें मूँदे रहते हैं।[7]

इन विपरीत परिस्थितियों में सैकड़ों कामगार प्रतिदिन इकट्ठे काम करते एवं प्रतिदिन मिलते थे। उन्हें संगठित करके एवं अपने अधिकारों के प्रति जागरूक करने के लिए बुद्धिजीवी आगे आये और ट्रेड यूनियनों में संगठित किया। जवाहरलाल नेहरू ने अपनी जीवनी में लिखा है: ट्रेड यूनियन आन्दोलन हिन्दुस्तान में अभी अपनी जवानी की तरफ बढ़ रहा था। वह कमजोर था और जो लोग उसे चला रहे थे उनमें से ज्यादातर खुद मजदूर नहीं थे। ऐसी हालातों में हमेशा बाहरवालों में यह प्रवृत्ति होती है कि मजदूरों को इस्तेमाल करके अपना मतलब गाँठें। हिन्दुस्तान की ट्रेड यूनियन कांग्रेस में और मजदूर संघों में यह प्रवृत्ति साफ–साफ दिखाई देती है।[8]

कामगार संगठन (Workers Organisations): श्रमिकों की दयनीय स्थिति देखकर उनके काम करने की परिस्थितियों में सुधार लाने के लिए कुछ लोग आगे आए। सबसे पहले एन.एम. लोखण्डे ने (जो ज्योति बा फूले के सहयोगी रहे थे) 'दीन बन्धु' नामक साप्ताहिक पत्रिका प्रारम्भ की तथा 1890 में बम्बई मिल हैंड्स एसोसिएशन की स्थापना की। रजनीपाम दत्त लोखण्डे द्वारा गठित संघ को मजदूर संगठन नहीं मानते, उन्होंने लिखा है–यह बात स्पष्ट कर दी जानी चाहिए कि हालांकि श्री एन.एम. लोखण्डे, जिन्होंने पिछले फैक्टरी आयोग में काम किया था, खुद को बम्बई का मजदूर एसोसिएशन का अध्यक्ष बताते थे, लेकिन इस एसोसिएशन का कोई संगठित अस्तित्व न था। इसका एक भी सदस्य नहीं था। न ही कोई इसका अपना कोष था और न कोई कायदा कानून था। लोखंडे साहब ऐसे परोपकारी व्यक्ति थे जो मजदूरों की भलाई चाहते थे और इस कोशिश में रहते थे कि मजदूरों के हित में कानून बनवाए जाएं। वह मजदूरों के संगठन या मजदूरों के संघर्ष के अग्रदूत नहीं थे।[9]

मजदूर वर्ग में संगठन की भावना का विकास तुलनात्मक दृष्टि से शीघ्र हुआ। ए.आर. देसाई ने हमारा ध्यान आकृष्ट करते हुए इससे सम्बद्ध अनेक तथ्यों का उल्लेख किया है। सर्वप्रथम सर्वहारा सम्पत्तिहीन होने के कारण किसान से अधिक लड़ाकू होता है। किसान के पास थोड़ी ही सही जमीन तो होती है जिससे उसका लगाव हो जाता है और वह विद्रोह से हिचकता है। दूसरे कारखानों और मिलों में एवं अन्य औद्योगिक केन्द्रों में मजदूर बहुत बड़ी तादाद में एक साथ रहते हैं। इसके कारण किसानों की अपेक्षा मजदूरों का संगठित होना आसान होता है।..... मजदूर आधुनिक शक्ति चालित यंत्रों से काम लेते हैं और अपने श्रम की सिद्धि के लिए वे प्रकृति की स्वेच्छाचारी शक्तियों पर निर्भर नहीं हैं। इसलिए जहाँ किसान के मन में आत्म संशय और पराजय घर किए हैं, वहाँ मजदूर इसके विपरीत आत्म विश्वासी, तर्कशील और साफ सोचने वाला होता है। श्रम की जिस प्रक्रिया में मजदूर लगे हैं वहाँ जटिल और व्यापक श्रम विभाजन लागू है। रोज–रोज आपस में एक साथ मिलकर काम करने की जरूरत के चलते धीरे–धीरे मजदूरों में सामुहिक भाव ओर सहयोग की योग्यता आ जाती है। यही कारण है कि मजदूर संगठन तेजी से उत्पन्न होते हैं और किसान संगठन और किसान आन्दोलनों की तुलना में मजदूरों की हड़तालें और सामूहिक संघर्ष अधिक जल्दी–जल्दी होते हैं। मजदूर वर्ग मिलों, कारखानों, रेलवे, बसों को चलाता है, गैस और बिजली जैसे शक्ति स्त्रोतों का सृजन करता है.... आधुनिक समाज के संचालन के लिए ये कार्य सामाजिक और आर्थिक दृष्टियों से अत्यन्त महत्व के हैं। इसके कारण अपनी सांख्यिक शक्ति की तुलना में आधुनिक मजदूर वर्ग का विशिष्ट सामाजिक बल बहुत अधिक है।[10] प्रारम्भिक राष्ट्रवादियों का श्रमिक वर्ग के उत्थान के विषय में कई कारणों से रूख स्पष्ट रहा:

- मजदूरों के सवाल पर प्रारम्भिक राष्ट्रवादी नेताओं का रुख काफी ढीला ढाला था। भारतीय राष्ट्रीय कांग्रेस के दूसरे ही अधिवेशन (1886) में दादाभाई नौरोजी ने यह बात स्पष्ट कर दी थी कि कांग्रेस को उन सवालों तक ही सीमित रखना चाहिए जिनमें पूरे राष्ट्र की भागीदारी हो तथा सामाजिक सुधारों और विभिन्न वर्गों के पारस्परिक समायोजन का कार्य कांग्रेस की उपसमितियों के हवाले कर देना चाहिए।[11] इसके अतिरिक्त कांग्रेस का एक हिस्सा तो मजदूर संघ के पुराने लोगों का था जो राजनीति में माडरेट था और सचमुच इस बात को सन्देह की दृष्टि से देखता था कि उद्योग धन्धों के मजदूरों और मिल मालिकों के झगड़ों में राजनीति को मिलाया जाय। उनका विश्वास था कि मजदूरों को अपनी शिकायतें दूर कराने से आगे नहीं जाना चाहिए.... इन लोगों का उद्देश्य यह था कि धीरे–धीरे मजदूरों की हालत को सुधारा जाए।[12]
- अधिकांश राष्ट्रीय अखबारों ने काम की स्थितियों के बारे में सरकार द्वारा कानून बनाने की आवश्यकता को अस्वीकार किया और 1881 तथा 1891 के फैक्ट्री अधिनियम का सक्रिय होकर विरोध किया।

- इसी तरह भारतीय सूती कपड़ा मिलों में होने वाली हड़तालों को आमतौर पर समर्थन नहीं मिला।[13] ब्रिटिश उत्पाद को भारतीय उत्पादकों की प्रतिस्पर्द्धा का सामना करना पड़ रहा था, इसलिए अंगरेज उद्योगपतियों ने ही भारत में फैक्ट्री अधिनियम बनाने के लिए सरकार पर दबाव डाला। इस अधिनियम से श्रमिकों के काम के घण्टे कम होने से भारतीय उत्पादकों की बाजार में पहले बढ़ी हुई प्रतिस्पर्द्धा की ताकत कम हो जाती।[14]
- उस समय के राष्ट्रवादी नेता तीव्र उद्योगीकरण को देश की गरीबी और अधोगति के लिए एकमात्र औषधि मानते थे और ऐसा कोई कदम नहीं उठाना चाहते थे जिसमें उद्योगीकरण की प्रक्रिया में खलल पड़े।[15]

यह भी देखा गया कि ब्रिटिश मालिकों के उद्योगों में काम करने वालू मजदूरों का जब सवाल आया तो राष्ट्रवादी नेताओं ने मजदूरों को समर्थन देने में कोई हिचक नहीं की।

इसका प्रभाव यह हुआ कि मजदूर वर्ग की पहली संगठित हड़ताल ब्रिटिश स्वामित्व और प्रबंध में संचालित रेलों में हुई। 1899 में ग्रेट इण्डिया पेनिन्सुलार (जी.आई.पी.) रेलवे में सिगनल पर काम करने वाले मजदूरों की हड़ताल ने रेलवे को बुरी तरह प्रभावित किया। मई के प्रथम सप्ताह में 800 सिगनल कर्मचारियों ने पहली बार एक सुनियोजित हड़ताल की। 'मराठा' और 'केसरी' जिसका सम्पादन बालगंगाधर तिलक करते थे, ने इस हड़ताल के समर्थन में महीनों अभियान चलाया। बम्बई (मुम्बई) में फिरोजशाह मेहता एवं डी.ई. वाचा ने तथा बंगाल में सुरेन्द्रनाथ टैगोर एवं मासिक भारत की सम्पादिका सुश्री घोषाल ने हड़ताली मजदूरों की मदद के लिये धन इकट्ठा किया और नागपुर, अहमदाबाद, अमरावती आदि में हड़ताल के समर्थन में सार्वजनिक सभाएं आयोजित की गई एवं उनकी सहायता के लिये कोष बनाया। नौकरी से निकाले गए लोगों को अन्य प्रतिष्ठानों में लगाये जाने के प्रयास किये गये। बिपिनचन्द्र लिखते हैंः भारतीय नेताओं के उग्र रूप से हड़ताल समर्थक दृष्टिकोण को समझने की कुंजी संक्षेपतः उनके राष्ट्रवाद में निहित है। हड़ताली सिगनलर भारतीय थे और नियोक्ता शोषक विदेशी था। यह तथ्य ही आन्दोलन का समर्थन करने के लिए पर्याप्त था।[16]

नया दृष्टिकोण (New Concept): बीसवीं सदी के प्रारम्भ होते–होते मजदूर वर्ग के संगठन में विकास के साथ राष्ट्रवादी बुद्धिजीवियों में एक नई प्रवृति का आविर्भाव होता हुआ देखते हैं। उदाहरण के रूप में विपिनचन्द्र पाल और जी. सुब्रहमण्य अय्यर ने कमजोर वर्गों और मजदूर वर्ग के हितों की शक्तिशाली पूंजीपतियों से रक्षा के लिए कानून बनाने की आवश्यकता पर बल दिया। 1903 में जी. सुब्रह्मण्य अय्यर ने इस बात पर जोर दिया कि 'मजदूरों का आपस में संगठित होना अपने हितों की रक्षा के लिए आवश्यक हो गया है। मजदूरों को अपने अधिकारों के लिए संगठित होकर संघर्ष करना चाहिए।' वस्त्र उद्योग से सम्बन्धित डी.ई. वाचा ने 'बम्बई मिल आनर्स एसोसिएशन' की बैठक में वस्त्र उत्पादन के व्यय में कमी लाये जाने का एक उपाय कार्मिकों के स्वास्थ्य ओर स्वच्छता में सुधार करना बताया। उनके विचार से काम की लम्बी अवधि, कम वेतन एवं महँगी खाद्य सामग्री ने औद्योगिक विकास को अवरुद्ध किया है। दूसरी ओर कार्य की कम अवधि, अच्छे वेतन, सस्ते खाद्य एवं आवास सुविधा के अच्छे परिणाम आये हैं तथा विकास की गति तीव्र हुई है। उन्होंने 1905 में अपनी बात को पुनः दोहराया और दस घंटों के कार्य दिवस को उचित ठहराया।

कामगार एवं स्वदेशी आन्दोलनः स्वदेशी आन्दोलन का दौर (1903 से 1908) श्रमिक आन्दोलन के इतिहास में एक मील का पत्थर साबित हुआ। इन दिनों हड़तालों की संख्या बहुत तेजी से बढ़ी। कपड़ा मिलों (बम्बई क्षेत्र), रेलवे एवं कलकत्ता की गवर्नमेंट प्रेस में गंभीर हड़तालें हुईं। 1908 में राष्ट्रवादी नेता बालगंगाधर तिलक की गिरफ्तारी के विरोध में बम्बई के सूती मिलों के मजदूरों ने हड़ताल की जो लगभग 6 दिन चली। मजदूरों की इस हड़ताल के समर्थन में आयोजित जनसभाओं को चितरंजनदास, लियाकत हुसैन एवं बिपिनचन्द्रपाल जैसे राष्ट्रवादी नेताओं ने सम्बोधित किया।

स्वदेशी आन्दोलन के समर्थक प्रेमतोष बोस, अश्विनी कुमारदत्त एवं अपूर्व कुमार घोष आदि नेताओं ने श्रमिक संगठनों हेतु कार्य करने का निश्चय किया। स्वदेशी आन्दोलन के दौर में आर्थिक मांगों को लेकर किये गये मजदूर आन्दोलनों की विशेषता उनके आन्दोलनों के साथ व्यापक राजनीतिक सवालों का जुड़ा होना था। इसके अतिरिक्त श्वेतों के नियन्त्रण वाले उद्यमों में (जिनकी अधिकांश इकाईयाँ बंगाल में स्थित थी) अन्य सभी कारणों के साथ कीमतों में वृद्धि और नस्ली अपमान का मुद्दा बना लिया गया।[17] विदेशी स्वामित्व वाली मिल में हड़ताल करवाने के प्रयास में जब फरवरी मार्च 1908 में सुब्रह्मण्य शिव को गिरफ्तार किया गया तो तमिलनाडु के तूतीकोरिन एवं तिन्नेवेली में व्यापक रूप से दंगे हुए एवं हड़तालें हुईं। इसी प्रकार पंजाब में रावलपिण्डी में हथियार गोदाम एवं रेलवे के इंजीनियरिंग विभाग के मजदूरों ने हड़ताल की। कहा जा सकता है कि प्रथम विश्व युद्ध से पूर्व ट्रेड यूनियन आन्दोलन यदा–कदा होता रहा। वस्तुतः अभी तक मजदूरों का ठोस

संगठन बनना संभव नहीं हो सका था इसका कारण यह नहीं था कि मजदूरों में चेतना का अभाव या जुझारुपन की कमी थी प्रत्युत इसका कारण यह था कि भारत में मजदूर बेहद गरीब और निरक्षर थे एवं उनके पास साधनों का अभाव था।[18]

प्रथम विश्वयुद्ध के बाद कामगार वर्ग

ट्रेड यूनियनों की स्थापनाः राजनीतिक एवं आर्थिक दृष्टि से प्रथम विश्वयुद्ध के बाद भारत में महत्वपूर्ण परिवर्तन आए जिनसे ट्रेड यूनियनों का प्रभावित होना स्वाभाविक था। अप्रैल 1918 में एनीबेसेंट के निकट सहयोगी बी.पी. वाडिया ने 'मद्रास लेबर यूनियन' की स्थापना की। यह भारत में ट्रेड यूनियन स्थापना का पहला व्यवस्थित प्रयास था। इसके काफी सदस्य थे एवं नियमित चन्दा लिया जाता था। 1918 में ही गांधीजी (मोहनदास करमचंद) ने सूती कपड़ा उद्योग में श्रमिकों की हड़ताल का नेतृत्व किया। गांधीजी ने लिखा "उनकी मजदूरी कम थी और इसमें वृद्धि के लिए श्रमिक बहुत समय से संघर्ष कर रहे थे।[19] उन्होंने यूनियन भी बनाई जो 'टेक्सटाइल लेबर एसोसिएशन' के रूप में विकसित हुई। इस एसोसिएशन ने 1947 में भारतीय राष्ट्रीय ट्रेड यूनियन कांग्रेस (आई.एन.टी.यू.सी. या इन्टक) की सदस्यता ही ग्रहण नहीं की प्रत्युत यह उसका मूल आधार भी साबित हुई। गांधीजी द्वारा संचालित मजदूरों की हड़ताल 21 दिन तक चली। मिल मालिकों को अनुरोध किया गया कि 'वे इस मामले को मध्यस्थता के लिए भेज दें, लेकिन वे इसके लिए सहमत नहीं हुए'। अन्ततः गांधीजी ने मजूर महाजन संघ की स्थापना की, इसका उद्देश्य श्रमिकों और उनके मालिकों के बीच शान्तिपूर्ण सम्बन्धों की स्थापना एवं समाजसेवा थी।

हड़ताल के अधिकार से मजदूरों का परिचयः प्रथम महायुद्ध के बाद मजदूरों द्वारा की जाने वाली हड़तालों का उल्लेख व्हीटले कमीशन ने अपनी रिपोर्ट में किया हैः 1918–19 की सर्दियों के पहले भारतीय उद्योग में शायद ही कभी हड़ताल हुई..... संगठन और नेतृत्व के अभाव में और जीवन के प्रति निष्क्रिय दृष्टिकोण के कारण औद्योगिक मजदूरों में अधिकांश का विचार था कि वापस गाँव चले जाना औद्योगिक जीवन की कठिनाईयों का एकमात्र विकल्प है। युद्ध के बाद उस स्थिति में शीघ्र परिवर्तन हुए। 1918–1919 के जाड़े में कुछ महत्वपूर्ण हड़तालें हुईं; दूसरे साल के जाड़े में हड़तालों की संख्या और बढ़ी और 1920 से 22 के जाड़े में संगठित उद्योग में औद्योगिक हड़तालें आम हो गई। असल कारण था कि लोगों ने वर्तमान स्थिति में हड़तालों की शक्ति को समझा और इस बात को मजदूर संगठनकर्ताओं के आविर्भाव, जनसाधारण को युद्ध से मिली शिक्षा, उद्योगों के विस्तार से श्रमिकों की संख्या में कमी....आदि कारकों से मदद मिली।[20] मजदूर संगठनों के असन्तोष का, वस्तुओं की कीमतों में भारी वृद्धि एवं महँगाई के अनुरूप वेतन में वृद्धि न करना जैसे कारणों ने भी बढ़ाया। दूसरी ओर मिल मालिक अनाप–शनाप मुनाफा अर्जित कर रहे थे और मजदूरों को कुछ न दिये जाने से भी आक्रोश था।

रुस की समाजवादी क्रान्ति का प्रभावः इसके अतिरिक्त भारतीय जनता पर जिसमें मजदूर वर्ग भी सम्मिलित था, जर्मनी, आस्ट्रेलिया एवं टर्की और अन्य देशों की जनतान्त्रिक क्रान्तियों एवं रूस की समाजवादी क्रान्ति का भी प्रभाव हुआ। 1918 से 1920 के मध्य कानपुर, कलकत्ता, जमालपुर, बम्बई (मुम्बई), शोलापुर, जमशेदपुर, मद्रास (चेन्नई) और अहमदाबाद जैसे विभिन्न औद्योगिक केन्द्रों में लगातार हड़ताल हुईं।[21] ए.आर. देसाई के कथन से इस तथ्य का बोध होता है कि इन आर्थिक हड़तालों के अतिरिक्त बम्बई और कुछ अन्य औद्योगिक शहरों में रॉलेट एक्ट के विरुद्ध मजदूरों ने राजनीतिक हड़ताल भी की और इस तरह अपनी बढ़ती हुई राजनीतिक चेतना का परिचय दिया। इससे पता चलता है कि राष्ट्रीय आन्दोलन में मजदूर वर्ग का भी प्रवेश हो चुका था।[22]

एटक (All India Trade Union Congress, AITUC): 1920 में 107 ट्रेड यूनियनों ने मिलकर अखिल भारतीय ट्रेड यूनियन कांग्रेस (ए.आई.टी.यू.सी.) की स्थापना की। एन.एम. जोशी, लाला लाजपतराय एवं जोसेफ बैपटिस्टा के प्रयासों के फलस्वरूप यह संभव हो पाया। इसका उद्देश्य था देश के सारे प्रान्तों में मजदूरों के सारे संगठनों के कार्यों को समन्वित करना और आर्थिक, सामाजिक एवं राजनीतिक मसलों पर भारतीय मजदूर के हितों को प्रश्रय देना।[23] बम्बई में इसका प्रथम अधिवेशन 1920 में लाला लाजपतराय की अध्यक्षता में हुआ और दीवान चमनलाल इसके महामंत्री बने थे। एटक द्वारा जारी घोषणापत्र में मजदूरों को राष्ट्रीय राजनीति में हस्तक्षेप करने के लिए कहा गयाः 'भारत के कामगारों......राष्ट्रीय नेता स्वराज की मांग करते हैं। इसमें आपको छोड़ न दिया जाये। आपके लिए राजनीतिक आज़ादी का कोई मतलब नहीं होगा यदि आपको आर्थिक आजादी हासिल नहीं होती। इस आन्दोलन के आप अभिन्न अंग हैं। यदि आप इसकी उपेक्षा करेंगे तो आपकी स्वतंत्रता नष्ट हो जायेगी।[24] यद्यपि 'एटक' की स्थापना का तात्कालिक कारण था नवीन अन्तर्राष्ट्रीय श्रमिक संघ (आई.एल.ओ.) की भारत द्वारा सदस्यता ग्रहण करना। इसकी स्थापना का परिणाम यह हुआ कि भारतीय राष्ट्रीय कांग्रेस की

यह एक ट्रेड यूनियन विंग बन गई। कांग्रेस ने एटक को आर्थिक सहायता देने, सहानुभूति प्रस्ताव पास करने, हड़तालों का संचालन करने तथा कांग्रेस के महत्वपूर्ण पदाधिकारियों को ट्रेड यूनियन से सम्बद्ध रखकर अपना प्रभुत्व स्थापित करने का प्रयास किया। लाला लाजपतराय के अतिरिक्त सी.एफ. एड्रूज, जे.एम. सेनगुप्ता, एन.एम. जोशी, सुभाषचन्द्र बोस, सत्यमूर्ति एवं जवाहरलाल नेहरू जैसे राष्ट्रवादी नेता 'एटक' से अत्यन्त निकटता से जुड़े रहे। तीसरे व चौथे अधिवेशन की अध्यक्षता चितरंजनदास ने की। भारतीय राष्ट्रीय कांग्रेस ने 1922 के गया अधिवेशन में 'एटक' की स्थापना का स्वागत किया तथा इसके सहयोग के लिए एक समिति बनाई जिसमें कांग्रेस के प्रभावशाली नेता शामिल थे।

कांग्रेस नेता यह मानते थे कि मजदूरों को अपनी शिकायत दूर करने से आगे नहीं जाना चाहिए और उसके लिए भी उन्हें फूंक–फूंककर कदम रखना चाहिए।[25] इस दल के नेता थे, एन.एम. जोशी जो कि जिनेवा में अक्सर हिन्दुस्तान के मजदूरों का प्रतिनिधित्व कर चुके थे। 1923 तक ट्रेड यूनियन कांग्रेस ने विशेष रूप से श्रमिक कानून निर्माण कार्य में अपने आपको व्यस्त रखा जिससे कामगारों को आवश्यक सुविधायें दिलाई जा सके एवं कल्याण के लिए कुछ किया जा सके। इस तरह इसकी स्थापना भारतीय मजदूर वर्ग के इतिहास में एक युगान्तकारी घटना है। पहली बार बढ़ते हुए ट्रेड यूनियन आन्दोलन को अखिल भारतीय आधार मिला। लगभग एक दशक तक ए.आई.टी.यू.सी. का नेतृत्व एन.एम. जोशी जैसे उदारवादी राजनीतिज्ञों के हाथ में रहा। आगे चलकर सी.आर. दास जैसे राष्ट्रवादियों के भी इससे सम्बन्ध रहे।[26]

तीसरे दशक के उत्तरार्द्ध में आल इण्डिया ट्रेड यूनियन कांग्रेस दो भागों में विभाजित हो गई। पहला विभाजन 1929 में हुआ। उस समय जवाहरलाल नेहरू आल इण्डिया ट्रेड यूनियन कांग्रेस के अध्यक्ष थे। विवाद का प्रमुख कारण था कि आल इण्डिया ट्रेड यूनियन कांग्रेस औपनिवेशिक सरकार द्वारा नियुक्त 'रायल कमीशन आन लेबर' का बहिष्कार करे या नहीं। उदारवादी इसमें शामिल होना चाहते थे जबकि उग्रवादी इसका बहिष्कार करना चाहते थे। अन्त में एन.एम. जोशी, वी.वी. गिरि एवं मृणाल क्रान्ति बोस जैसे उदारवादियों ने आल इण्डिया ट्रेड यूनियन कांग्रेस छोड़ दी और वी.वी. गिरि की अध्यक्षता में 'इण्डियन ट्रेड यूनियन फेडरेशन' (I.T.U.F.) की स्थापना की। इसका दूसरा विभाजन 1931 में हुआ। कम्युनिस्टों ने तब आल इण्डिया ट्रेड यूनियन छोड़कर "रेड ट्रेड यूनियन कांग्रेस" का गठन किया था।

वामपंथी विचारधारा का विकास (Rise of Leftiest Ideology): 1920–22 के दौरान अनेक छोटे–छोटे कम्युनिस्ट दल भी बम्बई, मद्रास (चेन्नई) एवं अन्य महत्वपूर्ण केन्द्रों में उभर कर सामने आये और उन्होंने श्रमिकों के लिए काम करना शुरु किया। 1927 के बाद ट्रेड यूनियन आन्दोलन में वामपंथी नेतृत्व विकसित हुआ और इसमें वामपंथी राष्ट्रवादी, समाजवादी और साम्यवादी लोग आए। इस नए नेतृत्व ने तेजी से पुराने नेतृत्व को विस्थापित करना शुरु किया। 1922 से ही भारतीयों के बीच समाजवादी और साम्यवादी विचार फैल रहे थे और इस तरह देश में समाजवादी और साम्यवादी दलों की स्थापना हो रही थी।[27]

(I) भारत में समाजवादी विचारधारा के प्रसार का एक कारण जहाँ रूस की साम्यवादी सरकार की सफलता थी वहीं भारतीय परिप्रेक्ष्य में कई अनेक तथ्य भी वामपंथी विचारधारा के प्रसार के कारण बने। (II) प्रथम विश्वयुद्ध के बाद राष्ट्र संघ (League of Nation) एवं अन्तर्राष्ट्रीय श्रम संगठन (International Labour Organisation) के गठन से श्रमिक वर्ग को अन्तर्राष्ट्रीय स्तर पर मंच मिला। (III) दूसरी ओर युद्ध के बाद के वर्षों में ब्रिटिश पूँजी भारतीय बाजार को केवल अपने विशिष्ट क्षेत्र के रूप में सुरक्षित रखने की कोशिश में थी। ब्रिटिश सरकार की वित्तीय नीतियाँ भी स्पष्ट तौर पर ऐसी बनाई गई थी जिससे वे ब्रिटिश पूँजी के हितों का संरक्षण करें। इससे भारतीय तथा ब्रिटिश पूंजीपतियों के हितों में टकराव पैदा हुआ। (IV) इसी बीच जापान द्वारा पश्चिमी पूँजी के प्रतिद्वंद्वी के रूप में बाजार पर कब्जा करने के प्रयास से भारतीय उद्योग की स्थिति और खराब हो गई। इस प्रतिकूल स्थिति में अपनी स्थिति सुदृढ़ करने के लिए मिल मालिकों ने मजदूर वर्ग के वेतन में कटौती, मजदूरों की छटनी, रोजगार की संभावनाओं में कमी एवं उद्योग के वैज्ञानिक पुनर्गठन के नाम से मजदूरों पर दबाव आदि के मामले सामने आये। इन दिनों मजदूरों की ऋणग्रस्तता निरन्तर बढ़ती जा रही थी और सरकार उनकी विभिन्न कठिनाईयों पर ध्यान देने के बजाए उद्योगपतियों को संरक्षण दे रही थी।[28] इन परिस्थितियों में श्रमिकों पर समाजवादी नेताओं का प्रभाव होना स्वाभाविक था।

इन दिनों कारखानों ने अनाप–शनाप मुनाफा कमाया। पटसन या रुई के कारखानों ने पाँच या छः साल तक अपने हिस्सेदारों को सौ से डेढ़ सौ प्रतिशत तक लाभांश वितरित किया।[29] ऐसी कम्पनियों के भी विवरण मिलते हैं जिन्होंने लाभांश के रूप में 365 प्रतिशत बाँटा है। 1927 में नागपुर की इम्प्रेस मिल इसी तरह की कम्पनियों में से एक थी।[30] दूसरी ओर

मजदूरों की हालत खराब थी। इन दिनों जब मालिक लोग धड़ाधड़ कमा रहे थे तब भी अधिकांश मजदूर बहुत बुरी हालत में रहते थे और उनकी औरतों को कपड़ा पहनने को नहीं मिलता था।

पेशावर षड्यंत्र केस: पेशावर षडयंत्र मुकदमा (Peshwar Conspiracy Case, 1922-23) एवं कानपुर षड्यन्त्र मुकदमा (Kanpur Conspiracy Case, 1924) मामले में साम्यवादी श्रमिक नेताओं को सजा दिये जाने से साम्यवादी गतिविधियां कुछ समय के लिये शिथिल हो गई, लेकिन वे पुनः 1925 से 1928 के बीच अनेक विदेशी साम्यवादी नेता ऐलिसन, स्प्राट, ब्रेडली (Ben Bradley) आदि भारत आये। साम्यवादियों ने अपना प्रभाव बढ़ाने के लिए मजदूर व किसान पार्टियों के संगठन बनाये।

कामगार किसान पार्टी (डब्ल्यू.पी.पी.): फरवरी 1926 में बंगाल में पहली मजदूर किसान पार्टी या 'वर्क्स एण्ड पीजेंट्स पार्टी' का गठन हुआ। इसके बाद मुम्बई, संयुक्त प्रान्त और पंजाब में भी इस तरह की पार्टियाँ बनीं। 1928 में ये सारी पार्टियाँ एक साथ मिल गई और 'अखिल भारतीय मजदूर किसान पार्टी' (डब्ल्यू.पी.पी.) का जन्म हुआ, जिसका पहला अधिवेशन दिसम्बर 1928 में हुआ।[31] श्रीपाद अमृत डांगे (S.A. Dange), मुज्जफर अहमद, पूरनचन्द जोशी एवं सोहन सिंह जोश आदि इसके प्रमुख नेता थे। कामगार किसान पार्टी (डब्ल्यू.पी.पी.) के नेता कांग्रेस के अन्दर ही वामपंथी गुट के रूप में काम कर रहे थे। इसने तेजी से प्रान्तीय और अखिल भारतीय स्तर पर काग्रेस के अन्दर काफी ताकत हासिल कर ली थी। 'एटक' पर साम्यवादियों का प्रभाव इस तथ्य से प्रकट होता है कि 1925 में दत्तोपंत थेंगड़ी जो साम्यवादियों के प्रति सहानुभूति रखते थे, मुम्बई अधिवेशन के सभापति चुने गये और 1927 में अन्य साम्यवादी नेता एस.पी. घाटे 'एटक' के सचिव बन गये थे।

कामगार आन्दोलन: कम्युनिस्टों और क्रान्तिकारी राष्ट्रवादियों के प्रभाव में काम करने वाले मजदूरों ने 1927 से 1929 के बीच सारे देश में बड़ी संख्या में हड़तालों एवं प्रदर्शनों में हिस्सा लिया। 1928 में साइमन कमीशन के बहिष्कार के लिए कुछ प्रदर्शनों में मजदूर वर्ग की सक्रिय भागीदारी रही। उनका उद्देश्य था ट्रेड यूनियन आन्दोलन, वर्ग संघर्ष का सिद्धान्त का और राष्ट्रीय मुक्ति संग्राम में मजदूरों का प्रवेश। सीधे संघर्ष के माध्यम से राष्ट्रीय स्वाधीनता की प्राप्ति उनका कार्यक्रम था।[32] कामगार या मजदूर संगठनों की सफलता की पृष्ठभूमिः

- 1926 में 'ट्रेड यूनियन अधिनियम' पारित हो गया था। इसके द्वारा पंजीकृत ट्रेड यूनियनों को ट्रेड यूनियनें संगठित करने एवं हड़ताल आदि करने का अधिकार मिल गया था। हाँलाकि इसके द्वारा राजनीतिक गतिविधियों पर रोक लगा दी गई। अतः मजदूरों के लिए हड़ताल पर जाना अधिक सरल हो गया।
- बम्बई (मुम्बई) सूती कपड़ा मिलों का सबसे बड़ा केन्द्र था इसमें अधिकांश मिलें भारतीय पूँजीपतियों द्वारा स्थापित की गई। थीं। एक केन्द्र पर स्थित मिलों के श्रमिकों में परस्पर सम्पर्क ने बड़ी हड़तालों को जन्म दिया। वस्तुतः भारत में लम्बी एवं प्रभावी हड़तालों की पृष्ठभूमि काफी समय से तैयार हो रही थी एवं इन हड़तालों को हमें पूर्व विवेचित तथ्यों के परिणाम के रूप में स्वीकार करना चाहिए।
- 1924 में मुम्बई में डेढ़ लाख श्रमिकों की एक बड़ी हड़ताल हुई थी जिसका मुख्य कारण मजदूरों को पिछले चार वर्षों से मिलने वाला बोनस इस वर्ष न दिया जाना था।
- अप्रैल 1928 में पुनः मुम्बई में एक आम हड़ताल हुई। अधिकांश मिलों के श्रमिकों (डेढ़ लाख से अधिक) ने इस हड़ताल में भाग लिया। यह अब तक के भारतीय इतिहास की सबसे बड़ी हड़ताल थी। इस हड़ताल के दौरान सभी मिलों के श्रमिक लगभग छः माह तक हर प्रकार के दबाव व हिंसा के विरुद्ध पूरी तरह एक जुट होकर डटे रहे। अन्ततः सरकार को हस्तक्षेप करना पड़ा। श्रमिकों की मांगों पर विचार करने के लिए सरकार ने एक समिति बनाई और तब कहीं 9 अक्तूबर 1928 को हड़ताल समाप्त हुईं 1928, औद्योगिक अशान्ति का वर्ष था इस वर्ष 203 हड़तालें हुईं। जिनमें 5,06,851 लोगों ने भाग लिया और 31647404 कार्य दिवसों की हानि हुई। बंगाल में 1921–29 के मध्य 592 औद्योगिक विवाद सामने आये इनमें से 236 पटसन मिलों से सम्बन्धित थे। मुंबई हड़ताल की पुनरावृत्ति बंगाल में 1928 में हावड़ा जिले के बाउरिया में फोर्ट ग्लोस्टर मिल की हड़ताल के रूप में हुई। यह हड़ताल भी 17 जुलाई से 31 दिसम्बर अर्थात् लगभग 6 माह तक चली। नेहरू जी ने इसके सम्बन्ध में लिखा थाः "फैक्ट्री के गरीब श्रमिकों और बंगाल के बड़े जूट मालिकों के बीच भीषण संघर्ष हुआ.... उनमें से पन्द्रह हजार व्यक्तियों ने इस संघर्ष को 6 माह से भी अधिक समय तक जारी रखा।"

मेरठ षड्यन्त्र मुकदमा (Meerut Conspiracy Case, 1929-33): हड़ताल पर अपरोक्ष रूप से पाबंदी लगाने एवं मजदूर वर्ग में बढ़ते हुए साम्यवादी प्रभाव को कम करने के लिए सरकार ने मजदूर संगठनों पर दुहरा प्रहार किया। हड़तालों से सरकार को राजस्व की हानि हो रही थी। 1928 के दौरान हड़ताल आन्दोलन में कुल मिलाकर 3 करोड़ 15 लाख कार्य दिवस प्रभावित हुए जो पिछले पाँच वर्षों में प्रभावित हुए कुल कार्य दिवस की अपेक्षा अधिक थे। बम्बई के अतिरिक्त भी भारत के सभी महत्वपूर्ण शहरों में विविध उद्योगों में हड़तालें हुईं थीं। मजदूर आन्दोलनों से जुड़े हुए सभी क्रान्तिकारी नेताओं को एक साथ गिरफ्तार कर लिया गया। बम्बई की गिरनी कामगार यूनियन के नेता तथा बंगाल संयुक्त प्रान्त एवं पंजाब के मजदूर नेता गिरफ्तार हुए। उनके विरुद्ध मुकदमा चलाया गया जिसे 'मेरठ षड्यन्त्र' के नाम से जाना जाता है। मेरठ मुलजिमों की मदद के लिए समिति बनाई गई जिसके सभापति मोतीलाल नेहरु एवं डाक्टर अन्सारी और जवाहरलाल नेहरू आदि इसके सदस्य थे। मेरठ षड्यन्त्र मामले में 27 लोगों को दण्ड मिला। इनमें कुछ लोग व्यापार संघ (Trade Unions) से जुड़े थे और कुछ राष्ट्रीय आन्दोलन से। कहा गया है कि गांधीजी अपराधियों से जेल में मिलने गये और साम्यवादी नेताओं के प्रति सहानुभूति भी प्रदर्शित की थी।

एटक का विभाजन: 1928 की समाप्ति के समय से कम्युनिस्टों ने राष्ट्रीय आन्दोलन की मुख्यधारा से अलग रहने का फैसला किया। इससे मजदूर वर्ग पर साम्यवादियों की पकड़ ढीली हो गई। 'एटक' के नागपुर अधिवेशन (1929) में साम्यवादियों एवं उदारवादियों (दक्षिणपंथी मध्यमार्गी) में दरार पड़ गई और वी.वी. गिरी की अध्यक्षता में भारतीय/ट्रेड यूनियन फेडरेशन (I.T.U.F.) नामक नया संगठन बना। राष्ट्रवादी आन्दोलन की मुख्यधारा से अलग रहने के निर्णय के कारण कम्युनिस्टों ने अपने को सविनय अवज्ञा आन्दोलन से दूर रखा। लेकिन देशभर के अन्य मजदूरों ने इसमें सक्रिय रूप से भाग लिया। साम्यवादियों और वामपंथी राष्ट्रवादियों में भी मतभेद बढ़ रहे थे जो 1931 में कलकत्ता में 'एटक' के दसवें अधिवेशन में उभर कर सामने आ गए। देशपांडे के नेतृत्व में कम्युनिस्टों ने एटक से सम्बन्ध विच्छेद कर लिया और 'रेड ट्रेड यूनियन कांग्रेस' (Red Trade Union Congress) नाम से अलग संगठन की स्थापना की।

उल्लेखनीय है कि सविनय अवज्ञा आन्दोलन वाली कांग्रेस पिछली कांग्रेस से भिन्न थी इस पर अब जवाहर लाल नेहरू जैसे वामपंथी नेताओं का प्रभाव था। कांग्रेस ने जनता के प्रति उदासीनता की भावना से छुटकारा पा लिया था और अब यह किसानों एवं मजदूरों की भाषा में बोल रही थी। 1931 में कराची प्रस्तावों में भारतीय समाज के पिछड़े वर्गों की मांगों को शामिल कर लिया था। जवाहरलाल नेहरू ने कांग्रेस की नई आर्थिक नीतियों को स्पष्ट करते हुए कहाः अब तक कांग्रेस सिर्फ राष्ट्रीयता की ही दिशा में सोचती थी और आर्थिक प्रश्नों से बचती रहती थी। जहाँ तक ग्राम उद्योगों से और आमतौर पर स्वदेशी को बढ़ावा देने से ताल्लुक था, उसको छोड़कर कराची वाले इस प्रस्ताव के द्वारा मूल उद्योगों ओर नौकरियों के राष्ट्रीयकरण और ऐसे ही दूसरे उपायों के प्रचार के द्वारा गरीबों का बोझा कम करके अमीरों पर बढ़ाने के लिए एक बहुत छोटा कदम, समाजवाद की दिशा में उठाया गया; लेकिन वह समाजवाद कतई न था। पूँजीवादी राज्य भी उसकी प्रायः हर बात को आसानी से मंजूर कर सकता है।[33] वस्तुतः इस तरह के प्रयासों से जनता के बीच लोकप्रियता हासिल कर ली थी।

यूनियनों का एकीकरण: भारतीय ट्रेड यूनियन संघ (आई.टी.यू.एफ.), आल इण्डिया रेलवे मैन्स फेडरेशन तथा कुछ अन्य असम्बद्ध यूनियनों ने 1931 में एक नवीन संघ 'राष्ट्रीय ट्रेड यूनियन संघ' (आई.टी.यू.एफ.) का गठन किया। 1938 में राष्ट्रीय ट्रेड यूनियन संघ ने अपने आपको 'अखिल भारतीय ट्रेड यूनियन कांग्रेस' के साथ सम्बद्ध कर लिया। कांग्रेस की प्रान्तीय सरकारों के कार्यकाल के दौरान यूनियन आन्दोलन का अभूतपूर्व उत्थान हुआ। 1937 और 1939 के मध्य ट्रेड यूनियनों की संख्या 271 से 562 हो गई तथा इन यूनियनों की कुल सदस्यता 261,047 से बढ़कर 3,99,159 हो गई। इस बीच हड़तालों की संख्या भी बढ़ी।

श्रमिक संघों पर द्वितीय विश्व युद्ध का प्रभाव (Impact of Second World War on Trade Union Movement): सितम्बर 1939 में द्वितीय विश्व युद्ध के प्रारम्भ होने पर 2 अक्तूबर 1939 को बम्बई के नब्बे हजार मजदूरों ने युद्ध के विरोध में एक दिन राजनीतिक हड़ताल द्वारा अपनी भावना व्यक्त की। तदनन्तर कलकत्ता, कानपुर, डिगबोई, झिरिया, जमशेदपुर एवं धनबाद के श्रमिकों ने युद्ध के विरोध में हड़ताल की। किन्तु 1942 में रूस के मित्र राष्ट्रों की ओर से युद्ध में सम्मिलित होने पर भारतीय साम्यवादी नेताओं ने साम्राज्यवादी शक्ति इंग्लैण्ड का विरोध करना छोड़ दिया। कहा गया है कि ब्रिटिश सरकार अब साम्राज्यवाद की प्रतिनिधि नहीं रही वरन् जनसाधारण की मित्र हो गई। इस नीतिगत परिवर्तन से साम्यवादी

राष्ट्रीय आन्दोलन के अन्तिम चरण में जो कि 'भारत छोड़ो आन्दोलन' के नाम से विख्यात है, एकदम अलग–थलग पड़ गए। इसकी उन्हें भारी कीमत चुकानी पड़ी। इससे आम जनता में उनकी विश्वसनीयता को भारी धक्का लगा।[34]

इन्टक (आई.एन.यू.टी.सी.): दूसरे महायुद्ध के बाद उपभोक्ता वस्तुओं की भारी कमी से कीमतें बहुत तेजी से बढ़ी। कालाबाजारी आम थी। महँगाई और बेरोजगारी में वृद्धि के विरुद्ध अनेक स्थानों पर ट्रेड यूनियनों ने 1946–47 में अनेक हड़तालों का संचालन किया। 1947 के प्रारम्भ में कांग्रेस इस नतीजे पर पहुँची की उसे कुछ समय बाद विभाजित भारत का प्रशासन संचालित करना है, फलतः कांग्रेस के वरिष्ठ नेताओं ने हड़तालों को नियंत्रित करने हेतु हिन्दुस्तान मजदूर सेवक संघ जिसकी स्थापना 1937 में की गई थी, पुनर्जीवित किया। कांग्रेसी राष्ट्रवादियों की धारणा थी कि श्रमिकों को गांधीवादी सिद्धान्तों के अनुसार शिक्षित करके हड़ताली एवं लड़ाकू प्रवृति से अलग रखा जाए। अतः कांग्रेस पार्टी के प्रयासों से 1947 में एक नवीन भारतीय राष्ट्रीय ट्रेड यूनियन कांग्रेस (इन्टकः आई.एन.टी.यू.सी.) का गठन किया गया जिसमें केवल कांग्रेसी विचारधारा में विश्वास रखने वाले श्रमिक संगठन सम्मिलित हो सकते थे। एन.एम. जोशी को यह स्वीकार न था उन्होंने अपने पद से इस्तीफा दे दिया और अखिल भारतीय ट्रेड यूनियन कांग्रेस को छोड़कर दिसम्बर 1948 में 'हिन्द मजदूर सभा' नाम से अपनी स्वतन्त्र यूनियन का निर्माण किया। इस प्रकार 1948 में अखिल भारतीय ट्रेड यूनियन कांग्रेस में साम्यवादी विचारधारा से सम्बद्ध श्रमिक संगठन ही रह गये थे।

कहा जा सकता है कि मजदूर संगठनों ने भारत के स्वतंत्रता संघर्ष में विशेष रूप से राष्ट्रीय आन्दोलन को एक जन–आन्दोलन का स्वरूप प्रदान करने में महत्वपूर्ण भूमिका अदा की। लगभग सभी सम्बद्ध दलों ने औद्योगिक क्षेत्रों में अपने प्रभाव को बढ़ाते समय मजदूरों की आर्थिक मांगों को साम्राज्यवाद विरोधी संघर्ष के साथ जोड़ने का प्रयास किया।

सन्दर्भ

1. गाडगिल, डी.आर., *द इण्डस्ट्रियल इवोल्युशन ऑफ इण्डिया इन रीसेंट टाइम्स 1933*, देसाई, ए.आर., *भारतीय राष्ट्रवाद की सामाजिक पृष्ठभूमि*, पृ. 164 से उद्धृत
2. देसाई, ए.आर., वही, पृ. 165
3. दत्त, रजनीपाम, *आज का भारत*, पृ. 396
4. वही, पृ. 401 से उद्धृत
5. वही, पृ. 396
6. बिपिनचन्द्र, *भारत में आर्थिक राष्ट्रवाद का उद्‌भव और विकास*, पृ. 287
7. दत्त, रजनीपाम, वही, पृ. 408
8. नेहरू, जवाहरलाल, *मेरी कहानी*, पृ. 207
9. दत्त, रजनीपाम, वही, पृ. 411
10. देसाई, ए.आर., वही, पृ. 166
11. बिपिनचन्द्र एवं अन्य, *भारत का स्वतन्त्रता संघर्ष*, पृ. 158
12. नेहरू, जवाहरलाल, वही, पृ. 206
13. हिन्दू, 17 मई 1889; समय 14 फरवरी; दैनिक, ओ समाचार, चन्द्रिका, 5 मार्च 1890 आदि, बिपिनचन्द्र, *भारत में आर्थिक राष्ट्रवाद का उद्‌भव और विकास*, पृ. 301 से उद्धृत
14. बिपिनचन्द्र एवं अन्य, *भारत का स्वतन्त्रता संघर्ष*, पृ. 159
15. बिपिनचन्द्र, *भारत में आर्थिक राष्ट्रवाद का उद्‌भव और विकास*, पृ. 301
16. बिपिनचन्द्र, वही, पृ. 321
17. सरकार, सुमित, वही, पृ. 145
18. दत्त, रजनीपाम, वही, पृ. 412
19. गांधीजी, एम.के., *द स्टोरी ऑफ माई एक्सपेरिमेन्ट्स विद ट्रुथ*
20. जोन, ब्यूकंप, *ब्रिटिश इम्पीरियलिज्म इन इण्डिया*, 1935, पृ. 135, देसाई, ए.आर., वही, पृ. 167 से उद्धृत
21. दत्त, रजनीपाम, वही, पृ. 413–14
22. देसाई, ए.आर., वही, पृ. 168
23. शेलवंकर, के.एस., *प्राब्लम ऑफ इण्डिया*, 1940, पृ. 209 ए.आर., देसाई, वही, पृ. 168 से उद्धृत
24. बिपिनचन्द्र एवं अन्य, वही, पृ. 162
25. नेहरु, वही, पृ. 206
26. देसाई, ए.आर., वही, पृ. 168
27. देसाई, ए.आर., वही, पृ. 168
28. *भारत में उपनिवेशवाद और राष्ट्रवाद*, पृ. 462
29. नेहरु, वही, पृ. 208
30. दत्त, रजनीपाम, वही, पृ. 403
31. दत्त, रजनीपाम, वही, पृ. 419
32. देसाई, ए.आर., वही, पृ. 168–69
33. नेहरु, वही, पृ. 289
34. *भारत में उपनिवेशवाद और राष्ट्रवाद*, पृ. 476–77

❋❋❋

34
किसान आन्दोलन
(The Peasants Movement)

औपनिवेशिक शासन ने भारतीय किसानों पर सर्वाधिक कहर ढाया। साम्राज्यवादी आर्थिक नीतियों, भू–राजस्व की नई प्रणाली एवं उपनिवेशवादी प्रशासनिक व न्यायिक व्यवस्था ने किसानों की कमर तोड़ दी। फिर दस्तकारी उद्योगों के तबाह हो जाने से इन उद्योगों से लगे लोग भी खेती की ओर लौटने को मजबूर हुए, जिससे कृषि भूमि पर दबाव बढ़ गया और इस तरह कृषि के पूरे के पूरे ढांचे में बदलाव आने लगा। जमीन के मालिक छोटे किसानों की हैसियत महज काश्तकारों, बटाईदारों और खेतिहर मजदूरों की ही रह गई। किसानों ने इस दमन को चुपचाप नहीं सह लिया, उन्होंने कई स्थानों पर छुटपुट विद्रोह किये जिन्हें निर्दयतापूर्वक कुचल दिया गया। उनकी एक भीषण प्रतिक्रिया 1857 के महान विद्रोह के समय में देखने में आई जब लाखों किसानों ने देशी राज्यों का साथ दिया।[1]

भारतीय राष्ट्रीय कांग्रेस की स्थापना 1885 में हो चुकी थी, किन्तु इसने भी किसानों की समस्याओं पर कोई ध्यान नहीं दिया। सर्वप्रथम गोपाल कृष्ण गोखले ने अकाल के प्रकोप और ऋण से आकंठ डूबे किसानों की समस्याओं की ओर सरकार का ध्यान आकृष्ट किया। रूसी क्रान्ति के बाद भारतीय राष्ट्रीय कांग्रेस के नेताओं का कृषि सम्बन्धी समस्याओं की ओर ध्यान गया और कृषकों की दयनीय स्थिति एवं शोषण के प्रति गहरी चिन्ता व्यक्त की। बीसवीं सदी में किसानों के असन्तोष को आन्दोलन की शक्ल देने में महत्वपूर्ण भूमिका स्वतंत्रता संघर्ष की ही रही और किसान आन्दोलन ने भी राष्ट्रीय स्वाधीनता संघर्ष को काफी प्रभावित किया। इन दोनों के अन्तः सम्बन्धों को समझने के लिए कुछ महत्वपूर्ण आन्दोलनों की चर्चा करना उचित होगा। कृषक आन्दोलनों में नील विद्रोह, पबना, दक्कन उपद्रव, बिजौलिया आन्दोलन, मलाबार का मोपिला विद्रोह, कोय, संयुक्त प्रान्त का किसान आन्दोलन, गुजरात का बारदोली सत्याग्रह, बंगाल का तेभागा आन्दोलन, तेलंगाना मोर्चा, पुन्नप्रा वायलार (ट्रावनकोर) एवं सिक्ख आन्दोलन विशेष रूप से उल्लेखनीय हैं। इन आन्दोलनों का विस्फोट समय–समय पर अलग–अलग स्थानों पर दीर्घकालिक असन्तोष एवं तात्कालिक कारणों से होता रहा।

प्रथम विश्वयुद्ध कालीन आर्थिक संकट: प्रथम विश्व युद्ध (1914–18) के बाद और खासतौर से विश्वव्यापी आर्थिक संकट के बाद से किसानों का असन्तोष अभूतपूर्व तेजी से बढ़ा और इसका स्वरूप दिनों–दिन क्रान्तिकारी हुआ। विश्वव्यापी आर्थिक संकट ने कृषि अर्थव्यवस्था पर जबरदस्त आघात किया। भारत के सभी हिस्सों में किसानों ने लगान बढ़ाने, कर्जदारों को गुलाम बनाने, जबरन जमीनें छीनने की कार्रवाई के विरुद्ध आन्दोलन किये। कुर्क जमीनों की नीलामी का बहिष्कार करने के लिए उन्होंने स्वतःस्फूर्तः ढंग से ग्राम समितियाँ बनाई।[2] कांग्रेस ने भी 1917 के बाद कृषकों की समस्याओं की ओर सरकार का ध्यान आकर्षित करने के लिए कृषक संघों की स्थापना को प्रोत्साहित किया। कांग्रेस, सोशलिस्ट पार्टी (समाजवादी कांग्रेस), कम्युनिस्ट पार्टी और जवाहरलाल नेहरु जैसे वामपंथी राष्ट्रवादियों ने देश में किसान संगठनों की आवश्यकता पर जोर दिया।[3]

1929–30 के आर्थिक संकट से उत्पन्न तबाही ने भी बहुत हद तक किसानों को संगठित होने एवं अपनी रक्षा के लिए प्रेरित किया, रजनीपाम दत्त के शब्दों में कहा जा सकता है: गाँवों, कस्बों में किसान संगठन बनने लगे तथा परस्पर मिलकर जिला एवं प्रान्तीय संगठनों का आविर्भाव हुआ। सर्वप्रथम 1927 में बिहार किसान सभा का गठन हुआ और 1934 के बाद यह संगठन काफी प्रभावशाली हो गया था। स्वामी सहजानंद सरस्वती को इसका श्रेय जाता है। अप्रैल 1935 में संयुक्त प्रान्त में किसान संघ की स्थापना हुई। इसके कार्यक्रम में जमींदारी व्यवस्था के उन्मूलन की मांग की। इसी वर्ष प्रोफेसर एन.जी. रंगा एवं अन्य किसान नेताओं ने सब प्रान्तीय किसान सभाओं को मिलाकर एक अखिल भारतीय किसान संगठन बनाने एवं उनका आगे का कार्यक्रम बनाने के लिए मद्रास में एक सम्मेलन आयोजित किया।

पहला अखिल भारतीय किसान संगठन 1936 में बना जिसे 'अखिल भारतीय किसान सभा' नाम दिया गया। पहला अखिल भारतीय किसान सम्मेलन अप्रैल 1936 में लखनऊ में ठीक उसी समय हुआ, जब वहाँ कांग्रेस का अधिवेशन जवाहरलाल नेहरु की अध्यक्षता में हो रहा था। इस अधिवेशन में 1 सितम्बर 1936 को किसान दिवस के रूप में मनाने का

निर्णय किया। किसान सभा पर प्रोफेसर रंगा के अतिरिक्त वामपंथी कांग्रेसियों, कम्युनिस्टों एवं स्वामी सहजानंद सरस्वती जैसे प्रगतिशील किसान नेताओं का काफी प्रभाव था।

किसान संगठन एवं सरकारी प्रतिक्रिया: किसान आन्दोलन एवं किसान सभा की तेजी से बढ़ती हुई सदस्यता तथा प्रभाव को दृष्टिगत रखते हुए सरकार ने इस दौरान किसानों को राहत देने के लिए कुछ कदम उठाये। उत्तर प्रदेश में 1934 में अकाल राहत एक्ट बनाया गया। 1933 में बंगाल में मनीलेंडर्स एक्ट (Moneylenders Act) पारित हुआ और 1935 में रिलीफ ऑफ इंडेब्टेडनेस एक्ट (Relief of Indebtedness Act) बना। लेकिन किसानों की हालत में विशेष सुधार नहीं हुआ। अगस्त 1936 में किसान सभा ने साम्राज्यवाद विरोधी नया कार्यक्रम बनाया और भारत से ब्रिटिश शासन का उन्मूलन एवं भारत की स्वाधीनता प्राप्ति अपना अन्तिम लक्ष्य निर्धारित किया। किसान सभा के संचालकों की मान्यता थी कि ब्रिटिश शासन के रहते भारतीय किसानों का विकास संभव नहीं हैं। सम्मेलन में अन्य प्रस्ताव भी पारित किये जो इस प्रकार थेः

1. जमींदारी प्रथा की समाप्ति,
2. किसानों के भू–स्वामित्व का हस्तान्तरण,
3. रैयतवारी क्षेत्रों में मालगुजारी प्रथा लागू करना,
4. महाजनी ऋण को रद्द करना,
5. सरकारी भूमि का भूमिहीन कृषकों में आवंटन एवं किसान तथा मजदूर विरोधी कानूनों को निरस्त करना आदि।

ए.आर. देसाई लिखते हैंः आल इण्डिया किसान कांग्रेस देश की सारी कृषक आबादी को अपने प्रभाव में नहीं ला सका, लेकिन इसकी स्थापना का ऐतिहासिक महत्व है। सम्मिलित मांगों के कार्यक्रम और सारे किसानों की समवेत आकांक्षाओं के आधार पर देश के इतिहास में पहली बार किसानों का अखिल भारतीय संगठन बना। यह संगठन नई उच्चतर चेतना के उदय का परिचायक था और इस तरह प्राक् ब्रिटिश भारतीय किसान के स्थानीय परिप्रेक्ष्य की जगह राष्ट्रीय परिप्रेक्ष्य का जन्म हुआ।[4] भारत के इतिहास में पहली बार किसानों ने देश भर में 1936 के मई दिवस के उत्सव में भाग लिया। दूसरी ओर जब 1 सितम्बर को देश में किसान दिवस मनाया गया तो किसानों ने मजदूरों की मांगों का समर्थन किया।

फैजपुर अधिवेशन (दिसम्बर 1936): दिसम्बर 1936 में फैजपुर में संगठन की पहली बैठक हुई, इस समय भारतीय राष्ट्रीय कांग्रेस का अधिवेशन भी चल रहा था। इस सम्मेलन में 20 हजार किसानों ने भाग लिया इनमें कुछ तो सैकड़ों मील की दूरी से पैदल चलकर आये थे। फैजपुर में कांग्रेस के अधिवेशन में कृषि सम्बन्धी कार्यक्रम पारित किया और दोनों संगठनों की राजनीतिक एकता की घोषणा की गई। किसान सभा ने साम्राज्यवादी सरकार द्वारा तैयार किये गये नये संविधान को, प्रतिक्रियावादी शक्तियों के सहयोग से भारत में ब्रिटिशराज को बनाये रखने का एक प्रयास मानते हुए ठुकरा दिया। लक्ष्मी श्रीवास्तव लिखती हैं, कांग्रेस के नेताओं ने बड़ी चेष्टा की कि किसान सभा कांग्रेसी तिरंगा झण्डा अपना ले किन्तु सभा ने लाल झण्डे को किसान सभा का झण्डा बनाने का निर्णय लिया एवं मजदूरों के साथ एकता का मार्ग अपनाया। 1936 के अन्त तक किसान सभा ने एक स्वतंत्र संगठन का रूप धारण कर लिया था।[5]

कोमिल्ला अधिवेशन (मई 1938): किसान सभा का तीसरा अधिवेशन मई 1938 में कोमिल्ला में हुआ, इस समय तक इसकी सदस्य संख्या साढ़े पाँच लाख तक पहुँच गई थी एवं प्रान्तीय किसान समितियों का गठन भी अलग–अलग सूत्रों में भाषा के आधार पर हो गया था। सम्मेलन में जमींदारी प्रथा एवं साम्राज्यवाद के विरुद्ध संघर्ष के कार्यक्रम निर्धारित किये। तदनुसार 1938 में राष्ट्रीय स्तर पर लगान वृद्धि, लगान की गैर–कानूनी वसूली, लगान की दर कम करवाने हेतु तथा जबरन मजदूरी के विरुद्ध कार्यक्रम चलाया गया।[6] किसान आन्दोलन को गति प्रदान करने के लिए सक्रिय कार्यकर्ताओं को प्रशिक्षित किया जाना आवश्यक था। अतः 1938 में **आन्ध्र के गुन्टूर जिले** में **निदुबोल (निडोब्रोलू)** में पहला भारतीय किसान स्कूल खोला गया। साप्ताहिक समाचार–पत्रों का प्रकाशन भी शुरु किया गया, पर्चे छपवाकर वितरण की व्यवस्था की गई। दूसरे शब्दों में, अखिल भारतीय किसान सभा ने भारतीय किसानों के बीच बहुत बड़े पैमाने पर शिक्षा और प्रचार का कार्य किया और देश में अपने संगठन का विस्तार भी।

गया अधिवेशनः अखिल भारतीय किसान सभा का चौथा अधिवेशन गया में अप्रैल 1939 में आयोजित किया गया। इस दौरान इसकी सदस्यता में भारी वृद्धि हुई। 1939 तक इसके 8 लाख सदस्य बन चुके थे। अधिवेशन में पारित प्रस्ताव में कहा गयाः किसान संगठन यह घोषणा करता है कि समय आ गया है जब देश की संयुक्त शक्तियाँ कांग्रेस, राज्यों की जनता, किसानों, मजदूरों और सामान्य जनों तथा संगठनों के साथ मिलकर साम्राज्यवादी प्रभुत्व के गुलाम संविधान पर

आक्रमण करने, पूर्ण राष्ट्रीय स्वाधीनता को प्राप्त करने और भारतीय जनता के जनतांत्रिक राज्य की स्थापना के लिए आगे आएं जिससे अन्ततः किसान मजदूर राज कायम किया जा सके।[7] गया अधिवेशन के कुछ महीनों बाद विश्व युद्ध छिड़ गया और 'भारतीय रक्षा अधिनियम' के तहत अनेक किसान एवं मजदूर नेताओं को गिरफ्तार कर लिया गया। इस दौरान बिहार, बंगाल, आन्ध्र प्रदेश, संयुक्त प्रान्त, मध्य प्रान्त, सिंध आदि में लगान वसूली एवं जबरन बेदखली के विरुद्ध संघर्ष होते रहे। 1940 में पलास में किसान सभा का पाँचवा अधिवेशन बुलाया गया। 1942 से 1945 तक किसानों ने साम्राज्यवाद का डटकर मुकाबला किया यद्यपि इस दौरान बंगाल में पड़ने वाले अकाल से बड़ी संख्या में गरीब कृषक मारे गये और किसानों को घोर विपत्ति का सामना करना पड़ा। रजनीपाम दत्त लिखते हैं कि इस अवसर पर देशभर के किसान उठ खड़े हुए और उन्होंने बंगाल की सहायता के लिए बड़े पैमाने पर अनाज और धन इकट्ठा किया। स्वयं अपने सूबों के अन्दर किसानों ने अनाज समितियाँ कायम की, ...तथा जरूरतमंदों के बीच अनाज का वितरण किया।[8]

अखिल भारतीय किसान सभा के अतिरिक्त स्थानीय स्तर पर अनेक किसान संगठनों का निर्माण हुआ। आंध्र में 1923 में रैयत और खेतिहर मजदूरों ने अपने अलग संगठन बनाये। 1926–27 में बंगाल, बिहार, पंजाब, उत्तर प्रदेश में स्थानीय किसान सभाओं की स्थापना हुई। 1935 में मद्रास प्रेसीडेंसी रेयत्स एसोसिएशन बनाया गया और 1937 में मद्रास प्रेसीडेंसी एग्रीकल्चरिस्ट एसोसिएशन का गठन हुआ। इस प्रकार किसान संगठनों ने न केवल किसानों की समस्याओं की ओर सरकार का ध्यान आकृष्ट किया बल्कि भारतीय स्वाधीनता आन्दोलन को भी गति प्रदान की। यहाँ कुछ महत्वपूर्ण कृषक विद्रोहों या आन्दोलनों की चर्चा करना आवश्यक है, जिससे हमें न केवल स्वतंत्रता संघर्ष में उनकी विशिष्ट भूमिका का ज्ञान होगा बल्कि उनकी व्यापकता एवं प्रसार ने औपनिवेशिक शासन को किस हद तक परेशानी में डाल दिया था, इसका भी बोध होगा।

Note: Map not as Per Scale

बंगाल का कृषक या नील आन्दोलन (1855–73): बंगाल का किसान विद्रोह नील विद्रोह के नाम से मशहूर है। 1770 में ईस्ट इण्डिया कम्पनी द्वारा नील की खेती शुरु की गई। नील विद्रोह उन यूरोपियन बागान मालिकों के प्रति विरोध प्रकट करने के लिए हुए थे जो किसानों को ऐसी शर्तों पर नील की खेती करने के लिये बाध्य करते थे जो उनके लिए पूरी तरह अलाभकर थी। नील बागान मालिकों की पाशविकता इतनी अधिक थी कि उसे किसी भी आधार पर उचित नहीं ठहराया जा सकता। कृषक स्वयं खाने तक के लिए अनाज पैदा नहीं कर सकते थे, इससे उनमें असन्तोष पैदा हुआ। किसान शहरी मध्यमवर्ग एवं कुछ मिशनरियों का व्यापक समर्थन जुटाने में सफल हुए। 1859 में हजारों कृषकों ने नील की खेती करने से इन्कार कर दिया। उन्होंने अपने संगठन बनाये तथा बागान मालिकों और उनके सैनिकों का प्रतिरोध करने को तत्पर हो गए। अप्रैल 1860 में **पाबना**, **नदिया** एवं **बारसार** उपखण्ड (sub-division) के समस्त किसानों ने पहली किसान हड़ताल की। जल्दी ही यह हड़ताल **राजशाही**, **ढाका**, **मालदा**, **दीनाजपुर**, **जैसोर**, **खुलना** आदि इलाकों में फैल

गई। समकालीन समाचार पत्र 'द बंगाली' में विस्तार से इसकी रपट प्रकाशित हुई एवं किसान विद्रोह को सफल बताया। दीनबंधु मित्र ने बंगला में 'नीलदर्पण' लिखा और नील कृषकों की दुर्दशा को उजागर किया। 1859 के रेंट अधिनियम के विरुद्ध असन्तोष भी इसका एक कारण बना। नील विद्रोह के कारण सरकार जाँच समिति (Indigo Commission) गठित करने को बाध्य हुई एवं एक सूचना जारी की जिसके तहत रैयत को मनचाही खेती करने के अधिकार का उल्लेख था। यह भी कहा गया कि नील की खेती करवाने वाले इसमें कुछ हस्तक्षेप नहीं कर सकेंगे। 1860 के विद्रोह के कारण नील बागवानी को काफी धक्का लगा और खेतीहरों को बाध्य होकर बिहार की ओर कूच करना पड़ा।

पबना (पाबना) विप्लव (1873–76): बंगाल में पबना जिले के यूसुफशाही परगना के किसानों ने 1859–73 तक कर वृद्धि का कोई विरोध नहीं किया और अधिक बढ़ी हुई दर पर बिना किसी विरोध के लगान देते रहे। यद्यपि 1859 के रेंट अधिनियम (Rent Act) ने किसान असन्तोष को बढ़ाया। दूसरे, जमींदार किसानों से उनकी जमीन पर से उनका अधिकार छीन लेना चाहते थे। भूमि के मालिक किसानों से जबरन हस्ताक्षर करवाकर पट्टेदार बना दिया गया। किन्तु उन्हें नए कानूनों की जानकारी शिक्षित लोगों से होती रहती थी जिससे उन पर हो रहे अत्याचारों का ज्ञान हुआ। तीसरे, त्रिपुरा में अनुचित बेगार भी ली जाती थी जिससे वे अत्यधिक त्रस्त थे अतः किसानों ने अपने को संगठित करना शुरु किया। 1873 में '**एग्रेरियन लीग**' का गठन किया गया, पूरे जिले के किसान इसके सदस्य बन गए थे। यह आश्चर्यजनक था कि कृषकों ने ब्रिटिश शासन का विरोध नहीं किया प्रत्युत वे "इंग्लैण्ड की रानी" का किसान बने रहना चाहते थे, किन्तु उनके विरुद्ध हो रहे अन्याय एवं अत्याचार का उन्होंने विरोध किया। लीग ने जमींदारों की लगान वृद्धि के विरुद्ध मुकदमें भी शुरु किये और लगान देना बंद कर दिया। किसानों द्वारा बड़े पैमाने पर चलाये गये आन्दोलन के बावजूद हिंसक वारदात नाममात्र को ही हुई और कृषक मुख्यतः जमींदारों से अपनी सम्पत्ति बचाने का ही प्रयास कर रहे थे।[9] जैसे–जैसे विद्रोह बढ़ा जमींदारों ने किसानों से बदला लेने के उपाय किये। यह विद्रोह ढाका, राजशाही, त्रिपुरा, फरीदपुर, बाकरगंज और बोगरा में फैल गया। इस क्षेत्र के किसान मुख्य रूप से (लगभग 70 प्रतिशत) मुसलमान थे, लेकिन अंगरेजों एवं जमींदारों ने इसे साम्प्रदायिक दंगे का नाम दिया। यह उल्लेखनीय है कि केशवचन्द्र राय एवं शंभुनाथ पाल जैसे कृषक नेता हिन्दू थे। सरकार को विवश होकर 1879 में एक रेंट कमीशन (Rent Commission) नियुक्त करना पड़ा। इस आन्दोलन का बंकिमचन्द्र चटोपाध्याय एवं रमेशचन्द्र दत्त जैसे युवा बुद्धिजीवियों ने समर्थन किया था। सुरेन्द्रनाथ बनर्जी, आनन्द मोहन बोस और द्वारकानाथ गांगुली ने भी इण्डियन एसोसिएशन के माध्यम से 1880 के दशक में कृषक संगठनों की मदद की एवं कृषक अधिकारों का समर्थन किया। अतः सरकार ने रेंट कमीशन की सिफारिश पर 1885 का बंगाल काश्तकारी कानून (Bengal Tenancy Act) पारित किया।

दक्कन उपद्रव (1875): महाराष्ट्र के पूणे एवं अहमदनगर जिलों में रैयतवारी व्यवस्था के तहत किसानों से सीधा लगान वसूल किया जाता था एवं उसे भूमि का मालिकाना हक प्राप्त था। गरीब किसान कर्ज लेकर लगान अदा करते थे। ध्यान रहे कि यहाँ पर मारवाड़ी एवं गुजराती साहूकार बहुत अधिक ब्याज पर कृषकों को धन उधार देते थे। 25 से 50 प्रतिशत की ऊँची ब्याज दर के उदाहरण भी मिलते हैं। कर वसूली की सामूहिक व्यवस्था के लोप होने से पूर्व की भांति सूदखोर गाँव की कानूनी व्यवस्था से बंधा हुआ नहीं था और कृषकों द्वारा धन न चुकाने पर न्यायालयों से अपने पक्ष में निर्णय करवाकर भूमि पर आधिपत्य स्थापित कर लेते थे। अदालतें और नए कानून "वानि" (गाँव के सूदखोर) और कुनबी (किसान) के मध्य तनाव के स्थाई कारण थे। अमेरिका में गृह युद्ध (1861–64) के दौरान कपास के निर्यात में वृद्धि के कारण किसानों का जो विकास हुआ था वह अगले ही दशक में मूल्यों के अचानक गिर जाने से रुक गया। दूसरी ओर 1867 के बाद सरकार ने भू–राजस्व लगभग 50 प्रतिशत बढ़ा दिया। इसका परिणाम यह हुआ कि बड़ी संख्या में कृषकों को ऋण लेना पड़ा और प्रवासी मारवाड़ी साहूकार (वानि) जन–आक्रोश का लक्ष्य बने। कृषकों से सूदखोरों के पास सम्पत्ति का हस्तान्तरण होने लगा। जानकारी मिलती है कि दिसम्बर 1874 में एक सूदखोर महाजन ने कालूराम किसान के खिलाफ अदालत से उसके घर की नीलामी की डिक्री प्राप्त कर ली। इस पर किसानों ने साहूकारों का सामाजिक बहिष्कार करना शुरु किया एवं उनके खेतों पर काम करना बंद कर दिया। मई 1875 तक स्थिति अधिक विस्फोटक हो गई और सूपा नामक गाँव में कुछ किसानों ने हाट के दिन साहूकारों के घर और दुकानों पर हमला करके इकरारनामे, अदालत के आदेश, पुरनोट आदि खुले आम जला दिये, किन्तु भीड़ ने आमतौर पर कोई हिंसक कार्रवाई नहीं की। यद्यपि जिन सूदखोर बनियों ने कागजात नहीं दिये थे उन्हें भयभीत करने के लिए हिंसा का सहारा भी लिया गया। सरकार ने पुलिस व सेना के सहयोग से किसान विद्रोह को तीन सप्ताह में दबा दिया। साथ ही सरकार ने दक्कन उपद्रव आयोग (Deccan Riots Commission) नियुक्त किया और

दक्कन कृषक राहत अधिनियम (Agriculturists Relief Act, 1879) द्वारा किसानों को साहूकार के विरुद्ध कुछ संरक्षण प्रदान किया। न्यायमूर्ति महादेव गोविन्द रानाडे के नेतृत्व में पूणे सार्वजनिक सभा ने किसानों की मांगों को उचित ठहराया था।

बिजौलिया आन्दोलन (1913–41): राजस्थान के मेवाड़ क्षेत्र में स्थित बिजौलिया कस्बे के किसानों ने परम्परागत जागीरदारी व्यवस्था द्वारा किये जाने वाले शोषण के विरुद्ध सर्वप्रथम आवाज उठाई। बिजौलिया का जागीरदार किसानों से विभिन्न प्रकार के कर वसूल करता था। विवरण मिलता है कि 89 प्रकार लागतें (या कर) किसानों से वसूल की जाती थी और किसानों की पैदावार का आधा भाग करों के भुगतान में चला जाता था। इतना ही नहीं लगान वसूल करने वाले कर्मचारी पैदावार का मूल्यांकन (कूंते) करते समय भी किसानों को परेशान करते थे। इसके अतिरिक्त जनता से बेगार भी ली जाती थी। राव कृष्णसिंह ने 1903 में चँवरी (विवाह कर) की लागत ऊपर से और थोप दी। दूसरे शब्दों में, प्रत्येक पिता को अपनी पुत्री के विवाह पर पांच रुपये कर के रूप में सरकार को भुगतान करना था। 1906 में राव कृष्णसिंह की मृत्यु के बाद पृथ्वीसिंह जागीरदार बना। इसने मेवाड़ महाराणा द्वारा ली जाने वाली तलवार बन्धाई के रूप में बड़ी उपहार राशि का भार किसानों पर लाद दिया और लगान में भी वृद्धि कर दी। किसानों ने इसका घोर विरोध किया तथा 1913 में पैदावार नहीं की और न ही लगान का भुगतान किया। क्रुद्ध राव ने किसानों के दो नेता चारण एवं ब्रह्मदेव को बिजौलिया से निर्वासित कर दिया तथा कार्यकर्ताओं को जेल भेज दिया और साधु सीताराम को पुस्तकालय की नौकरी छोड़नी पड़ी। साधु सीतारामदास का चित्तौड़ में आयोजित विद्याप्रचारिणी सभा के अधिवेशन (1916 ई.) में विजयसिंह पथिक से सम्पर्क हुआ और उसने पथिक जी को बिजौलिया आन्दोलन का नेतृत्व करने की सलाह दी।

विजयसिंह पथिक: पथिक का पूर्व नाम भूपसिंह था। उसका जन्म बुलन्दशहर जिले में गुलावठी ग्राम में हुआ। उनके दादा मांडलगढ़ नवाब की सेना का नेतृत्व करते हुए 1857 में शहीद हुए थे। अतः भूपसिंह में भी राष्ट्रीयता की भावना कूट–कूट कर भरी हुई थी। भूपसिंह पूर्व में प्रसिद्ध क्रान्तिकारी शचीन्द्र सान्याल एवं रासबिहारी बोस (जो बाद में जापान विस्थापित हो गए थे।) के सम्पर्क में रहा था। बोस ने भूपसिंह को राजस्थान में स्वतंत्रता संघर्ष के लिए कार्य करने की प्रेरणा दी थी। राजस्थान में भूपसिंह ने अपना नाम विजयसिंह "पथिक" रख लिया एवं वे अपनी वेशभूषा बदल कर रहने लगे। पथिक जी ने सीताराम दास के आग्रह पर बिजौलिया क्षेत्र के किसानों की मुक्ति के लिए कार्य करना प्रारम्भ किया। इस दौरान उनकी मुलाकात मोही ठाकुर डंगरसिंह भाटी, केशरीसिंह बारहट, ईश्वरदास आसिया, माणिक्यलाल वर्मा आदि से हुई। इन दिनों प्रथम महायुद्ध शुरु हो गया था और राव ने किसानों से युद्ध का चन्दा वसूल करने की कोशिश की। किन्तु किसान युद्ध का चन्दा देने को तत्पर न थे। पथिक जी की सलाह से किसानों ने महायुद्ध के चन्दे का विरोध किया अतः सीतारामदास एवं प्रेमचन्द भील को गिरफ्तार कर लिया गया। पथिक जी ने बिजौलिया राव के अत्याचार के विषय में बालगंगाधर तिलक को भी पत्र लिखा था। पथिक जी 1918 में कांग्रेस अधिवेशन में भाग लेने के लिए दिल्ली एवं कानपुर चले गये, इस दौरान माणिक्यलाल वर्मा एवं सीताराम दास ने आन्दोलन का संचालन किया। 1919 में पथिक जी ने अपने पत्रों द्वारा बिजौलिया किसानों की दयनीय स्थिति से भारत सरकार एवं मेवाड़ राजा को अवगत करवाया। अतः 1919 में न्यायमूर्ति बिन्दुलाल भट्टाचार्य की अध्यक्षता में एक आयोग बिठाया गया। किन्तु राव ने आयोग की सिफारिशों पर ध्यान नहीं दिया, प्रत्युत सिंचित भूमि पर लगान बढ़ा दिया जिसका किसानों ने घोर विरोध किया। कांग्रेस के 1920 के नागपुर अधिवेशन में पथिक जी, रामनारायण चौधरी, सीतारामदास, माणिक्यलाल वर्मा और किंकर जी आदि गांधीजी से मिले और उन्हें बिजौलिया किसानों की दयनीय स्थिति से अवगत करवाया। गांधीजी की सलाह से उन्होंने बिजौलिया में अपना आन्दोलन अधिक तेज किया। स्थिति की विकटता को ध्यान में रखते हुए भारत सरकार ने मेवाड़ नरेश पर किसान पंचायत से समझौता करने के लिए दबाव डाला और इसी क्रम में 4 फरवरी 1922 में भारत सरकार का प्रतिनिधि हालैण्ड बिजौलिया पहुँचा। किसानों का प्रतिनिधित्व राजस्थान सेवा संघ ने किया, जिसमें माणिक्यलाल वर्मा, किसान पंचायत के सरपंच मोतीचन्द पटेल तथा नारायण पटेल और राजस्थान सेवा संघ के मन्त्री रामनारायण चौधरी सम्मिलित थे। राव राजा एवं किसानों के मध्य समझौता हो गया और किसानों से वसूल की जाने वाली 35 लागतें माफ कर दी गई, किसानों से मुकदमे वापस ले लिये गये। लगान भी अनाज के रूप में लेने के स्थान पर नगदी में लेना स्वीकार किया। किन्तु यह समझौता स्थायी साबित नहीं हुआ। राव की दमनात्मक नीति से परेशान होकर किसानों ने माल की जमीनें छोड़ दी। इस दौरान पथिक जी को जेल से छोड़ दिया गया था। उन्होंने दूसरों द्वारा जमीनें नहीं खरीदने की स्थिति में ही किसानों को जमीनें छोड़ने की सलाह दी, लेकिन दुर्भाग्य से किसानों द्वारा छोड़ी गई जमीनें दूसरों ने खरीद ली। अन्ततः 1941 में किसानों को अपनी भूमि वापस मिल

गई, इसमें गांधीजी की सलाह पर मदनमोहन मालवीय को हस्तक्षेप करना पड़ा। हरिभाऊ उपाध्याय ने दुर्गाप्रसाद चौधरी, प्यारचंद विश्नोई, पं. लादूराम, अचलेश्वर प्रसाद शर्मा, श्रीमती रमादेवी को भी बिजौलिया भेजा था। माणिक्यलाल वर्मा को जेल से छोड़ किया गया। यह उनके जीवन की सबसे बड़ी सफलता थी। देश के इतिहास में यह अनूठे ढंग का आन्दोलन था जिसके कारण राष्ट्रीय नेताओं को भी इसमें हस्तक्षेप करना पड़ा।

मलाबार का मोपला आन्दोलन (1836–1854 एवं 1882 से 1885 तथा 1921): मलाबार क्षेत्र में मोपला लोग पट्टेदार (कनामदार) एवं खेतीहर (वेरुमपट्टमदार) थे और वे प्रायः मुसलमान थे। कहा गया है कि ये लोग हिन्दुओं की तिय्या जाति के थे जिसे निम्नजाति माना जाता था। जमींदार वर्ग नंबूदरी और नायर जेनमी उच्च वर्ग के हिन्दू थे। साम्राज्यवादी शासन जमींदारों के अधिकारों का पोषक था। चूंकि जेनमी जमींदारों को पुलिस, कानून और कर अधिकारियों का समर्थन मिल रहा था अतएव उन्होंने मोपला कृषकों पर अपना नियंत्रण बढ़ाया। हिन्दू जमींदारों द्वारा अधिक मालगुजारी, पट्टे के नवीनीकरण के समय अधिक धन की मांग और पट्टेदारी की असुरक्षा जैसी समस्याओं से मोपला परेशान थे। बाध्य होकर मोपला कृषकों ने जमींदारों और अंगरेजों के खिलाफ विद्रोह कर दिया। 1836–1854 के बीच इस क्षेत्र में 22 विद्रोहों की जानकारी मिलती है। 1882–85 एवं 1896 में पुनः विद्रोह हुए। विद्रोहियों ने हिन्दू मन्दिर नष्ट किये तथा जेनमियों की सम्पत्ति को नुकसान पहुँचाया। वस्तुतः यह अमीर एवं गरीब के मध्य का संघर्ष था जिसे औपनिवेशिक शासकों ने साम्प्रदायिक रूप दे दिया क्योंकि जमींदार हिन्दू और कृषक मुसलमान थे। इस विद्रोह ने 1896 तक आक्रामक जातीय दंगों का रूप ले लिया। 1919 तक मोपला आक्रमणों के 82 लोग शिकार हुए (जिनमें अधिकांश सवर्ण हिन्दू नंबूदरी और नायर) थे। सुमित सरकार मोपला विद्रोह की विशेषता को रेखांकित करते हुए लिखते हैं: "ग्रामीण आतंकवाद के एक विशिष्ट प्रकार थे जो शायद उन मोपलों के हित में जेनमियों की बढ़ी हुई शक्ति को सीमित करने का प्रभावकारी साधन थे जो स्वयं इन विद्रोहों में भाग नहीं लेते थे।"[10] इन विद्रोहों में मोपलों द्वारा ही हत्यायें की गई हों ऐसा नहीं था। डी.एन. धनागरे ने यह सिद्ध कर दिया है कि कृषक विद्रोह का दमन करने के लिए जमींदारों ने विद्रोहियों को जिंदा जलवा दिया जिससे उनका उत्साह ठण्डा हो जाए। जमींदारों के अत्याचारों से पीड़ित मोपला कृषक बदला लेने को उतारु हो गये।[11]

1921 में मोपला विद्रोह पुनः भड़क उठा, वह पहले से बिल्कुल भिन्न था। अप्रैल 1920 में मंजेरी में हुए मलाबार जिला कांग्रेस सम्मेलन में जमींदारों के बढ़ते हुए अत्याचार के विरुद्ध किसानों की मांगों का समर्थन किया था। इन दिनों खिलाफत आन्दोलन भी जोर पकड़ रहा था। गांधीजी, शौकतअली और मौलाना आजाद ने इन इलाकों का दौरा किया और इन आन्दोलनों का समर्थन किया। धीरे–धीरे खिलाफत आन्दोलन एवं कृषक बैठकों में कोई भेद नहीं रह गया था। इस तरह की बैठकों में काफी भीड़ रहती थी। बढ़ते हुए कृषक प्रभावों से साम्राज्यवादी शासक बौखला उठे और 15 फरवरी 1921 को सरकार ने निषेधाज्ञा लागू कर खिलाफत आन्दोलन से सम्बन्धित बैठकों पर प्रतिबंध लगा दिया। नौकरशाही की मान्यता थी कि इस तरह की बैठकों द्वारा मोपलाओं को ब्रिटिश सरकार व हिन्दू जमींदारों के विरुद्ध भड़काया जाता है। 18 फरवरी को सभी कांग्रेसी एवं खिलाफत नेताओं को गिरफ्तार कर लिया गया। गिरफ्तार किये गये प्रमुख नेता थेः याकूब हसन, यू. गोपाल मेनन, माधवन नायर, मोईद्दीन कोया। विद्रोह का नेतृत्व अब स्वयं मोपला लोगों के हाथों में आ गया। सरकार भी मोपलाओं का पूर्ण दमन करने को उतारु हो गई और 20 अगस्त 1921 को खिलाफत नेता अली मुसलियार को गिरफ्तार करने के लिए स्थानीय मजिस्ट्रेट टामस ने निरुरांगड़ी मस्जिद पर छापा मारा। मुसलियार जिसे मोपलाओं ने अपना धार्मिक नेता मान लिया था को तो गिरफ्तार नहीं किया जा सका, किन्तु मस्जिद पर छापा मारे जाने की खबर बिजली की तरह चारों तरफ फैल गई। परिणामतः कोट्टाकाल, पारप्पानागड़ी के मोपला निरुरांगड़ी में एकत्र हुए, वहां पुलिस ने निहत्थी भीड़ पर गोलियों की बौछार शुरु कर दी जिसमें बड़ी संख्या में मोपला मारे गये इसके विरोध में मोपला भी हिंसा पर उतर आये और विद्रोह पूरे एरनाड में फैल गया। सरकारी सम्पत्ति को लूट लिया गया अथवा जला दिया गया। ब्रिटिश नौकरशाही ने हिन्दुओं को मोपलाओं के विरुद्ध उकसाया और एक दूसरे को विरोधी बना दिया। इसका परिणाम यह हुआ कि मोपलाओं ने हिन्दुओं पर भी हमला किया तथा जबरन धर्म परिवर्तन की घटनायें बढ़ी और इस तरह संघर्ष ने साम्प्रदायिक रूप धारण कर लिया, बाद में सरकार ने मोपला विद्रोह के दमन हेतु कठोर कदम उठाये। एक वर्ष में ही 30 हजार से अधिक मोपला गिरफ्तार किये गये। जानकारी मिलती है कि मालगाड़ी एक डिब्बे में सौ मोपिला ठूंस दिये गये, जब यह डिब्बा वोदनूर पहुँचा तब तक पानी व हवा के अभाव में सत्तर कैदी मर चुके थे। विद्रोह को पूरी तरह दिसम्बर 1921 तक कुचल दिया गया। इस विद्रोह में 2337 मोपिला मारे गये और 1652 घायल हुए। अपराधिक मामलों में शामिल 3000 मोपलाओं को काले

पानी की सजा दी गई। विवरण मिलता है कि कुनहम्मद[12] हाजी ने हिन्दुओं को नहीं सताया था और कुछ लोगों ने हिन्दू मुस्लिम भाई–चारे को बनाये रखने का प्रयास किया।

कोय आन्दोलन (1879–1886): आन्ध्र प्रदेश के पूर्वी गोदावरी क्षेत्र नरसिपतन तालुका के कोय विद्रोह का नेता **तोमाडोरा** था। इस विद्रोह का केन्द्र बिन्दु आखिर में चोडवरम का रंपा प्रदेश बन गया। कोय विद्रोह से उड़ीसा के कोरापुट जिले का मलकान गिरी क्षेत्र भी प्रभावित हुआ। विद्रोह का कारण सूदखोर व्यवस्था एवं आदिवासियों के जंगल पर चले आ रहे अधिकार में कमी थी। सूदखोर कोय लोगों की जमीनें अपने नाम लिखवा रहे थे अतः धीरे–धीरे इनमें असन्तोष बढ़ा। कोय लोग तोमाडोरा को मलकान गिरी का राजा कहते थे। मोतू में इन लोगों द्वारा पुलिस थाने पर कब्जा किये जाने की जानकारी मिलती है। कोय विद्रोह का दमन करने के लिए अंगरेज सरकार को इनफैन्ट्री के छः रेजिमेंट लगानी पड़ी। विद्रोहियों का नेतृत्व राजा अनंतश्य्यार कर रहे थे और रामसंडु (राम की सेना) का गठन कर जयपुर राजा से सहयोग मांगा था। किन्तु बाद में तोमाडोरा पुलिस गोली से मारा गया और विद्रोह शान्त हो गया।

संयुक्त प्रान्त का किसान आन्दोलन (1920–22): आगरा एवं अवध क्षेत्र के ताल्लुकेदारों, जमींदारों एवं उपनिवेशवादी व्यवस्था ने किसानों का जीना दूभर कर दिया था। 1920 में जमींदारों ने किसानों से मनमाना लगान वसूल किया जबकि फसल नष्ट हो जाने तथा अकाल के कारण यहाँ के किसान पहले से ही हताश थे। अवध में होमरूल लीग के कार्यकर्ता काफी सक्रिय थे, इन्होंने किसानों को संगठित करना शुरु किया। संगठन का नाम दिया गया **"किसान सभा"**। गौरीशंकर मिश्र, इन्द्र नारायण द्विवेदी और मदनमोहन मालवीय के प्रयासों से फरवरी 1918 में उत्तर प्रदेश किसान सभा का गठन हुआ था। इस संगठन ने थोड़े ही समय में किसानों में अपनी प्रतिष्ठा कायम कर ली। जून 1919 तक इसकी 460 शाखाएँ स्थापित हो गई थीं। किसान सभा ने किसानों को कितना जागरूक बनाया इसका अन्दाज इससे लगा सकते हैं कि 1918 में दिल्ली में कांग्रेस अधिवेशन में किसानों का व्यवहार बहुत उग्र था।

बाबा रामचन्द्र एवं किसान आन्दोलन: बाबा रामचन्द्र ने जमींदारों के विरुद्ध अवध के किसानों को संगठित करने के लिए पहल की। उनका जन्म एक महाराष्ट्रियन ब्राह्मण परिवार में हुआ था। 1905 में वे एक अनुबन्धित श्रमिक के रूप में फिजी गये थे और वहाँ से 1917–18 में अवध लौट आए तथा सन्यासी के वेश में किसानों के बीच रहकर गांव सभायें आयोजित करने लगे। रामचरित के पाठ द्वारा उन्होंने किसानों को जानकारी देना शुरू किया, कि किस प्रकार औपनिवेशिक सरकार एवं ताल्लुकेदारों ने उन्हें बंधुवा मजदूर बना दिया है। जून 1920 में बाबा रामचन्द्र जौनपुर और प्रतापगढ़ के किसानों के जत्थे का नेतृत्व करते हुए इलाहाबाद पहुँचे और पण्डित नेहरू से किसानों की हालत देखने का अनुरोध किया। जून और अगस्त 1920 में नेहरु जी ने कई बार ग्रामीण इलाकों का दौरा किया और किसान सभाओं के कार्यकर्ताओं से मिले। 28 अगस्त 1920 को बाबा रामचन्द्र एवं 32 अन्य किसानों को गिरफ्तार कर लिया गया, लेकिन किसानों के भारी दबाव को देखते हुए उन्हें छोड़ना पड़ा।

अक्तूबर 1920 में प्रतापगढ़ में एक समानान्तर संगठन 'अवध किसान सभा' का गठन हुआ जिसने पूरे अवध प्रान्त की लगभग उन सभी किसान सभाओं को अपने में मिला लिया जो उस अवधि में ही गठित हुई थी। 1921 में किसान आन्दोलन अधिक तीव्र हो उठा और उत्तर प्रदेश के रायबरेली, फैजाबाद और सुल्तानपुर में तेजी से फैल गया। किसानों की मांग थी कि जमीन की बेदखली रोकी जानी चाहिए। उन्होंने जमींदारों एवं महाजनों के घरों पर धावे बोले। 6 जनवरी 1921 में फरसतगंज बाजार में इकट्ठे होकर किसानों ने अनाज और कपड़े के मूल्य में वृद्धि, बनियों के भारी मुनाफे और ताल्लुकेदारों की निरंकुशता का विरोध किया। नेहरु जी ने अपनी आत्मकथा में 7 जनवरी 1921 की इस घटना का उल्लेख करते हुए लिखाः कस्बे के ठीक बाहर एक छोटी नदी के उस पार किसानों का मुख्य भाग रोक दिया गया। लेकिन फिर भी दूसरी तरफ से लोग लगातार चले आ रहे थे। स्टेशन पर आते ही मुझे इस स्थिति की खबर मिली और मैं फौरन नदी की तरफ गया जहाँ फौज किसानों का सामना करने के लिए रखी गई थी। ...बाद में हमें पता चला कि गोलीकाण्ड में बहुतेरे आदमी मारे गये।[13] सरकार की दमनकारी नीतियों, कांग्रेसियों के आन्दोलन रोकने के प्रयास से विद्रोह कमजोर हो गया। सरकार ने अवध मालगुजारी अधिनियम (Ovadh Rent Act) पारित कर दिया। इससे किसानों को कोई विशेष राहत नहीं मिली।

किसान 'अवध किसान अधिनियम' से सन्तुष्ट नहीं थे। 1921 के अन्त और 1922 के प्रारम्भ में हरदोई, सीतापुर, बाराबंकी, बहराइच आदि जिलों में आन्दोलन एक बार फिर उभरकर सामने आया। इन जिलों के किसानों, कांग्रेसी और खिलाफत नेताओं ने इस आन्दोलन को 'एका' (एकता) आन्दोलन का नाम दिया। इसे शुरु करने में किसान नेता **मदारीपासी**

का हाथ था। आन्दोलन से जुड़े किसानों को शपथ दिलाई जाती थी कि निर्धारित लगान से अधिक नहीं देंगे, बेगार नहीं करेंगे, बेदखल किये जाने पर जमीन नहीं छोड़ेंगे। अंगरेज सरकार की दमनकारी नीति के कारण आन्दोलन असफल हो गया। परन्तु मदारीपासी को गिरफ्तार नहीं किया जा सका।

पंजाब में असन्तोष (1876 एवं 1946): पंजाब के किसान भी अपनी जमीनों पर साहूकारों का तेजी से कब्जा होते जाने की वजह से उत्तेजित थे। खेतों को रेहन रखे जाने की संख्या में वृद्धि 19वीं सदी के सातवें दशक में अधिक हुई। पंजाब के पश्चिमी क्षेत्रों में परेशानी की एक नई बात यह थी कि जहाँ जमींदार एवं खेतिहर दोनों मुसलमान थे वहीं साहूकार हिन्दू बनिया थे। इससे इस क्षेत्र में कर्जदार किसान एवं साहूकार (हिन्दू) के मध्य संघर्ष को औपनिवेशिक शासन ने साम्प्रदायिक रूप दे दिया। 1876 में एस.एस. थॉरबर्न ने यह दावा किया कि यदि इस स्थिति का समय रहते इलाज नहीं किया गया तो इससे अन्ततः इस देश में ब्रिटिश साम्राज्य का स्थायित्व ही खतरे में पड़ जायेगा।[14] बाबा **रामसिंह** के नेतृत्व में कूका आन्दोलन जिसने पंजाब में ब्रिटिश शासन को हिला दिया था, के बारे में हम पहले पढ़ चुके हैं। पंजाब में अंगरेजों की चिन्ता राजनीति से प्रेरित थी। पंजाब शाही ब्रिटिश सेना का भर्ती क्षेत्र था और पूरी ब्रिटिश सेना के पचास प्रतिशत जवान इसी क्षेत्र से आते थे। साथ ही आर्यसमाज के प्रभाव के तहत शिक्षित हिन्दू ब्रिटिश राज पर आक्षेप करने में सबसे आगे थे। किसानों के इस असन्तोष ने वहाँ के साहूकारों एवं व्यापारियों के विरुद्ध खड़े होने का आधार प्रदान कर दिया। फलतः 1900 में भूमि असंक्रम्य अधिनियम (Punjab Land Alienation Act) पारित किया गया, जिसके द्वारा भूमि गैर–कृषक वर्गों को हस्तान्तरित नहीं की जा सकती थी। 1930 के दशक के प्रारम्भ में पंजाब में किसान सभाएं अस्तित्व में आ गई थीं। **"नौजवान भारत सभा"**, **"कीरती किसान सभा"** आदि को कांग्रेस एवं अकाली दल के कार्यकर्ताओं ने 1937 तक एक सूत्र में आबद्ध कर दिया। किसानों को जागृत करने के लिए यहाँ भी वही तरीके अपनाये गये जो अन्य किसान सभाओं द्वारा अपनाये गये थे, जैसे सभाओं का आयोजन, घर–घर जन–सम्पर्क, प्रदर्शन आदि। पंजाब के किसानों की माँग थी 'भू–राजस्व में कटौती और ऋणों के भुगतान का स्थगन'। उनके आक्रमण का निशाना था युनियनिस्ट पार्टी का मंत्रीमण्डल जिसमें पश्चिमी पंजाब के भूस्वामियों का वर्चस्व था।

पंजाब की रियासतें जैसे पटियाला भी किसान असन्तोष से अछूती नहीं रही। किसानों की मुख्य माँग यह थी कि कई हथकण्डों से कुछ भूस्वामियों और अधिकारियों ने मिलकर जो जमीन हथिया ली है वह काश्तकारों को लौटाई जाये। काश्तकारों ने मालिकों के हिस्से का लगान देने से इन्कार कर दिया।

इसी प्रकार 1946 में पंजाब के लायलपुर क्षेत्र में सिक्ख किसानों का आन्दोलन हुआ जो आस–पास के प्रदेशों में फैल गया। उत्तर पश्चिमी सीमान्त प्रान्त की धल्लाधीर रियासत में किसानों ने नवाब द्वारा मनमाने ढंग से बेदखल करने और तरह–तरह के कर वसूलने का विरोध किया।

बारदोली सत्याग्रह (1928): गुजरात के सूरत जिले में स्थित बारदोली 1922 के बाद राजनैतिक गतिविधियों का केन्द्र बन गया। देश में एक ओर साइमन कमीशन का विरोध किया जा रहा था उन्हीं दिनों बारदोली के किसानों ने लगान वृद्धि के विरुद्ध संघर्ष शुरु किया। गांधीजी इस तालुक्के में असहयोग आन्दोलन को गति देने वाले थे, किन्तु चौरी–चौरा की घटना से उन्होंने अपना विचार बदल दिया। यद्यपि इसमें वहाँ के कांग्रेसी कार्यकर्ताओं का मनोबल कमजोर हुआ। किन्तु शीघ्र ही गांधीजी ने उन्हें रचनात्मक कार्यों में लगा दिया। विवरण मिलता है कि 137 गाँव और 87,000 जनसंख्या वाले इस ताल्लुके में 1922 से ही मानवतावादी और रचनात्मक कार्य अत्यन्त सफलतापूर्वक चलाये जा रहे थे। कुंवरजी और कल्याणजी मेहता जैसे स्थानीय नेताओं के नेतृत्व में यहाँ के जोतधारी किसानों की प्रमुख जाति कंबी पाटीदार 1908 से ही संगठित होने लगी थी। पाटीदार के खेत दुबला आदिवासी जोतते थे जो पारम्परिक रूप से ऋण दास थे और जिनको कालीपरज (काले लोग) कहा जाता था। ये बारदोली की जनसंख्या के 50 प्रतिशत थे। कालीपरज लोग अत्यन्त पिछड़े हुए थे..... 1920 के दशक के आरम्भ से ही गांधीवादी रचनात्मक कार्यकर्ता कालीपरज लोगों के बीच भी सक्रिय थे, जिन्हें उन्होंने नया नाम 'रनीपराज' (वनवासी) दिया था।[15] गांधीजी ने कालीपराज समुदाय के आर्थिक व सामाजिक दशाओं की जांच करने के लिए एक समिति गठित की। इस समिति ने अपने प्रतिवेदन में "हाली" पद्धति को अमानवीय माना तथा जमींदारों व सूदखोरों को उनकी दुर्दशा के लिए जिम्मेदार ठहराया।

1926–27 में कपास के मूल्य में गिरावट आने के बावजूद सरकार ने बारदोली में राजस्व 22 प्रतिशत बढ़ा दिया। वस्तुतः इन दिनों अन्न, पटसन, कपास आदि के दाम तेजी से गिरे, जबकि भारत से केवल कृषि उत्पादनों का ही निर्यात

किया जाता था और ब्रिटेन से कारखानों का निर्मित तैयार माल आयात किया जाता था। आयातित माल के दामों में उतनी गिरावट नहीं आई जितनी की कच्चे मालों में। किसान तबाह हो गए और उनकी आय में तेजी से कमी आई। दूसरी ओर सरकार ने लगान खूब बढ़ा दिया था जिससे उन पर कर्ज का बोझ और बढ़ गया। किसानों की ओर से कांग्रेस नेताओं ने वल्लभभाई पटेल से आन्दोलन की रहनुमाई करने का अनुरोध किया। 4 फरवरी 1928 को वल्लभभाई पटेल बारदोली पहुँचे। उन्होंने किसानों को स्पष्ट किया कि प्रस्तावित आन्दोलन के क्या–क्या नतीजे हो सकते हैं, साथ ही बम्बई (मुम्बई) के गवर्नर को खत लिखा कि सरकार इस मामले की निष्पक्ष जाँच कराये, नहीं तो वे किसानों को लगान न देने की सलाह देंगे। बारदोली के किसानों ने लगान की अदायगी तब तक न करने का निर्णय किया जब तक कि सरकार किसी निष्पक्ष ट्रिब्यूनल का गठन नहीं करती या पहले से दिए जा रहे लगान को ही लगान की पूरी अदायगी नहीं मानती। संघर्ष के लिए जागरूकता पैदा करने का काम मुख्य रूप से बैठकों, भाषणों, पर्चों के माध्यम से और घर–घर जाकर सम्पर्क द्वारा किया गया। लगान की अदायगी करने वालों (किसानों) और सरकारी अधिकारियों के विरुद्ध सामाजिक बहिष्कार की नीति अपनाई। महिलाओं की आन्दोलन में सक्रिय भूमिका रही। **मनीबेन पटेल (पटेल की पुत्री), शारदाबेन शाह, पारसी मीठूबेन पेटिट, शारदा मेहता** आदि ने लोगों में जागरूकता पैदा करने हेतु जन सम्पर्क किया। सारे देश में इस आन्दोलन के समर्थन में आवाज उठी और बम्बई (मुम्बई) प्रान्त के अन्य किसानों ने भी आन्दोलन की धमकी दी। अगस्त 1928 में गांधीजी बारदोली पहुँचे और उन्होंने घोषणा की कि यदि सरकार सरदार पटेल को गिरफ्तार करती है तो वे इसका नेतृत्व करेंगे। अन्त में सरकार ने एक राजस्व अधिकारी मैक्सवेल से इस मामले की जाँच करवाई, उसने भी लगान की वृद्धि को अनुचित बताया। अन्ततः लगान घटाकर 6:03 प्रतिशत कर दिया गया। कहा गया हैः इस प्रकार अहिंसात्मक कृषक आन्दोलन सफल हुआ। किसान संघर्ष चाहे कुछ भी हो, यह स्वराज प्राप्ति के लिए संघर्ष नहीं है। लेकिन इस तरह का हर संघर्ष, हर कोशिश हमें स्वराज के करीब पहुँचा रही है।[16]

तेभागा आन्दोलन (1946–47): भारतीय साम्यवादी पार्टी की बंगाल शाखा ने कलकत्ता में 1936 में '**बंगीय प्रदेशिक किसान सभा**' की स्थापना की थी। इस आन्दोलन के महत्वपूर्ण नेता **कम्पाराम सिंह** एवं **भवनसिंह** थे। अपने प्रथम अधिवेशन में जमींदारी प्रथा के उन्मूलन, लोकतांत्रिक राज्य की स्थापना और भूमिहीन किसानों को बिना किसी शर्त के भूमि हस्तान्तरित करने की माँग की। 1936–46 के मध्य इस सभा ने बंगाल में अनेक कृषि सम्बन्धी आन्दोलनों का संचालन किया जिसमें चौबीस परगना जिले में 'खस भूमि' के लिए आयोजित आन्दोलन भी शामिल है। इस सभा के नेतृत्व में चलाए गए सभी आन्दोलनों में महत्वपूर्ण था तिभागा या तेभागा आन्दोलन। 1943 के भयानक अकाल में बंगाल के पैंतीस लाख लोग काल कवलित हुए थे। अकाल के तीन साल बाद 1946 में तेभागा आन्दोलन शुरु हुआ। इस आन्दोलन के नेताओं ने **फ्लाइड कमीशन की सिफारिश** के अनुसार लगान की दर घटाकर एक तिहाई करने की मांग की थी। 'तेभागा चाई' नारे की मांग थी, अब तक मिलने वाले आधे हिस्से के बजाय पैदावार में जमींदार (Feudal dues) का हिस्सा 1/3 कर देने की।[17] दूसरे शब्दों में, 1946 के उत्तरार्द्ध में बंगाल के बटाईदारों (बरगादारों) ने घोषणा कर दी कि वे अब जोतदारों (दखीलकार या Occupant) की उपज का आधा हिस्सा न देकर एक तिहाई हिस्सा देंगे और हिस्सा बँटने तक पैदावर उनके अपने खमारों (घर से लगे खलिहानों) में रहेगी, जोतदारों के खलिहानों में नहीं।[18]

द्वितीय विश्वयुद्ध के बाद के खेतिहर आन्दोलनों में तेभागा आन्दोलन सबसे व्यापक था जो बंगाल के 19 जिलों में फैला और लगभग 60 लाख किसान (जिसमें मुस्लिम किसान भारी संख्या में थे) इस आन्दोलन के सहभागी बने। किसानों की जमीनें उनके कब्जे से जो आर्थिक संकट के दिनों में चली गई थी जमीनों पर उन्हें बटाईदारों का कार्य करना पड़ा। और 1943 के भयानक अकाल ने इस स्थिति को और भी बिगाड़ दिया। अतः सितम्बर 1946 में बंगाल प्रादेशिक किसान सभा ने काश्तकारों के लिए आधे के स्थान पर तीन चौथाई हिस्से की माँग की। इसके बाद हजारों किसान इस आन्दोलन से जुड़ गये।

पूरे उत्तरी बंगाल में यह आन्दोलन फैल गया जिसमें जलपाईगुड़ी, दिनाजपुर, रंगपुर, मैमनसिंह, (किशोरगंज), मेदनीपुर (सूताहाट एवं नंदीग्राम आदि), मालदा और 24 परगना (काकद्वीप) आदि प्रमुख थे। यह आन्दोलन स्वतंत्रता प्राप्ति के काफी समय बाद तक चलता रहा और अन्त में पुलिस कार्यवाही की वजह से धीरे–धीरे समाप्त हो गया। चारु मजूमदार एवं कानू सान्याल के नेतृत्व में बंगाल का किसान आन्दोलन जिसे तेभागा कहा गया नक्सलवाद में बदल गया। चारु ने अपने आठ

लेखों द्वारा चीनी क्रान्ति की तर्ज पर हिंसात्मक संघर्ष द्वारा अधिकार प्राप्त करने का लक्ष्य बनाया। कुल मिलाकर इसकी उपलब्धि 1949 के 'बर्गदार अधिनियम' के रूप में सामने आई जिसे बी.सी. राय सरकार ने अध्यादेश के रूप में पारित किया।

पुन्नप्रा वायलार या ट्रैवनकोर संघर्ष (1946): ट्रावनकोर रियासत में जब विद्रोह हुआ महाराष्ट्र में वर्ली संघर्ष एवं बिहार में किसानों का बकाश्त (Baksht) संघर्ष चल रहा था। ट्रावनकोर संघर्ष इस रूप में भिन्न था कि इस क्षेत्र में खेतिहर मजदूर, किसान, ग्रामीण दस्तकार काफी जागरूक थे, किन्तु विद्रोह इनकी समस्याओं से हटकर अलग मामले को लेकर शुरु हुआ। यद्यपि खेतिहर मामलों अर्थात् जेमनियों या जमींदारों की शोषण नीति की इस घटना में काफी महत्वपूर्ण भूमिका रही। यह घटना ट्रैवनकोर के शेरतलाई अलेपी क्षेत्र से सम्बद्ध थी जहाँ कम्युनिस्टों के नेतृत्व में मजबूत ट्रेड यूनियन के रूप में खेतिहर आन्दोलन चल रहा था। कम्युनिस्टों ने गरीब किसानों एवं खेतिहर मजदूरों को ही संगठित नहीं किया, प्रत्युत मछुआरों, ताड़ी उतारने वालों, कोयर फैक्ट्री के मजदूरों को भी। विद्रोह उस समय फूट पड़ा जब बाजार में अन्न के भाव काफी ऊँचे थे और इन्हीं दिनों (जनवरी 1946) रियासत के दीवान सी.सी. रामास्वामी अय्यर ने अमेरिकी पद्धति के संविधान को रियासत के लोगों पर थोपना चाहा। संविधान के अनुसार विधायिकाएं वयस्क मताधिकार द्वारा चुनी जाती थी किन्तु कार्यकारिणी पर एक दीवान का नियन्त्रण होता, जिसे महाराजा नियुक्त करते। स्पष्टतः महत्वाकांक्षी दीवान अंगरेजों के चले जाने के बाद स्वयं अपने नियन्त्रण में एक स्वतंत्र ट्रावनकोर की योजना बना रहा था।[19] कम्युनिस्टों ने इस योजना का विरोध किया। इसकी प्रतिक्रिया में रियासती अधिकारियों ने विद्रोह का पूरी शक्ति से दमन करना शुरु कर दिया। पुलिस कैम्प स्थापित किये गये और लोगों को गिरफ्तार किया जाने लगा। रियासत के दमन के विरुद्ध मजदूरों ने 22 अक्तूबर 1946 को अलेप्पी शेरतलाई क्षेत्र में आम हड़ताल का आह्वान किया और अलेप्पी के निकट पुन्नप्रा पुलिस चौकी पर आक्रमण करके संघर्ष की शुरुआत की। रियासत ने 25 अक्तूबर को मार्शल लॉ लागू कर दिया और 27 अक्तूबर को सेना को शेरतलाई के निकट वायलार (वयालर) में मजदूरों के ठिकानों पर आक्रमण करने का आदेश दिया। रियासत द्वारा किये गये अमानवीय नरसंहार में 800 से अधिक लोग मारे गए। इस सम्बन्ध में कहा गया हैः इन शहादतों ने न केवल ट्रावनकोर के भारत से अलग रहने की इच्छा के विरुद्ध जनमत तैयार किया, प्रत्युत रियासत के राष्ट्रवादी भारत में सम्मिलित किये जाने का मार्ग प्रशस्त कर दिया एवं घोर सामन्त विरोधी मानसिकता की पृष्ठभूमि भी तैयार की।

वर्ली संघर्ष (1945–49): बम्बई (मुम्बई) के थाना जिले के दनानू, पालधार एवं उम्बेर गाँव और जवाहर ताल्लुकों के बहुसंख्यक आदिवासी वर्ली किसानों की भूमि जमींदारों एवं महाजनों के अधिकार में चली गई थी, क्योंकि उनके द्वारा अनाज के रूप में लिए गए ऋण का भुगतान वे नहीं कर सके थे। महाजन सामान्यतः पचास से दो सौ प्रतिशत का ब्याज लगाते थे। अधिकांश किसान कच्चे काश्तकार की श्रेणी में पहुँच गये और "भूमि की आधी उपज की जमींदारों एवं महाजनों को अदायगी", व्यवस्था के आधार पर उन जमीनों पर उत्पादन करने को बाध्य हो गये थे जो पूर्व में उनके अधिकार में थी। वर्ली आदिवासी अकाल एवं अपनी कठिनाई के दिनों में महाजनों एवं जमींदारों से अनाज ऋण (खावती) लेते रहते थे और भुगतान न कर पाने की स्थिति में बिना किसी वेतन अथवा भुगतान के महाजनों या जमींदारों के यहाँ मजदूरी (वेथ बेगार) करते थे। इस प्रक्रिया में भूमिहीन मजदूर जीवन भर के लिए बन्धुआ बन गए। महाराष्ट्र किसान सभा ने 1945 में वर्लियों द्वारा की जा रही वेथ–बेगार का विरोध किया। **पुरुलेकर** जैसे बाहरी नेताओं ने वर्लियों को संगठित किया तथा मजदूरों ने घास काटने की मजदूरी में वृद्धि की मांग के साथ काम रोक दिया। जमींदारों ने पुलिस व गुण्डों की मदद से उन्हें आतंकित किया। 10 अक्तूबर 1945 को लालवाड़ा में हड़तालियों की सभा पर पुलिस ने गोली चला दी, जिसमें पाँच लोग मारे गए एवं कई घायल हुए। इसी तरह की घटना 7 जनवरी 1947 को घटित हुई जबकि पालधार ताल्लुके में पुलिस द्वारा गोलीबारी किये जाने से पाँच किसानों की मृत्यु हो गई। इस घटना के बाद विद्रोह धीरे–धीरे शान्त हो गया।

बकाश्त किसान संघर्ष (1946–47): महाराष्ट्र के थाना जिले के वर्लियों के विरोध की तुलना में बिहार का बकाश्त किसान संघर्ष अधिक उग्र और व्यापक था। बिहार में तीन प्रकार की भूमि का विवरण मिलता हैः **बकाश्त भूमि** (स्वयं का जोता हुआ–Baksht Land) जिसे जमींदार कच्चे काश्तकारों को विभिन्न दरों पर प्रतिवर्ष किराए पर देते थे। दूसरी **रैयत भूमि** जिस पर काश्तकारों के साथ मिलकर कृषि उत्पादन किया जाता था एवं तीसरी जमींदारों के स्वयं के लिए रखी गई **जिसती भूमि** (जिरात भूमि) जिस पर खेतिहर मजदूर काम करते थे। बकाश्त किसानों के पास कोई वैधानिक अधिकार नहीं थे इसलिए वे कभी भी जमीन से बेदखल कर दिये जाते थे और जमींदारों की बेदखली में रुचि न केवल इसलिए होती थी कि उन्हें नये आसामी से अधिक किराया मिलता था बल्कि नए सिरे से नजराना भी मिल जाया करता था। इसके अतिरिक्त

निरन्तर बेदखली द्वारा 1885 के काश्तकारी कानून (जिसके द्वारा बकाश्त कृषक को निरन्तर 12 वर्ष तक किसी जमीन को जोतने एवं उसके किराये के भुगतान करते रहने पर दखलदार आसामी को कुछ अधिकार प्राप्त हो जाते थे) से भी जमींदार बच जाते थे। इन्हीं कारणों से 1930 के बाद बिहार के जमींदारों ने द्रुतगति से बेदखली की प्रक्रिया अपनाई। यद्यपि किसान 1937 के बाद से ही किसान सभा के नेतृत्व में बेदखली का विरोध करते आ रहे थे, परन्तु 1946 में यह मामला अधिक जोर पकड़ने लगा जब कांग्रेस ने बिहार में चुनाव की तैयारी शुरु की और कांग्रेस ने जमींदारी व्यवस्था समाप्त करने का आश्वासन भी दिया। जमींदार बकाश्त भूमि को जिरात में बदलकर अपनी निजी जमीन बनाना चाहते थे अतः वे बेदखली का उपाय करने लगे। किसानों ने बेदखली का जमकर विरोध किया। मई–जून 1946 में मुंगेर, गया, शाहबाद, दरभंगा, मुजफ्फरपुर, भागलपुर एवं मधुबनी में जमींदारों एवं बकाश्तकारों में जमकर संघर्ष हुआ। इस संघर्ष में महिलाएँ एवं बच्चे भी शामिल हो गए। यह संघर्ष तब तक चलता रहा जब तक कि कांग्रेस सरकार ने बाध्य होकर जमींदारी उन्मूलन अधिनियम 1948 पारित नहीं कर दिया।

तेलंगाना आन्दोलन (1945–51): बंगाल के तेभागा आन्दोलन के समान तेलंगाना का किसान संघर्ष कहीं अधिक व्यापक तथा तीव्र और अपने प्रकार के सभी आन्दोलनों में स्थायी प्रकार का था। हैदराबाद रियासत में राजस्व वसूली का कार्य देशमुख (ठेकेदार) और पटेल (कर संग्राहक) करते थे, जिनकी सेवायें 1860 के दशक में समाप्त कर दी गई। क्योंकि निजाम सरकार ने काश्तकारों से सीधे कर वसूल करना शुरु कर दिया था। सरकार ने इन्हें मुआवजे के रुप में कफी जमीनें प्रदान कर दी थीं। इसी प्रकार 1940 के बाद की महँगाई में देशमुखों को जमीनें हथियाने का एक और अवसर मिला जब निर्धनता से ग्रस्त किसानों ने अपनी कठिनाईयों से निपटने के लिए इनसे ऋण लिया और ऋण का भुगतान न कर पाने के कारण उन्हें अपनी जमीनें देशमुखों को सौंपनी पड़ीं। 1940 के दशक में देशमुख और पटवारियों के पास इतनी जमीनें थीं कि कुछ जिलों में 60 से 70 प्रतिशत जमीन पर इनका कब्जा था। विवरण मिलता है कि: सबसे बड़े भूस्वामी जनार्दन प्रताप रेड्डी के पास 1,50,000 एकड़ जमीन थी। अतिरिक्त कृषि उत्पादन के व्यक्तिगत उपभोग की मात्रा इस तथ्य से स्पष्ट होती है कि केवल 19 बड़े भूस्वामियों के पास 550 लाख रुपये आते थे जबकि सम्पूर्ण रियासत की (राजकीय) लगान से आय 800 लाख रुपये होती।[20] क्रिस्टियन सिग्रिस्ट ने तीन प्रकार की शोषक व्यवस्थाएं बताई हैं: 60 प्रतिशत किसान सामान्य भूमि शुल्क (दीवानी) के अन्तर्गत आते थे, 30 प्रतिशत जागीरदारी के अन्तर्गत, 10 प्रतिशत निजाम की जमीन पर काम करने वाले किसान (सर्फ खास) थे। शोषण व्यवस्था का उल्लेख करते हुए आगे लिखा है: वेट्टी (बेगार) एवं वेतीचाकरी (मुफ्त सेवायें) के रूप में शोषण का एक विशेष रूप से पिछड़ा और पतित रूप सामने आता था जिसके जरिए ठेठ एशियाई मालगुजारी व्यवस्था के साथ बंधुवा मजदूरी का सामन्ती प्रतीक जुड़ा हुआ था।[21]

इस प्रकार तेलंगाना किसानों का विद्रोह देशमुखों, पटेल–पटवारियों द्वारा जमीनों की लूट, गैर–कानूनी लेवी, वेट्टी (बेगार) एवं वेट्टीचाकरी (मुफ्त सेवायें) और निचली जातियों की नौकरानियों के साथ दुर्व्यवहार आदि कारणों से हुआ, जिसने अधिकांश जनता को समान रूप से प्रभावित किया। आन्ध्र महासभा के नेतृत्व में 1940 में किसानों के शोषण के विरुद्ध कम्युनिस्ट कार्यकर्ताओं ने सर्वप्रथम आवाज उठाई। लेकिन असली संघर्ष 4 जुलाई 1946 को आंध्र महासभा के कार्यकर्ता डोड्डी कुमारैया की हत्या के साथ शुरु हुआ। जनगांव (नालगोंडा) के विशुनूर (विसूनरी) देशमुख (जो तेलंगाना के सबसे बड़े अत्याचारी जमींदारों में से एक था जिसके पास 40,000 एकड़ से अधिक भूमि थी) के गुंडों ने ग्रामीण आन्दोलनकारी कुमारैया को मार डाला जो एक गरीब धोबन की थोड़ी सी जमीन को बचाने का प्रयास कर रहा था।[22] 200 लोगों के जुलूस ने जमींदार के घर के सामने प्रदर्शन किया।

इस आन्दोलन ने काफी सफलता प्राप्त की और 1948 तक गुरिल्लाओं के प्रभाव में 25000 गाँव आ चुके थे। इस सम्बन्ध में क्रिस्टियन सिग्रिस्ट लिखते हैं: किसान विद्रोह की शक्ति से भारत की कम्युनिस्ट पार्टी चकित रह गई। नालगोंडा, वारंगल, खम्मान और हैदराबाद जिलों का 310 लाख आबादी वाला क्षेत्र सामन्त विरोधी क्रान्ति का केन्द्र बन गया। आन्दोलन के चरम बिन्दु पर करीब 4000 गाँव मुक्त कर लिए गए थे, क्षेत्र की करीब एक तिहाई 10 लाख एकड़ जमीन बांट दी गई।[23] तेलंगाना किसानों का यह सशस्त्र संघर्ष 1951 तक निरन्तर चलता रहा।

भारत सरकार ने तेलंगाना आन्दोलन का मुकाबला जहाँ दमनात्मक कार्यवाही से किया वहीं गांधीजी के आध्यात्मिक ...राधिकारी विनोबा भावे ने इसका जवाब अपने प्रसिद्ध भूदान आन्दोलन से दिया। कांग्रेस सरकार ने भूमि सुधार तथा ...यिक विकास योजनाओं को शुरु किया। सुमित सरकार ने तेलंगाना संघर्ष की उपलब्धि की चर्चा करते हुए लिखा

हैः तेलंगाना संघर्ष की सकारात्मक उपलब्धियाँ, प्रत्यक्ष हो या अप्रत्यक्ष, नगण्य नहीं थीं। हैदराबाद रियासत के समाप्त हो जाने के बाद भाषाई आधार पर आन्ध्र प्रदेश के निर्माण का मार्ग प्रशस्त किया। वेट्टी एवं वेट्टीचाकरी व्यवस्था समाप्त कर दी गई। किसानों का आन्दोलन के दौरान पुनर्वितरित की गई भूमि पर अधिकार बना रहा। कांग्रेस सरकार ने अन्ततः 1949 में जागीरदारी प्रथा भी समाप्त कर दी।[24]

निष्कर्ष: इस प्रकार विशेष रूप से 1857 के बाद प्रारम्भ हुए किसान आन्दोलनों के प्रमुख कारण जमींदारों का शोषण, भू–राजस्व में वृद्धि, बेदखली, ऋणों का बोझ, बेगार एवं अन्य प्रकार के उत्पीड़न थे और औपनिवेशिक सत्ता का घोर विरोध रहा है।

- उपरोक्त आन्दोलनों को किसी एक प्रदेश या क्षेत्र की जनता के उत्पीड़न का परिणाम नहीं कहा जा सकता, प्रत्युत सम्पूर्ण भारत में लगभग एक जैसी स्थिति थी जिसके कारण उत्तर में सिक्ख विद्रोह से लेकर सुदूर दक्षिण में मोपला आन्दोलन तथा पूर्व में आसाम के असन्तोष से गुजरात के बारदोली सत्याग्रह इस तथ्य के परिणाम हैं।
- तेभागा, तेलंगाना विद्रोह अधिक व्यापक एवं प्रभावी थे, जबकि कुछ आन्दोलनों का प्रभाव स्थानीय ही रहा। परन्तु इन आन्दोलनों ने परम्परागत जमींदारी व्यवस्था एवं साम्राज्यवादी शासन की जड़ें खोद दीं।
- किसान आन्दोलनों ने ऐसा माहौल तैयार किया जिसके कारण स्वातंत्र्योत्तर भारत में कृषि सुधार आवश्यक हो गया। किसान सभा ने जमींदारी उन्मूलन की मांग को लोकप्रिय बनाया। किसानों की मांगे ही सम्पूर्ण भारत में एक जैसी नहीं थीं अपितु संघर्ष का स्वरूप भी कमोबेश एक जैसा ही था। किसानों ने लोगों में जागृति लाने का काम मुख्यतः सभाओं, सम्मेलनों, रैलियों, प्रदर्शनों एवं किसान सभाओं के गठन द्वारा किया।
- किसान आन्दोलन एवं कांग्रेस का अटूट रिश्ता कई दृष्टियों से महत्वपूर्ण था। किसान आन्दोलन शीघ्र वहीं उभर सके जहाँ राष्ट्रीय आन्दोलन की नींव डाली जा चुकी थी। किसान आन्दोलन की विचारधारा भी राष्ट्रीयता पर आधारित थी। इसके नेता एवं कार्यकर्ताओं ने किसानों के संगठन का ही कार्य नहीं किया बल्कि राष्ट्रीय स्वतंत्रता के लिए संघर्ष करने पर भी बल दिया। 1942 तक किसान आन्दोलन और राष्ट्रीय आन्दोलन साथ साथ चलते रहे और लम्बे समय तक किसान आन्दोलन एवं राष्ट्रीय स्वतंत्रता संघर्ष में अविच्छिन्न सम्बन्ध बना रहा है।

सन्दर्भ

1. देसाई ए.आर., *पीजेंट स्ट्रगल इन इण्डिया*, बम्बई, 1979, पृ. 66–72; क्रिस्टियन सिग्रिस्ट एवं अन्य, *भारत में किसान संघर्ष*, (1756–1975), मैकमिलन कम्पनी, 1980, पृ. 11 से 18 देखें।
2. दत्त, रजनीपाम, *आज का भारत*, पृ. 291
3. देसाई, ए.आर., *भारतीय राष्ट्रवाद की सामाजिक पृष्ठभूमि*, पृ. 153
4. देसाई, वही, पृ. 154
5. उपरोक्त, पृ. 517
6. दत्त, रजनीपाम, वही, पृ. 291
7. वही, पृ. 292–93
8. वही, पृ. 294
9. Gupta, K.K., *Pabna Disturbances and the Politics of Rent*, 1873-85, New Delhi, 1974
10. सरकार, सुमित, *आधुनिक भारत*, पृ. 71
11. धनागरे, डी.एन., *पीजेन्ट मूवमेंट इन इण्डिया 1920–50*, दिल्ली
12. बिपिनचन्द्र, *भारत का स्वतंत्रता संघर्ष*, पृ. 149–50
13. नेहरू, जवाहरलाल, *मेरी कहानी*, सस्ता साहित्य मण्डल, नई दिल्ली, पृ. 65–66
14. थारबर्न, एस.एस., *मुसलमान्स एण्ड मनीलेण्डर्स इन पंजाब*, लंदन, पृ. 49
15. सरकार, सुमित, वही, पृ. 316–17
16. बिपिनचन्द्र, वही, पृ.156
17. *भारत में किसान संघर्ष*, पृ. 19
18. बिपिनचन्द्र, वही, पृ. 285
19. सरकार, सुमित, वही, पृ. 492
20. क्रिस्टियन सिग्रिस्ट, वही, पृ. 21
21. वही, पृ. 21
22. सरकार, सुमित, वही, पृ. 492–495, क्रिस्टियन सिग्रिस्ट, वही, पृ. 21
23. क्रिस्टियन सिग्रिस्ट, वही, पृ. 22
24. सरकार, सुमित, वही, पृ. 496–97

❋❋❋

35

देशी रियासतों में जनता के आन्दोलन
(Public Movement in Native States)

अंगरेजों ने औपनिवेशिक सत्ता स्थापित करने के लिए कई युद्ध किए। उनकी साम्राज्यवादी नीतियों के कारण, सम्पूर्ण उपमहाद्वीप के केवल 25वें हिस्से पर ही स्थानीय नरेशों का शासन रहा, शेष भारत पर अंगरेजों का कब्जा हो गया। ब्रिटिश शिकंजे से केवल 563 देशी रियासतें अपना अस्तित्व बनाए रख सकीं, इनमें से 108 राज्य बड़े और शेष छोटे थे। इस प्रकार उपमहाद्वीप के लगभग 3/4 भाग पर प्रत्यक्ष तथा 1/4 भाग पर अंगरेजों की अप्रत्यक्ष सर्वोपरि सत्ता कायम हुई। अप्रत्यक्ष ब्रिटिश शासन के अन्तर्गत आने वाले प्रदेशों पर प्रत्यक्ष शासन स्थानीय नरेशों का था। देशी रियासतों में हैदराबाद, मैसूर एवं कश्मीर आदि का क्षेत्रफल कई यूरोपीय देशों से अधिक था जबकि कुछ राज्य बहुत छोटे थे और उनकी आबादी कुछ हजार तक सीमित थी। मध्यम श्रेणी की रियासतों की संख्या अधिक बड़ी थी।

रियासतों की जनता में व्याप्त असन्तोष का एकमात्र कारण स्थानीय नरेश एवं उनकी व्यवस्था नहीं थी प्रत्युत्त औपनिवेशिक सत्ता भी इसके लिए जिम्मेदार थी जिसकी नीतियों के कारण स्थानीय नरेशों में एक प्रकार की निष्क्रियता की भावना का संचार हुआ। देशी राजाओं को अफीमची संस्कृति स्वीकार करवाने में औपनिवेशिक सत्ता का स्वार्थ था। भारत में बढ़ती हुई राष्ट्रवादी भावना को रोकने के लिए विशेष रूप से 1857 के बाद साम्राज्यवादी शासक देशी राजाओं का इस्तेमाल एक कवच के रूप में करना चाहते थे।

राजनीतिक अधिकारों का अभाव: रियासतों की प्रजा को किसी प्रकार के अधिकार प्राप्त नहीं थे। राजनीतिक अधिकारों की तो बात ही अलग थी, सामान्य नागरिक अधिकार जैसे भाषण, संघ निर्माण, समाचार–पत्र प्रकाशन आदि के अधिकार भी उपलब्ध न थे। 1927 में स्थापित बटलर कमेटी की रिपोर्ट से जानकारी मिलती है कि 160 शासकों में से केवल 20 ने अपनी रियासतों में विधान सभाएँ स्थापित की थीं। उनमें कुछ सदस्य नामजद और कुछ निर्वाचित होते थे। कुछ राज्यों में नगरपालिकाएँ (म्यूनिसिपेलिटियाँ) स्थापित की गई। थी लेकिन उन्हें अपने शासकों के निर्देशानुसार कार्य करना पड़ता था। वस्तुतः राजाओं की आज्ञाएँ ही रियासतों में कानून बन जाती थीं। जिन राज्यों में ब्रिटिश पद्धति के आधार पर न्यायिक व्यवस्था स्थापित की गई थी वहाँ भी न्यायपालिका स्वतंत्र नहीं थी। दूसरे शब्दों में, कानून बनाने (विधायिका), शासन चलाने (कार्यपालिका) तथा न्याय व्यवस्था पर राजाओं का स्वयं का अधिकार था। सरकारी पदों पर केवल राज–परिवार एवं खुशामदी लोगों को नियुक्ति मिलती थी।

आर.एल. हाड़ा[1] ने जिक्र किया है कि रियासतों की प्रजा को किसी प्रकार प्रजातान्त्रिक अधिकार प्राप्त नहीं थे। लोगों पर करों का बोझ बढ़ रहा था। बिपिनचन्द्र लिखते हैं कि अधिकतर रियासतों में निरंकुश स्वेच्छाचारी शासन का बोलबाला था, सारी सत्ता राजाओं या उनके एजेन्टों के हाथ में ही केन्द्रित थी। ब्रिटिश इण्डिया की तुलना में इन रियासतों में भूमि कर (लगान) की दरें काफी ऊँची थीं। कानून सम्मत शासन और नागरिक अधिकारों की बात तो दूर थी, ये राजा–महाराजा अपनी विलासिता के लिए राजकोष का मनमाना इस्तेमाल कर सकते थे और अनेक रियासतों में वैभव विलास पर पानी की तरह पैसा बहाया जा रहा था।[2] अब देशी नरेशों का यूरोपीय देशों की यात्रा करना एवं ऐशो–आराम की जिन्दगी व्यतीत करना एवं हरम को औरतों से भरा जाना एकमात्र लक्ष्य था। इस प्रकार राजाओं के महलों में विलासिता एवं व्यसनपूर्ण जीवन का बोलबाला हो गया। जनता इन सब कारगुजारियों की मूकदर्शक बनकर नहीं रह सकती थी।

करों का बोझ: राजाओं में पनप रही इस तरह की विलासिता एवं निरंकुशता का विरोध सभी रियासतों में धीरे–धीरे होने लगा जिसे आर्थिक कारणों ने अधिक तीव्र बनाया। लगभग सभी देशी नरेशों की वित्तीय स्थिति अत्यन्त खराब एवं अनियमित थी। शासक बिना किसी औचित्य के लोगों की आमदनी का 50 प्रतिशत करों के रूप में हड़प लेते थे। आर.एल. ांडा ने नवानगर राज्य में लगाए गए करों की एक सूची दी है जिससे ज्ञात होता है कि प्रजा पर करों का कितना बोझ था। र राज्यों में प्रजा द्वारा प्रतिनिधि चुने जाते थे उनमें सरकारी आय पर प्रतिनिधियों का नियन्त्रण न था। वस्तुतः राज्य की नं राजा की सम्पत्ति में भेद स्थापित करना कठिन था। स्थानीय नरेश अपनी शान–शौकत के लिए ऋण भी लेते थे,

लेकिन सार्वजनिक कार्यों के लिए सदैव धन की कमी बनी रहती थी। 1929 में बीकानेर शासक ने अपनी सम्पूर्ण आय का केवल 3.6 प्रतिशत स्वास्थ्य एवं सार्वजनिक कार्यों पर व्यय किया और 22.6 प्रतिशत राजा एवं राजमहल तथा राजपरिवार पर खर्च हुआ। अन्य रियासतों का भी लगभग यही हाल था। त्रावणकोर, मैसूर आदि प्रगतिशील रियासतों के शासक अपने खर्च के लिए सरकारी कोष से पर्याप्त धन खींचते थे। हैदराबाद का निजाम सरकारी कोष से उतना ही धन प्राप्त करता था जितना इंग्लैण्ड एवं जापान के सम्राट।

राज्यों में समाचार–पत्रों का प्रवेश बीसवीं शताब्दी के प्रथम दशक में हुआ। इससे पूर्व लोगों में चेतना जागृत करने तथा सुधारों के लिए आवाज उठाने वाले शक्तिशाली माध्यम का अभाव रहा। बीसवीं शताब्दी में देशी राज्यों में बाहर से समाचार–पत्र पहुँचने लगे और कुछ नगरों में भी पत्रिकाएँ प्रकाशित होने लगीं। राजपूताना में 1901 से पहले समाचार–पत्र एवं पत्रिकाओं का प्रकाशन बहुत कम था।

सामाजिक एवं धार्मिक आन्दोलन का प्रभाव: रियासतों की जनता को धार्मिक एवं सामाजिक आन्दोलन ने भी प्रभावित किया। दयानन्द सरस्वती ने राजस्थान की जनता को जागृत करने की भरसक कोशिश की। ब्रिटिश भारत एवं देशी रियासतों में बढ़ते हुए पारस्परिक सम्पर्क ने लोगों में अपने अधिकारों के प्रति चेतना पैदा की। इस प्रकार शिक्षा के प्रसार, यातायात साधनों के विस्तार, सम्पूर्ण भारत की व्यापार प्रणाली तथा ब्रिटिश मुद्रा का सम्पूर्ण भारत में प्रचलन आदि ऐसे तथ्य थे जो रियासतों की जनता में राष्ट्रीयता की भावना का संचार करने में सहायक बने तथा लोगों को अपने अधिकारों के लिए आन्दोलन करने की प्रेरणा दी। बिपिनचन्द्र ने इस स्थिति को रेखांकित किया है: ब्रिटिश इंडिया में भारतीय राष्ट्रीय आन्दोलन का प्रसार और लोकतन्त्र, नागरिक अधिकारों तथा उत्तरदायी शासन प्रणाली के प्रति बढ़ती राजनीतिक चेतना ने देशी रियासतों की जनता को भी प्रभावित किया। बीसवीं सदी के पहले और दूसरे दशक के बीच आतंकवादी ब्रिटिश इंडिया से भागकर देशी रियासतों में आ गए थे, उन्होंने जनता के बीच राजनीतिक चेतना जगाने में महत्वपूर्ण भूमिका निभाई। सबसे अधिक प्रभावित किया 1920 के असहयोग आन्दोलन और खिलाफत आन्दोलन ने। इन आन्दोलनों के प्रभाव के कारण ही लगभग उसी समय रियासतों में अनेक संगठनों का जन्म हुआ।[3]

चेम्बर ऑफ प्रिन्सेस: रियासतों के शासकों के समय–समय पर विचार–विमर्श करने के लिए 1921 में ब्रिटिश सरकार ने नरेन्द्र मण्डल (Chamber of Princes) की स्थापना की थी। मान्टेग्यू चेम्सफोर्ड प्रस्तावों में यह आशा प्रकट की गई थी कि इसके माध्यम से सरकार रियासतों के राजाओं की भावनाओं से अवगत हो सकेगी एवं सभी शासकों से एक साथ परामर्श किया जा सकेगा। लेकिन रियासतों को उस समय सन्देह हुआ जब अखिल भारतीय संघ निर्माण की चर्चा होने लगी। देशी राजाओं की धारणा थी कि प्रस्तावित संघ में सम्मिलित होने से उनके व्यक्तिगत हितों को हानि पहुँचेगी। 1935 के अधिनियम में संघीय भाग लागू करने के सम्बन्ध में राजाओं ने अपने राज्य से प्रतिनिधियों के स्वयं मनोनयन की शर्त रखी।

साम्राज्यवादी शासक रियासतों से प्रतिनिधि चुनने का अधिकार भारत सरकार अधिनियम 1935 द्वारा स्थानीय राजाओं को देना चाहते थे। बिपिनचन्द्र लिखते हैं कि अंगरेजी हुकूमत का इरादा राजाओं के इन एजेन्टों को राष्ट्रीय आन्दोलन के खिलाफ इस्तेमाल करना था। कांग्रेस राज्य जन कॉन्फ्रेन्स तथा अन्य जन संगठनों ने अंगरेजी हुकूमत की इस चाल को भाँप लिया था। इसीलिए इन्होंने माँग की कि रियासतों का प्रतिनिधित्व करने के लिए जनता खुद अपने प्रतिनिधि चुने। राजाओं के एजेन्ट जनता के प्रतिनिधि नहीं हो सकते। यह माँग इस बात का प्रमाण थी कि रियासतों में भी अब जनता लोकतान्त्रिक सरकार के लिए कसमसाने लगी थी।[4]

कांग्रेस की नीति: असहयोग तथा खिलाफत आन्दोलन के दौरान (1920–22) रियासतों में जन संगठन का निर्माण हो चुका था। सर्वप्रथम हैदराबाद, मैसूर, बड़ौदा, काठियावाड़ की रियासतें और दक्कनी रियासतें जैसे जामनगर, इन्दौर एवं नवानगर में प्रजामंडलों की स्थापना हुई। बलवन्तराय मेहता, माणिकलाल कोठारी, सी.आर. अभ्यंकर जैसे नेताओं ने रियासतों की जनता को जागरूक बनाने एवं संगठित करने तथा प्रजामंडल आन्दोलन के संचालन हेतु विशेष कार्य किया। 1920 में कांग्रेस ने रियासतों की प्रजा को अपनी रियासत के निकटवर्ती ब्रिटिश भारतीय प्रदेश की कांग्रेस कमेटी में भाग लेने का अधिकार प्रदान किया। बाद में कुछ रियासतों में कांग्रेस कमेटियाँ संस्थापित की गईं। लेकिन कांग्रेस के नाम पर वे रियासतों में राजनीतिक गतिविधियाँ आरम्भ नहीं कर सकते थे। लुधियाना अधिवेशन जिसकी अध्यक्षता नेहरू जी ने की थी, में यह सुझाव दिया गया कि अत्यन्त छोटी, अपना अस्तित्व कायम रखने में अक्षम रियासतों को पड़ोसी राज्य में मिलाया जा सकता है। कांग्रेस के दक्षिण पंथ ने अपनी ओर से इस बात का भारी प्रयास किया कि पार्टी अहस्तक्षेप की पुरानी नीति से

ही चिपकी न रहे। पहले तो गांधीजी ने अस्वाभाविक रूप से कठोर रुख अपनाया और अक्तूबर, 1937 के अखिल भारतीय कांग्रेस कमेटी के उस प्रस्ताव पर खुले आम अप्रसन्नता प्रकट की, जिसमें भारतीय रजवाड़ों और ब्रिटिश भारत के सभी लोगों से अपील की गई थी कि वे मैसूर में हो रहे जन आन्दोलन को अपना पूरा समर्थन एवं प्रोत्साहन दें।[5]

19 से 21 फरवरी 1938 में आयोजित कांग्रेस के हरिपुरा (गुजरात) अधिवेशन की अध्यक्षता सुभाषचन्द्र बोस ने की जिसमें रियासतों की आठ करोड़ जनता के साथ एकता स्थापित करने पर जोर दिया। पहली बार कांग्रेस ने रियासतों के सम्बन्ध में अपने नए रुख को प्रस्तुत किया और लोगों को इस विषय में विचार प्रकट करने को कहा गया। कांग्रेस के अन्तिम प्रस्ताव में उल्लेख किया गया कि रियासतों के शासक गरीब जनता के परिश्रम से अर्जित धन पर ऐयाश जिन्दगी बसर कर रहे थे। कोई भी सभ्य समाज ऐसी व्यवस्था को पसन्द नहीं कर सकता। कांग्रेस ने पूर्ण स्वराज्य का जो लक्ष्य अपनाया है वह रियासतों सहित समूचे भारत के लिए है क्योंकि आजादी के दिनों में भी भारत की एकता और अभिन्नता वैसी ही बनी रहनी चाहिए जैसी गुलामी के दिनों में रही। कांग्रेस केवल उसी तरह के महासंघ की बात स्वीकार करेगी जिसमें रियासतें भी स्वतन्त्र इकाई के रूप में भाग ले सकें और उन्हें शेष भारत की तरह ही जनतन्त्र और स्वतन्त्रता की प्राप्ति हो सके।[6] आर.एल. हांडा को उद्घृत करते हुए सुमित सरकार लिखते हैं कि हरिपुरा अधिवेशन के कुछ महीनों के पश्चात् गांधीजी ने संकेत दिया कि देशी नरेश कुछ सीमा तक नागरिक अधिकार प्रदान करें, स्वतन्त्र न्यायालयों की स्थापना करें, अपने प्रिवीपर्सों में कटौती करें तो वे सन्तुष्ट हो जाएँगे। एकीकरण की तो बात दूर, उत्तरदायी सरकार की माँग भी नहीं की गई थी।[7]

यहाँ उल्लेखनीय है कि 1937 में ब्रिटिश भारत में चुनावों द्वारा कांग्रेस मन्त्रिमण्डल का गठन हुआ। कांग्रेस मन्त्रिमण्डल के निर्माण ने रियासतों के आन्दोलन को सशक्त बनाया। कांग्रेस सरकार का निर्माण रियासती जनता के लिए सुखद भविष्य का संकेत था। इन्हीं परिस्थितियों में 1938–39 के वर्षों में रियासतों का आन्दोलन अधिक जोर पकड़ने लगा। कई रियासतों में प्रजामंडल एवं उसकी शाखाओं का निर्माण हुआ। हैदराबाद, मैसूर, ट्रैवनकोर, राजकोट, जयपुर, पटियाला, कश्मीर एवं उड़ीसा में स्थित रियासतों में आन्दोलन भड़क उठे। अब कांग्रेस नीति में भी स्पष्ट बदलाव आया। 24 जनवरी, 1939 को गांधीजी ने टाइम्स ऑफ इंडिया में प्रकाशित भेंटवार्ता में स्पष्ट किया: "मेरी दृष्टि में ऐसे समय में जबकि रियासतों की जनता जागरूक नहीं थी, हस्तक्षेप न करने की कांग्रेस की नीति कूटनीति का बेहतरीन उदाहरण थी। किन्तु ऐसे समय में जबकि रियासत के लोगों में व्यापक जागरूकता आ चुकी है और लोग अपने अधिकारों को प्राप्त करने के लिए कष्टों के एक लम्बे दौर को झेलने के लिए तैयार हैं, वह नीति कायरता की प्रतीक होगी। जिस क्षण उसमें जागरुकता आई उस क्षण से कानूनी, संवैधानिक और बनावटी सीमाएँ टूट गईं।" कांग्रेस के त्रिपुरी अधिवेशन मार्च 1939 में भी इसी तरह का प्रस्ताव पारित हुआ। इसी वर्ष लुधियाना में आयोजित अखिल भारतीय रियासती प्रजा सम्मेलन में जवाहर लाल नेहरु के अध्यक्ष चुने जाने से आन्दोलन को काफी प्रोत्साहन मिला। 1942 के भारत छोड़ो आन्दोलन में रियासतों की जनता ने पूरे उत्साह से भाग लिया पहली बार कांग्रेस ने रियासती जनता का स्वतन्त्रता के संघर्ष में पूरी तरह सहयोग करने का आह्वान किया। दूसरे महायुद्ध समाप्ति के पश्चात् ब्रिटिश सरकार ने सत्ता हस्तान्तरण के लिए यह शर्त रखी कि उनके भारत छोड़ने के बाद भारतीय रियासतें वैधानिक दृष्टि से स्वतन्त्र होंगी तथा उनकी सर्वोपरि सत्ता समाप्त हो जाएगी। इससे भारत के कई टुकड़ों में विभाजन की स्थिति बन सकती थी। सरदार पटेल जैसे प्रबुद्ध राष्ट्रवादियों ने परिस्थिति की जटिलता को समझा तथा कूटनीतिक दबावों एवं जनवादी आन्दोलनों के सहयोग से सभी भारतीय रियासतों को संघ में शामिल कर लिया गया जिसकी चर्चा आगे की गई है।

महत्वपूर्ण आन्दोलन: यहाँ रजवाड़ों के दो प्रमुख आन्दोलनों का अध्ययन करेंगे। आर.एल. हांडा के अनुसार रजवाड़ों में स्वतन्त्रता संघर्ष विशेष रूप से 1927 से 1946 के मध्य हुआ। इससे पूर्व भी सभाएँ, जुलूस एवं प्रदर्शन किए जाते थे, किन्तु उनमें निरन्तरता का अभाव रहा। सभी रियासतों के आन्दोलनों में सामान्यतः यह समानता थी कि जनता ने रियासती शासकों के अन्यायों का प्रतिवाद किया और उनके विरुद्ध संगठित होकर आन्दोलन किए। भारत की विभिन्न रियासतों में किसान आन्दोलन भी हुए, लेकिन इन रियासतों में 1927 के बाद के आन्दोलनों में जनता की भावनाओं में विशेष बदलाव देखा गया। अपनी माँगों हेतु जिस तरह आन्दोलन का संचालन लोगों ने किया उसका स्वरूप अलग–अलग स्थानों पर भिन्नता लिए हुए था।

राजकोट में जन आन्दोलन: गुजरात व काठियावाड़ में रजवाड़ों की संख्या 277 थी जिनमें केवल सात राज्य बड़े थे। राज्यों की जनता भारी करों के भार से दबी हुई थी। प्रथम महायुद्ध के दौरान इस क्षेत्र के रजवाड़ों में कृषि व वन

सम्बन्धी कानूनों की कठोरता के विरुद्ध आवाज उठाई गई। लेकिन सबसे महत्वपूर्ण आन्दोलन 1937 में राजकोट में शुरु हुआ। राजकोट के शासक ठाकुर लखाजीराज का शासन 1930 तक रहा। उसके शासन के 13वें वर्ष में स्थापित 'राजकोट प्रतिनिधि सभा' राज्य के शासन में सहयोग करने लगी। यह सभा 90 निर्वाचित सदस्यों की प्रतिनिधि विधानसभा थी जिसके सदस्यों का चुनाव वयस्क मताधिकार द्वारा होता था। राजकोट नरेश को 'वीटो' का अधिकार प्राप्त था, लेकिन लखाजीराज ने इसका उपयोग यदा–कदा ही किया। इस प्रतिनिधि सभा को काफी मामलों में निर्णय लेने के अधिकार प्राप्त थे। यही नहीं लखाजीराज ने प्रदेश में शिक्षा एवं उद्योगों के विकास के लिए भी प्रयत्न किए थे। 1921 में प्रथम काठियावाड़ राजनीतिक कान्फ्रेंस का आयोजन किया गया जिसकी अध्यक्षता सरदार पटेल के भाई बिठ्ठलभाई पटेल ने की। राजकोट नरेश ने राष्ट्रीय स्कूल के लिए भूमि भी प्रदान की थी।

लखाजीराज की मृत्यु (1930 ई.) के बाद राजकोट में स्थिति एकदम बदल गई। उनका पुत्र धर्मेन्द्रसिंह विलासी प्रवृति का था और धूर्त दीवान वीरावाला के जाल में फँस गया। दीवान ने सारी सत्ता पर कब्जा जमा लिया। रियासत का धन पानी की तरह बहाया जाने लगा जिससे राज्य की वित्तीय स्थिति खराब हो गई। राजस्व बढ़ाने की दृष्टि से 'इजारास' पद्धति द्वारा दैनिक उपभोग की वस्तुएँः चावल, माचिस, चीनी एवं दाल के विक्रय का अधिकार निजी व्यापारियों को दे दिया गया। जनप्रतिनिधि सभा को भी समाप्त कर दिया गया। करों में वृद्धि के कारण आवश्यक सामग्री के भाव बढ़ने लगे। परिणामस्वरूप धीरे–धीरे लोगों में असन्तोष बढ़ा। जनता इस काल की तुलना लखाजीराज के शासन से करने लगी और इस तरह लोगों में विद्रोह की भावना जागृत हुई। गांधीवादी कार्यकर्ता यू.एन. धेबार ने राजकोट आन्दोलन का नेतृत्व करना शुरु किया। मजदूर यूनियन के नेता एवं गांधीवादी कार्यकर्ता जेठालाल जोशी ने 1936 में रियासत के सूती मिल में हड़ताल करवा दी जो 21 दिन तक चली। मिल में कार्यरत लगभग 800 मजदूरों की माँग को राजकोट शासन ने स्वीकार किया। इस सफलता से प्रोत्साहित होकर जेठालाल जोशी एवं यू.एन. धेबार ने मार्च 1937 में राजकीय परिषद (राजनीतिक कान्फ्रेंस) की मीटिंग आयोजित कर रियासती खर्चों में कटौती की मांग की। शासन ने मांगें अस्वीकार करते हुए दमनात्मक नीति अपनाई। इसकी प्रतिक्रिया में पूर्ण हड़ताल की घोषणा की गई और सरदार पटेल की अध्यक्षता में 5 सितम्बर को परिषद का अधिवेशन हुआ, जिसमें प्रतिनिधि सभा के लिए नए चुनाव करवाने, भू–राजस्व को 16 प्रतिशत घटाने, सरकारी खजाने पर शासक के अधिकार को सीमित करने और उत्तरदायी सरकार के लिए प्रस्तावित कमेटी का गठन जैसी माँगें दीवान वीरावाला के समक्ष रखी। शासक ने परिषद की माँगें स्वीकार करने के स्थान पर ब्रिटिश रेजीडेंट से मिलकर कडेल (Cadell) को दीवान नियुक्त किया। इस दौरान पटेल की पुत्री मनीबेन और बाद में मृदुला बेन, धेबार आदि को गिरफ्तार कर लिया था, लेकिन कुछ समय बाद छोड़ दिया गया।

रियासत ने एक के बाद एक–एक करके कई नेताओं को गिरफ्तार किया। सरदार पटेल से आन्दोलनकारियों ने निरन्तर सम्पर्क बनाए रखा। अन्ततः रियासत के शासक ने 26 दिसम्बर, 1938 को सरदार पटेल से समझौता किया जिसके फलस्वरूप सत्याग्रह स्थगित कर दिया गया और सभी कैदी रिहा कर दिए। सरदाल पटेल की सलाह पर प्रजामण्डल ने सलाहकारी परिषद के गठन का प्रस्ताव स्वीकार कर लिया। इसके सात सदस्यों को सरदार पटेल के परामर्श से मनोनीत करने का अधिकार शासक को दिया गया। ब्रिटिश रेजीडेंट ने सरदार पटेल की सूची को इस आधार पर अस्वीकार किया कि इस सूची में ब्राह्मण एवं व्यापारी वर्ग के प्रतिनिधि ही शामिल थे अर्थात् मुस्लिम, दलित वर्ग एवं राजपूतों का प्रतिनिधित्व नहीं था।

26 जनवरी, 1939 को सत्याग्रह पुनः शुरु हो गया। दूसरी ओर शासन ने भी आन्दोलन का दमन करने में पूरी शक्ति लगा दी। कस्तूरबा गांधी ने राजकोट जाने का निश्चय किया। राजकोट के बाहर कस्तूरबा एवं मनीबेन को रोक लिया गया। इन परिस्थितियों में गांधीजी ने अनिश्चित हड़ताल की घोषणा की। वायसराय को लोगों ने टेलीग्राम करके दबाव डाला। कांग्रेस मन्त्रिमण्डल ने इस्तीफा देने की धमकी दे डाली। वायसराय ने भारत के चीफ जस्टिस मारिस गायर (Maurice Gawyer) को मामले की जाँच के लिए राजकोट भेजा। मारिस गायर ने 3 अप्रैल 1939 को सरदार पटेल के पक्ष का समर्थन करते हुए शासक को वायदा खिलाफी के लिए दोषी ठहराया।

दूसरी ओर दीवान के उकसाने पर शासक ने साम्प्रदायिकता एवं जातिवाद को बढ़ावा दिया तथा मुस्लिम एवं दलित वर्गों को भड़काया विशेषकर जिन्ना एवं अम्बेडकर के बीच में आ जाने से स्थिति बिगड़ने लगी। इस समय दूसरी बार गांधीजी ने 21 दिन का उपवास किया। आर.एल. हांडा का विचार है कि राजकोट आन्दोलन से यह इंगित होता है कि एक शासक प्रशासन पर नियन्त्रण बनाए रखने के लिए किस सीमा तक प्रयास कर सकता है और रजवाड़े की जनता इसका

विरोध करने के लिए कितनी तत्पर एवं सजग थी। इस आन्दोलन से यह भी जाहिर हुआ कि सर्वोपरि सत्ता ने अपने हित में रियासतों में हस्तक्षेप की माँग की, औपनिवेशिक शासकों ने रियासत की वैध स्वतन्त्रता के नाम पर हस्तक्षेप करने से इन्कार कर दिया। इस आन्दोलन ने राजकोट की जनता को राजनीति एवं अधिकारों के लिए संघर्ष करने की शिक्षा दी। 1947 में राजकोट को स्थानीय जनता के आन्दोलन के कारण ही सरलता से भारतीय संघ में मिलाया जाना सम्भव हुआ। इस प्रक्रिया में वल्लभभाई पटेल की विशिष्ट भूमिका रही।

हैदराबादः रजवाड़ों की जनता के आन्दोलनों में हैदराबाद का संघर्ष विशेष महत्व रखता है। हैदराबाद में निजाम का शासन था। इस राज्य में तीन भाषायी समूहः मराठी भाषी (28 प्रतिशत), कन्नड़ भाषी (22 प्रतिशत) एवं तेलुगू भाषी (50 प्रतिशत) थे। यहाँ की जनता कई कारणों से परेशान थी। किसान सामन्ती काश्तकारी संरचना द्वारा उत्पीड़ित किए जा रहे थे। जागीरदार गैर–कानूनी तरीकों से उनसे अधिक लगान वसूल करते थे और बेगार करवाते थे। निजाम की स्वयं की रियासत सर्फखास (सम्पूर्ण राज्य के क्षेत्र का 10 प्रतिशत) से जो लगान वसूल किया जाता था वह निजाम के शाही खर्च के लिए निश्चित था। इसके अतिरिक्त रियासत का 30 प्रतिशत क्षेत्र बड़े जमींदारों के आधिपत्य में था, उनके द्वारा लोगों से ऊँची दरों पर लगान वसूल किया जाता था।

निजाम उस्मान अली खाँ जिन्हें 1911 में सत्ता प्राप्त हुई थी और 1948 तक उस पर उनका कब्जा रहा, अपने लम्बे कार्यकाल में निरंकुश एवं स्वेच्छाचारी शासन के लिए कुख्यात रहे। रियासत की बहुसंख्यक हिन्दू आबादी के साथ निजाम ने धार्मिक एवं सांस्कृतिक भेद नीति का आश्रय लिया था। उनकी भाषाओं की उपेक्षा करते हुए उर्दू को विभिन्न तरीकों से थोपने का प्रयास किया। सरकारी नौकरियों में विशेषकर उच्च पदों पर मुसलमानों को उनके अनुपात में अधिक प्राथमिकता दी जा रही थी। आर्य समाज जो कि 1920 के बाद रियासत में काफी प्रभावी बनता जा रहा था, बुरी तरह दबा दिया गया। सरकारी अनुमति के बिना इसके अनुयायी अपने धार्मिक आयोजन नहीं कर सकते थे। निजाम ने 'इत्तेहाद–उल मुस्लिमिन' नामक एक राजनीतिक संस्था के गठन में सहयोग किया जो कि धार्मिक आस्था के आधार पर निजाम के प्रति निष्ठावान रही। 1930–32 के सविनय अवज्ञा आन्दोलन के दौरान कई राष्ट्रवादी संघर्ष में भाग लेने ब्रिटिश भारत में प्रविष्ट हुए और लोगों ने जेल जाना स्वीकार किया। जेलों से छूटकर वे नवीन उत्साह एवं स्फूर्ति के साथ हैदराबाद लौटे। इस प्रकार हैदराबाद में जन–आन्दोलन की पृष्ठभूमि बनी।

1936–37 ई. में विविध तीनों भाषायियों ने अपनी–अपनी परिषदें बनाई जो समय–समय पर चर्चा करती थीं। सर्वप्रथम '**आन्ध्र जन संघम**' का गठन हुआ जिसने आगे जाकर '**आन्ध्र महासभा**' का रूप ले लिया। तेलंगाना क्षेत्र के तेलुगू भाषी लोगों का यह संगठन स्कूलों के संचालन, समाचार पत्र–पत्रिकाओं के प्रकाशन, पुस्तकालयों की स्थापना द्वारा तेलुगू भाषा एवं साहित्य के विकास में सन्नद्ध था। 1937 में दो अन्य भाषाओं के 'महाराष्ट्र परिषद' तथा 'कन्नड़ परिषद' नामक के संगठन अस्तित्व में आए। तीनों भाषाओं के कार्यकर्ताओं ने 1938 में एकजुट होकर 'हैदराबाद रियासत कांग्रेस' के नाम से रियासत व्यापी संगठन निर्माण का निश्चय किया। बिपिनचन्द्र ने जिक्र किया हैः यह भारतीय राष्ट्रीय कांग्रेस की शाखा नहीं थी हालांकि नाम में समानता थी और इसके अनेक सदस्यों का कांग्रेस से निकट का सम्बन्ध था। लेकिन संगठन के विधिवत गठन से पहले ही निजाम की हुकूमत ने इस पर प्रतिबन्ध लगा दिया। आरोप लगाया गया कि यह हिन्दुओं का साम्प्रदायिक संगठन है, क्योंकि इसमें मुसलमानों का प्रतिनिधित्व बहुत कम है। जब बातचीत और अपील की हुकूमत पर कोई असर नहीं पड़ा तो सत्याग्रह छेड़ने का फैसला किया गया।[8]

मराठी भाषी राष्ट्रवादी स्वामी रामानन्द तीर्थ के नेतृत्व में अक्तूबर, 1938 में सत्याग्रह की शुरुआत हुई। सत्याग्रह के प्रारम्भ में सभी क्षेत्रों का प्रतिनिधित्व करने वाले पाँच सदस्यों के एक समूह ने स्वयं को रियासती कांग्रेस का सदस्य घोषित करते हुए प्रतिबन्धित आदेशों का उल्लंघन किया। यह प्रक्रिया हैदराबाद एवं औरंगाबाद में दो महीनों तक सप्ताह में तीन बार की जाती रही। साथ ही हिन्दू नागरिक स्वतन्त्रता यूनियन एवं आर्य समाज ने भी धार्मिक उत्पीड़न के विरुद्ध सत्याग्रह शुरु कर दिया। इसी दौर में विख्यात वन्देमातरम् आन्दोलन भी शुरु हो चुका था, जिसमें छात्रों ने बढ़–चढ़कर भाग लिया। कालेजों से विद्यार्थियों को निष्कासित किया जाने लगा। उनमें से काफी छात्रों को नागपुर विश्वविद्यालय में प्रवेश लेना पड़ा। यह आन्दोलन काफी प्रभावी सिद्ध हुआ। अनेक कार्यकर्ता इन्हीं छात्रों के बीच से उभरकर सक्रिय राजनीति में आए।

निजाम ने रियासती कांग्रेस पर प्रतिबन्ध लगा रखे थे अतः गांधीजी द्वारा प्रस्तावित छः प्रतिनिधि एवं स्वामी रामानन्द तीर्थ ने सांकेतिक विरोध की योजना बनाई जिससे इन लोगों को गिरफ्तार कर लिया गया और उन्हें दिसम्बर, 1941 तक

हिरासत में रखा। 'आन्ध्र महासभा' के युवा नेता रवि नारायण रेड्डी जो रियासती कांग्रेस सत्याग्रह से सम्बद्ध थे, कम्युनिस्ट पार्टी की ओर आकृष्ट हुए। बी. चेल्ला रेड्डी भी इस परिवर्तनवादी समूह में सम्मिलित हो गए और इन्होंने किसानों की समस्याओं को महासभा का मुख्य मुद्दा बना लिया। इसी दौरान राष्ट्रीय कांग्रेस 'भारत छोड़ो आन्दोलन' को अन्तिम रूप प्रदान कर रही थी। अगस्त, 1942 में बम्बई में आयोजित अखिल भारतीय रियासती प्रजा सम्मेलन की स्थायी समिति को गांधीजी और जवाहरलाल नेहरू ने सम्बोधित किया तथा रजवाड़ों की जनता का राष्ट्रीय संघर्ष में सहयोग का आह्वान किया। महिलाओं के एक समूह ने हैदराबाद में सत्याग्रह किया। इसी सिलसिले में सरोजिनी नायडू गिरफ्तार कर ली गई।

1946 के उत्तरार्द्ध में नालगोंडा, वारंगल, खम्मम आदि जिलों में कम्युनिस्टो ने शक्तिशाली किसान आन्दोलनों का संचालन किया। इसकी चर्चा किसान आंदोलन सम्बन्धी अध्याय (तेलंगाना आन्दोलन) में की गई है।

वायसराय माउंटबेटन की 3 जून, 1947 की इस घोषणा से कि अंगरेज थोड़े ही समय बाद भारत छोड़ देंगे, निजाम ने अपने एक स्वतन्त्र शासक होने का ऐलान किया। निजाम के भारतीय संघ में सम्मिलित होने से इंकार किए जाने पर रियासती कांग्रेस ने 16 से 18 जून अपना खुला अधिवेशन आयोजित किया तथा भारतीय संघ में शामिल होने तथा उत्तरदायी सरकार की माँग की। कांग्रेस की केन्द्रीय कमेटी ने सशस्त्र प्रतिरोध एवं सत्याग्रह, अर्थात् दोनों ही स्तरों पर संघर्ष की योजना बनाईं हैदराबाद के बाहर एक्शन कमेटी गठित की जिससे गिरफ्तारी टाली जा सके। बेजवाडा (विजयवाडा), शोलापुर एवं गडग में इसके कार्यालय स्थापित किए तथा बम्बई (मुम्बई) में केन्द्रीय दफ्तर बनाया। चन्दा भी एकत्र किया जिसमें जयप्रकाश नारायण ने विशेष योगदान किया। 7 अगस्त, 1947 को 'भारतीय संघ दिवस' के रूप में मनाया गया। सरकार ने दमन चक्र तेज किया। 15 अगस्त, 1947 को स्वामी रामानन्द एवं उनके सहयोगी गिरफ्तार कर लिए। अन्ततः 13 सितम्बर, 1948 को भारतीय सेना के हैदराबाद पर आक्रमण किए जाने के साथ, निजाम के आत्म–समर्पण तथा रियासत के भारतीय संघ में सम्मिलित किए जाने की योजना पूर्ण हुई।

निष्कर्ष: उपरोक्त दो रियासतों की जनता के संघर्ष से हम इस निष्कर्ष पर पहुँचते हैं कि भारी करों का बोझ, जमींदारी शोषण, पिछड़ापन, निरक्षरता जैसी समस्याएँ लगभग समान थीं और देशी रियासतों में निरंकुश शासकों के कारण स्थिति अधिक विकट हो गई। इसीलिए रियासतों में राजनीतिक जागरूकता ब्रिटिश भारत की अपेक्षा देर से आई।

- यह भी उल्लेखनीय है कि भारतीय राष्ट्रीय कांग्रेस ने रियासतों के प्रति अपनी नीति को सदैव परिवर्तनशील एवं परिस्थितियों के अनुकूल बनाए रखा। 1942 का भारत छोड़ो आन्दोलन सम्पूर्ण भारत का आन्दोलन बन गया था, अब रियासती जनता एवं भारत की शेष जनता में कोई भेद नहीं रह गया था।
- अब कांग्रेस की यह स्पष्ट धारणा बन चुकी थी कि सम्पूर्ण भारत एक है और इसके संगठन के लिए किसी भी प्रकार की शक्ति का प्रयोग किया जाना आवश्यक होगा उसका प्रयोग किया जाएगा। इस प्रकार राष्ट्रवादियों को, उपनिवेशवाद द्वारा अपनी सुरक्षात्मक ढाल के रूप बचाए गए सामन्तीय अवशेषों को धराशायी करने में सफलता मिली।

सन्दर्भ

1. आर.एल., हांडा, *हिस्ट्री ऑफ फ्रीडम स्ट्रगल इन प्रिंसली स्टेट्स,* नई दिल्ली, 1968
2. बिपिनचन्द्र, वही, पृ. 288
3. वही, पृ. 289
4. वही, पृ. 290
5. सुमित सरकार, *आधुनिक भारत,* पृ. 411–12
6. भटनागर, राजेन्द्रमोहन, *भारतीय कांग्रेस का इतिहास,* पृ. 237–38
7. सुमित सरकार, वही, पृ. 412
8. बिपिनचन्द्र, वही, पृ. 293

❋❋❋

36

भारत में वामपंथी आन्दोलन
(The Left Movements in India)

राजनीति में "वाम" शब्द का प्रयोग ऐसे दलों एवं आन्दोलनों के लिए किया जाता है जो समाज के वंचित तथा पीड़ित वर्गों के हितों को दृष्टिगत रखते हुए सामाजिक तथा आर्थिक व्यवस्था में मूलभूत सुधारों के लिए लड़ते हैं। दूसरी ओर "दक्षिणपंथी" ऐसे दलों की ओर संकेत करते हैं जो अपने स्वयं के हितों के कारण प्रचलित व्यवस्था, सरकारी तंत्र तथा सामाजिक और आर्थिक व्यवस्था में परिवर्तन के विरुद्ध होते हैं। जबकि सामाजिक, आर्थिक एवं राजनीतिक व्यवस्था में सीमित परिवर्तन के समर्थक मध्यमार्गी या 'सेन्ट्रिस्ट' के रूप में जाने जाते हैं। सामान्यतः वामपंथ को 'समाजवाद' का पर्याय माना जाता है, क्योंकि समाजवाद मजदूर या श्रमिक वर्ग के उत्थान तथा पूंजीपतियों के शोषण से उनकी मुक्ति का लक्ष्य लेकर चलता है। इस तथ्य का फ्रांस की क्रांति के सन्दर्भ में विश्लेषण किया जा सकता है। फ्रांसीसी क्रान्ति के दौरान वहाँ की नेशनल असेम्बली में तीन वर्ग थेः 'कंजरवेटिव दल' जो राजपरिवार एवं कुलीन वर्ग का समर्थक था एवं उनकी शक्तियों को बरकरार रखना चाहता था। दूसरा लिबरल दल प्रशासनिक व्यवस्था में सीमित सुधार चाहता था और तीसरा रेडीकल दल या अतिवादी (Radicals) सरकारी व्यवस्था में आमूल परिवर्तन का इच्छुक था जैसे राजा की शक्तियों का नियंत्रण एवं नवीन संवैधानिक व्यवस्था को स्वीकार करना आदि। फ्रांसीसी असेम्बली में कंजरवेटिव दल के लोग अध्यक्ष के दायीं (right) ओर तथा रेडीकल दल के सदस्य अध्यक्ष के बायीं (या वाम-left) ओर बैठते थे एवं लिबरल दल के लिए सदन के मध्य में बैठने की व्यवस्था थी। समाजवाद एवं साम्यवाद के अभ्युदय के पश्चात वामपंथी शब्द का प्रयोग केवल इनके लिए ही होने लगा।

चार्ल्स फुरियेर, राबर्ट ओवेन आदि प्रारम्भिक समाजवादी विचारक माने जाते हैं। लेकिन सबसे प्रखर समाजवादी विद्वान कार्ल मार्क्स थे। वे अपने समय के सभी समाजवादी विचारकों से कहीं आगे थे। उन्होंने ही सर्वप्रथम साम्यवादी (कम्युनिस्ट) समाज की परिकल्पना की और समाज के वैज्ञानिक विश्लेषण द्वारा यह सिद्ध किया कि मानव इतिहास की अन्तिम अवस्था साम्यवादी समाज की होगी। ऐसा किस तरह संभव होगा यह भी उन्होंने अपने ग्रंथ *दास केपीटल* (*Das Capital*) में स्पष्ट किया। इसलिए अन्य समाजवादियों से उनके विचारों में भिन्नता बनाये रखने के लिए उनके अनुयायी अपने को कम्युनिस्ट (साम्यवादी) कहने लगे और उनके विचार मार्क्सवाद के नाम से प्रसिद्ध हुए।

भारत के साम्यवादी दल के अनेक नेता प्रारम्भ में कांग्रेस से सम्बद्ध रहे थे, लेकिन यहीं के साम्यवादी दल व 'कम्युनिस्ट इंटरनेशनल' (Communist International) से उसकी सम्बद्धता के कारण काफी लोगों ने इससे अलग होकर नये दलों का गठन किया। अर्थात् कांग्रेस एवं कम्युनिस्ट विचारधारा से जुड़े हुए लोगों ने ही कई वामपंथी दलों का निर्माण किया, उनका आधार मार्क्सवाद रहा, परन्तु स्वनिर्मित धारणाओं को भी उन्होंने अपने नये दल के गठन में स्थान दिया। इस प्रकार के दलों को वामपंथी गुट की संज्ञा दी जा सकती है। वामपंथी दलों में सर्वाधिक उल्लेखनीय हैः भारतीय क्रान्तिकारी साम्यवादी दल, क्रान्तिकारी समाजवादी दल, भारतीय बोल्शेविक पार्टी, बोल्शेविक लेनिनिस्ट पार्टी, फॉरवर्ड ब्लाक एवं रेडीकल डेमोक्रेटिक पार्टी। मोटे–रूप में श्रमिक वर्ग, छोटे किसान एवं कामगारों के विकास एवं उत्थान में विश्वास रखने वाले मार्क्सवादी–लेनिनवादी (Leninist) सभी दल 'वाम पंथी' कहलाते हैं। ऐसे दलों की वर्तमान व्यवस्था एवं परम्परागत प्रशासन (साम्यवादी व्यवस्था से अलग) में आस्था नहीं होती, वे परिवर्तन के प्रबल समर्थक होते हैं। वामपंथियों में कई अलग–अलग गुट हैं और वे उसके अनुरूप प्रशासनिक व्यवस्था की स्थापना करना चाहते हैं।

रुसी साम्यवादी सरकार की सफलताः स्वतंत्रता आन्दोलन की पृष्ठभूमि में इन वामपंथी दलों का आविर्भाव किन कारणों से संभव हुआ अथवा क्यों हुआ? इस तथ्य को रेखांकित करते हुए बिपिनचन्द्र ने लिखा हैः रूसी क्रान्ति का प्रभाव इसके पीछे मुख्य प्रेरक शक्ति थी। 1917 के 7 नवम्बर को लेनिन के नेतृत्व में बोल्शेविक पार्टी (कम्युनिस्ट पार्टी) ने जार के राजशाही शासन को उखाड़ फेंका और पहले समाजवादी राज्य की स्थापना की घोषणा की गई।..... इस क्रान्ति से लोगों को एक और शिक्षा मिलीः यदि आम जनता यानी मजदूर, किसान और बुद्धिजीवी वर्ग संगठित होकर जार के शक्तिशाली

साम्राज्य का तख्ता पलट सकते हैं और ऐसी सामाजिक व्यवस्था कायम कर सकते हैं जिसमें एक आदमी दूसरे का शोषण नहीं कर सकता, तब ब्रिटिश साम्राज्यवाद से संघर्ष करने वाली भारतीय जनता भी ऐसा कर सकती है।[1]

अहिंसात्मक आन्दोलन की विफलताः नागरिक अवज्ञा आन्दोलन को वापस लिये जाने तथा त्रिपुरा कांग्रेस के दौरान वामपंथी एकता के निरन्तर टूटने के कारण समाजवादी लोगों का कांग्रेस में बने रहना कठिन हो गया और ऐसे क्रान्तिकारियों ने कांग्रेस से सम्बन्ध विच्छेद कर वामपंथी दलों का निर्माण किया।

वामपंथी नेताओं ने कांग्रेस को बुर्जुआ संगठन बताया एवं गांधीजी को एक प्रतिक्रियावादी शक्ति के रूप में देखा जाने लगा। साथ ही उन युवा नेताओं ने जिनका समाजवादी विचारधारा में विश्वास था, किन्तु प्रशासनिक व्यवस्था में बदलाव हेतु हिंसा का सहारा नहीं लेना चाहते थे, ने कांग्रेस में रहते हुए समाजवादी दल की स्थापना की।

समाजवादी विचारधारा एवं कांग्रेसी नेतृत्वः कुछ प्रखर कांग्रेसी नेताओं का भी समाजवादी विचारधारा में विश्वास था। जवाहरलाल नेहरु एवं सुभाषचन्द्र बोस भी पिछड़े वर्गों के उत्थान के लिए समाजवादी व्यवस्था को आवश्यक मानते थे। 1927 में "उपनिवेशवादी दमन और साम्राज्यवाद" के विरोध में ब्रुसेल्स में आयोजित अन्तर्राष्ट्रीय सम्मेलन में जवाहरलाल नेहरु ने भारतीय जनता के प्रतिनिधि के रूप में भाग लिया। उन्होंने रूस की भी यात्रा की और वहाँ से लौटने के बाद सोवियत संघ पर एक पुस्तक भी प्रकाशित की। जयप्रकाश नारायण भी समाजवादी विचारधारा के प्रबल समर्थक थे, उन्होंने संयुक्त राज्य अमेरिका में रहकर साम्यवादी व्यवस्था का अध्ययन किया। असहयोग आन्दोलन के वापस लिये जाने के बाद गांधीजी कांग्रेस के निर्विवाद नेता नहीं रह गये। 1927 के मद्रास अधिवेशन में कांग्रेस के वामपंथी गुट का प्रभाव स्पष्ट नजर आ रहा था। इस अधिवेशन में जवाहरलाल नेहरू ने प्रस्ताव रखा कि राष्ट्रीय आन्दोलन का उद्देश्यपूर्ण स्वतंत्रता प्राप्त करना है जो सर्वसम्मति से पारित हुआ। जवाहरलाल व सुभाषचन्द्र बोस ने भी देश का दौरा किया और सब जगह साम्यवाद एवं पूँजीवाद विरोधी भाषण दिये तथा समाजवादी विचारधारा को अपनाने की सलाह दी। समाजवादी साहित्य की भी इसमें अहम् भूमिका रही। अमृत डांगे ने 'गांधी व लेनिन' नामक एक पर्चा प्रकाशित किया और समाजवादी साप्ताहिक 'द सोशलिस्ट' का भी प्रकाशन शुरु हुआ। मद्रास (चेन्नई) में सिंगारवेलु ने 'लेबर किसान गजट' का प्रकाशन किया।

भारत में आधुनिक उद्योगों के विकास से वामपंथी आन्दोलन को विकसित होने का अवसर मिला और दूसरे देशों जैसे रूस तथा ग्रेट–ब्रिटेन आदि के समाजवादी आन्दोलनों से इसे मजबूती मिली। औद्योगिक विकास के कारण बम्बई (मुम्बई), कलकत्ता और मद्रास (चेन्नई) में मजदूरों की संख्या में तेजी से वृद्धि हुई। धीरे–धीरे मजदूर बेहतर कार्य–परिस्थितियों तथा ऊँचे वेतन के लिए अपने आपको संगठित करने लगे। इससे ट्रेड यूनियनों की स्थापना हुई। इस प्रकार ट्रेड यूनियनवाद की अभिवृद्धि ने वामपंथी पार्टियों की स्थापना के लिए पृष्ठभूमि तैयार की। 1919 में सोवियत यूनियन की कम्युनिस्ट सरकार (Communist Government) के सौजन्य से विभिन्न देशों की कम्युनिस्ट पार्टियों के एक अन्तर्राष्ट्रीय संगठन की स्थापना हुई। यह संगठन थर्ड कम्युनिस्ट इंटरनेशनल (Third Communist International) के नाम से जाना जाता है क्योंकि पूर्व में भी इसी तरह के दो संगठन स्थापित हो चुके थे। बिपिनचन्द्र लिखते हैं कि विश्वव्यापी मंदी के चलते पूंजीवादी व्यवस्था की प्रतिष्ठा को भारी धक्का लगा। इसलिए लोग मार्क्सवाद और समाजवाद की ओर आकर्षित हुए। कांग्रेसी शिविर में ही 1936 और 1937 में जवाहरलाल नेहरु तथा 1938 और 1939 में सुभाषचन्द्र बोस को कांग्रेस का अध्यक्ष चुनने में वामपक्ष की स्पष्ट झलक दिखाई देती है। कांग्रेस समाजवादी पार्टी की स्थापना से भी यह बात पुष्ट होती है।[2] मजदूर वर्ग के आन्दोलनों में राष्ट्रवादी नेता भी रुचि लेने लगे थे।[3] अखिल भारतीय ट्रेड यूनियन कांग्रेस का प्रथम अधिवेशन बम्बई में अक्तूबर, 1920 में लाला लाजपत राय की अध्यक्षता में हुआ। जिसकी चर्चा पूर्व में की गई है।

भारतीय साम्यवादी दल (The Communist Party of India): सोवियत रूस की बोल्शेविक क्रान्ति की सफलता से प्रभावित होकर विदेशों में कार्य कर रहे कुछ भारतीय क्रान्तिकारियों और बुद्धिजीवियों ने भारत में कम्युनिस्ट पार्टी की स्थापना का निश्चय किया। कम्युनिस्ट इंटरनेशनल की स्थापना से भी इसकी प्रेरणा मिली। सुमित सरकार ने जिक्र किया है कि भारतीय कम्युनिज्म की जड़ें राष्ट्रीय आन्दोलन के भीतर से ही फूटी थी। वे क्रान्तिकारी जिनका मोहभंग हो चुका था, असहयोग आन्दोलनकारी, खिलाफत आन्दोलनकारी, श्रमिक और किसान आन्दोलन के सदस्य राजनीतिक एवं सामाजिक उद्धार के लिए मार्ग खोज रहे थे। इसके संस्थापक थे विख्यात युगान्तर क्रान्तिकारी नरेन भट्टाचार्य (उर्फ मानवेन्द्रनाथ राय) जो 1919 में मैक्सिको में बोल्शेविक मिखाइल बोरोदीन के सम्पर्क में आए।[4] एम.एन. राय (मानवेन्द्र नाथ राय) ही ऐसे प्रथम

व्यक्ति थे जिन्होंने भारत के बाहर ताशकंद में अक्तूबर 1920 में कम्युनिस्ट इंटरनेशनल के तत्वावधान में भारतीय कम्युनिस्ट पार्टी की स्थापना की थी। यहां एम.एन. राय के साथ प्रमुख कम्युनिस्ट नेताओं के कृत्यों की जानकारी करना उचित होगा।

मानवेन्द्रनाथ राय: एम.एन. राय का जन्म बंगाल के चौबीस परगना जिले के उरबलिया गाँव में एक ब्राह्मण परिवार में 6 फरवरी 1889 में हुआ। उनकी शिक्षा अरविन्द घोष द्वारा स्थापित राष्ट्रीय विश्वविद्यालय में हुई। उन्होंने मलाया, इण्डोनेशिया, इण्डोचीन, फिलीपीन्स, जापान, कोरिया, चीन एवं अमेरिका की यात्रा की। अमेरिका में सेनफ्रांसिस्को में प्रवास के दौरान उन्होंने अपना नाम मानवेन्द्रनाथ राय रखा। वे मार्क्सवादी विचारधारा से प्रभावित होकर राष्ट्रवाद से अन्तर्राष्ट्रीय कम्युनिज्म की ओर उन्मुख हुए। प्रथम विश्व युद्ध शुरु होने के बाद वे मैक्सिको चले गए। यहाँ मिखाइल बोरोदीन के सम्पर्क में आए और मैक्सिको में कम्युनिस्ट पार्टी की स्थापना में उनका सहयोग किया। जुलाई–अगस्त 1920 में कम्युनिस्ट इंटरनेशनल के दूसरे अधिवेशन में सम्मिलित होने के लिए मास्को पहुँचे। यहाँ उनका लेनिन से महत्वपूर्ण विचार–विमर्श हुआ। लेनिन की मान्यता थी की 'कम्युनिस्टों' को ऐसे देशों में विदेशी साम्राज्यवाद के विरुद्ध बुर्जुआ राष्ट्रवादियों द्वारा संचालित क्रान्तिकारी आन्दोलनों को पूरा सहयोग देना चाहिए। महात्मा गांधी जैसे राष्ट्रवादी जो ब्रिटिश साम्राज्य के खिलाफ आन्दोलन चला रहे हैं, प्रगतिशील हैं, किन्तु राय लेनिन के मत से सहमत नहीं थे। उनकी धारणा थी कि–"बुर्जुआ राष्ट्रवादी प्रतिक्रियावादी हैं और कम्युनिस्टों को साम्राज्यवाद के विरुद्ध अपने संघर्ष को मजदूरों तथा किसानों की पार्टियाँ बनाकर ही स्वतंत्र रूप से चलाना चाहिए"। लेनिन के जोर दिये जाने पर ही एम.एन. राय क्रान्तिकारी राष्ट्रीय बुजुर्आजी को समर्थन देते रहने तथा मजदूरों एवं किसानों को स्वतंत्र रूप से भी आगे बढ़ाते रहने के लिए सहमत हुए। राय ने अक्तूबर 1920 में ताशकंद में भारतीय सीमान्त जनजातियों को प्रशिक्षित करने के लिए सैनिक स्कूल की स्थापना की और भारतीय कम्युनिस्ट पार्टी का भी गठन किया। ताशकंद एवं बाद में मास्को में प्रशिक्षण प्राप्त सीमान्त जनजातियों (मुहाजिरों) को भारत लौटने पर, पुलिस ने पकड़ लिया और उन पर 1922–23 में पेशावर षडयंत्र केस (Peshawar Conspiracy Case) चलाया। सरकारी दमन नीति को दृष्टिगत रखते हुए स्वयं राय ने भी 1922 में अपना कार्यालय भारत से हटाकर बर्लिन में प्रस्थापित किया। भारतीय अर्थव्यवस्था एवं समाज की मार्क्सवादी व्याख्या करने हेतु बर्लिन से 'वेंगार्ड (Vanguard) ऑफ इंडियन इंडिपेडेंस' और बाद में मासिज ऑफ इण्डिया (Masses of India) नाम से एक पाक्षिक और अवनी मुखर्जी के सहयोग से 'इंडियन इन ट्रांजिशन' प्रकाशित करने लगे।

भारत में भी कुछ अन्य क्रान्तिकारी समूह मार्क्सवाद के प्रसार के लिए कार्य कर रहे थे। उनमें भूपेन्द्रनाथ दत्त, वीरेन्द्रनाथ चट्टोपाध्याय एवं बरकतउल्लाह प्रमुख थे। महात्मा गांधी द्वारा असहयोग आन्दोलन वापस लिये जाने के बाद कुछ राष्ट्रवादी भी मार्क्सवाद की ओर उन्मुख हुए। मुम्बई में सोशलिस्ट के सम्पादक श्रीपद अमृत डांगे, लाहौर में 'इन्कलाब' के सम्पादक गुलाम हुसैन, बंगाल में 'नवयुग' के सम्पादक मुजफ्फर अहमद, मद्रास (चेन्नई) में सिंगारवेलु ने कृषकों एवं श्रमिकों को समर्थन देकर साम्यवादी विचार का प्रसार किया।

श्रीपद अमृत डांगे: श्री डांगे का जन्म अक्तूबर 1899 को नासिक में एक मराठी ब्राह्मण परिवार में हुआ था। उन्होंने विल्सन कॉलेज में शिक्षा प्राप्त की थी। गांधीजी द्वारा असहयोग आन्दोलन शुरु किये जाने पर डांगे अपना अध्ययन छोड़कर उसमें सम्मिलित हुए थे। असहयोग आन्दोलन के स्थगित किये जाने से उन्हें काफी ठेस पहुँची और वे कम्युनिस्ट हो गए। उन्होंने *गांधी वर्सेज लेनिन* नामक पुस्तक लिखी जो 1921 में प्रकाशित हुई। इस ग्रंथ में स्पष्टतः समाजवाद के प्रति अपने झुकाव को प्रदर्शित किया। 1922 में कम्युनिस्ट पत्रिका 'द सोशलिस्ट' का सम्पादन करना भी प्रारम्भ किया। डांगे की इच्छा थी कि कम्युनिस्ट एक संगठन के रूप में कांग्रेस के अन्दर कार्य करे। इस दृष्टि से 16 सितम्बर 1924 के एक अंक में उन्होंने इण्डियन नेशनल कांग्रेस की 'इण्डियन सोशलिस्ट' लेबर पार्टी बनाने की घोषणा की।

काजी नजरूल इस्लाम: बंगाल में मुज्जफर अहमद ने 1925–26 में काजी नजरूल इस्लाम के सहयोग से लेबर स्वराज पार्टी (जो बाद में किसानों तथा मजदूरों की पार्टी कहलाई) की स्थापना की। काजी नजरूल इस्लाम उस समय 49वीं बंगाल रेजीमेन्ट में हवलदार के रूप में कार्यरत थे जो बाद में राष्ट्रीय कवि के रूप में प्रसिद्ध हुए।

सिंगारबेलु चेट्टियर: सिंगारवेलु चेट्टियर एक वृद्ध वकील थे ने 'लेबर किसान पार्टी' के निर्माण की घोषणा की। वे अपने को कम्युनिस्ट मानते थे। इण्डियन नेशनल कांग्रेस के दिसम्बर 1922 के गया अधिवेशन में उन्होंने राष्ट्रीय स्वतन्त्रता का एक प्रस्ताव रखा और असहयोग आन्दोलन के स्थगित किये जाने की गांधीजी की आलोचना की।

नलिनी गुप्ता: नलिनी एवं अवानी मुकर्जी रूस से भारत आई, ये दोनों महिलाएं पूर्व में बंगाल के आतंकवादी दल की सदस्या थीं। इनकी धारणा थी कि भारत में समाजवाद के प्रचार प्रसार का उन्हें अधिकार है, ऐसे ही इरादों से उन्हें कानपुर षड्यन्त्र मामले में जेल जाना पड़ा था। नलिनी गुप्ता के साथ शौकत उस्मानी (मुहाजिर) भी कम्युनिज्म के प्रसार के लिए कार्य कर रहे थे। इस दौरान एम.एन. राय भारत के कम्युनिस्टों के साथ निरन्तर सम्पर्क बनाए हुए थे।

सुविधा की दृष्टि से साम्यवादी आन्दोलन को हम चार सोपानों में विभक्त कर सकते हैं:

प्रथम चरण–षड्यंत्रों का काल: पूर्ववर्ती भारतीय कम्युनिस्टों के लिए उनके प्रति अंगरेज सरकार के विद्वेष के कारण एक अखिल भारतीय संगठन का निर्माण कठिन प्रतीत हो रहा था। ब्रिटिश शासक भारत में एक शक्तिशाली कम्युनिस्ट पार्टी बनने से पूर्व ही कम्युनिस्ट आन्दोलन की शक्ति तोड़ देना चाहते थे। अतः 1921 से 1930 तक उन्होंने सात मुकदमे चलाये और जितने भी प्रमुख कम्युनिस्ट नजर आए उन्हें कड़ी सजाएं दीं। इनमें से पांच मुकदमे पेशावर में चले, एक कानपुर और एक मेरठ में।

कानपुर षड्यंत्र केस: 1924 में चार प्रमुख कम्युनिस्टों के विरुद्ध षड्यन्त्र का मामला शुरु किया गया। वे चार कम्युनिस्ट थे: मुजफ्फर अहमद, एस.ए. डांगे, शौकत उस्मानी तथा नलिनी गुप्ता। सरकार का आरोप था कि मास्को के तत्वावधान में प्रशिक्षण प्राप्त इन कम्युनिस्टों ने 'कम्युनिस्ट इन्टरनेशनल' नामक क्रान्तिकारी संगठन की एक शाखा स्थापित की है और इस संगठन का उद्देश्य महामहिम ब्रिटिश सम्राट की भारत पर प्रभुसत्ता को एक सशस्त्र क्रान्ति द्वारा समाप्त करना है। अभियुक्तों पर मुकदमा कानपुर में चलाया गया अतः यह मामला कानपुर षड्यन्त्र (Kanpur Conspiracy Case, 1924) के नाम से प्रसिद्ध हुआ। मुकदमे के दौरान डांगे ने भारत में समाजवाद के प्रचार प्रसार का दावा किया "क्योंकि ब्रिटिश साम्राज्य के अन्य हिस्सों तथा ब्रिटेन में ऐसी स्वतन्त्रता उपलब्ध है।" मुकदमे के दौरान 1924 में डांगे, अहमद, गुप्ता एवं उस्मानी को चार–चार वर्ष के कठोर कारावास की सजा दी गई।

मेरठ षड्यंत्र केस: दूसरा महत्वपूर्ण मेरठ षड्यन्त्र मुकदमा (Meerut Conspiracy Case, 1929-33) साढ़े तीन वर्ष तक चला, मुकदमे में जवाहरलाल नेहरू, कैलाशनाथ काटजू, एम.सी. छागला एवं डाक्टर एच.एफ. अन्सारी जैसे विद्वान, प्रतिवादियों की ओर से पैरवी करने को न्यायालय में उपस्थित हुए। सरकार द्वारा प्रस्तुत सार्वजनिक सुरक्षा विधेयक (Public Safety Bill) जो मुख्यतः साम्यवादियों के विरुद्ध था, कांग्रेसी सदस्यों ने केन्द्रीय विधानसभा में, बिल का विरोध किया और पारित नहीं होने दिया। इस प्रकार कम्युनिस्टों को राष्ट्रीय आन्दोलन की मुख्यधारा से अलग करने की सरकार की मंशा न केवल असफल रही बल्कि इसका एकदम उल्टा प्रभाव हुआ। यद्यपि श्रमिक नेताओं को गिरफ्तार किये जाने से बढ़ता हुआ श्रमिक आन्दोलन नेतृत्व विहीन अवश्य हो गया।

प्रारम्भिक दौर के कुछ कम्युनिस्टों ने मजदूर और किसान दलों को संगठित करके "लेबर स्वराज पार्टी" का गठन किया। कांग्रेस संगठन के अन्तर्गत ही इस पार्टी ने कार्य करना शुरु किया। बंगाल में इसकी स्थापना नवम्बर 1925 में मुज्जफर अहमद, नजरूल इस्लाम एवं हेमन्त कुमार सरकार आदि लोगों ने मिलकर की। 1926 के उत्तरार्द्ध में बम्बई में 'कांग्रेस लेबर पार्टी' तथा पंजाब में '**किरती किसान पार्टी**' का गठन किया। मद्रास (चेन्नई) में 1923 से ही 'लेबर किसान पार्टी ऑफ हिन्दुस्तान' काम कर रही थी। 1928 में इन सभी प्रान्तीय संगठनों को मिलाकर एक नया अखिल भारतीय संगठन बनाया गया, जिसका नाम "वर्कर्स एण्ड पीजेंट्स पार्टी" (Worker's and Peasant's Parties या मजदूर किसान पार्टी) रखा गया। इसकी इकाईयाँ दिल्ली, उत्तर प्रदेश और राजस्थान में स्थापित की गईं। मजदूर किसान पार्टी ने कांग्रेस के अन्तर्गत ही कार्य करना शुरु किया जिससे इसको "आम जनता का संगठन" बनाया जा सके और स्वतन्त्र रूप से वर्ग संगठनों में मजदूरों और किसानों को शामिल किया जाये। इसका प्रमुख लक्ष्य था पहले स्वतंत्रता हासिल की जाए और बाद में समाजवाद के लक्ष्य तक पहुँचा जाए।

जवाहरलाल नेहरु एवं अन्य वामपंथी कांग्रेसी नेताओं ने, मजदूर किसान पार्टी द्वारा कांग्रेस के रुख को क्रान्ति की ओर उन्मुख करने का प्रयास करने तथा वामपक्ष के प्रभाव को बढ़ाने का स्वागत किया। जवाहरलाल नेहरू के प्रयासों से ही आगे जाकर 1931 में कांग्रेस के अधिवेशन में किसानों एवं मजदूरों के विकास हेतु समाजवादी प्रस्ताव स्वीकृत हुआ।

दूसरा सोपान: 1928 में शुरु होता है जब साम्यवादी अन्तर्राष्ट्रीय संगठन के संकेत पर कम्युनिस्टों ने भारतीय राष्ट्रीय कांग्रेस के वामपंथी एवं दक्षिणपंथी लोगों पर प्रहार करना शुरु किया। 1927 के मद्रास (चेन्नई) अधिवेशन में पूर्ण

स्वतंत्रता की प्राप्ति, कांग्रेस का अन्तिम लक्ष्य घोषित किया गया। साइमन कमीशन के विरोध में हड़ताल करने वाले जिन मजदूरों को नौकरी से निकाल दिया गया था पुनः नौकरी पर लिये जाने हेतु हड़तालें हुईं। जमशेदपुर के टाटा आयरन एण्ड स्टील वर्क्स की हड़ताल (1928) सुभाषचन्द्र बोस के हस्तक्षेप से समाप्त हुई थी। दिसम्बर 1929 में द्वितीय सविनय अवज्ञा आन्दोलन का प्रस्ताव किया गया था ऐसी स्थिति में भारतीय साम्यवादी दल ने इस संघर्ष को त्रिकोण रूप देकर कांग्रेस की शक्ति को कम करने का प्रयास किया। कम्युनिस्टों ने दोषारोपण किया कि कांग्रेस उन उद्योगपतियों का समर्थन कर रही है जो भारतीय श्रमिक वर्ग का शोषण कर रहे हैं। अतः साम्राज्यवादी जितने शोषक हैं कांग्रेस भी उस दोष से विमुक्त नहीं है। इतना ही नहीं जवाहरलाल नेहरू, सुभाषचन्द्र बोस जैसे वामपंथी नेताओं को भी पूंजीपतियों का एजेंट कहा गया जो किसानों व मजदूरों जैसी मेहनतकश जनता को पूंजीपतियों के प्रभाव में रखने की कोशिश में है। कम्युनिस्टों ने कांग्रेस को छोटे बुर्जुवा राष्ट्रवादी नेतृत्व (Petty Bourgeois Nationalist Leadership) की संज्ञा दी और उसकी निंदा की। 1931 के गाँधी–इरविन समझौते को राष्ट्रवाद के साथ कांग्रेसी विश्वासघात कहा गया।

लेकिन इस तरह की विचारधारा साम्यवादियों के लिए घातक सिद्ध हुई। ट्रेड यूनियन आन्दोलनों में कम्युनिस्टों के बढ़ते प्रभाव से चिन्तित होकर मार्च 1929 में सरकार ने 32 लोगों को गिरफ्तार कर लिया जिसमें क्रान्तिकारी राजनीतिज्ञ, ट्रेड यूनियन के लोग एवं तीन ब्रिटिश कम्युनिस्ट भी थे। ब्रिटिश कम्युनिस्ट नेता थेः फिलिप स्प्रैट (Philip Spratt), बेन ब्रेडले (Benjamin Francis Bradley) और लेस्टर हचिन्सन (H.L. Hutchison), ये लोग भारत में ट्रेड यूनियन आन्दोलन को संगठित करने के लिए आए थे। सरकार का लक्ष्य था ट्रेड यूनियन आन्दोलन को समाप्त कर कम्युनिस्टों को राष्ट्रीय आन्दोलन से अलग–थलग करना। इस क्रम में सबसे पहले साम्यवादी नेताओं एवं ट्रेड यूनियनों के प्रतिनिधियों पर षड्यन्त्र के मामले बनाकर जेल भेज दिया गया, जिससे पार्टी नेतृत्व विहीन हो गई और 1934 में "भारत की कम्युनिस्ट पार्टी" को गैर–कानूनी घोषित कर दिया। कम्युनिस्टों का जन सामान्य पर भी प्रभाव कम हो गया था क्योंकि "वर्कर्स एण्ड पीजेंट्स पार्टी" को इस आधार पर भंग कर दिया गया था कि दो वर्गों वाला दल (मजदूर व किसान) अधिक उचित नहीं है क्योंकि इसके निम्न पूंजीवादी प्रभाव में आने की संभावना है। इस प्रकार साम्यवादियों का जनता से सम्पर्क टूट गया।

तृतीय चरण: साम्यवादियों ने अपनी नीति में परिवर्तन लगभग 1935 में किया जब कम्युनिस्ट इंटरनेशनल ने साम्यवादियों को सुझाव दिया कि वे "भारतीय राष्ट्रीय कांग्रेस के संगठन का प्रयोग करें तथा कांग्रेस समाजवादी दल को सुदृढ़ बनाए और प्रतिक्रियावादी दक्षिणपंथी लोगों को कांग्रेस से निकाल बाहर करें। इसे तीसरा सोपान अथवा साम्राज्यवाद विरोधी संयुक्त मोर्चा कहा जा सकता है। औपनिवेशिक शक्ति के विरुद्ध साम्यवादियों को कांग्रेस के साथ मिलकर कार्य करने की प्रेरणा रजनीपाम दत्त एवं बेन ब्रेडले ने अपने लेख (Anti Imperialist People's front in India) को प्रकाशित करके दी। वस्तुतः 1934 में कम्युनिस्टों ने अपनी ट्रेड यूनियन गतिविधियों को तीव्र कर दिया था और शोलापुर, नागपुर तथा बम्बई (मुम्बई) में हड़तालें हुईं थीं। सरकार ने घबराकर 23 जुलाई 1934 को "कम्युनिस्ट पार्टी ऑफ इण्डिया" पर प्रतिबंध लगा दिये। बाध्य होकर साम्यवादियों को इण्डियन नेशनल कांग्रेस एवं नई गठित समाजवादी कांग्रेस पार्टी के माध्यम से अपनी गतिविधियाँ जारी रखनी पड़ी और कम्युनिस्टों को भूमिगत होकर कार्य करना पड़ा। 1938 में स्वीकार किया गया कि "कांग्रेस भारत की जनता का केन्द्रीय जन संगठन है जो साम्राज्य के विरोध में खड़ा है।" कम्युनिस्ट पार्टी ने राष्ट्रीय आन्दोलन को मजदूर वर्ग के प्रभाव में लाने का प्रयत्न किया। 1936–42 के दौरान केरल, आन्ध्र प्रदेश और पंजाब में अत्यन्त शक्तिशाली किसान आन्दोलन का संचालन किया।

द्वितीय विश्व युद्ध शुरु होने पर साम्यवादियों ने विचित्र नीति का परिचय दिया। दूसरे विश्वयुद्ध के शुरु होने पर रूसी संकेत पर भारतीय साम्यवादी नेताओं ने महायुद्ध को साम्राज्यवाद के विरुद्ध लड़ा जाने वाला युद्ध कहा। दूसरी ओर गांधीजी ने 15 सितम्बर 1939 को इस युद्ध को साम्राज्यवादी युद्ध की संज्ञा दी। लेकिन जब हिटलर ने 1941 में रूस पर आक्रमण कर दिया तब साम्यवादियों के लिए यह लोक युद्ध बन गया।[5] इंग्लैण्ड एवं रूस युद्ध में परस्पर सहयोग करने लगे। कांग्रेस द्वारा संचालित 1942 के भारत छोड़ो आन्दोलन का कम्युनिस्टों ने समर्थन ही नहीं किया प्रत्युत आन्दोलन को निष्प्रभावी करने के लिए अंगरेजों के भेदियों का कार्य भी किया। साम्यवादी दल की इस अचानक नीति परिवर्तन की राष्ट्रवादियों ने निंदा की और उन्हें विदेशी शक्तियों से संचालित दल कहा।

अन्तिम चरण: इस दौर में भी साम्यवादी भारतीय जनता में लोकप्रियता हासिल नहीं कर पाये। भारतीय स्वतंत्रता आन्दोलन के अन्तिम चरण में साम्यवादियों ने मुस्लिम समर्थन की नीति अपनाई। साम्यवादी चाहते थे कि भारत छोटे–छोटे

स्वायत्तशासी राज्यों में विभक्त हो जाए और किसी एक राज्य पर आधिपत्य स्थापित कर अपनी सत्ता का प्रसार किया जाए। इसी मन्तव्य से कांग्रेस–लीग भेदों को बढ़ावा देने का प्रयत्न किया। किन्तु साम्यवादियों को लीग का समर्थन नहीं मिल पाया और उनकी योजना क्रियान्वित नहीं हो सकी। यद्यपि 1942 में एक प्रस्ताव पारित कर भारत को 16 राष्ट्रों की संज्ञा दी। इसी प्रकार 1946 में कैबिनेट मिशन के समक्ष भारत को 17 पृथक प्रभुसत्ता सम्पन्न राज्यों में विभक्त करने की मांग की। जैसा बाल्कन में हुआ था।

इन सबके बावजूद साम्यवादी दलों के योगदान को भुलाया नहीं जा सकता। इसी दल की गतिविधियों से कांग्रेस को किसानों और मजदूरों को आन्दोलन में भागीदार बनाने की प्रेरणा मिली। अब तक कांग्रेस मध्यमवर्गीय दल था, साम्यवादियों के सम्पर्क से ही जनसामान्य की पार्टी बन पायी थी। अतः साम्यवादियों के अन्तिम दौर के आधार पर राष्ट्रीय आन्दोलन में इसके योगदान को कम करके नहीं आंका जा सकता।

कांग्रेस समाजवादी दल (Congress Socialist Party): पूर्व में उल्लेख किया गया है कि वामपंथी आन्दोलन की दो मुख्य धाराऐं विकसित हुईं। पहली साम्यवादी (कम्युनिस्ट) जो कि अन्तर्राष्ट्रीय आन्दोलन के एक भाग के रूप में भारत में विकसित हुई, जिसे कम्युनिस्ट इन्टरनेशनल या (Comintern) जो सोवियत रूस का अन्तर्राष्ट्रीय साम्यवादी संगठन था, नियंत्रित करता था। दूसरी धारा थीः कांग्रेस समाजवादी दल की, जो कि भारतीय राष्ट्रीय कांग्रेस का वामपंथी दल था और उसका लोकतंत्रीय समाजवाद में विश्वास था। ये दोनों आन्दोलन भारत में प्रचलित साम्राज्यवाद विरोधी विचारों पर आधारित थे।

असहयोग आन्दोलन से लोगों में अभूतपूर्व उत्साह जागृत हुआ, लेकिन गांधीजी द्वारा इसे अचानक वापस लिये जाने के कारण लोगों में गहरी निराशा हुई। ऐसे समय में आन्दोलन को वापस लेने की घोषणा की गई जब लोग यह समझने लगे थे कि अंगरेजी राज्य की घेराबंदी कर ली गई है और "एक वर्ष में स्वराज प्राप्त हो जाएगा।"[6] वस्तुतः अवज्ञा आन्दोलन (Civil Disobedience Movement) के परिणाम से वामपंथी तत्व असन्तुष्ट थे और आन्दोलन को गुप्त तथा उग्र बनाना चाहते थे। इस प्रकार युवा राष्ट्रवादियों की उम्मीदें टूटने लगी और गांधीवादी विचारधारा में लोगों का विश्वास कम हुआ।

जवाहरलाल नेहरू एवं सुभाषचन्द्र बोस के विचार: कांग्रेस का लाहौर अधिवेशन (1929 में) जवाहरलाल नेहरू की अध्यक्षता में आयोजित हुआ। इसमें लिए गए कुछ महत्वपूर्ण राजनीतिक निर्णयों को कांग्रेस समाजवादी पार्टी के गठन का आधार माना जाता है। इस अधिवेशन में नेहरू रिपोर्ट (मोतीलाल नेहरू की अध्यक्षता में गठित कमेटी) की "भारत के लिए डोमिनियन स्टेट्स" की सिफारिश को निरस्त करते हुए उसके स्थान पर सम्पूर्ण स्वराज्य को कांग्रेस ने अपना लक्ष्य घोषित किया।[7] मोतीलाल नेहरू ने भी इस घोषणा पर अपनी प्रसन्नता व्यक्त की और कहा थाः यदि मुझे मरना ही है तो मेरी मौत स्वतन्त्र भारत की गोद में हो।[8] अधिवेशन में कहा गया कि ब्रिटिश शासन को अब स्वीकार करना मनुष्य और ईश्वर दोनों के प्रति पाप करना है। लेकिन गांधीजी कांग्रेस के इस निर्णय के प्रति गंभीर नहीं थे, उन्होंने कहा थाः "स्वतंत्रता के प्रस्ताव से किसी को डरने की जरूरत नहीं है", उनका यह वक्तव्य "न्यूयार्क वर्ड" में प्रकाशित हुआ था। इसका अभिप्राय यह था कि कांग्रेस अपने पारित प्रस्ताव के प्रति गंभीर नहीं थी अथवा यह कथन ब्रिटिश सरकार के लिए था जिसे प्रस्ताव से डरने की आवश्यकता न थी। इसी प्रकार गांधीजी का 11 सूत्री कार्यक्रम अंगरेज सरकार के पक्ष का था जिसका निर्धारण गांधीजी ने कांग्रेस कार्यसमिति की स्वीकृति के बिना किया था।[9]

कांग्रेस कमेटी ने फरवरी 1930 में औपनिवेशिक शक्ति के विरुद्ध आन्दोलन चलाने का दायित्व गांधीजी को सौंप दिया था, किन्तु कांग्रेस कार्यसमिति द्वारा आगामी कार्यक्रम निर्धारित नहीं किया। सुभाषचन्द्र बोस एवं जवाहरलाल नेहरू ने इस पर आश्चर्य प्रकट किया था।[10] आगामी योजनाओं के अभाव में कांग्रेस द्वारा पारित सम्पूर्ण स्वराज का लक्ष्य एक काल्पनिक तथ्य बन गया। रजनीपाम दत्त ने इस स्थिति को रेखांकित करते हुए लिखा हैः इतने विशाल कार्य का संचालन करने के लिए और इतने शक्तिशाली दुश्मन को मात देने के लिए जरूरी था कि दुश्मन द्वारा जवाबी हमला शुरु किए जाने से पहले ही भरपूर ताकत बटोरकर उस पर धावा बोल दिया जाए। कांग्रेस और मजदूर आन्दोलन की पूरी शक्ति के साथ देश में आम हड़ताल का नारा दिया जाना, कर और लगान न देने का अभियान शुरु करने के लिए समूचे किसान वर्ग का आह्वान तथा देश में अपने विभागों, अपनी अदालतों और अपने स्वयं सेवकों आदि से लैस समानान्तर सरकार कायम किया जाना आदि जरूरी था।..... लेकिन गाँधीजी की यह धारणा नहीं थी। उस समय के और बाद के प्रमाणों से यही पता चलता है कि गांधीजी की मुख्य समस्या इस तरह के विकास को आगे बढ़ने से रोकने की थी।[11] 2 मार्च 1930 को उनके द्वारा वायसराय को लिखे गये पत्र से उनकी (गांधीजी) इस धारणा की पुष्टि होती है। इस पत्र में जन–आन्दोलन के दौरान हुई हिंसा एवं

सरकारी दमन को एक श्रेणी में रखा गया और जन आन्दोलनों के दौरान हुई हिंसा के प्रति उन्होंने चिंता व्यक्त की। गांधीजी की प्रतिक्रियावादी प्रवृत्तियों से जनता क्षुब्ध थी और कांग्रेस की नीतियों एवं कार्यक्रमों में आमूल परिवर्तन की पक्षपाती थी।

फरवरी 1922 में गांधीजी ने असहयोग आन्दोलन वापस ले लिया तो खिलाफत समर्थकों को इससे भारी ठेस पहुँची। साथ ही गांधीजी साम्प्रदायिक सद्भाव बनाए रखने में सफल नहीं हुए, इससे राष्ट्रवादियों को गांधीवादी तरीकों में आस्था कम हुई और यह माना जाने लगा कि गांधीवाद की असफलता का तात्पर्य हिन्दू–मुस्लिम मैत्री में दरार पैदा होना है। दोनों सम्प्रदायों में दूरी और बढ़ गई और देश के अनेक भागों में साम्प्रदायिक हिंसा भड़क उठी। इस प्रकार असहयोग आन्दोलन के वापस लिये जाने से उत्पन्न परिणामों से कुछ उदारवादी कांग्रेसी भी "परिवर्तन समर्थक" गुट में शामिल हो गए और उन्होंने कांग्रेस में उभर रही समाजवादी विचारधारा को स्वीकार कर लिया।

कांग्रेस के आर्थिक कार्यक्रम: ग्रामीण इलाकों में जमींदारों द्वारा काश्तकारों के शोषण से उत्पन्न जनता को बैचेनी से कुछ राष्ट्रवादी विक्षुब्ध थे। अब तक कांग्रेस जमींदारों के शोषण पर प्रतिबंध लगाये जाने हेतु कुछ कारगार प्रस्ताव नहीं कर पाई थी। जवाहरलाल नेहरु, सुभाषचन्द्र बोस, राममनोहर लोहिया जैसे राष्ट्रवादी गंभीर रूप से यह सोचने लगे थे कि मेहनतकश लोगों को साम्राज्यवाद विरोधी (कांग्रेस द्वारा संचालित) आन्दोलन से किस तरह अधिकाधिक जोड़ा जाये। इसी धारणा का विकास समाजवादी कांग्रेस दल की स्थापना का कारण बना। इस प्रकार स्वतंत्रता संघर्ष में जनता की अधिकाधिक भागीदारी बढ़ाने के एक उपाय के रूप में इस दल की स्थापना को देखा जाना चाहिए।

साथ ही जवाहरलाल नेहरू एवं सुभाषचन्द्र बोस जैसे वामपंथी नेता पूर्ण स्वराज्य के लिए 'समाज के आर्थिक ढांचे को समाजवादी रूप' देना आवश्यक समझते थे। 1929 के लाहौर अधिवेशन में जवाहरलाल नेहरू ने अध्यक्षीय भाषण में कहाः 'मैं समाजवादी और लोकतंत्रवादी हूँ। मेरा उस व्यवस्था में विश्वास नहीं है जो उद्योगों में आधुनिक राजाओं को जन्म देती है।..... यदि इस देश को अपनी गरीबी और असमानता समाप्त करनी है तो भारत को एक समय समाजवादी कार्यक्रम अपनाना होगा।' कांग्रेस के लिए श्रमिक एवं पूंजीपति तथा काश्तकार एवं जमींदार के बीच गहरे भेद को समाप्त करने का एक मात्र उपाय समाजवादी व्यवस्था थी। नेहरू जी 1933 जुलाई एवं 1934 फरवरी के मध्य कुछ समय जेल से बाहर रहे तब 'व्हिदर इण्डिया' शीर्षक से प्रकाशित लेखों में उन्होंने राष्ट्रीय लक्ष्यों को सामाजिक एवं आर्थिक कार्यक्रमों के साथ जोड़ने की आवश्यकता पर बल दिया। इन लेखों से गांधीजी एवं उनके बीच के सैद्धान्तिक मतभेद स्पष्ट हो गए, लेकिन उन्होंने गांधीजी से अपने सम्बन्ध कभी विच्छेद नहीं किये। वस्तुतः वे कांग्रेस से निकालकर सामाजिक प्रतिक्रियावादियों के लिए मैदान छोड़ना नहीं चाहते थे। दूसरी ओर गांधीजी भी नेहरू के समाजवादी विचारों से चिन्तित नहीं थे।[12]

कराची अधिवेशन: मार्च 1931 में कांग्रेस के कराची अधिवेशन की अध्यक्षता सरदार वल्लभ भाई पटेल ने की। भगतसिंह, राजगुरु व सुखदेव को फांसी दिये जाने से जनता क्षुब्ध थी, दूसरी ओर 'गांधी–इरविन पैक्ट' के इक्कीस सूत्रीय समझौते के तहत नागरिक अवज्ञा आन्दोलन उठा लिये जाने से लोगों में रोष था। अधिवेशन में भगतसिंह व उसके साथियों के बलिदानों की सराहना करते हुए प्रस्ताव रखा गया तो गांधीजी ने इस प्रस्ताव का विरोध किया, लेकिन उन्हें वहाँ गंभीर जनाक्रोश का सामना करना पड़ा। प्रस्ताव संशोधित रूप में पारित हो पाया तथापि इससे गांधीजी की छवि धूमिल हुई। इसी प्रकार वामपंथी तत्व गांधी–इर्विन समझौते का समर्थन नहीं करना चाहते थे किन्तु सरकार को इस नीति को असफल बनाने के लिए 'कांग्रेस के विभाजन से पार्टी का विघटन तीव्र होगा' इस समझौते का खुलकर विरोध नहीं किया और प्रस्ताव पारित हो जाने दिया। इस तरह पार्टी की एकता को बनाये रखा गया। इसके बावजूद वामपंथी तत्वों का कांग्रेस की रणनीति एवं नीति निर्धारण पर गहरा प्रभाव पड़ा। जैसा कि विदित है दक्षिणपंथी तत्वों की विजय इस बात में भी रही कि वे मौलिक अधिकार व आर्थिक नीति से सम्बद्ध प्रस्ताव पारित करवा लेने में सफल रहे।[13] इन प्रस्तावों में इस बात पर बल दिया गया कि राजनीतिक स्वतंत्रता आवश्यक रूप से आर्थिक स्वतंत्रता से सम्बद्ध हो। नेहरू जी लिखते हैं: इस प्रस्ताव के द्वारा, मूल उद्योगों और नौकरियों के राष्ट्रीयकरण और ऐसे ही दूसरे उपायों के प्रचार द्वारा गरीबों का बोझ कम करके अमीरों पर बढ़ाने के लिए एक बहुत छोटा कदम, समाजवाद की दिशा में उठाया गया, लेकिन वह समाजवाद कतई न था। पूंजीवादी राज्य भी उसकी प्रायः हर बात को आसानी से मंजूर कर सकता है।[14] कराची प्रस्तावों से यह सिद्ध हो गया कि कांग्रेस के वामपंथी तत्वों को अब नकारा नहीं जा सकता, उसका अपना प्रभाव है उसे महत्व दिया जाना होगा।

समाजवादी दल की स्थापना: सर्वप्रथम समाजवादी विचारधारा की ओर पश्चिमी देशों में रह रहे भारतीयों का ध्यान आकृष्ट हुआ, जिनमें प्रमुख थे: श्यामजी कृष्ण वर्मा, मैडम कामा, शापुरजी सकलातवाला, के.एस. भट्ट, वीरेन्द्रनाथ चट्टोपाध्याय,

त्रिमुल आचार्य, भूपेन्द्रनाथ दत्त, पी.एस. ककौजा, जी.ए.के. लुहानी आदि। प्रथम विश्वयुद्ध शुरु होने के पहले इन बुद्धिजीवियों ने विदेशों में रहते हुए समाजवादी आन्दोलन का संचालन किया। इसीलिए इस विचारधारा की नीतियाँ, कार्यक्रम नहीं बनाये जा सके। प्रथम विश्वयुद्ध के बाद के वर्षों में देशव्यापी असहयोग आन्दोलन (1920–22) की समाप्ति तक समाजवाद ने कांग्रेस के राजनीतिक व्यवहार पर कोई प्रभाव नहीं डाला। परन्तु इसके बाद समाजवादी विचार कांग्रेस की नीतियों को प्रभावित करने लगे और उसकी एक महत्वपूर्ण भूमिका रहने लगी। कांग्रेस की गैर–प्रगतिशील नीतियों से असन्तुष्ट कुछ कांग्रेसियों ने सर्वप्रथम उत्तरी बिहार में समाजवादी विचारधारा पर आधारित समाजवादी संघों की स्थापना 1931 में की। बिहार के कुछ मार्क्सवादी समाजवादियों जिनमें फुल्लन प्रसाद वर्मा, रामवृक्ष बेनीपुरी, बाबा दामोदर दास (राहुल सांस्कृत्यायन), अब्दुल बारी, गंगासहाय सिन्हा तथा अम्बिकाकान्त सिन्हा प्रमुख थे, के सहयोग से जयप्रकाश नारायण ने 1931 में बिहार समाजवादी पार्टी की स्थापना की थी।

1932–33 के दौरान नासिक केन्द्रीय कारावास में कुछ कांग्रेसी नेताओं ने अखिल भारतीय समाजवादी दल के निर्माण पर विचार–विमर्श किया, जिनमें प्रमुख थेः जयप्रकाश नारायण, अच्युत पटवर्धन, एम.आर. मसानी, एन.जी. गोरे, अशोक मेहता, एम.एस. जोशी, एम.एल. दंतवाला। बनारस में सम्पूर्णानंद तथा तारापद भट्टाचार्य ने 1933 में एक कांग्रेस समाजवादी गुट का संगठन बनाया। यूसुफ मेहरअली, मीनू मसानी, अच्युत पटवर्धन तथा कमला देवी चट्टोपाध्याय आदि ने बम्बई कांग्रेस समाजवादी दल का निर्माण किया। केरल तथा दिल्ली में क्रमशः इ.एम.एस. नम्बूदरीपाद तथा फरीदुलहक अन्सारी के नेतृत्व में कांग्रेस समाजवादी गुट संगठित हुए। कांग्रेस संगठन के बाहर भी पंजाब में 1932 में 'पंजाब समाजवादी दल' तथा उत्तर प्रदेश में हरिहरनाथ शास्त्री तथा विश्वनाथ बैनर्जी आदि नेताओं के प्रयास से एक सोशलिस्ट पार्टी की स्थापना हुई। इन सभी दलों के उद्देश्य समान थे अर्थात् राष्ट्रीय आन्दोलन को उग्र तथा अधिक प्रभावशाली बनाकर स्वतंत्रता प्राप्त करने का प्रयास करना तथा समाजवाद के सिद्धान्तों का प्रचार करना और किसानों एवं मजदूरों के वांछित हकों का समर्थन करना। कांग्रेस समाजवादी विचारधारा के समर्थक नेताओं की मई 1934 में पटना में बैठक हुई जिसमें भारतीय कांग्रेस समाजवादी दल की स्थापना को औपचारिक मान्यता प्राप्त हुई तथा बम्बई में कांग्रेस के वार्षिक अधिवेशन (1934) के दौरान इसकी नीतियां व कार्य प्रणाली निर्धारित की गई। इस विचारधारा से आचार्य नरेन्द्र देव, डॉ. राम मनोहर लोहिया, पुरुषोत्तम त्रिकमदास लोहिया, यूसुफ मेहराले, गंगाशरण सिंह, कमलादेवी चट्टोपाध्याय आदि भी जुड़ गये। जवाहरलाल नेहरु एवं सुभाषचन्द्र बोस इस विचारधारा से काफी ओत–प्रोत थे, लेकिन वे इसकी नीतियों से सक्रिय रूप से सम्बद्ध नहीं हो पाये थे। गांधीजी सदा से ही इस पार्टी के विरोधी रहे। बोस संभवतः गांधीजी के विरोध के कारण ही इस संस्था से सक्रिय रूप से अपने को सम्बद्ध नहीं कर सके। यहाँ प्रारम्भिक समाजवादियों के बारे में संक्षिप्त जानकारी प्राप्त करना उचित होगा।

जयप्रकाश नारायणः बिहार के सिताबदिबर नामक ग्राम के एक मध्यमवर्गीय कायस्थ परिवार में 11 अक्तूबर 1902 में जयप्रकाश नारायण का जन्म हुआ। प्रथम असहयोग आन्दोलन शुरु हुआ तब वे पटना कालेज में इन्टरमीडिएट के छात्र थे। गांधीजी के आह्वान पर जयप्रकाश ने सरकारी कालेज छोड़कर बिहार विद्यापीठ में प्रवेश लिया। 1922 में वे संयुक्त राज्य अमेरिका चले गये। वहाँ वे सात वर्ष रहे तथा कैलिफोर्निया, विस्कासिन एवं ओहियो विश्वविद्यालयों में शिक्षा प्राप्त की। विस्कासिन विश्वविद्यालय में जयप्रकाश मार्क्सवादी प्रोफेसर तथा कुछ साम्यवादी छात्रों के सम्पर्क में आये। उन्होंने समाजवादी साहित्य का गहन अध्ययन किया और एक पक्के मार्क्सवादी बनकर 1929 में भारत लौटे। उनके प्रवास के दौरान उनकी पत्नी प्रभावती देवी गांधीजी के आश्रम में रहती थीं अतः स्वदेश लौटने पर जयप्रकाश गांधीजी के सम्पर्क में आये तथा कांग्रेस में शामिल हो गए। जवाहरलाल नेहरु जो उस वर्ष कांग्रेस के सभापति थे और साम्यवाद से काफी प्रभावित थे, ने जयप्रकाश को अपने छोटे भाई का सा स्नेह दिया। 1930 में वे कांग्रेस के श्रम अनुसंधान विभाग के अध्यक्ष बना दिये गये। जयप्रकाश ने *वाय सोशलिज्म* नामक ग्रन्थ प्रकाशित किया जिसमें उन्होंने भारत में समाजवाद की प्रासंगिकता पर जोर दिया। जयप्रकाश नारायण यह मानते थे कि उन्हें मार्क्सवादी चिन्तन से जोड़ने में एम.एन. राय का प्रमुख योगदान था।

यूसुफ मेहरअलीः इनका जन्म बम्बई (मुम्बई) के एक धनी परिवार में 1903 में हुआ। वे इटली के मेजिनी एवं गैरीबाल्दी और आयरलैण्ड सिन फेन आन्दोलन (Sinnfein movement), चीनी आन्दोलनों और रूसी क्रान्ति से काफी प्रभावित थे 1928 में उन्होंने बम्बई प्रान्तीय यूथ लीग को संगठित किया, जिसने साइमन कमीशन के विरुद्ध तथा सविनय अवज्ञा आन्दोलन के लिए प्रदर्शनों का आयोजन करने में सक्रिय हिस्सा लिया।

अच्युत पटवर्धनः पटवर्धन का जन्म 1905 में हुआ। उनके पिता एक धनी व्यक्ति थे और थियोसाफी विचारधारा को मानते थे। उनकी शिक्षा बनारस हिन्दू विश्वविद्यालय में हुई। शिक्षा पूरी करने के बाद उन्होंने कुछ समय विश्वविद्यालय में अध्यापन का भी कार्य किया। बाद में अवज्ञा आन्दोलन में भाग लेने से उन्हें जेल भेज दिया गया, पटवर्धन पर थियोसाफिकल विचारधारा एवं गांधीवाद का गहरा प्रभाव था।

एम.आर. मसानीः बम्बई के धनी एवं शिक्षित परिवार में मसानी का जन्म हुआ। लन्दन स्कूल ऑफ इकानॉमिक्स में उन्होंने शिक्षा प्राप्त की। वे रूस की बोल्शेविक क्रान्ति, ब्रिटिश मजदूर आन्दोलन एवं फेबियन समाजवाद से काफी प्रभावित थे।

अशोक मेहताः महाराष्ट्र के शोलापुर में 1911 में अशोक मेहता का जन्म हुआ। उनके पिता गुजराती के प्रमुख साहित्यकार थे। उन्होंने बम्बई विश्वविद्यालय में शिक्षा प्राप्त की। अवज्ञा आन्दोलन में भाग लेने के कारण उन्हें भी जेल भेजा गया था। समाजवादी कांग्रेस पार्टी की पत्रिका 'कांग्रेस सोशलिस्ट' का उन्होंने वर्षों तक सम्पादन किया।

आचार्य नरेन्द्र देवः इनका जन्म 1889 में उत्तर प्रदेश में हुआ उनके पिता वकील थे। जीवन के प्रारम्भिक दौर में वे बालगंगाधर तिलक, लाला हरदयाल एवं अरविन्द जैसे राष्ट्रवादियों के सम्पर्क में रहे। रूस की बोल्शेविक क्रान्ति ने उन्हें बहुत प्रभावित किया और वे मार्क्सवादी विचारधारा के समर्थक बन गये। वे राष्ट्रीय आन्दोलन को समाजवादी स्वरूप प्रदान करने एवं इसमें किसानों की भूमिका को बढ़ाने की आकांक्षा रखते थे। उत्तर प्रदेश के किसानों को संगठित करने का उन्होंने भरसक प्रयत्न किया। वे गांधीजी के रचनात्मक कार्यों को महत्वपूर्ण मानते थे, किन्तु वे स्वयं को मार्क्सवादी कहते थे।

राम मनोहर लोहियाः उत्तर प्रदेश के एक मारवाड़ी परिवार में लोहिया का जन्म 1910 में हुआ। उन्होंने प्रारम्भिक शिक्षा बनारस एवं कलकत्ता में प्राप्त की एवं बर्लिन विश्वविद्यालय से पॉलिटिकल इकॉनामी विषय पर डाक्टरेट की। भारत में उनकी वापसी पर जवाहरलाल नेहरु ने उन्हें भारतीय कांग्रेस पार्टी के विदेश विभाग का कार्य सौंप दिया। लोहिया यूरोप के समाजवादी जनतंत्र तथा गांधीवादी विचारों से प्रभावित थे। उन्होंने 'कांग्रेस सोशलिस्ट' नामक पत्रिका शुरु की जो बाद में समाजवादी पार्टी का एक हिस्सा बन गई। मार्क्सवाद में उनकी आस्था नहीं थी।

राजा महेन्द्र प्रताप सिंह (1 दिसम्बर 1886–29 अप्रैल 1979): राजा महेन्द्र प्रताप सिंह स्वतंत्रता सेनानी, पत्रकार, लेखक एवं क्रान्तिकारी समाज सुधारक थे। उन्हें बड़ा दानवीर भी कहा जात है। आर्यन पेशवा के नाम से प्रसिद्ध एवं भारत की अन्तरिम सरकार के अध्यक्ष थे। प्रथम विश्व युद्ध के दौरान इन्होंने भारत के बाहर से भारत की अन्तरिम सरकार संचालित की थी। दूसरे विश्व युद्ध के समय 1940 ई. में जापान में भारतीय कार्यकारी बोर्ड की स्थापना की। कॉलेज के साथियों के साथ उन्होंने बाल्कन युद्ध में भाग लिया। मुरसान रियासत के शासक परिवार में इनका जन्म हुआ। 1 दिसम्बर में काबुल में भारत के लिए अस्थायी सरकार की घोषणा की। कहा जाता है अलीगढ़ विश्वविद्यालय के लिए उन्होंने ही जमीन दी थी। वे लेनिन से भी मिले थे।

पार्टी के कार्यक्रमः अखिल भारतीय समाजवादी कांग्रेस के अधिवेशन का आयोजन बिहार समाजवादी पार्टी की ओर से मई 1934 में पटना में जयप्रकाश नारायण द्वारा किया गया। अध्यक्षता आचार्य नरेन्द्र देव ने की। उन्होंने कांग्रेसियों के नये स्वराजवादी हिस्से की आलोचना की जो विधायिकाओं में प्रवेश करना चाहते थे और कांग्रेस के क्रान्तिकारी चरित्र के विरुद्ध चलना चाहते थे। मद्रास में आयोजित एक सभा में जयप्रकाश जी ने कहा थाः हम कांग्रेस के सम्मुख समाजवादी कार्यक्रम रखना चाहते हैं और मांग करेंगे कि कांग्रेस उन्हें स्वीकार कर ले। यदि हम असफल होते हैं तो परसों फिर अपना प्रयत्न जारी रखेंगे। हमें विश्वास है कि भविष्य में किसी दिन कांग्रेस को समाजवादी कार्यक्रम स्वीकार करना पड़ेगा। इसका यह भी लक्ष्य था कि कांग्रेस को समाजवादी मूल्यों से जोड़ दिया जाये तथा इसकी बुनियादी नीतियों को बनाये रखा जाये। जैसा जयप्रकाश जी के कथन से स्पष्ट हैः कांग्रेस समाजवादी दल का गठन कांग्रेस पार्टी के समानान्तर तथा उनके विरुद्ध नहीं हुआ प्रत्युत इसलिए हुआ कि कांग्रेस में रहते हुए इसे मजबूत किया जाए और उसकी नीतियों में परिवर्तन एवं संशोधन किया जाए।

अक्तूबर 1934 में बम्बई में अखिल भारतीय कांग्रेस सोशलिस्ट पार्टी की प्रथम सभा हुई। सम्मेलन के सभापति सम्पूर्णानन्द थे। पार्टी के कार्यक्रम 1931 के कराची कांग्रेस द्वारा स्वीकृत मूल अधिकार तथा सामाजिक दिशा में काफी आगे थे। कराची कांग्रेस ने मात्र देश के प्रमुख उद्योगों, प्राकृतिक संसाधनों, रेलवे एवं अन्य महत्वपूर्ण सेवाओं को राज्य नियन्त्रण में लेने का उल्लेख किया था। लेकिन यह घोषणा अस्पष्ट थी अर्थात् प्रमुख उद्योग कौन से हैं जिनका राष्ट्रीयकरण किया

जाना है और राज्य के नियंत्रण से क्या अभिप्राय है आदि। समाजवादी पार्टी के कार्यक्रम अधिक स्पष्ट एवं समाजवादी विचारधारा के अनुकूल थे। इसकी प्रमुख घोषणायें इस प्रकार थीं:

(1) राज्य की सम्पूर्ण शक्तियों एवं सत्ता का जनता को हस्तान्तरण। (2) देश का आर्थिक विकास योजनाबद्ध तथा राज्य द्वारा उसका नियंत्रण। (3) देश के प्रमुख उद्योगों जैसे इस्पात, कपड़ा, जूट, रेलवे, जहाजरानी, बैंक एवं अन्य सार्वजनिक प्रयोजन के उद्योगों का प्रगतिशील समाजीकरण। (4) विदेशी व्यापार पर राज्य का एकाधिकार। (5) आर्थिक जीवन के असंगठित क्षेत्रों में उत्पादन, वितरण तथा ऋण के लिए सहकारी संस्थाओं का निर्माण। (6) राजाओं, जमींदारों एवं शोषक वर्गों के विशेष अधिकारों की क्षतिपूर्ति करके समाप्ति। (7) किसानों में भूमि का पुनर्वितरण। (8) राज्य द्वारा सहकारिता तथा सामूहिक खेती को प्रोत्साहन और नियंत्रण। (9) किसानों एवं मजदूरों पर बकाया ऋणों की समाप्ति। (10) रोजगार का अधिकार अथवा राज्य द्वारा जीविकोपार्जन हेतु वित्त सुविधा। (11) व्यावहारिक आधार पर वयस्क मताधिकार। (12) आर्थिक वस्तुओं के वितरण का अन्तिम आधार, प्रत्येक को उसकी आवश्यकता के अनुसार। (13) राज्य द्वारा स्त्री–पुरुषों के मध्य भेदभाव की समाप्ति। (14) भारत के तथाकथित सार्वजनिक ऋण को अस्वीकृत किया जाना। (15) राज्य द्वारा समस्त धर्मों के बीच अभेद स्थापित करना एवं सब धर्मों को समान महत्व तथा धर्म के आधार पर किसी प्रकार के भेदभाव का अभाव।

समाजवादी पार्टी के संविधान में निम्नलिखित उद्देश्यों को शामिल किया गयाः पहला समाजवादी कांग्रेस पार्टी के कार्यक्रम को इण्डियन नेशनल कांग्रेस द्वारा स्वीकार करवाना। दूसरे, मजदूरों एवं किसानों को उनकी स्वयं की आर्थिक उन्नति के साथ–साथ स्वाधीनता तथा समाजवाद के लिए आन्दोलन को आगे बढ़ाने हेतु संगठित करना। तीसरे, महिला और युवा संगठनों तथा स्वयंसेवी संगठनों को संगठित करना और पार्टी में उन्हें शामिल करना। चौथे, अंगरेज सरकार के भारत को साम्राज्यवादी युद्धों में सम्मिलित करने के प्रयास का विरोध करना और किसी प्रकार का उपयोग स्वतंत्रता संघर्ष को अधिक तीव्र करने के लिए करना। अन्तिम उद्देश्य था संवैधानिक मामलों से अंगरेज सरकार के साथ किसी भी प्रकार के समझौते का विरोध करना पार्टी के उद्देश्य एवं कार्यक्रम का सार था। 'उत्पादन एवं वितरण के साधनों पर राज्य का अधिकार हो तथा जनहित में उनका उपयोग किया जाये।' इस प्रगतिशील एवं आकर्षक कार्यक्रम के प्रति जनसाधारण में श्रद्धाभाव जागृत होना स्वाभाविक था। लेकिन पार्टी में व्याप्त अन्तर्विरोधों के कारण इस क्रान्तिकारी कार्यक्रम का लागू होना न तो संभव था और न ही तत्कालीन नेतृत्व को स्वीकार्य ही था। घोषित कार्यक्रम के आधार पर दक्षिणपंथी कांग्रेसी इन लोगों को अन्तर्राष्ट्रवादी (Internationalist) कहते थे और उन्हें यकीन था कि स्वतंत्रता संग्राम में समय पर सहयोग नहीं मिलेगा जबकि साम्यवादियों ने झूठे साम्यवादी (Fake Socialist) एवं समाजवादी फासिस्ट (Social Fascist) घोषित किया।

कांग्रेस समाजवादी पार्टी एवं कम्युनिस्टों का संयुक्त मोर्चा (1936)

साम्यवादी पार्टी पर सरकार द्वारा प्रतिबंध (जुलाई 1934) लगा दिये जाने के बाद कम्युनिस्ट गतिविधियाँ शिथिल पड़ गई। देश में एक समाजवादी पार्टी के गठन के स्वप्न को साकार रूप देने हेतु जयप्रकाश नारायण ने अपने कुछ सहयोगियों जैसे मसानी, लोहिया, सम्पूर्णानन्द तथा पटवर्धन के विरोध के बावजूद, कम्युनिस्टों को पार्टी की ओर से सदस्यता देना शुरु किया। परिणामतः देश के लगभग सभी कम्युनिस्ट कांग्रेस सोशलिस्ट पार्टी में शामिल हो गए। पार्टी के शीर्षस्थ नेताओं के रूप में प्रमुख कम्युनिस्ट थेः एम.एस. नम्बूदरीपाद, पी. सुन्दरैया, पी.सी. जोशी, एस.के. गोपालन, सज्जाद अहीर, डॉ. के.एम. अशरफ, डॉ. जेड. ए. अहमद, पी. राममूर्ति, पी. जीवानन्दम आदि। 1936 व 1937 में क्रमशः मेरठ एवं फैजपुर के अधिवेशनों में कम्युनिस्टों की सलाह पर देश की राजनीतिक स्थिति का आंकलन किया गया। संयुक्त मोर्चा जनसाधारण के हित में काम करना चाहता था। जवाहरलाल नेहरू जो स्वयं वामपंथी विचारधारा के थे और समाजवादियों से सहानुभूति रखते थे, ने 1936 व 1937 में कांग्रेस अध्यक्ष के रूप में समाजवादी पार्टी के वरिष्ठ नेता जयप्रकाश नारायण, नरेन्द्रदेव एवं अच्युत पटवर्धन आदि को कांग्रेस कार्यकारिणी में मनोनीत किया। मसानी को श्रम समिति एवं लोहिया को बाह्य विभाग का प्रभारी बनाया। फैजपुर अधिवेशन में एक कृषि सम्बन्धी कार्यक्रम बनाया गया जिसके द्वारा लगान में कमी, सामन्ती करों तथा वसूलियों की समाप्ति, सहकारी कृषि का प्रारम्भ, कृषि मजदूरों के लिए जीवनयापन मजदूरी तथा किसान यूनियनों का निर्माण आदि मामले शामिल थे। 1935 के अधिनियम के तहत सम्पन्न चुनावों में कांग्रेस को पांच प्रान्तों में स्पष्ट बहुमत प्राप्त हुआ। इस दौरान

किसान सभाओं द्वारा भी सामाजिक–आर्थिक कार्यक्रमों के क्रियान्वयन की माँग की जाती रही। श्री एम.जी. रंगा, इन्दु लाल याग्निक, सहजानंद ने किसान सभाओं के माध्यम से जमींदारी प्रथा की समाप्ति, भूमि करों में कमी की माँग की।

पार्टी के विकास में बाधायें: कांग्रेस समाजवादी पार्टी का अस्तित्व 1934 से 1947 तक रहा। संस्थापकों के व्यक्तिगत परिचय से ज्ञात होता है कि जिन राजनीतिक विचारधाराओं का दल में प्रतिनिधित्व प्राप्त था, वे थीः मार्क्सवादी एवं समाजवादी विचारधारा (जयप्रकाश नारायण, यूसुफ मेहरअली) फेबियनवादी विचारधारा (एम.आर. मसानी), उदारवादी समाजवादी (पटवर्धन एवं मेहता)।

इटली एवं जर्मनी में फासीवादी शक्तियों के उदय को देखते हुए 1935 में कम्युनिस्ट इन्टरनेशनल ने मास्को में सातवें अधिवेशन में विश्व के सभी साम्यवादी दलों को निर्देशित किया कि बुर्जुआ नेतृत्व में संचालित राष्ट्रीय आन्दोलनों के साथ सहयोग करें।

नेहरू व बोस पार्टी के प्रति सहानुभूति रखते थे और उसके कार्यकलापों से जुड़े रहे, लेकिन औपचारिक रूप से उन्होंने पार्टी की सदस्यता ग्रहण नहीं की।

1934 से 1947 की अवधि में सी.एस.पी. (कांग्रेस समाजवादी दल) की यह कार्यनीति निरन्तर बनी रही कि कांग्रेस से उसके सम्बन्ध बिगड़े नहीं चाहे उसे गौण रूप में भी कार्य करने को बाध्य होना पड़े। वस्तुतः सी.एस.पी. के नेता कांग्रेस को समाजवादी बनाने के लिए दृढ़ प्रतिज्ञ थे वहीं दूसरी ओर गांधी एवं अन्य दक्षिणपंथी इस पार्टी की नीतियों के घोर विरोधी थे। समाजवादियों की स्थिति की समीक्षा आचार्य नरेन्द्र देव ने स्वयं इस प्रकार की हैः हमने कांग्रेस से सम्बन्ध विच्छेद नहीं किया क्योंकि ऐसा करने से हम ब्रिटिश साम्राज्यवाद के विरुद्ध होने वाले राष्ट्रीय संघर्ष से अलग–थलग पड़ जाते, जिसका कांग्रेस प्रतीक थी। इस प्रकार कांग्रेस से बंधे रहना उनकी मजबूरी थी। लेकिन कांग्रेस समाजवादी नेताओं की यह भूल थी। वस्तुतः वे समाजवाद के शाश्वत मूल्यों को नकारने को भी तत्पर थे जिसके कारण न तो उन्हें कांग्रेस उदारवादी नेतृत्व का विश्वास प्राप्त हो सका और न ही अन्य वामपंथी दल उनके समाजवादी सिद्धान्तों के प्रति आस्था बनाये रख सके। इस प्रकार कांग्रेस समाजवादी दल की असफलता निश्चित हो गई। निजी सम्पत्ति के उन्मूलन एवं वर्ग संघर्ष की अवधारणा का घोर विरोध किया, इसे कांग्रेस की अहिंसात्मक संस्कृति के विपरीत माना। कांग्रेस महासमिति की सदस्यता 6000 से घटाकर 1000 करने पर गांधीजी ने बल दिया और वे सदस्यता केवल सूत कातने वालों को ही देना चाहते थे। इस तरह के उपायों से गांधीजी ने समाजवादी दल को कमजोर बनाने की कोशिश की।

त्रिपुरा महाअधिवेशन (1939) के अवसर पर सुभाषचन्द्र बोस गांधीजी की इच्छा के विरुद्ध अध्यक्ष चुन लिये गये तथा ब्रिटिश सरकार को अल्टीमेटम देकर वे स्वतन्त्रता आन्दोलन को उग्र रूप देना चाहते थे। गांधीजी उनसे सहमत न थे। गोविन्द बल्लभ पंत ने गांधीजी के इशारे पर यह प्रस्ताव रखा कि बोस कांग्रेस कार्यकारिणी के सदस्यों की नियुक्ति गांधीजी की सहमति से करें, इस तरह के प्रस्ताव पारित होने का तात्पर्य सुभाष में अविश्वास प्रकट करना था। प्रस्ताव पारित न होने की दशा में गांधीजी और नेहरू कांग्रेस छोड़ देते और कांग्रेस टूट जाती। समाजवादियों ने इस मामले में तटस्थता की नीति अपनाई। जयप्रकाश नारायण का विश्वास था कि स्वतंत्रता आन्दोलन को गाँधी एवं नेहरू के बिना संचालित नहीं किया जा सकता। इस सम्बन्ध में एल.पी. सिन्हा लिखते हैंः कांग्रेस समाजवादी ऐसी मनःस्थिति के शिकार थे जहाँ हृदय से वे गांधीजी के साथ थे, लेकिन सिर मार्क्स से प्रभावित था। हालांकि गांधीवाद का प्रभाव अधिक था, लेकिन मार्क्सवादी प्रभावों से वे मुक्त न हो सके। दूसरी ओर साम्यवादी सदस्यों ने खुले अधिवेशन में सुभाष बोस का समर्थन किया। अन्ततः पंत का प्रस्ताव पारित हो गया और सुभाष बोस ने कांग्रेस अध्यक्ष पद छोड़ दिया एवं बाद में कांग्रेस को भी त्याग दिया।

फॉरवर्ड ब्लाक (Forward Block): सुभाषचन्द्र बोस ने फॉरवर्ड ब्लाक के नाम से नये संगठन का निर्माण किया और सभी वामपंथियों को उसमें सम्मिलित होने का आह्वान किया। समाजवादियों ने अपने दल को टूट जाने के भय से फॉरवर्ड ब्लाक में शामिल होना उचित नहीं समझा, जबकि साम्यवादी आन्दोलन को तीव्र करने हेतु फॉरवर्ड ब्लाक में शामिल होने को तत्पर थे। इस तरह समाजवादियों एवं साम्यवादियों के मतभेद बढ़ते गये और 1940 में कांग्रेस सोशलिस्ट पार्टी की कार्यकारिणी ने साम्यवादियों को दल से निष्कासित कर दिया। कांग्रेस का भारत छोड़ो आन्दोलन का प्रस्ताव 1942 में पारित हुआ तो समाजवादियों ने इसका समर्थन किया और अपने दल के कार्यक्रम को स्थगित करके सच्चे कांग्रेसियों की भांति इसमें भाग लिया।

कांग्रेस समाजवादियों के कार्यक्रम का राष्ट्रीय राजनीति पर प्रभावः समाजवादी कांग्रेस पार्टी ने कांग्रेस को जनसामान्य की ओर उन्मुख करने तथा स्वतंत्रता संघर्ष में लोगों की भागीदारी बढ़ाने में अहम भूमिका अदा की। 1934–35 में कांग्रेस की सदस्य संख्या घटकर 4.57 लाख रह गई थी। लखनऊ अधिवेशन में जवाहरलाल नेहरू को यह स्वीकार करना पड़ा कि 'हम मोटे–तौर पर जनता के साथ अपना सम्पर्क खो चुके हैं।' नेहरू जी की दृढ़ धारणा थी कि भारत की समस्याओं का समाधान समाजवाद द्वारा संभव हो सकेगा। उन्होंने कहाः 'मुझे गरीबी, व्यापक बेरोजगारी, भारतीय जनता की बदहाली और भेदभाव को समाप्त करने के समाजवाद के अतिरिक्त कोई अन्य रास्ता नजर नहीं आता। यह हमारे राजनैतिक और सामाजिक ढाँचे में व्यापक क्रान्तिकारी परिवर्तन की माँग करता है। इसके लिए भूमि और उद्योग से जुड़े निहित स्वार्थों के साथ–साथ निरंकुश सामन्तशाही का खात्मा जरूरी है जिसका सीमित अर्थों में मतलब है, निजी सम्पत्ति को समाप्त करना तथा उच्च आदर्शों द्वारा वर्तमान मुनाफाखोर व्यवस्था को बदलना।' यद्यपि समाजवाद के सम्बन्ध में नेहरू जी के अपने स्वयं के विचार बहुत स्पष्ट थे तथापि जयप्रकाश नारायण, पटवर्धन आदि ने नेहरू जी को समाजवाद की ओर अधिक दृढ़ता से अग्रसर होने के लिए प्रेरित किया। इसलिए नेहरू जी ने जयप्रकाश नारायण आदि को कांग्रेस कार्यकारिणी में शामिल किया था।

1936 के फैजपुर अधिवेशन में जवाहरलाल नेहरू ने लगान की कमी, सामन्ती करों एवं वसूलियों की समाप्ति, सहकारी कृषि की शुरुआत, किसान यूनियनों का गठन तथा कृषि मजदूरों के लिए जीवनयापन का प्रबंध आदि कार्यक्रम कांग्रेस समाजवादियों के प्रभाव से पारित करवाये।

निष्कर्षः समाजवादी कांग्रेसियों की कृषक आन्दोलन में महत्वपूर्ण भूमिका रही। अखिल भारतीय किसान कांग्रेस का प्रथम अधिवेशन 1936 में लखनऊ में हुआ। किसान सभाओं ने जमींदारी प्रथा का उन्मूलन, भूमिकरों में कमी आदि की माँग की।

- कांग्रेस प्रारम्भ में रियासतों में हस्तक्षेप के विरुद्ध थी, लेकिन समाजवादियों के प्रयासों से कांग्रेसी नेता रियासतों के मामले में रुचि लेने लगे तथा वहाँ जनतान्त्रिक एवं समाजवादी कार्यक्रमों को संचालित किया गया।
- इस प्रकार कांग्रेस समाजवादी दल असफल रहा था तथापि राष्ट्रीय आन्दोलन में उसकी उपलब्धियों को नकारा नहीं जा सकता। कांग्रेस समाजवादी विचारधारा ने जहाँ देश के महत्वपूर्ण कांग्रेसी नेताओं को प्रभावित किया उसका परिणाम यह हुआ कि कांग्रेस किसानों, समाज के निम्न आय वर्ग के लोगों एवं युवाओं को अपने कार्यक्रम से जोड़ने में सफल रही। उनकी नीतियों की क्रियान्विति भारत की स्वाधीनता के बाद हमारी सरकार द्वारा की जा सकी।

सन्दर्भ

1. बिपिनचन्द्र एवं अन्य, *भारत का स्वतंत्रता संघर्ष*, पृ. 234
2. बिपिनचन्द्र, वही, पृ. 234
3. नेहरू, जवाहरलाल, *मेरी कहानी*, अध्याय 26
4. सरकार, सुमित, वही पृ. 285
5. बिपिनचन्द्र एवं अन्य, वही, पृ. 168
6. शर्मा, जगदीशसरन, *इण्डियन नेशनल कांग्रेस*, पृ. 315 एवं आगे
7. नेहरू, जवाहरलाल, वही, पृ. 245
8. दत्त, रजनीपाम, वही, पृ. 370
9. *भारत में उपनिवेशवाद और राष्ट्रवाद*, पृ. 404
10. बोस, सुभाषचन्द्र, *द इण्डियन स्ट्रगल*, पृ. 200, नेहरु वही
11. रजनीपाम दत्त, वही, पृ. 372 73
12. बोम्बे क्रानिकल में साक्षात्कार, 18 सितम्बर 1933
13. नेहरू, वही, पृ. 288–89
14. वही, पृ. 289

❋❋❋

37

भारत छोड़ो आन्दोलन
(The Quit India Movement)

भारतीय स्वतंत्रता संघर्ष के इतिहास में 1942 का भारत छोड़ो आन्दोलन एक महत्वपूर्ण राजनीतिक घटना थी। राष्ट्रीय आन्दोलन का इसे पाँचवा सोपान कहा जाता है। लोक शक्ति को स्वतंत्रता के लिए उद्वेलित करने में इस आन्दोलन को विशेष सफलता मिली। आन्दोलन की विशालता को देखकर ही अंगरेजों ने भारत के विषय में पुनर्विचार करना शुरु किया। इससे यह स्पष्ट हो गया कि भारत को अपने अधिकार में रखने के लिए उन्हें ताकत का अधिक इस्तेमाल करना पड़ेगा। अब बिना शक्ति के भारत पर नियंत्रण संभव नहीं होगा। कांग्रेस के नेताओं की गिरफ्तारी के बाद भारतीय जनता ने अपना काम खुद करने का निर्णय लिया और अंगरेज सरकार को इस तरह की चुनौती देना शुरु किया, जिसकी तुलना 1857 के संघर्ष से की जा सकती है। नये नेता स्थानीय स्तरों पर उभरकर आये, जिनकी भूमिका गांधीवादी संघर्ष से भिन्न थी। अहिंसा का सिद्धान्त इस दौर में निदेशक सिद्धान्त नहीं रह गया था। सरकारी सम्पत्ति को नुकसान पहुँचाने के व्यापक प्रयास हुए। सरकार इस आन्दोलन को कुचलने में सफल रही तथापि इसकी तीव्रता ने स्पष्ट कर दिया था कि अंगरेज भारत पर अधिक समय तक शासन नहीं कर सकेंगे। लोगों ने इस आन्दोलन द्वारा भारतीय राष्ट्रवाद की शक्ति का परिचय दिया, इस तरह यह आन्दोलन स्वाधीनता का आधार स्तम्भ साबित हुआ। सुभाषचन्द्र बोस के नेतृत्व में आजाद हिन्द फौज का गठन एवं उसकी कार्रवाई ने सिद्ध कर दिया कि भारत की जनता अंगरेज सरकार का सशस्त्र विरोध करने में सक्षम है। अन्ततः 1947 में अंगरेजों को भारत छोड़ना पड़ा। यहाँ 1939 से 1942 के मध्य तक की घटनाओं का क्रमिक विश्लेषण और उन परिस्थितियों की चर्चा करना उचित होगा जो भारत छोड़ो आन्दोलन का कारण बनी।

द्वितीय महायुद्ध एवं भारतीय राजनीति: हिटलर द्वारा पौलेण्ड पर आक्रमण किए जाने से सितम्बर 1939 में द्वितीय महायुद्ध का विस्फोट हुआ तथा ब्रिटेन और फ्रांस ने जर्मनी के विरुद्ध 3 सितम्बर को युद्ध की घोषणा की। ब्रिटिश प्रधानमंत्री ने राष्ट्रमण्डल के अन्य सभी सदस्यों से ऐसी ही कार्रवाई करने की अपील की। कनाडा, आस्ट्रेलिया आदि डोमिनियनों ने अपनी–अपनी संसदों की बैठकों में इस विषय पर विचार करने और निर्णय लेने के बाद युद्ध घोषित किया। किन्तु भारत के राष्ट्रीय नेताओं से बिना मशबिरा किये तत्कालीन वायसराय लार्ड लिनलिथगो (1936–43 तक) ने भारत को भी युद्ध में घसीट लिया और भारतीयों की ओर से जर्मनी और इटली के विरुद्ध संघर्ष की घोषणा की।[1] अप्रैल 1939 में अंगरेजों ने भारतीय सेना की एक टुकड़ी द्वितीय महायुद्ध के प्रारम्भ होने से पूर्व ही अदन भेज दी थी। कांग्रेस कार्य समिति ने भारत को युद्ध में शामिल किये जाने का जोरदार विरोध किया और 14 सितम्बर 1939 को एक वक्तव्य जारी कर सरकार से इसकी जानकारी चाही गई। कांग्रेस ने अपनी प्रतिक्रिया में कहाः प्रजातांत्रिक स्वतंत्रता के नाम पर लड़े जाने वाले ऐसे किसी युद्ध से भारत अपना सम्बन्ध नहीं रख सकता जिसने उसके देश की जनता की स्वतंत्रता का हनन कर दिया हो और जो थोड़ी सी सीमित स्वतंत्रता उसके पास थी उसका भी अपहरण कर लिया हो।..... यदि ब्रिटिश हमसे सहयोग चाहते हैं तो वे घोषित करें कि युद्ध के बाद भारत को अपना संविधान बनाने की स्वतंत्रता प्रदान की जायेगी तथा अंगरेज तुरन्त भारत में लोकप्रिय शासन की स्थापना का अवसर देंगे।[2] 9–10 अक्तूबर को कांग्रेस कार्य समिति की बैठक में इस प्रश्न पर विचार हुआ तथा नाजियों की युद्धोन्मुखी पद्धति के विरुद्ध निंदा का प्रस्ताव पारित किया। कांग्रेस ने मांग की कि 'इंग्लैण्ड युद्ध के उद्देश्यों और शान्ति के उद्देश्यों की घोषणा करे। भारत एक उपनिवेश है उसके स्वतंत्र होने पर ही इस पर विचार कर सकता है। कांग्रेस ने स्पष्ट किया कि संकट में फंसे इंग्लैण्ड से, उसकी नाजुक स्थिति से लाभ उठाने की दृष्टि से ऐसा नहीं कर रहा है प्रत्युत इसलिए कि वह जान सके, उसकी स्थिति क्या है और उसे इस युद्ध में क्यों भाग लेना चाहिए।[3]

एक ओर भारतीयों को झूठे आश्वसनों द्वारा सन्तुष्ट करने का प्रयास किया जा रहा था वहीं दूसरी ओर ब्रिटिश संसद ने एक विधेयक द्वारा 1935 के अधिनियम में एक ऐसा संशोधन कर दिया जिससे केन्द्रीय सरकार को प्रान्तीय सरकारों पर नियंत्रण रखने की विशेष शक्तियाँ मिल गई थीं। रजनीपाम दत्त ने इस तथ्य को उजागर करते हुए लिखा हैः ब्रिटिश संसद ने चटपट 11 मिनट के अन्दर 'गवर्नमेंट ऑफ इण्डिया अमेंडिंग एक्ट' पारित कर दिया जिसमें वायसराय को यह

अधिकार दिया गया था कि वह प्रान्तों की स्वायत्तता के प्रश्न पर भी संविधान के कार्यों को रद्द कर सकता है। 3 सितम्बर 1939 के भारत रक्षा अध्यादेश ने केन्द्र सरकार को यह अधिकार दे दिया वह राजाज्ञा (डिक्री) के जरिए शासन कर सकती है।.... बिना वारंट किसी को भी गिरफ्तार कर सकती है और कायदे कानूनों को तोड़ने के अपराध में जुर्माने कर सकती है। इसमें मृत्युदण्ड या आजीवन कारावास की सजा भी शामिल है।[4] इस तरह स्वतंत्रता का अपहरण कर लिये जाने के विरुद्ध प्रस्ताव पारित कर कांग्रेस ने अध्यादेश के प्रति अपना विरोध व्यक्त किया।

कांग्रेस मंत्रिमण्डल का त्यागपत्र: अन्तर्राष्ट्रीय स्तर पर भारत के प्रति सहानुभूति एवं कांग्रेस के कड़े रुख को देखते हुए वायसराय ने 17 अक्तूबर, 1939 को एक 'श्वेतपत्र' प्रकाशित किया जिसमें कहा कि "ब्रिटेन भारत को औपनिवेशिक स्वराज (Dominion Status) प्रदान करने का इरादा रखता है। युद्ध के बाद भारत की सांविधानिक समस्या को हल करने के लिए भारत के विभिन्न वर्गों के प्रतिनिधियों के साथ चर्चा की जाएगी। शक्ति हस्तान्तरण तुरंत संभव नहीं है। युद्ध संचालन में वायसराय के सहयोग हेतु महत्वपूर्ण सम्प्रदायों और हितों के प्रतिनिधियों का एक 'परामर्शदाता समूह' (Advisory Council) बनाया जाएगा।[5] इससे भारतीय राष्ट्रवादियों को गहरी निराशा हुई क्योंकि वायसराय ने अपने वक्तव्य द्वारा देशी नरेशों एवं मुस्लिम लीग की मांगों को पूरा करने की चेष्टा की तथा कांग्रेस की मांगों को नकार दिया। कांग्रेस को समझने में देर नहीं लगी कि सरकार पुनः 'बांटो और शासन करो' के अस्त्र का उपयोग कर रही है और भारत को स्वतंत्र करने का इरादा नहीं रखती है। गांधीजी इसेः "कांग्रेस ने रोटी मांगी किन्तु उसे पत्थर मिले" की संज्ञा दी।[6] इसके विरोध में 22 अक्तूबर, 1939 को कांग्रेस कार्य समिति ने निंदा प्रस्ताव पारित किया तथा कांग्रेस शासित 8 प्रान्तीय मंत्रिमण्डलों ने त्याग–पत्र दे दिये। सरकार ने तुरन्त (नवम्बर में) इन प्रान्तों में धारा 93 लागू कर दी और शासन संचालन में गवर्नरों के सहयोग हेतु परामर्श मण्डल को नियुक्त किया।[7] कांग्रेस मंत्रिमण्डलों द्वारा त्यागपत्र दिये जाने की कार्रवाई की वी.पी. मेनन ने आलोचना करते हुए लिखा हैः यदि कांग्रेस ने प्रान्तों में लाभ की इस स्थिति में त्यागपत्र न दिया होता तो भारतीय इतिहास भिन्न होता। त्यागपत्र देकर, उसने अदूरदर्शिता एवं राजनीतिक बुद्धिमता के अभाव का खेदजनक प्रदर्शन किया था। उसे पदच्युत करने के कम अवसर थे।[8] यहाँ यह उल्लेख करना अनुचित होगा कि कांग्रेस ने अपने शासन की अवधि (जुलाई 1937 से अक्तूबर 1939) में अपने संगठन का पर्याप्त विस्तार कर लिया था जिसकी आन्दोलन को द्रुतगति से फैलने में निर्णायक भूमिका रही। वस्तुतः 1930 के बाद से ही कांग्रेस संगठन सशक्त होने लगा था और उसके द्वारा सरकार बनाये जाने पर इस प्रक्रिया में तेजी आई। संयुक्त प्रान्त और बिहार के गाँवों से बड़ी संख्या में लोग कांग्रेस के सदस्य बने तथा इन प्रदेशों के प्रत्येक गाँव में कांग्रेस कार्यालय स्थापित हो गये थे। दूसरे शब्दों में, 1942 से पूर्व कांग्रेस गांवों में भी दृढ़ता से अपनी जड़ें जमा चुकी थी। यह भी कहा गया है कि नरम दलीय (उदारवादी) कांग्रेसियों एवं कांग्रेस समाजवादियों, वामपंथी विचारधारा के समर्थकों और किसान सभा के समर्थकों के दो स्पष्ट वर्गों का आविर्भाव कांग्रेस में हो गया था और इनकी पारस्परिक प्रतिस्पर्द्धा एवं अधिकाधिक लोगों को अपने खेमें में लेने के प्रयास से, कांग्रेस सदस्यता में तेजी से अभिवृद्धि हुई। इससे न केवल कांग्रेस संगठन मजबूत हुआ प्रत्युत इन प्रदेशों में राजनीतिक चेतना भी आई जिसने भारत छोड़ो आन्दोलन को उग्र रूप देने की पृष्ठभूमि तैयार की।

यद्यपि प्रान्तीय सरकारों ने त्यागपत्र दे दिये ओर ब्रिटिश सरकार के विरुद्ध निंदा प्रस्ताव भी पारित किये थे तथापि कांग्रेस का ब्रिटिश सरकार को संकट में डालने का कोई इरादा नहीं था। कांग्रेसी नेताओं की मान्यता थी कि भारत को ब्रिटेन की समस्याओं से लाभ नहीं उठाना चाहिए। उसे ब्रिटेन को अपने युद्ध प्रयासों में बिना शर्त सहयोग करना चाहिए।......युद्ध समाप्त होने के बाद ब्रिटेन अपने प्रति भारत की सेवाओं को देखते हुए उसके प्रति सहानुभूतिपूर्ण रुख अपनायेगा और उसे समुचित रूप से पुरस्कृत करेगा। गांधीजी भारत की स्वतंत्रता ब्रिटेन के विनाश पर नहीं चाहते थे।[9] नेहरु जी की भी मान्यता थी कि 'इंग्लैण्ड की कठिनाई को भारत के लिए सुअवसर नहीं समझना चाहिए। ऐसे समय में ब्रिटेन को असमंजस में डालना भारतीय प्रतिष्ठा के विरुद्ध है जबकि वह जीवन और मृत्यु के बीच संघर्ष कर रहा है।'[10] 27 जुलाई, 1940 को पूणे में आयोजित कांग्रेस कार्यसमिति की बैठक में कहा गया कि भारत सहयोग के लिए तत्पर है यदि ब्रिटेन भारत की स्वतंत्रता की माँग स्वीकार कर ले और केन्द्र में तुरन्त एक अस्थायी राष्ट्रीय सरकार स्थापित कर ले।[11] किन्तु ब्रिटेन भारत को अब भी स्वाधीनता प्रदान करने को तत्पर न था।

युद्धोपरान्त प्रादेशिक स्वशासन (Dominion Status after the War) घोषणा: जर्मनी ने युद्ध में 1940 के मध्य तक हालैण्ड, बेल्जियम एवं डेनमार्क की स्थिति को नाजुक बना दिया और ब्रिटेन की हालत भी जून 1940 में अधिक अच्छी

नहीं थी। ब्रिटेन की सेनाएँ डंकर्क में बुरी तरह पराजित हो गई और पूरा ब्रिटेन बमबारी का शिकार था। इसी दौरान इंग्लैण्ड में एक मंत्रिमंडलीय संकट पैदा हो गया। घोर अनुदारवादी चर्चिल (Churchill) चेम्बरलेन के स्थान पर प्रधानमंत्री हो गए तथा जेटलैण्ड की जगह एमरी (L.S. Amery) ने भारत में राज्य के सचिव का कार्य संभाला। दूसरी ओर अमेरिकी राष्ट्रपति ने अतलांतिक चार्टर के तहत घोषणा की कि: 'उन देशों को प्रभुसत्ता के अधिकार मिलने चाहिए, जिन्हें जबरन अधिकारों से वंचित कर दिया गया है।' चर्चिल रुजवेल्ट की घोषणा से सहमत न था। इस तथ्य को स्पष्ट करते हुए उसने कहा कि अतलांतिक चार्टर के अन्तर्गत मित्र राष्ट्रों को स्वशासन देने का जो वादा किया गया था वह भारत के लिए नहीं है। उसने घोषित किया कि "वह ब्रिटिश राज्य का ऐसा पहला मंत्री नहीं बनना चाहता जो ब्रिटिश साम्राज्य की समाप्ति का श्रीगणेश करे।[12] सांविधानिक गतिरोध को शांत करने के लिए वायसराय लिनलिथगो (Linlithgow) ने 8 अगस्त, 1940 को एक प्रस्ताव रखा जिसे 'वायसराय का अगस्त प्रस्ताव' कहा जाता है। इसके द्वारा भारत को वेस्टमिनिस्टर जैसा 'अधिराज्य' का दर्जा दिये जाने का आश्वासन दिया जिसमें नवीन संविधान निर्माण का कार्य भारतीयों का दायित्व बताया गया। वायसराय ने भारतीयों को अपनी कार्यकारिणी परिषद और सलाहकार परिषद में लेने की भी घोषणा की तथा देश के सभी सम्प्रदायों एवं दलों से सहयोग चाहा, जिसमें भारत को ब्रिटिश कामनवेल्थ के देशों में उसे समानता एवं स्वतंत्र भागीदारी मिल सके।[13] लेकिन राष्ट्रीय नेता इससे सन्तुष्ट नहीं थे क्योंकि प्रस्ताव में स्वतंत्रता का उल्लेख नहीं था।

चीन के राष्ट्रपति च्यांगकाई शेक ने ब्रिटेन को आगाह किया कि भारत को जितना जल्दी संभव हो वास्तविक सत्ता सौंप देनी चाहिए ताकि देश की जनता अपनी समूची शक्ति के साथ युद्ध में हिस्सा ले सके। अमेरिकी राष्ट्रपति रुजवेल्ट ने भी ब्रिटिश सरकार को संदेश भेजा कि: 'भारत को आजादी दिये जाने में अब अधिक विलंब करने की जरूरत नहीं है।' जापानी आक्रमण के कारण इस दौरान 8 मार्च को रंगून का पतन हो गया, अन्ततः ब्रिटिश सरकार ने 11 मार्च को क्रिप्स मिशन भेजने की घोषणा की।

क्रिप्स शिष्ट मण्डल (The Cripps Mission, 1942): 1941 में जापान धुरी शक्तियों की ओर से शामिल हो गया था। ब्रिटिश प्रधानमंत्री ने युद्ध मंत्रिमण्डल (War Cabinet) द्वारा पारित प्रस्ताव के आधार पर हाउस ऑफ कॉमन्स में भारत के निर्णय हेतु स्टेफर्ड क्रिप्स को भेजे जाने की घोषणा की। भारतीय समस्या के समाधान हेतु 23 मार्च, 1942 को स्टेफर्ड क्रिप्स (Stefford Cripps) भारत पहुँचा। क्रिप्स मिशन ने मुस्लिम लीग, कांग्रेस एवं देशी नरेशों के समक्ष अपने प्रस्ताव रखे। क्रिप्स घोषणापत्र के दो भाग थे। दूसरा भाग युद्ध के बाद प्रभावी होना था जिसके अनुसार

(1) युद्ध समाप्त होने के तुरन्त बाद भारत को पृथक होने के अधिकार सहित डोमिनियन स्टेट्स दे दिया जाएगा।

(2) युद्ध के तत्काल बाद एक संविधान निर्मात्री संस्था का गठन किया जाएगा जिसमें समानुपातिक प्रतिनिधित्व (Proportional Representation) के आधार पर ब्रिटिश भारत और देशी रियासतों के प्रतिनिधि होंगे। देशी रियासतों के राजा अपनी रियासत की आबादी के अनुपात में अपने प्रतिनिधि मनोनीत करेंगे।

(3) युद्धोपरान्त निर्मित संविधान अंगरेज सरकार द्वारा इस शर्त के साथ स्वीकार कर लिया जाएगा कि कोई भी भारतीय प्रान्त या रियासत को संघ से अलग रहने का अधिकार होगा और इस दृष्टि से वे ब्रिटेन से सीधी बातचीत कर सकेंगे।

(4) ब्रिटेन एवं संविधान निर्माण करने वाले निकाय धार्मिक अल्पसंख्यकों की रक्षा के लिए ब्रिटेन द्वारा किये वायदों के अनुरूप व्यवस्था की जा सकेगी।

प्रथम भाग के अनुसार युद्ध के दौरान किसी भी प्रकार के सांविधानिक परिवर्तनों का प्रस्ताव नहीं रखा गया किन्तु यह आशा की गई थी कि सभी भारतीय दल राष्ट्रीय सरकार बनाने में सहयोग देंगे। प्रतिरक्षा का विषय ब्रिटेन के सेनापति के पास ही रहेगा, किन्तु एक भारतीय रक्षा सदस्य के रूप में नियुक्त किया जाएगा। वायसराय की कार्यकारी परिषद का पुनर्गठन किया जाएगा।[14]

इस घोषणा को कांग्रेस सहित सभी पार्टियों ने अस्वीकार कर दिया क्योंकि इसमें पूर्व से की जाती रही घोषणाओं से हटकर कोई नई बात का उल्लेख न था। गांधीजी ने प्रस्तावों की उपमा एक दिवालिया बैंक के नाम काटे गए उत्तर दिनांकित चेक (Post dated cheque) से दी। मुस्लिम लीग ने मुसलमानों के लिए एक अलग राज्य बनाये जाने के सम्बन्ध में स्पष्ट घोषणा किए जाने का प्रस्ताव रखा था, लेकिन जिसे स्वीकार नहीं किया गया था।[15] अन्तरिम सरकार में कांग्रेस के साथ मुस्लिम लीग के लिए 50 : 50 के आधार पर सीटों के विभाजन की मांग रखी थी, जिसे स्वीकार नहीं किया

गया। इस तरह क्रिप्स मिशन भारतीयों को सन्तुष्ट करने में असफल रहा। भारतीय जनता की सोच यह थी कि ब्रिटिश मंत्रीमण्डल ने सर स्टेफर्ड क्रिप्स को केवल अमेरिका तथा चीन के दबाव के कारण ही भेजा था। मौलाना आजाद ने इस सम्बन्ध में लिखा हैः भारत और क्रिप्स में जो लम्बी बात चली वह संसार को यह दिखाने के लिए थी कि कांग्रेस भारत की सच्ची प्रतिनिधि संस्था नहीं है तथा भारतीयों की फूट की समस्या उलझाने का वास्तविक कारण थी जिसके परिणामस्वरूप इनको कोई भी शक्ति देने में असमर्थ है।[16]

महायुद्ध के परिणामस्वरूप बढ़ती कीमतों और जरूरी वस्तुओं के अभाव के कारण जनता में बेहद असन्तोष था। ग्रामीण क्षेत्रों में भी लोग काफी परेशान थे क्योंकि उपभोक्ता सामग्री विरल हो गई थी। जनसाधारण की ब्रिटिश शासन में आस्था इतनी कम हो गई कि लोग बैंकों व डाकघरों से पैसा निकालने लगे और अपनी बचत को सोना–चांदी के रूप में रखा जाने लगा। अन्य युद्ध जनित परिस्थितियों एवं सरकारी प्रतिबंधों के कारण भी लोगों की परेशानियां बढ़ गई। थी जापानियों द्वारा उनके संभावित इस्तेमाल को रोकने के लिए बंगाल एवं उड़ीसा की नावों को सरकार ने जब्त कर लिया था। जिससे मछुआरों को दिक्कत हो रही थी। जापानी जल परिवहन के लिए इस्तेमाल न कर ले यह सोच कर सिंचाई की नहरों का पानी बहा दिया गया था जिससे फसलें नष्ट हो गईं। व्यक्तिगत मोटरगाड़ियों एवं अनेक मकानों पर सेना ने कब्जा कर लिया था।[17]

कलकत्ते की स्थिति को रेखांकित करते हुए मौलाना आजाद लिखते हैंः मैंने देखा कि सब ओर स्थिति बिगड़ रही है। मैं बड़ा क्षुब्ध हो गया। अब लोगों की यह धारणा बन गई थी कि अंगरेज पराजित होंगे और ऐसा मालूम होता था कि कुछ लोग तो जापानी विजय का स्वागत करेंगे। अंगरेजों के विरुद्ध बड़ी कटु भावना थी। आगे लिखते हैंः सरकार को सूचना मिली थी कि जापानी सैनिक डायमंड हार्बर से कलकत्ता की ओर बढ़ेंगे अतः सरकार ने कलकत्ता को छोड़ने की योजना बनाई और बंगाल से पश्चिम की ओर पीछे हटते हुए...पुल तोड़ दिए जाएं, कारखाने नष्ट कर दिए जाएं और जमशेदपुर जैसे उद्योग केन्द्र उजाड़ दिये जाएं।[18]

मलाया और बर्मा पर जापानियों का कब्जा हो जाने से भारतीय और यूरोपीय लोग बर्मा के मार्ग से भारत की ओर भागने लगे थे। अंगरेजों ने प्रजातीय भेद नीति अपनाते हुए दोनों कौमों के लिए अलग–अलग व्यवस्था की गई और इस दौरान भारतीयों के साथ समानता का व्यवहार नहीं किया गया। जिन मार्गों से लोग वापस लौटे थे वे भी अलग–थलग थे। रास्तों का नामकरण भी काला और गोरा किया गया। हिन्दुस्तानियों को जिन रास्तों से निकाला गया उस मार्ग पर उनके साथ असहनीय और अमानुषिक व्यवहार हुआ, जिससे कटुता और बढ़ी। इन लोगों की दुखद कहानियों से अंगरेज विरोधी भावनाएं और भड़क गई। राष्ट्रीय कांग्रेस के महासचिवों का कहना था कि 'अब तो भारत के अपमान का प्याला भरकर छलकने वाला है।[19] दूसरी ओर लोगों ने यह भी प्रचारित कर दिया कि जापानी लोग हिन्दू (बौद्ध) हैं और स्वधर्मावलम्बियों की मुक्ति हेतु सहयोग करना चाहते हैं।

29 अप्रैल, 1942 को इलाहाबाद में आयोजित कांग्रेस कार्य समिति की बैठक में डॉ. राजेन्द्र प्रसाद ने गांधीजी के विचारों पर एक प्रस्ताव रखा जिसमें कहा कि अंगरेज सरकार भारत की रक्षा करने में समर्थ नहीं रही है, परन्तु भारतीयों को अपनी प्रतिरक्षा का अधिकार भी नहीं देना चाहती। प्रस्ताव में यह भी उल्लेख किया गया कि भारत का जापान के साथ कोई झगड़ा नहीं है। भारत युद्ध में अपनी इच्छा से नहीं प्रत्युत ब्रिटिश सरकार के दबाव के कारण शामिल हुआ है। गांधीजी की मान्यता थी कि यदि अंगरेज भारत छोड़ दें तो शायद जापान का भारत पर आक्रमण न हो।[20] अब्दुल कलाम आजाद, नेहरु, असरफ अली, राजगोपालाचारी जैसे कांग्रेसी नेता गांधीजी की इस धारणा से सहमत नहीं थे। उनके मत में अंगरेज सरकार तथा सेनाओं को हटाने पर देश की व्यवस्था भंग हो जाएगी तथा भारत की सुरक्षा को खतरा हो जाएगा। किन्तु गांधीजी अंगेरेजी सत्ता को भारत से हटाने की माँग पर अड़े रहे। उन्होंने तय कर लिया था कि वे आदेशात्मक स्वर में अंगरेजों को भारत छोड़ने के लिए कहेंगे। अंगरेजों के नहीं मानने पर नागरिक अवज्ञा आन्दोलन शुरु करने का निश्चय किया। मौलाना आजाद लिखते हैंः गाँधी जी का विचार था कि भारत के स्वतंत्र होने से केवल भारत का ही नहीं वरन् इंग्लैण्ड तथा संसार का भी भला होगा। स्वतंत्र भारत में इंग्लैण्ड तथा उसके मित्र देशों को भारत की रक्षा के लिए युद्ध में आवश्यक सहायता दे सकेगा।[21]

भारत छोड़ो प्रस्ताव (Quit India Resolution): अंगरेज सरकार के विरुद्ध आन्दोलन छेड़ने के मामले में विचार–विमर्श करने के लिए गांधी ने वर्धा में कांग्रेस कार्य समिति की बैठक आयोजित की। बैठक में मौलाना आजाद, सरोजनी नायडू, जवाहरलाल नेहरु, वल्लभभाई पटेल, प्रफुल्लचन्द्र घोष, सैय्यद महमूद, आसफ अली, जे.बी. कृपलानी एवं गांधीजी आदि

उपस्थित थे। गांधीजी अपनी नीति को शीघ्र कार्यान्वित करने को उतारु थे। उन्होंने एक प्रस्ताव द्वारा ब्रिटेन से तत्काल भारत छोड़ने की अपील की, क्योंकि विदेशी शासन के कारण ही भारत के समक्ष सुरक्षा की समस्या खड़ी हुई थी। 14 जुलाई, 1942 को भारत छोड़ो प्रस्ताव पारित हुआ। पुष्टि हेतु यह मामला 8 अगस्त 1942 को मुम्बई (बम्बई) में आयोजित अखिल भारतीय कांग्रेस समिति की बैठक में रखा गया। यह ऐतिहासिक अधिवेशन मुम्बई के ग्वालिया टैंक के मैदान से सम्पन्न हुआ था। गांधीजी का सन्देश था 'करो या मरो' अर्थात् स्वतंत्रता प्राप्त करो या मर जाओ। कांग्रेस ने ब्रिटिश सरकार से उसकी मांगें स्वीकार करने की अपील की और ऐसा न करने पर आन्दोलन शुरु करने की धमकी दी। प्रस्ताव में कहा गया कि: अखिल भारतीय कांग्रेस समिति अत्यधिक जोरदार शब्दों में अंगरेज को भारत से हट जाने की मांग दोहराती है तथा इसे स्वीकार करने के लिए ब्रिटेन तथा संयुक्त राष्ट्रों से पुनः अपील करती है। इस माँग के स्वीकार न करने पर समिति विवश होकर अत्यधिक व्यापक पैमाने पर गांधीजी के नेतृत्व में अहिंसात्मक संघर्ष चलाने का निर्णय करती है। भारतीयों से भी यह अपील करती है कि इस आन्दोलन का आधार अहिंसा हो और प्रत्येक व्यक्ति अपना मार्ग–दर्शन करे।[22]

आन्दोलन के उद्देश्यों का विवरण एन.एन. मित्रा (सम्पा) के इण्डियन एन्युअल रजिस्टर में इस प्रकार मिलता है: भारत में विदेशी सत्ता का अन्त, साम्प्रदायिक एकता स्थापित करना, भारतीयों को किसी भी प्रकार के संकट के लिए जागरूक तथा सशक्त बनाना, एशिया के सभी उपनिवेशों की स्वतंत्रता प्राप्ति के लिए सहयोग करना एवं अन्तर्राष्ट्रीय संघ की स्थापना करना आदि।[23] यद्यपि गांधीजी इस आन्दोलन को अहिंसात्मक जन–आन्दोलन बनाना चाहते थे। उन्होंने कहा: ...परन्तु हिंसा शुरु हो जाती है तो उसके लिए कुछ नहीं किया जा सकता....यह हमारी विदेशी शासन के विरुद्ध निहत्थी क्रान्ति होगी। इसलिए मैं इस आन्दोलन को अहिंसात्मक रूप से चलाने के लिए प्रत्येक सावधानी का प्रयोग नहीं करुँगा तथा इस आन्दोलन को चरम सीमा पर ले जाने से नहीं हिचकूँगा। यह सबसे बड़ा आन्दोलन होगा। ...यह आन्दोलन कांग्रेस की अन्तिम कोशिश होगी जिसमें या तो भारतीय स्वतंत्रता प्राप्त करेंगे या मर मिटेंगे। अब पीछे हटने या समझौते के लिए कोई स्थान नहीं है। अब एक और अवसर का प्रश्न नहीं है। आखिर यह खुली बगावत है।[24]

9 अगस्त की सुबह गांधीजी सहित कांग्रेस के सभी प्रमुख नेता गिरफ्तार कर लिए गए। विवरण मिलता है कि गांधीजी ने कांग्रेस सदस्यों से विचार–विमर्श करने के लिए आन्दोलन का प्रारूप बना लिया था और 9 अगस्त को उस पर चर्चा की जानी थी किन्तु उनकी गिरफ्तारी के कारण कार्यक्रम पर चर्चा नहीं की जा सकी सरकार ने एक अध्यादेश पारित कर कांग्रेस व उसके कार्यालयों को गैर–कानूनी घोषित कर दिया। 10 अगस्त, 1942 तक पुलिस ने सदाकत आश्रम तथा अनेक कांग्रेस कार्यालयों को जब्त कर लिया। के.जी. मशरुवाला जो 'हरिजन' पत्रिका के सम्पादक हो गए थे, ने अहिंसात्मक आन्दोलन चलाने तथा विदेशी सरकार को पंगु बनाने के बारे में विस्तार से अपनी निजी राय प्रकाशित की:

- आन्दोलन को बाधित करने वाले सभी आदेशों का उल्लंघन एवं गैर–कानूनी सभाओं की खुल्लम खुल्ला सदस्यता। नमक निर्माण किसी भी प्रकार की रोक का विरोध।
- विद्यार्थियों द्वारा विद्यालयों एवं महाविद्यालयों का त्याग, वकीलों तथा जजों द्वारा अदालती कार्य का बहिष्कार, सरकारी कर्मचारियों द्वारा अपने पदों को छोड़ना आदि। नेताओं के बंदी बनाये जाने पर विद्यार्थियों द्वारा उनका स्थान लेना।
- मजदूरों की आम हड़ताल।
- विदेशी कपड़ों का बहिष्कार, विदेशी मुद्रा का व्यापार में अनुप्रयोग एवं शराब की दुकानों का बहिष्कार, सरकारी करेन्सी (मुद्रा) को अस्वीकार करना।
- खाद्यान्नों का विक्रय न करना।
- तार काटना, पटरी उखड़ना, छोटे पुलों को नष्ट करना आदि को इस प्रकार के संघर्ष में अनुचित नहीं ठहराया जा सकता, बशर्ते कि जीवन की सुरक्षा के प्रति अत्यधिक सावधानी बरती जाए।
- कर न देना, आन्दोलनकारियों को बंदी बनाने पर आन्दोलन को स्थगित करना, फौज को रोकना, सैना में प्रत्येक फौजी अपने को कांग्रेसी समझे तथा उन सभी आदेशों का उल्लंघन करे जो उसकी आत्मा को कष्ट पहुँचाये। साथ–साथ स्वराज पंचायत का गठन करना।
- राजा–महाराजा भारतीय जनता की प्रभुसत्ता स्वीकार करें और उनकी रियासतों में रहने वाली जनता अपने को भारतीय राष्ट्र का अंग घोषित कर दे तथा राजाओं का नेतृत्व तभी स्वीकार करें जब वे अपना भविष्य भारतीय जनता के साथ जोड़ लें।

- स्त्रियों के अहिंसात्मक आन्दोलन में भाग लेने पर जोर दिया जाए।
- 'करो या मरो' अर्थात् भारत को स्वतंत्र करो या इसी प्रयत्न में आत्मोत्सर्ग करो।

इसी प्रकार सभी समुदायों के लोगों से इस आन्दोलन में भाग लेने की अपील की गई। कांग्रेसी नेताओं की गिरफ्तारी के बाद लोगों को अपना नेतृत्व स्वयं करने को कहा गया। चरखा चलाने की सलाह भी दी गई।[25] उपरोक्त कार्यक्रम को 13 सूत्रों में विभक्त किया गया था। मद्रास (चेन्नई), उत्तर प्रदेश, बिहार, आन्ध्र प्रदेश एवं तमिलनाडु कांग्रेस समितियों ने छः सोपानों द्वारा आंदोलन संचालित करने के निर्देश दिये। छः सोपानों में जिन कार्यक्रमों का उल्लेख था उनकी चर्चा 13 सूत्रों में भी समान रूप से मिलती है। उपरोक्त 13 सूत्रों में हिंसात्मक कार्रवाई एवं आन्दोलन को अवैधानिक तरीके से चलाये जाने का कहीं उल्लेख न था।

कांग्रेस नेता आन्दोलन शुरु करने का कार्यक्रम बना ही रहे थे उसी दौरान उन्हें गिरफ्तार कर लिया गया। मौलाना आजाद और जवाहरलाल नेहरु को इसका सन्देह था। गांधीजी को पूणे के आगा खां महल में नजरबन्द रखा गया। कांग्रेस कार्य समिति के सदस्यों में जवाहरलाल नेहरु, अब्दुल कलाम आजाद, आसफ अली, गोविन्द वल्लभ पंत, डॉ. प्रफुल्ल घोष, डॉ. पट्टाभि सीतारमैय्या, डॉ. सैय्यद महमूद, आचार्य कृपलानी आदि को अहमदनगर किले में रखा गया। डॉ. राजेन्द्र प्रसाद जो किन्हीं कारणों से अखिल भारतीय कांग्रेस समिति की बैठक में सम्मिलित नहीं हुए थे पटना में रोककर कैद कर लिया। उपरोक्त सभी कांग्रेसी नेता 15 जून, 1945 तक जेलों में रहे अतः भारत छोड़ो आन्दोलन का संचालन करना वरिष्ठ कांग्रेसी नेताओं के लिए संभव न रहा।

अगस्त 1942 का विद्रोह या अगस्त क्रांति (Revolt of August, 1942): कांग्रेसी नेताओं पर इस अचानक हमले से जनसामान्य इतने अधिक प्रभावित हुए जैसे कोई वज्रपात हो गया हो। **मुम्बई में 9 अगस्त को लोग ग्वालिया टैंक मैदान में एकत्र हुए और बाद में शिवाजी पार्क में इकट्ठे होकर अपने नेताओं की गिरफ्तारी का विरोध किया।** औपनिवेशिक सरकार ने निहत्थी भीड़ पर गोली बारी की जिसमें 8 लोग मारे गये और 169 लोग घायल हुए। इसी प्रकार अन्य शहरों में भी छात्र, मजदूर, महिलायें, कर्मचारी, व्यापारी आदि सभी उद्वेलित हो उठे। सभी प्रमुख नेताओं के जेल में होने से जनसामान्य पर नियंत्रण नहीं रहा और लोग आग बबूला होकर हिंसा पर उतर आये। जुलूस, सभाओं एवं हड़तालों की प्रक्रिया चल पड़ी।[26] दिल्ली, मुम्बई, चैन्नई, अमृतसर, कानपुर, इलाहाबाद, वाराणसी, पटना आदि सभी बड़े नगरों में जनजीवन ठप्प हो गया। सरकारी इमारतों, पुलिस थानों और डाकघरों पर हमलों का दौर शुरु हुआ। टेलीग्राफ, टेलीफोन एवं बिजली के तारों को काटना, रेल की पटरियों को उखाड़ना, पुलों को नष्ट करके सड़क यातायात भंग करना लोगों का लक्ष्य बन गया। जनता ने 250 से अधिक रेलवे स्टेशनों को क्षति पहुँचाई, 550 डाकघरों को भीड़ से नुकसान हुआ, 50 पोस्ट ऑफिस तो आग के हवाले कर दिये गये। 3500 स्थानों पर टेलीफोन एवं टेलीग्राफ से सम्बन्धित तार काटे गये और 165 क्षतिग्रस्त किये तथा 70 पुलिस स्टेशनों को जला दिये जाने के विवरण मिलते हैं। 59 रेलगाड़ियों को लोगों ने भारी क्षति पहुँचाई और 85 सरकारी भवनों को भी नुकसान हुआ।

राष्ट्रवादी सरकारें: आन्दोलन के दौरान जनता द्वारा सरकारी सम्पत्ति को हानि पहुँचाने की दृष्टि से की गई कार्रवाई का मुख्य उद्देश्य सेना एवं पुलिस की गतिविधि को रोकना था जिनका इस्तेमाल सरकार आन्दोलन को कुचलने के लिए कर रही थी। कई क्षेत्रों में सरकार को कोई नियन्त्रण ही नहीं रह गया था और वहाँ स्थानीय जनता ने 'स्वराज' की स्थापना कर दी। आन्दोलन का प्रमुख केन्द्र था बिहार और पूर्वी संयुक्त प्रान्त। महाराष्ट्र, उड़ीसा, कर्नाटक आदि को दूसरी श्रेणी में रखा जा सकता है।

बिहार में आन्दोलन शहरों से गाँवों की ओर फैला, जिसकी शुरुआत 11 अगस्त को पटना सचिवालय गेट पर झण्डा फहराने पर गोलीबारी की घटना से हुई, जिसमें 7 व्यक्ति मारे गये और 22 व्यक्ति गंभीर रूप से घायल हुए। इस घटना की खबर जैसे ही गाँवों में पहुँची उसके साथ ही भागलपुर, गया, सारन, पूर्णिया, शाहबाद, मुजफ्फरपुर एवं चम्पारन में उपद्रव शुरु हो गये। 16 अगस्त तक समस्त गंगा घाटी में हिंसा भड़क उठी। विद्रोह इतना उग्र था कि पटना का अधिकांश जिलों से सम्पर्क टूट गया और तीन–चौथाई पुलिस स्टेशनों को अपने अधिकार में ले लिया, जैसे मुजफ्फरपुर में 23 में से 19, सारन में 29 में से 27, दरभंगा के 25 थानों में से 19 थानों पर आन्दोलनकारियों का कब्जा हो गया। बिहार के तिरहुत प्रखण्ड में लगभग दो सप्ताह तक सरकार का अस्तित्व ही नहीं रहा। आदिवासियों ने आन्दोलन में बढ़–चढ़कर भाग लिया। विवरण मिलता है कि मरने वालों में सबसे अधिक लोग हजारी बाग जिले से सम्बद्ध थे। आन्दोलन का नेतृत्व अब सहजानंद

से हटकर समाजवादियों के हाथ में था। बिहार जो 1930 तक किसान सभा का प्रमुख आधार था अब किसान सभा के अधिकांश कार्यकर्ता कम्युनिस्टों एवं सहजानंद के अंगरेज समर्थक रवैये के बावजूद समाजवादियों के पक्ष में हो गई थी।

आन्दोलनकारियों ने अंगरेजों के प्रति विरोध को, सरकारी सम्पत्ति नष्ट करने, पुलिस थानों पर कब्जा, डाक–तार व्यवस्था को भंग करने एवं यूरोपीय लोगों की बेइज्जती एवं हिंसा करके प्रदर्शित किया। भीड़ ने पटना के निकट फतवा में शाही वायुसेना के दो अफसरों को मार डाला और नगर में घुमाकर नदी में फेंक दिया। बिहार में इसे 1857 की पुनरावृत्ति कहा जा सकता है। पटना के समान मुंगेर जिले में पसराहा एवं रुईहार में इसी प्रकार अंगरेजों की हत्या की गई। इस तरह की घटनाओं पर हुए शोध कार्यों से ज्ञात हुआ कि लोग यह विश्वास करने लगे थे कि ब्रिटिश सरकार का पतन होने वाला है।

संयुक्त प्रान्तः विद्रोह की लहर तेजी से पश्चिम बिहार से (यू.पी.) लगे हुए संयुक्त प्रान्त के बनारस संभाग में फैल गई जो आर्थिक एवं सामाजिक दृष्टि से बिहार के ही समान था। पूर्वी संयुक्त प्रान्त के उपद्रव ग्रस्त क्षेत्रों में सर्वाधिक महत्वपूर्ण था बलिया। चन्दन मित्र ने बलिया आन्दोलन की उग्रता का विस्तृत अध्ययन किया और प्रबल प्रतिरोध के कारणों की समीक्षा की है। उनके अनुसार बलिया 1857 से ही राष्ट्रीय आन्दोलन के एक महत्वपूर्ण केन्द्र के रूप में उभर कर आया। 1857 की क्रान्ति के प्रणेता सिपाही मंगल पाण्डे का जन्म स्थान होने के कारण इसका महत्व बढ़ गया था और स्थानीय लोगों के राष्ट्रीय स्वाभिमान का एक कारण भी। कुवरसिंह ने 1857 के स्वतंत्रता आन्दोलन में बलिया से ही अंगरेजों के विरुद्ध संघर्ष किया था और वे इस क्षेत्र के लोगों के लिए राष्ट्रीय स्वाभिमान के प्रतीक बन गये।

वरिष्ठ कांग्रेसी नेताओं के जेल में बंद होने से आन्दोलन का नेतृत्व दूसरी श्रेणी के नेताओं पर आ पड़ा जिन पर गांधीवादी प्रभाव कम था, परिणामस्वरूप आन्दोलनकारियों ने हिंसा से परहेज न किया। वाराणसी के संयुक्त मजिस्ट्रेट ह्यूलेन ने सरकार की इस गलती को स्वीकार भी किया था।

बलिया आन्दोलन को गति देने में बिलथरा रोड़ के **पारसनाथ मिश्र**, जिन्हें बनारस हिन्दू विश्वविद्यालय के छात्रों ने गाँवों में भारत छोड़ों आन्दोलन का सन्देश पहुँचाने के लिए 12 अगस्त को रवाना किया था, ने महत्वपूर्ण कार्य किया। पारसनाथ के नेतृत्व में 14 अगस्त को चार–पाँच हजार लोगों की भीड़ बिलथरा रोड़ पर एकत्र हुई और लोगों ने स्टेशन में आग लगा दी तथा सैनिक रसद लेकर जाने वाली मालगाड़ी को लूट लिया। इसी प्रकार गाजीपुर में विद्रोह की कमान मोहमदाबाद के **सीताराम राय** के हाथों में थी, वह भी बनारस से पारसनाथ के साथ ही रवाना हुआ था। गाजीपुर में भीड़ ने बीज भण्डारों एवं सरकारी गोदामों पर हमला किया तथा स्थानीय पुलिस स्टेशन को लूटा। भीड़ का उद्देश्य सामान की लूट न होकर ब्रिटिश सरकार की प्रतीक, सम्पत्ति को नुकसान पहुँचाना था। गाजीपुर में भी थोड़े समय के लिए राष्ट्रीय सरकार की स्थापना कर दी गई थी।

बलिया आन्दोलन को 19 अगस्त को एक नया मोड़ मिला जब लगभग 10,000 लोगों की भीड़ ने जेल के समक्ष एकत्र होकर **चित्तू पाण्डे** एवं अन्य कांग्रेसी नेताओं को मुक्त करवाया। बलिया के कलक्टर ने इस सूचना के बाद किः 'जिले के दस में से सात थानों पर आन्दोलनकारियों का नियंत्रण स्थापित हो गया है, शांति व्यवस्था का काम चित्तू पाण्डे के हवाले कर दिया। 19 अगस्त को चित्तू पाण्डे ने स्वराज सरकार की स्थापना की। चंदन मित्र ने जिक्र किया कि आन्दोलनकारी भावी कार्यक्रम बनाने में असफल रहे। 22 अगस्त को फौज ने गाजीपुर में शान्ति स्थापित करने के बाद बलिया पर कब्जा कर लिया और चित्तू पाण्डे आदि नेता भूमिगत हो गए। चन्दन मित्र के अनुसार बलिया आन्दोलन के महत्व को कम करके नहीं देखा जाना चाहिए क्योंकि बलिया राजनीतिक चेतना के पिछड़े क्षेत्र में स्थित था। दूसरे बलिया में आन्दोलनकारियों को भारी सफलता मिली, किन्तु वे सतारा (महाराष्ट्र) की भाँति अधिक समय तक राष्ट्रीय सरकार को बनाये नहीं रख सके। बलिया के विद्रोह ने स्थानीय नेताओं की आन्दोलन के संचालन की किसी विशिष्ट योजना एवं कार्यक्रम के अभाव को प्रतिबन्धित किया।

पूर्वी संयुक्त प्रान्त में आजमगढ़, शाहबाद, मुजफ्फरपुर एवं चम्पारन स्वतः स्फूर्त जन–विद्रोह के मुख्य केन्द्र रहे। मधुबनी थाने (आजमगढ़ जिले) के कैदियों ने विद्रोह कर कारागार सुपरिन्टेन्डेन्ट को गिरफ्तार कर लिया और जेल से राजनीतिक कैदियों के अतिरिक्त सब भाग छूटे। आजमगढ़ के जिला मजिस्ट्रेट आर.एच. निबलेट की डायरी से प्राप्त विवरणों से जनता के विद्रोह की भयानकता का आभास होता है। उसने लिखा है कि योजनाबद्ध तरीके से पुलिस स्टेशन पर तीन ओर से हमला किया गया। पुलिस ने हमले को रोकने के लिए 119 चक्र गोलियाँ चलाईं। हाजीपुर में भी भीड़ ने जेल पर हमला बोल दिया था जिससे 1000 कैदी निकल भागे।

बंगालः मिदनापुर जिले (बंगाल) के तामलुक (तमलुक) उपसंभाग में विद्रोही राष्ट्रीय सरकार का सर्वोत्तम उदाहरण देखने को मिलता है। सतीश सामन्त (एक इतिहासकार) जैसे कांग्रेसी नेता इसके अधिनायक थे। तामलुक और इसके पड़ौसी कोंटाई उपसंभाग को, इतिहासकारों ने गांधीवादी परम्परा के महत्वपूर्ण क्षेत्र के रूप में व्याख्यायित किया है। यहाँ का आन्दोलन बिहार व संयुक्त प्रान्त की तुलना में कम हिंसात्मक, लेकिन अधिक रचनात्मक था। अक्तूबर 1942 के भंयकर तूफान के बाद एवं अगले वर्ष के अकाल के लिये किये गये राहत कार्य स्वशासित राष्ट्रीय सरकार की आर्थिक नीतियों के प्रतीक बन गये। सितम्बर के अन्त में सुनियोजित ढंग से तामलुक, महिषादल, सूताहाट, नंदीग्राम के थानों पर भीड़ ने कब्जा कर लिया। तामलुक जातीय सरकार ने सूताहाट, नंदी ग्राम एवं महिषादल में अपनी शाखायें स्थापित की। इस क्षेत्र में तूफान के दौरान 50 प्रतिशत खेती नष्ट हो गई थी और लगभग 4000 लोग मारे गये थे। ऐसे विषम समय में जातीय सरकार ने अपनी शाखाओं के माध्यम से पीड़ित लोगों को राहत प्रदान की। राष्ट्रीय सरकार ने विद्यालयों को 79 हजार रुपये अनुदान में दिये एवं मध्यस्थ न्यायालयों की स्थापना भी की। सरकार ने मुनाफाखोरों को कठोर कार्रवाई की चेतावनी दी, इसका परिणाम यह हुआ कि सम्पन्न लोगों ने अतिरिक्त खाद्य सामग्री जरुरतमंद लोगों में वितरित कर दी। तामलुक की जातीय सरकार सितम्बर 1944 तक चलती रही।

उड़ीसाः उड़ीसा में 42 के आन्दोलन के मुख्य केन्द्र थे बालासोर जिला, एरामवासुदेवपुर, गुरपाल क्षेत्र, कटक, कोरापुट एवं तलचर (Talacher), बालासोर में संचार साधनों को क्षति पहुँचाने एवं नमक भण्डारों को लूटने तथा खाद्यान्न भण्डारों पर कब्जा करने के लिए आन्दोलनकारियों ने सितम्बर माह में स्वराज पंचायतों का निर्माण किया। गुरुपाल क्षेत्र में कुछ राष्ट्रीय सरकार ने कार्य किया। कोरापुट में आन्दोलनकारियों ने जयपुर (उड़ीसा) के जमींदारों को लगान न देने, थानों पर आक्रमण तथा वनों पर अधिकार के कार्यक्रम बनाये। तलचर में लोगों ने स्वराज सरकार की स्थापना की। तलचर कस्बे की ओर बढ़ते हुए किसान गुरिल्लों को रोकने के लिए सरकार को वायुयानों का उपयोग करना पड़ा।

महाराष्ट्रः महाराष्ट्र में सतारा आन्दोलन का महत्वपूर्ण केन्द्र था जहाँ स्वराजवादी सरकार की स्थापना की गई जो लम्बे समय तक चलती रही। प्रारम्भ में यहाँ बैंकों, डाकघरों एवं सरकारी सम्पत्ति को हानि पहुँचाने का कार्यक्रम बनाया गया। बिपिनचन्द्र लिखते हैंः वाई.बी. चव्हाण यहाँ के महत्वपूर्ण नेता थे। उनका अच्युत पटवर्धन तथा अन्य भूमिगत नेताओं से भी सम्पर्क था। लेकिन 1942 के अन्त तक लगभग 200 लोगों को गिरफ्तार कर लिए जाने से जनांदोलन की गति रुक गई। 1943 के शुरुआत से भूमिगत कार्यकर्ताओं ने अपने को पुनर्संगठित करना प्रारम्भ किया और लगभग छह महीने में उनका संगठन तैयार हो गया, और प्रति सरकार (समानान्तर सरकार) की स्थापना की गई। नाना पाटिल इसके महत्वपूर्ण नेताओं में से थे। ...न्यायमण्डल या जन–अदालतें शुरु की गईं। औंध रियासत के राजा ने, जिसके राज्य का संविधान गांधीजी द्वारा तैयार किया गया था इस सबमें काफी मदद की। सरकार की 'प्रति सरकार' 1945 तक कायम रही।[27] इस प्रकार महाराष्ट्र के सतारा का आन्दोलन तब शुरु हुआ जब देश के अन्य भागों में समाप्त हो गया था।

मद्रास प्रेसीडेन्सी में कुछ क्षेत्रों को छोड़कर आन्दोलन सामान्यतः कमजोर रहा। राजाजी का विरोध तमिलनाडु में इसके कमजोर होने के कारण था। केरल में भी कम्युनिस्टों की रूसी समर्थक नीति के कारण आन्दोलन जोर नहीं पकड़ सका। पंजाब और पश्चिमोत्तर सीमा प्रान्त भी मोटे रूप में शान्त रहे। देशी रजवाड़ों में भी आन्दोलन वैसा उग्र नहीं हुआ जैसा 1938–39 में था, यद्यपि कांग्रेस समाजवादियों ने इस दृष्टि से प्रयत्न भी किये थे।

मजदूर वर्ग ने भी आन्दोलन के समर्थन में हड़ताल रखी। अहमदाबाद (कपड़ा मिल) में मजदूरों ने लगभग साढ़े तीन माह तक मिलों को बंद रखा। जमशेदपुर के टाटा स्टील प्लांट में 13 दिन तक काम बंद रहा, वहाँ मजदूरों ने शुरु में घोषणा कर दी थी कि जब तक देश में राष्ट्रीय सरकार स्थापित नहीं हो जाती वे दोबारा काम नहीं करेंगे[28], बंगलौर में कांग्रेस ट्रेड यूनियन नेता के.टी. भाष्यम के नेतृत्व में छोटी–छोटी हड़तालें हुई। जिनमें 30 हजार कामगारों ने भाग लिया। मुम्बई में भी एक सप्ताह तक कारखानों में काम नहीं हुआ। गोविंद सहाय ने जिक्र किया कि: बम्बई शहर में आमतौर से श्रमिकों की और विशेष रूप से कपड़ा मजदूरों की बहुत मामूली भूमिका रही थी। कलकत्ता का औद्योगिक क्षेत्र भी अधिकांशतः शांत ही रहा।[29] छात्रवर्गः छात्रों ने इस आन्दोलन में बढ़–चढ़कर भाग लिया। स्कूलों एवं कॉलेजों में पूरी तरह हड़ताल रही। विद्यार्थियों ने सार्वजनिक भवनों पर तिरंगे फहराये, जुलूस निकाले और गैर–कानूनी पर्चे लिखने एवं बांटने का कार्य किया। इस दौरान कई गैर–कानूनी पत्र–पत्रिकाओं का प्रकाशन हुआ। काशी विश्वविद्यालय के छात्रों ने 'भारत छोड़ो' का सन्देश

फैलाने के लिए गाँवों में जाने का फैसला किया। स्मरणीय है कि बनारस विश्वविद्यालय को प्रारम्भ में ही सेना ने कब्जे में ले लिया था। रेलगाड़ियों पर राष्ट्रीय ध्वज फहराये गये।

कांग्रेस के प्रमुख नेता जेलों में बंद थे अतः आंदोलन का संचालन अच्युत पटवर्धन, **अरुणा आसफ अली, राम मनोहर लोहिया, सुचेता कृपलानी, छोटू भाई पुराणिक, बीजू पटनायक, आर.पी. गोयनका** जैसे नेताओं ने किया। रामानंद मिश्रा, जयप्रकाश नारायण ने भी हजारी बाग जेल से भागकर भूमिगत रहते हुए आन्दोलन की बागडोर संभाली। बिपिनचन्द्र लिखते हैंः ये लोग पैसा और बम, हथियार, बारुद आदि सामग्री इकट्ठा करते और देश भर में छितराए हुए गुप्त समूहों में बांटते थे। करना क्या है इसका निर्णय स्थानीय स्तर पर ही होता था। ये गुप्त समूह या भूमिगत संगठन इन इलाकों में ज्यादा सक्रिय थे–बम्बई (मुम्बई), पूणे, सतारा, बड़ौदा, कर्नाटक, केरल, आन्ध्र, यूपी., बिहार और दिल्ली। कांग्रेस सोशलिस्ट पार्टी के सदस्य ही आमतौर पर इन गतिविधियों का नेतृत्व कर रहे थे, पर गांधीवादी, फार्वर्ड ब्लाक के सदस्य तथा आतंकवादी भी काफी सक्रिय थे।[30]

रेडियो द्वारा राष्ट्रवादी प्रसारणः कांग्रेसी, नेताओं द्वारा गुप्त रूप से कांग्रेस रेडियो का संचालन किया जा रहा था जिसकी उद्घोषिका उमा मेहता थी। **राममनोहर लोहिया, वी.एम. खाकर, नादिमन अब्रबाद पिंटर** भी इस रेडियो के प्रसारण से जुड़े थे, इन्होंने आन्दोलन की गतिविधियों एवं कार्यक्रमों से लोगों को अवगत करवाया। यह रेडियो लम्बे समय तक सक्रिय रहा। लोगों तक क्रान्तिकारी सन्देश पहुँचाने में इसकी महत्वपूर्ण भूमिका को नहीं भुलाया जा सकता। सुभाषचन्द्र बोस ने बर्लिन रेडियो पर बोलते हुए 31 अगस्त, 1942 को इस आन्दोलन के बारे में कहा थाः 'इस अहिंसक गुरिल्ला अभियान का लक्ष्य दुहरा होना चाहिए। पहला, भारत में युद्ध उत्पादनों को नष्ट करना और दूसरा देश में अंगरेज प्रशासन को ठप्प करना। इन लक्ष्यों को ध्यान में रखते हुए भारत के सभी वर्गों को इस संघर्ष में भाग लेना चाहिए।'

वस्तुतः यह आन्दोलन भारत के कुछ भागों में किसान विद्रोह के रूप में बदल गया। इस दृष्टि से यह गांधीजी के आन्दोलन से पूर्णतः भिन्न था। कहा गया है किः यदि गांधीजी जेल में न होते तो उन्होंने इस विद्रोह को दबाने के लिए अपने अधिकार का प्रयोग किया होता। ऐसा न कर पाने पर गांधीजी ने हिंसा को यह कहकर क्षमा करने का प्रयत्न किया कि लोग 'गुस्से से पागल हो गये थे और अपना नियंत्रण खो बैठे।'[31] यहाँ यह उल्लेख करना अनुचित न होगा कि सरकारी नौकरशाही ने सारन क्षेत्र (बिहार) को किसान आन्दोलन की उग्रता को देखते हुए अपराधी जिला घोषित कर दिया था। इस तथ्य को स्पष्ट करते हुए सुमित सरकार ने जिक्र किया हैः फिर भी पूर्वी संयुक्त प्रान्त और पश्चिमी बिहार की 'भीड़' के एकमात्र उपलब्ध सांख्यिकीय विश्लेषण के प्रयास में ('कांग्रेस एण्ड द राज' में मैक्स हारकोर्ट द्वारा) दर्शाया गया है कि 1942 का आन्दोलन 'जरायम–पेशा' लोगों अथवा किसी आधार से वंचित उपद्रवी तत्वों का आन्दोलन न होकर मूलतः छोटे किसानों का विद्रोह था। गिरफ्तार किए गए लोगों में उच्च एवं मध्य जातियों के लोग अधिक थे।[32] बिहार में ही नहीं बंगाल (मिदनापुर), यू.पी., महाराष्ट्र (सतारा), केरल, आन्ध्र आदि में भी किसानों की जन–आन्दोलन में सक्रिय भूमिका रही। बहुत से छोटे जमींदारों ने भी इसमें हिस्सा लिया, विशेषकर यू.पी. एवं बिहार में महाराष्ट्र में कृषक विद्रोह के प्रमुख केन्द्र थे खान देश और सतारा और गुजरात में भड़ौंच ताल्लुके का जंबूसर। सतारा का आन्दोलन किसानों पर आधारित गैर–ब्राह्मण परम्परा से घनिष्ठ रूप से जुड़ा हुआ था जिसकी चर्चा अन्यत्र की गई है।

मुस्लिम लीग ने स्वयं को इस आन्दोलन से दूर रखा। लीग ने मुसलमानों को निर्देशित भी किया कि वे इस आन्दोलन से अलग रहे। लगभग सभी स्थानों पर मुसलमान 1942 के आन्दोलन से अलग रहे।

मित्र राष्ट्रों की ओर से साम्यवादी रूस के सम्मिलित होने पर भारतीय कम्युनिस्टों ने द्वितीय महायुद्ध को जनता के हित में लड़ा जाने वाला युद्ध मान लिया था और उन्होंने मित्र राष्ट्रों के युद्ध प्रयासों का समर्थन करना शुरु किया।

भारत छोड़ो आन्दोलन का नेतृत्वः गांधी जी ने मुम्बई के गवालिया टैंक मैदान में अपने भाषण में उपनिवेशी शासन को उखाड़ फेंकने के लिए प्रेरित किया। इस अवसर पर "करो या मरो" के इतिहासिक नारे से पूरे देश में साम्राज्यवादी सरकार के खिलाफ रोष था। 9 अगस्त 1942 को गांधी जी को गिरफ्तर कर लिया। इस अवसर पर पूरे देश के सैकड़ों राष्ट्रवादियों ने स्वतः स्फूर्त अपने–अपने क्षेत्र में आन्दोलन को नेतृत्व प्रदान किया।

चितु पांडेः अगस्त 1942 को संयुक्त प्रान्त के बलिया नामक स्थान में सभी पुलिस थानों व सरकारी इमारतों पर कब्जा कर समानान्तर सरकार स्थापित की।

उषा मेहता (उमा मेहता)ः आन्दोलन के दौरान गुप्त रेडियो की स्थापना की व प्रसारण का कार्य किया।

जवाहरलाल नेहरूः भारत छोड़ो प्रस्ताव 8 अगस्त 1942 को पारित करवाने में योगदान किया।

रास बिहारी बोसः जून 1942 इण्डियन इंडिपेंडेंस लीग (मार्च में 1942 स्थापित) का अध्यक्ष चुना गया। भारतीय युद्ध बंदी सैनिकों को अंगरेजी शासन के विरुद्ध विद्रोह के लिए प्रेरित किया।

कैप्टन मोहन सिंहः द्वितीय विश्व युद्ध के युद्धबंदी थे। इन्हें इण्डियन नेशनल आर्मी का कमांडर नियुक्त किया।

सुभाषचन्द्र बोसः इंडियन नेशनल आर्मी में 1943 में शामिल हुए। उनका नारा–"तुम मुझे खून दो, मैं तुम्हें आजादी दूंगा" बहुत प्रसिद्ध हुआ। आजाद हिन्द फौज ने ब्रिटिश सत्ता को कड़ी चुनौती दी थी।

के.जी. मशरूवालाः "हरिजन" नामक पत्र का महादेव देसाई की गिरफ्तारी के बाद सम्पादन किया। अपने प्रभावी लेखों द्वारा राष्ट्रप्रेम को जागृत करने की कोशिश की।

सतीश सामंतः पश्चिमी बंगाल के मिदनापुर के तामलुम (प्राचीन ताम्रलिप्ति) में राष्ट्रीय सरकार गठन में महत्वपूर्ण योगदान किया।

सरकार की प्रतिक्रियाः सरकारी दमन अत्यधिक तीव्र एवं क्रूरतापूर्ण था जिसके कारण निःशस्त्र लोग अधिक समय तक सरकार के विरोध में खड़े नहीं रह सके। आन्दोलन को दबाने के लिए सरकार की ओर से लाठियों के प्रहार, बन्दूकों एवं मशीनगनों से गोलियों की बौछार हुई, यहाँ तक कि हवाई जहाज से मशीनगनों का उपयोग किया गया। सरकार के विरुद्ध जनता के इस खुले विद्रोह पर काबू पाने में सेना को छह–सात सप्ताह लग गये। जन विरोध को दबाने के लिये अंगरेजों को पहले कभी सेना का प्रयोग नहीं करना पड़ा था। सरकारी वक्तव्य के अनुसार निहत्थी भीड़ ने 538 अवसरों पर पुलिस और सेना की गोलीबारी का सामना किया, जिससे 1060 लोग मरे थे और 3200 घायल हुए। निश्चय ही ये आँकड़े अत्यन्त घटाकर दिखाये गये थे, एक कांग्रेसी आन्दोलन के अनुसार मरने वालों की संख्या 10,000 के आसपास थी।[33] सरकार ने 5 स्थानों पर गोली चलाने के लिए वायुसेना के प्रयोग की बात स्वीकार की है। ये स्थान थेः पटना के निकट गिरिक, भागलपुर जिला, मुंगेर जिला, बंगाल के नदिया जिले में रामाघाट और उड़ीसा में तलचर शहर (सितम्बर 1942) के निकट। 1942 के अन्त तक 60,000 से अधिक को गिरफ्तार किया जा चुका था और 1943 के अन्त तक यह संख्या 91836 तक पहुँच गई। इनमें से 26,000 से अधिक लोगों को सजा हुई और 18000 लोगों को भारत रक्षा अधिनियम के तहत बंद रखा गया। दमन उतना ही कठोर था जितना मार्शल लॉ के तहत हो सकता था।

ब्रिटिश प्रधानमंत्री चर्चिल ने आन्दोलन के दमन हेतु पूरी शक्ति लगाये जाने के लिए निर्देशित किया था। मिदनापुर में सरकारी बलों ने 31 कांग्रेसी शिविरों और 164 निजी घरों को आग लगायी। कांग्रेसी सूत्रों के अनुसार बलात्कार के 74 मामले प्रकाश में आए। इनमें से 46 पुलिस द्वारा एक ही दिन में (9 जनवरी, 1943 को) एक ही गांव में किये गए थे। दमन के अन्य रूप थे, संदिग्ध लोगों को कोड़ों से पीटना तथा जिन गांवों के लोग भाग गए थे उनमें आग लगा देना आदि।

आन्दोलन प्रभावित क्षेत्रों के निवासियों से सामूहिक जुर्माना भी वसूल किया गया। उदाहरण के लिए संयुक्त प्रान्त (यू.पी.) में इस तरह के जुर्माने की कुल धनराशि 28,32,000 रुपए थी और फरवरी 1943 तक 250,00,000 रुपए वसूल कर लिए गए थे। इसी प्रकार उत्तरी बिहार में फरवरी 1943 तक 34,15,529 रु. का जुर्माना किया जा चुका था, जिसके तहत 28,35,025 रुपये वसूल कर लिये गये थे। कुल हर्जाना 90 लाख वसूल किया गया, विशेष रूप से यह राशि हिन्दुओं से वसूल की गई।[34] सरकार ने प्रेस पर भी हमला बोल दिया। बहुत से अखबार कुछ दिनों के लिए पूरी तरह बंद रहे। 'नेशनल हेराल्ड' और 'हरिजन' तो पूरे आन्दोलन के दौरान नहीं निकले। मुम्बई में गुप्त रूप से संचालित कांग्रेस रेडियो को भी नवम्बर 1942 में पुलिस ने खोज निकाला और अपने कब्जे में ले लिया।

गांधीजी का उपवासः 1942 के आन्दोलन को अहिंसात्मक नहीं कहा जा सकता। इस आन्दोलन में भाग लेने वाले हजारों लाखों व्यक्तियों ने अदम्य साहस और सहनशीलता का परिचय दिया जो गांधीवादी सत्याग्रही का आवश्यक गुण था। सैकड़ों नवयुवकों ने शांतचित से राष्ट्रीय ध्वज की रक्षा के लिए अपना जीवन बलिदान कर दिया। अंगरेज शासकों ने गांधीजी को बदनाम करने तथा इस हिंसात्मक आन्दोलन और अव्यवस्था के लिए यह प्रचारित किया कि इस आन्दोलन का संचालन गांधीजी के आदेशों द्वारा किया गया। गांधी लिनलिथगो पत्र–व्यवहार में गांधीजी ने स्वयं इस आक्षेप को निराधार बताया कि उन्होंने अथवा कांग्रेस ने इस आन्दोलन का संचालन किया। साथ ही उन्होंने अमानुषिक दमनकारी नीति की कड़ी आलोचना की तथा हिंसात्मक कार्यों के लिए सरकार को दोषी ठहराया। इतना ही नहीं समस्त बन्दियों की रिहाई के लिए एक निष्पक्ष न्यायालय द्वारा सभी घटनाओं की जांच की मांग की तथा सरकार को अपनी नीति बदलने को भी

कहा। गांधीजी ने अन्ततः अपनी ईमानदारी के लिए तीन सप्ताह का उपवास (10 फरवरी, 1943 से 3 मार्च) रखा और जेल से वायसराय को भी 21 दिन के उपवास रखे जाने की सूचना भेजी गई।[35] मौलाना आजाद के अनुसार गांधीजी के इस उपवास के दो कारण थेः 'प्रथम उन्हें यह आशा नहीं थी कि सरकार कांग्रेसी नेताओं को इस तरह एकाएक गिरफ्तार कर लेगी। दूसरे उनका यह विश्वास था कि भारतीय आन्दोलन अहिंसात्मक ढंग से चलेगा। लेकिन उनकी ये दोनों आशाएं पूरी नहीं हुई। इसके विपरीत बहुत सी दुखद घटनाएं घटीं जिसके लिये वे स्वयं को जिम्मेदार समझते थे और इस अनुभूति के प्रभाव से उन्होंने यह उपवास किया।'

इस उपवास की देशभर में तथा अन्तर्राष्ट्रीय स्तर पर प्रतिक्रिया हुई। देश भर में हड़तालों, प्रदर्शनों और जुलूसों का तांता लग गया। विदेशी समाचार–पत्रों न्यू स्टेट्समैन, नेशन न्यूज क्रॉनिकल, शिकागो सन, मैनचेस्टर गार्जियन आदि और ब्रिटेन की कम्युनिस्ट पार्टी ने भी गांधीजी को रिहा करने की सलाह दी। संयुक्त राज्य अमेरिका की सरकार ने भी ब्रिटिश सरकार पर दबाव डाला। वायसराय की कार्य परिषद के तीन सदस्य **एच.पी. मोदी, एन.आर. सरकार** एवं **एम.एस. अणे** ने इसके विरोध में त्यागपत्र दे दिया। ब्रिटिश नौकरशाही की धारणा थी कि बर्बरतापूर्ण नीति से कांग्रेस तथा गांधीजी का प्रभाव समाप्त हो जाएगा लेकिन यह उनकी भ्रान्ति थी। 1945 में जेल से छूटने पर तथा 1946 के निर्वाचनों में जनता ने कांग्रेस एवं गांधीजी में अपना अटूट विश्वास व्यक्त किया।

भारत छोड़ो आन्दोलन का स्वरूप (Nature of Quit India Movement): 1942 की क्रान्ति भारत के इतिहास की एक महत्वपूर्ण घटना थी। इसकी प्रकृति एवं स्वरूप के विषय में ब्रिटिश राजनीतिज्ञों एवं भारतीय राष्ट्रवादियों का एकमत नहीं रहा है। आन्दोलन को ब्रिटिश राजनीतिज्ञों ने भी अलग–अलग दृष्टिकोण से देखा। प्रारम्भ में पाश्चात्य विद्वानों द्वारा रखे गये कुछ महत्वपूर्ण तथ्यों का अध्ययन करेंगे जो सर्वाधिक विवादस्पद रहे हैं।

- ब्रिटिश राजनीतिज्ञों ने आन्दोलन के दौरान हुई हिंसा के लिए गांधीजी को जिम्मेदार माना है और कहा गया कि यह सब गांधीजी के इशारे पर हुआ। भारत सचिव एमरी ने कांग्रेस पर संचार माध्यमों पर आक्रमण करने और तोड़–फोड़ की योजना बनाने का आरोप लगाया था।[36] गांधीजी की आत्मकथा के सरकारी लेखकों ने भी गांधीजी को उद्धृत करते हुए लिखा था कि आन्दोलन का कार्यक्रम स्वयं गांधीजी ने तैयार किया तथा 7 अगस्त को कांग्रेस कार्यसमिति के समक्ष विचारार्थ रखा। अतः गांधीजी एवं कांग्रेस कार्य समिति हिंसात्मक आन्दोलन के लिए दोषी हैं।[37]
- इसी तरह दूसरा दृष्टिकोण जो प्रथम विचारधारा का समर्थन करता है किंतु सीधे गांधीजी को दोषी नहीं ठहराया जा सकता उनकी धारणा यह रही है कि यह स्वतः स्फूर्त उपद्रव था और इस संघर्ष के दौरान हुई हिंसा के कारण इसे कांग्रेस की परम्परागत अहिंसक लड़ाई से नहीं जोड़ा जा सकता। लेकिन आन्दोलन के दौरान हुई हिंसा की जिम्मेदारी से भी कांग्रेस नहीं बच सकती। समिति इन मान्यताओं के प्रमाण में कहा गया कि 14 जुलाई, 1942 के कांग्रेस समिति के प्रस्ताव तथा 8 अगस्त के मुम्बई अधिवेशन में गांधी, नेहरु एवं पटेल ने बार–बार यह दोहराया कि यह आन्दोलन भारत की स्वतंत्रता के लिए अंतिम संघर्ष होगा। ग्वालिया टैंक (मुम्बई) के मैदान में 'करो या मरो' का नारा दिया गया अर्थात् भारत को स्वतन्त्र करवाओ अथवा मर जाओ।
- कांग्रेसी नेताओं के गिरफ्तार हो जाने की स्थिति में प्रत्येक व्यक्ति को आन्दोलन का नेतृत्व स्वयं करने की सलाह दी। उपरोक्त मत के समर्थन में पालग्रीनो ने यह तर्क प्रस्तुत किया है कि आन्ध्र प्रदेश कांग्रेस समिति द्वारा जारी परिपत्र से लोगों को हिंसात्मक आन्दोलन चलाये जाने की सलाह दी गई अर्थात् परिपत्र के माध्यम से लोगों को उपद्रव का सन्देश मिला।
- भारत छोड़ो आन्दोलन की प्रकृति के विषय में एक अन्य दूसरा महत्वपूर्ण विचार स्टीफन हैनिंघम ने रखा। उनके अनुसार यह उन लोगों का विद्रोह था जिनके अधिकार छिन चुके थे विद्रोह के दौरान हुई लूट–पाट से यही आशय लिया जा सकता है। इन्कलाब जिंदाबाद के नारे उनकी निम्नता का बोध करवाते हैं। डेविड हार्डी मैन (David Hardiman) ने इस विचार का समर्थन अपने अप्रकाशित लेख में किया और स्पष्ट किया कि उन क्षेत्रों में आन्दोलन उग्र नहीं था जहां फसलें अच्छी थी, जहां समृद्धि बढ़ी। आन्दोलन में राष्ट्रीयता की भावना कम और व्यक्तिगत मामलों को लेकर लूटपाट अधिक हुई।

भारतीय मतः पाश्चात्य विद्वानों के विपरीत भारतीय विचारकों का दृष्टिकोण अलग रहा है उसका यहां कुछ उपशीर्षकों द्वारा परीक्षण करेंगे।

हिंसा रहित कार्य योजनाः आर.सी. मजुमदार ने ब्रिटिश राजनीतिज्ञों की मान्यताओं का खण्डन कई तथ्यों के आधार पर करने की चेष्टा की है। उनके अनुसार मौलाना आजाद ने इसका जिक्र किया और जिसका नेहरु जी ने भी समर्थन किया थाः न तो कांग्रेस कार्य समिति में एवं न ही जनता में, आन्दोलन के दौरान क्या रणनीति अपनाई जानी है इसका संकेत गांधीजी ने किया, केवल इसके कि एक दिन सामान्य हड़ताल रखी जानी है। इसलिये स्वयं गांधी एवं न ही कांग्रेस समिति को इस तरह के दिशा निर्देश जारी करने के लिए दोषी ठहराया जा सकता है, यह अवश्य कहा गया था कि शान्ति एवं अहिंसा की नीति को अपनाते हुए जनता को हर तरह से तैयार करना चाहिए।[38] राष्ट्रवादी नेताओं ने कभी हिंसात्मक आन्दोलन का जिक्र अपने भाषणों में नहीं किया, फिर उन्हें इसके लिए दोषी कैसे ठहराया जा सकता है।

जेलों में बंद राष्ट्रवादीः यह भी सर्वविदित है कि आन्दोलन के दौरान कांग्रेस के सभी प्रमुख नेता जेलों में बंद थे फिर वे हिंसक उपद्रवों का कारण कैसे हो सकते हैं। कांग्रेस दृष्टिकोण के अनुसार हिंसा भड़काने का प्रमुख कारण जनता के प्रिय नेता गांधीजी एवं अन्य नेताओं की गिरफ्तारी था। हिंसात्मक उपद्रवों की पूर्व निर्धारित योजना नहीं थी यह स्वतः स्फूर्त आन्दोलन था। नेताओं को जेल में डाल दिये जाने से कांग्रेस संगठन नेतृत्वहीन हो गया और लोगों पर नियंत्रण नहीं रहा जो कुछ घटित हुआ वह किसी सुनिश्चित योजना का अंग न था। पालग्रीनो के इस तर्क को भी मान्यता नहीं दी जा सकती। जैसा कि चन्दन मित्र ने जिक्र किया है कि आन्ध्र परिपत्र से ऐसा कोई संकेत नहीं मिलता कि अगस्त के बाद हुए जन विद्रोह को इस दस्तावेज से प्रेरणा मिली।[39] यह अवश्य स्वीकार किया गया कि अक्तूबर 1942 में जयप्रकाश नारायण एवं उनके साथी हजारी बाग जेल से बच निकले और उन्होंने गुप्त रूप से प्रादेशिक कांग्रेस कमेटियों को अखिल भारतीय कांग्रेस समिति की ओर से क्रान्ति के संचालन हेतु दिशा निर्देश जारी किये थे। जयप्रकाश नारायण ने स्वीकार किया था कि एक छोटा कांग्रेस संगठन कलकत्ता में इकट्ठा हुआ और वहाँ 'अनाधिकृत कांग्रेस संगठन' की नींव रखी जो पूरी आन्दोलन की अवधि तक कार्यरत रहा। इस संगठन ने अहिंसा की नीति को पूरी तरह त्यागने का निर्णय किया।[40] सरकार ने खुले विद्रोह पर दो माह की अल्प अवधि (सितम्बर 1942) में काबू पा लिया था, लेकिन गुप्त संगठन काफी समय तक कार्यरत रहा था। अतः यह कहना सर्वथा अनुचित होगा कि इस कार्यक्रम को हिंसात्मक स्वरूप प्रदान करने में गांधीजी या कांग्रेस कार्य समिति का कोई हाथ था।

हिंसात्मक कृत्यों का कारण सरकारी आतंकवादः भारतीय जनता की हिंसात्मक गतिविधियों का एक कारण सरकारी आतंकवाद था। 10 अगस्त तक लोगों ने पूर्णतः शान्त प्रदर्शन किये, किन्तु जब सरकार ने लाठी चार्ज एवं गोलीबारी के आदेश दिये तो भीड़ ने हिंसा द्वारा प्रतिक्रिया व्यक्त की। नेहरु जी ने भी यह बात स्वीकार की थी और कांग्रेस के इतिहास में भी इसका जिक्र आया है।[41] चन्दन मित्र लिखते हैं कि खबरों पर कड़ाई से सेंसर लगाए जाने के फलस्वरूप शहरों में होने वाले उपद्रवों की कोई खबर गांवों में नहीं पहुँच सकी। पूर्वी संयुक्त प्रान्त और बिहार के अनेक कांग्रेस कार्यकर्ताओं का कहना है कि उन्हें आन्दोलन के बारे में सर्वप्रथम जानकारी एमरी के भाषण से मिली, जिसका व्यापक प्रसारण किया गया था जिसमें आरोप लगाया गया था कि कांग्रेस की योजना तोड़–फोड़ करने की है।[42] यदि यह कहा जाये कि सरकार ने अपने प्रसारणों द्वारा ग्रामीण किसानों को हिंसात्मक कार्रवाई करने के लिए भड़काया तो अतिशयोक्ति न होगी।

दूसरी विचारधारा के समर्थक हैनिंघम एवं डेविड हार्डीमैन के प्रत्युत्तर में भारतीय इतिहासकारों की मान्यता है कि इस सम्बन्ध में गुजरात जैसे अन्य प्रदेशों का अध्ययन किया जाना शेष है जहाँ कि आन्दोलन अधिक उग्र न था, लेकिन आन्दोलन की उग्रता या क्षेत्र विशेष में शान्ति रहने के कारणों को व्यक्तिगत मामलों से नहीं जोड़ा जा सकता। यह अनुमान अवश्य किया जा सकता है कि जिन भागों में अधिकांश नेताओं को गिरफ्तार कर लिया गया था वहाँ सामान्यतः उपद्रव कम प्रभावी था और जिन भागों में कम से कम दूसरे स्तर के नेता गिरफ्तारी से बच गये थे या जेल से निकल भागे उन ब्रिटिश प्रदेशों में आन्दोलन में तेजी रही। साथ ही यह भी कहा जा सकता है कि जहाँ स्थानीय नेताओं ने आन्दोलन में अधिक रुचि नहीं ली वहाँ के लोगों की भी प्रतिक्रिया अधिक उग्र न थी जैसा कि तमिलनाडु में हुआ। राजगोपालाचारी जैसे कांग्रेसी नेता आन्दोलन में शामिल नहीं हुए और जिन्होंने युद्ध प्रयासों का समर्थन किया।

शहरों से गांवों की ओर आन्दोलनः इस आन्दोलन के विषय में ब्रिटिश नौकरशाही ने अनेक प्रकार के मत व्यक्त किये हैं लेकिन तीसरा एवं सर्वमान्य दृष्टिकोण यह है कि 1942 के भारत छोड़ो आन्दोलन को भारत के लगभग सभी

राजनीतिक दल एक अविस्मरणीय घटना के रूप में स्वीकार करते हैं। इस क्रान्ति के दौरान शहीद हुए लोगों को 9 अगस्त को प्रतिवर्ष सम्मान प्रदर्शित किया जाता है तथा जनान्दोलन को 'अगस्त क्रान्ति' (August Revolution) के रूप में स्मरण किया जाता है। चन्दन मित्र ने लिखा हैः यद्यपि यह आन्दोलन भारत के अधिकांश भागों में एक हिंसक जन–विद्रोह के रूप में प्रकट हुआ था फिर भी इसे स्वतंत्रता आन्दोलन के मिथक में सहज भाव से सम्मिलित कर लिया गया हैः ऐसा करने से इस कथन की पुष्टि करने में सहायता मिलती है कि स्वतंत्रता की प्राप्ति खून बहाए बिना नहीं हुई। यद्यपि हिंसक होने के कारण इस आन्दोलन को आरम्भ में अनेक कांग्रेसी नेताओं ने अपना मानने से इन्कार कर दिया था, किन्तु अब वे उनकी विरासत का दावा करते हैं क्योंकि इससे 'मातृभूमि' की अभिन्नता का चित्र प्रस्तुत करने में सहायता मिलती है।[43] विद्वानों ने इस आन्दोलन को दो अवस्थाओं में विभाजित किया हैः प्रारम्भ में यह बड़े शहरों में शुरु हुआ और दूसरी अवस्था में शहरों से गांवों की ओर अग्रसर हुआ। आन्दोलन ने अंगरेजों को इस तथ्य का बोध करवाया कि उनकी सत्ता के लिए चुनौती केवल नगरों तक सीमित नहीं थी वरन् गांवों के लोग भी उनके विरुद्ध हो गये थे। इस तरह उपद्रव से यह स्पष्ट हो गया कि अंगरेजों को अब शासन का वैद्य अधिकार न था। गांवों में भी महिलाओं, छात्रों, निम्न आय वर्ग के लोगों, व्यापारियों ने जुलूस, प्रदर्शन एवं हड़ताल द्वारा अपना विरोध व्यक्त किया। आरम्भिक अवस्था स्वतः प्रेरित थी क्योंकि अधिकांश कांग्रेस जनों को गिरफ्तार कर लिया गया था। बिपिनचन्द्र इसकी विशेषता दर्शाते हुए लिखते हैंः इस ऐतिहासिक आन्दोलन की एक बड़ी खूबी यह रही है कि इसके द्वारा आजादी की मांग राष्ट्रीय आन्दोलन की पहली मांग बन गई। 'भारत छोड़ो' के बाद अब पीछे नहीं मुड़ा जा सकता था।[44]

अनियोजित आन्दोलनः प्रारम्भ से ही इसका रूप भी उग्र ही रहा। यद्यपि यह जिस रूप में विकसित हुआ वह पूर्व नियोजित नहीं था। गांधीजी अथवा अन्य किसी ने आन्दोलन संचालन के लिए कोई रूपरेखा तैयार नहीं की, लेकिन जिस उग्रता से प्रस्फुटित हुआ इससे 1857 के विद्रोह का स्मरण हो आता है। 1857 के विप्लव की भांति पहली बार भीड़ ने यूरोपीय लोगों को बेइज्जत किया और उनकी हत्या की। पलवा (पटना) में जिस क्रूरता से शाही वायुसेना के अफसरों को मारा गया उससे साम्राज्यवादी शासन के प्रति घोर विरोध की भावना का आभास होता है। यह भी उल्लेखनीय है कि 1857 की भांति 1942 में पुनः अंगरेजों ने राष्ट्रीय विद्रोह को भारतीयों की ही सहायता से कुचल दिया। 1857 के बाद जन विरोध को दबाने के लिए पूर्व में अंगरेजों को पहले कभी सेना का प्रयोग नहीं करना पड़ा था। 1942 के जन विद्रोह को दबाने के लिए पहली बार अंगरेजों ने वायुसेना एवं मशीनगनों का उपयोग भी किया। भारतीय आन्दोलनकारियों को बदनाम करने के लिए जापान से सहायता के लिए षड्यंत्र सिद्ध करने की बात भी सरकार द्वारा सोची जा रही थी। दूसरे शब्दों में, साम्राज्यवादी सरकार आन्दोलन को कुचलने के लिए किसी भी प्रकार के आरोप लगाने की बात सोच सकती थी।

नेतृत्व विहीन क्रान्तिः कांग्रेसी राष्ट्रवादियों की गिरफ्तारी के फलस्वरूप कांग्रेस संगठन नेतृत्वहीन हो गया और लोगों ने अपने नेताओं की गिरफ्तारी से क्षुब्ध होकर सरकारी सम्पत्ति की तोड़–फोड़ करनी शुरु कर दी तथा जब सरकार ने फायरिंग के आदेश दिए तो लोग हिंसा पर उतर आये। जनता पर कोई नियंत्रण नहीं रहा। जयप्रकाश नारायण ने इस आन्दोलन को नेतृत्व देने का प्रयास किया था, किन्तु वे जेल से निकलकर भागे थे अतः भूमिगत रहकर ही वे कार्य कर पाये अर्थात् उनके प्रयासों की सीमा थी। बिहार में प्रारम्भिक दौर में अंगरेजी शासन का नाम–निशान भी नहीं रहा। लेकिन कुछ समय पश्चात् अंगरेजी सेना एवं पुलिस ने पुनः नियंत्रण स्थापित कर लिया। सेना की सहायता से ही सरकार स्थिति पर काबू कर पाई थी। इसीलिए ब्रिटिश नौकरशाही ने बाद में यह स्वीकार किया था कि वरिष्ठ कांग्रेसी नेताओं को जेल में डालकर बड़ी भूल की गई। बनारस के एक मजिस्ट्रेट ह्यूलेन ने कहा थाः 'विख्यात कांग्रेस जन जेल में भेज दिए गए जिससे उन लोगों को उपद्रव का षड्यंत्र करने का पूरा अवसर मिला जो वास्तव में षडयंत्र करने वाले व्यक्ति थे।'

एकरूपता का अभावः यह विदित है कि कांग्रेस नेताओं के जेल में होने से आन्दोलन को सही नेतृत्व नहीं मिल पाया और प्रत्येक जगह लोगों ने अपने ढंग से ब्रिटिश विरोधी भावना को भड़काया। अर्थात् आन्दोलन में सैद्धान्तिक एकरुपता का अभाव रहा। जनता से जहाँ जैसा बन पड़ा वही कार्रवाई की, किसी योजनाबद्ध तरीके से संचालन न होना, इसकी कमी रही। कुछ लोग गिरफ्तारी से बच गये थे। इसी वजह से जयप्रकाश नारायण जैसे युवा नेताओं ने नेतृत्व देने का प्रयास किया। एक क्षेत्र से दूसरे प्रदेश में सूचना भिजवाने के लिए परिपत्र (सर्कुलर) पद्धति का इस्तेमाल किया गया और इसमें छात्रायें एवं महिलाओं ने अपनी बहुमूल्य सेवाऐं देश को अर्पित की, तथापि जिसे हम सैद्धान्तिक एकरूपता कह सकते हैं उसकी आन्दोलन में कमी रही।

अन्त में कहा जा सकता है इस आन्दोलन ने कृषक आन्दोलन का स्वरूप ग्रहण कर लिया। हमने बिहार, महाराष्ट्र, हैदराबाद एवं बंगाल के किसान आन्दोलनों का अन्य अध्याय में जिक्र किया है, जो इस आन्दोलन के बाद ही विकसित हुए थे। सितम्बर 1942 के बाद ही देश के अलग–अलग क्षेत्रों में किसानों के उपद्रव शुरु हो गये थे।

अगस्त क्रान्ति की एक विशेषता यह थी कि जनता में यह धारणा बन चुकी थी कि ब्रिटिश राज समाप्त हो रहा है। राज की समाप्ति निकट मानकर प्रत्येक चिन्ह को नष्ट करना, उसे हानि पहुँचाना लोगों ने अपना उद्देश्य बना लिया। 1857 के विप्लव की भांति प्रत्येक समुदाय, वर्ग के लोगों ने इसमें भाग लिया। समाज के सभी वर्गों की भागीदारी इसकी उच्च राष्ट्रीयता का प्रतीक थी।

अगस्त क्रान्ति का महत्व (Importance of August Revolution): यद्यपि सरकारी दमन नीति से लोगों को दबाया गया, लेकिन ब्रिटिश सरकार इस क्रान्ति से यह समझ गई थी कि भारत में व्याप्त असन्तोष कितना व्यापक है। अतः आन्दोलन को असफल नहीं कहा जा सकता क्योंकि इस क्रान्ति ने यह सिद्ध कर दिया कि भारत की स्वाधीनता का मामला अब कांग्रेस दल तक सीमित न रह कर भारत की जनता का मसला बन गया है।

- क्रान्ति की लहर एक साथ देश के अधिकांश भागों में फैल गई और लोग देश के लिए अपना बलिदान करने को तैयार हो गये। लोगों की इस इच्छा ने साम्राज्यवादी शासकों को यह सोचने के लिए बाध्य कर दिया कि भारत पर अब अधिक समय नियंत्रण नहीं रखा जा सकता।
- इस आन्दोलन को अत्याचारी ब्रिटिश सरकार के विरुद्ध अपूर्व साहस एवं अभूतपूर्व धैर्य का प्रतीक कहा जा सकता है। इसके बारे में डॉ. ईश्वरीप्रसाद ने लिखा है: अगस्त की क्रान्ति सरकार के विरुद्ध प्रजा का विद्रोह था। इसकी तुलना फ्रांस के इतिहास में बैस्तिल के पतन या रूस की अक्तूबर क्रान्ति से की जा सकती है। इसमें हिंसा तथा अहिंसा का विचित्र मिश्रण था। अंगरेज शासकों के प्रति भारतीयों की घृणा से इस विद्रोह को प्रेरणा तथा प्रोत्साहन मिलता रहा। लोगों का उद्देश्य भारत को अंगरेजों से मुक्त कराना था। इसके लिए हिंसा तथा प्रशासनिक मशीनरी की तोड़–फोड़ को साधन रूप में अपनाया गया। अतः यह जनता में उत्पन्न नये उत्साह तथा गरिमा का सूचक था।[45]
- आन्दोलन ने धुरी राष्ट्रों के विरुद्ध ब्रिटिश युद्ध प्रयासों को भी प्रभावित किया। संचार व्यवस्था को अस्त–व्यस्त किये जाने से पूर्वी भारत में यातायात के साधनों में अव्यवस्था पैदा हो गई तथा सैनिकों के लिए आवश्यक वस्तुओं को भेजना कठिन हो गया।
- मजदूर हड़तालों से देश की उत्पादन व्यवस्था प्रभावित हुई जैसे चमड़ा, खाकी कपड़ा, कागज, सूती धागा, सिगरेट के उत्पादन में कमी आई।
- बर्मा के मोर्चे पर अंगरेजी सेना की हार के कारणों में 1942 की क्रान्ति भी एक कारण मानी गई है। अन्त में, हम डॉ. सुभाष कश्यप के शब्दों में कह सकते हैं: 1942 का भारत छोड़ो आन्दोलन सचमुच 1857 की असफल क्रान्ति के बाद, भारत में अंगरेजी राज की समाप्ति के लिए किया गया सबसे बड़ा प्रयास था। जिस प्रकार 1857 की क्रान्ति मूलतः अंगरेजी शासन के विरुद्ध सिपाहियों का विद्रोह थी, उसी प्रकार 1942 का आन्दोलन मूलतः युवा वर्ग का, मजदूरों का और विद्यार्थियों का विद्रोह था।[46]

सन्दर्भ

1. आजाद, अबुल कलाम, *इंडिया विन्स फ्रीडम*, 1959, पृ. 25–26
2. नार्मन डोरोथी, *नेहरु दः फर्स्ट सिक्सटी इयर्स, हिज स्टेट्मेन्ट्स,* स्पीचेज एक्सट्रा, जि. 1, पृ. 643–46
3. भटनागर, राजेन्द्र मोहन, *भारतीय कांग्रेस का इतिहास*, पृ. 244–45
4. दत्त, रजनीपाम, वही, पृ. 558
5. नार्मन डोरोथी, वही. जि. 1, पृ. 650 एवं आगे
6. माथुर, वाई.बी., *क्विट इंडिया मूवमेन्ट*, पृ. 117
7. सीतारमैय्या, पट्टाभि, *हिस्ट्री ऑफ इण्डियन नेशनल कांग्रेस*, जि. 2, पृ. 124
8. मेनन, वी.पी., *द ट्रांसफर ऑफ पावर इन इण्डिया*, पृ. 152
9. बोस, सुभाषचन्द्र, *द इण्डियन स्ट्रगल*, पृ. 344
10. वही, पृ. 344
11. इण्डियन नेशनल कांग्रेस रिजोल्युशन्स, पृ. 74–75
12. नार्मन डोरोथी, वही. जि. 1, पृ. 643–46, दत्त, रजनीपाम, वही, प. 562–63
13. लिनलिथगो मार्क्विस, *स्पीचेज एण्ड डोक्यूमेन्ट्स*, पृ. 250–55
14. ग्वेर एवं अप्पादोराइ, *स्पीचेज एण्ड डोक्यूमेन्ट्स आन द इण्डियन कान्स्टीट्यूशन्स आक्सफोर्ड*, जि. 11, पृ. 520–21

15. नेहरु, जवाहरलाल, *डिस्कवरी ऑफ इण्डिया,* पृ. 385
16. मौलाना, आजाद, वही., पृ. 70
17. बिपिनचन्द्र एवं अन्य, वही., पृ. 366–67
18. मौलाना, आजाद, वही., पृ. 71–72
19. ताराचंद, *भारतीय स्वतंत्रता आन्दोलन का इतिहास,* जि. 4, पृ. 352
20. तेन्डुलकर, डी.जी., महात्मा, जि. 6, पृ. 76
21. मौलाना, आजाद, वही., पृ. 78
22. वर्धा एवं मुम्बई प्रस्तावों के लिये देखिए, इण्डियन नेशनल कांग्रेस, मार्च 1940 टू सेप्टेम्बर 1946, इलाहाबाद, आचार्य जुगल किशोर, स्वराज भवन, पृ. 117–124
23. *इण्डियन एन्युअल रजिस्टर,* पृ. 181
24. *इण्डियन एन्युअल रजिस्टर,* पृ. 183
25. तेन्डुलकर, वही., पृ. 161, *स्ट्रगल फार फ्रीडम,* पृ. 567
26. मजुमदार, आर.सी., *स्ट्रगल फार फ्रीडम,* पृ. 654
27. बिपिनचन्द्र, वही., पृ. 372–73
28. मजुमदार, आर.सी., वही, पृ. 656
29. सुमित सरकार, *आधुनिक भारत,* पृ. 444
30. बिपिनचन्द्र एवं अन्य, वही., पृ. 370
31. *आधुनिक भारत का इतिहास,* हि.का.नि., पृ. 587
32. सुमित सरकार, वही, पृ. 445
33. मजुमदार, वही, पृ. 655
34. वही, पृ. 655
35. ताराचंद, वही, जि. 4, पृ. 390–94
36. सुमित सरकार, वही, पृ. 441, *आधुनिक भारत का इतिहास,* हि.का.नि., पृ. 593
37. मजुमदार, वही, पृ. 656–673
38. वही, पृ. 656
39. *आधुनिक भारत का इतिहास,* हि.का.नि. पृ. 592
40. मजुमदार, वही, पृ. 677
41. वही, पृ. 674
42. *आधुनिक भारत का इतिहास,* हि.का.नि., पृ. 592–93
43. उपरोक्त, पृ. 584
44. वही, पृ. 375
45. ईश्वरीप्रसाद, *मार्डर्न हिस्ट्री ऑफ इण्डिया,* पृ. 458
46. *सांविधानिक विकास और स्वाधीनता संघर्ष,* पृ. 185

❋❋❋

38

राष्ट्रीय आन्दोलन में महिलायें
(Women in National Movement)

राष्ट्रीय आन्दोलन में महिलाओं की भागीदारी की शुरुआत 1857 से होती है। प्राचीन भारत में महिलाओं का समाज में सम्मानजनक स्थान प्राप्त था। मनु ने यहाँ तक कहा कि जहाँ नारियों की पूजा होती है वहाँ देवता निवास करते हैं (यत्र नार्यस्तु पूज्यन्ते रमन्ते तत्र देवता)। मध्यकाल में स्त्रियों की स्थिति में गिरावट आने लगी और समाज में फैली कुप्रथाओं ने उनका जीवन अन्धकारमय बना दिया। सामाजिक धार्मिक सुधार आन्दोलन से बदलाव आया और शिक्षा के प्रसार से जागरुकता बढ़ी। पं. नेहरू ने कहा थाः 'मुझे पूर्ण विश्वास है कि आज भारत की प्रगति उसकी महिलाओं की स्थिति से मापी जा सकती है।' आधुनिक काल में महिलाओं का उच्चतम आदर्श रानी लक्ष्मीबाई ने खड़ा किया। वह एक ऐसी ज्योति स्तंभ बन गई जो युगों तक भारतीय इतिहास को प्रकाशित करती रहेगी। उनसे प्रेरणा लेकर बड़ी संख्या में महिलायें स्वतन्त्रता आन्दोलन में कूद पड़ीं। आजादी की पहली लड़ाई को जिसे अंगरेजों ने विप्लव का नाम दिया था, में रानी लक्ष्मीबाई की तलवार की चमक अंगरेजों ने देखी थी। उसकी दूसरी मिसाल विश्व में मुश्किल से ही ढूंढी जा सकती है।

लक्ष्मीबाई का आदर्शः लक्ष्मीबाई का जन्म बनारस में 16 नवम्बर, 1835 में हुआ था। उसकी माँ का नाम भागीरथी बाई मिलता है। बचपन में लक्ष्मीबाई को कई नामों से पुकारा जाता था, जैसे छबीली, मनु एवं मणिकर्णिका आदि। बचपन के कुछ दिन उन्होंने नाना साहब, तांत्या टोपे जैसे राष्ट्रवादियों के साथ गुजारे थे। प्रारम्भ में ही उसे भाला, बरछा, तीर–तलवार चलाने एवं घुड़सवारी की शिक्षा मिली।

सुभद्रा कुमारी चौहान ने उसके लिये लिखा हैः

लक्ष्मी थी या दुर्गा थी, स्वयं वीरता का अवतार।
देख मराठे पुलकित होते, उसकी तलवारों की धार।।
नकली युद्ध व्यूह की रचना, और खेलना खूब शिकार।
सैन्य घेरना, दुर्ग तोड़ना, ये थे उसके प्रिय खिलवार।।

1842 में लक्ष्मीबाई का विवाह झाँसी के महाराजा गंगाधर राव के साथ हो गया। उसने एक पुत्र को जन्म दिया, किन्तु वह तीन माह में ही चल बसा। इस हादसे को बीमार गंगाधर राव सहन नहीं कर पाए और 1853 में ही उनकी मृत्यु हो गई। अपनी मृत्यु से पूर्व उसने वासुदेव राव नेम्बालकर के पुत्र आनन्द राव को गोद ले लिया था। पति के निधन के बाद झाँसी का प्रशासन लक्ष्मीबाई स्वयं संचालित करने लगी। अंगरेज यह सब कैसे सहन करते, गंगाधर राव के दत्तक पुत्र को उसका वारिस मानने से इंकार कर दिया और 16 मार्च, 1854 को झाँसी डलहौजी की हड़प नीति का शिकार हो गया। लक्ष्मीबाई की 5000 रुपये की पेंशन नियत कर दी गई और उन्हें अपने महल में नजरबन्द होना पड़ा। उसे अंगरेजों ने नशेबाज एवं अपरिपक्व महिला कहा। परन्तु मैलकम के कथन से इसकी पुष्टि नहीं होती–"रानी का चरित्र अत्यन्त उच्च है और झाँसी में हर मनुष्य उसे आदर की दृष्टि से देखता है।"

10 मई, 1857 में अंगरेजों के खिलाफ मेरठ में सिपाहियों ने विद्रोह कर दिया था। उसके साथ ही उत्तरी भारत के बड़े भाग में क्रान्ति भड़क उठी। झाँसी में भी अंगरेज सरकार के खिलाफ विद्रोह का बिगुल बज गया। रानी ने दामोदर राव के नाम पर झाँसी का प्रशासन संभाला। 1858 के प्रारम्भ में भारत पर पुनः कब्जा करने के प्रयास अंगरेजों ने शुरु किए। 23 मार्च को ह्यूरोज ने झाँसी को घेर लिया।[1] कई दिनों तक संघर्ष चलता रहा। झाँसी के लोगों के राष्ट्र प्रेम का जिक्र करते हुए लिखा है, मर्दों के साथ हर मोर्चे पर औरतें थीं। मोर्चे पर डटे सिपाहियों के लिए भोजन एवं जल की व्यवस्था के अलावा वे बारूद और गोले तैयार कराने, तोपों तक उन्हें पहुँचाने और खुद तोपों को चलाने में मर्दों की मदद करती। ह्यूरोज ने दूरबीन से स्त्रियों को भी गोला–बारुद ढोते और तोप चलाते देखा तो दंग रह गया। इस तरह स्त्री–पुरुषों को, सारी जनता को लड़ते उसने न देखा था।[2]

3 अप्रैल को अंगरेजों के अत्याधुनिक हथियारों तथा दुल्हाजू एवं पीर अली जैसे देशद्रोहियों के कारण नगर पर अंगरेजों का कब्जा हो गया। रानी अपने विश्वसनीय सहयोगियों के साथ कालपी, कुचागाँव होते हुए अन्त में ग्वालियर पहुँची। ग्वालियर

पर कब्जा होने पर नाना साहब, तांत्या टोपे ने काफी समय विजय उत्सव में गुजार दिया। लेकिन अंगरेजों से संघर्ष करने के लिए रानी कृत संकल्प थी। ग्वालियर पर भी हिव्टलाक के साथ ह्यूरोज ने आक्रमण कर दिया। रानी सैनिक वेशभूषा में थी और पीठ पर पुत्र दामोदर राव धोती से बंधा था। उसके साथ **मंदार** एवं **काशी** नामक दो महिलाओं ने भी युद्ध में लक्ष्मीबाई का साथ दिया। युद्ध के घेरे से निकलकर जाते समय एक नाला पार करने के दौरान एक सैनिक के प्रहार से 19 जून, 1858 को उसका अंत हो गया।

इस विवरण का आशय यह है कि जिस वीरता के साथ लक्ष्मीबाई ने अंगरेजों का मुकाबला किया विश्व इतिहास में ऐसे अनूठे उदाहरण बहुत मुश्किल से मिलेंगे। लक्ष्मीबाई मात्र 23 वर्ष की अवस्था में दुनिया से चली गई, लेकिन इसकी वीरता की कहानी जन–जन की जुबाँ पर थी। उसकी वीरता से पुरुष–महिलाएँ सभी कोई प्रभावित थे। देश की हर शिक्षित एवं साहसी महिला वैसा ही कुछ करने को क्यों न सोचती। राष्ट्रीय आन्दोलन में महिलाओं की भागीदारी में यह एक प्रमुख कारक है।

समाज सुधार आन्दोलन का प्रभाव: दूसरा महत्वपूर्ण तथ्य है 19वीं शताब्दी के पूर्वार्द्ध में नारी जगत् की दयनीय स्थिति, जिसे सुधारने में अनेक समाज सुधारकों का योगदान रहा। समाज सुधार के फलस्वरूप सती प्रथा, कन्या वध, डाकिनी वध जैसी कुप्रथाओं पर रोक लगाई जा सकी, दूसरी ओर बाल विवाह पर प्रतिबन्ध लगाए जाने के प्रयास हुए एवं विधवा विवाह के विषय में सोचा जाने लगा। इन सब तथ्यों का स्त्री समाज पर सकारात्मक प्रभाव हुआ। इस दौरान स्त्री शिक्षा पर विशेष ध्यान दिया जाने लगा। लड़कों की भाँति लड़कियों को भी हर तरह की शिक्षा मिलने लगी। महिलाएँ डाक्टर, नर्स, अध्यापिकाएँ बनने लगीं तथा पर्दा प्रथा कम हुई। इन सब परिस्थितियों ने महिलाओं को आजादी की लड़ाई में कदम बढ़ाने के लिए प्रेरित किया। काफी संख्या में स्त्रियाँ पुरुषों के साथ कन्धे से कन्धा मिलाकर कार्य करने लगी।[3] गाँव इसके अपवाद थे किन्तु शहरों में जागृति जरुर आई।

गाँधीजी का आह्वान: स्वतंत्रता संग्राम में महिलाओं की भूमिका के महत्व को गाँधीजी ने खूब समझा था। सविनय अवज्ञा आन्दोलन का जिक्र करते हुए बिपिनचन्द्र ने लिखा है, गिरफ्तारी से पहले ही गाँधीजी ने जोरदार तरीके से विदेशी कपड़ों तथा शराब के बहिष्कार का आह्वान किया। उन्होंने महिलाओं को विशेष रूप से इसमें अग्रगामी भूमिका निभाने के लिए कहा था। गाँधीजी ने एक बार कहा थाः "महिलाओं को कमजोर कहना उनका अपमान है। यह पुरुषों का महिलाओं के प्रति अन्याय है।" और 1930 में भारत की महिलाओं ने विशेष रूप से यह दिखा दिया कि वे शक्ति और सामर्थ्य में किसी से कम नहीं हैं। जो महिलाएँ अकेले कभी अपनी देहरी से बाहर नहीं निकलती थीं जो पर्दे में रहीं, वे युवा माताएँ और विधवाएँ और अविवाहित लड़कियाँ अक्सर सवेरे से लेकर शाम तक शराब की दुकानों तथा विदेशी कपड़ों की दुकानों के आगे धरना दिए नजर आती थीं। ग्राहकों से आग्रह करती थीं कि वे अपना दृष्टिकोण बदलें।[4] कहा जा सकता है कि महिलाओं की राष्ट्रीय आन्दोलन में भागीदारी गाँधीजी जैसे विचारकों के कारण काफी कुछ सुनिश्चित हुई। ओ मेली को उद्धृत करते हुए ए.आर. देसाई लिखते हैं, महात्मा गाँधी और कांग्रेस राष्ट्रीय प्रयास के लिए उनका आह्वान कर रहे थे और उन्होंने देखा कि इस भविष्य दृष्टा गाँधी और ब्रिटिश सरकार की सर्वोपरि सत्ता ने उनके हाथों में एक कारगर हथियार दे रखा है। एक हाथ से उन्होंने निष्क्रिय विरोध (सत्याग्रह) का हथियार और दूसरे हाथ से मतदान का अधिकार ग्रहण किया।[5]

महिला संगठनों की भूमिका: महिला संगठनों के कारण भी जागरुकता बढ़ी, राष्ट्रीय आन्दोलन पर इसका सकारात्मक प्रभाव होना ही था। आम लोगों में आई जागृति, न केवल अपने अधिकारों के प्रति सचेत एवं जागरुक बनाती है अपितु मूल्यों के प्रति समर्पण एवं कर्तव्य के लिए प्रेरित भी करती है। 1923 में महिला भारतीय संघ (Women's Indian Association) का गठन हुआ, इसकी अनेक शाखाएँ थीं। इसने मद्रास (चेन्नई) में एक शिशु गृह की शुरुआत की थी। दिसम्बर, 1924 में बेलग्राम में भारतीय राष्ट्रीय सम्मेलन हुआ, जिसमें छः हजार सदस्य शामिल हुए। उनमें एक हजार महिलाएँ थीं। यह भागीदारी अपने में अत्यन्त महत्वपूर्ण थी। यह भी उल्लेखनीय है कि दिसम्बर, 1925 में प्रतिभाशाली कवयित्री **सरोजनी नायडू, भारतीय राष्ट्रीय कांग्रेस के वार्षिक अधिवेशन की अध्यक्ष हुईं।** 1927 में अखिल भारतीय महिला सभा (All India Women's Conference) की स्थापना एक महत्वपूर्ण घटना थी।

जैसा उल्लेख किया गया है कि जब महिलाएँ सत्याग्रह कर रहीं थीं, उन्हें मताधिकार भी मिला। वस्तुतः इस आन्दोलन की शुरुआत 18 दिसम्बर, 1917 को हुई, जब अखिल भारतीय महिला शिष्ट मण्डल चेन्नई में मांटेग्यू से मिला। मिसेज एनीबेसेंट, श्रीमती सरोजनी नायडू तथा श्रीमती हीरा बाई टाटा ने भारतीय नारियों को मताधिकार देने के समर्थन में संयुक्त प्रवर समिति के समक्ष 1919 के भारतीय शासन बिल पर गवाही दी। महिला प्रतिनिधियों को लंदन के गोलमेज सम्मेलन में भाग लेने का भी अवसर मिला जो एक सकारात्मक पहलू था।

1935 के भारत शासन अधिनियम ने स्त्रियों को उनके द्वारा पहले से कहीं अधिक अधिकार दे दिये। संघीय राज्य परिषद में ब्रिटिश भारत के लिए कुल 156 सीटें सुरक्षित थीं, उनमें 6 और संघीय एसेम्बली में 3, इस प्रकार सुरक्षित कुल 250 स्थानों में 9 उन्हें मिलीं। जहाँ तक प्रान्तीय एसेम्बलियों की बात थी महिलाओं के लिए मद्रास (चेन्नई) में 8 स्थान, मुम्बई में 6, बंगाल में 5, संयुक्त प्रान्त में 6, पंजाब में 4, मध्य प्रान्त और बरार में 3, आसाम में 1, उड़ीसा में 2 और सिंध में 2 सुरक्षित रखी गईं। उनके मताधिकार की शर्तें उदार बना दी गई। अतः जहाँ 290 लाख मर्दों को मताधिकार मिला और औरतों में 60 लाख को वोट देने का अधिकार प्राप्त हुआ।[6]

1936 में कांग्रेस की सरकारें बनीं तो कुछ औरतों ने मंत्री अवर सचिव प्रान्तीय विधायिका सभाओं के उपाध्यक्ष के रूप में काम किया। भारतीय महिलाएँ लोकल बोर्डों और म्युनिसिपेलटी की भी सदस्या हुईं। यह सही है कि अतिशय दरिद्रता के कारण नागरिक जीवन में प्रवेश और शिक्षा के अवसर उच्च और मध्यम वर्गीय महिलाओं को ही सुलभ थे, फिर भी ऐसा व्यापक स्त्री जागरण प्राक् ब्रिटिश भारत में देखने में नहीं आता है।[7]

कहा जा सकता है कि लक्ष्मीबाई के बलिदान से जो महिला जागृति की लहर चली थी, उसमें शिक्षा एवं पुनर्जागरण से गति आई तथा महिला संगठनों ने उसे सशक्त बनाया। अन्ततः गाँधीजी जैसे राष्ट्रवादियों के प्रयासों से महिलाएँ आजादी की लड़ाई में कूद पड़ीं।

यहाँ प्रमुख महिला आन्दोलनकारियों के जीवन एवं कृतित्व के विषय में संक्षेप में चर्चा करना उचित होगा।

प्रमुख राष्ट्रवादी महिलाएँ

किट्टूर की रानी चेन्नम्मा (1778–1829): कर्नाटक स्थित किट्टूर (बेलगाँव एवं धारवाड़ क्षेत्र) की रानी चेन्नम्मा के विषय में बहुत कम लोग जानते हैं। बात 1857 से पहले की है। किट्टूर जिसकी स्थापना हीरेमल्ल शेट्टी ने की थी, पर मल्ल सर्ज नामक राजा का शासन था। राजा वृद्ध था, अत रानी चेन्नम्मा अपने सहयोगियों की परिषद् की सहायता से शासन का काम देखती थी। कम्पनी का प्रतिनिधि जो दक्षिण राज्यों को हड़पने में लगा हुआ था, ने किट्टूर राजा मल्ल सर्ज की मृत्यु के बाद उसके दत्तक पुत्र रुद्रसर्ज का विरोध किया तथा रानी चेन्नम्मा की परिषद के सदस्य मल्लप्पा शेट्टी को सत्ता सौंपने के लिए दबाव डाला। रानी ने अंगरेजों की हड़पनीति (doctrine of Lapse) के विरुद्ध सशस्त्र संघर्ष किया। रानी ने कम्पनी के विरुद्ध युद्ध की घोषणा कर दी। मल्लपा शेट्टी एवं वेंकट राम जैसे देशद्रोहियों के कारण किट्टूर की फौजें पराजित हुईं। रानी को गिरफ्तार कर लिया। 1828 में वे वीरगति को प्राप्त हो गई।

कुमारी मैना: नाना साहब की दत्तक पुत्री मैना के विषय में कई इतिहासकारों ने जिक्र किया है। 1857 के संग्राम के उत्तरार्द्ध में जब अंगरेज अपने खोए हुए प्रदेशों पर पुनः कब्जा करने की कोशिश में थे, कानपुर में अंगरेज सेना ने मैना को बन्दी बना लिया। अंगरेज मैना से क्रान्तिकारियों की समस्त योजनाओं तथा नाना साहब के विषय में जानकारी चाहते थे, परन्तु मैना ने कुछ भी बताने से इन्कार कर दिया। उसे 13 वर्ष की उम्र में जीवित ही आग में डाल दिया। उसका 3 सितम्बर 1857 बलिदान दिवस के रूप में योगदान सदैव स्मरणीय रहेगा।

मैडम भीकाजी कामा (1861–1934): 1907 में आयोजित अन्तर्राष्ट्रीय समाजवादी सम्मेलन में भारत का झण्डा फहराने वाला और कोई नहीं, मैडम भीकाजी कामा थीं। उनका जन्म मुम्बई के पारसी परिवार में हुआ था। युवा होने पर उनका विवाह वकील रुस्तम के.आर. कामा के साथ हुआ, जो अंगरेजी शासन को भारत के लिए वरदान मानते थे। कुछ समय बाद पति की विचारधारा का उन्हें पता चला तो उससे सम्बन्ध विच्छेद करना पड़ा। परिजनों ने उच्च शिक्षा प्राप्त करने के लिए उसे इंग्लैण्ड भेजा, किन्तु वहाँ पढ़ाई में मन नहीं लगा और भारत की स्वतन्त्रता के लिए श्याम जी कृष्ण वर्मा, सावरकर जैसे लोगों के साथ काम करना शुरु किया। **18 अगस्त 1907 को जर्मनी के स्टुटगार्ट में आयोजित विश्व समाजवादी देशों के सम्मेलन में मैडम कामा ने भाग लिया। भारत का झण्डा फहराते हुए कहा था, "भारत, जहाँ मानव जाति का पाँचवाँ हिस्सा रहता है, को गुलामी से मुक्त होने में सहयोग दें, क्योंकि आदर्श सामाजिक अवस्था का तकाजा यह है कि कोई भी जाति किसी तानाशाही या अत्याचारी सरकार के अधीन न रहे।"** उल्लेखनीय है कि आवश्यक परिवर्तन के बाद 22 जुलाई 1947 को तिरंगा झण्डा, स्वतन्त्र भारत के झण्डे के रूप में स्वीकार किया गया था।

उन्होंने लाला हरदयाल के साथ मिलकर '**वन्दे मातरम्**' **समाचार–पत्र** एवं '**मदन की तलवार**' नामक पत्रिका निकाली। 1908 में सावरकर की पुस्तिका '**स्वतन्त्रता के प्रथम भारतीय संग्राम 1857**' का प्रकाशन करवाया। अंगरेजी

एवं फ्रेंच में अनुवाद करवाया। चार वर्ष की घोर यातना भी उन्हें अपने लक्ष्य से भटका नहीं सकी। 1934 में भारत लौटी तथा आजादी के लिए काम करती रही। 1936 में उनका निधन हो गया।

श्रीमती सरोजनी नायडू (13 फरवरी 1868–2 मार्च 1949 ई.): हैदराबाद में, मूल रूप से बंगाल निवासी अघोरनाथ चट्टोपाध्याय के यहाँ 13 फरवरी 1858 को सरोजिनी का जन्म हुआ। डॉ. मेजर एम.डी. नायडू से उनका विवाह हुआ। श्रीमती नायडू के भारत में नारी जागृति का प्रतीक माना जाता है। 1916 में लखनऊ में आयोजित कांग्रेस अधिवेशन में उन्होंने अपने विचार रखे थे। महिलाओं के मताधिकार आन्दोलन के सन्दर्भ में 1921 में इंग्लैण्ड गई। नेहरु जी ने सरोजिनी नायडू को 'हिन्दू–मुस्लिम एकता का राजदूत' कहा था। 1925 के कांग्रेस अधिवेशन में उन्हें अध्यक्ष बनाया गया। 1930 में सविनय अवज्ञा आन्दोलन के दौरान गाँधीजी के बंदी बनाए जाने के बाद '**धरासना**' के नमक भण्डार पर धावा बोलने वाले सत्याग्रहियों का नेतृत्व श्रीमती सरोजिनी ने किया, उन्हें बन्दी बनाया गया था। द्वितीय गोलमेज सम्मेलन में गांधीजी के साथ देश का प्रतिनिधित्व किया। 1942 में भारत छोड़ो आन्दोलन के दौरान उन्हें भी जेल में डाल दिया गया। स्वास्थ्य खराब होने के कारण दो वर्ष बाद उन्हें जेल से मुक्ति मिली। 1946 में अन्तरिम सरकार के दौरान दिल्ली में आयोजित एशियाई देशों के सम्मेलन की अध्यक्षता सरोजिनी नायडू ने की थी। मार्च, 1949 में (स्वतन्त्र भारत में) उत्तर प्रदेश की गवर्नर के पद पर कार्य करते हुए उनका निधन हुआ।

रानी गिडालू या गैडनल्यू (26 जनवरी, 1915): नागालैण्ड की वीर बाला रानी गैडनल्यू 13 वर्ष की अवस्था से ही गाँधीजी के आदर्श के अनुरूप आन्दोलन में भाग ले रही थी। इसीलिए 1932 में जब वह मात्र 17 वर्ष की थी, जेल में डाल दिया गया। आजादी से पहले तक उन्हें जेल में ही रहना पड़ा। 9 अप्रैल, 1949 को जब उन्हें रिहा किया गया, तब तक उनकी जवानी जेल को समर्पित हो चुकी थी। स्वतन्त्रता की 25वीं वर्षगाँठ पर दिल्ली के लाल किले में आयोजित समारोह में जब उन्हें ताम्र पत्र प्रदान किया गया तब खुशी से हाल गूँज उठा। स्मरणीय है कि नेहरू जी ने रानी गैडनल्यू को मुक्त करवाने के लिए बहुत कोशिश की थी, किन्तु कोई लाभ न हुआ। उसका कारण यह था कि **रानी अंगरेजों को देश का घोर शत्रु मानती थी और उनके विरुद्ध हजारों विद्रोही नागाओं की विशाल सेना (लगभग चार हजार) खड़ी की थी। अंगरेज ऐसी लड़की को छोड़कर खतरा मोल नहीं लेना चाहते थे।**

डॉ. मुत्तुलक्ष्मी रेड्डी (30 जुलाई 1886–22 जुलाई 1968): मद्रास यूनिवर्सिटी से भारत की प्रथम महिला मेडिकल ग्रेजुएट और भारत की प्रथम महिला विधायक और संसार की प्रथम महिला विधान सभा उपाध्यक्षा बनने का सौभाग्य मुत्तुलक्ष्मी रेड्डी को प्राप्त हुआ। 1913 में वे प्रथम महिला डॉक्टर बनी। राष्ट्रसेवा की दृष्टि से अपने लेखों के माध्यम से लोगों में चेतना जागृत की। उन्होंने कई पुस्तकें लिखीं। 1930 के नमक सत्याग्रह में उन्होंने गाँधी जी के साथ गिरफ्तारी दी थी। 1956 में भारत सरकार ने उन्हें पदमभूषण से सम्मानित किया था।

विजय लक्ष्मी पण्डित (1900–1991): नेहरू जी का लगभग सम्पूर्ण परिवार राष्ट्रीय आन्दोलन में भागीदार बना। उनकी माँ स्वरूप रानी एवं दोनों बहिनें (विजय लक्ष्मी पण्डित एवं कृष्णा हाथीसिंह) ने घर–घर जाकर सत्याग्रह का प्रचार किया। विजय लक्ष्मी पण्डित 1937 में उत्तर प्रदेश विधानसभा की सदस्या चुनी गई और वहाँ की प्रथम महिला मन्त्री बनी। 1946 में विधान परिषद् की सदस्या रहीं थीं। यह गौरव की बात है कि 1952 में संयुक्त राष्ट्र संघ की साधारण सभा की प्रथम महिला अध्यक्ष चुनी गईं।

प्रीतिलता वाडेकर (1911–1932): इस तथ्य से हम परिचित हैं कि बंगाल क्रान्तिकारियों का गढ़ था। '**अनुशीलन समिति**' और '**युगान्तर**' दल क्रान्तिकारियों की पाठशालाएँ थीं। जलालाबाद मोर्चे पर 62 क्रान्तिकारियों ने ब्रिटिश सेना से जमकर मोर्चा लिया, जिसमें 11 क्रान्तिकारी शहीद हुए। सूर्यसेन (1894–1934) घायलावस्था में प्रीतिलता वाडेकर के घर पहुँचने में सफल हो गए। सूर्यसेन से प्रभावित प्रीतिलता का विश्वास था कि ब्रिटिश सरकार हिंसा के माध्यम से ही देश से भगाई जा सकती है। प्रीतिलता ने चटगाँव स्थित पहाडथर्ल यूरोपियन क्लब पर गोलियाँ चलाकर अनेक लोगों को घायल कर दिया और स्वयं जहर खाकर 1932 में शहीद हुईं।

सुहासिनी गांगुली (3 फरवरी 1909–23 मार्च 1965): जिसे क्रान्तिकारी स्नेहमयी ममतामयी दीदी कहा करते थे। चटगांव शस्त्राकार घटना के क्रान्तिकारियों को पनाह देने के कारण उन्हें गिरफ्तार किया गया। गणेशघोष, लोकनाथ बल, जीवनघोषाल, हेमन्त तरफदार बारी–बारी से उनके यहीं आकर ठहरे थे। छद्म रूप में रहने पर भी उन पर सन्देह हो

गया। 1 सितम्बर 1930 को उनका घर पुलिस ने घेर लिया व जीवन घोषाल गोली से मारे गये। दो साल की सजा मिली थी किन्तु सजा काट लेने के बाद भी उन्हें छोड़ा नहीं गया। कई वर्षों तक वे नज़रबंद रहीं।

लीला नागः दीपावली संघ की स्थापना का श्रेय लीलानाग को है जिसमें युवतियों को शस्त्र चलाने तथा अंगरेजों के विरुद्ध उपयोग हेतु बम बनाने का प्रशिक्षण दिया जाता था।

कुमारी वीणादास (24 अगस्त 1911–26 दिसम्बर 1986): कलकत्ता विश्वविद्यालय में दीक्षान्त समारोह (convocation) चल रहा था। 6 फरवरी 1931 को मुख्य अतिथि बंगाल के अंगरेज लाट स्टैनले जैकसन से कुमारी वीणादास उपाधि लेने गई और उसने गवर्नर पर गोली चला दी। हालांकि गोली चूक गई और वह पकड़ी गई। उसे 10 वर्ष कारावास की सजा मिली।

शांति घोष 22 नवम्बर 1916–1989 व सुनीति चौधरी (22 मई 1917–12 जनवरी 1988): इसी तरह शांति घोष और सुनीति चौधरी ने पन्द्रह वर्ष की आयु में त्रिपुरा के मजिस्ट्रेट स्टीवेन्स को उनके बंगले पर ही गोली से उड़ाया था। इन दोनों की कम आयु देखते हुए फांसी के स्थान पर आजीवन काला पानी की कारावास की सजा दी गई।

दुर्गा भाभी (7 अक्तूबर 1907–15 अक्तूबर 1999): उत्तर प्रदेश में इलाहाबाद जिले के शहजादपुर में जन्मी दुर्गा का विवाह प्रसिद्ध क्रान्तिकारी लाहौर के भगवती चरण बोहरा के साथ हुआ। अपने पति के संग ने उसे भी क्रान्तिकारी बना दिया। एक बार बहुत चतुराई से भगतसिंह की पत्नी बनकर उनको लाहौर से लखनऊ[8] पहुँचाया था। दुर्गा भाभी हर परिस्थितियों में क्रान्तिकारियों के साथ रहीं।

भगिनी निवेदिता (1867–1911): आयरलैण्ड निवासी मार्गरेट नोबुल को ही अरविन्द ने भगिनी निवेदिता नाम दिया था। वह भारत को अपनी कर्मभूमि मानती थीं। नारी शिक्षा, देश प्रेम की भावना का प्रसार एवं नारी उत्थान की चर्चा उसकी लेखनी का ही कमाल था। कहा जाता है कि युगान्तर जैसी पत्रिका के पृष्ठ में हम उसे ही खड़ा पाते हैं। भारत के लिए सर्वस्व न्यौछावर कर देने के कारण स्वामी विवेकानन्द ने उसे अपनी मानस कन्या मान लिया था। रवीन्द्रनाथ ठाकुर उसे लोकमाता कहकर सम्बोधित करते थे।

मांतगिनी हजारा (1871–1944): बंगाल के मिदनापुर जिले में कन्टाई एवं तामलुक उपखण्ड में 8 अगस्त 1944 तक प्रभावशाली ढंग से आन्दोलनकारी सरकार का कब्जा रहा। तामलुक थाना (29 सितम्बर, 1942) पर अंगरेजों द्वारा अधिकार करते समय अनेक क्रान्तिकारी मारे गये। उल्लेखनीय है कि इनमें 73 वर्षीय महिला मातंगिनी हजारा प्रमुख थीं। झण्डा हाथ में लिए वह उस वक्त जुलूस का नेतृत्व कर रही थीं।

कनकलता बरुआ (22 दिसम्बर 1924–20 सितम्बर 1942): भारत की महान स्वतंत्रता सेनानी जिनको अंगरेजों ने 1942 के भारत छोड़ो आन्दोलन के दौरान असम में जुलूस का नेतृत्व अठारह वर्षीय लड़की कनकलता बरुआ कर रही थी। माध्यमिक कन्या विद्यालय की उस छात्रा ने थाने में कार्यरत पुलिस वालों को वहाँ से हट जाने का आग्रह किया। पुलिस वाले उसकी कहाँ सुनने वाले थे बल्कि थाने की ओर बढ़ रही कनकलता पर पुलिस ने गोलियाँ बरसाईं और वह वहीं ढेर हो गईं। कनकलता के बाद अनेक लोगों ने झण्डा संभाला और सभी यहीं मृत्यु शैय्या पर लेटते रहे। वहाँ कुल साठ लोग शहीद हुए थे। **कनकलता को बीरबाला** भी कहते हैं। उनका जन्म **22 दिसम्बर 1924 को असम के बांरग बाडी गांव में कृष्णकांत बरुआ के घर में हुआ था।** बचपन से अनाथ बच्ची का पालन नानी ने किया **7 वर्ष की अवस्था में रैयत (मई 1931) सभा गमेरी गांव में उसने भाग** लिया। सभा के अध्यक्ष ज्योतिप्रसाद अगरवाला के असमिया में लिखे गीत का बहुत प्रभाव हुआ और वह आजादी की लड़ाई में शामिल हो गई। गोहपुर थाने में 20 सितम्बर 1942 तिरंगा फहराया जाना था जिसका नेतृत्व उसने किया।

मीरा बेनः एक एडमिरल की बेटी मेडलिन स्लेड गांधीजी के व्यक्तित्व से प्रभावित होकर भारत आ गई थीं। गांधीजी ने उसे मीरा का नाम दिया। मीरा बेन ने देश के स्वतन्त्रता आन्दोलन में भाग लिया, विशेष रूप से 1932 में अवज्ञा आन्दोलन के दौरान उसे मुम्बई जेल में रखा गया। उस दौरान मीरा को काफी यातनाएँ झेलनी पड़ीं। उसने 1942 के भारत छोड़ो आन्दोलन में महत्वपूर्ण कार्य किया था।

सुचेता कृपलानीः अम्बाला में 1908 में जन्मी सुचेता ने कालेजीय शिक्षा दिल्ली विद्यालय से प्राप्त की थी। कुछ समय बनारस हिन्दू विश्वविद्यालय में प्राध्यापिका रहीं। 1939 में सरकारी सेवा का त्यागकर राष्ट्रीय आन्दोलन के कार्य में लग गईं। गाँधीजी उनके कार्य से बहुत प्रभावित थे इसीलिए 1940 में व्यक्तिगत सत्याग्रह के लिए उनका चयन किया। इस निश्चय के कारण उन्हें जेल जाना पड़ा। 1942 में भूमिगत रहकर भारत छोड़ो आन्दोलन के लिए कार्यरत रहीं। एक स्वयं सेवक दल की स्थापना भी उनके द्वारा की गई।

आजादी के बाद उत्तर प्रदेश की प्रथम महिला मुख्यमन्त्री (1963–67) के रूप में कार्य किया। वे आचार्य कृपलानी की धर्मपत्नी थीं।

इन्दिरा गाँधी (1917–84): पण्डित जवाहरलाल नेहरू की पुत्री श्रीमती इन्दिरा गाँधी का जन्म 19 नवम्बर, 1917 को आनन्द भवन, इलाहाबाद में हुआ। प्रारम्भिक शिक्षा घर में रहकर प्राप्त की। तदनन्तर पूणे एवं शान्ति निकेतन में अध्ययन किया। 28 फरवरी, 1936 में कमला नेहरु का निधन हो गया। ऑक्सफोर्ड विश्वविद्यालय में इतिहास विषय में उच्च शिक्षा प्राप्त की। राष्ट्रवादी नेता फिरोज गांधी के साथ उनका विवाह हुआ। 1942 में फिरोज गांधी एवं इन्दिरा गांधी को जेल में रहना पड़ा था। कहा जाता है कि इन्दिराजी ने बचपन में एक 'वानर सेना' का गठन किया था, जिसकी सदस्यता 75,000 तक पहुँच गई थी। इस समूह से जुड़े बच्चे आन्दोलनकारियों की सेवा करने, संदेश पहुँचाने एवं भूखे लोगों के लिए खाने आदि का प्रबन्ध करते थे।

अरुणा आसफ अली (1909–1996): अरुणा जी का जन्म बंगाली परिवार में हुआ था। 1928 में पढ़ाई छोड़कर आसफ अली से विवाह कर लिया। आसफ अली क्रान्तिकारी नेता थे। 1930–32 नमक सत्याग्रह के दौरान इन्हें जेल में रहना पड़ा। 1941 के व्यक्तिगत सत्याग्रह में अरुणा जी ने भाग लिया इसलिए उन्हें जेल भी जाना पड़ा। अगस्त, **1942 में मुम्बई के ग्वालिया टैंक मैदान में राष्ट्रीय झण्डा आपने ही फहराया था। यदि यह कहा जाए कि 1942 की वह नायिका थी तो अनुचित न होगा।** उनका महत्वपूर्ण कार्य (1942 में) था भूमिगत रहकर क्रान्ति का संचालन करना। सरकार उनके क्रान्तिकारी स्वभाव से चौकन्नी थी। अतः 1946 तक भूमिगत रहकर ही कार्य करना पड़ा। ट्रिब्यून ने इनको 1942 की क्रान्ति की झांसी की रानी बताया था। गाँधीजी ने समझाया था तथा सरकारी दबाव भी काफी आया लेकिन अरुणा जी आत्मसमर्पण के लिए तत्पर न हुई। क्षुब्ध सरकार ने दिल्ली स्थित उनकी सम्पत्ति को जब्त कर लिया। 1946 में वारण्ट अवधि समाप्त होने पर ही वे प्रकट हुईं। गाँधी जी ने कहा था, "मैं तुम्हारी बहादुरी एवं साहस की प्रशंसा करता हूँ।" आजादी के बाद भी उनके रचनात्मक कार्य चलते रहे। 1947 में दिल्ली कांग्रेस कमेटी की अध्यक्षा बनी तथा 1958 में दिल्ली नगर परिषद् की प्रथम महिला चैयरपर्सन। 29 जुलाई 1996 को उनका निधन हुआ। उन्हें 1975 लेनिन प्राइज फॉर पीस मिला। जवाहरलाल नेहरू अवार्ड अन्तर्राष्ट्रीय अण्डर स्टेडिंग तथा 1998 में भारत रत्न जैसा प्रतिष्ठित अवार्ड मिला।

कमला देवी चट्टोपाध्याय (3 अप्रैल 1903, मंगलौर–29 अक्तूबर 1988 मुम्बई): केवल लेखिका ही नहीं, स्वतंत्रता संग्राम की सक्रिय नेता सामाजिक क्रान्ति की अग्रदूत कमला देवी ने इण्डियन वीमेन, बैटल फॉर फ्रीडम, एट द क्रास रोड, अवेकनिंग ऑफ इण्डियन वीमेन, वीमेन मूवमेंट ऑफ इण्डिया आदि ग्रन्थों की रचना की। 1927 में आयोजित अखिल महिला सम्मेलन की स्थापना में उन्होंने अग्रणी भूमिका अदा की। इस संगठन की वे अध्यक्षा भी रहीं। स्वतन्त्रता आन्दोलन में भागीदारी के कारण 1930–44 में कई बार जेल जाना पड़ा।

सुशीला देवी (5 मार्च 1905–13 जनवरी 1963): मूलतः कवयित्री सुशीला देवी को क्रान्ति गीत लिखने का शौक था। भगतसिंह, सुखदेव और राजगुरु को फाँसी के बाद उनकी कुर्बानियों की स्मृति में लिखे दर्द भरे गीत पंजाब की जनता की जबान पर लम्बे अरसे तक रहे। उसने भगतसिंह, भगवतीचरण बोहरा के साथ खुलकर काम किया था। कहा गया है कि उसने नवयुवक वेश में बम बनाना भी सीखा था।

तोरण देवी शुक्ला: उग्र राष्ट्रीयता की प्रतीक तोरण देवी की कविताओं से लोगों में उत्साह का सृजन क्यों न होता। उनके जागृति नामक कविता संग्रह पर उन्हें 'केसरिया' जैसा प्रतिष्ठित पुरस्कार मिला।

विद्यावती कोकिला (26 जुलाई 1914): गाँधी जी के प्रभाव से राष्ट्रीय आन्दोलन में सक्रिय हुईं। विद्यावती ने राष्ट्रीय भावना से ओत–प्रोत गीत लिखे। उन्हें कई बार जेल जाना पड़ा। 'अमर ज्योति' उनका महाकाव्य है, माँ, सुहाग गीत, सुहागिन और पुनर्मिलन उनके काव्य संग्रह हैं।

बालमणि अम्मा (19 जुलाई 1909–29 सितम्बर 2004): केरल की राष्ट्रवादी साहित्यकार बालमणि की कविताओं में देशभक्ति, गाँधीजी का प्रभाव, स्वतन्त्रता की उत्कट भावना देखी जाती है। उन्हें पद्मविभूषण आदि पुरस्कारों से सम्मानित किया गया।

हंसा मेहता (3 जुलाई 1897–4 अप्रैल 1995): एक शिक्षा शास्त्री, संवैधानिक प्रवक्ता और अग्रणी कार्यकर्त्री हंसा मेहता के विषय में लोग यह नहीं जानते होंगे कि उन्हें प्रथम महिला उप कुलपति (वाइस चांसलर) होने का सौभाग्य प्राप्त हुआ। स्वतन्त्रता आन्दोलन पर कई महत्वपूर्ण लेख लिखे, जिनसे लोगों में राष्ट्रीय भावना का संचार हुआ।

कल्पना दत्त (1913–1978): बंगाल की प्रसिद्ध क्रान्तिकारी महिला कल्पना दत्त (कल्पना जोशी) सूर्य सेन के क्रान्तिकारी विचारों से प्रभावित थीं। (चिटगाँव रिपब्लिकन आर्मी) में शामिल होकर चिटगाँव शास्त्रागार आक्रमण में सक्रिय रूप से भाग लिया। उन्हें गिरफ्तार कर आजीवन काले पानी पर अण्डमान निकोबार भेज दिया गया। 1936 में रिहा होने पर भारतीय कम्युनिस्ट पार्टी की सक्रिय सदस्या बनीं।

ननी बाला देवी (1888–1967): लगभग 16 वर्ष की अवस्था में ही विधवा बनी ननी बाला ने विधवा रूप में रहने से इन्कार करते हुए 'युगान्तर पार्टी' में शामिल हुईं। उनके क्रान्तिकारी राष्ट्रीय कार्यक्रमों के कारण उन्हें गिरफ्तार किया गया और कोलकाता जेल में बंद रखा गया। वे पहली महिला थीं, जिन्हें पुलिस नियमावली 1818 की धारा III के अन्तर्गत पुलिस द्वारा प्रताड़ित किया गया। 1919 में उन्हें जेल से छुट्टी मिल सकी।

उषा या उमा[9] मेहता (25 मार्च 1920–11 अगस्त 2000): भारत छोड़ो आन्दोलन के दौरान गुप्त रेडियो संचालन का कार्य उषा मेहता ने किया। 14 अगस्त, 1942 को इसका प्रथम प्रसारण हुआ और 12 नवम्बर को इसे जब्त कर लिया गया। उषा मेहता बन्दी बना ली गई तथा चार वर्ष की सजा हुई। गाँधीजी के इस नारे की घोषणा उन्होंने ही रेडियो द्वारा की थी। लोगों को सम्बोधित करते हुए कहा था, "आज मैं आपको एक नारा दे रहा हूँ। इसे अपने दिल में रखना। यह नारा है "करो या मरो" गांधीजी का संदेश खुफिया रेडियो द्वारा 9 अगस्त 1942 को प्रसारित हुआ था।"

चन्द्रशेखर आजाद दल में कार्यरत महिलाओं में मृणालिनी देवी, सुनीति देवी, माया देवी तथा सावित्री देवी का जिक्र किया जा सकता है। विद्यादेवी देश सेवक ने 15 वर्ष की आयु में पटरी उखाड़ने का कार्य किया था अतः उसे जेल जाना पड़ा। महाराष्ट्र के सतारा क्षेत्र में महिलाओं का नेतृत्व लीला पाटिल ने किया। नासिक की दत्तात्रेय उपासिनी को भूमिगत रहकर आन्दोलन संचालित करने के कारण सात वर्ष जेल में रहना पड़ा। वेलामित्र एव वनलता सेन का भी उल्लेख करना होगा, जिन्होंने भूमिगत रहकर कार्य किया।

महिलाओं द्वारा सम्पादित कार्य (1920–22): कलकत्ता कांग्रेस अधिवेशन में असहयोग आन्दोलन के संचालन की स्वीकृति मिली। दिसम्बर, 1920 में नागपुर में आयोजित कांग्रेस के वार्षिक अधिवेशन में असहयोग आन्दोलन को पुनः स्वीकार किया गया और विद्यार्थियों का आह्वान किया गया कि सरकारी नियन्त्रण वाले स्कूल–कालेज छोड़ें। वकीलों को वकालत का परित्याग एवं उपाधियों को वापस करने के लिए कहा गया। विदेशी वस्त्रों का त्याग भी इस योजना में शामिल था। महिलाओं द्वारा विदेशी वस्त्रों की होली जलाई जाने लगी। इंग्लैण्ड के कारखानों में निर्मित साड़ियाँ, दुपट्टों को तिलांजलि दी गई। चरखा कार्यक्रमों की शुरुआत हुई। महिलाओं का इस कार्यक्रम में भरपूर सहयोग मिला। बड़ी संख्या में स्वेच्छा से महिलाएँ चरखा कार्यक्रम की ओर उन्मुख हुईं। अप्रैल में अखिल भारतीय कांग्रेस कमेटी के विजयवाड़ा अधिवेशन में निर्णय लिया गया कि तिलक स्वराज कोष के लिए एक करोड़ की राशि एकत्र की जाए। 20 लाख चरखे लगाए जाएँ तथा कांग्रेस के सदस्यों की संख्या में वृद्धि के प्रयास हों। अब कांग्रेस जन आधारित राजनैतिक पार्टी बन गई थी। बड़ी संख्या में महिलाएँ सदस्य बनीं, यही नहीं तिलक फण्ड के लिए कई महिलाओं ने अपने गहने भी दिये थे।

सविनय अवज्ञा आन्दोलन (1930–31): लाहौर के कांग्रेस अधिवेशन (1929) में पूर्ण स्वराज्य का प्रस्ताव पारित किया गया एवं गाँधीजी को पूर्ण स्वराज्य के लिए अहिंसात्मक संघर्ष का विकल्प चुनने के लिए कहा गया। उन्हें अधिकार दिया गया कि वे अपनी इच्छा से जहाँ से उचित समझे सविनय अवज्ञा (सिविल नाफरमानी) की शुरुआत कर सकते हैं। उल्लेखनीय है कि गाँधीजी ने 'ग्यारह सूत्र' लार्ड इरविन के समक्ष प्रस्तुत किए थे, जिसकी नकारात्मक प्रतिक्रिया हुई। अन्ततः उन्होंने 'नमक कानून' के प्रावधानों का उल्लंघन करने का निश्चय किया। मार्च, 1930 को 78 अनुयायियों के साथ साबरमती आश्रम से दांडी समुद्र तट तक ऐतिहासिक यात्रा शुरु की। नमक कानून के उल्लंघन के अतिरिक्त विद्यार्थियों द्वारा स्कूल कालेजों का त्याग, सरकारी नौकरियों से इस्तीफा, विदेशी कपड़ों का बहिष्कार, करों की ना अदायगी तथा महिलाओं का शराब की दुकानों के समक्ष धरना देना शामिल था। अमरीकी पत्रकार वेब मिलर ने सत्याग्रहियों का जिक्र करते हुए लिखा है–"सत्याग्रहियों को निर्दयता से मारा–पीटा गया जबकि उन्होंने किसी प्रकार का प्रतिरोध भी नहीं किया।"

आन्दोलन के दौरान आन्ध्र प्रदेश में महिलाओं के जत्थे मीलों चलकर नमक कानून को चुनौती देने पहुँचे थे। विदेशी कपड़ों तथा शराब के बहिष्कार का आह्वान भी अत्यन्त प्रभावी था। असहयोग आन्दोलन की तुलना में इस आन्दोलन की विशेषता थी महिलाओं की व्यापक भागीदारी। महिलाओं की भूमिका के विषय में दो स्पष्ट चित्र उभरकर आते हैं। एक ओर स्नातकोत्तर महिला छात्राएँ अपनी कक्षाओं में अध्यापकों के संरक्षण में जा रही थी दूसरी ओर सामाजिक रूप से कहीं अधिक

संकीर्ण व्यवसायों, व्यापार अथवा किसान परिवारों की औरतें दुकानों का घेराव और लाठियों का सामना करती हुई देखी गईं तथा जेल जाना भी उन्हें स्वीकार था। इस बात का अहसास उत्तर प्रदेश के एक पुलिस अधिकारी ने किया, "भारतीय महिलाएँ एक ही समय में घरेलू और राष्ट्रीय स्वतन्त्रता के लिए संघर्ष कर रही हैं।" उल्लेखनीय है कि राजनीति में औरतों की हिस्सेदारी से परिवार के भीतर या बाहर उनकी परिस्थिति में कोई महत्वपूर्ण परिवर्तन नहीं आया। लेकिन उन महिलाओं की भर्त्सना अवश्य हुई जो आतंकवादी कार्यों के साथ हत्या जैसे मामलों में हिस्सा लेने लगी थीं विशेष रूप से बंगाल में ऐसा देखा गया जिसकी पूर्व में चर्चा की गई है।

अगस्त क्रान्ति, 1942: भारत छोड़ो आन्दोलन में महिलाओं ने भूमिगत रहकर लगभग चार वर्ष क्रान्ति का संचालन किया। इन सब में महत्वपूर्ण अरुणा आसफ अली, सुचेताकृपलानी, उषा मेहता (या उमा) का जिक्र करना होगा। भूमिगत गतिविधियों में शामिल महिलाओं की संख्या यद्यपि सीमित थी किन्तु उनके योगदान को विस्मृत नहीं किया जा सकता। भूमिगत कार्यकर्ताओं को व्यापारी उदारतापूर्वक चंदा देते थे। उल्लेखनीय है कि सुमति मुकर्जी जो आगे जाकर भारत की अग्रणी महिला उद्योगपति बनी, अच्युत पटवर्धन को रोज एक नयी कार दिया करती थीं, जिससे उनके पकड़े जाने का भय न रहे। कारें वे अपने धनी मित्रों उधार लिया करती थीं, जिन पर किसी तरह का कोई संदेह नहीं कर सके।

इस आन्दोलन में युवतियों में विशेष जोश देखा गया। खासकर कॉलेजों एवं स्कूलों की लड़कियों ने महत्वपूर्ण भूमिका अदा की। उषा मेहता द्वारा भूमिगत रेडियो संचालन में छोटे महिला दल का सहयोग मिला।

यहाँ आजाद हिन्द फौज की महिला टुकड़ी की चर्चा करनी अपेक्षित है। सुभाषचन्द्र बोस के आह्वान से महिलाओं में जोश कम न था। बड़ी संख्या में युवतियाँ रानी झाँसी ब्रिगेड में शामिल हुईं।

आजाद हिन्द फौज एवं लक्ष्मी सहगल का योगदान: कप्तान लक्ष्मी सहगल महिला बटालियन की नेत्री थी। यहां उल्लेखनीय है कि लक्ष्मी सहगल का 23 जुलाई 2012 में निधन हुआ। ए.पी.जे. अब्दुल कलाम आजाद के विरूद्ध वे राष्ट्रपति पद के लिए खड़ी हुई थीं।

निष्कर्ष: अन्त में कहा जा सकता है कि 1857 से 1947 तक महिलाओं की राष्ट्रीय आन्दोलन में बराबर की भागीदार रहीं। यदि यह कहा जाए कि झाँसी की लक्ष्मीबाई जैसा उत्साह, 1857 में किसी अन्य तत्कालीन नेता में नहीं था तो अतिशयोक्ति न होगी। लक्ष्मीबाई के प्रहार से अंगरेज सरकार हिल गई और भविष्य में विस्तार की नीति त्याग दी गई। इसी प्रकार भीकाजी कामा का 1907 में स्टुटगार्ट नगर में झण्डा फहराना अपने आप में अद्‌भुत घटना थी। जवाहरलाल नेहरू ने इस विषय में कहा था, "हम इस झण्डे को गर्व तथा उत्साह से ही नहीं देखते थे बल्कि यह हमारी नसों में सनसनाहट पैदा कर देता था, जब कभी हम हतोत्साहित होते थे, तब इसके दर्शन मात्र से ही हमें आगे बढ़ने का साहस प्राप्त होता था।" इसी प्रकार लक्ष्मी सहगल का एन.आई.ए. में रानी झांसी ब्रिगेड में शामिल होना बर्मा बार्डर पर पुरुषों के साथ संघर्ष, रोमांचित करने वाले कृत्य थे।

हम इस अध्याय के माध्यम से रानी गिडालू, प्रीतिलता वाडेकर, कनकलता बरुआ जैसी सैंकड़ों–हजारों महिला आन्दोलनकारियों के लिए श्रद्धा एवं सम्मान ही प्रकट कर सकते हैं।

सन्दर्भ

1. अयोध्या सिंह, *भारत का मुक्ति संग्राम*, नई दिल्ली, 1990 पृ. 355–56, कुछ विद्वानों के अनुसार ह्यूरोज ने झाँसी पर 25 मार्च को चारों ओर से घेरा डाला था।
2. अयोध्या सिंह, वही, पृ. 356
3. शिव कुमार गुप्त (स.) *आधुनिक भारत का सामाजिक तथा आर्थिक इतिहास*, पृ. 20
4. बिपिन चन्द्र एवं अन्य, *भारत का स्वतंत्रता संघर्ष*, पृ. 215–216
5. देसाई, ए.आर., *भारतीय राष्ट्रवाद की सामाजिक पृष्ठभूमि*, पृ. 222
6. मजुमदार, आर.सी., हेमचन्द्र राय चौधरी एवं कालिकिंकर दत्त, *भारत का बृहत इतिहास*, तृतीय भाग, *आधुनिक भारत*, मैकमिलन, 1971, पृ. 323
7. देसाई, वही, पृ. 223
8. कुछ विद्वानों के अनुसार भगतसिंह को कलकत्ता (कोलकाता) पहुँचाया था। एस.एल. नागौरी एवं कान्ता नागौरी, *भारतीय स्वतन्त्रता आन्दोलन में महिलाओं का योगदान*, सुरभि पब्लिकेशन्स, जयपुर, 1997, पृ. 167
9. कई लेखकों ने 'उमा' कहा है जबकि कुछ ग्रंथों में 'उषा' मिलता है।

❋❋❋

39
साहित्यिक एवं सांस्कृतिक आन्दोलन
(Literary and Cultural Movement)

उन्नीसवीं सदी का उत्तरार्द्ध परिवर्तनों का दौर था, न केवल भारतीय समाज एवं राजनीति के क्षेत्र में बदलाव की शुरुआत होते हुए हम देखते हैं अपितु साहित्य एवं कला के क्षेत्र में भी इसे रचनात्मक युग कहेंगे। सुधार आन्दोलनों के प्रभाव से साहित्यिक क्षेत्र वंचित कैसे रह सकता था, देश के विविध भागों में चल रहे पुनरुत्थान कार्यक्रम से साहित्य एवं कला को नई प्रेरणा मिली।

छापेखानों के प्रसार से आधुनिक भारतीय भाषाओं का अत्यधिक विकास संभव हुआ। बंगला, हिन्दी, तमिल, उर्दू, मराठी आदि भाषाओं में साहित्य की नवीन प्रवृतियों के उदय में छापेखाने के योगदान को विस्मृत नहीं किया जा सकता। कहा गया है, 'पुस्तकें छापने वाली मशीनों के युग में आधुनिक भारतीय भाषाओं का विकास तेजी से हुआ, इसका पता केवल तभी लगाया जा सकता है जब मशीनों के अविष्कार से पहले की साहित्य की स्थिति के साथ इसकी तुलना की जाए।'[1]

यह भी ध्यान में लाया गया है कि पश्चिम से सम्पर्क के कारण साहित्य सृजन में तेजी आई। अरविन्दो ने जिक्र किया है, 'सोई हुई बौद्धिक शक्ति को जगाया और आलोचनात्मक भावना पैदा की, इसने जीवन को पुनर्जागृत किया और साथ ही नई–नई रचनाएँ तैयार करने की इच्छा को बल दिया। इसने पुनर्जागृत भावना को नई परिस्थितियों और आदर्शों के आमने–सामने ला खड़ा किया और यह बात महसूस कराई कि इन नई परिस्थितियों और आदर्शों को समझने, इनका समावेश करने और इन पर विजय पाने की तात्कालिक आवश्यकता है।[2] परस्पर सम्पर्क से एक–दूसरे मनुष्य का प्रभावित होना अपरिहार्य तथ्य है। जहाँ भारतीय अंगरेजी सभ्यता–संस्कृति से प्रभावित हुए, वहीं अंगरेजों ने भी यहाँ के लोगों से बहुत कुछ सीखा। यह माना जा सकता है कि पाशचात्य सम्पर्क से साहित्य लेखन के क्षेत्र में तेजी आई। स्थानीय लेखक पाश्चात्य विचारकों जैसे शैली, मिल्टन, रूसो, बैंथम, वाल्टेयर, कार्ल मार्क्स से प्रभावित हुए और उन्होंने अपनी लेखनी से भारतीय साहित्य को समृद्ध किया। दूसरा महत्वपूर्ण तथ्य यह है कि अंगरेजों की प्रशासनिक आवश्यकता एवं सुविधा की दृष्टि से स्थानीय भाषाओं को उन्हें सीखना पड़ा। कई अंगरेज भारतीय साहित्य के अध्ययन एवं अनुवाद में लग गये तो भारतीय पीछे कैसे रहते। अंगरेज अपने लाभ के लिए भारतीय साहित्य एवं संस्कृति के बारे में जानने को उत्सुक थे, वहीं भारतीयों के साहित्य सृजन का भिन्न उद्देश्य था। बंगला, हिन्दी, उर्दू, तमिल, तेलुगू, असमिया आदि भाषाओं में साहित्यकारों ने समाज की कुरीतियों पर कुठारघात किया एवं राष्ट्रवादी भावना का प्रसार भी।

यहाँ विविध भाषाओं के प्रतिनिधि कवि, लेखक जैसे रविन्द्रनाथ टैगोर, प्रेमचन्द, सुब्रह्मण्यम भारती, मुहम्मद इकबाल एवं अन्य कुछ महत्वपूर्ण साहित्यकारों के विषय में चर्चा करेंगे एवं इसी तरह के संगठनों की जानकारी भी। इसके अतिरिक्त रंगमंच कला आदि का राष्ट्रीय परिप्रेक्ष्य में आंकलन किया जाना उचित होगा।

संस्कृत: सर्वप्रथम संस्कृत साहित्य के विकास की संक्षेप में चर्चा करना उचित होगा। कई पाश्चात्य विद्वानों ने संस्कृत के अध्ययन में रुचि दर्शाई। जिनमें जेम्स प्रिन्सेप, सेमुअल डेविस, फ्रांसिस विल्फोर्ड, जान बेन्टली, रुबेन बरों, डब्ल्यू.एच. मिल, जी.एच. हाजसन, डब्ल्यू.सी. टेलर आदि प्रमुख हैं। इस श्रृंखला में जर्मन, फ्रेंच एवं रूसी विद्वानों को भी शामिल करना होगा। 1808 में जर्मन फेड्रिक श्लेगल ने *आन द लैंगुएज एण्ड विजडम ऑफ द इण्डियन* नामक पुस्तक प्रकाशित की। उनके भाई आगस्टन विलहैल्म वान श्लेगल ने 1818 में भगवद्गीता तथा रामायण पर कार्य किया। फ्रांसीसी प्राच्य विद्या विशेषज्ञ यूजीन बरनोफ ने संस्कृत पर कार्य किया। वेद पुराणों के अतिरिक्त भागवत पुराण पर भी कार्य किया, जो पेरिस से 1840 में प्रकाशित हुआ। उनके जर्मन विद्यार्थी रुडाल्फ रॉथ की प्रसिद्ध पुस्तक *आनन्द द लिटरेचर एण्ड हिस्ट्री ऑफ वेदाज* 1846 में छपी। मैक्समूलर (Maxmuller) के वेदों पर किए गए कार्य को कभी विस्मृत नहीं किया जा सकता। संस्कृत लेखक भारत में सभी जगह मौजूद थे, इसलिए क्षेत्रीय भाषाओं के लेखकों की तुलना में संस्कृत में जितना लिखा गया वह कुल मिलाकर बहुत अधिक था। संस्कृत अध्ययन के प्रसिद्ध केन्द्रों में विद्वानों ने परम्परागत शैलियों में नए विषयों पर या नई शैलियों में परम्परागत विषयों पर लिखने के प्रयोग किए।..... संस्कृत में इतिहास, जीवनी और अन्य विवरणात्मक लेखन के रूप में आलोचनात्मक लेखन उभरा। यहाँ तक कि विश्व युद्ध जैसी घटनाएँ भी संस्कृत में लिखी गईं।[3]

बंगला: अठाहरवीं शताब्दी के अन्तिम दौर में बंगला भाषा पर कार्य शुरु हुआ। यदि यह कहा जाए कि स्थानीय लोगों के साथ पाश्चात्य विद्वानों ने भी रुचि दर्शाई तो अनुचित न होगा। हालहैड जिसे बंगला का अच्छा ज्ञान था, ने कई पुस्तकें प्रकाशित करवाईं। 19वीं शताब्दी के प्रारम्भ में फोर्ट विलियम कॉलेज एवं सेरामपुर मिशन से जुड़े विद्वानों ने भी इस दिशा में कार्यवाही की। विलियम कैरी (फोर्ट विलियम कालेज के प्रोफेसर) ने मृत्युंजय विद्यालंकार आदि के साथ मिलकर कई बंगला पुस्तकें तैयार कीं।

तत्वबोधिनी सोसाईटी में उनके शिष्यों एवं युवा बंगाल कहे जाने वाले पाश्चात्य शिक्षा प्राप्त प्रगतिशील विचारों वाले युवकों ने बंगला की प्रगति में महत्वपूर्ण योगदान किया। माइकिल मधुसूदन (1824–73) 'श्रमिष्ठा', 'मेघनाथबधे', काव्य, वीरांगना काव्य, चतुर्दशपदावली, कृष्ण मुरारी एवं पद्मावती आदि कृतियों के कारण बंगला साहित्य में अमर हो गए। प्यारीचन्द्र मित्र के 'अलालेर घरेर दुलाल' बंगला का महत्वपूर्ण उपन्यास कहा जाता है। अभेदी एवं आध्यात्मिका उनकी अन्य रचनाएँ थीं। 'हुतुमपेंचर नकसा' काली प्रसन्न का सरल लोक भाषा में लिखा गया ग्रंथ था। दीनबंधुमित्र ने अपने नाटकों के कारण काफी सोहरत हासिल कर ली थी। 'नीलदर्पण' एवं 'कमले कामिनि' उनके प्रसिद्ध नाटक थे। बंगला गद्य को यौवन पर पहुँचाने वाले ईश्वरचन्द्र विद्यासागर की 'बैतालपंचबिमसती' (1847) गद्य में आलेखित उत्कृष्ट कृति थी। बंगला के कुछ महत्वपूर्ण लेखकों का यहां जिक्र करना उचित होगा।

बंकिमचन्द्र: उन्नीसवीं सदी के मध्य बंगला के स्वर्णिम युग की शुरुआत कही जा सकती है। इस दौर के प्रारम्भ में हम बंकिमचन्द्र चट्टोपाध्याय (1838–1894) को खड़ा हुआ देखते हैं। इनकी कृतियों में देशभक्ति की सशक्त प्रस्तुति देखी जाती है। उनके प्रसिद्ध उपन्यासों में देवीचौधरानी, दुर्गेशनन्दनी, कपाल कुण्डाला, मृणालिन, चन्द्रशेखर, विषवृक्ष, इन्दिरा, रजनी, राधारानी, सीताराम, कमलकान्तेर, दफ्तर एवं आनंद मठ का उल्लेख किया जा सकता है। आनन्द मठ (1882) में देशभक्ति का गीत 'वंदे मातरम' आज भी लोगों की राष्ट्रीय भावना को आप्लावित कर रहा है। ऐसे पुरोधा की कृतियों से समाज क्यों न प्रभावित होता। सुमित सरकार लिखते हैं कि अकेले सबसे बड़ा प्रभाव किसी का था तो वे थे बंकिमचन्द्र, जिनके ऐतिहासिक उपन्यासों की पराकाष्ठा था आनंद मठ जिसमें वंदे मातरम् गीत था।...... बंकिमचन्द्र लोगों में देश के इतिहास के प्रति नई जागृति करना चाहते थे। उनके लेखन में मिलने वाला स्वर शुद्ध रूप से राष्ट्रवाद का विश्वव्यापी स्वर था।[4]

शरत् चन्द्र चट्टोपाध्याय (1876–1938): बंगाली उपन्यासकार शरत् चन्द्र ने महिलाओं की करुण कहानी का भावपूर्ण एवं यथार्थवादी चित्रण किया। यही नहीं, समाज के हर वर्ग के मनोभावों की सशक्त अभिव्यक्ति उनकी लेखनी से हुई है। लिखा है, 'बहुत कम उपन्यासकार हैं, जो हर वर्ग के लोगों के मन तक इतनी गहराई से पहुँचे हों जितने की शरत् चन्द्र। उनके उपन्यासों में सामाजिक जीवन के विविध पहलू, पुरुषों और स्त्रियों के चरित्र की सशक्तता और दुबलताएँ, मानव जीवन के हर चरण की भावनाएँ, प्रकृति का सौन्दर्य और उत्साहवर्द्धक क्षण, मानव के व्यवहार और विचारों की आन्तरिक उलझनें, मस्तिष्क की भावनाएँ, और मनोवैज्ञानिक परिस्थितियाँ, करुणा और दुख–सुख, सदाचार के शाश्वत मूल्य, सभी को शरत् चन्द्र ने यथार्थवादी ढंग से प्रस्तुत किया।

वे गाँधी जी के प्रशंसक थे एवं देशबंधु चितरंजनदास के साथ उनके निजी सम्बन्ध थे। प्रेमचन्द की भाँति शरत् चन्द्र की सहानुभूति कांग्रेस के साथ थी। तथापि उन्होंने 'पाथेर दासी' (1926) जैसा उपन्यास लिखा, जिसमें उन क्रान्तिकारियों को आदर्श रूप में प्रस्तुत किया गया, जो देश की मुक्ति के लिए क्रान्तिकारी हिंसा का मार्ग अपना रहे थे। सरकार ने इस उपन्यास पर प्रतिबन्ध लगा दिए थे। 1929–31 के दौरान विप्रदास नामक उपन्यास की रचना की। इसे धारावाहिक रूप में प्रकाशित किया था। इस दौर में कांग्रेस पूर्ण स्वराज्य अपना लक्ष्य बना चुकी थी तथा सविनय अवज्ञा आन्दोलन की शुरुआत हुई थी।

रवीन्द्रनाथ ठाकुर (1861–1941): कोलकाता के सम्पन्न परिवार में जन्मे रवीन्द्रनाथ के पिता देवेन्द्रनाथ टैगोर ब्रह्म समाज से जुड़े हुए थे। एक उद्यान में स्थित पैतृक आवास की हरियाली एवं पक्षियों की ध्वनि ने रवीन्द्र के मन पर प्रभाव डाला। बचपन से ही जगत् के सौन्दर्य के प्रति उनमें गहरा आकर्षण भाव था। औपचारिक शिक्षा बहुत थोड़ी हुई तथापि 1878 में लन्दन गए एवं वहाँ अंगरेजी साहित्य का अध्ययन किया। भारत लौटकर अपनी जमींदारी का कार्य देखना पड़ा। राजनीति में रुचि न होने पर भी बंग विभाजन के दौरान उनका विरोधी स्वर मुखरित हुआ। इन दिनों देशभक्ति की भावना से कई गीत लिखे। रवीन्द्र की काव्य साधना को एस.के. बनर्जी ने छः अलग–अलग कालों में विभक्त किया है।[5]

प्रथम दौर (1882–86) की कविताओं में 'प्रभात संगीत', 'सांध्य संगीत', 'छवि ओगान', 'कड़ी ओ कोमल' को रखा जा सकता है। इस समय की कविताओं में कवि जैसे स्वयं को खोज रहा है। **दूसरे प्रकाल** में 'मानसी', 'सोनारतरी',

'चित्रा', 'चैतली' एवं कल्पना में रवीन्द्र का यथार्थता से परिचय हुआ। 1894 में सोनारतरी के प्रकाशन के साथ ही रवीन्द्र की उच्च कोटि की कविताओं के गुणों की नैसर्गिक प्रतिभा की धाक जम गई। 'जीवन देवता', 'कल्पना', एवं 'क्षणिका को भी उल्लेखनीय ख्याति मिली। **तीसरे काल** खण्ड में 'नैवेद्य, 'गीतांजलि', 'गीतमांला' और 'गीताली' की रचना की गई। गीतांजली (Song offering–गीतांजली का अंगरेजी अनुवाद) नामक काव्य संग्रह पर उन्हें संसार प्रसिद्ध नोबेल पुरस्कार 1913 में मिला।[6] 1910 में अंगरेज कवि येट्स (W.B. Yeats) ने इसका अंगरेजी में अनुवाद किया था। गीतांजलि कवि के रहस्यवाद का सुन्दर उदाहरण है। कवि के रहस्यवादी कल्पना पर उपनिषदों तथा सूफी काव्य का प्रभाव प्रतीत होता है। 'कथाओकाहिनी' में भारतीय इतिहास की आख्यात्मक शैली को जीवन्त बनाया गया।

चतुर्थ काल में 'बलाका', 'पूर्बी' एवं 'महुआ' में नये आयाम तलाशने की कोशिश की। इन ग्रंथों द्वारा समाज में सामाजिक तथा राजनीतिक चेतना विकसित करने की कोशिश हुई। यह प्रथम विश्वयुद्ध का काल था।[7]

उल्लेखनीय है कि कवि की 'वीथिका', 'गीतमाल्य', 'गीतवितान', 'ऋतुरंग', 'वर्षा मंगल' आदि कविताओं में संगीत का मादक आकर्षण है इनसे काव्य में संगीत योजना का दिग्दर्शन होता है। कहने की आवश्यकता नहीं है कि बंगला में राष्ट्रप्रेम की कविताएँ उन जितनी शायद ही किसी अन्य कवि ने लिखी होगी। यही नहीं 'बलाका' जैसी रचना में आध्यात्मिक भाव मुखरित हुआ है। रवीन्द्र ने अनेक नाटिकाएँ तथा प्रहसन भी लिखे। उनके नाटक एक गीत संवादमय सरस काव्य बन गए हैं। 'चांडालिका', 'चित्रांगदा', 'नटीरपूजा', 'विसर्जन', 'कर्ण–कुन्ती' आदि नाटक संवादमय काव्य के सुन्दर उदाहरण हैं। प्रतीकात्मक नाटकों की भी रचना की गई जिसमें 'डाकघर', 'राजा' एवं 'रक्त करबी' विशेष प्रसिद्ध हैं। सौन्दर्य बोध की दृष्टि से 'चित्रा' तथा 'उर्वशी' कवि की अनुपम कृतियाँ हैं।

उपन्यास तथा कहानी साहित्य में स्त्री–पुरुषों के मानसिक द्वन्दों का मार्मिक चित्रण हुआ है। उनके मुख्य उपन्यास हैं–'करुणा', 'बहु ठकुरानी का हार', 'राजर्षि', 'चार अध्याय', 'आँख की किरकिरी', 'नौका डूबी', 'गोरा' तथा 'घरे बाइरे' आदि। गोरा रवीन्द्र का सबसे महान उपन्यास है जिसमें पुरुष व नारी के पारस्परिक सम्बन्ध में नई चेतना का समावेश हुआ है। उपन्यासों से अधिक कौशल छोटी कहानियों में देखने को मिलता है।

पंचम खण्ड में 'पत्रपुतः', 'स्यामली' की रचना की गई। अन्तिम काल की 'आकाशदीप', 'सेजुति', 'नवजातक', 'रोगशय्या', 'आरोग्य' और 'जन्मदिन' उल्लेखनीय रचनाएँ हैं। नोबेल पुरस्कार मिलने पर रवीन्द्रनाथ टैगोर को ब्रिटिश सरकार ने 1915 में 'सर' का खिताब दिया।

उनके कई ग्रन्थों का अंगरेजी में अनुवाद किया गया था किंतु टैगोर को उन्हें देखकर उतनी प्रसन्नता नहीं हुई। अमिय चक्रवर्ती (Amiya Chakraverty) को इस विषय में एक पत्र में खेद व्यक्त करते हुए इसे 'आत्म उपहास' ही कहा था। इसी प्रकार विलियम रोथेनस्टीन (William Rothanestien) को भी एक पत्र में लिखा था, 'पाश्चात्य जगत् में उनकी प्रसिद्धि एक संयोगमात्र ही थी।' कहा जा सकता है अंगरेजी अनुवादों में भावों की वह उष्मा एवं मौलिकता नहीं देखी जाती जो उनकी मौलिक बंगला कृतियों में है।

वे केवल कवि, उपन्यासकार, लेखक ही नहीं अपितु समाज सेवी भी थे। प्राचीन भारत की गुरुकुल व्यवस्था के अनुरूप 1901 में शान्ति निकेतन की स्थापना की।

वैचारिक दृष्टि से रवीन्द्र का ईश्वर की सत्ता में विश्वास था। उपनिषदों का ही प्रभाव कहा जाएगा कि वे मानव के क्षणभंगुर जीवन में अविनाशी ईश्वर का दर्शन करते थे। अद्वैतवादी होने के कारण उनकी कुछ रचनाओं में इसकी प्रतिध्वनि मिलती है।

समस्त धर्मों, जातियों एवं रंगों के व्यक्तियों का मिश्रण एवं भ्रातृत्व रवीन्द्र का भावी स्वप्न था। भारत की सहिष्णुता, धर्मप्रियता एवं सबको आत्मसात् करने की अनूठी शक्ति तथा भारत की भावी भूमिका का उन्होंने ज्ञान करवाया।[8]

यह नहीं कहा जा सकता कि रवीन्द्र ने तत्कालीन राष्ट्रीय आन्दोलन से अपने को अलग रखा। जलियांवाला बाग नरसंहार से कवि हृदय को भारी आघात पहुँचा, इसीलिए ब्रिटिश सरकार को 'सर' का खिताब लौटा दिया था।

उनकी दृष्टि में हमारी आन्तरिक कमजोरियाँ ही हमारी दासता के लिए उत्तरदायी थीं, उन्हें दूर करके ही हम पुनः अपनी खोई हुई स्वतन्त्रता प्राप्त कर सकते थे।[9] रवीन्द्र के राजनीतिक विचारों को इस प्रकार निबद्ध किया जा सकता है–

- सीमित राज्य व्यवस्था के समर्थक अर्थात् वे नहीं चाहते थे कि सरकार सब कुछ (माई–बाप) बन जाए।
- राजनीतिक स्वतन्त्रता के साथ मानवीय स्वतन्त्रता के पक्षपाती/कृत्रिम बन्धनों को समाप्त कर मानव की नैसर्गिक प्रतिभा को विकसित होने का अवसर चाहते थे।

- उन्होंने ऐसे राष्ट्रवाद का विरोध किया, जिसमें दुर्बल एवं असंगठित पड़ोसी राज्यों पर अधिकार की धारणा निहित हो।[10] यह विचार 1917 में 'नेशनलिज्म इन द वेस्ट' नामक लेख में प्रकाशित किए।

टैगोर ने सामाजिक बुराईयों पर करारा प्रहार किया। उनकी कृतियों में अस्पृश्यता, जाति प्रथा एवं स्त्रियों की दुर्दशा से वे चिन्तित दिखाई पड़ते हैं। रवीन्द्रनाथ ठाकुर को लम्बी बीमारी झेलनी पड़ी थी। अप्रैल 1941 में बीमारी से राहत मिलने पर शांति निकेतन में प्रथम नोबल पुरस्कार विजेता ने अपने अन्तिम भाषण में कहा था, "इस क्षितिज में नई सुबह का उजियारा शायद पूरब से आएगा जहाँ से सूर्योदय होता है।"

अन्त में कहा जा सकता है कि बीसवीं शताब्दी के पहले चार दशकों के दौरान और उनके निधन तक साहित्यिक सफलताओं ने टैगोर को भारतीय साहित्यिक जगत् का सर्वमान्य सम्राट बना दिया और विश्व ने उन्हें महानतम साहित्यिक विभूतियों की श्रेणी में ला बिठाया।[11]

हिन्दी: राष्ट्रवाद के विकास में हिन्दी साहित्य एक महत्वपूर्ण कारक के रूप में दिखाई पड़ता है। सत्रहवीं से उन्नीसवीं शताब्दी तक हिन्दी साहित्य मुख्यतः पद्यात्मक था। तत्कालीन पद्य प्रमुख रूप से ब्रज भाषा से पनपा, जो आगरा, मथुरा क्षेत्र की भाषा थी। इसी प्रकार अवधी एवं मैथली में भी लोग कविताएँ रचते थे। इन सब भाषाओं को हिन्दी ही माना जाता था। पंजाब से बिहार एवं नेपाल से मध्य प्रदेश, गुजरात तक विस्तृत क्षेत्र में हिन्दी का प्रभाव था। फलस्वरूप इसका विकास अपरिहार्य बन गया।

फोर्ट विलियम कालेज के लल्लूलाल ने प्रेमसागर तथा सदल मिश्र ने नचिकेतोपाख्यान की रचना हिन्दी गद्य शैली में की।

भारतेन्दु हरिशचन्द्र: हिन्दी का वास्तविक निर्माता बनारस के भारतेन्दु हरिशचन्द को माना जाता है, जिनका जन्म 1850 में हुआ। कवि, नाटककार, कहानीकार, निबंध लेखक तथा उपन्यासकार के रूप में उन्होंने अपनी महान सृजनात्मकता का परिचय दिया। 'हरिशचन्द्र मैगजीन', 'हरीशचन्द्र चन्द्रिका', 'कविवचन सुधा' नामक पत्रिकाओं का प्रकाशन उन्होंने काफी समय तक किया और उनके माध्यम से लोगों में राष्ट्रीय भावना का संचार किया। 1877 के एक आख्यान का यहाँ जिक्र करना अप्रसांगिक न होगा। हिन्दी प्रसार से सम्बन्धित एक भाषण में उन्होंने कहा–"यह कैसे संभव हो सका कि इन्सान होते हुए भी हम तो दास बन गए और वे (अंगरेज) राजा?"

यह एक ऐसा सवाल था, जिसने भारत की राजनीतिक स्थिति के मर्म को छू लिया। इस प्रश्न से लोगों में निराशा की भावना व्याप्त हो सकती थी। उन्होंने दूसरा वक्तव्य दिया–"दास की भाँति कब तक तुम इन दुःखों को झेलते रहोगे।"

'कब लौ दुख सहि हौ सबै रहि हौ बने गुलाम।'

उनकी भाषा सीधी सरल थी, जिसे हर सामान्य व्यक्ति समझ सकता था। देशभक्ति जागृत करने के लिए भारतेन्दु ने कविता का सहारा लिया। कई विद्वान भारतीय 'धन की लूट' के अहम् प्रश्न को विविध माध्यमों से उठा रहे थे तथापि भारतेन्दु जी ने आम लोगों तक इस तथ्य को पहुँचाने के लिए इस कविता को साधन बनाया–

कल के कल–बल छलन सों चले इते के लोग
नित–नित धन सों घटत है बढ़त है दुःख सोग।
मारकीन मलमल बिना चलत कछू नहीं काम
परदेशी जुलहान के मानहु भये गुलाम।

शोषक और शोषित अर्थात् ब्रिटेन और भारत के सम्बन्धों को दो परिचित प्रतीकों 'मांचेस्टर' और 'लूट' द्वारा व्यक्त करने का सफल प्रयास किया। लूट की उन्होंने इस प्रकार व्याख्या की–

भीतर–भीतर सब रस चूसै। हँसी–हँसी के तन–मन–धन मूसै।
जाहिर बातन में अति तेज। क्यों सखि साजन नहीं अंगरेज।

भारतेन्दु ने कई आलेखों द्वारा उन लोगों को फटकार लगाई, जो आर्थिक समृद्धि हेतु अंगरेजों की चापलूसी में लिप्त थे। उन्होंने लगभग 70 काव्य ग्रन्थों की रचना की, जिनसे देश–प्रेम एवं राष्ट्रीयता का संचार हुआ।

हिन्दी को समृद्ध बनाने का सिलसिला चलता रहा। बीसवीं शताब्दी के पहले दो दशकों में महावीर प्रसाद द्विवेदी ने हिन्दी को अधिक गतिमान और समृद्ध किया। इसी दौर में मैथलीशरण गुप्त का आविर्भाव हुआ, वे अपनी कविताओं के लिए प्रसिद्ध थे। हिन्दी साहित्य में अब प्रौढ़ता आने लगी थी। कई साहित्यकार एवं पारम्परिक बन्धनों से मुक्त होकर काव्य रचना करने लगे। छन्द की अनुशासनता को त्याग कर स्वच्छंद रचना की शुरुआत सूर्यकान्त त्रिपाठी एवं सुमित्रानन्दन पंत ने की।

प्रेमचन्द (1880–1936): भारतीय किसान एवं अन्य धरती से जुड़े लोगों को अपने साहित्य का नायक बनाने वाले यथार्थवादी लेखक प्रेमचन्द ही थे। उनका जन्म 31 जुलाई 1880 में बनारस से चार मील दूर लमही नामक गाँव में हुआ। उनके पिता मुंशी अजायबलाल डाक मुंशी थे। उनका बचपन का नाम नवाब या धनपत था, 'प्रेमचंद' लेखकीय उपनाम था, जो 'सोजे वतन' नामक अपनी पुस्तिका के सरकार द्वारा जब्त कर 1910 में जला दिए जाने के बाद अपनाया गया। कहा गया है कि मुंशी जी की माँ बचपन में ही मर गई थी, दूसरी माँ के आने से नवाब के बहक जाने का पूरा सामान तैयार था। आवारागर्दी को उसने बंद नहीं किया, बस हल्का सा मोड़ दे दिया, मोटी–मोटी तिलिस्म और ऐयारी की किताबों में जिनका रस छन–छनकर उसके भीतर के किस्सागों को खुराक पहुँचाने लगा। इन किताबों में सबसे बढ़कर थी फैजी की तिलिस्में 'होशरुबा', दो–दो हजार पन्नों की अठारह जिल्दें। तेरह साल के इस लड़के ने उसको तो पढ़ ही डाला और भी बहुत कुछ पढ़ डाला, जैसे 'रैनाल्ड की मिस्ट्रीज ऑफ द कोर्ट ऑफ लंडन' की पच्चीसों किताबों के उर्दू तर्जुमे,...... रतननाथ सरशार के ढेरों किस्से।[12]

पढ़ा हुआ व्यर्थ नहीं हो सकता। जब प्रेमचन्द ने लिखना शुरु किया तो लिखते ही चले गए। उन्होंने लगभग तीन सौ कहानियाँ और चौदह छोटे–बड़े उपन्यास दिए। उनके द्वारा आलेखित उपन्यासों में 'प्रतिज्ञा', 'सेवा सदन', 'प्रेमाश्रम', 'गबन', 'कायाकल्प', 'गोदान', 'रंगभूमि' एवं कर्मभूमि आदि उल्लेखनीय हैं। उनके लिए लिखा है, वे उपन्यासकारों में अग्रणी थे और उनका कथा विषय था साधारण मनुष्य और मेहनतकश किसान। प्रेमचन्द ने उनका बड़ा सजीव चरित्र–चित्रण किया और सामाजिक पृष्ठभूमि में अपने चरित्रों में उन्होंने मानव की आन्तरिक भावनाओं को उभारा। उनके उपन्यासों के चरित्र इतनी विशेषताओं से पूर्ण थे कि उन्होंने हिन्दी साहित्य के विकास को नई दिशा दी। प्रगतिवादियों ने अपने व्यापक दृष्टिकोण में विभिन्न क्षेत्रों के लोगों के आंचलिक जीवन को समेट लिया।[13]

प्रेमचंद ने गाँधी जी के आह्वान पर स्कूल की मास्टरी से फरवरी, 1921 में त्याग–पत्र दे दिया था। अब उर्दू अखबार 'तहकीक' हिन्दी अखबार 'स्वदेश' का सम्पादन करना शुरु किया। सम्पूर्णानन्द जी के जेल चले जाने पर बनारस में कुछ समय 'मर्यादा' पत्रिका के भी सम्पादक रहे। पत्रों के सम्पादन की प्रक्रिया समाप्त नहीं हुई। लखनऊ से 'माधुरी', फिर बनारस आकर मासिक पत्र 'हंस' तथा 'जागरण' (साप्ताहिक) भी निकाले गए। मोहन भावनानी के निमन्त्रण पर बम्बई में 'मजदूर' नामक फिल्म पर लिखने के लिए गए थे, परन्तु स्वास्थ्य ठीक नहीं रहने से लौट आए और अक्तूबर, 1936 को इस संसार से विदा हो गए।

प्रेमचन्द ने तत्कालीन समाज, राष्ट्रीय आन्दोलन, राष्ट्रवादी नेताओं तथा अंगरेज सरकार की गतिविधियों का बहुत बारीकी से अध्ययन किया। उन्होंने दो मुख्य उपन्यास *रंगभूमि* (1925) एवं *कर्मभूमि* (1932) में राष्ट्रवादियों में से उन लोगों का पर्दाफाश किया, जो आन्दोलन की पृष्ठभूमि में अपने स्वार्थ साधन में लगे थे।

राष्ट्रवादी राजनीति की निराशाजनक तस्वीर प्रेमचंद की सर्वाधिक उत्कृष्ट एवं महानतम कृति गोदान (1936) में दिखाई पडती है। इसके तीन पात्रों–राय साहब, खन्ना एवं पण्डित ओंकारनाथ के माध्यम से धन एवं भौतिक लाभ की कल्पना को राष्ट्रवादी राजनीति के परिप्रेक्ष्य में उजागर किया गया। उपन्यास को पढ़कर यह अनुमान नहीं लगाया जा सकता है कि इसमें खलनायक है। वस्तुतः समाज में अन्तर्निहित सामाजिक–आर्थिक तथा राजनीतिक व्यवस्था शोषण का कारण है और व्यवस्था ही खलनायकत्व का रूप धारण कर लेती है। सम्पूर्ण कथाक्रम में राय साहब यह बात नहीं देख सके कि समस्या का उन्मूलन किसान को जमींदार बना देने एवं उनके (जमींदार वर्ग) पृष्ठभूमि में चले जाने में निहित है। गोदान इसी समाधान की ओर संकेत करता हुआ दिखाई देता है।

निष्कर्षतः कहा जा सकता है कि प्रेमचंद पहले लेखक थे जिन्होंने आम लोगों की जिन्दगी को अपनी कथाओं का आधार बनाया जिससे धीरे–धीरे स्वच्छंद भावनावाद और मानवतावाद का राष्ट्रवाद के साथ समावेश हुआ।

प्रेमचंद के अतिरिक्त प्रतापनारायण श्रीवास्तव, वृन्दावन लाल वर्मा, जैनेन्द्र कुमार एवं अज्ञेय आदि प्रमुख उपन्यासकार द्विवेदी युग में हुए। जयशंकर प्रसाद द्वारा रचित उपन्यास 'कंकाल' एवं 'तितली' को काफी सराहा गया। 'कंकाल' में धार्मिक पाखण्डों की तस्वीर उतारी गई है जबकि तितली में ऐसी नारी का चित्रण है, जो भारतीय आदर्शों को भूलकर पश्चिमी सभ्यता का अन्धानुकरण करती है। देशभक्ति को उभारने में हिन्दी के लेखकों का महत्वपूर्ण योगदान रहा। मैथलीशरण गुप्त, माखनलाल चतुर्वेदी, बालकृष्ण शर्मा नवीन, रामधारी सिंह ने अपने लेखन द्वारा प्रबल राष्ट्रवाद का पोषण किया। श्रीधर पाठक ने 'भारत गीत' तथा मैथलीशरण गुप्त ने 'स्वदेश संगीत' एवं 'मंगल घट' में राष्ट्रीयता से ओत–प्रोत कविताएँ

लिखीं। चन्द्रधर शर्मा 'गुलेरी' द्वारा आलेखित 'उसने कहा था' हिन्दी की प्रथम कहानी है, जो सशक्त मनोवैज्ञानिक चेतना को मुखरित करती है। यह कहानी आत्म–त्याग, वीरता व बलिदान का अनूठा रूप प्रस्तुत करती है। जयशंकर प्रसाद के पाँच कहानी संग्रह हैं–आकाशदीप, आंधी, इन्द्रजाल, छाया एवं प्रतिध्वनि। सखाराम गणेश देउस्कर की पुस्तक **'दशेर कथा'** में उपनिवेशिक सरकार की सम्मोहक विजय के विरोध में चेतावनी थी। पुस्तक ने स्वदेशी नुक्कड़ नाटकों व लोकगीतों को प्रेरित किया गया। देश शब्द का प्रयोग बंगाल के विशिष्ट सन्दर्भ में किया गया।

तमिल: बंगाल की तरह मद्रास (तमिलनाडु) भी उन क्षेत्रों में से है, जिन पर पश्चिम का सर्वाधिक प्रभाव हुआ। ईसाई मिशनों से जुड़े लोगों से आम बोलचाल की तमिल भाषा में बात करनी होती थी अतः उसी भाषा में धीरे–धीरे साहित्य सृजन भी शुरु हुआ। उन्नीसवीं सदी के प्रारम्भ में तमिल ने पाश्चात्य शैली पर आधारित गद्य शैली का स्वरूप ग्रहण किया। सामाजिक, राजनीतिक परिस्थितियाँ बीसवीं शताब्दी तक पहुँचते–पहुँचते साहित्यिक कार्यों की प्रमुख विषय–वस्तु बनाने लगी थीं। कविता के क्षेत्र देशभक्ति एवं राष्ट्रवाद की भावनाओं से ओत–प्रोत गीतों ने लोगों में नई चेतना का संचार किया। विवरण मिलता है, यहाँ तक कि कविता को भी एक ऐसे रहस्यमय वातावरण के सृजन का माध्यम बनाया गया, जिसमें देश को देवी माता और शक्ति रूप दे दिया गया, जो अपने पुत्रों से बलि माँग रही थी। सारे राष्ट्रवादी युग के दौरान तमिल कविता ने देशभक्ति की तीव्र भावना को बनाए रखा। इस तरह के अग्रणी कवि थे सुब्रह्मण्यम भारती।

सुब्रह्मण्यम भारती (Subrahmanyam Bharati, 1882-1921): राष्ट्रीय एकता के प्रतीक तमिल भाषा के महाकवि सुब्रह्मण्यम जी का जन्म 11 दिसम्बर, 1882 को तमिलनाडु के तिरुनेलवली जिले के 'एट्यपुरम' ग्राम में हुआ। उनके पिता चित्रास्वामी अय्यर के साथ गाँव के जमींदार की सेवा में रहते हुए सुन्दर कविताएँ सुनाने लगे। जमींदार ने प्रसन्न होकर उन्हें 'भारती' की उपाधि प्रदान की। समय की प्रवंचना ही कहा जाएगा कि 16 वर्ष की आयु में पिता का देहान्त हो गया। उन्हें बनारस अपने फूफा के पास जाना पड़ा। वहीं ऐनी बेसेन्ट द्वारा प्रस्थापित 'सेन्ट्रल हिन्दी स्कूल' में पढ़ने लगे।

1902 में वे प्रदेश लौट आए और मदुरै में तमिल भाषा के अध्यापक बन गए। इस दौर में देशप्रेम की कविता लेखन चलता रहा। साप्ताहिक पत्र 'इण्डिया' में कार्य करने लगे। इण्डिया के प्रकाशन पर प्रतिबंध लगाने एवं स्वयं बन्दी बनाए जाने की संभावना से फ्रांस शासित पाण्डिचेरी चले गए। वहाँ उनकी अरविन्द घोष से मुलाकात हुई। अरविन्द की प्रेरणा से गीता, उपनिषदों एवं पतंजलि के योगसूत्र का तमिल में अनुवाद किया। 1918 में तमिलनाडु लौटकर 'भारतीय पत्र' से जुड़ गए।

राष्ट्रीय एकता का स्वर उनकी कविता का मूल स्वर था। उनकी 'भावलोक' रचना पर लोकमान्य तिलक, स्वामी विवेकानन्द, महर्षि अरविन्द एवं सिस्टर निवेदिता के व्यक्तिव का प्रभाव था। उन्होंने गुरु गोविन्द सिंह एवं लाला लाजपत राय की राष्ट्र भक्ति को अपनी कविता का आधार बनाया। रविन्द्रनाथ टैगोर से उन जैसा राष्ट्रवादी प्रभावित क्यों न होता। उनकी अन्तिम रचना टैगोर की सफल यूरोप यात्रा पर थी।

'भारत देश' उनकी महत्वपूर्ण रचना है। उसके कुछ अंश इस प्रकार हैं:

चांदनी रात में सिंधु के तट पर
केरल की सुन्दरियाँ साथ हों,
आन्ध्र के मधुर गीत गाते हुए
नाव में विहार करेंगे,
कावेरी तट का पान देकर,
गंगा तट के गेहूँ लेंगे,
हम चेर* के हाथी के बदले में
वीर मराठों की कविता का स्वाद लेंगे।
*(प्रदेश का नाम)

भारती जी राष्ट्रीयता के महान पुजारी थे। मानवता एवं उच्च आदर्शों की अमिट छाप छोड़कर 39 वर्ष की आयु में ही (1921 में) इस संसार से विदा हो गए।

अन्य तमिल साहित्यकारों में टी.वी. कल्याण सुंदर मुदलियार को तमिल साहित्य में आधुनिक गद्य का पितामह कहा है।

तमिल के प्रसिद्ध कहानी एवं उपन्यासकारों में मरईमलाई अडगिल का नाम उल्लेखनीय है। कलकी ने ऐतिहासिक उपन्यास लिखे, जिनमें दक्षिण के प्राचीन साम्राज्यों के प्रसिद्ध व्यक्तियों के चरित्रों का रुपांकन किया। उनकी कृतियों को काफी सराहना मिली। नई विचारधारा के कहानीकारों में वी.वी.एस. अय्यर का जिक्र किया जा सकता है।

उर्दू: मुगलकाल में दिल्ली इलाके के मुस्लिम सिपाहियों द्वारा आस–पास की खड़ी बोली से फौजी छावनियों की एक अलग भाषा का विकास हुआ। यद्यपि मुगलों ने सिपाहियों की बोलचाल की भाषा को प्रोत्साहित नहीं किया, क्योंकि मुगल शासकों को फारसी भाषा से लगाव था। उर्दू वस्तुतः तुर्की शब्द है, जिसका अभिप्राय है 'छावनी लश्कर'। इसका वास्तविक विकास 1700 ई. में विख्यात कवि औरंगाबादी वली दक्खनी के दिल्ली आने से हुआ।

1801 में इस भाषा के विकास हेतु अलग विभाग खोला, जिसके अध्यक्ष गिलक्राइस्ट थे। इंशा अल्ला खां जैसे शायरों ने इसे समृद्ध किया तथा सुसंस्कृत भाषा के रूप में विकसित करने में सहयोग किया।

उर्दू के सबसे बड़े शायर मिर्जा गालिब (1792–1869 ई.) थे, जिन्होंने 1827–57 के मध्य दिल्ली में रहते हुए उम्दा गजलें लिखीं। उनकी रचनाओं में कुछ निराशा की भावना दिखाई पड़ती है। अन्तिम मुगल सम्राट बहादुर शाह (द्वितीय) को भी शायरी का शौक था, उन्होंने कई शायरों को अपने दरबार में संरक्षण प्रदान किया। शार्गिद हाली को गालिब का विरोधी माना जाता है, उन्होंने मद्दो–जज–ए–इस्लाम (इस्लाम के उतार–चढ़ाव) की रचना की। नजीर अहमद के मिरअत–उल–उसस (1869 ई.) को उर्दू का प्रथम उपन्यास कहा जाता है, जो वस्तुतः उपदेशात्मक कथा है। इसी प्रकार अब्दुल हालिम शरार (मंसूर मोहना) एवं मिर्जा हादी रुसवा (उमराव जान अदा–1899) की रचनाएँ उल्लेखनीय थीं।

शेख मोहम्मद इकबाल (Mohammad Iqbal, 1877-1938): सियालकोट में 1877 में जन्मे मोहम्मद इकबाल के पूर्वज कश्मीरी ब्राह्मण थे। लाहौर में उच्च शिक्षा प्राप्त करने के बाद उन्हें वहीं इतिहास एवं दर्शन शास्त्र का प्रवक्ता नियुक्त किया गया। साथ–साथ उर्दू में कविता लेखन चलता रहा। उनके द्वारा लिखित असरार–ए–खुदी सर्वश्रेष्ठ पद्यात्मक कृति मानी जाती है। उनकी अन्य कृति 'जावेदनामा' पर रूमी का प्रभाव स्पष्ट परिलक्षित होता है। इसी प्रकार बर्गसां का प्रभाव उनकी कृति 'बाल–ए–जबील' तथा 'नवा–ए–वक्त' में दिखाई पड़ता है।

1904 में तराना–ए–हिन्दी में उन्होंने कहा थाः

सारे जहाँ से अच्छा हिन्दोस्तां हमारा,
हम बुलबुले हैं इसकी यह गुलिस्तां हमारा,
मजहब नहीं सिखाता आपस में बैर रखना,
हिन्दी हैं हम वतन हैं हिन्दोस्तां हमारा। –बांग–ए–दरा, पृ. 77–78

1927 में पंजाब के मुस्लिम निर्वाचन क्षेत्र से प्रान्तीय विधान परिषद के सदस्य चुने जाने के साथ राजनीति में प्रवेश किया। 1930 में मुस्लिम लीग के अध्यक्ष निर्वाचित हुए। इकबाल को साहित्य प्रतिभा एवं उच्च शिक्षा के कारण एक से एक नवीन अवसर मिलते गए। 1930–31 में लंदन में आयोजित गोलमेज सम्मेलन में भाग लिया। अब इकबाल मुसलमानों को पृथक् राज्य स्थापित करने की माँग करने लगे।

सवाल यह उठता है कि वह इकबाल जो मजहबी सौहार्दता एवं संगठित भारत की बात करते थे, पृथक मुस्लिम राज्य की माँग कैसे कर बैठे।

इकबाल ने मानव जाति के विकास को आध्यात्मिकता में ढूंढने की कोशिश की। भैतिकवादी चिन्तन, पूँजीवादी एवं अनीश्वरवादी समाज का विरोध करते हुए धर्म को ही प्रगति का प्रेरक माना गया।[14] धर्म से हटकर राजनीति के विषय में नहीं सोचा गया, धर्मतन्त्र में उनकी पूर्ण निष्ठा थी। अन्ततः इकबाल अपनी विचारधाराओं के आधार पर पाकिस्तान के निर्माता बन गए।

गुजराती: गांधीजी के प्रभाव ने साहित्य के प्रत्येक क्षेत्र को प्रभावित किया। गुजराती कवियों में उमाशंकर जोशी, सुन्दर जी बेताई एवं सुन्दरम की कविताओं से लोगों में नया उत्साह पैदा हुआ। नए कवियों में राजेन्द्र शाह, बालमुकुंद, निरंजन तथा बेनीभाई पुरोहित का जिक्र किया जा सकता है।

आधुनिक गुजराती साहित्य के निर्माता गोवर्धन राम त्रिपाठी की चर्चा अपेक्षित है। जिनका विख्यात उपन्यास 'राररवती चन्द्र' के चार भाग, लगभग चौदह वर्ष (1887–1901) में पूरे हुए थे। सररस्वती चन्द्र में लेखक ने पराधीन भारत की विविध समस्याओं को उजागर किया।

लेखकों के संगठन: राष्ट्रीय आन्दोलन के इस दौर में कई तरह के संगठन बने। विविध जातियों, संवर्गों ने विदेशी सत्ता के विरुद्ध विद्रोह किए अथवा विरोध जताया। लेखक वर्ग इस दृष्टि से पीछे कैसे रह सकते थे। इस प्रबुद्ध वर्ग ने भी अपने को संगठित किया इसलिए नहीं कि उन्हें बाहरी शक्ति के विरुद्ध हथियार उठाने थे अपितु इसलिए कि बाह्य शक्ति के

निष्क्रमण एवं भारतीय समाज एवं अर्थव्यवस्था के बारे में एक साथ सोचा जाए। भिन्न–भिन्न क्षेत्रों में इस तरह के संगठनों के विषय में हमें जानकारी मिलती है। सुमित सरकार ने जिक्र किया है कि वामपंथी रुझान वाले लेखकों का एक अखिल भारतीय मंच बनाने की पहल उर्दू भाषी बुद्धिजीवियों के एक समूह ने की, जिसके नेता सज्जाद जहीर थे।

बंगाल में **'कलोल समूह'** की जानकारी मिलती है, इसमें काजी नजरुल इस्लाम जैसे विख्यात राष्ट्रवादी कवि शामिल थे। आन्ध्र प्रदेश में **'साहिति समिति'** बनी जिसे शिव शंकर जिन्हें लोग प्यार से अन्ना गुरु (बड़े भैया) कहते थे ने बनाई। इसी प्रकार महाराष्ट्र के लेखकों ने 1923 में **'रविकिरण मण्डल'** नामक संस्था का गठन किया। **'सबुजा'** नामक संस्था उड़ीसा के शरतचन्द्र मुखर्जी, बैकुंठनाथ पट्टनायक, कालिन्दी चरण पाणिग्रही, हर्ष चन्द्र बडाला आदि ने बनाई थी।

इस दृष्टि से सर्वाधिक महत्वपूर्ण संगठन था, **'प्रगतिशील लेखक संघ'** इसका प्रथम सत्र 1936 में लखनऊ में आयोजित किया गया। पहले अधिवेशन की अध्यक्षता प्रेमचंद ने की। सुमित सरकार ने लिखा है कि एक अखिल भारतीय आन्दोलन के रूप में यह संगठन उर्दू जगत् में सबसे सशक्त रहा, जिसका आंशिक कारण निस्संदेह इसका अन्तर्प्रान्तीय (यद्यपि बहुत सीमा तक शहरी और अभिजनवादी) फैलाव था। इसके प्रमुख सदस्यों में हसरत मोहानी (जुझारु राजनीतिज्ञ जो गज़लों के एक प्रसिद्ध शायर भी थे), जोश मलीहाबादी, फिराक गोरखपुरी और कृशनचंदर जैसे दिग्गज थे।..........1938 की गर्मियों में दिल्ली के निकट फरीदाबाद में किसान कवियों की अत्यन्त सफल गोष्ठी अथवा बंबई के कामगारों के बीच कैफी आजमी के 'क्रान्तिकारी मुशायरे।'[15]

भारतेन्दु हरीशचन्द्र ने भी जन–जागरण से जुड़े पुरोधाओं का एक विशिष्ट समूह बना लिया था, जो **'हरीशचन्द्र मण्डल'** के नाम से विख्यात था। चिपलूणकर एवं भारतेन्दु जैसे कई विद्वानों की रचनाओं में विरोधाभासी धारणाओं की प्रस्तुति देखने को मिलती है। एक ओर भारतेन्दु देश की पराधीनता एवं गुलामी पर विलाप करते हुए प्रतीत होते हैं, वहीं अंगरेजी शासन की मुक्त कण्ठ से प्रशंसा भी। 'भारत दुर्दशा' में देशभक्ति के जोरदार स्वर की गुंज सुनाई देती है वहीं यह भी सन्देश मिलता है कि अंगरेजी शासन से देश को नवजीवन मिला। 'भारत जननी' (1877) में भी बात स्वीकार की गई है कि भारत में अंगरेज न आते तो देश का अधिक पतन अवश्यंभावी था। यह दोहरी विचारधारा न केवल विष्णु कृष्ण चिपलूणकर (1850–52) एवं भारतेन्दु की रचनाओं में ही देखी जाती है बल्कि ऐसे ही विचार औसतन अन्य लेखकों की रचनाओं में देखने को मिलते हैं। सरस्वतीचन्द्र के लेखक गोवर्धन त्रिपाठी ने अपने इस उपन्यास के माध्यम से स्पष्ट किया कि "भारत द्वारा आजादी खो देना अपने आप में दुःख की बात है।" तथापि उन्हें इस बात का भी संतोष था कि "भारत में अंगरेजों का शासन है और वे न्यायप्रिय हैं तथा लोकतन्त्र में विश्वास करने के कारण भारत को स्वशासन योग्य बना देंगे।" लेकिन धीरे–धीरे अंगरेजी शासन के विरोधी स्वर तीव्र हुए और भारत की आजादी एकमात्र माँग सब लोगों की बन गई। तत्कालीन रचनाओं में अंगरेजी शासन की भर्त्सना ही नहीं देखी जाती अपितु भारतीय समाज एवं सामन्ती शोषण की, बुलन्द आवाज में आलोचना भी। विद्वानों के लिए देश की आजादी महत्वपूर्ण मुद्दा थी तथापि किसानों की गरीबी एवं समाज के तिरस्कृत वर्ग ने भी रचनाओं में अपने लिए स्थान सुरक्षित कर लिया था। सबसे मर्मस्पर्शी उल्लेख आधुनिक उड़िया साहित्य के निर्माता फकीर मोहन सेनापति के उपन्यास **'छे माण आठगुंठ'** (1897) अर्थात् 'छः बीघा जमीन' में हुआ। कई विद्वानों ने, राष्ट्रवादियों के सामने सामन्ती शोषण को ज्वलंत सवाल के रूप में उठाया। हिन्दी साहित्यकार राधाचरण गोस्वामी (1859–1923) ने 1883 में पुरजोर शब्दों में यह विचार प्रकट किया कि भूमि सरकार या जमींदार की ही नहीं है अपितु उस पर जोतने वालों का हक है। यह भी संभव है कि ऐसे लेखकों के विचारों से ही पण्डित जवाहरलाल नेहरू, वल्लभ भाई पटेल जैसे प्रखर नेताओं ने कृषि अर्थव्यवस्था सम्बन्धी अपने विचारों को सुसंगठित किया हो। आजादी के बाद तदनुसार उन विचारों को कार्यरूप में परिणित कर पाये।

लेखकों ने स्वाधीनता का अभिप्राय भी स्पष्ट शब्दों में उजागर किया है। प्रेमचन्द 'गोदान' के माध्यम से स्पष्ट करते हैं कि आजादी से तात्पर्य समाज के शक्तिशाली वर्ग द्वारा दीन–हीन लोगों का शोषण नहीं होना चाहिए। स्वाधीन भारत में बहुसंख्यक लोगों के हितों की संरक्षा की पुख्ता व्यवस्था की चिंता से वे ग्रस्त दिखाई पड़ते हैं। 'आहुति' नामक कहानी में भी प्रेमचंद ने इसी तरह के विचार प्रकट किए हैं। उदाहरण के लिए, इसकी एक पात्र रूपमति ने जिक्र किया हैः

> "स्वराज का यह अर्थ नहीं है कि जॉन की जगह गोविंद बैठ जाए।"

सवाल उठाया गयाः

> "जिन बुराईयों को दूर करने के लिए आज हम प्राणों को हथेली पर लिए हुए हैं, उन्हीं बुराईयों को क्या प्रजा इसलिए सिर चढ़ाएगी कि वे विदेशी नहीं, स्वदेशी हैं।"

प्रेमचंद ने राष्ट्रवादियों को सतर्क करते हुए एक पत्र लिखा थाः

> "कोई समाज व्यवस्था तब तक फल–फूल नहीं सकती जब तक कि प्रत्येक व्यक्ति का उद्धार नहीं होता। क्रान्ति के बाद हमारा क्या हश्र होगा, यह संदेहास्पद है। हो सकता है कि यह हमें निकृष्टतम अधिनायक तंत्र की ओर ले जाए जो हमारी सारी वैयक्तिक स्वतंत्रता से हमें वंचित कर दे। मैं सुधार चाहता हूँ विनाश नहीं।"

रुसी क्रान्ति के बाद प्रेमचंद द्वारा आलेखित 'प्रेमाश्रम' नामक उपन्यास का पात्र बलराज किसानों को सचेत करते हुए कहता है–"रूस में काश्तकारों का राज है, वे जो चाहते हैं, करते हैं।"

कहा जाता है कि साहित्य की, स्वतन्त्रता आन्दोलन में काफी महत्वपूर्ण भूमिका रही। साहित्यकारों का उद्देश्य केवल राष्ट्रीय आन्दोलन को बल देना नहीं था अपितु उस दौर में ऐसे साहित्य का सृजन हुआ जिससे सर्वतोन्मुखी विकास का मार्ग प्रशस्त हुआ। जब भारतीय राष्ट्रीय कांग्रेस संवैधानिक आन्दोलन का रुख बनाए हुए थी, उस समय साहित्य में पराधीनता का बोध एवं आजादी का भाव उभर कर आया। राष्ट्रीय आन्दोलन के आगे बढ़ने के साथ–साथ भारतीय साहित्य भी आगे बढ़ चला इस प्रेरणा के साथ कि राष्ट्रीय योजना को सफल होना है।

रंगमंचीय संस्थाएं (Theater Association): राष्ट्रीय आन्दोलन की शुरुआत ने समाज के प्रत्येक पक्ष को प्रभावित किया। एक ओर कलाकारों को अपनी प्रतिभा को उभारने के अवसर थे, दूसरी ओर राष्ट्रीय दायित्वों का भी उन्हें भान था। इन दो महत्वपूर्ण तथ्यों को आधार बनाकर तत्कालीन कलावन्तों ने अपने–अपने कौशल की अभिव्यक्ति के प्रयत्न किए। जिस समय भारतेन्दु हरीशचद्र ने अपनी कलम एवं रंगमंच के माध्यम से देश में जागृति पैदा करने की कोशिश की उस समय भारत में घोर निराशा एवं अंधकार व्याप्त था। अंगरेजों द्वारा की जा रही लूट–खसोट और दमन से जनता त्राहि–त्राहि कर रही थी। भारतेन्दु ने सर्वप्रथम जनता की दुर्दशा को सामने लाने के लिए बनारस की रामलीला मण्डली को चुना। रामलीला के पात्रों द्वारा अंगरेजों के विरुद्ध व्यंग्य–बाण छोड़े जाते और जनता की जागृति का संदेश दिया जाता। धीरे–धीरे नाटकों के माध्यम से राष्ट्रीय भावना का जागरण भारतेन्दु के जीवन का लक्ष्य बन गया। डॉ. श्याम सुन्दर दास हिन्दी साहित्य में राष्ट्रीय भावना का प्रारम्भ ही भारतेन्दु के नाटक 'भारत दुर्दशा' से मानते हैं। उनके 'सत्य हरिशचन्द्र' नाटक की रचना, जनता में आत्मविश्वास बढ़ाने में सहायक साबित हुआ। भारतेन्दु द्वारा आलेखित नाटकों में 'अंधेर नगरी चौपट राजा' बहुचर्चित रहा। उसके मंचन से लोग सहज ही अंगरेजों की मिथ्यावादी एवं प्रपंची योजनाओं को समझ सके। डॉ. रामविलास शर्मा का यह कथन सौ फीसदी सही था कि "यह अंगरेजी राज्य की अंधेरगर्दी को खत्म करने के लिए भारतीय जनता की प्रबल इच्छा व्यक्त करता है। यह नाटक किसी भारतीय राजा की न्याय प्रणाली की निंदा और उस पर प्रहार नहीं करता अपितु अंगरेजी शासन व्यवस्था पर हर तरह का गहरा प्रहार भी।" भारतेन्दु के इस नाटक ने दर्शकों में अपार लोकप्रियता प्राप्त की। उनके अन्य नाटक 'पाखण्ड विखण्डन', 'प्रेम जोगनी', 'भारत दुर्दशा', 'नील देवी' व भारत जननी' ने बनारस की सीमाओं को लाँघकर समूचे उत्तर भारत में जन–चेतना की अपूर्व लहर पैदा की। भारतेन्दु से प्रेरणा प्राप्त कर अनेक साहित्यकार व रंगकर्मी राष्ट्रीय चेतना के उदय के महायज्ञ में शामिल हो गए। इनमें राजा खड़ग बहादुर, पं अम्बिकादत्त व्यास, दुर्गादत्त, गोपालराम गहमरी, पं. माधवशुक्ल आदि प्रमुख हैं।

भारतेन्दु युगीन नाटककारों ने समसामायिक समस्याओं के प्रति आम जनता को गीता के माध्यम से जागरूक बनाया और पराधीनता के विरुद्ध स्वातन्त्र्य चेतना के उन्नयन में महत्वपूर्ण योगदान किया। 'भारत दुर्दशा' नाटक का 'भारत भाग्य' अंश लोगों को जगाने का यत्न करता है।

> जागो–जागो रे भाई
> सोबत निसि रेन गवाई जागो–जागो रे भाई!!

'भारत जननी' नाटक में भारतेन्दु केवल जागरण का ही संदेश नहीं देते हैं, अपितु अत्याचारी अंगरेजी शासन के विरुद्ध शस्त्रों की धार धरने का आह्वान भी करते हैं।

> 'उठो–उठो सब कमरन बांधो,
> शस्त्रन सान धरो रे।'

दूसरे शब्दों में भारतेन्दु ने अपने नाटकों में आम जनता से जुड़े तत्वों एवं देशभक्ति की भावना को सशक्त तरीके से व्यक्त किया।

नाटक बंगला भाषाः यद्यपि बंगला लेखक दीनबन्धु मित्र का नाटक 'नीलदर्पण' काफी पहले लिखा गया था, नील की खेती में लगे श्रमिकों के साथ हो रहे अत्याचार की सशक्त अभिव्यक्ति इस नाटक में हुई। फलस्वरूप यह नाटक काफी

चर्चित रहा। इस पुस्तक का अंगरेजी भाषा में भाषान्तर करने वाले पादरी (जे लोंग) को गिरफ्तार कर लिया गया था। दीनबंधु का दूसरा महत्वपूर्ण नाटक 'कमले कामिनी' भी अत्यन्त लोकप्रिय रहा। इनके बाद नाटक लिखने वालों में गिरिशचंद घोष एवं विजेन्द्र लाल का उल्लेख किया जा सकता है। उन्नीसवीं शताब्दी के अन्त एवं बीसवीं शताब्दी के प्रारम्भ तक के बंगला नाटकों की जन–भावनाएँ जागृत करने में उल्लेखनीय भूमिका रहीं। कहा गया है, राष्ट्रवाद और देशभक्ति अपने पुराने इतिहास पर गौरव और देश के महान ग्रन्थों तथा ऐतिहासिक जननायकों के प्रति आदर भावनाएँ नाटकों के माध्यम से जन–जन तक पहुँचाई गई।[16]

असमिया भाषा: असमिया भाषा के नाटकों का जिक्र आवश्यक रूप से करना होगा, आम लोगों के मनोरंजन के महत्वपूर्ण साधन थे। वस्तुतः आसाम क्षेत्र में रंगमंच उस समय की देन थे, जब 'अंकीय नाट' नाम से नाटक मनोरंजन के लिए प्रसिद्ध हो चुके थे। पश्चिमी ढंग के नाटकों की शुरुआत गुणाभिराम बरुआ, हेमचंद्र बरुआ एवं रुद्रराम बार्डोलोई जैसे लेखकों ने की। लक्ष्मीनाथ बेजबरुआ की 'चक्रद्वज सिन्हा', 'बेलिमार' एवं 'जयमाटी' जैसी कृतियों ने खूब ख्याति प्राप्त की। ऐतिहासिक घटनाओं पर आधारित 'गदाधर', 'साधनी' एवं 'ललितफुकब' ने देशाक्ति से सम्बद्ध नाटकों की रचना अधिक की थी, उनके मंचन से राष्ट्रीय संघर्ष के दौर में उत्साह एवं नवचेतना का संचार हुआ।

गुजराती भाषा में के.एम. मुंशी तथा चन्द्रवदन मेहता जैसे लेखकों ने हास्य एवं मनोरंजन प्रधान नाटकों का सृजन किया। लोगों का जैसे–जैसे नाटकों की ओर रुझान बढ़ा, लेखकों ने अच्छे नाटकों की रचना शुरु की।

राष्ट्रीय आन्दोलन के दौर में मलयालम भाषा के नाटकों को विरासत में मिली परम्परा ने अधिक समृद्ध बनाया। नाटक आम लोगों के मनोरंजन के महत्वपूर्ण साधन थे। आधुनिक नाटककारों में सी.वी. रमणपिल्ले का सर्वप्रथम उल्लेख करना होगा, जिसके 'कुरुपिल्ला कलारी' (बिना अध्यापक का स्कूल) में, समाज की वर्तमान परिस्थितियों को जीवंत बना दिया था। ई.वी. कृष्ण पिल्ले, पद्मनाभ पिल्ले (कलवारीयले कल्प पादपम–ईसामसीह के जीवन पर आधारित नाटक) एन. कृष्ण पिल्ले, इदासेपर गोबिन्दम नायर का भी इस क्षेत्र में महत्वपूर्ण योगदान रहा।

मराठी लेखक बी.पी. किरलोस्कर के 'सौभद्र' नामक नाटक को रंगमंच पर बहुत सफलता मिली। इसी प्रकार जी.बी. देवल (1854–1916) के 'शारदा' के मंचन ने लोगों में उत्साह बढ़ाया। अन्य नाटक लेखकों में के.पी. खाडिलकर, गडकरी और एन.सी. केलकर का जिक्र किया जा सकता है।

उडिया में कवि वैष्णवपाणी, रमाशंकर राय, कालीचरण पटनायक की नाटककारों के रूप में चर्चा करनी होगी। इन लेखकों ने खास–तौर से ऐसे नाटकों की रचना की, जिनका मंचन हो सके। साथ ही इन नाटकों के माध्यम से विदेशी शासन में फैली भुखमरी, गरीबी का खूबसूरती से चित्रण किया गया। इस तरह रंगमंच लोगों में देशभक्ति तथा सामाजिक कुरीतियों की ओर लोगों का ध्यान आकृष्ट करने में सफल रहे।

नृत्य: भारत में नृत्य मनोरंजन की प्राचीनतम विधा रही है। राज्याश्रय के अभाव में अन्य कलाओं की भाँति यह भी ब्रिटिश काल में अवनति की ओर उन्मुख थी। अधिकांश राज्यों पर ब्रिटिश नियन्त्रण कायम हो जाने से इसे संरक्षण नहीं मिला। किन्तु नृत्य संगीत में रुचि रखने वालों ने अपनी इस प्राचीन परम्परा को धीरे–धीरे पुनर्जीवित ही नहीं किया अपितु भारत के विभिन्न क्षेत्रों में प्रचलित नृत्य की अलग–अलग विधाएँ अपने प्रतिष्ठित नामों से उभर कर आई। नृत्य को पहले जहाँ शक की निगाह से देखा जाता था, अन्धकार के वे बादल धीरे–धीरे छँट गए। कला की इस परम्परा ने अपनी प्रतिष्ठा भारत के भिन्न–भिन्न क्षेत्रों में विविध रूपों में स्थापित की। प्रमुख नृत्य परम्पराओं में भरतनाट्यम, कुचिपुड़ी, कत्थकली, कत्थक, मणिपुरी, ओडिसी का उल्लेख किया जा सकता है।

भरतनाट्यम: इसे नृत्य का प्राचीनतम रूप माना जाता है। भरतनाट्यम चार विधाओं–कविता, संगीत, नृत्य एवं नाट्य का सम्मिलित रूप है। इसका आविर्भाव तमिलनाडु में हुआ और धीरे–धीरे सम्पूर्ण भारत में फैल गया। विशेष रूप से दक्षिण भारत में इसका प्रभाव देखा जा सकता है। 18वीं शताब्दी के उत्तरार्ध में महादेव अन्नवी इस कला के महान प्रणेता थे। तंजौर शासक के प्रश्रय में वे इसे उत्कर्ष की ओर ले जाने में सफल रहे। उल्लेखनीय है कि उन्हीं दिनों कर्नाटक संगीत के क्षेत्र में सुविख्यात त्यागराज ने कार्य की शुरुआत की थी। अन्नवी की परम्परा को तंजौर के ही चार भाईयों–चिनैया, पोनैया, वादिवेलू एवं शिवानंदम ने आगे बढ़ाया। ट्रावनकोर के राजा स्वाति तिरुनाल ने वादिवेलू को अपने दरबार में स्थान दिया और कला को प्रोन्नत करने तथा इसके प्रसार में सहयोग किया। परिणामतः यह कला विजयनगरम, पीठापुरम, रामनाथपुरम और करवेती जैसे नगरों में तेजी से लोकप्रिय हुई। 19वीं सदी में अंगरेजी सभ्यता का प्रसार इस कला के लिए भी घातक सिद्ध हुआ, किंतु तंजौर बंधुओं की वंश परम्परा में मीनाक्षी सुन्दरम पिल्ले ने इसे बचाये रखा।

'भागवत मेला नृत्य नाटक' एवं **'कुंवरजी नृत्य नाटिका'** नामक दो इसकी उपशैलियों की जानकारी भी मिलती है। भरतनाट्यम में श्रृंगार के साथ भक्तिरस की अभिव्यक्ति भी होती है। इस नृत्य परम्परा को सात भागों में विभक्त किया जाता है–**अलारिप्पु, जातिस्वर, शब्द, वर्ण, पद, तिल्लाना** एवं **श्लोक**।

बीसवीं शताब्दी के तीसरे दशक में इस परम्परा के साथ वस्त्र–परिधानों का महत्व बढ़ा। रुक्मणी देवी ने भरतनाट्यम के दौरान पहने जाने वाले परिधानों का मानदण्ड प्राचीन मूर्तियों के अनुसार निर्धारित किया। हल्के किन्तु सुन्दर वस्त्रों का प्रयोग शुरु हुआ। ई. कृष्ण अय्यर ने भी इस नाट्य शैली के विकास में उल्लेखनीय योगदान किया। रुक्मणी देवी ने स्वयं मंच पर प्रस्तुति देकर इस परम्परा की महत्ता स्थापित की और इस तरह सम्पूर्ण भारत में यह विख्यात नृत्य कला शैली के रूप में स्थापित हुई।

कुचिपुड़ी: दक्षिण के आन्ध्र क्षेत्र में विकसित नृत्य नाटक कुचिपुड़ी के नाम से प्रसिद्ध है। कृष्णा नदी के किनारे स्थित कुचेलापुरम के कृष्ण भक्त ब्राह्मणों ने इस नृत्य विद्या को विकसित किया था अतः उसी नाम से आगे जाकर कुचिपुड़ी नृत्य परम्परा बनी। इसे भी चार भागों में विभक्त किया जाता है–**अर्दवू जाति, जाति स्वर, तिरमान** और **तिल्लाना**। इसके अतिरिक्त पद, वर्ण, शब्द तथा श्लोक का भी महत्व है। दूसरे शब्दों में इसकी भरतनाट्यम से एकता स्थापित की जा सकती है, लेकिन इसमें नर्तक को अपने पैर स्वर एवं ताल के साथ तीव्र गति से गतिमान रखने होते हैं अर्थात् नर्तक को सात–तालों के साथ नृत्य करना होता है, जो कि इसकी अपनी विशेषता है। लक्ष्मीनारायण शास्त्री को इस नृत्य शैली का श्रेय प्राप्त है। उनकी शिष्या बाल सरस्वती को इसमें ख्याति मिली। चिंताकृष्ण मूर्ति ने भी कुचिपुड़ी को लोकप्रिय बनाने में योगदान किया।

कत्थकली: केरल की प्राचीन नृत्य परम्परा कत्थकली के नाम से विख्यात है। कहा जाता है कि यह उत्तर एवं दक्षिण अर्थात् आर्य एवं द्रविड़ नृत्य परम्परा का मिश्रित रूप है। वस्तुतः केरल के 'नायर' लोगों के सामरिक नृत्य से ही कत्थकली का आविर्भाव हुआ। नृत्य की कथा–वस्तु पुराणों एवं महाकाव्यों पर आधारित होती है। इस विद्या को प्रोन्नत करने में ट्रावनकोर एवं कोट्टायम के राज–परिवारों के योगदान को विस्मृत नहीं किया जा सकता। कहा जाता है कि ट्रावनकोर शासक कार्तिक तिरुनाल ने अठाहरवीं शताब्दी के अन्त में कत्थकली के लिए कई नाटकों की रचना की। इसी प्रकार महाराज स्वातिराम वर्मा ने कत्थकली के लिए पिचहतर पदों का सृजन किया था। कवि इरायिम्मान थप्पी (1783–1863) ने भी इस परम्परा को विकसित करने के लिए कुछ नाटक लिखे थे। ब्रिटिश संस्कृति की चमक से कत्थकली भी प्रभावित हुए बिना नहीं रह सकी। बीसवीं शताब्दी के प्रारम्भिक दो दशकों तक यह स्थिति रही, मलयालम कवि वल्लथोल नारायण मेनन ने इस कला को पुनर्जीवित किया। 1930 में उनके प्रयासों से ही 'केरल कला मण्डलम' नामक संस्थान की स्थापना संभव हुई। कत्थकली गुरुओं ने युवा शिष्यों को प्रशिक्षण दिया। इस श्रृंखला में **रावुन्नी मेनन, कवलाप्रा नारायण मेनन** एवं **कुंजु कुरुप** का विशेष रूप से जिक्र किया जा सकता है। आगे जाकर 'केरल कला मण्डलम' को सरकार ने स्वयं संचालित करना शुरु किया जिससे इस कला को अधिक विकसित किया जा सके। इस विद्या में भी वस्त्र परिधानों पर ध्यान दिया गया। गोपीनाथ एवं रागिनी देवी को परिधान सज्जा के लिए स्मरण किया जाता है। उन्होंने अनावश्यक अंशों को कम करके इसे समयबद्ध प्रस्तुति बनाया। कृष्णन कुट्टी, माधवन तथा आनंद शिवरामन ने अपने नृत्य प्रदर्शनों द्वारा इसके कलात्मक मूल्यों को उजागर किया। उदयशंकर, रुक्मणी देवी तथा मृणालिनी साराभाई भी इसके विकास में भागीदार रहे। रामगोपाल को इस कला को भारत से बाहर ले जाने का श्रेय प्राप्त है। शांताराव भी कत्थकली की उच्च कोटि की कलाकार मानी जाती हैं।

इस विधा में स्वांग का विशेष महत्व है अर्थात् संगीतज्ञ के गायन के साथ नर्तक अपने अंग संचालन से गीत की विषय वस्तु की अभिव्यक्ति करता है। कलाकार को शारीरिक व्यायाम **(माई साधकम), पैरों की गति (काल साधकम)**, अंग **विक्षेप (मुद्रा साधकम) एवं चहेरे द्वारा भावाभिव्यक्ति (मुखाभिनय साधकम)** करनी होती है। इस नृत्य द्वारा पौराणिक देवता, राक्षस, राजा, संत, देवियों, जलपरियों, रानियों आदि के मनोभावों की अभिव्यक्ति की जाती है।

कत्थक: कविता, संगीत एवं नृत्य द्वारा भ्रमणशील 'कहानी सुनाने वालों' को 'कत्थक' नृत्यकार कहा गया है। उत्तरी भारत में इस परम्परा का विशेष प्रभाव था। इस नृत्य विधा को काफी प्राचीन माना जाता है। इस्लामी प्रभाव से इसमें रहस्यवाद का प्रवेश हुआ। यद्यपि 19वीं एवं बीसवीं सदी के प्रारम्भ में राजपूत परिवारों ने इसे प्रश्रय प्रदान कर जीवित बनाए रखा। कत्थक की दो शैलियों–जयपुर एवं लखनऊ का प्रचलन किसी तरह बना रहा।

कत्थक के पुनरुत्थान का श्रेय सुप्रसिद्ध **मेनका** को जाता है। वे इस कला परम्परा को विकसित करने के लिए संस्थान की स्थापना करना चाहती थीं। अनुभवी गुरुओं से प्रशिक्षण प्राप्त करके 1938 में 'खण्डाला प्रशिक्षण संस्थान' की स्थापना की। इस कार्य में उन्हें कार्ल खण्डाला वाला, रामनारायण मिश्र, विष्णु शिरोडकर, मनेषी डे, रामचंद गांगुली एवं डॉ. राघवन

का सहयोग मिला। मेनका द्वारा प्रस्तुत 'देव विजय नृत्य', 'कृष्ण लीला', मेनका लास्यम' तथा 'मालविकाग्निमित्र' को बहुत सफलता मिली।

बाद में इस श्रृंखला में **लच्छू महाराज**, **शंभु महाराज** एवं **बिरजू महाराज** का नाम जुड़ गया। 1952 में 'भारतीय कला केन्द्र' की स्थापना से इस कला को विशेष प्रोत्साहन मिला। भारती गुप्ता, दमयंती जोशी, कुमुदनी लखिया, मायाराव, गोपीकृष्ण, सितारा आदि अन्य कलाकारों को भी इस कला से ख्याति मिली। कत्थक नृत्य नाटिकाओं हेतु ध्रुपद में उच्च कोटि की संगीत रचना के लिए डागर बन्धुओं–मुईनुद्दीन तथा अलीमुद्दीन को नहीं भुलाया जा सकता। इसी परम्परा में ठुमरी, दादरी एवं गजलों का विकास हुआ।

कत्थक की उपशैलियाँ घराने के नाम से प्रसिद्ध हैं। **जयपुर घराना चरण गिरधर चाँद इस घराने के प्रसिद्ध कलाकार एवं हनुमान प्रसाद तथा हरिप्रसाद जी की जोड़ी देवपरी नाम से प्रसिद्ध है।** दूसरे **बनारस घराना को जानकी प्रसाद घराना भी कहते हैं। तीसरे लखनऊ घराना के प्रवर्तक ईश्वर प्रसाद मिश्र बनारस (हंडियाँ तहसील) के थे।** कत्थक के दो मुख्य अंग ताँडव (शिव का रौद्र रूप) एवं लास्य (शिव को प्रसन्न करने हेतु माता पार्वती द्वारा किया गया नृत्य) का जिक्र मिलता है।

मणिपुरी: उत्तर–पूर्वी क्षेत्र की मणिपुर घाटी में इस नृत्य की विधा का आविर्भाव हुआ। मंणिपुर के लोग अपने को गंधर्वों का वंशज मानते हैं। इस नृत्य परम्परा को विकसित करने का श्रेय 1764 में शासक बने भाग्यचन्द्र को जाता है। राजा ने अनुभवी संगीतज्ञों एवं गुरुओं को आमन्त्रित किया तथा इस शैली के सिद्धान्त एवं नियमों का निर्धारण भी। इस दृष्टि से 'गोविन्द संगीत लीला विलास' नामक ग्रंथ का विशेष महत्व रहा। बीसवीं सदी में रविन्द्रनाथ टैगोर ने माधुर्य युक्त इस नृत्य शैली के शान्ति निकेतन में कार्यक्रमों की शुरुआत करवाई और इसके साथ ही इस विधा को नवजीवन मिला। समय–समय पर प्रख्यात गुरुओं का इसे संरक्षण मिलता रहा, जिनमें नवकुमार, राजकुमार, नीलेश्वर मुखर्जी, सेनारिक सिंह आदि प्रमुख हैं। मुम्बई में विपिन सिंह ने इसका प्रशिक्षण केन्द्र शुरु किया, नवकुमार ने अहमदाबाद में। इम्फाल के अमूबी सिंह, अतोम्बासिंह तथा अमुदोन शर्मा एक प्रमुख प्रशिक्षण संस्थान बनाए रखने में सफल रहे। इस शैली के कलाकारों की श्रृंखला लम्बी है तथापि झबेरी बहनों, रीता देवी, सविता मेहता, निर्मला मेहता, तम्बाल यायमा का जिक्र किया जा सकता है।

यह नृत्य परम्परा भावना प्रधान है जिसमें मनोभावों तथा मानसिक आवेश को अंग संचालन के साथ व्यक्त किया जाता है। नृत्य में सहयोग हेतु तुरई (पीतल से निर्मित, एक ओर मुँह छोटा), ढोल, बांसुरी, इसराज, तम्बूरा (चार तार का वाद्य), झांझ (डफली प्रकार का वाद्य) एवं मृदंग (बंगाल में बजाया जाने वाला ढोलक जैसा वाद्य) का उपयोग किया जाता है। नृत्य हेतु वस्त्र–परिधान भी अत्यन्त सुन्दर एवं सौम्य होते हैं जैसे लम्बा घाघरा, दूसरा चौड़ा घाघरा, सुन्दर कशीदा वाली चोली आदि।

ओड़ीसी: उड़ीसा की नृत्य कला परम्परा बड़ी प्राचीन रही है। लेकिन ओड़ीसी नृत्य शैली का वास्तविक स्वरूप गंग सम्राट छोड़गंगदेव (1077–1147) द्वारा पुरी में जगन्नाथ मन्दिर के निर्माण के बाद उभर कर आया। उसके उत्तराधिकारियों ने मुख्य मन्दिर के साथ भव्य नृत्यशाला का निर्माण करवाया। आजादी के बाद यह नृत्य परम्परा जगन्नाथ मन्दिर की परिधि से बाहर आई, जिसका श्रेय कविचन्द्र कालीचरण पटनायक को जाता है। इस विधा को संस्थानिक रूप **केलुचरणमहापात्रा, देव प्रसाद दास एवं पंकज चरण दास जैसे गुरुओं के कारण हासिल हुआ। इन्द्राणी रहमान जो देव प्रसाद की शिष्या है।** इस शैली को उड़ीसा की सीमाओं से ही नहीं अपितु भारत की सीमाओं से बाहर ले जाने में सफल रही। इस श्रेणी में **सोनाल मानसिंह, मिनातीदास, प्रियंवदा मोहन्ती, संयुक्ता पाणिग्रही, यामिनी कृष्ण मूर्ति, कुमकुमदास तथा रीता देवी का उल्लेख भी करना होगा।**

संगीत

प्राचीन काल से ही संगीत का विशेष महत्व रहा है। औरंगजेब का काल संगीत के लिए अंधकार का युग था। मोटे रूप में 18वीं शताब्दी के मध्य तक दिल्ली में संगीत को विशेष प्रोत्साहन नहीं मिला। अठाहरवीं शताब्दी के उत्तरार्द्ध में दक्षिण भारत में तंजौर के मराठा शासक तुलजा जी महाराज (1763–1787 ई.) ने भारत के विभिन्न क्षेत्रों से आए प्रमुख संगीतज्ञों को प्रश्रय दिया। जैसा उल्लेख किया गया है कि संगीत के क्षेत्र में त्यागराज (1769–1847) भारतीय संगीत के मार्गदर्शक साबित हुए। उनका साधना केन्द्र भी तंजौर ही था। उन्होंने गीत गाए ही नहीं अपितु गीत बनाए भी। विद्वानों की मान्यता है कि आधुनिक संगीत उन्हीं के प्रयासों से ही मधुर, सरस एवं ओजस्वी बना। वे अपने उत्तराधिकारियों के रूप में बड़ी संख्या में संगीतज्ञ छोड़ गए थे।

ट्रावनकोर के गोविन्द स्वामी (गोविंद मरार) की भी काफी प्रतिष्ठा थी, वे गीत को द्रुत लय में सत ताल में गाते थे। इसी प्रकार मुत्तु स्वामी दीक्षित (1776–1835) को नई भारतीय स्तर लिपि बनाए जाने के लिए स्मरण किया जाता रहेगा। श्याम शास्त्री (1762–1827) भी दक्षिण के महान संगीतज्ञ थे। राज परिवार के गायकों का भी संगीत के क्षेत्र में योगदान रहा। महाराज स्वाति तिरुनाल ने छः भारतीय भाषाओं में अपने गीतों की धुने बनाईं थीं अर्थात् तेलुगू, मलयालम, संस्कृत, हिन्दुस्तानी, मराठी एवं तमिल।

हैदराबाद के निजाम ने अपने दरबार में मुस्लिम शैली के संगीत को प्रोत्साहित किया था, दूसरी ओर मैसूर शासक ने हिन्दुस्तानी शैली को। जयपुर के महाराजा प्रतापसिंह (1779–1804) संगीत के महान पोषक थे। जयपुर में उनके द्वारा आयोजित संगीत सभा में देश के विविध क्षेत्रों से संगीतज्ञ उपस्थित हुए थे, उनकी विचारधाराओं के आधार पर 'संगीत सार' नामक पुस्तक का सृजन किया गया। राजपूताना के चारण–भाटों तथा बंजारों ने भी संगीत को व्यावसायिक रूप प्रदान किया। मथुरा–वृन्दावन जैसे धार्मिक स्थल प्राचीन समय से ही भक्ति संगीत के केन्द्र बने रहे। कृष्ण की जीवन लीला से सम्बद्ध संगीत इस क्षेत्र के लोगों का मुख्य विषय था। कहा जाता है कि वृन्दावन के संगीतज्ञ ठुमरी गायन में माहिर थे।

लखनऊ से संगीत का नाम बहुत पहले से जुड़ा हुआ है। वहाँ के कुछ परिवारों का संगीत एक भद्र व्यवसाय था। बनारस के लिए भी संगीत का महत्व मथुरा–वृन्दावन की तरह काफी पहले से था। विश्वनाथ मंदिर तथा दशाश्वमेध घाट पर नौबत (इस्लामी वाद्य) बहुत पहले से बजती रही थी। बनारस एवं लखनऊ को सुगम संगीत के लिए भी जाना जाता था। उन्नीसवीं सदी उत्तरार्द्ध में मौलाबख्श जैसे महान संगीतज्ञ वीणा एवं जलतरंग वादन में प्रवीण थे। बड़ौदा महाराज ने उन्हें प्रश्रय प्रदान कर इस क्षेत्र में ख्याति अर्जित की।

लाहौर एवं पंजाब में अमृतसर संगीत का केन्द्र बहुत पहले से था। वहाँ परम्परागत भक्ति गीत के अतिरिक्त पंजाबियों में टप्पे बहुत लोकप्रिय थे। उड़ीसा में पुरी जगन्नाथ मंदिर के कारण पूरे भारत में प्रतिष्ठित रहा है। मन्दिर की देवदासियाँ भक्ति संगीत, स्त्रोतगान एवं नृत्य में अत्यन्त प्रवीण थीं। वैष्णव संकीर्तन का प्रभाव बंगाल में विशेष रूप से देखा जा सकता था। नगर संकीर्तन की परम्परा का आविर्भाव चैतन्य महाप्रभु के समय शुरु हुआ। मृदंग एवं करताल के साथ कई लोगों के एक साथ कृष्ण भक्ति गीत के साथ प्रातः नगर संकीर्तन हेतु निकलने की प्रथा बन गई थी। बंगाली संगीत में विद्यापति एवं चण्डीदास का नाम उल्लेखनीय है।

बीसवीं सदी के संगीत केन्द्रः बीसवीं सदी में संगीत पर पाश्चात्य प्रभाव बड़ी तेजी से हुआ। संगीत शिक्षा के लिए कई महत्वपूर्ण केन्द्र स्थापित हुए। 1901 में पण्डित विष्णु दिगम्बर पलुस्कर ने लाहौर में 'संगीत विद्यालय' प्रस्थापित किया। उन्होंने 1908 में मुम्बई में भी 'गान्धर्व महाविद्यालय' की आधारशिला रखी। विद्यालय में गायन एवं वाद्य संगीत के प्रवीण अध्यापकों को नियुक्त किया गया। इस दृष्टि से मुम्बई की गतिशीलता का प्रभाव अन्य नगरों पर हुआ। कोलकाता में 'संगीत संघ' नामक संस्थान ने संगीत शिक्षा की शुरुआत की।

बड़ौदा महाराज ने 1916 में अखिल भारतीय संगीत सभा का आयोजन किया, जिसमें अखिल भारतीय संगीत अकादमी स्थापित किए जाने का निर्णय लिया। इसके बाद संगीत के क्षेत्र में क्रान्तिकारी परिवर्तन आए। प्रतिवर्ष होने वाले सम्मेलनों से संगीतज्ञों में उत्साह वर्द्धन हुआ। धीरे–धीरे विभिन्न प्रदेशों में संगीत अकादमियों की स्थापना होने लगी। 1928 में चेन्नई में संगीत अकादमी ने कार्य करना शुरु किया। 'मारिस कालेज' के नाम से हिन्दुस्तानी संगीत का संस्थान लखनऊ में 1924 में प्रारम्भ हुआ। यही संस्थान आगे जाकर एन.वी. भातखण्डे के नाम पर 'हिन्दुस्तानी संगीत भातखण्डे विश्वविद्यालय' के नाम से विख्यात हुआ। बीसवीं सदी के तीसरे दशक तक सभी विश्वविद्यालयों में संगीत को पाठ्यक्रम में शामिल कर लिया गया था जैसे आन्ध्र, इलाहाबाद, अन्नामलाई, बनारस, लखनऊ, नागपुर एवं पंजाब आदि।

गायन एवं वाद्य के क्षेत्र में प्रख्यात कलाकारों में ओंकारनाथ, बड़े गुलाम अली खां, गोपेश्वर बन्दोपाध्याय, सुनन्दा पटनायक, अली अकबर खाँ, स्वामी प्रज्ञानंद, रविशंकर, विलायत खां, सामताप्रसाद का उल्लेख किया जा सकता है। अर्वाचीन संगीतज्ञों ने सभी प्रतिमान तोड़ दिए। उन्होंने भारतीय संगीत को विश्व के कोने–कोने तक पहुँचाया। इस कतार में कुन्दन लाल सहगल, मुहम्मद रफी, तलत महमूद, मुकेश, मन्नाडे, हेमंत कुमार, आशा भौंसले एवं लता मंगेशकर का जिक्र किया जा सकता है।

आजादी के दौर में संगीतकारों ने अपनी उत्कृष्ट संगीत कला का प्रदर्शन करके विश्व को यह बता दिया कि भारत के लोग किसी तरह योग्यता में कम नहीं हैं बस थोड़ा अवसर मिलना चाहिए।

चित्रकला

अजन्ता में विकसित चित्रकला शैली[17] राजपूत काल में निरन्तर परिष्कार एवं सुन्दरता को बरकरार रखते हुए अग्रसर हुई। मुगल काल में इसमें पर्याप्त परिवर्तन हुए, लेकिन यूरोपीय जातियों के आगमन से भारतीय चित्रकला शैली अपनी मौलिकता खोने लगी। भारतीय चित्रकला के अन्तिम प्रतिनिधि भूलाराम की मृत्यु 1823 ई. में हुई, उसके पश्चात् चित्रकला की प्राचीन परम्परा नष्ट होने लगी। उसी समय दक्षिण में चित्रकला का उन्नायक पैदा हुआ जिसका नाम था राजा रवि वर्मा जिस समय रवि वर्मा के पाश्चात्य प्रभाव वाले चित्रों की धूम थी उसी समय शुद्ध भारतीयता की छाप लिए चित्र पारखी नेता ई.बी. हैवेल का 19वीं शताब्दी के अन्तिम दो दशकों में उदय हुआ, जिनके परम सहयोगी थे ठाकुर अवनीन्द्रनाथ। दोनों के अथक परिश्रम से भारतीय चित्रकला के नवीन अध्याय की शुरुआत हुई। अवनि बाबू के शिष्यों ने बड़ी संख्या में अजन्ता के आधार पर चित्रों का सृजन किया। अनेक पाश्चात्य कला समीक्षकों ने इन प्रयासों की सराहना की। डॉ. कुमारी स्वामी ने देश–विदेश जाकर भारत की इस विधा का प्रचार किया। कई कला प्रदर्शनियाँ आयोजित की गईं। जिसकी मौलिकता से पाश्चात्य प्रबुद्धजन काफी प्रभावित हुए। फलस्वरूप 'इण्डिया सोसायटी ऑफ ओरियन्टल आर्ट' की स्थापना हुई। इस तरह भारतीय कला को नया जीवन मिला।

अवनि बाबू (1871 ई.): भारत की विविध शैलियों से अनुप्राणित होकर अवनि बाबू ने 'बंगाल स्कूल' की स्थापना की। उस स्कूल ने देश को महान कलाकार दिए, इसमें संशय नहीं किया जा सकता। उन्होंने कला में 'वाश पद्धति' की शुरुआत की थी। अवनि बाबू ने कई महत्वपूर्ण चित्र बनाए, उनमें प्रमुख थे–'बुद्ध एवं सुजाता', 'कमल के पत्ते पर अश्रुकण' और 'बन साम्राज्ञी'। इसी तरह 'शाहजहाँ का ताज को देखना' रेखा एवं रंगों में कलाकार के मन की गहराईयों में छिपे भावों को अभिव्यक्त करता है। उन्होंने कहा, "मैंने इस चित्र में अपनी आत्मा की पीड़ा उड़ेल दी"।[18] इस क्षेत्र को उनका विशेष योगदान यह रहा कि चित्रकारों का एक नया दल उभरा, जो भारतीयता को अपने चित्रों में सजीव बनाना चाहता था। मार्कवी ऑफजेटलैण्ड के शब्दों में, 'जिस विकास आन्दोलन में अवनीन्द्रनाथ ठाकुर ने इतना महान योगदान दिया वह भारत की सोई हुई आत्मा के पुनर्जागरण का परिणाम था। निष्क्रियता के दौर से निकलकर, भारतीय परम्पराओं के सहारे विकसित होता हुआ यह एक जीवंत कला बन गया, जिसमें पुराने जमाने के आदर्श और परम्पराएँ थीं एक प्राचीन वृक्ष जिसमें नए फूल खिले थे। लेकिन खिलने की इस प्रक्रिया में अवनीन्द्रनाथ पर उस समय के वातावरण का निश्चित प्रभाव पड़ा, अन्य शब्दों में जिस कला मत के अवनीन्द्रनाथ प्रमुख नेता थे उनमें कुछ हद तक मौलिकता थी। भारत के नाटकीय दौर में पैदा हुए इन कलाकारों से इसी मौलिकता की अपेक्षा थी।

नन्दलाल बोस (जन्म 1883 ई.) अवनी बाबू के प्रमुख शिष्य ने अपनी शिव सम्बन्धी गाथाओं में कला के प्रतिमान खड़े किए। ऐतिहासिक घटनाओं पर भी उनकी तुलिका चली। उनकी कृतियों की विशेषता रेखांकन एवं सहज सरल रंगों में व्यक्त हुई। यदि यह कहा जाए कि उनकी कृतियों से अजन्ता परम्परा का आभास होता है तो अतिशयोक्ति न होगी। उनकी उत्कृष्ट कृतियों में 'नटीर पूजा', 'बुद्ध द्वारा घायल बकरी ले जाना', 'उमा तपस्या', 'शिव पार्वती', 'गोपिनी', 'कृष्ण एवं अर्जुन', 'वसन्त', 'प्रणाम' उल्लेखनीय हैं।

यामिनी राय (जन्म 1887 में बंगाल के बेलियाटोरा ग्राम) भी अवनीन्द्रनाथ ठाकुर के सम्पर्क में आए, लेकिन उन्होंने पृथक शैली की रचना की। उनकी विषय–वस्तु किसान, बढ़ई, लुहार, साधु–सन्त एवं फकीर आदि थे। राष्ट्रीय अकादमी ने उन्हें पुरस्कृत किया था।

बंगाल स्कूल के प्राकृतिक दृश्यों के चितेरे थे गगनेन्द्र नाथ ठाकुर। उनके चित्रों में देश के अधःपतन के लिए तीखे व्यंग्य मिलते हैं। छाया और प्रकाश के विश्लेषण की स्वतन्त्र पद्धति को विकसित करके क्यूबिस्ट (Cubist) कला की नई शैली को जन्म दिया। विश्व कवि रविन्द्र जो अवनीन्द्र के चाचा थे, उच्च कोटि के कवि होने के साथ कुशल चित्रकार थे। बारह वर्षों में उन्होंने लगभग दो हजार चित्र बनाए, जिनमें भाव एवं रूप का समन्वय देखा जाता है।

शारदा उकील (1890–1940): रंगों का मिश्रण उनकी कला की विशेषता है विशेष रूप से सफेद–श्याम रंग। प्राचीन परम्पराओं को नए रूप में प्रस्तुति के अतिरिक्त कई नए आयाम उनके द्वारा खोजे गए। भगवान बुद्ध, कृष्ण का जीवन दर्शन उनके चित्रों में देखा जा सकता है।

मुहम्मद अब्दुर्रहमान चगताई: उनकी कृतियों में कांगड़ा एवं फारसी शैली का प्रभाव दिखाई पड़ता है। उनकी एक महत्वपूर्ण कृति थी 'होली दृश्य'। पौराणिक कथाओं के साहित्य को आधार बनाकर बड़ी संख्या में तस्वीरें बनाना उनकी कला योजना का अंग था।

मुम्बई स्कूलः मुम्बई कलाकारों ने 'वाश पद्धति' के स्थान पर बुश तकनीक का इस्तेमाल किया। मुम्बई कला विद्यालय में 1919 तक मॉडलों का प्रयोग रहा। प्रिंसिपल जॉन ग्रिफिथ्स की देखरेख में अजन्ता चित्रों की नकल शुरु हुई। लेकिन इन चित्रों में वैसी आत्मानुभूति कैसे आ पाती। अन्ततः व्यापारिक केन्द्र के अनुरूप कलाकारों ने प्रकृति चित्रण एवं व्यक्ति चित्रण में तैल माध्यम के द्वारा आशातीत प्रगति की।

रवि वर्माः ट्रावनकोर के राजघराने में 1848 में रवि वर्मा का जन्म हुआ। माता अम्बाबाई स्वयं कवयित्री थीं, जिसका बालक रवि पर गहरा प्रभाव पड़ा। 1873 में चेन्नई कला प्रदर्शनी में 'नैयर स्त्री का केश विन्यास' पर उन्हें स्वर्ण पदक मिला। इसी तरह तामिल स्त्री के सितार वादन पर उन्हें अन्तर्राष्ट्रीय कला प्रदर्शनी में स्वर्ण पदक दिया गया। लोक कथाएँ, रामायण–महाभारत आदि उनकी तूलिका के विषय थे। पाश्चात्य कलाकारों ने उनके चित्रों को खूब सराहा।

शीला आडेनः इनकी यामिनी राय की चित्र शैली में अधिक रूचि थी। पाश्चात्य प्रभाव होने पर भी रंग संयोजन अत्यन्त कोमल है। बच्चों के लिए पौराणिक कथा चित्रों का भी इन्होंने सृजन किया।

शैलेज मुखर्जीः मुम्बई स्कूल का प्रतिनिधित्व इन्होंने दिल्ली में किया है। ग्रामीण जीवन एवं प्राचीन युग का अंकन खास तौर से देखा जाता है। फ्रांसीसी प्रभाव इनके चित्रों में उल्लेखनीय है।

गुजरात स्कूल के प्रमुख कलाकार थे रविशंकर एम.रावल, जिनका जन्म भावनगर (सौराष्ट्र) में 1892 ई. में हुआ था। मुम्बई के सर जे.जे. स्कूल ऑफ आर्ट्स से शिक्षा प्राप्त की। 1919 में इनके सर्वश्रेष्ठ चित्र पर मुम्बई आर्ट सोसायटी से स्वर्ण पदक मिला। आगे जाकर अहमदाबाद में कला साधना शुरु की। उनके प्रयासों से 'गुजरात कला संघ चित्रशाला' प्रस्थापित हो सकी, जहाँ से कनु देसाई, रसिकलाल पारिख, बंसीलाल वर्मा तथा वाई.के. शुक्ल जैसे प्रतिष्ठित कलाकार निकले। अजन्ता चित्रों की कई अनुकृतियाँ तैयार करवाई थीं। कला सम्बन्धी कई पुस्तकों का भी उन्होंने आलेखन किया।

रसिकलाल पारिखः गुजरात स्कूल ऑफ आर्ट्स के यशस्वी कलाकार हैं। उनकी रंग शैली सादगी से ओत–प्रोत कही जाएगी।

वाई.के. शुक्लः रविशंकर के शिष्य रह चुके हैं उनके चित्र ग्राम्य जीवन से सम्बद्ध थे।

सोमलाल शाहः धार्मिक चित्रों का अंकन किया है।

कनु देसाईः रावल जी के शिष्य कनु देसाई का अन्धकार प्रधान आकृति अंकन प्रमुख विषय है।

लखनऊ स्कूलः लखनऊ कला विद्यालय के प्रमुख ललित मोहन सेन का ठाकुर शैली से गहरा सम्बन्ध रहा है। शुद्ध भारतीय तत्व दर्शाने में माहिर रहे हैं। वोरेश्वर सेन भी ठाकुर शिष्य परम्परा में से है, इनके चित्रों में मुगल प्रभाव देखा जाता है। असित कुमार हल्दर लखनऊ कला महाविद्यालय के प्रिंसीपल रह चुके हैं। बाघ एवं रामगढ़ की अनुकृतियाँ तैयार करने वालों में प्रमुख थे। सुधीर खास्तगीर (1909 ई.) न केवल चित्रकार अपितु मूर्तिकार भी थे। नंदलाल बसु से शांति निकेतन में शिक्षा ग्रहण की थी। इन्होंने लन्दन में दो बार प्रदर्शनियाँ लगाई थीं।

जयपुर स्कूल में प्रिंसीपल रहे के.के. मुखर्जी ने अतीत से काफी प्रेरणा ली। स्कैचिंग एवं व्यक्ति चित्रण इनका उच्च कोटि का माना जाता है। एस.एन. डे भी ठाकुर के शिष्य रहे हैं। अजन्ता चित्रों की अनुकृतियाँ इनके द्वारा भी तैयार की गई।

भवानीचरण गई ने 'स्लेड स्कूल ऑफ आर्ट्स' लंदन से शिक्षा ग्रहण की थी। इनकी रचनाएँ भाव प्रधान हैं।

रामगोपाल विजयवर्गीयः शैलेन्द्र डे के प्रिय शिष्य रहे हैं। जयपुर के ख्याति प्राप्त कलाकारों में माने जाते हैं। पौराणिक एवं धार्मिक भावनाएँ इनके चित्रों में नवीन रूप लेकर उभरी। इन्होंने कई नग्न चित्रों (Nudes) का भी सृजन किया। 'राजस्थानी चित्रकला' नामक ग्रंथ की भी रचना की। इनके कला संस्थान से कई चित्रकारों ने शिक्षा ग्रहण की।

योगदानः बीसवीं शताब्दी में भारतीय चित्रकारों ने न केवल शुद्ध भारतीय परम्परा को बरकरार रखते हुए मानववादी एवं प्रगतिवादी दृष्टिकोण अपनाया अपितु विश्व समुदाय के समक्ष अपनी योग्यता भी स्थापित की। संगीत की तरह चित्रकला के क्षेत्र में भारतीय चित्रकारों ने नए प्रतिमान स्थापित किए। पाश्चात्य देशों में प्रदर्शनियों का आयोजन कर चित्रकारों ने पुरस्कार ही प्राप्त नहीं किए अपितु भारतीयों के कला प्रेम की प्राचीन परम्परा से लोगों को अवगत करवाया। इस कला साधना द्वारा ऊँचाईयों को प्राप्त करने की लोगों की लालसा भी व्यक्त हुई। राष्ट्रीय आंदोलन के दौर में इस तरह के तत्व कई सकारात्मक प्रभाव छोड़ रहे थे।

चलचित्र (फिल्म उद्योग)

उन्नीसवीं शताब्दी में मनोरंजन के एक नए तरीके का उदय हुआ जिसे सिनेमा या चलचित्र कहा जाता है। 1896 में लुमियर भाईयों द्वारा 7 जुलाई 1896 को वाटसन होटल एसपियनेड मैन्शन मुम्बई में ध्वनिरहित छः लघुचित्र प्रस्तुत किए गए। पूर्ण रूप से भारतीय फिल्म राजा हरिशचन्द्र धुंधीराज गोविन्द फालके (दादा साहब फालके) के द्वारा प्रदर्शित की। हिन्दी व अंगरेजी में इस फिल्म के शीर्षक थे जिसे कोरोनेशन सिनेमा मुम्बई में 3 मई 1913 को इसका पहला प्रदर्शन हुआ। इसी तरह बंगाल में मदन एल्फिस्टोन बॉयस्कोप कम्पनी द्वारा 1917 में "सत्यवादी हरिशचन्द्र" और नटराज मुरलीधर द्वारा मद्रास में कीचक वधम् (दक्षिण भारतीय फीचर फिल्म) 1919 में निर्मित की।

ध्वन्यात्मक (बोलपट या talkies) फिल्म "आलम आरा" का निर्माण इम्पीरियल फिल्म कम्पनी द्वारा किया गया जिसके निर्देशक अर्देशीर ईरानी थे, 14 मार्च 1931 को यह फिल्म मैजेस्टिक सिनेमा मुम्बई में प्रदर्शित की गई। बंगाल में प्रथम बोलती फिल्म जुमाई शास्थी, तेलुगू (आन्ध्र क्षेत्र) में भक्त प्रहलाद एवं तमिल में कालिदास इसी वर्ष प्रदर्शित हुई।

क्षेत्रीय भाषाओं में सर्वप्रथम बंगाल, तदनन्तर तमिल, तेलुगू, मराठी, गुजराती, कन्नड़, मलयालम, उड़िया, आसामी व अंगरेजी में बड़ी संख्या में फिल्में बनने लगीं। तीस का दशक सिनेमा इतिहास में सामाजिक जागरुकता जैसे अछूतोद्धार, अर्न्तजातीय विवाह, रुढ़िवादी परम्पराओं के विरुद्ध जागृति के लिए जाना जाता है। वी. शांताराम की 'दुनिया न माने', 'आदमी व पड़ौसी', फ्रांज आस्टन की 'अछूत कन्या' (निर्देशक हिमांशु राय) जिसमें अछूत लड़की का अभिनय, देविकारानी (रविन्द्र नाथ टैगोर की भांजी) ने किया था। अर्देशीर ईरानी द्वारा पहली बार रंगीन फिल्म किशन कन्हैया 1937 में प्रदर्शित हुई। इसी दशक में मराठी में बोलती फिल्म अयोध्याचा राजा 1932, गुजराती की नरसिंह मेहता 1932, कन्नड़ की ध्रुव कुमार 1934, उड़िया में सीता विवाह 1934, असम में ज्योमति 1935, पंजाबी की शीला 1935 व मलयालम में बलान 1938 में प्रदर्शन द्वारा फिल्म उद्योग ने नये अध्याय की शुरुआत की।

भारतीय फिल्मों में संगीत आवश्यक रूप से होता है। एक सफल फिल्म के लिए कलाकार, कथाकार, संवाद लेखक, संगीतकार, नृत्य निर्देशक एवं स्वर देने वाला पार्श्वगायक (Play Back Singer) आदि की जरुरत रहती है।

निष्कर्ष: कहा जा सकता है कि भारतीय फिल्म उद्योग ने मनोरंजन के अतिरिक्त, सामाजिक समता देशभक्ति की भावना जागृत की तथा मातृभाषा हिन्दी को लोकप्रिय बनाने एवं अन्य भाषाओं के विकास में चलचित्र उद्योग के योगदान को कभी विस्मृत नहीं किया जा सकता।

सन्दर्भ

1. चौपड़ा, पुरी एवं दास, *भारत का सामाजिक, सांस्कृतिक एवं आर्थिक इतिहास*, पृ. 304
2. वही, पृ. 302
3. वही, पृ. 307
4. सरकार सुमित, *आधुनिक भारत*, पृ. 107
5. एस.के. बनर्जी, *स्ट्रगल फॉर फ्रीडम*, 1969, पृ. 913–15
6. तारकनाथ दास, रविन्द्रनाथ टैगोर, हिज रिलीजियस, *सोशल एण्ड पालिटिक्ल आइडियल्स*, सरस्वती लाइब्रेरी, कलकत्ता 1932, पृ. 3–8
7. *स्ट्रगल फॉर फ्रीडम*, पृ. 915
8. सचिन सेन, *द पालिटिकल थॉट ऑफ टैगोर*, कलकत्ता 1947, पृ. 22
9. हुमायूँ कबीर, *सोशल एण्ड पालिटिकल*, आइडियाज ऑफ टैगोर सेन्टेनरी वाल्यूम, पृ. 149
10. रवीन्द्रनाथ ठाकुर, *नेशनलिज्म*, मैकमिलन, लन्दन 1920, पृ. 3–4
11. चौपड़ा, पुरी एवं दास, वही, पृ. 318
12. प्रेमचंद–बड़े बाबू तथा अन्य कहानियाँ, अमृतराय की भूमिका, हिन्द पाकेट बुक्स, शाहदरा, दिल्ली, 1997, पृ. 8
13. चौपड़ा, पुरी एवं दास, वही, पृ. 309
14. सिक्स लैक्चर्स आन द रिकन्स्ट्रक्शन ऑफ रिलीजियस थॉट इन इस्लाम, मयूर आर्ट प्रिन्टिंग वर्क्स, लाहौर, 1930, पृ. 218–20, डॉ. पुरुषोत्तम नागर, *आधुनिक भारतीय सामाजिक एवं राजनीतिक चिंतन*, पृ. 308 से उद्धृत
15. वही, पृ. 318
16. चौपड़ा, पुरी एवं दास, वही, पृ. 317
17. पी.एल., गौतम, *प्राचीन भारत का इतिहास एवं संस्कृति*, मैक्गाहिल एजुकेशन 2014, अध्याय 50, पृ. 12–13
18. चौपड़ा, पुरी एवं दास, वही, पृ. 357

40

भारतीय राष्ट्रीय सेना एवं रॉयल इण्डियन नेवी का विद्रोह
(The Indian National Army and Revolt of Royal Indian Navy)

कांग्रेस के नेताओं को 1942 में जेलों में डाल दिया गया था तथा ब्रिटिश सरकार के भीषण दमन चक्र के कारण भारत छोड़ो आन्दोलन शिथिल पड़ता जा रहा था। लेकिन इससे भारत की आजादी की लड़ाई खत्म नहीं हुई। बल्कि जापान के थोड़े से सहयोग से आजाद हिन्द फौज ने पूर्वी सीमान्त पर आक्रमण कर स्वतंत्रता की लड़ाई ने नया स्वरूप ग्रहण कर लिया।[1] आजाद हिन्द फौज जिसे भारतीय राष्ट्रीय सेना की संज्ञा देनी होगी, का नेतृत्व सुभाष चन्द्र बोस ने किया था।

सुभाषचन्द्र बोस (Subhash Chandra Bose, 1897-1945): सुभाष का जन्म 23 जनवरी 1897 में कटक उड़ीसा में हुआ था। अपने अध्ययन समाप्ति के बाद इण्डियन सिविल सर्विस में चुन लिये गये, परन्तु सेवा काल में ब्रिटिश ताज के प्रति शपथ लेने को कहा गया तो उन्होंने ऐसा करने से इन्कार कर दिया और 1921 में नौकरी से त्यागपत्र दे दिया। नौकरी छोड़कर सुभाष ने असहयोग आन्दोलन में भाग लिया। सुभाष की प्रगतिशील कार्यवाही से कुपित होकर सरकार ने उन्हें मान्डले भेज दिया था। 1938 में जब यूरोप में महायुद्ध की संभावनायें बन रही थी तब सुभाषचन्द्र बोस ने कहा था: **"भारत को तुरन्त ही आवश्यकता इस बात की है कि ब्रिटिश साम्राज्य से संघर्ष छेड़ दिया जाए और किसी प्रकार का समझौता नहीं किया जाए और ऐसे उपायों का आश्रय लिया जाए जो महात्मा गांधी के बताए तरीकों से अधिक सफल हो।**" उन्होंने कहा "गांधीजी के दार्शनिक विचारों को या नेहरू के धुरी विरोधी विदेश नीति की भावुकता को मार्ग में नहीं आने देना चाहिए।"[2] कांग्रेस के अध्यक्ष की हैसियत से सुभाषचन्द्र बोस ने मार्च 1939 में प्रस्ताव किया था कि सरकार को यह अन्तिम चेतावनी दे देनी चाहिए कि 6 माह के अन्दर भारत को स्वतंत्र कर दिया जाए, किन्तु कांग्रेस ने इस प्रस्ताव को स्वीकार नहीं किया और उन्होंने कांग्रेस छोड़ दी और फार्वर्ड ब्लाक को संगठित किया। अब उनका उद्देश्य अपने नये दल (फार्वर्ड ब्लाक) द्वारा कांग्रेस पर कब्जा करना और सरकार के विरुद्ध प्रबल आन्दोलन करने का था। साम्राज्यवादी सरकार को सुभाष की गतिविधियों में एक खतरनाक क्रान्तिकारी नजर आया और उन्हें **27 जुलाई 1940 को बिना मुकदमा चलाये जेल में बंद** कर दिया। जेल में देश की समस्याओं पर विचार करते हुए वे तीन महत्वपूर्ण परिणामों पर पहुँचे।[3]

1. अंगरेज युद्ध में पराजित होंगे और ब्रिटिश साम्राज्य बिखर जाएगा।
2. अंगरेजों की स्थिति युद्ध में चिन्ताजनक होने पर भी ते भारतीयों को सत्ता नहीं सौपेंगे और स्वतन्त्रता के लिए भारतीयों को संघर्ष करना ही पड़ेगा।
3. यदि भारत युद्ध में ब्रिटेन के विरुद्ध रहेगा और ब्रिटेन से लड़ने वाली शक्तियों के साथ सहयोग करेगा तो भारत को आजादी मिल जायेगी।

वे इस निष्कर्ष पर पहुँचे कि भारत को अन्तर्राष्ट्रीय राजनीति के क्षेत्र में सक्रिय रूप से प्रवेश करना चाहिए। जेल में उन्होंने 24 नवम्बर 1940 को अनिश्चितकालीन अनशन की शुरुआत की। 5 दिसम्बर 1940 को उन्हें रिहा कर, उनके घर में पुलिस की कड़ी निगरानी में रखा गया। 17 जनवरी 1941 को घर से भागकर खलजी पठान वेश में काबुल से मास्को होते हुए 28 मार्च 1941 को वे बर्लिन जा पहुँचे। जर्मन परराष्ट्र विभाग ने उनका स्वागत किया और उन्हें रेडियो द्वारा बर्लिन से भारत में अपने ब्रिटिश विरोधी विचारों का प्रचार करने की सुविधाएँ प्रदान कीं। हिटलर के प्रमुख सलाहाकार रिबेनट्राप के साथ सुभाष बोस ने अंगरेजी विरोधी कार्य करना प्रारम्भ किया। उन्होंने जर्मनी में ही भारतीय युद्ध बन्दियों में से ऐसी भारतीय सेना संगठित करने का निश्चय किया जो मध्य एशिया में जर्मन सेना के सहयोग से भारत की उत्तर–पश्चिमी सीमा पर अंगरेजी सेना के विरुद्ध लड़ाई छेड़ सके।[4] 29 मई को हिटलर से उनकी लम्बी बातचीत हुई, सुभाष ने प्रस्ताव रखा कि भारतीय सेनाओं द्वारा लड़ाई शुरु करने से पूर्व धुरी शक्तियां (जर्मनी, इटली एवं जापान) उन्हें यह विश्वास दिलाए कि वे भारत की स्वाधीनता को मान्यता प्रदान करेंगे। किन्तु हिटलर ने स्वतंत्र भारत की घोषणा को नहीं माना।[5]

जर्मन में ही उनके नाम के साथ "नेताजी" शब्द जोड़ा गया। बोस ने पेरिस और रोम में "फ्री इण्डिया सेन्टर" की स्थापना की। सुभाष ने इसी दौरान "जय हिन्द" का नारा अपनाया था। पूर्व में इन दिनों जापान ने बड़ी सफलता प्राप्त की। 15 जनवरी 1942 को उनका सिंगापुर पर कब्जा हो गया। हजारों भारतीय सैनिक युद्ध बन्दी बनाये गये। इस तरह पूर्व एशिया का क्षेत्र बोस के लिए अधिक महत्वपूर्ण बन गया था। अतः जर्मनी के थोड़े से आश्वासन पर वे जापान चले गये ताकि उसकी मदद लेकर भारत के मुक्ति संग्राम का नेतृत्व कर सके।

दक्षिण पूर्व एशिया में भारतीय

प्रथम महायुद्ध के दौरान गिरफ्तारी से बचने के लिए 1915 में रासबिहारी बोस जापान चले गये थे और वहीं शादी कर रहने लगे। दूसरे महायुद्ध का लाभ उठाकर अंगरेजों के खिलाफ सशस्त्र संघर्ष चलाने के लिए भारतीयों को उन्होंने संगठित किया। रासबिहारी बोस की पहल पर भारतीयों का राजनीतिक सवालों पर विचार करने के लिए एक सम्मेलन 28–30 मार्च 1942 को बुलाया गया।[6] इस सम्मेलन ने भारतीय अफसरों के मातहत एक सेना संगठित करने का प्रस्ताव किया जिसका उद्देश्य भारत की मुक्ति के लिए युद्ध करना था। इस प्रकार जापान अधिकृत सम्पूर्ण एशिया के प्रवासी भारतीयों को लेकर '**इण्डिया इंडिपेंडेंस लीग**' की स्थापना की गई। इसके बाद **बैंकाक में 15 से 23 जून 1942** को एक अधिवेशन हुआ जिसमें जापान, चीन, बोर्नियो, जावा, सुमात्रा, हांगकांग, मलाया, थाईलैण्ड, बर्मा, हिन्दचीन, फिलीपीन और अंडमान के लगभग सौ प्रतिनिधि सम्मिलित हुए जिसमें रासबिहारी बोस को लीग (इण्डियन इंडिपेंडेंस) का अध्यक्ष चुना गया और यहीं **इण्डियन नेशनल आर्मी** (आजाद हिन्द फौज) के गठन का निर्णय हुआ। **कैप्टन मोहन सिंह को आजाद हिन्द फौज का कमाण्डर** नियुक्त किया गया। अब तक फौज में 40,000 (अगस्त 1942 तक) भारतीय सैनिक भर्ती हो चुके थे।

दिसम्बर 1941 में जापानियों ने उत्तरी मलाया पर आक्रमण कर अंगरेज सेना को पराजित कर दिया था। ब्रिटिश सेना की पहली बटालियन के कप्तान मोहनसिंह कुछ अफसरों और सैनिकों के साथ बच निकले थे। लेकिन आखिर में पकड़े गये और कोई उपाय न पाकर उन्होंने जापानियों के समक्ष आत्मसमर्पण कर दिया। वहां एक सिक्ख साधु **ज्ञानी प्रीतमसिंह** और **जापानी अफसर मेजर फूजीहारा** (Fujiwara) के समझाने पर मोहनसिंह भारत की स्वतन्त्रता के लिए जापानियों से मिलकर लड़ने को तैयार हो गए।[7] 15 फरवरी 1942 को सिंगापुर का पतन होने पर 40,000 भारतीय सैनिक युद्ध बन्दी बनाए गए।[8] फूजीहारा ने उन्हें मोहनसिंह को सौंप दिया। इन युद्ध बन्दियों को प्रेरित कर मोहनसिंह ने इण्डियन नेशनल आर्मी (भारतीय राष्ट्रीय सेना) के नाम से 1 सितम्बर, 1942 को मोहनसिंह एवं मोहम्मद अकरम ने मिलकर 'आजाद हिन्द फौज' खड़ी की।

सुभाषचन्द्र बोस एवं आजाद हिन्द फौज (I.N.A.): बैंकाक सम्मेलन में निर्णय किया गया था कि 'इंडियन इंडिपेंडेंस लीग' आजाद हिन्द फौज के लिए आवश्यक धन, जन एवं सामग्री जुटायेगी। लीग ही जरूरी हथियार, जलयान एवं वायुयान उपलब्ध करवाने का अनुरोध जापान सरकार से करेगी। आजाद हिन्द फौज के समस्त अधिकारी भारतीय होंगे और वे केवल भारत की आजादी के लिए लड़ेंगे।[9] आजाद हिन्द फौज ने कुछ महीनों में तीन लड़ाकू ब्रिगेड खड़ी कर ली, जिनके नाम गाँधी, आजाद और नेहरू के नाम पर रखे गये। आजाद हिन्द फौज को प्रारम्भ से ही अनेक कठिनाईयों का सामना करना पड़ा। जापानी अधिकारी अपनी युद्ध नीति भारतीय अफसरों एवं जवानों पर थोप रहे थे इसके खिलाफ कैप्टन मोहनसिंह ने नाराजगी जाहिर करने का प्रयास किया तो उन्हें दिसम्बर 1942 में गिरफ्तार कर लिया गया। रासबिहारी बोस एवं मोहनसिंह में भी परस्पर मनमुटाव हो गया था।[10] निरंजनसिंह गिल, मोहनसिंह आदि ने जापानी जेल में भी आत्म–समर्पण नहीं किया और जेल की कोठरियों में भयंकर यातनायें सहन करनी पड़ीं। दूसरी ओर रासबिहारी बोस ने एक अन्य सम्मेलन अप्रैल 1943 में स्थिति की समीक्षा करने के लिए बुलाया, लेकिन इसमें उन्हें अधिक सफलता नहीं मिली। फलस्वरूप सुभाषचन्द्र बोस को आजाद हिन्द फौज की सर्वोच्च कमान संभालने के लिए सिंगापुर बुलाया गया। उनका जर्मनी से निकलना काफी मुश्किल था। लेकिन 8 फरवरी 1943 को कील बन्दरगाह से एक जर्मन पनडुब्बी में बैठकर बोस वहाँ से निकल आए और सुमात्रा से अपने जापानी मित्र कर्नल यामामोटो के साथ वायुयान द्वारा 13 जून को टोकियो पहुँच गये। टोकियो में सुभाष बोस प्रधानमंत्री टोजो और कई बड़े–बड़े अधिकारियों से मिले। बोस को जो सहयोग हिटलर और मुसोलिनी से नहीं मिला था वह शीघ्र ही टोजो से प्राप्त हो गया। टोजो ने डाईट (पार्लियामेन्ट) में घोषणा की कि "जापान ने दृढ़तापूर्वक निश्चय कर लिया है कि भारतीय लोगों के शत्रु ऐंग्लोसेक्सन लोगों के प्रभाव को भारत से समाप्त करने के लिए सब प्रकार की सहायता की जायेगी जिससे भारत वास्तव में पूर्ण स्वतंत्रता प्राप्त कर सके।"[11] बोस ने 12 जुलाई 1942 को सिंगापुर पहुँचकर औपचारिक रूप से लीग की अध्यक्षता स्वीकार की, जिसका रासबिहारी बोस ने प्रस्ताव किया था यहीं सर्वप्रथम उन्होंने आजाद हिन्द

फौज की सलामी ली। **सुभाष बोस ने 30 दिसम्बर 1943 को पोर्ट ब्लेयर में तिरंगा फहराया था। पोर्ट ब्लेयर में तिरंगा फहराने की वर्षगांठ (75वीं) पर वर्तमान भारतीय प्रधानमंत्री श्री नरेन्द्र मोदी जी ने भी झण्डा फहराया था।** जापान ने आजाद हिंद सरकार को यह द्वीप सौंपा था।

फौज के जवानों को सम्बोधित करते हुए उन्होंने कहाः हमारे सामने भंयकर युद्ध है। हमारा शत्रु शक्तिशाली, सिद्धान्तहीन और दयाहीन है। यह आजादी की ओर हमारा अन्तिम प्रयास है। उसमें आप लोगों को भूख, कष्ट, लम्बे–लम्बे प्रयाण और मृत्यु तक सहनी पड़ेगी। यदि आप इस परीक्षा में सफल हो गए तो आपको स्वतन्त्रता अवश्य मिलेगी।[12] धन एवं सामग्री के रूप में भारतीयों ने आजाद हिन्द फौज को खुलकर सहयोग दिया। आजाद हिन्द फौज के नारे थे 'जय हिन्द' और 'दिल्ली चलो'। सुभाष की सबसे अधिक प्रसिद्ध वह घोषणा थी जिसमें उन्होंने 1944 में बर्मा की एक रैली में कही थी जो आगे जाकर देशवासियों के लिए एक सूत्र वाक्य बन गई थी, "तुम मुझे खून दो, मैं तुम्हें आजादी दूँगा।" आजाद हिन्द फौज स्पष्ट रूप से असाम्प्रदायिक थी, इसमें मुसलमान अधिकारी और जवान बड़ी संख्या में थे। और एक नयी बात यह थी कि स्त्रियों की भी एक टुकड़ी बनाई गई थी जिसका नाम झाँसी की रानी के नाम पर रखा गया।[13]

रानी झांसी रेजीमेंट: कैप्टन डाक्टर लक्ष्मी सहगल को इस रेजीमेंट का नेतृत्व सौंपा गया इसका गठन मलाया एवं बर्मा की महिला स्वयं सेवियों के सहयोग से किया था। आजाद हिन्द फौज का राष्ट्रीय गान टैगोर की कविता थी। कांग्रेस का तिरंगा झण्डा इसका झण्डा था। जापान सरकार ने औपचारिक रूप से अंडमान व निकोबार टापू काम चलाऊ (अस्थायी सरकार) स्वतंत्र भारत सरकार के सुपुर्द कर दिए थे, दिसम्बर 1943 में बोस वहाँ गए और तिरंगा झण्डा फहराया। रंगून में अस्थायी सरकार की राजधानी एवं आजाद हिन्द फौज का कमांड बनाया गया। 4 फरवरी 1944 को सुभाष ब्रिगेड रंगून से अराकान की पहाड़ियों की ओर बढ़ी। आजाद हिन्द फौज बर्मा में अंगरेजों से भिड़ गई और अराकान के मोर्चे पर इसने ब्रिटिश सेनाओं की टुकड़ी को बुरी तरह से हराया। फिर यह सेना नागा पहाड़ियों में कोहिमा की ओर अग्रसर हुई। जापानी सेना के साथ इस सेना ने कोहिमा और वहाँ की चारों ओर पहाड़ियों पर तिरंगा फहराया।[14] इसी समय इम्फाल के मैदानों में दूसरी बटालियन लड़ रही थी। दुर्भाग्य से आजाद हिन्द फौज के पास वायुयान, तोपखाना, मोर्टार (गोला फेंकने की बन्दूकें) एवं उपलब्ध मशीनगनों की मरम्मत के पुर्जे नहीं थे और न ही आवश्यक संचार की समुचित व्यवस्था थी। इन सबके अभाव ने फौज की युद्ध की क्षमता को प्रभावित किया।[15]

मई के अन्त में वर्षा प्रारम्भ हो जाने से जापानी लोगों का टिकना असंभव हो गया था और 7 जून को उन्होंने अंगरेज सेना का सामना करना छोड़ दिया। उनकी 50 प्रतिशत सेना नष्ट हो चुकी थी। स्थल मार्ग से सामग्री पहुँचाना वर्षा ऋतु में अत्यन्त कठिन था। चीन की सीमा पर स्थिति बड़ी खराब हो गई थी।[16] इस स्थिति का विवरण देते हुए सुभाष ब्रिगेड के **कमाण्डर शाहनवाज खाँ** ने लिखा हैः इस तरह आजाद हिन्द और जापान का मुख्य आक्रमण समाप्त हुआ जो मार्च 1944 में शुरु हुआ था। इस काल में फौज ने निम्न कोटि के शस्त्रों और बेहद दुर्बल आपूर्ति व्यवस्था के साथ भारतीय सीमा में 150 मील अन्दर प्रवेश करने में सफल हुई, जब आजाद हिन्द फौज आगे बढ़ रही थी तो एक भी ऐसा अवसर नहीं आया जब शत्रु अपने बेहतर शस्त्रबल के बावजूद फौज द्वारा अधिकृत किसी चौकी पर अधिकार कर सकी हो। दूसरी ओर ऐसे बहुत कम मामले होंगे जब आजाद हिन्द फौज ने किसी ब्रिटिश चौकी पर आक्रमण किया हो और उस पर विजय प्राप्त न की हो। इन सभी अभियानों में आजाद हिन्द फौज ने 4000 आदमी खोये।[17]

जापानी सेना की बिगड़ती हालत, रोग तथा भूख के कारण बहुत से सैनिक आजाद हिन्द फौज छोड़कर जाने लगे। स्थिति में सुधार लाने के लिए जापान के प्रधानमंत्री के निमंत्रण पर बोस अक्तूबर में जापान गये। किन्तु इस समय तक जापान अमेरिकी वायु सेना द्वारा घेर लिया गया था और निरन्तर बमों की वर्षा जारी थी। अतः जनवरी 1945 के शुरु में बोस वापस बर्मा पहुँचे। इस दौरान कितने ही भारतीय सैनिक एवं अधिकारी काम छोड़कर भाग गए थे और मई के मध्य तक आजाद हिन्द फौज बिल्कुल समाप्त हो गई। जापान के हीरोशिमा एवं नागासाकी नगरों पर अणुबम गिराये जाने के बाद आजाद हिन्द फौज के जवानों एवं अधिकारियों ने आत्म–समर्पण कर दिया।

भारत की आजादी में आजाद हिन्द फौज के योगदान की चर्चा करते हुए सुमित सरकार लिखते हैंः सैन्य दृष्टि से तो आजाद हिन्द फौज का महत्व बहुत अधिक नहीं रहा और यदि वह अधिक प्रभावी रही होती तो उसका आगमन बहुत देर से हुआ था, क्योंकि 1944 तक धुरी शक्तियां सर्वत्र पीछे हटने लगी थीं। ...फिर भी बहुत अप्रभावी ढंग से ही सही, देश की स्वाधीनता के लिए लड़ रही एक वास्तविक सेना ने देशभक्तों के मानस पर जो प्रभाव डाला, उसके महत्व को कम करके

नहीं आंकना चाहिए, वह भी ऐसा जिसका नेतृत्व एक बंगाली ने किया था, जबकि ये बंगाली ही अंगरेजों की पारम्परिक धारणा के अनुसार भारतीय जातियों में सबसे कम 'लड़ाकू' थे।[18] आजाद हिन्द फौज की उपलब्धियों का जिक्र करते हुए ताराचंद ने लिखा है: असफलताओं के बावजूद आजाद हिन्द फौज का भारतीय स्वतंत्रता संग्राम के इतिहास में महत्वपूर्ण स्थान है। बोस ने काम चलाऊ सरकार स्थापित की थी और आजाद हिन्द फौज को संगठित किया। इनसे भारत का प्रश्न ब्रिटिश साम्राज्य के संकुचित दायरे से निकलकर अन्तर्राष्ट्रीय राजनीति के विस्तृत क्षेत्र में चला गया।[19] **दूसरे,** जापान ने स्वतंत्र भारत को मान्यता प्रदान की, तदनंतर जर्मनी, इटली और अन्य देशों ने भी भारत की नई स्थिति को स्वीकार कर लिया। चीन एवं अमेरिका ने भी भारत के लिए आत्म निर्णय के अधिकार को मान लिया था। इस प्रकार विश्वयुद्ध और बोस के महान प्रयासों से भारत की समस्या पर विश्व के सभी बड़े राष्ट्रों ने गंभीरतापूर्वक विचार किया। **तीसरे,** आजाद हिन्द फौज के संघर्ष ने दिखा दिया कि जिन लोगों ने अंगरेजों के खिलाफ सशस्त्र संघर्ष किया था वे किसी भी तरह साम्प्रदायिक विभाजन से प्रभावित नहीं थे। **चौथे,** रानी झांसी ब्रिगेड ने जो सिर्फ महिलाओं की ब्रिगेड थी, अंगरेजों के खिलाफ सशस्त्र संघर्ष संचालन में भारतीय महिलाओं की क्षमताओं को सामने ला दिया। **पांचवे,** आजाद हिन्द फौज ने सिद्ध कर दिया कि भारत के सैनिक केवल रोटी के लिए नहीं लड़ते थे (अंगरेज लोग अब तक ऐसा ही सोचते थे) प्रत्युत वे अपनी मातृभूमि के लिए अपने जीवन का बलिदान करने के लिए तत्पर थे। **छठें,** इस तरह फौज के अफसरों ने भी दिखा दिया कि वे स्वतंत्र रूप से नेतृत्व कर सकते थे और विषम परिस्थितियों का सामना करने की उनमें क्षमता है। **सातवें,** आजाद हिन्द फौज ने विदेशी शासकों को अवगत करवा दिया कि भारत के वेतन भोगी सैनिकों की स्वामीभक्ति पर, भारत को अपने अधीन बनाये रखने के लिए भरोसा नहीं कर सकते और उन्हें भाड़े का सिपाही मानकर भी नहीं चल सकते। **आठवां,** इससे यह भी सबक मिला कि स्वतंत्रता संग्राम के लिए अहिंसात्मक साधन ही पर्याप्त नहीं थे। सुमित सरकार लिखते हैं कि इससे भी अधिक अर्थपूर्ण यह था कि आजाद हिन्द फौज के अनुभव और 1945–46 की शीत ऋतु में ब्रिटिश भारतीय सेना में फैलने वाली असन्तोष की लहर के बीच कदाचित कुछ सम्बन्ध था। इस असन्तोष की चरम परिणति फरवरी 1946 में बम्बई में नौसेना की बड़ी हड़ताल में हुई। बहुत संभव है कि अंगरेजों के शीघ्र ही भारत छोड़ देने के निर्णय के पीछे यही अकेला सबसे बड़ा निर्णायक कारण रहा हो।[20] सुभाषचन्द्र बोस को सफलता नहीं मिली क्योंकि उन्होंने अपनी गाड़ी डूबते हुए सितारे से जोड़ी थी। परन्तु उनके पीछे आने वाला समय भारत के लिए चमकते हुए सितारे के समान था। दूसरे विश्वयुद्ध के बाद ब्रिटिश साम्राज्य का भारत पर आधिपत्य न रहा।

आजाद हिन्द फौज पर मुकदमा

आजाद हिन्द फौज के अफसर उस समय गिरफ्तार कर लिये गये जब जापानियों को बर्मा (म्यानमार) से खदेड़ा जा रहा था। **शाहनवाज खान**, **गुरुबख्शसिंह ढिल्लो** तथा **प्रेम कुमार सहगल** के विरुद्ध आरोप थे कि उन्होंने सम्राट के विरुद्ध युद्ध किया है और अपने साथी बन्दियों को अपने साथ मिलाने में घोर पाशविकता बरती। युद्ध समाप्ति के बाद इनको बन्दी बनाकर भारत लाया गया। दिल्ली के प्रसिद्ध लाल किले में सबके सामने इनके विरुद्ध मुकदमा चलाया गया। आजाद हिन्द फौज के अधिकारी संयोग से मुसलमान, सिख एवं हिन्दू थे। इनके विरुद्ध मुकदमा चलाये जाने के समाचार से सारे देश में क्रोध की भावना उबल पड़ी। जगह–जगह पर जुलूस एवं सभाएं आयोजित की गई, रोषपूर्ण भाषण दिए गये। लोगों ने हर संभव तरीके से विरोध की अभिव्यक्ति की और इन कैदियों को तुरन्त छोड़ देने की मांग की। इस प्रक्रिया में कलकत्ता की घटनायें शेष स्थानों से कहीं अधिक महत्वपूर्ण रहीं। पूरा शहर आन्दोलित हो उठा, 21 नवम्बर 1945 को फारवर्ड ब्लाक के आह्वान पर छात्रों ने डलहौजी स्क्वायर पर प्रशासनिक आवासों की ओर प्रस्थान किया, मार्ग में **स्टूडेंट फेडरेशन** (कम्युनिस्ट पार्टी की छात्र इकाई) तथा **लीग स्टूडेंट आर्गेनाइजेशन** के सदस्य भी शामिल हो गए। धरमतला स्ट्रीट पर दूसरे दिन इन पर गोलियों की बौछार कर दी। 22–23 नवम्बर 1945 को भी गोलियां चलाई गई। जिसमें कुल 33 लोग मारे गये। इस दौरान भीड़ ने पुलिस एवं प्रशासनिक वाहनों में आग लगा दी और सम्पूर्ण व्यवस्था को भंग कर दिया।

देश के कई प्रसिद्ध वकीलों ने उन्हें अपनी सेवाएं अर्पित की, जिनमें भूलाभाई देसाई, तेज बहादुर सप्रू एवं जवाहरलाल नेहरू थे। इन वीर सेनानियों के मुकद्दमे आगे बढ़ने के साथ–साथ देश में राष्ट्रीय चेतना, राजनीतिक जागृति और विद्रोह की भावना बढ़ती गई। भूलाभाई देसाई ने अदालत के सामने प्रभावशाली शब्दों में पैरवी करते हुए कहा कि: किसी भी गुलाम देश, का यह जन्म सिद्ध अधिकार है कि वह विदेशी आक्रान्ताओं के विरुद्ध शस्त्र उठाकर लड़े। अदालत ने तीनों अधिकारियों को दोषी ठहराया तथा मृत्युदण्ड की सजा सुनाई। किन्तु देशभर में उस समय के वातावरण को देखते हुए सरकार को

इतना साहस न हुआ कि मृत्युदण्ड की सजा को कार्यरूप दे सके। अन्त में तीनों जनरलों को रिहा कर दिया गया। इस सन्दर्भ में मौलाना आजाद लिखते हैं: "मुकद्दमे की सुनवाई के दौरान वे जहां भी जाते थे वहां नौ सेना, वायुसेना और स्थल सेना के लोग उन्हें घेर लेते थे और कांग्रेस के प्रति अपनी वफादारी का विश्वास दिलाते थे।" इस परिवर्तन को समझाते हुए आगे लिखा है: दूसरे विश्वयुद्ध में सैनिक और असैनिक जातियों का भेद कम हो गया था और शिक्षित जातियों के बहुत से नवयुवक भारतीय सेना में भर्ती हो चुके थे। इससे पहले इन जातियों के नवयुवकों को नहीं लिया जाता था। वे नवयुवक देशभक्त थे। अदालत या वायसराय द्वारा बाद में आजाद हिन्द फौज के सब लोग रिहा कर दिए गए। इस नैतिक विजय से भारतीय जनता गर्व से फूली न समाई, लोगों के दिलों से अंगरेजों की दमन नीति का डर निकल गया। भारत के तत्कालीन कमांडर इन चीफ क्लाड अचिन लेक ने स्वीकार किया था कि (1946 में) ब्रिटिश सरकार भारत की तीनों सेनाओं पर नियंत्रण रखने की स्थिति में नहीं है। 1946 में नौ सेना को आजाद हिन्द फौज के बलिदानों से प्रेरणा मिली। इन परिस्थितियों में ब्रिटिश प्रधानमंत्री ऐटली ने भारत को आजाद करने की घोषणा की थी। 1956 में अपनी भारत यात्रा में ऐटली ने इस बात को स्वीकार किया था। अर्थात् सुभाष बोस व नौसेना का आन्दोलन भारत की आजादी के तात्कालीक कारण थे।

निष्कर्ष: इस प्रकार आजाद हिन्द फौज के आन्दोलन ने न केवल यह स्थापित कर दिया कि भारतीयों से सम्बन्धित मामले तय करने का अधिकार भारतीयों को ही है बल्कि उसके द्वारा यह अधिकार हासिल भी कर लिया गया।

- दूसरे इस मुकदमे से सम्पूर्ण भारत में राष्ट्रीयता की भावना का विकास हुआ बल्कि सेना के प्रत्येक स्तर पर लोगों की सहानुभूति इनके साथ थी। यह औपनिवेशिक शासन के लिए एक चिंता का विषय था। कमाण्डर–इन चीफ ऑचिन लेक का कहना था कि भारतीय अधिकारियों में शत–प्रतिशत की और जवानों में अधिकांश की सहानुभूति आजाद हिन्द फौज के साथ है। इस टिप्पणी से सेना के अधिकारियों को बड़ा आश्चर्य हुआ क्योंकि उन्होंने यह सोचकर इस मामले में कड़ा रुख अपनाया था कि नरमी को सेना के लोग 'एक बड़ा अपराध' समझेंगे।[21]
- इस निर्णय से भारत में अपने कानून चलाने के ब्रिटिश अधिकार के आगे प्रश्न चिन्ह लग गया।
- अन्त में आजाद हिन्द फौज द्वारा अपनाया गया 'जय हिन्द' और नमस्कार का ढंग सारे देश में अपना लिया गया। टैगोर के राष्ट्रीय गान को भी आजाद हिन्द फौज ने ही लोकप्रिय बनाया। जाति सम्प्रदाय व स्थानीयता से परे राष्ट्रीयता को बढ़ाने में इसने अनुपम कार्य किया। प्रवासी भारतीयों को राष्ट्रीय आन्दोलन से जोड़ने में इसका उल्लेखनीय योगदान रहा। भाषा विवाद से ऊपर उठकर उर्दू–हिन्दी मिश्रित भाषा हिन्दुस्तानी को प्रोत्साहन मिला।

शाही नौसेना का संघर्ष (The Struggle of Royal Indian Navy—18 February)

द्वितीय विश्वयुद्ध के बाद संभवतः सबसे भयंकर साम्राज्य विरोधी टकराव था शाही भारतीय नौसेना (रॉयल इण्डियन नैवी) का विद्रोह। दूसरे महायुद्ध से पूर्व भारतीय समुद्र तट की रक्षा करने वाले जंगी जहाजों को ब्रिटिश नौसेना से अलग करके रॉयल इण्डियन नेवी का गठन किया था। इसके नाविक, अधिकारी और कुछ बड़े अफसर भारतीय थे, किन्तु अधिकांश उच्च पदों पर अंगरेजों का आधिपत्य था। विदेशों में सेवा करने के फलस्वरूप नौ सैनिक विश्व के घटनाक्रम से भलीभांति परिचित थे। आजाद हिन्द फौज के अधिकारियों के विरुद्ध मुकदमे से सम्पूर्ण भारत में साम्राज्यवादी सरकार के प्रति विरोध की अभिव्यक्ति हुई, भारतीय सैनिकों पर भी इसका प्रभाव होना स्वाभाविक था। सरकारी कर्मचारी और सेना के तीनों अंगों के भारतीय सैनिकों की भावनाओं और दृष्टिकोण में जो मूल परिवर्तन आया उसकी अभिव्यक्ति अबुल कलाम आजाद ने अपने शब्दों में इस प्रकार की है: सशस्त्र सेना के तीनों अंग देशभक्ति की एक नई भावना से प्रेरित थे।..... इन दिनों में जहाँ कहीं भी आया सेना के नौजवानों ने बाहर आकर मेरा स्वागत किया तथा अपनी सहानुभूति और श्रद्धा प्रदर्शित की। उन्होंने इस बात की चिंता नहीं की कि उनके यूरापीय अफसरों की प्रतिक्रिया क्या होगी। जब मैं करांची गया तो नौ सेना के अफसरों का एक दल मुझसे मिलने आया.... उन्होंने मुझे विश्वास दिलाया कि यदि कांग्रेस आवश्यक आज्ञा जारी करे तो वे कांग्रेस के साथ आ जायेंगे, यदि कांग्रेस और सरकार के बीच संघर्ष हुआ तो वे कांग्रेस का साथ देंगे, सरकार का नहीं। बम्बई में सैकड़ों अफसरों ने ऐसी ही भावनाएं व्यक्त की थीं। यह भावनाएं केवल अफसरों में ही नहीं अपितु सैनिकों में भी व्यापक रूप से फैली हुई थी।[22] आजाद का कथन यह इंगित करता है कि भारतीय सैनिक राष्ट्रीय आन्दोलन की गतिविधियों

एवं अन्तर्राष्ट्रीय परिप्रेक्ष्य में अंगरेजों की स्थिति से अनभिज्ञ नहीं थे। आई.एन.ए. के अधिकारियों पर मुकदमा चलाये जाने से उनके स्वाभिमान को ठेस पहुंची। ऐसी स्थिति में कोई भी छोटी–सी घटना भंयकर विद्रोह का कारण बन सकती थी।

नौ सेना का तलवार ट्रेनिंग स्कूलः फरवरी 1946 में नौ सेना के कुछ नाविकों की बम्बई (मुम्बई) की बैरकों में ट्रेनिंग हो रही थी। नाविकों ने ब्रिटिश अफसर के सामने खराब खाने के बारे में अपनी सामान्य शिकायतें रखीं। प्रत्युत्तर में ब्रिटिश अधिकारी ने बड़े घमण्ड के साथ जवाब दियाः "भिखमंगों को चुनने की छूट नहीं हो सकती।" उसने यह भी कहा कि "जो कंकड़ पत्थर मिला चावल नहीं खाते वे स्वयं अपने हाथ से चावल साफ करें।" जहाज 'तलवार' के ट्रेनिंग स्कूल के नाविकों ने अफसर के इस कथन का प्रतिवाद किया। बैरकों की दीवारों पर शीघ्र ही पोस्टर चिपका दिये गए; 'अंगरेजों भारत छोड़ो', 'हिन्दुस्तान जिन्दाबाद'। कहा जा सकता है कि प्रश्न खराब खाना दिये जाने से सम्बन्धित न होकर हिन्दुस्तान की आजादी का था। खराब खाने की शिकायत तो अपने क्षोभ को व्यक्त करने का केवल बहाना थी। इस तथ्य की पुष्टि **प्रमुख सिगनलर एम.एस. खान द्वारा (हिन्दुस्तानी भाषा में)** सिपाहियों को सम्बोधित करने में होती है। उसने सिपाहियों को कहा थाः "वे अपने पेट भरने के लिए बेहतर भोजन प्राप्त करने या अपेक्षाकृत आरामदायक जिन्दगी बिताने की मांग करने के लिए नहीं लड़ रहे हैं। वे अपने देश को स्वतंत्र कराने के लिए लड़ रहे हैं।" उसने सिपाहियों से अपील की "कि वे अपनी राइफलों से उन पर आग उगलकर अपनी आगे आने वाली पीढ़ियों का सिर शर्म से न झुकाएं।" इस अपील का प्रभाव यह हुआ कि नाविकों की ओर से गोलियाँ चलनी बंद हो गईं।[23] नाविकों की अन्य मांगे थीं: गोरे और भारतीय नाविकों के लिए समान वेतन का प्रावधान किया जाये। जातीय भेदभाव समाप्त हो। आजाद हिन्द फौज के एवं अन्य राजनीतिक कैदियों की रिहाई और इण्डोनेशिया एवं जावा से भारतीय सैनिकों को वापस बुलाया जाये एवं सभ्य बर्ताव आदि।

जब नाविकों द्वारा अपनी शिकायतों को लेकर विरोध प्रकट किया जा रहा था कुछ रेडियो ऑपरेटरों को इस सन्देह में गिरफ्तार कर लिया गया कि वे कम्युनिस्ट पार्टी से सम्बन्धित हैं। इस गिरफ्तारी का जवाब नाविकों ने 18 फरवरी 1946 को हड़ताल से दिया। यह हड़ताल बैरकों के नाविकों से शुरु हुई और दोपहर तक 'तलवार' के सारे नाविक हड़ताल में सम्मिलित हो गए। 'तलवार' ट्रेनिंग स्कूल के नाविकों के आह्वान पर सभी बारह तटीय प्रतिष्ठानों के 20,000 नाविकों ने पूर्ण हड़ताल कर दी तथा 19 फरवरी को बम्बई के 20 जंगी जहाजों में फैल गई और बन्दरगाह के अन्य जहाज भी इसमें शामिल हो गए। हड़तालियों ने जहाजों से यूनियन जैक हटा दिया और उनके स्थान पर कांग्रेस तथा मुस्लिम लीग के झण्डे फहरा दिए।[24] नाविकों ने एक नौसेना केन्द्रीय हड़ताल समिति का गठन किया जिसके प्रमुख एम.एस. खान थे। सुमित सरकार के अनुसार ये लोग शांतिपूर्ण हड़ताल और पूर्ण विद्रोह के बीच पशोपेश में पड़े रहे, जो घातक सिद्ध हुआ। 20 फरवरी को उन्होंने अपने–अपने जहाजों में लौट जाने के आदेश का पालन किया, जहां सेना के गार्डों ने उन्हें घेर लिया। अगले दिन कैसिल बैरकों में नाविकों के घेरा तोड़ने का प्रयास करने पर लड़ाई आरम्भ हो गई जिसके लिए गोला बारूद जहाज से मिल रहा था। एडमिरल गॉडफ्रे ने बमवर्षक विमान भेजकर नौसेना को नष्ट कर देने की धमकी दी। उसी दिन तीसरे पहर भाईचारे के हृदयग्राही दृश्य देखने को मिले। लोगों की भीड़ गेटवे ऑफ इण्डिया पर नाविकों के लिए खाना लेकर आई थी और दुकानदार भी उनसे कह रहे थे वे जो चाहें, उनकी दुकानों से ले लें। यह घटनाक्रम अनायास ही ब्लैक सी फ्लीट के विद्रोह का स्मरण कराता है जो 1905 में पहली रूसी क्रान्ति के समय हुआ थाः वह विद्रोह भी अखाद्य भोजन को लेकर आरम्भ हुआ था और विद्रोहियों से भाईचारा दर्शाने वाली भीड़ बाद में गोलियों से भून दी गई थी।[25] कराची में भी यह हड़ताल 'हिन्दुस्तान' नामक जहाज में तेजी से फैल गई और सशस्त्र आक्रमण शुरु हो गया। 22 फरवरी तक 78 जहाजों 20 बन्दरगाहों तथा 20,000 भारतीय नौसैनिक समेत विद्रोह देश के तमाम अड्डों तक फैल गया। कराची में हिन्दू–मुस्लिम छात्रों एवं मजदूरों ने मिलकर भारतीय नाविकों के समर्थन में प्रदर्शन किए और सेना तथा पुलिस से उनकी मुठभेड़ हो गई। मद्रास, विशाखापतनम, कलकत्ता, दिल्ली, कोचीन, जामनगर, अंडमान और देश से बाहर बहरीन एवं अदन में भी सांकेतिक हड़तालें हुईं। मेरीन ड्राइव, अंधेरी, पूणे, कलकत्ता, जसोर और अम्बाला केन्द्रों के रॉयल इण्डियन एयरफोर्स के लोगों ने भी सहानुभूति में हड़ताल की घोषणा की। नाविक विद्रोह के बाद बम्बई (मुम्बई) की जनता इतनी अधिक उत्तेजित हो गई कि सरकारी अनुमानों के अनुसार 30 दुकानों, 10 डाकघरों, 10 पुलिस चौकियों, 64 अनाज की दुकानों और 200 बिजली के खंभों को बर्बाद कर दिया। कम्युनिस्ट पार्टी ने आम हड़ताल का आह्वान किया, तो लाखों मजदूर अपने कारखाने छोड़कर सड़क पर निकल आए।[26] एक अनुमान के अनुसार 22 फरवरी को लगभग 3 लाख लोग कांग्रेस एवं लीग के निर्देशों की उपेक्षा करते हुए मिलों एवं फैक्ट्रियों को छोड़कर नाविकों के समर्थन में निकल पड़े थे। शहर में कानून एवं व्यवस्था को बहाल करने के

लिए दो सैनिक टुकड़ियों को लगाया गया। भारतीय जवानों ने अपने साथी हड़ताली नाविकों पर गोली चलाने से इन्कार कर कर दिया तो अंगरेज सैनिकों को बुलाया गया था। कैसिल बैरक के बाहर 7 घंटे तक घमासान लड़ाई चलती रही। 21 से 23 फरवरी, तीन दिन के अन्दर सरकारी आंकड़ों के अनुसार 250 लोग मारे गये और लगभग 1046 घायल हुए।[27]

कांग्रेस–मुस्लिम लीग नेताओं की प्रतिक्रिया: विद्रोही नाविकों ने शुरु से ही कांग्रेस और मुस्लिम लीग के नेताओं के साथ सम्पर्क किया था, लेकिन इन नेताओं का न तो उन्हें कोई समर्थन मिला और न कोई व्यावहारिक मदद ही। रजनीपाम दत्त लिखते हैं कि एडमिरल गॉडफ्रे की इस धमकी पर कि: "सरकार तुम लोगों के खिलाफ अपनी जबर्दस्त ताकत का पूरा–पूरा इस्तेमाल करेगी.... भले ही ऐसा करने में हमारी नौ सेना पूरी तरह बरबाद ही क्यों न हो जाए", के जबाव में जरूरत इस बात की थी कि हड़ताल का समर्थन करके अंगरेज अधिकारी की इस धमकी को विफल किया जाए और नौसेना के नाविकों का जीवन बचाया जाये, लेकिन कांग्रेस नेतृत्व की तरफ से वल्लभभाई पटेल ने हडताल का समर्थन करने से इन्कार कर दिया और उसके खिलाफ हिदायतें जारी कर दीं।[28] यद्यपि अरुणा आसफ अली और अच्युत पटवर्धन जैसे समाजवादी कांग्रेसियों ने हड़ताल का समर्थन किया था। दूसरी ओर कांग्रेस और लीग के प्रान्तीय इकाईयों के नेता एस.के. पाटिल और चुंदरीगर ने तो कानून और व्यवस्था स्थापित करने में सहायता के लिए स्वयं सेवक प्रदान करने का प्रस्ताव भी किया। बिपिनचन्द्र रजनीपाम दत्त के विचार से सहमत नहीं हैं कि पटेल नाविकों की हड़ताल के खिलाफ थे, वे लिखते हैं कि: बात यह नहीं थी। दरअसल वे समझ गये थे कि दमन करने में ब्रिटिश शासन किस हद तक सक्षम है और उसके इरादे क्या हैं। उनके इस आंकलन की पुष्टि बी.सी. दत्त ने भी की है, जो नाविकों के एक महत्वपूर्ण नेता थे। पटेल ने 22 फरवरी 1946 को नेहरू को लिखा था कि "नौ सेना और सेना की ताकतें इतने जबर्दस्त ढंग से यहाँ जुटी हुई हैं कि उन्हें (विद्राहियों को) पूरी तरह नष्ट किया जा सकता है और उन्हें इस बात की धमकी भी दी जा चुकी है।[29] जवाहरलाल नेहरू ने प्रारम्भ में अरुणा आसफ अली का बम्बई आने का निमंत्रण स्वीकार कर लिया किन्तु बाद में "हिंसा के उच्छृंखल उद्रेक को रोकने की आवश्यकता है" कहकर टाल दिया। यद्यपि कुछ समय बाद उन्होंने सेना और जनता के बीच की 'लोहे की दीवार' तोड़ने के लिए नौसेना की हड़ताल की प्रशंसा की। गांधीजी ने अहिंसा के दर्शन के अनुरूप नाविकों की हड़ताल को अनुचित घोषित करते हुए कहा: "यदि नाविकों को कोई शिकायत है तो वे चुपचाप अपनी नौकरी छोड़ दें।" अरुणा आसफ अली ने इसके प्रतिवाद में कहा कि: "नाविकों से नौकरी छोड़ने की बात कांग्रेसियों के मुँह से शोभा नहीं देती क्योंकि वे स्वयं विधायिकाओं में जा रहे हैं।"[30]

सरदार पटेल ने लीग के नेता जिन्ना के सहयोग से नाविकों को समर्पण के लिए तैयार कर लिया। हड़तालियों को आश्वासन दिया गया कि राष्ट्रीय दल उन्हें अन्याय का शिकार नहीं होने देंगे। अतः केन्द्रीय हड़ताल समिति ने हथियार डाल दिये लेकिन दो दिनों के अन्दर ही उनके नेताओं को गिरफ्तार कर लिया गया। हड़ताल समिति के अध्यक्ष ने अपने अन्तिम वक्तव्य में कहा: "हम भारत के सामने आत्मसमर्पण कर रहे हैं, ब्रिटेन के सामने नहीं।"[31]

इस प्रकार यह विद्रोह अल्पकालिक ही रहा और सात दिन हड़ताल चलते रहने के बाद सेना के हस्तक्षेप से टूट गई। शाही नौसेना के नाविकों द्वारा विद्रोह कर देने से थल सेना में कोई विद्रोह नहीं हुआ। बम्बई की एक मराठा बटालियन ने नाविकों को बैरकों में जाने के लिए बाध्य किया। इसीलिए वायसराय वेवल (Wavell) ने भारतीय सेना के योगदान के लिए कहा था "कुल मिलाकर भारतीय सेना ने प्रशंसनीय सन्तुलन का परिचय दिया।[32] विद्वानों ने न केवल थल सेना की भूमिका की आलोचना की है बल्कि राष्ट्रीय नेताओं की भी भर्त्सना की है। रजनीपाम दत्त ने कांग्रेस और नेताओं पर यह आरोप लगाया कि एक ओर आजाद हिन्द फौज और सुभाषचन्द्र बोस का गुणगान किया जा रहा था जब इसी प्रकार का विद्रोह स्वयं भारत में घटित हो रहा था तो इन भारतीय नेताओं ने इसका समर्थन नहीं किया बल्कि उनके रुख में जबर्दस्त तब्दीली दिखाई पड़ी।[33] दूसरी ओर कांग्रेसी नेताओं का विचार था कि प्रतिवाद का यह रूप और उसका समय दोनों गलत हैं। कांग्रेस अध्यक्ष मौलाना अबुल कलाम आजाद ने अपने संस्मरणों में लिखा है कि "मेरे सामने स्पष्ट था कि यह किसी भी जन–आन्दोलन या प्रत्यक्ष संग्राम का उपयुक्त अवसर नहीं था। हड़तालें स्ट्राइकें और इस समय के अस्थायी अधिकारों की अवज्ञा अनावश्यक है। कोई भी तात्कालिक कारण ऐसा पैदा नहीं हुआ जिसे लेकर विदेशी शासकों से, जो संरक्षक का काम कर रहे हैं लड़ा जाए।"[34]

निष्कर्ष: नौ सेना के विद्रोह का महत्व इस तथ्य से निहित है कि अंगरेजों को पूरी तरह यह अहसास हो गया कि साम्राज्यवादी शासन की रीढ़ सेना एवं पुलिस की सहायता से अधिक समय प्रशासन चलाना कठिन है। उन्हें यह स्पष्ट हो

गया कि अब वे सरकारी सेवाओं ओर सेना की राजभक्ति पर निर्भर नहीं रह सकते। राष्ट्रीयता उनके दिलों में जड़ें जमा चुकी थीं। वी.पी. मेनन लिखते हैं: वायसराय को पूरा विश्वास था कि कांग्रेस के साथ संघर्ष में वह साधारण तथा सरकारी अफसरों, पुलिस और सेना के सहयोग पर निर्भर रह सकते थे। साथ ही बुद्धिमानी का तकाजा था कि अपने ही देशवासियों का दमन करने के मामले में सेना की अधिक परीक्षा न ली जाये। जैसे–जैसे समय बीता, साफ था कि भारतीय अफसरों, पुलिस और सेना की वफादारी अधिक संदिग्ध हो जाती।[35]

- जिस सत्ता में सेना का विद्रोह हो जाये उसके प्रति लोगों की कैसी धारणा बनती है इसकी व्याख्या करते हुए बिपिनचन्द्र ने लिखा है: जब लोग भारत में ब्रिटिश शासन के अन्तिम दिनों के संस्मरण सुनाते हैं तो उनकी स्मृति में नौ सेना का विद्रोह एक ऐसी घटना के रूप में झिलमिलाता है, जो ब्रिटिश शासन के अन्त का लगभग वैसा ही प्रतीक है, जैसे स्वतंत्रता दिवस (1947)।[36]
- इस विद्रोह ने भारत की आजादी को आम आदमियों तक सीमित नहीं रखा बल्कि सेना का यह योगदान इस तथ्य का द्योतक है कि उस समय भारत का बच्चा–बच्चा आजादी के लिए बलिदान करने को तत्पर था।
- नौ सेना केन्द्रीय हड़ताल समिति का यह अन्तिम सन्देश स्मरणीय है: हमारी हड़ताल हमारे राष्ट्र के जीवन की एक ऐतिहासिक घटना रही है। पहली बार सेना के जवानों और आम आदमी का खून सड़कों पर एक साथ एक लक्ष्य के लिए बहा। हम फौजी इसे कभी नहीं भूलेंगे। हमारी महान जनता जिंदाबाद। जय हिन्द।[37]

सन्दर्भ

1. मजुमदार, आर.सी., *स्ट्रगल फार फ्रीडम*, पृ. 682
2. सुभाषचन्द्र बोस, *द इण्डियन स्ट्रगल*, पृ. 337
3. वही, पृ. 345
4. ताराचंद, *स्वतंत्रता आन्दोलन का इतिहास*, जि. 4, पृ. 398
5. ताराचंद, वही, पृ. 398
6. मजुमदार, आर.सी., वही, 683
7. *स्ट्रगल फॉर फ्रीडम*, पृ. 684
8. *स्ट्रगल फॉर फ्रीडम*, पृ. 684
9. मजुमदार, आर.सी., वही, पृ. 685; अयोध्यासिंह, *भारत का मुक्ति संग्राम*, (नई दिल्ली, मैकमिलन), पृ. 738
10. ताराचंद, वही, पृ. 399
11. टोये, ह्यूग, सुभाषचन्द्र बोस, (द स्प्रिगिंग टाईगर) पृ. 79, *स्ट्रगल फार फ्रीडम*, पृ. 686 से उद्धृत
12. वही, पृ. 81, *स्ट्रगल फार फ्रीडम*, पृ. 686 से उद्धृत
13. सरकार, *सुमित आधुनिक भारत*, पृ. 459
14. चटर्जी, ए.सी., *इण्डियन स्ट्रगल फार फ्रीडम*, पृ. 80
15. ताराचंद, वही, पृ. 398
16. फुलर, जे.एफ.सी.; *द सैकिण्ड वर्ल्डवार*, पृ. 216
17. शाहनवाज खान, *आई.एन.ए. एण्ड इट्स नेताजी*, पृ. 159
18. सरकार सुमित, वही, पृ. 459
19. ताराचंद, वही, पृ. 398
20. सरकार, सुमित, वही, पृ. 460
21. बिपिनचन्द्र, *भारत का स्वतंत्रता संघर्ष*, पृ. 380
22. आजाद, *इण्डिया विन्स फ्रीडम*, पृ. 125–26
23. *भारत में उपनिवेशवाद और राष्ट्रवाद*, पृ. 345–46
24. दत्त, रजनीपाम, वही, पृ. 586
25. सरकार, सुमित, वही, पृ. 474
26. बिपिनचन्द्र, वही, 381
27. दत्त, रजनीपाम, वही, पृ. 587
28. वही
29. बिपिनचन्द्र, वही, पृ. 383
30. सरकार, सुमित, वही, पृ. 475 से उद्धृत
31. दत्त, रजनीपाम, वही, पृ. 589
32. बिपिनचन्द्र, वही, पृ. 383
33. दत्त, रजनीपाम, वही, पृ. 590
34. *इण्डिया विन्स फ्रीडम*, पृ. 130
35. *द ट्रांसफर ऑफ पावर इन इण्डिया बम्बई*, 1957, पृ. 232
36. बिपिनचन्द्र, वही, पृ. 384
37. सरकार, सुमित, वही, पृ. 476 से उद्धृत

❋❋❋

41

सत्ता हस्तान्तरण एवं आजादी

(Transfer of Power and Independence)

भारत में ब्रिटिश शासन के अन्तिम दो वर्षों के दौरान घटित घटनाओं से दो महत्वपूर्ण तथ्य स्पष्ट होते हैंः ब्रिटिश कांग्रेसी एवं लीगी नेताओं के बीच अत्यन्त धीमी गति से चलने वाली बातचीत, जिसके साथ साम्प्रदायिक हिंसा बढ़ती गई और जिसकी चरम परिणति हुई उस स्वाधीनता में जिसके साथ दुखद विभाजन भी जुड़ा हुआ था और छुटपुट–स्थानीय किन्तु प्रायः अत्यन्त संघर्षपूर्ण एवं एकजुट सार्वजनिक गतिविधियां, आजाद हिन्द फौज के बन्दियों की रिहाई का आन्दोलन और 1945–46 में नौ सैनिक विद्रोह, बंगाल का तेभागा विद्रोह।[1] इस कथन से साम्राज्यवादी राजनीति पर पड़ने वाले प्रभावों एवं द्वितीय विश्व युद्ध में ब्रिटेन की स्थिति एवं अन्तर्राष्ट्रीय जगत में भारत के प्रति दृष्टिकोण पर विचार करने की प्रेरणा मिलती है। कहा जा सकता है कि साम्प्रदायिक दंगों ने भारत के विषय में अंगरेजों को नये ढंग से सोचने को विवश किया इस कड़ी में एक के बाद एक कई कारण जुड़ते गये जिनकी चर्चा करना उचित होगा।

द्वितीय विश्वयुद्ध के अन्तिम दौर (1944–45) की चर्चा करने से पूर्व जिन्ना के राजनीतिक विचारों की संक्षेप में जानकारी प्राप्त करना उचित होगा। भारतीय राजनीति में जिन्ना का प्रवेश एक राष्ट्रवादी के रूप में हुआ। 1906 में सरोजनी नायडू ने उन्हें 'हिन्दू मुस्लिम एकता के राजदूत' की संज्ञा दी थी। उनकी वास्तविक फिसलन तब शुरु हुई यानी वे शुद्ध राष्ट्रवादी से साम्प्रदायिक राष्ट्रवादी तब हो गए, जब 1913 में वे मुस्लिम लीग में दाखिल हुए। उन्होंने समाप्त प्रायः मुस्लिम लीग को 1924 में पुनर्जीवित किया और मुसलमानों के हितों और अधिकारों की रक्षा के नारे के आधार पर उसे सुदृढ़ बनाने लगे। 1937 के चुनावों में मुस्लिम लीग ने चुनावों के दौरान साम्प्रदायिक नीतियों का प्रचार किया, लेकिन इसका परिणाम निराशाजनक ही रहा। अतः जिन्ना ने यह अनुभव किया कि यदि वे उग्रवादी जनाधारित राजनीति का सहारा नहीं लेंगे तो धीरे–धीरे खत्म हो जायेंगे। जो मांगें सरकार द्वारा स्वीकार कर ली जाती थी उसके बाद नए खतरों का अविष्कार करना आवश्यक हो जाता था अन्यथा सम्प्रदायवादियों के अस्तित्व के लिए प्रश्नवाचक था। इसी तरह की परिस्थितियों ने जिन्ना को उग्रवादी राजनीति की ओर धकेल दिया।[2] उनकी उग्र राजनीतिक विचारधारा देश के विभाजन के लिए जिम्मेदार बनी। वे आजादी की लड़ाई के अन्तिम दौर में देश के विभाजन के कट्टर समर्थक बन गए। लीग ने 1941 में अगला अधिवेशन मद्रास में किया। जिन्ना ने अपने अध्यक्षीय भाषण में कहा, "हम किसी भी हालत में अखिल भारतीय संविधान और केन्द्र में एक सरकार नहीं चाहते–हम इस उपमहाद्वीप में स्वाधीन राज्य की स्थापना के लिए कृतसंकल्प हैं।"[3] कहा जा सकता है कि जिन्ना पाकिस्तान प्राप्त करने के लिए दृढ़ प्रतिज्ञ थे और राष्ट्रीय आन्दोलन के अन्तिम वर्षों में उनकी (जिन्ना की) राजनीतिक गतिविधियाँ इसी उद्देश्य को लेकर परिचालित रहीं। भारत को स्वतंत्रता संभवतः कुछ समय पूर्व भी मिल सकती थी यदि जिन्ना पाकिस्तान की समस्या को अधिक जटिल न बनाते। भारत की आजादी के अन्तिम वर्षों की घटनाओं का अध्ययन इसी परिपेक्ष्य में किया जाना उचित होगा।

साम्प्रदायिक गतिविधियाँ (Communal Activities): अंगरेजी राज की स्थापना से पूर्व भारत में उस तरह के झगड़े कभी नहीं दिखाई दिए जैसे झगड़े अंगरेजी शासनकाल में देखने को मिले।[4] अंगरेजी राज में भी 1880 के दशक से पूर्व साम्प्रदायिक दंगे कदाचित ही हुए हों। कूपलैण्ड 1809 की बनारस की एक साम्प्रदायिक घटना का दृष्टान्त देते हैं और इसके पश्चात् साम्प्रदायिक वैमनस्य की बड़ी घटना 1871–72 में हुई जिसके बाद आती है 1885 के बाद दंगों की एक श्रृंखला (आर. कूपलैण्ड, *कांस्टीट्यूशनल प्राब्लम इन इण्डिया*, पृ. 29)। कूपलैण्ड स्पष्टतः साम्राज्यवादी दृष्टिकोण वाले लेखक थे और कोई कारण नहीं था कि वे साम्प्रदायिकता के मुद्दे को गौण दर्शाते (उनका तो यहां तक कहना था कि "भारत में ब्रिटिश शासन के बने रहने का" कारण ही हिन्दू–मुसलमान समस्या है)।[5] 1922 से 1928 के बीच का काल विशेष रूप से दुर्भाग्यपूर्ण रहा। 1923 से 1928 के मध्य 88 दंगों की आधिकारिक जानकारी मिलती है जिनमें चार सौ से अधिक लोग मारे गये। इनमें से कुछ दंगों का कारण शुद्ध रूप से आर्थिक होने पर भी उनको साम्प्रदायिक रंग दे दिया गया। बिपिनचन्द्र लिखते हैं किः इस तरह भय और घृणा के जो बीज बोए जा रहे थे, उनकी फसल बड़े पैमाने पर सबसे पहले कलकत्ता में काटी गई, जहां

अगस्त 1946 के साम्प्रदायिक दंगे ने पांच दिनों में ही पाँच हजार जानें ले ली। फिर तो एक खूनी सिलसिला ही शुरु हो गया। नोवाखाली (बंगाल) में हिन्दुओं तथा बिहार में मुसलमानों का निर्मम हत्याकाण्ड, विभाजन के दौरान उत्तर भारत के दंगे और फिर गांधीजी की हत्या।[6] यद्यपि अगस्त 1946 में जो दंगों का सिलसिला शुरु हुआ वह बहुत बाद की घटना है किन्तु इससे पूर्व भी साम्प्रदायिक दंगों ने भारत में अराजकता फैला दी थी और इसके समानान्तर जनान्दोलनों की भी बाढ़ सी आ गई। इन साम्प्रदायिक दंगों एवं जन–आन्दोलनों ने अंगरेज अधिकारियों की नींद हराम कर दी।

भारतीय राष्ट्रीय आन्दोलन की शक्ति (Strength of Indian National Movement): गांधीजी के नेतृव में कांग्रेस एक सशक्त दल के रूप में उभर कर आई। भारत छोड़ो जैसे आन्दोलनों ने ब्रिटिशराज का चलते रहना असंभव बना दिया। एक ओर राष्ट्रवादी नेता साम्प्रदायिक तनाव एवं दंगों से मुक्ति के लिए भारत के विभाजन के लिए तत्पर थे वहीं साम्राज्यवादी शक्ति के लिए साम्राज्यवादी दंगों एवं जन–आन्दोलनों के चलते भारत में शासन चलाना कठिन हो गया था और ब्रिटिश सरकार अपने हितों की सुरक्षा करते हुए स्थानीय लोगों को सत्ता सौंपने को तत्पर हुई। दूसरे शब्दों में, यद्यपि साम्प्रदायिकता ने साम्राज्यवादियों के लिए 'फूट डालो राज करो' नीति के एक शस्त्र के रूप में कार्य किया किन्तु इसी साम्प्रदायिकता एवं आये दिन होने वाले जन–आन्दोलनों ने देश में अराजकता फैला दी और अंगरेजों के लिए देश में शान्ति बनाये रखना दुष्कर हो गया और एक दृष्टि से अब भारतीय उपनिवेश अंगरेजों के लिए समस्या बनता जा रहा था। 1942 के बाद भारत में हिंसा की नीति और जनक्रान्ति को अधिक बल मिला।

महायुद्ध एवं ब्रिटिश साम्राज्य का पतन (World War and British Imperialism on the Retreat): द्वितीय महायुद्ध के प्रारम्भ (1939 ई.) में भी ब्रिटेन ने वही रवैया अपनाने का प्रयास किया जो प्रथम महायुद्ध के समय अपनाया था, युद्ध की घोषणा के कुछ समय बाद ही वासयराय ने भारत को युद्ध में शामिल किये जाने की घोषणा की और सरकार ने भारतीय जन प्रतिनिधियों से सलाह करना भी आवश्यक न समझा। ब्रिटिश संसद ने 'गवर्नमेन्ट ऑफ इण्डिया अमेडिंग एक्ट' पारित कर वायसराय को संविधान के क्रियाकलाप निरस्त करने की शक्ति प्रदान कर दी। इसके अतिरिक्त 1939 के निवारण बंदी अधिनियम (Defence of India Ordinance) द्वारा सरकार को सभाओं एवं प्रचार के अन्य तरीकों पर पाबन्दी लगाने, बिना वारन्ट गिरफ्तार करने, कानूनों के उल्लंघन पर जुर्माना करने, मृत्युदण्ड या आजीवन कारावास देने का अधिकार मिला। वायसराय को निरंकुश शक्तियां मिलने और भारत को मनमाने ढंग से युद्ध में शामिल करने के कारण, भारतीय जनता का सरकार के प्रति विरोध अधिक गहरा हो गया और लोगों ने सरकार का घोर विरोध करने की नीति अपनाई। अन्ततः भारत ने भारत छोड़ो आन्दोलन (1942 ई.) चलाने का कार्यक्रम बनाया और साम्राज्यवादी उद्देश्यों की पूर्ति के लिए लड़ा जाने वाला युद्ध घोषित किया। कहा जा सकता है कि द्वितीय महायुद्ध के बाद अंगरेजों के लिए भारत में शासन संचालित करना कठिन हो गया।

युद्धोपरान्त विश्व में बदलाव (Changes in the World after World War): द्वितीय महायुद्ध से अन्तर्राष्ट्रीय परिदृश्य में आर्थिक एवं राजनैतिक दृष्टि से भारी बदलाव आया। विश्व में अन्तर्विरोध और वर्ग विरोध बहुत तीव्र हो गए थे। रजनीपाम दत्त ने 1946 में कैबिनेट मिशन को भारत क्यों भेजा गया? उन्होंने ब्रिटेन की नीति में परिवर्तन के चार प्रमुख कारण बताये हैं।[7]

- पहला कारण यह था कि विश्व युद्ध की समाप्ति ने समूचे विश्व में जन विद्रोहों का वातावरण बना दिया था। यद्यपि सोवियत रूस को युद्ध में भारी हानि उठानी पड़ी थी इसके बावजूद विश्व में वह एक बडी ताकत के रूप में उभर रहा था। उससे प्रेरित होकर उपनिवेशों की जनता साम्राज्यवादी शक्तियों के विरुद्ध आन्दोलन में जुट गई और वह उस आजादी की मांग करने लगी थी जिसके लिए उनके मुक्ति आन्दोलनों ने संघर्ष किया था। इस नये वातावरण में इस बात की कोई गुंजाइश नहीं रह गई थी कि भारत में पुरानी निरंकुश और नौकरशाही शासन व्यवस्था को बिना बदले, बनाए रखा जा सके। क्षेत्रफल की दृष्टि से भारत ही सबसे बड़ा उपनिवेश था और राष्ट्रीय आन्दोलन भी यहाँ का सर्वाधिक शक्तिशाली था। भारत छोड़ो आन्दोलन (1942 ई.) के दौरान भारत की जनता ने बिना नेतृत्व के आन्दोलन का संचालन कर अपनी शक्ति का अहसास करवा दिया था।
- रजनीपाम दत्त के अनुसार भारत के विषय में गंभीरतापूर्वक सोचने का दूसरा कारण थाः ब्रिटेन की अंदरुनी अर्थव्यवस्था और अन्तर्राष्ट्रीय अर्थव्यवस्था में ब्रिटिश पूंजीवाद का अपेक्षाकृत पतन हो गया एवं औपनिवेशिक साम्राज्यों पर उसकी पकड़ ढीली पड़ गई थी। दो विश्व युद्धों के बीच के दौर में जो पुरानी महत्वपूर्ण स्थिति

थी वह और भी खराब हो गई। मिस्र, फिलिस्तीन से लेकर बर्मा, मलाया और इण्डोनेशिया तक के सभी ब्रिटिश प्रभुत्व वाले क्षेत्रों में विद्रोह की ज्वाला भड़क उठी थी। ऐसी स्थिति में ब्रिटेन के लिए यह आवश्यक हो गया था कि उसकी आर्थिक एवं सैनिक जरुरतों के लिए भारत से कोई उपयोगी समझौता कर ले।

- तीसरा कारण यह था कि विश्व के रंगमंच पर ब्रिटेन की स्थिति में परिवर्तनों का आभास उसकी आन्तरिक राजनीति में दिखाई देता है। 1945 के चुनावों में टोरी पार्टी को जबर्दस्त हार का सामना करना पड़ा और पहली बार लेबर पार्टी बहुमत में आई और सत्तारूढ़ हुई। लेबर पार्टी के अधिवेशन में कार्य समिति के प्रारम्भिक प्रतिरोध के बावजूद भारत को आजादी देने की बात स्वीकार ली थी। और नई लेबर सरकार के लिए यह जरूरी हो गया कि वह भारत के सम्बन्ध में अब तक चली आ रही नीति से अलग नीति अपनाए।[8]

  युद्ध के बाद आर्थिक, राजनैतिक एवं सैन्य दृष्टि से अमेरिकी साम्राज्यवाद का उदय विश्व के लिए एक विस्मयकारी घटना थी। युद्ध समाप्त होने के बाद अमेरिकी पूंजीवाद का उत्पादन शक्ति एवं पूंजी संचय में तीव्र वृद्धि हुई और इसे अधिक बड़े बाजार की आवश्यकता हुई अतः उसने उपनिवेशी एवं अल्पविकसित देशों के बाजारों पर कब्जा करना शुरु किया। धीरे–धीरे उसने एकमात्र सम्पन्न और शक्तिशाली पूंजीवाद का विस्तार करते–करते विश्व पूंजीवादी व्यवस्था के संरक्षक की भूमिका अपना ली।[9] दूसरे शब्दों में अमेरिका जैसे नव साम्राज्यवादी देशों ने ब्रिटेन पर भारत को आजाद करने के लिए जोर डाला।
- रजनीपाम दत्त चौथे एवं महत्वपूर्ण कारण का उल्लेख करते हुए लिखते हैं कि भारत के अन्दर तथा विश्वभर में भारत को तत्काल आजादी देने की मांग बहुत जोर पकड़ती जा रही थी। साम्राज्यवाद के लिए अब यह संभव नहीं रह गया था कि वह पुराने तरीके से भारत पर अपना प्रभुत्व बनाये रखे।[10]

भारत उपनिवेश के रूप में अनुपयुक्त (Unsuitable Political Situation of India): इसके अतिरिक्त काफी बड़ी संख्या में राजनीतिज्ञ सैनिक एवं व्यावसायिक भविष्य के लिए भारत को अब आदर्श स्थान नहीं मान रहे थे और न उद्योगों की स्थापना के लिए भारत को उचित स्थान माना जा रहा था। युद्ध के दौरान साम्राज्य का इस्पाती ढाँचा भी बिखर गया था। ब्रिटिश शक्ति की असैनिक एवं सैनिक शक्ति का ह्रास हो गया था और ऐसे दूषित राजनैतिक वातावरण पर नियंत्रण रखना कठिन हो गया था। अंगरेज सेना के यूरोपीय सैनिक भी अनिश्चितकाल तक भारत में रुके रहने के उत्सुक न थे और अपने घरों को जाने के लिए व्याकुल थे। उल्लेखनीय है कि आर्थिक दृष्टि से भारत अपने "शासन" के व्यय के लिए अब ब्रिटेन का ऋणी नहीं रह गया था। इसके विपरीत स्वयं ब्रिटेन पर भारत को 3,30,000 लाख पाउण्ड स्टर्लिंग का ऋण था।

युद्ध के दौरान सिविल सर्विस में भर्ती होने की अपेक्षा ब्रिटेन में युद्ध में जाने को अधिक महत्व दिया जाने लगा और 1943 में जबकि युद्ध अपने चर्मोत्कर्ष पर था भारतीय सिविल सर्विस हेतु अंगरेजों का प्रवेश लगभग बंद हो गया। 1940 के मध्य तक सिविल सर्विस में यूरोपीय 587 थे जबकि भारतीय 614 थे और इस दृष्टि से बदले हुए वातावरण में सरकार सुरक्षित अनुभव नहीं करती थी।

भारत छोड़ो आन्दोलन के कमजोर पड़ने (1943 ई.) से लेकर 1945 तक भारत का राजनीतिक माहौल मोटे रूप में शांत रहा। किन्तु आन्तरिक रूप से युद्ध जनित कष्टों के कारण लोगों में आक्रोश बढ़ रहा था जिसे शासन अपने सम्पूर्ण प्रयासों के बावजूद रोक नहीं पा रहा था। आक्रोश का प्रमुख कारण भारतीय उत्पादनों (औद्योगिक एवं कृषि) का सैन्य आवश्यकताओं के लिए भेजा जाना तथा ब्रिटेन से आयात की जाने वाली सामग्री में गिरावट के कारण बढ़ने वाली महँगाई थी। 1941 से 1944 की अल्प अवधि में चावल का मूल्य दुगुना, गेहूँ डेढ़ गुना, और कपास, मिट्टी के तेल आदि के मूल्यों में भी भारी वृद्धि हुई। सरकार ने 'मूल्य नियंत्रण' का प्रयास भी किया था, किन्तु बाजार से वस्तुएँ गायब हो गईं। जमाखोरी एवं कालाबाजारी का बोलबाला था। सामान्य उपभोक्ता और औद्योगिक मजदूर अत्यन्त कष्टमय जीवन व्यतीत करने को बाध्य थे।

इन्हीं दिनों 1943 में बंगाल में भयंकर अकाल पड़ा। एक आंकलन के अनुसार इस अकाल में तीस लाख लोग भूख से मारे गये। इस प्रकार ब्रिटिश नौकरशाही की लापरवाही से लोगों के मारे जाने को लोगों ने गंभीरता से लिया और जनता ब्रिटिश राज से मुक्ति प्राप्त करने के लिए बेताब थी।

आजाद हिन्द फौज एवं नौ सेना विद्रोह (I.N.A. and Revolt of Indian Navy): अन्त में यहाँ यह उल्लेख करना होगा कि आजाद हिन्द फौज की गतिविधियाँ एवं नौ सेना के विद्रोह ने भारत में ब्रिटिश साम्राज्य की जड़ें हिला दी। तत्कालीन वायसराय लार्ड वेवेल (1943–47) ने भारत में अंगरेजों की स्थिति का विश्लेषण करते हुए कहा थाः "भारत में हमारा समय सीमित है और परिस्थितियों को नियंत्रण में रखने की शक्ति लगभग समाप्त हो चुकी है।"

सी.आर. फार्मूला (C.R. Formula): वायसराय वेवेल ने 1944 में स्वास्थ्य के आधार पर गांधीजी को जेल से रिहा करने के बाद इस बात पर राष्ट्रीय नेताओं को तैयार करने का प्रयास किया कि केन्द्र में कांग्रेस और लीग के सहयोग पर आधारित 'अस्थायी सरकार' बनाई जाए, ताकि युद्ध प्रयासों में भारतीयों का अधिक सहयोग मिल सके। दूसरी ओर हिन्दू महासभा के कड़े विरोध के बावजूद गांधीजी ने राजगोपालाचारी सूत्र के आधार पर जिन्ना से बातचीत करने का प्रस्ताव किया। सी.आर. फार्मूले में निम्नलिखित व्यवस्थाऐं थीं: (1) मुस्लिम लीग भारत की स्वतंत्रता की मांग का समर्थन करती है और कांग्रेस के साथ (युगान्तर काल) सरकार बनाने में सहयोग करेगी। (2) युद्ध समाप्ति के बाद उत्तर पश्चिम और पूर्वी भारत में जहाँ मुसलमान बहुमत है वहाँ के लिए आयोग बनाया जाएगा जो ऐसे जिलों को अलग करेगा। इन क्षेत्रों में यहाँ के सभी निवासियों से वयस्क मताधिकार के आधार पर मत लिया जायेगा कि क्या वे अलग रहना चाहते हैं। (3) मत लेने से पूर्व सभी दलों के लोगों को अपना मत उनके समक्ष रखने का अधिकार होगा। (4) अलगाव की स्थिति में रक्षा हेतु आपसी समझौता किया जायेगा। (5) जनसंख्या का स्थानान्तरण पूर्णतया स्वेच्छा से होगा। (6) ये शर्तें तभी लागू होंगी जब ब्रिटिश पूरी शक्ति और उत्तरदायित्व भारत सरकार को सौंप देंगे।

पाकिस्तान आन्दोलन: जिन्ना ने राजाजी के सूत्र की आलोचना की थी जिसके महत्व को गांधीजी पूर्ण रूप से नहीं समझ पाये। जिन्ना ने कहा था कि मि. गांधी और मि. राजगोपालाचारी अत्यन्त असंगत बातें कर रहे हैं और कहते हैं कि इन सारी बातों का मूल्य और सफलता उसी समय होगी जब ब्रिटेन भारत को शक्ति हस्तान्तरित कर देगा।[11] जिन्ना का अभिप्राय बिल्कुल स्पष्ट था। पहले वह पाकिस्तान चाहता था और दोनों राज्यों की स्वतंत्रता उसके बाद। गांधीजी की राय थी कि स्वतंत्रता पहले प्राप्त हो जानी चाहिए। किन्तु जिन्ना की राय में राजगोपालाचारी सूत्र के अनुसार "केवल छाया और छिलके कटा हुआ, विकलांग और सड़ा–गला पाकिस्तान" दिया जा रहा है।[12] परिणामतः 27 सितम्बर 1944 को गांधी–जिन्ना वार्ता टूट गई (यह वार्ता 9 सितम्बर को शुरु हुई थी), समझौता नहीं होने का असली कारण यह था कि बोले और लिखे शब्दों के पीछे भय और अविश्वास का पुट था।[13] गांधीजी की असफलता से जिन्ना का महत्व और लोकप्रियता बढ़ गई। मौलाना आजाद ने लिखा है कि: इससे जिन्ना को नयी और अति महत्वपूर्ण महत्ता प्राप्त हो गई जिसका उसने पूर्ण लाभ उठाया.... देश का मुसलमान बहुमत जिन्ना और उसकी नीति के प्रति सन्देहशील था। पर जब उन्होंने देखा कि गांधीजी उसके पीछे दौड़ रहे हैं और मना रहे हैं तो उनमें से बहुतों के मन में जिन्ना के प्रति आदर भाव पैदा हो गया.... यह गाँधी ही थे जिन्होंने उसे 'कायदे आजम' कहा।[14] सी.आर. फार्मूले की अस्वीकृति के बाद वायसराय ने कांग्रेस के नेता भूलाभाई देसाई और लीग के महामंत्री लियाकत अली ने सी.आर. फार्मूले के स्थान पर नयी योजना तैयार की।[15]

वैवेल योजना एवं शिमला सम्मेलन (Wavell Plan and Shimla Conference, 1945): मार्च 1945 में वेवेल इंग्लैण्ड गये और भारतीय समस्या पर परामर्श करके जून में लौटे। वेवेल ने 25 जून 1945 को शिमला में भारतीय नेताओं का एक सम्मेलन बुलाया। इस दौरान कांग्रेस कार्यकारिणी सदस्यों को जेल से छोड़ने के आदेश प्रसारित कर दिये।

सम्मेलन के निम्नलिखित उद्देश्य घोषित किए गए: (1) भारत की संवैधानिक प्रगति में साम्प्रदायिकता मुख्य बाधा है, अतः इसका हल ढूँढा जाये। (2) गवर्नर जनरल की नई कार्यकारिणी में मुसलमानों और हिन्दुओं का (हरिजनों को छोड़कर) समान प्रतिनिधित्व दिया जाएगा। यह कार्यकारिणी वर्तमान संविधान के तहत काम करेगी। परन्तु यह पूर्ण रूप से भारतीय होगी। इसके अतिरिक्त इसमें वायसराय होंगे और प्रधान सेनापति युद्ध सदस्य की हैसियत से कार्य करेंगे। (3) विदेश विभाग भारतीय सदस्य को सौंप दिया जाएगा। (4) इस कौंसिल का कार्य युद्ध संचालन, प्रशासन तथा नए संविधान निर्माण पद्धति का निर्णय करना होगा।

इस सम्मेलन में कांग्रेस के अध्यक्ष मौलाना आजाद ने इस बात पर जोर दिया कि कांग्रेस राष्ट्रीय संगठन है। यह ऐसी व्यवस्था में शामिल नहीं होगी जिससे इसके राष्ट्रीय स्वरूप पर विपरीत प्रभाव पड़े या इसको साम्प्रदायिक गुट के स्तर पर बिठा दिया जाए और राष्ट्रीयता की वृद्धि में व्यवधान हो। उन्होंने यह भी मांग की देशी राज्य के लोगों, देशी नरेशों और राष्ट्रीय सरकार के बीच कोई अवरोध न रखा जाएं, सेना को राष्ट्रीय स्वरूप दिया जाये। उन्होंने यह बात दोहराई कि कांग्रेस का ध्येय स्वाधीनता है।[16] मेनन आगे लिखते हैं कि काम चलाऊ सरकार के विषय में जिन्ना चाहते थे कि लीग को कांग्रेस के बराबर माना जाए। परन्तु उसकी मांग यह नहीं थी कि पाकिस्तान तुरंत ही मंजूर कर दिया जाए। उसके दावे के विषय में जिन्ना का कहना था कि "वह 90 प्रतिशत मुसलमानों का प्रतिनिधित्व करती है जैसे कि कांग्रेस 90 प्रतिशत हिन्दुओं का प्रतिनिधित्व करती है। यह कहना गलत था, कांग्रेस का सारे समुदायों पर प्रभाव है।"[17] कांग्रेस को 'सवर्ण हिन्दुओं के दल'

का दर्जा दिये जाने पर आपत्ति थी और उसने सभी समुदायों के लोगों को अपने सदस्य नामजद करने के अधिकार पर जोर दिया। किन्तु जिन्ना की मांगों के कारण वार्ता टूट गई एवं शिमला सम्मेलन (25 जून–14 जुलाई 1945) असफल रहा।

जिस प्रकार शिमला सम्मेलन में विचार–विमर्श हुआ उसका परिणाम जिन्ना को एक ऐसा वीटो प्रदान करना था जिससे उसका महत्व अत्यधिक बढ़ा। इस सम्मेलन से केन्द्र में हिन्दू–मुस्लिम समानता भी प्राप्त हो गई। अब भारत विभाजन और निकट दिखाई देने लगा। वेवेल ने मुसलमानों की सूची स्वयं तैयार की थी और इसमें कांग्रेस का एक भी मुसलमान सदस्य नहीं था।[18] वेवेल ने भारत सचिव एमरी (ऐमेरी) से उस सूची के विषय में सलाह की जो उन्होंने लीग से पूछे बिना ही तैयार की थी। तुरन्त ही उनको आदेश दिया गया कि 'वे लीग को नाराज न करें'। एमरी के हस्तक्षेप से यह सिद्ध हो गया कि ब्रिटिश शासक कांग्रेस को अपना शत्रु मानते थे और वेवेल के इरादे के अनुसार उसके हाथों सत्ता सौंपना नहीं चाहते थे। स्पष्टतः स्वतन्त्रता के मार्ग में सबसे बड़ी रुकावट अब भी अंगरेजों की घृणा और अविश्वास था।

इंग्लैण्ड में लेबर पार्टी सरकार: जुलाई 1945 में इंग्लैण्ड के होने वाले चुनावों में लेबर पार्टी (मजदूर दल) ने अपना घोषणा पत्र में उसके सत्ता में आने पर, भारत को आजाद किये जाने का आश्वासन दिया था। श्रमिक दल ने सत्ता में आने से काफी पूर्व 24 जून 1938 को लेबर पार्टी के नेता (जिसमें क्लेमेंट ऐटली, एनयूरिन बीवान, स्टेफर्ड क्रिप्स और हैराल्ड लॉस्की शामिल थे) लंदन के निकट फिलकिन में जवाहरलाल नेहरु और वी.के. कृष्णमेनन से मिले और यह वादा किया कि लेबर पार्टी के ब्रिटेन में सरकार बनाने पर वह भारतीयों को भावी संविधान बनाने का अधिकार देगी एवं सत्ता भारतीयों को सौंप देगी। निर्वाचन में लेबर पार्टी को भारी बहुमत मिला। मौलाना आजाद ने प्रसन्न होकर क्लेमेंट एटली और स्टेफर्ड क्रिप्स को बधाई का तार भेजा और आशा व्यक्त की कि भारत की समस्या के बारे में श्रमिक दल अच्छा कार्य करेगा। किन्तु मुस्लिम लीग के नेता खुश नहीं थे। खलीकुज्जमा (पाथवे टू पाकिस्तान, पृ. 331) लिखते हैं कि "एमरी के स्थान पर लार्ड पैथिक लारेंस को बिठा दिया गया इससे मुसलमान यह मानने लगे हैं कि श्रमिक दल उनका कोई हित नहीं करना चाहता। लेकिन मुस्लिम लीग का यह भय निराधार था। श्रमिक दल का रुख एक विषय में अनुदार दल से भिन्न था और दूसरे विषय में ठीक उस जैसा ही था। अनुदार दल वाले इस नीति का अनुसरण करते थे कि "विभाजन करो और शासन करो" परन्तु श्रमिक दल का यह सिद्धान्त था कि "विभाजन करो और चले जाओ"।[19] अगस्त 1945 को ऐटली सरकार ने वायसराय को अगली शरद ऋतु में निर्वाचन कराये जाने के आदेश दिये, जिसका कांग्रेस और लीग दोनों ने स्वागत किया। इससे दोनों दलों को अपने–अपने निर्वाचन क्षेत्र पर प्रभाव सिद्ध करने एवं अपने आश्वासनों का औचित्य सिद्ध करने का अवसर प्राप्त हुआ। केन्द्र एवं प्रान्तों के चुनाव काफी समय से लम्बित थे।

1945–46 का निर्वाचन (The Election of 1945-46): आम चुनावों में कांग्रेस को भारी सफलता मिली। केन्द्रीय विधायिका में उसने 102 में से 57 सीटों पर अधिकार कर लिया जबकि 1937 में 36 सीटों पर ही विजय मिली थी। गैर–मुस्लिम मतों में से 91.3 प्रतिशत वोट भी कांग्रेस को ही मिले। प्रान्तों में बंगाल, सिंध और पंजाब को छोड़कर सर्वत्र उसका वर्चस्व कायम हो गया। हिन्दू महासभा बुरी तरह पराजित हुई एवं कम्युनिस्ट भी थोड़ी सी प्रान्तीय सीटों पर कब्जा कर पाये। दूसरी ओर मुस्लिम सीटों पर लीग ने शानदार सफलता अर्जित की। केन्द्र में आरक्षित सभी 30 मुस्लिम सीटें 86.6 प्रतिशत मतों के साथ एवं प्रान्तों की 509 मुस्लिम सीटों में 442 पर लीग का आधिपत्य हो गया। 1937 के विपरीत अब लीग प्रमुख पार्टी के रूप में स्थापित हो गई। सुमित सरकार लिखते हैं कि 175 में से 2 के स्थान पर 79 पर अधिकार कर लेने के बावजूद भी लीग को पंजाब में स्पष्ट बहुमत नहीं मिल सका और खिज्र हयात खान कांग्रेस और अकालियों से सौदेबाजी करके एक और वर्ष के लिए सत्ता में बने रहने में सफल हो गए। कांग्रेस ने उन दो अन्य प्रान्तों में भी अच्छा बहुमत प्राप्त कर लिया था जिन्हें पाकिस्तान के लिए माँगा जा रहा था; ये थे पश्चिमोत्तर सीमा प्रान्त और असम।[20]

वायसराय ने 19 सितम्बर 1945 को पुनः भारत के लिए "शीघ्र पूर्ण उत्तरदायी सरकार" (यहाँ जानूबूझकर आजादी शब्द का उपयोग नहीं किया गया) देने की घोषणा को दोहराया। विद्वानों की मान्यता है कि ऐटली सरकार में प्रतिक्रियावादी नीति का संचालक हैराल्ड लॉस्की था। 14 नवम्बर 1945 के अपने भाषण में उसने कहा था: "ब्रिटेन की तमाम नीतियों में, चाहे वह गठबन्धन सरकार (ऐटली की) की नीतियाँ ही हों, सही अर्थों में भारत को आजाद किए जाने के प्रति प्रतिबद्धता नहीं दिखाई देती। भारत में साम्प्रदायिक भेदभाव, जो कुछ तो वास्तविक है और कुछ काल्पनिक उसके आधार पर शोषण हो रहा है, जिसे कुछ तो हम बढ़ावा दे रहे हैं और कुछ स्थिति का फायदा उठाकर इसे आधार बनाकर हम शोषण कर रहे हैं। इसके अतिरिक्त भारत में रजवाड़ों के प्रति भक्ति भावना अत्यधिक बढ़े–चढ़े रूप में विद्यमान है और इस पावन उत्तरदायित्व

का वहन हमें करना है।" कहा जा सकता है कि श्रमिक दल भी भारत को शीघ्र आजादी देने के लिए उत्सुक न था किन्तु सौभाग्य से 18 फरवरी 1946 को भारतीय नौ सेना के एक भाग ने प्रजातीय विभेद तथा अन्य असुविधाओं के लिए विद्रोह कर दिया। रजनीपाम दत्त लिखते हैं कि फरवरी 1946 में भारतीय नौ सेना के विद्रोह ने तो मानो बिजली की तरह चमककर भारतीय क्रान्ति की परिपक्व शक्तियों का परिचय दे दिया। महान क्रान्तियों में नौ सेना ने किस तरह हरावल दस्ते का काम किया इसे हम 1905 में रूस में 'पीतेमकिन', 1917 में रूस के 'क्रोंसतात', या 1918 में जर्मनी में 'कील विद्रोह' में महसूस कर चुके हैं। 1946 में भारतीय नौ सेना में जो विद्रोह हुआ और उसके समर्थन में देश में जन–आन्दोलन की जो लहर आई तथा बम्बई (मुम्बई) के मजदूरों ने जितनी वीरता के साथ हड़ताली नाविकों का समर्थन किया उससे जाहिर हो गया कि भारत में एक नये युग का सूत्रपात हो चुका है और ये घटनाएं भारतीय इतिहास में मील का पत्थर है।[21]

मंत्रिमण्डलीय शिष्टमण्डल योजना (The Cabinet Mission Plan): नौ सेना के विद्रोह को दृष्टिगत रखते हुए अगले दिन (19 फरवरी 1946) भारत सचिव पैथिक लारेन्स ने घोषणा की कि सरकार भारतीय नेताओं के सहयोग से कदम उठाना चाहती है जिससे शीघ्र ही भारत में स्वराज स्थापित किया जा सके। इस दृष्टि से तीन ब्रिटिश कैबिनेट सदस्यों के एक विशेष मिशन को भारत भेजने की घोषणा की। इस मिशन में भारत सचिव **पैथिक लारेन्स, बोर्ड ऑफ ट्रेड के अध्यक्ष, स्टेफर्ड क्रिप्स** (Stefford Cripps) और नौ सेना मंत्री **ए.वी. अलेक्जेंडर** (A.V. Alexander) सम्मिलित थे। यह मिशन 24 मार्च को दिल्ली पहुँचा। मिशन के लिए इस समय भारत में उचित वातावरण था। इसका उद्देश्य एक राष्ट्रीय सरकार की स्थापना करना और सत्ता हस्तानतरण की संवैधानिक व्यवस्था को खोजना था। जब ब्रिटिश सरकार ने भारत छोड़ने का निर्णय किया तो 'फूट डालो राज करो' नीति का त्याग कर दिया गया। इसके पक्ष में यह मान्यता भी कार्य कर रही थी कि स्वतंत्रता के बाद एकीकृत भारत ब्रिटेन के हक में लाभप्रद होगा। ब्रिटिश राजनीतिज्ञों का विचार था कि एकीकृत भारत की सैन्य शक्ति राष्ट्रमण्डल (कामनवेल्थ) की प्रतिरक्षा की सक्रिय सहयोगी बन सकेगी। कैबिनेट मिशन की रवानगी के अवसर पर ब्रिटिश प्रधानमंत्री ऐटली ने संसद में अपने एक वक्तव्य में भारत के लिए पहली बार 'स्वतंत्रता' शब्द का इस्तेमाल करते हुए कहाः भारत को खुद यह तय करना चाहिए की उसकी भावी स्थिति क्या होगी और विश्व में उसका क्या स्थान होगा। मुझे आशा है कि भारत शायद राष्ट्रमण्डल के अन्तर्गत रहना पसंद करे, लेकिन इसकी बजाए यदि वह स्वतंत्रता चाहता है और हमारे विचार से उसे यह चाहने का पूरा हक है तो हमें चाहिए कि हम इस हस्तान्तरण को जहाँ तक संभव हो आसान और बाधा रहित बनाएँ। हम अल्पसंख्यकों के अधिकारों के बारे में काफी सचेत हैं और अल्पसंख्यकों को भय से मुक्त वातावरण में रहने की सुविधा मिलनी चाहिए। दूसरी तरफ हम किसी अल्पसंख्यक वर्ग को इस बात की अनुमति नहीं दे सकते कि वह बहुसंख्यक वर्ग के विकास के खिलाफ अपने निषेधाधिकार का इस्तेमाल कर सके।[22]

मिशन ने प्रान्तीय गवर्नरों, वायसराय की कार्यकारिणी परिषद के सदस्यों, दलों के नेताओं, अल्पमत वाले समुदायों, विशेष हितों के प्रतिनिधियों, प्रान्तों के मुख्यमंत्रियों, प्रसिद्ध व्यक्तियों, और भारतीय राज्यों के प्रतिनिधियों से विचार–विमर्श करने में पाँच सप्ताह व्यतीत किए। 5 मई 1946 को शिमला में लीग और कांग्रेस के प्रतिनिधियों का एक अधिवेशन बुलाया गया। किन्तु लीग और कांग्रेस की मांगों के बीच कोई समझौता नहीं हो सकता था और वार्ता जारी रखना व्यर्थ था। 12 मई को अधिवेशन औपचारिक रूप से समाप्त करने की घोषणा कर दी गई। विभिन्न दलों में समझौता न होने पर भी मिशन ने भावी संविधान बनाने के लिए 16 मई 1946 को कुछ निर्णय किए। कैबिनेट मिशन की मान्यता थी कि पाकिस्तान का कोई अलग अस्तित्व नहीं है इसलिए मिशन ने जो योजना बनाई उसके अन्तर्गत देश की एकता का ध्यान में रखते हुए मुस्लिम अल्पसंख्यक हितों की रक्षा की बात की। मिशन द्वारा पारित प्रस्तावों में प्रमुख इस प्रकार थेः

- भारतीय संघ की स्थापना की जाए जिसमें भारतीय राज्य और प्रान्त सम्मिलित हो तथा इस संघ के पास प्रतिरक्षा, विदेश सम्बन्ध तथा संचार व्यवस्था का उत्तरदायित्व हो एवं इन विभागों के लिए आवश्यक वित्त संग्रह का अधिकार उसके पास हो। संघ को प्रदत्त विभागों के अतिरिक्त समस्त अधिकार (Residuary Powers) प्रान्तों अथवा राज्यों को उपलब्ध रहेंगे।
- संविधान निर्माण के लिए एक संविधान सभा का गठन किया जाए जिसमें प्रत्येक प्रान्त को उसकी जनसंख्या के अनुपात में स्थान दिया जाए (10 लाख पर एक स्थान), अल्पसंख्यकों का अधिप्रतिनिधित्व समाप्त कर दिया गया। इस प्रकार कुल सदस्यों की संख्या 389 होगी जिसमें 93 भारतीय राज्यों के प्रतिनिधि होंगे।
- प्रान्तों को तीन समूहों में रखा गया। मद्रास, बम्बई, संयुक्त प्रान्त, बिहार, मध्य प्रान्त और उड़ीसा को समूह "क" में रखा गया। पंजाब, उत्तर पश्चिमी सीमान्त प्रदेश और सिन्ध को समूह "ख" में रखा गया और समूह "ग" का

निर्माण आसाम और बंगाल को मिलाकर हुआ। दिल्ली, अजमेर–मारवाड़ और कुर्ग को मुख्य आयुक्त (Chief Commissioners) के प्रान्त समूह 'क' एवं बलोचिस्तान समूह 'ख' में सम्मिलित किया। तीनों समूहों के प्रान्तों के प्रतिनिधि अपने–अपने समूह के लिए तथा अपने प्रान्त के लिए संविधान बनाएंगे। यदि कोई प्रान्त एक समूह से निकलकर दूसरे समूह में आना चाहे तो नए संविधान के अर्न्तगत हुए निर्वाचनों के पश्चात ऐसा किया जा सकेगा। दस वर्ष पश्चात् संविधान को पुनः संशोधित करने का अवसर होगा। इस प्रकार निर्मित संविधान ब्रिटिश सरकार पूरी तरह लागू करेगी।

- पैरामाउंट्सी (भारतीय राज्यों के प्रति अंगरेजी नियन्त्रण का अधिकार) भारतीय संघ को नहीं दी जाएगी, न ही वह अंगरेजों के पास रहेगी।
- सत्ता हस्तान्तरण से उत्पन्न होने वाले मामलों के लिए संघ विधानसभा और इंग्लैण्ड के बीच एक सन्धि की जायेगी जिसमें भारत के पक्ष का प्रतिनिधित्व असेम्बली करेगी।
- पाकिस्तान की मांग को मिशन ने स्वीकार नहीं किया। साम्प्रदायिक समस्या का हल पाकिस्तान बनने से न होगा क्योंकि दोनों राज्यों में साम्प्रदायिक अल्पसंख्यक बड़ी संख्या में रहेंगे। प्रत्येक वह तथ्य जो पाकिस्तान बनने के पक्ष में प्रस्तुत किया वही तथ्य हिन्दू बहुसंख्यक जिलों अथवा क्षेत्रों को पाकिस्तान से अलग रखने के लिए विचारणीय थे। पंजाब एवं बंगाल के विभाजन के बिना पाकिस्तान की रचना संभव न थी और दोनों प्रान्तों का जनमत विभाजन के विरुद्ध था। सिक्खों का दोनों राज्यों में विभक्त हो जाना ठीक नहीं माना गया। प्रशासनिक, आर्थिक एवं सैनिक आधार पर पाकिस्तान की मांग उचित नहीं थी। संचार व्यवस्था सार्वदेशिक आधार पर बनी हुई थी अतः उसके विभाजन से दोनों भागों को बड़ी हानि होगी। सशस्त्र सेना का विभाजन और भी महत्वपूर्ण समस्या थी। वेवेल ने दुर्गादास से कहा था "भारत की सीमा पर स्थित देशों को सुरक्षा की मिली–जुली व्यवस्था करनी चाहिए। यदि भारत का विभाजन कर दिया जायेगा तो पाकिस्तान को अपनी सुरक्षा के लिए कोहनी टिकाने के लिए भी स्थान नहीं मिलेगा।"[23] पाकिस्तान के दो ऐसे भाग होंगे जो एक दूसरे से 700 मील दूर होंगे। युद्ध और शान्ति के समय इन दोनों भागों के बीच आवागमन हिन्दुस्तान की इच्छा पर निर्भर करेगा।

विधान निर्माण कार्य के साथ–साथ देश की प्रशासनिक व्यवस्था के संचालन हेतु मिशन की योजना थी कि एक अन्तरिम सरकार बनाई जाए जिसको प्रमुख राजनीतिक दलों का समर्थन प्राप्त हो। दूसरी कैबीनेट मिशन योजना की विशेषता यह थी कि इसके द्वारा पाकिस्तान की मांग को अस्वीकार करते हुए कांग्रेस तथा लीग दोनों के दृष्टिकोण के मध्य एक मार्ग निकालने का प्रयत्न किया। कांग्रेस एक अखण्ड भारत के पक्ष में थी अतः मिशन ने उसकी इस मांग को एक दुर्बल केन्द्र के साथ स्वीकार कर लिया। इसी प्रकार प्रान्तों को साम्प्रदायिक आधार पर समूहों में विभक्त करने वाली शर्त रखकर लीग को पाकिस्तान की प्रस्तावित योजना द्वारा प्रसन्न करने का प्रयत्न किया। दुर्बल संघ से भारतीय नरेशों को भी कोई आपत्ति न थी संविधान सभा के लिए भारतीय राज्यों को उनकी जनसंख्या के अनुपात में प्रतिनिधित्व दिया गया। इसके अतिरिक्त केवल तीन प्रकार के साम्प्रदायिक समूहों को मान्यता दी गईः सामान्य, मुस्लिम और सिक्ख तथा शेष यूरोपीय एवं ईसाईयों को छोड़ दिया गया।

तीसरे इस योजना द्वारा पहली बार भारतीय राज्यों को अपने भाग्य का निर्णय करने का अधिकार दिया गया। चौथे संविधान सभा के सभी सदस्यों का भारतीय होना भी नई बात थी।

वे अन्तरिम सरकार में समस्त अधिकार एवं सारे विभाग भारतीयों को दिये जाने थे। ब्रिटिश सरकार ने पहली बार कॉमनवेल्थ से स्वतंत्र रहने के भारत के अधिकार का भी उल्लेख किया। तथापि इस योजना में कुछ गंभीर दोष थे उनकी चर्चा करना अपेक्षित हैः

कैबिनेट मिशन योजना के दोषः इस योजना का सबसे बड़ा दोष प्रान्तों के समूह बनाने में था। इस विषय पर दोनों राजनीतिक दलों में बड़ा मतभेद था। कांग्रेस के अनुसार प्रान्तों को समूह में रहना अथवा समूह व्यवस्था को स्वीकार करना आवश्यक न था। लीग के अनुसार प्रान्तों को ग्रुप से बाहर रखने का अधिकार नहीं था। उत्तर पश्चिम सीमान्त प्रान्तों तथा असम के समूह "ख" और "ग" में लाये जाने के उनके विरोध के कारण ही कांग्रेस समूहबद्धता को वैकल्पिक माने जाने पर बल दे रही थी।

- कांग्रेस प्रस्तावित विधान परिषद में रियासतों के निर्वाचित सदस्यों के लिए कोई प्रावधान न होने पर भी असन्तुष्ट थी। कांग्रेस ने संविधान परिषद के चुनाव के सीमित और अप्रत्यक्ष स्वरूप को सामयिक व्यवस्था के रूप में स्वीकार कर लिया (यद्यपि वयस्क मताधिकार की माँग के यह विरुद्ध था)।
- इन दिनों पंजाब कांग्रेस और पंजाब का साम्प्रदायिक हिन्दू नेतृत्व सिक्खों की इस मांग का अप्रत्यक्ष रूप से समर्थन यह सोचकर कर रहा था कि सिक्ख राज्य की मांग पाकिस्तान की मांग के प्रति सन्तुलन (Counter Weight) का कार्य करेगी। कैबिनेट मिशन योजना द्वारा पाकिस्तान की मांग को अप्रत्यक्ष रूप से मान लिए जाने के कारण सिक्ख बड़े चिंतित थे। सिक्ख नेताओं को चिंता थी कि इस योजना द्वारा उन्हें पूर्ण रूप से मुसलमानों की दया पर छोड़ दिया गया था और उन्हें वे अधिकार भी नहीं दिए गए जो योजना के भाग 15 (2) ओर 19 (7) द्वारा क्रमशः मुसलमानों और हिन्दुओं को दिए गए थे। परन्तु कांग्रेस कार्य समिति के विश्वास दिलाने पर कि उनके हितों की अन्ततः रक्षा की जाएगी, सिक्खों ने कैबिनेट मिशन योजना को स्वीकृति दे दी।[24]
- संविधान सभा को जनता की सच्ची प्रतिनिधि संस्था नहीं कहा जा सकता क्योंकि सार्वजनिक वयस्क मताधिकार जनता को प्राप्त न था। रजनीपाम दत्त लिखते हैं कि संविधान सभा का गठन विधानसभाओं के अप्रत्यक्ष निर्वाचन से हुआ था और यह निर्वाचन जिस निर्वाचन मण्डल पर आधारित था वह आबादी का महज 11 प्रतिशत लोगों को लेकर बना था। इन सारी बातों के अलावा इस संविधान सभा में राजाओं के 93 नामजद सदस्य थे जो कुल सदस्यों का एक चौथाई हिस्सा था।[25]
- भारतीय राज्यों पर प्रभुता समाप्ति की बात भी दुर्भाग्यपूर्ण थी। इन रियासतों को भारतीय संघ को नहीं सौंपा गया और राज्यों को यह स्वतंत्रता दी गई कि वे चाहे तो संघ में शामिल हों या न हों। इस प्रकार मिशन ने रियासतों के लिए जनतंत्र का कोई प्रावधान नहीं किया जबकि भारत का एक तिहाई हिस्सा इन राजाओं के अधिकार में था।
- इस योजना ने भारत को चार क्षेत्रों में विभक्त कर दिया, एक हिन्दू बहुल क्षेत्र, दो मुस्लिम क्षेत्र एवं चौथा राजाओं की रियासत वाला क्षेत्र। इन क्षेत्रों में रहने वाली जनता की कोई राय जानने का प्रयास नहीं किया गया। दूसरे शब्दों में आत्म निर्णय के सिद्धान्त को भुला दिया गया।
- प्रस्तावित संघ योजना में केन्द्र को बहुत कमजोर रखा गया था। भारतीय इतिहास इस बात का साक्षी है कि जब–जब केन्द्र की शक्ति क्षीण हुई देश क्षत–विक्षत हो गया और विदेशी आक्रान्ताओं ने उसे रौंद डाला। भारत का स्वर्ण काल वही रहे जब केन्द्र सशक्त रहा।
- कैबिनेट मिशन ने संविधान तैयार होने तक की अन्तरिम अवधि में सत्ता हस्तान्तरण की कोई रूपरेखा प्रस्तुत नहीं की। अन्तरिम सरकार को पूर्व संविधान के तहत प्रशासन संचालित करना था साथ ही वायसराय के पास वीटो का अधिकार सुरक्षित था जो अन्तरिम सरकार की सर्वोच्चता में बाधक था। इसके अतिरिक्त ब्रिटिश सेना का प्रभुत्व यथावत बना रहा जिसे अन्तरिम सरकार के नियंत्रण में दिये जाने के प्रावधान किए जाने चाहिए थे। इतना ही नहीं कैबिनेट मिशन ने अपनी रिपोर्ट में संविधान सभा द्वारा निर्मित संविधान को ब्रिटेन सरकार द्वारा स्वीकृति मिलने के बाद ही मान्य घोषित किया एवं ब्रिटेन द्वारा यह स्वीकृति अल्पसंख्यकों की समुचित संरक्षा और ब्रिटेन के बीच संभावित संधि के प्रावधानों पर निर्भर करती थी।

अन्तरिम सरकार की स्थापना (Establishment of Interim Government): दोनों प्रमुख राजनीतिक दलों के दृष्टिकोण से यह स्पष्ट हुआ कि भावी संविधान निर्माण के विषय में इतनी भिन्नता थी कि तुरन्त ही किसी प्रकार के समझौते की आशा नहीं थी तथापि यह संभव था कि अन्तरिम सरकार स्थापित करने के विषय में शायद वे एकमत हो जाएं।[26] इसलिए वायसराय ने अल्पकालीन प्रश्न को हल करने का काम शुरु किया और 16 जून 1946 को एक कार्यकारिणी कौंसिल का प्रस्ताव घोषित किया। इसमें 14 व्यक्ति लिये जाने थे, जिनमें 6 व्यक्ति कांग्रेस के थे। वायसराय को अन्तरिम सरकार के गठन में उन्हीं समस्याओं का सामना करना पड़ा जो शिमला अधिवेशन में उठाई गई थी। जिन्ना ने इस प्रकार की सरकार में एक अनुसूचित जाति, एक सिक्ख के अतिरिक्त कांग्रेस एवं लीग के क्रमशः 5 हिन्दू और 5 मुस्लिम नामजद सदस्यों के रूप में बराबरी के प्रतिनिधित्व की मांग की। कांग्रेस ने बराबरी की मांग को अस्वीकार कर दिया, यह मांग रखी कि कांग्रेस को अधिकार होना चाहिए कि नामजदगी की अपनी सूची में हिन्दू, मुस्लिम और अन्य किसी समुदाय के सदस्यों को किसी भी अनुपात में शामिल करें तथा नई सरकार वायसराय की सलाहकार समिति की बजाए एक कैबिनेट के रूप में कार्य करे।

यद्यपि कांग्रेस ने अन्तरिम सरकार से सम्बन्धित 16 जून के प्रस्ताव अस्वीकार कर दिये थे परन्तु कैबिनेट मिशन लौटने के बाद विधान निर्मात्री कार्य के विषय में कुछ शर्तों के साथ स्वीकार कर लिया था। आगे जाकर कांग्रेस ने कुछ शर्तों और व्याख्याओं के साथ असेम्बली में शामिल होना भी मंजूर कर लिया।

10 जुलाई को कांग्रेस के नव–निर्वाचित अध्यक्ष पं. नेहरू ने अपने भाषण में कहा कि "असेम्बली की योजना की स्वीकृति का तात्पर्य केवल इतना ही है कि हम विधान निर्मात्री सभा में प्रवेश करने पर सहमत हैं इसके सिवाय और कुछ नहीं है।" उन्होंने कहा "हम किसी भी बात से पाबन्द नहीं हैं कि सिवाय इसके कि इस समय हमने विधान निर्मात्री सभा में जाने का निश्चय कर लिया है।[27] प्रेस को दिए वक्तव्य में उन्होंने यह भी कहा कि "असेम्बली में जाकर हम क्या करेंगे इस विषय में पूर्ण स्वतंत्रता है।" अल्पसंख्यक समुदायों की व्यवस्था में और ब्रिटिश सरकार के साथ सन्धि करने के विषय में कैबिनेट मिशन के सुझावों को नेहरु ने नहीं माना और प्रान्तों के समूह बनाने के विचार को बिल्कुल ही हेय माना। "इसकी बड़ी संभावना है कि.....कोई सामूहिकरण हो ही नहीं", क्योंकि पश्चिमोत्तर सीमा प्रान्त और असम समूह 'ब' और 'स' में सम्मिलित किये जाने पर आपत्ति कर सकते हैं।" नेहरू के इस भाषण से बड़ा क्षोभ उत्पन्न हो गया। आजाद की दृष्टि में जवाहरलाल नेहरु का ऐसा वक्तव्य उचित नहीं था। उन्होंने लिखा "यह कहना ठीक नहीं था कि कांग्रेस अपनी इच्छानुसार योजना में संशोधन कर सकती थी। वास्तव में हमने यह मान लिया था कि केन्द्रीय सरकार संघीय होगी इस बात पर भी सहमत थे कि प्रान्तों के तीन समूह (मण्डल) बनाये जायेंगे। इन मामलों को कांग्रेस स्वयं अपनी ओर से नहीं बदल सकती थी। इसके लिए उसको समझौता करने वाले अन्य दलों की भी अनुमति चाहिए थी।"[28] लीग ने इसके प्रत्युत्तर में 29 जुलाई 1946 को कैबिनेट मिशन के 16 मई के वक्तव्य की अपनी मंजूरी वापस ले ली ओर 16 अगस्त को मुस्लिम राष्ट्र का आह्वान किया और घोषित किया कि वे पाकिस्तान हासिल करने के लिए "सीधी कार्यवाही" (Direct Action) का मार्ग अपनाएं और एक नया नारा लगाया "लड़कर लेंगे पाकिस्तान"।

दूसरी ओर भारत सचिव ने मुस्लिम लीग के मना करने पर भी कांग्रेस को अन्तरिम सरकार बनाने के लिए आमन्त्रित किया। 2 सितम्बर 1946 को जवाहरलाल नेहरू की अध्यक्षता में अन्तरिम सरकार का गठन हुआ। जिन्ना और लीग को नजर अंदाज करते हुए अन्तरिम सरकार की स्थापना ब्रिटिश नीति में एक महत्वपूर्ण परिवर्तन का संकेत करती है। इस बीच वेवेल ने भी जिन्ना को सरकार में शामिल होने के लिए समझाया। वह समझते थे कि मुस्लिम लीग को अविलम्ब सम्मिलित करना देश में शान्ति व्यवस्था बनाये रखने के लिए आवश्यक है। लेकिन लीग के प्रवेश करने का लक्ष्य अन्तरिम सरकार को असफल बनाना था। लियाकत अलीखान को छोड़कर लीग ने अन्तरिम सरकार में अपने दूसरे दर्जे के नेताओं को भेजा, इससे उनका मन्तव्य साफ हो गया कि वे सरकार चलाने में कांग्रेस के साथ भागीदारी नहीं करना चाहते थे। सर्वाधिक महत्वपूर्ण वित्त विभाग लीग को दिया गया था। नया बजट प्रस्तुत करते समय लियाकत अली ने उद्योगपतियों एवं व्यापारियों पर अत्यधिक कर लगाये। एक लाख से अधिक आय पर 25 प्रतिशत कर लगाया गया। कहने के लिए यह कर समाज में आर्थिक विषमताओं को दूर करने (जो कांग्रेस का उद्देश्य था) के लिए लगाये गए थे। किन्तु इसके पीछे साम्प्रदायिक भाव निहित था क्योंकि अधिकांश व्यापारी और उद्योगपति हिन्दू थे। इसके अतिरिक्त भाषा और आन्तरिक व्यवस्था के सम्बन्ध में दोनो दलों में भारी मतभेद था। लीग के सदस्य किसी न किसी बहाने कार्य रोकते थे इससे कांग्रेस के सदस्यों का क्रुद्ध होना स्वाभाविक था। अन्ततः 9 दिसम्बर 1946 को संवैधानिक सभा में लीग ने भाग लेने से इन्कार कर दिया।

साम्प्रदायिक हिंसा (Communal Riots): लीग ने पूरा असहयोग किया और साम्प्रदायिक दंगों को प्रोत्साहित किया। 16 अगस्त 1946 को देश में साम्प्रदायिक उपद्रवों का सिलसिला शुरु हुआ था जिसमें लाखों लोग मारे गये और करोड़ों की सम्पत्ति नष्ट हुई। कलकत्ते के नरसंहार में पाँच हजार लोग मारे गये। सितम्बर में बम्बई (मुम्बई) में साम्प्रदायिक दंगों में 300 जानें गई। अक्तूबर 1946 में नोवाखाली तथा तिपेरा में दंगे भड़के जिसमें 400 लोग मारे गए और बड़े पैमाने पर महिलाओं के साथ अत्याचार, लूट खसोट और आगजनी हुई। नोवाखाली का बिहार में तुरन्त बदला लिया गया। अक्तूबर के अन्त में बिहार के विभिन्न शहरों में 7000 लोगों को बर्बरतापूर्वक मौत के घाट उतार दिया गया। यू.पी. भी इस नरसंहार में पीछे नहीं रहा और केवल गढ़मुक्तेश्वर में ही 10,000 लोगों का कत्ले आम हुआ। यू.पी. एवं बिहार के कत्ले आम की प्रतिक्रिया उत्तर पश्चिमी सीमान्त प्रान्तों (विशेषकर हजारा) में प्रत्याशित थी। पंजाब विशेषकर लाहौर, अमृतसर, मुलतान, अटक और रावलपिंडी के साम्प्रदायिक दंगों में हिन्दू एवं मुसलमान समान रूप से चपेट में आये तथा 1947 के मध्य तक लगभग 5000 लोग मारे गए। इतना ही नहीं 1947 के अन्त एवं 1948 के प्रारम्भ तक साम्पदायिक दंगे निरंतर चलते रहे जिसमें लाखों लोग मारे गये अथवा घायल हुए और महिलाओं का अपहरण, बलात्कार, निजी सम्पत्ति की क्षति तथा धार्मिक

स्थलों को अपवित्र करने की घटनायें हुईं। किसी विद्वान ने ठीक ही कहा है कि 1946 से 1948 के मध्य ऐसी घटनाओं की पुनरावृत्ति विश्व सभ्यता के इतिहास में शायद ही इससे पूर्व कभी घटित हुई हो। अंगरेज सरकार ने साम्प्रदायिक दंगों के दौरान आवश्यक सुरक्षा व्यवस्था नहीं की जिससे स्थिति अधिक खराब हुई।

ऐटली महोदय की घोषणा (Announcement of Mr. Attlee): इंग्लैण्ड में मंत्रिमण्डल साम्प्रदायिक दंगों से उत्पन्न अशान्ति एवं अराजकतापूर्ण स्थिति से परिचित था। अतः 20 फरवरी 1947 को ऐटली ने हाउस ऑफ कामन्स में घोषणा की: "इस समय की स्थिति अनिश्चित है। यह बड़ी भयावह है इसको अनिश्चित समय तक चलने भी नहीं दिया जा सकता। सम्राट की सरकार यह स्पष्ट कर देना चाहती है कि उनका निश्चित इरादा है कि जून 1948 से पहले उत्तरदायी भारतीयों के हाथों में शक्ति का हस्तान्तरण करने के लिए जरूरी कदम उठाये जाये।"

प्रधानमंत्री ऐटली की इस घोषणा से विषम स्थिति का कुछ समय के लिए अन्त हो गया। नई नीति क्रियान्विति के लिए वेवेल के स्थान पर एडमिरल वाईकाउन्ट माउंटबेटेन को भारत का वायसराय बनाया गया। उन्हें निर्देशित किया गया कि ब्रिटिश भारत की सरकार का दायित्व भारतीयों के हाथों सत्ता सौंप देना है जिससे भारत में शान्ति बनी रह सके। 24 मार्च 1947 को माउण्टबेटन ने पद ग्रहण किया।

माउण्टबेटन योजना एवं भारत का विभाजन (Mountbatten's Plan and Partition of India, 1947): ऐटली की घोषणा की प्रतिक्रिया जिन्ना पर कुछ दूसरे ढंग से हुई। घोषणा से स्पष्ट था कि सत्ता का हस्तान्तरण एक से अधिक प्राधिकारों के बीच होगा। अतः वे आश्वस्त थे कि अब उन्हें केवल पाकिस्तान की मांग पर अडिग रहने की जरूरत है। ऐसा वातावरण इसलिये भी बन गया था कि संविधान सभा (विधान निर्मात्री सभा) में मुस्लिम बहुल प्रान्त शामिल नहीं हो रहे थे और यह (संविधान सभा) सम्पूर्ण भारतीय जनता का प्रतिनिधित्व नहीं कर रही थी। दलों के नेताओं के विचार जानने के लिए माउण्टबेटन ने 24 मार्च से अप्रैल के मध्य तक उन लोगों से विचार–विमर्श किया और साथ ही अपनी कौंसिल के सदस्यों की और प्रान्तों के गवर्नरों से भी सलाह ली। गवर्नरों के विचारों से यह स्पष्ट हो गया कि भारत के कुछ भाग भविष्य के विषय में चिंतित थे। दोनों प्रमुख समुदायों में शत्रुता भयंकर रूप धारण कर चुकी थी विशेषकर झगड़े वाले क्षेत्रों में और भी अधिक। माउंटबेटन इस निष्कर्ष पर पहुँचे कि सत्ता के हस्तान्तरण को जून 1948 तक स्थगित नहीं किया जाना चाहिए। यह तारीख दिसम्बर 1947 या उससे भी पहले हो सकती है। लीग युद्ध करने के लिए आमदा थी, वह सम्प्रभु पाकिस्तान से कम कुछ भी स्वीकार करने को तैयार न थी। अतः कैबिनेट मिशन योजना की प्रासंगिकता नहीं रह गई थी। अब ब्रिटिश सरकार के सामने एक ही उपाय बचा था देश की एकता को कायम रखने का प्रयास क्योंकि लीग से और समझौता संभव नहीं था। यह नीति अपनाई गई कि जो एकता का विरोध करेंगे उन पर दबाव डाला जायेगा और जो एकता के पक्षधर होंगे उनका समर्थन किया जाये। तद्नुसार 3 जून 1947 को अपनी योजना प्रकाशित की। जिसे इतिहास में 'माउंटबेटन योजना' या 'प्लान बाल्कन' नाम दिया जाता है। इसके महत्वपूर्ण प्रावधान निम्नलिखित थे:

- ब्रिटिश सरकार का उद्देश्य भारत के लिए अन्तिम संविधान तैयार करना नहीं था एवं न ही वर्तमान संविधान सभा के कार्य में बाधा डालने का इरादा रखती है। परन्तु इस संविधान सभा द्वारा तैयार किया गया कोई भी संविधान देश के उन भागों पर लागू नहीं होगा जो इसे स्वीकार करने के लिए तत्पर नहीं हैं।
- पंजाब एवं बंगाल की प्रान्तीय विधायिका दो भागों में बैठक करेगी एक में मुसलमान (पंजाब में 17 और बंगाल में 16) का प्रतिनिधित्व होगा और दूसरे में प्रान्त के शेष जिलों का प्रतिनिधित्व होगा। प्रत्येक सभा के दो भागों के सदस्य अलग–अलग बैठकर मतदान से बहुमत द्वारा निर्णय करेंगे कि उनका प्रान्त विभाजित हो या न हो। संयुक्त रहने की स्थिति में सम्पूर्ण प्रान्त किस संविधान सभा में शामिल होगा यह प्रान्त की विधानसभा तय करेगी। विभाजन की स्थिति सभा का प्रत्येक भाग, यह तय करेगा कि वह दो संविधान सभाओं में से किस में शामिल होगा। इन प्रान्तों के अन्तिम विभाजन के उद्देश्य हेतु सीमा सम्बन्धी प्रश्न आयोग द्वारा तय किये जायेंगे जिसे गवर्नर जनरल नियुक्त करेगा।
- सिन्ध के मामले में, विधानसभा यह चुनेगी कि दो संविधान सभाओं में से किसमें सम्मिलित होगी। उत्तर पश्चिमी सीमान्त प्रान्त (Referendum in N.W.F.P.) के मामले में गवर्नर जनरल के तत्वाधान में हुए जनमत संग्रह द्वारा अपनी इच्छा व्यक्त करेंगे। ब्लूचिस्तान के लोगों की इच्छा जानने के ढंग का निर्णय वायसराय करेंगे। कैबिनेट मिशन योजना में रखे गए सिद्धान्त के आधार पर दो बंगालों, दो पंजाबों और सिलहट (Referendum in Sylhet) में अलग–अलग संविधान सभाओं में प्रतिनिधियों के चुने जाने के लिए नए चुनाव होंगे।

- उत्तर पश्चिमी सीमा प्रान्त में जनमत द्वारा यह पता लगाया जाए कि वह भारत के किस भाग के साथ रहना चाहेगा।
- भारतीय नरेशों के प्रति पुरानी नीति रहेगी कि पेरामाउंटसी के अधिकार उन राज्यों को वापस लौटा दिए जाऐंगे। उनको यह स्वतंत्रता होगी कि वे चाहें तो भारत या पाकिस्तान में मिलें या स्वतन्त्र रहें। परन्तु नेहरू के विरोध से यह योजना त्याग दी गई, जिसके अनुसार भारत और पाकिस्तान दो केन्द्रीय सरकारों को सत्ता हस्तान्तरित किए जाने का सुझाव था।
- संविधान सभाएँ यह निर्णय करने के लिए स्वतंत्र होंगी कि वे भारत के किस भाग के प्रतिनिधि हैं वह भाग ब्रिटिश राष्ट्रमण्डल के अन्तर्गत रहेगा या नहीं।

माउंटबेटन योजना के अन्तर्गत बंगाल व पंजाब की विधान सभाओं ने विभाजन के पक्ष में निर्णय दिया। सिलहट के लोगों ने पूर्वी बंगाल में शामिल होने का निश्चय किया।

उत्तर–पश्चिमी सीमान्त प्रान्त में खान अब्दुल गफ्फार खाँ के अनुयायियों द्वारा जनमत संग्रह का बहिष्कार करने पर निर्णय पाकिस्तान के पक्ष में हुआ। विभाजन की आवश्यक कार्रवाई के निष्पादन हेतु विभाजन परिषद और विभाजन अधिकरण स्थापित किये गये। सशस्त्र सेनाओं का विभाजन भी कर दिया गया। भारत में थल सेना का 3/4 भाग और पाकिस्तान में 1/4 भाग के रूप में विभक्त हुआ।

भारत पाकिस्तान सीमा निर्धारणः पंजाब एवं बंगाल की विधान सभाओं की बँटबारे की योजनानुसार अलग–अलग बैठकें आयोजित की गई। पश्चिमी पंजाब ने पश्चिमी पाकिस्तान तथा पूर्वी बंगाल ने तत्कालीन पूर्वी पाकिस्तान (वर्तमान बांगलादेश) में शामिल होने का निर्णय किया। तद्नुसार पूर्वी पंजाब एवं पश्चिमी पंजाब तथा पूर्वी एवं पश्चिमी बंगाल प्रान्तों का बंटवारा किया जाना था। इसके लिए अंगरेज सरकार द्वारा दो सीमा आयोग (Boundary Commission) बनाये गये, उनके सदस्य भारतीय उच्च न्यायालयों के न्यायधीश थे और इनका एक अध्यक्ष सर सिरिल रेडक्लिफ (Redcliff) था। दोनों देशों की 2900 कि.मी. लम्बी सीमा रेखा जिसमें पांच क्रासिंग क्षेत्र (प्वाइन्टस) थे। 12 अगस्त 1947 को इसे अन्तिम रूप दिया गया। यद्यपि इन प्रावधानों ने किसी भी पार्टी को सन्तुष्ट नहीं किया, लेकिन इसे बिना किसी प्रतिरोध के स्वीकार कर लिया गया।

पंजाब क्षेत्र में नहर के पानी का बँटवाराः पंजाब इलाके में नहर के पानी के बंटवारे की भी एक जटिल समस्या थी। भारत सरकार ने उदारता दिखाते हुए पूर्वानुसार जल आपूर्ति की अनुमति प्रदान कर दी।

सिन्धु नदी जल विवादः विभाजन के बाद सिंधु नदी से सिंचित होने वाले 280 लाख एकड़ इलाके में से 50 लाख एकड़ कृषि भूमि भारत के पास रह गई। अतः विश्व बैंक की निगरानी में 17 अप्रैल 1959 को वाशिंगटन (यू.एस.) में दोनों देशों के मध्य नहर जल बंटवारे के लिए अन्तरिम समझौता हुआ और 19 सितम्बर 1969 को करांची में सिन्धु जल संधि पर हस्ताक्षर कर सहमति प्रदान की।

गाउण्टबेटन ने इंग्लैण्ड द्वारा हरतान्तरण की तिथि गजदीक लाने के गकराद रो रथागीय गेताओं को योजगा के प्रति अपनी प्रतिक्रिया बताने को कहा। चर्चिल से सन्देश मिलने पर कि योजना को रद्द करने का अभिप्राय 'पाकिस्तान' के स्वप्न की मौत होगा, जिन्ना माउंटबेटन के दबाव से लंगड़े पाकिस्तान योजना (Truncated Pakistan) को अपनी स्वीकृति दे दी। कांग्रेस पहले ही योजना के प्रति अपनी सहमति व्यक्त कर चुकी थी। प्रारंभ में इस योजना का मौलाना आजाद, पुरुषोत्तमदास टण्डन आदि ने विरोध किया था किन्तु नेहरु, पंत, कृपलानी, पटेल और अन्त में गांधीजी ने इसे स्वीकार करने की राय दी। गोविन्द वल्लभ पन्त ने प्रस्ताव पेश करते हुए कहा: "3 जून की योजना की स्वीकृति ही देश के लिए स्वराज और स्वाधीनता पाने का एक मात्र मार्ग है। ....आज हमारे सामने दो विकल्प हैं: 3 जून की योजना की स्वीकृति या फिर आत्महत्या। उन्होंने कहा कि कैबिनेट मिशन योजना के समूहों और निर्बल केन्द्र से यह योजना अच्छी है।"[29]

गारतीय रवाधीनता अधिनियग (The Indian Independence Act, 1947): गाउंटबेटन योजना के आधार पर 18 जुलाई 1947 को ब्रिटिश संसद एवं सम्राट द्वारा एक अधिनियम पारित किया गया जिसे 'भारतीय स्वाधीनता अधिनियम 1947' कहा जाता है और जिसके द्वारा पाकिस्तान और भारत नाम के दो स्वतंत्र राज्यों की स्थापना 15 अगस्त 1947 से की गई। नार्मन डी. पामर के अनुसार ब्रिटिश पार्लियामेन्ट के इतिहास में शायद ही इतना महत्वपूर्ण विधेयक इतने कम समय और इतने कम वाद–विवाद से पास हुआ हो। इसके महत्वपूर्ण प्रावधान इस प्रकार थेः

- 15 अगस्त 1947 को भारत में दो अधिराज्यों की स्थापना हो जायेगी और सारी शक्ति उन्हें हस्तान्तरित कर दी जायेगी। रजवाड़ों की स्वतंत्रता या उन्हें भारत या पाकिस्तान में मिलने की स्वतंत्रता का सिद्धान्त नेहरू के विरोध से त्याग दिया तथा वी.पी. मेनन, पटेल की डोमिनियन स्टेट्स (Dominion States) के आधार पर दो केन्द्रीय सरकारों को सत्ता हस्तान्तरित की जानी थी। सिन्ध, उत्तर–पूर्वी सीमान्त प्रान्त, पश्चिमी पंजाब, पूर्वी बंगाल, ब्लूचिस्तान और असम के सिलहट जिले को छोड़कर सभी प्रान्त भारत में सम्मिलत होने थे। इन नए प्रान्तों की सीमाएं सीमा आयोग 'अधिनिर्णय' द्वारा होगी। दोनों अधिराज्यों को अपने संविधान स्वतंत्र रूप से बनाने थे।
- दोनों प्रभुता सम्पन्न राज्यों के मन्त्रिमण्डलों के सुझाव पर गवर्नर जनरल को संवैधानिक प्रमुख के रूप में नियुक्त करना था। भारत ने माउंटबेटन को इस पद के लिए चुना और पाकिस्तान ने जिन्ना को।
- नए संविधान के निर्माण तक शासन 1935 के अधिनियमानुसार संचालित करना था किन्तु गवर्नरों के विशेषाधिकार छीन लिए जाने थे।
- 15 अगस्त 1947 को भारतमंत्री का पद समाप्त होना था और इण्डिया आफिस बंद कर दिया जाना था।
- भारतीय राजाओं को भारत अथवा पाकिस्तान दोनों राज्यों में से किसी भी राज्य में शामिल होने का अधिकार दिया गया।
- भारत में ब्रिटिश सम्राट की सिविल सेवा और उनके अधीन सिविल पदों पर भारत द्वारा नियुक्ति बंद कर दी जायेगी।

यह भी तय किया गया कि अदन को भारत से पृथक कर दिया जाएगा और एक ब्रिटिश बस्ती के रूप में उसका प्रशासन संचालित किया जाएगा।

अधिनियम की क्रियान्विति: स्वतंत्रता अधिनियम 1947 की अनुपालना में 15 अगस्त 1947 को भारत को दो स्वतंत्र डोमिनियनों–भारत एवं पाकिस्तान में विभक्त कर दिया गया। पाकिस्तान के प्रथम गवर्नर मु. अली जिन्ना बने और भारत ने लार्ड माउंटबेटन को ही गवर्नर जनरल बनाये रखा। भारत की आजादी की पूर्व संध्या पर अपने प्रसिद्ध भाषण "नियति से साक्षात्कार" में कहा था "आधी रात जब सारी दुनिया सो रही होगी, भारत स्वतंत्रता और जीवन से भरपूर नई सुबह के साथ जागेगा।"

भारतीय राज्यों का विलय: भारतीय राज्यों की समस्या को सर्वप्रथम पहले गोलमेज सम्मेलन में उठाया गया। किन्तु 1946 में कैबिनेट मिशन द्वारा पेरामाउंटसी की समाप्ति की घोषणा ने रजवाड़ों की समस्या को अधिक जटिल बना दिया। भारत के 562 भारतीय राज्यों का क्षेत्रफल समस्त भारत के क्षेत्रफल का 2/5 था तथा 1/4 जनसंख्या इन राज्यों में निवास करती थी। जनसंख्या, क्षेत्रफल तथा वित्तीय संसाधनों की दृष्टि से इन राज्यों में बड़ी विषमताएँ थी, 20 राज्यों में कुछ राज्यों की जनसंख्या का 2/3 और 542 शेष राज्यों में 1/3 जनसंख्या रहती थी। 1858 ई. के पश्चात् इन राज्यों के क्राउन के साथ सम्बन्ध को पेरामाउंटसी से सम्बोधित किया जाता था। कैबिनेट मिशन ने भारतीय राज्यों को भी संविधान सभा में उसी आधार पर प्रतिनिधित्व देने का प्रस्ताव रखा जिस प्रकार प्रान्तों को था अर्थात् 10 लाख जनसंख्या के आधार पर 1 प्रतिनिधि। किन्तु कांग्रेस ने कैबिनेट मिशन योजना की इस बात के लिए आलोचना की कि इसमें रजवाड़ों से चने हुए प्रतिनिधि भेजे जाने का प्रावधान नहीं किया था। 3 जून 1947 को माउंटबेटन योजना की घोषणा के बाद राज्यों के प्रति एक निश्चित नीति का निर्धारण आवश्यक हो गया था। इन विपरीत परिस्थितियों में डॉ. राधाकृष्णन ने 22 जुलाई 1947 को कांस्टीट्यूशन हाल में भारत की संविधान सभा की बैठक के दौरान देशी राज्यों की बड़ी संख्या, पाकिस्तान की मांग, ब्रिटिश रवैये को देखते हुए कहा था, "समय कठिन है और हमारे मस्तिष्क भ्रम की स्थिति में है, यह हम पर निर्भर है कि हम इस लड़ाई को किस बैनर तले लड़ें।" माउंटबेटन राजाओं को इतिहास की एक अनावश्यकता मानता था। उसने 25 जुलाई को 75 बड़े राजाओं की बैठक बुलाई। लियोनोर्ड मोस्ले ने उल्लेख किया है कि उस दिन की कार्यवाही माउंटबेटन की चतुराई, आकर्षण तथा समझाने बुझाने की पराकाष्ठा की कला की संभवतः शानदार मिसाल थी। माउंटबेटन ने बीकानेर के महाराजा जो उनके मित्र थे, से कहा कि "यदि वे अधिराज्य में सम्मिलित हो जाते हैं तो उन्हें इंग्लैण्ड के राजा से भी प्रतिष्ठा प्राप्त हो सकती है क्योंकि यह अधिराज्य ब्रिटिश कामनवेल्थ के भाग रहेंगे", उसने बीकानेर राजा से पूछा कि "वह पहला राज्य नहीं होना चाहेगा जो इस पर हस्ताक्षर करे।" बीकानेर ने इसे स्वीकार कर लिया और इस तरह कार्य प्रारम्भ हो गया।

सरदार पटेल की कार्रवाई: पटेल एवं वी.पी. मेनन ने अधिक महत्वपूर्ण योगदान दिया। राजाओं की परिषद (Chamber of Princes) के चांसलर महाराजा पटियाला ने भी इस कार्य में भारत सरकार को पूर्ण सहयोग दिया। सुमित सरकार लिखते हैं कि पटेल ने राजनीतिक विभाग के स्थान पर रियासतों का नया विभाग संभाल लिया था और वी.पी. मेनन उनके सचिव थे। यह दर्रा 1946 में कश्मीर में पहले ही देखा जा चुका था। जब 20 मई को शेख अब्दुल्ला को मुस्लिम बहुल राज्य के अत्यन्त अलोकप्रिय एवं निरंकुश हिन्दू शासक के विरुद्ध 'नेशनल कांफ्रेंस' के 'कश्मीर छोड़ो' आन्दोलन का नेतृत्व करने के लिए गिरफ्तार किया गया तो आरम्भ में नेहरु अब्दुल्ला का समर्थन करने के लिए कश्मीर दौड़े गए और 20 जून को उन्हें थोड़े समय के लिये कश्मीर प्रवेश निषेध का उल्लंघन करने के लिए गिरफ्तार भी किया गया। लेकिन पटेल ने वेवेल को आश्वासन दिया कि नेहरु उनकी सलाह के विरुद्ध कश्मीर गए थे और शीघ्र ही उन्होंने कश्मीर के प्रधानमंत्री काक के साथ सन्धि वार्ता आरम्भ कर दी, जिसका अन्तिम परिणाम यह हुआ कि अक्तूबर 1947 में पाकिस्तान से कबायलियों द्वारा कश्मीर पर आक्रमण करने के बाद महाराजा भारत में सम्मिलित होने के लिए सहमत हो गए (सुमित सरकार, वही, पृ॰ 502)।

बीकानेर के बाद बड़ौदा ने हस्ताक्षर किये और हस्ताक्षर करने के बाद राजा ने, "आश्चर्यचकित मेनन के गले में हाथ डाल दिया और फूट–फूट कर रोने लगा।" परन्तु सभी राजा इसके लिये तैयार नहीं थे, इसके दो कारण थे पहली जिन्ना की राज्यों की विपरीत सलाह तथा दूसरी कुछ नरेशों की अपने आपको पूर्ण स्वतंत्र घोषित करने तथा दोनों डोमिनियनों से कूटनीतिक सम्बन्ध स्थापित करने की इच्छा। किन्तु 15 अगस्त 1947 तक 565 में से 562 राज्यों से अधिराज्य में सम्मिलित होने के पत्र पर हस्ताक्षर करवा लिए थे अर्थात् कश्मीर, जूनागढ़ और हैदराबाद को छोड़कर सभी रियासतों ने भारत विलय के लिए सहमति प्रदान कर दी थी। भारत का तीव्र एकीकरण निश्चय ही सरदार पटेल की सबसे बड़ी उपलब्धि थी, यद्यपि यह भी याद रखना चाहिए कि जनता के दबावों की इसमें महत्वपूर्ण भूमिका रही थी। दिसम्बर 1947 में हठी राजाओं द्वारा गठित पूर्वी राज्यों का संघ नीलगिरी, धेनकनाल और तलचर जैसी उड़िया रियासतों के सशक्त प्रजामण्डल आन्दोलनों के आगे भहराकर गिर पड़ा। वस्तुतः 1937 में ही अनेक राज्यों में प्रजामण्डल आन्दोलनों की शुरुआत हो गई थी। जूनागढ़ के शासक ने 15 अगस्त 1947 को पाकिस्तान में सम्मिलित होने की घोषणा की, लेकिन जनता का आन्दोलन इतना अधिक उग्र था कि उसे अपनी जान बचाने के लिए पाकिस्तान भाग जाना पड़ा और जूनागढ़ को भारत में सम्मिलित कर लिया गया।

हैदराबाद: हैदराबाद का निजाम अपने को पूरी तरह स्वतंत्र रखना चाहता था। वह प्रजातंत्र को अत्यन्त दूषित प्रणाली समझता था और उसे राजा के देवीय अधिकारों में विश्वास था। कहा जाता है कि उसकी व्यक्तिगत सम्पत्ति 300 करोड़ की थी एवं उसकी अधिकाधिक सोना व जवाहरात एकत्र करने में रुचि थी। नवम्बर 1947 में निजाम ने भारत के साथ स्टेंडस्टिल एग्रीमेन्ट पर हस्ताक्षर किए।

जम्मू कश्मीर: इसी प्रकार जैसा पूर्व में उल्लेख किया गया है कि कबायलियों के आक्रमण को कश्मीर शासक रोक सकने में असमर्थ रहा। आक्रमणकारी तेजी से आगे बढ़ते आ रहे थे, राज्य को सुरक्षित रखने के लिए महाराजा ने 26 अक्तूबर 1947 को भारतीय संघ में सम्मिलित होना स्वीकार किया। जम्मू कश्मीर की उस समय 75 प्रतिशत आबादी मुस्लिम थी। राजा हरिसिंह शुरू में भारत–पाकिस्तान दोनों में से किसी में शामिल नहीं होना चाहते थे। जबकि नेशनल कांफ्रेंस के नेता शेख अब्दुल्ला भारत में विलय चाहते थे। अतः शेख अब्दुल्ला को रियासत का प्रमुख बनाया गया। भारतीय सेनाओं ने कश्मीर को सुरक्षा प्रदान की, आक्रमणकारियों को पीछे हटना पड़ा। 31 दिसम्बर 1947 को भारत ने संयुक्त राष्ट्र संघ से अनुरोध किया कि वह पाकिस्तान को उत्तर–पश्चिमी कबायलियों को भारत आक्रमण में सहायता देने से रोके।

समस्त रजवाड़ों को भारतीय संघ में शामिल कर लिए जाने के बाद पटेल ने स्थानीय राजाओं को चेतावनी दी कि भारत सरकार देश में अशांति तथा अव्यवस्था फैलने पर हस्तक्षेप करेगी। साथ ही उन्होंने नरेशों की व्यक्तिगत सम्पत्ति एवं अधिकारों को सुरक्षित रखने का आश्वासन दिया। वस्तुतः पटेल ने भारतीय राज्यों के विलय के बाद पुनर्गठन हेतु दो प्रकार की नीतियाँ अपनाई। बाह्य विलय की नीति द्वारा छोटे–छोटे राज्यों को मिलाकर अथवा पड़ोसी प्रान्तों में विलय करके एक बड़े राज्य का निर्माण किया। दूसरी आन्तरिक संगठन द्वारा इन राज्यों में प्रजातंत्रीय प्रणाली की स्थापना। दिसम्बर 1947 में उड़ीसा और छत्तीसगढ़ के 39 राज्यों का उड़ीसा तथा सी.पी. (यू.पी.) में विलय किया गया। बम्बई प्रदेश के साथ 17 दक्षिणी राज्यों का फरवरी 1948 में और गुजरात तथा काठियावाड़ राज्यों का जून 1948 में विलय हुआ। पूर्वी पंजाब, पटियाला तथा पहाड़ी राज्यों का संघ बनाया गया जिसे पेप्सू (PEPSU) कहा गया। इसी प्रकार राजस्थान के निर्माण में सर्वप्रथम बांसवाड़ा, बूंदी, डूंगरपुर, झालावाड़, किशनगढ, कोटा, प्रतापगढ़, शाहपुरा, टोंक ने भाग लिया। उदयपुर इस संघ में अप्रैल 1948 में

सम्मिलित हुआ और बाद में जयपुर, जोधपुर, बीकानेर एवं जैसलमेर। 30 मार्च 1949 को सरदार पटेल ने राजस्थान संघ का उद्घाटन किया जिसमें 15 मई 1949 को मत्स्य संघ ने शामिल होना स्वीकार किया। इस प्रकार भारतीय राज्यों का शांतिपूर्ण ढंग से विलय संभव हुआ केवल हैदराबाद में शांति स्थापित करने हेतु सेना का सहयोग लिया गया।

भारतीय स्वतंत्रता में सहायक तत्व: बाह्य विश्लेषण में हम 1921–22 के असहयोग आन्दोलन, 1929–30 के सविनय अवज्ञा आन्दोलन और 1942 के भारत छोड़ो आन्दोलन को अपने लक्ष्य प्राप्ति में सफल न होना स्वीकार करते हैं, लेकिन इन आन्दोलनों ने साम्राज्यवादी शासकों के साथ न केवल सहयोग और उनकी शक्ति में विश्वास समाप्त किया प्रत्युत उनके प्रति विरोध भाव को भी उग्र बनाया। कांग्रेस की लोकप्रियता इस बात से स्पष्ट होती है कि 1936 में इसकी सदस्य संख्या 6.36 लाख थी जो बढ़कर 1937 में 30 लाख तक पहुँच गई। जुलाई 1942 में भारत छोड़ो आन्दोलन में कांग्रेस ने सरकार से "अंगरेजी शासन की तुरन्त समाप्ति" की मांग की और गांधीजी ने 'करो या मरो' का नारा दिया। अंगरेजों ने 1942 के विद्रोह को कुचलने के लिए अत्यन्त क्रूर साधन अपनाए। परन्तु इस विद्रोह में जनता ने जिस उत्साह से भाग लिया उससे यह स्पष्ट हो गया कि भारत में हिंसा की नीति तथा जन क्रान्ति को बल मिल रहा है और उसे अधिक समय तक शक्ति से नहीं दबाया जा सकता। ऐटली ने इंग्लैण्ड की संसद में स्वीकार किया था कि "इंग्लैण्ड भारत पर नियंत्रण कुछ समय और रख सकता था, लेकिन उसके लिए बहुत अधिक अंगरेजी सेना भारत भेजनी पड़ती।"

दूसरे भारत में ब्रिटिश शासन जब तक संचालित रहा उसका आंशिक कारण भारतीय जनता के बहुत से हिस्सों की मूक सहमति भी थी। औपनिवेशिक शासन का सामाजिक आधार जमींदारों, उच्च वर्गों, सरकार परस्तों आदि के बीच सीमित था, जो विदेशी सरकार के विशेष रूप से कृपा पात्र थे। ये वे लोग थे, जो प्रशासन चलाते थे, सरकारी नीतियों का समर्थन करते थे और उन सुधार कार्यक्रमों पर अमल करते थे। भारतीय सिविल सेवा (आई.सी.एस.) के अधिकारी इस नौकरशाही के प्रमुख थे। बिपिनचन्द्र (वही, पृ. 388) लिखते हैं: जब ये सरकार परस्त लोग ब्रिटिश राज के जहाज से कूदने लगे, 'प्रतिष्ठा' खाक में मिलने लगी, जिलाधिकारी और सचिवालय के लोग पतवार छोड़ने लगे, तो यह साफ हो गया कि जहाज डूब रहा है और तेजी से डूब रहा है। यह वर्षों के विध्वंस का परिणाम था। जहाज न केवल अन्दर से सड़ रहा था बल्कि उस पर बाहर से अनवरत आघात हो रहा था।

तीसरे, स्ट्रेफर्ड क्रिप्स, जो द्वितीय विश्वयुद्ध के दिनों में भारतीय नेताओं से एक लम्बी संवैधानिक बातचीत में बहुत निकट रूप से सम्बन्धित थे, ने भारत में पूर्ण रूप से शान्ति तथा व्यवस्था पर नियंत्रण रखने में सरकार की असमर्थता व्यक्त की। कांग्रेस एवं मुस्लिम लीग के उद्देश्यों एवं उनके प्राप्त करने के साधनों में गंभीर मतभेद था जिससे देश की शान्ति किसी भी समय भंग हो सकती थी। 16 अगस्त 1946 से शुरु हुए साम्प्रदायिक दंगे इसके उदाहरण हैं। एक ओर जहाँ कांग्रेस देश की स्वतंत्रता के लिए अर्थात् अंगरेजों से सत्ता प्राप्त करने के लिए संघर्ष कर रही थी दूसरी ओर लीग का उद्देश्य अपने लिए एक अलग प्रदेश प्राप्त करना था और इसके लिए हिंसा का भी सहारा लिया जा सकता था। ऐसी अराजकता पूर्ण स्थिति में बाह्य शक्ति द्वारा एक महाद्वीप पर नियंत्रण बनाये रखना काफी मुश्किल था विशेष रूप से उस स्थिति में जबकि समाज के किसी वर्ग का समर्थन सरकार को प्राप्त न रहा हो। कहा भी है (जैन, एम.एस. वही, पृ. 424) 1946–47 के साम्प्रदायिक विद्रोह की घटनाओं से पता चलता है कि सेना, पुलिस तथा प्रशासन में साम्प्रदायिक प्रभाव फैल चुका था और अंगरेजों के लिए उनकी सहायता से अधिक समय प्रशासन चलाना कठिन था।

चौथे, साम्राज्यवादी शासकों से संघर्ष करते–करते राष्ट्रवादी नेता भी थक चुके थे और उनकी मानसिकता बदल गई थी तथा वे भारत का विभाजन भी स्वीकार करने को तत्पर थे। 1945 के बाद यह धारणा जोर पकड़ने लगी कि अंगरेजों से अधिक संघर्ष करने के बजाए विभाजन स्वीकार कर लेना ही युक्ति संगत है। नेहरूजी ने स्वीकार किया था कि "निकट भविष्य में हमें स्वाधीनता प्राप्त करने का कोई दूसरा उपाय नहीं दिखता था इसलिए हमने यह योजना यह समझकर स्वीकार कर ली कि एक दृढ़ और शक्तिशाली भारत का निर्माण किया जाए और अन्य लोग इसमें नहीं रहना चाहते तो हम उन्हें कैसे और क्यों जबर्दस्ती रखें।"

पाँचवे, अंगरेज लगभग एक शताब्दी तक भारतीयों को परस्पर विभाजित कर शासन करने में सफल रहे। साम्प्रदायिकता प्रारम्भ से ही कांग्रेस के लिए परेशानी का कारण बन गई थी। वस्तुतः कांग्रेस के दो मोर्चों पर लड़ना पड़ाः एक ओर जहाँ उसे साम्राज्यवादी शासन से टक्कर लेनी पड़ी, दूसरी ओर साम्प्रदायिकता के प्रसार को अवरुद्ध करने के लिए भी बराबर संघर्ष करना पड़ा। किंतु कांग्रेस को जब यह विश्वास हो गया कि बिना देश के विभाजन के आजादी संभव नहीं है तो लीग की मांग स्वीकार कर ली गई, ऐसी स्थिति में अंगरेजों के लिए भारत में बने रहने का कोई आधार नहीं रह गया था।

छठें, कुछ मार्क्सवादी विद्वानों की यह मान्यता रही है कि भारत में साम्प्रदायिक दंगों, जन–आन्दोलनों एवं श्रमिक हड़तालों के चलते साम्यवाद के प्रसार की संभावना बढ़ गई थी। विशेष रूप से इनमें तेलंगाना आन्दोलन सबसे प्रमुख था। ऐटली ने इस खतरे को भांप लिया था और लार्ड माउंटबेटन से कहा: यदि हम सावधान न होते, तो हम भारत को केवल विद्रोह की आग में ही झोंककर नहीं छोड़ देते, प्रत्युत एकतंत्रवादी राजनैतिक शक्तियां भी यहाँ हावी हो जाती। इन्हीं परिस्थितियों में (देखिए सुमित सरकार, वही, पृ. 503) त्रावणकोर को कम्युनिस्ट खतरे का डर दिखाया गया और वहाँ के दीवान रामास्वामी अय्यर को सलाह दी कि "वह 'अमेरिकी नमूने' के माध्यम से अपनी निजी सत्ता बनाए रखने का स्वप्न त्याग दे" और त्रावणकोर को भारतीय संघ में सम्मिलित किया गया।

सातवें, भारतीय सेना एवं पुलिस पर राष्ट्रीय आन्दोलन का प्रभाव होना एक अन्य महत्वपूर्ण तथ्य था जिसने साम्राज्यवादी शासन की कमर तोड़ दी। यह सर्वविदित है कि भारतीय सिपाहियों की सहायता से अंगरेजों ने भारत पर विजय पाई थी। आजाद हिन्द फौज के खुले मुकदमे से सारे देश में उनके प्रति सहानुभूति की लहर फैल गई। इससे यह भी स्पष्ट हुआ कि देश में अंगरेजों के विरुद्ध सेना के विद्रोह को प्रतिष्ठा की दृष्टि से देखा जाता है। 18 फरवरी 1946 को नौ सेना ने अंगरेजी रंगभेद तथा प्रजातीय विभेद नीति को लेकर विद्रोह कर दिया था। इससे यह सिद्ध हो गया था कि सैनिकों की स्वामिभक्ति जो अंगरेजी साम्राज्य का आधार थी, पर अब अधिक समय तक विश्वास नहीं किया जा सकता था।

आठवें, इंग्लैण्ड एवं यूरोप में विकसित राष्ट्रवादी एवं प्रजातान्त्रिक विचारों का, भारत में तेजी से प्रसार, उग्र राष्ट्रीयता का एक कारण बना। इंग्लैण्ड के लॉक, स्पेन्सर, मिल, मैकाले एवं बर्क आदि विद्वानों ने प्रजातान्त्रिक संस्था को केवल इंग्लैण्ड के लिए ही उपयोगी नहीं माना था प्रत्युत उनके विचार समस्त मानव जाति के विकास के लिए थे। मानववादी वर्डसवर्थ और स्वतंत्रता प्रेमी बायरन केवल इंग्लैण्ड की सीमाओं से बंधे हुए नहीं थे। नवीन विचारों का प्रवाह राजा राममोहन राय के समय से प्रारम्भ होकर, गांधी, सुभाष, नेहरु, आजाद एवं पटेल आदि नेताओं को आप्लावित कर चुका था। कहा गया है कि "इंग्लैण्ड के चर्चिल और साइमन भारतीयों से बेहतर तर्कदाता नहीं रह गये थे और न ही मोतीलाल और सप्रू से अधिक बुद्धिमान।"

नवें, मार्क्सवादी विद्वानों ने साम्राज्यवादी शासन को वर्तमान परिप्रेक्ष्य में एक नया नाम दिया है। प्रो. पाल बरन (द पॉलिटिक्ल इकानामी ऑफ ग्रोथ) की मान्यता है कि पाश्चात्य साम्राज्यवाद (विशेष रूप से अमेरिकी साम्राज्यवाद) अब भी पूर्ववत अविकसित राष्ट्रों का शोषण कर रहा है। कहा गया है कि अप्रत्यक्ष उपनिवेशवाद का उदाहरण इंग्लैण्ड, अमेरिका ही प्रस्तुत नहीं करते प्रत्युत चीन आदि अन्य देश भी इस व्यवस्था को बढावा दे रहे हैं। अप्रत्यक्ष उपनिवेशवादी व्यवस्था के अन्तर्गत विकासशील देश के समस्त औद्योगिक प्रतिष्ठानों पर बहुराष्ट्रीय कम्पनियों की हिस्सेदारी द्वारा आधिपत्य स्थापित कर सम्बन्धित देश की अर्थव्यवस्था पर नियन्त्रण स्थापित करने का प्रयास किया जाता है। इस तरह अन–उपनिवेशवादी साम्राज्य (Non-colonial Empires) विकासशील देश की अर्थव्यवस्था को खोखला कर देती है। प्रोफेसर पाल बरन के अनुसार भारत आज भी इंग्लैण्ड, अमेरिका आदि देशों का अप्रत्यक्ष उपनिवेश है और इन देशों का सर्वाधिक करदाता है। यही नहीं हमारे देश के सर्वोत्तम वैज्ञानिक, अमेरिका इंग्लैण्ड की ओर दौड़ रहे हैं और अपने देश को अधिकाधिक निर्धनता की ओर अग्रसर कर रहे हैं। यह सब वर्तमान साम्राज्यवाद का रूप है। जान स्ट्रेची ने इन तथ्यों को दृष्टिगत रखते हुए अंगरेजों ने भारत छोड़ना अधिक उचित समझा।

क्या भारत विभाजन अनिवार्य था? इस विषय में विद्वान एक मत नहीं हैं। मौलाना अबुल कलाम आजाद (वही, पृ. 206) सदैव पाकिस्तान की रचना के विरोधी थे, देश के विभाजन की मांग स्वीकार किये जाने से उन्हें काफी दुःख हुआ और उन्होंने लिखा: "कांग्रेस और लीग ने बँटवारा स्वीकार कर लिया...जब हमने मुल्क के बँटवारे के ठीक पहले और बाद में नजर दौड़ाई तो देखा कि यह मंजूरी सिर्फ कांग्रेस महासमिति के प्रस्ताव और मुस्लिम लीग के रजिस्ट्रर पर थी। इसे हिन्दुस्तान की जनता ने स्वीकार नहीं किया था। दरअसल उनके दिल और रूह इस ख्याल से ही बगावत करते थे। आजाद की मान्यता थी कि भारत का विभाजन अनिवार्य नहीं था। उसे टाला जा सकता था। उनके अनुसार सबसे पहले सरदार पटेल माउंटबेटन के विभाजन सम्बन्धी विचारों के शिकार हुए।" बिपिनचन्द्र (वही, पृ. 395) लिखते हैं कि साम्यवादियों और गांधीवादियों–दोनों का मानना है कि नेहरु और पटेल ने विभाजन को इसलिए स्वीकार किया, क्योंकि सत्ता का इन्तजार उनके लिए असह्य हो रहा था। कहा जाता है कि इसीलिए उन्होंने गांधीजी की सलाह की उपेक्षा कर दी, गांधीजी इतने मर्माहत हो गए कि उनकी और जीने की इच्छा ही खत्म हो गई। लेकिन फिर भी उन्होंने साम्प्रदायिक घृणा का अकेले ही मुकाबला किया, जिस प्रयास की प्रशंसा में माउंटबेटन ने उन्हें एक "वन मैन बाउण्ड्री फोर्स" कहा।

विभाजन का आधार धार्मिक था अतः इसकी प्रतिक्रिया में साम्प्रदायिक संघर्ष होना स्वाभाविक था। लाखों हिन्दू एवं मुसलमान बड़े पैमाने पर अपने प्रान्तीय वतन से बिछुड़ गए। अड़तालीस घंटों की अल्प अवधि में पूर्वी पंजाब और पश्चिमी पंजाब के भयंकर साम्प्रदायिक दंगों की सूचना मिली और दिल्ली तथा कराची भी इस आग से अछूते न रहे। लियोनार्ड मोस्ले के अनुसार केवल पंजाब में 60,000 लोग मारे गये और 1,40,00,000 शरणार्थी बना दिए गये। दोनों पक्षों द्वारा 1,00,000 युवतियों का अपहरण किया गया और उन्हें बलपूर्वक धर्म परिवर्तन करके गृहणी बनाया गया।

गांधीजी, मौलाना आजाद ही विभाजन के विरोधी नहीं थे प्रत्युत नेहरू, पटेल, पंत, कृपलानी आदि सभी राष्ट्रवादी नेता प्रारम्भ में विभाजन के विरोधी थे। जहाँ तक जन सामान्य का सवाल है अधिकांश हिन्दू और सिक्ख तो इसके विरुद्ध थे ही, मुसलमानों का एक वर्ग भी इसके खिलाफ था।

हिंसात्मक तरीके से स्वतंत्रता प्राप्ति के समर्थक विद्वानों के अनुसार एक सशस्त्र क्रान्ति में भी इससे अधिक समय न लगता और इससे अधिक रक्तपात न होता, एक दूसरे के प्रति इतनी घृणा न बढ़ती, जितनी जानें साम्प्रदायिक दंगों में गई और आपस में स्वयं भारतीयों पर जो अमानुषिक अत्याचार किये उनका अवसर न आता, लड़ाई विदेशी आक्रान्ता के साथ होती, आपस में नहीं और यदि देश की एकता की रक्षा के लिए गृहयुद्ध की भी नौबत आती तो वह भी शायद जो हुआ उससे श्रेयस्कर होता और देश की एकता की रक्षा की जाती।

देश के विभाजन की स्थिति में पहुँचने का दूसरा कारण मुसलमानों के प्रति तुष्टिकरण की नीति रही है। 1909 में जब मुसलमानों की पृथक प्रतिनिधित्व पद्धति को अपनाया गया तो अनेक कांग्रेसी सदस्यों ने इसकी कड़ी आलोचना की, लेकिन अपने वार्षिक अधिवेशन में कांग्रेस ने कोई मत स्पष्ट नहीं किया, इतना ही नहीं 1916 के लखनऊ अधिवेशन में कांग्रेस लीग समझौते के आधार पर कांग्रेस ने मुसलमानों के प्रतिनिधित्व और साम्प्रदायिक निर्वाचन प्रणाली की मांग को स्वीकार कर लिया गया जो महान भूल थी। माण्टेग्यू चेम्सफोर्ड रिपोर्ट में स्वीकार किया गया कि धर्म तथा वर्ग के आधार पर विभाजन का अर्थ होगा एक दूसरे के खिलाफ संगठित राजनीतिक शिविरों का निर्माण और यह लोगों को पक्षपातपूर्ण रवैया अपनाना सिखाता है।

औपनिवेशिक सरकार की 'फूट डालो राज करो' नीति का विरोध राष्ट्रवादियों को प्रारम्भ से ही करना चाहिए जैसा कि 1905 में बंगाल विभाजन के दौरान किया था। किन्तु ऐसा नहीं किया गया। स्मरणीय है कि चुनाव में अर्हताएँ शिक्षा और जायदाद के आधार पर रखी गई और वे बहुत ऊँची थी इससे मुसलमान मध्यम वर्ग ने महसूस किया कि आम क्षेत्रीय चुनावों के आधार पर उन्हें अपनी जनसंख्या के अनुपात में विधान परिषद में सीटें नहीं मिल सकेंगी। मुसलमान उच्च वर्ग की इस आशंका और भारत के बढ़ते हुए राष्ट्रीय आन्दोलन के प्रति अंगरेजों की चिंता के फलस्वरूप अलग प्रतिनिधित्व नीति का जन्म हुआ। कहा जा सकता है कि 'फूट डालो राज करो नीति' की औपचारिक शुरुआत 1906 में उच्चवर्गीय मुस्लिम प्रतिनिधि मण्डल को लार्ड मिन्टो द्वारा शिमला में दिये गये आश्वासन से हुई थी, उसी समय कांग्रेसी नेताओं को प्रतिक्रिया व्यक्त करनी चाहिए थी और इस प्रकार की सरकारी गतिविधियों पर प्रतिबंध लगाये जाने के प्रयास अपेक्षित थे।

यह उल्लेख करना आवश्यक है कि साम्प्रदायिकता के मौलिक आर्थिक कारणों से मुस्लिम वर्ग को अवगत करवाये जाने का प्रयास कांग्रेस एवं अन्य राष्ट्रवादी नेताओं तथा उपलब्ध मीडिया ने नहीं किया। वस्तुतः 1857 के बाद मुस्लिम अभिजात वर्ग के पतन और रोजगार के घटते हुए अवसरों की वजह से मुस्लिम समुदाय के ऊपरी स्तर के लोगों में काफी निराशा और कटुता आ गई थी। 1857 के विद्रोह के बाद भारतीय समाज में आर्थिक ढाँचें के विघटन का मुस्लिम उच्च वर्ग पर विशेष रूप से घातक प्रभाव पड़ा। कहा गया है कि साम्प्रदायिकता काफी हद तक नौकरियों एवं राजनीतिक लाभों को लेकर अभिजनों के संघर्ष से उत्पन्न हुई है, दीर्घकाल से स्वयंसिद्ध मानी जाती रही है। कांग्रेस सदैव मुस्लिम लीग से समझौता करने को उत्सुक रहती थी इससे लीग का अनावश्यक महत्व बढ़ गया और लीगी नेता यह मानने लगे कि कांग्रेस बिना उनके सहयोग के भारत की संवैधानिक समस्या हल नहीं कर सकती। कांग्रेस ने 1916 में लखनऊ अधिवेशन में लीग की अनेक शर्तों को स्वीकार कर लिया था। सी.आर. फार्मूले में पाकिस्तान की मांग को सामान्यतः स्वीकार कर लिया था गांधीजी जिन्ना को मनाते रहे। मुस्लिम लीग को अनावश्यक महत्व देना और उसके पीछे भागना कांग्रेस की बहुत बड़ी भूल थी।

सवाल उठाया जाता है कि अक्समात 1945 के बाद लगभग सभी नेता देश के विभाजन के लिए क्यों सहमत हो गये? यह विचारणीय प्रश्न है। इसके कई कारण हैं जिसकी संक्षेप में विवेचना उचित होगी।

1. साम्प्रदायिक दंगे: जिन्ना पाकिस्तान की मांग स्वीकार न होने पर हिंसा का सहारा लेने को तत्पर थे। उन्होंने 16 अगस्त 1946 में प्रत्यक्ष कार्रवाई का आह्वान किया और एक नया नारा दिया 'लड़कर लेंगे पाकिस्तान' और इस तरह साम्प्रदायिक दंगों का सूत्रपात किया। इन दंगों में हजारों–लाखों लोग मारे गये और अपार सम्पत्ति का विनाश हुआ। अन्तरिम सरकार इन दंगों को रोकने में असफल रही। मुस्लिम लीग की प्रान्तीय सरकारें इन दंगों के भड़काने में सहयोग कर रही थीं। पटेल ने कहा था "यदि शरीर के एक अंग में जहर फैल गया तो उसे शीघ्र ही अलग कर देना चाहिए ताकि शेष सारे शरीर में जहर न फैले।" कांग्रेस को दो बुराईयों में से एक को चुनना था: "देश का विभाजन अथवा गृह युद्ध" कांग्रेस ने विभाजन को कम बड़ी बुराई समझा क्योंकि नेताओं को यह स्पष्ट विश्वास हो गया था कि यदि देश का विभाजन न हुआ तो केन्द्र दुर्बल रहेगा और देश प्रगति नहीं कर पायेगा और संघ के अंग बराबर उससे अलग होने का प्रयास करते रहेंगे। सशक्त भारत के लिए विभाजन स्वीकार कर लेना ही ठीक माना गया। अन्तरिम सरकार में लीग की अडंगा नीति से कांग्रेस को एक सशक्त भारत की कल्पना साकार होती न दिखाई दी। सरदार पटेल ने कहा था: देश को सुरक्षित और शक्तिशाली बनाने का एक रास्ता ही था कि शेष भारत का एकीकरण किया जाये।

2. कई टुकड़ों में देश के विभाजन की संभावना: दो डोमिनियन राज्यों को सत्ता हस्तान्तरण की योजना को स्वीकार करने से भारत के विखण्डीकरण की समस्या निर्मूल हो जाती, क्योंकि इस योजना में प्रान्तों और रियासतों को अलग से स्वतंत्रता देने की योजना नहीं थी। अपनी समस्त अनिच्छाओं के बावजूद रियासतों को भारत या पाकिस्तान में शामिल होना पड़ा। इस तथ्य की गंभीरता को समझते हुए पटेल ने कहा था: मुझे लगा कि यदि हमने विभाजन स्वीकार न किया, तो भारत बहुत से टुकड़ों में बँट जायेगा और बिल्कुल नष्ट हो जायेगा। मेरे एक वर्ष के अन्तरिम सरकार के अनुभव ने मुझे सिखाया था कि जिस प्रकार हम लोग बढ़ रहे थे उसमें सर्वनाश के अतिरिक्त और कुछ नहीं था, उस रास्ते एक नहीं अनेक पाकिस्तान बनते। कांग्रेस को यह विश्वास हो गया था कि यदि अंगरेज शीघ्रातिशीघ्र भारत को स्वतंत्र कर नहीं चले जाते तो भारत अनेक छोटे छोटे टुकड़ों में विभक्त हो जाता।

3. अविलम्ब स्वतंत्रता की इच्छा: कांग्रेसी नेता लम्बे समय से संघर्ष करते–करते थक गये थे और वे देश की अविलम्ब स्वतंत्रता चाहते थे। स्वयं नेहरु जी ने यह स्वीकार किया था। दूसरी ओर माउंटबेटन ने यह स्पष्ट कर दिया था कि "यदि ऐसी परिस्थितियों में हिन्दुस्तान की पार्टियां हमें ठहरने के लिए कहेंगी, तो हमें ठहरना पड़ेगा।" कांग्रेस के नेता जून 1947 तक महसूस करने लगे थे कि सत्ता के शीघ्र हस्तान्तरण से ही पागलपन रोका जा सकता है। जब देश साम्प्रदायिक दंगों की विभीषिका में जल रहा था, हिन्दू–मुस्लिम एक दूसरे के रक्त के प्यासे थे, महिलाओं का सम्मान एवं बच्चों का जीवन भी सुरक्षित नहीं रह गया था राष्ट्रीय नेताओं ने इससे मुक्ति पाने के लिए पाकिस्तान का शीघ्र निर्माण अधिक श्रेयस्कर माना।

4. अन्तरिम सरकार की असफलता: अन्तरिम सरकार में लीग के नेता सदैव कार्य संचालन में बाधा उपस्थित करते थे। लियाकत अली लीग के प्रतिनिधि रूप में वित्तमंत्री थे, जो कांग्रेस मन्त्रियों के लिए कोई न कोई समस्या खड़ी करते थे। अतः कांग्रेसी नेता परेशान होकर पाकिस्तान की योजना के लिए सहमत हो गये।

5. भौगोलिक स्थिति: उत्तर–पश्चिम भौगोलिक स्थिति भी पृथक मुस्लिम राज्य की मांग की स्वीकृति का कारण बनी। भारत के उत्तर–पश्चिमी सीमान्त प्रान्तों (सिंध, ब्लूचिस्तान, पंजाब व कश्मीर) में मुसलमानों की बहुलता थी और यह भौगोलिक दृष्टि से एक दूसरे से सटा हुआ क्षेत्र था, जिसके कारण पाकिस्तान की धारणा को व्यवहारिक शक्ल मिल सकी। यही कारण था कि मुहम्मद इकबाल और चौधरी रहमत अली ने इस बारे में सबसे पहले अपने विचार रखे थे। जिन्ना ने जिस विशाल पाकिस्तान की मांग की थी, वह उन्हें नहीं मिल रहा था। अब उन्हें विभाजित बंगाल एवं पंजाब, सिंध, पश्चिमोत्तर सीमा प्रान्त तथा असम में केवल सिलहट मिल रहा था जो राजा जी के फार्मूला के अनुरूप था जिसे उन्होंने अस्वीकार कर दिया था। ऐसे पाकिस्तान की मांग को स्वीकार कर लेना देश के शेष भाग की शान्ति एवं समृद्धि के लिए कांग्रेस ने उचित माना।

15 अगस्त 1947 की सुबह जब आजादी व विभाजन की द्वैध वास्तविकता के साथ इस उपमहादेश पर उतरी। हमेशा की तरह गांधी और नेहरु दोनों ही भारतीय जनता की भावनाओं को प्रतिबिम्बित करते रहे थे, गांधीजी अपनी प्रार्थना के जरिए अंधेरे में हो रही हलचल, हत्याओं, अपहरणों और बलात्कारों का प्रतिकार कर रहे थे, तो नेहरू की आँखें क्षितिज पर उभर रहे प्रकाश पर टिकी थी, जहाँ स्वतन्त्र भारत का उदय हो रहा था।

सन्दर्भ

1. सरकार, सुमित, *आधुनिक भारत*, पृ. 463
2. बिपिनचन्द्र एवं अन्य, *भारत का स्वतंत्रता संघर्ष*, पृ. 346–49
3. देसाई, वही, पृ. 333 से उद्धृत
4. दत्त, रजनीपाम, *आज का भारत*, पृ. 462
5. वही, पृ. 81
6. बिपिनचन्द्र, वही, पृ. 351
7. दत्त, रजनीपाम, वही, पृ. 583–85
8. वही, पृ. 584
9. *भारत में उपनिवेशवाद और राष्ट्रवाद*, पृ. 570
10. दत्त, रजनीपाम, वही, पृ. 385
11. तेन्दुलकर, डी.जी., *द महात्मा*, खण्ड 6 पृ. 267
12. सरकार, सुमित, वही, पृ. 465 से उद्धृत
13. ताराचंद, *भारतीय स्वतंत्रता आन्दोलन का इतिहास*, जि. 4, पृ. 411
14. *आजाद, इण्डिया विन्स फ्रीडम*, पृ. 112–15
15. ग्वेर मॉरिस एण्ड अप्पादोराई ए, *स्पीचेज एण्ड डाकुमेण्ट्स ऑन द इण्डियन कान्स्टीट्यूशन*, जि. 2, पृ. 556–57
16. मेनन, वी.पी., *ट्रांसफर ऑफ पॉवर इन इण्डिया*, पृ. 196
17. वही, पृ. 199
18. जैन, एम.एस., *आधुनिक भारत का इतिहास*, पृ. 414–15
19. ताराचंद, वही, पृ. 436
20. सुमित सरकार, वही, पृ. 476–77
21. रजनीपाम दत्त, वही, पृ. 586
22. *आज का भारत*, पृ. 593–94 से उदृत
23. दुर्गादास, *इण्डिया फ्रॉम कर्जन टू नेहरू एण्ड आफ्टर*, पृ. 225
24. सत्या एम. राय (स) *भारत में उपनिवेशवाद और राष्ट्रवाद*, पृ. 561
25. रजनीपाम दत्त, वही, पृ. 602
26. ताराचंद, वही, पृ. 458
27. वी.पी. मेनन, वही, पृ. 283
28. अबुल कलाम आजाद, वही, पृ. 155
29. *स्ट्रगल फार फ्रीडम*, पृ. 780

❋❋❋

42

भारत में अंगरेजी राज्य का प्रभाव

(The Impact of British Rule in India)

भारत में अंगरेजी शासन के दो सौ वर्षों की लम्बी अवधि में स्थानीय अर्थव्यवस्था, समाज एवं संस्कृति प्रभावित न हो सर्वथा असम्भव कहा जाएगा। विचारणीय मुद्दा यह है कि अंगरेजी सत्ता भारतीयों के लिए हितकर सिद्ध हुई अथवा हानिकारक। कई वर्षों से यह विवाद का विषय रहा है और आज भी यह सवाल यदा–कदा उठाया जाता है। राष्ट्रवादी विचारकों ने अंगरेजी शासन को भारत के लिए हानिकारक और स्थानीय अर्थव्यवस्था को गर्त में ले जाने वाला सिद्ध किया। दादाभाई नौरोजी, आर.सी. दत्त, महादेव गोविन्द रानाडे, सुरेन्द्रनाथ बैनर्जी, भोलानाथ चन्द्र, जी.वी. जोशी, पी.सी. राय जैसे कई राष्ट्रवादियों को अंगरेजी शासन की आर्थिक नीतियों ने सोचने को मजबूर किया था और शोषण नीति के कारण व अंगरेजों के विरूद्ध आवाज उठाने को मजबूर हुए एवं धीरे–धीरे पूरा देश एकजुट हो गया।

राष्ट्रीवादी विचारधारा के विरूद्ध **दूसरी विचारधारा** के रैम्जेम्यूर, एच.एच. डॉडवैल, पी.ई. रॉबर्ट्स जैसे कई पाश्चात्य विद्वान, भारत को सभ्य बनाने वाला प्रन्यासी (Trustee) देश घोषित करते हैं। रैम्जेम्यूर ने अपने मत के समर्थन में लिखा है कि ब्रिटिश शासन ने भारत को तीन अमूल्य धरोहर प्रदान की। अंगरेजों के प्रयासों से भारत को एकता प्राप्त हुई, ऐसी एकता जो अपने सम्पूर्ण ऐतिहासिक काल में कभी प्राप्त नहीं हुई थी। दूसरे, इसने लम्बी अवधि तक विशेष प्रकार की अखण्डित शांति प्रदान की। 1857 के विप्लव को इसका अपवाद कहा गया। तीसरे, इस साम्राज्य ने भारतीय लोगों को पहली दफा भेदभाव रहित कानूनी दायरे में न्यायिक व्यवस्था प्रदान की जिसे असंख्य मनमानी करनेवाले स्वेच्छाचारी राजाओं का स्थान लिया।[1] ब्रिटिश प्रन्यासी मत के समर्थक विद्वानों ने कई अन्य तर्क प्रस्तुत किए हैं जैसे भारतीयों को लोकतांत्रिक प्रणाली से परिचित करवाया। समूचे भारत में एक तरह की परीक्षाओं द्वारा प्रशासनिक अधिकारियों की नियुक्ति इस देश के लिए बिल्कुल नई थी। रेलवे के विकास ने भारतीयों को आपस में मिलने का अवसर ही नहीं दिया अपितु संसाधनिक विकास की इसी शुरूआत से देश का एकीकरण हुआ, दूसरे शब्दों में देश संगठित होने लगा। गांवों की पृथक्कता धीरे–धीरे समाप्त हुई बेतार (Telegraph) व्यवस्था ने परस्पर संचार को तीव्र किया। यही नहीं अंगरेज विद्वानों ने प्राचीन ग्रन्थों का अध्ययन किया और भारत के सांस्कृतिक मूल्यों से विश्व को रूबरू करवाया। प्राचीन संस्कृति के अध्ययन से भारत में पुनर्जागरण सम्भव हुआ और समाज सुधार ने एक तरह से राष्ट्रीय आन्दोलन की आधारशिला का कार्य किया।

एक अन्य **तीसरी विचाराधारा** के समर्थकों ने भारत की आजादी के बाद अपने मत का प्रतिपादन किया और दोनों विचारधाराओं के बीच का रास्ता अपनाया। पर्सिवल स्पीयर, पर्सिवल ग्रिफिथ्स, जवाहरलाल नेहरू, माइकल एडवड्र्स, जैसे कई विद्वान इस मत के समर्थक हैं। पर्सिवल स्पीयर (Percival Spear) ने जिक्र किया है, पश्चिम के सन्देशवाहक अंगरेजों ने कभी अनजाने में, कभी जोश से, कभी अनिच्छा तथा विरोध से वे भारत में पश्चिमी अवधारणा के संवाहक बने। यही कारण है कि यह काल भावी भारत के लिए सृजनात्मक ही माना जाएगा। मुगलों के मध्ययुग से आधुनिक विज्ञान और मानववाद में प्रवेश करने के लिए अंगरेजों ने एक सेतु की भूमिका का कार्य किया।[2] निष्कर्षतः इस मत के समर्थक विद्वान भारत की आर्थिक प्रगति अंगरेजों द्वारा अवरूद्ध किए जाने को स्वीकारते हैं किन्तु अंगरेजों द्वारा स्थापित राजनीतिक व्यवस्था, संचार साधनों का विकास, रेलवे जैसे कार्यों से भारत की तरक्की का मार्ग प्रशस्त हुआ मानते हैं।

पहले मत के समर्थक विद्वानों में दादाभाई नौरोजी का सर्वपथम उल्लेख करना होगा जिनके द्वारा लंदन में 3 मई, 1867 में आयोजित ईस्ट इंडिया कम्पनी एसोसिएशन की बैठक में पढ़े गए लेख 'इंग्लैण्ड डैंट टू इंडिया' में स्पष्ट किया है, ब्रिटेन भारत में अपने शासन की कीमत के रूप में देश की सम्पदा उस देश से छीन रहा है। नौरोजी ने अपनी पुस्तक *Poverty and Un-British Rule in India* में भारतीयों की स्थिति अमरीकी दासों से बुरी बताई क्योंकि अमरीकी दासों के स्वामी अपनी सम्पत्ति के रूप में अपने दासों की देखभाल तो करते थे।[3]

आर्थिक पक्ष: निकासी सिद्धान्त (Drain Theory): देश से धन निकासी का अनुमान लगाते हुए 1905 में नौरोजी ने घोषणा की–'भारत से प्रतिवर्ष 3 करोड़ 40 लाख पौंड या 515 करोड़ प्रतिवर्ष अप्रतिदत निर्यात के रूप में इंग्लैंड पहुँच

रहा है जिसके बदले भारत को कुछ नहीं मिलता।' निकासी सिद्धान्त का समर्थन करते हुए आर.सी. दत्त ने अपने ग्रन्थ *Economic History of India* में एक भारतीय कवि की उपमा का उल्लेख किया। कवि ने राजा द्वारा प्रजा से कर ग्रहण अधिकार की तुलना सूर्य द्वारा धरती से खींचे गए जल एवं धरती पर पुनः वर्षा रूप में उड़ेले जाने से की। किन्तु अंगरेजों की निकासी में भारतीय भूमि से खींचा गया जल केवल इंग्लैंड में ही बरसता है और उसे ही उपजाऊ बनाता है। दत्त के अनुसार अंगरेजी सरकार ने भारत को एक बड़ी जागीर या खेत समझा है जिसका लाभ हर साल यूरोप में जमा होता था।

अंगरेजों को विश्व के अनेक देशों पर कब्जा करने के लिए कई मिलियन पौंड खर्च करने पड़े थे। आर.सी. दत्त लिखते हैं, भारतीय समाज पर कब्जा करने के लिए अनेक युद्ध जरूर लड़े गए और इस देश पर आधिपत्य जमाया किन्तु लड़े गए अनेक युद्धों में एक शिलिंग भी खर्च अंगरेजों को नहीं करना पड़ा, अर्थात् सब कुछ भारतीय लोगों के मूल्य पर किया गया।[4] भारत से की जा रही निकासी का जिक्र करते हुए दत्त ने 27 फरवरी 1901 को अपने भाषण में कहा, 'ऐसी निकासी आज तक विश्व के किसी अन्य देश में ढूंढने से नहीं मिलती जैसी भारत से की जा रही है।' जस्टिस महादेव गोविन्द रानाडे ने अपने ग्रन्थ *Essays of Indian Economics* में निकासी की घोर आलोचना की। 1872 में अपने भाषण में उन्होंने कहा, 'भारत की कुल राष्ट्रीय आय का एक तिहाई से अधिक भाग अंगरेज सरकार द्वारा छीन लिया जाता है।'[5]

भारत की निर्धनता एवं अकाल: राष्ट्रवादी विचारकों को जैसे ही यह समझ आया कि अंगरेज व्यापार करने आए थे और विश्व के सम्पन्न देशों में एक भारत को जो सोने की चिड़िया (The Golden Bird) कहलाता था, जोंक की तरह यहां का धन खींचे जाने से निर्धन देशों की श्रृंखला में खड़ा हो गया है, उसके विरूद्ध धीरे–धीरे आवाज मुखर हुई। दादाभाई नौरोजी के अनुसार 1867–68 में ब्रिटिश भारत की 17 करोड़ आबादी में राष्ट्रीय आय 3.4 अरब रूपये थी, इस प्रकार प्रतिव्यक्ति वार्षिक आय 18 रूपये बताई थी। इसी प्रकार 1901 में कर्जन सरकार ने यह आय 30 रूपये वार्षिक मानी थी।

नौरोजी एवं आर.सी. दत्त जैसे कई भारतीय विचारकों ने ही नहीं चार्ल्स एलोट जैसे ब्रिटिश प्रशासकों ने भी कहा था, 'मुझे यह कहने में सकोच नहीं है कि आधी खेतिहर जनता पूरे के पूरे वर्ष बीतने पर एक बार भी भरपेट भोजन नहीं कर पाती।' सर ए. कोलविन ने उल्लेख किया था, 'भारत की जनता का एक बड़ा वर्ग जिनकी आय जीवन रक्षा की अनिवार्य सामग्री के लिए कठिनता से पर्याप्त है और वे जीवन के लिए अनिवार्य उपयोगी वस्तुओं के अभाव में जीवन बिताने को विवश हैं।'

भारतीयों की निर्धनता का परिणाम निरन्तर पड़ने वाले अकाल के रूप में सामने आया। आर.सी. दत्त ने अकालों का सम्बन्ध देश में व्याप्त निर्धनता से जोड़ा और निर्धनता का वास्तविक कारण ब्रिटिश उपनिवेशी शासन को बताया। जिसका मुख्य उद्देश्य भारतीय अर्थव्यवस्था का अधिकाधिक शोषण करने के लिए प्रशासन तंत्र का उपयोग करना तथा उस शोषित धन सम्पदा को येन–केन प्रकारेण इंग्लैण्ड पहुंचाना था।

कृषि का व्यापारीकरण: किसान अब समाज के लिए उत्पादन नहीं करता था अपितु उसका उत्पादन राष्ट्रीय एवं अन्तर्राष्ट्रीय मंडियों के लिए हो गया। ब्रिटेन में औद्योगीकरण हो रहा था जिसके कच्चे माल की पूर्ति का साधन अंगरेजों ने भारत को बनाया और इसी मकसद से भारत में अनौद्योगिकरण किया गया और किसानों को इंग्लैण्ड के कारखानों के लिए उपयोगी सामग्री उत्पादन के लिए विवश किया गया। भारतीय किसान फसलों का स्वरूप बदलने को मजबूर हो गए। कपास, पटसन, तिलहन, गन्ना, तम्बाकू जैसी फसलों का उत्पादन होने लगा जो खाद्यान्नों के स्थान पर अधिक लाभदायक थी। व्यापारीकरण बागान के रूप में सामने आया, इस श्रेणी में चाय, रबर एवं नील प्रमुख थे। मसालों एवं फूलों की खेती पर भी जोर दिया जाने लगा।

कृषि के वाणिज्यीकरण से खाद्यान्नों का उत्पादन कम हुआ अर्थात् प्रतिव्यक्ति खाद्य उपलब्धता कम हो गई। दूसरी ओर बिचौलियों की हड़प नीति एवं भू राज्स्व के रूप में अधिक धन की मांग से किसान ऋणग्रस्त होने लगे एवं धीरे–धीरे जमीनें बिचौलियों के पास गिरवी रखी जाने लगीं और किसान भूमिहीन हो गए। अकाल के समय बड़ी संख्या में लोगों के मरने का यही कारण रहा है।

अंगरेजों की अधिक राजस्व की मांग से भूमिहीन किसानों की वृद्धि हुई उल्लेखनीय है कि भूमिहीन खेतिहर मजदूरों की संख्या 871 में सम्पूर्ण कृषक आबादी की 13 प्रतिशत थी। आजादी के समय करवाए गए सर्वेक्षण के अनुसार यह 28 प्रतिशत तक जा पहुंची।

इंग्लैण्ड के कारखानों को कच्चा माल भारत से मिलता रहे इसके लिए स्थानीय बुनकरों द्वारा निर्मित कपड़ों पर ब्रिटेन में भारी आयात शुल्क लाद दिया गया। दूसरी और भारत में इंग्लैण्ड के कारखानों में निर्मित सस्ते कपड़ों का आयात किया

जाने लगा जिनकी तुलना में बनुकरों द्वारा निर्मित कपड़ों की बिक्री कम हो गई। बुनकरों एवं अन्य दस्तकारों को अपना व्यवसाय छोड़कर मजदूरी हेतु खेतों में घुसना पड़ा। इस तरह कृषि पर निर्भरता बढ़ गई और कृषि श्रमिकों में वृद्धि हुई।

मुक्त व्यापार की नीति की 1813 में घोषणा से आर्थिक शोषण अधिक तीव्र हुआ। ब्रिटेन की आयात–निर्यात कर नीति और भारत में अंगरेजी सरकार की आयात–निर्यात नीति ब्रिटेन के हित में भारतीय व्यापार के नियंत्रण हेतु अधिक दृढ़ कर दी गई।

विदेशी पूंजी एवं भारतीय उद्योग: अंगरेजी शासन की सुदृढ़ता औद्योगिक एवं व्यापारिक कूटनीति के क्रियान्वयन हेतु अंगरेज शासकों ने अंगरेजों के लिए भारत में विनियोजन के द्वारा खोल दिए। दादा भाई नौरोजी के अनुसार, 'भारत से की जा रही प्रतिवर्ष करोड़ों रूपयों की निकासी यदि भारत में रहती तो उस पूंजी के विनियोग से अधिक पूंजी का निर्माण होता, अर्जन क्षमता बढ़ती और रोजगार सृजन होता।'

उल्लेखनीय है कि कई तरीकों से की गई धन निकासी से इंग्लैण्ड में अपरिमित सम्पत्ति जमा हो गई थी जिसका विनियोजन नहीं हो पाया और जो विनियोग का मार्ग ढूंढ रही थी। ब्रिटिश शासकों ने पूंजी के भारत में विनियोजन को प्रोत्साहित किया। 1833 में ब्रिटिश पूंजीप्रतियों को भारत में पूंजी विनियोग की छूट प्रदान कर दी गई। सबसे पहले रेलों के निर्माण में ब्रिटिश पूंजी के विनियोजन की योजना बनी। गवर्नर ने इंग्लैण्ड के इंजीनियर क्लार्क को आमंत्रित किया था। ब्रिटिश पूंजीपति निश्चित लाभ की सरकारी गांरटी दिए जाने पर ही रेल निर्माण में विनियोजन को तैयार हुए।

साथ ही इंग्लैंड के कारखानों के लिए आवश्यक कच्चे माल की ढुलाई एवं वहां के उत्पादित माल को भारत के हर कोने तक पहुंचाना भी मकसद था।

प्रारम्भ में भारतीयों को अंगरेजों के साथ व्यापार में लाभ था। मगर जल्दी ही स्थिति बदल गई। वर्डवुड ने लिखा था, जो वस्तुएँ 1876 में लाहौर के बाजार में बहुतायत से बिकती थी। 1888 तक उनका बाजार पूर्णतया बन्द हो गया था।

1930 के दशक के आखिर तक विदेशी पूंजी का भारत पर नियंत्रण कायम रहा। कोयला, जूट, जहाजरानी, बैंकिंग, बीमा, चाय, कॉफी के बागान ब्रिटिश कम्पनियों के नियंत्रण में थे।

न्यूयार्क से प्रकाशित *डेली ट्रिब्यून* में 1853 में प्रकाशित लेख द्वारा कार्ल मार्क्स ने भारत एवं चीन की समीक्षा प्रस्तुत की। उसने अपने लेख में भारत की सामाजिक, आर्थिक तथा राजनीति पर अंगरेजी औपनिवेशिक प्रभाव का विश्लेषण और यूरोपीय लोगों के सम्पर्क में भविष्य में भारत में होने वाले परिवर्तनों का आंकलन, निम्नलिखित तथ्यों के आधार पर किया:

- रेल लाइनों के विकास से भारत की ग्रामीण पृथकता समाप्त होगी।
- रेलों के विकास में आधुनिक उद्योगों की स्थापना सम्भव होगी।
- प्रशासनिक सुविधा की दृष्टि से भारत में बिछाई जा रही तार लाइनों से भारत के एकीकरण की पृष्ठभूमि तैयार होगी।
- भूमि पर वैयक्ति अधिकार की स्थापना होगी जो एशिया में जरूरी है।
- समाचार–पत्रों का स्वतंत्र रूप से विकास संभव होगा।

किन्तु मार्क्स की भारत के संदर्भ में भविष्यवाणी सच साबित नहीं हुई और ब्रिटिश साम्राज्य की सुरक्षा एवं व्यापारिक संवर्द्धन की दृष्टि से रेलवे, टेलीग्राफ के विस्तार से भारत में उद्योगों के विकास की जो कल्पना की गई थी साकार नहीं हुई। दूसरे शब्दों में ब्रिटिश साम्राज्यवादी नीतियों के समर्थक विद्वानों की धारणा कसौटी पर खरी साबित नहीं हुई।

दूसरी विचारधारा पाश्चात्य विचार एवं भारतीय राष्ट्रवाद: साम्राज्यवादी विचारकों ने जोर–शोर से प्रचारित किया था कि भारतीयों में पाश्चात्य साहित्य से स्वतंत्रता, समानता, सम्मान व देशभक्ति की भावना जागृत हुई कहीं हद तक यह बात सत्य भी हैं। लेकिन पूर्व में हमने देखा है कि ए.ओ. ह्यूम के प्रयासों से स्थापित 'भारतीय राष्ट्रीय कांग्रेस' की स्थापना से पूर्व भी कई राजनीतिक संस्थाओं की स्थापना हुई थी। यह बात अलग है कि एक अंगरेज के सहयोग से स्थापित संस्था जिसका उद्देश्य ब्रिटिश नुमाइन्दों की दृष्टि से साम्राज्य समर्थकों की संख्या बढ़ाना था एवं साम्राज्यवादी नीतियों का समर्थन करना था, उसी संस्था ने राष्ट्रीय आन्दोलन की नींव रखी जिसकी कल्पना ब्रिटिश विचारकों ने नहीं की थी। यह भी हम जानते हैं कि साम्राज्यवादी शासकों ने समय–समय पर कांग्रेस के दमन की कोशिश की एवं कमजोर करने का भरसक प्रयत्न किया। दूसरे शब्दों में एक अंगरेज के सहयोग से खड़ी की गई। संस्था स्वयं उनके विरूद्ध खड़ी हो गई, यह भारतीयों की बुद्धिमत्ता का ही प्रमाण है।

अनेक यूरोपियन लेखकों ने इस विभिन्नता में एकता के विशिष्ट चरित्र का वर्णन किया था। जे.ए. डुबोइस (J.A. Dubois) ने 18वीं सदी के भारतीय समाज की इस आधारभूत एकता के बारे में लिखा था, 'भारत में ऐसी कोई जगह नहीं होगी जहाँ अपनी विशिष्ट परम्पराएं, रूढ़ियां न हों और उन सबका वर्णन करना असम्भव है लेकिन इसके बावजूद समाज में एक सामान्य आधारभूत एकता है जो जन–जन को एक बड़े परिवार के रूप में देखने जैसी है।'[6] अंगरेजों के आगमन से पूर्व भारतीय समाज शांति, परस्पर सौहार्द एवं सहअस्तित्व की भावना से ओत–प्रोत था। राष्ट्रीय आन्दोलन को कमजोर करने के लिए अंगरेजों ने फूट डालो राज करो की नीति अपनाई।

ब्रिटिश सत्ता ने धर्म के साथ जातिवाद को भी बढ़ावा दिया और भारतीय समाज का अभिन्न अंग रही, जातियों को बांटने की कोशिश की गई। 1909 के बाद मुसलमानों, सिक्खों, एंग्लो–इंडियनों, भारतीय ईसाइयों तथा यूरोपियों को पृथक प्रतिनिधित्व दिया गया था। किन्तु महात्मा गांधी एवं भीमराव अम्बेडकर जैसे मनीषियों के प्रयासों से उक्त नई विष बैल को फैलने से पहले नियन्त्रित कर लिया गया था।

विधि एवं प्रशासन: पाश्चात्य साम्राज्यवादी समर्थक विद्वानों ने मुगलकालीन कानून व्यवस्था का जायजा करवाते हुए यह दर्शाने की कोशिश की थी कि अंगरेजों से पूर्व भारत में कानून व्यवस्था का शासन नहीं था।[7] किन्तु उन विद्वान लेखकों ने यह स्पष्ट नहीं किया कि तत्कालीन भारतीय प्रशासनिक व्यवस्था को भिन्न–भिन्न करने के असली जिम्मेदार स्वयं अंगरेज थे।

जिस कानून के शासन (Rule of Law) की दुहाई पाश्चात्य विद्वानों द्वारा दी जाती है और बंदी प्रत्यक्षीकरण (Habeas Corpus) के अनुसार किसी व्यक्ति को स्थानीय कार्यकारी न्यायिक प्राधिकरण के लिखित आदेश के बिना बन्दी अथवा जेल में नहीं रखा जा सकता, चाहे वायसराय भी ऐसा करना क्यों न चाहे। विधि सम्मत शासन में सबकी बराबरी निश्चित थी एवं विधि को संहिताबद्ध भी करवाया गया। 1859 में व्यवहार संहिता (Civil Procedure code) तथा 1861 में दंड प्रक्रिया संहिता (Code of Criminal Procedure) में स्पष्ट तथा निश्चित शब्दों में विधि का आलेखन कर लिया गया और सभी बड़े–छोटे लोगों पर जाति धर्म के भेदभाव रहित भावना से लागू कर दी गई।

यहां उल्लेखनीय है कि यूरोपियन लोगों के लिए अलग नीति अपनाई गई थी, विशेष रूप से फौजदारी मामलों में छूट प्रदान कर भेदभाव किया जाता था। इल्बर्ट विधेयक (Ilbert Bill) के समय आन्दोलन हुआ किन्तु भेदभाव समाप्त नहीं किया जा सका। इस परिप्रेक्ष्य में प्रन्यासी समर्थक विचारकों की भेदभाव रहित शासन की बात गले नहीं उतरती हैं।

जिस कानून व्यवस्था की दुहाई पाश्चात्य विद्वानों द्वारा दी जाती है इतनी जटिल एवं दुरूह थी कि आम भारतीयों को पहले से अधिक पीड़ा एवं दुःख भोगने पड़े। मामले को लटकाए रखने की व्यवस्था को आजादी के बाद भी बदला जाना सम्भव नहीं हुआ है।

सिविल सेवा: पाश्चात्य विद्वान भारतीय सिविल सेवा (Indian Civil Service) पद्धति की सराहना करते नहीं थकते। सिविल सेवा अधिकारियों को दंडनायक, राजस्व अधिकारी एवं न्यायिक कार्यों में लगाया जाता रहा है। भारतीय विद्वान भी इस सेवा को भारतीय शासन का मेरूदंड घोषित करते हैं। भारत के लिए यह नया प्रयोग था जिसमें प्रशासनिक व्यवस्था के चौपट होने के अवसर कम हो गए। हर विभाग के लिए कार्य प्रणाली की पुस्तक (Manuals) तैयार की गई जिसके दिशा–निर्देशों के तहत कार्य करना होता था।

सिविल सेवा को भी यूरोपीय प्रभाव से अंगरेजी शासन मुक्त नहीं कर पाया, साक्षात्कार एवं घुड़सवारी जैसे परीक्षा में भारतीयों के साथ सदा भेदभावपूर्ण व्यवहार किया जाता रहा। सिविल सेवा भी भारतीय धन निकासी का साधन साबित हुई दादा भाई नौरोजी ने इन्हें रक्त चूसने वाली जोंकें की संज्ञा दी थी।

अंगरेजी भाषा एवं इतिहास लेखन: लार्ड मैकाले के प्रयासों से जिस शिक्षा नीति का विकास हुआ, उसका आधार अंगरेजी भाषा थी। मैकाले द्वारा पकड़ाए हथियार का सीरमपुर के पादरियों ने क्रॉस हाथ में लेकर इस्तेमाल किया और भारतीयों के लिए खोली गई पाठशालाओं में ईसाइयत प्रसरण की शुरूआत हुई। 1813 के चार्टर ने ईस्ट इंडिया कंपनी को मिशनरियों को लाइसेंस के अधीन हिन्दुस्तान में आने की आज्ञा प्रदान की थी जिसका नतीजा यह हुआ कि बड़ी संख्या में मिशनरी भारत आ पहुंचे और स्कूल, कॉलेज एवं अस्पताल प्रस्थापित किए जिनका प्रयोग लोगों को ईसाई बनाने के लिए किया गया। हिन्दू धर्म एवं दर्शन बूढ़े एवं भौंडे रूप में प्रस्तुत किया जाने लगा। हिन्दू देवी–देवताओं पर गन्दी गालियों की बौछार हुई।

धार्मिक एवं सामाजिक हमले के विरूद्ध राजा राममोहन राय, दयानन्द सरस्वती एवं स्वामी विवेकानन्द जैसे कई मनीषी उठ खड़े हुए। राजा राममोहन राय जिसे सत्य के महाद्वीप की खोज करने वाला कोलम्बस कहा जाता है, ने ब्रह्म समाज की स्थापना की। राममोहन को मेहूयू (Mayhew) ने सैद्धान्तिक रूप से विक्टोरिया युग के उस सिद्धान्त की तरह बताया जिसके अनुसार अधिक से अधिक प्राणी मात्र का सुख ही सामाजिक कार्यों का लक्ष्य होना चाहिए। उनके प्रोत्साहन से खोले गए स्कूलों में गणित, रसायन, शरीरशास्त्र जैसे विज्ञानों की शिक्षा का प्रबन्ध किया गया।

स्वामी दयानन्द सरस्वती ने हिन्दुओं को अपने अस्तित्व और प्रगति के लिए लड़ने का आत्मविश्वास एवं दृढ़ निश्चय के हथियार दिए। उनकी प्रेरणा से देश में बड़ी संख्या में डी.ए.वी. स्कूलों की स्थापना की गई। जिनमें अंगरेजी शिक्षा के साथ भारतीय संस्कृति के प्रसारण की शुरूआत हुई। अंगरेजों के वैचारिक आक्रमण का जवाब भारतीयों ने अपने सुधार या बदलाव करके दिया।

ब्रिटिश सरकार द्वारा स्थापित शिक्षा व्यवस्था उच्च वर्ग तक सीमित रही, अंगरेज अपना समर्थक वर्ग खड़ा करना चाहते थे। किन्तु राष्ट्रवादियों ने फ्रांसीसी क्रान्ति के स्वतंत्रता, समानता जैसे विचारों का इस्तेमाल औपनिवेशिक सत्ता के विरूद्ध किया और जैसा मैकाले पढ़े लिखे बाबुओं, मैनेजरों, एजेन्टों एवं दूभाषियों की पूर्ति चाहता था वैसा नहीं हुआ। पाश्चात्य मानवतावाद, उदारवाद एवं उपयोगितावाद से भारतीय प्रभावित हुए तथा मैजिनी, गैरी बाल्डी एवं काबूर जैसे देशभक्त स्थानीय युवकों के प्रेरणा स्रोत बने।

भारत के अतीत को जानने और इतिहास की खोज में कई अंगरेज, संस्कृत, साहित्य, भाषा विज्ञान एवं इतिहास के अध्ययन में जुट गए। जॉन मार्शल, मैके एवं मॉर्टिमर व्हीलर जैसे कई पुराविदों ने सिन्धु सरस्वती सभ्यता के स्थलों को खोजा एवं हड़प्पा सभ्यता से दुनिया को परिचित करवाया। मैक्डानेल, रैप्सन, विन्टर निट्स, कीथ, रीजडेविड्स, एच.एच. विल्सन, फ्लीट, बॉरनेट जैसे इतिहासकारों ने भारतीय इतिहास को वैदिककाल से क्रमबद्ध एवं वैज्ञानिक रूप से प्रस्तुत किया। मैकक्रिन्डल ने मैगस्थनीज व अन्य लेखकों के भारत सम्बन्धी विचारों को एकत्र कर सम्पादन का महान कार्य किया। यूनानी इतिहासकारों के सैंड्रोकोट्स (Sandrokottus) का समीकरण सर विलियम जोन्स ने चन्द्रगुप्त मौर्य से किया। चन्द्रगुप्त मौर्य के राज्यरोहण की तिथि प्राचीन भारतीय इतिहास के काल निर्णय का महत्वपूर्ण प्रकाश स्तम्भ है। जेम्स प्रिन्सेप ने ब्राह्मी लिपि का अध्ययन (1834 ई.) कर अशोक के शिलालेखों पर अंकित महान घोषणाओं को सर्वप्रथम प्रकाशित किया।

कई बौद्ध पुस्तकें प्रकाश में आई, उनका अनुवाद किया गया जिसमें बौद्ध धर्म के प्राचीन विश्वव्यापी स्वरूप का बोध हुआ। विल्किंस ने गीता, मैक्समूलर ने वेदों, जोन्स ने मनुस्मृति व शकुन्तला का अनुवाद किया। कोल ब्रुक ने पाणिनी की अष्टाध्यायी का अनुवाद कर संस्कृत साहित्य को सम्पन्न बनाया।

प्राचीन साहित्य का विश्लेषण एवं अनुवाद ही नहीं किया जा रहा था अपितु संस्कृत, हिन्दी, गुजराती, बांग्ला, उर्दू, मराठी, तेलुगू, तमिल, मलयालम व कन्नड़ जैसे प्रादेशिक भाषाओं में साहित्य सृजन किया जाने लगा।

दूसरे मत के समर्थक विद्वानों की धारणा रही हैं कि आधुनिकता के अग्रदूत राजा राममोहन राय पाश्चात्य साहित्य से ही प्रेरित थे जिनके प्रारम्भिक प्रयासों से समाज एवं धर्म में व्याप्त बुराईयां दूर किए जाने का वातावरण बना। ब्रिटिश सरकार की मौजूदगी में सती प्रथा समाप्त किए जाने की मांग उठी और विलियम बैंटिक (1828–35 ई.) के समय सती प्रथा समाप्ति का कानून बनाया जाना सम्भव हुआ। बाल विवाह निषेध का कानून बना और विधवा विवाह एवं स्त्री शिक्षा के प्रयास हुए। निष्कर्षतः पुनर्जागरण अंगरेजी शासन का नतीजा था।

तीसरी विचारधाराः इस मत के समर्थक पर्सिवल ग्रिफिथ (Percival Griffith) की मान्यता है, 'अंगरेजों ने भारत में जो कुछ भी अच्छा–बुरा किया उनका यह तर्क सत्य है कि उनके कारण भारत में पुनर्जागरण हुआ तथापि यह विश्वास करना कठिन है कि आधुनिक राजनीतिक विचार तथा 18वीं एवं 19वीं शताब्दी की वैज्ञानिक प्रगति भारत में नहीं पहुंच पाती यदि यहां अंगरेज शासन न होता।' कहा जा सकता है कि ब्रिटिश शासन के अभाव में परम्परागत साधनों से पश्चिम की नवीन विचारधाराएँ भारत में अवश्य आतीं और भारतीय पुनर्जागरण के लिए अंगरेजी शासन का इंतजार नहीं करते। अन्य देशों से भारत के व्यापारिक सम्बन्ध पहले से थे और यह भी हम जानते हैं कि कई परिवर्तन यहां अंगरेजों की इच्छा के विपरीत हुए थे।

सांस्कृतिक प्रभावः पाश्चात्य संस्कृति ने भारत को सर्वाधिक रूप से प्रभावित किया, जैसे–जैसे अंगरेजी शिक्षा का प्रसरण हुआ पाश्चात्य जीवन पद्धति भारतीय समाज का अंग बनती चली गई। ब्रिटिश काल से पूर्व समाचार पत्रों का

अस्तित्व नहीं था, अंगरेजी शासन में अखबार आम लोगों की जीवनचर्या का अंग बनने लगे। जेम्स ऑगस्ट हिकी (James Augustus Hicky) ने 1780 में साप्ताहिक बंगाल गजट (Bengal Gazetteh) कलकत्ता से प्रकाशित किया था, वारेन हेस्टिंग्स (1772–1785 ई.) की बुराई करने से उसे जेल में डाल दिया गया। 1878 में वर्नाक्युलर प्रेस एक्ट (देशी) समाचार पत्रों पर नियंत्रण बनाए जाने के लिए लाया गया था। 1882 में लार्ड रिपिन (1880–1886 ई.) द्वारा राष्ट्रीय आन्दोलन के समर्थन को देखते हुए खारिज करना पड़ा था।

नृत्यः मुगल काल में नृत्य एवं नाटकों को प्रोत्साहित नहीं किया जाता था। अकबर के समय पेशेवर नर्तकियां थीं किन्तु नृत्य कला हेय दृष्टि से ही देखी जाती रही। नृत्य के साथ अपवित्रता का सम्बन्ध भारत में अंगरेजों के आगमन के बाद ही समाप्त हो पाया। ब्रिटिशकाल नृत्य एवं नाटकों की दृष्टि से पुनर्जागरण का काल था किन्तु भारतीय शैलियों को पाश्चात्य नृत्य शैलियाँ प्रभावित नहीं कर सकीं।

लेखनः उपन्यास लेखन जैसी विधा ब्रिटिश काल में सशक्त रूप में उभरकर आई। लघु कहानियां, व्यंग्य, नाटक, एकांकी अंगरेजी पद्धति से भारतीयों द्वारा लिखे जाने लगे। अंगरेजी के सिद्धान्त को भारतीय साहित्य में सहजता से अपना लिया गया और साहित्यिक आलोचना ने स्थायी रूप से लिया। साहित्य के क्षेत्र में रवीन्द्रनाथ टैगोर, अरविन्द घोष, सरोजनी नायडू, मुल्कराज आनन्द, आर.के. नारायण जैसे तत्कालीन लेखकों का उल्लेख किया जा सकता है जो पश्चिमी लेखन प्रणाली से प्रभावित थे। 1913 में रवीन्द्रनाथ टैगोर को नोबेल पुरस्कार से सम्मानित किया गया था।

चित्रकलाः भारतीय कला यूरोप और अमेरिका की तरह प्रयोगात्मक हो गई। अंगरेजों के आगमन के बाद अजन्ता एलोरा की ख्याति बढ़ी। स्थानीय कला में ऐतिहासिक शैलियों को अपना लिया गया, जैमिनी राय, राजा रवि वर्मा, अमृता शेरगिल, रवीन्द्रनाथ टैगोर जैसे चित्रकार पाश्चात्य चित्रकला से प्रभावित थे और पाश्चात्य शैली भारत में आसानी से प्रवेश कर गई। 19वीं सदी के मध्य कलकत्ता, बम्बई, मद्रास और लाहौर में कला स्कूल खोले गए। पाश्चात्य व्यवसायीकरण से चित्रकला अवनति की ओर बढ़ रही थी। इ.बी. हैवेल को चित्रकला में पुनर्जागकरण का जनक कहा जाता है। 1884 में हैवेल मद्रास कला विद्यालय के प्राचार्य थे, तदन्तर वे कलकत्ता गए। इसके साथ ही कला के क्षेत्र में नए युग की शुरूआत हुई चित्रकला पर पाश्चात्य प्रभाव के कारण राजपूत एवं मुगल शैलियाँ नेपथ्य में चली गई। अमूर्त और अपरम्परवादी प्रतीकों का स्थान दिए जाने का सिलसिला शुरू हुआ।

संगीतः भारतीय संगीत पाश्चात्य प्रभाव से अछूता नहीं रहा। पश्चिमी वाद्य यंत्रों का तेजी से प्रचलन हुआ और पाश्चात्य नृत्य शैलियों से युवक प्रभावित हुए। बेले, रॉक, एनटोल, डिस्को, ट्विस्ट आदि पाश्चात्य नृत्य शैलियों ने भारतीय संस्कृति में अपना स्थान बना लिया।

स्थापत्यः स्थापत्य की दृष्टि से विक्टोरिया (1837–1901 ई.) शासन काल में कार्य शुरू हुआ। इस अवधि में निर्मित इमारतें विक्टोरियन युग की कही जाती हैं। सार्वजनिक निर्माण विभाग (Public Work Department) को इमारतों के निरीक्षण का कार्य सौंपा हुआ था। ब्रिटिश प्रभाव के फलस्वरूप पुनर्जागरण पलाजी पद्धति (Renaissance Palanni Style) के अनुसार नगर भवन बनाए जाने की शुरूआत हुई। 1921 में विक्टोरिया मेमोरियल हॉल (Victoria Memorial Hall) जिसका नक्शा विलियम एमरसन ने बनाया था और जिसे भारतीय यूरोपीय मिश्रित शैली का नमूना कहा जा सकता है। इस श्रृंखला में रेलवे स्टेशन गॉथिक (Gothic) गिरजाघर पद्धति से निर्मित किए गए। इसी प्रकार सरकारी भवन, सचिवालय पाश्चात्य एवं मुगल पद्धति के मिश्रण से बनाए गए।

दूसरी विचारधारा के समर्थक एडवर्ड थाम्पसन और जी.टी. गैरेट ने कहा थाः 'यह कल्पना करना मूर्खता होगी कि ब्रिटिश सम्बन्ध भारतीय जीवन पर अपना स्थानीय प्रभाव नहीं छोड़ेंगे। केवल भौतिक पक्ष में नई संघ सरकार को संसार की सबसे विशाल सिंचाई प्रणाली के साथ हजारों मील लम्बी नहर, तीन या चार करोड़ एकड़ भूमि को सींचने वाले रजबाहे, 60 हजार मील पक्की सड़कें, 42 हजार मील लम्बी रेलवे लाईन, जिसमें से तीन चौथाई सरकार की हैं, 2.30 लाख शिक्षण संस्थाएँ जिनमें 12 लाख छात्र शिक्षा प्राप्त करते हैं और बहुत से भवन जिनमें सरकारी कार्यालय, डाक बंगले, प्रान्तीय तथा केन्द्रीय विधान मंडल हैं, विरासत में मिलेंगे।.... डाक विभाग 15 अरब वस्तुएँ हर साल बांटता है। जंगल विभाग विस्तृत क्षेत्र को बर्बाद होने से रोकता ही नहीं प्रत्युत हर साल दो या तीन करोड़ रूपये का शुद्ध लाभ कमाता है। प्रशिक्षित अफसर इन सब राज्य कार्यों का प्रबन्ध करते हैं जो आज लगभग पूर्णतः भारतीय हैं।'....

बहुत से गुणों और दोषों ने ब्रिटिश साम्राज्य का निर्माण किया और थोड़ी शक्ति के बल पर इसे बनाए रखा। विवादास्पद ऑथोरिटी, आर्थिक कष्ट और सामाजिक अन्तरों को भुला दिए जाने के बाद कर्तव्य के प्रति सजगता, भ्रष्टाचारहीनता, सुधार की भावना, सामाजिक दायित्व की मान्यता को याद रखा जा सकता है और इच्छी प्रकार से सराहना की जा सकती है।[8]

अन्त में जैसा कि दूसरी और जवाहरलाल नेहरू ने लिखा है, 'रेलवे टेलीग्रांफ, वायरलेस आदि अंगरेजी शासन को मजबूत बनाने के लिए थे। वे यद्यपि औद्योगिकरण के पक्ष में थे लेकिन जब भी वे भारत में रेलवे, हवाई जहाज आदि से यात्रा करते थे, तो उन्हें ऐसा लगता था जैसे भारत को लोहे की बेड़ियों में जकड़ दिया हो। भारत में अंगरेजी शासन पुलिस राज्य की तरह था।.... अंगरेजों ने अपनी जरूरतों के हिसाब से उद्योगों की स्थापना की परन्तु भारतीयों की औद्योगिक प्रगति को उन्होंने रोका। उन्होंने केवल एक सीमा तक प्रगतिशील कानूनों और परम्पराओं को हवा दी परन्तु उसके बाद इस प्रगति को एकदम रोक दिया गया। यद्यपि रेलवे व औद्योगीकरण के अन्य उत्पादों के कारण परिवर्तन के चक्के को रोकना संभव नहीं था। नेहरू जी अन्यत्र लिखते हैं, 'वह (अंगरेज सरकार) यह भी कहती थी कि वह हमें प्रजातंत्र की विधि तथा तरीके सिखा रही है। परन्तु यह आश्चर्यजनक है कि उनकी नीतियों से न तो एकता और न ही प्रजातंत्र आया। ...अंगरेजी राजनीतिक तथा आर्थिक ढाँचे से प्रजातंत्र का कोई मेल नहीं है।'[9]

संदर्भ

1. Muir, Ramsay, *The Making of British India*, 1765-1858, Ist Edition 1971, pp. 2-3.
   In the first place, it has given them a firmly organised political unity, which they never in all their history possessed before. In the second place, it has given them an extraordinary period of unbroken peace. And in the third place, this empire has given to the Indian Peoples for the first time impartial and unvarying justice, under its guardianship the reign of law, which is the foundation of healthy political life, has taken the place of the arbitrary will of innumerable despots.
2. Spear, Perciual, *Oxford History of India*, pp. 6-7
3. *Poverty and Un-British Rule in India*, p. 652
4. Dutt, R.C., *Economic History of India*, Part 1, p. 276
5. Ranade, MG, *Essays on Indian Economics*, Madras, 1906, p. 106
6. Duboic, J.A., quoted from J.L. Mehta, *Medieval Indian Society*.
7. रेम्जेम्यूर, वही, पृ. 8–17, 25–30
8. Thompson, Edward and G.T. Garratt, *Rise and Fulfilment of British Rule in India*, p. 654
9. Nehru, *Discovery of India*, pp. 362-63

❋❋❋

43

राज्यों का पुनर्गठन एवं प्रारंभिक योजनाकाल

(Reorganisation of States and Initial Age of Planning)

ब्रिटिश काल में प्रान्तों के निर्धारण में किसी सिद्धान्त अथवा पद्धति को नहीं अपनाया गया अपितु जैसे–जैसे प्रदेशों पर कब्जा किया गया उक्त प्रदेश प्रशासनिक सुविधा, सुरक्षा एवं राजनीतिक आवश्यकता बनकर आविर्भूत हुए। सर्वप्रथम 1920 में कांग्रेस ने प्रान्तों के पुनर्गठन का मुद्दा उठाया था और किसी सिद्धान्त को आधार बनाए जाने पर जोर दिया। कुछ देशी राजाओं ने आगे बढ़कर इसमें सहयोग किया, लेकिन कुछ प्रदेशों का विलय स्थानीय जनता द्वारा संचालित प्रजामंडल आन्दोलनों के कारण सम्भव हो सका। जूनागढ़ इसका अच्छा उदाहरण है। हैदराबाद में भारत सरकार को सेना का सहयोग लेना पड़ा। कश्मीर नरेश ने 26 अक्तूबर, 1947 में भारतीय संघ में शामिल होना स्वीकार किया। वहाँ कबायलियों के आक्रमण को रोकने के लिए भारतीय सेना ने कार्यवाही की। कश्मीर समस्या का निपटारा सेना के सहयोग से हुआ। इस प्रकार माउंटबेटन के सहयोग से शुरू की गई विलय योजना को सरदार वल्लभभाई पटेल ने पूरा किया। देशी राज्यों के विलयोपरान्त कांग्रेस सरकार ने स्वतंत्र भारत को चार श्रेणियों में विभाजित किया:

- पहली श्रेणी में–असम, बिहार, मध्य प्रदेश, बम्बई, मद्रास, उड़ीसा, पंजाब, उत्तर प्रदेश तथा पश्चिमी बंगाल जैसे भूतपूर्व ब्रिटिश प्रान्त थे।
- हैदराबाद, जम्मू–कश्मीर, मध्य भारत, मैसूर, पटियाला, पूर्वी पंजाब की रियासतों का संघ (पेप्सू), राजस्थान, सौराष्ट्र एवं त्रावनकोर–कोचीन को बड़ी देशी रियासतों तथा देशी राज्यों के परस्पर विलय से निर्मित संघ को दूसरी श्रेणी में रखना होगा।
- तीसरे खंड में अजमेर, भोपाल, कुर्ग, दिल्ली, हिमाचल प्रदेश, कच्छ, विन्ध्य प्रदेश, मणिपुर और त्रिपुरा को रखा जा सकता है।
- अन्तिम श्रेणी में अंडमान व निकोबार द्वीप समूह शामिल थे।

राजस्थान के गठन के क्रम में कहा जा सकता है कि 18 मार्च 1948 को अलवर, भरतपुर, धौलपुर व करोली को मिलाकर मत्स्य संघ का गठन किया गया। 25 मार्च 1948 को कोटा, बूंदी, झालावाड़, बाँसवाड़ा, डूगरपुर, प्रतापगढ़, किशनगढ़, टोंक व शाहपुरा रियासतों को मिलाकर राजस्थान संघ का निर्माण हुआ। 18 अप्रैल 1948 को उदयपुर रियासत को मिलाकर राजस्थान संघ अस्तित्व में आया। जोधपुर के हणूतसिंह व भोपाल के नवाब के अतिरिक्त हैदराबाद, रामपुर, धौलपुर, जोधपुर, जैसलमेर–तीसरी शक्ति की बात सोच रहे थे। 10 अगस्त 1947 को माउन्ट बेटन के सहयोग से वी.पी. मेनन ने जोधपुर को मिलाया। आखिर में 30 मार्च 1949 को वृहद संयुक्त राजस्थान का उद्घाटन किया। जयपुर को राजधानी बनाया। मत्स्य संघ का 15 मई 1949 को विलय हुआ। देलवाडा व सिरोही रियासत को 7 फरवरी 1950 में मिलाया। 26 जनवरी 1950 को संविधान लागू हुआ। आबू, देलवाडा व केन्द्रशासित अजमेर मेरवाड़ा को 2 नवम्बर 1956 को आधुनिक राजस्थान में शामिल किया।

चार भागों में विभक्त राज्यों की जनसंख्या, आकार तथा आर्थिक संसाधनों में काफी अन्तर था एवं इनकी शासन व्यवस्था भी पूरी तरह असमान। राज्यों को चार श्रेणियों में रखे जाने से पूर्व ही भाषा के आधार पर इनके पुनर्गठन की माँग की जाने लगी थी। भाषा को आधार बनाकर आन्ध्र प्रदेश को पृथक् राज्य बनाने की माँग ने उग्र रूप ग्रहण कर लिया लेकिन आन्दोलन को दबाने की कोशिश का कोई लाभ नहीं हुआ। स्वतन्त्रता सेनानी पोट्टी श्रीरामुलु की 1952 के अन्त में मृत्यु ने इस आन्दोलन को और गम्भीर बना दिया। आगे जाकर अक्तूबर, 1953 में मद्रास प्रान्त के कुछ तेलुगू भाषी क्षेत्रों का एक नया राज्य बनाया गया।

भाषा के आधार पर राज्यों के पुनर्गठन की माँग को देखकर भारत सरकार ने इलाहाबाद उच्च न्यायालय के न्यायाधीश एस.के. दर के नेतृत्व में एक आयोग बनाया, जिसने 10 अक्तूबर, 1948 को अपना प्रतिवेदन प्रस्तुत किया। दर आयोग के

अनुसार 'प्रशासनिक सुविधाओं के आधार पर राज्यों का पुनर्गठन हो, भाषा के आधार पर नहीं', इस सिफारिश का दक्षिण में घोर विरोध हुआ। इसने नए आयोग के गठन का मार्ग प्रशस्त किया। दिसम्बर, 1948 में एक नया आयोग बनाया गया।

जे.वी.पी. प्रतिवेदन (अप्रैल, 1949): दूसरे आयोग में जवाहरलाल नेहरू, वल्लभभाई पटेल, पट्टाभिसीतारमैया को रखा गया। भाषा के आधार पर राज्यों के पुनर्गठन को इस आयोग ने भी स्वीकार नहीं किया, किन्तु यह अवश्य माना कि जनमत भाषागत राज्यों के पक्ष में हो, उसकी माँग को ध्यान में रखा जाना चाहिए, लेकिन उस सीमा तक जहाँ तक कि वह राष्ट्रहित के विपरीत न हो।

इस दौरान आन्ध्र प्रदेश के लोगों ने सफलता हासिल करके दूसरे राज्यों में आन्दोलन का रास्ता साफ कर दिया था। जे.वी.पी. रिपोर्ट के बाद पूरे देश के कई भागों में जनान्दोलन हुए। अतः दिसम्बर, 1953 में जस्टिस फजल अली की अध्यक्षता में नए आयोग का गठन किया गया। के.एम. पन्निकर एवं हृदयनाथ कुंजरू इसके सदस्य थे। आयोग ने व्यावहारिक रूख अपनाते हुए देश का दौरा किया और स्थानीय नेताओं एवं आम लोगों से चर्चा की। अक्तूबर, 1953 में अपना प्रतिवेदन सरकार के समक्ष रखा।

राज्य पुनर्गठन आयोग की अनुशंसा (Recommendations of State Reorganisation Commission)

- सभी राज्यों को संवैधानिक दृष्टि से समान माना जाए तथा संविधान में भाग 'अ' एवं भाग 'ब' राज्यों के बीच जो भेद किया है, उसे समाप्त किया जाए। प्रान्तों में राज प्रमुख के स्थान पर गवर्नर (राज्यपाल) के पद का प्रावधान हो।
- भारत में निम्नलिखित सोलह राज्य रखे जाएँ–मद्रास, कर्नाटक, केरल, हैदराबाद, आन्ध्र, बम्बई, विदर्भ, मध्य प्रदेश, राजस्थान, पंजाब, जम्मू–कश्मीर, उत्तर प्रदेश, बिहार, पश्चिमी बंगाल, असम एवं उड़ीसा।
- संयुक्त प्रदेश एवं उड़ीसा में कोई परिवर्तन न किया जाए।
- 'स' श्रेणी के राज्यों को समीपवर्ती राज्यों में मिला दिया जाए। केवल दिल्ली, मणिपुर एवं अंडमान व निकोबार द्वीप समूह केन्द्र शासित प्रदेश के रूप में रखे जा सकते हैं।
- बम्बई एवं पंजाब को द्विभाषी राज्य माना जाए।
- भारत के संविधान के अनुच्छेद 347 के अन्तर्गत अपने राज्यों में रहने वाले अल्पसंख्यकों के प्रशिक्षण तथा मातृभाषा सम्बन्धी अधिकार की रक्षा राज्यों के राज्यपालों को करनी होगी।
- कुछ समय तक विश्वविद्यालयों में हिन्दी के साथ अंगरेजी का प्रयोग जारी रखा जाए। दक्षिण भारत के केन्द्र सरकार एक हिन्दी विश्वविद्यालय की स्थापना करे।
- राज्यों के पुनर्गठन से सम्बन्धित राज्य सेवाओं का एकीकरण विशिष्ट समितियों द्वारा किया जाए। भारतीय अभियन्ता, भारतीय वन विभाग, भारतीय स्वास्थ्य एवं चिकित्सा सम्बन्धी सेवाओं की नई अखिल भारतीय सेवाओं का निर्माण किया जाए।
- राज्य लोक सेवा का गठन इस प्रकार किया जाए कि वह अन्य राज्यों की भी सेवा कर सके। इसके सदस्य राष्ट्रपति द्वारा नियुक्त हों।

राज्यों का विभाजन: राज्य पुनर्गठन आयोग ने अपनी सिफारिशों में भाषा को एक मात्र आधार नहीं बनाया अपितु प्रादेशिक सीमाओं के निर्धारण में राष्ट्र हित को सर्वोपरि माना। साथ ही छोटे–छोटे राज्यों के अधिक संख्या में निर्माण को निरूत्साहित किए जाने की बात कही गई। इसके अतिरिक्त ऐतिहासिक परम्पराओं तथा मान्यताओं को अधिक महत्व नहीं दिया गया।

यद्यपि आयोग ने सन्तुलन बनाए रखने की काफी कोशिश की थी, लेकिन प्रतिवेदन के प्रकाशित होते ही कई क्षेत्रों में आन्दोलन शुरू हो गए। महाराष्ट्र के लोगों द्वारा अलग राज्य की माँग खड़ी की गई। पर्याप्त चर्चा के बाद अधिनियम पारित कर दिया गया। जिसमें 'अ' श्रेणी के 14 राज्य 'ब' श्रेणी में जम्मू कश्मीर और 'स' श्रेणी में केन्द्र शासित प्रदेश रखे जाने की व्यवस्था की गई।

चौदह राज्यों में जम्मू–कश्मीर, पंजाब, उत्तर प्रदेश, बिहार, बंगाल, असम, उड़ीसा, आन्ध्र, तमिलनाडु, केरल, मैसूर, बम्बई, मध्य प्रदेश और राजस्थान को रखा गया।

केन्द्रीय शासन के अन्तर्गत सात राज्यों में हिमाचल प्रदेश, दिल्ली, मणिपुर, त्रिपुरा, अंडमान व निकोबार द्वीप समूह, लक्ष्यद्वीप एवं मिनीकाय द्वीप शामिल थे।

स्मरणीय है कि पेप्सू को पंजाब में मिला दिया गया। बम्बई राज्य में विदर्भ और हैदराबाद में मराठवाड़ा को सम्मिलित करते हुए उसका आकार बढ़ाया गया। हैदराबाद के कुछ हिस्से मैसूर का भाग बने। तेलंगाना आन्ध्र में शामिल कर लिया गया। मध्य प्रदेश एवं केरल नामक दो नए राज्य अस्तित्व में आए। मध्य प्रदेश में भूपाल को शामिल किया जाना लाजमी था। केन्द्र शासित प्रदेश अजमेर–मेरवाड़ा राजस्थान के अंग बने। राज्य पुनर्गठन अधिनियम संसद द्वारा नवम्बर, 1956 ई. में पारित किया गया। जिसके द्वारा 'अ', 'ब', 'स' एवं 'द' श्रेणी के राज्यों का अन्तर समाप्त कर दिया गया और दिल्ली, मणिपुर, त्रिपुरा, अंडमान तथा निकोबार द्वीप और लक्ष्यद्वीप तथा मिनीकाय और हिमाचल प्रदेश को केन्द्र शासित क्षेत्र बना दिया गया। इसी प्रकार मणिपुर, त्रिपुरा, हिमाचल प्रदेश में प्रादेशिक परिषदें स्थापित कीं और विधानसभाओं एवं मन्त्रिमंडलों को तोड़ दिया गया। प्रादेशिक परिषदें मुख्यालयों के लिए कानून और शासन सम्बन्धी मामलों में सलाहकार समितियाँ थीं। प्रस्ताव पारित कर मुख्यायुक्त के पास भेजने के लिए अधिकृत थी। मुख्यायुक्त या उपराज्यपाल मणिपुर, त्रिपुरा, हिमाचल, दिल्ली एवं अन्य संघीय क्षेत्रों का प्रशासन कार्य देखते थे। केन्द्र सरकार दिल्ली पर नियंत्रण रखना चाहती थी। अतः दिल्ली नगरपालिका को नगर निगम में बदला गया एवं अधिकारों में विशेष रूप से अभिवृद्धि की। नई दिल्ली को निगम के अधीन नहीं लाया गया था। राज्य पुनर्गठन आयोग की सिफारिशों के विरूद्ध महाराष्ट्र क्षेत्र में दंगे भड़क उठे और 1960 में यह मामला शान्त हुआ जब केन्द्र सरकार बम्बई राज्य को महाराष्ट्र एवं गुजरात में विभक्त करने को तत्पर हुई। मुम्बई शहर महाराष्ट्र को सौंपा गया और गुजरात की राजधानी अहमदाबाद बनी।

भारत सरकार की माँग या बाह्य दबाव जो भी कारण रहे हों, फ्रांस सरकार ने 1 नवम्बर, 1954 को 'पांडिचेरी', माही, 'यनाम', 'चन्द्रनगर' और केरीकल भारत को सौंप दिए। इन बस्तियों का शासन मुख्य आयुक्त के माध्यम से केन्द्र सरकार द्वारा संचालित किया जाने लगा।[1] पुर्तगाल ने फ्रांस का अनुगमन नहीं किया। अतः दिसम्बर, 1961 में भारतीय सेनाओं ने गोवा, दमन एवं ड्यू पर कब्जा कर लिया।[2]

असम के नागा जनजाति की अगस्त, 1962 में पृथक् नागालैंड की माँग को दृष्टिगत रखते हुए पृथक राज्य की स्थापना की गई।[3]

हरियाणा क्षेत्र को नवम्बर, 1966 में पंजाब से अलग किया गया, जिससे हरियाणा अस्तित्व में आया। पंजाब के कुछ पहाड़ी क्षेत्र हिमाचल प्रदेश को सौंपे गए। यहाँ यह उल्लेख करना आपेक्षित है कि शिवालिक पहाड़ियों से घिरे हुए हिमाचल प्रदेश को प्रधानमंत्री इन्दिरा गांधी ने 25 जनवरी, 1971 को पूर्ण राज्य का दर्जा प्रदान किया। 20 जनवरी, 1972 को मेघालय तथा 21 जनवरी 1972 को मणिपुर एवं त्रिपुरा को पूर्ण राज्य का दर्जा प्राप्त हुआ।

इसी प्रकार 23 अप्रैल, 1975 में सिक्किम भारतीय गणराज्य में शामिल किया गया। आगे जाकर झारखंड, उत्तरांचल एवं छत्तीसगढ़ की माँग भी उठाई गई, जिसकी क्रियान्वित नये राज्यों के रूप में नवम्बर 2000 में हुई। आन्ध्र प्रदेश तीसरा बड़ा और दक्षिण का सबसे बड़ा तथा जनसंख्या की दृष्टि से सर्वाधिक दबाव वाला राज्य था, के 23 जिलों को दो भागों में विभक्त कर दो राज्य बनाये गये। सीमान्ध्र रायलसीमा एवं तटीय आन्ध्र क्षेत्र से आन्ध्र तथा तेलंगाना में 10 जिलों खम्मम, नलगोंडा, वारंगल, करीमनगर, मेदक, निजामाबाद, अदीलाबाद, महबूब नगर एवं हैदराबाद को शामिल करते हुए 2 जून 2014 को अलग राज्य बना। हैदराबाद आगामी 10 वर्ष तक दोनों राज्यों की राजधानी के रूप में स्वीकार किया गया।

गांधीजी की हत्या (Murder of Mahatma Gandhi): गांधीजी के जीवन के बारे में यहाँ बहुत अधिक कहने की आवश्यकता नहीं है। राजकोट रियासत के दीवान करमचन्द गांधी के यहाँ 2 अक्तूबर, 1869 में पोरबन्दर में मोहनदास का जन्म हुआ था, पिता का नाम जोड़कर उन्हें मोहनदास करमचन्द गांधी कहा जाने लगा। 1919 के जलियाँवाला बाग की हत्या और रौलट एक्ट से गांधीजी बहुत खिन्न हुए, उसके बाद भारत की राजनीति में उन्होंने सक्रिय भागीदारी की।

यहाँ सवाल उठता है कि देश के विभाजन एवं गांधीजी की हत्या के बीच क्या सम्बन्ध है? इसके प्रत्युत्तर में देश के विभाजन की भूमिका को समझना होगा।

भारत के बहुसंख्यक लोग देश के विभाजन के विरोधी थे। हिन्दू एवं सिक्ख ही नहीं बल्कि मुसलमानों का एक बड़ा तबका भी इसके खिलाफ था। लेकिन आजादी के कुछ समय पूर्व साम्प्रदायिक तत्वों ने स्थिति को उलट दिया। मुसलमान हिन्दुओं पर सन्देह करने लगे थे एवं हिन्दू तथा सिक्खों ने यह मान लिया था कि सह–अस्तित्व सम्भव नहीं है। दूसरी

ओर गांधीजी सह–अस्तित्व के घोर पक्षपाती थे। वे अन्त तक एकता की बात सोचते रहे। कहा जा सकता है कि उन परिस्थितियों में गांधीजी की अवधारणा कुछ समय के लिए असमीचीन प्रतीत होने लगी। मुसलमानों ने उन्हें अपना दुश्मन घोषित कर दिया था।

यह भी तर्क दिया जाता है कि गांधीजी का तथाकथित अहिंसात्मक एवं शांतिपूर्ण ढंग अर्थात् आजादी प्राप्त करने का तरीका और मुसलमानों की तुष्टिकरण नीति, सही निर्णय नहीं था। अहिंसा द्वारा आजादी प्राप्त करने का तरीका अन्त में विफल हो गया। यदि यह कहा जाए कि आजादी के आखिरी दौर में गांधीजी की विचारधारा के प्रति कुछ लोगों में संशय पैदा हो गया था तो अनुचित न होगा। यद्यपि कुछ ही लोग ऐसा सोचते थे, आम लोगों में यह धारणा नहीं थी।

साम्प्रदायिक अर्थवादी लोगों की यह भी मान्यता थी कि देश के विभाजन से बड़ी संख्या में लोग मरे, सम्पत्ति नष्ट हुई और विस्थापितों की समस्या पैदा हुई, जिस पर अरबों रूपये देश को खर्च करने पड़े। हिन्दू–मुस्लिम एकता के लिए महात्मा गांधी दिल्ली आए और दंगों को शान्त करवाया, उन्होंने पाकिस्तान को 55 करोड़ रूपये भी दिलवा दिए जो भारत द्वारा पाकिस्तान को प्रतिरक्षा स्टोरों के विभाजन के फलस्वरूप देने थे। पाकिस्तान में लाखों शरणार्थियों की सम्पत्ति जब्त कर ली गई और लोगों को मार–पीटकर बलपूर्वक बाहर निकाल दिया गया। गांधीजी की इस नीति के विरूद्ध सारे देश में क्षोभ प्राप्त हुआ।

कांग्रेस एवं महात्मा गांधी के बीच भी किसी रूप में विरोधाभास की स्थिति बन गई थी। कुछ लोग सोचते थे कि सत्ता प्राप्ति के लोभ में नेहरू एवं पटेल जैसे लोगों ने भी उनकी सलाह की अवहेलना की और गांधीजी इससे आहत हुए थे, लेकिन अपने प्रिय शिष्यों की आलोचना सार्वजनिक रूप में नहीं कर पाए। दरअसल एक ओर गांधीजी की आस्थावादी–नियतिवादी अवधारणा थी। दूसरी ओर नेहरू एवं पटेल का वस्तुवादी दृष्टिकोण। देश जब साम्प्रदायिक दंगों की विभीषिका से संतप्त था और हिन्दू–मुस्लिम एक दूसरे के रक्त से होली खेल रहे थे: महिलाओं का सम्मान, मासूम बच्चों और सम्पत्ति कुछ भी सुरक्षित नहीं थे। कांग्रेस के पुरोधाओं को यह उचित जान पड़ा कि निर्दोष लोगों की हत्या से पाकिस्तान बन जाना अधिक उचित होगा। एक तरह से गांधीजी की अवधारणा प्रतिकूल साबित हो रही थी। सरदार पटेल ने स्थिति का आंकलन दूसरे ढंग से किया था। उच्च स्तरीय ब्रिटिश राजनीतिज्ञ अन्तिम दौर में संगठित भारत को उचित मानते थे, लेकिन कुछ अंगरेज अफसरों की सहानुभूति लीग के साथ थी और साम्प्रदायिक दंगों में कई अंगरेज अफसरों ने लीग का साथ दिया।

पाकिस्तान का सृजन दो राष्ट्र को परस्पर कमजोर बनाए रखने का आधार भी माना गया। यही नहीं, देशी राज्यों के सहयोग से भारत की एकता को नष्ट करने की योजना भी लोगों के दिमाग में थी, इस बात को समझते हुए सरदार पटेल ने कहा था, "तब मुझे समझ में आया कि किस प्रकार राजनीतिक दिमाग की साजिश से हमारे हितों की हत्या की जा रही थी और तभी मैं इस निश्चय पर पहुँचा कि सर्वोत्तम मार्ग यही था कि किसी भी कीमत पर देश का विभाजन मानकर भी इन विदेशियों से देश को छुटकारा दिलाया जाए।"[4]

पटेल जैसे कई लोग यह भी मानते थे कि विभाजन स्वीकार न किए जाने से भारत कई टुकड़ों में विभाजित हो जाएगा और बिल्कुल नष्ट हो जाएगा।......उस रास्ते एक नहीं, अनेक पाकिस्तान बनते। प्रत्येक दफ्तर में एक छोटा पाकिस्तान होता।[5] महात्मा गांधी ने स्वयं भी यह स्वीकार किया था कि 1947 तक आते–आते सह–अस्तित्व एवं अहिंसा समर्थक तत्व लुप्त होने लगे थे। साम्प्रदायिक दंगों के दौरान एक अभियान चलाकर शांति कायम करने की बात वे नहीं सोच पाए। उन्होंने कहा था, "आज मैं अनुकूल परिस्थितियों को दूर–दूर तक नहीं देख पा रहा हूँ। अतः मुझे उस समय का इन्तजार करना पड़ेगा।"

उपरोक्त तथ्यों के परिप्रेक्ष्य में कहा जा सकता है कि गांधीजी की अवधारणा के विपरीत वातावरण का सृजन हो चुका था और साम्प्रदायिक तत्व अत्यन्त प्रभावशाली हो गए थे। मुसलमानों ने उन्हें अपना विरोधी समझा जबकि कुछ साम्प्रदायिक हिन्दुओं ने विभाजन के लिए जिम्मेदार माना। कुछ लोग उन्हें साम्प्रदायिक दंगों, हत्याओं का कारण मान बैठे थे। निष्कर्षतः कहा जा सकता है कि तत्कालीन विपरीत, असंगत एवं सम्प्रदायवादी तत्त्वों के कारण उनकी हत्या हुई। 30 जनवरी, 1948 को नाथूराम गोडसे ने दिल्ली में एक प्रार्थना सभा में गांधीजी पर गोली चलाई राम–राम का उच्चारण करते हुए गांधीजी पृथ्वी पर गिर पड़े और शहीद हो गए।

इस निर्मम हत्या से सारे देश में शोक व्याप्त हो गया। दिल्ली में यमुना नदी के राजघाट पर उनकी समाधि बनाई गई। तत्कालीन अमेरिकन राजदूत चेस्टर बोल्स, जो दिल्ली में स्थित था, ने अपनी पुस्तक *राजदूत की रिपोर्ट* (Ambassador's Report) में लिखा है कि "संसार के इतिहास में किसी व्यक्ति की अर्थी के साथ आज तक इतने व्यक्ति शोकातुर होकर नहीं

गए, जितने महात्मा गांधी के साथ। राजा न होते हुए भी उनका राजाओं से कई गुना अधिक स्वागत किया गया। गांधीजी न केवल भारत अपितु सारे संसार की महान विभूति थे।"

महात्मा गांधी के विचार: इंग्लैण्ड के दैनिक समाचार पत्र मैंचेस्टर गार्जियन ने महात्मा गांधी की हत्या के समय लिखा था, वह राजनीतिज्ञों में महात्मा और महात्माओं में राजनीतिज्ञ थे। वस्तुतः गांधीजी राजनीतिक विचारक नहीं थे और उन्हें राजनीतिज्ञ भी कहना अनुचित होगा, दरअसल वे एक धार्मिक पुरूष थे। राजनीति में प्रवेश तत्कालीन परिस्थितियों का परिणाम कहा जा सकता है। गांधीजी के विचारों का मूल प्राचीन भारतीय ग्रन्थों में खोजना होगा। उन पर उपनिषद, रामायण, महाभारत एवं भगवद्गीता का विशेष प्रभाव था। वे भगवद्गीता को आध्यात्मिक प्रेरणा का ग्रन्थ *Spiritual Reference Book* मानते थे। उन्होंने लिखा है कि "भारी निराशा और असफलता के बीच जब सर्वत्र अन्धकार नजर आता है केवल भगवद्गीता ही मेरे लिए प्रकाश पुंज रही है।" जैन एवं बौद्ध धर्मों ने भी गांधीजी को काफी हद तक प्रभावित किया। जैन धर्म का मौलिक सिद्धान्त अहिंसा ही है। सहिष्णुता की भावना गांधीजी ने बौद्ध धर्म से ग्रहण की। महात्मा बुद्ध का यह सन्देश गांधीजी को बहुत प्रिय था, "मनुष्य क्रोध को प्रेम एवं बुराई को अच्छाई से जीते।" ईसाई धर्म के प्यार के महत्व से वे बखूबी परिचित थे और इस्लाम की भ्रातृत्व धारणा ने भी उन्हें प्रभावित किया। कई आधुनिक विचारकों ने गांधीजी के विचारों को प्रभावित ही नहीं किया अपितु राजनीति के क्षेत्र में किए गए नए–नए आविष्कारों अथवा योजनाओं का आधार भी बने। हेनरी डेविड थोरो (Henry David Thoreau) जान रास्किन (John Ruskin) एवं टॉलस्टाए (Tolstoy) आदि का इस दृष्टि से जिक्र किया जा सकता है। अमेरिकन अराजकतावादी हेनरी डेविड थोरो ने 1849 में एक भाषण में सविनय अवज्ञा शब्द (Civil Disobedience) का प्रयोग किया था। उसकी धारणा थी कि उन सब व्यक्तियों का असहयोग करना चाहिए, जो बुराई की ओर ले जाते हैं तथा उनका सहयोग करना चाहिए जो अच्छाई की ओर जाते हैं। शरीर, श्रम एवं समान वेतन के विचार गांधीजी को रस्किन से मिले। अहिंसा में आस्था को टालस्टाय की कृति (The Kingdom of God is within You) ने दृढ़ किया। मुम्बई के जौहरी भाई रामचन्द्र के आध्यात्मिक विचारों से भी गांधीजी कम प्रभावित नहीं थे।

गांधीजी ने अन्तर्राष्ट्रीय राजनीति, समाज, अर्थव्यवस्था से लेकर भोजन एवं स्वास्थ्य रक्षा जैसे सभी विषयों पर अपने विचार रखे। उनकी धारणा थी कि वर्षों तक मान्य अथवा स्वीकृत सिद्धान्त नूतन अनुसन्धान और अनुभव के आधार पर सत्य साबित न हों तो उनका परित्याग कर देना चाहिए। उनके लिए अनुभवातीत कुछ भी नहीं था अर्थात् जीवन का प्रत्येक पक्ष सत्यता की कसौटी पर कसने योग्य मानते थे, इसीलिए आज किसी तथ्य पर प्रकट किए गए विचार के विषय में वे यह स्मरण नहीं रखते थे कि इसमें उन्होंने कल क्या कहा था। पूर्व एवं परवर्ती विचारों में विरोध दृष्टिगोचर हो तो बाद वाले विचार स्वीकार करने चाहिए।[6] इसका कारण उनकी अनुभव या परीक्षण पद्धति रही है अर्थात् परीक्षण की कसौटी पर पूर्व विचारों में अन्तर आने से उन्हें त्यागना ही उचित समझा गया। यही कारण है कि अपनी आत्मकथा का नाम सत्य के प्रयोग (My Experiment with Truth) रखा गया।

गांधीजी आत्म साक्षात्कार को जीवन का लक्ष्य मानकर चलते थे, जिसकी परिणति धार्मिक एवं नैतिक जीवन से ही सम्भव थी। धार्मिकता से तात्पर्य साम्प्रदायिक या कट्टरता नहीं है। नैतिकता को धर्म का आधार माना गया, नैतिकता से परे व्यक्ति को धार्मिक नहीं कहा जा सकता।[7] सत्य के अन्वेषण अथवा खोज की ओर प्रवृत्त धर्म को ही सच्चा धर्म कहा गया। क्योंकि सत्य ही ईश्वर प्राप्ति का साधन है। ईश्वर प्राप्ति अथवा साक्षात्कार समाज से बाहर रहकर संभव नहीं माना गया। दूसरों के कष्ट में सक्रिय भागीदारी को ही सच्चे धर्म की संज्ञा दी गई। ईश्वर प्राप्ति के लिए गांधीजी सत्य, अहिंसा, अपरिग्रह, अस्तेय तथा ब्रह्मचर्य को महत्व देते थे। इसके अतिरिक्त अस्पृश्यता निवारण, सर्वधर्म समभाव आदि को जोड़कर इस अवधारणा को पूरा किया जा सकता है।

अस्पृश्यता का निवारण: ऊँच–नीच के भाव को गांधीजी अनुचित मानते थे क्योंकि सभी प्राणी एक परम् पिता परमेश्वर की सन्तान है। देश की आजादी से लगभग चालीस वर्ष पूर्व दक्षिणी अफ्रीका में इसे विश्व की एक गम्भीर समस्या माना था। इसके विरूद्ध संघर्ष में उन्हें सफलता मिली। सर्वधर्म समभाव वे आवश्यक मानते थे। विश्व के सभी धर्मों को समान मानने के सिद्धान्त तक ही वे सीमित नहीं रहे अपितु जीवन में भी इस सिद्धान्त को स्वीकार किया।

गांधीजी एवं प्रजातन्त्र: पाश्चात्य प्रजातन्त्र अथवा संसदीय प्रणाली गांधीजी के पूर्ण प्रजातंत्र की संज्ञा में शामिल नहीं था। उनके अनुसार सच्चा प्रजातन्त्र उसे कहा जा सकता है जिसमें अल्पमत तो क्या एक व्यक्ति की आवाज का भी मूल्य हो। इसीलिए एक बार ब्रिटिश संसद की तुलना उन्होंने एक बांझ स्त्री से की थी। वस्तुतः दलीय प्रणाली में व्यक्ति को अपने

दल के नेता के अनुरूप कार्य करना होता है। उसके स्वयं के विचारों का कोई महत्व नहीं होता। अतः ऐसी व्यवस्था को पूर्ण प्रजातन्त्र नहीं माना गया। उनके प्रजातन्त्र में व्यक्ति के अबाधित विकास की कल्पना निहित है। एक सही बात के लिए सत्याग्रही आग्रह करता है तो सम्पूर्ण संसार उसके विरूद्ध होने पर भी उसकी बात सुनी जानी चाहिए, इस व्यवस्था को ही सच्चा प्रजातंत्र माना गया। गांधीजी के चिन्तन में व्यक्ति सर्वोपरि है लेकिन उन्हें निरा व्यक्तिवादी नहीं कहा जा सकता। व्यक्ति का विकास समाज में ही सम्भव माना गया। लेकिन व्यक्ति को समाज का एक पुर्जा बनने से रोक लिया गया।

गांधीजी राज्य के व्यापक कार्य क्षेत्र के समर्थक नहीं थे अपितु वे चाहते थे व्यक्ति को अपना कार्य स्वयं करना चाहिए। ग्राम स्तर पर स्वेच्छा से प्रेरित सहयोग पर उन्होंने जोर दिया। उनकी इस धारणा में राज्य द्वारा अधिक कार्य की आवश्यकताएं नहीं रहती और व्यक्ति की पहल या उत्साह बरकरार रहता है। **गांधीवाद एवं मार्क्सवाद** में यह बात समान रूप से पाई जाती है कि **राज्य विहीन समाज** उनका अन्तिम लक्ष्य था।

एक तरह से गांधीजी के विचार दार्शनिक, अराजकतावादी प्रतीत होते हैं लेकिन उनके विचारों में कट्टरता का अभाव था। यही उनकी विचारधारा की खूबी थी। हम कह सकते हैं कि महात्मा गांधी महा मानव थे जिन्हें जातीयता, क्षेत्रीयता, प्रान्तीयता अथवा राष्ट्रीयता प्रभावित नहीं कर सकती थी। उनकी राष्ट्रीयता एवं अन्तर्राष्ट्रीयता में विरोधाभास नहीं था। भारत उन्हें प्रिय था लेकिन विश्व के प्रत्येक व्यक्ति से भी इन्हें समान रूप से प्यार था। यही उनकी महानता का प्रतीक है।

नेहरू युग (Nehruvian Era, 1947-64): स्वतन्त्रता आन्दोलन को जवाहरलाल नेहरू ने नेतृत्व प्रदान कर न केवल सबल बनाया अपितु स्वतंत्र भारत के वे ऐसे महान शिल्पी थे जिनके बहुमुखी प्रयासों से देश अन्तर्राष्ट्रीय राजनीति में अपने लिए विशेष स्थान सुरक्षित करवाने में सफल रहा। बिपिनचन्द्र ने एक अंगरेज राजनीतिज्ञ का जिक्र करते हुए लिखा है, "उनके दुश्मन भी उन पर यह आरोप नहीं लगा सकते कि वे राष्ट्रीय सन्दर्भ छोड़कर और कुछ सोचते थे, जाति, धर्म, शहर, व भाषा उनके लिए कोई मायने नहीं रखती थी। उनके लिए पहले भारत था और आखिरी भी भारत।"[8]

महात्मा गांधी की मृत्यु से भारतीय नेतृत्व में एक प्रकार की शून्यता छा गई थी जिसे जवाहरलाल नहेरू, सरदार पटेल, पुरूषोत्तमदास टंडन, डॉ. राजेन्द्रप्रसाद एवं प्रोफेसर एम.जी. रंगा को पूरा करना था। सरदार पटेल की दिसम्बर 1950 एवं टंडन की 1951 में मृत्यु हो गई और भारत के नवनिर्माण का समस्त दायित्व एक तरह से जवाहरलाल नेहरू के कन्धों पर आ गया।

उल्लेखनीय है कि नेहरू ने राष्ट्रीय आन्दोलन में बहुत पहले शामिल होकर अपनी राजनीतिक विचारधारा को स्पष्ट रूप से विकसित कर लिया था। उन्होंने 1913 में राष्ट्रीय कांग्रेस के अधिवेशन में भाग लिया और 1920–21 में फैजाबाद और प्रतापगढ़ के किसान आन्दोलन को नेतृत्व प्रदान किया।[9] गांधीजी के सम्पर्क से वे असहयोग आन्दोलन से जुड़ गए। इस दौरान उन्होंने उत्तर प्रदेश के कई गाँवों को देखा। भूमिपति और साहूकारों द्वारा छोटी जोत वाले किसानों के तरह–तरह के शोषण का उन्हें इसी दौरान अनुभव हुआ और यही अवसर था जिसने मार्क्सवाद और प्रजातन्त्रीय समाजवाद की ओर झुकने को मजबूर किया। 1927 में उपनिवेशवादी दमन और साम्राज्यवाद के विरोध में आयोजित अन्तर्राष्ट्रीय कांग्रेस, ब्रुसेल्स में शामिल होने का उन्हें अवसर मिला।[10]

1936 में लखनऊ कांग्रेस में अध्यक्षीय भाषण में उन्होंने कहा था, 'समाजवाद मेरे लिए आर्थिक सिद्धान्त ही नहीं वरन् एक सजीव विश्वास है, जिसे मैं पूर्ण बुद्धि और मन से मानता हूँ, मेरी राष्ट्रीयता विदेशियों का प्रभुत्व सहन नहीं कर सकती। इसी से सामाजिक व आर्थिक परिवर्तन होगा। मैं चाहूंगा कि कांग्रेस समाजवादी संस्था बन जाए। समाजवादी महज एक आर्थिक सिद्धान्त नहीं अपितु एक जीवन दर्शन भी है और अपने इसी स्वरूप में मुझे प्रेरित करता है।[11] उनके अनुसार विश्व स्तर पर समाजवाद के विस्तार से ही विश्व में शांति एवं व्यवस्था कायम हो सकती है। उनका समाजवाद से आशय था, पूंजी पर निश्चित सीमा तक नियन्त्रण रखना। निजी उद्यमों पर लादे गए प्राधिकार के रूप में इसे मान्यता नहीं दी गई जैसा सोवियत रूस या चीन में उस समय हो रहा था।

आर्थिक विस्थापन एवं योजना (Economic Dislocations and Planning): आजादी के साथ असन्तोष, परस्पर वैमनस्य, अन्न की कमी और कई परेशानियाँ टूट पड़ी। बँटवारे के कारण भारत एवं पाकिस्तान को न केवल अपनी आबादी की अदला–बदली करनी पड़ी थी अपितु कश्मीर समस्या को लेकर अक्तूबर, 1947 में पाकिस्तान से युद्ध भी करना पड़ा। दूसरी ओर जहाँ रजवाड़ों के विलय की समस्या थी वहीं राज्यों का पुनर्गठन भी किया जाना था। बंटवारे ने भारत के आर्थिक मोर्चे पर कई चुनौतियाँ खड़ी कीं, मसलन चावल एवं गेहूं उत्पादक क्षेत्र पश्चिमी पाकिस्तान के हिस्से में चले गए। अविभाजित

भारत का 68 प्रतिशत सिंचित क्षेत्र पाकिस्तान में शामिल हो गया। यही नहीं प्रति एकड़ जनसंख्या का दबाव भी भारत पर अधिक था। दूसरे शब्दों में, पाकिस्तान के समक्ष अन्न का संकट उतने गम्भीर रूप में खड़ा नहीं था जितना कि भारत में। इसी प्रकार पटसन उत्पादक क्षेत्र पूर्वी पाकिस्तान (वर्तमान बांग्लादेश) के कब्जे में था, दूसरी ओर कपड़ा मिलें भारत में थीं जबकि 40 प्रतिशत कच्चा माल उत्पादक क्षेत्र पाकिस्तान का हिस्सा बन गया। कच्ची धातुओं की कई खदानें भारत में थी जो देश के विकास के लिए अच्छा संकेत था। अन्न के आयात के लिए विदेशी मुद्रा की आवश्यकता हुई। यद्यपि द्वितीय महायुद्ध के दौरान इंग्लैण्ड को उपलब्ध करवाए माल से भारत के ऋण को चुकता कर दिया गया और अक्तूबर 1947 में पाकिस्तान के साथ लड़े गए युद्ध के लिए आवश्यक सैनिक सामग्री क्रय किए जाने हेतु विदेशी मुद्रा भंडार (Reserves) को खर्च करना देश की मजबूरी थी।

तात्कालिक आर्थिक समस्याओं के समाधान हेतु नियोजन का आग्रह नेहरू का लक्ष्य था। नियोजन द्वारा हुई सोवियत संघ की आर्थिक प्रगति से वे प्रभावित थे। 1935 के अधिनियम के तहत करवाए गए निर्वाचन द्वारा कांग्रेस ने कई राज्यों में प्रशासन संभाला था और 1938 में नेहरू कांग्रेस द्वारा स्थापित राष्ट्रीय योजना समिति (National Planning Committee) के अध्यक्ष बने। इस मकसद से उद्यमियों, व्यापारियों, अर्थशास्त्रियों एवं कांग्रेसजनों के सहयोग से कार्य करना चाहते थे और राष्ट्रीय योजना समिति द्वारा निश्चित किया जाना था कि किस प्रकार अधिक औद्योगीकरण किया जा सकता है और कैसे दरिद्रता तथा बेकारी कम की जा सकती है। राष्ट्रीय सुरक्षा का प्रश्न कैसे सुलझाया जा सकता है क्योंकि यह सब औद्योगीकरण के बिना सम्भव नहीं है। ऐसे में औद्योगीकरण के लिए प्रथम चरण में एक सर्वतोमुखी योजना बनानी आवश्यक है जिसमें भारी उद्योग तथा कुटीर उद्योग सभी के विषय में सोचना पड़ेगा। दूसरे, कोई भी योजना कृषि की अनदेखी नहीं कर सकती क्योंकि वही जनसाधारण का मुख्य सहारा है और इसके अतिरिक्त सामाजिक सेवाएँ भी समान महत्व रखती है।...... जितना हमने योजना के विषय में सोचा उतना ही उसकी पहुँच बढ़ती चली गई और वह लचीली होती चली गई और इसमें सभी क्रियाकलाप शामिल हो गए।[12]

द्वितीय विश्व युद्ध शुरू होने एवं नेहरू को जेल में डाल दिए जाने से उक्त कार्य अधूरा रह गया। 1944 में आठ उद्योगपतियों ने राष्ट्रीय योजना समिति से हटकर आर्थिक विकास के लिए योजना (A Plan for Economic Development) तैयार की, जिसे **बम्बई योजना** कहा जाता है। आचार्य श्री नारायण अग्रवाल (S.N. Agarwal) ने गांधीयन योजना (Gandhian Plan) का प्रारूप तैयार किया था। साम्यवादी क्रान्तिकारी एम.एन. राय (M.N. Roy) ने इन सबसे भिन्न जनता की योजना (People's Plan) बनाई थी जिसमें सरकारी खेती और भूमि के राष्ट्रीयकरण पर बल दिया गया । जयप्रकाश नारायण की सर्वोदयी योजना भी विकास के गांधीवादी मॉडल पर आधारित थी। किन्तु उक्त सब योजनाएं कागजी योजनाएँ बनकर रह गईं।

योजना आयोग (National Planning Commission): केन्द्रीय मन्त्रिमण्डल के एक प्रस्ताव द्वारा 1950 में राष्ट्रीय योजना आयोग गठित किया गया जिसके अध्यक्ष स्वयं जवाहरलाल नेहरू थे एवं कई महत्वपूर्ण मन्त्री इसके सदस्य। आयोग को सात दायित्वों का निर्वहन करना था:

- भारत के भौतिक, पूँजीगत तथा मानवीय संसाधनों का आंकलन करना एवं संसाधनों के प्रभावी एवं सन्तुलित उपयोग के लिए योजना तैयार करना।
- विकास की राष्ट्रीय प्राथमिकताएं निर्धारित करना, विकास की स्थितियों को परिभाषित करना एवं संसाधनों के वितरण हेतु सुझाव देना।
- योजना के सफल क्रियान्वयन हेतु आवश्यक शर्तों का निर्धारण करना।
- योजना के प्रत्येक चरण के कार्यान्वयन हेतु अपेक्षित प्रशासन तन्त्र सुनिश्चित करना।
- योजना क्रियान्वयन द्वारा हासिल प्रगति का समय–समय पर मूल्यांकन करना तथा नीतियों और मानदंडों में अपेक्षित सुधारों की सिफारिश करना।
- स्वयं की प्रभावी कार्यशीलता, बदलती आर्थिक परिस्थितियों, चालू नीतियों, कार्यक्रमों व मानदंडों तथा केन्द्र एवं राज्य सरकारों द्वारा प्रेषित किसी समस्या के सम्बन्ध में अपनी सिफारिशें देना।

उल्लेखनीय है कि योजना आयोग की स्वीकृति के उपरान्त ही परियोजना विशेष के लिए धन उपलब्ध हो सकता था। दूसरे शब्दों में धन की पाबन्दी ने योजना आयोग के महत्व को बढ़ा दिया। साथ ही परस्पर मन्त्रियों में सामंजस्य एवं

विभागों में तालमेल के लिए यह जरूरी समझा गया। योजनाएं समाजवादी रंग से रंगी हुई थी और राज्य के नीति–निदेशक तत्वों से अभिप्रेरित थीं।

प्रथम पंचवर्षीय योजना (First Five Year Plan, 1951-56): इस योजना में सर्वांगीण राष्ट्रीय विकास के साथ–साथ शरणार्थी पुनर्वास, खाद्य आत्मनिर्भरता, मुद्रास्फीती नियन्त्रण आदि लक्ष्यों को ध्यान में रखा गया। योजना का प्रस्तावित व्यय 2377 करोड़ रूपये था किन्तु वास्तविक व्यय 1960 करोड़ रूपये ही हुआ अर्थात् 17 प्रतिशत कम हुआ। इस योजना में उद्योगों पर योजना व्यय का लगभग 6 प्रतिशत हुआ और औद्योगीकरण के अभाव में बेरोजगारी की समस्या बनी रही। औसतन प्रथम पंचवर्षीय योजना ने मृतप्रायः अर्थव्यवस्था में नए जीवन का संचार किया। इस अवधि में प्राथमिक स्कूलों में विद्यार्थियों की संख्या 22 मिलियन से बढ़कर 30 मिलियन हो गई। तकनीकी शिक्षा में 2200 से बढाकर 3700 एवं डिप्लोमा कोर्स में 2400 से 3900 विद्यार्थी थे। 11 नई रेलवे लाइनें बिछाई गई। भाखड़ा नांगल, हीराकुड एवं दामोदर घाटी योजना इसी अवधि में शुरू हुई।

द्वितीय पंचवर्षीय योजना (Second Five Year Plan, 1957-61): इस योजना में भारी एवं मूलभूत उद्योगों के विकास एवं विस्तार को प्राथमिकता दी गई जो समाजवादी अर्थव्यवस्था स्थापित करने की दिशा में उठाया गया महत्वपूर्ण कदम था। इस योजना का उद्देश्य थाः अगले पाँच वर्षों में राष्ट्रीय आय में 25 प्रतिशत वृद्धि करना जिससे आम लोगों का जीवन स्तर ऊँचा हो सकेः द्रुतगति से औद्योगीकरण, जिसके तहत आधारभूत उद्योगों के विकास पर जोर रहा, रोजगार के अवसरों में व्यापक वृद्धि एवं विस्तार का भी लक्ष्य रखा गया। कृषि क्षेत्र में 530 करोड़, सिंचाई एवं शक्ति क्षेत्र में 865 करोड़ तथा उद्योग एवं खनिज में 1075 करोड़ का व्यय हुआ। राष्ट्रीय आय 25 प्रतिशत के स्थान पर 20 प्रतिशत रही और प्रतिव्यक्ति 16 प्रतिशत के स्थान पर 11 प्रतिशत रही। कोयला, लोहा, इस्पात, रेल निर्माण, लघु उद्योग, सड़क निर्माण, बिजली उत्पादन, सिंचाई, समुद्री जहाज निर्माण, यातायात, कृषि आदि में प्रगति हुई।

तृतीय पंचवर्षीय योजना (Third Five Year Plan, 1961-66): तीसरी योजना में पुनः कृषि को प्राथमिकता प्रदान करते हुए आत्म निर्भर अर्थव्यवस्था की स्थापना एवं समाजवाद का लक्ष्य रखा गया। भारत–चीन युद्ध एवं भारत–पाकिस्तान युद्ध (1965) के कारण योजना की प्राथमिकता को जरूरतों तक सीमित होना पड़ा। 1965–66 के भयंकर अकाल के कारण योजना की लक्ष्य प्राप्ति नहीं की जा सकी।

कहा जा सकता है कि जवाहरलाल नेहरू के कार्यकाल में एक ओर उत्पादन वृद्धि, औद्योगीकरण का विस्तार, आधारभूत संरचनात्मक विकास, विज्ञान एवं तकनीकी क्षेत्र एवं शिक्षा के प्रसार में नियोजन प्रणाली को सफलता मिली, दूसरी ओर गरीबी व बेरोजगारी उन्मूलन। आय असमानताओं में कमी, भूमि सुधार एवं क्रियान्वयन आदि क्षेत्र में अधिक सकारात्मक परिणाम नहीं आए।

निष्कर्षः जवाहरलाल नेहरू को भारतीय पुनर्जागरण की उपज कहा जा सकता है। साम्प्रदायिकता एवं कट्टरवाद के विरोधी नेहरू ने रूढ़िवादी विचारधाराओं का सदैव विरोध किया। अपनी आत्मकथा में लिखा है कि 1857 के बाद अंगरेजों ने हिन्दू मुसलमानों को आपस में लड़ाने का काम किया। इससे जो नई राष्ट्रीयता (New Nationalism) पनपी उसमें ऊपर का वर्ग अंगरेजी बोलने वाला बुद्धिजीवी वर्ग था तथा स्वभाविक रूप से हिन्दुओं तक सीमित था। क्योंकि मुस्लिम शिक्षा में पिछड़े हुए थे। नेहरू के अनुसार 'बाँटो एवं राज करो' नीति से शासन की अनेक जरूरतें पूरी हुई थी।

विश्व इतिहास की झलक में मुस्लिम साम्प्रदायिकता का दूसरा कारण मुस्लिम किसानों का महाजनों द्वारा शोषण बताया। यद्यपि महाजन सभी के साथ समान व्यवहार करते थे किन्तु मुस्लिम किसानों का शोषण साम्प्रदायिक रूप ले लेता था। मोपला किसानों का विद्रोह भी ऐसा ही विद्रोह था जिसमें शोषण करने वाले ज्यादातर हिन्दू थे, यही कारण था कि मोपला विद्रोह ने साम्प्रदायिकता का रूप ले लिया। तीसरे, नेहरू साम्प्रदायिकता को एक मध्यवर्गीय प्रपंच मानते थे क्योंकि जब तक साम्प्रदायी तत्वों का राजनीति पर प्रभाव कायम रहता है तब तक कोई भी व्यक्ति साम्प्रदायिकता से दूर नहीं जा सकता। चौथे, वे संगठित धर्म के विरोधी थे। उनके अनुसार कोई भी संगठित धर्म निरपवाद रूप से एक निहित स्वार्थ बन जाता है जो अनिवार्यतः प्रगति और परिवर्तन विरोधी एक प्रतिक्रियावादी शक्ति के रूप में परिवर्तित हो जाता है।

उन्होंने स्वतन्त्र भारत में साम्प्रदायिकता के उन्मूलन हेतु अनंतशेनम आयंगर के माध्यम से संसद में एक संकल्प पारित करवाया था। नेहरू साम्प्रदायिकता को किसी भी बाह्य आक्रमण से अधिक खतरनाक मानते थे। बाह्य आक्रमण के विरूद्ध पूरी तैयारी के साथ लड़ा जा सकता था किन्तु अन्य आक्रमण (साम्प्रदायिकता) अधिक बुरा है क्योंकि यह खतरे से अनभिज्ञ

रखकर हमारे मस्तिष्क को क्रमिक रूप से शिकंजे में ले लेता है। साम्प्रदायिकता के उन्मूलन हेतु नेहरू विज्ञान एवं तकनीक के प्रचार–प्रसार पर बल देना चाहते थे। जिससे बुद्धिवादी और धर्मनिरपेक्ष शक्तियाँ मजबूत हो सके। बड़े बड़े उद्योग एवं भाखड़ा नांगल जैसे बांधों को आधुनिक मन्दिर, मकबरा या विश्वविद्यालय की संज्ञा दी।

साथ ही धर्म को जीवन के राजनीतिक, आर्थिक, सामाजिक तथा सांस्कृतिक पहलुओं से अलग रखने के वे पक्षपाती थे। धर्म पूरी तरह एक व्यक्तिगत मामले के रूप में स्वीकार किए जाने से ही साम्प्रदायिकता से बचा जा सकता है। वे चाहते थे, धर्म का राज्य की किसी भी गतिविधि से सम्बन्ध न हो, यही नहीं सभी धर्मों को पूरी स्वतन्त्रता प्राप्त हो तथा सहनशीलपूर्ण व्यवहार हो।

अन्त में सभी धर्मों में विश्वास रखने वालों के लिए समान अवसर तथा धर्म के आधार पर कोई भेद तथा पक्षपात नहीं किया जाए।

नेहरू के अनुसार धर्म निरपेक्ष राज्य का अभिप्राय यह नहीं था कि लोग अपने धर्मों का त्याग कर दें बल्कि इसका अर्थ है राज्य सभी धर्मों की सुरक्षा करे किन्तु दूसरों की कीमत पर किसी धर्म का पक्ष–पोषण न हो और न ही किसी धर्म को राज्य धर्म के रूप में स्वीकार किया जाए। इसी भावना को ध्यान में रखते हुए भारतीय संविधान में सभी धर्मों को समान महत्व एवं सुरक्षा का वायदा किया गया। साम्प्रदायिक सौहार्द के लिए नेहरू ने हिन्दुओं की भागीदारी पर अधिक जोर दिया क्योंकि बहुसंख्यक वर्ग को अल्पसंख्यक वर्ग के प्रति अधिक सहनशील दयालु होना चाहिए और मुस्लिम वर्ग जबकि हिन्दुओं की तुलना में शैक्षणिक दृष्टि से पिछड़ा हुआ भी है। आधुनिक भारत के निर्माता नेहरू ही थे जिनके प्रयासों से सर्वाधिक असहज परिस्थितियों में धर्म निरपेक्ष संविधान का निर्माण सम्भव हुआ और धर्म निरपेक्ष समाज एवं राष्ट्र की प्रस्थापना की जा सकी।

संदर्भ

1. 28 दिसम्बर, 1962 को भारत के चौदहवें संशोधन अधिनियम द्वारा पांडिचेरी, करीकल, माही तथा यनाम भारत में शामिल कर पांडिचेरी राज्य को अस्तित्व में लाया गया।
2. बारहवें संशोधन द्वारा गोवा–दमण एवं दीव को वैध रूप से भारत में शामिल किया गया। 27 मार्च, 1962 को अनुच्छेद 240 तथा प्रथम अनुसूची का संशोधन किया।
3. 28 दिसम्बर, 1962 को तेरहवें संशोधन द्वारा नागालैंड को सोलहवाँ राज्य माना गया।
4. प्यारेलाल, *महात्मा गांधी, लास्ट फेज,* पृष्ठ 152–56
5. प्यारेलाल, वही, पृ. 152–156
6. *हरिजन,* सितम्बर 30, 1939
7. *Young India*, November 24, 1921
8. बिपिनचन्द्र एवं अन्य, *आजादी के बाद का भारत* (1947–2000), पृ. 235
9. नेहरू, जवाहरलाल, *मेरी कहानी,* सस्ता साहित्य मंडल, नई दिल्ली, 1941, पृ. 57
10. नेहरू, वही, पृ. 177
11. भटनागर, राजेन्द्र मोहन, *भारतीय कांग्रेस का इतिहास,* पृ. 232
12. नेहरू, जवाहरलाल, *हिन्दुस्तान की कहानी* (*Discovery of India*) का हिन्दी अनुवाद, सस्ता साहित्य मंडल, 2011, पृ. 434–35

❋❋❋

44

दलित आन्दोलन एवं निर्वाचन प्रावधान
(Dalit Movement and Electoral Provisions)

उन्नीसवीं सदी में भारत में सामाजिक एवं सांस्कृतिक आन्दोलन हुए जिनका उद्देश्य स्थानीय परम्पराओं में सुधार लाना और समाज को नवजीवन प्रदान करना था। सामाजिक एवं धार्मिक सुधार आन्दोलनों जिनकी चर्चा पूर्व में की गई है, के प्रणेता उच्चवर्ण के थे, जिन्होंने छूआछूत और जाति–पांति को अनुचित एवं निन्दनीय ठहराया। किंतु उनके प्रयासों से पिछड़े एवं दलित वर्ग की स्थिति में आंशिक सुधार ही हुआ। समाज से उन्हें वे अधिकार नहीं मिले जिनके वे हकदार थे। उन्नीसवीं सदी के अन्तिम दौर एवं बीसवीं सदी के प्रारम्भ में कई बदलाव आये। कृषि उत्पादन एवं सम्बन्धों के व्यवसायीकरण, ठेकेदारी प्रथा, फैक्टरियों, मंड़ियों, सरकारी सेवाओं, फौज, शिक्षा इत्यादि में गांवों से बाहर उभरते अवसरों के फलस्वरूप अछूतों की स्थिति में परिवर्तन आया।[1] आवागमन एवं संचार साधनों से उन वर्गों में चेतना आई जिन्हें अब तक अछूत माना जाता था। उच्च वर्गीय समाज इन्हें छूना भी अनुचित एवं पाप समझता था और पूजा स्थलों, कुंओं पर पानी भरने आदि पर प्रतिबंध थे। दक्षिण भारत के कई भागों में नगर की सड़कों पर गुजरने पर प्रतिबंध था। इनके लिए पंचम शब्द का प्रयोग किया जाता था। जिसका अभिप्राय पांचवा वर्ण जो हेय और अछूत है। ऐसी जटिलताओं पर आवागमन के नये साधनों ने प्रहार किया। ए.आर. देसाई ने लिखा है, रेलवे ने निष्पक्ष रूप से भाड़ा चुकाने के आधार पर हिन्दू, छूत–अछूत सबको एक जगह से दूसरी जगह पहुंचाया।.......रेलवे ने सनातनी हिन्दुओं की कट्टर रूढिवादिता और भोजन–पान, छूत–अछूत सम्बन्धी उनकी पाप शंका को कालक्रम से समाप्त किया।[2] कहा जा सकता है कि आवागमन के साधनों एवं संचार तंत्र ने दलित एवं पिछड़े वर्ग में जागरूकता पैदा की।

तमिलनाडु (मद्रास) में 3.3 प्रतिशत हिन्दू ब्राह्मण थे। पढ़े लिखे इस वर्ग ने अंगरेजी शिक्षा को जल्दी अपनाया और नये व्यवसायों तथा औपनिवेशिक नौकरशाही के अवसरों पर जल्दी एकाधिकार जमा लिया। गैर–ब्राह्मण समुदाय को ब्राह्मणों की इस सफलता से ईर्ष्या होने लगी और उन्होंने अपने अधिकारों के लिए आन्दोलन शुरू किये। नौकरी के नये अवसरों ने ब्राह्मण एवं गैर–ब्राह्मणों के विरोध को बढ़ाया एवं दूरी पैदा की। सामाजिक आर्थिक हालात महत्वपूर्ण थे जिन्हें बदले बिना इस स्थिति में सुधार की संभावना नहीं थी। व्यवसाय अथवा नौकरियों की होड़ में देर से शामिल होने वाले इन वर्गों को लगता था कि इस क्षेत्र में पहले से स्थापित ब्राह्मणों एवं अन्य उच्च जातियों के विरूद्ध संघर्ष की दृष्टि से एकत्र होने के लिए जाति एक उपयोगी साधन हो सकती है।[3]

पश्चिमी शिक्षा प्रणाली के प्रसार एक समान दण्ड संहिता (1861) तथा दण्ड प्रक्रिया संहिता (Criminal Procedure Code, 1872) के लागू होने से समानता तथा सामाजिक समतावाद पर आधारित आधुनिक राजनैतिक व्यवस्था के प्रसार ने दलित वर्ग में चेतना पैदा की।

अंगरेजों की 'फूट डालो राज करो' नीति ने दलित वर्ग में हलचल पैदा की। पृथक चुनाव क्षेत्रों की योजना के पीछे अंगरेजी की कूटनीति की यह चाल थी कि दलित वर्ग को हिन्दूओं से अलग कर दिया जाये। किन्तु दलित वर्ग के लिए पृथक निर्वाचक मण्डलों का प्रस्ताव महात्मा गांधी को मान्य नहीं था, क्योंकि इससे हिन्दुओं के बीच स्थायी फूट पैदा हो जाती। हिन्दू समाज विघटित हो जाता और अस्पृश्यता की बीमारी सदा के लिए जड़ जमा लेती। उन्होंने चेतावनी दी कि वे अपने प्राणों की बाजी लगाकर भी इस प्रकार के प्रयत्न का विरोध करेंगे।[4] कहा जा सकता है कि महान राष्ट्रवादियों को दलित वर्ग की हीन स्थिति के बारे में सोचने के लिए विवश किया। इस चिंतन की शुरूआत कांग्रेस के 1917 के कलकत्ता अधिवेशन में हुई जिसकी अध्यक्षा श्रीमती एनी बेसेन्ट थी। इसमें मद्रास के प्रतिनिधि सर नटेसन ने दलित वर्ग के विषय में प्रस्ताव रखा था। इस प्रस्ताव के बारे में अम्बेड़कर ने कहा था, 'दलित वर्ग ने जो प्रस्ताव पास किये हैं उनसे कांग्रेस को दलित वर्ग की ओर से चिंता होना स्वाभाविक था। वस्तुतः कांग्रेस ने जब इस बारे में सोचना शुरू किया तब तक दलित एवं पिछड़े वर्गों में ऐसे कई नेताओं का आविर्भाव हो चुका था जिन्होंने इसी तरह के समानता आन्दोलन का नेतृत्व किया। इस आन्दोलन की शुरूआत पश्चिमी भारत में ज्योतिराव गोविन्दराव फूले ने की।

ज्योतिराव फूले (1827–90 ई.) एवं सत्य शोधक समाज: महाराष्ट्र में समाज ब्राह्मण, क्षत्रिय, वैश्य एवं शूद्र नामक वर्णों में विभाजित था और वर्ण व्यवस्था के इसी स्तरीकरण के कारण अनेक अंधविश्वास एवं मान्यतायें वैध करार दी जाने लगी थी। निचले पायदान के अतिशूद्र या अछूत लोग शिक्षा एवं अन्य कई अधिकारों से वंचित थे। महाराष्ट्र में कुन्बी (अथवा मराठा) समुदाय कुल आबादी का 55.25 प्रतिशत था जिनका कृषि उत्पादन पर नियंत्रण था। ब्राह्मण जो संख्या में कम थे तथापि ब्रिटिश काल में अंगरेजी शिक्षा के बल पर आगे निकल गये शासकीय पदों पर छा गये। वकील, लेखक, संपादक, निचले दरजे के हाकिम (अधिकारी) एवं अध्यापक आदि पदों पर ब्राह्मणों का कब्जा था। इन्हीं परिस्थितियों में गैर–ब्राह्मण वर्ग जागरूक हुआ। ईसाई मिशनरियों ने भी भारतीय समाज के दो भागों में विभक्त होने की ओर लोगों का ध्यान आकृष्ट किया और ब्राह्मणवादी परम्पराओं की आलोचना की। इन्हीं परिस्थितियों की उपज ज्योतिराव गोविन्दराव फूले जैसे सुधारक थे जिन्होंने ब्राह्मणों की रूढिवादी परम्पराओं पर प्रहार किया।

पूणे के एक माली परिवार में ज्योतिराव फूले का जन्म हुआ। उनके पूर्वज पेशवाओं को पुष्प मालायें आदि मुहैया करवाते थे अतः उनके परिवार को फूले कहा जाने लगा। फूले की प्रारम्भिक शिक्षा मिशन स्कूल में हुई थी। एक ब्राह्मण मित्र की बारात में शामिल होने के कारण किसी ब्राह्मण से मिली फटकार से उनके दिल को गहरी चोट पंहुची। साथ ही निम्न जातियों की स्त्रियों के लिए पाठशाला चलाना भी ब्राह्मणों की अपच का कारण बना और उन के दबाव में पाठशाला बंद करनी पड़ी। यही नहीं ब्राह्मणों के कहने से उनके पिता ने स्वयं ज्योतिराव एवं उनकी पत्नी को घर से निकाल दिया।

ज्योतिबा ने सत्यशोधक सभा (सत्य खोजने वाली सभा) की 1875 में स्थापना की।[5] सभा का उद्देश्य समाज के कमजोर वर्ग को न्याय दिलाना था। अनाथ लोगों के लिए अनाथालय एवं स्त्रियों के लिए पाठशालायें खोली गई। उनकी सामाजिक विचारधारा से प्रभावित होकर 1876 में उन्हें पूणे नगर पालिका का सदस्य चुना। ज्योतिबा ने **धर्म तृतीय रत्न (पुराणों का भंडाफोड), 'इशारा'** (एक चेतावनी, यह पैम्फलेट था) तथा **'शिवाजी की जवानी'** आदि की रचना की। मराठी में 'दीनबन्धु' नामक पत्रिका सम्पादित एवं प्रकाशित की। 1873 में *गुलामी* नामक पुस्तक में उन्होंने शूद्रों की दासता की तुलना अमरीकी नीग्रो लोगों से की। इसी पुस्तक द्वारा शूद्रों को अपनी जाति की आश्रित्ता के अपने व्यवहार में परिवर्तन लाने पर जोर दिया। शेत कार्यांचा आसूदा (The Whip Cord of the Peasantry) में किसानों की दुर्दशा की विस्तार से चर्चा की। फूले ने हिन्दू धर्म के मर्म को समझने के लिए वेद, पुराण, मनुस्मृति एवं बौद्ध ग्रंथों को पढ़ा, अपने विचारों को तर्क संगत बनाने के लिए ईसाई एवं इस्लाम धर्म के ग्रंथों का विश्लेषणात्मक अध्ययन किया। उनके गहन अध्ययन ने ही अंधविश्वासों, कर्मकाण्ड एवं पारम्परिक विचाराधारा के विरोध करने की पृष्ठभूमि तैयार की। पुरूष एवं स्त्री को वे समान मानते थे अतः स्त्रियों की आश्रितता का विरोध किया दूसरे शब्दों में स्त्री को पिता, पति एवं पुत्र के आश्रय जैसे पुराने सिद्धान्त के वे विरोधी थे।

जाति व्यवस्था को मानव समानता की भावना के खिलाफ मानते थे। अछूतों को दिन में सड़कों पर घूमने की मनाही थी क्योंकि ऐसा करने से उनकी परछाइयों से ब्राह्मणों के घर अपवित्र हो सकते थे। मगर उन्होंने शूद्रों को समाज के अन्य वर्गों के समान बताया। भारतीय राष्ट्रीय कांग्रेस की आलोचना इस आधार पर की कि वह किसान वर्ग की समस्याओं पर विचार नहीं करती। दूसरी ओर उनकी मान्यता थी कि ब्रिटिश शासन शूद्रों की दासता खत्म करेगा। उन्होंने शूद्रों को समानतावादी अतीत के बारे में बताया और उनका मनोबल बढ़ाया तथा सदियों पुरानी सामाजिक हीनता, असमानता के लिए संगठित किया।

जाति व्यवस्था, कर्मकाण्ड, पुनर्जन्म, स्वर्ग सिद्धान्त एवं मूर्ति पूजा आदि उनके आलोचना के विषय सदैव बने रहे। धर्म को वे तैतीस सिद्धान्तों पर आधारित मानते थे जिसमें पुरूषों एवं स्त्रियों की स्वतंत्रता, समानता तथा श्रम की गरिमा जैसी वास्तविकताओं पर आधारित था।

शिक्षा का महत्व दर्शाते हुए उन्होंने कहा, "बिना किसी ताकत के समृद्धि नहीं, बिना नैतिकता के ताकत नहीं, बिना ज्ञान के नैतिकता नहीं और बिना शिक्षा के ज्ञान नहीं।" उनके अनुसार शिक्षा ही ऐसा अस्त्र है जिससे अज्ञान रूपी अंधकार को खत्म किया जा सकता है।

स्त्रियों की समानता के इतने पोषक थे कि विवाहों के अवसर पर वर से यह वचन दिलवाते थे कि वह वधु को शिक्षा प्राप्त करने का अधिकार देगा। स्त्रियों को अनपढ़ रखने और पुरूषों की दासता में रहने के लिए ब्राह्मणों को जिम्मेदार माना।

खेतिहर मजदूरों एवं छोटे किसानों के शोषण के विरोधी थे। कोंकण के बटाईदारों का 'रवोटो' द्वारा शोषण की उन्होंने कटु आलोचना की। जमींदारों, महाजनों द्वारा अधिक किराए की वसूली का विरोध करने के लिए जुन्नार में फूले ने काश्तकारों

को संगठित किया। 1851 ई. में शूद्रों एवं लड़कियों के लिए दो अलग–अलग स्कूल खोले तथा विधवाओं के लिए संरक्षण एवं आश्रय स्थल बनवाये। 1890 में ज्योतिबा का निधन हो गया। 1888 में उन्हें महात्मा कहा जाने लगा था।

मद्रास में 1918 में जस्टिस पार्टी अस्तित्व में आ चुकी थी अतः छत्रपति साहू महाराज (1874–1922 ई.) ने मान्टेग्यू चेम्सफोर्ड सुधारों का सहारा लेकर पिछड़ी जातियों को परिषदों में राजनैतिक प्रतिनिधित्व दिलाने का प्रयास किया। ज्योतिबा साम्राज्यवादी शोषण को समझ नहीं पाये तथा शूद्रों का उत्थान औपनिवेशिक सत्ता से संभव माना।

दक्षिण भारत में गैर–ब्राह्मण आन्दोलनः मद्रास प्रेसीडेंसी में ब्राह्मणों की संख्या 3.2 प्रतिशत थी किंतु 1812 में 55 प्रतिशत डिप्टी कलक्टर और 72.6 प्रतिशत जिला मुंसिफ ब्राह्मण थे। बड़ी–बड़ी जमीनें ब्राह्मणों के पास थी और अधिकांश ब्राह्मण कस्बों एवं शहरों में रहते थे। यह भी कहा गया है कि काल्ड वैल ने पृथक तमिल संस्कृति की धारणा को विकसित किया था और 1887–1904 ई. के बीच पतुप्पट्टु शिल्पदिकारम एवं मणिमेखलई जैसे कई तमिल ग्रंथों के प्रकाशन से पृथक द्रविड़ सभ्यता की विचारधारा पुष्ट हुई। इससे गैर–ब्राह्मण समुदाय में जागरूकता ही नहीं बढ़ी अपितु वे ब्राह्मणों से ईर्ष्या करने लगे, जिन्होंने आर्य संस्कृति उन पर थोपी। साम्राज्यवादी अधिकांश पदों पर आधिपत्य कर लेने से गैर–ब्राह्मणों में जलन पैदा हुई। ऐसे ही महत्वपूर्ण कारक थे जिनके कारण 1915–16 ई. में मद्रास में सी.एन. मुदालियर, टी.एम. नायर (या नैयर) और पी. त्यागराज चेट्टी को गैर–ब्राह्मण संस्था खड़ी करने के लिए प्रेरित किया।

जस्टिस पार्टीः दक्षिण भारतीय उदारवादी संघ (South Indian Liberal Federation) और कालान्तर में जिसे न्याय दल (Justice Party) कहा जाने लगा। जस्टिस पार्टी का आधार तमिल वल्लाल, मुदलियार और चेट्टियार थे किंतु तेलुगू रेडडी, कम्पा और बलीजा नायडू तथा मलयाली नायर भी इसमें शामिल थे।[6]

जस्टिस पार्टी ने गैर–ब्राह्मण समुदायों मसलन ईसाइयों, मुसलमानों, अछूतों सहित सभी के प्रतिनिधित्व का ऐलान किया। लोक नियुक्तियां शिक्षा प्रान्तीय परिषदों में सीटों का आरक्षण एवं स्थानीय बोर्डों में गैर–ब्राह्मणों की नामजदगी जैसे महत्वपूर्ण मुद्दे जस्टिस पार्टी द्वारा रखे गये। किंतु इस संगठन पर जमींदारों एवं गैर–ब्राह्मण शहरी व्यापारियों का कब्जा था। जिन्होंने अपने व्यापारिक हितों के लिए इस मंच का इस्तेमाल किया। दूसरी ओर राष्ट्रीय आन्दोलन का दायरा बहुत बढ़ चुका था अतः इसका प्रभाव कम हुआ।

ई.वी. रामास्वामी नायकर (1879–1973 ई.): पेरियार के नाम से प्रसिद्ध ई.वी. रामास्वामी नायकर जो 1920 ई. तक असहयोग आन्दोलन से जुड़े हुए थे कांग्रेस से नाता तोड़कर जस्टिस पार्टी के लोकप्रिय एवं जुझारू विकल्प के रूप में उभरकर आये। कांग्रेस से इस्तीफा देने का कारण, कांग्रेस द्वारा संचालित स्कूल (गुरूकुल) में ब्राह्मणों एवं गैर ब्राह्मणों के लिए खाने की अलग–अलग व्यवस्था होना बताया जाता है। 1927 में वर्णाश्रम मुद्दे पर नायकर ने गांधीजी से भी नाता तोड़ लिया। उनके द्वारा प्रकाशित तमिल अखबार **कुडिआरसु** द्वारा हिन्दु धर्म की भर्त्सना की और देवी देवताओं की खिल्ली उड़ाई। 'आत्म सम्मान आन्दोलन जिसका नायकर जनक था द्वारा ब्राह्मण पुरोहितों के बिना विवाह करवाने, मन्दिरों में बलात प्रवेश जैसे मुद्दों द्वारा गैर–ब्राह्मणों में उत्साह का संचार किया।'

सोवियत संघ की यात्रा के बाद रामास्वामी नायकर ने अपनी विचारधारा में मार्क्सवाद के कुछ अंश जोड़ दिये। कुडीअरासु (या कुडीअरसु) में 1933 ई. में लिखा 'आत्मसम्मान आन्दोलन' का सही मार्ग पूंजीपतियों और धर्म की क्रूरताओं को खत्म करना ही समस्याओं को सुलझाने का एक मात्र रास्ता है। 1937 में नायकर जस्टिस पार्टी के सभापति चुने गये उसके बाद अस्पृश्यता जैसे अन्याय के विरूद्ध घोर अभियान चलाया। उसके अनुयायी उसे तंते (पिता) तथा पेरियार (महान आत्मा) के नाम से सम्बोधित करते थे। स्त्रियों को जीवन के हर क्षेत्र में स्वतंत्रता–स्वायत्तता का समर्थन नायकर ने किया। स्त्रियों की आर्थिक स्वतंत्रता के लिए उनके व्यवसायिक प्रशिक्षण और शिक्षा पर बल दिया। विधवा विवाह एवं जन्म नियंत्रण जैसे मुद्दे उनके अति सुधारवाद के प्रतीक है। तलाक के अधिकार को स्त्री का विशेषाधिकार माना और सतीत्व जैसी कुरीति पर कड़ा प्रहार किया। **पेरियार ने बीसवीं सदी के दूसरे–तीसरे दशक में जन्म नियंत्रण के उचित तरीके की सलाह, उसकी दूर दृष्टि का प्रतीक है।** उच्च गैर–ब्राह्मण जातियों तक ही उसका प्रभाव था, समाज के आम लोगों में आत्म–सम्मान आन्दोलन लोकप्रिय नहीं हो पाया।

अपने उद्देश्य को प्राप्त करने के लिए पेरियार आन्दोलन को राजनीतिक पृष्ठभूमि में ले गये, 1944 में द्रविड कड़गम (द्रविड संघ) बनाने के मकसद से आत्मसम्मान लीग को जस्टिस पार्टी में शामिल कर दिया। उसके अनुयायी सी.एन. अन्नादुरै (1909–1969 ई.) ने द्रविड आन्दोलन को आगे बढ़ाया। अन्ना (अर्थात् बड़ा भाई) कांचीपुरम् की एक तंतवाय जाति का था।

1949 में द्रविड कड़गम का विभाजन हो गया और अन्ना ने अपने दल का नाम द्रविड़ मुन्नेत्र कड़गम (द्रविड़ प्रगतिवादी संघ) रख लिया। अन्ना राज्यसभा के लिए 1962 में चुने गये और 1967 के आम चुनाव में इस दल ने तमिलनाडु में प्रथम द्रमुक सरकार बनाई और अन्नादुरै मुख्यमंत्री बने। एम. करूणानिधि ने अन्ना को राजमर्मज्ञ (Statesman), जनसाधारण का नेता, निर्धनों का मित्र, विद्वान, साहित्यकार एवं समाज सुधारक कहा है। नये तमिलनाडू के निर्माता के रूप में अन्ना को सदा स्मरण किया जाता रहेगा।

नारायण गुरू (1854–1928 ई.): केरल के श्रीनारायण गुरू का जन्म एक अस्पृश्य जाति एझवा (Ezhewa) में हुआ था। श्रीनारायण 'धर्म परिपालन योगम' (एस.एन.डी.पी.) नामक संस्था स्थापित करने का उनका उद्देश्य छूआछूत समाप्त करना तथा एझवा वर्ग का उत्थान करना था। कई मन्दिरों का निर्माण भी श्रीनारायण गुरू ने करवाया जो सभी वर्गों के लिए थे। हिन्दू संस्कारों को सरल बनाया गया, विवाह, पूजा से सम्बन्धित कर्मकाण्ड आसान हो गये। कहा गया है कि नारायण गुरू के प्रयासों से ही पूरी जाति जो पूर्व में अस्पृश्य समझी जाती थी पिछड़े वर्गों में शामिल हो गईं। गांधीजी की चतुवर्णीय व्यवस्था में आस्था के कारण उन्होंने आलोचना की, क्योंकि वर्ण व्यवस्था ही अस्पृश्यता का मूल कारण थी। उनका नारा "मानव के लिए एक धर्म, एक जाति तथा एक ईश्वर" अत्यन्त लोकप्रिय हुआ।

नारायण गुरू के सहयोगी टी.के. माधवन एवं कुमारन ने दलित उत्थान के लिए समर्पित होकर कार्य किया। त्रावणकोर के वायकोम से यह शुरू हुआ था अतः इसे वायकोम आन्दोलन कहा जाता है। रामास्वामी नायकर (पेरियार) ने भी इस आन्दोलन में हिस्सा लिया था और जेल गये थे। दो वर्ष तक आन्दोलन के बाद एझवा लोगों को यह अधिकार मिला कि वे मंदिर की सड़क का प्रयोग कर सकते हैं।

अम्बेडकर (1891–1959) का योगदान: डॉ. भीमराव रामराव अम्बेडकर द्वारा दलितों के लिए किये गये प्रयासों ने राष्ट्रवादियों को सोचने के लिए मजबूर कर दिया। एक वकील के रूप में अम्बेडकर ने अपनी मेधावी शक्ति का उपयोग सदा दलित वर्ग के उत्थान के लिये किया था। महाराष्ट्र की एक अछूत जाति महार में 14 अप्रैल 1891 में उनका जन्म हुआ और 1905 में अपनी जाति की रमाबाई से विवाह किया। 1935 में रमाबाई की मृत्यु हो गई थी अतः भीमराव ने 1948 में बम्बई के सारस्वत ब्राह्मण परिवार की डाक्टर शारदा कबीर से दूसरा विवाह किया। बम्बई के एल्फिन्स्टन कालेज से स्नातक परीक्षा पास की और एम.ए. तथा पी.एच.डी. बड़ौदा महाराजा द्वारा दी गई, स्कॉलरशिप से कोलम्बिया अमेरीका विश्वविद्यालय से बैरिस्टर बन गये। बीस के दशक के अन्त में वे दलितों के एक महत्वपूर्ण नेता के रूप में उभर कर सामने आये।

अम्बेडकर न केवल राजनीतिज्ञ एवं सुधारक थे अपितु लेखक और विचारक भी थे। महात्मा ज्योतिबा फूले समाज सुधारक थे किन्तु वे दलितों को राजनीतिक अधिकार नहीं दिला पाये उनके अधूरे कार्य को अम्बेडकर ने पूरा किया। दलित वर्ग के प्रति प्रारम्भ में कांग्रेस की अस्पष्ट नीति की आलोचना करते हुए उन्होंने कहा था, 'कांग्रेस ने दलित वर्ग के लिए कुछ नहीं किया और कांग्रेस किसी भी प्रकार दलित वर्ग का प्रतिनिधित्व नहीं करती।' उन्होंने अछूतों के लिए अलग मताधिकार की मांग रखी। ब्रिटिश सरकार ने उनको लंदन में आयोजित तीनों गोलमेज सभाओं (1930–1932) में अछूतों के प्रतिनिधि के रूप में बुलाया। ब्रिटिश प्रधानमंत्री ने 17 अगस्त 1932 को साम्प्रदायिक निर्णय किया उसमें दलित वर्गों के लिए अलग निर्वाचन मण्डलों के प्रावधान की घोषणा की। दलित वर्ग एवं गांधीजी को हिन्दुओं का विभाजन स्वीकार नहीं था इस प्रावधान को हटाने के लिए आमरण उपवास प्रारम्भ किया अन्त में 24 सितम्बर 1932 को समझौता हुआ जिसे पूना समझौता कहा जाता है। इसके द्वारा दलित वर्ग के लिए साधारण वर्ग में ही सीटों का आरक्षण किया गया। बिपिनचन्द्र ने लिखा है, 'लेकिन 1936 में आते–आते वे इस नतीजे पर पहुंच रहे थे कि कोई दूसरा धर्म अपनाने की जरूरत है और उन्होंने सिक्ख धर्म अपना भी लिया था। किंतु यह धर्म–परिवर्तन मुल्तवी रखा गया क्योंकि ब्रिटिश सरकार ने ऐसी स्थिति में आरक्षण बरकरार रखने की कोई गारंटी नहीं दी थी। 1936 में इंडिपेंडेंट लेबर पार्टी का गठन किया, इसके द्वारा मजदूरों एवं किसानों को साथ लाने की कोशिश की।'[7]

कांग्रेस के अपने रवैये एवं गांधीजी की नीति से हताश अम्बेडकर ने भारतीय राष्ट्रीय कांग्रेस की स्वतंत्रता की मांग का विरोध किया और कहा कि भारत में अंगरेजी साम्राज्य बना रहे ताकि दलित वर्ग के हितों की रक्षा हो सके। अनुसूचित जातीय संघ (Scheduled Caste Federation) का एक अखिल भारतीय दल के रूप में 1942 गठन किया। उनकी मान्यता थी कि अनुसूचित जातियां हिन्दू धर्म को पूर्णरूप से छोड़ देगी, इस मान्यता को पुष्ट करने के लिए अपने अनुयायियों के साथ वे बौद्ध बन गये।

अम्बेडकर को अपने विचारों को कार्यान्वित करने का महत्वपूर्ण अवसर तब मिला जब उन्हें संविधान निर्माण की प्रारूप समिति का पहले सदस्य और बाद में अध्यक्ष बनाया गया। स्वतंत्रता प्राप्ति के पश्चात् उन्हें विधिमंत्री बनाया गया 1959 में इसी पद पर रहते हुए उनकी मृत्यु हुई।

संविधान में प्रावधानः नए संविधान में समस्त भारतीय नागरिकों के लिए समानता एवं 1955 के अस्पृश्यता (अपराध) अधिनियम द्वारा छूआछूत दण्डनीय अपराध बनाया गया।

भारतीय संविधान की धारा 340 द्वारा सामाजिक एवं शैक्षिक रूप से पिछडे वर्गों (OBC) के लिए बी.पी. मण्डल की अध्यक्षता में मण्डल आयोग बनाया गया था। आयोग ने 450 पिछड़ी जातियों की पहचान की जो देश की जनसंख्या का 52 प्रतिशत थी। मण्डल आयोग ने अनुसूचित जातियों, जनजातियों को दिये गये 22.5 प्रतिशत आरक्षण के अतिरिक्त 27 प्रतिशत संरक्षण पिछड़े वर्गों को दिये जाने की अनुशंसा की। अगस्त 1990 में विश्वनाथ प्रताप सिंह की सरकार ने उच्चतम न्यायालय के परीक्षण के बाद पिछड़े वर्गों के लिए 27 प्रतिशत संरक्षण स्वीकार किया।

बिपिनचन्द्र के शब्दों में कह सकते हैं, 'मण्डल आयोग गलत तरीके और कमजोर तथ्यों पर आधारित है। इसके निर्णयों की भी समाजशास्त्रियों ने आलोचना की है उनके अनुसार जातियों में आजादी के बाद भारी परिवर्तन आए हैं।...... वास्तव में पिछडी जातियों के लिए आरक्षण की राजनीति सामाजिक न्याय के संघर्ष की बजाए सत्ता की रोटी–पानी के लिए अधिक है।[8]

सन्दर्भ

1. बिपिनचन्द्र एवं अन्य, *आजादी के बाद का भारत* (1947–2000), पृ. 582
2. देसाई, ए.आर., *भारतीय राष्ट्रवाद की सामाजिक पृष्ठभूमि*, पृ. 107
3. सुमित सरकार, *आधुनिक भारत*, पृ. 187
4. डॉ. सुभाष काश्यप राय, *भारतीय सरकार एवं राजनीति*, पृ. 131
5. कुछ विद्वान सत्यशोधक सभा का स्थापना वर्ष 1873 मानते हैं।
6. सुमित सरकार, वही, पृ. 188
7. बिपिनचन्द्र एवं अन्य, वही, पृ. 583
8. बिपिनचन्द्र एवं अन्य, वही, पृ. 589

❋❋❋

45

भारतीय गणतंत्र का संविधान

(The Constitution of the Indian Republic)

भारत की आजादी के पश्चात् संविधान सभा का पुनर्गठन किया गया। कैबिनेट मिशन योजना के आधार पर संविधान सभा का चुनाव जुलाई, अगस्त 1946 में सम्पन्न हुआ था। बदली हुई परिस्थितियों में इसके सदस्यों की कुल संख्या 324 निश्चित की गई। 3 जून, 1947 की माउन्टबेटन योजना के अनुरूप मुस्लिम बाहुल्य क्षेत्र भारत से निकल गए, फलस्वरूप संविधान सभा की मूलभूत कार्ययोजना में आमूल–चूल परिवर्तन हुआ। संघ समिति ने अपनी 5 जुलाई, 1947 की रिपोर्ट में कहा कि देश के विभाजन के पश्चात् संविधान सभा उन मर्यादाओं को स्वीकारने के लिए अब बाध्य नहीं रही है जो मिशन योजना के अन्तर्गत केन्द्र सरकार पर थोपी गई थीं। इसी परिप्रेक्ष्य में पाकिस्तान के लिए पृथक् संविधान सभा का गठन हुआ। 15 अगस्त, 1947 तक अधिकांश देशी राज्यों के प्रतिनिधि भारत की संविधान सभा में शामिल थे। अब संविधान सभा की कुल सदस्य संख्या 324 में से 235 स्थान प्रान्तों के लिए एवं 89 देशी राज्यों के लिए थे। पंजाब एवं बंगाल के जो भारत में रह गये थे, उनके लिए नए सिरे से निर्वाचन हुए, जिनके निर्वाचित सदस्यों ने 14 जुलाई, 1947 को संविधान सभा में स्थान ग्रहण किया। नवम्बर, 1949 तक संविधान निर्माण का अधिकांश कार्य पूरा हो चुका था। रजनी कोठारी का यह कथन युक्तिसंगत प्रतीत होता है कि "एशिया और अफ्रीका के नए स्वतंत्र देशों में अपना संविधान बनाने और उसे अमली रूप देने में बहुत कठिनाई हुई है, भारत में ऐसी कठिनाई नहीं हुई न सिर्फ यहां तेजी से विस्तृत संविधान बना लिया गया बल्कि उसके आधार पर लोकतन्त्री संस्थाओं का लम्बा–चौड़ा ढांचा भी खड़ा कर दिया गया, जो अब तक काम कर रहा है। इसका कारण यह है कि मूल बातों पर स्वतंत्रता के पहले की पीढ़ी एकमत और स्वतंत्रता के बाद की पीढी में भी इन्हीं विचारों को मान्यता मिली।"[1]

प्रारूप समिति के अध्यक्ष डॉ. भीमराव अम्बेडकर बनाए गए जिनकी नियुक्ति 29 अगस्त, 1947 को की गई थी। अन्य सदस्य कन्हैयालाल माणिकलाल मुंशी (के.एम. मुंशी), मोहम्मद अब्दुल्ला, बी.एल. मित्तर, अल्लादी कृष्णस्वामी अय्यर, एन. गोपाल, स्वामी आंयगर एवं डीपी. खेतान थे। बाद में मित्तर और खेतान के स्थान पर एन. माधवराव तथा टी.टी. कृष्णमाचारी को नियुक्त किया।[2] 30 अगस्त, 1947 को प्रारम्भ हुई पहली बैठक के बाद 141 दिन तक बैठकें होती रहीं, जिनमें संविधान के विविध उपबन्धों की रचना की गई।[3] संविधान निर्माण के उपलक्ष में पण्डित नेहरू ने कहा था, "स्वाधीनता और सत्ता अपने साथ उत्तरदायित्व लाती है। यह उत्तरदायित्व अब इस भारत के लोगों की प्रतिनिधि प्रभुता सम्पन्न संविधान सभा के कन्धों पर है।" संविधान निर्माण में प्रारूप समिति के सदस्यों के अतिरिक्त जिन लोगों का महत्वपूर्ण योगदान रहा, उनमें पण्डित जवाहरलाल नेहरू, सरदार पटेल, डॉ. राजेन्द्र प्रसाद, पट्टाभिसीतारमैया, मौलाना आजाद, श्रीमती दुर्गाबाई एवं ठाकुरदास भार्गव का विशेष रूप से जिक्र करना होगा। संविधान निर्माताओं का संयोजन बड़ा अद्‌भुत था। डॉ. राजेन्द्र प्रसाद एवं पटेल अनुदारवादी थे तो नेहरू कट्टर आदर्शवादी, डॉ. अम्बेडकर कानून के प्रकाण्ड पण्डित थे तो गोपाल स्वामी आयंगर योग्य एवं अनुभवी पुरूष। मौलाना आजाद मुस्लिम सम्प्रदाय के प्रमख नेता थे, वहीं, बी.एन. राव को संवैधानिक सलाहकार के पद पर नियुक्त किया।

संविधान सभा की प्रक्रिया: उल्लेखनीय है कि भारत की संविधान सभा में बहुमत के बल पर निर्णय लेने के बजाए सहमति प्राप्त करने की कोशिश की गई। पण्डित नेहरू ने कहा था, "आप जल्दबाजी न करें और जहां तक हो, एक राय से फैसला करें।[4] इसी प्रक्रिया में सभा के बारह प्रमुख अधिवेशन जिनमें संविधान के तीन वाचन के पश्चात् अधिकृत तौर पर स्वीकारा गया। प्रारम्भिक अधिवेशन 9 दिसम्बर, 1946 से 23 दिसम्बर, 1946 तक हुआ, जिसका मुख्य निष्कर्ष था पण्डित नेहरू का उद्देश्य प्रस्ताव जो संविधान की आधारशिला बनी। इसमें भारत को स्वतन्त्र, सर्वोच्च सत्ता सम्पन्न गणराज्य घोषित किया गया।"

14 जुलाई, 1947 को प्रारम्भ हुए चौथे अधिवेशन को ऐतिहासिक महत्व का कहा जाएगा। 3 जून की योजनानुसार भारत का विभाजन निश्चित हुआ था। 31 जुलाई 1947 को राष्ट्रीय ध्वज को अंगीकृत किया गया। तिरंगे को देश की

स्वतन्त्रता का प्रतीक माना गया एवं 14–15 अगस्त, 1947 की मध्य रात्रि को संविधान सभा द्वारा आमन्त्रित सर माउन्ट बैटन ने कान्स्टीट्यूशन हाल की छत पर बन्दूक की गोली की आवाज के साथ झण्डा फहराया। कहा गया है कि हंसा मेहता ने भारतीय महिलाओं की ओर से राष्ट्रीय ध्वज पेश किया था। पांचवें अधिवेशन में संविधान सभा को देश की सत्ता प्राप्त थी, ने अपनी पहली बैठक वन्देमातरम् गायन के साथ शुरू की, जिसमें सभी सदस्यों ने शपथ ग्रहण की। प्राप्त विवरण के अनुसार सबसे पहले सुचेता कृपलानी ने वंदेमातरम गाया था। इस अधिवेशन में संघ शक्ति समिति ने तीन व्यापक सूचियां तैयार की, संघीय, प्रान्तीय एवं समवर्ती सूची। इसी अधिवेशन में के.एम. मुंशी द्वारा संविधान सभा के कार्यों के सम्बन्ध में प्रस्ताव सदन द्वारा स्वीकृत हुआ। इसके पश्चात् ही संविधान निर्माण तथा विधि निर्माण के कार्य पृथक किए गए।

16 मई 1949 से 16 जून, 1949 तक चले आठवें अधिवेशन में इस बात पर पूर्ण सहमति बनी कि भारत प्रभुता सम्पन्न गणराज्य बने रहने के साथ राष्ट्रमण्डल का भी पूरा सदस्य बना रहेगा। बारहवां एवं अन्तिम अधिवेशन 24 जनवरी, 1950 को हुआ, जिसमें सर्वसम्मति से, जन–गण–मन को राष्ट्रगान तथा राष्ट्रगीत वन्देमातरम अपनाया गया। संविधान सभा के सचिव एवं राष्ट्रपति निर्वाचन अधिकारी एच.वी.आर. आयंगर ने डॉ. राजेन्द्र प्रसाद को विधिवत भारत का राष्ट्रपति घोषित किया। पण्डित नेहरू एवं सरदार पटेल का इसको समर्थन प्राप्त था। अन्त में संविधान की तीन प्रतियों पर हस्ताक्षर हुए और 26 जनवरी, 1950 को संविधान सभा का भारतीय गणराज्य की संसद के रूप में आविर्भाव हुआ। इस प्रकार संविधान निर्माण में 2 वर्ष 11 माह 19 दिन लगे और अन्तिम रूप में संविधान में 395 अनुच्छेद एवं 8 अनुसूचियां थी।[5]

प्रस्तावनाः संविधान की प्रस्तावना में सम्पूर्ण संविधान का सार या दर्शन निहित हैः **"हम भारतवासी, भारत को एक सम्पूर्ण प्रभुता सम्पन्न प्रजातन्त्रात्मक गणराज्य बनाने के लिएः उसके समस्त नागरिकों को सामाजिक, आर्थिक और राजनैतिक न्याय, विचार, अभिव्यक्ति, विश्वास, धर्म और उपासना की स्वतंत्रता, प्रतिष्ठा और अवसर की समता प्राप्त करने के लिए उन सबमें व्यक्ति की गरिमा और राष्ट्र की एकता सुनिश्चित करने वाली बंधुता बढ़ाने के लिए, दृढ़ संकल्प होकर अपनी इस संविधान सभा में आज तारीख 26 जनवरी, 1949 को एतद् द्वारा इस संविधान को अंगीकृत, अधिनियमित और आत्मार्पित करते हैं।"**

गहनता से देखा जाए तो इस प्रस्तावना पर आधुनिक युग की तीन महान क्रान्तियों–फ्रांसीसी, अमेरिकी एवं रूसी का स्पष्ट प्रभाव पड़ा। फ्रांसीसी क्रान्ति में स्वतन्त्रता समानता और बन्धुता पर, अमेरिकी क्रान्ति में राजनीतिक स्वतन्त्रता तथा व्यक्ति स्वातन्त्र्य पर तथा रूसी क्रान्ति में आर्थिक समानता पर जोर दिया गया एवं इन आदेशों को प्रसारित किया गया। हमारी प्रस्तावना में इन तीनों का समन्वय है।[6] अन्तर्राष्ट्रीय तत्वों से परे प्रस्तावना उन आदेशों और लक्ष्यों की शानदार घोषणा है, जिन्हें भारतीयों ने अपने पूर्वजों से विरासत में पाया एवं उन्हें अपने सामने रखा एवं उन्हें आत्मसात् किया। वस्तुतः प्रस्तावना भारतीय जनता को ही प्रभुता का स्त्रोत मानती है। सम्पूर्ण प्रभुता सम्पन्न (Sovereignty) से तात्पर्य उस सर्वोच्च शक्ति से है जो पूर्ण एवं स्वयं के क्षेत्र में अनियन्त्रित होती है। भारत को अपने आन्तरिक एवं बाह्य क्षेत्रों में पूर्ण प्रभुसत्ता प्राप्त है। स्वतंत्रता से अभिप्राय वह सकारात्मक पक्ष है, जो भारतीय नागरिकों के पूर्ण विकास की आवश्यक दशाओं को निर्धारित और अनुपालित करते हैं। भारत के संविधान की उद्देशिका संविधान का भाग है किन्तु कोई विधिक प्रभाव नहीं रखती।

प्रजातन्त्रात्मक एक प्रकार की शासन पद्धति ही नहीं वरन् वह व्यवस्था है, जिसमें आर्थिक और सामाजिक प्रजातन्त्र भी सम्मिलित है। 'गणराज्य वह व्यवस्था है, जिसमें सत्ता राज्य के हाथ में न होकर जनता के हाथ में होती है और राष्ट्राध्यक्ष एक नियत तिथि के लिए निर्वाचित व्यक्ति होता है।' 'न्याय' से अभिप्राय एक या कुछ व्यक्तियों की नहीं वरन् सर्वसाधारण की भलाई का लक्ष्य प्राप्त करना है। भारत जैसे धर्मनिरपेक्ष राज्य में इसकी भूमिका अहम है। विधि का शासन है जो अनुच्छेद 9, 14, 19 एवं 21 द्वारा सुनिश्चित होता है। संक्षेप में किसी भी व्यक्ति को उसके स्वतन्त्र जीवन से न्यायालय के अतिरिक्त (कानूनन अपराध सिद्ध होने की दशा में) कोई वंचित नहीं कर सकता एवं कोई भी व्यक्ति कानून से ऊपर नहीं होता। हमारे यहां न्याय की सत्ता है। जिसका अर्थ है बिना किसी भेदभाव के (जाति, लिंग, रंग, वंश, जन्म स्थान आदि) निष्पक्ष रूप से न्याय की सुलभता एवं सर्वोच्चता। यही न्याय आर्थिक, सांस्कृतिक एवं राजनीतिक पहलुओं से भी समान रूप से जुड़ा हुआ है। '**भ्रातृत्व** से तात्पर्य सभी व्यक्तियों से समान रूप से बन्धुत्व की भावना का विकास हो। **स्वतन्त्रता और समानता** एक–दूसरे के पूरक हैं।' भारतीय नागरिक बिना किसी भेदभाव के अपने क्षेत्र में पूर्ण रूप से स्वतन्त्र है जब तक कि किसी दूसरे की स्वतन्त्रता में न्यायिक नजर से हस्तक्षेप ना करें। **समता** का अर्थ पद और अवसर की समता से है। आर्थिक क्षेत्र

में समता से अभिप्राय निर्धनता एवं सम्पत्तिशीलता के अन्तर को दूर करना है। राजनीतिक समानता के अन्तर्गत निर्धारित चुनाव प्रक्रिया के अनुरूप कोई भी व्यक्ति समान रूप से हमारे राजनीतिक तन्त्र का हिस्सा बन सकता है।

भारतीय संविधान की विशेषताएं (Special Features of Indian Constitution): हमारा संविधान कई अनूठी विशेषताओं से संयुक्त है, उनकी यहां चर्चा आवश्यक है। उल्लेखनीय है कि संविधान निर्माताओं ने बहुमत के आधार पर निर्णय नहीं लिया था अपितु सबकी सहमति प्राप्त करने की कोशिश की गई।[7] परिणामतः संविधान को संविधान सभा की नहीं अपितु विस्तृत जनमत की भी भारी सहमति एवं स्वीकृति प्राप्त थी। यहां इस बात पर चर्चा करना अनुचित न होगा कि हिन्दी को राष्ट्र भाषा बनाने का निर्णय एक वोट के बहुमत से किया गया था। इस भ्रामक धारणा के विषय में ग्रैनविल अस्टिन को उद्धृत करते हुए रजनी कोठारी ने स्पष्ट किया है कि यह बिल्कुल गप्प है। केवल कांग्रेस असेम्बली पार्टी में अंगरेजी अंकों को रखने का निर्णय एक वोट के बहुमत से हुआ था।[8]

25 नवम्बर, 1949 को डॉ. अम्बेडकर ने कहा था कि संयुक्त राज्य अमेरिका, कनाडा, दक्षिण अफ्रीका और आस्ट्रेलिया की संविधान सभाओं को अपने संविधान की रचना में जितना समय लगा था, उसे देखते हुए भारतीय संविधान सभा ने देश के लिए बहुत शीघ्र संविधान बना लिया था और उसे बधाई दी जा सकती थी।[9] संविधान निर्माण में निर्माताओं ने कम समय अवश्य लगाया, लेकिन हमारा संविधान अनेक देशों के संविधान से अधिक विस्तृत है। इसमें 365 अनुच्छेद (जिन्हें 22 भागों में संग्रहित किया गया है) एवं परिशिष्ट के रूप में 8 अनुसूचियां है। वस्तुतः क्षेत्रीय विभिन्नताओं एवं विशाल जनसंख्या को ध्यान में रखकर ही इसको निर्मित किया है।

भारतीय संविधान 1935 के शासन अधिनियम के संविधान का ही संशोधित स्वरूप है। तथापि इसे विश्व के महत्वपूर्ण संविधानों के गहन अध्ययन का परिणाम कहा जाएगा। विधि–वेत्ताओं ने अन्य संविधानों की उत्कृष्ट विशेषताओं को हमारी परिस्थितियों के अनुरूप समायोजित किया है बतौर उदाहरण के, भारतीय संघ का निर्माण कनाडा संघ के समान हुआ, समवर्ती सूची का प्रावधान ऑस्टेलिया से लिया गया, राज्य नीति के निर्देशक सिद्धान्तों का विचार आयरलैण्ड से आया और मूल अधिकारों का स्वरूप भी वहीं से प्रभावित है। कर्तव्यों का समावेश रूसी संविधान से प्रेरित था। संविधान की प्रस्तावना का विचार, सर्वोच्च न्यायालय का गठन, राष्ट्रपति की शक्तियां, उपराष्ट्रपति का स्थान व कार्य और संविधान संशोधन प्रक्रिया संयुक्त राज्य अमेरिका से ली गई है।[10]

वयस्क मताधिकार: राष्ट्रवादी वयस्क मताधिकार की मांग बहुत पहले से उठा रहे थे। ब्रिटिश सरकार ने 1935 के अधिनियम द्वारा इस दृष्टि से कुछ गंभीरता दर्शाई। आजादी के बाद राष्ट्रवादियों के लिए महत्वपूर्ण विचारणीय विषय था। शुरू में कुछ लोगों की यह धारणा थी कि वयस्क मताधिकार को पंचायत स्तर तक सीमित रखा जाए तथा उच्च स्तरीय निकायों हेतु निर्वाचन अपरोक्ष रूप से हो। लेकिन अधिकांश लोग इससे सहमत न हुए और संविधान सभा ने 21 वर्ष या उससे अधिक आयु वाले सभी व्यक्ति को मत देने का अधिकार प्रदान कर दिया, जो पागल या दिवालिया करार न किया गया हो। बाद में मताधिकार की आयु 18 वर्ष कर दी गई। आस्टिन को उद्धृत करते हुए बिपिनचन्द्र ने लिखा है, वयस्क मताधिकार द्वारा परोक्ष चुनाव व्यवस्था को ऐसा 'शंख' बताया जिसकी आवाज ने सोते भारत को जगा दिया या कम से कम उसमें हलचल पैदा कर दी।[11]

जवाहरलाल नेहरू व्यक्तिगत रूप से जनता पर अधिक से अधिक निर्भरता के पोषक थे। आजादी की घोषणा के कुछ समय पूर्व उन्होंने संविधान सभा में कहा था, "हम भारत को जनता से जिसके हम प्रतिनिधि हैं, इस महान कार्य में विश्वास के साथ शामिल होने की अपील करते हैं।......हमें स्वतन्त्र भारत की भव्य इमारत का निर्माण करना है, जहां उसके सभी बच्चे सानंद रह सके। कहा जा सकता है कि आजादी से पूर्व ही वयस्क मताधिकार का जो वातावरण बना था संविधान सभा ने उसे पूरा किया और यह भारतीय जनता के लिए अनुपम तोहफा एवं देश के लिए क्रान्तिकारी कदम था।

संघात्मक एवं सुदृढ़ केन्द्र: भारतीय संविधान बाह्य रूप में संघात्मक है तो अन्तरंग रूप में एकात्मक। संविधान भारत को राज्यों का संघ घोषित करता है। दूसरे शब्दों में सरकार के दो स्तर है संघ की सरकार एवं अवयवी राज्यों की सरकार। दोनों के मध्य शक्तियों का विभाजन ही संघात्मकता को इंगित करता है। इसका निर्माण सूचियों के रूप में हुआ है जैसे केन्द्रीय सूची में 97 विषय, समवर्ती सूची (Concurrent) में 47 विषय है, जिन पर केन्द्रीय सरकार जब चाहे कानून बना सकती है।

संघात्मक होने के बावजूद संविधान में एकात्मकता के लक्षण स्पष्टतः प्रतिलक्षित होते हैं। उदाहरण के लिए एकल नागरिकता जो प्रादेशिकता का खण्डन कर राष्ट्रीयता को सुदृढ़ बनाती है। समवर्ती सूची केन्द्र के पास होना, आपातकालीन धाराएँ–352, 356 एवं 360 जो समान रूप से सम्पूर्ण देश में लागू की जा सकती है, केन्द्रीय संसद का राज्य सूची में हस्तक्षेप कर सकनाः राज्यों का केन्द्र से स्वेच्छा से पृथक्करण पर पूर्ण प्रतिबन्ध तथा संसद का इच्छानुसार राज्यों के भौगोलिक क्षेत्रों तथा नामों में परिवर्तन करने की क्षमता एकात्मक स्वरूप की पहचान है।

संसदात्मक प्रणाली: भारत के संविधान ने संघ और राज्यों में संसदात्मक शासन पद्धति को अपनाया अर्थात् भारतीय संविधान संयुक्त राज्य अमरीका से भिन्न एवं ब्रिटेन के संविधान से समता रखता है। संसदात्मक पद्धति को अपनाए जाने का मन्तव्य स्पष्ट करते हुए पण्डित नेहरू ने कहा, ब्रिटेन से दीर्घकालीन सम्बन्ध के फलस्वरूप ब्रिटिश शासन पद्धति जैसी संस्थाओं की हमारे देश में नींव पड़ी और विकास भी हुआ, अतएव हमारे लिए अन्य किसी पद्धति का अपनाया जाना सरल व सुगम न होता।[12] हमारी शासन पद्धति में जहां केन्द्र और राज्यों में कार्यपालिका अध्यक्षों तथा राष्ट्रपति और राज्यपालों को उनके कार्यों के पालन में परामर्श और सहायता देने के लिए मन्त्रिपरिषद् की व्यवस्था की गई और मन्त्रिपरिषदों को सामूहिक रूप से अपने विधान मण्डलों के प्रति उत्तरदायी बनाया गया। केन्द्र में प्रधानमंत्री एवं राज्य स्तर पर मुख्यमंत्री ही मन्त्रिपरिषद् का मुखिया होता है। इस तरह भारतीय शासन व्यवस्था की अनुपम विशेषता यह है कि संसदात्मक होने के साथ अध्यक्षात्मक शासन प्रणाली की भी कुछ विशेषताएं लिए हुए हैं जैसे राष्ट्रपति को निषेधाधिकार (वीटो) अधिकार देना। साथ ही देश का राष्ट्रपति संवैधानिक सर्वोपरि शासक है। सरकार संसद के प्रति उत्तरदायी है और उसके द्वारा ही हटाई जा सकती है।

मौलिक अधिकार (Fundamental Rights): रूस, अमरीका एवं फ्रांस की भांति संविधान में मौलिक अधिकारों का उल्लेख है, जो हमारे सम्पूर्ण व्यक्तित्व के विकास के लिए अति आवश्यक है। इन अधिकारों को अनुच्छेद, 14 से 18 तक पांच प्रकार से प्रदान किया गया है। **प्रथम विधि** के समक्ष समता, **द्वितीय** धर्म, मूल वंश, जाति, लिंग, जन्म स्थान आदि के आधार पर भेदभाव करने की पाबन्दी, **तृतीय** सार्वजनिक पदों की प्राप्ति के लिए अवसर की समानता, **चतुर्थ** अस्पृश्यता का अन्त करना, **पंचम** सैनिक अथवा विद्या सम्बन्धी उपाधियों को छोड़कर अन्य कोई उपाधि राज्य द्वारा प्रदान न करना। अनुच्छेद 19–22 नागरिकों को विभिन्न प्रकार की स्वतन्त्रताएं प्रदान करते हैं। जैसे वाक् एवं अभिव्यक्ति स्वातन्त्र्य, शान्तिपूर्ण एवं निरायुध सम्मेलन, संस्था एवं संघ विनिर्माण, व्यावसायिक स्वातन्त्र्य, कानूनी रूप से अपराध की व्याख्या बिना दण्ड से मुक्ति।[13]

इसी प्रकार अनुच्छेद 23, शोषण के विरूद्ध अधिकार की घोषणा करता है। अनुच्छेद 24 बालश्रम (14 वर्ष से निम्न आयु) को अपराध की श्रेणी में रखता है, अनुच्छेद 25 धार्मिक स्वतंत्रता को इंगित करता है। अनुच्छेद 29 सांस्कृतिक तथा शिक्षा सम्बन्धी अधिकारों का प्रतीक है तो अनुच्छेद 30 धर्म एवं भाषा पर आधारित सभी अल्पसंख्यकों को शिक्षा एवं प्रशासन में भागीदारी दर्शाता है। अनुच्छेद 32 संवैधानिक उपचार का अधिकार प्रदान करता है।[14]

राज्य के नीति निदेशक तत्व (Directive Principles of State Policy): भारतीय संविधान की एक अन्य विशेषता नीति निदेशक तत्व है जो आयरलैण्ड के संविधान की देन है। धारा 45 के प्रारम्भ में कहा गया है, "इस धारा में दिए गए सामाजिक नीति के सिद्धान्तों का उद्देश्य संसद का मार्ग प्रदर्शन करना है। कानून निर्माण में संसद ध्यान में रखे किन्तु इनको न्यायालय द्वारा बाध्यकारी नहीं किया जा सकता।[15] वस्तुतः नीति निदेशक तत्व एक प्रकार के घोषणा पत्र व सदाचार के उन नियमों का संग्रह है जो विधान मण्डलों एवं कार्यपालिकाओं का मार्ग प्रशस्त करते है। साथ ही यह एक प्रकार के नैतिक नियम व सूत्र है, जिनके आशय के विरूद्ध कोई न्यायिक आक्षेप नहीं हो सकता। दूसरे शब्दों में तो यह कानूनी अधिकार है और न ही इनका कोई कानूनी उपचार है। संविधान निर्माता इन निदेशक तत्वों को मूल अधिकारों में स्थान नहीं दे सके क्योंकि देश की तत्कालीन परिस्थितियों में ऐसा संभव न था तथापि इनमें एक 'कल्याणकारी राज्य' के निर्माण की सारी संभावनाएं विद्यमान है। इन सिद्धान्तों में स्पष्ट किया गया है कि राज्य ऐसी समाजिक व्यवस्था करेगा, जिसमें समााजिक आर्थिक और राजनैतिक न्याय, राष्ट्रीय जीवन की सभी संस्थाओं को अनुप्राणित करें, भरसक कार्य साधक रूप में स्थापना और संरक्षण करके लोक कल्याण की उन्नति का प्रयास करेगा। आगे अनुच्छेद 39 में लिखा है, "राज्य को अपनी नीति का इस प्रकार संचालन करना चाहिए ताकि नर–नारी को समान रूप से जीविका के पर्याप्त साधन प्राप्त करने का अधिकार हो, समान कार्य के लिए वेतन भी समान हो, राज्य अपनी आर्थिक शक्ति की सीमा में प्रयत्न करते हुए लोगों को काम दिलाने

का प्रयत्न करे तथा शिक्षा, बेकारी, बुढ़ापा, और अंगहीन इत्यादि अवस्थाओं में उन्हें सार्वजनिक सहायता पाने का अधिकार हो...... राज्य श्रमिकों के लिए काम करने की शर्तें मनोवांछित बनाए......ऐसा प्रयास करना होगा।"

अनुच्छेद 40 गांधीजी की अवधारणा को इंगित करता है जैसे ग्राम पंचायतों का संगठन, कुटीर उद्योगों का विकास, नशाबन्दी, अनुसूचित और आदिम जातियों की शिक्षा एवं आर्थिक प्रोन्नति के प्रबंध आदि। इसी प्रकार कुछ तत्व बच्चों की शिक्षा, शासकीय उपांगों के सम्बन्ध और अन्तर्राष्ट्रीय विधि तथा सम्बन्धों से सम्बद्ध हैं।

मूल कर्तव्य (Fundamental Duties): संविधान संशोधन 42वें द्वारा जो 2 नवम्बर, 1976 को पारित किया गया था नागरिकों के मूल कर्तव्य भी स्वीकृत किये गये। इसके अनुसार प्रत्येक नागरिक का कर्तव्य है कि (1) वह संविधान के अनुकूल काम के तथा इसके आदर्शों, संस्थाओं, राष्ट्रध्वज एवं राष्ट्रगान का आदर करें। (2) जिन आदर्शों ने स्वतंत्रता संग्राम को प्रेरित किया उन आदर्शों का पोषण तथा पालन करें। (3) भारत की प्रभुसता एकता तथा अखण्डता का समर्थन करे। (4) देश रक्षा हेतु आव्हान किये जाने पर देश सेवा करे। (5) सभी भारतीयों के बीच भ्रातृभाव तथा अनुरूपता को बढाए। (6) भारत की मिश्रित संस्कृति की सम्पन्न विरासत को समझे व रक्षा करे। (7) प्राकृतिक पर्यावरण की रक्षा व सुधार करे। (8) वैज्ञानिक प्रकृति, मानववाद, अन्वेषणा तथा सुधार भावना को विकसित करे। (9) सार्वजनिक सम्पत्ति की रक्षा करे तथा हिंसा का परित्याग करे। (10) सभी व्यक्तिगत तथा सामूहिक क्षेत्रों में वरिष्टता एवं उत्कर्ष का प्रयत्न करे।

जन–कल्याणकारी विचारधाराः इस बात का जिक्र करने की आवश्यकता नहीं है कि भारतीय संविधान में जन–कल्याण की भावना निहित है। सामाजिक, आर्थिक एवं राजनैतिक न्याय की स्थापना तथा भ्रातृत्व की अभिवृद्धि के लिए संकल्पित हमारे संविधान में व्यक्ति विशेष को धर्म, आचरण, विचार एवं कर्मों की पूर्ण स्वतन्त्रता है। संविधान की धारा 14, न्याय के समक्ष समानता और धारा 15 निष्पक्ष न्याय के निष्पादन को वर्णित करती है। धारा 16 के क्लाज 1 में रोजगार के समान अवसरों को विधिपूर्वक सुनिश्चित किया गया है। धारा 17 छुआछूत के उन्मूलन का ही संकल्प नही करती अपितु इसे एक कानूनन अपराध घोषित किया है। धारा 19 हर नागरिक को स्वतन्त्रता के अधिकार सुनिश्चित करती है। उक्त अधिकारों का किसी भी प्रकार से हनन, न्याय के समक्ष चुनौती योग्य है। इसके अतिरिक्त नीति निदेशक तत्वों से सम्बद्ध अनुच्छेद जनकल्याणकारी भावना के प्रतिनिधि है।

संघीय कार्यपालिका: संघीय कार्यपालिका में राष्ट्रपति, उपराष्ट्रपति और मन्त्रिपरिषद् जिसमें प्रधानमंत्री मुख्य होगा, की व्यवस्था है। नेहरू एवं पटेल राज्य के प्रमुखों का निर्वाचन सार्वजनिक मतदान द्वारा किए जाने के विरूद्ध थे। निर्वाचन मण्डल द्वारा राष्ट्रपति का निर्वाचन निश्चित किया गया, जिसमें के दोनों सदनों के निर्वाचित सदस्य एवं राज्यों की विधान सभाओं के निर्वाचित सदस्य, आनुपातिक प्रतिनिधित्व पद्धति की एकल संक्रमणीय मतदान प्रणाली द्वारा करते हैं। पदावधि पांच वर्ष एवं वह पुनर्निर्वाचन योग्य है। उम्मीदवार भारत का नागरिक, 35 वर्ष न्यूनतम आयु एवं लोकसभा के लिए निर्वाचित होने की अर्हता रखता हो। संविधान के अतिक्रमण की स्थिति में महाभियोग का प्रावधान है तथा धारा 61 में वर्णित प्रक्रिया के अनुसार उसे पदच्युत किया जा सकता है।

राष्ट्रपति को संसद सत्र का आयोजन, अवसान, नियुक्तियों का अधिकार है। सत्रावसान के दौरान अध्यादेश जारी करने, दण्ड का क्षमादान (Pardon), प्रविलम्बन (Reprieve), प्रस्थगन (Respite), परिहरण (Remission) तथा कम करने का अधिकार है। संघ की कार्यपालिका शक्ति राष्ट्रपति में निहित है एवं वह सरकार के पदाधिकारियों द्वारा अथवा सीधे संविधान के अनुसार प्रयोग कर सकता है।

उपराष्ट्रपति: मोहम्मद ताहिर एवं प्रो. के.टी. शाह राष्ट्रपति एवं उपराष्ट्रपति का निर्वाचन एक ही रीति से करवाने के समर्थक थे। अन्त में उपराष्ट्रपति का संसद के दोनों सदनों के सदस्यों द्वारा अनुपाती प्रतिनिधित्व और एकल संक्रमणीय पद्धति द्वारा निर्वाचन निश्चित हुआ। उम्मीदवार के लिए राज्यसभा की सदस्यता के योग्य, भारत का नागरिक, एवं 35 वर्ष की आयु अर्हता मानी गई। राज्यसभा का वह पदेन सभापति होता है, राष्ट्रपति की अनुपस्थिति में वह राष्ट्रपति के कार्यों का निर्वहन करता है। राज्यसभा के सदस्यों का बहुमत तथा जिसे लोकसभा की स्वीकृति प्राप्त हो, हटाया जा सकता है। प्रस्ताव की चौदह दिन पूर्व सूचना अपेक्षित मानी गई।

मंत्रिपरिषद्: प्रधानमन्त्री की अध्यक्षता में एक मंत्रिपरिषद् का प्रावधान अनुच्छेद 74(1) के अनुसार किया गया, जो राष्ट्रपति के कार्य निष्पादन में सहयोग करती है। लोकसभा के बहुमत प्राप्त दल के नेता की नियुक्ति राष्ट्रपति द्वारा प्रधानमन्त्री के

रूप में की जाती है। प्रधानमन्त्री की मन्त्रणा पर अन्य मन्त्रियों की नियुक्ति राष्ट्रपति करता है। मन्त्रिपरिषद् सामूहिक रूप से लोकसभा के प्रति उत्तरदायी है। मंत्रिपरिषद् के निर्णयों एवं अन्य वांछित सूचनाऐं प्रधानमन्त्री द्वारा राष्ट्रपति को देनी होती है।

राज्यसभा: राष्ट्रपति द्वारा मनोनीत 12 सदस्यों को शामिल करते हुए राज्यसभा में 250 सदस्यों का प्रावधान है। मनोनीत को छोड़कर शेष राज्यों की विधान सभाओं से निर्वाचित सदस्यों द्वारा आनुपातिक प्रतिनिधित्व एवं एकल संक्रमणीय पद्धति द्वारा चुने जाते हैं। राज्य सभा स्थाई निकाय के रूप में कार्य करती है। जिसके एक तिहाई सदस्य प्रति दो वर्ष पश्चात् अवकाश ग्रहण कर लेते हैं। मनोनीत सदस्यों का साहित्य, कला विज्ञान एवं समाज सेवा क्षेत्र से जुड़ा होना आवश्यक माना है।

लोकसभा: जनसंख्या एवं स्थान का अनुपात सभी राज्यों के लिए यथासाध्य एक जैसा रखते हुए लोकसभा के प्रतिनिधियों का प्रावधान किया गया। राज्यों के प्रादेशिक निर्वाचन क्षेत्रों से अधिक से अधिक 530 सदस्य और संघीय राज्य क्षेत्रों से अधिक से अधिक 20 सदस्य का प्रावधान किया गया। लोकसभा में अपने विचार प्रकट करने की पूर्ण स्वतन्त्रता है और सरकार की आलोचना के कारण उनके विरूद्ध किसी न्यायालय में कार्यवाही नहीं की जा सकती।

देश के लिए कानून निर्माण एवं सरकार संचालन हेतु वित्त की स्वीकृति प्रदान करना संसद का प्रमुख कर्त्तव्य है। दोनों सदनों द्वारा सभी कानून पारित होने आवश्यक है। राष्ट्रपति की अनुमति से वित्त विधेयक को लोकसभा में ही प्रस्तुत किया जा सकता है। मंत्रिपरिषद् को लोकसभा के प्रति उत्तरदायी बनाया गया। अतः वेतन–भत्ते भी निर्धारित किए जाने का उन्हें अधिकार है। अविश्वास अथवा बजट स्वीकृत न कर सरकार को त्यागपत्र देने के लिए विवश कर सकती है। राष्ट्रपति पर महाभियोग, उच्चतम, उच्च न्यायालयों के न्यायाधीशों, लेखा नियन्त्रक, महालेखा परीक्षक तथा मुख्य चुनाव आयुक्त आदि को संवैधानिक पद्धति से हटाए जाने का अधिकार संसद में निहित है।

उच्चतम न्यायालय (Supreme Court): न्यायपालिका को व्यवस्थापिका एवं कार्यपालिका से पूर्णतः पृथक् एवं स्वतन्त्र रखने का संशोधन के.टी. शाह ने प्रस्तुत किया था। प्रारूप समिति ने शाह के प्रस्ताव को अव्यावहारिक माना। डॉ. अम्बेडकर ने कहा कि "हम राज्य के भीतर राज्य की रचना नहीं करना चाहते, परन्तु उसके साथ ही हम यह चाहते है कि न्यायपालिका को पर्याप्त स्वतन्त्रता प्रदान की जाए, जिससे वह कार्यपालिका के भय अथवा पक्षपात के बिना कार्य कर सके।"

केन्द्र में देश का सबसे बड़ा उच्चतम न्यायालय जिसमें मुख्य न्यायाधीश एवं 13 न्यायाधीशों का प्रावधान प्रारम्भ में था। वर्तमान में 25 न्यायाधीश है। उच्चतम न्यायालय के न्यायाधीशों के वेतन आदि संविधान के द्वितीय अनुसूची में दिए गए है। किसी उच्च न्यायालय में कम से कम 10 वर्ष तक के अधिवक्ता का अनुभव किसी उच्च न्यायालय का 5 वर्ष तक न्यायाधीश अथवा पारंगत विधिवेता (Eminent Jurist) होना उच्चतम न्यायालय के न्यायाधीश की अर्हता मानी गई। दोनों सदनों के बहुमत अथवा उपस्थित सदस्यों के दो–तिहाई के बहुमत से कदाचार सिद्ध होने पर उच्चतम न्यायालय के न्यायाधीश को उसके पद से हटाया जा सकता है। उच्चतम न्यायालय को संघ एवं राज्य अथवा एकाधिक राज्यों के बीच विवाद या दो एवं अधिक राज्यों के आपसी विवादों में उच्चतम न्यायालय को एकान्तिक अधिकार प्राप्त है।

संवैधानिक विधि की व्याख्या अन्तिम अपीलीय (appellate) है इसी प्रकार फौजदारी मामलों में उच्च न्यायालय द्वारा किसी अभियुक्त के विमुक्ति आदेश बदले जाने, उच्च न्यायालय द्वारा स्वयं मामला मंगवाकर सुनवाई कर मृत्युदण्ड दिये जाने अथवा उच्च न्यायालय के इस प्रमाणीकरण पर कि मामला उच्चतम न्यायालय में जाने योग्य है। उच्चतम न्यायालय को अन्तिम निर्णय का अधिकार है।

राज्य सरकारें: केन्द्र की भांति राज्य स्तर पर भी मन्त्रिमण्डल के मुखिया मुख्यमंत्री को कार्यकारी शक्तियां प्रदान की गई। अतः राज्य के मामलों में राज्यपाल की भूमिका विवाद का विषय रही है। कहा गया है कि वल्लभ भाई पटेल ने निर्णायक रूप से यह निश्चित करवाया कि राज्यपाल की नियुक्ति संघ सरकार द्वारा की जाए। राज्यपाल को केन्द्र के प्रतिनिधि के रूप में कार्य करना होता है। दूसरी ओर राज्य विधानमण्डल के बहुमत वाले दल की यह अपेक्षा रहती है कि वह उसके नेतृत्व के अनुसार कार्य करे। राज्यपाल एवं राज्य सरकार के बीच संघर्ष की स्थिति उस समय अधिक विकट हो उठती है, जब केन्द्र एवं राज्य स्तर पर सत्तारूढ़ दो भिन्न दल हो।

निर्वाचन व्यवस्था: भारतीय राजनीतिक व्यवस्था के लोकतन्त्रीकरण की दृष्टि से सार्वजनिक वयस्क मताधिकार पर आधारित सरकार की प्रतिनिधिक व्यवस्था अत्यधिक महत्वपूर्ण कार्य था। इसके लिए राष्ट्रीय एवं राज्य स्तर पर चुनाव तन्त्र

और चुनाव प्रक्रिया के पर्यवेक्षण हेतु अनुच्छेद 324 द्वारा चुनाव आयोग का गठन किया गया। पूर्व में केन्द्र में एक, वर्तमान में तीन आयोग के सदस्य (अध्यक्ष को शामिल करते हुए) है।

निर्वाचन व्यवस्था एवं लोगों की भागीदारी का अनुभव भारत में औसतन सकारात्मक रहा है। नेतृत्व एवं दल का परीक्षण चुनाव की कसौटी पर ही होता है। यद्यपि निर्वाचन व्यवस्था समय क्रम से जाति–वर्ग, आर्थिक शक्ति तथा सामाजिक स्थिति से प्रभावित हुई है। लेकिन समाज के उन तबकों को निर्वाचन से ही आवाज मिली है जो अब तक समाज की मुख्य धारा से कटे हुए थे। इस प्रकार भारत में राजनीतिक जीवन का अनिवार्य अंग बन गई है। यही नहीं, प्रादेशिक संकट के समाधान के रूप में निर्वाचन व्यवस्था का इस्तेमाल सदैव केन्द्र सरकार ने किया है। चाहे जम्मू–कश्मीर की समस्या हो या असम, तमिलनाडु आदि का मामला। मोरिस जान्स ने ठीक ही कहा है कि 'यह आश्चर्य की बात है कि भारतीय जो कुछ अच्छा काम कर रहे हैं, उनमें से चुनाव एक है।'

संशोधन प्रावधान: संविधान के भाग 20, अनुच्छेद 368 में संविधानिक संशोधन प्रक्रिया का विवरण दिया गया है। इसके अनुसार यदि संसद के प्रत्येक सदन में उसकी समस्त सदस्य संख्या के दो तिहाई से अन्यून बहुमत से कोई संविधान संशोधन विधेयक पारित होता है तो विधेयक के प्रावधानों के अनुसार संविधान संशोधन हो सकेगा। किन्तु संघ और राज्यों के अधिकार वितरण से सम्बद्ध मामलों में संशोधन तब तक नहीं किया जा सकता, जब तक कम से कम आधे राज्यों के विधान मण्ड़लों का समर्थन प्राप्त न हो।

अन्त में भारत के प्रशासनिक एवं वित्तीय ढाँचे, इसकी अर्थव्यवस्था एवं इसके संगठन ने भारत की केन्द्रीय व्यवस्था को मजबूत किया। कृषि, उद्योग, शिक्षा और स्वास्थ्य सम्बन्धी योजनाओं के लिए संसाधन योजना आयोग के माध्यम से मिलते हैं। योजना आयोग का गठन मार्च, 1950 में किया गया। उसका केन्द्रीकरण का समर्थक होना स्वाभाविक तथ्य था तदनुसार सामाजिक–आर्थिक विकास की गतिविधियाँ केन्द्रवादी होती गई।

नीति अयोग: भारत सरकार ने 1 जनवरी 2015 को नीति आयोग का गठन योजना आयोग के स्थान पर किया है। 8 फरवरी 2015 को इसकी प्रथम मीटिंग हुई। प्रधानमंत्री इसके अध्यक्ष होंगे एवं समस्त राज्यों के मुख्यमंत्री एवं लेफ्टिनेंट गवर्नर इसके सदस्य है। उपाध्यक्ष एवं 3 अन्य पूर्णकालिक सदस्य है। अरविन्द पानगड़िया को इसका उपाध्यक्ष बनाया गया है। प्रधानमंत्री नरेन्द्र मोदी इसके अध्यक्ष एवं रणजीतसिंह, अरूण जेटली, सुरेश प्रभु तथा राधामोहन सिंह सदस्य हैं।

सन्दर्भ

1. रजनी कोठारी, *भारत में राजनीति*, ओरिएण्ट लाँगमैन, नई दिल्ली, पृ. 75
2. सुभाष काश्यप एवं एम.पी. राय, *भारतीय सरकार एवं राजनीति*, पृ. 277–78
3. *कांस्टीट्यूएट असेम्बली डिबेट्स*, जि. 11, पृ. 972
4. रजनी कोठारी, वही, पृ. 78
5. सुभाष काश्यप एवं एम.पी. राय, *भारतीय सरकार एवं राजनीति*, पृ. 324
6. सुभाष काश्यप, संविधान की आत्मा प्रस्तावना, लोकतन्त्र समीक्षा, अप्रैल–जून, 1969, पृ. 99, डॉ. सुभाष काश्यप एवं एम.पी. राय, *भारतीय सरकार एवं राजनीति*, 1979, पृ. 328–29 से उद्धृत।
7. रजनी कोठारी, वही, पृ. 78; सुभाष काश्यप, *भारतीय सरकार एवं राजनीति*, पृ. 327
8. रजनी कोठारी, वही,पृ. 78
9. *कांस्टीट्यूएट असेम्बली डिबेट्स*, जिल्द IX, पृ. 972–73
10. पी. शरण, *भारतीय शासन और राजनीति*, पृ. 98–99
11. ए. बिपिन चन्द्र एवं अन्य, *आजादी के बाद का भारत*, पृ. 56
12. Nehru J.L., Message to the first issue of the Lok Sabha Journal, 1955. "I believe that the Parliamentary system is suited to our national genius and the extension of this democratic system right down to out panchayats takes us back to some extent, to out post period of history. Thus in a sense it has its roots in the post even though the modern forms of it may be new."
13. देश में बाह्य आक्रमण एवं आन्तरिक अशान्ति के दौरान राष्ट्रपति द्वारा आपात घोषणा के पश्चात् अनुच्छेद 19 द्वारा प्रदत्त तमाम अधिकार स्वतः निलम्बित हो जाते हैं।
14. अनुच्छेद 31 में वर्णित सम्पत्ति का अधिकार संशोधन द्वारा निरस्त कर दिया गया है।
15. Rao, B.N., *India's Constitution in the Making*, p. 247
"The principles of social set forth in this article are intended for the general guidance of the oireachtas (the Irish parliament). The application of these principles in the making of law shall be the care of oireachtas exclusively and shall not be cognisable by any court under any of the provisions of this constitution."

❋❋❋

46
भूमि सुधार एवं औद्योगिकीकरण
(Land Reform and Industrialization)

स्वतन्त्रता से पहले की कृषि अर्थव्यवस्था का जो चित्र उभरता है, उसमें बिचौलियों का जमावड़ा, साहूकारों का भूमि पर कब्जा, शोषणवादी लगान व्यवस्था तथा भूमि सुधार एवं सिंचाई प्रावधान जैसी योजनाओं का तिरस्कार शामिल थे। सत्ता पर भारतीयों का कब्जा होते ही कृषि बिचौलियों का उन्मूलन, किसानों का भूमि पर अधिकार और सुरक्षा तथा भूमि सुधारों की तत्काल शुरूआत नहीं हुई। अंगरेजों की कृषि राजस्व के नाम पर अधिकतम धन हड़पने की नीति का विरोध राष्ट्रवादियों ने बहुत पहले शुरू कर दिया था। परिणामतः 1928 में कृषि मामलों पर रायल कमीशन बनाया गया, जिसे ग्रामीण जनता के कल्याण एवं तरक्की के उद्देश्य से कृषि सुधारों की सिफारिश करनी थी। लेकिन कमीशन ने ऐसी कोई सिफारिश नहीं की।

किसान जमींदारों के उत्पीड़न के शिकार थे और वे कई बार अलग–अलग स्थानों पर विद्रोह करके अपनी पीड़ा को उजागर कर चुके थे। बिचौलियों का उन्मूलन सहज कार्य नहीं था और बिना इस वर्ग को अशक्त किए, जोतदारों की तरक्की सम्भव नहीं थी। कांग्रेस का एक वर्ग (नेहरू एवं सुभाष जैसे राजनीतिज्ञ) समाजवादी विचारधारा से प्रभावित था, कुछ लोग गांधी के ट्रस्टीशिप सिद्धान्त (Theory of Trusteeship) के अनुसरण में भूमि पर किसानों के अधिकार को मान्यता प्रदान करने को तत्पर थे। भारतीय वामपंथी विचारधारा के लोग जमींदारों एवं शोषक वर्गों के अधिकारों की समाप्ति क्षतिपूर्ति द्वारा चाहते थे। दूसरी ओर गांधीजी भी आवश्यकता से अधिक भूमि रखे जाने के विरोधी थे। अन्ततः वे सहकारी खेती के पक्षधर बन गए थे।[1] स्वतन्त्रता के बाद सरकार द्वारा भूमि सम्बन्धी निर्णयों को दोनों विचारधाराओं ने प्रभावित किया।

- प्रशासन के विकेन्द्रीकरण की दृष्टि से ग्राम पंचायतों की स्थापना एवं नियोजन तथा आर्थिक प्रशासन का केन्द्र ग्राम माना गया।
- पंचायतों एवं स्थानीय निकायों को स्वशासन का अधिकार दिए जाने के विषय में सोचा गया।
- खेत जोतने वाले किसान का भूमि पर अधिकार का निश्चय किया गया।
- भूमि से जुड़े बिचौलियों, जमींदारों एवं साहूकारों के अधिकारों की समाप्ति का निर्णय हुआ।

1949 में कांग्रेस ने 'कांग्रेस कृषि सुधार समिति' का गठन किया, उसकी सिफारिशों में भी जिक्र था कि जमींदारों, ताल्लुकेदारों एवं बिचौलियों के अधिकारों को समाप्त किया जाए। समिति ने किसानों के न्यूनतम एवं अधिकतम जोतों की सीमा अपने प्रस्ताव में निर्धारित कर दी अर्थात् भारतीय परिस्थितियों के अनुकूल 15.20 एकड़ जोत एक आर्थिक इकाई मानी गई। यह भी सिफारिश की गई कि गाँवों में प्रशासनिक (पंचायत आदि) एवं विकासात्मक संस्थाओं की स्थापना की जाए। सामूहिक खेती का प्रस्ताव आया। नेहरू जी जैसे लोग चाहते थे कि सहकारी समिति के माध्यम से इसका निष्पादन हो, पूरे देश में यह चर्चा का विषय बना। अन्त में सामूहिक खेती के स्थान पर भूमि पर व्यक्तिगत अधिकार या पारिवारिक अधिकार को मान्यता मिली। यद्यपि इस अवसर पर गांधीजी के शिष्य विनोबा भावे ने सर्वोदय आन्दोलन की शुरूआत करके (1950 में) इस विचारधारा की क्रियान्विति का दूसरा हल ढूँढ़ लिया।

कृषि क्षेत्र में अव्यवस्था: औसतन सम्पूर्ण भारत में बिचौलिया वर्ग का अस्तित्व था। आंशिक रूप से रैयतवारी क्षेत्रों को इसका प्रतिवाद माना जा सकता है, जहाँ जोतदार स्वयं सरकार को लगान देते थे, जो आनुपातिक रूप से बहुत अधिक निश्चित किया जाता रहा। इन क्षेत्रों के जोतदारों को अधिक लगान के कारण या तो भूमि छोड़ देनी पड़ी अथवा साहूकारों एवं बड़े किसानों के यहाँ रहन रख दी गई।

भारत के प्रमुख कृषि विशेषज्ञ प्रोफेसर राधाकमल मुखर्जी ने, जो अपने दृष्टिकोण में किसी भी अर्थ में समाजवादी नही हैं, तो 1935 में अपने आगरा एक्सटेंशन लैक्चर में यहां तक कहा है कि भारतीय कृषि व्यवस्था में तब तक कोई सुधार सम्भव नहीं है जब तक "भारत के गांवों में बिखरी छोटी–छोटी जोतों को मिलाकर एक सहकारी फार्म न बिना दिया जाए और कृषि को एक सामूहिक सेवा न माना जाए।" यह काम महज एक छलांग में पूरा नहीं हो सकता। लेकिन इस दिशा में पहला कदम यह हो सकता है कि जमींदारी प्रथा समाप्त की जाए और खेतिहर जोतों का पुनर्वितरण हो तथा इसके बाद

सरकारी सहायता, सहकारी संस्था से ऋण सुविधाओं तथा कृषि तकनीक को उन्नत बनाने के लिए डिपो केन्द्रों से खेती के काम आने वाली मशीनों को उधार रूप में देने की व्यवस्था की जाए।[2]

भूमि का उप–विभाजन एवं उप–विखण्डन (Sub-division & Fragmentation of Land Holding): जोतदारों को मालिकाना हक के अभाव में कृषि निवेश को प्रोत्साहन नहीं मिला। दूसरे शब्दों में कृषि उत्पादनों से सम्बन्धित विकास दर नगण्य थी। इस स्थिति को बढ़ती हुई आबादी ने अधिक खराब किया। कृषि जोतों का उपविभाजन तेजी से हो रहा था। प्रो. पी.एस. शर्मा के अनुसार भारत में कृषि का विभाजन पर्याप्त विषमतापूर्ण है।

कृषि भूमि का विभाजन[3]

कृषक परिवार (प्रतिशत)	कुल कृषि भूमि का अनुपात (प्रतिशत)
प्रारम्भिक 20	0.0
आगामी 30	2.8
अगले 20	11.6
अगले 10	11.0
आगामी 10	19.0
अन्तिम 10	55.6

स्पष्ट है कि 10 प्रतिशत समृद्ध किसान परिवारों के पास देश की कुल भूमि के आधे से अधिक भाग पर कब्जा है। जबकि 20 प्रतिशत किसान भूमिहीन हैं और शेष 40 प्रतिशत लोगों के पास मात्र 7.5 प्रतिशत भूमि है। भारत सरकार के 'द फार्म मैनेजमेंट स्टडीज' से भूमि विखंडन की बड़ी खराब तस्वीर बनती है। उत्तर प्रदेश एवं पश्चिमी बंगाल में ढाई एकड़ जोत के औसतन 3.6 विभाजन हुए। बड़े जोतों के मामले में भी कुछ ऐसा ही हुआ। 20 से 25 एकड़ 5 तक के बड़े जोतों में मोटे रूप में 17 टुकड़ों में विभाजन की जानकारी मिलती है।

1950 में योजना आयोग का निर्माण हुआ। इसी वर्ष प्रथम पंचवर्षीय योजना लागू की गई। योजना आयोग, केन्द्र सरकार एवं राज्य सरकारों ने जोतदारों के हित में कई कार्यक्रमों की घोषणा की। जिसकी शुरूआत बिचौलियों के चंगुल से मुक्ति के प्रयासों से हुई।

बिचौलियों का उन्मूलन: वह वर्ग बिचौलिया अथवा जमींदार था, जिसने भूमि को कभी क्रय नहीं किया, न ही किसान या जोतदार के रूप में कभी उत्पादक रहा तथापि वह भूमि का मालिक बन बैठा। इसके मूलतः तीन आधार है। पहला समाज का, वह शक्तिशाली वर्ग जो कृषि श्रमिकों से बेगार ले सकता था, पड़ती भूमि को जोतदारों से उत्पादन के योग्य बनवाकर व्यक्तिगत प्रभाव से मालिक कहलाने लगा, धीरे–धीरे राजस्व रिकार्ड में भूमि को अपने नाम करवा गया। इस श्रेणी में **दूसरे** वे लोग शामिल थे, जो राजाओं से भूमि प्राप्त कर चुके थे और पीढ़ी दर पीढ़ी कई गुना हैक्टेयर भूमि के मालिक बनकर कृषि श्रमिकों से काश्त करवाते थे। **तीसरे** वे लोग थे, जिन्हें अंगरेजों ने जमींदार, ताल्लुकेदार या बिचौलिया बना दिया। सहज ही यह अनुमान किया जा सकता है कि इस शक्तिशाली वर्ग को बेदखल करके कृषि भूमि पर जोतदारों को कब्जा दिलवाना एक दुष्कर कार्य था। लम्बे समय से भूमि के मालिक बने होने के कारण इन्होंने बड़ी संख्या में कारिन्दे रख छोड़े। कारिन्दों का कार्य था भूमि पर मालिक का हक बरकरार रखना एवं जोतदारों से अधिकतम लगान वसूल करना। आजादी के बाद 1948 में कृषि सुधार समिति ने अपनी सिफारिश प्रस्तुत करते हुए भूमि पर किसान के स्वामित्व का समर्थन किया और निरन्तर 6 वर्ष तक भूखंड विशेष पर काश्त करने वाले को उस भूमि का स्वामी स्वीकार किया गया। कृषि सुधार समिति की सिफारिश पर मध्यस्थों के उन्मूलन का निर्णय हुआ। उल्लेखनीय है कि देश के लगभग 40 प्रतिशत क्षेत्र में जमींदार, जागीरदार, ईमानदार एवं बिचौलिए थे।

उत्तर प्रदेश सरकार ने जमींदारी उन्मूलन अधिनियम द्वारा अन्य राज्यों में बिचौलिया उन्मूलन आदि नामों से अधिनियम बनाकर किसानों की भूमि का मालिक बना दिया। अधिकांश राज्यों में जमींदारी उन्मूलन अधिनियम 1956 तक पारित किया जा चुका था। जमींदारों, ताल्लुकेदारों या जागीरदारों के अधिकार सरकार ने हस्तगत कर लिए। सरकार को सीधे लगान देने के लिए काश्तकारों को पाबन्द किया गया। राज्य सरकारों द्वारा जमींदारी उन्मूलन अधिनियमों के तहत लगभग दो

करोड़ से अधिक काश्तकार भूमि के मालिक बना दिए गए तथा उनका सरकार से प्रत्यक्ष सम्बन्ध हो गया। यहां यह भी जिक्र करना होगा कि मध्यस्थों की बड़ी संख्या में परती भूमि भी सरकार द्वारा अधिकृत कर ली गई और 50.77 लाख हैक्टेयर भूमि अर्थात् आवासीय क्षेत्र, चरागाह, जंगल, तालाब एवं झील आदि पर भी जमींदारों का अधिकार न रहा। उक्त समस्त भूमि ग्राम पंचायतों को सौंप दी गई। बिचौलिया का भूमि से अधिकार समाप्त किए जाने के पक्ष में उन्हें मुआवजा दिया गया। एक अनुमान के अनुसार पूरे देश में बिचौलियों को मुआवजे की राशि के रूप में 635 करोड़ रूपये सरकार को भुगतान करना था। कुछ विद्वानों के अनुसार यह राशि 6 अरब 70 करोड़ थी। लेकिन 1961 तक मात्र 164 करोड़ 20 लाख रूपये का ही भुगतान किया गया।[4]

जमींदारों के पास वह भूमि छोड़ दी गई, जिसे 'खुदकाश्त जमीन' कहा गया। यद्यपि ऐसी भूमि जमींदार विक्रय नहीं कर सकते थे। एक वर्ष के लगान की दस गुना राशि जो लोग सरकारी खजाने में जमा करने को तत्पर थे, उन्हें भूमि बेचने के अधिकार भी मिल गए। इस तरह बड़ी संख्या में बिचौलिया वर्ग अपने पास भूमि रखने में सफल रहा।

इस योजना से लगभग दो करोड़ काश्तकारों को भूमि पर मालिकाना हक मिला। जमींदारों की बेगार, पराधीनता, नाजायज एवं भारी लगान एवं क्रूरतापूर्ण व्यवहार से किसान लोग मुक्त हुए। अब काश्तकारों को सीधे सरकार को लगान अदा करना था। दूसरी ओर जमींदार या बिचौलियों को भी काफी लाभ हुआ। छोड़ी हुई भूमि के बदले उन्हें मुआवजा मिल गया और जितनी भूमि वे अपने कब्जे में रख सके, उसके असली मालिक बन गए। एक तरह से अभी भी वे जमींदार थे, उन्हें नव सामन्त या नव जमींदार कुछ भी कहा जा सकता है।

काश्तकारी सुधारः इस अधिनियम द्वारा काश्तकारी कानूनों में सुधार किया गया और लगान में कमी, किसानों को भूमि का मालिकाना हक दिये जाने एवं स्थायी सुधारों के मुआवजे की व्यवस्था की गई।

- लगान नियमन द्वारा किसानों को राहत पहुंचाए जाने से ही कृषि विकास सम्भव था। जमींदारी व्यवस्था में आधी से अधिक उपज लगान रूप में किसानों से ली जाती थी। अर्थात् किसान के पास उपज का बहुत कम भाग शेष रहता था। विभिन्न राज्यों में अधिनियम पारित कर लगान में कमी कर नई दरें निर्धारित कर दी गई। राजस्थान, गुजरात व महाराष्ट्र में लगान दर उपज का छठा हिस्सा निर्धारित किया गया, दिल्ली में 1/5 भाग और उड़ीसा में 1/4 भाग लेना तय किया। आन्ध्र प्रदेश, पंजाब, हरियाणा, पश्चिमी बंगाल व जम्मू कश्मीर में 1/3 से 1/2 भाग निश्चित किया। लगान की दरें पंजाब–हरियाणा जैसे कुछ राज्यों में ऊँची थी।
- योजना आयोग की मान्यता थी कि लगान का प्रभावी नियमन तभी सम्भव है जबकि काश्तकारों को पट्टेदारी की सुरक्षा प्राप्त हो। इसी क्रम में सभी राज्यों में भू–जोतों की सुरक्षा सम्बन्धी अधिनियम पारित किए गए।
- यही नहीं काश्तकारों को भू–स्वामियों द्वारा बेदखली से सुरक्षा प्रदान किए जाने हेतु काश्तकारी का पुनर्ग्रहण को यथासम्भव सीमित करने का प्रयास किया गया। उत्तर प्रदेश, बंगाल एवं दिल्ली में भू–स्वामियों के पुनर्ग्रहण की इजाजत नहीं दी गई। बिहार, गुजरात, मध्य प्रदेश, महाराष्ट्र, कर्नाटक, उड़ीसा, राजस्थान, मणिपुर, हिमाचल आदि में भू–स्वामियों द्वारा काश्तकारी व पुनर्ग्रहण की यह शर्त है कि खुदकाश्त के लिए हो तथा कृषक के पास न्यूनतम सीमा तक भूमि छोड़ना आवश्यक है। पंजाब व आसाम में पुनर्ग्रहण का अधिकार काश्तकार को अन्यत्र भूमि प्रदान करने पर सम्भव है। आन्ध्र व तमिलनाडु में इसकी सीमा निर्धारित कर दी गई।
- उन क्षेत्रों में जिनका पुनर्ग्रहण नहीं किया जा सकता, काश्तकारों को मालिकाना हक सौंपने के लिए अधिनियम पारित किए गए। मध्य प्रदेश, राजस्थान, गुजरात, महाराष्ट्र में काश्तकारों को भूमि का स्वामी घोषित किया गया। इसी प्रकार दिल्ली व कुछ राज्यों में भूस्वामियों को मुआवजा चुका कर भू–स्वामित्व अधिकार उचित किश्तों के बाद सौंपा। इसी प्रकार केरल व उत्तर प्रदेश में सरकार ने भू–स्वामियों से भूमि अधिकार प्राप्त कर काश्तकारों को निर्धारित मुआवजा चुकाए जाने पर स्वामी बनने की छूट प्रदान की।

भू–जोतों की चकबंदी (Consolidation of Holding): जोतों की चकबन्दी से तात्पर्य है एक क्षेत्र के समस्त किसानों की छोटी–छोटी बिखरी जोतों को मिलाकर बड़े–बड़े चक बनाया जाना। इस व्यवस्था में प्रत्येक भू–स्वामी को उसकी भूमि के आकार, मूल्य व उर्वरता के आधार पर नए एक–दो चक प्रदान किए जाते हैं। चकबन्दी अनार्थिक जोतों को आर्थिक जोतों में बदलने की प्रक्रिया है। राजकीय कृषि आयोग के अनुसार भारत में उपखंडन या उप–विभाजन की समस्या का

एकमात्र उपाय चकबन्दी है। प्राप्त सूचना के अनुसार 1957 तक लगभग 150 लाख एकड़ भूमि की चकबन्दी की जा चुकी थी एवं 120 लाख एकड़ भूमि की चकबन्दी क्रियान्विति के दौर में थी।

पंचवर्षीय योजनाएँ एवं सिंचाई: एक आंकलन के अनुसार भारत में कुल जल साधन 1680 से 1881 अरब घन मीटर है, जिसमें से मात्र 567 अरब घन मीटर (33.3 प्रतिशत) का ही प्रयोग सिंचाई के लिए किया जा सकता है। 1951 तक 95 अरब घन मीटर का प्रयोग सिंचाई के लिए होता था, जो कुल जल साधन का 5.6 प्रतिशत तथा उपयोग योग्य जल साधन का 17 प्रतिशत था। समुचित सिंचाई सुविधाओं के अभाव में कृषि क्षेत्र में अव्यवस्था को समाप्त किया जाना सम्भव न था अर्थात् बिना सिंचाई के कृषि क्षेत्र की तरक्की तथा वांछित उत्पादन लिए जाने के बारे में नहीं सोचा जा सकता। पहली एवं दूसरी पंचवर्षीय योजना में योजना निर्माताओं ने सिंचाई एवं विद्युत विकास को प्राथमिकता दी गई।

पहली पंचवर्षीय योजना काल में सिंचाई संसाधनों के विकास पर 310 करोड़ रूपये व्यय किए गए और 297 सिंचाई योजनाएँ क्रियान्वित की गई। पंजाब में रोपड़ से लगभग 50 मील ऊपर सतलज नदी पर भाखड़ा नागल बाँध का कार्य जो कुछ समय से बहुत धीमी गति से चल रहा था रफ्तार तेज कर दी गई। इसी पंचवर्षीय योजना में दामोदर घाटी योजना एवं हीराकुंड बाँध का कार्य भी प्रारम्भ किया गया। जिससे 19 लाख हैक्टर सिंचित क्षेत्र में अभिवृद्धि हुई। 1955–56 में कुल सिंचित क्षेत्र 2.92 करोड़ हैक्टर तक पहुँच गया था।

द्वितीय योजना (1956–57 से 1961–62) में सिंचाई कार्यक्रमों की प्रधानता बरकरार रही। योजनाकाल में 380 करोड़ रूपये व्यय किए गए। सिंचित क्षेत्र में वृद्धि 2.83 करोड़ हैक्टर हुई जिसमें 125.5 लाख हैक्टर बड़ी व मध्यम योजनाओं से तथा 158 लाख हैक्टर में छोटी सिंचाई योजनाओं से सिंचाई की जाने लगी।

तृतीय पंचवर्षीय योजना में इस ओर अधिक ध्यान केन्द्रित किया गया, जो इस तथ्य से इंगित होता है कि सिंचाई विकास हेतु 580 करोड़ के प्रावधान रखे गए। इसका लाभ देश को इस रूप में मिला कि 1960–61 में कुल सिंचित क्षेत्र 2.83 करोड़ हैक्टर से बढ़कर 1965–66 में 3.64 करोड़ हैक्टर हो गया। इस तरह तृतीय योजना में सिंचित क्षेत्र में 81 लाख हैक्टर की वृद्धि हुई।

बहुउद्देशीय नदी घाटी योजनायें (Multi-purpose River Valley-projects): सिंचाई के साधनों के विकास के साथ–साथ विद्युत उत्पादन, मत्स्य पालन, बाढ़ नियन्त्रण आदि उद्देश्यों को दृष्टिगत रखते हुए बहुउद्देशीय नदी घाटी योजनाएँ शुरू की गईं, जिनमें प्रमुख हैं–भाखरा नांगल योजना (सतलज नदी), दामोदर घाटी योजना (दामोदर नदी–बिहार), चम्बल योजना (चम्बल नदी–राजस्थान–मध्यप्रदेश), राजस्थान नहर परियोजना (राजस्थान के बीकानेर, गंगानगर व जैसलमेर क्षेत्र), तुंगभद्रा योजना (तुंगभद्रा नदी–आन्ध्र एवं मैसूर की संयुक्त), हीराकुंड (महानदी), नागार्जुन सागर (आन्ध्र में कृष्णा नदी पर), व्यास योजना (पंजाब, राजस्थान व हरियाणा), कोसी परियोजना (कोसी नदी–बिहार) आदि। कृषि की उन्नित के लिए नेहरू जी ने वैज्ञानिक पद्धति अपनाए जाने पर आग्रह किया। उनकी मान्यता थी कि बहुउद्देशीय बाँध योजनाओं एवं सामुदायिक विकास कार्यक्रम द्वारा भारत अन्न उत्पादन में आत्मनिर्भर हो सकता है। उन्होंने देश के नव–निर्माण के लिए स्थापित एवं निर्मित किए जाने वाले उद्योगों एवं नदी घाटी परियोजनाओं को 'तीर्थ स्थान' की संज्ञा दी। उस दौर में किये गये प्रयासों से ही आगे जाकर भारत खाद्यान्नों में आत्मनिर्भर बन पाया।

उर्वरक उद्योग: यद्यपि भारत में विश्व का सर्वाधिक पशुधन है, यहां प्रतिवर्ष 100 करोड़ टन खाद प्राप्त हो सकता है। योजना आयोग के एक आंकलन के अनुसार ईंधन के अभाव में 40 करोड़ टन गोबर प्रतिवर्ष जलाकर उपयोगी खाद को नष्ट कर दिया जाता है। कृषि भूमि की तुलना में गोबर की खाद अपर्याप्त है तथा विकासशील कृषि के लिए रासायनिक उर्वरकों का प्रयोग आवश्यक माना गया। भारत में रासायनिक खाद निर्माण के लिए एक बड़ा सार्वजनिक उपक्रम फर्टिलाईजर कार्पोरेशन ऑफ इण्डिया लि. है। जिसके प्लान्ट सिंदरी (बिहार), ट्राम्बे (महाराष्ट्र), गोरखपुर (उत्तर प्रदेश), नाँगल (पंजाब), दुर्गापुर (पश्चिमी बंगाल), बरौनी (बिहार) आदि हैं। इसके अतिरिक्त रूरकेला खाद फैक्ट्री 1962 में प्रारम्भ की गई। नवैली में भी एक इकाई कार्यरत है। मद्रास (चैन्नई) व ट्रावनकोर में भी खाद के कारखाने शुरू किए गए। इसी प्रकार 'इंडियन फारमर्स फर्टिलाइजर सहकारी संघ' ने गुजरात कलोल आदि में कारखाने लगाकर इस क्षेत्र में नए आयाम स्थापित किए है। जिंक स्मेलटर उदयपुर, सोडियम सल्फेट कारखाना डीडवाना, निजी क्षेत्र में श्रीराम फर्टिलाइजर कानपुर व कोटा और वाराणसी, बड़ौदा, विशाखापट्नम को भी इसी श्रृंखला में शामिल करना होगा।

ग्रामीण पंचायतों की स्थापना: ग्रामीण स्तर के भूमि संसाधनों के अध्यक्ष (सरपंच) उसके सहयोगी सदस्यों को शामिल करते हुए सभी के लिए निर्वाचन प्रणाली के व्यापक मताधिकार (वयस्क मताधिकार) द्वारा चुनाव का प्रावधान किया गया। ग्राम सरपंच आदि पाँच वर्ष के लिए चुने जाते हैं। ग्राम प्रशासन की यह लोकतन्त्रीय व्यवस्था भेदभावरहित समाज की आधारशिला बनीं, बिना किसी जाति या धर्म के ग्राम पंचायतों के निर्वाचन में लोग भाग लेने लगे।

कृषि सुधारों के परिणाम: भारतीय अर्थव्यवस्था में कृषि सुधारों से आमूल परिवर्तन हुआ।

- वे किसान जो पूर्व में जमींदारों के शाही शान–शौकत में अपने परिश्रम की राशि उडेल रहे थे अब स्वयं अपने लिए मेहनत करके समृद्धि की राह पर चल पड़े। बिचौलियों की समाप्ति का यह सबसे उज्ज्वल पक्ष है।
- भूमि के नए मालिक खेती के पुराने तरीकों से परिचित थे, नई तकनीक का इस्तेमाल करने लगे, जिससे उत्पादन में तेजी आई। प्रारम्भ में जहां देश में खाद्यान्नों की भारी कमी थी 70–80 के दशक तक पहुंचते पहुंचते आत्म–निर्भर हो गया।
- भूमि सुधार, सिंचाई सुविधाओं का विकास, रासायनिक खादों की उपलब्धता से क्रान्तिकारी परिणाम आए। 'हरित क्रान्ति' को सफल बनाने में सहकारी साख व्यवस्था का भी महत्वपूर्ण योगदान रहा। गांवों की गतिशीलता से सामाजिक एवं राजनीतिक चेतना आई, लोग लोकतान्त्रिक मूल्यों को समझने लगे।
- यद्यपि हरित क्रान्ति एवं भूमि सुधार योजना का लाभ बड़े किसानों को अधिक हुआ जो लोग पूर्व में किसी न किसी रूप बिचौलिए की भूमिका में थे। परिणामतः गांवों में सामाजिक असमानता बढ़ी और जाति धर्मवाद का प्रसार हुआ, जो नवीन चेतना का ही परिणाम है।

औद्योगिकरण (Industrilization): औद्योगिक विकास के बारे में कांग्रेस के आधुनिक दृष्टिकोण की अभिव्यक्ति कांग्रेस अध्यक्ष ने 1936 में इंडियन साइंस एसोसिएशन की वार्षिक बैठक में की। इस बैठक में प्रोफेसर साहा ने सवाल किया था–क्या मैं जान सकता हूँ कि आने वाले कल का भारत ग्राम्य जीवन के दर्शन को या बैलगाड़ी दर्शन को फिर से जीवित करने जा रहा है, जिससे गुलामी को शाश्वत बनाया जा सके अथवा वह एक ऐसे आधुनिक औद्योगिक राष्ट्र का रूप लेने जा रहा है, जो अपने सभी प्राकृतिक साधनों का विकास करके गरीबी, अज्ञानता और सुरक्षा की समस्याओं का हल कर सके और राष्ट्रों के सौजन्य में सम्मानजनक स्थान प्राप्त कर सभ्यता का एक नया चक्र शुरू कर सकें?

राष्ट्रीय कांग्रेस के अध्यक्ष सुभाषचन्द्र बोस ने जवाब दिया था, 'राष्ट्रीय विकास का काम विज्ञान की मदद से सम्भव है..... भारत आज भी विकास की पूर्व औद्योगिक अवस्था में है। कोई भी पुनरूज्जीवन या पुनरूत्थान जब तक सम्भव नहीं है, जब तक भारत एक औद्योगिक क्रान्ति की यातना से न गुजरे। हम चाहे इसे पसन्द करें या नहीं लेकिन हमें यह तथ्य मानना होगा कि आधुनिक इतिहास का वर्तमान युग औद्योगिक युग है। औद्योगिक क्रान्ति से बचने का कोई उपाय नहीं है। अधिक से अधिक हम यही तय कर सकते हैं कि यह क्रान्ति अर्थात् औद्योगीकरण का काम ग्रेट ब्रिटेन की तरह अपेक्षतया धीरे–धीरे हो या सोवियत रूस की तरह तेजी के साथ जिसमें अधिक प्रयत्न की जरूरत होती है। मैं समझता हूँ कि इस देश में यह काम तेजी से होना है।[5]

औद्योगिक क्षेत्र में अव्यवस्था: प्रोफेसर साहा द्वारा उठाये गए सवाल में गरीबी, अज्ञानता, एवं सुरक्षा की समस्या के साथ हमें बढ़ती आबादी, निर्यात संवर्धन, वित्तीय एवं संस्थागत ढाँचे के विकास जैसे मुद्दों को जोड़कर औद्योगिकीकरण की आवश्यकता पर चर्चा करनी होगी।

यदि आबादी के सवाल को ही लिया जाए ता हम देखते हैं कि 1921–31 के दशक में भारतीयों की औसत आयु 27 वर्ष थी, जो बढ़कर 1951 में 32 वर्ष तक जा पहुंची। परिणामतः आबादी की रफ्तार तेज हुई, 1941–51 में सरकारी सूत्रों के अनुसार 40 लाख बेरोजगार थे, इस संख्या में बराबर इजाफे की कल्पना आजादी के दौर के राजनीतिज्ञों ने सहज ही की होगी।

औपनिवेशिक सरकार की नीतियों से पश्चिमी भारत की तुलना में पूर्वी भारत की अर्थव्यवस्था को अधिक क्षति पहुंची। गुजरात एवं महाराष्ट्र बिहार, असम, उड़ीसा और यहां तक कि बंगाल की तुलना में औद्योगिक विकास में आगे रहे। भारत सरकार के समक्ष पिछडे क्षेत्रों के विकास पर अधिक ध्यान दिए जाने की समस्या थी। पहले विश्व युद्ध तक उद्योगों के नाम पर विनिर्माण गतिविधियां ही देखी गई। उस समय तक चाय, तम्बाकू, जूट, कॉफी, रबर, अभ्रक एवं मैगनीज जैसे उद्योग ही मुख्य रूप से प्रस्थापित किए जा सके थे। 1920 एवं 1930 के दशकों में संरक्षण अनुदान से वस्त्र, चीनी, कागज, सीमेन्ट

एवं इन्जीनियरिंग का सामान जैसी आयातित सामग्री से सम्बद्ध उद्योगों को बढ़ने में मदद मिली। दूसरे शब्दों में आजादी के समय देश में आधारभूत उद्योगों अर्थात् लोह एवं इस्पात, आणविक शक्ति, विद्युत उत्पादन, कोयला, टेलीफोन, खनिज तेल, वायुयान, जलयान जैसे कई उद्योगों का अभाव था। इस बात को दृष्टिगत रखते हुए कांग्रेस द्वारा संशोधित 1931 के कांग्रेस के कराची प्रस्ताव में कहा गया कि 'राज्य प्रमुख उद्योगों, सेवाओं, खनिज स्रोतों, रेलवे, जल परिवहन, जहाजरानी और दूसरे यातायात साधनों पर नियन्त्रण रखेगा।'[6]

इन सब समस्याओं का एक ही निदान था, औद्योगिकीकरण। यह तथ्य 1938 में दिल्ली में आयोजित प्रान्तीय उद्योग मन्त्रियों के सम्मेलन में उभर कर आया। उद्योग मन्त्रियों की धारणा थी कि गरीबी और बेरोजगारी, राष्ट्रीय सुरक्षा और सामान्य तौर पर आर्थिक पुनरूत्थान की समस्याएं औद्योगिकीकरण के बिना हल नहीं की जा सकती। लगभग चार वर्ष बाद इसी तरह के विचार उस दस्तावेज में प्रकट किए गए, जिसे उद्योगपतियों की बड़ी योजना **(ए प्लान ऑफ इकनामिक डेवलपमेंट फार इण्डिया)** अथवा **बम्बई योजना (या बांबे प्लान)** के नाम से जाना जाता है।[7] इस दस्तावेज को 1944 में जे.आर. डी. टाटा, जी.डी. बिरला, लाला श्रीराम जैसे उद्योगपतियों ने तैयार किया था।

स्मरणीय है कि भारत सरकार अधिनियम 1935 के अन्तर्गत औद्योगिक विकास एक प्रान्तीय विषय था। 1945 के 'नीति वक्तव्य' के अनुसार भारत सरकार ने इसके विचार क्षेत्र में लगभग 20 उद्योगों को लिया गया–लौह इस्पात, मोटर वाहन और परिवहन वाहन, हवाई जहाज, विद्युत मशीनरी, भारी मशीन, मशीनों के औजार, भारी रसायन, उर्वरक, दवाएं व औषध, सीमेन्ट, चीनी, रबड़, उत्पाद, कोयला एवं विद्युत आदि। 1951 में प्रथम पंचवर्षीय योजना शुरू की गई जिसका मसौदा ब्रिटिश सरकार के योजना विभाग एवं योजना सलाहकार बोर्ड द्वारा बनाया गया था। नेहरू का उद्देश्य था आम लोगों की गरीबी एवं बेरोजगारी दूर करना तथा लोगों का जीवन स्तर ऊँचा उठाना। इसके लिए अधिक उत्पादन एवं औद्योगिकीकरण की आवश्यकता थी।

मिश्रित अर्थव्यवस्था (Mixed Economy): अपने वित्तीय संसाधनों प्रशिक्षित एवं अनुभवी व्यक्तियों की उपलब्धता को दृष्टिगत रखते हुए 'मिश्रित अर्थव्यवस्था' को अपनाया, जिसमें निजी क्षेत्र एवं सार्वजनिक क्षेत्र दोनों को महत्व दिया गया। सार्वजनिक उद्योगों पर राज्य का स्वामित्व एवं निजी क्षेत्र में व्यक्तिगत स्वामित्व एवं नियंत्रण का प्रावधान है। भारी उद्योग, प्रतिरक्षा उद्योग, तार टेलीफोन, लोह इस्पात, कोयला, खनिज पदार्थ, अणु शक्ति, रेलवे आदि सार्वजनिक क्षेत्र में रखे गए, शेष कल कारखानों को निजी क्षेत्रों को सौंपा गया। उल्लेखनीय है कि राज्य ने विशेषतः ऐसे क्षेत्रों को चुना, जहां लाभ कम एवं प्रतिफल विलम्ब से प्राप्त होते है। जैसे नदी घाटी परियोजनाएं, अणुशक्ति एवं बिजली उत्पादन की बड़ी सामग्री। विशाल उद्योगों के विषय में उन्होंने कहा था, "बडे कारखानों के बिना भारत में भौतिक स्तर पर वास्तविक कल्याण अथवा प्रगति नहीं हो सकती है। मैं तो यह भी कहूंगा कि बड़े कारखानों और इसके परिणामों के बिना हम एक राष्ट्र के रूप में स्वतन्त्रता भी बनाए नहीं रख सकते और मेरा ख्याल है कि व्यापक रूप से फैले ग्राम उद्योगों के बिना भारत में लोक कल्याण तथा बड़े पैमाने पर रोजगार की व्यवस्था कम से कम आगे आने वाले लम्बे समय तक नहीं को सकती। प्रश्न अब देश की सम्पूर्ण अर्थव्यवस्था में छोटे उद्योगों के समन्वय करने का है।"

निजी क्षेत्र विदेशी पूंजी आयात का भी अच्छा माध्यम साबित हो सकता था। नेहरू की यह भी धारणा थी कि सम्पूर्ण आर्थिक क्षेत्र राज्याधिकार में आने से जनहित के प्रति उपेक्षा का भाव बन सकता है। अतः निजी क्षेत्र से प्रतिस्पर्द्धा सार्वजनिक क्षेत्र की कुशलता के उच्च मानदंड प्राप्त करने में सहायक हो सकती है। दोनों क्षेत्र परस्पर स्वस्थ प्रतिस्पर्धा के कारक माने गए। पूर्ण राष्ट्रीयकरण महात्मा गांधी के कुटीर उद्योग की अवधारणा के प्रतिकूल होता। मिश्रित अर्थव्यवस्था में कुटीर उद्योगों को ग्रामीण रोजगार सृजन के अच्छे माध्यम के रूप में स्वीकार किया गया।

उद्योग–धन्धों के विनियमन एवं विकास हेतु 1951 में उद्योग एक्ट लाया गया, जिसके माध्यम से सरकार ने औद्योगिक नीति प्रस्ताव 1948 द्वारा निर्देशित अपने लक्ष्यों को पूरा करने का प्रयास किया। सरकार को मध्यम एवं बड़े औद्योगिक प्रतिष्ठानों के लिए लाईसेंस जारी करने का अधिकार था। इसके तहत उत्पादन की मात्रा, आयात एवं विक्रय कोटा, मूल्य एवं मजदूरी तथा वेतन आदि तय करने के अधिकार शामिल थे।

द्वितीय पंचवर्षीय योजना 1956 में लागू हुई, इस क्रम में 30 अप्रैल, 1956 को तत्कालीन प्रधानमंत्री नेहरू ने संसद में नई औद्योगिक नीति की घोषणा की। इस नीति ने सार्वजनिक क्षेत्र का बहुत विस्तार कर उसके उत्तरदायित्व में वृद्धि कर

दी। इसमें समाजवाद की स्थापना, तीव्र औद्योगीकरण एवं मूलभूत उद्योगों के विकास से देश की भावी तरक्की का आधार तैयार करने एवं एकाधिकार व केन्द्रीयकरण प्रवृत्तियों पर रोक लगाने के उद्देश्य निहित थे। नेहरू के प्रोत्साहन से द्वितीय योजनाकाल में उद्योगों का खूब विकास हुआ। अब भारी तथा आधारभूत उद्योगों के विकास की ओर ध्यान दिया गया। तृतीय योजना में भी औद्योगिक विकास को सर्वोच्च प्राथमिकता दी गई थी, लेकिन 1962 में चीनी आक्रमण तथा 1965 के पाकिस्तान आक्रमण के बावजूद उद्योगों की विकास दर 8–9 प्रतिशत के लगभग रही।

उद्योगों में संरचनात्मक परिवर्तन एवं वृद्धि: पहली पंचवर्षीय योजना के बारे में कहा जाता है कि उसका प्रारूप बहुत जल्दी में बनाया गया था अतः सम्भव लक्ष्य ही निर्धारित किए गए। लेकिन दूसरी योजना का परिप्रेक्ष्य काफी विचार–विमर्श के बाद तैयार किया गया और सांख्यिकीविद् प्रोफेसर पी.सी. महलानोबिस से इस मामले में सलाह प्राप्त हुई। भारत के प्रचुर खनिज संसाधनों को दृष्टिगत रखते हुए यह सुझाव आया कि भारत को इस्पात, कोयला, भारी मशीनरी, तेल परिशोधन कारखाने तथा सीमेन्ट जैसे आधारभूत उद्योगों के विकास हेतु प्रयास अपेक्षित है। बड़ी राशि के निवेश का दायित्व सार्वजनिक क्षेत्र को सौंपा गया। पश्चिमी जर्मनी एवं सोवियत संघ जैसे देशों के सहयोग से भारत इस्पात उद्योग, भारी अभियान्त्रिकी, भारी रसायन आदि उद्योगों को विकसित करने में सफल रहा। सार्वजनिक उद्योगों के कारण ही विकास दर का प्रतिष्ठित स्तर प्राप्त किया जा सका। परिणामतः प्रथम पंचवर्षीय योजना की 5.7 प्रतिशत विकास दर से बढ़कर दूसरी योजना में यह दर 7.2 प्रतिशत हो गई और तीसरी योजना के दौरान इसे लगभग 8–9 प्रतिशत तक पहुंचा दिया गया। औद्योगिक क्षेत्र के कुल उत्पादन में अभियान्त्रिकी, भारी मशीनरी और उपकरण, रसायन, विद्युत सामग्री का हिस्सा बढ़ा। पटसन, सूती वस्त्र, चीनी जैसे उद्योगों की हिस्सेदारी कम होना सार्वजनिक उद्योगों में अधिक विनियोजन को दर्शाता है। उदाहरण के लिए केवल वस्त्र उद्योग की ही चर्चा की जाए तो हम देखते हैं कि हथकरघा एवं सूती वस्त्रों की भागीदारी कम रही सिंथेटिक वस्त्रों की तुलना में।

औद्योगिक वित्त (Industrial Finance): उद्योगों की स्थापना, संचालन आदि के लिए वित अपेक्षित है। दूसरे शब्दों में स्थापना सम्बन्धी औपचारिकता, भूमि, यन्त्र, भवन आदि कार्यशील पूंजी और विकास, विस्तार आदि के लिए वित्त की आवश्यकता होती है। इसकी पूर्ति बड़े उद्योगों हेतु व्यापारिक बैंकों, जनता द्वारा विनियोग[8] (Investment by Public), जनता द्वारा ऋण (Bonds of Debentures), सार्वजनिक जमा, साधारण अंश, पूर्वाधिकार अंश, अर्जित लाभों को पुनर्विनियोग, बीमा कम्पनियों, विनियोग प्रन्यास, देशी बैंकर व साहूकार, सरकार, विशिष्ट वित्तीय संस्थाऐं, विदेशी पूंजी आदि से की जा सकती है।

भारतीय औद्योगिक वित्त निगम: 1948 में एक विशेष अधिनियम द्वारा भारतीय औद्योगिक वित्त निगम (Industrial Finance Corporation of India, IFCI) की स्थापना बड़े उद्योगों की मध्यम एवं दीर्घकालीन वित्तीय आवश्यकता हेतु की गई। इस निगम की अधिकृत पूंजी 10 करोड़ रखी गई, जो रिजर्व बैंक, बीमा कम्पनियों, सहकारी बैंकों एवं अनुसूचित बैंकों में विभाजित थी। इसके अतिरिक्त रिजर्व 25 करोड़ रूपये थे।

भारतीय औद्योगिक साख एवं विनियोग निगम (Industrial Credit & Investment Corporation of India, ICICI): भारतीय कम्पनी अधिनियम के अन्तर्गत 1955 में, निजी उद्योगों को मध्यकालीन एवं दीर्घकालीन वित्त प्रदान करने के उद्देश्य से इसका गठन किया गया। भारतीय बैंकों, बीमा कम्पनियों, ब्रिटिश व अमेरिकन पूंजीपतियों तथा भारतीय जनता में निगम की अधिकतम पूंजी 25 करोड़ विभाजित थी।

भारतीय औद्योगिक विकास बैंक[9] (Industrial Development Bank of India): इस बैंक की स्थापना का प्रमुख उद्देश्य सार्वजनिक एवं निजी औद्योगिक संस्थाओं के विकास, विस्तार एवं नवीनीकरण रहा है। 1964 में इसकी प्रस्थापना की गई। बैंक की अधिकृत पूंजी 50 करोड़ किन्तु केन्द्र सरकार की विशेष अनुमति से इसे 100 करोड़ तक बढ़ाए जाने के प्रावधान निहित थे।

राष्ट्रीय औद्योगिक विकास निगम (National Industrial Development Corporation): देश में तीव्र औद्योगिक प्रगति, आधारभूत उद्योगों के प्रवर्तन, निजी उद्योगों को तकनीकी एवं इंजीनियरिंग सहयोग तथा अन्य औद्योगिक योजनाओं के वित्तीय प्रबन्ध हेतु इस निगम को 1954 में अस्तित्व में लाया गया। इसका मूल उद्देश्य लाभार्जन न होकर सरकार के अभिकर्त्ता के रूप में औद्योगिक साहस को प्रोत्साहित करना था। निगम की अधिकृत पूँजी मात्र 1 करोड़ है जो केन्द्र सरकार की है। आर्थिक संसाधनों की अभिवृद्धि हेतु ऋण, अग्रिम, निक्षेप, अनुदान स्वीकार कर सकता है।

राज्य वित्त निगम (State Finance Corporation): लघु एवं मध्यम दर्जे के उद्योगों को वित्त प्रदान करने हेतु 1951 में अधिनियम पारित किया गया। तदनुसार राज्यों में राज्य निगमों की स्थापना के प्रावधान हैं। इनकी अधिकृत पूँजी 50 लाख से 5 करोड़ हो सकती है।

औद्योगिक विनियोग: आजादी के बाद भारत सरकार ने औद्योगिक विकास की ओर विशेष ध्यान दिया, परिणामतः विनियोगों में निरन्तर वृद्धि हुई। सार्वजनिक क्षेत्र में प्रथम योजना में मात्र 55 करोड़ विनियोजित किया जा सका था, वह दूसरी पंचवर्षीय योजना में 938 एवं तृतीय में 1520 तक जा पहुंचा।

पंचवर्षीय योजनाओं का ही प्रतिफल कहा जाएगा कि औद्योगिक उत्पादन में तेजी आई। 1950–51 के मुकाबले 1968–69 में औद्योगिक उत्पादन लगभग तिगुना हुआ। 1960–100 के आधार पर औद्योगिक उत्पादन सूचकांक 1950–51 में 49 था, वह 1965–66 में बढ़कर 154 तक पहुंच गया।

1948 की नीति में ही स्पष्ट कर दिया गया था कि देश के औद्योगिकीकरण के लिए आधारभूत एवं बुनियादी उद्योगों का विस्तार अपेक्षित है। 1956 से प्रभावी द्वितीय योजना में आधारभूत उद्योगों के विकास को सर्वोच्च प्राथमिकता दी गई। इस परिप्रेक्ष्य में लोह इस्पात की तीन नई इकाइयाँ रूरकेला, भिलाई एवं दुर्गापुर में, भोपाल में हैवी इलेक्ट्रॉनिक कारखाना, एल्यूमिनियम, सीमेन्ट, मशीनी औजार निर्माण, रासायनिक उद्योग निर्माण द्रुत गति से शुरू हुआ।

आधारभूत उद्योगों का विकास

इकाई		1950–51 (लाख टन)	1960–61 (लाख टन)
लोह इस्पात	लाख टन	10.4	23.0
सीमेन्ट	लाख टन	27.3	80.0
मशीनें	लाख टन	30.0	700.0
एल्यूमिनियम	हजार टन	4.0	18.0
पेट्रोलियम	लाख टन	2.0	60.0
नाइट्रोजन (उवर्रक)	लाख कि. वा.	23.0	56.0
कोयला	लाख टन	328.0	557.0

मूल्यांकन: प्रारम्भिक दौर में पटसन एवं चीनी जैसे उद्योग ही भारत में शुरू हुए थे।

- आजादी के बाद इस ओर विशेष ध्यान दिया गया। योजनागत विकास की शुरूआत हुई, परिणामतः भारत 1964 तक पहुंचते–पहुंचते विविध प्रकार के उद्योग प्रस्थापित कर चुका था। कहा जा सकता है कि आज भारत एक प्रमुख औद्योगिक राष्ट्र है और तीसरी दुनिया के देशों में महत्वपूर्ण औद्योगिक स्थिति बनाए हुए है तथापि सन्तुलित क्षेत्रीय विकास की आवश्यकता है।
- दूसरा महत्वपूर्ण तथ्य पूंजी से सम्बन्ध रखता है। अब तक भारत की विदेशी पूंजी की ओर नजरें टिकी रही है अर्थात् औद्योगिक पूंजी का अभाव हमारी आत्मनिर्भरता में बाधक है। इसी तरह अब भी हम कई मामलों में विदेशी प्रौद्योगिकी पर निर्भर है।
- यह भी कहा गया है कि औद्योगिक क्षेत्र कृषक समाज का आमूल परिवर्तन करने में असफल रहा है परिमाणतः कृषि सम्बन्धी आय एवं अधिशेष सृजन की मंद गति उपभोक्ता वर्ग की अभिवृद्धि में बाधक साबित हुई।

संदर्भ

1. *हरिजन*, अप्रैल 20, 1940, पृ. 97
2. रजनीपाम दत्त, *आज का भारत*, पृ. 638
3. प्रथम कृषि श्रम जांच पड़ताल कमेटी 1951 के प्रतिवेदन से इस तथ्य की पुष्टि होती है।
4. बिपिनचन्द्र एवं अन्य, वही, 497
5. वही, रजनीपाम दत्त, पृ. 635
6. बिपिनचन्द्र एवं अन्य, *आजादी के बाद भारत*, हिन्दी कार्या. 2002, पृ. 453
7. बिपिन चन्द्र एवं अन्य, वही, पृ. 453, *आज का भारत*, पृ. 635
8. एक आंकलन के अनुसार 1951 में यह विनियोग 7.9 करोड़ रूपये थे।
9. Source, RBI, Supplement, Dec., 1978, Basic Statistics.

❋❋❋

47

विदेश नीति एवं पड़ोसी देशों से सम्बन्ध

(Foreign Policy and Relation with Neighbouring Countries)

राष्ट्रों के पारस्परिक सम्बन्धों का आधार सुरक्षा व्यवस्था, व्यापारिक हित, सांस्कृतिक पृष्ठभूमि, विज्ञान एवं तकनीकी जैसे कई तत्व बनते हैं। भारत के वैदेशिक सम्बन्धों की शुरूआत आजादी के बाद हुई, इससे पूर्व हमारी विदेश नीति ब्रिटिश सरकार द्वारा नियन्त्रित थी। भारत की विदेश नीति का प्रारम्भ अन्य राष्ट्रों की भांति स्वतन्त्र रूप से नहीं हुआ। इसका अभिप्राय यह नहीं है कि आजादी के बाद भी हम विदेश नीति के मामले में स्वतन्त्र नहीं थे अपितु राष्ट्रीय आन्दोलन के दौर की परिस्थितियों, अन्तर्राष्ट्रीय परिदृश्य एवं आन्तरिक घटनाओं ने विदेश नीति के निर्धारक तत्वों को काफी हद तक प्रभावित किया। भारत के संविधान निर्माता इन सब परिस्थितियों से अनभिज्ञ नहीं थे। संविधान के अनुच्छेद 51 में जिक्र किया गया है कि अन्तर्राष्ट्रीय शान्ति और सुरक्षा के संवर्द्धन के लिए प्रयास करना राष्ट्रों के न्यायपूर्ण और सम्मानपूर्ण सम्बन्ध बनाए रखना अन्तर्राष्ट्रीय कानून के प्रति तथा विभिन्न राष्ट्रों के पारस्परिक सम्बन्धों में सन्धियों के पालन के प्रति सम्मान में वृद्धि के प्रयास तथा पंच निर्णय द्वारा अन्तर्राष्ट्रीय विवादों के निष्पादन को प्रोत्साहित करना विदेश नीति के अंग हैं।

विद्वानों ने विदेश नीति के निर्धारक तत्वों की भिन्न–भिन्न ढंग से व्याख्या की है। कुछ विद्वान भौगोलिक तत्वों को अधिक महत्व प्रदान करते हैं तो कुछ आर्थिक तत्वों को, एक विचारधारा सुरक्षा हितों से प्रभावित है तो दूसरी व्यक्तिगत अवधारणा को महत्व प्रदान करती है। यहां कुछ महत्वपूर्ण तत्वों का जिक्र करना अप्रासंगिक न होगा।

भौगोलिक परिस्थितियां: भारत की स्थल सीमा पाकिस्तान, चीन, नेपाल, म्यानमार, बांग्लादेश आदि से लगी हुई है। देश की उत्तरी सीमा पर दुर्गम पहाड़ स्थित है, वहीं दक्षिणी भाग को समुद्र घेरे हुए हैं। भारत के उत्तर पश्चिम में पाकिस्तान स्थित है, वहीं उत्तर में साम्यवादी चीन, पूर्वी भाग पर म्यानमार (बर्मा) खड़ा है तो दक्षिण पूर्व में बांग्लादेश। उत्तर–पश्चिम से सदैव ही देश को मध्य एशिया के विविध आक्रमणों को झेलना पड़ा, वहीं समुद्री मार्ग से पश्चिमी सामुद्रिक शक्तियों का शिकार होना पड़ा। के.एम. पणिक्कर ने ठीक ही कहा है कि "किसी देश की नीति उसकी भौगोलिक परिस्थितियों से निश्चित होती है, जब नीतियों का लक्ष्य प्रादेशिक सुरक्षा हो, उसका निर्धारण मुख्य रूप से भौगोलिक तत्वों से हुआ करता है।"[1]

आजादी के बाद भारत की दूर–दूर तक फैली पर्वत श्रृंखलाओं और दक्षिण की लम्बी समुद्री सीमा की सुरक्षा भारत की चिंता का विषय था। स्वतन्त्रता के समय भूतपूर्व सोवियत संघ एवं तदनन्तर चीन साम्यवाद के गढ़ थे वहीं दूसरी ओर संयुक्त राज्य अमेरिका, ब्रिटेन जैसे पूंजीवादी राष्ट्र। देश का साम्यवादी गुट की ओर झुकाव, पश्चिमी गुट की नौ शक्ति से समुद्री सीमा को खतरा पैदा करता, वहीं पश्चिमी गुट की प्रगाढ़ता उत्तरी स्थल सीमा के लिए खतरा बन सकती थी। इन भौगोलिक कारकों ने नीति निर्माताओं को मध्य मार्ग या बीच का रास्ता निकालने को विवश किया।

भारतीयों की सदैव यह धारणा रही है कि हिन्द महासागर स्वतन्त्र एवं शांति क्षेत्र बना रहे, ब्रिटेन के इस क्षेत्र से हट जाने से शक्ति शून्यता नहीं आ गई अपितु तटवर्ती राष्ट्र उक्त शून्यता को सम्पृक्त करने में सक्षम है। भारत डियागो गार्शिया में अमेरीकी सैनिक अडडों का उतना ही विरोधी रहा है, जितना कि तत्कालीन सोवियत रूस का। इसी तथ्य को दृष्टिगत रखते हुए मार्च, 1997 में भारत एवं तेरह अन्य देशों ने इण्डियन ओशन रिम एसोसिएशन फार रीजनल को–आपरेशन (हिमतक्षेस) बनाया, जिसका उद्देश्य हिन्द महासागर के तटवर्ती देशों के मध्य परस्पर सहयोग बढ़ाना था।

ब्रिटिश सत्ता समाप्ति के बाद गाई विंट (Guy Wint) जैसे विद्वानों की मान्यता थी कि भारत को विदेश नीति में भौगोलिक परिस्थितियों के कारण कोई अन्तर नहीं आएगा, क्योंकि भौगोलिक कारकों के यथापूर्व बने रहने के कारण इसके वास्तविक हित वैसे ही बने रहेंगे।[2]

द्विगुटीय–विश्वः आजादी के समय विश्व दो गुटों में विभक्त था। संयुक्त राज्य अमेरिका एवं पूर्व सोवियत संघ इन गुटों के प्रमुख थे, जिनका पारस्परिक मन–मुटाव शीतयुद्ध (Cold War) के नाम से प्रसिद्ध रहा है। द्वितीय विश्व युद्ध के दौरान मित्र राष्ट्र अमेरिका, रूस, इंग्लैण्ड एवं फ्रांस आदि एकजुट रहें, क्योंकि इनके विरूद्ध जर्मनी, इटली एवं जापान थे। युद्ध समाप्त होने के बाद विश्व में अपना प्रभाव बढ़ाने के मकसद से अमेरिका, इंग्लैण्ड जैसे देश एक ओर तथा रूस एवं

अन्य साम्यवादी देश दूसरी ओर थे। साम्राज्यवादी गुट ने नाटो (NATO) एवं साम्यवादी गुट ने सीआटो (SEATO) नामक संगठन एक दूसरे के विरूद्ध बनाये। इन दो गुटों के परस्पर प्रचार एवं वैचारिक युद्ध की इस पद्धति को तनावयुक्त शान्ति का जा सकता है। परिणामतः विश्व समुदाय का बड़ा भाग दो भागों में विभक्त और लम्बे समय तक युद्ध के कगार पर खड़ा रहा। नेहरू जैसे नेतृत्व, शीत युद्ध को अन्तर्राष्ट्रीय शान्ति एवं सुरक्षा के लिए हानिकारक मानते थे। एक गुट का समर्थन दूसरे की नाराजगी का कारण बनता। भारत ने दोनों गुटों से पृथक् रहना श्रेयस्कर समझा। एशिया व अफ्रीका के कई देशों ने शीत युद्ध का विरोध करने की भारतीय नीति का समर्थन किया तथा परस्पर सहयोग को, राष्ट्रों में शान्तिपूर्ण सह–अस्तित्व के लिए आवश्यक माना।

आर्थिक एवं सैनिक तत्वः आर्थिक प्रगति के लिए भारत को विदेशी सहायता की आवश्यकता सदैव रही है। देश का अधिकांश व्यापार पाश्चात्य देशों के साथ था। इस दृष्टि से भारत को पाश्चात्य जगत् के साथ होना चाहिए था, लेकिन नीति निर्माताओं ने ऐसा नहीं किया। पाश्चात्य गुट में शामिल होने का परिणाम उसके अनुरूप अपने का ढालना अथवा साम्राज्यवादी इरादों की पूर्ति था। गुटनिरपेक्ष रहने का लाभ यह हुआ कि दो ध्रुवीय विश्व से समान रूप से आर्थिक एवं तकनीकी सहयोग की सुनिश्चितता बनी। किसी एक पक्ष का अन्धानुकरण भारत के लिए परेशानी का कारण बनता, हमारे राजनीतिज्ञों की सूझबूझ का ही परिणाम था कि भारत ने एक भिन्न रूख अपनाया। 1951 में बुलिट ने जिक्र किया था कि जो देश जीप नहीं तैयार कर सकता वह महाशक्ति कैसे हो सकता है। इस तथ्य से नेतृत्व वर्ग परिचित था।

व्यक्तिगत प्रभावः रूस एवं अमेरीका के शीतयुद्ध में कमी लाने के उद्देश्य से तत्कालीन प्रधानमन्त्री एवं विदेश मन्त्री पण्डित जवाहरलाल नेहरू ने दोनों गुटों से अलग रहने की नीति अपनाई। यह नीति न केवल द्वि–ध्रुवीय विश्व के 'शीत युद्ध' के सामान्यीकरण में सहयोगी साबित हुई अपितु अन्तर्राष्ट्रीय क्षेत्र में भी भारत के सम्मान में वृद्धि का कारण बनी। भारत की नीति का समर्थन कई अफ्रीकी एवं एशियाई देशों ने किया और उन्होंने शक्तिशाली राष्ट्रों द्वारा नियोजित एवं संचालित 'क्षेत्रीय रक्षा संगठनों' में शामिल होने से इन्कार कर दिया। ईजिप्ट (मिस्त्र) के नासिर और यूगोस्लाविया के मार्शल टीटो नेहरू की नीति के प्रशंसक एवं समर्थक बने। गुटनिरपेक्षता की नीति के प्रणेता पण्डित नेहरू ही थे। लेकिन स्वयं नेहरू ऐसा नहीं मानते थे। उन्होंने कहा था "यह भारतीय परिस्थितियों की उपज है। वैयक्तिक रूप से मेरा यह विश्वास है कि भारत के वैदेशिक मामलों की बागडोर यदि अन्य किसी व्यक्ति या दल के हाथ में होती तो उसकी नीति वर्तमान से बहुत भिन्न न होती।"

यह बात अलग है कि पण्डित नेहरू विदेश नीति के निर्माता थे, लेकिन पूरी तरह सर्वेसर्वा नहीं। उनकी इस नीति पर सरदार पटेल, गोविन्दवल्लभ पंत, पणिक्कर, श्री कृष्ण मेनन, डॉ. राधाकृष्णन् एवं विदेश मन्त्रालय के वरिष्ठ अधिकारियों, राजदूतों एवं सांसदों तथा प्रेस का प्रभाव था। उदाहरण के लिए तिब्बत पर चीनी शिंकजे को लेकर नवम्बर, 1950 में सरदार पटेल कठोर नीति के समर्थक थे, किन्तु उस समय चीन में भारत के राजदूत पणिक्कर के प्रयत्नों से साम्यवादी चीन के साथ भारत के मैत्रीपूर्ण सम्बन्ध बने और संभावित उग्र संघर्ष से भारत को बचाया गया।[3]

राष्ट्रीय नीतिः अमेरिका के विदेश मंत्री चार्ल्स इवान्स ह्यजेस (Charles Evans Hughas) ने ठीक ही कहा था, "विदेशी नीतियों का निर्माण सूक्ष्म सिद्धान्तों के आधार पर नहीं होता, किन्तु ये राष्ट्रीय हितों के क्रियात्मक विचारों का परिणाम होती है।"[4] राष्ट्रीय हित भौगोलिक, दार्शनिक, ऐतिहासिक, आर्थिक, सैनिक, परम्पराओं, आचार–विचार, विश्वास, रीति–रिवाज, धार्मिक, सामाजिक विचारधाराओं एवं व्यवस्थाओं पर निर्भर होते हैं। लोकसभा में दिसम्बर 1947 में जवाहरलाल नेहरू के भाषण से भी यह बात प्रतिध्वनित होती है, "भारत की विदेश नीति का ध्येय इसके राष्ट्रीय हित की सुरक्षा है।"

भारत की विदेश नीति में यदा–कदा विरोधाभास दिखाई पड़ते हैं जैसे गुट–निरपेक्षता के बावजूद 9 अगस्त, 1971 को सोवियत संघ के साथ एक 20 वर्षीय सन्धि की। इसी कारण अफगानिस्तान में सोवियत हस्तक्षेप की भर्त्सना भारत मुखर रूप में नहीं कर पाया और 14 जनवरी, 1980 के संयुक्त राष्ट्र संघ के प्रस्ताव में भारत ने हिस्सा नहीं लिया, जिसमें अफगानिस्तान से विदेशी सेनाओं के तत्काल बिना शर्त, पूर्ण वापसी की बात कही गई थी। इसी प्रकार 5 जून, 1987 को भारत ने मानवीय आधार पर जाफना में पीड़ित जनता के लिए हवाई मार्ग से राहत सामग्री पहुंचाई। निरस्त्रीकरण का प्रबल समर्थक होने के बावजूद भारत ने अप्रसार सन्धि तथा व्यापक परीक्षण प्रतिबंध सन्धि पर हस्ताक्षर से इंकार किया।

ऐतिहासिक पृष्ठभूमि एवं विचारधाराएँः हिन्दू सभ्यता सदैव शान्ति, समन्वय, उदारता, सहिष्णुता एवं मानवतावादी दृष्टिकोण की पोषक रही है। हजारों वर्षों के इतिहास में भारत द्वारा किसी अन्य देश पर प्रभुत्व स्थापित करने एवं शोषणवादी

प्रवृत्ति के संकेत नहीं मिलते। साथ ही संसदीय प्रणाली, प्रशासनिक व्यवस्था, उदारवादी दृष्टिकोण, शिक्षा पद्धति, अंगरेजी भाषा, कानून व्यवस्था आदि तत्वों ने विदेश नीति को प्रभावित किया। उल्लेखनीय है कि चीन एवं पाकिस्तानी आक्रमणों का सामना करने के बावजूद भारत ने आक्रमणकारियों के प्रति, सहिष्णुता और मैत्री सम्बन्ध बनाए रखने की सदैव कोशिश की। जी.एफ. हडसन का यह कथन युक्तिसंगत है कि "गांधीजी के शान्तिवाद ने देश को यह विश्वास कराया कि विश्व में शान्ति, समझौते से स्थापित हो सकती है, न कि रक्षात्मक संगठन बनाने से।" भारत का यह कर्त्तव्य है कि वह दो विरोधी दलों से अलग रहे और इनमें मध्यस्थ का कार्य करे।[5]

जहाँ तक पश्चिमी विचारधाराओं का प्रश्न है उदारवाद तथा मार्क्स जैसे विचारकों के सिद्धान्तों को विदेश नीति में सहज ही खोजा जा सकता है। पण्डित नेहरू ने ठीक ही कहा "हम यह देखते हैं कि लोकतन्त्र उपनिवेशवाद तथा जातीय पक्षपात के प्रश्न पर इनसे समझौता कर लेते हैं। यदि हम पश्चिम से समझौता कर लेंगे तो हमें इन बुराईयों को भी स्वीकार करना पड़ेगा, इसके विपरीत रूस में सामाजिक न्याय और समानता पर बहुत बल दिया जाता है, किन्तु वहाँ इस समय बहुत बड़ी मात्रा में विचारों की स्वतन्त्रता का अभाव (Regimentation) तथा राजनीति में आतंक के उपाय का अवलम्बन है। भारत को ये दोनों बातें पसन्द नहीं हैं। अतः विचारधारा के भेद के कारण उसकी नीति दोनों पक्षों से अलग–अलग रहने की है।[6]

भारतीय विदेश नीति के सिद्धान्त एवं व्यवहार: शीत युद्ध के दौर में संयुक्त राज्य अमेरिका एवं सोवियत संघ में अस्त्र वृद्धि की होड़ लग गई थी। अन्तर्राष्ट्रीय मंचों पर भारत ने दृढ़ता के साथ यह विचार प्रकट किए कि ऐसा करना देशों के बीच तनाव वृद्धि का कारण तथा इसकी परिणति सशस्त्र संघर्ष में होगी। भारत ने विश्व में शांति कायम रहे, इसी दृष्टिकोण से अपने को प्रत्येक गुट से अलग रखा। अतः इसे गुटनिरपेक्षता की नीति कहा गया। जार्ज श्वार्जनबर्गर के अनुसार गुटनिरपेक्षता मित्र सन्धियों अथवा गुटों से बाहर रहने की नीति है। वह यह मानता है कि प्रथम विश्व युद्ध से पूर्व अमरीका ने जिस नीति का अनुसरण किया, वह गुटनिरपेक्षता की नीति थी। लेकिन इस बात पर उससे सहमत होना कठिन है कि प्रथम विश्व युद्ध के पूर्व के काल की अमरीकी नीति गुटनिरपेक्षता की ही नीति थी। यह बात समझने के लिए हमें यह ध्यान रखना होगा कि 'शीत युद्ध से पृथक्कीकरण' ही गुटनिरपेक्षता का सार–तत्व है। प्रथम विश्व युद्ध से पूर्व अमेरीका की विदेश नीति वास्तव में एक प्रकार की अलगाववादी नीति थी। जिसकी तुलना अधिक से अधिक असंलग्नता की नीति से की जा सकती है।[7]

गुटनिरपेक्षता (Non-Alignment): भारत की विदेश नीति को तटस्थता की नीति नहीं कहा जा सकता। यद्यपि श्वार्जनबर्गर तटस्थता या ताटस्थ्यवाद को गुटनिरपेक्षता के अधिक नजदीक मानते हैं। इस तथ्य को स्पष्ट करते हुए जवाहरलाल नेहरू ने कहा था कि "तटस्थता एक ऐसी धारणा है जिसकी संगति केवल युद्धकाल में ही हो सकती है।" जबकि गुटनिरपेक्षता का सम्बन्ध विदेश नीति से है। उल्लेखनीय है कि भारत की विदेश नीति कभी 'तटस्थ' नहीं रही अर्थात् अन्तर्राष्ट्रीय मसलों पर भारत कभी 'तटस्थ' नहीं रहा बल्कि इसके गुणावगुण के आधार पर विभिन्न मंचों पर अपनी सम्मति स्पष्ट रूप से व्यक्त की। अप्पादोराई ने इसकी व्याख्या में लिखा है, 'यह एक नकारात्मक नीति नहीं है, यह सकारात्मक है, जिसका उद्देश्य समविचारवादी राष्ट्रों के साथ मिलकर शान्ति, स्वतन्त्रता और मैत्री के उद्देश्य प्राप्त करना और अपना तथा अन्य अर्द्ध विकसित राष्ट्रों का विकास करना है। संक्षेप में गुटनिरपेक्षता के विश्लेषण में कहा जा सकता है कि यह गुटों से पृथक रहने, शीत युद्ध में भाग न लेने, अन्तर्राष्ट्रीय स्तर पर सक्रिय रहने (तटस्थ नीति) अन्तर्राष्ट्रीय समस्याओं पर गुण–दोषों के आधार पर स्वतन्त्र रूप से निर्णय लेने तथा विरोधी गुटों के बीच सन्तुलन बनाए रखने का बोध कराती है।'

गुटनिरपेक्षता की व्यावहारिक रूप में समीक्षा करते समय हम देखते हैं कि आजादी के बाद भारत निरन्तर रूप से इसका पालन करता रहा है। पण्डित नेहरू, लाल बहादुर शास्त्री एवं इन्दिरा जी के नेतृत्व में सरकार ने सदैव गुटनिरपेक्षता का पालन किया। प्रारम्भिक दौर में 97 प्रतिशत विदेश व्यापार पश्चिमी जगत् से रहा। आर्थिक एवं तकनीकी सहयोग भी संयुक्त राज्य अमेरिका एवं ब्रिटेन से ही मिल रहे थे। यही कारण था कि भारत ने पश्चिमी जर्मनी को तत्काल मान्यता प्रदान की क्योंकि उसका सम्बन्ध पश्चिमी गुट से था। पूर्वी जर्मनी के मामले में भारत की भिन्न नीति रही। यही बात कोरिया युद्ध के मामले में देखी जाती है अर्थात् पश्चिमी गुट का समर्थन करते हुए उत्तरी कोरिया को आक्रामक घोषित किया।

स्टालिन की मृत्यु के बाद सोवियत रूस भारत के प्रति उदार होने लगा था। दूसरी ओर भारत एवं अमेरिका के सम्बन्धों में, 1954 की अमेरिका एवं पाकिस्तान की सैनिक सन्धि के कारण कटुता आई। इस सन्धि द्वारा अमरीका ने बड़े पैमाने पर पाकिस्तान को शस्त्र मुहैया करवाने का निर्णय लिया था। गोआ के मामले में भी अमेरीका ने पुर्तगाल का समर्थन किया,

दूसरी ओर अब सोवियत संघ भारतीय नीति का सदैव समर्थक बन गया। भारत–सोवियत व्यापार में वृद्धि हुई और भिलाई इस्पात कारखाने के लिए आर्थिक एवं तकनीकी सहयेाग भी सोवियत संघ से मिला। 1956 में स्वेज संकट में ब्रिटेन–फ्रांस के आक्रमण की निंदा तथा हंगरी की समस्या पर सोवियत नीति का समर्थन, भारत के राष्ट्रीय हित के अनुकूल निर्णय थे।

1957 के बाद पुनः स्थिति में बदलाव देखा जाता है, भारत पश्चिम की ओर झुकने लगा था। वस्तुतः उस समय देश घोर आर्थिक संकट में फंसा हुआ था, खाद्यान्न एवं विदेशी मुद्रा की कमी, पश्चिम की ओर उन्मुखता के कारण थे। नेहरू अमेरीका की सद्भावना यात्रा पर गए। साम्राज्यवादी नीति के विरोध में अब ऊँची आवाज न रही।

1962 में चीनी आक्रमण के समय गुटनिरपेक्षता को भारी आलोचना हुई। कहा गया है कि विदेश नीति का लक्ष्य राष्ट्रीय हितों की सुरक्षा करना होता है, इसमें हमारी नीति विफल रही। दूसरे, भारत पश्चिमी सैन्य संगठन का सदस्य होने पर चीन के हमले की संभावना नहीं रहती। तीसरे, गुटनिरपेक्षता पंचशील के शान्तिवादी सिद्धान्तों पर आधारित है। परिणामतः प्रतिरक्षा मामलों की हमने घोर उपेक्षा की जिससे हमारी पराजय हुई और क्षति उठानी पड़ी। पांचवें निर्गुट नीति का ही परिणाम था कि हम अधिक मित्र नहीं बना पाए।

इन आलोचनाओं के प्रत्युत्तर में भी बहुत कुछ कहा गया। जहां तक पहले तर्क का सवाल है, किसी क्षति से नीति या अवधारणा की विफलता प्रतिध्वनित नहीं होती, इसके कारण कुछ अलग थे। जहां तक पाश्चात्य गुट में शामिल होने का प्रश्न है तत्कालीन अमेरीकी राजदूत गॉलब्रेथ भी भारत को पश्चिमी गुट मे सम्मलित किए जाने का समर्थक नहीं था। उसने जिक्र किया था, सैनिक सहायता देकर हम भारत को पश्चिमी सैनिक गुट में शामिल नहीं करना चाहते और न हम गुटनिरपेक्षता नीति को बदलने के ही समर्थक हैं। कैनेडी ने भी भारत की निर्गुट नीति का स्वागत किया था। निर्गुट नीति के बावजूद अमेरीकी वायु सेना द्वारा 90 घण्टे के अन्दर, एक हजार टन युद्ध सामग्री चीनियों के विरूद्ध भेजी गई थी। दूसरी ओर सोवियत संघ ने भी मिग विमाग देने तथा इसका कारखाना बनाने का आश्वासन दिया था। संभवतः किसी गुट विशेष का सदस्य रहकर भारत इतने साधन प्राप्त करने में सफल न होता। यही कारण है कि अमरीकी विदेश सचिव डीन रस्क ने भारत की नीति को उचित ठहराया था। वी.पी. दत्त ने जिक्र किया है कि गुटनिरपेक्षता का सिद्धान्त विदेश नीति का दिशा सूचक रहा है, क्योंकि इसमें राष्ट्रीय हितों का संवर्द्धन हुआ है।[8]

साम्राज्यवाद एवं उपनिवेशवाद का विरोध (Opposition to Imperialism and Colonialism): साम्राज्यवाद का विरोध भारत केवल इसलिए नहीं करता कि वह पूर्व में उपनिवेश रह चुका है अपितु एक अन्तर्राष्ट्रीय बुराई के रूप में इसका विरोध किया गया। ब्रुसेल्स के एक अधिवेशन में पण्डित नेहरू ने स्पष्ट किया था, 'साम्राज्यवाद के विरूद्ध भारत का संघर्ष मात्र एक राष्ट्रीय समस्या नहीं है, इसका सीधा प्रभाव कई राष्ट्रों पर पड़ता है। विश्व के किसी भी भाग में साम्राज्यवाद का अस्तित्व भारत को अस्वीकार्य है। भारत के लिए साम्राज्यवाद के विरूद्ध संघर्ष जीवन मृत्यु का प्रश्न है।' वस्तुतः साम्राज्यवाद एवं उपनिवेशवाद को भारत ने दमन एवं शोषण का साधन माना तथा विश्व शान्ति के लिए खतरा।

इसी क्रम में द्वितीय विश्व युद्ध के बाद हालैण्ड द्वारा इण्डोनेशिया पर पुनः कब्जा करने के प्रयास की भारत ने भर्त्सना की एवं एशियाई देशों को संगठित कर संयुक्त राष्ट्र संघ में मामला प्रस्तुत किया। इसी प्रकार 1956 में स्वेज नहर को हड़पने की दृष्टि से मिस्त्र (ईजिप्ट) पर इंग्लैण्ड व फ्रांस के आक्रमण के विरोध का जिक्र किया जा सकता है। 'एशियाई सम्बन्ध अधिवेशन' (Asian relation conference) एवं 1955 के बांडुंग सम्मेलन (Bandung Conference) जिसमें सर्वप्रथम गुटनिरपेक्ष शब्द सामने आया था एवं संयुक्त राष्ट्र संघ की महासभा के अधिवेशनों में भारत ने उपनिवेशवाद के विरूद्ध आवाज उठाई।

विश्व शान्ति की नीति (Policy of World Peace): अन्तर्राष्ट्रीय विवादों के समाधान हेतु भारत शान्तिपूर्ण तरीकों, द्विपक्षीय या त्रिपक्षीय वार्ताओं, मध्यस्थता, पंच निर्णय एवं समझौतों का समर्थक रहा है। प्रारम्भ से ही भारत ने अनुभव किया कि युद्ध आर्थिक एवं राजनीतिक विकास में बाधक है। पणिक्कर के इस कथन में हमारी दार्शनिक विचारधारा की ही अभिव्यक्ति हुई है कि "भारत को इस बात की बड़ी चिंता है कि उसकी प्रगति को तथा सामान्य रूप से मानव जाति की उन्नति को संकट में डालने वाला कोई युद्ध न हो।" पणिक्कर के वक्तव्य की पुष्टि में हम 1956 के स्वेज नहर के संकट को रख सकते हैं, जिसके कारण भारत के कई आर्थिक कार्यकलाप प्रभावित हुए थे। इसी तरह 1967 के अरब–इजरायल युद्ध का जिक्र किया जा सकता है, जिसके कारण भारतीय अर्थव्यवस्था लड़खड़ा गई थी। पण्डित नेहरू ने जैसे इन परिस्थितियों को बहुत पहले समझ लिया था, इसलिए 12 जून, 1952 को इस नीति की घोषणा करते हुए कहा था, "हमारी पहली नीति तो यह होनी चाहिए कि हम ऐसी भीषण आपत्ति को घटित होने से रोकें, दूसरी नीति इससे बचने की होनी चाहिए और तीसरी ऐसी स्थिति बनाने की होनी चाहिए कि यदि युद्ध छिड़ जाए तो हम इसे रोकने में समर्थ हो सकें।"

साधनों की शुद्धता: भारत की विदेशी नीति महात्मा गांधी के विचारों से काफी प्रभावित रही है। उनकी मान्यता थी कि न केवल उद्देश्य अपितु प्राप्ति के साधन भी उचित या सही होने चाहिए। अपने मन्तव्य को स्पष्ट करते हुए नेहरू जी ने 29 नवम्बर, 1955 को रूसी बुल्गेनिन एवं ख्रुश्चेव को बताया था, "हम केवल इस बात में विश्वास नहीं करते कि जिन उद्देश्यों को प्राप्त करना है, वे शुद्ध हों किन्तु उनके लिए प्रयोग में लाए गए साधन भी शुद्ध हों अन्यथा नवीन समस्याओं की उत्पत्ति होती है तथा उद्देश्य अपने आप में बदल जाता है।"

प्रजातीय विभेद का विरोध (Opposition to Racial Discrimination): विश्व के अनेक देशों में नस्ली अथवा प्रजाति भेदभाव का बोलबाला रहा है, का विरोध भारत की विदेश नीति का एक महत्वपूर्ण मुद्दा कहा जाएगा। आजादी के बहुत पहले महात्मा गांधी ने दक्षिण अफ्रीका में नस्ली भेदभाव का विरोध किया था। इस तथ्य की अभिव्यक्ति जवाहर लाल नेहरू के इस कथन से होती है, "हम पूर्णरूप से नाजीवाद के नस्लवाद के सिद्धान्त का खण्डन करते हैं चाहे यह कहीं भी किसी भी रूप में पाया जाता है।" दक्षिणी अफ्रीका और रोडेशिया में प्रजातीय भेद अपने चरम पर था, वहां गोरी सरकार काली चमड़ी वाले लोगों पर प्रजाति के आधार पर घोर अत्याचार करती थी। इसका जोरदार विरोध भारत की विदेश नीति का उद्देश्य था। अतः संयुक्त राष्ट्र संघ में बराबर यह प्रश्न उठाया गया तथा दक्षिणी अफ्रीका से सम्बन्ध विच्छेद किए गए। नामीबिया की आजादी भारतीय गुटनिरपेक्षता की महान् उपलब्धि कही जाएगी।[9]

तीसरा विश्व एवं भारत: साम्राज्यवाद एवं उपनिवेशवाद के साझे लक्ष्यों के कारण भारत सदैव तीसरे विश्व के साथ जुडा रहा है। पण्डित नेहरू ने 7 सितम्बर, 1946 को स्पष्ट किया था, "हम एशिया के रहने वाले हैं तथा एशिया के लोग दूसरों की अपेक्षा हमारे अधिक निकट तथा निकटतम हैं।" नई दिल्ली में 1947 में आयोजित एशिया सम्बन्ध सम्मेलन में इण्डोनेशिया पर डच हमले के विरूद्ध प्रस्ताव पारित किया गया। धीरे–धीरे भारत की एशियाई एकता की अवधारणा अफ्रीकी–एशियाई एकता में बदल गई। 1955 में अफ्रीकी–एशियाई देशों का प्रथम अधिवेशन हुआ, जिसमें पंचशील को विदेश नीति के अंग के रूप में स्वीकार किया गया। कहा जा सकता है कि भारत तीसरे विश्व की एकता, विकसित तथा विकासशील देशों के मध्य साधनों के सामान्य विभाजन पर आधारित एक नई अन्तर्राष्ट्रीय अर्थव्यवस्था के प्रति वचनबद्ध है।

परमाणु निःशस्त्रीकरण का समर्थन: द्वितीय विश्वयुद्ध के बाद उभरकर आई शीत युद्ध की समस्या का निदान भारत निःशस्त्रीकरण के माध्यम से ही सम्भव मानता रहा है। अन्तर्राष्ट्रीय शान्ति का एकमात्र साधन स्वीकार करते हुए भारत ने सभी स्तरों से निःशस्त्रीकरण का समर्थन किया है। इसी प्रकार परमाणु अस्त्रों की दौड़ का भी भारत ने जमकर विरोध किया है। परमाणु तकनीकी का विकासशील देशों की तरक्की हेतु इस्तेमाल भारतीय विदेश नीति के उद्देश्य को ही इंगित करता है। उनकी प्रगति के लिए इस तकनीक को विकसित करना आवश्यक माना गया।[10]

पंचशीलः भारत की शान्तिप्रियता पंचशील या पांच सिद्धान्तों से प्रतिपादित होती है। इसे भारतीय विदेश नीति की आधारशिला कहना उचित प्रतीत होता है। पांच सिद्धान्त हैं–

- एक दूसरे की प्रादेशिक अखण्डता और सर्वोच्चता का पारस्परिक सम्मान। (Respect for each others territory and sovereignty)
- अनाक्रमण (Non aggression)
- एक–दूसरे के आन्तरिक मामलों में हस्तक्षेप न करना। (Non-interference in each other's internal affairs)
- परस्पर लाभ तथा समानता (Equality and mutual benefit)
- शान्तिपूर्ण अस्तित्व (Peaceful co-existence)

उक्त पांच सिद्धान्तों का प्रतिपादन सर्वप्रथम 28 जून, 1954 को चीनी गणराज्य के प्रधानमन्त्री चाऊ–एन–लाई तथा भारत के प्रधानमन्त्री पण्डित नेहरू ने तीन दिन के विस्तृत वार्तालाप के बाद संयुक्त वक्तव्य में किया। अप्रैल, 1955 में इण्डोनेशिया स्थित बाण्डुंग सम्मेलन में इन सिद्धान्तों को पुनः 29 अफ्रो–एशियाई देशों ने स्वीकार किया। 14 दिसम्बर, 1959 को 82 राष्ट्रों की संयुक्त राष्ट्र महासभा ने भारत द्वारा प्रस्तुत किए प्रस्ताव को स्वीकार किया। वस्तुतः पंचशील आपसी विश्वास का द्योतक है। नेहरू जी ने स्पष्ट किया था, "यदि इन सिद्धान्तों को सभी देश मान्यता प्रदान करें तो आधुनिक विश्व की अनेक समस्याओं का निदान मिल जाएगा।" पंचशील का पालन करवाने हेतु किसी विधान अथवा संस्था का अभाव इसकी असफलता का कारण बना। 1928 के केलॉग ब्रीआं पैक्ट द्वारा संसार के अधिकांश देशों ने युद्ध परित्याग

की घोषणा करके उसका पालन नहीं किया था, वही हश्र पंचशील का हुआ। स्वयं चीन के प्रधानमन्त्री जिस समय इन सिद्धान्तों की घोषणा कर रहे थे, दूसरी ओर चीनी सेना भारतीय क्षेत्र पर कब्जा करके इन सिद्धान्तों के उल्लंघन में लगी थी। इन सिद्धान्तों को मान्यता देने के बावजूद सोवियत संघ ने हंगरी में हस्तक्षेप किया। प्रारम्भ में इन सिद्धान्तों को भारतीय विदेश नीति की सफलता का मानदण्ड समझा गया था। 1962 के चीनी आक्रमण से पंचशील की असफलता एवं भारतीय कूटनीति की हार स्पष्ट हुई।

पड़ौसी एवं अन्य देशों के साथ मैत्री सम्बन्ध (Friendship with Neighbours and Other Countries): भारतीय विदेश नीति के अन्तिम सिद्धान्त की चर्चा में हम कह सकते हैं कि भारत ने सभी देशों से मैत्री सम्बन्ध बनाए रखने की कोशिश की। पण्डित नेहरू ने इस सम्बन्ध में कहा था, "विश्व में आज अलगाव के लिए कोई स्थान नहीं है। हम दूसरों से अलग रहकर जिन्दा नहीं रह सकते। हमें या तो सहयेाग करना चाहिए अथवा युद्ध। हम शान्ति चाहते हैं। अपना वश चलते हम दूसरे राष्ट्र के साथ लड़ाई नहीं चाहते।" विशेष बात यह है कि भारत ने पूंजीवादी एवं साम्यवादी देशों से बिना भेदभाव के मैत्री सम्बन्ध स्थापित किए। बतौर उदाहरण के नेपाल, इराक, जापान, मिस्र, सोवियत रूस एवं बांग्लादेश के साथ की गई सन्धियों का जिक्र किया जा सकता है। भारत ने कभी भी छोटे पड़ोसी देशों के समक्ष बड़ा बनने की कोशिश नहीं की। यहां कुछ पड़ोसी देशों के साथ सम्बन्धों की संक्षेप में चर्चा करना अनुचित न होगा।

पाकिस्तान: आजादी के तत्काल बाद दोनों देशों में सौहार्दपूर्ण वातावरण नहीं बन पाया। भारत एवं पाकिस्तान के मध्य विवाद का एक महत्वपूर्ण कारण कश्मीर रहा है। 26 अक्तूबर, 1947 को कश्मीर भारत का अंग बन गया था, लेकिन पाकिस्तान इसे मानने को तैयार न था। जनजातीय कबीलों के माध्यम से पाकिस्तान ने आक्रमण किया, लेकिन आक्रमणकारी कश्मीर से खदेड़ दिए गए। शेख अब्दुल्लाह के नेतृत्व में जन–सहयोग से वहां शान्ति स्थापित हो पाई। कश्मीर के मसले पर संयुक्त राष्ट्र संघ तथा अन्य अन्तर्राष्ट्रीय मंचों पर यद्यपि कूटनीतिक लड़ाई चलती रही। पूर्वी एवं पश्चिमी पाकिस्तान (बांग्लादेश) में परस्पर 1000 मील की दूरी थी। 1971 का युद्ध भारत एवं पाकिस्तान के बीच बांग्लादेश की आजादी के लिए लड़ा गया। इससे पूर्व 1965 में भी पाकिस्तान ने भारत पर हमला किया था। मई, 1999 के कारगिल संकट के लिए भी पाकिस्तान उत्तरदायी था। भारत ने जवाबी हमला करके घुसपैठियों को निकाल बाहर किया।

सिन्धु नदी जल विवाद के कारण आपसी झगडा अधिक उग्र हुआ। दोनों देश सिन्धु एवं उसकी सहायक नदियों के जल का अधिक से अधिक उपयोग चाहते थे। विभाजन के बाद सिंधु नदी से सिंचित 280 लाख एकड़ में से 50 लाख एकड़ भूमि भारत के पास रह गई। भारत का कृषि विकास रावी, व्यास तथा सतलज जैसी नदियों के जल पर आश्रित था। पाकिस्तान ने बाढ़ अकाल जैसी समस्याओं के लिए भारत को दोषी ठहराया और पानी के न्यायसंगत बंटवारे की मांग की। अन्ततः विश्व बैंक के पर्यवेक्षण में 17 अप्रैल 1959 को वाशिंगटन में नहर जल के बंटवारे से सम्बन्धित अन्तरिम समझौता हुआ। आगे जाकर 19 सितम्बर, 1969 को कराची में नहर जल सन्धि सम्पन्न हुई।

पाकिस्तान ने सदैव अपनी सुरक्षा के विवाद को बनाए रखा। इसी परिप्रेक्ष्य में पाकिस्तान एवं संयुक्त राज्य अमेरिका के बीच प्रतिरक्षा सहयोग समझौता हुआ और सितम्बर 1954 में वह दक्षिण पूर्व एशिया सन्धि संगठन [SEATO (South-East Asia Treaty Organisation)] का सदस्य बना तथा 1955 में केन्द्रीय सन्धि संगठन की सदस्यता भी ग्रहण की। इससे भारत की सुरक्षा को खतरा पैदा हो गया। बावजूद इसके भारत ने किसी गठबन्धन में अपने को शामिल नहीं किया।

भारत–चीन सीमा रेखा का निर्धारण: पूर्वी हिमालय क्षेत्र के चीन अधिकृत क्षेत्रों के बीच सीमांकन किया जाना एक जटिल समस्या थी। इस ऊँचे व पर्वतीय क्षेत्र में सीमा रेखा निश्चित करने के कठिन कार्य को अंगरेज सरकार ने विदेश सचिव रहे सर हेनरी मैकमोहन को सौंपा गया था। 1914 में ब्रिटिश सरकार व तिब्बत के बीच शिमला समझौते द्वारा अस्तित्व में आई। इस इलाके की लम्बाई 890 कि.मी. थी। तत्कालीन तिब्बत व भारत के बीच पड़ती थी। इस समझौते में चीन मौजूद नहीं था। समझौता आजाद तिब्बत व भारत के बीच ही होना था। मगर चीन ने इसे स्वीकार नहीं किया। भारत की ओर अंगरेज़ सरकार अरुणाचल प्रदेश (तवांग आदि) व तिब्बत के दक्षिणी भाग को भारत का हिस्सा माना गया और तिब्बतियों ने इसकी सहमति प्रदान कर दी थी। किन्तु चीन की शुरू से मान्यता रही है कि तिब्बत उसका हिस्सा है। 1950 में तिब्बत पर कब्जा कर लिया। चीन तब से मैकमोहन रेखा को न मानता है और न स्वीकारता है। इसके बावजूद भारत चीन के साथ अच्छे सम्बन्धों का हिमायती रहा है। पड़ौसी देशों के साथ मैत्रीपूर्ण सम्बन्ध की स्थापना की श्रृंखला में भारत ने सबसे

पहले चीन की च्यांग काई शेक की राष्ट्रीय सरकार के साथ राजनयिक सम्बन्ध स्थापित किए। माओत्से तुंग के नेतृत्व में साम्यवादियों ने 1949 में राष्ट्रीय सरकार को उखाड़ फेंका। 30 दिसम्बर, 1949 को नई सरकार को भारत ने मान्यता प्रदान की। साथ ही भारत की यह कोशिश भी रही कि चीनी जनतान्त्रिक गणराज्य संयुक्त राष्ट्र संघ में शामिल हो। अमेरीका की नाराजगी के मूल्य पर भी भारत ने कोरियाई युद्ध में चीन का समर्थन किया। भारत की कोशिशों के बावजूद चीन से भारत के सम्बन्ध सौहार्दपूर्ण नहीं रहे। इसी क्रम में तिब्बत विवाद की चर्चा अपेक्षित है।

चीन की जनमुक्ति सेना ने 1950 में तिब्बत को अपने कब्जे में ले लिया। तिब्बत क्षेत्र की लगभग 2000 मील सीमा, जिस पर अंगरेजी शासन के दौरान भारत को अधिकार प्राप्त हुआ था, पर भी चीनियों का अधिकार हो गया। इसके बावजूद भारत ने चीन से मैत्री सम्बन्ध बनाए रखे। यहीं नहीं, 1954 में भारत–चीन के 29 जून के समझौते द्वारा तिब्बत पर चीन के अधिकार को मान लिया गया। दोनों देशों के बीच एक 8 वर्षीय व्यापारिक समझौता हुआ जिसके अन्तर्गत भारत ने तिब्बत में अपने 'अतिरिक्त देशीय अधिकारों' को चीन को सौंप दिया। इस समझौते में पांच सिद्धान्तों को भी स्वीकार किया गया। भारत ने चीन को कलिंगपांग, कलकत्ता तथा नई दिल्ली में वाणिज्यिक एजेन्सियों की स्थापना की अनुमति प्रदान की। चीन ने भी भारत को ऐसी ही सुविधा प्रदान की। दूसरी ओर भारत ने चीन की प्रभुसत्ता को तिब्बत में स्वीकार कर लिया। अक्तूबर 1954 में पण्डित जवाहरलाल नेहरू ने चीन की यात्रा की एवं अप्रैल 1955 में बाण्डुंग सम्मेलन में नेहरू और चाउ एन लाई ने पूर्ण सहयोग के साथ कार्य किया। गोवा के प्रश्न पर चीन ने भारत का साथ दिया जबकि भारत ने क्यूमाये तथा मात्सू टापुओं पर चीन का समर्थन किया। विद्वानों ने भारत चीन सम्बन्धों के इस काल को प्रमोद काल की संज्ञा दी है। यह नहीं कहा जा सकता कि इस प्रमोद काल में भारत एवं चीन के मध्य मतभेद नहीं थे। वस्तुतः मित्रता और हिन्दी–चीनी सम्बन्धों में तनाव का मुख्य मुद्दा था तिब्बत समस्या एवं सीमा विवाद।

1959 में तिब्बत में एक जनविद्रोह खड़ा हो गया और दलाई लामा ने भागकर भारत में राजनीतिक शरण ली। चीन यह सब कैसे पसन्द करता। इसी वर्ष चीनी सेना ने लौंगणू पर कब्जा जमाया एवं 12,000 वर्गमील लद्दाख स्थित भारतीय क्षेत्र भी हथिया लिया। यही सीमा विवाद का आरम्भ था। अप्रैल 1960 में चीनी प्रधानमन्त्री चाउ–एन–लाई सीमा विवाद के क्रम में दिल्ली आए, लेकिन समस्या का समाधान नही हुआ।

चीनी आक्रमण (Chinese Invasion, 1962): अकस्मात ही अक्तूबर, 1962 में उत्तरी–पूर्वी सीमान्त एजेन्सी (North Eastern Frontier Agency, NEFA), आधुनिक अरूणाचल प्रदेश और लद्दाख पर आक्रमण कर दिया। बढ़िया तथा हल्के शस्त्र, अनुकूल भौगोलिक परिस्थिति एवं विशाल सैनिक संख्या के कारण युद्ध के परिणाम भारत के पक्ष में न रहे। नवम्बर, 1962 में चीन को वापस लौटने की घोषणा इस कारण करनी पड़ी थी कि पश्चिम की कई शक्तियों ने भारत को सैनिक सहायता प्रदान की। युद्ध के दौरान लद्दाख के विस्तृत भू–भाग पर चीन का कब्जा हो गया। दक्षिणी चीन को जोड़ने वाला सामरिक महत्व का क्षेत्र एवं **सिन–कियांग** से भारत को हाथ धोना पड़ा। अमेरीका के विदेश मंत्री (Secretary of State) जान फोस्टर डलास (John Foster Dallas) ने भारत की तटस्थता को इस अवसर पर अनैतिक निष्पक्षता कहा।

चीन द्वारा भारत पर आक्रमण के कई कारण थे। प्रथमतः चीन का दृष्टिकोण सदैव विस्तारवादी रहा है। शक्ति अर्जित कर लेने पर अपने साम्राज्य का विस्तार उसकी नीति का अंग रहा है। दूसरी चीन की यह इच्छा थी कि भारत को लोकतांत्रिक आधार पर प्रगति से अवरूद्ध करे इसलिए वह युद्ध द्वारा भारत पर सैनिक तैयारियों का इतना बोझ डाल देना चाहता था कि भारत सफल न हो। तीसरे तिब्बत के प्रति भारतीय नीति से चीन रूष्ट था, वह नहीं चाहता था कि भारत दलाई लामा को शरण दे।

1962 के बाद मोटेरूप में भारत–चीन सम्बन्ध मधुर नहीं बन सके। भारत चीन के सम्बन्धों में 1970 के आस–पास ऐसा प्रतीत होने लगा कि दोनों देशों के तनावों में शिथिलता लाई जानी चाहिए। पीकिंग एवं नई दिल्ली में राजदूतों की नियुक्ति तथा व्यापारिक लेन–देन की शुरूआत हुई। फरवरी 1979 में विदेश मंत्री अटल बिहारी वाजपेयी ने चीन की यात्रा की किन्तु चीन द्वारा वियतनाम पर हमले से हतप्रभ वाजपेयी अपनी यात्रा अधूरी छोड़कर वापस लौट आए।

नेपाल: हिमालय के दक्षिणी ढलान एवं भारत की उत्तरी सीमा पर स्थित नेपाल का भारत की सुरक्षा के लिए विशेष महत्व है। इस तथ्य को दृष्टिगत रखते हुए जुलाई 1950 में नेपाल के साथ समझौता किया और भारत ने नेपाल की सम्प्रभुता, क्षेत्रीय अखण्डता एवं स्वतन्त्रता को मान्यता दी।

भूटानः चारों ओर हिमालय से आवृत्त एवं चीन सीमा से लगे हुए भूटान के सामरिक महत्व को देखते हुए भारत ने अगस्त, 1949 में उसके साथ शांति तथा मैत्री सन्धि की। विदेश मामलों में भूटान ने भारत के परामर्श को स्वीकार किया और भारत ने आन्तरिक मामलों में हस्तक्षेप न करने की प्रतिबद्धता कायम की।

श्रीलंकाः हिन्द महासागर में भारत के दक्षिणी छोर से कुछ दूर स्थित श्रीलंका का भारतीय विदेश नीति में महत्वपूर्ण स्थान है। श्रीलंका की प्रजातियों में सिंहली एवं तमिल समुदाय का बाहुल्य है और इनका पारस्परिक संघर्ष वहां की विकट समस्याओं में से एक है। 1958 के बाद सिंहली–तमिल संघर्ष ने गंभीर रूप धारण कर लिया था। भारतीय संसद एवं आम लोगों ने तमिलों के प्रति समय समय पर सहानुभूति दर्शाई। श्रीलंका इसे ठीक नहीं मानता, इसके बावजूद दोनों देशों के मध्य मैत्री सम्बन्ध है। गुटनिरपेक्ष आन्दोलन में भी श्रीलंका भागीदार रहा है।

बर्मा (म्यानमार): भारत के पूर्व में स्थित बर्मा (म्यानमार) से यू–नू के नेतृत्व में अच्छे सम्बन्ध रहे। उसके बाद वहां तानाशाही शासन की स्थापना हो गई और 1962 के बाद म्यानमार की विदेश नीति अपने आप में संकुचित हो गई। इसके बावजूद भारत पड़ोसी देश होने के फलस्वरूप सौहार्दपूर्ण सम्बन्ध बनाए हुए है।

थाईलैण्डः सांस्कृतिक एवं सामान्य आर्थिक हितों के आधार पर भारत ने थाईलैण्ड से मैत्री सम्बन्ध बनाए। यद्यपि शीतयुद्ध के दौर में सोवियत गुट के विरूद्ध थाईलैण्ड ने अमरीकी गुट का समर्थन किया तथा दक्षिण–पूर्व एशियाई सन्धि संगठन का सदस्य बना।

कम्बोडियाः शीत युद्ध के दौर में कम्बोडिया एवं भारत की विदेश नीति के मामले में एक तरह की विचारधारा विकसित हुई। प्रिंस नरोदम सिहानुक के नेतृत्व में कम्बोडिया से भारत के सम्बन्ध मैत्रीपूर्ण रहे। 1955 में बाडुंग सम्मेलन में दोनों देशों की सक्रिय भागीदारी रही। इसी परम्परा में लाओस के साथ सम्बन्धों का जिक्र किया जा सकता है।

वियतनामः वियतनाम की जटिल समस्या का विवरण चर्चा का विषय नहीं है। भारत ने दोनों भागों के प्रतिनिधि न्गो–दिन्ह–दियेम और हो–यी–मिन्ह का 1957–58 में दिल्ली में यथोचित स्वागत किया था। दोनों भागों की एकता से भारत ने अपने को असम्बद्ध बनाए रखा।

मलेशियाः मलय, चीन एवं भारतीय समुदाय बहुल मलेशिया से भारत के गहरे आर्थिक सम्बन्ध रहे है। स्थानीय नेतृत्व टुंकु अब्दुल रहमान एवं पण्डित नेहरू ने अन्तर्राष्ट्रीय मुद्दों पर समान दृष्टिकोण अपनाया। इण्डोनेशिया द्वारा मलेशिया को ध्वस्त करने की योजना का भारत ने विरोध किया।

फिलीपीन्सः पश्चिमी गुट अर्थात् दक्षिण–पूर्व एशियाई सन्धि संगठन का सदस्य होते हुए भी भारत के फिलीपीन्स से अच्छे राजनयिक सम्बन्ध रहे।

इण्डोनेशियाः दक्षिण पूर्व एशिया में इण्डोनेशिया की स्थिति बड़ी महत्वपूर्ण है। प्रारम्भ में सुकानो की अध्यक्षता में इण्डोनेशिया के भारत से अच्छे सम्बन्ध रहे। मार्च, 1951 में दोनों देशों में शान्ति एवं मैत्री सम्बन्धों का समझौता हुआ। लेकिन चीनी आक्रमण के समय इण्डोनेशिया ने भारत का समर्थन नहीं किया और सितम्बर, 1964 में अयूब–सुकानों ने कश्मीर मसले पर पाकिस्तान का समर्थन किया। कई देशों ने भारत–पाक युद्ध में पाकिस्तान के सहयोग को प्रेरित किया। इसके बावजूद भारत ने इण्डोनेशिया से अच्छे सम्बन्ध रखने की कोशिश की।

पश्चिमी एशिया के देशः मिस्त्र, ईरान, सऊदी अरब, इराक, जोर्डन, सूडान, यमन, कुवैत आदि सभी पश्चिमी एशिया के देशों से भारत ने मैत्री सम्बन्ध बनाए रखने का निरन्तर प्रयास किया है। भारत के लिए इन देशों का महत्व इसलिए भी है कि विश्व तेल का 60 प्रतिशत भण्डार इसी क्षेत्र में उपलब्ध है।

निष्कर्षः इस प्रकार भारत ने सदैव अपने पड़ोसी देशों के साथ मैत्री एवं सौहार्द बनाए रखने की पूरी–पूरी कोशिश की है। भारत का 1947 से यह प्रयास रहा कि विदेश नीति को स्वतन्त्र रूप से संचालित किया जाए। बिना किसी गुट में शामिल हुए, अपनी नीतियों के निर्धारण में प्रारम्भ में भारत को संघर्ष के दौर से गुजरना पड़ा। चीनी हमले से भारत की नीति को असफल करार दिया गया, लेकिन पश्चिमी देशों की बिना शर्त सहायता ने प्रमाणित कर दिया कि भारत की नीति अपनी जगह उचित थी। भारत जैसे कई निर्गुट देशों के प्रयासों से ही 'शीत युद्ध' में स्थिरता या देतान्त (Detante) की शुरूआत हो पाईं दूसरे शब्दों में भारत जैसे निर्गुट देश दो ध्रुवों के मध्य दीवार बनकर खड़े न होते एवं किसी गुट विशेष का समर्थन करते तो शीत युद्ध अधिक विकट रूप धारण कर सकता था। अतः भारत की यह नीति अन्तर्राष्ट्रीय शान्ति एवं सौहार्द के लिए एक मील का पत्थर साबित हुई।

संदर्भ

1. पणिक्कर, के.एम., *द बेसिस ऑफ इन इण्डो ब्रिटिश ट्रीटी*, पृ. 36
2. गुप्त, करूणाकर, *इण्डियन फारेन पालिसी*, पृ. 79
3. जार्ज, के. पेटर्सन, *पेकिंग वर्सस देहली*, लन्दन, 1963, पृ. 74
4. पेटर्सन के अनुसार "इसमें कोई संदेह नही है कि पणिक्कर वैयक्तिक रूप से चीनी क्रान्ति के प्रति सहानुभूति रखता था, किन्तु वह भारत के हितों को प्रतिनिधित्व करने वाला राजदूत था। उसका यह अक्षम्य अपराध था कि पेंकिंग शासन द्वारा कही जाने वाली बातों को आंख मूंदकर स्वीकार करता चला गया। इस बात ने भारत को उस समय तथा उसके बाद अत्यधिक हानि पहुंचाई।"
5. पैडलफोर्ड एण्ड लिंकन, *इन्टरनेशनल पॉलिटिक्स*, पृ. 308–09
6. गुप्त, करूणाकर, वही, पृ. 8
7. गुप्त, वही, पृ. 13–14
8. महेन्द्रसिंह, *अन्तर्राष्ट्रीय राजनीति के सैद्धान्तिक पक्ष*, पृ. 337
9. दत्त, वी.पी., *इण्डियाज फॉरेन पॉलिसी विकास*, पृ. 1–24
10. उल्लेखनीय है कि भारत एवं गुटनिरपेक्ष देशों के प्रयासों के फलस्वरूप ही नामीबिया को मार्च 20, 1990 को आजादी मिली थी।
11. मई, 1998 में पाँच परमाणु विस्फोट के बाद भारत ने अपने को परमाणु शस्त्र युक्त राष्ट्र घोषित कर दिया है। इसके बावजूद भारत सभी राष्ट्रों द्वारा समयबद्ध परमाणु निरस्त्रीकरण समझौते द्वारा नष्ट करने का समर्थक है। भारत NPT एवं CTBT का विरोध करता है तथा इन्हें भेदभावपूर्ण एवं पक्षपाती सन्धियां मानता है। इसलिए इनकी स्वीकृति हेतु हस्ताक्षर नहीं किए गए हैं।

❋❋❋

48

समसामयिक सांस्कृतिक गतिविधियां, संगीत एवं नृत्य
(Contemporary Cultural Activities, Music and Dances)

'संस्कृति' शब्द संस्कार से बना है जिसका अभिप्राय परिष्कार है। दूसरे शब्दों में सुधार या परिष्कार से सांस्कृतिक गतिविधियों में सुधार एवं परिपक्वता आती है। आजादी के बाद लोगों ने खुली हवा में साँस ली और धीरे–धीरे प्रतिभाओं का खजाना खुल गया, हर कोई जैसे अपनी योग्यता का प्रदर्शन करना चाहता था। नृत्य, संगीत, चित्रकला, साहित्य, सभी क्षेत्रों में लोग अपनी क्षमताओं के प्रदर्शन में जुट गए। विद्वानों की मान्यता है कि मनुष्य ने बोलना सीखने से पहले नाचने का अभ्यास किया होगा जिसमें बोलने की आवश्यकता नहीं होती। शिव का सम्बन्ध नृत्य से जोड़ा जाता है और उनके एक हाथ में डमरू बाजे की प्राचीनता का द्योतक है। आनन्दमय स्थिति में शिव नृत्य करते हैं। शिव–पार्वती की इस रूप में अनेक मूर्तियाँ संग्रहालयों में सुरक्षित है। भारत में प्राचीन काल से ही नृत्य का महत्व रहा है। पुराणों में इन्द्र की सभा में नृत्य किये जाने के उल्लेख मिलते हैं। गुप्तकाल में नृत्य कला को प्रोत्साहन मिला इसके प्रमाण तत्कालीन ग्रंथों एवं पुरातात्विक साक्ष्यों में देखे जाते हैं। राजपूत काल में इस विद्या का बहुत महत्व था।

नृत्य: सर्वप्रथम नृत्य की चर्चा करें तो भारत के प्रमुख शास्त्रीय नृत्यों में कत्थक, भरतनाट्यम, कथकली, ओट्टन तुल्लम, मोहिनी अट्टम, कुचीपुडी, मणिपुरी एवं ओडिसी का उल्लेख किया जा सकता है।

कत्थक: उत्तर भारत के प्रमुख शास्त्रीय नृत्यों में कत्थक का महत्वपूर्ण स्थान रहा है–जयपुर, लखनऊ एवं बनारस कत्थक के प्रमुख केन्द्र हैं। अच्छन महाराज उमाशंकर, दमयंती जोशी, सितारा देवी, लच्छू महाराज, शोभना नारायण, पुष्पा डागर, नन्दिनी सिंह, रोहिणी भाटे, नीलिमाआध्ये, गोपी कृष्ण, शंभू महाराज, बिरजू महाराज और उदयशंकर कत्थक के प्रतिष्ठित कलाकारों में शामिल है। ठाकुरप्रसाद, कालका महाराज एवं बिंदादीन को भी कत्थक नृत्यकार के रूप में ख्याति मिली। इस नृत्य परम्परा में भाव–भंगिमाओं के साथ पैरों के घुँघरू के साथ तारतम्य बनाए रखते हुए नृत्य किया जाता है। मुगलकाल में कत्थक नृत्य को प्रोत्साहन मिला अवध शासक वाजिद अली कत्थक नृत्य का प्रेमी था।

भरतनाट्यम: तमिलनाडु में भरतनाट्यम अधिक लोकप्रिय है, यामिनी कृष्णमूर्ति, कृष्ण अय्यर, रूक्मिणी देवी जैसे महत्वपूर्ण कलाकारों को इस क्षेत्र में सम्मान मिला। भरत मुनि के नाट्यशास्त्र को इस कला का आधार माना गया है। जिसमें लय–ताल और अंग–प्रत्यंग के संचालन को महत्व दिया जाता है। तंजौर और ट्रावनकोर (राजा तिरूनाल) में इस कला को प्रश्रय मिला और धीरे–धीरे पूरे देश में यह कला प्रवृत्ति लोकप्रिय हुई। कर्नाटक संगीत की धुन पर श्रृंगार एवं भक्ति को भरतनाट्यम द्वारा प्रस्तुत किया जाता था।

कथकली: महाकाव्यों एवं पुराणों के कथानकों को नाट्य नृत्य (Dance-Drama) द्वारा कलाकारों का प्रदर्शन, कथकली कहा गया। कोट्टायम, मलाबार, ट्रावनकोर में कथकली को विशेष प्रोत्साहन मिला। कथकली के प्रमुख कलाकारों में वल्लतोल, नारायणमेनन, कुंजू कुरूप, रागिनी देवी, मृणालिनी साराभाई, गोपीनाथ एवं रामगोपाल का विशेष रूप से जिक्र किया जा सकता है।

मोहिनी अट्टम: पुरुष प्रधान कथकली नृत्य में 'लासियाँ' और 'मोहिनी अट्टम' के रूप में प्रवेश मिला। हेमामालिनी, वैजन्ती माला जैसी अभिनेत्रियां भी इससे सम्बद्ध रही हैं। वस्तुतः कथकली एक कठिन नृत्य परम्परा है जिसमें भारी मेकअप किया जाता है। कथकली को लोकप्रिय बनाने में वल्लतोल का महत्वपूर्ण योगदान रहा है।

ओट्टन तुल्लम: गरीबों की कथकली को ओट्टन तुल्लम कहा जाता है जिसका विकास कुंजन नाम्बियार ने किया था।

कुचीपुड़ी: आन्ध्र क्षेत्र की इस नृत्य परम्परा का सम्बन्ध भी नाटकों से रहा है, जिसमें धार्मिक आख्यानों का नृत्य रूप में मंचन किया जाता है। आन्ध्र के कुचेलापुरम गांव से इस नृत्य का सम्बन्ध होने के कारण कुचीपुड़ी नाम मिला। लक्ष्मी नारायण शास्त्री, बाला सरस्वती, राजा रेड्डी, राधा रेड्डी, रागिनी देवी को कुचीपुडी का विशेषज्ञ कहा गया है। स्वप्न सुंदरी, शोभना नायड, सत्यनारायण आदि भी इससे सम्बद्ध रहे हैं।

मणिपुरी: आसाम क्षेत्र का प्रसिद्ध मणिपुरी नृत्य महाकाव्यों एवं पुराण कथाओं पर आधारित होता है। 1891 में मणिपुर पर अंगरेजों के आधिपत्य ने इस नृत्य परम्परा को अन्धकार में धकेल दिया था किन्तु रवीन्द्रनाथ टैगोर द्वारा प्रस्थापित शान्ति निकेतन में इस नृत्यशैली के कार्यक्रमों की शुरूआत से इसे जीवनदान मिला। नव कुमार, राजकुमार एवं गोपाल सिंह मणिपुरी के ख्याति प्राप्त कलाकार है।

ओडीसी: उड़ीसा के शास्त्रीय नृत्य को आगे बढ़ाने में कालीचरण पटनायक का उल्लेखनीय योगदान रहा है। केलूचरण महापात्र, संयुक्ता पाणिग्रही, सोनलमान सिंह, इन्द्राणी रहमान, यामिनी कृष्णा मूर्ति, रीतादेवी, प्रियंवदा मोहन्ती, मिनतीदास, माधवी मुद्गल किरण सहगल आदि प्रमुख कलाकार हैं।

इन प्रमुख नृत्यों के अतिरिक्त भारत के विभिन्न भागों में अलग–अलग क्षेत्रों में स्थानीय नृत्य, लोकनृत्य एवं नृत्य नाटकों का प्रचलन रहा है। उदाहरण के लिए बिहार के मयूरभंज में छाऊ नृत्य किया जाता है। छत्तीसगढ़ में महाभारत की पांडव कथा का पंडवानी के माध्यम से मंचन किया जाता है। इस नाट्य शैली को विश्व प्रसिद्ध बनाने का श्रेय तीजन बाई को जाता है।

हरियाणा: हरियाणा के धमाल में डफली का प्रयोग विशेष रूप से किया जाता है। हरियाणा में स्वांग में दूसरों की नकल निकालते हुए नृत्य का रिवाज है। इस क्षेत्र के अन्य प्रमुख नृत्यों का जिक्र किया जाना हमारी विविध सांस्कृतिक परम्पराओं की जानकारी के लिए आवश्यक है।

झूमरः धार्मिक अवसरों पर गुर्जर समाज द्वारा किया जाने वाला नृत्य है। दो झुण्डों विभक्त स्त्री पुरुष के बीच स्त्री आकर नृत्य करती है।

डंडानाच: इस नृत्य में छड़ी का प्रयोग पुरूषों द्वारा टोली में रहकर किया जाता है।

फाग: होली के अवसर पर किया जाने वाला नृत्य है।

गंगोर: राजस्थान में किये जाने वाले गणगौर का ही एक रूप में हरियाणा में प्रचलित है।

राजस्थान: राजस्थान की नृत्य परम्परा प्रसिद्ध रही है यहां के प्रमुख नृत्यों का संक्षेप में उल्लेख करना उचित होगा।

गैर नृत्य: मेवाड़ एवं मारवाड़ में होली के अवसर पर पुरूषों द्वारा किया जाता है जिसमें ढोल व थाली आदि बजाये जाते हैं।

गींदड: शेखावटी में होली के अवसर पर पुरूषों द्वारा महिला वस्त्र धारण कर किये जाने वाला नृत्य है।

चंग: शेखावटी में इस नृत्य में प्रत्येक पुरुष चंग बजाते हुए नृत्य करता है।

डांडिया: होली के अवसर पर पुरूषों द्वारा टोली में हाथों में छड़ी, लेकर नृत्य किया जाता है।

घूमर: मांगलिक अवसर पर महिलाओं द्वारा किया जाने वाला प्रसिद्ध नृत्य है। लंहगे के घेर को घूमर कहते हैं। नृत्य गोल चक्कर लगाते हुए किया जाता है।

गरबा: गुजरात का गरबा नृत्य बांसवाडा व डूंगरपुर में नवरात्रा पर किया जाता है।

पणिहारी: युगल नृत्य पणिहारी लोकगीत पर किया जाता है स्त्रियां अपने सिर पर घड़े रखती हैं।

कच्छी घोड़ी: शेखावटी में बांस की खपच्चियों से घोड़ा बनाया जाता है जिसे ढककर चार–चार व्यक्तियों द्वारा नृत्य किया जाता है।

भवाई: यह पेशेवर नृत्य है जिसमें सिर पर सात घड़े रखकर कांच, तलवार आदि पर नृत्य किया जाता है।

ख्याल: नृत्य एवं नाटक का अंग है।

तेहरताली: औरतें तेरहताली नृत्य मंजीरे दोनों हाथों में बांधकर करती हैं।

गुजरात: डांडिया रास का गुजरात में अधिक प्रचलन था अब उत्तर भारत के सभी बड़े शहरों में डांडिया रास किया जाता है। गुजरात में गरबा लोकप्रिय नृत्य नवरात्रि पर देवी दुर्गा की अराधना में किया जाता है। वृत्ताकार घेरे में छिद्र युक्त घड़े में जलता हुआ दीपक होता है चारों ओर स्त्रियां वृत्ताकार नृत्य करती हैं। डांडिया–नवरात्रा के अवसर पर स्त्री–पुरुष डंडों से वृत्ताकार नृत्य करते हैं।

रासः नृत्य में डंडा को तलवार मानकर दुर्गा व महिसासुर के बीच युद्ध की अभिव्यक्ति की जाती है।

लावणीः गुजरात व महाराष्ट्र का प्रसिद्ध लोक नृत्य। रासलीला के समय किया जाता है।

दीपक नृत्यः नवरात्रा में छिद्रयुक्त घड़े में दीपक रखकर विभिन्न मुद्राओं द्वारा नृत्य की परम्परा है।

भवई: यह भी गुजरात के लोगों का लोकप्रिय नृत्य है।

पणिहारी: गागर लोटा नाम से प्रसिद्ध नृत्य में सिर पर गागर व लोटा रखकर गुजरात की महिलाएं नृत्य करती हैं।

केरल: केरल में हास्य नृत्य नाटिका कूडियाट्टम को पसन्द किया जाता है। केरल का कलारी (जिमनास्टिक) व पायतु (युद्ध कला) गुरू के नेतृत्व में किया जाने वाला युद्ध कला नृत्य है।

थप्पम नृत्य: 150 स्वरूपों के इस नृत्य में कई तरह की श्रृंगार सामग्री के प्रयोग द्वारा नृत्य किया जाता है।

थायाम बाका: केरल में 8 से 4 ताल के इस नृत्य को इरूकीता कहते हैं।

पायदानी: देवी मन्दिर में देवी–देवताओं के मुखौटे लगाकर किया जाने वाला लोक नृत्य है।

पश्चिमी बंगाल: पश्चिमी बंगाल में काठी, जात्रा, बाउल जैसे नृत्य लोकप्रिय हैं। छाऊ नृत्य पश्चिमी बंगाल के लोगों में भी लोकप्रिय है।

उत्तर प्रदेश–नौटंकी, रासलीला (मथुरा–वृन्दावन क्षेत्र में प्रचलित राधा–कृष्ण लीला पर आधारित) पश्चिमी उत्तर प्रदेश में लोकप्रिय है। इस राज्य में अच्छी फसल हेतु **कजरी** नृत्य का भी प्रचलन है।

महाराष्ट्र: महाराष्ट्र में पोवडा, गोधुली गीत, तमाशा और गफा जैसे नृत्य लोकप्रिय है।

गौफ: स्त्री प्रधान लोकप्रिय कलात्मक नृत्य है। 1.5 फीट का डंडा व रस्सी से घूमते हुए नृत्य किया जाता है।

गौरीचा: किसानों का लोकप्रिय नृत्य है गौरी मां के प्रति श्रद्धा प्रकट की जाती है।

कोली नृत्य: पश्चिमी घाट के मछुआरों का नृत्य स्त्री पुरूष भाग लेते हैं।

लावणी: गुजरात व महाराष्ट्र का प्रसिद्ध लोकनृत्य है। रासलीला के समय किया जाता है।

पावरीनाचा या तरफा नाच: कोंकण क्षेत्र की जनजातियों द्वारा कंभे के चारों ओर किया जाता है।

तमिलनाडु: यहां के लोगों की कोलट्टम, कावेरी एवं कडगम जैसे नृत्यों में रूचि है। **कनाडी** शिव द्वारा कामदेव व रति का विलाप नृत्य नाटिका है।

गोवा में कार्नीवल का प्रचलन है।

जम्मू कश्मीर: उत्तरी इलाकों में विशेष रूप से जम्मू कश्मीर में हिकात, जाकरी, राउफ एवं भांडपाथेर जैसे नृत्यों का प्रचलन है।

रउफ: फसल कटाई पर स्त्रियों द्वारा किया जाता है। 15–15 लडकियां दो पक्तियों में गले में बांहे डालकर करती है।

भांडपाथेर: कलाकार के भांड व उसक द्वारा किये जाने वाले नृत्य को पाथैर कहते हैं। प्रसिद्ध नृत्य है।

दुमहल: बटटल जनजाति के पुरूषों द्वारा किया जाता है। **हिकात व जाकरी** भी जम्मू–कश्मीर के नृत्य है।

हिमाचल: यहां के लोग **डांगी, झांझर** एवं **सांगला** जैसे नृत्यों से अपना मनोरंजन करते हैं।

अरूणाचल: इस क्षेत्र में **बारदोधाम** नामक नृत्य त्योहारों पर सारदुकपेन जनजाति रंगीन मुखौटे पहनकर करते हैं।

असम क्षेत्र: बिहू–खासी जाति द्वारा सामूहिक रूप से किया जाने वाला नृत्य है। नववर्ष पर बेहाग, बहू धान पकने पर व बसन्त पर वैशाखी **बिहू** किया जाता है। इसी तरह माघ बिहू का प्रचलन है। असम क्षेत्र में **झुमरू, रखाललीला,** एवं **भंवरिया** नृत्य भी लोक प्रिय है।

भाओना: धार्मिक कथानक पर किया जाने वाला लोकनाट्य है।

झुमरा नृत्य: कृष्ण के साथ रास करने गई ग्वालों की पत्नियों की व्यथा का वर्णन नृत्य द्वारा किया जाता है। मादाल वाद्य के साथ रामदानी जीतोडनाच व मेलानाच किया जाता है।

माडूभांगी: सामूहिक रूप से महिलाओं द्वारा सतारा जाति द्वारा किया जाने वाला आनुष्ठानिक नृत्य है।

बगुरूम्बा: बोडो समुदाय द्वारा यह नृत्य धीमे पगसंचालन व हाथ फैलाकर किया जाता है।

अलीअई लिगांग: पूर्वोत्तर असम के मिशिंग समुदाय द्वारा देवताओं की प्रार्थना में किया जाता है।

अंडमान निकोबार: निकोबारी नृत्य ओसूरी त्योहार पर किया जाता है।

आन्ध्र प्रदेश: अंडरिया, हैदराबाद की गोंड जनजाति द्वारा किया जाता है। **कोलाट्टम या कोलानालू** (कोल्कोनालू) त्योहारों पर ग्रामीणों द्वारा किया जाने वाला डंडा नृत्य है।

झारखण्ड में कर्मा मुंडा जनजातियों द्वारा कर्मा नामक सौभाग्यसूचक वृक्ष के नाम से ढोल व थाप पर नृत्य किया जाता है। सरहुल छोटा नागपुर की ओरांव जनजाति का सैनिक प्रकार का लोकप्रिय नृत्य है।

छत्तीसगढ़: पंथीनृत्य में सतनामी समुदाय द्वारा ढोल व झांझ के साथ किया जाने वाला अनुष्ठानिक नृत्य है। रावतनाच देवोत्थान एकादशी पर किया जाने वाला रास नृत्य है।

पंडवाणी: महाभारत की पांडव कथा का मंचन किया जाता है। तीजनबाई ने इसे विश्व प्रसिद्ध बनाया।

कर्नाटक: यहां लोग यक्षगान, कुनीता एवं सुग्गी द्वारा अपना मनोरंजन करते हैं।

यक्षगान: कन्नड भाषा में कथकली नृत्य की भांति परिधानों में कथा व नृत्य शैली में किया जाता है। गीत इसकी आत्मा माना जाता है।

वीरगास्से कुनीता: फसल काटने के अवसर पर नर्तक–द्रुत संगीत व अभिनय के साथ इस लोकनृत्य को प्रस्तुत करते हैं।

बेलाट (बोमलाट): फसल कटने के समय महाकाव्य कथाओं पर यक्ष गान प्रकार का नृत्य है।

डालू कुनिता: गड़रिया समुदाय के पुरूष, ढोल व थाप पर धर्म या युद्ध विषय पर नृत्य करते हैं।

मिजोरम: चेरोकान नामक नृत्य चेरों जाति के लोग दो जोडों को लेकर लहरदार घूमते हुए नृत्य करते हैं।

नागालैण्ड: चांगली नृत्य, चांगा जनजाति द्वारा त्योहारों या उत्सवों पर किया जाने वाला नृत्य है।

ओडिसा–बोई साबडी–विशाल कुदा सौरा व नीर्दा जनजातियों की युवा स्त्रियों द्वारा किया जाता है।

घूर्मा: बिंझल, खोडा व सवा जनजातियों द्वारा विजय दशमी पर किया जाने वाला नृत्य है।

गरूडवाहन: उड़ीसा की पैका जनजाति का नृत्य है। **मुद्रिका** ओरांव जनजाति का नृत्य है। **कर्मा व कोल** नृत्य ओडीसा, आन्ध्र व मध्य प्रदेश की गोंड व कोल जनजातियों का नृत्य है।

घुमुरा: कालाहांडी का लोकप्रिय युद्ध नृत्य है।

छाडनाच: म्यूरभंज, बालेश्वर, तलवार ढाल से किया जाने वाला मार्शल आर्ट जैसा है।

पांडिचेरी–यहां **गराडि** नृत्य पौराणिक कथा पर आधारित त्योहार पर किया जाने वाला नृत्य है।

मध्य प्रदेश–तेरताली–स्त्रियां सिर पर घडा व मंजीरा लेकर घूंघट में नृत्य करती है। गौंड, पंथी, पंडवाणी जैसे नृत्य मध्य प्रदेश के लोगों की पसन्द है।

मटकी नृत्य–स्त्रियां सिर पर मटका रखकर नृत्य करती हैं।

भिदा–रबी की फसल पर किया जाता है। **मार्च** मालवा क्षेत्र का लोकप्रिय नाट्य है।

गौर मेरिया–विवाह अवसर पर बस्तर के क्षेत्र का नृत्य है।

मणिपुर की नृत्य परम्परा समृद्ध रही है। **थागटा** मनोर प्रान्त का तलवार व भाले के साथ किया जाने वाला नृत्य है।

बसन्तरास–कृष्णलीला को नृत्य द्वारा दर्शाया जाता है। संकीर्तन–धार्मिक पर्व पर किया जाने वाला प्रसिद्ध लोकनाट्य। **चोंबी** होली पर किया जाने वाला प्रसिद्ध लोक नृत्य है। **लोहरो बाका** मणिपुरी शास्त्रीय नृत्य है। **रासलीला** ब्रज की रास परम्परा में बांसुरी व मृदंग पर नृत्य किया जाता है। **लामकुतलाम**–मणिपुर की कोम जाति द्वारा फसल कटाई पर किया जाता है।

पंजाब में भांगडा वीररस प्रधान पुरूषों व स्त्रियों का लोकनृत्य है। **गिददा**–केवल स्त्रियों द्वारा किया जाने वाला लोकनृत्य है।

सिक्किम: सिंघी छाम शेर का मुखौटा नृत्य है। हिमशेर को देवता माना जाता है।

संगीत: प्राचीन काल से ही संगीत का भारत में विशेष महत्व रहा है। इस्लाम में संगीत के प्रति सकारात्मक दृष्टिकोण नहीं रहा है तथापि मुगल काल में संगीत को प्रोत्साहन मिला। अकबर के दरबार में तानसेन, बैजनाथ एवं बाबा रामदास जैसे संगीतकार थे। अंगरेजों के आगमन से पूर्व उत्तर भारत एवं दक्षिण भारत में संगीत लोकप्रिय विधा थी। शास्त्रीय संगीत या 'मार्ग' को क्लासिक म्यूजिक कहा जाता है। ध्वनि प्रधान संगीत में उतार–चढाव का महत्व है। शब्द और अर्थ का नही। संगीत का मूल आधार सरगम है। जिसमें सात स्वर–षड्ज, रिषभ, गांधार, मध्यम, पंचम, धैवत् तथा निषाद है। जिन्हें संक्षेप में सा रे ग म प ध नी षा 'सप्तक' कहते है। सप्तक को 22 श्रुतियों में विभक्त किया है। उत्तर भारत की संगीत शैली को हिन्दुस्तानी क्लासिकल एवं दक्षिणी शैली को कर्नाटक या कर्नाटकी कहते हैं। दूसरे शब्दों में मार्ग या शास्त्रीय संगीत की हिन्दुस्तानी एवं कर्नाटक दो शैलियां हैं।

संगीत का सृजन नाट्य शास्त्र, नारदशिक्षा, संगीत रत्नाकर, राग–तरंगिणी, संगीत दर्पण, संगीत परिजात, नगमात–ए–आसफी संगीत राग कल्पद्रुम और संगीत पद्धति जैसे शास्त्र ग्रन्थों से हुआ है।

शास्त्रीय संगीत के अनेक घराने हैं जहां संगीत की अराधना व साधना होती है। उत्तरी घरानों में ग्वालियर, लखनऊ व बनारस प्रमुख हैं। यहां उल्लेखनीय है कि रागों को बनाने में 'थाट' का महत्व है और थाट से तात्पर्य अर्थ सुरों को मिलाने या एकत्रित करने से है। थाट में सप्तक के सातों स्वर होते हैं जबकि राग में पांच–छह या सभी सातों स्वर हो सकते है। हिन्दुस्तानी शास्त्रीय संगीत में 10 थाटः गमन या कल्याण, बिलावल, खमाज, भैरव, पूर्वी, मारवा, काफी, आवरी, भैरवी व तोड़ी शामिल है। थाट के अतिरिक्त 11 तालों का महत्व है। उल्लेखनीय है कि पटना के मोहम्मद रजा ने विभिन्न संगीतज्ञों से चर्चा करने के बाद 'नगमाते असफी' नामक ग्रन्थ लिखा था। इसी प्रकार जयपुर के शासक प्रताप सिंह ने 'संगीतसार' का आलेखन किया था। लखनऊ का वाजिद अलीशाह संगीतप्रेमी शासक था। इसी परिप्रेक्ष्य में यह संगीत का प्रमुख केन्द्र बना। 1921 में लखनऊ के मारिस कॉलेज के महान संगीतज्ञ वी.एन. भातखण्डे के नाम पर संगीत कॉलेज का दर्जा मिला और उसका नाम हिन्दुस्तानी संगीत भातखण्डे विद्यालय रखा गया।

ध्रुपदः हिन्दुस्तानी शास्त्रीय संगीत ब्रजभाषा में रचे गए हैं। ब्रजरागों में ध्रुपद लोकप्रिय है। तानसेन ध्रुपद गायक ही था। वृन्दावन के हरिदास स्वामी उसके गुरू थे। अन्य आचार्यों में नायक गोपाल, नायक बैजू (बैजू बावरा) चिन्तामणि प्रमुख थे।

ख्यालः धीरे–धीरे ध्रुपद का स्थान खयाल ने ले लिया। ख्याल को स्थायी व अन्तरा दो भागों में विभक्त किया जा सकता है। मोहम्मद शाह रंगीले के दरबार के दो प्रसिद्ध गायकों–अदारंग और सदारंग ने कई ख्यालों की रचना की थी। खयालियों में हद्दू खां, हस्सू खां और पीरबख्श को इस फन का उस्ताद कहा गया है। किराना घराने के अब्दुल वहीद खान तथा अब्दुल करीम खान ने भी इस परम्परा को समृद्ध किया। अमीर खुसरो को ख्याल का जनक माना जाता है।

धमारः कृष्ण लीलाओं पर आधारित धमार का उद्देश्य माहौल की गम्भीरता को समाप्त करना अर्थात् श्रृंगार रस के गीतों द्वारा माहौला को हलका और रंगीन बनाया जाता है। धमार गायकों में रामपुर घराने के उस्ताद वजीर खां एवं अहमद अली खां, जयपुर घराने के बहराम खां एवं हैदर बख्श तथा आगरा घराने के विलायत हुसैन खां व फैयाज खां चर्चित रहे हैं।

होरी और धमारः होरी व धमार ध्रुपद से मिलते–जुलते राग हैं। इनका सम्बन्ध होली के त्योहार से माना गया है, और कृष्ण और राधा के प्रेम का वर्णन विशेष रूप से होता है।

ठुमरीः भक्ति पर आधारित श्रृंगारिक रचना को ठुमरी कहा गया है। इसका सम्बन्ध राधाकृष्ण भक्ति सम्प्रदाय से है। 19वीं शताब्दी में वाजिद अली शाह के समय ठुमरी बहुत लोकप्रिय हुई और विषयाक्त भी बना दी गई। ठुमरी का जन्म उत्तर प्रदेश में हुआ एवं बनारस और लखनऊ में विकसित हुई।

तरानाः कुछ अक्षर–ध्वनियाँ जैसे अद्योबिन्दु, टोका, तराना और यलालि का इसमें महत्व रहा है।

कजरीः उत्तर प्रदेश एवं बिहार में औरतों के लोक गायन को ही कजरी नाम दिया गया है।

टप्पाः ध्रुपद और खयाल से भिन्न और निम्न स्तर का संगीत टप्पा कहा गया है। टप्पा के गाने अधिकतर काफी, झिंझोटी, पीलू, बरवा, मंद भैरवी और खमाज आदि रागों में गाए जाते हैं और श्रृंगार इसका रस है। प्रारम्भ में इसे पंजाब के ऊंटवान गाया करते थे इसी कारण इसके अधिकतर गीत पंजाबी है। इसे लोकशैली से दरबारी बनाने का श्रेय शोरी मियां को जाता है।

कर्नाटक संगीतः दक्षिण के शास्त्रीय संगीत की शैली कर्नाटक शैली कही गई है। संगम काल के ग्रन्थों में इस पद्धति का विवरण मिलता है। कर्नाटक संगीत में 72 राग कहे गए हैं। मध्यकाल में पुरन्दर दास ने कर्नाटक संगीत को नया स्वरूप प्रदान किया और गीतम शैली के संगीत का विकास हुआ। पुरन्दरदास की परम्परा को त्याग राज, श्याम शास्त्री, मुथ्थु स्वामी दीक्षितर ने आगे बढ़ाया। अन्य महत्वपूर्ण संगीतकारों में महाराजापुरम् संथानम्, उत्तुकांड वेंकट सुब्बा अय्यर, गोविन्द स्वामी पिल्लै, जी.एन. बालासुब्रमण्यम उल्लेखनीय हैं। कर्नाटक संगीत में एम.एस. सुब्बुलक्ष्मी के योगदान को दृष्टिगत रखते हुए उन्हें 1998 में देश के सर्वोच्च सम्मान 'भारत रत्न' से सम्मानित किया था। उत्तर भारतीय ठुमरी की तरह दक्षिण में जावली शैली प्रमुख है। सुगम संगीत के तराने जैसे गायन को तिल्लाना कहा गया।

देशी संगीतः शास्त्रीय संगीत से भिन्न देशी संगीत नगरों एवं गांवों में लोकप्रिय है। देशी संगीत में ठुमरी को भी शामिल किया जाता है। ठुमरी के अलावा गजल, दादरा, कव्वाली और भजन–कीर्तन का जिक्र किया जा सकता है।

गजलः गजल फारसी भाषा की देन रही है जिसे कव्वालों और गायिकाओं ने अपनाया था। गजल कौ भैरवी पीलू, भमपलासी, देस, खमाज आदि देशी और लोकप्रिय रागों में गाया जाता है। साथ ही बागेश्री (बागेश्वरी) मालकौंस, शंकर और दरबारी रागों में भी गाया जाता है। मल्का, जोहरा और गौहर की गाई गई गजलों को हम नहीं भुला सकते। गजल

का विकास इश्क अर्थात् आशिकी–माशूकी को लेकर हुआ। मुहब्बत का इजहार और महबूबा की खूबसूरती का वर्णन गजल के लक्ष्य रहे हैं।

दादरा: ठुमरी से मिलते–जुलते दादरा को तीव्र स्वर से गाया जाता है और दादरा के ताल ठुमरी के तालों से पुराने है। दादरा का जन्म एवं विकास बनारस एवं लखनऊ के आसपास हुआ। मोजुद्दीन खां ठुमरी के साथ–साथ दादारा के गवैये थे।

कव्वाली: मूल रूप से कव्वाली का विषय धार्मिक रहा है। खुदा की खुशामद में कव्वालियां बनाई जाती थी और उसकी इबादत में पीरों की दरगाहों और मस्जिदों में गाई जाती हैं। अजमेर शरीफ में हर साल देश के बड़े–बड़े कव्वाल एकत्र होते हैं। हारमोनियम और ढोलक की मदद से गाई जाने वाली कव्वाली की लोकप्रियता दिनोंदिन बढ़ती जा रही है। फिल्मों ने कव्वाली की लोकप्रियता में चार चाँद लगाए हैं।

कीर्तन व भजन: मुसलमानों में जो कव्वाली का महत्व है वही हिन्दुओं में कीर्तन व भजन का है। कीर्तन–भजन को भक्ति सम्प्रदाय की देन कहा जा सकता है। दक्षिण के अलवार, रामानुज एवं उत्तर के वल्लभ, कबीर, चैतन्य, मीरा, सूरदास, तुलसीदास के पद भक्ति आन्दोलन के ही अंग है। कबीर, मीरा, सूर एवं तुलसी और अष्टछाप कवियों के पद अधिक लोकप्रिय है। सूरदास पर पुष्टि मार्ग के श्रीमद्वल्लभचार्य का प्रभाव था। श्रीनाथ जी का मन्दिर गोवर्धन पर्वत पर वल्लभ के शिष्य पूरणमल खत्री ने बनवाया था। सूरदास अपने गुरू के आदेश पर नित्य सुबह बाल लीला का एक पद बनाते और आरती के समय श्रीनाथ विग्रह के समय गाते थे। वल्लभ के पुत्र विट्टलनाथ औरंगजेब के भय से श्रीनाथ जी की मूर्ति नाथद्वारा ले आए थे और उसने ही अष्टछाप के कवियों को नियुक्त किया था। बाल लीला के पदों की रचना से ही सूरदास महान गायक और कवि बन गए। सूरदास के 'सूरसागर' में एक लाख पद हैं।

मेड़ता राजा दूदा की पोती मीरा का विवाह चित्तौड़गढ़ के महाराणा के बड़े पुत्र भोजराज के साथ हुआ। मीरा ने कृष्ण भक्ति में अनेक पद लिखे जो उत्तर भारत में आज भी लोकप्रिय है। कृष्णभक्ति में तल्लीन मीरा ने सब कुछ छोड़ दिया था। सूर एवं तुलसी के बाद मीरा के भजनों को महत्व दिया जाता है।

लोकगीत: प्रान्तीय सरकारों के प्रोत्साहन से अभी हाल के वर्षों में लोकगीतों ने दुनिया में अपना परचम लहराया है। लोकगीतों को हम आदिवासियों का संगीत कह सकते हैं। भारत में मध्य प्रदेश, छोटानागपुर, राजस्थान के कुछ इलाके, दक्षिण के कुछ प्रदेशों में आदिवासी जातियां निवास करती है। चौता, कजरी, बारहमासा, सावन आदि मिर्जापुर, बनारस और उत्तर प्रदेश के पूर्वी और बिहार के पश्चिमी जिलों में गाए जाते है। गढ़वाल, कनौर और कांगडा में गाए जाने वाले गीत 'पहाडी' कहे जाने लगे हैं। **बाउल और भटिपाली** को बांगल के लोकगीतों के रूप में मान्यता प्राप्त हैं। पंजाब में हीर–रांझा, सोहनी–महिवाल और महिया को इसी श्रेणी में रखा जाता है। **ढोला–मारू** राजस्थानी लोगों द्वारा चाव से गाया जाता है। भोजपुरी में पिछले कुछ वर्षों से विदेशिया को खूब सराहना मिली है।

आल्हा–ऊदल की वीरता का बखान चन्देल राजाओं के राजकवि जगनिक ने किया था। आल्हा के बोल गद्य–पद्यात्मक प्रकार के है जिन्हें ढोलक के साथ नट जाति के लोग अपने करतब दिखाते हुए करते हैं।

सोहर, बानी, सेहरा जैसे गीत विवाह आदि के अवसर पर गाए जाते हैं। बारहमासे दो पुरूषों के साथ नरियां भी गाती है। बिहार और उत्तर प्रदेश में छठ पर्व पर मोहक गीत गाए जाते हैं, जैसे–

काँच ही बाँस के बहंगिया, बहंगी लचकत जाय।
बात जे पुछले बटोहिया, बहंगी केकटा के जाय।

मिथिला में विद्यापति द्वारा गाए गीतों को 'नन्चाटी' कहा गया है। गुजरात का एक प्रकार का दलीय गायन 'गरबा' है, जिसे औरतें घेरे में घूम–घूमकर गाती हैं।

वाद्य यंत्र: भारतीय वाद्य यंत्रों को चार भागों में विभक्त किया जा सकता है। तांत, बेतांत, घन और सेखर।

तांत: इस श्रेणी में वीणा (तन्त्री–सरस्वती को वीणाधारिणी कहा गया है), बीन, सरोद और तम्बूरा (चारतार) को रखा गया है। **बेतांत:** इस किस्म के वाद्ययंत्रों में तार होते हैं किन्तु तारों के नीचे चमड़ा लगा होता है जिससे आवाज में अलग किस्म का गूँजन होता है। इस प्रकार के यंत्रों को उँगलियों से न बजाकर छोटे डोरी वाले धनुष से बजाते है। सारंगी, तौस, दिलरूबा को इसी श्रेणी में रखा जाता है। **घन:** नगाडा, पखावज, ढोल, मृदंग, तबला को घन या गम्भीर आवाज वाले वाद्ययंत्रों की श्रृंखला में रखा गया है। काठ पर चढ़े चमड़े से बने इन यंत्रों में नगाड़ा सर्वाधिक प्राचीन कहा गया है। **सेखर:**

वाद्ययंत्रों की इस श्रृंखला को फूँककर बजाया जाता है। बाँसुरी, मुरली, अलगोजा (सात सुराख) नफीरी, शहनाई को इस वर्ग में रखा जा सकता है। बाँसों में सुराख करके निर्मित किए गए इन यंत्रों को कोमल स्वर में फूँककर बजाया जाता है।

तांत: रूद्रबीन–उँगलियों से बजाए जाने वाले इस बाजे को बजाना कठिन कार्य माना गया है। **तम्बूरे** में चार तार होते हैं जबकि **सितार** तीन तारों का वाद्य है। कहा गया है कि अमीर खुसरो ने इसका निर्माण किया था। एक तार का यंत्र **एकतारा** कहा गया है जिसे साधु या गरीब लोग भीख मांगने हेतु बजाते हैं।

बेतांत: सारंगी के निचले हिस्से में चमड़ा लगा होता है और एक डेढ फीट के लम्बे वाद्य यंत्र में तारों के दो समूह ऊपर एवं नीचे होते हैं। ऊपर के तार धनुष से एवं नीचे के तार अँगुलियों से बजाए जाते हैं।

खमाच: लकड़ी के निर्मित खमाच ऊपर की ओर सितार की तरह एवं नीचे से सारंगी जैसा दिखाई देता है। इसके निचले हिस्से में भी चमड़ा लगा होता है। **तौश:** मोर की शक्ल का वाद्ययंत्र 'तौस' दिलरूबा की तरह होता है। **दिलरूबा** में मोर की बनावट नहीं होती। **साजिन्दा:** सिखों के गुरू रामदास द्वारा निर्मित साजिन्दा दो तारों का यंत्र है जो नीचे से खोखला और ऊपर से लकड़ी के टुकड़ों पर तार कसे होते हैं।

रूबाब एवं सरोद: इनको भी तारों की श्रेणी में रखा जाता है। रूबाब में ग्यारह तार होते हैं–ऊपर की ओर सात और नीचे चार। सरोद का प्राचीन नाम स्वरोदय रहा होगा। सितार एवं सुरबीन एक ही प्रकार के वाद्ययंत्र है, केवल सुरबीन पर सामने लोहे की चादर चढ़ी होती है और तार रूबाब के से बने होते हैं।

सुर सिंगार भी रूबाब से मिलता–जुलता यंत्र है। तरब भी तार का यंत्र है जिसे जमीन पर रखकर टेढ़ी लकडी से बजाया जाता है।

कहा जाता है–सात सुराख वाले आलगोजा को उम्मा ऐयार ने बनाया था। मुँह से फूँककर विवाह के अवसर पर शहनाई बजाई जाती है। बिस्मिल्ला खां ने शहनाई को नई पहचान दी है। खाँ को 'भारत रत्न' से सम्मानित किया गया है।

तुरही (तूर्य) पीतल की बनी होती है जिसे युद्ध और शान्ति के अवसरों पर बजाया जाता था। हिरन की सींग से बना सिंघा भी तुरही जैसा यंत्र है। सपेरों द्वारा बजाई जाने वाली पूँगी या बीन को तुम्बी भी कहा जाता है जो सूखी लौकी से बनती है। मुर्चंग से मधुर स्वर निकाले जाते हैं।

खँजड़ी हाथ से बजाया जाने वाला छोटा नगाड़ा है जो थाली की शक्ल का चमड़े से गढ़ा जाता है। डफरा को उसी प्रकार का वाद्य कहा जा सकता है।

घन: डमरू शिव का वाद्य कहा गया है जो बीच में पतला और दोनों ओर चौड़ा होता है, गाँठदार रस्सियों से दोनों ओर चोट किए जाने से बजता है। आजकल मदारी बजाते हैं। **ढोल, डफ, पखावज, मृदंग, तबला** आदि 'ताल वाद्य' कहे गए है। पखावज पीपे जैसा खोखला, जिसके दोनों सिरों पर चमड़ा चढ़ा हुआ और रस्सियों से खिंचा होता है। ढोल आमतौर पर घरों में त्यौहार पर बजाया जाता है। ढोलक एवं मृदंग में केवल आकार का अन्तर कहा जाएगा। धमास व चाँप तबलों की तरह के यंत्र है।

सेखर: इस क्रम में हम जल तरंग, लौह तरंग एवं काष्ठ तरंग का जिक्र कर सकते हैं। लौह तरंग लोहे एवं काष्ठ तरंग लकड़ी से बजाई जाती थी। शहनाई व नौबत राजघरानों में बजाई जाती थी। अन्त में हम आर्केस्ट्रा का जिक्र कर सकते हैं जिसका प्रचलन तेजी से हुआ है। इस श्रृंखला में कई यंत्र एक साथ बजाए जाते हैं। विविध वाद्य यंत्रों का संचालन एक संचालक हाथ के उतार–चढाव द्वारा करता है। विद्युत ऊर्जा द्वारा चालित यंत्रों ने पुराने यंत्रों को तेजी से पीछे छोड़ दिया है।

मूल्यांकन: आजादी के बाद नृत्य एवं संगीत ने दुनिया में अपना परचम लहराया है। गुलाबों जैसी कई लोक नृत्यांगनाओं के नृत्य के प्रति लोगों की रूचि बढ़ी है। साथ ही भारतीय संगीत से दुनिया का बड़ा तबका परिचित है। प्रारम्भ में शास्त्रीय संगीत ने वर्चस्व बनाया, उसका तेजी से अनुशरण लोक गीतों ने किया। यही नहीं भारतीय फिल्म उद्योग ने भारतीय संगीत को नई पहचान दी है, दुनिया का युवा वर्ग संगीत के कारण ही आज भारत को जानते हैं।

❋❋❋

49

चित्रकला एवं साहित्य का विकास

(The Development of Painting and Literature)

स्वतंत्र भारत में कला के सभी आयाम अपने अनूठे एवं अद्वितीय रूप में उभर कर सामने आये। भारतीयों ने कला के हर क्षेत्र में अपनी छाप छोड़ी और विश्व को इस बात का अहसास करवा दिया है कि भारतीय न केवल संगीत, नृत्य चित्रकला एवं साहित्य के क्षेत्र में आगे रहने की योग्यता रखते हैं अपितु अब विज्ञान तकनीकी एवं कम्प्यूटर के क्षेत्र में भी नेतृत्व करने लगे हैं। यहां हम संक्षेप में चित्रकला एवं साहित्य के क्षेत्र में हुए विकास की चर्चा करेंगे।

आधुनिक चित्रकला एवं बदलती प्रवृतियाँ: चित्रकला के क्षेत्र में आधुनिक युग में क्रान्तिकारी परिवर्तन हुए है। 1920 के बाद राष्ट्रीय आन्दोलन आम लोगों का आन्दोलन बन गया था। इसी प्रकार चित्रकला के क्षेत्र में नवीन प्रवृतियों से एक तरह की क्रान्ति हुई जिसका नेतृत्व किया यामिनी राय और अमृता शेरगिल ने। इस दौर के कलाकारों की कृतियों को नकल की श्रेणी में नहीं डाल सकते और न ही पुरानी एवं नवीन कला का मिश्रण ही कहा जा सकता है। अपितु उनके चित्रों में मौलिकता है जो पूर्व विचारधारा एवं व्यक्तिगत आकांक्षा का प्रतिनिधित्व करते हैं। पिछले आठ–नौ दशकों में यूरोप में अनेक चित्र शैलियों के प्रयोग हुए, सेजान, मोने, माने, जॉर्ज ब्राक, मातिस, पिकासो एवं हाली का इस दृष्टि जिक्र किया जा सकता है जिन्होंने नई शुरूआत की। उनका प्रभाव भारतीय कलाकारों पर होना स्वाभाविक था।

गगनेन्द्रनाथ ठाकुर: सर्वप्रथम नए प्रयोग अवीन्द्रनाथ ठाकुर के भाई गगनेन्द्रनाथ ठाकुर ने किए, त्रिकोणों और सीधी लकीरों की आकृतियों द्वारा सेजान के अनुकरण के साथ नये प्रयोग किये किन्तु यह प्रयास अधिक दिनों तक नहीं चला।

रविशंकर रावल: यूरोप की नई शैलियों से प्रेरित नई राह निकालने वाले कलाकार अधिकांश पश्चिमी भारत के थे, विशेष रूप से मुम्बई, गुजरात एवं महाराष्ट्र के। जे.जे. स्कूल ऑफ आर्ट्स मुम्बई के प्रतिष्ठित कला विद्यालय के रूप में उभरा। अहमदाबाद में रविशंकर रावल की प्रेरणा से कला विद्यालय की स्थापना की गई। कणु देसाई जैसा प्रसिद्ध कलाकार इसी स्कूल से निकला था।

यामिनी राय: कहा जाता है कि अवीन्द्र नाथ के शिष्य यामिनी राय ने बंगाल के ग्रामीण जीवन का बारीकी से अध्ययन किया एवं विदेशी चित्रकला के अनुशीलन द्वारा नवीन शैली को जन्म दिया। नर्तकी, श्रृंगार एवं ईसा मसीह उनके प्रमुख चित्र कहे गए हैं।

नंदलाल बसु: अवीन्द्रनाथ के ही शिष्य थे। उनको ओरिएंटल स्कूल ऑफ आर्ट्स के प्राचार्य के रूप में कार्य करने का अवसर मिला था। उनकी प्रतिभा को देखकर रवीन्द्रनाथ टैगोर शान्ति निकेतन ले गए एवं कला विभाग का अध्यक्ष बनाया। अजंता चित्रकला से प्रेरणा लेकर उन्होंने मौलिक रूप में बुद्धजीवन की कथाओं की प्रस्तुति की। उनके चित्र कई पौराणिक आख्यानों पर आधारित थे। 1961 में उन्हें पद्म विभूषण से सम्मानित किया गया।

असित कुमार हाल्दार: अवीन्द्रनाथ के शिष्यों में असित कुमार हाल्दार ने भी लखनऊ कला विद्यालय के प्राचार्य के रूप में कार्य किया था। उनकी कुछ कृतियाँ इलाहाबाद संग्रहालय में सुरक्षित है। गुफा कलाओं की प्रतिलिपियां उन्होंने बड़े पैमाने पर तैयार की। अजंता बाघ एवं जोगीमारा के चित्रों में नवीन प्रयोग प्रस्तुत करने का श्रेय असित कुमार को मिला। हाल्दार एक सफल चितेरे के साथ–साथ लेखक भी थे। उन्होंने ही मेघदूत का बंगला अनुवाद किया था।

देवीप्रसाद राय चौधरी: अवीन्द्रनाथ के ही शिष्य थे। मद्रास कला विद्यालय के प्राचार्य रहे चौधरी चित्रकला के साथ मूर्तिकार भी थे। भारतीय जीवन के विविध पहलुओं के चित्रण पर पद्मविभूषण सम्मान मिला था।

अमृता शेरगिल (1912–1941): अमृता लाहौर के धनाढ्य परिवार से थी। उनके पिता भारतीय सिक्ख एवं माँ हंगरी की थी। 1929 में वह पैरिस चली गई और **इकाल डी वो आर्ट्स नामक संस्था** में कार्य किया। पेरिस से शिक्षा प्राप्त शेरगिल के चित्रों में विदेशी प्रभाव था किन्तु भारतीय चित्रकला ने उसे बहुत अधिक प्रभावित किया। विशेष रूप से अजंता चित्र उसे पसन्द थे। अमृता ने पश्चिम की चित्रात्मक शैली एवं भारतीय कल्पना में सामंजस्य स्थापित किया था। उनके चित्रों की प्रदर्शनी पेरिस में 1931 में भी लगी थी जिसे बहुत सराहना मिली और उनके चित्र पुरस्कृत हुए। चित्रकला के क्षेत्र में

पुरूषों के वर्चस्व को तोडने में सफलता अमृता शेरगिल को ही मिली। 1934 में भारत आकर आम लोगों की जिन्दगी का चित्रण शुरू किया। लेकिन उनकी जीवन यात्रा जल्दी ही पूरी हो गई और भारत उनकी उच्चस्तरीय कला से वंचित हो गया।

रामकिंकर बैज: सामाजिक रूपांकन हेतु बैज द्वारा किए गए नए प्रयोग को अत्यन्त सबल कहा गया है। चित्रों के अतिरिक्त मूर्ति कला के क्षेत्र में भी उन्हें सराहना मिली।

वर्तमान कला विश्वव्यापी स्वरूप ग्रहण कर चुकी है। सीमाएँ अब चितेरों को नहीं बांध सकतीं। यही नहीं जीवन के लगभग सभी पहलुओं पर मानव मन उड़ान भरने लगा है और इसी पृष्ठभूमि में आधुनिक चित्रण की शुरूआत हुई। दुख, क्षोभ, खुशी, उलझन, संत्रास एवं अवसाद आदि मानसिक भावों का सफलतापूर्वक चित्रण आज के कलाकारों के लिए ही सम्भव हो पाया है। आधुनिक चित्र व्यक्ति को सोचने को मजबूर करते हैं। मानव मन को झंझोड़ सकते हैं जो नित नए प्रयोगों से ही मुमकिन हुआ है।

समसामयिक चित्रकारों में ज्योतिष भट्टाचार्य लाल अनादि अधिकारी, के.के. हेबर, अकबर पद्मश्री, प्रकाशचन्द्र बरूआ (मेरठ), भावेश सान्याल, मदनलाल नागर, सतीश गुजराल, मकबूल फिदा हुसैन, सुधीर रंजन खस्तगीर, श्रीधर नारायण बेन्द्रे एवं जगन्नाथ मुरलीधर जैसे प्रतिभावान कलाकारों ने राष्ट्रपति भवन, संसद भवन, उत्तर प्रदेश विधानसभा में अपने चित्रों को प्रदर्शित किया। इस श्रृंखला में सतीश गुजराल एवं मकबूल फिदा हुसैन के चित्र सर्वाधिक चर्चित रहे। पद्मविभूषण से सम्मानित सतीश गुजराल ने जे.जे. कला स्कूल से शिक्षा ग्रहण की थी, इन्दौर कला स्कूल के विद्यार्थी मकबूल फिदा हुसैन ने पाश्चात्य प्रेरणा से आधुनिक विषयों को चित्रित किया। उन्होंने 'गजगामिनी' फिल्म भी बनाई थी। हुसैन को ललित कला अकादमी पुरस्कार (1955), पदमश्री (1966) एवं 1973 में पदमविभूषण से सम्मानित किया था। ढुलकिया, बैलगाडी, घोड़े उनके प्रमुख चित्र हैं।

कहा जा सकता है वर्तमान चित्रकला अपने निखार पर है। पुरानी पहाड़ी कलम, राजस्थानी एवं नाथद्वारा शैली में कार्य हो रहा है। साथ ही युवा चित्रकार नए–नए प्रयोग कर रहे हैं। रंगों के शेड्स द्वारा चित्रों को सजीव बना देना आज के कलाकारों के लिए ही सम्भव था।

अमूर्त (एबस्ट्रैक्ट) शैली: वर्तमान में हर कला प्रयोगधर्मी बन चुकी है। छन्दहीन कविताओं को जिस तरह आसानी से समझना मुश्किल होता है उसी प्रकार एबस्ट्रैक्ट चित्रों को समझना कठिन होता जा रहा है।

इस विधा में स्पष्ट आकृतियों के स्थान पर नए रूपांकनों द्वारा विषय की अभिव्यक्ति का प्रयास किया जाता है। कई चित्रों में रंगों एवं रेखाओं द्वारा चित्रकार अपनी मनःस्थिति को व्यक्त करता है। जिन्हें लोग पसन्द करने लगे हैं। ऐसे चित्रों को इंगितपरक (एजेस्टिव) चित्र कहा जाता है। रेखाचित्र एवं रंगीन पैंटिंग्स इस श्रेणी में विशेष रूप से रखी जाती है। कलाकारों की इस श्रृंखला में सतीश गुजराल का जिक्र सबसे पहले करना होगा। मनजीत बाबा, मनुपारेख, लक्ष्मी गौड, गणेश पाइन, कृष्णा रेड्डी, तैयब मेहता, भूपेन खंखर, जोगन चौधरी, भवेश सान्याल, फांसिस न्यूटन सूजा, सैयद हैदर रजा, आरा, राजकुमार, गुलाम मुहम्मद शेख, जगदीश, स्वामीनाथन आदि अनेक कलाकार उल्लेखनीय है।

इस क्षेत्र के कलाकारों को आर्थिक मोर्चे पर भी संघर्ष करना होता है यद्यपि कला अकादमियों के माध्यम से सरकार प्रयासरत है और चित्रकारों को पुरस्कार दिए जाते है तथापि इस वर्ग को अधिक सशक्त बनाए जाने की आवश्यकता है।

समसामयिक साहित्य एवं बदलती प्रवृतियाँ: बीसवीं शताब्दी को साहित्य के विकास का युग कहा जा सकता है। साहित्य अकादमी द्वारा 22 भाषाओं को मान्यता प्रदान की गई है। तदनुसार 22 भाषाओं में साहित्य निर्माण होता है। जिसमें प्रमुख हिन्दी, संस्कृत, असमिया, उड़िया, कन्नड़, गुजराती, तमिल, मलयालम, तेलुगू, बंगला, मराठी का विशेष विकास हुआ।

असमिया: आधुनिक असमिया साहित्य के जन्मदाता लक्ष्मीनाथ बेजबरूआ माने जाते हैं। इनकी सबसे लोकप्रिय हास्य रचना 'कृपावर बरबरूआ काकतर रोपोलो' है। चन्द्रकुमार अग्रवाल, कमलाकांत भट्टाचार्य क्रमशः साहित्यकार एवं काव्य रचनाकार को असमिया साहित्य में सराहना मिली। दुर्गेश्वर शर्मा एवं नीलमणि फुकन को दार्शनिक काव्य रचनाओं के लिए जाना जाता है। कवि व रचनाकारों में रघुनाथ चौधरी, अम्बिका गिरी, नलिनीबाला, यतीन्द्रनाथ दुबरा, हितेश्वर बरबरूआ, देवकान्त बरूआ का जिक्र करना होगा। आधुनिक उपन्यास की शुरूआत रजनीकांत बारदोलाई की कृति से हुई। कहानीकारों में नगेन्द्र नारायण चौधरी, त्रेलोक्यनाथ गोस्वामी, लक्ष्मी शर्मा उल्लेखनीय है। वीरेन्द्र कुमार भट्टाचार्य, शैलेन्द्रकुमार भट्टाचार्य एवं कैलाश शर्मा को आधुनिक कथाकार के रूप में ख्याति मिली।

अंगरेजी: अंगरेजी कविता की शुरूआत 1952 में प्रकाशित 'ए टाइप टू ए चेंज' संग्रह से मानी जाती है। आगे जाकर शरत्‌चन्द, केकी दारूवाला, कमलदास, आदिल जस्सावाला, अरूण कालेटकर, जयन्त महापात्र, आर पार्थ सारथी, अरविन्द के. महरोत्रा जैसे प्रसिद्ध साहित्यकारों ने अंगरेजी में कविता लेखन किया है। सलमान रशदी, विक्रम सेठ, अरूंधति राय को आजादी के बाद के अंगरेजी साहित्यकारों में महत्वपूर्ण स्थान प्राप्त है। विक्रम सेठ ने 'सूटेबल ब्वॉय', शशि थरूर ने 'शो बिजनेस', अमितव घोष ने 'सक्रिल ऑफ रीजन' नामक ग्रन्थों की रचना की। अरूंधति राय को 'गॉड ऑफ स्मॉल थिंग्ज' नामक कृति से भारतीय लेखन को अन्तर्राष्ट्रीय ख्याति मिली। इसी प्रकार 1998 में किरण देसाई ने 'हुलबुल इन ए गुआ आकार्ड' नामक उपन्यास लिखा। रूचिरा मुखर्जी ने 'टोड इन माई गार्डेन' नामक प्रसिद्ध उपन्यास का लेखन किया। मंजुला पद्‌मनाभन को भी इसी क्षेत्र में विशेष ख्याति मिली।

उड़िया: आजादी के बाद ही उड़िया साहित्य का विकास अधिक हुआ। गोपबन्धु दास ने 'भारतमाता' नामक प्रसिद्ध कविता की रचना की। लक्ष्मीकान्त महापात्र, चन्द्रमणिदास कुंतला कुमारी देवी, गोदावरी मिश्र, उड़िया के प्रसिद्ध साहित्यकार है।

अनन्त पटनायक, शुचित राउत राय, मनमोहन मिश्र जैसे प्रगतिवादी कवि उड़िया भाषा से जुड़े हैं। विद्युत प्रभादेवी भी इस भाषा की प्रसिद्ध कवयित्री के रूप में जानी जाती है। प्रारम्भिक नाट्य रचनाकारों में वैष्णव पाणि एवं बालकृष्ण महान्ति थे। पद्‌मनाथ नारायण देव एवं कामपाल मिश्र को नाट्ककारों के रूप में प्रसिद्धि मिली। नाट्य साहित्य को लाला जगमोहन, राम शंकर राय ने समृद्ध किया है एवं उपन्यास लेखन में गोपीनाथ महंती, कुंतला कुमारी देवी को अग्रणी स्थान प्राप्त है। नीलकंठ दास, मधुसूदन एवं चिन्तामणि को प्रबन्ध लेखकों एवं समालोचकों की श्रेणी में रखना होगा।

उर्दू: इस काल में उर्दू साहित्य के विकास के लिए उपयुक्त परिस्थितियां एवं समुचित अवसर मौजूद थे। रचनाकारों ने इसका लाभ उठाया। मौलाना हसरत मोहानी प्रसिद्ध कवि एवं जोश मलीहाबादी शायरे इन्कलाब कहलाए। असगर फैज, जिगर दाग एवं रजा आदि प्रसिद्ध उर्दू साहित्यकार कहे जाते हैं। उर्दू के प्रसिद्ध कवियों में अल्लमा कैफी, रोशन देहलवी, अकबर इलाहाबादी को रखना होगा। सर सैयद अहमद एवं फिराक गोरखपुरी ने उर्दू साहित्य को समृद्ध किया, वहीं नवाब मुहसिनुल मुल्क का नाम उर्दू गद्य के विकास के साथ जुड़ गया। आगाहश्र कश्मीरी, इस्तियाक हुसैन कुरैशी, मुहम्मद अहसन, नारायणप्रसाद बेताब, उपेन्द्रनाथ अश्क एवं शौकत थानवी प्रसिद्ध नाटककार हुए। आजादी के बाद हबीब तनवीर द्वारा आलेखित 'आगरा बाजार' एक प्रसिद्ध नाटक है। आधुनिक उपन्यासकारों में ख्वाजा अहमद अब्बास, इंतजार हुसैन एवं इस्मत चुगताई विशेष उल्लेखनीय हैं।

कन्नड़: पिछले वर्षों में कन्नड़ एक सशक्त साहित्यिक भाषा के रूप में उभरकर आई है। पुटटुप्प ने अतुकांत रामायण की रचना की एवं बेन्द्र ने सखी गीता तथा गुण्टप्प ने कग्गा नामक ग्रन्थ की रचना द्वारा कन्नड़ को समृद्ध किया। गोविंद पै, श्रीधर, विनायक, हेमंत आदि प्रसिद्ध कवियों का जिक्र करना होगा। पर्वतवाणी, इनामदार, एल.जे. बेन्द्रे, के.टी. पुराणिक एवं अनन्तमूर्ति ने उपन्यास, कहानी, नाटक एवं निबन्ध आदि सभी तरह की रचना करके कन्नड़ में अपना स्थान सदा के लिए बना लिया है।

कश्मीरी: दीनानाथ नादिम ने 'मेरी जवानी ताजी' नामक ग्रन्थ की रचना द्वारा कश्मीरी साहित्य को प्रगति के पथ पर अग्रसर किया। 'बम्बर यम्बर जल' नामक दीनानाथ के गीति नाट्य को भी ख्याति मिली है। कॉमिल ने 'साकीनामा' नामक प्रसिद्ध काव्य ग्रन्थ की रचना की। अख्तर महीउद्‌दीन 'सात शिखर' नामक कहानी संग्रह द्वारा चर्चित हुए, उन्होंने दुख दर्द नामक प्रसिद्ध उपन्यास की भी रचना की। गुलाम नबी गौहर द्वारा आलेखित उपन्यास 'मुजरिम', पाप और पुण्य' भी कश्मीरी भाषा की उल्लेखनीय कृतियां है। रोशन एवं प्रेमी को प्रमुख रचनाकारों की श्रेणी में रखना होगा।

गुजराती: कहा जाता है गुजराती साहित्य के गांधी युग की शुरूआत 1914 से हुई। केशवसेठ, दामोदरदास, खुशालदास, चनुवरन, चिमनलाल, मनसुखलाल झवेरी उमाशंकर जोशी गुजराती के प्रसिद्ध रचनाकार है। सुरेश जोशी, गुलाम मोहम्मद शेख, रघुवीर चौधरी एवं चन्द्रकान्त ने गुजराती साहित्य को समृद्ध किया। भरत त्रिवेदी, चतुर पटेल, नलिन पंडया को नए दौर के कवियों में शामिल करना होगा। धनसुख लाल मेहता, कन्हैयालाल मुंशी प्रसिद्ध कहानीकार है। कन्हैयालाल माणिकलाल मुंशी, चन्द्रवदन मेहता, रमणलाल देसाई एवं उमाशंकर जोशी ने नाट्य साहित्य के विकास में योगदान किया। काका कालेलकर ने 'हिमालयनों प्रवास' जैसे प्रसिद्ध ग्रन्थ का आलेखन किया। गांधी की 'आत्मकथा' भी गुजराती की श्रेष्ठ रचनाओं में शामिल हैं।

तमिलः सुब्रह्मण्यम भारती जैसे प्रसिद्ध तमिल साहित्यकार का विवरण पूर्व में दिया गया है। पांचाली शपदम, ज्ञानरथम एवं भावलोक उनकी प्रसिद्ध रचनाएं है। तविनायकम अडिकल एवं भारतीदासनामी को तमिल के प्रमुख रचनाकारों में रखा जाता है। तमिल में नाट्य रचनाएं वी.के. सूर्यनारायण, पार्थसारथी एवं एफ.जी. नरेश अय्यर द्वारा की गई। नरेश शास्त्री ने जटावल्लामद नामक उपन्यास का सृजन किया। राजम अय्यर और माधवय्या को भी उपन्यास लेखन द्वारा ख्याति मिली। जगन्नाथ, अखिलन, कु.पु. राजगोपालन एवं राजगोपालचार्य प्रमुख कहानीकार है।

तेलुगूः आन्ध्र क्षेत्र में विशेष रूप से बोली जाने वाली तेलुगू के प्रसिद्ध कवियों में सुब्बाराव वासुदेव, जयन्ति रामय्या एवं काशी भट्ट का विशेष रूप से उल्लेख करना होगा। विश्वनाथ सत्यनारायण ने 'श्रृंगार वीथि' आन्ध्र प्रशस्ति जैसी प्रसिद्ध काव्य रचनाएं की। पिगली लक्ष्मीकान्तुम, वेंकटेश्वर राव एवं श्रीरंगम श्रीनिवास को प्रगतिशील कवियों की श्रेणी में रखा जा सकता है। वीरेश लिंगम, धर्मवरम, कृष्णामाचार्य, वेदवेंकट राय शास्त्री को नाट्य रचनाओं द्वारा प्रसिद्धि मिली। तेलुगू में कहानी, उपन्यास एवं निबन्ध आदि भी लिखे गए।

पंजाबीः वीरसिंह आधुनिक पद्य एवं भाई मोहनसिंह आधुनिक पंजाबी गद्य के जनक कहे गए हैं। फिरोजदीन शरफ, विधानसिंह, गुरूमुख सिंह मुसाफिर, प्रीतम सिंह ने पंजाबी भाषा में काव्य रचनाएं की। अमृता प्रीतम प्रसिद्ध साहित्यकार हैं जिनकी कविता 'वीर सथाह के प्रति' एक उल्लेखनीय कृति है। 'सुभद्रा' नामक प्रसिद्ध नाटक की रचना प्रो. ईश्वर चन्द्र नन्दा ने की। बलवंत गार्गी को भी नाट्य रचना द्वारा ख्याति मिली। उपन्यास रचना के क्षेत्र में सुन्दर सिंह नरूला, करतार सिंह दुग्गल, मास्टर तारासिंह, जसवंत सिंह का विशेष रूप से जिक्र करना होगा। करताल सिंह दुग्गल, कुलवंत सिंह विक्र व अमृता प्रीतम ने श्रेष्ठ कहानियों का आलेखन किया है। कथाकारों में गुरूबख्श सिंह, काहनसिंह, तेजासिंह, गंडासिंह, बूटासिंह, चन्दन गेडरी, अजीत कौर, जसवन्त सिंह आदि उल्लेखनीय कवि हैं।

बंगलाः पूर्व में बंगला साहित्य की विस्तृत विवेचना की गई है। बंगला साहित्य को जिन ऊँचाइयों पर रवीन्द्रनाथ टैगोर ने पहुँचाया चर्चा का विषय है। उनकी प्रसिद्ध रचना गीतांजलि पर 1910 में नोबेल पुरस्कार मिला।

काजी नजरूल इस्लाम बंगाल के प्रसिद्ध कवि हुए हैं। बुद्धदेव बसु, गोकुल नाग जैसे रचनाकारों का यहां उल्लेख किए बिना नहीं रह सकते। रवीन्द्रनाथ टैगोर के बाद द्विजेन्द्रलाल राय, गिरीश घोष ने नाट्य साहित्य में महत्वपूर्ण योगदान किया। उपन्यास लेखन में रवीन्द्रनाथ टैगोर, शरत्चन्द्र चटटोपाध्याय का जिक्र किए बिना नहीं रह सकते। विमल मित्र एवं महाश्वेता देवी को बंगला में उपन्यास लेखन से ख्याति मिली।

मलयालमः साहित्य रचना की दृष्टि से मलयाली एक सशक्त भाषा बन चुकी है। कुमारन आशान ने 'नलिनी' नामक काव्य रचना की। वल्लतोल, सुब्रह्मण्यन पोट्रिट, बालकृष्ण पणिक्कर को मलयालम के प्रमुख कवियों की श्रेणी में रखना होगा। प्रगतिवादी कवियों में–एन.वी. कृष्ण वारियर, ओल्लपमण्णा, अविकतम अनुजन एवं भास्करन् का विशेष रूप से जिक्र करना होगा। सी.वी. रमन पिल्लै ने कुरूपिल्ला कलोर, एवं के.एम. पणिक्कर ने मंदोदरी नामक प्रसिद्ध नाटकों की रचना की। सी.वी. रमन ने उपन्यास लेखन में भी ख्याति प्राप्त की। तकषि ने कई उपन्यासों के साथ कहानियों की रचना द्वारा मलयालम में अपना महत्वपूर्ण स्थान बना लिया है।

संस्कृतः भारत की प्राचीन भाषा संस्कृत में आलेखित साहित्य की सूची बडी लम्बी है। समसामयिक काल में वह परम्परा समाप्त नहीं हुई है। सी.एम. राय शास्त्री ने 'सीता–रावण संवाद' लिखा। साधना साम्राज्य, जयरूर राजवंशावली, अहिल्याबाई, चालुक्यचरित एवं दयानंद दिग्विजय जैसी आधुनिक रचनाओं से संस्कृत का पोषण हुआ। नागार्जुन ने 'लेनिन शतकम्' नामक ग्रन्थ का आलेखन किया। नाटककारों में सर्वोच्च स्थान नारायण शास्त्री का है। उनके द्वारा आलेखित 96 नाटकों ने संस्कृत में उनका स्थान सुरक्षित कर दिया है। वाई महालिंगम् शास्त्री ने 'प्रतिराज सूयम' नामक प्रसिद्ध नाटक की रचना की। भवभूति विद्यारत्न ने लीला तारणिका चक्रवती ने 'पुष्पांजलि नामक कहानी संग्रह का आलेखन किया।

हिन्दीः भारतेन्दु हरिशचन्द्र द्वारा शुरू किए गए आन्दोलन के साथ ही हिन्दी एक सशक्त साहित्यिक भाषा के रूप मे मुखर हुई। काव्य, उपन्यास, कहानी, आलोचना अर्थात् कोई भी ऐसा क्षेत्र नहीं था जिसमें हिन्दी के मनीषियों ने अपनी प्रतिभा का प्रदर्शन नहीं किया। काव्य के क्षेत्र में एक विशेष प्रवृति छायावाद ने नई राह दिखाई जयशंकर प्रसाद, सूर्यकान्त त्रिपाठी निराला, महादेवी वर्मा, सुमित्रानन्दन पंत, माखनलाल चतुर्वेदी, हरिवंशराय बच्चन, मोहनलाल द्विवेदी, रामकुमार वर्मा, रामधारी सिंह दिनकर इस दौर के प्रसिद्ध कवि कहे जाएंगे। 1950 के बाद के कवियों को हम मोटे रूप में चार श्रेणियों में विभक्त कर सकते हैं। जिसे कि नई कविता के रूप देखा जाता है। नई कविता के पहले चरण के कवियों में गिरिजा कुमार

माथुर, भारतभूषण अग्रवाल, प्रभाकर माचवे, रामविलास शर्मा एवं वात्सायन अज्ञेय की गणना की जा सकती है। दूसरे दौर के नागार्जुन, शमशेर, केदारनाथ अग्रवाल, शिवमंगल सुमन को प्रगतिशील कवि कहा गया है। धर्मवीर भारती, नरेश मेहता, सर्वेश्वर, लक्ष्मीकान्त वर्मा जैसे कवि मध्य दौर के कवि हैं। अशोक वाजपेयी, जगदीश चतुर्वेदी, विजेन्द्र, दुष्यन्त कुमार नई कविता के प्रमुख कवि कहे जाएंगे।

नाट्य लेखन की दृष्टि से आजादी के बाद की अवधि को महत्वपूर्ण दौर के रूप में देखा जाना चाहिए। 1951 में जगदीशचन्द्र माथुर ने 'कोणार्क', मोहन राकेश ने 'आषाढ का एक दिन' नामक प्रसिद्ध नाटकों की रचना की। धर्मवीर भारती, विष्णु प्रभाकर, लक्ष्मीनारायण लाल एवं नरेश मेहता ने भी महत्वपूर्ण नाटकों की रचना की। सत्येन्द्र शरत, सुरेन्द्र वर्मा, मुद्राराक्षस, मणिमधुकर, रेवतीरमण शर्मा, शरद जोशी, नरेन्द्र कोहली, रमेश बक्षी को बाद के प्रमुख नाटककार कहा जाएगा।

उपन्यास लेखन में भी कीर्तिमान स्थापित हुए है। आचार्य चतुरसेन शास्त्री ने 'वैशाली की नगरवधु', 'सोमनाथ महालय, यशपाल ने 'अस्मिता और दिव्या', वृन्दावन लाल वर्मा ने 'मृगनयनी' एवं श्री लाल शुक्ल की 'रागदरबारी' जैसे महत्वपूर्ण उपन्यासों की रचना की। जैनेन्द्र, इलाचन्द्र जोशी, उदयशंकर भट्ट, विष्णु प्रभाकर, अमृतलाल नागर, यशपाल, हीरानंद वात्सायन अज्ञेय, भगवतीचरण वर्मा, उपेन्द्रनाथ अश्क, अमृत राय, रांगेय राघव, भीष्म साहनी, राजेन्द्र यादव, प्रभाकर माचवे, धर्मवीर भारती, डॉ. देवराज, नरेश मेहता हिन्दी के प्रसिद्ध उपन्यासकार है। भाषा, शिल्प कथानक एवं प्रस्तुति की विविधता की दृष्टि से यशपाल रचित 'झूठा सच' रेणु कृत 'मैला आंचल', नागार्जुन द्वारा आलेखित 'बलचनमा' का विशेष रूप से उल्लेख किया जा सकता है।

कहानीकारों में मोहन राकेश, निर्मल वर्मा, कमलेश्वर, शिवप्रसाद सिंह, अमरकान्त, माक्रण्डेय, राजेन्द्र यादव, धर्मवीर भारती, रेणु, मन्नु भंडारी विशेष उल्लेखनीय हैं। भीष्म साहनी, हरिशंकर परसाई, अमृत राय, ज्ञानरंजन, रामनारायण शुक्ल ने हिन्दी कहानी रचना में महत्वपूर्ण योगदान किया।

संस्मरण लेखन की दृष्टि से कमलेश्वर, हरिशंकर परसाई का जिक्र किए बिना नहीं रह सकते। कमलेश्वर ने 'यादवाहनी' एवं हरिशंकर परसाई ने 'हम उम्र से वाकिफ है' नामक संस्मरण लिखे। हिन्दी आलोचना के क्षेत्र में डॉ. रामविलास शर्मा को नहीं भुलाया जा सकता।

लघु कथा लेखन में रमेश बत्रा, राजेन्द्र यादव, कमलेश भारतीय, उदय प्रकाश संजय, पृथ्वीराज अरोड़ा, चित्रा मुद्गल, विष्णु नागर, अवधेश कुमार की रचनाएं उल्लेखनीय छाप छोड़ती है।

मूल्यांकन: अन्त में कहा जा सकता है कि आजादी के बाद का दौर नृत्य, संगीत, चित्रकला एवं साहित्य की दृष्टि से चहुँमुखी विकास का दौर था। इस अवधि में आदिवासी लोगों द्वारा गाए जाने वाले लोकगीतों से लेकर उच्च शास्त्रीय स्तर के संगीत का विकास हुआ। नृत्य की कोई विद्या ऐसी नहीं थी जिसका विकास न हुआ हो। भारतीय भाषाओं में विपुल साहित्य का सृजन हुआ और केन्द्र एवं प्रादेशिक स्तर पर साहित्यकारों एवं कलाकारों को प्रश्रय दिए जाने के प्रयास हुए जिससे सभी प्रकार की कलाओं के विकास का मार्ग प्रशस्त हुआ।

❋❋❋

50
विज्ञान एवं तकनीक का विकास
(Development of Science and Technology)

आजादी के बाद विशेष उपलब्धि की गई है तो वह है अन्तरिक्ष अनुसंधान क्षेत्र में। अंतरिक्ष अनुसंधान विकसित एवं विकासशील दोनों तरह के देशों के लिए संरचनात्मक विकास का आधार माना जाता है। मनोरंजन से लेकर शिक्षा, वित्त, डाक, प्राकृतिक आपदा नियंत्रण, मौसम सम्बन्धी पूर्व सूचना अन्तरिक्ष अनुसंधान के मूलभूत आवश्यक तत्व है। अस्सी के दशक को भारतीय अन्तरिक्ष कार्यक्रम की वास्तविक शुरूआत कह सकते हैं। भारतीय अन्तरिक्ष क्षेत्र में प्रारम्भिक प्रगति का जिक्र करना यहाँ उचित होगा।

- 1962 में भारतीय राष्ट्रीय अन्तरिक्ष अनुसंधान समिति का निर्माण हुआ एवं थुम्बा में भूकम्प राकेट प्रक्षेपण केन्द्र ने कार्य करना शुरू किया। यहीं अन्तरिक्ष विज्ञान व प्रौद्योगिक केन्द्र 1965 में स्थापित हुआ।
- 1963–21 नवम्बर 1963 को पहला साउंडिंग राकेट प्रक्षेपित करके शुरुआत की।
- 1967 में उपग्रह संचार पृथ्वी केन्द्र अहमदाबाद में स्थापित हुआ।
- 1968 में थुम्बा केन्द्र संयुक्त राष्ट्र को समर्पित किया।
- 1969–15 को अगस्त भारतीय अन्तरिक्ष अनुसंधान संगठन (इसरो) अस्तित्व में आया।
- 1 जून 1972 को अन्तरिक्ष आयोग व अन्तरिक्ष विभाग स्थापित किया व दूर संवेदी प्रयोग की शुरूआत हुई।
- 7 जून 1979 को रूसी अन्तरिक्ष केन्द्र कास्मोस राकेट से प्रायोगिक पृथ्वी पर्यवेक्षण उपग्रह भास्कर–1 पृथ्वी की कक्षा में स्थापित किया। इसी तरह 10 अगस्त 1979 को श्रीहरिकोटा केन्द्र से एस.एल.बी.–3 का प्रथम प्रायोगिक प्रक्षेपण आंशिक तौर पर विफल कहा जायेगा।
- 18 जुलाई 1980 को श्रीहरिकोटा केन्द्र से एस.एल.वी.–3 की पहली विकासात्मक उड़ान से आर.एस.डी.–1 उपग्रह को पृथ्वी की कक्षा में प्रस्थापित किया। भारतीय अन्तरिक्ष अनुसंधान केन्द्र के कार्यक्रम निरंतर चलते रहे और इसरो की उपलब्धियाँ एक के बाद एक बढ़ती रही है। 5 नवम्बर 2013 को मंगल ग्रह की परिक्रमा करने हेतु उपग्रह छोड़ा गया। उपग्रह आन्ध्र प्रदेश के श्री हरिकोटा स्थित सतीश धवन अन्तरिक्ष केन्द्र से ध्रुवीय उपग्रह प्रक्षेपण यान (पी.एस.एल.वी.) सी–25 के द्वारा सफलतापूर्वक स्थापित किया। उक्तयान 2 साल 9 माह 30 दिन अर्थात् 4/9/2016 को अपनी कक्षा में स्थापित हो गया। आर्बिटर अपने पांच उपकरणों के साथ मंगल ग्रह की परिक्रमा करते हुए आंकड़े व तस्वीरें पृथ्वी पर भेजता रहेगा।

भारत के अन्तरिक्ष केन्द्र

विक्रम साराभाई अन्तरिक्ष केन्द्र–तिरूअनन्तपुरमः राकेट अनुसंधान तथा प्रक्षेपण यान विकास परियोजनाओं की योजना बनाने और उसकी क्रियान्विति का दायित्व इस केन्द्र पर है।

इसरो (ISRO) उपग्रह केन्द्र, बंगलुरू (15 अगस्त 1969): भारतीय अन्तरिक्ष अनुसंधान संगठन (इसरो) का गठन वैज्ञानिक, प्रौद्योगिकीय एवं इसके उपयोग सम्बन्धी मिशनों के लिए किया गया। यह उपग्रह प्रणाली की योजना, डिजाइन, निर्माण, परीक्षण एवं प्रबंधकीय आदि सारे कार्य करता है। 4 अगस्त 2021 से डॉ॰ के॰ शिवन इसरो के चेयरमेन हैं।

अन्तरिक्ष केन्द्र–अहमदाबादः इसका कार्यक्षेत्र, उपग्रह संचार, मौसम, भू–विज्ञान एवं दूर संवेदन है।

श्री हरिकोटा सतीश धवन अन्तरिक्ष केन्द्र (आन्ध्र प्रदेश 1 अक्तूबर 1971): सतीश धवन अंतरिक्ष केन्द्र (SHAR) का उपयोग भारतीय अन्तरिक्ष अनुसंधान द्वारा बहुआयामी राकेट, यान, ध्रुवीय उपग्रह आदि प्रक्षेपण हेतु किया जाता है। यह इसरो का मुख्य प्रक्षेपण केन्द्र है।

द्रव नोदन प्रणाली केन्द्र (Fluid Driving System Centre): इसके तीन केन्द्र या शाखायें–तिरूअनन्तपुरम, बंगलुरू एवं महेन्द्र गिरि में स्थित है। इसे LPSC भी कहा जाता है। उपरोक्त प्रणाली विकास के मुख्य केन्द्र हैं।

शिक्षा संचार एवं विकास इकाई अहमदाबाद: यह केन्द्र अन्तरिक्ष उपयोग कार्यक्रम की परिकल्पना, योजना एवं सामाजिक मूल्यांकन के कार्य पर नियंत्रण करती है।

इसरो (ISRO) टेलीमैट्री नियंत्रण एवं निगरानी नेटवर्क (ISRO-Telemetry Tracking and Command Network-ISTRAC): इसरो भारतीय अन्तरिक्ष अनुसंधान संगठन ने उपग्रह प्रक्षेपणयान मिशन को टेलीमेट्री, ट्रैकिंग एवं कमांड (TTC) को सहयोग देने के लिए ग्राउंड स्टेशनों का वैश्विक नेटवर्क स्थापित किया है। इसका मुख्यालय भारत में बैंगलोर में है।

इसरो जड़त्वीय प्रणाली यूनिट (IISU): यह केन्द्र उपग्रह एवं प्रक्षेपण यान के लिए जड़त्व प्रणाली विकसित करती है।

इनसेट शृंखला (INSAT-Series)

इसरो द्वारा शुरू की गई बहुउद्देशीय भूस्थिर उपग्रहों की एक लम्बी शृंखला है। जिसे इनसेट (भारतीय राष्ट्रीय उपग्रह प्रणाली) कहा जाता है। उपरोक्त शृंखला का दूरसंचार, प्रसारण, मौसम विज्ञान, बचाव, अन्वेषण एवं खोज आदि के लिए उपयोग होता है। भारत द्वारा शुरू किया गया इनसेट एशिया प्रशान्त क्षेत्र में सबसे बड़ी देशीय संचार प्रणाली है। यहां इनसेट प्रणाली की प्रथम शृंखला का जिक्र करना उचित होगा। इनसेट का अर्थ बैठाना या स्थापित करना (Placement) है।

1. **इनसेट 1 ए:** पहली शृंखला में चार उपग्रहों को 10 अप्रैल 1982 को अमेरिका के डेल्टा प्रक्षेपण यान से प्रक्षेपित किया।
2. **इनसेट 1 बी:** इसका 30 अगस्त 1982 को अमेरिका में सफल प्रक्षेपण किया।
3. **इनसेट 1 सी:** 22 अगस्त 1988 को एरियन राकेट से उसकी कक्षा में स्थापित किया गया।
4. **इनसेट 1 डी:** 22 अमेरिका के डेल्टा राकेट से 12 जून 1990 को प्रक्षेपित किया।

दूसरी शृंखला

इनसेट 2 ए: एरियन राकेट से 10 जुलाई 1992 को प्रक्षेपित किया। इस उपग्रह में 18 ट्रांसपोंडर थे। उपरोक्त 16 ट्रांसपोंडर रेडियो, दूरदर्शन, टेलीफोन सेवाओं को सेवा देने का लक्ष्य रखा गया था। अन्य दो ट्रांसपोंडर विशेष टेलीफोन सुविधाएं देने हेतु प्रक्षेपित किये गये थे।

इनसेट 2 बी: 23 जुलाई 1993 को यह फ्रेंच गुयाना के कोरू प्रक्षेपण केन्द्र से एरियन रॉकेट से स्थापित किया। इस उपग्रह के प्रक्षेपण से देश के सभी भागों में अंतरिक्ष प्रौद्योगिकी को लाभ पहुँचा था।

इनसेट 2 सी: इस शृंखला के इनसेट 2 सी को 7 दिसम्बर 1995 को प्रक्षेपित किया। इस उपग्रह के माध्यम से मध्य एशिया, दक्षिण एशिया व पश्चिम एशिया में दूरदर्शन का सीधा प्रसारण किया गया। इसके माध्यम से इन क्षेत्रों में दूरदर्शन प्रसारण को भारत के लिए प्राप्त किया जा सका। इससे दूरदर्शन सेवाओं की परस्पर सेवाएं दी जा सकीं।

इनसेट 2 डी: 4 जून 1997 को कोरू से स्थापित किया था। किन्तु 5 अक्तूबर 1997 को असफल हो गया।

इनसेट 2 ई: यह कोरू से 3 मार्च 1999 को प्रक्षेपित किया गया। इसके बाद ही भारत को संचार उपग्रहों के व्यावसायिक उपयोग की दृष्टि से उन्नत देशों में शामिल माना गया।

तीसरी शृंखला

इनसेट 3 बी: इसरो द्वारा इस शृंखला में निर्मित पांच उपग्रहों में पहला है। यह उपग्रह 83 डिग्री पूर्व रेखांश पर इनसेट 2 E के साथ स्थित हैं। इसका उपयोग विशेष रूप से मोबाईल संचार, व्यावसायिक संचार, विकासात्मक संचार के लिए होता है। 22 मार्च 2000 को कोरू उपग्रह प्रक्षेपण केन्द्र से स्थापित किया। इस उपग्रह द्वारा 15 अगस्त 1999 को घोषित, विद्यावाहिनी कार्यक्रम की शुरूआत करना लक्ष्य था।

इनसेट 3 बी: पूर्व प्रधानमंत्री अटल बिहारी वाजपेयी ने 24 मई 2000 को देश को यह उपग्रह समर्पित किया था। भुवनेश्वर में आयोजित स्वर्ण जयंती विद्या विकास का उद्घाटन किया था। उल्लेखनीय है कि उड़ीसा के कालाहांडी–बोलंगीर–कोरापुट (के बी के) इलाके के गांवों में इसका सीधा प्रसारण देखा गया। प्रधानमंत्री ने उड़ीसा के ग्रामसैट पायलट परियोजना का भी उद्घाटन किया था।

इनसेट 3 बी: 3 बी के पांच उपग्रहों में शामिल इस उपग्रह का भी 24 मई 2000 को प्रक्षेपण किया था। इसका प्रसारण 12:00 बजे से 12:30 तक किया गया। अन्य उपग्रहों का भी इसी तरह प्रक्षेपण किया गया। इसरो द्वारा GSAT-30 उपग्रह प्रक्षेपित किया है जो अधिक पुराने INSAT-4A का स्थान लेगा। INSAT-4A 2005 में प्रक्षेपित किया था। अभी हाल

ही में 12 अगस्त 2021 को GSLV-F10/E05-03 का प्रक्षेपण किया था परन्तु वह असफल रहा। इससे पूर्व 17 दिसम्बर 2020 को PSLV-C50/CMS-01 प्रक्षेपित किया था।

भारतीय इनसेट प्रणाली का प्रभाव

इनसेट प्रणाली से देश में कई तरह के परिवर्तन आये। एक तरह से क्रान्ति ही आ गई।

पहला राष्ट्रीय सूचना विज्ञान केन्द्रों एवं पुस्तकालय नेटवर्क की स्थापना: इस प्रणाली से देश के विशेष रूप से पूर्वोत्तर भाग में संचार सम्पर्क उपलब्ध करवाया गया। राज्यों की राजधानियों में राष्ट्रव्यापी आंकड़े संचार सम्पर्क हेतु राष्ट्रीय सूचना विज्ञान केन्द्रों की स्थापना की गई। पुस्तकालय नेटवर्क स्थापित करने की शुरूआत भी इसके साथ हुई।

दूसरे, मौसम सम्बन्धी आंकड़े एकत्र करना व प्रसारित करना: इनसेट प्रणाली के वी.एच.आर.आर. उपकरण से मौसम सम्बन्धी सूचना एकत्र करने व प्रसारण में सफलता मिली।

तीसरे, आपदा चेतावनी: विशेष रूप से पूर्वी समुद्र तट पर आपदा चेतावनी हेतु सौ से अधिक उपकरण लगाए गये। इससे बाढ़ व समुद्री तूफान की सटीक सूचना प्राप्त होने से मानव व पशु संसाधन को सुरक्षा प्रदान करना संभव हो पाया।

चौथे, दूरदर्शन व टीवी चैनल क्षेत्र का विस्तार: इनसेट प्रणाली ने धीरे–धीरे टी वी चैनल्स एवं दूरदर्शन क्षेत्र का ऐसा तेजी से विस्तार किया कि भारत की अधिकतम आबादी (लगभग 80 प्रतिशत से अधिक) तक टीवी कार्यक्रमों को पहुंचाया जाना संभव हो पाया।

पांचवे, तीव्र एवं अधिकाधिक संख्या में समानान्तर तथा सूचना सम्प्रेषण: इनसेट प्रणाली ने सूचना तकनीक क्षेत्र में खजाने ही खोल दिये। रेलवे से लेकर रैवेन्यू रिकार्ड तक की समस्त सूचनायें धीरे–धीरे उपलब्ध करवाने की योजना से देश में क्रान्ति आ गई। प्रेस ट्रस्ट ऑफ इण्डिया (पी.टी.आई.) आदि ने। उपग्रह प्रसारण सुविधाओं के उपयोग द्वारा तीव्र सूचना सम्प्रेषित करना संभव हुआ।

छठे, शिक्षा प्रणाली का विस्तार: इनसेट उपग्रहों के माध्यम से शिक्षा विस्तार एवं विकास संभव हुआ। सस्ते उपकरणों से शिक्षा के क्षेत्र में नया अध्याय ही जुड़ गया।

इसी तरह दूर संवेदन प्रणाली के तहत आई.आर.एस.–1ए (मार्च 1988), आई.आर.एस.–1बी (29 अगस्त 1991), आई.आर.एस.–1सी (28 दिसम्बर 1995) को प्रक्षेपित किया। आई.आर.एस.–1सी फसलों का पूर्वानुमान, खनिज, वन सम्पदा, जल संसाधन, महासागरीय सम्पदा, मौसम पूर्वानुमान के लिए स्थापित किया था। साथ ही बन्दरगाहों, सैनिक अड्डों व हवाई अड्डों की सूचना एकत्र करने में उपयोगी साबित हुआ।

भारत–प्रक्षेपण यान प्रौद्योगिकी–में भी तेजी से कार्य किया है। इस शृंखला में ए.एस.एल.वी.–डी3, ए.एस.एल.वी–डी4 एवं पी.एस.एल.वी.–सी2 के साथ शुरू हुई यान प्रौद्योगिकी में देश ने बहुत तरक्की की है। सी–2 द्वारा 26 मई 1999 को 1 भारतीय तथा 2 विदेशी उपग्रहों को अन्तरिक्ष में पहुंचाया गया था। इसके लिए आवश्यक क्रायोजेनिक इंजन भारत स्वयं अपने स्तर पर विकसित किये। यह प्रक्रिया निरन्तर आगे बढ़ती रही।

पी.एस.एल.वी.–सी 37 भारतीय अन्तरिक्ष अनुसंधान संगठन द्वारा 15 फरवरी 2017 कुल 104 उपग्रहों को पृथ्वी की कक्षा में स्थापित करके दुनिया में एक नया कीर्तिमान स्थापित किया। भारत के 714 किलोग्राम वाले पृथ्वी अवलोकन उपग्रह (कोर्टोसैट–2डी) और 664 किलोग्राम वजन के 103 अन्य देशों के सहायक उपग्रहों के साथ सतीश धवन स्पेस सैंटर से प्रातः 9:28 (आई.एस.टी.) पर यह कीर्तिमान बना था। विश्व के किसी अन्य देश ने एक साथ इतने उपग्रह एक साथ स्थापित नहीं किये थे। भारत ने 16 फरवरी 2000 को स्वदेशी क्रायोजेनिक इंजन का परीक्षण कन्याकुमारी के निकट स्थित भारतीय अन्तरिक्ष अनुसंधान संगठन के विशाल लिक्विड प्रोपल्शन सिस्टम केन्द्र में किया था। किन्तु इंजन में उष्णता बढ़ने से यह परीक्षण रोकना पड़ा था।

क्रायोजेनिक इंजन–20 (Cryogenic Engine 2CE-20): भारत का दूसरा क्रायोजेनिक इंजन है जिसे भारतीय अन्तरिक्ष अनुसंधान संगठन (इसरो) ने जी.एस.एल.वी. मार्क–3 के ऊपरी चरण के लिए विकसित किया गया। भारत ने स्वदेशी तकनीक से तरल गैस आधारित क्रायोजेनिक इंजन विकसित कर लिया है।

आणविक ऊर्जा (Atomic Energy)

आणविक ऊर्जा विभाग की स्थापना: भारत ने शान्तिपूर्ण उपयोग हेतु 1954 में आणविक ऊर्जा विभाग की स्थापना की। यह विभाग आणविक ऊर्जा के विकास, विकिरण प्रौद्योगिकी के कृषि दवाइयों एवं उद्योगों में उपयोगी अनुसंधान हेतु प्रयासरत है।

अनुसंधान केन्द्रः आणविक क्षेत्र अनुसंधान एवं विकास कार्यों हेतु उपयोग के लिए भारत में निम्नलिखित प्रमुख केन्द्र हैं:

- भाभा परमाणु अनुसंधान केन्द्र (Bhabha Atomic Research Centre—BARC) ट्रोम्बे–मुम्बई (महाराष्ट्र)।
- इन्दिरा गांधी परमाणु अनुसंधान केन्द्र (कलपक्कम Kalpakam) तमिलनाडू
- उन्नत प्रौद्योगिक केन्द्र इन्दौर (मध्य प्रदेश)
- वेरीएबल ऊर्जा साइक्लोट्रोन केन्द्र कोलकाता (पश्चिमी बंगाल)
- परमाणु पदार्थ अन्वेषण व अनुसंधान निदेशालय, हैदराबाद (तेलंगाना)

यहाँ भारत के प्रमुख परमाणु वैज्ञानिकों की संक्षिप्त जानकारी करना उचित होगा।

होमी जहांगीर भाभा (1909–1966), राजा रमन्ना (1925–2004), होमी सेठना (1923–2010), पियारासिंह गिल (1911–2002), पी.के. अयंगार (1931–2011) को हम प्रारम्भिक आणविक वैज्ञानिकों की श्रेणी में रख सकते हैं।

यहाँ आणविक ऊर्जा के सार्वजनिक क्षेत्र के प्रमुख उपक्रमों का भी जिक्र करना उचित होगा।

• भारतीय नाभिकीय ऊर्जा निगम लि. मुम्बई, • भारतीय यूरेनियम निगम लि., जादूगुड़ा (झारखण्ड) • भारतीय रेअर अर्थ लि. मुम्बई, • भारतीय इलेक्ट्रानिक्स निगम लि. हैदराबाद। अन्य सहायता प्राप्त संस्थानों में निम्नलिखित का उल्लेख कर सकते हैं:

(1) टाटा इन्स्टीट्यूट ऑफ फंडामेन्टल रिसर्च मुम्बई,
(2) टाटा मेमोरियल सेन्टर मुम्बई,
(3) साहा इन्स्टीट्यूट ऑफ न्यूक्लियर फिजिक्स कोलकाता,
(4) इन्स्टीट्यूट ऑफ मैथेमेटिकल साइन्स, चैन्नई,
(5) इन्स्टीट्यूट फॉर प्लाज्मा रिसर्च, अहमदाबाद।

आणविक ऊर्जा कार्यक्रम

आणविक ऊर्जा के प्रारम्भिक चरण में संचालन अनुभव प्राप्त करने हेतु तारापुर (महाराष्ट्र) में आणविक ऊर्जा केन्द्र स्थापित किया गया। इसी तरह कनाडा के सहयोग से रावतभाटा (राजस्थान–चित्तौड़ जिला) में दो प्रेशराइज्ड गुरुजल (heavy water) रिएक्टरों ने 1972 एवं 1980 में व्यवसायिक उत्पादन शुरू किया। बाद में भारत में निर्मित पी.एच.डब्ल्यू रिएक्टरों ने 1984 व 1986 में चेन्नई के नजदीक कलपक्कम शुरू किये गये। इसी प्रकार नरौरा (यू.पी.) में दो रिएक्टर स्थापित किये गये जिन्होंने 1989 व 1991 में उत्पादन करना शुरू किया। बाद में 220 मेगावाट के दो अन्य आणविक ऊर्जा रिएक्टर काकरापार (गुजरात) में 1992 व 1995 में कार्य करना प्रारम्भ किया।

वर्तमान में कुल स्थापित क्षमता 4780 मेगावाट से अधिक है। 2022 तक 13480 मेगावाट बिजली उत्पादन की संभावना है।

भारत में गुजरात, कर्नाटक, महाराष्ट्र, तमिलनाडु, राजस्थान एवं उत्तर प्रदेश में परमाणु बिजली केन्द्र है जो भारत सरकार के अधीन है। कैगा (कर्नाटक), काकरपारा (गुजरात), कलपक्कम (तमिलनाडु), कुडाकुलम (तमिलनाडु), नरौरा (उत्तर प्रदेश) एवं राजस्थान (रावतभाटा–कोटा के निकट), तारापुर (महाराष्ट्र), वर्तमान में कार्यरत है।

सूचना प्रौद्योगिकी

वर्तमान समय में सूचना प्रौद्योगिकी का अत्यधिक महत्व है। हर क्षेत्र में सूचना प्रौद्योगिकी ने एक नई क्रान्ति का सूत्रपात किया है। टेलीफोन सेवाओं से शुरू हुई यह प्रक्रिया अब सर्वाधिक रोजगार प्रदान करने वाला क्षेत्र बन गया है। भारतीय साफ्टवेयर एवं सेवा उद्योग ने तेजी से प्रगति की है। 2000–2001 से इसमें तेजी आने लगी थी 2009 तक सूचना प्रौद्योगिकी का सकल घरेलू उत्पाद में 5.19 प्रतिशत हिस्सेदारी है।

हम कह सकते हैं कि वर्तमान में आई टी का भारत की प्रगति में बहुत बड़ा योगदान है। पिछले 10 वर्षों में देश में जो रोजगार उपलब्ध हुआ उसका 40 प्रतिशत आई टी से है।

सूचना प्रौद्योगिकी के कारण जिन क्षेत्रों में परिवर्तन आया उनमें महत्वपूर्ण हैं:

- बैंकों का कम्प्यूटीकरण एवं एटीएम सुविधा का विकास।
- रेलवे टिकट एवं आरक्षण का कम्प्यूटीकरण।
- इन्टरनेट से हवाई टिकट का आरक्षण
- न्यायालय एवं राजस्व जैसे सभी विभागों में ऑनलाइन सेवा की उपलब्धता।

- स्कूल, कॉलेज आदि सभी उच्च शिक्षा केन्द्रों में प्रवेश, परीक्षा फार्म आदि की सुविधा।
- पासपोर्ट, ड्राइविंग लाइसेंस जैसी सभी सेवाओं का आनलाइन आवेदन।
- ग्रॉसरी से लेकर सभी सामानों की आनलाईन बिक्री सुविधा।
- आयकर फाईलिंग जैसे सभी कार्य आनलाइन होने लगे हैं।

भारत में कार्यरत प्रमुख आई–टी कम्पनियां

(1) इंफोसिस (Infosys)
(2) टी॰ सी॰ एस॰ (Tata Consultancy Services)
(3) विप्रो (Wipro)
(4) सत्यम (Satyam)

बहुराष्ट्रीय कम्पनियों में प्रमुख हैं:

- इंटेल (Intel)
- माइक्रोसाफ्ट (Microsoft)
- टी आई (Taxes Instruments)
- गूगल (Google)
- याहू (Yahoo)
- सैप लैब्स इण्डिया (SAP Labs India)
- आरेकल (Oracle Corporation)
- सैपियन्ट (Sapient) आदि।

इन कम्पनियों में भारतीय तकनीशियनों के योगदान से भारत के आय के स्रोत में तेजी से वृद्धि हुई है। यह क्षेत्र तीस फीसदी सालाना से भी तेजी से बढ़ रहा है। एक सूचना के अनुसार 2004 में पच्चीस बिलियन अमेरिकी डालर से अधिक का राजस्व मिला था। अब यह राजस्व कई गुना बढ़ गया है। इस उद्योग से लगभग 4.5 मिलियन से अधिक प्रत्यक्ष–अप्रत्यक्ष रूप से जुड़े हैं।

एक आर्थिक सर्वेक्षण के अनुसार भारत के तकनीशियनों की सेवाओं से अमेरिका, ब्रिटेन जैसे कई देशों का लाभ पहुंचा है। इन फायदों में कम्प्यूटर सेवाओं की भारतीय उपमहाद्वीप में आउटसोर्सिंग से होने वाली बचत भी शामिल है। भारतीय आई टी उद्योग पहला वैश्विक व्यवसाय बनने की ओर तेजी से बढ़ रहा है। यह भी उल्लेखनीय है कि सूचना सुरक्षा के क्षेत्र में भारतीय प्रोफेशनलस को अधिक अच्छा माना जाता है।

ब्रिटिशकालीन विज्ञान एवं तकनीकी कॉलेज एवं विश्वविद्यालय

1. **रूड़की कॉलेजः** इस कॉलेज की स्थापना 1847 में लार्ड डलहौजी द्वारा की गई थी। यहां इंजीनियरिंग की पढ़ाई 1845 में शुरू हो गई थी। स्थानीय युवाओं की लोक निर्माण कार्य में सेवा लेना, स्थापना का एक कारण था। गंग नगर के प्रमुख इंजीनियर ले. गवर्नर जेम्स थॉमसन के नाम पर थॉमसन सिविल इंजीनियरिंग कॉलेज नाम रखा था। 1948 में उत्तर प्रदेश के अधिनियम IX द्वारा इसे विश्वविद्यालय का दर्जा दिया। 21 सितम्बर 2001 में संसद ने विधेयक पारित कर इसका नाम "भारतीय प्रौद्योगिकी संस्थान रूड़की" किया।
2. **1854 में कॉलेज ऑफ इंजीनियरिंग पुणे** शुरू किया। जिसे बाद में बोम्बे विश्वविद्यालय से सम्बद्ध कर दिया। इसमें कृषि एवं वन (Agriculture and Forest) की शुरू में पढ़ाई की व्यवस्था थी। एम विश्वैश्वरैया का इसमें योगदान माना जाता है।
3. कलकत्ता सिविल इंजीनियरिंग कॉलेज की स्थापना 1856 में की गई। इसे कलकत्ता विश्वविद्यालय से सम्बद्ध किया गया। 1865 में प्रेसीडेंसी कॉलेज में इसे मिला दिया गया। 1880 तक सिविल इंजीनियरिंग कॉलेज के रूप में रहा। तदन्तर गवर्नमेंट कालेज हावड़ा (Howrah) बिशप (Bishop) कॉलेज परिसर में 12 फरवरी 1920 शिफ्ट किया। 12 फरवरी 1920 को इसका नाम बंगाल इंजीनियरिंग कॉलेज सिबपुर (Shibpur) कर दिया। अन्त में Indian Institute of Engineering Science and Technology Shibpur 2014 में किया गया।

4. 27 मई 1914 कलकत्ता विश्वविद्यालय ने अपना सांइस एण्ड टेक्नोलॉजी कॉलेज (राजा दरबार साइंस कॉलेज) शुरू किया।
5. 1794 में चेन्नई में **कॉलेज ऑफ इंजीनियरिंग गुइन्डे** (Guindy) नाम से स्थापित किया था। यह एशिया का प्राचीनतम तकनीकी संस्थान है जो मद्रास विश्वविद्यालय से 1856 से सम्बद्ध है।
6. बनारस इंजीनियरिंग कॉलेज (वाराणसी) 1919 में स्थापित। जिसे बनारस विश्वविद्यालय से सम्बद्ध किया गया। Institute of Technology Banaras नाम से संचालित 2012 में किया जाने लगा।
7. पटना में नेशनल इंस्टीट्यूट ऑफ टेक्नोलॉजी पटना की स्थापना 1886 में की गई थी।
8. हरकोई बटलर टेक्नोलॉजिकल इंस्टीट्यूट कानपुर (Harcourt Butler Technological Institute Kanpur) की स्थापना 1921 में केमिकल साइंस के लिए की गई। वर्तमान हरकोर्ट बटलर तकनीकी विश्वविद्यालय के नाम से कार्यरत है।
9. भारतीय स्कूल ऑफ माइन्स धनबाद (Indian School of Mines Dhanbad) जिसे रायॅल स्कूल ऑफ लंदन की तर्ज पर 9 दिसम्बर 1926 को स्थापित किया। लार्ड इरविन द्वारा शुरू किये इस कॉलेज को बाद में भारतीय स्कूल ऑफ माइन्स यूनिवर्सिटी (Indian School of Mines University Dhanbad) कहा जाने लगा। आखिर में (Indian School of Mines Dhanbad) हो गया।

प्रमुख भारतीय वैज्ञानिक एवं अन्वेषकः यहाँ प्रारम्भिक कुछ प्रमुख गिने–चुने उन वैज्ञानिकों का जिक्र करना उचित होगा जिन्होंने किसी तरह अपनी विज्ञान की शिक्षा पूर्ण की। इनमें से कुछ बाहर से पढ़कर आये थे और कुछ ने किसी तरह भारत में रहकर अपनी शिक्षा पूर्ण की थी।

(1) **सी.वी. रमनः** 1930 में नोबल पुरस्कार प्राप्त। इन्होंने जिक्स में (Scattering of light) पर कार्य किया था।
(2) **होमी जे भाभाः** 30 अक्तूबर 1909 ने क्वान्टस् थ्योरी पर कार्य किया। एटामिक एनर्जी कमीशन के अध्यक्ष रहे थे।
(3) **विश्वेश्वरैयाः** 15 सितम्बर 1960 **मैसूर के दीवान** को ब्लाक सिंचाई जैसे कई कार्यों हेतु भारत रत्न दिया था।
(4) **वैंकट रमन राधाकृष्णनः** 18 मई 1929 चेन्नई, Space वैज्ञाानिक थे।
(5) **ए. चन्द्रशेखरः** 19 अक्तूबर, लाहौर, 1938 में नोबल पुरस्कार प्राप्त ब्लैक हाल थ्योरी के अन्वेशक थे।
(6) **सत्येन्द्र नाथ बोसः** 1 जनवरी 1894, क्वाटम के निज्म में विशेषज्ञ था।
(7) **मेघनाद शाहः** 6 अक्तूबर 1893 ने शाह इक्वेशन थ्योरी दी।
(8) **श्रीनिवास रामानुजमः** 22 दिसम्बर 1887, तमिलनाडू भारतीय गणितज्ञ।
(9) **जगदीश चन्द्र बोसः** 30 नवम्बर 1885, पश्चिम बंगाल ने पौधों में जीवन सिद्ध किया था। पहली बार वायरलेस कम्युनिकेशन व सिसको ग्राफ के लिए जाना जाता है। 1896–97 में मार्कोनी व बोस लन्दन में थे। बोस ने मरक्युरी कोहेगन विद टेलीफोन डिक्टेटर की तकनीक पर रिसर्च पेपर रॉयल सोसायटी में प्रकाशित करवाया। ब्रिटिश शासन में उनकी डायरी गायब कर दी गई और यह आविष्कार मार्कोनी के नाम हो गया। असली टेलीफोन अन्वेशक वे ही थे। स्पष्टतः ब्रिटिश शासन में भारतीय वैज्ञानिकों को बढ़ने नहीं दिया।
(10) **विक्रम साराभाईः** 12 अगस्त 1919–भारतीय स्पेश विज्ञान के पिता कहे जाते हैं।
(11) **हरगोविन्द खुरानाः** 9 जनवरी 1922 रायपुर। रसायन शास्त्री, 1968 में नोबल पुरस्कार, उन्होंने जीन थेरेपी दी थी।
(12) **बीरबल साहनीः** 14 नवम्बर 1891, पश्चिम पंजाब, फासिल्स की खोज की।
(13) **ए.पी.जे. अब्दुल कलामः** 15 अक्तूबर 1931 एयरोस्पेश के वैज्ञानिक। उन्होंने DRDO व ISRO का विकास किया।

❋❋❋

51
भारत के लोकप्रिय पर्यावरणीय आन्दोलन
(Popular Indian Environmental Movements)

भारत में प्रकृति व पर्यावरण की रक्षा पर प्राचीनकाल से ही जोर दिया जाता रहा है। ऋग्वेद की ऋृत की विचारधारा में प्रकृति के संरक्षण एवं वृक्षों के योगदान को बहुत महत्व दिया गया है। तुलसी, नीम, पीपल जैसे अनेकों वृक्षों की पवित्रता के विषय में खूब लिखा गया है। यजुर्वेद में जैव विविधता एंव पर्यावरण अनुरक्षण के महत्व को दर्शाया गया है। वैदिक ऋषि कामना करते थे कि सभी प्राणी सुखी रहें। कहा गया है, "सर्वे भवन्तु सुखिन।" यजुर्वेद में पृथ्वी, आकाश, पेड़–पौधे, जल आदि से शान्ति बनाये रखने की कामना की गई है। वर्तमान में धरती, आकाश, जल, नदी, वायु, वृक्ष, जीव–जन्तु, पशु–पक्षी के अस्तित्व पर संकट मंडरा रहा है। वैदिक काल के बाद भी पर्यावरण संरक्षण पर महात्मा बुद्ध और बाद में सम्राट अशोक ने वृक्ष लगाने एवं हरियाली में वृद्धि करने के आवश्यक निर्देश जारी किये थे।

हम कह सकते हैं प्राचीन काल से ही भारत में लोग पर्यावरण के प्रति जागरूक थे एवं प्रकृति के संरक्षण के लिए निरन्तर प्रयास किये जाते रहे हैं। परन्तु इस स्थिति में औद्योगिक क्रान्ति के बाद तेजी से बदलाव आया। आधुनिक काल में इग्लैण्ड में 1750 ई. में कपड़ा मीलों की स्थापना के साथ ही औद्योगिक क्रान्ति की शुरूआत हुई। साथ ही शहरीकरण, यातायात के साधनों का विकास एवं गति को अधिक तेज करने के प्रयासों से, पर्यावरण संबंधी समस्या पैदा हुई। जैसे–जैसे विकास की रफ्तार बढ़ी जनसंख्या बढ़ने लगी और आबादी बढ़ने के साथ ही मांग एवं पूर्ति का सिलसिला शुरू हुआ। तथाकथित विकास प्रक्रिया ने जहां इन्सानी सुख–सुविधाओं में वृद्धि की, उसके साथ पर्यावरण संकट भी बढ़ता गया। शुरू में इसकी रफ्तार कम थी। परन्तु जैसे ही विकास को गति मिली प्रदूषण की समस्या आ खड़ी हुई । जब से विकास के पहिये ने रफ्तार पकड़ी तब से इन्सान ने पर्यावरण को क्षति पहुँचाना शुरू किया। आज हम देखते हैं कि पानी की समस्या, वनों का क्षरण, सीमेंट–कंकरीट के जंगल, वाहनों की भरमार, कारखानों से उठते गुबार से मनुष्य ने धरती एवं प्रकृति को गंभीर नुकसान पहुंचाया है। बढती पर्यावरण की समस्या को देखते हुए संयुक्त राष्ट्र संघ ने 1992 में इस मसले पर चिन्तन किया था। 2002 में रियो दि जेनेरो में इस समस्या पर गहरी चिंता व्यक्त की।

भारत में पर्यावरण संकट पर विचार **माधव गॉडगिल** भारतीय परिस्थितिकी विज्ञानी द्वारा किया गया। **गॉडगिल** की अध्यक्षता में गॉडगिल आयोग का गठन 1969 में किया गया था। 1970 के बाद उनके सहयोग से बैंगलूरू में वायुमंडलीय विज्ञान केन्द्र की स्थापना की गयी। **माधव गॉडगिल** एवं रामचन्द्र गुहा ने भारत के पर्यावरण संकट पर (यह दरकती जमीन–भारत का पारिस्थितिक इतिहास) तीन वैज्ञानिक दृष्टिकोण प्रस्तुत किये।

पहली विचारधारा गांधीवादी दृष्टिकोण के तहत पर्यावरणीय समस्याओं के लिए आधुनिक उपभोक्तावादी जीवन शैली को जिम्मेदार माना गया। इसके समाधान हेतु प्राचीन मूल्यों को अपनाये जाने पर जोर देने की बात कही गई और ग्रामीण जीवन व्यवस्था की ओर लौटने पर जोर दिया गया। किंतु वर्तमान समय में पूरी तरह ग्राम्य जीवन की ओर लौटना संभव नहीं है।

दूसरी मार्क्सवादी विचारधारा व दृष्टिकोण को अपनाते हुए उसके अनुसार राजनीतिक व आर्थिक व्यवस्था को समझने एवं उसे अपनाने पर जोर देते है। इस विचारधारा में आर्थिक समानता अपनाये जाने वाले समाज की स्थापना की बात करते हैं। हम जानते हैं, मार्क्सवादी विचारधारा को अपनाने वाले कई देशों ने इसे पूरी तरह से नकार दिया है। यह दृष्टिकोण भी पूरी तरह असफल साबित हुआ।

तीसरी विचारधारा उद्योग व्यवसाय एवं कृषि क्षेत्र में पुरानी एवं आधुनिक तकनीकी परम्पराओं के मध्य का रास्ता अपनाने पर जोर देता है। इस विचारधारा के तहत चिपको आन्दोलन की शुरूआत हुई जो कुछ–कुछ गांधीवादी आन्दोलन से भी मेल खाती है।

पर्यावरण आन्दोलनों को हम तीन भागों में विभक्त कर सकते हैं।

पहला वनों से जुड़ा आन्दोलन जिसमें सबसे पहले उत्तराखण्ड में वनों की सुरक्षा हेतु 1970 के दशक में शुरू हुआ। दरअसल हिमालयी राज्य कई बार बाढ़ का प्रकोप झेल चुके थे। अलकनंदा के बाढ़ से 1990 में लाखों–करोड़ों रूपये की

हानि हुई। इसी तरह 16 जून 2013 को बादल फटने से केदारनाथ धाम में आई बाढ़ में हजारों लोगों की जान गई थीं। दस साल वाली पूर्व स्थिति में केदारनाथ धाम को अभी तक बहाल नहीं किया जा सका है। अतः इस समूह में वनों या जंगल से जुड़े आन्दोलन शामिल किये गये। दूसरे समूह में जल संरक्षण को शामिल करना होगा। टिहरी एवं नर्मदा बचाओं, चिलका लेक आन्दोलन एवं गंगा मुक्ति आन्दोलन का जिक्र कर सकते हैं। इसका मकसद जल को प्रदूषण मुक्त बनाना एवं परम्परागत तरीकों के इस्तेमाल द्वारा जल की शुद्धता एवं संरक्षण पर जोर देना है। तीसरी तरह का जमीन से जुड़ा आन्दोलन है। जो भूमि संरक्षण, कटाव रोकने व बड़ी परियोजनाओं से विस्थापित लोगों के अधिकारों की बात करते हैं।

उत्तराखण्ड का चिपको आन्दोलनः पहले समूह की शुरूआत उत्तराखण्ड़ के वनों की सुरक्षा के लिए 1970 में प्रारम्भ किये गये चिपको आन्दोलन से हुई। इस आन्दोलन में लोगों ने पेड़ों को गले लगा लिया, जिससे उन्हें काटा नहीं जा सके। जैसा कि पूर्व में बताया गया है कि 1970 में अलकनंदा के बाढ़ के प्रकोप से लगभग 400 कि.मी. तक का इलाका पूरी तरह नष्ट हो गया। हजारों मवेशी मर गये। पांच बड़े पुल नष्ट हो गये। वनों की लकड़ी बाढ़ के साथ बह गई। एक अनुमान के अनुसार 8.5 लाख एकड़ भूमि की सिंचाई सुविधायें खत्म हो गई। यही नहीं बिजली उत्पादन जो तकरीबन 48 मैगावाट था पूरी तरह ठप्प हो गया।

इसके बाद से ही लोगों को वनों के महत्व का पता चला। यहां यह भी स्पष्ट करना उचित होगा कि 1962 में चमोली जिले के गोपेश्वर ग्राम के काष्ठ कला केन्द्र को 1972–73 में अंगु या अंगा के पेड़ देने से उत्तर प्रदेश सरकार ने मना कर दिया। अंगु (Roxborgh Fig) के पेड़ से ग्रामीण कृषि हेतु औजार बनाते थे। दूसरी ओर खेल–कूद का सामान बनाने वाली साइमंड कम्पनी इलाहाबाद को, 2451 अंगु पेड़ गोपेश्वर गांव से काटने की अनुमति प्रदान कर दी। ग्रामवासियों का यह सब मंजूर नहीं था।

शंकुधारी पेड़ों में ब्लैक व वाइट स्प्रूस, बालसमफिर रेड वुड, डगलसफिर, वाइट पाइन, शुगर पाइन, सरू, व देवदार आदि आते हैं। देवदार वृक्ष की लकड़ी भी बहुत मजबूत होती है। चमोली जिले के मुख्यालय गोपेश्वर के दक्षौली ग्राम में स्वराज्य संघ बनाया था। अंगु वृक्ष की लकड़ी हल्की किंतु बहुत मजबूत होती है। एक ओर सायमंड कम्पनी को टैनिस, बैंडमिंटन, जैसे खेलों का सामान बनाने के लिए अंगु पेड़ के उपयोग की अनुमति थी किंतु ग्राम वासियों के लिए पाबन्दी थी।

कहा जा सकता है कि ब्रिटिश कालीन वन अधिनियम ही अभी तक प्रभावी थे जिनके कारण स्थानीय लोगों के लिए वनों के उपयोग पर पाबन्दी थी। मगर लोगों को पेड़ों के महत्व का पता 1970 की भंयकर बाढ़ से उत्पन्न त्रासदी के बाद ही चला।

उत्तर प्रदेश सरकार के निर्णय की जानकारी जब चंडीप्रसाद भट्ट को मिली, तो उन्होंने 14 फरवरी 1974, को लोगों को बताया कि पेड़ काटे जाने से हमारा अस्तित्व खतरे में पड़ जायेगा। गांव के लोगों की जरूरतों को पूरी करने वाले पेड़ों की कटाई को रोकने से गांव के लोग भी वंचित होंगे, क्योंकि यह मिट्टी के कटाव को रोकने और बाढ़ के प्रक्रोप से बचाते हैं।

15 मार्च 1974 को रैनी गांव के लोगों ने जुलूस निकाला और पेड़ों की कटाई का विरोध किया।

गांव के लोगों के समर्थन में 24 मार्च को इसी तरह विद्यार्थियों ने जुलूस निकाल कर पेड़ काटे जाने का विरोध किया। एक ओर सरकार चमोली के सेवानिवृत सैनिकों की उनसे ली गई भूमि का मुआवजा दे रही थी दूसरी ओर ठेकेदार के लोग जंगल में घुस कर पेड़ काटने में लगे हुए थे।

गांव में केवल औरतें थी। **27 महिलाओं ने श्रीमती गौरा देवी के नेतृत्व में एक अभियान की शुरूआत की जो चिपको आन्दोलन के नाम से प्रसिद्ध हुआ।** इस तरह 26 मार्च 1974 का दिन चिपको आन्दोलन के नाम से लिख दिया गया। जोशीमठ से लगभग 22 कि.मी. दूर रेनी गांव के लोगों ने मांग रखी की 10 से 25 वर्ष तक पेड़ों को बढने दिया जाये। इस अवधि में हिमालयी क्षेत्र का 60 प्रतिशत इलाका वनों से ढ़क जाये। दूसरा रियायती दर पर स्थानीय लोगों को छोटे उद्योगों हेतु कच्चा माल मिलता रहे।

अब चिपको आन्दोलन एक बहुत प्रभावी जन–आन्दोलन का स्वरूप ग्रहण कर चुका था। क्योंकि रैनी गांव के आसपास के गांव के लोग भी इस आन्दोलन से जुड़ गये। लोगों ने पूर्व के स्वार्थ पूर्ण उद्घोष **"क्या है जंगल के उपकार लीसा, लकड़ी और व्यापार"** के स्थान पर नया नारा दिया–**"क्या है जंगल के उपकार मिट्टी, पानी और बयार। मिट्टी, पानी और बयार जिंदा रहने के हैं आधार।"** यही वह अवसर था जिसके बाद सुंदरलाल बहुगुणा के नेतृत्व में चमोली में पदयात्रा निकाली गयी जो उत्तरकाशी व धीरे–धीरे पूरे पहाड़ी इलाके में फैल गई।

आखिर में उत्तर प्रदेश सरकार ने 9 मई 1974 को दिल्ली विश्वविद्यालय के वनस्पति विज्ञानी विरेन्द्र कुमार की अध्यक्षता में एक समिति गठित की। अक्टूबर 1976 में विरेन्द्र कुमार की अध्यक्षता वाली कमेटी ने पेड़ों के व्यावसायिक उपयोग पर रोक लगाने का सुझाव दिया। साथ ही 13371 हेक्टर भूमि से वृक्ष कटाई का आदेश वापस लिया गया। इसके अतिरिक्त जिन इलाकों में वृक्ष रोपण जरूरी था, वहाँ नया वृक्षारोपण का कार्य शुरू किये जाने का सुझाव भी दिया।

चिपको आन्दोलन की इसी सफलता के बाद ही पश्चिमी घाट एवं विन्ध्य क्षेत्र में पेड़ कटाई पर पाबन्दी लगाई जा सकी। असल में इसके बाद एक छोटे से इलाके से उठे चिपको आन्दोलन ने राष्ट्रीय स्वरूप ग्रहण कर लिया। चंडीप्रसाद भट्ट व सुन्दरलाल बहुगुणा के नेतृत्व में शुरू हुआ यह आन्दोलन अब गांधीवादी सत्याग्रह का प्रबल रूप ग्रहण कर चुका था।

महिलाओं का चिपको आन्दोलन में योगदानः ध्यान देने की बात है कि भारत का चिपको आन्दोलन असल में महिला आन्दोलन ही था। जब पुरूष घरों पर नहीं थे रैनी गांव की गौरादेवी ने पेड़ काटने वालों की कुल्हाड़ी छीनकर उन्हें जंगल से भगा दिया। महिलाओं ने ठेकेदार के लोगों से कहा था **"यह हमारा मायका है। हम इसे कटने नहीं देगें।"** अदवाणी गांव के जंगलों में भी रैणी गांव के बाद 1 फरवरी 1978 को सशस्त्र पुलिस के 50 जवानों का एक जत्था वन रक्षकों की सुरक्षा में पंहुचा था। **उस वक्त का नजारा देखने लायक था। स्त्रियां पेड़ों से चिपक गई और कहने लगी, "पेड़ नहीं हम कटेंगी"**। इसी तरह नरेन्द्र नगर में वनों की नीलामी जो 9 फरवरी 1978 को होने वाली थी, नीलामी का घोर विरोध हुआ। गिरफ्तारी हुई और लोगों को जेल में बंद कर दिया गया।

इसके बाद विरोध का सिलसिला ही शुरू हो गया। 25 दिसम्बर 1978 को मालगाड़ी इलाके के 2500 पेड़ों की कटाई रोकने के लिए आन्दोलन हुआ जिसे हजारों महिलाओं की भीड़ ने विफल कर दिया। ध्यान देने की बात है कि इसी जंगल की रक्षार्थ 9 जनवरी 1978 को सुन्दरलाल बहुगुणा ने 13 दिन का उपवास किया था। अन्ततः संरक्षित वन घोषित करने के लिए सुन्दरलाल बहुगुणा को बुलाया गया।

निष्कर्षतः कहा जा सकता है कि हिमालयी क्षेत्र के वनों को संरक्षित वन घोषित करवाने में स्त्रियों की भूमिका को देखते हुए उक्त आन्दोलन को **पर्यावरण नारीवाद** व **पहाड़ी महिला अभिव्यक्ति आन्दोलन** का नाम मिला, जिससे महिलाओं और जंगलों के अटूट सम्बन्ध स्पष्ट हुए।

कर्नाटक का अप्पिको आन्दोलनः दक्षिण भारत का अप्पिको आन्दोलन पूरी तरह हिमालयी क्षेत्र के चिपको आन्दोलन की भांति ही ख्याति मिली। इस आन्दोलन के संचालकों के प्रयासों से कर्नाटक सरकार ने वनों के हरे–भरे पेड़ों की कटाई पर पूरी तरह रोक लगा दी है। जो आज तक जारी है। इस आन्दोलन के संचालक पाडुरंग हेगड़े ने अस्सी के दशक में इस आन्दोलन की शुरूआत की थी। उनकी मुलाकात सुंदरलाल बहुगुणा से हुई थी। उस मुलाकात से उनकी जिन्दगी में आमूल–चूल परिवर्तन आया। मध्य प्रदेश के दमोह में उन्होंने शुरू में कुछ कार्य किया था। जब वे अपने गांव लौटे पूरे इलाके की हरियाली नष्ट हो चुकी थी। बचपन में उन्होंने गांव के नजदीक के घने जंगलों को देखा था पर अब वहां वैसा कुछ नहीं था। पहले दौर में सलकानी गांव के स्थानीय लोगों के साथ यात्रा की और वन विभाग के आदेश से काटे जा रहे हरे वृक्षों से लिपट गये। उनका प्रयास सफल रहा आस–पास के लोगों में यह बात फैल गई। 1970 के दशक में उभरे इस आन्दोलन की देश में खूब चर्चा हुई।

यह आन्दोलन धीरे–धीरे पूरे दक्षिण भारत में फैल गया। अहिंसात्मक–तरीकों से संचालित आन्दोलन 1983 से 1989 तक चला।

साइलेंट घाटी आन्दोलनः उत्तरी केरल के पलक्कड जिले के मन्नारकाड से 40 कि.मी. दूर 90 वर्ग कि.मी. में यह इलाका फैला हुआ है। 1980 में कुंतीपूंझ नदी पर बांध निर्माण का प्रस्ताव था किंतु पर्यावरणविदों एवं क्षेत्रीय लोगों के विरोध कारण श्रीमती इन्दिरा गांधी को इस परियोजना को स्थगित करना पड़ा। स्थानीय लोगों का तर्क था कि सदियों पुराने पेड़–पौधों की कई तरह की प्रजातियों के नष्ट होने का खतरा था।

वनस्पतिशास्त्री रॉबर्ट वाइट ने 1847 में इस इलाके को खोजा था। इस सैरन्ध्रीवनम (द्रौपदी का नाम, मान्यतानुसार पाण्डव अज्ञात वास के समय यहां रूके थे)। आगे जाकर इस इलाके को सैरन्ध्री के स्थान पर साइलेंट वैली कहा जाने लगा। कहा जाता है कि यहां पाई जाने वाली जैव प्रजातियां अन्य कहीं नहीं मिलती।

बिश्नोई आन्दोलनः राजस्थान, हरियाणा, पंजाब, उत्तर प्रदेश व मध्य प्रदेश में बिश्नोई लोग रहते हैं जिसे एक धार्मिक सम्प्रदाय माना जाता है। श्रीगुरू जम्भेश्वर (जम्भोजी–1485 ई.) को इस सम्प्रदाय का संस्थापक माना जाता है। इसके

अनुयायियों के लिए 29 नियमों के पालन करने की पाबन्दी के कारण बिश्नोई (बीस+नौ) कहा जाता है। बिश्नोई समाज पर्यावरण के प्रति अपने समर्पण के कारण प्रसिद्ध है। सूत्रों के अनुसार 1700 ई. के लगभग, मारवाड़ इलाके के खेजड़ली गांव में बिश्नोई आन्दोलन की शुरूआत हुई। अमृतादेवी ने इस आन्दोलन का नेतृत्व किया था। कहा गया है कि स्थानीय राजा के आदेश से नये महल के लिए गांवों के पेड़ों को काटा जा रहा था। अमृतादेवी को पेड़ों से अत्यधिक लगाव था। **अमृता देवी** ने अपने समुदाय के लोगों से मिलकर राजा के आदेश का विरोध किया। ध्यान देने की बात है कि इस आन्दोलन में 363 बिश्नोई मारे गये थे।

जम्भोजी (जांबाजी) की प्रमुख शिक्षाओं में पेड़ों एवं पशु–पक्षियों को हानि न पंहुचाने का नियम था। जब राजा को बिश्नोईयों की इस शहादत का पता चला तो उसने माफी मांगी और वृक्षों को नुकसान न पंहुचाने का आदेश दिया। यह कानून आज भी वहां यथावत लागू है।

जंगल बचाओ आन्दोलनः चिपको आन्दोलन की तरह 1980 में झारखण्ड़ (सिंहभूम) में शुरू हुआ आन्दोलन उड़ीसा तक फैल गयी। 1980 में सरकार ने शाल वृक्ष के जंगलों को कटवाकर सागवान (सागोन) के पेड़ लगाने की योजना बनायी थी। इस राजनीतिक दांव को स्थानीय आदिवासियों ने भांप लिया। सरकार की योजना के खिलाफ लोग उठ खड़े हुए। सरकार के इस आदेश को राजनैतिक **लालच का खेल** और **लोकलुभावनवाद** कहा गया।

नर्मदा बचाओ आन्दोलनः नर्मदा नदी पर सरदार सरोवर बांध परियोजना के विरोध को दूसरे समूह में शामिल करना होगा। सरदार सरोवर व टिहरी बांध जैसी परियोजनाओं को इसमें शामिल किया जाता है। 1961 में पण्डित जवाहरलाल नेहरू ने सरदार सरोवर योजना को प्रस्तावित किया था गुजरात, मध्यप्रदेश व राजस्थान में जल वितरण पर सहमति नहीं बन सकी और मामला 1969 में जल विवाद न्यायाधिकरण को सौंप दिया गया। 1985 में हाइड्रो बिजली के उत्पादन पर विरोध शुरू हुआ जिसे **"नर्मदा बचाओ"** नाम दिया गया। इस आन्दोलन को प्रमुख पर्यावरणविद मेधा पाटेकर, अंरूधति, बाबा आम्टे आदि का समर्थन मिला।

टिहरी (स्वामी रामतीर्थ बांध) बांध विरोधी आन्दोलनः उत्तराखण्ड़ के गढ़वाल इलाके में भागीरथी एवं भिलंगना नदी पर बनने वाले एशिया के सबसे बड़े और विश्व के पॉचवें सर्वाधिक ऊँचे बांध (2605 मी.) जिसे बनाने की अनुमति 1972 में मिली थी। इसके विरूद्ध हुए आन्दोलन को ही टिहरी बांध विरोधी आन्दोलन कहा जाता है।

सुंदरलाल बहुगुणा आदि ने इसका विरोध इस आधार पर किया कि 10000 से अधिक लोग उस इलाके से विस्थापित होगें व 23 गांव पूरी तरह तथा 72 गांव आंक्षिक रूप से जलमग्न हो जायेंगे । 1995 में सुन्दरलाल बहुगुणा ने इसके विरोध में तीन वर्ष लम्बे समय तक उपवास किया था। पी.वी. नरसिम्हा राव ने कई समितियां बनाई और स्थानीय लोगों को राहत पंहुचाई, सरकार की कोशिश से 2001 में कार्य दूबारा शुरू हुआ। 2006 में इसका एक चरण पूरा हो गया था। 24 सिम्बर 2021 को इस बांध को पहली बार 830 मीटर ऊँचाई तक भरा गया।

निष्कर्षतः कहा जा सकता है कि चिपको आन्दोलन प्रारम्भ मे महिलाओं के प्रयासों से शुरू हुआ, उसके बाद धीरे–धीरे पूरे भारत में फैल गया। देश के सभी राज्यों ने पेड़ काटे जाने के विरूद्ध सख्त नियम बना दिये हैं और राज्य के अधीन सभी प्रमुख वन क्षेत्रों को संरक्षित वन घोषित कर दिया गया है। यह सब महिलाओं के द्वारा शुरू किये गये लोकप्रिय आन्दोलन के कारण, पूरे देश के वनों का संरक्षक आन्दोलन बन गया।

❋❋❋

परिशिष्ठ-1

UPSC – CS (Main) Exam 2020-21
सामान्य अध्ययन (प्रश्न-पत्र-I)

1. शैलकृत स्थापत्य प्रारम्भिक भारतीय कला एवं इतिहास के ज्ञान के अति महत्वपूर्ण स्रोतों में से एक का प्रतिनिधित्व करता है। विवेचना कीजिए। (150 शब्दों में उत्तर दीजिए)

प्राचीन भारत का इतिहास एवं संस्कृति, अध्याय 37, पृ॰ 292-93, अध्याय 50, पृ॰ 426-27, अध्याय 57, पृ॰ 78-79

2. भारत में बौद्ध धर्म के इतिहास में पाल काल अति महत्वपूर्ण चरण हैं विश्लेषण कीजिए। (150 शब्दों में उत्तर दीजिए)

प्राचीन भारत का इतिहास एवं संस्कृति, अध्याय 48, पृ॰ 418

3. लॉर्ड कर्जन की नीतियों एवं राष्ट्रीय आन्दोलन पर उनके दूरगामी प्रभावों का मूल्यांकन कीजिए। (150 शब्दों में उत्तर दीजिए)

आधुनिक भारत का इतिहास एवं विरासत, अध्याय 28, पृ॰ 331

4. परि–प्रशान्त क्षेत्र के भू–भौतिकीय अभिलक्षणों का विवेचन कीजिए। (150 शब्दों में उत्तर दीजिए)
5. मरुस्थलीकरण के प्रक्रम की जलवायविक सीमाएँ नहीं होती हैं। उदाहरणों सहित औचित्य सिद्ध कीजिए। (150 शब्दों में उत्तर दीजिए)
6. हिमालय के हिमनदों के पिघलने का भारत के जल–संसाधनों पर किस प्रकार दूरगामी प्रभाव होगा? (150 शब्दों में उत्तर दीजिए)
7. वर्तमान में लौह एवं इस्पात उद्योगों की कच्चे माल के स्रोत से दूर स्थिति का उदाहरणों सहित कारण बताइए। (150 शब्दों में उत्तर दीजिए)
8. बहु–सांस्कृतिक भारतीय समाज को मझने में क्या जाति की प्रासंगिकता समाप्त हो गई? उदाहरणों सहित विस्तृत उत्तर दीजिए। (150 शब्दों में उत्तर दीजिए)
9. कोविड–19 महामारी ने भारत में वर्ग असमानताओं एवं गरीबी को गति दे दी है। टिप्पणी कीजिए। (150 शब्दों में उत्तर दीजिए)
10. क्या आप सहमत हैं कि भारत में क्षेत्रीयता बढ़ती हुई सांस्कृतिक मुखरता का परिणाम प्रतीत होती है? तर्क कीजिए। (150 शब्दों में उत्तर दीजिए)
11. भारतीय दर्शन एवं परम्परा ने भारतीय स्मारकों की कल्पना और आकार देने एवं उनकी कला में महत्वपूर्ण भूमिका निभाई है। विवेचना कीजिए। (250 शब्दों में उत्तर दीजिए)

प्राचीन भारत का इतिहास एवं संस्कृति, अध्याय 50, पृ॰ 426-27, 332-33, 438

12. मध्यकालीन भारत के फारसी साहित्यिक स्रोत उस काल के युग बोध का प्रतिबिंब हैं। टिप्पणी कीजिए। (250 शब्दों में उत्तर दीजिए)
13. 1920 के दशक से राष्ट्रीय आंदोलन ने कई वैचारिक धाराओं को ग्रहण किया और अपना समाजिक आधार बढ़ाया। विवेचना कीजिए। (250 शब्दों में उत्तर दीजिए)

आधुनिक भारत का इतिहास एवं विरासत, अध्याय 32, पृ॰ 385-95

14. नदियों को आपस में जोड़ना सूखा, बाढ़ और बाधित जल–परिवहन जैसी बहु–आयामी अन्तर्सम्बन्धित समस्याओं को व्यवहार्य समाधान दे सकता है। आलोचनात्मक परीक्षण कीजिए। (250 शब्दों में उत्तर दीजिए)
15. भारत में दशलक्षीय नगरों जिनमें हैदराबाद एवं पुणे जैसे स्मार्ट सिटीज भी सम्मिलित हैं, में व्यापक बाढ़ के कारण बताइए। स्थायी निराकरण के उपाय भी सुझाइए। (250 शब्दों में उत्तर दीजिए)

16. भारत में सौर ऊर्जा की प्रचुर संभावनाएँ हैं हालांकि इसके विकास में क्षेत्रीय भिन्नताएं हैं। विस्तृत वर्णन कीजिए। (250 शब्दों में उत्तर दीजिए)
17. भारत के वन संसाधनों की स्थिति एवं जलवायु परिवर्तन पर उसके परिणामी प्रभावों का परीक्षण कीजिए। (250 शब्दों में उत्तर दीजिए)
18. क्या भारत में विविधता एवं बहुलवाद वैश्वीकरण के कारण संकट में हैं? औचित्यपूर्ण उत्तर दीजिए। (250 शब्दों में उत्तर दीजिए)
19. रीति–रिवाजों एवं परम्पराओं द्वारा तर्क को दबाने से प्रगति विरोध उत्पन्न हुआ है। क्या आप इससे सहमत हैं? (250 शब्दों में उत्तर दीजिए)
20. भारत में डिजिटल पहल ने किस प्रकार से देश की शिक्षा व्यवस्था के संचालन में योगदान किया है? विस्तृत उत्तर दीजिए। (250 शब्दों में उत्तर दीजिए)

UPSC – CS (Main) Exam 2020-21
इतिहास (प्रश्न-पत्र-II)

खंड–A

1. निम्नलिखित कथनों में से प्रत्येक का लगभग 150 शब्दों में समालोचनात्मक परीक्षण कीजिए:
   (a) "महाराजा रणजीत सिंह की मृत्यु सन् 1839 में हुई थी। उनकी मृत्यु पूरे पंजाब के लिए अराजकता के विस्फोट का संकेत था।"

   आधुनिक भारत का इतिहास एवं विरासत, अध्याय 27, पृ॰ 84–89

   (b) "अपने प्रारम्भिक चरणों में जब भारतीय राष्ट्रवाद अपरिपक्व था तथा अभी–अभी अंकुरित मात्र ही था, इसने अपनी अभिव्यक्ति अनेकों उदार धार्मिक–सुधार आन्दोलनों से प्राप्त की।"

   आधुनिक भारत का इतिहास एवं विरासत, अध्याय 27, पृ॰ 315–316

   (c) "20वीं शताब्दी के प्रारम्भ में अनेकों स्त्री संगठन अस्तित्व में आए जिन्होंने जन क्षेत्र में बहुत सक्रियता से कार्य किया तथा अपना ध्यान अधिक प्रत्यक्षता से स्त्रियों के राजनीतिक तथा कानूनी अधिकारों पर केन्द्रित किया।"

   आधुनिक भारत का इतिहास एवं विरासत, अध्याय 39, पृ॰ 460–466

   (d) "भारत में ट्रेड यूनियन आन्दोलन ने महत्वपूर्ण पड़ावों पर न केवल राष्ट्रीय संघर्ष के आह्वान का समर्थन किया वरन् अनेक मार्गों से इसके विषय तथा स्वरूप को भी प्रभावित किया।"

   आधुनिक भारत का इतिहास एवं विरासत, अध्याय 34, पृ॰ 407–414

   (e) "भारतीय नेताओं से अपने वार्तालाप तथा अपने मत के आधार पर लॉर्ड माउण्डबैटन शीघ्र इस निष्कर्ष पर पहुँचे कि विभाजन ही एकमात्र व्यावहारिक तथा यथोचित समाधान था।"

   आधुनिक भारत का इतिहास एवं विरासत, अध्याय 42, पृ॰ 491–501

2. (a) "डूप्ले ने पहली बार भारतीय राजाओं के आपसी विवादों में हस्तक्षेप का मार्ग प्रशस्त करके विस्तृत राज्य क्षेत्रों पर राजनीतिक नियन्त्रण प्राप्त किया–इस तकनीक को बाद में अंग्रेजी ईस्ट इण्डिया कम्पनी ने निपुणता के साथ उपयोग किया।" सविस्तार व्याख्या कीजिए।

   आधुनिक भारत का इतिहास एवं विरासत, अध्याय 1, पृ॰ 12–17

   (b) 1857 के विद्रोह को एक लम्बे समय तक बंगाल की सेना के भारतीय सिपाहियों का गदर मात्र समझा जाता रहा। उसके कारणों की खोज केवल सेना के असन्तोष के रूप में ही न करके वरन् उस मूलभूत सामाजिक और आर्थिक परिवर्तन की लम्बी प्रक्रिया में की जानी चाहिए जिसने कृषक समुदायों को परेशान कर दिया। विवेचना कीजिए।

   आधुनिक भारत का इतिहास एवं विरासत, अध्याय 25, पृ॰ 275–278

(c) क्या आपके मतानुसार भारत में 1857 से पूर्व हुआ 1855–56 का संथाल हूल (विद्रोह) सबसे प्रभावशाली जनजातीय आन्दोलन था?

आधुनिक भारत का इतिहास एवं विरासत, अध्याय 24, पृ॰ 268–269

3. (a) अपने आरम्भिक काल में राजनीतिक व्यवहार की दृष्टि से भारतीय राष्ट्रीय कांग्रेस कभी भी एक आमूल परिवर्तनवादी संगठन नहीं रहा, साथ ही संस्थापकों ने कांग्रेस की स्थापना में ए.ओ. ह्यूम को भी शामिल किया था। क्या ये तथ्य इस बात की पुष्टि करते हैं कि कांग्रेस की स्थापना एक 'सुरक्षा वाल्व' के रूप में की गई थी? स्पष्ट कीजिए।

आधुनिक भारत का इतिहास एवं विरासत, अध्याय 28, पृ॰ 320–326

(b) क्या आप इस तथ्य से सहमत हैं कि असहयोग आन्दोलन की परोक्ष असफलता तथा राष्ट्रवादी परिदृश्य पर छायी उदासी ने क्रान्तिकारी गतिविधियों के लिए परिस्थितियों का निर्माण किया? विवेचना कीजिए।

आधुनिक भारत का इतिहास एवं विरासत, अध्याय 32, पृ॰ 385–395

(c) योजना को उस शक्तिशाली औजार के रूप में देखा गया जिसके उपयोग से क्षेत्रीय असमानता को समाप्त किया जा सकता था। परीक्षण कीजिए।

आधुनिक भारत का इतिहास एवं विरासत, अध्याय 44, पृ॰ 521–522

4. (a) "भारतीय राजनीति के विभाजित तथा विवादास्पद क्षेत्र में गांधीजी अपने लिए एक मध्यवर्ती स्थिति का दावा कर सके क्योंकि उन्होंने किसी को अलग नहीं किया बल्कि युक्तिपूर्वक नरमपंथियों के लक्ष्य को गरमपंथियों के साधनों से जोड़ दिया।" विवेचना कीजिए।

आधुनिक भारत का इतिहास एवं विरासत, अध्याय 32 एवं 33

(b) "भारतीय स्वतंत्रता के पश्चात् भारत–चीन सम्बन्ध बहुत गरमजोशी के साथ शुरू हुए, परन्तु आने वाले वर्षों में भारत को चीनी आक्रामकता के कड़वे अनुभव का सामना करना पड़ा।" सविस्तार व्याख्या कीजिए।

आधुनिक भारत का इतिहास एवं विरासत, अध्याय 48, पृ॰ 548–550

(c) "भाषाई आधार पर राज्यों का पुनर्गठन राष्ट्रीय सुदृढ़ीकरण तथा एकीकरण का प्रमुख पहलू था।" टिप्पणी कीजिए।

आधुनिक भारत का इतिहास एवं विरासत, अध्याय 44, पृ॰ 515–517

परिशिष्ठ-2

UPSC – CS (Main) Exam 2022

सामान्य अध्ययन (प्रश्न-पत्र-I)

1. स्पष्ट करें कि मध्यकालीन भातीय मंदिरों की मूर्तिकला उस दौर के सामाजिक जीवन का प्रतिनिधित्व करती है। (150 शब्दों में उत्तर दीजिए)

प्राचीन भारत का इतिहास एवं संस्कृति, अध्याय 73

2. अधिकांश भारतीय सिपाहियों वाली ईस्ट इंडिया की सेना क्यों तत्कालीन भारतीय शासकों की संख्या बल में अधिक और बेहतर सुसज्जित सेना से लगातार जीतती रही? कारण बताएं। (150 शब्दों में उत्तर दीजिए)

आधुनिक भारत का इतिहास एवं विरासत, अध्याय 6 तथा 7

3. औपनिवेशिक भारत की अठारहवीं शताब्दी के मध्य से क्यों अकाल पड़ने से अचानक वृद्धि देखने को मिलती है? कारण बताएं। (150 शब्दों में उत्तर दीजिए)

आधुनिक भारत का इतिहास एवं विरासत, अध्याय 12

4. प्राथमिक चट्टानों की विशेषताओं एवं प्रकारों का वर्णन कीजिए। (150 शब्दों में उत्तर दीजिए)
5. भारतीय मौसम विज्ञान विभाग द्वारा चक्रवात प्रवण क्षेत्रों के लिए मौसम–सम्बन्धी चेतावनियों के लिए निर्धारित रंग–संकेत के अर्थ की चर्चा करें। (150 शब्दों में उत्तर दीजिए)
6. 'दक्कन ट्रैप' की प्राकृतिक संसाधन–सम्भावनाओं की चर्चा कीजिए? (150 शब्दों में उत्तर दीजिए)
7. भारत में पवन ऊर्जा की संभावना का परीक्षण कीजिए एवं उनके सीमित क्षेत्रीय विस्तार के कारणों को समझाइए। (150 शब्दों में उत्तर दीजिए)
8. पारिवारिक सम्बन्धों पर 'वर्क फ्रॉम होम' के असर की छानबीन तथा मूल्यांकन करें। (150 शब्दों में उत्तर दीजिए)
9. उपभोक्ता संस्कृति के विशेष परिप्रेक्ष्य में नव मध्यवर्ग के उभार से टीयर 2 शहरों का विकास किस तरह सम्बन्धित है? (150 शब्दों में उत्तर दीजिए)
10. भारत के जनजातीय समुदायों की विविधताओं को देखते हुए किस विशिष्ट सन्दर्भ के अन्तर्गत उन्हें किसी एकल श्रेणी में माना जाना चाहिए?। (150 शब्दों में उत्तर दीजिए)

आधुनिक भारत का इतिहास एवं विरासत, अध्याय 24

11. राज्यों एवं प्रदेशों का राजनीतिक और प्रशासनिक पुनर्गठन उन्नीसवीं शताब्दी के मध्य से निरन्तर चल रही एक प्रक्रिया है। उदाहरण सहित विचार करें। (250 शब्दों में उत्तर दीजिए)

आधुनिक भारत का इतिहास एवं विरासत, अध्याय 44

12. भारतीय परम्परा और संस्कृति में गुप्त–काल और चोल–काल के योगदान पर चर्चा करें। (250 शब्दों में उत्तर दीजिए)

प्राचीन भारत का इतिहास एवं संस्कृति, अध्याय 50 तथा 69

13. भारतीय मिथक, कला और वास्तुकला में सिंह एवं वृषभ की आकृतियों के महत्व पर विचार करें। (250 शब्दों में उत्तर दीजिए)

प्राचीन भारत का इतिहास एवं संस्कृति, अध्याय 30

14. समुद्री धाराओं को प्रभावित करने वाली शक्तियाँ कौन सी हैं? विश्व के मत्स्य–उद्योग में इनके योगदान का वर्णन करें। (250 शब्दों में उत्तर दीजिए)
15. रबर उत्पादक देशों के वितरण का वर्णन करते हुए उनके द्वारा सामना किए जाने वाले प्रमुख पर्यावरणीय मुद्दों को इंगित कीजिए। (250 शब्दों में उत्तर दीजिए)
16. अंतर्राष्ट्रीय व्यापार में जलसंधि व स्थलसंधि के महत्त्व का उल्लेख कीजिए। (250 शब्दों में उत्तर दीजिए)

17. क्षोभमंडल वायुमंडल का एक महत्त्वपूर्ण परत है जो मौसम प्रक्रियाओं को निर्धारित करता है। कैसे? (250 शब्दों में उत्तर दीजिए)
18. भारतीय समाज में जाति, क्षेत्र और धर्म के समानांतर 'पंथ' की विशेषता की विवेचना कीजिए। (250 शब्दों में उत्तर दीजिए)

आधुनिक भारत का इतिहास एवं विरासत, अध्याय 22

19. क्या सहिष्णुता, सम्मिलन एवं बहुलता मुख्य तत्त्व हैं जो धर्मनिरपेक्षता के भारतीय रूप का निर्माण करते हैं। तर्कसंगत उत्तर दें। (250 शब्दों में उत्तर दीजिए)

प्राचीन भारत का इतिहास एवं संस्कृति, अध्याय 2

20. अपर्याप्त संसाधनों की दुनिया में भूमंडलीय एवं नए तकनीक के संबंध को भारत के विशेष सन्दर्भ में स्पष्ट कीजिए। (250 शब्दों में उत्तर दीजिए)

UPSC – CS (Main) Exam 2022
इतिहास (प्रश्न-पत्र-II)

खंड–A

1. निम्नलिखित कथनों में से प्रत्येक का लगभग 150 शब्दों में समालोचनात्मक परीक्षण कीजिए:
   (a) "प्लासी की लड़ाई (1757) एक झड़प थी जबकि बक्सर की लड़ाई (1764) एक असली युद्ध था।"

   आधुनिक भारत का इतिहास एवं विरासत, अध्याय 2

   (b) "अमृतसर की सन्धि (1809) अपने तात्कालिक और संभावित प्रभावों के कारण महत्त्वपूर्ण थी।"

   आधुनिक भारत का इतिहास एवं विरासत, अध्याय 7

   (c) "अकाल केवल अनाज की कमी नहीं बल्कि औपनिवेशिक आर्थिक नीतियों के प्रत्यक्ष परिणाम थे।"

   आधुनिक भारत का इतिहास एवं विरासत, अध्याय 12

   (d) "बाहरी तत्त्वों की घुसपैठ–जिन्हें संथाली दिकू कहते थे–ने संथालों के ज्ञात संसार को पूरी तरह बर्बाद कर दिया तथा उन्हें अपना खोया क्षेत्र प्राप्त करने के लिये कार्यवाही करने पर मजबूर कर दिया।"

   आधुनिक भारत का इतिहास एवं विरासत, अध्याय 24

   (e) "सीमित दायरे के अन्दर भारतीय वैज्ञानिकों ने, औपनिवेशिक भारत में मूल वैज्ञानिक अनुसंधान जारी रखा।"

   आधुनिक भारत का इतिहास एवं विरासत, अध्याय 51

2. (a) व्याख्या कीजिए कि किस प्रकार स्थायी बंदोबस्त ने बंगाल में एक संपत्ति नियम प्रारंभ किया तथा इसके क्या परिणाम थे?

   आधुनिक भारत का इतिहास एवं विरासत, अध्याय 11

   (b) क्या पश्चिमी शिक्षा सांस्कृतिक जागृति की अग्रदूत थी या औपनिवेशिक प्रभुत्व का एक उपकरण था? व्याख्या कीजिए।

   आधुनिक भारत का इतिहास एवं विरासत, अध्याय 19

   (c) क्या आप स्पष्ट कर सकते हैं कि कैसे, दीवानी प्राप्त करने के बाद, ईस्ट इंडिया कंपनी की सरकार 'एक भारतीय शासक' की तरह कार्य करती रही?

   आधुनिक भारत का इतिहास एवं विरासत, अध्याय 2 तथा 23

3. (a) क्या आप समझते हैं कि भारतीय राष्ट्रीय आन्दोलन एक 'बहुवर्गीय आन्दोलन' था जिसमें सभी वर्गों तथा स्तरों के साम्राज्यवाद–विरोधी हितों का प्रतिनिधित्व था? अपने उत्तर के समर्थन में कारण दीजिए।

   आधुनिक भारत का इतिहास एवं विरासत, अध्याय 27, 23, 24, 32 तथा 33

(b) भारतीय समाज पर अंग्रेजी शासन का विभेदीय प्रभाव पड़ा। वर्णन कीजिए कि सन् 1857 के विद्रोह का भारतीय ने किन तरीकों से जवाब दिया?।

आधुनिक भारत का इतिहास एवं विरासत, अध्याय 25

(c) विश्लेषण कीजिए कि क्रान्तिकारियों ने लोगों को किस प्रकार आत्म–विश्वास सिखाया तथा भारतीय स्वतन्त्रता संग्राम के सामाजिक आधार को व्यापक किया।

आधुनिक भारत का इतिहास एवं विरासत, अध्याय 28 तथा 32

4. (a) आरंम्भिक राष्ट्रवादियों (नरमपंथियों) की नीतियों तथा कार्यक्रमों की व्याख्या कीजिए। वे किस सीमा तक लोगों की आकांक्षाओं की पूर्ति करने में सक्षम थे?

आधुनिक भारत का इतिहास एवं विरासत, अध्याय 28

(b) मैकमोहन लाइन पर विवाद के प्रकाश में, 1950 तथा 1960 के दशक में भारत–चीन सम्बन्धों का विश्लेषण कीजिए।

आधुनिक भारत का इतिहास एवं विरासत, अध्याय 48

(c) उत्तर औपनिवेशिक भारत में लोकप्रिय आन्दोलनों ने पर्यावरणीय संकट की प्रकृति को समझने में किस प्रकार हमारी सहायकता की है?

खंड–B

5. (a) निम्नलिखित कथनों में से प्रत्येक का लगभग 150 शब्दों में समालोचनात्मक परीक्षण कीजिए:

(b) 'रूसो ने एक आशा प्रज्वलित की जो प्रबोधन की आत्मा बन गई।'

(c) मार्क्सवाद के विचारों को लोकप्रिय बनाने में एजेंल्स ने मार्क्स से ज्यादा कार्य किया।

(d) यूरोप तथा अमेरिका में 'गरजते बीस के दशक' के अनेकों सकारात्मक बिन्दु थे। इसने महिलाओं को इन इलाकों में अपने उत्थान करने में सहायता की।

(e) 'प्रथम सुधार अधिनियम (1832) ब्रिटेन में संवैधानिक विकास में महत्त्वपूर्ण स्थान रखता है।'

परिशिष्ट-3

UPSC – CS (Main) Exam 2023
सामान्य अध्ययन (प्रश्न-पत्र-I)

1. प्राचीन भारत के विकास की दिशा में भौगोलिक कारकों की भूमिका को स्पष्ट कीजिए। (150 शब्दों में उत्तर दीजिए)

प्राचीन भारत का इतिहास एवं संस्कृति, अध्याय 2.6

2. महात्मा गाँधी और रवीन्द्रनाथ टैगोर में शिक्षा और राष्ट्रवाद के प्रति सोच में क्या अंतर था। (150 शब्दों में उत्तर दीजिए)

आधुनिक भारत का इतिहास एवं विरासत, अध्याय 40 तथा 44

3. विश्व के विभिन्न देशों में रेलवे के आगमन से होने वाले सामाजिक–आर्थिक प्रभावों को उजागर कीजिए। (150 शब्दों में उत्तर दीजिए)

आधुनिक भारत का इतिहास एवं विरासत, अध्याय 17

4. उष्णकटिबंधीय देशों में खाद्य सुरक्षा पर जलवायु परिवर्तन के परिणामों की विवेचना कीजिए। (150 शब्दों में उत्तर दीजिए)
5. आज विश्व ताजे जल के संसाधनों की उपलब्धता और पहुँच के संकट से क्यों जूझ रहा है। (150 शब्दों में उत्तर दीजिए)
6. फियार्ड कैसे बनते हैं? वे दुनिया के कुछ सबसे सुरम्य क्षेत्रों का निर्माण क्यों करते हैं? (150 शब्दों में उत्तर दीजिए)
7. दक्षिण–पश्चिम मानसून भोजपुर क्षेत्र में 'पुरवैया' (पूर्वी) क्यों कहलाता है? इस दिशापरक मौसमी पवन प्रणाली ने क्षेत्र के सांस्कृतिक लोकाचार को कैसे प्रभावित किया है? (150 शब्दों में उत्तर दीजिए)
8. क्या आप सोचते हैं कि, आधुनिक भारत में विवाह एक संस्कार के रूप में अपना मूल्य खोता जा रहा है? (150 शब्दों में उत्तर दीजिए)

आधुनिक भारत का इतिहास एवं विरासत, अध्याय 22

9. भारतीय समाज में नवयुवतियों में आत्महत्या क्यों बढ़ रही है? स्पष्ट कीजिए। (150 शब्दों में उत्तर दीजिए)
10. बच्चे को दुलारने की जगह हब मोबाइल फोन ने ले ली है। बच्चों के समाजीकरण पर इसके प्रभाव की चर्चा कीजिए। (150 शब्दों में उत्तर दीजिए)
11. वैदिक समाज और धर्म की मुख्य विशेषताएँ क्या हैं? क्या आप सोचते हैं कि उनमें से कुछ विशेषताएँ भारतीय समाज में अभी भी प्रचलित हैं?। (250 शब्दों में उत्तर दीजिए)

प्राचीन भारत का इतिहास एवं संस्कृति, अध्याय 16 तथा 18

12. सल्तनत काल के दौरान किये गये बड़े तकनीकी बदलाव क्या थे? उन तकनीकी बदलावों ने भारतीय समाज को कैसे प्रभावित किया था? (250 शब्दों में उत्तर दीजिए)
13. भारत में औपनिवेशिक शासन ने आदिवासियों को कैसे प्रभावित किया और औपनिवेशिक उत्पीड़न के प्रति आदिवासी प्रतिक्रिया क्या थी? (250 शब्दों में उत्तर दीजिए)

आधुनिक भारत का इतिहास एवं विरासत, अध्याय 24

14. भारत की लंबी तटरेखीय संसाधन क्षमताओं पर टिप्पणी कीजिए और इन क्षेत्रों में प्राकृतिक खतरे की तैयारी की स्थिति पर प्रकाश डालिए। (250 शब्दों में उत्तर दीजिए)
15. भारत में प्राकृतिक वनस्पति की विविधता के लिए उत्तरदायी कारकों को पहचानिए और उनकी विवेचना कीजिए। भारत के वर्षा–वन क्षेत्रों में वन्यजीव अभयारण्यों के महत्व का आकलन कीजिए (250 शब्दों में उत्तर दीजिए)
16. भारत में मानव विकास आर्थिक विकास के साथ कदमताल करने में विफल क्यों हुआ? (250 शब्दों में उत्तर दीजिए)

17. 1960 के दशक में शुद्ध खाद्य आयातक से, भारत विश्व में एक शुद्ध खाद्य निर्यातक के रूप में उभरा। कारण दीजिए। (250 शब्दों में उत्तर दीजिए)
18. क्या भारतीय महानगरों में शहरीकरण गरीबों को और भी अधिक पृथक्करण और/या हाशिए पर ले जाता है? (250 शब्दों में उत्तर दीजिए)
19. भारत में जातीय अस्मिता गतिशील और स्थिर दोनों ही क्यों हैं? (250 शब्दों में उत्तर दीजिए)

प्राचीन भारत का इतिहास एवं संस्कृति, अध्याय 16.5–8 तथा 36.1

20. संजातीय पहचान एवं साम्प्रदायिकता पर उत्तर–उदारवादी अर्थव्यवस्था के प्रभाव की विवेचना कीजिए। (250 शब्दों में उत्तर दीजिए)

UPSC – CS (Main) Exam 2023
इतिहास (प्रश्न-पत्र-II)

खंड–A

1. निम्नलिखित कथनों में से प्रत्येक का लगभग 150 शब्दों में समालोचनात्मक परीक्षण कीजिए:
   (a) "उपनिवेशवाद का व्यापारीकरण पर अपना ही एक विकृत तर्क था, क्योंकि विश्लेषण करने पर यह ज्ञात होता है कि व्यापारीकरण प्रायः एक कृत्रिम और जबरन प्रक्रिया रही है।"

   आधुनिक भारत का इतिहास एवं विरासत, अध्याय 2 तथा 16

   (b) 1857 कि उपरान्त "कृषक आंदोलन में किसान एक प्रमुख शक्ति के रूप में उभरते हैं।"

   आधुनिक भारत का इतिहास एवं विरासत, अध्याय 35

   (c) "भारतीय जनमानस की जागृत राजनीतिक चेतना तथा अंग्रेजों के असम्मानजनक और कायरतापूर्ण अपमान ने असहयोग आन्दोलन को जन्म दिया।"

   आधुनिक भारत का इतिहास एवं विरासत, अध्याय 32

   (d) जब गाँधीजी ने सविनय अवज्ञा आन्दोलन की शुरूआत की तब उन्हें "बेसब्री से एक प्रभावी सूत्र की तलाश थी।"

   आधुनिक भारत का इतिहास एवं विरासत, अध्याय 32

   (e) "सत्ता हस्तांतरण के समय अंग्रेजों द्वारा अपनी जिम्मेदारी को त्याग करना यदि संवेदनहीन था, तो जिस गति से उसे सम्पादित किया गया उससे वह और भी बुरा बन गया।"

   आधुनिक भारत का इतिहास एवं विरासत, अध्याय 42

2. (a) कर्नाटक युद्धों, आंग्ल–मैसूर युद्धों और आंग्ल–मराठा युद्धों ने फ्रांस को दक्षिण भारत में बर्चस्व की प्रतिद्वंद्विता से वस्तुतः बाहर कर दिया। चर्चा कीजिए।

   आधुनिक भारत का इतिहास एवं विरासत, अध्याय 1, 4 तथा 5

   (b) भारतीय परिषद विधेयक, 1861 को प्रस्तुत करते हुए अंग्रेजों का मत था कि भारत के लिए एकमात्र उपयुक्त सरकार 'घर से नियंत्रित तानाशाही थी'। टिप्पणी कीजिए।।

   आधुनिक भारत का इतिहास एवं विरासत, अध्याय 26

   (c) नील विद्रोह के पीछे मूल प्रश्न 'वह संघर्ष है जिसमें रैयतों की कीमत प्रदान किए बिना नील के पौधों को उगाने के लिए विवश करना' था। विश्लेषण कीजिए।

   आधुनिक भारत का इतिहास एवं विरासत, अध्याय 12 तथा 35

3. (a) क्या आप समझते हैं कि 'परम्परागत भारतीय कारीगरों के उत्पादन में गिरावट एक दुखद, परन्तु अवश्यंभावी तथ्य था?' विवचना कीजिए।

   आधुनिक भारत का इतिहास एवं विरासत, अध्याय 13

(b) भारत में आदिवासी और कृषक विद्रोहों को ऐतिहासिक महत्त्व 'इस तथ्य में निहित है कि इन्होंने ब्रिटिश शासन का विरोध करने की एक शक्त और महत्त्वपूर्ण परम्परा स्थापित की'। विवेचना कीजिए।

आधुनिक भारत का इतिहास एवं विरासत, अध्याय 24 तथा 35

(c) 'राजनीतिक प्रचार तथा राष्ट्रवादी विचारधारा के निर्माण तथा प्रसार' शिक्षा के उद्देश्यों को प्राप्त करने हेतु प्रेस एक प्रमुख माध्यम बना। टिप्पणी कीजिए।

आधुनिक भारत का इतिहास एवं विरासत, अध्याय 20

4. (a) सामाजिक–धार्मिक सुधार आंदोलनों का सर्वस्वीकृत दृष्टिकोण केवल एक 'शुद्ध दार्शनिक चिंतन नहीं था; इसने तत्कालीन राजनीतिक और सामाजिक नजरिए को अत्यधिक प्रभावित किया'। परीक्षण कीजिए।

आधुनिक भारत का इतिहास एवं विरासत, अध्याय 22

(b) कांग्रेस सोशलिस्ट पार्टी का मन्तव्य कांग्रेस से अलग होना नहीं था, अपितु 'इसका उद्देश्य कांग्रेस और राष्ट्रीय आन्दोलन को समाजवादी दिशा प्रदान करना था'। विश्लेषण कीजिए।

आधुनिक भारत का इतिहास एवं विरासत, अध्याय 37

(c) गुटों में विभक्त हैदराबाद का दलित नेतृत्व किस प्रकार 1948 से 1953 के मध्य गहन पुनर्गठन के दौर से गुजरा?

खंड–B

5. निम्नलिखित कथनों में से प्रत्येक का लगभग 150 शब्दों में समालोचनात्मक परीक्षण कीजिए:

(a) "अमेरिकी स्वतंत्रता का युद्ध अंततोगत्वा 1783 में तब समाप्त हुआ जब ब्रिटेन ने संयुक्त राज्य अमेरिका की स्वतंत्रता को स्वीकृति प्रदान की।"

(b) "चार्टिस्ट आन्दोलन ने न केवल मध्य वर्ग की कुछ माँगों को पूरा किया, अपितु इसके प्रभावों को श्रमिक वर्ग और उपनिवेशों में भी महसूस किया गया।"

(c) "1848 के आन्दोलनों को प्रजातंत्र और राष्ट्रवाद के विचारों से गढ़ा गया था।"

(d) "1867 से 1902 के मध्य दक्षिण अफ्रीका में ब्रिटिश साम्राज्यवाद काफी हद तक पूँजीवादी व्यवस्था द्वारा हीरों के खनन से प्रभावित था।"

(e) "शीत युद्ध की समाप्ति के उपरान्त यू.एस.ए. की प्रभुसत्ता की अपनी चुनौतियाँ भी थीं।"

6. (a) दार्शनिकों और विचारकों ने फ्रांसीसी क्रान्ति की नींव भले ही रखी हो, परन्तु यह सामाजिक और आर्थिक कारणों से उपजी थी। व्याख्या कीजिए।

(b) मार्क्सवादी समाजवाद स्वयं को एक ऐसा वैज्ञानिक समाजवादी सिद्धांत मानता है जो मानव के इतिहास की व्याख्या करने में सक्षम है। विवेचना कीजिए।

(c) ज्ञानोदय मात्र वैज्ञानिक क्रांति तक सीमित नहीं था, अपितु मानवतावाद और प्रगति के विचार भी इसके अभिन्न घटक थे। परीक्षण कीजिए।

7. (a) मध्य वर्ग की विश्व दृष्टि पर औद्योगिक क्रांति का प्रभाव एडम स्मिथ, थॉमस माल्थस और जेरेमी बेन्थम के विचारों में प्रतिबिंबित होता है। टिप्पणी कीजिए।

(b) 1848 से 1870 में रोम के कब्जे तक इटली के एकीकरण के विभिन्न चरणों की विवेचना कीजिए।

(c) वर्साय की संधि में द्वितीय युद्ध के बीज समाहित थे। परीक्षण कीजिए।

8. (a) "जब द्वितीय विश्व युद्ध समाप्त हुआ तब संयुक्त राष्ट्र संघ समय की आवश्यकता थी।" इसकी उपलब्धियों और कमियों की आलोचनात्मक परीक्षण कीजिए।

(b) दक्षिण–पूर्व एशिया उपनिवेश विरोधी आन्दोलन की शुरूआत के ऐतिहासिक कारण थे–सांस्कृतिक अंतर, पाश्चात्य शिक्षा का प्रसारतथा साम्यवादी विचारों का उद्भव। विवेचना कीजिए।

(c) अरब राष्ट्रवाद मात्र एक सांस्कृतिक आन्दोलन नहीं था, अपितु यह एक उपनिवेश विरोधी संघर्ष भी था। टिप्पणी कीजिए।

अनुक्रमणिका

अ

अब्बक्का चौटा, 9

अकबर, 1, 29, 54, 225, 231, 514, 557, 562

अनुज्ञप्ति नियम, 208, 211-12

अन्तरिक्ष विज्ञान, 566

अलीवर्दी खाँ, 4, 19, 21, 54

अलीगंज सन्धि, 20-21, 28

अमृतसर की सन्धि, 78, 87, 93, 580

अहिल्याबाई होल्कर, 65

अहमदशाह दुर्रानी, 92

अहमदशाह अब्दाली, 4-6, 20, 36, 48, 55

आ

आजाद हिन्द फौज, 335, 444, 453, 466, 483-89, 491, 493, 505

आधुनिक शिक्षा का प्रभाव, 202, 311

आधुनिक भारत के इतिहास, 1, 84, 168

आणविक ऊर्जा, 568-69

आंग्ल-मराठा युद्ध, 66, 71, 73, 255

आस्ट्रिया, 14, 16

औपनिवेशिक साम्राज्य, 174-75

औपनिवेशिक साम्राज्यवाद, 168

औरंगजेब, 1-4, 6-7, 12, 19, 50-51, 65, 76, 308, 340, 478, 559

इ

इंग्लैण्ड, 8-10, 12, 16-18, 23, 28-32, 34-35, 38-39, 43-44, 62, 70, 74, 78, 88-89, 92, 96-98, 101, 104-05, 109-10, 113–14, 118, 120, 126, 128, 135, 137-52, 154, 156-60, 164-66, 170, 172-76, 178, 180-81, 185, 188, 196-97, 207, 214-16, 224-25, 226, 230-32, 272-73, 307-10, 316-17, 319-22, 355, 417, 427, 436, 444-47, 462, 501-02, 509-11, 522, 545, 548

इण्डियन फिसकल कमीशन, 162

इण्डियन लेजिस्लेटिव असेम्बली, 162

इसरो, 566-68

इनसेट, 567-68

ईश्वरचन्द्र विद्यासागर, 216

ईस्ट इण्डिया कम्पनी, 6, 8-10, 12, 19, 23, 27, 97, 106, 109, 128, 137, 145-47, 150-52, 169–70, 176, 185, 193, 207, 214-15, 242, 245, 249, 251, 255, 260, 270-71, 289-90, 309, 315, 339, 416, 577

ए

ए.पी.जे. अब्दुल कलाम, 466, 571

ए.ओ. ह्यूम, 304, 316

एलफिंस्टन सन्धि, 93

एलेनबरो, 93, 96-97, 107

क

क्लाइव और वाटसन, 20

कांग्रेस का दूसरा अधिवेशन, 317

कार्नवालिस, 35, 45-48, 70, 102, 104, 117-20, 123, 126, 147, 171, 187-91, 245, 258, 271, 308

कालकोठरी, 20

कुमाऊ, 4

कुस्तुन्तुनिया, 7, 46, 48

कूका संघर्ष, 254-55
क्रायोजेनिक इंजन, 568

ख

खासी संघर्ष, 259, 268

ग

गंगाघाटी, 79
गंगाधर भट्टाचार्य, 208-09
गवर्नमेन्ट ऑफ इण्डिया एक्ट, 290
गवर्नर जनरल कौंसिल, 33, 291, 305
गुरू गोविन्द सिंह, 4, 76
गुरिल्ला पद्धति, 73, 254
गुप्तचर व्यवस्था, 2, 56, 74, 374
गुजरात, 3-5, 8, 53, 62-63, 69, 77, 89, 113, 132, 163, 235, 266-67, 280-81, 284, 396, 398, 403-04, 414, 417, 421, 425, 428, 452, 455, 470, 481, 503, 518, 539-41, 555-56, 559, 561, 569, 575
गुन्टूर, 43, 45, 49, 217, 415
गगनेन्द्रनाथ ठाकुर, 561
ग्रामीण ऋणग्रस्तता, 129

च

चम्बल नदी, 5, 56, 105, 540
चीनी हानवंश, 7
चार्टर ऐक्ट, 35
चार्ल्स नेपियर, 89
चाँदा साहब, 14-15, 28, 42
चेलियानवाला युद्ध, 89-90
चेरो-विद्रोह, 250
चन्द्रनगर, 13, 15-16, 20-22, 37, 193, 215

छ

छत्रपति शाहू, 54

ज

ज्योतिराव फूले, 526
जयशंकर प्रसाद, 564
जहांदारशाह, 2
जवाहरलाल नेहरू, 168, 208, 331, 342, 367, 378, 384-86, 389, 395, 400, 407, 410, 412, 431, 433, 435-38, 441, 443, 453, 464, 466, 474, 486, 489, 499, 509, 515, 517, 521-22, 523, 530, 532, 546, 575, 556, 580
जगदीश चन्द्र बोस, 571
जार्ज कैम्पबेल, 134
जाट, 2-4, 55, 254, 282
जागीरों की हड़प नीति, 270

झ

झांसी की रानी लक्ष्मीबाई, 277, 289, 324

ट

टीपू सुल्तान, 41, 45, 48, 102, 254
ट्रावनकोर, 46-47, 414, 423, 476-77, 478, 481, 540, 554
टिलसिट की सन्धि, 92, 100

ड

डॉ. भीमराव अम्बेडकर, 530
डॉ. राजेन्द्र प्रसाद, 403, 447, 449, 530-31
डॉ. सर आशुतोष मुकर्जी, 200
डच कम्पनी, 9

त

तात्या टोपे, 277
तुर्की, 7, 46-47, 92, 347, 353, 382-83, 387, 473
तेगबहादुर, 76
तटीय प्रदेशों, 7

थ

थियोसाफिकल सोसाइटी, 242, 311, 402
थामस रैले, 200

द

दीवानी न्याय, 27, 29
दीवानी न्यायालय, 188
दास प्रथा, 224, 226
दादाभाई नौरोजी, 146, 150, 152-54, 158, 168, 178, 203, 208-09, 308, 315-21, 328, 332, 407, 509-10
दौलतराव सिंधिया, 65, 67, 71, 73, 103

दुर्भिक्ष एवं अकाल नीति, 133
दिल्ली, 2-7, 23, 25, 36, 52-56, 64, 68-69, 76, 78, 101, 114, 133, 141-42, 150, 181, 201, 210, 238, 270, 274-76, 278-80, 282-83, 285-86, 298-99, 310, 322, 339, 333-35, 341, 345-47, 350, 371, 373, 381, 391, 403, 418, 420, 435, 439, 449, 464, 473-74, 481, 486, 488, 496-97, 506, 517-19, 539, 542, 549, 551
द्वितीय आंग्ल-मराठा युद्ध, 66, 71
द्वैध शासन, 27, 363

न

न्यायिक व्यवस्था, 175, 185, 187, 314, 319-20, 414, 426, 509
नील, 8, 128, 149, 173-74, 177, 208, 215, 249, 276, 278, 280, 320, 344, 380, 414, 416-17, 475, 510, 583
नासिरूद्दौला, 108-09
नसिरजंग, 3, 14-15
नादिरशाह, 3-7, 55
नाना साहब, 270, 276-78, 280, 282-83, 285, 459-61
नाना फड़नवीस, 44, 61-62, 64-66, 73-74
नागा उपद्रव, 261
नवाब बंगाल, 23
नेपोलियन बोनापार्ट, 16
नजमुद्दौला, 25
नन्दकुमार, 30, 37
निजाम-उल-मुल्क, 2-4, 14, 53

प

पंडित मदनमोहन मालवीय, 318-19
पंजाब विलय नीति, 89
पानीपत युद्ध, 36, 54, 56-57, 59, 65, 72
पेशवा बालाजी विश्वनाथ, 50
पेरिस की सन्धि, 16
पट्टाभिसीतारमैया, 517, 530
प्लासी, 16-17, 19, 21-23, 25, 28, 43, 101, 137, 149, 142-43, 145, 153, 156-57, 169-70, 178, 214, 270, 309, 580
प्लासी युद्ध, 22-23, 28, 101, 142-43, 178, 214, 270
प्रशासनिक व्यवस्था, 27, 57, 174, 290, 432-33, 479
प्रतिकारी उत्पाद शुल्क, 164
प्रौद्योगिक केन्द्र, 566, 569
प्रशासनिक योजना, 27
पिण्डारियों का दमन, 71-72
पिट्स इण्डिया ऐक्ट, 33-34

फ

फ्रांसीसियों, 13-16, 20-22, 24, 37, 42-43, 47, 62, 67, 69, 92, 103-04, 193, 285
फ्रांसीसी कम्पनी, 13-18
फ्रांसीसी सेना, 14–15, 44, 69
फ्रांस सरकार, 15, 17, 518
फीरोजशाह मेहता, 321
फौजदारी न्यायालय, 186, 189, 190
फैराजी आन्दोलन, 251

ब

बिपिनचन्द, 116, 158, 160, 169, 171, 208, 254, 276, 284, 313, 321, 328-29, 331-34, 344, 346-47, 351, 379, 411, 413, 431-32, 438, 456, 494-95, 509, 526, 533, 537
बिरसा मुंडा, 265-66, 268
ब्रिटिश पार्लियामेंट, 30-31, 327
बंकिमचन्द्र चटर्जी, 218, 251
बंगाल ब्रिटिश इंडिया सोसाइटी, 314
बंगाल टेनेन्सी अधिनियम, 123
बक्सर युद्ध, 25, 28, 57, 101, 145, 185, 249, 309
बहादुरशाह, 2, 6, 23, 279, 281, 283-85
बाईबिल, 219, 222-23
बाजीराव द्वितीय, 67, 70, 73, 275, 281
बाल गंगाधर तिलक, 214-15, 232, 239, 324, 327, 330, 353, 407
बडगाँव सन्धि, 62
बदरूद्दीन तैयबजी, 320, 322-23
बेसीन की सन्धि, 69
बन्दरगाह कालीकट, 8
बलवन्तसिंह, 37, 398
ब्रह्म समाज, 196, 202, 229-30, 232-35, 311, 328, 468, 513

भ

भारत विश्व पूंजीवादी व्यवस्था, 173
भारतीय इतिहास, 1, 22, 39, 44, 54, 56, 145, 192, 205, 245, 278, 281, 325, 336, 341, 344, 403, 411, 445, 455, 459, 469, 496, 498, 513
भारतीय इनसेट प्रणाली, 569
भारतीय हस्तशिल्प उद्योग, 170, 249
भारतीय राष्ट्रीय कांग्रेस, 242, 304, 314, 316, 352, 400, 407, 409-10, 414-15, 430-31, 435-37, 460, 475, 578
भारतीय राष्ट्रीय आन्दोलन, 206, 314, 367
भारतीय समाज, 1, 18, 39, 74, 132, 166, 172, 193, 205, 214-16, 219-24, 230, 234, 240, 242-43 272, 284, 288, 296, 325, 333, 338, 412, 439-40, 467, 474, 506, 510, 512-13, 526
भारतेन्दु हरिशचन्द्र, 564
भूराजस्व इजारेदारी, 30

म

मंगलौर की सन्धि, 44-45
महाराजा जयसिंह, 4
महादेवी वर्मा, 564
महादेव गोविन्द रानाडे, 58, 130, 137-38, 143, 146, 156, 160-61, 168, 203, 216, 224, 227, 234, 243, 315, 321, 418, 509-10
महादजी सिंधिया, 6, 36, 44, 47, 62-65, 73-74
महात्मा गांधी, 322, 342, 346, 368, 396, 403, 434, 483, 512, 519-21, 525, 542, 549
मीरकासिम, 3, 23-25, 101, 145
मीरजाफर, 21-25, 28, 31, 37, 145
मराठा प्रदेश, 50, 58, 63, 74
मराठा साम्राज्य, 50, 51-52, 56-57, 73
माखनलाल चतुर्वेदी, 471, 564
माउण्टबेटन योजना, 500
मोहम्मद आदिलशाह, 50
मोरलैण्ड, 8, 39, 186, 192
मोतीलाल तेजावत, 267-68
मौलाना आजाद, 208, 282, 342, 346, 419, 447, 449, 454-55, 487, 494-95, 501, 506, 530
माधवराव प्रथम, 36, 57, 61
माधवराव द्वितीय, 73
मछलीपट्टम, 9, 11-13, 15, 141
मुंडा आन्दोलन, 264, 268
मुर्शिदकुली जफरखाँ, 19
मुहम्मद अली, 15, 41-43, 103, 110, 208, 341, 346, 383-84, 390
मुद्रणालय, 217-18, 211-12, 273, 299
मुद्रा विनिमय, 150, 152, 177
मुगल बादशाह, 3-6, 12, 19, 23-27, 29, 36, 51-53, 55-56, 64-65, 185, 270, 282-83, 285-86
मुगल काल, 1, 148, 150, 169, 480, 514, 557
मुगल सेना, 1-2, 6, 12, 50
मुलतान का विद्रोह, 88
मेयर की अदालत, 186
मैकडोनल्ड स्टीफेन्सन, 179
मेसोपोटामिया, 2, 358
मैसूर युद्ध, 42-48, 62, 107
मैसूर सुल्तान, 47
मनसबदारी, 1-3, 6

य

यंग बंगाल आन्दोलन, 228-29, 234
यशवंतराव होल्कर, 66, 70, 73

र

रणजीत सिंह, 74, 252, 577
रायट्स कमीशन, 129
राघोबा, 32, 55-56, 61-63, 65
रामकृष्ण परमहंस, 235, 239
रोमन कैथोलिक चर्च, 214
राजपूताना, 5, 54, 64, 101, 106, 133-34, 238, 279, 427, 479
राजा राममोहन राय, 175, 295-96, 298, 208-09, 213, 218, 225-26, 228-33, 243, 247, 311-12, 314, 505, 513
राजस्थान, 4, 55, 69, 71-72, 106, 134, 141-42, 194, 258, 266-68, 275, 335, 384, 418, 427, 435, 481, 503-04, 516-18, 539-40, 555, 559, 562, 569, 574-75

राजस्व वसूली, 27, 29-30, 59, 81, 117, 120, 134, 185, 255, 260-61, 424
रानी विक्टोरिया, 119-11, 217, 291, 298
रॉबर्ट्स, 22, 29, 38, 97
राधास्वामी आन्दोलन, 243
रवीन्द्रनाथ ठाकुर, 463, 468, 470
रैयतवारी पद्धति, 173
रेगुलेटिंग एक्ट, 31-32, 174, 185-86, 191, 292
रेलवे नीति, 149
रिवर्स काउन्सिल, 151-52
रूहेला युद्ध, 36

ल

लार्ड कार्नवालिस, 35, 45, 48, 70, 188
लार्ड मेयो, 98, 111, 199, 300-02
लार्ड रिपन, 99, 198-99, 300-03, 305, 316
लार्ड विलियम बैंटिक, 79, 107, 111
लार्ड हेस्टिंग्स, 70-73, 105-08, 120, 190, 208
लार्ड वेलेजली, 47-48, 66, 71, 102, 207, 211-12
लोकतान्त्रिक पद्धति, 202, 204
लुई चौदहवें, 18
लेजिस्लेटिव कौंसिल, 292-295, 303-06, 314-15, 317-18, 356

व

वामपंथी विचारधारा, 168, 376, 410, 441, 445, 537
वाणिज्य व्यापार का विस्थापन, 137, 142
वाहबी आन्दोलन, 252
वारेन हैस्टिंग्स, 24, 29-31, 33, 36-39, 43-45, 48, 61-64, 102, 117, 133, 171, 185-86, 187, 194, 218, 224, 250, 514
वास्कोडिगामा, 8, 193
वासुदेव बलवंत फड़के, 256
वाल्टेयर फ्रांसीसी कम्पनी, 16
वैंकट रमन राधाकृष्णन, 571
वैदिक युग, 1
वर्नाक्यूलर प्रेस एक्ट, 208, 211, 299, 302, 312, 320
विलियम बैंटिक, 79, 107-08, 111, 122, 128, 225, 272, 513
विपुल धन सम्पदा, 21
विदेश नीति, 36, 61, 67, 99, 103, 545-50, 552
विवेकानंद और रामकृष्ण मिशन, 289
वित्त पूंजीवादी काल, 175

श

शाइस्ताखाँ, 12
शाहआलम, 2, 23, 26
शारदा बिल, 228
श्वेत विद्रोह, 28
शौकतगंज, 19-20
शुजाउद्दौला, 24-27, 36, 38, 56, 101, 103-04

स

संथाल मुक्ति संघर्ष, 263, 268
संथाल नेता सीद्दो, 264
सम्पत्ति का पलायन, 131, 143, 145-46, 156, 174, 179
सम्राट शाहजहाँ, 11
सी.वी. रमन, 564, 571
सरदार पटेल, 342, 403, 422, 428-29, 489, 503-05, 507, 519, 521, 530-31, 546
सर जॉन शोर, 66
सामाजिक, सांस्कृतिक अहस्तक्षेप नीति, 171
सामाजिक दखलन्दाजी, 259
सामुद्रिक शक्ति, 16
साम्राज्यवादी नीति, 14, 36, 67, 87, 89, 93, 98-99, 105, 107, 109, 304, 339, 357, 548
सड़क विकास कमेटी, 181
सदर निजामत, 186-87, 189, 191
स्वामी दयानंद, 235-36, 238, 267, 311, 341
सर्वोच्च न्यायालय, 32, 124, 186, 190-91, 246, 532
स्वदेशी आन्दोलन, 161, 163, 322, 327, 329-33
स्वतंत्र व्यापारिक पूंजीवादी काल, 171
सुमित्रानन्दन पंत, 470, 564
सुप्रीम कोर्ट ऑफ जूडीकेचर, 186
सुरेन्द्रनाथ बनर्जी, 146, 161, 166, 203, 208, 233, 297, 304, 316, 318, 320-21, 328, 333, 345, 365, 417
सुधार बिल, 196, 225
सत्येन्द्रनाथ टैगोर, 297

B/278

सती प्रथा, 88, 214-15, 222, 225, 228, 230-31, 244, 267, 272-73, 288, 460, 513

सैयद बन्धुओं, 2-4

सेठ अमीचंद, 20-21

सिक्ख, 4, 59, 76-79, 82-90, 106, 108, 252-54, 274, 279, 290, 296, 318, 340, 349, 360, 372, 399, 401, 414, 421, 425, 384, 397-98, 506, 518, 528, 561

सिराजुद्दौला, 19, 22, 28, 37

ह

हरिवंशराय बच्चन, 564

हरगोविन्द खुराना, 571

हाउस ऑफ कामन्स, 27, 37, 109-10, 162, 278, 296, 300, 310, 321, 364, 387, 505

होमी जे भाभा, 571

हैदराबाद, 3–4, 13-16, 41-43, 48, 51, 63, 67, 71, 101, 103-04, 109, 111-12, 132, 134, 141, 201, 252-52, 257, 276, 298, 310, 368, 424-28, 430-31, 457, 462, 479, 503'04, 516-18, 556, 569, 576

हैदर अली, 41-44, 47, 63, 83

हन्टर शिक्षा आयोग, 199

त्र

त्रिचनापल्ली, 15, 41-42